中国建设年鉴 2012

《中国建设年鉴》编委会 编

中国建筑工业出版社

图书在版编目(CIP)数据

中国建设年鉴 2012/《中国建设年鉴》编委会编.—北京：中国建筑工业出版社，2013.1
ISBN 978-7-112-14952-0

Ⅰ.①中… Ⅱ.①中… Ⅲ.①城乡建设-中国-2012-年鉴 Ⅳ.①F299.2-54

中国版本图书馆 CIP 数据核字(2012)第 296761 号

责任编辑：马　红
责任设计：张　虹
责任校对：王誉欣　王雪竹

中国建设年鉴 2012
《中国建设年鉴》编委会　编
*
中国建筑工业出版社出版、发行(北京西郊百万庄)
各地新华书店、建筑书店经销
北京天成排版公司制版
北京中科印刷有限公司印刷
*
开本：880×1230 毫米　1/16　印张：59½　字数：1923 千字
2013 年 1 月第一版　2013 年 1 月第一次印刷
定价：300.00 元
ISBN 978-7-112-14952-0
(23043)

版权所有　翻印必究
如有印装质量问题，可寄本社退换
(邮政编码　100037)

编辑说明

一、《中国建设年鉴》由住房和城乡建设部组织编纂、中国建筑工业出版社具体负责编辑出版工作。内容综合反映我国建设事业发展与改革年度情况，属于大型文献史料性工具书。内容丰富，资料来源权威可靠，具有很强的政策性、指导性、文献性。可为各级建设行政主管领导提供参考，为地区和行业建设发展规划和思路提供借鉴，为国内外各界人士了解中国建设情况提供信息。本书具有重要的史料价值、实用价值和收藏价值。

二、本卷力求全面记述2011年我国房地产业、住房保障、城乡规划、城市建设与市政公用事业、村镇建设、建筑业和建筑节能与科技方面的主要工作，突出新思路、新举措、新特点。

三、本年鉴记述时限一般为上一年度1月1日～12月31日。考虑有些条目内容的实效性，如科技推广项目的发布，为服务行业需要，在时限上有所下延。

四、本卷内容共分十篇，分别是重要活动，专论，建设综述，各地建设，法规政策文件，专题与行业报告，数据统计与分析，部属单位、社团与部分央企，2011年建设大事记，附录。

五、我国香港特别行政区、澳门特别行政区和台湾地区建设情况未列入本卷。

六、本年鉴资料由各省、自治区住房和城乡建设厅，直辖市住房和城乡建设委员会及有关部门，国务院有关部委司局，住房和城乡建设部各司局和部属单位、社团等提供。稿件由供稿单位组织专人搜集资料并撰写、供稿单位负责人把关。

七、谨向关心支持《中国建设年鉴》的各地区、有关部门、各单位领导、撰稿人员和有关单位致以诚挚的感谢！

《中国建设年鉴2012》编辑委员会

主　任
　　郭允冲　住房和城乡建设部副部长
副主任
　　王铁宏　住房和城乡建设部办公厅主任
　　沈元勤　中国建筑工业出版社社长兼总编辑
编　委
　　曹金彪　住房和城乡建设部法规司司长
　　倪　虹　住房和城乡建设部住房改革与发展司司长
　　冯　俊　住房和城乡建设部住房保障司司长
　　孙安军　住房和城乡建设部城乡规划司司长
　　刘　灿　住房和城乡建设部标准定额司司长
　　沈建忠　住房和城乡建设部房地产市场监管司司长
　　吴慧娟　住房和城乡建设部建筑市场监管司司长
　　陆克华　住房和城乡建设部城市建设司司长
　　赵　晖　住房和城乡建设部村镇建设司副司长
　　常　青　住房和城乡建设部工程质量安全监管司司长
　　陈宜明　住房和城乡建设部建筑节能与科技司司长
　　张其光　住房和城乡建设部住房公积金监管司司长
　　何兴华　住房和城乡建设部计划财务与外事司司长
　　王　宁　住房和城乡建设部人事司司长
　　杨忠诚　住房和城乡建设部直属机关党委常务副书记
　　田思明　驻住房和城乡建设部纪检组副组长、监察局局长
　　张志新　住房和城乡建设部办公厅副主任
　　王早生　住房和城乡建设部稽查办公室主任
　　杨　榕　住房和城乡建设部科技发展促进中心主任
　　秦　虹　住房和城乡建设部政策研究中心主任
　　江　月　住房和城乡建设部干部学院党委副书记
　　赵春山　住房和城乡建设部执业资格注册中心主任
　　鞠洪芬　住房和城乡建设部人力资源开发中心主任
　　刘士杰　中国建设报社社长
　　杨　斌　北京市住房和城乡建设委员会主任
　　陈　永　北京市市政市容管理委员会主任
　　黄　艳　北京市规划委员会主任
　　刘小明　北京市交通委员会主任
　　窦华港　天津市城乡建设和交通委员会主任
　　李春梅　天津市规划局常务副局长
　　吴延龙　天津市国土资源和房屋管理局局长
　　李福海　天津市市容和园林管理委员会主任

黄　融	上海市城乡建设和交通委员会主任
冯经明	上海市规划和国土资源管理局局长
刘海生	上海市住房保障和房屋管理局局长
马云安	上海市绿化和市容管理局局长
程志毅	重庆市城乡建设委员会主任
张定宇	重庆市国土资源和房屋管理局局长
扈万泰	重庆市规划局局长
朱正举	河北省住房和城乡建设厅厅长
李俊明	山西省住房和城乡建设厅党组书记、厅长
范　勇	内蒙古自治区住房和城乡建设厅厅长
杨占报	黑龙江省住房和城乡建设厅厅长
秦福义	吉林省住房和城乡建设厅厅长
王正刚	辽宁省住房和城乡建设厅厅长
杨焕彩	山东省住房和城乡建设厅厅长
宋瑞乾	山东省建筑工程管理局局长
周　岚	江苏省住房和城乡建设厅厅长
谈月明	浙江省住房和城乡建设厅厅长
李　明	安徽省住房和城乡建设厅厅长
翁玉耀	福建省住房和城乡建设厅厅长
张　勇	江西省住房和城乡建设厅党组书记
刘洪涛	河南省住房和城乡建设厅厅长
尹维真	湖北省住房和城乡建设厅厅长
高克勤	湖南省住房和城乡建设厅厅长
房庆方	广东省住房和城乡建设厅厅长
严世明	广西壮族自治区住房和城乡建设厅党组书记、厅长
王志宏	海南省住房和城乡建设厅厅长
杨洪波	四川省住房和城乡建设厅厅长
李光荣	贵州省住房和城乡建设厅厅长
罗应光	云南省住房和城乡建设厅厅长
陈　锦	西藏自治区住房和城乡建设厅厅长
李子青	陕西省住房和城乡建设厅党组书记、厅长
李　慧	甘肃省住房和城乡建设厅党组书记、厅长
匡　湧	青海省住房和城乡建设厅厅长
刘慧芳	宁夏回族自治区住房和城乡建设厅党组书记、厅长
张　鸿	新疆维吾尔自治区住房和城乡建设厅厅长
钟　波	新疆生产建设兵团建设环保局党组书记、局长
张亚东	大连市城乡建设委员会主任
刘建军	青岛市城乡建设委员会主任
林德志	厦门市建设与管理局局长
郑世海	宁波市住房和城乡建设委员会主任
胡建文	深圳市住房和建设局副局长
王幼鹏	深圳市规划和国土资源委员会主任
王晓涛	国家发展和改革委员会固定资产投资司司长
苏全利	铁道部建设管理司巡视员
李　华	交通运输部公路局局长
肖大选	交通运输部水运局副局长
祝　军	工业和信息化部通信发展司副司长
饶　权	文化部财务司副司长
郭红宇	农业部发展计划司副司长
孙继昌	水利部建设与管理司司长
陈　锋	教育部发展规划司副司长
于德志	卫生部规划财务司副司长
覃章高	中国民航局机场司司长
翟　青	环境保护部规划财务司司长
谢　韬	中国建筑工程总公司办公厅副主任
冯忠海	中国铁道建筑总公司办公室主任
姚桂清	中国铁路工程总公司副董事长、党委副书记、工会主席
段尚毅	中国水利水电建设股份有限公司工会主席、党委工作部主任
李　迅	中国城市科学研究会秘书长
苗乐如	中国房地产业协会秘书长、中国房地产研究会副会长兼秘书长
徐宗威	中国建筑学会副理事长、秘书长
张　雁	中国土木工程学会秘书长
陈晓丽	中国风景园林学会理事长
陈　欣	中国市长协会副秘书长兼办公室主任
王　燕	中国城市规划协会秘书长

齐继禄	中国勘察设计协会副秘书长	林芳友	中国公园协会副会长
吴　涛	中国建筑业协会副会长兼秘书长	王德楼	中国工程建设标准化协会理事长
杨存成	中国安装协会副会长兼秘书长	张允宽	中国建设工程造价管理协会理事长
刘　哲	中国建筑金属结构协会副会长兼秘书长	李竹成	中国建设教育协会理事长
林之毅	中国建设监理协会副会长兼秘书长	王要武	哈尔滨工业大学教授
李秉仁	中国建筑装饰协会会长		

《中国建设年鉴 2012》工作执行委员会

刘世虎	住房和城乡建设部办公厅综合处处长
赵锦新	住房和城乡建设部办公厅秘书处处长
王宏轩	住房和城乡建设部办公厅督办处副处长
毕建玲	住房和城乡建设部办公厅宣传信息处处长
欧阳志宏	住房和城乡建设部办公厅档案处处长
宋长明	住房和城乡建设部法规司综合处处长
梁慧文	住房和城乡建设部住房改革与发展司综合处处长
刘 霞	住房和城乡建设部住房保障司综合处处长
郑文良	住房和城乡建设部城乡规划司综合处处长
李 谕	住房和城乡建设部标准定额司综合处调研员
陈健容	住房和城乡建设部房地产市场监管司综合处处长
逄宗展	住房和城乡建设部建筑市场监管司综合处处长
赵健溶	住房和城乡建设部城市建设司综合法规处处长
顾宇新	住房和城乡建设部村镇建设司综合处处长
邵长利	住房和城乡建设部工程质量安全监管司综合处处长
王建清	住房和城乡建设部建筑节能与科技司综合处处长
姜 涛	住房和城乡建设部住房公积金监管司综合处处长
王彦芳	住房和城乡建设部计划财务与外事司综合处处长
管又庆	住房和城乡建设部人事司综合处处长
郭剑飞	住房和城乡建设部直属机关党委办公室主任
韩 煜	住房和城乡建设部稽查办公室综合处处长
李剑英	住房和城乡建设部科技发展促进中心综合财务处处长
周 江	住房和城乡建设部政策研究中心科研处处长
魏广宇	住房和城乡建设部干部学院人事处副处长
徐凌功	住房和城乡建设部人力资源开发中心
付海诚	住房和城乡建设部执业资格注册中心办公室主任
马 红	中国建筑工业出版社中国建设年鉴编辑部主任兼主编
李 迎	中国建设报社新闻中心主任
黄天然	北京市建设发展研究中心主任
郑勤俭	北京市市政市容管理委员会研究室副主任
陈建军	北京市规划委员会办公室调研员
王明浩	天津市城乡建设和交通委员会原副总工程师
李 蓓	天津市规划局办公室主任
孟宪国	天津市市容和园林管理委员会法规处（研究室）处长
年继业	上海市城乡建设和交通委员会办公室主任
余 亮	上海市规划和国土资源管理局办公室

	主任		室副调研员
刘 虓	上海市住房保障和房屋管理局办公室主任	陆青锋	新疆维吾尔自治区住房和城乡建设厅办公室副调研员
胡建文	上海市绿化和市容管理局研究室主任	孟卫民	新疆生产建设兵团建设局办公室主任
刘朝煜	重庆市城乡建设委员会办公室主任	杨晓军	大连市城乡建设委员会建设市场处副处长
陈拥军	重庆市国土资源和房屋管理局综合处处长	田 峰	青岛市城乡建设委员会办公室主任
金 伟	重庆市规划局办公室副主任	陶相木	厦门市建设与管理局办公室主任
徐向东	河北省住房和城乡建设厅办公室主任	袁布军	宁波市住房和城乡建设委员会办公室主任
贺 鑫	山西省住房和城乡建设厅办公室主任		
戴军瑞	内蒙古自治区住房和城乡建设厅办公室主任	刘世会	深圳市规划和国土资源委员会秘书处处长
张立志	黑龙江省住房和城乡建设厅办公室主任	吴长松	深圳市住房和建设局办公室副主任
邢文忠	吉林省住房和城乡建设厅办公室主任	刘 勤	国家发展和改革委员会固定资产投资司处长
何永良	辽宁省住房和城乡建设厅办公室主任	李永文	铁道部建设管理司处长
崔秀顺	山东省住房和城乡建设厅办公室主任	周荣峰	交通运输部公路局处长
杨洪海	江苏省住房和城乡建设厅办公室主任	李永恒	交通运输部水运局处长
陈 航	浙江省住房和城乡建设厅办公室副主任	王晓丽	工业和信息化部通信发展司调研员
蔡新立	安徽省住房和城乡建设厅办公室主任	王明亮	文化部财务司规划统计处处长
吴建迅	福建省住房和城乡建设厅办公室主任	罗 东	农业部发展计划司投资处处长
姚宏平	江西省住房和城乡建设厅办公室主任	徐永田	水利部建设与管理司市场监管处处长
刘江明	河南省住房和城乡建设厅办公室主任	刘 魁	卫生部规划财务司处长
邱正炯	湖北省住房和城乡建设厅办公室副主任	胡天木	中国民航局机场司建设处处长
易小林	湖南省住房和城乡建设厅办公室主任	张华平	环境保护部规划财务司综合处副处长
黄维德	广东省住房和城乡建设厅办公室主任	李成扬	中国建筑工程总公司办公室高级经理
叶 云	广西壮族自治区住房和城乡建设厅办公室主任	杨启燕	中国铁道建筑总公司《中国铁建年鉴》主编
史贵有	海南省住房和城乡建设厅改革与发展处处长	常玉伟	中国铁路工程总公司办公厅副主任
方怀南	四川省住房和城乡建设厅政策法规处处长	冯有维	中国水利水电建设股份有限公司党委工作部史志处处长
毛家荣	贵州省住房和城乡建设厅办公室主任	周兰兰	中国城市科学研究会办公室副主任
程 鹏	云南省住房和城乡建设厅办公室主任	邵新莉	中国房地产业协会、中国房地产研究会副秘书长
王世玉	西藏自治区住房和城乡建设厅办公室副主任	杨 群	中国建筑学会秘书处综合部主任
杜晓东	陕西省住房和城乡建设厅政策法规处副处长	付彦荣	中国风景园林学会业务部副主任
		费忠军	中国市长协会办公室副主任
郭元乐	甘肃省住房和城乡建设厅办公室副主任	何秀兰	中国城市规划协会办公室主任
斗 拉	青海省住房和城乡建设厅办公室副主任	汪祖进	中国勘察设计协会行业发展研究部主任
刘 兵	宁夏回族自治区住房和城乡建设厅办公		

王秀兰 中国建筑业协会信息传媒部主任	李　佳 中国公园协会秘书处干部
顾心建 中国安装协会联络部主任	蔡成军 中国工程建设标准化协会办公室主任
庞　政 中国建设监理协会行业发展部主任	薛秀丽 中国建设工程造价管理协会办公室主任
吕志翠 中国建筑金属结构协会办公室副主任	张金娣 中国建设教育协会办公室主任
王毅强 中国建筑装饰协会副秘书长	

中国建设年鉴编辑部
主编兼编辑部主任：马　红
电　话：010-58934311
地　址：北京市海淀区三里河路9号院中国建筑工业出版社北配楼南楼310室

目　录

第一篇　重要活动

国务院常务会议研究部署做好房地产市场
　　调控工作 ……………………………………… 2
温家宝：保障性住房供地须应保尽保 …………… 3
全国保障性安居工程工作会议召开 ……………… 3
李克强出席部分省份保障性安居工程工作
　　会议并讲话 …………………………………… 4
李克强主持召开加强保障性安居工程质量
　　和分配管理工作座谈会 ……………………… 5
王岐山在中新天津生态城联合协调理事会
　　第四次会议上的讲话 ………………………… 6
李克强召开保障房建设现场座谈会并讲话 ……… 7
全国住房保障工作会议召开 ……………………… 8
全国住房城乡建设工作会议召开 ………………… 9
全国住房城乡建设系统党风廉政建设工作
　　会议召开 ……………………………………… 11
全国住房城乡建设系统精神文明建设工作
　　会议召开 ……………………………………… 12

第二篇　专　　论

在全国建筑安全生产电视电话会议上的
　　讲话 ………………………………… 姜伟新 14
在全国保障性安居工程质量管理电视电话
　　会议上的讲话 ……………………… 姜伟新 14
在中国园林博物馆筹建指挥部第一次会议
　　上的讲话 …………………………… 仇保兴 15
在国家生态园林城市创建座谈会上的讲话
　　……………………………………… 仇保兴 16
明确工作重点　全面落实供热计量收费
　　——在2011年北方采暖地区供热计量
　　改革工作会议上的讲话 …………… 仇保兴 18
全面贯彻实施"六五"普法规划　为住房城乡建设
　　事业平稳较快发展营造良好法治环境
　　——在全国住房城乡建设系统六五普法工作
　　会议上的讲话 ……………………… 陈大卫 21
保障房开工率为何大幅提升
　　——专访住房和城乡建设部副部长齐骥 ……… 27
住房城乡建设部向各地派出专项巡查联络员　齐骥
　　对保障性安居工程专项巡查工作作出
　　部署 …………………………………………… 28
齐骥在十一届全国人大四次会议新闻中心举行
　　的记者会上强调　大规模推进保障性安居
　　工程建设　进一步加强和改善房地产市场
　　调控 …………………………………………… 29
继往开来　开拓创新　努力开创建筑安全
　　生产工作新局面
　　——在全国建筑安全生产电视电话会议上
　　的讲话 ……………………………… 郭允冲 30
在全国保障性安居工程质量管理电视电话
　　会议上的讲话 ……………………… 郭允冲 35
坚定信心　狠抓落实　严肃整顿规范建筑
　　市场秩序
　　——在全国整顿规范建筑市场秩序电视电话
　　会议上的讲话 ……………………… 郭允冲 38
大力推进企业文化建设不断提升全国住房
　　和城乡建设系统文化软实力
　　——在全国住房和城乡建设系统第五届企业
　　文化建设论坛暨推广青岛市市政公用局
　　"用心惠民"品牌文化建设经验现场会上
　　的讲话 ……………………………… 杜鹃 44

第三篇 建设综述

住房城乡建设法制建设	50	住房城乡建设稽查执法	101
房地产市场监管	51	固定资产投资	106
住房保障建设	55	铁道建设	109
住房公积金监管	57	公路工程建设	118
城乡规划	63	水运建设	120
城市建设与市政公用事业	66	农业资金投入	123
村镇建设	69	通信业建设	124
工程建设标准定额	71	民航建设	126
工程质量安全监管与工程技术发展	76	公共文化服务设施建设	127
建筑市场监管	80	水利建设	128
建筑节能与科技	83	环境保护工程建设	131
住房城乡建设人事教育	87	西部开发建设	132
城乡建设档案工作	99		

第四篇 各地建设

北京市	136	广西壮族自治区	364
天津市	161	海南省	373
河北省	179	重庆市	384
山西省	187	四川省	390
内蒙古自治区	197	贵州省	408
辽宁省	204	云南省	411
吉林省	208	西藏自治区	422
黑龙江省	219	陕西省	430
上海市	225	甘肃省	449
江苏省	244	青海省	462
浙江省	258	宁夏回族自治区	471
安徽省	263	新疆维吾尔自治区	483
福建省	277	新疆生产建设兵团	497
江西省	293	大连市	501
山东省	304	青岛市	507
河南省	316	宁波市	512
湖北省	326	厦门市	519
湖南省	335	深圳市	529
广东省	347		

第五篇 法规政策文件

一、国务院令及有关文件 ……………… 538
　国有土地上房屋征收与补偿条例　中华人民共和国
　　国务院令第590号 ……………………… 538
　国务院办公厅关于进一步做好房地产市场调控工作
　　有关问题的通知
　　国办发〔2011〕1号 ……………………… 541

国务院批转住房城乡建设部等部门关于进一步加强
　城市生活垃圾处理工作意见的通知
　　国发〔2011〕9号 …………………………… 543
国务院办公厅关于保障性安居工程建设和管理的
　指导意见
　　国办发〔2011〕45号 ………………………… 546

二、部令 …………………………………………… 550

房地产经纪管理办法　中华人民共和国住房和城乡
　建设部　中华人民共和国国家发展和改革委员会
　中华人民共和国人力资源和社会保障部令
　　第8号 ………………………………………… 550
住房和城乡建设部关于废止和修改部分规章的决定
　中华人民共和国住房和城乡建设部令第9号 …… 553
住房和城乡建设部关于废止《城市燃气安全管理规定》、
　《城市燃气管理办法》和修改《建设部关于纳入
　国务院决定的十五项行政许可的条件的规定》
　的决定　中华人民共和国住房和城乡建设部令
　　第10号 ………………………………………… 554

三、综合类 ………………………………………… 555

财政部　住房城乡建设部关于进一步推进可再生能源
　建筑应用的通知
　　财建〔2011〕61号 …………………………… 555
财政部　住房城乡建设部关于进一步推进公共建筑
　节能工作的通知
　　财建〔2011〕207号 ………………………… 557
关于印发《住房和城乡建设部低碳生态试点城（镇）
　申报管理暂行办法》的通知
　　建规〔2011〕78号 …………………………… 559
关于印发住房城乡建设部关于落实《国务院关于印发
　"十二五"节能减排综合性工作方案的通知》的
　实施方案的通知
　　建科〔2011〕194号 ………………………… 560
关于进一步推进住房城乡建设系统依法行政的意见
　　建法〔2011〕81号 …………………………… 566
关于印发《城市供热文明行业标准》的通知
　　建文明委〔2011〕1号 ……………………… 569

四、建筑市场监管类 ……………………………… 571

商务部　住房城乡建设部关于加强对外承包工程外派
　人员管理工作的紧急通知
　　商合函〔2011〕201号 ……………………… 571
关于进一步加强工程造价咨询企业晋升甲级资质审核
　工作的通知
　　建办标〔2011〕29号 ………………………… 572
关于印发《建设工程企业资质申报弄虚作假行为处理
　办法》的通知
　　建市〔2011〕200号 ………………………… 574

五、工程质量安全监管类 ………………………… 576

关于印发住房和城乡建设部防灾减灾与抗震2010年
　工作总结和2011年工作要点的通知
　　建办质〔2011〕13号 ………………………… 576
关于印发《市政公用设施抗震设防专项论证技术要点
　（城镇桥梁工程篇）》的通知
　　建质〔2011〕30号 …………………………… 578
关于继续深化"安全生产年"活动的实施意见
　　建办质〔2011〕18号 ………………………… 582
关于做好2011年防灾减灾日住房城乡建设系统有关
　工作的通知
　　建办质电〔2011〕9号 ……………………… 583
关于印发《房屋市政工程生产安全和质量事故查处督
　办暂行办法》的通知
　　建质〔2011〕66号 …………………………… 584
关于印发《2011～2015年建筑业信息化发展纲要》
　的通知
　　建质〔2011〕67号 …………………………… 586
关于开展2011年住房城乡建设系统"安全生产月"
　活动的通知
　　建安办函〔2011〕13号 ……………………… 590
关于印发《建筑施工企业负责人及项目负责人施工
　现场带班暂行办法》的通知
　　建质〔2011〕111号 ………………………… 591
关于印发《全国优秀工程勘察设计奖评选办法》的通知
　　建质〔2011〕103号 ………………………… 592
关于印发《房屋市政工程生产安全重大隐患排查治理
　挂牌督办暂行办法》的通知
　　建质〔2011〕158号 ………………………… 595

六、城乡规划与村镇建设类 ……………………… 596

关于加强"十二五"近期建设规划制定工作的通知
　　建规〔2011〕31号 …………………………… 596
关于做好2011年扩大农村危房改造试点工作的通知
　　建村〔2011〕62号 …………………………… 597
财政部　住房城乡建设部关于绿色重点小城镇试点
　示范的实施意见
　　财建〔2011〕341号 ………………………… 600

七、城市建设类 …………………………………… 601

国家发展改革委办公厅、住房城乡建设部办公厅关
　于进一步加强污泥处理处置工作组织实施示范
　项目的通知
　　发改办环资〔2011〕461号 ………………… 601
财政部　住房城乡建设部关于印发《"十二五"期间
　城镇污水处理设施配套管网建设项目资金管理
　办法》的通知
　　财建〔2011〕266号 ………………………… 603
关于印发"十二五"城市绿色照明规划纲要的通知
　　建城〔2011〕178号 ………………………… 605

八、住宅与房地产类 … 608

关于印发《国有土地上房屋征收评估办法》的通知
建房〔2011〕77号 … 608

关于住房保障规范化管理检查情况的通报
建办保函〔2011〕106号 … 611

关于公开城镇保障性安居工程建设信息的通知
建保〔2011〕64号 … 613

关于加强保障性安居工程质量管理的通知
建保〔2011〕69号 … 613

关于加强房地产经纪管理进一步规范房地产交易秩序的通知
建房〔2011〕68号 … 615

关于开展保障性安居工程建设政策落实情况监督检查工作的通知
建保〔2011〕83号 … 616

九、2011年住房和城乡建设部公告目录 … 618

第六篇 专题与研究报告

一、保障性住房建设专题 … 634

湖南、安徽加快保障性住房建设 … 634
"要让百姓都有房子住"——重庆实现保障性住房全覆盖 … 634
河南2011年将建39万套保障房 … 635
江西让困难群众住有所居 … 636
四川保障性住房按需建设 应保尽保 … 637
增量提速配套先行统一标准——南京保障房建设进入"快车道" … 638
广州最大保障房小区开工 … 639
大连：9000套经适房年内交棒 … 640
青岛缓解中低收入家庭住房困难住有所居暖民心 … 640
广州保障房将重点建设公租房 … 641
陕西西安千方百计扩大保障性住房供给 … 642
河北省已初步构建起保障性住房体系 … 642
加快保障性住房建设 吉林省大力推进七项惠民安居工程 … 643
西藏未来3年将再为18万户农牧民建设安居房 … 644
上海从市场和保障入手稳定房地产秩序 … 644
深圳低收入家庭住房"应保尽保" … 645
黑龙江保障性安居工程一年开工70万套 … 645
重庆制定保障性住房装修设计标准 … 646
陕西：新批房产项目须配建保障房 … 646
北京建起多层次全覆盖住房保障体系 力争实现两个60% … 647
海南2010年新建保障房逾1000万平方米 … 647
四川"十二五"将建100万套保障房 … 648
山西大同：古城保护与住房保障两不误 … 648
吉林通化市二道江区棚户区改造 … 649
河北唐山 棚户区居民喜迁新居 … 650
长春：保障性安居工程温暖百万民心 … 650
甘肃完成20万户农村危旧房改造 … 651
陕西鼓励社会参建保障房 … 651
福建以公租房为重点推进保障性住房建设 … 652
广西盘活6638公顷存量建设用地 保障项目建设 … 653
呼和浩特棚户区、城中村改造以人为本 … 653
扩大群体覆盖面 辽宁构建多层次住房保障体系 … 654
兰州推进15个棚户区改造项目 … 655
新疆鄯善扎实推进廉租房建设计划投资1125万元 … 655
重庆公租房管理实施细则出台 … 655
河南淮滨保障房建设严把"五关" … 656
江西上饶廉租房建设呈多元特色 … 656
西藏初步建立城乡住房保障体系 … 657
天津滨海新区再添325万平方米保障房 … 658
无锡投入近半住宅用地用于保障房建设 … 658
重庆公租房首批成功摇号配租 … 658
内蒙古完善廉租住房补贴和配租制度 … 659
福州单列保障性住房建设供应用地 … 659
陕西成立保障性住房建设公司化解"资金"瓶颈 … 660
新疆住房和城乡建设厅积极谋划安居富民工程建设 … 660
乌市百件实事改善民生 包括完善住房保障体系等12项内容 … 661
石家庄实行保障性安居工程约谈问责机制 … 661
天津出台公共租赁住房管理办法 … 662
广西进一步加强房地产市场监管 实行保障性安居工程问责 … 662
上海出台保障房建设标准 包含规划与环境、住宅设计等内容 … 663
昆明加大保障性住房信息化建设 … 663
安徽：多方筹集资金确保保障房建设 … 664
7部门联合下发办法 青海对保障性安居工程实行问责制 … 665
西藏农牧民从安居大步走向乐业 … 665
内蒙古自治区党委常委、常务副主席潘逸阳强调保障性安居工程建设要坚持三原则 … 666
广西严抓保障房建设质量监管 全面实施住宅工程质量逐套验收制度 … 666
合肥：公租房建设进展缓慢将被约谈和问责 … 667

贵州金融机构全力支持保障房建设 …………… 667	安徽：宣城市在全省率先出台公共租赁住房
日照安居工程"应保尽保" ………………………… 668	管理办法 …………………………………………… 682
黑龙江检查指导绥化市保障性安居工程建设 …… 668	北京：公租房建设启动标准化管理 …………… 683
青海多措并举推进城镇保障性住房建设 ………… 668	石家庄"高考录取"模式分配廉租房 …………… 683
福建：多举措加快解决外来工住房保障 ………… 669	攀枝花公租房租金及补贴标准确定 …………… 684
福州降低社会保障房申请门槛 …………………… 669	厦门市保障性租赁退出机制基本建立 ………… 684
河北成立省级保障性住房投资有限公司 ………… 670	郑州经济适用住房交易新政细则出台 最低需补缴
宁夏构建以公租房为重点的"3+2"住房保障	10%差价 ………………………………………… 685
体系 ……………………………………………… 670	陕西进城务工农民可享住房保障 ……………… 685
江西33.1万套保障房建设补助资金月底前到位 …… 670	枣庄市统一廉租住房和公共租赁住房建设技术标准 ……
河南"三项制度"确保保障房质量安全 ………… 671	…………………………………………………… 686
山东"点供"保障房用地 …………………………… 671	烟台进一步完善保障性住房联动建设机制 …… 687
黑龙江严把保障房规划设计质量关 ……………… 672	鸡西百户困难家庭迁入廉租房 ………………… 687
广西对参建保障房严重违规者下清除令 ………… 673	沪明确保障性住房物业收费标准 ……………… 688
北京成立保障房投资中心 将主要实现融资、投资	杭州公租房管理暂行办法出台 人才优先取缔
建设和运营管理职能 …………………………… 673	骗租 ……………………………………………… 688
西藏保障房项目须镶永久性标牌 ………………… 674	入住管理成为北京保障房建设重中之重 ……… 689
广西召开保障性安居工程中期推进会项目 ……… 674	苏州率先开发运用房屋征收与补偿信息系统签订
内蒙古自治区多举措落实保障房用地 …………… 675	房屋征收补偿协议 ……………………………… 689
武汉廉租房租金补贴 低收入家庭每月	连云港出台住房保障规划 ……………………… 690
每平方米7元 …………………………………… 675	河北省出台保障房准入退出办法 ……………… 690
武汉申请购买经适房条件公布 人均月收入	山东加大公租房建设财政支持力度 …………… 691
824元内 ………………………………………… 676	浙江出台公租房"拎包入住"装修标准 ……… 691
广西保障房建设实行终身责任制 ………………… 676	福州对保障房进行多部门联审多种情况不能
江西鼓励大型房企进入保障房领域 ……………… 676	申请 ……………………………………………… 692
八大措施加大河南保障房建设力度 工程质量终身	二、研究报告 ……………………………………… 692
负责 ……………………………………………… 677	"十二五"时期实现城市科学发展的若干思路
江西：进一步抓好保障性安居工程质量工作 …… 678	…………… 住房和城乡建设部政策研究中心课题组 692
内蒙古建立住宅房屋征收最低补偿金额制度 …… 678	促进建筑业中小企业健康发展的政策设想
甘肃省全面启动保障性安居工程统计工作 ……… 678	…………… 住房和城乡建设部政策研究中心课题组 697
山东临沂市国有林场危旧房改造纳入安居工程 …… 679	低碳背景下发展绿色建筑是大势所趋
贵州抓住关键环节确保保障房质量安全 ………… 679	…………… 住房和城乡建设部政策研究中心课题组 701
北京将对轮候公租房困难家庭给予租金补贴 …… 679	加强城市地下空间开发利用法制建设促进土地
海南严格整治保障房工程转包及违法发包 ……… 680	节约集约利用
天津将推"订单式限价房"利润限定5% ……… 680	…………… 住房和城乡建设部政策研究中心课题组 704
昆明公租房管理办法：轮候摇号分配公租房 …… 681	注重研究和解决公共租赁住房制度的长远性问题
杭州撤销400户家庭廉租房资格 ………………… 681	…………… 住房和城乡建设部政策研究中心课题组 707
长沙多举措保"安居"4年完成城镇住房保障	"十一五"工程监理行业发展成就
17万户 …………………………………………… 681	……………………………………… 中国建设监理协会 711

第七篇 数据统计与分析

一、2011年城镇建设统计分析 ……………………… 718	二、2011年建筑业发展统计分析 …………………… 728
（一）2011年城市建设统计概述 ………………… 718	（一）2011年建筑业基本情况 …………………… 728
（二）2011年县城建设统计概述 ………………… 722	（二）2011年全国建筑业发展特点分析 ………… 732
（三）2011年村镇建设统计概述 ………………… 725	（三）2011年建筑业特级、一级资质企业基本情况
（四）2011年城镇污水处理设施建设情况 ……… 727	分析 …………………………………………… 736

（四）2011年建设工程监理行业基本情况 …… 741
（五）2011年工程建设项目招标代理机构基本
　　　情况 …… 744
（六）2011年工程勘察设计企业基本情况 …… 745
（七）2011年房屋市政工程生产安全事故情况 …… 752
（八）入选国际承包商225强的中国内地企业 …… 757
（九）入选全球承包商225强的中国内地企业 …… 759
（十）2011年我国对外承包工程业务完成营业额和
　　　新签合同额前50家企业 …… 760
（十一）2012年中国500强企业中的建筑业企业 …… 763
（十二）2012年"世界500强"中的中国建筑业
　　　　企业 …… 765
（十三）2011年度中国建筑业企业双百强 …… 765
三、2011年全国房地产市场运行分析 …… 771
（一）2011年全国房地产开发情况 …… 771
（二）2011年商品房销售和待售情况 …… 773
（三）70个大中城市住宅销售价格变动情况 …… 774
（四）2011年全国房地产开发资金结构分析 …… 794
（五）2011年全国房地产市场季度分析 …… 795
（六）2011年全国房地产开发景气指数 …… 797
（七）2012年中国500强企业中的房地产企业 …… 797
（八）2012年世界500强企业中的房地产企业 …… 798
四、2011年各省、自治区、直辖市住房城乡建设
　　部门行政复议工作统计分析报告 …… 798
（一）案件基本情况 …… 798
（二）案件特点 …… 799
（三）经验做法 …… 800
（四）问题和建议 …… 800

第八篇　部属单位、社团与部分央企

一、部属单位、社团 …… 804
　住房和城乡建设部科技发展促进中心 …… 804
　住房和城乡建设部干部学院 …… 805
　住房和城乡建设部人力资源开发中心 …… 807
　住房和城乡建设部执业资格注册中心 …… 808
　中国建筑工业出版社 …… 810
　中国城市科学研究会 …… 811
　中国房地产研究会 …… 815
　中国建筑学会 …… 819
　中国土木工程学会 …… 822
　中国风景园林学会 …… 824
　中国市长协会 …… 826
　中国城市规划协会 …… 828
　中国房地产业协会 …… 830
　中国勘察设计协会 …… 833
　中国建筑业协会 …… 835
　中国安装协会 …… 839
　中国建筑金属结构协会 …… 844
　中国建设监理协会 …… 848
　中国建筑装饰协会 …… 850
　中国公园协会 …… 853
　中国工程建设标准化协会 …… 854
　中国建设工程造价管理协会 …… 857
　中国建设教育协会 …… 858
二、中央企业 …… 860
　中国建筑工程总公司 …… 860
　中国铁路工程总公司 …… 863
　中国铁建股份有限公司 …… 868
　中国水利水电建设集团公司 …… 872
　中国有色矿业集团有限公司 …… 878

第九篇　2011年建设大事记

1～12月 …… 884

第十篇　附　录

一、2011年度会议报道 …… 892
　财政部　国家税务总局　住房和城乡建设部有关
　　负责人就房产税改革试点答记者问 …… 892
　全国建筑安全生产电视电话会议 …… 893
　住房和城乡建设部与湖北省举行工作会谈 …… 894
　建设标准编制工作会议 …… 894
　第七届国际绿色建筑与建筑节能大会暨新技术与
　　产品博览会 …… 894
　全国工程建设标准定额工作座谈会 …… 895
　财政部、住房城乡建设部部署"十二五"北方采暖区
　　既有居住建筑供热计量及节能改造工作 …… 896
　全国保障性安居工程质量管理电视电话会议 …… 897
　2011城市发展与规划大会 …… 897
　全国整顿规范建筑市场秩序电视电话会议 …… 898

学习贯彻胡锦涛总书记重要讲话精神　住房城乡
　　建设部党组中心组召开扩大会议 …………… 898
住房城乡建设安全生产和质量管理电视电话会议 … 899
保障性安居工程进度和质量安全工作会议 ………… 900
全国节水型城市创建工作会议 ……………………… 901
第六届中国城镇水务发展国际研讨会 ……………… 903
2011中国城市规划年会 ……………………………… 903
第十届中国国际住宅产业博览会 …………………… 904
2011年北方采暖地区供热计量改革工作会议 ……… 904
中国城市公交协会第四次会员代表大会 …………… 905
第47届国际规划大会 ………………………………… 905
第八届中国国际园林博览会 ………………………… 906

二、示范名录 …………………………………………… 907
　　第十三批国家园林城市名单 …………………… 907
　　第五批国家园林县城名单 ……………………… 907
　　第三批国家园林城镇名单 ……………………… 907
　　第二批全国特色景观旅游名镇（村）名单 ……… 908
　　"十一五"创建全国无障碍建设先进城市 ……… 910
　　"十一五"创建全国无障碍建设城市 …………… 910
　　2011年度全国物业管理示范住宅小区（大厦、工业区）
　　　名单 ……………………………………………… 910
　　取消"全国物业管理示范（优秀）住宅小区（大厦、
　　　工业区）"称号的物业管理项目名单 ………… 912
　　第一批城镇污水处理厂污泥处理处置示范项目
　　　名单 ……………………………………………… 913

三、获奖名单 …………………………………………… 914
　　2011年中国人居环境获奖名单 ………………… 914
　　2010～2011年度中国建设工程鲁班奖
　　　（国家优质工程） ………………………………… 914
　　2011年"中国建研院CABR杯"华夏建设科学技术奖
　　　获奖项目 ………………………………………… 922
　　2011年全国绿色建筑创新奖获奖项目名单 …… 932

第一篇

重　要　活　动

国务院常务会议研究部署做好房地产市场调控工作

国务院总理温家宝1月26日主持召开国务院常务会议，研究部署进一步做好房地产市场调控工作。

会议指出，自去年4月份《国务院关于坚决遏制部分城市房价过快上涨的通知》印发后，房地产市场出现积极变化，房价过快上涨势头得到初步遏制。为巩固和扩大调控成果，逐步解决城镇居民住房问题，继续有效遏制投资投机性购房，促进房地产市场平稳健康发展，必须进一步做好房地产市场调控工作。会议确定了以下政策措施：

（一）进一步落实地方政府责任。地方政府要切实承担起促进房地产市场平稳健康发展的责任。2011年各城市人民政府要根据当地经济发展目标、人均可支配收入增长速度和居民住房支付能力，合理确定本地区年度新建住房价格控制目标，并于一季度向社会公布。

（二）加大保障性安居工程建设力度。各地要通过新建、改建、购买、长期租赁等方式，多渠道筹集保障性住房房源，逐步扩大住房保障制度覆盖面。加强保障性住房管理，健全准入退出机制，切实做到公开、公平、公正。有条件的地区，可以把建制镇纳入住房保障工作范围。努力增加公共租赁住房供应。

（三）调整完善相关税收政策，加强税收征管。调整个人转让住房营业税政策，对个人购买住房不足5年转手交易的，统一按销售收入全额征税。加强对土地增值税征管情况的监督检查，重点对定价明显超过周边房价水平的房地产开发项目，进行土地增值税清算和稽查。加大应用房地产价格评估技术加强存量房交易税收征管工作的试点和推广力度，坚决堵塞税收漏洞。严格执行个人转让房地产所得税征收政策。各地要加快建立和完善个人住房信息系统，为依法征税提供基础。

（四）强化差别化住房信贷政策。对贷款购买第二套住房的家庭，首付款比例不低于60%，贷款利率不低于基准利率的1.1倍。人民银行各分支机构可根据当地人民政府新建住房价格控制目标和政策要求，在国家统一信贷政策的基础上，提高第二套住房贷款的首付款比例和利率。加强对商业银行执行差别化住房信贷政策情况的监督检查，对违规行为严肃处理。

（五）严格住房用地供应管理。各地要增加土地有效供应，落实保障性住房、棚户区改造住房和中小套型普通商品住房用地不低于住房建设用地供应总量的70%的要求。在新增建设用地年度计划中，单列保障性住房用地，做到应保尽保。今年的商品住房用地供应计划总量原则上不得低于前2年年均实际供应量。大力推广以"限房价、竞地价"方式供应中低价位普通商品住房用地。加强对企业土地市场准入资格和资金来源的审查，参加土地竞买的单位或个人，必须说明资金来源并提供相应证明。对擅自改变保障性住房用地性质的，坚决纠正，严肃查处。对已供房地产用地，超过两年没有取得施工许可证进行开工建设的，及时收回土地使用权，并处以闲置一年以上罚款。依法查处非法转让土地使用权行为。

（六）合理引导住房需求。各直辖市、计划单列市、省会城市和房价过高、上涨过快的城市，在一定时期内，要从严制定和执行住房限购措施。原则上对已有1套住房的当地户籍居民家庭、能够提供当地一定年限纳税证明或社会保险缴纳证明的非当地户籍居民家庭，限购1套住房；对已拥有2套及以上住房的当地户籍居民家庭、拥有1套及以上住房的非当地户籍居民家庭、无法提供一定年限当地纳税证明或社会保险缴纳证明的非当地户籍居民家庭，暂停在本行政区域内向其售房。

（七）落实住房保障和稳定房价工作的约谈问责机制。未如期确定并公布本地区年度新建住房价格控制目标、新建住房价格上涨幅度超过年度控制目标或没有完成保障性安居工程目标任务的省（区、市）人民政府，要向国务院作出报告，有关部门根据规定对相关负责人进行问责。对于执行差别化住房信贷、税收政策不到位，房地产相关税收征管不力，以及个人住房信息系统建设滞后等问题，也纳入约谈问责范围。

（八）坚持和强化舆论引导。对各地稳定房价和住房保障工作好的做法和经验，要加大宣传力度，引导居民从国情出发理性消费。对制造、散布虚假消息的，要追究有关当事人的责任。

（摘自新华网　2011年1月26日）

温家宝：保障性住房供地须应保尽保

3月14日上午，国务院总理温家宝在北京人民大会堂会见采访十一届全国人大四次会议的中外记者时表示，对于保障性住房，土地必须单列，做到应保尽保。

温家宝指出，调控房价要三管齐下：控制货币的流动性；运用财政、税收和金融手段来调节市场的需求；加强地方政府的责任。当前最重要的是各项政策措施的落实。对于中央来讲，就是要加强对地方落实房价调控政策的检查力度，真正实行问责制。同时密切跟踪和分析房地产市场发展的形势，进一步研究有针对性的宏观调控措施。对地方来讲，就是要认真落实房地产调控的责任。比如，首先要公布政府调控房地产的政策和房价控制目标。

温家宝强调，调控房价还有一项非常重要的措施，就是加快保障性住房建设，从供求上解决房地产市场存在的问题。他说，2011年建保障性住房1000万套，2012年再建1000万套，也就是在今后5年能够建设3600万套。保障性住房除了棚户区改造以外，主要用于公租房和廉租房，这个方向必须明确。资金落实上，中央今年将向地方补助1030亿元，地方财政也相应加大投入，但还必须更广泛地利用社会资金。对于保障性住房，土地必须单列，做到应保尽保。

（摘自新华社　2011年3月15日）

全国保障性安居工程工作会议召开

2011年2月24日，中共中央政治局常委、国务院副总理李克强出席全国保障性安居工程工作会议并讲话。他强调，要认真贯彻落实党中央、国务院的决策部署，大规模实施保障性安居工程，加大投入，完善机制，公平分配，保质保量完成今年开工建设1000万套的任务，努力改善群众住房条件。

会上，住房城乡建设部主要负责同志通报了2010年全国保障性安居工程建设进展情况，对下一步工作提出了安排意见；内蒙古、黑龙江、山东、河南、陕西五省(区)政府负责同志介绍了当地保障性安居工程建设的做法和经验，谈了下一步工作打算。在认真听取大家的发言后，李克强说，住房乃民生之要。近年来，棚户区改造和廉租房、公租房等保障性住房建设力度逐步加大，上千万困难群众住房条件明显得到改善。今年保障性安居工程建设1000万套是硬任务，对于稳预期控房价、惠民生促和谐、扩内需转方式具有重大意义，也是调整收入分配结构的重要举措。各地要抓紧安排开工，尽早建成投入使用。

李克强指出，加快推进保障性安居工程，要把保障基本需求与引导合理消费结合起来，从我国人多地少的基本国情出发，多提供小户型、齐功能、质量可靠的住房。要大力发展公租房，大幅度提升公租房在保障房中的比例，满足居民住房租赁需求，形成梯度消费的合理模式。

李克强说，加大政策支持力度是保障性安居工程建设的前提条件。要大幅增加并及早下达中央和地方财政资金，减免相关税费，合理确定公租房租金水平，引导银行贷款和社会投资，多渠道筹集建设资金，保证资金不留缺口。对公租房等保障性安居工程建设用地按规定实行划拨方式，并增加普通商品住房建设供地。

李克强强调,确保分配公平是大规模实施保障性安居工程的"生命线"。要坚持增加投入与创新机制并重,从准入标准、审核程序、动态管理、退出执行等方面制定一整套制度,实行保障房源、分配过程、分配结果三公开,强化监督管理,确保分配公平公正,使低收入和中等偏下收入住房困难群众真正受益。要严格执行工程建设各项规定,确保房屋质量和建设资金安全,经得起历史和人民的检验。在运营上,要注重发挥市场机制的作用,降低管理成本,提高管理效率,实现保障性安居工程可持续运转。

李克强说,解决群众的住房问题,既要加快保障性安居工程建设,又要促进房地产市场平稳健康发展。各地要进一步加强领导,明确目标责任,及时制定实施细则,有效抑制投资投机性需求,增加普通商品住房供给,坚决落实进一步加强房地产市场调控的政策措施。

会上,国家保障性安居工程协调小组与各省(区、市)政府和新疆生产建设兵团签订了2011年保障性安居工程目标责任书。

各省(区、市)政府和新疆生产建设兵团负责同志,中央有关部门、国务院有关部门和单位,军队有关部门负责同志,以及部分大型商业银行、中央企业负责同志,各计划单列市、省会(首府)城市和部分地级城市政府负责同志,各省(区、市)住房城乡建设、发展改革、财政、国土资源部门负责同志参加会议。

(摘自《中国建设报》 2011年2月25日)

李克强出席部分省份保障性安居工程工作会议并讲话

2011年6月11日,中共中央政治局常委、国务院副总理李克强在河北省石家庄市出席部分省份保障性安居工程工作会议并讲话。他强调,各地要认真贯彻落实党中央、国务院的决策部署,注重创新机制,确保任务落实,确保建设质量,确保分配公平,三方面齐头推进,实现今年保障房建设目标,兑现对人民群众的郑重承诺。

会上,住房和城乡建设部负责人以及河北、北京、天津、山西、内蒙古、黑龙江、河南、陕西等8个省(区、市)政府负责人先后发言。李克强充分肯定保障房建设已取得的成绩。他说,保障性安居工程既是重大民生工程又是重大发展工程,不仅有利于保障和改善民生,增加住房有效供给,抑制房价过快上涨;也有利于优化投资结构,扩大消费需求,带动相关产业发展。这是对我们加快转变经济发展方式的重要检验,也是加强和改善宏观调控、保持经济平稳较快发展的重要举措。

据介绍,前5个月全国保障性安居工程开工率比去年同期明显提高,但各地进展还不平衡。李克强指出,2011年开工建设1000万套保障性住房,包括加快棚户区改造,大力建设公租房,是一项硬任务,老百姓翘首以盼,全社会高度关注。必须增强紧迫感和责任感,进一步加大工作力度,下真功夫扎扎实实推进,各有关方面要形成合力,推动计划项目如期开工、在建项目按时竣工。

保证完成建设任务,关键在于提高认识、创新机制、落实条件、强化责任。李克强说,中央将进一步采取措施加大对地方的资金支持力度,各地也要集中财力用于保障房建设,抓紧建立健全保障性安居工程融资机制,吸引各方面资金投入,同时加强资金监管,确保资金安全。保障房用地要优先供应、应保尽保,项目审批要急事急办,为推动保障房建设创造条件。

李克强强调,住房质量直接关系群众生命财产安全,在这个问题上不能有丝毫马虎和放松。各地都要尽快制定落实保障房质量监管办法,在设计、建材、施工等各个环节上严格把关,对存在的问题、隐患发现一起,整改一起。要对保障房建设实行质量终身责任制,一旦质量出了问题,不论责任人走到哪里,都要追究其责任。

李克强指出,公平分配是保障性安居工程的"生命线"。各地都要出台保障房分配管理的具体办法,完善准入退出机制,审核和分配房屋要实行网上公开,接受人大代表、政协委员、新闻媒体和人民群众全过程监督,建立投诉举报制度,坚决排除人为干扰,严肃查处以权谋私,做到过程和结果公开公平公正，使住房困难的中低收入家庭受益。李克强要求，各地区各有关部门要进一步贯彻落实国务院关于房地产调控的政策措施，促进房地产市场健康发展。

会前，李克强来到石家庄市长安区建华家园，考察了保障房建设、管理和分配情况。小区一期工程 6 栋保障房前不久已经配租完毕，居民正在陆续入住。李克强走进物业管理中心，与居民和工作人员亲切交谈，详细了解配租流程。在社区中心广场的展板前，他听取了河北省及石家庄市保障房建设工作介绍，对当地抓开工建设、抓施工质量、抓公平分配的做法给予肯定。看到已竣工的建筑墙体外挂有标明建设、勘察、设计、施工、监理等单位名称和负责人姓名的铭牌，李克强说，这刻下了荣誉，也刻下了责任，意味着对保障房质量永远负责。

国务院有关部门负责人、有关省（区、市）政府负责人参加了上述活动。

（摘自新华网　2011 年 6 月 12 日）

李克强主持召开加强保障性安居工程质量和分配管理工作座谈会

中共中央政治局常委、国务院副总理李克强2011 年 10 月 11 日在湖南省长沙市主持召开加强保障性安居工程质量和分配管理工作座谈会并讲话。他强调，要把确保质量和公平分配作为保障性安居工程的生命线，建设质量优良、分配阳光的工程，使之经得起历史和人民的检验。

座谈会上，住房和城乡建设部、部分省（区、市）汇报了今年保障房建设、质量检查以及加强分配、运营管理等方面的进展情况。会议认为，今年保障性安居工程建设顺利推进，目前已开工建设 980 多万套，房屋建设质量总体较好，对改善困难群众住房条件、保持经济平稳运行、促进房地产市场健康发展等都发挥了重要作用。在认真听取大家发言后，李克强说，各地区、各有关部门认真贯彻党中央、国务院决策部署，想办法，出实招，积极破解资金、土地等方面的难题，为完成全年目标奠定了基础，在保证保障房公平分配方面也进行了积极探索，取得了有益经验，成绩来之不易。

李克强指出，推进保障性安居工程，要确保任务完成、质量可靠、分配公平，这些要求在年初就已作了部署。在当前大规模开工建设的情况下，尤其要重视确保住房建设质量和分配公平。保障房是群众生活起居的场所，也是政府主导改善民生的标志性工程，增加保障性住房数量是重要的，但保证质量是根本要求，如果住房质量出了问题，轻则财产受损，重则危及生命。加强质量管理关键要切实做到"四严"、"一追究"。"四严"就是要严把规划选址关、严把建筑材料关、严把设计施工监理关、严把竣工验收关，对存在质量问题或隐患的，决不能交付使用；"一追究"就是依法追究责任，这是保证房屋质量的一把"利剑"，不仅要举起来，而且要用起来。对监管中发现的问题要一抓到底，轻的实行经济处罚，重者要清退出市场，直至追究刑事责任。对部门和地方也要严格考核问责。大家齐心协力，把保障性住房建成百年安居工程。

李克强强调，要把政府保障和市场供应结合起来，在主要依靠市场满足居民多层次住房需求的同时，政府要履行保基本的职责，努力改善中低收入住房困难家庭的居住条件。不仅要投入大量公共资源建设好保障性安居工程，而且要通过健全制度把保障房分配好，这关系到政府的公信力，也是群众的热切盼望。如果把不好公平公正这杆"秤"，保障房就难以发挥应有作用，群众就不会真正满意。要做到公平公正，关键是完善准入退出机制，严格按照保障标准和条件，审核保障房入住资格。坚持以小户型为主，适应中低收入住房困难家庭的基本居住需要。要探索完善轮候制度，使符合条件的家庭能在合理轮候期内获得保障房，使他们有明确的预期。合理确定保障房"退出"的条件和办法，增强政策执行力，使入住者不符合保障条件后能及时退出，使有限的保障房实现良性循环，惠及更多群众。他指出，公开透明是保障房管理的最基本要求，保障房作为公共资源，要实行全过程公开、全社会公示、全方位监督，始终在公众的目光下分配，使不公行为无处藏身。同时，要建立纠错机制，对分配后发现的问题也要及时纠正，坚决查处各种骗购骗租、违规转租转售，以权谋私以及向不符合条件家庭违规供应保障房等行为。

李克强最后说，当前世界经济形势发生很多新变化，风险因素增多，国内房地产市场调控正处在关键时期，保障性安居工程建设作为重大民生和重大发展工程，又是宏观调控的重大举措，可以发挥多重积极效应。各方面要在全力抓好今年保障性安居工程建设的同时，因地制宜，及早明确明年的建设任务，做好土地储备、资金预安排等前期工作，为明年顺利推进公租房等保障性住房建设和加大棚户区改造力度、做好已开工建设保障房竣工和交付使用等工作早做准备，推动可持续发展。

国务院有关部门负责人，江西、湖北、湖南、广东、广西、重庆等省（区、市）政府负责人参加了座谈会。

(摘自新华网 2011年10月12日)

王岐山在中新天津生态城联合协调理事会第四次会议上的讲话

中新生态城是中新两国政府合作的又一标志性项目。在盐碱荒滩上建设生态城市，转变经济发展方式，调整经济结构的一些探索和经验，意义深远，极具挑战。三年来，在中新双方共同努力下，天津生态城起步区建设初战告捷，绿色建筑、道路管网、景观绿化等配套设施建设进展顺利，污水库治理、盐碱地改良取得阶段性成果，动漫创意、节能环保等产业发展势头良好，昔日的盐碱荒滩发生了巨大变化，成绩来之不易。希望双方继往开来，扎实推进天津生态城的建设。

天津生态城是中国和新加坡两国高层高度关注的项目，在这里我再强调一下之所以高度关注的背景。

众所周知，生态问题已经成为全人类面对的共同难题。全世界人口已经到达70亿，人类的人口持续增加和生活水平不断提高，所需的能源与资源都要向大自然索取。中国在经历了改革开放后，发展快、变化大，但仍然是人口多、底子薄、人均资源禀赋差的发展中国家。但是，为了人类的发展，为了创造中国的文明与未来，又必须经过工业化、城市化的过程，中国正处在这个过程中。先行国家的经验表明：工业化、城市化加快的时期，是众多矛盾凸显的时期，也是发展机遇非常宝贵的时期。这其中的挑战实际上集中表现在工业化过程中生态、环境和城市化等方面。特别是在人均资源禀赋已经很差的情况下，要实现工业化和城市化，同时又要很好地解决生态不可持续的问题就成了当务之急。天津生态城承担了探索全新的城市化、产业化发展道路的使命。这就是中新两国高层高度重视天津生态城建设的背景。

现在生态城起步区建设进展顺利。天津现在是中国发展最快的省市自治区之一，通过天津生态城项目，新加坡的朋友应该了解到，该市经济社会各方面发展都非常之快。特别是滨海新区，是天津发展非常重要的推动力。滨海新区要解决生态不可持续的问题，就要把生态城打造成一个绿色发展的示范区。

为什么说生态城建设极具挑战又是很大难题。因为既要经济较快的发展，不发展就没钱；又要绿色发展，这就需要钱，需要大量的成本投入。现在生态城的发展有若干的挑战，其中有一个是生态成本的挑战，这是西方发达国家在城市化、工业化时期，不具有的问题。现在西方发达国家的生活方式在全球的扩散所带来的问题在现阶段很难解决。好莱坞的文化产业已经把欧美的生活方式深深印到了发展中国家或者说其他国家青少年儿童的心中。对这种好莱坞式的现代生活方式必须作一些反思或调整。我曾和新加坡张志贤副总理在绿色低碳方面交换了意见。我说，为什么人们要到冷气房子里去骑自行车，要在冷气房子里减肥、做出汗的运动呢？像新加坡，随便在路上蹬自行车，就会出一身大汗。为什么要坐着公共包机，去钓鱼、潜水、登山呢？这些都不是低碳的生活方式。

更重要的是，我们必须注意到，绿色经济的发展要靠创新。如果没有科学的发现和技术的创新，是做不到绿色发展的。而技术创新成果的推广最最重要的是如何降低成本，否则这些创新是不可能代替常规技术或传统能源的。我们现在很多科学实验或技术进步所带来的创新成果很好，但有的解决不了成本问题而无法推广应用。所以，我觉得天津生态城在这方面面临的挑战也是双方要注重的，就是怎么把科技创新成果运用到城市建设中去，同时又能降低建设成本。北京有一家公司用砂子做透水砖，效果很好，但是成本太高。相对于其他透水砖来讲，它成本高到一定程度，就会影响到应用，没有市场就不能盈利和推广。我们现在面临的某些挑战，不是一难问题，甚至两难、三难互相牵制的问题。

所以，我觉得天津生态城对中国、对新加坡下阶段的发展都很重要。对中国来说，它的重要性在于我们要借助该项目来引领科学发展，在工业化、城市化没完成前就强调生态、绿色和科学发展。而从生态方面来说，在工业化、城市化过程中要实现绿色发展，那就意味着工业化和城市化要极大地增加成本。因我当过市长，我很理解天津市方面的难处。不发展就没财政，没财政就没法做到绿色；要是不绿色，发展就不可持续，这些问题互相纠缠在一起。从解决此矛盾的难度上看，天津生态城跟苏州工业园可不是一回事。苏州工业园发展得早，发展得比较成熟，财力已经相当雄厚，所以很多生态环境方面的补课现在好办。但是，天津生态城刚刚起步。天津应该说这些年发展是最快的，变化也是最大的，但和苏州相比还是底子薄，这些是实实在在的。另外，它的资源禀赋和苏州也不一样，华北地区普遍缺水，上世纪80年代就引滦入津了，但它又是环渤海发展的领头羊，水资源消耗不可避免。天津就是这样一座城市，而且是北方最重要的经济城市。因此，我们双方要共同努力。相信大家都能够感受到，中国不仅需要建设天津生态城，更重要的是要把天津生态城这种新模式在全国进行普及和复制、推广，还是得有示范性。

除此之外，张志贤副总理也提到由于全球气候变暖、海平面上升，新加坡作为临海国家，应有所防范。面对这个问题，不少人都到荷兰阿姆斯特丹去学习。因为阿姆斯特丹是世界上著名的低于海平面的城市，他们拥有一些示范工程和成熟的技术。应对气候变化，这也是中新两国合作建设天津生态城一个很重要的目标。它的建设难度还在于必须具有示范性，所示范的技术和工程都必须成本可控、可推广、可复制。只有这样，生态城将来才能够成为全国乃至全球发展中国家工业化、城市化过程中绿色发展的示范。由此可见，中新两国合建天津生态城任重而又道远。

谢谢新加坡的朋友们！我相信，经过我们双方的努力，天津生态城一定会成功！

（据2011年7月27日讲话记录整理）

（摘自《中国建设报·中国住房周刊》2011年9月14日）

李克强召开保障房建设现场座谈会并讲话

新华社石家庄2011年11月27日电　中共中央政治局常委、国务院副总理李克强近日在河北省廊坊市召开保障房建设现场座谈会并讲话。他指出，要继续扎实推进保障性安居工程建设，把好质量安全关、公平分配关，更好地发挥保障房建设惠民生、稳房价、扩内需、促发展的多重作用。

在儒苑小区建设工地会议室，李克强与河北省、廊坊市相关负责人和基层保障房管理部门、施工单位、监理单位代表，以及保障房申请群众现场座谈，认真听取他们的意见建议，询问建设中的实际困难，了解群众的住房需求和期盼。李克强说，今年是我国保障性安居工程开工量最大的一年，经过各方面共同努力，克服困难，实现了新开工建设1000万套保障性住房的目标，为"十二五"保障房建设开了一个好头，成绩来之不易。要继续扎扎实实地推进，再加一把力，继续搞好在建项目施工并如期完工，让更多低收入住房困难群众尽早入住。

李克强指出，保障性住房建设是重大民生工程。目前不少低收入居民家庭住房困难问题比较突出，很多群众仍住在棚户区中，还有一些中等偏下收入家庭无力通过市场租赁或购买住房，一些新就业人员和进城务工人员也亟待解决居住问题。建设公租房、廉租房等保障性住房，加快推进棚户区改造，可以改善住房困难群众住房条件，是他们的热切期盼，这几年已经取得了很好的效果，需要继续加以推进，让更多困难群众受益。同时，保障房建设也是重大发展工程，是宏观调控的重大举措。中国内需最大的潜力在城镇化，而房价过高则会抑制城镇化进程。建设保障房，有利于遏制房价过快上涨，助推城镇化，这会释放出巨大的消费和投资潜力，推动相关产业发展。特别是在当前世界经济又趋低迷、我国发展外部环境复杂严峻的情况下，扎实推进保障房建设，对于扩大内需、保持经济平稳较快发展具有独特的重要作用。

李克强说，推进保障性安居工程，年初我们就强调要做到"三个确保"。现在，随着确保开工建设目标的实现和陆续建成，要更加重视确保住房建设质量，确保分配公平。这也是人民群众最关心的。各地要总结经验，在建材采购、施工、监理、验收等各环节健全质量管理制度，并切实落实到在建项目中，做到质量检查常抓不懈、质量责任终身追究。凡出现质量问题的，都要对相关单位和责任人严格问责，并记录在案，问题严重的企业要清退出市场。科学制定分配程序，完善审核制度，全面准确掌握申请户实际资产等家庭情况，严格准入资格审核。建立健全纠错、退出机制。实行保障房分配全方位、全过程、全社会监督，做到过程和结果都公开公平公正。严肃查处骗租骗购、利用职权为自己或他人获取保障房牟取私利等各种违规违纪行为。加快推进全国城镇个人住房信息系统建设，逐步与土地、财税、金融等系统实现信息互通，为公平分配保障房提供更好的支撑。

李克强说，明年不仅首先要努力完成今年的结转项目，使其如期竣工交付使用，各地还要根据自身实际，新开工相当数量的保障房，建设任务十分艰巨。各地要统筹谋划，做好项目安排、资金筹措和土地落实等工作。要增加政府投入，加大金融支持，拓宽融资渠道，通过创新经营模式吸引社会资金进入保障房特别是公租房建设领域。做好住房建设数据统计。因地制宜，建立有效的运营管理机制，使已建成的保障房和配套设施正常、可持续运行。

针对座谈会上地方反映的问题，李克强表示，要抓紧研究把保障房用地计划单列，同时研究通过债券等形式筹集资本金的机制，推进建设保障房必要的市政配套设施。

李克强强调，当前房地产市场调控已取得一定成效，但仍处于关键时期，要坚持实施遏制房价过快上涨的政策措施，进一步巩固调控成果。继续完善住房供应体系，在积极推进公租房等保障性住房建设、加大棚户区改造力度的同时，增加中低价位、中小户型普通商品住房供给。充分发挥市场的力量，满足群众多层次、多样化的住房需求，促进房地产市场健康发展和人民群众住有所居。

国务院有关部门负责人、河北省委省政府负责人参加了会议。

（摘自人民网-人民日报　2011年11月28日）

全国住房保障工作会议召开

中共中央政治局常委、国务院副总理李克强在全国住房保障工作会议上强调，要贯彻落实中央经济工作会议精神，扎实做好明年住房保障工作，在确保质量的前提下，统筹推进新开工和结转续建项目建设，完善配套设施，力争更多竣工，确保分配公平，促进民生改善和经济发展。

会上，住房和城乡建设部，北京、黑龙江、江苏、陕西4省(市)政府负责同志介绍了今年住房保障工作和明年打算及建议。在认真听取大家的发言后，李克强说，今年是住房保障工作很不平凡的一年。各地区、各有关部门齐心协力，措施硬、力度大，积极破解资金、土地等难题，严把质量安全和分配公平关，完成了开工建设保障房和棚改房1000万套的任务，其中已建成的住房使上千万困难居民住房解困，并在创新保障房建设和管理模式等方面探索创造了经验，为"十二五"保障性安居工程建设开了个好头。

李克强强调，保障性安居工程是重大民生工程和发展工程。保障群众基本住房需求是各级政府的重要职责，通过建设保障房，帮助困难群众以低成本改善住房条件，实现住有所居，是群众的热切期盼。而且这也是收入再分配的一种有效形式，有利于缩小收入差距，促进社会和谐稳定。同时，保障房建设是宏观调控的重大举措，有利于扩大内需，支撑城镇化发展，促进经济平稳较快发展和物价总水平基本稳定，特别在当前严峻的国际经济形势下，要成功应对复杂局面，明年必须按照以扩大内需为战略基点的要求，扎实有效推进住房保障工作，发挥好其对投资和消费的较强拉动作用，为经济增长提供重要动力。

李克强说，为扎实有序推进保障房建设，明年安排的新开工数量比今年少，但加上结转续建，在建规模仍很大，任务艰巨。中央补助资金将比今年明显增加，各地也要加大政府投入，还要通过贷款支持、发行企业债券等方式吸引社会资金，多元筹措资金。对保障房新增建设用地指标实行单列，确保用地需要，开展探索利用集体建设用地建设公租房的试点。进一步加大棚户区改造力度。多渠道筹集保障房源，在商品房项目中配建一定比例的保障房，使不同收入群体和谐共居。政府也可通过购买合适的普通商品房现房来增加保障房有效供应。全年要基本建成500万套以上保障房，竣工量要高于今年，使更多困难群众早日入住。他强调，建设保障房不仅要让群众有房住，还要同步建设和完善必要的水、电、路、气等市政配套与相关服务设施，为居民提供方便。

李克强指出，住房是群众安身立命之所，要狠抓质量安全不松懈，建百年安居不动摇。关键是要做到项目资金到位、有效监管到位、责任落实到位。要合理确定项目预算，避免出现人为压低成本而影响质量的现象。对规划设计、招标投标、建筑用材、施工建设、竣工验收全过程监管，加快推进保障性住房工程质量、建材和部件供应质量终身责任制。对出现质量问题的一查到底，公开曝光，严格追究，使出现严重质量问题的企业在市场没有存身之地。

李克强强调，公开公平公正分配是住房保障工作的重中之重，明年大规模保障房建成后，这个问题会更加突出和紧迫。如果不把分配问题解决好，该保障的"落了空"，不该保障的"搭便车"，就会影响保障性安居工程的顺利推进。公平分配保障房，要做到"严格准入、程序公正、过程透明、技术支撑、及时纠错"。严格准入，就是明确界定和坚决把住保障对象是低收入和中等偏下收入住房困难群众；程序公正，就是在审核、公示、公证等环节严格把关，使每一位困难群众都能平等参与申请和分配；过程透明，就是要坚持阳光操作，接受群众、社会和媒体监督；技术支撑，就是要抓紧建设个人住房信息系统，尽早实现联网，真实全面掌握申请者、入住者信息，提高分配的效率和准确性；及时纠错，就是要建立和完善退出机制，一旦发现不符合条件者获得保障房，做到坚决及时清退。明年要就此开展专项督察。

李克强说，在做好保障房建设的同时，还要适应城镇居民合理的自住需求，增加普通商品住房供地，引导房地产企业推进普通商品住房建设。他指出，要坚持房地产调控政策不动摇，促进房地产市场健康发展。各方面要积极探索，完善符合我国国情和市场经济规律的住房政策体系。

会上，受国务院委托，住房和城乡建设部代表保障性安居工程协调小组与各省（区、市）、新疆生产建设兵团签订了明年保障性安居工程建设的目标责任书。责任书不仅明确了明年的开工量和开工期限，而且确定了竣工量。

各省（区、市）政府、新疆生产建设兵团分管住房和城乡建设工作的负责人，中共中央、国务院有关部门负责人，各省（区、市）发展改革、国土资源、财政、住房城乡建设部门负责人，各计划单列市、地级城市政府分管住房城乡建设工作的负责人参加工作会议。

（摘自《中国建设报》 2011年12月24日）

全国住房城乡建设工作会议召开

2011年12月23日，全国住房城乡建设工作会议在京召开。住房城乡建设部党组书记、部长姜伟新在会上作了报告，全面总结了2011年工作，并对2012年的重点工作进行了部署。部党组成员、副部长仇保兴、陈大卫，部党组成员、中央纪委驻部纪检组组长杜鹃，部党组成员、副部长齐骥、郭允冲出席会议。

会议认为，住房城乡建设系统坚决贯彻落实中央的决策部署，各方面工作都取得了较好进展，为"十二五"时期住房城乡建设事业科学发展打下了良好基础。

姜伟新指出，2011年保障性安居工程建设规模之大、任务之重，是史无前例的。在党中央、国务院的坚强领导下，在各地方、各部门的共同努力下，今年提前、超额完成了开工建设保障性住房和棚户区改造住房1000万套的任务。今年以来，各地区、各部门加大了落实中央房地产市场调控政策的力度，多数地区涨幅回落，房地产市场总体运行平稳，调控成效已经显现。

姜伟新指出，今年城乡规划和建设管理工作进一步推进。城乡规划督察员派驻城市总数达到89个，督察员总数达到102名。全国各地积极采取措施加强城市管理。预计今年全国城市生活垃圾无害化处理率超过78%，全国城市污水处理率有望达到80%，均比去年增加。农村危房改造265万户。住房公积金管理工作得到加强，资金总体安全。

姜伟新介绍，今年进一步加强了建筑市场监管，全系统组织开展了建设工程质量安全、建筑市场和轨道交通工程执法检查。启动北方采暖地区既有居住建筑供热计量及节能改造1.7亿平方米，相当于"十一五"期间的改造任务总量。严寒、寒冷地区已全面执行新的节能设计标准。

会议强调，做好明年的工作，既有许多有利条件，也面临着一些矛盾和问题，要全面正确判断形势，增强工作的主动性和前瞻性。根据中央经济工作会议精神，明年重点要抓好8个方面工作：

一是继续推进保障性安居工程建设，强化管理工作。明年新开工建设保障性住房和棚户区改造住房700万套以上，基本建成500万套以上，竣工要高于今年。采取有效措施，确保资金和土地落实。严把规划设计、建材供应、施工和竣工验收关，确保工程质量。完善准入分配机制，加强使用退出管理。认真抓好保障性住房小区的水、电、路、气及公共交通等基础设施的配套建设。深入研究住房保障政策和机制，逐步完善住房制度顶层设计。

二是继续坚持房地产调控不动摇，促进房地产市场健康发展。要继续落实地方政府对房价调控的责任。严格实施差别化住房信贷、税收政策，支持居民的合理购房需求，优先保证首次购房家庭的贷款需求。着力加快中低价位、中小套型普通商品住房建设。加快推进个人住房信息系统建设。注重房地产市场长效机制建设，促进房价合理回归。全面启动住房发展规划编制工作。

三是推进城市规划、建设和管理工作。着力提高城市总体规划、省域城镇体系规划等编制质量，增强规划科学性。继续扩大部派城乡规划督察员派驻城市范围，基本实现国务院审批总体规划城市的全覆盖。要加强城市综合管理，进一步加强城市地下管线综合管理。明年，各地要开展城市地下管线普查。各城市要积极探索创新地下管线管理方式，创造和积累管理经验。强化城市地下管线工程等城建档案管理，推动数字化城市管理平台功能向地下管线、城市安全等领域拓展和延伸。继续加强供水、供热、供气、城市桥梁等市政公用设施的安全监管，采取有效措施防治城市内涝。加快城市污水垃圾处理设施建设，强化市政公用设施安全监管，改善城市人居环境。编制和实施好城市综合交通体系规划，加快城市轨道交通建设和步行、自行车交通系统建设，大力提倡采用绿色交通方式出行，缓解城市交通拥堵。

四是更加突出地抓好建筑节能工作。要提高认识，把建筑节能工作摆在更加突出的位置抓实抓好。明年启动北方采暖地区既有居住建筑供热计量及节能改造1.9亿平方米。进一步强化新建建筑节能监管。大力发展绿色建筑。推进住宅产业化，推广商品住房全装修。

五是加快完善住房公积金制度。配合有关部门，加快修订《住房公积金管理条例》。进一步推进住房公积金运行监管系统建设，力争2012年末覆盖到全国100个城市。加强和改进服务，确保住房公积金资金安全和有效使用。

六是加大村镇建设力度。加快推进农村危房改造，明年中央将提高补助标准。加强村镇规划编制实施工作，扩大绿色低碳重点小城镇试点范围，强化传统村落保护。

七是进一步强化建筑市场和工程质量安全监管。重点推进有形建筑市场建设。全面落实各方主体的质量安全责任。强化资质资格动态监管，严格市场准入和清出管理。

八是认真抓好住房城乡建设领域立法执法工作。加快完善住房城乡建设法律法规和工程建设标准，继续落实好《国有土地上房屋征收与补偿条例》。规范城乡规划等领域行政处罚裁量权，继续强化稽查执法，加大案件查处力度。

会议同时强调，住房城乡建设系统必须不断深入开展党风廉政、精神文明和作风建设，增强干部队伍的战斗力、凝聚力，为顺利完成各项任务打下坚实基础。

会议期间，来自辽宁、广西等地住房城乡建设主管部门负责人进行了经验交流。各省、自治区住房城乡建设厅、直辖市建委及有关部门、计划单列市建委及有关部门主要负责人、纪检组长、文明办主任,新疆生产建设兵团建设局主要负责人,中央有关部门有关局(室)负责人,国务院有关部门司(局)负责人,总后基建营房部工程局负责人,中国海员建设工会有关负责人出席了会议。会议还特邀了部分地级以上城市和部分县(市)人民政府分管住房城乡建设工作的负责人出席。

(摘自《中国建设报》 2011年12月24日)

全国住房城乡建设系统党风廉政建设工作会议召开

2011年12月23日,全国住房城乡建设系统党风廉政建设工作会议在京召开。住房城乡建设部党组书记、部长姜伟新主持会议,部党组成员、中央纪委驻部纪检组组长杜鹃对今年住房城乡建设系统党风廉政建设和反腐败工作进行了总结,对明年工作作出部署。部党组成员、副部长仇保兴、陈大卫、齐骥、郭允冲出席会议。杜鹃强调,各级住房城乡建设部门要围绕中心、服务大局,深入开展党风廉政建设和反腐败斗争。

杜鹃指出,2011年,各级住房和城乡建设部门坚决贯彻中央关于反腐倡廉的重大决策部署,按照中央纪委监察部、住房和城乡建设部及地方各级党委、政府的要求,扎实抓好党风廉政建设和反腐败斗争各项工作,努力为住房城乡和建设事业健康发展提供政治和纪律保证。一是开展了保障性住房工作情况监督检查。二是加强了房地产调控政策执行情况监督检查。三是深化了工程建设领域突出问题专项治理。四是强化了住房公积金监管。五是加强了国有土地上房屋征收拆迁监管。六是推进了廉政风险防控管理工作。七是加强了干部廉洁自律工作。八是深化了制度建设和政务公开。九是推进了政风行风建设。十是加大了查办案件力度。

杜鹃强调,当前反腐倡廉形势依然严峻,任务依然艰巨,住房和城乡建设系统党风廉政建设和反腐败工作还存在一些差距和问题,必须高度重视,采取有效措施,切实加以解决。

杜鹃对2012年党风廉政建设和反腐败工作任务提出了要求:深入贯彻落实科学发展观,坚持标本兼治、综合治理、惩防并举、注重预防的方针,围绕中央纪委监察部交由住房和城乡建设系统牵头的任务,围绕住房城乡建设系统反腐倡廉建设的重点领域和薄弱环节,着力解决反腐倡廉建设中人民群众反映强烈的突出问题,着力规范党员领导干部廉洁从政行为,着力推进惩治和预防腐败体系建设,以党风廉政建设和反腐败斗争的新成效,迎接党的十八大胜利召开。

杜鹃要求,住房和城乡建设系统各级纪检监察机构要着力开展保障性住房建设管理情况监督检查,会同监察部进一步强化考核问责,对项目开工和施工进度、建设资金和用地供应、执行建设标准和建设程序、项目质量安全,特别是工程竣工验收加强监督检查;强化住房公积金监管,认真开展廉政风险防控工作,排查风险隐患,落实防范措施,会同有关部门开展专项检查,查处违规转存资金等行为;深化工程建设领域突出问题专项治理,严肃查处违规变更规划调整容积率问题的案件,推进长效机制建设,严格建筑市场资质资格审批,加强招标投标监管,推进有形市场建设,强化工程建设实施和工程质量全过程监管;加强国有土地上房屋征收拆迁监管,加大对征地拆迁违法违规行为的查处力度,继续宣传贯彻《国有土地上房屋征收与补偿条例》,建立各项配套政策,督促各地积极化解矛盾纠纷;强化党员领导干部监督,加强对政治纪律执行情况的监督检查,加强对干部选拔任用全过程的监督,认真执行领导干部廉洁自律各项规定,做到"十个禁止";推进行政审批制度改革,进一步清理减少和调整资质资格审批事项,针对重点部位和关键环节建立规范公开具体的行政审批运行流程,完善内控机制;纠正作风方面存在的问题,继续开展庆典、论坛、研讨会清理规范工作,加强对社会团体的监管,深化公务用车问题专项治理,继续整治领导干部收受礼金、有价证券等问题;开展廉政风险防控工作,围绕住房保障、城乡规划、住房公积金、房地产开发、工程建设实施和质量安全管理、企业资质和执业资格审批等关键行业,加强廉政风险防控工作,业务主管部门要提出行业开展廉政风险防控的指导意见;查办违纪违法案件,重点关注具有行政审批权、资金管理权、公共管理权、执法处罚权的部门和单位，加强信访举报和案件管理，结合查处违纪违法案件，大力开展反腐倡廉教育；提高纪检监察干部队伍素质。以思想政治建设为重点，不断提高素质、增强能力、改进作风，切实增强党性，勇于与腐败现象作斗争，努力建设一支忠诚可靠、服务人民、秉公执纪的纪检监察干部队伍。

(摘自《中国建设报》 2011年12月24日)

全国住房城乡建设系统精神文明建设工作会议召开

2011年12月23日，全国住房城乡建设系统精神文明建设工作会议在京召开。住房城乡建设部党组书记、部长姜伟新主持会议，部党组成员、副部长郭允冲回顾了2011年住房城乡建设系统精神文明建设工作取得的成效，并对2012年的精神文明建设工作作出部署。部党组成员、副部长仇保兴、陈大卫，部党组成员、中央纪委驻部纪检组组长杜鹃，部党组成员、副部长齐骥出席会议。郭允冲要求，全国住房城乡建设系统要深入学习贯彻党的十七届六中全会精神，努力开创住房城乡建设系统精神文明建设新局面。

郭允冲指出，今年以来，住房城乡建设系统精神文明建设工作认真贯彻党的十七大和十七届四中、五中、六中全会精神，贯彻落实科学发展观，紧紧围绕住房城乡建设中心任务，以加强道德建设、作风建设为重点，以多种形式的文明创建为载体，坚持理论武装、凝聚共识，奠定了行业发展的思想基础；坚持以德育人、弘扬正气，提升了职工队伍的综合素质；坚持改进作风、创先争优，树立了执政为民的良好形象；坚持以人为本、服务民生，丰富了文明创建的内涵；坚持突出重点、解决难点，推动了综治维稳工作的落实，在促进住房城乡建设事业持续稳定健康发展中发挥了重要作用。

郭允冲强调，2012年，住房城乡建设工作任务十分艰巨，精神文明建设要紧紧围绕中心工作，以邓小平理论和"三个代表"重要思想为指导，以迎接十八大召开、贯彻十八大精神为主线，以构建社会主义核心价值体系为根本，以群众性精神文明创建活动为载体，深入学习贯彻党的十七届六中全会精神，大力推动行业文化建设，不断加强和创新社会管理，使精神文明建设在推动住房城乡建设中心工作完成上发挥更大作用。要紧紧围绕贯彻十七届六中全会精神，切实加强和谐文化、服务文化和廉政文化建设，积极推进行业文化建设发展进步。要紧紧围绕建立社会主义核心价值体系，以迎接党的十八大召开为契机，大力开展理想信念教育和社会主义荣辱观教育，努力提升思想道德和职业道德素质，努力推动诚信体系建设，继续推行政务公开和办事公开。要紧紧围绕为民服务创先争优，贯彻落实部党组关于开展为民服务创先争优活动的指导意见，推动"打造一流作风、建设一流队伍、展现一流形象、提供一流服务"主题实践活动的深入开展，加大宣传力度，扩大行业影响，搞好群众评议，树立行业良好形象。要紧紧围绕改进作风提升服务，做好第三批全国文明单位的学习宣传工作，深入开展"文明行业示范点"和"青年文明号"创建活动，召开全系统文明行业创建工作座谈会，不断深化"创建文明机关、争做人民满意公务员"和中央国家机关文明单位创建活动，不断提高文明创建水平。要紧紧围绕贯彻落实部党组关于加强和创新社会管理工作的意见，加强政策研究，明确工作任务，落实工作责任，着力解决影响社会和谐稳定的源头性、基础性问题，着力提高预防控制能力，切实维护行业和系统稳定。

郭允冲要求，各级领导要进一步加强对精神文明建设重要意义的认识，把它作为职责范围内的硬任务，列上工作议程，落实工作责任。各级机关、各级领导干部特别是党政"一把手"要做好表率，带头参加、积极支持各项文明创建活动。要努力开拓创新，围绕迎接十八大召开，精心策划好全年的工作，丰富精神文明建设工作内容，创新形式和载体，以群众乐于参与的方式开展工作。要加强自身建设，不断研究新情况，解决新问题，拿出新办法。不断提高工作水平，处理好形式与内容的关系，给必要的形式赋予实实在在的内容，善于运用现代传播手段和新的文化载体，扩大工作影响，不断开创精神文明建设工作新局面，为住房城乡建设事业的科学发展提供强大动力和坚实保障。

(摘自《中国建设报》 2011年12月24日)

第二篇

专　　论

在全国建筑安全生产电视电话会议上的讲话

姜伟新

（2011年3月1日）

同志们，刚才我去参加了国务院的一个会，来晚了一些。我完全赞成郭允冲同志刚才的讲话，请各地认真做好贯彻落实工作。

在这里，我想强调一点，就是对建筑安全生产和工程质量工作，特别是住宅项目以及城市基础设施建设工程的质量安全工作，各地一定要特别重视。之所以要重视，是因为：第一，建筑安全生产和工程质量工作都关系到人的生命安全；第二，这项工作关系到政府的信誉；第三，关系到社会主义市场经济体制机制的建立和完善。所以，希望各地必须高度重视。

今年是实施"十二五"规划的开局之年，是中国共产党建党90周年。今年的"两会"也即将召开，各地要高度关注建筑安全生产和工程质量工作，不能出问题，切实防止各类事故发生。另外，从近几年建筑生产安全事故情况和工程质量发生的问题来看，我们也必须引起高度重视，进一步做好建筑安全生产和工程质量工作。

下面，我再强调一下住宅工程质量的问题。住宅工程质量问题，特别是保障性住房的工程质量问题，大家要特别重视。去年部里提出要进一步完善工程质量责任追究制度，强调了工程质量除了要有企业法人负责之外，个人也要承担相应的责任，即参建单位、法人代表和参建个人共同对工程质量负责。这项工作今年要有一个实质性的推进。各地要严格按照部里的有关要求贯彻落实。其中今年的一项具体工作，就是每个省（区、市）要拿出两个住宅工程项目进行试点，最好是选一个保障性住房项目，一个商品住宅项目。涉及工程项目的规划部门、建设单位、勘察单位、设计单位、施工单位、监理单位、法人代表以及参建个人都要负责，责任单位和责任人员的名字要永久留在建筑物上。做好这项涉及工程质量终身责任制的工作并不是一件简单的事情，这项工作可能要突破我们现行的很多政策，但必须往前推进。今年11月底之前，各个省（区、市）要将有关试点的进展情况报到我部。我们部里也要把这项工作认真抓好。

（中华人民共和国住房和城乡建设部
www.mohurd.gov.cn　2011年3月16日）

在全国保障性安居工程质量管理电视电话会议上的讲话

姜伟新

（2011年6月8日）

我完全赞成郭允冲同志的讲话。刚才，河北省、青岛市、浙江省诸暨市、重庆建工集团的发言讲得都很好，他们在加强保障性安居工程质量管理方面有一些好的经验和做法。包头市讲得也不错，虽然工程质量出了一些问题，但是他们整改到位，整改后又去听取居民意见，做法值得肯定。

我想再强调三点：

第一，今年1000万套保障性安居工程的建设任务，既是经济任务，又是政治任务，是中央政府向全国人民的一个承诺，是改善民生的一个标志性工程。因此，今年各地保障性安居工程必须在11月末以前全部开工。

第二，百年大计，质量第一。在保障性安居工程建设中，要把对工程质量管理的各项要求落到实处，出了质量问题，严格追究责任。

第三，加强保障性安居工程的入住、运营和退出管理，要做到公开、公正、公平。这既要完善有关规章制度，又要把工作做细致。要把保障性安居工程这件好事真正做好。

（中华人民共和国住房和城乡建设部 www.mohurd.gov.cn 2011年7月14日）

在中国园林博物馆筹建指挥部第一次会议上的讲话

仇保兴

今天会上讨论的《中国园林博物馆筹建工作方案》和《中国园林博物馆建设与展陈策划方案》是经过充分的论证分析后拿出的，工作思路比较清晰，也为下一步编制招标说明书奠定了良好基础。刚才夏占义副市长总结得很好，我都赞同。下面我谈三点意见：

一、建设中国园林博物馆意义重大

诺贝尔经济学奖获得者斯蒂格利茨认为：影响人类21世纪进程的两件大事是：以美国为首的新技术革命和中国的城镇化。中华民族将在21世纪的舞台上扮演着重要的角色，在某种意义上讲21世纪就是"中国的世纪"；而北京作为中国的首都，是首善之区，也可以说21世纪是"北京影响力上新台阶的世纪"。北京市在这样的国际形势和发展环境下提出建设世界城市的目标，是适应时代发展需要的举措。中国园林文化博大精深，造园艺术源远流长，今天讨论的中国园林博物馆能成为北京世界城市建设的一项主要内容，也将成为北京市向全世界展示的亮丽名片。

中国园林博物馆作为国家级公益性专题博物馆，将成为展示、研究和宣传中国园林悠久的历史、灿烂的文化、多元化功能以及辉煌成就和深远影响的综合平台，是面向全世界展示我国"崇尚自然、师法自然"生态文明观的窗口，是第九届中国国际园林博览会的亮点，也将成为北京市建设世界城市的点睛之作。因此，我们要站在国家的高度、世界的高度来规划、建设和管理中国园林博物馆。

对于具体工作上的要求，我同意夏占义副市长刚才提出的几点意见。这里我想就中国园林博物馆要着力体现的"经典园林、当代精品、永恒魅力、首都气派"特色再展开谈谈。

一是经典园林。首先，中国园林博物馆本身应该是经典的园林作品。并不是说中国园林博物馆一定要建成超越颐和园的皇家园林，而应与颐和园等皇家园林形成景观互补，相得益彰。北京虽有众多皇家园林精品，但缺少民间私家花园等形式的杰出作品。如果我们能够把园林博物馆建成展示已遗失的著名私家花园集成的精品，就能与气魄浩大的皇家园林形成互补了。这从某种意义上说就是超越。

二是当代精品。古人造园林，需要花费很长时间的，甚至要用几十年的时间来设计、建造、打磨，以成为传世精品，如山东的"十笏园"。现代科学与技术日新月异，我们要在传承的基础上充分利用现代化工艺和技术手段来打造具有时代特色的现代园林精品，同时要把精品意识贯穿于设计、施工到内装修等全过程，要注重每一个环节、每一个细节的细致把握。

三是永恒魅力。中国园林博物馆将是一座永久性的园林建筑，既要满足园博会开幕期间的需要，又要让参观游览者一入馆就有所震撼，还要考虑其持续生命力和长久吸引力，要在开幕之后予以持续完善，使之历久弥新。我相信经过精心设计、广泛的展品收集和持续的完善建设，中国园林博物馆将越来越有文化内涵、越来越迷人。

四是首都气派。首都气派要体现包容和雅量。首都北京要建设世界城市，本身需要最大的包容。中国园林博物馆从规划、设计、建设、管理到发展，要把全国乃至全球华人园艺的智慧都包容其中，展示的内容可包含我国各大流派和各个历史阶段的园艺文化。可公开招聘一流团队和高水平设计师承担中国园林博物馆规划设计工作，广泛吸取我国各地区、各民族和园林各主要流派的精华。

二、要抓紧时间，增强工作责任感和紧迫感

第九届中国国际（北京）园林博览会是享受隔届申办优势的第一届，相比之下筹备时间充裕一些。实际上中国园林博物馆的施工建设时间也不过短短的两年半，所以要尽快着手编制设计招标说明书等各项相关工作，确保明年六月份工程开工。北京市各有关部门都需进一步提高认识，精诚合作，全力以赴，确保中国园林博物馆保质、保量、按时建设完成。一方面要倒排时间表，明确分工和责任，建立健全沟通协调工作机制和跟踪监督机制；另一方面中国园林博物馆不同于国家大剧院、鸟巢等，是纯中国式的，不能请洋设计师，而要邀请真正了解中国园林建筑文化的高水平设计师来精心设计，要对今天讨论的两个方案在确保基本格调和框架不变的原则下进一步深化和完善。

三、要全力以赴，把握和处理好四个关系

一要处理好馆与园的关系。首选需要把握的基本原则就是园博园内的所有建筑、园林小品、树木花草等都需要体现整体性和协调性。园博馆是园博园的点睛之作，更要与整个园博园协调一致，相得益彰。

二要处理好建筑与园林的关系。中国自古以来讲究礼仪、礼教，中国历史建筑布局都是遵照两千年的儒教思想，体现的是等级、秩序。而中国园林讲究的师法自然，虽由人作，宛自天开，是貌似无序的。这就需要充分发挥设计师、建造师的聪明才智，将这种有序与无序巧妙组合，使园林与建筑融为一体、妙趣横生。

三要处理好个体与群体的关系。西方建筑经常选用大体量的整体外形，常常是庞然大物。中国建筑讲究的是小体量单体的组合，常常是一组建筑依山就势，前后高低错落有致，既体现个体个性美，又彰显群体协调美的魅力。

四要处理好结构与功能的关系。建设中国园林博物馆的基本出发点是满足老百姓的需要，要真正做到以人为本，为人民服务。我国私家园林都是为个人家族服务的，这一点是与中国园林博物馆的功能有矛盾的。因此，要首先从中国园林博物馆的设计上妥善处理这两者的关系，既要传承传统园林追求自然、生态、精致、唯美的特点，又要充分考虑中国园林博物馆的大众化和科普化功能需要。

四、几点具体建议

一是编写中国园林博物馆筹建工作简报，及时反映各相关部门在工作过程中的"功"与"效"，既方便信息沟通交流，又方便市委、市政府领导及时准确掌握工作进展。

二是尽快制定任务分工倒排时间表，把任务分解落实到每一个人每一天，还要建立跟踪监督机制，工时只能往前赶不能往后拖延。

三是制定专项工作方案，特别是多渠道资金筹措方案和文物资料展品等征集方案。

住房和城乡建设部将积极号召、全面动员全国园林行业同行业全力支持中国园林博物馆的建设与展陈工作。希望根据今天大家所提出的意见进一步深化完善这两个方案，尽快制定、尽早公布招标说明书，要把前一阶段的工作准备得更加周密细致，为后面的工作留足时间。

最后我代表住房和城乡建设部向各位领导，尤其是向夏占义副市长表示衷心的感谢。相信在大家的共同努力之下，第九届中国国际园林博览会和中国园林博物馆的筹建工作一定会取得圆满成功！

谢谢大家！

（中华人民共和国住房和城乡建设部
www.mohurd.gov.cn　2011年1月11日）

在国家生态园林城市创建座谈会上的讲话

仇保兴

（2011年6月27日）

同志们：

中国的快速城市化进程已进行了三十年，城市作为经济载体的空间布局已经完成。接下来的三十年，我们的城市将要进入转型期，朝着服务功能的

优化、生活素质的提高、城市的节能减排，包括应对气候变化等"一揽子"的新方向发展，要在城市的管理功能、管理水平、管理成效上实现新突破。也就是说，中国的城市管理要在未来的二、三个"五年计划"内，达到或者超过世界发达国家的水平。这对我们整个国家、民族来说，都是一场艰难的考验。

有人曾经说过，中国共产党未来的最大挑战就是如何管理城市。因为中国革命所走的是"农村包围城市"路线，历史上许多胜利经验都来自农村、来自对农民的发动。但对城市的管理，特别是现代化、精细化的城市管理，却没有多少年的经验积累。而城市一旦形成并快速发展，社会问题、经济问题、生态问题都将接踵而至。当前，城市管理已经成为关键中的关键，重点中的重点，危机中的危机。怎样使我们的民族、国家实现可持续发展？怎样实现生态文明？几乎所有的社会、经济和生态的矛盾和问题都集中在城市，而城市所有的问题都反映在管理上，"三分建七分管"，城市管理水平已成为现代城市的核心内容，所以争创国家生态园林城市称号应该是对中国城市管理的最高奖赏。

国际上有许多非常成功的城市管理经验。比如，纽约市长提出的纽约2030年减排规划，比联合国提出的减排计划和美国总统签署的"减排令"都要严格得多。该规划共分为10大体系、50项具体行动计划，且每一个行动计划都已编印成书，并在网上面向全球公布。纽约的2030年减排规划基本符合我国的国家生态园林城市指标体系。

为此，纽约市专门成立了2030年减排规划行动办公室，并有4000万美元专项预算来支撑行动办公室的工作开展。同时，他们还通过议会立法，要求纽约市每任市长都必须持续实施该行动纲领，且每四年做一次反馈修订。第一个四年的反馈修订已经完成，其英文版已经上网。

波特兰市总人口50万左右，是一个人口比扬州还要少的城市，但它被称为美国的"绿色之都"。波特兰曾经是一个以矿产资源和森林采伐为支撑的城市，但早在10年前就开始城市转型发展，并已发展成为一个人居环境非常良好，高科技产业竞争实力雄厚的现代化城市。各位市长应该都很清楚，要实现这样的转变，其难度是何等巨大。但是，波特兰的市长是很有远见卓识的，他们制定了一个行动纲领，并不断地通过实践探索来修订完善，现在波特兰已经成为世界公认的生态园林城市。概括起来，波特兰市有五大特色：一是拥有美国最多的绿色建筑，所有新区开发建设都是最高等级的绿色建筑，外形多样、美观、和谐，充满了生机与活力；二是建设有非常完善的轨道交通系统，并免费鼓励居民乘坐轻轨出行；三是投入2000多万美元建成慢行交通系统，鼓励居民自行车出行，使自行车出行率已经从原来的1%提高到现在的8%，并计划在未来的10年内提高到20%；四是大力推广使用节水设施，所有公共场所的卫生洁具都是免冲洗的。城市周围的两条河流完全处于原始的自然状态，城市水环境非常好，城市污水处理厂排放的水都达到了直接饮用标准；五是大量发展电动汽车，执行最严格的汽车尾气排放标准，空气质量非常好，人们生活品质不断改善。波特兰虽然只有50万左右的城市人口，却设置有2000个电动汽车充电桩，且正在积极研发燃料电池汽车。正因为城市人居生态环境的整体改善，波特兰已成为美国人口增长最快的地区。预计在未来的20年内，该市人口将要增长到200万。此外，随着城市的转型发展，大量高新科技企业陆续进驻，使波特兰成为美国少数几个高科技企业发展最快的城市之一。

总之，纽约和波特兰等城市的实践，使我们深切地感到，环境建设，特别是生态环境建设，本身就是生产力，而且是更高层次的生产力，是可持续的绿色生产力。这些城市的市长们一致认为，低碳生态已成为一种全新的经济竞争新规则，先行一步，就成为规则的制定者，必将胜出；落后一步，必将大大落后于其他城市。

虽然我国的城市要像波特兰、纽约、伦敦等城市那样，编制发布可持续发展纲领性文件有难度，但我们可以围绕城市园林绿化开展多部门合作，并在城市科学研究会、城市规划学会等的支持和帮助下，编制类似纽约、波特兰那样的长期发展战略和指导意见，并深入调查研究，编制切合城市管理与发展需要的行动纲领，经地方人大审议后以党委、政府的名义发布，再配合面向全社会的宣传教育，全面动员，形成合力，一步一个脚印地往前推进。

关于"国家生态园林城市"，我个人认为，它有三个非常鲜明的特点，第一是非常严格的申报门槛，第二是非常科学严谨的考核指标，第三是非常严格规范的跟踪监督管理流程。

一、非常严格的申报门槛

申报国家生态园林城市，首先须获得国家园林城市命名至少两年，并不是随便一个城市想申报都可以，而应该是全国660个城市中的"排头兵"、"领头羊"，需要接受所有同行的挑剔和专家组的考核检查。

相比其他一些城市称号的命名，国家生态园林城市除了有严格的初始门槛条件外，还有严格的考查、评审、公示等评审程序。2009年国务院纠风办对国内各类城市命名、评比、表彰等活动进行了全面清理，相关报告经中央政治局常委会审核后由新华社面向全社会发布。只有在发布名单之列的命名、评比、表彰等，才是被国务院认可的、合法的。希望各地要走国家批准的、合法的创建、申报、评审之路，努力去摘取城市管理的"皇冠"，而不要去问鼎那些靠交钱获取的、对社会产生负面影响的"野鸡文凭"。

国家生态园林城市是国家园林城市的更高层次，是响应党中央提出的从工业文明走向生态文明的一个最重要着力点和落脚点。生态园林城市一共分四大类：第一类是新建的卫星城，从规划开始就注重节能减排、注重生态环保、注重城市生物多样性的保护、注重人居环境的改善，追求人与自然的和谐相处，是以此为理念建设的新型城市；第二类是通过对现有城市的逐步完善改造和功能品质提升而形成的新型城市；第三类是对城市局部的社区进行改造升级；第四类是灾后重建，一步达到生态环保、节能减排和适宜人居的要求。

二、非常科学严谨的考核指标

从我部颁发的国家生态园林城市标准来看，一共有八大类七十多项考核指标，但其核心概括起来有以下几个方面：一是从原来以城市园林绿化为主体过渡到低碳交通、市政基础设施、住房保障、绿色出行、绿色建筑、循环经济、建筑节能等全方位的发展和提升；二是从追求外在的形象整洁美观等，转向城市生态功能提升、生物物种多样性保护、自然资源的保护、城市生态安全保障及城市可持续发展能力提升等；三是从以园林绿化为城市必要的公共服务，转向作为改善人居环境、解决民生问题、提升老百姓生活品质、提升地区吸引力和竞争力；四是从关注一般的城市节能减排转向对减少城市温室气体排放、应对气候变化、减缓城市对周边环境的影响等综合效应的关注。国家生态园林城市标准是在达到国标《城市园林绿化评价标准》最高等级的基础上，针对中国的国情、城市的市情，并借鉴国际先进城市的城市园林绿化、生态环境建设经验，认真研究制定的，是十分严谨的。

三、非常严格规范的跟踪监督管理流程

大家都知道，不管是国家园林城市还是生态园林城市，其创建工作只有起点没有终点。生态园林城市也将分基础级、提升级和优先级。因此，严格规范的跟踪监督是巩固创建成果及进一步发展提升的根本保障。住房城乡建设部及省级建设(园林绿化)主管部门的主要职责，一是提供服务，二是定期检查会诊，三是发布公示公告，四是帮助城市优化提升。

希望各级城市、各位市长，进一步提高认识，增强生态环保意识和责任意识，要把丰富城市生物多样性、提升城市可持续发展性、增强城市综合竞争力、提高人民生活品质作为己任，通过国家生态园林城市创建，打造真正成为当之无愧的、人人向往、投资者踊跃而来的标杆城市、明星城市，使"国家生态园林城市"真正成为一块最具含金量的金字招牌。

（中华人民共和国住房和城乡建设部
www.mohurd.gov.cn 2011年7月22日）

明确工作重点　全面落实供热计量收费
——在2011年北方采暖地区供热计量改革工作会议上的讲话

仇保兴

（2011年9月28日）

同志们：

今天我们在日照市召开2011年北方采暖地区供热计量改革工作会议。会议的主题是贯彻落实国务院《"十二五"节能减排综合性工作方案》和今年9

明确工作重点　全面落实供热计量收费——在2011年北方采暖地区供热计量改革工作会议上的讲话

月27日全国节能减排工作电视电话会议精神。"十二五"期间国家要完成前所未有的节能减排任务。在建设领域，建立健全供热计量收费机制，以供热计量收费为重点，推进建筑节能工作，是完成"十二五"国家节能减排工作任务的关键。刚才有七个单位介绍了他们的主要做法和经验，我觉得很好，值得学习和推广。下面我讲几点意见。

一、存在问题

供热计量改革工作在"十一五"期间虽然取得了明显成效，但还存在着一些亟待解决的问题。主要表现在四个方面，即"两不、两假"：

第一是不安装计量表。这是最低级的错误，早在2007年10月1日起执行的国家标准《建筑节能工程施工质量验收规范》中，已将新竣工建筑必须安装供热计量装置列入强制性条款。但2008~2010年北方采暖地区新竣工的建筑面积约11亿平方米左右，实际安装计量表的面积仅4.6亿平方米，占42%；其中2010年新竣工建筑面积3.14亿平方米，其中安装分户供热计量装置的仅1.6亿平方米，占新建建筑总量52%。2010年建设领域节能减排检查发现，陕西、黑龙江、内蒙古、辽宁等省、自治区新建建筑供热计量装置都不同程度上存在安装不到位现象，抽查的项目中有7个没有安装供热计量装置，其中包括大连2个（甘井子区泉水新城B5号地块锦泉园项目和星海湾广场西侧路四号路以南地块项目）、本溪1个（观山悦小区）、哈尔滨1个（立汇格林小镇C区17号楼）、宝鸡1个（朝阳华城）、乌兰察布1个（新区金泰苑小区），对这7个项目我部都下发了执法告知书，督促其整改。

第二是装"假"表。现在工程项目上安装"假"表的现象很普遍，这些"假"表质量差、精确度差、易损坏。有些表甚至本身就是死表、坏表，根本就无法显示。安装这样的表其实就是为了应付验收。出现装假表的情况主要原因有两方面：一是任由开发商自行采购、安装。部分开发商为节约成本，哪家表便宜就选哪家表，往往选用的都是质量较差、价格低廉的计量装置。比如某城市已安装的热计量表20000多块，现在还能继续使用的表不足五分之一。二是计量表推荐目录管理混乱。有些省不同部门分别出推荐目录，有些省出推荐目录，市也出推荐目录，造成用户无所适从；有些地方重准入轻跟踪管理、重收评审费轻产品质量，只要厂家交钱，质量再差也能列入目录，甚至个别地区即使是"国检"合格的计量表，没有进入目录的，也不让在当地使用，而进入目录的，很多又是不合格的表，这种地方化推荐目录严重阻碍了合格计量表的推广应用，无法形成良性竞争秩序，同时也为腐败的滋生提供了温床，损害了人民群众的利益。

第三是装表不收费。这是供热计量收费当前最大的问题。装了表之后，却不按照计量表收费，严重损害了政府的公信力，人民群众深受其害。自开展供热计量改革以来，陆续安装的供热计量表的面积有近7亿平方米，而未计量收费的面积为3.8亿平方米。如乌鲁木齐市计量表安装面积是1450万平方米，实现计量收费才126万平方米；太原市计量表安装面积1002万平方米，实现计量收费才100多万平方米。大量已经安装的供热计量装置闲置，成了摆设。我曾经到大连市检查供热计量工作，花了三个小时，也没有找到一块正在计量的计量表。

第四是"假计量收费"。国家有关文件明确要求两部制热价中按面积收取的基本热价比例为30%，有些城市却实行50%或者更高。从表面看，这些城市是在进行供热计量收费，但是计量热价比例占总价的比重较低，大部分热费还是按照面积计收。这完全是"狸猫换太子"的欺骗做法，是对供热计量收费和节能减排意义的歪曲理解。

二、认清形势、抓紧行动

目前北方采暖地区住宅年平均供热能耗为每平方米约22公斤标煤。如果进行供热计量改造和收费，供热能耗就可以降低1/3以上。根据世界银行提供的经验，波兰在没有进行建筑围护结构节能改造的情况下，只是将面积收费改为供热计量收费，全国就实现了节能30%。我国北方地区城镇住宅面积至少30亿平方米，如果实现了供热计量收费，可以节约1/3左右的能源，每年至少节约2000多万吨标煤，减少5000多万吨二氧化碳气体排放。可见，供热计量的节能减排作用巨大，其节能效果甚至比正在推广的许多节能措施和节能工程的预计节能总和还要多。更重要的是供热计量收费可以有效降低居民热费支出，调动居民参与建筑节能改造的积极性。现在有些地方进行老旧住宅节能改造，是政府要求居民改造，居民还有意见。之所以有意见，其原因就是没有进行供热计量收费，居民仍不能得到改造和行为节能的直接收益。唐山市在进行老旧住宅节能改造的同时，进行供热计量收费。有的居民一个采暖季节约热费150元，有的甚至可以节约500

元。这样，居民参与建筑节能改造的积极性被充分调动起来，积极主动要求进行改造。目前有些地方反映既有居住建筑节能改造工作有阻力，居民不配合。其实阻力的真正原因是没有同步进行供热计量收费，居民的积极性没有被调动起来。有些地方过于强调保障室内温度不低于18度，对低于18度的实行免费。表面上看，这是惠民的政策，其实是对供热计量的重要性认识不到位，缺乏节能减排的大局意识。因为一旦实行供热计量收费，热用户有了调控温度的手段，许多居民尤其是一些在北方生活的南方人，会自愿将室内温度降到18度以下。这样，供热计量收费的节能减排空间会更大。

当前国家全面推进供热计量改革的条件已完全具备。一是有明确的目标。国家对供热计量改革提出了明确的目标要求。二是有典型引路。刚才七个单位典型经验交流发言，措施、办法、效果介绍的都非常清楚，就是很好的典型。三是有明确的政策。国家发改委制定了两部制热价的指导性意见和收费政策，财政部制定了既有建筑供热计量改造的激励政策，国家质检总局对供热计量表进行全面的"国检"。四是有奖罚措施。供热计量达不到要求的城市，不得申报中国人居环境奖、国家园林城市、可再生能源建筑应用示范城市等奖项。所以说，全面落实供热计量收费工作万事俱备，只欠行动。我们一定要统一思想、认清形势，将供热计量收费工作落实到行动上。

三、下一步工作重点

今年8月31日国务院印发了《"十二五"节能减排综合性工作方案》，明确要求全面推行供热计量收费。因此，下一步供热计量改革重点应包括：

（一）建立健全供热计量工程监管机制。供热计量要实行闭合管理，在规划、设计、施工图审查、施工、监理、验收和销售等住宅建设的各个环节严格落实责任制。对达不到供热计量要求的工程项目一律不得办理各类手续和证书。对安装未经依法鉴定合格的供热计量器具的建筑，建筑质量监管部门一律不得验收备案。从今年开始，对违反供热计量强制性标准的规划、设计、监理、施工、房地产开发等单位，要依法进行严罚，情节严重的要吊销或降低企业资质，其中的一级或甲级资质的单位，由住房城乡建设部负责公布处理。各地会后就要立即部署落实此项工作。

（二）全面落实两部制热价制度。各地要尽快科学合理地制定两部制热价。基本热价比例高于30%的城市，要一步到位，把比例降到30%。供热企业要坚决执行按热量计价收费政策。对拒不执行的，要从经济上、奖惩上、工资水平确定上、干部任免上全面建立约束机制。这是杜绝假收费，提高用户行为节能效益的重要措施。

（三）全面检查已安装计量表的质量。各地供热主管部门要组织供热企业对已安装的计量装置进行全面检查。住房城乡建设部将配合质检总局及时公布"国检"合格的计量表名单。各地要按照《民用建筑供热计量管理办法》的要求，制定衔接细则和办法，组织供热企业参与供热计量工程全过程。计量表和温控装置一定要由供热企业在当地财政或者供热等部门监督下按照规定统一公开采购，经过"国检"合格的产品，任何地区、单位都不能拒绝准入。

（四）全面取消按面积收费。传统的按面积收费的办法直接与党中央国务院节能减排的大政方针相冲突。去年我部联合国家发展改革委、财政部、质检总局下发的《关于进一步推进供热计量改革工作的意见》明确要求，从2010年开始，北方采暖地区新竣工建筑及完成供热计量改造的既有居住建筑，取消以面积计价收费方式，实行按用热量计价收费方式。但从现在的执行情况看，一些城市的计量收费还只是在试点，并没有全面推开。全面取消按面积收费的阻力在供热企业。今天之所以选择承德热力集团作典型发言，就是要告诉大家：只要供热企业认认真真做好供热计量收费工作，对企业的长远发展是有利的。对于目前还没有出台供热计量价格和收费办法城市，回去后要尽快出台。对于已经出台供热计量价格和收费办法的城市也要对照执行效果，研究制定合理的供热计量价格，完善相关收费办法。请各地回去后，抓紧制定供热计量收费规划和实施方案，尽快取消按面积收费。

（五）扎实做好"十二五"既有居住建筑供热计量及节能改造工作。国务院《"十二五"节能减排综合性工作方案》要求，北方采暖地区要完成既有居住建筑供热计量和节能改造4亿平方米以上。各地要将改造目标进一步分解到项目上，并签署责任书，层层抓好落实，逐级抓好考核，确保将改造任务落到实处。被财政部、住房城乡建设部确定为实施"节能暖房"工程的重点市县，要充分发挥政府主导作用，尽快落实改造实施方案，完善相关政策及配套资金，创新改造组织模式，抓紧实施改造，力争用3年时间全面完成改造任务目标。对未开展供热计量改革的市县，下一年度不得被列入"节能暖房"

工程重点市县。

四、具体要求

（一）严格落实责任制。各省级住房城乡建设（供热）主管部门要将取消按面积收费纳入到各地住房城乡建设（供热）主管部门和供热企业负责人业绩考核的最主要内容中。对是否推行供热计量收费作为对供热企业考核的重要内容，实行一票否决。对拒不进行供热计量收费的供热企业要坚决依照法律法规进行处罚，督促供热企业取消按面积收费，实行供热计量收费。

（二）严格奖惩制度。从今年开始，北方采暖地区住宅供热计量收费比例低于30%的城市，不得申报中国人居环境奖、国家园林城市、可再生能源建筑应用示范城市等城乡建设领域的任何奖项。对已获得奖项的城市，包括采用承诺方式获得奖项的城市，住宅供热计量收费比例达不到30%以上的，必须限期整改。整改不力的，将取消已获得的奖项，其中获得中央财政奖励的，将追回中央的奖励资金。

（三）严格开展专项检查。今年将开展3次专项检查。第一是两部制热价专项检查。这项检查将在会议结束后30个工作日之内开展。对没有出台两部制热价或者基本热价比例高于30%的城市登报公开，点名批评。第二是计量表质量专项检查。这项检查将在会议结束后2个月内启动。对安装不合格的"假"表的，将给予全国通报。同时对采购不合格表的单位或房地产开发企业进行处罚，直至吊销资质。第三是供热计量收费专项检查。这项检查将在年底前进行。对那些已经安装了计量表、出台了政策但却不按照供热计量收费的，将公布城市的名单，公开批评。

安全稳定供热和实现节能减排是党中央国务院交给我们的双重任务。今年的采暖季很快就要开始了。各地要立即行动起来，既要把冬季供热的准备工作落到实处，又要把节能减排的各项措施落到实处，确保今年的供热实现既安全稳定又节能减排。

谢谢大家！

（中华人民共和国住房和城乡建设部
www.mohurd.gov.cn 2011年11月7日）

全面贯彻实施"六五"普法规划
为住房城乡建设事业平稳较快发展营造良好法治环境
——在全国住房城乡建设系统六五普法工作会议上的讲话

陈大卫

（2011年11月11日）

同志们：

这次会议的主要任务是：认真学习贯彻《中共中央、国务院转发〈中央宣传部、司法部关于在公民中开展法制宣传教育的第六个五年规划（2011～2015年）〉的通知》和《全国人大常委会关于进一步加强法制宣传教育的决议》及第七次全国法制宣传教育工作会议精神，总结住房城乡建设系统"五五"普法工作，表彰先进，部署"六五"普法工作，努力开创住房城乡建设系统普法工作新局面。姜伟新部长对普法工作高度重视，做出了重要批示，充分肯定住房城乡建设系统"五五"普法取得的成绩，对"六五"普法工作提出了明确要求，我们要认真贯彻落实。刚才，我们表彰了"五五"普法先进单位及个人，海南、江苏、湖南、陕西省住房城乡建设厅和北京市住房城乡建设委介绍了工作经验，全国人大内务司法委员会司法室主任章晨同志，司法部法制宣传司副司长李涛同志对住房城乡建设系统"六五"普法工作给予了指导。下面，我讲几点意见。

一、住房城乡建设系统"五五"普法工作取得积极成效

"五五"普法期间，在党中央、国务院领导下，经过住房城乡建设系统广大干部职工的辛勤努力，

"五五"普法规划已顺利实施完成,法治化管理水平不断提高,法制宣传教育在促进住房城乡建设事业平稳较快发展、推进依法行政、建设和谐社会中发挥了重要作用。

(一)领导干部带头学法用法,示范带动作用更加明显

领导干部带头学法用法,带动全系统普法,是法制宣传教育工作的有效方法。部领导带头参加法制讲座,遇到重要法规出台还要给部机关干部授课;部里坚持法律顾问制度,伟新同志亲自与法律顾问座谈,部领导遇到立法、执法中的重大事项,主动听取法律顾问的意见;部里的规范性文件、行政处罚决定需经法规司合法性审查会签。各级住房城乡建设部门普遍坚持党组(党委)理论中心组集体学法制度、领导干部法制讲座制度、公务员法律知识培训和考试考核制度。北京、上海、海南等省(市)住房城乡建设部门党组中心组每年多次学法;辽宁省厅、北京市政市容委坚持办公会学法讲法制度;江西省厅五年来为全厅干部组织了三十余次法制讲座;浙江、山东省厅领导带头参加普法考试,平均成绩在省直机关位列前茅;广西区厅建立领导干部学法用法联系点制度,厅领导深入基层宣讲法律;四川、湖北省厅实行干部任前法制培训制度,处级干部提拔前必须进行法律知识培训考试,考试不合格的不得提拔任用;新疆、西藏区厅、上海市建交委建立普法考评机制,把学法用法情况纳入公务员和领导干部年终考核。许多省厅领导特别是一把手有较强的法律意识,重大决策前注意听取法律专家和法制部门的意见。安徽省厅坚持法规处长出席厅常务会制度;山西、陕西省厅的规范性文件都要由法规处进行合法性审查;黑龙江、福建、甘肃等省厅认真组织行政执法人员法律法规知识培训考试,考试率达到100%。这些举措,有效激发了全系统学法用法的热情,提高了广大公务员、执法人员的法律意识和法律素质。

(二)紧紧围绕中心工作开展法制宣传教育,法治化管理水平不断提高

围绕中心工作开展法制宣传教育,以法制宣传教育引导法治实践,是"五五"普法的一个显著特点。一是紧紧围绕保障和改善民生开展法制宣传教育。中央高度重视保障性安居工程建设,各级住房城乡建设部门学习宣传保障性住房法规政策,推动保障性安居工程建设,规范保障性住房分配和管理。今年以来,各级住房城乡建设部门开展《国有土地上房屋征收与补偿条例》的学习培训,制定配套制度,规范征收与补偿活动,着力解决房屋征收中损害群众利益的问题。二是紧紧围绕服务经济平稳较快发展开展法制宣传教育。房地产市场调控是住房城乡建设系统的一项重要工作,各级住房城乡建设部门认真学习落实中央调控政策,认真开展《城市房地产管理法》、《房地产开发经营管理条例》等法律法规的宣传教育,开展以查处捂盘惜售、虚假交易、哄抬房价等违规行为为重点的房地产市场秩序整顿,促进经济平稳较快发展。三是紧紧围绕中央专项治理活动开展法制宣传教育。近年来,中央针对房地产开发领域违规变更规划调整容积率问题、工程建设领域突出问题、住房公积金管理等开展了专项治理活动,各级住房城乡建设部门围绕专项治理任务开展《城乡规划法》、《建筑法》、《招标投标法》、《建设工程安全生产管理条例》、《建设工程质量管理条例》、《住房公积金管理条例》等法律法规的宣传教育,促进专项治理活动顺利开展。四是紧紧围绕建设资源节约型、环境友好型社会开展法制宣传教育。各级住房城乡建设部门开展《民用建筑节能条例》的宣传教育,强化对新建建筑节能的监管,推动北方地区供热体制改革,促进节能减排目标任务的实现;加强《历史文化名城名镇名村保护条例》、《风景名胜区条例》等法律法规的宣传教育,强化各级领导干部保护历史文化遗产和风景名胜资源的意识和责任。五是紧紧围绕建设法治政府开展法制宣传教育。各级住房城乡建设部门认真学习贯彻《行政许可法》,推行网上电子审批、一个窗口对外和一站式服务,简化程序,提高效率,方便群众办事;认真学习贯彻《政府信息公开条例》和《信访条例》,加大政务公开力度,依法妥善处理信访案件;按照国务院要求,部里下发了规范部机关工程建设行政处罚裁量权实施办法和裁量基准,湖南、宁夏、青海等省(区)住房城乡建设部门积极开展规范行政处罚裁量权工作,浙江、山东、天津等省市住房城乡建设部门建立了执法信息系统,各地不断完善执法责任制,促进了规范执法和公正执法。六是结合地方中心工作深入开展法制宣传教育。北京住房城乡建设部门以"人文奥运、法制同行"为主题,上海住房城乡建设部门围绕世博会的举办,河北省厅围绕城镇面貌三年大变样活动,海南省厅围绕国际旅游岛建设,加大有关法律法规宣传教育力度。这些举措,发挥了法律在科学发展中的规范、引导和保障作用,服务了中心工作,提高了法治化管理水平。

(三)深入开展法律进企业、进工地、进社区活

动，法制宣传教育覆盖面不断扩大

在全系统组织开展法律进企业、法律进工地、法律进社区活动，是"五五"普法的一个重要创新。各级住房城乡建设部门针对不同企业、不同人员，有针对性地开展了多种法制宣传教育活动。五年来，全系统组织企业经营管理人员和专业技术人员法律知识培训7000多期，培训人员60多万人次。北京市住房城乡建设委每年召开政策宣贯会，辽宁省厅每年举办专题培训班对建筑企业从业人员进行法制培训；重庆市建委以保障性安居工程质量安全为主题对建筑企业从业人员开展法制教育；宁波市建委在工程开工前，对施工单位负责人进行安全生产法制教育谈话。针对建设行业农民工多的特点，五年来，各地住房城乡建设部门推广农民工学校普法的经验，指导、组织或直接创办农民工学校近5万所，培训农民工约1000万人次。陕西、内蒙古、重庆等省（区、市）住房城乡建设部门针对农民工实际需要编印建筑安全生产挂图、普法知识读本等，免费发放给农民工。广东省厅把律师请到建筑工地，免费为农民工提供咨询。北京、上海、杭州等许多城市住房城乡建设部门，深入社区，宣传与群众密切相关的物业管理、房屋登记等政策和法律知识，为群众答疑解惑。这些举措，使法制宣传教育更加深入基层，扩大了覆盖面和影响力。

（四）在法治实践中加强法制宣传教育，宣传教育的针对性不断增强

在法治实践中加强法制宣传教育，是"五五"普法的一个重要经验。在立法过程中，浙江、河南、上海等省（市）住房城乡建设部门采取听证会、公开征求意见等方式，吸引广大群众积极参与，让公民在有序参与立法中学习法律知识，提高法律意识。在《国有土地上房屋征收与补偿条例》的制定中，我部配合国务院法制办两轮向社会征求意见，广大群众踊跃参加，很多意见被采纳吸收。在执法过程中，安徽、江苏等省厅坚持执法与教育相结合，推行说理性执法，把执法办案的过程变成法制宣传教育的过程，努力做到办案一件，教育一片，提升了执法效能和群众满意度。在行政复议中，部机关和地方行政复议机关热心接待复议当事人，向当事人进行法制宣传教育，引导他们理性平和表达诉求，依法解决纠纷。河北、吉林、贵州等省厅在行政复议中注重调解和解，让当事人懂法服法；安徽省厅在各业务处室传阅复议决定书，让机关公务员熟悉相关法律。五年来，住房城乡建设系统通过行政复议化解行政争议1万余件，基本做到了"定纷止争、案结事了"。这些举措，拓展了法制宣传教育的途径和方式，使普法工作更加贴近群众，更容易为群众接受。

（五）创新法制宣传教育的形式，宣传教育的效果更加明显

创新法制宣传教育形式，动员社会力量参与，营造良好的社会氛围，是做好普法工作的重要途径。各地积极利用广播、电视、报刊、互联网等媒体进行法制宣传教育。四川、天津等省（市）住房城乡建设部门利用广播电台开通建设法制宣传热线，省厅领导进电台解答群众提问；云南省厅组织拍摄了农民工安全教育电视系列片；北京市政市容委在电视台滚动播出百集市政法规系列动画广告片；陕西省厅拍摄指导农民依法建房的电影，面向农民免费放映1万余次；广西、上海等省（区、市）住房城乡建设部门在报刊媒体上开设建设法制专栏；江苏、浙江等省厅开设了普法网站。各地利用新法律法规出台或周年纪念日、"12.4"法制宣传日、节能宣传周、安全生产月等时机，以印发宣传资料、悬挂条幅、文艺节目演出等多种方式开展法制宣传教育活动。北京、天津、海南等省（市）住房城乡建设部门还利用规划展览馆宣传城乡规划有关法律法规。这些举措，让法制宣传教育更加通俗易懂，寓教于乐，效果更加明显。

（六）健全完善工作机制，为法制宣传教育工作提供有力保障

健全完善普法工作机制，是法制宣传教育顺利推进的可靠保证。部党组高度重视普法工作，及时调整充实了部普法领导小组，部领导任组长，各司局主要负责人为成员，办公室设在法规司。近几年，部里给法规司新增了编制，充实了法制宣传教育队伍。2009年部里召开了住房城乡建设系统行政复议工作会议，2010年召开了由各省（区、市）住房城乡建设部门主要负责人参加的依法行政工作会议，有效推动了全系统普法依法治理工作的开展。各省（区、市）住房城乡建设部门都成立了普法领导小组，多数由主要负责人担任组长，不断加强法制机构建设，充实人员，落实经费。各地住房城乡建设部门领导重视法制部门的参谋、助手和顾问作用，经常安排厅党组会或办公会听取普法等工作汇报，帮助解决实际问题。去年新一轮机构改革以来，全国8个没有专门法制机构的省厅，已经有7个设立了法规处。福建、甘肃、西藏等省（区）厅将普法工作经费专项列入年度预算。这些措施，有力保障了法制宣传教育工作顺利推进。

这些成绩凝聚着住房城乡建设系统各级领导和广大干部职工，特别是法制工作同志的心血与汗水，我谨代表部党组，向同志们致以崇高的敬意！向长期以来指导我们工作的全国人大内务司法委员会、司法部、国务院法制办等有关部门表示衷心的感谢！

在肯定成绩的同时，我们也要清醒地看到存在的问题和不足：仍有少数地方住房城乡建设部门的领导对普法工作的重要性认识不足，重视不够，学法用法的自觉性有待进一步提高；一些地方特别是市县住房城乡建设部门普法机构不健全，人员不足，经费缺乏保障；一些地方普法工作针对性、实效性不够等。这些问题需要在今后的工作中努力加以解决。

二、深刻理解当前形势，充分认识做好"六五"普法工作的重要意义

党中央、国务院历来重视法制宣传教育工作。党的十七大和十七届五中全会提出了深入开展法制宣传教育的重大任务。今年3月，胡锦涛总书记在主持中央政治局第27次集体学习时强调，要不断增强推进依法行政、弘扬社会主义法治精神的自觉性和主动性，把深入开展法制宣传教育作为弘扬社会主义法治精神的基础性工作。吴邦国委员长在十一届全国人大四次会议上，郑重宣布中国特色社会主义法律体系已经形成。中国特色社会主义法律体系形成后，有法必依、执法必严、违法必究的任务更加突出，对加强法制宣传教育工作提出了新的更高的要求。今年以来，党中央、国务院转发了《关于在公民中开展法制宣传教育的第六个五年规划》，全国人大常委会做出了《关于进一步加强法制宣传教育的决议》，中宣部、司法部召开了第七次全国法制宣传教育工作会议，周永康同志做了重要讲话。这些都为做好新形势下法制宣传教育工作指明了方向，提供了遵循依据。各级住房城乡建设部门要深刻理解当前形势，充分认识深入开展法制宣传教育工作的重大意义。

（一）深入开展法制宣传教育，是贯彻落实科学发展观的重要举措

科学发展观的核心是以人为本，基本要求是全面协调可持续，这一理论要义体现在了住房城乡建设各项法律法规的立法理念和制度安排中。比如《城乡规划法》、《历史文化名城名镇名村保护条例》、《风景名胜区条例》、《民用建筑节能条例》等法律法规，本身就是促进城乡协调发展、保护自然资源和历史文化遗产、推进节能减排的具体制度安排，是落实全面协调可持续发展的举措。当前，一些地方住房城乡建设实践中存在不符合科学发展的问题，很重要的原因是对相关法律法规学习不够、领会不深，法治观念不强，有法不依、执法不严。深入开展法制宣传教育，让各级住房城乡建设部门深刻领会法律法规的精神要义，充分发挥法律在推动科学发展中的规范、引导和保障作用，既是贯彻落实科学发展观的体现，也是贯彻落实科学发展观的前提和保证。

（二）深入开展法制宣传教育，是完善社会主义市场经济体制的重要途径

我国已经建立并正在完善社会主义市场经济体制。市场经济是自主经济，市场主体具有自主经营、自负盈亏、自我约束、自我发展的独立法人地位；市场经济是契约经济，市场主体之间能够等价有偿进行公平交易；市场经济是竞争经济，市场主体能在统一、公正、有序的环境下展开竞争。发展市场经济，必然要求用法律来界定政府、市场、企业、社会之间的关系，以法律明确市场主体的产权关系、交换关系、竞争关系，确保市场主体诚信经营、依法经营；以法律维护市场主体合法权益，政府依法对各类市场主体进行管理和服务。从这个意义上说，市场经济首先是法治经济，没有完善的法制环境，就没有完善的市场经济体制。当前，建筑市场、房地产市场等领域还存在着不少群众反映强烈的问题，很重要的原因是一些部门法律意识不强、监管不到位，少数企业漠视法律、违法经营。深入开展法制宣传教育，使各级住房城乡建设部门深刻把握法律精神，不断提高服务意识和管理能力，以严格规范、公正廉洁执法树立法律的尊严权威；使市场主体自觉遵守市场规则，诚信守法经营，是规范建筑市场、房地产市场秩序，完善社会主义市场经济体制的重要途径。

（三）深入开展法制宣传教育，是维护群众合法权益、促进社会和谐稳定的重要保障

当前，我国已经形成多元利益格局，进入社会矛盾凸显期。法律作为协调不同利益的调节器，能够保障政府权力依法运行，保障社会成员依法行使权利和履行义务，使各种社会矛盾依法得到解决。今年1月，针对房屋征收拆迁中社会矛盾比较多的问题，国务院公布施行的《国有土地上房屋征收与补偿条例》，进一步规范了政府的权力，明确了被征收人的权利义务，对房屋征收中各种利益关系作了新的安排。做好房屋征收拆迁工作，化解征收拆迁矛盾，有关各方要认真学习贯彻《条例》。住房城乡

建设系统还有许多工作与群众利益密切相关。深入开展法制宣传教育，使各级住房城乡建设部门依法规范自身行为，保护群众权益，让群众牢固树立权利与义务相统一的观念，依法表达诉求和维护自身权益，是从源头上预防和减少社会矛盾纠纷，促进社会和谐的重要保障。

（四）深入开展法制宣传教育，是建设中国特色社会主义法治政府的必然要求

国务院《全面推进依法行政实施纲要》提出了建设法治政府的奋斗目标和具体要求。建设法治政府是推进社会主义政治文明的重要内容。法治政府的本质可用三句话概括：一切行政活动只能在法律的规范和制约下进行；保证行政权力的运用符合法律所集中体现的意志和利益，并防止行政权力的扩张和滥用；实现和保障公民、法人和其他组织的合法权益。这三句话明确了两个关系，在政府与法律的关系上，法为上；在政府与公民的关系上，民为重。可见，作为法治政府首先是要求政府守法，做到行政机构依法设立、行政权力依法取得、行政程序依法确定、行政行为依法作出、行政责任依法承担。

政府守法就先要知法，政府知法就先要学法。今年，有的省厅对群众信息公开申请不能在法定期限内答复，有的省厅实施行政处罚时以规范性文件为依据，在行政复议中被确认违法，重要原因是有的工作人员不学法，不清楚自己的法定责任和权力边界。深入开展法制宣传教育，使各级住房城乡建设部门的领导干部、公务员和执法人员学法知法守法，是推动依法行政，建设法治政府的必然要求。

三、全面落实"六五"普法规划目标任务

根据中共中央、国务院转发的"六五"普法规划和全国人大常委会决议，我部在广泛征求意见的基础上，结合实际，制定了《关于在住房城乡建设系统开展法制宣传教育的第六个五年规划》，明确了住房城乡建设系统"六五"普法的指导思想、主要目标和工作原则，确定了主要任务、重点对象和保障措施。下一阶段，重点做好以下工作：

第一，突出学习宣传宪法。学习宣传宪法，不断增强走中国特色社会主义道路的信心和决心，是法制宣传教育的首要任务。要在住房城乡建设系统大力学习宣传宪法确定的国体政体、根本制度、根本任务、公民的权利和义务等内容，使广大干部职工全面深刻理解宪法的基本原则和精神，切实增强宪法意识、公民意识、爱国意识、国家安全统一意识和民主法制意识；牢固树立党的领导、人民当家做主和依法治国有机统一的观念，树立国家一切权力属于人民的观念，树立权利与义务相统一的观念；在全系统形成崇尚宪法、遵守宪法、维护宪法权威的良好氛围。

第二，深入学习宣传中国特色社会主义法律体系和国家基本法律。中国特色社会主义法律体系是以宪法为统帅，以宪法相关法、民法商法、行政法、经济法、社会法、刑法、诉讼与非诉讼程序法等方面的法律为主干，由法律、行政法规、地方性法规等多个层次的法律规范构成的法律体系。各级住房城乡建设部门要深入学习宣传形成中国特色社会主义法律体系的重要意义、基本经验及其基本构成、基本特征。深入学习宣传国家基本法律，重点是规范政府共同行为的行政法，包括《行政许可法》、《行政处罚法》、《行政强制法》、《行政复议法》、《行政诉讼法》、《国家赔偿法》、《公务员法》、《行政监察法》、《行政复议法实施条例》、《政府信息公开条例》、《信访条例》等，这些法律法规确定了政府运行的基本规则，是反腐倡廉的制度保障，必须学好用好。

第三，认真学习宣传住房城乡建设领域法律法规。在国家层面，住房城乡建设领域有《建筑法》、《城市房地产管理法》、《城乡规划法》3部法律、《国有土地上房屋征收与补偿条例》等18部行政法规和《房地产经纪管理办法》等100部规章。此外，《物权法》、《招标投标法》、《安全生产法》、《节约能源法》等法律也与住房城乡建设工作密切相关。各级住房城乡建设部门公务员和执法人员熟练掌握这些法律法规规章，是履行职责的必要条件。按照"谁执法、谁普法"的原则，住房城乡建设部门作为住房城乡建设领域的执法主体，对这些法律法规规章负有重要的法制宣传教育责任，既要自己学好用好，又要通过多种方式让企业和群众了解相关内容。

第四，切实抓好重点对象的法制宣传教育。住房城乡建设系统"六五"普法的重点对象是领导干部、公务员、执法人员、企业管理人员和农民工。

各级住房城乡建设部门领导干部特别是"一把手"要带头学习法律，通过健全落实党组（党委）中心组集体学法、法制讲座、法制培训、法律知识考试考核、领导干部任职前法律知识考察、学法守法用法情况年度评估考核等制度，推进领导干部学法经常化制度化。要把法制教育纳入领导干部理论学习规划，把依法决策、依法管理、依法办事等考核结果作为干部综合考核评价的重要内容。要坚持和完善法律顾问、重大决策前法律咨询审核等制度，不断提

高领导干部依法决策、依法行政的意识和能力。

各级住房城乡建设部门要加大公务员培训力度，定期开展社会主义法治理念教育和相关法律轮训。坚持和完善法律知识考试考核制度，对公务员学法用法情况进行定期检查，列入年度考核，将依法办事情况作为公务员任职、晋升的重要依据。公务员要加强通用法律知识和与履行职责相关的专门法律知识学习，每年自学法律的时间不少于40小时，不断提高运用法律手段解决问题的能力。

行政执法人员应当自觉学习和熟练掌握与执法工作相关的通用法律法规和住房城乡建设专业法律法规，按照法定程序执法，合理使用自由裁量权，确保严格执法、公正执法、文明执法。严格实行行政执法人员持证上岗制度，行政执法人员要通过由省（区、市）住房城乡建设部门组织的专门法律知识考试。各级住房城乡建设部门要落实行政执法责任制，结合规范执法裁量权等工作，做好行政执法人员相关法律知识学习培训和考核工作。

各级住房城乡建设部门要继续深入开展法律进企业活动，采取多种形式，结合行业特点和企业需要，对企业经营管理人员开展有针对性的法制教育和培训。各类专业人员执业资格考试和继续教育，都要有一定比例的法律知识内容。要继续深入开展法律进工地活动，按照"谁用工、谁负责"的原则，明确和落实用工单位对农民工进行法制宣传教育的责任。要扩大农民工学校覆盖范围，对农民工进行安全生产、依法维权等方面的法制宣传教育，提高农民工的法治观念。要继续深入开展法律进社区活动，大力开展针对廉租住房、公共租赁住房等保障性住房使用群体的法制宣传教育。

第五，继续坚持法制宣传教育与法治实践相结合。服务科学发展、维护群众合法权益、推进法治政府建设、促进社会和谐稳定，是法制宣传教育的中心任务。学法的目的是为了守法和用法，要学以致用，防止学用"两张皮"。"五五"普法期间，住房城乡建设系统大力推动法制宣传教育与法治实践相结合，创造了很多好的经验；"六五"普法期间，我们要继续坚持，并不断创新。一是用法制宣传教育推动中心工作。法制宣传教育必须紧紧围绕中心工作来开展，并贯穿中心工作全过程。要把法制宣传教育的过程变成规范约束政府行使权力、促进政府切实依法履职的过程，变成提高企业、公民和其他组织法治意识、自觉学法守法的过程。二是继续在法治实践中加强法制宣传教育。开展各项工作都要注重加强法制宣传教育，把工作的过程变成服务群众、教育群众、引导群众的过程，变成政府和群众加强沟通、增强互信、密切关系的过程。要继续坚持开门立法，在立法公开中增强群众法律意识；坚持说理性执法，在执法中普及法律知识；坚持调解和解，在行政复议中明晰权利义务，通过把法制教育和法治实践更紧密地结合起来，不断提高法治化管理水平。

四、切实加强对"六五"普法工作的组织领导

实施"六五"普法规划，是党中央、国务院作出的重大决策，各级住房城乡建设部门一定要高度重视，加强领导，精心组织，确保"六五"普法规划顺利实施，取得新成效。

一是，要建立健全以主要负责人为组长的"六五"普法工作领导小组，加强法制机构建设，充实人员力量，安排落实普法经费，完善工作制度，明确职责。

二是，要根据"六五"普法规划制定年度实施计划，明确年度普法工作重点和具体措施，纳入目标管理责任制，做到有部署、有落实、有检查。

三是，各省（区、市）住房城乡建设部门要加强对基层普法工作的指导，帮助基层解决实际困难；今后在系统内依照规定组织评先树优，都应当将普法和依法行政工作纳入考核指标体系，促进基层普法。

四是，要培养专兼职相结合的法制宣传教育队伍，继续开展法制宣传教育学习和培训活动，提高法制宣传教育工作者的政治业务素质和组织指导能力。

五是，要继续充分利用电视、广播、报刊等新闻媒体，开展形式多样、生动活泼的法制宣传教育。要充分利用互联网平台开展法制宣传教育，各级住房城乡建设部门网站要努力成为群众学习法律知识的有效载体。要积极开展案例教育，以案说法。要积极开展法律咨询、法律知识竞赛、图片展览和法律援助等活动，在公园、风景名胜区等公共场所建立固定和流动的法制宣传设施，利用"12319"热线等形式，为人民群众提供方便快捷的法律服务。

同志们，法制宣传教育工作使命光荣，任重道远。让我们紧密团结在以胡锦涛同志为总书记的党中央周围，开拓创新，扎实工作，全面落实"六五"普法规划，努力开创住房城乡建设系统法制宣传教育工作新局面，为促进住房城乡建设事业的平稳较快发展和社会和谐稳定做出新的更大的贡献！

谢谢大家。

保障房开工率为何大幅提升
——专访住房和城乡建设部副部长齐骥

从5月末开工率34%到6月末开工率超过50%,全国保障性安居工程建设的加速度,引起社会关注。人们在欣喜的同时,难免也有不解,究竟是什么原因使得保障房建设在短短一个月的时间全面提速?

针对公众疑惑,住房和城乡建设部副部长齐骥日前接受新华社记者专访,作出回应。

三大原因促使保障性安居工程建设全面提速

记者:您可能注意到,超过50%的开工率一经公布,引起社会广泛关注。究竟是什么原因导致保障房开工率大幅提升呢?

齐骥:原因主要有三个,一是:房屋建筑项目包括住房项目建设都要遵循基本建设程序。从项目立项、规划选址、勘察、建筑设计到组织施工,通常需要半年以上的时间。一些较大规模的房地产开发项目前期准备时间甚至会达到1年以上。由于各地对保障性住房项目大都实施了简化审批的绿色通道,使其较商品住房项目的前期准备时间大大缩短,但一般也需要3至6个月。因此,今年一季度,大部分保障性安居工程项目都处于项目的前期准备,只有少数准备充分的项目和去年储备的项目才能在早期开工建设,而多数项目要在二季度和下半年集中开工。

二是住房建设属室外作业,受气候条件影响较大。特别是我国三北地区(包括东北、西北地区和内蒙古)在4月份之前普遍处于"冻土期",即使前期准备工作充分,由于气候影响也无法在4月份前破土动工。今年我国三北地区保障性安居工程建设任务达300多万套,占全国任务总量的近1/3。从5月起,北方地区的项目逐步进入开工旺季。

三是今年保障性安居工程建设部署早、行动早。今年2月份国务院即召开了全国保障性安居工程建设工作会议,住房和城乡建设部代表保障性安居工程协调小组与各省(区、市)签订了目标责任书,及时下达了今年的计划任务,下达时间大大早于去年。全国"两会"以后,从3月份开始,国务院有关部门又及时向地方下达了中央补助资金。各地认真贯彻党中央、国务院的要求,简化办事手续,提高效率,促进了项目及时开工。

11月底前开工1000万套的目标有望全面实现

记者:按照要求,11月底前,1000万套保障房要全面开工,您觉得这一目标任务能够顺利实现吗?

齐骥:今年1000万套保障性安居工程包括保障性住房近600万套、各类棚户区改造住房400多万套。其中,廉租住房近170万套、公共租赁住房近230万套、经济适用住房110多万套、限价商品住房80多万套。截至6月底,全国城镇保障性安居工程已开工500万套以上,超过年度计划50%,比5月底增加了160万套,建设进度明显好于去年同期水平,开局良好。

总的看,多数住房建设项目在上半年以前期准备工作为主,5月份起陆续进入开工阶段。就全国而言,二、三季度是施工的黄金季节。随着施工旺季到来和各地工作力度的加大,预计未来两三个月各地保障性安居工程建设速度会持续提升。

最近,国务院决定进一步加大对保障性安居工程的支持力度,追加对地方的补助资金,强化金融支持公共租赁住房建设的政策措施。各地也积极创新体制机制,多措并举,全面推进保障性安居工程开工建设。在各地区、各部门的共同努力下,今年11月底前,开工建设1000万套保障性安居工程的目标任务,有望全面实现。

确保工程质量 确保分配公平

记者:保障房的质量和分配公平关系群众切身利益,住房和城乡建设部将采取哪些措施来确保工程质量和分配公平?

齐骥:我们一直强调,在加快保障性安居工程进度的同时,要确保工程建设质量。今年6月份,住房和城乡建设部印发了《关于加强保障性安居工程质量管理的通知》,召开了全国加强保障性安居工程质量管理电视电话会议,对确保保障性安居工程质量作了全面部署。

我们要求，要加强对参与保障性安居工程建设各方主体的质量意识和责任教育，建立完善保障性安居工程质量终身责任制，有关参建单位和单位主要负责人要对其承建的保障性住房工程质量终身负责。要在保障性住房项目设置永久标牌，载明建设、设计、施工、监理、主要材料供应等单位名称和主要负责人姓名。要及时公开保障性安居工程年度计划、项目建设信息，主动接受社会监督。8月份还将开展全国保障性住房建设工程质量大检查。

另外，住房和城乡建设部正在会同国务院有关部门认真总结各地近年来在保障性住房建设、分配、运行管理等方面的有益探索和成功经验，制定符合我国国情的保障性住房管理办法，并积极推进住房保障的立法工作。

(摘自《中国建设报》 2011年7月28日 新华社记者 杜宇)

住房城乡建设部向各地派出专项巡查联络员
齐骥对保障性安居工程专项巡查工作作出部署

日前，住房城乡建设部副部长齐骥在保障性安居工程专项巡查工作动员会议上通报了2011年保障性安居工程建设进展情况，并对专项巡查工作作出部署。

齐骥指出，今年以来，各地区党委、政府及有关部门认真贯彻落实党中央、国务院决策部署，高度重视，态度坚决，行动迅速，真抓实干，措施有力，保障性安居工程建设进展总体顺利。

各省市及时传达贯彻了全国保障性安居工程工作会议精神，对本地区保障性安居工程工作进行了部署，与市县签订了目标责任书，迅速将目标任务分解下达到市县。各地加大了保障性安居工程的资金支持力度和建设用地供应，积极拓展融资渠道，不断强化工作责任制，逐步落实考核问责机制。在加快工程建设进度的同时，各地高度重视保障性住房管理工作，通过完善制度、建立机制、加强监管等措施，严把准入退出关，推进建管并重，中央补助资金加快拨付，并追加了补助资金。

齐骥同时强调，目前保障性安居工程建设存在的主要问题包括各地保障性住房建设进展不平衡，建设资金有缺口，公共租赁住房支持政策有待完善。

在对保障性安居工程专项巡查工作进行部署时，齐骥指出，今年建设1000万套保障性住房和棚户区改造住房任务是党和政府对人民群众的庄严承诺，中央关心、群众关切、社会关注，建设规模大，任务非常艰巨。组织开展保障性安居工程专项巡查工作，是促进今年目标任务全面完成的重要举措。各级住房城乡建设部门要通力协作，专项巡查小组要创造性地开展工作，全面完成专项巡查工作的主要任务。

齐骥指出，专项巡查联络员的主要任务是协助各省级住房城乡建设部门做好巡查联络工作，核查项目建设情况，发现工作中存在的问题，总结典型经验。专项巡查联络员的主要职责一是核查保障性安居工程信息公开情况，核查各市县2011年保障性安居工程目标任务包括年度建设计划、开工项目信息、竣工项目信息在网上公开、公示及更新情况。二是现场核查保障性安居工程建设进度情况，重点巡查今年建设项目的开工情况和往年结转项目的竣工情况。三是现场核查建设进度滞后项目存在的问题，对未开工项目或建设进度明显滞后的要查明原因，及时向省级住房城乡建设部门和专项巡查工作组办公室反馈信息。专项巡查联络员要把握角色定位，积极参与到地方的工作中；要创新工作方法，切实履行职责；要发扬艰苦奋斗作风，严格遵守工作纪律。

齐骥强调，各地要抓紧公开工程建设信息，切实加快工程建设进度，进一步创新政策措施，突出抓好工程质量管理，编制好"十二五"住房保障规划，确保全面完成年度保障性安居工程的目标任务。同时，各地要继续落实房地产市场调控政策，坚持调控方向不动摇，调控力度不放松。

(摘自《中国建设报》 2011年5月13日 记者 童亦弟)

齐骥在十一届全国人大四次会议新闻中心举行的记者会上强调　大规模推进保障性安居工程建设　进一步加强和改善房地产市场调控

3月9日，十一届全国人大四次会议新闻中心举行"保障性住房建设和房地产市场调控"记者会。住房和城乡建设部副部长齐骥在回答记者提问时指出，将大规模推进保障性安居工程建设，进一步加强和改善房地产市场调控。住房保障司司长冯俊、房地产市场监管司司长沈建忠出席记者会并接受媒体采访。

齐骥在回答记者提问时表示，党中央、国务院高度重视住房保障和房地产市场调控工作，作出了一系列重大决策部署。各地区、各部门认真贯彻落实中央的决策部署，不断完善政策，健全机制，强化监管，加快推进保障性住房建设，采取有效措施促进房地产市场平稳健康发展。

齐骥介绍，"十一五"期间，保障性住房建设和棚户区改造力度不断加大，经过各地区、各部门共同努力，解决了1500万户的城镇低收入和中等偏下收入家庭住房困难问题。此外，改造农村危房203.4万户。中央累计投入保障性安居工程建设资金1336亿多元。2010年，全国保障性住房和各类棚户区改造住房实际开工590万套户，基本建成370万套户；农村危房改造开工139万户，基本竣工128万户。目前，我国已初步形成包括廉租住房、公共租赁住房等保障性住房的供应体系和通过政府主导下的各种棚户区改造，以解决城市低收入和中等偏下收入住房困难家庭的住房问题，并逐步将新就业人员和外来务工人员纳入住房保障体系。在实行住房保障和棚户区改造中，明确了资金、土地、金融、税收等相关支持政策，不断完善保障性住房建设和管理的政策，健全确保公开、公平、公正的保障性住房准入退出、配售和运行管理的各项制度。

齐骥指出，下一步将大规模推进保障性安居工程建设，进一步加强和改善房地产市场调控，加快构建符合国情的住房政策体系，促进早日实现"住有所居"的目标。"十二五"时期，计划新建保障性住房和棚户区改造住房3600万套，今年要开工建设保障性住房和棚户区改造住房1000万套，重点发展公共租赁住房。保障性安居工程协调小组已与各省、自治区、直辖市人民政府签订目标责任书。还要加快推进农村危房改造工作，"十二五"时期每年要改造农村危房150万户以上。

齐骥表示，为促进房地产市场健康发展，政府采取了一系列有针对性的政策措施。特别是2010年，针对部分城市房价上涨过快、投资投机性购房增多等突出问题，国务院和有关部门3次集中部署房地产市场调控。为巩固和扩大调控成果，今年1月，国务院办公厅又下发了《关于进一步做好房地产市场调控工作有关问题的通知》，就强化地方政府稳定房地产价格责任、加大保障性安居工程建设力度、加强对地方政府的监督、建立问责机制等8个方面工作作出了明确规定。目前，各地已按要求制定下发了落实国办发〔2011〕1号文件的实施细则，并结合各地实际，研究制定年内新建住房价格控制目标。

齐骥要求，各地区、各部门要认真贯彻落实《政府工作报告》和国办发〔2011〕1号文件精神，坚决遏制部分城市房价过快上涨。一是督促地方政府要切实承担起稳定房价的责任；二是继续增加住房有效供给，满足合理住房需求；三是执行好差别化住房信贷、税收政策以及住房限购等措施，抑制投资投机性购房需求；四是严格住房用地供应管理，增加土地有效供应；五是切实加强房地产市场监管，规范市场秩序；六是落实住房保障和稳定房价工作的约谈问责机制；七是强化舆论引导；八是研究制定中长期稳定房地产市场发展的政策措施。

（摘自《中国建设报》 2011年3月10日　记者　汪汀　付灿华）

继往开来 开拓创新
努力开创建筑安全生产工作新局面
——在全国建筑安全生产电视电话会议上的讲话

郭允冲

（2011年3月1日）

同志们：

我们这次会议的主要任务是，贯彻落实党的十七届五中全会和中央经济工作会议精神，按照全国安全生产电视电话会议和全国住房城乡建设工作会议的要求，认真总结2010年及"十一五"以来的建筑安全生产工作，深入分析建筑安全生产面临的形势，研究部署2011年建筑安全生产的重点工作。下面，我讲几点意见。

一、建筑安全生产工作取得明显成效

"十一五"期间，全国各级住房城乡建设部门按照党中央、国务院的决策部署，牢固树立安全发展理念，切实履行安全监管责任，深入推进企业责任落实，有力地促进了全国建筑安全生产形势的持续稳定好转。

主要表现在以下几个方面：一是事故总量明显下降。2010年全国共发生房屋市政工程事故627起，比2005年减少388起，下降38.23%。二是事故死亡人数明显下降。2005年房屋市政工程事故死亡1193人，之后每年不断减少，2008年降到1000人以下，2009年降到900人以下，2010年又降到800人以下，2010年比2005年下降35.29%。三是较大及以上事故明显下降。2010年房屋市政工程较大及以上事故起数和死亡人数分别是29起、125人，比2005年分别下降32.56%和26.47%。"十一五"时期，全国房屋市政工程没有发生特大生产安全事故。四是百亿元建筑业增加值死亡人数明显下降。"十一五"期间，建筑业生产规模持续扩大，预计2010年增加值比2005年增长124%，预计2010年建筑业百亿元增加值死亡人数约为3人，比2005年的10.38人减少7.38人，下降了71.11%。百亿元建筑业增加值死亡人数这个相对指标的大幅度下降，更充分说明了我们安全生产工作所取得的成绩。五是有的地区安全生产状况明显好转。2010年与2005年相比，全国房屋和市政工程安全事故起数下降38.23%，下降50%以上的有北京、河北、辽宁、黑龙江、福建、河南、广东、贵州、甘肃等9个省；2010年与2005年相比，死亡人数全国下降了32.59%，下降50%以上的有北京、河北、辽宁、黑龙江、河南、四川、甘肃等7个省；有的地区的安全生产形势一直相对比较好，百亿元建筑业增加值死亡人数一直只有全国平均水平的一半左右，如2009年全国百亿元建筑业增加值死亡人数为3.58人，山东只有1.25人，河南只有1.35人，陕西只有1.90人，辽宁只有1.94人。

以上数据充分说明，"十一五"期间全国房屋市政工程安全生产取得了很好的成绩，全国住房城乡建设系统（包括企业）的广大干部职工在建筑安全生产方面做了大量艰苦且富有成效的工作。回顾五年来的工作，主要在以下几个方面取得了比较大的进展：

一是加强法规建设，建筑安全生产法规体系不断完善。"十一五"期间，建筑安全生产的法律法规在原有的基础上，得到了进一步完善，技术标准规范也不断健全。现施行的已有2部法律、5部行政法规、4个部门规章以及20多个规范性文件，有2部国家标准和12部行业标准。各地结合本地实际，加强地方法规建设和标准制定。如陕西省修订完善了《陕西省建设工程质量和安全生产管理条例》等。

二是创新工作机制，建筑安全生产管理制度得到强化。"十一五"期间，我们建立并完善了安全生产责任、企业安全生产许可证、"三类人员"任职考核等10余项基本的安全管理制度，有效支撑

了建筑安全生产工作。各地不断创新工作机制，如湖南省印发了《建设工程施工项目部和现场监理部关键岗位人员配备标准及管理办法》，安徽省对施工现场采取包括暗查暗访在内的多种检查形式，重庆、广东等地也积极创新，不断推动建筑安全生产工作。

三是强化安全监管，安全监督执法检查工作有效开展。"十一五"期间，我部组织开展了"严厉打击建筑施工非法违法行为"、"建筑安全专项治理"、"建筑安全隐患排查"等多项专项安全检查。仅在2010年"打非"专项行动中，全国各地共开展执法行动21166项，检查在建工程项目43441个，查处非法违法建筑施工行为4101起。各地都注重加强安全监督检查工作，如北京市2010年全年检查工地52427个，河南省2010年共检查建筑施工企业4128家、工程项目16166项，排除了大量的安全隐患。

四是注重样板引路，施工安全标准化工作持续推进。2009年底，我部在浙江宁波召开了全国建筑施工安全标准化现场会，对施工安全标准化工作进行了阶段性总结。据统计，"十一五"期间全国累计创建省级建筑施工安全标准化示范工地32000多个。各地大力推动建筑施工安全标准化工作，如黑龙江、浙江、陕西等地不断完善安全标准化的管理措施，福建省组织编印了《建筑施工安全文明标准示范图集》。施工安全标准化工作的开展，有力促进了建筑施工企业安全生产水平的提高。

建筑安全生产工作取得的成绩，是全国住房城乡建设系统从事建筑安全生产的干部职工和广大企业的干部职工辛勤劳动和努力奋斗的结果，在此，我代表住房和城乡建设部，向大家表示衷心的感谢！肯定成绩，是为了鼓舞士气、坚定信心、继往开来，进一步做好我们的工作。我们相信，只要我们认真研究问题，深刻分析问题，积极想办法、出主意，开拓创新，扎扎实实做好每一项工作，我们的安全生产工作就一定能够做得更好。

二、建筑安全生产面临的形势

我们在肯定成绩的同时，也要清醒地认识到，当前建筑安全生产工作仍然存在不少问题，安全生产形势依然比较严峻。主要反映在以下几个方面：

一是事故总量仍然比较大。"十一五"时期，虽然每年事故起数和死亡人数都在下降，但事故总量仍然比较大。2010年共发生事故627起、死亡772人。

二是较大及以上事故仍然较多。"十一五"期间，全国较大及以上事故年均发生33.2起、死亡138.6人。尤其是2010年较大及以上事故出现反弹，起数和死亡人数比2009年分别上升了38.10%和37.36%。2010年发生两起以上较大事故的地区有江苏(4起)、四川(4起)、辽宁(3起)、北京(2起)、河北(2起)、内蒙古(2起)、吉林(2起)、广东(2起)、贵州(2起)。"十一五"时期还发生了6起重大事故，分别是2010年8月16日吉林梅河口事故，死亡11人；2008年12月27日湖南长沙事故，死亡18人；2008年11月15日杭州地铁事故，死亡21人；2008年10月30日福建霞浦事故，死亡12人；2007年11月14日江苏无锡事故，死亡11人；2007年6月21日辽宁本溪事故，死亡10人。

三是各地安全工作不平衡。2010年与2005年相比，全国事故起数下降38.23%，其中有9个省下降50%以上，但有的地方还上升，如山西上升225%、内蒙古上升71%、天津上升40%、海南上升25%、吉林上升22%；2010年与2005年相比，全国事故死亡人数下降35.29%，其中有7个省下降50%以上，但有的地方还上升，如山西上升260%、吉林上升100%、内蒙古上升56%、海南上升25%、江西上升12%。从相对数百亿元建筑业增加值死亡人数看，有的地方远远高于全国水平，甚至是2倍以上，有的达到3倍。如2009年全国百亿元建筑业增加值死亡3.58人，而青海达到15.24人、贵州达到12.95人、海南达到8.40人、上海达到8.09人、云南达到7.89人。

四是建筑市场活动中的不规范行为仍然比较多。从招投标环节看，既有建设单位规避招标，肢解工程、化整为零，或者直接指定施工单位等违法违规行为；又有投标单位弄虚作假，骗取中标，围标、串标，阴阳合同，低价中标、高价结算等违法违规行为；还有招投标代理机构"中介不中"，与招标、投标单位合谋围标、串标等违法违规行为。从承发包环节看，还存在转包、违法分包等违法违规行为。从企业经营管理看，由于建筑市场过度竞争，或者业主的明示、暗示，企业恶意压价，压缩合理工期、降低标准；如有的勘察设计单位不按规范标准勘察设计，勘察设计深度不够；有的施工单位不按强制性标准施工，甚至偷工减料、以次充好；有的监理、监测单位不按标准规范监理、监测，发现问题不及时纠正、不报告、不反映。从企业资质、注册人员资格管理看，有的弄虚作假，有的出借、出租，有的资质挂靠，有的隐瞒不良行为、隐瞒质量安全事故。以上这些大量的违法违规行为，给我们的安全生产埋下了大量的隐患，带来了极大的危害。并且，从大量发生的事故调查说明，其中都存在违法违规行为，如去年上海"11.15"火灾、吉林梅河口事故都是如此。因此，我们必须下决心、下工夫整顿规范建筑市场，必须严厉打击各种违法违规行为。

五是建筑市场的监管不到位。归纳为"三多三少"，即法律法规制度建设相对比较多，执法监督检查相对比较少；市场准入管理相对比较多，市场清出管理相对比较少；企业资质和个人资格审批管理相对比较多，审批后的后续管理、企业和执业人员的动态管理相对比较少。大量的违法违规行为没有得到查处，严重扰乱了我们的市场。

六是事故查处不到位。虽然这方面我们已经做了一些工作，但对照法律法规还远远不够。每年几百起的生产安全事故，查处了多少责任单位和责任人，值得我们反思。根据我们对各地事故查处情况的统计，在已作的处罚中，经济处罚方式较多，对企业资质和人员资格的处罚很少，2009年分别只占处罚总数的5.03%和8.68%。按照处罚权限，涉及特级、一级施工企业及甲级监理企业的资质和一级建造师及监理工程师资格的，应由地方向我部提出处罚建议，然后由我部进行处罚，但实际上各地上报要求部里处罚的非常少，甚至可以说少得可怜。以2009年为例，全国共发生了21起较大事故，但各地上报要求部里处罚的只有3起事故，降低企业资质只有1家，吊销建造师证书只有2人，吊销监理工程师证书只有2人。2010年，到目前为止，我部只收到1起地方（即北京）要求对责任企业和责任人进行处罚的建议，这起事故属于一般事故，并非较大事故。2010年全国共发生了29起较大及以上事故，其中施工企业有20家是特级或一级企业，监理企业有24家是甲级企业，而到目前为止，各地还没有报送一起要求我部进行处罚的建议。以上情况充分说明，我们的监管、我们的处罚还很不到位。

对于上述问题，各级住房城乡建设部门一定要引起高度重视，认真反思、认真研究，采取切实有效的措施，真正把建筑安全生产工作抓好。

三、下一步建筑安全生产的重点工作

"十二五"时期是全面建设小康社会的关键时期，是深化改革开放、加快经济发展方式转变的攻坚时期。随着国民经济的快速发展以及城镇化的高速推进，我国固定资产投资仍将快速增长。因此，"十二五"时期工程安全监管任务仍将艰巨而繁重。我们要结合"十二五"规划编制，针对存在的问题，认真分析查找原因，不断完善安全生产的法规制度，认真落实安全生产责任制，强化安全生产监管，加大安全生产投入，促进建筑安全生产形势的持续稳定好转。

2011年，我们要重点做好以下几项工作：

（一）深入落实企业主体责任。2010年7月19日，国务院印发了《关于进一步加强企业安全生产工作的通知》。该《通知》是继2004年国务院《关于进一步加强安全生产工作的决定》之后出台的又一个安全生产的重要文件，将对未来几年的安全生产工作起重要的指导作用。结合建筑安全生产工作的实际，我部印发了《关于贯彻落实〈关于进一步加强企业安全生产工作的通知〉的实施意见》，提出了5个方面的16项具体工作要求和措施。各地一定要认真贯彻落实，要结合本地实际，针对每一项工作要求制定具体的实施办法。《通知》和《实施意见》提出了三项重要的新制度：一是领导带班制度。工程项目要有施工企业负责人或项目负责人、监理企业负责人或项目监理负责人在现场带班，并与工人同时上班、同时下班。对于无负责人带班或该带班而未带班的，对有关负责人按擅离职守处理，同时给予规定上限的经济处罚。发生事故而没有负责人现场带班的，对企业给予规定上限的经济处罚，并依法从重追究企业主要负责人的责任。这项制度非常重要，特别是对于一些重大工程、危险性较大的分部分项工程来说，领导带班对于及时消除隐患、排除险情很有好处。二是重大隐患挂牌督办制度。省级住房城乡建设部门要对重大隐患治理实行挂牌督办，住房城乡建设部将加强督促检查。企业要经常性开展安全隐患排查。要对深基坑、高大模板、脚手架、建筑起重机械设备等重点部位和环节进行重点检查和治理，真正及时消除隐患。对重大隐患，企业负责人要现场监督整改，确保消除隐患。从发生的安全生产事故看，不少事故是由于隐患排查治理不认真、不彻底，建设、勘察设计、施工、监理各单位、各环节都没有严格把关，最后才使隐患变成险情，使险情变成事故现实。只要其中一个或几个环节严格检查、严格把关，就有可能把隐患排除，不让隐患变成险情，就有可能把险情排除，不让险情变成事故现实。杭州地铁事故就是一个非常典型的反面例子。三是生产安全事故查处督办制度。重大事故查处由住房城乡建设部负责直接

督办，较大事故由部督促省级住房城乡建设部门督办，其他事故由省级住房城乡建设部门负责督办。事故查处情况要在媒体上予以公告，接受社会监督。对于这三项制度，我部都将制定具体办法，希望各地也要根据实际，制定具体的、可操作的办法。

（二）强化监督检查，切实排除安全隐患。安全生产监督检查要做到四个结合：一是全面检查与重点检查相结合，既要加强全面监督检查，更要加强对重点项目、重点工程、安全形势不好的重点地区的监督检查。二是自查与抽查相结合，既要求企业基层加强对自身检查，又要组织力量对管辖地区的项目、工地进行抽查。三是经常性检查与集中专项检查相结合，既要组织经常性监督检查，又要专门组织力量，对突出问题、专项问题进行集中专项监督检查。四是明查与暗查相结合，既要有通知、有准备的监督检查，又要在不通知情况下暗查暗访，真正发现问题，真正排除安全隐患。

（三）大力整顿规范建筑市场，严厉打击各种违法违规行为。我们要做到"三个加强、三个并重"，即加强执法监督检查，做到立法与执法监督检查并重；加强市场清出管理，做到市场准入管理与市场清出管理并重；加强资质资格审批后的后续管理、动态管理，做到资质资格审批管理与后续动态管理并重。我部已经下发了《关于加强建筑市场资质资格动态监管完善企业和人员准入清出制度的指导意见》，即128号文件，就如何加强动态监管、加强准入清出管理提出了指导性意见，各地要深入贯彻落实。我们还研究起草下发了《规范住房城乡建设部工程建设行政处罚裁量权实施办法》和《住房城乡建设部工程建设行政处罚裁量基准》（即6号文件），把法律法规中的有关处罚规定进行细化，明确了各类违法违规行为和质量安全事故该如何处罚、由谁来处罚以及处罚程序等。以前事故处罚不到位，一个很重要的原因就是法律法规规定得比较原则，在实际工作中不易操作，因此我部有关司局做了大量调查研究，下了很大工夫，也征求了各地意见，制定了这个文件。这个文件按照事故大小、情节轻重规定了不同的处罚措施，为打击违法违规行为和处罚质量安全事故责任单位、责任人提供了有力支撑。事实证明，只要严格遵行法律法规，严格执行强制性标准，就可以大幅度减少事故的发生。大量违法违规行为严重扰乱了市场，导致很多企业不是把能力和精力放在企业管理上，放在提高企业的质量安全管理水平和技术水平上，放在提高企业核心竞争力上，而是用在歪门邪道上，用在送礼、行贿上，使得诚信的企业拿不到项目，不诚信的企业反而能拿到项目，这是很不正常的。而且大量违法违规行为的存在，大家都不遵守法律法规，法律法规就成为一纸空文，失去了法律的严肃性、权威性。因此必须严肃整顿规范建筑市场秩序，严厉打击建筑活动中各种违法违规行为。我们要严厉打击招投标环节中的围标、串标、虚假招标行为，严厉打击转包、违法分包行为，严厉打击过度竞争、恶意压价、压缩合理工期的行为，严厉打击勘察、设计单位不按标准规范勘察设计的行为，严厉打击施工单位不按强制性标准施工、偷工减料、以次充好的行为，严厉打击监理、监测单位不按标准规范监理监测的行为，严厉打击企业资质、注册人员资格管理中弄虚作假、出借出租、资质挂靠等行为。这要作为建筑市场监管和质量安全监管部门共同的一项基本的重要工作。市场经济就是优胜劣汰的经济，政府一定要起到奖优罚劣、奖罚分明的作用，好的企业要扶持，鼓励支持其做强做优，违法违规的企业要依法加以制裁、淘汰。如果大家都只热衷于发证、评奖评优，都不愿得罪人，那么建筑市场就永无宁日，建筑安全生产就永远搞不好。希望各地包括我部有关司局一定要严格按部128号和6号文件，大力整顿规范建筑市场秩序，严厉打击各种违法违规行为，加大市场清出的力度，企业资质、注册人员资格该降级的降级，该吊销的吊销。我们还要把查处违法违规的情况登报、上网，让大家知道。只有这样，才能够真正引导市场、引导业主选用那些诚信的企业，不用不诚信的企业，选用质量安全好的企业，不用质量安全不好的企业。

（四）切实加强安全事故查处工作。事故查处是一项重要的基础性工作，对于发生事故的责任单位和责任人，如果不严肃查处，就不能起到事故警示教育的作用，不能起到奖罚分明的作用，不能起到优胜劣汰的作用，不能起到净化市场的作用。所以我们一定要高度重视事故查处工作，严肃查处每一起事故。前面说过，以前不少地方事故查处不严肃、不严厉，尤其是地方上报要求部里对企业资质、人员资格处罚的很少很少。这样企业和人员违法违规所付出的成本太低，大家不在乎，没有切肤之痛，也就不能起到警示惩戒的作用，他们继续不重视安全生产，继续发生事故，继续扰乱建筑市场。因此我们必须严格按照法律法规和6号文件的规定，对企业资质、安全生产许可证等进行处罚，该吊销的吊销，该降级的降级，该暂扣安全生产许可证的暂扣，该清出建筑市场的清出市场。对注册人员来说，该吊销证书的吊销证书，该停止执业的停止执业。要让企业和注册人员真正感受到，一旦发生事故，他们付出的成本、付出的代价要远远高于违法违规所得，不仅要在经济上受到处罚，还要在资质资格上严厉罚处，直至被清出建筑市场，一辈子都不能从事建筑活动。今后，各地要将每一起较大及以上事故的处罚情况上报我部，质安司、市场司要对每一起较大及以上事故的处罚情况进行审查，看是不是严格按有关规定进行了处罚。

（五）积极推进安全生产长效机制建设。建筑安全生产长效机制建设是基础性工作，有利于安全生产的长期稳定好转，必须高度重视。各地要结合"十二五"规划编制，统筹规划，全面加强建筑安全生产的基础工作。一是要进一步完善建筑安全生产法律法规和标准规范。我部将制定和颁布《建筑施工企业主要负责人、项目负责人和专职安全生产管理人员安全生产考核管理规定》以及《建筑施工企业安全生产管理规范》等标准规范。希望各地结合本地区实际情况，进一步完善建筑安全生产的地方性法规和地方标准。二是在全行业开展以严格执行法律法规、标准规范为重要内容的安全生产宣传教育活动，促进全社会重视、关注建筑安全生产。加强对企业"三类人员"和建筑施工特种作业人员的安全生产培训和考核，促使其熟练掌握关键岗位的安全技能；督促建筑施工企业加强对农民工的安全培训教育，切实提高他们的安全意识和技能。三是要加强建筑安全监管机构和队伍建设。要稳定安全监管队伍并进一步加强队伍建设，切实提高监管人员业务素质和依法监管水平。四是要加大建筑安全生产费用的保障力度，增加安全生产投入，加强安全生产科技研究，充分运用高科技信息化手段，提高企业的安全生产能力和政府安全监管效能，全面提升建筑安全生产管理水平。

质量和安全是一切建设工程的生命线，质量、安全不分家，以上我讲的是建筑安全生产工作问题，在此我还要强调一下工程质量问题。虽然这几年工程质量总体上比较稳定，但工程质量与建筑安全生产一样，也存在不少问题和薄弱环节。工程质量方面存在的问题，与前面讲的安全生产存在的问题大体相似，这里不再赘述。

我们必须以对党、对人民、对子孙后代高度负责的态度，扎扎实实做好工程质量工作。前面对建筑安全生产的要求大部分对工程质量同样适用。这里另外再强调几点：一是要突出对保障性住房质量的监管。这几年，我国保障性住房建设大幅度增加，今年计划建设各类保障性住房1000万套。保障性住房的质量事关民生，事关政府形象与社会和谐，绝不允许出现问题。今年我们将研究出台关于加强保障性住房质量管理的指导意见，同时将开展以保障性住房为重点的全国工程质量监督执法检查，各级住房城乡建设部门要进一步提高认识，把保障性住房质量监管作为工作的重中之重来抓。要不断完善监管措施，加大监管力度，严格实施质量分户验收制度，切实保证保障性住房的质量。这一点非常重要，保障性住房建设是好事，我们一定要把好事做好，不要把好事办砸。二是要加强城市轨道交通工程监管。截至2010年底，获得国家批准轨道交通建设规划的有28个城市，在建的有25个城市、54条线路、1504公里。轨道交通工程复杂、技术难度大、影响面广，我们必须以高度负责的态度，千方百计确保轨道交通的质量安全。要加快推进《城市轨道交通工程安全质量管理条例》的制定工作，进一步明确各方主体的安全质量责任，建立健全适合城市轨道交通工程特点的风险评估、质量安全监测管理、环境调查等制度。组织开展全国在建城市轨道交通工程质量安全检查，推动法规制度和强制性标准的贯彻实施。千万要避免类似2008年杭州地铁事故的情况发生。三是要强化质量责任落实。各地要认真贯彻落实《房屋建筑和市政基础设施工程质量监督管理规定》（5号部令），加快建立本地区工程质量信用档案，认真执行在建筑物明显部位设置永久性标牌等规定，强化工程质量终身责任制的落实。对于工程项目在设计使用年限内发生质量事故和质量问题的，要依法严格追究各参建单位法定代表人、工程项目负责人、技术负责人和有关注册执业人员的责任。四是要夯实质量工作基础。积极推进工程质量立法工作，今年要重点完善施工图设计文件审查、工程质量检测等基本制度，进一步加强工程质量监管队伍建设，有效解决监督工作经费保障问题，切实增强监管队伍的凝聚力和战斗力。五是要提升技术保障能力。加强技术政策引导，大力推广建筑业10项新技术等先进适用技术，积极创建新技术示范工程，深入开展工程质量通病专项治理，以技术进步促质量提高。

同志们，2011年"两会"即将召开，同时节后工地陆续复工，这段时间的质量安全监管任务很繁重，也十分重要。希望各地住房城乡建设部门紧紧绷住安全生产这根弦，牢牢抓住质量这条生命线，认真履行质量安全监管职责，不断加大质量安全监管力度。让我们大家一起努力，踏实工作，努力开创建筑质量安全工作的新局面。

谢谢大家！

（中华人民共和国住房和城乡建设部 www.mohurd.gov.cn　2011年3月17日）

在全国保障性安居工程质量管理电视电话会议上的讲话

郭允冲

（2011年6月8日）

同志们：

这次全国保障性安居工程质量管理电视电话会议的主要任务是，贯彻落实中央领导同志关于确保保障性安居工程质量的重要指示，针对当前全国保障性安居工程质量形势，部署安排下一阶段保障性安居工程质量管理工作。刚才，河北省住房城乡建设厅、青岛市政府、包头市政府、浙江省诸暨市政府和重庆建工集团，从不同侧面介绍了保障性安居工程质量管理的好经验、好做法，也总结分析了存在的问题及其原因、吸取的教训，讲得都很好，希望各地认真借鉴。下面，我讲几点意见：

一、保障性安居工程质量管理形势严峻任务艰巨

为切实保障和改善民生，党中央、国务院作出了大规模实施保障性安居工程的重大战略部署。"十二五"时期全国保障性安居工程建设任务为3600万套，其中今年要建设1000万套。在短时间内集中建设如此量大面广的保障性安居工程，工程质量管理工作面临着前所未有的挑战和压力。

应该说，各地对保障性安居工程质量管理工作都非常重视，采取了不少积极有效的措施，保障性安居工程质量总体上是有保证的。但是我们也要清醒地认识到，当前保障性安居工程质量形势不容乐观。特别是近期曝光的一些工程质量问题，在社会上造成了不良的影响。如内蒙古包头市石拐棚户区民馨家园小区的保障房局部出现墙体空鼓、瓷砖脱落、门窗开启不灵等质量缺陷，包头市有关部门已经积极采取整改措施，全面排查，限期维修，对责任单位和责任人进行了处罚。北京市大兴旧宫三角地BC区保障性住房，政府工程质量监督机构于去年6月份在监督中发现部分楼房出现大面积墙体和楼板混凝土不满足设计强度等级要求，及时进行了督促整改，责令拆除了其中6栋楼的地上结构。在近期各地开展的保障性安居工程质量检查中，也发现一些工程存在进场建筑材料把关不严、质量通病较多甚至施工质量低劣等突出问题。如广西壮族自治区住房和城乡建设厅日前在全区建筑市场暨建筑工程质量安全层级督查中，随机抽查了20个保障性住房项目，发现部分项目存在无施工许可证、监理不到位、验收走过场等现象，少数项目甚至存在质量安全隐患。广西住房城乡建设厅对此进行了严厉查处，共对20余家施工企业和监理企业分别给予了全区通报批评、暂停招投标资格等处罚，这种敢于揭露问题、认真纠正问题的态度和做法，值得充分肯定。

保障性安居工程质量出现这些问题，究其原因，主要有三个方面：一是思想不重视。有的地方对确保保障性安居工程质量的重要性认识不足，片面强调建设数量和速度，放松了质量管理的要求。个别企业错误地将保障房等同于低质房，认为其造价低、工期紧，质量标准要求不高，甚至存在偷工减料的现象，谋取非法利益。二是责任不落实。有的建设单位不按规定的建设程序办事，不履行项目质量管理的有关职责。有的勘察、设计、施工单位质量管理制度不健全，质量管理不到位，违反工程建设强制性标准。有的监理单位形同虚设，监理工作流于形式。三是监管不到位。有的地方工程质量监管力量不足，监督经费不落实，监管力度薄弱，对违法违规行为执法不严、处罚不到位，起不到应有的警示和惩戒作用。

各地一定要深刻汲取教训，举一反三，切实采取有效措施，坚决杜绝工程质量事故，确保保障性

安居工程质量安全。

二、进一步提高对保障性安居工程质量重要性的认识

保障性安居工程是当前国家经济社会建设中的一件大事，是一项重点工程，也是最大的民生工程，全社会寄予了很高的期望，给予了极大的关注。质量是工程建设的核心和生命线，只有切实保证保障性安居工程的质量，才能把这项民生工程真正建成得民心、顺民意、增民利的惠民工程。近来，中央领导同志多次对确保保障性安居工程质量做出重要批示和指示，温家宝总理今年5月1日视察北京市保障性安居工程建设工地时强调指出："所有建筑都要重视质量，保障性住房更要重视，要确保每根钢筋的使用、每块混凝土的浇注、每个门窗的安装都要达到安全要求，这是百年大计。"各级住房城乡建设主管部门以及广大建筑企业一定要深刻学习领会总理的指示精神，切实把思想和行动统一到中央的要求上来，统一到确保工程质量是保障性安居工程建设的重要任务这一认识上来。

首先，确保保障性安居工程质量是坚持以人为本、维护人民群众切身利益的要求。安居工程质量关系到千家万户老百姓的生命财产安全，是大家最直接、最重大、最关切的利益。而且，越是涉及低收入群体和生活困难群众，越要注意保障和维护他们的合法权益。不重视保障性安居工程质量，就是置人民群众生命安全于不顾、对群众利益麻木不仁、不能坚持以人为本的表现。

第二，确保保障性安居工程质量是维护政府形象、保持社会和谐稳定的要求。保障性安居工程作为一项牵涉利益广、社会影响大的工程，其工程质量的优劣，考验着各级政府的执政理念和执政能力。如果发生重大质量事故，严重影响党和政府的形象。

第三，确保保障性安居工程质量是保证投资效益、促进经济社会长期稳定发展的要求。全国保障性安居工程建设投资很大，在国家整个基本建设投资中占有相当大的比重。如果工程质量把关不严，质量通病普遍，或者造成质量事故，将浪费社会资源，降低投资效益。

因此，确保保障性安居工程质量，不仅是经济问题，更是社会问题、政治问题。各级住房城乡建设主管部门、各参建单位必须站在讲政治的高度，集中一切力量，采取一切措施，克服一切困难，确保保障性安居工程质量。

三、扎扎实实做好保障性安居工程质量管理工作

保障性安居工程建设具有规模大、分布广、项目多、工期紧、质量要求高等特点，质量管理难度大。为指导各地工作，我部日前专门下发了《关于加强保障性安居工程质量管理的通知》，各级住房城乡建设主管部门要认真贯彻通知精神，落实通知要求，扎扎实实地做好保障性安居工程质量管理各项工作。

（一）切实加强对保障性安居工程质量管理工作的组织领导

各级住房城乡建设主管部门要把保障性安居工程质量管理作为当前的一项中心工作，列入重要议事日程，各级住房城乡建设主管部门主要负责同志要亲自抓，主管负责同志要具体抓，要切实加强领导，精心组织实施，确保各项措施落到实处。要研究制定保障性安居工程质量管理目标，分解工作任务，明确工作责任，确保各履其职、各负其责。同时抓紧完善保障性安居工程质量管理的政策措施，坚持因地制宜，增强政策的预见性和针对性。做任何工作，人都是第一位的因素，在保障性安居工程建设队伍选择上，要选择那些市场信誉好、管理水平高、质量保证能力强的企业，以优秀队伍打造优质工程。要加强工程质量监管队伍建设，抽调业务能力强、政治素质高的人员充实监管队伍，切实保证监督检查、抽测等专项工作经费，为确保工程质量监管提供有力支撑。要完善全社会共同参与的工作机制，加强与有关部门的协调配合，畅通社会各界参与保障性安居工程质量管理的渠道，集中各方智慧，发挥各方优势，形成工作合力，不断提高我们的工作成效。

（二）建立健全层层负责的工程质量责任制

确保保障性安居工程质量，必须从建设、勘察、设计、施工到竣工验收每一个环节都要严格把关，政府有关部门、项目各参建单位，都要依法承担相应的行政和法律责任。各级政府及建设主管部门负责统筹安排本地区保障性安居工程建设任务，制定工程建设进度计划，保障工程建设资金，依法实施工程质量监督管理，对工程质量负有不可推卸的领导责任和监管责任。建设单位是保障性安居工程建设的具体组织者，必须严格履行基本建设程序，择优选择各方承建单位，加强合同管理，要对工程质量全面负责。勘察、设计、施工等单位是保障性安居工程建设的具体实施者，必须建立健全质量保证体系，严格执行工程建设标准，分别对工程勘察、设计、施工质量负责。监理、施工图审查、质量检测等单位也对工程质量发挥着重要作用，必须依法依规开展监理、审查、检测等工作，确保工作的科学性和公正性。要严格落实工程质量终身责任制，如果出现工程质量问题，不管过了多长时间，不管调到什么岗位工作，都要依法严格追究责任，绝不放过。

(三)严格执行基本建设程序和质量管理制度

严格执行基本建设程序和质量管理制度，是搞好工程质量的重要基础。保障性安居工程建设时间紧、任务重，各级建设主管部门要特别注意把好程序关，任何人都不得擅自简化基本建设程序。要确保每项工程都严格执行工程招投标、施工图审查、施工许可、质量监督、竣工验收及备案等法定程序，严格落实项目法人制、招标投标制、工程监理制、合同管理制等规定，依法取得土地使用、规划等许可，坚决杜绝边勘察、边设计、边施工的"三边"工程。要全面实行住宅工程质量分户验收制度，对每户住宅及相关公共部位的观感质量和使用功能都要进行检查验收，确保交给老百姓的每一间房屋都满足质量标准要求。要严格执行在建筑物明显部位设置永久性标牌制度，让群众直接进行监督和评价，是督促大家做好工程质量的有效举措，对没有设置标牌的工程，必须限期改正。建设单位和施工单位要严格按照有关规定履行质量保修义务，对于群众反映和媒体曝光的质量问题，要高度重视，及时解决，绝不能拖延、推诿，损害群众利益。

(四)大力强化工程质量监督管理

强化政府对保障性安居工程质量的监督管理，是搞好工程质量的有效保证。要针对保障性安居工程建设容易出问题的薄弱环节，加大日常监督巡查、抽查的力度，强化对工程重要节点及竣工验收的监督，定期开展各类专项检查，在工程建设全过程进行最严格的监督管理，不给违法违规行为以可乘之机。同时积极创新、不断丰富工程质量监管手段，如强化市场现场监管联动，加强不良信用记录管理，推动监管信息化建设等等。要把工程质量管理纳入住房保障工作考核、约谈和问责范围，凡是保障性安居工程发生质量问题的，市县主管部门要及时查处并向本级人民政府报告，省级住房城乡建设主管部门要对本地区的问题查处情况进行挂牌督办，对市县主管部门负责人进行约谈；凡是发生重大质量问题的，我部将实施重点督办，并进行通报，必要时我部将直接查处。

(五)认真开展保障性安居工程质量执法检查

为督促各地进一步加强保障性安居工程质量管理，今年我部将组织开展以保障性安居工程为主的全国建设工程质量监督执法检查，4月份已经发文对各地自查工作进行了部署，目前各地正在组织检查中。这是一次很好的提高质量意识、加强质量管理、消除质量问题的机会，将对我们的工作起到有力的促进作用。在这里对检查工作提几点要求：一是检查范围要做到对保障性安居工程全覆盖，不留死角，全面检查；二是检查方式要做到认真细致，绝不能搞形式主义，绝不能走过场，真正做到发现隐患，消除隐患；三是对检查出的问题要坚决整改，严肃处罚，对违法违规单位和个人绝不能心慈手软，特别要强化企业资质、人员资格和招投标等方面的处罚，强化对不良行为的曝光，让违法违规者受到应有的处罚，并且让他们名誉扫地，寸步难行。

最后，我再强调一下安全生产工作。今年以来，全国住房城乡建设系统按照《国务院关于进一步加强企业安全生产工作的通知》要求，不断加大安全生产监管力度，严格落实企业安全生产责任，全国建筑安全生产形势总体稳定。截至5月底，全国房屋市政工程生产安全事故起数和死亡人数比去年同期分别下降14.08%和16.30%。但是，我们还要清醒地认识到，当前建筑安全生产形势依然不容乐观。特别是在保障性安居工程工期紧、任务重的情况下，更要注重做好建筑安全生产工作。目前已经进入建筑工程施工高峰期，这也是生产安全事故高发时段。各地务必要高度重视，督促指导工程项目特别是保障性安居工程项目的建设、施工、监理等责任主体，认真履行安全生产责任，切实加强安全生产管理，积极防范和遏制事故发生，促进建筑安全生产形势的持续稳定好转。

同志们，抓好保障性安居工程质量管理，是当前住房城乡建设工作中一项关系全局的重大任务，各级住房城乡建设主管部门要以对国家、对人民、对历史高度负责的态度，严格责任，严格制度，严格管理，努力把保障性安居工程建成质量过硬、人民群众满意、经得起历史检验的安全工程。

谢谢大家。

(中华人民共和国住房和城乡建设部
www.mohurd.gov.cn　2011年7月14日)

坚定信心　狠抓落实
严肃整顿规范建筑市场秩序
——在全国整顿规范建筑市场秩序电视电话会议上的讲话

郭允冲

(2011年7月6日)

同志们：

我们这次会议的主要任务是：贯彻落实中央关于工程建设领域突出问题专项治理工作的要求，总结各地建筑市场监管中的先进经验，深入分析建筑市场存在的突出问题，研究部署近期整顿规范建筑市场秩序的重点工作。

为进一步加强建筑市场监管工作，我部建筑市场监管司组织开展了大量调研工作，召开了多次座谈会，深入了解了各地建筑市场监管工作取得的经验以及建筑市场存在的主要问题，经过认真研究和分析，提出了下一步建筑市场监管的重点工作思路，并起草印发了《关于进一步加强建筑市场监管工作的意见》。

刚才铁宏同志宣读的姜部长书面讲话，强调了开展整顿规范建筑市场秩序工作的重要性和紧迫性。北京、上海、青岛建设主管部门的同志介绍了各自好的做法，并对下一步工作作出了安排，讲得都很好。下面，我讲三点意见。

一、认真总结建筑市场监管工作经验

多年来，按照中央要求，全国各级住房城乡建设主管部门持续开展了整顿规范建筑市场秩序工作。特别是近两年以来，各地以工程建设领域突出问题专项治理为契机，深入贯彻科学发展观，坚持集中整治与日常监管、治理商业贿赂和推进依法行政相结合，全国建筑市场监管工作取得了一定成效。据统计，2009年各地对发生房屋市政工程安全事故的371家企业进行了查处，其中降低企业资质10家、吊销企业资质19家、停止招投标资格254家、暂停执业人员注册资格43人、吊销执业人员注册资格17人。2009年以来，各地共查处不符合资质条件企业8821家，其中撤销、撤回企业资质4571家，注销2757家，停业整顿1493家，建筑市场环境逐步改善，促进了建筑业发展。2010年，全国建筑业总产值达到95206亿元，实现建筑业增加值26451亿元，利润3422亿元，对外承包工程完成营业额922亿美元。房屋建筑和市政工程安全生产形势也取得比较好的成绩，2010年事故起数、死亡人数分别比2005年下降了38.23%、35.29%。

以上成绩的取得，是全国住房城乡建设系统干部职工共同努力的结果，凝聚了从事建筑市场监管同志们的辛勤劳动和汗水，在此我代表住房城乡建设部，向大家表示衷心的感谢！

近年来，各地建筑市场监管部门勇于探索，敢于创新，许多工作走到了部里的前头，在工作实践中积累了许多好的经验和做法，具有很好的借鉴作用。

（一）完善地方法规，依法规范建筑市场秩序。针对建筑市场的一些突出问题，各地结合本地实际，制定出台政策措施，为查处违法违规行为提供法规依据。例如，北京、湖北等地出台了地方法规或配套文件，基本解决了法律法规对肢解发包、挂靠、转包、违法分包、围标串标等行为定性不够准确和处罚条款执行难等问题。甘肃去年修订的《甘肃省建筑市场条例》，明确了建设单位的十三类违法行为，并出台了17项规范性文件，使建筑市场管理立法工作取得突破性进展。

（二）开展动态监管，加大市场清出力度。近年来，各地积极开展资质资格动态监管，加大对不合格企业的清理力度，取得了一定成效。如青岛2010年共淘汰建筑企业118家，淘汰率约为全市企业的10%；淄博依法撤回106家建筑企业资质，责令65家企业限期整改，占全市企业的23%。江苏自2008年开展施工企业资质动态核查工作，对不符合标准要求的及时清理、整改，截至2010年共撤回资质2117个。重庆及时查处资质资格弄虚作假行为，近

坚定信心　狠抓落实　严肃整顿规范建筑市场秩序——在全国整顿规范建筑市场秩序电视电话会议上的讲话

两年撤回 1828 家企业资质。

（三）狠抓过程管理，着力加强两场联动。许多省市不断调整、理顺监管体制机制，创新监管方式，逐步改变"重准入审批、轻过程监管"的现象。如天津积极创新监管方式，建立了施工图审查、工程招标、合同备案、工程担保、施工许可、企业资质、人员资格、质量安全监督等综合监管系统，形成了以信息化为重要手段，以市场与现场联动为重要内容的有效监管机制，实现了实时动态监管和全过程闭合管理。湖南针对投标承诺与施工现场严重不符的现象，出台了施工项目部和现场监理部关键岗位配备标准和管理办法，对加强施工现场管理起到了积极作用。广西强化两场联动，凡违反基本建设程序、资质条件达不到要求或质量安全存在严重隐患的，坚决要求企业整改，暂停投标资格，近两年共对 116 家企业做出了暂停投标资格、限期整顿的处理措施，收到了较好的效果。

（四）加强信息公开，健全建筑市场诚信体系。各地把加强诚信体系建设作为一项重要的长效机制，通过整合项目、企业、人员信息数据，完善不良行为标准，加大信息公开力度，有力规范了工程参建各方的市场行为。如北京建立了统一的建筑市场监管信息平台，包括了资质资格、招标投标、施工许可、合同备案、合同履约等 10 类信息，并向社会公开提供信息查询，接受社会监督，有效促进了工程建设全过程的阳光透明。福建推行建设市场法人和自然人违规档案，把挂靠经营、质量安全责任事故等违法行为纳入档案管理，限制其从业资格，并在福建建设信息网上公布，目前已公布了 58 件违法违规法人和自然人信息，起到了警示作用。

（五）创新管理体制，推动建筑业可持续发展。各地积极探索深化建设体制改革的有效途径，逐步开展了一些体制改革的试点工作。如深圳在轨道交通和保障性住房中推行设计施工总承包和"代建总承包"。同时，许多地区通过加强劳务人员培训和管理，积极探索多种劳务用工途径，努力提高从业人员素质。广东、天津等地试点推行了劳务人员实名制管理和劳务队长培训上岗管理。青岛大力推行以企业自有核心劳务为主，劳务企业用工输入为辅的用工方式，引导农民工向产业工人转化。

我部将总结和借鉴各地的先进经验，认真加以研究和吸收，不断完善有关政策制度。同时，部里还要将地方的一些好制度、好做法及时转发给各地，供各地参考。希望各地能加强交流，相互借鉴，不断提高建筑市场监管水平，推进建筑业健康发展。

二、深刻认识建筑市场存在问题的严重性和危害性

我们在总结、肯定建筑市场监管工作的同时，还应清醒地认识到，目前建筑市场还存在不少问题，需要引起我们的高度重视。

（一）市场主体存在的问题

市场主体存在的问题可分为六个方面：

一是建设单位的问题，突出表现为有的不履行法定建设程序、肢解发包工程和指定分包单位、任意压缩工期和压低造价、拖欠工程款。有的建设单位不遵守立项、土地、规划等建设程序，规避建设主管部门的监管；有的建设单位肢解发包工程、指定分包单位，违规插手工程建设过程，甚至借口"献礼工程"，迫使企业不按科学工期和程序、违反强制性标准设计或施工，留下质量安全隐患，甚至造成质量安全事故；还有的建设单位凭借其发包方的有利地位，强迫企业垫资经营，签订"阴阳合同"，不按合同约定支付工程款或拖延结算，严重侵害企业的合法权益。

二是勘察设计单位的问题，突出表现为有的出租出借资质，弄虚作假。有的勘察设计单位通过挂靠违规在各地设立分公司、办事处，或越级勘察设计。有的勘察设计单位片面满足建设单位的不合理要求，不严格执行工程建设强制性标准，违规勘察设计，勘察设计深度不够，留下质量安全隐患。

三是施工单位的问题，突出表现为有的转包、挂靠、违法分包，施工现场管理不到位。部分施工企业盲目追求市场占有率和规模效益，面对建设单位的苛刻条件和市场"供大于求"的竞争环境，不是努力提高自身实力，而是在承接工程后采取转包，或者让其他企业、"包工头"挂靠、出借资质等方式来获取利益。有的总承包、专业承包企业层层分包、以包代管，往往将工程最终转包给劳务企业或"包工头"，导致工程质量和施工安全的各项措施得不到落实，造成质量安全隐患，有的导致事故发生。

四是监理单位的问题。突出表现为有的注册人员数量不足、监理人员素质不高，监理不到位。有些监理人员专业知识不足，缺乏必要的岗前培训，业务素质不高、责任心不强。有的总监理工程师知识结构不合理，缺乏组织、协调和管理经验。有些监理单位和个人不能坚持原则，面对现场出现的问题，该要求整改的不提出，该要求停工的不通知，该复查验收的不跟踪，未能发挥工程监理应有的作用，给工程质量安全留下了隐患。

五是中介机构的问题，突出表现为"中介不

中"。有的招标代理机构为谋取不正当利益，与招标单位、投标单位合谋围标、串标。有的造价咨询单位授意或与相关单位串通，故意压低或抬高招标控制价、竣工结算审定值、出具虚假造价成果文件。有的检验检测机构出具虚假报告。有的施工图审查机构不认真履行职责，低价竞争，出具虚假审图报告，有的地方存在谁审查时间短、谁收费低，就请谁审查，有的审查机构只收取少量费用后根本不审查，直接盖章，给工程质量安全留下了严重隐患。

六是从业人员的问题，突出表现在以下两个方面，一是注册人员缺乏诚信，出租出借执业资格，出卖图章，人证分离。一些注册建造师、监理工程师制作假证，不履行岗位职责。最近，北京市在对勘察设计企业资质核查时发现有近700人涉嫌受聘在两个以上单位工作，人证分离现象十分突出。二是从业人员素质不高。有的注册人员或专业技术人员法律意识、质量安全意识、技术业务能力、现场组织管理能力不强，有的劳务人员，特别是农民工缺乏基本的技能和安全生产知识，极易造成工程质量安全事故。

（二）监管部门存在的问题

监管部门存在问题可分为三个方面：

一是市场监管不到位。我多次讲过，建筑市场存在"三多三少"。首先是法规制度建设相对比较多，执法监督检查相对比较少。现行的法规制度虽然还有不全面、不完善的地方，但当前主要矛盾不是无法可依的问题，而是有法不依、有章不循、违法不究、执法不严的问题。其次是市场准入管理比较多，市场清出管理相对比较少。建筑市场"易进难出"、"只进不出"、"只升不降"的问题比较突出。对各种违法违规行为和发生质量安全事故的行为没有建立起畅通、有效、统一的收集、整理、发布、惩处和市场清出机制。上下级主管部门之间、同级部门与部门之间、区域与区域之间的纵向横向联动执法不到位，监管部门各自为战，缺乏监管合力。工程交易市场与施工现场的两场联动机制尚不健全，没有把招投标监管、中标后的合同履约监管、施工现场的质量安全监管等整合为一个整体。第三是企业资质、个人资格审批比较多，审批后的动态监管相对比较少，没有做到资质资格审批管理与后续动态监管并重，对审批后的违法违规情况、质量安全情况动态监管不到位。

二是监管机构自身建设不足。面对当前工程建设量大面广、超常规发展的新形势和新要求，监管力量、监管方式和监管水平还存在不足。有的地区基层监管部门机构设置和人员配备不足，经费无保障。有的监管人员专业知识不全面、责任心不强、职业素养低下。有的监管手段落后、技术装备配备不足、信息化程度低。有的监管方式粗放，主要以行政命令，动态监管工作不够。

三是法律法规不完善。现行法律法规中一些内容已不适应市场发展要求，如对目前危害建筑市场秩序较为突出的肢解发包、转包挂靠等行为定性不够准确，缺乏具体的界定标准。对建设单位的法律责任规定过于原则，相关处罚条款缺乏可操作性。对注册执业人员应承担的责任规定及处罚规定不具体，导致责任追究不到位。

（三）市场环境存在的问题

市场环境存在的问题可分为三个方面：

一是建筑市场供需失衡局面没有得到根本扭转。企业资质门槛相对较低，加上市场清出不够，生产能力明显过剩，过度的竞争必然导致不良竞争甚至恶性竞争。特别是房屋建筑和市政工程施工企业"供大于求"矛盾比较突出，过度的无序竞争引发了一系列问题，这也是建设单位倚仗买方市场滥用业主权力，勘察设计、施工、监理等企业为了承揽项目不惜采取种种违法违规行为的重要原因之一。

二是建筑市场诚信体系建设有待加强，"优胜劣汰"的市场机制尚未形成。近几年诚信体系建设一直是部里和地方在积极探索和完善的一项重点工作，各地都做了大量的工作，但目前仍处于初步建立阶段。一方面各地进展不太一样，有的地方还没有建立完善的数据库，有的诚信体系建设的内容、框架、结构以及使用发布方式也不尽相同。另一方面，由于诚信体系建设不完善，信息报送、公布制度未得到有效实施，没有真正发挥失信惩戒的作用，违约失信的风气仍比较盛行。

三是市场分割问题依然存在，统一开放、竞争有序的市场环境仍未形成。一些地方以种种方式设置障碍，排除或限制外地企业参加投标、承揽工程。有的地区强制要求外地企业必须在当地注册成立独立的子公司；有的要求外地企业投一次标必须扣押多个建造师证书，或者将本地区、本系统业绩作为评标加分条件；还有的以各种名目对外地企业收取高额保证金或其他管理费用。这些做法妨碍了企业之间的公平竞争，影响了全国市场的统一开放。同时，一些地方的开发区、工业园区、新区以"创造招商引资环境"、建设重点工程为借口，规避建设主管部门的监管，形成"监管真空"，不仅导致市场分割，而且使得这些区域成为质量安全事故的高发区。

上述这些问题的严重性和危害性必须引起我们

的高度重视。从工程质量安全角度来讲，建设单位任意压缩合理工期、压低造价、肢解发包，施工单位转包、违法分包、以包代管，导致施工现场管理失控，极易发生质量安全事故或者留下质量安全隐患，严重影响人民生命财产安全，损害国家和社会公众利益。从构建和谐社会角度来讲，建设单位资金不到位，不按合同约定拨付工程款，施工单位层层垫资、层层拖欠，造成拖欠农民工工资，转包、违法分包造成合同纠纷，极易引发群体性事件，危害社会和谐稳定。从行业发展角度来讲，大量违法违规行为严重扰乱了市场，导致很多企业不是把能力、精力放在加强企业管理上，放在提高企业的质量安全管理和技术水平上，放在提高企业核心竞争力上，而是用在邪门歪道上，使得诚信的企业拿不到项目，不诚信的企业反而能拿到项目，这很不利于优胜劣汰市场机制的形成，不利于行业的健康发展。从廉政建设角度来讲，各种违法违规行为助长了不正之风，容易引发权钱交易，滋生腐败。几年来，中央连续开展治理商业贿赂、专项治理等工作，都把建设领域列为重点。以上这些充分说明了问题的危害性和加强建筑市场监管的紧迫性。

三、加强和改进建筑市场监管工作的主要任务

今后一段时期，加强建筑市场监管工作总的思路是：以科学发展观为指导，认真落实中央关于工程建设领域突出问题专项治理的工作部署，以工程质量安全为核心，以规范建筑市场秩序为主线，改进监管方式，创新监管手段，突出重点，标本兼治，切实做到三个并重——"完善法规制度与加强行政执法并重"，"严格准入管理与加大市场清出并重"，"规范资质资格审批与强化过程监管并重"，构建诚实守信、统一开放、竞争有序的建筑市场秩序，促进建筑业健康可持续发展

近两年来，为了整顿规范建筑市场秩序，进一步加强和改进建筑市场监管工作，我部深入调研，加强研究，针对当前建筑市场中一些比较突出的问题做了一些工作。一是出台了《关于加强建筑市场资质资格动态监管完善企业和人员准入清出制度的指导意见》，就实施"质量安全一票否决制"、加强动态监管和市场清出、建立省际、部门协同监管机制等方面提出了指导意见。二是印发了《规范住房城乡建设部工程建设行政处罚裁量权实施办法》和《住房城乡建设部工程建设行政处罚裁量基准》，对各类违法违规行为和质量安全事故如何处罚、由谁来处罚以及处罚程序等作了明确规定，为各地的行政执法提供了可操作的依据。三是出台了《关于进一步加强建筑市场监管工作的意见》，该意见对肢解发包、转包、违法分包等违法违规行为作出比较明确的界定，并对落实建设各方主体责任、规范合同履约行为、加强施工现场管理、查处违法违规行为和质量安全事故等方面提出了明确要求。希望各地要认真贯彻落实好这三个文件。

今年是"十二五"规划的开局之年，我国社会经济仍将继续稳定快速发展，工程建设任务依然非常繁重，建筑市场监管的压力和责任将更加重大，也给建筑市场监管工作提出了新的和更高要求。当前，要重点抓好以下六个方面的工作：

（一）加强法规建设，严格行政执法

首先，要加快完善法规制度。部里正在抓紧与有关部门协调，争取尽快出台《建筑市场管理条例》。同时，还要加快制定法律法规配套文件，修改相关部令，对一些重点、难点问题进行明确，统一界定和处罚标准。各地不要被动等待，也要主动加快地方法规制度建设，在不违反法律法规原则的前提下，积极探索，大胆创新，结合实际，针对现行法律法规界定不清晰、可操作性不强等问题，制定政策措施，特别是对一些在实际工作中行之有效的做法和经验，要认真总结提炼，有的可上升为地方性法规。希望各地结合《关于进一步加强建筑市场监管工作的意见》，根据各地实际情况制定实施细则，认真贯彻落实。

其次，要加大行政执法力度。做到严格执法是不容易的，可能会得罪人，而且会触及一些单位和个人的利益，有很大的难度和阻力。但是我们必须去做，否则只立法而不严格执法，那么法律、规章、制度只能是一纸空文，对违法违规行为不处罚或处罚太轻，就是纵容违法违规，而且市场秩序会越来越乱。当前，我们可先易后难，首先从明显的或者已查实的违法违规行为、已发生的质量安全事故和腐败案件入手，严厉处罚有关责任单位和人员。事实上，我们现在查处的力度是远远不够的。从对2009年发生房屋市政工程安全事故处理的情况看，对事故责任企业资质和责任人员执业资格的处罚分别只占结案事故的5.03%和8.68%。各地要立即开始清理本地区已查实的违法违规行为、已发生质量安全事故和腐败案件的单位和个人的处罚情况，对尚未依法处罚的，必须尽快严肃查处，对需部里进行处罚的，及时将处罚建议上报部里。各地要在今年8月底前将清理情况向我部报告。另外，各地要认真贯彻落实好《规范住房城乡建设部工程建设行政处罚裁量权实施办法》和《住房城乡建设部工程

建设行政处罚裁量基准》这两个文件，规范裁量权，严格按照规定实施处罚，杜绝"发生了违法违规行为和质量安全事故，企业和人员仍在市场中经营"的现象。从今年三季度起，各地要将每个季度的处罚情况按时报送到部里。对未及时上报处罚情况或处罚不力的地方，将予以通报批评。

第三，健全建筑市场监督执法队伍。各地要加快解决执法队伍的编制、经费和必要的装备，选派原则性、业务能力强的人员充实到执法岗位，培养一支政治强、业务精、作风正的高素质执法队伍。要完善各项管理制度，保证执法的科学性、公正性和严肃性；要定期进行法律法规、专业知识培训和廉政教育，提高执法人员综合素质；要加强上级对下级工作的指导和监督，把全面检查、专项检查、随机抽查、挂牌督办等方式结合起来，保证监督效果。

（二）加强动态监管，加大清出力度

第一，要加大市场清出力度。我们现在审批资质资格，一批就是几十家、几千人，但很少被清出去的，甚至一些已受到刑事处罚的人员，其执业资格仍然没有被吊销。只进不出，只升不降，市场的优胜劣汰机制在资质资格管理上没有体现。因此，我们必须加大市场清出的力度。各地要通过对资质资格条件的动态监管，取消一批不再符合资质资格条件、违法违规和发生质量安全事故及腐败案件的企业和个人，通过加大清出，使企业和人员的数量控制在合理水平，与工程建设任务相适应。今年，各地要对"沉睡"企业、"空壳"企业和已追究刑事责任的注册执业人员加快清理，该吊销的一定要吊销。

第二，要严格资质资格审批。要严厉打击资质资格申报过程中弄虚作假行为。近期，根据举报，我们委托四川省住房和城乡建设厅对四川碧水建筑公司申报的材料进行了核查，发现该企业所申报的四项业绩全部是虚假业绩，性质十分恶劣。各地要明确职责、落实责任、强化监督、严格把关，切实提高行政审批质量。各地要认真核实企业的工程业绩，要把有没有违法违规行为，有没有发生质量安全事故和腐败案件作为审批的重要条件。在目前没有建立统一的工程项目数据库情况下，对于需要核查非本地区工程业绩的，工程项目所在地省级建设主管部门要按照部里要求，积极予以协助和配合。今年，部里将通过适度提高准入标准，调控各类企业数量。同时，还将出台资质资格弄虚作假处理办法，加大对弄虚作假企业的处罚力度。

第三，要加强资质资格审批后的监督管理。市场经济条件下，企业的经营状况、质量安全情况变动比较快，许多企业资质许可后，条件已不能持续达标，企业的资质等级实际上已发生了变化，但仍然按原有的资质等级去承接业务，严重影响市场公平交易。因此，我们不能审批完了就算完事了，一定要把审批与审批后的动态管理结合起来，做到发现了问题就整改，整改不到位的就清出。各地要按照三个文件要求严格资质资格管理。要加强协作，主动配合，加强资质资格审批后的监督管理。部里将对各地的贯彻落实情况和相互协查情况进行检查，对执行不力的或拒不配合的地区要通报批评。

（三）落实主体责任，深入开展专项治理

按照中央专项治理领导小组《2011年工程建设领域突出问题专项治理工作要点》的要求，今年，部里要在全国范围内开展建筑市场专项检查，而且今后将形成制度化。重点是：依法查处建设单位不办理施工许可或开工报告，不办理竣工验收备案等违反基本建设程序等问题；依法查处勘察、设计、施工单位转包、挂靠、违法分包和监理单位违法转让监理业务的问题；依法查处招标代理、造价咨询、检验检测、施工图审查等中介机构及从业人员不认真履行职责、弄虚作假的问题；依法查处政府部门不依法行政和监督执法不力的问题。各地要制定详细工作方案，认真开展自查和抽查，确保专项治理取得实效。

第一，要强化建设单位责任。一是严格督促建设单位认真执行法定基本建设程序。各地要对建设单位执行规划许可、招标投标、施工图审查、施工许可、质量安全监督、竣工验收备案等情况开展检查。二是规范发包行为。重点治理建设单位在招标时设置本地业绩等排斥条件；任意压缩合理工期和造价；规避招标、虚假招标、肢解发包、指定分包单位或材料设备生产厂、供应商，签订"阴阳合同"等行为。各地要采取坚决措施，该停止招标的必须停止招标，同时要把加强发承包监管与健全预防腐败机制相结合，与纪检监察等部门建立联动机制，严厉打击各种违法违规行为。三是要全面贯彻落实国务院确定的工程质量终身负责制。建设单位法定代表人和参与工程建设的工作人员，违反有关规定，造成事故的，无论其是工作调动还是退休，都要依法追究法律责任。要实施工程标牌制度，工程项目竣工后，要将建设单位和参建单位以及责任人的相关信息，制作成标牌，镶嵌在建筑物的显著位置，接受社会监督，落实其终身责任。

第二，要严格落实勘察、设计、施工和监理单位的责任。要重点治理勘察、设计、施工挂靠、转包、违法分包和监理单位违法转让监理业务。目前，部分地区通过认真探索、总结，细化了法律法规对这些行为的认定标准，解决了认定处罚难的问题。部里综合各地经验，在《关于进一步加强建筑市场监管工作的意见》中也对转包等行为作了进一步明确，为各地依法查处提供政策依据。各地特别要对发生质量安全事故，或者因为拖欠农民工工资、拖延工期等行为造成群体性事件的单位，要严肃追究有关企业和法定代表人的责任，该停业整顿的停业整顿，该降低资质的降低资质，该吊销资质的吊销资质。要切实加大企业违法成本，促使企业把精力放在提高质量安全管理和技术水平上。

第三，要落实中介机构的责任。各地要加强对招标代理、造价咨询、工程质量检测、施工图审查等中介机构的监督检查，对虚假招标，编制虚假报告，施工图审查意见重大失误和弄虚作假的中介机构，要暂停其承接业务，并依法进行处理，情节恶劣的，要依法降低或者吊销资质资格。

第四，要加强从业人员的管理。各地要加强对注册建筑师、勘察设计注册工程师、注册监理工程师、注册建造师等注册人员市场行为的监管，落实其法定责任和签章制度。对注册人员出租、出借资格，出卖图章等问题加大处罚力度，造成质量安全事故的，要严肃追究其法律责任。要加强对劳务人员和特种作业人员的管理。总承包单位要对劳务分包企业的施工现场管理、劳务作业和用工情况负有监督管理责任，凡新入工地、转岗人员未经培训不得上岗。对发生未经培训合格从事施工作业活动的，要追究总承包单位、劳务分包单位及其法定代表人的责任。要加强对特种作业人员持证上岗情况的监管，一经发现施工单位特种作业使用无证人员施工的，要立即责令停工整顿。

（四）改进市场监管方式，促进全国市场的统一开放

各地要积极转变思路，采取新办法、新举措，改进监管方式，提高监管效能。重点建立以工程质量安全为核心的建筑市场监管机制，强化"两个联动"。第一个联动是市场和现场的联动。要把招投标、资质资格审批、施工许可与中标后的合同履约管理、施工现场质量安全管理等环节结合起来，形成闭合管理。各地要全面推行合同备案制度，施工总承包、专业承分包合同必须按规定进行备案，有条件的地区应将劳务分包合同也管起来。要建立合同履约的动态监管制度，与质量安全监督相结合，把履约监管落实到施工现场，及时查处履约中的违法违规行为，并在信息平台上公示，情节严重的要上报全国诚信平台上予以公示。通过合同管理，将市场和现场相互联通，把施工现场发现的问题反馈回市场，对责任单位和人员依法处罚。第二个联动是负责市场管理的部门与负责质量安全管理的部门联动。质量安全部门在查处质量安全隐患、事故的时候，要和市场监管部门联合开展或者将质量安全管理中存在的问题及时反映给市场监管部门。市场监管部门在进行市场监管时也要和质量安全监管工作结合起来。两个部门要加强协调，密切配合，相互联动。对取得资质资格证书后降低质量安全条件的企业和人员，要责令停业整顿，限制其承接工程，整改后仍达不到标准的，依法降低资质等级、暂停执业资格直至吊销资质资格证书。各地要结合实际情况，很好地研究建立两个联动的工作机制，形成监管合力。

各地要正确处理好加强监管和促进全国市场统一开放的关系，增强大局意识，进一步打破地方封锁和行业壁垒。一是要严格规范外地企业进入本地的告知性备案制度。针对目前许多地区设置过多备案条件的问题，各地要尽快取消要求外来企业在当地注册独立子公司，将本地区、本系统业绩作为评标加分条件等不合理的限制条件，维护全国市场的统一。二是要规范各类保证金的缴纳。各类名目繁多的保证金，不仅加重企业的负担，而且成为了地方保护的新壁垒。部里要对现有保证金的缴纳情况进行清理，对建设部门设置的，要合理确定缴纳种类、缴纳基数和比例，能合并的尽量合并；对其他部门设置的，要积极向有关部门反映，妥善解决。各地要根据企业的信用实行差别化管理，质量安全好、信誉高的企业能免交的就免交，能少交的就少交，同时要避免重复缴纳问题，在一定行政区域内，在上一级已收取的，下级就不能再重复收取；要鼓励采用担保、保险等市场手段代替保证金。三是要加强"三区"工程的管理。"三区"的建设是城乡建设的重要组成部分，所有建设工程必须纳入到县级以上人民政府建设行政主管部门的统一监管，不允许以加快建设、软环境建设为借口，不执行法定建设程序和管理制度。

（五）推进诚信体系，加快监管信息化建设

各地要认真贯彻落实《工程建设领域项目信息公开和诚信体系建设工作实施意见》，推进信息公开，加强诚信体系建设，重点抓好三项工作：一是各地要加快整合信息资源，建立统一信息平台，在年内实现信息公开。向社会公开企业和人员的基本信息，保障广大人民群众知情权和监督权，督促企

业和人员自觉规范自身行为，公开曝光违法违规行为，使其"一处违法，处处受制"。二是加快企业、注册人员和工程项目三大基础数据库建设。目前，各地在建筑市场监管信息系统和基础数据库建设上发展不平衡，标准不一致。今年，部里出台全国建筑市场监管信息系统基础数据库数据标准后，各地也要尽快制定相应的实施计划，健全和完善省级建筑市场监管信息系统基础数据库，实现与部里中央基础数据库的对接，实现互联互通。充分利用信息手段加大建筑市场动态监管。三是各地要认真落实上报违法违规等信用信息的要求，严格按照部里颁布的标准，将本地区发生的各种违法违规行为上报全国诚信信息平台，对各地上报情况，部里要进行统计分析，并通报全国。

（六）加强行业引导，促进建筑业健康发展

部里已下发了《建筑业发展"十二五"规划》，各地要按照部里的总体要求，抓紧制定本地区的建筑业十二五发展规划，促进建筑业健康发展。要建立良好的建筑市场秩序，从长远看，还是要依靠深化建设体制的改革，逐步建立符合中国国情的建筑市场运行机制。从当前看，重点推进以下四项工作，一是要加快推进工程总承包。部里要尽快研究出台相应的招投标、合同管理办法及示范文本。各地要加大扶持力度，在一些大型公建和基础设施中，推行工程总承包，引导大型设计、施工企业发展成为具有设计、采购、施工管理等全过程服务能力的龙头企业，逐步改变依靠扩张规模、比拼价格和与中小企业争抢低端市场的困境，实现社会效益、经济效益和环境效益的统一。二是要推进建筑业科技进步。部里要研究激励政策，如在市场准入标准中补充科技创新指标等方法，推动建筑企业依托自身力量或与科研单位、大专院校合作，提高应用研究水平，全面提升企业自主创新能力。各地要加强政策支持，加大宣传力度，鼓励建筑企业增加研发投入，引导和促进企业针对国民经济和社会发展对建筑节能与创新技术的战略需求，以及工程建设实践中面对的技术难题，有组织地开展科技创新活动，增强企业的核心竞争力。三是要积极完善工程风险防范机制。清欠以来，许多地区以开发项目为重点，推行工程担保制度，在预防拖欠、化解合同履约风险方面发挥了一定作用。部里要进一步研究，完善相关政策，把诚信体系与担保制度相结合，通过发挥信用规范和经济制约的合力，促使有实力的企业适度规模经营，仍不具备实力的企业因无力提交担保，自动退出市场，让违法违规企业付出信用和经济的双重成本，建立"优胜劣汰"的市场机制，为行业发展创造良好的竞争环境。四是要推动政府投资工程组织实施方式改革。各地要加强与相关部门的协调，完善政府投资工程建设组织实施方式，探索实现"投资、建设、管理、使用"分离，对政府投资工程实行专业化、科学化、集成化管理，为促进建筑企业转变增长方式创造条件。

同志们，整顿规范建筑市场秩序是一项长期而艰巨的任务，但我们相信，只要全国各级住房城乡建设主管部门坚定信心，振奋精神，狠抓落实，建筑市场秩序一定会逐步好转，建筑业也一定会取得更好更快的发展。

谢谢大家！

（中华人民共和国住房和城乡建设部
www.mohurd.gov.cn　2011年7月15日）

大力推进企业文化建设
不断提升全国住房和城乡建设系统文化软实力
——在全国住房和城乡建设系统第五届企业文化建设论坛暨推广青岛市市政公用局"用心惠民"品牌文化建设经验现场会上的讲话

杜鹃

（2011年7月21日）

同志们：

在隆重纪念建党90周年之际，全国住房和城乡建设系统第五届企业文化建设论坛暨推广青岛市市政公用局"用心惠民"品牌文化建设经验现场会在大力推进企业文化建设 不断提升全国住房和城乡建设系统文化软实力——在全国住房和城乡建设系统第五届企业文化建设论坛暨推广青岛市市政公用局"用心惠民"品牌文化建设经验现场会上的讲话

青岛召开了，这是住房和城乡建设部认真贯彻党的十七大和十七届三中、四中、五中全会精神，推进文化大发展，创新思想政治工作的一项重要举措。首先，我代表部党组对论坛的召开表示热烈的祝贺！对来自全国住房城乡建设系统的各位领导和同志们表示诚挚的问候！

今天上午，公布了 65 个企业文化建设的示范单位，其目的就是要发挥示范单位的辐射和引领作用，进一步推动全国住房和城乡建设系统企业文化建设的深入开展。刚才，青岛市市政公用局、上海现代建筑设计集团、江苏武进建筑安装工程有限公司第八分公司和天津市规划局作了大会经验交流，他们从不同角度，介绍了如何推进企业文化建设的经验，他们的经验很好，值得大家学习借鉴。

下面，我讲三个问题，供同志们参考。

一、青岛市市政公用局"用心惠民"品牌文化建设经验给我们的启示

这次会议的一个主题，就是总结推广青岛市市政公用局"用心惠民"品牌文化建设的经验。2005年，部在青岛召开了企业文化建设现场推进会，总结推广了青岛市市政公用局品牌文化建设的经验。时隔 6 年，他们又创出了"用心惠民"品牌文化建设的新鲜经验，在企业文化建设的核心理念及内涵、成效上实现了新的提升。

青岛市市政公用局"用心惠民"品牌文化建设的经验，给我们的启示是：

（一）"用心惠民"品牌文化践行科学发展观，体现正确的理想信念和价值追求。青岛市市政公用局认真践行科学发展观，始终把保障和改善民生，切实维护好、解决好人民群众最关心、最直接、最现实的利益问题，作为全部工作的出发点和落脚点。他们在对原来"一线连万家"品牌文化进行整合的基础上，把局属供水、供气、供热、排水和环卫行业分别提出的"润万家"、"能泽万家"、"暖到家"、"排水畅通惠万家"、"洁万家"、"益万家"等基层"家"字品牌，集中围绕"用心惠民"品牌文化来打造。他们提出"用心惠民"为全行业的历史使命、发展目标和追求愿景，以"用心惠民"为根本价值取向。将"用心惠民"的"用心"诠释为"与民贴心、待民热心、让民舒心"，倡导了行业精神；将"惠民"赋予了"情系民生、服务民生、保障民生"的内涵，确立了行业宗旨。通过创立企业品牌文化培育正确的理想信念和价值追求，在实际工作中，践行科学发展观，体现党的宗旨。

（二）"用心惠民"品牌文化着力于用心惠民，具有鲜明的行业特色。面对市民群众对市政公用产品和服务多元化需求的日益增长，青岛市市政公用局深刻认识到，作为市政公用行业，既是窗口服务行业，又是社会公益性行业，与人民生活息息相关，是党和政府密切联系群众的重要纽带。他们在"用心惠民"品牌文化建设中，确立了"把群众呼声作为第一信号，把群众需要作为第一选择，把群众满意作为第一标准"的服务准则；确立了"一流的办事效率，一流的工作质量，一流的服务水平"的服务规范；确立了对人民群众需解决的"民生"问题，要"快研究、快落实、快办理、快沟通"的"四快"工作作风；确立了实行亲情化服务、精细化服务、承诺制服务的服务模式。既解决了一大批人民群众关心的热点难点问题，受到群众的赞许，又树立了具有鲜明市政公用行业特色的品牌文化体系。

（三）"用心惠民"品牌文化全面提升了职工素质，推动了思想政治工作的创新与加强。青岛市市政公用局注意将先进价值理念和个人的理想、追求融入到工作和岗位实践中，把个人的价值追求同行业的奋斗目标紧密地结合起来。他们从建立政治坚定、业务精湛、作风过硬、群众满意的高素质的干部职工队伍出发，创新和加强思想政治工作。通过连续四年开展解放思想主题实践活动，以创新理念统一职工思想、汇集群众智慧；围绕"惠民"，在"用心"上做文章，广大干部职工做到了"用心巡查、用心规范、用心服务"；在急难险重的工作任务中，锻炼干部职工，锤炼出"拼上去、冲出去、豁出去"的顽强斗志；大力推进标准化建设，实现了"规范化服务零投诉、优质化服务零障碍、亲情化服务零距离"的目标。充分体现了他们把提升群众的满意度和幸福指数作为个人人生信念和价值追求的崇高境界。

（四）"用心惠民"品牌文化打造出企业的核心竞争力，推动了跨越式发展。青岛市市政公用局在建设"用心惠民"品牌文化中，增强社会责任意识，引导企业员工将文化的力量熔铸在企业的生命力、创造力和凝聚力之中，2008 年至 2010 年，抢抓机遇、抢抓发展，实现了三年"六个大跨越"，即民生工程投资总额高，是前三年的 1.9 倍；建设项目多，是前三年的 1.7 倍；建设管网长，是前三年的 1.4 倍；集中供热发展快，供热普及率增长了 24 个百分点；排水建设力度大，基本实现污水全收集全处理；惠民面广，让广大群众分享到市政公用事业发展的丰硕成果。解决了城市"供热难"、"吃水难"、"用气难"、"排污难"、"环境卫生难"等问题。同时，在管理层面实现了"六个转变"、"六个统一"，提升了科学管理水平。"用心惠民"品牌文化建设为青岛市市政公用局实现跨越式发展提供了精神动力、思想保证和文化支撑。

总之，青岛市市政公用局"用心惠民"品牌文化建设，把握了企业文化建设的精髓，通过培育共同理想，引导员工树立正确的思想理念、价值追求，养成了良好的职业道德，增强了社会责任感，树立了企业"用心惠民"的良好形象。更为可贵的是，他们的企业文化建设，不只局限于企业内部，而是上升到"为人民服务"的高度，体现了社会主义核心价值体系的要求，为住房和城乡建设系统企业文化建设创造了典型经验，值得学习、借鉴和推广。

二、全国住房城乡建设系统企业文化建设发展取得明显成效

自2000年以来，住房和城乡建设部始终把推进企业文化建设，作为贯彻党的十七大精神，加强思想政治工作，提升企业核心竞争力的重要举措，全系统企业文化建设取得明显成效。主要体现在以下五个方面：

（一）加强领导，企业文化建设呈现良好发展态势。10年来，特别是党的十七大以来，在部党组的亲切关怀下，先后采取多项举措，积极推进全系统企业文化建设的发展和繁荣。一是2005年以部名义制定和颁发了《关于加强建设系统企业文化建设的指导意见》，明确提出要坚持以人为本，突出个性，立足实际，注重实效，努力建设既符合先进文化前进方向，又具有鲜明时代特征和行业特色的企业文化；二是先后在北京、昆明、烟台、合肥和厦门等地举办企业文化骨干培训班，为全系统企业文化建设提供人才保证；三是推出三批145个全国建设系统企业文化建设先进单位，充分发挥先进单位的典型示范作用和引领辐射作用；四是先后在北京、广州、青岛、海口召开四届企业文化建设论坛，研讨典型推介、企业文化落地生根等问题。全系统企业文化建设呈现出良好的发展态势。

（二）深化认识，确立企业文化建设在企业发展中的重要地位。住房城乡建设系统各单位越来越深刻地认识到，在经济全球化和社会主义市场经济的新形势下，加强企业文化建设是企业迎接开放的、国际化的市场挑战的基础性工程，企业文化是企业的灵魂，是提升企业核心竞争力的重要途径，也是凝聚职工、提升管理、内强素质、外树形象的有力举措。

例如，中国新兴建设开发总公司高度重视企业文化建设，始终把企业文化建设作为企业发展战略的重要组成部分，纳入企业"十一五"、"十二五"发展规划。企业文化建设做到年年有主题，年年有载体，年年有创新，推动企业文化建设不断深入开展。北京市政路桥建设控股公司，在企业联合重组之时，就对企业文化建设达成共识，在企业《2006—2010年战略发展规划》中，明确提出要用企业发展的文化价值理念和共同目标凝聚职工。在企业品牌、标识方案和企业价值理念提炼过程中，组织广大职工广泛参与，经过"五上五下"充分征求意见，提高了广大职工对企业品牌和价值理念的认同度，对企业的归属感得到进一步增强。

（三）完善机制，形成分工协作、责任明确、齐抓共管的工作格局。住房城乡建设系统各单位高度重视企业文化工作机制的建设，很多企业明确了企业文化建设工作的领导机构，形成了党政工团和各职能部门分工协作、齐抓共管的工作格局。一些企业在财力上加大投入，为企业文化建设提供了有力保障。

例如，江苏武进建筑安装工程有限公司八分公司作为民营企业，高度重视企业文化建设，他们成立了以党政一把手为组长的企业文化建设领导小组，领导小组由公司党政工团和有关部门组成，并制定企业文化建设管理制度，明确分工，落实责任。他们加大对企业品牌、企业理念、企业愿景和员工培训等各方面软、硬件投入，保证企业文化建设顺利开展。长春房地产集团公司党政工团齐心协力推进企业文化建设的繁荣和发展，公司成立了专门的企业文化建设部门，配备了专职工作人员，创办了《长房集团报》，组建了职工艺术团和体育队，举办职工文化节，组织职工摄影、书法、绘画协会，每年投到企业文化建设上的资金达130多万元。

（四）坚持创新，促进企业文化与思想政治工作的有机结合。住房城乡建设系统各单位始终把加强企业文化建设作为思想政治工作创新的重要内容和载体，坚持企业文化建设与思想政治工作有机结合，拓展了党建工作和思想政治工作的空间，促进了企业的健康发展和员工的健康成长。

例如，天津市规划局着力创新思想政治工作，他们研究制定了《天津市规划局机关工作人员日常行为规范》和《规划行业职业道德规范》，深入开展

学习型党组织创建活动，通过"一个班子一个龙头，创建学习型领导班子；一个支部一个堡垒，创建学习型团队；一名党员一面旗帜，争做学习型干部"三个载体，提升干部职工队伍素质。安徽省外经建设（集团）有限公司在推进企业文化建设中，重在职工参与，发动员工提炼并形成"忠诚、和谐、求实、创新"的企业精神，通过创作"外经之歌"、"援外人员之歌"等企业之歌，开展自编自演寓教于乐等多种形式的文化活动，不断增强思想政治工作的吸引力和感染力，为提升集团核心竞争力奠定了坚实基础。

（五）注重实效，增强企业竞争力，推进企业改革与发展。住房城乡建设系统各单位坚持企业文化建设与企业生产经营有机结合，通过文化建设培育员工队伍的共同理想和社会责任意识，将个人的理想、追求融入到工作和岗位实践中，激发职工群众的主动性、积极性和创造性，为企业的生产经营活动提供有力保证，使企业的竞争力得到了增强。

例如，上海现代建筑设计（集团）有限公司在企业文化建设中，结合设计企业特点，营造"崇尚原创文化"的氛围，强化员工自立创新意识。几年来，集团自主创新能力建设取得良好成效，呈现出建筑原创项目多、产值高的特点，投标中标率由2001年的37.5%提高到2010年的55.1%，原创合同额在合同总额中的比重逐年增加，2010年原创合同额占合同总额的56%，为集团带来了较好的经济和社会效益。中国建筑工程总公司第八工程局在推进企业文化建设中，大力践行和弘扬铁军文化，提出"国内著名、国际知名、员工满意、各方认可"的企业发展战略，随着铁军文化的落地生根和发扬光大，提升了企业核心竞争力，该局在巴丹吉林沙漠腹地，以艰苦创业和科技创新精神，建成了中国第一座太空港，被建设部党组授予"全国建设系统行业楷模"光荣称号。

经过10年来的不懈努力，住房城乡建设系统企业文化建设实现了"三个转变"。一是由自发向自觉转变，抓企业文化建设的自觉性大为增强；二是由表层向深层转变，企业文化建设不断深化；三是由零散向系统转变，初步形成了较为完备的企业文化建设体系。

三、大力推进企业文化建设，不断提升住房城乡建设系统文化软实力

大力推进企业文化建设，必须以邓小平理论和"三个代表"重要思想为指导，深入贯彻科学发展观，全面落实党的十七大和十七届三中、四中、五中全会精神，认真贯彻胡锦涛同志在庆祝中国共产党成立90周年大会上讲话精神，坚持以人为本、立足实际、彰显特色、注重实效，努力建设既符合中国特色社会主义先进文化前进方向，又具有鲜明时代特征和行业特色的企业文化，为住房城乡建设事业的科学发展提供有力的文化保证和智力支持。

当前要重点抓好以下五个方面的工作。

（一）在加强理论武装，坚定共同理想上下工夫。一是要加强中国特色社会主义理论教育。联系系统、行业、单位的实际，有理有情、有声有色地开展中国特色社会主义理论教育，用中国特色社会主义共同理想凝聚力量，帮助职工树立正确的世界观、人生观、价值观。二是要加强科学发展观的宣传普及。组织党员干部、职工群众深入学习科学发展观，学习领会转变经济发展方式的重要意义，进一步增强在本职岗位上践行科学发展观的自觉性和坚定性。三是要加强社会主义核心价值体系和企业核心价值体系建设。要在社会主义核心价值体系指导下，总结提炼由企业精神、企业理念、企业宗旨、企业追求等构成的企业核心价值观念，使企业核心价值理念成为系统、行业、企业职工共同的价值取向和行为指南。四是要加强企业社会责任教育。要以依法经营、诚实守信、提高产品质量和服务水平、节约资源、保护环境等内容为重点，提高企业和员工履行企业社会责任的自觉性和主动性。

（二）在培育企业精神，打造特色品牌文化上下工夫。住房和城乡建设系统行业多，既有国民经济的支柱产业，又有关系到国计民生的市政公用行业，大多行业与人民生活息息相关，是社会服务的重要窗口，行业特点决定必须建设各具特色的企业文化。市政公用和窗口行业要大力加强服务文化建设，不断提高服务质量和水平，努力打造知名服务品牌；建筑施工和市政行业要大力加强质量安全文化建设，工程质量涉及千家万户安危，施工生产涉及员工生命安全，一定要全力推动质量安全文化品牌建设；全系统要大力加强诚信文化建设，深化以诚实守信为核心的职业道德建设，制定和完善覆盖每个行业、工种和岗位的职业道德规范；在腐败易发、高发领域要大力加强廉政文化建设，加强警示教育，重在制度建设，确保住房城乡建设事业健康发展和队伍健康成长。

（三）在提高管理水平，增强企业竞争力上下工夫。要促进企业文化与企业管理的融合，提升企业管理层次和水平，增强企业竞争力。一是加强制度文化建设。企业的思想理念、价值追求要通过制度来体现，要完善企业管理制度、岗位职责、工作规程、行为规范，不断提高企业科学化管理水平。要加强企业管理制度的宣传教育，增强制度的约束力和执行力。二是加强企业文化核心理念的宣传。要使企业文化的核心理念融入到各项管理制度和生产经营管理之中，使每个职工都能从思想上认同企业管理文化、行为上遵守企业管理制度。三是加强企业文化与人力资源管理的融合。要坚持以人为本，注重民主管理、自主管理，制度运用要刚柔结合、宽严有度、情理交融，使企业管理收到更好的效果。

（四）在关注员工队伍建设，促进人的全面发展上下工夫。企业文化建设必须以人为本，把着眼点和落脚点放在提高员工队伍素质，促进人的全面发展上。一是提高职工思想道德素质。深入开展向徐虎、范玉恕、徐州下水道四班等全国建设系统先进典型学习活动，学习徐虎同志"辛苦我一人，方便千万家"的思想境界，学习范玉恕同志"老老实实做人，结结实实盖楼"的人生追求，学习徐州下水道四班"宁愿一人脏、换来万人净"的爱岗敬业精神，使广大员工学有榜样、赶有目标。二是开展专业技术培训。根据企业发展和岗位职责要求，开展专业技术培训，鼓励职工学习科学知识、专业技能，不断提高员工职业素质和水平。三是加强人文关怀。要关心员工生活，不断改善生产、生活条件。积极开展耐心细致的思想工作，注重心理调节疏导，把解决实际问题与解决思想问题结合起来。四是丰富员工文化生活。要积极创造条件，开展职工喜闻乐见、丰富多彩、广泛参与的文化、体育活动，充实职工业余生活。

（五）在提高认识，加强领导上下工夫。住房城乡建设系统队伍大，据不完全统计，从业人员达5000多万。住房城乡建设系统行业多，大多涉及群众切身利益，社会瞩目，群众关注。同时，很多行业面临着激烈的市场竞争。加强企业文化建设，是保证企业健康可持续发展的迫切需要，必须加强领导。一是各级住房城乡建设行政管理部门要加强对企业文化建设的指导，企业文化建设是创新思想政治工作的重要组成部分，要摆上重要议事日程，精心组织，精心指导。二是要充分发挥各级思想政治工作研究会的作用，在推进企业文化建设中，履行好调查研究，培训骨干，咨询服务，推广经验四项职能。三是企业党政领导要建立健全企业文化建设的领导体制和工作机制，确保企业文化建设与生产经营工作同部署、同检查、同考核。企业党委要切实负起领导责任，科学设置企业文化机构，安排专人负责，加大企业文化活动经费投入，为企业文化建设提供有力保障。

同志们，推动企业文化建设是住房城乡建设事业科学发展的内在要求，是提升企业核心竞争力的重要途径。希望大家以这次论坛为新的起点，相互学习，不懈努力，推进住房城乡建设系统企业文化建设深入发展！

（中华人民共和国住房和城乡建设部
www.mohurd.gov.cn 2011年8月3日）

第三篇

建 设 综 述

住房城乡建设法制建设

【2011年立法工作】
(1) 颁布实施《国有土地上房屋征收与补偿条例》，规范国有土地上房屋征收补偿行为

当前，我国正处于改革发展的关键阶段，处于工业化、城镇化的重要时期，规范国有土地上房屋征收与补偿活动关系到群众切身利益，关系到工业化、城镇化进程，关系到现代化建设全局。在深入调查研究，广泛听取意见的基础上，国务院制定颁布了《国有土地上房屋征收与补偿条例》（以下简称《征收条例》），自2011年1月21日施行。《征收条例》统筹兼顾工业化、城镇化建设和土地房屋被征收群众的利益，努力把公共利益同被征收人个人利益统一起来。通过明确补偿标准、补助和奖励措施，使房屋被征收群众的居住条件有改善、原有生活水平不降低。通过完善征收程序，加大公共参与，禁止建设单位参与搬迁，取消行政机关自行强制拆迁等制度，切实维护群众利益。《征收条例》出台后，社会各界给予了充分肯定。

《征收条例》共5章35条，对公共利益的界定、征收程序、征收补偿、被征收房屋情况的调查登记以及房屋征收范围确定后被征收人的禁止性活动等内容作了规定。《征收条例》明确了房屋征收补偿原则、补偿内容、补偿方式选择、评估机构选定、评估争议处理、被征收人住房保障、违法建筑认定与处理、停产停业损失补偿、搬迁与临时安置费用支付、房屋征收补偿决定以及申请人民法院强制执行等内容。同时，《征收条例》设置了行政责任、刑事责任、民事责任三大责任，注重与其他法律、法规关于法律责任规定的衔接，注重各方法律责任的平衡。

《征收条例》实施，对规范国有土地上房屋征收与补偿活动、保障公民私有财产权利、促进公共利益与个人利益协调发展起到重要作用，体现了构建社会主义和谐社会要求。

(2) 颁布实施《城镇燃气管理条例》，加强燃气管理

近年来，我国燃气事业取得了长足的发展，燃气的普及应用为优化能源结构，改善环境质量，提高人民生活水平发挥了极其重要的作用。但是，随着我国经济社会的发展，燃气行业也面临着统筹规划不够、应急储备和应急调度制度不健全、燃气经营管理制度不完善等亟待解决的问题。为了切实解决上述问题，2010年11月颁布《城镇燃气管理条例》（以下简称《燃气条例》），自2011年3月1日施行。

《燃气条例》共8章53条，对城镇燃气发展规划与应急保障、燃气经营与服务、燃气使用、燃气设施保护、燃气安全事故预防与处理及相关管理活动，以及相应的法律责任作了规定。《燃气条例》通过提出燃气发展统筹规划的要求，保障了燃气设施有序集约建设，节约了建设资源，减少了安全隐患；完善了燃气应急储备和应急调度制度，增强了城镇燃气安全供应能力和应急保障能力；规范了燃气经营管理制度，促进了燃气经营市场规范有序发展；加强了燃气运输、经营、使用等各环节的安全管理制度，细化安全措施、明确安全责任，努力做到防患于未然；建立了燃气安全事故预防处理机制，明确政府部门职责分工，理顺了燃气安全管理责任。该条例的实施，对加强城镇燃气管理，保障燃气供应，预防和减少燃气安全事故，保障人民生命财产安全，维护燃气经营者和燃气用户的合法权益发挥了重要作用，有效地促进了燃气事业的健康发展。

2011年，配合国务院法制办就《城镇排水与污水处理条例》做了大量研究修改、协调等工作。《建筑市场管理条例》上报国务院。在《基本住房保障法》的基础上，起草了《基本住房保障条例》。配合有关司修订《村庄和集镇规划建设管理条例》和《住房公积金管理条例》。配合国务院法制办修订《土地管理法》和全国人大起草《旅游法》。发布、修改、废止规章5件。

【行政复议工作】 2011年，办理行政复议案件179件，热情接待申请人，深入基层了解案情，注重和解调解，加强层级监督。组织召开行政复议工作座谈会暨行政复议统计分析会。住房城乡建设部被评为全国行政复议工作先进单位。

【规范行政处罚裁量权】 印发规范住房城乡建设部工程建设行政处罚裁量权实施办法和裁量基准。

会同规划司起草《关于规范城乡规划行政处罚裁量权的指导意见》，做进一步的修改完善工作。

【普法和依法行政工作】 组织召开住房城乡建设系统"六五"普法工作会议。配合部机关党委举办"依法行政和行政强制法讲座"。印发《关于进一步推进住房城乡建设系统依法行政的意见》。

【行政处罚和行政应诉工作】 经法规司合法性审查，作出行政处罚决定19件，主持召开4场行政处罚听证会。

【规范性文件合法性审核和征求意见答复】 对19件规范性文件进行合法性审核，协调解决有关问题。组织五次法规规章和规范性文件清理。办理全国人大等征求意见234件，就《太湖流域管理条例》等重要法规多次协调，达成一致。通过请示全国人大等方式，答复地方请示9件，为地方执法提供了依据。认真办理"两会"议案建议提案，被评为住房城乡建设部机关2011年度先进单位。

（住房和城乡建设部法规司）

房地产市场监管

1. 房地产市场调控政策及市场运行基本情况

（1）房地产市场调控

党中央、国务院高度重视房地产市场调控工作。为巩固和扩大房地产市场调控成果，2011年初国务院办公厅印发《关于进一步做好房地产市场调控工作有关问题的通知》（国办发〔2011〕1号），要求进一步落实地方政府责任，加大保障性安居工程建设力度，调整完善相关税收政策，加强税收征管，强化差别化住房信贷政策，严格住房用地供应管理，合理引导住房需求，落实住房保障和稳定房价工作的约谈问责机制，坚持和强化舆论引导。3月，在"两会"上，国务院总理温家宝在政府工作报告中强调要坚定不移地搞好房地产市场调控，并部署了3项具体措施。4月，国务院派出8个督查组，对16个省（区、市）落实房地产市场调控政策情况进行实地督查。2011年下半年以来，温家宝总理、李克强副总理多次强调，要坚定不移地把房地产市场调控政策落到实处，确保见到实效。中央的决心对于稳定市场预期，巩固和扩大房地产市场调控成果起了至关重要的作用。

各地区和有关部门对房地产市场调控工作的认识不断提高，工作的积极性、主动性不断增强，各项政策措施得到较好的落实。2011年一季度，全国657个县级及以上城市均制定并公布了房价控制目标，北京市在全国率先提出"新建普通住房价格与2010年相比稳中有降"的目标。据不完全统计，有34个省会及以上城市和15个地级城市采取了住房限购措施，浙江省11个地级以上城市中有8个城市采取了住房限购措施。差别化住房信贷、税收政策得到严格执行，首套房贷首付款比例提高到30%以上；二套房首付款比例提高到60%以上，贷款利率不低于基准利率的1.1倍；三套及以上房贷停贷；对不能提供1年以上当地纳税证明或社会保险缴纳证明的非本地居民也停贷。有关部门调整营业税、契税等税收政策，加强土地增值税、房地产交易环节税收征管，增加居住用地有效供应，加强房地产市场监管，进一步加大供需双向调节力度。上海、重庆两市开展对部分个人住房征收房产税改革试点工作。

（2）房地产市场运行基本情况

随着国家一系列房地产调控政策逐步落实，房地产市场总体上有所降温，各方主体趋于理性，投机投资性购房需求得到遏制，多数城市房价涨幅回落，部分城市房价有所松动，调控成效已经显现。

【多数城市新建住房价格同比涨幅回落】 据国家统计局数据，2011年12月，70个大中城市中，新建住房价格同比涨幅比上月回落的城市有64个，比2010年12月增加了17个；月环比下降的城市有52个，比2010年12月增加了49个。新建住房价格同比下降的城市有8个。

【全国商品住房成交面积略有增长，部分地区有所下降，投机投资性购房得到抑制】 据国家统计局数据，2011年全国商品住房销售面积达到9.7亿平方米，同比增长3.9%，增幅比2010年回落4.1个百分点。图1为2000~2011年全国商品住房销售面积及同比增长情况。其中，东部地区与上年持平，北京、上海、江苏、浙江4省市出现下降；中、西部地区分别比上年增长9.3%、5.7%。近年来，东部地区商品住房销售面积占全国的比重基本呈下降趋势，中西部地区占比有所增加(图2)。2011年,北京、福州、厦门、海口等城市购买第二套及以上住房套数所占比重、外地人购房面积所占比重均明显下降,投机投资性需求得到抑制,首次购房需求明显增加。

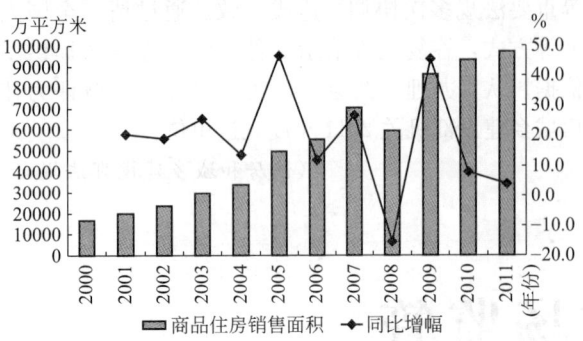

图1 2000~2011年全国商品住房销售面积及同比增长情况

资料来源:2000~2010年数据来源于《中国统计年鉴》,2011年数据来源于国家统计局

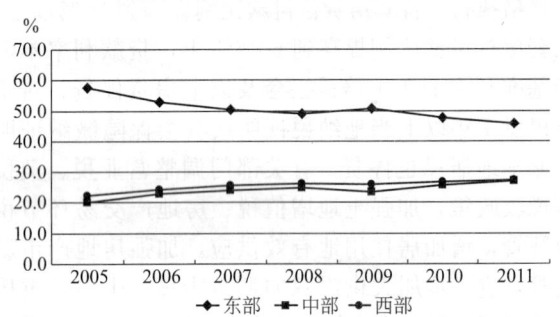

图2 东、中、西部地区商品住房销售面积占比

资料来源:国家统计局数据

【房地产开发投资保持增长】 据国家统计局数据,2011年全国房地产开发投资达到6.2万亿元,同比增长27.9%,图3为2007年1月至2011年12月全国房地产开发投资同比增长情况。其中,商品住房开发投资达到4.4万亿元,同比增长30.2%。分区域看,东、中、西部房地产开发投资同比分别增长27.2%、25.5%、32.8%,商品住房开发投资同比分别增长31.1%、25.3%、33.3%。

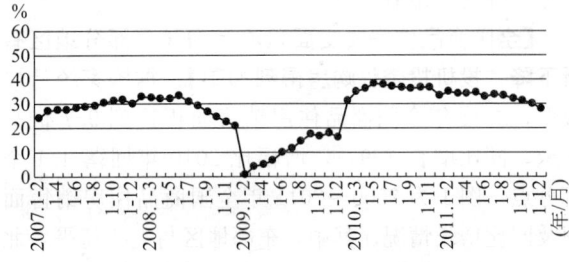

图3 2007年1月至2011年12月全国房地产开发投资同比增长情况

资料来源:国家统计局数据

【商品住房供应保持增长,住房用地供应增速放缓】 据国家统计局数据,2011年,全国商品住房新开工、施工、竣工面积同比分别增长12.9%、23.4%和13.0%,涨幅分别比2010年同期降低12.5个百分点、1.9个百分点和提高10.3个百分点,图4为2000~2011年全国商品住房新开工、施工、竣工面积同比增长情况;土地购置面积同比增长2.6%,增幅比2010年回落25.8个百分点。

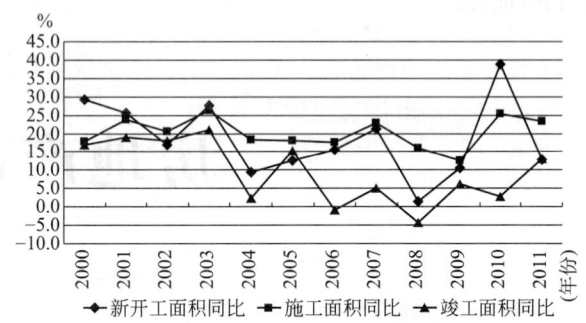

图4 2000~2011年全国商品住房新开工、施工、竣工面积同比增长情况

资料来源:国家统计局数据

2. 房屋交易与权属管理

(1)城镇个人住房信息系统建设

【积极推进项目立项】 按照《国家电子政务工程建设项目管理暂行办法》(国家发展和改革委员会第55号令)的规定,编制完成系统建设需求分析和可研报告,其中需求分析在2011年8月通过国家发展改革委组织的专家评审。

【开展信息系统应用研发】 初步完成查询、统计分析、权限管理3个子系统研发和联调测试。

【积极推进制度建设】 为确保城市数据采集有章可循,启动部令《城镇个人住房信息系统管理暂行办法》的起草工作,对住房信息使用、安全等方面做出规定。

启动40个重点城市数据采集工作,取得实质性进展。

(2)加强房地产交易管理

【进一步加强商品住房预售管理】 切实加强商品房预售资金监管。指导和督促各地加快完善商品房预售资金监管制度,尚未建立监管制度的地方,要加快制定本地区商品房预售资金监管办法。商品房预售资金要全部纳入监管账户,由监管机构负责监管,确保预售资金用于商品房项目工程建设。预售资金可按建设进度进行核拨,但必须留有足够的资金保障建设工程竣工交付。

严格商品房预售许可管理，规范商品房预售行为。要求各地结合当地实际，合理确定商品房项目预售许可的最低规范和工程形象进度要求。建立健全商品房预（销）售合同网上即时登记备案系统和房地产交易信息公示制度，实现对商品房预售全过程的跟踪管理。

发展多层次的房地产金融市场体系，积极拓展房地产融资渠道。

【强化商品房屋租赁管理】 2011年2月出台《商品房屋租赁管理办法》（住房和城乡建设部令第6号）；对部分城市住房租赁市场进行调研。2011年2~4月，对北京、上海、广州、深圳等城市住房租赁市场进行了分析，形成《关于近期重点城市住房租赁市场情况的报告》。9月在沈阳召开部分城市房屋租赁管理研讨会，交流推广各地先进经验和做法。

【进一步加强中介行业的监管】 加强对房地产估价行业的监管。为规范国有土地上房屋征收评估活动，出台《国有土地上房屋征收评估办法》。开展第二批内地房地产估价师与香港测量师资格互认。2011年3月12~13日，中国房地产估价师与房地产经纪人学会与香港测量师学会各推荐100人参加在深圳举行的资格互认面授和补充测试，双方各99人通过补充测试。

进一步加强房地产估价行业信用档案建设。截至2011年底，全国5000余家房地产估价机构（其中一级资质机构239家）、4.4万余名房地产估价师的相关信息全部予以公示；通过信用档案公示的房地产估价项目达173万余个，其中2011年新增42万余个。

【2011年房地产估价师考试注册管理和继续教育工作】 2011年房地产估价师考试的报名人数为20352人，其中14132人参加了考试，参考率为69.44%。考试合格人数为2221人，占报名人数的10.91%，占参考人数的15.72%。截至2011年底，共举办15次全国房地产估价师资格考试，有377198人参加考试，取得执业资格人数为44197人（其中含1993年、1994年资格认定的346人，2004、2011年资格互认的196人）。2011年共收到地方上报的房地产估价师注册材料17885件，有17279人予以核准注册。其中初始、变更和延续注册的人数分别为2496人、2674人和12109人，注销和撤销注册的共130人。2011年，中国房地产估价师与房地产经纪人学会举办了4期国有土地上房屋征收评估办法研讨会，共有901名房地产估价师参加，并取得继续教育学时。此外，11808名房地产估价师通过学习网络课程完成了继续教育。

【加强对房地产经纪行业的监管】 出台部令和规范性文件。为规范房地产经纪活动，确保房地产交易市场稳定健康发展，2011年初与国家发展改革委、人力资源和社会保障部联合下发《房地产经纪管理办法》（住房城乡建设部令第8号），5月与发改委共同下发《关于加强房地产经纪管理进一步规范房地产交易程序的通知》（建房〔2011〕68号）。

开展首批内地房地产经纪人与香港地产代理资格互认。7月18~20日，中国房地产估价师与房地产经纪人学会与香港地产代理监管局在深圳举行资格互认补充课程和测试，内地和香港分别有67人和231人参加，分别有66人和225人通过补充测试。

【2011年房地产经纪人考试注册和继续教育工作】 2011年房地产经纪人考试的报名人数为26368人，其中19160人参加了考试，参考率为72.66%。考试合格人数为7321人，占报名人数的27.76%，占参考人数的38.21%。截至2011年底，共举办10次全国房地产经纪人资格考试，1次认定考试，有226393人参加考试，取得执业资格人数为44019人（未含资格互认人数）。2011年共收到地方上报的房地产经纪人注册材料3209件，有3187人予以核准注册。其中初始和延续注册的人数分别为1601人和1586人。2011年，共有2997名房地产经纪人通过学习网络课程完成继续教育。

（3）加强房屋权属管理

【进一步完善房屋登记制度】 组织编制《房地产登记技术规程》。委托中国房地产研究会房地产产权产籍和测量委员会组织开展《房地产登记技术规程》的编制工作，并通过专家评审。

开展《商品房买卖合同示范文本》修订工作。2011年7月，会同国家工商总局、北京市住房和城乡建设委员会对《房屋买卖合同示范文本》进行修订与完善，对预售资金监管和合同备案时间、房屋保修主体等群众关注的问题进行了明确，《商品房预售合同示范文本》和《商品房销售合同示范文本》基本定稿。

配合最高人民法院出台《最高人民法院关于审理房屋登记案件若干问题的规定》；会同最高人民法院行政庭共同举办《最高人民法院关于审理房屋登记案件若干问题的规定》司法解释培训班。

【开展房屋登记审核人员培训与考核工作】 2011年4月，在天津召开房屋登记审核人员培训考核工作暨师资培训会，部署下一步房屋登记审核人员培训与考核工作，对各省级房地产主管部门选派的授课人员进行考核师资培训。2011年6～12月，指导北京、上海、广西、河南等省（区、市）房地产主管部门对本地区房屋登记审核人员有序开展培训与考核工作。

【推广集体土地上房屋登记工作】 2011年8月，在安徽宣城市组织召开部分省、市集体土地上房屋登记工作座谈会，交流先进经验和做法。2011年11月，在成都市召开集体土地上房屋登记工作现场会，推广典型城市集体土地上房屋登记的经验做法，并对下一步工作提出明确要求。

3. 物业管理发展基本情况

【物业管理覆盖不动产管理的所有领域】 2011年，是中国物业管理改革发展三十周年。经过30年的发展壮大，我国的物业管理已覆盖到不动产管理的所有领域，并且拥有世界上最大的管理规模，最快的增长速度，最广的客户群体，最多的物业服务企业和最庞大的从业人员队伍。物业管理对我国经济社会发展的推动作用日益显现，在改善人居工作环境、增加社会财富积累、维护社区和谐稳定、提高城市管理水平、解决就业问题、推动国民经济增长、推进社会建设等方面发挥了积极作用。

【规范发展物业管理举措】 2011年，住房城乡建设部房地产市场监管司在规范发展物业管理方面，做了以下主要工作：

（1）深入贯彻落实《物权法》和《物业管理条例》，进一步研究完善物业管理相关制度，监督指导北京、四川、湖南、福建等地制定修改地方性法规政策，指导重庆、宁夏等地住房城乡建设部门开展物业管理行业"创先争优"活动，推进物业管理的法制化、规范化建设。

（2）根据国务院关于贯彻落实"大力发展物业服务业"的政府工作目标，分析研究物业服务业现状、主要问题和发展趋势，提出"十二五"期间物业服务行业发展的指导思想、总体目标、主要任务和保障措施。

（3）召开全国六大片区物业管理工作座谈暨培训会，研究部署当前物业管理工作，交流各地好的做法和经验，对基层主管部门的物业管理市场监管工作进行指导，宣传贯彻最新出台的法规政策。

（4）与中央文明办就物业服务企业参与社区志愿服务活动情况开展专题调研，共同制订并下发《关于充分发挥物业服务企业作用、推进社区志愿服务工作的通知》，指导物业服务企业积极开展社区志愿服务活动，主动承担社会责任。

（5）适应物业管理市场环境的变化，开展全国物业管理示范项目考评标准修订工作，组织专家修改完善考评标准和评分细则，确保物业管理示范项目考评工作的客观性、公正性、专业性和时效性。

（6）根据部领导批示，对《拯救"短命建筑"》一文中报道的拆除事件以及住宅专项维修资金使用管理情况展开调查，并就影响建筑寿命的不当使用与维修以及专项维修资金制度的完善等问题进行研究分析。

（7）与商务部台港澳司就香港工业贸易署提出的关于香港物业服务提供者申请内地物业服务企业资质事宜进行多次磋商，并就在CEPA补充协议八中有关物业服务业的具体承诺提出书面意见。

（8）深入调研武汉、杭州等城市旧住宅区整治改造和物业管理工作，总结通过推进老旧住宅区物业服务工作着力改善民生的成功经验并加以推广。

（9）整顿和规范物业管理市场秩序，督促山东、山西、河北等地依法查处物业管理活动中的违法违规行为，重点整治乱收费、劣质服务和拒不退出服务项目等侵害业主权益的行为。

（10）充分发挥物业管理工作在气象灾害预警、防范和处理中的作用，提高物业服务企业应对突发气象灾害事件的能力。

4. 城市房屋征收

【《国有土地上房屋征收与补偿条例》颁布实行】 2011年1月19日，国务院常务会议审议通过《国有土地上房屋征收与补偿条例》（以下简称《条例》），1月21日公布，自公布之日起施行。《条例》对公共利益的范围作了界定，规定政府作为征收与补偿主体，确立公众参与、公开透明的征收程序，明确补偿标准、补助和奖励措施，取消行政机关自行强制拆迁改为申请人民法院强制执行。《条例》的施行，有利于从根本上解决房屋征收拆迁中的问题，更好地维护被征收人的利益。同时，对房屋征收拆迁工作提出了新的要求与挑战。

【开展《条例》法规培训】 《条例》出台后，会同国务院法制办，撰写《条例》释义，编制培训教材，分五期对地方房屋征收部门（含政府及法制工作机构）约1500名负责人和业务骨干进行培训，解读《条例》精神，指导地方开展工作。同时，积极配合指导地方开展相关培训。

【制定《条例》配套政策】 根据《条例》第十九条规定，起草《国有土地上房屋征收评估办法》，经反复征求地方、国务院有关主管部门意见和在网上公开向社会征求意见,6月3日印发地方,指导地方开展房屋征收评估。同时,收集整理地方出台的配套文件,汇编成册。

【做好司法强制执行沟通衔接】 配合国务院法制办,对最高人民法院《关于办理申请人民法院强制执行国有土地上房屋补偿决定案件若干问题的规定》认真研究,三次提出修改意见,做好与人民法院强制执行工作的衔接。

【开展征收拆迁专项检查】 根据国务院办公厅《关于开展征地拆迁制度规定落实情况专项检查的通知》(国办发明电〔2011〕18号)要求,督促地方认真自查,会同国土资源部、监察部、法制办等部门组成6个督查组,对山东、江苏等12个省(区、市)进行重点督查。

【督查督办违法案件】 会同监察部、国土资源部等联合对吉林长春、新疆乌鲁木齐等地发生的11起违法强制拆迁案件进行调查,对相关责任人进行处理,其中6起案件中办国办已向全国通报。结合征地拆迁制度规定落实情况专项检查,对国务院领导批示的16起案件进行督查督办。

(住房和城乡建设部房地产市场监管司 撰稿人:
邢军、王永慧、李飞、卢苇、张真)

住房保障建设

【概况】 2011年是"十二五"规划的开局之年,也是进一步加强保障性安居工程建设的关键之年。国务院多次专题研究部署保障性住房建设和管理工作。国务院各有关部门根据各自职责,完善政策措施,加强协作配合。地方各级政府都把住房保障工作提到重要工作日程,创新机制,加大投入,精心组织,积极推进。

1. 住房保障政策的拟定

【国务院办公厅印发《关于保障性安居工程建设和管理的指导意见》(国办发〔2011〕45号)】 明确总体要求和基本原则。总体要求是,适应工业化、城镇化快速发展的要求,建立健全中国特色的城镇住房保障体系,合理确定住房保障范围、保障方式和保障标准。到"十二五"期末,城镇保障性住房覆盖面达到20%左右。基本原则是,从国情出发,满足基本住房需要;坚持政府主导、政策扶持,引导社会参与;坚持加大公共财政的投入,同时发挥市场机制的作用;坚持经济、适用、环保和质量第一;坚持分配过程公开透明,分配结果公平公正,运营管理规范、可持续。

大力推进以公共租赁住房为重点的保障性安居工程建设,重点发展面向城镇中等偏下收入住房困难家庭、新就业无房职工和在城镇稳定就业的外来务工人员供应的公共租赁住房,继续安排廉租住房、经济适用住房和限价商品住房建设。逐步实现廉租住房与公共租赁住房统筹建设、并轨运行。加快实施各类棚户区改造,包括林区、垦区、煤矿、城市和国有工矿棚户区改造。加大农村危房改造力度。

落实支持政策。依据住房保障规划和年度建设任务,科学编制土地供应计划,做到应保尽保。中央继续加大资金补助力度。地方各级人民政府要在财政预算安排中将保障性安居工程放在优先位置。支持符合规定的地方政府融资平台公司发行企业债券或中期票据,专项用于公共租赁住房等保障性安居工程建设。银行业金融机构可以向实行公司化运作并符合信贷条件的公共租赁住房项目直接发放贷款。公共租赁住房建设贷款利率下浮时其下限为基准利率的0.9倍,贷款期限原则上不超过15年。扩大利用住房公积金贷款支持保障性住房建设试点城市的范围,重点支持公共租赁住房建设。

提高规划建设和工程质量水平。建设保障性住房,应当充分考虑居民就业、就医、就学、出行等需要,加快完善公共交通、生活服务设施。落实集约用地和节能减排措施。落实工程质量责任。项目法人对住房质量负终身责任,参建单位对建设工程质量负相应责任。逐步推行参建单位负责人和项目负责人终身负责制。推广工程质量责任单位和责任人标牌制度,接受社会监督。

建立健全分配和运营监管机制。《若干意见》提出了规范准入审核、严格租售管理、加强使用管理、健全退出机制等四项措施。通过制度建设,尽力防范骗购骗租保障性住房、变相福利分房和领导干部在住房上以权谋私行为。对违反规定将保障性住房出售、转借、出租（转租）、闲置、改变用途且拒不整改的，应当按照有关规定或者合同约定收回。

【《住房城乡建设部印发关于公开城镇保障性安居工程建设信息的通知》（建保〔2011〕64号）】

信息公开内容。包括年度建设计划、开工项目信息和竣工项目信息。要按照廉租住房、公共租赁住房、经济适用住房、限价商品住房、棚户区改造安置住房的类别，公开市、县年度建设计划；要逐个公开新开工项目名称、建设地址、建设方式；要逐个公开竣工项目名称、建设地址、建设单位、竣工套数和竣工时间。

信息公开时限。年度建设计划信息，应在市、县政府最终确定年度建设计划后20个工作日内公开。本通知下发之前已确定的，应在本通知下发后20个工作日内公开。开工项目信息和竣工项目信息，应分别在项目开工和竣工验收后20个工作日内按项目逐个公开。本通知下发前，本年度已经开工和竣工项目信息，以及往年已开工列入本年度建设计划的项目信息，要在本通知下发后20个工作日内公开。年度建设计划和项目实施过程中，基本信息发生变更的，应在调整或变更后10个工作日内公开变更的信息。

信息公开方式。年度建设计划、开工和竣工项目信息，应在当地政府网站公开。开工项目信息，还应在项目建设地点公开。

信息公开主体。市、县住房城乡建设（住房保障）主管部门是保障性安居工程建设信息公开的责任主体，会同有关部门做好组织实施。各省级住房城乡建设（住房保障）部门要会同有关部门，加强信息公开工作的监督指导。各级住房城乡建设（住房保障）部门应通过政务公开渠道，广泛听取群众的意见建议，及时释疑解惑。对反映的问题，应当专人督办、限时办结，办理结果要及时公开。

2. 保障性安居工程年度计划及资金安排情况

【明确年度计划】 十一届全国人大四次会议通过的《政府工作报告》提出，2011年开工建设城镇保障性住房和棚户区改造住房1000万套。其中廉租住房165万套、公共租赁住房227万套、经济适用住房110万套、限价商品住房83万套；各类棚户区改造415万套，此外，计划新增发放廉租住房租赁补贴60万户。年初，住房城乡建设部代表保障性安居工程协调小组与各省、自治区、直辖市及新疆生产建设兵团签订了目标责任书。各地及时将任务落实到市县和具体项目，并逐级签订了目标责任书。

【加大投入力度】 2011年中央财政加大保障性安居工程的支持力度，下达补助资金1522亿元（不含183亿元农村危房改造和游牧民定居工程补助资金）。国家发展改革委出台了《关于利用债券融资支持保障性住房建设有关问题的通知》（发改办财金〔2011〕1388号），明确了保障性住房建设利用企业债券融资的具体政策。财政部、住房城乡建设部在督促地方落实《关于切实落实保障性安居工程资金加快预算执行进度的通知》（财综〔2011〕41号）要求的同时，印发了《关于多渠道筹措资金确保公共租赁住房项目资本金足额到位的通知》（财综〔2011〕47号），要求各地进一步加快预算执行、切实落实和管理好项目资本金和建设资金。人民银行、银监会印发了《关于认真做好公共租赁住房等保障性安居工程金融服务工作的通知》（银发〔2011〕193号），明确了信贷支持公共租赁住房等保障性安居工程建设的政策措施。各地通过增加省级财政补助、安排中央代发的地方政府债券、提高土地出让提取比例、组建保障性住房融资平台等方式，也加大了投入力度。

3. 加强保障性安居工程监督检查

【开展专项巡查】 2011年，城镇保障性安居工程建设任务艰巨，面临困难较多，承受压力较大。住房城乡建设部党组全面分析形势，审时度势，果断决策，决定成立保障性安居工程专项巡查工作组，举全部之力开展专项巡查工作。16个司局和稽查办共派出55名专项巡查员，承担31个省（自治区、直辖市）及新疆生产建设兵团的专项巡查任务，9月至10月，各单位全力以赴投入专项巡查工作，选派专项巡查员增加到224人。专项巡查主要是核查保障性安居工程信息公开、现场核查保障性安居工程建设进度、现场核查建设进度滞后项目存在的问题以及工程质量、建设手续等情况。巡查起到了促开工、督竣工、保质量作用，有效督促地方公开建设信息、挤压开工率的水分，并及时发现问题，督促整改，总结经验，推动完善保障性安居工程建设和管理政策措施。

【加强监督检查】 一是开展加快转变经济发展方式检查。住房城乡建设部配合中纪委监察部开展加快转变经济发展方式检查，提出了具体工作方案、检查计划等有关建议，联合监察部下发了《关于开展保障性安居工程建设政策落实情况监督检查工作的通知》（建保〔2011〕83号）。2011年9月，中纪委监察部牵头，住房城乡建设部作为主要参加部门，对20个省(区、市)贯彻落实中央关于加快转变经济发展方式决策部署情况进行检查,主要检查贯彻落实中央关于加快转变经济发展方式决策部署总体情况、贯彻落实保障性安居工程建设政策等情况。住房城乡建设部向中央加快转变经济发展方式监督检查工作领导小组,作了检查情况的汇报。通过检查,调研各地成功做法,发现存在的问题,督促地方整改落实,促进"十二五"规划顺利实施,为经济社会全面协调可持续发展提供有力保证。二是开展保障性安居工程建设情况督查。2011年4月,配合国务院办公厅对16个省(区、市)保障性安居工程建设情况进行了督促检查,主要是对2011年保障性安居工程任务分解、资金安排、项目进展、保障房管理等情况进行检查。住房城乡建设部向国务院作了检查情况的汇报。通过检查,全面了解各地保障性安居工程建设中存在的问题、困难,及时完善有关政策措施,对发现的问题,督促地方整改落实,积极推动2011年保障性安居工程建设工作,确保各项目标任务的完成。三是参加全国人大财经委组织的保障性安居工程督查调研。2011年7月,配合全国人大财经委,对6个省(区、市)保障性安居工程建设情况进行了督查调研。督查调研报告上报中央领导。

4. 保障性安居工程实施情况

【土地落实情况较好】 国务院要求,各地积极落实保障性住房、棚户区改造住房和中小套型普通商品住房用地供应量不得低于住房用地供应总量的70%。国土资源部在2011年土地供应计划中单独列出了保障性安居工程用地,优先安排,应保尽保。各地采取积极措施落实建设用地。为方便群众生活和就业,一些城市尽量选择在道路沿线和地铁站点周围建设保障性住房。

【工程质量总体可控】 按照国务院的部署和要求,住房城乡建设部和监察部把保障性住房的工程质量管理纳入对各地督查、约谈和问责的范围。住房城乡建设部印发了加强保障性住房工程质量管理的文件,多次召开会议部署和进行检查。各地有关部门普遍加强了工程质量监管工作,在选址、设计、建材、施工、验收等环节严格把关。从检查情况看,保障性住房工程质量总体可控。

【分配和使用管理进一步完善】 国务院对保障性住房的分配管理十分重视,要求务必做到过程公开透明、结果公平公正、使用合理有序。各地都公布了住房保障准入标准,建立了申请、审核、轮候、配租配售和公示制度。不少地方还对保障性住房使用管理进行了动态监测。

【城镇保障性住房建设进展顺利】 2011年底,保障性安居工程开工1043万套,基本建成432万套,全面完成年度任务。

(住房和城乡建设部住房保障司)

住房公积金监管

1. 2011年全国住房公积金业务发展情况

【住房公积金业务整体情况】 2011年,全国住房公积金制度运行平稳。全国住房公积金缴存总额突破4万亿元,缴存余额突破2万亿元;住房公积金使用渠道进一步拓宽,利用住房公积金贷款支持保障性住房建设试点工作进展顺利,上海首次利用住房公积金增值收益购置公共租赁住房,已向缴存职工开放申请,住房公积金制度在服务保障性住房建设大局方面的作用进一步提高,社会关注度明显增强。

2011年,全国住房公积金缴存人数稳定增长,资金缴存、提取和个人住房贷款规模快速增长,增速均保持在20%左右,资金总体安全完整。全年缴存住房公积金8106.78亿元,提取3928.57亿元,发放个人住房贷款3832.36亿元,发放住房公积金支持保障性住房建设项目贷款(以下简称试点贷款)400.29亿元。截至2011年末,全国住房公积金实缴职工9650.8万人,缴存余额和个人住房贷款余额分别达到21891.69亿元、12984.71亿元,个贷率(个人贷款余额占缴存余额的比例)为59.31%,个人贷款逾期率仍保持在0.02%。2011年,全国住房公积金实现增值收益203亿元,提取城市廉租住房建设补充资金96.5亿元,累计提取城市廉租住房建设补充资金513.5亿元。

【住房公积金缴存稳定增长】 截至2011年末,全国342个设区城市全部建立了住房公积金制度,实缴职工人数9650.8万人，较上年末增加1044.5万人，增幅为12.14%。图1为全国住房公积金实缴人数增长情况。

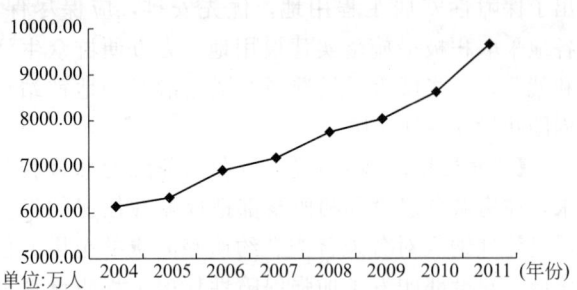

图1　全国住房公积金实缴人数增长情况

2011年，全国住房公积金缴存额为8106.78亿元，较上年增长27.08%，受季节性因素影响，每季度末月缴存额较高。图2为全国住房公积金缴存总额增长情况，图3为全国住房公积金年度缴存额增长情况，图4为2011年全国住房公积金月度缴存额情况；截至2011年末，全国住房公积金缴存总额为40577.15亿元，较上年末增长24.97%，增速与上年持平。由于住房公积金缴存单位以行政和国有企事业单位为主，受宏观经济和就业形势影响相对较小，在国家稳定就业的一系列政策的作用下，总体就业形势保持稳定，住房公积金缴存职工人数基本稳定，住房公积金缴存额增幅基本保持在20%~30%的水平，并将在今后若干时期内继续保持较高增速。

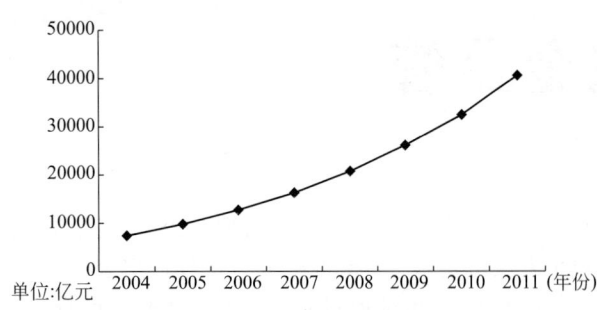

图2　全国住房公积金缴存总额增长情况

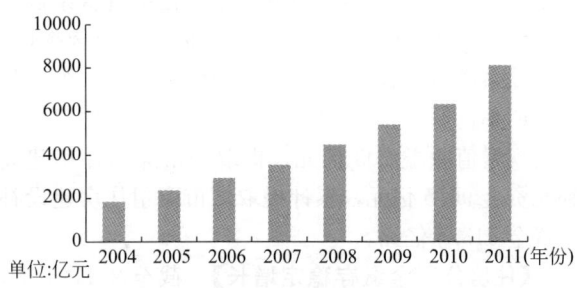

图3　全国住房公积金年度缴存额增长情况

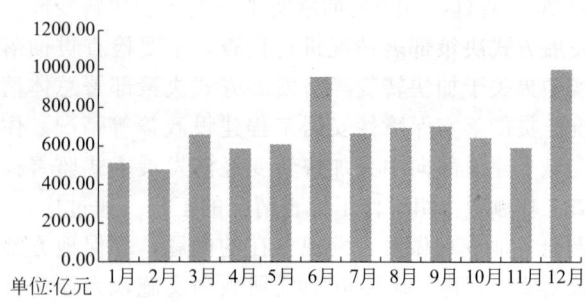

图4　2011年全国住房公积金月度缴存额情况

【住房公积金提取趋于平稳】　2011年，全国住房公积金提取额为3928.57亿元，较上年增长18.53%，占当年缴存额的48.46%。截至2011年末，全国住房公积金提取总额为18685.45亿元，较上年末增加26.62%，占缴存总额的46.05%。图5为全国住房公积金年度提取额增长情况，图6为2011年全国住房公积金月度提取额情况。

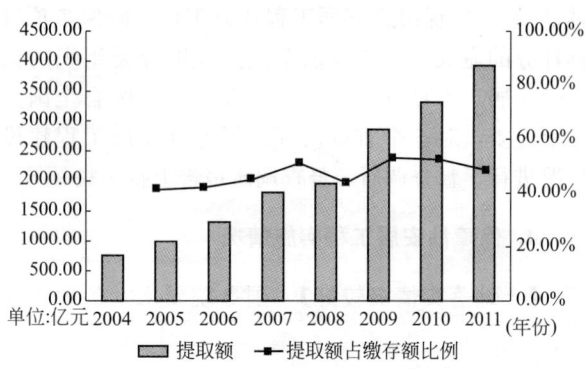

图5　全国住房公积金年度提取额增长情况

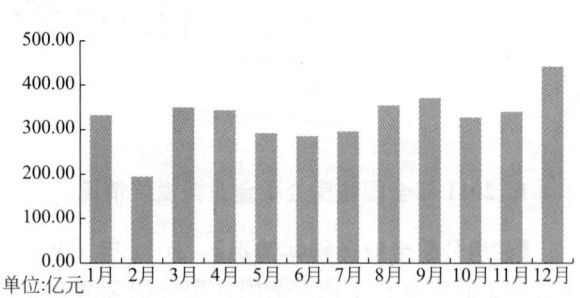

图6　2011年全国住房公积金月度提取额情况

【住房公积金缴存余额稳定增长】　截至2011年末，全国住房公积金缴存余额（缴存总额－提取总额）为21891.69亿元，较上年末增长23.59%，其中，广东、江苏、北京、上海、浙江、山东、辽宁7个省市缴存余额超过1000亿元。图7为全国住房公积金缴存余额增长情况，图8为2011年末全国住房公积金缴存余额分布情况。

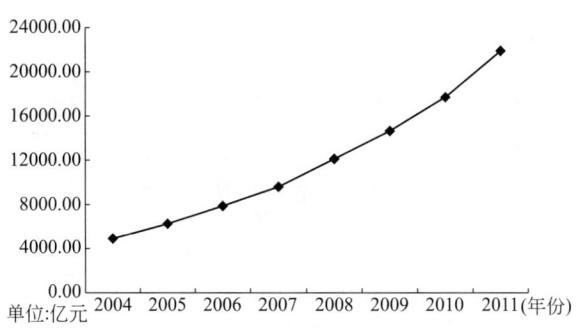

图7 全国住房公积金缴存余额增长情况

【住房公积金个人住房贷款稳中有降】 为规范住房公积金个人住房贷款政策，根据《住房公积金管理条例》和《国务院关于坚决遏制部分城市房价过快上涨的通知》（国发〔2010〕10号）的有关规定，经国务院同意，住房城乡建设部、财政部、人民银行、银监会联合印发《关于规范住房公积金个人住房贷款政策有关问题的通知》，明确规定，严禁使用住房公积金个人住房贷款进行投机性购房；使用住房公积金个人住房贷款购买首套普通自住房，套型建筑面积在90平方米（含）以下的，贷款首付款比例不得低于20%；套型建筑面积在90平方米以上的，贷款首付款比例不得低于30%；第二套住房公积金个人住房贷款的发放对象，仅限于现有人均住房建筑面积低于当地平均水平的缴存职工家庭，且贷款用途仅限于购买改善居住条件的普通自住房。第二套住房公积金个人住房贷款首付款比例不得低于50%，贷款利率不得低于同期首套住房公积金个人住房贷款利率的1.1倍；停止向购买第三套及以上住房的缴存职工家庭发放住房公积金个人住房贷款。

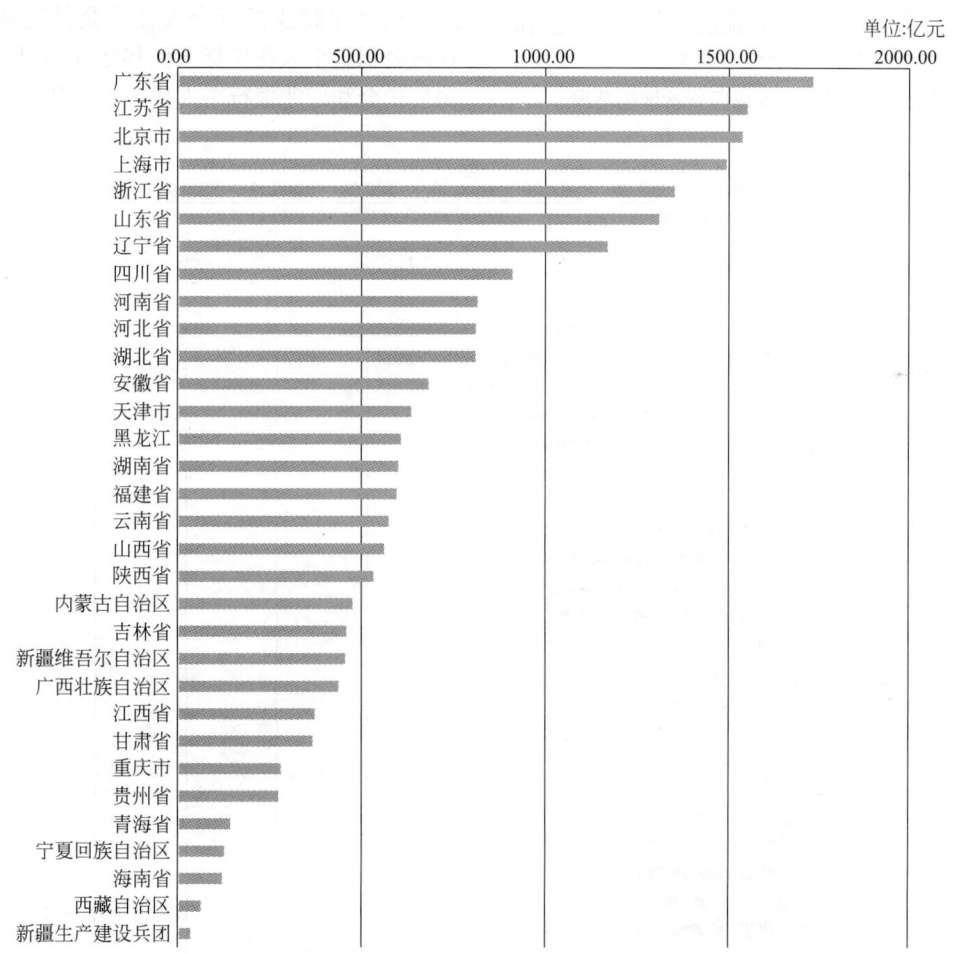

图8 2011年末全国住房公积金缴存余额分布情况

2011年，全国共发放住房公积金个人住房贷款3832.36亿元，比上年增加61.96亿元，增幅为1.74%；发放贷款笔数158.36万笔，较上年减少19.69万笔，降幅为11.11%；单笔贷款金额平均为24.2万元，较上年增加3.06万元；全年贷款发放额占缴存额的比例为47.35%，较上年下降11.7个百分点；回收贷款1747.19亿元。图9为全国住房公积金个人住房贷款增长情况，图10为2011年全住房公积金月度个人住房贷款发放情况。

截至2011年末,全国累计发放住房公积金个人贷款1498.82万笔、22403.3亿元,较上年末分别增长11.83%、20.64%。住房公积金个人贷款余额为12984.71亿元,较上年末增长19.13%;全国住房公积金个人贷款率为59.31%,较上年末下降2.22个百分点。图11为2011年末全国各地区住房公积金个人住房贷款余额分布情况。

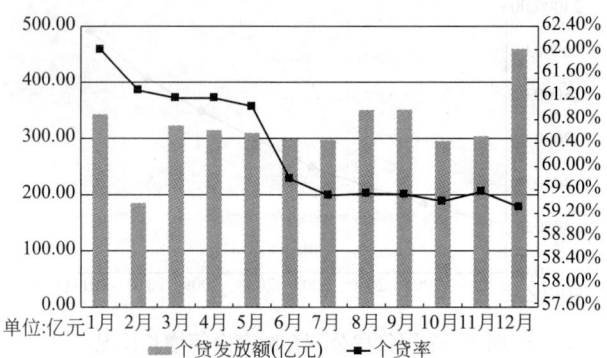

图10 2011年全国住房公积金月度个人住房贷款发放情况

2011年,为促进房地产市场平稳健康发展,国务院及有关部门出台一系列文件,坚决遏制部分城市房价过快上涨,大多数商业银行对首套房贷款停止执行优惠利率,加之年内3次加息,进一步拉大了住房公积金和商业银行个人住房贷款之间的利率差,住房公积金个人住房贷款优势更加凸显。图12为住房公积金和商业银行个人住房贷款利率对比情况。

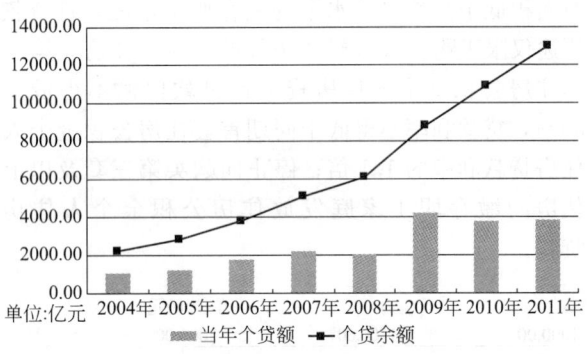

图9 全国住房公积金个人住房贷款增长情况

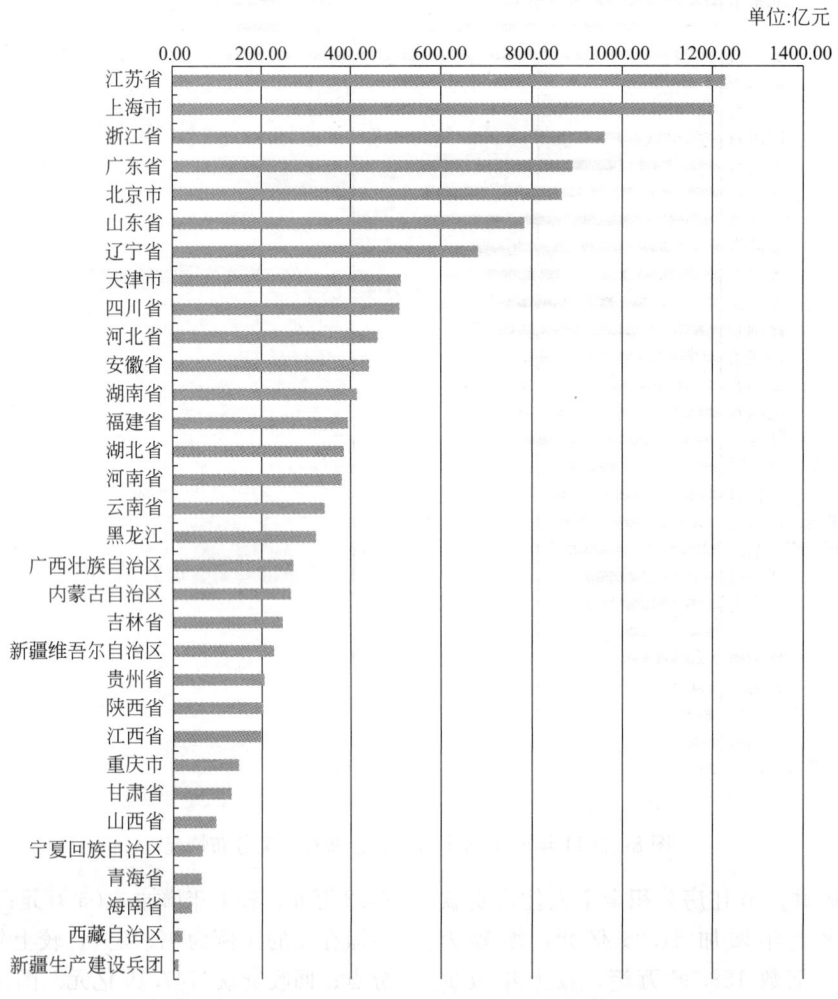

图11 2011年末全国各地区住房公积金个人住房贷款余额分布情况

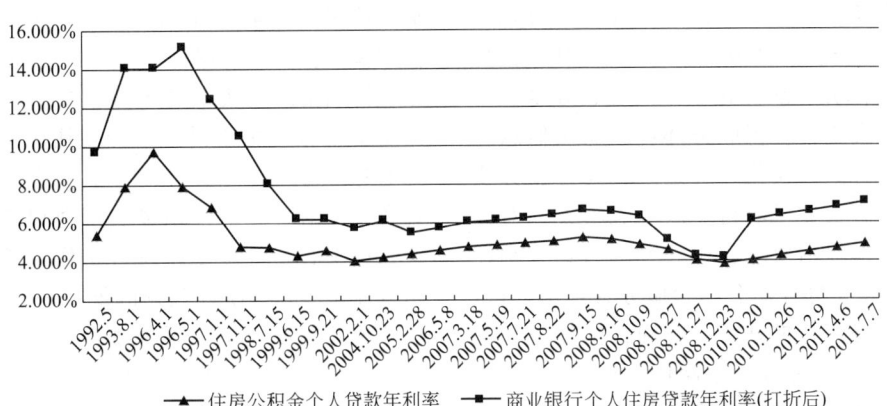

图12 住房公积金和商业银行个人住房贷款利率对比情况

2. 全国住房公积金管理和监督机构情况

【住房公积金监管机构设置情况】 截至2011年底，全国27个省级监管机构均已建立，全国监管机构（含住房城乡建设部住房公积金监管司）实际在岗人员137人，进一步增强了监管力量。

【住房公积金管委会设置情况】 截至2011年底，全国342个设区城市中有340个设立了住房公积金管理管委会，住房公积金管委会委员8063人，全年各地共召开管委会会议440余次，认真履行管委会决策职能。

【住房公积金管理中心设立情况】 截至2011年底，全国设区城市（含新疆生产建设兵团）均已建立住房公积金制度，共设立城市住房公积金管理中心342个，区县分支机构2330个，行业分支机构140个，住房公积金从业人数30005人。

3. 完善住房公积金政策和监管制度进展情况

【加快住房公积金监管系统建设】 对342个城市管理中心和110个分中心的业务操作信息系统现状进行了摸底调查，组织3家软件开发单位对5个城市公积金中心采样数据进行恢复和分析整理，配合住房城乡建设部信息中心分别在湖州、长春和广州三个城市公积金中心试点部署镜像服务器，验证系统建设方案。与监管系统需求分析编制单位紧密协作，先后四次组织地方监管部门、城市管理中心和受托经办银行，召开座谈会研究讨论需求，确定系统主要功能，按时提交监管系统建设需求分析报告和可行性研究报告。召开全国住房公积金监管信息系统建设动员暨培训会议和工作推进会，印发《关于抓紧部署数据镜像容灾网络加快住房公积金监管系统建设工作的通知》，部署配合电信、联通进行数据镜像网络施工工作。建立信息沟通、工作跟踪和进度日报、周报制度，及时掌握数据镜像工作进展情况。成立协调和技术服务小组，赴各城市协调推进镜像部署工作。截至2011年底，完成了41个城市的镜像工作。

【加强住房公积金惩防体系建设】 按照中央纪委要求，建立由住房城乡建设部牵头，财政部、人民银行、银监会、审计署、监察部和国务院纠风办参加的强化住房公积金监管工作协调会议制度，初步形成住房公积金监管工作合力。2011年8月，按照中央纪委的要求，会同六部门组成联合调研组，赴河北、内蒙古、四川等7个省（自治区）开展住房公积金行业惩防体系建设专题调研，了解各地廉政风险防控主要做法，提出2013～2017年惩防体系建设的重点任务和目标措施，形成《住房公积金行业惩治和预防腐败体系建设调研报告》，按要求报送中央纪委。在深入调研和广泛征求意见的基础上，2011年10月，会同六部门联合印发了《关于加强住房公积金廉政风险防控工作的通知》（建金〔2011〕170号）和《住房公积金廉政风险防控指引》，确定12个廉政风险类型、34个廉政风险点和70项防控措施，逐项明确防控责任人，对各地加强廉政风险防控工作进行全面部署。《通知》印发后，各地全面排查廉政风险点，制定防控措施，加强部门协调监督、省级监督和社会监督，风险防控能力得到增强。截至2011年底，全国未回收挤占挪用资金、逾期项目贷款和国债涉险资金合计21.92亿元，占住房公积金缴存余额的0.12%，全国累计提取贷款风险准备金445亿元，资金总体安全。

【加强和改进住房公积金服务工作】 在深入调研、广泛征求意见的基础上，会同财政部、人民银行、银监会联合印发《关于加强和改进住房公积金服务工作的通知》(建金〔2011〕9号)及《住房公积金服务指引》。《通知》从优化业务流程、健全服务制度，完善服务设施、改善服务环境，加快信息化建设、创新服务方式，强化人员素质、提升服务质量，加强监督检查、确保取得实效等五个方面对住房公积金服务工作提出要求。2011年4月，分别在天津、常州和贵港举办住房公积金服务管理培训班，提高全行业对服务工作的认识，明确目标任务和工作要求，学习服务理论与实务操作。狠抓《通知》的落实，督促各地监管部门制定工作方案，加强监督检查；指导各地公积金中心结合本地区实际制定并公布《住房公积金服务指南》，简化业务流程，创新服务方式，完善服务设施，改善服务环境，畅通投诉举报渠道，提高管理服务水平。《通知》印发后，各地高度重视，将加强和改进服务工作与住房公积金文明行业创建工作有效结合，着力改进服务作风，提高服务效率，营造推进制度持续健康发展的良好环境。

【启动《住房公积金管理条例》修订工作】 在前期研究的基础上，2011年4月，会同国务院法制办、财政部、发改委、人民银行、审计署、银监会等部门，对12个省(自治区、直辖市)开展了完善住房公积金制度专题调研，基本摸清制度发展现状、存在的问题，广泛征求了监管部门、管理机构、缴存单位和职工的意见和建议。委托北京大学中国社会调查中心对20个城市1.4万名缴存职工进行了抽样问卷调查，征求他们对《条例》修订的意见和建议。委托清华大学、中国政法大学、发改委投资所等三家机构，重点研究《条例》修订的总体思路、具体条文及说明。邀请国务院法制办、人民银行、部法规司、地方住房公积金监管部门和管理机构进行4次专题座谈，对《条例》修改目标和主要内容形成初步共识。

【研究建设住房公积金服务热线】 2011年3月，工业和信息化部正式批复"12329"为住房公积金服务热线专用号码。向全国发放《住房公积金服务热线调研问卷》，掌握各地服务热线的开通情况、服务内容、技术参数等。协调电信、联通开展专题调研，为建设方案制定打好基础。先后六次协调电信、联通召开座谈会，讨论服务热线建设方案。在上海召开部分省监管办座谈会，研究讨论《全国住房公积金"12329"服务热线建设方案》，听取有关专家和各地方的意见和建议。

【进一步加强住房公积金统计工作】 为进一步提高住房公积金统计工作质量，对住房公积金缴存使用情况报表进行修订，并于2011年11月2日经国家统计局批准，从2012年1月1日起实施。2011年12月，印发《关于进一步加强住房公积金统计工作的通知》(建金督函〔2011〕133号)。《通知》要求，各省、自治区住房公积金监管处和各城市住房公积金管理中心要高度重视统计工作，指定专人负责本辖区住房公积金统计数据的催报、检查和管理工作，按照统计制度要求，区分缴存单位类型、提取职工分类，掌握住房公积金制度惠及的不同人群。要及时准确报送统计报表，各设区城市住房公积金管理中心应于每月10日前通过全国住房公积金信息上报系统完成规定填报的统计报表。要加强统计数据的使用，做好统计分析，每季度编写《住房公积金季度运行分析报告》，每年进行总结分析。落实统计工作责任制，各省、自治区住房城乡建设厅住房公积金监管处(办)处长是本辖区统计工作的第一责任人，对统计数据的准确性、及时性和完整性负责，并将统计工作纳入业务考核。

【规范军队职工住房公积金管理工作】 为规范军队职工住房公积金管理工作，落实好军队职工住房待遇，2011年12月，住房城乡建设部、总后勤部联合印发《关于军队职工住房公积金管理有关问题的通知》。《通知》明确，军队职工所在团级以上单位，应当到所在设区城市住房公积金管理中心或其分支机构办理住房公积金缴存登记，经核准后，到受托商业银行为本单位职工办理住房公积金账户设立手续。军队职工提取住房公积金，应当按照所在设区城市住房公积金提取有关规定办理。缴存住房公积金的军队职工，在购买、建造、翻建、大修自住住房时，可以向所在设区城市住房公积金管理中心或其分支机构申请住房公积金贷款。

4. 住房公积金试点工作进展情况

【积极推进住房公积金试点工作】 按照温家宝总理"周密部署，及时总结经验"的要求，会同财政部、人民银行等部门加强对住房公积金贷款支持保障性住房建设试点工作的指导和监督。自2010年7月住房城乡建设部、财政部、人民银行、银监会联合印发《利用住房公积金支持保障性住房建设试点项目贷款管理办法》以来，截至2011年末，全国共有北京、天津、上海、重庆、哈尔滨、长春、大连等28个城市向85个保障性住房建设项目发放试点贷款，金额400.29亿元，占试点贷款计划额度的

79.7%。其中，经济适用住房 104.71 亿元，公共租赁住房 92.68 亿元，城市棚户区改造安置用房 202.90 亿元。

【切实保障试点资金安全完整】 2011 年，住房城乡建设部会同有关部门，组织住房公积金督察员采取专项检查、驻点督察和季度巡查等多种监督手段，有效保障了贷款资金安全。2011 年 6 月，组织督察员对 28 个试点城市进行专项巡查，并向试点城市人民政府发出《督察建议书》，提出工作建议；8 月，组织督察员分 6 组，对部分放款进度较慢的城市进行驻点督察，帮助试点城市协调解决遇到的问题，督促加快试点项目调整和贷款审批工作；年末对驻点督察城市以外的 13 个试点城市开展第四季度巡查，检查贷款审批发放、抵押落实、资金使用、风险防范和还本付息等一系列试点项目工作。截至 12 月 31 日，全部 28 个试点城市中，已有 27 个城市、57 个项目登记还本付息，占已放款项目总数的 67.1%，累计还本金额 11.984 亿元，累计还息 48430.69 万元，贷款资金总体安全。

从试点城市的实际情况看，开展住房公积金试点工作，拓宽了保障性住房建设资金来源，缓解了当地资金短缺矛盾，有力促进了当地保障性住房建设。同时，优化管理中心的资产结构，有效盘活结余资金，与存放银行相比，增加利息收入 8.27 亿元。资金安全也得到保证，受到地方政府的普遍欢迎，也得到社会公众的初步认可。

（住房和城乡建设部住房公积金监管司）

城 乡 规 划

1. 城乡规划政策制定和规章制度建设

【加强《城乡规划法》配套法规的宣贯工作】 2011 年 3 月，住房城乡建设部城乡规划司组织召开《城市、镇控制性详细规划编制审批办法》宣传贯彻工作会暨城乡规划工作会，指导、推动各地出台配套政策文件，进一步严格控制性详细规划的编制、审批、修改程序。各省、自治区住房城乡建设厅、直辖市规划局的同志参加了会议。11 月，住房城乡建设部城乡规划司组织召开省域城镇体系规划编制工作经验交流会，总结《省域城镇体系规划编制审批办法》执行情况，交流在编省域城镇体系规划成果和经验。

【加强《城乡规划法》配套法规的制定工作】 开展《城乡规划编制资质管理规定》的修订工作。完成《历史文化名城名镇名村保护规划编制要求》、《历史文化名城名镇名村保护规划编制审批办法》、《历史文化街区保护管理办法》和《历史文化名镇名村保护管理办法》的讨论稿。启动《城市紫线管理办法》的修订工作。

【积极推进城乡规划管理长效机制建设】 推进《关于规范城乡规划行政处罚裁量权的指导意见》、《违反城乡规划行为处分办法》、《建设用地容积率管理办法》的出台，完成并下发征求意见稿。

【抓紧城市规划标准规范体系和具体标准的制定和修订】 在标准规范编制和管理上重点加强了四方面工作：一是提高工作的计划性、系统性，督促在编国家标准按照提交的工作计划按时完成；二是明确工作重点，加强业务指导和行政把关；三是完善各环节审查程序、内容、重点和基础要求，保证标准编制成果质量；四是结合总体规划审查、培训、工作会议、其他调研等，调研标准制定工作进展。2011 年，住房和城乡建设部城乡规划司组织修订了《城乡规划标准体系》；组织专家审查了《城市停车规划规范》、《城市照明规划规范》、《城市绿地规划规范》、《城市供热规划规范》；将《城市绿地规划规范》、《城市消防规划规范》和《城市防洪规划规范》送相关部门征求意见；召开《城市工程管线综合规划规范》和《城市给水规划规范》修订工作开题审查会。

2. 省域城镇体系规划编制、审批和实施情况

【印发《关于加强省域城镇体系规划实施评估工作的通知》】 为贯彻落实《城乡规划法》要求，提高省域城镇体系规划的科学性和实效性，印发《关于加强省域城镇体系规划实施评估工作的通知》（建规〔2011〕95 号），要求法定的省域城镇体系规划原则上每 5 年评估一次，对评估的内容、

程序和方法提出了要求，将规划评估与规划编制、审批、实施共同作为省域城镇体系规划工作的重要环节。

【省域城镇体系规划编制、审批和实施情况】完成对云南、江西、安徽省城镇体系规划纲要和云南、福建省城镇体系规划成果的技术审查。将广东、河南省城镇体系规划成果审查结果上报国务院。《浙江省城镇体系规划（2011～2020年）》获国务院同意批复。

【加强对城镇化有关问题的研究和规划编制工作】按照国家"十二五"规划提出的积极稳妥推进城镇化的要求，参与国家发改委牵头组织的《促进城镇化健康发展规划（2011～2020年）》编制，完成了相关专题研究。出版了《"十二五"中国城镇化发展战略研究报告》。完成《我国城镇人口变化对城市住房需求的影响》、《为保障房建设提供科学的规划依据》等研究报告。牵头编制完成《新疆生产建设兵团城镇化发展规划》，支持新疆维吾尔自治区政府制定推进新型城镇化行动计划。

【加强与相关部门在制定区域政策和区域性规划方面的合作】配合国家发改委赴贵州、河南进行实地调研，参与国家支持贵州、河南等省发展相关文件的起草。赴四川省参加全国人大组织的城镇化和城乡统筹调研。赴湖北省、重庆市参加国家民委组织的武陵山区经济社会发展调研，了解欠发达地区城镇化与城镇规划建设情况。加强与相关部门的协调，做好与各部门编制的"十二五"专项规划、国民经济社会发展区域规划、流域规划、省级海洋功能区规划等相关规划的衔接。

3. 国务院交办的城市总体规划报批情况与监督实施

【加强对国务院审批的城市总体规划编制工作的指导和审查把关】组织专家完成了广州、兰州、乌鲁木齐、沈阳、德州5市的城市总体规划纲要审查；将福州、泰州、扬州、枣庄、淄博、吉林、太原7市的城市总体规划送城市总体规划部际联席会议成员单位征求意见；组织召开了4次城市总体规划部际联席会议，审议了安阳、新乡、绍兴等12个市的总体规划；将重庆、南昌、长春、贵阳、惠州、洛阳、绍兴、张家口8市总体规划上报国务院审批；报请国务院批复实施了哈尔滨、江门、唐山、海口、荆州、泰安、南宁、重庆8市总体规划。

【指导各地做好"十二五"近期建设规划的制定和备案工作】下发了《关于加强"十二五"近期建设规划制定工作的通知》，要求各地提高认识，认真组织编制工作，进一步明确"十二五"期间规划编制的重点任务，提出建立健全近期建设规划制定的工作机制，督促国务院审批总体规划的城市尽快完成"十二五"近期建设规划编制工作并于2011年底前报住房和城乡建设部备案。

4. 历史文化名城（镇、村）保护及监督管理

【指导地方做好历史文化名城申报工作】按照有关要求将《住房和城乡建设部关于将新疆维吾尔自治区库车县列为国家历史文化名城的请示》上报国务院；将《住房和城乡建设部关于将新疆维吾尔自治区伊宁市列为国家历史文化名城的请示》送国家文物局会签。2011年，国务院批复太原、宜兴、嘉兴、中山、蓬莱、会理为国家历史文化名城，名城数量达117座。

【完成申报国家历史文化名城名镇名村保护专项资金项目的审查工作】组织专家对各省（自治区、直辖市）上报的专项资金申请项目进行了审查，并将初审项目及《全国"十二五"历史文化名城名镇名村保护设施建设规划》初稿送国家发改委征求意见。

【开展历史文化名城名镇名村检查工作】为了落实住房城乡建设部和国家文物局2010年底联合印发的《关于开展国家历史文化名城、名镇名村保护工作检查的通知》，会同国家文物局赴31个省（自治区、直辖市），对历史文化名城名镇名村保护现状进行检查，对保护不力的国家历史文化名城提出整改建议，提高了各地对保护工作的重视。

【贯彻落实十七届六中全会《决定》】按照《中央有关部门贯彻实施党的十七届六中全会〈决定〉重要举措分工方案》，住房和城乡建设部是第35项工作的牵头单位之一，住房和城乡建设部城乡规划司、城市建设司就落实历史文化名城名镇名村、风景名胜区保护工作制定有关实施方案。

5. 进一步加强生态城市相关工作

【加强生态城市国际合作】住房城乡建设部和国家发改委、天津市政府、国际经济交流中心共同主办了第二届中国（天津滨海）·国际生态城市论坛和博览会。筹备组织国务院副总理王岐山和新加坡副总理张志贤共同主持召开的中新天津生态城联合协调理事会第四次会议。住房城乡建设部和日本国土交通省共同签署了中日生态城市建设合作备忘录。住房城乡建设部城乡规划司、计划财务与外事司共

同组织召开了生态城市建设为主题的第十三届中日城市规划与建设交流会。

【规范低碳生态城市试点申报工作】 2011年6月，印发《住房和城乡建设部低碳生态试点城（镇）申报管理暂行办法》，进一步规范了住房和城乡建设部低碳生态试点城（镇）申报工作，稳妥有效推进低碳生态城（镇）规划建设工作。

【加强对有关生态城规划试点工作的指导】 推进秦皇岛北戴河新区创建国家级绿色建筑示范区的工作，开展实地踏勘调研，研究下一步工作方案。对重庆市上报的悦来低碳生态试点城申报材料进行审核，拟定部市合作框架协议，就部市合作事项及悦来低碳生态城规划建设提出意见和工作要求。11月，住房和城乡建设部与深圳市人民政府共同举办"深圳光明论坛"，就低碳生态城市规划建设广泛交流经验，推进低碳生态城（镇）规划建设工作稳步有效推进。

6. 继续深入推进房地产开发领域违规变更规划、调整容积率问题专项治理

【按照中办、国办开展工程建设领域专项治理工作部署，继续做好专项治理工作】 会同监察部以专项治理工作领导小组办公室的名义印发《房地产开发领域违规变更规划调整容积率问题专项治理2011年工作要点》的通知，继续深入开展监督检查，加大对违法违规案件的查处力度，大力推进长效机制建设，规范城乡规划管理，保证城乡规划法律法规的有效执行，促进城乡规划系统党风廉政建设。

【进一步加强城乡规划主管部门与监察机关的协调配合，完善案件查办的沟通协作机制，加大案件查办力度，严肃查处一批违规变更规划调整容积率以及背后的钱权交易等腐败问题】 住房和城乡建设部、监察部专项治理工作领导小组办公室直接组织力量核查了21件案件线索，对208件群众举报的案件线索进行了督办和转办。住房和城乡建设部会同监察部对山西太原规划局出现的腐败案件进行了调研，剖析管理体制中的问题和教训，为专项治理工作的制度建设提供经验。

【建立健全城乡规划领域廉政风险防控机制】 有针对性选择部分省（区、市）开展城乡规划审批管理廉政风险防控工作调研，深入查找城乡规划审批管理中岗位职责、业务流程、制度建设等方面存在的漏洞和潜在的廉政风险点，开展城乡规划审批管理廉政风险防控的研究。

【开展专项治理梳理总结工作】 要求各地在2011年底前对房地产开发领域违规变更规划调整容积率专项治理工作开展以来的情况，进行认真梳理总结。住房和城乡建设部、监察部专项治理工作领导小组办公室加强调查研究，形成《房地产开发领域违规变更规划调整容积率问题专项治理工作报告》，上报中央治理工程建设领域突出问题工作领导小组。

7. 开展灾后重建协调推进工作

【继续做好汶川特大地震灾后重建协调工作】 2011年3月，下发《住房和城乡建设部关于做好汶川地震灾后恢复重建"回头看"工作的通知》（建规〔2011〕32号），要求在住房城乡建设系统组织开展对口援建"回头看"活动，由各援建省、市与受灾市、县认真检查回访对口援建项目。4月中下旬，住房城乡建设部城乡规划司、村镇建设司、房地产市场监管司、城市建设司、工程质量安全监管司等相关司局派出三个调研组，赴四川、甘肃对灾后恢复重建进行了专项检查调研。完成《汶川特大地震志灾后重建卷》住房和城乡建设系统部分《概述》、《志书（初稿）》、《资料长编》、《图照资料》的编纂工作。开展"汶川地震灾后重建工作评价体系研究"，为下一步总结灾后重建工作奠定基础。作为舟曲特大山洪泥石流灾害后恢复重建工作协调小组联络员单位，继续协调做好重建规划等方面的工作。

【继续开展玉树灾后重建有关工作】 为有效推进住房城乡建设部对口支援青海省玉树县及玉树灾后重建工作，印发《住房和城乡建设部对口支援青海省玉树县工作方案》。

8. 开展相关专题研究

【开展课题研究，服务法规体系建设】 开展"城市'四区四线'有机衔接的规划编制与实施管理方法研究"、"城市'四线'管理办法实施评价和修订研究"、"城乡规划审批管理廉政风险防控研究"、"规范城乡规划行政处罚裁量权研究"、"城乡规划公开公示的立法研究"、"关于容积率调整的管理规定"等课题研究，为下一步立法工作的展开奠定了基础。

【加强城市规划编制技术与方法的基础研究】 针对新时期城市总体规划编制工作面临的新形势、新任务、新要求，为充分体现城市总体规划的综合性、战略性，使其在城市化和城市建设快速发展背景下保持充分而必要的科学性、前瞻性和适应性，组织有关单位开展了"城市总体规划编制改革与创新"课题研究工作，重点对城市总体规划的法定地位、功能和作用、城市总体规划的编制思路、内容和方法进行了专题研究。课题组赴10个省市开展了3次全面调研，已于2011年底完成课题成果。

【开展有关城镇化问题的课题研究】 针对各地城镇密集地区规划编制需求大的情况，委托有关单位开展"城镇群规划编制技术导则"、"我国城镇化发展要素特征分析"等研究，对城镇群规划编制的内容、深度、方法加强技术指引，为制定城镇化政策提供依据和基础支撑。

9. 及时完成土地利用总体规划和各类开发区设立、扩区、升级的审核工作

【土地利用总体规划和各类开发区设立、扩区、升级的审核工作】 配合商务部完成了13个省级经济开发区升级、3个国家级经济技术开发区设立、2个国家级经济技术开发区扩区的规划审核工作；配合科技部完成了5个省级高新技术产业开发区升级的规划审核工作；配合海关总署完成了18个海关特殊监管区设立或扩区的规划审核工作；配合国土资源部完成了太原等35个城市土地利用总体规划的审核。

（住房和城乡建设部城乡规划司）

城市建设与市政公用事业

1. 市政基础设施建设与人居环境

【市政公用设施水平和服务能力显著提高】 市政公用基础设施的快速发展有力地保障了人民群众生活需要和经济社会发展。截至2011年，全国设市城市总供水能力2.84亿立方米/日，供水管道长度57万公里，服务人口3.92亿，用水普及率97.04%；全国城市道路总长度为31万公里，道路面积56.25亿平方米；全国累计建成城镇污水处理厂3135座，总处理能力达到1.36亿立方米/日；全国城市污水处理率约为82.6%，城镇污水处理厂年处理污水量达到393亿立方米，削减COD 1017万吨；全国燃气普及率达92.4%，天然气供应总量约679.8亿立方米，人工煤气供应总量约84.7亿立方米，液化石油气供气总量约1165.8万吨；全国城市无害化生活垃圾处理厂678座，生活垃圾无害化处理量为15065.98万吨，无害化处理率为79.77%；全国城市建成区绿地面积147.1万公顷，城市公园绿地面积47.4万公顷，人均公园绿地面积11.74平方米，建成区绿地率34.7%。

【全面推动生活垃圾处理工作】 2011年4月，国务院批转住房城乡建设部等部门《关于进一步加强城市生活垃圾处理工作的意见》（国发〔2011〕9号，以下简称《意见》），对城市生活垃圾处理提出全面要求，明确指导思想、基本原则和发展目标，从控制生活垃圾产生、提高处理能力水平、加强监督管理和加大政策支持等多个方面提出措施和要求。《意见》明确提出到2015年，全国城市生活垃圾无害化处理率达到80%以上，直辖市、省会城市和计划单列市生活垃圾全部实现无害化处理；每个省（区）建成一个以上生活垃圾分类示范城市；50%的设区城市初步实现餐厨垃圾分类收运处理；城市生活垃圾资源化利用比例达到30%，直辖市、省会城市和计划单列市达到50%等目标要求。住房城乡建设部会同国家发展改革委等14个部委建立生活垃圾处理工作部际联席会议制度，为生活垃圾处理工作的推动搭建平台。2011年12月，国家发展改革委、住房城乡建设部组织召开全国城镇生活垃圾处理设施建设及运营经验交流会，总结经验，部署下一步工作。北京、上海、江苏等11个省市参加会议并做了深入的交流。

【稳步推进供热体制改革】 组织召开2011年北方采暖地区供热计量改革工作会议，总结"十一五"期间供热计量改革取得的成效、主要做法和经验、存在的问题，部署下一阶段供热计量改革具体工作。配合税务总局，开展供热企业税收优惠政策调研，积极争取供热企业税收优惠政策。发布《关于加强夏热冬冷地区居住建筑采暖方式管理的通知》，推进建筑节能工作。积极支持北京市和国务院机关事务管理局采暖费补贴"暗补"变"明补"改革。组织

开展专项检查，对北方采暖地区15个省、自治区、直辖市进行供热计量改革检查，对北方采暖地区两部制热价、供热计量产品质量、供热计量收费三项工作情况的组织进行自查和抽查。截至2011年底，北方采暖地区15个省、自治区、直辖市2011年供热计量收费面积累计达5.36亿平方米，比2010年（3.17亿平方米）增加了2.19亿平方米。出台供热计量价格和收费办法的地级以上城市达到105个，占北方地级以上采暖城市的83%，比2010年（80个）增加25个。

【深入开展城市地下管线管理研究】 组织对全国11个省（直辖市）的18个城市地下管线建设、管理、运行维护情况进行调查，对北京、上海、武汉等城市的地下管线行业管理经营企业进行调研，收集整理了美国、日本、英国、德国等发达国家和地区管理相关资料，编写了《城市地下管线管理情况研究报告》、《发达国家和地区城市地下管线管理情况综述与法规收集》。开展城市地下管线经济政策研究、全国城市地下管线安全发展规划研究等课题研究。起草《关于加强城市地下管线管理工作的指导意见》，在征求相关部委的修改意见后，报请国务院研究制定。

【全力抓好城市供水安全保障】 组织编制《全国城镇供水设施改造和建设"十二五"规划及2020年远景目标》。在对全国设市城市和县城的4457个自来水厂全面普查的基础上，向国务院上报了《关于城镇供水问题的报告》，明确了重点工作任务，并会同国家发展改革委组织编制《全国城镇供水设施改造和建设"十二五"规划及2020年远景目标》，通过规划引导，加强对城镇供水行业指导和监管。组织开展全国设市城市公共供水厂出厂水水质普查。为督促各地实施《生活饮用水卫生标准》，掌握城市供水水质状况，会同卫生部组织建设系统和卫生系统的水质检测机构对全国设市城市1404个主要公共供水厂出厂水进行新《生活饮用水卫生标准》全指标水质指标普查。开展城镇供水管理相关政策储备研究。开展《城市供水条例》修订前期研究工作；开展城镇供水绩效考核制度研究工作；配合国家发展改革委等部门研究修订《城市供水价格管理办法》。

【不断加强污水处理设施建设和运行的监管】 会同国家发展改革委等部门编制《"十二五"城镇污水处理及再生利用设施建设规划》，并由国务院办公厅印发实施，提出"十二五"期间城镇污水处理设施建设发展的原则、目标和重点任务。配合财政部制定《"十二五"期间城镇污水处理设施配套管网建设项目资金管理办法》，组织全国有关省、自治区、直辖市核定中央财政专项资金集中支持约7万公里的城镇污水管网建设任务，并将其中2.7万公里的建设任务纳入项目库。召开"全国城镇污水处理建设与运营工作经验交流会"，总结"十一五"期间城镇污水处理建设发展情况，研究存在的问题并部署"十二五"期间的重点工作与要求。修订颁布《室外排水设计规范》、《城镇污水处理厂运行、维护及安全技术规程》等技术规范，进一步规范城镇排水与污水处理设施的设计和运行管理。会同国家发展改革委印发《城镇污水处理厂污泥处理处置技术指南》，组织专家评审通过了一批厌氧消化、好氧堆肥、协同焚烧等无害化、资源化处理处置城镇污水处理厂污泥的工程示范项目。

【加强城市景观照明节能管理】 印发《关于2010年城市照明节能工作专项监督检查情况的通报》和《"十二五"城市绿色照明规划纲要》，开展半导体照明产品应用示范工程项目的跟踪检测和城市照明节能检查等一系列工作。城市照明专项规划编制工作进一步加强。2011年，各地进一步加强了城市照明专项规划编制工作，规划质量有所提高，按照要求增加了节能篇章。59个受检城市有43个城市完成城市照明规划编制，其中35个省会城市中共有31个城市完成了城市照明规划，占总数的89%。低效照明产品淘汰力度加大，各地城市支路以上道路基本淘汰低效照明产品，部分城市对新型照明产品，如LED路灯、太阳能路灯、风光互补路灯等进行了试点或示范的应用；有些城市开始或已经完成了支路以下道路淘汰低效照明产品的工作。景观照明规模和能耗得到有效控制。大部分城市能够积极主动控制景观照明规模和照明能耗。较之2010年，强力探照灯、大功率泛光灯、大面积霓虹灯等高亮度、高能耗灯具使用得到较好的控制。

【推广数字化城市管理模式】 2011年，《城市市政综合监管信息系统 单元网格划分与编码规则》和《城市市政综合监管信息系统 管理部件和事件分类、编码及数据要求》两项行业标准经过修订完善，升级为国家标准，《城市市政综合监管信息系统 模式验收》和《城市市政综合监管信息系统 管理部件和事件信息采集》两项行业标准已开始启动编制。数字化城市管理标准体系初步建立。截至2011年12月底，全国已有258个城市（区）建成数字化城管模式，其中，浙江、江苏、河北基本建成地级市数字化城管系统。河北省已着手县级推广工作，其中邯郸涉县、沧州肃宁、张家口涿鹿等在市级平台的基础上基本建成了县级数字化城管系统。

【加强城市综合交通体系规划的编制与实施】为规范城市综合交通体系规划的编制与实施，指导湖南、海南、山西、湖北等有关省、市的城市综合交通体系规划的编制，督促各地按照《城市综合交通体系规划编制办法》，尽快组织实施城市综合交通体系规划。加大城市轨道交通建设规划审查力度，2011年，共完成广州、深圳、苏州、沈阳、常州、厦门、天津7个城市轨道交通建设规划的审查，以及深圳、苏州、常州3个城市轨道交通建设规划的会签上报工作，有效促进了城市轨道交通的规划建设工作。推进城市步行和自行车交通系统建设，倡导绿色交通理念，在重庆、济南、杭州、昆明、常熟、昆山6个城市开展"城市步行和自行车交通系统示范项目"工作。确定第2批常德、株洲、三亚、厦门、深圳、寿光6个"示范项目"城市。组织开展"2010年中国城市无车日"活动，2010年新增18个承诺开展"无车日"活动的城市，总数达到132个。

【城镇人居生态环境进一步改善】 以改善人居环境、服务广大百姓为出发点，以创建国家园林城市和生态园林城市为抓手，不断推进城市园林绿化事业的可持续发展。通过国家园林城市、县城、城镇和国家生态园林城市创建，加强对城镇园林绿化建设的监督、指导和服务，引导各地推动人居生态环境改善。截至2011年底，已命名213个国家园林城市(区)，92个国家园林县城和22个国家园林城镇，已命名28个中国人居环境奖城市、360个中国人居环境范例奖项目。进一步规范城市园林绿化一级企业资质的申报、审批和管理程序，编印《城市园林绿化企业资质申报指南》，完成了270家城市园林绿化企业一级资质升级和资质延续核准工作。积极筹备和举办国际性会议和展览，加大宣传力度，扩大城市园林绿化的社会认知度、参与度和影响力。2011年第八届中国(重庆)国际园林博览会顺利开幕；组织召开第九届园博会(北京)园博园筹建指挥部2011年工作会议、第九届园博会及中国园林博物馆招展会，全力协助北京市筹备第九届园博会。

2. 世界遗产和风景名胜资源保护工作进一步加强

【做好风景名胜区规划建设管理工作】 认真贯彻落实《风景名胜区条例》，进一步加强风景名胜区规划和建设活动的管理。2011年组织开展了36处国家级风景名胜区总体规划的审查工作，其中13处风景名胜区总体规划已经国务院批准实施；开展25处国家级风景名胜区详细规划的审查工作，其中12处国家级风景名胜区详细规划已经批复实施；开展28处国家级风景名胜区重大建设项目的选址审查工作，其中22处核准同意。组织召开风景名胜区详细规划审查专家座谈会，指导做好《风景名胜区详细规划规范》编制。做好《国家级风景名胜区规划建设管理办法(草案稿)》征求意见、组织座谈等工作，修改完善草案稿。印发《2010年度全国国家级风景名胜区规划实施和资源保护状况年度报告汇编》材料。

【开展风景名胜区动态监测核查与数字化景区建设工作】 2011年加大了国家级风景名胜区动态监测核查力度，扩大了监测覆盖面，完成56处国家级风景名胜区遥感动态监测工作，并组织对705处疑似问题图斑开展现场核查。完成国家级风景名胜区监管信息系统网络平台功能拓展工作，完成基础信息数据、规划数据、监管数据库和快报年报数据库等的研发和调试运行工作，进一步发挥平台的政务信息发布、基础数据库、网络传输以及信息互联共享的功能。完善并发挥网情舆情快速反应机制，通过动态监测等手段，及时发现并调查处理了媒体或群众有关风景名胜区的信息报道或问题反映，避免对风景名胜区破坏。

【加强世界遗产申报和保护管理】 会同中国联合国教科文组织全委会做好世界遗产的申报和保护工作。完成云南澄江动物化石群和新疆天山申报世界自然遗产项目审核并向世界遗产中心上报，其中云南澄江动物化石群于2011年9月通过联合国教科文组织专家现场评估，将于2012年在世界遗产委员会大会上审议。5月同中国联合国教科文组织全委会等部门联合召开"全国世界遗产工作会议"，对新形势下世界遗产保护工作进行部署，推进世界遗产工作。做好亚太地区世界遗产第二轮定期报告相关事宜。

【做好国家级风景名胜区申报审查工作】 组织开展河北太行大峡谷、山西碛口等17处申报国家级风景名胜区项目的审查工作，拟于2012年将通过审查的申报项目上报国务院审定公布。

(住房和城乡建设部城市建设司)

村 镇 建 设

【概况】 2011年，村镇建设系统按照党中央、国务院的总体部署，深入贯彻落实科学发展观，积极落实十七大、十七届三中全会、五中全会和2011年中央一号文件中央有关精神和要求，积极推动加快《村庄和集镇规划建设管理条例》修订、推动农村危房改造试点、推动建材下乡、认真研究支持小城镇的政策措施、加强村镇规划和人居环境改善的技术指导、指导玉树地震灾后农房恢复重建和加强队伍建设等工作，推动全国村镇面貌的持续向好、农村民生的稳步改善和村庄规划建设管理的健全规范。

【加快《村庄和集镇规划建设管理条例》修订】
《村庄和集镇规划建设管理条例》（以下简称《条例》）颁布以来，对指导村镇建设工作发挥了巨大作用。为适应新时期新形势的需要，2009年开始进行修订。2011年，完成《条例》修订稿，并征求相关部门和地方意见。根据各方意见，进一步修订完善，拟增加内容有：健全基层村镇规划建设管理机制，明确村镇规划编制的政府责任，加强农房质量安全管理强制手段，推进村镇人居生态环境改善，着力解决村镇建设"缺机构"、"缺手段"和"缺资金"的问题。并会同国务院法制办开展《条例》立法后评估工作，在全国范围内抽样调查1200余人次，系统分析《条例》实施以来取得的成效和存在的问题。

【积极推动农村危房改造试点】
（1）稳步推进农村危房改造。农村危房改造试点以来，工作有序开展，并取得良好效果，补助资金和试点任务逐年增加。2011年，按照中央关于继续加大农村危房改造支持力度的要求，中央农村危房改造补助资金和试点任务大幅增加，达166亿元、265万户，均是2010年的2.2倍。试点范围也进一步扩大，范围扩大到中西部全部农村地区。截至10月底，2011年农村危房改造试点开工率97.0%，竣工率74.5%。

（2）加强农村危房改造工程质量安全技术指导与监管。研究制定并印发农村危房改造抗震安全基本要求（试行），明确要求各地在农村危房改造中加强抗震安全管理。加强农房质量安全技术指导与监督，推动建立农村建筑工匠培训与管理制度。

（3）扎实开展建筑节能示范。总结2009～2010年建筑节能示范工作，明确对存在问题的整改措施与要求。印发农村危房改造试点建筑节能示范工作省级年度考核评价指标（试行），对建筑节能示范实行定量化考核。

（4）完善农村危房改造农户档案管理信息系统。在已有农村危房改造农户档案管理信息系统基础上，2011年继续完善信息系统功能，完成数据分析、自动检查等功能的开发与运行。截至11月底，全国已有480多万农户档案录入系统，基本实现农户档案户户可查、永久保存。

（5）开展2011年度扩大农村危房改造试点任务落实情况检查。2011年下半年，住房城乡建设部组织开展农村危房改造试点工作自查或循环互查，现场检查农户由住房城乡建设部从全国农村危房改造农户档案管理信息系统中随机抽取，检查任务完成情况和考核评分结果作为2011年试点工作绩效评估的重要内容。

（6）开展以船为家渔民上岸安居工程前期工作。2011年8月住房城乡建设部会同农业部渔政局赴安徽、湖南开展以船为家渔民上岸安居工程调研，并召开部门协调小组会议，研究以船为家渔民上岸工作方案。10月，会同有关部委赴广东、安徽、江苏等省开展以船为家渔民上岸安居情况联合调研。收集、整理全国以船为家渔民相关信息和数据。

（7）加强农村危房改造宣传。在做好农村危房改造试点工作的同时，加强农村危房改造宣传工作，协调中央电视台制作和播出农村危房改造及建筑节能示范焦点访谈节目，向全社会宣传农村危房改造的有关政策与积极成效。组织制作农村危房改造公益电影宣传片，委托中影集团在试点地区1.5万个村放映。

【推动建材下乡】 为贯彻落实2010年中央一号文件精神，采取有效措施推动建材下乡。会同财政部、国家发展改革委、工业信息化部、国土资源部、商务部在下乡调研、召开现场会基础的上，联合下发《关于开展推动建材下乡试点的通知》（建村〔2010〕154号），在山东省和宁夏回族自治区开展水泥下乡、地方政府予以补贴的试点，探索下乡建材生产企业招标、下乡经销网点备案、下乡建材质量监管、下乡建材用户（农户）备案管理等建材下乡的管理办法，评估建材下乡的政策效果。

根据国务院分工，按照村镇建设司工作部署，会同有关部委赴山东、宁夏、重庆、北京、天津等地调研，制定并下发《关于做好2011年扩大建材下乡试点的通知》，建材下乡试点范围扩大为北京、天津、山东、重庆、宁夏五地，并协调五省市区落实省级补助资金，指导试点在2010年水泥下乡的基础上，开展节能建材下乡。

【认真研究支持小城镇建设的政策措施】 近年来，随着城乡经济社会发展和城镇化战略实施，我国小城镇得到较快发展，积聚人口规模不断增加，有效促进了改善当地居民生产生活条件，推动区域协调发展。但我国小城镇建设发展中存在着资源能源利用粗放、基础设施和公共服务配套不完善、人居生态环境治理滞后等突出问题。

推动绿色低碳重点小城镇试点示范工作，印发《财政部 住房城乡建设部关于开展绿色重点小城镇试点示范的通知》，实现中央财政直接支持重点镇政策上的突破，协调财政部、国家发展改革委，下发《绿色低碳重点小城镇建设评价指标（试行）》，用于指导、评价试点示范的遴选、评价和指导，并启动第一批试点示范；组织做好"十二五"重点流域重点镇污水管网建设项目任务核实工作，根据住房城乡建设部与财政部"十二五"重点流域重点镇污水管网建设项目工作要求和统一工作部署，组织开展中央财政支持的重点流域重点镇污水管网建设项目任务量核查工作，从1303个上报镇中审核确定405个中央财政支持的重点镇名单，并积极做好项目实施指导监督的工作准备；继续支持大目湾、河西务等小城镇开展低碳生态小城镇试点；继续推动全国特色景观旅游名镇名村示范工作，评选出第二批111个国家特色景观旅游名镇名村，并着手建国家特色景观旅游名镇名村网站。

【加强对村镇规划和人居环境改善的技术指导】 针对农村特点和改革发展的新形势，加强村镇规划编制的技术指导。制定《镇、乡和村庄规划编制办法》，规范村镇规划编制。推动镇（乡）域规划试点，下发《镇（乡）域规划导则》，提高乡镇规划的综合调控性和有用性。起草《乡村建设规划许可证实施管理办法》，完善村镇规划的实施机制。

为指导农村垃圾污水治理，组织研究全国村镇垃圾污水治理规划，明确村镇生活污染治理的目标、任务和重点。统计并公布村镇垃圾治理全覆盖县（市、区）名单，鼓励县域村镇垃圾综合治理。编制分地区农村污水处理技术指南、村镇垃圾收集转运处理技术规程、村庄污水处理优秀案例等，加强村镇污水处理的技术指导。

组织制定农村生活垃圾调查方案，开展调查研究，分层次召开座谈会，组织开展农村垃圾处理现状调查，并组织起草加强农村垃圾管理调研报告，指导常熟市县域村镇污水综合治理示范工作，组织编制出版《村庄污水处理案例集》，并组织编制不同类型《小城镇污水处理设施技术指南》，加强对农村生活污水处理的技术指导。开展国际交流项目，组织技术人员赴日本参加JICA技术培训。

【指导玉树地震灾后农房恢复重建】 多次组织专家组深入青海玉树灾区农村，调查农房因灾受损情况和农民重建意愿，提出农房重建的政策建议和补助标准。帮助青海省编制完成灾后农房恢复重建规划与工作方案。重建工作开展后，带领专家组赴农房重建现场检查调研，向青海省玉树地震灾后重建工作领导小组提出有效推进农房重建的建议报告。组织专家研究适宜玉树地区的农房住宅设计与开展农村建筑工匠培训工作。

【加强传统村落保护工作】 根据中央加强传统村落保护工作的指示，村镇建设司组织全国有关专家召开传统村落保护座谈会，研究提出加强传统村落保护的工作方案；组织开展典型地区传统村落调研，提出上报国务院的报告初稿。

【加强队伍建设】 组织干部深入藏区、南疆等贫困地区和灾区第一线开展调查、研究政策、灾后重建等工作，了解农民农村实情，培养干部吃苦耐劳、务实为民的作风；建立村镇建设司学习月会制度。每月由司内一名同志围绕村镇建设的热点问题作专题演讲，既锻炼了讲演者，又增进了全司的学习和交流；建立全国村镇建设系统交流信息网，促进中央与地方以及各省之间的工作经验交流和联系；培养建立村镇建设研究队伍。依托大学和研究机构成立农村污水处理技术北方研究中心、农房建设西部研究中心等，在灾后重建、援疆等紧急工作中发挥很好的作用。

（住房和城乡建设部村镇建设司）

工程建设标准定额

【工程建设标准、造价的基本情况】 2011年，标准定额司紧紧围绕住房城乡建设中心工作和标准定额司工作要点，坚持以科学发展观为统领，不断完善标准体系，强化标准定额的实施管理。以法律法规及制度建设和完善计价依据为重点，进一步强化工程造价管理的力度，完善了工程造价咨询资质资格管理，加强了造价咨询行业的引导和规范，继续推进工程造价信息化建设。完善政府投资经济决策制度，加强建设标准、用地指标、方法参数的制定。截至12月底，2011年已批准发布工程建设国家标准119项，工程建设城建、建工行业标准77项，产品行业标准79项；批准发布城市消防站等10项建设标准，公路工程项目等5项建设用地指标，大型公共建筑项目等4项方法参数；批准发布城市轨道交通工程概算定额和费用标准编制规则；完成208项行业标准和208项地方标准备案。完成173家乙级工程造价咨询企业晋升甲级资质和5482名造价工程师初始注册工作，并办理了企业的甲级资质证书和造价工程师注册证书变更手续。对90个"十一五"全国无障碍创建城市进行表彰。

【全国工程建设标准定额工作座谈会】 为全面系统总结近年来标准定额工作体制机制改革取得的成绩和经验，提出今后标准定额事业发展基本策略和深化改革的目标，2011年5月17日在山东泰安召开"全国工程建设标准定额工作座谈会"。住房城乡建设部副部长陈大卫到会并做重要讲话，标准定额司精心组织，上下协调、配合，使得会议取得圆满成功，鼓舞了广大标准定额工作同志的干劲。会议客观总结了近年来标准定额工作取得的成绩和存在的不足，进一步提高认识，明确了以科学发展观为统领，以顶层设计为基础，以完善制度、科学民主编标、强化标准实施为原则的工作思路。

【完善标准体系】 经过十几年的努力，基本建立了城乡规划、城镇建设、房屋建筑，以及水利、电力、铁路、通信、电子、机械、冶金、有色、煤炭、石油、石化、化工、建材、医药、纺织等各行业领域的工程建设标准体系，一些行业已经开始了体系的修订工作。2011年，重点组织完成城乡规划、城镇建设、房屋建筑领域的工程建设标准体系修订，同时，批准发布住房城乡建设部归口管理的房屋建筑、城镇建设行业的工业产品标准体系。

【精编2011年度标准计划】 注重以人为本、生态环保、安全实用、合理建设的理念，确保节能、减排、垃圾处理、给排水、公积金管理、保障性住房建设等重点领域相关内容得到落实，做好标准制定工作。2011年下达计划项目中，工程建设国家标准103项，工程建设城建、建工行业标准54项，产品行业标准63项，研究项目10项。重点标准项目有《城市照明节能评价标准》、《住房公积金个人住房贷款业务规范》、《硝化甘油废水安全处理技术规范》、《生活垃圾卫生填埋场防渗系统工程技术规范》、《市容环境卫生术语标准》、《建筑施工脚手架安全技术统一标准》等。

【加强重点标准的制定】 将标准体系中处于主干地位和基础地位的标准，以及围绕部里中心工作需要的标准，作为重点，优先予以立项，并加强编制过程的管理，以适应经济社会发展的需要，保证工程建设各方面有标可依。例如，对处于主干地位的《住宅设计规范》，标准定额司根据住宅建设技术发展趋势和我国住宅建设形势，及时立项进行修订。修订过程中，结合住房城乡建设部加强保障性住房建设的中心任务，组织专家对于最小套型面积问题进行专项研究，修改住宅套型分类及各房间最小使用面积的规定。为落实中央政治局常委李长春的批示精神，在修订后的《住宅设计规范》中对每套住宅信报箱设置提出更严格的要求，并配套制定了《住宅信报箱工程技术规范》。修订过程中，编制组专家还对住宅电梯设置等关系老百姓利益的问题进行专项研究，修订后的标准要求十二层以上应设置一台可容纳担架的电梯。此外，还对住宅建筑节能、室内环境、建筑设备和排气道等内容进行了修订。

2009年2月9日中央电视台新址大火发生后，组织有关单位和专家进行研究，分析火灾原因，查找标准工作的不足，下达《建设工程施工现场消防安全技术规范》编制任务，会同公安部消防局，抓紧时间组织有关单位开展工作,于2011年6月完成标准的批准发布工作。该标准对于加强施工现场的消防管理、提高安全防范技术能力,起到引导和规范作用。

【围绕中心工作,做好各项标准的制定工作】
注重围绕部里中心工作,面向各业务司局的实际需求,服务于城乡建设的大局,积极主动做好标准的立项和编制工作。2011年,优先编制一批住房保障、节能减排、城乡规划、村镇建设以及工程质量安全、城市轨道交通建设等方面的标准。如2011年立项的《住房公积金个人住房贷款业务规范》、《城市照明节能评价标准》、《绿色建筑评价标准》(修订)、《生活垃圾卫生填埋场防渗系统工程技术规范》、《建筑施工脚手架安全技术统一标准》、《房地产市场基础信息数据标准》、《住房保障信息系统技术规范》等。

2011年批准发布的项目中,绝大多数直接服务于住房城乡建设部中心工作和城乡建设大局。在深入贯彻节约资源和保护环境基本国策,积极应对全球气候变化方面,批准发布一批工程建设全过程的节能减排标准,以及大力推动新能源、新材料、绿色建筑、绿色施工、环保等方面的标准。包括:《节能建筑评价标准》、《城市用地分类与规划建设用地标准》、《电子工程节能设计规范》、《水利水电工程节能设计规范》等;在减少污水排放方面,批准发布《村庄污水处理设施技术规程》、《城镇污水处理厂运行、维护及安全技术规程》、《污水处理卵形消化池工程技术规程》、《化学工业污水处理与回用设计规范》、《电镀废水治理设计规范》、《钢铁企业综合污水处理厂工艺设计规范》等;在新能源利用方面,批准发布《硅太阳能电池工厂设计规范》等标准。

为应对各种工程灾害,保障城市安全协调运行,预防潜在风险,提高防灾减灾能力,重视完善工程建设防灾、减灾技术标准及质量安全标准制定。2011年批准发布《建设工程施工现场消防安全技术规范》、《工程抗震术语标准》、《城市桥梁抗震设计规范》、《酒厂设计防火规范》、《石油化工装置防雷设计规范》、《施工企业安全生产管理规范》、《地铁工程施工安全评价标准》、《建筑施工扣件式钢管脚手架安全技术规范》、《混凝土结构工程施工质量验收规范》(局修)、《混凝土质量控制标准》、《砌体结构工程施工质量验收规范》、《有色金属工业安装工程质量验收统一标准》、《重有色金属冶炼设备安装工程质量验收规范》等标准。

在加快公共交通、通信、供电、供热、给排水设施等基础设施建设,提高城市基础设施承载能力方面,批准发布《城市轨道交通地下工程建设风险管理规范》、《城市轨道交通建设项目管理规范》、《城市轨道交通综合监控系统与质量验收规范》、《通信局(站)防雷与接地工程设计规范》、《电力系统安全自动装置设计规范》、《通用用电设备配电设计规范》、《供热术语标准》、《室外排水设计规范》(局修)、《核电厂工程水文技术规范》、《房屋建筑和市政基础设施工程质量检测技术管理规范》、《建筑与市政工程施工现场专业人员职业标准》、《生活垃圾卫生填埋场运行维护技术规范》、《水利水电工程劳动安全与工业卫生设计规范》等有关标准。

【组织开展标准清理工作】 根据部领导要求,在2010年启动清理工作的基础上,2011年继续对进度滞后的808项在编工程建设标准项目开展清理工作,同时又启动对115项住房城乡建设部归口工业产品行业标准在编项目的清理工作。这些进度滞后的项目,大部分是2000~2008年立项,还有一些是20世纪90年代立项的,这些项目没有按照立项计划的时间完成,造成标准的缺失或某些方面的薄弱,影响标准体系完善的进程。为此,制定了清理工作方案,限定两年内完成,并落实了目标责任制。由于工程建设各方面对于标准的需求都很急迫,清理工作目标是既要督促保证项目的编制进度,又要保证标准的质量水平。

【改进标准编制管理工作,健全工作机制】 每项标准从下达计划到最后批准发布,平均要有30~50个专家技术人员,历经3年左右的时间,动用100~200万元的编制经费,才能完成。要保障标准编制的质量和标准技术内容的先进性、科学性、协调性,任务非常繁重。为此,按照部领导要求,加快标准工作机制的创新。2011年对住房城乡建设部管理的标准编制专家支撑机构进行了调整,建立21个专业标准化技术委员会,并研究制定了标准编制工作流程。

【开展前瞻性研究工作】 为落实国务院领导批示精神,在陈大卫副部长带领下,开展高层建筑外墙外保温防火标准研究,提出强制使用防火保温系统复合板材的外墙保温方案,包括制定完善有关标准、开展产品认证、实施严格的企业资质认证等措施,以利于在推进建筑节能工作的同时,保障建筑工程安全和人民群众生命财产安全。

为落实住房城乡建设部部长姜伟新的指示,组织有关专家对保障房小区预留电动汽车充电接口、玻璃幕墙安全隐患等进行了研究,研究在2012年标准制定计划中下达《居住区电动汽车充电设施技术规范》、《建筑门窗、幕墙用钢化玻璃》的编制计划，在修订《玻璃幕墙技术规范》中提高对玻璃安全性的要求。为科学推动我国南方地区的建筑节能工作，会同部科技司、科技发展促进中心，组织完成"建筑遮阳产品技术标准及应用研究"课题工作，还组织中国建筑标准设计研究院编写出版了《建筑遮阳产品推广应用技术指南》。此外，继续组织编制了年度《中国工程建设标准化发展研究报告》。

【开展工程建设标准国际化战略调研工作】 为贯彻落实国家"走出去"战略，促进对外工程转变增长方式，进一步做好中国工程建设技术标准"走出去"的工作，与商务部联合起草《关于推动中国工程建设技术标准"走出去"的指导意见》，并完成意见征集工作。与指导意见配套，开展中国工程建设标准英文版翻译的规划与专家库建立工作。

【加强工程造价法律法规建设】 为促进工程建设市场健康和谐发展，建立政府投资工程全过程造价管理的机制，规范建设各方的工程计价行为，2011年集中力量开展了法律法规的制修订工作。

将修订《建筑工程发包与承包计价管理办法》（以下简称《办法》）作为工作重点，针对建立招标控制价、低于工程成本的判定好工程结算等制度依据，是否具可行性和可操作性，组织召开专题研讨会进行全面深入地论证；并积极吸收消化发改委、财政部、最高人民法院和部内有关司的意见，对《办法》（征求意见稿）进行反复修改；又按照部法规司的建议，对文字进行大量简化修改后完成了送审稿；之后经向部领导专题汇报，扎实开展后续工作。

积极参与相关法律法规的制订工作，在《建筑市场管理条例》的制订中，建议增加工程造价控制的条款，并对工程量清单计价、招标控制价、低于工程成本、政府投资工程全过程造价控制和专业咨询服务的作用等方面做了原则规定，为下一层法规制订提供了法律框架和重要依据。同时还积极参与财政部牵头的《政府投资条例》、发改委《中央预算内直接投资项目管理办法》等征求意见的反馈工作，提出关于加强政府投资工程全过程造价控制的若干条款的意见，增强了政府投资工程造价管理制度设计的合理性和可行性。

针对工程造价咨询企业和造价工程师监管工作的薄弱环节，为进一步规范咨询企业和专业人员的执业行为，净化造价咨询服务市场环境，组织修改了《工程造价咨询企业和注册造价工程师监管实施办法》，将进一步加强各级管理部门对工程造价咨询活动的监督管理，使监督检查工作纳入制度化、规范化的轨道。同时为建立工程造价咨询企业诚信信息管理制度，促进诚信信息的公开化和透明化，健全违规处罚、失信惩戒和诚信激励的管理机制，组织人员进一步对《工程造价咨询企业信用信息管理办法》（送审稿）修改完善。

【继续推进工程造价信息化建设】 工程造价信息化建设是一项长期的工作任务，已建成国家和地方信息网系统，形成人工成本、住宅建安造价指标定期发布制度，取得一定成效。按照工程造价信息化工作规划，为进一步加强工程造价信息化管理工作，印发《关于做好建设工程造价信息化管理的若干意见》，该《意见》明确造价信息化管理的职责、工作目标及任务，提出造价信息收集、整理和发布具体要求，对各地加强工程造价信息化管理起到指导作用；加强造价信息数据编码基础标准的编制工作，整合《建设工程工料机数据标准》的编制组，指导和推进了编制工作的进度；增加城市轨道交通工程造价信息指标的发布，为适应我国城市轨道交通工程建设的需要，完成主要城市轨道交通工程概算编制情况的汇总和整理工作，并在中国建设工程造价信息网平台上公布了11个城市的14个轨道交通工程项目的概算指标及其建安造价指标，对调控我国城市轨道工程造价水平具有指导意义；按照中共中央办公厅、国务院办公厅转发的《国家发展和改革委员会关于进一步加强地方政法基础设施建设规范投资保障机制的意见》的要求，组织编制了《政法基础设施建设项目工程造价信息采集数据标准》，指导各地及时收集整理发布本地区相关工程项目的综合造价指标，为各级政府核定相关工程项目投资时提供参考，也为今后发布各地政法基础设施建设项目工程造价指标奠定了基础。

【进一步推进工程计价依据的改革】 为逐步深入落实工程量清单计价改革，需要不断总结实践中的问题，完善相应的清单计价办法，2011年重点开展了国家标准（2008年版）《建设工程工程量清单计价规范》（以下简称《规范》）的修订工作。对《规范》的11个附录部分，即各专业工程量清单计量规则进行了系统修订，按照共性统一、突出专业的原则，将11个附录的体系及其设置进行了调整，且对其中项目划分、计量单位和工程量计量规则进行了修改完善，并重新设置为9个部分，分别独立作为单行本《××专业工程量清单计量规范》，并区别命名标准编号；对《规范》的正文部分中工程量清单计价在招投标、合同价款签订、调整变更、现场签证和索赔等环节，发承包双方工程计价的权利、义务及风险等做了修改完善。

为满足我国城市轨道交通工程建设快速发展的需要，以城市轨道交通工程为对象，制订了从投资决策到工程实施直至竣工验收涵盖项目建设全过程的计价依据，包括城市轨道交通工程投资估算编制办法、估算指标、概算编制办法、预算定额等，2011年又颁布实施了概算定额和费用标准编制规则，并编制完成了城市轨道工程量清单计量规范。基本完成了适应造价改革要求的城市轨道建设全过程计价依据体系建设。为加强我国城市轨道建设工程造价的确定与控制提供了重要手段。

【加强了工程造价咨询行政许可项目的管理工作】 在工程造价咨询企业资质审核方面：为了深入贯彻落实《行政许可法》，规范工程造价咨询企业资质准入管理，提高工程造价咨询企业资质审核工作质量，根据《工程造价咨询企业管理办法》（建设部令第149号），规范完善了资质审核的制度、办法和程序，印发《关于推荐住房和城乡建设部工程造价咨询企业资质评审专家库成员的通知》（建办标函〔2011〕251号），组建百名工程造价咨询企业资质评审专家库；印发《关于进一步加强工程造价咨询企业晋升甲级资质审核工作意见的通知》（建办标〔2011〕29号），并修订了《工程造价咨询企业资质审核工作办法》，对申报材料的审核和实地核查提出了具体要求；组织开展乙级工程造价咨询企业晋升甲级资质评审工作。在已建立的《百名工程造价咨询企业资质评审专家库》中抽选部分专家，对各地申报的223家企业进行资质评审工作；并对专家评审合格的企业开展了实地核查工作，对经公示举报的企业责成有关省住房和城乡建设厅核查。印发《关于工程造价咨询企业晋升甲级资质的公告》，并公告了173家企业被批准为甲级资质。

资质资格证书日常管理：依据有关规定，完成154家甲级工程造价咨询企业的资质延续工作；办理13家企业跨省迁址、整体改制的甲级资质证书变更手续。对12封反映企业在资质升级、延续和承揽业务中存在问题的举报，按规定转至省级主管部门进行核查，核查结果反馈标准定额司。分4批组织并完成了2011年度造价工程师的初始注册工作。共有5482人进行了造价工程师初始注册。

【开展了2010年工程造价咨询统计报表上报工作】 为落实"国家统计局关于同意制发工程造价咨询统计报表制度的函"的精神，根据住房城乡建设部《关于报送2010年工程造价咨询统计报表的通知》（建办标函〔2010〕950号）的要求，对工程造价咨询统计工作进行具体部署，召开工程造价咨询统计工作会议，演示工程造价咨询统计报表填报系统；交流了填报工作的问题，为2010年工程造价咨询统计报表填报工作起到指导作用；组织完成2010年工程造价咨询统计报表的上报和分析工作，完成编制《2010年工程造价咨询统计资料汇编》和《2010年工程造价咨询统计公报》。并通过部计划财务与外事司报送国家统计局并在有关媒体上进行公布。

【加强工程建设标准监督检查力度，促进标准贯彻执行】 强化工程建设标准实施监督，在江西省、深圳市、海南省开展工程建设标准全过程实施监督试点示范工作。通过试点，探索整合各方面标准实施监管资源的方式，完善监管手段，实现对工程施工阶段关键点的标准符合性判定、强制性标准适时监控和责任可追溯，把执行强制性标准的情况与企业资质、个人诚信档案联系起来，建立工程建设标准实施监管平台，实现标准实施监督体制机制创新。落实国家节能减排要求，会同工业和信息化部开展推广应用高强钢筋工作，成立高强钢筋推广应用协调组，明确"十二五"期间工作目标。开展强制性条文（房屋建筑部分）清理工作，开发工程建设强制性条文检索。制定城乡规划、城镇建设部分强条检索方案。在安徽、广西、吉林、河南四省、区开展高层混凝土结构工程执行强制性标准专项检查。配合发改委等部门开展政法基础设施建设标准执行情况检查。认真履行认证认可部际联席会议工作职责，与相关部门共同推进在建筑施工领域质量管理体系认证中应用《工程建设施工企业质量管理规范》等工作。

【完善政府投资经济决策制度，加强建设标准、用地指标、方法参数的制定】 为完善政府投资项目经济、技术立法性准则和依据，围绕国家经济建设、社会发展和投资体制改革的需要，加快相关建设标准的编制，提高建设标准编制质量，2011年3月24日，会同发改委投资司，组织国务院各有关部门规划财务司、有关编制单位召开"建设标准编制工作会议"，总结"十一五"时期建设标准编制工作，部署下一阶段工作。为提高建设标准编制质量，组织编制《建设标准研究报告》。为方便建设标准的使用，会同发改委投资司完成对改善民生设施、公共服务设施、基础设施等建设标准汇编。截至2011年12月30日，在政府执政能力建设、公共服务设施建设、基础设施建设等方面，先后批准发布了城市消防站、特殊教育学校等10项建设标准。批准发布铁路建设项目等4项经济评价方法与参数。同时，多次会同国土资源部有关司与主编部门进行沟通，在土地资源约束前提下，以科学合理确定指标编制、满足基本功能要求为指导思想，批准发布了公路工程项目、煤炭工程项目等5项建设用地指标。表1为2011年工程项目建设标准发布目录。表2为2011年工程项目建设用地指标发布目录。表3为2011年建设项目评价方法、经济参数发布目录。

2011年工程项目建设标准发布目录 表1

序号	建设标准名称	批准文号	批准日期	施行日期
1	国家检察官学院分院建设标准	建标〔2011〕2号	20110104	20110201
2	城镇液化天然气厂站建设标准	建标〔2011〕113号	20110720	20111201
3	城市消防站建设标准（修订）	建标〔2011〕118号	20110805	20111001
4	生活垃圾综合处理工程项目建设标准	建标〔2011〕123号	20110805	20111201
5	生活垃圾收集站建设标准	建标〔2011〕156号	20110926	20111201
6	特殊教育学校建设标准	建标〔2011〕171号	20111018	20120101
7	煤炭工业露天矿建设标准	建标〔2011〕173号	20111018	20120101
8	公共机构办公用房节能改造建设标准	建标〔2011〕197号	20111130	20120301
9	建筑抗震加固建设标准	建标〔2011〕206号	20111215	20120301
10	体育训练基地通用配套用房建设标准	建标〔2011〕207号	20111209	20120301

2011年工程项目建设用地指标发布目录 表2

序号	标准名称	批准部门	批准日期	施行日期
1	公路工程项目建设用地指标	住房城乡建设部、国土资源部、交通运输部	20110811	20111201
2	煤炭工程项目建设用地指标——露天矿、露天矿区辅助设施部分	住房城乡建设部、国土资源部	20110907	20111201
3	民用航空运输机场工程项目建设用地指标	住房城乡建设部、国土资源部、中国民用航空局	20110921	20111201
4	电力工程项目建设用地指标（风电场）	住房城乡建设部、国土资源部、国家电力监管委员会	20111204	20120301
5	体育训练基地建设用地指标	住房城乡建设部、国土资源部、国家体育总局	20111228	20120301

2011年建设项目评价方法、经济参数发布目录 表3

序号	名称	文号	批准部门	批准日期	实施日期
1	市政公用设施建设项目社会评价导则	建标〔2011〕84号	住房城乡建设部	20110623	20111201
2	大型公共建筑项目评价导则	建标〔2011〕108号	住房城乡建设部	20110720	20111201
3	铁路建设项目经济评价方法与参数	建标〔2011〕185号	住房城乡建设部、国家发展改革委员会、铁道部	20111107	20120201
4	建设项目评价术语标准	建标〔2011〕186号	住房城乡建设部	20111117	20120101

【强化政法基础设施建设标准的贯彻实施工作】 为贯彻落实中共中央转发的《中央政法委关于深化政法体制和工作机制改革若干问题的意见》有关"规范政法基础设施建设投资的要求"以及中共中央办公厅、国务院办公厅转发《国家发展和改革委员会关于进一步加强地方政法基础设施建设规范投资保障机制的意见》的通知，根据中央领导的指示和中央政法委的安排，在编制10本政法基础设施建设标准的基础上，积极配合发改委等部门做好政法基础设施建设标准执行情况检查工作。国务院召开的贯

彻落实督查会再次强调,要将刚刚颁布的10本标准作为执行检查的重要内容,将10本标准作为重要配套文件来指导政法基础设施的投资、规划、建设。

【表彰90个无障碍创建城市】 在2010年全面验收的基础上,会同民政部、残疾人联合会、老龄工作委员会联合推进保障包括老年人、残疾人等特殊群体权益的无障碍建设工作,对90个无障碍创建城市进行了验收和表彰。表彰了包括北京市在内的60个"十一五"创建全国无障碍建设先进城市,授予长春市等30个城市"十一五"全国无障碍建设创建城市称号。

(住房和城乡建设部标准定额司)

工程质量安全监管与工程技术发展

【概述】 2011年,工程质量安全监管行业按照党中央、国务院的总体部署,以落实工程质量安全责任为核心,突出强化保障性安居工程、城市轨道交通工程质量和施工安全等重点工作,加大对违法违规行为和事故责任单位、责任人的处罚力度,推动技术创新和新技术应用,加强工程抗震能力建设,保持工程质量安全持续稳定的良好态势。2011年全年全国房屋建筑和市政工程领域生产安全事故起数、死亡人数比上年同期分别下降6.06%和4.40%,其中较大及以上事故起数、死亡人数比上年同期分别下降12.5%和12.26%,全国建筑安全生产形势总体稳定,并呈现好转态势。

1. 工程质量监管

住房和城乡建设部工程质量安全监管司积极完善法规制度,突出强化保障性安居工程质量监管,加强监督执法检查,认真处理质量事故和质量问题,工程质量监管各项工作不断深入,全国工程质量稳步提升,2011年没有发生较大及以上工程质量事故。

【推进法规制度建设】 2011年,继续研究、修订《建设工程质量管理条例》,在开展专题研究论证的基础上,形成修订初稿。组织修订《建设工程质量检测管理办法》(141号部令)。对全国工程质量检测情况进行书面调查,赴福建、河南省进行调研,多次召开修订工作研讨会,就修订稿征求各省、自治区、直辖市及计划单列市建设主管部门的意见,在此基础上形成《房屋建筑和市政基础设施工程质量检测管理办法修订草案(征求意见稿)》。会同国家质检总局下发《关于进一步加强建筑工程使用钢筋质量管理工作的通知》,要求各地高度重视建筑工程使用钢筋质量管理工作,严把钢筋进场关,加强钢筋加工过程控制,严格钢筋分项工程验收,加强建筑工程使用钢筋质量监督管理,确保工程质量。

【突出加强保障性安居工程质量监管】 召开全国保障性安居工程质量管理电视电话会议和全国保障性安居工程质量监管工作座谈会,一些省市和企业介绍了好的经验和做法,同时部分发生严重工程质量问题的省市分析了问题产生的原因和应该吸取的教训。会议对加强全国保障性安居工程质量工作进行全面部署,提出具体措施和明确要求。印发《关于加强保障性安居工程质量管理的通知》,从充分认识保障性安居工程质量的重要性、努力提高保障性安居工程建设管理效能、切实履行保障性安居工程基本建设程序、严格执行工程质量管理的法律法规、全面落实保障性安居工程质量责任等方面提出具体要求。

开展全国建设工程质量安全监督执法检查 组织开展以保障性安居工程为重点的全国建设工程质量安全监督执法检查,在各地自查的基础上,7～8月,分两批检查全国30个省、自治区、直辖市(西藏除外)的233项在建房屋建筑工程,包括保障性安居工程214项、商品住宅11项、公共建筑8项,总面积约366.3万平方米。检查组对每项受检工程均提出书面反馈意见,同时对35个存在违反工程建设法律法规和强制性标准的项目下发《建设工程质量安全监督执法建议书》。

为了解汶川地震灾后恢复重建工作情况,配合开展汶川地震灾后恢复重建"回头看"检查调研工作,组织专家负责其中的工程质量检查工作。与国家质检总局、国家发展改革委等有关部委联合下发《关于开展建筑用砖专项整治行动的通知》,要求各地加强建筑用砖质量监管和执法查处,切实加强长效机制建设。

认真调查处理工程质量事故、质量问题及质量投诉积极调查处理工程质量事故和质量问题。对云南省姚安县7·9地震灾后重建统建民房、郑州市汇景嘉园小区安置房、杭州经济技术开发区湾南农居多层公寓、安徽省太湖县龙安商贸小区拆迁安置房和海南省文昌市文城镇保障房使用瘦身钢筋等工程质量事故质量问题及玻璃幕墙质量问题,派人赴现场进行调查处理。对其他工程质量事故和问题认真进行调查处理或督促地方政府进行调查处理。对质量事故和质量问题较为严重的郑州万达广场、海南省文昌市文城镇保障房和青海省湟中县康川新城工程等,下发了督办函。

认真处理工程质量投诉。2011年共受理工程质量投诉11起,均及时批转相关省住房城乡建设主管部门调查处理,并要求及时将处理结果报住房城乡建设部。

下发《关于对今年前三季度房屋建筑工程质量事故质量问题的通报》,通报河南省郑州市汇景嘉园二期工程等8起质量事故和质量问题,要求各地认真吸取教训,切实做好质量事故和问题查处工作,强化质量责任落实,加大处罚力度,认真做好质量事故和问题处理情况的分析通报工作。

开展质量宣传和基础研究工作 与国家质检总局、教育部等有关部委联合下发《关于开展2011年全国"质量月"活动的通知》,部署开展以"建设质量强国,共创美好生活"为主题的全国"质量月"活动。开展"建筑施工企业质量管理人员岗位及责任研究"、"建立保障性安居工程质量监管机制的研究"等课题研究。

2. 建筑安全管理

【建筑安全生产工作部署】 住房和城乡建设部组织召开全国建筑安全生产电视电话会议,全面总结2010年及"十一五"以来的建筑安全生产工作,并对2011年建筑安全生产的重点工作进行部署。

组织召开全国建筑安全生产联络员会议。及时印发《关于继续深化"安全生产年"活动的实施意见》、《关于印发〈2011年建筑安全专项整治工作方案〉的通知》、《关于开展严厉打击非法违法建筑施工行为专项行动的通知》、《关于开展2011年住房城乡建设系统"安全生产月"活动的通知》等文件,指导各地开展相关工作。

【强化建筑安全相关法规制度建设】 按照《国务院关于进一步加强企业安全生产工作的通知》(国发〔2010〕23号)及住房和城乡建设部《关于贯彻落实〈国务院关于进一步加强企业安全生产工作的通知〉的实施意见》的要求,结合建筑安全生产工作的实际情况,重点推进建筑安全方面三项新制度的建设。《房屋市政工程生产安全和质量事故查处督办暂行办法》、《建筑施工企业负责人及项目负责人施工现场带班暂行办法》和《建筑安全生产重大隐患挂牌督办办法》正式颁布实施。组织编写的国家标准《施工企业安全生产管理规范》GB 50656—2011于2012年4月1日正式实施。建立健全完善的法规制度,有利于进一步夯实建筑安全生产基础工作。

【做好事故查处督办工作】 按照部领导指示和事故督办制度要求,就吉林梅河口"8·16"事故、上海"11·15"火灾事故及2011年发生的较大及以上事故,分别致函地方住房城乡建设主管部门,对事故查处工作进行督办。大连"7·18"隧道坍塌事故、西安"9·10"脚手架倒塌事故发生后,及时派员赶赴事故现场了解事故情况,指导地方有关部门做好事故处置的相关工作。

【建立完善事故通报制度】 从2011年开始,住房和城乡建设部工程质量安全监管司每月定期通报房屋市政工程生产安全事故相关情况,重点对发生较大及以上事故的责任单位和企业法人、项目负责人及项目总监等予以曝光,并同时发布在部网站及相关纸质媒体上。对各地上报的2010年房屋市政工程生产安全事故处理情况进行汇总,并下发《关于2010年房屋市政工程生产安全事故的处理情况的通报》。

【加强建筑安全生产督查工作】 按照国务院安委会和住房城乡建设部的工作部署,开展严厉打击非法违法建筑施工行为专项行动。在各地开展专项行动的同时,住房和城乡建设部组成督查组对内蒙古住房城乡建设系统相关工作的进展情况进行督查。7～8月,配合开展全国建设工程质量安全及建筑市场监督执法检查工作和全国在建城市轨道交通工程质量安全的专项督查,对建筑安全生产工作进行汇总分析,形成施工安全检查报告。

【继续推进安全生产标准化建设】 按照国务院安委会《关于深入开展企业安全生产标准化建设的指导意见》有关要求,结合建筑施工行业实际特点,住房和城乡建设部印发《关于继续深入开展建筑安全生产标准化工作的通知》,在以往开展建筑施工安全标准化建设工作的基础上,进一步调整完善,并结合建筑安全生产的实际,提出新的要求,继续深入推进建筑施工安全标准建设。

【加强安全生产调查研究工作】 为更好地促进

各地做好事故查处工作,住房和城乡建设部工程质量安全监管司赴云南、贵州、吉林和江苏等四省开展建筑生产安全事故查处工作调研,深入了解地方住房城乡建设部门事故查处工作情况及遇到的问题,并形成调研报告,督促、指导各地做好事故查处工作。为进一步了解各地对建筑施工企业"三类人员"安全管理的有关情况,住房和城乡建设部工程质量安全监管司组成调研组,对湖南、安徽的相关工作进行调研。按照国务院安委会的要求,先后就专项整治、"打非"行动等工作向国务院安委会报送建筑领域相关工作情况。

3. 城乡建设抗震防灾

【加强法规制度建设和工作部署】 住房和城乡建设部组织编制并印发《城乡建设防灾减灾"十二五"规划》,指导地方制定防灾减灾政策、安排防灾减灾工作。召开2011年全国抗震办公室主任座谈会,贯彻国务院关于抗震防灾工作部署,交流住房城乡建设领域抗震防灾管理工作经验,研究进一步加强抗震防灾工作措施。

【完善技术标准体系】 组织宣传贯彻《建筑抗震设计规范》,明确实施《建筑抗震设计规范》的要求,指导各地加强建筑工程抗震设计监管,改进和强化工程抗震设防措施,提高抗震技术水平。组织编制《城镇防灾避难场所设计规范》,指导地方开展应急避难场所建设和管理工作。组织修订《城市抗震防灾规划标准》,指导地方优化城市功能布局,合理规划建设防灾减灾设施,编制、完善和落实城市抗震防灾规划。

【提高城乡建筑物抗震能力】 强化对新建、改建、扩建工程抗震设防能力的质量管理。在全国建设工程质量安全监督执法检查、汶川地震灾后重建"回头看"活动中,把工程抗震设防作为重要内容,加大监督执法力度。继续配合做好全国中小学校舍安全工程。协助筹备全国中小学校舍安全工程2011年现场推进会,对江苏省中小学校舍安全工程进行对口督查。按照国家减灾委的要求,以"防灾减灾从我做起"为主题,组织住房城乡建设系统做好2011年防灾减灾日的有关工作,特别是灾害风险隐患排查工作。

【加强超限高层建筑和市政公用设施抗震设防监管】 住房和城乡建设部印发《市政公用设施抗震设防专项论证技术要点》之"城镇桥梁工程篇"和"地下工程篇",指导各地重要基础设施的抗震设防,提升城镇抗震防灾能力。推动各地实施超限高层抗震设防专项审查制度,贯彻《超限高层建筑工程抗震设防专项审查技术要点》,确保城市超限高层建筑抗震设计质量处于受控状态。

【做好地震灾害应急和应急能力建设工作】 分析研究日本9.0级特大地震对我国防震减灾工作的重要启示,并形成书面材料报送国务院防震减灾工作联席会议办公室。组织研究《住房城乡建设系统破坏性地震应急预案》,进一步完善震后应急工作的内容和程序。及时了解云南盈江、西藏亚东和新疆伊犁的地震灾情,为灾区提供技术指导和政策文件。

【开展抗震技术国际交流合作和调研工作】 继续开展中美地震工程与减轻地震灾害科技合作,组织2011年度协调人工作会晤,开展中美两国地震工程专家技术交流。

开展中日合作"建筑抗震技术人员研修"活动,组织抗震技术管理人员学习抗震设计、政府抗震防灾管理、抗震防灾规划、历史建筑物保护等课程。

组织开展针对《建设工程抗御地震灾害管理条例》、《住房城乡建设系统破坏性地震应急预案》以及各类制定中的标准规范的研讨会、调研会,广泛征求专家意见。

配合国务院参事室赴湖北、云南、广西等地开展城市综合防灾减灾体系及应急机制的调研工作。

4. 城市轨道交通工程质量安全管理

【强化城市轨道交通工程质量安全监督检查】 为促进城市轨道交通工程安全质量形势稳定好转,住房和城乡建设部下发《关于组织开展在建城市轨道交通工程质量安全检查工作的通知》,制定《城市轨道交通工程质量安全检查要点》,指导督促各地开展自查。住房和城乡建设部工程质量安全监管司组织专家对上海、杭州、宁波和长沙等地城市轨道交通工程进行了检查。为贯彻落实国务院第165次会议精神,组织对全国其他在建城市轨道交通工程质量安全进行督查。按照国家发改委、住房城乡建设部、交通运输部联合检查部署,对苏州、杭州城市轨道交通工程再次进行有针对性的专项检查。通过检查,推动法规制度和强制性标准的贯彻落实,促进有关主体改进和加强质量安全工作。

【健全法规制度】 为进一步明确城市轨道交通工程各方主体责任,规范城市轨道交通工程质量安全行为,住房和城乡建设部工程质量安全监管司组织专家起草了《城市轨道交通工程安全质量管理条例》,征求各部门、各地区的意见。组织起草《城市轨道交通工程质量安全管理暂行办法》配套制度;

广泛征求对城市轨道交通工程风险评估、工程监测、环境调查指南的意见,进行修改完善。

【完善监管机制】 为有效遏制城市轨道交通工程安全质量事故的发生,督促各地严格按照"四不放过"原则和依法依规、实事求是的要求,对发生事故的责任单位和责任人员严肃责任追究,加大对企业资质和人员资格的处罚力度。对发生较大及以上事故的责任单位,在《中国建设报》等新闻媒体上进行通报;对发生一般事故或事故险情的单位,每季度下发通报,以引起各地重视。

【充实技术力量】 为充分发挥专家作用,组建住房城乡建设部城市轨道交通工程质量安全专家委员会,并指导各地尽快建立本地区城市轨道交通工程专家库,合理配置多层次、多专业的专家资源。2011年以来,专家委员会委派专家参加了全国城市轨道交通工程质量安全督查工作,检查调研大连"8·29"险情,协助青岛市建设主管部门开展质量安全监督检查,依托专家力量,推动技术和管理经验交流。住房和城乡建设部工程质量安全监管司委托北京交通大学编写地铁工程勘察设计及施工管理安全质量培训教材,委托中国建设监理协会在昆明、南昌等地开展地铁工程监理人员培训,充实技术力量,提高专业技术人员素质。

【做好安委会办公室日常工作和应急管理工作】
组织召开部安全生产委员会例会。及时传达国务院安委会关于安全生产工作的精神,部署住房城乡建设系统安全生产管理工作。印发《住房和城乡建设部安全生产管理委员会2011年安全工作措施分工意见》,进一步明确部安委会各成员单位安全生产工作职责。

【加强预警防范及应急管理】 在重大节假日和极端天气前向各地下发安全生产预警通知,提出防范应对要求,强化节假日期间应急值守工作。根据国务院应急办和国家反恐办要求,做好突发公共事件月报、市政公用设施反恐防范等工作。

5. 技术政策研究制定与技术应用交流

【制定技术政策】 为进一步发挥信息化对建筑业发展的推动作用,确立"十二五"期间建筑业信息化建设基本方向,指导企业信息化建设及技术应用,组织编写并印发《2011~2015年建筑业信息化技术发展纲要》。为贯彻落实国家宏观发展与经济技术政策,引导行业技术发展与进步,组织编写《中国建筑技术政策》(2012版),完成报批稿初稿。

【加强制度建设】 为适应建设形势发展,进一步体现优中选优、先进示范的要求,对2006年公布的《全国优秀工程勘察设计奖评选办法》进行修改完善。

【开展施工图审查工作调研】 对重庆、四川、云南等省市施工图审查工作情况开展调研,进一步了解施工图审查制度实施以来的效果、现状及问题,形成《房屋建筑工程和市政基础设施工程施工图审查管理办法》(建设部134号部令)修订稿初稿。

【相关技术文件编制】 编制《房屋建筑和市政基础设施工程施工图设计文件审查要点》。为确保施工图审查工作质量,引导、规范审查人员市场行为,根据现有工程建设强制性标准,结合各地审查实际,组织编写了审查要点,已完成送审稿。

编制《工程勘察设计文件编制指南》。为进一步规范勘察设计文件表达方式和签字盖章等要求,保证勘察设计文件编制深度,明确勘察设计人员职责,组织起草编制指南,已完成初稿。编制《市政工程设计文件编制深度规定》,完成报批稿。

完成2010年度施工图设计文件审查情况分析报告。抓好施工图审查收费标准相关工作。配合国家发改委研究制定规范施工图审查收费行为有关规定。根据各地工作实际,明确提出审查收费的上限标准,对于理顺施工图审查收费事项起到积极的推动作用。

推动技术进步 编制《绿色施工技术、管理评价标准》。已召开评审会并审定通过,以此为基础出台了国家标准。

【2009~2010年度国家级工法评审】 此次共申报1941项(新申报1843项、升级版98项),其中房屋建筑858项,土木工程778项,工业安装305项。评审出589项国家级工法,其中一级工法132项、二级工法364项、升级版工法93项。

组织开展全国优秀工程勘察设计奖评选。本次共申报891项。已完成初评、综评、公示工作,193个项目获得提名。

宣贯《建筑业10项新技术(2010)》。委托中国建筑科学研究院举办《建筑业10项新技术(2010)》宣贯师资培训班,各地区、企业技术骨干500余人参加。为便于企业和技术人员理解掌握新版内容,组织编写《建筑业10项新技术应用指南》。

开展建筑工业化对现有建设管理影响研究,组织完成我国勘察设计行业信息化建设历程与发展战略研究及城镇住宅合理使用年限有关设计问题研究。

【促进技术应用和交流】 继续抓好工程建设标准设计编制工作。已完成《混凝土结构施工图平面整体表示方法制图规则和构造详图》和《建筑物抗震构造详图》系列图集等22项国家建筑标准设计，对于新标准的贯彻执行起到积极的保障作用。支持西部省份技术进步，委托青海省住房和城乡建设厅等单位编制《青海省民居建筑设计通用图集》。

继续组织开展中日合作"建筑抗震技术人员研修"活动。2011年完成赴日培训9批共计80余人，国内培训17期共计3303人。

6. 面临的形势和存在的问题

【工程质量安全监管工作面临的形势仍然十分严峻】 我国经济处于高速发展时期，作为支柱产业的建筑业迅猛发展，工程建设规模大幅增加，特别是保障房建设规模大、时间紧、任务重，"十二五"期间全国保障性安居工程建设任务为3600万套。2011年，全国建筑业总产值达到117734亿元，同比增长22.6%；房屋建筑施工面积达到84.6亿平方米，同比增长19.5%。城市轨道交通工程发展迅速，国务院已经批复28个城市的轨道交通近期建设规划，120条线路，总里程3400多公里，2011年全国25个城市共有在建线路54条、1500多公里。随着工程建设规模的持续扩大和技术难度的不断增加，做好工程质量安全监管工作的压力越来越大，任务越来越重。

【工程质量安全监管工作仍存在一些突出问题】 质量安全意识不到位。片面追求经济指标和建设速度，对质量安全工作重视不够、投入不足。

市场行为不规范。建筑市场过度竞争，诚信评价体系不健全，存在随意降低工程造价、压缩合理工期、转包挂靠等违法违规行为。

质量安全责任不落实。企业不履行法定质量安全职责，有关人员责任不落实。

质量安全监管不到位。监管力量滞后于工程建设规模的增长，存在监督和处罚不到位的问题。

行业整体技术水平不高，经验丰富的专业技术人员和一线操作工人不足，制约了工程质量安全水平的进一步提升。

（住房和城乡建设部工程质量安全监管司）

建筑市场监管

【概况】 2011年，住房和城乡建设部建筑市场监管司认真贯彻党的十七届五中全会、中央经济工作会议和全国住房和城乡建设工作会议精神，不断加强建筑市场监管，规范建筑市场秩序，深入推进工程建设领域突出问题专项治理工作，进一步促进了建筑业的发展。

1. 积极推进建筑市场法规制度建设

【继续修改完善《建筑市场管理条例》（草案）】 建筑市场监管司积极开展《建筑市场管理条例》的调研、论证和配合协调工作。配合部法规司，根据各地、各部门的反馈意见，对条例征求意见稿进行修改完善。与法规司一起先后到国务院有关部门进一步沟通协调条例征求意见稿的有关问题，形成专题报告。同时，加强与国务院法制办的沟通协调，就条例立法论证工作共同开展调查研究。

【研究制定《关于进一步加强建筑市场监管工作的意见》（建市〔2011〕86号）】 针对建筑市场各方主体的行为不规范、质量安全事故时有发生、主管部门监管不到位等突出问题，建筑市场监管司通过深入调研，广泛听取各方意见，重点针对肢解发包、转包、违法分包等突出问题集中研究提出对策，制定并印发《关于进一步加强建筑市场监管工作的意见》。文件对肢解发包、转包、违法分包等违法违规行为作出比较明确的界定，为各地的行政执法提供了可操作性的政策依据。全国多个地方建设主管部门转发了《关于进一步加强建筑市场监管工作的意见》，并采取不同方式出台规范建筑市场的相关政策措施。

【努力完善合同管理制度】 为促进工程总承包的发展，2011年9月住房城乡建设部和国家工商行政管理总局联合发布《建设项目工程总承包合同示范文本（试行）》（建市〔2011〕139号）。总承包合同示范文本的出台，填补了我国总承包合同示范文本缺失的空白，明确了总承包合同双方的权利和责任，对进一步规范市场行为，保证建设工程总承包项目的质量安全具有重要意义。同时，继续组织开展对《建设工程施工合同示范文本》、《建设工程设计合同示范文本》和《建设工程监理合同》的修订工作。

【继续推进个人注册执业制度建设】 2011年2月组织召开《注册建造师继续教育管理暂行办法》宣贯会，提出建造师继续教育总体要求，制订详细的工作计划，组织编制必修课教学大纲和教材，有序地开展建造师继续教育工作。针对以前一级建造师考试内容存在的理论知识多、应用实践少、专业术语多、事故案例少等缺陷，通过组织专家对合同履约、分包用工管理、诚信自律、事故应急处理等方面进行调研，修订出版《一级建造师资格考试大纲》，同时指导完成2011年64万人参加的全国一级建造师统一考试工作。针对部分注册执业人员出租、出卖个人执业资格，责、权、利不匹配等问题，组织开展了注册建筑师和勘察设计注册工程师信用管理制度研究。

【推进勘察设计企业跨地区承揽业务的市场监管工作】 针对工程勘察设计单位跨省承接业务存在的管理依据不足、管理方式滞后、地方保护、挂靠问题突出等问题，为进一步规范建筑市场秩序，加强对勘察设计企业跨省市承接业务的监督管理，确保工程的质量安全，组织起草《工程勘察设计单位跨省承揽业务市场监管办法》（征求意见稿）。

【进一步完善企业资质评审制度】 结合工作实际，组织修订建设工程企业资质审批工作手册，进一步健全工作制度，细化材料接收管理、材料转办、注册人员查重、评审专家管理、审查、公示、公告、核查各环节的程序，明确工作职责、范围，严格办理时限，促进审批工作的规范化。同时，为规范审批材料管理，制定《建设工程企业资质行政审批相关书面材料及电子信息管理制度》。上半年，对建设工程企业资质评审专家库进行调整，补充部分新专家，为使新入库的专家能够尽快胜任资质评审工作，举办了5期资质评审专家培训班，共计1264人次参加培训和考核。

2. 继续做好住房城乡建设系统工程建设领域突出问题专项治理工作

按照中央关于工程建设领域突出问题专项治理工作要求，全力做好住房城乡建设部专项治理相关工作，有力推进了住房城乡建设系统工程建设领域突出问题专项治理工作。

【做好部综合协调办公室相关工作】 牵头组织制定《住房城乡建设部落实2011年工程治理要点的工作计划》；协调部内有关司局，组织开展规范城乡规划和加强工程建设实施和工程质量管理等方面专项治理工作。

【组织开展专项治理重点领域检查工作】 按照中央工程治理领导小组的统一部署，住房城乡建设部牵头会同监察、发改、审计、国土等部门组成中央检查组，于6月赴上海、浙江、湖南3个省市，开展城市轨道交通、污水和垃圾处理等市政工程领域的集中检查，共检查15个项目，提出整改建议40条，及时向3个省市的住房城乡建设主管部门下发《关于做好工程治理重点领域集中检查发现问题整改工作的通知》，督促受检地方及受检工程做好整改工作。

【进一步加强和改进招投标监管工作】 为解决房屋建筑和市政工程招投标活动中的突出问题，组织召开部分省市招投标监管工作座谈会，研究讨论起草关于进一步加强房屋建筑和市政工程招投标监管的指导意见；组织开展房屋建筑和市政工程电子招投标标准及推广课题研究。为规范招标代理机构及其从业人员行为规范，对部分省市招标代理机构及其从业人员监管现状进行调研，研究起草《工程建设项目招标代理机构及从业人员诚信行为动态管理办法》。

【加强有形市场调研工作】 按照中办、国办《关于开展工程建设领域突出问题专项治理工作的意见》要求，积极配合中纪委开展有形市场发展状况调研，完成调研报告。按照部领导的批示，会同部改革发展司，对秦皇岛市建设工程招投标交易中心建设情况进行调研，完成《关于秦皇岛市建设工程招投标交易中心建设情况的调研报告》；与中纪委监察部共同印发《有形建筑市场大事记》，为下一步研究整合和利用好有形市场资源奠定基础。

【推进建筑市场诚信信息平台建设】 落实中纪委《工程建设领域项目信息公开和诚信体系建设试点工作方案》精神，与工信部、监察部、国家发改委等部门共同制定《工程建设领域项目信息公开和诚信体系建设工作实施意见》，研究起草房屋建筑和市政工程有关招投标和施工许可方面的信息公开办法。出台《全国建筑市场注册执业人员不良行为记录认定标准》，完善企业、人员不良行为认定标准；督促各地及时上报不良行为信息，对2010年全国各地不良行为信息上报情况进行了通报，并提出2011年信息上报工作要求。

3. 加大建筑市场监管力度，严格行政执法

为维护建筑市场秩序，保障工程质量安全，建筑市场监管司不断加大建筑市场监管力度、严格行政执法，开展的主要工作有：

【组织召开全国整顿规范建筑市场秩序电视电话会议】 7月6日，组织召开"全国整顿规范建筑市场秩序电视电话会议"。会议总结交流各地建筑市场监管中的先进经验，深入分析建筑市场存在的突出问题，对近期整顿规范建筑市场秩序工作进行全面部署，提出6项具体工作要求。住房城乡建设部部长姜伟新对会议作出重要指示，副部长郭允冲出席会议并讲话。为筹备召开"全国整顿规范建筑市场秩序电视电话会议"，组织三个调研小组于2月21日至3月5日，分别赴重庆、甘肃、黑龙江、山东、广东和湖南六省（市）进行实地调研；3月15日、17日，在北京分别召开了部分省市住房城乡建设行政主管部门和企业座谈会，进一步听取意见。郭允冲出席了在北京召开的两个座谈会。根据调研情况，形成《整顿规范建筑市场秩序调研情况汇总》。电视电话会议召开后，各地住房城乡建设主管部门积极行动，认真贯彻落实会议精神，一些地区成立了建筑市场监管工作领导小组，确保电视电话会议要求的各项工作落实到位，建筑市场秩序得到进一步规范。

【组织开展全国建设工程质量安全及建筑市场监督执法检查】 2011年7月和8月，会同部工程质量安全监管司组织了两批15个检查组，对全国30个省（区、市）开展以保障性住房为重点的建设工程质量安全及建筑市场监督执法检查。共实地抽查了90个城市的233项在建工程，其中，保障性住房214项，公共建筑8项，商品住宅11项；房屋建筑总面积为366.31万平方米。检查内容包括各地贯彻落实建筑市场法律法规的情况、法定建设程序的执行情况和工程各方主体履行责任的情况等。检查中，通过听取地方建设主管部门整体情况汇报及项目建设单位情况介绍，随机抽取受检工程，实地查看施工现场，核验有关文件材料和原始凭证等方式，重点对建设单位是否依法招投标、办理施工许可、工程合同备案，施工、监理企业是否具有相应资质证书承揽业务，是否存在转包、违法分包、资质挂靠等违法违规行为进行检查。检查组对所有受检工程都下发了《建设工程质量安全及建筑市场监督执法检查反馈意见》，共提出建筑市场检查反馈意见1502条，并对其中存在严重违反建筑市场法律法规行为的工程项目下发了21份《建设工程建筑市场执法建议书》。检查后，印发《关于2011年全国建设工程建筑市场监督执法检查情况的报告》，并对本次检查结果做进一步的分析，深入查找建筑市场存在的问题及原因，提出相应的对策建议。

【加大对违法违规行为的查处力度】 2011年，建筑市场监管司对负有安全生产事故责任的2家施工企业和1家监理企业作出降低资质等级的行政处罚；对负有安全事故责任的1名一级建造师和3名监理工程师作出吊销注册证书、终身不予注册的行政处罚，对负有安全事故责任的4名一级建造师和3名监理工程师作出吊销注册证书、且5年内不予注册的行政处罚，对1名监理工程师作出了停止执业一年的行政处罚；对提供虚假材料申请注册的3名监理工程师作出警告且一年内不得再次申请注册的行政处罚；对不满足资质条件且未在规定期限内完成整改的1家企业作出撤回行政许可的决定。另外，建筑市场监管司依法对举报的85家申报企业资质或人员注册执业资格弄虚作假的企业进行核查，对存在弄虚作假行为的16家企业和151名人员进行全国通报。各地也加大建筑市场监管力度，共对发生违法违规行为的18939家企业进行了行政处罚，对1005名注册人员进行了查处。

【积极推进建筑市场监管信息化监管的建设工作】 为加快建立和完善全国建筑市场基础数据库，组织人员到北京、天津、上海、广东、宁波等地进行调研，起草《全国建筑市场监管信息系统基础数据库（企业和注册人员）数据标准》征求意见稿，根据各地的反馈意见，对征求意见稿进行修改完善，形成数据标准的报批稿。为保障建筑市场基础数据库的安全和有效运行，起草《全国建筑市场监管信息系统基础数据库管理办法》。经过反复研究比较，提出全国建筑市场监管信息系统基础数据库完善及应用实施工作计划和全国建筑市场监管信息系统基础数据库中央服务器配置方案。同时，组织开发完成了建筑市场监管信息系统。

4. 做好行业发展和国际交流合作工作

【研究制定《建筑业发展"十二五"规划》和《工程勘察设计行业2011~2015年发展纲要》】 "十二五"时期是我国加快推进工业化、信息化、城镇化、市场化、国际化的关键时期，也是建筑业和工程勘察设计行业发展的重要阶段。为促进建筑业和工程勘察设计行业健康发展，建筑市场监管司组织协调有关司局和行业协会，起草了规划和纲要，7月6日住房城乡建设部印发《建筑业发展"十二五"规划》（建市〔2011〕90号）；9月21日，印发《工程勘察设计行业2011~2015年发展纲要》（建市〔2011〕150号）。规划和纲要，分别明确了"十二五"时期我国建筑业和勘察设计行业发展的指导思想、基本原则、发展目标和主要任务，为促进行业科学发展奠定了坚实基础。

【稳步实施施工总承包特级资质就位工作】 针对施工总承包特级资质就位工作的复杂性，建筑市场监管司研究制定了相应的工作方案，按照《施工总承包企业特级资质标准实施办法》，组织四个专家小组，分别赴北京、江苏、浙江、福建、山东、湖北、广东等地对23家特级企业进行实地核查，提出公正、客观的核查意见。

【组织协调建筑企业开展对外工程承包工作】 为落实国务院领导同志关于对外承包工程外派人员管理的批示精神，与商务部有关司局共同研究制定《关于加强对外承包工程外派人员管理工作的紧急通知》。针对对外承包工程劳务管理存在的突出问题，组织有关协会开展对外承包工程劳务管理课题研究，起草《对外承包工程劳务管理规定》。

【加强对外交流合作】 积极做好CEPA补充协议七的相关落实工作，认真研究落实李克强副总理在香港宣布的中央政府支持香港发展的有关建设领域措施，以及广东省人民政府呈报国务院的《关于推进服务业对港澳扩大开放政策在广东先行先试的情况报告》和广东省住房和城乡建设厅《关于香港建筑师来粤执业有关问题的请示》（粤建市函〔2011〕516号），提出相应的工作思路和工作方案，对广东先行先试工作进行指导督促，推动取得互认资格的香港建筑师、结构工程师在广东注册执业。认真研究提出世贸组织第四次对中国贸易政策审议有关建筑市场方面的应对方案及有关自贸区的要价和出价方案。

【组织编写《中国建筑业改革与发展研究报告(2011)》】 动态反映行业改革发展状况，促进行业发展。组织完成2010年建设工程勘察设计、工程监理、工程招标代理统计汇总工作，并分别形成年度行业发展分析报告。

【组织成立监理和项目管理战略发展专家委员会】 为充分发挥专家在建设工程监理行业改革和发展中的重要作用，选拔25名政府、行业协会、企业等方面的专家，组成住房和城乡建设部工程监理行业发展战略专家委员会。

5. 2011年建筑市场管理类文件目录

（1）《关于进一步加强建筑市场监管工作的意见》（建市〔2011〕86号）

（2）住房和城乡建设部《关于印发〈建筑业发展"十二五"规划〉的通知》（建市〔2011〕90号）

（3）住房和城乡建设部、国家工商行政管理总局《关于印发〈建设项目工程总承包合同示范文本（试行）〉的通知》（建市〔2011〕139号）

（4）住房和城乡建设部《关于印发〈工程勘察设计行业2011～2015年发展纲要〉的通知》（建市〔2011〕150号）

（5）关于印发《建设工程企业资质申报弄虚作假行为处理办法》的通知(建市〔2011〕200号)

（6）《关于对河北省住房和城乡建设厅下放部分行政许可事项审批权限后资质证书管理问题的函》（建市函〔2011〕310号）

（7）关于印发《全国建筑市场注册执业人员不良行为记录认定标准》（试行）的通知(建办市〔2011〕38号)

（8）住房和城乡建设部办公厅《关于工程担保业务属性与业务主管部门问题的复函》（建办市函〔2011〕350号）

（9）《关于工程勘察设计和建设工程监理收费标准调整有关意见的函》（建市设函〔2011〕5号）

（10）《关于申报施工总承包特级资质过程中工程设计专业技术人员注册问题的通知》（建市设函〔2011〕26号）

（11）《关于印发各专业一级注册建造师继续教育工作方案的函》（建市施函〔2011〕32号）

（12）《关于印发注册建造师继续教育必修课教学大纲的通知》（建市施函〔2011〕83号）

（住房和城乡建设部建筑市场监管司 撰稿人：张娟）

建筑节能与科技

【概况】 2011年建筑节能与科技工作围绕深入落实科学发展观，切实贯彻《节约能源法》、《民用建筑节能条例》和《国家中长期科学和技术发展规划纲要》的相关工作要求，重点推进建筑节能，积极发展绿色建筑，组织实施国家重点科技项目等工作，促进住房城乡建设领域节能减排任务的完成和科技水平的提高。

1. 加强规划的研究制定

【研究编制绿色建筑行动方案】 积极贯彻落实国务院领导同志的重要批示精神，从转变城乡建设模式和建筑业发展方式出发，会同有关部门研究制定绿色建筑行动方案（征求意见稿），提出推动绿色建筑发展的指导思想、目标、基本原则，明确重点任务和保障措施。

【研究制定"十二五"建筑节能专项规划（初稿）】 为深入贯彻《节约能源法》及《民用建筑节能条例》，推进建筑节能，在"十二五"专项规划中，明确任务、目标和保障措施。

【研究制定"十二五"住房城乡建设科技发展规划（讨论稿）】 结合"十一五"住房城乡建设领域科技发展、国家科技支撑计划的实施以及"十二五"节能减排形势需求，围绕建筑节能、绿色建筑发展、墙材革新和新型建材发展、防灾减灾、信息技术应用等领域的技术创新工作，研究制定"十二五"科技发展规划，明确目标、重点任务。

2. 深入推动建筑节能工作

【进一步加强建筑节能体制机制建设】 强化建筑节能管理能力，逐步完善省、市、县三位一体、协调运行、监管有力的建筑节能管理机制，并将管理重点向市县下沉，强化新建建筑执行节能标准的监管力度，确保工程质量。

科学合理提高新建建筑节能设计标准，严寒、寒冷地区全面执行新的节能设计标准，有条件的地区推行更高节能标准和绿色建筑标准，启动绿色建筑和低能耗建筑区域级示范。

【进一步扩大北方采暖地区既有居住建筑供热计量及节能改造规模】 根据《国务院关于印发"十二五"节能减排综合性工作方案的通知》（国发〔2011〕26号），"十二五"期间完成北方采暖地区居住建筑供热计量及节能改造面积4亿平方米以上的要求，住房城乡建设部会同财政部印发《关于进一步深入开展北方采暖地区既有居住建筑供热计量及节能改造工作的通知》（财建〔2011〕12号），召开工作会议，采取面上与重点推进相结合的组织模式，确定"节能暖房"工程重点市县，并与北京、天津、内蒙古、吉林、山东等改造任务重、地方积极性高的省区市签订协议，2011年共启动北方采暖地区居住建筑供热计量及节能改造面积1.7平方米，中央财政下拨补助资金34亿元。

【抓好公共建筑节能工作】 以国家机关办公建筑和大型公共建筑为重点，会同财政部印发《关于进一步推进公共建筑节能工作的通知》（财建〔2011〕207号），明确提出"十二五"期间公共建筑节能工作目标及重点工作内容。继续强化节能监管体系建设，完善国家机关办公建筑和大型公共建筑能耗统计制度，扎实做好能源审计和能效公示制度，启动第四批5个省市公共建筑能耗动态监测平台建设试点。积极推行合同能源管理，建立以节能服务市场为主体的节能服务体系，启动高耗能国家机关办公建筑和大型公共建筑节能改造。将天津、重庆、深圳确定为公共建筑节能改造重点城市，中央财政拨付补助资金2.11亿元。进一步扩大高等院校节约型校园建设示范规模，2011年确定了42所节约型校园建设试点，并在5所高校启动节能改造试点中央财政补助资金1.6亿元，累计实施了四批共114所节约型校园建设试点，中央财政累计补助资金4.75亿元，示范效果人均能耗与2005年72所教育部直属高校人均能耗相比，节能60%以上。

【深入推进可再生能源建筑规模化应用】 会同财政部印发《关于进一步推进可再生能源建筑应用的通知》（财建〔2011〕61号），明确"十二五"期间推进可再生能源建筑应用的总体目标、工作思路及重点任务，并抓紧组织实施。继续加强可再生能源建筑应用示范项目的管理，督促各地加快组织示范项目的验收，并委托国家级能效测评机构对示范项目的可再生能源利用效果进行检测评估；继续组织实施"太阳能屋顶计划"。会同财政部印发《关于组织实施太阳能光电建筑应用一体化示范的通知》（财办建〔2011〕9号），2011年共确定光电建筑应用示范项目118个、装机容量112兆瓦，中央财政补助资金约8.4亿元。至2011年，共支持了328个太阳能光电建筑应用示范项目，总装机容量294兆瓦；继续扩大可再生能源建筑应用城市示范和县级示范的规模。2011年确定26个示范城市和49个农村地区县级示范。截至2011年底，三批共确定了72个示范城市和147个农村地区县级示范。

3. 强化技术创新，实施重大科技项目

【组织实施"水体污染控制与治理"科技重大专项】 加强"城市水污染控制"和"饮用水安全保

障"两个主题"十一五"项目(课题)管理,开展两个主题"十二五"立项和启动工作。

"十一五"水专项两个主题组织实施工作:组织开展2010年底到期52个课题以及饮用水主题2011年底合同到期课题监督检查,通报检查情况,总结课题实施取得的阶段成果,对课题实施中存在的问题,组织课题承担单位进行整改;组织编报两个主题2009启动课题2011年度计划,根据中期检查结果,下拨2009年启动课题2011年度经费;配合科技部、发改委和财政部开展水专项两个主题项目(课题)监督评估工作;会同环保部制定水专项验收细则,组织开展两个主题2010年到期课题验收工作;组织召开"十一五"阶段总结和"十二五"启动实施会议。认真总结两个主题"十一五"阶段成果,充分交流城市水污染控制和饮用水安全保障领域技术和管理经验,研究部署"十二五"两个主题任务实施和组织管理。

"十二五"两个主题立项启动工作:狠抓技术创新,强调关键技术突破。通过在全国范围内开展征集"十二五"急需解决并有望突破的技术难题工作,编制发布"十二五"水专项"城市水环境改善和饮用水安全保障"技术难题研究任务的申报指南,确定了第一批难题任务的承担单位,并列入水专项实施计划;组织开展10余个"城市水环境改善和饮用水安全保障"候选示范城市调研工作,进一步明确示范城市创建目标、考核指标和重点任务;确定了两个主题"水处理关键设备与重大装备产业化"课题承担单位,将条件成熟的课题列入2011年度和2012年度计划;组织编报两个主题"十二五"、2011年度和2012年度实施计划,并已通过科技部、财政部、国家发展改革委综合平衡。2011年度两个主题共启动24个课题,其中包括2010年立项结转至2011年启动5个课题,国家科技经费2.1亿元。2012年度拟启动22个课题,申请中央经费5.98亿元;组织开展2011年启动课题合同任务书审查,通过形式审查和专家审查等方式进一步明确课题目标、研究任务和考核指标等,把好项目立项关。

【做好"高分辨率对地观测系统"科技重大专项"城市精细化管理高分专项应用示范系统先期攻关"项目的组织实施工作】 组织编报先期攻关项目实施方案和任务书,签订课题合同书,启动二期项目建议书的研究组织编写工作。

【组织开展"十一五"国家科技支撑计划项目课题的评估和验收工作】 组织开展"十一五"国家科技支撑计划中"建筑节能关键技术研究"、"城镇人居环境改善与保障关键技术研究"等20个项目146个课题的评估检查和验收工作。其中"建筑节能关键技术研究"、"城镇人居环境改善与保障关键技术研究"、"建筑业信息化关键技术研究与应用"等17个项目已通过科技部组织的验收。

【启动部分"十二五"国家科技支撑计划项目】 组织编写"十二五"国家科技支撑计划"节能建材成套应用技术研究与示范"、"建筑施工装备关键技术研发与产业化"、"村镇建筑节能与抗震关键技术研究与示范"等第一批优先启动项目的课题任务书、预算书。其中,"节能建材成套应用技术研究与示范"、"建筑施工装备关键技术研发与产业化"两个项目完成批复和课题任务书的签订工作。其他项目配合科技部科技项目管理体制改革试点工作,进行项目课题合约签订工作。

【组织开展2011年度国家重点新产品计划项目申报工作】 "TSCMS塔式起重机安全监控装置"、"配量、分量节能供水设备"、"500t/d级多列料层可调型二段往复式垃圾焚烧成套设备"等三项"十一五"国家科技成果列入2011年度国家重点新产品计划项目,并取得国家财政专项经费补助。

【组织开展2011年度国家软科学计划项目申报工作】 遴选出"宜居城镇农民住房问题研究"、"我国公共住房金融体系构建与住房公积金改革问题研究"两个项目申请2011年度国家软科学计划项目。

【组织开展"十二五"国家科技计划相关领域预备项目推荐工作】 围绕科技发展和住房城乡建设部业务需求,共组织31个项目申报"十二五"国家科技计划预备项目。各项目均已通过评审,并已有19个项目委托住房城乡建设部组织实施。

组织实施2011年度新农村建设与城乡规划、工程项目管理、住宅与房地产、新型建筑结构和材料、建筑施工与安全、城市公共交通、节水与水资源综合利用等软科学和科研开发项目300余项,完成相关项目验收200余项。

【加强新技术的推广应用工作】 充分发挥住房城乡建设部科学技术计划项目的示范作用,组织编制《建筑遮阳推广技术目录》,引导行业充分利用建筑遮阳技术改善建筑物室内光热环境,降低运行能耗,提高能效,促进建筑遮阳技术健康发展。

4. 加快推动绿色建筑发展

【深入推动绿色建筑评价标识工作】 绿色建筑发展受到各级政府和社会各界的普遍重视,深入开展绿色建筑标识评价工作获得了大力发展的良好环境。在住房和城乡建设部的指导下，全国已有29个省、自治区、直辖市、副省级城市开展了当地的绿色建筑标识评价工作，其中2011年新增9个。尚有贵州、云南、海南、甘肃、内蒙古、西藏等地没开展相应工作。为了保证绿色建筑标识评价工作质量，促进各地绿色建筑的稳定健康发展，住房城乡建设部组织和指导对部绿色建筑评价标识专家委员会成员、各地绿色建筑评价标识专家委员会成员以及各地管理部门、科研设计单位、开发企业等相关人员，开展了9期约1200多人的培训，加深了从业人员对绿色建筑发展、《绿色建筑评价标准》和相关技术要求的理解，推进各地绿色建筑评价标识工作的开展。

【全国绿色建筑呈现良好的发展态势】 与2008～2010年总共112项、697栋建筑、900多万平方米绿色建筑评价标识项目相比，到2011年全国总共有353项绿色建筑评价标识项目，其中2011年241项，1950栋建筑，面积2505万平方米。使得全国取得绿色建筑标识的建筑达到2647栋，3488万平方米。其中2011年度由部科技发展促进中心和中国城市科学研究会组织评审的项目155项，由地方行政主管部门组织评审的项目为86项。在2011年新增的241个项目中，公共建筑项目101项，居住建筑项目140项。三星级标识项目78项、二星级项目87项、一星级项目76项。到2011年，绿色建筑标识评价项目在地区分布上比较多的省市有：江苏77项、上海43项、广东（含深圳）38项、浙江20项、北京21项、天津19项、四川9项。在开展绿色建筑标识评价工作中，评审通过项目较多的单位有中国城市科学研究会177项、部科技发展促进中心68项、江苏省25项、上海市17项、深圳市14项、浙江省12项。

【组织2011年度绿色建筑创新奖的评审】 绿色建筑创新奖作为国务院纠风办《关于评比达标表彰保留项目的通知》中的保留项目，按照重新修订的绿色建筑创新奖评审标准和实施细则，启动了2011年度的评审工作。

本届绿色建筑创新奖按照技术集成度、创新特色、实施效果、预期效益、推广应用价值五方面对申报项目进行评审。同时根据奖项设立的原则，创新奖更注重项目的实际运行效果，在评审过程中掌握获得运行标识项目优先，有设计标识且竣工验收项目其次，有设计标识建设中的项目再次，最后考虑仅有设计标识的项目。经审查，总共有19个项目通过评审（因3个项目放弃，最终获得创新奖的项目共16项），从其获得过的标识来看，三星级14个、二星级3个、一星级2个。

通过专家评审的项目的等级与标识等级也基本对应，体现出绿色建筑标识评价工作开展以来，绿色建筑理念不断深化，从业人员的认识加强，注重通过创新推动绿色建筑发展。获得创新奖的项目在技术选择上也都更多地选用适应技术，体现绿色建筑的理念。如通过评审的19个项目中，有四分之一是获得一、二星标识的项目，这些项目较好地选择适用的技术，并使各项技术得到良好的结合，体现了较好的创新性。同时，未通过评审的项目中也有大约四分之一是获得三星级标识的项目，说明按照现行的评价标准，尽管一些项目获得了较高的星级，但还缺乏创新性，仍然简单地依赖于高新技术的采用，或者技术采用的合理性缺乏总体考虑。此外，通过评审的项目在技术集成性方面具有突出特点，而不是突出单一技术的应用。创新性的评价是从节地与室外环境、节能与能源利用、节水与水资源利用、节材与材料资源利用、室内环境质量、运行管理等几个方面综合评价，通过评审的19个项目中，各单项的创新性得分率相对均衡，而未通过评审的项目或多或少都存在明显的弱项。

从项目申报到评定，公建项目都是主体。申报的项目中，公建项目占66%，住宅占34%。通过评审的19个项目中，公建项目占90%。由此，反映出绿色建筑标准在公建项目中得到了更好的贯彻，水平也较高，而居住建筑领域尽管进展较快，但仍有许多工作要做。

实际运行效果也是创新奖评定的依据。绿色建筑评价标识侧重于项目的实际运行效果，尽管为了鼓励绿色建筑发展，设置了设计标识，但真正体现绿色建筑理念的还是看运行。在通过评审的项目中，4个获得了运行标识，11个项目虽然获得的是设计标识但已经竣工投入了运行并有运行数据支撑，4个获得了设计标识正在施工建设。未通过评审的19个项目，18个是设计标识，1个是运行标识。

5. 加强国际科技交流与合作

（1）做好合作项目实施，推动建筑节能与低碳生态城市工作

【继续组织实施世界银行/全球环境基金"中国供热改革与建筑节能项目"】 紧密围绕住房城乡建设部供热改革和建筑节能工作重点，在中央和示范城市（天津、大连、唐山、承德、乌鲁木齐、银川）两个层面推进工作。完成天津泰达既有节能建筑补装热计量设备和计量收费示范项目、乌鲁木齐博瑞新村、大连颐和香榭子项目等5个示范工程；完成

"天津建筑节能标准符合性研究"、"大连市热计量收费办法及供用热标准合同的研究"等6个技术援助子项目；启动"中国供热计量改革评估与分析"、"天津区域供热变流量系统研究"等10个技术援助子项目。

【启动中美清洁能源联合研究中心建筑节能领域合作】 与美方共同开展建筑能耗监测与模拟、围护结构与设备、可再生能源建筑综合应用、绿色照明等方面的合作研究。

【启动中德"公共建筑（中小学校和医院）节能项目"】 与教育部、卫生部共同开展中小学校和医院能效调查、工程节能改造、政策与技术标准研究等方面的合作。继续与德国能源署开展"中国被动式—能耗建筑技术与示范项目"，在秦皇岛、哈尔滨市选定示范工程，开展低能耗建筑示范。总结中德"中国既有建筑节能改造项目"经验，组织编写《既有居住建筑节能改造百问》、《既有居住建筑节能改造指南》。

【继续与加拿大合作开展"中国现代木结构建筑技术项目"】 确定首批多层木结构建筑技术应用示范工程并实施，协助完成木结构建筑相关标准规范的修编。

【建议并参与组织成立部低碳生态城市建设领导小组】 协助组织召开了领导小组第一次工作会议和多次办公室会议，明确了工作任务、工作计划和步骤。组织开展《中国低碳生态城市发展指南》和《生态城市指标体系构建与生态城市示范评价》研究，积极策划与美国、德国、欧盟等的合作。

（2）加强能力建设，提升行业发展能力

【与中组部、全国市长研修学院、美国能源部合作组织第二期"建筑能效与城市可持续发展专题研究班"赴美培训】 积极筹备举办"建筑节能与低碳生态城市发展专题赴德市长培训班"。结合国际科技合作项目的实施，组织行业管理、技术人员赴美国、加拿大、德国、英国、芬兰、波兰考察学习。

【举办相关国际会议与研讨】 指导举办"第七届国际绿色建筑与建筑节能大会暨新技术与产品博览会"；与欧盟合作举办"中欧建筑能效测评认证体系研讨会"；与德国合作举办"建筑能效检测和测评交流研讨会"；与美国合作举办"第二届中美能效论坛建筑能效分论坛"；与加拿大合作开展轻型木结构建筑施工培训。

（3）积极开展住房城乡建设系统应对气候变化工作

【启动住房城乡建设系统应对气候变化低碳技术研发与应用合作研究】 着手编制"十二五"住房城乡建设领域应对气候变化规划纲要。与德国合作，在厦门开展中国新建建筑领域的碳市场研究。在哈尔滨、石家庄和甘肃省榆中县进行既有居住建筑基本情况调查，开展中国北方既有居住建筑采暖能耗基准线研究。组织编写《中华人民共和国可持续发展报告》住房城乡建设领域内容，全面系统介绍2000年以来住房城乡建设领域在推动可持续发展方面采取的行动和取得的成效。参与国家《中国应对气候变化政策与行动2011年度报告》编写和《应对气候变化——中国在行动（2011）》电视宣传片及画册编制工作。

（住房和城乡建设部建筑节能与科技司）

住房城乡建设人事教育

1. 住房城乡建设人事教育综述

【住房和城乡建设部建筑节能与科技司内设机构调整】 2011年3月18日，住房和城乡建设部印发《关于建筑节能与科技司内设机构调整的批复》，对住房和城乡建设部建筑节能与科技司内设机构进行调整，将建筑节能与墙材革新处调整为建筑节能处，增设墙体材料革新处。调整后，住房和城乡建设部建筑节能与科技司设5个处：综合处、科研开发处、国际科技合作处、建筑节能处、墙体材料革新处。

【住房和城乡建设部房地产市场监管司内设机构调整】 2011年8月31日，住房和城乡建设部印发《关于房地产市场监管司"房屋征收与拆迁管理处"更名为"房屋征收管理处"的批复》，对住房和城乡建设部房地产市场监管司内设机构进行调整，将房屋征收与拆迁管理处更名为房屋征收管理处。调整后，住房和城乡建设部房地产市场监管司设5个处：综合处、房地产市场监测与开发管理处、房地产交易与权属管理处、物业管理处、房屋征收管理处。

【**住房和城乡建设部住房保障司内设机构调整**】 2011年9月13日，住房和城乡建设部印发《关于住房保障司内设机构调整的批复》，对住房和城乡建设部住房保障司内设机构进行调整，增设公共住房处。调整后，住房和城乡建设部住房保障司设5个处：综合处、政策指导处、公共住房处、保障规划处、监督管理处。

【**住房和城乡建设部城乡规划管理中心内设机构调整**】 2011年2月21日，住房和城乡建设部印发《关于住房城乡建设部城乡规划管理中心内设机构调整的批复》，对住房和城乡建设部城乡规划管理中心内设机构进行调整，将研究处调整为园林绿化技术管理处。调整后，住房和城乡建设部城乡规划管理中心设6个中层机构：办公室、规划处、信息处、园林绿化技术管理处、风景名胜区监管处、给排水处。

【**住房和城乡建设部信息中心内设机构调整**】 2011年6月22日，住房和城乡建设部印发《关于住房城乡建设部信息中心内设机构调整的批复》，对住房和城乡建设部信息中心内设机构进行调整，增设个人住房系统管理处和计算机安全保密处，将信息与安全处调整为信息处。调整后，住房和城乡建设部信息中心设11个中层机构：综合处、财务处、系统开发应用处、信息处、网络设施处、行业工作处、科技与标准处、通讯处、编辑部、个人住房系统管理处、计算机安全保密处。

【**住房和城乡建设部执业资格注册中心内设机构调整**】 2011年6月29日，住房和城乡建设部印发《关于住房城乡建设部执业资格注册中心内设机构调整的批复》，对住房和城乡建设部执业资格注册中心内设机构进行调整，将教育处和国际联络处合并为继续教育与国际交流合作处，并成立信息与注册人员档案管理处。调整后，住房和城乡建设部执业资格注册中心设10个中层机构：办公室、计划财务处、考试处、注册处、继续教育与国际交流合作处、综合研究与协调处、信息与注册人员档案管理处、注册城市规划师办公室、建造师办公室、物业管理师办公室。

【**住房和城乡建设部城乡规划管理中心申请加挂"住房和城乡建设部遥感应用中心"牌子**】 为落实党中央、国务院对开展保障性住房建设和监管的要求，加强相关遥感应用工作，2011年7月7日，住房和城乡建设部印发《关于申请住房和城乡建设部城乡规划管理中心加挂住房和城乡建设部遥感应用中心牌子的请示》，申请在部城乡规划管理中心加挂住房和城乡建设部遥感应用中心牌子。

【**住房和城乡建设部开展部直属事业单位清理规范工作**】 为贯彻落实中央编办《关于开展事业单位清理规范工作的通知》（中央编办发〔2011〕24号）要求，做好住房和城乡建设部事业单位清理规范工作，2011年9月5日住房和城乡建设部印发《关于开展部直属事业单位清理规范工作的通知》，部署住房和城乡建设部直属事业单位开展清理规范工作。《关于开展部直属事业单位清理规范工作的通知》规定了住房和城乡建设部直属事业单位清理规范工作的范围、内容和有关要求。目标是通过清理规范摸清底数，进一步规范住房和城乡建设部直属事业单位机构编制管理，优化资源配置，研究解决事业单位改革中存在的一些具体问题，为分类推进住房和城乡建设部事业单位改革奠定基础。

【**住房和城乡建设部非时政类报刊出版单位体制改革工作领导小组成立**】 为贯彻落实《中共中央办公厅 国务院办公厅关于深化非时政类报刊出版单位体制改革的意见》（中办发〔2011〕19号），做好住房城乡建设部非时政类报刊出版单位体制改革工作，2011年9月9日住房和城乡建设部印发《关于成立住房和城乡建设部非时政类报刊出版单位体制改革工作领导小组的通知》，成立住房和城乡建设部非时政类报刊出版单位体制改革工作领导小组。住房和城乡建设部非时政类报刊出版单位体制改革工作领导小组组长为住房和城乡建设部副部长齐骥、郭允冲。成员为王铁宏、何兴华、王宁、杨忠诚、田思明、刘士杰、王理。住房和城乡建设部非时政类报刊出版单位体制改革工作领导小组办公室主任为王宁（兼），成员为毕建玲、王秀俐、管又庆、刘平星、郭剑飞、张凌、农亚萍、胡金斗。

【**住房和城乡建设部召开住房城乡建设系统人事处长座谈会**】 2011年3月2日，住房和城乡建设部印发《关于召开住房城乡建设系统人事处长座谈会的通知》。4月7～8日召开全国住房和城乡建设系统人事处长座谈会。会议通报住房和城乡建设部人事司2010年工作情况和2011年工作要点；总结交流各地人才队伍建设和"十二五"人才（教育培训）规划编制情况；讨论修改《住房和城乡建设部关于贯彻〈国家中长期人才发展规划纲要（2010～2020年）的实施意见》和《关于做好〈建筑工程施工现场专业技术人员职业标准〉的贯彻实施意见》。

（住房和城乡建设部人事司　范婷）

2. 劳动与职业教育

【继续协调筹备建立住房和城乡建设部职业技能鉴定指导中心】 为规范建设行业职业资格证书管理，规范行业职业技能培训，提高鉴定水平，住房和城乡建设部拟筹备建立住房和城乡建设部职业技能鉴定指导中心，统一指导管理住房城乡建设行业职业资格的考核、发证等工作，在行业操作人员中探索推行国家职业资格证书制度。2011年以来继续围绕发挥省级住房城乡建设主管部门职能、设立省级行业职业技能鉴定机构、确定第一批行业职业技能鉴定职业目录范围等重点问题，同人力资源社会保障部有关司局进行了多次协商沟通，取得一定进展。

【针对《城镇燃气管理条例》施行后行业人员教育培训工作开展专题调研】 住房和城乡建设部人事司对现有的培训鉴定体系加强和规范管理，促进有序发展。针对《城镇燃气管理条例》施行后行业人员教育培训工作开展专题调研，与中国城市燃气协会研究交流工作，对有关燃气集团企业员工培训情况进行较为深入的了解，探讨进一步推动燃气行业从业人员的教育培训工作。拟对建设类不同行业职业教育培训加强分类指导，调动相关部门积极性，促进体制机制创新。

【组织住房和城乡建设部职业分类大典修订工作】 按照人力资源社会保障部、国家质量监督检验检疫总局、国家统计局关于修订《国家职业分类大典》的统一部署，住房城乡建设行业《国家职业分类大典》修订工作由住房和城乡建设部人事司统一组织领导，人事司司长王宁担任部《国家职业分类大典》修订工作委员会主任委员，部科技委常务副主任李秉仁担任住房城乡建设行业大典修订工作专家委员会主任。住房和城乡建设部人力资源开发中心负责日常组织协调工作，相关行业协会和机构承担具体修订任务。该项工作计划一年半完成。住房和城乡建设部承担64个职业的修订任务，其中44个职业为承担修订，20个职业为参与修订，另有多个职业申请调整和新增，涉及工种数量约有220个。住房和城乡建设部人事司、住房和城乡建设部人力资源开发中心多次组织召开专题会议，研究部署工作。为便于组织相近职业的修订工作，深入开展研讨交流，工作委员会将承担的职业归类，划分了建筑市政、房地产、风景园林和专业技术等四个修订工作专业组。分别委托四家承担修订任务的行业协会担任组长单位，负责本组职业修订工作的总体协调。2011年各项工作按计划有序进行。

【编写行业职业技能标准】 经商住房和城乡建设部标准定额司，住房和城乡建设部人事司组织完成已经制定修订的园林绿化、供水等几个部职业（工种）目录、职业技能标准的审定工作。协调住房和城乡建设部白蚁防治中心拟开展白蚁防治工职业技能标准修订工作。

【继续加大建设职业技能培训与鉴定工作力度】 继续加强职业技能培训和鉴定工作，促进工人职业技能水平和从业人员队伍整体素质提高。住房和城乡建设部人事司下发《关于印发2011年全国建设职业技能培训与鉴定工作任务的通知》。2011年全年计划培训144.4万人，实际培训153.8万人，超额完成9.4万人。全年计划鉴定108.7万人，实际鉴定98万人。北京（不含市政）、天津、河北、辽宁、浙江、安徽、福建、江西、山东、河南、湖北、湖南、广西、重庆（含市政）、四川、甘肃、宁夏、青海等省（自治区、直辖市）完成或超额完成年度培训任务；山东、江苏省技师、高级技师培训和鉴定成效突出。

【举办全国中职学校建筑工程技术技能比赛】 住房和城乡建设部人事司与教育部职业教育与成人教育司、中国建设教育协会于6月23～27日在天津顺利组织举办了2011年全国职业院校技能大赛中职组建筑工程技术技能比赛。比赛共设工程算量、楼宇智能化（安防布线调试）、建设设备安装与调控（给排水）和建筑CAD共4个竞赛项目，规模位居本届大赛各分项赛事前列，来自全国37个代表队的429名选手参加了比赛。人民日报、光明日报、经济日报、中国建设报、建筑杂志社等媒体对比赛进行了报道。比赛对引导职业院校师生尊重技能、崇尚技能以及推动行业职业院校教学改革产生良好作用。

【指导第五届中职教育专业指导委员会开展工作】 指导住房和城乡建设部第五届中等职业教育专业指导委员会积极开展工作，充分发挥专家组织作用，推动行业中等职业教育。各分专业指导委员会分别召开年度第一次全体会议，制定本届委员会的工作规划和年度工作计划。住房和城乡建设部人事司对各分专业指导委员会的规划、年度计划提出要求，督促指导各委员会按照年度计划开展工作，充分发挥专家咨询作用，提高中等职业教育工作服务行业人才培养的针对性和有效性。

【继续开展农民工艾滋病防治宣传教育工作】 住房和城乡建设部积极履行国务院艾滋病防治工作委员会成员单位的职责，在行业农民工中普及艾滋病防治知识，提高他们的自我防护意识。大力开展行业农民工艾滋病防治知识宣传教育工作。落实国务院有关进一步推动防治艾滋病工作文件精神，创新思路积极做好相关工作，研究制定住房城乡建设行业防艾宣教的有关政策。

(住房和城乡建设部人事司　胡秀梅)

3. 高等教育

【普通高等教育土建学科专业"十二五"规划教材选题发布】 为进一步加强高等教育土建学科教材建设，住房和城乡建设部人事司组织了土建学科专业"十二五"规划教材选题的申报和评选工作。经过作者申报、专家评审，确定《外国近现代建筑史》等388项选题作为土建学科专业"十二五"规划教材，其中本科、研究生教材选题216项，高职高专选题172项。

【全国建设类职业教育校企合作座谈会召开】 为贯彻落实国家中长期人才发展规划纲要、教育改革和发展规划纲要精神，进一步提高职业院校建设类专业人才培养质量，住房和城乡建设部人事司于2011年8月3~4日在杭州召开全国建设类职业教育校企合作座谈会。住房和城乡建设部人事司、建筑市场监管司、房地产市场监管司、城市建设司、教育部职业教育与成人教育司相关负责人以及建设类高等、中等职业院校、各类企业、有关行业协会和部分省级住房城乡建设主管部门负责人115人参加会议。会议期间，职业院校、企业和省级住房城乡建设主管部门代表发言，交流校企合作开展人才培养工作经验。与会代表围绕建设类职业教育校企合作进行了认真研究和讨论，对住房和城乡建设部、教育部《关于加强土建类专业学生企业实习工作的指导意见(征求意见稿)》提出具体修改建议。会议还就进一步加大政策支持力度，在财税政策、行业政策、社会评价等方面给予职业校院和企业更多支持，发挥行业协会作用等方面进行了研究讨论。

【普通高等教育建筑学一级学科调整】 2011年3月，国务院学位委员会、教育部颁布《学位授予和人才培养学科目录(2011年)》，对1997年颁布的《授予博士、硕士学位和培养研究生的学科、专业目录》进行调整，原建筑学一级学科调整、增设为建筑学、城乡规划学、风景园林学三个一级学科。根据该目录，高校建设类学科专业包括土木工程、建筑学、城乡规划学、风景园林学(可授工学、农学学位)4个一级学科以及与建设类相关的管理科学与工程(可授管理学、工学学位)一级学科。

【高校城市规划硕士专业学位授予工作启动】 2011年，国务院学位委员会、住房和城乡建设部启动城市规划硕士专业学位授予工作。根据住房和城乡建设部高等教育城市规划专业评估委员会评估结论，经有关高校申请，国务院学位委员会印发《关于审核批准清华大学等高等学校开展建筑学学士、硕士专业学位及城市规划硕士专业学位授予工作的通知》(学位〔2011〕59号)，批准新增清华大学等11所高等学校开展城市规划硕士专业学位授予工作。详见表1。

【2010~2011年度高等学校建筑学专业教育评估工作】 2011年，全国高等学校建筑学专业教育评估委员会对清华大学、同济大学、东南大学、天津大学、浙江大学、沈阳建筑大学、郑州大学、武汉理工大学、厦门大学、安徽建筑工业学院、西安交通大学、南京大学、烟台大学、天津城市建设学院14所学校的建筑学专业教育进行了评估。评估委员会全体委员对各学校的自评报告进行了审阅，于5月派遣视察小组进校实地视察。之后，经评估委员会全体会议讨论，做出评估结论并报送国务院学位办。9月，国务院学位委员会印发《关于审核批准清华大学等高等学校开展建筑学学士、硕士专业学位及城市规划硕士专业学位授予工作的通知》(学位〔2011〕59号)，授权这些高校行使或继续行使建筑学专业学位授予权。见表2。

首批授权的城市规划硕士专业学位高校及有效期统计表　　表1

序号	学校	授予城市规划硕士专业学位有效期	序号	学校	授予城市规划硕士专业学位有效期
1	清华大学	2011.9~2016.5	7	武汉大学	2011.9~2012.5
2	天津大学	2011.9~2016.5	8	华南理工大学	2011.9~2014.5
3	哈尔滨工业大学	2011.9~2016.5	9	重庆大学	2011.9~2016.5
4	同济大学	2011.9~2016.5	10	西北大学	2011.9~2013.5
5	南京大学	2011.9~2014.5	11	西安建筑科技大学	2011.9~2012.6
6	东南大学	2011.9~2016.5			

住房城乡建设人事教育

2010～2011年度高等学校建筑学专业教育评估结论　　表2

序号	学校	专业	授予学位	合格有效期 本科	合格有效期 硕士研究生	备注
1	清华大学	建筑学	学士、硕士	7年(2011.5～2018.5)	7年(2011.5～2018.5)	复评
2	同济大学	建筑学	学士、硕士	7年(2011.5～2018.5)	7年(2011.5～2018.5)	复评
3	东南大学	建筑学	学士、硕士	7年(2011.5～2018.5)	7年(2011.5～2018.5)	复评
4	天津大学	建筑学	学士、硕士	7年(2011.5～2018.5)	7年(2011.5～2018.5)	复评
5	浙江大学	建筑学	学士、硕士	7年(2011.5～2018.5)	7年(2011.5～2018.5)	复评
6	沈阳建筑大学	建筑学	学士、硕士	7年(2011.5～2018.5)	7年(2011.5～2018.5)	复评
7	郑州大学	建筑学	学士、硕士	4年(2011.5～2015.5)	4年(2011.5～2015.5)	学士复评硕士初评
8	武汉理工大学	建筑学	学士、硕士	4年(2011.5～2015.5)	4年(2011.5～2015.5)	学士复评硕士初评
9	厦门大学	建筑学	学士、硕士	4年(2011.5～2015.5)	4年(2011.5～2015.5)	复评
10	安徽建筑工业学院	建筑学	学士	4年(2011.5～2015.5)	—	复评
11	西安交通大学	建筑学	学士、硕士	4年(2011.5～2015.5)	4年(2011.5～2015.5)	学士复评硕士初评
12	南京大学	建筑学	硕士	—	7年(2011.5～2018.5)	复评
13	烟台大学	建筑学	学士	4年(2011.5～2015.5)	—	初评
14	天津城市建设学院	建筑学	学士	4年(2011.5～2015.5)	—	初评

截至2011年5月，全国共有47所高校建筑学专业通过专业教育评估，受权行使建筑学专业学位（包括建筑学学士和建筑学硕士）授予权，其中具有建筑学学士学位授予权的有46个专业点，具有建筑学硕士学位授予权的有25个专业点。详见表3。

【2010～2011年度高等学校城市规划专业教育评估工作】 2011年，住房和城乡建设部高等教育城市规划专业评估委员会对北京建筑工程学院、广州大学、北京大学3所学校的城市规划专业进行评估。评估委员会全体委员对各校的自评报告进行审阅，5月派遣视察小组进校实地视察。经评估委员会全体会议讨论，做出评估结论，见表4。

高校建筑学专业教育评估通过学校和有效期情况统计表
（截至2011年5月，按首次通过评估时间排序）　　表3

序号	学校	本科合格有效期	硕士合格有效期	首次通过评估时间
1	清华大学	2011.5～2018.5	2011.5～2018.5	1992.5
2	同济大学	2011.5～2018.5	2011.5～2018.5	1992.5
3	东南大学	2011.5～2018.5	2011.5～2018.5	1992.5
4	天津大学	2011.5～2018.5	2011.5～2018.5	1992.5
5	重庆大学	2006.6～2013.6	2006.6～2013.6	1994.5
6	哈尔滨工业大学	2006.6～2013.6	2006.6～2013.6	1994.5
7	西安建筑科技大学	2006.6～2013.6	2006.6～2013.6	1994.5
8	华南理工大学	2006.6～2013.6	2006.6～2013.6	1994.5
9	浙江大学	2011.5～2018.5	2011.5～2018.5	1996.5
10	湖南大学	2008.5～2015.5	2008.5～2015.5	1996.5
11	合肥工业大学	2008.5～2015.5	2008.5～2015.5	1996.5
12	北京建筑工程学院	2008.5～2012.5	2008.5～2012.5	1996.5
13	深圳大学	2008.5～2012.5	—	1996.5
14	华侨大学	2008.5～2012.5	2008.5～2012.5	1996.5

续表

序号	学校	本科合格有效期	硕士合格有效期	首次通过评估时间
15	北京工业大学	2010.5~2014.5	2010.5~2014.5	本科1998.5/硕士2010.5
16	西南交通大学	2010.5~2014.5	2010.5~2014.5	本科1998.5/硕士2004.5
17	华中科技大学	2007.5~2014.5	2007.5~2014.5	1999.5
18	沈阳建筑大学	2011.5~2018.5	2011.5~2018.5	1999.5
19	郑州大学	2011.5~2015.5	2011.5~2015.5	本科1999.5/硕士2011.5
20	大连理工大学	2008.5~2015.5	2008.5~2015.5	2000.5
21	山东建筑大学	2008.5~2012.5	—	2000.5
22	昆明理工大学	2009.5~2013.5	2009.5~2013.5	本科2001.5/硕士2009.5
23	南京工业大学	2010.5~2014.5(有条件)	—	2002.5
24	吉林建筑工程学院	2010.5~2014.5	—	2002.5
25	武汉理工大学	2011.5~2015.5	2011.5~2015.5	本科2003.5/硕士2011.5
26	厦门大学	2011.5~2015.5	2011.5~2015.5	本科2003.5/硕士2007.5
27	广州大学	2008.5~2012.5	—	2004.5
28	河北工程大学	2008.5~2012.5	—	2004.5
29	上海交通大学	2010.5~2014.5	—	2006.6
30	青岛理工大学	2010.5~2014.5	—	2006.6
31	安徽建筑工业学院	2011.5~2015.5	—	2007.5
32	西安交通大学	2011.5~2015.5	2011.5~2015.5	本科2007.5/硕士2011.5
33	南京大学	—	2011.5~2018.5	2007.5
34	中南大学	2008.5~2012.5	—	2008.5
35	武汉大学	2008.5~2012.5	2008.5~2012.5	2008.5
36	北方工业大学	2008.5~2012.5	—	2008.5
37	中国矿业大学	2008.5~2012.5	—	2008.5
38	苏州科技学院	2008.5~2012.5	—	2008.5
39	内蒙古工业大学	2009.5~2013.5	—	2009.5
40	河北工业大学	2009.5~2013.5	—	2009.5
41	中央美术学院	2009.5~2013.5	—	2009.5
42	福州大学	2010.5~2014.5	—	2010.5
43	北京交通大学	2010.5~2014.5	—	2010.5
44	太原理工大学	2010.5~2014.5	—	2010.5
45	浙江工业大学	2010.5~2014.5	—	2010.5
46	烟台大学	2011.5~2015.5	—	2011.5
47	天津城市建设学院	2011.5~2015.5	—	2011.5

2010~2011年度高等学校城市规划专业教育评估结论 表4

序号	学校	专业	授予学位	合格有效期 本科	合格有效期 硕士研究生	备注
1	北京建筑工程学院	城市规划	学士	4年(2011.5~2015.5)	—	初评
2	广州大学	城市规划	学士	4年(2011.5~2015.5)	—	初评
3	北京大学	城市规划	学士	4年(2011.5~2015.5)	—	初评

截至2011年5月，全国共有29所高校的城市规划专业通过专业评估，其中本科专业点28个，硕士研究生专业点12个。见表5。

【2010～2011年度高等学校土木工程专业教育评估工作】 2011年，住房和城乡建设部高等教育土木工程专业评估委员会对三峡大学、南京工业大学、北京建筑工程学院、吉林建筑工程学院、内蒙古科技大学、长安大学、广西大学、山东大学、太原理工大学9所学校的土木工程专业进行评估。评估委员会全体委员对各校的自评报告进行了审阅，于5月派遣视察小组进校实地视察。经评估委员会全体会议讨论，做出评估结论，见表6。

高校城市规划专业评估通过学校和有效期情况统计表

（截至2011年5月，按首次通过评估时间排序） 表5

序号	学校	本科合格有效期	硕士合格有效期	首次通过评估时间
1	清华大学	—	2010.5～2016.5	1998.6
2	东南大学	2010.5～2016.5	2010.5～2016.5	1998.6
3	同济大学	2010.5～2016.5	2010.5～2016.5	1998.6
4	重庆大学	2010.5～2016.5	2010.5～2016.5	1998.6
5	哈尔滨工业大学	2010.5～2016.5	2010.5～2016.5	1998.6
6	天津大学	2010.5～2016.5	2010.5～2016.5（2006年6月至2010年5月硕士研究生教育不在有效期内）	2000.6
7	西安建筑科技大学	2006.6～2012.6	2006.6～2012.6	2000.6
8	华中科技大学	2006.6～2012.6	2006.6～2012.6	本科2000.6/硕士2006.6
9	南京大学	2008.5～2014.5（2006年6月至2008年5月本科教育不在有效期内）	2008.5～2014.5	2002.7
10	华南理工大学	2008.5～2014.5	2008.5～2014.5	2002.6
11	山东建筑大学	2008.5～2014.5	—	2004.6
12	西南交通大学	2010.5～2016.5	—	2006.6
13	浙江大学	2010.5～2016.5	—	2006.6
14	武汉大学	2008.5～2012.5	2008.5～2012.5	2008.5
15	湖南大学	2008.5～2012.5	—	2008.5
16	苏州科技学院	2008.5～2012.5	—	2008.5
17	沈阳建筑大学	2008.5～2012.5	—	2008.5
18	安徽建筑工业学院	2008.5～2012.5	—	2008.5
19	昆明理工大学	2008.5～2012.5	—	2008.5
20	中山大学	2009.5～2013.5	—	2009.5
21	南京工业大学	2009.5～2013.5	—	2009.5
22	中南大学	2009.5～2013.5	—	2009.5
23	深圳大学	2009.5～2013.5	—	2009.5
24	西北大学	2009.5～2013.5	2009.5～2013.5	2009.5
25	大连理工大学	2010.5～2014.5	—	2010.5
26	浙江工业大学	2010.5～2014.5	—	2010.5
27	北京建筑工程学院	2011.5～2015.5	—	2011.5
28	广州大学	2011.5～2015.5	—	2011.5
29	北京大学	2011.5～2015.5	—	2011.5

2010～2011年度高等学校土木工程专业教育评估　　　　表6

序号	学校	专业	授予学位	合格有效期	备注
1	三峡大学	土木工程	学士	5年(2011.5～2016.5)	复评
2	南京工业大学	土木工程	学士	8年(2011.5～2019.5)	复评
3	北京建筑工程学院	土木工程	学士	5年(2011.5～2016.5)	复评
4	吉林建筑工程学院	土木工程	学士	5年(2011.5～2016.5)	复评
5	内蒙古科技大学	土木工程	学士	5年(2011.5～2016.5)	复评
6	长安大学	土木工程	学士	5年(2011.5～2016.5)	复评
7	广西大学	土木工程	学士	5年(2011.5～2016.5)	复评
8	山东大学	土木工程	学士	5年(2011.5～2016.5)	初评
9	太原理工大学	土木工程	学士	5年(2011.5～2016.5)	初评

截至2011年5月，全国共有58所高校的土木工程专业通过评估。见表7。

【**2010～2011年度高等学校建筑环境与设备工程专业教育评估工作**】　2011年，住房和城乡建设部高等教育建筑环境与设备工程专业评估委员会对华中科技大学、中原工学院、广州大学、北京工业大学、西安交通大学、兰州交通大学、天津城市建设学院7所学校的建筑环境与设备工程专业进行评估。评估委员会全体委员对学校的自评报告进行了审阅，于5月派遣视察小组进校实地视察。经评估委员会全体会议讨论，做出评估结论。见表8。

高校土木工程专业评估通过学校和有效期情况统计表
（截至2011年5月，按首次通过评估时间排序）　　　　表7

序号	学校	本科合格有效期	首次通过评估时间	序号	学校	本科合格有效期	首次通过评估时间
1	清华大学	2005.6～2013.6	1995.6	15	华中科技大学	2008.5～2013.5	1997.6
2	天津大学	2005.6～2013.6	1995.6	16	西南交通大学	2007.5～2015.5	1997.6
3	东南大学	2005.6～2013.6	1995.6	17	中南大学	2009.5～2014.5（2002年6月至2004年6月不在有效期内）	1997.6
4	同济大学	2005.6～2013.6	1995.6	18	华侨大学	2007.5～2012.5	1997.6
5	浙江大学	2005.6～2013.6	1995.6	19	北京交通大学	2009.5～2017.5	1999.6
6	华南理工大学	2010.5～2018.5	1995.6	20	大连理工大学	2009.5～2017.5	1999.6
7	重庆大学	2005.6～2013.6	1995.6	21	上海交通大学	2009.5～2017.5	1999.6
8	哈尔滨工业大学	2005.6～2013.6	1995.6	22	河海大学	2009.5～2017.5	1999.6
9	湖南大学	2005.6～2013.6	1995.6	23	武汉大学	2009.5～2017.5	1999.6
10	西安建筑科技大学	2005.6～2013.6	1995.6	24	兰州理工大学	2009.5～2014.5	1999.6
11	沈阳建筑大学	2007.5～2012.5	1997.6	25	三峡大学	2011.5～2016.5（2004年6月至2006年6月不在有效期内）	1999.6
12	郑州大学	2007.5～2012.5	1997.6	26	南京工业大学	2011.5～2019.5	2001.6
13	合肥工业大学	2007.5～2012.5	1997.6	27	石家庄铁道学院	2007.5～2012.5（2006年6月至2007年5月不在有效期内）	2001.6
14	武汉理工大学	2007.5～2012.5	1997.6	28	北京工业大学	2007.5～2012.5	2002.6

续表

序号	学校	本科合格有效期	首次通过评估时间	序号	学校	本科合格有效期	首次通过评估时间
29	兰州交通大学	2007.5～2012.5	2002.6	44	四川大学	2007.5～2012.5	2007.5
30	山东建筑大学	2008.5～2013.5	2003.6	45	安徽建筑工业学院	2007.5～2012.5	2007.5
31	河北工业大学	2009.5～2014.5（2008年5月至2009年5月不在有效期内）	2003.6	46	浙江工业大学	2008.5～2013.5	2008.5
32	福州大学	2008.5～2013.5	2003.6	47	解放军理工大学	2008.5～2013.5	2008.5
33	广州大学	2010.5～2015.5	2005.6	48	西安理工大学	2008.5～2013.5	2008.5
34	中国矿业大学	2010.5～2015.5	2005.6	49	长沙理工大学	2009.5～2014.5	2009.5
35	苏州科技学院	2010.5～2015.5	2005.6	50	天津城市建设学院	2009.5～2014.5	2009.5
36	北京建筑工程学院	2011.5～2016.5	2006.6	51	河北建筑工程学院	2009.5～2014.5	2009.5
37	吉林建筑工程学院	2011.5～2016.5	2006.6	52	青岛理工大学	2009.5～2014.5	2009.5
38	内蒙古科技大学	2011.5～2016.5	2006.6	53	南昌大学	2010.5～2015.5	2010.5
39	长安大学	2011.5～2016.5	2006.6	54	重庆交通大学	2010.5～2015.5	2010.5
40	广西大学	2011.5～2016.5	2006.6	55	西安科技大学	2010.5～2015.5	2010.5
41	昆明理工大学	2007.5～2012.5	2007.5	56	东北林业大学	2010.5～2015.5	2010.5
42	西安交通大学	2007.5～2012.5	2007.5	57	山东大学	2011.5～2016.5	2011.5
43	华北水利水电学院	2007.5～2012.5	2007.5	58	太原理工大学	2011.5～2016.5	2011.5

2010～2011年度高等学校建筑环境与设备工程专业教育评估　　表8

序号	学校	专业	授予学位	合格有效期	备注
1	华中科技大学	建筑环境与设备工程	学士	5年(2011.5～2016.5)	复评
2	中原工学院	建筑环境与设备工程	学士	5年(2011.5～2016.5)	复评
3	广州大学	建筑环境与设备工程	学士	5年(2011.5～2016.5)	复评
4	北京工业大学	建筑环境与设备工程	学士	5年(2011.5～2016.5)	复评
5	西安交通大学	建筑环境与设备工程	学士	5年(2011.5～2016.5)	初评
6	兰州交通大学	建筑环境与设备工程	学士	5年(2011.5～2016.5)	初评
7	天津城市建设学院	建筑环境与设备工程	学士	5年(2011.5～2016.5)	初评

截至2011年5月，全国共有27所高校的建筑环境与设备工程专业通过评估。见表9。

【2010～2011年度高等学校给水排水工程专业教育评估工作】 2011年，住房和城乡建设部高等教育给水排水工程专业评估委员会对河海大学、华中科技大学、湖南大学、昆明理工大学4所学校的给水排水工程专业进行评估。评估委员会全体委员对各校的自评报告进行了审阅，于5月派遣视察小组进校实地视察。经评估委员会全体会议讨论，做出评估结论。见表10。

截至2011年5月，全国共有28所高校的给水排水工程专业通过评估。见表11。

高校建筑环境与设备工程专业评估通过学校和有效期情况统计表
（截至 2011 年 5 月，按首次通过评估时间排序）　　表 9

序号	学校	本科合格有效期	首次通过评估时间	序号	学校	本科合格有效期	首次通过评估时间
1	清华大学	2007.6～2012.5	2002.5	15	北京工业大学	2011.5～2016.5	2006.6
2	同济大学	2007.6～2012.5	2002.5	16	沈阳建筑大学	2007.6～2012.5	2007.6
3	天津大学	2007.6～2012.5	2002.5	17	南京工业大学	2007.6～2012.5	2007.6
4	哈尔滨工业大学	2007.6～2012.5	2002.5	18	长安大学	2008.5～2013.5	2008.5
5	重庆大学	2007.6～2012.5	2002.5	19	吉林建筑工程学院	2009.5～2014.5	2009.5
6	解放军理工大学	2008.5～2013.5	2003.5	20	青岛理工大学	2009.5～2014.5	2009.5
7	东华大学	2008.5～2013.5	2003.5	21	河北建筑工程学院	2009.5～2014.5	2009.5
8	湖南大学	2008.5～2013.5	2003.5	22	中南大学	2009.5～2014.5	2009.5
9	西安建筑科技大学	2009.5～2014.5	2004.5	23	安徽建筑工业学院	2009.5～2014.5	2009.5
10	山东建筑大学	2010.5～2015.5	2005.5	24	南京理工大学	2010.5～2015.5	2010.5
11	北京建筑工程学院	2010.5～2015.5	2005.6	25	西安交通大学	2011.5～2016.5	2011.5
12	华中科技大学	2011.5～2016.5（2010年5月至2011年5月不在有效期内）	2005.6	26	兰州交通大学	2011.5～2016.5	2011.5
13	中原工学院	2011.5～2016.5	2006.6	27	天津城市建设学院	2011.5～2016.5	2011.5
14	广州大学	2011.5～2016.5	2006.6				

注：南华大学建筑环境与设备工程专业于 2006 年 6 月基本通过评估，有效期为有条件 5 年。根据《全国高等学校建筑环境与设备工程专业（本科）评估程序与方法》的有关规定，2008 年评估委员会应对该校进行中期检查，但应该校要求，未能组织对其复查，故评估委员会于 2008 年 5 月做出决议，终止对该校该专业原评估基本通过的结论。2008 年起（含 2008 年），该专业点本科教育不在评估合格有效期内。

2010～2011 年度高等学校给水排水工程专业教育评估　　表 10

序号	学校	专业	授予学位	合格有效期	备注
1	河海大学	给水排水工程	学士	5年(2011.5～2016.5)	复评
2	华中科技大学	给水排水工程	学士	5年(2011.5～2016.5)	复评
3	湖南大学	给水排水工程	学士	5年(2011.5～2016.5)	复评
4	昆明理工大学	给水排水工程	学士	5年(2011.5～2016.5)	初评

高校给水排水工程专业评估通过学校和有效期情况统计表
（截至 2011 年 5 月，按首次通过评估时间排序）　　表 11

序号	学校	本科合格有效期	首次通过评估时间	序号	学校	本科合格有效期	首次通过评估时间
1	清华大学	2009.5～2014.5	2004.5	9	湖南大学	2011.5～2016.5	2006.6
2	同济大学	2009.5～2014.5	2004.5	10	南京工业大学	2007.5～2012.5	2007.5
3	重庆大学	2009.5～2014.5	2004.5	11	兰州交通大学	2007.5～2012.5	2007.5
4	哈尔滨工业大学	2009.5～2014.5	2004.5	12	广州大学	2007.5～2012.5	2007.5
5	西安建筑科技大学	2010.5～2015.5	2005.6	13	安徽建筑工业学院	2007.5～2012.5	2007.5
6	北京建筑工程学院	2010.5～2015.5	2005.6	14	沈阳建筑大学	2007.5～2012.5	2007.5
7	河海大学	2011.5～2016.5	2006.6	15	长安大学	2008.5～2013.5	2008.5
8	华中科技大学	2011.5～2016.5	2006.6	16	桂林工学院	2008.5～2013.5	2008.5

续表

序号	学校	本科合格有效期	首次通过评估时间	序号	学校	本科合格有效期	首次通过评估时间
17	武汉理工大学	2008.5~2013.5	2008.5	23	四川大学	2009.5~2014.5	2009.5
18	扬州大学	2008.5~2013.5	2008.5	24	青岛理工大学	2009.5~2014.5	2009.5
19	山东建筑大学	2008.5~2013.5	2008.5	25	天津城市建设学院	2009.5~2014.5	2009.5
20	武汉大学	2009.5~2014.5	2009.5	26	华东交通大学	2010.5~2015.5	2010.5
21	苏州科技学院	2009.5~2014.5	2009.5	27	浙江工业大学	2010.5~2015.5	2010.5
22	吉林建筑工程学院	2009.5~2014.5	2009.5	28	昆明理工大学	2011.5~2016.5	2011.5

【2010~2011年度高等学校工程管理专业教育评估工作】 2011年，住房和城乡建设部高等教育工程管理专业评估委员会对天津大学、南京工业大学、中南大学、湖南大学、中国矿业大学、西南交通大学6所学校的工程管理专业进行评估。评估委员会全体委员对各校的自评报告进行了审阅，于5月派遣视察小组进校实地视察。经评估委员会全体会议讨论，做出评估结论。见表12。

截至2011年5月，全国共有30所高校的工程管理专业通过评估。见表13。

2010~2011年度高等学校工程管理专业教育评估 表12

序号	学校	专业	授予学位	合格有效期	备注
1	天津大学	工程管理	学士	5年(2011.5~2016.5)	复评
2	南京工业大学	工程管理	学士	5年(2011.5~2016.5)	复评
3	中南大学	工程管理	学士	5年(2011.5~2016.5)	复评
4	湖南大学	工程管理	学士	5年(2011.5~2016.5)	复评
5	中国矿业大学	工程管理	学士	5年(2011.5~2016.5)	初评
6	西南交通大学	工程管理	学士	5年(2011.5~2016.5)	初评

高校工程管理专业评估通过学校和有效期情况统计表
（截至2011年5月，按首次通过评估时间排序） 表13

序号	学校	本科合格有效期	首次通过评估时间	序号	学校	本科合格有效期	首次通过评估时间
1	重庆大学	2009.5~2014.5	1999.11	16	中南大学	2011.5~2016.5	2006.6
2	哈尔滨工业大学	2009.5~2014.5	1999.11	17	湖南大学	2011.5~2016.5	2006.6
3	西安建筑科技大学	2009.5~2014.5	1999.11	18	沈阳建筑大学	2007.6~2012.5	2007.6
4	清华大学	2009.5~2014.5	1999.11	19	北京建筑工程学院	2008.5~2013.5	2008.5
5	同济大学	2009.5~2014.5	1999.11	20	山东建筑大学	2008.5~2013.5	2008.5
6	东南大学	2009.5~2014.5	1999.11	21	安徽建筑工业学院	2008.5~2013.5	2008.5
7	天津大学	2011.5~2016.5	2001.6	22	武汉理工大学	2009.5~2014.5	2009.5
8	南京工业大学	2011.5~2016.5	2001.6	23	北京交通大学	2009.5~2014.5	2009.5
9	广州大学	2008.5~2013.5	2003.6	24	郑州航空工业管理学院	2009.5~2014.5	2009.5
10	东北财经大学	2008.5~2013.5	2003.6	25	天津城市建设学院	2009.5~2014.5	2009.5
11	华中科技大学	2010.5~2015.5	2005.6	26	吉林建筑工程学院	2009.5~2014.5	2009.5
12	河海大学	2010.5~2015.5	2005.6	27	兰州交通大学	2010.5~2015.5	2010.5
13	华侨大学	2010.5~2015.5	2005.6	28	河北建筑工程学院	2010.5~2015.5	2010.5
14	深圳大学	2010.5~2015.5	2005.6	29	中国矿业大学	2011.5~2016.5	2011.5
15	苏州科技学院	2010.5~2015.5	2005.6	30	西南交通大学	2011.5~2016.5	2011.5

（住房和城乡建设部人事司　王柏峰）

4. 干部教育培训

【领导干部和专业技术人员培训工作】 按照中央大规模培训干部要求，2011年住房和城乡建设部机关、直属单位和部管社会团体共组织培训班335项，728个班次，培训领导干部和专业技术人员69831人次。继续办好市长培训班，全国市长研修学院共组织6期市长培训班和9期专题研究班，共培训市长和住房城乡建设系统领导干部588人次。支持定点帮扶地区干部培训工作，在北京为住房和城乡建设部定点帮扶的青海省黄南藏族自治州及尖扎、泽库等县免费举办领导干部培训班，培训领导干部和管理人员35人。支持西藏领导干部培训工作，免费举办两期援藏培训班，在北京和拉萨培训西藏各地(市)、县领导干部以及西藏住房城乡建设系统领导干部共140人。继续办好援疆培训班，在乌鲁木齐培训新疆各地州市县和兵团建设系统管理干部和专业技术人员130人。在沈阳建筑大学举办全国专业技术人员低碳城市与建筑节能高级研修班。

【定向培养住房和城乡建设系统公共管理硕士(MPA)】 2011年，住房和城乡建设部继续委托中国人民大学、清华大学在全国住房和城乡建设系统开展定向培养公共管理硕士(MPA)工作。中国人民大学培养方向为住房保障和城乡建设，清华大学培养方向为城乡规划与管理。

5. 专业人才工作

【住房和城乡建设部选派2名"博士服务团"成员到西部地区服务锻炼】 按照中央组织部、共青团中央《关于开展第12批博士服务团成员选派工作的通知》，住房和城乡建设部选派2名"博士服务团"成员赴西藏、甘肃服务锻炼。

【《生态环境保护人才发展中长期规划(2010～2020年)》发布】 经中央人才工作协调小组审议通过，2011年5月，环境保障部、国土资源部、住房和城乡建设部、水利部、农业部、国家林业局、中国气象局联合印发《生态环境保护人才发展中长期规划(2010～2020年)》，对未来10年城镇排水与污水处理、城镇生活垃圾收集处理、城镇园林绿化、风景名胜区生态环境保护、村镇人居生态环境保护等住房城乡建设领域生态环保人才队伍建设作出规划。

【住房和城乡建设部印发实施意见贯彻国家人才规划】 住房和城乡建设部印发关于贯彻《国家中长期人才发展规划纲要(2010～2020年)》的实施意见，对住房城乡建设系统党政人才、专业技术人才、高技能人才及后备人才队伍建设提出具体工作任务和相应措施。

【《建筑与市政工程施工现场专业人员职业标准》发布】 住房和城乡建设部批准发布行业标准《建筑与市政工程施工现场专业人员职业标准》JGJ/T 250—2011，自2012年1月1日起实施。该标准规定了施工员、质量员、安全员、标准员、材料员、机械员、劳务员、资料员"八大员"的岗位职责、专业知识和技能要求。

(住房和城乡建设部人事司 王柏峰)

6. 执业资格工作

【住房和城乡建设领域个人执业资格考试情况】 2011年，共有81.6万人次(不含二级)参加住房城乡建设领域个人执业资格全国统一考试，8.4万人次(不含二级)考试合格并取得执业资格证书。见表14。

2011年住房城乡建设领域个人执业资格全国统一考试情况统计表　　表14

序号	专业	参加考试人次	取得执业资格人次	通过率
1	建筑(一级)	31047	2073	6.7%
2	结构工程(一级)	16760	2113	12.6%
3	岩土工程	4894	1890	38.6%
4	港口与航道工程	356	96	30%
5	水利水电工程	1889	465	24.6%
6	公用设备工程	8215	1314	16%
7	电气工程	4093	1321	32.3%
8	环保工程	2401	470	19.6%
9	化工工程	1407	105	7.5%
10	建造(一级)	509110	29860	5.86%
11	工程监理	43369	11317	26%
12	城市规划	14966	1142	7.6%
13	工程造价	90409	6462	7.15%
14	物业管理	54138	16287	30%
15	房地产估价	14132	2221	15.7%
16	房地产经纪	19160	7321	38.2%
	合计	816346	84457	10.3%

【住房和城乡建设领域个人执业资格及注册情况】 截至2011年底，住房和城乡建设领域取得各类执业资格人员共92.9万人(不含二级)，注册人数67.8万人。见表15。

住房和城乡建设领域执业资格人员专业分布及注册情况统计表
（截至 2011 年 12 月 31 日）　　　　　　　　　　　　　　　　　　　　　　　　表 15

行业	类别		专业	取得资格人数	注册人数
勘察设计业	（一）注册建筑师（一级）			26526	24806
	（二）勘察设计注册工程师	1. 土木工程	岩土工程	13597	10944
			水利水电工程	6643	未注册
			港口与航道工程	1251	未注册
			道路工程	2411	未注册
		2. 结构工程（一级）		41762	39160
		3. 公用设备工程		20522	14366
		4. 电气工程		15882	10735
		5. 化工工程		4956	3194
		6. 环保工程		2903	未注册
		7. 机械工程		3458	未注册
		8. 冶金工程		1502	未注册
		9. 采矿/矿物工程		1461	未注册
		10. 石油/天然气工程		438	未注册
建筑业	（三）建造师（一级）			338708	255653
	（四）监理工程师			187489	127952
	（五）造价工程师			122878	115000
房地产业	（六）房地产估价师			44197	39148
	（七）房地产经纪人			44019	24105
	（八）物业管理师			30501	未注册
城市规划	（九）注册城市规划师			18082	13630
	总　　　计			929186	678693

（住房和城乡建设部人事司　王柏峰）

城乡建设档案工作

【认真全面总结"十一五"成绩、研究制定"十二五"工作规划】 住房城乡建设部城建档案工作办公室印发《关于加强"十二五"住房和城乡建设档案工作的意见的通知》（建档〔2011〕28 号），总结城乡建设档案"十一五"工作经验，部署"十二五"工作任务。各省（自治区、直辖市）城乡建设（规划）主管部门和城建档案工作机构认真总结"十一五"城乡建设档案工作成效，研究制定"十二五"目标任务和保障措施，并列入本省住房城乡建设规划之中。北京、辽宁、江西、浙江、湖北、安徽、新疆等多个省（自治区、直辖市）召开省级城乡建设档案工作会议，主管厅长作重要讲话，总结本地"十一

"五"成绩、部署下一阶段工作任务，保障城乡建设档案工作顺利开展。

【加快法规、标准建设】 为加强工程建设档案归集管理，切实保障建设工程质量安全管理，住房城乡建设部印发《关于切实加强建设工程档案归集管理的通知》（建办〔2011〕161号），要求各地将建设工程档案归集管理纳入建设工程管理环节、工程建设执法检查项目和建设领域诚信体系建设。清理近10年来有关城建档案规章、规范性文件，确定继续有效的规章3件、规范性文件14件。颁布实施行业标准《城乡建设档案业务管理规范》。申报修订国家标准《建设工程文件归档整理规范》。各地按照《城市建设档案管理规定》（建设部令第90号）和《城市地下管线工程档案管理办法》（建设部令第136号）的规定，加快完善法规体系。截至2011年底，全国有21个省（自治区、直辖市）颁布实施《城乡建设档案管理办法》；南昌、长沙、西安、杭州等市通过人大立法，制定出台《城乡建设档案管理条例》或《地下管线工程档案管理条例》；河北、浙江、重庆、贵州、内蒙古等省（自治区、直辖市），以及太原、长春、南京、成都、南宁等市，以政府令形式制定或修订地方《城建档案管理办法》。

【加快城乡建设档案信息化建设】 各地在实现城乡建设档案信息计算机管理基础上，积极把现有的实体档案资源转变成数字信息资源，并以数字信息资源数据库为基础，利用计算机网络为社会和政府提供服务。北京、天津、上海、重庆、广州、常州、贵阳等城市完成馆藏重要档案数字化，武汉、乌鲁木齐等城市实现全部馆藏档案数字化。天津、大连、苏州、珠海、廊坊、张家港、宝鸡等城市积极实施工程电子文件的归档管理。芜湖市研发完成建设工程资料在线跟踪管理系统。部分地区按照国家有关要求陆续开展城乡建设档案异地异质备份工作，江苏、新疆、河北、江西等省（自治区）及太原、成都等市相继结对签订异地备份协议，安徽、广西、吉林、湖北等省积极商讨研究异地备份相关事宜。

【各地加大执法监督力度】 天津市规划局初步建立城乡建设档案执法监督检查程序，把城乡建设档案管理纳入城乡规划管理一网通流程，同时把城乡建设档案登记、档案报送责任书签订、档案预验收证明和档案认可证发放作为规划业务考核内容。河北、江西、辽宁、山东、上海等省（市）组建专门的检查组，对各地级市和部分县市区进行城乡建设档案执法检查，督促解决部分地区城乡建设档案制度不全、政策执行不力的问题。

【稳步推进地下管线档案工作】 住房和城乡建设部办公厅组织有关部门调研北京、天津、四川等地贯彻落实《城市地下管线工程档案管理办法》（建设部令第136号）等文件情况。部城建档案工作办公室参与部城市建设司牵头，部办公厅、城乡规划司、工程质量安全监管司和标准定额司等单位共同组成的地下管线综合管理调研组，赴长春、吉林、沈阳、大连、珠海等地调研城市地下管线管理现状及其档案管理存在的问题。杭州、珠海、合肥、信丰等市县出台了地下管线管理条例或管理办法。辽宁省多数市已开展地下工程管线档案收集工作，25个独立设置的县级馆（室）机构中有半数以上已开展地下管线档案的收集工作。山东省莱芜、日照等5个地级市和胶州、即墨等6个县市，完成建成区地下管线普查，建立地下管线信息管理系统，实现管线数据及时更新和动态管理。长沙、厦门、沈阳、大连、乌鲁木齐等市城建档案馆建立了全市地下管线档案信息动态管理系统。长春、海口等市研发的"城市地下管线管理系统"，实现管线数据编辑、查询、显示、分析、报表、制图和管理功能，并对外提供服务利用。

【加强中小城市包括县区及村镇城乡建设档案工作】 各地住房和城乡建设（规划）主管部门按照《关于加强中小城市城乡建设档案工作的意见》（建办〔2007〕68号）要求，切实履行对中小城市城乡建设档案工作管理和指导职责，开展对尚未建立城建档案机构的县（市）进行调研指导和督促落实。江西省100%、四川省80%以上中小城市建立城乡建设档案机构。吉林省针对少数市县还未设立专门城乡建设档案机构问题，由相关建设主管部门领导带队，实地走访、调研督促，经各有关部门努力，长春地区榆树、九台市，白城地区的洮南市、大安县，松原地区乾安县等相继建立机构，解决了人员编制等问题。湖北省孝感市加大对所辖市县城建档案馆的管理力度，督促应城市、大悟县成立城建档案管理机构，当阳市经编委同意成立城建档案馆。

【积极推进城建档案馆库改造新建】 各地不断加大对城建档案馆硬件设施的投入，按照城乡建设环境保护部、国家档案局印发的《档案馆建筑设计规范》要求，新建和改建一批功能齐全、符合国家馆库建设标准的新型馆库。2011年，无锡、镇江、张家港等市城建档案新馆库相继建成。江西省景德镇、新余、赣州、浮梁等市县建成符合《档案馆建筑设计规范》要求的独立馆房。陕西省榆林、商洛、宝鸡、延安等市城建档案馆在上级主管部门筹建新办公大楼时，申请到新的馆舍。为进一步加强馆库安全管理，部城建档案工作办公室印发《关于进一步加强城建档案安全管理的通知》，对馆库安全工作提出要求。

【丰富优化馆藏档案资源】 各地城建档案馆（室）强化管理措施，加大工作力度，收集保存了大量建设系统业务管理档案、房屋建筑与市政基础设施档案、重点工程档案、房地产档案、声像档案等，馆藏档案数量快速增长。天津、浙江、广东等省（市）围绕城市发展，通过历史档案征集、档案编研、声像等工作，丰富馆藏资源，不断推出专题片、照片、画册、展览等成果，再现城市历史面貌变迁记录。

【扎实开展档案编研和利用服务】 各地围绕城乡建设档案工作热点问题，扎实开展档案编研和服务工作。江苏省无锡、扬州等市建设档案馆完成《璀璨无锡 盛迎世博》、《扬州东关街》等编研成果。河南省多数城市城建档案馆完成《城建档案馆指南》、《城市简介》、《城市建设大事记》、《重点工程简介》、《基础数字汇编》、《利用效益汇编》等编研成果。辽宁省各市城建档案馆围绕城市建设开展编研和服务工作，如编写市建设系统信息月报、摄录和编辑城市建设信息，制作城建专题影片和图册，完成撰写城市建设志，参与城市建设成果布展等。各地积极提供城乡建设档案信息利用服务，安徽省提供利用各类城乡建设档案资料21万多卷（册），利用档案资源完成编研成果889项，产生可测算的经济效益约上亿元。江苏省各房产档案馆为城市建设拆迁调阅档案数、提供房屋权属状况信息近10万条，为各地的城市建设提供了准确的基础信息。

【与国家档案局联合调研城乡建设档案工作】 为做好《城市建设档案管理暂行规定》（（87）城办字第585号）修订工作，住房城乡建设部和国家档案局的有关部门共同赴江西调研城乡建设档案工作情况，就城乡建设档案管理体制、发展新举措、新法规制度等方面问题进行深入讨论和实地考察。

（住房和城乡建设部城建档案工作办公室）

住房城乡建设稽查执法

【组织召开全国住房城乡建设稽查执法工作座谈会】 2月23日，在北京市组织召开全国住房城乡建设稽查执法工作座谈会，会议旨在贯彻落实全国住房城乡建设工作会议精神，总结交流稽查执法工作经验，研究部署2011年工作。会前，住房城乡建设部部长姜伟新专门作出重要批示："加强监督和执法检查工作，对完成住房城乡建设的各项工作任务很重要，也是提高工作质量、规范工作行为、建设法制长效机制的重要环节。请开好会议，取得积极成效。"副部长陈大卫出席会议并作重要讲话，要求各级住房城乡建设主管部门采取有力措施，提升稽查执法工作效能，一是统筹安排重点稽查执法工作，确保各项决策部署落到实处；二是加强层级指导监督，完善稽查执法工作体系；三是加大案件查处力度，严肃惩处违法违规行为；四是规范稽查执法行为，提高工作质量和水平；五是坚持以查促管，实现稽查执法与行政监管有效衔接。

各省、自治区、直辖市住房城乡建设部门和省级稽查执法机构的负责人，住房城乡建设部有关司局和单位负责人参加了会议。

【住房城乡建设稽查执法体制机制建设】 住房城乡建设部稽查办公室注重及时发现和总结地方制度建设、机制创新、队伍管理等经验做法，组织通报、交流，不断提升工作水平。2011年，重点研究解决稽查执法工作中存在的问题，推进各地进一步完善稽查执法工作体制机制。4月，汇总整理各地稽查执法工作中存在的问题，组织各地针对其中的问题开展研究，提出改进工作的意见。6月，对各地针对当前稽查执法工作中主要问题拟定的研究课题进行汇总印发。12月，总结相关情况，促进各地相互学习，共同提高。定期了解和掌握未建立稽查执法机构的省级住房城乡建设部门在筹建中的困难，及时上报进展情况，协助推动省级稽查执法机构的建立。组织召开举报受理工作座谈会，研究和交流受理违法违规行为举报工作，积极推广"住房城乡建设领域违法违规举报信息系统"，完成该系统在四川、河北的应用，强化部、省、市违法违规信息共享机制。建立集体研判机制，认真研判案件的违法事实和查处依据等，会同相关司集体研究，综合分析案情，形成处理意见，把案子办成铁案，有力地打击了违法违规行为。建立协同联动工作机制，与相关部门和相关业务司局密切配合，形成稽查执法工作合力，让违法主体"一处违法，处处受制"。建立违法违规预警预报制度，定期分析和通报违法违规案件办理情况，及时发现违法违规苗头和规律，对问题多发地区、领域和环节进行预警预报。强化对典型违法违规案件查处的警示震慑作用，组织筛选拟公开通报的典型案例，及时将有关违规主体信息反馈评优评奖等相关部门。

【参与保障性安居工程专项巡查】 按照部统一部署，住房城乡建设部稽查办公室成立14个巡查组，于5月下旬至10月15日，对上海、天津、重庆、吉林、浙江、湖南、广东、广西、海南、贵州、甘肃、青海、新疆等13个省、自治区、直辖市和新疆生产建设兵团2011年保障性安居工程建设项目开工情况以及预计年底基本建成的所有保障性安居工程建设项目进行巡查。部稽查办充分发挥城乡规划督察员、住房公积金督察员、稽查特派员三支队伍的作用，累计派出84名巡查人员，共查看了196个市（地、州）、821个县（市、团场）、393.8万套保障性住房，巡查覆盖率100%，通过及时总结各地经验、反映问题，较好地完成了"促开工、保质量、抓管理"的任务。针对巡查地区和参与人员较多的情况，稽查办专门制定了《稽查办保障性安居工程专项巡查工作规程》，成立由办领导牵头、各处处长负责、指定联络员协调联络的驻省区巡查工作组，认真查看各地保障性安居工程开工、竣工及质量安全情况，总结好的经验做法，发现指出存在的问题，及时向部保障性安居工程领导小组办公室报告。根据部里不同阶段的工作要求，及时调整和加强巡查力量。严格按照部里制定的开工标准和面积标准对项目进行核实，对巡查中发现的开工进度缓慢、存在质量安全隐患、现场公示情况有欠缺等问题及时向省级住房城乡建设主管部门和有关地市反馈。为督促林区、垦区、煤矿棚户区改造项目开工进度，受姜伟新部长委托，部稽查办负责人分别向吉林、湖南、广西、海南、甘肃、新疆等省、区常务副省长（副主席）汇报相关情况，得到各地的积极回应，有力地推进了项目开工。参加巡查工作的同志克服重重困难，不辞辛苦，忘我工作，保证了巡查任务的圆满完成。

【组织召开利用住房公积金贷款支持保障性住房建设巡查工作动员暨培训会】 8月18日，在吉林省吉林市组织召开"利用住房公积金贷款支持保障性住房建设巡查工作动员暨培训会"，全面部署试点巡查工作，对督察员进行业务培训和廉政教育。陈大卫副部长到会并作重要讲话，他要求督察员严格遵守各项纪律，认真履行职责，找准工作定位，依法依规开展巡查，不干预、不包办、不替代试点城市的工作。邀请专家作了《利用住房公积金贷款支持保障性住房建设巡查工作要点》的培训。

【住房公积金督察工作情况】 在住房城乡建设部、财政部、发改委、人民银行、审计署、银监会六部门领导下，住房城乡建设部稽查办公室会同住房公积金监管司按照《关于试行住房公积金督察员制度的意见》的要求，进一步规范和完善住房公积金督察员管理和工作制度，认真组织开展利用住房公积金贷款支持保障性住房建设试点专题调研、专项检查、驻点督察和季度巡查工作，帮助试点城市解决实际问题，不断加强业务培训和廉政教育，各项工作取得阶段性成效。6月23日，出台《利用住房公积金贷款支持保障性安居工程建设试点巡查工作规程》（建稽〔2011〕85号），明确督察员巡查组一般由3人组成，负责3~5个利用住房公积金贷款支持保障性安居工程建设试点城市的巡查工作，并对巡查组的工作内容、工作原则、工作方式、工作文书、报告制度等作出明确规定，进一步规范住房公积金督察员的巡查行为，强化试点工作全过程监督。组织住房公积金督察员对29个试点城市开展多次专项检查，2月14~21日，组织督察员对尚未放款的10个城市的情况进行专题调研，查找出制约试点工作向前推进的瓶颈性问题；6月，组织督察员对28个试点城市进行专项检查，针对试点工作的进展和问题，提出下一步工作建议；从8月下旬开始，对贷款发放率低于30%的15个试点城市进行驻点督察，帮助城市协调解决遇到的问题，督促加快试点项目调整和贷款审批工作；11月下旬至12月上旬，组织督察员对驻点巡查城市以外的13个试点城市开展第四季度巡查工作，重点巡查试点城市住房公积金贷款审批发放、抵押落实、资金使用、风险防范、项目建设、还本付息等情况。全年，住房公积金督察员共向28个试点城市政府发出督察建议书33份，督促试点城市政府落实责任，解决问题，有力地推进了试点工作。与6月未开展驻点督察时相比，29个试点城市12月底的贷款发放率由23.6%增加至77.2%，其中贷款发放率低于30%的城市由15个减少到3个。

【部派城乡规划督察员工作情况】 1月13～14日，在广东省珠海市组织召开2010年度住房和城乡建设部城乡规划督察员工作总结会，各督察组汇报了2010年度工作情况，交流经验，研究问题。4月，启动第六批部派城乡规划督察员的遴选工作。住房和城乡建设部办公厅印发《关于协助推荐城乡规划督察员候选人的通知》（建稽〔2011〕164号），请各省级住房城乡建设主管部门协助推荐规划督察员候选人。在各省上报候选人名单的基础上，经综合比选后，形成初选名单。6月1～2日，在山东省青岛市召开城乡规划督察员历史文化名城保护政策培训暨半年工作总结会议，会议总结了2011年上半年工作成效，研究督察工作中存在的问题及相关对策，邀请历史文化名城保护领域的专家为督察员进行培训，提高规划督察员历史文化名城保护政策水平和能力。7～8月，赴拟新增的18个派驻规划督察员城市实地协调相关事宜，落实规划督察员工作生活条件。8月29日，住房城乡建设部印发《关于派驻城乡规划督察员（第六批）的通知》（建稽〔2011〕134号），明确督察员的工作职责、工作方式以及需派驻城市支持的有关工作等。

9月28日，在北京市组织召开第六批部派城乡规划督察员派遣暨培训会议，新增向张家口、本溪、锦州、辽阳、盘锦、佳木斯、淮南、淮北、德州、烟台、潍坊、临沂、枣庄、平顶山、湘潭、株洲、衡阳、湛江18个国务院审批总体规划的城市派驻城乡规划督察员，使派城乡规划督察员的城市达到89个，督察员总数达到102名。会前，姜伟新部长会见了全体新任督察员并与大家合影。副部长仇保兴在会上发表了题为"城市转型与重构进程中的规划调控纲要"的重要讲话，他强调，城镇化转型时期的规划调控更要注重防止出现后人难以纠正的刚性错误，实施城乡规划督察制度是积极稳妥推进城镇化的重要举措，是强化规划层级监督、提升城镇可持续发展的重要保障。部城乡规划司负责人为督察员讲解了《城乡规划法规体系与历史文化名城名镇名村保护》以及《风景名胜区条例》的主要内容。住房保障司负责人系统介绍了保障性安居工程的基本情况。城乡规划管理中心专家讲授了利用卫星遥感技术辅助城乡规划督察工作的主要方法。部稽查办负责人介绍了城乡规划督察员工作制度和管理办法。督察员还就如何做好规划督察工作交流经验体会。10月，各位新任规划督察员陆续赴驻地正式开展督察工作。

2011年，部派城乡规划督察员认真履职，充分发挥城乡规划督察事前事中监督和层级监督的制度优势，在工作中注重把握大局，紧扣城市总体规划实施、历史文化遗产保护和生态环境改善，严格落实"禁建区、限建区、适建区"，守住"绿线、蓝线、黄线、紫线"。督察员通过列席会议、踏勘现场、调阅资料和卫星遥感核查等手段发现问题，共参加各类涉及规划督察工作的会议2643次，核查卫星遥感重点图斑350个，约见市政府及规划部门领导287次，向派驻城市政府发出督察文书61份，及时制止侵占城市公共绿地、破坏历史文化街区和风景名胜资源等违法违规行为苗头283起。督察员还向52个规划执法责任不落实的城市发出加强规划监督检查的督察建议，督促地方改进和完善规划管理，在维护城乡规划权威性和严肃性，促进城镇化可持续发展等方面发挥了重要作用。

【利用卫星遥感技术辅助城乡规划督察工作情况】 4月和10月，分两批增加秦皇岛、保定、太原、大同、淄博、徐州、南通、扬州、镇江、嘉兴、绍兴、南昌、开封、洛阳、新乡、南阳、武汉、襄阳、荆州、佛山、柳州、三亚、贵阳、唐山、包头、丹东、大庆、牡丹江、常州、泰州、马鞍山、东营、焦作、黄石、东莞35个开展卫星遥感辅助规划督察工作的城市，至此，该项工作已覆盖前五批派驻城乡规划督察员的71个城市。赴所有新增城市开展前期协调，获取城市总体规划及地形图等基础资料。完善工作流程，在以往提取并选择部分图斑交督察员核查的基础上，增加规划局填报项目审批情况、问题图斑分类交省厅、规划局核查处理等工作环节，促进了问题的发现和解决。制定项目审批情况填报、重点图斑核查等环节的标准文本，规范工作行为，提高工作效能。全年共组织开展2期遥感监测，按照涉及督察事项和日常行政执法分类，将可疑图斑分别交城乡规划督察员、省（区）住房城乡建设厅和城市规划局核查处理，共核查处理了近3000处有违法违规嫌疑的图斑。对存在重大违法违规问题的图斑，采取案件稽查、现场督办、发函督办等手段进行严肃查处，制止和惩戒了一批违法违规行为，有力地促进了地方城乡规划管理工作。

【专项重点检查工作】 2月底，住房城乡建设部稽查办公室会同相关司局研究制定《住房城乡建设部2011年重点稽查执法工作方案》（建稽〔2011〕33号），围绕部中心任务，统筹部署房地产市场调控监督检查、保障性安居工程监督检查、城乡规划实施监督检查、建筑节能和城镇减排监督检查、住房公积金监督检查、工程质量安全监督检查、建筑市场监督检查等方面的重点稽查执法工作，共计安排15项专项重点检查内容。根据部统一安排，部稽查办带队或参与国务院、中纪委和部组织的11项专项执法检查，促进了政策任务的落实。如中央转变经济增长方式专项检查、汶川地震灾后重建"回头看"、国务院房地产市场宏观调控督察和征地拆迁督察，部里组织的节能减排、建筑市场和工程质量安全、农村危房改造、城市动物园管理、创建无障碍城市等方面的监督检查工作。各地也积极开展重点稽查执法工作。全国有27个省级住房城乡建设主管部门结合实际制定重点稽查执法实施方案。吉林、新疆住房城乡建设厅举全厅之力开展保障性安居工程巡查和驻点检查；北京、上海重点做好房地产市场调控政策执行情况督查；重庆利用卫星遥感技术对远郊区县绿地保护情况进行专项督察；海南、云南深入开展住房公积金专项督察；河南认真排查重大质量安全隐患；福建组织开展城镇减排巡查；广东、安徽、湖南向所辖地市派出城乡规划督察员。据不完全统计，各级住房城乡建设主管部门全年共开展督察检查1.2万余次，出台或完善政策制度2500余项，达到总结推广经验、督促整改问题、查补政策漏洞的目的。

【案件稽查工作】 住房城乡建设部稽查办公室及时组织或参与对党中央、国务院及部领导批示的43件涉及扰乱市场秩序、损害群众利益、影响社会稳定的违法违规案件进行调查，对发现的违法违规问题提出处理意见，并督促处理到位、妥善解决。针对存在的共性问题，提出完善和改进工作的建议。2011年，共受理违法违规问题举报557件，其中领导批转29件，占5.2%；信件举报190件，占34.1%；网络举报329件，占59.1%；利用卫星遥感监测发现问题9件，占1.6%。从举报反映的问题来看，涉及房地产市场189件，占33.9%；建筑市场101件，占18.1%；城乡规划98件，占17.6%；工程质量安全72件，占12.9%；住房保障51件，占9.2%；城市建设、标准定额各8件，占1.4%；村镇建设7件，占1.3%；风景名胜区6件，占1.1%；建筑节能3件，占0.5%；住房公积金、历史文化名城各2件，占0.4%；还有10件反映其他问题。按照相关规定，督促地方办理并反馈结果155件，转地方处理261件。为加大对违法违规行为的查处力度，11~12月，从督促地方办理并反馈结果的举报件中筛选了7个反映问题线索清晰、违法违规情节严重的典型案件，进行现场督办。认真研究群众举报的违法违规行为的特点及发生规律，按季度进行统计分析，提出完善政策制度的意见和建议。

【治理商业贿赂工作】 组织制定《住房和城乡建设系统2011年治理商业贿赂工作要点》，抓住重点领域和环节，对全系统治理商业贿赂工作作出部署。及时调整部住房城乡建设系统治理商业贿赂领导小组和办公室成员，落实工作责任，分解工作任务。在与最高人民检察院建立治理商业贿赂联动机制的基础上，与国土资源部、监察部、国家文物局等部门建立工作协调机制，协同推进各项工作。在2010年对14个省份开展专项督察的基础上，4月下旬，对上海、重庆等16个省、自治区、直辖市住房城乡建设系统治理商业贿赂工作情况进行调研督导，掌握各地工作动态，总结先进经验，有力推动了专项工作深入开展。8月，按照中央治理商业贿赂领导小组办公室的要求，部治贿办组织相关业务司局，分赴江苏、浙江等8个省市就"加大对行贿行为的处罚力度问题"进行专题调研，还对辽宁、山东等8个省进行书面调研，形成《关于住房城乡建设系统"加大对行贿行为的处罚力度问题"调研报告》并上报中央治贿办。报告列举住房城乡建设系统行贿行为发生的重点环节及方式，总结各地加大对行贿行为处罚力度方面采取的主要措施，分析对行贿行为进行处罚方面存在的主要问题，提出进一步加大对行贿行为处罚力度的对策建议，得到中央治贿办的肯定。严肃查处商业贿赂案件，据不完全统计，2011年全系统共查结商业贿赂案件226件，涉案金额4187万元。加强信息交流，指导全系统严格季报、专报、简报制度，及时反映工作情况，交流工作信息，全年部治贿办共编印工作专报、简报10期。《中国建设报》全年发表有关治理商业贿赂工作的文章、图片等近500篇。推动防治商业贿赂长效机制建设，推进市场诚信体系建设。

【专题研究省级稽查执法工作评价办法】 组织研究制定省级稽查执法工作绩效评价办法，建立建设稽查执法绩效考核制度，通过科学设置评价指标体系，调动大家的工作积极性和创造性，不断规范建设稽查执法工作，提高工作效率和质量。研究稽查执法机构开展绩效考核和国内外行政监督部门绩效考核的做法，起草《住房和城乡建设部建设稽查执法工作评价办法》，在体制机制、业务工作和工作成效三个方面，探索对省、自治区的住房和城乡建设稽查执法工作进行评价，逐步探索建立住房城乡部建设部稽查执法绩效评价制度。

【队伍建设】 按照"创先争优"活动要求，积极开展内容丰富、形式多样的教育活动，如组织全办党员赴党建教育基地"盘山烈士陵园"进行参观学习，增强了党组织的凝聚力和战斗力。抓好党风廉政建设，组织全体党员干部、稽查特派员、城乡规划督察员和住房公积金督察员开展反腐倡廉警示教育。年初制定《稽查办工作任务分解落实表》，将各项工作分解细化落实到处室，明确目标成果、计划进度和责任人，认真遵照执行，确保按计划、保质量完成各项目标任务。针对工作中遇到的热点、难点问题开展调查研究，对省、市稽查执法工作开展情况进行专题调研。2011年，组织开展《住房城乡建设领域违法违规举报信息系统开发与应用》、《住房和城乡建设部建设稽查执法工作评价办法》、《住房和城乡建设部城乡规划督察员管理软件研究》等专题研究，组织召开《住房和城乡建设部城乡规划督察员管理暂行办法》修订研讨会。组织举办两期"住房城乡建设稽查工作专题培训班"，来自全国25个省、自治区、直辖市各级住房和城乡建设行政主管部门的1037名从事稽查执法工作的同志参加培训，促进了稽查执法人员业务素质的提高。定期组织查办案件情况交流和业务培训，提高了稽查队伍自身素质。

【地方稽查执法体制建设】 5月，湖南省住房城乡建设厅成立省级稽查执法机构。9月，青海省住房城乡建设厅成立省级稽查执法机构。至此，全国31个省、自治区、直辖市中，除陕西外，有30个已成立专门的建设稽查执法机构。已成立的稽查执法机构得到进一步加强和完善。江西将"建设市场督察站"更名为"建设稽查执法办公室"，职能相应拓展；甘肃争取省编委同意将"建设执法稽查大队"改为"甘肃省建设稽查执法局"。10月19～20日，第五届省级建设稽查执法机构联席会议在江苏省南京市召开，来自全国各省、自治区、直辖市的29支省级稽查执法机构的代表共计80余人参加了会议，会议汇总分析了各地24个典型案例，并就案例查办工作进行深入交流。同时，还研究讨论了《住房城乡建设系统稽查执法组织机构研究》和《住房城乡建设稽查执法绩效考评办法研究》两个课题。福建住房和城乡建设厅组织召开全省建设稽查执法工作座谈会，印发《关于加强建设稽查执法工作的指导意见》。2月16日，云南省住房和城乡建设厅出台《云南省住房和城乡建设稽查执法办法》，进一步完善稽查执法工作机制、规范稽查执法行为。

10月17日，四川省住房城乡建设厅出台《关于进一步加强建设监察执法工作的意见》，明确要求全系统加强建设监察执法组织机构建设，并对人员配备、机构编制、职能职责、办公场所、执法装备等都提出具体要求。江西将稽查执法与行政许可、选优评奖相结合，对被行政处罚的企业或项目实行一票否决。上海、天津将案件稽查与市场诚信体系建设相结合，营造"一处违法、处处受制"的氛围。山西实现厅内业务处室间横向联动、与基层主管部门的上下联动、与兄弟单位间的内外联动，完善案件互通、移送、协查等机制，推动稽查执法工作的全面开展。

【地方城乡规划督察制度建设】 2011年，安徽、广东、湖南、浙江等省向所辖市县派出城乡规划督察员。3月，安徽省人民政府印发《安徽省实施城乡规划督察员制度办法的通知》（皖政办〔2011〕10号），在《安徽省城乡规划条例》建立"城乡规划督察员制度"的基础上，对督察员的遴选条件、聘任程序、工作内容、工作方法、廉政纪律等方面做出规定。督察员由省政府聘任，派驻到设区的市人民政府，保证规划督察员开展督察工作的力度和效果。安徽省住房和城乡建设厅印发《关于贯彻落实〈安徽省实施城乡规划督察员制度办法〉意见的通知》，进一步阐述了实施城乡规划督察员制度的重要意义，指出城乡规划督察员制度的指导思想和工作原则，对开展好城乡规划督察工作提出要求。全年，安徽省政府共向芜湖、宣城、安庆、池州、蚌埠、滁州6个城市派驻了9名城乡规划督察员。浙江省住房和城乡建设厅新增衢州、义乌为派驻城市，派出第二批城乡规划督察员。9月，广东省人民政府在广州市召开广东省首批城乡规划督察员聘任暨派遣工作会议，首批6名城乡规划督察员即分成2个组，分别对位于珠江三角洲的广州、深圳、珠海、佛山、江门、东莞、中山、惠州、肇庆9个地级以上市开展城乡规划巡察工作。根据经广东省人民政府批准实施的《珠江三角洲城乡规划督察员巡察办法（试行）》对督察员的工作内容、工作方式等做出规定，督察工作经费由省财政专门安排，标志着广东省正式建立城乡规划督察制度。11月，湖南省住房和城乡建设厅在长沙召开全省派遣第三批城乡规划督察员工作会议，派出15名规划督察员，采用分组分片的形式对29个设市城市的城乡规划开展定期和不定期的巡察。

（住房和城乡建设部稽查办公室）

固定资产投资

【概述】 2011年是"十二五"开局之年。面对严峻复杂的国内外经济形势,面对各种矛盾和困难,在党中央、国务院的正确领导下,各地区、各部门按照以科学发展为主题、以加快转变经济发展方式为主线的要求,认真落实经济社会发展"十二五"规划,充分发挥投资对促进经济平稳较快发展和推进经济结构调整的重要作用。

1. 全社会固定资产投资保持平稳较快增长

2011年,固定资产投资运行平稳、增长较快,全社会固定资产投资完成31.1万亿元,增长23.6%,为保持经济平稳较快发展发挥了重要作用。投资结构进一步优化,区域投资增长协调性增强,产业结构调整继续推进,民间投资活力显著提升。

【固定资产投资平稳较快增长,一、二产业投资增速加快】 2011年,固定资产投资(不含农户)完成30.2万亿元,同比增长23.8%,增速比上年回落0.4个百分点。第一、二产业投资稳定增长,第三产业投资增速回落。第一产业投资增长25%,提高5.1个百分点;第二产业投资增长27.3%,提高5.3个百分点;第三产业投资增长21.1%,回落5.2个百分点。

【民间投资持续快速增长,投资增长内生动力继续增速】 2010年5月国务院颁布《关于鼓励和引导民间投资健康发展的若干意见》以来,民间投资积极性不断回升,增速始终较快。2011年,民间投资17.6万亿元,增长34.3%,比固定资产投资(不含农户)增速高10.5个百分点;所占比重达到58.2%,比上年提高4.5个百分点。2011年,国有及国有控股投资10.7万亿元,增长11.1%,回落7.8个百分点。港澳台商和外商企业投资1.9万亿元,增长15.8%,提高4.9个百分点。

【区域发展总体战略深入推进,投资地区结构继续优化】 西部大开发新10年政策措施全面实施,新开工22项西部大开发重点工程。东北地区等老工业基地振兴成果巩固扩大。促进中部地区崛起规划全面实施,中西部地区承接产业转移工作有序推进。在区域政策引导和带动下,中、西部地区投资持续较快增长,东部地区投资增长平稳。2011年,中、西部地区投资分别增长28.8%、29.2%,比同期固定资产投资(不含农户)分别高出5和5.4个百分点;中西部地区投资占固定资产投资(不含农户)的比重为50.3%,比上年提高1.9个百分点。东部地区投资增长21.3%,低于固定资产投资(不含农户)2.5个百分点。

【房地产开发投资增速依然较快,但增幅有所回落】 2011年,房地产调控政策效应进一步显现,商品房销售增长继续放缓,土地购置和房屋新开工面积增速大幅回落。由于投资惯性较强、保障性住房建设发挥一定支撑作用,房地产投资仍保持较快增长,2011年,房地产开发投资完成6.2万亿元,增长27.9%,比同期固定资产投资(不含农户)快4.1个百分点。在调控政策影响下,房地产开发投资自年初逐步回落,2011年增速比上年回落5.3个百分点。但保障性住房投资力度明显加大,全年完成投资1.2万亿元,比上年增长71.4%。

【制造业投资平稳较快增长,装备制造、食品、纺织等增速加快】 2011年,工业企业增加值增长平稳、企业经营效益较好,制造业投资保持较快增长。全年制造业投资10.3万亿元,增长31.8%,比上年提高7个百分点;占固定资产投资(不含农户)的比重为34%,提高2.1个百分点。其中,装备制造行业投资增长33.2%,提高3个百分点;食品加工行业投资增长37.5%,提高14.6个百分点;纺织行业投资增长36.5%,提高8.5个百分点。

【基础设施投资增速回落,铁路投资下滑较多】 2011年,基础设施(不含电力、燃气及水的生产与供应业)投资5.1万亿元,增长5.9%,比上年回落14.3个百分点。其中,水利管理业投资增长16.3%,公共设施管理业投资增长14.8%,交通运输业投资下降0.5%。交通运输业中,铁路运输业投资下降22.5%,道路运输业投资增长9.8%,城市公共交通运输业投资增长11.2%。

【施工项目和新开工项目计划总投资增速双双回落】 2011年,施工项目计划总投资63.2万亿元,增长18.7%,比上年回落4.7个百分点。新开工项目计划总投资 24 万亿元，增长 22.5%，回落 3.6 个百分点。

2. 中央投资项目建设进展顺利

【中央投资安排进一步突出重点】按照党中央、国务院的有关部署，2011 年中央预算内投资安排进一步加强重点和薄弱环节建设，着力保障和改善民生，注重发挥好政府投资对结构调整的引导作用，善始善终地完成好 4 万亿元投资计划续建、收尾项目，有序启动规划中前期工作成熟的重大建设项目，继续严格控制"两高"和产能过剩行业的盲目重复建设，从严控制党政机关楼堂馆所建设，为保持"十二五"期间经济平稳较快发展开好局、起好步。中央预算内投资重点用于以下六个方面建设：

一是保障性安居工程。继续安排廉租住房建设，以及国有工矿区、林区、垦区等各类棚户区改造、农村危房改造和少数民族游牧民定居工程。

二是农村民生工程和农村基础设施。加大水利建设投入力度，继续实施农村饮水安全、农村电网、农村公路、农村沼气等农村"水电路气"工程。支持新增千亿斤粮食、农产品和食品质量安全检验检测体系等农业基础设施建设。按照中央促进新疆、西藏跨越式发展的战略部署，专项安排新疆、西藏和四省藏区经济社会发展项目。

三是重大基础设施。支持西部铁路、中西部支线机场和西部干线机场、进藏公路、长江等内河高等级航道建设等交通项目，以及国家石油储备二期工程、煤矿安全改造等能源项目。

四是教育、卫生等社会事业发展。加大教育投入，重点支持全国中小学校舍安全工程、中等职业教育、中西部农村学前教育等项目。支持基层医疗卫生服务体系建设等医改实施方案确定的卫生项目。支持旅游基础设施、基层就业和社会保障服务设施等其他社会事业建设。

五是节能减排、环境保护与生态建设。继续支持污水垃圾处理设施、十大重点节能工程、重点流域和三峡库区水污染治理等。实施天然林资源保护、重点防护林保护、三江源生态保护和石漠化综合治理试点等。

六是自主创新和结构调整。安排战略性新兴产业、自主创新和高技术产业化、重大科技基础设施，以及重点产业振兴和技术改造、促进服务业发展等。

【中央投资引导带动作用突出】经过有关方面的共同努力，中央投资项目建设进展顺利。在中央投资的引导、带动下，建成了一大批民生项目和结构调整项目，经济社会薄弱环节建设进一步加强。

一是保障性安居工程建设大规模推进。基本建成城镇保障性安居工程住房 432 万套，新开工 1043 万套（户），超额完成计划目标；改造农村危房 265 万户。

二是农村民生工程和农村基础设施建设明显加强。中央预算内投资用于农业和农村建设的比重超过 50%。新增千亿斤粮食生产能力建设全面推进，江河治理、骨干水源、大型灌区建设与节水改造等重点工程的投入增加，农田水利建设和中小河流治理得到加强。农村生产生活条件进一步改善。解决了 6398 万农村居民和农村学校师生的饮水安全问题，新建和改造农村电网线路 34 万公里，新改建农村公路 19 万公里，启动了 331 个水电新农村电气化县建设，新增沼气用户 280 万户、小水电代燃料用户 11 万户，支持建设了粮食收储仓容 430 万吨、农产品批发市场 115 个，农产品冷链物流项目 186 个。促进西藏、新疆跨越式发展和长治久安以及加快青海等四省藏区发展的各项举措得到较好落实。

三是重大基础设施建设成效显著。交通基础设施建设加快推进，新建铁路投产里程 2167 公里。新增公路通车里程 7.14 万公里，改扩建国省道 2 万公里。改善内河航道 1091 公里，新增运输机场 5 个。能源特别是可再生能源和清洁能源加快发展，煤矿安全改造和石油储备二期工程进展顺利。

四是社会事业建设取得积极进展。基层医疗卫生服务体系进一步健全，全科医生临床培养基地、基层医疗卫生信息化建设启动，每千人口医院和卫生院病床数达到 3.51 张，比上年增长 7.3%。公共文化服务体系建设成效显著，文化产业加快发展，广播电视村村通工程取得重要进展，国家博物馆改扩建工程、国家话剧院剧场工程竣工。全国重点景区和旅游线路的配套设施进一步改善，残疾人康复和托养工程启动实施。

五是节能减排和生态建设成效明显。节能工作积极推进。支持重点节能项目 924 个，建成后可形成 2200 多万吨标准煤的年节能能力，支持循环经济和资源节约重大项目 415 个，建成后可形成年节水 9.2 亿吨、废物循环利用量 7240 万吨的能力。生态环境保护得到加强，长江黄河上中游水土保持、天然林资源保护二期、京津风沙源治理、岩溶地区石漠化综合治理、小流域治理、防护林体系建设等重点工程积极推进。塔里木河、石羊河近期治理任务基本完成。城镇污水垃圾处理设施建设力度加大，新增城镇污水日处理能力1100万吨、垃圾日处理能力11万吨。"三河三湖"等重点流域水环境综合治理积极推进，城镇饮用水安全保护力度加大。

六是自主创新和产业结构调整步伐加快。自主创新能力增强，战略性新兴产业发展势头良好。中央预算内投资支持了4000多个企业技术改造项目。装备制造业快速发展，重大技术装备自主化水平明显提高。东北地区等老工业基地振兴成果得到巩固和扩大。钢铁、汽车、装备、船舶、有色、纺织、轻工、石化、电子信息、物流十大重点产业调整和振兴规划实施取得积极进展。促进服务业发展、中小企业发展项目顺利推进。

3. 投资体制改革取得新进展，鼓励和引导民间投资健康发展扎实推进

【投资体制改革新进展】 2011年，以推进立法、规范管理、健全制度为重点，继续深化投资体制改革并取得新的进展。一是加强投资领域法制建设，构建投资管理长效机制。国务院组织开展《政府投资条例》审查工作，有关部门抓紧研究制订《企业投资项目核准和备案管理条例》。二是深化政府投资体制改革，严格和规范政府投资管理。健全完善政府投资项目管理制度，抓紧研究制订相关管理办法。选择15个项目开展后评价，扩大试点范围，加强对项目单位和后评价机构的指导监督，提高后评价工作质量。继续推动政府投资项目公示工作，积极推进政府投资项目决策责任追究制度建设。研究建立重大项目社会稳定风险评估机制。三是按照中央有关要求，认真贯彻落实《关于做好清理整改工作建立控制党政机关办公楼等楼堂馆所建设长效机制的通知》规定，进一步规范、完善中央和国家机关及所属事业单位办公业务用房建设项目的审批管理。

【积极鼓励和促进民间投资健康发展】 以推动《国务院关于鼓励和引导民间投资健康发展的若干意见》贯彻落实为主线，积极鼓励和促进民间投资健康发展，不断增强投资增长的内生动力，推动经济发展由政策刺激向有序增长转变。一是以金融、能源、铁道、市政等4个行业领域作为重点，国务院组织开展了鼓励引导民间投资健康发展政策措施贯彻落实情况的督促检查，积极推动各地方、各部门按照分工制定出台实施细则。二是有关部门研究提出了进一步加快落实鼓励民间投资发展的意见，从提高认识、加快落实进度、提高工作质量、做好舆论宣传、加大督查力度五个方面提出了政策建议。三是按时做好民间投资信息的发布、监测、分析工作，按月度发布民间投资概况信息。截至目前，北京、广东、浙江等17个省（自治区、直辖市）出台了当地鼓励民间投资发展的贯彻落实意见。医疗卫生、战略性新兴产业、研发机构建设、民航等领域也出台了具体实施文件。国务院文件的颁发及相关实施细则的出台，增强了民间投资的发展信心，改善了民间投资的发展环境。

4. 保障性安居工程建设和管理继续加强，房地产市场调控取得积极成效

【保障性安居工程建设和管理】 按照国务院的部署，为确保2011年开工建设保障性住房和棚户区改造住房任务顺利实施，有关方面采取了一系列措施。一是按照国务院确定的总体建设目标，有关部门组织各地方积极落实2011年保障性安居工程建设任务。二是加大中央投资对保障性安居工程建设的支持力度，及时下达中央投资，跟踪项目进展，督促各地完成建设任务。三是建立健全管理制度，2011年9月，国务院印发《关于保障性安居工程建设和管理的指导意见》，提出了确保用地供应、增加政府投入、规范利用企业债券融资、加大信贷支持、落实税费减免等各项支持政策。同时，对提高规划建设和工程质量水平、建立健全分配和运营监管机制等提出明确要求。四是各地方采取优化项目审批流程、开通绿色审批通道等做法，切实加快保障性安居工程前期工作。实行保障性安居工程投资计划备案制和执行情况旬报制。五是国务院、中央纪委监察部组织有关方面开展了专项督查检查，针对发现问题，有关地方认真落实整改，确保工程如期建成、发挥效益。

【房地产市场调控】 为进一步巩固和扩大房地产市场调控成果，2011年初，国务院办公厅印发《关于进一步做好房地产市场调控工作有关问题的通知》，提出了八项调控措施，加大保障性安居工程建设力度，实施更为严格的信贷、税收等经济调节措施，同时也明确了限制购房套数、制定本地区年度房价控制目标、对地方政府实行考核问责等行政措施。有关部门狠抓政策落实，密切监测房地产市场发展变化，加强政策成效研究分析，积极开展促进房地产市场健康发展长远的综合性政策研究工作。通过多措并举，房地产市场调控已经取得积极成效，重点城市投机投资性购房需求得到有效遏制，住房成交量下降；多数城市房价涨幅回落，部分城市房价有所松动。

（国家发展改革委投资司）

铁 道 建 设

1. 综述

2011年，铁路建设系统认真贯彻铁道部新一届党组的决策部署，振奋精神，攻坚克难，以质量和安全为重点，积极推进依法建设和标准化管理，强化工程质量安全控制，千方百计筹措建设资金，保持了铁路建设持续推进，迈出科学有序推进铁路建设的新步伐。

【**转变铁路建设发展方式推出新举措**】 铁道部新一届党组坚持以服务经济社会发展和人民群众为立足点，深刻剖析铁路发展中不科学、不协调、不可持续的突出问题，作出推进铁路科学发展的重大决策，及时调整铁路建设规模、标准和进度，着力理顺建设管理体制和机制，确立科学有序推进铁路建设的新思路。

建设规模方面，充分考虑国民经济社会发展水平和建设资源保障能力，以适度超前为准则，确定"十二五"铁路新线投产总规模控制在 3 万公里左右，并提出"保在建、上必需、重配套"的建设原则，调整了 2011 年和后几年的基建投资计划和具体项目安排。

建设标准方面，统筹考虑不同地区的经济发展实力，提出快速铁路网按 3 个速度等级建设的目标，调整部分在建项目建设标准，系统梳理现行铁路工程建设技术标准，重点对高速铁路设计规范、时速 200~250 公里客运专线和时速 200 公里客货共线铁路设计暂行规定，以及站后各专业设计、施工、验收标准进行梳理，并按新要求积极开展修订工作。

建设进度方面，组织各建设单位认真排查梳理 2003 年以来 225 个开通项目、280 个在建项目，履行建设程序、落实建设标准的情况，重点查找执行国家批复工期方面存在的问题，提出科学组织项目建设、规范工期管理的相关措施，坚决防止违背客观规律、盲目抢工期的行为。

体制机制方面，制定下发《关于进一步加强铁路建设管理的若干意见》，界定了铁道部、铁路局和铁路公司的管理责任，明确铁道部承担建设管理的主体责任；调整部机关职能部门管理关系，明确铁道部技术委员会职责，撤销客专技术部，将站房建设总指挥部划转工管中心，并由工管中心代部统一管理大中型建设项目的组织推进。这些调整和变化，为科学有序推进铁路建设奠定了重要的管理基础。

【**铁路依法建设取得重要进展**】 2011 年，各单位按照铁道部科学有序推进铁路建设的部署，深入推进铁路工程建设突出问题专项治理，以"三整治一提高"活动为载体，下大力气整治违法违规问题，铁路依法建设水平迈上新台阶。

完善建设规章制度。系统梳理现行铁路建设规章制度，加快推进建设规章和规范性文件立改废工作，全年废止铁道部文件 6 个、司局函电 25 个，制定修改规范性文件 9 个。

规范建设用地行为。认真落实国土资源部、铁道部等部委联合发布的《关于进一步加强和改进公路、铁路项目建设用地服务和监管的通知》等规定，严格落实新项目开工条件，集中整改了一批项目用地未批先用、边批边用和土地组卷报批滞后等问题。

整顿铁路建设市场。组织对 18 个铁路二级交易市场进行检查处理，积极推进铁路建设项目进入地方交易市场招标工作，年底前铁道部管理项目已进入北京市工程交易中心。改进招标投标管理，采取完善评标方法、试点摇珠定标、改进专家管理、强化过程监管、实行领导承诺制度等措施，大力整治人为干预、围标串标、明招暗定等突出问题，有 11 个二级交易市场、19 个建设单位、1 个监理单位、19 个物资供应商，分别受到暂停交易、通报批评、暂停投标等处罚。

清理工程转包分包。坚决清理在建项目包工队，全年清退 82 个项目中的 1424 个违法分包队伍，有一批队伍改造为架子队。

推行项目信息公开。根据中央治理办《推进工程建设项目信息公开和诚信体系建设工作指导意见》，发布实施《铁路建设项目信息和信用信息公开管理暂行办法》，220 个铁路项目信息上网公开。

签订依法建设承诺书。各铁路局分管建设的副局长、铁路公司总经理签署并向铁道部递交《铁路工程依法建设承诺书》，进一步强化自我约束能力。

【深入开展"三整治一提高"活动】 贯彻中央《2011年工程建设领域突出问题专项治理工作要点》及国务院办公厅转发的《关于解决当前政府投资工程建设中带有普遍性问题意见》，继续推进铁路建设专项治理工作，从2011年2月起，在铁路建设系统深入开展以安全质量、招标投标、投资控制和资金管理专项整治及提高监察有效性为主要内容的"三整治一提高"活动。

3月，铁道部召开铁路工程建设专项治理工作电视电话会议，明确整治内容和工作重点，并下发《铁路建设招标投标专项整治工作实施意见》、《铁路建设质量安全专项整治工作实施意见》、《铁路建设投资控制和资金管理专项整治工作实施意见》和《进一步提高监察工作有效性的实施意见》，为各建设单位开展好"三整治一提高"活动提供了有力指导。

各建设单位落实铁道部的要求，结合本单位实际，迅速开展"三整治一提高"活动，精心组织、深入一线，坚持边查边改，对检查发现的问题进行归类、分析，制定整改计划，建立问题库整改销号制度，落实整改期限和责任人，及时整改发现的问题，实行闭环管理。

铁道部加强对"三整治一提高"活动的督导，先后组织21个工作组进行专项检查和督导，并对专项整治情况进行通报，督促参建单位集中排查整治了一批突出问题。针对6月中央第三检查组检查铁路建设项目提出的问题和建议，铁道部督促抓好问题整改落实并及时反馈结果，组织相关单位研究贯彻措施，确保专项治理工作扎实推进。

【质量安全管理得到持续强化】 各建设单位按照铁道部统一部署，以服务运输、确保安全为目标，深刻吸取"7.23"事故教训，持续开展铁路建设质量安全反思、排查、整改活动，全面加大现场监管和事故处罚力度，质量安全管理能力进一步提升。

强化管理基础。铁道部部长办公会议专题研究铁路建设质量安全管理工作，明确了强化质量安全管理的工作思路和要求，提出确保质量安全的一整套办法及措施。修订完善质量安全管理制度和技术标准，调整施工标段划分标准，推进隧道工程第三方检测，实施质量安全"红线"管理，进一步夯实质量安全管理基础。

持续开展大检查。2011年，围绕保质量、保安全，各单位从2月中下旬开始，持续开展建设项目质量安全大检查大反思大整改及质量安全专项整治活动。期间，积极协助中央第三检查组开展铁路工程专项治理检查工作，组织参建单位配合国务院高铁安全检查组对28个在建项目进行系统检查，利用近半年时间对已开通高铁和站房进行拉网式排查，建立了开通高铁初期"保驾护航"工作制度。各单位自查自纠质量安全问题8万多个，铁道部先后派出43个检查组，发现并督促整改3800多个问题，进一步提高了发现问题、解决问题的能力。

严格事故处罚。在严查彻整大检查发现问题的同时，铁道部组织对宇松、贵广铁路等项目质量问题进行专门调查，坚决查处铁路建设质量安全事故和问题，全年有7个建设单位、18个施工单位、15个监理单位受到严厉处罚，22名建设单位责任人受到严肃处理。通过持续加大质量安全监管力度，保持了全年质量安全的总体稳定。

【铁路建设在艰难中平稳推进】 2011年，面对铁路建设资金空前紧张、维护社会稳定压力剧增等重重困难，铁路建设系统广大干部职工齐心协力、共度难关，在艰难中推动铁路建设不断向前发展。铁道部机关和各单位积极采取措施，争取国家政策支持，多渠道筹集资金，在短时间内筹措2500亿元，为保证在建项目不停工、维护社会稳定提供了重要的资金保障。铁道部成立5个包保组和6个督导组，分片区对全路在建项目维护稳定、质量安全等工作进行督导检查；各建设单位认真落实领导干部包保责任，妥善解决涉及老百姓切身利益的问题，确保元旦春节前农民工和职工工资发放到位，为项目有序推进提供了重要保障。2011年，京沪高速铁路、广深港客专等重大项目开通运营，全路基本建设完成投资4601.27亿元，完成新线铺轨3348.9公里、复线铺轨2664.4公里，投产新线2174.3公里、复线2012.6公里、电气化铁路3430.9公里，铁路建设保持发展势头。

（铁道部建设管理司综合处）

2. 建设管理

【着力推动铁路建设依法科学有序推进】 针对铁路建设快速发展中存在的不科学、不协调、不可持续的问题，2011年2月以来，铁道部新一届党组认真贯彻胡锦涛总书记对铁路工作的重要指示精神，坚持以科学发展观为主题，以转变发展方式为主线，及时采取一系列重大举措，作出科学有序推进铁路建设的重大决策。2011年6月，铁道部制定下发

《关于进一步加强铁路建设管理的若干意见》(铁办〔2011〕68号),将部党组科学有序推进铁路建设重大决策细化为规范性文件。

文件针对铁路建设中存在的主要问题,从理顺建设管理关系、坚持依法建设、确保合理工期、强化质量安全管理、深入推行标准化管理和做好维稳廉政工作6个方面提出进一步加强铁路建设管理的具体措施,覆盖了铁路建设管理的全部过程。

【规范铁路建设市场】 组织对18个铁路工程建设二级交易市场进行全面检查,对管理不规范的11个二级交易市场给予暂停交易或取消交易资格的处罚。积极推进铁路建设项目进入地方交易市场招标工作,2011年9月,铁道工程交易中心招标项目全部转到北京市工程发包承包交易中心良乡隔夜评标区评标。2011年底前铁路大中型建设项目全部进入北京市工程交易中心招标,取消铁路工程建设一级交易市场并积极推进二级交易市场招标项目进入地方交易市场招投标工作。

【加强资质管理】 铁道部以办建设发〔2011〕37号转发住房和城乡建设部有关进一步加强建筑市场监管工作意见的通知,完成29家铁路特级施工企业资质就位初审工作,对住房和城乡建设部转来的其他4批申报资质的材料进行了审查。完成住房城乡建设部转来的一级建造师注册审查工作,共审查498人。

【加强评优管理】 完成2010年度铁路优质工程(勘察设计)奖评选工作,完成2011年度全国优秀工程勘察设计奖、詹天佑奖、中国建设工程鲁班奖(国家优质工程)和国家级工法铁路参评项目推荐工作。武汉至广州高速铁路武汉站站房工程、新建铁路福厦线福州南站站房及配套工程等铁路工程获得2011年鲁班奖。武汉至广州高速铁路武汉站、青藏铁路那曲物流中心、襄渝铁路新大巴山隧道、武汉至广州高速铁路浏阳河隧道等铁路工程获得2011年中国土木工程詹天佑奖。

【改进铁路工程招标投标管理】 完善评标方法,制定下发了《关于开展综合评估法三试点工作指导意见》(铁建设〔2011〕23号),开展试点工作。改进评标专家管理,对铁路评标专家库进行扩容,并按照国家发展改革委等部门确定的评标专家分类标准对专家进行分类,通用专业直接从地方专家库抽取。制订《关于铁路建设项目施工招标标段划分工作的指导意见》(铁建设〔2011〕182号),对标段划分标准进行调减。

【完善信用评价制度】 根据中纪委转发的《工程建设领域项目信息公开和诚信体系建设工作实施意见》以及施工企业信用评价过程中存在的问题,修订下发《铁路建设工程施工企业信用评价暂行办法》(铁建设〔2011〕183号),形成完整的不良行为认定和扣分标准,保证评价工作透明度。为减少评价过程中可能产生的腐败,制订《关于A级施工企业信用评价结果使用规则的通知》(铁建设〔2011〕170号),弱化了与招标的挂钩力度和加分力度。

【做好铁路建设廉政风险防范和信息公开工作】 按照中央治理办关于建立以岗位为点、以程序为线、以制度为面的廉政风险防控机制的要求,依据"突出权力运作"和"管用有效"的思路,按照依法合规、注重防控、突出重点、规范权力、方便使用的原则,编制《铁路建设项目实施阶段重点环节廉政风险防控手册》,确定建设项目实施阶段中的工程招标、物资供应等9个关键环节的廉政风险点,明确提出涉及的部门、人员、防控措施和监管部门,为加强铁路建设廉政风险防控提供了基础。

切实做好铁路建设信息和信用信息公开工作,截至2011年底,220个建设项目的实施阶段信息已上网公开。

(铁道部建设管理司建设管理处)

3. 重点工程建设

【2011年部分新开工项目】

(1)拉萨至日喀则铁路

为促进西藏地区经济社会发展,提高藏族人民生活水平,增进民族团结、巩固国防和边疆稳定,新建拉萨至日喀则铁路。

线路自青藏铁路拉萨站引出,经堆龙德庆、曲水、尼木、仁布,至日喀则,线路全长252.8公里。工程可研批复投资估算总额133.3亿元,建设工期4年。初步设计概算总额132.82亿元。

建设单位:青藏铁路公司。设计单位:中铁第一勘察设计院集团有限公司。施工单位:中铁八、十九、二十一局集团有限公司,中国葛洲坝集团股份有限公司。监理单位:郑州中原铁道建设工程监理有限公司、成都西南交大工程建设咨询监理有限责任公司、四川铁科建设监理有限公司、兰州交大工程咨询有限责任公司。

工程于2011年1月14日开工建设。截至2011年底,全线开工累计完成投资37.54亿元,占设计的28.3%。开工累计完成路基土石方1564万方,占设计的85.0%;特大、大、中桥20323延米,占设计的44.5%;隧道20815成洞米,占设计的28.8%。

(2) 成都至兰州铁路

为加快地震灾区恢复重建进程，促进区域经济社会协调发展，完善路网结构，建设成都至兰州铁路（成都至哈达铺）。

线路自成都，经什邡、绵竹、茂县、松潘至九寨沟，向北延伸至在建兰渝铁路哈达铺站，线路全长463公里。工程可研批复投资估算总额636亿元，建设工期6年。初步设计概算总额616.86亿元。

建设单位：成兰铁路有限公司。设计单位：中铁二院工程集团有限公司。施工单位：中铁五局（集团）有限公司、中铁电气化局集团有限公司、中国建筑股份有限公司。监理单位：北京铁城建设监理有限责任公司、中铁二院（成都）咨询监理有限责任公司、北京通达监理有限公司、甘肃铁科建设工程咨询有限责任公司、成都大西南铁路监理有限公司。

先期工程于2011年3月29日开工建设。截至2011年底，全线开工累计完成投资4亿元，占设计的0.65%。开工累计完成路基土石方19.3万方，占设计的0.62%；特大、大、中桥4457延米，占设计的6.01%；隧道105成洞米，占设计的0.03%。

(3) 吉林至珲春铁路

为贯彻振兴东北老工业基地战略，支持图们江区域合作开发规划实施，提高铁路运输服务水平，完善铁路网布局，促进吉林省经济社会协调发展，新建吉林至珲春铁路。

线路自吉林市，经吉林市辖内的蛟河市、延边自治州的敦化市、安图县、延吉市、图们市至珲春市，正线长度360.547公里。

工程可研批复投资估算总额416亿元，建设工期4年。初步设计批复总概算按377.07亿元。

建设单位：长吉城际铁路有限责任公司。设计单位：中铁设计咨询集团公司。施工单位：中铁四局、中铁九局、中铁十二局、中铁十一局、中铁十九局、中铁二十二局、中铁隧道集团有限公司、中铁大桥局股份有限公司、中国建筑股份有限公司。监理单位：沈阳铁路建设监理有限公司、黑龙江中铁建设监理有限公司、北京中铁诚业工程建设监理有限公司、北京铁研建设监理有限责任公司。

工程于2011年5月21日开工建设。截至2011年底，全线开工累计完成投资75亿元，占设计的19.9%。开工累计完成路基土石方1241万方，占设计的37.9%；特大、大、中桥26432延米，占设计的26.4%；隧道26174成洞米，占设计的16.7%。

(4) 天津新港北铁路集装箱中心站

为扩大天津港铁路疏港能力，构建高效、快捷、安全的铁路集装箱运输网络，提高铁路运输服务水平，新建天津新港北铁路集装箱中心站。

天津新港北铁路集装箱中心站工程及延伸至码头作业区的铁路装卸线工程；北塘西站改造工程；北塘西至新港北进港三线工程。本工程可研批复投资估算总额为25.9亿元，建设工期2年。初步设计批复概算总额24.5201亿元。

建设单位：中铁集装箱公司、北京铁路局。设计单位是铁道第三勘察设计院集团公司。施工单位：中铁电气化局集团有限公司、中铁工程设计咨询集团有限公司联合体。监理单位：北京铁建工程监理有限公司。

工程于2011年4月29日开工建设。截至2011年底，全线开工累计完成投资6.3亿元，占设计的25.7%。开工累计完成路基土石方77万方，占设计的63.6%。

(5) 宁波北站及货场搬迁

为适应沿海通道的贯通和发展，符合宁波枢纽总图规划和"客内货外"格局，满足货运量快速增长以及货运集中化、规模化的需要，改善城市居民生活环境和交通条件，适应城市规划和建设发展，实施宁波北站及货场搬迁工程。

工程可研批复投资估算21.23亿元，建设工期1.5年。初步设计总概算20.3823亿元。

建设单位：上海铁路局。设计单位：中铁上海设计院。施工单位：中铁二十四局集团有限公司。监理单位：北京现代通信信号工程咨询公司。

工程于2011年3月1日开工建设。截至2011年底，全线开工累计完成投资11亿元，占设计的54.0%。开工累计完成路基土石方55万方，占设计的34.6%；特大、大、中桥1269延米，占设计的32.4%。

(6) 淮北站改造工程

为适应铁路客运量增长需要，提升铁路客运服务质量，适应城市发展要求，实施淮北站改造工程。

淮北站改造工程包括站场改造、新建站房、雨棚，以及相关配套工程。新建站房建筑面积9200平方米，新建8米宽的天桥、地道各1座，站台雨棚10200平方米。

工程可研批复投资估算总额3.48亿元，建设工期1.5年。初步设计总概算3.0326亿元。

建设单位：上海铁路局。设计单位：中铁第四勘察设计院集团有限公司。施工单位：中铁建工集团有限公司和中铁五局集团电务工程有限责任公司联合体。监理单位：上海先行建设监理有限公司。

工程于2011年1月18日开工建设。截至2011年底，全线开工累计完成投资1.12亿元，占设计的36.9%。开工累计完成路基土石方3万方，占设计的19.2%；房屋390平方米，占设计的4.2%。

(7) 丹阳站货场搬迁工程

为满足丹阳城市发展要求，改善城市环境，提高铁路货运服务水平，促进地方经济社会发展，进行丹阳货场搬迁工程，在陵口站新建货场。

京沪线丹阳站、陵口站。既有丹阳站货场搬迁，在陵口站南京端南侧新建货场。工程可研批复投资估算总额3.77亿元，建设工期1年。初步设计批复概算总额3.37亿元。

建设单位：上海铁路局。设计单位：中铁第四勘察设计院集团有限公司。施工单位：中铁二十四局集团有限公司。监理单位：上海华东铁路建设监理有限公司。

工程于2011年3月26日开工建设。截至2011年底，全线开工累计完成投资1.29亿元，占设计的38.2%。开工累计完成路基土石方18.6万方，占设计的61.0%；房屋909平方米，占设计的7.2%。

(8) 新建成都调度所

随着西南地区铁路的发展和客运专线的大规模建设，为适应铁路运输组织的发展要求，保证客运专线及既有铁路运输生产的正常秩序和运输安全，新建成都调度所。

成都调度所建筑主体地上6层、地下2层，总建筑面积59867平方米，其中地上6层、建筑面积44030平方米，地下两层，建筑面积15837平方米。建筑高度58.7米。建筑东西向宽65.6米，南北向长103.2米，基地面积6731平方米。

主要技术标准：建筑使用年限100年；耐久性设计年限100年；建筑结构安全等级一级；建筑抗震设防烈度7度；地基基础设计等级甲级。

工程可研批复投资估算总额12.68亿元，工程施工总工期20个月。初步设计概算11.8078亿元。

建设单位：成都铁路局。设计单位：铁道第三勘察设计院集团有限公司。施工单位：中铁电气化局集团有限公司。监理单位：成都大西南铁路监理有限公司。

工程于2011年1月开工建设。截至2011年底，全线开工累计完成投资5.5亿元，占设计的46.6%；房屋21086平方米，占设计的35.2%。

(9) 新建霍尔果斯铁路口岸站

为推动霍尔果斯特殊经济开发区建设，加强我国与中亚、西亚、欧洲等国经贸往来，提高铁路运输服务水平，促进新疆区域经济社会又好又快发展，新建霍尔果斯铁路口岸站。

可研批复投资估算总额18.4亿元。初设批复概算总额18.6263亿元，建设工期1.5年。

建设单位：乌鲁木齐铁路局。设计单位：中铁第四勘察设计院集团公司。施工单位：中铁十五局集团有限公司。监理单位：乌鲁木齐铁建监理咨询有限公司。

先期工程于2011年10月10日开工建设，截至2011年底，全线开工累计完成投资1亿元，占设计的5.4%。开工累计完成路基土石方102万方，占设计的16.4%；特大、大、中桥56延米，占设计的100%；正线铺轨10.7公里，占设计的100%。

(10) 福州站北站房

为完善福州铁路客运枢纽布局，缓解既有福州站客运高峰时旅客候车和集散能力紧张状况，满足温福、福厦、向莆铁路引入后福州站客运量进一步增长的需要，新建福州站北站房。

福州站北站房地上主体两层、局部四层，地下一层，建筑面积按2.5万平方米控制。

工程可研批复投资估算总额4.2420亿元，建设工期2年。初步设计概算按4.0645亿元。

建设单位：南昌铁路局。设计单位：中铁第四勘察设计院集团有限公司。施工单位：中铁建设集团有限公司。监理单位：北京铁研建设监理有限责任公司。

工程于2011年11月10日开工建设。截至2011年底，全线开工累计完成投资0.9亿元，占设计的22.1%。开工累计完成路基土石方9.3万方，占设计的100%；特大、大、中桥65.5延米，占设计的31.2%；房屋4005平方米，占设计的16%。

(铁道部建设管理司工程管理处)

【2011年部分销号项目】

(1) 九江至南昌城际铁路

九江至南昌城际铁路，自庐山站至乐化站，新建线路91.5公里。南昌枢纽乐化至南昌间16.1公里既有线相应改造，及南昌枢纽相关配套工程。九江枢纽庐山站增建第四站台，修建至武九联络线。总投资按716961万元控制。工程于2007年6月28日开工建设，2010年8月28日开通投产。

截至2011年底，全线开工累计完成投资60.84亿元。开工累计完成路基土石方1062万方；特大、大、中桥40363延米；隧道878成洞米；接触网398.8条公里；正线铺轨198.7公里；房屋25400平方米。

(2) 大连长兴岛铁路五岛至长兴岛段

大连长兴岛铁路五岛至长兴岛段，自既有田五铁路CK53+000至长兴岛港站，线路全长25.03公里。总投资8.1亿元。工程于2009年7月18日开工建设，2010年12月开通投产。

截至2011年底，全线开工累计完成投资7.6亿元。开工累计完成路基土石方549万方；特大、大、中桥1910.9延米；接触网95.4条公里；正线铺轨25公里；房屋16500平方米。

(3) 策克口岸站及临策铁路天鹅湖西站至策克口岸站铁路联络线

联络线自临策铁路预留的天鹅湖西站引出，向西北跨S312道后折向北，经毛仁陶勒盖、居延海至新设的策克口岸站，正线长度约68.8公里。总投资5.57亿元。工程于2010年5月5日开工建设，2010年11月24日开通投产。

截至2011年底，全线开工累计完成投资5.14亿元。开工累计完成路基土石方532万方；特大、大、中桥680延米；正线铺轨68.4公里；房屋7967平方米。

(4) 包头至满都拉铁路白云鄂博至巴音花段

包头至满都拉铁路白云鄂博至巴音花段，白云鄂博至巴音花站，全长85公里。总投资12.6亿元。工程于2009年4月10日开工建设，2010年12月开通投产。

截至2011年底，全线开工累计完成投资11.1亿元。开工累计完成路基土石方865万方；特大、大、中桥3709延米；接触网135.6公里；正线铺轨85公里；房屋13039平方米。

(5) 轨道交通实验室

轨道交通实验室建设项目选址位于西南交通大学校区院内，新建房屋总建筑面积规模按11000平方米控制。总投资4亿元。工程于2010年11月21日开工建设。

截至2011年底，全线开工累计完成投资2.4亿元。开工累计完成房屋11000平方米。

(6) 中国铁道科学研究院城市轨道交通试验线

沿既有铁科院环线试验基地试验环线内侧设置城市交通轨道试验环线，长约8.6公里，含相关的管理测试设施。总投资3.15亿元，建设工期1.5年。工程于2010年8月23日开工建设。

截至2011年底，全线开工累计完成投资2.9亿元。开工累计完成路基土石方39.4万方；特大、大、中桥786延米；隧道925成洞米；接触网8.6条公里；正线铺轨8.6公里；房屋2091平方米。

(铁道部建设管理司工程管理处)

【2011年部分续建项目】

(1) 北京至石家庄铁路客运专线

线路北起北京西站，南至石家庄南站，正线全长约283.7公里。另新建石太客运专线直通线，正线全长约28.6公里。工程总投资438.7亿元，建设工期4年。工程于2008年10月7日开工建设。

截至2011年底，全线开工累计完成投资369.95亿元，占设计的84.3%。开工累计完成路基土石方1518万方，占设计的92.7%；特大、大、中桥242084延米，占设计的99.7%；隧道9459成洞米，占设计的99%；接触网498.3条公里，占设计的48.1%；正线铺轨472.6公里，占设计的66%；房屋152988平方米，占设计的68.6%。

(2) 石家庄至武汉铁路客运专线

线路北起石家庄南站，南至武汉天兴洲大桥北岸，正线全长840.7公里。另新建郑西客运专线直通线39公里。工程总投资1167.6亿元，建设工期4.5年。2008年10月15日，石家庄至武汉铁路客运专线开工动员大会在郑州举行。

截至2011年底，全线开工累计完成投资878.95亿元，占设计的75.3%。开工累计完成路基土石方4556万方，占设计的99.1%；特大、大、中桥716991延米，占设计的99.5%；隧道39457成洞米，占设计的100%；接触网2249条公里，占设计的92.7%；正线铺轨1754.3公里，占设计的99.6%；房屋591550平方米，占设计的90.1%。

(3) 哈尔滨至大连铁路客运专线

线路北起哈尔滨，南至大连，正线全长904.26公里。工程总投资923.4亿元，建设工期66个月。工程于2007年8月23日开工建设。

截至2011年底，全线开工累计完成投资877.03亿元，占设计的95%。开工累计完成路基土石方5534万方，占设计的84.9%；特大、大、中桥657345延米，占设计的96%；隧道9652成洞米，占设计的97%；接触网2918.1条公里，占设计的99.9%；正线铺轨1740公里，占设计的92.3%；房屋429176平方米，占设计的100%。

(4) 天津至秦皇岛铁路客运专线

线路自天津站至秦皇岛站，全长257.4公里。工程总投资338亿元，建设工期4年。工程于2008年11月8日开工建设。

截至2011年底，全线开工累计完成投资273.1亿元，占设计的80.8%。开工累计完成路基土石方2048万方，占设计的81.7%；特大、大、中桥164978延米，占设计的91.1%；隧道10840成洞米，占设计的97.7%；接触网401条公里，占设计的40.8%；房屋90154平方米，占设计的39.4%。

(5) 绵阳至成都至乐山铁路客运专线

线路自江油，经绵阳至乐山，正线全长约317公里，包括成都枢纽配套工程。工程总投资392亿元，建设工期3年。工程于2009年7月6日开工建设。

截至2011年底，全线累计完成投资266.1亿元，占设计的65.6%。开工累计完成路基土石方3529万方，占设计的78.6%；特大、大、中桥163113延米，占设计的85.3%；隧道12731成洞米，占设计的96.6%。

(6) 合肥至蚌埠铁路客运专线

线路自合肥枢纽合肥站至蚌埠高速客站，正线全长131公里。工程总投资102亿元，建设工期4年。工程于2009年5月20日开工建设。

截至2011年底，全线累计完成投资93.99亿元，占设计的81.7%。开工累计完成路基土石方572万方，占设计的100%；特大、大、中桥84603延米，占设计的100%；隧道1371成洞米，占设计的100%；接触网292条公里，占设计的95.9%；正线铺轨203公里，占设计的93.3%；房屋20972平方米，占设计的98.0%。

(7) 长沙至昆明铁路客运专线

长沙至昆明铁路客运专线，自长沙南站至昆明南站，正线全长1158.09公里。投资总额1601.4亿元。工程总工期：长沙南至贵阳北段按4年安排，贵阳北至昆明南段暂按5.5年安排。工程于2010年10月1日开工建设。

截至2011年底，全线累计完成投资275.8亿元，占设计的18.5%。开工累计完成路基土石方4333万方，占设计的40.1%；特大、大、中桥89143延米，占设计的25.3%；隧道145717成洞米，占设计的24.5%。

(8) 成都至重庆铁路客运专线

成都至重庆铁路客运专线自成都东站引出，经四川简阳、资阳、资中、内江、重庆荣昌、永川、璧山至重庆站。成都东站至重庆站，正线长度308.45公里。投资估算总额398.9亿元，施工总工期48个月。工程于2010年11月1日开工建设。

截至2011年底，全线累计完成投资116亿元，占设计的31.2%。开工累计完成路基土石方3523万方，占设计的83.1%；特大、大、中桥55907延米，占设计的32.8%；隧道24656成洞米，占设计的47.6%。

(9) 兰新铁路第二双线

兰新铁路第二双线自兰州铁路枢纽兰州西站引出，经青海省西宁，甘肃省张掖、酒泉、嘉峪关，新疆维吾尔自治区哈密、吐鲁番，引入乌鲁木齐站，线路全长1776公里。总投资估算总额1435亿元，施工总工期5年。工程于2010年1月1日开工建设。

截至2011年底，全线累计完成投资509.56亿元，占设计的36.8%。开工累计完成路基土石方14210万方，占设计的92.3%；特大、大、中桥328443延米，占设计的79.0%；隧道92184成洞米，占设计的49.5%；正线铺轨13公里，占设计的0.5%。

(10) 杭州至长沙铁路客运专线

杭州至长沙铁路客运专线自浙江省杭州市，经绍兴、金华、衢州，江西省上饶、鹰潭、抚州、南昌、新余、宜春、萍乡，湖南省株洲至长沙。新建客运专线杭州东站至长沙南站，线路长度933.165公里，正线建筑长度930.682公里。投资估算总额1308.8亿元，建设工期54个月。工程分段开工建设，江西、湖南、浙江段分别于2010年4月18日、5月20日、6月18日开工建设。

截至2011年底，全线累计完成投资512.99亿元，占设计的41.7%。开工累计完成路基土石方5240万方，占设计的84.2%；特大、大、中桥435921延米，占设计的62.1%；隧道40567成洞米，占设计的62.4%；房屋27138平方米，占设计的11.4%。

(11) 大同至西安铁路

大同至西安铁路自山西省大同市，经朔州、忻州、太原、晋中、临汾、运城，陕西省渭南至西安，全长859公里。其中，大同至原平段利用在建北同蒲铁路第三、四线160公里，原平至西安段新建线路长度699公里。同时，实施大同、太原、西安铁路枢纽配套工程及相关疏解线、联络线，线路长度分别为22.8、12.8和7.7公里；建设运城地区动车走行线，线路长度为5公里。投资估算总额963.3亿元，建设工期按4.5年安排。工程于2010年3月10日开工建设。

截至2011年底，全线累计完成投资412亿元，占设计的47.6%。开工累计完成路基土石方2719万方，占设计的65.5%；特大、大、中桥380743延米，占设计的78.3%；隧道59430成洞米，占设计的88.0%。

(12) 合肥至福州铁路

合肥至福州铁路自安徽省合肥市，经巢湖、铜陵、芜湖、宣城、黄山，福建省南平、宁德至福州市。新建合肥枢纽合肥南站至福州枢纽福州站，正线全长约810.41公里，包括相关联络线工程。投资估算总额1058.4亿元（不含铜陵长江大桥公路引桥及接线工程投资），建设工期4.5年。京福闽赣客专公司、京福客专安徽公司管段分别于2010年4月18日、6月15日开工建设。

截至2011年底，全线累计完成投资301.56亿元，占设计的29.0%。开工累计完成路基土石方4430万方，占设计的84.2%；特大、大、中桥169405延米，占设计的41.8%；隧道170384成洞米，占设计的49.7%。

(13) 武汉至孝感城际铁路

武汉至孝感城际铁路，自武汉枢纽汉口站至孝感东站，线路建筑长度约61.8公里。投资总额为107.3亿元，建设工期2.5年。工程于2009年10月2日开工建设。

截至2011年底，全线累计完成投资52.95亿元，占设计的50.2%。开工累计完成路基土石方207万方，占设计的90.6%；特大、大、中桥46048延米，占设计的92.7%。

(14) 郑州至焦作城际铁路

郑州至焦作城际铁路自郑州枢纽南阳寨站引出，向北沿既有京广铁路通道跨黄河，经武陟、修武，向西沿既有新月铁路通道至焦作站，线路全长约77.8公里，其中利用京广铁路9.65公里，新建线路68.14公里。投资估算总额为97.6亿元，施工总工期42个月。工程于2010年9月25日开工建设。

截至2011年底，全线累计完成投资28.00亿元，占设计的30.4%。开工累计完成路基土石方473万方，占设计的68.2%；特大、大、中桥16756延米，占设计的40.6%。

(15) 青岛至荣成城际轨道交通工程

青岛至荣成城际轨道交通工程自青岛北站引出，经烟台、威海至荣成，正线长约300公里。投资估算总额371.29亿元，建设工期3.5年。工程于2010年12月20日开工建设。

截至2011年底，全线累计完成投资70.41亿元，占设计的20.0%。开工累计完成路基土石方980万方，占设计的32.7%；特大、大、中桥22216延米，占设计的11.7%；隧道8646成洞米，占设计的27.1%。

(16) 穗莞深城际轨道交通东莞至深圳段

东莞至深圳段，自东莞红梅至深圳机场东站，全长56.3公里。投资总额为157.5亿元，建设工期3.5年。工程于2008年8月28日开工建设。

截至2011年底，全线累计完成投资29.9亿元，占设计的19.0%。开工累计完成路基土石方0.5万方，占设计的18.5%；特大、大、中桥6802延米，占设计的31.5%；隧道3600成洞米，占设计的27.0%。

(17) 长沙至株洲、湘潭城际铁路

长沙至株洲、湘潭城际铁路以长沙站为中心，衔接株洲、湘潭、益阳三个方向。线路自长沙站引出后，经圭塘、汽车南站、植物园至暮云，沿京广铁路经白石港沿红旗路接入株洲站，并向南延伸至七斗冲站；线路自长沙站北端引出后，沿开福寺西路过湘江，沿杜鹃路经长沙市政府北侧至雷锋大道站。正线全长95.513公里。投资估算总额为233.2亿元，施工总工期48个月。工程于2010年9月1日开工建设。

截至2011年底，全线累计完成投资19.62亿元，占设计的8.8%。开工累计完成路基土石方44万方，占设计的6.9%；特大、大、中桥5610延米，占设计的9.6%；隧道2637成洞米，占设计的9.7%；房屋21067平方米，占设计的7.6%。

(18) 兰州至重庆铁路

兰州至重庆铁路，自甘肃省兰州市，至重庆市合川、北碚，新建双线铁路820公里。另修建南充经广安至高兴单线铁路95公里。工程投资总额774亿元，建设工期6年。2008年9月26日，兰渝铁路开工动员大会在甘肃省兰州市沙井驿举行。

截至2011年底，全线累计完成投资470.65亿元，占设计的56.8%。开工累计完成路基土石方12025万方，占设计的77.4%；特大、大、中桥149222延米，占设计的70.4%；隧道414580成洞米，占设计的85.6%；接触网208条公里，占设计的7.8%；正线铺轨125公里，占设计的6.0%；房屋140732平方米，占设计的33.6%。

(19) 新建云桂铁路

线路自昆明枢纽南客站引出，经石林、板桥、弥勒、普者黑、广南、富宁、百色、田阳、平果、隆安，至南宁东站。南宁至昆明南，新建正线长710.269公里；南宁枢纽南环线邕宁至那罗增建第二线，正线长43.023公里；昆明枢纽昆明南至昆明东客车联络线，长16.768公里；王家营西至羊堡增建第二线，长7.112公里；羊堡至金马村联络线，长12.245公里；石林板桥至南昆铁路石林南货车联络线，长24.529公里；引入南宁枢纽、昆明枢纽和百色地区相关工程。工程总投资894.81亿元，建设工期6年。工程于2010年7月1日开工建设。

截至2011年底，全线累计完成投资132.6亿元，占设计的14.8%。开工累计完成路基土石方3010万方，占设计的31.9%；特大、大、中桥35344延米，占设计的25.6%；隧道67650成洞米，占设计的15.9%。

(20) 山西中南部铁路通道

新建线路自瓦塘站引出，经临县、柳林、蒲县、洪洞至长治，引入京广线汤阴东站，利用既有汤台铁路并增加第二线至侯庙站，新建线路自侯庙站引出，经泰安至辛泰铁路范镇站，利用辛泰铁路并增建第二线至莱芜东站，新建线路自莱芜东站引出，经沂源、沂水、巨峰南至日照南站，线路全长1260公里，其中新建线路1089公里，利用既有线增建第二线171公里。配套建设与岢瓦铁路、南同蒲铁路、太焦铁路、京广铁路、京九铁路、京沪铁路的联络线114公里。预留韩岗至兖州联络线。工程总投资998亿元，建设工期4.5年。工程于2010年4月10日开工建设。

截至2011年底，全线累计完成投资358.23亿元，占设计的35.9%。开工累计完成路基土石方10075万方，占设计的84.3%；特大、大、中桥174168延米，占设计的63.5%；隧道197920成洞米，占设计的60.5%；正线铺轨84公里，占设计的3.3%。

(21) 张家口至唐山铁路

线路自张集线的孔家庄站，经张家口市的万全、宣化、赤城县，承德市的丰宁、滦平、兴隆县，唐山市的遵化、丰润、丰南、滦南、唐海县，至曹妃甸北站。张家口至唐山铁路，孔家庄站至曹妃甸北站正线长度约528.5公里，含张家口、承德、唐山地区相关工程等。工程总投资400.01亿元，建设工期4.5年。工程于2010年10月30日开工建设。

截至2011年底，全线累计完成投资62亿元，占设计的15.6%。开工累计完成路基土石方117万方，占设计的2.1%；特大、大、中桥2734延米，占设计的2.1%；隧道46827成洞米，占设计的19.5%。

(22) 大理至瑞丽铁路

大理至瑞丽铁路，自广大铁路大理站至瑞丽，正线全长350公里。工程投资总额147亿元。建设工期6年。工程于2008年6月18日开工。

截至2011年底，全线累计完成投资29.27亿元，占设计的48.7%。开工累计完成路基土石方447万方，占设计的86.8%；特大、大、中桥10872延米，占设计的85.5%；隧道53265成洞米，占设计的51.4%。

(23) 成昆线昆明至广通段扩能改造工程

线路自新建广通站至读书铺站，线路全长93.5公里，以及昆明枢纽配套工程。工程总投资54.8亿元，建设工期4年。工程于2007年10月18日开工。

截至2011年底，全线累计完成投资43.5亿元，占设计的79.4%。开工累计完成路基土石方553万方，占设计的82.6%；特大、大、中桥11128延米，占设计的90.1%；隧道56788成洞米，占设计的90.5%。

(24) 湘桂铁路衡阳至南宁段扩能改造

湘桂铁路衡阳至南宁段扩能改造工程，衡阳至柳州段，衡阳站至柳州站改建后线路长度497.9公里；湘桂铁路柳州站至南宁站新建客运专线，线路长度225.8公里。工程总投资575亿元，建设工期3.5年。南宁局、广铁(集团)公司管段分别于2009年4月1日、4月16日开工建设。

截至2011年底，全线累计完成投资314.67亿元，占设计的54.7%。开工累计完成路基土石方10698万方，占设计的87.6%；特大、大、中桥151118延米，占设计的80.1%；隧道75250成洞米，占设计的96.7%；接触网41.7条公里，占设计的2.1%；正线铺轨18公里，占设计的1.2%；房屋16383平方米，占设计的6.9%。

(25) 遂渝铁路增建第二线

线路自遂渝铁路遂宁南至石子山(北碚)正线长约114.8公里。工程总投资48.5亿元，建设工期3年。工程于2009年1月18日开工建设。

截至2011年底，全线累计完成投资39亿元，占设计的80.4%。开工累计完成路基土石方1058万方，占设计的97.3%；特大、大、中桥25813延米，占设计的85.5%；隧道27414成洞米，占设计的91.3%；接触网162.6条公里，占设计的77.9%；正线铺轨88公里，占设计的56.9%；房屋941平方米，占设计的75.4%。

(26) 兰新线红柳河至阿拉山口段电化

红柳河至阿拉山口站1201公里。工程总投资92.58亿元，建设工期2年。工程2008年10月16日开工建设。

截至2011年底，全线累计完成投资52.7亿元，占设计的59.2%。开工累计完成路基土石方1810.5万方，占设计的85.7%；特大、大、中桥9396.5延米，占设计的51.7%；接触网2723.2条公里，占设计的77.1%；正线铺轨73.5公里，占设计的25.2%；房屋77277.2平方米，占设计的78.3%。

(27) 京九铁路向塘西至东莞段电气化改造工程

向塘西站至东莞站，京九铁路三江镇至东莞站正线全长 821.525 公里。工程总投资 58.1 亿元，建设工期 2 年。工程于 2009 年 12 月 1 日开工建设。

截至 2011 年底，全线累计完成投资 42.4 亿元，占设计的 75%。开工累计完成路基土石方 238.2 万方，占设计的 97.2%；特大、大、中桥 467.9 延米，占设计的 100%；接触网 2400.5 条公里，占设计的 99.9%；正线铺轨 17.9 公里，占设计的 90.5%；房屋 35227 平方米，占设计 100%。

(28) 深圳福田站

广深客运专线深圳至福田及相关工程，自新深圳站至深港分界段，线路长约 11.43 公里。包括深圳福田站及相关工程。工程总投资 64.0 亿元，建设工期 4 年。工程于 2008 年 11 月 15 日开工建设。

截至 2011 年底，全线累计完成投资 38.9 亿元，占设计的 65.8%。开工累计完成路基土石方 21 万方，占设计的 100%；隧道 5248 成洞米，占设计的 51.6%；房屋 105727 平方米，占设计的 80%。

(29) 杭州东站改扩建工程

杭州东站扩建工程，新建杭州东站站房、雨棚及相关工程。工程总投资 120.8 亿元，建设工期 4 年。工程于 2008 年 12 月 27 日开工建设。

截至 2011 年底，全线累计完成投资 97.9 亿元，占设计的 74%。开工累计完成路基土石方 325.6 万方，占设计的 79.2%；特大、大、中桥 13200 延米，占设计的 92.1%；隧道 1845 成洞米，占设计的 100%；接触网 29.9 条公里，占设计的 9.3%；正线铺轨 44.7 公里，占设计的 69.4%；房屋 97123 平方米，占设计的 55%。

(30) 铁道部调度指挥中心

新建铁道部调度指挥中心调度大楼，含通风、采暖、给排水、电力、消防、综合管线、通信、安检、智能建筑等配套设施，不含调度指挥设备及软件系统投资。主体工程总建筑面积按 33414 平方米控制。工程总投资 12.23 亿元，建设工期 22 个月。工程于 2009 年 11 月 5 日开工建设。

截至 2011 年底，全线累计完成投资 9.3 亿元，占设计的 79.2%。开工累计完成房屋 32962 平方米，占设计的 98.7%。

(铁道部建设管理司工程管理处)

公路工程建设

【概况】 2011 年是"十二五"规划的开局之年。面对复杂严峻的国内外经济环境和各种重大挑战，交通运输行业认真贯彻党的十七届五中全会精神，坚持以科学发展为主题，以加快转变发展方式、发展现代交通运输业为主线，以结构调整为主攻方向，公路建设各项工作取得新进展，有力地支撑了国民经济的平稳健康发展。

【公路建设基本情况】 2011 年底，全国公路总里程达 410.64 万公里，比上年末增加 9.82 万公里。全国公路密度为 42.77 公里/百平方公里，比上年末提高 1.02 公里/百平方公里。

全国等级公路里程 345.36 万公里，比上年末增加 14.89 万公里。等级公路占公路总里程的 84.1%，比上年末提高 1.7 个百分点。其中，二级及以上公路里程 47.36 万公里，比上年末增加 2.63 万公里，占公路总里程的 11.5%，比上年末提高 0.4 个百分点。

全国高速公路达 8.49 万公里，比上年末增加 1.08 万公里。其中，国家高速公路 6.36 万公里，比上年末增加 0.59 万公里。全国高速公路车道里程 37.59 万公里，比上年末增加 4.72 万公里。高速公路里程超过 3000 公里的省份增加至 14 个。

全国公路桥梁达 68.94 万座、3349.44 万米，比上年末增加 3.13 万座、301.13 万米。其中，特大桥梁 2341 座、404.28 万米，大桥 55229 座、1330.05 万米。全国公路隧道为 8522 处、625.34 万米，比上年末增加 1138 处、113.09 万米。其中，特长隧道 326 处、143.32 万米，长隧道 1504 处、251.84 万米。

全年完成公路建设投资 12596.36 亿元，比上年增长 9.7%。高速公路建设完成投资 7424.14 亿元，比上年增长 8.2%。

【加快推行现代工程管理】 贯彻落实全国公路建设座谈会精神，促进公路建设"发展理念人本化、项目管理专业化、工程施工标准化、管理手段信息化、日常管理精细化"，全面提高公路建设管理水平。

（1）大力推行高速公路施工标准化活动。交通运输部印发《高速公路施工标准化活动方案》（交公路发〔2011〕70号），要求从2011年起在全国高速公路建设中开展为期3年的施工标准化活动。《方案》明确了高速公路施工标准化活动的指导思想、目标和活动内容，要求通过开展标准化活动，建立科学系统的施工标准化体系，将标准化要求贯穿工程施工各个环节。新开工高速公路项目要100%开展施工标准化活动，各项目驻地建设、施工工艺和现场管理100%达到标准化要求，工程实体关键指标全部达到规范要求。强调要按照标准化要求建设驻地、试验室、各类拌和站及其他施工场地，细化路基、路面、桥涵、隧道、绿化及防护工程、交通安全与机电工程等各项工程的施工标准化要求，严格执行法规标准，完善制度，优化管理流程，加强从业人员管理和培训。《方案》要求各地加强对标准化活动的组织领导和检查考核，并将考核结果记入公路建设市场信用体系。

（2）推进公路建设项目管理专业化。交通运输部印发了《关于进一步加强公路建设项目管理单位的若干意见》（交公路发〔2011〕438号），要求以增强建设单位能力与素质、推进建设管理专业化、提高工程质量安全管理水平为核心，以严格资格标准、健全组织机构、规范管理行为、落实监督考评为举措，充分发挥建设单位的主导作用，完善公路建设市场信用体系建设，推进工程管理现代化，提高公路建设管理水平。建设单位应具备相应的管理能力和建设经验，按规定组建机构、配备人员，制定完善管理制度。高速公路项目或独立特大型桥梁、隧道项目现场管理人员的总人数根据项目建设规模和技术特点确定，其中工程技术人员应不少于管理人员总数的65%，具有高、中级以上专业技术职称的人员应占工程技术人员总数的70%以上。《意见》要求，建设单位派驻工程现场的管理机构、管理人员及资格条件实行核备制度；省级交通运输主管部门要结合本地区公路建设实际，研究制定相应的考核评价制度。

（3）加强勘察设计管理。经过充分酝酿和多次征求意见，交通运输部制定、印发了《关于进一步加强公路勘察设计工作的若干意见》（交公路发〔2011〕504号），就创新提升公路勘察设计理念、加强地质勘察和外业工作、强化总体设计及过程管理、规范设计变更、加强科研项目管理、建立勘察设计信用管理制度等提出了新要求。《意见》强调，要把提高建设质量和工程耐久性放在首位，严格控制工程投资，确定符合实际需要和经济能力的工程建设方案。要认真落实"地形地质选线"和"安全选线"原则，掌握地质状况，对不良地质灾害体要尽量予以绕避。对特殊复杂桥梁隧道工程，要认真组织开展安全风险评估工作，确保结构安全可靠、技术经济合理。针对当前极端天气频发的情况，要高度重视公路沿线气象、水文、地质等建设条件的调查，加强防护工程设计，进一步提高公路基础设施的防灾抗灾能力，确保公路"生命线"的畅通和安全。按照发展循环和低碳经济的要求，在设计中要积极推广利用风能、太阳能、地热等清洁能源和节能设备，积极采用沥青、水泥混凝土路面再生利用技术等。同时，《意见》重点对进一步加强勘察和设计工作，提出了明确要求。

【加强重点项目竣工验收工作】 2011年，交通运输部组织了杭州湾跨海大桥、上海崇明越江通道工程、武汉阳逻长江大桥等7个重点项目的竣工验收工作。

杭州湾跨海大桥是同江至三亚国道主干线和沈阳至海口国家高速公路的关键控制性工程。该项目在建设过程中，积极借鉴国内外特大型跨海桥梁建设的先进经验，在工程安全、质量、投资、进度、生态环保、廉政建设等方面实施了有效控制；确定了海中钢管桩基础、南引桥滩涂区梁上架梁等关键技术方案，成功解决了强潮海湾长距离全天候测量控制、混凝土结构耐久性、大体积混凝土箱梁整体预制和架设，大直径超长钢管桩设计、制造、防腐和沉桩等关键技术，攻克了在强潮海湾建设跨海大桥的技术难题，安全、优质地完成了工程建设任务，为我国同类工程建设积累了宝贵的经验。建设和试运营期间，考虑到大风、雾天等恶劣天气的运行安全要求，增设了风障、防雾灯，加高了全桥栏杆，实施了非通航孔防撞试验段工程，对全桥监控系统进行了完善，确保了大桥运行安全。杭州湾跨海大桥建成通车，是我国跨海桥梁建设史上的里程碑，对于完善国家高速公路网，构建长江三角洲地区综合运输体系，促进区域经济社会发展，具有十分重要的意义。

上海崇明越江通道工程是上海至西安国家高速公路的重要组成部分。该工程在长江口复杂的建设条件下，创造了直径最大、一次性连续推进距离最长的盾构隧道世界纪录；在斜拉桥主墩钢套箱与撞体结合整体制作、运输及吊装施工技术，105米多跨连续组合梁制作、运输及安装施工技术，40米高墩多节墩柱预制接高施工技术等方面有了新的突破；隧道形成了公路和轨道纵横、上下的立体逃生系统，采用射流风机诱导型纵向通风加专用排烟道的水下长距离无风井通风排烟系统，隧道基本照明采用新型LED节能灯具。工程围绕建设条件、设计与施工方案、结构安全性与耐久性等方面，开展多项专题研究，取得了一大批支撑工程实施的研究成果，为我国特大型桥梁和隧道建设积累了丰富的经验。

【积极推进新疆公路代建工作】 为贯彻落实中央新疆工作座谈会精神，推动新疆交通运输事业实现跨越式发展，交通运输部决定，采取"政治动员、市场运作"的模式，协调东中部省份以代建方式支援新疆公路建设，缓解新疆加快发展时期建设管理力量不足的问题。2011年1月，交通运输部召开交通运输援疆工作推进会，协调新疆交通运输厅和各代建省市交通运输主管部门、代建单位，贯彻落实部党组要求，签署代建协议，落实工作措施。

新疆公路代建工作涉及17个项目包、28个项目，由12个省市的16家单位承担代建工作。为确保代建项目顺利实施，新疆交通运输厅主动做好服务工作，加快前期工作进度，与各地州市签订双业主责任书，推进征地拆迁工作，改善建设环境，优先保证代建项目实施。援疆各省市抽调优秀的技术、管理力量，组建专业化的管理团队，赴疆开展代建工作。

2011年8月下旬，交通运输部在新疆召开全国公路代建工作座谈会，进一步统一对代建工作的认识，强调探索适合中国国情的项目管理专业化模式，要求大力推进新疆公路代建工作。会后，各援疆省份相关领导纷纷到代建项目现场进行检查、督导，慰问援建人员，解决代建工作中的实际问题，有力促进了新疆代建工作。

【加强建设用地服务和监管】 2011年2月，交通运输部会同国土资源部、铁道部联合印发《关于进一步加强和改进公路、铁路项目建设用地服务和监管工作的通知》（国土资发〔2011〕30号），就改进建设用地服务指导、加强用地报批监管、部门协调联动等提出措施和要求，并联合召开电视电话会议部署有关工作。根据2010年公路建设用地卫片执法有关情况，印发《关于清理公路建设用地情况的紧急通知》，对近年来全国高速公路和国省道项目建设用地情况进行清理，为进一步加强公路建设用地监管、促进依法依规节约集约用地做好基础性工作。

（交通运输部公路局）

水 运 建 设

1. 水运建设市场监管

【继续开展市场检查，提高监管力度】 2011年，按照交通运输部统一部署，各级交通运输主管部门认真组织开展水运建设市场检查工作。各有关地（市）级交通运输主管部门共自查在建水运工程建设项目180余个，部和省级交通运输主管部门共抽查大中型水运工程建设项目73个，其中码头工程项目36个，航道工程项目29个，航电枢纽工程项目8个，共检查出问题260余个。各有关单位针对检查中发现的问题，进行了认真的原因分析，尤其是对重复出现的问题进行了深入的剖析，制定了相应的整改措施，取得了预期的效果。

【开展评标专家培训，规范招标投标行为】 根据《关于开展新一轮水运工程和交通支持系统工程评标专家资格评审工作的通知》，对新入选的评标专家进行系统的培训，共组织培训班12期，培训专家1800多名，经培训合格后正式入库开展评标工作。通过培训，进一步提高评标专家的专业素质和守法意识，对提高评标质量，规范评标行为具有重要的保障作用。同时，对入库专家建立动态管理机制，2011年共有105人暂停专家资格，7人列入黑名单。同时，按照《关于加强水运工程招标备案管理的通告》，各级交通运输主管部门认真开展招标备案管理工作，强化招标过程监管，确保招标投标工作公开、公平、公正地进行。

【推进资源共享，完善市场信用体系建设】 2011年，为继续深入推进水运建设市场信用体系建设，交通运输部印发《关于进一步加快水运建设市场信用体系建设的通知》、《关于加快推进省级水运工程建设市场信用信息管理系统建设的通知》。各有关省（区、市）高度重视信用信息管理系统和相关制度的建设，全年新增12个省级水运工程建设市场信用信息管理系统，全国共建成20个省级系统，并实现与部级信用信息系统的互联互通，初步实现了信息资源的共享。一些省份充分发挥信用信息系统的作用，健全市场主体的信息录入和使用，并与工程招投标监管活动相结合，逐步建立信用信息诚信奖惩机制。

【深入推进专项治理工作，强化治理成效】 按照中央统一部署和交通运输部工作要求，继续组织开展工程建设领域突出问题专项治理工作。制定年度工作要点和工作计划，组织开展履行审批监管职责情况的自查工作，组织完成中央专项治理检查组对水运建设项目的检查工作。各级交通运输主管部门继续强化监督检查，加强问题的排查整改，在此基础上不断完善规章制度建设，专项治理工作取得明显的成效。

2. 航道管理

【加强长江干线航道和长江口深水航道养护工作】 试运行提高了长江干线芜湖至南京段航道维护水深。试运行开通了太平府、裕溪口水道为公共航道，正式提高了宜昌至武汉段枯水期航道维护尺度，大大提升了干线航道公共服务能力；长江口12.5米深水航道上延至太仓，长江航运江海直通取得重大突破；经过13年的建设，长江口深水航道治理三期工程于2011年5月18日通过国家竣工验收，长江口12.5米深水航道进入正常运行维护期。

【制定发布《全国航道管理与养护发展纲要（2011~2015年）》】 为贯彻落实《国务院关于加快长江等内河水运发展的意见》，提高航道管理与养护能力和水平，制定发布《全国航道管理与养护发展纲要（2011~2015年）》。纲要以"建设是发展，管理养护是可持续发展，建管养并重是科学发展"的新理念，围绕"加快转变发展方式，提高航道公共服务能力"这条主线，分析航道管理与养护的发展现状和发展环境，明确今后一段时期的指导思想、工作原则、发展目标、保障措施等方面的内容，是指导"十二五"时期全国航道管理与养护发展的纲领性文件。

【加强航道应急抢通管理，落实中央财政补助资金】 2011年，我国自然灾害多发，受灾面积较广，对内河航道畅通造成很大影响。为加强航道应急抢通管理，指导各地开展内河航道应急抢通工作，组织编制并印发《航道应急事项报告管理办法》，规定应急事项报告程序、格式和要求，保障相关管理部门及时获取信息并妥善处置；组织编制《内河航道应急抢通补助资金申请报告编制文本格式》，与财政部联合发布《内河航道应急抢通补助资金管理办法》（财建〔2011〕760号），2011年度中央财政安排的内河航道应急抢通补助资金5000万元全部拨付相关省（区、市）交通运输部门。

【加强界河航道管理，完善对外合作机制】 加强界河航道养护。为有效缓解界河航道养护管理经费不足的状况，提高界河航道保障能力，改善航道条件，联合财政部、外交部等部门完成中俄、中朝界河航道养护管理经费调研，在先期解决中俄界河航道养护经费的基础上，2011年中央财政对吉林、辽宁、广东、广西、云南五省（区）界河航道和港澳特区界河航道养护经费给予补助，新增补助资金2400万元。为切实保障经费的有效使用，组织编写《界河航道养护补助资金管理办法》，适时与财政部联合发布。

加强界河航道航行双边合作机制。组织召开中俄国境河流航行联合委员会（中俄航联委）第52次例会，达成协议247项；组织召开了中俄航联委成立60周年庆祝活动，交通运输部副部长翁孟勇出席并作主旨讲话；组织召开中朝国境河流航运合作委员会第49次例会，签署《中朝国境河流航运合作委员会第49次会议协议》，交通运输部副部长徐祖远在北京会见朝方代表团一行。

【三峡船闸货运量创历史新高】 2011三峡船闸运行10344闸次、通过船舶55597艘次、过闸客运量40万人、货物通过量1.003亿吨，同比增长27.37%，是水库蓄水前最高年过闸货运量的5.5倍，创历史新高，提前达到设计水平年2030年三峡船闸的设计通过能力。

3. 沿海水运建设

【全国沿海水运建设基本情况】 2011年，全国沿海水运建设新开工项目159个，其中新开工港口建设项目145个，新开工航道建设项目14个。全国沿海新增港口码头泊位79个，全国沿海港口生产用码头泊位达到5532个，其中新增万吨级及以上泊位79个，全国沿海港口万吨级及以上深水泊位达到1422个，深水泊位的数量比2010年年底增长了5.88%。2011年全国沿海新增港口吞吐能力2.46亿吨。

【全国沿海水运建设完成投资情况】 2011年，全国沿海水运建设完成投资1006.99亿元，比2010年完成投资的836.87亿元增长20.33%，其中港口建设完成投资与航道建设完成投资的比例约为6.5：1。全国沿海水运建设完成投资大幅增加。

【全国沿海重点水运建设项目执行情况】

(1) 继续推进沿海港口重点物资运输系统建设

【煤炭】 结合国家煤炭铁路外运通道的扩能和新建，重点建设锦州港四港池专业化煤炭码头工程、唐山港曹妃甸港区煤码头续建工程、唐山港曹妃甸港区煤码头二期工程和黄骅港三期工程、天津港南疆港区神华煤炭码头二期工程、黄骅港煤炭三期工程、黄骅港扩容完善二期工程等煤炭装船码头的建设。重点建设大连港庄河港区庄河发电公司卸煤码头工程、烟台港西港区一期1号泊位工程、上海漕泾电厂"上大压小"新建工程项目配套码头工程、宁波穿山煤炭中转码头工程、宁波舟山港中宅煤炭码头工程、华能玉环电厂二期码头工程、浙江浙能滨海热电厂新建工程配套码头工程、浙能嘉兴独山煤炭中转码头工程、江苏华电句容电厂"上大压小"新建工程配套码头工程、江苏国电谏壁电厂上大压小扩建工程项目配套码头一期工程、江苏华润南京热电厂"上大压小"扩建工程配套码头工程、江苏大唐吕四电厂"上大压小"新建工程、江苏大唐吕四港电厂"上大压小"新建工程专用煤码头工程、苏州港太仓港区华能煤码头工程、国投湄洲湾煤炭码头一期工程、福州港江阴港区6、7号泊位工程、广东华能汕头海门电厂一期工程1号和2号机组项目码头工程、惠州港大亚湾热电"上大压小"新建工程配套码头工程、惠州港煤炭码头工程、虎门港海昌煤炭码头二期工程、珠海港高栏港区南水作业区煤炭码头工程、海南华能东方电厂新建工程项目配套码头工程等煤炭接卸码头工程的建设。其中，江苏大唐吕四电厂"上大压小"新建工程、江苏大唐吕四港电厂"上大压小"新建工程专用煤码头工程、江苏华电句容电厂"上大压小"新建工程配套码头工程、苏州港太仓港区华能煤码头工程、浙能嘉兴独山煤炭中转码头工程、浙江浙能滨海热电厂新建工程配套码头工程、国投湄洲湾煤炭码头一期工程和惠州港大亚湾热电"上大压小"新建工程配套码头工程等建设项目为新开工建设项目；大连港庄河港区庄河发电公司卸煤码头工程、海南华能东方电厂新建工程项目配套码头工程、广东华能汕头海门电厂一期工程1号和2号机组项目码头工程、上海漕泾电厂"上大压小"新建工程项目配套码头工程、江苏国电谏壁电厂上大压小扩建工程项目配套码头一期工程等建设项目建设完成并通过竣工验收。

【油品】 根据炼厂扩能与布局以及原油管道建设和战略储备需要，重点推进海南省洋浦港油品码头及配套储运设施工程、北海港涠洲岛30万吨级原油码头工程、中海石油炼化东莞油品储运有限公司立沙油品码头工程、珠海港万山港区桂山油库多点系泊码头技术改造工程、洋山石油储运一期工程、万向石油储运(舟山)有限公司岙山油品码头及配套设施工程、宁波一舟山港大榭港区实华二期原油码头工程、中国石油化工股份有限公司武汉分公司80万吨/年乙烯工程配套码头(9号泊位)工程、南京港大厂子港区扬子石化-巴斯夫有限责任公司二期改造项目配套码头工程、绥中36-1油田码头二阶段码头工程、大连港鲇鱼湾22号原油泊位工程、大连石油化工公司成品油码头工程和大连港东港区油品码头及配套设施迁建工程等油品码头工程的建设。其中，珠海港万山港区桂山油库多点系泊码头技术改造工程和海南省洋浦港油品码头及配套储运设施工程等建设项目为新开工建设项目；中海石油炼化东莞油品储运有限公司四期工程、福州港江阴港区6、7号泊位工程和广州港南沙港区三期工程等建设项目为新开工建设项目；深圳港大铲湾港区集装箱码头一期工程1~3号泊位工程、深圳港蛇口港区三突堤集装箱码头三期工程8号和9号泊位工程、厦门港嵩屿港区一期工程、厦门港海沧港区一期工程、上海港外高桥港区六期工程和天津港北港池集装箱码头5号至7号泊位工程等建设项目建设完成并通过竣工验收。

(2) 继续推进沿海港口公共基础设施建设

【沿海港口、公共基础设施建设】 继续建设主要港口、地区性重要港口深水航道和防波堤工程，逐步实施长江口12.5米深水航道向上延伸工程。科学推进新港区航道、防波堤建设。重点推进国家重点建设项目大连港长兴岛北港区防波堤及围堰工程、营口港仙人岛30万吨级航道工程、天津港航道拓宽工程、天津港大沽沙航道二期工程、天津港北防波堤延伸工程、烟台港西港区航道工程、威海港新港区航道扩建工程、青岛港外航道扩建二期工程、日照港岚北港区深水航道一期工程、连云港港30万吨级航道工程、湄洲湾航道二期工程、福州港罗源湾航道一期工程、广州港出海航道三期工程、湛江港30万吨级航道工程、钦州港30万吨级航道工程、防城港港20万吨级进港航道工程等港口公共基础设施的建设。其中，天津港航道拓宽改造工程和天津港大沽沙航道二期工程等建设项目为新开工建设项目；长江口深水航道治理三期工程等建设项目建设完成并通过竣工验收。

(交通运输部水运局)

农业资金投入

2011年是建党90周年,是"十二五"开局之年,中央对巩固农业农村好形势、稳定粮食生产、保障农产品供应、增加农民收入提出新的更高要求,作出明确部署。农业部深入贯彻落实科学发展观,以转变农业发展方式为主线,以提高投资项目质量和效益为目标,加强项目管理,各类农业建设项目总体进展顺利,农业基本建设取得明显成效。

1. 2011年农业基本建设投资情况

2011年国家共安排农业基本建设投资267.8588亿元,比2010年的252.4617亿元增长6.1%。主要用于高标准农田建设工程、"菜篮子"产品供应能力建设工程、现代农业公共服务能力条件建设工程、草原建设与农业生物资源保护工程、农村废弃物资源化利用工程及其他五方面建设。

【**高标准农田建设工程74.0398亿元**】 主要包括新增千亿斤粮食田间工程及农技服务体系、油料生产基地、糖料生产基地、旱作节水农业示范工程、棉花生产基地、农垦天然橡胶基地、国家现代农业示范区标准农田建设和农垦现代农业示范工程8个方面。

【**"菜篮子"产品供应能力建设工程31.1亿元**】 主要包括生猪标准化规模养殖小区(场)、奶牛标准化规模养殖小区(场)和海南冬季瓜菜生产基地及预冷处理系统3个方面。

【**现代农业公共服务能力建设工程54.0676亿元**】 主要包括基层农业技术推广体系建设工程、动物防疫体系建设工程、植物保护工程、农产品质量安全检验检测体系建设工程、种植业种子工程、养殖业良种工程、渔政渔港工程、农业科技创新与推广能力建设、农垦公益性项目和垦区政法基础设施建设10个方面。

【**草原建设与农业生物资源保护工程43.0415亿元**】 主要包括天然草原退牧还草、草原防火、保护性耕作工程、湿地保护和农业生物资源保护工程5个方面。

【**农村废弃物资源化利用工程52.8425亿元**】 主要包括农村沼气工程和非粮食生物质能试点示范工程2个方面。

除上述五类项目外,还支持了垦区棚户区改造及配套基础设施建设和血吸虫病综合治理工程等项目。

上述重大农业基本建设项目的实施,提高了主产区粮食综合生产能力,改善了农民生产生活条件,强化了农业公共服务和防灾减灾能力,产生了良好的经济、生态和社会效益。截至2011年底,通过新增千亿斤粮食田间工程项目,累计建成标准农田近1300万亩,农田水利基础设施条件显著改善,项目区亩均增产100斤以上;通过农村沼气项目,累计建成4144万口户用沼气池,大中型沼气5300处,小型沼气7.24万处,乡村服务网点9.3万个,可替代2000万吨左右的标准煤,有效推进了畜禽粪便的无害化处理和资源化利用;通过种养业良种项目,促进了国家良种育繁推体系的形成;通过动植物保护工程,基本建成国家、省、市、县四级疫病虫害防控体系;通过退牧还草工程,安排建设草原围栏7亿多亩、补播重度退化草原近1.6亿亩,工程区内的平均植被盖度比非工程区提高了12%,高度比非工程区提高了37.9%,草原生态环境明显改善。总体来看,农业投资很好地发挥了"打基础、管长远"的作用,对粮食和"菜篮子"产品连年增产,对保增长、保民生、保稳定发挥了重要作用。

2. 农业基本建设项目管理主要措施

为切实发挥农业建设项目投资效益,农业部及各地农业部门精心组织,狠抓落实,有计划、按步骤采取了一系列措施,不断探索和创新项目建设管理的有效做法。

【**加强农业工程项目建设标准体系建设**】 为适应农业建设项目管理工作需要,以"十二五"农业农村经济发展规划等为依据,农业部完成了《农业工程项目建设标准体系规划(2011~2015年)》修订工作,为指导"十二五"农业建设标准的编制和管理，奠定了良好的基础。同时，为加强农业工程建设标准编制工作的管理，制定《农业工程建设行业标准管理办法》，为标准的立项申报、编写、送审、报批、发布、出版和修订等各个环节提供了依据。标准管理工作基本上形成每年一次全国范围标准申报，两次在编标准评审会，多次督导标准编制进度和质量的工作流程，整体编制进度明显加快，2011年农业部以农业部公告〔2011〕1642号文件颁布实施了旱作节水农业工程项目建设规范、标准化养猪小区项目建设规范及标准化奶牛养殖小区项目建设规范等3个标准。预计2015年底前将建立起基本完整的农业项目建设标准体系。项目建设标准体系的建立和完善将对农业项目管理工作发挥重要的导向性作用，成为农业项目评审、审批、检查、验收、后评价等项目管理工作的重要依据。

【强化农业基本建设项目监督管理工作】 在项目管理工作中，把严格遵守基本建设管理制度作为一条底线，切实提高农业投资项目安排的严肃性和项目监管工作的权威性。不断健全农业投资监督机制，树立全程监管服务理念，将项目监管关口前移，加强重点项目、重点部位的监管与服务，加大在建项目经常性检查和抽查力度，做到及时整改、完善制度。2011年度农业建设项目检查范围涉及2006~2008年下达投资计划尚未竣工验收的种养业良种工程、植保工程、渔港建设等地方项目和直属单位项目1312个，涉及40个部直属单位和74个省级农业行政主管部门。检查工作将项目验收工作完成情况确定为重点，同时督促项目建设单位将列入专项检查范围的项目实施情况录入农业建设项目管理信息系统中，充分利用信息系统远程监管、即时监管的作用。不断创新项目管理方式，优化项目管理方式，促进投资效益发挥。针对建设项目专业性强的特点，积极倡导项目建设单位委托工程咨询机构实行工程专业化管理。每年举办综合业务培训以及种植业、畜牧业、渔业、沼气、农产品质检体系等行业培训班数十期以上，提高项目建设单位思想认识，普及项目管理知识，宣传项目管理制度，规范管理行为，不断提高项目管理水平。

【加快农业基本建设项目预算执行进度】 按照"因项制宜、分类指导、重点突破"的原则，以加快项目前期工作进度、强化组织实施、规范运作为主攻方向，以加强领导、力量调配和监督管理为保障，尽快解决影响项目建设进度的关键问题，在确保投资效益发挥和资金安全的前提下，全力加快项目实施进程，尽快将投资转化为实物工作量。要求建设单位针对不同情况采取"三加三减"六方面的措施，推动加快项目建设进度。"三加"是针对尚未开工的项目，加快项目前期工作；针对已经开工的项目，加快项目实施进度；针对已基本完工的项目，加快项目竣工验收。"三减"是减少项目执行中的变更；调减进度滞后项目的投资计划；减少不合理的年度投资需求。同时，严格实行奖优罚劣制度，将项目审批和投资计划安排与以往项目执行情况挂钩，实行奖优罚劣。对于项目执行好的单位，在安排以后年度项目和投资时给予倾斜；对在建项目多、滞压资金多、建设进度慢的单位，坚决暂停安排后续投资和新的项目，形成加快建设进度的良性机制。

（农业部发展计划司）

通信业建设

【通信业建设情况】 2011年，在党中央、国务院的正确领导下，通信业以科学发展观为主导，以"加快推动行业转型升级"为主线，按照"引领发展、融合创新、普惠民生、绿色安全"的指导原则，积极推动3G和宽带网络基础设施建设，大力发展移动互联网和增值电信业务，持续优化市场竞争格局，不断推动经济社会信息化应用水平提升，全行业继续保持健康平稳运行。

全年通信业完成固定资产投资3331亿元，同比增长4.2%。全国光缆线路长度净增210万公里，达到1205万公里。固定长途电话交换机容量减少28万路端，达到1616万路端；局用交换机容量（含接入网设备容量）减少3092万门，达到43467万门。移动电话交换机容量净增20174万户，达到170691万户。基础电信企业互联网宽带接入端口净增4406万个，达到23166万个。全国互联网国际出口带宽达到 1389529Mbps，同比增长 26.4%。在全国实现行政村通电话、乡镇通宽带的基础上，继续推进行政村通宽带，全年新增 1.7 万个行政村通宽带，通宽带行政村比例从 80% 提高到 84%。

【开展通信建设领域专项治理情况】 根据中央纪委、中央工程治理领导小组《关于印发 2011 年工程建设领域突出问题专项治理工作要点的通知》（中纪发〔2011〕12 号）的精神，按照《工业和信息化部 2011 年工程建设领域突出问题专项治理工作要点》的要求，结合通信建设工程实际，下发《2011 年通信工程建设领域突出问题专项治理通知》，要求各单位在通信工程建设领域继续开展工程招投标、工程质量和安全生产管理方面突出问题的整改，通过重点环节治理、长效机制建设，进一步规范通信建设市场秩序。

（1）深化通信建设工程质量监督管理工作

开展部省通信工程质量监督联合检查工作，对 11 个省的 180 个项目进行实体检查；认真落实通信工程质量监督和安全生产季度通报制度，对工程建设不执行基本建设程序、不办理或补办质量监督手续、将工程发包给不具有相应资质或无资质企业等问题进行通报。通过开展抽查和质量监督通报，有效促进企业重视工程质量，通信建设工程质量明显好转。

（2）强化通信建设工程安全生产管理工作

认真落实国务院 23 号文件要求，按照《工业和信息化部 2011 年加强工业和通信业安全生产管理工作要点》（工信厅安〔2011〕33 号）要求，下发《关于进一步加强通信建设工程安全生产工作的通知》，提出 2011 年通信建设领域安全生产的 7 个要点。要求各电信企业及参与通信工程建设的设计、施工、监理等企业要加倍重视安全生产工作，建立企业安全生产管理长效机制，积极推动建立责任落实、基础扎实、投入到位、管理规范的企业安全生产保障体系，着力提高企业安全生产水平和事故防范能力；

开展通信工程安全生产部省联合检查，对发现的未支付或不按规定支付安全生产费、工程防雷、抗震、防火等安全设施未按标准建设存在安全生产隐患等问题，要求企业立即整改。

加强对通信建设企业一线人员安全生产教育及"三类人员"的考核工作，提高通信建设企业全员的安全生产意识；组织相关单位对《通信工程安全生产操作规范》进行修订，增加不同专业工程施工的应急救援方案等内容。

（3）进一步规范通信建设项目招投标活动

进一步规范通信建设项目招投标工作，推广《通信建设项目施工招标文件范本（试行）》和《通信建设项目货物招标文件范本（试行）》使用，提高招标文件编制质量；加强评标专家培训工作，认定 1 万余名通信建设项目评标专家；完成《通信建设项目招投标监管平台Ⅰ期》的开发建设工作，平台的应用可实现招标信息发布、专家库的建立、评标专家动态管理等功能；加强通信建设项目招标投标的跟踪，对 TD-SCDMA 网络扩容项目等工程项目进行跟踪，对发现的问题及时要求企业改正；根据省通管局和设计、施工、监理等单位对信用体系研究报告和建设方案的反馈意见，修改完善并最终形成通信工程建设领域信用信息管理办法、评价标准及数据采集方案。

【通信业建设相关法律法规】

（1）进一步加强制度建设

为有效解决通信建设工程质量和安全生产方面存在诸多问题，下发《关于进一步加强通信建设工程监理工作的通知》（工信部通函〔2011〕313 号），从加强对监理工作重要性认识、逐渐扩大通信工程实施监理的范围、保障合理监理费用、监理工作职责落实、加强行业自律等方面对电信企业、监理企业提出要求，进一步规范通信建设监理工作，以保障通信工程质量和安全生产。

为推进通信工程建设标准工作更加规范化和科学化，提高标准的编写质量，发布并实施《通信工程建设标准管理实施细则》及《通信工程建设标准编写规定》。

（2）完善通信工程建设标准

为加强招标投标的规范化管理，提高招标文件编制质量和效率，配合国家发改委完成《简明标准施工招标文件》和《标准设计施工总承包招标文件》编制工作，并发布实施。

为适应下一代移动通信网、三网融合、物联网等网络新技术新业务的发展，积极推动行业标准和国家标准编制工作，完成《TD-LTE 移动通信网无线网工程设计暂行规定》、《IPTV 工程技术规范》等 16 项行业标准，完成《电信钢塔架共建共享》、《通信局站共建共享技术规范》等 10 项国家标准征求意见稿或送审稿。

（工业和信息化部通信发展司）

民 航 建 设

1. 机场管理法规规章及技术标准规范

【规章修订】 为了适应民用机场工程建设过程中的变化，满足民用机场工程及民航空管建设工程的需要，对《民用机场建设管理规定》（民航总局令第129号）进行修订。同时，开展《民用机场专用设备使用管理规定》（民航总局令第150号）的修编工作。

【标准规范】 完成《民用机场勘测规范》、《民航空管专业工程概、预算编制办法及费用定额》、《供B747-8使用的4E及以下民用机场的技术标准及运行要求》的发布工作。与住房和城乡建设部、国土资源部联合编制发布《民用航空运输机场工程项目建设用地指标》。完成《通用机场建设标准》初稿，继续推进《民用机场飞行区技术标准》、《民用机场场道工程预算定额》和《民用机场目视助航工程预算定额》三部规范的修订工作。

2. 机场及配套设施建设

2011年，民航全行业完成固定资产投资375.6亿元左右，其中安排中央预算内投资18.2亿元，民航发展基金约114.9亿元，重点保障直属单位、安全、空管及西部机场项目的实施。

【重点建设项目】 2011年民航重点建设项目共25个，其中计划竣工4个，实际完成2个。完成项目为：南昌昌北机场扩建工程、长沙黄花机场扩建工程，已通过行业验收并投入使用；未完成的项目为：昆明新机场工程、东部地区和西部地区航路雷达管制工程。

续建项目10个，预计2012年完成8个，其余2个预计2013年完成。预计2012年完成的项目为：合肥新机场工程、杭州萧山机场扩建工程、成都双流机场扩建工程、贵阳龙洞堡机场扩建工程、拉萨贡嘎机场扩建工程、西安咸阳机场扩建工程、成都区域管制中心工程、西安区域管制中心工程等10个项目；预计2013年完成的项目为：西宁曹家堡机场扩建工程、深圳宝安机场扩建工程。

新开工项目11个，已开工3个，其余8个尚未开工。开工的3个项目为：沈阳桃仙机场扩建工程、浦东机场飞行区扩建工程、南京禄口机场扩建工程；其余8个项目推进前期工作。北京新机场积极推进前期立项工作，哈尔滨太平机场扩建工程、广州白云机场扩建工程、武汉天河机场扩建工程和南宁吴圩机场扩建工程、民航运行管理中心工程推进可研报告报批工作。沈阳区域管制中心和乌鲁木齐区域管制中心正在初步设计及概算的报批工作。

【其他建设项目】 2011年竣工的其他建设项目有：阿尔山新建机场工程，太原机场老航站楼改造工程，巴彦淖尔新建机场工程，乌鲁木齐管制区VHF遥控通信系统工程等共计119个项目。

续建项目有：包头机场航站区扩建工程，鄂尔多斯航站区扩建工程，大同机场航站区扩建工程，运城机场航站区改扩建工程，吕梁新建机场工程等共计124个项目。

新开工项目有：鄂尔多斯机场飞行区扩建工程，乌兰浩特机场仪表着陆系统助航灯光系统改造工程，长治机场飞行区扩建工程，长治机场助航灯光系统改造工程，邯郸机场飞行区扩建工程，秦皇岛机场迁建工程等共计90个项目。

【机场规划管理】 2011年民航局组织福州、厦门、三亚、珠海等机场的总体规划审查，完成贵阳龙洞堡、重庆江北、石家庄正定等机场总体规划的批复工作以及厦门高崎、郑州新郑、南昌昌北、上海浦东等机场总体规划调整的批复工作。按照授权和分工，民航各地区管理局对辖区内飞行区指标4D及以下机场的总体规划进行了审批。

3. 民航建设纪事

（1）2011年2月12日，民航局与厦门市人民政府联合对局部调整厦门高崎机场总体规划进行批复。

（2）2011年3月14日，民航局与贵州省人民政府联合批复了贵阳龙洞堡国际机场总体规划。

（3）2011年4月11日，民航局与河南省人民政府对局部调整郑州新郑国际机场总体规划进行批复。

（4）2011年5月13日，南昌昌北国际机场二期扩建工程通过民航局行业验收。该工程新建一座总建筑面积达 9.66 万平方米的航站楼，跑道延长至 3400 米，停机位增至 46 个。

（5）2011 年 6 月 15 日，民航局与江西省人民政府对局部调整南昌昌北国际机场总体规划进行批复。

（6）2011 年 6 月 20 日，民航局与重庆市人民政府联合批复了重庆江北国际机场总体规划。

（7）2011 年 6 月 23~24 日，民航局组织了深圳宝安国际机场飞行区扩建工程的行业验收。

（8）2011 年 7 月 5~6 日，民航新疆管理局组织了库车机场迁建工程的行业验收。

（9）2011 年 7 月 6~7 日，民航华北管理局组织了阿尔山新建机场工程的行业验收。

（10）2011 年 7 月 15~16 日，长沙黄花国际机场航站区扩建工程及供油工程通过民航局行业验收。

（11）2011 年 8 月 9 日，民航局与上海市人民政府对调整上海浦东机场总体规划进行批复。

（12）2011 年 8 月 24~25 日，受民航局委托，民航中南地区管理局分别组织了武汉天河机场 A380 备降场改造工程进行行业验收，标志着首个 A380 备降场完成建设。

（13）2011 年 8 月 25 日，民航西北管理局组织了新建金昌金川民用机场的行业验收。

（14）2011 年 9 月 1 日，民航局与河北省人民政府对石家庄正定国际机场总体规划进行批复。

（15）2011 年 9 月 10 日，民航西北管理局对西宁曹家堡机场二期工程二跑道项目进行行业验收。10 月 20 日，新跑道正式投入使用。

（16）2011 年 10 月 27 日，民航西北管理局组织了张掖甘州机场的行业验收。

（17）2011 年 10 月 28 日、11 月 10 日，民航中南地区管理局分别组织了揭阳潮汕机场飞行区工程及航站区工程的行业验收。12 月 15 日完成转场并举行首航仪式。

（18）2011 年 11 月 1~3 日，民航华北管理局组织了巴彦淖尔新建机场工程的行业验收。

（19）2011 年 11 月 16~17 日，民航局在上海组织召开主题为"从航站楼看世界"的航站楼规划与设计研讨会。这次研讨会的召开，为总结航站楼建设成就和经验，分享国内外航站楼规划设计先进理念，推动民用机场规划建设能力和水平的不断提升，起到积极的作用。

（中国民航局机场司）

公共文化服务设施建设

1. 全国公共文化服务设施建设

【全国文化（文物）系统基本建设投资】 2011 年，全国文化（文物）系统基本建设投资项目总数达到 7147 个，项目计划总投资达 629.20 亿元，比上年增长 8.1%；计划施工面积（建筑面积）1539.54 万平方米；当年完成投资额为 108.15 亿元。全国竣工项目 5059 个，竣工面积 355.36 万平方米。

【全国文化基建项目】 2011 年，全国文化基建项目 6680 个，比上年减少 5303 个。项目计划总投资 392.17 亿元，比上年增长 0.5%；计划施工面积（建筑面积）976.65 万平方米；竣工项目 4954 个，竣工面积 296.93 万平方米。

【全国文物事业机构新建项目】 2011 年，全国文物事业机构新建项目总数为 467 个（不含文物维修项目），比上年增加 88 个；项目计划总投资 237.03 亿元；计划施工面积（建筑面积）562.89 万平方米；当年完成投资额为 30.44 亿元；全年竣工项目 105 个。

2. 县级和乡镇级文化设施建设项目成为建设主体

【县级和乡镇级文化事业机构基建项目】 2011 年各级文化部门对县级图书馆、文化馆和乡镇综合文化站等基层文化设施建设的投入大幅增加。在全国 7147 个文化（文物）基建项目中，县级和乡镇级文化事业机构基建项目共 6420 个，占全国文化事业机构基建项目总数的 89.8%。其中，乡镇综合文化站建设项目共 5635 个。

【乡镇综合文化站建设】 乡镇综合文化站是我国农村群众文化工作网络的重要组成部分，是党和政府开展农村文化工作的基本阵地，长期以来在活跃农村文化生活，促进农村经济社会协调发展等方面，发挥着重要作用。"十一五"期间，文化部和国家发展改革委联合制定并实施了《全国"十一五"

乡镇综合文化站建设规划》，在全国范围内基本实现"乡乡有文化站"的建设目标。截至2011年底，需要中央补助投资的乡镇综合文化站建设项目23748个（不含黑龙江农垦项目）中有22139个建设项目竣工，占项目总数的93.2%。竣工并投入使用的乡镇综合文化站，为群众开展丰富多彩的文化活动，满足广大农民群众精神文化需求，保障基层群众文化权益起到了重要的作用。

3. 群众文化设施建设项目成为重点建设领域

全国有5765个群众艺术馆、文化馆、乡镇文化站建设项目，占文化基建项目总数的86.3%；计划施工面积251.35万平方米，占文化基建项目计划施工总面积的26.6%；国家预算内资金13.27亿元，占文化基建项目国家投资总数的22.2%；当年完成投资额16.13亿元，占总数的20.8%。全年竣工项目4516个，其中文化馆44个，文化站4472个，竣工面积175.30万平方米。

在文化基建项目中，全国有161个公共图书馆建设项目，占文化基建项目总数的2.4%；计划施工面积150.47万平方米，占文化基建项目总面积的15.4%；国家预算内资金8.26亿元，占文化基建项目国家预算内资金总量的13.8%；本年实际完成投资额12.18亿元，占文化建设项目本年实际完成投资额的15.6%。全年竣工项目45个，竣工项目面积13.80万平方米。

在文物基建项目中，有210个博物馆建设项目，占文物基建项目总数的45.0%。计划施工面积212.82万平方米，占文物基建项目总面积的37.8%。国家预算内资金30.82亿元，占文物系统总数的75.0%；本年完成投资额23.45亿元，占文物系统总数的77.0%。2011年，全国39个博物馆项目建成，竣工面积43.43万平方米。

2011年国家加大了对公共图书馆、文化馆、博物馆和乡镇文化站等文化基础设施建设的投入力度，国家投资主要用于能直接为广大人民群众提供公共文化服务的文化设施建设。

4. 国家重点文化设施建设共落实资金3.43亿元

2011年，国家级重点文化设施建设取得重大进展，全年共落实基建投资3.43亿元。"十二五"重点文化设施陆续启动，在奥林匹克公园鸟巢北侧建设的国家美术馆和中国工艺美术馆完成方案征集，中央歌剧院剧场完成设计招标，为"十二五"重点文化设施建设实现了良好开局。

（文化部财务司）

水 利 建 设

【**水利固定资产投资**】 2011年，全社会共落实水利固定资产投资计划3348.2亿元（含南水北调461.4亿元），较上年增加23.7%。分投资来源看中央政府投资1560.4亿元，较上年增加12.6%；地方政府投资1426.7亿元，较上年增加42.6%；利用外资6.2亿元，较上年增加29.2%；国内贷款226.3亿元，较上年增加8.6%；企业和私人投资67.8亿元，较上年增加35.3%；其他投资60.8亿元，较上年增加4.8%。分投资方向看：防洪工程建设投资1102.2亿元，较上年增加12.4%；水资源工程建设投资1760.8亿元，较上年增加50.5%；水土保持及生态环境保护投资92.6亿元，较上年减少19.7%；水电、滩涂及行业能力建设等专项工程投资392.6亿元，较上年减少11.2%。

2011年落实中央水利投资1140.075亿元，较2010年增长15.9%。其中，中央预算内固定资产投资654.06亿元、水利建设基金28亿元、财政专项资金459亿元。

全年正式施工的水利建设项目14623个，在建项目投资总规模11769.3亿元，较上年增加18.1%。当年中央投资的水利建设项目7839个，较上年增加50.2%；在建投资规模6488.8亿元，较上年增加17.1%。当年新开工项目10281个，较上年增加76.9%，新增投资规模3348.0亿元，比上年增加38.0%。

全年水利建设完成投资3086.0亿元，较上年增加766.1亿元，增幅达33.0%。其中：建筑工程完成投资2103.2亿元，较上年增加37.9%；安装工程完成投资121.7亿元，较上年增加11.0%；机电设备及工器具购置完成投资115.2亿元，较上年减少

7.5%；其他完成投资（包括移民征地补偿等）745.9亿元，较上年增加33.0%。

在全部完成投资中，防洪工程建设完成投资1018.3亿元，水资源工程建设完成投资1284.1亿元；水土保持及生态工程完成投资95.4亿元，水电、机构能力建设等专项工程完成投资688.2亿元；七大江河流域完成投资2691.3亿元，东南诸河、西北诸河以及西南诸河等其他流域完成投资394.7亿元；东部、东北、中部、西部地区完成投资分别为881.1亿元、180.1亿元、1035.6亿元、989.2亿元，占全部完成投资的比例分别为28.6%、5.8%、33.6%和32.0%。

在全年完成投资中，中央项目完成投资597.5亿元，地方项目完成投资2488.5亿元；大中型项目完成投资945.2亿元，小型及其他项目完成投资2140.8亿元；各类新建工程完成投资2190.2亿元，扩建、改建等项目完成投资895.8亿元。

全年水利建设项目部分投产项目715个，全部投产项目7968个，共新增固定资产1162.4亿元。全年完成投资新增固定资产1951.2亿元，固定资产形成率为63.2%。截至2011年底，在建项目累计完成投资6887.7亿元，投资完成率为58.5%，比上年提高1.6个百分点；在建项目累计新增固定资产4243.4亿元，固定资产形成率为61.6%，比上年降低6.7个百分点。

全年水利建设完成土方、石方和混凝土方分别为29.2亿立方米、2.7亿立方米、0.6亿立方米。至2011年底，在建项目计划实物工程量完成率分别为：土方70.4%、石方64.2%、混凝土方62.1%。

【重点水利建设】 大江大河治理 全年在建江河治理工程1217处，累计完成投资997.3亿元，项目投资完成率52.2%。新增达标堤防长度7413公里，其中：一、二级堤防新增达标长度554公里。当年河道整治长度10693公里，完成7829公里。根据国务院2010年治淮工作会议要求和《进一步治理淮河近期工作指导意见》，全面推进治淮38项工程的前期工作，加快实施淮河流域重点平原洼地治理工程、淮河入江水道整治工程、淮河行蓄洪区和淮河干流滩区居民迁建工程。黄河宁蒙河段、松花江干流、嫩江干流、辽河干流、太湖综合治理、鄱阳湖二期治理第六个单项、广西西江干流、广东重点堤围、天津独流减河等项目建设进展顺利。

水库枢纽工程。全年在建枢纽工程338座，累计完成投资1115.7亿元，项目投资完成率55.6%。新开工建设了海南红岭、重庆金佛山，加快建设黄河海勃湾、辽宁青山、浙江钦寸、江西峡江、广东乐昌峡、四川亭子口、贵州黔中、西藏旁多、新疆生产建设兵团肯斯瓦特等一批骨干工程。当年在建病险水库除险加固工程3703座，累计完成投资340.4亿元，项目投资完成率74.5%；当年安排中央投资193亿元，用于大中型水库（闸）和重点小型水库除险加固任务，当年基本完成除险加固任务1712座。

水资源配置工程。全年在建各类水资源工程投资规模2483.7亿元，累计完成投资1435.2亿元，项目投资完成率57.8%。南水北调东、中线一期工程主体工程有20项单项工程的110个设计单元工程开工建设，在建规模2188.7亿元，累计完成投资1376.4亿元，当年完成投资578.0亿元，在建项目进展顺利。加快了吉林引嫩入白、广西漓江补水、桂中治旱、甘肃引洮一期、宁夏中部干旱带等续建工程建设，开工建设江西浯溪口、河南河口村、四川小井沟、云南小中甸、牛栏江－滇池补水、宁夏沙坡头灌区等重点工程。

农村水利。全年农村饮水安全工程在建投资规模645.3亿元，累计完成投资494.7亿元。当年解决6397万人的饮水安全问题。截至2011年底，农村饮水安全人口已达7.0亿人，农村集中式供水受益人口比例48%。中央安排62亿元用于大型灌区节水改造、节水灌溉示范项目及牧区水利试点为重点的农村水利设施建设，安排中央财政小型农田水利设施建设126亿元；在建规模1403.6亿元，累计完成投资709.1亿元，当年完成投资343.2亿元。新增有效灌溉面积2130.0千公顷，新增节水灌溉面积2656.3千公顷。实施长江流域水利血防项目53项。当年安排中央投资10亿元，用于《全国大型灌溉排水泵站更新改造方案》内251处泵站建设。

农村水电。当年安排中央投资4亿元用于26个省（自治区、直辖市）和新疆生产建设兵团的306个水电新农村电气化建设项目。当年安排中央投资4亿元用于20个省（自治区、直辖市）和新疆生产建设兵团的155个小水电代燃料建设项目。当年安排中央投资6.7亿元用于试点的6个省（自治区、直辖市）733个农村水电增效扩容改造项目建设。当年全国农村水电站建设共完成投资235亿元，新增水电站710座，投产发电设备容量328万千瓦。当年在建水电站1664座，装机容量1031万千瓦。全国农村水电配套电网建设共完成投资59亿元，新增110千伏及以上变电站容量607万千伏安；新增35千伏变电站容量173万千伏安；配电变压器容量349万千伏安。新投产10千伏及以上高压线路3.3万公里，低压线路2.8万公里。

水土保持。2011年中央安排水土保持生态建设投资34.48亿元，全年水土保持及生态工程在建规模达434.0亿元，累计完成245.2亿元。全国新增水土流失综合治理面积4.0万平方公里，其中小流域治理面积新增1.3万平方公里。当年新增封育保护面积1.9万平方公里。实施2680条小流域水土流失综合治理，新建黄土高原淤地坝332座。当年新修梯田437千公顷，新增沟坝淤地面积46千公顷，新栽种水保林面积1565千公顷，新增种草面积388千公顷。开展国家重点治理的项目县达800多个。长江、黄河上中游、东北黑土区、西南石漠化等地区水土流失重点治理工程稳步推进，坡耕地水土流失综合治理工程建设范围扩大到22个省、100个县，当年完成坡改梯310万亩。

【加快转变经济发展方式监督检查】 4月，中央决定开展加快转变经济发展方式监督检查工作，并把贯彻落实《中共中央国务院关于加快水利改革发展的决定》情况作为主要监督检查内容。水利部迅速行动，认真谋划，会同监察部等有关部门，在深入调查研究、认真总结扩大内需监督检查成功经验的基础上，7月与监察部联合印发了《加快转变经济发展方式贯彻落实〈中共中央国务院关于加快水利改革发展的决定〉情况监督检查工作方案》和2011年检查计划。9月，配合中央加快转变经济发展方式监督检查工作领导小组对20个省（自治区、直辖市）贯彻落实《决定》情况进行了监督检查。对中央检查组发现的问题进行了认真梳理，区分不同情况，逐项明确整改目标，督促有关地区和单位逐项落实整改责任，制定整改方案，明确整改措施和整改时限，加大督办力度，确保整改实效。

【建立监察部水利部联合监督检查机制】 为推动各地区各部门认真贯彻落实中央关于水利改革发展的决策和部署，4月监察部、水利部联合印发了《关于加强对〈中共中央国务院关于加快水利改革发展的决定〉贯彻落实情况监督检查的通知》，建立两部联合监督检查机制，确定结合加快转变经济发展方式和工程建设领域突出问题专项治理工作，全面开展对《决定》贯彻落实情况的监督检查。同时，要求地方各级监察部门和水行政主管部门建立本级的相应协调机制，制定监督检查方案并组织实施。两部办公厅建立了情况报告制度，及时了解掌握各地区监督检查工作进展情况。全国31个省（市、区）均建立了联合监督检查机制，大部分省份开展了监督检查工作。

【水利工程建设领域突出问题专项治理】 召开水利部第七次部治理水利工程建设领域突出问题专项工作领导小组会议，以水利部文件出台《关于贯彻落实2011年中央一号文件精神深入推进水利工程建设领域突出问题专项治理工作的实施方案》，决定在"十二五"期间继续深入推进水利工程建设领域突出问题专项治理工作，深化重点环节治理，推进长效机制建设。

按照中央治理工程建设领域突出问题工作领导小组的统一部署，工程治理重点领域集中检查，中央第四检查组于2011年6月16日至7月10日，对水利系统开展集中检查，检查江苏省、安徽省、广西壮族自治区和水利部淮河水利委员会的22个项目。对检查中发现的问题，专题下发通知，提出整改的明确意见，要求制定整改方案，落实整改责任，明确处理标准和时限，确保整改质量，并积极与各有关单位沟通，及时跟踪问题整改情况，督促责任单位加快整改进度。整改工作进展顺利。

截至2011年底，全国水利行业共排查项目24579个，实施抽查项目12956个，累计发现问题12113个，已整改问题10678个，占发现问题个数的88.2%。专项治理工作开展以来，水利行业共立案64起，给予党纪政纪处分81人，给予组织处理47人，移送司法机关50人，罚没、补交金额2442.97万元。

【推进水利工程建设领域项目信息公开和诚信体系建设】 在认真总结试点经验的基础上，水利部制定《水利工程建设领域项目信息公开和诚信体系建设实施方案》，明确工作目标、工作原则、工作要求和保障措施，在水利行业全面推进项目信息公开和诚信体系建设工作。进一步改进和完善水利建设市场主体信用信息平台，公布近2000个从业单位、15万多名从业人员的信用信息，公布良好行为记录信息6000多条、不良行为记录信息100多条。中国水利工程协会开展第二批水利行业市场主体信用评价工作。水利部在全国工程建设领域项目信息公开和诚信体系建设工作推进会上作典型发言。

【水利建设市场监管】 积极推进水利建设项目按属地原则进入有形市场交易，书面征求各流域机构、各省（区、市）水行政主管部门的意见和建议，召开有关单位代表参加的专家研讨会，对黄委、河南、广东、贵州等地的水利建设有形市场和地方公共交易中心进行现场调研，起草了《关于水利工程建设项目进入有形市场交易的指导意见》。

开展水利水电工程总承包特级资质重新核定工作，组织专家进行专业初审和实地核查。对18家企业资质升级、增项申请进行初审。做好管理工作。完成1418人次申请一级建造师（水利水电专业）初始注册、增项注册及申请复议的审查工作；制定水利水电专业建造师继续教育工作方案，完成建造师继续教育大纲、教材的编写工作。开展2011年全国甲级水利工程质量检测单位资质审批工作。

开展水利建设市场违规行为调查处理，水利部建管司承办举报处理4宗。按照国务院领导批示精神，会同监察部对景德镇城市防洪工程进行现场核查，向国务院提交报告，对景德镇市人民政府制定的工程整改方案进行审核。

【工程质量安全管理】 继续开展《水利工程质量管理规定》、《水利工程质量监督管理规定》的修订工作。

长江三峡水利枢纽、黄河小浪底水利枢纽、引滦入津工程、河南红旗渠、北京密云水库、四川岷江紫坪铺水利枢纽、江苏江都水利枢纽、淮河临淮岗洪水控制工程、新疆乌鲁瓦提水利枢纽、东深供水改造工程、淮河入海水道工程、长江重要堤防隐蔽工程、西藏满拉水利枢纽、安徽淠史杭灌区14项水利工程入选"百年百项杰出土木工程"。浙江曹娥江大闸水利工程和广东飞来峡水利枢纽工程荣获国家优质工程鲁班奖，新疆乌鲁瓦提水利枢纽工程和广东飞来峡水利枢纽工程荣获詹天佑奖。

开展水利工程建设领域预防施工坍塌事故专项整治工作，对四川、重庆等18个省份在建重点水利工程专项整治工作进行检查。2011年，全国共发生10起水利工程建设安全生产事故，共造成22人死亡，比2010年均同比下降。

（水利部建设与管理司 撰写人：戚波）

环境保护工程建设

【环境保护工程建设投资、资金利用】 2011年，环境保护部直接参与分配中央环保投资173.6235亿元，为保障环境保护重点工作开展、促进环境保护事业发展发挥了重要支撑作用。

【重点工程建设】 农村环保专项。深化"以奖促治"，进一步加大支持力度，资金规模提高到40亿元。经国务院批准，会同财政部新增9个省（区）作为连片整治示范省。至此，共17个省（区、市）纳入示范省范围。集中连片整治工作开展两年来，1.28万个村庄受益，2633万人直接受益。加强专项资金管理，印发《"十二五"中央农村环保专项资金管理指导意见》，编撰《农村环保专项资金管理参考手册》。

中央环保专项。安排资金19.9亿元，一批领导重视、社会关注、群众期待的污染治理项目得到支持。加强项目实施管理，印发《关于做好2011年中央环境保护专项资金项目实施有关工作的通知》。

重金属污染防治专项。加快《重金属污染综合防治"十二五"规划》实施，采用因素法下达专项资金25亿元。支持26个省（区、市）污染防治。联合财政部印发《中央重金属污染防治专项资金管理办法》。

基本建设投资。联合国家发展改革委印发《关于加快实施〈全国危险废物和医疗废物处置设施建设规划〉的通知》，督促地方加快规划项目实施。中央本级能力建设安排投资2.5亿元，重点支持环境信息、环境宣教和基建等，5个环境保护督查中心、2个环境监督站基本建成。

湖泊生态环境保护试点。实行"以奖促防"，加强水质较好湖泊污染防治和生态保护，引起各级党委政府的高度重视。2011年首批支持梁子湖、洱海、抚仙湖、南四湖、松花湖、大伙房饮用水源保护区、瓦埠湖、博斯腾湖8个湖泊，下达专项资金9亿元。联合财政部印发《湖泊生态环境保护试点管理办法》。

"三河三湖"及松花江流域水污染防治考核奖励资金。采取因素法分配资金，2011年将重点流域水污染防治规划实施情况考核和总量考核结果作为重要因素，完善奖惩手段，分两批下达投资50亿元。联合财政部印发《三河三湖及松花江流域水污染防治考核奖励资金管理办法》。

【环境保护工作相关法规、政策】 起草完成《环境保护法》修改草案建议稿并报全国人大环资委，配合国务院有关部门制定发布《太湖流域管理条例》，出台《固体废物进口管理办法》等3件部门规章。修订更新环保综合名录，包括500余种"高污染、高环境风险"产品、40余种环境友好工艺和10余种环境保护专用设备。

（环境保护部规划财务司）

西部开发建设

2011年，各地区、各部门、各单位特别是西部地区各族干部群众全面贯彻落实党中央、国务院关于深入实施西部大开发的战略部署，以科学发展为主题，以加快转变经济发展方式为主线，以西部大开发2011年工作安排为指导，振奋精神，团结拼搏，有力有序有效推进西部大开发，西部地区经济社会发展继续保持良好势头。

【西部开发支持政策不断细化落实，经济保持平稳较快发展】 各地区、各部门、各单位坚持把深入实施西部大开发战略放在区域发展总体战略优先位置，制定分工落实方案和实施意见，研究出台支持政策，努力为西部大开发营造良好政策环境。原油、天然气等资源税改革在全国率先实施；西部地区鼓励类产业企业减按15%税率征收企业所得税等税收政策文件颁布实施；国家对西部地区民生、基础设施、生态环境等重点工程和项目继续实行较高的投资补助标准，对"三农"、社会事业等部分公益性项目取消了县级配套。国家投入力度不断加大，中央财政对西部地区均衡性转移支付3006亿元，占全国的48.6%，同比增长37.5%，增速高于全国0.5个百分点；安排中央预算内投资1415亿元。继续安排新开工22项西部大开发重点工程，总投资2079亿元。下达用地计划指标146万亩，切实做好基础设施建设和重大项目用地保障。

2011年，西部地区实现生产总值99619亿元，增长14%。完成固定资产投资（不含农户）69489亿元，增长29.2%。实现地方财政收入10820亿元，增长37.4%；地方财政支出27394亿元，增长28%。社会消费品零售总额32345亿元，增长18.2%。规模以上工业增加值增长16.8%。实现进出口总额1840亿美元，增长43.3%。金融机构人民币各项存款余额14.6万亿元，增长16.5%；各项贷款余额10.3万亿元，增长18.9%。城乡居民人均收入分别达到18159元、5247元，增长14.9%、18.8%。各项主要经济指标增速连续5年超过东部地区。

【特色优势产业加快发展，经济结构调整初见成效】 深入实施以市场为导向的优势资源转化战略，积极优化调整产业结构，努力推动传统优势产业、战略性新兴产业和现代服务业协调发展。第一、二、三次产业增加值分别增长5.1%、18.3%和11.4%，三次产业结构调整为13∶52∶35。地质矿产调查工作取得显著成果，新增探明石油地质储量8.4亿吨，天然气储量7200亿立方米。石化产业优化升级稳步推进，支持西北地区通过改扩建提高原油资源就地加工转化比重，支持西南地区依托中缅原油管道新建炼油项目。大型煤炭煤电基地和煤炭深加工综合示范区建设进展顺利，核准新增煤矿生产能力8210万吨/年，核准新增火电装机798万千瓦。可再生能源开发力度不断加大，开工建设澜沧江糯扎渡、金沙江阿海等7个大中型水电项目，新增水电装机952万千瓦；甘肃酒泉大型风电基地一期工程等建成投产，西藏10万千瓦光伏电站投入运营。资源加工产业调整步伐加快，钢铁、有色金属、稀土等具有比较优势的产业竞争力不断增强。战略性新兴产业加快发展，实现高技术产业总产值7297亿元，增长53.1%，重庆、四川信息通讯设备制造和陕西高端装备制造等已经成长为本地区支柱产业。旅游业全年接待入境游客1629万人次，实现外汇收入70亿美元。

【基础设施建设全面加强，发展保障能力稳步提升】 综合交通路网不断完善。铁路新线建成运营1059公里，增建二线130公里，太原至中卫（银川）、张家口至集宁等铁路建成通车。成都至重庆、长沙至昆明、大同至西安、西安至宝鸡等客运专线以及兰新铁路第二双线等项目进展顺利。安排公路建设中央投资1312亿元，占全国的57.8%，新增公路通车里程35109公里，其中高速公路4303公里。民航运输发展迅速，阿尔山等4个支线机场建成投运，内蒙古阿拉善盟获批开展通勤航空试点。长江、西江水运通道及广西沿海港口建设加快推进。

水利建设投入力度不断加大。《贵州省水利建设生态建设石漠化治理综合规划》等一批水利发展专项规划相继获批实施。全年安排中央预算内水利投资326亿元,占全国的47.8%。国家对大型灌区节水改造、农村饮水、水土保持等工程的补助标准提高到80%。西藏旁多等重点水利枢纽实现截流,宁夏扶贫扬黄灌溉一期工程全面建成,中哈霍尔果斯河友谊联合引水枢纽开工建设。

能源通道建设取得突破性进展。被誉为"电力天路"的青藏直流联网工程建成并投入试运行。凤凰—吐鲁番—哈密750千伏输变电工程全线建成投运。甘肃庆阳石化成品油外输和新疆吉木乃输气管道项目获准开工。

【生态建设和环境保护扎实推进,建立和完善生态补偿长效机制取得新进展】 巩固和发展退耕还林工程建设成果,安排荒山造林和封山育林765万亩,基本口粮田建设802万亩,特色农业种植494万亩,实施生态移民16万人,开展农民技能培训196万人次。退牧还草工程稳步推进,《关于完善退牧还草政策的意见》印发实施,安排围栏建设6700万亩,退化草原补播2188万亩,岩溶地区草地治理试点56万亩。继续实施好天然林资源保护、岩溶地区石漠化综合治理等重点生态工程。《关于开展西部地区生态文明示范工程试点的指导意见》印发实施,生态文明建设加快推进。生态补偿机制总体政策框架初步确立,生态补偿立法工作稳步推进。中央财政安排森林生态效益补偿基金63亿元,安排草原生态保护补助奖励资金136亿元,下达资源枯竭城市转移支付资金31亿元。安排清洁生产专项资金1.1亿元,支持工业领域应用推广清洁生产技术。国家对西部地区"十二五"时期主要污染物排放指标实施总量差别控制政策。地下水污染防治和湖泊生态环境保护试点有序推进,重点流域污染防治水平稳步提高,乌鲁木齐、兰州等重点城市大气环境质量逐步改善。

【"三农"工作力度加大,农村生产生活条件不断改善】 中央财政安排西部地区粮食直补、农资综合补贴、良种补贴、农机购置补贴等四项补贴373亿元。大力实施农村土地综合整治工程,预计新增耕地面积500万亩。粮食综合生产能力进一步增强,全年粮食产量达到14776万吨,增长2.4%。特色农业加快发展,牛羊肉、茶叶、水果、桑蚕等区域性特色农产品品牌影响力显著提升。农村基础设施建设加快推进,改造农村危房182万户,实现游牧民定居6.8万户,新解决2042万农村居民和342万农村学校师生的饮水安全问题。大型灌区续建配套、小型农田水利重点县建设以及高效节水灌溉等工程加快推进,全面启动170个水电新农村电气化县建设。农村信息化水平稳步提升,20户以上自然村通电话率达到92%,行政村通宽带率达到59%。实施1324个乡镇邮政局所补建。进一步加大对农村实用人才培训力度,培训农民107万人次,人均补助标准提高到400元。农村金融机构改革不断深化,特色农业保险服务和农村小额保险试点有序开展。

【社会事业发展薄弱环节得到加强,基本公共服务水平稳步提高】 扎实做好巩固提高义务教育普及成果工作,农村初中和小学生均公用经费标准分别提高到年均700元和500元,家庭经济困难寄宿生生活费年均基本补助标准提高到初中生1250元、小学生1000元。继续实施农村义务教育薄弱学校改造计划等教育基础能力建设工程。启动农村义务教育学生营养改善计划试点工作,覆盖1600多万名农村中小学生。继续实施中学职业教育国家资助政策。在广西百色和宁夏中南部等地区启动了以职业教育实现就业脱贫工作试点。深入实施农村学校教育硕士师资培养计划、农村义务教育阶段学校教师特设岗位计划、中小学教师国家级培训计划。高等教育招生规模继续扩大,博士、硕士学位授予一级学科点数大幅增加。对口支援西部地区高等学校工作深入实施。

国家科技重大专项、国家科技支撑计划等继续向西部地区倾斜,新建国家重点实验室7个、国家工程技术研究中心2个,新疆、广西实现国家重点实验室"零突破"。大力推进创新型区域建设工作,重庆、成都、绵阳等城市科技和金融结合试点顺利启动,关中—天水经济区统筹科技资源改革取得积极进展。大力实施知识产权战略,西部地区有效发明专利拥有量已超过3.1万余件,知识产权工作示范城市建设稳步推进。

中央财政安排就业专项资金144亿元,推动落实更加积极的就业政策。新型农村社会养老保险试点范围进一步扩大,城镇居民社会养老保险试点同步开展,西藏、新疆、宁夏三个自治区提前实现两项制度全覆盖。中央财政安排资金820亿元支持开工建设保障性住房和各类棚户区改造住房340万套(户)。西部地区城市和农村低保平均保障标准分别达到每人每月263元和118元,分别提高13.6%和22.4%。中央财政安排卫生专项资金660亿元,支持加强医疗卫生服务体系建设。新型农村合作医疗制度逐步完善,各级财政对参合农民人均补助标准提高到200元,农民参合率超过95%。农村计划生育家庭奖励扶助政策将青海全省及甘肃、四川、云南藏区农牧区扶助对象享受年龄提前至55岁。广播电视村村通、农村电影放映等文化惠民工程稳步推进，直播卫星公共服务工程试点实施。新命名17个国家级非物质文化遗产生产性保护示范基地。

深入开展中央国家机关、东中部地区与西部地区之间干部双向交流工作，组织选派500名西部地区和其他少数民族地区干部到中央和国家机关、有关省市挂职锻炼。继续加大干部教育培训力度，全年培训西部地区各级各类干部6.3万人。从优秀村党支部书记中选拔2170人进入乡镇领导班子，做好选聘高校毕业生到村任职工作。启动边远贫困地区、边疆民族地区和革命老区人才支持计划以及专业技术人才知识更新工程，继续开展"西部之光"、"博士服务团"、"东部城市对口支持西部地区人才培训计划"等人才开发重点工程。引智规模不断扩大，全年共执行相关项目1755个。

【**区域政策有序实施，区域发展协调性不断提高**】 进一步加大对西藏、新疆以及青海等四省藏区的支持力度，全面实施新一轮对口援藏、援疆和第一轮对口援青工作，编制"十二五"项目建设规划，拟安排650亿元和141亿元支持新疆和西藏受援地区经济社会发展。国务院出台关于支持云南、内蒙古、贵州等省区发展的政策措施，批复实施《成渝经济区区域规划》、《扶持人口较少民族发展规划(2011～2015年)》和《兴边富民行动规划（2011～2015年)》。中央财政共安排民族地区转移支付334亿元，5个民族自治区和3个民族省份实现地区生产总值5.1万亿元，增长13.7%。中央对做好新一轮扶贫开发工作做出战略部署，将六盘山区等集中连片特殊困难地区和已明确实施特殊政策的西藏、青海等四省藏区、新疆南疆三地州作为扶贫开发攻坚主战场。国务院批复实施《武陵山片区区域发展与扶贫攻坚规划(2011～2020年)》。汶川地震灾后恢复重建胜利完成，灾区基本生活条件和经济社会发展水平得到全面恢复并超过灾前水平。玉树、舟曲灾后恢复重建顺利推进。

【**体制机制改革逐步深化，对内对外开放水平全面提升**】 资源税改革运行平稳，提高了西部资源产区地方财政收入，增强了当地保障民生和治理环境等能力。国有林场改革和集体林权制度改革稳步推进，已确权集体林地面积占纳入范围面积的89%。成都、重庆认真总结统筹城乡综合配套改革试点经验，深入开展农村产权制度、土地管理制度、户籍管理制度、城乡基本公共服务均等化等领域改革。

内陆开放型经济快速发展，西部地区实际利用外商直接投资116亿美元，增长28.2%，占全国利用外资总量的10%。世界500强在西部地区投资企业累计已超过200家。重庆两江、四川天府、陕西西咸等新区建设快速推进。四川自贡、宁夏石嘴山、新疆库尔勒、奎屯-独山子等省级开发区升级为国家级。支持新疆喀什、霍尔果斯经济开发区建设的政策措施颁布实施，陕西西安、新疆阿拉山口综合保税区和新疆吉木乃边境经济合作区获准设立，组织编制云南瑞丽、广西东兴、内蒙古满洲里等沿边开发开放重点试验区建设实施方案。积极推进与东中部地区和周边区域开展经济合作，承接产业转移规模和效益不断提升。利用国际组织优惠贷款继续向西部地区倾斜，全年新安排国际组织贷款25亿美元。新增67家企业上市融资，筹集资金781亿元。

(国家发展改革委西部开发司)

第四篇

各 地 建 设

北 京 市

(一) 住房和城乡建设工作

1. 综述

2011年,北京市城市建设完成社会固定资产投资5910.6亿元,同比增长13.3%;完成房地产开发投资3036.3亿元、同比增长10.1%,其中住宅1778.3亿元、同比增长21.7%,办公楼363.8亿元、同比增长40.4%,商业用房296.7亿元、同比下降11.8%。商品房施工面积1.2亿平方米、同比增长17.1%,其中住宅7168.1万平方米、同比增长16.1%;商品房新开工面积4246.1万平方米、同比增长42.8%,其中住宅2596.4万平方米、同比增长25.8%;商品房竣工面积2245.2万平方米、同比减少5.9%,其中住宅1316.1万平方米、同比减少12.2%。全年完成建筑业总产值6040.7亿元、同比增长16.3%,其中在北京市完成2316.2亿元、同比增长20%,外埠3724.5亿元、同比增长14.1%,实现建筑业增加值705.4亿元、同比增长3%,实现房地产业增加值1080.6亿元、同比减少3.2%。

不断完善住房保障政策体系,优化住房供应结构,大力推进公共租赁住房建设,加大住房保障财政投入,通过多种渠道筹集资金,突破保障性住房建设资金瓶颈,同时加强保障性住房审核分配管理,加大执法监督力度,完善退出机制,维护社会公平正义。严格贯彻落实国务院办公厅文件精神,重点做好房地产市场调控工作,在全国率先提出并实现了新建普通住房价格"稳中有降"调控目标,进一步明确了住房限购政策的范围、审核方式、流程及认定标准,实现从认购签约到权属登记全过程、新建住房与存量住房全覆盖的限购监管。加大重点工程协调服务力度,前移协调关口,计划新开工项目全部纳入绿色审批通道,同时认真贯彻落实新的国有土地房屋征收补偿条例,出台相关配套文件,加强市区两级部门的协调配合,深入征收拆迁一线,为工程顺利实施创造条件。市住房城乡建设行政主管部门不断加强内部机构、市区两级部门间的审批联动,前移安全质量监督管理关口,落实网格化管理各项措施,抓好重点工程监督执法,强化工程质量竣工验收备案,同时企业不断完善内控体系,健全各个环节管理制度,增强现场技术和管理力量,工程安全质量总体平稳。严格建筑业企业资质管理,加强市区两级部门联动,进一步扩大标准化审批事项的下放比例,建立企业资质动态核查机制,严厉打击和严肃查处资质申报工作中弄虚作假行为,同时加强招标投标、合同履约管理,建立市区一体化招投标例会制度及招标代理机构管理"五项制度"❶,构建合同履约全过程跟踪服务和管理机制。落实房屋管理措施,创新性地在怀柔区试点实施业主大会成立、业主一卡通发放和专项维修资金归集"全覆盖",完善住宅区业主自我管理机制,推广业主决定共同事项公共决策平台,培育第三方评估监理机构,初步建立全市物业项目及服务企业基础信息数据库,实施物业服务企业信用管理,营造和谐居住环境。大力推进建筑节能减排,进一步规范北京市城镇既有非节能居住建筑的供热计量及节能改造项目管理,开展绿色建筑评价标识工作,继续推行住宅产业化试点,推动产业化住宅建设规模和质量全面提高。截至年底,北京市完成既有建筑节能改造534万平方米、农宅抗震节能及改造4.7万户,节能住宅3.2亿平方米、节能建筑4.1亿平方米,取得绿色建筑评价标识的项目23个。

2. 房地产业

【稳步推进房屋征收拆迁】 落实国务院《国有土地上房屋征收与补偿条例》,加快北京市征收立法,起草《北京市国有土地上房屋征收与补偿实施意见》并以市政府名义印发实施,明确了北京市房屋征收工作体系及"九步骤五公开"❷的征收决定程

---

❶ "五项制度"即招标代理合同备案、项目负责人、重要文件签章、从业人员培训、实名办理业务制度。

❷ "九步骤五公开"即房屋征收决定程序分为九个步骤,其中五个需要公开,具体为:1.征收申请;2.暂停公告(公告);3.评估机构选定(公布);4.调查登记(公布);5.拟定征收补偿方案及公告(公布);6.社会稳定风险评估;7.旧城改建项目听证;8.资金房源到位;9.作出征收决定(公告)。

序，并制发《北京市国有土地上房屋征收房地产价格评估机构选定办法》、《北京市国有土地上房屋征收与补偿中住房保障优先配租配售管理办法》等配套文件。进一步明确区县房屋征收部门，开展征收政策宣传培训，加快清理在拆滞留项目。全市累计核发国有土地房屋征收决定21个，涉及住宅6369户、建筑面积62.7万平方米；核发拆迁许可证项目49个，建筑面积310万平方米，均为集体土地上房屋拆迁项目，其中住宅9031户、231.5万平方米。

【房地产开发情况】 2011年，全市完成房地产开发投资3036.3亿元，同比增长10.1%、增幅同比回落14个百分点，其中住宅1778.3亿元、同比增长21.7%，办公楼363.8亿元、同比增长40.4%，商业营业用房296.7亿元、同比下降11.8%。其中，住宅投资中保障性住房投资746.1亿元，同比增长94.9%，完成全年计划的149%。房地产施工面积12065.4万平方米、同比增长17.1%，其中住宅7168.1万平方米、同比增长16.1%；新开工4246万平方米、同比增长42.8%，其中住宅2596.4万平方米、同比增长25.8%；商品房竣工面积2245.2万平方米、同比减少5.9%，其中住宅1316.1万平方米、同比减少12.2%。

【新建商品房成交情况】 年内，全市商品房成交1548.3万平方米、比上年减少358万平方米，成交额2781.3亿元、比上年减少647.7亿元。其中，预售成交1100万平方米、比上年减少230.7万平方米，成交额2105.7亿元、比上年减少498.8亿元，其中预售商品住宅成交4.6万套547.2万平方米、比上年减少280.7万平方米，成交额1227亿元、比上年减少495.3亿元；预售经济适用住房和限价商品住房成交3.1万套240.8万平方米。现房成交448.3万平方米、比上年减少127.2万平方米，成交额675.6亿元、比上年减少148.9亿元，其中现售商品住宅成交1.3万套158.4万平方米、比上年减少58.8万平方米，成交额300.3亿元、比上年减少74.3亿元；现售经济适用住房和限价商品住房成交1776套13.8万平方米。

【加强商品房销售管理】 强化预售资金监管，落实《北京市商品房预售资金监督管理暂行办法》，确保预售资金优先用于工程建设，防止出现预售商品房"烂尾"，保证购房人利益。截至年底，328个预售项目纳入监管、监管资金641.7亿元，经银行审核累计支出资金368.3亿元。创新住宅项目销售价格监管模式，建立大项目整体价格监测、区域项目价格平衡、未来价格预期等机制，指导企业合理定价，并严格执行商品房明码标价制度，对价格过高或上涨过快项目实施重点监管。加强非住宅项目销售管理，发布《关于加强部门联动，完善商业、办公类项目管理的通知》，通过严格审核前期设计，禁止擅自进行房屋分割测绘、禁止对房屋单元进行分割和登记，禁止返本销售和售后包租，形成覆盖前期设计到后期销售、纵横联动的审批监管链条。开展"限房价竞地价"项目销售试点，全程指导中铁建"长阳国际城"项目销售工作，制定了此类项目的优先购买条件、审核材料、销售方式和后期租售限制等，为全面推开"中低价位、中小套型普通商品住房"供地和销售模式积累经验。

【出台房地产调控相关政策】 出台《关于贯彻落实国务院办公厅文件精神进一步做好房地产市场调控工作的通知》，在全国率先提出新建普通住房价格"稳中有降"的调控目标；印发《关于落实北京市住房限购政策有关问题的通知》，明确住房限购政策的细则和范围、审核方式和流程、认定标准。在此基础上，制定落实限购政策的具体措施，完善个人住房信息系统，加强家庭购房资格审查，明确政策认定口径，在房屋登记环节由登记管理部门对购房家庭资格再次核对，实现从认购签约到权属登记全过程、新建住房与存量住房全覆盖的限购监管。截至年底，购房资格核验系统审核家庭189590个，通过审核178940个，有效抑制了投资投机性购房需求。

【开展房地产市场执法检查】 1月4～21日，对2010年5月1日后有预售项目的开发企业落实宏观调控措施情况开展专项执法检查，集中约谈14家，责令10家限期整改并暂停其网上签约；4月7日、9月15日，先后对春季、秋季房地产展示交易会进行执法检查，共检查展示展销项目252家；5月，对4月1日～5月5日取得商品房预售许可的12个项目进行检查，重点查处新开盘项目捂盘惜售、现场公示内容不全、未落实限购政策和一房一价等违法违规行为，责令2家限期整改；6月，对实施限购政策以来197个商业、办公类项目开展专项检查，集中约谈35个项目负责人，暂停7个违规项目网上签约；8月，对承诺可以办理虚假5年纳税、社保证明的房地产经纪机构100家进行暗访检查，并对部分机构进行曝光。

【经纪机构及人员管理】 截至年底，符合北京市房地产经纪机构及分支机构备案条件，并经区县房屋行政管理部门备案的机构3664家，其中经纪机构 1232 家、分支机构 2432 家。年内新备案经纪机构 371 家、分支机构 845 家。年内，取得《中华人民共和国房地产经纪人协理从业资格证书》、《北京市房地产经纪资格考试合格证》、《中华人民共和国房地产经纪人执业资格》的分别为 18151 人、48251 人、2857 人。从业人员中，经注册取得《北京市房地产经纪人员注册证书》的 19242 人，其中《北京市房地产经纪资格考试合格证》持证人 13504 人、房地产经纪人 1492 人、房地产经纪人协理 4246 人。

【房地产估价机构及估价师情况】 截至年底，北京市具备房地产价格评估资质的机构 155 家（含外地在京分支机构 7 家），其中一级 43 家、二级 35 家、三级及三级（暂定）74 家、仅在军队系统内执业的机构 3 家，年内新批准成立 5 家。经住房和城乡建设部批准予以初始注册的估价师 96 名、变更注册 135 名、延续注册 674 名。截至年底，全市房地产估价师考试合格 2755 人，注册人数 2673 人，其中专职注册估价师 1452 人。

【加强房屋租赁管理】 修订《北京市房屋租赁管理若干规定》，该规定进一步明确了行政管理部门职责分工，以及房屋租赁合同、租赁期限、租赁双方权利义务、出租登记管理等内容，为稳定租赁关系、平抑租金价格提供依据。该规定于 5 月 5 日经市人民政府第 231 号令修改实施。全面加强全市住房租赁交易价格监测分析，将全市划分为 114 个监测区域，按季度监测住房租金价格变化。全年住房租赁交易 142.8 万套、同比增加 4.6%，平均租金 49.1 元/建筑平方米·月、同比上涨 11%，涨幅同比回落 1.2 个百分点。

【房屋登记业务情况】 2011 年，全市办理房屋登记业务 63.9 万件、同比下降 18.7%，登记面积 15000 万平方米、同比下降 10.9%，其中转移登记 35.7 万件、登记面积 3869.5 万平方米，抵押权登记 24.1 万件、登记面积 6085.6 万平方米；制发房屋登记规范性文件 5 件；办理人大和政协代表提案和建议 3 件；制发撤销房屋登记决定书 90 件；发生涉及房屋登记的行政诉讼 164 件，同比下降 49.8%；受理房产测绘成果备案业务 4316 件、审核通过 3382 件，完成测绘资质申请 19 件。

【房产测绘经营】 年内，实施房产测绘项目 92 个、建筑面积 606.01 万平方米，其中房屋预测项目 51 个、房屋实测项目 41 个。受理房产测绘成果利用登记 1264 件，发放测绘成果 1058 件。全年实现各项经营性收入 1200 万元，并组织召开房地产测绘专业委员会会议 2 次。

【房屋安全鉴定工作】 1 月 26 日，市政府颁布《北京市房屋建筑使用安全管理办法》，将房屋的安全评估与鉴定纳入了房屋建筑的全生命周期管理。发布《北京市房屋建筑安全评估与鉴定管理办法》、《北京市房屋建筑安全鉴定工作导则》、《北京市房屋建筑安全评估技术导则》3 个配套文件及《北京市房屋建筑安全评估合同》、《北京市房屋建筑安全鉴定合同》示范文本，规范房屋建筑安全鉴定机构备案与监管，以及评估和鉴定工作的基本程序。在此基础上，加强对房屋安全鉴定机构及其工作的指导与监管，构建在线申报和信息公示系统，完成房屋安全评估和鉴定报告备案管理信息子模块建设，组织鉴定机构进行登记备案，全年 8 家单位完成备案。为进一步规范房屋建筑安全评估与鉴定工作，提高鉴定人员专业素质，组织房屋安全鉴定人员知识培训，全市 450 余名鉴定人员参加。年内，全市 23 家房屋安全鉴定机构中有 21 家开展房屋安全鉴定工作，完成鉴定 3582 项，鉴定面积 555.31 万平方米、同比增长 48.6%。其中，15 家鉴定机构开展了廉租房鉴定，完成鉴定项目 2046 项，鉴定面积 4.85 万平方米。

【普通地下室使用管理】 配合市民防部门，委托市减灾协会有关专家，对综合整治工作进行风险评估，并编制了相关执法工作手册，该手册统一了相关委办局及区县综合治理部门的执法尺度，提高了执法效率。同时，完成《北京市人民防空工程和普通地下室安全使用管理办法》立法调研报告，该办法已由市政府颁布实施；印发《关于开展普通地下室重新登记备案工作的通知》，加强普通地下室登记备案工作。年内，在对全市普通地下室调查摸底的基础上，研究制定了普通地下室整顿治理实施方案。截至年底，全市重点排查普通地下室 19261 处，发现隐患 13182 处，处理 6256 处。其中，发告知单 3280 处、协查单 269 处、整改通知书 2621 处，停业整顿 28 处，关闭 42 处，处罚 28 处、罚款 11 万元，约谈相关责任人 57 人次。

【物业服务监管体系建设】 完善业主自我管理机制，印发《关于推进住宅区业主大会建设的意见》，明确组建住宅区业主大会的工作目标、思路和方法，推进业主大会组建和规范运作；加强物业服务项目检查，全年检查物业项目 3000 余个，下发责令改正通知书 132 份，行政处罚 200 起、罚款 62 万，信用计分 48 分，进一步纠正了行业违法违规行为；实施物业服务企业信用管理，建立物业服务企业及项目负责人信用信息系统，实施物业服务活动动态监管，年内对违法违规企业和项目负责人实行信用计分，记分处理物业服务企业128家、项目负责人2名，并于7月开始向社会公开企业及项目负责人信用信息，接受社会监督；为发挥行业自律作用，成立市物业服务评估监理协会，负责研究北京市物业服务评估监理行业的发展战略、行业动态，拟定、实施行业执业准则和职业道德准则，监理各项自律性管理制度；加强住宅专项维修资金管理，全市累计归集住宅专项维修资金301.42亿元、201.58万户，其中本年度归集资金32.26亿元、18.23万户。全市累计632个小区使用住宅专项维修资金2.11亿元，涉及电梯、墙面防水等2155个维修项目。2011年，全市取得《物业服务企业资质证书》企业3085家、比上年减少65家，其中一级117家，新增2家；二级305家，新增25家；三级2537家，新增55家；三级暂定126家，减少148家。全市有物业管理项目5960个、新增561个，建筑面积50051万平方米，其中住宅类项目3916个、39175万平方米，非住宅类项目2044个、10876万平方米。

3. 住房保障

【加强公共租赁住房政策体系建设】 落实市政府《关于加强北京市公共租赁住房建设和管理的通知》，进一步完善住房保障政策体系。创新"三多一统筹"建设管理模式，除政府组织建设、收购公共租赁住房房源外，鼓励产业园区、社会单位、投资机构、房地产开发企业等多主体参与建设、持有、运营；除新建方式外，从市场上收购或长期租赁部分位置、价格、户型适中的保障性住房或商品房作为公共租赁住房，多渠道筹集房源；加大市区财政投入力度，多渠道吸引社会资金参与；统一和规范公共租赁住房建设、设计标准，加强审核分配，严格后期管理。同时，按照"市场定价、分档补贴、租补分离"原则，确定租金水平，并建立分档租金补贴机制，提高承租家庭租金负担能力。

【完善廉租住房保障制度】 为加快解决北京市城市低收入家庭住房困难，不断提高廉租住房家庭租金负担能力，结合市民政、财政部门《关于调整2011年北京市城乡低保标准的通知》相关规定，2月11日，印发《关于城市低保标准调整后相应调整廉租家庭租房补贴及实缴月租金问题的通知》，明确廉租家庭领取的租房补贴、承租家庭实缴月租金应随城市低保标准联动调整。

【加大保障性住房资金投入】 不断加大住房保障财政投入，通过多种渠道筹集资金，突破保障性住房建设资金瓶颈。印发《关于进一步明确财政性资金投资公共租赁住房建设管理中有关问题的通知》，进一步规范市、区县政府财政资金在公共租赁住房建设、租金补贴发放等方面的使用管理。市财政给予公共租赁住房项目总投资10%的资本金补助，同时由市、区政府按照5∶5的比例向符合条件的家庭发放租金补贴。同时，由市财政一次性注资100亿元，成立全国最大的保障性住房投融资平台即保障性住房建设投资中心，专门负责市级公共租赁住房投融资、建设和运营管理工作；在上年公积金贷款支持保障性住房建设试点工作基础上，组织保障性住房建设单位申请公积金贷款。截至年底，全市15个项目申请贷款150.35亿元，并全部实现放款；在中国人民银行和交易商协会的支持下，安排500亿元私募债券额度支持北京市保障性住房建设，截至年底有5家发行企业完成私募债券注册发行，累计149亿元，为17个保障房项目提供了建设资金；吸引银行贷款支持保障性住房建设，与国家开发银行北京分行签署"十二五"时期开发性金融合作备忘录，"十二五"期间国家开发银行北京分行将给予保障性住房500亿元额度的授信支持。

【各类保障性住房建设情况】 2011年，全市落实公共租赁住房项目（含廉租房）102个，建设规模545.5万平方米，可提供房源约9.4万套。在施经济适用住房项目36个，建设规模434.4万平方米，可提供房源约5.1万套，本年度新开工约74.6万平方米、1.1万套，竣工约167.5万平方米、2.1万套。在施限价商品房项目59个，建设规模665.5万平方米，可提供房源约7.5万套，本年度新开工约164.4万平方米、2.3万套，竣工约208.6万平方米、2万套。在施定向安置住房项目131个，建设规模2537万平方米，可提供房源约25.3万套，本年度新开工约1087.9万平方米、13万套，竣工约408.6万平方米、4.8万套。

【保障性住房申请审核情况】 年内，全市6.8万户提交保障性住房申请，市级备案通过5.8万户，其中廉租住房0.3万户、经济适用住房1.4万户、限价商品住房4.1万户。1.24万户提交公共租赁住房申请，其中三房轮候家庭0.82万户、新申请家庭0.42万户。截至年底，全市保障性住房累计申请31.1万户，备案27.6万户，其中廉租住房2.7万户（实物配租1.2万户）、经济适用住房9.1万户、限价商品住房15.8万户。

【保障性住房配租配售情况】 全年共配租配售

保障性住房8.3万套，其中旧城人口疏解、棚户区改造、城乡结合部整治等对接安置房源4.8万套。全市摇号25次，公开配租配售3.48万套，其中配售2.48万套、配租公共租赁住房（含实物廉租）1万套。

【功能核心区保护性改造情况】 9月20日，印发《关于首都功能核心区人口疏解对接安置房有关问题的通知》，进一步明确首都功能核心区人口疏解对接安置房建设、分配、管理等问题。该通知规定安置房按照经济适用住房产权管理，交易时间不受限制，上市交易由购买人按成交额的3%补交土地出让金。同时，探索多元化人口疏解模式，通过采取协议疏解、申请外迁、集中腾退、重点工程、环境整治等多种方式开展疏解工作，疏解居民1.8万户，并建立中心城区公共资源与人口同步输出机制，将教育、医疗、文化等优质资源引入发展新区。加快对接安置房源建设，截至年底，昌平回龙观、丰台张仪村、房山长阳、亦庄X1—1B和通州两站一街5个项目已开工，总建设规模260万平方米，提供房源3.3万套。

【城市和国有工矿棚户区改造情况】 截至年底，"三区三片"❶试点棚户区建设和棚户区改造安置用房收购共计358.7万平方米、6.1万套，完成房源筹集计划的101.2%，累计投资131.4亿元，动迁居民2万户。经市政府专题会审议，将京煤集团的门头沟、房山、大兴工矿棚户区，首农集团永乐店农场棚户区和丰台区长辛店棚户区5个项目列入北京市新增的棚改计划，其中京煤集团房山、门头沟工矿棚户区年内已启动安置房建设工作，总建设规模54万平方米。

4. 建筑业

【加强施工安全和工程质量监管】 开展网格执法检查，主要涉及施工安全、绿色文明施工、消防安全、液化石油气安全、有限空间作业安全等方面，并组织深基坑、建筑起重机械品等专项执法检查，全年检查工地58082项，责令限期整改3493项、停工整改761项，实施简易处罚1114件、立案处罚700件，罚款1179.8万元，同比提高30.9%。全年共发生生产安全事故28起、死亡34人，事故起数和死亡人数均与上年持平，未发生较大及以上安全事故。有5项工程获得国家最高的鲁班奖，8项工程获"国家优质工程"银质奖，315项工程获市建筑结构"长城杯"奖，其中金质奖106项、银质奖209项，64项工程获市建筑竣工"长城杯"奖，其中金质奖27项、银质奖37项。

【加强建筑业企业资质管理】 修订《北京市建筑业企业动态监管记分标准》(2007版)记分标准，并于7月1日起执行《北京市建筑业企业动态监管记分标准》(2011版)和《北京市建筑业企业违法违规行为执法手册》(第二版)，新版记分标准和执法手册解决了动态监管记分和日常综合执法两层皮问题。深入贯彻《关于进一步加强建筑业企业资质动态核查工作的通知》，实现资质动态核查工作常态化，全年核查建设工程企业1839家，复查267家，注销、撤回资质企业191家，责令改正264家，促使企业规范市场行为，增强资质管理意识。进一步加强建筑业企业资质审批管理，全年受理建设工程企业资质申报1218项，其中新办资质787项、晋级238项、增项193项；完成审批1110项，审批通过761项，其中新办资质通过523项、晋级通过112项、增项通过126项。

【加强工程招标投标监管】 启用电子化招标投标监管和交易平台，加强评标专家培训和管理，建立市区一体化招投标例会、区县招标投标工作情况报送、市区两级工作人员交流3项制度，推进招投标市区一体化建设。推行招标代理合同备案、项目负责人、重要文件签章、从业人员培训、实名办理业务5项管理制度，加强对招标代理机构及从业人员的监管。全年办理施工总承包招标项目3500项（含直接发包）、中标价2046.9亿元，其中市招投标机构办理982项、中标价865.1亿元，区县招投标机构办理2518项、中标价1181.8亿元；办理工程监理招标2031项、中标价33.9亿元，专业招标9382项、中标价205.5亿元，劳务招标10219项、中标价266.3亿元，材料设备采购招标446项、中标价54.3亿元。

【加强合同履约监管】 编制《项目经理解锁办理实施方案》、《合同变更与解除实施方案》、《违法违规项目补办合同登记工作标准》、《市区(县)施工合同管理工作标准》、《施工合同履约监管常见业务问题解答》等文件，制定《施工合同预警风险管理制度》，进一步推进合同管理制度建设。通过实施月查、抽查及专项现场检查，基本掌握了施工现场合同履约情况，核实了网上履约数据的真实性，形成了相对成熟的检查表格、检查方式和技巧，建立并完善了施工现场履约检查体系。确立合同管理员制度，在全市开展施工企业合同管理人员培训、合同

---

❶ "三区三片"即门头沟区采空区、丰台区南苑镇和通州区老城区三片棚户区。

人员库筹建等工作。

【建筑市场诚信建设情况】 年内，进一步完善北京市建筑市场公开信息平台，及时更新企业资质、人员资格、招标投标、施工许可等10类对外公开信息，该平台在2011年度全国省级政府网站工程建设领域专栏评估中位居第二；通过整合相关信息系统，实现"北京市建筑市场监管信息系统"全面获取数据，以及项目、企业、人员信息数据库互联互通，提高市场监管工作效率。同时，制定了《北京市建筑施工总承包企业及注册建造师市场行为评价管理暂行办法》等规范性文件，为开展建筑市场诚信行为评价提供依据。

【推进劳务基地化管理】 年内，组织专题调研小组赴保定、邢台、十堰、孝感等地区开展调研，主要了解当地建筑劳动力资源的储备、培训和输出情况，并听取当地建设主管部门在劳务基地建设中采取的措施、办法。在此基础上，进一步修订《北京市建筑劳务基地管理暂行办法》，明确了劳务基地的基本概念、建立条件和标准，进一步推动了劳务基地动态化管理。同时，以"三年内来自于劳务基地的企业覆盖全市70%以上备案的劳务企业"为工作目标，积极落实基地化管理"五项工作机制"（建筑劳动力供应保障机制、维稳工作机制、信息沟通反馈机制、差别化服务机制、发包企业与劳务基地定向培训机制）。截至年底，建工集团、城建集团、市政、住总、中建一局、中建二局六家发包企业与劳务企业和劳务基地政府签署三方协议101份，建立劳务基地50个，涉及劳务企业88家。此外，推进基地化管理网络建设，在市建设工程信息网上设置基地化管理专题栏目，并制定相应管理办法，进一步完善基地化管理信息沟通反馈机制。

【加强工程造价管理】 制订《北京市造价咨询企业及从业人员动态监督管理暂行办法》、《北京市建设工程造价管理暂行规定》等相关文件，为工程造价咨询行业监管提供依据。开展《2011年北京市工程造价计价依据》编制工作，按期发行《北京工程造价信息》12期，每期发布建筑材料、机械设备、人工费市场价格信息1.4万余条。开展造价执法检查，制定执法责任分解图，明确并细化行政处罚的职责和权限，并加强执法队伍建设，定期组织执法人员学习相关法律法规和标准文件，并选送人员参加执法培训和考试，提高其业务素质和执法能力。加强工程造价咨询企业管理，建立造价咨询企业监督检查制度，制定相关实施细则，构建北京市工程造价管理服务平台系统，加强对咨询企业及从业人员的动态监管，并组织近230家企业进行实操培训。开展工程造价咨询与调解，规范造价咨询与调解工作模式，坚持每周两次义务咨询活动，全年接待单位700余家、1800余人次，涉及项目800余个，建筑面积3078万平方米，解答工程造价问题3200多个。

【对外承包服务与管理】 年内，北京市20家施工企业对外承包工程完成营业额24.67亿美元、同比增长12.5%，占全市对外承包工程营业额的99.1%；新签合同额24.68亿美元、同比增长15.9%，占全市对外承包工程新签合同额的94.2%。外派人员7219人，截至年底，月末在外人数11967人，分别占全市对外承包工程外派人员和月末在外人员总数的98.3%、96.6%，对外承包工程项目外派人员以施工企业为主。

【加强建材和设备采购备案管理】 12月18日，发布《关于加强建设工程材料和设备采购备案工作的通知》，在对廉租房、经济适用房和限价商品房工程开展3年建材采购备案试点的基础上，该通知进一步调整了采购备案的范围、品种和内容，并规定自2012年1月1日起办理施工许可的建设工程应进行建材采购备案，为实现建设工程材料、设备使用过程及后期可追溯管理提供支持。12月31日，北京市建材使用管理信息化监控平台——建材采购备案网上申报系统正式上线运行，该系统旨在通过全市建设工程建材采购备案，实现建材使用状况基础数据分析，为社会提供建材市场质量通报、行业动态等信息，并为政府决策提供依据，同时通过招标投标、供应、采购等相关信息比对分析，及时发现建材使用中的问题，提升建材管理精细化程度。

【组织建材使用专项检查】 6~10月，组织2次建材使用、1次校舍安全工程建材使用专项检查，重点检查限制和禁用建材目录、建材使用管理制度、"禁现"政策等执行情况，涉及工程项目108个，现场抽取样本334组，纠正违规行为8起。同时，根据建材采购备案系统中建材产品统计数据，抽查供应量前10名建材企业的工程12项次，抽检产品15种，抽检结果显示进入北京市施工现场的建材整体质量状况良好。

5. 城市建设

2011年，全市共确定230项重点工程建设项目，其中续建146项，计划新开工84项，计划竣工50项，工程总投资8800亿元，年内计划投资1600亿元。截至年底，全市重点工程项目建设整体平稳，实际新开工50项、竣工19项，全年累计完成投资1694亿元，同比增长292亿元，占年度投资计划106%，占全社会固定资产投资规模28.67%。

【交通设施项目】 共确定52项重点工程，完成投资376.27亿元，其中机场建设1项、轨道交通及配套20项、高速公路6条、城市道路22条、交通枢纽及配套3项。轨道交通昌平线南段（城南站—十三陵景区站）、京开高速（辛立村收费站—市界）、温榆河大道（机场南线—朝阳北路）、延庆县八达岭过境路（林场—营城子段）4项工程年内竣工。

【民生保障项目】 共确定34项重点工程，完成投资678.62亿元，其中城乡结合部整治1项、旧城改造及人口疏散2项、保障性住房1项、棚户区改造1项、医疗卫生设施10项、文化教育设施14项、社会福利项目3项、其他项目2项。首都图书馆二期暨市方志馆工程、北京联合大学特殊教育学院改扩建工程、北京交通大学学生活动中心工程、北京市军供站建设工程、北京大学第一医院门诊楼5项工程年内竣工。

【生态环境工程】 共确定36项重点工程，完成投资72.74亿元，其中垃圾处理项目5项、水务治理项目19项、绿化工程12项。大兴新城滨河森林公园年内竣工。

【现代产业项目】 共确定75项重点工程，完成投资341.58亿元，其中现代制造业项目44项、高新技术产业项目16项、生产性服务业项目11项、文化创意产业项目4项。三一重机地基基础施工设备生产线技术改造项目、中国石油科技创新基地石油工程技术研发中心、航天煤气化装备研发及产业化基地一期、高温气冷堆工程化研究中心项目、京东方第8.5代薄膜晶体管液晶显示器件（TFT-LCD）项目、双鹤药业新固体制剂车间项目、中核建设集团核电建造研发项目、2012年世界草莓大会一园两中心建设项目8项工程年内竣工。

【能源资源项目】 共确定19项重点工程，完成投资39.28亿元，其中供热工程6项、输变电工程5项、热电工程4项、燃气工程4项。东南热电中心华能北京热电厂二期工程年内竣工。

【2012年世界草莓大会一园两中心建设项目】 工程位于昌平区兴寿镇香屯村，建筑面积约5万平方米，建设第七届世界草莓大会配套设施。工程总投资40000万元。2010年9月开工，2011年12月竣工。北京市昌平区农业服务中心建设，北京中建恒基设计有限责任公司、北京腾远建筑设计有限公司、加拿大IBI设计公司设计，中铁建设集团有限公司施工，北京中联环工程监理有限公司监理。

6. 村镇建设

【伊舍小镇养老产业园4项工程竣工】 工程位于昌平区马池口镇奋苍屯村，包括5~8号楼，建筑面积4.61万平方米，地上6层，砖混结构，工程总投资6660万元。2010年3月1日开工，2011年4月30日竣工。北京奋苍屯投资公司建设，北京中联环建文建筑设计公司设计，北京城建五建设工程公司施工，北京康迪建设监理咨询公司监理。

【房郑路照明工程竣工】 工程位于房山区韩村河镇中心区，北起东营村，南至夹括河，全长2707米，路灯基础挖土520立方米，路灯基础砼333立方米，路灯安装155套，挖电缆沟1329立方米，PVC阻燃塑料管敷设2700米，电缆过路钢管埋设300米，电缆手孔井39座，电缆穿导管敷设3200米，干式变压器及安装1台，配电箱及安装1台，工程总投资190万元。2009年8月开工，2011年7月竣工。房山区韩村河镇政府建设，中交第一公路勘察设计研究院设计，北京豪尔赛灯饰照明工程公司施工，北京四方工程建设监理公司监理。

7. 建筑节能与科技

【发展散装水泥节能减排效果显著】 年内，北京市水泥企业累计生产水泥978.43万吨，散装水泥供应量918.56万吨、供应率93.88%，散装水泥使用量2072.68万吨、使用率79.05%；供应预拌混凝土6076.67万吨、预拌砂浆220万吨，其中普通干混砂浆107.36万吨；综合利用粉煤灰607.67万吨。经测算，节约能源98.66万吨标煤、水泥537.2万吨，减少粉尘排放量8.32万吨、二氧化碳排放量483.43万吨，节约包装袋4.15亿条，创综合经济效益21.9亿元以上。

【44项绿色建筑技术适用技术通过评审】 为进一步推进绿色建筑技术在工程建设中的应用，促进绿色建筑技术产业化、规模化发展，12月22日，市住房城乡建设委组织开展北京市"绿色建筑技术适用技术"申报评审工作，共征集各类技术项目87项，其中44项技术通过专家评审。通过评审的技术被列入《北京市绿色建筑适用技术推广目录》并向社会发布。

【开展建筑节能专项检查】 6~7月、10~11月，根据《建筑节能施工质量验收规范》及相关规定，组织2次建筑节能专项检查，重点检查建筑节能验收备案工程和在施工程的供热计量装置安装情况，其中备案工程1276项、建筑面积3016万平方米，在施工程36项、建筑面积198.7万平方米，下发责令改正通知书91份。

【4项新型墙体材料项目通过验收】 年内，"既有居住建筑节能改造效果测试及经济能效分析"、"农村自建房节能改造技术服务和测试"、"不燃材料外墙外保温系统的研究及应用"、"住宅楼板、墙体隔声现状调研及技术研究"4项新型墙体材料专项基金支持项目全部通过验收，并形成了《外墙外保温防火隔离带导则》、《岩棉板外墙外保温施工技术规程》、《住宅楼板和墙体隔声》专项图集等成果，为开展既有居住建筑节能改造、不燃保温材料应用、住宅声环境质量改善等工作提供了依据。

【开展大型公建节能监管】 年内，完成176栋大型公建一般能源审计及10栋大型公建深度能源审计，完成804栋国家机关办公建筑、大型公建及22个抽样街道2490栋民用建筑的能耗数据统计上报。同时，组织相关单位对65栋市级政府机关、258栋大型公共建筑能耗监测平台强数据进行分析，定期编制《大型公建能耗监测数据分析报告》。此外，编制《大型公建空调制冷节能运行管理和技术措施》，指导业主开展空调运行节能工作。

【开展抗震节能型新农宅建设和改造】 针对北京市多数农宅未采取抗震节能保温设计、房屋结构安全性能不高、冬季室温低采暖耗能高等现状，为进一步落实市政府新农村建设折子工程，完成2012年底建设20万户农宅目标，印发《北京市农民住宅抗震节能建设项目管理办法（2011～2012）》、《北京市农民住宅抗震节能工作实施方案（2011～2012年）》，加快推进农民住宅抗震节能建设和改造工作。截至年底，累计新建抗震节能型新农宅24658户，节能改造22376户、采暖成本下降50%。

【10个太阳能光电示范项目通过验收】 12月30日，全国人大机关办公楼100千瓦屋顶并网光伏系统示范项目通过验收。至此，北京市2009、2010年获批的"中海阳（北京）光电技术有限公司500千瓦太阳能发电"等10个（见表26）示范项目全部通过验收，顺利实现并网发电，项目总装机容量为2827.99kWp，预计每年可发电310万千瓦时。

【14个项目通过绿色建筑评价标识认证】 2011年，北京市通过绿色建筑评价标识认证的项目共计14项，总建筑面积达94.05万平方米，其中公建项目10项，住宅项目4项。截至2011年12月，北京市累计通过绿色建筑评价标识认证的项目达23项，其中公建项目16项，住宅项目7项。

【发布产业化住宅部品评审细则】 根据《北京市产业化住宅部品使用管理办法》相关规定，发布《北京市产业化住宅部品评审细则（试行）》，该规定要求对产业化部品生产企业从资质、人员、设备、管理等方面组织专家进行评审，并明确申报和评审程序，保证产业化住宅部品质量。

【2项工程通过国家康居示范工程评审】 7月14日，住房和城乡建设部召开省地节能环保型住宅国家康居示范工程方案评审会，北京市推荐的房山高教园区公租房、通州区梨园镇公租房项目通过方案评审，并获准实施。两项目建筑面积分别为13.865万平方米、47890.63平方米，为北京市第一批申请国家康居示范工程并获批的公租房小区。

【龙门台翻建试点项目获人居环境范例奖】 经中国人居环境奖工作领导小组办公室初审、现场考查和专家评审，由市住房城乡建设委推荐的房山区龙门台整村翻建试点建设项目获本年度中国人居环境范例奖。

【发布工程建设地方标准】 2011年，围绕推动建设行业科技进步与创新，新发布工程建设地方标准（施工验收与房屋管理部分）9项，分别是《地面辐射供暖技术规范》DB11/806—2011、《施工现场钢丝绳式施工升降机检验规程》DB11/807—2011、《市政基础设施工程资料管理规程》DB11/T 808—2011、《预拌混凝土质量管理规程》DB11/385—2011、《绿色建筑评价标准》DB11/T 825—2011、《压型金属板屋面工程施工质量验收标准》DB11/T 848—2011、《房屋鉴定与结构检测操作规程》DB11/T 849—2011、《建筑墙体用腻子应用技术规程》DB11/T 850—2011、《聚脲弹性体防水涂料施工技术规程》DB11/T 851—2011。

【加强科研课题管理】 年内，完成《钢筋混凝土结构产业化住宅技术标准、质量检测与控制研究》课题考核及验收。同时，《住宅建设工业化关键技术及相关技术研究与示范》课题进入验收准备阶段，此项目包括建筑能耗分类统计监管方式及节能潜力研究、高效节能环保型工业化住宅的关键技术研究与示范、新型多功能无机胶结材料在建筑领域的研究与应用3个部分。

【完成30项重点科技成果项目鉴定】 2011年，组织完成重点科技成果鉴定项目30项，其中达到国际领先水平6项、国际先进水平11项、国内领先水平10项，主要有超高钢结构建筑精密施工测量技术研究与实施、北京地区厂拌泡沫沥青冷再生研究与应用、CT式锁口钢管道桥建设、破碎砾石沥青混合料施工技术、中国列车运行控制系统（CTCS）3级调试技术、北京工人体育场改建工程设计与施工关键技术研究与应用、北京中粮万科假日风景工业化装配式住宅结构安装综合施工技术、北京饭店二期改扩建开放式陶板（陶管）幕墙施工技术等。

【8项市级新技术应用示范工程通过验收】 2011年，京大学留学生公寓、太原万国城MOMA工程、北控宏创昌平园产业基地、地下车库及人防等5项工程、新海航大厦工程、全国人大机关办公楼工程、北京师范大学教学办公楼、北京地铁四号线、雅宝路二期危改（A区）司法部办公楼等8项工程通过"北京市建筑业新技术应用示范工程"验收，新技术应用全部达到国内领先水平。其中，北京地铁四号线为北京市首次大型市政基础设施建设项目验收工程。

【87项工法通过市级审定】 2011年有150余项工法申报市级工法，其中开放式陶板（陶管）幕墙施工工法、装配式住宅结构安装施工工法、HG保温砌块组合填充墙施工工法、现浇板柱结构体系桌模施工工法、高层建筑高位钢结构大悬挑楼施工工法等87项通过市级审定。

【34项市级工法被批准为国家级工法】 按照住房和城乡建设部《关于开展2009～2010年度国家级工法申报工作的通知》要求，北京市推荐钢绞线网片—聚合物砂浆加固施工工法、拔杆兼支撑接力旋转大跨度钢结构安装工法等60项市工法申报2009～2010年度国家级工法。经评审，高性能水泥连续墙施工工法、钢绞线网片—聚合物砂浆加固施工工法、拔杆兼支撑接力旋转大跨度钢结构安装工法、外立面超长双曲面"上、下唇"雨屏铝合金板施工工法等34项被批准为国家级工法，其中一级10项、二级16项、二级升级版8项。

8. 建设教育

【加强建设行业人员资格管理】 2011年，完成一、二级建造师，监理工程师及造价工程师等行政许可事项受理19373人次。组织建筑企业主要负责人、项目负责人和专职安全员安全生产考核，全年统考11次、赴外地考核35次，考核"三类人员"34240人，合格26954人，其中企业负责人考核2983人、合格2487人，项目负责人考核6062人、合格5202人，专职安全员考核25195人、合格19265人。组织关键岗位专业管理人员考试3次23423人、合格14746人，物业项目负责人统考4次17595人、合格8615人，造价员统考2次22211人、合格8850人；特种作业人员统考5次22713人、合格11595人；工人职业技能岗位考核30批2436人次、合格1802人。

【加强技术指导服务】 全年开展10期公益讲座，4000余名专业技术人员参加，内容涉及绿色建筑、绿色施工技术、低碳区域建设、住宅产业化、关键施工技术等方面，进一步提高了专业技术人员业务水平。编写并发放《北京市农村科学建房指导手册》、《新农村住宅设计图集》（09BN），向农民宣传科学建房技术与政策法规，实现农村住宅建设有图可依，引导农民科学建房。继续做好密云县石城镇张家坟村、房山区霞云岭乡龙门台村农宅建设试点跟踪服务和回访工作，组织市房地产科研机构对龙门台村太阳能采暖效果进行评估，通过实验测算太阳能采暖的贡献率，为北京市普及太阳能采暖技术提供案例资料。

【开展行业及地方标准宣贯】 发布本年度标准宣贯计划，完成《建筑施工工具式脚手架安全技术规范》、《地面辐射供暖技术规范》、《透水混凝土路面技术规程》、《施工现场钢丝绳式施工升降机检验规程》4项行业标准和地方标准的宣贯，制作宣贯视频并上传至北京建设网，供工程技术人员及群众免费在线学习，进一步扩大宣贯途径和范围。

【开展农民工普法维权培训】 以农民工夜校为依托，开展普法维权培训，涵盖了劳动合同、工资与经济补偿、未成年工权益保护、工伤赔偿、合法维权渠道、法律援助的申请方式等与农民工切身利益相关的法律法规知识。全年培训建筑企业管理及作业人员5.6万人次，其中劳务企业经理、施工队长、班组长、劳动力管理员培训率100%。

【组织房屋登记审核人员培训和考试】 6月，为迎接北京市首次全国房屋登记官考试，组织全市460余名房屋登记审核人员参加为期3天的专题培训；8月，北京市16个区县房屋登记部门的322人参加了此次考试，其中121人合格。至此，包括此前住房和城乡建设部确认合格的123名房屋登记审核人员在内，全市共有房屋登记官244人。自下年起，因考试未通过而无法取得《房屋登记官考核合格证书》的人员，一律不得从事房屋登记审核工作。

【组织房屋安全鉴定人员知识培训】 贯彻落实《北京市房屋建筑使用安全管理办法》，进一步规范房屋建筑安全评估与鉴定工作，提高鉴定人员专业素质，8～10月期间举办了3期房屋安全鉴定人员专业知识培训班，邀请业内专家对北京市鉴定行业相关政策法规及规范、标准进行讲解和宣贯，全市450余名鉴定人员参加。

【组织全市建筑业职业技能大赛】 9月，组织北京市年度建筑业职业技能大赛，设砌筑工、镶贴工2个参赛工种，88家企业675名选手参加。经理论和实际操作考核，16名选手获大赛前8名，被授予"北京建设行业技术能手"称号并颁发相应等级资格证书，进一步推动了北京市高素质、高技能人才队伍建设。

【组织村镇建筑工匠培训考核】 落实《关于加强北京市村镇建筑工匠培训与使用管理工作的指导意见》，开展村镇建筑工匠培训，涉及建筑法律法规、新型建筑结构体系、抗震节能型新民居建设等实用技术和施工方法。全年免费培训村镇建筑工匠1924名，其中1185名通过考核并取得培训合格证。

9. 住房城乡建设工作会议情况

【召开历史文化名城保护工作首期培训会】 2月25日，市住房城乡建设委组织开展北京历史文化名城保护工作首期培训会，邀请王世仁等专家讲解提高旧城保护性修缮品质等内容。副市长陈刚出席并讲话，市区相关部门及修缮企业代表参加。

【参加全国整顿规范建筑市场秩序电视电话会议】 7月6日，全国整顿规范建筑市场秩序电视电话会议召开，住房和城乡建设部部长姜伟新、副部长郭允冲出席会议并讲话。市住房城乡建设委主任杨斌作"创新监管，综合治理，深入整顿规范建筑市场秩序"主题发言。

【召开全市整顿规范建筑市场秩序大会】 9月14日，市住房城乡建设委召开全市整顿规范建筑市场秩序大会，部署北京市建筑市场综合执法检查，保障建设工程安全质量。市住房城乡建设委主任杨斌出席并讲话。

【参加全国住房城乡建设系统加强廉政风险防控规范权力运行现场会】 11月8日，全国住房城乡建设系统加强廉政风险防控规范权力运行现场会在京召开，住房和城乡建设部部长姜伟新主持会议，市住房城乡建设委介绍相关工作经验。会后，与会代表参观了北京市保障房廉政风险防控管理、工程招标投标等宣传展。

【召开住房保障工作总结会】 12月23日，北京市召开2011年住房保障工作总结会，总结2011年住房保障工作，部署2012年重点任务。市委书记刘淇、市长郭金龙、住房和城乡建设部副部长齐骥出席并讲话，市住房城乡建设委主任杨斌作专题发言。

10. "十二五规划"编制情况

【发布北京市"十二五"时期建筑业发展规划】 11月29日，市政府批准并发布《北京市"十二五"时期建筑业发展规划》，该规划根据《北京市国民经济和社会发展第十二个五年规划纲要》的精神和"十二五"时期首都建设事业发展的需要，提出了今后五年北京市建筑业的发展目标、重点工作任务和保障措施，强调在今后五年加快建筑业调整转型，着力加强科技创新支撑能力、建设信息化支撑能力、城乡建设保障能力、智力支撑能力建设，完善市场监管和服务机制，强化施工安全和工程质量管理，发挥建筑业基础性作用，推动首都经济社会协调发展。该规划是全市"十二五"规划体系的重要组成部分，是"十二五"时期推动北京市建筑行业发展的指导性文件。

【发布人才队伍建设规划】 12月，北京市住房和城乡建设委员会发布《北京市"十二五"时期住房和城乡建设行业人才队伍建设规划》，明确行业人才队伍建设的发展目标、建设思路和保障措施，指导"十二五"时期北京市住房城乡建设行业人才工作和人才队伍建设。

【发布散装水泥"十二五"规划】 11月22日，北京市住房和城乡建设委员会发布《北京市"十二五"时期散装水泥、预拌制品和预制构件发展规划》，提出到"十二五"末，全市水泥产能控制在700万吨内，散装供应率达到97%；建设工程散装水泥使用率达85%，预拌混凝土产能控制在7000万立方米以下；预拌砂浆产能总量控制在800万吨内，预拌砂浆使用量达600万吨，普通预拌砂浆散装率达到50%；列入"禁现"范围的建设工程普通砂浆施工作业全部使用散装预拌砂浆；产业化施工的住宅达到30%，产业化施工的保障性住宅达到100%，各类混凝土预制构件使用量达135万立方米。

大事记

1月6日，北京市举行CBD核心区基础设施工程开工奠基仪式，该项目是推动CBD核心区建设的先期工程，总建筑面积约60万平方米，总投资约60亿元。市长郭金龙、副市长陈刚出席仪式。

1月26日，市长郭金龙签署第229号政府令，发布《北京市房屋建筑使用安全管理办法》，该办法首次提出对房屋建筑实施"全生命周期管理"，实现建设和使用管理体系的有效衔接。

2月15日，市政府印发《关于贯彻落实国务院办公厅文件精神进一步加强北京市房地产市场调控工作的通知》，进一步明确住房保障、加强税收征管、执行差别化房贷等政策。

2月16日，市住房城乡建设委印发《关于落实北京市住房限购政策有关问题的通知》，该通知明确了已拥有1套住房的户籍家庭、连续5年以上缴纳社会保险或个人所得税的无房非户籍家庭，限购1套住房，暂停向其他家庭售房，合理引导住房需求。

2月28日，北京市举行8条轨道交通新线开工建设启动仪式，其中5条为开工线路、3条为建设启动线路，总里程约109千米、总投资约743亿元。市委书记刘淇、市长郭金龙、副市长陈刚出席仪式并慰问工程建设者代表。

3月6日，首个国家级地理信息科技产业园在顺义区开工建设，该项目由国土资源部、北京市政府、国家测绘地理信息局、顺义区政府共同组织建设，包括国际地理信息产业基地、国家地理信息软件基地、国家地理信息创业孵化基地和国家基础地理信息公共服务平台，总占地面积约66.7万平方米、总投资约150亿元。

3月29日，市政府印发《关于公布北京市2011年度新建住房价格控制目标的通知》，在全国率先提出"稳中有降"的房价控制目标，鼓励、保护自住和改善性住房需求，促进房价合理回归。

4月12日，国务院督查组到市住房城乡建设委检查房地产调控政策落实情况，与相关部门负责人和企业代表座谈，并实地察看石景嘉园经济适用房建设工地。

5月1日，中共中央政治局常委、国务院总理温家宝到北京市在建的最大规模保障性住房项目——朝阳区王四营项目建设工地视察，并看望节日坚守岗位的建筑工人。

5月27日，市政府印发《北京市国有土地上房屋征收与补偿实施意见》，明确符合房屋征收条件的建设项目在发布暂停公告后，被征收人不得实施新改扩建房屋和改变房屋用途、变更登记等增加补偿费用的不当行为。

6月16日，中共中央政治局常委、国务院副总理李克强视察门头沟区工矿棚户区改造情况，实地察看了西辛房村百姓居住现状及石门营安置房建设管理情况。市委书记刘淇、市长郭金龙陪同，市住房城乡建设委主任杨斌汇报了北京市保障房建设的有关情况。

6月30日，北京市保障性住房建设投资中心揭牌仪式举行，该中心为正局级国有企业，注册资本金100亿元，承担北京市保障房融资、建设及公租房运营管理等职责。市长郭金龙、常务副市长吉林共同为该中心揭牌，副市长陈刚出席并致辞。

7月14日，房山高教园区、通州区梨园镇2个公租房项目通过住房和城乡建设部"省地节能环保型国家康居示范工程"方案评审，成为全国首批获此认定的公租房项目、北京市首批获此认定的保障房项目。

8月5日，北京市举行住宅产业化示范工程授牌仪式，万科中粮假日风景项目D1、D8号住宅楼被授予"北京首个住宅产业化示范工程"称号。

8月14日，北京市首次"全国房屋登记官考试"在北京工业大学举行，来自16个区县的322名房屋登记人员参加，考试合格者取得《房屋登记官考核合格证书》。

8月17日，市住房城乡建设委、发展改革委联合发布《北京市"十二五"时期民用建筑节能规划》，确定建筑节能620万吨标准煤的目标，占全市节能降耗任务的41%。这是建筑节能工作首次与市经济社会规划、节能降耗目标衔接，并成为北京市节能降耗重要领域。

8月30日，中共中央政治局常委、中纪委书记贺国强到市住房城乡建设委五棵松办公地视察保障房廉政风险防范管理工作，参观了住房保障廉政风险防范工作展览。市住房城乡建设委主任杨斌汇报相关情况。

9月9日，北京市发布地方标准《绿色建筑评价标准》，从节能与能源利用、室内外环境等方面制定评价指标，进一步引导和推进绿色建筑发展。

10月18日，市政府颁布《关于加强北京市公共租赁住房建设和管理的通知》，明确公租房建设方式、供应对象和租金标准，创新性使用多主体建设、多方式筹集房源、多渠道筹集资金和加强统筹管理的"三多一统筹"建设管理模式。

10月21日，北京市房屋全生命周期管理平台正式上线，在全国率先建成国有土地上的房屋数字信息平台，为实现房屋和产权人的全覆盖管理奠定基础。

11月3日，住房和城乡建设部公布2011年度中国建设工程鲁班奖获奖名录，北京市有全国人大机关办公楼等5项工程获奖，由北京市企业承建的外埠工程新海航大厦获奖。

11月4日，中央巡视组组长徐光春、副组长李明波来京调研保障房建设工作，实地察看了金隅丽景园小区建设情况。副市长陈刚，市住房城乡建设委主任杨斌陪同。

11月29日，市住房城乡建设委、发展改革委联合发布《北京市"十二五"时期建筑业发展规划》，该规划是北京市"十二五"时期规划体系的重要组成部分，也是推动北京市建筑行业发展的指导性文件。

同日，市住房城乡建设委印发《关于印发北京市公共租赁住房申请、审核及配租管理办法的通知》，明确公共租赁住房申请、审核和分配程序，为公共租赁住房申请、审核及配租管理提供政策依据。

12月14日，住房和城乡建设部公布2011年"中国人居环境奖"和"中国人居环境范例奖"获奖名录，其中北京市城乡规划社区参与实践项目和房山区龙门台整村翻建试点建设项目获人居环境范例奖。

12月20日，北京市举行首次公租房摇号仪式，369户家庭参与摇号，250套房源位于通过国家级性能1A级认定的远洋沁山水项目。

12月28日，住房和城乡建设部公布2011年度全国房地产交易与权属登记规范化管理先进单位名录，北京市海淀、昌平、平谷3区房屋登记管理部门入选。

（北京市住房和城乡建设委员会）

（二）城乡规划

（1）概述

【推进空间结构战略调整】 创新城乡统筹规划，积极探索经济社会城乡一体化发展新格局。组织研究制定《关于北京"十一五"时期城乡规划执行情况和"十二五"时期城乡规划优化调整的有关意见》，以统筹人口、产业、土地、生态和空间布局为目标，适时提出优化调整城市发展重点和空间布局的建议方案。完成《中关村国家自主创新示范区空间范围和布局规划》，为率先形成创新驱动格局做好规划服务工作。与河北省有关部门密切合作，共同组织开展《首都区域空间发展战略规划研究》，以首都区域发展中的核心问题为导向，努力实现北京与周边地区的发展理念对接、规划对接、实施对接，保障首都面向区域的可持续发展。

【研究有关城乡统筹的各项政策措施】 组织制定《加快推进城乡一体化发展规划实施的有关意见》，着力推进规划实施一体化的体制机制创新。探索制定乡村规划管理办法，在规划管理中将乡村纳入城市规划管理体系。探索城乡结合部地区整体改造新的思路和模式。加强小城镇规划编制和实施，初步建立新城带动小城镇、小城镇带动农村发展的城乡一体化路径。

【创新历史文化名城保护机制，推进全国文化中心建设】 抓住旧城行政区划调整契机，整合资源，创新机制，不断提高历史文化名城保护与建设水平。组织编制完成《北京市"十二五"时期历史文化名城保护建设规划》，在重点加强旧城保护与复兴的基础上，完善整个市域的历史文化名城保护与建设体系。加强对具有历史价值的胡同、四合院的保护修缮，完成旧城人口疏解的规划对接工作，提高旧城的城市活力和品质。以加强文化特色资源、优秀近现代建筑、工业文化遗产保护为契机，结合新兴文化业态的培育与发展，组织开展一批文化产业聚集区的规划工作。

【提升重点功能区的规划建设水平】 开展《北京市产业布局与功能区规划统筹规划》，系统梳理全市产业功能区的发展状况，提出北京市产业功能区发展趋势与应对策略，促进产业聚集与城市功能的相互融合对接，提高产业功能区的可持续发展能力。

【落实公交优先发展战略】 大力推动以轨道交通为重点的综合交通体系规划建设，完成《北京市城市轨道交通近期建设规划（2013年～2020年）》，为实现2015年全市轨道交通线网运营总里程达到660公里的目标奠定了坚实基础。围绕缓解交通拥堵，发挥交通引导作用，促进功能区建设的目标，积极推进轨道站点与周边土地开发一体化设计和地下空间利用规划工作，完成《北京"十二五"时期地下管网空间布局规划》。同时做好南水北调、天然气陕京三线、陕京四线、四大热电中心建设等重大资源性项目的规划前期工作。

【加强保障性安居工程建设、公共服务设施建设、安全设施建设的规划工作】 组织完成2011年22.5万套保障性住房的规划设计工作；通过举办保障性住房项目规划设计方案评选和展览，扩大公众参与和社会监督，提高保障性住房规划设计水平和质量。系统组织开展了基础教育、医疗、养老、公安派出所、消防队站、地震应急避难场所等一系列涉及民生的专项规划，加快制定轨道交通无障碍设施标准，推进重点道路重点地区无障碍设施改造，为加快推进公共服务均等化，改善人居环境做好规划服务工作。

【完善首都城乡规划法规体系，加强立法工作】 制定北京市农村规划管理办法、乡村建设工程规划监督办法、乡镇查处违法建设工作流程、北京城市雕塑规划导则等。推进标准化建设，编制城乡规划标准化工作"十二五"规划，修订完善建筑节能标准等各项技术标准和规范，建立规划编制、建筑工程设计、市政工程、勘察、测绘等全覆盖的行业标准框架体系。加强督查督导和案卷评查工作，提高队伍整体的依法行政能力和水平。

【完善查处违法用地违法建设联动工作机制】 形成部门、区县相互配合、齐抓共管、查控并举的合力，以打击违法用地、违法建设为重点，以加强城市管理精细化、科学化为目标，大力开展专项治理工作，查违工作取得了阶段性成果。（陈建军）

(2) 规划研究和规划编制

【《城市轨道交通近期建设规划》通过评审】《北京市城市轨道交通近期建设规划（2013年～2020年）》通过专家评审。专题评审包括2020年线网方案、建设规划客流预测、建设项目资金筹措方案、网络资源配置专项规划、轨道交通换乘枢纽规划方案、轨道交通与城市交通一体化规划、轨道交通风险控制与保障措施、轨道交通与城市产业发展关系研究等。（任玮）

【北京铁路枢纽丰台站综合交通规划】 全市客运车站总体布局调整方案确定，其中，丰台站调整为高速客站，主要承担京广客专、京九客专、京石城际铁路3条高速铁路动车组与部分市郊铁路到发作业。综合交通规划范围为南起南四环路，北至丰台北路，西起西四环路，东至京开高速；扩大交通研究范围为南起南四环路，北至莲花池东路，西起西四环路，东至京开高速。（任玮）

【城市快速轨道交通近期建设规划调整确定】 北京市规划委组织编制完成《北京市城市快速轨道交通近期建设规划（2007～2015年）》调整报告，提出"先中心、后外围"的调整思路，优先安排2015年前计划竣工的地铁16号线、海淀山后线、8号线三期、燕房线以及新机场线共5个项目，线路总长度约120公里。（任玮）

【未来科技城控制性详细规划调整方案】 市规划委批复未来科技城控制性详细规划调整方案。规划范围北至顺于路西延、东至京承高速路和昌平区界、南至七北南路、西至北七家镇中心组团东边界，总用地面积约10平方公里，以温榆河和定泗路为界，分南、北两区。北区位于小汤山镇东南部，南区位于北七家东部。（任玮）

【《新首钢高端产业综合服务区规划方案》通过专家评审】 该规划方案基于2007年《首钢工业区改造规划》和2009年首钢启动区规划国际方案征集中标方案，综合考虑首钢地区交通条件、用地条件、社会经济等外部条件的变化，组织开展规划优化深化研究。规划总用地面积约8.66平方公里，总建筑规模约1060万平方米。（顾旭东）

【"十二五"历史文化名城保护建设规划获批】 该规划确定"十二五"时期的保护目标：初步建立北京历史文化名城保护格局，传承弘扬传统文化，融合多元文化，充分展现首都文化的先进性和开放性，体现北京作为世界级历史文化名城的文化软实力。（任玮）

【《"十二五"中心城市政场站及管网系统空间布局规划》通过专家评审】 该规划结合"十二五"时期城市发展，统筹安排全市水、电、气、油等生命线工程和中心城各市政专业设施，构建全市各市政专业重要场站设施和管线系统空间结构，提出"十二五"时期重点建设项目，在微观层面完成重点功能区和重要道路地下管线空间综合规划，提出在地下空间资源紧张地区建设综合管廊的建议。（任玮）

【编制完成《北京市地震应急避难场所规划》】 该规划在合理分析地震应急避难场所需求及用地资源评价的基础上，按照中心避难场所、紧急避难场所和固定避难场所三级建设体系，确定北京市应急避难场所规划布局，进一步优化、完善应急疏散道路规划、平灾综合利用管理措施等规划内容，同时对各区县提出地震应急避难场所专项规划编制标准。（刘征）

【"十二五"重点新城建设实施规划】 北京市规划委会同各区县政府和相关委办局共同研究制定《关于推进北京市重点新城建设工作的意见》，编制完成《北京市"十二五"时期重点新城建设实施规划》，并获批。该项工作从重点功能板块、重大产业项目、民生服务保障、生态环境建设、防灾减灾与公共安全、交通设施、市政基础设施等方面提出"十二五"时期各重点新城的建设重点。（彭珂）

【编制完成《中关村国家自主创新示范区空间范围和布局规划》】 该规划确定中关村国家自主创新示范区功能定位、规划目标、规划原则、用地规模和空间布局，提出规划实施的有关要求。（马彦军）

【下发新型农村社区试点规划编制指导意见】 北京市规划委和市社会主义新农村建设领导小组办公室共同组织，市规划院编制完成《北京市新型农村社区试点规划编制指导意见》，并正式下发。该报告明确新型农村社区规划编制的控制要求和规划编制的要点。（马彦军）

【编制完成《潮白河绿色生态发展带综合规划》】 自2011年6月1日发布实施。该规划属于特定地区的专项规划，明确潮白河沿线地区的功能定位，提出发展目标，确定空间布局和发展建设策略。（黄莹）

【城市近期建设规划】 市规划委组织编制《北京城市近期建设规划(2011~2015年)》，该规划统筹近期建设的时序、发展方向和空间布局。（王姗）

【编制《统筹南部现代制造业和战略性新兴产业聚集区规划》】 规划结合《中关村国家自主创新示范区空间规模和布局规划》及北京新机场规划选址等相关工作，梳理和整合大兴、亦庄行政资源整合后的南部高技术制造业和战略性新兴产业聚集区空间资源，重点就产业定位、空间布局进行规划编制和统筹研究。（王姗）

【住房建设规划】 组织编制《北京市住房建设规划》，并通过专家评审。该规划在合理预测"十二五"期间北京市住房总体需求基础上，梳理包括存量利用和新增用地等可利用空间资源，进一步优化住房供应体系和供应结构，积极引导包括保障性住房在内的全市居住用地的合理空间分布，并促进规划实施的政策机制及保障措施进一步完善。（王姗）

【《北京市"十二五"时期地下管网建设发展重大项目规划储备》通过专家评审】 该规划紧密结合"十二五"时期各专业规划进行管网深化研究，针对市政地下管网的系统完善、隐患消除、支撑功能区、配合道路等四个建设重点提出1300多项重大建设项目，并在空间和时序上进行统筹和综合；对积水点治理、信息化与自动化建设、综合管廊等三个问题提出建设性意见。（周天洪）

【《北京市中心城区燃煤集中锅炉房改造规划》通过专家评审】《规划》提出锅炉房的改造方案：确定锅炉房供热范围、改造规模，天然气进线及热力出线，改造后的锅炉房平面图布置；剩余用地使用，包括锅炉房改造后剩余用地总量，以及结合市政、交通、公共服务设施需求，每个锅炉房剩余土地的利用；对燃煤锅炉房清洁能源改造需进行环境效益评估。（周天洪）

【《关于加快推进城乡一体化发展的规划实施意见研究》完成初步成果】 该项研究分析"十一五"时期全市城乡规划取得的成绩和当前面临的挑战与机遇，提出"十二五"时期城乡规划一体化发展的思路和重点工作。（马彦军）

【启动基本生态控制区划定研究】 市规划委启动全市基本生态控制区划定研究。基本生态控制区是在维护城市自然生态系统前提下，根据法律、法规划定的生态保护区域。该项工作通过研究分析北京城市空间结构演变与基本生态构架，总结以往全市绿化隔离地区及楔形绿地的实施情况及存在问题，整合和综合相关规划和法律法规、政策文件，并借鉴其他国家和地区的经验，划定全市基本生态控制区，并制定实施策略，提出实施建议。计划2012年内完成有关成果。（张聪达）

【小城镇改革发展意见研究】 市规划委组织、市规划院承担的《小城镇改革发展意见研究》课题完初步成果。该项研究以北京为例，就大城市特有的"大城市小郊区"的城市空间特征系统分析，分区域梳理小城镇面临的发展机遇和挑战，就如何适应首都经济社会快速发展以及城乡一体化进程不断推进的形势，发挥规划的引导作用，促进小城镇健康发展提出不同策略。（马彦军）

【产业布局与功能区规划统筹研究】《北京市产业布局与功能区规划统筹研究》形成研究成果。该项研究系统梳理分析北京市产业用地发展利用现状，提出产业功能区发展趋势与应对策略、重点新城工业布局及规模发展建议，对全市域进行产业布局统筹引导。（王姗）

【城市总体规划编制办法改革与创新】 市规划委组织开展《城市总体规划编制办法改革与创新》课题研究，形成成果并通过住房和城乡建设部评审。主要内容包括：总体规划批后的动态评估、维护、管理和信息化建设机制研究；强化城市总体规划对全市域城乡发展建设调控的思路和对策研究。（王姗）

【集体产业用地规划研究】 北京市规划委会同市国土局、市经信委、市农委组织开展集体产业用地规划研究工作，形成阶段性成果。该项研究通过现状问题梳理、典型案例分析，围绕用地、产业、资金、政策等核心问题，着重探索以集体产业用地为重点的城乡资源统筹利用机制。（王姗）

【完成《世界城市的旅游服务功能及其空间布局特征研究》课题】 该项研究从世界城市的旅游功能、接待规模、设施配套等要素入手，归纳总结世界城市旅游空间布局的主要特征与基本规律，从旅游视角提出北京市建设世界城市的必要条件与基本路径。（黄莹）

【功能核心区发展战略规划研究】 2011年，市规划院组织开展《首都功能核心区发展战略研究(2010~2020年)》工作，形成成果并通过专家评审。该项研究的主要内容包括：核心区的基本概况、发展面临的挑战和机遇、职能定位和发展目标、发展战略和实施行动、政策机制及保障措施。提出"保护为要，文化引领"、"协调发展，整体提升"的核心区发展战略，积极探索保护与发展的关系，并开展旧城保护区外胡同分类保护、文化探访路规划、旧城相关规划指标、保护区市政设施更新改造等相

关专题的探索。(廖正昕)

(3) 城市景观与规划管理

【受理审批建设项目】 2011年,市规划委行政许可事项、行政服务事项100%实现网上办理,实现"绿通"常态化,审批周期缩短为原来的一半。共受理各类建设项目13415件,核发建设项目13104件,许可用地规模5694.66公顷,许可建设规模5363.57万平方米、市政管线271.33万延米;承担市级重点工作1055项。

【查处违法建设】 2011年,市规划委完成卫星监测8次,确认违法建设1297处、884万平方米,拆除违法建设15269处、1004.79万平方米。(任玮)

【东北热电中心规划选址确定】 东北热电中心建设规划选址高安屯。该方案位于朝阳区规划循环经济产业园区东北侧,温榆河大道以西,京平高速公路以南,建设规模为4台350兆瓦级燃气热电联产机组,同步建设燃气、热力、电力、中水等配套设施。(任玮)

【救灾储备物资库规划选址确定】 将建立1个中心库,3个分库,中心库建设规模控制在55000平方米以内,分库建设规模控制在6000平方米以内。(任玮)

【中国民族博物馆选址规划】 中国民族博物馆建设项目选址规划初步确定,在奥林匹克中心区B00地块或奥体南区13、14号地块中选址,总建筑面积10万平方米以上,并适当预留发展空间。(任玮)

【"十二五"城乡规划标准化工作规划】 2011年,市规划委和市质监局联合发布《北京市"十二五"时期城乡规划标准化工作规划》,明确"十二五"时期城乡规划标准化工作的指导思想、基本原则和发展目标,制定主要任务和规划实施的保障措施。自2011年6月起实施。(韩振梅)

【第二届政策性住房项目规划设计方案】 市规划委组织市第二届政策性住房项目规划设计方案评选暨展览,共有32个项目,占地面积约543公顷,建筑面积约1284万平方米,涉及公租房、廉租房、经济适用房、两限商品房等政策性住房类型。(任玮)

【永定河生态文化新区规划设计方案】 年内,永定河生态文化新区的规划设计工作由丰台区政府会同市规划委面向全球发布征集公告,包括英国、美国、德国、法国等14个国家和地区的44个应征申请单位提交申请文件,经过资格审查、专家评审,确定奥雅纳联合体的规划设计方案。(任玮)

【新城地景规划设计】 由市规划委指导,各区县组织编制《北京新城地景规划设计》,形成规划成果。该规划系统梳理各新城地区地景格局的基本特征及相互关系,构建北京市域的整体地景格局。(王姗)

【"十二五"四项无障碍标准制订】 市规划委确定"十二五"期间重点制订四项无障碍标准:老年人、残疾人、儿童综合性服务设施无障碍设计标准;信息无障碍标准;文物古迹无障碍改造标准;社区无障碍改造导则。同时,对既有无障碍标准内容进行修订,加快全市无障碍标准体系建设,为无障碍设施设计和建设提供技术依据。(任玮)

【绿色建筑评价标识工作启动】 市规划委会同市住房城乡建设委启动全市绿色建筑评价标识工作。主要包括组织设计人员专项培训、推广BIM技术、打造高标准的绿色建筑品牌、开展绿色建筑示范推广工作,推进长辛店生态城、未来科技城等重点绿色建筑示范区建设,提高全市绿色建筑规划设计水平和质量。(任玮)

【"水木清华"国际校园百件雕塑落成】 "水木清华"国际校园百件雕塑在清华大学校园内落成。雕塑以"人文、科学、艺术"为主题,建成100件雕塑作品中国外作品60件、国内作品40件,象征清华大学百年校庆。(卢艳)

【11件雕塑全国获奖】 全国城市雕塑建设指导委员会公布2010年全国优秀城市雕塑建设项目评选结果,北京市共有11件雕塑获奖。地铁4号线枣园站壁画"田园奏鸣曲"获"年度大奖",援建什邡雕塑"希望之光"获"优秀奖",地铁4号线大兴段站点9幅壁画获"公共设施艺术化范例奖"。北京城市雕塑建设管理办公室获"优秀组织奖"。(于化云)

【城市雕塑雕塑普查结束】 北京城市雕塑建设管理办公室组织完成全市第二次城市雕塑雕塑普查。全市现有城市雕塑2505座,较2004年第一次城市普查新增682座雕塑。2004年全市雕塑普查结果为1836座。(吴金宇)

【"十二五"城建档案工作规划】 2011年,市城建档案馆编制完成《北京市"十二五"时期城建档案工作规划》,明确"十二五"时期全市城建档案工作面临的形势、指导思想、发展目标、主要任务和保障措施,是"十二五"时期全市城建档案工作发展的指导性文件。(田晓晶)

【地下管线工程档案接收征集启动】 2011年,市规划委创新工作机制,开展地下管线工程档案接收征集工作,主要包括:与管线权属单位共享管线资料,协同开展地下管线工程档案归档工作;保留设计规划审批、竣工测量、质量与验收、竣工图等核心资料,精简施工过程文件;组织区县相关人员

进行专题业务培训。（张斌）

【市城建档案馆入库档案 23793 卷】 2011 年，市城建档案馆共接收建筑、市政工程竣工档案 1001 项，23793 卷；照片档案 12294 张；缩微胶片 2886 卷。接收规划管理档案 4317 项，其中过程档案 2827 项，许可档案 1490 项；征集进馆市政备案、勘察测绘等专业档案 8982 卷；拍摄母片 2317 卷、拷贝片 4634 卷；复印还原图纸 80000 余张；工程竣工档案扫描 7780 卷，496445 页，工程竣工档案著录 57161 卷，文件级著录 908896 条。完成建设用地 101 项和建筑工程 262 项档案的登图工作。全年接待档案利用人员 7085 人次，提供利用各类城建档案 28643 卷，照片 695 张。（田晓晶）

【城建档案科研成果通过验收】 市城建档案馆承担的北京市科委课题《工程图样数字化图像缩微胶片输出控制方法研究》顺利通过专家验收。与会专家认为，该课题研究成果居国内先进水平。（解晓鲜）

【重点工程档案跟踪指导与接收完成】 2011 年，市城建档案馆完成轨道交通亦庄线、昌平线、房山线、大兴线、15 号一期工程全部竣工档案的接收工作，同时开展 8 号线一期、9 号线一期、15 号线二期工程档案咨询指导和检查、验收工作；完成中央电视台新台址、国家博物馆、前门大街改造、北京饭店二期等工程以及上庄经济适用房、大红门、宋家庄等保障性住房工程、校安工程的档案跟踪指导工作。（田晓晶）

（4）工程设计

【规划设计勘察测绘年度优秀工程】 2011 年，市规划委表彰规划设计勘察测绘 2011 年度优秀工程项目，包括综合奖 392 项、专项奖 20 项、单项奖 34 项。

【人行天桥及人行地下通道无障碍设施设计规程】 2011 年，市规划委和市质监局联合发布本市地方标准《人行天桥及人行地下通道无障碍设计规程》，自 2011 年 9 月 1 日起实施。主要内容包括：人行天桥和人行地下通道中坡道、梯道、电梯、自动扶梯、升降平台、盲道、标识和引导系统、扶手与栏杆等无障碍设施设备。（祝京川）

【再生混凝土结构设计规程】 2011 年，市规划委和市质监局发布了本市地方标准《再生混凝土结构设计规程》，自 2011 年 9 月 1 日起实施。再生混凝土的应用是建筑垃圾资源化的重要组成部分，该《规程》主要内容包括：再生混凝土的技术要求、混凝土配合比设计、混凝土框架设计、混凝土剪力墙结构设计、混凝土框架剪力墙结构设计等。（祝京川）

【民用建筑通信及有线广播电视基础设施设计规范】 2011 年，市规划委发布地方标准《民用建筑通信及有线广播电视基础设施设计规范》，该《规范》自 2011 年 9 月 1 日起实施。（祝京川）

【保障性住房规划建筑设计指导性图集】 2011 年，发布《北京市保障性住房规划建筑设计指导性图集》，该图集由北京市建筑设计研究院编制完成。（韩振梅）

【6 册建筑通用图集出版】 2011 年，市规划委编制出版 6 册建筑通用图集，包括《外墙夹芯保温》、《A 级不燃材料外墙外保温》、《通用电器设备》、《外线工程》、《有线广播电视系统工程》、《给水工程》。（韩振梅）

【新农村住宅设计图集】 2011 年，发布《新农村住宅设计图集》，图集在众多优秀方案中选取 13 个户型作为推荐户型，既符合现阶段农村居民的习惯，又兼具适应不同地区、不同阶段社会经济发展所带来的居住模式变化的需要，同时提供了全部专业的完整施工图和工程直接费用的预算。（韩振梅）

（5）勘察·测绘

【发布《北京市"十二五"时期勘察设计行业发展规划》】 规划明确"十二五"时期全市勘察设计行业发展的总体思路、战略目标和重点任务，通过规范行业发展促进工程设计产业壮大，提升行业辐射和影响力，将北京市勘察设计行业打造成引领全国行业发展的总部核心和服务北京"世界城市"建设的设计创新产业。（毛哲）

【"十二五"勘察设计行业发展规划专题研究】 2011 年，市规划委牵头，市勘察设计测绘管理办公室、北京工程勘察设计行业协会共同组织编制的《北京市"十二五"时期勘察设计行业发展规划专题研究报告》发表。该《研究报告》包括八个专题报告。（毛哲）

【崔愷获选院士】 2011 年，市工程勘察设计行业崔愷（中国建筑设计研究院），增选为中国工程院 2011 年新院士。（毛哲）

【城乡规划和建设工程勘测设计标准体系】 2011 年，市规划委编制完成《北京市城乡规划和建设工程勘测设计标准体系》，该体系分类统计涉及规划、勘察、测绘、市政工程和房屋建筑五大行业的国家标准、行业标准和北京市地方标准共 1523 项。

【数字中关村建设启动】 2011 年，中关村示范区"数字中关村"建设启动。该项目采用"一张图"系统，将示范区"一区多园"的空间信息与企业、产业、科技创新资源、科技金融资源、规划、土地、重大项目、招商引资等信息进行整合，为产业空间布局、制定发展规划、区域经济统计分析、重大项目落地、招商引资等提供服务。"数字中关村"申请纳入国家数字城市地理空间框架建设试点，将是国家测绘地理信息局支持的第一个跨行政区的高端产业功能区的数字城区建设试点项目。（任玮）

【房产测绘市场现状调查完成】 2011年，全市房产测绘市场现状调查完成。全市现有房产测绘单位90家，其中甲级8家、乙级24家、丙级27家、丁级31家；专业技术人员近4000人，具备大专以上学历的技术人员占85%；私营企业占到60%。（任玮）

【城市测量规范行业标准】 2011年，市测绘院主编，上海、天津等18城市参与的《城市测量规范》编制完成。该《规范》由住房和城乡建设部发布，自2012年6月1日起实施。（董明）

【"十二五"测绘地理信息发展规划】 2011年，市规划委与市发改革委联合发布《北京市"十二五"时期测绘地理信息发展规划》。该《规划》总结"十一五"时期全市测绘地理信息发展成就，分析当前面临的主要形势，明确"十二五"时期全市测绘地理信息发展的指导思想和发展目标，提出了测绘地理信息工作重点任务以及保障措施。（毛哲）

【勘察设计与测绘管理行业公共服务体系启动】 2011年，市规划委在网站开通运行《北京市勘察设计与测绘行业公共服务体系》，并开发启动该服务体系二期建设。（毛哲）

【房屋全生命周期管理信息平台】 2011年，市测绘院完成《北京市房屋全生命周期管理信息平台（一期、二期）》建设，实现房屋开发、建设、交易、登记、物业管理、使用维护、拆除的房屋全生命周期管理。平台通过信息接口，为地税、统计等部门提供房屋基础信息支持，为各区县房屋行政主管部门提供辖区内房屋状况查询、统计、分析等服务，形成纵向支持市区两级应用，横向提供委办局之间信息共享，服务政府、社会和百姓的综合信息服务架构。这是全国首个房屋全生命周期管理平台。（董明）

【9名专家获全国勘察设计大师称号】 2011年，住房和城乡建设部发布《关于第七批全国工程勘察设计大师名单的公告》，全市勘察设计行业9名专家获全国勘察设计大师荣誉称号，分别是：王丹、王亚勇、史航、张同须、张宇、李明辉、陆国杰、周凤广、郁银泉。（毛哲）

【2项工程获全国优秀勘察设计奖】 2011年，住房和城乡建设部发布2010年度全国优秀工程勘察设计奖名单。市勘察设计研究院有限公司完成的国家体育场岩土工程勘察、水文地质勘察及基础设计分析咨询获金奖，北苑居住区住宅楼及纯地下车库岩土工程勘察、复合地基、抗拔桩与复合地基相结合的边坡支护工程获银奖。（闫铁英）

【3项成果获市科学技术奖】 2011年，市勘察设计研究院有限公司研制的《建筑基坑支护技术规程》和《北京焦化厂搬迁场地环境风险管理技术研究》获市委市政府颁发的北京市科学技术奖三等奖，与市建院共同主编的《北京地区建筑地基基础勘察设计规范》获二等奖。（闫铁英）

【33个测绘项目、工程获省部级奖】 2011年，市测绘院完成的北京市房屋全生命周期管理信息平台开发与基础数据建设等6个项目分获中国地理信息科技进步奖、中国测绘学会测绘科技进步奖、中国全球定位系统应用协会卫星导航定位科学技术奖，市测绘院参与的测绘信息化关键技术及生态环境应用等2个项目分获北京市科学技术进步奖、华夏建设科学技术奖；市测绘院完成的海淀区城市管理基础数据普查及更新维护等25个工程分获中国测绘学会优秀测绘工程奖金奖、全国优秀工程勘察设计行业奖、中国地理信息优秀工程奖、中国全球定位系统应用协会卫星导航定位优秀工程和产品奖、北京市优秀测绘工程奖、北京市第十五届优秀工程设计奖、北京市第十二届优秀工程勘察奖等奖项。（董明）

（北京市规划委员会）

（三）市政公用基础设施建设和管理

【概况】 2011年，北京市在市政公用基础设施建设和管理中，发展天然气家庭用户24.7万户，比计划增长37.2%；完成老楼通气工程16万户。全市累计完成79.9亿立方米的天然气供应计划。目前，全市累计天然气家庭用户435.7万户，燃气用户总量达到572万户。完成55座锅炉房供热系统节能改造和150个小区老旧管网改造工程。整合军队和市属企业锅炉房供热面积222万平方米，并网改造76万平方米，改造替代20蒸吨以上燃煤锅炉房72座，共计消减燃煤12万吨。对584万平方米建筑实行热计量改造，累计热计量面积达到4568万平方米。目前，全市总供热面积已经达到6.79亿平方米，锅炉房4352座，供热管网总长2万多公里。同时，提出了热费制度改革工作方案、采暖费"暗补"变"明补"改革方案草案和低收入群体冬季采暖救助方案草案。

在环境建设管理方面，对香山、中关村、CBD、奥林匹克中心区，以及108个校园周边环境进行了整治，完成了30条市级重点道路环境建设达标任务，以及京沪高铁北京段42公里沿线的环境治理。开展了257个老旧小区、27片老旧平房区和295条街巷胡同及1085个村庄的环境治理，在15个乡镇、513个行政村开展环境优美乡镇和生态村创建活动。以"增能力、调结构、促减量"为目标，完成1800个居民小区和市区（县）党政机关垃圾分类达标试点工作。全市垃圾处理能力达到1.7万吨/日，垃圾无害化处理率达到97%。再生资源回收量增加6.3%。对全市3万余家餐饮服务单位进行摸底调查，全面启动规范餐厨垃圾和废弃油脂收运处理和资源化利用工作。积极推广道路清扫保洁新工艺，新增1000台环卫电动车作业。推进远郊区县网格化管理，将126处脏乱死角和城六区脏乱死角纳入了网格化监控。

在城管执法方面，坚持"调整思路、重塑形象、争创一流"的工作思路，以首都环境秩序百日整治为切入点，破解执法难题，规范执法行为，肃整队伍作风，开创了"四降两升"的新局面。开展各类执法活动36.6万次，治理脏乱点1510处，拆除违法建设168.9万平方米，立案查处违法行为47.8万起，拆除违规大型户外广告88块。暂停非法小广告电话号码3.3万个，收缴小广告631.8万张。处理群众举报件和信访件24.9万件。推出728条"精品大街"和577个"精品社区"。新增400个无线视频监控点位，完成304个执法数字化网格划分。设置230个无照游商疏导区，开展联合执法6300余次，依法训诫、处理各类违法相对人1.3万人次。城管、公安开展联合执法3758次。成功处置遭遇阻碍执法和暴力抗法事件25起。

【完成燃煤锅炉清洁能源改造】 为进一步改善空气质量，推进单台容量大于20蒸吨及部分分散燃煤锅炉清洁能源改造，完成800蒸吨改造任务，截至11月15日，全市共有1218蒸吨燃煤锅炉改用清洁能源，超额完成预定任务目标的52%。

【老旧小区供热管网更新改造】 年内，对全市189个老旧小区的供热管网进行更新、改造，涉及11个区县、197个锅炉房及换热站，共改造供热管网839公里，涉及供热面积3302万平方米、户数34.4万户。

【建成东南热电中心一期工程】 东南热电中心即华能北京热电厂一期工程年内竣工并投入试运行。12月20日零时，陕京供气系统的输气能力恢复正常，华能北京热电厂燃气机组进入满负荷运行试验，按计划将于27日零时结束，日用气量近400万立方米。目前，运行试验各项指标稳定。该电厂设计发电能力90千瓦，供热面积500余万平方米。

【建成城西集中供热厂】 房山区首座集中供热厂——城西集中供热厂于年内建成并投入使用。总投资2.9亿元，占地面积4.86万平方米，建筑面积1.15万平方米，为5.5万名居民提供供热服务。近期供热面积167.9万平方米，设置80吨燃煤锅炉2台，建设换热站9座，新建供热管网6.3公里；远期供热面积203万平方米，增建80吨、40吨燃煤锅炉各1台。经测算，年减排标准煤1.2万吨、灰渣995吨、烟尘180吨、二氧化硫169吨、氮氧化合物235吨。

【开展城市地下管线综合检测】 本次检测范围为地铁4号线沿线（新街口至成府路）、地铁10号线沿线（劲松桥至三元桥、巴沟站至惠新西街）地下管线。检测内容为管线周边土体密实程度，通过检测发现地下管线周边土体疏松区域和空洞位置，共检测道路长度29公里、面积约132万平方米。

【稳步推进地下管线消隐工程】 2011年计划开展消隐工程211项，总长度117.36公里，涉及供热、燃气、排水、通信、路灯等。截至目前，已申报规划手续206项、核准124项，申报路政手续41项、核准30项，申报交管手续40项、核准14项；在施工程15项，已完工11项、4.18公里。

【三河热力通州新城供热项目建成】 年内，三河热力通州新城供热项目建成并开始分段灌水试运行，预计灌水试运行时间将持续近一个月。三河热源接通后，将替代通州区现有的100余座燃煤锅炉房，为通州区1700万平方米的面积供热，减少排放二氧化硫911吨、氮氧化物313吨。

【陕京三线和市内配套工程启动】 陕京三线（良乡—西沙屯段）工程全长86公里，途径房山、丰台、门头沟、海淀、昌平区，竣工后陕京三线将实现全线贯通。市内配套工程即西六环天然气工程，全长35公里，途经房山、丰台、昌平、海淀区，全线与陕京三线并行，竣工后将实现市内燃气管网接收陕京三线来气，并向周边和中心区管网配气。两项工程将于今年年底前完工。

【建成1200个小区垃圾分类系统】 研究制定垃圾分类政策、标准、规范及管理办法等文件30余项，开展垃圾分类小区综合考评、达标验收。招募垃圾分类绿袖标指导员1.1万余人，向居民家庭发放户用垃圾分类桶100余万套，建设垃圾分类投放站3.2万余个，配置垃圾分类收集和运输车辆600余辆，建设改造完成密闭式垃圾分类清洁站700多座。垃圾分类系统建设带动全市再生资源回收量持续上升，垃圾处理结构不断优化，焚烧、生化、卫生填埋处理比例由2010年的10：10：80转变到15：15：70。

【治理20座非正规垃圾填埋场】 为进一步加强全市非正规垃圾填埋场治理，制定了《非正规垃圾填埋场治理项目市级补助专项资金补充管理规定》和《非正规垃圾填埋场治理项目管理办法》，大兴区三海子(二期)、昌平区南口镇等20座非正规垃圾填埋场治理工作已全面完成。

【开展建筑垃圾资源化处置试点】 为发挥建筑垃圾的资源化效益，确定朝阳、海淀、丰台、石景山、昌平、大兴区建筑垃圾处置设施规划选址，年处理能力均在100万吨以上。丰台区计划2015年前完成，其他区计划2012年前完成。同时确定补助政策，在资源化企业起步阶段，给予财税、贴息等优惠支持。

【新能源环卫车示范应用】 为推动1060辆环卫电动车示范运行工作，会同市电力公司开展车辆配套电池采购工作，积极推进充换电站配套建设工作，落实高安屯充换电站规划选址、运行规模和建设方案等工作。开展《环卫电动车运行管理技术规范研究》的编制工作，指导和保障车辆运行单位人员做好电动车安全运行使用。年底前可完成环卫电动车采购合同签订工作。

【整治进京第一印象区域环境】 重点开展车站周边、京沪高铁沿线及8号线北段、9号线南端等新开通城市轨道交通沿线的环境整治。整治机场周边、航空走廊84平方公里核心区域、长途汽车站周边环境，解决突出环境问题进一步提升已开通城市轨道交通沿线环境水平，拆除违法建设，开展绿化美化。

【开展航空走廊核心环境整治】 为进一步做强临空经济区，提升东部地区发展水平，按照全市总体部署，对航空走廊核心区顺义区辖区环境进行整治，共拆除违法建设74375平方米，硬化空地79万平方米，绿化荒地248万平方米，清除生活垃圾2530吨、建筑垃圾11500吨，规范废品收购点6113平方米，露天市场103950平方米，户外广告牌匾8523平方米，粉刷建筑物外立面506800平方米，清理屋顶面积65880平方米。

【提升前三门等重点大街景观】 编制《长安街延长线环境建设概念规划》、《前三门大街环境建设概念规划》及长安街延长线、前三门大街、朝阜路等三条大街道路公共服务设施选型意见。拆除违法建设3122平方米，整治广告、牌匾281处，7026平方米，粉饰建筑物外立面31124平方米、粉饰道路公共服务设施1400处、粉饰护栏16553平方米，绿化17.9万平方米，修补围墙、护栏2511平方米，修补道路470平方米，设置景观灯具260套，完成架空线入地3244米。

【完成30条市级大街环境建设】 为完成30条市级大街环境建设任务，制定了《城市道路环境景观十条标准》，细化出《北京城市道路环境建设指导意见》，整治户外广告及牌匾标识648块，修补路面11.5万平方米，清洗粉饰外立面7.5万平方米，改造公共厕所40座，新建机动车与非机场车停车位705个，拆除违规信息亭及线杆1129处，更换井盖5006个，摆放栽种花卉28万盆(株)。组织专家和相关部门负责人对30条市级达标大街环境建设工作进行验收。

【建设城市主要道路环境景观】 年内，全市50处重点地区整治规范和景观提升任务全面完成。共清运垃圾渣土80余万吨，绿化401.84万平方米，补栽补种树木花卉79万棵，修整、硬化道路29万平方米，挖填土方716.7万方，整治违法建设4.4万平方米，修建围墙1.4万米，规范广告牌匾2万平方米，清理小广告80万张，查处占道经营15起，查处无照游商2.13万起，取缔擅自摆摊设点182处。

【大力推广道路清扫保洁新工艺】 为全面落实清洁空气行动计划，提升空气清洁度，在城市道路清扫保洁工作中，采用吸、扫、冲、收一体化清扫新设备和优化作业组合对车行道、步道进行机械清洗、冲洗和快速保洁，以降低路面尘负荷和减少废弃物停留时间。目前，道路清扫保洁新工艺覆盖率，城六区达到85％以上，郊区县达到60％以上。

【完成郊区垃圾无害化处理目标】 为实现远郊区县年度生活垃圾产量增长率控制在8％以下、生活垃圾无害化处理率88％的目标，各区县积极开展生活垃圾分类收集、分类运输、分类处理工作，制定了居住小区垃圾分类达标试点工作方案，开展垃圾分类工作培训和垃圾减量垃圾分类宣传活动，全年远郊区县共产生生活垃圾189.79万吨，较去年同期下降1.29％；远郊区县垃圾无害化处理量为177.63万吨，无害化处理率为93.59％。

【开展铁路沿线环境整治工作】 开展了京沪高铁北京段42公里沿线环境治理，拆除违法建设约43万平方米、清运垃圾渣土约180万立方米、绿化美化24.95万平方米、取缔非法废品收购站100余个、沿线楼房"平改坡"整治约1.9万平方米。同时，启动了京哈铁路、京广铁路、京津城际铁路等铁路沿线环境整治工作，制定了京广、京哈、京津等铁路沿线环境整治方案。

【加大农村地区环境卫生投入】 按照村庄道路硬化面积每年4.5元/平方米的标准，保障村庄保洁费用。达标公厕保洁每年维护费用不低于2.5万元，二类以上公厕每座每年4万元。加强生活垃圾分类收集与运输，每年按照常住人口数核定垃圾分类收集设施维护费用和生活垃圾运输费用。以常住人口数为基础，每200人至少配备1名环境卫生保洁员。全市农村地区保洁员队伍已经达到4万人，整体比例为125∶1。

【专项整治施工工地渣土消纳】 年内，共开展专项整治联合检查570次，出动人员5355人次，检查工地1479个，检查车辆2369辆次，查扣违章车辆536辆，对违规单位罚款67.92万元，下达限期整改通知书50余份，发放宣传材料3万余份。目前已对建筑垃圾违法乱倒乱卸立案调查12件，侦破8件，有效遏制了扬尘遗撒、乱倒乱卸等违法行为。

【开展架空杆线安全隐患整治】 为消除架空线安全隐患，促进城市安全运行，开展架空杆线隐患专项普查，建立管理台账，督促权属单位落实整改，对未按期消除隐患的责任单位由城管部门依法进行处罚。同时，建立应急处置队伍，对存在严重安全隐患且权属不清的架空线杆，由市政市容管理部门组织拆除。

【开展户外广告整治】 为规范户外广告建设，加强户外广告管理，对主要道路、重点地区的违规广告采取动员自拆、管理部门助拆、执法机关强拆等措施，全力遏制新生违规广告。截至目前，已拆除违规户外广告5700余块（其中高速路大型违规广告74块、违规牌匾标识4000余块），整改牌匾标识2500余块。

【开展老旧小区平房区环境整治】 为提升城区老旧小区和老旧平房区市容环境水平，对全市251个20世纪80、90年代建成的小区进行环境整治。整治内容包括拆除违建、整修道路、整修或重新铺装管网、外立面粉饰等。完成修复、铺油道路50万平方米，整修建筑立面71万平方米，改造老旧管线3.65万米，清理垃圾渣土、各类杂物8900余吨。同时，翻建存在安全隐患的老旧平房404.5平方米，拆除违法建设292平方米，清理各类杂物3.15万吨，修整道路、人行步道2.5万平方米，铺设改造雨污水管线4903延米等。通过整治，25个老旧平房区的环境得到明显改善。

【对餐厨垃圾实施资源化处理】 快餐厨垃圾处理设施建设，提高资源化处理能力。大政策支持力度，全面推进餐厨垃圾就地处理。行特许经营服务，培育专业化收集运输主体。确牵头部门，合力加强餐厨垃圾和废弃油脂产生单位管理。化属地责任，分解目标任务，开展监督考评。2012年底基本实现餐厨垃圾和废弃油脂资源化处理，2015年实现餐厨垃圾和废弃油脂收运处理专业化、运行管理规范化和监管执法精细化。

【推进餐厨垃圾源头就地处理】 按照集中与分散处理相结合的原则，推进餐厨垃圾源头就地资源化处理设施的建设。在每日就餐人员规模1000人以上的机关、大专院校、部队、国有企事业等单位和营业面积大于1000平方米以上的大型餐饮企业，建设餐厨垃圾就地处理设施。朝阳区12条街道和东城区簋街、西城区金融街等餐饮集中区域，开展餐厨垃圾源头统一收集工作。究出台经济鼓励政策，对就地处理设施建设和日常运行费用给予补助。

【规范重大活动及节日景观布置】 按照重大活动及节日的规模和性质，环境景观布置工作分为特级、一级和二级三个等级和特级、一级一类、一级二类、二级四个布置标准。特级活动：覆盖全市所有城市化管理地区；一级一类活动：包括所有市管道路和地区，主要区管大街和地区；一级二类活动：一般集中在活动举办场所周边、参会人员驻地及主要活动联络线涉及的主要大街和地区；二级活动：环境景观布置控制在活动举办地周边、活动联络线等主要大街和地区。规范涵盖建筑界面、道路交通、绿化植被、市政设施、城市照明、广告牌匾、标识系统等9方面内容。

【首次开展城市环境考评工作】 考评内容包括首都市容环境、生态环境、秩序环境、设施环境"四大环境"和环境卫生、城市容貌、环境秩序等8方面，共计62项考评指标。城区中石景山、东城和朝阳位居前列；远郊区县中，延庆、房山和平谷排名前三。从考评情况来看，各区县重点地区环境整治基本到位，环境建设精品项目较多，街巷胡同老旧小区环境质量有所提升，垃圾分类处理设施建设步伐加快，环境建设任务书中近60%任务已开工或完工。首都城市环境公众满意度综合指数为72.1，实际满意度超出公众预期12.7%。

【建成首座全永磁悬浮风光互补供电公厕】 全市首座全永磁悬浮风光互补供电公厕在密云县黑山寺村试运行。该公厕运用全永磁悬浮和太阳能技术，由风力发电机、太阳能组件、风光互补控制器、蓄电池组、逆变器等组成供电系统，利用风能和太阳能独立发电，为公厕的照明、排风以及冬季水管加热提供运行用电。

【加强渣土非法运营治理】 为落实市委市政府关于整治非法运营的要求。市城管执法局从4月1日至4月10日开展集中整治行动。从52个重要点位和施工工地入手，制定工地施工规范标准，对施工现场的除尘、覆盖、围档等各个具体环节进行统一规定。整治期间，规范施工工地316起，查处黑车416起。

【全面开展停车专项执法】 按照《北京市人民政府关于进一步推进首都科学发展加大力度缓解交通拥堵工作的意见》要求，部署开展了停车管理专项执法活动，大力加强停车秩序综合治理。共出动执法力量13448人次，车辆4244车次，检查各类停车场2976处，查处、整改、取缔非法停车场118处，悬挂宣传条幅217块，发放宣传材料30000余份，有效改善了全市停车秩序。

【集中整治无照经营】 年内，城管执法会同公安、综治、交通、工商等部门，集中对动物园交通枢纽、首体家乐福、永定路沿线、五棵松体育馆、六里桥北里、四季青过街天桥、大红门木樨园桥、北蜂窝路沿线等重点地区，就黑摩的、无照经营、非法小广告等街面秩序问题进行了综合整治，全市共出动执法力量26720人次，开展执法活动6680次，查处无照经营行为1404起，宣传、告诫13297人次。四环内225处立交桥和过街天桥中，115处存在问题的点位已有90处得到整改，整改率为78%。城管热线共受理无照经营举报1695件，同比下降28.8%。

【打击兜售盗版音像制品】 市城管执法局联合市公安局治安总队、市文化执法总队、西城公安分局等部门，开展了"扫黄打非"专项执法行动。共出动执法人员42人次，依法收缴各类盗版光盘3244张、非法书刊449本，公安民警对5名非法兜售人员进行了现场训诫。1至5月份，全市城管系统共依法收缴盗版图书11010册、音像制品31455盘、电脑软件5141张；淫秽书刊849本、淫秽音像制品700余盘，罚款35000余元；96310城管热线受理的此类举报同比下降20%。

【开展"静心2011"行动】 高考临近以来，城管执法部门严格执行一类地区市容环境秩序保障标准，对夜间施工、烧烤排档等扰民行为进行专项执法。同时，通过设置爱心服务站，为广大考生和家长提供最贴心的服务，营造了一个安静、和谐的考试环境。为此，全市共出动执法人员7000余人次，车辆2400余台次，设置爱心服务站点113个，规范工地2190个，盯守工地1000余个，96310城管热线夜施扰民群众举报同比下降27.4%。

【百日整治"春风行动"告捷】 按照全市城市环境秩序"打防控"一体化专项整治"春风行动"，到6月底全部结束。通过对城市环境秩序百日整治，有效解决了一大批城市管理难题，打造了一批精品街区、设立了一批便民疏导设施，特别是黑摩的、黑车非法营运得到很好的治理，取得了很好的整治效果，违法行为上升态势得到明显遏制。共出动执法力量93万人次，查处各类违法行为19.5万起。96310城管热线回访满意率达到77.6%，同比上升12.7%；收到群众表扬信1437件，同比上升61%；城管负面报道同比下降81.2%。

【规范行政处罚自由裁量权】 为进一步完善城管执法系统行政处罚自由裁量权，规范处罚行为，重点挑选运行频次高、处罚裁量幅度大、群众投诉举报多、以罚款为主要处罚方式的23个处罚案由纳入规范管理。制定了规范自由裁量权办法和常用案由一览表，统一使用城管电子执法文书。并且，在12个分队进行试点的基础上，不断完善制度保障、程序运行、技术监控和考核评价等配套工作制度。2011年10月1日至12月31日，共收到群众来信、来访和话访529件，同比下降30%。

（北京市市政市容管理委员会　郑勤俭）

（四）园林绿化美化建设

【概况】 2011年，北京市园林绿化系统坚持以推动科学发展为主题，以转变发展方式为主线，以提升生态功能为核心，全力实施"生态园林、科技园林、人文园林"行动计划，加快绿化造林步伐，增加森林资源总量，全面开展森林健康经营，提高质量水平，增强生态服务功能效益，推进"山区绿屏、平原绿网、城市绿景"三大生态体系建设，为建设"人文北京、科技北京、绿色北京"和中国特色世界城市奠定基础。全面加快园林绿化建设，确保圆满完成市委、市政府和首都绿化委员会第30次全会部署的各项工作任务，实现"十二五"发展的良好开局。北京市新增城市绿地1320公顷，新增造林绿化面积1.67万公顷。北京市林木绿化率达到54%，森林覆盖率达到37.6%；城市绿化覆盖率达到45.6%，人均公共绿地面积达到15.3平方米。

（1）生态建设

【城乡生态建设】 推动规划建绿、多元增绿，北京市新增绿地1320公顷，完成屋顶绿化11万平方米、垂直绿化3万延米、停车场绿化8万平方米、老旧小区绿化改造113处，改造公园绿地572公顷的建设任务；改建道路绿化450公顷；有效缓解了城市热岛效应。实施三环路增绿添彩示范工程，共栽植乔木和灌木4.5万株、月季4.4万株、绿篱色带26.8万株，铺设草坪6.2万平方米，形成"月季成环、大树成线、绿色成链"的优美景观。建成10个城市休闲公园、10个郊野公园；11个新城滨河森林公园建设加快推进，通州、大兴、延庆3个公园建成开放，昌平、密云两个公园完成核心标段建设，正式接待游人。第二道绿隔地区完成绿化面积1093公顷。高标准完成永定河"四湖一线"绿化建设，"五园一带"建设稳步推进；完成7个重点小城镇绿化613公顷。推进京津风沙源治理、三北防护林建设和太行山绿化等重点生态工程，共完成人工造林4900公顷、封山育林2.67万公顷，启动3万亩低效林改造试点，完成林木抚育4万公顷。完成京承三期、京山铁路二期、延琉路3条重点通道绿化近万亩，公路河道绿化300千米，涌现出一批精品工程。全面完成京冀生态水源保护林1.33万公顷建设任务。

【造林营林】 2011年北京市的造林营林工作紧紧围绕市政府与各区县人民政府签订的《2011～2015年绿化目标责任书》和"十二五"规划目标任务、为民办实事、折子工程、新农村建设工程开展以实施国家京津风沙源治理、三北防护林建设、太行山绿化建设和市级郊野公园环建设、重点绿色通道建设、公路河道绿化建设、彩色树造林等工程为重点的造林绿化工作，组织实施以山区生态公益林林木抚育工程为重点的营林工作。2011年国家下达北京市造林营林计划任务4666.67公顷，封山育林1.4万公顷。按照规划目标，2011年全年计划造林面积6666.67公顷，实际完成绿化造林面积8333.33公顷万亩，栽植各类乔灌木1500万株，超国家下达计划任务的56%。超市下达计划任务的25%。完成林木抚育4万公顷；实施封山育林2.67万公顷。

【各项绿化造林工程圆满完成】 国家三北防护林工程完成绿化造林400公顷，植树121万株。太行山绿化完成造林200公顷，植树13万株。京津风沙源治理完成荒山造林3100公顷，植树350万株，完成爆破造林600公顷，植树67万株。绿色通道建设密云京承三期工程规划绿化面积1207.6公顷，62.7千米，完成整地面积677.53公顷、绿化面积290.2公顷，栽植苗木81万株；大兴区京山铁路二期绿化工程完成面积34.27公顷，栽植苗木4.5万株；延庆县延琉路完成绿化面积307.73公顷，栽植苗木34万株。第二道绿化隔离地区完成绿化建设面积1093.33公顷，栽植各类苗木172万株。彩色树种造林面积1333.33公顷，栽植苗木128万株。公路河道完成绿化长度300千米，栽植苗木157万株。绿化隔离地区建成郊野公园10个，公园规划面积354.66公顷。据统计，现已完成移植、栽植乔灌树木4.2万株（移植树木2.8万株，新植树木1.4万株）；种植地被花卉及水生植物22.7万平方米；完成道路、广场铺装5万平方米，铺设排水管线6.8万米；完成土方100万立方米，拆除建筑面积1.824万平方米，动土方量95.6万立方米。各区县级完成造林绿化面积1720万公顷，栽植各类苗木近170万株。

【生态公益林管护工作扎实有效】 进一步加强国家重点公益林的管护工作，及时划拨管护资金，严格征占用林地审批，加大宣传教育力度，采取多种抚育措施，确保国家重点公益林的安全和林分质量的提升。加强山区生态林补偿机制管理工作，随着《关于完善本市山区生态补偿机制的通知》的贯彻落实，进一步强化区县政府的主体责任，建立健全管理制度，确保各项政策措施落实到位，管护员管林护林的积极性明显提高，责任心明显增强。积极开展生态林的中幼林抚育，扎实做好森林防火工作，有效遏制破坏森林资源行为，生态林管护水平明显提高。围绕山区生态公益林生态效益促进发展机制，积极开展森林健康经营，完成林木抚育4万公顷，提高林分质量，增强了森林生态服务功能。

【京冀生态水源保护林建设合作项目稳步推进】 按照《北京市人民政府、河北省人民政府关于进一步深化经济社会发展合作的会谈纪要》安排，2009～2011年京冀生态水源保护林建设合作项目计划在河北张家口、承德两市密云、官厅水库上游营造生态水源保护林1.33万公顷，工程投资1亿元，涉及赤城、怀来、丰宁、滦平4县。生态水源保护林规划建设任务全部完成，累计栽植各类苗木2075万余株，其中，2011年按计划完成生态水源保护林建设任务4000公顷，涉及两市4县8个乡镇，栽植各类苗木642万余株，并完成割灌、修防火道以及宣传标志牌等建设内容，进入养护和验收阶段。张家口、承德两市分别组织四县完成工程自查验收，面积完成率100%，苗木成活率在85%以上，达到项目建设要求。

【京津风沙源治理工程建设】 按照市发改委批复，北京市2011年京津风沙源治理工程建设总任务3.1万公顷，其中，人工造林3633.33公顷，爆破造林666.66公顷,封山育林2.67万公顷,种苗基地建设1处。各项工程任务2011年底前全部完成。

【巩固退耕还林成果建设】 根据调整后《北京市巩固退耕还林成果专项建设规划(2008~2015年)》,2011年建设总任务为建设观光采摘示范园10个,退耕地造林补植补造2115.33公顷。截至2011年底,退耕地造林补植补造任务已经全部完成,采摘示范园建设年底前可完成全部任务。

【资源保护管理】 八达岭、西山等市属林场防火阻隔工程基本完成,航空护林站、国家物资储备库和红外监测自动报警系统等重大项目扎实推进,成功实施森林武警定点靠前驻防,提升了安全保障能力,确保北京市没有发生重大森林火灾。林木有害生物防控扎实有效,市政府与区县政府签订"十二五"防控责任书,加大了动态监测和普查普防力度,实现"有虫不成灾"的目标。湿地、自然保护区和古树名木、野生动植物资源的保护管理全面加强。新建房山长沟、怀柔琉璃庙两个市级湿地公园,野鸭湖、汉石桥湿地保护建设稳步推进,完成古树名木复壮640余株,松山、百花山国家级自然保护区基础设施建设全面加强,野生动物疫源疫病监测体系不断完善。

【生态园林文化基础研究取得重要成果】 围绕贯彻党的十七届六中全会精神,开展生态文化体系建设重大课题研究,取得的成果被首次写入《市委关于发挥文化中心作用、加快建设中国特色社会主义先进文化之都的意见》中,为下一步全面推进生态园林文化建设奠定基础。

(2)园林绿化基础管理

【集体林权制度改革】 经过近三年的努力,北京市基本完成以勘界确权、明晰产权、落实股权、保障收益权为核心的主体改革任务,林地确权面积86.67万公顷、确权率达98%,发放股权证57.74万本,山区百万农民从每年4亿多元生态效益补偿中得到实惠,年均增收200多元。

【政策法规体系】 在规划编制方面,与市发改委联合发布北京市园林绿化"十二五"发展规划,出台规划任务分解方案,并与区县签订"十二五"绿化工作责任书;编制完成十大滨水绿廊建设、永定河"五园一带"、湿地公园等一批重要的专项规划,市、区两级林地保护利用规划编制取得阶段性成果,编制完成各区县绿地系统规划,发布园林绿化应对气候变化行动计划;在法制建设方面,市政府正式颁布《北京市森林防火办法》,启动《湿地保护条例》的起草工作;在重大政策方面,以市政府名义制定出台关于推进城市空间立体绿化、加快花卉产业发展、推动城市绿线划定3个重要政策文件。特别是针对长期以来园林绿化资源管理面临的突出问题,首次制定北京市公园维护管理费用指导标准和村庄绿化养护指导意见,出台森林健康经营、代征绿地移交和湿地公园管理等一批重要的规范性文件。

【科技支撑与国际交流合作】 组织实施科研课题34项,推广应用科技成果20项,制定、修订各类标准28项;植物种质资源调查取得重大成果,森林资源连续清查圆满完成;完成8个基层林业站的标准化建设,食用林产品质量安全检测检查工作全面加强,林果乡土专家进城交友行动持续推进,林业生物质能源开发取得新的进展。中德、中韩等国际合作项目稳步推进,完成对外援助"中朝友好苗圃项目",协助举办首届亚太经合组织林业部长级会议。

(3)"十二五"规划情况

【规划目标】 "十二五"规划年度计划造林任务6666.67公顷、新增城市绿地1000公顷,高质量完成平原造林绿化1.33万公顷的任务。北京市森林覆盖率达到38.6%,林木绿化率达到55.5%;城市绿化覆盖率达到46.2%,人均公共绿地面积达到15.5平方米。

(北京市园林绿化局 黄桂林)

(五)水务建设与管理

【概况】 2011年,是北京市贯彻落实中央1号文件、进一步加强水务改革发展的起步之年,也是"十二五"规划开局之年,北京市水务系统深入贯彻科学发展观,认真落实北京市委市政府《关于进一步加强水务改革发展的意见》,开拓进取,攻坚克难,水务改革发展取得新突破,水务建设运行取得新成果,水务社会管理取得新进展,水务队伍建设取得新成绩,保障了首都经济社会的平稳较快发展。

【全市水资源状况】 2011年,北京市平均降水量552毫米,比2010年降水量524毫米多5%,比多年平均值585毫米少6%,属于平水偏枯年。全市地表水资源量为9.17亿立方米,地下水资源量为17.64亿立方米,水资源总量为26.81亿立方米,比多年平均37.39亿立方米少28%。入境水量为4.71亿立方米(未包括南水北调河北应急调水2.6亿立方米);出境水量为12.09亿立方米(其中包含污水和污水处理厂退水9.7亿立方米)。全市大、中型水库年末蓄水总量为14.77亿立方米，可利用来水量为7.72亿立方米。官厅、密云两大水库年末蓄水量为12.45亿立方米，可利用来水量为4.56亿立方米（包括密云水库收白河堡、遥桥峪、半城子水库补水0.83亿立方米，官厅水库收河北补水0.08亿立方米）。全市平原区年末地下水平均埋深为24.94米，地下水位比2010年末下降0.02米，地下水储量减少0.1亿立方米，比1980年末减少90.6亿立方米，比1960年减少111.4亿立方米。2011年全市总供水量36亿立方米，比2010年的35.2亿立方米增加0.8亿立方米。全市总用水量为36亿立方米，其中生活用水15.6亿立方米，环境用水4.5亿立方米，工业用水5亿立方米，农业用水10.9亿立方米。

【南水北调工程建设】 2011年，北京市政府颁布《北京市南水北调工程保护办法》，明确工程保护范围和市南水北调办管理工程的法律主体地位。加快南水北调市内配套工程建设，大宁调蓄水库主体工程完成，南干渠工程实现全线贯通。组建临时执法队伍，加强对工程沿线的巡查监管，累计巡查17万公里。劝阻、制止各种违法行为300余起，保障了工程运行和调水安全。进一步完善《北京市南水北调配套工程实施方案》，明确2014年前北京市需集中力量建设配套工程20项。制定北京市南水北调配套工程建设融资方案，成立北京市南水北调工程投资中心，达成22.3亿元的贷款支持和100余亿元融资合作意向，解决南水北调市内配套工程投融资问题。

【城乡供水安全】 2011年，北京市完成第九水厂三期优化工艺运行应急改造，供水保障能力提高7万立方米；新建和改造城市供水管网300公里。完成怀柔城区供水管网改造、密云溪翁庄镇集约化供水厂等一批郊区供水工程。按照市政府做好"四个服务"的要求，积极为中央单位、驻京部队等解决涉水问题，实施中直机关家属楼自来水管线更新改造工程、航天城自备井供水系统改造工程、武警总部后勤部供水工程等项目。2011年市区高峰日用水量274万立方米，安全平稳度过夏季用水高峰。各单位密切协作，优化调度，确保在多水源切换情况下的供水安全。市自来水集团及各区县自来水公司所属32座水厂水质提前一年达到新国标106项指标要求。郊区加强村镇供水设施运行管理制度建设，运行管理逐步规范，加大水质监测力度，进一步提高水质合格率。126座乡镇集中供水厂、3096处村级供水站安全稳定运行。

【污水处理和再生水利用】 2011年，卢沟桥再生水厂（能力10万立方米/日）投入运行，实现向永定河供水；完成清河污水处理厂扩建和北小河污水处理厂升级改造以及东坝、堡头等污水处理厂主体工程；完成吴家村、酒仙桥等污水处理厂升级改造年度任务，高碑店污水处理厂升级改造工程开工建设。通州、平谷、大兴、延庆、房山等区县新建和改建乡镇污水处理厂10座，建设村级污水处理站32座。2011年全市处理污水11.8亿立方米，污水处理率达到82%，其中城区95.5%，郊区55%。全市再生水利用量达到7.1亿立方米，再生水利用率达60%。污泥无害化处理处置取得新进展，全年无害化处理污泥达48万吨，处理率42%，同比增长4%。

【节水型社会建设】 2011年，北京市加快推进节水型社会建设，完成426个节水型单位、居民小区创建工作，其中中央部委39个。海淀区完成节水型社会试点建设，大兴、怀柔节水型社会试点工作扎实推进；建设北土城、八家地清水零消耗示范公园。新增和改善农业节水灌溉面积15万亩。实施农业再生水灌区配套改造，受益面积8.5万亩。首次开展"做文明有礼的北京人，节水护水我先行"大型主题宣传实践活动，以倡导"节水护水"为主线，每月开展一次主题实践活动，开展节水进社区、进学校、进医院等"七进"活动。

【永定河绿色生态发展带建设】 2011年，大力推进永定河流域综合治理，完成门城湖、莲石湖、晓月湖、宛平湖和供水循环管线"四湖一线"工程，生态治理河道14.2公里，形成水面270万平方米，绿地280万平方米，国庆节前向市民免费开放，得到社会广泛赞誉。永定河生态环境的改善，成为驱动沿岸经济发展的新引擎，为"绿色北京"建设注入了新的活力。

【潮白河流域综合治理】 2011年，启动潮白河流域综合治理。年初，市政府正式批复《潮白河流域水系综合治理规划》，6月启动潮白河流域综合治理工程，完成密云、顺义滨河森林公园涉水项目，启动部分河段生态湿地修复等综合治理项目。

【通州国际新城等城市发展新区建设】 2011年，服务通州国际新城等城市发展新区建设，继续推进北运河流域综合治理。完成通州、大兴等新城滨河森林公园涉水项目；完成引温济潮二期工程并投入试运行，新增日调水能力10万立方米。北运河综合治理取得明显成效，榆林庄出境断面主要污染物化学需氧量（COD）指标持续下降，连续三年达到国家考核目标要求。

【安全度汛】 2011年汛期，北京地区多次出现局地强降雨天气过程，北京市防汛抗旱指挥部加强统一指挥调度、周密部署，各应急保障部门积极应对，保障河道行洪安全。城市排水集团、路桥集团等抢险队伍快速反应，在最短时间内排除道路积滞水，把损失和影响减小到最低限度。合理调度水库、郊区水网，回补地下水。全市各大中型水利工程设施安全运行。实现"保安全、多蓄水"的安全度汛目标。

【水务改革发展】 2011年，中央1号文件出台后，北京市委市政府制定《关于进一步加强水务改革发展的意见》，先后召开全市水务工作会和水务改革发展大会，对水务改革发展工作进行全面部署。市政府将市委9号文件提出的54项工作任务和政策措施，分解落实到35个相关部门，明确抓好落实的要求和措施。市监察局等部门成立联合监督检查工作领导小组，重点对各区县水务改革发展政策落实、重大水务工程建设等情况进行两次监督检查。全市水务改革54项政策措施和工作任务中，取得重要进展的有27项，正在扎实推进的有20项，11个区县出台实施意见。

【建立水务投入增长机制】 2011年，北京市财政局与北京市水务局联合下发《关于从土地出让收益中计提农田水利建设资金有关事项的通知》，明确实行全市统一提取、统一安排，土地出让收益10%用于水务建设的政策得到落实。起草《从土地出让收益计提水务建设资金实施办法》、《北京市地方水利建设基金筹集和使用实施细则》、《北京市水资源费征收和使用管理办法》等文件，制定北京市南水北调配套工程建设融资方案。全市各区县积极筹集建立水务专项资金。

【推进最严格的水资源管理制度】 2011年，北京市水务局起草落实最严格水资源管理制度实施意见，提出用水总量、用水效率、水功能区限制纳污"三条红线"管理的具体措施及监督、考核和奖惩办法。以签订用水责任书的方式，将年度用水总量分解到区县、6大行业和企事业单位，实行目标责任管理。按照"量水而行、以供定需、因水制宜、绿色节约"方针，要求用水效率低的行业和企业限期整改，推行产业用水效率和产品器具用水效率市场准入制度。东城、西城等区县对年用水超过10万立方米的用水大户实行重点监控，定期考核，发布预警。会同市环保局确定22个国家考核断面和61个区县考核断面，对全市水功能区水质状况进行监测。各区县认真落实最严格水资源管理，制定相应管理措施。

【深化水务机制体制改革】 2011年，北京市建立市属供排水企业运营补贴机制，落实财政补贴资金13.3亿元。制定组建首都水资源协调委员会方案，推动建立高层水资源协调机制并取得重要进展。推进流域管理，研究提出加强流域水资源统一管理的意见。起草基层水务管理体制改革指导意见，进一步规范和明确区县公益性水务单位的设置和职能。

【水库移民后期扶持工作】 2011年，北京市水库移民后期扶持工作进展顺利，4月25日，北京市水库移民事务中心揭牌成立。完成2011年度农业户口水库移民人口核定126141人，兑现资金7568万元；完成2012年度农转非移民人口核定47855人；在水库移民接收村完成扶持专项资金项目796项，完成投资1.6亿元。2011年底，市财政局下达2009、2011年度中央结余资金约2.2亿元，2011年底项目陆续开工建设。

【水务普查工作】 2011年，按照"普查与应用相结合、普查与管理相结合、普查与日常工作相结合"的原则，结合市情，编制北京市水务普查实施方案。结合北京市水务工作实际，新增供水、排水设施2项普查内容。对国务院统一要求的8项普查内容的普查范围进行扩展、普查指标进行细化。全市164张各类普查表全部获统计部门审查批准。北京市、区两级均成立普查机构、落实经费和办公场地、落实普查人员，共落实专职普查工作人员260余人，选聘11908名普查员和普查指导员，按清查阶段和普查数据获取阶段进行培训。确定全市水务普查对象13.3万个。2011年6月18日，在全国率先报送清查成果，并得到国务院水利普查办的肯定。累计下发普查工作底图15259张，全面开展各类普查对象详细数据获取工作。结合全市水务管理体制和城市水务管理特点，以水务普查为契机，提出"四个一"的普查成果框架。即构建"一套表、一个库、一张图、一个平台"的水务基础信息系统。

【水务执法专项整治】 2011年，北京市水务局联合公安、国土等20个部门和16个区县政府，继续开展4项整治和水资源专项执法活动。各相关部门、各区县紧密配合，攻坚克难，创新管理，严格执法。全市共出动巡查执法人员13万余人次，查封非法开采机井78眼，查处非法取水用户35家，查处砂石盗采案件22起、行政拘留27人，清劝占道洗车、非指定区域游泳、捕捞垂钓等11万余人次，水事秩序持续好转，得到社会好评。

【水务依法行政】 2011年，北京市完成《北京市河湖保护管理条例》起草工作，完成《北京市节约用水办法》修订工作，出台北京市排水和再生水设施建设、运行管理暂行规定等4项规范性文件。深化水行政审批制度改革，压缩8项水行政审批事项审批时限。市水务局全年共受理水行政审批458项，全部办结，实现零超时、零投诉。办结全国和北京市人大代表建议、政协委员提案85件。办理市领导各类批示350件，涉及供水、防汛、水环境、节水等方面。

【科教外事】 2011年，编制《"科技北京" 2011水务行动计划》，承担市级以上重大科技项目22项；组织开展各类培训办班267个，累计培训16153人(次)；因公派出团组20个，63人(次)参加境外技术考察和培训；接待国外技术交流团组20个200余人(次)；获得局级以上科技、教育及信息化奖励共28项。

（北京市水务局　王民洲　唐菊）

天　津　市

1. 城乡规划建设管理

【城乡规划编制计划管理】 2011年，由天津市规划局牵头，组织各区、县政府和各委、局拟定《天津市2011年度城乡规划编制计划》，经天津市政府审查同意，于5月批转执行。列入2011年度城乡规划编制计划的规划34项，其中总体规划11项、分区(功能区)规划6项、专项(业)规划9项、控制性详细规划6项、重点地区城市设计2项。针对部分新编项目，组织相关单位编写项目任务书，明确规划编制各阶段具体工作目标、内容和深度。同时加强规划编制的技术审查，做好规划编制的督促、检查及综合协调工作。截至2011年底，完成和形成阶段方案23项，完成率68%。其他11项因涉及天津市城市总体规划修改，需要与总规衔接，进一步深化完善规划方案。

【"一控规两导则"编制管理】 天津中心城区实现"一控规、两导则"全覆盖，控规修编成果经市政府常委会审议通过，上报市政府待批；环外地区控规编制覆盖面和审批率大幅提高。环城四区除北辰区由于区间发展战略的调整外，其他三区规划城镇建设用地已实现控制性详细规划编制全覆盖，审批率达60%以上。市郊区(县)的新城、示范镇、工业园控规编制审批率达65%以上。在完成市文化中心周边地区、解放南路地区城市设计的基础上，今年编制完成了控制性详细规划、土地细分导则和城市设计导则，部分已通过审查。超前有计划的组织开展市文化中心周边地区地下空间规划设计国际方案征集、景观规划设计和智能城市专题研究；解放南路地区开展景观规划、道路设计和多个地块方案招标、策划和审查工作。卫国道地区在城市设计基础上形成土地细分导则和城市设计导则，2011年已批复实施。

【城市设计编制管理】 组织开展侯台公园和周边地区约7平方公里的城市设计国际方案征集。结合各区建设重点，对新开河两岸、西营门地区、西站副中心等重点地区、地段城市设计进行提升，不断增强城市载体功能。建立"三维"城市设计系统，加强动态维护管理。

【重点项目规划管理】 组织编制完成北部新区约104平方千米空间发展战略和分区规划。为充分发挥地铁对土地的带动作用，借鉴香港地铁开发模式，组织编制地铁2、3、5、6号线40多处地铁上盖项目策划方案，并结合土地拆迁整理情况，确定8处作为近期实施项目。结合教育资源的整合，组织编制和审查中心城区老校舍40余处规划策划方案。通过研究论证、方案比选、实地勘查，确定陈塘庄热电厂、纪庄子污水处理厂搬迁选址方案，提升中心城区功能，改善居住生活环境。积极推动保障住房的建设，组织研究确定大寺和双青新家园规划选址和前期方案策划编制工作。

【规章制度】 完成《天津市控制性详细规划管理条例》起草工作，同步开展城市设计编制标准和管理规定调研。在规范标准方面，出台"两导则"管理规定和"一控规、两导则"编制规程；在操作方面制定"土地细分导则动态维护管理要求"、"三维城市设计管理程序"和"控规阶段交通影响评价工作实施方案"，以及成果备案、方案公式等标准要求，将控规编制、审批、管理逐步法制化、规范化，构建"1+2+3+×"的法规体系，即一个条例、两个规定、三个规程和若干实施细则。

【修建性详细规划审批管理】 加强和深化修建性详细规划管理，由注重地上空间的管理延伸到地上、地下空间并重。2011年以天津小白楼CBD地区地下空间规划编制为基础，通过对其东区（占地约65公顷）和西区（占地约27公顷）调查研究。提出地下空间交通组织、使用功能、层数、出入口位置、连通方式等控制要求，为建设项目实施管理奠定技术基础。总结地下空间规划管理经验，在地铁2号线咸阳路站周边地块等重点地区推广应用。

由注重中心城区的管理延伸到中心城区与郊区县并重。加强对区县规划建设管理工作的指导，通过调研，摸清各区县规划建设管理存在的问题，提出调研报告，为规范与加强区县规划建设管理奠定基础。

2011年全市共审定修建性详细规划方案634件，规划总建筑面积7279.88万平方米，其中中心城区审定修建性详细规划方案37件，规划总建筑面积1009.74万平方米。全市共审定总平面方案1181件，规划总建筑面积5010.31万平方米，其中中心城区审定总平面方案202件，规划总建筑面积1221.68万平方米。

【用地规划管理】 按照精细化管理要求，全面开展建设用地现状调查，强化中心城区建设用地规划动态管理系统数据运营维护。完成环城四区建设用地数据建库及中心城区数据整合共计2078平方公里，中心城区范围内共完成431宗核定用地数据入库，完成学校、加油站等28项专项用地数据更新。

2011年全市共核发《建设用地规划许可证》1466件，审批建设用地7243.14公顷，其中市内六区和环城四区核发《建设用地规划许可证》561件，审批建设用地2850.39公顷。

【建设工程规划管理】 为保证空间布局的整体性，进一步提升精细化管理水平，由注重单体建筑管理延伸到单体、群体建筑管理并重。以规划设计导则深化为切入点，在原有导则基础上，开展建筑色彩、玻璃幕墙、建筑顶部、报刊亭等部分提升工作。组织编制《建筑外檐色彩提升导引》、《天津市坡屋顶建筑设计导则》、《建筑空间组群设计导则》，将《天津市规划建筑导则汇编》重新充实完善为《天津市规划设计导则》。同时，编制《居住建筑风格及色彩组合导则》，从宏观、微观不同角度对居住建筑的规划布局、建筑高度、建筑色彩等方面，强调城市形态整体性、连续性、层次性和多样性，创造出丰富多彩的城市空间。组织环城四区、滨海新区和市郊五区县完成规划设计导则的编制，形成各区不同特色的规划设计导则，并开始在日常管理工作中运用。

2011年全市核发《建设工程规划许可证》2452件，总建设规模5755.99万平方米。其中市内六区和环城四区范围内共核发《建设工程规划许可证》855件，建设规模2286.28万平方米。

【重点工作成果】 推进海河教育园规划建设。组织开展天津大学、南开大学新校区规划布局和建筑方案设计深化工作。为加快保障性住房建设力度，完成大寺、双青两个新家园的修建性详细规划及建筑设计方案的编制与审批。会同市国土房管部门完成公共租赁房选址及设计方案编制工作，共确定选址地块20个，规划住宅9万套，规划总住宅建筑面积约420万平方米。

推动海河沿线—热电、中信地块等重要节点规划策划。组织多家设计单位按照"统筹考虑，风格协调"的原则，对海河（金阜桥——海津大桥）沿线长约5.3千米范围内的7个待出让地块和中信地块从规划布局、建筑体量、建筑风格等方面进行多轮方案策划和研究，确定规划布局和建筑风格，为海河沿线城市空间形象完善提供有力的技术支持。

为推进梅江会展中心二期的规划实施，规划审批开辟"绿色通道"，进件当天核发修建性详细规划审批，确保梅江会展二期按期开工。

【规章制度建设】 坚持贯彻精细化管理工作思路。针对在审批依据、技术要求、程序管理等工作中发现的问题，制定《关于进一步加强建设项目审批管理的通知》、《关于进一步加强建设项目核定用地管理工作的通知》、《关于规范建筑工程类规划许可证件变更管理的通知》、《关于进一步加强海河两岸沿线建筑规划管理的通知》、《关于规范建筑工程类规划许可证件变更管理的通知》等规范性文件。会同市建交委、市国土房管局等相关部门制定下发《关于进一步规范房地产市场持续健康发展的若干意见》、《关于加强酒店型公寓建设管理有关要求的通知》等文件，为实施精细化管理提供保证。

【规划研究】 为方便人民群众日常生活要求，开展提升天津市居住区公共服务设施配置研究。通过调研国内外优秀居住区经验，按照不突破《天津市居住区公共服务设施配置标准》的原则，对居住项目公共服务设施配置提出具体管理意见：一是根据功能要求对于能够集中设置的项目进行集中设置；二是将居住区、小区级部分配套项目"下沉"一级，加大小区级和组团级规模，方便居民日常生活需要；

三是居住区级、组团级设施以非经营性为主,小区级设施以经营性为主,明确政府保障、市场调节职责分工。

【重点市政基础设施建设】 在天津第一热电厂关停工程、陈塘庄热电厂迁建工程和纪庄子污水处理厂迁建工程中,完成90余条道路管线综合规划方案审批和160余千米配套主干管线规划方案审查;在市容环境整治任务中,完成45条(段)道路通信、电力架空线入地工程,部署各分局完成市政工程规划审批;在地铁工程中,全面推进地铁5、6号前期工作,完成该线一期工程线性规划选址及建设用地手续和17座车站管线切改方案的规划审批,车站管线切改占总量的85%;在清水工程中,完成八经路、大直沽八号路、津塘路等8条道路排水设施改造路径审查;在市政府投资项目中,按照市政府投资项目检查整改工作会议部署,完成快速路、地铁、城市道路等百余项重点工程整改项目的选址、用地规划、工程规划许可审批;在"民心工程"中,通过现场踏勘,逐步完善规划设计方案,优化审批流程,完成"民心工程"确定的20座人行桥规划许可审批;组织完成军卫线电力地段、会展中心二期、张贵庄污水处理厂配套管网规划审批;保障房建设、公租房、限价房等市政规划审批;组织完成大寺和双青新家园市政修建性详细规划方案审查;参与完成解放南路地区、市文化中心地区、泰安道地区市政配套工程审批;编制完成"天津市道路交通竖向规划"和"微波控制线规划",为加强管理提供依据。

【市政业务案件审批】 2011年全市(不包括滨海各功能区)审批市政工程业务案件3150件。其中天津市规划局办理397件,区规划分局办理1677件,郊区县规划局办理756件,滨海新区规国局办理185件,新技术产业园区规划处办理17件。

【重点保护规划内容】 突出体现天津近现代历史文化特色,反映"中西合璧、古今交融"的风貌建筑、风貌区;充分挖掘京杭大运河的历史文化价值,体现天津漕运文化特色;挖掘研究代表天津各类特色的历史文化资源,充分体现天津多元历史文化特色。挖掘代表天津不同历史时期典型特征的历史文化资源,全面体现天津历史文化名城的价值;增加和补充工业遗产、非物质文化遗产的保护内容;加强文物古迹、历史(风貌)建筑的保护。

【保护措施】 为加强历史文化名城的保护,研究制定《天津市历史文化街区规划编制技术标准》、《五大道历史文化街区规划管理规定》;《天津市历史文化名镇、名村保护规划编制技术标准》、《天津市历史文化街区建设项目分类保护与管理工作细则》。

【课题研究】 为提高保护规划编制和管理水平,超前谋划管理策略,组织市规划院、天津大学等单位开展"天津市历史街区保护规划编制与管理研究"、"大运河天津市段保护与利用"两个重点研究课题,为开展保护规划、提升完善《天津市历史文化名城保护规划》提供支撑。

(天津市规划局)

2. 城市建设与管理

【概况】 天津市建设规模再创历史新高。以提升城乡基础设施服务能力和完善城市功能布局为重点,加大市政交通和房地产开发建设投入。2011年全市完成市政公用投资970亿元,完成交通建设投资344亿元,完成房地产投资1080亿元,完成铁路建设投资58亿元,四项合计2452亿元,占全市固定资产投资总量的33%。全年新开工各类房屋建筑4380万平方米,同比增长20%,累计在建施工面积达到1.03亿平方米。70项重点工程有30项竣工。文化中心博物馆、美术馆、图书馆等工程完工开始布展。总建筑面积28万平方米的梅江会展中心二期工程主体封顶。泰安道地区综合开发1、2、3号院竣工投入使用。

综合交通建设。建成京沪高铁(天津段),天津西站投入使用,南站以及城市配套工程完工。津秦客专土建工程和地下直径线主体工程基本完成。港口建设投入加大,天津港重工制造基地、中化仓储等一批工程竣工。实施了滨海国际机场二期扩建。地铁9号线试运营,2、3号线进入装修调试。建成塘承、津宁高速和国道112,全市高速公路里程累计达到1100公里。新建改造唐口、红旗路等13处地道,新建改造越秀路、建昌道、轻纺大道等107条城市道路。区域配套和路网体系进一步优化,通行能力和城市载体功能明显提升。

民心工程建设取得新成效。更新改造旧楼区供水、供气管道11万户,新建天然气干线100公里,实施新农村供水供气工程,新增村镇水气干网395公里,全市自来水、燃气普及率达到100%。按期完成一热电供热转换工程,累计铺设管网100公里,确保了30万群众温暖过冬。全市集中供热率达到87.7%,中心城区超过96%。建成张贵庄污水处理厂一期,日污水处理能力20万吨、再生水4万吨。完成大板楼节能改造33万平方米。建成成林道延长线和跨外环线立交;建成20座人行天桥、增设交通安全岛45处。华龙道、食品街两座停车楼和一批停车设施投入使用，新增泊位2万个。

房地产开发结构有了新转变。认真落实国家调控政策，出台限购等一系列措施，强化开发结构的引领，动态调整总量供应，扩大保障房建设规模，保持天津市房地产市场健康发展。全年房地产新开工3522万平方米，同比增长21%，商业地产、示范小城镇和保障住房建设比重分别比上年提高2.5、6和15.4个百分点，开发结构实现调整优化。全市房地产竣工2105万平方米，保障了市场供求基本平衡。

建筑节能减排取得新突破。新建建筑全部执行公建二步、住宅三步以上节能设计标准。实施6.6万平方米四步节能试点，节能率达到75%。河东区、河北区等11个区县累计实施既有建筑节能改造1200万平方米。制定了绿色建筑评价标识管理办法，全年开工绿色建筑400万平方米。以滨海新区、宁河、静海、蓟县为重点，太阳能、浅层地能等可再生能源应用面积达到304万平方米。实施西站、文化中心等5个光电项目。单一墙体保温材料、超深地连墙等技术应用取得突破，30项成果获市科学技术进步奖。天津市被列为全国建筑节能先进省市首位。

建筑市场管理实现新提升。完善标前、标中和标后全程监管制度。完善信用评价和等级排名制度，全市一级以上施工总承包和专业承包企业达到259家，比上年增长14.6%。全年完成建筑业总产值3000亿元，同比增长25%，完成增加值500亿元，占GDP的5.2%。在全国率先将用工管理纳入建筑市场管理条例，严格落实施工现场农民工信息管理，实名制管理覆盖率达到90%以上。

工程质量安全监管有了新手段。健全了质量安全总队负总责、区县监管机构辖区负责、企业质安部门项目负责的三级责任体系。工程竣工验收合格率保持100%，14项工程获鲁班奖和国优奖，233项工程获海河杯优质工程奖，4项工程获国家保障住房优秀设计奖，176项工程获海河杯优秀勘察设计奖，366个工地被评为市级文明工地，百亿产值伤亡率低于全国平均水平。（张然）

【城建法制建设】《天津市建筑市场管理条例》和《天津市建设工程质量管理条例》正式施行。《天津市建筑节约能源条例》通过市人大一审。审核《天津市供热许可管理办法》、《天津市新建房屋供热配套管理办法》等规范性文件9件。清理地方性法规、规章和规范性文件87件。

出台《关于进一步加强和规范行政执法工作的实施意见》，明确行政执法主体17个。审核行政处罚案件119件，纠正适用依据错误、证据不足以及事实认定、裁量标准不准确等案件6件，案件一次性合格率达95%。

创建并行办理服务模式，将现场勘查、相关专业内容审查与企业补件同步进行，实现审批服务提速35%的目标。开辟审批绿色通道，使工程开工平均提前20天。全年共组织现场服务近百次，及时解决了文化中心、保障性住房建设等重点项目的招投标和开工难题。

全年共受理行政复议案件5件，全部结案，无一发生行政诉讼，充分发挥了行政复议在化解社会矛盾中的重要作用。（王东晟）

【交通和市政基础设施规划管理】发挥规划统筹作用，综合协调交通和市政基础设施专项规划。2011年基本完成《天津市城乡建设和交通"十二五"规划》的编制工作。涉及的城市道路、轨道交通、公路、房地产、燃气、供热、质量安全、建筑业、建筑节能及产业发展、可再生能源建筑应用、新型墙体材料革新和散装水泥发展、建设科技等12个专项规划已完成。组织对供热、燃气"十二五"规划的修编。

发挥规划先行作用，超前组织推动项目储备和项目前期工作。建立交通和市政公用基础设施三年项目储备库。项目储备库累计入库项目390个，其中百亿元左右的项目10个，十亿元以上的项目34个，为今后三年城市建设持续发展创造了条件。

发挥规划带动作用，超前策划重大项目、重点地区整体建设方案。完成解放南路、天钢柳林地区等区域性开发建设规划编制以及土地资金平衡测算工作。编制地铁二、三、五、六号线24处地铁上盖项目的交通和市政专项建设规划，根据开发体量、交通流量，合理配置区域路网和提升配套设施服务能力。在规划编制过程中对十几项专项规划进行综合汇总，提出区域内外综合交通和市政基础设施重点建设项目，开展土地开发和区域内外基础设施建设的资金平衡测算，为项目科学有序实施奠定基础。

发挥规划惠民作用，扎实推进重点项目及民心工程。一是组织推动人行天桥项目建设前期工作，确保20座天桥在2011年底前顺利完工。依据天津市天桥专项规划，研究编制"2012年～2014年天桥建设行动计划"，基本确定未来三年内天津市天桥建设范围。二是推动张贵庄污水处理厂工程建设。相继完成进、出水管网建设及污水厂建设，并通水试运行；完成再生水利用结构施工及设备安装；开工建

设污泥处理处置工程。三是组织开展纪庄子污水处理厂前期工作，明确大孙庄选址方案。（张雪菲）

【城市管理法制建设】 2011年，天津市市容园林法制建设扎实跟进，有力地配合和保障中心工作的开展。一是加大立法协调力度，圆满高效完成立法计划。经天津市人大常委会三次审议，《天津市公园条例》顺利出台，其中包含公园规划、建设、保护、管理、服务、使用、游人的权利义务、法律责任共计7章37条，于4月1日起正式施行，弥补了天津公园事业发展缺少法律依据空白。《天津市公园条例》正式实施前，研究策划宣传贯彻公园条例系列活动方案，收到良好的社会宣传效果。二是进一步增强法规的可操作性和执行效果，组织起草相关配套性文件7个，包括《天津市公园名录》、《天津市公园志愿者服务管理办法》、《天津市公园管理工作规范》、《天津市公园事业发展专项规划》、《关于查处违反〈天津市公园条例〉行为的实施意见》，并逐一对文件进行法律审核。三是组织完成地沟油治理和餐饮废弃物管理立法调研工作。完成了《天津市废弃食用油脂和餐饮废弃物管理条例》（代拟稿）和《关于加强地沟油整治和餐饮废弃物管理的暂行办法》（代拟稿）以及《天津市人民政府关于进一步加强餐饮废弃油脂整治和餐饮废弃物管理工作的实施意见》（代拟稿）。（天津市市容园林委）

【市容环境综合整治】 按照天津市市委、市政府决策部署，2011年天津市市容环境综合整治，突出民生改善，促进科学发展，经全市上下300天的拼搏奋战，全面完成了各项整治任务，天津变得更加生态宜居、厚重现代。一是综合提升西站周边等5个重点区域，形成清新靓丽的城市窗口。综合提升西站地区、翔宇广场、经纬艺术街、泰安道五大院、南开中心翔宇广场，坚持国际一流标准，挖掘历史文化底蕴，立足区域定位，打造区域特色。注重改善环境与促进经济发展相结合，注重提升载体功能与增强服务能力相结合，注重打造特色区域与增强城市吸引力相结合，综合整修周边建筑，提升改造街区绿化，调整区域经营业态，西站周边等5个重点区域设施更加完善、特色更加鲜明，重点区域整治成效明显，国际性现代化城市特色初步显现。二是集中整治卫津路等571条道路，绘就美轮美奂的道道风景。坚持区县整体协调推进，统筹城市环境各种要素，对570条道路实施高标准整治。整修建筑5239栋，实施架空线缆入地27710延米，新增城市家具2300个，建筑整修以"洋气"为核心，更加注重细部处理，建筑单体美观精致、整体协调大气，道路整修坚持功能和美观的高度统一，合理设置断面，科学规范附属设施，彰显了现代城市特色。三是新建改造北宁等26个公园，促进天津生态城市建设。新建如意园等公园12个，提升改造解放北园、北宁公园14个，持续推进道路绿化和社区绿化，全市新建提升绿地2427万平方米，城市绿化覆盖率、人均绿地占有率有效提升。坚持亲近自然形成特色，注重因地制宜，注重绿化水平提升，突出自然式的野花组合和地被栽植，突出增加开放式绿地空间比重，满足市民走进自然、亲近自然的需求，提升改造的公园全部免费向社会开放，天津生态城市建设迈出新部分。四是全面提升海河沿线环境，展现隽美璀璨的河岸景色。整治提升海河沿线上游8公里夜景灯光，高标准整治大光明至富民桥沿线景观，维修沿线建筑，提升堤岸绿化，新建夜景灯光点位28处，提升桥梁灯光2座，完善堤岸水系夜景灯光体系，建设了宁波道码头，形成了水、岸、桥、绿交映生辉、建筑风格美丽迷人的核心景观带。五是整治如皋里等350个社区，打造优美舒适的社区环境。整治如皋里等社区350个，改善了社区环境，提高了服务水平，老年照料中心（站）达到560个，配餐服务覆盖率超过30%，配建健身设施4200套，各项配套服务日趋完善，社区整治实现了质的变化。改造里巷道路270条、145万平方米，建成过街天桥10座，打通断头路和卡口路11处，改善了群众出行环境。六是完善了一批公共服务实施，有效解决群众日常生活难题。新建改造公厕89座，新建改造垃圾转运站49座，做到布局科学、造型美观、设施现代、管理到位，达到国内一流水平，有效解决了群众如厕难、垃圾收运难的问题。新建标准化菜市场15个，打造布局合理、功能规范、美观整洁的农副产品购买环境，方便了群众日常生活。建设20座人行过街天桥、8000个停车泊位、有效解决了"停车难""过马路难"的实际问题。七是对天津市"奋战900天市容环境综合整治"工作进行总结表彰。2011年11月29日在天津礼堂隆重举行天津市奋战900天市容环境综合整治总结表彰大会，天津市委书记张高丽，市委副书记、市长黄兴国出席会议并讲话。天津市委、市政府决定，授予700名同志天津市奋战900天市容环境综合整治先进工作者荣誉称号。（天津市市容园林委）

【城市管理概况】 2011年，天津市城市管理工作以建设独具特色的现代化、国际性宜居城市为目标，整治与管理并举，突出重点区域道路提升，突出社区里巷整治，突出服务设施建设，突出精细化管理，使城乡环境面貌发生巨大变化，市民满意度达到99.6%，城市知名度和影响力得到更大提升。**一是城市管理更加科学规范。**坚持用现代化理念管理城市，落实"两级（市、区）政府、三级（市、区、街或乡镇）管理、四级（市、区、街或乡镇、居民或村委会）网络"管理模式，作业、管理、监督层面高效运转。万米网格保洁、管理、执法、巡查、监督人员基本到位，初步形成了"五位一体"的管理模式。数字化管理平台正式运行，科学管理正在逐步发挥作用。城市管理委员会协调机制初步建立，管理中一些空白、难题正在逐步解决。**二是生态城市建设取得新进展。**统筹城市环境各种要素，坚持区县整体协调推进，对建筑、道路、公园、社区实施高标准综合整治。整治道路571条，整修建筑5239栋，各种架空线缆入地27710米，建设改造公园26个。大力拓展城市绿化空间，新建提升绿地2427万平方米，建成区绿化覆盖率提高到32%以上。新增城市家具2300个，新建改造公厕、垃圾转运站138座，达到国内一流水平。改造里巷道路268条达145万平方米，建成人行过街天桥10座，打通断头路和卡口路11处，改善了群众出行环境。广大群众积极参与综合整治，在共建共享中满意度和自豪感不断提高，热爱天津、建设天津的凝聚力显著增强。**三是城乡环境面貌显著改观。**环境卫生质量管理水平进一步提升。加快环卫基础设施建设，新建、改建一批公厕和垃圾转运站，更新配置一批专用车辆设备，提升机械化清扫率。有序推进环卫作业改革，开展环卫设施总量普查，重新核定环卫保洁定额标准，建立适合市情的定额体系和增长机制，建立培育内部竞争机制，切实提高城市清洁水平。园林绿化水平显著提升，积极推进国家园林城区创建工作，推行节约型、集约型城市绿化建设，以乡土树种为主，引进和丰富新品种，营造大气洋气、清新靓丽、舒适宜居的城市环境。爱国卫生工作取得较大成效。扎实推进创建国家卫生城市工作，巩固国家卫生区成果，加强对爱国卫生工作的业务指导。深入开展爱国卫生运动，做好全市性病媒生物防治保障工作，组织好第23个爱国卫生月活动，持续开展单位卫生检查评比，提高"市级卫生红旗单位"、"市级卫生先进单位"评比标准。**四是综合执法水平全面提升。**深入开展"作风纪律大整顿，岗位技能大练兵"活动，打造一支执法文明、素质较高、作风过硬、纪律严明、行为规范、形象良好、务实高效的执法队伍，在行风评议中名次继续前移。全力搞好"巩固奋战成果，共建文明城市"活动，采取正面宣传、成果展示、典型引导、开办专栏、主题活动、建立城管志愿者队伍等方法，激励引导广大市民关心城管执法、理解城管执法、支持城管执法，打造综合执法舆论强势。强化数字化执法管理，建立以监督和宏观调控为主的全市统一的数字执法平台，完善数字执法系统的基础数据库。落实网格化管理，形成管、控、防、监四位一体的数字执法责任管理体系，以无空白、无缝隙、无盲区为目标，实现每一寸土地都有人管。（天津市市容园林委）

【园林绿化建设】 2011年，以建立布局合理、结构稳定、功能高效、特色鲜明的城市园林绿化系统为目标，新建提升改造各类绿地2427万平方米，城市建成区绿化覆盖率、绿地率、人均公园绿地面积分别达到34.5%、31%、10.3平方米。加大公园绿地建设力度，提升改造公园26个，新建空港经济区景观湖公园、新塘湖公园、三河岛遗址公园等三个公园，新增公园绿化面积78公顷。注重入市道路、快速路及重点地区周边道路的绿化建设。建成京津塘等6条高速公路、外环线570公里沿线绿化带，实施复康西路、金钟河大街、解放南路、卫经南路等12条入市口道路绿化提升改造，完成西站地区、南开中学翔宇公园周边地区、河北经纬艺术街区等5个重点地区的绿化整治，打造出环境优美、体现天津形象的交通绿色走廊和生态自然的绿色网络。建设开封里社区、河东如意园等一批社区和街头公园绿化精品，丰富四季景观，增加休闲设施，更好的为周围社区居民服务。高质量完成西安园艺博览会和重庆园博园天津园的各项工作，运用了疏林草地和盆景艺术相融合，山石水景与亭廊阁榭的巧妙结合的绿化建设形式，充分展现天津园林绿化建设。（天津市市容园林委）

【废弃物管理】 2011年，继续推进生活垃圾减量化、资源化、无害化处理，不断提升从收集运输到垃圾处理各个环节的技术水平，有效避免垃圾运输过程中的二次污染问题。全市环卫部门垃圾运输车达803部、生活垃圾收集站（点）230座、中转站5座，生活垃圾运输采用密闭压缩车或集装箱式运输车辆，基本实现生活垃圾密闭运输。全市日平均收集运输生活垃圾约5845吨，全年收集运输生活垃圾约213万吨，按照"减量化产生、资源化利用、无害化处理"的要求，积极推进天津生活垃圾无害化处理工作，无害化处理量200.70万吨（其中，卫生填埋处理127.74万吨、堆肥处理3.71万吨、焚烧处理69.25万吨），无害化处理率94%以上。

2011年，全市建成投入运营的生活垃圾处理设施达到11个，分别为双港垃圾焚烧厂、青光垃圾焚烧厂、双口生活垃圾卫生填埋场、大韩庄生活垃圾卫生填埋场、大港生活垃圾卫生填埋场、汉沽生活垃圾卫生填埋场、汉沽垃圾焚烧厂蓟县生活垃圾卫生填埋场、武清区生活垃圾处理场、宝坻区生活垃圾卫生填埋场和静海县紫兆垃圾处置场。（天津市市容园林委）

【夜景灯光设施建设】 根据中心城区夜景照明规划，在已有夜景照明观光网络建设基础上，对线路上的点位实施填平补齐，新建和提升819栋（处）建筑物和绿地夜景照明设施，构建了"点—线—面"相结合，覆盖中心城区的城市夜景灯光网络。组织西站地区夜景照明（一期）工程设计与施工招标，共建设夜景照明设施82处。形成国内一流、独具特色、绚丽多彩的城市夜景线。完成夜景照明重大活动保障任务，全年共组织了夜景照明重大活动保障321天，参加保障人员万余人次。提升夜景照明设施的开启率和完好率，在原有监控系统布局的基础上增加了2座基站和150处监控终端，进一步扩大了统一启闭的范围，在解决重大活动保障的同时，确保了全市夜景照明设施的开启率。（天津市市容园林委）

【市容市貌】 2011年，以"奋战300天市容环境综合整治"为契机，以治理促进管理，以管理推动治理，全面提升市容市貌管理整体水平。对各项大型活动现场及其周边、来宾驻地周边和活动所经过路线两侧可视范围内的市容市貌、环境秩序、环境卫生、园林绿化、市政和交通设施、路灯和夜景灯光等方面进行有重点和有针对性的整治和维护，共担负210次重大活动和重要来宾的市容环境保障工作。

市容市貌管理效果明显，初步形成大气洋气、古今交融、中西合璧的城市风格。 实现对全市1170条核心管理区域道路和80个重点地区道路的全天候管理，420条次支道路环境秩序管理水平不断提升的治理目标，对全市影响市容环境的16个问题严重区域、结合地区进行了重点治理。全年共清理马路餐桌露天烧烤66520处次，清理流动摊贩115020处次，教育规范流动摊贩72800多人次，拆除违法建设、违章建筑2936间85268平方米，有效地保证了市容环境秩序。进一步规范商业门脸。依法加强长效化管理模式，管理过程中，规范建筑立面和空间环境整治。全市共拆除整治道路范围内各类违章违法户外广告设施2099处，统一规范设置牌匾3523处。

高标准完成节日气氛布置及保障工作。 以突出"新世纪、新天津、新滨海"为主题，以"国旗、彩旗、条幅、中国结、灯笼、灯箱、灯具小品等"为主题元素，日间与夜间结合，静态与动态结合，政府主导与责任单位实施相结合，营造春节期间"安定祥和、欢乐文明、优美靓丽"的浓厚节日气氛。出色完成春节、"五一"、"十一"、元旦期间节日气氛布置任务。（天津市市容园林委）

【民心工程建设】 2011年，天津市建设交通委承担的20项民心工程涉及建筑节能、缓解出行难题、加快公交发展、提升市容环境、改善环境质量、改造供水管网、延伸燃气管网、建设村镇设施，共8个大项，16个子项。截至2011年底，除地铁二、三、九号线子项进入工程收尾阶段外，其余项目已经全面完成。

对1976年地震后建设的安居大板楼进行改造，完成33万平方米。改造内容包括外围护结构节能改造、供热计量改造、管网及热源改造等。

拓宽改造成林路，建成市区到机场的第二通道，道路主线全长3.3公里，2011年9月完工。

完成沙柳路、顺义道、津围公路、南海路、海河教育园校园东路、华龙道、中环线二宫门前、大桥道、友谊路等20座人行天桥建设。在南京路、曲阜道、新开路、狮子林大街、围堤道、复康路、解放南路等处建成45处交通安全岛。

食品街停车楼和华龙道停车楼2011年底主体工程完工，新增停车泊位1000个。

天津站客运中心综合枢纽站主体建成。天津西站综合客运站已经投入使用。

地铁二号线，除建国道至天津站区间外，装修及设备安装完成，天津站以东试运行。地铁三号线，车站全部完成，装修及设备安装基本完成。地铁九号线，中山门至十一经路站实现试运营，七经路站和天津站站设备安装基本完成。

治理工程渣土运输撒漏，全面提升市容环境。

第一热电厂供热转换工程全面竣工。完成220千伏变电站、地热井、燃气锅炉房建设各1座，改造换热站150座，建设一级、二级中继泵站各1座，累计敷设供热、电力、燃气管线99.6公里，进行了68家蒸汽用户改造。供热、供电、蒸汽替代设施全面投入运行，顺利实现向2944户居民提供生活热水、向30万居民供热的目标。

完成居民户内自来水管网改造6.1万户。

加快新农村供水工程建设，实现向王稳庄、团泊地区、子牙环保园供水，新建供水管道30公里。

在西青区、津南区的双港新家园、梅江地区等区域再建10个新的供水服务网点。

积极将燃气管网改造与道路和里巷改造工程相结合，与一热电改造工程结合，完成燃气旧管网改造200公里，其中外网100公里，户内改造5万户、100公里。

新建宝坻—静海—大港、黄港、津沽等天然气输气干线100公里。向北辰、静海、武清、宝坻、蓟县、宁河、汉沽等区县新农村铺设燃气管网共计100公里。新建、改造小城镇镇区道路400公里、排水管道400公里。（沈惠萍）

【城市道路建设】 高速公路：完成塘承高速一期和津宁高速2条高速公路，新增通车里程104公里；完成蓟汕快速路下穿津山铁路节点工程；继续组织实施国道112线及其延长线工程建设；开工建设唐津高速扩建、塘承高速二期和京秦高速工程。

快速路：继续推进中心城区快速路建设步伐，完成收尾工程建设任务，完成团泊快速（西青段）及团泊新桥桥梁工程。

城市配套道路：组织完成京沪高铁南站、泰安道地区综合开发、陈塘商务开发区、天辰科技园、津滨大道万达广场等公建项目和红旗农场、小淀镇地区、兴业里、大中华、张家窝镇、天房美域等保障性住房项目的配套道路工程建设任务，完成73条道路的改造工程并交付使用。启动作为文化中心周边重要区域的解放南路起步区配套道路工程建设。开工建设黄河道道路改造工程。（沈惠萍）

【建设项目融资与管理】 2011年，顺应国家信贷政策从紧、投融资平台治理力度加大的宏观金融形势，城建融资工作方向从"重融资规模"逐渐向"重风险防范和渠道建设"转变。全年城建融资工作的特点主要体现在4个方面：

（1）通过银行大额贷款保证建设资金需求。天津城投集团与多家银行开展合作，募集贷款资金404亿元。通过中长期贷款重组完成危陋房片区改造与住房保障项目整体授信。

（2）积极利用直接融资手段补充建设资金。天津城投集团发行短期融资券30亿元、中期票据7亿元，制定了三期企业债券发行方案，成功引进兴业信托基金，解决了东丽、津南还迁房建设资金问题。

（3）尝试新的项目运作方式，丰富融资渠道。尝试使用政府采购、特许经营等模式，运用项目自身滚动增值、环境综合优化引资、区域统筹资金平衡等模式运作泰安道地区综合开发、海河综合开发、海河教育园、西站等项目。

（4）加大融资项目推动力度，系统组织城建融资工作。2011年10月成立天津市城建项目融资办公室，组织推动供热改燃项目贷款和配套道路项目贷款、城投三期企业债等重点融资工作。（赵晓阳）

【二十项重大市政交通项目】 2011年，天津市继续以打造大交通体系、拓展对外交通能力、提升基础设施能力为重点，推进20项重大市政交通项目建设，其中高速公路5项、铁路及配套工程6项、港口工程2项、机场配套工程1项、地铁工程2项、城市道路2项、环境设施工程2项。总投资规模825亿元。截至2011年底，20项重大市政交通项目中已开工15项，竣工4项，分别为第一热电厂供热转换工程、机场专用道（成林道延长线）、市区配套道路和张贵庄污水处理厂一期工程，完成投资140亿元。（田宇）

【天津市重点工程完成情况】 2011年，天津市政府确定的70项重点工程中，66项进入实施阶段，施工面积达到1480万平方米，竣工面积509万平方米。其中天津新港北铁路集装箱中心站等11个项目进行基础施工；京津城际延伸线工程等19个项目进行主体施工；金伟晖年产量120万吨高等级溶剂油项目等14个项目进行装修或设备安装；诺和诺德胰岛素灌装项目等22个项目竣工。（陈璟滨）

【供热管理】 截至2011年底，天津市集中供热面积达2.86亿平方米，其中居民住宅供热面积2.19亿平方米，全市有280万户城镇居民享受集中供热，全市集中供热普及率为87.7%，中心城区住宅集中供热普及率达到96.8%。按供热面积分，燃煤锅炉房供热比重为68.1%，热电联产供热比重为27.5%，地热、燃气等清洁能源供热比重为4.4%。全市共有供热企业261家，其中国有企业173家，民营企业88家，全行业职工2万多人。

完成10万平方米供热补建和33万平方米既有大板楼供热计量与节能改造任务。到2011年底，天津市供热计量试验面积达到4400万平方米以上，继续保持全国领先地位。

第一热电厂供热转换工程是2011年天津市重点工程和民心工程，主要由供热管网建设工程、电力工程、第一热电厂热水及采暖替代工程、燃气替代工程4个部分组成，转换供热面积达1200万平方米，敷设管线99.6公里，新建220千伏变电站1座，改造换热站149座，新建供热中继泵站2座，开采地热井1眼，新建燃气锅炉房48座，工程于2011年11月15日全线竣工并投入运行。

2011年11月18日，市政府第79次常务会研究决定,"十二五"期间天津市将逐步淘汰燃煤供热锅炉房,重点实施中心城区和滨海新区核心区燃煤供热锅炉房并网改燃工程。2011年11月,和平区同发里锅炉房、天津师范大学八里台校区锅炉房2个改燃示范项目投入运行。

先后颁布实施《天津市供热计量管理办法》、《天津市供热许可管理办法》、《天津市供热行业服务规范(试行)》等规范性文件,供热政策保证体系日趋完善。(向永忠)

【再生水管网建设】 2011年,全市共铺设再生水管网94.9公里,重点实施完成杨柳青热电厂再生水专线工程、张贵庄地区周边道路及金钟示范镇配套道路等再生水管线建设。杨柳青热电厂使用再生水正常运行后,可实现新增再生水用水量2万吨/日。截至2011年底,全市累计铺设再生水管网549.52公里,其中通水管网171.40公里。

天津市再生水设施主要服务对象为梅江、卫南洼、海天馨苑、时代奥城等76个住宅小区冲厕及生活用水,面积635.11万平方米,涉及居民4.1万户;天津宾馆、奥体中心、华夏未来、国家安全局等42个公建项目冲厕及绿化用水;东北郊热电厂、陈塘庄热电厂、无缝钢管公司、小海地供热站、体院北供热站等14个工业项目循环冷却及热网补充用水;堆山公园、体育公园、友谊南路、大沽南路沿线绿地等95万平方米公共景观及湖面用水等。(宋庆成)

【风景名胜区建设管理】 盘山风景名胜区于1994年10月被国务院批准为国家级风景名胜区,2007年5月被国家旅游局评定为国家5A级旅游景区,2011年6月被国家旅游局评定为中国百强景区。

盘山风景名胜区为了提升景区品位,建设了多项综合服务项目,新门区综合服务项目规划占地20万平方米,建设内容主要包括智能生态停车场、牌楼、山门及展演广场、游客服务中心、入胜索道、观光车站、房车营地、登山步道、夜景灯光、污水处理及环境治理等工程。

改造后的盘山景区基础服务设施日趋完善,历史景观相继恢复,接待人次翻了一番,达90.97万人次;收入增长近3倍,达5132.72万元,景区的经济和社会效益逐年提高,各项事业取得快速发展。(颜美玲)

【燃气管理】 截至2011年底,天津市取得燃气经营许可的企业共118家,其中经营天然气企业36家,经营液化石油气企业82家。

全市天然气用户267.47万户,其中民用户266.13万户;由于天然气的发展,液化气用户略有减少,为17.63万户,其中民用户17万户。天然气年供气量为16.98亿立方米,其中向滨海新区供气量占全市供气量的46.12%,增长0.73%。液化气全年供气量8.33万吨。新增管道752.7公里,全市天然气管道长度达到1.18万公里,天然气储配站36座,调压设施2972个。天然气储气能力114.26万立方米。

贯彻落实国家《城镇燃气管理条例》,完成了《天津市燃气管理条例》修改稿初稿,组织修订了《天津市城镇燃气供气设施运行管理标准》,组织开展面向全行业的国家《城镇燃气管理条例》宣传贯彻活动。

组织开展燃气企业服务标准评价工作。燃气行业全部管道燃气经营企业和规模以上的液化气经营企业共34个企业参加了服务评价,企业服务评价合格率为100%。加强居民安全用气宣传和入户安全检查力度,并以燃气行业服务评价为载体,形成服务管理长效机制。全年共受理各类投诉反映512件,各类投诉反映办结率100%,回访率100%。(蔡建华)

【中国人居环境范例奖】 2011年天津市意式和德式风情区历史风貌建筑保护项目获中国人居环境范例奖。

意式风情区位于河北区原意租界内,始建于1902年,占地近28万平方米,共有历史风貌建筑137栋,建筑面积约40万平方米,由意大利设计师主持设计,具有意大利文艺复兴时期的建筑特征,包括塔楼、露台、柱廊、坡顶等典型意大利风格特征元素,是折中主义的代表作;同时又是与中国传统文化和地域特色相结合的产物,融入了中国建筑风格的特色,从而使得这些建筑在意大利本土都鲜有所见。

德式风情区位于河西区原德租界内,区域内先后聚集了袁世凯、黎元洪、徐世昌、侯德榜、威廉·起士林等多位近代名人,见证了中国和天津的历史足迹。占地面积1.13万平方米,总建筑面积2.9万平方米。2008年开始投资建设,区域内共11栋德式风格别墅。(颜美玲)

【村镇建设】 截至2011年底,天津市辖涉农区县10个,134个建制镇(乡),3689个村,土地面积1.16万平方公里,建制镇和村庄人口320万。

2011年村镇建设完成投资852.8亿元,其中建制镇完成696亿元,示范工业园完成149亿元,农民自建房完成7.8亿元。总投资中市政基础设施投资

169亿元。

截至2011年底,村镇在建施工总建筑面积1641万平方米,其中建制镇1466万平方米,示范工业园173万平方米,农民自建房2万平方米;全年开工建筑面积2173万平方米,其中建制镇开工1831万平方米,示范工业园开工280万平方米,农民自建房开工62万平方米。全年竣工建筑面积1145万平方米,其中建制镇竣工986万平方米,示范工业园竣工99万平方米,农民自建房竣工60万平方米。

全年新建、改建乡村公路1000公里,改造镇村内道路332万平方米;建设供水管道170公里,建设排水管道140公里;建设燃气管道58公里,建设供热管道37公里;建设污水处理厂2座,建设污水处理站3座;建设垃圾处理厂2座,建设垃圾中转站2座;建设桥梁10座;建设泵站22座。

组织各区县依据《土地利用总体规划》研究编制本区县2012年～2020年长期保留村镇名单,梳理出2012年～2020年各区县村镇建设工作重点和发展方向,作为市、区、县协调、指导和重点支持村镇建设发展的参考性文件。

加强重点镇和示范工程建设,河西务镇被列为全国可再生能源建筑应用集中连片推广示范镇试点,得到中央财政1300万元资金支持;静海县大邱庄镇被住房城乡建设部、财政部列为2011年全国绿色低碳镇,将在绿色建筑、节能及配套管网建设方面得到中央财政资金支持。

启动武清区小雷庄生活污水、生活垃圾处理和蓟县郭家沟村综合提升改造示范工程;组织开展5个区县10个村庄的规划建设观摩推动会;对47个示范镇(包含6个示范村)和31个工业园进行质量安全专项检查。

建设示范小城镇。新开工面积1001万平方米,竣工651万平方米,完成投资456亿元。累计开工3200万平方米,竣工1801万平方米,完成投资966亿元。20个示范小城镇基本建成,40万农民喜迁新居。生态镇创建有新进展,创建了18个生态镇。"三改一化"(农改非,村改居,村集体经济股份制改革,促进城乡一体化)试点进展顺利,有28个村、1.3万户、3万多农民受益。

组织开展"5镇5村"(五镇为武清区东马圈镇、静海县独流镇、宁河县大北镇、蓟县马伸桥镇、宝坻区尔王庄镇;五村为武清区东马圈镇大谋屯村、宁河县大北镇大北村、蓟县马伸桥镇西葛岑村、宝坻区大口屯镇东鼙村、王庄子村)调研;组织开展《关于促进天津市村镇建设发展的研究》和《新时期天津市农村自建房建设管理对策研究》两项课题研究;出台《天津市村镇自建房建设管理指导意见》,编印《天津市农民自建房技术指导读本》。

组织协调筹集资金2.56亿元,从两个层面组织开展第二轮对口武清区帮扶工作。第一个层面是发挥市建交委的职能优势,共筹集7280万元资金,在专项建设规划、统筹城乡建设、村镇建设和行业管理等方面进行重点帮扶。第二个层面是由市建交委组织20个局、集团公司对口帮扶武清区10个镇乡的20个相对后进村,共筹集2278.69万元资金,共完成了93个帮扶项目。特别是市住宅集团投资2亿元进行二期工程建设,已到位1.6亿元,其辐射和拉动作用不仅为武清区增加利税、促进就业,而且带动了当地建材业的发展。(刘子鹏)

3. 房地产业与住房保障

【住房保障制度与建设】 2011年,天津市新建保障性住房1600万平方米、23.87万套,提前完成国家责任目标,建设规模同比增长1倍,为历年之最,占全市住宅建设量的68%,完成"十二五"规划总量的46%。

2011年,天津市国土房管局成立公租房建设指挥部,以筹集资金和落实土地两个难点作为突破口,加快办理各项手续,协调相关部门和单位解决难点问题,狠抓开工建设,主要采取了三项措施。一是确保土地及时供应。2011年保障性住房用地总规模约809公顷。为确保建设用地及时供应到位,土地管理部门采取了多项措施。在制订土地供应年度计划时,将保障性住房用地计划单列,确保优先供应。积极争取国家新增建设用地指标支持,通过计划单列,争取国土部为天津市追加指标1万亩,优先用于保障房建设。2011年9月底全部土地均按时间节点落实到位,确保了保障房项目如期开工建设。二是多方筹措落实资金。为满足资金需求,市国土房管局主动破解融资难题,积极争取到中央补助资金15.6亿元,市财政连同中央补助资金共拨付36.15亿元;与国家开发银行天津分行研究制定了公共租赁住房建设投融资方案,纳入了市政府与国家开发银行签订的保障性安居工程建设开发金融合作备忘录;争取到国家社保基金信托贷款30亿元、商业银行贷款近百亿元,为公共租赁住房大面积开工建设提供了资金保障。三是手续齐全规范运行。开设审批绿色通道,为80个保障房项目优先办理地块征转、出让、登记手续。在规划、建设部门大力支持下,逐项制定开工建设手续的办理时限,督办项目手续办理进度，集中1个多月时间完成了80个保障房项目开工手续的办理工作。协调解决了大寺新家园10条高压线切改、18个地块规划调整、20个项目配套施工等难点问题，为保障房按时开工争取了宝贵时间。

住房和城乡建设部全年7次深入天津市保障性住房项目现场巡查督导，巡查面达100％，对天津市开工情况给予认可。真理道甲1号经济适用房项目荣获全国优秀工程勘察设计行业奖，大寺新家园F地块公租房项目在全国人居经典建筑规划方案竞赛中荣获"综合大奖"，秋怡家园项目在中国首届保障性住房设计竞赛中荣获"最佳经济适用房设计奖"；舒畅园、盛和家园、秋怡家园等13个项目荣获天津市建设工程"海河杯"，红旗农场、滨海欣嘉园等6个项目被评为市级文明施工示范工地，朗庭园、渤海天易园等16个项目被评为市级文明工地。（天津市国土房管局住房保障处）

【扩大住房保障政策覆盖面】 按照"十二五"住房保障规划安排，2011年天津市进一步扩大住房保障政策覆盖面，会同市民政等部门先后4次开展全市政策培训，推动各区县增设了受理窗口和便民设施，为住房保障工作平稳实施奠定了基础。全年新增"三种补贴"家庭1.03万户，超额完成新增1万户的责任目标，发放补贴资金2.65亿元。一是出台公共租赁住房政策。2011年3月，市政府出台《天津市公共租赁住房管理办法（试行）》（津政发〔2011〕12号）。自2011年3月15日起，面向三类人群出租公共租赁住房：符合三种补贴条件且尚未租赁住房的家庭；具有天津市市内六区、环城四区非农业户籍，上年人均年收入3万元（含）以下、人均住房建筑面积12平方米（含）以下且尚未享受其他住房保障政策的家庭（包括年满18周岁以上单人户）；经市人民政府确定的其他类型中等偏下收入住房困难家庭，包括外地来津工作的无房人员。全年推出秋怡家园、秋丽家园、福桥里等10个项目、1.1万套房源，已向7500户家庭配租，小区经营、修缮、物业"三位一体"的管理模式初步建立。二是实施经济租赁房租房补贴政策。2011年2月，市政府出台《天津市经济租赁房租房补贴管理规定》（津政发〔2011〕8号）。自2011年2月25日起，面向人均年收入低于2万元、人均现住房使用面积低于9平方米的家庭提供租房补贴。享受此类补贴家庭按照每月每平方米16元的标准，根据家庭现住房面积与保障面积的差额进行补贴，月补贴额不低于240元。全年新增受益家庭3146户。三是扩大廉租住房实物配租补贴范围。市国土房管局与市民政局联合下发《关于2011年扩大廉租住房补贴范围的通知》（津国土房保〔2011〕182号），自当年6月1日起，在人均住房使用面积低于7.5平方米的家庭中，将重残、双残家庭的人均月收入标准从600元提高到800元，市级以上劳模家庭的年收入标准从3.7万元提高到4.5万元；并增加了家庭年收入低于4.5万元的"三属"（烈士遗属、因公牺牲军人遗属、病故军人遗属）家庭。全年新增受益家庭764户。四是扩大了廉租住房租房补贴范围。市国土房管局与市民政局联合下发《关于2011年扩大廉租住房补贴范围的通知》（津国土房保〔2011〕182号），自当年6月1日起，在人均住房使用面积低于9平方米的家庭中，将生活困难条件从家庭人均月收入800元提高到960元，市级以上劳模家庭从年收入3.7万元提高到4.5万元；并增加了家庭年收入低于4.5万元的"三属"家庭。享受此类补贴家庭按照每月每平方米30元的标准，根据家庭现住房面积与保障面积的差额进行补贴，月补贴额不低于450元。全年新增受益家庭6408户。（天津市国土房管局住房保障处）

【健全住房保障监管机制】 一是严格准入确保公平。严格执行街、区、市"三级审核、三级公示"制度，通过链接住房公积金、社保、产权产籍管理等专业信息，即时核查申请家庭的收入、住房和人口情况，保证申请条件的真实可靠。二是房源分配公开透明。配租和销售工作在公证机关的监督下组织公开摇号选房，按照"一户一证、一证一房"的原则，从申请、购房到发放权属证明全程监管，及时公布房源信息，接受社会监督。将示范小城镇农民安置用房和城中村拆迁安置用房纳入经济适用住房管理范畴，通过网签协议，规范经济适用住房使用管理，确保安置用途不改变。三是动态监管查处违规。运用网络手段每季度核查保障家庭相关情况，对经核实确属违规的家庭执行退出程序，坚决予以查处。截至2011年底，累计核查享受住房保障家庭30万户次，下发各类违规处理决定书2067户，累计查处各类违规家庭842户，追回资金1367万元，违规率由2008年的1.09％降至2011年底的0.03％。在查处违规过程中，依托司法支持，创新引入非诉执行的清退方式，简化了诉讼程序，取得了较好效果，《人民日报》、《中国建设报》、住房城乡建设部工作简报分别予以报道肯定。四是广泛接受社会监督，通过媒体对限价商品住房申请人信息进行公示公告，在公开市、区两级住房保障举报电话和网络

邮箱，对已受理的200余件举报全部办复落实，对发布虚假信息的3家中介机构进行查处和曝光。（天津市国土房管局住房保障处）

【提升住房保障管理服务水平】 一是强化小区后续管理。以公共租赁住房为重点围绕公租房管理职责、操作程序、维修范围、验收标准等方面，制定公租房管理办法实施细则，确立了经营、修缮、物业"三位一体"的管理模式；市国土房管局联合市财政局出台保障房小区运营和维修资金管理办法，将考核结果与管理费拨付挂钩，建立激励机制。二是健全宣传长效机制。市国土房管局会同市民政局下发《关于健全住房保障政策宣传长效机制的通知》，进一步加大政策宣传力度。中央和天津市媒体全年刊播反映天津市住房保障工作成就的新闻稿件460余篇（条），其中，新华社、人民日报、经济日报、中央电视台等中央媒体多次在显著位置、黄金时段刊播天津市保障性住房建设成就和经验做法，在社会上引起热烈反响。利用广播电台"国土房管直通车"、"公仆走进直播间"节目，解读住房保障政策，解答老百姓政策咨询。开展"政策宣传进社区"活动，推动各区县住房保障管理部门深入街道开展现场政策咨询活动，印制政策问答、表册、文件和工作手册20万余份，通过街道和居委会发放到户，使群众及时了解政策、享受政策。三是妥善处理信访问题。全年接待来访群众1331批次、1438人次，答复群众来电、来信、来访4400余件，答复《政民零距离》网民留言816件，占市国土房管局受理量20%，均做到了件件有着落，事事有回复。办理人大代表和政协委员建议、提案29件，满意率100%。

2011年4月、11月，胡锦涛总书记、李克强副总理分别视察了秋怡家园、朗庭园公租房项目，对天津市住房保障工作给予了充分肯定。8月19日《今晚报》揭晓了由百姓投票选出的"我爱天津的100个理由"，其中，群众对市委、市政府大力推进保障性住房建设极为认可，"保障房建得多"这一条名列社会保障方面的第一位，彰显出住房保障工作深入人心、深得民心。（天津市国土房管局住房保障处）

【房地权籍管理】 2011年，天津市办理各类房地登记66.38万件，涉及房屋建筑面积2.03亿平方米，土地面积1028.6平方公里，在房地产交易量明显下降的情况下，登记件数和建筑面积较计划61.7万件、1.4亿平方米的全年任务分别超额完成7.6%和44.9%。全年收取契税、营业税、所得税、土地出让金、维修基金等各项税费205亿元。（天津市国土房管局权籍处、市地籍管理中心）

【房屋征收安置】 2011年，天津市征收（拆迁）房屋288.2万平方米、33194户、补偿金额203.18亿元，分别比上年同期下降2.8%、22%、14.6%。其中，住宅264.9万平方米、33008户、补偿金额180.28亿元，非住宅23.3万平方米、186户、补偿金额22.9亿元。

拆迁各类危陋房屋255万平方米、30626户。其中，市区危陋房屋19.7万平方米、6382户；城中村改造60.7万平方米、5726户；小城镇改造174.6万平方米、18518户；开工建设定向安置经济适用房250万平方米、3.3万套。

贯彻国务院《国有土地上房屋征收与补偿条例》。一是制定《关于贯彻实施〈国有土地上房屋征收与补偿条例〉有关事项的意见》（以下简称《贯彻意见》），明确房屋征收补偿主体、标准和工作程序，规范房屋征收行为，对《征收条例》施行前已依法取得房屋拆迁许可证的拆迁项目，从拆迁补偿安置、拆迁许可及裁决管理、强制执行等方面提出了明确要求，保障天津市重点工程建设顺利进行。二是制定并下发《关于房屋征收评估等事项的通知》，明确房地产价格评估机构确定、房屋征收评估、复估及专家委员会鉴定、执行政府规定租金标准的公有租赁房屋补偿等政策。三是深入有关区和相关单位，宣传贯彻《征收条例》和《贯彻意见》，加强全市普法教育和房屋征收补偿工作的指导，保障依法实施房屋征收。

服务市政府重点工程。一是服务尖山八大里旧城区改建。组织市有关部门制定了尖山八大里旧城区改建项目立项程序；会同河西区政府做好制定尖山八大里补偿安置方案、旧城区改建征询、政策宣传等工作，为尽快启动尖山八大里房屋征收做好准备。二是服务地铁五、六号线场站建设。制定《关于做好地铁五、六号线场站建设房屋征收和定向安置商品房建设工作的意见》，协调解决定向安置商品房定价、集体土地征收、招标程序等一系列难点问题，保障项目按期开工建设；推动南开、河西、河东区按计划做出房屋征收决定，保障地铁五、六号线场站建设顺利实施。三是服务新一轮环境综合整治工程。为落实市政府提出的"决战100天，彻底根治运输撒漏问题，确保取得明显成效"的要求，建立拆房渣土装运备案制度，对拆房项目实行动态管理，提前掌握拆房渣土清运信息；建立拆房渣土运输撒漏源头管理制度，加强拆房工地监管，监督相关单位落实工地防污措施；建立拆房渣土运输撒漏跟踪管理制度，对拆房渣土运输车辆进行跟踪检查，发现撒漏污染道路的采取有效措施治理。全年排查拆迁工地80余处，对13个进行全方位监控，有效杜绝运输撒漏问题。（天津市城市房屋拆迁管理办公室）

【物业管理】 2011年，天津市新增物业管理面积2746.43万建筑平方米，其中住宅新增2336.27万建筑平方米，非住宅新增410.16万建筑平方米。截至年末，全市实施物业管理面积累计达到26149.96万建筑平方米，其中住宅22332.08万建筑平方米，非住宅3817.88万建筑平方米。核定物业服务企业等级94家，注销企业资质106家，累计达到物业服务企业1097家，其中一级资质企业17家，二级资质企业67家，三级资质企业796家，三级暂定资质企业217家。另外，累计有144家外埠物业服务企业在天津市进行了备案。物业管理行业从业人员近15万人。自2008年7月1日下放三级资质审批和管理权后，区县房管局累计办理新增物业服务企业394家，企业资质升级266家，注销企业资质234家。（天津市国土房管局物业处）

【房地产市场管理】 2011年，天津市全年累计成交各类房屋2137.6万平方米、1839.7亿元，同比下降7％、1.8％。其中：商品房成交1556.4万平方米、1405.6亿元，同比增长1.6％、2.4％（新建商品住宅1315万平方米、1087.4亿元，同比下降1.1％、4.7％）；二手房成交581.2万平方米、434.1亿元，同比下降24.2％、13.3％（二手住宅401.3万平方米、322.3亿元，同比下降34％、23.2％）。全市商品住宅平均价格9409元/平方米（不含保障性住房），同比增长0.2％；二手住宅平均价格8031元/平方米，同比上涨16.4％。

自主研发房地产市场监测分析系统和区县房地产市场分析子系统并迅速投入使用，通过市、区（县）实时联动，动态监测天津市房地产市场从土地出让到申办商品房销售许可后开盘情况、销售过程、交易量等环节的发展变化，并结合丰富多样的市场分析模式，充分发挥市场分析在宏观调控中的作用，为领导决策提供强有力的依据。

全年共审批发放商品房销售许可证1050个，2444.65万平方米，与上年同期相比面积增加35％；其中住宅发证面积1723.65万平方米，与上年同期相比增加13％；非住宅发证面积721万平方米，同比增长186％。

2011年，全面实行对新申领商品房销售许可证的项目实行销售单价上限备案制度，并对已领取销售许可证的商品住房进行销售价格的调整备案。制定《商品住房销售价格上限备案程序》，增设备案受理窗口，将新增及修改变更的各类申请表格在局政务网站上及时更新，方便企业下载使用。全年共对174个老项目13800余套房屋的销售单价上限调整备案。目前，全市备案价格在2万元以下的商品住宅项目占总量的92％。

发布《天津市2011年存量住宅交易指导价格》，实施2011年交易指导价格。

截至2011年末，全市办理房屋租赁登记备案36271件、696.44万平方米，完成全年计划540万平方米的128.97％。测算并发布实施2011年房屋租赁市场指导租金。

完善升级房地产市场监测分析系统。 实现"房地上图、图形上网、实时更新、在线分析"的房地产市场网络化、精细化监管。在原系统基础上，增加测算功能，实现多个一级条件或二级条件的联动查询，一次操作便可以解决较复杂的查询目的；新增"周"统计周期；能够一键生成简单的市场分析报告；可以监测出项目连续几个周期价格或成交量连续上涨或下跌的情况。通过这些功能的实现，真正实现动态监测和分析。运用新系统不仅提升了对复杂的房地产市场的分析能力、同时也为商品房销售管理及市场监察等工作的顺利开展发挥重要作用。

完成相关数据信息报送及向社会发布。 每月计算并按时报送住房城乡建设部40城市预警预报系统有关数据；计算并按时报送"城房指数"；撰写报送月度市场运行情况报告；协助完成由市统计局、国家统计局天津调查总队、市建委、市国土房管局和人民银行天津分行共同编制的2011《天津房地产统计月报》有关内容；计算并报送"国土资源和房屋行政管理及经济运行情况通报"相关内容；计算并报送"房屋交易监控日报"及市长专报；计算并发布"每日房价"。（天津市房地产市场管理中心）

【房地产交易资金监管】 2011年，全市共有189家房地产开发企业的281个新建商品房建设项目，共计5580幢楼办理了监管手续，开立监管账户1144个；监管面积2508.65万平方米；监管资金总进款890.72亿元；拨付资金总计920.04亿元；实现监管资金应交尽交，应付尽付。全市共监管存量房屋45043套；监管面积363.09万平方米；监管资金284.74亿元；平均监管比例为90％；继续保持零误差业绩。

房地产交易资金监管法规制度体系进一步完善。 2011年完成对2008年制定实施的《天津市存量房屋交易资金监管办法》（津国土房法〔2008〕1099号）和《天津市新建商品房预售资金监管办法》（津政办发〔2008〕65号）的修订工作。经市政府领导批准，市政府办公厅转发了新修订的《天津市存量房屋交易资金监管办法》（津政办发〔2011〕87号）和《天津市新建商品房预售资金监管办法》（津政办发〔2011〕115号），并分别于2011年9月24日和12月1日正式实施，存量房屋交易资金监管操作规定由原来的局规范性文件提升为市政府规范性文件；新建商品房预售资金监管模式由"全程按比例监管"调整为"全程按重点建设资金监管"。与此同时，还制定了《关于存量房屋交易资金监管有关事项的通知》（津国土房资监〔2011〕353号）、《天津市新建商品房预售资金监管实施细则》（津国土房资监〔2011〕443号）、《关于重新明确新建商品房预售资金监管有关问题的通知》（津国土房资监〔2011〕442号）等配套性局规范性文件，进一步健全和完善了房地产交易资金监管法规制度体系。

创新完善新建商品房预售资金监管模式。 为了适应房地产市场新形势新情况的要求，在总结天津市新建商品房预售资金监管实践经验，并学习借鉴外省市做法和广泛调研的基础上，将"全程按比例监管"的模式调整为"全程按重点建设资金监管"的模式。全程按重点建设资金监管模式主要是对一定的建筑安装费用和区内主要配套费用进行重点监管，其余资金可以随时提取，重点监管资金按工程进度节点申请提取。重点监管资金标准由市国土房管局组织相关专业机构，结合区域、建筑结构、用途等因素综合测定，并定期调整公布。新的预售资金监管模式，使监管的资金量更加客观、合理、科学，监管目的更加明晰，监管程序更加简化，监管流程更加优化，在保证项目后续建设的前提下，能够最大限度满足房地产开发企业对资金的需求。（房屋交易资金监管中心）

【**房屋安全使用管理**】 2011年，天津市排查出不带违章私开门脸1850处，已对1080处实施了有效封堵，进入行政处罚程序333处、法院受理91处，列入区县综合整治统筹范围346处。在专项治理活动的基础上，再封堵私开门脸1311处。完成房屋承重烟道墙体违法拆改的治理任务，共入户排查房屋7206幢、11.2万户，发现有违法拆改承重烟道住户98户，经过执法全部恢复。

继续抓好屋面防水、老化电线改造、上下水管改造等重点推修工作。中心城区房管局分别重点抓好5至8个单位的房屋推修，确保修缮项目和资金全部落实。高标准、高质量完成单位产、私产房屋修缮任务193.5万平方米，2.6万户居民受益。开展了四达里、气象里、睦和里因企业改制等原因造成无人管理房屋的接管工作，涉及老百姓425户，积极稳妥解决好房屋管理遗留问题。

房屋安全鉴定进一步规范。从2004年开始，建立了覆盖全市16个行政区域、具有独立法人资格的房屋安全鉴定机构19个，鉴定检测技术人员200余人，使每个行政区域都有了合法、合格的"房屋医院"。全年鉴定各类房屋163.7万平方米，其中为地铁二、三号线工程沿线63幢、20.3万平方米房屋提供了有效的安全监管服务，确保2400余户群众的住房安全和社会稳定。参与中小学校舍安全工程，3年来累计出动鉴定人员5100余人次，完成609所学校、1294幢、224.98万建筑平方米校舍的安全鉴定任务，市领导多次给予充分肯定。严格检查房屋安全鉴定机构规范化建设成果，有效开展鉴定检测人员观测技术实务培训，顺利完成二级房屋安全鉴定机构质量管理体系标准认证，房屋安全鉴定人员全面实行佩带工作胸卡上岗。

建立既有房屋安全监管系统，对全市21.4万幢、3.55亿平方米既有房屋的安全使用实施分类管理。在既有房屋安全监管系统中增设既有房屋安全预警系统模块，组织津房科技公司开展系统软件开发和系统升级建设，已完成系统软件开发工作，并在各区县房管局进行试运行。在系统中建立直管公产房屋实物资产管理模块。（市国土房管局房管处（保护处））

【**历史风貌建筑保护**】 2011年，天津市对51幢、8.53万平方米历史风貌建筑进行整修。在《天津市历史风貌建筑保护图则》的基础上，开始编写细化到建筑重点保护部位的历史风貌建筑修缮、使用要求，全年编写完成200幢建筑的保护要求。此项工作为今后的历史风貌建筑巡查执法、行政审批等工作提供更为科学的执行标准，积极探索出一套符合天津市实际的精细化管理模式。

修订《天津市历史风貌建筑保护条例》，并与天津市历史文化名城保护的内容相结合，形成《天津市历史文化名城和历史风貌建筑保护条例（草案）》。6月，市政府将新条例草案提交了市人大；9月，市人大常委会对新条例草案进行了第一次审议。在新条例修订过程中，市国土房管局先后5次提出了修改意见，特别是在历史风貌建筑确认条件、行政审批、腾迁整理和天津市各相关部门职能划分等方面，从保护事业的大局出发，始终坚持了具有天津市地方特色，并经实践证明行之有效的成功经验和做法，为历史风貌建筑保护的科学发展、持续发展奠定了基础。

全年完成建筑巡查12000幢次，做到每月巡查一次，重点地区、重点建筑做到每周巡查一次，并填写巡查日志；巡查中，发现各类违法行为坚决予以查处，并限期改正。通过巡查，全年发现违法行为52件，其中，通过说服教育纠正30件，立案查处22件，实现巡查率100%，案件查处率100%。

开展历史风貌建筑修缮和装饰装修设计方案审批，全年完成历史风貌建筑装饰装修设计、施工方案审定39件，并在项目审批后，紧密跟进监督和检查，做到项目的全过程监管。认真做好市政府重点项目的服务工作，紧密跟进泰安道项目、庆王府及周边的历史风貌建筑跟进工程，指派专人随时深入施工现场进行督导和服务，帮助解决施工中存在的各种技术问题。

构建精准、详细的历史风貌建筑档案管理系统。2011年开始全面推动各区县房管局建设"历史风貌建筑档案管理系统"。5月份，该系统安装完毕，各区县开始基础数据核准录入工作，其中河北区、西青区对所有历史风貌建筑进行重新调查，实现基础数据的全方位更新。建成后的档案管理系统，包括各区县历史风貌建筑的基础资料、照片、标志牌、介绍牌、建筑地形图等基础信息，并针对区县局工作实际设置了基础数据、违法案件、建筑修缮、电子地图四个信息记录模块。

编辑《天津历史风貌建筑图志》，完成了文字资料的编写，以及地图和照片资料搜集、整理工作。完成《城乡建设志》历史风貌建筑保护工作部分的编修工作。组织开展编修《天津通志·历史风貌建筑志》。经与市地方志编修委员会办公室多次沟通，制定了志书编修工作方案，成立了编修工作小组，并请市志办的专家对编修人员进行专题培训。启动编修工作并完成有关资料的搜集工作，进入撰稿阶段。启动《20世纪中国建筑遗产大典》（天津卷）的编纂工作。8月8日，《中国建筑文化遗产》首发暨《20世纪中国建筑遗产大典》（天津卷）启动仪式在庆王府举行。原国家文物局局长单霁翔、市政府李培生副秘书长出席仪式并作重要讲话。

9月9日，召开"天津市第六批历史风貌建筑专家评审会"，组织市历史风貌建筑保护专家咨询委员会委员对全市第六批拟确认的161幢历史风貌建筑进行评审。经过专家的认真审核与讨论，其中的135幢建筑（包括筑特殊保护等级的1幢，重点保护等级6幢，一般保护等级128幢）通过了评审，正等待市政府的审批。（天津市保护风貌建筑办公室）

【房地产宏观调控】 认真贯彻落实国家总体决策部署，结合天津市房地产发展实际情况，相继出台《关于进一步规范天津市房地产市场持续健康发展的若干意见》、《关于贯彻国务院办公厅文件精神进一步做好天津市房地产市场调控工作的实施意见》和《关于天津市及非天津市户籍居民家庭在津购买住房有关问题的通知》等文件，采取积极有效措施，不断加强和改进房地产调控。一是对贷款购买第二套住房的家庭，要求首付款比例不低于60%，贷款利率不低于基准利率的1.1倍。二是调整完善相关税收政策，严格加强税收征管，根据商品房销售价格的不同，分别按2%、3%和5%的预征率向开发企业计征土地增值税。差别化税收政策的实施，对引导开发项目合理定价发挥了积极作用。三是落实国家住房限购政策，合理引导住房消费。对已拥有1套住房的天津市户籍居民家庭、能够提供在天津市累计1年缴纳个人所得税证明或社会保险缴纳证明的非天津市户籍居民家庭，限购1套住房；对已拥有2套及以上住房的天津市户籍居民家庭、拥有1套及以上住房的非天津市户籍居民家庭、无法提供在天津市累计1年缴纳个人所得税证明或社会保险缴纳证明的非天津市户籍居民家庭，暂停向其售房。四是综合运用计划、规划、土地等手段，严格"70、90"相关政策要求，套型结构更加合理，中小套型住宅比重显著增加。五是加强住房建设用地供应管理，强化保障性住房和商品住房用地年度供地计划管理，优化住房用地供应结构，明确保障性住房和中小套型普通商品住房用地不低于住房建设用地年度供应总量的70%。（王春英）

【保障性住房建设质量安全监管】 保障性住房质量安全监管水平进一步提升，加强了施工图设计审查监管、强化了招投标活动监管和施工过程质量安全监管，全市保障性住房工程勘察设计、施工质量整体处于受控状态，所有保障性住房工程全部实施分户验收及竣工备案制度，确保每套住房都达到合格标准，切实让群众住上放心房。（王春英）

4. 建筑业与工程建设

【建筑业管理概况】 2011年，天津市建筑业企业规模进一步壮大。新注册企业422家，资质等级升级134家，引进中铁十三局等4家大型建筑业企业（集团）落户。全市注册企业总数达到2846家。其中一级以上施工总承包和专业企业达到256家，比上年增长13.27%。全年实现建筑业总产值3000亿元，同比增长25%；实现增加值460亿元，同比增长15%。实现外埠建筑业产值960亿元，同比增长20%。建工集团、城建集团等11家企业产值超过百亿元。建造能力大幅提升，天津市建筑施工企业承建高、大、难、深项目15个，盾构等大型机械设备拥有量达到40余台；创造新工法101项，新技术、新设备应用率达到95%，有14项工程获得鲁班奖和国优奖，39项工程获得"金奖海河杯"、194项工程获得"海河杯"。建筑业从业人员三级培训网络进一步完善，培训工作扎实推进，全市共培训项目经理3000人、一线管理工作人员1万人。（黄学军）

【建筑市场管理】 进一步完善建设工程执法检查工作，实行"上网建档"制度。全年共检查工程项目2759个，上网建档项目2093个，建档率达到76%。河东区、红桥区、塘沽区、津南区、北辰区、高新技术园区等单位上网建档率达到95%以上。建筑市场信用体系建设进一步发挥作用，为招标投标活动提供企业资信标信用信息9300余条。全年归集发布各类质量安全处罚记录1000余条，施工现场检查记录5000余条，全部与市场准入、清出管理挂钩，14家企业被列入重点监管范围，6家企业被清除出市场，极大地增强了市场各方主体的依法诚信经营意识。2011年，评选出优秀诚信企业55家，比2010年增加了38%。（黄学军）

【劳务用工管理】 在《天津市建筑市场管理条例》中增设"劳务用工规范"一章，对做好农民工的管理工作提供了强有力的法律依据。

为落实农民工实名管理制度，实现管理的网络化，在总承包和专业承包项目上全面推广使用"天津市建筑业农民工综合管理系统"，全市建筑企业农民工实名制上传率基本达到90%。

制定《天津市建筑工地业余学校设置标准》。全年完成建筑业农民工技能培训6.80万人，农民工持证上岗率保持在60%以上；从提高企业管理人员素质入手，编制、发放民管员和劳务队长培训教材2万余册，组织培训民管员5000人、劳务队长2000人，劳务队长再教育3000人。

通过建立和落实总承包企业负责制、保证金制度、农民工工资月结月清制度和农民工工资预储账户，从源头上遏制了拖欠农民工工资行为的发生，保障了农民工工资的发放。国务院研究室来津调研，对天津的做法给予了充分肯定。

成功举办天津市第二届建筑业农民工才艺大赛，420余家建筑企业的近万名农民工踊跃参与到这项活动中，从多个角度充分展现了当代建筑业农民工的艺术才华，同时也展现了天津市建筑业农民工创先争优的新风尚和文化生活的新亮点，对于构建和谐天津起到积极的推动作用。（黄学军）

【工程质量管理】 2011年，天津市建设工程质量抽查合格率达到90%以上，工程竣工验收合格率达到100%。7项工程获国家"鲁班奖"，7项工程获国优奖，39项工程获"金奖海河杯"，194项工程获"海河杯"。没有发生质量事故，全市建设工程质量安全形势持续好转，管理水平进一步提升。

修订出台《天津市建设工程质量管理条例》，突出了建设单位质量责任，细化工程建设各方主体责任义务，提出住宅工程分户验收制度、工程保修制度、分阶段验收制度、设计师驻场、监理工程师报告制度等10项制度。制定了加强门窗安装质量防止渗漏等9项措施。

实施轨道交通工程勘察单位巡检和设计工程师驻场制度，加强现场指导。出台第三方监测管理办法、降水管理办法和基坑开挖超前探测管理规定，提高安全防护能力。建立轨道交通工程基坑监测数据远程综合管理分析系统，遇险报警，保证基坑及工程周边建筑质量安全。

2011年共受理质量投诉219件，比2010年受理的528件减少了309件。对违规责任单位和责任人给予相应处罚，有效遏制了质量安全事故的发生。（高科义）

【工程安全管理】 2011年，出台《天津市建筑市场管理条例》、《天津市建设工程施工现场安全管理规程》。实施轨道交通工程勘察单位巡检和设计工程师驻场制度，出台第三方监测管理办法、降水管理办法和基坑开挖超前探测管理规定。对建筑起重机械安装拆卸人员实行注册管理。建立科学完善的工程质量安全数据库，实现了工程项目从监督报建到竣工验收备案全过程动态监管。实施《天津市建设工程质量安全执法检查实施办法》，编制《区县建设工程质量安全监督考核管理办法》。对新修订的22项地方标准进行宣传贯彻，开展安全技术培训，培训工程技术人员4000余名。全年组织开展以深基坑、高支模、脚手架和建筑起重机械设备为重点的专项检查13项次，开展百日综合性大检查，累计检查工程2947项，下达责令整改通知书2568份，提出整改意见8506条；封存机械设备55台；对261个项目给予责令暂停施工的处理；对21家责任单位给予停止在津参加投标资格处罚；对32名项目经理、监理工程师给予停止执业资格的处罚；对114家严重违规企业给予经济处罚，建设工程安全生产处于受控状态，有效遏制了事故发生。建筑业百亿产值伤亡率低于全国平均水平，未发生较大以上生产安全事故。（吕继东）

【文明施工管理】 制定《关于深入开展建筑安全生产标准化工作实施方案》和《天津市建设工程施工现场安全管理规程》，规范企业安全生产和施工现场文明施工管理。组织特、一级施工单位和区县建委、功能区建设局进行样板工地观摩，累计组织质量安全和文明施工现场观摩交流活动19次；开展安全文明施工标准化示范企业、示范工地等一系列创优评先活动，39项工程获得"金奖海河杯"，194项工程获得"海河杯"，366项工程被评为市级文明工地，其中100项工程获市级文明施工示范工地称号，另有55家企业获得2011年度优秀诚信建筑业企业称号。发布《关于规范天津市建设工程渣土装运车辆密闭装置维修资金使用管理的通知》、《天津市建设工程渣土运输企业目录管理办法》、《实行建设工程渣土平槽装运和严格密闭装置管理的通知》等规范性文件，深入开展建设工程安全文明施工专项整治，严查施工现场扬尘、运输撒漏、施工噪声污染、物料堆放、散体物料苫盖固化等防治措施及项目部物业化管理情况，建立夜间检查制度，开展昼夜检查，有效地遏制了违法违规现象。全年累计检查工地5630余项次，对238处违规工地下令停工整改，对639处工地下达整改通知单。（倪树华 芮磊）

【招标投标管理】 强化建设工程招标投标"进场上网"，实现由"场控"进一步向"网控"转化，招标投标活动上网率达到90%。

狠抓标前、标中、标后监管。开标前，强化施工现场踏勘，防止未办手续擅自开工；开标中，强化中标环节监管，建立统一评标标准，取消标底，设立控标线，规范各环节要求，有效防控业主单位操纵招标、设置门槛、排斥潜在投标人和围标串标行为；开标后，强化建设工程监管，进行跟踪监督，对阴阳合同、借照挂靠等违法违规行为起到了有效遏制作用。

加大前期服务力度，各级行政主管部门和招投标监管机构主动深入建设单位了解前期工作进度，帮助企业安排好各项前期手续，防止了违规和违反程序情况的发生。

完善有形建筑市场投标报名平台，实现了全市统一身份认证、统一网上报名，服务功能和服务水平进一步提高。

建立资深专家库，调整专家库结构，形成勘察、设计、施工、经济、监理、设备、法律7个大类、157个专业。实行评标专家和招标代理责任追究制度，评标监督的有效性明显增强。（岳蕾）

【优质工程】 天津市建工工程总承包有限公司承建的天津医科大学总医院神经病学中心工程、天津三建建筑工程有限公司承建的天津数字电视大厦工程、天津天一建设集团有限公司承建的天津海河教育园区公共图书馆工程、中建三局建设工程股份有限公司承建的天津梅江会展中心工程、天津城建集团有限公司承建的塘汉快速路（一标段）永定新河特大桥工程、中铁十四局集团第三工程有限公司承建的天津滨海新区海河开启桥工程、中国建筑第八工程局有限公司承建的天津电子信息职业技术学院（一标段）工程等7项工程荣获2011年度中国建设工程鲁班奖。另有7项工程荣获2011年度国家优质工程奖，39项工程荣获天津市建设工程"金奖海河杯"，194项工程获"海河杯"。（高科义）

【工程咨询服务】 2011年，天津市共有工程咨询单位344家，其中工程监理企业85家，占24.7%；招标代理机构112家，占32.5%；工程造价咨询机构97家，占28.2%；经认证的工程项目管理公司50家，占14.6%。全市具有建设工程类执业资格5.75万人。其中具有一级建造师执业资格的7700人，具有二级建造师执业资格的2.19万人；注册造价工程师2000人，造价员1.40万人；注册监理工程师2200人，天津市地方监理工程师1600人，监理员8100人。工程咨询服务业进入快速发展轨道，全年工程咨询服务单位累计实现营业收入60亿元。（黄学军）

5. 建筑节能与建设科技发展

【建设科技】 颁布实施《天津市建设科技"十二五"发展规划》。完成省部级重点科研课题鉴定和验收36项，其中2项科研成果达到国际领先水平、12项科研成果达到国际先进水平、10项科研成果达到国内领先水平。30项科技成果获市级科技进步奖。科技成果转化率达到90%以上。成功举办中国科协第十三届年会城市交通发展战略论坛。

出台《天津市建设领域推广应用"四新"技术和限制、禁止使用落后技术的管理规定》，全年共审批 CTF 混凝土增效剂、预溶模液体膨胀橡胶止水带等"四新"技术 27 项。制定了《天津市工程建设施工工法管理办法》，评选出 2009～2010 年度天津市建筑业施工工法 100 项，其中 10 项工法被评为国家级工法。加强新技术示范工程管理，组织完成 10 余项新技术应用示范工程验收。

完成 14 项工程建设地方标准的新编和修订以及 11 项企业标准的备案；组织编制《居住建筑四步节能设计导则》和《天津市燃气供热设计导则》。集中开展《天津市居住建筑节能设计标准》等多项标准的宣传贯彻工作，培训专业技术人员 1 万多人。

率先在全国编制并发布天津市和中新生态城的绿色建筑设计、施工、评价等系列标准。取得国家一星级和二星级绿色建筑评价标识授权，发布《绿色建筑评价标识管理办法》，制定了绿色建筑评价操作程序和实施评价模板。到 2011 年底，开工建设绿色建筑 400 万平方米，获得国家绿色建筑设计标识 23 项。天津市建筑设计院科技档案楼等 2 项工程获国家绿色建筑创新奖。（师生）

【建筑节能减排】 大力推进三步节能住宅建设。开工建设三步节能住宅 1184 万平方米，建成 1600 万平方米，已累计建成三步节能住宅 8800 万平方米，占节能住宅的 60%。完成既有建筑节能改造 963 万平方米。初步测算，累计节约 298 万吨标准煤。

积极推进可再生能源建筑应用。全力推进滨海新区、宁河县、静海县、蓟县三区一县 304 万平方米可再生能源建筑应用，推广光热、光电和浅层地热能可再生能源技术应用。截至 2011 年底，可再生能源建筑应用面积 1510 万平方米。

大力发展绿色建筑。组织中新天津生态城、住宅集团南头窑三号地、万科东丽湖等规模化绿色建筑项目建设，截至 2011 年底，完成绿色建筑开工面积 400 万平方米，已获得国家绿色建筑设计标识 23 项。行政审批中心、中新天津生态城起步区万拓住宅项目（一期）等 6 项工程获国家绿色建筑创新奖。

启动公共建筑节能改造。2011 年天津市被住房和城乡建设部列为全国第一批公共建筑节能改造 3 个示范省市之一，组织编制公共建筑节能改造技术导则，全面组织实施到 2013 年完成 400 万平方米节能改造的任务。

加强供热计量收费工作。截至 2011 年底，天津市累计实施供热计量 5029 万平方米，实施供热计量建筑平均节能率为 7%～15%，用户退费率在 60% 以上，退费额在 8%～15% 之间。

推进民用建筑能效交易。开展民用建筑能效交易方法学研究，建立医院、商场、办公楼、热源及一次热网等能效交易方法学，为发展民用建筑能效市场奠定基础。

印发《天津市建筑节能技术和产品推广、限制、禁止使用目录》。（刘向东）

6. 重要工程建设

【地铁建设】 2011 年，天津市地铁建设重点为续建地铁二、三号线，启动地铁五、六号线拆迁征地等前期工作。

截至 2011 年底，地铁二号线累计完成拆迁 28 万平方米，征地 1801 亩。（伟民）

【机场枢纽建设】 为落实滨海新区和环渤海经济圈的发展战略，满足天津市航空业务量持续快速增长的需要，实施天津滨海国际机场二期扩建工程。

机场二期扩建工程主要包括新建 T2 航站楼及滑行道、停机坪。T2 航站楼位于 T1 航站楼东侧，总面积为 25 万平方米，航站楼宽度 315 米，总长度 655 米。机场交通中心工程包括 1 条城际铁路、3 条地铁线（M2、C2、Z2 线）及市政地下停车场，地面有专线大巴、长途、出租、社会停车场以及地面、高架的道路等。城际铁路机场站总建筑面积 2.48 万平方米。地铁二号线机场站总建筑面积 2.56 万平方米。（师端平）

【梅江会展中心二期工程】 天津梅江会展中心二期工程东侧毗邻友谊南路，北侧为会展中心一期项目，南侧为外环线。总建筑面积为 28.06 万平方米，地上 21.59 万平方米，地下 6.47 万平方米，接近一期工程的 3 倍。（李朕瑶）

【铁路建设】 2011 年，铁路建设完成投资 58 亿元。建成开通了京沪高速铁路及天津西站、天津南站，新增铁路运营里程 110.5 公里。（师端平）

【铁路枢纽工程建设】 天津文化中心地下交通枢纽工程位于河西区，东至解放路，南至黑牛城道，西至越秀路、友谊路，北至围堤道、大沽南路，占地面积 330 万平方米。天津滨海国际机场扩建配套交通中心工程位于滨海国际机场 T2 航站楼北侧，总建筑面积 13.81 万平方米。（黄伟民）

（天津市城乡建设和交通委员会）

河 北 省

1. 住房和城乡建设工作地方法规、政策细则、文件概要

【《河北省城乡规划条例》颁布】 作为实施性立法，《条例》坚持以人为本，注重科学发展，巩固了行政审批制度改革成果，突出实施"阳光规划"，强化了规划实施管理和规划管理责任，既注重对法的细化完善，增强地方法规的可行性和可操作性，也力求突破创新，体现河北特点，做到了民主立法、科学立法。

【出台城镇住房保障相关政策】 《河北省城镇住房保障办法（试行）》于6月9日发布，成为全国第一个以省长令形式出台的住房保障办法。《办法》全面规范了规划与建设、申请与准入、使用与退出等住房保障的各方面和各环节。颁布《河北省公共租赁住房管理办法》，基本形成以《河北省城镇住房保障办法（试行）》为主体，涵盖廉租房、经适房和公共租赁住房制度在内的较为完整的住房保障制度体系。出台《河北省城市园林绿化管理办法》，在内容上，紧紧围绕城镇建设上水平要求，突出了绿地和古树名木保护，强化了监督检查和法律责任。完成两次法规规章的专项清理。根据省人大、省政府统一要求，结合《刑法（修正案）》和《行政强制法》的颁布实施，先后两次对住房城乡建设系统执行的地方法规、规章进行了专项清理。

2. 房地产业

【概述】 2011年，河北省房地产市场总体呈现投资增速较快、市场供应比较充足、房价比较平稳、健康稳定发展的态势。河北省房地产开发投资完成3069.6亿元，同比增长35.5%；其中，商品住房完成投资2296.3亿元，同比增长28.6%。商品房新开工面积11298.7万平方米，同比增长17.3%；其中，商品住房新开工面积9017.5万平方米，同比增长14.6%。商品房竣工面积5145.3万平方米，同比增长42.3%；其中，商品住房竣工面积4250.4万平方米，同比增长35.8%。商品房销售情况。商品房销售面积5901.4万平方米，同比增长26.6%；其中商品住房销售面积5311.8万平方米，同比增长22.8%。商品房平均销售价格为3982元/平方米，同比增长12.5%；河北省商品住房平均销售价格3762元/平方米，同比增长9.3%。

【房地产市场调控】 加大房地产市场调控力度，抑制房价过快上涨。认真贯彻落实国务院办公厅印发《关于进一步做好房地产市场调控工作有关问题的通知》，印发《关于进一步做好房地产市场调控工作的实施意见》（冀政办〔2011〕5号），就强化各级政府责任落实，加大保障性安居工程建设力度，合理引导住房需求，完善房地产市场信息披露制度，以及强化舆论监督等五个方面提出了13条措施。各设区市根据本地实际情况相继出台了房地产市场调控政策贯彻实施意见。下发《关于做好制定2011年新建住房价格控制目标有关工作的通知》，河北省33个设区市和县级市，全部确定2011年度新建住房价格控制目标并向社会公布，同时广泛征求了社会意见。针对北京市住房限购政策对河北省环首都绿色经济圈部分地区的挤出效应，加大环首都绿色经济圈重点地区的房地产市场调控力度，印发《河北省住房和城乡建设厅关于进一步做好环首都部分县（市）房地产市场调控有关工作的通知》，三河市、香河县、大厂县、固安县、涿州市等5个县（市）按要求出台了商品住房限价政策，房价基本稳定。

【房地产市场监管】 加大房地产市场监管力度，健全房地产市场监管体系，完善监管手段，进一步建立健全新建商品房、存量房交易合同网上备案制度，强化交易资金监管。对违规预售、捂盘惜售、囤积土地等行为和消费者投诉集中的项目进行了检查，对违法违规行为进行了严厉打击。2011年，河北省房地产主管部门共查处违规预（销）售63起，对5起典型案例进行了公开曝光。贯彻落实《房地产经纪管理办法》，加强房地产经纪行为监管。组织河北省房地产管理部门有关人员参加了《城市商品房屋租赁管理办法》培训班。印发了《关于转发〈关于加强房地产经纪管理进一步规范房地产交易秩序的通知〉的通知》，在河北省部署开展房地产经纪专项整治工作。河北省共检查房地产经纪机构1537家，共处理房地产经纪违法违规行为1721起。

【房屋征收拆迁】 积极贯彻落实《国有土地上房屋征收与补偿条例》，印发《河北省住房和城乡建设厅关于做好国有土地上房屋征收拆迁工作有关问题的通知》（冀建房〔2011〕123号），对国有土地上的房屋征收工作和尚未完成拆迁工作提出具体要求；对尚未完成的拆迁项目进行调查摸底；针对河北省房屋征收工作面临的问题，开展征地拆迁制度规定落实情况专项检查。依法查处违规征地拆迁案件，认真贯彻中共中央办公厅印发的《中共中央办公厅国务院办公厅转发〈监察部、国土资源部、住房城乡建设部、国务院纠风办关于6起强制拆迁致人伤亡案件调查处理情况的通报〉的通知》。开展河北省城市房屋拆迁项目实施及信访情况调查。加大房屋征收拆迁信访排查化解工作力度，对河北省城市房屋拆迁项目实施及信访情况进行调查摸底，拆迁管理工作得到强化。

【物业管理】 继续培育和规范物业管理市场，规范物业服务企业服务行为，促进物业服务质量和水平的进一步提高。会同省委督查室对当前河北省物业管理中存在的问题进行了深入调研，起草完成《关于加强物业管理工作的指导意见》。加大对住宅专项维修资金管理。对《河北省住宅专项维修资金管理办法（送审稿）》进一步论证修改。开展物业服务创优活动。按照住房和城乡建设部要求，积极开展物业创优活动，现已完成15个申报全国物业管理示范项目的物业管理项目的初评工作，河北省物业管理优秀住宅小区（大厦）申报工作也已启动。强化舆论引导和人员培训。运用各种宣传媒介，宣传《物权法》、《物业管理条例》等法律法规，强化舆论引导，引导广大市民树立正确的物业消费理念。组织各设区市的物业管理业务人员参加了建设部组织的物业管理学习研讨班。

【房屋交易与登记】 贯彻《房屋登记办法》，完善工作程序，不断提高登记管理和服务水平。一是深入推行房屋登记办证"立等可取"，在河北省环首都经济圈各县（市）全部实现房屋登记办证"立等可取"，最大限度方便群众办理房产证。二是加快个人住房信息系统建设。进一步完善了河北省个人住房信息系统建设方案，申请了系统建设财政预算资金。石家庄市按部里要求建立覆盖全市辖区的基础数据库，并于9月中旬开始与住房城乡建设部进行联网测试。三是继续推进房地产交易与登记规范化管理工作，2011年，廊坊市申报了"全国房地产交易与登记规范化管理先进单位"，并且通过了住房和城乡建设部的验收。四是按照住房和城乡建设部要求，会同厅培训中心完成河北省1600多名房屋登记审核人员培训考核工作。

3. 住房保障

【概述】 保障性安居工程取得重大进展。全年开工建设保障性住房38.5万套，竣工17.7万套，10.7万户中低收入家庭乔迁新居，李克强副总理两次来河北省视察，都给予了充分肯定。

【破解难题】 面对资金、土地等诸多制约，总结推行"1＋6"土地供应模式，河北省直接安排9026亩新增用地指标。各地坚持增量、存量两手抓，挖潜筹集1.36万亩。河北省共筹集2.56万亩土地，保证了项目按时开工。沧州市从存量土地中拿出1128亩用于保障房建设。多渠道并举保障资金来源。省级安排补助资金32亿元，共争取中央补助资金68亿元。明确"5＋1"筹资渠道，各市县通过财政预算和规定渠道落实资金106.8亿元。唐山利用住房公积金贷款支持保障房建设，落实贷款13亿元。邯郸探索企业债券融资，首批28亿元已开始发行。发动各方力量筹集房源。创造性地实行"双配建"制度，通过强制配建在商品住房项目中落实保障房2.8万套，通过"反配建"在保障房项目中建设商业用房29.8万平方米。建立了"四多"模式（多渠道投资、多元化产权、多方式筹措、多方位归集），加快了公租房建设筹集。

【保障房质量安全】 把保障房当作百年安居工程，让建设质量成为"高压线"，抓督查、抓监管、定责任、建机制，实行最严格的监督、考核、验收和奖罚，确保了工程质量总体安全。严把规划设计关。编印系列导则、标准和质量通病防治措施，印发优秀设计图集，优化了项目设计。严把建筑材料关。采取现场检查、证照查验和产品抽样检测等方式开展专项整治，混凝土、水泥等主材全部达标。严把施工控制关。组织5次工程质量专项检查，下发行政处罚建议书4份、质量整改通知书99份，对38项工程责任单位和责任人进行了行政处罚。严把竣工验收关。严格实行永久性标牌制度和质量终身负责制，让勘察、设计、施工、监理、检测的责任一定终身。严格实行分户验收制，执行率达100%。

【分配管理】 严格资格审核。11个市全部建立了联审机制，严格执行申请、审核、公示、轮候等制度，广泛采用公开摇号方式，最大限度地杜绝违规操作。廊坊严格实行入户调查和综合评审，石家庄采取"高考录取"方式抓公平分配，效果很好。

加强社会监督。实行保障房源、分配过程、分配结果"三公开",让分配置于阳光下,接受全社会监督。建立投诉举报制度,对核实的违法行为从严查处。

加强日常监管。推行电子门禁、面面通等科技手段,确保该退出的及时退出。河北省共配租保障房2.8万套,配售1.25万套,清退2996户,总体分配结果社会信服、群众满意。强化精细化管理。研发建设数字住房保障信息系统,建立健全住房保障地理信息展示平台,建设项目、保障房源、保障对象全部入库,实现了项目管理、联审核查、信息公开、便民服务等功能融合,提升了管理水平。

4. 公积金管理

住房公积金业务管理信息系统建设取得新突破。印发《关于成立河北省住房公积金业务管理信息系统建设领导小组的通知》和《关于加强住房公积金业务管理信息系统建设的通知》,为落实信息系统建设资金奠定了基础。制度建设再上新台阶,根据《住房公积金管理条例》和《河北省住房公积金管理办法》等国家和省有关政策文件,起草了《河北省住房公积金归集提取管理办法》和《河北省住房公积金贷款管理办法》两份规范性文件草案,在住房公积金归集、提取、贷款和管理等方面做出了新的具体的规定,通过召开专题会议和对各市进行调研,对这两个《办法(草案)》进行了认真讨论和修改。住房公积金贷款管理得到进一步规范,落实国家住房公积金信贷政策制定了河北省具体落实政策,进一步明确住房公积金借款人资格和审查程序,提出各市尽快建立住房公积金信息共享机制的要求。河北省住房公积金贷款业务管理工作更加规范。印发《河北省住房公积金委托贷款协议书(示范文本)》,明确住房公积金管理中心、受委托承办住房公积金金融业务商业银行的职责、权利和义务,规范了个人住房贷款的担保和清偿方式。

5. 城乡规划

【加强区域规划协调,构筑"两群一带"城镇化发展新格局】 围绕推进新型城镇化的要求,高质量完成环首都绿色经济圈总体规划、河北沿海地区总体规划以及环首都城市群和沿海城市带规划等重点区域规划,并与其他部门的相关专项规划做了充分衔接。组织编制了冀中南区域空间布局规划。对省域城镇体系规划(2006~2020年)实施情况进行了总结评估。修改完善了《河北沿海地区发展规划》有关内容,经国务院批准实施,已经上升为国家战略。组织完成了《建设中国北方沿海地区生态宜居城镇》专题研究。完成京东、京南、京北3个环首都"新区"总体规划。有关县(市、区)制定了园区、基地规划,为培育新的增长级奠定了规划基础。

【推进城乡一体化发展】 设区市开展市域城乡统筹规划,深化完善中心城市空间发展规划,秦唐沧三市开展沿海地区空间发展战略规划。任丘、迁安、遵化、三河、霸州、涿州、高碑店、定州、辛集、武安10个县级市,开展覆盖全市域的城乡总体规划试点。以生态示范城市规划为突破口,引导城市建设发展转型。引入生态、低碳、节能、环保等新理念,石家庄、唐山、沧州、秦皇岛4市,深化完善北戴河新区、唐山湾生态城、黄骅新城、正定新区和涿州生态宜居示范基地"4+1"生态示范城市(新区)规划,初步建立了各具特色的生态城规划指标体系。其中,北戴河新区和涿州生态宜居示范基地规划,由住房和城乡建设部、省政府共同组织了技术审查,唐山湾生态城、正定新区规划通过了省规委会审议。

【关注民生工程】 编制河北省"十二五"保障性安居工程专项规划,作为"全国保障性安居工程建设现场会"会议交流材料印发,得到国家和省领导的好评。各市完成"十二五"住房保障规划,并将规划成果数字化建库。各市、县对照加快新型城镇化发展的要求,对现行城市总体规划进行反思和评估,对不适应城镇发展需要的,均启动了规划期到2030年城市总体规划修编。同时,按照住房和城乡建设部要求,全面完成城市"十二五"近期建设规划。

【健全科学决策机制,完善了规划技术标准体系】 制定出台《河北省城市风貌特色控制导引》、《城市便民设施专项提升行动方案》、《县(市)域城乡总体规划编制导则(试行)》、《中心城市空间发展战略规划编制导则(试行)》等标准导则。河北省设区市数字规划应用体系更加完善,为规划决策提供了有利的技术支撑。强化规划监督管理,规划执行力进一步增强。健全法规及规章制度。颁布《河北省城乡规划条例》,起草《河北省历史文化名城名镇名村保护管理办法》。制定《省管建设项目选址规划管理工作规程》、《城市五线管理规定》《城市容积率管理规定》、《城乡规划公开公示的指导意见》等配套规范性文件。深入开展违规调整规划、变更容积率专项治理。石家庄、唐山、保定、邯郸等市在中心城市统筹管理区域建立了规划集中统一管理机制,基本实现了规划管理同城化。加快规划展馆建设，为规划公开公示提供了载体。石家庄、保定等市完善了规划展馆的布展。注重规划队伍建设。围绕城市建设上水平、塑造城市风貌特色等重点、难点工作，组织各市规划主管部门有关人员，举办"周末大讲堂"和专题讲座，先后赴四川、重庆、天津、西安等地考察学习，成功举办了首届规划大师授予仪式。

6. 城市建设

【概况】 河北省城镇化进程进一步加快，城镇化率达到45.5%，较上年度提高了1个百分点。主要设施指标和环境指标超过全国平均水平，部分指标达到或接近国内先进水平。

【城市承载能力】 河北省城市基础设施投资完成3060亿元，其中市政基础设施1393亿元，增长10.6%。新增供热面积2000万平方米、供气总量130万立方米，新增省级园林城市（县城）25个、园林绿地6380公顷、风景名胜区8处，城市建成区和中心区人均公园绿地面积分别达到11.5平方米和5.67平方米，完成所有设区市绿地遥感普查，建成绿道绿廊253.05公里。开展污水垃圾处理专项提升行动，设市城市污水集中处理率、垃圾无害化处理率分别达到86%和80%。新增污水垃圾处理厂（场）11座。着力完善城市路网，5个设区市完成轨道交通规划。以争创人居环境奖为抓手，推进人居环境建设，唐山中心区再生水回用项目、邯郸建筑垃圾资源化利用项目获得"中国人居环境范例奖"。以石家庄和廊坊万达广场城市商业综合体、沧州图书馆和博物馆、承德奥体中心等为代表的一批大型公共服务设施拔地而起。

【污水和垃圾处理】 在河北省开展"污水垃圾处理专项提升行动工作"，着力提升两厂（场）设施建设和运营水平。编制了城镇污水垃圾"十二五"规划，会同省发改委和省环保厅共同编制了《河北省城镇污水处理及再生利用设施建设"十二五"规划》、《河北省垃圾处理设施建设"十二五"规划》，配合住房城乡建设部完成"十二五"期间城镇污水处理设施配套管网建设任务量核定工作，确定"十二五"河北省需建设污水管网建设任务和投资规模；做好河北省污水处理设施配套管网建设项目专项资金的申报、筛选和核拨工作。按照国家财政部和住房城乡建设部印发的《"十二五"期间城镇污水处理设施配套管网建设项目资金管理办法》要求，制定《河北省"十二五"城镇污水处理设施配套管网建设项目资金管理实施细则》，对河北省专项资金管理、城镇污水处理设施配套管网建设提出具体要求；会同省财政厅完成了2011年度中央城镇污水处理设施配套管网专项资金的申报、审查工作，2011年河北省共安排中央城镇污水处理设施配套管网专项资金49432万元，新增污水垃圾处理厂（场）11座，设市城市污水集中处理率、垃圾无害化处理率分别达到86%和80%。

【园林绿化】 全年共创建成省级园林城市（县城）25个，所有设区市实现园林城市全覆盖，唐山市在省内基本建成园林城市群。河北省城镇完成植树1601.62万株，建成绿道绿廊253.05公里，新增绿地6380公顷，命名河北省园林式单位234个、小区103个、街道87条；全年共命名五星级公园26个、四星级公园26个、三星级公园23个；石家庄世纪公园等10个公园被授予为2011年度河北省"十佳公园"。环首都各县（市、区）强力推进郊野公园、生态休闲公园、综合性公园、街头游园绿地建设。

【城市管理】 以数字化城管平台为依托，以提升城管执法水平为抓手，以"治脏、治乱"为主题，在河北省分别开展了城市容貌环境整治和城管执法专项提升行动。制定《河北省城市道路清扫保洁标准》、《河北省城市环境卫生示范街道标准和评选办法》等一系列标准文件，城市管理工作朝着法制化、规范化、标准化方向迈进；按照"建设、完善、延伸"的思路，监督和指导各设区市继续完善数字化城管平台建设，提高案件处置率；制定《省级数字化城管信息平台建设方案》、《县级市数字化城管系统建设要点》、《县级市数字化城管平台评估办法》，开展数字化城管专题培训。

推进环首都各县（市、区）环境整治，加大垃圾清扫清运力度，共清除积存垃圾18236吨，清理卫生死角1734处，依法拆除户外广告3830处，规范设置户外广告及门店招牌的主次干道1244条，清理乱贴乱画5万多处，拆除各类非法占道设施2000平方米，清理占路摆卖2490处，整治各类工地159处，规范市场25个。

【城市特色】 从改造建设精品街区入手打造风貌特色，涌现出石家庄联邦明珠地下街、秦皇岛保二路、唐山运河唐人街等一批风貌街区；从整治主要街道景观环境入手打造风貌特色，高标准整治改造了76条、473公里的主要街道，涌现出保定东风路、廊坊和平路、沧州迎宾大道等一批景观大道；从改造提升公共空间入手打造风貌特色，涌现出邢台达活泉、邯郸龙湖等一批优秀公园，衡水滏阳河和张家口清水河通过水系景观环境整治，建成了宜人的滨水景观带；从建设精品建筑入手打造风貌特色，涌现出省图书馆、承德科技研发中心等一批具有魅力的公共建筑；深入开展"雕塑营"活动，涌现了石家庄春燕飞舞、唐山丹凤朝阳等一批精品雕塑。着力建设城市原点标志，6个市建成并集中召开了发布会，在城市有形文化建设上取得了新突破。

【旧城改造】 城市改造更新步伐加快。启动改造城中村90个，如期完成年度任务。改善旧住宅小区298万平方米，受益居民3.57万户。改造和启动棚户区965万平方米、旧商贸区25个。大力推进"十小便民设施"建设，改造整治了100多条小街巷和50多个小游园，建设地下通道和人行天桥18座，社区卫生站和小型体育设施服务半径趋于合理，地名标志和道路指引牌更加规范，群众生活更加方便。

【城建投融资体制改革】 进一步深化投融资体制改革。一是融资渠道进一步拓宽，由于2011年央行不断紧缩银根，各地建设资金日趋紧张，大量采用BT方式进行城市建设，据统计河北省以BT形式融资达650亿元。同时，2011年河北省城投债发行取得重大突破，累计发行4只，总额度达48亿元，发行总额度首次跃进全国前十位。主要包括张家口通泰控股集团发行18亿元，邯郸市城市建设投资公司发行10亿元，河北渤海投资公司发行10亿元，石家庄城市建设投资控股集团发行10亿元。河北省11个市全部完成项目库组建，开发完成了项目库管理系统，实行网络上报统计，动态跟踪管理，项目库存量3532个，其中在建项目1858个，累计竣工项目196个。

7. 建筑业与工程建设

【概述】 建筑业不断发展壮大。全年完成建筑业总产值3853亿元，实现增加值1381亿元，均增长20%以上，支柱产业地位进一步巩固。"走出去"战略深入实施，外埠市场覆盖20多个省(市、区)，输出建筑劳务达80万人次。推行建筑劳务实名制，为10万多农民工发放了实名卡。房建总包三级资质审批得到有效控制，在交通、水利、电力、冶金等专业和基础设施工程领域实现快速拓展。全部企业中，总包企业比重有所下降，专业和劳务企业比重进一步上升，市政基础设施和专业工程施工能力明显增强。结构调整明显加快。在全国率先出台了《关于加快建筑业发展方式转变和转型升级的指导意见》，就创造良好的建筑市场环境、提升建筑企业管理水平、科技强企、质量兴业等12个方面对各地和各企业加快转变发展方式，提出了明确的要求与指导。龙头骨干企业进一步壮大，河北省产值超百亿元企业达到4家、50亿元以上企业达到10家。打破资质增项数量与级别限制，为省市重点支持的骨干优势企业，办理了一大批资质增项。对在省外承接工程企业，实行了资质审批绿色通道服务。

【建筑市场监管】 加强管理创新，推行建筑业企业信用综合评价制度。监管制度进一步完善，出台《关于加强政府投资项目招投标监督管理的指导意见》、《河北省建筑工程虚假招标投标行为认定和处理办法》，并开展了虚假招投标行为专项治理。同时，针对工程发包中违法转包、分包比较突出的问题，开展了专项整治，查处936起。对招投标代理机构资格的动态监管得到加强，通过监督检查规范其市场行为，查处违规机构，撤销1家，注销20家，责令整改3家。出台了《河北省推广建筑劳务实名制及一卡通实施方案》，河北省已经为10万多农民工发放了实名卡。大力减轻企业负担，统一调整规范了工程施工投标保证金和质量保证金管理方式，并对省重点支持的145家企业实行减免政策，为河北省建筑企业减轻资金负担至少达100亿以上。组织开展河北省拖欠工程款和农民工工资专项检查，共检查项目6591个，对存在拖欠项目进行了重点督办与处理，有力地维护了建筑企业和农民工的合法权益。

【工程质量监督】 对公共建筑工程、在建住宅工程及保障性安居工程进行了重点质量巡查和保障房暗访检查，共检查229项单位工程，对其中35项工程直接实施了行政处罚，共处罚款83.5万元，对4项工程下发了《行政处罚建议书》，对106项工程下发了《建设工程质量巡查整改通知书》，并对工程整改情况进行了督导检查。2011年河北省共有12825项保障性住房工程完成竣工验收，质量合格率达到了100%。武安等部分县(市)强化行政处罚手段，保持工程质量监管的高压态势。2011年度结构优质工程206项，河北省新增鲁班奖工程4项。

【安全生产】 建设工程质量监管进一步加强，印发《关于新竣工工程设置永久性质量责任标牌的通知》、《关于进一步加强房屋建筑和市政基础设施工程质量管理的意见》以及《关于加强建筑施工企业安全生产许可监督管理的通知》等政策文件，完善了政策体系。细化、规范了安全生产许可和三类人员考核相关工作，完成河北省1516家建筑施工企业安全生产许可证直接延期工作。以保障性住房安全监督管理为重点，强化安全监督检查，检查保障性安居工程建设工程110余项、71个单位工程，总建筑面积200万平方米，下发隐患整改通知书25份。在河北省范围开展建筑施工安全生产执法检查，共抽查58项在建工程，对违法违规行为严重的下发停工整改通知书14份，隐患整改通知书19份，对违反安全生产法律法规的各方责任主体实施行政处罚62起，共计罚款120.6万元，有力地打击了建筑施工安全生产违法违规行为，大力推动施工现场的管理水平的提升。全年未发生重特大安全生产事故，工程质量安全保持稳定态势。强化中小学校舍安全工程，抽查校舍工程24项，其中装饰工程12项、主体在建工程12项，建筑面积21.83万平方米，管理水平进一步提高。

【勘察设计】 印发《关于加强工程勘察管理工作的通知》和《关于加强施工图审查管理工作的通知》，进行专项治理，工程勘察设计质量不断提升。印发《关于开展对河北省工程勘察设计企业和施工图审查机构监督检查工作的通知》，在河北省开展了监督检查，共抽调41家审图机构的186项工程，包括住宅、公建、市政工程和保障性安居工程，共审查出漏审的强条422条。评选2010年度河北省"优秀工程勘察设计奖"工作，评选出一等奖36项，二等奖80项，三等奖102项，在行业内和全社会营造了鼓励创优，争优，创优的良好氛围。印发《关于命名首批河北省建筑大师和工程设计大师的决定》，对评选出的行业优秀人才，授予建筑大师和工程设计大师称号，共命名5名建筑大师和10名工程设计大师。完成5名建筑大师授予仪式。荣获国家优秀工程勘察设计奖5项，其中工程勘察3项，设计2项。

【建筑材料】 积极推广应用新型建材设备，对廊坊华宇创新科技有限公司生产的外墙一体化保温装饰复合板、南京恒翔保温材料制造有限公司岩棉板(燃烧性能均为A级)等35项新产品、新材料组织了专家论证，一批新型节能材料得到应用，保证节能示范小区、绿色建筑的建设需要。缩短行政许可事项审批时限，提高审批效率。将建筑施工特种作业操作资格考核审批时限缩短至8个工作日，建材装备企业资质缩短至10个工作日。截止12月15日，共受理40家建筑业材料装备企业资质申请，核发建筑施工特种作业资格证书13268个，均在审批时限内完成。印发了《河北省城镇建设三年上水平推广、限制使用和淘汰产品目录(城市照明产品第一批)》(冀建材〔2011〕229号)，进一步提高了河北省节能环保城市照明产品的应用水平，限制、淘汰落后

产品和技术，助推河北省城镇建设上水平。以"改善农民住房条件和居住环境，扩大农村内需，拉动经济增长，加快社会主义新农村建设步伐，推动城乡一体化发展"为目标，积极探索河北省节能建材下乡试点工作，推广使用节能建材产品。

8. 村镇建设

【新民居建设】 第一批和第二批2000个新民居示范村规划编制和建设工作顺利推进。环首都绿色经济圈、沿海城市带和冀中南城市群所覆盖县(市)的镇村体系规划完成修编，31个镇村体系数规划基本完成。培训各级规划建设人员1万余人，免费发放示范图集5000余册，提高了农村新民居建设水平。建立新民居示范村规划设区市审查、县(市)审批、省厅备案和网上展示的"三审"制度，重点对规划布局(排房问题)、性质规模、基础设施配置等重要问题进行评审把关，促进了规划编制质量的提高。研究起草了《关于河北省农村新民居规划建设指导意见的通知》，对新民居示范村规划编制以及农村新民居设计、施工指导、推动示范村基础设施和环境设施建设等工作做出了具体安排。

【农村危房改造】 改造农村危房10.5万户，完成任务在全国居领先位次。积极帮扶围场县御道口村、张北县喜顺沟村、易县石家统村和滦平县偏桥村，得到省领导的肯定。组织编写并印发《农村住房节能技术导则(试行)》，研究制定《河北省农村危房改造试点实施意见》，将省补贴标准由每户1000元提高到1200元。研究制定《河北省农村危房改造试点工作目标责任制考核办法》，将农村危房改造试点工作考核纳入河北省保障性安居工程考核体系。

【村镇建设】 在省级重点镇和现状人口1万人以上的镇建设污水处理厂、县级市、环首都和沿海县以及其他县建立"村收集、乡转运、县处理"的城乡一体垃圾处理体系工作。印发《河北省污水垃圾处理专项提升行动工作方案》中，明确了村镇污水垃圾建设至2013年的工作目标、主要任务和保障措施。印发《关于推进镇污水处理和城乡一体化垃圾集中处理工作的实施意见》。加强村镇建筑工程质量安全，保护人民生命和财产安全，印发《关于加强村镇建筑工程质量安全管理的若干意见》(冀建村〔2011〕349号)，明确了村镇建筑工程质量安全实行分类管理、完善监管机制等政策措施。研究制定了《河北省村镇公共服务设施规划导(试行)》(冀建村〔2011〕151号)，科学指导河北省镇、乡和村庄规划编制工作，合理配置村镇公共服务设施，改善

农民(居民)生产生活条件。明确一批村镇规划、农村危房改造、镇污水处理和城乡一体化垃圾集中处理试点，通过各级重点指导和帮扶，发挥其示范引导作用。帮扶围场县御道口村、张北县喜顺沟村、易县石家统村、滦平县偏桥村建设，村庄总体规划、控制性详细规划以及新民居建设的详细规划、工程设计和施工技术指导等工作在帮扶下顺利完成。

9. 建设节能与科技

【建设节能】 新建建筑节能强制性标准执行率创历史最好水平。河北省竣工3200万平方米城镇建筑，全部达到了国家强制性建筑节能标准，建筑节能强制性标准执行率达100%，比上年的99.1%提高了0.9%。河北省完成"既改"项目1351.299万平方米，占年度目标任务的135.13%，比上年提高127.4%。其中唐山、邢台、石家庄三市分别完成288.58万平方米、206.23万平方米和202.16万平方米，河北省实施改造122万平方米。

【绿色建筑】 绿色建筑的发展在河北省取得了前所未有的正效应。完成2011年度河北省"十佳绿色建筑"、"十佳绿色小区"评选工作，并培育40多个绿色小区。省研发中心中加合作节能低碳环保示范房即将竣工，中德被动式低能耗建筑技术合作(河北)意向书正式签署。秦皇岛"在水一方"中德被动式低能耗建筑即将开工，北戴河新区绿色建筑发展做了大量工作。

【建设科技】 实施科技项目公关破解建设事业发展"技术瓶颈"。河北省58项和79项课题作为指令性和指导性计划下达。列入住房和城乡建设部科研计划9项、科技示范工程5项。河北省30项科技成果达到国内领先以上水平。9项成果荣获省科技进步奖。河北建设集团有限公司作为完成单位之一的《张弦结构体系分析设计理论及施工关键技术》荣获国家科技进步奖二等奖。科技推广工作让科技成果真正惠及建设事业发展。下达省第17批建筑业新技术应用示范工程计划46项。对32项建筑业新技术应用示范工程进行验收，这些工程均采用建筑业十项新技术中的6项以上，采用新技术达到国内先进以上水平。河北省16项工法被住房和建设部批准为2009~2010年度国家级工程建设工法，比上一届的12项增加了33.33%。省建筑科技研发中心建设取得较大进展。

10. 河北省住房城乡建设大事记

1月

7日，省住房和城乡建设厅组织召开2010年度河北省市政基础设施投资和项目建设调度会。副厅长曲俊义出席会议并讲话。

10日，省委副书记、省长陈全国，省委常委、常务副省长赵勇，省委常委、石家庄市委书记孙瑞彬，副省长宋恩华，省住房和城乡建设厅厅长朱正举考察省会石家庄的夜景工程。

10日，河北省推广建筑劳务实名制"一卡通"工作电视电话会议在石家庄召开。副省长宋恩华出席会议并讲话，省政府副秘书长曹汝涛主持，省住房和城乡建设厅厅长朱正举就河北省推行建筑劳务实名制及一卡通工作方案进行解读，工商银行河北省分行负责人出席会议。

19日，河北省住房和城乡建设厅、内蒙古自治区住房和城乡建设厅在内蒙古呼和浩特市签署加强两省区建筑业合作框架协议。河北省住房和城乡建设厅副厅长梁军、内蒙古自治区住房和城乡建设厅副厅长吴龙分别在合作框架协议书上签字。

24日，河北省委常委、常务副省长赵勇、省住房和城乡建设厅厅长朱正举与北京市政府、北京规划委员会有关领导在北京就河北省与北京市推进首都经济圈建设相关问题进行座谈沟通。

2月

16日，省住房和城乡建设厅印发《关于下放部分行政许可事项审批权限的通知》（冀建法〔2011〕70号）。

18日，省住房和城乡建设厅召开河北省规划局长座谈会。副厅长苏蕴山出席会议并讲话。

25日，副省长宋恩华在省住房和城乡建设厅召开座谈会，专题调度河北省保障性安居工程建设工作。厅长朱正举、副厅长曲俊义，以及省发改、财政、国土等部门，以及石家庄、廊坊、邢台、邯郸四市住房保障部门负责人参加会议。

河北省人民政府办公厅印发《关于进一步做好房地产市场调控工作的实施意见》（冀政办〔2011〕5号），提出进一步落实国家一系列房地产调控政策，巩固房地产市场调控成果，保持河北省房地产市场平稳健康发展。

3月

1日，河北省建筑安全生产电视电话会议召开，省住房和城乡建设厅厅长朱正举出席会议并就下一步河北省建筑安全生产工作进行部署。

4月

1日，河北省保障性安居工程建设工作推进会召开。副省长宋恩华出席会议并讲话，省政府副秘书长曹汝涛主持会议，省住房和城乡建设厅厅长朱正举通报河北省保障性安居工程建设情况，副厅长曲俊义出席会议。

河北省城市雕塑建设现场观摩会在唐山召开。会议明确下一阶段河北省城市雕塑建设任务。与会代表现场观摩了唐山市城市雕塑建设情况。

26日，河北省2011年保障性安居工程第二批建设项目集中开工。省委副书记、省长陈全国出席仪式并宣布开工。住房和城乡建设部副部长齐骥、副省长宋恩华致辞，省委常委、石家庄市委书记孙瑞彬，省长助理、省政府秘书长尹亚力出席。省住房和城乡建设厅厅长朱正举通报河北省保障性安居工程建设情况，副厅长曲俊义出席。

27日，河北省推进农村危房改造试点工作电视电话会议召开。2011年河北省农村危房改造任务调整为10万户，河北省将在全部县(含县级市)开展农村危房改造试点工作。省住房和城乡建设厅厅长朱正举、总规划师桑卫京出席会议并讲话。

5月

4日，河北省住房和城乡建设厅印发《关于成立河北省保障住房投资有限公司的通知》(冀建人〔2011〕265号)。决定按照省政府有关要求并经省政府同意，组建河北省保障住房投资有限公司(以下简称省房投)。

30日，河北省住房和城乡建设厅、省人力资源和社会保障厅联合印发《关于命名首批河北省建筑大师和工程设计大师的决定》(冀建人〔2011〕323号)，决定授予李拱辰等5名同志首批"河北省建筑大师"称号，授予冯冠学等10名同志首批"河北省工程设计大师"称号。

6月

1日，河北省委书记张云川考察石家庄市建华家园小区，了解保障性安居工程建设情况。省委常委、石家庄市委书记孙瑞彬，省委常委、秘书长景春华，副省长宋恩华参加考察。省住房和城乡建设厅厅长朱正举、副厅长曲俊义陪同考察并汇报有关情况。

3日，河北省政府召开河北省保障性安居工程第三次推进会议。省委副书记、省长陈全国出席会议并讲话。省委常委、常务副省长赵勇主持会议。

省住房和城乡建设厅印发《关于加强村镇建筑工程质量安全管理的若干意见》(冀建村〔2011〕349号)，旨在加强村镇建筑工程质量安全管理，初步建立覆盖镇、乡、村规划区，适应统筹城乡发展的村镇建筑工程质量安全管理工作格局。

7月

15日，河北省城市市政基础设施投资和项目建设调度会在邢台召开。2011年1~6月，河北省市政基础设施投资完成624亿元，比上年同期增长18.4%。其中邯郸、衡水、沧州、廊坊实现时间任务双过半。省住房和城乡建设厅副厅长曲俊义出席会议并讲话。

23日，河北省委、省政府在北戴河召开河北省城镇建设三年上水平工作会议，总结上半年城镇建设三年上水平工作，对下一步工作进行安排部署。

8月

2日，住房和城乡建设部部长姜伟新，河北省副省长宋恩华一同视察了秦皇岛"在水一方"中德合作的低能耗建筑示范项目。河北省住房和城乡建设厅厅长朱正举陪同视察。

25日，省住房和城乡建设厅组织召开"4+1"生态新城(新区)规划建设专项调度和培训会议。会议讨论五个生态新城(新区)的规划设计情况，邀请中国城科会李海龙博士讲解河北省生态宜居城市建设研究课题内容。副厅长苏蕴山出席会议并讲话。

30~31日，河北省住房和城乡建设厅就河北省设区市城市综合体、风貌街区和"十小"便民设施规划建设工作进行调度和培训。省住房和城乡建设厅副厅长苏蕴山出席会议并就下一步工作进行安排部署。

9月

1日，根据河北省委、省政府为新疆生产建设兵团农二师建设铁门关市提供城建规划建设管理人才智力支持的工作部署，来自新疆生产建设兵团农二师的20名行政干部和技术人员到河北省，开始为期三个月的对口挂职锻炼和跟班学习。

26日，河北省住房和城乡建设系统安全生产工作电视电话会召开。省住房和城乡建设厅副厅长梁军出席会议，通报2011年以来河北省住房和城乡建设系统生产安全事故情况，对河北省住房和城乡建设系统安全生产工作进行部署。

10月

9日，河北省首批规划大师授予仪式在石家庄举行。在省级层面评选规划大师，河北在国内尚属首次。省副省长宋恩华为首批五位规划大师授予荣誉奖杯，省住房和城乡建设厅厅长朱正举、副厅长苏蕴山作为嘉宾出席仪式论坛，人力资源和社会保障厅副厅长杨德秉出席仪式并接受采访。

省住房和城乡建设厅印发《河北省保障性安居工程质量监督管理办法》(冀建质〔2011〕634号)。《办法》就河北省廉租住房、公共租赁住房、经济适用住房和限价商品住房，以及城市棚户区、国有工矿棚户区、林区棚户区、垦区棚户区和煤矿棚户区改造等城镇保障性安居工程质量管理工作进行了明确。

11日，河北省保障性安居工程质量现场观摩会在邯郸召开。省住房和城乡建设厅副厅长梁军出席会议并强调，要进一步增强做好保障性住房质量管理的责任感和紧迫感，多措并举、坚持不懈地做好保障性安居工程质量管理工作。

11月

25日，中共中央政治局常委、国务院副总理李克强在河北省委书记张庆黎的陪同下，到廊坊市实地了解各项政策措施落实情况和成效。

30日，河北省首批建筑设计大师授予仪式在石家庄举行。副省长宋恩华为首批五位建筑设计大师授予荣誉奖杯，省住房和城乡厅厅长朱正举、副厅长梁军，人力资源和社会保障厅副厅长杨德秉出席仪式。

12月

6日，河北省住房和城乡建设厅组织召开河北省可再生能源建筑应用城市示范、农村地区县级示范工作座谈会。副厅长梁军出席会议并讲话。

11日，河北、山西两省建筑业合作发展框架协议签约仪式在石家庄举行。《协议》明确，两省将进一步开展建筑业交流合作，构建协调、沟通机制，促进两省建筑领域的全面合作。河北省住房和城乡建设厅厅长朱正举、山西省住房和城乡建设厅厅长王国正出席签约仪式，河北省住房和城乡建设厅副厅长梁军、山西省住房和城乡建设厅副厅长郭燕平分别介绍了本省建筑业有关情况。

23日，河北省召开保障性安居工程工作会议。省委书记张庆黎作出重要批示。省委副书记、代省长张庆伟出席会议并讲话。副省长宋恩华代表省政府与各设区市、省政府有关部门代表签订了目标责任书。省住房和城乡建设厅厅长朱正举通报了2011年河北省保障性安居工程工作完成情况及考核结果。

（河北省住房和城乡建设厅　供稿人：张学峰）

山 西 省

1. 住房城乡建设法制建设

【建设立法】 推动住房和城乡建设立法进程，全面做好《山西省建筑工程质量和建筑安全生产管理条例》修订工作，该《条例》2011年3月30日经省人大常委会第二十二次会议修订颁布，2011年7月1日起实施。做好地方性法规《山西省国有土地上房屋征收与补偿条例》2012年立项工作，以确保该《条例》尽快出台，及时与上位法相衔接。

【规范性文件审查、报备】 依据《行政许可法》、《山西省规范性文件制定与备案规定》，向省人民政府法制办公室报送《山西省住房和城乡建设厅商品房租赁管理办法》、《山西省住房和城乡建设厅房屋建筑和市政工程施工招标文件》等12件规范性文件审查、备案，确保了规范性文件的合法性有效性。

2. 房地产业

【房地产开发】 报请山西省政府办公厅印发《关于进一步加强房地产市场调控促进房地产市场健康发展的通知》（晋政办发〔2011〕18号）和《关于落实控制新建住房价格目标的通知》（晋政办发〔2011〕65号）2个规范性文件，出台《商品房预售资金监管办法》和《关于加强房地产经纪机构备案管理的通知》等10余个厅规范性文件，进一步完善房地产市场监管政策体系，为房地产业的健康发展夯实了政策基础。

组织11个设区城市和11个县级市确定新建住房价格控制目标，制定控制新建住房价格工作落实措施，11个设区城市和11个县级市全部圆满完成了控制新建住房价格工作目标，全省商品住房平均销售价格稳中有降。全省商品住房平均销售价格为3291元/平方米，比2010年底低35元/平方米，同比下降1.1%。完成房地产开发投资789亿元，同比增长33.4%。房地产开发投资占全省固定资产投资的比重达到11.1%，占全国房地产开发投资的比重达到1.3%。全省城镇人均住房建筑面积达到32.04平方米，比2010年底提高1.01平方米。

积极开展国家康居示范工程创建活动，大同紫润芳庭等3个项目通过住房和城乡建设部住宅产业化促进中心组织的国家康居示范工程规划设计方案和可行性研究报告评审,列入国家康居示范工程项目。全省创建国家康居示范项目总数达到18个,在全国排第4位。

【房地产市场监管】 指导各市不断完善登记工作标准,依法简化房地产交易与权属登记程序,提高办事效率,推行房地产交易与权属登记一体化管理。指导各市启动个人住房信息系统建设和纸质档案数字化工作。太原市按照国家要求基本完成系统建设和纸质档案扫描工作,并与国家和所属县、市联网。晋中市提前完成市本级系统建设和纸质档案数字化工作。组织开展征地拆迁制度规定落实情况检查工作,对新《条例》各项规定落实情况进行对照检查。开展房屋征收与补偿调研活动,对正在实施的征收项目进行梳理,对近几年的来信来访案件进行分析研究,提出防范化解对策,并在此基础上起草《山西省国有土地上房屋征收与补偿条例(草案)》。组织开展房地产交易秩序专项检查,对全省商品房销(预)售、执行商品房价格申报和明码标价情况、执行限购政策情况、房地产经纪市场、房屋租赁市场5个方面23项内容进行全面检查,房地产市场秩序日趋规范。

【物业管理】 组织开展中国物业管理改革发展30周年庆祝活动宣传和先进单位、先进个人选送工作,山西省共有5个物业服务企业荣获"全国行业突出贡献奖",14名个人分别被授予"爱岗敬业职工"、"物业服务企业资深经理人"称号。潞安容海发电公司厂区被评为全国物业管理示范项目,太原优山美地等29个项目被评为全省物业管理示范项目。开展住宅专项维修资金管理检查调研工作,采取市县自查和重点抽查调研相结合的方式对专项维修资金管理制度建设及交存、使用、管理等情况进行了全面检查。全省物业覆盖率达到46.5%,比2010年提高0.5个百分点。

3. 住房保障

【住房保障】 山西省委、省政府高度重视住房保障工作,2011年继续将保障性住房列为省级重点工程加以推进。加强组织领导,成立由省长担任组长、常务副省长和分管副省长担任副组长、17个省直部门负责人为成员的省保障性安居工程建设领导组,领导组办公室设在省住房城乡建设厅,负责日常工作;加大政策支持,省政府出台《关于进一步加快保障性住房建设的意见》(晋政发〔2011〕12号),在确保建设用地、加大省级资金支持、严格准入退出机制等二十个方面提出明确要求;省住房城乡建设厅印发《关于加强保障性住房工程质量管理的通知》(晋建保字〔2011〕275号)等规范性文件,有效指导和推动了全省住房保障工作;加大资金筹集,争取国家各类保障性住房和棚户区改造补助资金44.49亿元,省级财政配套补助48.87亿元(含中央代发地方债券41亿元),与省工行、农行、中行等8家金融机构签订保障性住房建设贷款合作协议额度达450亿元,为保障性住房建设提供了资金保障;建立工作机制,通过采取目标责任、月报通报、监督检查、会议推进、现场办公、约谈问责、考核评价等多项举措,逐步形成一套推进保障性住房建设和管理有力、有序、有效的工作机制。

2011年,全省新开工建设保障性住房44.62万套,为年度任务39.05万套的114.3%;完成投资431.43亿元,为年度计划的150%;是山西省建设规模最大、完成投资最多的一年,圆满完成国家下达的目标任务,实现了"十二五"的良好开局。其中:城镇保障性住房开工38.62万套,开工率为116.9%。

4. 公积金管理

全省住房公积金新增归集额达到163.92亿元,同比增长26.83%,完成年度目标任务的130.66%。发放公积金个人贷款2.89万笔,共计41.03亿元,贷款额同比增长20.84%,完成年度目标任务的82.90%。清理回收逾期项目贷款和挤占挪用资金本金173.00万元。实现住房公积金增值收益3.78亿元。山西省住房城乡建设厅指导运城市利用5亿元住房公积金建设经济适用住房试点工作,发放保障性住房建设贷款3亿元。

5. 城乡规划

【城镇化与城乡规划】 2011年,山西省完成城镇市政公用设施建设投资370亿元,一批重要的市政公用设施相继建成,城镇综合承载能力进一步提升。2011年底,全省城镇化率达到49.68%,增幅达到1.63个百分点;阳泉市、孝义市被命名为国家园林城市,襄垣、屯留、平顺获得国家园林县城称号,阳城县润城镇创建成为国家园林城镇,长治、太原、晋城获得全国无障碍建设先进城市称号,全省城镇化基本实现了提速提质的发展目标。

省规委办制定《"一核一圈三群"规划编制大纲》,组织开展并完成了太原都市圈、太原都市圈城镇密集区、太原都市区、晋北城镇群、晋南城镇群、晋东南城镇群六项规划初步成果。太原、长治、临汾、运城、朔州、吕梁、晋城等市开展了太原南部新区、上党城镇组群、尧洪襄城镇组群、盐临夏城镇组群、朔州东部新区、离柳中城镇组群和晋城一城两翼等城镇组群规划编制工作；大同、朔州、阳泉、忻州、晋中、吕梁、长治等市开展城市总体规划修编制工作。全省22个设市城市和84个县城到2020年的总体规划全部完成，控规覆盖率达到80%以上；56个县编制完成了县域村镇体系规划，占应编总数的66%；450个小城镇编制完成了总体规划，占应编总数的80%，为城镇化健康快速推进提供了保障。

【规划实施管理和监督检查】 为进一步规范房地产开发建设用地变更规划、调整容积率行为和加强对变更规划、调整容积率后土地出让金的征收管理，起草了《关于进一步规范房地产开发中变更规划调整容积率和加强变更规划调整容积率后土地出让金征收管理的通知》；为加强和规范城乡规划成果备案工作，制定下发了《山西省城乡规划备案管理办法》；为加强对全省城乡规划工作的监督管理，初步完成了"全省城乡规划动态监测系统"开发工作，编制了相关软件，启动了"全省城乡规划动态监测系统"建设。

【历史文化遗产保护】 2011年3月，国务院将太原市公布为国家历史文化名城。为加强历史文化名城保护工作，省财政设立了历史文化名城、街区保护专项补助资金，从2011年开始，省财政将每年拿出1000万元用于历史文化名城、街区保护工作。

6. 城市建设

【基础设施建设】 2011年，山西省城镇市政公用设施建设完成投资370亿元，同比增长22.5%。市政公用设施建设各项指标进一步提高。其中，城镇污水处理率达到81.73%，城镇生活垃圾无害化处理率达到51.71%，城镇集中供热普及率达到71.5%，城镇燃气普及率达到83.13%，城镇用水普及率达到96.44%，城镇建成区绿化覆盖率达到35.9%，城镇人均道路面积达到11.59平方米。各项指标分别比2010年提高5.1、5.69、3.5、4.61、0.35、0.72个百分点和0.64平方米。

【城市污水和垃圾处理】 修订完善城镇污水和生活垃圾处理运营考核评价标准，印发《山西省城镇污水处理企业运营考核办法》，组织完成全省城镇污水处理厂和垃圾处理厂(场)的年度运行考核工作，考核优良率分别为55.6%和74.07%。报请省政府出台《关于进一步加强城市生活垃圾处理工作的实施意见》，对全省生活垃圾处理工作的近期任务、远期目标和推进措施提出了明确要求；会同省财政下达污水处理以奖代补资金1480万元，保障了县级污水处理厂的正常运行；组织开展污水、垃圾处理设施关键岗位培训工作，累计培训管理技术人员1400余人，持证上岗率分别达到了77.39%和72.72%。2011年全省共新敷设污水配套管网约540公里。截至2011年12月，全省累计建成60座城镇生活垃圾无害化处理场，设计处理能力达到14895吨/日，年累计集中处理生活垃圾318万吨。其中，2011年新建成12座生活垃圾无害化处理场，新增设计处理能力2120吨/日。

【生活COD、氨氮减排】 为确保国家下达山西省生活COD、氨氮减排任务的顺利完成，采取各种有效措施，全力推进生活COD、氨氮减排工作，取得显著成效。2011年，全省完成生活COD净减排量0.73万吨(全年计划完成0.72万吨)，完成生活氨氮减排量0.087万吨(全年计划完成0.084万吨)。

【宜居城市创建】 大同市天然气集中发展利用和长治市澳瑞特小区计量改革项目获"中国人居环境范例奖"，临汾市古城遗址公园和吕梁市北川河环境综合整治项目获首批"山西省人居环境范例奖"，临汾市城市公厕项目申报了"迪拜国际改善居住环境最佳范例奖"。

【城市绿化】 全省11个设区城市共完成园林绿化投资31.6亿元，新增绿地面积1371.33万平方米，完成年目标任务量720.62万平方米的190.3%，城市建成区绿化覆盖率达39.87%，较上年提高2.14个百分点；全省城市共完成园林绿化投资33.6亿元，新增绿地面积1574.91万平方米，城市建成区绿化覆盖率达39.21%，较上年提高1.92个百分点；组织专家研究制定了精简统一的国家园林城市(县城)申报材料范本，获得了住房和城乡建设部的好评，并作为申报典型范例在全国推广；阳泉市、孝义市、襄垣县、屯留县、平顺县5个市、县被住房和城乡建设部命名为"国家园林城市(县城)"的称号；修订并印发了《山西省园林城市申报与评审办法》，洪洞县、阳城县、阳曲县被省政府命名为"山西省园林县城"，完成对高平市、古交市、汾阳市、沁源县、沁县、寿阳县、昔阳县创建省级园林城市(县城)工作的初审。

【城市供水和节水】 组织开展两次城市公共供水水质督查工作；大同、晋城两市基本达到了106项全分析的硬件要求；会同省卫生厅组织17个城市的42个供水厂完成供水水质普查工作；完成全省城市公共供水企业（单位）的年度运营考核工作，并对32个市、县进行实地检查，考核优良率为58.33%；侯马市创建成为全省首个省级节水型城市；太原市通过国家节水型城市复查；太钢集团、临汾师大等7个项目申报省级节水型企业（单位、校园、小区）；山西医科大学、临汾市第一中学等30个项目被命名为市级节水型企业（单位、校园、小区）；太原市编制完成了城市节约用水规划；全省中水回用量达到31.7万立方米/日，较上年提高了12.4%。

【城市供气】 组织开展全省城市燃气管网安全评估工作，下发了《关于全省燃气管网评估工作的情况的通报》；修订完善全省城市供气企业（单位）运营考核评价标准，组织完成全省城镇燃气企业（单位）的年度运营考核工作，考核优良率为57.62%；举办《城镇燃气管理条例》宣贯培训班，培训人员200余人。

【城市供热】 修订完善了《城市集中供热企业（单位）运营考核评价标准》，组织完成全省城镇集中供热企业（单位）的年度运营考核工作，优良率为51.02%；大同市、忻州市、长治市、临汾市出台供热计量改革正式文件，确定基本热价比例按30%执行；全省供热计量安装面积达到4895.65万平方米。

【城市照明节能】 制定出台《山西省城市照明节能工作考评标准（试行）》，对设区城市进行专项检查，对《城市照明管理规定》进行了宣贯；全省11个设区城市中，城市照明专项规划编制率达到55%，道路照明低效照明产品淘汰率达到73%，景观照明大功率灯具淘汰率达到55%。

【数字化城市管理】 太原市、大同市的数字化城管项目投入正常运行；晋城市完成项目建设投入试运行，并向国家申请验收；组织各市参加了住房和城乡建设部举办的数字化城管培训。

【市政公用行业信息监管系统】 进一步加强污水、垃圾监管信息系统的管理，两个系统覆盖率均达到99%以上，开发建立城市供水、供热、供气、环境卫生、园林绿化、道路桥梁、城市照明、风景名胜、扩容提质等9个省级市政行业运营监管信息系统，并全部实现了正常运行，综合上报率达到80%以上。

【市政设施运营安全】 修订印发城市供气、供水、供热和道路桥梁4个事故应急预案，修订完成《山西省市政公用行业应急抢险队伍手册》，组织召开全省市政公用行业安全应急管理培训班；制定下发一系列安全指导性文件，确保节假日、汛期、大雪降温天气等特殊时期市政行业、城市公园和风景名胜区的安全平稳运营。

【风景名胜区管理】 组织指导五台山风景名胜区清水河流域治理项目的实施，完成世界遗产地第二轮定期核查的报告工作，启动五台山风景名胜区数字化建设工作；省级风景名胜区数量达到29个，碛口申报国家级风景名胜区正式上报国务院；五台山、恒山和北武当山3个国家级风景名胜区的总体规划已编制完成并报国务院审批；碛口、芦芽山、石膏山等3个省级风景名胜区的总体规划已报省政府批准；启动壶口景区总体规划修编工作；印发《山西省风景名胜区专项治理实施方案》，并开展了转项治理活动；会同省编办印发《关于全省风景名胜区管理机构有关事项意见的通知》。

7. 建筑业与工程建设

【建筑业发展】 以市场需求为导向，以资质审批为手段，扶强扶优、培育特色、协调发展各类企业。构建以总承包企业为龙头，专业承包企业为骨干，劳务分包企业为辅助，结构合理、竞争有序、协调发展的行业组织结构。全省共有建筑业企业3441家，其中施工总承包企业1245家，专业承包企业1947家，劳务分包企业249家。工程勘察设计企业493家，工程监理企业227家，工程招标代理机构175家。2011年，全省建筑业企业完成建筑业总产值2324.9亿元，比上年同期增长8.5%；实现增加值675.3亿元，比上年同期增长8.5%，建筑业增加值占全省GDP的比重为6.01%。

【建筑市场管理】 进一步强化行业监管，规范市场秩序，印发《关于进一步加强监管整顿规范建筑市场秩序的实施意见》和《建筑市场监督执法检查制度》（晋建市字〔2011〕274号）。实现监管的常态化、严格化、动态化、联动化。加强招投标制度建设，印发了《房屋建筑和市政基础设施工程施工评标办法》、《房屋建筑和市政基础设施工程施工招标文件》（晋建市字〔2011〕400号）、《房屋建筑和市政基础设施工程施工监理招标评标办法》（晋建市字〔2011〕452号），将企业评优评先、考核诚信情况纳入评分体系，引导企业诚信经营、公平竞争。贯彻落实住房城乡建设部《关于加强建筑市场资质资格动态监管完善企业和人员准入清出制度的指导意见》，严格资质准入清出。2011年共有416家企业提升了资质等级，891家企业通过了年度动态考核，63家企业不合格，停业整顿。开展了建筑市场监督执法检查，查处违法违规行为164项，公布各类不良行为信息25条，实施处罚的建筑业企业13个。

【**重点工程建设**】 全面贯彻落实省委、省政府"十二五"转型跨越发展的总要求，紧紧围绕"主要经济指标总量翻一番、五年再造一个新山西"的战略部署，在继续强化集中审批、考核排名、专项督查等行之有效工作的基础上，进一步建立实施了重点项目储备、签约、落地、建设"四位一体、统筹推进"工作机制，重点工程建设取得明显成效。2011年共确定保障性安居工程、水利基础设施、铁路、公路、产业结构调整、电力、煤炭、文教卫生公益建筑工程和省城十大建筑等10大类省级重点工程项目240项。全年开工建设219项，开工在建率达到91.3%。全年有57项重点工程项目竣工投产，包括忻州至保德等10条高速公路建成通车，华能左权电厂一期等近800万千瓦电力项目投入发电，大秦铁路4.5亿吨应急配套改造提前竣工，潞安万吨级多晶硅等8个高新项目建成投产，超额完成了年初计划投产投运50项重点工程的目标任务。全年省、市两级重点工程累计完成投资7664.81亿元，占年度投资计划的123.1%，同比增长51.3%，占全省全年固定资产投资的95.8%。其中省重点工程全年共完成投资2822.28亿元，占年度投资计划的107.9%，投资完成率比上年同期高2个百分点；投资完成额比上年增加679.92亿元，同比增长31.7%；累计到位资金1589.91亿元，资金到位率60.8%。铁路、公路、保障性安居工程及省城十大建筑等项目均超额完成年度投资计划，成绩斐然。

【**市场监管信息系统和诚信体系建设**】 加快建筑市场监管信息系统建设，指导各市主管部门成立建筑市场监管信息系统建设管理委员会，做好所属企业和人员基础数据的采集、上报、更新。积极推进工程建设领域项目信息公开和诚信体系建设。在厅门户网站上开设"山西省住房和城乡建设厅工程建设领域项目信息公开专栏"，建立了建筑业等六类企业基础信息数据库，全年共公布公开各类信息5326条。

【**建筑安全生产**】 从强化制度建设入手，配合省人大修订通过《山西省建筑工程质量和建筑安全生产管理条例》，召开《山西省建筑工程质量和建筑安全生产管理条例》新闻发布会，开展《条例》宣传贯彻日活动。印发了《危险性较大的分部分项论证专家库管理办法》、《建筑工程施工现场生产安全事故及重大事故隐患处理规定》和《山西省〈建筑施工企业负责人及项目负责人施工现场带班暂行办法〉实施细则》，修订《山西省建设工程生产安全事故应急预案》，建筑安全生产管理的制度更加完善。

印发《山西省建筑企业信息化建设实施方案》，2013年底前，全省所有建筑施工企业（含省外入晋企业）承揽的规模以上项目的施工现场质量安全情况实现远程视频监控，对重点部位开展现场监控、在线监督、决策辅助，形成全面覆盖、实时监控、方便快捷的质量安全生产信息管理平台，有效防止违规违章作业，及时消除安全隐患。印发《建筑施工安全标准化工作实施方案》，明确阶段目标，在全省范围内开展建筑施工企业安全认证和施工现场安全生产达标验收活动。

组织开展建筑工程质量安全及建筑市场监督执法大检查，对全省所有在建项目进行了拉网式、无缝隙、全覆盖的检查，省市县三级住房城乡建设部门累计出动4000多人次，排查安全隐患5054个；省厅检查组共抽查在建项目522项，抽查率16.39%，下达执法文书134份，对存在问题的17个项目及相关企业进行处罚，对8个项目进行通报批评。采取"企业自查、县级检查、市级抽查、省厅督查"的方式，全面开展建筑安全生产百日大检查，累计排查房屋建筑和市政工程安全生产一般隐患12221项，排查重大隐患156项，已全部进行整改，共检查企业1372家，对59家施工企业进行了经济处罚，罚款819.07万元。开展建筑工地食堂食品安全专项整治，全省共出动执法人员5200多人次，责令整改建筑工地食堂200多个。

【**安全文化建设**】 组织开展建筑安全文化系列活动。组织有奖知识竞赛活动，有8万多人参加了竞赛，共评出获奖个人60名，团体一等奖、二等奖、三等奖各1名，优秀组织奖9名。组织有奖征文活动，全省各级住房城乡建设主管部门和建筑施工企业的干部职工紧紧围绕加强企业安全生产管理、施工现场安全管理、建筑安全技术创新等重点，积极撰写论文、调研报告、小说、散文、诗歌等，共收到各类文章309篇，评出获奖文章89篇。进行文艺调演活动，共评出特等奖1项、一等奖5项、二等奖12项、三等奖15项，并在省城山西大剧院进行了汇报演出。

【**工程质量监管**】 不断加强工程质量监管，全省3项工程获得中国建设工程鲁班奖(国家优质工程)，33项工程获得省建筑工程汾水杯质量奖、23项工程获省优良工程。工程质量验收合格率100%，竣工验收备案率达96%，工程质量水平稳步提升。

严格落实"准入清出"制度，在对2010年度全省365家检测机构动态考核中，对资质条件欠佳、市场行为不规范的40家检测机构责令限期整改，对不符合资质条件、市场行为恶劣、社会影响较差的4家检测机构注销了资质，清出检测队伍，有效的净化了市场秩序。

【施工图审查】 继续加大施工图审查力度，2011年，全省图审机构审查合格的房屋建筑工程5391项，建筑面积4710.93万平方米，总投资586.64亿元；市政工程293项，总投资额64.6亿元。纠正违反强制性条文16742条次，消除严重安全隐患5697处。

【抗震防灾】 制定《山西省城乡建设工程抗震防灾"十二五"规划》，对"十一五"期间抗震防灾工作进行了认真地总结，明确"十二五"期间全省抗震防灾工作的目标、主要任务和保证措施。对《山西省建设系统破坏性地震应急预案》进行了修改补充，建设系统地震应急预案进一步完善。组织有关住房城乡建设行政管理部门和科研设计单位，起草《山西省建设工程抗震设防管理条例（征求意见稿）》，进一步明确全省建设工程抗震设防标准和要求。修订印发《山西省抗震设防超限高层建筑工程界定规定》，对太原茂业天地超限高层住宅等12项超限高层建筑工程，进行抗震设防专项审查，共审建筑面积约573301万平方米。其中，一次审查通过率83.3%，复审率16.7%，全省超限高层建筑工程抗震设防专项审查合格率达到100%。

8. 村镇建设

【村镇规划】 2011年共编制完成各项村镇规划110项，是规划编制任务完成最多的一年。其中县域村镇体系规划10项，重点镇近期建设规划50项，小城镇总体规划40项，历史文化名镇名村保护规划10项。出台《百镇建设近期规划编制导则》，加强技术指导，村镇规划编制水平和质量进一步提高，对小城镇建设的指导调控作用日益加强。实行百镇建设责任规划师把关制，对重点镇"总体规划——城市设计——详细规划——建筑单体设计"进行全程把关，确保规划实施，提升城镇品质，促进城镇健康发展。严格管理村镇范围内规划"一书一证"、"一书两证"发放，有效发挥小城镇规划在县域城镇布局、城镇的特色建设、产业发展、基础配套支撑、生态建设和环境保护工作等方面的指导和引领作用。

【特色小城镇创建】 特色景观旅游名镇名村工作取得新进展。汾阳市杏花村镇、天镇县新平堡镇、运城市盐湖区解州镇、万荣县荣河镇、阳城县北留镇、平定县娘子关镇、平顺县东寺头乡神龙湾村、沁水县土沃乡西文兴村8个村镇被住房城乡建设部和国家旅游局命名为全国特色景观旅游名镇名村，数量居全国前列。全省建制镇绿化覆盖率（不含县城）达到20.34%。

【小城镇基础设施建设】 2011年是实施百镇建设的第一年，山西省住房城乡建设厅报请省政府出台《全省"双百"城镇建设实施方案》，提出"五建设两整治"主要内容，制定《百镇建设实施标准》、《百镇建设考核暂行办法》、《百镇建设资金管理办法》、《百镇建设近期规划编制导则》，百镇建设指标体系初步建立。全省21个示范镇开工建设项目245个，完成投资43.64亿元，其中，基础设施项目169项、完成投资18.2亿元，居住社区项目28项、完成投资19.52亿元，其他类项目48项、完成投资5.92亿元。

【古村镇保护】 加强历史文化名镇名村保护工作，促进古村镇可持续发展。山西省共有省级历史文化名镇名村101处，中国历史文化名镇名村30处。委托国内知名院校编制名镇名村的保护规划，深入挖掘古村镇的历史文化价值，编制完成古村镇保护规划10项。开展古村镇历史建筑测绘和修复试点，指导阳城县上庄村和高平市良户村完成历史文化名镇名村修复示范项目，创造了极具特色的"上庄模式"。圆满完成世界银行《山西省古村镇保护利用与减贫方略研究》研究项目，提出山西省古村镇保护、利用与减贫的模式及政策建议，对山西古村镇保护、建设文化大省起到极大推动作用。

9. 建筑节能与科技

【建筑节能】 新建建筑得到有效控制。积极贯彻落实国务院《民用建筑节能条例》和《山西省民用建筑节能条例》，严格执行建筑节能七项监管制度，重点加强规划阶段节能审查工作的执行力度。2011年底，全省设计阶段节能标准执行率基本达100%，施工阶段节能标准执行率设区城市基本达100%，县（市）基本达97%。

既有居住建筑节能改造任务顺利完成。"十一五"460万平方米既改任务全部通过国家验收，中央财政剩余奖励资金3891万元全部到位，并对全省"十一五"以来为既有居住建筑节能改造等建筑节能工作做出突出贡献的先进集体和先进个人报请省劳动竞赛委员会分别予以一、二、三等功记功表彰，其中先进集体15个，先进个人45个。

可再生能源建筑应用取得成效。出台《关于加快推进太阳能光热建筑应用的通知》，要求自2011

年6月1日起，在全省城镇新设计的12层及以下的居住建筑、高层居住建筑的逆12层和有生活热水需求的公共建筑强制推广太阳能光热系统。2006年到2008年9个国家可再生能源示范项目全部通过国家的验收，面积共计76.6万平方米，国家已下达后续补助资金2421万元。忻州市被列为国家可再生能源示范城市、石楼县被列为国家可再生能源示范县，共获得中央补助资金9800万元；临猗县被列入国家新增示范面积30万平方米，新增中央补助资金1050万元。山西省肿瘤医院、山西医科大学第二医院、长治医学院附属和济医院等3个项目被列为国家太阳能光电建筑一体化示范项目，总装机4735千瓦，获得中央补助资金3571万元。全省新建建筑可再生能源应用比例已达28%。

建筑节能监管体系建设初见成效。选择9栋省直机关办公建筑和1栋大型公建作为试点开展能耗实时监测工作。对全省439栋国家机关办公建筑和37栋大型公建、101栋中小型公建开展能耗统计，并且将337栋国家机关办公建筑、32大型公建、48栋中小型公建录入了国家民用建筑能耗统计信息系统上报住房城乡建设部，对其中重点用能建筑45栋国家机关办公建筑和30栋大型公建能耗开展了能源审计工作。继太原理工大学、山西大学、中北大学、财经大学之后，山西农业大学也列入国家节约型校园示范，获国家补助资金350万元。

绿色建筑工作开始启动。成立山西省绿色建筑评价标识管理办公室。组建了由66名委员组成，包含七个专业组的"绿色建筑评价标识专家委员会"，并确定了省建科院等三家技术支撑单位。太原市六十三中教学楼项目申报二星级绿色建筑通过了专家组评审，成为山西省首个绿色建筑示范项目。另有三个项目准备申报绿色建筑。

【建筑科技】山西省住房城乡建设厅组织专家对2010年321项工法进行评审，其中243项被评为省级工法，并从2009～2010年的省级工法中筛选出54项推荐申报国家级工法。批准省级新技术应用示范工程46项，组织验收2009～2010年度示范项目13个。2个项目被批准为住房和城乡建设部科技计划项目，同时组织申报2012年省级科技计划项目14项、住房和城乡建设部科技计划项目11项。

10. 建设教育

【全省城乡规划建设专题培训工作】为全面推进山西省城镇化进程，提高全省党政干部领导城乡规划建设、推进城镇化发展的能力与水平。山西省委组织部和省住房和城乡建设厅分别于2011年5月、11月在成都举办两期全省党政领导干部城乡规划建设专题培训班，共有200余人参加学习培训，取得良好的培训效果。

【专业技术与管理人员培训考试】2011年，八类执业资格人员考试全部开展，全省共有7980人通过考试取得一、二级国家执业资格证书。从业资格共计培训68780人，其中建筑施工企业"三类"人员38485人，"九大员"29082人，房地产物业管理员773人，施工图设计文件审查人员440人。

【高级职称评定】2011年高级工程师评审工作在总结以往经验的基础上，各个环节经过周密部署、合理安排、科学组织、严格把关，顺利完成了申报人员的材料受审、论文答辩工作。经评审202名同志获高级工程师任职资格，评审通过率为84.2%。

【建筑类高等教育】山西省建筑职业技术学院坚持内涵发展、特色发展、跨越发展，深化教育教学改革，全面提升学院教学质量。学院被教育部授予全国高等教育学籍学历管理工作先进集体。建筑工程管理和中国古建筑工程技术2个专业被教育部、财政部确定为"高等职业学校提升专业服务产业发展能力"项目重点建设专业。招生就业形势喜人学院招生规模稳中有升，共完成16个省2937人的新生招生录取工作，第一志愿录取人数高达98%。举办了供需见面洽谈会和专场招聘会，2213名毕业生首次就业率达到93.45%。

山西省城乡建设学校工作进展顺利，成绩显著。在全国和全省职业院校技能大赛和中等职业学校文明风采竞赛活动中共有128人次获奖，获奖等次及人数明显提高，形成了"以赛促学、以赛促教"的局面。成功承办了山西省第五届职业院校建筑技术专业技能大赛、闭幕式及技能教学成果展。获得了"山西省职业院校技能大赛优秀组织奖"和"山西省中等职业学校文明风采优秀组织奖"。学校建设取得新进展学校被教育部认定为"国家级重点中等职业学校"；被教育部、人力资源社会保障部、财政部批准为"国家中等职业教育改革发展示范学校建设计划"第二批立项建设学校，国家投资1000万元；建筑设备安装专业实训基地被批准为国家级实训基地，国家投资270万元，开展了创建星级学校活动。为社会培养培训技能型人才工作稳步推进学校全年共招学生1761人，就业率达到98.8%，培训鉴定人数达1万余人次，为行业输送了大量的技能型专业人才。学校被评为省直"党风廉政建设先进单位"，被命名为省直"文明和谐单位标兵"，获得了省直"五一劳动奖状"。学校鉴定所继续保持了省级"青年文明号"称号。

11. 重要会议、活动

【山西省住房城乡建设工作会议】 2月26日，全省加快推进城镇化动员会暨住房城乡建设党风廉政精神文明建设工作会议召开。省委常委、副省长高建民出席会议并就加快推进城镇化作了重要讲话。

省住房城乡建设厅厅长王国正总结了2010年及"十一五"期间全省住房城乡建设工作，并对2011年工作任务进行了安排部署。

会议指出，全省住房城乡建设系统全面完成了2010年和"十一五"规划确定的目标任务。重点工程建设完成投资大幅增长，2009年和2010年，省、市两级重点工程累计完成投资8841亿元，带动全社会固定资产投资完成1.1万亿元。其中2010年完成投资5067.35亿元，同比增长26.6%，占全社会固定资产投资6352.6亿元的79.7%。住房保障工作取得巨大成就，"十一五"期间，全省共开工建设保障性住房88.32万套，其中2010年新开工建设29.2万套，为年度计划21.93万套的133.1%，对符合廉租住房保障条件的申请家庭实现了应保尽保，完成了"十一五"规划提出的国有重点煤矿棚户区改造任务。城镇化建设呈加快发展态势。房地产业保持了平稳健康发展态势，"十一五"全省累计完成房地产开发投资1865亿元，为"十五"期间的3.5倍。2010年全省城镇居民人均住房建筑面积达到30.25平方米，比"十五"末增加5.46平方米；全省物业管理覆盖率达到46%，比"十五"末提高4.9个百分点。建筑节能和城镇减排工作扎实推进，"十一五"期间累计削减生活COD18.7万吨，2010年完成新增生活COD净减排量0.917万吨，超出国家下达的0.84万吨指标任务0.077万吨。全省新建建筑50%节能标准设计阶段执行率达100%，施工阶段执行率达到96%，超出国家指标任务1个百分点；全省新建建筑可再生能源应用比例达到26%，超过国家指标任务1个百分点；完成既有居住建筑节能改造467万平方米，超额完成国家下达的460万平方米的指标任务；全省供热计量收费面积达到1900.873万平方米，其中2010年新增1833.323万平方米。建筑业实现了持续健康发展，"十一五"期间，全省累计完成建筑业产值7265.2亿元，实现增加值1949.4亿元，其中2010年完成2083.3亿元，同比增长14.1%；实现增加值574.8亿元，同比增长22%，占全省GDP的6.3%。全省住房城乡建设行业安全生产保持了平稳态势，2010年共发生建筑生产和市政运营安全事故18起、死亡27人，同比减少4起7人；房屋建筑及市政工程百亿元施工产值死亡率为1.15，同比下降0.18。

【"十二五"规划编制情况】 2011年是"十二五"规划编制的关键之年。按照山西省人民政府的安排部署，编制《山西省城镇污水处理及再生水利用"十二五"规划》、《山西省城镇生活垃圾无害化处理设施建设"十二五"规划》和《山西省城镇燃气"十二五"发展规划》，已上报住房城乡建设部；编制《太原都市圈"十二五"规划》、《山西省"十二五"保障性住房建设规划》和《山西省城镇化"十二五"规划》，已通过专家评审，即将上报省"十二五"规划办；同时，还编制了《山西省住房和城乡建设事业"十二五"规划》。

大事记

1月

4日，省住房和城乡建设厅召开干部大会。厅领导王国正、张立光、任在刚、郝耀平、郝培亮、李锦生、赵友亭、路长青出席大会，厅机关各处室、直属事业单位副处以上领导干部参加了会议。厅党组书记、厅长王国正传达了全省经济工作会议和住房城乡建设部的主要会议精神，要求各参会人员要认真学习，掌握会议内容，为2011年主要工作的开展起好头。

9日，省城乡规划设计研究院建院30周年庆典大会在省会太原举行。省委常委、副省长、省委秘书长高建民，省人大常委会副主任杨安和出席会议，厅领导王国正、任在刚、郝培亮、李锦生、赵友亭、赵建宏、路长青出席。厅机关各处室和直属单位负责同志参加了庆典大会。

14日，省住房和城乡建设厅召开2010年度目标责任考核大会。厅党组书记、厅长王国正主持会议并就2010年度目标任务完成情况、领导班子工作情况及本人的履职和廉洁自律情况作了报告。省考核组二组组长、省委组织部副部长、省委老干部局局长陈跃钢，副组长、省纪委检查员陈晓敏等出席会议。厅机关副处级以上干部和直属单位党政主要负责同志参加了会议。

18日，厅党组书记、厅长王国正主持召开全厅干部大会。厅领导张立光、任在刚、郝耀平、郝培亮、赵建宏、赵友亭、路长青出席会议，厅机关副处级以上干部和直属单位主要负责人参加了会议。会上，王国正厅长宣布了省委组织部、省政府关于郭燕平同志的任职决定：郭燕平同志为山西省住房和城乡建设厅党组成员、副厅长。

2月

23日，省重点工程建设领导小组召开2011年第一次调度会议，总结通报2010年全省重点工程建设情况，研究部署今年的工作。省委常委、常务副省长李小鹏主持会议，省委常委、副省长高建民，副省长牛仁亮，省政协副主席令政策出席会议，厅领导王国正、赵建宏参加了会议。

26日，全省加快推进城镇化动员会暨住房城乡建设党风廉政精神文明建设工作会议在并召开。省委常委、副省长高建民出席会议并就加快推进城镇化作了重要讲话。

3月

7日，省住房和城乡建设厅在太原召开全省建筑安全生产电视电话会议，总结2010年建筑安全生产工作，对2011年工作进行安排部署。厅党组成员、副厅长郭燕平出席会议并讲话。厅安委会成员单位负责人，省建筑业协会、省监理协会、省装饰协会负责人，省建总公司、省路桥集团、中铁三局、中铁十二局、中铁十七局负责人及相关安全管理部门负责人在主会场参加了会议。各市住房和城乡建设局主要负责人，有关建筑施工企业负责人在各市分会场参加了会议。厅质量安全处处长项连斌主持会议。

23日，省委常委、副省长高建民到省住房城乡建设厅就保障性住房建设、城镇化推进、建筑节能等工作推进情况进行调研指导。厅领导王国正、任在刚、郝耀平，厅党组成员、郝培亮、李锦生、路长青出席座谈会。

31日，省住房城乡建设厅召开党组中心组扩大学习会议，专题学习加强和创新社会管理。厅领导闫晨曦、郝耀平、郭燕平、路长青出席会议。会议由厅党组成员、纪检组长郝耀平主持。厅机关全体公务员、厅直各单位主要负责人参加了会议。

4月

1日，山西省政府新闻办公室召开2011年加快推进全省城镇化新闻发布会。省住房城乡建设厅厅长王国正通报了2011年全省城镇化推进的三项重点工作，省发改委、省财政厅、省国土厅、省住房城乡建设厅负责人分别就记者提问进行了回答。

6日，全省重点工程建设总结表彰暨2011年建设动员大会在太原召开。会议表彰了2010年度重点工程建设先进集体和个人，总结上年重点工程建设工作，安排部署2011年的工作。会前，省委书记、省人大常委会主任袁纯清，省委副书记、省长王君等领导接见了先进集体和先进个人代表。

20日，全省保障性住房建设工作会议在太原召开。会议传达了全国保障性安居工程工作会议精神，总结近年来山西省保障性住房建设取得的成绩，安排部署2011年的保障性住房建设工作。省委副书记、省长王君出席会议并讲话，省委常委、常务副省长李小鹏主持会议，省委常委、副省长高建民讲话。省住房和城乡建设厅党组书记、厅长王国正出席会议并作了表态发言，厅领导任在刚出席会议。

5月

6日，全省保障性住房建设银企合作签约仪式在太原举行。省住房和城乡建设厅与中国工商银行山西省分行等8家金融机构及北新集团建材股份有限公司签订了合作协议。省委常委、副省长高建民出席签约仪式并讲话。省住房和城乡建设厅党组书记、厅长王国正，厅党组成员、副厅长任在刚出席签约仪式。

20日，全省百镇建设示范镇推进培训会在太原召开，省委常委、副省长高建民出席并讲话。原住房城乡建设部村镇司司长李兵弟，厅领导任在刚、李锦生出席了会议。

6月

7日，山西省住房和城乡建设厅召开《山西省建筑工程质量和建筑安全生产管理条例》颁布实施新闻发布会。厅党组书记、厅长王国正发布了新修订的《山西省建筑工程质量和建筑安全生产管理条例》。厅领导郭燕平、郝培亮，省人大法制委、省人大法工委、省人大城建环保工委、省政府法制办有关领导及住房和城乡建设厅安全生产委员会成员单位出席会议。

8日，全省城市扩容提质工作会议在灵石县召开。会议贯彻落实了省委、省政府关于市域城镇化的战略，全省加快推进城镇化动员会议和省政府近日印发的《全省城市扩容提质大行动实施方案》精神，回顾总结了山西省"十一五"期间城市建设取得的成绩，对全省城市扩容提质工作进行了动员部署。

27日，全省保障性安居工程工作会议在并召开。会议传达了6月11日全国保障性安居工程工作会议精神和6月10日李克强副总理考察山西时的重要讲话精神，以及省委常委会关于保障性住房建设工作的有关要求，通报了2011年全省保障性住房建设进度情况。

7月

6日，为期三天的"2011山西城镇生态建设成果暨绿色建筑科技产品博览会"在山西省展览馆隆重开幕。省人大常委会副主任杨安和、省政协常务副主席郭良孝、住房城乡建设部科技促进中心总工杨西伟出席了开幕式。省住房城乡建设厅党组成员、副厅长任在刚致开幕词，党组成员、总工程师郝培亮主持开幕式。

7日，省住房和城乡建设厅召开厅党组中心组（扩大）学习会议，认真传达、学习胡锦涛总书记在庆祝中国共产党成立90周年大会上的重要讲话精神，学习省委书记袁纯清在全省纪念建党90周年暨创先争优表彰大会上的讲话。厅领导任在刚、郝耀平、郭燕平、郝培亮出席会议，厅机关各处室、厅直各单位负责同志参加了会议。会议由任在刚副厅长主持。

27日，省住房和城乡建设厅组织召开全省建筑工程质量安全及建筑市场监督执法工作会议，贯彻落实全国整顿规范建筑市场电视电话会议精神，总结各地建筑工程质量安全及建筑市场监督执法大检查情况，深入分析存在的突出问题，安排部署下一阶段工作。省住房和城乡建设厅党组成员、副厅长郭燕平出席会议并讲话。厅相关处室、直属单位及各市住房和城乡建设局（建委）、管委负责同志参加了会议。

8月

8日，全省保障性住房建设专题协调会在并召开。会议听取了各市和省直有关部门的保障性住房建设进展情况汇报，就保障性住房建设推进中的相关问题进行了研究。省委常委、副省长高建民出席并讲话。厅党组成员、副厅长任在刚，省重点办和厅住房改革与发展处、住房保障处、村镇建设处的相关负责同志参加了会议。会议由省政府副秘书长孙跃进主持。

12日，全省村镇建设工作会在太原召开。会议听取了各市工作汇报，对下半年全省村镇工作进行了安排部署。厅领导任在刚、李锦生出席会议并作重要讲话。各市住房城乡建设局、有关市规划局分管副局长，村镇科长等30余人参加会议。

9月

2日，山西省保障性住房建设管理机制专题会议在并召开，会议听取了全省保障性住房管理机制专题汇报和近期保障性住房建设进展情况。省委常委、副省长高建民出席会议并讲话。厅领导王国正、任在刚出席会议。

19日，省住房和城乡建设厅召开政风行风评议听证对话会。厅领导王国正、郝耀平、路长青与省人大代表、省政协委员、省行评办、新闻媒体记者、厅服务对象、厅机关各处室及太原市相关部门负责人共计70余人共聚一堂，就厅政风行风工作进行了听证和对话。

10月

10日，全省城市公厕建设与管理现场会在临汾市召开。会议安排部署了全省"十二五"城市公厕建设和管理工作，现场观摩学习了临汾市标准化公厕建设与管理工作。

18日，山西省住房公积金管理工作会议在太原召开，厅党组成员、副厅长任在刚出席会议并讲话。厅住房公积金监管处、各市住房公积金管理中心的相关负责人出席会议。

18日，省政府召开全省城镇化工作推进会，会议听取各市城镇化推进工作汇报，对下一步工作进行了安排部署。省委常委、副省长高建民出席会议并讲话。省住房和城乡建设厅党组书记、厅领导王国正、闫晨曦、李锦生参加会议。省直有关部门负责人及各市分管副市长参加会议。会议由省政府副秘书长孙跃进主持。

11月

4日、11日，省住房和城乡建设厅在太原召开全省建筑业创新发展座谈会。厅党组成员、副厅长郭燕平出席会议并作重要讲话，全省主要施工总承包一级企业的负责人代表参加座谈会，厅建筑与勘察设计市场监管处有关人员一同参加了会议。

12～17日，省委组织部和省住房城乡建设厅在成都市举办全省党政领导干部城乡规划建设专题培训班。培训以百镇建设为主题，本着学习借鉴成都市城乡统筹、特色小城镇建设方面的成功经验和做法，进一步开阔思路，提升百镇规划建设管理水平的理念，积极寻找破解土地、资金、产业发展的突破口，全力推进山西省百镇建设工作。省住房和城乡建设厅党组成员、总规划师李锦生出席开班仪式。

12月

16日，省住房城乡建设厅召开2011年度厅党组民主生活会。厅党组书记、厅长王国正主持会议并讲话，厅领导郝耀平、郭燕平、郝培亮、李锦生、赵友亭、路长青、郝增元、刘玉坤出席会议。

30日，省住房和城乡建设厅召开处级干部大会，传达学习全国住房保障工作会议精神、全国住房和城乡建设工作会议精神及省委十届二次全体会议暨全省经济工作会议精神，并就2012年工作作出安排部署。

（山西省住房和城乡建设厅）

内蒙古自治区

1. 保障性安居工程建设

【超额完成保障性住房建设任务】 2011年国家下达内蒙古自治区(以下简称"自治区")的城镇保障性安居工程建设任务38.54万套,农村牧区危房改造任务6万户,到2011年12月底,全区各类城镇保障性安居工程开工40.59万套,超过目标任务2.05万套,建成和基本建成24.5万套(含以前年度结转的建成量),完成投资538亿元,农村牧区危房实际改造7万户,基本建成7万户,完成投资24亿元,超额完成国家下达的任务目标。

【廉租住房建设项目】 2011年全区建设任务56730套,到12月底,开工建设57293套(含购改租),超建设任务563套,基本建成40992套,完成投资28.3亿元。

【公共租赁住房建设项目】 2011年全区计划建设44200套,到12月底,开工建设46457套,超建设任务2257套,基本建成14933套,完成投资33.3亿元。

【经济适用住房建设项目】 2011年全区建设任务49500套,到12月底,开工建设64389套,超建设任务14889套,基本建成46959套,完成投资102.3亿元。

【限价商品住房建设项目】 2011年全区建设任务4500套,到12月底,开工建设4500套,基本建成4000套,完成投资6.6亿元。

【城市棚户区改造项目】 2011年全区改造任务15万户,到12月底,已签订拆迁补偿安置协议163676户,超改造任务13676户,签订货币补偿协议及安置房基本建成共116068户,完成投资317.5亿元。

【国有工矿棚户区改造项目】 2011年全区计划改造6723户,到12月底,开工建设4416套,开工率65.7%,基本建成5908套,完成投资7.8亿元。

【国有林区棚户区和危旧房改造项目】 2011年各盟市计划改造20221户,到12月底,开工建设20056套,开工率99.2%,基本建成10779套,完成投资19亿元;内蒙古森工集团计划改造36000户,实际开工27569户,开工率76.6%,完成投资8.6亿元。

【国有垦区危旧房改造项目】 2011年全区计划改造7000户,到12月底,已全部开工建设,开工率100%,基本建成5388套,完成投资4.4亿元。

【中央下放煤矿棚户区改造项目】 2011年全区只有通辽市和满洲里市有改造任务,按责任书计划改造10569户。到12月底,已全部开工建设,开工率100%,完成投资10.2亿元。

【住房保障政策】 研究出台《关于2011年全区保障性安居工程建设的实施意见》,制定保证土地供应、拓宽投融资渠道、确保工程建设进度和质量等方面的政策措施。进一步加大对保障房建设的资金支持力度,2011年安排城镇保障性住房建设补助资金26.12亿元,比上年增长78.9%。各地相关部门认真贯彻落实国家和自治区有关精神,密切配合,积极探索,有力推动保障性安居工程建设。包头市制定保障性安居工程项目供地的"三个优先"制度,即形成净地后优先供应、计划指标优先安排使用净地、完成一级开发的储备土地优先调剂,有效保证土地的及时供应。赤峰市对保障性住房建设涉及的交易费、登记费、契税、环评费、人防费等进行全部减免,共减免各项税费5000万元。呼和浩特市专门成立保障性安居工程建设质量监督管理办公室,呼伦贝尔市采用信息技术监控系统,加强对保障性安居工程的质量安全监管。鄂尔多斯市、乌海市、锡林郭勒盟等地分别出台公共租赁住房管理办法等管理制度,促进保障性住房分配的公开透明。

2. 房地产市场调控

【房地产开发情况】 2011年全区完成房地产开发投资1650.02亿元,较上年同期增加投资530亿元,同比增长47.32%,增幅提高9.97个百分点。2011年全区商品房屋施工面积16378.1万平方米,其中商品住房施工面积11298.24万平方米。较上年同期分别增加建筑面积4860.32万平方米和3051.65万平方米,同比增长42.2%和37.01%,增幅提高2.33和5.39个百分点。2011年全区商品房屋销售面积3620.12万平方米,其中商品住宅销售3000.38万平方米,较上年同期分别增加建筑面积599.58万平方米和465.57万平方米,同比增长19.58%和18.37%,增幅分别下降3.06和提高0.4个百分点。2011年,全区商品住宅平均售价3325元/平方米,同比增长11.54%,增幅回落0.19个百分点,房地产市场保持总体稳定,市场调控初见成效。

【征地拆迁】 加强房屋征收工作,认真贯彻落实国务院《国有土地上房屋征收与补偿条例》精神,建立最低补偿金额和最小调换面积征收住房保障制度,进一步完善住宅房屋"征一还一"补偿制度。

【房屋产权交易登记】 按照《建设部关于印发〈房地产交易与权属登记规范化管理考核标准〉和〈房地产交易与权属登记规范化管理考核办法〉的通知》(建住房〔2002〕251号)要求,各地房地产管理部门进一步推进房地产交易与权属登记规范化管理工作。经过几年的推广应用,全区基本建立统一的房屋权属交易登记信息系统,极大地提高特别是旗县房屋权属交易登记信息化水平,杜绝手工办证现象,规范办证行为,有效提高房地产交易服务的办事效率和服务水平。

【物业管理项目创优达标活动】 自治区组织考评验收组对各盟市上报的示范项目、优秀项目和复验项目进行实地验收,截至2011年底,全区共取得创优达标称号的物业管理项目547个,其中国家示范项目20个,国家优秀项目14个,自治区示范项目102个,自治区优秀项目411个。通过开展创优达标活动,有效发挥先进管理项目的示范带动作用,进一步提高自治区物业服务的水平和质量。

【住宅性能认定】 按照《自治区建设厅关于加强住宅性能认定管理工作的通知》(内建房〔2008〕355号)要求,在各盟市的共同努力下,全区住宅品质建设总体上呈现出较好的发展态势。通过性能认定,帮助房地产开发企业提高房地产开发的品质意识。在认定过程中,通过先进规划设计理念的不断引入,产业化新技术、新工艺、新材料、新产品的不断应用,切实保证住宅建设应有的内在品质,有效地提高住宅建设水平。截至2011年底,全区住宅性能认定项目963个,建筑面积7217.31万平方米。在住宅性能认定工作的基础上,选择符合自治区实际并符合"四节一环保"要求的、中国住宅建设中广泛推广的住宅结构体系技术、外墙保温隔热技术、非承重内隔墙技术、住宅屋面成套技术、住宅厨卫成套技术、节能门窗技术、建筑外遮阳技术、住宅采暖供热技术、住宅区中水回用技术、住宅区雨水利用技术、小区智能化管理成套技术等成熟适用技术,在全区建筑领域全面系统地推广,为住宅产业化和技术水平的提升提供有力支撑。

【国家康居示范工程】 2011年,配合住房城乡建设部对申报国家康居示范工程的住宅小区开展方案评审及相关工作,确保项目国家康居示范工程的顺利实施。在项目的组织实施中,坚持"四节一环保"和可持续发展原则,积极应用"四新"成果,有力推动住宅开发建设的科学发展。

3. 城乡规划

【成立城乡规划管理委员会】 协调解决城乡规划工作中的重大问题。组织部分城市和开发区开展总体规划编修工作,对赤峰市、鄂尔多斯市等城市的总体规划进行评估论证。全面完成《呼包鄂城镇群规划》及《乌海及周边地区城镇规划》的编制工作,为促进以上地区的城市集群发展提供依据。完成锡林郭勒盟南部区域中心城市选址和规划前期工作,开展额尔古纳打造高端旅游区规划的前期工作。加强建设项目选址管理,对上报国家或由自治区审核备案的输变电、铁路、公路、市政基础设施等190个建设项目进行规划审查。进一步加大村镇规划资金投入,开展县域村镇体系规划和乡镇总体规划编制和修编工作。

4. 城市建设

【市政公用基础设施建设】 2011年,自治区城镇市政公用基础设施固定资产投资达745亿元。城市容貌发生巨大变化,城镇市政公用基础设施建设水平明显改善,各项城建指标均有较大幅度提高,综合承载力显著增强。截至2011年底,全区城镇供水综合生产能力达到480.7万吨/日,城镇用水人口1165.85万人,用水普及率为86.61%;城镇污水处理率达到79.96%,共有96个城镇建成污水处理厂107座,形成污水设计处理能力266.9万吨/日,基本实现所有设市城市和旗县所在地镇全部建成污水处理厂的目标;城镇生活垃圾无害化处理率达到67.49%,共有47个城镇建成生活垃圾无害化处理设施52个,总处理能力为13140吨/日;燃气普及率为71.09%,管道燃气用户达到266.31万户;集中供热面积40105万平方米,部分城市进行供热计量试点改革;人均道路面积15.53平方米。

【城镇园林绿化】 2011年,自治区人均公园绿地面积达到13.14平方米,建成区绿化覆盖率27.75%。鄂尔多斯市被评为自治区园林城市,并与包头市一起代表自治区参加在重庆举办的第八届中国国际园林博览会，获得好评。2011年出台《内蒙古自治区园林县城申报与评审办法》和《内蒙古自治区园林县城标准》。园林绿化企业不断发展壮大，全年新增企业98家，其中新增一级企业1家，全区园林绿化企业达到364家，为加快自治区园林生态型城镇建设做出贡献。

【城市管理】 各城区在城市管理实践中，不断探索和创新机制，不断研究解决城管热点、难点问题的办法，对提高城市管理效能起到积极的促进作用。呼和浩特市以"市容市貌严管示范街"创建活动为抓手，以全市主次干道"治违治乱"为重点，进一步加大市容综合整治及便民市场规范改造力度。鄂尔多斯市积极推进"数字城管"建设工作，实现城市管理的精确、敏捷、高效，全时段和全方位覆盖，逐步解决现有管理模式下存在的问题处置不及时、长效机制运行不健全、"脏乱差"根治不彻底、部门联动机制运转不顺畅、监督评估机制不合理等问题。各地市容市貌、卫生状况明显改善，城市品位得以提升，人居环境得到改善。

【市政公用事业管理法规政策】 自治区第十一届人大常务委员会第二十二次会议通过《内蒙古自治区城镇供热条例》，《内蒙古自治区城镇供热条例》是自治区首部供热管理地方法规。落实2011年4月国务院批转住房城乡建设部等16个部门《关于进一步加强城市生活垃圾处理工作意见的通知》（国发〔2011〕9号）文件，代自治区政府草拟《内蒙古自治区人民政府关于进一步加强城市生活垃圾处理的实施意见》（征求意见稿），牵头建立《城市生活垃圾处理联系会议》制度。编制《内蒙古自治区城市供水与水质保障"十二五"规划》、《城镇污水处理设施建设与发展"十二五"规划》、《城镇集中供热设施建设与发展"十二五"规划》、《城镇燃气发展"十二五"规划》等专项规划，指导全区"十二五"时期的城市市政基础设施建设。

【村镇建设】 加大小城镇建设力度，自治区本级安排小城镇建设奖励资金2500万元，扶持、带动了37个国家和自治区重点小城镇的市政公用基础设施建设。加强了对中国历史文化名镇（村）和全国特色景观旅游名镇（村）的建设、管理工作。

5. 建筑业与工程建设

【建筑市场管理】 积极引导和鼓励全区建筑企业整合资源、创新发展，支持具备升级增项条件的企业提高资质等级，拓宽融资渠道，促进区内建筑业企业做大做强。全年新增建筑业企业307家，其中新增一级企业8家，建筑企业总数已突破2000家。企业资质等级的提升和经营范围的扩展提高了其参与市场竞争的能力，全区建筑业总产值完成1377.9亿元，同比增长25.48%。支柱产业地位更为突出，全年实现增加值933.1亿元，同比增长24.85%。加强建设工程社会保障费筹集管理工作，全年收缴建设工程社会保障费24亿元，为7万多名建筑企业员工参加社保提供了资金保障。

【建筑安全生产】 组织开展全区建筑市场质量安全大检查，进一步规范工程建设各方的质量行为。重点加大对保障性安居工程建设的质量监管，共排查各类保障性安居工程309项，查处企业和个人48起。配合住房城乡建设部对房屋建筑工程等进行抽查，纠正、查处存在的问题。工程质量水平明显提高，全区共有4项工程获得"鲁班奖"，评选出"草原杯"工程质量奖22项、自治区优质样板工程72项。开展了建筑安全生产事故防控工作，以自治区人民政府办公厅名义下发《关于进一步加强建筑安全生产工作的意见》，对建筑安全生产工作做出全面部署。以安全质量标准化为抓手，认真落实安全生产主体责任制；开展大范围、多层次、多种形式的安全教育培训；组织开展全区性建筑安全生产大检查两次，加大对事故责任企业和责任人的处罚力度。自治区住房和城乡建设厅荣获2011年度自治区安全生产业绩突出单位。

【工程招投标管理】 严格执行建设工程招投标各项法规制度，进一步完善办事公开等制度，加强监督管理，保证了评标结果公正合理。2011年，全区报建工程进场实行招投标公开交易的工程6051项，中标金额1656亿元，公开招标率100%。

【解决拖欠工程款和农民工工资】 加大工程量清单计价的推行力度，加强工程造价信息管理，及时调整各类预算定额中的人工工资单价，进一步完善了计价依据。制定全区住房城乡建设系统处置因拖欠工程款和农牧民工工资引发群体性事件应急预案，在全区范围开展了清欠督查，及时对重点时段、重点领域的重点案件进行督办。

【勘察设计】 继续推进勘察设计行业改革发展，完善施工图审查制度，勘察设计和施工图审查质量显著提高。进一步加强工程建设地方标准制订和管理工作，编制完成CL体系技术规程。加强建设工程抗震设防监管，切实加大对超限高层建筑工程抗震设防专项审查力度。继续加强全区中小学校舍安全工程的技术服务和指导工作，累计加固改造校舍

1771.84万平方米。继续做好全国无障碍试点城市创建工作，呼和浩特等5个试点城市通过国家最后验收。

6. 建筑节能

【既有居住建筑节能改造】 "十一五"期间，国家下达内蒙古自治区节能改造任务700万平方米。自治区于2008年开始实施既有居住建筑供热计量及节能改造工作，各级住房城乡建设、财政部门积极落实改造项目，多方筹措资金，认真组织实施，超额完成国家下达的改造任务，取得良好的经济效益、社会效益和环境效益。2011年，通过积极努力，实现自治区与中央1∶1的财政配套资金匹配，完成1100万平方米的改造任务。

【可再生能源建筑一体化】 全区23个国家可再生能源建筑应用示范项目已建设完成17个，新增国家太阳能光电建筑应用示范项目9个。财政部、住房城乡建设部于2011年3月下发《关于进一步推进可再生能源建筑应用的通知》（财建〔2011〕61号）和《关于2011年度可再生能源建筑应用申报工作的通知》（财办建〔2011〕38号），呼和浩特市、乌兰察布市被列为国家可再生能源建筑应用示范城市，多伦县、土默特右旗、和林格尔县、达拉特旗被列为国家可再生能源建筑应用示范县，阿荣旗亚东镇被列为国家可再生能源建筑应用集中连片示范镇。

【公共建筑节能】 积极开展国家机关办公建筑和大型公共建筑节能监管体系建设，自治区2008年被列为国家机关办公建筑和大型公共建筑节能监管体系建设示范省市以来，积极组织开展工作，成立工作领导小组，开展能耗统计、能源审计、能效公示、在线监测等建设工作。全区已完成建筑能耗统计工作，共统计楼宇1200栋。420栋楼宇的能源审计工作和319栋楼宇能耗在线监测施工图设计工作基本结束，继续进行能源审计报告的编制和最后的汇总工作。国家机关办公建筑和大型公共建筑能耗动态监测平台的实施方案，经多次专家论证已经确定，下一步将进行相关设备的采购工作。高等院校节约型校园建设工作取得新进展，内蒙古民族大学被列为示范院校。

【绿色建筑】 随着自治区建筑节能工作的深入开展，2011年成立"内蒙古自治区绿色建筑委员会"，制定全区绿色建筑发展规划，开展节能、节水、节地、节材和室内外环境保护方面的研究工作，积极推动绿色建筑。多个绿色生态建设项目在鄂尔多斯、呼和浩特、包头等城市开始建设。

7. 住房公积金监管

【住房公积金监管工作进一步加强】 截至2011年年底，全区缴存住房公积金职工人数为169万人，归集住房公积金总额675亿元，归集余额476亿元；累计支取195亿元，占归集总额的30%；全区为50万人提供了个人住房贷款，累计发放个人住房贷款460亿元，与各大商业银行为职工提供的住房贷款总额相当。全区住房公积金逾期贷款额339万元，逾期率为0.2‰，远低于国家规定的1.5‰的安全线，贷款回收良好，住房公积金处于安全状态。住房公积金支持保障性住房建设力度逐步加大，全区用于廉租住房建设的住房公积金增值收益累计超过2亿元，包头市为3个廉租住房建设项目提供贷款3.52亿元。

8. "十二五"规划情况

【指导思想】 紧紧围绕"保增长、扩内需、调结构、惠民生、抓改革、促和谐"的总体目标，坚持以中国特色社会主义理论为指导，深入贯彻落实科学发展观，坚持资源节约型、环境友好型的发展方向，以富民强区为主题，以转变发展方式为主线，注重以人为本、全面协调可持续发展，统筹城乡规划建设，加强城镇基础设施建设和管理，积极推进城镇化进程，大力深化住房和城乡建设事业各项改革，着力解决建设领域的民生和热点问题。实现全区住房和城乡建设事业平稳较快发展，促进社会和谐稳定。

【城镇化发展目标】 "十二五"期间，全区城镇化水平进一步提升，到2015年，全区城镇化水平达到60%以上、年均提高1个百分点左右，城镇总人口达到1500万以上；城镇体系持续优化，继续做好呼包鄂、乌海及周边地区等区域城镇群协调发展规划，促进大中小城市和小城镇协调发展，构建多极支撑的城镇体系。

【城镇保障性住房体系建设和公积金管理目标】 "十二五"期间，全区保障性安居工程建设投资力度显著加大，公共租赁住房建设大力推进，逐步实现公共租赁住房、廉租住房和经济适用住房的统筹建设、并轨管理，保障性住房供应实现多渠道，基本解决现有低收入、部分中等偏下收入家庭和其他困难群体的住房问题，全面建立起比较完善的、覆盖城镇特定群体的城镇住房保障体系，到2015年城镇低收入家庭人均住房建筑面积达到13平方米。"十二五"期间，计划筹集各类保障性住房116.32万套左右、约 7600 平方米，其中廉租住房建设总量 11.32 万套、建筑面积约 559 万平方米，经济适用房建设总量 17.57 万套、建筑面积 1053 万平方米，公共租赁住房建设总量为 17.72 万套、建筑面积 1063 万平方米，限价商品住房建设总量为 3.15 万套、建筑面积 282 万平方米。城市棚户区改造 44.72 万户、改造面积 3301 万平方米；国有工矿棚区改造总量为 1.57 万户、改造面积约 118 万平方米；国有林区棚户区和危房改造总量为 12.21 万户、改造面积约 660 万平方米；国有垦区危旧房改造总量为 5.87 万户、改造面积约 344 万平方米；中央下放煤矿棚户区改造总量为 2.19 万户、改造面积为 132 万平方米；新增廉租住房租赁补贴家庭约 11.7 万户。进一步加强住房公积金监管工作力度，保证资金安全完整。2015 年末，全区住房公积金归集额达到 1200 亿元，全区住房公积金覆盖面达到 70％以上，为加强住房保障和促进房地产市场健康发展发挥更大作用。

【房地产业发展目标】 "十二五"期间，房地产业保持持续稳定健康发展，实现投资平稳增长、供求总量基本平衡、结构基本合理、价格基本稳定，房地产业对全区经济社会发展的贡献保持稳定。"十二五"间，努力完成房地产开发累计投资 15000 亿元，年均增长 30％，其中，完成住宅投资 12000 亿元、年均增长 30％；新建商品住房 100 万套，城镇平均每年新建住宅面积 2200 万平方米，商品住房供应中中小户型比重进一步提高，保障住宅比例占 15％～20％。到 2015 年底，成品房占 50％以上，城镇人均住宅建筑面积达到 35 平方米。

【城乡规划发展目标】 强化城乡规划在城乡建设管理中的先导和统筹作用。到 2015 年，基本建立起统筹城乡的规划编制体系、实施体系、较为健全的城乡规划监管体系。加强城镇、乡、村总体规划编制。推进新一轮城市总体规划编制，完成通辽市、呼伦贝尔市、扎兰屯市、多伦县等城市总体规划编制和报批工作。积极配合呼和浩特市人民政府、包头市人民政府做好城市总体规划的部际联席会前的沟通、协调工作。加大控制性详细规划编制力度，到 2015 年，全区各县市控规覆盖率超过 83％。高标准推进城镇规划建设，以加强区域中心城市和县城两级城镇体系建设为重点，不断提高城镇化水平。加强城市设计，提升城市品位。加强城市规划实施管理，完善城乡规划管理配套制度。健全城乡规划监督体系，加快建立城乡一体的空间规划管治制度，使得城乡规划的综合调控作用和社会服务功能进一步增强。全面建设社会主义新农村、新牧区，大力推进村镇规划建设管理工作，改善村镇居民生产生活条件。

【城镇市政基础设施建设发展目标】 城镇基础设施更加完善，城镇保障功能更强，使城镇市政公用设施水平与经济社会发展相适应，生态环境和人居环境进一步得到改善。到"十二五"期末，全区城镇人均道路面积达到 19.5 平方米以上、自来水用水普及率达到 95％以上、污水处理率达到 85％以上、生活垃圾无害化处理率达到 95％、燃气普及率达到 85％以上，城镇的集中供热率达到 85％，建成区绿化覆盖率达 35％，人均公共绿地面积 11 平方米以上。

【村镇建设发展目标】 加快村镇规划编制，进一步提高规划引导和调控作用，强化规划实施监管；重点抓好小城镇综合改革建设试点，把试点镇建成"规划先行、功能齐备、设施完善、生活便利、环境优美、保障一体"的宜居城市综合体，起到引导示范作用，带动全区小城镇加快发展，推进我区城镇化进程；引导小城镇转变建设方式，走因地制宜、统一规划、综合开发、配套建设的路子，实现产业向园区集中，商贸向街区集中，居住向小区集中，推动建设资源节约型和环境友好型小城镇。抓好新农村、新牧区建设示范试点。积极参与各类新农村、新牧区建设试点工作，通过规划引领、项目带动、政策驱动，加快推进资源要素向农村地区配置，推动全区新农村、新牧区建设由点及面向纵深发展。切实加强村庄、牧区整治工作的指导。"十二五"期间，完成农村牧区困难家庭危房改造 50 万户。林区、垦区棚户区改造 8.4 万户，移民 20 万人，基本实现全区游牧民定居目标。加强农村牧区基础设施建设。实施农村牧区危房改造和少数民族游牧民定居工程，人均居住面积达到 25 平方米。

【建筑业发展目标】 "十二五"期间，建筑业进一步发展壮大，建筑市场机制更加完善，建筑业产业结构更加优化合理，对全区经济的贡献显著提高。到 2015 年，全区建筑业总产值力争达到 2000 亿元，建筑业增加值达到 1200 亿元。企业核心竞争力不断增强，力争发展 3～5 家年产值过 100 亿元、10 家年产值超过 50 亿元的大型企业；企业总数达到 2500 家，区内建筑企业在区内建筑市场占有份额达到 50％以上。工程质量安全水平进一步提升，每年争创自治区优以上工程 项，工程监督覆盖率 100％，工程竣工备案率 93％。

【建设科技和建筑节能发展目标】 加强"四新"技术推广应用力度，推动技术创新、管理创新和产品创新，进一步提高工程建设的科技含量。以节能、节地、节材、节水和环保为重点的建筑节能工作取得突破性进展，节能省地型、绿色低碳居住建筑和公共建筑加快发展。"十二五"期间，累计节能500万吨标准煤，累计建设节能建筑面积10000万平方米，城镇新建民用建筑执行节能强制性标准达100%；加强对既有居住和公共建筑的节能改造，大城市完成改造面积25%，中等城市达到15%，小城市达到10%。建筑建造和使用过程中用水节约率在现有基础上提高20%以上，对不可再生资源的消耗下降10%。

【城乡建设防灾减灾发展目标】 加强全区住房和城乡建设系统防灾减灾建设，建立与全区经济社会发展相适应的城乡建设防灾减灾工作体系。建立和完善全区城乡建设防灾减灾管理体系，实现建设工程抗灾设防和城乡建设防灾规划的常态化建设与管理。强化建设系统防灾减灾行政领导负责制。全面提高全区房屋建筑和市政基础设施防灾减灾工作的第一责任人。全面提高全区房屋建筑和市政基础设施防灾减灾能力。一般新建、改建、扩建工程100%达到抗灾设防要求；城镇市政基础设施100%进行抗灾设防；新建大型公共建筑、学校、医院100%按照工程建设强制性标准进行抗灾设防设计与建设；使全区城镇、城区重大工程及抗灾防灾基础设施抗灾能力明显增强。根据各盟市城镇地震、沙尘暴、暴雨、山洪等灾害特点，制定和完善建设系统的各类防灾应急预案，明确相关部门和人员责任，加强对灾害管理专家系统建设。建设可靠、适用的城镇避难疏散场所；建设依托大型公共建筑、学校、医院作为防灾避难场所的试点；盟市各镇（区）根据各自的世纪情况至少建设2～3处中心防灾避难场所，并配置相应救灾设施。进一步提高全区城镇建设工程的防灾减灾资源管理，建立和完善全区城乡建设防灾减灾投入机制，确保防灾减灾资金来源。

【人才发展目标】 人才资源总量稳步增长，队伍规模不断壮大，党政干部队伍、企业经营管理人才队伍、高素质专业技术人才队伍、一线操作工人队伍"四支队伍"各类人才总量占人力资源总量的比重努力提高到90%以上。形成一支规模适当、结构合理、技术过硬、爱岗敬业、充满活力的人才队伍。人才分布和层次、类型等结构更趋合理。高级专业技术人才和高学历人才比例进一步提高，高技能人才占技能劳动人才的比例努力达到40%以上。在城乡规划管理、建筑新材料新技术、建筑设计、节能减排等建设事业重点领域高端人才集聚明显，具有较强竞争优势。

大事记

1月13日，内蒙古自治区住房和城乡建设厅会同自治区财政厅、人民银行、呼和浩特中心支行、内蒙古银监局联合转发《关于规范住房公积金个人住房贷款政策有关问题的通知》。

1月20日，自治区住房和城乡建设厅转发住房和城乡建设部《关于调整住房公积金存贷款利率的通知》。从2010年12月26日起，上年结转的个人住房公积金存款利率上调0.34个百分点，由现行的1.91%调整为2.25%。当年归集的个人住房公积金存款利率保持不变。从2010年12月26日起上调个人住房公积金贷款利率0.25个百分点。

1月25日，乌海市房屋产权交易登记中心被国家住房和城乡建设部评为全国房地产交易与登记规范化管理先进单位。

1月26日，根据《内蒙古自治区房地产开发经营管理条例》规定，自治区住房和城乡建设厅发文回收呼和浩特市铭龙房地产开发有限责任公司等6家房地产开发企业暂定资质证书。

1月29日，自治区住房和城乡建设厅会同自治区财政厅印发《关于可再生能源建筑应用农村地区县级示范克什克腾旗备选项目评审结果的通知》。

1月29日，自治区住房和城乡建设厅会同自治区财政厅印发《关于可再生能源建筑应用农村地区县级示范察右后旗太仆寺旗备选项目评审结果的通知》。

1月29日，自治区住房和城乡建设厅会同自治区财政厅上报《关于可再生能源建筑应用示范城市及农村地区县级示范实施进展情况的报告》。

3月2日，自治区住房和城乡建设厅向自治区党委办公厅《报送自治区住房和城乡建设厅2010年工作总结和2011年工作要点》。

3月7日，自治区住房和城乡建设厅召开巴彦淖尔市、乌兰察布市、丰镇市城市总体规划、谢尔塔拉户小区及配套物流基地总体规划审查会。

3月22日，根据《内蒙古自治区房地产开发经营管理条例》第十一条规定，自治区住房和城乡建设厅发文注销不参加2009年度资质年检的54家房地产开发企业资质证书的通告。

3月23日，自治区住房和城乡建设厅印发《2011年全区建设工程社会保障费筹集管理工作要点的通知》。

3月29日，自治区住房和城乡建设厅向自治区政务公开工作领导小组办公室报送《自治区住房和城乡建设厅政府信息公开2010年度报告》。

4月6日，自治区住房和城乡建设厅向自治区发改委报送自治区住房和城乡建设厅《贯彻落实深入实施西部大开发战略实施方案》的函。

4月8日，自治区住房和城乡建设厅召开2011年第一届内蒙古自治区房地产科学发展论坛。本次论坛邀请区内外著名专家、知名品牌企业、围绕低碳技术、清洁能源、可再生资源利用等方面的新材料、新技术、产品、工艺在住宅领域的推广应用。

4月19日，自治区住房和城乡建设厅调整内蒙古自治区外进建筑业企业备案管理工作，调整后的外进建筑业企业备案管理工作委托盟市建设行政主管部门负责。

5月10日，自治区住房和城乡建设厅转发住房和城乡建设部办公厅、国家发展和改革委《关于降低部分建设项目收费标准规范收费行为等有关问题的通知》。

5月17日，自治区住房和城乡建设厅公布内蒙古工大建筑设计有限责任公司、包头市明择规划设计有限公司为乙级（暂定）城乡规划编制资质单位，扎赉特旗规划设计所为丙级（暂定）城乡规划编制资质单位。

5月19日，自治区住房和城乡建设厅调整帮扶鄂伦春自治区旗、莫力达瓦达斡尔自治区旗工作领导小组组成人员。组长由厅长李振东担任，副组长由吴龙副厅长担任，成员由计划财务处、机关党委、办公室、人事处、规划处、村镇处、住房保障处、建筑节能与科技处组成。

5月19日，自治区住房和城乡建设厅印发全区建筑施工特种作业人员换证、延期复核和加强外进施工队伍特种作业人员管理工作有关事宜的通知。

5月27日，自治区住房和城乡建设厅向自治区党委办公厅报送《自治区第八次党代会以来住房和城乡建设工作总结》的报告。

6月2日，自治区住房和城乡建设厅会同自治区发改委、财政厅转发《关于做好2011年扩大农村危房改造试点工作的通知》。

6月15日，自治区住房和城乡建设厅发通告注销兴安盟鑫安房地产价格评估有限责任公司资质证书。自通告下发之日起，该公司不得再进行房地产估价活动。

6月27日，自治区住房和城乡建设厅会同自治区财政厅向住房城乡建设部、财政部报告自治区巴彦淖尔家和新龙城及呼和浩特温馨家园二个国家可再生能源建筑应用示范项目检测验收情况。

7月12日，自治区住房和城乡建设厅下发《关于调整内蒙古自治区建设工程定额人工工资单价的通知》。调整的幅度以2009年颁发的建筑工程、装饰装修工程、安装工程市政、园林绿化、养护工程预算定额和2010年颁发执行的抗震加固工程、市政维修养护工程预算定额的人工单价在原来的基础上调增30%。

7月15日，自治区住房和城乡建设厅会同自治区发改委转发《关于加强房地产经纪管理进一步规范房地产交易秩序的通知》。

7月22日，自治区住房和城乡建设厅下发《关于进一步做好保障性安居工程建设项目填报和信息公开工作的通知》。

8月10日，自治区住房和城乡建设厅批复呼和浩特市住房保障和房屋管理局申报的《呼和佳地绿色建筑示范项目》。

8月23日，自治区人民政府办公厅召开《关于全区加快保障性安居工程建设工作会》。

9月6日，自治区住房和城乡建设厅表彰2010年度建设工程社会保障费筹集管理工作先进单位和先进个人。呼和浩特市建筑安装工程劳保费管理办公室等9个单位获得先进集体称号；呼和浩特市土右旗建设规划局等26个单位评为先进代收站；王沛忠等31人被评为先进个人称号。

9月19日，自治区住房和城乡建设厅会同自治区财政厅下发《全区2011年既有居住建筑供热计量及节能改造任务的通知》。

9月22日，自治区住房和城乡建设厅转发国家住房和城乡建设部《关于切实加强建设工程档案归集管理的通知》。

9月23日，自治区住房和城乡建设厅发布第一批建筑节能材料（产品）目录，要求凡是自治区既有居住建筑节能改造项目，所使用的材料必须在自治区分布的建筑节能保温材料（产品）目录范围内选择。

9月29日，自治区住房和城乡建设厅会同自治区财政厅印发《关于调整内蒙古自治区建设工程费用定额税金税率的通知》。

11月7日，自治区住房和城乡建设厅公布2011年度全区城市规划编制优秀成果评选结果。此次评选活动评出84项获奖项目，北京清华城市规划设计院编制的《内蒙古自治区呼包鄂城市群规划（2010～2020）》等4项获1等奖；包头市规划设计研究院编制的《包头市近期建设规划（2011～2015）》等62项获二等奖；乌兰察布市诚信建筑勘察设计院有限公司的《乌兰察布市集宁中新校区详细规划》等10项获三等奖；科右中旗誉铭德规划设计有限公司的《科尔沁右翼中旗代钦塔拉苏木总体规划》等2项获鼓励奖。

11月10日，自治区住房和城乡建设厅印发《关于全区城建档案工作检查的通报》。全区共有城建档案10个。其中国家一级馆1个，国家二级馆7个，自治区一级馆1个。

12月12日，自治区住房和城乡建设厅印发《内蒙古自治区工程勘察设计行业"十二五"发展规划》。规划从五个方面总结全区勘察设计行业"十一五"规划完成情况，明确全区工程勘察设计行业"十二五"发展规划的指导思想、"十二五"发展的主要指标、"十二五"发展规划坚持的原则及"十二五"期间采取的主要措施。

12月19日，为规范住房和城乡建设厅的各项工作，提高行政效能，促进依法行政，根据《内蒙古自治区人民政府工作规划》制定印发《内蒙古自治区住房和城乡建设厅工作规划》。

12月20日，自治区住房和城乡建设厅发文注销内蒙古天合房地产评估有限责任公司等2家房地产估价机构资质证书，明确自通告下发之日起，该公司不得再进行房地产估价活动。

12月21日，为指导和促进"十二五"时期自治区建筑业健康快速发展，住房和城乡建设厅研究制定《内蒙古自治区建筑业"十二五"规划》。

12月27日，自治区住房和城乡建设厅会同自治区财政厅印发《关于进一步加强可再生能源建筑一体化应用示范项目进度管理和后续工作的通知》。

12月31日，自治区住房和城乡建设厅向自治区政务公开办报送《2011年自治区住房和城乡建设厅政务公开工作总结》。

（内蒙古自治区住房和城乡建设厅）

辽 宁 省

【保障性安居工程实现"三高一超"】 2011年，国家分配辽宁省33.79万套保障性安居工程任务。辽宁省高度重视，迅速落实资金、土地和相关政策，以公共租赁住房为重点，突破国有工矿棚户区改造难点，全力推进保障性安居工程，实现"三高一超"，即高标准设计、高质量施工、高速度推进，全年共完成保障性安居工程37.1万套，超额完成国家任务。

【房地产业保持平稳健康发展】 面对国家强化房地产市场调控的新形势，辽宁省认真落实调控政策，有效控制房价，同时从供给和需求两个方面入手，保持房地产业平稳健康发展。2011年，辽宁省预计完成房地产开发投资4500亿元，同比增长30%；销售额3500亿元，同比增长15%；房地产开发投资占全社会固定资产投资比重25%左右，超额完成年初省政府提出的"房地产开发投资和商品房销售额分别增长15%"工作目标。

【建筑业做大做强再创佳绩】 全省认真贯彻落实省政府《关于加快全省建筑业发展的若干意见》（辽政发〔2009〕16号）文件精神，建筑业实现跨越发展，总产值全国排名两年提升5个位次，进入前五，迈入建筑大省行列。2011年，在巩固成果的基础上，着力做好"做强企业、规范市场、营造环境"三大文章，全省建筑业总产值再增千亿，接近6000亿元，同比增长超过30%。特别是2011年规范家装市场取得突破，全省家装企业发展到723家。

【城市规划设计水平得到进一步提高】 开展提高城市规划设计水平专题研究，提出10项提升规划设计水平的具体措施；开展沈阳国家中心城市和大沈阳都市区规划研究，形成2个专题报告。同时，会同省文化厅对省级和国家级历史文化名城、名镇、名村保护工作进行检查，其中沈阳和新宾永陵的保护工作还通过住房和城乡建设部和国家文物局联合检查组的检查。会同省监察厅对14个省辖市和绥中县执行《城乡规划法》以及规划督察情况进行专项检查。下发4项规范性文件，即《辽宁省建设项目选址规划管理暂行办法》、《辽宁省住宅与公建用地容积率计算管理规定》、《关于进一步加强辽宁省城乡规划督察工作的通知》（附《辽宁省城乡规划督察员工作规程》）、《关于省外规划编制单位入辽承担规划编制任务备案登记的通知》。组织召开全省城市规划工作会议，编制《辽宁省城市规划行业"十二五"规划》，全面推进省辖市城市总体规划修编进度，沈阳市城市总体规划纲要通过建设部专家组的审查。

并完成《辽宁省重大基础设施空间布局规划》和《辽宁省中小城市基础设施"十二五"规划》两个专项规划编制工作，下发19项《建设项目选址意见书》，初步搭建城市规划网上咨询库。

【城市"绿化、美化、净化、亮化"竞赛活动蓬勃开展】 从2011年开始，全省集中三年时间，深入实施城市"绿化、美化、净化、亮化"竞赛活动，以崭新的辽宁形象，迎接第十二届全运会的召开。经过一年的努力，"四化"竞赛活动取得丰硕成果。全省新增绿地2559公顷，整治城市水系96公里，新建和改造公共艺术小品409处，整治规范广告牌匾21198处，新增垃圾袋装化收集58.48万户，新建和改造排水管网1741公里。全省新建和改造道路照明22万盏，亮化中心广场34个。沈阳市铁西区旧城改造项目获中国人居环境范例奖。辽宁体育训练中心（柏叶基地）竣工移交，该工程是辽宁省举办2013年第十二届全运会的主要比赛基地之一，总建筑面积12.5万平方米，总投资10.13亿元，均为省直工程之最。

【生活垃圾收集运输处理体系不断完善】 2010年省政府提出"用两年时间基本建成40座生活垃圾无害化处理场，实现市、县都有垃圾处理场"工作目标，经过全省上下的共同努力，到2011年末，全省累计建成生活垃圾无害化处理场58座，处理能力2.77万吨/日，市、县都有生活垃圾处理场的目标基本实现。全省100座乡镇垃圾处理场点也开工建设，生活垃圾资源化示范工作扎实起步。沈阳市和大连市被批准为餐厨垃圾资源化利用全国首批试点城市。

【城市供热水平进一步提升】 按照省政府提出的"积极推进热电联产，努力实现一县一热源，一市一至几热源"的工作目标，全省深入实施供热锅炉拆小并大，三年计划拆除10吨以下小锅炉3805台，到2011年末累计拆除2602台。2011年，全省首次开展群众评议供热活动，督促各管理部门和企业不断提高供热质量，深受群众好评。

【建筑节能与科技工作再上新水平】 辽宁省积极推进建筑节能工作，截至2011年底，全省既有建筑总量115330万平方米，城镇既有建筑面积95063万平方米，其中居住建筑面积66529万平方米，公共建筑面积28130万平方米，执行50%及以上节能标准建筑面积37372万平方米。2011年，城镇新增建筑面积7742万平方米，城镇新增居住建筑面积5698万平方米，城镇新增公共建筑面积932万平方米，农村新增建筑面积1141.4万平方米。建筑能耗总量2174.4万吨标煤，占本地区总能耗比例22.4%。为推动太阳能技术、浅层地能技术在工程建设中广泛应用，印发《关于加快推进太阳能光热光电建筑应用的意见》、《关于推广应用LED路灯的通知》。全省地源热泵、海水源热泵技术和太阳能技术建筑应用面积逐年扩大。截至2011年11月，地源热泵技术建筑应用面积累计达到7550万平方米；太阳能光热光电技术应用面积累计达到2988万平方米。2011年全省热泵技术应用面积549万平方米，太阳能光热光电技术应用面积达到612万平方米。

【住房公积金突显惠及于民的功能】 2011年全省归集住房公积金403.14亿元，同比增长20.56%，累计归集2105.96亿元，年末住房公积金余额1167.38亿元；2011年提取住房公积金202.50亿元，同比增长18.09%，累计提取938.58亿元；当年发放住房公积金个人贷款217.86亿元，同比增长15.41%，累计发放1123.74亿元，78.32万笔，年末贷款余额682.25亿元；全省住房公积金银行专户存款余额486.06亿元，同比增长20.4%，扣除必要的备付资金，住房公积金沉淀资金310.95亿元，同比增长20.09%；全省实现住房公积金增值收益10.95亿元，提取风险准备金5.23亿元，年末风险准备金余额35.11亿元，提取廉租住房补充资金3.36亿元，年末廉租住房补充资金余额7.39亿元。

【进一步深入城乡建设立法工作】 2011年是辽宁省建设系统立法任务最重的一年，有3部立法项目列入全省年度立法计划。其中《辽宁省城镇绿化条例》（地方性法规）列入省人大立法计划，《辽宁省建设工程造价管理办法》（政府规章）和《辽宁省国有土地上房屋征收与补偿实施办法》（论证项目）列入省政府立法计划。经过近一年的努力，优质高效地通过立法草案的起草、论证和调研等程序工作，取得省人大、省政府法制办的充分认可。《辽宁省城镇绿化条例》与《辽宁省建设工程造价管理办法》已经顺利通过并颁布施行。

【加大村镇规划编制和审批力度】 进一步完善村镇规划体系，累计编制乡镇规划774个，乡镇规划编制率87%，其中完成审批542个。累计编制村庄规划4769个，村庄规划编制率43%。并认真开展村镇规划执法检查，下发《关于开展2011年度全省村镇规划执法检查的通知》，结合9月开展的全省县城"四化"竞赛活动大检查，专项落实各市规划执法检查自检自查情况，并对县城施工现场、房地产开发项目进行了逐县抽查。

【加强示范镇建设工作】 对省级示范镇进行调整，以建设厅名义下发抓好示范镇建设的文件，推动示范镇"绿叶杯"竞赛活动，部署开展示范镇的"5个一"工程建设。

【加大村庄环境整治力度】 配合相关处室在全省开展乡镇垃圾处理场、污水处理厂示范项目建设，健全和完善村镇环境综合整治的长效机制，促进村庄环境整治工作。

【规范农村住房建设和产权产籍管理】 完善农村住房档案管理信息系统，选取鞍山海城市作为样板，普及抓好农村房屋登记软件制作发放试点工作。

【加快推进城镇化步伐】 2011年1月，辽宁省政府出台推进城镇化工作意见，明确到"十二五"期末全省城镇化率达到70%左右、城镇化水平和质量全面提高的总体目标。各地编制城镇化实施规划和"十二五"县城建设规划，为全省推进城镇化绘制蓝图。建立完善的工作体系。各级政府分别成立推进城镇化工作领导小组，积极有序开展工作，为推进城镇化提供有力地组织保障。城中村城边村改造取得突破性进展，2011年全省城中村城边村改造共开工建设35.85万户，完成年度计划的121.7%，建成安置新房25.31万户。

【援建玉树三年任务两年基本完成】 自2010年5月辽宁省援建玉树巴塘乡灾后恢复重建工作正式启动以来，援建队伍发扬"以人为本、尊重科学、挑战极限、勇于担当、争创一流"的辽宁援建精神，对口援建工作有力、有序、有效推进，到2011年10月底，辽宁省援建的52项工程基本完工，实现省委省政府提出的"三年任务两年基本完成"工作目标，得到青海省各级政府和当地人民群众的热烈赞扬。辽宁省委书记王珉亲赴玉树主持了援建项目交接仪式，并对援建工作给予高度评价。

【"十二五"规划编制】

（1）住房保障

建立和完善廉租住房、经济适用住房、公共租赁住房、限价商品房等面向不同收入群体的、多层次的住房保障体系。适当提高保障标准，将制度覆盖面扩大到人均住房建筑面积13.5平方米（国家规划人均13平方米）以下低收入住房困难家庭。

到2011年底，完成国有工矿棚户区改造任务，全省城镇居民住房保障覆盖面达到15%左右；到"十二五"期末，全省城镇居民住房保障覆盖面达到20%以上。

积极做好国家中央预算内投资补助项目申报工作，积极争取国家财政专项补贴资金，加大省级补助力度。按照中央预算内投资补助标准，对困难城市的廉租住房项目，给予配套省廉租住房基建补助资金；按照国家财政专项补贴资金标准的一半，对困难城市给予省廉租住房保障专项补助资金。市、县政府多渠道筹集资金。市、县人民政府要按照国家规定的渠道，切实落实廉租住房保障资金。将住房公积金增值收益在提取贷款风险准备金和管理费用之后的余额，全部用于廉租住房保障；将土地出让净收益的10%，用于廉租住房保障；有条件的城市可建立政府贴息制度，专项用于保障性住房实施单位的贷款贴息；纳入住房公积金支持保障性住房建设试点工作的城市，住房公积金闲置资金可列入规划的保障性住房建设。鼓励国有大、中型企业在符合城市规划和土地利用规划的前提下，利用自用土地或者通过危旧房改造，与市、县人民政府共建保障性住房，优先解决本单位符合规定条件职工的住房困难，其余住房统筹用于城市住房困难家庭。企业应多渠道筹集资金，职工应当合理负担。

（2）房地产

继续保持房地产市场平稳健康发展态势，2015年全省房地产开发投资达到8000亿元；努力提高全省居民住房水平，2015年城镇居民人均住房建筑面积达到32平方米；逐步提升物业管理服务水平，2015年城镇住宅小区的物业管理覆盖面达到85%以上；建立完善个人住房信息系统，实现房地产市场动态监管；大力发展低碳经济和绿色节能建筑，推动绿色住宅产业发展。

（3）建筑业

到规划期末，全社会建筑业年总产值达到11500亿元，全社会建筑业年增加值达到3500亿元。建筑业利润总额、利税总额。全社会建筑业利润总额、利税总额年平均增长速度在20%以上。建筑业从业人数。全省全社会建筑业从业人员达到500万人，进一步拉动就业。其中装饰装修行业实现拉动就业人数超100万人。建筑业企业发展目标，形成大中小企业和总承包、专业承包、劳务分包企业协调发展的行业组织机构体系；确立"又好又快"的企业发展模式，引导企业在"做大做强"的同时，逐步向质量型、效益型、科技型、集约型发展，努力实现经济效益、生态效益和社会效益的最佳组合；扩大企业规模，提升企业资质等级，二级以上企业比例稳步提高，家装企业基本实现有资质经营；增强企业综合实力和竞争力，打造一批强势建筑业企业，着重树立品牌企业、龙头企业、旗舰企业；重点发展基础设施建设企业、装饰企业及幕墙、钢结构、设备安装等既有优势专业企业，各专业企业与房建企业比例科学合理、协调发展；结合各地产业优势和经济水平，配置区域化的专业企业群，充分利用地域优势，规模化发展。

(4) 城市规划

构建适应省委、省政府三大战略的辽宁城镇空间格局，稳步推进辽宁省城镇化进程。形成以辽中南城市群为依托、3个超大城市为支撑点、由区域中心城市、大城市和中小城市共同构成的梯度化城镇网络布局。到 2015 年，设市城市基本达到布局合理、设施配套、功能完善、经济发达、环境优美、管理高效，实现城乡协调发展。全省城镇化水平达到 70% 左右，发达地区基本实现城市现代化。加速提升中心城市地位，重点发展沈阳、大连两个核心城市，培育国际性城市，沈阳要强化东北地区中心城市地位，创建国家中心城市；大连要发展为东北亚地区航运中心，初步建成东北地区核心城市。大沈阳都市区初步实现一体化。辽宁沿海城镇带成为东北地区对外开放的先导区。积极扶持沈彰新城、沈抚新城、沈本新城、绥中滨海新城、长兴岛、花园口等新城以及凌源、昌图等门户城市，引导县城、县级市和中心镇实现跨越式发展，促进辽宁城镇化和城乡一体化进程。

(5) 城市建设

"十二五"期末，全省城市用水普及率 99%，燃气普及率 97%，集中供热普及率 95%，人均道路面积 14 平方米，人均公园绿地面积 13 平方米，建成区绿化覆盖率 42%，生活污水处理率 85% 以上，生活垃圾无害化处理率 95% 以上。

实现统筹规划、统一管理、多家经营的总体战略，加快供水工程建设。实施城市饮用水提质工程，按照国家新制定的《生活饮用水卫生标准》，改造城市供水设施设备，省辖市在 2012 年底前力争达到国家新标准；县级市和县城在 2015 年底前力争达到国家新标准。推进城市供水检测能力建设和水厂处理工艺升级、供水管网改造和二次供水设施改造，抓好分质供水试点，提高居民饮用水水质。

组织编制完善城市燃气发展规划，积极推进城市燃气特许经营管理制度。继续推进城市燃气设施和管网改造，重点改造老城区煤气管网，逐步实现县级及城镇的燃气管网化。加大燃气安全使用宣传和清理违章占压力度，逐步消除安全隐患，确保燃气使用安全。大力发展以燃气为主的清洁能源，做好城镇清洁能源的更新工作，进一步优化城镇能源结构。

积极推进热电联产，拆小并大，基本实现一县城一热源，一市一至几个热源。进一步深化全省供热体制改革，制定和完善供热企业特许经营等相关政策，进一步规范供热市场行为，扶持和培育供热骨干企业做强做大。积极推进供热计量改革，实施按计量收费。开展供热行业评优工作，提高供热质量和服务水平。抓好清洁热源的推广和应用，鼓励采用污染小、耗能低、运行安全的先进供热方式和设施，推广应用地下水源、污水源、海水源热泵技术及太阳能等清洁能源。

继续加快推进城市道路、桥梁建设，优化城市路网结构，提高路网密度，完善路网功能，提高城市交通组织和道桥通行能力。加强城市停车场所的规划建设，注重城市地下空间的利用，建设立体车库。完善住宅小区停车场所，缓解停车难问题。加大无障碍设施建设力度，积极宣传，营造全社会关注无障碍建设的氛围。贯彻落实《城市照明管理规定》，优先发展和建设功能照明，严格控制景观照明的范围、亮度和能耗密度，限时全部淘汰低效照明产品。加大推进轨道交通设施建设，加快建设沈阳和大连地铁工程，完善城市快速轨道交通功能。

加强城市公园绿地与防护绿地建设，使城市公园绿地满足居民的游憩需求；道路景观绿地、铁路、河流绿地与防护绿地形成系统。增加附属绿地的面积数量，提高质量，加大精品绿地建设力度，不断扩大精品绿地的数量，提升城市园林绿化整体水平和品味。全面保护和合理利用城镇水系资源，改善城镇生态环境质量和景观环境面貌。

实施城市雨污分流试点工程，新城新市镇排水管网要全部采用雨污分流制，加快改造建成区雨污分流排水管网，增强城市排涝能力。在建设城市、县城污水处理厂工程的同时，启动实施乡镇污水处理厂建设工程。加强城镇污水处理设施运行监管，确保设施削减总量、改善水质目标的实现。要坚持污水、污泥处理并重的原则，加强污泥处理技术和工艺创新，加快污泥综合处理设施建设，提高污泥综合处理水平。积极探索污水资源利用新思路、新方法，推广污水源热泵技术，加快再生水利用设施建设，完善再生水利用相关产业政策，促进城镇污水处理产业化发展。

在建设城市、县城垃圾处理场工程的同时，启动实施乡镇垃圾处理场建设工程。积极稳妥推进环境卫生行业改革，继续推进垃圾处理产业化，加快城市生活垃圾处理设施建设。加强生活垃圾处理场的运营监管，建立健全环境卫生体系和政府监管机制。合理布局城乡、区域城镇生活垃圾无害化处理设施建设，推进设施共享。坚持减量化、无害化、资源化、产业化的发展方向，逐步建立城市生活垃圾分类收集、密闭压缩运输体系，开展生活垃圾焚烧发电、堆肥和餐厨垃圾资源化利用。全面开征城市生活垃圾处理费，提高收缴率，确保城市生活垃圾无害化处理设施正常运行。

认真贯彻《风景名胜区条例》，加强风景名胜保护、合理开发景区资源。深入开展风景名胜资源调查，指导各地制实施风景名胜区规划，规范风景名胜区内的建设行为，加强风景名胜区建设项目审批后的监督和管理，杜绝违法违规建设和破坏资源环境行为的发生。加强自然遗产、自然与文化双遗产的保护监管监测工作。指导风景名胜区晋级工作。继续开展风景名胜区综合整治工作，完善景区基础设施和服务设施建设，形成比较完整的游览道路系统，健全游客服务中心，改善接待服务条件，提高旅游接待能力。

(6) 建筑节能

到"十二五"期末，全省城镇新建民用建筑节能标准设计阶段执行率保持100%；施工阶段执行率城市达到99%以上。

(7) 村镇建设

全省村镇建设主要指标持续增长。"十二五"期间，全省县城建设和村镇建设主要指标的增长不低于"十一五"。人均住宅建筑面积达到27平方米，自来水普及率达到60%；建制镇人均道路面积达到17平方米，建制镇绿化覆盖率达到15%。2015年村镇建设完成投资280亿元。"十二五"期间，基本完成全省县、镇总体规划、近期建设规划、控制性详细规划和村庄整治规划的编制，形成总体规划、近期建设规划和控制性详细规划以及战略规划、专项规划、重点地段城市设计等构成的完整的规划体系；提高全省村镇总体规划、县域镇村体系规划编制率，全省建设一批5万人以上的新市镇、3万人以上的小城镇。加快县城基础设施建设。全面完成县城建设"126"工程。继续推进县城重要基础设施和社会服务设施建设，提高县城基础设施和公共设施人均占有水平。四是大力推进小城镇建设和村庄环境综合整治。突出发展100个省级中心镇和15个示范镇，大力抓好村庄整治，提高全省村庄整治覆盖面。

（辽宁省住房和城乡建设厅）

吉 林 省

1. 住房和城乡建设法规

【依法行政工作】 按照住房和城乡建设部、吉林省政府要求，吉林省住房和城乡建设厅（以下简称省住房和城乡建设厅）制定《关于进一步推进全省住房城乡建设系统依法行政工作的指导意见》，对依法行政工作提出总体要求。加强法制培训学习，增强依法行政观念；完善住房城乡建设政策法规体制；提高制度建设质量；严格规范性文件制定和发布程序；健全科学民主决策规则；建立决策评估制度；严格依照法定权限和程序行使权力、履行职责；完善行政执法责任制；建立行政执法案卷评查制度；建立健全行政处罚、行政许可、行政检查制度；加强行政复议工作；完善信访制度；做好行政应诉工作；完善和规范层级监督机制；推进政府信息公开；自觉接受外部监督；全面推进依法行政工作；加强法制机构和队伍建设。

【相关立法工作】 吉林省人大、省政府发布执行三部立法文件：《吉林省城乡规划条例》、《吉林省建设工程质量管理办法》、《吉林省建设工程造价管理办法》。省住房和城乡建设厅在立法协调过程中，有效维护立法草案与建设领域法律法规的一致性，恪守各级建设行政主管部门的职能，减少不必要的审批环节，为建设领域营造良好的发展软环境。全年共计完成65件各类立法协调件，提出修改意见310条。

【清理地方法规、政府规章】 根据吉林省人大、省政府的工作要求，对地方法规、政府规章提出清理意见，对厅下发规范性文件进行自查自清201件。其中，以厅《公告》形式发布废止和失效的29件，继续有效的172件。

【行政复议】 省住房和城乡建设厅受理行政复议案11件，已全部结案。在案件审理过程中，由于案前和解中做好依法审理工作之外，还做好耐心细致的解释和疏导工作，当事人主动撤回复议的5起，有效化解行政争议。

【建设系统法制宣传教育】 住房城乡建设部授予吉林省住房城乡建设厅"五五"普法先进单位。根据吉林省委、省政府关于开展法制宣传教育、推进法治吉林建设第六个五年规划（2011～2015）和住房城乡建设部《关于在住房城乡建设系统开展法制宣传教育的第六个五年规划》要求，省住房和城乡建设厅结合全省住房城乡建设系统实际，印发《关于开展全省住房城乡建设系统法制宣传教育的第六个五年规划（2011～2015）》。主要任务是，进一步加强对《中华人民共和国城乡规划法》、《城市市容和环境卫生管理条例》、《民用建筑节能条例》、《村庄和集镇规划建设管理条例》、《吉林省民用建筑节能与发展新型墙体材料条例》、《吉林省城市市容和环境卫生管理条例》等的宣传教育，提高城乡规划的科学性，严格规划与建设管理，充分发挥城乡规划在建设资源节约型和环境友好型社会中的重要作用。把节能、节地、节水、节材作为城乡规划建设管理工作的重要目标。开展《建筑法》、《物权法》、《物业管理条例》、《住房公积金管理条例》、《建设工程质量管理条例》、《建设工程安全生产管理条例》和《信访条例》等相关法律法规及政策的宣传教育，增强保护群众合法权益的意识。加大《城市房地产管理法》、《国有土地上房屋征收与补偿条例》、《吉林省建筑市场管理条例》、《吉林省建设工程勘察设计管理条例》等法规的学习宣传，加快形成契约自由、公平竞争、诚实信用的建设市场规范体系。深入开展打击规避招标、假招标、转包和违法分包为重点的整顿和规范建筑市场的宣传教育。规范市场主体行为，促进清理拖欠工程款和农民工工资，建立规范建筑市场的长效机制。将法制宣传教育与治理商业贿赂等专项工作结合起来，促进工程建设、市政公用行业、产权交易等重点领域的商业贿赂治理，提高廉洁自律的自觉性。

2. 房地产业

吉林省贯彻落实国家宏观调控文件精神，截至12月，实际完成房地产开发投资1204亿元，同比增长32.6%。

【建立房地产企业动态管理机制】 全年共办理开发企业、物业企业、评估企业、估价师注册申请事项1076件。升级133户企业，其中晋升国家一级企业5户；降级6户企业；拟注销268户企业；公示不良经营行为企业3户。

【建立房地产管理信息系统】 信息系统各部分已经分别列入吉林省财政和省发改委支持项目，并已经划拨资金300万元；房地产开发企业资质和项目管理子系统已经试运行，共有1712个单位网上填报1270个开发项目信息。

【配合出台国有土地征收补偿条例】 代吉林省政府出台《关于贯彻〈国有土地上房屋征收与补偿条例〉的指导意见》；与省高法共同制定出台《关于做好国有土地上房屋征收与补偿工作的意见》；起草《吉林省国有土地上房屋征收与补偿条例（草案）》，已经省政府常务会第一次审议。

【物业管理示范小区】 2011年，吉林省推荐6个项目申报国家物业管理示范小区，全部通过国家验收。全省评审50个省物业管理示范小区、优秀小区。

【加强对评估市场的监督】 省住房和城乡建设厅加强对评估市场的监督力度，全年抽查114户评估企业的评估报告，占全省评估单位总数的90.5%。通过抽查评审，评选优秀评估机构10户、优秀估价师8人、优秀评估专家15人；对抽查不合格的16分报告和4户评估企业分别采取专家监督整改、暂停独立出报告、独立执业和依法处罚的相应措施。

【推进产权登记规范化工作】 考核验收规范化单位13个；推荐国家规范化先进单位2个，已经通过住房城乡建设部认定。

【印发《关于集体土地上房屋登记有关问题的通知》】 省住房和城乡建设厅制定印发《关于集体土地上房屋登记有关问题的通知》，进一步完善集体土地房屋登记工作程序，规范服务。在全国集体土地上房屋登记工作成都现场会，吉林省做经验介绍。

【设立吉林省房屋征收经办中心】 10月18日，经吉林省机构编制委员会办公室吉编事字〈2011〉240号文批复，同意省住房城乡建设厅设立吉林省房屋征收经办中心，其职责为：负责全省房屋征收补偿档案的建立与保管；负责房屋征收补偿监管信息系统的建设、运行及维护；负责房屋征收与补偿政策方面的调查研究，提供相关信息和建议等。

3. 住房保障

【概况】 2011年，省政府下达的全省保障性安居工程计划任务由41.3万套大幅增加到48.1万套。其中：住房城乡建设部下达的计划任务由27.7万套增加到31.5万套。截至12月30日，按照省政府下达的全省保障性安居工程计划48.1万套、3070.0万平方米任务，开工49.7万套、3214.5万平方米，开工率103.3%；竣工29.1万套、1968.1万平方米，完成投资480亿元。其中住房城乡建设部下达的

31.5万套、1807.0万平方米任务：开工33.1万套、1964.5万平方米；竣工17.0万套、1011.6万平方米；开工率105%，完成投资380.4亿元；有25%的项目基础施工，41%的项目主体施工，39%的项目主体完工，9月末就提前2个月超额完成国家"三个三分之一"要求。吉林省全面超额完成国家和省政府下达的各项目标任务。其中：城市棚户区改造开工15.5425万套（含货币补偿3730户），开工率103.36%；煤矿棚户区改造开工2.2463万套，开工率100%；林业棚户区改造开工4.4511万套，开工率104.4%；国有工矿棚户区改造开工1.6273万套，开工率108.5%；廉租住房开工6.562万套，开工率100.9%；公共租赁住房开工1.7398万套，开工率145%；国有垦区危房改造开工0.76万户，开工率100%；农村泥草房改造开工16.6万户，开工率100%。

【健全省保障性安居工程政策体系】 省住房和城乡建设厅根据住房城乡建设部、省政府指示加大总量、加快发展的总体要求，以城市棚户区改造为主线，煤矿、林业、国有工矿棚户区和国有垦区危房、农村泥草房改造为支撑，通过各路联动和市场化运作，逐步建立和完善以廉租住房和公共租赁住房为主体、多渠道、多层次、覆盖城乡的住房保障体系，实现全省保障性安居工程建设的统筹推进。由年初的41.3万套增加到48.1万套。其中，城市棚户区改造由年初的600万平方米增加到1000万平方米。先后制定出台公共租赁住房管理暂行办法及加强棚户区改造建后管理、做好国有土地上房屋征收与补偿工作、国有垦区危房改造、林业棚户区涉税问题指导意见等政策文件，完善住房保障领导小组例会、统计报表、约谈问责等制度。

【保障性安居工程顺利开展】 2011年，吉林省保障性安居工程由"六路"扩展到"八路"，超前做好项目储备和办理立项、规划、土地、施工许可等审批手续，保证土地供应，完善一站式办公和"绿色通道"制度。4月初，全省各地陆续开工建设。为突出抓好加快推进项目建设、确保建设进度，建立健全质量保证体系、实施全过程质量管理、确保施工安全生产。严格履行"三审两公示"程序，确保分配公平。

4. 公积金管理

【概况】 吉林省住房公积金本期实缴职工人数1773838人，公积金累计归集总额761.4亿元，期末缴存余额458.8亿元；期末累计放贷288668笔，贷款总额373.4亿元，贷款余额247.9亿元，个贷比率49%。

【调整住房公积金存款运作规定提高增值收益】 吉林省住房公积金管理中心在行政监督检查中发现，现行的住房公积金存款运作规定只允许沉淀资金做一年期以下时限存款是不合理的，严重影响各管理中心提高增值收益的资金运作空间，并且没有设定多年期存款利息记账方式，提出调整意见。省住房和城乡建设厅与财政厅采纳该意见，联合下发通知取消不合理规定，确定住房公积金管理中心在受托银行专户内的沉淀资金可以选择多年期存款并规定相关账务处理办法。

5. 城乡规划

【城市总体规划工作】 吉林省城市总体规划和特色城镇化重要节点（功能区）规划审批工作完成舒兰、珲春、辽源、四平、大安、白城、九台、长春莲花山、吉林岔路河、蛟河、临江11个城市（节点）总体规划纲要的审查工作；又组织召开省城乡规划委员会专题会议，代省政府审查完成白山、梅河口、敦化、抚松、舒兰、吉林岔路河中新食品城、公主岭、磐石、通化、莲花山、辽源11个城市（节点）总体规划成果。截至目前，长春等35个市县、节点（功能区）总体规划已得到批准实施。公主岭、磐石、大安3个城市总体规划已上报省政府待批。白城、四平、九台、洮南4个城市上报省城乡规划委员会待审。

【启动近期建设规划和控制性详细规划编制】 吉林省城市近期建设规划和控制性详细规划编制工作年初启动。省住房和城乡建设厅分别于4月、6月和12月三次对各地工作开展情况进行大规模调度，先后两次对全省34个市、县（市）进行现场督导并下发检查通报。年末，两个规划编制工作完成。根据各地近期建设规划确定的用地规模，到2015年末，全省城市规划建设用地总量约1672.03平方公里，规划调剂增量约390.94平方公里，占规划基期年中心城区建设用地总量30.52%，增幅平稳且科学合理，可以满足未来5年城镇化推进过程中，300万农村人口向城镇转移的建设用地供应。全省累计编制完成996.23平方公里控制性详细规划，基本实现对2012、2013年新区开发和旧区改造建设用地的全覆盖。

【长吉一体化空间布局规划】 省住房和城乡建设厅加强对长吉一体化空间布局的研究和规划编制、实施工作。长春市总体规划已获得国务院批复，吉林市总体规划通过国家审查。加强对九台新城、长春莲花山、吉林岔路河、松原滨江新区等节点和新城新区的规划实施和推介工作。将莲花山、岔路河总体规划审查工作上升到省级层面，破例提请省城乡规划委员会专题会议审议，积极协调国土、环保等主要省直部门提前介入，组织专家充分论证，为促进长吉一体化发展提供规划保障。

【《吉林省城乡规划条例》发布施行】 省住房和城乡建设厅积极配合省政府法制办和省人大法工委，征求部分地方政府、省直有关厅局以及省政府立法咨询委员和法律顾问团意见，经过反复修改，形成《吉林省城乡规划条例（草案）》。5月30日经省政府常务会议讨论通过，提请省人大常委会审议。11月23日省人大常委会第29次会议审议通过《吉林省城乡规划条例》。2012年3月1日正式施行。

【城乡规划违规处理】 2011年，为维护城乡规划的严肃性和权威性，全省累计查处违法建设案件4.5万起，拆除违法建筑面积140.57万平方米，罚款909万元。其中：长春市查处违法建设案件3万余起，拆除违章建筑88万平方米，罚款156万元；吉林市查处违法建设案件1.3万余起，拆除违法建筑28.87万平方米。

【开展优秀城乡规划设计评选】 根据中国城市规划协会《关于开展2011年度全国优秀城乡规划设计奖评选活动的通知》要求和吉林省城市规划协会《关于开展2011年度全省优秀城乡规划设计评选活动的通知》，组织开展2011年度全省优秀城乡规划设计评选活动，共收到申报项目77项。经评选活动组委会评选和审定，共评出优秀城乡规划设计一等奖5项，二等奖11项，三等奖20项，表扬奖14项。获得省级一等奖、二等奖的项目可参加国家级和部级的优秀城乡规划设计评选活动。

6. 城市建设

【城市市政建设】 全省城市道路长度7687公里，城市道路面积13305万平方米，其中人行道2604万平方米。城市桥梁681座。其中，大桥及特大桥48座；立交桥147座。城市道路照明灯56.29万盏，安装城市道路照明灯道路长度5087公里，城市照明总用电量23616万千瓦时。城市防洪堤长度851公里。其中，百年一遇标准228公里；50年一遇标准187公里。人均城市道路面积11.90平方米。

【城市轨道交通】 城市轻轨线路3条。城市轻轨线路长度48.26公里。其中，地面长19.43公里；地下长4.87公里；高架线长23.96公里。车站数量45个。其中，地面站20个；地下站3个；高架站22个。换乘站数2个。配置车辆数58辆。已完成投资额683974万元。

【城市供水】 城市供水日综合生产能力758.57万立方米，其中地下水83.90万立方米。供水管道长度9335公里。年供水总量100330.20万立方米。售水量74995.83万立方米。其中，生产运营用水30192.00万立方米；公共服务用水14239.49万立方米；居民家庭用水28441.73万立方米。免费生活用水213.65万立方米。用水人口1036.96万人。供水漏损水量23355.26万立方米。城市供水人均日生活用水量113升；用水普及率92.71%。城市建成区供水管道密度7.34公里/平方公里。城市节约用水计划用水户5027户；实际计划用水量133705万立方米，其中工业用水量114709万立方米；新水取用量42096万立方米，其中工业用水量25081万立方米；重复利用水量91609万立方米，其中工业用水量89628万立方米；节约用水量12621万立方米，其中工业用水量11075万立方米；节约用水重复利用率68.52%，其中工业节约用水重复利用率78.14%。

【城市燃气】 城市人工煤制气日生产能力80万立方米；形成储气能力30万立方米；煤气年自制气量27593.98万立方米，外购气量2300万立方米；煤气供气管道长度1722.68公里；煤气年供气总量17444.63万立方米，其中销售气量14871.16万立方米。用气人口167.94万人。城市天然气储气能力212.35万立方米，供气管道长度4708.28公里。天然气供气总量51758.16万立方米，年销售天然气49635.74，其中居民家庭用气14913.32万立方米。天然气损失量2122.42万立方米。居民家庭用气户数112.64万户，用气人口359.05万人。城市液化石油气储气能力2.09万吨，供气管道长度99.70公里。液化石油气供气总量23.63万吨，年销售气量22.61万吨，其中居民家庭用气11.52万吨。液化石油气损耗量1.02万吨。居民家庭用气户数119.71万户，用气人口460.40万人。城市居民燃气普及率88.28%。

【城市集中供热】 城市集中供热蒸汽供热能力3494吨/小时。其中，热电厂供热能力3145吨/小时；锅炉房供热能力349吨/小时。年蒸汽供热总量1470万吉焦。其中，热电厂1307万吉焦；锅炉房163万吉焦。蒸汽供热管道长度232公里。集中供热热水供热能力30988兆瓦。其中，热电厂供热能力12429兆瓦；锅炉房供热能力18559兆瓦。年热水供热总量21718万吉焦。其中，热电厂8104万吉焦；

锅炉房 13614 万吉焦。热水供热管道长度 11156 公里。城市集中供热面积 34811 万平方米，其中住宅 27080 万平方米。

【城市排水和污水处理】 城市排水管道长度 8193.79 公里。其中，污水管道长度 2896.28 公里；雨水管道长度 3088.07 公里；雨污合流管道长度 2188.44 公里。污水排放量 74806 万立方米。城市建成区排水管道密度 6.45 公里/平方公里。城市污水处理厂 30 座，其中二、三级处理厂 21 座。污水处理厂日处理能力 226.8 万立方米，其中二、三级处理厂处理能力 202.0 万立方米。污水处理厂年处理污水总量 61978 万立方米，其中二、三级处理厂处理量 54555 万立方米。年运行费用 41716 万元。污水处理厂再生水日生产能力 18.5 万立方米，利用量 654 万立方米，管线长度 20 公里。城市污水处理厂集中处理率 81.66%。

【城市园林绿化】 城市绿化覆盖面积 44700 公顷，其中建成区 43428 公顷。园林绿地面积 38740 公顷，其中建成区 37946 公顷。公园绿地面积 11776 公顷。公园个数 153 个，面积 4611 公顷。城市建成区绿化覆盖率 34.17%；建成区绿地率 29.86%；人均公园绿地面积 10.53 平方米。

【城市市容环境卫生】 城市道路清扫保洁面积 12602 万平方米，其中机械化清扫保洁面积 3224 万平方米。生活垃圾年清运量 493 万吨，其中密闭车（箱）清运量 343 万吨。生活垃圾处理量 470 万吨。生活垃圾无害化日处理能力 8643 吨。其中，卫生填埋 6603 吨；焚烧 2040 吨。生活垃圾无害化年处理量 243 万吨。其中，卫生填埋 198 万吨；焚烧 45 万吨。生活垃圾处理场（厂）年运行费用 24706 万元。生活垃圾无害化处理率 49.21%。餐厨垃圾清运量 3 万吨，日处理能力 326 吨。粪便清运量 72 万吨，年处理量 54 万吨。城市生活垃圾转运站 448 座；公共厕所 4378 座。城市市容环卫专用车辆设备总数 2867 辆。

【风景名胜区】 国家级风景名胜区长春净月潭——八大部、吉林松花湖、珲春市防川、和龙市仙景台景区面积 828 平方公里，其中可供游览面积 168 平方公里。游人量 218 万人次，其中境外游人 7 万人次。景区资金收入 13709 万元，其中经营收入 13709 万元（含门票收入 2081 万元）。景区资金支出 3230 万元。其中，固定资产投资 10 万元；经营支出 220 万元。省级风景名胜区通化市白鸡峰、梅河口景区面积 27 平方公里，其中可供游览面积 10 平方公里。游人量 22 万人次。景区资金收入 195 万元，其中门票收入 72 万元。

【城市市政公用建设投资】 城市市政公用设施建设完成固定资产投资 2355318 万元。其中，供水 119045 万元；燃气 69609 万元；集中供热 345309 万元；轨道交通 516366 万元；道路桥梁 1059784 万元；排水 28284 万元；污水处理 39621 万元；再生水利用 1800 万元；园林绿化 110586 万元；市容环境卫生 31586 万元；垃圾处理 27381 万元；其他 5947 万元。

【城市市政公用设施新增生产能力】 新增城市供水综合生产能力 13.30 万立方米/日，供水管道长度 320.29 公里；人工煤气供气管道长度 22.00 公里；天然气储气能力 12.70 万立方米，供气管道长度 626.04 公里；液化石油气储气能力 4.60 吨，液化石油气供气管道长度 20.04 公里；集中供热蒸汽供热能力 75 吨/小时，供热管道长度 18 公里；集中供热热水供热能力 2698 兆瓦，供热管道长度 662 公里；桥梁 41 座；道路新建、扩建长度 370.06 公里，道路新建、扩建面积 853.74 万平方米；排水管道长度 470.60 公里；污水处理厂处理能力 4.5 万立方米/日。

【城建档案馆管理】 省住房城乡建设厅推广长春市城建档案馆自主研发的城建档案管理系统软件，长春市城建档案馆无偿提供给全省各级档案馆。在长春市城建档案馆带动下，整体推进全省城建电子档案的实施进度。由于全省各级档案馆电子档案软件统一，为全省异地备份打下基础。国家住房城乡建设部要求吉林省与湖北省互为异地备份省。武汉市城建档案馆于 5 月到长春市档案馆将网络传输设备安装完成。8 月，实现吉林省与湖北省的 17 个地市进行对接，为全国城建档案异地备份领先。

7. 建筑业与工程建设

【建筑业概况】 全省 2294 户建筑业企业，全年完成建筑业产值 1645 亿元，与上年同期相比，增长 19%，实现增加值 693 亿元，同比增长 19%；外埠企业在吉林省完成产值 105 亿元，实现增加值 20 亿元。纳税 100 亿元。省住房和城乡建设厅实施产业提升计划，优化产业结构。长吉图经济核心区（含四平、辽源两市）、西部能源区（白城、松原两市）和东部矿产资源区（通化、白山两市）的建筑业发展格局得到巩固。通过行业指导、发挥资质管理调控作用，使有实力的省内企业实现转型升级，市场开拓和盈利能力增强。建筑业二级以上资质企业比例提高到 28.3%，前 20 强企业，产值占全部企业年度总产值 47%，市场占有率 78%。

【建筑市场管理】 为改善发展环境、推进制度创新，代省政府制定印发《吉林省工程建设担保管理办法》，并组织建筑业企业组建行业建设工程担保公司。建立起覆盖全省的高效、公开、透明的建筑业诚信体系管理平台，企业、人员和工程纳入三大数据库，实行企业信用记录公示制度。全面落实诚信奖励和失信惩戒，提高行业自律水平。坚持施工现场和建筑市场"两场联动"，通过规范施工现场，达到规范建筑市场；通过发展建筑业企业，实现发展建筑产业。发挥行业管理部门作用，加强企业动态监管和外埠队伍管理，实施现场执法和层级监督检查。

【专项治理排查】 省住房和城乡建设厅按照省政府统一部署，组织全系统开展专项治理排查工作，特别是对政府投资和使用国有资金的项目进行重点排查。共排查出问题348个。其中，政府投资和使用国有资金项目存在问题221个，其他投资项目存在问题127个。现已完成整改340个，正在整改8个。罚没款项累计1456.9万元，其中政府投资和使用国有资金项目罚没100.3万元，其他项目罚没1356.6万元。全省尚未发现重、特大违法违规和违纪案件。对于发现的问题，按照分级负责、分类处理的要求，落实整改责任、监督责任、整改措施和整改时限。

【建造师注册管理】 按《吉林省建造师注册管理实施细则》，建造师注册实行网络化管理，完成一、二级建造师注册变更工作。与省人力资源社会保障厅确定全省二级建造师考试合格线。对在吉林省境内从事外墙保温、地源热泵等特种专业施工企业及管理人员和技术工人进行专项培训。建造师继续教育工作按国家住房城乡建设部统一部署开展。

【建设质量监督】 省住房和城乡建设厅代制定省政府规章《吉林省建设工程质量管理办法》，经省政府常务会议通过于8月1日实施。出台《吉林省建设工程质量保证金管理暂行办法》、《吉林省房屋建筑工程和市政基础设施工程实行见证取样和送检实施细则》、《吉林省住宅工程质量分户验收实施细则》、《关于进一步加强吉林省市政道路和桥梁工程质量监督管理的通知》等规范性文件。开展在建建设工程施工质量监督执法检查；全省市政基础设施工程质量监督执法检查；城市地铁、轻轨交通工程专项质量执法检查；"暖房子"工程施工质量监督执法检查。检查中对违反法律法规和工程建设强制性标准、工程实体存在质量问题的，依法给予处罚，切实落实建设各方主体和相关人员的质量责任。全年共计对存在质量问题工程项目下发《工程质量监督执法建议书》230份，提出整改意见860条，依据相关法律法规，拟处罚企业60户，罚款350万元。

【招投标管理】 为指导全省"暖房子工程"招投标工作下发《关于推进吉林省"暖房子"工程招投标工作的指导意见》、《关于进一步加强"暖房子"工程招投标工作的通知》。推行《吉林省标准施工招标文件》，防止带有歧视性条款、排斥潜在投标人和对投标人不公平等内容发生。完成招标投标活动的网络监控、合同备案电子程序工作。全省招标项目3058项，中标金额7675563万元。其中，按投资额分，3000万元以上项目717项；3000万元以下项目2341项。按管属分，省直管项目122项，中标金额400455万元。

【抗震防灾建设管理】 中小学校舍安全工程结合抗震质量专项检查，在全省进行三次抽查，共38项工程，建筑面积60.7万平方米。其中，加固项目30项，面积15.2万平方米；新建项目8项，面积45.5万平方米。检查中发现，校舍抗震加固设计普遍存在加固方案不合理、材料浪费。源于加固方案做得保守，不该加强的地方也加强现象。但抽查的8个新建校舍安全工程，其中有7个是框架结构，工程的抗震性能普遍提高。加强对设计单位、施工图审查机构的质量管理，新版抗震设计规范颁布实施后，对9个地区的120项工程，建筑面积170万平方米进行抽查。对应报超限项目不上报进行抗震专项审查。2011年全省超过80米的高层建筑88项。其中，长春市74项，吉林市13项，延边朝鲜族自治州1项。只有长春市的5项工程申报超限工程抗震专项审查(高度超过80m)。对项目超限不报的要严格审查。省财政投入资金65万元，完成吉林大学(4栋)、长春工程学院(4栋)的抗震性能检测(鉴定)工作。省住房和城乡建设厅在延边、吉林地区开展抗震民居示范工程工作。其中，延边朝鲜族自治州补助安图506户，图们18户，汪清3户，共38万元；蛟河补助36户20万元。当地投入配套资金1000元/平方米。组织召开省、州抗震民居示范工程现场会，220人参加会议，展示抗震节能民居抗震、节能的优势。

【建筑安全管理】 省住房和城乡建设厅围绕建设工地起重机械事故治理，依据相关规定开发并启动"吉林省建筑起重机械网络即时监控系统"（以下简称系统）。为使全省各级建筑安全监管人员能够熟悉并掌握系统的操作，分别于4月、8月在长春和大连举办全省建筑安全监管人员培训班。加强起重机械安装和拆卸两个关键环节的管理，要求施工企业安拆工人信息上报，对具备在吉林省从事起重设备安拆资格的施工企业分别于7月和9月进行两次公示。为全面推动系统使用工作，分别于8月和10月下发通知和意见，依据相关法律法规，进一步强制系统使用。在省建设安全协会成立吉林省建筑起重设备租赁专业委员会，建立起"政府监管、行业主导、社会参与、舆论监督"的建筑起重设备租赁市场。

省住房和城乡建设厅为进一步做好全省"暖房子"工程安全生产、顺利实施，在年初组织制定并下发《关于加强"暖房子"工程安全生产管理工作的意见》，对落实安全监管责任、强化安全监督备案、持证上岗及培训教育、吊篮安拆及使用的管理、施工现场消防安全及建立安全考核制度六个方面提出明确要求。同时建立"暖房子"工程安全考核制度，把各地区"暖房子"工程的安全生产工作与年底评优和工程资金倾斜挂钩。对"暖房子"工程出现事故的地区实行安全生产"一票否决制"。并组织编写印发1万册《吉林省外墙保温工程安全作业图释》，对电工、焊工等工种的安全操作基本知识以图文并茂的方式进行释义。省住房和城乡建设厅为落实建筑各方主体责任，提高行政审批效率，依托吉林省建筑市场诚信管理平台，通过建立建筑施工企业、三类人员和特种作业人员等数据库，启动建筑施工企业安全生产许可证网上审批系统和吉林省建筑安全监督管理系统。实现安全生产人员、安全生产许可证的电子审批，以及安全生产监督管理信息的采集、处理、交换和存储。从2011年起，省住房和城乡建设厅对全省"三类人员"安全生产继续教育的对象、学时等六个方面进行统一规范管理，制定并下发《关于进一步加强全省建筑施工企业主要负责人、项目负责人和专职安全生产管理人员安全生产继续教育工作的通知》。组织企业推荐、市州住房城乡建设主管部门审核，在全省范围内统一建立吉林省建筑施工安全技术专家库和安全生产培训师资库。为推进全省建筑施工企业全员、全方位、全过程的安全管理，省住房和城乡建设厅6月份制定并下发《吉林省深入开展建筑安全生产标准化工作实施方案》，9月份在东丰县召开全省建筑安全生产标准化现场会。

【建筑市场信用评价】 省住房和城乡建设厅按照《吉林省建筑市场信用评价试行办法》，建立"守信激励、失信惩戒"机制，完善准入清出制度，对在吉林省从事施工的建筑施工企业及相关人员开展安全生产信用评价工作。根据安全生产信用评价打分排名情况，对建筑施工企业实行办理安全生产许可证延续和出省安全审查的差异化安全监管。

【建设工程造价管理】 5月18日，吉林省政府令第222号公布，《吉林省建设工程造价管理办法》已经4月6日省政府第4次常务会议讨论通过，自公布之日起施行。这是吉林省第一部工程造价管理政府规章，为完善工程造价行业的法律、法规体系，合理确定和有效控制工程造价，维护建设工程各方责任主体的合法权益起到引领作用。根据《吉林省建筑工程质量安全成本管理暂行办法》，进行建筑工程质量安全成本指标的收集、测算工作，并于4月和7月发布上、下半年的建筑工程质量安全成本指标，要求在省内工程建设全过程中贯彻执行。建筑工程质量安全成本指标的实行，有效地控制低于成本价中标现象、保证建筑工程质量安全。完善建设工程计价依据，合理确定和控制工程造价，组织工程技术人员编制完成发布《吉林省城市轨道交通工程计价定额》，并于2011年1月1日起施行。为保证长春市城市地铁、轻轨工程建设顺利进行、合理控制工程造价提供科学依据。

【组织开展全省工程造价咨询企业执法检查】 全面完成各造价咨询企业的信用等级考核、评价工作。按照《关于开展2011年度工程造价咨询企业资质和咨询成果文件质量检查工作的通知》要求，对达不到资质标准的企业，清除出市场。同时对信用等级评价结果在全省造价信息网上公示。全年完成5户建设工程造价咨询企业晋升甲级资质的检查和初审，对10户造价咨询企业乙级资质转正申请的检查和审批，还完成2户甲级资质和7户乙级资质企业的资质延续检查和初审工作；完成72名造价工程师的初始注册工作，办理36名造价工程师的延续注册工作。

【建设勘察设计管理】 2011年，吉林省勘察设计企业499户，施工图审查机构16户，土工试验机构52户。从业人员2.51万人，其中各类注册师0.24万人。全年完成合同额97.1亿元，营业收入75.1亿元，利润7.4亿元，人均产值38.8万元。省住房和城乡建设厅为保证"暖房子"工程规范设计，出台"暖房子"工程设计要点和指导意见，并先后举办2次全省培训，有230名设计负责人参加培训。举办全省首届保障性住房设计竞赛，编制标准图集，设计单位推荐保障性住房设计作品265件，获奖20件。有10件作品参加全国竞赛并取得优异成绩。编制《岩土工程勘察规程》技术规范，填补吉林省勘察设计地方标准空白。构建勘察设计行业诚信体系，出台资质资格动态监管办法，建立全行业企业和人员数据库，全面实行各类行政许可证网上审批。全面恢复进入吉林省企业省级备案制度。完善准入退出和诚信奖惩机制，依法注销137家企业资质。规范审图机构收费标准，实施岩土和超限工程专家集中审查制度，全面实行勘察监理见证制度。开展全省勘察设计质量专项检查，严肃查处52户违规企业。出台推进建筑方案创意指导意见，建立方案设计所备案制度，举办创意论坛、大学生设计竞赛，推进创意产业和全行业设计文化大发展。开展全省勘察设计评优活动，评选出省优118项，报国家住房城乡建设部获得国优9项、部优7项，取得历史性突破。成立历史建筑文化保护研究中心，开展历史建筑普查认定工作。开展首批可再生能源设计资质认定工作，组织相关技术人员培训，提高可再生能源设计水平。加快信息化建设，打造覆盖全行业的计算机云平台。大力推广BIM三维设计技术革新。推动勘察设计行业科技创新，组织申报专利成果152项。为企业发展营造良好环境。取消《省消防条例》中对设计企业的不合理罚款规定；及时制止扰乱设计招标市场的违法行为；降低甲级建筑设计企业的规划设计准入门槛。

【工程勘察设计大师评选】 省住房和城乡建设厅为不断提高吉林省工程勘察设计水平，加快推动全省勘察设计行业转变发展方式，选拔和培养一批中青年业务骨干和专业学科带头人，根据《关于开展2011年度工程勘察设计青年大师评选活动的通知》要求，经过省内专家审核、公益得分评比、笔试、外脑审核、民主测评等5个环节，对候选人的道德品质、专业素质和学术水平进行全面考核，评价结果在省住房和城乡建设厅网站公示、征求意见后，决定授予高涛等29名同志为吉林省工程勘察设计青年大师。

【工程建设标准管理】 召开《2011年工程建设地方标准制定(修订)建议计划(一)》专题会议，对计划提出的项目进行认真细致的研究和探讨，确定39项列入2011年标准编制计划，省住房和城乡建设厅发文，指导有关单位按要求完成编制任务。已完成审查或已发布的项目21项。为保证暖房子工程从地级城市向县(市)延伸。确保工程质量，省住房和城乡建设厅组织编印1.5万册《吉林省暖房子工程技术导则》，下发给各市、县(市)指导暖房子工程施工。根据住房城乡建设部的要求，在全省范围内开展高层混凝土结构工程执行工程建设强制性标准情况检查。配合部检查组对全省自查项目进行抽查和复验。印发《高层混凝土结构工程执行工程建设强制性标准检查情况通报》，对存在问题的工程限期整改。

8. 村镇建设

【县镇规划】 吉林省20个县的近期建设规划和控制性详细规划编制工作年初启动，省住房和城乡建设厅分别于4、6、12月对各地工作开展情况进行调度、现场督导并下发检查通报。12月30日，20个县政府所在地镇的两个规划编制工作全部完成。

【县城市政建设】 全省县城城市道路长度1141.19公里；城市道路面积1695.72万平方米，其中人行道424万平方米。桥梁111座，其中立交桥8座。道路照明灯92342盏，安装路灯道路长度660公里，道路照明灯总用电量5008万千瓦时。防洪堤长191公里。其中，百年一遇标准36公里；五十年一遇标准135公里。全省县城人均城市道路面积8.66平方米。

【县城供水】 县城日供水综合生产能力43.29万立方米，其中地下水9.59万立方米。供水管道长度1833.11公里。供水总量8366.51万立方米，年售水量6218.11万立方米。其中，售生产运营用水830.66万立方米；公共服务用水914.95万立方米；居民家庭用水4107.94万立方米。免费生活用水13.30万立方米。用水人口130.32万人。全省县城人均日生活用水量110升；用水普及率74.83%；建成区供水管道密度5.28公里/平方公里。

【县城燃气】 县城燃气天然气储气能力15.03万立方米。供气管道长度337.95公里。销售天然气量1905.53万立方米，其中居民家庭1550.63万立方米。用气家庭户数71037户，用气人口20.96万人。液化石油气储气能力4324.96吨。供气管道长度42.50公里。销售液化石油气量73515.00吨，其中居民家庭70826.00吨。用气家庭户数236517户，用气人口108.51万人。县城燃气普及率66.14%。

【县城集中供热】 热水供热锅炉房供热能力4358兆瓦。供热总量2678万吉焦。供热管道长度1944公里。供热面积4398.4万平方米，其中住宅3225.6万平方米。

【县城排水和污水处理】 县城排水管道长度1079.16公里。其中，污水管288.60公里；雨水管134.77公里；雨污合流管655.79公里。年污水排放量9013万立方米。建成区排水管道密度5.28公里/平方公里。县城污水处理能力18.9万立方米，其中二、三级9.9万立方米。处理量4124万立方米，其中二、三级2292万立方米。污水处理厂集中处理率45.76%。

【县城园林绿化】 绿化覆盖面积6008公顷。园林绿地面积5088公顷，其中建成区4588公顷。公园绿地面积1475公顷。公园个数32个，公园面积633公顷。县城建成区绿化覆盖率25.92%，建成区绿地率22.46%，人均公园绿地面积7.53平方米。

【县城市容环境卫生】 道路清扫保洁面积2349万平方米，其中机械化360万平方米。生活垃圾清运量133.79万吨，其中密闭车(箱)清运量89.34万吨。生活垃圾处理厂(场)4座，其中卫生填埋4座。生活垃圾无害化日处理能力766吨，无害化年处理量26.09万吨，其中卫生填埋量26.09万吨。生活垃圾处理厂(场)本年运行费用3642万元。生活垃圾转运站82座。公共厕所770座，其中三类以上93座。市容环卫专用车辆设备总数406量。餐厨垃圾日处理能力478吨。粪便清运量20.36万吨，处理量13.09万吨。县城生活垃圾无害化处理率19.50%。

【县城市政公用建设投资】 全省县城市政公用设施建设固定资产投资额180233万元。其中，供水36122万元；燃气4048万元；集中供热28778万元；道路桥梁51196万元；排水8969万元；污水处理22911万元；防洪2867万元；园林绿化12716万元；市容环境卫生8750万元；垃圾处理3478万元。本年新增固定资产投资174886万元。

【县城市政公用设施新增生产能力】 全省县城新增供水综合生产能力10.32万立方米/日，供水管道长度102.16公里；天然气储气能力0.20万立方米，供气管道长度37.21公里；液化石油气储气能力10.00吨；集中供热热水供热能力762兆瓦，供热管道长度151.00公里；桥梁4座；道路新建、扩建长度54.50公里，道路新建、扩建面积86.33万平方米；排水管道长度31.90公里；污水处理厂处理能力1.5万立方米/日；绿地面积123公顷；生活垃圾无害化处理能力202吨/日。

【村镇规划】 为开展全省特色景观旅游名镇(村)创建工作，省住房和城乡建设厅着力推进旅游特色小城镇总体规划、旅游专项规划编制工作，45个小城镇(村)编制两项规划。吉林省有9个小城镇被评为全国特色旅游名镇，17个小城镇被评为全省旅游名镇(村)。同时，为鼓励各地政府更加积极地开展旅游名镇(村)规划建设，还会同省旅游局设立专项奖励资金。省住房和城乡建设厅会同省文化厅共同开展全省历史文化名镇(村)创建工作，组织推进具有历史文化资源的镇(村)开展总体规划和历史文化保护专项规划编制工作，推动全省历史文化特色小城镇(村)规划编制和历史文化保护。全省已有2个镇被评选为全国历史文化名镇，并已争取到国家相关专项保护经费500万元。省住房和城乡建设厅积极组织符合绿色小城镇申报标准的小城镇开展申报工作，推进绿色小城镇规划编制和建设工作。抚松县松江河镇已被列入全国绿色重点小城镇示范试点镇候选名单。省住房和城乡建设厅配合相关部门组织小城镇申报重点流域、重点镇污水处理项目工作。吉林省15个小城镇申报的污水处理项目已全部通过国家审查，列入"十二五"规划。

【村镇建设管理】 经省政府同意，农村危房改造日常办公机构设在省住房和城乡建设厅，省发改委、省财政厅等相关部门予以配合。全省农村泥草房改造工作即将全面完成，省级配套资金省政府共批准23400万元，其中15855万元由泥草房改造专项资金中落实，其他边境地区农村危房改造所需7845万元资金由省财政在地方债券中予以落实。"十二五"期间农村危房改造省级配套专项资金由省财政厅设立专项资金予以配套。争取国家农村危房改造计划和专项资金，国家农村危房改造计划39000户，其中边境一线17000户，节能示范户4000户；补助资金27600万元，其中节能示范户800万元。

省住房和城乡建设厅召开全省农村危房改造工作会议。全面部署2011年全省农村危房改造工作任务。启动全省农村危房鉴定普查工作。对全省各市(州)、县(市)农村危房改造管理和技术人员统一进行农村危房改造政策、农村危房鉴定技术、农村危房档案建立、农村危房相关工作程序及要求培训。同时组织各地骨干人员参加全国农村危房改造培训工作。

受国家住房城乡建设部委托对黑龙江省农村危房改造工作进行检查。住房城乡建设部检查组来吉林省检查农村危房改造工作，对靖宇、安图县工作给予好评。省住房和城乡建设厅在梅河口市、柳河县开展县(市)村镇建设管理试点工作。梅河口市已初步建立网上村镇建设行政审批系统，提高村镇规划管理的工作效率，方便农村居民办理相关手续；柳河县建立县、镇(乡)两级村镇建设管理模式，落实相关管理人员事业编制和经费来源，实现村镇建设地方管理方式，为加强村镇规划对村镇建设的调控力度奠定基础。

项目建设带动规划实施试点工作。辉南县金川镇积极引进基础设施建设项目，投资1亿元建设镇内道路和排水设施，带动规划实施。新式农居建设试点。在辉南县金川镇立新村组织集中兴建24栋新式农居，采用新型节能墙体和太阳能技术，缩短建设周期，提高房屋的保暖性能，改善村民的生活环境。

村镇建设开发试点工作。在东丰县大阳镇、黄泥河镇组织村镇建设开发试点工作，项目投资总计1亿元，总建筑面积3万平方米。改善城镇居住环境，困难群众的居住条件，为城镇建设集约土地建设基础设施提供条件。省住房和城乡建设厅与省财政厅、省发改委完成2011年省级小城镇发展专项资金使用计划安排，组织召开项目评审会，确定全省38个小城镇建设项目。配合"千名处长进千村"帮扶活动，省住房和城乡建设厅受省直机关工委委托制定《吉林省"千名处长进千村"村庄建设标准》。

9. 建筑节能与科技

【建筑节能科技】 全省共计完成既有居住建筑供热计量及节能改造4132万平方米。其中外围护、供热计量及管网平衡综合性节能改造项目完成3566万平方米，外围护、供热计量项目完成277万平方米，单独实施管网平衡项目完成289万平方米。

【下发《关于加快太阳能热水系统与建筑一体化推广应用工作的指导意见》】 省住房和城乡建设厅下发《关于加快太阳能热水系统与建筑一体化推广应用工作的指导意见》，地级城市（含延吉市）及可再生能源建筑应用示范县（市）自7月1日起在新建多层建筑中同步规划、设计、施工、验收太阳能热水系统。同时，加大农村地区太阳能热水系统的利用。

【列入国家太阳能光电示范项目计划】 继长白山职业技术学院光伏采光顶、幕墙国家示范项目之后，吉林文辉胶囊和吉福参生物有限公司两个项目列入2011年国家太阳能光电示范项目计划。吉林省已列入国家太阳能光电示范计划项目3项，总装机容量1946kWp，可获得奖励资金1712万元，已拨付1198万元。

【可再生能源建筑应用推广】 省住房和城乡建设厅制定推行《吉林省可再生能源建筑应用推广重点区域方案》，将白城地区、"长吉图开发开放先导区"、重要节点城市、松原市等资源丰富地区列为可再生能源建筑应用示范城市及示范县（市）。将优先集中连片推广，并按重点城市组织国家示范申报及项目建设。镇赉县已列入国家计划，获得国家奖励资金1800万元。

【公共建筑节能监管体系建设】 省住房和城乡建设厅制定《吉林省公共建筑节能监管体系建设工作方案》，成立公共建筑节能监管体系建设工作推进组；编制《吉林省公共建筑能耗监测平台建设实施方案》，在全省开展大型公共建筑能耗统计工作。已统计大型公共建筑167栋、机关办公建筑196栋。下发《关于开展公共建筑能耗动态监测试点工作的通知》，将长春、吉林两市列为公共建筑能耗动态监测试点城市，选择10栋建筑，安装分项计量装置，对用电、用水、用热等情况进行动态监测，并组织有关部门和专家对试点建筑安装方案进行论证。

【"暖房子"工程】 省政府决定，从2011年起，"暖房子"工程要增量扩面，从地级城市向县（市）延伸。在《政府工作报告》中提出，全省要改造撤并小锅炉房800座，改造陈旧管网800公里，完成既有居住建筑供热计量及节能改造1200万平方米；同时，新增集中供热能力5949万平方米。省住房和城乡建设厅通过深入调研，分析面临的有利条件、政策环境和群众需求，把总任务调整为：改造撤并小锅炉房1500座，改造陈旧管网1500公里，完成既有居住建筑供热计量及节能改造2000万平方米，同步完成老旧小区综合整治1000万平方米。建立省级和市州供热信息化监管平台，启动县级城市信息化监管平台建设；完善供热管理体制机制建设。按照省政府的统一部署，各地和省直各部门全力组织推进。省暖房办出台《吉林省2011年"暖房子"工程工作意见》、《吉林省"暖房子"工程技术措施》、《吉林省"暖房子"工程建设标准》、《吉林省"暖房子"工程技术导则》等十几个相关政策、意见，指导各地的"暖房子"工程建设。举办一系列政策解读和技术指导培训班，仅一季度就培训各类管理人员400人，特种作业、检测等人员3万余人。省财政安排22亿元财政专项资金，同时争取国家资金17.2亿元，已到位9亿元。全省各地积极筹措配套资金247亿元。省暖房办组织三次"暖房子"工程质量安全专项督查，配合省人大、省政协组织开展"暖房子"工程调研和督查工作。督促各地严格履行基本建设程序，严把材料采购和各项质量检测监管。通过上下努力、各方配合，"暖房子"工程进展各项任务均超出年初下达的计划指标。省里计划新增供热能力5949万平方米，竣工6019.64万平方米，是计划任务的101.18%。小锅炉房撤并改造省里计划1500座，完成1754座，是计划任务的116.93%。陈旧管网改造省里计划1500公里，完成2646.51公里，是计划任务的176.43%。既有居住建筑供热计量及节能改造省里计划3010万平方米，完成3565.95万平方米，是计划任务的118.47%。老旧小区环境综合整治省里计划1000万平方米，完成1114.19万平方米，是计划任务的111.42%。供热信息化监管平台建设全面启动。"暖房子"工程，使46万户、138万居民受益，冬季室内温度平均提高5度左右。改造后房屋价值每平方米平均增加500~1000元人民币。一个采暖期节约标煤77.138万吨，减排二氧化碳202.108万吨，减排二氧化硫6556.916吨，减排烟尘5862.645吨。改造后的城市及小区环境明显改观，居住更加舒适，城市居民幸福指数有提升。

【建设科技】 省住房和城乡建设厅定期组织开展建筑节能（技术）产品认定评审，对建筑节能技术、材料及产品进行认定。共组织专家评委召开认定评审会20次，全年共颁发建筑节能技术（产品）认定证书599个。开展一二星级绿色建筑评价工作。4月27日在长春市举办"吉林省一二星级绿色建筑评价标识专家委员会培训大会"。特约住房城乡建设部领导和专家8人培训绿色建筑评价专家41人。4月、10月组织绿色建筑评审会2次，通过评审绿色星级建筑项目2项，长春万科·柏翠园（二星级设计标识）和长春净月万科城项目（一星级设计标识）。由省科技发展中心发起经省住房和城乡建设厅与省民政厅批准，成立"吉林省建筑节能产品企业协会"和"吉林省地暖协会"。

10."十二五"规划编制情况

【概况】 12月5日，《吉林省住房城乡建设事业'十二五'规划》（以下简称《规划》）已经省政府审定批准同意印发。《规划》对"十一五"期间全省住房城乡建设事业取得的成果进行全面总结，分析"十二五"期间发展面临的形势与挑战，明确新时期建设事业的指导思想、发展目标和主要任务，并提出实现任务目标的主要政策措施。

【"十一五"规划执行取得的主要成效】 城乡规划实施和监督管理力度加大，城镇建设与发展和城乡统筹发展协调性得到加强，推进全省城镇化进程；全面推进城市棚户区改造等"六路安居"工程建设，促进房地产业平稳健康发展；城市建设步伐加快，市政基础设施承载服务能力和保障水平不断提高；城镇规划、建设、管理取得新进展；建筑市场监管体系和工程质量与安全保障体系初步确立，建筑施工、勘察设计咨询行业结构调整深入推进；建设领域科技创新能力和整体技术水平提高，建筑节能、可再生能源应用取得新进展；建设行政管理体制改革和职能转变逐步深化，建设法律法规和政策体系框架初步形成，行业队伍素质不断提高。

【"十二五"期间主要任务】 全面推进"暖房子"工程建设；强化城乡规划的综合调控作用，促进城乡统筹和区域协调，全面推进城镇化进程；推进保障性安居工程建设，规范房地产市场，保持房地产业平稳健康发展；加快城市市政基础设施建设，不断完善城市功能，提高城市管理水平，加快实现城市现代化；加强村镇规划、建设和管理，努力建设社会主义新农村；发挥建筑业的基础性作用，为城镇化提供技术支撑，带动相关产业发展，促进就业与稳定；大力推进建筑节能，转变行业发展方式，发挥建筑业对低碳经济的支撑作用。

大事记

3月，为改善发展环境、推进制度创新，省住房城乡建设厅代省政府制定印发《吉林省工程建设担保管理办法》，并组织建筑业企业组建行业建设工程担保公司。

4月，贯彻住房城乡建设部等四部委《关于加强和改进住房公积金服务工作的通知》（建金〔2011〕9号），组织全省住房公积金系统开展优化服务推进年活动。在吉林市、延边朝鲜族自治州召开"全省住房公积金改进和强化服务工作经验现场交流会"。

5月18日，省政府令第222号公布，《吉林省建设工程造价管理办法》已经4月6日省政府第4次常务会议讨论通过，自公布之日起施行。

5月，根据住房城乡建设部的要求，在全省范围内开展高层混凝土结构工程执行工程建设强制性标准情况检查。配合部检查组对全省自查项目进行抽查和复验。印发《高层混凝土结构工程执行工程建设强制性标准检查情况通报》，对存在问题的工程限期整改。

6月，制定下发《关于加快太阳能热水系统与建筑一体化推广应用工作的指导意见》，地级城市（含延吉市）及可再生能源建筑应用示范县（市）自7月1日起在新建多层建筑中同步规划、设计、施工、验收太阳能热水系统。同时，加大农村地区太阳能热水系统的利用。

6月30日，省政府令第225号公布，《吉林省建设工程质量管理办法》已经4月6日省政府第4次常务会议讨论通过，自8月1日起实施。

6月30日~7月12日，省住房和城乡建设厅开展全省"暖房子"工程质量安全及市场行为执法检查。对全省在建"暖房子"工程项目开展情况进行专项检查。采取听汇报、核查基本建设程序、招投标管理、工程质量、安全生产及施工现场管理的方式，共抽查6个市州的59个在建"暖房子"工程，下发执法建议书5份、对16个工程项目责令限期整改。

7月，制定印发《吉林省公共建筑节能监管体系建设工作方案》，成立公共建筑节能监管体系建设工作推进组；编制《吉林省公共建筑能耗监测平台建设实施方案》，在全省开展大型公共建筑能耗统计工作，已统计大型公共建筑167栋、机关办公建筑196栋；下发《关于开展公共建筑能耗动态监测试点工作的通知》，将长春、吉林两市列为公共建筑能耗动态监测试点城市，选择10栋建筑，安装分项计量装置，对用电、用水、用热等情况进行动态监测，并组织有关部门和专家对试点建筑安装方案进行论证。

7月18~28日，省住房城乡建设厅按照《转发住房和城乡建设部〈关于组织开展全国建设工程质量安全及建筑市场监督执法检查的通知〉的通知》要求，对全省在建工程，特别是保障性安居工程和公共建筑工程的质量安全及建筑市场从业行为进行监督执法检查。

8月，在全国率先建立全省建设稽查执法工作监控信息平台，收录各类案件信息30件，受到国家住房城乡建设部稽查办肯定并推广。

9月，配合省政府"千名处长进千村"帮扶活动，受省直机关工委委托制定《吉林省"千名处长进千村"村庄建设标准》。

12月5日，《吉林省住房城乡建设事业'十二五'规划》（以下简称《规划》）已经省政府审定批准同意印发。

12月19日，省住房和城乡建设厅在长春组织召开《吉林省城乡规划条例》宣传贯彻工作会议。

12月20日，授予高涛等29名同志为吉林省工程勘察设计青年大师。

（吉林省住房和城乡建设厅史志办）

黑 龙 江 省

1. 法治建设

【立法工作】 2011年，组织《黑龙江省供热条例》的起草、调研、上报等工作，完成专家论证和两次省人大审议工作及两次网上征求意见。《黑龙江省供热条例》于2011年10月1日起正式实施。完成《黑龙江省城乡规划条例（草案）》及《黑龙江省城市规划管理监察规定》等4部规章修正案的报送工作。其中，《黑龙江省城乡规划条例（草案）》已与省人大、省政府法制办共同完成省内的立法调研工作。对相关部门的立法征求意见进行认真地研究，综合各方建议后反馈有关部门。

【执法监督】 制订下发《2011年度全省城乡建设法制工作要点的通知》，明确2011年度全省建设系统法制工作的总体思路，确定重点工作及目标，落实主要任务和措施。对2009年12月31日前制发的规范性文件及以省政府办公厅名义制发的规范性文件进行全面清理，下发清理通知和方案，并召开专题会议，部署具体工作。对可作为法律依据保留的规范性文件（7件）以及2010年1月以后出台的规范性文件，每隔2年进行一次清理；对需修改的规范性文件（6件），设定修改期限，届时未修改重新公布的，原文件视为废止；对废止的规范性文件（22件），不得再作为行政管理的依据。《黑龙江省人民政府关于保留和取消行政审批（许可）事项的决定》（省政府1号令）自公布以来，组织厅机关相关处室和厅属各相关单位进行学习研究，召开工作推进会，组织行政审批工作人员进行培训学习。完成省直接管理县（市）住房城乡建设系统管理权限界定，根据《省委、省政府办公厅关于开展省直接管理县（市）体制改革试点的通知》要求，经过两次反复征求意见，下发《省住房和城乡建设厅关于落实省直管县体制改革试点工作实施意见的通知》。

【行政复议】 制订《黑龙江省住房和城乡建设厅行政复议工作规程（试行）》。受理行政复议案件37件，组织召开听证会17次，办结案件26件，共接待群众来访百余人次；已结案的26件复议案件，撤销2件，维持15件，终止5件，确认违法2件，驳回申请2件。

【加大建设违法违规案件查处力度】 2011年，全省住房城乡建设系统共受理各类案件1754件，立案1535件，上缴财政罚没款6351万元，分别是2010年的3.9倍、3.8倍和2.8倍。其中，黑龙江省住房城乡建设厅受理案件72件，立案33件，罚款

332万元，分别是2010年的2.3倍、1.6倍和2.9倍。受理案件中，来自群众举报的536件，执法检查发现947件，上级交办263件，外部转来18件。案件发生在建筑市场领域891件，房地产领域253件，城乡规划领域198件，城市基础设施建设领域412件。案件处罚分别依据《中华人民共和国房地产法》、《中华人民共和国城乡规划法》、《黑龙江省建筑市场管理条例》等法律法规按法定程序实施。

2. 住宅与房地产业

【房地产市场平稳增长】 2011年，黑龙江省完成房地产开发投资1219亿元，同比增长44.6%，增速高于全国16.7个百分点；占黑龙江省固定资产投资的17%，占比高于上年2个百分点；实现税收129亿元，占全省地方税收的21.8%，占全省地方财政收入的7.9%。为全省经济发展、人居环境改善做出突出贡献。全省施工面积12065万平方米，同比增长59.9%；新开工面积7195万平方米，同比增长43.4%；竣工面积2992万平方米，同比增长38.1%。增幅分别高于全国34.2、27.2、24.8个百分点。全省商品房销售价格每平方米3998元，同比增长7.6%，环比下降3.2%。

【物业管理成效显著】 2011年评出52个物业管理示范项目，其中哈尔滨市荣耀上乘、哈尔滨市柏林四季、佳木斯市金港湾、大庆市银河家园、大庆市北湖小区5个项目获得国家级物业管理示范小区称号，47个项目获得省级物业管理示范项目称号。全省评出行业突出贡献企业94家，行业楷模65名，行业资深经理人187名，爱岗敬业员工128名，诚信企业41家。

【房地产交易与权属登记管理水平有较大提升】 2011年，黑龙江省进一步推进房地产交易与权属登记规范化管理工作，努力提升服务水平，简化办事程序，方便群众办事，提高办事效率，积极创建规范化管理达标及先进单位。哈尔滨市房产局、齐齐哈尔市产权交易中心荣获全国文明单位称号；哈尔滨市住房保障和房产管理局松北分局、佳木斯市不动产登记管理局、鸡西市房产产权管理处三个单位荣获"2011年度全国房地产交易与权属登记规范化管理先进单位"；作为首批40个试点城市，哈尔滨市个人住房信息系统国家通过住房城乡建设部验收，其他市县住房信息系统建设继续推进。

【房屋征收拆迁工作顺利推进】 2011年在新旧条例转换之际，出台房屋征收补偿工作相关意见。全年签订征收协议31.57万户，拆迁面积2471万平方米，分别完成全年计划的108.9%和112.5%。

【住宅性能评定和国家A级住宅建设全国领先】 全省有26个项目被评为国家A级住宅。哈尔滨、大庆、牡丹江、佳木斯市和大兴安岭地区工作成效更为显著。

【住宅产业化基地建设全国领先】 黑龙江省建工集团、黑龙江宇辉集团以研发生产新产品新技术为支撑的国家住宅产业化基地，是全国一个省建有2个产业化基地的唯一省份。

【推进住宅产业化所采取的政策措施全国领先】 已出台的"加快全省住宅产业现代化的指导意见"集前瞻性、现实性、实效性、操作性于一体，在全国关于住宅产业化方面综合性、指导性文件，黑龙江省是第一个。住宅产业化整体推进速度较快，进展迅速，被住房城乡建设部表彰为全国5个开展最好的省市之一。鹤岗、伊春、绥化、双鸭山市，大兴安岭地区以及农垦系统等过去没有启动住宅产业化工作的地市和系统都取得突破。

【保障性住房建设实现国家A级住宅和国家康居示范工程零的突破】 2011年全省有2个大型保障房项目被评为国家康居示范工程、6个项目被评为国家A级住宅。

【县城、农场国家A级住宅建设】 2011年，大兴安岭地区的漠河、塔河、呼玛县，牡丹江市林口县、鹤岗市萝北县和农垦总局的闫家岗农场分别建设并通过1个国家A级住宅项目评定。

3. 住房保障

【概况】 2011年，黑龙江省保障性安居工程建设任务为84.54万套，保障性安居工程建设完成投资937亿元，开工86.87万套，竣工40万套。开工率和竣工率分别为102.7%和47.3%。其中，全省各类棚户区改造70.53万户，完成投资812亿元。城市棚改30.19万户，煤矿棚改6.34万户，林区棚改22.06万户，垦区棚改10、79万户，国有工矿棚改0.46万户；全省保障性住房建设16.34万套，新建廉租住房11.17万套、经济适用住房3.17万套、公共租赁住房建设2万套。完成投资125亿元；为41万户低收入住房困难家庭发放廉租住房租赁补贴。实现"十二五"良好开局。

【多措并举破解资金拆迁两大难题】 研究出台持保障性住房建设的相关政策措施，争取到中央补助资金121.45亿元，比2010年增加50亿元，居全国第一位。省政府投入32.75亿元，比2010年增加15.68亿元。各市县畅通融资渠道，政府投入达

82.7亿元。落实银行贷款52.8亿元，吸收企业投资467.2亿元。

【真抓实干，确保工程进度如期实现】 省政府明确提出7～9月开工率分别达到60％、75％、90％，10月底前达到100％，竣工率达到40％的目标。各地狠抓推进落实，采取化整为零、倒排工期、约谈后进、拆一块开工一块的办法，抢抓进度。坚持优质地块反补、先建后拆、异地安置、原地拆建与集中建设相结合，确保工程进度。建管并重，确保建设项目工程质量安全。各地严把规划、设计、材料、队伍和施工管理关。棚改回迁房和保障房的空间布局、功能设置建筑风格等有所提高。开展棚改示范项目评比活动，重点部署30多个省级示范项目，带动棚改项目建设水平的提升。全面落实工程质量安全责任制，推行项目法人、勘察、设计、施工、监理终身负责制和永久性标牌制度。组织5次大规模质量安全巡查、检查，确保工程建设质量安全。

【规范运作，确保分配运营公平公开公正】 各地把公平公正分配作为保障性安居工程建设的"生命线"，制定配租配售办法，采取"部门联审"、"公开摇号、评分排序"等办法，实行分配房源、分配过程、分配结果的"三公开"，建立动态管理台账，确保分配结果的公开、公正、公平。实行巡查制、约谈制、通报制和问责制，先后开展6次督查，实行月通报排序、对进展较慢的市、县实行约谈，促进工作均衡发展。

【惠民工程作用明显】 全省保障性安居工程建设的大规模深入推进，极大改善城市居民的住房条件，有力促进经济增长，大幅度增加投资和税收，平抑普通住房价格，完善城市功能，改善城乡面貌和环境质量，助推城镇化发展，真正使人民群众得到实惠。

4. 建筑业与工程建设

【概况】 2011年黑龙江省建筑业围绕城乡建设工作的总体部署，以科学发展观为指导，加强建筑市场的监管与服务，深入推进建筑业体制创新、结构调整和技术进步，强化工程建设质量和安全的监督管理，加快培育发展一批龙头骨干企业，建筑业综合竞争力和经济贡献率持续提升。全年完成建筑业产值1950亿元，建筑业增加值600亿元，同比分别增长10.2％和14.7％。

【建筑市场监管力度加大】 重点对违反法定建设程序、建设单位行为不规范、建设工程转包、违法分包和挂靠等问题进行多次督导检查，共抽查178项在建工程，下达执法文书141份，严厉查办无证施工、越级施工、违法分包、转包和挂靠等违法违规行为。

【继续开展工程建设领域突出问题专项治理】 加大对工程建设领域违法违规问题的查处力度，对重点项目、民生工程进行排查，严肃查处哈尔滨体育学院帽儿山滑雪场网球馆工程发生屋面倒塌事故中涉及的有关单位。

【深入开展监理市场专项治理活动】 严格市场准入清出制度，注销讷河市建设工程监理有限责任公司、哈尔滨执信建设监理有限公司监理资质，进一步净化监理市场。

【积极推进体制机制创新】 以特级企业资质就位为契机，省建设集团和龙建路桥有限公司与相应的甲级设计单位联合重组，进一步增强综合竞争力。

【加快建设业企业结构调整】 扶持总承包企业向水利、公路、市政领域拓展市场空间，扶持专业承包企业向技术含量高、经济效益好的钢结构、智能化、建筑幕墙、环保、消防等领域拓展。

【实施建筑业企业资质动态监管】 对全省1380家二级以上建筑企业进行信用评价，其中优秀占5.3％，良好24.2％，合格66％，不合格4.5％。对全省197家监理企业进行信用评价，其中优秀占16.8％，良好55.3％，合格15.7％，不合格12.2％。对优良企业积极扶持，对合格企业加强监管，对不合格企业取消投标资格，限制市场准入。

【推进建筑企业技术进步与创新】 为深入开展建筑业十项新技术推广应用，全面推进建筑业技术进步，省建筑业新技术示范工程验收委员会对2011年度申报的75项示范工程进行评定验收。其中20项示范工程获得金牌，45项工程获得银牌。省建筑业协会组织专家对2011年度申报省级工程建设工法的74项工法进行评审，其中58项工法批准为黑龙江省工程建设工法。组织培训省级监理工程师获岗位证书4821人，对已获省级监理工程师岗位证书的9737人进行继续教育。

【努力扩大建筑业企业在建筑市场中的份额】 积极为企业"走出去"拓展市场提供服务，搭建平台，扶持和鼓励优势企业到省外、国外承揽工程，为年度信用评价优秀企业开辟绿色通道，简化审批程序。积极与商务厅沟通协调，支持企业申办对外承包经营权，为企业"走出去"创造宽松发展环境，全省共有325家企业出省承揽工程，省外市场份额不断扩大，省外建筑业产值达135亿元。有5家企业获取对外工程承包资格，国外建筑业产值达60亿元。

【提高依法行政水平】 加强施工许可的审批管理，强化对项目的监管，共核发9个大项目和省重点工程施工许可证。按照规范行政权力运行制度有关要求，共核准建筑业企业资质249家，监理企业资质46家。按照注册建造师管理有关规定，共完成一、二级注册建造师4379人初始和变更注册，促进建筑业企业从业人员有序流转。加强对外省施工、监理企业入省备案审查和后续监管，实现对外进企业全过程监督管理，截至2011年底，共完成外省企业入省备案2034次。

【安全生产工作创历史最好成绩】 2011年全省建设系统安全战线以"全力推进安全生产标准化工地建设，严防重特大伤亡事故的发生"为目标，以落实安全生产责任和预防保证措施为重点，进一步提高监管效能，圆满地完成全年的工作目标，全省房屋建筑与市政基础设施工程无重特大、较大伤亡事故发生。事故起数和死亡人数同比分别下降25.9%和39.4%，全省12个市地（系统）实现建筑业安全生产"零"死亡，实现安全生产进入全国先进行列的工作目标。

【保障性住房工程建设安全工作】 2011年全省保障性住房建设工程全面、扎实推进安全生产标准化工地创建工作。明确指示要把保障性住房建设安全管理工作作为重中之重切实抓好。工作中，充分发挥部门联动、两场联动机制，从招投标、质量、安全、造价管理等环节合力推进安全生产标准化工地创建工作。召开省、市、县标准化工作推进会20余次，以点带面，全面推进。加大对落后地区和工地薄弱环节的巡查力度，突出对保障性住房施工现场安全进行检查。同时，积极宣传全省贯彻《国务院关于进一步加强企业安全生产工作的通知》的实施方案，落实具体要求，从根本上促进了建筑企业安全生产工作的开展。7月20日，全省持续推进"安全质量三个攻坚战"汇报交流会在佳木斯市召开，会议期间观摩了滨江小区（木材一区）保障性住房工地等7处施工现场。

【安全生产知识远程网上教育开通】 积极推进安全教育培训改革，组织相关专家编制网上教育培训系列教程和课件，2011年9月实现安全生产知识远程网上教育培训。

5. 村镇建设

【概况】 按照黑龙江省委"十大民生工程"建设的部署，以农村泥草房改造工程和"百镇"建设试点为重点，推进全省村镇建设工作，使全省村镇建设取得明显成效，村镇建设整体水平有所提升。2011年"全国村镇建设及农危房改造现场会"在黑龙江省黑河市召开，会议参观黑河市农村危房改造现场，推广黑龙江省农村危房改造经验，中央电视台"焦点访谈"栏目报道黑龙江省农村危房改造经验。黑龙江省政府组织召开"农村泥草房改造座谈会"，制定印发《黑龙江省农村泥草房改造实施方案》、《黑龙江省农村危房改造实施方案》、《黑龙江省撤并村屯规划纲要》、《黑龙江省县市域村镇居民点空间布局规划编制方案》、《黑龙江省县市域镇村居民点布局专项规划编制技术要求》、《黑龙江省新农村村庄建设标准（试行）》、《黑龙江省新农村住宅设计图集》、《黑龙江省小城镇市政基础设施规划技术规定（试行）》。2011年启动第二批52个"百镇"建设试点，已累计启动100个"百镇"建设试点；确定128个整村改造泥草房试点，印发《第二批"百村"泥草房整村（屯）改造试点的通知》；组织编制116个小城镇总体规划和710个村庄建设规划；全省26.1万农户改造泥草房，其中完成国家下达的农村危房改造6.1万户。全省村镇建设总投资完成415亿元。

【村镇建设投资规模稳定增长】 2011年黑龙江省政府加大"百镇建设"、"旅游名镇"、"泥草房改造"的政策资金扶持力度，调动积极性，使村镇建设投资规模较大增长，有力地拉动全省县域经济的发展。2011年村镇建设总投资达415亿元，比2010年增长37.83%，其中小城镇建设投资203亿元，比2010年增长46.14%。泥草房改造投资达196亿元，比2010年增长42.24%。

【农村住房建设健康发展】 黑龙江省把农村泥草房改造工作列入省委"十大民生工程"，加大泥草房改造的工作推进力度，省政府安排2亿元泥草房改造补助资金。2011年全省26.1万农户泥草房改造、2171万平方米。其中，完成国家下达的农村危房改造6.1万户。全省大力推广节能新材料和技术，2011年组织编制印发《黑龙江省农村住宅节能设计标准（试行）》、《黑龙江省新农村住宅设计图集》3套，共印发节能住房图册8万余册，组织培训节能技术人才5000多人次。新建房中节能省地型住宅达24万户，占建房总户的92%。整村推进128个泥草房改造试点村，完成泥草房改造2.56万户。全省村镇人均住房建筑面积达到20.96平方米，改善农村居民的居住条件。

【村镇基础设施、公共设施建设发展较快】
2011年全省村镇新铺装砂石以上道路2890公里,道路铺装率达71%;村镇新增自来水受益人口41.8万人,自来水普及率达61%;村镇地下自来水管网达到2480公里;村镇新建公共建筑、生产性建筑面积分别为207万平方米和240万平方米,累计分别为4829平方米和4243万平方米。

【村镇规划编制速度加快】 2006年开始组织编制新一轮村镇规划编制工作。2011年组织编制116个小城镇总体规划和710个村庄建设规划,截至2011年底,累计编制小城镇总体规划783个,行政村规划4349个和自然村庄规划7850个,规划编制覆盖率分别为82.5%、46%和22%。

6. 城乡规划

【新一轮总体规划修编和"十二五"近期建设规划编制工作全面启动】 黑龙江省政府批复《铁力市城市总体规划》、《漠河县西林吉镇城市总体规划》、《宁安市城市总体规划》,批复同意密山市、穆棱市、安达市、加格达奇区等进行城市总体规划修编;七台河市、双鸭山市、尚志市、漠河县、巴彦县、嫩江县等总体规划(纲要)经省城乡规划委员会审查通过;绥芬河市、抚远县等20多个市、县城市总体规划启动修编。根据住房城乡建设部要求,黑龙江省住建厅组织全省各市、县开展"十二五"近期建设规划编制工作,8个由国务院审批城市总体规划城市的近期建设规划全部编制完成,已报住房城乡建设部备案。

【滨水城市规划建设工作有序推进】 2011年3月,黑龙江省住房城乡建设厅向各市(地、总局)政府印发《2011年全省滨水城市规划建设工作计划》。全省建设工作会议期间,黑龙江省政府与各市(地、总局)签订了年度责任目标。截至2011年末,全省完成各类滨水规划建设项目88项,完成投资约206.7亿元。牡丹江国际会展中心、大庆北国之春梦幻城建设工程、龙凤国家城市湿地公园、鸡西市穆棱河综合治理改造工程、齐齐哈尔劳动湖水域污染综合治理项目、伊春市文化主题公园、鹤岗市天水湖公园改造、绥化市西湖公园、大兴安岭地区半砬山治理、农垦九三分局英格兰小镇等具有一定典型示范作用的重点滨水建设项目竣工投入使用或成效显著。

【确保规划设计质量】 认真落实贯彻黑龙江省委、省政府领导关于提高规划设计质量的重要指示精神,制定印发《城市总体规划、历史文化名城(镇)保护规划和重大项目选址论证报告编制成果质量考评标准》、《关于做好"四节一环保"规划管理和设计工作的通知》等文件,开展全省最优、最差城乡规划设计单位评比及省级优秀规划设计评选和成果质量审查活动。举办两期规划局长、规划院长培训班,聘请省内外规划界知名学者和相关领导授课,为进一步提升城乡规划主管部门和规划编制单位领导的思想理念和业务水平搭建交流平台。

【规范保障性安居工程规划设计】 印发《关于进一步加强棚户区改造详细规划管理的通知》和《关于提高棚户区改造和保障性住房建设项目规划设计质量的指导意见》等文件;召开推进"三棚一草"改造及保障性住房工作规划局长座谈会;开展棚户区改造和保障性住房项目规划设计质量实地检查,印发《棚户区改造和保障性住房建设项目规划设计质量实地检查情况通报》;组织召开棚户区改造和保障性住房建设项目规划管理和设计专题培训班,对于指导保障性安居工程规划管理和设计工作起到较好的促进作用。

【城乡规划管理得到加强】 不断优化城乡规划效能监察工作考评体系,把棚户区改造和保障性住房建设项目、"四节一环保"规划管理作为考评重要内容,继续加强城乡规划效能监察工作实地检查,收到了较好的效果。巩固房地产开发领域违规变更规划、调整容积率问题专项治理所取得的阶段性成果。

【法规制度建设】 高度重视城乡规划管理法规制度建设,推进《黑龙江省城乡规划条例》纳入省人大立法计划,经过省内调研,形成《黑龙江省城乡规划条例》。

【历史文化名城、名镇规划管理】 2011年12月28日,黑龙江省人民政府批复《爱辉历史文化名镇保护规划(2010~2030年)》。组织检查省内国家历史文化名城、名镇保护工作,并配合住房城乡建设部、国家文物局对哈尔滨历史文化名城保护工作进行现场检查。

【大项目规划选址及时到位】 组织召开黑龙江省引嫩扩建骨干一期工程、国能宝泉岭生物质发电项目等11个项目选址论证会议,并核发选址意见书;为哈尔滨太平国际机场扩建、加格达奇和建三江民用机场建设等项目出具规划选址支持文件。

7. 勘察设计

【加大施工图审查监管力度,保证勘察设计质量】 将棚户区改造和城镇"三供两治"作为施工图审查和勘察设计质量检查的重点。印发《关于加强城镇"三供两治"和棚户区改造工程勘察设计质量管理的通知》，开展全省勘察设计质量检查，重点检查保障性住房和棚户区改造项目。开展"三供两治"工程施工图专项审查，将"三供两治"重点工程项目作为检查重点，下发《关于加强"三供两治"工程施工图审查工作的通知》，督促各地建设主管部门进行全面检查。同时，组织专家对地市进行抽查。施工图审查率达到100%。对全省施工图审查机构进行年检，对8家合格机构更换资质证书，对15家不合格机构提出具体的整改标准与时间，限期达到国家规定的资质标准。召开全省建筑设计质量工作会议，对提高全省建筑设计质量和水平起到促进作用。

【进一步规范权力运行，严格市场准入为重点工程设计质量保驾护航】 进一步规范行政审批权力，提高评审工作透明度，推进网络化办公，基本实现勘察设计企业的人员与业绩相关联的数据库管理，对申请资质的企业所上报的人员情况，企业业绩全部实现上网公示，加强对注册人员的管理，遏止人证分离等违规行为。加强对全省勘察设计企业资质的动态管理和省外企业进入黑龙江省勘察设计市场的管理，查处个别企业借用省外企业名义从事勘察设计工作的行为，确保全省勘察设计市场公平、有序地竞争。

【加强对勘察设计单位的资质和注册执业人员的管理工作】 完成对53个勘察设计单位的资质审批和35个勘察设计单位的资质变更；受理并完成164名设备工程、49名化工工程师和89名电气工程师的初始注册。

8. 建筑节能与科技

【既有居住建筑供热计量及节能改造】 黑龙江省"十一五"既有居住建筑供热计量及节能改造任务为1500万平方米，共完成1680万平方米，按照国家统一部署和相关文件、会议要求，会同省财政厅组织制定"十二五"既有建筑节能改造规划，积极争取国家政策和资金支持。黑龙江省在"十二五"期间计划完成4000万平方米既有居住建筑供热计量及节能改造任务，其中将2011年1400万平方米改造任务分解到41个市、县和农垦、森工系统。通过与各市、县及农垦、森工总局签订目标分解任务承诺书，进一步明确任务目标的责任主体，引起各地的高度重视。各地积极落实项目资金，创新改造方法和模式，将节能改造工作同城市风貌改造和"三优"文明城市创建活动结合起来，提升节能改造工作的总体档次和水平。

【可再生能源建筑应用示范项目加速推进】 为抢抓机遇，加快推进黑龙江省光电光热建筑一体化和地源水源热泵供暖等可再生能源国家示范项目建设。会同省财政厅联合制定《黑龙江省可再生能源建筑应用城市示范管理办法（暂行）》和《黑龙江省可再生能源建筑应用农村地区县级示范管理办法（暂行）》。"十一五"期间黑龙江省8个国家示范项目已全部通过验收；3个示范县相关项目已经通过检测，具备验收条件。按照财政部、住房城乡建设部《关于2011年度可再生能源建筑应用申报工作的通知》要求，省内相关市县及科技研发单位踊跃申报，2011年，大庆市和大兴安岭地区2个地市被评为全国可再生能源示范城市，汤原、友谊和肇源3个县被评为全国可再生能源示范县；金跃集团绿色科技研发和展示基地、佳木斯百货大楼、黑龙江绅港能源开发公司、金日光电生产基地共4个项目被评为全国太阳能光电建筑应用示范项目。2011年在可再生能源方面共获得2.72亿元国家奖励资金。

【机关办公建筑和大型公共建筑节能监管】 按照《黑龙江省国家机关办公建筑和大型公共建筑节能监管体系建设试点示范工作实施计划》、《黑龙江省国家机关办公建筑和大型公共建筑能耗统计管理办法》、《黑龙江省国家机关办公建筑和大型公共建筑能源审计管理办法》等相关文件规定，组织举办两期建筑节能统计人员培训班，确定省直机关事务管理局、哈尔滨市、大庆市为全省国家机关办公建筑和大型公共建筑节能监管体系建设试点单位，并开展能耗统计、能源审计和能效公示工作。黑龙江省被国家财政部、住房城乡建设部确定为全国第四批机关办公建筑和大型公共建筑能耗监测平台建设示范省，获得国家支持资金2000万元，其中，东北农业大学国家节约型校园建设资金400万元。

【绿色建筑标识制度】 制定下发《黑龙江省一、二星级绿色建筑评价标识管理细则》，充分发挥省绿色建筑评价专家委员会的作用，大力推行绿色建筑标识制度。哈尔滨市辰能溪树庭院超低能耗办公建筑被评为住房城乡建设部2011年中德国际科技合作示范项目。

【推广应用建筑节能新技术和新产品】 制定下发《黑龙江省建筑节能技术、产品认证管理办法》、《关于加强建设领域新技术新产品推广应用管理工作的通知》，有效规范、强化了建设领域新技术新产品的认证和推广工作；结合总结"十一五"全省建设科技发展成就，组织评选命名全省十大建筑节能新产品新技术，创出黑龙江省的知名品牌；注重整合建筑节能新技术，研发建筑节能技术体系，大力推进住宅产业化基地建设，推广装配式节能住宅新技术和新产品。

9. 住房公积金管理

【**缴存余额持续增长**】 2011年黑龙江省实际缴存职工人数为248.89万人，比上年同期增长14.03万人，增幅为5.97%。住房公积金覆盖率为70.96%，比上年同期降低了0.08个百分点。截至2011年10月末，黑龙江省住房公积金缴存总额为985.94亿元，比上年同期增加180.34亿元，增幅为22.39%。缴存余额为588.04亿元，比上年同期增加93.71亿元，增幅为18.96%。

【**矿区住房公积金机构调整工作取得新进展**】 按照矿区住房公积金机构归并工作总体部署，七台河市完成住房公积金机构归并工作。与黑龙江省纠风办组成住房公积金专项治理督察组，对双鸭山市矿区住房公积金机构归并工作进行了督查，在督察组督办下，双鸭山市政府与矿务局达成共识，签订"双鸭山市政府接收双矿集团住房公积金管理机构合同"，并确定完成移交工作的时限。

【**住房公积金贷款支持保障性住房建设**】 积极协调住房城乡建设部，完成哈尔滨市群力西区棚户区改造异地安置项目和道外陶瓷小区棚户区改造项目贷款资金的调剂工作以及道外陶瓷小区棚户区改造项目12亿元贷款工作。向住房城乡建设部提出申请，扩大黑龙江省利用住房公积金贷款支持保障性住房建设试点城市范围。截至2011年10月末，黑龙江省发放住房公积金个人贷款4.48万笔、93.3亿元，占缴存额的比例为62.75%，累计发放住房公积金个人贷款39.58万元、507.22亿元，个人住房公积金贷款余额为310.97亿元，个贷率为52.88%，同比增长4.24个百分点。

【**住房公积金法规及制度建设**】 完成《住房公积金管理条例》实施情况的调研工作，形成《实施〈住房公积金管理条例〉情况的调研报告》。同时根据调研情况进一步充实完善《黑龙江省住房公积金管理办法》（征求意见稿）。完成《黑龙江省住房公积金提取暂行规定》的起草、征求意见工作，待国家《住房公积金提取规范》颁布，进一步充实后下发。制定并下发《黑龙江省住房公积金行业文明服务规范》（试行），为规范从业人员文明服务行为，提高服务水平和质量起到重要作用。

【**住房公积金监管系统前期准备**】 在2010年完成《省住房公积金监管系统信息平台技术方案》并通过黑龙江省政府电子政务领导小组论证的基础上，按照住房城乡建设部《全国住房公积金运行监管系统建设方案》的总体部署，先后召开两次座谈会，与哈尔滨住房公积金中心和联通公司黑龙江省分公司深入研究公积金监管系统镜像容灾工作。按住房城乡建设部要求已完成"施工方案"的编制工作，进入施工阶段。

（黑龙江省住房和城乡建设厅）

上 海 市

1. 综述

2011年，上海完成城市基础设施建设投资人民币1157.34亿元，比上年下降16.9%。其中，电力建设投资118.81亿元，交通运输投资595.75亿元，邮电通信投资72.76亿元，市政建设投资315.8亿元，公用事业投资54.22亿元。与上年相比，分别下降10.4%、15.8%、30.3%、14.6%和31.1%。全年安排市重大工程项目87项，包括重大基础设施、重大社会事业、重大产业、生态环境、城市运行保障和转正新增建设项目等6大类。其中，建成或基本建成京沪高速铁路上海段、崇明至启东长江过江通道、轨道交通22号线、迎宾三路隧道、林海公路、上海吴淞口国际邮轮码头、苏州河环境综合整治三期工程等16项，新开工长江西路越江隧道、国家蛋白质科学研究上海设施、数字电视国家工程研究中心、中国（上海）网络视听产业基地、东风西沙水库及取水输水泵闸、原水输水系统一期工程、中心城区排水系统改造工程、老港综合填埋场一期工程等23项。

城市基础设施运行和安全生产得到加强。在摸清现状、发现问题基础上，整改工程隐患，开展建筑市场整治。全年对全市5373个在建项目进行全覆盖检查，立案查处各类案件1552件，565家企业被清出建筑市场。全年建设工程安全生产死亡人数同比上年下降28%。落实交通安全，开展道路客运安全隐患整治，共检查轨道交通、公交、省际客运等各类企业1101家，查处安全隐患140处，已整改135处。完成城市高架道路、桥梁、隧道等大型道路交通基础设施的结构检测。加强道路交通运输安全管理，汲取"9.27"轨道交通事故教训，启动第三方安全评价机制，落实安全生产管理制度。探索建立城市管理常态化的长效机制，总结成功举办世博会的经验，加快管理制度创新。建立市市政市容管理联席会议、市交通协调保障联席会议等高层次协调渠道，强化全市城市管理和交通运行工作的协调统筹。加强对城市管理顽症的综合治理，推进中心城区网格化责任管理，并向郊区(县)拓展覆盖了200平方公里。

关系民生的实事工程得到积极推进。继续完善"四位一体"的住房保障体系，全年经济适用住房开工面积541万平方米，竣工面积200.63万平方米；动迁安置住房开工面积983.55万平方米，竣工面积298.25万平方米，搭桥供应607.36万平方米；公共租赁住房已建设筹措226万平方米；新增廉租住房受益家庭1.2万户，累计受益家庭8.7万户；新增经济适用住房签约购房家庭1.85万户。城镇居民人均住房居住面积17平方米，住宅成套率96%。推进旧城区改造和郊区棚户简屋改造，全年中心城区拆除二级旧里以下房屋44万平方米，受益居民约1.8万户。继续推行公交优先战略，优化公共交通结构。积极化解或缓解动拆迁、轨道交通运营、机场航空噪声等社会突出矛盾。

市容绿化、公用事业、环境保护、海洋和水务、国土资源等各项管理有序开展。全年处置生活垃圾704.16万吨，生活垃圾无害化处理率达87.6%，比上年提高2.7个百分点；1080个居民小区开展生活垃圾分类试点，工业危险废物和医疗废物无害化处理率达100%。全年新建绿地1063.1公顷，其中公共绿地542.78公顷。城市建成区绿化覆盖率38.2%。新建公益林605公顷，经济林105公顷，全市森林覆盖率12.58%。相继完成辰山植物园、卢湾南园滨江绿地、宝山炮台湾湿地公园二期等建设。全市自来水日供水能力达到1150万立方米，比上年增长1.7%。青草沙水源地原水工程全面投入运行，受益市民超过800万。全年全市用电量1339.62亿千瓦小时，比上年增长3.4%。全市家庭人工煤气用户101.8万户，家庭液化气用户310.6万户，家庭天然气用户455.9万户。（陈灵生）

2. 规划和国土资源管理

(1) 概述

【"三个转变"规划管理】 2011年，上海市规划和国土资源管理局以构建透明科学高效的城市规划管理体系为着眼点，以强化总体规划的战略引领和控详规划的实施操作为重点，着力健全科学编制、广泛参与、民主决策、依法实施的规划管理工作机制，加快规划管理的"三个转变"，即：规划管理的重点，从注重微观管理向微观管理与宏观管理并重转变；规划管理的模式，从注重平面指标管理向平面指标管理和立体空间管制并重转变；规划管理的体制，从注重市区分工向注重市区联动转变。

【加快城乡规划编制工作】 结合上海市国民经济和社会发展第十二个五年规划，抓紧编制《上海市城市近期建设规划(2011～2015年)》，组织推进新城总体规划修改完善工作。编制完成《上海市基本生态网络结构规划》，试点完善生态补偿制度、生态评估以及相关激励机制。会同相关部门开展金融集聚区、林地保护利用等专项规划，加快世博会等重点地区规划编制工作。

【加强民生工程设施规划】 在保障性住房规划建设方面，完成第二批大型居住社区规划选址工作，加快农村集体建设用地建设租赁房试点，开展限价商品房建设试点。在环境治理规划方面，加强黄浦江上游、青草沙水库等水源地保护。按照"一主多点、就近消纳、区域共享"的原则，开展郊区生活垃圾末端处置设施专项规划编制，完成老港固体废弃物综合利用工程规划。在交通设施规划方面，完成《上海市轨道交通8号线(航天博物馆站—汇臻路站)选线专项规划》等道路交通专项规划，开展《上海市轨道交通网络远景规划研究》等专题研究。在能源规划方面，完成特高压800kV示范工程、特高压1000kV皖电东送工程，以及前卫、北沿和长兴风电场新能源项目等相关规划工作。

【加强规划管理规范化】 全面启用"一书两证"审批新平台，强化基础数据整合、在线申请、自动比对、超标自动警示和统一管理五大功能，实现项目规划审批全过程关联管理，对减少审批过程中的人为因素影响、加强统一管理和批后监管发挥重要作用。全面推行告知承诺制，建立告知承诺指标体系，通过梳理界定项目规划审批阶段的27项审核要素，对于其中的建筑面积、绿化率等18项要素，通过承诺方式，作形式性审查；开展告知承诺制度试点工作，通过"政府事先充分告知、建设单位、设计单位遵守承诺、政府事后严格监管"的方式，简化审批内容，缩短审批时限，提高行政效率。加快三维建模工作，运用三维虚拟仿真技术，基本完成外环以内600平方公里范围的三维建模工作，提升三维审批系统在规划管理中的应用水平。（郭丽）

(2) 城市规划

【完成区（县）、镇（乡）"两规合一"工作】 2011年，在国务院批准的《上海市土地利用总体规划（2006~2020年）》的基础上，上海市规划和国土资源管理局会同相关区县人民政府，积极推进区（县）、镇（乡）级土地利用总体规划编制工作。在指导思想上，按照"两规合一、区镇同步"的原则，采取"以区为主、三级协同"的办法，加快将市级土地利用总体规划成果深化落实到区（县）和镇（乡），形成市—区（县）—镇（乡）三级规划成果体系。全面完成9个区（县）级和82个镇（乡）级土地利用总体规划成果的编制和审查工作，形成"1（区县）+X（镇乡）"两级规划成果；同步梳理17个区（县）、99个街道、111个镇（乡）的城乡总体规划，为促进土地集约节约利用、维护上海长远发展奠定了重要基础，也为保障城市生态安全预留了空间。（郭丽）

【控详规划覆盖率稳步提高】 2011年，上海市规划和国土资源管理局按照"分区域、分类别、分层次"的原则，合理确定市区规划审批分工操作方案，进一步完善市和区县控规编制、审批体制，着力提高控详规划的科学性和行政效率，推动管理重心下移。同步开展市批和区批控规数据入库的梳理工作，共涉及全市已批控规965个，经审核认定有效、予以梳理录入的控规830个。全市控规覆盖已超过50%，其中中心城区近80%。（郭丽）

【松江新城总体规划修改获市政府批复】 2011年12月，上海市政府批准市规划和国土资源管理局会同松江区政府联合编制的《松江新城总体规划修改（2010~2020年）》（沪府〔2011〕121号）。规划松江全区形成"一轴、两带、六廊、八片"的城乡布局结构。至2020年，全区建设用地总规模约289平方公里，总人口约230万人。松江新城规划范围东至区界—铁路金山支线，南至申嘉湖高速公路，西至绕城高速（G1501），北至辰花—卖新公路，总用地面积约160平方公里，其中城市建设用地面积约120平方公里。（郭丽）

【市政府批准黄浦江和苏州河两岸地区相关规划】 2011年11月，市政府批准《上海市黄浦江南延伸段WS5单元控制性详细规划徐汇滨江商务区附加图则》，规划范围位于上海中心城的南部，徐汇区的东南部，内外环线之间。北侧临近徐家汇城市副中心，东北侧临近世博会规划区，西侧临近上海南站商务区。规划综合考虑功能、交通、历史文化、开放空间、景观形象等要素，实现功能的复合，并梳理公共交通，改善滨水空间的可达性，同时积极发掘文化资源，延续历史文脉。布局提供多样的开放空间，丰富滨水活动，树立独特的城市形象，强化地区标志性。2011年12月，市政府批准《苏州河滨河地区（闸北段）暨天目社区控制性详细规划》，规划范围南起苏州河，北至交通路、虬江路，东起罗浮路、武进路、河南北路，西至苏州河，其中苏州河滨河地区（闸北段）为长安路、曲阜路、天潼路以南地区。规划功能定位是着力打造上海核心CBD的拓展区，提升滨河地区公共服务设施的服务水平，适量增加规划商业、商务办公用地控制。（高岳）

【上海市政府批准世博会地区相关规划】 2011年8月，市政府批准《世博会地区结构规划》。规划范围包括世博会红线及协调区范围，具体为中山南路—外马路—南浦大桥—浦东南路—耀华路—打浦桥隧道浦东出口—克虏伯北边界—耀华支路—倪家浜—黄浦江岸线—卢浦大桥、鲁班路围合的区域。结合上海城市发展对世博会地区的战略要求，并基于该地区独特的人文内涵、区位特征和资源优势，世博会地区后续功能定位为：突出公共性特征，围绕顶级国际交流核心功能，形成文化博览创意、总部商务、高端会展、旅游休闲和生态人居为一体的上海21世纪标志性市级公共活动中心。

2011年8月，市政府批准《世博会地区会展及其商务区B片区控制性详细规划》。规划范围为东至周家渡路、博城路、世博馆路，南至国展路，西至长清北路，北至世博大道，用地面积约25.1公顷。（高岳）

【市政府批准虹桥商务区地区相关规划】 2011年11月，市政府批准《虹桥商务区规划》。规划范围为东至环西一大道，南至S20沪青平高速公路，北至G42沪宁高速公路，西至G15嘉金高速公路。总体发展目标是成为服务我国东部沿海地区和长江三角洲地区的大型综合交通枢纽、成为上海的重要商务集聚区和促进上海服务全国、服务长江流域、服务长江三角洲地区的重要载体。2011年9月，市政府批准《中国博览会会展项目综合体控制性详细规划暨徐泾东站大型居住社区控制性详细规划局部调整》。2011年9月，市政府批准《虹桥商务区核心区南北片控制性详细规划及城市设计》。（高岳）

【严格市政地下管线规划管理】 2011年，上海市规划和国土资源管理局全面梳理地下管线规划管理工作情况，制定《上海市地下管线建设工程规划核查管理的试行规定》，明确各责任部门的职责确定、建设单位的诚信承诺、地下管线信息化应用的推进、跟踪测量和档案管理的落实到位等要求。同步开展《上海市管线综合规划管理规程和成果规范》研究工作，并抓紧制定地下管线跟踪测量成果标准。市政地下管线工程的规划管理和批后管理逐渐从被动转为主动，为管线信息收集整理等工作打下坚实基础。（郭丽）

【推进城市雕塑规划建设工作】 2011年，上海市城雕办积极协助上海世博局，结合世博会园区的后续开发利用，对8组原世博出入口广场雕塑、1座世博轴雕塑、2座世博公园雕塑进行异地设置调整，辐射惠及长宁、普陀、虹口、杨浦、闸北、闵行、嘉定、青浦、崇明等9个区县；1座世博公园雕塑作为与友好城市之间的互赠交流设置在美国芝加哥市，合理利用世博雕塑，进一步扩大2010上海世博会的影响力。推进上海重点城雕项目的建设实施。2011年新建城雕项目78个；上海市城市雕塑办公室荣获住房城乡建设部全国城市雕塑委员会颁发的"2010年度全国优秀城市雕塑建设项目"优秀组织奖；"2010年上海世博会园区雕塑"项目、"静安雕塑公园系列雕塑"项目荣获"2010年度全国优秀城市雕塑建设项目"年度大奖。（郑佳矢）

【地名管理工作有序开展】 2011年，上海市地名办共审批各类地名555个，其中居住区和建筑物类351个，市政交通设施类201个，公共绿地类3个；审批大型居住社区地名规划方案19个。全面推进第二次全国地名普查试点工作，制定《上海市第二次全国地名普查试点工作推进方案》。（郭丽）

【加强城乡规划和国土资源法规建设】 2011年，上海市规划和国土资源管理局完成了《上海市征收集体土地房屋补偿暂行规定》并经市政府发布；制定了《上海市控制性详细规划技术准则》和有关成果规范；完成了《上海市地下管线建设工程规划核查管理的试行规定》并经市政府转发；制定了《上海市建筑面积计算规划管理暂行规定》；开展了《上海市城乡规划条例》配套文件的制定；启动了《上海市实施〈地质资料管理条例〉规定》的起草上报工作，以及《上海市规划管理技术规定》、《上海市城市详细规划编制审批办法》等规章修订的前期工作。按照实施《行政强制法》的要求，对相关法规、规章、规范性文件进行了全面清理，并发布《上海市规划和国土资源局进一步推进依法行政工作"十二五"规划》和《上海市规划和国土资源管理局关于开展法制宣传教育的第六个五年规划（2011～2015年）》，全面提升规划国土资源依法行政管理水平。（徐妍）

【科技工作取得进展】 2011年，上海市规划和国土资源管理局制定《上海市规划和国土资源管理局2011年度科研项目计划》，全年局级规土资源科研项目立题48项。完成上海市工程建设标准《地下管线探测技术规程》等规范标准的编制，《农村集体土地所有权调查技术规范》、《卫星定位测量技术规范》3项标准，并被列入上海市工程建设规范和标准设计编制计划。在科研成果报奖方面，获得国土资源部科学技术奖二等奖2项，上海市科技进步三等奖1项，华夏建设科学技术奖二等奖1项、三等奖1项。（凌传荣）

【规划企业管理】 2011年，根据规划编制单位资质管理相关规定的要求，上海市规划和国土资源管理局审批通过城乡规划编制资质甲级（暂定）初审1家，并报住房和城乡建设部审批；核定乙级（暂定）城乡规划编制资质10家，核定乙级城乡规划编制资质6家，乙级整改通过并办理变更1家；核定丙级（暂定）城乡规划编制资质3家，核定丙级城乡规划编制资质1家；单独办理《城乡规划编制资质证书》信息变更5家。截至2011年底，上海市具有城乡规划编制资质的设计单位共98家。其中，甲级城乡规划编制资质单位8家，乙级城乡规划编制资质单位56家，丙级城乡规划编制资质单位34家。（张怀莉）

（"规划和国土资源管理"部分由上海市规划和国土资源管理局组织编写）

3. 城市建设

【市政基础设施概况】 2011年，上海市政基础设施建设管理与城市建设同步，全年投资315.8亿元，比上年下降14.6%。城市道路新建、改建竣工项目涉及各区县共17项，历年累计投资1147781万元；新建、改建的在建项目67项，历年累计投资1538699万元；主要公路建设项目18项目。城市道路、桥梁和郊县公路、农村桥梁等设施养护管理加强，设施完好率提高，处于良好运营状态。管理部门组织行业完成市政设施养护定额编制、市政消火栓维修养护定额编制，出版《景观步道石（通用）图集》，制定《上海市城市道路损坏赔偿程序暂行规定》，研究形成《人行天桥和地道技术状况评价方法》课题；城市道路、越江设施等养护维修定额正式执行；组织开展市政、排水行业职业技能竞赛。举办市政基础设施养护管理高层论坛和市政施工、养护设备展览，加强"四新"技术在市政行业的推广运用，提高市政工程施工质量和养护管理水平。（简嘉）

【军工路越江隧道（东线）通车】 1月28日，上海市区东北部的重要交通节点军工路越江隧道（东线）竣工通车。隧道西线因配合地块施工暂不开放。军工路隧道位于黄浦江杨浦大桥与翔殷路隧道之间，是继复兴路隧道、上中路隧道后，又一条上、下层均能通车的黄浦江越江隧道。隧道北起杨浦区军工路、黎平路向南下穿长阳路、平凉路，穿越定海港、复兴岛和黄浦江至浦东，沿金桥路向南下穿浦东大道后接地，终点为金桥路栖山路交叉口，全长3050米，设双向8车道，设计时速80公里。军工路隧道是上海城市中环线的组成部分，南北走向，军工路，向南穿越黄浦江后止于浦东新区金桥路张江路，全长3050米，双向8车道。工程于2006年12月1日开工。施工中，直径相当于5层楼高的盾构，成功穿越陆上众多重要构筑物和地下错综复杂的管线，施工线形长、地质条件复杂，面临长距离浅覆土推进、高承压水施工及8次穿越防汛墙等一系列风险。隧道分上、下两层，通行净高均为4.5米。上、下层隧道之间每隔80米设一疏散楼梯。独立式排烟系统设纵向排烟通道，江两岸各设一个风塔，并配有多座雨水、消防泵房和变电站等辅助设施。工程总投资22.35亿元。（简嘉）

【西藏南路隧道开放】 2月1日，西藏南路隧道在圆满完成世博专用隧道使命后，正式向社会车辆开放隧道主线部分，世博园区范围内的浦东雪野路匝道于6月2日向社会开放，浦西龙华东路匝道因世博园区改造建设需要，暂不对外开放。西藏南路隧道为上海市区南北向穿越黄浦江的城市道路隧道，北岸位于黄浦区，南岸位于浦东新区。隧道主线总长度2670米，其中江中段长1170米，设双向4车道，设计时速40公里。隧道东线、西线分别于2009年、2010年建成。2009年7月11日，为配合打浦路隧道全封闭大修，西藏南路隧道先期建成的东线临时对公交车辆开放双向通行。2010年4月2日，西藏南路隧道作为世博园区专用越江隧道，其东、西两线双向通车投入使用。隧道设计引进太阳能节能技术，在隧道进出口处的"光过渡段"顶层设置太阳能采热板发电，为隧道内部分路段提供照明。内部首次采用纵向通风技术，充分利用车道板下部空间实施排烟和通风。特殊设计的4组高效节能照明，采用分级分片控制，根据隧道内不同时段实际光线自动调控所需光源，按需开关。（简嘉）

【崇启通道工程（上海段）竣工通车】 年底，上海崇明至江苏启东的长江过江通道工程通车。崇启通道工程是国家高速公路网G40上海至西安高速公路的重要组成部分，也是长三角高速公路网规划的城际通道，并与上海长江隧桥工程共同组成沪（崇）苏通道。由上海浦东出发，经上海长江隧道抵长兴岛，通过上海长江大桥到崇明岛，再经由高速公路跨越崇启大桥，直达江苏省。崇启通道全长约51.2公里，按省界划分为江苏段和上海段，由两省市独立进行建设和运营管理。上海段全长30.7公里，约80%路段在新的滩涂上建设。工程起自长江隧桥终点，沿途经崇明陈家镇、向化镇、港沿镇和竖新镇区域，道路为双向6车道高速公路，设计车速100公里/小时。工程在充分调研崇明岛生态本底基础上，提出"资源节约型和环境友好型"建设原则，在路基填料选择上大部分使用经过处理的长江口细砂，尽可能减少对土地的占用，节约耕地3000多亩。工程设计重视环境保护，通过货、客车在收费站完全分开，以减少拥堵提高通行能力，减少尾气的排放量。沿线植物品种选择，既考虑景观效果，更注重消解汽车尾气中的重金属。崇启通道工程于2006年11月由国家正式批准立项，概算人民币82.38亿元，其中上海段45.71亿元，于2008年12月26日开工。（简嘉）

【杨高南路南延伸线林海公路交付使用】 6月30日，位于上海东南部地区重要的南北向交通动脉林海公路竣工通车。林海公路为浦东新区杨高南路的延伸线，北起S20城市外环线南线杨高南路立交接杨高南路，南至G1501绕城高速，全长26公里。主线道路为一级干线公路，设双向6车道，设计每小时车速80公里。线路途经浦东新区、闵行区和奉贤区。沿线相交的主要道路有秀沿路、秀浦路、上南路、S32申嘉湖高速公路、航头路、鲁南东路、老闸航公路、航南公路、大叶公路、光泰路、团青公路、南奉公路、上塑路和G1501绕城高速。其中S32立交和G1501立交为全互通立交。项目于2008年12月30日开工。林海公路的建成通车，对上海市东南部地区形成快速道路交通网络，具有功能性作用。与林海公路同步开通的S32申嘉湖高速林海公路入口及5个与其他高速公路的全互通立交，由东向西分别为祝桥（浦东机场南进口，可直达各航站楼）与G1501绕城高速（东南环）互通立交，川南奉公路（提供浦东机场方向出口及浙江嘉兴方向入口）、南六公路与S2沪芦高速互通立交，林海公路与S4沪金高速互通立交，三鲁路（提供浙江嘉兴方向出口及浦东机场方向入口）与G15沈海高速（嘉金段）互通立交，松卫北路与G1501绕城高速（同三段）互通立交（连接浙江S32申嘉湖杭高速公路）。与之相连的浦南地区重要道路金大公路新建工程也与7月份建成通车，有效缓解了S4沪金高速、浦星公路及川南奉公路的交通压力，为奉贤新城南桥大型居住社区对接中心城区开辟了又一快速通道。（简嘉）

【虹桥枢纽迎宾三路地道开通】 2011年10月29日上午，上海虹桥枢纽迎宾三路地道开通。迎宾三路地道为虹桥枢纽"十三横九纵"地面骨干路网系统的重要组成部分，与申昆路、仙霞西路隧道等，一起构成枢纽内部环路系统，形成沟通上海虹桥国际机场东、西航站楼最直接、便捷的通道。地道工程西起申昆路、申滨南路路口，隧道先后穿越七莘路高架、北横泾、机场绕滑道、主跑道、航油管、停机坪、铁路101专线及历史保护建筑等，至S20道路交叉口，全长3.17公里，其中隧道长2862米，盾构段长1862米。隧道断面采用单管双层布置，设双向四车道，供机动车专用，设计车速40公里/小时，限高4.3米。工程同步对S20沪青平公路交叉口和S20虹桥路交叉路口进行综合性改造，增辟车道和完善路口交通信号设施，新建迎宾三路西接线联络道，与虹桥枢纽高架集散系统相连。设计上注重低碳、环保、全寿命周期等理念，在隧道结构、通风、照明等环节中，体现以人为本、注重细节的风格。地道工程采用14.27米超大直径盾构机，实施长距离连续穿越敏感设施地带施工，将机场主跑道沉降控制在7毫米以内，保证虹桥机场飞机的正常起降。（简嘉）

【疏影路立交建成通车】 10月28日，上海沪杭高铁道路配套工程疏影路立交工程，经过为期10个月的连续施工，正式竣工通车。疏影路立交下穿沪昆铁路、沪杭高铁和在建的嘉闵高架道路，设计双向4车道。疏影路立交工程为沪杭高铁建成通车后，松江区连接闵行区和进入上海市区的又一重要通道，对改善沿线区域交通条件，促进地区经济发展具有重要意义。（简嘉）

【亭卫公路大修工程通过验收】 2011年10月底，位于金山区的亭卫公路（漕廊公路至金山大道段）大修工程正式通过竣工验收。大修工程涉及路段长5.66公里，总投资3995万元，主要包括机动车道白改黑、人行道翻建仿大理石、更新绿化带、桥梁维修及恢复交通标志标线等。亭卫公路大修项目实施中，运用多项新材料、新工艺，在细粒沥青混凝土中掺加0.35%抗车辙剂，以加强面层抗车辙能力；人行道新铺设仿大理石板牢固美观，且将翻挖后的原人行道彩板回收利用，铺筑成硬路肩，体现环保可持续发展理念。大修项目于3月份进场施工，采用半幅封交施工方式，确保施工期间仍可双向通车，减少对来往车辆的影响。（简嘉）

【香泉路道路改建工程全面完成】 年内8月，普陀区境内香泉路道路改建工程全面完成。香泉路道路改建工程南起交通路，北至富平路，全长357米，包括12米单跨桥梁一座。此段道路的养护管理历史欠账较多，简易路面平整度差，加上沿街摊贩、跨门营业等现象严重，导致沿路环境脏、乱、差，市民要求改善出行条件反映强烈。经市政建设养护部门立项，当年列入改建计划。道路改建工程共完成路面沥青摊铺2055平方米，人行道翻修1117平方米，桥面铺装60平方米，桥梁景观栏杆安装12片。改建后的香泉路方便了周边居民出行，改善了道路通行环境。（成天乐）

【常德路拓宽（二期）工程竣工】 经过近5个月施工，至2011年7月底，常德路道路拓宽工程二期（昌平路一安远路段）竣工。此是在2009年常德路拓宽工程一期（延安中路一昌平路段）的延伸。二期工程段道路长450米，于当年3月中旬开工，4月底完成路段内电力、信息架空线入地工程，排放电力电缆6.8公里、各类信息管线100多公里，使原先布满道路上空的视觉污染全部消失。道路拓宽工程累计拓宽车行道面积2289平方米、人行道排砌大理石道板5225平方米、侧平石1066米，改造雨水井30座，新排天然气管道440米。竣工后的道路达到"四快二慢"城市主干道路标准。（成天乐）

【多伦路道路改建及架空线入地工程全部完工】 6月27日，虹口区多伦路历史文化名人街道路改建及架空线入地工程全部完工。此项工程集道路改建、煤气排管、电力、信息架空线入地于一体的综合性工程，于上年底开工，年内2月完成煤气管线搬迁，5月15日完成信息架空线入地，5月23日完成电力架空线入地。道路改建于4月5日启动。工程全长503米，按照原路线形实施改建。老路破碎翻挖，基层浇筑混凝土，路面层采用花岗石面层铺贴。工程共铺筑花岗石砌块路面5987平方米、铺设花岗石砌块人行道375平方米、铺设斜坡花岗石面层150平方米，调换自调式防沉降窨井盖板60座，改排UPVC加筋连管179米，调换雨水进水口35座。改建工程使多伦路历史文化名人街更具老上海风情。（成天乐）

【汶水东路机动车非机动车隔离带修建工程完成】 年内3月，虹口区汶水东路大柏树至渝泾浦长约2公里的机动车、非机动车隔离带修建工程完工。此一路段为上海城市中环线北线道路。中环线通车后，位于中环线高架路下的道路一直未划设明确的非机动车道，使机动车、非机动车穿插混行，交通秩序混乱，严重影响市民出行安全。此次工程的实施，使此路段机非混行的混乱现象得到解决。（成天乐）

【莘松路道路大修工程竣工】 1月底，闵行区莘庄城区主要道路莘松路道路大修工程全面竣工。大修工程分两段，一段为区界至北竹港西321米道路，另一段为西环路至莘东路968米道路。施工中，针对莘松路交通流量大、附近居民多、沿线管线多和对沿线居民生活出行影响大的特点，组织专家进行专题研究，引进共振破碎旧路面技术，实施路面快速修复。共振破碎旧路面技术的运用，使道路面板破碎程度恰到好处，减少对路面的损伤，碎石块之间相互嵌合，增强碎裂后结构的承力，不冲击路基，保证路基下的管线设施完好无损。（成天乐）

【陆家嘴地区二层步行连廊一期工程建成】 10月1日，上海陆家嘴步行连廊一期工程建成开放。步行连廊将上海浦东小陆家嘴地区的东方明珠电视塔、金茂大厦、上海环球金融中心连通，起到调整完善陆家嘴金融贸易中心区公共空间功能的作用。陆家嘴金融核心区1.7平方公里空间内，拥有15万金融业从业人员和金融城访客及游客。建造步行连廊旨在实现人车分离，缓解此一地区的交通紧张状况，完善立体交通体系。陆家嘴中心区二层步行连廊一期工程，由明珠环工程、东方浮亭工程和世纪天桥三部分组成。其中世纪天桥全长为280米，主桥面宽8米，主梁标准断面为单室双箱结构。二层步行连廊全部建成后，将形成浦东小陆家嘴地区的新景观。（简嘉）

【小洋山隧道使用节能灯具】 9月26日，小洋山隧道照明灯具改造工程全部完工。更换节能灯后，每年节能费用可达143.2万元。小洋山隧道位于杭州湾口东北部、南汇芦潮港东南的崎岖列岛海区小城子山，为洋山深水港区一期工程进港道路组成部分，是连接东海大桥与港区道路的交通咽喉。小洋山隧道原有照明系统采用能耗较大的高压钠灯。据测算，在不影响照度的情况下，使用节能灯具可节能52%，且维护费用低、使用寿命长。此次改造工程共更换灯具788套。（简嘉）

【南浦大桥通车20年发挥巨大效益】 截至2011年11月19日，上海市区段第一座跨越黄浦江的大桥南浦大桥正式建成通车20周年。20年间，大桥通行的总车流量达6.2亿辆次，日通车流量最高时达15万辆次，发挥了巨大的经济、社会效益。（简嘉）

【上海公布收费高速公路调查摸底情况】 10月15日，上海公布区域内收费高速公路调查摸底情况，公布内容包括现有收费公路基本情况、运营情况及收费站点数量与发布图等。公布内容有关数据指标的统计截止日期为2010年底。主要情况为：全市收费公路涉及13条高速公路，收费高速公路（包括长江隧桥）总里程663公里，占公路总里程的5.6%，其中政府还贷公路175公里，经营性公路488公里。下阶段将在调查摸底基础上，以高速公路收费期限、收费标准等为重点，研究制订具体清理措施，统一向社会公布。（简嘉）

【上海轨道交通实训基地建成启用】 12月20日，上海轨道交通实训基地建成启用。实训基地由一条实训线路和车站设备运营、行车控制运营、模拟驾驶运行三个平台，以及车辆、通信、信号、自动售检票设备、供电检修五个专业系统实训室组成。实训线路为轨道交通2号线原张江高科站、龙阳路基地及一个模拟车站构成的三站两区间，总长1.6公里的线路，可为列车驾驶员、行车值班员及行车调度员进行各类联动操作演练。轨道交通实训基地建立了层次分明、专业划分合理的实训体系。建设轨道交通实训基地，对上海轨道交通发展及安全运营作用重大。（简嘉）

【重大工程建设概况】 2011年，上海城市建设中安排重大公共设施项目66项，其中社会事业项目15项、产业项目28项、生态环境项目9项、城市运行保障项目10项、转正新增项目4项，相应投资分别为291.71亿元、204.86亿元、34.05亿元、129.91亿元和15.31亿元。迪士尼乐园市政配套项目建设于4月8日开工，先后启动园内场地形成、市政道路、围场河、中心湖泊及园外市政道路、配套水系等项目的建设；实施主题乐园设计招标，场地形成工程完成真空预压进行填筑；园内市政道路、桥梁、雨水泵站、污水泵站开工；公共事业场及船坞码头办理立项程序。商用飞机项目进展顺利，三大中心和总部基地全面完成年度建设计划；总部基地完成设计方案国际竞赛；商飞设计研发中心综合实验室工程竣工；总装制造中心9个单体厂房开工，新支线交付中心、大型客机研制保障条件建设项目一期的物流厂房、工装厂房基本完工。围绕创新驱动、转型发展的产业项目建设加快推进。国家蛋白质科学研究项目、数字电视国家工程研究中心项目开工，中科院浦东科技园、上海数据港云计算服务平台等战略性新兴产业项目取得进展，网络视听产业基地、映瑞光电项目启动，汽车技改等重点优势和科技创新产业项目继续推进，吴淞口国际邮轮码头建成投用，上海中心大厦、上海国际航运服务中心等现代服务产业项目加快推进。围绕生态城市建设的环保和节能减排项目平稳推进。郊区供水集约化工程、崇明岛东风西沙水库一期、老港综合填埋场一期工程等项目开工，白龙港污水处理厂扩建二期、老港再生能源利用中心项目、风电和输变电等环保、节能减排项目平稳推进。围绕城市运行安全保障设施项目有序推进。国家重大天然气项目配套工程、石洞口燃气生产和能源储备项目等能源设施项目进展顺利；中心城区排水系统、消防站点等公共安全设施建设积极推进。围绕民生优先的社会事业项目顺利推进。保障性住房建设加快，大型居住区配套道路及公交枢纽建设全面推进；市级医疗设施和服务能力建设项目、郊区三级医院建设等卫生设施项目建设全面推进；上海电机学院临港校区一期工程、上海金融学院综合实验中心及后勤配套工程、钱学森图书馆等项目建成投用；上海自然博物馆建设进展良好。（廖天）

【外滩2号历史建筑保护性修复工程完工】 4月18日，位于上海中山东一路2号（外滩2号）的著名历史建筑保护性修复开发工程顺利完工。此幢建筑前身为创立于1861年的上海总会大楼，最初为英国在沪侨民发起成立的俱乐部，曾是当年上海最显赫尊贵的社交场所。后在原址上建起6层楼的文艺复兴风格的新楼，于1910年1月启用。经过"修旧如旧"的历史建筑，与一旁新建的塔楼一起，成为"上海外滩华尔道夫酒店"。（廖天）

【思南公馆整修开发工程基本完成】 4月中旬，以49幢老建筑为主体的上海思南公馆整修开发工程基本完成，变身时尚新地标开门迎客。思南公馆是上海衡山路复兴路历史文化风貌区重要组成部分，占地面积5公顷，东起重庆南路，西至思南路西侧花园住宅边界，南邻交通大学医学院，北抵复兴中路。区域内涉及保留保护的老建筑49幢，其中39幢先后被确定为上海市优秀历史建筑。（廖天）

【钱学森图书馆正式建成开馆】 12月11日，新建的钱学森图书馆，于钱学森诞辰100周年日正式对外开放。图书馆位于上海交通大学徐汇校区，占地面积9300平方米，陈展面积3000平方米，馆藏文献、资料、实物等84000余件。馆内陈展分为钱学森对中国航天事业的贡献及对系统科学具有开创性的成就、钱学森精神境界与人格风范、探索钱学森成为科学巨匠的原因、钱学森学术思想展示。（廖天）

【巴金故居修缮工程竣工】 备受关注的巴金故居全面修缮工程，于年内7月开工，10月份竣工，12月1日起试开放。巴金故居位于上海武康路113号一幢二层带阁楼的独立式花园洋房，始建于1923年，于1948年改建。故居修缮采取"修旧如旧"原则，屋内原有木门、木楼梯、吊灯、金属门窗把手均予以完整保留，主楼屋顶作防水层修补，使用与原有材料相近的瓦片翻新；巴金会见客人的沙发、写作的桌子、书架，逐一按原样置放。故居房屋外立面恢复原有的色泽样貌。（廖天）

【闵行铁路货场汽车物流基地建成投用】 12月5日，上海闵行铁路货场汽车物流基地正式建成投入启用。汽车物流基地位于上海闵行铁路货场西侧，总占地117亩，拥有硬化路面汽车停放场地6万多平方米、4条铁路装卸线、4个双层机械升降装卸平台等设施，年运量17万吨。工程于2010年8月开工，是铁道部为完善上海地区汽车物流布局，满足上海地区汽车运转需求而投资建设。基地建成启用后，将充分发挥铁路运输节能、环保、安全、全天候、规模化等优势，依托上海大众、上海通用强大的汽车生产能力，有效助推国家汽车工业快速发展。（廖天）

【吴淞口国际邮轮港正式开港】 10月15日，上海吴淞口国际邮轮码头正式开港。吴淞口国际邮轮港工程由引桥、水上平台、客运大楼和码头四部分组成。码头岸线总长1500米，于2008年12月20日开工，2009年7月18日在水下打下第一根桩。一期工程新建1500米的两个大型邮轮码头泊位，可同时停靠两艘10万吨级以上的国际邮轮，设计年通关能力60.8万人次。客运大楼建筑面积2.4万平方米，建在水上平台之上。吴淞口国际邮轮港从2010年4月27日试运行以来，已经接待了50多次邮轮的靠泊，其中定点班轮占80%，并已排满2012年的靠泊计划。（廖天）

【临港产业区单体冷链仓储项目建成】 12月12日，位于上海临港产业区物流园区的单体冷链仓储项目建成投用。项目由临港集团为全球第三大冷链企业美国普菲斯（PFS）公司和大连亿达集团定制，在规模、建造技术、制冷工艺、节能环保、安全生产、智能库存管理等方面，具有先进水平。冷库单体建筑面积25000平方米，净高18米，有效库容超过

42000吨，单体库容全国第一；外墙保温采用新型聚氨酯外墙板，单板长度超过21米；冷库采用高效低注入量氨制冷系统，实现二氧化碳的低排放；库区采用能量循环型全自动堆垛系统，实现库区无人管理，以最大程度节约能源；冷库采用用户网上库存查询系统，为客户提供全时的虚拟库存管理。项目建成将成为上海高端药品和食品进出口的集散中心。

（廖天）

4. 城市绿化和市容管理

（1）城市管理

【严格依法整治城市管理"四大"顽症】 疏堵结合查处乱设摊：对26个景观区域与90条主要干道，配足配强执法力量，严格禁止占道设摊，共查处无照占道设摊案件5.2万起。同时，对一般保障区域，积极探索和推行"民意主导加行政执法"的治理模式，挖掘中小道路、临时工地等资源，设立设摊临时疏导点，引导、化解了一批长期占道设摊现象。大力度治理非法小广告：坚持"停机、掏窝、处罚、清除"多管齐下，共实施"停机"4256起，实施行政处罚1803起，取缔非法小广告制作、藏匿窝点80余处，收缴非法小广告34万余张，纠正大量违法张贴、散发小广告行为。多方协作查处违法夜间施工：会同建设管理、环保部门多次开展联合检查，及时纠正违规施工和不规范处置渣土行为；夜间执勤人员加强巡查，依法查处建筑工地违法施工噪声扰民行为，共查处夜间施工案件20余起。重拳出击清理占道堆物：组织开展全市占道堆物专项整治，对严重影响城市交通、市容景观和消防安全的占道堆物集中清理。全市共出动执法队员9300余人次，执法车辆1980余辆次，检查道路1800余条次，实施行政处罚70余起，督促整改1050余处，实施代为整改230余处。

【持续推进市容环境综合治理】 深化市容环境责任区管理，完善无序摊治理机制，加强疏导和管理，建立区域间互查制度，全年建立入室疏导点200余个，便民服务点1600余处，重点区域、重点道路乱设摊现象得以有效改善。

【加强建筑渣土运输管理】 实行渣土运输单位市场退出机制。根据市政府50号令的规定，对于满足条件的违规渣土运输企业启动吊销运输许可证程序，经过法定的取证、谈话、听证告知等程序，于9月20日作出吊销该公司渣土运输许可证的行政处罚，以儆效尤，有效遏制偷乱倒。全年渣土申报量达8660万吨，同比增长88%；偷乱倒清除量为7.6万吨，同比下降44%。

【协同做好违法建筑整治】 全年拆除违法建筑548.5万平方米，其中，拆除新增违法建筑67.6万平方米，历史存量违法建筑480.9万平方米。开展上海市高速公路沿线等违规户外广告整治，店招店牌安全设置专项行动，全年共拆除违规户外广告600余处。

（2）行政执法

【夜间施工执法检查】 2011年，上海市多方协作查处违法夜间施工。市容绿化部门会同建设管理、环保部门多次开展联合检查，及时纠正违规施工和不规范处置渣土行为；夜间执勤人员加强巡查，依法查处建筑工地违法施工噪声扰民行为，共查处夜间施工案件20余起。

【完善森林资源网络管理平台】 上海市林业部门会同市规土部门，对全市148.6万亩林地的土地属性进行全面梳理调整，实现了两个部门在数据底板、技术口径、功能区划上的统一。对各区县和有关单位森林资源管理员进行培训，启动森林资源动态更新。

【严格林地管理】 规范林地征占用审批程序，分解林木采伐限额。年内共受理林业行政许可110件。组织开展以打击破坏森林资源违法犯罪为重点的"亮剑行动"。针对大型居住区涉及征占用林地一事开展全市调查和处理。

【植物检疫执法】 继续加强对世博期间引进的大型景观植物的检疫监管，组织专家对第一批引进植物进行论证，对隔离苗圃存在的问题及时提出整改意见，为开展对已过隔离监管期苗木的监管工作提供科学依据；完成世博场馆引进的法国玫瑰等多种植物依法进行销毁处理和西安"世园会"新西兰馆引进植物的调运检疫服务。加强区域和部门联手合作，与浙江省林业检疫部门签订合作框架协议，共同加大对苗木、花卉的调运检疫执法力度和相互间的通报；与市容绿化部门与市出入境检验检疫部门共同开展舞毒蛾监测和国外引种企业的检疫监管；联合上海市质量技术监督局等部门开展了对全市木材市场的检疫执法，进一步加强了对建材市场木制品的监督管理；在总结宝山、嘉定和青浦报检员制度试点成功经验上，全面推进报检员制度。

（3）城市环境建设

【中心城区道路环境整洁优良率达90%以上】 9月底，上海市政府"百个街道（镇）千条道路洁净工程"实事项目已全面完成。中心城区道路洁净工程推进覆盖率达到40%以上，郊区推进面积覆盖率达到10%以上。通过对道路污染源加强源头管理,并实施多项措施,进一步改善全市道路洁净状况,提升道路保洁服务质量,中心城区道路垃圾滞留时间得到有效控制,道路环境整洁优良率达到90%以上。在"夏令热线"活动期间,分三次、每次各四个检查小组,对全市12个中心城区的"百街千路"道路洁净工程推进工作进行检查和现场指导,共检查道路1887条(段),道路环境卫生整洁状况达到优良。

【生活垃圾分类试点覆盖1082个居住小区】 2011年,上海市市容环卫部门完成"百万家庭低碳行,垃圾分类要先行"的市政府实事项目,分类试点覆盖1082个居住小区。基本形成居民户内"厨余果皮(湿垃圾)"、"其他垃圾(干垃圾)"分类投放,居住小区"有害垃圾"、"玻璃"、"废旧衣物"专项收集的"2+3"分类模式。在试点推进过程中,各区县、试点街镇按照不同居住类型、原有生活垃圾收集点布局等方式,因地制宜探索全程分类作业模式。浦东新区将生活垃圾分类计量系统延伸至居住区;松江区、闵行区将分拣放置、分类驳运纳入相关人员考核;徐汇、普陀、杨浦、静安、闵行、金山等区积极探索"湿垃圾"预处理及就地处理工艺技术;嘉定、奉贤等区探索建立生活垃圾分拣中心;金山、青浦、崇明等区县有效增强垃圾分类收运力量;长宁区建立了较为完善的各类垃圾产量台账记录制度。青浦区推进专业废品回收企业进入试点小区等。此外,市妇联、市文明办、市绿化市容局还广泛发动市民群众积极参与。全市共发放《生活垃圾分类指导手册》和分类投放垃圾袋套装31万份,宣传折扇、冰箱贴、围兜、环保袋等宣传品约97万份,招募垃圾分类志愿者近9000人。

【人均生活垃圾日处理量同比减少5%】 按照生活垃圾源头分类基本模式,初步建立装修垃圾、餐厨垃圾、绿化枯枝落叶等专项分流的生活垃圾处理系统。全市1082个试点小区已基本覆盖"2+3"(即生活垃圾"干""湿"分离以及有害垃圾、玻璃、废旧衣物)分类模式,垃圾减量效果逐步显现。2011年进入末端处置设施生活垃圾计划量为18281吨/日,实际进入末端处置设施生活垃圾量为18088吨/日,比上年日均减少生活垃圾达816吨。浦东新区、青浦、松江、嘉定、宝山、金山、静安、卢湾、长宁等区都超计划完成任务。全市生活垃圾平均清运量为19292吨/日。

【厨余垃圾收运处置量同比增长14%】 2011年,全市共收运餐厨垃圾251184.85吨,其中厨余垃圾241088.45吨、废弃食用油脂10096.4吨,全市日均收运量为688.17吨,其中厨余垃圾660.51吨/日、废弃食用油脂27.66吨/日(地沟油14.52吨/日、老油13.14吨/日),厨余垃圾收运处置量同比增长14%,废弃油脂收运处置量同比增长282.9%。制定《上海市餐厨垃圾收运作业基本要求》,全面实施了收运作业人员持证上岗制度;网上公开厨余垃圾、废油脂资质收运企业服务信息,全市专项收运能力得到一定提升。截至12月,厨余垃圾收运车辆共203辆,较2010年增加126辆;废弃油脂专业收运车辆364辆,较2010年增加285辆。中心城区基本实现厨余垃圾分流处置,崇明县、普陀区等建成处置设施并实施分类处置;起草并印发《关于进一步加强废弃食用油脂管理的通知》(沪绿容[2011]85号文),建立废油脂处置流量流向监管制度,实施专人驻厂监管;根据市政府部署,配合食、药、监部门开展"地沟油"专项整治,会同城管执法部门开展针对产生单位违规行为的执法检查活动,组织实施全市废油脂中转、初加工场所的环境整治。

【装修垃圾申报量同比增长46.5%】 强化日常管理,督促区县管理部门落实申报管理,截至12月底,全市装修垃圾申报量为382.4万吨,同比增长46.5%;强化运输管理,对已入网车辆落实半年一次的定期检测制度,对申请入网车辆严格实施市、区两级检查制度。组织规范化管理试点,编制管理规范,在杨浦、普陀、徐汇区组织试点,在杨浦区百余辆装修垃圾运输车辆试点安装GPS,有力推进装修垃圾管理规范化。

【渣土申报量同比增长88%】 2011年,上海市建筑渣土申报量达8660万吨,同比增长88%;偷乱倒清除量为7.6万吨,同比下降44%。为加强建筑渣土运输管理,上海市实行渣土运输单位市场退出机制。根据市政府50号令的规定,对于满足条件的违规渣土运输企业启动吊销运输许可证程序,经过法定的取证、谈话、听证告知等程序,于9月20日作出吊销上海沪环废弃物清洁有限公司渣土运输许可证的行政处罚,有效遏制偷乱倒行为。

【建筑渣土管理机制进一步完善】 结合上海市管理要求和实际情况,起草并颁布《上海市建筑垃圾和工程渣土运输单位招投标管理办法》。自2月起在长宁区试点的基础上,全市各区县陆续开展区域渣土运输单位招投标工作,至9月份共产生57家中标单位(除黄浦、卢湾外),本轮渣土运输单位招投标工作基本完成。市绿化市容局起草并颁布《上海市建筑垃圾和工程渣土处置管理实施细则》,对管理范围、职责分工、综合利用、区域招标、处置申报、卸点付费等相关环节具体要求做明确，并与市交港局、海事局、市交警总队等部门联合发布。

(4) 城市生态建设

【推进老港固废综合利用基地建设】 老港固废综合利用基地建设土建施工全面展开，完成部分设备安装；开工建设综合填埋场一期工程，完成投资6.4亿元。此外，还完成老港内河工程可行性研究报告、基地渗沥液应急排放管道工程规划选址、工程可行性研究报告报批等工作；完成老港北侧防污染隔离林带项目现场土壤测试、完善种植方案。启动老港一二三期填埋场封场（二阶段）工程和封场区域示范性绿地建设，落实生态修复方案。

【各类绿地新增1000公顷】 2011年，全年新建各类绿地1000公顷，其中公共绿地500公顷。辰山植物园建成亚洲最大展览温室，实现全面开放。外环滨江二期、七宝文化公园、炮台湾公园二期等工程有序推进，嘉定、宝山、青浦等新城的公园绿地陆续开工建设。继续推进京沪高铁、崇启高速公路沿线等绿色廊道，以及农田林网、农村"四旁林"建设，进一步加强林业"三防"体系建设，推进崇明东滩互花米草生态治理专项工作。全年完成人工造林1.5万亩，森林覆盖率达12.58%。

【上海市确定第一批林荫道】 为提高城市道路绿化景观，改善城市生态环境，2011年，市容绿化局制定下发《上海市林荫道路创建评定办法（试行）》，推进林荫道创建，组织专家完成林荫道评定工作，公示和命名20条林荫道。

【花卉街景实施常态化布置】 重点做好五一、七一、国庆等节日花卉布置，全市共布置花坛花景14万平方米，全年用花量约770万盆。25加强花卉常态景观巡查，完成市级重点区域花卉集中采购与配送。编制植物群落结构调整与功能提升相关技术标准，完成虹桥路、太平桥绿地示范点改造项目工程、扩初评审，逐步推进上海市绿地群落结构调整与功能提升工作。开展绿化养护概算定额贯标培训，出台定额贯标指导意见、绿地和行道树等级认定办法、绿地本底资料调查细则等相关配套文件，推进各区县启动绿地本底资料调查。

【屋顶绿化完成10万平方米】 组织完成《立体绿化对节能减排的贡献研究数据收集分析报告》，制定并完善《十二五立体绿化实施方案》；修订《垂直绿化技术规程》，制定《新建屋顶绿化规划管理规定》，尝试拓展立体绿化统计和折算。策划组织"节能减排、低碳环保、立体绿化、你我共建"活动；与相关社会团体合作，通过开设"空间绿控"微薄、举办网络沙龙、现场技术展示、立体绿化市民评比等形式加强立体绿化专项宣传。结合文明城区创建、环保三年行动计划收尾、节能减排、审批改革等工作，积极推进各区实施年度立体绿化计划，全年基本完成屋顶绿化10万平方米，其他立体绿化3万平方米。

【加强古树名木保护】 2011年，市绿化部门组织确认10株古树、2株名木、5株古树后续资源，确认注销4株古树。实施古树防雷设施建设项目，项目涉及10个区、县的53株古银杏，设立避雷塔22个点。实施古树扶措项目，主要包括建挡土墙、设立支撑、新建仿木围栏、铺设透气砖、修剪防腐、铺设排水设施、种植地被等内容。根据2010年的每木调查资料，开展古树和后续资源名册的修订前期工作。拟新出版《上海市古树名木名册》和《上海市古树后续资源名册》。

【依法受理行政审批事项】 完成中心城区沪太路和闵行区办证点标准化建设。截至12月底，全市受理木材运输证136737份，受理检疫证130747份，检疫木材4994090方，检疫苗木15963700株，检疫包装箱3683件，托盘28294件，电缆盘2424只；受理国外引种审批192批次，涉及14个国家（地区）的84个品种，引进苗木854893株、种球6108457只、种子86900公斤，开展风险评估42批次；复检工程654家，补检110家，补检率16.82%。同时，加大对上海东方体育中心、奉贤世纪森林以及顾村公园等植树造林点用苗的复检力度，销毁苗木31批次，销毁樱花474株，销毁加纳利海枣37株；查处了上海园林集团下属上海花木公司伪造检疫专用章和变造检疫凭证案件，对违规企业和相关责任人进行了行政处罚，并将部分情节严重的案件移交公安机关处理，维护上海城市生态安全。

【上海启动第二次湿地调查工作】 开展上海市第二次湿地资源调查前期工作，组织召开多次协调推进会议。完成编制《上海市第二次湿地资源调查项目预算》、《上海市第二次湿地资源调查工作方案》和《上海市第二次湿地资源调查技术实施细则》。完成《上海市第二次湿地资源调查工作方案》和《上海市第二次湿地资源调查技术实施细则》的评审、修订和报批并获得国家林业局批准。开展超过100人次参与的一般调查和重点调查的技术培训、野外试调查。组织召开专家委员会会议评审通过8个重点调查技术方案及各区县第二次湿地资源调查实施方案。组织召开上海市第二次湿地资源调查领导小组办公室会议，研究提出《上海市第二次湿地资源调查工作进度监督和考核办法》和《上海市第二次湿地资源调查质量管理办法及实施细则》。编印《上海市第二次湿地资源调查工作简报》3期，发布调查信息42条。邀请国家林业局湿地办和国家林业局调查规划设计院的领导、专家两次现场指导和培训。赴国家林业局北京院、西北院对接一般调查遥感判断和质量监督检查工作。

【崇明西沙湿地公园成为上海首家国家湿地公园（试点）单位】 2011年6月22日，崇明西沙国家湿地公园总体规划完成并征询意见，7月13日，《上海崇明西沙国家湿地公园总体规划》通过市级专家评审。2011年12月12日，上海市崇明西沙湿地公园顺利通过专家组实地考察评估、集体评审和公示等，成功被国家林业局批准为国家湿地公园试点单位（林湿发〔2011〕273号）。

【社会绿地推进长效管理】 制定《关于加强社会绿地工作的管理意见（试行）》；推动各区通过建档梳理、加强责任告知、检查考核、托底处置等方法，加强对社会绿地的行业监管；加强对道路沿线社会绿地以及重要公共设施区域（公路、铁路、河道、机场）的巡查考核，制定并实施《社会绿地巡查考核细则》。联合市房屋管理局发布《关于加强住宅小区绿化管理的通知》，进一步明确住宅小区绿化调整改造、绿化日常养护管理的要求，并下发至各区绿化房管部门和全市8000多个小区；制定《居住区绿化调整技术规范》，加强对居住区绿化管理的指导和服务。建立园林式居住区复查监管机制，对日常管理不善、明显不符合标准住宅小区进行摘牌。开展花园单位复查工作、合格单位创建工作和园林式小区创建工作，以创建、复查引导、带动单位和居住区的绿化管理。（秦磊）

（"城市绿化和市容管理"部分由
上海绿化市容委组织编写）

5. 住房保障与房屋管理

【新建住宅节能省地和住宅产业现代化】 按照上海市政府节能减排重点工作安排，通过激励和强制两个方面，落实住宅领域节能减排目标。继续利用"建筑节能项目专项扶持资金"鼓励政策，共14个、约138万平方米住宅项目列入市建筑节能专项扶持范围。着力推进全装修住宅建设，逐步构建全过程监管机制。颁布全装修住宅装修工程补报建程序等相关文件，进一步强化土地出让、报建、设计、施工、销售、竣工验收、交付使用的全过程监管，促进全装修住宅设计合理、实施规范、质量可靠。

全年竣工全装修住宅283万平方米，在建615万平方米。聚焦住宅产业化政策制定落实，谋求行业发展模式转变。会相关部门在调查研究的基础上，出台《关于加快推进本市住宅产业化的若干意见》、《关于本市鼓励装配整体式住宅项目建设的暂行办法》。着力推动上海住宅产业化工作有序开展，推进2011年度我市装配式住宅相关验收规范、定额、图集、软件等编制工作，全市落实装配整体式住宅58.6万平方米，上海城建集团作为上海市首个国家住宅产业化基地已经住房和城乡建设部批准。加强保障性住房技术文件研究，提升保障性住房综合性能。

【"四高"优秀小区创建和住宅性能认定情况】 2011年，努力贯彻坚持可持续发展战略，继续落实"节能、节地、节水、节材和环保"要求，加快实现"创新驱动，转型发展"，在住宅建设领域中，注重资源的节约与再利用，提升住宅的综合性能，着力推进节能省地型住宅建设。

以创建节能省地型"四高"（高起点的规划、高水平的设计、高质量的施工、高标准的管理）优秀小区为载体，全年共完成45个"四高"创建项目，共计754.30万平方米。同时，大力推进住房和城乡建设部有关保障性住房建设中，开展住宅性能认定试点工作，在完成的18个住宅性能认定项目中，保障性住房项目就占到了12个，总建筑面积为244.7万平方米。

【保障性住房建设】
（1）大型居住社区建设

2011年，国务院与上海市签订目标责任书，要求上海建设保障性住房和棚户区改造住房26.6万套。市委、市政府部署排定保障性安居工程建设与筹措总面积为1500万平方米。为顺利推进保障性安居工程建设，上海市进一步深化并夯实了"以区为主"的建设机制，2月28日，市政府与各区县签订住房保障工作年度目标责任书，上海市市住房保障和房屋管理局作为市大型居住社区建设推进办公室的主要牵头单位，按照"规划科学、配套健全、环境优美、工程优质"的目标要求，积极推进上海市保障性住房大型居住社区建设。上海市2011年新开工建设保障性安居工程约26.7万套，新开工、筹措各类保障房1700万平方米。

同时，上海市市住房保障和房屋管理局按照"同步规划、同步设计、同步建设、同步交付"的要求，编制完成《上海市保障性安居工程大型居住社区配套建设项目计划（2011～2013年）》，围绕供应1150万平方米保障性住房目标，编制并下发了相应配套设施的建设任务书。同时，通过定期到各相关区进行调研，落实专人跟踪、协调、检查基地保障性住房及其配套建设进展情况等，加快推进大型居住社区保障性住房及其配套设施建设。此外，还下发了《关于加快推进本市大型居住社区大型商业配套设施建设的暂行意见》，进一步明确了大型居住社区商业配套建设的责任，并鼓励企业集团积极参与商业配套设施建设，如百联集团签订了三林基地大型商业中心的建设意向书等。

另外，上海市市住房保障和房屋管理局与市建设交通委联合下发《上海市保障性住房设计导则》（经济适用住房篇和公共租赁住房篇），明确上海市经济适用住房和公共租赁住房的设计要求。10月底，启动上海市"我最喜欢的保障房"设计评选活动，广泛吸取市民对保障性住房建设的合理化建议，努力提升上海市大型居住社区保障性住房建设水平。

(2) 共有产权保障房(经济适用住房)建设

2011年，上海市共有产权保障房(经济适用住房)建设项目再次被列入市重大工程，并确定了开工建设500万平方米、8万套共有产权保障房(经济适用住房)的目标任务。全年实现共有产权保障房(经济适用住房)新开工541万平方米、8.03万套，项目主要分布在浦东、嘉定、闵行、青浦、松江、宝山等区；可供应544万平方米、8.03万套，顺利实现市重大工程建设目标，为"十二五"期间共有产权保障房(经济适用住房)建设奠定了良好基础。

(3) 动迁安置房建设

2011年，上海市根据"服务旧区改造、服务重大工程、服务百姓安居"的原则，确定了开工建设800万平方米、10万套动迁安置房的目标任务。全年实现新开工面积约983.55万平方米、11.6万套(其中市属项目新开工约339万平方米、4.75万套，区属项目新开工约644.55万平方米、6.85万套)，达到供应标准约650万平方米、8.04万套；动迁安置房项目共认定33个，规划用地面积255.61公顷，规划可建建筑面积316.28万平方米；完成项目招标公告4幅，用地面积约26.01公顷。总计搭桥供应房源约607.36万平方米、7.3万套，顺利推进了轨道交通12号线、董家渡和苏州河北岸等市重大市政、重点旧改项目动迁。

【旧房改造】

(1) 旧住房修缮改造内涵拓展

针对上海市旧住房的使用现状，总结旧住房综合整治、平改坡综合改造、旧住房成套改造等传统的旧住房修缮改造工作经验。同时，研究拓展工作内涵，鼓励模式创新，完成高层老旧电梯更新改造、郊区老城镇旧住房改造的课题调研工作，实施徐汇区安亭公寓、卢湾区大康里直管房全项目大修试点工程。对既有住宅加装电梯进行调查研究，出台《本市既有多层住宅增设电梯的指导意见》。多渠道、多途径地改善市民群众居住质量。

(2) 进一步加强工程项目政府监管

切实加强旧住房修缮改造项目的工程监管，一是开展上海市房管系统旧住房修缮改造在建项目安全生产和消防安全专项大检查；二是根据市府开展建筑市场整治规范的要求，配合市整治办开展为期一年的专项整治工作，解决旧住房修缮改造工程项目实施、政府监管、工程质量安全等方面存在的突出问题，完善健全机制，强化政府监管。

(3) 完善相关政策法规机制

梳理研究上海市住宅修缮工程政策法规、体制机制、管理现状，并听取各方意见和建议，会同相关部门共同研究并出台《上海市住宅修缮工程管理试行办法》，明确住宅修缮管理部门及各自职责，明确住宅修缮工程管理流程和建设管理相关要求，明确住宅修缮群众工作的相关要求，并制订相关配套文件。

【房地产市场管理】

(1) 房地产市场调控

2011年，上海市住房保障和房屋管理局坚决贯彻国家和上海市各项房地产市场调控政策，商品住房价格过快上涨的势头得到有效遏制，年初确定的新建住房价格控制目标实现，调控取得积极成效。

1月31日，上海市出台《关于本市贯彻〈国务院办公厅关于进一步做好房地产市场调控工作有关问题的通知〉实施意见的通知》（沪府办发〔2011〕6号），共九条措施，要求坚持以居住为主、以市民消费为主、以普通商品住房为主的原则，采取税收、信贷、土地、行政、住房保障等政策措施，有效遏制投资投机性购房，逐步解决居民住房困难，促进上海房地产市场健康发展。上海市市住房保障和房屋管理局根据《通知》要求，会同相关部门确定上海市新建住房价格控制目标，制订住房限售政策的业务流程和操作口径，配合做好房产税试点工作，加强住房租赁市场调控，并根据调控政策执行过程中出现的新情况、新问题，不断完善各项政策措施，进一步强化市场监测监管，房地产市场运行总体平稳，符合调控预期。

房地产开发投资情况

据上海市统计局统计，2011年1～12月，在调控背景下,得益于政府加大保障性住房的投入,全市完成房地产开发投资首超2000亿元,为2170亿元,同比增长9.6%,其中住房投资1399亿元,同比增长13.7%。房地产开发投资占全社会固定资产投资比例为43%。

2011年1～12月全市新建住房新开工面积2474万平方米,同比增加17.2%;竣工面积1550万平方米,同比增加11%。

商品房成交情况

据上海市统计局统计,2011年1～12月新建商品房销售面积1771万平方米,同比下降13.8%;其中新建商品住房销售面积1474万平方米,同比下降12.6%。二手存量房买卖登记面积1399万平方米,同比下降29%。

商品住房价格情况

在加大房地产市场调控力度和加快推进住房保障工作的双重作用下,上海市年度商品住房价格指数涨幅明显回落。10月以后价格指数环比下降。据国家统计局统计,2011年上海市新建住房和二手存量住房价格指数同比分别上涨1.8%和1.7%,涨幅分别比2010年下降5.8和6.1个百分点。10～12月上海市新建住房和二手存量住房价格环比指数连续3个月出现下降。

(2)加强房地产市场监测监管

加强房地产市场监测分析

每月会同相关部门对上海市房地产市场运行情况进行分析,重点对调控政策的贯彻执行、市场走势以及需要关注的问题进行研判,提出对策建议报市委、市政府决策参考。

严格执行住房限售政策

明确操作口径。2月17日,市住房保障和房屋管理局印发《关于本市贯彻执行住房限售等政策有关问题的通知》(沪房管规范市〔2011〕2号),明确住房限售政策的业务流程和操作口径,要求采用承诺加审核的模式,即要求购房人和房地产开发企业双承诺,并在签约、预告登记、转移登记三道环节进行把关。修改合同示范文本。5月9日,与市工商局联合印发了《关于修改本市商品房销售、买卖合同示范文本条款的通知》(沪房管市〔2011〕140号),增加有关住房限售提示条款,防止限售政策引发合同解约等纠纷。严格把关、堵塞漏洞。8月12日,印发《关于执行住房限售政策中查验个人所得税缴纳证明材料有关流程的通知》(沪房管市〔2011〕255号文),明确非上海市户籍居民家庭持税单在上海市购买住房的需进一步核查具体纳税日期,个人所得税的申报日期须符合"自购房之日起算的前2年内连续缴纳满12个月"的规定,补缴的不予认可。

进一步加强房地产市场监管

7月20日,上海市市住房保障和房屋管理局出台了《关于加强本市商品住房销售行为监管严格执行住房限售政策等有关问题的通知》(沪房管规范市〔2011〕5号)。一是要求加强商品住房销售方案备案审核,对定价过高的房地产开发企业可以采取约谈、劝诫等方式加强指导和审核,与价格主管部门加强配合,共同做好"一房一价"工作;二是加强商品住房预订行为监管,对房地产开发企业通过商业网站等销售合作方进行预订、销售等行为进行规范;三是会同市发改委对全市房地产经纪机构和人员集中开展专项整治,制止和查处房地产经纪违法违规行为,进一步规范房地产交易秩序。

加大违法违规行为查处曝光力度

2011年2月,上海市市住房保障和房屋管理局对上海弘晔、双鸥置业、屹申房产等三家房地产开发企业在取得预售许可证前,以VIP卡方式变相收取定金等违规销售行为,分别给予警告、责令限期改正、罚款等行政处罚。处理结果上网公示,并通报相关管理部门。相关管理部门收到通报名单后,通过风险提示,对三家违规房企的开发项目贷款进行了限制,并对其加强税收征管和稽查。2010年10月,上海市市住房保障和房屋管理局印发《关于开展房地产交易秩序专项检查的通知》(沪房管市〔2010〕377号),在全市范围开展房地产交易秩序专项检查,重点检查限购政策、"3万平方米以下楼盘必须一次性申请预售"规定,"一房一价"制度落实情况;重点查处无证预订、发放贵宾卡、捂盘惜售、虚拟交易、哄抬房价、不执行合同网上备案规定等违法违规行为;与工商部门建立协调机制,定期向其提供商品住房项目开盘信息,由工商部门对开盘周边房地产经纪机构门店予以重点监管检查,同时配合查处房地产经纪机构从事国家和上海市禁止流通的房地产转让业务,怂恿客户签订"阴阳合同"等违法违规行为。专项检查期间,会同相关区县房管部门已先后查处"乐莫苑四期"、"恒盛湖畔豪庭"、"万家新天地商都"项目未取得预售许可证以VIP卡方式变相收取定金违法违规行为,依法予以警告、限期整改以及罚款的行政处罚。

(3)加强房屋租赁管理

为贯彻住房和城乡建设部颁布的《商品房屋租赁管理办法》,根据上海市委、市政府的部署,起草修订了《上海市居住房屋租赁管理办法》，经市政府第111次常务会议审议通过，于2011年10月1日起正式施行。一方面，会同市民政局下发《关于印发〈上海市居住房屋租赁合同登记备案操作规则（试行）〉的通知》（沪房管规范市〔2011〕11号），并开发应用了居住房屋租赁信息系统；另一方面，会同市工商局下发《关于推行使用〈上海市居住房屋租赁合同示范文本（2011版）〉的通知》（沪房管市〔2011〕296号），引导租赁当事人维护自身合法权益。

【拆迁管理】

（1）制定并出台《上海市国有土地上房屋征收与补偿实施细则》

为全面贯彻实施《征收条例》，上海市住房保障和房屋管理局会同市政府法制办以及有关部门，成立工作组，开展上海市实施细则的起草和制定工作。期间，市住上海市住房保障和房屋管理局不断进行专项课题调查研究，召开专家学者、法院、律师、区（县）房管局、街道（乡镇）、动迁公司等多层面座谈会，听取人大、政协专门委员会的意见，并书面征求相关管理部门和区县政府意见，起草制定了《上海市国有土地上房屋征收与补偿实施细则》（上海市人民政府令第71号），并于2011年10月19日正式出台实施。

（2）全面启动房屋征收与补偿相关配套文件起草工作

根据《实施细则》的规定，启动上海市房屋征收与补偿工作相关配套文件的起草工作。在积极与相关部门协调沟通的基础上，形成《关于贯彻执行〈上海市国有土地上房屋征收与补偿实施细则〉的若干意见》、《关于上海市房屋征收补偿决定的若干规定》、《上海市国有土地上房屋征收补偿资金管理办法》、《上海市房屋征收事务所及征收工作人员管理试行办法》4个配套文件初稿，并书面发送至各区县法制办、房管局以及相关部门征求意见。

（3）启动司法强制执行，不断消化拆迁存量基地

上海市住房保障和房屋管理局与市高级法院协调沟通，拟定《上海市强制执行房屋拆迁申请书》、《社会稳定风险评估情况说明》、《对＿＿＿户强制执行的预案》，并在此达成共识的基础上，启动并全面推进司法强制执行工作，不断消减已发拆迁许可证存量基地（具体完成情况见附表），并进一步加强行业监督管理，在确保上海市面上房屋征收与拆迁工作不断、不乱的同时，确保在拆项目的稳定、有序推进。

【物业管理】

（1）贯彻实施《上海市住宅物业管理规定》

上海市人大新修订颁布的《上海市住宅物业管理规定》2011年4月1日施行后，上海市住房保障和房屋管理局会同市人大组织区县分管领导、街道乡镇分管负责人、区县房管局长等近500人进行了法规的解读培训；组织全市街道乡镇分管科长、房管办事处主任、居民委员会主任、业主委员会主任、物业服务企业负责人、小区经理共25000余人进行了法规培训；主动联系新民晚报、解放日报、东方网等主流媒体，采取专题访谈、重点解读、系列报道等形式，对法规进行了广泛而深入的宣传，扩大社会公众知晓面。

同时，加快制定相关配套文件，市政府批转了《关于实施〈上海市住宅物业管理规定〉若干意见的通知》、《上海市住宅物业保修金管理暂行办法》，出台《加强本市住宅小区业主大会、业主委员会建设的若干规定》、《关于加强物业定期维修、紧急维修以及维修资金管理若干问题的通知》、《关于在本市物业管理行业开展助理物业管理师职业技能鉴定的通知》等规范性文件。

（2）规范业主大会、业主委员会建设管理

制定印发《加强本市住宅小区业主大会、业主委员会建设的若干规定》，同时，对全市居委会主任进行了业主大会、业主委员会建设管理的政策培训，分析指导业主大会、业主委员会日常运作中遇到问题的有效解决途径和思路。

（3）进一步完善962121物业服务热线

2011年是上海市962121物业服务热线开通以来的第三个年头，热线继续围绕突出宣传推广、提升服务质量、丰富监管手段的目标，不断深化和推进各项工作。一是开展形式多样的宣传工作，完成了全市住宅小区50万张962121热线宣传牌的张贴；实现了全市公交、地铁线路上移动电视滚动播放962121热线卡通片的宣传。二是建立物业咨询解答知识库，集录123部物业管理法规、720条政策条款和500条业务问答，使受理人员的快速查询和规范解答更臻完善。三是强化对区（县）呼叫中心工作的指导，通过"请进来、走出去"的方式，积极汲取借鉴好经验和好做法，在面上进行推广，提高全市各区（县）呼叫中心整体服务能力和工作水平。四是启用星级评定网上公示，完成全市971家物业企业，2250个小区共3548件物业投诉处置情况的评定和公示，此举对评价结果暂不理想的物业企业起到一定的触动作用。五是对呼叫平台系统进行软件升级，

通过大规模的调整和优化，进一步提高操作人员的工作效率。

夏令热线期间，962121服务热线经受住了超强台风"梅花"的严峻考验，顺利完成各项工作指标，并在上海市建交委和《新民晚报》委托市质量协会举行的夏令热线期间市民满意度调查中，连续第二年荣获"夏令热线满意行业"排名第二的荣誉。

2011年，962121热线共受理各类诉求363758件。其中，以受理来源分：电话受理351019件、网上受理645件、12319转办11853件、政风行风转办241件。以业务类型分：报修202407个、投诉20419个、咨询138539个、转信访2393个。全年共拨出回访电话18万次，维修办结率95%，回访满意率95%；投诉处置率95%，满意率93.7%。为更好地处置落实物业诉求件中的重点、难点问题，全年共派发督办单714件，办结674件，办结率94.4%；现场督办5次，专题会审4次，处置诉求23件，妥善处理了很多疑难诉求件。

(4) 加强住宅小区消防安全建设管理

2011年度，根据上海市委市政府关于加强消防安全管理工作的指示精神和局重点工作安排，围绕提升住宅小区消防安全能力建设，组织开展住宅小区消防安全管理基础信息调查、"清剿火患"、住宅小区易燃可燃外墙保温材料专项检查等工作，不断加强住宅小区消防安全基础管理。

设计开发消防安全管理基础信息调查信息系统，信息采集涉及住宅小区消防设施设备状况、日常管理制度、业主自我管理情况等9个大类270余个信息要素，累计调查8265个住宅小区，房屋175521幢，其中，商品房小区4960个、售后公房小区2713个、公房小区592个；低多层136371幢，中高层4479幢，二类高层11652幢，一类高层1726幢，超高层395幢。

组织开展消防安全隐患地毯式大排查，共排查住宅小区近11000个，发出整改通知书4500余份；督促2400余家物业服务企业、10000余名小区经理完善住宅小区消防应急预案和处置流程，建立消防设施、设备定期检查登记制度，建立检查台帐；会同消防部门开展"清剿火患"战役，清剿住宅小区火患8400余处，重点加强了楼道堆物、擅自隔断应急逃生通道、占用、堵塞消防通道、消防设施设备损坏等安全隐患督查整改。同时，组织开展住宅小区易燃可燃外墙保温材料专项排查整治工作，共排查2007年1月1日以前竣工验收的住宅小区80个、224幢。

(5) 推进物业行风建设

上海市住房保障和房屋管理局以贯彻实施新修订的《上海市住宅物业管理规定》为契机，从完善法制、创新机制入手，扎实推进物业行风建设。一方面进一步发挥962121物业服务平台优势，把热线记载的群众投诉及处置情况、市和区县房管部门的日常检查情况记入信用信息库，在网上公开物业诉求处置状态和结果，主动接受群众监督。另一方面，从全面落实物业管理"四查"制度入手，根据防台防汛、防冻保暖等季节性工作要求，开展具有针对性的防范工作，加强日常监管，切实解决群众居住生活"急难愁"问题。同时，启动助理物业管理师职业技能鉴定工作，积极研究制定物业服务企业资质管理、企业和从业人员诚信档案建设等行业管理制度，加大行政监管力度。在市建交委、新民晚报开展的"夏令热线"活动中，经第三方测评机构市民满意度测评显示，居住物业管理行业连续两年获得"夏令热线"市民群众满意行业第二名。从市文明开展的2011年40个窗口行业社会公众满意的评价情况来看，居住物业管理得分为82.53分，位于第29位，比2009年提高0.43分，总体呈上升趋势。

【住房保障】

(1) 廉租住房

2011年上海市继续放宽廉租住房申请条件、进一步完善运行管理机制，全力扩大受益家庭规模。

调整申请审核条件，着力解决"下夹心层"住房困难问题

在连续5年放宽申请条件的基础上，再次对廉租住房申请条件进行调整。大幅度放宽收入和财产准入标准，并根据家庭规模大小进行了分档设置。在收入准入标准上，从原有统一的人均月可支配收入低于1100元(含1100元)，调整到3人及以上家庭低于1600元(含1600元)、2人及以下家庭低于1760元(含1760元)；在财产准入标准上，从原有按家庭统一标准调整为按人均标准设定，并进行了放宽，将财产准入标准从家庭财产低于12万元(含12万元)，调整为3人及以上家庭人均财产低于5万元(含5万元)、2人及以下家庭人均财产低于5.5万元(含5.5万元)。放宽单身人士申请条件，将单身人士申请廉租住房的年龄限制从年满40周岁放宽到年满35周岁。对申请家庭成员的关系、户籍和住房出售行为做了进一步界定和明确。将收入审核的期限从原有的申请前连续6个月放宽到申请前连续12个月，消除申请家庭偶然性收入变动对申请的影响。细化完善申请审核和配租实施细则。

完善配租管理机制，实施分档租金补贴

调整配租标准。将配租面积从人均居住面积不足7平方米保障到7平方米，调整为人均居住面积不足7平方米保障到10平方米，在租金补贴金额标准不变的情况，通过增加配租面积，提高了廉租住房家庭实际补贴金额。实施分档租金补贴方式。在申请条件大幅放宽、保障对象收入水平出现一定的差距后，依照公平效率原则，在租金补贴上根据申请家庭收入高低实行反向梯度递减：即对3人及以上人均月可支配收入在1200元（含1200元）以下或2人及以下人均月可支配收入在1320元（含1320元）以下的廉租家庭，按基本月租金补贴标准实施补贴；对3人及以上人均月可支配收入在1200元～1600元（含1600元）间的，或2人及以下人均月可支配收入在1320元～1760（含1760元）间的，按基本月租金补贴标准的70%实施补贴。

研究制订实物配租政策调整方案

深化廉租住房制度与经济适用住房政策有机衔接机制研究，起草拟订政策调整方案，并报市政府审议。

多渠道筹措房源，努力提高实物配租比例

继续通过新建、配建、改建、市场化收购等方式，积极筹措适用适配的小户型房源；继续实施区（县）筹措廉租房源市级资金补助政策，下发市级补助资金0.52亿元。加大实物配租新机制工作力度，各中心城区开展新一轮实物配租新机制摇号配租工作，实物配租比例逐步提高。

经过努力，全市全年可新增廉租受益家庭1.2万余户，累计受益家庭达8.7万余户，对符合条件的廉租住房租金配租家庭家庭实现"应保尽保"。

（2）经济适用住房

2011年，共有产权保障房（经济适用住房）政策体系基本形成，制订并出台了相应的配套政策文件。在徐汇区和闵行区试点的基础上，按照市委、市政府的统一部署，全市按照两个批次积极开展共有产权保障房（经济适用住房）申请供应工作，形成两个批次交叉进行，同步推进的局面。

（3）公共租赁住房

截至2011年11月底，全市各区（县）建设筹措公共租赁住房40104万套、约226万平方米，全面完成住建部下达上海市4万套公共租赁住房建设筹措任务。与此同时，组织开展全市存量单位租赁房项目调查和现场复核，对手续齐全、运作规范的项目，经认定后纳入公共租赁住房（单位租赁房）管理，落实相关税收和公用事业收费优惠政策。

资本金投入方面，会同市财政局向各区（县）下达公共租赁住房专项补助资金共计约31.3亿元，其中包含中央补助资金约5.8亿元，市级补助资金25.5亿元。

探索公共租赁住房投融资渠道创新，支持市公积金管理中心收购新江湾尚景园2200余套新竣工住房作为公共租赁住房使用，支持保险资金以债权计划方式向上海地产（集团）有限公司提供融资40亿元，用于该集团馨宁、馨逸、馨越等3处公共租赁住房项目建设。

（4）住房制度改革

公有住房出售

2011年，上海市市住房保障和房屋管理局会同相关部门继续推进上海市公有住房出售工作。据统计，全年共出售公有住房1.95万套，建筑面积102.32万平方米，回收购房款3.5亿元，扣除维修基金后净归集额2.25亿元。全市自公有住房出售政策实施以来，已累计出售公有住房184.93万套，建筑面积9970万平方米。

住房分配制度改革

进一步推进上海市住房分配制度改革。按《关于进一步深化本市城镇住房制度改革的若干意见》（沪府发〔1999〕38号）的要求，推进企事业单位的住房分配制度改革；配合市政府机管局等部门深化、完善上海市公务员住房解困的有关思路。

支持配合外省市住房分配制度改革。配合外省市住房分配制度改革和经济适用住房、动拆迁货币安置等工作的开展，做好外地职工或其配偶申报在沪住房情况的确认工作，2010年共确认542户，自2003年此项工作开展以来，累计确认3594户。

各类历史遗留问题处理

继续解决未确权的公有住房的出售问题。2010年，根据《关于进一步推进本市公有住房出售若干规定的通知》（沪府发〔1999〕44号）的精神，继续对投资单位未申领房地产权证的住房进行梳理，将符合出售条件的住房出售给承租的职工家庭。当年各区房改部门出售的这类住房共950套，建筑面积5.66万平方米；已累计代售47184套，建筑面积约281万平方米。

解决各区（县）有限产权接轨工作的疑难问题。市和区（县）房改部门经过调研和协调，研究解决各类疑难问题，推动有限产权住房接轨工作顺利推进，全年有限产权住房接轨1664套，累计接轨64593套。

（"住房保障和房屋管理"部分由上海市住房保障和房屋管理局供稿）

6. 建筑业

【概况】 2011年，上海完成建筑业总产值4579.37亿元，比上年增长6.5%；完成房屋建筑施工面积24 004.25万平方米，增长4.4%；竣工面积5 704.16万平方米，下降8.5%。建筑企业按总产值计算的全员劳动生产率达到人均37.74万元，比上年提高9.5%。签订对外承包工程合同金额123.47亿美元，比上年增长22.2%；实际完成营业额59.41亿美元，下降13.8%。建筑业管理按照市政府《关于进一步规范本市建筑市场加强建设工程质量安全的若干意见》要求，集中开展建筑市场整治工作，加强政府监管，完善建设市场监管体系，取得一定成效。制定《上海市建设工程质量和安全管理条例》、《上海市建设工程检测管理办法》等53项法规规章和规范性文件。调整、充实质量安全监督机构和队伍，转变监督方式，规范监督行为。完善改造建设市场管理信息平台和现有建筑建材业管理信息系统，加强建筑市场企业资质和人员执业资格管理，规范市场和现场行为。加大建筑业行政执法处罚力度，严厉处罚工程转包和违法分包等行为。调整工程监管方式，实行分级类管理。按照各类工程监管体系需要，明确建设、交通、水务、房管、民防等部门管理职责；按照工程不同专业特点，制定相应规定，形成市统筹协调，市、区分级管理，专业部门分类管理的监管体制。稳步推进建筑节能和减排工作，列入年度计划的新建高标准节能建筑、既有建筑节能改造、可再生能源建筑应用、国家机关办公建筑和大型公共建筑能源审计评审验收、建筑能效测评等指标得到全面实现。组织修订《上海市工程建设地方性标准规范管理暂行办法》，编制或修订完成30项标准规范。研究起草《上海市民用建筑节能工程保温系统防火技术暂行规定》。全国绿色建筑创新奖评比，上海荣获一等奖2项，二等奖4项，三等奖2项，占全国获奖总数近半。推进安全文明施工新工艺、新技术、新标准，解决工程施工对环境的不利影响。建立文明施工外部督促机制，通过市民巡访团评议工地文明施工，提高文明施工水平。（陆佰山）

【开展工程招投标代理专项检查】 年内，建筑业管理部门组织专项检查，随机抽取2010年7月1日至2011年6月30日完成的20个设计项目(标段)、20个勘察项目(标段)、20个监理项目(标段)、40个施工项目(标段)进行检查，同步检查2011年9月26日至10月31日期间正在实施的573个各类公开招标建设工程项目代理情况。经检查，全市招标代理机构总体行为规范，少量企业存在不依法代理、中介不"中"等问题。对抽取项目招标代理资料比对检查，13家招标代理企业被认定为不合格，8家招标代理企业被认定为基本合格。市建筑业管理部门对不合格企业分别予以通报批评或移送执法部门依法处理；对不依规履职的3名招标工程师，由上海市市场管理总站通报咨询协会依规处理。（陆佰山）

【出台规范建筑市场《若干意见》】 1月10日，上海出台《关于进一步规范本市建筑市场加强建设工程质量安全管理的若干意见》。此是上海针对近年几起重大事故，对建筑市场体制、机制、法制和监管等方面存在问题进行分析梳理，广泛听取意见、建议，在《建筑法》、《招标投标法》、《建设工程质量管理条例》、《建设工程安全生产管理条例》等国家法律法规框架下出台的具有操作性的强化管理措施。《若干意见》分八个部分共22条，主要从集中整顿治理建筑市场，完善建设程序；加强建设工程安全源头风险控制；规范承发包市场；加强施工现场管理；落实监理责任；加强法人代表和从业人员管理；强化政府监督管理职能；推进政企分开等方面制定具体措施。为贯彻落实《若干意见》，市建筑业管理部门于年内在行业内明确实施计划和步骤，开展建筑市场集中整治，落实各项措施。（陆佰山）

【鼓励在新建建筑中应用可再生能源】 1月1日起，上海正式施行《上海市建筑节能条例》。作为首部上海建筑节能地方性法规，条例明确上海鼓励开展太阳能、地热能、风能、生物质能等可再生能源，在新建建筑中的应用、研究、示范和推广。其中新建有热水系统设计要求的公共建筑或者六层以下住宅，要求建设单位统一设计并安装符合相关标准的太阳能热水系统，鼓励七层以上住宅设计并安装太阳能热水系统。近年来上海大力推广太阳能光电和光热、浅层地能等可再生能源技术的应用。（陆佰山）

【轨道交通12号线3标项目获文明测评第一】 7月28日，上海市重大工程文明施工讲评会授予上海轨道交通12号线3标项目2011年第三次文明施工测评"第一名"奖牌。位于顾戴路虹莘路口的12号线3标项目，在施工中注重工地形象，克服声、光、尘扰民现象，在文明施工测评中得95分。工地参建各方邀请附近居民参观工地，定期发放文明施工调查表，听取市民意见，并尽量及时解决。施工尽量避开居民休息时间，避免扬尘污染，路面进行硬化，不能硬化的全部绿化，还安排专人定期清扫工地周边道路。（陆佰山）

【上海市政府出台两个管理办法加强工程监理和检测】 11月23日，上海市政府宣布出台《上海市建设工程监理管理办法》和《上海市建设工程检测管理办法》。建设工程监理和检测为工程咨询类服务行业，是建设工程质量、安全保证体系重要组成部分。上海市监理单位252家，其中甲级企业占一半；监理从业人员3.2万多人，其中4600多人取得国家注册监理工程师资格。（陆佰山）

【简化工程设计文件审查管理流程】 4月1日起，上海对列入审改范围的建设项目执行新的设计文件审查管理流程。截至11月底，按新方案已完成设计文件审查全过程的市级审改项目28个，平均用时18个工作日，和以往初步设计审批加施工图审查两阶段相比，时间大幅缩短，审图质量明显提高。设计文件审查管理程序改革，主要是将核准、备案制项目的初步设计审批与施工图审查两个阶段，合并为设计文件审查一个环节，通过抽取选定的方式，确定审图公司。在审查管理部门一门式受理后，牵头征询规划国土、卫生、交通、交警、消防、抗震、水务、民防、绿化市容、气象等管理部门意见，汇总后通知审图公司，在施工图审查中予以落实；审图公司按照审查要点、标准规范和相关部门的征询意见，完成施工图审查，向审查管理部门备案。自4月初试运行后，走新流程的市级审改项目41个，已完成总体设计文件征询34个，平均用时9.2个工作日；完成设计文件审查全过程的审改项目28个，平均用时18个工作日。（陆佰山）

【强化工程勘察设计质量检查】 2011年度，上海加强工程勘察设计质量监管，组织开展对保障性住宅工程、建筑节能工程、建筑幕墙工程、基坑工程等各类工程勘察设计质量的执法检查，对严重违规和受到投诉的企业，深入到企业内部作检查。全年共检查248个工程项目，其中保障性住宅工程项目154个，建筑节能工程项目22个，建筑幕墙工程项目30个，基坑工程项目28个，深入勘察设计企业内部检查工程项目14个。涉及27家勘察单位、113家设计单位和19家审图单位。对检查发现的问题提出整改意见，对经检查成绩优异设计单位予以全市通报表扬，对严重违反法律、法规、规章、工程建设强制性条文和强制性标准的予以行政处罚和行政处理公布。（陆佰山）

【处理年度考核不合格建筑施工企业】 年内，市建筑业管理部门根据《上海市建筑施工安全质量标准化工作的实施办法》，对全市建筑施工企业进行年度安全质量标准化考核，对考核不合格的263家企业予以通报，并按照沪建建管（2009）第64号文件规定，将此类企业及所属工地列为重点监管对象，实施安全生产许可证动态考核记分，向社会媒体公布，与资质资格及招投标管理实施联动等处理。（陆佰山）

【轨道交通施工首次运用转体法新工法】 12月中旬，上海轨道交通16号线工程跨越S2沪芦高速公路的连续梁施工，首次运用转体法新工法，顺利完成转体施工，为此段桥梁按计划在年内实现全桥合龙打下了基础。（陆佰山）

【宝山万达广场基坑坍塌事故】 4月12日，宝山万达广场中建二局工地在基坑开挖和垫层施工中造成北侧围护体倾覆，引起一二八纪念路部分道路坍塌，通行中断。事故未造成人员伤亡，直接经济损失54万元。经市建设交通委、宝山区政府调查认定为责任事故。直接原因是钢支撑未按设计图纸施工。市建设行政管理部门依据《建设工程质量管理条例》、《上海市建设市场管理条例》等相关法规对事故责任单位和个人予以行政处罚。（陆佰山）

【上海建筑施工企业实力排名】（依据2010年度业绩，2011年公布）

年度上海市建筑企业经营实力排名

1 上海建工（集团）总公司
2 中国建筑第八工程局有限公司
3 上海城建（集团）公司
4 中铁二十四局集团有限公司
5 中交第三航务工程局有限公司
6 中国二十冶集团有限公司
7 上海宝冶集团有限公司

年度上海市建筑施工企业综合实力排名（按得分顺序排列）

上海施工企业：

1 上海市第七建筑有限公司
2 上海市第四建筑有限公司
3 上海隧道工程股份有限公司
4 上海市第一建筑有限公司
5 上海市第二建筑有限公司
6 上海市安装工程有限公司
7 上海市第五建筑有限公司
8 上海绿地建设（集团）有限公司
9 中冶天工上海十三冶建设有限公司
10 上海市第二市政工程有限公司
11 上海市基础工程公司
12 上海市机械施工有限公司
13 上海绿地建筑工程有限公司
14 五冶集团上海有限公司

15	上海市第一市政工程有限公司	8	江苏省苏中建设集团股份有限公司
16	上海南汇建筑工程有限公司	9	江苏南通二建集团有限公司
17	舜元建设(集团)有限公司	10	浙江国泰建设集团有限公司
18	舜杰建设(集团)有限公司	11	中达建设集团股份有限公司
19	上海广厦(集团)有限公司	12	中建三局建设工程股份有限公司
20	上海市浦东新区建设(集团)有限公司	13	中国建筑第二工程局有限公司
21	上海开天建设(集团)有限公司	14	长业建设集团有限公司
22	红阳建设集团有限公司	15	中国核工业华兴建设有限公司
23	上海星宇建设集团有限公司	16	江苏江都建设集团有限公司
24	上海家树建筑工程有限公司	17	江苏南通三建集团有限公司
25	上海港务工程公司	18	龙信建设集团有限公司
26	上海海怡建设(集团)有限公司	19	通州建总集团有限公司
27	上海锦惠建设集团有限公司	20	五洋建设集团股份有限公司
28	上海隆盛建筑工程有限公司	21	浙江舜江建设集团有限公司
29	上海金鹿建设(集团)有限公司	22	浙江海天建设集团有限公司
30	上海崇明建设(集团)有限公司	23	浙江展诚建设集团股份有限公司

进沪施工企业：

1	龙元建设集团股份有限公司	24	浙江中富建筑集团股份有限公司
2	浙江中成建工集团有限公司	25	华升建设集团有限公司
3	中天建设集团有限公司	26	中建四局第六建筑工程有限公司
4	浙江宝业建设集团有限公司	27	中元建设集团股份有限公司
5	南通四建集团有限公司	28	浙江勤业建工集团有限公司
6	浙江舜杰建筑集团股份有限公司	29	宜兴市工业设备安装有限公司
7	宏润建设集团股份有限公司	30	江苏中兴建设有限公司

（上海市建设和交通委员会）

江 苏 省

1. 房地产业

【概述】 江苏省认真落实国家房地产市场调控政策，切实加强房地产市场监管，综合运用各种经济杠杆和行政手段，使房地产市场发展变化总体朝着符合国家宏观调控的预期方向发展，省政府和厅年初确定的重点工作目标任务全面完成。在3月底前，江苏省所有63个市县都公布了房价控制目标，在全国率先实现了房价调控目标制定和公布的省域全覆盖。2011年省辖市市区商品住宅累计成交均价为7182元/平方米，同比增长2.25%，增幅大大低于年初公布的房价控制水平，大大低于地区生产总值的增幅和城镇居民人均可支配收入的增长水平。

2011年，江苏省共实现房地产业增加值2870.73亿元，占江苏省地区生产总值的5.91%，占江苏省服务业增加值的比重为13.88%；完成房地产开发投资完成额为5552.69亿元，同比增长29.2%，占江苏省城镇固定资产投资的21.1%；江苏省房地产业地税收入完成1123.72亿元，同比增长20.6%，占地税收入总量的比重为31.47%，较上年的33.23%降低了1.76个百分点。至2011年底，江苏省城镇人均住房建筑面积为34.7平方米。房地产业的发展，对江苏省拉动经济增长、推进城市化进程、改善人民居住环境继续发挥着十分重要的作用。

【房屋概况】 截至2011年底，江苏省城市实有房屋建筑面积为26.87亿平方米，其中：实有住宅建筑面积为14.93亿平方米，在住宅中，私有（自有)住宅的建筑面积为13.15亿平方米,住宅的私有化率达88.08%;成套住宅套数1326万套,住宅成套率为87.07%,成套宅建筑面积13.00亿平方米,套均面积98平方米。本年房屋减少面积为3357.71万平方米,其中住宅减少面积为1339.49万平方米。

【房地产开发投资】 2011年,江苏省房地产开发投资全年保持高位增长,共完成投资5552.69亿元,同比增长29.2%,占全国总量的9.0%,规模仍居全国首位。占城镇固定资产投资的21.1%,比2010年占比下降了3.6个百分点;投资增幅高于城镇固定资产投资增幅7.7个百分点。其中商品住宅投资4085.85亿元,同比增长29.4%,占全国比重达9.2%。

【商品房新开工、施工和竣工面积】 2011年,江苏省商品房新开工面积为14721.11万平方米,其中商品住宅为11158.20万平方米,同比分别上升7.1%和5.4%。商品房施工面积为40738.08万平方米,其中商品住宅为30469.01万平方米,同比分别增长16.0%和15.6%。江苏省商品房竣工面积为8040.88万平方米,其中商品住宅6147.76万平方米,同比分别下降7.5%和6.2%。

【商品房供应】 2011年,江苏省省辖市市区商品房和商品住宅累计批准预售面积分别为6427.65万平方米和5052.93万平方米,同比分别增长14.07%和15.57%。分区域看,2011年,商品房和商品住宅批准预售面积苏南地区分别为3364.77万平方米和2589.34万平方米,同比分别增长9.76%和8.00%;苏中地区分别为1181.58万平方米和1011.41万平方米,同比分别增长24.64%和37.95%;苏北地区分别为1881.30万平方米和1452.18万平方米,同比分别增长16.03%和16.69%。三大区域中的苏中地区商品房和商品住宅新增供应增幅较大。

【商品房销售】 根据江苏省统计局统计,2011年,江苏省商品房和商品住宅累计销售面积分别为7982.67万平方米和6789.65万平方米,同比分别下降15.8%和16.3%。据各市网上房地产统计,江苏省省辖市市区商品房和商品住宅实际登记销售面积累计分别为4178.35万平方米和3391.44万平方米,同比分别下降15.21%和14.81%。分区域看,2011年,苏南地区商品房和商品住宅登记销售面积分别为2125.63万平方米和1676.10万平方米,同比分别下降24.55%和26.01%;苏中地区分别为874.52万平方米和774.96万平方米,同比分别增长5.35%和11.15%;苏北地区分别为1178.20万平方米和940.38万平方米,同比分别下降7.99%和7.66%,苏南降幅较大,苏中不降反升。

【商品住房供销结构】 2011年,从市场新增供应结构看,90平方米以下户型占全部住宅供应量的18.30%,较上年下降了0.71个百分点;90~144平方米户型和144平方米以上户型占比分别为58.54%、23.17%,二者较上年分别下降了0.04个百分点和提高了0.76个百分点。江苏省省辖市市区商品住宅累计供销比为1.49,较上年上升了0.39个百分点。从不同面积段的供销比看,90平方米(含)以下面积段供销比为1.28,90~144平方米(含)供销比为1.42,144平方米以上供销比为1.99。

【商品房成交价格】 2011年,江苏省省辖市市区商品房和商品住宅成交均价分别为7720元/平方米和7182元/平方米,同比分别增长4.95%和2.25%。从月度变化走势看,2011年总体呈下行调整态势,特别是下半年以来房价下跌态势较为明显。从成交均价累计增幅变化看,2011年一季度同比增幅最高,在30%左右,二、三季度回落到10%左右的水平,9月份以后始终低于10%,且呈逐月回落的趋势。江苏省的房价走势,反映出国家和省调控政策的积极影响。

【二手房市场】 2011年,江苏省省辖市市区二手房和二手住宅累计成交面积分别为1502.29万平方米和1120.75万平方米,同比分别下降26.51%和31.30%。二手房和二手住宅累计成交均价分别为6587元/平方米6892元/平方米,同比分别增长6.91%和7.40%。

【房地产贷款】 12月末,江苏省房地产贷款余额为10744.16亿元,同比增长11.6%,占全部贷款余额的比例为15.9%;贷款余额比年初增加1084.24亿元。其中:地产开发贷款余额为747.52亿元,比年初减少了90.39亿元,同比少增152.05亿元,余额增速下降10.79%;房产开发贷款余额为2621.63亿元,比年初增加了427.15亿元,同比多增0.24亿元,余额增速为19.46%;个人住房贷款余额为6605.51亿元,比年初增加691.70亿元,同比少增727.25亿元,余额增速为11.70%。1~12月,江苏省向11.81万户职工家庭发放住房公积金贷款303.25亿元,同比下降3.92%。12月末个贷比率为79.19%。江苏省住房公积金资金结余为388.04亿元。

【房屋征收(拆迁)】 2011年,江苏省共决定征收(拆迁)项目197个,同比减少80%;决定征收(拆迁)房屋面积441.15万平方米、25097户,分别较

2010年下降81.44%、84.71%；其中，涉及住宅房屋面积343.23万平方米、23478户，分别较上年下降80.34%、84.94%。实际完成（含往年结转）征收（拆迁）项目528个、征收（拆迁）房屋面积1096.02万平方米、户数62863户，分别较上年下降53.27%、47.38%、51.92%；其中，住宅房屋803.77万平方米、58102户，分别较上年下降47.12%、51.39%。江苏省共受理征收补偿决定（拆迁行政裁决）案件2008件，较往年下降55.75%。加上往年结转的1171件裁决案件，共有征收补偿决定（行政裁决）案件3179件。通过调解结案591宗，调解结案比率为41.95%。下达补偿（裁决）决定1408份，下达决定比率58.05%。江苏省共下达强制搬迁决定30件，其中司法强制16件。江苏省有9314户被拆迁住房困难户的住房条件，通过拆迁得到明显改善，其中7479户为低收入住房困难家庭。

2011年，是国有土地上房屋征收的第一年。江苏省共作出房屋征收决定102个；决定征收房屋面积314.86万平方米，涉及户数17020户；其中住宅房屋面积253.02万平方米、户数15913户。实际完成征收项目54个、征收房屋面积241.17万平方米、户数12759户；其中，住宅房屋211.04万平方米、12069户。江苏省共受理补偿决定案件2件。下达补偿决定0份。共下达强制搬迁决定0件。

2. 住房保障

（1）住房保障政策拟定

【江苏省公共租赁住房管理办法】《江苏省公共租赁住房管理办法》已于2011年6月15日经江苏省政府第69次常务会议讨论通过，并已发布，自2011年9月1日起施行。《办法》共有七章四十八条，内容包括：优惠和支持政策、规划建设和房源筹集、申请和核准、租赁和管理等。《办法》明确公共租赁住房，是指政府投资或提供政策支持，限定户型面积和租金水平，供给城市中等偏下收入住房困难家庭、新就业人员和外来务工人员租住的保障性住房。公共租赁住房保障对象就是"一种家庭，两种人群"：城市中等偏下收入住房困难家庭、新就业人员和外来务工人员。江苏省率先实践和探索公共租赁住房制度，率先将中等偏下收入住房困难家庭、城镇新就业人员和外来务工人员纳入住房保障，率先以省政府令的形式颁布和实施公共租赁住房管理办法。

【江苏省住房保障体系】江苏省政府《关于进一步加强住房保障体系建设的实施意见》（苏政发〔2011〕126号），明确了江苏省住房保障的基本制度主要由廉租住房制度、经济适用住房制度、公共租赁住房制度、住房公积金制度组成，对各项制度的保障对象、保障标准和具体要求作了进一步界定，明确了住房保障的制度体系、房源供应体系、政策支撑体系和工作推进机制的内容和要求，基本建立了具有江苏特点的住房保障体系。

（2）保障性安居工程年度计划及资金安排

【江苏省保障性安居工程工作电视电话会议】3月29日下午，江苏省政府召开江苏省保障性安居工程建设工作电视电话会议，李学勇省长出席会议并讲话。会议之前，何权副省长代表省政府与各省辖市政府签订了2011年住房保障工作目标责任书。会议要求各地把大力发展公共租赁住房作为保障性安居工程建设重中之重的任务，继续建设好廉租住房、经济适用住房、棚户区改造住房等保障性住房，努力增加各类保障性住房有效供给，促进保障性安居工程建设协调发展。

【保障性安居工程年度计划】2011年是"十二五"规划的开局之年，国家分解下达给江苏省保障性安居工程建设任务39万套，江苏省委省政府自加压力，分解下达给各地建设任务45万套。2011年3月，江苏省政府召开保障性安居工程建设电视电话会议，并制定下发《关于分解下达2011年保障性安居工程建设目标任务的通知》（苏政办发〔2011〕23号），将建设任务层层分解落实并签订了责任书。2011年，江苏省保障性安居工程建设的具体任务是：新增廉租住房、公共租赁住房15万套（间），新建经济适用住房6万套，发放租赁补贴4万户，完成棚户区危旧房改造20万户、1000万平方米。

【保障性安居工程年度资金安排】加大省级财政投入力度。2011年，江苏省继续设立专项资金用于支持江苏省保障性安居工程建设。当年初预算安排省级保障性住房建设引导资金4亿元，比2010年增加1.8亿元，增长82%。下半年根据省级财政超收情况，追加安排引导资金2亿元，用于支持江苏省保障性安居工程建设。

加大预算安排和资金筹集的指导力度，督促落实保障性安居工程资金使用管理政策。在省级财政加大投入的同时，市县千方百计做好保障性安居工程资金保障工作。按规定渠道足额筹集资金，从土地出让净收益中提取的廉租住房保障资金不低于10%；住房公积金增值收益在扣除住房公积金贷款风险准备金、住房公积金管理中心的管理费用后，要全部作为廉租住房补充资金。积极拓宽融资渠道，引导和支持社会力量投资建设公共租赁住房。加大财政预算内资金安排力度，统筹安排好住房保障资金，确保能够满足保障性住房建设的需要。

用好管好中央补助资金。2011年，中央财政共安排江苏省保障性安居工程建设补助资金24.15亿元，其中公共租赁住房建设补助20.91亿元，城市、工矿、林业和煤矿棚户区改造补助3.24亿元。后追加资金10.16亿元，分别用于公共租赁住房、城市和工矿棚户区改造。根据国家要求并结合江苏实际，江苏省有关部门及时贯彻落实，对专项资金的补助分配办法进行细化，建立考核清算制度，进一步严格专项资金使用方向，同时通过调整系数体现对经济薄弱地区的政策倾斜。

（3）保障性安居工程实施情况

【住房保障工作绩效管理】 在往年对住房保障年度目标任务督查督办的基础上，江苏省住房和城乡建设厅联合省发改委、财政厅、国土厅、民政厅（2011年加上省监察厅），大胆探索，引入绩效管理，加大省对市县的督查力度，取得初步成效。省住房和城乡建设厅会同省监察厅等有关部门，经多次磋商，形成以保障性安居工程为核心的绩效管理和效能监察方案，包括：目标计划、职责分工、组织实施、整改问责四方面内容。五部门整合督查力量，明确责任分工，实行上下联动，形成监督合力，分别于7月初、10月底、12月下旬联合开展了三次专项督查，通过召开协调推进会、提出整改建议、组织约谈等措施，有力推动了江苏省保障性安居工程项目建设目标的顺利完成。

【徐州棚户区改造】 棚户区改造工作是江苏省委、省政府振兴徐州老工业基地重大战略部署的重要内容。按照江苏省委、省政府的决策部署，徐州市把棚户区改造作为头号民生工程，坚持与改善低收入群体住房条件、提升城市环境面貌相结合，集中全市之力加以推进。至2011年底，已启动实施棚户区一期改造项目55个、面积达408.8万平方米，建设和购买定销安置房400多万平方米，超额完成了任务。通过实施棚户区改造，6万余户居民搬进了新居，户均住房建筑面积由原来的30平方米增加到60平方米，成为群众最满意的工程。

【住房保障任务完成情况】 2011年是江苏省保障性安居工程建设规模最大、投入最多、进展最快的一年。一方面，目标任务提前、超额完成。在国家分解下达39万套（户）保障性安居工程任务基础上，明确全年解决45万户家庭住房困难的目标，江苏省实际新开工保障性住房39.5万套、发放租赁补贴5.8万户，完成国家下达开工目标任务的112.9%、省定目标任务的101%。另一方面，体制机制不断完善。省委省政府把"完善住房保障体系"列为实施民生幸福工程的六大重点任务之一，省政府研究出台了加强住房保障体系建设的实施意见，致力于从体制机制层面解决住房保障问题；以省政府令颁布《江苏省公共租赁住房管理办法》，将住房保障工作进一步纳入法制化轨道。

3. 住房公积金管理

【从业人员情况】 截至2011年底，江苏省住房公积金系统共有1个省级监管机构，13个住房公积金管委会，13个住房公积金管理中心，8个行业分中心。省级监管机构有7人，江苏省住房公积金管理中心和行业分中心共有住房公积金从业人员1369人。

【住房公积金业务指标完成情况】 2011年，江苏省实际缴存住房公积金的职工达765.13万人，比上年684.06万人增长11.85%；全年归集住房公积金579.76亿元，同比增长23.49%；江苏省已累计归集住房公积金3141亿元，住房公积金归集余额为1551亿元。归集扩面工作全面超额完成年度目标任务。

2011年，江苏省共向11.81万户家庭发放住房公积金贷款303.25亿元。江苏省累计向138.73万户家庭发放住房公积金2312.8亿元，其中购房面积为90平方米及以下的占37.09%。

2011年江苏省住房公积金实现增值收益13.64亿元；累计上交廉租房补充资金39.77亿元，发挥了住房公积金保障基本住房需求的功能。

【完成支持保障房建设第一批试点任务】 无锡市住房公积金贷款支持保障性住房建设试点工作全面完成；南京市、苏州市、常州市、连云港市积极申请住房公积金贷款参与保障性住房建设工作，并制定了实施方案。

【住房公积金监管工作情况】 服务工作进一步加强。江苏省继续推进文明行业创建工作。以贯彻落实《住房公积金服务指引（试行）》为契机，开展住房公积金服务工作对照检查，促进住房公积金服务工作规范化、标准化，增强服务意识，提高服务效能。江苏省共获得"文明单位"、"优质服务单位"、"五一劳动奖"、"青年文明号"、"巾帼文明岗"、"工人先锋号"等各种荣誉称号90个，其中省级称号31个。江苏省住房公积金系统服务质量明显提升，群众满意度明显提升。

监管机制进一步完善。 坚持"决策备案、适时监控、专项稽查、绩效考核"的新型监管机制,确保住房公积金工作中行为的规范。

监测分析工作进一步深化。 坚持"周快报、月简报、季分析、年通报"信息披露制度,及时向相关部门披露江苏省公积金发展态势,发挥多部门的监管力量,确保住房公积金资金安全。

4. 城乡规划

【政策制定和规章制度建设】 完成三个城乡规划编制和管理重要技术规范修订。适应《江苏省城乡规划条例》和节约型城乡规划建设的要求,经过反复讨论、认真修改和多次征询专家、部门意见,先后完成了《江苏省城市综合交通规划编制导则》、《江苏省城市规划管理技术规定》和《江苏省控制性详细规划编制导则》修订工作,将节约型城乡规划、资源集约利用、节能减排和低碳生态、公交优先和绿色交通等新的工作要求落实到有关技术规定和规范中,为推进节约型城乡建设,进一步提高江苏省城市规划编制和实施管理工作的质量和水平提供了技术管理支撑。

出台厅规范性文件《关于进一步规范国家和省重大建设项目选址管理的通知》。通知进一步明确了地方规划主管部门出具重大建设项目选址初审意见及附图的要求、建设单位申报重大建设项目选址意见书的申报材料的要求、重大建设项目选址办理程序等内容,并规范了网上申报和审批等。我们还研究制定了选址论证报告编制要点、审查要求等。通过加强选址规划管理,加强了省、市规划主管部门对重大建设项目选址工作的衔接,保障了重大设施布局符合城镇体系规划和城市规划,维护了规划的严肃性。

【区域体系规划制定情况】 高质量完成《江苏省城镇体系规划》修编。《江苏省城镇体系规划》于2009年启动,2011年12月经住房城乡建设部组织规划纲要审查后,我们按照专家审查意见组织了规划成果的编制和完善,并再次征求省有关部门和各省辖市人民政府的意见。规划对新时期江苏省推进新型城市化和城乡统筹发展的策略、城镇空间布局优化和城市群发展、推进区域差别化特色化发展等进行了深入研究并提出相应对策。规划为江苏省城乡建设工作会议文件的起草提供了重要参考依据,规划提出的"一带两轴三圈"城镇空间结构、提升城市群发展水平的规划对策和"紧凑城镇、开敞空间"区域城乡空间格局,均纳入了省委省政府文件。目前规划成果已经上报省政府,并同步征求地方意见。

会同浙江省住房城乡建设厅完成《环太湖风景路规划》。规划以提升区域生态环境质量、塑造良好自然人文景观、促进产业结构优化提升、服务居民生活功能需求为目标,以太湖沿线山水风光为依托,以慢行道路为主干,连接重要自然和人文景观资源,建设跨江浙两省4市3县(市)、以观光、休闲、健身和游憩等活动为主要内容的生态绿廊。规划的江苏部分已由省政府批准实施。李学勇省长、何权省长对规划的制定和实施作了重要批示。住房和城乡建设部和规划司相关领导、国内知名专家一致认为,苏浙两省联合开展环太湖风景路规划,是国内首次由两省在重要区域开展规划编制方面的协作,对于引导和支撑环湖地区优化产业结构、转变发展方式、提升长三角城市群城市化发展质量,具有重要意义,对于其他同类地区也具有重要的启示和示范作用。目前我们正在组织和指导地方抓紧编制详细规划,为启动环太湖风景路建设做好准备。

【城市地下空间开发利用】 适应城乡规划面临的新形势新问题,省住房城乡建设厅组织力量开展了地下空间开发利用规划等课题研究,相关课题已结题并得到专家的充分肯定。同时,按照相关法规和省政府工作要求,组织各地积极开展地下空间开发利用规划的制定工作。南京、常州、常熟等城市地下空间利用规划已经完成,其他城市正在积极组织编制。

【相关城市总体规划报批情况】 《无锡市城市总体规划(2001~2020)》、《徐州市城市总体规划(2007~2020)》已经国务院批准。《南通市城市总体规划(2011~2020)》、《扬州市城市总体规划(2010~2020)》、《南京市城市总体规划(2010~2020)》、《泰州市城市总体规划(2010~2020)》已经修编完成并上报国务院。《苏州市城市总体规划(2007~2020)》已经上报国务院、经部际联席会议审查,正在修改完善。《常州市城市总体规划(2008~2020)》已经按照部际联席会议的修改意见完善后重新上报。《镇江市城市总体规划总体规划(2002~2020)》经省政府批准,目前准备修改,省政府拟将修改请示转报国务院。

【历史文化名城(村、镇)保护及监督管理】 江苏省有国家历史文化名城10座,省级历史文化名城7座;中国历史文化名镇19个,省级历史文化名镇5个;中国历史文化名村3个,省级历史文化名村2个。所有国家历史文化名城、大部分省级历史文化名城的保护规划均编制完成；24个名镇中，19个镇的保护规划已经完成；5个名村中，4个村的保护规划已经完成。其他名镇、名村的保护规划即将完成。

2011年，省住房城乡建设厅按照住房和城乡建设部、国家文物局的要求，会同省文物局组织江苏省国家历史文化名城名镇和名村保护检查并进行了实地抽查，配合住房城乡建设部、国家文物局检查组完成来江苏省的实地检查。组织开展省级历史文化名城、名镇、名村保护工作检查。

【城乡规划编制单位资质管理】 2011年，江苏省共有规划编制单位85家，其中甲级规划编制单位12家，乙级规划编制单位22家，丙级规划编制单位47家，境外规划编制单位4家。

5. 城市建设

【概况】 2011年，江苏省城市建设与管理工作坚持以科学发展观为指导，把保障市政公用设施运行安全、推进节约型城乡建设、提高城市管理水平作为工作的重点，加快江苏省城镇环境基础设施建设，积极开展争创"群众满意的窗口服务单位"主题实践活动，提高市政公用行业服务质量和服务水平，努力改善城市人居环境，促进城市建设发展转型，为改善民生、服务发展与构建和谐社会积极做好保障，取得了显著成效。

2011年，江苏省新增供水规模106万立方米/日，新增自来水深度处理能力108.5万立方米/日，城乡统筹区域供水乡镇通达率达到75%；新增城镇污水处理能力100万立方米/日以上，建成城镇污水收集管网超过3000公里，江苏省城市污水处理率达87%以上；江苏省新增生活垃圾无害化处理能力4500吨/日，生活垃圾无害化处理率达到87%以上。江苏省新增有5个"国家节水型城市"，江阴、常熟等两个城市获得"中国人居环境奖"称号，"江苏省推进节约型城乡建设实践项目"等5个项目被评为"中国人居环境范例奖"。

【着力推进城市基础设施建设】 推进供水基础设施建设。积极推进自来水厂建设和深度处理工程建设与改造，加快苏中、苏北地区城乡统筹区域供水规划实施。省住房城乡建设厅组织编制《江苏沿海地区城镇安全供水设施规划》，并经省政府同意印发各地实施。2011年，江苏省新增供水规模106万立方米/日，新增自来水深度处理能力108.5万立方米/日，全面完成年初确定的工作目标和任务；新增区域供水通水乡镇102个。加快推进应急备用水源工程建设，组织召开应急备用水源工程建设推进座谈会，制定下发《关于切实做好应急备用水源工程建设和管理的通知》。

推进污水处理设施建设。以太湖、淮河等流域水污染治理为重点，着力推进江苏省城镇污水处理工作。制定下发《2011年度太湖治理目标责任书目标任务分解的通知》，组织召开太湖流域城镇供水安全保障暨污水处理工作会议、江苏省城镇污水处理设施建设与运营管理工作会议等会议，开展现场工作督查与指导，部署推进城镇污水处理工作。加快推进建制镇污水处理设施建设，赴浙江考察建制镇污水处理工作，并向省政府上报调研报告。根据省领导批示，会同省有关部门完成《江苏省建制镇生活污水处理设施全覆盖规划》编制工作，起草上报《省政府关于加快推进江苏省建制镇生活污水处理设施全覆盖工作的意见》（代拟稿）。2011年度江苏省新增城镇污水处理能力100万立方米/日以上，建成城镇污水收集管网超过3000公里。江苏省城市污水处理率达87%以上。

推进垃圾处理设施建设。积极推进各地生活垃圾处理设施建设。组织开展苏北地区生活垃圾处理设施建设进度督查，加强对各地垃圾处理设施建设工作指导，组织专家对各地项目建设提供技术咨询和服务。2011年，江苏省新增生活垃圾无害化处理能力4500吨/日。加快推动餐厨垃圾处理设施建设。以《江苏省餐厨废弃物管理办法》的出台为契机，指导和推动各地餐厨垃圾无害化处理设施建设。2011年，苏州市餐厨废弃物处置二期工程开工建设，张家港、南京等地的餐厨废弃物处理设施建设工作开始启动。因地制宜推进生活垃圾填埋场渗沥液提标改造。根据国家GB 16889—2008要求，结合环保模范城市的创建，无锡、苏州、吴江、镇江等一批城市积极推进生活垃圾填埋场渗沥液提标改造工作，渗沥液经处理后达到直接排放标准。

加强污泥处置工作。开展城镇污水处理厂污泥处理处置技术与工艺应用情况调研。组织开展江苏省城镇污水处理厂污泥处理处置技术政策研究，面向全国进行项目招标工作，确定项目研究单位，组织对开题报告论证，并开展项目研究进度检查，2011年基本完成研究工作。

加强城市排涝工作。提请省政府转发《关于加强江苏省城市排涝设施建设管理意见的通知》（苏政办发〔2011〕20号）。汛前下发通知部署2011年城市排涝工作；汛期启动城市防汛日报制，指导各地做好城市排涝工作，并针对7月18日南京、宿迁等地强降雨造成城市内涝情况向省防指专题汇报。积极应对9号台风，下发《关于做好抗御第9号台风工作的紧急通知》，参加省防汛防旱指挥部组织的防御第9号台风（梅花）部署、检查、指导工作，并对无锡市防台准备工作进行了实地检查和指导，及时向省政府汇报工作情况。汛后召开城市排涝工作座谈会，督查各地贯彻省政府《通知》工作情况，并印发2011年度江苏省城市排涝工作情况通报。

推进城市燃气工程建设。积极做好"西气东输"南通支线沿线南通、如皋、靖江等城市天然气利用工程建设，天然气利用主体工程年底基本建成投入运行；泗阳天然气利用工程竣工投产。江苏省新建改造燃气管网3000公里以上。督促各地按国家条例规定要求，建设应急调峰气源设施的建设，常州、无锡、苏州等地均在积极筹建中。

【提高城市市政公用事业安全运营水平和服务质量】 全力保障供水安全。落实太湖水污染防治委员会部署，全力做好太湖地区城市饮用水安全保障工作。针对2011年上半年干旱气候对城市供水的影响，印发《关于做好干旱灾害下城乡供水安全保障工作的通知》、《关于进一步加强城乡供水工作确保安全度夏的通知》，重点指导宜兴市做好应急处理工作，确保城乡供水安全。修订完善《江苏省城市供水安全达标考核标准（试行）》，部署各地开展城市供水安全达标考核工作。根据江苏省城市供水安全形势及特点，重点组织开展太湖、淮河等重点流域的供水安全督查工作，全面落实各项应急处理和安全保障措施。南京、无锡等地结合水专项课题研究，开展供水系统的水源污染风险分析、应急能力评估。继续推进水质检测能力建设。江苏省县以上供水企业全面开展等级水质检测实验室的能力建设，目前已经对40家供水企业上报的水质检测实验室资料进行审核并组织现场评定。做好城市供水水质监管和提高供水行业服务质量工作。继续开展城市供水水质督查工作，对太湖和沿江地区城市供水企业进行重点抽查、对淮河水系县以上供水企业原水和出厂水水质进行一年两次的106项全分析抽检工作，结合城市供水水质报告和监控系统水质上报情况分析，定期完成城市供水水质报告；配合住房城乡建设部做好2011年度城市供水水质普查工作。

继续抓好燃气市场管理和安全管理。研究制定《江苏省城市燃气行业管理考核评价标准》（试行），切实加强城市燃气管理。协调处理"1·13"、"9·8"海门和泰州燃气事故，并及时向省政府作出事故情况汇报，并针对事故特点，先后两次印发《关于切实加强城镇燃气安全工作的紧急通知》，督促各地强化燃气设施的安全管理。借助省广播电台"政风热线"节目平台，加强城镇燃气冬季安全使用知识的宣传。积极做好省人大开展《江苏省燃气管理条例》执行情况的视察活动准备工作，开展《江苏省燃气管理条例》相关制度执行情况调查，并向省人大作了《条例》执行情况的工作汇报。

加强城市桥梁养护与安全管理。召开2011年江苏省城市桥梁养护与安全管理工作座谈会。全面了解2010年江苏省城市桥梁养护管理工作检查整改意见的落实情况以及2011年各省辖市包括所辖县（市）城市桥梁养护、隐患排查及安全管理工作进展情况，部署加强城市桥梁养护与安全管理工作。

积极开展"创先争优"工作。按江苏省住房城乡建设厅党组的统一部署，组织江苏省城市供水供气、市政养护、市容环卫等四个行业开展"群众满意的窗口服务单位"主题活动，不断提高市政公用行业服务水平。

【推进城市建设领域开展节约型城乡建设工作】 继续做好城市节水工作。推进节水型城市创建，部署做好城市节水宣传周活动，开展节水型企业（单位）、小区的创建工作，制定《节水型机关考核标准》，修订《江苏省城市生活和公共用水定额》，指导各地计划用水工作。组织参加全国节水型城市创建工作会议，江苏省有5个城市被命名为"国家节水型城市"。2011年，江苏省共有98个企业（单位）和84个小区被命名为省级节水型企业（单位）、节水型小区。

积极推进城市绿色照明工作。组织开展《江苏省城市照明智能化控制系统建设导则》和《江苏省城市绿色照明规划编制纲要》课题研究，形成了《导则》和《纲要》初稿。按照《江苏省城市绿色照明评价标准》，组织对江苏省13个省辖市的城市绿色照明工作进行评价，并通报评价结果。向建设部报送了扬州、苏州两市半导体路灯应用示范工程项目实施方案。出台江苏省《城市道路照明技术规范》DGJ32/TC 06—2011，并委托省市政协会开办《城市道路照明技术规范》第一期培训班。

推进城市绿色交通体系建设。推动城市轨道交通加快发展，组织实施南京、苏州、无锡第二轮城市轨道交通建设规划，常州市轨道交通建设规划上报国务院审批，徐州、南通等城市正在抓紧开展筹备建设。抓好全国首批慢行系统试点示范城市项目，按照住房城乡建设部要求完成对列入全国首批试点示范的昆山、常熟市"示范工程"组织验收，并按规定要求组织上报。配合住房城乡建设部起草修步行、自行车系统专项规划编制导则。利用实施畅通工程、人居环境调研指导，大力推广城市公共自行车试点实践，江苏省有9个城市建立公共自行车系统。

推动节约型城乡建设示范。总结江苏省首批"江苏城建示范工程"经验，汇编首批9个《江苏城建示范工程画册》，广泛宣传，发挥典型示范。继续开展2011年度"江苏城建示范工程"评选工作。举办一期《市政管廊建设指南》培训学习活动，加强宣传和知识普及。

以人居环境奖评选推进人居环境建设。组织修改《江苏省人居环境奖评选办法》，增加评价指标体系，丰富考评内容，进一步规范评选程序，并由省政府印发各地贯彻执行。组织开展人居环境奖评选考核，对申报2011年江苏人居环境奖的2个城市与13个范例奖项目进行实地调研和考核，配合住房城乡建设部对获得中国人居环境奖三年以上的城市进行复查。2011年江苏省江阴、常熟两个城市获得"中国人居环境奖"称号，"江苏省推进节约型城乡建设实践项目"等5个项目被评为"中国人居环境范例奖"。"金坛市宜居工程建设"等12个项目被评为"江苏人居环境范例奖"。

【进一步提升城市管理工作水平】 加强城市管理工作调研。2011年，按照市容管理、环卫管理、渣土管理、城管执法四个专题，组织召开相关城市城管部门参加的座谈会，并赴有关城市进行实地调研，研究讨论城市管理的内涵与外延，全力打造江苏"百姓城管、科学城管、法治城管"品牌。组织召开2011年江苏省城市管理工作会议（现场会），研究和部署城市管理工作。

开展江苏省城管文化建设年活动。在江苏省城管系统内首次组织开展以有奖征文、书画摄影、文艺汇演、棋牌比赛为主要内容的文化建设年活动，进一步加强江苏省城管系统队伍建设，活跃干部职工文化生活，展示城管人员精神风貌，树立城管系统良好形象。

深化城市管理创优活动。继续开展"江苏省城市管理优秀管理城市"创建工作。深入开展市容管理示范路创建活动，修订并印发《江苏省市容管理示范路检查考核标准》，明确沿街店招店牌、电子显示屏、路铭牌的设置和玻璃橱窗的整洁要求；以达标路建设为基础，强化省辖市创建平台建设，抓典型示范、以点带面，促长效管理。

稳步推进数字化城市管理。研究制定《江苏省数字化城市管理系统建设和运行办法》和《江苏省数字化城市管理系统验收标准（试行）》。按照因地制宜、分类指导的原则，严格把好数字化城管实施方案论证和系统运行验收两道关口，有序推进江苏省数字化城市管理工作。组织对南通、江阴、吴江等市的数字城管系统进行验收，对泰兴、太仓、高淳等城市的数字化城管实施方案进行评审。

加强城市户外广告和渣土运输处置管理。研究制定《江苏省城市户外广告（店招标志）设置标准》，指导各地规范编制城市户外广告专业规划，加强对户外广告和店招店牌设置与管理。积极会同省公安厅、环保厅等部门研究制定《关于进一步加强建筑垃圾和工程渣土运输处置管理工作的意见》，进一步加强建筑渣土运输处置管理工作。

【提升市政公用事业行业管理水平】 加强法规制度建设。认真贯彻学习《城镇燃气管理条例》（国务院令第583号），组织江苏省燃气行业管理人员、企业460人次进行了学习培训，召开各省辖市燃气处长会议，就《城镇燃气管理条例》与《江苏省燃气管理条例》相关制度的衔接工作进行座谈学习。贯彻《江苏省城乡供水条例》，组织召开二次供水设施管理现场会，推进二次供水的管理和改造工作，组织制定《城市二次供水技术规程》。积极推动《江苏省餐厨废弃物管理办法》出台和实施。根据省政府要求，省住房城乡建设厅牵头起草了《江苏省餐厨废弃物管理办法》，经省政府常务会议审议通过，2011年6月1日正式实施。省住房城乡建设厅会同省政府法制办，组织开展了《江苏省餐厨废弃物管理办法》新闻发布会，全面贯彻实施《江苏省餐厨废弃物管理办法》。

加强城镇污水处理设施运营管理。组织专家分三批共23组，对江苏省176座县以上城市污水处理厂2010年度运行管理工作逐个进行了现场考核，评定38座优秀污水处理厂、14座不合格污水处理厂。根据考核情况，认真总结好的经验和做法，系统分析存在的主要问题，并将考核情况及时通报江苏省；针对14座不合格污水处理厂，还逐厂下发了整改通知书。贯彻省政府71号省长令，建立完善城镇污水处理厂运行报表制度，制定印发了《江苏省城镇污水处理厂运行台账范本》。加强江苏省城镇污水处理设施建设运营信息报送工作，每季度定期对江苏省城镇污水处理设施建设运行情况进行通报。

加强城市生活垃圾处理工作。认真贯彻落实《国务院批转住房城乡建设部等部门关于进一步加强城市生活垃圾处理工作意见的通知》（国发〔2011〕9号），代省政府起草的《江苏省人民政府关于进一步加强城乡生活垃圾处理工作的实施意见(代拟稿)》由省政府印发。组织专家研究起草城市生活垃圾填埋场和生活垃圾焚烧厂运行管理考核标准。组织开展对苏州、无锡、徐州、泗洪等地进行生活垃圾填埋场无害化等级评定工作。根据住房城乡建设部生活垃圾处理设施建设和运行管理信息填报系统运行情况,定期对各地系统填报和项目建设与运行情况进行通报。

利用信息化手段,提高市政公用行业管理水平。完善城市供水水质上报和监控系统。配合厅信息中心完成省级专项资金补助项目监管信息系统的开发和培训工作。

加强行业规划编制工作。编制完成了江苏省城镇供水、污水处理、垃圾处理、燃气、绿色照明、道路交通等行业发展"十二五"规划。完成《通榆河沿线城镇生活污水处理规划》、《江苏省"十二五"城镇污水处理及再生利用设施建设规划》、《南水北调东线江苏省城镇污水管网建设实施方案(2011～2012)》等专项规划编制工作。督促、指导各地做好各项行业规划编制(修编)工作。

加强从业人员培训工作。组织开展生活垃圾处理赴美局长培训班工作,加强对江苏省从事垃圾处理行业管理人员的培训工作。

6. 建筑业与工程建设

【综述】 2011年,江苏省建筑业总产值16002.42亿元,同比增长23.76%,工程结算收入13798.83亿元,同比增长25.01%;企业营业额18413.18亿元,同比增长28.93%,利税总额突破千亿元大关,达到1172.48亿元,同比增长25.5%;全行业上缴税金突破500亿元,达到514.59亿元,同比增长20.6%;产值利润率4.11%,增长4.71%,建筑业增加值达到2951.45亿元,占江苏省GDP总量的6%以上,增长幅度超预期。

【建筑业发展】 江苏建筑业以占全国13.6%的产值总量,继续在全国同行中排名第一。农民从建筑业获得的收入约占江苏省农民纯收入的25%,苏中大部分地区达到35%以上、苏北地区在30%以上。建筑从业人员年均劳动报酬达到42516.20元/人,同比增长10.54%,高于江苏省人均劳动收入。

2011年,江苏省建筑企业完成竣工产值12563.7亿元,同比增长28.9%;完成施工面积12.54亿平方米,同比增长24.7%;新签合同额16393.6亿元,同比增长32.6%;境外施工工程新签合同额继续保持增长,境外新签合同额60亿美元,同比增长14.5%。施工规模不断扩大,作业能力迅速增强,对外抢抓机遇,开拓市场创造了条件。

【建筑市场】 国内市场开拓稳中求进。2010年省厅先后与贵州、云南、广西、新疆等四省区签订合作框架协议;在贵阳成功举办了优势企业西南推介会,江苏省40多家龙头骨干企业参加推介,为进一步拓展西南和新疆市场、加快江苏省建筑企业"走出去"奠定了基础。2011年,西南三省市场施工产值均有较快增长,同比分别增长了34.6%,其中贵州市场增长30.9%,云南市场81.3%,产值、施工面积和竣工面积均再创新高。江苏省在新疆的产值已突破百亿,增长58.5%。东北、西北、华北等传统市场产值继续稳步提升,增长幅度均超20%以上。省外超百亿市场已达20个,其中,300亿～500亿元以上市场6个,200亿～300亿元市场3个。江苏省完成省外施工产值6361.09亿元,增长26.52%,占江苏省建筑业总产值39.8%。

国际市场开拓。2011年,江苏建筑企业克服中东局势突变和国际金融危机的影响,在保持非洲、南美、东南亚等成熟市场的同时,抓住欧洲国家加大基础设施投入,拉动内需等有利机遇,拓展欧洲、美洲、东北亚等市场,先后在比利时、瑞典、蒙古国等国家和地区开展项目合作,取得可喜的成绩,江苏省建筑企业已在120多个国家和地区开展工程建设业务,完成境外施工产值60亿美元,同比增长20.1%。境外新签合同额60亿美元,江苏建筑业的品牌优势、管理优势、质量优势、集群优势进一步放大,境外市场的竞争能力进一步增强。

【建筑业结构】 企业结构进一步合理。截至2011年底,江苏省新增建筑企业1387家,总数达17612家,设计施工一体化企业1032家。江苏省共有特级企业32家,一级企业1135家,一级以上资质企业占江苏省企业总数的6.4%;总承包企业、专业承包企业、劳务企业比重分别为31.3%、55.6%、13.1%,专业结构趋于合理,产业结构得到进一步优化。3家企业进入国际工程承包商225强、12家企业进入中国工程承包商60强;

专业产值比重进一步增加。2011年,专业企业产值4806.3亿元,占总产值的比重由2010年的26.2%提高到30.1%;安装、市政等基础设施专业领域产值均突破千亿元产值。苏州金螳螂、沪宁钢机、蛟龙重工、天目集团、柯利达集团等一批专业企业发展形势喜人,成为江苏省专业企业排头兵。中南集团、苏州二建、南京大地等一批龙头骨干企业开始向基础设施和科技含量较高的建筑工业化方向拓展，2010年建筑业工业企业产值实现960亿，同比增长77.12%，建筑工业化进程实现新的跨越。

产业集中度进一步提升。江苏省建筑业总产值超亿元的企业由2010年的2269家增加到2719家，超5亿元的企业由418家增加到506家，超10亿元的企业由207家增加到254家，超50亿元的企业由31家增加到40家，其中，南通二建、苏中建设产值超200亿元。部分企业围绕主业纵向延伸或横向拓展，广泛涉足房地产、建材生产、电力能源、教育、服务等诸多领域，多元化营业额达到1856.4亿元，同比增长37.5%。建筑业与建材业、房地产业等相关产业良性互动、相互促进的格局基本形成。江苏省一级资质以上企业产值9962.9亿元，创造的产值占到了62.26%，产业集中度进一步提升。

【区域建筑经济】 建筑强市领军地位稳固。南通、扬州、泰州、苏州、南京5个"建筑强市"继续领跑江苏省，建筑业总产值均超1000亿元，优势地位进一步确立。以上5市完成产值突破万亿元，达到10585.99亿元，占到江苏省建筑业总产值的66.15%，千亿方阵构建了建筑强省的基本框架，对拉动地方经济发展作用明显。

区域发展差距逐步缩小。苏中3市共完成建筑业总产值6825.68亿元，占到江苏省产值总量的42.66%；苏南5市共完成建筑业总产值5931.88亿元，占到江苏省产值总量的37.01%，但利润占到江苏省的45.53%，常州市建筑业总产值突破千亿元，实现1012.65亿元，同比增长24.84%；苏北5市完成的建筑业总产值3244.92亿元，占到江苏省产值总量的20.28%，较2010年相比增长2个百分点。

苏北建筑业发展突飞猛进。2011年，苏北建筑业发展步伐实现新的飞越，5市平均增长幅度达到25%以上，其中，宿迁突破400亿元，增幅达到47.69%，增长幅度位列江苏省之首；徐州市努力将建筑业打造成为第五个千亿元产业，积极为建筑业发展创造良好的发展环境，徐州、盐城产值总量均突破800亿元，徐州、盐城、连云港增幅均在35%以上，淮安市增幅25.3%。

县域建筑经济蓬勃发展。江苏省建筑企业营业额超过100亿元的县(市、区)由2010年的35个增加到40个，超200亿元的由2010年的18个增加到20个，超过500亿元的达到5个，分别是通州、海门、江都、海安、如皋，其中通州、海门产值均超700亿元。江苏省列入统计的68个县(市、区)建筑业产值排名前40位的均为"建筑强县"、"建筑之乡"。各县(市、区)建筑业利税总额均超亿元，其中5亿元的41个，超10亿元的29个，超20亿元的12个，超30亿元的6个，其中通州52.19亿元，海门49.82亿元，分列江苏省第一、二名。

【建筑业科技】 2011年，创造发明专利、施工工法和行业标准同比增长200%以上。全年评选省级工法164项，获得国家级工法56项；223项工程被授予"江苏省建筑业新技术应用示范工程"称号。

【建筑业人才】 2011年，江苏省技经人员突破百万人，达到116.29万人，同比增长21.82%。江苏省注册建造师总数突破10万人，达到117722人，其中，一级建造师27190人，二级建造师90532人，有8654人通过了小型项目管理师资格考试，江苏省施工员、机械员、资料员、安全员等各类岗位技术人员总数突破90万人。技经人员比例由2010年的16.48%提高到18.77%，增长2.3个百分点。

【建筑质量】 坚持以落实工程质量责任制为核心，积极开展工程质量管理专项课题研究，探索工程质量管理创新措施，加强江苏省监督检测工作的宏观指导，推进施工质量技术进步，强化了保障性住房工程质量监管，进一步促进工程建设各方责任主体规范质量安全行为，江苏省建设工程质量水平和管理水平进一步提高。全年累计获得鲁班奖10项、国优奖19项，继续保持全国领先水平，共评选省优质工程"扬子杯"奖253项。江苏省累计监督工程90674项，建筑面积6.6185亿平方米，市政工程投资426.222亿元，住宅工程质量分户验收覆盖率和合格率均达到100%，工程竣工合格率100%。

【建筑安全生产】 坚持"三个突出"（突出预防为主，突出加强监管，突出落实责任）和"三个加强"（加强宣传教育和队伍建设，加强安全基础工作，加强组织协作）。深入开展建筑领域生产安全事故高发种类和高发地区安全隐患专项整治，加强安全形势分析会，强化安全责任意识，提出防范措施。2011年，江苏省建筑安全生产形势总体在好转，工程质量总体稳定可控，工程安全生产事故起数下降9.4%，死亡人数下降34.4%。

【建筑业管理】 建筑市场监管力度不断加强，开发完成省建筑业企业信用管理平台系统，建立了科学、严谨、公平的建筑市场信用体系，加强了资质动态核查，完善市场准入和清出机制，进一步规范建筑市场行为、维护建筑市场秩序。2011年度江苏省核查的企业13880家，核查上报率87.2%，撤回2191家不符合条件的建筑业企业资质，注销了14家监理企业资质。共受理拖欠农民工工资投诉1889件，涉及金额7.01亿元；结案1459件，解决拖欠工资 4.35 亿元。江苏省共引发农民工群体性讨薪事件 21 起，结案 19 起，未发生一起群体性恶性事件。

【建筑工程招投标】 在认真落实国家九部委有关加强工程建设招投标监管工作意见的基础上，与省监察厅联合下发了《关于推进江苏省建设工程远程异地评标实现"两个全覆盖"工作目标的意见》，全力推进招标投标电子化（网上招投标）工作，实现了江苏省远程评标"两个全覆盖"目标，积极开展招标投标环节中存在的虚假招标、围标串标、评标不公等专项整治，建立统一规范的工程建设有形市场。全年公开招标 15827 个标段，合同金额 2663.67 亿元；邀请招标 5246 个标段，合同金额 1839.30 亿元。通过招标投标共节省投资 390.9 亿元，与工程合同估算价（标底价）相比，平均节省率为 7.99%。

【建筑工程造价】 认真落实《关于明确〈建设工程工程量清单计价规范〉执行中的有关问题的通知》，研究分析市场变化规律，及时调整建筑工程预算工资单价，扎实推进招标控制价和竣工结算网上备案管理。深入开展工程建设领域突出问题专项治理工作，对政府投资工程开展专项检查，发现存在问题 3443 个，整改问题 2975 个。

【建筑工程监理】 制定出台《项目监理机构评价标准》，规范监理企业组织机构与人员配备、监理服务情况、工作质量、工作绩效等内容，强化对监理企业考评机制，进一步提升江苏省监理规范化管理的工作水平。共有 92 家监理企业接受资质动态核查。其中：66 家企业通过核查，14 家企业申请资质注销，12 家企业在规定时间内整改。

7. 建筑节能与科技

（1）建设科技

【总体情况】 2011 年江苏省建设科技相关数据指标再创历史新高。建设系统获国家批准立项的科技项目达 124 项，占全国立项总数的约 1/5、获"华夏奖"项目 11 项、获"江苏省建设科学技术奖"项目 26 项、科技成果鉴定项目 50 项。

【科技研究与示范】 围绕节约型城乡建设十项重点工作展开科研攻关与示范，下达 38 项建设科技项目和 5 项科技示范工程，对历年科技项目完成情况进行了清理。各省辖市城市积极参与申报建设系统科技示范，项目确定后实施情况良好。

【科技成果推广】 全年认定发布 231 项科技成果推广项目，徐州、淮安、盐城等苏北城市推广数量明显上升。面对建设领域新的形势，加大对重点推广领域的工作力度，先后印发《复合发泡水泥板外墙外保温系统申报推广认定条件》等 5 项认定条件。

【工程建设标准化】 全年共完成工程建设标准 41 项、标准设计 10 项和推荐性技术规程 7 项。各地积极配合省厅组织开展新标准宣贯活动和注册人员继续教育活动，江苏省 1270 名技术人员参加了标准宣贯，2582 名注册人员参加了注册建筑师、注册结构师、注册岩土工程师的继续教育。

【学术研讨和宣传】 2011 年加强国内外学术交流合作，与瑞典东约特兰省考察团、法国建筑科学技术中心、德国能源署、丹麦技术交流考察团等开展了关于新能源建筑应用、绿色建筑技术、节能环保、城市规划等领域的都多方面的交流。

（2）建筑节能

【总体情况】 2011 年江苏省建筑节能工作继续保持良好发展势头。全年新增节能建筑 11000 万平方米，其中居住建筑 8000 万平方米、公共建筑 3100 万平方米。新增可再生能源建筑一体化应用面积 2594 万平方米，其中太阳能光热应用面积 2382 万平方米，浅层地能应用面积 212 万平方米。实施既有建筑节能改造 70 万平方米．其中既有居住建筑节能改造 50 万平方米，公共建筑节能改造 20 万平方米。共实现年节能 100 万吨标准煤（相当于节电 143 亿千瓦时，可减少二氧化碳排放 225 万吨），超额完成率达 25%。新建 11 个建筑节能与绿色建筑示范区，除徐州、扬州外，各省辖市都确立了示范区项目。

【建筑节能管理】 制定《2011 年江苏省建筑节能工作考核评价计划》，对各地"十一五"建筑节能目标任务完成情况和 2010 年 7 月以来建筑节能工作情况进行考核评价，并对 78 个工程项目执行建筑节能标准的情况、责任主体贯彻落实建筑节能法律、法规的情况进行检查。13 个省辖市均完成或超额完成"十一五"建筑节能目标任务。抽查的建筑节能分部工程实体质量基本合格以上 77 个，不合格项目 1 个，合格率为 98.7%。南京、无锡、徐州、常州、淮安、盐城、泰州、镇江、扬州等市建筑节能分部工程实体质量总体水平比较高。常州市将建筑节能分部工程的质量监督纳入每季度一次的建筑市场综合大检查，对工程建设各方主体的质量行为实行量化评价考核，对各方主体的不良行为进行通报，促进了实体质量的提高。

【建筑节能示范】 明确建筑节能各类示范项目管理分工，明确了示范城市（县）人民政府为示范工作的责任主体。要求由政府牵头，落实配套政策，完善管理制度抓好组织实施。加强示范区实施管理，下发通知明确9条具体管理要求，定期开展项目实施情况检查，进行绩效评估。江苏省4个市（南京、淮安、扬州、无锡）、6个县（市）（赣榆、海安、涟水、沭阳、泗阳、昆山）获批国家级可再生能源建筑应用示范城市和示范县，41个国家级太阳能光电建筑应用示范项目。南京、常州、苏州、淮安、连云港、泰州、镇江、宿迁等市建立示范项目台账，对项目进展情况进行跟踪，按时完成年度任务计划。省级建筑节能专项引导资金项目在内的各类示范项目完成情况良好。

【绿色建筑和发展节能服务市场】 积极贯彻《省政府办公厅转发省住房城乡建设厅关于在建设领域积极推进合同能源管理实施意见的通知〔苏政办发（2011）15号〕》，实施了既有建筑节能改造、绿色照明改造、可再生能源建筑应用等7项省级合同能源管理示范项目，财政补助资金1020万元。

【建筑节能监管体系建设】 完成住房和城乡建设部建筑能耗动态监测示范省验收准备工作，包括省级数据中心、3个市级数据中心以及200栋分项计量项目建设，实现数据上传分析。印发《关于大力推进公共建筑节能工作的通知》，联合省教育厅制定了《江苏省高等学校节约型校园建设行动方案（2011~2015）》，组织南京师范大学等16所高校申报国家高等院校节能监管体系建设项目和高校节能改造项目。省级建筑节能专项引导资金支持8所高校建立基于能耗分项计量的高校能源监管体系。新确立5个省辖市纳入监管体系建设范围，新增近200项建筑能耗分项计量项目。2011年以来发挥能耗监测平台作用，省建筑能耗监测数据中心开始为建筑物业主/使用权人提供用能分析报告，为业主加强运行节能管理提供依据。组织开展了江苏省机关办公建筑和大型公共建筑运行模型和定额方法研究，提出基于分项能耗定额的建筑整体运行能耗模型和定额计算方法，编制相应计算软件。该项目已经通过鉴定。为提高建筑能耗定额的可靠性提供了有效途径。印发实施《公共建筑能耗监测系统技术规程》，对新建机关办公建筑和大型公共建筑安装能耗监测系统予以规范。

推进建筑能效测评工作。完善制度建设。2011年修订出台《江苏省建筑能效测评标识管理实施细则》，进一步明确了建筑能效测评对象、方法和要求。印发《关于建筑节能分部工程质量验收中开展建筑能效测评工作的通知》规定：应进行建筑能效测评的建筑工程项目未经建筑能效测评，或者建筑能效测评不合格的，不得组织验收。把建筑能效测评纳入工程质量监管程序。健全管理机制。组织开展建筑能效测评机构认定工作，构建建筑能效测评公共服务平台。通过座谈交流、申报评审、技术研讨、现场考核、报告评审、综合评定等环节，新认定了13家省级建筑能效测评机构，基本实现了省辖市全覆盖；首次提出分级管理要求，规定测评人员必须持有省住房城乡建设厅核发的《建筑能效测评人员工作手册》和建筑能效测评人员专用章，并以建筑能效测评标识的数量和质量为依据对测评人员实行动态考核。建立激励机制。2011年起，省级建筑节能专项引导资金对获得建筑能效测评标识的绿色建筑予以奖励，以此调动建设单位申请建筑能效测评标识的积极性和主动性。

【建筑节能技术进步】 组织实施各类建筑节能科技项目。多渠道筹措科研经费，通过建筑节能专项引导资金安排了《江苏省可再生能源建筑应用规划研究》等6项科研课题，补助经费300万元；省厅直接下达8项科技项目，补助经费64万元。

(3) 勘察设计

【总体情况】 2011年勘察设计行业规模继续扩大，江苏省共有勘察设计企业（含设计施工一体化企业）共1686家，比上年度增加218家，从业人员83409人，比上年增加16.6%，其中注册执业人员共有12784人，约占从业人员总数的15.3%；江苏省工程勘察设计企业全年营业收入总计505.5亿元，比上年增加17%。施工图完成建筑面积2.43亿平方米，比上年增加25%。

【勘察设计行业监管】 对工程设计市场集中检查复查工作仍存在问题的单位进行了查处。对在2010年工程设计市场集中检查工作中被通报的单位进行了复查，对复查后仍存在问题的52家省内单位及400多家省外单位进行了处理。对进入江苏省承接业务的省外勘察设计单位开展了单项工程资质核验和年度资质核验。省住房城乡建设厅对省外勘察设计单位承接的2612个项目进行了核验，并审核通过了37家省外单位的年度资质核验。

【施工图审查机构监管】 加强对审查质量和审查机构建设的监管。8~9月，组织对江苏省53家施工图审查机构的全面考核，通过考核，全面了解了江苏省施工图审查工作现状，总结一批先进的工作经验，发现个别机构工作中存在的问题。9月，组织召开江苏省勘察设计质量情况通报会，通报了近期部、省级检查中发现的勘察设计及施工图审查质量方面的问题，布置并开展了江苏省保障性安居工程勘察设计和施工图审查质量自查和回查工作。

开展施工图审查机构的认定工作,全年共审查认定审查机构49家次。对施工图审查人员的从业资格进行核查,通过核查的审查人员共计1211名、注销人员235名。加强了对施工图审查人员的培训。分别组织了江苏省建筑、结构、给水排水、电气、暖通空调、岩土工程勘察六个专业的专、兼职施工图审查人员共计1162余人召开技术研讨会。

完成施工图审查数据的汇总统计及上报工作。江苏省现共有施工图审查机构53家,其中一类22家,二类31家。江苏省现有施工图审查人员1520名,其中一级审查人员954名,二级审查人员566名,其中具有建筑节能专项审查资格的有437名。

【注册人员继续教育】 5月底至7月初分别在南京、徐州、盐城、苏州、无锡、常州、镇江等七市举办8期注册建筑师、注册结构工程师继续教育,6月在南京、苏州举办两期注册土木工程师(岩土)继续教育。共有1100名注册建筑师、1027名注册结构工程师以及300名注册岩土工程师参加了继续教育。

【实施精品工程战略】 通过组织申报、各省辖市建局(委)推荐、资格初审、专家审查、厅领导小组审定,从170个申报项目评选出55个江苏精品建筑示范项目(其中有2个项目纳入江苏省高品质城市空间示范项目,1个项目纳入江苏省优秀风景园林示范项目)。制订《江苏精品建筑案例集》的设计制作方案,汇总、分析省住房城乡建设厅评出的精品建筑示范项目的相关素材,组织有关单位设计制作样册,并做好修改、审查工作,9月完成《江苏精品建筑案例集》样册的设计制作工作。

8. 建设教育

【关键岗位培训】 全年共计约16万人次参加了施工员、质检员、资料员、机械管理员、城建档案管理员等岗位培训和考试,继续教育约10万人次,其他专业技术人员年参加继续教育的比例达到60%以上;4.4万名建筑施工企业"三类人员"通过安全考核,安全意识得到普遍加强,与2010年度相比,安全责任事故数同比下降9.4%,死亡人数同比下降34.4%;积极组织开展二级建造师继续教育工作,制定了《江苏省二级注册建造师继续教育管理办法》,全年共培训人员近4万人。

【技能人才培养】 各地通过部门合作联动、加大资金投入、创新发展体制等措施,形成有利于技能人才成长和发挥作用的制度环境和社会氛围,带动技能劳动者队伍整体素质的提高和发展壮大。全年共计约10.1万人次参加了特种作业人员培训考核。2011年,江苏省建设系统技师(高级技师)培养人数总计2469人。

9. 名胜与风景园林

【名胜】 至2011年底,江苏拥有国家级风景名胜区5处,分别是:太湖、南京钟山、扬州蜀冈—瘦西湖、连云港云台山和镇江三山(金山、焦山、北固山)风景名胜区。拥有省级风景名胜区18处,分别是:南京雨花台、夫子庙—秦淮风光带、苏州虎丘山、枫桥,常熟虞山,镇江南山,句容和金坛交界的茅山,句容九龙山,南通濠河、狼山,姜堰溱湖,徐州云龙湖,邳州艾山,新沂马陵山,盱眙第一山,建湖九龙口,宿迁骆马湖—三台山、古黄河—运河风光带风景名胜区。风景名胜区总面积1862.96平方公里,占江苏省面积的1.77%。

【风景名胜区规划】 2011年,完成云台山风景名胜区总体规划(修编)评审工作,由省政府上报国务院审批。启动扬州蜀冈—瘦西湖风景名胜区总体规划修编工作。完成虎丘山风景名胜区详细规划编制及批准工作。完成《江苏省风景名胜区控制性详细规划编制导则》起草工作。

【风景名胜区建设项目选址审批】 按照"科学规划、统一管理、严格保护、永续利用"的原则,依法加强对风景名胜区管理,严格风景名胜区建设项目选址审批制度。2011年,完成雨花台风景名胜区游乐活动区、茅山风景名胜区茶博园、宝盛山庄、玄武湖景区李渔文化园、碧莲苑、中山陵园风景区中山植物园和南京体育学院综合整治、陵园路人行栈道、体育运动公园服务设施、东沟停车场、樱花园改造等景区建设项目的选址审批工作。2011年,中央精神文明建设指导委员会授予钟山风景名胜区、虎丘山风景名胜区全国文明单位称号。

【园林绿化概况】 2011年,江苏省新增绿地11226万公顷,城市建成区绿化覆盖率达41.8%,绿地率达38.4%,城市人均公园绿地面积为12.5平方米。至2011年底,江苏省拥有国家园林城市19个,国家园林县城6个,国家园林城镇1个,国家生态园林城市试点城市6个,国家重点公园18个,国家城市湿地公园6个,省级园林城市12个,省级园林小城镇23个。

【园林城市创建】 3月,组织召开申报国家生态园林城市、国家园林城市和省级园林城市工作布置会,并组织相关专家对创建城市进行调研、指导。9月,配合住房和城乡建设部完成连云港、如皋、江都等3个城市"国家园林城市"现场考核工作。10

月，配合住房和城乡建设部完成苏州、扬州、昆山、张家港、常熟等5个城市"国家生态园林城市"现场考核工作。2011年，对大丰、东台等5个提出创建江苏省园林城市的城市进行调研和现场核验工作。

【园林规章和技术规范】 2011年，省住房和城乡建设厅下发《江苏省风景园林"十二五"规划》。出台《江苏省推进节约型园林绿化建设实施意见》、《江苏省节约型园林绿化评价标准（试行）》、《江苏省城市绿线划定技术纲要（试行）》等文件，为推进节约型园林绿化建设、加强城市绿线划定发挥了重要作用。

【第七届江苏省园艺博览会】 2011年9月26日至10月26日，在宿迁市举办。该届园博会由江苏省人民政府主办，省住房和城乡建设厅、省农业委员会和宿迁市人民政府承办，其他12个省辖市人民政府协办。园博会以"精彩园艺·休闲绿洲"为主题，以"生态、节约、休闲、创新"为办会宗旨。博览园设在宿迁市湖滨新城骆马湖畔，占地69.4公顷。博览园以湖泊湿地为主线，把造园艺术与沿湖自然景观结合起来。博览园共有18个展园，其中，省内展园13个，友好城市和企业展园4个，设计师展园1个。

10. 村镇建设

【年度村镇建设综述】 2011年，江苏省村镇建设以开展村庄建设整治、抓好各项试点示范为重点，全力参与村庄环境整治计划实施，统筹推进村镇规划编制、村庄建设与环境整治试点、村镇生活污染治理、各项创建以及技术政策研究等工作，着力提升村镇人居环境水平，为优先推进新型城市化、促进城乡统筹发展提供了良好的保障。

【村庄和小城镇建设政策制定与实施情况】 研究制定推进重点镇、特色镇以及经济发达镇行政管理体制改革试点镇发展的意见，启动集约宜居小城镇创建工作，依据省域城镇体系规划，加强对不同区域小城镇建设发展的分类指导，择优培育省级重点中心镇，使其真正成为连接城乡、带动周边农村发展的中心。

【镇、乡、村庄规划的编制及实施】 指导各地启动小城镇特别是省级重点中心镇总体规划（规划期至2030年）的修编工作，优化镇村布局规划、强化城乡统筹规划内容，指导10个左右重点中心镇完成总体规划（规划期至2030年）修编任务；继续推进小城镇控制性详细规划编制，开展重点镇重要地段、重点地块修建性详细规划编制试点，指导20个左右重点镇完成近期建设用地控制性详细规划或重要地段、重点地块修规编制任务。

【农村住房建设、农村住房安全和危房改造情况】 2011年，江苏省村镇住宅竣工面积3996.84万平方米，实有住宅总建筑面积19.74亿平方米，江苏省村镇人均住宅建筑面积36.38平方米（含暂住人口，下同）。江苏省村镇公共建筑建设总量比上年略增，竣工面积926.69万平方米，其中混合结构建筑面积900.47万平方米，占新建公共建筑总面积的97.17%。江苏省生产性建筑竣工面积达到3604.15万平方米，其中混合结构建筑面积3367.40万平方米，占新建生产建筑总面积的93.43%。

【小城镇和村庄人居生态环境改善工作】 组织实施村庄建设与环境整治试点。按照"生活宽裕安康、设施配套完善、环境自然宜居、村容乡土特色、资源节约利用"的目标，选择部分具备一定基础条件的县（市、区）实施近100个省级村庄建设与环境整治试点，突出乡土、自然、生态、多样，因地制宜地配套村庄基础设施和公共服务设施，改善村庄生产生活条件，引导和推进"康居乡村建设百千万行动计划"。

实施村庄环境整治计划。为加快改善村庄环境面貌和农村生产生活生态条件，积极推进美好城乡建设，根据《中共江苏省委、江苏省人民政府关于以城乡发展一体化为引领，全面提升城乡建设水平的意见》（苏发〔2011〕28号）以及《省委办公厅省政府办公厅关于印发〈江苏省村庄环境整治行动计划〉的通知》（苏办发〔2011〕40号）两个文件，全面实施村庄环境整治行动计划，用3至5年时间对江苏省村庄（约20万个自然村庄）环境进行综合整治，逐步使农村居民能够享受同等的现代化设施和现代文明。

完成各项试点示范。在江苏省组织实施201个省级环境整治试点、10个节约型和特色村庄建设改造试点，在苏中苏北地区开展150座乡镇垃圾中转站和苏中苏北地区实际完成110个规划布点村庄生活污水收集管网和处理设施建设，太湖流域完成了745个村庄生活污水治理任务。

加快建立健全镇村生活垃圾收运体系。2011年，指导各地科学制订乡镇垃圾中转站建设方案，加快工程实施，苏中苏北地区共完成162座乡镇垃圾中转站建设，超额完成年度目标任务。在指导各地进一步优化完善镇村生活垃圾收运体系的同时，加强农村生活垃圾减量化、资源化利用的研究。

【村镇建设试点，全国重点镇建设】 认真做好绿色低碳重点小城镇试点申报工作。根据财政部和住房城乡建设部《关于绿色重点小城镇试点示范的实施意见》以及住房城乡建设部、财政部、国家发展改革委《关于印发绿色低碳重点小城镇建设评价指标（试行）的通知》的要求，联合省相关部门组织开展了全国绿色低碳重点小城镇试点示范的申报工作，经专家评审和综合考评，共推荐昆山市张浦镇等10个镇申报全国绿色低碳重点小城镇试点示范。

适时组织开展相关创建活动。积极组织全国园林小城镇的推荐上报和省级园林小城镇创建工作。经各地申报推荐，全国共命名了7个国家级园林小城镇，江苏省3个镇全部入围，数量居全国首位。在组织完成现场调研的基础上，会同厅相关处室依据专家意见和现场考核情况，命名常熟市碧溪镇等9个镇为省级园林小城镇。组织各地完成了2011年省级康居示范村的申报及考核工作，共有55个村被命名为省级康居示范村。

【江苏省城乡建设暨生态文明建设工作会议召开】 9月13～14日，江苏省委、省政府在常州召开江苏省城乡建设暨生态文明建设工作会议，深入贯彻党的十七届五中全会精神和胡锦涛总书记"七一"重要讲话精神，围绕全面落实"六个注重"、全力实施"八项工程"、又好又快推进"两个率先"，进一步明确今后五年城乡建设的目标任务和工作重点，部署实施生态文明建设工程，在新的起点上开创江苏省城乡建设和生态文明建设新局面，为转变经济发展方式提供更加广阔的空间，为人民群众创造更加宜居和谐的生活环境。

（江苏省住房和城乡建设厅）

浙 江 省

【概述】 2011年，在浙江省委、省政府的坚强领导下，浙江省住房和城乡建设厅紧紧围绕"六个加快"、"十个率先"的要求，立足"八个新突破"的年度目标，团结拼搏、奋力争先，各项工作都取得显著成绩。

1. 新型城市化

【"十二五"规划】 制订《浙江省"十二五"新型城市化发展规划》，新设立了省城市化发展研究中心，研究提出"十二五"时期新型城市化发展目标任务。完成厅"十二五"规划"1+16"编制目录体系中《浙江省城镇住房与房地产业发展"十二五"规划》、《中心镇城建基础设施"十二五"建设规划》等各项规划。

【工作调研】 根据省委统一安排，省住房和城乡建设厅厅长谈月明随省委书记赵洪祝赴广东、山东调研，随副省长陈加元赴四川、重庆调研。谈月明率领厅考察团两次赴山东各市学习考察城市化推进工作。各位厅领导分片联系市，深入县（市、区）及乡镇调研，指导各地开展新型城市化推进工作。积极配合省委、省政府办公厅做好新型城市化会议筹备相关工作。

【城市化发展水平】 2011年全省城市化水平达到62%，比全国平均水平高出约12个百分点。全省城镇体系日益优化，基本形成与生产力布局相适应的大中小城市和小城镇协调发展的城镇发展格局，新型城市化综合效应日益明显。

2. 城乡规划管理

【城乡规划体系】 深入实施县（市）域总体规划，加快近期建设规划编制。创新浙中城市群规划实施机制，探索建立省市县联动实施机制；指导舟山市编制舟山群岛新区空间发展战略规划；会同宁波、台州等地开展三门湾规划编制，指导台州市编制完成台州城市群规划。

【小城市和中心镇规划编制】 出台《关于加强小城市试点镇规划建设管理工作的意见》，制定《浙江小城市培育试点镇规划编制技术导则（试行）》。加快省级中心镇总体规划修编，基本修编完成27个小城市试点镇总体规划。

【地下空间规划和开发利用】 省政府召开全省城市地下空间开发利用工作现场会，出台加快城市地下空间开发利用的若干意见。全面开展各设区市和义乌市地下空间开发利用相关规划编制工作，全省已开工的城市地下空间总建筑面积超过1000万平方米。

3. 城乡住房保障

【保障性安居工程建设】 贯彻中央决策部署，围绕18.5万套保障性安居工程建设任务，通过签订目标责任书、层层分解落实任务项目，召开各级推进会、现场会，开展巡查督查、考核约谈等措施，到年底，全省新开工保障性安居工程住房21.6万套，其中新增廉租住房货币补贴7753户，完成国家下达目标任务的117.2%。浙江住房城乡建设厅与国家开发银行浙江省分行签订战略合作协议，共同推进保障性安居工程建设。

【农房改造建设】 全年完成农村住房改造建设41.4万户，累计完成117.4万户，实现全省农房改造建设四年任务三年超额完成。同时，联合省国土、财政、物价、测绘等部门，下发指导意见，在全国率先开展全省集体土地范围内房屋登记工作。8月9日，省委、省政府在台州召开全省农村住房改造建设与中心镇发展改革工作现场会，赵洪祝书记、吕祖善省长出席。

【房地产调控政策】 执行中央和浙江省委、省政府有关房地产调控政策，积极配合做好国务院、省政府房地产市场调控专项督查工作，调控成效逐步显现。主要表现为："投资增长"，全年完成房地产投资4494.25亿元，同比增长48.5%。"销售回落"，全省销售商品房3827.08万平方米，其中住宅3006.06万平方米，同比分别下降20.5%和21.6%。"房价回归"，主要城市房价稳中有降趋势明显，所有城市实现房价控制目标。继续为全省经济发展作出贡献。全省房地产地税收入532.2亿元，占地税总收入的22.2%，房地产增加值1755.02亿元，占GDP的5.5%。举办浙江省第十八届房地产博览会。

【房地产业转型升级】 积极推进国家住宅产业化基地、国家康居示范工程建设和住宅性能认定，进一步完善促进现代物业服务发展有关政策建议。初步建立国有土地上房屋征收补偿新制度。全省房地产监管分析平台正式开通。

【住房公积金管理】 至年底，全省住房公积金实际缴存职工人数突破400万人，累计缴存额达2798亿元，缴存余额1352亿元，累计发放个人住房公积金贷款1807亿元，贷款余额961亿元，已帮助近100万户缴存职工家庭改善了居住条件，住房公积金逾期贷款率为万分之零点二七。积极开展杭州、宁波市利用住房公积金贷款支持保障性住房建设的试点工作，累计发放住房公积金贷款10.8亿元。

4. 城乡建设管理

【轨道交通和快速路网建设】 加快城市轨道交通建设，杭州地铁1号线已基本完成"洞通、轨通、电通"，计划2012年国庆前建成通车。针对交通拥堵问题，各市进一步加快了城市快速路网、地下停车场等基础设施建设。

【园林城市等创建】 江山、温岭、德清、桐庐、宁海和嘉兴大云镇创建为国家园林城市（县城、城镇）。舟山、龙泉、开化和玉环等4个城市创建为省级园林城市。全省有国家园林城市（县城、镇）28个、省级园林城市40个、人居环境（范例）奖24个、国家节水型城市5个。

【"数字城管"】 全省有76个市、县（市、区）"数字城管"平台建成投入运行。同时，着力推进"数字城管"平台建设向中心镇延伸，萧山区的临浦镇和余杭区的余杭镇、瓶窑镇相继建成数字城管平台并上线运行。

【生活垃圾处理能力】 全省县城以上生活垃圾无害化处理设施83座，其中填埋设施54座，焚烧设施25座，其他设施4座。全省生活垃圾无害化处理能力达到4.3万吨/日，生活垃圾无害化处理率达到94.91%。杭州、湖州等市的生活垃圾分类收集和处置工作取得了初步成效。

【市政公用行业安全运行】 组织开展全省既有城市桥梁质量安全大检查和全省供水企业的水质检测。全面通过对小液化气行业质量安全整治和规范工作的检查验收。全省各地着力完善城市应急保障机制。

【第八届全国残运会】 按照"一流的场馆，一流的无障碍设施"要求，组织完成对19个比赛场馆、40家接待宾馆、杭州萧山国际机场、铁路杭州火车站、杭州火车南站以及城市道路、旅游景点、商场、会场等进行改造建设。

5. 生态环境保护

【绿色城镇行动】 根据浙江省新"811"行动计划，大力开展绿色城镇行动，省政府办公厅印发《关于浙江省绿色城镇行动方案的通知》，在安吉召开全省绿色城镇行动推进会，确定安吉县、龙泉市、普陀区为绿色城镇示范县（市、区），将全省27个小城市培育试点镇纳入绿色城镇行动试点。

【绿色建筑】 浙江省政府出台《关于积极推进绿色建筑发展的若干意见》，已有两市、六县和一镇被国家列为可再生能源建筑应用示范区域。省人大颁布实施《浙江省实施〈节约能源法〉办法》，出台民用建筑节能评估审查等四项制度。全省累计设计节能建筑3.5亿平方米，建成节能建筑1.6亿平方米，形成年节约标准煤425万吨的能力。38项建筑获得绿色建筑标识，其中3项绿色建筑荣获国家绿色建筑创新奖。

【污染减排】 完成60个镇污水处理设施建设，新增城镇污水配套管网1732公里。至年底，全省建成实际运行的城镇污水处理厂处理污水量达25.9亿吨，COD、氨氮去除量达到117.6万吨、6.17万吨，对全省COD减排贡献率继续保持在70%以上。镇级污水处理设施建设被评为2011年度浙江省十大民生工程推荐项目奖。同时，利用世行贷款钱塘江流域小城镇环境综合治理项目进入全面实施阶段，已完成投资3.24亿元，建成并运行金华市婺城区汤溪水厂项目。

【风景名胜资源和历史文化遗产】 6月，杭州西湖文化景观成功列入世界遗产名录。天台山、楠溪江、仙都等风景名胜区相继成立具有管理社会公共事务职能的管理委员会。全省18个国家级风景名胜区中，有8个成立了具有管理公共事务职能的风景名胜区管理委员会。部署开展为期两年的省级风景名胜区综合整治工作。6月，省政府公布第9批45个省历史文化街区、名镇、名村。

6. 建筑业

【建筑业发展】 召开全省建筑业发展大会。省委、省政府及建设部主要领导均出席会议并讲话。省政府出台进一步推进建筑强省建设的政策意见，首次命名"建筑强市"、"建筑强县(市、区)"、"浙江省建筑强企"和"浙江省建筑业突出贡献企业家"。全年建筑业产值达到14686亿元，同比增长22.3%；建筑业增加值1869亿元，同比增长13.9%，占全省GDP的5.84%；上缴税金450亿元，同比增长24%；实现利润415亿元，同比增长19.2%；全年平均从业人数622万人，百亿元企业达到15家。出省施工产值达到7339亿元，同比增长26.4%，外向度达到49.9%，超百亿元的区域市场达到20个，主要经济指标继续保持全国前列。

【建筑市场】 组织开展工程建设领域突出问题专项治理，强化建设工程招标投标监管，完善"浙江省建筑市场监督管理信息系统"，应招标工程招标率和应公开招标工程公开招标率都保持100%。

【质量安全】 推进工程建设领域"质量强省"建设工作，加强对试点城市的指导和服务。加强保障性安居工程和轨道交通工程质量管理，组织开展轨道交通工程自查、督查和整改，做好中小学校舍加固改造工程质量安全工作。完善质量安全责任体系，继续深入开展建筑施工领域"安全生产年"活动、建筑安全专项治理、严厉打击非法违法建筑施工行为专项行动，以及为期两个月的安全生产大检查，有效消除安全隐患。

【勘察设计】 实施业绩核查制度，严肃查处弄虚作假行为，进一步规范勘察设计资质管理。进一步完善施工图设计文件审查机制，壮大勘察设计队伍，提升行业规模。全省勘察设计营业收入达到172亿元，同比增长21%。

7. 建设法制

【制度建设】 7月29日，浙江省人大审议通过《浙江省风景名胜区条例》，《浙江省建设工程造价管理办法》(草案)上报省政府审议，《浙江省历史文化名城名镇名村保护条例》(草案)起草工作基本完成。全年共制定11个规范性文件，废止8个规范性文件。被住房城乡建设部授予"全国建设系统'五五'普法工作先进单位"。

【城管执法】 在全省城管执法队伍中开展了争创先进执法队伍、争当优秀城管执法队员活动。杭州、宁波、嘉兴、湖州、嘉善等市、县城管部门，积极推行疏导式、说理式等执法新模式，切实推进为民执法、和谐执法、阳光执法。

【规划督察和专案专项稽查】 省派第二批城乡规划督察员驻湖州、舟山，开展驻地督察工作。充分发挥省、部联动机制，对杭州、宁波、绍兴、舟山开展城乡规划专项巡视。突出重点，加大专项专案稽查执法力度，全年厅本级共查处各类违法违规案件25起。

【信息公开】 进一步完善厅政府信息公开工作方案和流程，优化公开目录，及时加载并更新公开信息，做到不公开为特例。全年通过厅门户网站主动公开政府信息8148条，受理办理依申请公开政府信息8件，提供社会(标准信息)查询197245条。周页面浏览量保持在35万以上，点击率处在省政府省级部门网站访问量的前列。

【信访与提案建议办理】 全年厅本级共办理来信1398件、网上信访1233件，接待来访323批，完成复查申请11件、复核申请15件。厅自查排查认定的52件信访积案督办件，结案47件。此外，厅共承办省"两会"建议提案总计135件，其中主办70件、会办65件，重点办理件1件。

8. 自身建设

【机构体制】 新设立全额拨款事业单位"浙江省城市化发展研究中心";浙江省建筑业管理局经批准成为参照公务员管理单位。全省设区市一级建设系统体制机构调整基本完成。

【创先争优】 全省建设系统各部门、单位围绕"创先争优"活动,着力提高服务效能和水平。厅党组、厅直属机关党委组织广大党员干部深入开展以"五个好"、"五带头"为主要内容的"之江先锋"创先争优活动。加大对青田县贵岙乡扶贫解困力度、开展与安吉县昆铜乡的党建共建活动和窗口单位"三化一联"活动。同时,牵头省"服务企业、服务基层"第七服务组对口金华市做好专项行动。

【行风建设】 年初厅机关开展讲学习树学风、讲效能树作风、讲文明树新风、讲奉献树行风、讲廉洁树党风为主要内容的"五讲五树"活动。12月,全省建设系统召开8000余人参加的电视电话会议,进一步深入开展创先争优和行风建设。

【精神文明建设】 全系统有5个单位荣获全国文明单位、4个单位荣获全国青年文明号。组织开展浙江省住房城乡建设系统纪念建党90周年书画摄影比赛和职业道德演讲比赛,制订深化职业道德意见,评选职业道德先进集体和个人,营造全系统职业道德文化氛围。

【廉政建设】 制定《浙江省住房和城乡建设厅全面推进廉政风险防控机制建设工作方案》,全面推进廉政风险防控机制建设。大力推进工程建设领域项目信息公开和诚信体系建设工作。组织开展多种形式的廉政警示教育,汇编《全省住房城乡建设系统违法违纪典型案例剖析》,不断增强党员领导干部的廉洁自律意识。加强重要工作、重点岗位、关键环节的监督检查,保证建设事业健康发展。

大事记

1月

10日 副省长陈加元在省行政中心专题研究镇级污水处理设施建设问题,厅长谈月明、副厅长吴雪桦参加。

24日 在省委党校新校区召开全省住房和城乡建设工作会议。副省长陈加元、省政府副秘书长施利明出席会议并讲话。陈加元与各市政府签订2011年目标责任书,谈月明与各市建设主管部门签订2011年目标责任书。

同日 住房和城乡建设部在北京召开落实2011年保障性安居工程任务工作会议,副厅长贾宝林参加。

27日 国务院批准嘉兴市为国家历史文化名城。

2月

14日 厅长谈月明陪同四川省广元市党政代表团考察嘉兴、湖州。

17日 省政府第65次常务会议原则通过《浙中城市群规划》、《金华市城市总体规划》、《金华历史文化名城保护规划》,厅长谈月明、总规划师周日良参加。

21日 省委办公厅召开省十一届人大四次会议代表建议和省政协十届四次会议提案交办会,副厅长赵克等参加。

25日 省纪委召开工程建设领域项目信息公开和诚信体系建设试点单位工作汇报会,纪检组长杨荣伟、副厅级纪检员段苏明参加。

3月

1日 《浙江省城镇体系规划(2011~2020)》新闻发布会在杭州召开,厅长谈月明、总规划师周日良等参加。

同日 《城镇燃气管理条例》国务院令第583号(2010年10月19日通过),3月1日起施行。

9日 省政府办公厅就江苏省副省长何权一行来浙江考察城乡建设改革发展工作召开座谈会,厅长谈月明、副厅长樊剑平、总规划师周日良等参加。

14日 厅长谈月明赴金华市进行浙中城市群规划实施机制调研,副厅长赵克、总规划师周日良等参加。

18日 省政府召开第67次常务会议,研究房地产市场形势,厅长谈月明、副厅长贾宝林参加。

21日 全省城乡规划工作会议在湖州召开,厅长谈月明出席会议并讲话。

21日 全省住房和城乡建设系统人才工作会议在杭州召开,厅长谈月明、副厅长樊剑平出席会议。

29日 厅长谈月明赴省建设投资集团考察调研,副厅长樊剑平、副厅长赵克等参加。

4月

6日 省委办公厅召开第八次生态省建设工作领导小组全体(扩大)会议,厅长谈月明参加。

16日 华东六省一市建设厅长(建委主任)座谈会在杭州召开,厅长谈月明、副厅长赵克参加。

21日 副省长陈加元专题研究协调全省房地产监管分析平台建设,厅长谈月明、副厅长贾宝林参加。

5月

9日 省委书记赵洪祝会见汶川特大地震抗震救

灾和恢复重建先进事迹报告团一行，厅长谈月明参加。

21日　副省长陈加元检查第八届全国残运会提前比赛项目场馆宾馆改造建设工作，副厅长应柏平参加。

25日　省政府召开全省城市地下空间开发利用工作现场会，全省保障性安居工程工作座谈会。副省长陈加元出席会议并讲话。

26日　省政府召开全省推进城市无障碍设施建设现场会，副省长陈加元、中残联副理事长贾勇出席会议并讲话。

6月

2日　厅长谈月明赴杭州市检查保障性住房，副厅长贾宝林等参加。

27日　中央治理工程建设领域突出问题检查组情况汇报会和反馈会在杭州召开，住房和城乡建设部副部长郭允冲、常务副省长陈敏尔出席会议，厅长谈月明、副厅长樊剑平、副厅级纪检员段苏明等参加。

同日　省委书记赵洪祝视察残疾人事业和第八届全国残运会筹备工作，副厅长应柏平参加。

7月

4日　省委书记赵洪祝考察杭州市保障性安居工程建设情况，厅长谈月明、副厅长应柏平等参加。

29日　住房和城乡建设部召开住房和城乡建设安全生产和质量管理电视电话会议，厅长谈月明、副厅长樊剑平、副厅长吴雪桦等参加。

8月

1日　总规划师周日良参加"中国丹霞世界自然遗产专业保护委员会成立大会暨第一次工作会议"。

9日　省长吕祖善赴台州调研并出席全省农村住房改革建设与中心镇发展改革工作现场会，副厅长应柏平参加。

同日　省委在台州召开全省农村住房改造建设与中心镇发展改革工作现场会，省委书记赵洪祝、省长吕祖善出席会议并讲话，省委副书记夏宝龙主持会议，省委常委王辉忠、李强、王坤明，副省长陈加元、陈德荣，省政府秘书长张鸿铭出席会议，厅长谈月明在会上发言。

10日　省政府在台州召开全省保障性安居工程推进会，副省长陈加元出席会议并讲话，省政府副秘书长施利民主持会议。

12日　省委书记赵洪祝考察东站枢纽工程和杭州地铁建设情况，厅长谈月明参加。

15日　召开浙江省"十二五"新型城市化发展规划专家论证会，厅长谈月明、副厅长应柏平等参加。

9月

2日　住房和城乡建设部、国家发改委联合在北京召开节水型城市创建工作会议并颁发全国节水城市奖牌，嘉兴、舟山市获得全国节水城市称号。

7日　厅召开厅科技委第三届委员代表会议。

14日　国务委员马凯一行来浙江省信访联合接待中心调研，并专程到省建设厅接待室慰问，厅长谈月明等参加。

10月

10日　省委组织部召开省"服务企业、服务基层"专项行动全体会议，副厅长赵克等参加。

19日　住房和城乡建设部考查组对江山、温岭市进行国家园林城市实地考查，副厅长吴雪桦、副巡视员卓春雷等参加。

21日　省第18届房博会开幕式分别在和平、世贸会展中心举行，厅长谈月明、副厅长应柏平等参加。

同日　住房和城乡建设部在杭州召开全国白蚁防治标准化技术委员会成立大会，在全国白蚁防治中心设立标化秘书处，副厅长应柏平参加。

26日　浙江省第十五个环卫工人节庆祝表彰大会在湖州召开，副省长陈加元出席会议并讲话。

31日　中国丹霞世界自然遗产专业保护委员会在韶关市举行"中国丹霞世界自然遗产授牌仪式"，浙江省江郎山获授牌。

11月

3日　省政府召开代省长夏宝龙领办的重点建议重点提案《关于规划引领加快建设社会保障性住房的建议》（杭30号）"工作座谈会，厅长谈月明等参加。

22日　全省绿色城镇行动推进会在安吉召开，厅长谈月明与安吉县、普陀区、龙泉市签订意见书。副厅长应柏平、副厅长吴雪桦等参加。

30日　副省长陈加元赴宁波市、金华市、义乌市调研新型城市化工作，厅长谈月明、总规划师周日良等参加。

12月

5日　厅召开全省住房和城乡建设系统深入开展创先争优暨行风建设电视电话会议，全省各地设分会场。省监察厅副厅长施彩华出席会议，厅长谈月明作报告。

19日　省政府召开全省建筑业发展大会，省人大常委会主任、省委书记赵洪祝，住房和城乡建部部长姜伟新，省委副书记、代省长夏宝龙，住房和城乡建设部副部长郭允冲，副省长陈加元等会前看望受表彰的建筑强市、强县、强企和突出贡献企业家代表，赵洪祝、姜伟新作重要指示。郭允冲、陈加元出席会议并讲话，厅长谈月明在会上讲话。

同日　省政府印发《关于加快建筑业转型升级进一步推进建筑强省建设的意见》（浙政发〔2011〕90号）。

20日　《浙江省风景名胜区条例》宣传贯彻工作大会在杭州召开，省人大常委会副主任冯明出席会议并讲话，厅长谈月明作报告，总规划师周日良作工作部署，纪检组长杨荣伟参加。

22日　国务院办公厅召开全国住房保障工作座谈会，厅长谈月明参加。

23日　住房和城乡建设部召开全国住房和城乡建设工作会议，党风廉政建设、精神文明建设工作会议，厅长谈月明、纪检组长杨荣伟、副厅级纪检员段苏明参加。

28日　厅长谈月明参加浙江省房地产市场监管分析平台开通仪式。

（浙江省住房和城乡建设厅）

安　徽　省

1. 住房和城乡建设法规

【概况】　2011年，安徽省住房和城乡建设厅为保障好、服务好安徽省"十二五"期间"全面转型、加速崛起、兴皖富民"的总要求和坚持"双轮驱动"的发展战略，在2011年初制定《2011年全省建设法制工作要点》，先后召开安徽省住房城乡建设系统依法行政工作会议、法制工作座谈会、法制科长座谈会等多次会议，编印安徽省建设系统法制工作十二五规划、六五普法规划、年度依法行政学习宣传工作计划，建立安徽省建设系统依法行政年度考核制度，以创新体制机制、规范行政执法行为为重点，不断开创依法行政工作新局面。

【住房和城乡建设立法】　认真开展立法工作。《安徽省城镇供水条例（草案）》已在安徽省十一届人大常委会第三十次会议上进行第一次审议。《安徽省建筑节能管理办法（草案）》经专家论证后正在由安徽省政府法制办完稿。《安徽省国有土地上房屋征收与补偿办法》、《安徽省建设工程造价管理条例（草案）》等立法项目的立法进程也在逐步推进中。2011年，安徽省住房和城乡建设厅和安徽省质量技术监督局还共同发布安徽省保障性住房建设标准、居住建筑节能设计标准、公共建筑节能设计标准、叠合板式混凝土剪力墙结构施工及验收规程、居住区供配电系统技术规范、无机保温砂浆墙体保温系统应用技术规程、无水型粉刷石膏应用技术规程、建筑反射隔热涂料应用技术规程等多部地方标准。

【规范性文件管理】　坚持"立废"并重，加强对厅发规范性文件的制定和清理工作。2011年共有5件厅发规范性文件草案报安徽省政府法制办前置审查，截至12月，正式发布并报安徽省政府备案3件。2011年组织厅机关各处室（局）和厅直属单位开展厅发规范性文件清理工作，确定安徽省住房和城乡建设厅继续有效的规范性文件445件，废止或失效的规范性文件532件，并在厅门户网站上予以公告。开展针对《国有土地上房屋征收与补偿条例》和《中华人民共和国行政强制法》的专项清理，废止厅发规范性文件17件，建议修改2件地方性法规和3件政府规章。

【科学决策】　加强行政决策程序建设，推行法制机构列席重大决策会议制度和行政决定前合法性审查制度。厅机关召开的所有厅长办公会以及涉及重大决策的会议，均要求法制工作机构派人列席或参与提出意见。厅法制工作机构根据行政决定前合法性审查制度的要求，审查厅机关发文90件、行政处罚案件48件，对17件信访复查复核案件提出法律审查意见，办理外来立法草案等征求意见稿91件。认真组织专项决策评估活动，承办安徽省城乡规划督察员派驻工作，开展对九华山风景区规划和六安市城市总体规划的专项督察工作。

【规范执法】　完善行政执法监督工作制度和机制，出台《安徽省住房和城乡建设系统依法行政工作考核办法》，开展厅机关行政处罚案卷评查活动，部署和开展建设稽查（执法）队伍建设情况专项评议考核和建设系统行政机关依法行政工作考核。坚持行政处罚案件合法性审查制度，全年共办理行政处罚案件48件并依法召开一次较大数额罚款处罚听证会。落实建设系统行政行为自我剖析三项（行政复议、行政处罚、行政许可）分析制度，规范执法流程和执法程序，认真执行厅行政处罚自由裁量权适用规则和厅行政处罚自由裁量权量化标准，制定《安徽省住房和城乡建设系统行政处罚法律文书格式文本》，并正式在全系统推广使用。加强行政执法人员资格管理，全年共有近3000名行政执法人员参加依法行政培训和资格认证考试，考试合格率达到90％。

【行政复议】 2011年共收到复议申请143件，受理91件，依法不予受理1件，决定受理前经调处申请人撤回申请43件，函告处理8件。受理的91件案件中，审结80件，受理审查中4件，因法定理由中止审理4件、延期审理3件。为进一步推动行政复议工作规范化建设，制定《关于加强安徽省住房和城乡建设厅行政复议和应诉工作的几点意见》，创立《行政复议决定书》厅内传阅制度。创新行政复议案件解决方法，积极引入调解、建议函、告知书等机制，坚持把有效化解矛盾纠纷、实现案结事了作为行政复议工作的根本要求，切实维护群众的利益。与安徽省高级人民法院建立行政审判工作与政府部门法制工作良性互动机制，共同确立"诉与非诉相衔接的建设工程施工合同矛盾纠纷解决机制"。

【社会监督】 安徽省住房和城乡建设厅落实依法行政工作报告制度，向安徽省政府和安徽省推进依法行政领导小组办公室报送安徽省住房和城乡建设厅2010年度依法行政工作报告和考核自查报告。主动接受监督，办理人大代表议案、建议42件和政协委员提案82件，全部议案、提案等均在规定时间内办理完毕，答复率、满意率均达到100％。2011年度行政应诉案件3件，在住房和城乡建设部复议案件2件，经厅法制工作部门认真答辩、应诉，5件案件无一败诉。开展安徽省高层混凝土结构工程执行工程建设强制性标准情况专项检查、有形建筑市场专项考核检查等专项执法检查活动。

【学法普法】 安徽省住房和城乡建设厅制定法制工作"十二五"规划，对"十一五"期间建设法制工作进行回顾，分析"十二五"期间建设法制工作面临的形势，制定"十二五"期间建设法制工作的总体要求、主要任务和具体措施。全面启动"六五"法制宣传教育工作，制发安徽省住房和城乡建设系统"六五"普法规划和年度依法行政学习宣传工作计划，组织专门会议和讲座学法普法，开展专题法律培训和宣传贯彻工作。（齐悦）

2. 住宅与房地产业

【住房建设与房地产开发】 2011年全年完成房地产开发投资2590.1亿元，同比增长27.9％；全年竣工商品住房面积2422.6万平方米，同比增长0.8％；商品住房价格涨幅持续减缓，全省年均涨幅为12％，涨幅比上年回落8.8个百分点，房地产市场运行总体平稳；新增安徽省地节能环保型住宅和公共建筑建设试点项目46个。

【房地产市场】 2月28日安徽省政府办公厅印发《转发国务院办公厅关于进一步做好房地产市场调控工作有关问题的通知》（皖政办〔2011〕8号），提出"皖六条"贯彻措施；建立市、县人民政府对本地住房保障和稳定房价调控工作责任制，纳入对市、县政府的目标考核；督促各市制定公布新建住房价格控制目标，安徽省22个城市（含5个县级市）均按照国办发1号文件和皖政办8号文件要求，根据本地经济发展目标、人均可支配收入增长速度和居民住房支付能力，在3月31日前向社会公布本地区2011年新建住房价格控制目标，明确房价涨幅不高于本地年度GDP、居民可支配收入增长幅度，将房价稳定在合理水平内；加强房地产市场动态监测分析与监督检查；通过积极落实国家、安徽省宏观调控政策，房地产市场运行总体平稳，开发投资继续保持适度的增速，房价过快上涨态势得到抑制，房地产市场调控成效逐步显现，安徽省调控工作得到国务院房地产市场宏观调控政策落实情况专项检查组较高评价。

【房屋登记】 大力推进集体土地范围内的房屋登记发证工作，探索农房产权处置机制。安徽省住房和城乡建设厅等11个部门联合印发《安徽省集体土地范围内房屋登记发证工作指导意见》，就农房登记工作中涉及的房屋登记范围、申请人身份认定、登记发证的组织方式和程序方式和程序、公告方式和内容、面积测绘、现场调查、房屋建设标准、证明材料的认定方式、特殊情况的登记处理等具体工作进行明确和规范。同时，为探索完善农房流转机制，安徽省政府确定在宣城市宣州区开展集体土地范围内房屋发证与抵押流转改革试点工作，安徽省政府金融办将推进农房抵押试点列为促进金融业发展内容之一，并将就农房抵押流转印发专门指导意见。已在全省全面启动农村集体土地范围内房屋登记发证工作，累计完成农房登记发证面积4695万平方米以上。

【物业管理】 按照"条块结合、以块为主"的原则，积极指导各地落实物业管理区域的行政监管、公共服务和物业管理等工作责任，形成分工明确、协调配合的"市、区（县）、街道、社区居委"四级物业管理监督工作体制机制。加强物业服务市场的监督管理，建立物业服务质量监督检查制度，健全物业服务相关规范化、标准化体系，组织起草《前期物业服务合同示范文本》、《安徽省物业管理综合查验办法》。按照世行的工作要求，全面完成"中国白蚁防治氯丹灭蚁灵替代示范项目"各项实施工作，继续组织开展第三批文物古建筑蚁害专项治理，为白蚁防治工作科学开展提供示范效应。

【城镇房屋征收】 做好《国有土地上房屋征收与补偿条例》贯彻实施，组织开展多层次、多形式宣传与培训活动，将3月定为集中宣传月，举办市、县房屋征收管理部门工作人员培训班，并在安徽省委组织部举办的县市长城镇化知识研讨班以及安徽省政府纠正行业不正之风领导小组办公室举办的培训班上进行宣讲，全省累计培训近万人次。确定在滁州市开展全省国有土地上房屋征收与补偿工作试点。做好房地产领域不正之风的综合治理，建立和完善房地产信访维稳体制，重点加强房屋征收拆迁矛盾纠纷排查和化解工作机制，坚持"属地管理、分级负责"的原则，进一步明确房屋市、县在征收拆迁、房地产登记、物业服务等信访中的责任和任务。充分发挥街道办事处、社区居委会等基层组织的力量，注重维稳与依法行政相结合，切实维护社会稳定。

【住宅产业现代化】 下发《关于进一步做好安徽省地节能环保型住宅和公共建筑试点有关问题的通知》（建房〔2011〕14号），建立和完善政府引导和市场推动相结合的工作机制，大力推进全省"节能安徽省地环保型"住宅建设项目的试点工作，加大"四节一环保"材料技术的推广应用，推进节能减排，住宅产业现代化，提升住房建设品质，增加居民住房梯级消费动力。圆满举办第三届中国（合肥）住宅产业博览会，充分展示安徽省住宅产业化发展的新成就。（李国昌）

3. 保障性安居工程

【提前完成国家下达的目标任务】 2011年，是大规模推进保障性住房建设的重要一年。根据年初目标责任书，安徽省计划开工建设城镇保障性安居工程38.13万套，8月，获得国家追加下达建设任务2.79万套，全年的目标任务是新增保障性安居工程40.92万套，居全国第8位。其中，实物建房39.52万套（保障性住房18.2万套、各类棚户区改造21.32万户），新增廉租住房租赁补贴1.4万户。安徽省及各市县政府都建立保障性安居工程领导小组及工作机构，健全月通报、季督查、年底考核验收等工作机制，强力推进保障性安居工程建设。截至10月12日，国家下达安徽省的全年实物目标任务全面完成，提前一个半月达到国家提出的开工要求。全年全省开工各类保障性住房和实施棚户区改造住房42.9万套，其中提前开工建设3.38万套；全省新增发放廉租住房租赁补贴2.3万户，完成目标任务164%；基本建成各类保障性住房和棚户区改造住房20.5万套，提前超额完成年度目标任务。

【住房保障体系初步建立】 2011年通过廉租房、公租房和棚户区改造住房的配租或配售，全省共有11.4万户城镇中低收入住房困难家庭住上保障房。在实现低保家庭廉租住房保障应保尽保的基础上，各地已将保障对象延伸到城镇低收入住房困难家庭。截至2011年底，全省累计有27.7万户城镇低收入家庭通过廉租住房保障制度改善居住条件。同时，面向低收入住房困难家庭销售的经济适用住房继续实施，面向城镇中等偏下收入住房困难家庭、新就业无房职工和在城镇稳定就业的外来务工人员供应的公共租赁住房全面启动，并结合棚户区改造加快解决中低收入家庭住房困难。全省已初步形成廉租住房、公共租赁住房等保障性住房和发放租赁补贴相结合的住房保障体系。

【资金投入大幅增加、土地供应应保尽保】 2011年，全省完成保障性安居工程建设投资396亿元，共争取中央各类保障性安居工程补助资金73.75亿元，较上年增长91.3%；安徽省级财政安排下达各类补助资金11.33亿元。各地在按照安徽省政府规定的土地出让收入的2%~5%、住房公积金增值净收益、财政预算安排等渠道加大保障性安居工程建设投入的基础上，多方筹措资金，解决建设资金缺口。按照用地指标跟着保障性住房项目走的要求，经安徽省政府同意，3月，按1.4容积率并加15%商业配套，提前优先单列安排1.23万亩新增建设用地计划指标，专项用于"三类"保障性住房建设，土地供应应保尽保。同时，鼓励各地利用存量土地建设保障性住房，加快建设进度。各地将保障性住房建设用地审批纳入重大项目用地报批机制，实行集中审查，特事特办，绿色通道等措施，加快用地手续报批速度，确保项目顺利进行。

【政策规划逐步健全】 2011年，为确保保障性住房建设顺利推进，安徽省加强政策调研，及时研究出台《关于加快发展公共租赁住房的实施意见》等政策文件，进一步完善政策体系。安徽省住房和城乡建设厅及时编制并公布《安徽省"十二五"住房保障规划》。"十二五"期间，安徽省保障性安居工程建设规划任务170万套（户），以公共租赁住房为重点，大规模推进保障性住房建设，稳步扩大住房保障覆盖面，有序解决在城镇稳定就业的外来务工人员住房困难问题，逐步实现"住有所居"。到2015年，城镇保障性住房（含棚户区改造）覆盖面达到20%。

【分配和管理机制逐步建立】 在着力推进保障性住房建设的同时，高度重视保障性住房分配和管理工作。出台《关于加强廉租住房和公共租赁住房项目建成后管理养护的指导意见》，指导各地逐步建立可持续的保障性住房分配、运营和管理机制。全省各地落实"三审两公示"制度要求，对申请人资格进行审核把关，坚持建设计划、资格审核、房源分配、违规查处、办事程序全过程公开操作，主动接受社会监督。

【工程质量监管迈入新阶段】 在大规模推进保障性住房建设的同时，高度重视建设质量工作。安徽省政府将保障性住房质量作为住房保障和民生工程考核的重要内容。安徽省住房和城乡建设厅制定出台《安徽省保障性住房建设导则》，组织开展保障性住房设计竞赛，汇编优秀设计方案向全省推广使用，建立厅机关各处室对口联系16个安徽省辖市保障性住房建设工作机制，密集开展保障性住房质量安全督查。同时，全面推广勘察设计和施工质量责任主体信息公示牌及永久性标牌制度，落实工程质量终身责任制。为进一步规范和指导全省保障房建设，为今后更好地推进保障性住房建设提供全过程、一整套的规范技术体系，安徽省于10月31日在全国率先发布强制性地方标准：《安徽省保障性住房建设标准》，标志着安徽省保障性住房建设从此迈向有标准可依的规范化推进阶段，建立健全监管体系和技术保障体系。《标准》的发布，受到社会好评，国务院副总理李克强对此予以肯定并做出重要批示，要求总结推广安徽做法。（叶雪清）

4. 公积金管理

【概况】 2011年，住房公积金各项业务继续保持良好发展势头。全年缴存住房公积金299亿元，同比增长29%；职工提取使用157亿元，同比增长15%；个人住房贷款业务平稳增长，受房地产宏观调控等政策影响，全年发放个人住房贷款135亿元，比上年增加5亿元，发放贷款户数6.7万户，户均贷款额超过20万元；住房贷款逾期率控制在0.12‰以内，贷款资产质量保持良好状态。截至2011年底，全省累计归集住房公积金达1343亿元，归集余额683亿元，职工累计提取使用659亿元，发放个人住房贷款总额676亿元，贷款余额441亿元，住房公积金使用率、运用率、个贷率分别为82.4%、65.5%、64.6%。累计提取廉租房建设补充资金9.4亿元，支持保障性住房建设，帮助低收入家庭改善住房条件，促进和谐社会建设。

【公积金制度扩面】 2011年，安徽省把扩大住房公积金制度覆盖面作为一项基础核心工作来抓，采取有效措施推进住房公积金制度扩面工作，安徽省住房和城乡建设厅组织开展住房公积金制度实施情况调查，召开扩面工作座谈会，拟订政策措施，指导推进制度实施，各地在掌握建缴单位底数、各类人员缴存情况基础上，结合实际，采取多种措施，督促单位建缴住房公积金；强化扩面工作的目标责任考核，举办非公有制单位建立住房公积金制度业务培训班，建立畅通的投诉渠道，对未建制度被投诉的单位，重点走访和督查，督促单位整改、缴建。全年扩面工作取得新成效，到年末，全省有353.60万人建立住房公积金账户，实缴职工人数达到290万人，全年新增加缴存职工14万人，比上年增长5%。

【公积金支持保障性住房建设】 住房公积金贷款支持保障性住房建设试点工作顺利推进，有力发挥住房保障功能。淮南市为安徽省首个、全国首批29个试点城市之一。经安徽省政府推荐，住房城乡建设部等部门批准，淮南市利用住房公积金贷款持保障性住房建设试点，贷款额度21.99亿元，17个试点项目，总投资56.2亿元，建设规模414.29万平方米，新建4.056万套住房。试点工作得到淮南市政府的重视，住房城乡建设部、安徽省有关部门的大力支持，市住房公积金管理中心等有关部门努力推进。截至年底，试点项目发放公积金贷款13亿元，累计已完成投资20.1亿元，竣工面积265.9万平方米，建成套数19590户。住房公积金贷款支持保障性住房建设，有利于提高资金使用效率，发挥住房公积金制度作用，有利于拓宽保障性住房建设资金来源，加快保障性住房建设，解决中低收入家庭住房问题，同时有利于带动住房投资和消费，促进经济平稳较快增长。试点工作实施一年多来，淮南市按照"明确职责、规范操作、专款专用、跟踪问效"的原则要求，制订一系列政策规章，严格按照国家政策要求，执行项目贷款操作规范，加强与国家、安徽省的沟通，取得支持，在不断创新中，解决实际问题和困难，取得成绩，积累经验，为试点提供可借鉴的经验。

【完善住房公积金使用政策】 认真贯彻国家四部委关于规范住房公积金个人住房贷款政策，落实国家房地产调控政策，完善住房公积金使用政策。各地结合实际，制定政策措施，严格执行差别化住房贷款政策，针对不同的购房情况，实施不同的贷款首付比例和利率政策，支持缴存职工购买普通自住房的贷款需求，满足职工改善住房条件刚性需求。对使用住房公积金个人住房贷款购买首套普通自住房，套型建筑面积在90平方米(含)以下的，贷款首付款比例20%；套型建筑面积在90平方米以上的，贷款首付款比例30%。引导和支持职工合理住房消费，对第二套住房公积金个人住房贷款首付款比例不低于50%，贷款利率实行同期住房公积金个人住房贷款利率的1.1倍。停止发放第三套及以上住房的住房公积金个人住房贷款。一些地方在规范住房公积金个人住房贷款的同时，结合实际需求，调高贷款额度，延长贷款年限，放宽提取条件，做到"住房公积金取之于民，用之于民"。

【优化公积金服务】 服务工作是住房公积金工作的落脚点，关系到住房公积金制度健康持续发展。2011年，安徽省住房公积金管理部门要求各地围绕为民服务创先争优、加强效能建设，结合行业文明创建，以贯彻落实住房城乡建设部等四部门《关于加强和改进住房公积金服务工作的通知》为要求，制订服务管理办法，修订服务指南，完善业务操作流程，加强服务管理，向社会作出承诺，规范服务行为，改善工作作风，提升服务形象。各地积极创建和申报全国"青年文明号"、"巾帼文明岗"、优质服务窗口、优秀党员先锋岗等活动，进一步加强改进住房公积金服务工作的落实。2011年度，合肥市住房公积金服务大厅被住房城乡建设部、团中央授予全国青年文明号。芜湖、安庆、滁州、亳州等市管理中心获得安徽省第三届文明单位称号，淮南市管理中心、安徽省直分中心获得"全国巾帼文明岗"。（陈琳）

5. 城乡规划

【概况】 2011年，安徽省城乡规划行业坚持以科学发展观为指导，树立科学、健康、可持续发展的大局观，立足全省，围绕城镇化建设这一主线，勇于创新，不断深化和完善城市规划管理，健全规划法规体系，强化规划实施和监督，全省城市规划事业取得新进展，全省城镇化稳步推进，城镇化率达到44.8%。2011年，全省编制村庄规划4419个，按照"先规划，后建设"的原则，点、线、面结合逐步提进的方式，以规划为龙头，引领各方面的涉农资金，推动资源要素向农村区域配置。以中心村、历史文化名村、旅游村、生态村、经济强村、行蓄洪区迁建村为突破口，重点进行环境整治和基础设施配套，打造一批"宜居、宜业、宜游"的美好家园。

【城镇体系规划编制】 安徽省域城镇体系规划是安徽省人民政府实施城乡规划管理、引导全省城镇化发展、指导下层次规划编制的公共政策和法定依据。2011年12月中下旬，《安徽省域城镇体系规划》成果通过住房和城乡建设部专家审查。规划重点明确新时期全省推进新型城市化和城乡统筹发展的基本方针政策，构建差别化的城市化道路，优化全省区域、城乡空间布局结构和空间发展战略，明确合肥、芜湖分别为安徽省的中心城市、次中心城市，首次提出加快合肥、芜(湖)马(鞍山)两大核心经济圈建设带动全省发展的宏观框架和战略构想，这也是本轮规划的亮点，同时规划强调安徽省级事权规划管控要求。

【城市总体规划修编】 推进马鞍山、亳州、安庆、巢湖、芜湖、铜陵、池州、宿州、桐城、宁国、明光等市城市总体规划修编审批工作。马鞍山市城市总体规划(修改)方案经安徽省政府批准，亳州、安庆两市城市总体规划成果经安徽省政府86次常务会审议通过，芜湖、池州两市城市总体规划纲要已通过专家评审。宿州、铜陵城市总体规划成果通过专家评审。

【城镇化工作】 城镇化与工业化双轮驱动战略是安徽省委、省政府确定的"十二五"时期全省经济社会发展五大战略之首。安徽省住房和城乡建设厅抓住机遇，主动承担推进城镇化相关调研和文件起草工作，提请安徽省委、政府出台《关于加快新型城镇化进程的意见》，明确新时期全省新型城镇化发展的指导思想、基本原则、重点任务和保障措施，提出"11221"工程总体构想，是安徽省新时期城镇化工作的纲领性文件。安徽省政府分解2011年全省城镇化目标任务。安徽省住房和城乡建设厅会同安徽省统计局等部门制订《安徽省城镇化考核评价方案》上报安徽省政府待批。各级城市规划主管部门在推进本地城镇化发展发挥积极作用，2011年，安徽省委、省政府主要领导到滁州、淮南、池州等地视察工作时，对规划引领城镇化给予肯定。

【法规体系建设】 安徽省住房和城乡建设厅参与《安徽省促进皖江城市带承接产业转移示范区发展条例》起草，条例已经颁布，明确安徽省管集中区和各市集中示范园区规划编制审批要求，为推进皖江城市带承接产业转移示范区建设、加快承接产业转移步伐提供法律依据。起草《皖江城市带承接产业转移集中示范园区规划编制和审批暂行办法》并经安徽省政府印发，办法对安徽省政府批准设立的各市集中示范园区规划的编制主体、编制内容和审批的具体程序等进行规范，为集中示范园区相关规划编制、审批、加快建设提供依据。制定下发《关于贯彻实施〈安徽省城乡规划条例〉的指导意见》，对有序推进城乡规划的制定工作、规范城乡规划的管理和实施、加强城乡规划制度及队伍建设、严格城乡规划的监督检查等提出指导意见。完成建设工程竣工规划核实办法、地下空间利用规划编制与审批办法起草与修改完善工作。

【皖江城市带承接产业转移示范区规划实施】 《皖江城市带承接产业转移示范区城镇体系规划》经意见征求、网上公示、规委会审查等程序，经安徽省政府常务会审议通过并印发实施。加强对集中区规划的指导，组织专家对江南、江北产业集中区200平方公里总体规划纲要进行评审、履行相关程序，安徽两个省管集中区20平方公里起步区规划和相关地段控制性详细规划于8月批复实施。

【重大项目与开发园区选址】 按照规范与高效的原则积极推进开发区扩区、升级及项目选址意见审查。在安徽省市规划部门及相关部门的努力下，铜陵、滁州、池州、马鞍山经开区先后升格为国家级开发区，推进有关城市与皖北相关市合作工业园规划的编制。认真落实皖发〔2010〕10号文件要求，对列入示范区城镇体系规划的区域性重大基础设施项目，在申报核发选址意见书时，建设单位不需提供项目规划选址专题论证报告，简化手续，提高效率。安徽省住房和城乡建设厅直接办理重大项目选址46个，其中861项目38个，平均办理时间19个工作日，为安徽省861项目争取国家有关部委审批、核准创造条件。各级规划部门积极参与首届"第三届中国(合肥)住宅产业博览会暨首届安徽省城乡规划与建筑展示会"有关工作，展示规划建设的成就，扩大社会影响力。

【历史文化名城名镇名村保护】 2011年5月中下旬，安徽省住房和城乡建设厅与安徽省文物局邀请有关专家联合组成两个检查组，赴国家历史文化名城、名镇、名村所在的黄山、宣城、合肥、安庆、六安、亳州6市集中开展检查工作。就历史文化名城、名镇、名村保护状况，保护规划编制与实施，配套制度建设以及国家专项经费使用等进行检查。通过集中专项检查，肯定各地保护工作成效，并针对查找的问题提出整改措施，进一步促进安徽省国家历史文化名城和中国历史文化名镇名村保护工作。组织制定并印发《安徽省历史文化名城名镇名村保护设施建设"十二五"规划》。

【城建档案管理】 2011年4月，承办住房和城乡建设部举办的全国城建档案工作调研座谈会，召开全省城建档案工作座谈会暨安徽省城建档案学会第五次会员代表大会，印发安徽省城建档案事业"十二五"发展规划，研究全省建设工程档案整编统一收费标准问题，组织修订《安徽省城乡建设档案管理办法》。厅城市规划处获得住房和城乡建设部颁发的"全国城乡建设档案工作突出贡献奖"。"芜湖市建设工程资料在线同步跟踪处理系统"立项为部软科学研究项目与安徽省建设行业科学技术计划项目，"蚌埠市数字化城建档案系统"列为安徽省建设系统信息化应用技术项目，两个系统均通过国家和安徽省组织的专家验收。

【《安徽省城市规划许可信息管理系统》全面实施】 各地以实施城市规划许可信息系统为契机，积极利用新技术、新手段，加快推进城市规划管理信息化建设，构建数字化规划信息管理平台和电子政务审批系统。

【印发《安徽省城市雕塑建设事业"十二五"规划》】 2011年，组织编制并印发《安徽省城市雕塑建设事业"十二五"规划》。在全省开展"2010年度全国优秀城市雕塑建设项目"申报工作，安徽省住房和城乡建设厅荣获全国城雕委组织的"2010年度全国优秀城市雕塑建设项目"评选优秀组织奖，安徽省上报的"铜陵市铜雕塑园"系列雕塑荣获"2010年度全国优秀城市雕塑建设项目"年度大奖。
(江莹)

6. 城市建设

【城市基础设施建设】 2011年，安徽省全年完成城市基础设施建设投资800亿，同比增长30.1%。新建城镇污水处理配套管网1000公里，超额完成政府年度目标任务。新增城镇生活垃圾日处理能力3295吨/日，超额完成政府年度目标任务。2011年，城镇污水处理设施争取中央预算内投资和中央财政专项资金12.915亿元，共计补助污水管网长度1600

公里和污水处理设施41个；26个垃圾处理设施建设项目争取中央预算内资金21250万元；55个城镇供水项目争取中央预算内投资2.678亿元，总计17.718亿元。2011年，城市污水处理率达89%，污水处理厂集中处理率达72.5%，生活垃圾无害化处理率74%，新增天然气居民用户10万户，新增城市供水能力30万吨/日。人均城市道路面积16.05平方米，建成区绿地率33.9%，绿化覆盖率37.6%，人均公园绿地约10.8平方米，城镇安装路灯道路约10000公里盏数约80万盏，基本满足城市发展和居民生活需要。

【城市人居环境】 各城市结合当地实际，围绕工业化、城镇化的两轮驱动，加大市政基础设施、环境基础设施和公用基础设施等资金投入，全力推进城市市政公用设施又好又快发展，提高城市综合承载能力和城市综合管理水平。城市人居环境建设成效显著，尤其是以城市水环境治理和创建园林城市为重点，部分城市和建设项目受到表彰。黄山市获得"中国人居环境奖"，安徽省实现中国人居环境奖零的突破。芜湖市、六安市获得国家园林城市称号。宣城市成为安徽省级园林城市。黄山市新安江（中心城区段）环境综合治理、池州市主城区水环境生态修复工程、宣城市梅溪河水环境综合治理工程、蚌埠市张公岛环境治理工程、宿州市沱河休闲绿地建设、全椒县襄河景观带综合整治工程、天长市红草湖湿地环境综合整治、亳州市利辛县晴岚溪、状元河综合整治工程、芜湖县东湖公园及周边环境治理工程、蚌埠市戴湖—桃李园保障安居工程（棚户区改造）一期项目、潜山县燕窝村村庄环境整治、合肥市天源热电有限公司污泥焚烧项目等12个项目获安徽省人居环境范例奖。

【推进数字化城市管理】 推动城市管理体制、机制的创新，促进政府管理资源的整合，着力提升城市管理水平和服务效能。引导数字城管工作向有条件的县城延伸。加大环卫基础设施建设投入，合肥正全力"桶装车载"垃圾收运方式改革，淮南市集中开展垃圾收运系统升级改造，大批量购置道路机械化清洗、清扫设备等；积极推进环卫作业市场化，全省各城市新增城市道路的清扫保洁任务基本实现市场化；数字化城管工作正稳步推进，宣城市数字化城管系统已建成投入使用，开展芜湖市数字城管二期、淮南市数字城管二期建设工作。

【市政行业服务】 确保城镇供水保障和安全。继续加快城镇供水设施建设，2011年安徽省市、县将新增供水能力30万吨/日，新增供水管网长度1500公里，完成供水建设投资超过10亿元，对城镇化水平的提升提供基础保障。对22个城市和58个城镇供水设施的原水和出厂水水质进行检测、通报，督促供水企业建立健全水质检测制度，加强饮用水源保护，保证饮用水水质达标。

【风景名胜事业】 黄山、九华山、天柱山、琅琊山、齐云山、采石、花山谜窟—浙江、太极洞8个风景名胜区总体规划已经国务院批准实施；巢湖、花亭湖风景名胜区总体规划已按照国家有关部委的意见修改完善并报国务院待批。组织开展浮山、敬亭山、齐山—秋浦仙境等安徽省级风景名胜区总体规划编制（修编）工作。开展黄山玉屏景区、天柱山九井河景区、天堂寨入口服务旅游区详细规划、万佛湖风景名胜区梅山、三江景区详细和规划、巢湖风景名胜区规划调整、黄山风景区环境卫生专项规划的审查报批工作。重点推进风景名胜区项目建设，开展黄山九华山天台索道改建建筑设计方案、东崖宾馆环境整治、天柱山大龙窝索道上下站房建筑设计方案及下站地段详细规划、琅琊山丰乐亭地段详细规划的审查报批工作。（赵新泽）

7. 建筑业与工程建设

【概况】 2011年是"十二五"规划的开局之年，为切实做好"十二五"期间全省建筑业发展和建筑市场监管工作，根据安徽省住房和城乡建设厅统一部署，组织开展建筑业发展规划和勘察设计咨询行业发展专项规划编制工作，上述两项发展规划是安徽省住房和城乡建设事业"十二五"规划体系的重要组成部分，规划在全面总结"十一五"时期安徽省建筑业和勘察设计咨询行业发展状况，系统分析未来五年面临的发展机遇的基础上，提出"十二五"指导思想、发展目标、重点任务以及主要保障措施，进一步突出以市场为导向，以建筑业转型升级为主线，以推动管理创新和技术进步为动力，进一步巩固和提升建筑业的支柱产业地位，促进建筑业快速发展壮大，向建筑业大安徽省、强安徽省迈进。明确提出到2015年，建立服务安徽全面转型、加速崛起、兴皖富民发展战略需求，适应市场经济发展、城乡统筹发展和现代城镇体系建设的统一开放、竞争有序的现代建筑产业体系、市场体系、行业管理体系和企业经营机制，使建筑业真正成为安徽省国民经济的重要支柱产业。2011年，继续深入开展"安全生产年"活动，以保障性住房、中小学校舍安全工程质量安全监管为重点，落实工程建设各方主体质量安全责任，创新监管方式，加大执法检查力度，开展全省建设工程质量安全监督执法检查、城市轨道交通工程质量安全检查和打击非法违法建设行为等专项治理活动。全省监督工程50237项，建筑面积41550万平方米，造价4220亿元，同比分别增长46.8%、62.2%和62.1%，其中新增监督工程19018项，建筑面积15844万平方米，工程造价1950亿元，同比分别上升17.8%、26.7%和73.8%；办理竣工验收8450项，面积5135万平方米，工程总投资610亿元。全年共受理投诉1271起，比2010年降低18%。全年共发生建筑安全事故25起，死亡29人，与上年相比，事故起数下降16.7%，死亡人数下降27.5%。继续实现"建筑安全事故起数、死亡人数"双下降。

【建筑业保持快速发展】 2012年，全省累计完成建筑业总产值4139.66亿元，比上年同期增长31.99%，增幅较上一年提高0.64个百分点，其中宣城、淮北两市增幅超过50%以上，分别达53.52%、51.31%；合肥市完成建筑业总产值1967.95亿元，占全省建筑业总产值47.5%，增幅比上年提高0.8个百分点；全省完成建筑业总产值超百亿元及以上的有12个市，其中芜湖市首次突破300亿元，马鞍山、淮南两市首次突破200亿元，滁州、阜阳、宣城、安庆、铜陵五市首次突破100亿元。截至2011年12月，建筑企业从业人员229.64万人，比上年同期净增27.54万人，同比增长13.6%；建筑业劳动生产率18.03万元/人，比上年同期增加2.51万元/人，蚌埠、马鞍山、淮北、淮南、芜湖、合肥、宣城七市的建筑业劳动生产率均高于全省平均水平。全省建筑业总产值亿元及以上的企业有716家(比上年同期增加164家)，完成建筑业总产值3289.01亿元，比上年同期增长36.5%，占全省建筑业总产值79.5%，其中：100亿元及以上企业1家；50亿元及以上企业8家，比2010年同期增加2家；20亿元及以上的企业由上年的23家增加到30家；10亿元及以上的企业由上年的50家增加到63家。实现利润总额148.67亿元，比上年同期增长43.3%。实现建筑业利润2000万元及以上的企业有110家，比上年同期增加56家；实现建筑业利润1000万元及以上的企业有254家，比上年同期增加173家；建筑业利润1000万元及以上的企业，实现利润104亿元，占全省实现建筑业利润69.95%。全省62个县(市)完成建筑业总产值1090.55亿元，占全省建筑业总产值26.3%；建筑业总产值超过10亿元及以上的有28个县，其中：肥东县完成建筑业总产值157.5亿元，占全省各县的14%。

【加强建筑市场监管】 贯彻执行住房城乡建设部《关于加强建筑市场资质资格动态监管完善企业和人员准入清出制度的指导意见》和《关于进一步加强建筑市场监管工作的意见》，安徽省住房和城乡建设厅及时转发并提出贯彻落实意见。组织开展建筑业企业、监理企业资质、资格、经营等情况监督检查工作，范围是2010年12月31日之前取得资质的施工总承包、专业承包、劳务分包及监理企业，全省参检建筑业企业共4892家、工程监理企业共197家，对不合格的68家建筑业企业和6家监理企业，全部责令限期整改。开展建设工程勘察市场及质量专项检查工作，对全省115家工程勘察单位资质、人员、内部管理、经营业务及市场行为等现状进行专项检查，并组织6个专家组抽查48项工程勘察项目(其中5个省外进皖企业项目)，18家工程勘察单位。严格施工许可管理，规范发证行为，组织起草《关于进一步加强建设工程施工许可证发放管理的若干意见》。进一步加强对外省进皖建设企业的监管，严格落实《安徽省安徽省外建设工程企业进皖备案管理办法》，做好外省进皖建设工程企业登记备案管理工作。2011年全年共办理外省进皖建筑业企业业绩信用登记105家，注册建造师业绩信用登记394人；进皖工程监理企业业绩信用登记28家，监理专业技术人员业绩信用登记108人；进皖勘察设计单位定期备案27家。

【积极实施建筑业企业"走出去"战略】 认真贯彻落实《安徽省政府办公厅关于加快发展建筑业的意见》，加大实施"走出去"战略力度，积极发挥龙头企业的示范带动作用，不断增强整体竞争能力，进一步推动安徽省建筑业企业开拓国际、国内两个市场。以安徽建工集团、安徽外经建设集团、中铁四局集团、十七冶、合肥水泥设计研究院为龙头的安徽建设企业在非洲的津巴布韦、安哥拉、阿尔及利亚、亚洲的蒙古、沙特、印度、科威特，拉丁美洲的委内瑞拉等国家积极开拓市场，抢占市场份额，截至2011年12月，在境外完成承包工程营业额人民币148.89亿元。2011年5月，安徽省住房和城乡建设厅在合肥首次召开"全省建设工程企业'走出去'经验交流会"，100多家企业出席经验交流会，中铁四局、合肥水泥设计研究院等8家对外承包龙头企业在会上作经验交流发言。截至2011年12月，安徽在省外施工企业810家，比上年增加374家，累计完成施工产值821.9亿元，比上年同期增长20.7%，在省外施工的平均人数40.7万人。

【支援新疆建设】 以贯彻落实全国第二次援疆

工作会议精神,对口支援新疆建设为契机,2011年6月,安徽省住房和城乡建设厅在新疆乌鲁木齐市召开《安徽省住房和城乡建设厅和新疆维吾尔自治区住房和城乡建设厅建筑业战略合作会议》,安徽省部分特级、一级施工总承包企业、甲级勘察设计企业和甲级以上监理企业、安徽省进疆的部分建筑施工企业的负责人等约150人参加会议。安徽省住房和城乡建设厅李明厅长、王茂新副巡视员,新疆维吾尔自治区住房和城乡建设厅张鸿厅长、肖徽副厅长出席会议,并分别代表两安徽省区住房和城乡建设厅签订建筑业合作协议。2011年,安徽省进疆注册备案建筑企业共计23家,完成建筑业总产值43亿元,从业人员近2.5万人。

【大力弘扬"徽匠"精神】 2011年举办第五届"徽匠"建筑技能大赛,大赛分淮南、合肥两个赛区,16个市及安徽省建工集团165名技术能手参加5个工种的比赛。经过比赛,5名选手获得"徽匠状元"荣誉称号、10名选手获得"徽匠标兵"荣誉称号、17名选手获得"徽匠技术能手"荣誉称号。安徽省人民政府倪发科副省长、余焰炉副秘书长,安徽省住房和城乡建设厅李明厅长、王茂新副巡视员等领导出席闭幕式,并为获奖选手颁奖。安徽日报、安徽电视台、中安在线、中国建设报、建筑时报、新安晚报、安徽商报、江淮晨报等主流媒体对大赛进行集中专题报道,进一步弘扬"徽匠"精神,树立建筑"皖军"优良形象。

【建筑业企业规模不断壮大】 2011年上报住房和城乡建设部审批通过建筑施工一级资质企业23家,安徽省级审批通过施工企业资质265家(其中新办22家,升级134家,增项109家),审批注册建造师9299人次。2011年上报住房和城乡建设部审批通过勘察设计单位和设计施工一体化企业资质25项(其中工程勘察、工程设计13项,设计施工一体化12项)。受理勘察设计注册工程师各专业注册申请774人次。2011年上报住房和城乡建设部审批通过甲级监理企业资质5家,安徽省级审批监理企业资质许可36家(升级6家,新设立18家,增项7家,延续4家,注销1家)。办理监理工程师注册1639件(其中不合格退件333件、初始注册687人、变更注册377人、延续注册221人、注销注册21人)。

【强化保障性安居工程质量安全监管制度建设】 出台《关于进一步加强保障性安居工程质量安全管理工作的通知》、《安徽省保障性安居工程质量管理手册》和《关于进一步加强建筑施工企业安全生产工作的实施意见》,重新修订《安徽省建筑施工安全质量标准化示范工地(小区工程)申报考核办法》。加大检查、巡查和督查工作力度,在每季度质量巡查和安全检查中将保障性住房作为检查的重点,确保保障性安居工程质量安全。

【开展建筑工程质量安全综合大检查】 继续实施自查、互查、暗访、巡查与重点督查等相结合的质量安全检查方式,共组织开展冬季、节后复工、"五一"、汛期、国庆、元旦前夕等重要时段的建筑安全检查6次,开展全省建设工程质量安全及建筑市场监督执法检查和质量监督巡查。主动作为,做好校舍安全工程的技术指导和服务工作,配合安徽省教育厅组织校安工程督查。对存在安全隐患较多、安全生产管理薄弱的企业给予通报批评,并暂扣25家施工企业的安全生产许可证和36名项目经理、监理工程师等相关责任人员安全生产考核合格证书及执业资格证书。约谈42家施工、监理企业的负责人及65名项目经理和总监,并在一定时期内限制27家施工和监理企业进行投标和建筑活动。

【加强工程质量安全管理】 2011年8月,安徽省政府在马鞍山市召开全省保障性安居工程建设暨质量安全现场会;安徽省住房和城乡建设厅在亳州市召开全省建筑施工安全质量标准化工作现场会,在芜湖市组织安徽省高层建筑施工现场防火安全应急救援演练活动,在合肥市举办"安全责任、重在落实"的全省住房城乡建设系统安全生产主题演讲比赛。安徽省住房和城乡建设厅被国务院安委会办公室授予"2011年全国安全生产月活动优秀单位"。

【开展工程质量安全创先争优】 合肥燃气集团综合服务楼和芜湖市第二人民医院门急诊楼、医技住院楼工程2个项目获得全国建设工程"鲁班奖",95个项目获得安徽省优质工程"黄山杯"奖。全省共创建安徽省级安全质量标准化示范工地340个、示范小区41个,分别比上年增加59.6%、86.4%。

【创新工程质量安全监管方式】 依靠信息网络技术和科技手段,开展施工现场重大危险源信息监控平台建设试点,对施工现场深基坑、高支模、脚手架和建筑起重机械等危险性较大分部、分项工程进行重点监控。宣城、蚌埠等市建设视频监控平台,9个试点城市施工现场重大危险源得到控制,未发生危险性较大分部、分项工程建筑安全事故,且事故死亡人数比上年下降36.4%。依托"安徽省工程质量监督和检测信息管理系统",实施全省检测机构数字化改造,对检测机构涉及结构安全重要检测数据进行实时监控。

【改革行政许可审批方式】 将建筑施工特种作

8. 村镇建设

【农村危房改造】 为解决安徽省农村危房户的居住安全问题，2011年，安徽省住房和城乡建设厅积极向国家争取到10万户农村危房改造任务，补助资金8.5亿元（其中，中央补助资金8.5亿元，安徽省配套资金2.5亿元），完成10.2万户危房改造（其中分散供养五保户和农村低保户4.3万户，占危房改造户的43%），优先解决住房最困难、经济最贫困农民的居住问题，在实施中，重点做好四方面工作：阳光操作，严格实行"户申请、村评议、乡镇审核、县审批"的工作程序和公示制度，确保农村危房改造对象不偏差；分类改造，采取修缮加固、原址重建或根据农户意愿迁建农民新居至集中规划点等改造方式；加强监管，建立农村危房改造农户信息管理系统，可以随时控制改造进度，组织技术人员深入施工现场，加强对项目施工的指导服务，确保建设施工程序规范，标准严格，质量合格；建立"一户一档"制度，全面真实地记录危房户的基本情况、照片、效果等。

【农村清洁工程】 为解决农村环境脏乱差问题，安徽省住房和城乡建设厅围绕"农村垃圾有人管、管得住"这个目标，2011年，在240个乡镇实施农村清洁工程，全年完成投资3.11亿元，配套建设垃圾转运站206个、生活垃圾焚烧炉34个，配备垃圾运输车694辆，小型垃圾清扫车5261辆，垃圾房（池）11846个，增加保洁人员7100余人，注重农村清洁工程向基层村庄延伸，农村生活垃圾处理体系正逐步建立，农村环境面貌显著改善。

【村庄整治】 为整体改善村庄环境，安徽省住房和城乡建设厅结合农村危房改造和农村清洁工程实施，按照先易后难、以点带面、连线成片的思路，2011年，在潜山、岳西、肥西、泾县等10个县选择970个村庄实施以农房整修、道路硬化、改水改厕、环境卫生、植树绿化为主要内容的村庄整治，完成道路整治37万平方米、整修房屋1.98万户、改水改厕3400户、清理垃圾1070吨、完善污水排放管道640千米、绿化面积9万平方米。涌现出潜山县痘姆乡山包新村等一大批村庄整治典型。试点地区村容村貌较整治前大为改观，农民居住条件和农村人居环境改善明显，整治后的村庄，村容村貌整洁优美、路面硬化符合规划设计、饮用水质达到标准、厕所卫生符合要求、污水排放有序、河道沟渠疏浚整洁、垃圾有效处理、农房安全经济美观，展示安徽省农村特色风貌。（叶宋铃）

9. 建筑节能与科技

【概况】 截至2011年底，安徽省城镇新增建筑面积达6759.3万平方米，其中新增居住建筑5560万平方米，新增公共建筑1199.28万平方米。安徽省建筑总能耗2492.5万吨标准煤，约占社会总能耗的24.29%。全省节能标准设计执行率达到100%，施工执行率达到98.3%，共计形成节能能力184.2万吨标准煤，其中居住建筑形成节能能力93.7万吨标准煤，公共建筑形成节能能力49.9万吨标准煤，可再生能源应用形成节能能力40.6万吨标准煤。被安徽省政府授予"节能目标完成奖"。住房和城乡建设部下发《全国建设领域节能减排专项监督检查建筑节能检查情况通报》中，对安徽省、合肥市予以通报表扬。

【新建建筑节能】 根据确定的2011年安徽省政府目标责任工作任务，印发建筑节能工作要点和任务分解表。配合安徽省建设稽查局出台《关于2010年全省建筑节能专项检查违法违规案件办理情况的通报》。严格监管规划、设计、图审、施工、监理等各环节的建筑节能标准落实情况，明确2011重点备查城市，并对池州、阜阳、六安等重点备查城市开展专项督查。开展全省建筑节能专项检查，共抽查70个项目，对5项严重违反建筑节能法规标准的项目，下发执法告知书，强化执法和整改工作。实现建筑节能标准实施全过程闭合管理，全面落实全省施工执行率98%的既定目标。根据安徽省气候区划实际情况，组织修编完成并发布《安徽省公共建筑节能设计标准》、《安徽省居住建筑节能设计标准》、《无机保温砂浆墙体保温系统应用技术规程》；结合能效测评工作开展，启动《安徽省建筑能效测评标识技术规程》的编制工作。

【可再生能源建筑应用】 "合肥要素大市场"等3个项目被住房城乡建设部评为星级绿色建筑，"大学科技创业园光电建筑应用一体化示范工程"等5个项目入选国家太阳能光电建筑应用示范项目，"芜湖市第一人民医院"等115个项目被纳入国家可再生能源建筑应用示范城市（县）项目。会同安徽省财政厅组织评定"阜阳市老年公寓"等18个安徽省级可再生能源建筑应用示范项目，会同安徽省发展改革委、经信委评定"绿地迎江世纪城"等46个安徽省级"安徽省地节能环保型"住宅。六安、池州两市,芜湖县成功入选第三批国家可再生能源建筑应用示范城市(县),滁州市汊河镇入选国家可再生能源建筑应用集中连片示范镇,获得国家资金补助1.46亿元。合肥、铜陵、芜湖、黄山四市,利辛、南陵二县顺利通过住房和城乡建设部、财政部关于国家可再生能源建筑应用示范城市(县)建设情况的专项检查,示范项目数276个,建筑面积达2412万平方米,折合示范应用面积1400万平方米,全省的示范市县数达到10个,覆盖超过半数的皖江城市带。

【绿色建筑】 为全面落实安徽省政府主要领导和分管省长对安徽省政协十届四次会议0908号重点提案《践行低碳发展,大力推广绿色建筑》的批示要求,进一步加快绿色建筑推进步伐:明确"以建设'资源节约型、环境友好型'社会为目标,以区域性典型性绿色建筑示范为抓手,以'四节一环保'为工作重点和突破口,着眼于建筑的全寿命周期,通过对重点区域、重点建筑施行绿色建筑建设,健全绿色建筑发展机制,全面推动绿色建筑建设,改善人居环境,促进经济社会又好又快发展。"的工作思路。成立以厅长为组长的领导小组,制定《关于推进绿色建筑发展工作的实施意见》;成立安徽省住房和城乡建设厅绿色建筑评价标识专家委员会,评定安徽省绿色建筑评价标识技术依托单位,与中国科技大学等10家单位建立技术合作关系;着手建立与安徽省经济、社会、环境相适应的绿色建筑标准体系;指导成立安徽省绿色建筑协会;与池州市人民政府、台湾建筑中心分别签订安徽省市共建和皖台合作协议,积极争取住房和城乡建设部支持,共同推动池州低碳生态示范城市建设。2011年5月下旬,"鹏远住工办公楼"项目被评为三星级绿色建筑(设计阶段),这是安徽省首家三星级绿色建筑。

【公共建筑节能】 会同财政厅转发财政部、住房城乡建设部《关于进一步推进公共建筑节能工作的通知》,制定《安徽省机关办公建筑和大型公共建筑能耗监测平台建设实施方案》,安徽工业大学成功入选国家级节约型校园和建筑节能改造示范高校。印发《转发住房和城乡建设部关于对夏热冬冷地区既有居住建筑节能改造进行调查的通知》,摸排全省既有建筑的节能改造潜力。逐步促进合同能源管理等节能服务机制在建筑节能领域的应用。加强公共建筑特别是大型公共建筑的节能监管体系建设,顺利完成国家对安徽省能耗降低目标任务的要求。

【科技进步】 与安徽省科技厅会商启动"建设科技创新行动计划",共同推进建设科技创新。建立安徽省级科研计划项目库,"轨道交通基坑施工智能化监测系统"等67个项目已入库。发布2011年安徽省级科技计划工作目录。安徽省21个项目列入住房和城乡建设部2011年科学技术计划项目,"建筑施工重大危险源安全性评价和监控关键技术研究及应用"获得安徽省级科技进步奖。2011年以来,继续结合各类示范工程建设,全面推进"十大适用新技术"的推广应用。组织单位开展重点项目攻关,"人体舒适度—建筑能耗指标关系模型研究与应用"等一批重大专项的开展,也有效地提升行业的科技水平,推动建筑企业科技进步。

【国家重大专项】 继续开展国家科技重大专项"巢湖流域城市水污染控制及水环境治理技术集成与综合示范项目"技术攻关。根据《水体污染控制与治理科技重大专项验收暂行细则》和《国家科技重大专项(课题)验收暂行管理办法》的规定,完成对水专项示范工程第三方评估,全面掌握巢湖项目"十一五"阶段的总体执行情况,同时做好项目"十一五"阶段的正式验收准备。(朱力)

10. 建设教育

【出台城镇化知识专题培训的指导意见】 根据安徽省委书记张宝顺对安徽省住房和城乡建设厅、省委组织部联合举办的第三期安徽省城乡规划与建设知识专题培训班作出的重要批示精神,并为适应安徽省城镇化建设的需要,会同安徽省委组织部于2011年1月份联合印发《关于进一步加强城镇化建设知识专题培训工作的意见》(建人〔2011〕15号)。

【扎实开展"千名建设干部下乡镇"活动】 为适应城镇化进程快速推进和新农村建设的需要,加强安徽省乡镇基层的规划、建设的技术力量,促进村镇建设上水平、上档次。同时,也为进一步提高安徽省住房和城乡建设系统党员领导干部和专业技术人员服务基层、服务群众的理念、能力和水平。按照安徽省住房和城乡建设厅厅领导的决策部署,结合创先争优活动,会同安徽省委组织部在安徽省住房和城乡建设系统联合开展"千名建设干部下乡镇"活动,制定印发《关于选派千名建设干部下乡镇担任村镇规划建设指导员的意见》及配套管理办法。通过精心组织和有效实施,完成第一批480名村镇规划建设指导员的派驻工作。

【编制《安徽省"十二五"住房城乡建设人才队伍建设规划》】 根据安徽省住房和城乡建设厅"十二五"规划编制工作领导小组的部署及《安徽省住

房和城乡建设事业"十二五"规划编制工作意见》的要求，以科学发展观为指导，立足于安徽省住房城乡建设行业发展实际和人才工作的特点，以提高住房城乡建设领域从业人员素质、扩大人才队伍规模为出发点，在充分调研、广泛征求意见的基础上，完成《安徽省"十二五"住房城乡建设人才队伍建设规划》的编制工作。

【加大行业培训的工作力度】 按照分类管理的原则，进一步规范安徽省住房和城乡建设厅机关及直属单位各类培训、办班行为，通过制定《2011年安徽省住房和城乡建设厅机关、厅培训计划》，有效地整合各类培训班次，控制培训办班规模。加大行业培训的工作力度，全年完成施工员、材料员、质检员等专业人员岗位培训12000人次，建筑业工人技能培训80000人次。（刘浩然）

11."十二五"规划编制情况

【"十二五"规划概况】 "十二五"时期，是安徽全面建设小康社会的关键期、工业化城镇化的加速期、经济社会发展的转型期，也是全省住房和城乡建设事业加快发展的黄金期。2011年5月26日，《安徽省住房和城乡建设事业"十二五"发展规划纲要》正式印发。同年，住房保障、建筑节能、城乡规划建设、房地产业、建筑业等方面的29个专项规划也相继印发实施，形成完整的安徽省住房和城乡建设事业"十二五"规划体系。

【"十二五"主要发展目标】 "十二五"安徽省住房和城乡建设事业发展的指导思想是：以邓小平理论和"三个代表"重要思想为指导，深入贯彻落实科学发展观，紧紧围绕"科学发展、全面转型、加速崛起、兴皖富民"的总要求，坚持双轮驱动、坚持民生优先、坚持转型发展、坚持改革创新，进一步加快城镇化进程，统筹城乡发展，加强住房保障，完善体制机制，促进社会和谐，为全面建成小康社会奠定坚实的基础。

规划提出"十二五"安徽省住房和城乡建设事业主要发展目标，包括以下五个方面：

城镇化建设迈上新台阶。坚持工业化和城镇化协调共进、互动发展，加快推进城镇化进程。到2015年，全省城镇化率超过50%。坚持城乡统筹发展，努力实现农村人居环境和面貌有明显改观。

住房保障体系更加完善。加大保障性安居工程建设力度，保持房地产市场平稳健康发展，城镇住房保障制度继续向中低收入住房困难家庭拓展，逐步形成符合国情安徽省情的保障性住房体系和商品房体系。五年建设保障性住房和实施各类棚户区改造172万套（户）。到2015年全省保障性住房覆盖面达到20%，中等偏下收入家庭住房问题得到明显缓解。农村危房改造任务全面完成。

城镇综合承载力明显提升。实现城乡规划全覆盖，继续推进城乡大建设，进一步改善城乡人居环境，提升城市内涵与品质。2015年城镇基础设施水平居中部前列，总体超过全国平均水平。

节能减排取得显著进展。全省城市新建建筑全面实施建筑节能标准，既有建筑节能改造加快实施。城镇污水处理设施进一步完善，全省设市城市污水处理率达到90%，县城所在镇达到75%，其中，淮河、巢湖流域设市城市基本实现城市污水"全集中、全处理"。基本实现县县建有生活垃圾处理设施，城市生活垃圾无害化处理率达到80%以上，合肥市生活垃圾全部实现无害化处理。积极推进生活垃圾分类收集和处理工作，城市生活垃圾资源化利用比例达到30%，合肥市达50%，50%的设区城市初步实现餐厨垃圾分类收运处理。开展燃气清洁工程，实现所有市、县通天然气，促进城乡能源结构进一步优化。

产业经济地位更加巩固。建筑业、房地产业保持健康有序发展，对经济社会发展的贡献进一步增强。全省建设投资（房地产、城市建设、小城镇建设投资）实现倍增，增速居中部前列。工程建设标准体系进一步完善，建设质量、品质和效益明显提高，全省建筑安全生产形势实现根本好转。（陶汉斯）

大事记

1月8日，安徽省十一届人大常委会第二十三次会议通过，决定任命李明为安徽省住房和城乡建设厅厅长。

1月20日，安徽省住房和城乡建设厅与铜陵市政府签署"关于推进住房和城乡建设事业科学发展合作协议"。安徽省住房和城乡建设厅厅长李明、铜陵市市委书记姚玉舟、铜陵市市长侯淅珉出席签字仪式，安徽省住房和城乡建设厅副厅长吴晓勤主持仪式。

1月25日，安徽省政府在合肥召开全省住房和城乡建设工作会议。会议的主要任务是传达贯彻全国住房和城乡建设工作会议精神，总结安徽省2010年住房和城乡建设工作，表彰先进，部署2011年工作任务。

2月10日，安徽省政府召开常务会议，审议并原则通过《安徽省实施城乡规划督察员制度办法》，厅长李明参加会议并汇报该办法的起草情况和主要内容；审议并原则通过《皖江城市带承接产业转移示范区城镇体系规划(2010~2015年)》，李明厅长就规划主要内容与审查情况作汇报。

2月12日，厅长李明参加安徽省委常委、副省长赵树丛主持召开的2011年安徽省民生工程协调小组第一次会议，会议议定将公共租赁住房保障增加纳入安徽省民生工程范围。

2月25日，安徽省长王三运主持召开安徽省政府第71次常务会议，审议通过《马鞍山市城市总体规划(2002~2020)》(2009修改)。会上，厅长李明就规划审查情况作汇报。

3月2日，全省保障性安居工程工作会议在合肥召开。会前，安徽省委书记张宝顺、省长王三运分别作出重要批示。副省长倪发科出席会议并讲话。厅长李明作2010年全省保障性安居工程进展情况和2011年工作任务安排的报告。

3月10日，安徽省政府办公厅出台《关于加快发展公共租赁住房的实施意见》。

3月25日，全国"十二五"住房保障规划座谈会在铜陵市召开，住房城乡建设部住房保障司司长冯俊、副司长张学勤出席会议；厅长李明看望会议代表，李玉华巡视员参加座谈会并发表致辞。

3月26日，安徽省人大副主任郭万清出席安徽省住房和城乡建设厅召开的城乡统筹发展中农村危房改造和农房设计与建设座谈会，厅长李明主持会议。

4月7日，经安徽省政府同意，安徽省住房城乡建设厅、财政厅联合印发《安徽省个人住房信息系统建设工作方案》，全省个人住房信息系统建设工作正式启动。

4月8日，全省保障性住房建设暨棚户区改造工作现场会在蚌埠市召开，副省长倪发科出席并讲话，安徽省政府副秘书长余焰炉主持会议。会上，厅长李明通报一季度全省保障性安居工程建设的督查情况，合肥、蚌埠、芜湖、滁州市及安徽省国土资源厅、国家开发银行安徽省分行负责同志就保障性住房建设进行交流发言。与会代表还实地考察蚌埠市部分保障性住房和棚户区改造住房建设情况。

4月8日，2011年全国城乡建设档案工作调研座谈会在芜湖市召开，各省、自治区、直辖市城建档案部门负责人及计划单列市、省会(自治区首府)城市城建档案馆馆长参加会议。

4月28日，安徽省暨合肥市保障性安居工程集中开工仪式在合肥举行，标志着安徽省保障性安居工程建设进入大规模加速推进阶段。在合肥市主会场，副省长倪发科、合肥市市长吴存荣共同推动开工杆，宣布项目开工。

4月28日，安徽省绿色建筑协会成立大会暨第一届会员代表大会召开，厅长李明参加会议并讲话，副厅长李建宣布安徽省绿色建筑评价标识专家、绿色建筑评价标识技术依托单位名单。建设部科技发展促进中心主任杨榕、安徽省民政厅副厅长王佛生、安徽省政协人环资委专职副主任陈金沙、中国城科会绿建委副秘书长李萍出席会议并讲话，安徽省发改委、财政厅、经信委、科技厅派代表列席会议，百余家成员单位共计300余人参加会议。

4月29日，安徽省政府办公厅印发《安徽省人民政府办公厅关于开展集体土地范围内房屋登记发证工作的通知》(皖政办〔2011〕33号)。《通知》要求把握集体土地范围内房屋登记工作基本原则：依法登记、自愿申请、协调推进；明确开展集体土地范围内房屋登记发证工作的重点：完善相关政策、做好服务工作；建立安徽省集体土地范围内房屋登记发证工作部门联席会议制度，由安徽省住房城乡建设厅担任召集人，安徽省公安厅、监察厅、民政厅、财政厅、国土资源厅，安徽省农委、法制办、物价局等部门为成员，办公室设在安徽省住房城乡建设厅。

5月4日，安徽省政府函复，同意将安徽省城市规划委员会更名为安徽省城乡规划委员会，副省长倪发科为规委会主任，安徽省政府副秘书长余焰炉、安徽省住房城乡建设厅厅长李明为规委会副主任，规委会办公室设在安徽省住房城乡建设厅，李明兼任办公室主任。在原有成员单位基础上，增补蒋健、闫萍两名公众代表和储金龙、胡厚国两名城市规划专家为规委会成员。

5月10日，安徽省住房和城乡建设厅发布《安徽省保障性住房建设导则(试行)》，对保障性住房建设的规划设计、工程质量、建筑材料以及装修管理等提出明确要求。安徽省廉租房、公租房和经适房的建设都要遵循这一导则，要求保障性住房选在交通便捷处建设、至少一间房冬天有阳光、基本装修满足拎包入住需要。

5月17日，安徽省住房和城乡建设厅与安徽省统计局首度联手，公布2010年度"安徽省建筑业50强"企业名单。50强企业的遴选主要按当年建筑业总产值、利润总额等经济指标进行排序，评选分为施工企业和勘察设计、监理企业两大类：施工企业50家(施工总承包企业30家、施工专业承包企业20

家);勘察设计、监理企业 50 家(勘察设计企业 30 家、建设工程监理企业 20 家)。

5月26日,《安徽省住房和城乡建设事业"十二五"发展规划纲要》经厅党组会议审议通过并正式印发执行。

5月30日,副省长倪发科率安徽省住房和城乡建设厅厅长李明及厅办公室、住房保障处、房地产市场监管处负责同志赴铜陵市,深入棚户区改造项目工地和廉租住房小区,实地调研保障性安居工程建设情况。

6月13日,安徽省人民政府省长王三运主持召开省政府第78次常务会议,原则通过《安徽省人民政府关于推进农村危房改造和村庄整治意见》。会议指出,开展农村危房改造和村庄整治工作,是推动社会主义新农村建设的重要内容,要以改善农村居住环境、提高农民生活质量、加快城乡统筹为目标,坚持规划先行、突出特色,以农村危房集中区、煤矿塌陷区、沿淮行蓄洪区等区域为重点,整合资源,分步实施,充分调动基层和广大群众的积极性和主动性,扎实有序推进农村危房改造和村庄整治工作。

6月15日,安徽省住房和城乡建设厅对口支援新疆皮山县车辆捐赠仪式在皮山县委大院隆重举行。

6月24日,倪发科副省长主持召开安徽省城乡规划委员会会议,会议审查并原则通过安庆、亳州市城市总体规划和历史文化名城规划。

6月30日,安徽省住房和城乡建设厅与《安徽省城镇体系规划(2011~2030年)》编制单位中国城市规划设计研究院向王三运省长、倪发科副省长专题汇报《安徽省城镇体系规划(2011~2030年)》纲要成果草案。

7月5日,国务院副总理李克强考察合肥市滨湖新区公共租赁住房项目施工现场,厅长李明作有关全省保障性安居工程建设情况的汇报。在实地考察和听取相关汇报后,李克强对安徽省保障性安居工程建设情况给予充分肯定,并要求继续探索、创造经验,保持该项工作在全国领先的地位。

7月7日,副省长倪发科主持召开全省保障性安居工程领导小组会议。会议学习总书记胡锦涛在庆祝中国共产党成立90周年大会上的重要讲话精神,以及副总理李克强视察安徽省时的重要指示精神,听取厅长李明关于上半年保障性安居工程进展情况及下一步工作安排意见的汇报,研究部署各项推进举措。

7月8日,安徽省政府下发《关于推进农村危房改造和村庄整治工作的意见》。意见指出:"十二五"期间,以"最困难群众、最危险房屋"的农房改造为重点,完成全省54万户农村危房改造任务。

7月29日,安徽省住房和城乡建设厅与江南、江北集中区管委会向倪发科副省长专题汇报《安徽省江南产业集中区起步区规划(2010~2015年)》、《安徽省江北产业集中区起步区规划(2010~2015年)》成果草案。会上,副省长倪发科对规划编制工作给予充分肯定,并指出要以产业发展为重点,加强对土地、港口等资源的合理利用,进一步优化完善规划成果后,要尽快履行报批程序。

8月11日,安徽省政府印发《安徽省人民政府关于进一步加强城市生活垃圾处理工作的实施意见》(皖政〔2011〕78号)。

8月17~23日,住房城乡建设部检查组对安徽省工程质量安全及建筑市场监督执法工作进行检查,并给予充分肯定,认为全省住房城乡建设系统认真贯彻落实党中央、国务院要求和住房城乡建设部有关保障性安居工程一系列工作部署,态度坚决、措施有力、成效明显。

8月29日,厅长李明携相关处室负责同志向倪发科副省长汇报当前几项重点工作进展情况,并重点汇报"城镇化意见(代拟稿)"的修改情况、"十二五"城镇保障性安居工程规划和2012年度计划任务情况、农村危房改造和村庄整治工作和城镇减排工作。

9月7~8日,安徽省政府在潜山县召开全省农村危房改造和村庄整治现场会,总结推广实践经验,进一步动员和部署今后五年农村危房改造和村庄整治工作

9月18~19日,住房和城乡建设部在合肥主持召开《安徽省城镇体系规划(2011~2030年)》纲要专家审查会。由国务院发展研究中心、住房和城乡建设部科技委、中国人民大学、浙江安徽省城乡规划设计研究院、江苏安徽省城市规划设计研究院专家组成的专家组审查通过《安徽省城镇体系规划(2011~2030年)》纲要。

9月28日,厅长李明陪同副省长倪发科赴淮南市调研农村危房改造、村庄整治和采煤塌陷区搬迁安置工作,并在凤台县顾桥镇召开座谈会听取群众意见。

10月18日,安徽省第五届"徽匠"建筑技能大赛经过合肥、淮南两个赛区的比赛,于17日顺利完成各项预定赛程,18日上午在合肥市国际会展中心举行闭幕式及颁奖仪式。

10月18日,全省市县规划展示馆建设推进会在

滁州召开。副省长倪发科出席会议并讲话,滁州市委书记韩先聪致辞,省政府副秘书长余焰炉主持会议。

10月19日,安徽省政府在铜陵召开全省城市生活垃圾处理工作现场会。副省长倪发科在会议对安徽省城市生活垃圾处理工作取得的成绩予以充分肯定。省住房和城乡建设厅通报全省城市生活垃圾处理设施建设重点项目进度、省辖市城市生活垃圾无害化处理率考核办法等情况。

10月31日,安徽省住房和城乡建设厅召开《安徽省保障性住房建设标准》发布会,厅长李明现场回答记者的提问,巡视员李玉华主持发布会,总工程师仲亚平阐述标准发布实施的重要意义、介绍标准出台的背景和过程、明确抓好标准贯彻实施的具体要求。这是安徽省在全国率先发布保障性住房建设省地记强制性标准。

11月11日,全国住房城乡建设系统"六五"普法工作会议在海南安徽省海口市召开。会议表彰住房城乡建设系统"五五"普法先进单位及个人,安徽省住房和城乡建设厅被评为住房城乡建设系统"五五"普法先进单位。

11月16~17日,安徽省政府召开安徽省保障性住房建设标准部署实施工作会议,传达学习中央领导和安徽省委、省政府主要负责同志有关批示精神,部署保障性住房建设标准实施工作,副省长倪发科出席会议并讲话。

12月6~7日,全省农村环境保护连片整治暨危房改造村庄整治工作现场会在利辛县召开,总结交流经验,进一步部署农村环境保护、环境连片整治、危房改造、村庄整治和县城规划管理工作。

12月13~17日,住房和城乡建设部稽查办焦占拴巡视员率住房城乡建设领域节能减排专项监督检查第五检查组一行抵达安徽开展检查。

12月20~21日,住房和城乡建设部在合肥组织召开《安徽省城镇体系规划(2011~2030年)》成果专家审查会,由国务院发展研究中心、住房和城乡建设部科技委、南京大学、浙江安徽省城乡规划设计研究院、江苏安徽省城市规划设计研究院专家组成的专家组审查通过规划。

(安徽省住房和城乡建设厅)

福 建 省

1. 法制建设

【法规规章颁布实施】《福建省实施〈中华人民共和国城乡规划法〉办法》经过三年制定,3月24日经省第十一届人民代表大会常务委员会第二十一次会议审议通过,自2011年5月1日起正式施行。该实施办法全文共7章70条,依据《中华人民共和国城乡规划法》,结合福建省城乡规划管理实际,对城乡规划的制定、实施、修改、监督等内容进行细化、补充,是福建省实施城乡规划管理的基本法律依据。经多轮调研、论证和征求意见,《福建省风景名胜区条例》提交省政府常务会议审议的各项准备工作就绪。《福建省建设工程抗震管理条例》、《福建省实施〈国有土地上房屋征收与补偿条例〉办法》、《福建省城市供水管理办法》等行业前期立法工作进展顺利。省住房城乡建设厅配合省政府开展1979年以来规范性文件清理工作,确定继续有效(含需适时修改)的规范性文件43件,废止或者宣布无效的42件。为贯彻落实好《福建省行政机关规范性文件备案审查办法》(省政府107号令),省住房城乡建设厅制定出台《福建省住房和城乡建设厅贯彻实施〈福建省行政机关规范性文件备案审查办法〉的若干规定》,进一步规范厅机关规范性文件制定和备案审查工作。贯彻落实《国有土地上房屋征收补偿条例》,制定房屋征收相关文书范本,并由省政府印发《和谐征迁工作法》,促进和谐拆迁。

【加强和改进行政执法】 2011年,福建省住房城乡建设厅机关共办理行政复议案件136件,涉及规划许可、工程质量安全处罚、招投标投诉、拆迁许可及裁决、房屋产权登记、政府信息公开等,有效化解行业内各类行政争议,促进和谐稳定。依法查处行业内违法行为,厅机关对作出行政处罚决定书19份,并对省道308线安溪A1标段"5·7"较大生产安全瞒报事故及三明"11·02"人工挖孔桩事故等典型案件进行重点查处。全系统共查处违法违规案件905件,作出行政处罚857件,罚没金额

3156万元。推进质量安全动态监管系统、检测信息监管系统、重大危险源远程监控系统等"三网"建设，提高监管效能，各级监管部门在监督检查中发出各类改正通知书17062份，处理违规施工行为638起。做好全省行政执法考试考前辅导工作，全系统有1071名干部通过考试取得行政执法资格。截至年底，全系统具有执法资格的行政执人员达9100余人，为系统依法、文明、规范执法奠定基础。严格执行信访路线图，实行领导干部带案下访，化解信访积案，来厅机关上访批次同比下降近40%，人数下降近50%，行业维稳总体形势平稳。

【规范行政权力运行工作】 对省住房城乡建设厅出台的行政职权目录、裁量基准进行评估并修订完善，召开设区市建设局、规划局法制科（处）长座谈会，将规范"两权"工作进一步在全系统铺开，截至2011年底，各设区市主管部门均绘制完成权力运行流程图，出台行政自由裁量权基准。

【启动"六五"普法工作】 建立行业法律宣传教育师资库，会同省住房城乡建设厅干部培训中心对1万余人次注册执业人员开展法律知识教育。陆续举办《国有土地上房屋征收与补偿条例》、《城镇燃气管理条例》和《福建省实施〈城乡规划法〉办法》、《行政强制法》等新法规的学习宣传，组织开展"五五"普法总结验收，"五五"普法各项工作圆满完成。印发《福建省住房和城乡建设系统法制宣传教育第六个五年规划》，结合行业特点，有针对性地提出2011～2015年行业法制宣传教育工作任务并有组织、有重点、分步骤提出要求。12月12日在漳州市召开全系统"五五"普法总结暨"六五"普法工作会议，对"五五"普法工作进行总结，表彰"五五"普法先进单位和个人，对"六五"普法工作进行全面动员部署。

2. 房地产与住宅建设

【概况】 2011年，福建省以促进发展、改善民生为主线，结合实际完善相关政策，增加有效供给，调节供求、加强监管，抑制不合理住房需求，着力稳定市场、稳定房价；加强行业管理，落实责任，规范市场秩序，各项工作取得成效。福州、厦门市实行住房限购措施，房地产调控效果显现。投资保持增长，增幅回落。全省完成房地产投资2402.61亿元，同比增长32.1%，增幅比上年回落28个百分点。投资投机性购房受到抑制，住房成交量萎缩。全省商品住房销售2242.83万平方米，同比增长5.6%；存量住房交易938.91万平方米，同比下降26.8%。房价总体平稳，部分城市房价出现松动。房价僵持局面有所打破，其中，厦门市房价明显松动，降价楼盘增多；福州、莆田等中心城区房价开始出现松动，优惠促销力度加大；其他设区城市房价趋稳，楼盘销售放缓。房地产税收较快增长，总体走势前高后低。全省房地产税收424.64亿元，同比增长34.3%。其中地税税收273亿元，同比增长44%，占地税总收入的26.8%，贡献增量占1/3，增幅在第二季度达到56.5%高点后逐季回落，第四季度回落至34.6%。

【落实房地产调控政策措施】 认真贯彻落实国家房地产市场调控的各项政策措施。坚持政府保障和市场供给相结合，严格执行差别化税收和信贷政策，福州、厦门市采取住房限购措施，抑制投机投资性购房需求。落实稳定房价责任。全省9个设区市、14个县级市全部在3月底前制定公布了2011年新建住房价格控制目标，并征求了社会意见。同时，制定并落实住房保障和稳定房价工作的约谈问责机制，加强对各市、县住房保障和稳定房价工作的监督和检查，设区市人民政府及其有关部门也参照省里规定，建立健全约谈问责机制。增加住房有效供给。编制全省"十二五"房地产业发展规划，组织各市、县编制"十二五"住房建设规划和2011年度计划，重点增加保障性住房、棚户区危旧房改造和中小套型普通商品住房建设。配合国土部门严格执行保障性住房、棚户区危旧房改造和中小套型普通商品住房用地不低于住房建设用地总量70%的规定。会同省国土资源厅下发《开展完善招标拍卖挂牌出让住房用地试点工作的通知》，要求各地开展住房用地多样化供应方式的试点探索，采取综合评标、限房价竞地价、限地价竞房价、限地价竞配建保障房等多样化方式进行供地。加快项目审批、实施项目跟踪协调和服务，促开工、促投资、促上市。加强市场监测分析。加快全省房地产市场动态分析信息系统建设，实现全省及各主要城市房地产市场动态监测分析，并针对市场新情况、新变化，及时研究提出对策。加强市场调研，督促指导各地年度房价控制目标实施情况，做好稳定房价工作。

【国有土地上房屋征收工作】 贯彻实施《国有土地上房屋征收与补偿条例》，省政府办公厅出台《关于贯彻落实〈国有土地上房屋征收与补偿条例〉的通知》，明确了征收流程和过渡办法；印发《福建省和谐征迁工作法》，大力推行和谐征迁。省住房城乡建设厅制定国有土地上房屋征收流程图和征收实施过程相关文书示范文本，进一步完善配套政策。

组织开展全省土地房屋征收管理工作及征地拆迁制度规定落实情况专项督查,部署开展国有土地上房屋征收纠风专项治理工作,规范房屋征收行为。拆迁信访秩序明显好转,与2010年相比,全省到省里上访批次下降42.1%、人数下降63%,未出现大规模群体性上访事件。

【房地产市场监管】 完善商品房预售制度,严格预售许可、预售方案、预售资金、预售商品房交付等环节的监管,各设区市全面实行商品房买卖网上签约备案,商品房销售市场秩序进一步规范。会同省物价局、公务员局、人力资源和社会保障厅联合出台《福建省房地产经纪管理办法实施细则》,强化房地产经纪机构备案管理,开展经纪行业专项整治,房地产经纪管理进一步加强;继续开展房地产经纪人协理全省统一考试,有4467人报名参加,进一步加强房地产经纪管理。积极开展个人住房信息系统建设。省级个人住房信息系统项目已批准立项,福州、厦门实现与住房和城乡建设部联网,其他设区市也加快建设,取得明显进展。

【物业管理服务】 2011年,省委省政府将规范提升城市住宅小区物业管理列入"城建战役"工作内容,要求把物业管理作为事关群众利益的实事认真抓好。省厅专门印发工作方案,部署开展规范提升城市住宅小区物业管理专项行动,按照全面规范与重点提升相结合、专项整治与长效管理相结合的原则,以点促面,促进全省城市物业管理扩面提质,全省新增国家示范项目9个,省级示范项目42个,较往年有明显增加,累计分别达到76个和261个。同时加强制度建设,完善政策规定。修订《前期物业服务合同(示范文本)》、制定《物业服务合同(示范文本)》,以服务合同为抓手,明确物业服务企业和业主等各方主体的责、权、利,维护广大业主和物业服务企业的合法权益;制定颁布《福建省城市住宅小区物业服务规范》,明确细化物业服务企业做好秩序维护、清洁卫生、绿化养护、共用部位和共用设备设施维护以及基础服务的内容和标准,进一步规范物业服务行为,建立城市住宅小区物业服务质量评价机制,促进城市住宅小区物业服务行业健康发展。

3. 住房保障

【概况】 2011年,国家下达福建省保障性安居工程责任目标25.01万套(户),为上年两倍多。其中,建设各类保障性住房17.51万套(其中廉租住房1万套、经济适用住房1.91万套、公共租赁住房7万套、限价商品住房7万套、新增发放租赁补贴0.6万户);改造各类棚户区7.5万户(其中城市棚户区6.28万户、国有工矿棚户区0.16万户、林区棚户区0.56万户、垦区危旧房0.5万户)。到2011年底,福建全省保障性安居工程完成投资354.75亿元,完成投资率105.55%;开工25.27万套、开工率103.52%;竣工11.1万套,竣工率45.5%,开工率和竣工率均居全国前列。在抓开工、抓进度的同时,加强在建工程质量安全监管,各地保障性安居工程质量安全总体受控。加快配租配售步伐,全省历年竣工各类保障房20.2万套,截至2011年12月,配租配售14.6万多套,配租配售率达72.29%,其中廉租住房竣工3.9万套、配租配售1.96万套、配租配售率50.0%;经济适用住房竣工5.4万套、配售4.9万套、配售率90.82%;公共租赁住房竣工5.29万套、配租2.87万套、配租率54.3%;限价商品住房竣工5.6万套、配售4.88万套、配售率86.93%。有效地改善了30多万群众住房困难状况,实现福建省委省政府为民办实事承诺,也为实现"十二五"保障性安居工程建设目标开了好头。

【资金安排】 2011年,国家安排福建省保障性安居工程建设补助资金23.25亿元。省财政建立省级保障性安居工程建设专项补助资金,安排补助2亿元,并从中央代地方发行的政府债券中安排8亿元用于保障性安居工程建设。市县财政加大投入,如福州和厦门市财政分别安排12.6亿元和12亿元,泉州市(含辖区县市)财政安排12.5亿元。扩大土地出让收入用于保障性安居工程建设的比重,由"从土地出让净收益中安排不低于10%的廉租住房保障资金",调整为"按实际缴库的国有土地使用权出让收入不低于2%~3%比例计提住房保障资金,统筹用于廉租住房和公共租赁住房建设,优先安排土地出让收入用于棚户区改造项目的拆迁补偿和安置住房建设"。经中央批准,福州、厦门两地被列为利用住房公积金支持保障性安居工程建设试点城市,2011年两地向3个保障房项目发放公积金项目贷款3.66亿元。引导社会资金参与发展公共租赁住房,泉州、三明、宁德等地均采取BT模式建设保障房,如南安、永安和福安市采取BT模式建设保障房融资分别达6.9亿元、6.5亿元和1.8亿元。对参与公共租赁住房建设的各类社会机构直接予以财政补助或贷款贴息。争取金融机构支持,如福州市、泉州市分别与国家开发银行省分行签订100亿元、60亿元保障性安居工程信贷支持合作协议。

【组织领导部门协力】 福建省委、省政府将保障性安居工程列入为民办实事项目和"民生工程战役"重要内容。书记孙春兰、省长苏树林听取省住房和城乡建设厅关于保障性安居工程建设情况汇报，并赴基层开展调研指导，强调福建省保障性安居工程建设要走在全国前列。省政府多次召开会议，研究部署住房保障工作。省人大专门听取保障性安居工程工作汇报，省政协对保障性安居工程建设也提出意见建议。住房和城乡建设部派出巡查组，驻扎福建4个月，深入建设工地现场，对全省保障性安居工程1100多个项目逐项核查落实。

【保障性安居工程工程质量安全管理】 福建省委省政府主要领导明确指示要更加注重保障性安居工程质量安全，省住房城乡建设厅把保障性安居工程作为建设工程质量安全管理的重中之重，强化落实基建程序和质量安全管理，印发《关于进一步加强保障性住房工程质量安全管理的意见》（闽建建〔2011〕16号），建立健全保障性安居工程质量安全监管体系，实施工程质量各方责任主体永久性负责、施工各环节质量安全控制和住宅质量分户验收等一系列制度。开展检查督查，全年共部署开展7个专项检查、3个专项行动及国庆前夕、岁末年初等重大节日安全生产大检查。据不完全统计，省住房城乡建设厅组织12次督查，抽查项目222个，发出各类改正通知书193份。各级住房城乡建设主管部门共组织检查9486次，出动检查人员24093人，检查项目3980个，检查建筑起重机械4053台，停用344台。强化质量安全措施。

【后续管理】 加强制度建设。福建省政府出台《关于保障性安居工程建设和管理的意见》（闽政〔2011〕88号），对保障性安居工程建设和后续管理做出制度规范。省住房城乡建设厅结合实际代省政府草拟《关于加强保障性住房配租配售与后续管理的意见》，报省政府审批。实行信息公开。各地建立保障房分配使用公示机制，及时通过报刊、广播电视和互联网等媒介，公开保障房房源、配置过程、配置结果等相关信息，主动接受社会监督。强化准入审查。受理审核阶段，设区市本级实行街道办（乡镇）、区、市三级审核、公示制度，各县（市）实行社区、县两级审核、公示制度；配租配售阶段，实施公开摇号、公开选房程序，监察部门、公证部门全程监督。实施联合审核。建立多部门信息交换机制，强化联合审核。

【创新方式】 各地从自身实际出发创造各具特色的工作经验。如在保障体系建设上，厦门市着力构建以保障性租赁房为核心的多层次住房保障体系，强化后续管理，实现分配"零投诉"，被住房城乡建设部誉为住房保障中的"厦门蓝本"；永安市通过建设"拥军小区"、"人才公寓"、"打工家园"等办法有效实施分类保障。在房源筹措上，福州市在商品房土地出让中配建公共租赁住房，将安置房与限价商品住房有机衔接；莆田市等地从二手房市场收购房源提供保障性住房；泉州市、建瓯市将危旧公房改造为公共租赁住房，既解决危房改造、改善城市面貌，又解决住房保障问题。在资金投入上，福州、泉州等地利用信贷资金，南平、宁德通过发行企业债券建设保障性住房；漳州市强化政府投入，着力把保障性住房打造成优质资产。在用地保障上，三明市、龙海市、光泽县舍得拿出好地块，集中新建保障房。在解决外来务工人员问题上，泉州市、晋江市、南安市、长汀县等地着力扩大保障范围，解决一大批外来务工人员居住问题。在建筑节能上，福州市在廉租房建设中推广可再生能源建筑应用，厦门市率先在保障性住房中全面推广绿色建筑。

4. 公积金管理

【概况】 2011年，全省实缴住房公积金职工净增32.5万人，超目标任务11.8万人，完成目标任务的157%；新增住房公积金217.5亿元，同比增长22.4%；新增提取112.5亿元，比增11.2%；发放住房公积金个人贷款3.9万户、105.8亿元，同比分别下降14%和3%；发放住房公积金项目贷款3.66亿元，支持保障性住房建设；购买国债18.6亿元；实现增值收益7.1亿元。截至2011年底，全省住房公积金实缴职工人数239万人，缴存覆盖率53%，较上年末提高7.1个百分点；缴存总额1189.7亿元，余额596.3亿元；累计提取额593.4亿元；累计向50.4万户职工发放住房公积金个人贷款704.9亿元，余额394.5亿元，平均个人贷款使用率66.2%，贷款逾期率仅为0.1‰；国债余额39.8亿元，占缴存余额的比例为6.7%；全省平均资金运用率72.8%。全省累计提取住房公积金贷款风险准备金19.9亿元，廉租住房补充资金总额17.1亿元。

【住房公积金缴存扩面工作】 2011年，全省各地贯彻落实省政府办公厅《关于扩大住房公积金制度覆盖面的意见》，年初省住房城乡建设厅分解下达全省缴存职工净增10%（约20.7万人）的扩面工作目标，督促加强目标责任制考核。各地按照要求出台具体的扩面工作实施意见，制定扩面工作计划，分解任务到县市，责任到人，采取措施积极推进缴存扩面工作。同时，加大住房公积金宣传工作力度，全省住房公积金管理机构在4月集中开展住房公积金制度宣传月活动，转变工作方式，增强主动性，定期组织人员走访企业，深入园区、社区、乡镇开展政策宣传和上门服务。除厦门同安区、福州福清市和泉州晋江市等3个省级非公有制扩面试点外，泉州市还在南安和惠安设立市级非公扩面试点。12月底，省住房城乡建设厅制定出台《福建省住房公积金行政执法暂行规定》，对住房公积金行政执法主体、范围、程序、处罚裁量基准、监督等方面作相应规定，规范住房公积金执法行为，增强缴存扩面的执法力度，促进制度落实。

【住房公积金管理信息化建设】 省住房城乡建设厅与各管理中心签订安全管理责任目标，落实资金、信息安全管理责任，实行数据每日备份、异地保存。省住房公积金数据备份与应用中心项目（一期）建成投入试运行，全省住房公积金数据已适时备份到省厅。推动信息资源实现共享，福州、泉州、南平市管理中心实现与人行征信系统联网查询，厦门、龙岩市管理中心实现了与房地产交易登记机构的直接联网查询。配合做好全国住房公积金监管系统建设工作，协调住房城乡建设部住房公积金监管司，探索省、部联网集中采集住房公积金数据方式。贯彻落实《福建省住房公积金档案管理暂行规定》，制定实施细则，规范住房公积金档案管理，提高档案信息资源利用率。省直管理中心推进档案电子化管理。

【住房公积金对住房保障支持】 继续做好利用住房公积金贷款支持保障性住房建设试点工作，配合住房城乡建设部开展试点工作调研、督查，福州、厦门市加快试点工作进度，按规定要求和批准的贷款项目和资金额度发放贷款，两市累计发放住房公积金项目贷款3.66亿元，支持当地保障性住房建设。继泉州市之后，厦门、南平、福州市也出台住房公积金贷款贴息具体实施意见，开办住房公积金贷款贴息业务。省住房城乡建设厅会同省财政厅、人民银行福州中心支行出台《关于开展个人商业性购房贷款转住房公积金贷款工作的指导意见》，允许符合条件的已办理个人商业性购房贷款职工申请将商业性购房贷款余额转成住房公积金贷款，减轻职工贷款利息负担。宁德、福州、南平、莆田、龙岩、厦门市及省直、铁路管理中心都出台实施细则，开办"商转公"业务。

【规范住房公积金委托金融业务】 11月22日，省住房城乡建设厅会同人民银行福州中心支行、福建银监局出台《福建省住房公积金金融业务受托银行年度考评试行办法》，对签订协议并受托办理住房公积金金融业务的银行业金融机构的工作进行考评，促进受托银行提高服务质量和工作绩效。组织起草住房公积金管理中心与受委托银行委托归集、贷款业务协议文本并印发各地参照执行，规范住房公积金金融业务委托行为。

【住房公积金服务工作】 贯彻落实住房城乡建设部等四部委《关于加强和改进住房公积金服务工作的通知》精神，督促各地制定出台具体的实施办法和《住房公积金服务指南》，建立健全服务制度，加强对服务工作指导督查。组织开展住房公积金文明行业创建和"为民服务创先争优"活动，提升窗口服务质量，厦门市住房公积金管理中心被住房和城乡建设部、共青团中央联合授予"全国青年文明号"称号。7月27日，三明市住房公积金管理中心"逐年冲还贷"业务系统上线，方便贷款职工办理还贷支取手续。12月13日，福州住房公积金网上审批系统经验收正式运行使用，提升中心服务水平和效率。

5. 城乡规划

【概况】 2011年，全省城乡规划工作围绕省委、省政府"建设海峡西岸经济区"、"发展壮大中心城市"、"推进城市群、产业群、港口群联动发展"等重大战略部署，实施《海峡西岸城市群发展规划》，加快规划编制，加强规划实施监管，主动服务"五大战役"；全面实施《福建省实施〈城乡规划法〉办法》，开展规划督查员试点，规划专项调研检查，和规划编制及实施检查，遏制违法违规行为；通过对规划设计市场的监管，对优秀规划设计组织评选，以及引入竞争机制优选方案等，提高规划设计水平。组织开展两大都市区课题调研工作，继续推进城市联盟工作。继续做好历史文化名城保护和管理工作，指导保护规划编制，推动文化街区修复等项工作。

【服务"五大战役"】 加强区域统筹，推进厦门、漳州同城化规划管理，厦门、漳州两市规划主管部门主动对接，探讨规划、项目、技术标准、审批方法和程序对接。泉州连续三年组织座谈环泉州湾城市规划工作，环湾规划体系初步建成。三明实施三明、沙县同城化和三明、永安一体化战略，规划建设"大三明"中心城市。加快平潭综合实验区、武夷新区等十大新增长区域规划编制，2月，《平潭综合实验区总体规划》、《武夷新区城市总体规划纲要》通过省住房城乡建设厅组织的技术审查。11月，开展全省绿道网规划编制工作。指导督促新一轮城市总体规划编制。召开宁德、三明、福清市城市总体规划纲要和龙岩、永安市城市总体规划成果技术审查会。指导和协调龙岩、漳州、宁德等市规划区范围、城市规模、中心城区空间布局等问题。推进福州市总体规划成果报批，于9月上报国务院。指导督促"十二五"近期建设规划编制，下发《关于加强"十二五"近期建设规划制定工作的通知》，对近期建设规划编制和审批提出分类指导意见。福州、厦门市近期建设规划上报住房城乡建设部备案。加强控制性详细规划和城市设计。加强控制性详细规划编制，各设区市控制性规划基本覆盖近期建设地区，设市城市控制性详细规划覆盖率达80%以上。加强重点专项规划编制和城市主要出入口、公共服务中心等重要节点和区域城市设计，福州编制完成闽江两岸城市设计，启动乌龙江两岸、马尾新城重点地区城市设计。加快各设区市规划展示馆建设。做好重大项目选址，省住房城乡建设厅核发12个重大项目选址意见书。加强开发区规划管理和审查。完成对龙岩长汀、上杭、武平、漳平、永定、连城、龙雁等13个工业区新设、扩区、升级为省级或国家级开发区的规划审查。

【推进《福建省实施〈城乡规划法〉办法》全面实施】 开展规划督察员试点，发出督察建议书3份，督察意见书2份，书信提醒3次，口头提醒311次、遏制较为严重的违法违规行为4起。开展规划专项调研检查，部署开展为期3个月全省违法建房专项整治，重点对全省市、县规划建设用地范围内占用公共绿地、河道、滞洪区等公共用地和占压各种管线、挤占消防通道等危害公共安全的违法占地及建房；城市重要地段、重要节点、主要出入口和沿江、沿河两侧，影响市容市貌的违法占地及建房等现象进行整治。开展控制性规划编制和实施情况检查，对全省各市市区（县城）控规编制和实施情况检查。完善配套规划管理制度。研究制定《省城市规划管理技术规定》、《省控制性详细规划管理办法》等配套制度，下发《关于进一步加强新建住宅小区配套学前教育设施规划管理的意见》。创新规划管理体制，改革办证审批制度，厦门市开展电子报建指标核算和技术审查分离，建设三维仿真建模系统，提高规划审批效率和质量。

【提高规划设计水平】 8月，开展全省规划设计质量检查工作，对各地规划设计市场管理情况进行检查。9月，开展2011年度省级优秀城乡规划设计奖评选活动，选出一、二、三等奖及表扬奖共67项。研究制定《省控制性详细规划编制导则》、《省城市设计导则》，规范控制性详细规划、城市设计编制内容。莆田出台城市色彩及建筑风格导则。引入竞争机制，采取多方案优选，选择规划设计方案，南平、平潭采用国际招投标等方式开展城市设计。

【省域城镇体系规划修编】 8月，住房城乡建设部在福州组织规划成果技术审查，原则通过福建省域城镇体系规划修编成果，并给予肯定和较高评价。11月，福建省政府省长苏树林主持召开第八十次省政府常务会议予以原则通过。12月，第十一届省人大常委会第二十七次会议予以原则通过。规划成果上报国务院审批。

【城市联盟进展】 根据福建省委、省政府办公厅《关于组织2011年省重点课题调研的通知》精神，省住房城乡建设厅牵头组织开展《关于加快推进两大都市区建设的研究》。14个省直相关部门和福州、厦门、泉州、漳州、龙岩、平潭综合实验区规划局参与课题调研工作。研究成果于12月底完成提交省委省政府。7月，在政讯专报上刊登《厦漳泉同城化工作开展情况》一文，得到省长苏树林批示。多次召开厦泉漳龙城市联盟秘书处工作会议，组织开展城市特色和公共环境艺术建设活动。同时，围绕落实省委省政府"五大战役"拉练精神，研究探讨推进"厦漳泉"大都市区同城化规划建设相关问题。继续推动福州和宁德城市联盟、泉州市域内和三明—永安—沙县的城市联盟工作。

【历史文化名城保护与管理】 会同省文物局对全省4个国家级历史文化名城保护情况进行专项检查。住房城乡建设部和国家文物局组成的联合检查组于7月底对福州、泉州两市进行抽查，给予福建省历史文化名城名镇名村保护工作较高评价。与省发展改革委联合开展全省"十二五"历史文化名城名镇名村保护设施建设国债投资项目申请，共申报基础设施建设补助经费4亿多元。指导莆田、建瓯、邵武开展历史文化名城保护规划编制工作，继续推动"三坊七巷"历史文化街区保护修复工作。

【开展城市雕塑工作】 组织参与全国城雕委组织的2010年度全国优秀城市雕塑建设项目评选活动。福建省报送三明市"泰宁赋"系列雕塑获2010年度优秀奖，福建省住房城乡建设厅获优秀组织奖。

6. 城市建设

【完善管理规章制度体系】 2011年出台《福建省城市综合管廊建设指南（试行）》，编制完成地方标准《城市道路养护作业安全设施设置技术规程》。下发《福建省城镇燃气基础设施建设与发展"十二五"规划》和《福建省城市道路交通建设"十二五"规划》。

【城市建设战役】 全年共安排项目2515个,包括城市规划编制与实施、市容市貌整治、综合交通改善、园林绿化、污水垃圾处理、城市宜居综合体等十大类,总计划投资7020亿元,年计划投资1335亿元。实际完成投资1972亿元,完成年计划投资的148%。实施一大批惠及民生、提升人居环境品质的好项目:永春、武夷山、建阳、晋江等县(市)开展街道景观改造,城市面貌得到改观;福州市开展内河整治,沿河岸绿化美化,凸显城市历史文化品位;厦门开展城市慢行系统规划建设,将闲置老铁路改造为步行景观道;龙岩市建成市区莲花山公园海拔422米环山木栈道,环山一周城市风光尽收眼底;宁德市东侨开发区环东湖生态景观建设项目获得2011年"中国人居环境范例奖"。组织召开永春城市建设现场会,交流推广好经验好做法。

【城市街景综合治理】 街道景观整治工作全面铺开,全年全省拆除各类户外广告牌近5000块,规整提升店牌店招近2万块。永春县用100天时间,投资1.2亿元,完成县城主要街道景观改造,塑造精品街区。武夷山市实施三菇度假区街景综合提升工程,恢复传统民居建筑风格;晋江、建阳、清流等一批县(市)都加大城区街道景观整治力度,城市面貌改观。全年全省完成电线下地225条、441.2千米,完成投资64亿元。推进城市地下空间开发利用,厦门市建成10千米地下综合管廊。

【城市综合交通建设】 2011年全省城市交通建设完成投资540亿元,新、扩、改建城市道路300千米、1100万平方米。福州市三环快速路正式通车,地铁1号线累计完成投资61亿元。厦门市仙岳路高架桥改造、泉州刺桐路综合改造景观提升、三明江滨路和西江滨路改造全面竣工。厦门市建成全省第一栋25层智能化立体机械停车楼。各地在滨海、临河、临湖等重要节点区域推进景观步行道建设。厦门市列入住房城乡建设部第二批"城市步行和自行车交通系统示范项目"城市,建成闲置铁路改造步行道,全长4.5千米。莆田市利用荔枝林资源,投资2.5亿元规划建设15条长百里"荔林水乡"特色的绿色步行道系统,建成荔园路、沿东圳水渠景观步道等。龙岩市建成莲花山公园3.8千米环山木栈道。

【燃气行业安全生产管理】 组织全行业宣贯《城镇燃气管理条例》,培训全省燃气企业法定代表人、安全负责人、技术负责人。举办瓶装燃气企业规范化管理现场会和管道燃气应急处置演练观摩。开展全省城镇燃气管网普查和隐患整改专项治理。部署液化石油气掺混二甲醚治理,瓶装液化气企业基本具备液化气组分色谱检测仪。

【城市桥梁隧道隐患摸排整改】 组织全省既有城市桥梁隧道大排查,基本摸清近1700座归口建设部门管养的桥梁隧道情况,8月组织重点督查。组织城市桥梁养护与管理培训研讨班,督促落实城市桥梁管理、养护机构市、县一级全覆盖。全力推动设区市城市桥梁管理信息系统建设,除泉州、莆田外的7个设区市"一桥一隧一档"信息平台建成投用。成立省级城市桥梁隧道专家库。

7. 城乡环境卫生和水务管理

【完善政策体系】 代拟省政府《关于进一步加强全省城市生活垃圾处理工作的实施意见》(闽政〔2011〕78号),于8月26日下发,进一步明确"十二五"期间福建省城市生活垃圾处理工作目标、要求和措施。会同省直有关部门编制完成全省城镇污水、垃圾处理"十二五"规划,明确设施布局和建设时序。制定《福建省城镇生活污水处理厂污泥处理处置工作实施方案》(闽政办〔2011〕166号),于7月14日印发,明确污泥处理处置目标任务,提出以土地利用为主的技术路线,研究制定价格补偿、扶持优惠、组织保障等方面政策措施。联合省发展改革委、环保厅、财政厅于5月23日出台《关于进一步规范城市污水垃圾处理产业化的意见》(闽建环境〔2011〕18号),对严格建设资金管理、完善特许经营条款、规范项目公司股权转让行为、健全完善相关制度等作出规定,鼓励优秀企业整合资源、做大做强,该《意见》被住房城乡建设部刊发推广。完善行业标准,编制《福建省生活垃圾卫生填埋场运行维护及考核评价标准》(工程建设地方标准编号:DBJ/T 13—139—2011),于11月1日起实施。组织草拟福建省餐厨垃圾管理办法,建立转移联单、台账报告、特许经营等制度,明确餐厨垃圾产生、收运、处置各环节主体责任和义务,厘清有关监管部门职责。

【污水处理设施建设与供水安全保障工作】 不断完善污水厂及配套管网。2011年新建成(含改扩建)11座污水厂,市县污水处理率达81.3%,比上年增长4.3个百分点,截至2011年底全省共建成城市生活污水处理厂93座,日处理规模366万吨。安排下达中央污水管网"以奖代补"资金3.47亿元,督促地方加大配套资金投入,不断提高污水收集率和处理率,全年新建污水管网近1000千米。推进污泥处理项目。督促各地实施城镇污水厂污泥处理项目,晋江市污泥干化焚烧项目正式投产;石狮市污泥焚烧项目完成土建,部分设备到位。加强城市供水安全和内河整治。新改建城市供水厂12座,福州市东南区水厂深度处理项目土建工程基本完工。福州、厦门、泉州按照《生活饮用水标准》规定的106项指标进行工艺技改,提升水质检测能力。督促各地加快内河整治。福州市有74条内河开工整治,白马河、安泰河整治效果初步显现,光明港整治工程正抓紧施工招标。莆田市实施涵江区河道整治工程,完成投资1500万元。龙岩市完成龙津河整治。

【城镇垃圾处理设施建设】 有序推进垃圾处理场建设。2011年新建成8座垃圾处理场,市县垃圾无害化处理率达85%,比上年增长2个百分点,截至2011年底全省共建成垃圾无害化处理场64座,日处理规模2.16万吨,全省7个设区市实现县县建成垃圾无害化处理厂目标。建成垃圾焚烧发电厂12座,处理能力约占全省垃圾处理能力的45%,处于全国前列。不断完善环卫设施。全省新增大型垃圾收集、转运设施38处,完成投资1.7亿元。厦门投入3400余万元建成7处环卫设施。泉州开工建设北峰、城东2座大型垃圾转运站,北峰转运站投资5012万,设计日中转能力800吨,土建工程基本结束,正在设备安装和配套工程施工,莆田市完成2座垃圾转运站。11月26日,开展全省第十六届环卫工人节活动,组织慰问环卫工人并召开座谈会。加强餐厨垃圾处理。三明市列入国家试点城市,争取首批补助资金211万元,集中处理厂日收集处置规模50吨,实现收集运输和处理一体化运作,闯出一条"政府搭台、部门配合、企业运作"的三明模式。各地陆续启动餐厨垃圾处理项目前期工作。

【超额完成"公厕革命"任务】 2011年上半年全省新建成公厕650座,超额完成525座公厕的建设任务。坚持旬月报机制,安排下达省级公厕建设补助资金6975万元,组织开展公厕管理试点考评,健全长效管理机制。"公厕革命"实施以来,全省累计新增公厕1200座,超额完成省政府下达的目标任务,累计完成投资40713万元。"公厕革命"成效明显,社会反响良好,得到省领导肯定,人民日报、福建日报刊发"公厕革命"专题报道。

【开展"农村家园清洁行动"】 2008年以来,"农村家园清洁行动"连续四年列入省委、省政府为民办实事项目,同时作为全省城乡环境卫生整洁行动的重要内容纳入民生工程战役。建立《福建省农村环卫管理信息系统》,建立城乡环境卫生整洁行动、家园清洁行动月报制度,举办全省农村家园清洁行动培训班,持续开展督查巡查,推行城乡垃圾处理一体化,泉州市辖石狮、晋江、南安、惠安、安溪等5个县市,80%乡镇实行一体化,建设115个中转站,其中晋江和石狮实现城乡垃圾焚烧处理全覆盖。2011年全省实际完成172个乡镇和1992个建制村农村垃圾治理任务,超额完成为民办实事任务,列入2011年为民办实事的乡镇、建制村配备保洁员0.86万人,建成垃圾处理场(站)199座,下达村镇环境整治专项资金9000万元。到年底,全省累计通过省级验收合格乡镇929个,建制村12040个,分别占乡镇和建制村总数的100%和83%,全面完成六江两溪流域沿岸乡镇、村垃圾治理,建成乡镇垃圾处理设施1015座,垃圾池7.9万个,累计投入24.87亿元,聘请村镇保洁员4.2万人,日处理村镇垃圾1.79万吨。

【试点镇污水垃圾处理】 不定期赴试点镇现场督查,建立项目进展半月通报制度,召开省级试点小城镇污水垃圾处理设施座谈会。组织编制《福建省农村生活污水处理适用技术》,总结提出9种农村污水处理模式和推荐技术,截至11月,首批省级试点镇中,荆溪镇、西天尾镇和水头镇等3个镇基本完成污水处理设施,8个试点镇开工建设,11个试点镇开展前期工作;20个试点镇纳入市(县)生活垃圾无害化处理场统一处理,拟建设32座垃圾中转站,建成16座,在建9座,前期7座。

【行业管理】 组织对城市供水厂、污水处理厂、垃圾焚烧厂运行考评,先后4次考评近110家企业,通报考评结果并要求限期整改。继续组织全省供水水质检测工、污水处理和化验工、垃圾焚烧厂废水、废气、固废处理工培训,累计培训约400人。在国内率先成立垃圾焚烧专业委员会,公布全省生活垃圾焚烧处理行业专家库名单,组织排水、供水等协会活动。利用"6·18"海峡绿色建筑与建筑节能博览会平台,组织有关企业组团参展,推介先进技术,加强沟通交流。评选表彰"十一五"全省城市污水垃圾处理工作先进集体50个和先进个人104位。污水垃圾行业管理工作得到住房和城乡建设部肯定,在住房城乡建设部和发展改革委12月19日在成都联合召开的全国城镇生活垃圾处理设施建设及运营经验交流会介绍了经验做法。

8. 建筑业与工程建设

【概况】 2011年,全省完成建筑行业产值4259.36

亿元，同比增长27.1%，其中总承包和专业承包企业完成建筑施工产值3692.62亿元，比增25.8%。实现全社会建筑业增加值1394.11亿元，比增13.3%（按不变价计），占全省GDP的8.0%。建筑业税收总收入155亿元，比增27.6%，占全省地方税收总收入15.26%，其中营业税94亿元，占全省营业税23.5%；企业所得税32亿元（不含国税部门征收的8.1亿元），占全省企业所得税20.5%。房屋建筑施工面积35674.45万平方米，比增25.6%；其中新开工面积16628.65万平方米，比增15.9%。新签工程施工合同额4342.30亿元，比增20.8%；施工合同额合计6943.42亿元，比增29.4%。

【建筑业改革与发展】 省住房和城乡建设厅出台《福建省建筑业"十二五"发展规划》，明确"十二五"期间建筑业发展目标和具体政策措施；11月在福州召开全省建筑业加快转变发展方式座谈会议，全省各地建筑业企业家、建设主管部门等近200位与会代表，对如何加快建筑业转变发展方式献计献策，探索研究建筑业调结构、转方式、促提升的方式方法，推动建筑业可持续健康发展。通报表彰中国建筑工程鲁班奖获奖单位、"十一五"期间建筑行业发展先进集体和优秀工作者，及福州市城乡建设委员会、厦门建设与管理局、泉州市住房和城乡建设局、龙岩市建设局和惠安县公用事业与建筑管理局5家2010年度建筑业发展目标管理责任状先进单位。打造建筑业企业品牌，会同省统计局评比公布2010年全省建筑业企业综合实力总承包三十强、装饰装修十强、专业承包二十强企业。省建筑业协会组织开展2010年度福建省建筑业先进企业、优秀经理和优秀项目经理评选活动，公布先进企业160家、优秀经理179人、优秀项目经理181人。省住房城乡建设厅与招商银行小企业信贷中心福州分中心签署战略合作协议，建筑业中小企业获招行50亿元意向性融资额度。

【建筑业企业结构调整】 2011年，总承包和专业承包企业资质中新增一级资质78家项、新增二级资质305家项，主项二级以上（含二级）企业数量占45.5%。3家特级企业资质就位均已进行考核并公示。截至年底，全省建筑业企业共3624家，其中总承包企业1375家，占37.9%；专业承包企业1346家，占37.1%；劳务分包企业576家，占15.9%；设计施工一体化企业327家，占9%。

【拓展省外建筑市场】 实施"走出去"发展战略，拓展省外境外建筑市场，成效显著。1月，福建省住房城乡建设厅与湖北省住房城乡建设厅签署建筑业合作框架协议，进一步深化两省建筑业的良好合作关系，构建双边协调、沟通机制，促进两省建筑业全面合作交流，共同维护建筑市场秩序。出省施工的企业达到762家，共完成省外产值1503.91亿元，比增26.0%；外向度40.1%。全省完成省外产值超过5亿元的企业79家，比上年增加21家，完成省外产值973.59亿元，占全省省外产值64.7%，其中完成省外产值30亿元以上的企业1家，10亿~20亿元的32家、20亿~30亿元的9家。6月省建筑业协会与台湾地区基础工程专业营造业同业公会签署闽台建筑基础工程业交流合作协议，加强两地建筑同行间交流与合作。11月省住房城乡建设厅与省外经贸厅召开对外承包工程业务培训，指导帮助企业拓展境外市场。全省具有对外工程承包资格企业36家，完成营业额5亿美元，新签合同35项，合同额4.9亿美元。

【发展"建筑之乡"】 惠安县、上杭县被中国建筑业协会授予"中国建筑之乡"称号。全省8个"建筑之乡"完成建筑业总产值946.91亿元，同比增长33.2%，占全省产值25.6%。

【重点骨干企业快速发展】 产值排名前列的222家企业（取有工作量企业数的10%）完成产值2570.39亿元，占全省产值69.6%；每家平均产值11.58亿元，较2010年增加1.92亿元。产值1亿元以上企业619家，增加135家，完成产值3233.45亿元，占全省产值87.6%。148家特、一级总承包企业完成产值2029.06亿元，比增36.0%，占54.9%。全省产值10亿元以上的企业有91家，比2010年增加24家，产值合计1889.82亿元，占全省产值51.2%，其中20亿至30亿元的企业22家，30亿至50亿元的企业10家，50亿元以上的企业4家（最高产值超过70亿元）。重点骨干企业在拓展省外市场也取得良好业绩，全省完成省外产值超过5亿元的企业79家，较2010年增加21家，完成省外产值973.59亿元，占全省省外产值64.7%。

【加强建筑市场监管】 强化企业资质动态监管，召开全省建筑业企业资质管理工作座谈会，组织开展2011年建筑业企业资质检查，按红、黄、绿三类实行差异化监管；公布272家限期整改企业名单，整改达到资质条件通过检查的62家，注销43家企业资质。开展工程造价咨询企业专项检查，通报32家造价咨询企业，其中15家责令限期整改。公布2011年度福建省工程造价咨询企业信用等级评价结果，6家AAA级、11家AA级。转发《全国建筑市场注册职业人员不良行为记录认定标准》（试行）和《关于进一步加强建筑市场监管工作意见的通知》。印发《福建省房屋建筑和市政基础设施工程施工合同备案管理暂行办法》，并着手建设施工合同备案管理信息系统，规范施工合同备案管理。

【落实完善招投标制度】 加强招投标监管，针对招投标投诉较为集中的问题，先后发出进一步规范施工招投标类似工程业绩和项目管理人员、招标文件与规范性文件规定不一致等通知，规范招投标行为。全省房建和市政工程施工招标项目2990项，中标价合计610亿元，较预算价下降9.75%；货物招标项目83项，中标价合计4.03亿元，较最高控制价下降9.28%。推行合理造价区间随机抽取中标人办法，2132个项目采用该办法，占施工招投标项目总数71%，基本没有投诉；推进预选施工承包商制度，修订出台市政公用工程施工总承包预选承包商名录评分办法，组织开展施工预选承包商名录评审。全省1271个项目实施预选承包商办法、1059个项目实施招标代理机构比选办法。强化招标文件备案审查，全省招标文件等备案4826项，纠正不合理条款679条，依法处理招投标投诉41起。推进招投标信息化工作，省管、福州、泉州、厦门、莆田等地已实施房建市政工程施工电子化招标投标。泉州、龙岩、厦门创新招投标制度，通过制度设计增加创优企业中标几率，增强企业创优积极性。

【"防欠""清欠"工作】 推行建筑劳务分包和工程担保制度，全省1202个新开工项目实施劳务分包；1410项项目实施业主工程款支付担保和承包商履行担保。利用建筑业管理信息系统，实施建筑业企业分包工程款和农民工工资支付情况动态监测，全年共妥善处理拖欠农民工工资投诉236起，涉及金额约1亿元；拖欠工程款投诉67起，涉及金额1.1亿元。元旦、春节"两节"前夕，重点布置建设领域预防和解决拖欠工程款和农民工工资工作，维护社会安全稳定；会同省人力资源和社会保障厅实施建设领域工资保证金制度，全省施工企业缴纳农民工工资担保金9.4亿元，全年共启用工资保证金298件，保证金金额7274万元。

【完善计价依据和计价办法】 省住房城乡建设厅会同省发展改革委、省财政厅，进一步调整建设工程人工预算单价，较2010年上调25%，有效缓解建筑市场人工工资上涨压力。编制颁布《加气混凝土砌块等72项补充定额》、《喷涂聚氨酯硬汽等41项补充定额》、《三轴水泥搅拌桩等33项补充定额》，并对《福建省建筑装饰装修工程消耗量定额》、砂垫层等173项定额消耗量进行调整。完成施工现场远程视频智能测控系统租赁费用测算，补充城市轨迹交通工程施工机械台班单价。

9. 村镇建设

【概况】 截至2011年底，全省共有593个建制镇，336个乡，14438个村庄（行政村），总人口2476.88万人，其中建制镇543.35万人，乡99.37万人，镇乡级特殊区域2.13万人，村庄1832.03万人，年末实有房屋建筑面积11.63亿平方米，人均住宅建筑面积37.26平方米，建制镇人均道路面积14.97平方米，人均公园绿地面积7.35平方米，用水普及率86.77%，燃气普及率77.63%。

【村镇规划编制】 有序推进村镇规划修编，发挥省级村镇规划事业费"以奖代补"资金的效用，调动各地规划编制积极性。组织开展全省村镇规划编制成果验收评比，对各地上报的446项村镇规划编制成果，其中镇（乡）99项，村庄347项，进行考核验收，共评审合格村镇规划编制成果400项，其中镇（乡）91项，村庄309项，合格率89.7%。

【农村住房建设】 制定《福建省农村村民住宅建设管理办法》，由省政府办公厅印发，用于规范和指导农民建房行为。与省国土资源厅联合下发《关于贯彻实施〈福建省农村村民住宅建设管理办法〉的通知》，简化村民住宅规划建设和用地审批手续，明确报批权限与程序，转变行政管理方式，提高办事效率和服务质量。推进农村危房改造试点工作，由省住房城乡建设厅与省发展改革委、省财政厅联合印发《福建省农村危房改造"十二五"专项规划》，晋江、永春、长汀、光泽4个危房改造试点县（市），共完成危房改造3134户，拆除旧房95万平方米，新建住房建筑面积约71万平方米。下发《关于开展全省城乡石结构房屋现状普查工作的通知》，对石结构房屋较集中的泉州、莆田市，深入开展调研，摸清全省城乡石结构房屋底数。

【村镇建设试点】 深化小城镇综合改革建设试点，福清市高山镇等20个镇被确定为第二批综合改革建设试点小城镇，继续实施小城镇战役。省政府召开全省小城镇建设试点工作第三次现场会和电视电话会议，部署推进试点建设，42个试点镇全部编制完成总体规划，基本编制完成主要专项规划和近期建设用地控制性详细规划，建成规划展示厅。继续做好村镇住宅小区建设试点，经过各地申报、逐级推荐、实地考察，并组织专家评审，闽侯县大湖乡东姚小区等16个小区被确定为第十三批省级村镇住宅小区建设试点，泰宁县朱口镇神后坑小区等20

个小区被授予第七批省级村镇住宅优秀小区称号。至此，全省累计确定 13 批 254 个省级村镇住宅小区建设试点，涌现出龙岩市新罗区龙门镇洋畲村等 8 批 69 个省级村镇住宅优秀小区。通过持续推进村镇住宅小区建设试点，引导农民转变建房观念，提高农民建房水平。推进乡镇绿化工作，2011 年全省共有 178 个乡镇达到绿化乡镇标准，绿色乡镇新增建成区绿化覆盖面积 2637 公顷，新增公园绿地面积 1033 公顷，绿色乡镇建成区绿化覆盖率达到 23.04％，人均公园绿地面积达到 8.87 平方米。继续推进农村新建住房和村镇住宅小区试点同步规划、设计和建设卫生户厕，全省建设系统完成农村改厕任务 3 万户。

10. 建筑节能与科技

【**举办第五届海峡绿色建筑与建筑节能博览会**】 举办第五届每峡绿色建筑与建筑节能博览会（简称"绿博会"），参展单位 156 家，其中境外机构和企业 48 家，展示项目 306 项，参观人数达 29 万人次，对接项目 206 项，总投资 29 亿元。期间组织专家评选出优秀参展单位 70 家，其中特等奖 14 家，一等奖 21 家，二等奖 35 家，并在展会现场举行颁奖活动和 15 项对接项目签约仪式，举办"第五届海峡两岸土木建筑学术研讨会"等 6 场论坛，场数历届最多，涉及内容最广。本届展会亮点多、特色鲜明，首次展示各地"十一五"建设领域节能减排成就，突出体现绿色建筑和生态城市新理念及福建特色项目，又紧贴行业发展需求和百姓生活，展示高层建筑逃生舱、工地智能监管、高压细水雾灭火技术、物联网应用、楼宇智慧节能等先进适用和绿色环保技术。

【**建筑节能工作**】 争取中央财政资金补助 1.49 亿元，为历年之最。2011 年做到早谋划、早部署、早运作，及时制定和出台《福建省可再生能源建筑应用"十二五"规划》、《福建省可再生能源建筑应用推广重点区域方案》和《福建省可再生能源建筑应用省级配套能力建设实施方案》，同时加大工作动员和指导力度，共组织"福建先行电力光伏屋顶"等 4 个光电建筑应用项目，泉州等可再生能源建筑应用示范市（县）上报，其中福建先行电力光伏屋顶、石狮服装城光伏发电项目被列入财政部、住房城乡建设部光电建筑应用示范，获得补助资金 3114 万元，泉州、连城以及厦门科技创新园区分别入选国家可再生能源建筑应用示范城市、县和片区，获得补助资金 1.18 亿元。开展国家、省级建筑节能示范项目实施情况检查。上半年组织对 2009 年度列入省级节能循环资金奖励的 24 个建筑节能项目进行检查指导，检查情况在全省通报。8 月，组织 4 个检查组分赴全省各地，对 2007 年以来中央立项的 18 个可再生能源建筑应用示范项目、7 个可再生能源建筑应用示范市（县）进行专项检查，实施情况全省通报，并上报住房城乡建设部、财政部。9 月，迎接住房城乡建设部、财政部全国检查组对福建省可再生能源建筑情况进行检查，检查组对福建省可再生能源建筑应用工作表示满意。结合福建省实际，出台《福建省公共建筑、城市照明节能改造合同能源管理暂行办法》，以指导和推进全省公共建筑、城市照明节能改造推广合同能源管理模式。部署和落实福建省民用建筑能耗和节能信息统计工作，工作进展和数据报送情况受到住房城乡建设部通报表扬，排名居全国第二。建筑节能工作受到住房城乡建设部通报表扬，认为"十一五"期间建筑节能目标明确，责任落实，政策完善，管理到位，工作比较突出。这是福建省自 2005 年开展全国性建筑节能检查以来，连续六年获得表扬。组织申报和推荐 2011 年省级节能和循环资金奖励项目，预计有 4 个项目列入立项计划。大力推进绿色建筑发展。承办全国绿色建筑工作交流会，圆满地完成了扩大提升交流和促进各地区绿色建筑共同发展的任务，通过与各省绿色建筑专家交流探讨，分享各类经验和信息资源，一定程度上促进全省绿色建筑的发展；开展绿色建筑星级评价，全省共有 6 个项目获得国家绿色建筑标识，其中三星级 1 项（厦门金帝·中洲滨海城），二星级 2 项（中烟技术中心、三木·家天下），一星级 3 项（厦门蓝湾国际、厦门湖里和福州金融街万达购物中心），正在筹备的评星项目 10 项；组织全省 40 名全国绿色建筑评价标识专家委员会委员参加住房城乡建设部在北京举办的绿色建筑评价标识专家培训会，通过学习，更加深入的理解和更为准确把握《绿色建筑评价标准》以及相关技术文件的要求。

【**建设科技工作**】 组织推荐和申报 2011 年度福建省科学技术奖 10 项，华夏建设科学技术奖 4 项，推荐和申报的项目已通过形式审查和公示环节。组织建设科技研究和工程应用示范。全省共组织建设行业科技研究开发项目近 30 项，涵盖施工技术、园林科学、信息化、建筑材料、建筑电气、建筑节能、工程经济等领域；开展建筑业 10 项新技术、市政公用科技和绿色施工技术应用示范，建立省级示范工程项目 26 项。开展科技项目验收和评审。全年共完成验收评审项目 26 项（科研开发 16 项、示范工程 2

项、标准图集8项），其中达到国际先进水平2项、国内领先20项、国内先进4项。另有"轻型钢混凝土结构技术研究"等2项科技成果通过住房城乡建设部验收，1项达到国际先进、1项为国内领先水平。争取省部级科技计划立项。先后组织省级工业科技、社会发展、创意产业以及重大项目申报推荐工作，其中"福建省农村生活污水防治技术体系及实用技术研究"列入省级重大项目立项计划，获得科研资助经费80万元，"建设从业人员综合服务平台关键技术研发与应用"和"龙岩地区高岭土尾矿和煤矸石的综合利用"列入重点项目立项计划，共获得科研资助经费20万元。全省另有"厦门生活垃圾分类处理厂工程"等5个项目列入2011年度住房城乡建设部科技计划项目。发挥技术中心作用，增强企业自主创新能力。对省建工集团总公司等5家施工企业省级技术中心进行考核，同时指导省二建、中建七局三公司和厦门源昌城建公司等施工企业建立技术中心，预计年底获批。加快新技术、新产品推广应用。结合第五届"绿博会"，发布2011年"海水利用技术"等建设科技成果推广项目166项；公布三批16项全省建筑节能材料和产品备案项目；出台支持福建省建设领域新技术和非节能类建材出省推广应用政策，服务福建省企业拓展省外市场；组织编制《福建省建筑"四节一环保"产品与技术推广目录》，受省经贸委委托，对2项建设口新技术、新产品进行审查和鉴定。加强技术指导。组织省建筑设计院、福州市规划设计院、福州大学土木工程学院等单位完成省内外农村生活污水处理技术调研，编制出台《福建省农村生活污水处理技术指南》；组织省城乡规划院编制完成《平潭水资源节约和综合利用导则》，指导平潭综合实验区用水项目规划、设计和建设。

【标准化工作】 福建省主编的《钢管混凝土拱桥技术规范》等5项工程建设标准列入2011年国家、行业标准立项计划，《大型塔式容器现场组装焊接工法》等16项工法通过住房城乡建设部审定，其中国家一、二级工法10部、升级版工法6部。地方标准体系进一步完善。组织审定《液化天然气（LNG）汽车加气站设计与施工规范》等工程建设地方标准12部，《太阳能集热器安装建筑构造》等标准设计图集4部；下达《住宅小区通信配套设施建设标准》等2011年标准制修订计划18部，《泡沫混凝土建筑构造》等标准设计图集3部；组织审定《带金属装饰网架的球体网壳结构施工工法》等省级施工工法30部；批准同意《碱回收锅炉安装施工工艺》等企业标准备案申请11项。配合省造价总站，对"加气混凝土砌块"等数十项建筑节能产品进行定额补充和调整。组织专家对《幼儿园建设标准》等国家标准征求意见稿进行研究讨论。加强标准、工法培训宣贯。组织省内专业技术骨干参加《高层建筑混凝土结构技术规程》、《混凝土结构设计规范》等国家标准宣贯。举办国家级工法编制培训交流会，组织省内施工企业工法编制骨干200余名参加学习，并邀请部领导来闽作专题讲座，促进了福建省工法编制水平的提升。

11. 建设教育

【组织实施厅干部队伍建设】 2011年，福建省住房城乡建设厅人事教育工作紧紧围绕厅中心工作，以提升队伍素质为目标，全面推进厅干部队伍和行业人才队伍建设。严格实施《党政干部选拔任用工作条例》，厅党组研究出台《厅干部选拔任用工作规定（试行）》（闽建党组〔2011〕51号），进一步规范干部选拔任用工作；配合省委组织部实施厅级干部（2人次）民主推荐和考察工作，完成选拔任用处级干部21人，科级干部19人；组织实施干部轮岗和挂职锻炼制度，机关及直属单位干部轮岗10人次，选派挂职和任职干部13人，接收安置军转干部4人，实施公开招聘直属单位专业技术人员2人。强化干部教育培训，共选派干部30人次到各级党校、行政学院和相关培训机构培训学习。

【推进全行业人才队伍建设】 认真组织实施专业技术职务任职资格评审制度，积极稳妥推进职称评审的改革，实行省土建高级工程师任职资格评审答辩机制，受理评审土建专业高级技术职务任职资格782人，进一步提升行业人才技术含量。受理评审土建专业中级技术职务任职资格60人。继续实施建设执业资格制度，组织全省15类24项专业执业资格考试87854人次，办理建设类执业注册87740多人。推进专业技术人员继续教育，组织各类培训500多班次，10万多人参加培训，核发各类证书74000多本，变更证书9200本，复审和延期证书26000本。实施人才就业工作，成功举办全省住房和城乡建设行业人才招聘大会，组织339家企事业单位到场招聘，提供6870多个土木工程、工程监理、工程造价、道路桥梁和机械设备等专业就业岗位，全省建设类大中专毕业生和各类人才9000人到场应聘，为搭建了毕业生就业、各类人才合理流动和用人单位供需服务平台。

【组织实施行业评先评优】 全省住房和城乡建

设系统受省、部级以上表彰的集体 22 个、个人 19 人,受行业系统表彰的集体 258 个、个人 395 人。其中厦门市建设与管理局荣获中央文明委授予 2009～2011 年度全国文明单位称号;厦门水务集团厦门营业厅、厦门市住房公积金管理中心、泉州市房地产交易与房屋权属登记发证处受理办证大厅 3 个单位荣获住房和城乡建设部、共青团中央授予 2008～2010 年度全国级青年文明号;福建省第五建筑工程有限公司承建的厦门地产大厦、福建四海建设有限公司承建的建发五缘湾营运中心写字楼、福建登凯成龙建设集团有限公司承建的登凯豪庭等 3 个项目荣获住房和城乡建设部表彰的 2010～2011 年度中国建设工程鲁班奖;泰宁国家级风景名胜区管委会、福建省住房和城乡建设厅风景园林办荣获福建省政府表彰泰宁申报世界自然遗产工作先进集体,泰宁国家级风景名胜区管委会江茂求同志、省住房城乡建设厅风景园林办许奇同志荣获福建省政府表彰的泰宁申报世界自然遗产工作先进个人;省建筑设计院戴一鸣同志荣获住房和城乡建设部授予全国工程勘察设计大师称号。

12. "十二五"规划编制情况

【概况】 根据《福建省人民政府关于做好福建省"十二五"规划研究编制工作的通知》(闽政文〔2009〕385 号)和《福建省人民政府办公厅转发省发展和改革委员会关于组织开展福建省"十二五"专项规划编制工作意见的通知》(闽政办〔2009〕192 号)精神,福建省住房城乡建设厅组织编制《福建省住房和城乡建设事业"十二五"发展规划纲要》(以下简称《规划纲要》)。《规划纲要》以《海峡西岸经济区发展规划》和《福建省国民经济和社会发展第十二个五年规划纲要》为指导,按照省委、省政府作出科学发展、跨越发展的战略部署,总结"十一五"期间全省住房和城乡建设事业取得的成绩和存在的主要问题,分析"十二五"期间全省住房和城乡建设事业发展面临的形势,阐述未来五年全省住房和城乡建设事业发展的总体思路、发展目标、重点任务和对策措施。《规划纲要》是统揽全省住房和城乡建设事业改革发展的全局性、综合性、战略性规划,是各级住房和城乡建设行政主管部门制定相关配套政策措施和编制年度计划的重要依据。

【总体思路】 "十二五"期间全省住房和城乡建设事业发展将围绕海峡西岸经济区建设的宏伟目标,全面实施《海峡西岸经济区发展规划》,加快推进新型城镇化进程,增强城镇基础设施保障功能,提高城乡规划编制和管理水平;建立健全住房保障制度,促进房地产市场平稳健康发展;进一步夯实建筑业的支柱产业地位,不断满足提高人民群众生活和改善人居环境质量的需要;深化住房和城乡建设事业的各项改革,加快体制创新和机制创新,促进科技进步,推进依法管理,构建和谐社会,实现福建省住房和城乡建设事业又快又好发展。将科学发展观的要求落实到住房城乡建设工作各个方面,立足行业实际,突出发展主题,遵循发展规律,破解发展难题,以加快经济发展方式转型为重点,促进城乡建设发展和城乡空间发展的转型,实现城乡建设、经济发展和社会进步的和谐统一。充分发挥城乡规划在城乡建设管理中的综合调控作用,统筹城市发展与新农村建设,加快小城镇综合改革建设步伐,推动城市基础设施向农村延伸、城市公共服务向农村覆盖、城市现代文明向农村辐射,促进区域良性互动、协调发展,提高发展的全面性、协调性和可持续性。坚持城乡建设与环境保护、生态建设的统一,更加注重生态文明、节能减排、低碳发展。加强资源节约和管理,加大建筑节能减排和环境保护力度,推进生态保护和防灾减灾体系建设,坚定不移地走资源节约型和环境友好型城镇化发展道路,提高可持续发展能力。把维护广大人民群众的根本利益作为住房城乡建设工作的出发点和落脚点,更加注重住房保障、环境整治和工程质量安全,促进民生改善、社会和谐。切实解决群众最关心、最直接、最现实的问题,让广大人民群众共享改革发展成果。将体制创新、理念创新、科技创新和管理创新贯穿于住房城乡建设事业各个环节,加快重要领域改革步伐,为住房和城乡建设事业科学发展、跨越发展、持续发展、创新发展提供强大动力和机制保障。

【发展目标】 根据《福建省国民经济和社会发展第十二个五规划纲要》:"坚持先试先行和深化改革、坚持经济结构战略性调整、坚持科技进步和创新引领、坚持优先保障和改善民生、坚持推进两型社会建设、坚持实施全方位大开放战略"的要求,福建省住房城乡建设事业总体目标是:加强区域合作,突出区域统筹协调发展,积极稳妥推进新型城镇化,基本形成"一带、两区、四轴、多点"城镇空间结构;坚持政府调控与市场调节相结合,构建以政府为主提供基本保障、以市场为主满足多层次需求的体制机制,实现广大群众"住有所居"目标;城市基础设施和公共服务设施更加配套完善,综合承载能力明显增强;建筑业、勘察设计咨询业、房地产业、市政公用事业发展机制更加完善,统一开放、竞争有序的市场体系日趋成熟;建设领域转方式、调结构取得重大进展,建设科技含量明显提高,建筑节能和城镇减排成效突出,住房和城乡建设事业持续健康发展的基础更加牢固。走新型城镇化道路,强力推进福州、厦漳泉两大都市区建设,大力发展福州、厦门、泉州三大省域中心城市和区域性中心城市,积极发展中小城市和小城镇,走以两大都市区为引领,以都市区和中心城市为核心,大中小城市和小城镇协调发展,2015年全省城镇化率达到64.5%。强化城乡规划在城乡建设管理中先导和统筹作用,加强重点区域城镇体系规划或总体规划编制,完成福州、漳州、宁德、龙岩、三明等城市总体规划编制和报批工作,2015年基本建立起统筹城乡的规划体系、实施体系、较为健全的城乡规划监管体系,全省各县市控规覆盖率超过80%。城市基础设施更加完善,城市保障功能更强,使城市市政公用设施水平与经济社会发展相适应,生态环境和人居环境进一步得到改善,2015年人均城市道路面积13.5平方米(城市14平方米,县城12平方米);建成污水处理厂193座,总日处理能力561万吨,新建污水管网4957千米,确保全省城镇污水处理率平均达到80%以上,市县污水处理率达到83%;新增再生水利用设施总规模日为25万吨,全省再生水利用率5%;规划新(扩)建城镇生活垃圾无害化处理设施35座,旧垃圾治理项目62项,餐厨垃圾处理设施17座,设市城市生活垃圾无害化处理率达到98%以上,市、县生活垃圾无害化处理率达到95%以上;加快城市燃气建设,全省燃气普及率提高至97.5%,90%以上县城使用天然气;全省市县自来水普及率达99%以上,持续推进自来水技改工程。推动城市轨道交通建设。规划期末,新增国家园林城市(县城)3个以上,省级园林城市(县城)5个以上;城市建成区绿地率、绿化覆盖率、人均公共绿地面积分别达到36%以上、40%以上、11平方米以上;县城建成区绿地率、绿化覆盖率、人均公共绿地面积分别达到30%以上、35%以上、8.5平方米以上。加快村镇规划编制,提高规划引导调控作用,强化规划实施监管;重点抓好小城镇综合改革建设试点,建设宜居城市综合体,引导带动全省小城镇加快发展,2015年建制镇人均道路面积16平方米,供水普及率90%,燃气普及率80%,绿化覆盖率20.5%,人均公园绿地面积6.5平方米;乡集镇人均道路面积14平方米,供水普及率88%,燃气普及率55%,绿化覆盖率21%,人均公园绿地面积6平方米。加快保障性安居工程建设,全面完成国家下达目标任务,加大保障性住房供应,不断满足住房困难家庭的基本住房需求,到"十二五"期末全省城镇保障性住房覆盖面达到20%左右。"十二五"期间全省房地产投资总额预计可达1万亿元,年均增长10%左右,商品房销售、竣工面积均达到1亿平方米,保持房地产投资和消费的稳步增长,逐步形成总量基本平衡、结构基本合理、房价与消费能力基本适应的住房供需格局。城镇居民人均住房建筑面积达到37.5平方米。建筑业综合实力持续增强,产业结构进一步优化,2015年全省建筑行业产值比2010年翻一番,力争7500亿元。建筑业增加值占全省GDP比例保持7%以上,产值利税率达到8%左右;培育2家年产值超百亿元的龙头企业,10家年产值50亿元以上的优势企业,一级及以上企业完成产值占60%以上。勘察设计单位完成工程施工图投资额年均增长15%以上;完成工程施工图建筑面积达到1亿平方米,行业年度营业收入年均增长15%;力争2~3家营业收入超5亿元;新增设计全行业甲级、勘察综合甲级4~6家。充分发挥海峡西岸经济区世界遗产、国家遗产、风景名胜资源优势,以优良的生态环境为基础,构建资源类型多样、布局合理、特色鲜明的全省风景名胜区与历史文化名城体系,2015年实现世界遗产2处以上、国家遗产达4处以上、国家级风景名胜区达18处以上、省级风景名胜区达36处以上,初步形成"两带、三圈、五区、五线、七心"的风景名胜区空间格局。大力发展建筑节能,加大可再生能源在城市、农村和建筑上规模化应用,推进绿色建筑星级评价,新建建筑按节能强制性标准设计、施工和验收,竣工验收阶段节能标准执行率达100%。资源节约有效推进,力争"十二五"末累计建成新建节能建筑2.0亿平方米,实现节约标准煤360万吨。初步形成科研、开发、生产、推广应用紧密结合的科技创新体系,以及标准、图集、工法等相配套的技术标准支撑体系。行业科技创新能力明显增强,劳动生产率明显提高。到2015年,全省完成住房城乡建设行业一线生产作业人员职业技能培训鉴定8万人左右。

【实施积极的城镇化发展战略,提高城镇化发展质量】 城镇化发展实施"集聚、转型、提升"总体方针,即实现全省城镇化重点向沿海地区集聚、倾斜,沿海地区向都市区集聚,山区向内陆中心城市、县城和中心镇集聚,促进全省城镇化"集聚"发展;实现转型发展,以经济增长方式转型为动力,以城镇空间转型为导向，以提升城镇化质量为主线，引导城镇发展由单个城市的孤立发展向构建都市区方向转型；实现提升发展，以提升城镇化质量为主线，推动城乡基础设施和公共服务设施均衡布局，完善区域和城乡服务功能，引导城镇从量的扩张向质的提升转变。城镇化实施都市地区、一般地区差异化推进策略，总体实现"有序极化、适度均衡"发展格局。

【提升住房保障能力，促进住有所居】 构建分层次住房供给保障体系，推进保障方式由廉租住房、经济适用房为主向公共租赁住房为主转变，逐步解决城镇中等偏下收入人群住房困难。进一步试行廉租住房可租可售，从永安等4个城市拓展试点覆盖面。完善房地产开发项目按比例配建保障性住房制度，年度出让的新增商品住宅建设用地，按照住宅建筑面积不低于10%的比例配建公共租赁住房；棚户区改造项目，扣除拆迁安置房后，按照不低于5%的比例配建公共租赁住房或者廉租住房。加强住房公积金管理体系建设，分类推进住房公积金制度扩面工作。逐步转变住房公积金管理模式，分离管理层和运营层，提高管理效率。严格住房公积金业务审批，加强资金流动性风险管理。完善住房保障政策与制度，优先安排建设用地，做到保障性住房用地应保尽保、优先供应。组织实施《福建省公共租赁住房建设导则》，推广使用公共租赁住房户型设计图集，提高公共租赁住房建设水平。完善保障性住房申请、审核、公示、轮候、复核、退出制度，健全社区、街道和住房保障部门三级审核公示制度，建立规范化的收入、财产和住房情况审查制度。完善保障性住房动态管理网络和工作机制，强化合同约束，加强使用过程监督。坚决查处弄虚作假、以权谋私等违法违规行为。

【促进房地产业平稳健康发展】 结合省情贯彻落实房地产调控政策，保持政策持续性、稳定性和灵活性，促进房地产投资、销售面积、竣工面积稳步增长，着力增加土地有效供应，优化住房供应结构，重点发展中低价位、中小套型普通商品住房，确立普通住房在住房建设中的基础和主体地位。合理引导住房需求。通过坚持正确的舆论导向，树立节约资源、适度梯次的消费观念；完善财税和金融政策，强化差别化住房信贷政策，发挥税收政策对住房消费和房地产收益的调节作用，建立引导居民住房适度消费的长效机制，鼓励居民自住和改善性住房需求，抑制投资投机性住房需求。加强房地产市场监测。加快个人住房信息系统建设，逐步完善房地产统计基础数据；完善全省房地产市场监测系统，加强市场监测分析，完善房地产信息发布制度，引导市场各主体理性投资与消费。转变产业发展方式。推进住宅产业化。发挥企业在推进住宅产业现代化中的主体作用，努力提高住宅建设的科技含量和住房质量，建设省地节能环保型住宅，组织创建国家康居示范工程和省级城市住宅建设示范小区，引导和鼓励企业开发一次性装修商品住宅，逐步提高一次性装修商品住宅供应比重，加快住宅产品的更新换代。促进城乡房地产均衡协调发展。按照推进城乡经济社会发展一体化的要求，探索村镇房地产开发建设与管理新体制，提高农民住房建设水平，逐步推行城乡一体的房屋登记制度。培育壮大县域房地产市场，大力推进试点小城镇房地产市场发展，积极开展试点和推进集体土地上房屋的流转。

【规范房地产市场秩序】 加强房地产市场监管。建立规范市场行为的长效机制，建立健全开发建设、商品房预售售、房屋租赁、房地产经纪服务、房屋登记等管理制度。严格执行商品住房"一房一价"、明码标价制度，强化商品房销售现场的日常巡查和实地检查，严格预售许可、预售方案、预售资金、预售商品房交付等环节的监管。积极推行存量房交易网上签约备案制度，加强对房地产中介机构和人员的管理；开展房屋租赁登记备案，规范发展住房租赁市场。规范国有土地上房屋征收。合理控制房屋征收规模，落实征收保障措施，进一步提高征收管理水平，逐步形成法规完善、制度健全、规模合理、程序合法、行为规范、监管到位的国有土地上房屋征收管理长效机制。严格执行强制征收规定，妥善处理征收信访，维护行业和谐稳定。规范发展物业管理。健全配套政策，完善住宅专项维修资金管理、物业服务收费等相关制度，规范业主大会和业主委员会活动，制定城市住宅小区物业服务规范，制订前期物业服务合同和物业服务合同示范文本，组织创建物业管理示范项目，规范物业服务行为，增强物业服务功能，提高物业服务整体水平。

【加强城市环境建设，打造宜居城市】 加快基础设施建设，进一步拉开城市框架，提升城市综合功能，加快建设环城路、进出城及连接机场、港口、火车站、高速公路的快速干道；加强沿海中心城市城际铁路、沿海大通道、绕城高速路等快捷交通主骨架工程的规划建设；完善城区道路路网结构，提高路网密度，打通断头路；推进福州、厦门、泉州等城市轨道交通建设，在轨道交通主要出入口都要力争配置大型停车设施；把城市公共停车场等停车配套设施建设摆上突出位置，加大公共停车场设施建设，推动地下停车场以及立体停车、机械式停车设施建设。继续推广污水垃圾处理产业化，围绕重点流域加快推进城市和县城污水处理设施建设，强化污水处理管网配套建设。加强污水处理厂污泥处理设施建设，推进污泥再利用，推广再生水利用，加大城市节水力度。加快推进生活垃圾无害化处理和环境治理项目建设。逐步建立健全生活垃圾分类收集制度，完善垃圾分类处理和综合利用的推进政策，开展餐厨垃圾处理。保障城市供水安全。合理利用水资源，实施开源与节流并举、节水优先原则，逐步建立集约化、规模经营的供水体系。落实国家新生活饮用水卫生标准，积极推进水厂工艺改造、管网更新和水质检测能力提升，改善和提升城市供水水质。推进天然气设施建设。

【加快推进小城镇综合改革建设试点】 开展详细规划和城市设计，重视项目建筑设计，提高项目设计水平，确保建设项目上档次、高质量。推进项目建设，新增试点镇要按规划要求尽快生成、推进、建成一批重大项目，完善道路交通、给水排水、燃气、环卫等市政公用基础设施和房屋建筑，提高试点镇综合承载能力。加强环境景观综合整治，各试点镇要对影响城镇景观沿街建筑进行立面改造、平屋顶"平改坡"改造，完善路面及人行道铺装，推进主要街道架空缆线下地，拆围透绿增加绿量，完成创建绿色乡镇任务。对规划区内的所有建设项目实施全程监管，规划区内一律停止办理零星个人建房审批。推进村镇规划建设管理，加快村镇规划修编，继续实施村镇规划"以奖代补"政策措施，组织开展村镇规划编制成果评审验收，支持各地加快村镇规划编制和修编。"十二五"期间，力争完成全省乡镇、村庄规划修编任务。继续开展家园清洁行动，加强农村环卫队伍和设施建设，健全完善长效管理机制，"十二五"期间实现家园清洁行动覆盖所有乡镇、建制村。逐步推进农村生活污水处理，建设一批污水处理设施，改善农村水环境质量。严格按照《福建省绿色乡镇标准》开展"绿色乡镇"创建活动，到2012年全省创建绿色乡镇300个。通过"绿色乡镇"创建活动，带动乡镇不断提高绿化水平，到2012年全省乡镇所在地绿化覆盖率提高到18%以上，人均公园绿地面积提高到5平方米以上。加强农村住房建设与危房改造，出台实施《福建省农村村民住房建设管理办法》。"十二五"期间计划每年完成2万户危房改造任务，五年共完成10万户危房改造，逐步解决农村群众住房安全问题。

【推动建筑业转型升级，巩固支柱产业地位】 加快建筑业结构调整，按扶优扶强、做专做精、提高产业集中度原则，支持企业晋升资质等级、调增资质范围，严格控制新设立房建、市政工程总承包企业，鼓励发展铁路、公路、水利等施工总承包企业，扶持发展特色专业承包、施工设计一体化和劳务分包企业，加快形成钢结构、隧道、园林古建筑、建筑幕墙、防腐保温、装饰装修等产业集群。吸引央企、省外优秀建筑企业落户本省，支持有实力企业"走出去"参与国际市场竞争。培育发展大企业、大集团，支持企业向房地产业、建材业等关联度较高的产业链延伸，拓宽经营范围。引导工程招标代理机构向政府采购、拍卖和其他领域招标业务发展。工程造价咨询企业为建筑市场提供全方位的、全过程的工程造价咨询服务。引导企业优化所有制结构，探索管理、技术、资本等要素共同参与分配的多种收益方式，进一步激发企业活力。发挥勘察设计工程建设先导作用，提高勘察设计行业地位作用。着力培育一批勘察设计大师、有突出贡献的中青年专家。基本完成工程勘察设计单位改制为科技型企业，引导勘察设计企业探索发展模式转型升级，鼓励和培育有条件的骨干企业向总承包、全过程化模式发展，中小型企业向专业化、特色化模式发展。推进三维设计应用，骨干设计企业率先建立协同设计、三维设计的设计集成系统，骨干勘察企业率先建立三维地层信息系统，强化市场服务能力，塑造优势品牌，提高市场竞争力。提升工程咨询业水平，推进工程造价制度改革。健全工程质量与安全生产保障体系，深入贯彻落实国务院《关于进一步加强企业安全生产工作的通知》以及住房城乡建设部、省政府、省住房城乡建设厅有关实施意见，落实安全生产企业主体、部门监管、属地管理"三个责任"，加大安全防范、安全监管、事故责任追究"三个工作力度"，健全和完善工程质量、安全生产责任体系和各项管理制度。强化施工合同备案管理和履约监管，加强重点部位和薄弱环节监管，健全隐患分级监控治理、重大隐患政府挂牌督办、跟踪督促整改落实等制度，对发现的安全隐患督促指导企业按照责任、措施、资金、时限和预案"五到位"的要求，及时整改到位，确保建筑安全生产。建立建筑市场监管长效机制，规范各方主体市场行为。

【推进节能减排，建设低碳生态文明社会】 推进建筑节能与绿色建筑示范建设,支持具有适合南方气候特点的建筑节能、城市照明、既有建筑节能改造、绿色建筑等各类示范工程。推广可再生能源建筑一体化应用,推动以太阳能、空气能、浅层地能为主的可再生能源建筑规模化应用。继续申报国家可再生能源示范城市、示范县和省示范项目,引导学校等公共建筑应用可再生能源。加快以公共建筑为重点的既有建筑节能改造。推广建筑围护结构隔热和屋顶绿化技术,建筑空调、照明、电梯等用能系统节电及其智能控制技术等。构建具有福建特色的节能与绿色标准体系,节能减排公共技术创新平台。强化低碳生态城市试点示范建设,继续推进厦门建设"低碳"城市目标,支持平潭建设"低碳科技示范区",逐步扩大试点范围。发展城市轨道交通和绿色慢行交通,推进福州、厦门、泉州三大中心城市轨道交通系统建设,建成福州地铁一号线,加快推进二号线建设,启动建设厦门—漳州、泉州城市轨道交通系统。形成9个设区市环线城际轨道交通基本框架,提高其轨道交通辐射覆盖能力。

【**完善建设科技创新体系,加强人才队伍建设**】 通过市场竞争机制促进市场主体技术创新,提高企业以技术创新能力为主要内容的核心竞争力。加强技术创新与科研院校有机结合,强化基础性、前沿性技术和共性技术研究平台建设。重点引导和支持创新要素向企业集聚,建立以企业为主体、市场为导向、产学研相结合的技术创新体系。增强共性、核心技术突破能力,促进建设科技成果向现实生产力转化。加强对重要技术标准的研究和编制力度,促进新技术、新工艺、新材料、新产品在工程建设领域的推广应用。围绕培养高级管理人才、高技能人才"两个重点"和培养管理层、技术管理和操作层等"三支队伍",形成人才梯次结构。力争"十二五"末,全省住房城乡建设专业技术人才达35.3万人,高级职称1.5万人,建设执业资格通过人数17.24万人,执业资格注册人员13.61万人。

【**加强行业法治与廉政建设工作,保障可持续发展**】 健全法规规章体系,力争完成《福建省实施〈城乡规划法〉办法》、《福建省风景名胜区条例》、《福建省实施<国有土地上房屋征收与补偿条例>办法》、《福建省建设工程抗震条例》、《福建省城市供水管理办法》等法规规章立法任务,及《福建省城市房屋产权登记条例》、《福建省城市市容和环境卫生管理办法》、《福建省城建监察条例》、《福建省燃气管理条例》等地方性法规修订。推进党风廉政建设,建立党员领导干部廉政档案,加强监督管理;严格执行行政问责、述职述廉、诚勉谈话、廉政承诺、廉政风险防范、行政执法责任、经济责任审计等制度,建立健全惩治和预防腐败体系;推进政风行风转变,以推进机关职能、提高效率、改进作风为重点,着力解决房屋拆迁不文明现象等社会反映的热点难点问题。

(福建省住房和城乡建设厅)

江 西 省

1. 综述

2011年,江西省住房城乡建设系统深入贯彻落实科学发展观,贯彻落实省委、省政府的工作部署,以鄱阳湖生态经济区建设为龙头,以推进城镇化建设为主线,以保障性安居工程为重点,全力推进全省住房城乡建设事业更好更快发展,为全省科学发展、进位赶超、绿色崛起和建设富裕和谐秀美江西作出积极贡献。

【**城镇化水平保持快速增长**】 全省城镇化平均增速为1.64%,新余、吉安、上饶、抚州突破2个百分点,设区市中心城区新增城镇人口30万。市县城区城市建设投入突破4000亿元,创历史新高,市县中心城区框架进一步拉开,规模进一步做大,功能更加完善。

【**完善城乡规划体系**】 住房城乡建设部专家组审议并原则通过《江西省城镇体系规划》纲要。各地基本完成全省新一轮城市总体规划修编,11个设区市中心城区近期建设规划(2011～2015年)通过审查备案。积极推动控制性详细规划编制,设区市近期建设用地控规覆盖率达90%以上,县城达65%以上。编制完成1237个乡镇总体规划,1.5万个行政村村庄建设规划，覆盖率分别达94%和87.5%。

【加强城乡绿化和环境建设】 城市绿地率、绿化覆盖率、人均公园绿地面积等指标大幅增长，均列中部地区第1位。其中设市城市建成区绿化覆盖率46.62%，绿地率43.2%，均在全国排第1位。编制完成《江西省县（市）排水管网建设规划》和《江西省城镇生活垃圾无害化处理设施建设"十二五"规划》，建立城市生活垃圾处理联席会议制度。启动乡镇污水处理设施建设。南昌、宜春、上栗、余干列为可再生能源建筑应用示范城市（县），获补助资金1.96亿元，列全国第二；6个项目列为太阳能光电建筑应用一体化示范工程，获补助资金8030万元，列全国第五。8个项目获江西人居环境范例奖，4个镇、17个村入选国家历史文化名镇名村，8个镇、村入选全国特色景观旅游名镇（村），17个镇、村入选省级历史文化名镇名村。

【扎实推进示范镇建设】 全省28个示范镇总体规划、控制性详细规划已全部完成编制。以规划为先导，以基础设施建设为重点，各示范镇新开工及续建基础设施和公共服务设施项目300多个，进一步拓展镇区发展框架，增强城镇承载能力和辐射能力。组织示范镇党政主要负责人集中培训，并赴浙江、广东开展产业招商。28个示范镇新开工产业招商项目就有120多个，实现生产值和财政收入同比增长50%左右，促进产业、人口集聚。

【加大保障性安居工程推进力度】 江西省政府将保障性安居工程建设纳入市县政府目标管理考核评价体系，连续五年省、设区市、县（市）政府逐级签订目标责任书。各地积极开展专项督查，宜春、上饶、赣州等市政府，对工程进度落后的地方启动问责约谈机制。举办保障性安居工程市县长培训班，帮助新任政府分管领导掌握政策，熟悉业务。学习借鉴重庆、吉林等省市先进经验，探索保障性安居工程建设管理新机制，经省政府同意，省住房和城乡建设厅出台《关于加快推进廉租住房、公共租赁住房、经济适用住房"三房合一"的指导意见》。

【落实支持保障性住房建设政策】 下达设区市保障性住房用地7628亩，中央补助59亿元，省财政安排14.5亿元，从土地出让收益预算安排26亿元，住房公积金增值净收益安排1.5亿元，地方债券中安排30亿元用于保障性安居工程建设。下达住房保障工作奖励资金5000万元和棚户区改造奖励资金。各地按照规定，对保障性安居工程建设一律免收各项行政事业性收费和政府性基金。2008以来，全省减免税费资金总额近30亿元。

【加强保障性住房工程质量监管】 10月11日，国务院副总理李克强在国务院加强保障性安居工程质量和分配管理工作座谈会上肯定江西省保障性住房工程质量分户验收、设立工程质量责任永久性标示牌、推行工程质量安全远程视频监控等"三个百分之百"的质量安全管理，以及"三级审核、三榜公示"，"公开摇号、公开销售（配租）、电视直播、全程公证"的分配管理做法。

【加强工程质量监督管理】 省政府专门组织评选并表彰全省首届"十佳建筑"，社会各界广泛支持积极参与，在全国引起巨大反响。贯彻质量兴省战略，树立精品工程意识，推动新竣工工程永久性责任标牌设置工作。评定全省优质建设工程杜鹃花奖39项，省优良工程奖150项，省安全文明样板工地120个。加强建筑业科技创新与推广。全省13项工法被审定为国家级工法，其中3项为国家一级工法，10项为国家二级工法。

【深入开展"安全生产年"活动】 加强对重点工程、高层建筑和保障性住房施工安全的监管，全省建筑安全生产形势整体稳定，并呈现向好发展态势。建筑生产安全事故起数和死亡人数比上年同期有所下降。全省共上报建筑安全生产事故7起，其中较大安全事故2起，安全生产形势总体平稳。

【深入开展工程建设领域突出问题的专项整治】 严厉打击建筑领域特别是招投标活动中的违法违规行为。完善招投标法规制度，加大监管力度，推进电子化招投标，全省建设工程招投标率进一步提高。加强工程造价监管，在全省推行工程量清单和招标控制价、招标文件计价条款、施工合同计价条款和工程竣工结算备案"四项审查"，实行工程造价信息全省统一审批、统一发布，规范工程造价咨询市场。

【加强房地产市场宏观调控】 南昌市出台住房限购政策；制定出台《江西省商品房屋租赁管理实施办法》，规范房屋租赁管理工作。全省各级政府和房地产行政主管部门认真落实国家房地产市场宏观调控政策，合理确定2011年新建住房价格控制目标。根据要求，全省22个市县全部在规定时间内公布2011年新建住房价格控制目标。

【加快建立个人住房信息系统】 全省80个市、县建成和使用新建商品房网上备案子系统，并与省房地产市场信息监测系统互联互通。全面加强商品房销售管理，完善房地产开发销售信息公示制度。严肃查处违法违规行为并曝光，依法注销422家房地产开发企业资质。建立全省房地产市场情况分析联席会议制度和月报制度。全省房地产市场总体平稳。

【建立风景名胜区规划体系】 审查通过《江西省风景名胜区体系规划》和6个省级风景名胜区总体规划。12个国家级风景名胜区总规全部上报国务院审批,23个省级风景名胜区总规完成报批程序。完成30多项风景名胜区控制性详细规划,国家级风景名胜区近期建设区和重点控制区控规覆盖率达60%。

【促进风景名胜区品牌提升】 井冈山自然遗产价值论证和遗产地保护管理规划等基础工作取得阶段性成果。神农源、瑞金、大茅山申报国家级风景名胜区已通过部委考察,大余梅关—丫山、上栗杨岐山、龙南小武当等积极申报国家级风景名胜区;共青城富华山、抚州梦湖、龙南安吉山、横峰葛仙山等景区申报省级风景名胜区。

【加强风景名胜区保护监管】 完成庐山、三清山、龙虎山和龟峰等世界遗产地定期报告,江西省为定期报告材料一次性通过审核的省份。开展龙虎山、龟峰、仙女湖、梅岭—滕王阁等风景名胜区遥感监测图斑变化实地核查。加强风景名胜区资源保护和规划建设事项核实制度,有效遏制景区违法违规建设行为。

2. 法制建设

【积极推进法规制度建设】 集中力量开展《江西省物业管理条例(修订草案)》和《江西省井冈山风景名胜区条例》两个地方性法规的立法工作,并出台《江西省建设用地规划条件管理办法》、《江西省城乡规划公示办法》、《江西省商品房屋租赁管理实施办法》等规范性文件。

【法规清理工作】 江西省住房和城乡建设厅对住房城乡建设领域现有的地方性法规、规章有关行政强制的规定开展专项清理。经过认真审查、逐条对照、慎重研究,对10件地方性法规和7件政府规章进行清理。完成省政府及省政府办公厅关于住房和城乡建设行业的规范性文件部分清理工作。

【全面启动"六五"普法工作】 2011年是"五五"普法规划的验收年和"六五"普法规划的启动年。认真制订"五五"普法检查验收方案,对有关设区市进行检查验收。抚州市城管执法局和景德镇市建设局被评为全国住房城乡建设系统"五五"普法先进单位。制定《关于在全省住房城乡建设系统开展法制宣传教育的第六个五年规划(2011~2015年)》,做好"六五"普法的各项工作。积极开展法律法规知识宣传培训,重点对《国有土地上房屋征收与补偿条例》等法律法规进行宣贯培训。将普法活动与建设领域专项治理、行政执法、行政许可等紧密结合起来,以"六五"普法带动依法行政工作的全面推进。

【提高行政许可效能】 根据省政府关于精简非行政许可项目的工作部署,完成非行政许可项目的清理工作,行政审批事项精简为16项,非行政许可项目精简为10项。实行"一个中心对外、一个窗口受理、一次性告知、一条龙服务、一站式办理、一次性收费"的"六个一"服务方式。江西省住房和城乡建设厅成为省直机关中行政许可审批时间最短的部门之一,被省政府评为全省行政许可工作先进单位。

【提升行政执法水平】 全面推进执法体系建设。完善稽查执法工作机制。加强案件稽查执法。全年共接待群众来人来访180多人次,受理上级转办和群众投诉举报案件共36件,核实回复率达到100%。全年开展规划、招标投标、勘察设计、房地产、工程质量安全等各类执法检查628次,项目25658个,责令限期整改并依法处罚违法违规行为4256起。

【做好行政复议工作】 按照《行政复议法》和《行政复议实施条例》的规定,江西省住房和城乡建设厅积极宣传行政复议法律法规,依法受理行政复议案件,全年共受理行政复议案件5件次。按照调解优先、和谐为重的原则,依法依规做出行政复议决定,维护行政复议当事人的正当、合法权益。

3. 建筑业与工程建设

【概况】 2011年,全省全社会建筑业增加值980.35亿元,占全省生产总值的8.5%。2011年全省有资质的建筑业企业完成建筑业总产值2077.56亿元,比上年增长22.9%;按建筑业总产值计算的劳动生产率22.92万元/人,比上年增长22.1%。企业在省外完成的建筑业总产值521.72亿元,比上年增长12.3%,全省建筑业企业施工面积达15163.85万平方米,比上年增长10.9%,其中房屋竣工面积7210.64万平方米,比上年增长11.1%,房屋建筑面积竣工率达47.6%。2011年底,全省共有各类建筑业企业3429家。按资质序列分:施工总承包1870家(特级1家,一级135家,二级632家,三级1102家)占54%;专业承包企业1290家(一级74家、二级245家,三级934家,无等级37家),占38%;劳务分包企业269家,占8%。

【"龙头引领"推出建筑业50强】 江西省住房和城乡建设厅提出扶持全省建筑业50强发展的思

路,在业内引起强烈反响。组织召开全省建筑业50强暨"走出去"战略发展座谈会,鼓励企业在改革中求发展,做大做强。组成三个代表团共40余名建筑业企业负责人,分赴江苏、浙江、上海等建筑业强省(市)学习企业发展经验。为全省龙头建筑业发展提供强大的动力和广阔的发展空间。

【开展江西首届"十佳建筑"评选】 为充分展示江西建设鄱阳湖生态经济区,推进城镇化和城市建设的辉煌成就,组织开展"第一届江西省十佳建筑"评选工作。此次评选活动得到省委、省政府的高度重视。获选的十佳建筑分别是井冈山革命博物馆新馆、抚州文化园汤显祖大剧院、江西艺术中心大剧院、吉安文化艺术中心、萍乡市安源影视城、赣州市博物馆·城展馆、中国井冈山干部学院、九江市中医医院(南院)一期工程、江西省高技术产业发展中心二期孵化大楼和三清映月雕塑。

【推动企业工程创优、科技进步】 全省广大建设系统职工深入贯彻质量兴省战略,以创"鲁班奖"工程活动为引领,鼓励建筑业企业创精品工程,2010~2011年全省共有5项工程荣获鲁班奖。组织省内一、二级企业召开"建筑业10项新技术(2010)"宣贯会。开展省级建筑业新技术应用示范工程申报工作,在全省建筑业企业中引起科技创新的热潮。经审查,同意15项工程为2011年度第一批创建"省级建筑业新技术应用示范工程"项目。分四批进行省级工法评审,批准23项工法为省级建设工法。经住房和城乡建设部评审,共有13项工法被审定为国家级工法。

【强化建筑业行业管理】 推动新竣工工程永久性责任标牌设置,强化承建人责任意识。起草加快江西省建筑业改革发展的意见,并召开建筑业企业座谈会征求意见,形成文件报省政府。研究建立全省统一的建筑市场监管信息系统,并提出初步方案。认真开展全省建设工程质量安全及建筑市场监督执法检查。成立以分管厅领导为组长的全省建设工程质量安全及建筑市场执法督查领导小组。组织五个检查组分赴全省11个设区市,抽查保障性住房为主的工程项目47个,共下发整改通知书27份,执法建议书7份。认真履行厅专项治理办工作职责。以"推进工程建设领域项目信息公开和诚信体系建设进展"工作为重点,切实做好专项治理工作。制订工作方案,成立推进工程建设领域项目信息公开和诚信体系建设工作领导小组,制订信息公开目录,并按照"分三步走"的步骤有序实施信息公开工作。

【做好清欠工作,维护农民工权益】 认真做好建设领域清理拖欠工程款和农民工工资工作,对于建设领域拖欠农民工工资问题信访案件,做到事事有着落,件件有回音。全年共受理拖欠工程款和农民工工资案件30件,接待民工311余人,已解决拖欠工程款356万元,农民工工资235万元。

4. 城乡规划

【概况】 2011年,全省11个设区市均成立城市规划委员会,由市委书记或市长亲自担任主任,具体研究解决城市规划发展和建设的重大问题。各地普遍实行城市规划专家技术审查制度,对事关城市规划、建设和发展的重大问题,注意广泛听取专家和社会各界的意见,科学决策、民主决策的意识进一步加强。南昌、景德镇、鹰潭、萍乡、上饶、新余、抚州、井冈山、贵溪、乐平、德兴11个市设立一级规划局,赣州、宜春、吉安、九江、丰城、樟树、高安、瑞金、南康9个市设立一级规划建设局,九江、瑞昌2个市设立二级规划局,吉安设立规划管理处、宜春市设立规划管理办,寻乌、修水、武宁、都昌、德安、上饶县、玉山、广丰、鄱阳、婺源、万年、余干、横峰、铅山、弋阳、奉新等16个县设立规划局,南昌县、新建、进贤、安义、湖口、上栗、全南、定南、于都、吉安县、新干、吉水、永丰、泰和、上高等15个县设立规划建设局,全省城乡规划管理人员超过千人。全省现有南昌、景德镇、赣州市3个国家历史文化名城,吉安、井冈山、瑞金、九江市4个省级历史文化名城。

【全力以赴做好全省推进城镇化工作】 组织考核,推优评先,省政府授予上饶、新余2个设区市,南昌县、修水县、莲花县、黎川县、丰城市、赣县6个县为2010年度推进新型城镇化和城市建设先进单位。加大宣传力度,展现各地城镇化发展风采。6月29日,在《江西日报》上专栏刊登《坚定不移推进城镇化、赣鄱城乡面貌大变化》。组织编印《宜居城市、美好家园》——江西推进城镇化和城市建设掠影宣传画册;编写《江西省城镇化发展实现历史性突破》形成专报上报省委省政府。7月和12月分别组织开展2次推进城镇化和城市建设工作现场督查,采取分片交叉督查形式,取得良好成效。9月28日、11月24日组织召开城镇化思路对策研究座谈会,就进一步推进全省城镇化和城市建设工作,加强城镇化思路对策进行研究。

【完成全省城市总体规划修编工作】 全省城市总体规划修编的任务列入省长的《政府工作报告》。积极做好城市总体规划的论证和审查工作。完成铜鼓、奉新、会昌、进贤、新建、崇仁、余干等县城总体规划纲要论证以及丰城、高安、铜鼓、龙南、南丰等城市总体规划成果评审工作。全力做好城市总体规划的审查报批工作。完成对九江、德兴、丰城、乐平、高安上报省政府审批的5个城市总体规划以及南昌市历史文化名城保护规划规划的审查。省政府批复新余、景德镇、九江、南康、樟树、德兴等6个城市总体规划。全省新一轮城市总体规划修编工作基本完成。11个设区市已全部完成新一轮城市总体规划修编和报批工作；10个县市（共青城除外）和70个县城市总体规划编制工作基本完成。

【强化城乡规划管理制度建设】 制定出台《江西省建设用地规划条件管理办法（试行）》、《江西省城乡规划备案办法》、《江西省城乡规划公开公示办法（试行）》、《江西省建设工程竣工规划核实管理规定（试行）》4个规范性文件。维护城乡规划的权威性和严肃性，提高规划主管部门的依法行政水平，增强规划的公开性、透明性和公众参与性，切实完善城乡规划制度建设。

【推进省域城镇体系规划编制工作】 完成《江西省城镇体系规划》纲要征求意见工作，分别征求31个省直有关单位领导、11个设区市政府的意见。住房和城乡建设部组织召开《江西省城镇体系规划》纲要技术审查会，完成《江西省城镇体系规划》纲要技术审查工作。

【开展容积率专项治理活动】 继续以房地产开发中违规变更规划、调整容积率问题专项治理工作为抓手，加大对城乡规划违规违法项目的查处力度。进一步开展容积率专项治理违规案件复查工作。省住房和城乡建设厅组成联合调查组多次深入有关县（市、区），对投诉举报的项目进行现场调查核实。加大对各地违规项目查处行为监督力度，要求各设区市将违规项目存在的问题和处理情况上报省专项治理工作领导小组办公室。

【开展全省优秀近现代建筑评定和保护工作】 省住房和城乡建设厅会同省文化厅在全省组织开展评定和保护优秀近现代建筑工作。3月，省政府办公厅转发《省住房和城乡建设厅、省文化厅开展江西省优秀近现代建筑普查和评定工作的通知》，全省各地申报优秀近现代建筑共计520处。

【加强控制性详细规划和近期建设规划备案】 11个设区市经批准控制性详细规划的备案登记工作已全部完成，全省城市控制性详细规划编制率有新的提高。设区市近期规划建设用地控制性详细规划覆盖率全部达到90%以上，其中赣州、宜春、萍乡、新余等市实现全覆盖，县城覆盖率超过65%。加强近期建设规划审查备案工作。认真组织各市县编制《"十二五"城市近期建设规划》，组织完成全省11个设区市中心城区近期建设规划的评审工作和备案审查工作，有效保证"十二五"推进城镇化和经济社会发展目标及各项重大建设项目及时落实。

【开展重大建设项目规划选址工作】 配合重大产业项目招商引资，完成皖赣铁路（江西段）电气化改造工程等23个重大项目的选址专家咨询论证工作，核发国家和省政府确定的重大建设项目选址意见书21份。

5. 勘察设计与建筑节能

【概况】 江西省工程勘察设计单位共380家，其中甲级企业77家；从业人员26919人，其中技术人员19265人（高级职称人员4921人，中级职称人员7948人，初级职称人员5736人）；注册执业人员3508人，其中注册建筑师668人（一级233人，二级435人），注册结构工程师573人（一级386人，二级187人），注册土木工程师（岩土）131人，其他注册工程师2136人。2011年全省勘察设计企业完成勘察设计合同额433029万元，其中，工程勘察合同额77500万元，比上一年度增长4.19%；完成工程设计合同额261683万元，比上一年度增长14.84%；完成工程技术管理服务合同额93846万元，比上一年度增长38.9%。2011年，江西省建设科技取得较好的成绩。为满足建筑市场需要，依据《推广应用新技术管理实施细则（试行）》，积极组织技术成熟、可靠的建筑节能新产品、新技术在全省推广应用，收到明显的节能效果，共推广19项节能新技术、新产品，内容涵盖防水材料、墙体材料、节能环保材料等多方面。《建设科技》杂志也成功发行4期，为广大建设企业搭建一个交流平台，取得良好社会效应。

【规范勘察设计市场】 省住房和城乡建设厅组织专家对各设区市进行房屋建筑工程勘察设计质量及外省进赣勘察设计单位的市场检查，进一步规范江西省勘察设计市场，提高工程建设管理和服务水平；进一步提高勘察设计质量，积极做好施工图设计文件审查备案工作，全年共完成70个单位工程的施工图设计文件审查备案工作，严把施工图设计审查质量关，对不符合规范要求的设计文件及时提出整改意见，并督促其整改后予以备案，提高为企业服务的意识。

【开展设计质量评优工作】 激励勘察设计行业健康发展。鼓励勘察设计企业树立精品意识，开展并完成第十四次全省勘察设计"四优"评选活动。各勘察设计企业积极参与设计评优，共有209个项目获奖，其中优秀工程勘察34项；优秀工程设计167项；优秀工程建设标准设计3项；优秀工程勘察设计计算机软件5项。

【积极参与资源节约型、环境友好型社会建设】 省住房和城乡建设厅参与由省人民政府联合国家相关部委主办的第二届世界低碳与生态经济大会暨技术博览会，按照江西省建筑节能发展最需要的技术力量，选择太阳能光电、太阳能光热、水源热泵、地源热泵能、岩棉保温材料等国内知名企业前来参展，为全省建筑节能事业的发展搭建舞台，推动全省绿色建筑与建筑节能相关产业的发展。

【全国无障碍建设城市创建工作取得成效】 南昌市、九江市列入"创建全国无障碍建设城市"计划，通过国家住房和城乡建设部、民政部、残联、老龄委四家单位组成的"创建全国无障碍建设城市"检查验收。2011年底，南昌市、九江市荣获"十一五"全国无障碍建设先进城市。

【积极推进太阳能光电建筑应用】 江西省共组织申报国家太阳能光电建筑一体化示范项目15项，其中获批6项，总装机容量达7.5兆瓦，组织国家可再生能源建筑应用示范城市（县）的申报，南昌市和宜春市获批为示范城市，余干县和上栗县获批为示范县，江西财经大学获批为节约型示范校园，并获得国家相应财政补助，为全省可再生能源建筑的应用奠定经济基础，使省建筑节能技术实现多层次、全方位的发展。为加快绿色建筑发展，建立相关管理机构和专家委员会，并下发文件正式在全省开展一、二星级绿色建筑评价标识工作。

6. 村镇建设

【概况】 2011年，全省乡镇域总面积15.89万平方公里，建成区面积147481万公顷，村庄用地面积483572万公顷。有建制镇676个，乡605个，农场35个（不含城关镇和纳入城市统计范围的乡镇），行政村16834个，自然村162469个。全省村镇总人口3740万人，其中小城镇镇区人口744.95万人，村庄人口2995.13万人。全省已建立镇（乡）级村镇规划建设管理机构1265个，配备工作人员5149人，其中专职人员2567人。2011年，全省村镇建设总投资302亿元，农民建房171331户，村镇住宅竣工建筑面积2756万平方米，人均住宅建筑面积37.64平方米。同时，村镇公用设施逐步完善，共有618个建制镇、484个集镇、29个农场建有集中供水设施，日供水195.7万吨，覆盖用水人口462.5万人，普及率达62%。建制镇绿化覆盖率达9.46%，集镇绿化覆盖率达9.79%。乡镇镇区共有公共厕所4041座，环卫车辆1981辆。

【村镇规划水平全面提升】 省住房城乡建设厅坚持通过高水平规划引领村镇建设科学发展，指导当地贯彻执行住房城乡建设部《镇（乡）域规划导则（试行）》，引导各地加强城乡统筹和适应新要求，高起点开展乡镇总体规划、控制性详细规划、重点地段修建性详细规划、村庄建设规划等规划编制，并加大对专项规划编制的指导力度，基本形成全省村镇规划全覆盖体系。针对基层技术力量薄弱的现状，举办《村庄整治技术规范》、《江西省城乡规划条例》、《村镇统计》等培训班，共培训基层村镇规划设计人员600多人次，大大提高各级村镇规划设计人员的政策业务水平。全省乡镇总体规划和行政村建设规划覆盖率分别达95.5%和85.3%。

【示范镇建设成效显现】 组织28个示范镇全面完成总体规划、控制性详细规划和三年建设项目计划的编制工作，做到高起点规划、高标准建设。省财政安排2800万元示范镇基础设施建设补助资金，省国土资源厅切块下达示范镇新增建设用地计划指标5600亩。4月省政府召开全省示范镇建设工作会议，把产业发展作为推进示范镇建设重中之重。据统计，2011年28个示范镇共完成国内生产总值289.82亿元，实现财政收入29.65亿元，实现固定资产投资192.98亿元，分别同比增长53.1%、55%和20.43%，镇区人口达62.4万人，示范镇建设的示范效应逐步显现。

【历史文化和特色景观保护工作成效突出】 2011年，省住房和城乡建设厅、省文化厅成功组织第四批省级历史文化名镇名村申报审核，整理形成专家评审意见报省政府批准。5月，住房城乡建设部、国家文物局对江西省国家历史文化名城、名镇、名村保护工作进行检查。7月，住房和城乡建设部、国家旅游局批准九江市庐山区海会镇、吉安市青原区文陂乡渼陂村为第二批全国特色景观旅游名镇名村。截至2011年底，全省有全国特色景观旅游名镇名村8个，国家级历史文化名镇名村21个，省级历史文化名镇名村67个。

【农村危房改造全面推进】 2011年国家安排江西省农村危房改造试点扩大至全省范围实施，共下达80072户农村危房改造任务，其中中央财政安排补助资金4.8亿元，省财政配套补助资金2.86亿元，县（市、区）财政配套1.14亿元，合计安排补助资金

8.8亿元。省委、省政府高度重视农村危房改造工作，专门召开专题会议部署。省住房和城乡建设厅编制《江西省农村危房改造重建技术手册》、《江西省农村危房改造优秀设计图集》和《政策问答》等资料，免费发放到全省各乡镇。据统计，80072户农村危房改造任务已全部完成，8.8亿元补助资金已全部拨到农户手中，累计完成建房投资达30亿元。全省农村危房改造工作顺利通过住房城乡建设部检查验收。

【加大环境保护投入】 2010～2011年，江西乡镇（不含城关镇）垃圾处理设施建设共投入7.84亿元，其中投资建设100万元以上垃圾填埋场22个，投资建设20万元以上的垃圾焚烧炉217个，投资10万元以上的垃圾中转站296个。省财政安排5000万元乡镇垃圾处理设施建设补助资金，下拨至各乡镇。中央财政设立专项资金，对重点流域重点镇"十二五"期间污水处理设施配套管网建设予以支持。全省已有27个乡镇列入首批"十二五"国家财政重点支持污水管网建设项目库。省住房和城乡建设厅向100多个乡镇下拨500万元自来水改造经费，帮助完善乡镇供水设施。深入开展集镇"五整治、三建设"活动，即：道路街巷整治、违章搭建整治、临街建筑整治、环境卫生整治、集贸市场整治、园林绿化建设、公用设施建设、景观环境建设。加大村镇人居环境治理力度。2011年全省有5个乡镇获评江西省人居环境范例奖。截至2011年，全省有30个乡镇获评江西人居环境范例奖。

7. 房地产业

【概况】 2011年，江西省房地产市场调控取得初步成效。省住房和城乡建设厅认真贯彻落实国家房地产市场宏观调控政策，积极推进城市棚户区（危旧住宅区）改造工作，加强房地产市场监管，强化对房地产市场的引导和监测，全省房地产业呈现出持续、稳定、健康发展态势。房地产开发投资同比仍保持增长，环比递减。2011年全省房地产开发完成投资852.69亿元，同比增长20.6%。全年全省房地产开发投资增速呈现逐步放缓态势。商品房开发同比保持稳定增长，竣工面积下降。全省商品房新开工面积3308.49万平方米，同比增长41.1%；商品房施工面积8210.88万平方米，同比增长13.6%；商品房竣工面积1777.42万平方米，同比减少2.2%。商品房销售萎缩，住宅明显下降。全省商品房销售面积2335.36万平方米，同比增长-5.44%。全省房地产业地方税收136.02亿元，同比增长34.6%。房地产价格同比上涨，环比逐步回落。全省商品房综合销售价格4083元/平方米，同比增长29.87%；商品住宅综合销售价格3789元/平方米，同比增长28.06%。全省商品房综合销售价格环比开始出现回落，宏观调控效果显现，房地产价格过快上涨趋势得到控制。

【落实国家房地产市场调控措施】 江西省住房和城乡建设厅代省政府起草，并由省政府办公厅出台《转发国务院办公厅关于进一步做好房地产市场调控工作有关问题的通知》（赣府厅发〔2011〕10号），就落实国办发〔2011〕1号文件提出具体贯彻意见。

【落实新建住房价格控制目标】 积极督促、指导各地按照赣府厅字〔2011〕10号文件要求，合理确定2011年新建住房价格控制目标。按照国务院要求，江西省22个城市全部向社会公布2011年新建住房价格控制目标。各地积极落实国家房地产调控政策，采取严格措施，坚决遏制房价过快上涨，确保实现年度房价控制目标。

【规范发展房屋租赁市场】 认真贯彻落实《商品房屋租赁管理办法》，及时转发该办法，并在全省开展办法宣传周活动，制定出台《江西省商品房屋租赁管理实施办法》，在景德镇市召开全省房屋租赁管理工作座谈会，研究部署房屋租赁管理工作。

【积极推进城市棚户区（危旧住宅区）改造工作】 2011年计划改造城市棚户区766.15万平方米，解决9.4万户的住房困难问题。截至2011年底，城市和国有工矿棚户区改造项目安置房基本建成50%以上。

【认真贯彻《国有土地上房屋征收与补偿条例》】 举办《国有土地上房屋征收与补偿条例》宣贯培训班，全省各设区市、县（市）房管部门领导、拆迁管理部门负责同志及拆迁企业负责人共300余人参加培训。出台配套文件。省住房和城乡建设厅起草，并由省政府办公厅印发《江西省人民政府办公厅关于贯彻落实国有土地上房屋征收与补偿条例的通知》，开展房屋拆迁专题调研。

8. 建设教育

【概况】 江西省建设系统共有21个培训中心，26个培训点，相关企业、院校组成教育培训网络覆盖全省，培训基地建设总投入3300余万元，可用教室面积达4000平方米，全年累计开展各类培训班80余期，培训近8万人，发放各类岗位证书7.5万人次，为江西省住房和城乡建设事业的发展提供强有力的人才支撑和智力支持。

【领导干部教育培训】 江西省委组织部与省住房和城乡建设厅联合举办一期全省分管城建工作的

县(市、区)长研究班,49名县(市、区)分管城乡规划建设的领导参加研究班学习。同时围绕城乡规划建设专题举办一期51名市、县(市、区)建设规划局长参加的研究班;围绕保障性住房建设与管理主题,组织全省保障性住房建设系统23名领导干部赴美学习班;围绕公积金运作与管理主题,组织全省公积金管理系统18名领导干部赴新加坡南洋理工大学的学习培训班。

【圆满完成援疆培训】 根据江西省委组织部《关于实施2011年"551"新疆克州干部人才培训计划的通知》,9月1~30日,针对新疆克州12名规划设计人员业务实际,科学制订培训计划,江西省住房和城乡建设厅圆满完成省委省政府统一部署的援疆培训任务。

【院校建设成绩斐然】 积极指导江西省建设职业技术学院和江西省城市建设高级技校与地方政府和企业建立多种形式的合作、协作关系,为学生实习、就业提供方便和平台,2011年企业为"两校"学生提供实习和就业平台100余人,学生为地方政府完成118个村庄的规划方案。江西建设职业技术学院作为"江西省2011年大学生科技创新与职业技能竞赛"东道主圆满承办竞赛活动,获得优秀组织奖,并在竞赛中获得一等奖4项、二等奖5项、三等奖1项。在参加"2011年全国大学生数学建模竞赛"活动中,该院共夺得全国一等奖1项,江西省一等奖3项、二等奖4项、三等奖2项。

【加强城乡建设培训信息管理系统建设】 省城乡建设培训中心投资60余万元全面启动"江西省城乡建设培训信息管理系统"的建设并已初步完成投入使用。

9. 住房保障

【概况】 2011年是江西省开展保障性安居工程建设以来,建设总量最大、任务最重的一年。国家下达江西省目标任务为33.1万套,其中新增廉租住房租赁补贴1.1万户、新增廉租住房6.5万套、经济适用住房1万套、公共租赁住房5.06万套、城市棚户区改造9.4万户、国有工矿棚户区改造0.8万户、国有林场棚户区改造2万户、国有垦区危旧房改造6万户、中央下放地方煤矿棚户区改造1.24万户。在省委、省政府的高度重视和正确领导下,各地、各有关部门的通力协作、共同努力下,着力抓进度、促竣工,抓质量、保安全,确保公平分配,全省保障性安居工程取得显著成效。国家要求2011年保障性安居工程最晚必须在10月底前全部开工建设,年底前主体基本完工达总任务1/3。截至10月底,全省保障性安居工程项目已开工32.6万套,开工率102%;年底,保障性安居工程主体完工12.3万套,完工率38%;按照省保障性安居工程年底前基本建成50%的要求,含2010年结转建成任务,基本建成17.8万套,完工率56%;实际发放廉租住房租赁补贴达16万户,全面完成国家下达江西省保障性安居工程的各项任务,得到国务院领导和国家有关部委的充分肯定。

【及时分解下达目标任务】 省政府将保障性安居工程建设纳入市县政府目标管理考核评价体系和约谈问责机制。3月22日,省政府召开全省保障性安居工程工作会议,与各设区市政府签订《2011年保障性安居工程目标责任书》,将目标任务分解下达到各设区市。这是江西省已连续五年省、设区市、县(市)政府逐级签订目标责任书。省政府印发《2011年保障性安居工程工作方案》。

【加大资金、土地与政策支持】 全力保障建设用地。2011年全省落实保障性安居工程用地1208.15公顷。在保障性安居工程选址上,尽可能选择交通便利、生活配套设施完善的地段;城市棚户区改造尽量就地就近建设安置用房。足额及时下达资金。2011年全省建设32万套保障性安居工程,计划投资308.6亿元,其中,第一时间将中央补助资金59亿元,省财政安排配套资金14.5亿元分解下达市、县;同时,安排土地出让收益26亿元、住房公积金增值收益1.5亿元,用于保障性住房建设;从发行的70亿元地方政府债券资金中,优先安排30亿元,用于保障性安居工程建设;省融资平台融资130亿元支持市、县廉租住房建设和城市棚户区改造;缺额部分由市、县财政兜底解决。全面落实税费政策。对保障性安居工程建设一律免收各项行政事业性收费和政府性基金。2008年以来,全省减免税费资金总额近30亿元。

【深入调查与研究】 随着保障性住房建设规模和保障群体的扩大,全省保障性住房建设和管理也出现一些新情况、新问题。先后两次组织人员赴重庆等地学习考察保障性安居工程建设与管理经验,结合江西省实际,重点围绕保障性住房后续管理、机构建设、三房合一、租售并举等工作进行深入调查与研究,起草专题报告或文件报省人民政府。

【加强调度与督导】 省政府先后5次召开保障性安居工程专题调度会议,督促各市县加快工程进度,确保完成国家、省下达的目标任务;开展督导工作。江西省先后7次开展全省性的保障性安居工程监督检查工作，包括开工情况、质量安全情况、进度情况、主体完工情况等多个方面；配合国务院或中央有关部委完成房地产市场宏观调控专项督查、质量安全专项督查、中央转变经济发展方式专项督查、住房城乡建设部专项巡查等工作。

【**强化监督与检查**】 全面推进"三个百分之百"。为进一步加强全省保障性安居工程质量管理，江西省提出在全国率先实现"三个百分之百"：即2011年所有新建项目百分之百推行工程质量分户验收，百分之百设立工程质量责任永久性标示牌，百分之百推行保障性住房工程质量安全远程视频在线即时监控，争创全国保障性住房质量安全一流。加强在建项目专项督查力度。开展两次保障性住房质量安全专项大检查，共抽查104个在建项目单位工程。从专项检查的情况来看，江西省保障性住房质量安全总体处于"两个受控"：即安全质量生产工作总体处于受控状态，工程主体结构处于受控状态，未发生或发现重大质量安全事故。

10. 城市建设

【**概况**】 城镇供水：江西城镇供水日综合生产能力708.13万立方米，供水总量14.42亿立方米；设市城市用水普及率97.94%，县城用水普及率92.3%；设市城市人均日生活用水量175升，县城人均日用水量115.02升。城市燃气：江西燃气用户351.13万户，用气人口1409.6万；液化石油气供气总量41.75万吨，用气人口1025.3万人；人工煤气供气总量4.73亿立方米，用气人口94.5万人，天然气供气总量3.25亿立方米，用气人口289.8万人；设市城市燃气普及率94.31%，县城燃气普及率77.98%。市政工程：江西城镇道路12334.63公里，面积2.33亿平方米，排水管道15519.26公里，城镇路灯82.85万盏；设市城市人均道路面积14.4平方米，县城人均道路面积14.26平方米。园林绿化：江西城镇绿化覆盖面积81207公顷，园林绿地面积74095公顷，公园绿地面积21546公顷，公园582个；设市城市建成区绿化覆盖率46.81%，绿地率43.35%，人均公园绿地面积13.49平方米；县城建成区绿化覆盖率39.09%，绿地率34.9%，人均公园绿地面积12.95平方米。城建管理执法队伍：江西各市、县均组建城建监察（城管执法）支（大）队。11个设区市，除景德镇市未设立城市管理局外；南昌市设立 城市管理委员会（保留城市管理行政执法局的牌子）；宜春、吉安、上饶、鹰潭4个城市设立城市管理局；赣州、九江、新余、抚州、萍乡5个城市设立城市管理行政执法局，其中赣州、新余、抚州、萍乡市增挂城市管理局的牌子。80个县（市）中，有53个设有城市管理局，没有设城市管理局的县（市）在建设局下设城建监察（城管监察）大队，部分经济开发区设有城市管理局。江西有城建监察队员5800人，监察车辆2200辆（含摩托车等）。市容环卫：江西城市环卫行业清扫保洁面积18215万平方米，年清运垃圾689.98万吨，无害化垃圾填埋场21座，建有公共厕所3396座，其中三级以上公厕2335座；设市城市生活垃圾无害化处理率88.27%，县城生活垃圾无害化处理率22.34%。污水处理：江西11个设区市15座污水处理厂运行正常，85座县（市）污水处理厂相继投入试运行。设市城市污水处理率85.08%，污水集中处理率83.69%，县城污水处理率68.07%，污水集中处理率67.94%。

【**积极筹措排水管网建设资金**】 江西新建污水配套管网约1755公里，完成建设投资约34.4亿元。其中，设区市新建管网约515公里，完成投资约11.2亿元；县（市）新建管网约1240公里，完成投资约23.2亿元。积极配合省发改委将县（市）排水管网建设项目纳入申报中央预算内投资城镇污水处理设施建设项目，将争取国家补助资金4亿元；按照国家财政部和住房城乡建设部《"十二五"期间城镇污水处理设施配套管网建设项目资金管理办法》要求，将工程量落实到具体项目上，并下发文件要求各县（市）认真贯彻落实。会同省财政厅对全省县（市）"十二五"期间排水管网建设项目进行调查，组织专家组对各县（市）申报项目逐县进行实地审核，形成《江西省重点流域及重点镇污水管网"十二五"建设任务量核报表》，为污水管网专项资金核拨工作提供依据。

【**全力开展省级园林城市创建**】 组织专家对2011年申报江西省园林城市（县城）的35个市（县）进行帮扶指导、指标测评，对检查中发现的问题，书面下达帮扶检查反馈意见；8月，省住房和城乡建设厅组织专家对部分县的创建工作再次进行帮扶指导；11月，省住房和城乡建设厅会同省环保厅、省林业厅对符合条件的6个县（市）进行现场考核验收。

【**推进全省排水管网规划编制**】 江西省住房和城乡建设厅会同省发改委、省财政厅、省环保厅下发《江西省县（市）排水管网建设规划（2010～2020年）》，明确各县（市、区）近期、中期和远期排水管网建设的具体任务量及投资计划。进一步加大 指导各地组织开展排水专项规划编制工作的力度，江西80个县（市）编制排水专项规划，全省城市排水管网建设的科学性和前瞻性得到全面提高。

【开展国家园林城市创建工作】 国家住房和城乡建设部授予九江市、上饶市、修水县国家园林城市(国家园林县城)称号。

【组织人居环境范例奖评选活动】 江西省住房和城乡建设厅组织专家对南昌、新余、吉安、九江、宜春、赣州、抚州7个设区市9个申报江西人居环境范例奖的项目进行考核。天香园景区保护与开发、安福县文化公园、新余市太阳能节能应用等3个项目获得江西人居环境范例奖。

11. 住房公积金管理

【概况】 截至2011年,江西现有住房公积金管理中心11个,分别为直属各设区市人民政府的副县级事业单位;直属于各设区市住房公积金管理中心的办事处(管理部)共90个,省直、铁路中心2个,在编人员702人,实际从业人员831人。全省有11个住房公积金管理委员会,履行当地住房公积金的决策职能,管委会成员266名,来自于建设、财政、人民银行、有关专家、工会、缴存单位及部分职工代表,管委会主任均由市政府分管领导担任。

【缴存额大幅增长】 全省住房公积金累计缴存总额为533.01亿元,缴存余额为372.46亿元,分别比上年同期增长28%和26.72%。2011年全省新增缴存住房公积金116.59亿元,同比增长31.19%,比上年净增27.72亿元。全省实际缴存职工人数189.18万人,比上年末净增13.17万人。全省住房公积金覆盖率为67.66%,同比增加3.38个百分点;个人住房贷款平稳推进。2011年全省住房公积金发放个人住房贷款58.21亿元,比上年净增1.37亿元,增幅2.35%。截至2011年底,全省累计发放31.89万笔个人住房公积金贷款359.13亿元,贷款余额197.17亿元。2011年提取风险准备金0.65亿元,累计提取贷款风险准备金余额5.28亿元,全省个人住房贷款逾期率为0.32‰,远远低于国家1.5‰的控制指标;提取业务稳步提高。继南昌、省直、铁路、九江之后,新余、宜春、上饶等公积金中心开展按年提取还贷业务。2011年,职工因购建住房等提取住房公积金38.06亿元,比上年净增2.85亿元,增幅7.78%,提取使用额占同期缴存额的32.65%。截至2011年,全省职工累计提取使用住房公积金160.55亿元,占缴存总额的30.12%;住房保障作用得到进一步发挥。2011年,全省各公积金中心贡献廉租住房补充资金1.93亿元。截至2011年,全省累计提取廉租住房补充资金9.52亿元。公积金的住房保障功能得到进一步发挥。

【首次实行目标管理】 2011年下达江西住房公积金业务目标任务,在全省住房公积金系统首次实行目标管理,目标为全省住房公积金年度归集额突破100亿元,总归集突破500亿元。到12月底,各地加大归集力度,新增单位和缴存人数大幅增加,当年归集住房公积金116.59亿元,完成目标任务的116.59%,总归集已达到533亿元,超额完成目标管理归集任务。

【开展风险排查】 3月,根据省纪委等五部门发出的《严格资金管理防范资金风险有关问题的紧急通知》精神,为维护住房公积金的资金安全这一生命线,以明传电报形式下发《关于开展住房公积金资金风险排查的通知》,排查内容主要包括住房公积金在各受托银行的专户存储情况,住房公积金存款、国债情况,逾期贷款情况以及印鉴管理等。各住房公积金管理中心迅速行动,对照要求,逐一排查,并及时上报排查情况。全省住房公积金资金管理基本做到账实相符,账账相符,尚未发现资金挪用等情况。

【组织现场督查】 9~11月,江西省住房和城乡建设厅组织全省住房公积金业务督查专家组成员,对11个设区市住房公积金管理中心、省直和铁路中心以及部分县(市、区)办事处的业务管理开展现场督导检查工作。督查的内容包括住房公积金缴存情况、住房公积金提取情况、个人住房贷款发放情况、住房公积金贷款保证金管理情况、管理费用使用情况、个人住房贷款回收情况和国债管理是否规范、大额资金流动情况等。

【推进公积金优质服务】 江西省住房和城乡建设厅会同省财政、人民银行南昌中心支行、省银监局转发《住房城乡建设部等四部委关于加强和改进住房公积金服务工作的通知》,并结合江西省实际提出具体实施意见。各住房公积金管理中心结合当地实际,逐项落实工作任务,改造服务大厅,增设休息座椅、饮水机、书写台等服务设施,放置新的服务资料。对住房公积金服务指南重新进行修订,优化办事流程,缩短办事时间,规范服务方式。南昌、铁路、宜春、新余、抚州中心服务大厅环境大大改善,一大批县区办事处都购置改善办公服务网点。组织参与全省建设系统百名创业文明服务标兵和文明示范窗口评选活动。全系统已评选全省住建系统百优文明服务标兵13名、十佳文明服务标兵1名、全省住建系统创建文明行业示范点7个和全省住建系统住房公积金管理先进单位4个。此外,九江市住房公积金管理中心市直营业部还荣获全国青年文明号荣誉称号。

大 事 记

1月9日，江西省委书记苏荣对全省住房和城乡建设工作作出重要批示：加快推进城镇化是扩大内需、促进经济平稳较快发展的重大战略举措，也是实现江西科学发展、进位赶超、绿色崛起的重大战略抉择。刚刚过去的一年，全省住房和城乡建设系统认真贯彻落实省委、省政府的决策部署，加强城镇规划管理等工作，全力加快城镇基础设施和污水处理设施建设步伐，大力推进保障性住房建设和农村危房改造，努力改善城乡人居环境，取得突出成绩。

1月19~21日，副省长朱虹深入抚州市对推进新型城镇化和省示范镇进行调研，欧阳泉华陪同调研。

2月17~26日，经省政府同意，省推进新型城镇化工作领导小组办公室组织3个考核组对2010年度全省推进城镇化和城市建设工作进行考核。考核的结果将直接纳入省政府对市县政府的七项考评，并表彰2个设区市和6个县（市）。

2月21日，朱虹专程听取省住房和城乡建设厅有关贯彻国务院新"国八条"具体工作措施、保障性安居工程建设等工作汇报。

2月24日，朱虹参加全国保障性安居工程工作会议并代表江西省政府与国务院签订2011年保障性安居工程目标责任书。

3月7日，朱虹带队前往住房城乡建设部汇报江西省相关工作，住房城乡建设部副部长仇保兴及有关司局负责人听取江西省工作汇报。

3月14日，江西省委副书记张裔炯专程到全国青少年井冈山革命传统教育基地视察，听取欧阳泉华、章雪儿关于基地建设情况的汇报；现场察看工程进展情况，与参建单位负责人进行交流，并对基地建设进度、质量和安全等工作，提出明确要求。

3月14~16日，朱虹深入省示范镇——高安市八景镇和全国历史文化名村——高安市新街镇贾家村进行调研。

3月22日，省政府在南昌召开"全省保障性安居工程工作会议"，吴新雄出席会议作重要讲话，并分别与11个设区市市长签订《2011年保障性安居工程目标责任书》，朱虹具体部署全省保障性安居工程工作。

3月22~23日，住房和城乡建设部副部长陈大卫、标准定额司司长王志宏一行六人就建设工程安全质量监管信息化、标准化工作来江西省开展调研活动。朱虹会见陈大卫一行。

4月15~20日，中央纪委常委、监察部副部长屈万祥任组长的国务院督察组深入江西省景德镇、南昌市等地，对江西省开展房地产市场调控政策落实情况专项督查。

4月20~21日，住房和城乡建设部在南昌市召开《江西省城镇体系规划（2009~2030年）》纲要技术审查会。审查会原则同意《规划纲要》，并就进一步深化规划成果工作提出具体意见和要求。

4月26日，省直机关召开庆祝"五一"国际劳动节暨表彰大会，省住房和城乡建设厅建筑设计院院长、书记刘小檀获得全国五一劳动奖章，并在会上作典型发言。

5月11日，朱虹主持召开省农村危房改造领导小组会议，会议审议并通过2011年全省农村危房改造试点实施方案、领导小组成员单位挂点督查制度、2010年度全省农村危房改造工作先进单位、先进个人名单和2011年全省农村危房改造计划任务和资金分配方案。

6月13日，朱虹主持召开会议。专题研究并部署《江西旅游丛书》编撰工作。省住房和城乡建设厅承担《江西历史文化名镇名镇名村》和《江西风景名胜区》两册的编撰工作。

6月7日，团中央第一书记陆昊一行在江西省委副书记张裔炯、省委常委、常务副省长凌成兴陪同下，赴井冈山实地视察全国青少年井冈山革命传统教育基地工程建设情况并召开座谈会。欧阳泉华和章雪儿就工程建设情况做汇报。

6月20日，朱虹主持召开全省县（市）污水处理设施建设及运营管理工作协调会，对《全省县（市）污水处理设施建设及运营管理情况调研报告》所提问题和建议进行专题研究。

6月21日，全省"第一届江西省十佳建筑"评选工作领导小组第一次会议在省政府召开。朱虹主持会议并作重要讲话，蔡玉峰、欧阳泉华、吴昌平、喻家凯及省发改委、省财政厅、省文化厅、省广播电视局、江西日报社的负责同志参加会议。

7月12日，朱虹主持会议，研究迎接国务院来江西省开展征地拆迁政策落实情况检查工作、保障性安居工程推进会（调度会）准备工作、首届十佳建筑评选工作，以及全省推进城镇化工作会议筹备工作。

7月15日，省政府在南昌召开全省2011年保障性安居工程调度会，朱虹出席会议并作重要讲话，蔡玉峰主持调度会，欧阳泉华传达国家有关会议精神，并通报全省保障性住房和城乡棚户区改造进展情况。

8月5日，省住房和城乡建设厅主办的主题为

"文化传承与建筑创新"大型建筑知识讲座在南昌举行,特邀中国工程院院士、"中国馆之父"何镜堂先生主讲。

8月11日,代省长鹿心社主持召开第53次省政府常务会议。会议通过《九江市城市总体规划(2008～2020)》、《南昌历史文化名城保护规划》,欧阳泉华汇报对两个规划的审查意见。

8月23日,鹿心社主持召开第54次省政府常务会议。会议原则通过《德兴市城市总体规划》。欧阳泉华汇报对总体规划的审查意见。

8月24～28日,住房和城乡建设部建筑市场监管司司长陈重率全国建设工程质量安全及建筑市场执法督查组一行19人来江西进行执法检查,检查重点为保障房建设工程质量安全、轨道交通建设工程质量安全和即有城市桥梁安全。

9月14～19日,国土资源部纪检组长王寿祥为组长的中央加快转变经济发展方式第五检查组,对江西保障性安居工程建设政策措施贯彻落实情况进行检查。

9月27日,朱虹主持召开"第一届江西省十佳建筑"评选工作领导小组会议,并作重要讲话,会议审议"第一届江西省十佳建筑"和"第一届江西省十佳建筑优秀奖"名单。

10月11日,国务院在湖南长沙召开保障性安居工程质量和分配管理工作座谈会。会上中共中央政治局常委、国务院副总理李克强充分肯定江西省保障性住房建设质量安全监管"三个百分之百"和"三级审核、三榜公示"分配管理的做法。朱虹在会上介绍江西省保障性安居工程进展情况,以及加强保障性住房建设质量安全监管和确保分配公平、公正的经验。

11月1日,鹿心社主持召开调研座谈会,就贯彻落实江西省第十三次党代会提出的坚定不移实施加速城镇化发展战略,专题听取省住房和城乡建设厅工作汇报。

11月11日,第二届世界低碳与生态经济大会在南昌开幕,住房城乡建设部党组成员、纪检组长杜鹃应邀到会并致辞。

11月13日,苏荣到万年县调研保障性安居工程建设管理工作,主持召开座谈会并发表重要讲话。

11月16日,朱虹给省住房和城乡建设厅发来贺信,祝贺九江市中医院(南院)一期等3项工程荣获2011年度第二批中国建设工程鲁班奖,获奖数量创江西历年之最。

11月23日,江西省2010～2011年度"中国建筑工程鲁班奖"新闻发布会在南昌举行,朱虹出席新闻发布会并作重要讲话。江西省荣获鲁班奖的5项工程分别是:赣州市博物馆、城展馆,江西省森林防火预警监测总站大楼,景德镇900号科研设计中心,九江市中医医院南院一期工程和九江市湖口县石钟山500千伏变电站。

12月1日,朱虹主持召开省风景名胜区规划委员会第十一次全体会议。会议审议省风景名胜区体系规划和洞山、白水仙—泉江、小武当、汉仙岩、陡书湖、聂都六个风景名胜区总体规划;审查云居山—柘林湖风景名胜区司马旅游镇总体规划和西海休闲欢乐世界控制性详细规划。

12月20日,江西省委、省政府授予省住房和城乡建设厅"2007～2010年度包扶贫困村工作先进单位"称号。

12月21日,江西省政府下发《关于表彰"十一五"期间安全生产先进单位和先进个人的决定》,省住房和城乡建设厅被评为省直部门"十一五"期间安全生产综合管理先进单位。

12月22日,国务院在北京召开全国住房保障工作会议,住房城乡建设部代表"国务院保障性安居工程领导协调小组"与各省(市、自治区)政府签订2012年保障性安居工程工作责任书。朱虹代表省政府在责任书上签字。

(江西省住房和城乡建设厅)

山 东 省

1. 建设法制建设

【建设立法】 结合山东省住房城乡建设工作实际,注重与省人大法工委、省政府法制办的沟通协调,山东省住房城乡建设厅报送2011年地方立法建议项目,包括《山东省城乡规划条例》等7个地方性法规和《山东省开发区规划管理办法（修订）》等4个政府规章。落实"三定一保"立法责任制，创新立法工作方法，完善立法调研机制，加强沟通协调力度，加快建设行业立法步伐。《山东省城乡规划条例》议案已完成在省直相关部门会签，拟提报省人大常委会审议。《山东省房屋建筑与市政工程招标投标办法》经省政府常务会议审议通过，以省政府第249号令发布。2011年共审核《山东省建设项目选址规划管理办法》、《山东省工程建设标准编制管理规定》等部门规范性文件40余件。

【规范行政许可审批行为，提高审批工作效率】 根据山东省政府行政许可清理领导小组会议精神，确定对省住房城乡建设厅23项行政许可和非行政许可审批项目进行统一规范，将行政许可程序分为大厅受理、经办人初审、单位主要领导复核、厅分管领导核准四个环节。为进一步规范山东省建设行业资质审批工作程序，提高工作效率和管理水平，使资质审批制度更加合理、程序更加简化、管理更加规范，制定实施《山东省住房和城乡建设厅建设行业资质审批工作规则（试行）》和《山东省建设行业资质审查专家管理办法》。

【加强执法资格管理】 根据省政府法制办《关于举办省直行政执法人员公共法律知识培训班的预备通知》要求，组织省厅具备行政执法资格、需要申领行政执法证件、尚未参加过公共法律知识培训人员的培训报名工作，共计25人参加执法证申领培训学习。

【做好法规规章实施和后评估工作】 对已经实施的《山东省建设工程勘察设计管理条例》启动立法后评估工作。

【普法教育】 在济南召开宣传《山东省建设工程勘察设计管理条例》会议。利用各类媒体集中开展"宣传月"，编写出版《山东省建设工程勘察设计管理条例释义》、组织条例知识竞赛、举办条例知识培训班等一系列宣贯活动。在泉城广场开展《城镇燃气管理条例》宣传周启动仪式，开展《条例》及燃气安全知识竞赛，组织宣贯培训班。会同省政府法制办组织召开《国有土地上房屋征收与补偿条例》宣贯研讨会。部署编辑发行《山东省建设法规汇编（2009~2010）》。《汇编》收录全国人大常委会、国务院、住房城乡建设部及其会同有关部委、省人大常委会、省政府、省住房城乡建设厅及其会同有关部门发布的关于城乡建设的法律、法规、规章和部门规范性文件，共180余件，约计90万字。部署"四五"依法行政和"五五"普法考核表彰工作。

【组织开展2010年度全省住房城乡建设系统优秀调研成果评选工作】 全系统共申报参评调研成果241篇，其中省住房城乡建设厅处室、单位和省建管局申报25篇，17市住房城乡建委（建设局）、行业主管局申报216篇。经调研成果评委会严格评选，评出优秀调研成果一等奖13篇、二等奖20篇、三等奖40篇、优秀奖49篇，并进行通报。

【行政审批】 认真贯彻落实《山东省住房和城乡建设厅行政许可事项窗口办理暂行办法》、《山东省住房和城乡建设厅建设行业资质审批工作规则（试行）》和《山东省建设行业资质审查专家管理办法》等规定，分解责任，加强对制度规定执行情况的检查督导，推进公开透明和监督制约。2011年共接收审核申请材料2625件、补正材料786件，已办结2415件，办结率92%。

2. 房地产业

【概况】 2011年，全省完成房地产开发投资4108亿元，首次突破4000亿元，同比增长26.4%，快于全社会固定资产投资增速4.6个百分点。商品房施工面积3.6亿平方米，同比增长29.2%；商品房竣工面积6227万平方米，同比增长23%。批准预售商品住房5270万平方米，同比增长35%。商品房销售面积9580万平方米，同比增长3.1%；商品房销售额4259亿元，同比增长16%。商品房待售面积1395万平方米，同比增长44%，其中住宅1018万平方米，同比增长51%。受房地产市场调控影响，二手住房成交面积1004万平方米，同比下降18%。12月份，商品住房销售价格环比下降0.3%，同比上涨1.4%。17市中，有10个城市商品住房销售价格环比下降。全省二手房销售价格环比下降0.4%。

【房地产市场调控】 省政府办公厅印发《关于贯彻国办发〔2011〕1号文件进一步改进和加强房地产市场调控的通知》（鲁政办发〔2011〕5号），提出8项措施，要求进一步明确市、县（市）人民政府责任，严格落实国家有关土地、税收、信贷政策，继续合理引导居民住房消费，加强房地产市场监管，切实把国家的各项调控政策落到实处。根据《通知》要求，一季度全省17市全部建立房地产市场调控工作领导小组，出台配套文件和实施细则。3月31日前，全省17个设区市、31个县级市全部制定并向社会公布房价控制目标。济南、青岛分别于2月25日和1月31日出台居民住房限购政策。同时，省厅每季度召开一次房地产形势分析会，形成全省房地产市场运行情况分析报告。至年底，全省17市及各县区均较好地实现年初确定的房地产市场调控目标。

【棚户区改造】 2011年国家下达山东省各类棚户区改造计划11.54万户，约占全省保障性安居工程的35％。其中，城市棚户区9.5万户、国有工矿棚户区1.6万户、国有林场危旧房0.44万户。年内，中央财政对省各类棚户区改造补助114332万元。其中，城市棚户区改造93931万元，国有工矿棚户区改造16000万元，林区棚户区改造4401万元。省财政给予棚户区补助资金23026万元。其中，城市棚户区改造14880万元，林区棚户区改造8146万元。至2011年底，国家开发银行山东分行累计向13个棚户区改造项目放贷17.67亿元。截至2011年底，棚户区签订货币补偿协议和棚改安置房开工158480户，总开工率达到137％，是全国最早达到100％开工率的5个省份之一。其中，城市棚户区签订货币补偿协议和棚改安置房开工137282户，开工率达到144.5％，竣工77974户，竣工率达到82％；国有工矿棚户区签订货币补偿协议和棚改安置房开工16993户，开工率为106.2％，竣工4948户，竣工率为31％。

【铁路棚户区和林区危房改造】 6月10日，省政府办公厅转发省住房城乡建设厅五部门《关于推进济南铁路局棚户区（危旧房）改造实施方案》，在全国率先启动铁路棚户区改造。省政府成立由分管省长为组长的济南铁路局棚改联席会议，定期研究协调解决有关事宜。2011年，已实施铁路棚改项目5个、涉及铁路职工4000多户。为加快实施国有林场危旧房改造，5月27日，山东省副省长郭兆信主持召开有关部门参加的国有林场危旧房改造专题协调会议，协调解决有关事宜并印发会议纪要。市、县政府要将林区棚改纳入本级保障性安居工程建设范围，统一规划，统一组织，统一调度，统一考核。2011年，全省国有林场危旧房改造棚改安置房新开工4205套，基本完成国家对山东省下达的目标任务。

【房地产市场信息系统建设】 确定在全省108个市县建立房地产市场信息系统平台，省里建设总平台，采用国内首创的"分部式"部署方式，实行省市县三级联网的方案。省建设厅印发《山东省房地产市场监测系统数据规范（试行）》和《房地产市场监测分析和预警预报系统数据报送指标》，要求各市县完善系统，使用全省统一的数据规范，形成全省房地产市场信息数据库。同时，采取"搭建数据交换平台，省市县三级数据库联网"的架构模式，即以省级信息系统为平台，从各级房管部门登记业务数据库中采集房屋数据，按照统一的格式、规范和标准，存储在省统一的数据库中，实现全省范围内的房屋登记信息数据采集、传输及查询。截至2011年12月，全省房地产市场信息系统建成开通，实现省市县三级联网，在全国率先建立同时具备房地产市场监测分析、预警预报和个人住房查询功能的省级房地产市场信息平台系统。该系统顺利通过专家验收，"系统设计填补地产市场信息管理的国内空白，技术应用达到国内领先水平"。

【房地产交易与产权产籍登记】 狠抓房地产交易与产权产籍登记规范化管理，2011年，东营、荣成、城阳3个单位通过国家规范化管理单位验收，2个单位通过省里规范化管理单位验收。全省先后有18个单位获得规范化管理先进单位荣誉称号，47个单位获得规范化管理单位荣誉称号。5月，全国房地产交易与登记规范化管理工作经验交流会在寿光市召开，总结推广山东省先进经验。组织参加部房屋登记师资培训考核，举办两期全省房屋登记审核人员培训班，为全省房地产产权产籍登记工作储备大量人才。

【房屋征收】 切实抓好国务院《国有土地上房屋征收与补偿条例》（以下简称《条例》）贯彻落实，2011年，全省发放房屋征收决定104个，涉及被征收群众5.85万户，房屋征收工作总体运行良好，实现房屋拆迁体制向房屋征收体制的平稳过渡。2011年，省住房城乡建设厅先后组织召开三次房屋征收与补偿会议，对落实《条例》进行部署；举行两次《条例》培训会议，培训房屋征收业务骨干1500余人。省政府办公厅印发《关于贯彻实施＜国有土地上房屋征收与补偿条例＞有关问题的通知》（鲁政办发〔2011〕25号），对规范房屋征收行为、严格征收补偿标准等提出明确要求。7月4日，省住房城乡建设厅研究出台《山东省国有土地上房屋征收补偿房地产评估机构选定办法》《山东省国有土地上房屋征收停产停业损失补偿办法》和《山东省国有土地上个人住宅房屋征收有限住房保障办法》等配套政策。至年底，济南、青岛、枣庄、烟台、济宁、临沂、聊城、滨州、菏泽等市相继出台《条例》实施意见。各地大都确定房屋征收部门和房屋征收实施单位。有的城市对房屋征收实施机构进行更名或升级，东营、临沂、聊城、菏泽等市成立正县级房屋征收机构。按照《关于做好有关征地拆迁的规章和规范性文件专项清理工作的通知》（国法〔2011〕38号）要求，对全省拆迁规范性文件进行清理，拟废止规章2件，拟修改规章1件；规范性文件废止168件，修改

72件，确保现有相关政策统一到《条例》规定上来。

【物业管理】 2011年底，全省登记在册物业管理企业4068家，物业管理面积超过7亿平方米，新建商品住宅小区物业服务覆盖面达95%以上，直接从业人员超过30万人，筹集专项维修资金近109亿元，物业服务行业和市场得到较充分发育。物业管理法规标准体系逐步完善。11月9日，联合省物价局出台《山东省住宅物业服务收费管理办法》，大幅缩小实行政府指导的物业服务收费范围，由原先"住宅的整个物业服务过程"缩小至"普通住宅的前期物业服务阶段"，为定纷止争提供依据。起草并出台《物业服务规范》等7个物业服务系列地方标准。对涌现出的典型进行表彰。全省78个项目、单位和个人，在全国物业管理改革发展30周年庆祝大会上获得表彰。其中，省房协物业专业委员会等4家单位获优秀地方物业协会称号，山东东晨物业管理有限公司等3家单位跻身全国百强，10个物业服务项目获得全国物业管理示范项目称号。

【房地产企业资质管理】 省住房城乡建设厅印发《关于在房地产企业资质审批中实行公示制度的通知》（鲁建房字〔2011〕1号），提出房地产企业资质审批过程中，实行审核结果向社会公示、城市主管部门出具企业无违法违规行为证明和超时不受理申报等三项措施，加强房地产企业资质管理。针对近年来企业数量多、申报频率高的特点，增加审查人员数量，同时采用聘请市地主管部门专家的方式进行集中审查，即提高的审批效率，又使市地主管部门在进行材料初审的时候，能够更准确地掌握应该注意的关键环节和重点，有效提高申请材料的质量。年底，印发《关于推荐房地产开发、物业服务和估价机构资质审查专家的通知》，由各市主管部门负责推荐资质审查专家，以规范资质审批工作程序，提高工作效率和管理水平。

【全国首家权益资产类房地产交易所——新华（山东）房地产交易所在济南市挂牌成立】 新华（山东）房地产交易所由新华社金融信息交易所牵头组建，主要从事房地产信息、房地产权益资产和实物资产的信息发布和交易。服务内容包括：商品房交易、股权产品交易以及房地产项目融资等合法信息的发布、整理、咨询服务；地产有限公司的股权、合作企业的财产份额及法律法规规定可合法交易的其他权益类产品交易服务；一二手房等可以依法转让的房地产实物交易服务；为各类出资人提供与房交所业务相关的综合配套服务；依法批准的其他相关业务。

3. 住房保障

【概况】 2011年国家下达给山东省保障性安居工程建设任务32.82万套，部分城市申请追加建设0.38万套，省政府分解到各市的建设任务为33.2万套，其中新增廉租住房租赁补贴7800户，需要建设保障性安居工程32.42万套。到2011年8月底，全省开工保障性安居工程32.9万套，开工率101.5%，比国家确定的11月底前全部开工的目标提前3个月，成为全国首批完成开工任务的5个省份之一。2011年，全省新开工各类保障性安居工程39.72万套，开工率122.5%，连同往年结转项目竣工22.91万套，竣工率70.7%，超额完成国家下达的建设任务。

【扩大保障范围】 科学应对需求层次，大力发展公共租赁住房，不断完善廉租住房制度，保持经济适用住房合理规模，加快推进棚户区改造，因地制宜发展限价商品住房，不断扩大保障性安居工程建设规模。2011年全省新开工廉租住房1.66万套，完成年度任务的136%，竣工1.22万套；新开工公共租赁住房9.35万套，完成年度任务的121%，竣工4.72万套；新开工经济适用住房9.36万套，完成年度任务的108.8%，竣工6.29万套；新开工限价商品住房3.5万套，完成年度任务的106%，竣工1.45万套；各类棚户区改造安置房开工和货币补偿15.85万户，完成137%。各市逐步扩大住房保障覆盖面，放宽住房保障准入条件，低收入家庭困难线标准逐步提高到当地上一年度人均可支配收入的50%～85%之间，住房困难线标准由人均建筑面积不足10平方米提高到15平方米左右，济南、东营、潍坊、济宁、威海、日照、莱芜、临沂、聊城等市实现廉租住房和经济适用住房保障收入线标准并轨。为突出解决好新就业职工、新毕业大学生和外来务工人员等"夹心层"群体的阶段性住房困难，省政府专门制定出台《关于进一步加快解决企业职工住房问题的意见》（鲁政办发〔2011〕71号），指导各地充分发挥社会组织尤其是企业在保障房建设、运营、管理等方面的积极作用，引导各类开发区、工业园区中的企业，积极出资参与政府统一组织的公租房建设；鼓励独立工矿企业和住房困难职工较多的企业，利用自有土地建设公租房或开展集资合作建房，切实改善职工住房条件。

【加大政策支持力度】 在资金方面，争取中央廉租住房、公共租赁住房和棚户区改造补助资金31.3亿元；省级奖补资金由上年的1.3亿元提高到6亿元；要求各市县切实将国家和省"土地出让净收益用于住房保障的比例不低于10%"的规定落实到位,资金缺口较大的市县要适当提高提取比例;明确公有住房出售收入的结余资金可用于发展公共租赁住房。2011年全省各级财政共筹集保障性安居工程专项资金242亿元。引导各地积极构建保障性安居工程专用融资平台,发挥市场机制作用,吸引和整合社会资金投入,多渠道筹集保障性住房建设资金。青岛、潍坊等市的住房保障投融资平台已投入运营。在用地方面,省政府印发《关于切实落实保障性安居工程用地的通知》,对保障性安居工程用地实行计划单列、优先保障。对利用存量土地的,在完成供地后,省等额奖励新增建设用地指标;对确需使用新增用地的,计划指标由省统筹安排,实行"点供",应保尽保。企业利用自有土地建设公共租赁住房,原为划拨土地的,暂不改变用地性质;原为出让土地的,不再缴纳用途差价。2011年全省共落实安居工程用地2257.5公顷,完成计划供应量的109%。在税费减免方面,省里出台一系列减免优惠政策,如对保障性安居工程一律免收各项行政事业性收费和政府性基金;除依法支付土地补偿费、拆迁补偿费外,一律免收土地出让金;落实营业税减免等优惠政策等,有效调动社会各方面参与保障性安居工程建设的积极性。

【狠抓工程质量】 全省严格执行国家和省各类保障性安居工程建设的标准,坚决制止超面积、超标准建设。在工程项目前期手续办理过程中,各级发改、国土、建设等部门,建立绿色通道,优化审批程序,缩短审批时限,提高审批效率。坚持"质量就是生命,安全重于泰山",进一步强化保障性安居工程的质量管理,把保障性安居工程作为质量安全监管的重中之重,深入开展质量通病专项治理,全面推行分户验收制度。为加强组织领导,专门成立省保障性安居工程质量安全领导小组,省住房城乡建设厅印发《关于进一步加强全省保障性安居工程质量安全管理的通知》(鲁建建字〔2011〕15号),召开专题会议进行部署,并以保障性安居工程为重点,组织开展全省质量安全和建筑市场综合执法检查。在全省推广临沂等市实行保障性安居工程质量责任终身制的做法,把"质量第一、安全至上"的原则贯穿到保障性安居工程的勘察、设计、施工、监理和竣工验收工作的全过程。所有保障性安居工程都在建筑物明显部位设置永久标志牌,注明建设单位、设计单位、施工单位、监理单位和责任人姓名,永久接受群众监督,一旦质量出问题,不论责任人走到哪里,都要追究责任。

【强化监督考核】 省政府定期对保障性安居工程建设任务完成情况进行考核通报,并建立住房保障工作约谈问责机制,对资金和土地不到位、政策不落实、建设进度滞后的市县,跟踪调度、挂牌督办、约谈政府负责人,对未能如期完成保障性安居工程目标任务的,依据有关规定对相关负责人实行问责。建立保障性安居工程建设"月调度、季通报"制度,以及廉租住房中央预算内投资项目统计旬报、保障性安居工程和城市低收入家庭住房保障统计月报制度等,及时调度情况,全面掌握工作进度,定期向城市政府通报。2011年6月上中旬,省政府组织8个检查组,对全省征地拆迁、房地产市场调控和保障性安居工程建设情况进行全面检查。配合住房城乡建设部驻山东省保障性安居工程专项巡查组,到12个市进行巡查,实地察看700多个保障性安居工程建设项目。8月上旬省政府分三片召开的保障性安居工程建设情况调度会,既调度工程进展、查找问题差距,又研究对策措施,促进国家下达的建设任务的完成。2011年12月,省政府又组织对全省保障性安居工程建设情况进行综合验收。

【完善准入退出机制】 全省17个城市普遍建立健全住房保障资格三级审核、两次公示制度,不断完善市、区、街道(社区)三级组成的纵向审核机制和住房保障、民政部门联审备案的横向审核机制,严把证明出具关、初审关、公示关、审核关,严格房源公告、入围排序、公开摇号、轮候选房、现场监督程序,做到程序规范、信息公开、阳光操作,确保分配过程客观、公正,确保住房保障资源惠及符合条件的困难家庭。对于建成后的保障房,建立严格的年度复核和退出机制,建设保障性住房信息管理系统,逐步形成动态管理的长效监管机制。各地通过入户调查、接受群众举报等形式,及时掌握保障性住房的入住情况,严格查处出租、私下转让等违规行为,维护住房保障工作的严肃性和公正性。规范经济适用住房上市交易行为,购买不满5年的不得上市交易;购买满5年上市转让的,按照同地段普通商品住房与经济适用住房差价的一定比例交纳土地收益等价款,防止借经济适用住房投资获益行为发生。

4. 住房公积金监管

【概况】 2011年底,全省住房公积金实际缴存职工人数648.6万人,较上年度增加57.1万人;住房公积金累计缴存总额2232.4亿元,新增429.5亿元,缴存余额1308.5亿元,分别比上年增长

23.8%、28.6%、22.9%；本年度发放个人住房公积金贷款249.1亿元，个人住房公积金贷款余额占缴存余额的比例（即个贷率）为59.9%，比上年提高0.8个百分点；住房公积金使用率（个人提取总额、个人贷款余额与购买国债余额之和占缴存总额的比例）为76.6%，住房公积金运用率（个人贷款余额与购买国债余额之和占缴存余额的比例）为60.2%，分别比上年提高0.5个百分点、0.6个百分点。

【严格执行国家和省有关房地产市场调控政策】 合理引导职工基本住房消费，进一步规范住房公积金个人住房贷款政策，杜绝投机性贷款购房行为。首套普通自住房，套型建筑面积在90平方米以下的，贷款首付比例提高到20%；套型建筑面积在90平方米以上的，贷款首付比例提高到30%。第二套普通自住房贷款首付比例提高到60%，贷款利率执行同期贷款利率的1.1倍。停止向购买第三套及以上住房家庭发放住房公积金贷款。2011年，全省共向11万户职工家庭发放住房公积金个人贷款249亿元，比上年减少7亿元，调控效果显现。

【增加缴存职工住房消费资金积累】 严格执行"控高保低"政策，鼓励有条件的城市逐步提高缴存比例，增加缴存职工住房消费资金积累，提高职工购房能力；经省政府批准，对日照、枣庄、德州3个城市住房公积金缴存比例、基数进行调整。

【支持保障性住房建设】 2011年，全省住房公积金增值收益提取廉租住房补充资金5.91亿元，累积提取城市廉租住房建设补充资金36.7亿元，为全省城市廉租住房建设做出积极贡献。省住房城乡建设厅积极协调济南市、青岛市做好利用住房公积金贷款支持保障性住房建设试点工作，研究出台具体实施方案，明确试点工作基本原则、试点范围、贷款资金规模、风险控制和政府责任等内容。严格贷款审批程序，封闭贷款资金运作，确保资金安全。济南市向中大南片区棚户区改造安置房项目发放住房公积金项目贷款3.6亿元。青岛市李沧区惠水路片区经济适用住房项目已具备放贷条件。

【住房公积金管理机构调整】 省住房城乡建设厅会同省政府办公厅到潍坊、德州、日照三市就住房公积金管理机构调整工作进行专项督查，住房公积金管理机构调整工作取得重大进展。日照市公积金中心调整为市政府直属事业单位，由副县级单位升格为正县级单位，机构调整工作全部落实到位；德州市撤销各县区设立的住房公积金管理机构，统一设立11个县区管理部，实现全市住房公积金管理机构统一管理，住房公积金机构调整全部顺；潍坊市政府印发《潍坊市住房公积金管理体制调整工作方案》，将各县区分散在各有关部门管理的住房公积金管理中心，调整为隶属当地政府的正科级事业单位，机构调整工作取得阶段性成果。

【住房公积金内部管理】 各市住房公积金管理委员会认真履行职责，审议住房公积金管理的重大事项，做到依法决策、科学决策、民主决策。各市住房公积金管理中心完善管理制度，强化管理措施，定期向社会发布公积金缴存使用情况，自觉接受社会监督。青岛市公积金中心研发住房公积金电子监察系统，将风险控制关口前移，构筑住房公积金资金风险防火墙，得到国家监察部的高度评价。泰安市公积金中心实行住房公积金"零余额账户"管理模式，确保资金安全，提高创收能力，住房城乡建设部在全国范围内进行推广。临沂市公积金管理中心实行低收入家庭购房贷款贴息办法，深得百姓好评。各市公积金中心创造性地开展工作，形成自己独有的管理特色，管理总体水平不断提升。

【住房公积金监管】 在充分调研和多次征求意见的基础上，省住房城乡建设厅研究起草《山东省人民政府关于进一步推行和完善住房公积金制度的意见》；研究出台《山东省住房公积金管理中心业务管理工作考核办法》，为进一步规范和加强全省住房公积金管理工作打下基础；省住房城乡建设厅会同财政厅制定出台《山东省住房公积金管理省级考核奖励资金暂行办法》。组织省联席会议成员单位对各市2010年度住房公积金业务管理工作进行全面检查考核，指导督促各地健全管理制度，规范管理流程，提高管理水平，确保住房公积金安全完整和保值增值；根据2010年全省住房公积金管理考核情况，对威海市公积金中心等7个考核优秀单位、淄博市公积金中心等6个考核良好单位分别进行资金奖励，近800余万元省级奖励资金已拨付各市，极大地调动各市工作积极性。三是扎实推进住房公积金监管系统建设。成立公积金信息化推进工作领导小组，对列入实施计划的城市进行重点调度，积极参与镜像实施方案研究和评估，按计划时间节点督查进度，并做好相关协调工作。

5. 城市规划建设与管理

【概况】 2011年，全省完成城建投资949亿元，与上年持平。新增道路长度2436公里、面积7145万平方米。全省城市垃圾处理设施建设取得突破性进展，实现省政府提出的"一县一场（站）"目标。累计建成生活垃圾无害化处理场105座，处理能力达到4.1万吨/日，城市和县城生活垃圾无害化处理率达到86.57%；共建成城市污水处理厂211座，形成污水处理能力1030万立方米/日，城市和县城污水集中处理率为90.48%，位居全国前列。城市环保二期世行项目、海河流域亚行贷款项目累计完成投资22亿元人民币，实际利用贷款1.61亿美元。会同省财政厅下达中央三河三湖污染治理专项补助资金和污水管网以奖代补资金7.15亿元、省级城市污水和垃圾处理专项资金2.45亿元。新增集中供热面积7761万平方米，全省48个设市城市和49个县城实现集中供热。全省所有市、县(市)全部开通管道天然气，长输管道天然气覆盖98个市、县(市)，年增管道天然气用户226万户。园林城市创建工作取得新进展，新增省级园林城市16个，全省共有国家级园林城市20个、省级园林城市44个，国家级园林城市数量居全国首位。

【区域性战略性规划编制】 《黄河三角洲城镇发展规划》和《鲁南地区城镇发展规划》发布实施。黄河三角洲和鲁南地区将分别建成环渤海重要的城镇发展区和鲁苏豫皖边界区域新的经济隆起带，并成为山东经济发展的重要增长极。

【青岛海湾大桥和隧道建成通车】 6月30日，世界第一跨海大桥青岛胶州湾大桥和隧道建成通车。胶州湾跨海大桥全长41.58公里，由山东高速集团自主研发的水下无封底套箱技术为世界首创，大沽河航道桥为世界首座海上独塔自锚式悬索桥，全桥海上钻孔灌注桩数量为5127根，居世界第一。

【城市污水处理】 到2011年底，全省累计投资170亿元，建成城市污水处理厂211座，形成污水处理能力1030万立方米/日。全省建成运行的204座污水处理厂中，有162座负荷运转率达到75%以上，占建成运行总数的79%；有36座负荷运转率达到60%~75%；有6座负荷运转率达到50%~60%。全省17个设区城市城区污水集中处理率全部达到80%及以上；全省91个县(市)城区污水集中处理率全部达到80%及以上。全省城市污水处理厂共处理城市污水32.24亿吨，削减COD 103.83万吨，分别比上年增长11%和7.2%，全年城市和县城污水集中处理率达到90.48%，比上年提高2.6个百分点。全省所有设区城市和县(市)都已将污水处理费提高到省政府规定的0.8元/立方米的最低限价水平，17个设区城市已将污水处理费提高到平均1元/立方米的保本微利水平。有113座污水处理厂采用BOT、TOT、合资合作方式进行运作，占到项目总量的51%。

【垃圾无害化处理】 全年新增垃圾无害化处理场33座，新增垃圾处理能力10690吨/日。全省累计完成投资80亿元，建成生活垃圾无害化处理场105座，城市生活垃圾处理实现"一县一场(站)"，处理能力达到4.1万吨/日。全年城市和县城生活垃圾清运量1283.9万吨，处理垃圾1111.4万吨，城市生活垃圾无害化处理率达到86.57%，比上年提高6.9个百分点。青岛、淄博、枣庄、烟台、泰安、日照、聊城、菏泽等66个城市和县城开始征收垃圾处理费，收费标准一般为居民按每月每户5~10元收取，单位按每人每月2~4元收取。全省有20座垃圾处理场采用BOT、合资合作方式进行运作。

【供热供气规划】 编制完成《山东省压缩天然气液化天然气专项规划》，省政府于9月30日批准实施。各地加快推进燃气、热力专项规划编制，全省14个设区城市和40个县市编制完成燃气专项规划，16个设区城市和38个县编制完供热专项规划，部分燃气规划还实现覆盖中心镇和中心村。全省管道燃气普及率、城市热化率达到65%、47%，同比分别提高5%和3%，供热供气步入有序发展的良性轨道。青岛、临沂、日照以燃气规划为龙头和总抓手，政府主导，统筹开发、建设、管理天然气市场，确保供气稳定、健康、持续发展。

【全面推行标准化服务】 从7月1日起，济南市在供水、供气、供热、12319热线、市政设施建设、城市道路照明、市政设施管理和城市排水8个行业中全面推行标准化服务。济南由此成为省内率先在整个市政公用系统全面推行服务标准化工作的城市。服务标准化要求，停水前3天要向用户发通知，24小时以上的停水要提供临时用水；接到燃气事故报警，抢修人员须在30分钟内到达现场；供热单位必须在5天内对用户测温申请作出处理；12319热线铃响三声必须接听。

6. 工程建设管理

【工程质量管理】 全省建设工程质量管理工作按照"确保结构安全，完善使用功能，提升观感质量"的总体思路，通过召开全省会议全面部署，出台规范性文件加强指导，开展专项活动集中治理通病，突出保障性安居工程质量监管，推行分户验收制度把关保障，推动工程质量有明显提升，涉及工程质量的投诉明显减少，群众对工程质量的满意度明显提高。全省有7项工程荣获2011年度中国建设工程鲁班奖，占全国共96项获奖工程的7%；有20项工程荣获2011年度国家"优质工程奖"，占全国共148项获奖工程的13%。省政府办公厅出台《关于进一步加强房屋建筑和市政工程质量安全管理的意见》,从规范建筑市场秩序、突出建设单位责任、严格总承包商负总责制度、加强关键环节管理、强化政府监管、推进制度机制建设等6个方面提出26条意见。全省住宅工程质量通病专项活动部署一年来,影响住宅工程主要使用功能的渗漏、裂缝、电气、水暖四大类十二项常见通病治理率达到75%以上,全省共有83项工程经复查验收被评为全省通病治理示范项目。在总结前几年试点工作经验做法的基础上,全面推行住宅工程分户验收制度。全省住宅工程分户验收率达到98%以上,保障性安居工程全部做到分户验收。

【工程安全管理】 全省住房城乡建设系统以深入开展"安全生产基层基础深化年"活动为主线,抓基层、打基础,认真落实部门安全监管责任和企业安全主体责任,建筑施工安全形势保持持续稳定。2011年,全省累计上报房屋建筑和市政工程施工死亡事故18起、造成23人死亡,没有发生较大及以上安全事故,有10个市实现全年零死亡。在全社会固定资产投资和建筑业总产值大幅增加,建设规模持续加大,建设量不断增加的情况下,做到事故死亡人数连年下降,全省建筑业百亿元增加值死亡率为0.97,列全国第二低。印发《山东省房屋建筑和市政工程施工预防坍塌事故专项整治工作实施方案》,在全省建筑施工领域重点开展高大模板支撑系统、高大边坡土方、建筑起重机械设备、脚手架4个方面的专项整治,有效杜绝群死群伤事故的发生。深刻吸取上年青州墙体倒塌事故教训,制定印发《全省严厉打击非法违法建设施工专项行动实施方案》,始终保持"打非治违"高压态势,没有发生因违法建设导致的安全事故。印发《山东省建筑施工企业及项目部领导施工现场值班带班管理规定》《山东省建筑安全生产标准化工作实施方案》等文件,为建筑施工安全生产工作营造良好的制度环境。

【工程建设监理】 全省建设监理行业在监工程普遍做到工程质量稳中有升,建设进度明显加快,安全形势持续好转,投资效益明显提高。特别是在工程质量方面,监理企业积极配合参建单位,大力实施"精品带动战略",在确保工程质量安全的基础上,创建出一大批精品工程,荣获鲁班奖、泰山杯等代表全国、全省最高建设管理水平的工程,全部是实行监理的工程。组织开展监理专项检查和资质核查,在市级普查的基础上,抽调专家随机抽查监理企业132家,在监项目127个,下达整改通知书70份,责令整改237项,建议处罚5项,有效整顿监理市场行为,监理市场秩序有明显改观。部分监理企业实施"走出去"战略,大力开拓外埠市场,有80余家监理企业到上海、北京、广州等地承揽业务,展示"鲁"字号监理企业的良好形象。全省发展建设监理企业491家,监理企业数量居全国第二位,其中综合资质企业8家、占到全国的12%。全省监理企业监理合同额和营业收入分别达66亿元和48亿元。

【工程建设领域突出问题专项治理】 全省继续深入开展工程建设领域突出问题专项治理活动,以政府投资及使用国有资金的房屋建筑和市政工程为重点,从城乡规划、招标投标、建设实施、质量安全等方面,深入排查突出问题,及时制定治理措施,跟踪监督整改落实,严肃查处违法违规问题,有效净化全省建筑市场,保证建筑市场健康有序。积极配合省专项治理领导小组对新闻出版、监狱管理、交通、水利等重点领域的突出问题进行督导、约谈。据统计,自专项治理活动开展以来,各级共查处非法违法建设项目837项,整改突出问题1504项,补办建设手续287项,补缴规费1206万元,经济处罚247万元,处理建设类企业资质749家。在省住房和城乡建设厅门户网站上开辟住房城乡建设厅工程建设领域项目信息和信用信息公开共享专栏,初步建立建设类企业及执业人员数据库,为逐步实现建筑市场的动态监管奠定基础。

【勘察设计咨询业】 山东省勘察设计企业营业收入490.3元,实现利润37.3亿元,上交所得税8.8亿元,分别增长32%、11%、5%,为全省工程建设、城乡建设和经济社会发展做出重大贡献。勘察设计咨询业进一步壮大。至2011年底,全省勘察设计企业达1271家,其中,按资格类别及等级分,工程勘察、工程设计单位1117家(甲级269家,乙级579家,丙级269家),设计与施工一体化企业154家(一级资质53家,二级资质96家,三级资质5家)。从业人员87320人,注册执业人员达11861人,具有技术职称的人员59119人,分别比上年增长9%、11%、7%。企业结构更趋合理,2011年勘察设计企业不断深化改革,转变经营机制,创新管理模式。勘察设计企业进一步向民营方向发展,全省勘察设计国有企业数量比上年减少4%,公司制企业数量增加8%。部分市级大院抓住机遇,突破难点,勇于创新,大胆改革,如临沂市建筑设计研究院、聊城市规划建筑设计院顺利完成改企建制工作,进一步激发企业活力。完成改制的单位积极探索做大

7. 村镇建设

【概况】 2011年，全省村镇建设完成投资1387.8亿元，其中小城镇建设完成投资595亿元；新建住宅10016.2万平方米，公共建筑1273万平方米，生产建筑3118.5万平方米；村镇自来水普及率达到86.1%，其中小城镇达到88.1%。全年新编小城镇总体规划103个，村庄建设规划3906个，基本完成乡镇总体规划和中心村建设规划修编，村庄建设规划编制率达73.6%。农房建设新启动整村改造建设在建和完工126万户，危房改造完成25万户。

【农房建设与危房改造】 为确保实现3年300万户农房建设目标，8月，省政府分别在济南章丘、临沂兰山区、烟台龙口组织召开全省保障性安居工程与农村住房建设调度会。三年来，各级党委、政府和有关部门把农房建设作为统筹城乡、以人为本、执政为民的重要举措，精心组织，广泛发动，协调推进，取得显著成效。全省整体改造村庄12259个，集中建设农房320万户、改造危房61万户，建成和在建新型农村社区7976个，惠及农村居民1200多万人。实现"农民得实惠、企业得市场、发展得空间、党政得民心"，已经成为破解"三农"难题的切入点、建设社会主义新农村的突破口、推进新型城镇化和城乡一体化的结合点。大规模农房建设与危房改造，使农村面貌发生巨大变化。

【改善农民居住条件和生活环境】 三年时间，全省20%的农村居民告别设施简陋、环境脏乱、低矮破旧的旧村居，住进功能完备、整洁有序、宽敞明亮的新农房，走上柏油路，喝上自来水，做饭有燃气、洗澡有热水、购物有超市、看病有诊所、休闲有公园、出行有公交，农民多年的梦想变成现实。

【扩大社会投资消费和市场容量】 2009年前，全省农村居民每年分散建房约30万户，户均土建、装修、家电家具等支出约10万元。开展农房建设以来，全省集中建房每年达100多万户，连同政府补贴在内，户均综合支出提高到15万元。3年的农房建设，直接完成投资4000多亿元，使用钢材1100万吨、水泥8100万吨、建筑劳务10多亿个工日，农民搬入新居后进行装修和购买家电、家具、纺织品等支出2555亿元，带动建筑建材、电子轻工、交通运输、餐饮服务等20多个相关产业发展，直接和间接提供城乡就业岗位300多万个，增加农民纯收入300多亿元，提供税收260多亿元，成为扩大内需的有力引擎。

【优化土地资源配置和空间布局】 三年农房建设治理空心村1200多个，迁移合并村庄3700多个，有效解决村庄布局散乱、村内土地闲置、户均用地较多等问题，节约土地8万公顷。这些土地，有的复垦为耕地，有的用于产业园区，有的置换为城镇建设用地，提高土地利用效率，大大缓解经济社会发展与土地资源紧缺的矛盾。

【提高公共服务水平和党政威信】 为推动农房建设与危房改造，三年中各级政府直接投入605亿元，其中省市县三级财政投入110亿元，划拨、返还土地出让和增减挂钩收益405亿元，整合投入城建、交通、农业、水利、民政、教育等涉农资金90亿元，减免行政事业性收费130多亿元。三年中4700多个设施不完善、环境脏乱差、风貌不协调的城中村、城边村和乡镇驻地村，改造建设成为焕然一新的居民小区，实现村庄变社区、村民变市民，加快城镇化发展，提高城镇化质量。7500多个路不平、灯不明、厕不洁、水不净的村庄，就地改造、就近整合建设成为设施配备城镇化的新型农村社区，实现物质形态上的城乡一体化。

【村容村貌综合整治】 9月，省住房城乡建设厅在淄博召开全省农村环境综合整治现场会，对全省的村容村貌综合整治工作做出部署，提出"用5年时间，将全省尚未进行村庄整治和整村改造的4.7万个行政村基本整治改造完毕；2011年先行整治环境面貌最差的7000个村，以后4年每年整治1万个村；力争实现'一年有变化，三年见成效，五年全达标'"的村容村貌综合整治工作五年计划。同时，在充分调研的基础上，省厅出台《关于深入开展村容村貌整治的意见》。积极协调省级财政对村庄环境整治进行补助，2011年申请专项资金4000万元，主要用于村庄建设整治规划编制和村容村貌整治项目资金补助。通过一年的村容村貌综合整治，至年底，全省有3.7万个村庄设置垃圾收集点，建成乡镇垃圾中转站1430个、集中收集点1194个，30多个县市区已实现城乡垃圾处理一体化，全省范围内户集、村收、镇运、县处理的农村垃圾处理体系正在形成；全省小城镇建成污水处理厂272个、处理装置1038个，污水处理率达25%，6607个村庄的生活污水得到处理，2000多万群众受益，全省村容村貌有很大改观，农村人居环境质量明显改善。

【"百镇千村"建设示范工程】 "十一五"期间，省住房城乡建设厅与人力资源社会保障厅联合组织开展"百镇千村"建设示范活动。2011年6月，省住房城乡建设厅会同省人力资源和社会保障厅评选出100个镇、1000个村为2006~2010年度山东省小城镇建设示范镇、村。10月23日，省住房城乡建设厅在济南市组织召开山东省小城镇建设研究会2011年年会，对100个小城镇建设示范镇、1000个村庄建设示范村进行表彰。同时，为进一步提升小城镇建设发展水平，省住房城乡建设厅会同省人力资源与社会保障厅下发《关于开展"百镇千村"建设示范活动的通知》，决定在"十二五"期间继续开展"百镇千村"建设示范工程。

【"建材下乡"试点】 2010年9月29日，住房和城乡建设部等六部委联合下发《关于开展推动建材下乡试点的通知》，确定山东、宁夏两省为建材下乡试点省（区）。2011年7月，省财政厅、住房城乡建设厅、经信委联合下发《关于全面开展建材下乡试点进一步做好农房建设与危房改造工作的通知》（鲁财综〔2011〕60号），确定在全省范围内开展建材下乡试点工作，并出台《建材（水泥）下乡试点实施方案》，要求建材（水泥）下乡与农房建设和危房改造紧密结合，支持各地开展农村住房建设与危房改造工作，由补资金改为补建材（水泥）。建材（水泥）下乡省级补助资金来源于2011年农村住房建设与危房改造"以奖代补"资金1亿元，专项用于支持农村住房建设与危房改造中的建材下乡试点工作。补助范围为各市规划区以外，已纳入省政府农村住房建设与危房改造规划和2011年年度计划、新开工的农村集中改造建设的村庄农户，不包括压煤搬迁村庄的农房建设项目。山东省将以各市审核上报的农村住房建设计划数为依据，确定建材下乡补助农户数。2011年，全省建材（水泥）下乡，共为5万农户（每户按2000元的水泥产品进行补助）建房提供复合硅酸盐水泥30万吨。

【特色镇建设】 4月22~25日，省住房城乡建设厅和省文物局组成2个检查组，对全省国家级历史文化名镇名村：淄博桓台新城镇，济南朱家峪村、青岛雄崖所村、威海东楮岛村、淄博李家疃村进行检查。检查组采取听汇报、实地考察等方式，从保护范围及数量变化、历史建筑、保护规划制定、保护规划实施、地方法规制定、国家专项补助资金使用等方面，重点对1镇4村的档案建设、保护范围、历史文化街区、历史建筑、保护规划等方面进行全面检查。8月，住房城乡建设部、国家旅游局联合下文公布全国第二批共111个镇（村）特色景观旅游名镇（村），山东省有10个镇（村）（临朐冶源镇、滕州柴胡店镇、安丘石埠子镇、泗水县泗水镇、文登界石镇、莒县浮来山镇、沂南铜井镇、淄川太河镇、昌乐鄌郚镇、荣成西霞口村）名列其中，约占全国总量的1/11。

8. 建设领域节能减排

【新建建筑节能】 山东省于2006年在全国率先执行新建居住建筑节能65％的标准；2011年国家颁布居住建筑节能设计标准后，及时组织调整修编；"十二五"期间，制定实施更高要求的节能标准。建立健全建筑节能闭合式监管体系，全面推行节能信息公示制度，将建筑节能性能、措施等信息在施工、销售现场公示，在买卖合同、质量保证书和使用说明书中载明，确保节能标准落实到位。全省县城以上城市规划区竣工节能建筑5500万平方米，节能标准执行率设计阶段达到100％、施工阶段达到98％。

【既有居住建筑改造】 省住房城乡建设厅会同省财政厅，制定下发《省级既有建筑供热计量及节能改造专项资金管理办法》，及时分解落实中央和省补助资金，加强拨付和使用管理。在日照召开既有居住建筑供热计量及节能改造观摩会，积极推进既有建筑节能改造，日照、文登被国家确定为"节能暖房"工程重点市、县。对改造工作进度较慢的城市，实施专项督导检查，并组织专家加强技术支持和指导，确保完成改造任务。印发整治方案，在全省组织开展建筑外墙外保温工程消防安全专项整治。全省既有居住建筑供热计量及节能改造1756.52万平方米，完成全年任务的120.9％。

【公共建筑节能】 《省建设工程勘察设计管理条例》规定，公共建筑设计应当包含用电分项计量装置和节能监测系统，未包含的责令改正并处以罚款。省住房城乡建设厅会同有关部门，制定实施《建筑能源审计管理暂行办法》、《建筑能源审计导则》、《公共建筑节能监测系统技术规范》等一系列政策性、技术性文件。2011年下发《关于做好公共建筑节能工作的通知》，先后召开建筑能源审计培训会、监测系统技术规范宣贯会及建设研讨会，组织各市编制实施《公共建筑能耗监测平台建设实施方案》、《公共建筑节能"十二五"规划》，积极推进能耗统计、能源审计、能效公示、节能改造及监测平台建设，审核上报2373栋公共建筑的能耗数据，位居全国各省区首位。完成公共建筑节能改造152万平方米，并对129栋公共建筑安装分项计量装置和节能

【可再生能源建筑推广应用】 山东省政府要求自2010年起县城以上城市规划区内新建、改建、扩建的12层及以下住宅建筑、集中供应热水的公共建筑,强制同步安装应用太阳能光热系统。省住房城乡建设厅会同省政府节能办,年初分解下达应用任务,建立健全闭合式、全过程监管体系,确保符合条件的建筑全部按要求安装太阳能光热系统,鼓励有条件的地区开展高层建筑太阳能光热一体化应用。全省建成太阳能光热建筑一体化应用项目2273.4万平方米。将地源热泵应用纳入工程建设程序,加强设计、施工、监理及验收等环节监管,全面开展项目技术论证,促进浅层地热资源科学、持续利用。至年底,全省已竣工地源热泵建筑应用项目1520万平方米。

【发展绿色建筑】 省住房城乡建设厅成立领导小组,印发《关于积极促进绿色建筑发展的意见》,明确指导思想、发展目标、工作重点及推进措施,组织开展示范工程建设,积极发展绿色建筑。研究编制《绿色建筑评价标准》,印发评价标识工作规程,组建省评价标识专家委员会,评审公布2批绿色建筑星级标识项目。全省有省级绿色建筑示范项目22个、300多万平方米,山东交通学院图书馆获国家"绿色建筑创新奖"一等奖,济南中建文化城一期等10余个项目、近100万平方米获得绿色建筑星级标识。

【墙材革新工作】 省住房城乡建设厅会同省监察厅、国土资源厅,在临沂召开"禁实"工作现场观摩会,加快推进乡镇"禁实",推动"禁实"向"禁黏"、"禁用"向"禁产"过渡。全省生产新型墙材351亿块标砖,县城以上城市规划区应用237亿块标砖,生产、应用比例分别达86.8%、98%,同比分别提高3个、2个百分点。2011年,全省建成节能建筑5500万平方米、施工阶段节能标准执行率达到98%,完成既有居住建筑节能改造1756.52万平方米、公共建筑节能改造152万平方米、完工太阳能光热建筑一体化应用2273.4万平方米、县城以上城市规划区内可再生能源建筑应用面积占新建民用建筑的比例达到40%,生产新型墙材351亿块标砖,县城以上城市规划区内应用新型墙材237亿块标砖,生产、应用比例分别达86.8%、98%,全面完成国家和省确定的各项任务,新增节能潜力376万吨标准煤,减排二氧化碳978万吨、二氧化硫7.6万吨,节约土地5.7万亩。建筑节能取得积极成效,省政府授予省住房城乡建设厅"全省节能工作突出贡献单位"称号、并记集体一等功。

【推进城市照明节能】 及时转发《城市照明管理规定》、《关于切实加强照明节能管理严格控制景观照明的通知》等规章文件,结合山东实际,提出贯彻落实意见。编制实施城市照明专项规划。全省17个设区城市和大部分县、市已按要求开展照明专项规划编制,部分市、县已完成编制。严格落实城市照明标准规范,研究制定《山东省城市照明设计规范》。加快转变城市照明发展方式。济南启动城市路灯照明智能管理系统建设,建成后将实现单灯控制;济南、潍坊、东营、烟台、泰安、临沂等市积极推广LED高效照明产品,济南西客站片区、龙奥大厦成为国家LED照明示范工程;青岛、德州、滨州等市积极推广太阳能路灯、庭院灯、景观灯等新能源照明技术,照明节能水平进一步提高。严格遵循建设程序,稳步提升照明工程质量,济南、青岛、潍坊、东营、莱芜等市建成一批高水平的景观照明工程,美化靓化城市夜景。加强城市照明管理养护。全省17个设区城市和绝大多数县、市设立路灯管理机构,设区城市新、改建道路装灯率达100%。各地综合采取分时分区照明、合理确定启闭时间、严格控制景观照明、严把设计关口等措施,把照明节能落到实处。各市将城市照明设施养护经费纳入财政预算,健全管理养护制度,保障照明设施正常运行。济南、潍坊、临沂等市积极推行合同能源管理,采用BOT方式引入专业机构进行城市照明设施实施节能改造,实现合作共赢。

【餐厨废弃物处理情况】 《山东省城镇容貌和环境卫生管理办法》将餐厨垃圾作为城市管理的重要内容,要求单位食堂和饮食业经营者产生的餐厨垃圾按照有关规定单独收集和处置,不得排入雨水、污水排水管道、河道、公厕或与其他垃圾混倒,并对生活垃圾运输实行许可管理。青岛、潍坊2市获批国家餐厨废弃物处理第一批试点城市,济南市获批省级试点城市。青岛的餐厨废弃物处理项目规模为400吨/日,现已完成BOT特许经营招标,确定投资主体、建设规模、处理工艺,将于年内开工,2012年竣工并投入运行;潍坊已建成利用地沟油生产生物柴油项目,年可利用地沟油6.2万吨,餐厨垃圾处理项目选址已经确定。

9. "十二五"发展目标

【总体目标】 "十二五"期间,山东省住房和城乡建设事业改革与发展的总体目标是:积极稳妥推进新型城镇化,城乡规划的综合调控和区域协调机制更加健全,支撑经济文化强省建设、大中小城市和小城镇协调发展的城镇体系更加完善；保障性住房建设加快推进，房地产市场调控不断加强，城镇居民的基本住房需求得到满足；城市基础设施和公共服务设施更加健全，综合承载能力明显增强；建筑业、房地产业、市政公用事业发展机制更加完善，统一开放、竞争有序的市场体系日趋成熟；城乡体制障碍逐步消除，覆盖城乡居民的基本公共服务逐步完善，城乡发展差距逐步缩小；建设领域转方式、调结构取得重大进展，建设科技含量明显提高，建筑节能和城镇减排成效突出，住房城乡建设事业持续健康发展的基础更加牢固。

【城镇化】 按照统筹规划、合理布局、完善功能、以大带小的原则，遵循城市发展客观规律，以城市群为主体形态，以大城市为依托，以中小城市为重点，加快培育山东半岛城市群、济南都市圈、黄河三角洲城镇发展区、鲁南城镇带，促进大中小城市和小城镇协调发展。到2015年，全省城镇化水平达到55%左右，山东半岛城市群达到65%以上。

【城乡规划】 强化规划在城乡建设管理中的先导和统筹作用，到2015年，基本建立起城乡全覆盖的城乡规划编制体系、比较健全的城乡规划监管体系、比较完备的城乡规划法规和标准规范体系；加快构建城乡一体的空间规划制度，基本适应山东省转变经济发展方式、建设节约型社会的需要；历史文化名城、名镇、名村、风景名胜等各类脆弱资源得到有效保护，城乡规划的综合调控作用和社会服务功能进一步增强。

【城市建设】 "十二五"期间，城市建设计划投资4950亿元，年均增长8%。到2015年，城市人口用水普及率达到99%，再生水利用率不低于20%，人均城市道路面积达到22平方米，集中供热普及率大、中城市达到60%，小城市达到40%，全社会燃气普及率达到95%以上，县城以上管道燃气普及率达到50%以上，污水处理厂集中处理率不低于90%，生活垃圾无害化处理率96%，城市建成区绿化覆盖率40.3%，人均公园绿地面积16平方米，城镇综合承载能力大幅提升，人居环境进一步改善。

【村镇建设】 "十二五"期间，村镇建设计划投资5600亿元；小城镇总体规划覆盖率达到100%，中心村规划编制率达到100%；村镇自来水普及率90%，人均住宅建筑面积32平方米；污水处理厂集中处理率达到31%，生活垃圾无害化处理率22%；小城镇绿化覆盖率25%；管道燃气普及率30%；完成农村住房建设300万户、农村危房改造40万户，新型农村社区建设模式和管理体制基本建立，中心镇建设步伐明显加快，小城镇基础设施和公共服务设施水平大幅提高。

【住房保障】 完成国家下达的各类住房保障分解任务，到2015年全省住房保障户数占城镇家庭户数比重达20%左右。大力发展公共租赁住房，使其成为保障性住房的主体；多渠道筹集廉租住房房源，完善租赁补贴制度，稳步扩大覆盖面；保持经济适用住房适度建设规模，高质量完成棚户区改造，多种渠道改善进城务工人员居住条件。

【房地产市场监管】 "十二五"期间，全省住宅建设计划投资21600亿元，房地产开发投资21800亿元，商品房竣工面积2.7亿平方米，商品房销售面积5.4亿平方米，存量住房交易面积6600万平方米左右。到2015年，全省城镇人均住房建筑面积达到35平方米左右，居民住房质量和居住水平稳步提高。房地产市场供求总量基本平衡、结构基本合理、价格基本稳定，引导理性投资与消费的机制初步形成。

【住房公积金监管】 到2015年，全省住房公积金缴存职工人数达到700万人，缴存总额累计达到3400亿元，公积金个贷率达到65%。公积金缴存额1650亿元，提取总额710亿元，贷款总额920亿元，提取城市廉租住房建设补充资金等住房保障性资金35亿元。

【工程建设与建筑业】 工程建设管理水平逐步提高，工程质量监管和安全生产管理长效机制逐步健全，建筑市场秩序进一步规范，工程质量总体水平明显提高。做大做强建筑业，壮大产业规模，优化产业布局，提升竞争实力，到2015年，全社会建筑业总产值达到58393亿元，建筑业增加值15563亿元；三级以上建筑业企业完成建筑安装总产值43750亿元，出省产值6424亿元，出国产值1490亿元，房屋建筑施工面积28.4亿平方米，竣工面积13.8亿平方米，建筑业劳动生产率达到123万元/人。

【建筑节能与科技创新】 县城以上城市规划区施工阶段节能标准执行率达到98%以上，逐步执行居住建筑节能75%、公共建筑节能65%的设计标准；新建建筑可再生能源应用比例达到50%以上。全省新型墙材生产比例达到90%以上，建制镇以上城市规划区建设工程应用比例达到100%。建设科技投入每年增长5%以上，科技进步贡献率明显提高。全省取得各类建设执业资格证书人员达到18万人，专业技术人员参加继续教育比例达到90%以上，建设类职业教育专业在校生年均增长5%以上，一线操作工人持证上岗率达92%。

（山东省住房和城乡建设厅 于秀敏）

河 南 省

1. 综述

【住房和城乡建设概述】 河南省新型城镇化建设步伐进一步加快。河南省城镇化率达到40.57%,比2010年提高1.07个百分点。新增城镇人口近180万,河南省城镇人口突破4000万。城乡规划体系逐步完善,全面完成城市"十二五"近期建设规划编制。县(市)村镇体系规划、村庄布局规划和乡(镇)总体规划全部完成,中心镇主要街区和重要地段详细规划完成185个,中心村规划基本完成,基层村规划完成总数的40%。产业集聚区建设快速推进,159个产业集聚区空间发展规划和控制性详细规划获得批准。以开展创建产城联动发展示范产业集聚区为抓手,加快产业集聚区建设,河南省产业集聚区建成区面积达到1325平方公里,比2010年增加224平方公里。

城中村改造步伐加快,15个省辖市城中村改造项目的控制性详细规划编制全部完成。河南省城中村改造实施拆迁6081.94万平方米,完成建设10029.69万平方米,实际完成投资1249.87亿元。新型农村社区建设有序推进,各地根据实际情况,成功探索出不同类型新型农村社区建设模式。

圆满完成保障性住房建设目标。全年是大规模推进保障性住房建设的第一年,通过各级各有关部门的共同努力,河南省45.41万套保障性住房实现全部开工,开工总量居全国第4、中部地区第1,投入建设资金310.3亿元,三个"三分之一"的工作目标总体完成。全年筹措保障性住房建设资金325.68亿元,其中国家补助72.97亿元,省财政配套23.51亿元,市县筹措落实资金50.79亿元,2679.68公顷建设用地及时供应到位。

农村危房改造快速推进,国家分两批向河南省下达农村危房改造任务20万户,竣工20.36万户,完成年度计划的101.81%,竣工率居全国首位。住房公积金支持保障性住房建设取得新进展,洛阳市作为河南省利用住房公积金支持保障性住房建设的试点城市,全年向5个经济适用房项目发放贷款5.7亿元。河南省有4.5万个单位、476万名职工缴纳了住房公积金,职工住房公积金覆盖率达到66.56%。累计归集1196.42亿元,归集余额803.16亿元,累计发放个贷510.87亿元。

河南省共完成城市基础设施投资370.21亿元,村镇基础设施完成投资89.56亿元,完成建房投资372.18亿元。市政公用设施建设进展顺利,在建供水、燃气、供热项目372个,完成投资36.37亿元。郑州市轨道交通1号线隧道全线贯通,完成投资16.76亿元,京沙快速通道建设完成投资12.37亿元。城市生态设施建设加快,在建污水处理和垃圾处理项目304个,全年设市城市污水处理率达到85%,垃圾无害化处理率达到84%。在建园林绿化、河道综合整治项目576个,完成投资50.86亿元。

房地产业平稳健康发展。河南省房地产开发完成投资2620.01亿元,居全国第9位、中部地区第1位,同比增长23.9%。宏观调控政策较好落实,按照国家要求,38个城市向社会公布了住房价格控制目标,从政府监管、住房保障、房源供应、需求管理、金融、土地等方面提出了落实措施,各省辖市住房价格控制目标基本实现。郑州市及时出台限购措施,就限制购房数量、限定购房区域、限定购房身份等问题做出明确规定,提高了调控的针对性、预见性和有效性。房地产市场秩序趋于规范。从严查处房地产开发、交易、中介服务和物业管理中的各种违法违规行为,较好地维护了消费者合法权益。房地产个人住房信息系统平台建设步伐加快。

建筑业发展水平逐步提高。完成建筑业总产值5279.36亿元,同比增长19.99%,排名中部第1位、全国第7位。建筑业吸纳农村就业人口增长5%以上,占河南省从业人员的比重达到15%以上。出省施工人数128万人,创劳务收入140亿元。建筑业企业竞争力进一步增强,建筑业企业尤其是骨干企业不断提升技术装备水平和技术创新能力,完善质量安全管理体系和人才队伍建设,紧跟市场变化,优化专业结构,拓展业务领域,经济效益和综合竞争能力进一步提高。河南省年营业收入100亿元以上的建筑企业达到4家,50亿元以上的企业达到10家。

建筑节能和墙材革新工作稳步推进。全年推广先进、成熟的新技术、新产品40余项，组织认证58家企业的节能材料、产品123个。全年完成新建节能建筑3200万平方米，节能标准实施率98%。

【法制建设】 加快立法和制度建设。积极做好《河南省建设工程造价管理办法》、《河南省建设工程安全生产管理条例》、《河南省风景名胜区管理办法》等列入河南省人大、河南省政府立法计划的法规规章的调研、论证、起草工作。

"六五"普法工作全面启动。全年是实施"六五"普法规划的第一年，省住房城乡建设厅采取多种措施，做好"六五"普法启动工作。针对近两年国家和河南省清理相关法律、法规、规章及规范性文件情况，组织编印300多万字的《住房和城乡建设政策法规汇编》，满足全系统干部职工学法用法和执法需要；《河南省建设工程造价管理办法》已提交河南省政府常务会审议。共审核50多个规范性文件，并按规定报送省政府法制办备案审查，合法率达100%。对涉及省住房城乡建设厅的行政审批事项依据、涉及全系统的行政强制依据和实施行政强制的主体进行了认真梳理，对涉及行政强制的规范性文件进行了清理。

强化执法监督工作深入推进。3月，省住房城乡建设厅印发《河南省住房城乡建设系统深入推进规范行政处罚裁量权工作方案》，并按照该《方案》的要求积极开展工作。查漏补缺，实现行政处罚裁量标准全覆盖。

全年省住房和城乡建设厅共接到行政复议申请33件，涉及申请人439人。

【建设综合执法】 成立省住房和城乡建设执法监察总队。经河南省机构编制委员会研究，河南省政府常务会议批准，设立河南省住房和城乡建设执法监察总队。认真办理执法案件，维护法律法规权威。全年，总队办理案件7件，配合审计、文物部门联合办案4起，经过省住房城乡建设厅案审会审定处罚案件7件，执罚249.96万元。开展综合执法检查。总队成立后，除进行建章立制、人员培训和整肃队伍之外，积极开展了一次重点地市的综合执法检查，省住房城乡建设厅印发了《关于开展综合执法检查的通知》。做好群众接访工作，积极做好来信来访案件督办转办。

【河南省城乡建设暨住房保障工作会议】 2011年12月29日，河南省城乡建设暨住房保障工作会议在许昌市举行，副省长赵建才出席会议并作了重要讲话。会议深入学习贯彻落实中央和省委经济工作会议精神，总结一年来建设工作经验，安排部署2012年建设工作任务。

2. 城市规划与建设

【城市规划】 2011年，河南省城市规划工作围绕加快中原经济区建设，扎实做好相关规划的编制和研究工作。构建新型城镇化体系，中心城市组团式发展。

继续完善城乡规划体系，为加强城乡各类规划的充分衔接，在河南省开始推行全域规划，指导济源、新密等市开展城乡总体规，加快城市总体规划审批进度；开展"十二五"城市近期建设规划，郑州、洛阳、焦作等省辖市城市近期建设规划通过技术评审；各市城市专项规划和控制性详细规划编制全面展开，在河南省组织开展城市综合交通体系、城市排水、供水等专项规划的编制。对城市重要地段和建（构）筑物开展城市设计，努力提高原创设计能力和建筑科技创新水平，形成与地域历史、文化、环境相适应的建筑风格和特色风貌。

产业集聚区建设。河南省180个产业集聚区空间发展规划和控制性详细规划全部编制完成，实现了产业集聚区控制性详细规划全覆盖。全面启动城中村改造工作，并取得了显著成效。在建城中村改造项目实施拆迁6081.94万平方米，完成建设10029.69万平方米，实际完成投资1249.87亿元。

【市政基础设施】 2011年，河南省共完成城市基础设施投资307.21亿元，市政公用设施建设进展顺利，河南省在建供水、燃气、供热项目372个，完成投资36.37亿元。在建园林绿化、河道综合整治项目576个，完成投资50.86亿元。

开展市政公用设施专项规划编制。开展或完成了《河南省城镇污水处理及再生利用设施建设与发展"十二五"规划》、《河南省城镇垃圾处理设施建设与发展"十二五"规划》、《河南省城镇燃气发展"十二五"规划》、《河南省污泥处理处置专项规划》等编制，并指导各省辖市依据城市总体规划，加快编制城市道路、公共交通、排水、供水、燃气、供热、市容环卫等专项规划和近期建设计划，促进市政基础设施建设有序推进。加大燃气行业管理力度，开展"城镇燃气管理条例宣传周"活动。加大供气安全监管力度，督导各市从燃气管理、技术、应用等方面入手，消除燃气安全隐患，降低燃气安全事故的发生率。

积极推进供热计量改革。2010～2011年采暖期，河南省共有24个设市城市和5个县城建设有集中供热。组织完成既有居住建筑供热计量及节能改造、国家奖励资金拨付使用、地方资金配套等工作,初步建立起了既改工作框架。实际完成并通过检测验收380.2万平方米改造。督促落实供热单位的计量收费实施主体责任,河南省有11个城市出台了两部制热价政策;14个采暖城市加大对热源、热力站、管网节能及计量改造力度,逐步实施建筑围护结构节能改造、室内供热系统计量及温度调控改造、热源及供热管网平衡改造。

污水垃圾处理运营管理水平稳步提升。根据《城镇污水处理运行绩效考核办法》、《河南省城市生活垃圾处理场动态管理考核办法》,组织开展污水处理厂和垃圾处理场的运营管理考核。共有33家污水处理厂达到了优秀等级,有48座垃圾处理场达到优秀等级。设市城市污水处理率达85%,垃圾无害化处理率达84%。

【园林城市】 2011年,河南省城市绿地率达33%、绿化覆盖率达38%、人均公园绿地面积达9.5平方米。3月,组织召开河南省城市园林绿化工作会议。

依据《国家园林城市标准》和《国家园林城市评选办法》,组织专家修订并印发《河南省园林城市标准》和《河南省园林城市评选办法》。对河南省申报国家园林城市和县城的市、县创建进行技术指导,并组织专家组对其创建情况进行初审,并形成推荐意见按时报送住房和城乡建设部。

【市容环境整治】 2011年,河南省城市精细化管理成效显著,城市精细化管理水平明显提升。3月,召开河南省城市精细化管理工作现场会。郑州、安阳、许昌、开封、新乡5个省辖市完成数字化管理系统建设并开始运行。

3. 村镇规划与建设

【村镇建设概况】 2011年,河南省村镇建设成效显著。至2011年底,共有建制镇826个,乡885个,镇乡级特殊区域5个,行政村43886个,自然村193305个,镇(乡)域面积14066422.86公顷,镇(乡)域常住人口64505352人,村庄常住人口44174436人。全年村镇建设投资合计4617362.01万元,其中住宅建设投资2657958.98万元,公共建筑投资430649.4万元,生产性建筑投资633174.86万元,市政公用设施投资895578.77万元;河南省乡镇建成区公共供水设施2265个,供水管道长度18729.53公里,其中2011年新增2243.71公里;集中供热面积215.85万平方米;道路长度262020.95公里,2011年新增2040.11公里,道路面积17284.35万平方米,2011年新增1537015万平方米;道路照明灯289992盏,2011年新增36117盏;桥梁6688座,2011年新增681座;污水处理厂24个,年污水处理总量2498.16万立方米;排水管道长度8492.64公里;绿化覆盖面积63004.91公顷;年生活垃圾清运量3892133吨,年生活垃圾处理量2961184吨;生活垃圾中转站2253座,公共厕所6959座。河南省村庄集中供水行政村19292个,供水管道长度40523.58公里,2011年新增3950.71公里;年生活用水量61244.40万立方米;集中供热面积10543.15平方米;村庄内道路长度101228.23公里,2011年新增4700公里,道路面积1566724.2万平方米,2011年新增5453.95万平方米;排水管道沟渠长度19470.39公里;对生活污水进行处理的行政村635个,对生活垃圾进行处理的行政村5266个,有生活垃圾收集点的行政村13407个,年生活垃圾清运量2346557.29吨。

【村镇规划和建设】 2011年,河南省村镇建设工作主要是农村危房改造、建制乡生活垃圾集运项目建设和建制镇垃圾中转站运行、村镇规划、中心镇和新型农村社区建设调研、历史文化名镇(村)创建等。强化村镇规划编制和实施。中心镇主要街区控制性详细规划完成175个,基层村规划完成35%;全年,河南省分两批下达了农村危房工作任务12.6万户、7.4万户,共计20万户。同18个省辖市和125个县(市、区)签订了《河南省危房改造承诺书》,把危房改造的责任落实到市、县。至2011年底,安排农村危房改造任务的125个县(市、区)共完成农村危房改造203624户,占年度计划的101.81%。

加强建制乡镇生活垃圾集运项目建设和管理。实行申报承诺书,制定《河南省建制乡项目建设申请及运行保证书》,1020个建制乡都进行了申请和承诺。省住房城乡建设厅印发《关于做好第二批建制乡后装压缩式垃圾车交接工作和对部分建制镇垃圾中转站进行一次性迁建的通知》。定期听取设备生产企业设备生产、发放进度,督促搞好操作培训和设备巡检;印发《关于对河南省建制乡镇生活垃圾集运系统运行情况进行督查的通知》,先后开展两次全面督查和一次集中抽查,下发运行情况通报。河南省建制镇垃圾中转站除11座因遭受自然灾害导致设备损坏不能正常运行外,其余863座建制镇生活垃圾中转站均具备运行条件,运行率在98%以上。全年1020台建制乡后装压缩式垃圾运输车全部下发到位,11个建制镇生活垃圾中转站一次性迁建工作基本完成。

4. 住宅与房地产业

【房地产市场管理】 2011年，认真贯彻国家关于房地产市场调控的有关规定，进一步强化河南省房地产市场管理，促进河南省房地产业健康、有序发展。认真贯彻落实国务院办公厅印发《关于进一步做好房地产市场调控工作有关问题的通知》，指导各城市人民政府合理确定年度新建住房价格控制目标，并于一季度向社会公布；加快推进全国个人住房信息系统建设，组织开展房地产信息系统建设现状调查，召开个人住房信息系统建设座谈会及建设方案专家论证会，下发《关于印发房地产市场信息监管平台及个人住房信息系统建设方案的通知》，提出用两年的时间完成个人住房信息系统建设并与全国个人住房信息系统联网，各地房地产管理部门都在按要求进行个人住房信息系统平台建设、人员培训、数据整理等基础工作，部分地市政府还解决了个人住房信息系统建设经费，总体进展顺利；积极培育和规范房屋租赁市场，加强对出租房屋的管理；规范和加强房地产经纪市场管理，结合河南省实际采取各种措施加强房地产经纪市场监管。在全省范围内全面开展物业管理企业资质动态考核工作。参加此次物业管理企业资质动态考核的企业是2370家，其中顺利通过此次动态考核的企业2260家，降低资质级别28家物业服务企业，限期整改70家；加强房地产市场监测分析，关注房地产市场出现的新情况、新问题，及时把握房地产市场走势。加大对虚假宣传、恶意抄作、哄抬房价等违法行为的查处和曝光力度。加强分类指导，加大监督检查力度。区分不同区域、不同城市房地产市场的差异性，加强地区分类指导；抓规范化考核，促住房信息系统建设。推行房地产交易与登记规范化，以贯彻落实《房地产登记技术规程》和房地产登记审核人员持证上岗制度为重点，全面提升房地产登记水平，培训1000多人。全面推进个人住房信息系统建设，加大对县(市)个人住房信息系统建设的指导，省辖市基本实现全市信息系统一体化。

【房地产开发】 2011年，河南省房地产开发完成投资2620.01亿元，居全国第9位，中部地区第1位，同比增长23.9%，增速比2010年同期回落12.2个百分点。

商品房竣工面积稳步增长，销售面积增速回落。房屋竣工面积5307.13万平方米，同比增长19.9%；商品房销售面积6304.41万平方米，同比增长15.6%，增速同比回落10.2个百分点；其中住宅销售面积5747.77万平方米，同比增长12.9%，增速同比回落13.9个百分点。

商品房价格同比增长，环比略有下降。商品房销售平均价格3492元/平方米，同比增长14.76%，其中住宅平均价格3116元/平方米，同比增长9.09%。

房地产开发资金来源趋紧。房地产开发企业资金来源3251亿元，同比增长17.7%，但其增速自2010年11月首次低于完成投资增速1.2个百分点以来，已连续14个月低于房地产开发投资增速。在房地产开发企业资金来源中，国内贷款271.3亿元，虽同比增长11%，但增速比2010年同期回落17.1个百分点，而且所占比重仅为8.3%，企业融资形势趋紧。五是土地收益减少。土地购置面积1534.8万平方米，同比下降46.4%；土地成交价款178.46亿元，同比下降33.8%。

【物业管理】 河南省城市物业管理面积达5亿多平方米，物业管理覆盖面达50%。至2011年底，全省共有物业管理企业2300家，其中一级物业管理企业16家，二级物业管理企业100家，三级物业管理企业2184家；从业人员20余万人。3个项目获国家级物业管理示范项目称号，其中国家级物业管理示范小区2个，示范大厦1个。获省级物业管理示范和优秀项目41个，其中，19个物业管理示范小区，2个示范大厦，17个物业管理优秀住宅小区，2个物业管理优秀大厦，1个物业管理优秀工业区。

【住房保障】 2011年，筹措保障性住房建设资金325.68亿元，其中财政性资金147.27亿元，社会资金178.41亿元。财政性资金中：中央奖励补助资金72.97亿元、省级财政安排资金23.51亿元、市县财政从土地出让净收益、住房公积金增值收益、地方债券及预算安排等渠道落实配套资金50.79亿元。全年开工保障性住房3244万平方米、45.41万套，完成年度责任目标的107.89%，供应保障房建设用地2679.68公顷，投入建设资金310.3亿元。其中：廉租住房开工516万平方米、10.43万套，竣工廉租住房231.6万平方米、4.5万套；公共租赁住房开工496万平方米、10.1万套，竣工公共租赁住房108.09万平方米、2.34万套；经济适用住房开工880万平方米、9.75万套，竣工经济适用住房467.88万平方米、4.98万套；各类棚户区改造安置用房开工1352万平方米、15.13万套，竣工棚户区改造安置用房282.6万平方米、3.2万套。发放廉租住房租赁补贴28.5万户，其中新增2.85万户，完成目标的211%。

开展保障性安居工程监督检查。7月,省住房城乡建设厅、省监察厅组成河南省保障性安居工程联系督查组,共分6个组,采取查看现场、查阅资料、听取汇报等,对河南省18个省辖市1121个保障性安居工程项目推进情况进行了督查,其中新开工855个,续建266个。

切实加强规划引导。省住房城乡建设厅印发《河南省住房保障"十二五"规划》,明确"十二五"期间保障性住房建设的目标任务、建设时序和建设重点。在此基础上组织各地依据城市规划、产业集聚区规划,编制保障性住房建设用地布局规划,科学安排保障性住房用地和空间,确保建设与需求的有效对接。

建立保障房配建制度。建立保障房与商品房、商业房双向配建机制,通过在商品住房开发、旧城区、城中村改造项目中配建保障性住房,在集中建设的保障性住房小区配建的商业用房,一定程度上解决了保障性住房布局均衡性问题,实现保障对象就近实施保障,降低生活和居住成本。强化质量监管。推行质量终身责任制和永久性标示牌制度,要求各地严把保障房工程招标和施工图审查关、严把建筑材料质量关、严把施工监督关、严把竣工验收关,同时对出现的问题依法追究责任,严厉查处工程建设中存在的质量隐患和问题,确保工程合格率100%。

抓好保障性住房分配管理。一是狠抓信息公开,确保保障房分配公开透明。二是严把准入关,全面推行省辖市"三审两公示"和县(市)"两审两公示"制度。全面推行保障对象资格年度复审和动态管理,把好退出关。

【住房公积金监督管理】 至2011年底,河南省共有4.5万个单位、476万名职工缴纳了住房公积金,住房公积金覆盖率达66.56%;住房公积金累计归集1196.42亿元,归集余额803.16亿元,沉淀资金约425亿元;职工个人贷款率46.33%,资金使用率63.35%。累计实现住房公积金增值收益35.08亿元,其中2011年为7.82亿元;上交各级财政用于支持廉租住房建设7.47亿元,其中2011年为1.50亿元。

进一步完善制度规范。确定行业审计制度,建立报表上报制度,及时掌握全省住房公积金业务运行情况,为政策研究、科学决策、有效监管提供数据支撑。建立完善督查制度,制度优势进一步发挥。监管力度进一步加强。

建立住房公积金管理信息平台。为规范住房公积金管理运作,大部分城市建立了住房公积金管理信息系统,通过光纤连接县(市)管理部,采用终端浏览器方式,使业务办理平台统一、即时便捷、资源共享,极大地提高了汇缴、支取、贷款的安全性和及时性,为精细化管理提供了坚实的数据平台。

5. 工程建设与建筑业

【建筑业发展概述】 河南省建筑业门类齐全,建筑业集中度进一步提高。形成围绕工程建设活动的勘察设计、招标代理、建筑施工、工程建设监理、工程造价咨询等完整的建筑业体系,确保行业持续、快速、健康发展。建筑施工企业已形成房建、公路、水利、电力、矿山、装饰、古建园林等几十个专业配套、门类齐全的建筑企业资质结构,基本满足了河南经济社会发展的需要。

至2011年底,河南省有资质等级的建筑企业9164家,其中总承包和专业承包企业7055家,劳务企业2109家。按资质级别分类(不含劳务企业)共有特级17家,一级434家,二级2076家,三级4438家,无级别90家。17家特级建筑企业完成建筑业产值1163.50亿元,占全部产值的22.04%,企业个数仅占0.4%。全年完成产值超过亿元的企业有926家,企业个数比2010年增加174家,占企业总数的21.48%,比2010年同期提高4.8个百分点。建筑业总产值为4401.41亿元,占全部产值的83.4%,比2010年同期提高4个百分点。完成产值超过10亿元的企业有69家,比2010年增加9家,建筑业总产值为2248.16亿元,占全部产值的42.58%,比2010年同期提高1.2个百分点。完成产值超过50亿元的企业有6家,建筑业总产值为883.50亿元,占全部产值的16.7%,比2010年同期增长28.6%。完成产值超过100亿元的企业有2家,建筑业总产值为548.80亿元,占全部的10.4%,增幅为9.2%。

全年完成建筑业总产值5279.36亿元,比2010年同期增长19.99%,首次突破5000亿元,产业规模创造了新的历史高点。全社会建筑业增加值1485.69亿元,比2010年增长5.8%。河南省具有资质等级的建筑企业利润总额193.78亿元,增长19.9%;税金总额194.32亿元,增长19.7%。2011年河南省建筑业签订的合同额为8396.98亿元,比2010年增长19.6%;新签合同额5436.39亿元,同比增长12.4%。

房屋施工面积和竣工面积同步增长。河南省在施房屋建筑施工面积为33282.01万平方米,比2010年增长了16.1%,当年新开工面积为20045.35万平方米，比2010年增长了15.7%。全年房屋建筑竣工面积为15146.83万平方米，比2010年增长了15.1%。房屋竣工平均造价为1009元/平方米，比2010年同期增加66元/平方米，增长7.0%。

全年建筑业企业实现利润200.09亿元，增长23.9%，产值利润率为3.8%，与2010年同期相比增长0.1个百分点。实现利税总额为385.53亿元，比2010年增长19.2%，产值利税率为7.3%。按建筑业总产值计算的劳动生产率为人均22.41万元，比2010年增长22.1%。

大型、特大型施工机械设备的更新加快，建造能力不断提高。至2011年底，河南省具有资质等级的建筑业企业拥有各类施工机械设备72.62万台，机械设备总功率1404.85万千瓦，机械设备净值达到263.85亿元，分别比"十五"期末增长2.3%、10.8%和10.4%；技术装备率为11530元/人，动力装备率6.14千瓦/人，分别比2010年增长13.3%和13.7%。

对外承包工程和劳务合作不断扩大。河南省积极实施"走出去"战略，外部市场开拓力度加大，市场占有率逐步提高，全国各地均有河南省建筑大军的身影。全年在国内省外共完成建筑业总产值1302.32亿元，有组织向省外输出建设劳务125万人，劳务收入达到了135亿元。对外承包工程和劳务合作签订的合同金额以及完成营业额都在逐年增加，全年对外承包工程、劳务合作和工程设计咨询业务新签合同额29.34亿美元，比2010年增长16.1%；营业额31.99亿美元，增长37.7%。

【建筑市场管理】 截至2011年底，河南省共有工程建设项目招标代理机构259家，其中甲级43家，占企业总数的16.6%，乙级141家，占企业总数的64.4%，从业人员达1.5万人，全年共实现招标代理营业收入4.88亿元，比2010年增长15%。2011年在全省范围内组织开展了招标代理专项治理活动，严厉打击招标代理机构为谋取不正当利益，与招标单位、投标单位合谋围标、串标等违法违规行为。

建筑市场监管力度不断加大。深入开展工程建设领域突出问题专项治理，严格市场准入清出制度，大力推进诚信体系建设，进一步规范招投标市场秩序，积极推广工程担保制度。

认真做好"清欠"工作。实行"约谈"制度。对拖欠问题较为突出的县、区和虽经多次督办依然没有得到妥善解决的30余家企业进行约谈，督促其提高认识，加大对拖欠案件的协调督办力度。与信用体系建设相结合，建立拖欠工程款和农民工工资公示系统，将不及时解决拖欠问题的建设单位、施工企业、劳务作业队负责人的名字等情况定期记录，并进行公示，约束企业拖欠行为的发生。实行诚信证明制度。将无拖欠证明作为企业参加工程招投标诚信要件之一，有效的促进了工资拖欠问题的解决。四是创新方法解决投诉案件。针对不同案件，采取不同方式如重点跟踪、下发告知书等进行解决，对有争议和纠纷的案件，先督办解决案件中无争议的标的额，再协调有争议部分，起到很好的稳定效果。全年共受理各类投诉案件170余起，下发拟处罚告知单约60余份，登记在册50余起，涉及金额约1.5亿元，基本做到受理一起解决一起，有力地维护了企业和农民工合法权益。

【工程建设监理】 2011年，河南省共有工程建设监理企业327家，其中综合资质企业4家，甲级以上企业98家，占企业总数的30%。工程建设监理从业人员超过4万人，其中注册监理工程师6139名。同时具有招标代理或造价咨询、设计和工程咨询等多项资质的工程建设监理企业已达134家，占工程建设监理企业的41%。全年工程建设监理企业共实现营业收入1154210.29万元，比2010年增长18%；实现工程监理收入233413.32万元，比2010年增长27%；承揽工程监理合同额318291.32万元，比2010年增长27.6%。

工程建设监理行业集中度进一步提升。2011年实现营业收入超亿元的监理企业有12家，超5000万元以上的有20家，超3000万元以上的有34家，1000万元以上的有58家。营业收入超3000万元的34家企业完成合同额占总合同额的75%。

进一步强化河南省建设工程监理的管理。省住房城乡建设厅印发《关于进一步加强河南省建设工程监理管理的若干意见》，完善工程建设监理管理制度，为强化市场监管，促进河南省建设监理行业健康发展打下了扎实基础。

【工程建设标准定额和工程造价管理】 2011年，河南省加快建筑工程造价管理法制化建设，完善造价信息服务，规范工程造价咨询企业、执业人员管理，充分发挥标准定额在新型城镇化建设中的约束和保障性作用。《河南省建筑工程造价管理办法》列入2011年河南省政府立法项目。转发国家标准和行业标准158项，与有关部门联合转发国家经济指标10项。积极参与国家标准和有关课题的研究工作，参与编制的国家标准《工程建设标准实施评价标准》已通过国家级评审，组织完成《2010年中国工程建设标准化发展研究报告》河南省部分的编写及审定工作；制定发布《合成树脂柔性饰面砖工程技术规程》、《河南省绿色建筑评价标准》等河南省地方标准。完善计价标准体系，填补城市轨道交通定额空白；组织郑州市有关专业人员完成《河南省轨道交通工程单位估价表》的编制并通过专家综合评审和批准发布。

组织完成河南省高层混凝土结构执行工程建设强制性标准情况的监督检查工作，共抽查高层混凝土结构工程507项，其中商业住房399项，公共建筑62项，住房保障项目46项。按照国家住房和城乡建设部、民政部、残联、老龄委四部委关于开展创建无障碍设施城市的要求，圆满完成4个试点城市（郑州、洛阳、平顶山、鹤壁）的创建达标工作。经过努力，4个城市顺利通过国家验收。平顶山、洛阳获得全国无障碍设施创建先进城市荣誉。组织开展工程造价咨询企业监督检查工作，对300多家企业资质达标、执业行为情况进行监督检查。

完成河南省建筑工程造价指数指标发布、做好建设工程造价信息服务工作。认真开展城市住宅建筑工程造价数据测算和建筑工种人工成本信息的调研工作。编制完成了2011年《河南省建设工程造价指数》，及时发布每个季度建筑工程人工费价格信息，加强建设工程建造成本的指导和监控，为建筑市场建设施工双方合同协商人工费单价提供了依据。

强化标准设计编制审定和推广工作。2011年，河南省标准设计技术委员会召开审查审定会6次，对2011系列结构标准设计图集编制大纲及分册、《钢丝网架水泥膨胀珍珠岩夹芯板隔墙应用技术规程》送审稿、《钢丝网架水泥膨胀珍珠岩夹芯板隔墙》初审稿等进行了审核审定。重点编制推广了《河南省居住建筑节能设计标准》、《外墙外保温》和《钢丝网架水泥膨胀珍珠岩夹芯墙板》等有关节能规程、图集12本，有力地支持了河南省建筑节能改造工作。

【建设工程质量监督管理】 工程质量巡查、督查、执法检查深入开展，对工程参建各方质量行为的监督管理明显增强。2011年底，河南省新开工工程5571项，建筑面积5659.6万平方米；在建工程14771项，建筑面积16331万平方米；竣工工程4088项，建筑面积3633.7万平方米。新开工工程监督覆盖率、受监工程主体结构合格率、竣工验收工程合格率、工程质量备案率均保持100%。

强化措施，切实加强保障房质量监管。河南省住房城乡建设厅印发《关于加强保障性安居工程质量监管的指导意见》，以确保保障性安居工程质量，召开河南省保障性住房工程质量监督管理研讨会。为建立健全住房保障制度，切实做好保障性住房建设和工程质量监督管理，保证保障性住房工程质量，充分激励企业的积极性，4月在济源市召开了"河南省保障性住房工程质量监督研讨会"。

【建筑施工安全生产管理】 加强组织领导，认真部署，强化目标管理。3月和7月，组织召开两次河南省住房城乡建设安全生产管理电视电话会。加大随机检查的力度和频次，强化跟踪督查整改结果，把监管的着力点向关键环节和薄弱环节倾斜，把监管工作向关键环节和薄弱环节侧重，不断提高监管效能。

强化隐患排查，深化安全专项整治。针对事故的多发类型和本地管理上的薄弱环节，明确整治目标，采取有效措施，全力攻坚，确保隐患排查治理工作取得实效。一是成立了河南省建筑施工安全专项整治工作领导小组，省住房城乡建设厅印发了《河南省2011年建筑安全专项整治工作方案》，建立了企业和项目自查、地市安全监督机构巡查、省住房城乡建设厅督查的安全隐患排查治理工作机制，把隐患排查治理纳入安全监管和企业日常生产的重要内容。同时，进一步完善隐患分级监控治理、重大隐患挂牌督办、跟踪督促整改等制度，省住房城乡建设厅出台《河南省房屋市政工程生产安全重大隐患排查治理挂牌督办实施办法》，强化安全隐患排查治理责任，切实做到治理责任、措施、资金、进度和预案"五落实"。全年各地共排查建筑施工企业4935家，工程项目22923项，排查一般隐患81674项，其中已整改81212项，整改率为99.4%；排查治理重大事故隐患884项，已整改874项，整改率为98.9%。

加强建筑施工安全执法，省住房城乡建设厅印发《关于规范和加强建筑施工监督执法工作深入开展打击非法违法建筑施工行为的通知》，并组织为期4个月的河南省集中专项行动，对非法违法施工行为予以了严厉查处。全年对1300多家建筑施工企业注销了安全生产许可证，暂扣12家企业安全生产许可证。对2010年以来已结案事故的6家责任企业、12名责任人给予停业整顿（停止参加招标投标）、暂扣或吊销安全考核资格的处罚，对事故责任企业和个人记不良记录，对事故所在地建设主管部门领导进行了专题约谈。强化从业人员安全生产教育培训，全年河南省创办农民工夜校1000多所，举办各类安全教育活动1823次，培训各类人员13.6万多人，大大提高了管理人员和一线作业人员的安全意识、管理能力和安全操作技能。

【新型墙体材料发展】 2011年，河南省新型墙材生产应用水平创新高，新型墙材产量达到414亿标砖，同比增长16.67%；新型墙材占总墙材的比例超过91%，新型墙材建筑开工面积达到6500万平方米，同比增长21.54%；新型墙材应用比例达到97%，节约标准煤257万吨，减少废气排放5.8万吨，消纳煤矸石、粉煤灰、尾矿等大宗固体废弃物3557万吨，节约耕地6.8万亩；专项基金征收额突破5亿元。

全面启动城市"禁黏"工作，公布"十二五""禁黏"城市名单，确定17个"禁黏"试点县；强化新型墙材质量监管。在河南省开展新型墙材产品质量年活动。委托质量检测机构，对30家烧结类企业进行质量抽查，合格率为92%，并向全行业通报检查情况，对质量不合格的2家企业限期整改。

【勘察设计行业管理】 至2011年底，河南省勘察设计企业总数达676家，其中甲级126家、乙级335家、丙级202家、丁级和劳务类13家。为适应城乡建设工作的需要，环境工程、轻型钢结构、风景园林3类专项和农业工程专业设计企业发展较快，全年共新核准了22家。河南省勘察设计从业人员达4.9万人，专业技术人员达80%以上，各类注册人员已达14个专业5880人，可满足各个行业科研和设计需要。并有4家单位跨入全国勘察设计综合实力百强行业。

【勘察设计质量管理】 开展河南省工程勘察质量监督执法专项检查。采取各省辖市、直管县自查、省住房城乡建设厅抽查的方式，对54家勘察企业2010年的163个勘察项目进行检查，对执行工程建设强制性标准不好的项目、勘察设计企业、施工图审查机构进行了通报，对其中24家企业下发了整改通知书，1家企业进行约谈。

开展施工图设计文件审查质量检查，在开展的2011年度施工图审查机构考核过程中，施工图节能审查合格率达到了100%，公共建筑节能达到50%、居住建筑达到65%的节能标准，保证了节能标准在设计阶段的有效落实。四是对河南省工程勘察资质企业的钻探作业、岩土工程测试以及地质编录等专业1356名外业人员进行技术培训。

【建设科技】 全年共争取国家和河南省科研经费3000多万元，有力支持和促进了相关课题的开发和研究。积极推广新型建筑结构体系。11月，省住房城乡建设厅印发《河南省"十二五"建设科技发展规划》，《规划》对河南省"十二五"期间建设科技的指导思想、发展目标、主要任务和工作措施均做了详细阐述。2011年，共推广81项科技成果，"河南省农产品质量安全综合检测中心工程"等58个项目获得2011年河南省建设科技进步奖，其中一等奖26项、二等奖19项、三等奖13项，"中国文字博物馆主体馆"等6个项目获得2011年河南省绿色建筑创新奖，其中一等奖4项、二等奖2项。通过加大民用建筑节能技术、产品、工艺推广限制力度，定期发布技术公告或推广目录，开展建筑节能材料产品的认证和推广工作。全年，对58家企业的123个节能材料、产品进行了认证，并对110项新技术新产品进行了推广，其中省外产品56项，省内产品54项。积极开展可再生能源建筑应用、光电建筑应用，带动了一大批地源热泵、太阳能热水器、太阳能光电板生产企业在河南省发展壮大。据统计，与建筑节能相关的生产厂家已达600多家，生产总值超过800多亿元。

【建筑节能】 至2011年底，河南省实际完成节约标准煤75.85万吨，超过目标任务的16.7%。洛阳、鹤壁、安阳、三门峡、许昌、漯河、商丘、周口、信阳、驻马店10个省辖市超额完成年度任务的10%以上。

建筑节能标准实施率进一步提高。据统计，全年通过施工图审查项目9378项，8797万平方米，建筑节能设计阶段执行率为100%；全年竣工工程面积3736万平方米，节能建筑3716万平方米，节能标准实施率为99.5%，比2010年同期提高了2个百分点。其中18个省辖市建筑节能标准实施率全部达到100%，县级城市平均达到了90%以上。

既有居住建筑供热计量及节能改造进展顺利。确定全年实施既改任务407.86万平方米。至2011年采暖期前，实际实施既改面积为480.15万平方米，超年度计划72.29万平方米。其中，全面完工项目总面积为337.46万平方米，占既改任务总面积的82.74%，已开工没有全部完成的项目总面积为142.69万平方米，占既改任务总面积的34.99%。共投入既有居住建筑供热计量及节能改造到位资金1.3亿元，其中：中央资金5152万元，省级配套资金2663万元，市级配套资金2111万元，筹集社会资金2979万元。郑州、鹤壁、开封、新乡、商丘等市政府对既有居住建筑节能改造进行了专题研究部署，并安排了配套资金，有力促进了既改工作的顺利开展。

截至2011年底，河南省国家可再生能源建筑应用示范城市增至4个，农村地区县级示范已有8个，累计获得国家专项补助资金3.69亿元，2011年可再生能源建筑应用示范市县获得补助资金额度 2.42 亿元，占河南省示范市县专项资金的 66%；另有 6 个共计 11 兆瓦光伏建筑应用项目获得国家补助资金 1.2 亿元。

【住房城乡建设"十二五"规划纲要】 "十二五"时期是建设中原经济区、加快中原崛起和河南振兴的关键时期，是推进城乡建设、加快城镇化进程的攻坚时期。为使住房城乡建设事业持续快速、健康发展，省住房城乡建设厅制定了"十二五"规划。其主要发展规划目标是：城镇化积极稳妥推进；住房保障能力显著增强；房地产业持续健康发展；城市基础设施建设管理水平不断提升；建筑业发展迈上新台阶；新农村建设有序推进；建筑节能实现新突破。

大事记

1月6~13日 河南省住房城乡建设厅组织6个考核组对各省辖市建设行政主管部门建筑安全生产进行考核。采用"听、看、问、查"方式，共抽查在建工程72项，发现安全隐患和问题511条（项），下达整改通知书62份，停工通知书6份。

1月11日 郑州二七万达广场开工建设，该项目位于郑州市大学路与航海路交会处，总投资40亿元，占地面积170余亩，总建筑面积约61万平方米，商业近30万平方米，集大型商业广场、室外步行街、商务酒店、城市商业街区、高尚住宅以及精装SOHO等6大城市功能于一体，涵盖高级连锁百货、五星级国际影城、大型生活超市等多元业态。

1月25日 河南省住房城乡建设厅发布由河南省城乡建筑设计院主编的《中小学校舍工程安全管理规程》为河南省工程建设地方标准，自2011年5月1日起在全省施行。

3月2日 河南黄河小浪底水利枢纽配套工程——西霞院反调节水库顺利通过国家竣工验收。该项目坝址上距小浪底水利枢纽16公里，下距郑州145公里，坝轴线全长3122米，是黄河上最长的大坝，设计总库容为1.62亿立方米。

3月6日 国家和河南省重点工程项目—石步河水库建设工程在千里淮河之源桐柏县开工建设。石步河水库是一座以防洪、供水为主，兼灌溉、水产养殖、旅游开发等综合利用的中型水利枢纽工程，位于长江流域唐河支流三夹河上游石步河上，坝址位于桐柏县程湾乡邓河村石步河村。水库控制流域面积335平方公里，河道长41.58公里，水库总库容为2892万立方米。总概算投资1.99亿元，施工建设工期为2年。

3月27日 根据《河南省工程建设工法管理实施细则》的规定，经有关专家评审，河南省住房城乡建设厅公布52项工法为2011年度河南省省级工法。

3月28日 安钢集团和巴西淡水河谷公司联合投资6.25亿元建设的120万吨氢化球团生产线正式投产。

4月1日 为加强全省城市燃气行业管理，规范市场秩序和行政许可行为，促进燃气事业健康发展，河南省住房城乡建设厅印发《河南省城镇燃气经营许可证管理办法》（试行），共11条，自2011年4月1日起实施。

4月6日 为提高全省二级建造师职业素质，提高工程项目管理水平，保证工程质量安全，河南省住房城乡建设厅印发《河南省二级建造师继续教育实施暂行办法》，共24条。

4月21日 河南省住房城乡建设厅将宋庆龄雕塑及活动中心工程，锦祥花园二期紫荆苑高层商住楼，封丘县世纪花园16号、26号楼等3项工程列入河南省建设科技示范工程。

4月29日 黄河小浪底北岸（济源）灌区在济源市坡头镇清涧村开工建设。该工程项目为河南省重点工程建设项目，静态投资4.7亿元，多年平均引水量1.6亿立方米。一期建设工程由总干渠和一干渠组成，平均引水量1.4亿立方米。

5月3日 河南省住房城乡建设厅公布2011年河南省工程建设（勘察设计）优秀QC小组评审结果，共评出优秀QC小组28个，其中一等奖10个、二等奖12个、三等奖6个。

5月23日 为提高全省保障性住房工程监管水平，确保保障性住房的工程质量安全，河南省住房城乡建设厅印发《关于加强保障性住房质量监管的指导意见》。

6月6日 全国最大的综合性交通枢纽之一郑州东站站房钢结构成功封顶，该站位于郑州市郑东新区，总规划用地面积约240公顷，总建筑面积41.2万平方米。

6月24日 为规范房屋建筑和市政基础设施工程招标投标活动，加强投标保证金的监督管理，保护招投标当事人的合法权益。河南省住房城乡建设厅印发《河南省房屋建筑和市政基础设施建设工程项目投标保证金管理办法（试行）》，共12条，自2011年6月24日起施行。

7月8日 根据《河南省优质结构工程评审管理办法》，河南省住房城乡建设厅公布185项工程获

2011年河南省上半年"结构中州杯"奖。

7月29日 河南省住房城乡建设厅公布2011年度河南省优秀工程勘察设计行业奖评选结果,共收到231个项目,共评出优秀工程勘察(含测量、岩土工程)一等奖9项,二等奖14项,三等奖23项。优秀建筑工程设计(含住宅与住宅小区)一等奖19项,二等奖26项,三等奖41项。优秀市政公用工程(含风景园林)设计一等奖12项,二等奖19项,三等奖28项。优秀专业设计一等奖2项,二等奖3项,三等奖4项。

8月2日 河南省住房城乡建设厅公布河南省农产品质量安全综合检测中心工程等58个项目获2011年河南省建设科技进步奖,其中一等奖26项、二等奖19项、三等奖13项。中国文字博物馆主体馆等6个项目获2011个河南省绿色建筑创新奖,其中一等奖4项,二等奖2项。

8月11日 河南省住房城乡建设厅印发《河南省保障性住房建设专项巡查方案》,决定在全省建立保障性住房专项巡查制度。

8月31日 河南省住房城乡建设厅命名许昌大成建设(集团)有限责任公司承建的许昌市移动分公司东区生产楼、许昌市文史资料库及信息中心,河南天工建设集团有限公司承建的南阳市中心医院高层综合病房楼等3项工程为河南省建设科技示范工程。

9月1日 河南省住房城乡建设厅公布郑州市商业银行郑东新区营业大楼室内精装修工程等27项工程获2011年河南省建设工程"中州杯"奖(省优装饰工程),中国工商银行河南分行营业部郑州巩义支行惠民分理处工程获2011年河南省建设工程"中州杯"银奖(用户满意装饰工程);开封市第十四中新校区教学楼等8项工程获2011年河南省建设工程"中州杯"银奖(用户满意工程);郑煤电总部搬迁项目主楼等78项工程获2011年度河南省建设工程"中州杯"奖(省优质工程)。

9月9日 河南省住房城乡建设厅、省建设工会印发《河南省保障性安居工程建设劳动竞赛实施办法》,共6章25条,自2011年9月9日起实施。

9月20日 2009~2010年度全国质量工作先进单位和先进个人表彰大会上,云台山被授予全国质量工作先进单位称号。

10月9日 河南省住房城乡建设厅、省统计局发布中铁隧道集团有限公司等50家企业为2010年度河南省建筑施工企业综合实力50强。

10月13日 建国后河南省投资最大、科技含量最高的大型水库燕山水库正式竣工交付使用。总投资21.43亿元,位于淮河流域沙颍河主要支流澧河上游的干江河上,坝址位于平顶山叶县辛店乡。水库设计总库容为9.25亿立方米,淹没及占用各类土地约6.5万亩,搬迁移民2万多人。

10月20日 河南省住房城乡建设厅印发《河南省既有居住建筑供热计量及节能改造技术指南》(暂行)。

11月7日 西气东输二线南阳至信阳天然气管道工程正式开工建设。该项目是河南省重点工程建设项目,是横贯河南省豫西南地区引进利用中亚天然气资源的大型地方支线工程,总投资近10亿元。

11月11日 河南省住房城乡建设厅印发《河南省房屋市政工程生产安全重大隐患排查治理挂牌督办实施办法》,共18条。

11月25日~12月5日 河南省住房城乡建设厅组织3个检查组,对新乡、濮阳、商丘、周口、驻马店5个省辖市以及10个省直管县的建筑节能工作情况进行检查,共检查施工图设计文件44份,施工现场46个。

11月27日 为推进河南省一、二星级绿色建筑评价标识,河南省住房城乡建设厅印发《河南省绿色建筑评价标识管理办法(试行)》,共5章27条,自2012年1月1日起施行。

11月30日 郑州市首个高度智能化隧道实现贯通。工程南起商都路,北至七里河南路,全长2374米,道路规划红线宽80米,主线设计车辆时速60公里,双向8车道;隧道起点莲湖路,终点七里河南路,长1200米,双向6车道,工程建设投资估算约4.2亿元。

12月2日 河南省住房城乡建设厅印发《河南省乡镇生活垃圾集运系统运营管理办法》(试行),共7章31条,自2012年1月1日起施行。

12月8日 河南省住房城乡建设厅印发《河南省可再生能源(光电)建筑应用示范项目能耗监测系统建设方案》。

12月9日 按照《河南省优秀工程勘察设计奖评选办法》,经专家评审,河南省住房城乡建设厅公布郑州新区基础测绘工程等162项工程获2011年度河南省优秀工程勘察设计奖。优秀工程勘察奖25项,其中一等奖5项、二等奖7项、三等奖13项。优秀工程设计项目奖131项,其中一等奖27项、二等奖43项、三等奖61项。优秀建筑工程标准设计奖1项,其中二等奖1项。优秀工程勘察设计计算机软件奖5项,其中一等奖4项,三等奖1项。

主要建设内容包括:在现路道北侧建设长3600

米的第二跑道和滑行道系统；新建31万平方米的第二航站楼，配套建设空管、供油及其他相关生产设施。

12月22日 河南省住房城乡建设厅决定授予新乡市、济源市、漯河市、信阳市、许昌市5城市"河南省精细化管理优秀城市"称号，授予洛阳市、安阳市、永城市、汝州市4城市"河南省精细化管理先进城市"称号。

12月23日 河南省住房城乡建设厅授予焦作市"'禁黏'示范城市"称号。

12月26日 商丘至周口高速公路商丘段二期工程正式建成通车。

12月29日 郑州市郑开大道与京港澳高速公路互通立交建成通车。总投资3.48亿元的这一新建互通立交位于京港澳高速与郑开大道交会处，是郑州市综合交通规划的重要组成部分，主要功能是分流郑东新区和郑开大道车辆，缓解市区交通压力。

12月29日 河南省第一条交通战备高速公路工程项目——郑州至民权高速公路一期工程建成通车。

（河南省住房和城乡建设厅　刘江明　秦华　王放　李育军）

湖 北 省

1. 概述

2011年，湖北省住房城乡建设系统紧紧围绕经济社会发展大局，解放思想，抢抓机遇，同心协力，圆满完成各项工作任务，为促进全省经济社会跨越式发展做出新的贡献，实现"十二五"住房和城乡建设事业的良好开局。

【**住房保障任务全面超额完成**】 2011年是湖北省完成保障性安居工程建设任务最多、工作力度最大的一年。省委、省政府将保障房建设纳入对市州党政领导班子和领导干部年度考核指标体系，省政府与各市州签订目标责任书。省住房和城乡建设厅实行厅领导班子成员包片督查制度，对开工项目实现督查全覆盖，一年四次集中督办检查，五次召开保障房建设、质量、分配、管理督办会议，确保建设进度和质量。对保障房的工程质量和公正分配进行认真研究，接受省人大常委会关于保障房工作的视察和专题询问，调动全省上下对保障房建设和筹集工作的高度关注和全力支持，保证年初确定目标的顺利完成。全年开工建设和筹集保障房35.35套，比国家下达任务超额2.3万套，占国家下达湖北省实物建房任务的107%，基本建成18万套；新增廉租住房租赁补贴44285户，占目标任务110.7%；完成农村危房改造10.4万户，实现100%的入住，相当于前三年的总和。

【**充分发挥住房公积金对保障房建设的支持作用**】 全省新增住房公积金归集额243.66亿元，新增个人住房公积金贷款133.51亿元，分别完成年度计划的135%、148%；全年实现增值收益9.8亿元。公积金在支持保障房建设中发挥重要作用。

【**加强房地产市场调控**】 认真贯彻国办发〔2011〕1号文件精神，加强房地产市场调控，强化县市主管部门的工作责任，保持房地产市场运行总体平稳。全省房地产开发完成投资2063.21亿元，同比增长27.5%；商品房销售面积4190.09万平方米，同比增长19.3%。13个主要城市城区新建商品住房销售均价同比上涨4.48%，较好地完成年度房价控制目标。

【**新型城镇化实现历史性跨越**】 认真贯彻落实省委省政府《关于加快推进新型城镇化的意见》，结合实际，制定落实措施。省政府成立新型城镇化领导机构，出台建制镇征收基础设施配套费、污水处理费、小城镇用地增减挂钩、大别山试验区户籍制度改革等一系列政策措施。在国内首开先河组织编制的《湖北省城镇化和城镇发展战略规划》，已通过专家评审，即将颁布实施。在规划指导下，"一主两副"大城市发展战略全面实施，市政基础设施投入不断加大，城市综合承载能力进一步增强，城市人居、生态环境明显改善。小城市和县城建设迅速提档升级，200个中心镇、特色镇和400个宜居村庄的建设开局良好。全省城镇化率达到51.83%，比全国平均水平高出0.56个百分点，比上年末提高2.1个百分点。城镇人口比例首次超过乡村人口，标志着全省以农村人口为主的人口结构发生逆转，从农业大省，进入以城市社会为主的新成长阶段。

【**城市管理工作高位推进**】 按照省委省政府主

要领导的指示，省住房和城乡建设厅接受尽快改变城市管理滞后局面的重大任务。经过调查研究，确定真学株洲，实现"畅通、靓丽、文明、和谐"的城市管理目标，把解决"道路拥堵、垃圾围城、广告杂乱、沿街为市、立面破旧、绿化缺失"六个突出问题作为近期整治重点，制定检查评比标准，组织5个检查组对全省城市管理工作进行督导检查，并进行评比排名，督促各市州对县级市和县城城管工作进行检查排名。结合第三届城市规划建设管理"楚天杯"考核检查，在全省范围掀起声势浩大的城市管理热潮。9月，省委、省政府在咸宁召开全省城市管理工作会议，湖北省委书记李鸿忠，省委副书记、省长王国生在会上作重要讲话。领导重视的程度、群众参与的广度、资金投入的力度、城市变化的速度都是空前的。促进城市管理长效机制的逐步建立，城管队伍建设得到全面加强，城管队伍与群众的关系更加好转，各级各类城市面貌迅速改观。

【建设领域节能治污工作力度显著加大】 进一步强化责任目标管理，完善法规标准，建立建筑节能省、市、县三级考核体系，不断加大督办力度，节能治污工作取得新的进展。县以上城市城区新建建筑设计阶段节能标准执行率达100%，施工阶段执行率达97%。可再生能源建筑应用呈现区域化发展，绿色建筑实现新的突破，已确定可再生能源建筑应用示范项目253个，绿色建筑试点项目24项，全年住房城乡建设领域实现节能105万吨标煤的目标，超过目标任务5个百分点。全省设市城市污水处理率达82%，生活垃圾无害化处理率达到81%，分别超过目标任务1和3个百分点。

【建筑业发展实现新的突破】 围绕建设"建筑强省、勘察设计大省"的目标，实施扶优扶强战略，大力推动湖北建筑业提档升级，加强产业集群建设，着力打造湖北建筑业"十大特色品牌"，全面加强对建筑、勘察、设计、监理等行业的管理，促使其健康发展。全省建筑业在做大做强上迈出新的步伐，建筑业支柱产业地位进一步凸显，全年建筑业总产值达到5617亿元，比上年增长29.3%；实现增加值1280亿元，占全省GDP的6.6%。全省勘察设计行业营业收入大幅增长，全年营业收入预计550亿元，比上年增长20%以上。建筑工程质量安全水平稳步提升。武汉市打造"勘察设计之都"的方案开始实施，得到住房和城乡建设部和全国同行业的支持，"城市设计双年展"顺利举办，湖北和武汉勘察设计行业在全国的地位得到提升。同时，住房城乡建设系统自身建设进一步加强，行政审批"三集中"改革试点取得阶段性成效，依法行政工作扎实推进，队伍教育培训力度加强，干部作风明显转变，队伍素质能力得到新的提升。

2. 政策、法规建设

【行业立法】 2011年，湖北省住房和城乡建设行业立法工作围绕城乡规划建设管理工作重点，加强城市管理监察执法、散装水泥管理等地方性法规和政府规章的制定和修订工作。争取省人大出台《湖北省城乡规划条例》，2011年8月3日，经湖北省十一届人大常委会第25次会议通过，自2011年10月1日起施行。《湖北省促进散装水泥发展和应用管理办法》（修订）完成调研、起草等工作，报省政府法制办审查。《湖北省城市建设管理监察执法条例》起草和调研工作有序推进。《城镇国有土地上房屋征收与拆迁补偿安置实施办法》准备和组织协调工作正在进行。配合省人大城建环资委于2011年5月组织对《湖北省燃气管理条例》贯彻执行情况进行执法调研活动。

【普法宣传教育】 一是对"五五"普法依法治理先进单位和先进个人给予表彰。在"五五"普法检查验收的基础上，与省依法治省工作领导小组办公室联合对全省住房城乡建设系统"五五"普法工作先进单位和先进个人进行通报表彰。对96个先进单位和87名先进个人颁发奖牌和荣誉证书。省住房和城乡建设厅获得省委、省政府表彰的"五五"普法依法治理先进单位(省直共10家)。全省住房和城乡建设系统共有19家单位、9名个人、1家企业分别荣获法制宣传教育和法治建设先进单位、先进个人称号。省住房和城乡建设厅和潜江市住房和城乡建设委被住房和城乡建设部表彰为全国住房城乡建设系统"五五"普法工作先进单位；武汉市住房保障和房屋管理局法规处处长彭建中等4名同志被住房和城乡建设部表彰为全国住房城乡建设系统"五五"普法工作先进个人。二是制定《全省住建系统"六五"普法依法治理规划》，为"六五"普法工作打下良好的基础。

【行政执法监督】 制定《湖北省住房和城乡建设厅行政处罚裁量基准》（试行），对全省住建行业相关的240多项行政处罚事项进行细化量化；行政执法证的换证工作。6月，厅机关和直属相关部门参加换证的人员通过法律知识考试，进行5年一次的执法证换证工作；规范性文件制定发布、备案审查和清理工作。严格按照《湖北省住房和城乡建设厅规范性文件制定和备案审查工作规程》，对厅机关制定的规范性文件进行合法性审查和备案工作。2011年，厅机关共制定出台3个规范性文件，都经过合法性审查和厅办公会集体审议通过，及时向社会进行公布，上报省政府法制办备案；对行政强制规定的专项清理和服务事项的清理工作。行政强制规定的清理，共清理法规、规章和规范性文件140余部，有24部包含有行政强制内容，其中有2部地方法规和4部政府规章中涉及的行政强制条款经省人大和省政府法制办审核后给予废止处理；有关征地拆迁的规章和规范性文件共清理出4部，经省政府审核通过后全部废止；行政权力和服务事项的清理，共清理出307项。其中，行政许可类建议取消1项，调整为行政确认5项。非行政许可类调整为行政确认1项，行业自律1项。

【行政复议】 全年共收到行政复议案件19起，审结18起。19件行政复议案件申请中，规划管理类8件，房屋拆迁类7件，房地产类2件，建筑市场类1件，其他类1件。审结的18起案件中，因不符合行政复议受理条件，不予受理4起；维持9起；驳回复议申请的2起，终止审理的3起。复议案件的审理工作中，通过积极主动、耐心细致与申请人和被申请人沟通、协商，并充分听取申请人意见，主动宣传法律政策，努力为其排忧解难，增加老百姓对复议机关的信任感。

3. 房地产业

【房地产开发建设】 2011年全省房地产开发投资2063.21亿元，同比增长27.5%，增幅比上年下降7.3个百分点。全省商品房竣工面积3083.54万平方米，同比增长20.5%；销售面积4190.09万平方米，同比增长19.3%。年末实有房屋建筑面积101322万平方米，建成住宅6239198套。住房销售均价基本平稳，波动幅度较小，1~12月，13个主要城市城区新建商品住房销售均价为5150元/平方米，同比上涨4.48%；存量住房交易均价为3019元/平方米，同比上涨2.9%。

【贯彻落实房地产调控政策】 制定配套文件，加强部门协调。湖北省政府印发《关于进一步做好房地产市场调控工作的通知》（鄂政办发〔2011〕26号），二是明确新建住房价格控制目标，加强对目标实施情况的监测与调控。研究制定2011年新建住房价格控制目标，对部分房价上涨压力较大的地级城市房管局主要负责同志进行约谈，督促各地采取综合措施，确保完成调控目标。三是加强房地产市场动态监测，进一步完善《湖北省房地产市场管理信息系统建设方案》，开发建立"湖北省城市房地产市场监测系统"。

【规范城镇房屋征收拆迁管理】 省政府印发《关于贯彻落实〈城镇国有土地上房屋征收与补偿安置条例〉的通知》（鄂政办发〔2011〕40号），先后组织5期《条例》宣贯培训班，积极组织法制、国土、房产等相关部门开展政策调研，出台相配套的政策办法，不断完善补偿安置政策，多渠道、多层面、多方位解决低收入家庭的拆迁安置补偿问题。积极做好征收项目实施前的准备工作，严格按征收程序，稳妥启动房屋征收工作。

【完善房地产市场监管制度】 制定《湖北省〈房地产经纪管理办法〉实施细则》、《湖北省房地产经纪人协理执业资格认定考试办法》和《关于贯彻落实〈商品房屋租赁管理办法〉的通知》，深入开展全省房地产开发企业资质监督检查，做好商品房销售明码标价工作，积极开展房地产市场专项整治，对开发企业、经纪机构、估价机构等房地产经营主体进行专项检查，重点查处开发企业捂盘惜售、违规预售、虚拟交易和经纪机构发布不实信息炒买炒卖、哄抬房价，怂恿客户签订"阴阳合同"赚取差价、违规收费等违法违规行为。

【推进物业管理社会化】 组织全省市县（区）主管部门的领导和部分物业企业的代表参加《物业承接查验办法》培训班，深入推进业主大会制度和业主委员会的建设。全省符合建立业主大会制度和业主委员会的小区占比达到70.1%，比上年提高近10%。认真总结武汉市老旧小区物业管理从全覆盖到提档升级的经验，不断规范城市房屋安全鉴定管理工作。开展全省城市房屋安全鉴定工作检查。

4. 住房保障

【加强组织领导】 2011年，国家与湖北省签订的保障性安居工程建设目标责任书任务数为37.04万套（户），其中：新增实物建房33.04万套，新增发放租赁住房补贴4万户。为确保任务的完成，省政府成立以省长为组长，省直有关部门主要负责同志为成员的全省保障性安居工程建设领导小组。全省各地也相继成立以市（州）长为组长的领导小组及其工作机构，党政一把手亲自抓落实，各相关部门按照各自职能分工，全力配合，协同推进。省政府分管领导与各市（州、林区）政府主要负责人签订目标责任书；省政府先后4次召开工作会议，部署、督办保障性安居工程建设工作。

【争取中央补助资金】 2011年共争取中央各类

补助资金55.4562亿元。其中，廉租住房保障专项补助资金7.176亿元、廉租住房项目投资建设资金7.0245亿元，公共租赁住房专项资金25.6002亿元，城市棚户区改造专项资金10.2565亿元，国有工矿棚户区改造专项资金2.6亿元，国有林区棚户区改造专项资金1.104亿元，垦区危旧房改造专项资金1.695亿元。

【加大地方配套投入】 全省各级政府落实45.26亿元用于保障性安居工程建设。其中，中央代地方发行债券资金17亿元；省级财政补助3.3亿元；土地出让净收益16.22亿元；住房公积金增值收益1.65亿元；地方财政预算安排资金4.66亿元；其他渠道筹集2.43亿元。

【争取金融机构支持】 与中国建设银行湖北省分行和国家开发银行湖北分行共签署450亿元保障性安居工程建设融资总额，2011年共落实融资100亿元。省政府确定省长江产业投资公司为全省保障性安居工程建设融资平台，有关方案正在报批过程中。五是多渠道筹集房源缓解资金压力。按照省政府出台的文件要求，许多地方规定按3%~5%在商品房项目中配套建设保障性住房，以此作为土地招牌挂的前置条件，有的地方配建比例达到10%。通过收购、改造、租赁等方式筹集房源，2011年全省通过购、改、租共筹集保障性住房1.3万多套，有效地缓解了资金压力。

【规范建设供地制度】 按照省政府要求，省国土资源厅先后出台《关于加强城市住房用地管理严格落实保障性安居工程用地的通知》、《关于贯彻实行保障性安居工程建设任务用地落实情况月调度制度的通知》等政策性文件，要求保障性安居工程用地随建设任务计划以"点供"方式直接下达至项目；将保障性安居工程用地纳入审批"绿色通道"，做到提前介入，跟踪服务；对保障性安居工程用地不落实的县市，暂停商品房建设用地审批等。

【建设供地"应保尽保"】 2011年全省保障性安居工程建设需用地1171公顷，全部供应到位。全省大部分地方舍得把地段较好、交通便利、拆迁量小、设施配套，能马上动工的地块拿出来优先用于保障性住房建设。

【强化质量管理】 制定《湖北省保障性安居工程质量控制导则（试行）》，进一步落实领导和主管部门监管责任、建设单位第一责任、施工企业自控责任和相关单位的控管责任。严把"四道关口"：严把建设程序关、管理审批关、建筑材料质量关和质量验收关，督促各地严格履行基本建设程序，严格执行工程招标投标、施工图审查、施工许可、质量安全监督、工程监理、竣工验收备案和城建档案移交等程序，落实项目法人责任制、招标投标制、工程监理制、合同管理制等规定，积极组织开展保障房质量通病专项治理，全面推行保障房质量分户验收，着力消除质量缺陷，保证结构安全和使用功能。并建立和完善监督检查机制、投诉处理制度、回访保修机制和工程质量问责机制，对保障房实行终身跟踪问责。

【重视后期管理】 规范配租配售、严格准入管理。合理确定准入条件，实行"三级审核、两级公示"的办法，严格申请、审核、公示、核准登记、轮候、配租配售等工作程序，并要求全程信息公开，接受社会监督。引入市场机制、强化运营管理。结合保障性住房居住对象为中低收入家庭的实际，探索推进社会化的物业服务管理。实行动态跟踪、健全退出机制。加强对保障性住房对象有关情况的动态管理，做到定期或不定期地对保障性住房使用情况进行检查，对已不符合保障条件的家庭，要区分情况退出，综合运用经济、行政、司法等手段进行处理。

【建立督查制度】 建立并实行全省保障性安居工程工作"一月一督查，三月一通报"制度，始终把保障性住房建设作为督促检查、跟踪问效的重点。省政府督查室负责对省直有关部门住房保障工作情况进行督查，省直有关部门负责督查市(州)人民政府，市(州)政府负责对所辖县(市、区)工作情况进行督查。按照省政府要求，于4月、6月、8月、11月分别组织7个督察组，由7名厅领导带队，对全省进行拉网式督查，其他部门也按照职能分工开展督查。

5. 公积金管理

【公积金制度覆盖面扩大】 截至2011年12月底，全省历年累计归集住房公积金总额达1271.61亿元，归集余额811.74亿元；累计发放个人住房公积金贷款总额656.78亿元，个人贷款余额384.98亿元；累计提取廉租房建设补充资金总额17亿元。全省住房公积金归集覆盖率达70.31%，比上年上升2个百分点。

【规范个人贷款行为】 宜昌、十堰等地中心出台"限二禁三"等系列举措抑制投资投机性住房消费，促进当地房地产市场平稳健康发展。调整个人贷款政策，支持缴存职工基本住房消费。神农架等地先后调高最高贷款额度，延长最长贷款期限；鄂州等地适当降低中低收入职工贷款准入门槛，尽力满足缴存职工自住性和改善性住房贷款需求。

【加强公积金贷款营销】 不断扩大房贷市场份额，襄阳、黄石、江汉油田等地积极宣传公积金贷款利率优惠于商业银行房贷利率，引导更多缴存职工申请住房公积金贷款。全省公积金个人贷款已占全省房贷市场份额的30%左右，个贷率达到47.42%。

【公积金增值收益持续增长】 在加大个人贷款发放力度的同时，想方设法盘活存量资金，优化存款结构，力争存款收益最大化。荆州、荆门、咸宁等地根据国家利率走势，加强对公积金资金运行分析，根据归集、提取、放贷、回笼资金的实际，制定合理的资金运用结构，对存量资金优化布局，科学搭配存款种类，优化定期存款组合，确保增值收益最大化。2011年全年实现增值收益9.8亿元，完成年度计划任务6.3亿元的155%，同比增长9.95%。

【支持保障性住房建设试点】 国家批准武汉市为利用住房公积金贷款支持保障性住房建设试点城市后，武汉中心不断创造条件，积极化解试点工作中遇到的各种难题，已累计向试点项目"江南新天地"发放贷款2个亿，拓宽保障性住房建设的融资渠道，积累利用公积金贷款支持保障性住房建设的经验。

【规范化管理和服务】 注重住房公积金管理的制度建设、信息系统建设和理论研讨，及时修订完善住房公积金缴存、提取、贷款、核算及服务等方面的管理办法，出台包括行政管理、内部控制、廉政风险防控等在内的相关规章制度，坚持以制度管事管人。以加强和改进服务工作为重点，深入开展行业文明创建活动，进一步优化业务流程，改善服务环境，创新服务方式，实现服务效率与业务提升的协调发展。会同省文明办，授予省内15个市、州住房公积金中心省级住房公积金管理文明单位称号，授予16个县、市住房公积金办事处省级住房公积金管理文明窗口称号。

【公积金信息系统建设】 全省住房公积金监管及在线服务信息系统建设进入试运行阶段，已利用省电子政务网络平台抓取恩施、天门、沙洋监狱局等地中心、分中心的业务数据，非现场实时监管和在线服务功能基本实现。积极配合住房和城乡建设部实施全国住房公积金中心业务数据网络建设，武汉、黄石、宜昌、襄阳4个中心纳入一期建设范围，建设数量在全国列第二位。

6. 城乡规划

【《湖北省城乡规划条例》宣贯工作】 《湖北省城乡规划条例》（以下简称《条例》）经省人大常委会第二十五次会议审议通过后，迅速组织开展《条例》宣贯工作。9月7日在咸宁召开全省《条例》宣贯工作会议。在报刊、杂志上开辟专栏，刊登《条例》亮点解读和专家学者、主管部门领导学习《条例》的心得体会。

【《湖北省城镇化与城镇发展战略规划》编制】 2011年12月9日，省人民政府在北京邀请"两院"院士周干峙等知名专家召开《湖北省城镇化与城镇发展战略规划》专家评审会。专家们认为，《湖北省城镇化与城镇发展战略规划》内容丰富，资料翔实，理念先进，技术路线清晰，结构合理，在国内具有创新性和领先地位。12月30日，正式行文将规划成果上报省人民政府。

【城市和区域规划编制】 制定印发《关于加强城市规划管理提高规划编制和实施质量的意见》，不断完善城市总体规划审查规则。协助住房和城乡建设部做好黄石城市总体规划修改前期工作，指导宜昌市城市总体规划纲要编制，完成十堰、钟祥城市总体规划纲要和枝江、恩施、赤壁等城市总体规划成果的审查及咸宁、利川、松滋等城市城市总体规划成果报批；部署和推进近期建设规划；不断强化重大建设项目区域协调。

【规划实施与管理】 重视控制性详细规划编制，积极推进控制性详细规划全覆盖，加强规划实施管理。组织开展规划条件核发情况调研，先后到鄂州、潜江、荆门、荆州、咸宁、黄冈等市进行调研，提高城市规划实施质量。不断规范开发区（园区）规划管理。对各类开发区（园区）严把城市规划关，依据城市总体规划，对开发区（园区）进行核面积、定坐标、查管理，认真审核荆州市申请设立国家级稀有金属开发区及循环经济产业园、天门市开发区整合升级、武汉市江夏金口省级台商开发区设立、武汉东湖综合保税区申请国家级、孝感市高新区申请国家级高新技术开发区、大冶市高新技术产业园设立、武穴火车站工业园设立、十堰市经济开发区申请国家级经济技术开发区、宜昌市三峡移民生态工业园设立等规划情况。重视新区开发和旧城（城中村）改造并举，加强规划引导和促进作用。

【制度建设与监督检查】 健全规划管理制度，不断规范规划行政许可行为。重点完善包括城市规划委员会、规划公示、规划设计条件、规划管理责任追究、规划管理内控机制等在内的与《城乡规划法》相适应的有关行政许可、监督管理等制度建设。逐步推行网络公开公示，大力促进"阳光规划"。对

"湖北城市规划在线"网站栏目设置进行优化,加强公开公示栏目的信息公开内容,突出全省城市规划工作的中心任务,积极宣传地方成功的城市规划工作经验,网站访问人数持续上升,点击达43万人次。

【开展国家历史文化名城保护工作专项检查】 省住建厅、文物局3月8日组织召开国家历史文化名城、中国历史文化名镇名村保护工作检查督办会,总结自查工作开展情况。武汉、襄阳、荆州、随州、钟祥等国家历史文化名城所在地政府成立由政府领导挂帅,规划局、建委(建设局)、文化局、名城办、房管局等部门共同参与的工作领导小组,全面梳理自公布为国家历史文化名城以来保护工作情况。5月中、下旬,由省住房城乡建设厅和省文物局领导带队、文保专家参与组成检查组,对全省5个国家历史文化名城进行检查,形成《报告》报住房城乡建设部、国家文物局。7月26~30日,住房城乡建设部和国家文物局组织检查组对省内随州、钟祥国家历史文化名城保护工作进行检查。

【开展省优秀城乡规划设计评选】 按照中国城市规划协会要求,开展湖北省2011年度优秀城乡规划设计评选活动,共收到申报项目108项。经省优秀城乡规划设计评选委员会按照公开、公平、公正及科学合理的原则,采取小组初评,大组评议、投票表决方式,共评出一等奖11项、二等奖24项、三等奖27项、表扬奖12项。

7. 城市建设

【污水处理】 截至2011年底,全省县级以上城市建成投运污水处理厂131座,设计处理能力586.41万吨/日。其中2011年新建成污水处理厂29座,新增污水处理能力64.02万吨/日。全年新(改、扩)建排水管道700公里。全年累计处理污水157946.1万吨。全省城市(县城)污水处理率达82%,其中,设市城市污水处理率83%。强化污水处理厂运行监管,年初下发《关于进一步加强污水处理厂运行监管的通知》和《湖北省污水处理厂运行管理考核细则》。从建立污水处理厂考核评价制度入手,规范运行管理。加大督办检查力度,对已基本建成尚未投运的30座污水处理厂组织2轮实地督检。对全省城镇污水处理工作及污水处理厂运行情况进行一次全面检查、考核和督办。积极争取国家资金支持,推进管网建设,将湖北省约2579公里管网项目纳入国家重点流域县级市和县城污水处理厂配套管网"十二五"建设计划。共争取到中央预算内投资和中央财政资金11.679亿元。积极推进污泥处理处置设施配套建设,已有30%以上城市正在积极与投资商或污泥处理企业洽谈污泥设施的项目建设,部分项目建设启动。

【城市供水】 2011年全省77个县市城市供水综合生产能力为4204万立方米/日。全年新(改、扩)建供水管网360公里,全省供水管网累计总长达到28538公里,全年供水总量291731万立方米,全省城市(县城)用水普及率为96.08%。加强水质监管,按时在公众媒体上发布《湖北省主要城市供水水质公报》4期,接受社会监督。水质检测工作稳步推进,首次全面完成覆盖全省所有水厂的出厂水质106项指标检测。推进城市节水,组织开展年度节水周宣传活动,积极推进节水型城市和节水型企业(单位)创建,黄石市获得国家"节水型城市"称号,20家用水企业(单位)获得省级"节水型企业(单位)"称号。

【城市供气】 2011年,全省城市(县城)天然气储气能力为10147万立方米,供气管道长度为14529公里,供气总量为211066万立方米,比上年增加35%。全省共有天然气汽车加气站99座,比上年增加28%。石油液化气储气能力为30530吨,供气总量为478675吨。全省城市(县城)燃气普及率为88.23%。2011年,全省燃气设施建设固定资产投资约13亿元,新(改、扩)建燃气管道600公里。以黄冈—大冶、武汉—赤壁—通城、黄陂—麻城等7条天然气支干线为重点,加快沿线城市天然气设施建设,同时加强老城区燃气管网改造,完善储配站和CNG加气站等储供气设施。忠武线(起于四川忠县,止于武汉)湖北段反输天然气项目已经核准将启动,该项目将对忠武线湖北段武汉东、仙桃、恩施、宜昌、襄阳等输气站进行改扩建,以提高湖北省天然气供应量。项目总投资2.4亿元。黄冈市启动国内最大的天然气国产化示范工程,这是我国首个天然气技术装备完全国产化项目,建成后年供气量约为20亿立方米,将与江苏如东进口液化天然气互补资源,可保障湖北省调峰用气和下游终端市场的用气需求。组织完成《湖北省燃气场站安全检查导则》的编制,开展燃气安全管理工作检查,确保安全,促进全省燃气行业的健康发展。

【城市道路交通】 2011年,新(改、扩)建城市道路630公里,城市路况明显改善。着力抓城市综合交通体系规划编制工作。以"一主两副"城市为突破口,用一至两年的时间率先完成武汉、襄阳、宜昌、黄石、荆州、十堰等六个大城市的规划编制工作，召开部分城市综合交通体系规划编制工作座谈会暨培训会，武汉市综合交通体系规划编制工作已经完成。以完善路网结构为重点，加强城市道路建设，构建城市综合交通骨架体系，增加环形干道和放射式干道，增加跨河连接线，打通短头路。积极支持武汉市轨道交通的建设。2011年，武汉市轨道交通建设完成投资130亿元。

【园林绿化】 2011年，全省城市（县城）园林绿化建设投资42.7亿元，新增城市绿地1000公顷；城市（县城）绿地率、绿化覆盖率、人均公园绿地面积分别达到29.51%、35.01%和9.54平方米。制定《湖北省"十二五"园林城市（县城）创建工作方案》，五月在京山召开园林绿化工作专题会议，推进四大工程，即"公园绿地"、"老城区添荫"、"道路绿化提升"、"林荫停车场"等建设；完成鄂州洋澜湖综合治理、神农架九湖城镇综合治理和黄石市大冶铁矿植被恢复等三个项目"2011年中国人居环境范例奖"申报工作。国家生态园林城市创建数量由原计划1个增加为3个。荆门市、京山县获得"国家级园林城市（县城）称号"。7个城市（县城）获得"省级园林城市（县城）称号"。黄石市启动《创建国家生态园林城市三年行动方案》。

【风景名胜】 完成陆水湖总体规划评审，实现湖北省国家级风景名胜区总体规划全覆盖；完成梨花湖、清江、金蝉峡、赤壁四个风景名胜区总体规划地方编制工作；三峡风景名胜区总体规划大纲文本已经形成。加大景区综合整治和旅游资源的保护力度，襄阳市开展隆中风景名胜区卧龙岗景区绿化及环境综合整治，改善风貌。加强宣传，提升知名度和影响力。黄冈市组织"东坡赤壁文化丛书"座谈会。宜昌市大手笔宣传清江景区的良好形象，清江画廊风景区正在积极争创国家5A级景区。

【"楚天杯"创建】 2011年是第五届"楚天杯"考评表彰年。对7城市申报资料进行评价打分；组织12名专家按照《办法》规定进行现场考评；组织16市、州、直管市及林区住建委主任对各申报城市进行现场评价。同时召开集中评议会议，并进行无记名评价投票。结合2009和2010年年度考核、本次组织的处室评价、专家现场考评、住建委主任现场评价、市民满意度调查、城管检查、第三方公示暗访等检查考评计分情况，最终有宜昌市、襄阳市、荆门市、黄石市、十堰市、鄂州市6个城市获得城镇规划建设管理"楚天杯"奖，另有14个县级城市获得该奖。

8. 城市管理

【开展"学株洲、见行动"活动】 2011年5月，湖北省党政代表团赴湖南学习考察，提出学习湖南株洲城市管理经验。6月，制定《学习株洲城市管理经验，提升湖北省城市管理水平的工作方案》和《实施方案》，迅速在全省部署开展"学株洲、见行动"活动。7月，以省政府办公厅名义下发《关于进行城市管理工作检查的通知》，明确以道路拥堵、垃圾围城、广告杂乱、立面破旧、沿街为市、绿化缺失治理为重点，全面开展城市环境综合整治。

【组织全省城市管理大检查】 2011年9月，省政府决定由住房和城乡建设厅牵头，组织城市管理工作检查。认真制定检查评比方案，以"畅通、靓丽、文明、和谐"为目标，按照客观公正、公开透明、统一尺度、注重实效的原则，精心制定全省城市管理检查方案和评分细则。8月24日至9月1日，由省住房和城乡建设厅牵头，省监察厅、省卫生厅、省环保厅、省文明办4部门负责同志带队，从17个市（州）、直管市、林区各抽调1名城管局长组成4个检查组，分片赴全省进行第一轮城市管理工作检查。检查采取听汇报、查阅资料和群众满意度调查的方式进行，按照7个专项的内容，采取百分制打分。同时，进行问卷调查，实行加权计分。通过认真检查评比，排出17个市州、林区的名次，其中，宜昌、十堰和咸宁成效显著，荣获前三名。

【召开全省城市管理工作会议】 2011年9月7日，全省城市管理工作会议在咸宁召开。主要是总结学习湖南株洲经验、开展城市环境综合整治工作情况，分析存在的问题，研究部署下一步工作。省委书记李鸿忠，省委副书记、省长王国生出席会议并作重要讲话。省委常委、省委秘书长李春明主持会议，省委常委、政法委书记、公安厅长吴永文出席会议。省直机关各部门主要领导和市州党政主要领导参加会议。会上，印发省人民政府《关于加强和创新城市管理工作的通知》（鄂政发〔2011〕50号）。宣布《关于全省城市管理工作检查结果的通报》。

【大力开展文明执法教育】 2011年3月，在武汉召开全省城管文明执法动员大会，结合实际开展形式多样的教育活动，涌现出武汉"最美城管队员"杨维勋、襄阳"人民满意城管队员"高勇、宜昌城管执法模范李西全等先进典型。组织文明执法先进事迹巡回宣讲，从武汉、襄阳、宜昌市城管执法局精心挑选3名宣讲员组成宣讲团，联合湖北电视台制作专题宣传片，重点宣传杨维勋、高勇、李西全等同志的先进事迹。共在全省17个市州举行先进事迹报告会15场，7000余名城管干部职工现场接受教育。开展"先进集体、先进个人和文明执法岗"创建活动，计划从2011年开始，每两年开展一届争创活动，建立文明执法教育的长效机制。启动《湖北省城市管理培训教程》编制工作，已完成培训教材编写初稿，为加强城管执法队伍培训工作打下良好基础。

【推进城市环卫和生活垃圾处理工作】 组织编制《湖北省"十二五"城镇生活垃圾处理设施建设规划》，确立"十二五"全省城市生活垃圾无害化处理率达到85%的工作目标。指导武汉、宜昌、荆州等城市积极申报国家多部门组织的餐厨废弃物资源化和无害化处理试点，武汉市被列为全国试点城市。全省42个市县共建成生活垃圾无害化处理场(厂)53个，其中卫生填埋场47个、焚烧发电处理厂5个、水泥窑协同处理厂1个。2011年，新增处理能力117.2万吨/年，全省累计总处理能力达到671万吨/年。城市生活垃圾无害化处理率由2010年的66.4%提升到73.5%，其中设市城市由73.8%提升到81%，县城由39.3%提升到42.7%。同时，认真做好餐厨垃圾处理试点工作。确定"十二五"期间，在武汉等50%以上的设区城市初步建立餐厨垃圾分类收运处理系统，建设8个餐厨垃圾资源化利用及无害化处理设施。

【推进数字化城市管理建设】 省政府印发《关于加快推进数字化城市管理工作的意见》（鄂政发〔2011〕41号）。根据《意见》安排，2011年积极推进襄阳、宜昌、黄石进行数字化城管试点工作，其数字化城管项目建设方案均获得专家评审通过，并按方案抓紧建设，构建政府监督主导、部门协调配合、群众广泛参与的"大城管"格局，步入数字化、精细化、常态化、制度化、规范化运行阶段。

9. 村镇建设

【出台配套政策】 相继出台《省财政厅、省物价局联关于建制镇征收城市基础设施配套费有关问题的通知》（鄂财综发〔2011〕2号）、《省物价局、省财政厅关于建制镇城市基础设施配套费收费标准有关问题的通知》（鄂价费规〔2011〕47号）和《关于建制镇污水处理费有关问题的通知》（鄂价环资规〔2012〕4号），为保障小城镇建设与发展起到保障作用。

【启动重点镇、特色镇创建】 经省政府同意，省推进新型城镇化工作领导小组以《关于印发全省重点中心镇、特色镇名单的通知》（鄂新城发〔2011〕1号），确定全省100个重点中心镇、特色镇名单，并决定在2011年启动第一批42个重点中心镇和40个特色镇创建。

【启动宜居村庄建设】 经省政府同意，省推进新型城镇化工作领导小组办公室以《关于印发2011年"宜居村庄"示范项目建设启动名单的通知》（鄂新城办〔2011〕1号），确定全省第一批启动的400个宜居村庄示范项目名单。截至2011年年底，通过省市联合评价验收，共有200个村达到宜居村庄创建标准。

【小城镇污水、垃圾处理项目建设】 省住房和城乡建设厅配合省发改委编制全省城镇污水、垃圾处理设施建设"十二五"规划。"十二五"期间，全省小城镇污水、垃圾处理设施建设项目规划总投资48.6亿元，其中污水处理设施36.1亿元，垃圾处理设施12.5亿元。2011年，争取中央预算内投资小城镇污水、垃圾项目5个，国家支持资金5700万元；争取国家污水管网建设城镇项目16个，支持资金1.29亿元。

【农村危房改造】 2011年，中央共下达湖北省农村危房改造计划10.4万户，共补助资金6.24亿元，比2010年增加160%，农村危房改造范围覆盖全省80个县市区。截至2011年底，10.4万危改农户全部竣工入住。

【全国特色景观旅游名镇(村)创建】 2011年7月，住房城乡建设部、国家旅游局公布第二批全国特色景观旅游名镇、名村名单，湖北省洪湖市瞿家湾镇、应城市汤池镇、武汉市黄陂区双泉村、咸宁市咸安区刘家桥村2镇2村被列入名单。

【特色民居改造】 省住房和城乡建设厅协同鄂西圈办做好"一江两山"交通沿线特色民居改造工作，全年实施改造任务量5994户（其中住建厅安排1000万元资金支持2000户改造），全部改造完成。

【"616"对口支援工程】 按照省委、省政府关于"616"对口支援工作的部署和要求，省住房和城乡建设厅继续履行牵头单位职责，积极协调省公安厅等9个对口支援成员单位以及恩施市委、市政府有关方面，共安排对口帮扶项目43个、资金1.6亿元，有力地促进恩施市经济社会的跨越式发展。

10. 建筑业与工程建设

【实施扶优扶强战略】 加大对163家重点企业的扶持，提供直通车服务；扶持优势企业申报高等级资质，全省11家特级企业就位工作基本完成；支持专业承包企业做专做精，着力打造全省建筑业"10大特色品牌"；加大对优势企业的宣传推介，大力支持企业"走出去"，省政府在全国率先实施"对获得鲁班奖工程的企业一次性奖励100万元"政策。有20家建筑施工企业入选省百强企业，产业集群发展加速。中建三局领军创新、武汉桥建、新洲建筑、钢构集群、孝感劳务、大冶古建、石首防水、黄冈窑炉、凌云幕墙、定向爆破形成驰名中外的湖北建筑业"10大特色品牌"。产业外向度进一步提高，建筑业省外完成产值排名全国第五。团风县继武汉市新洲区之后，为湖北省第二个获得全国"建筑之乡"称号。

【加强市场监管】 大力整顿和规范市场秩序，营造公平竞争的市场环境。定期开展建筑市场行为执法大检查，实施"两场联动"监管。2011年，在全省建筑市场行为专项检查中，查处各类违法违规企业147家，涉及建设、施工、招投标代理机构等各方主体。省住房和城乡建设厅对10个基本建设程序齐全、市场行为比较规范的项目给予通报表彰，对17个市场行为不规范的项目给予通报批评。深入开展建设领域"双清"（清理拖欠工程款、清理拖欠农民工工资）工作，全省共受理投诉1396件，解决1368件，结案率98%；涉及工程款3亿元，追回2.5亿元，清欠率83%；涉及农民工工资2.7亿元，惠及1万多名农民工。省住房和城乡建设厅被授予"全省农民工工作先进单位"。

【提高工程质量】 组织开展经常性的工程质量执法检查，全省监督工程19240项，面积17800多万平方米，查出各类质量隐患2800多起，下发限期整改通知书897份。全省建筑业企业工程质量创精品积极性进一步提高，武汉、黄石、宜昌、十堰、荆门、恩施、天门7个市州住建委和20家施工企业分别被省住房和城乡建设厅表彰为全省建筑工程质量安全"楚天杯"创建先进单位和先进企业。2011年，申报省优工程的企业数量和申报的工程数量创近几年来的新高，创鲁班奖3项、国家优质工程奖1项、评出省优质工程153项、省结构优质工程385项、省示范检测机构7家；审定通过116项湖北省工程建设工法，48项工法被评为国家级工法，4家建筑业企业通过省级企业技术中心评定。

【强化安全生产】 深入开展"安全生产年"活动，扎实开展以防范深基坑、高支模、脚手架和建筑起重机械安全事故为重点的专项整治工作，继续开展严厉打击建筑施工非法违法行为专项行动，突出加大对各类开发区、边远城区、城乡结合部、县（市）建筑施工非法违法行为的查处。累计排查各类建筑施工安全生产隐患5000多处，下发限期整改通知书521份，责令312项工程停工整改，及时消除一大批安全隐患。分别在黄石、荆州、荆门、武汉组织开展4次大规模的质量、安全、文明施工现场观摩活动，细化全省建筑施工现场100个安全标准化达标点。全省12项工程获得国家"AAA"级文明施工现场称号，129个项目被评为省级安全文明施工现场"楚天杯"。省住房和城乡建设厅被省政府评为"2011年度安全生产管理优秀单位"。

11. 建筑节能与科技

【建筑节能应用】 2011年，建筑节能取得显著成效。新增太阳能光电建筑应用项目7项，装机容量9.54兆瓦，完成可再生能源建筑应用示范项目204个，建筑应用面积885.2万平方米，其中光热建筑应用面积672.83万平方米，浅层地能应用面积212.37万平方米，太阳能与浅层地能综合应用面积71.71万平方米；创建绿色建筑示范项目35个，总面积272.95万平方米；全年实现建筑节能105万吨标准煤。

【明确工作责任和目标】 省建筑节能与墙体材料革新领导小组印发《2011年建筑节能与墙体材料革新工作意见》，明确全年建筑节能工作的目标和任务。省政府与各市、州、直管市、林区政府签订《湖北省"十二五"建筑节能与墙体材料革新工作目标责任书》，将建筑节能工作纳入政府目标考核，进一步强化各级政府的责任。

【节能监督检查】 省建筑节能与墙体材料革新领导小组制定《湖北省"十二五"建筑节能与墙体材料革新目标责任考核管理办法》。6月下旬至7月初，省住房和城乡建设厅组织3个组对全省17个市、州、直管市、神农架林区及其所辖的县（市、区）的建筑节能工作进行巡查。11月下旬，在全省组织进行一次建筑节能专项检查与目标责任考核。

【节能监管体系建设】 根据国家《公共机构节能条例》，组织有关单位和专家，制定《湖北省国家机关办公建筑和大型公共建筑能耗监测平台建设实施方案（2011～2013）》，指导武汉职业技术学院、华中农业大学等单位制定节能监管体系建设实施方案。

【可再生能源建筑应用】 组织对武汉市、襄阳市、钟祥市的可再生能源示范市县的工作进行调研，督促第一、二批获国家批准的8个示范市县，抓紧落实示范项目。武汉市确定示范项目100个，总建筑面积825万平方米，示范面积619万平方米，49

个项目竣工，21个建成项目完成能效测评工作。咸宁市第一批示范项目通过评审，应用面积达32万平方米。鄂州、天门、潜江等市明确规定全市新建多层居住建筑必须使用太阳能热水系统，并与主体工程同步设计、同步施工、同步验收。全省示范市县达到9个，石首市被列为国家可再生能源建筑应用农村地区县级示范。

【发展绿色建筑】 各地加大发展绿色建筑的力度，开工建设试点示范项目49个，总建筑面积341万平方米。武汉市政府发布《武汉市绿色建筑管理试行办法》，在大力发展王家墩中央商务区、武汉新城国际博览中心、花山生态新城等绿色建筑集中示范区的同时，积极推进江夏伊托邦绿色低碳小城镇建设和开展绿色建筑项目示范。

【开展建设科技研发】 2011年5月，省住建厅印发《关于组织申报2011年度湖北省建设科技计划项目的通知》（鄂建办〔2011〕95号），分两种项目类型对十大重点技术领域组织各地各有关单位进行建设科技计划项目申报。根据专家组评审结果并经公众网公示无异议后，共有包括"基于循环经济的建筑垃圾回收利用技术研究"在内的149项科技项目被列为2011年度湖北省建设科技计划项目。比上年翻一番。

【建设领域新技术新材料新产品的推广】 共受理科技推广项目73项，其中：保温隔热产品37项、节能门窗6项、可再生能源23项、节能材料7项。组织编印第7批科技成果推广目录以及《2011年湖北省建设科技成果推广项目简介汇编》等技术资料。进行第三批(37项)、第四批(19项)共56项新型墙材的认定、公示和发布。除将新产品陈列在中心的展示间展示外，充分发挥门户网站的作用，将列入推广的新成果、新产品在省建设科技发展中心网站上进行宣传，加大宣传推广力度。

【开展设计方案评审及技术咨询服务】 对包括《黄石市MALL城深基坑工程支护设计方案》在内的54项深基坑设计方案进行审查，对66项工法、产品和项目设计进行咨询，其中包括《软弱土层中防止预制管桩偏位施工工法》等21项工法，《橡胶沥青及混合料产品论证》等5项产品论证，《东方雅圆经济适用房BC组团桩基选型技术咨询》等40项项目咨询。同时组织专家对44项建设科技成果及新产品进行审查鉴定，其中鉴定《化工罐区污水处理集成应用关键技术》等科技成果13项，《天正建筑节能设计分析软件》等新产品31项。

12. "十二五"规划编制情况

按照湖北省委省政府关于制定全省"十二五"规划的总体部署，2011年，编制、发布《湖北省住房和城乡建设事业"十二五"规划纲要》（以下简称《纲要》）。

【总结"十一五"规划执行情况】 "十一五"时期，全省住建系统坚持以科学发展观统领全局，积极应对复杂局面，抢抓发展机遇，着力改善民生，推进城乡统筹，加快城镇化进程，住房城乡建设事业取得显著成就，全面完成"十一五"规划确定的各项目标。

【"十二五"发展目标】 《纲要》根据省委省政府"两圈一带"发展战略部署，结合实际，提出"十二五"期间的住房城乡建设事业发展目标、工作重点、主要任务及保障措施。在发展目标上，提出八个新跨越。即：城乡统筹，实现城镇化水平的新跨越；提质扩容，实现城乡建设协调发展的新跨越；注重民生，实现保障性安居工程的新跨越；加大投入，实现市政公用设施建设的新跨越；标本兼治，实现改善人居环境的新跨越；扶优壮强，实现支柱产业发展的新跨越；创新体制，实现城乡建设管理的新跨越；苦练内功，实现队伍素质能力的新跨越。

（湖北省住房和城乡建设厅）

湖 南 省

1. 概述

2011年，在湖南省委省政府正确领导下，湖南省住房和城乡建设厅认真贯彻落实中央和省里各项重大决策部署，以保障和改善民生为主题，以推进新型城镇化为主线，创造性地贯彻落实国家宏观调控政策，加强预测分析，锐意进取，狠抓工作落实，建设经济运行平稳，住房保障、城乡建设等工作任务圆满完成。

(1) 保障性安居工程建设圆满完成。2011年国家下达湖南省各类保障住房任务44.72万套，比上年增加15.95万套，增长55.44%，居全国第5位，建设任务大幅增加。上半年，由于各地对大规模推进保障性安居工程预计不足，项目储备未落实，加之林、垦、煤等工作进展不平衡，整体进度一度偏慢，面对严峻形势，省委省政府主要领导亲自部署安排，省政府专门出台文件《关于加强保障性安居工程建设的意见》(湘政发〔2011〕11号)，强化用地、资金等要素保障；同时，大力实施驻点巡查、公开通报、启动约谈、加强督查考核等有效措施，住房保障工作发力推进。2011年，全省保障性住房和各类棚户区改造完成投资290.6亿元；新开工46.6万套，完成年度计划106.8%；竣工22.7万套，竣工率52%。省委省政府还批准成立了省保障性安居工程投资有限公司，有利于拓宽融资渠道，缓解资金压力。

(2) 重点建设迎难推进。受国家宏观经济政策调整、建筑成本上升、电荒煤荒和征地拆迁等因素影响，2011年重点建设推进较为艰难，通过积极协调、落实优惠政策、优化建设环境，重点建设实现了整体平稳推进。2011年全省组织建设重点项目141个，年度计划投资1500亿元。全年实际完成投资1560亿元，占年度计划的104%，超额完成了年度目标任务。重点建设投资占全社会固定资产投资的比例约为14%。黄花国际机场新航站楼、岳阳华能电厂二期、株洲电力机车研究所风电项目等一批重大产业项目顺利推进，增强了湖南省经济发展后劲。完成农村公路建设里程12299公里，解决了233.2万农村人口饮水不安全问题。

(3) 房地产市场健康发展。2011年以来，通过加强对全省房地产市场预警和分析，指导各地助推房地产开发与城镇建设相结合，加快棚户区改造和县域房地产协调发展，以及加强对房地产市场秩序监管，较好地贯彻落实国家调控政策，避免了房地产市场大起大落。1~12月数据显示：全省房地产市场开发投资继续保持快速增长，房价趋于稳定，房地产业对经济社会发展的贡献仍然很大，发展总体形势比较平稳。一是房地产开发投资仍保持较快增长。2011年，全省完成房地产开发投资1896.7亿元，同比增长29.1%，占全省固定资产投资的比重为16.6%。投资额在全国排第15位，中部地区排第4位。二是房价仍然维持平稳。全省商品房销售面积4877.7万平方米，同比增长9.1%，其中商品住宅销售面积4444.2万平方米，同比增长7.3%。全省商品住宅均价3526元/平方米，同比上涨9%。商品住宅在全国排第22位。长沙市内六区商品住宅销售均价5972元/平方米，环比上涨0.8%。

(4) 节能减排顺利推进。一是污水处理能力有所提升。通过实施城镇污水处理设施建设三年行动计划，全省建成污水处理厂133座，日处理能力534.5万吨，化学需氧量年削减40万吨。污水处理厂负荷达标率由1月份的76%上升到12月份的87%，并呈逐月上升趋势，运营效率有所提高。县城以上城镇污水处理率由2010年的72%增加到75%。二是生活垃圾无害化处理设施建设稳步推进。规划新建的102个项目，已有64个基本建成并投入运营、试运营，35个开工在建，3个项目处前期阶段。全省可再生能源建筑应用示范面积达358.43万平方米，湖南省国家级可再生能源建筑应用示范形成5市、8县、1镇、15项工程的格局，累计争取国家补助资金近4.9亿。

(5) 着力推动建筑业转型发展。全省建筑业继续保持良好增长势头。全年完成建筑业总产值3915亿元，比上年增长23.8%；完成竣工产值2402.88亿元，增长29.6%；房屋建筑施工面积32795.65万平方米，增长18.5%；房屋建筑竣工面积13289万平方米，增长25.7%；全省总承包和专业承包建筑企业签订合同8064.38亿元。其中，本年新签合同4395.96亿元，比上年分别增长23.6%和13.5%；省外完成建筑业产值1266.2亿元，突破千亿大关，比上年增长46%；全省固定资产投资达11431.48亿元，其中建筑安装工程投资达7703.82亿元，占全省投资总额67.4%，一半以上的投资是由建筑业转化为而来的，实现增加值1241.58亿元，占全省GDP的6.3%，支柱产业的地位进一步凸现。全年创鲁班奖工程3项，芙蓉奖工程51项，省优质工程164项，工程一次性验收合格率达98.7%。建筑施工安全生产形势整体平稳可控。

新型城镇化取得一定进展。一是强化新型城镇化发展理论研究。遵照省主要领导指示，省厅会同省委政研室代拟了《关于加快新型城镇化推进城乡一体化的意见》。同时，撰写了《关于全省新型城镇化发展情况报告》、《关于加强全省乡镇规划工作的报告》等专题报告，为下步工作理清了思路，为省委省政府决策提供了参考。二是积极探索新型城镇化建设途径。把县城和中心镇作为推进新型城镇化的战略重点和统筹城乡发展的关键节点，优选10个县市作为推进新型城镇化建设的示范县市，举办政企对接座谈会，着力助推扩容提质。三是加强乡镇建设。针对当前湖南省村镇布局散、乱、差的问题，全面启动县域村镇布局规划编制工作。以开展第三轮示范镇建设为平台，努力在城乡统筹、集约节约、绿色低碳、宜居宜业等方面发挥示范作用。（白勇　张欢）

2. 政策法规

【建设立法】　截止到2011年底，《湖南省武陵源世界自然遗产保护条例》、《湖南省崀山风景名胜区保护条例》、《湖南省南岳衡山风景名胜区保护条例》3条例打捆修改和《湖南省风景名胜区条例》（修订）分别经省人大常委会议审议通过。《湖南省韶山风景名胜区条例》、《湖南省实施〈物业管理条例〉办法》向省政府法制办呈报送审稿。办理省人大、省政府、住房城乡建设部等交办的立法征求意见31起，均按期提出修改建议。

【行政复议和应诉案件】　2011年，共办理各类行政复议案件29件，年内全部办结（其中不予受理11件、撤销6件、维持2件、终止3件、驳回复议申请4件、当事人放弃申请3件），共办理以我厅为被告的行政应诉案件4件，全部胜诉。从被申请人所在地区来看，长沙地区案件为13件，占44.8%，其次为郴州、衡阳、株洲地区，分别为4件、3件、3件，分别占13.8%、10.3%、10.3%；从复议申请事项来看，涉及规划审批和处罚方面高达20件，占69%，其次为房屋拆迁和产权登记、信息公开方面，分别为5件、2件，分别占17.2%、6.9%。

【合法性审查】　制定出台《关于进一步明确厅规范性文件登记备案程序的通知》，进一步规范文件制定程序，明确职责分工，提高工作效率，确保文件质量。2011年，政策法规处对相关处室起草的23件厅规范性文件严格进行合法性审查，并按要求报送省政府法制办进行统一登记编号，审查通过率100%。对以厅名义实施的35件行政处罚案件严格把关，指导、帮助相关业务处室进一步规范处罚程序，强化证据意识，合理运用行政裁量权，提高案卷制作水平，确保处罚行为的合法性和合理性。

【服务事项清理】　2011年4～5月，根据省审改办要求，政策法规处牵头组织相关处室开展政务服务事项清理。经过清理，全厅共有各类政务服务事项（含行政许可、非许可审批、其他办事服务事项）82大项、122小项，每一个小项都按要求填写了信息表，明确了许可对象、许可依据、许可程序等，为加强管理服务奠定了基础。

【案件稽查】　进一步加强建筑市场、城乡规划、房地产监管等方面的执法，特别是对社会影响恶劣的重大案件，及时开展稽查执法，规范市场秩序。对株洲市汉华房地产公司违规预售商品房、益阳市紫龙郡项目违规调整规划等事件，政策法规处会同相关处室开展专项稽查，对存在的违法违规行为依法处理到位。（周志红）

3. 重点建设

【概况】　2011年全省组织建设重点项目141个，年度计划投资1500亿元。全年实际完成投资1560亿元，占年度计划的104%，超额完成了年度目标任务。重点建设投资占全社会固定资产投资的比例约为14%。

【产业项目有序推进】　传统产业改造升级项目建设步伐加快，基础支撑作用进一步稳固。长炼原油劣质化改造与油品升级改造项目全面投产，推动长炼实现综合配套加工能力翻番、经济效益翻番；广汽菲亚特乘用车项目的建设，吸引众多零部件企业进驻，为湖南省延伸园区汽车产业链、做大汽车产业集群做出了贡献。战略性新兴产业项目集聚效应显现，辐射带动作用进一步增强。神州光电彩色太阳能电池板生产线、华磊光电半导体产业化基地建成投产，新能源装备制造能力再上新台阶；柿竹园多金属矿伴生萤石回收及综合利用项目一期工程投产，以金天钛业为代表的一系列新材料产业项目进展顺利，在培育新一轮产业制高点方面进行了尝试。现代物流项目深入推进，区域竞争优势进一步提升。能源产业项目布局更趋稳健，能源保障能力进一步增强。华能岳阳电厂三期、宝庆煤电一体化工程一期、湘祁水电站建成投产，城步南山风电场一期、安江水电站等建设顺利，全年新增装机容量132.95万千瓦，为湖南省经济社会发展增添了动力保障。

【基础设施项目进展顺利】　沪昆客专湖南段、衡茶吉铁路、湘桂铁路、长沙轨道交通等铁路项目努力推进。道贺、宜凤、随岳、潭衡西四条高速公路建成通车，全省新增高速公路通车里程262公里，通车总里程达2649公里。黄花国际机场新航站楼正式投入使用，总建筑面积居中部第一、全国第五。湘江长沙综合枢纽工程已全面进入攻坚阶段。潭娄邵天然气管道工程、中石化成品油管道建设全线开工。电网新增445.4公里220千伏输变电线路，增强了湖南省输电、供电能力。国家超级计算长沙中心百万亿次主机系统建成开通，为湖南省提升研发和创新能力、推动"云计算"、物联网建设提供重要平台支持。电信、联通、移动等信息项目建设推进顺利。湖南移动、电信、联通公司积极推进长株潭三网融合相关工作,启动了三网融合试点信息化综合应用平台项目和光纤到户建设。

【新农村、社会发展项目取得实绩】 2011年全省改造建设农村公路15622公里,新建、改造农网线路40587公里,农村通信扶贫工程实现了600个自然村信号覆盖,农村饮水安全工程解决了318万人饮水不安全问题。全省保障性住房和各类棚户区改造开工46.6万套,基本建成22.7万套,超额完成中央下达的年度任务。农村危房改造验收入住11.4万户。湘雅二医院、省人民医院、省妇幼保健院等扩建工程、医疗卫生体系建设加速推进,湖南高速铁路职业技术学院建成正式启用,医疗和教育硬件支撑进一步加强。

【重点工程项目管理】 2011全年,重点建设坚持争创"精品工程",管理水平不断提升。完善标准体系,确保工程质量。全省高速公路、在建铁路、水利和主电网在精细化管理、标准化施工等方面出台了许多文件,形成了一系列完整的规章制度和建设模式,涌现出沪昆、道贺、湘江长沙综合枢纽、电网建设运行公司等先进典型。2011年,中南大学新校区、湘雅医院新医疗区医疗大楼、湖南省肿瘤医院、黑糜峰抽水蓄能电站工程荣获了中国建设工程鲁班奖。改进施工工艺,加快科技创新。主电网运用四旋翼无人机对运行线路进行维护,既提高了操作安全性,又提高了工作效率。湘江长沙综合枢纽工程在设计、施工中采用数值模拟、施工仿真分析等先进技术、方法,方便施工的同时大大节约了投资。吉茶高速在矮寨大桥施工中成功运用了轨索滑移架设钢桁梁技术,创造了每天拼接、移运、安装一段梁的新纪录。抓好劳动竞赛,助推工程建设。各重点建设项目单位积极报名参加劳动竞赛,精心组织,广泛发动,创新形式,劳动竞赛取得了好的效果。机场扩建指挥部开展了"抗高温、保安全、创优质、增效益"百日安全劳动竞赛活动,为圆满完成建设目标增能促效。沪昆客专湖南段以劳动竞赛为载体,紧密结合质量创优、安全生产,深入开展"比质量,创优质工程"、"比安全,创平安工程"活动,工程安全、质量走在了全路的前列。树立两型理念,严保生态环境。湖南移动全面推进"绿色工程",单位电信业务总量综合能耗下降8.7%。长沙轨道交通将"绿色地铁"理念贯穿建设全过程,按绿色技术体系和标准体系建设绿色轨道交通。张花高速坚持公路建设沿线生态环境破坏最小化和恢复最大化的原则,精心设计环境保护施工方案,水土保持和建筑污水处理取得卓著成效。控制投资管理,降低工程成本。道贺高速建立计量、变更动态监管信息系统,强化工程资金监管,对材料管理进行创新探索,成为2008年开工建设的第一个通车、不调概的项目。浏醴、永蓝、宁道等在建高速公路认真开展设计"回头看"活动,进一步优化设计细节,提高设计质量,科学控制投资成本。

【黄花机场新航站楼正式启用】 2011年7月19日,长沙黄花国际机场新航站楼正式投入运行,第二跑道建设工程同时启动,这标志着机场向区域性国际航空枢纽又迈出了一大步,湖南省民航事业发展由此翻开了新篇章。新航站楼被命名为"T2航站楼",总建筑面积达21.2万平方米,相当于老航站楼的6倍,仅次于首都国际机场、上海虹桥机场、上海浦东机场、广州白云机场等机场,排名全国第五。航站楼高39.9米,主楼长672米,纵深宽168米,是湖南省迄今为止最大的钢桁架结构单体,能满足年起降飞机15.1万架次、年旅客吞吐量1560万人次的目标要求,高峰小时旅客吞吐量可达3940人次之多。

【宜凤、随岳、道贺、潭衡西四条高速公路建成通车】 2011年,宜凤、随岳、道贺、潭衡西四条高速公路建成通车,全省新增高速公路通车里程262公里。2011年9月25日上午,宜章至凤头岭高速公路(简称宜凤高速公路)正式建成通车。2011年12月26日,湖南省首条双向六车道高速公路随岳高速公路湖南段(湖北随州至湖南岳阳)正式建成通车。随岳高速公路北起湖北随州,南至湖南岳阳,从北往南贯穿了湖北随州、天门、仙桃、监利和湖南岳阳等城市,全长361公里,是继京港澳高速公路之后,湘鄂两省共同规划、建设的又一条南北大通道。2011年12月30日,道贺高速湖南段顺利通车。湖南道县至广西贺州高速公路湖南段是湖南省高速公路网的重要组成部分,是全省高速公路十一五规划中的21个出省通道之一。京港澳复线湘潭至衡阳西高速公路(简称"潭衡西高速")于2011年10月15日正式建成通车,成为京港澳复线建设在湖南省境内的首个通车路段。(吕瑞贤)

4. 城乡规划

【概况】 2011年底,全省城镇化水平为45.1%,比上年提高1.8百分点。全省有100万人以上的特大城市1个,50万~100万人的大城市8个,20万~

50万人的中等城市 8 个，20 万人口以下的小城市 12 个；共有小城镇 1050 个，其中县城 71 个，县以下建制镇 979 个。

【大力推进新型城镇化】 代省委省政府起草的《关于加快新型城镇化推进城乡一体化的意见》进行了多次修改完善。开展新型城镇化理论研究。组织编制《湖南省"十二五"新型城镇化发展规划》和《2011 年湖南省新型城镇化发展报告》，深入分析湖南省新型城镇化发展的现状和面临的形势，提出推进新型城镇化的目标任务和政策措施。

国务院 2011 年正式批准实施《湖南省城镇体系规划（2010～2020 年）》。积极组织新型城镇化示范县市对接活动。为积极引进民营资本参与城镇建设，拓宽投融资渠道，加快县（市）城区扩容提质步伐，提高县（市）城镇化质量和水平，5 月中旬，组织召开了新型城镇化示范县（市）政府与企业对接会，10 个县（市）政府和 25 家知名开发企业负责人参加会议。2011 年，示范县市推进新型城镇化工作取得了初步成效，开发投资企业在厅有关处室和直属单位的推介下与示范县市进行了对接，大汉集团、省建工集团、二十三冶、中建五局、高岭集团、顺天集团、立中投资、首创股份等数十家企业在湖南省近 50 个县市计划投入 400 多亿。同时，会同人民银行长沙中心支行、省财政厅出台了《关于进一步加大金融支持小城镇建设力度的意见》，对进一步加大贷款投入，创新信贷产品，拓宽金融服务范围，推动小城镇加快发展具有积极作用。

【主动参与"两型社会"建设】 编制完成《环长株潭城市群城镇体系规划》和《长株潭城市群核心区建设管治规划》，对环长株潭城市群城镇空间布局，特别是长株潭城市群核心区内的禁止开发区和限制开发区的空间管制及项目准入提出了具体措施。组织审查了长株潭城市群五大示范区 18 片区规划。指导环长株潭城市群 8 市城市总体规划评估及修改工作，其中长沙市城市总体规划已上报国务院待批，审查并上报省政府批准了岳阳市等 15 个城市总体规划修改，批复同意新田县等 10 个县城人口和用地规模。加强了开发区扩区规划的审查论证。按照住房和城乡建设部要求，选定常德北部新城和株洲云龙新城申报国家低碳生态试点城镇，探索低碳城镇的发展模式。

【强化历史文化资源保护】 2011 年湖南省有湘潭市、武冈市、沅陵县 3 个市（县）申报省级历史文化名城。湖南省住房城乡建设厅会同省文物局组织专家认真审阅申报资料，对申报市（县）的历史文化资源保存现状进行了现场核实，上报省人民政府核定公布。会同省文物局于 4～5 月集中对 3 个国家历史文化名城、13 个中国历史文化名镇名村和部分省级历史文化名城名镇名村的保护工作进行了实地督察。6 月，配合全国历史文化名城名镇名村保护工作检查组对岳阳市、凤凰县的历史文化名城保护工作进行了检查。9 月对凤凰县在沱江上修建的"风"、"雨"、"雪"、"雾"四座人行景观桥进行了现场核查。

【强化行业内部管理】 严格项目选址和资质申报工作。完成全省重大建设项目规划选址 87 个，有力地支持了基础设施建设和产业发展；加强规划编制资质申报及审批工作，报部申报 4 个甲级资质，已获批 2 个；省新批 5 个丙级规划编制资质；与省人事厅共同组织注册规划师考试，完成了注册城市规划师初始、变更、续期工作；村镇建设统计报表荣获住房和城乡建设部通报表扬。积极开展城乡规划督察工作。10 月，住房和城乡建设部到湖南省湘潭、株洲、衡阳举行了部派城乡规划督察员派遣仪式，至此，部向湖南省属国务院审批城市总体规划的 4 个城市均派驻城乡规划督察员。同时，省派第三批城乡规划督察员督察范围从 13 个地级市扩大到 29 个设市城市，强化了省级层面的监督。开展了房地产开发项目中违规变更规划、调整容积率问题专项治理检查工作，进一步规范容积率调整工作。（刘婷赋禹）

5. 城市建设

【概况】 2011 年，湖南省有设市城市 29 个（其中：地级市 13 个，县级市 16 个），县城（区）75 个（县级区：南岳区、洪江区、大通湖区）。市县城区人口 1947.36 万人、暂住人口 226.19 万人；城区面积 6732.9 平方公里，其中建成区面积 2273.09 平方公里；全年共完成市政公用基础设施固定资产投资 750.9 亿元，同比增长 16.4%，分别占同期全省 GDP、全社会固定资产投资的 3.8% 和 6.5%。

【城市供水】 2011 年，全省完成供水设施建设投入 11.6 亿元。全社会供水综合生产能力（含部分自建供水）为 1346 万立方米/日，年供水总量 24.7 亿立方米，用水普及率 92.56%，人均日生活用水量 183 升。推动城镇供水设施提质改造；城镇节水取得突破 常德市被住房城乡建设部、国家发改委命名为全国第五批"国家节水型城市"，成为湖南省首个获此殊荣城市。

【市政工程】 2011 年底，全省完成城市道路桥梁投入 430 亿元。城区道路总长达到 15785 公里，道路面积28382万平方米，人均城市道路面积12.54平方米，桥梁1172座，路灯75.4万盏。加强城市道路桥梁设施运行安全督查。8月下发《关于开展全省城市桥梁安全运行督查的通知》（湘建明电〔2011〕26号），组织专家对全省城市桥梁运营情况进行全面督查。着力提升城市照明管理 出台《湖南省城市照明管理规定（试行）》，为全省城市照明行业管理提供了政策依据，对进一步加强行业管理，促进能源节约，确保城市照明安全具有重要指导意义。

【城市综合交通】 深入推动绿色出行示范项目建设 在近年开展"城市无车日"的基础上，重点支持株洲市、常德市成功跻身全国第二批"城市步行和自行车交通系统示范项目"试点城市行列。绿色出行示范项目建设在全省纵深发展。城市综合交通体系规划编制工作进展顺利 张家界市、长沙市、岳阳市通过规划技术审查，衡阳市、娄底市、常德市、益阳市、株洲市、湘潭市基本完成规划编制工作。

【城市燃气】 2011年，全省完成燃气设施投入13.1亿元。全省人工煤气、天然气、液化石油气供应总量分别为0.23亿立方米、15.46亿立方米、42.52万吨，燃气普及率80.64%。规范管理强化监督 下发《关于进一步规范和加强城镇燃气管理工作的通知》，指导全省燃气规范化工作；开展全省燃气经营市场清理整顿检查，实地抽查邵阳市等7个市州37市县，下达抽查情况通报7份，对各检查项目提出了详细的整改意见。

【城市园林绿化】 2011年底，全省完成城市园林绿化投入29.1亿元。建成区绿化覆盖面积7.44万公顷、园林绿地面积6.69万公顷，建成绿化覆盖率和绿地率分别为32.73%和29.42%，人均公园绿地面积8.03平方米。深入广泛开展"城市绿化周"：通过开展"城市绿化周"活动，全省植树3164.2万株，种木本花1833.6万株，新增公园8个、总面积215.4公顷，建小游园70个、总面积58公顷，新建绿地305.8公顷，建设大环境绿地1476.3公顷。

【市容环境卫生】 2011年，全省市容环境卫生完成投入23.5亿元。全省城区道路清扫面积21865万平方米，生活垃圾年清运量953.61万吨，生活垃圾无害化处理能力19026吨/日，无害化处理率62.42%，市容环卫专用车辆3529台，公共厕所4463座。102个新建项目累计完成投资64亿元，占批复总投资的80%，开工率达100%。推进生活垃圾分类、餐厨垃圾资源化利用试点工作 将垃圾分类列为卫生城市、园林城市、文明城市、人居环境奖等评选活动的重要考核指标。

【污水处理】 2011年，全省完成污水处理设施建设投入24.5亿元。全省共建成污水处理厂133座，日处理能力540.5万立方米，累计处理污水15亿立方米，县城以上城市污水处理率80.87%，同比提高9个百分点。

6. 村镇建设

【全面加村镇建设】 组织各市州规划局、建设局负责人赴浙江、江苏、江西、安徽、贵州等省考察村镇规划建设及农村危房改造和农村建房工作，学习先进经验，查找不足和差距，拓宽工作思路。加强村镇规划建设管理业务培训，先后组织开展了两轮培训，市州建设局、县市区规划局和建设局的负责人及村镇建设科（股）长约300人参加，聘请住房城乡建设部村镇建设司、中科院、城市学院以及地方政府领导进行授课辅导，实地参观长沙市村镇建设成果。10月10日，韩永文副省长主持召开省小城镇建设协调领导小组会议，专题研究全省小城镇建设工作。会议听取了全省"十一五"小城镇建设工作总结和"十二五"发展思路汇报，审议了"十一五"小城镇建设先进集体、先进个人名单，以及第三轮示范镇名单和对口联系方案。11月24日，徐守盛省长主持召开省政府常务会议，专题研究全省小城镇建设工作。要求有关部门逐年增加村镇规划编制经费、整合小城镇建设资金、健全村镇规划建设管理机构、出台政策性文件。针对当前湖南省村镇布局散、乱、差的问题，重点突出县域村镇布局规划的编制。代省政府办公厅草拟了《关于开展镇（乡）域村镇布局规划制定工作的通知》，调控村镇空间结构。积极推进农村垃圾和污水处理工作。住房城乡建设部村镇司调研组来湘调研时充分肯定了长沙县农村垃圾分类收集和攸县城乡环境综合整治的经验。认真组织重点流域重点镇污水管网建设项目申报工作，经与部多次沟通协调，共争取16个镇进入国家第一批建设单位。按照省政府办公厅《关于编制长株潭试验区改革建设"八大工程"实施方案的通知》要求，会同省农办编制了《环长株潭城市群城乡统筹示范工程实施方案》，拟在环长株潭城市群选择11个示范县市、22个示范镇、60个示范村先行开展试点示范，争取到2015年，示范区的城乡基础设施完善，公共服务体系健全，社会保障全员覆盖，城乡资源合理配置，生产要素高效组合，城乡经济社会全面协调发展的格局基本形成。着力抓好农村危房改造工作。按照国家要求，2011年湖南省将所有县市区全部纳入了农村危房改造试点范围，国家下达湖南省两批任务和补助资金，共11.1万户6.66亿元。实际完成危改任务11.34万户，其中新建9.04万户，修缮加固2.30万户；累计投入资金47.9亿元，其中中央投入6.66亿元，省投入2.31亿元，市县乡投入2.33亿元，农户自筹资金36.6亿元。据11月底全国危改农户档案信息系统显示，湖南省危改农户档案信息录入率和危房改造开工率均居全国第5位，竣工率居全国第1位。（刘婷赋禹）

7. 住房保障

【概况】 2011年是大规模建设保障性安居工程的一年。省委、省政府高度重视，连续8年将住房保障工作纳入为民办实事工程。全省加大保障性安居工程建设力度，创新保障方式，多渠道解决城市低收入家庭住房困难，住房保障工作取得了较好成效。

【完成目标任务】 全省保障性住房和各类棚户区改造完成投资290.6亿元；新开工46.6万套，完成年度计划106.8%；竣工22.7万套，竣工率52%。其中：廉租住房完成投资47.2亿元；开工11.7万套、575.7万平方米，完成年度计划107.1%；竣工（筹集）7.7万套、375.4万平方米，竣工率71%。经济适用住房完成投资21.5亿元；开工2.1万套、174.7万平方米，完成年度计划138.2%；竣工1.4万套、123.2万平方米，竣工率93.4%。公共租赁住房完成投资24.4亿元；开工5.3万套、277.4万平方米，完成年度计划126.8%；竣工3.7万套、185.3万平方米，竣工率87.4%。城市棚户区改造完成投资153.5亿元；安置住房开工12.5万套，完成年度计划105.3%；竣工6.1万套，竣工率51.2%。国有工矿棚户区改造完成投资22.5亿元；安置住房开工4.4万套，完成年度计划96.7%；竣工1.7万套，竣工率38.2%。林业棚户区（危旧房）改造完成投资1.6亿元；安置住房开工1.5万套，完成年度计划100%；竣工0.6万套，竣工率41.5%。国有垦区危房改造完成投资7.9亿元；安置住房开工2.48万套，完成年度计划100%；竣工1.3万套，竣工率51.2%。中央下放地方煤矿棚户区改造完成投资12亿元；开工6.6万套，完成年度计划100%；竣工0.1万套，竣工率1.8%。

【加强政策支持】 为贯彻落实国家大规模实施保障性安居工程的要求，2011年5月，省政府下发了《关于加强保障性安居工程建设的意见》这一综合性政策文件，强化了土地、资金、优惠政策等要素保障措施。土地方面：要求将住房保障规划和年度计划纳入城镇总体规划、土地利用总体规划，用地在年度土地计划中单列，优先安排，应保尽保。2011年，全省落实保障性安居工程用地1745公顷，确保了用地需求。资金方面：积极争取中央资金支持，加大省级资金投入。2011年，共争取中央补助资金84亿元，省财政安排补助资金15.6亿元，均为历年之最。积极搭建融资平台，成立了省保障性安居工程投资有限公司，加大融资力度，争取"十二五"期间银行贷款意向425亿元。明确住房公积金增值收益在提取贷款风险准备金和管理费用后的全部、不得低于土地出让总价款5%的土地出让收入用于保障性安居工程建设。优惠政策方面：对所有保障性安居工程项目建设，免收行政事业性收费和政府性基金，对有财政拨款的执收单位其经营服务性收费按低限减半征收，切实降低建设成本。

【监督检查】 全省采取了巡查、通报、约谈、考核四位一体的工作推进机制。一是实施巡查制。2011年，全省抽调28名专项巡查员，分市州进行常年、专项、现场巡查，促进项目建设按时间节点推进。二是实行通报制度。省保障性安居工程领导小组每月牵头组织对各市州、县市区的进展情况分类排位进行通报，并通过《湖南日报》、湖南卫视等主要媒体向社会公布。三是实施约谈机制。对截至2011年7月底总体进度滞后的市州、县市区政府主要负责人和分管负责人进行了集中约谈。四是实行督查考核制度。省政府办公厅下发省保障性安居工程工作目标考核办法，建立专项考核表彰问责制度。

【质量安全】 加强督查检查。将廉租住房建设工程的质量安全纳入每月住房保障工作督查的重要内容，将廉租住房建设项目纳入每季度全省建设工程质量安全检查的必检查项目，加强督促检查。厅下发了《关于进一步加强全省保障性安居工程质量安全管理工作的通知》。强调从规划设计开始，直至竣工验收，加强全过程的监管，确保工程建设质量安全。规划布局上，强调合理布局，科学选址，把保障性住房安排在交通便利、基础设施齐全的地段。户型设计上，组织开展保障性住房方案设计竞赛，将获奖作品编印成册，印发各地参考，加强对保障性住房设计的指导。施工监管上，将保障性安居工程作为全省建筑质量安全监管的重点，把保障性安居工程建设项目作为季度性督查的必检项目，按照安全质量标准化、监督规范化、监管信息化的要求，规范日常监管，增加督查频次，加大监管力度。认真执行工程质量终身责任制和分户验收制度，严厉查处质量安全隐患和违法违规行为。

8. 房地产业

【房地产投资】 2011年，全省完成房地产开发投资1896.7亿元，同比增长29.1%，占全省固定资产投资的比重为16.6%。投资额在全国排第15位，中部地区排第4位。

【房地产开发】 全省商品房施工面积20746.3万平方米，同比增长23.3%，其中商品住宅施工面积16724万平方米，同比增长21.3%。商品房新开工面积7178.9万平方米，同比增长11.1%，其中商品住宅新开工面积5752.6万平方米，同比增长6.9%。商品房竣工面积3934万平方米，同比增长17.4%，其中商品住宅竣工面积3278.1万平方米，同比增长15.8%。

【住房消费】 全省商品房销售面积4877.7万平方米，同比增长9.1%，其中商品住宅销售面积4444.2万平方米，同比增长7.3%。全省商品住宅均价3526元/平方米，同比上涨9%。

【房地产用地】 全省房地产用地供应总量6341.5公顷，同比增长6.87%，其中住宅用地4753.97公顷，同比增长5.62%，占总量的75%；商服用地1587.53公顷，同比增长10.8%，占总量的25%。房地产用地平均出让单价为1348.29元/平方米(合89.9万元/亩)，同比上涨41.07%。

【房地产信贷】 截至2011年底，全省房地产贷款余额2691亿元，同比增长25.9%。其中开发贷款余额、个人购房贷款余额、政策性住房贷款余额分别为657亿元、1662.6亿元、371.3亿元。全省新增房地产贷款553.4亿元，同比增长0.5%，占全省新增贷款的26.6%。

【房地产市场秩序】 加强房地产市场调控工作，省政府办公厅下发《关于加强房地产市场调控工作的通知》(湘政办发〔2011〕25号)，通知从明确工作责任、完善房地产市场准入制度等十个方面提出了房地产调控的具体指导意见，明确了目标、责任和要求，为各地实施房地产调控提供政策保障。督促全省十四个市州制定了房价控制目标，各地按照房价控制目标和政策要求制定了严格的实施方案。组织召开全省城镇建设与房地产开发工作座谈会，县市房地产成为拉动全省城镇化建设的主力军。有力推进国有土地上房屋征收工作，起草《湖南省实施〈国有土地上房屋征收与补偿条例〉办法》，制定《长株潭城际铁路房屋征收与补偿的规定》。进一步加强法规政策建设，起草《湖南省实施〈物业管理条例〉办法》，发布《湖南省房地产行业信用信息管理办法》、《湖南省房地产业"十二五"发展规划》。全省住房和城乡建设系统房屋登记行业被省委省政府评为"湖南省2010届文明行业"。加大对违规案件查处工作，对全省5373家房地产开发企业进行了检查，注销和降低资质等级20家。(谢艳玲)

9. 住房公积金管理

【概况】 2011年全省新增缴存职工41.81万人，同比增长38.12%；归集住房公积金195.76亿元，同比增长21.97%；发放个人住房贷款143.39亿元，同比增长7%；实现增值收益8.11亿元，平均增值收益率1.5%；平均个贷逾期率0.03%；提取廉租住房建设补充资金2.87亿元。截至2011年12月底，全省住房公积金归集总额和余额分别达到974.66亿元和601.18亿元，个人住房贷款总额和余额分别达到634.54亿元和414.36亿元。住房公积金事业取得新发展、新突破。

【创新机制，大力促进归缴扩面】 2011年是湖南省"住房公积金制度深入推进年"。部分市州住房公积金管理中心通过将住房公积金管理工作纳入了市政府对各县(市、区)政府绩效考核范围等途径加大政府推动力度。加大宣传力度，按照住房公积金政策"进机关、进企业、进社区、进乡镇、进楼盘"的要求，充分利用各种媒体宣传住房公积金工作，做到"报纸上有文、电视台有影、网站有专栏、现场有活动"，起到了良好效果。同时，通过加强部门、企业联系，深化制度，围绕"应建尽建、应缴尽缴"目标，不断加大扩面建制力度。归集业务增势明显。2011年全省归集住房公积金195.76亿元，完成年计划的122.35%。

【规范个贷，实行差别化贷款政策】 2011年3月，住房和城乡建设厅会同财政厅等部门上报省政府，转发住房城乡建设部、财政部等四部门《关于规范住房公积金个人住房贷款政策有关问题的通知》，并提出了具体的贯彻意见。要求坚决抑制投资性、投机性购房需求。同时，实行差别化信贷，发挥住房公积金在支持自住型、改善型住房需求方面的积极作用。各市州住房公积金管理中心(分中心)认真贯彻落实国家四部门政策，均出台了规范住房公积金个贷办法，认真执行了差别化信贷规定，坚持不滥贷，不惜贷，进一步提升住房公积金在住房金融中的支撑作用。全年发放个贷143.4亿元，购建房提取57.5亿元，再加上个人首付款，共形成住房消费260多亿元，购买住房734万多平方米。全年共上缴廉租房建设补充资金3.8亿元，支持保障性住房建设。长沙管理中心利用住房公积金贷款支持保障性住房建设试点工作进展顺利，截至2011年12月底，发放保障性住房建设资金贷款4.08亿元。

【强化学习，提升服务工作水平】 2011年省住房和城乡建设厅、省财政厅等四部门联合转发住房城乡建设部、财政部等四部门联合下发的《关于加强和改进住房公积金服务工作的通知》（建金〔2011〕9号）文件，下发了《住房公积金服务指引（试行）》，部署全省住房公积金服务工作。组织15个市州住房公积金管理中心（分中心）参加了在广西贵港举办的全国住房公积金服务培训工作会议。在全省开展了加强和改进服务工作调研，现场调研考察了常德市等6市州住房公积金管理中心服务工作开展情况。主办了全省住房公积金服务工作交流研讨会。会议部署了加强和改进住房公积金服务工作，聘请相关专家、教授对公共服务理论、公共礼仪等五个专题进行了讲授。各市州住房公积金管理中心认真落实部省级文件精神，积极实现由"管理型"中心向"服务型"中心转变，优化业务流程，健全服务制度，完善服务设施，改善服务环境，加快信息化建设，创新服务方式，提升服务质量。

【加强管理，完善内控机制建设】 2011年全省加强业务政策规范，开展业务督查，不断建立健全内控机制。继续强化内控体系建设。严格按照内控要求，进一步完善各项规章制度。建立职责分离，横向和纵向相互监管的体制和机制。下发《关于进一步加强住房公积金档案管理的通知》，推进开发电子档案系统，完善档案管理工作。继续严控资金运行风险，开展账户及资金管理督查，加强账户和资金管理。继续完善贷款调查、审查、审批和贷后跟踪管理制度，进一步健全对逾期贷款的预警和催收机制，严格控制个人住房贷款逾期率。组织进行全省的贷款工作检查，坚决打击各类骗取、骗贷个人住房公积金的行为，确保贷款资金安全。会同财政、监察等部门联合转发了住房城乡建设部等七部委《关于加强住房公积金廉政风险防控工作的通知》，全面排查管理漏洞和各类风险点，依据职务分离控制、授权控制、制度控制、信息技术控制、资金安全控制原则，对各风险点实行分类识别、分级管理、分级监督、全程监控。

【外树形象，推进文明行业创建】 2011年全省住房公积金行业继续开展文明行业创建活动，着力改进工作作风，全力提升行业形象，文明创建又结新的硕果。益阳市管理中心被评为全国文明单位，省直分中心、长沙管理中心被评为"省级文明窗口单位"，长沙市、邵阳市、张家界市管理中心获得"全国巾帼文明岗"称号，常德市管理中心获得省"巾帼文明岗"称号，永州市管理中心被省妇联授予"三八红旗集体"称号。（周文静）

10. 建筑业

【概况】 2011年是"十二五"开局之年，全省各级住房城乡建设主管部门积极应对复杂局面，建筑行业安全生产和行业经营整体走势平稳。全年完成建筑业总产值3915亿元，比上年增长23.8%；完成竣工产值2402.88亿元，增长29.6%；房屋建筑施工面积32795.65万平方米，增长18.5%；房屋建筑竣工面积13289万平方米，增长25.7%；全省总承包和专业承包建筑企业签订合同8064.38亿元。其中，本年新签合同4395.96亿元，比上年分别增长23.6%和13.5%；省外完成建筑业产值1266.2亿元，突破千亿大关，比上年增长46%；全省固定资产投资达11431.48亿元，其中建筑安装工程投资达7703.82亿元，占全省投资总额67.4%，一半以上的投资是由建筑业转化为而来的，实现增加值1241.58亿元，占全省GDP的6.3%，支柱产业的地位进一步凸现。全年创鲁班奖工程3项，芙蓉奖工程51项，省优质工程164项，工程一次性验收合格率达98.7%。

【质量安全监管】 2011年，全年发生建筑施工生产安全事故20起、死亡26人，事故起数、死亡人数与上年基本持平，死亡人数仅占省安委控制指标的64%，建筑业百亿元产值死亡率下降到0.7人，郴州、株洲、自治州和常德、益阳5个市州为零死亡事故。省厅在省直单位年度安全生产目标考核中连续两年排名第一，被省委省政府评为安全生产工作先进单位。

安全质量标准化方面，完成了特级和部分一级施工企业的安全认证工作，创建省级安全质量标准化示范工地811个、示范工程431个。编制了《湖南省建筑施工安全质量标准化图集》和《建设工程监理服务指南》，对3327人、涉及960家施工企业负责人开展了安全质量标准化教育培训。

监督规范化方面，举办了监督规范化竞赛活动，对全省1180名安全监督工程师组织了轮训。

信息化方面，启动日常监督信息上平台，加大信息录入力度，推进了监管信息查询和使用。2011年共抽查在建项目248个，发现和整改安全生产隐患1400余条。

规范资质审批，实行网上核对企业管理人员、工程业绩、社会保险和网上公示申报信息，严格落实质量安全一票否决制，初步实现了资质审批与质量安全、企业诚信挂钩。规范资质动态核查，全省共核查企业513家，占全省企业总数的12%，撤回资质许可56家，责令限期整改156家。

【招投标监管】 2011年，省管工程有226个项目申请招标，其中公开招标200个，邀请招标26个，招标金额46.6亿元。共收到招标计划书83份，审查招标文件410余份，出具修改意见1500余条。受理黑金时代广场项目工程、湖南中烟公司技术中心试验楼施工工程等10起投诉，比上年减少了41%。4659个国有投资项目公开招标率达到100%，进场交易率100%，全省所有国有投资项目均实行了网上报名、网上下载招标文件和投标保证金的集中管理。根据中央《关于开展工程建设领域突出问题专项治理工作的意见》，针对近年来湖南省工程建设项目招投标活动中围标串标等突出问题，出台了《关于进一步规范房屋建筑和市政基础设施工程招标投标活动的若干规定》、《湖南省房屋建筑和市政基础设施工程项目招标代理机构选定办法》、《湖南省房屋建筑和市政基础设施工程围标串标行为认定处理办法》、《湖南省房屋建筑和市政工程施工招标投标人资格审查办法》、《湖南省房屋建筑和市政工程施工招标评标活动管理规定》（以下简称"两个规定三个办法"），通过招标代理机构比选、资格审查文件和投标文件一并报送、授权委托人为项目负责人、投标保证金集中管理，以及实行资格后审等突破性规定，对遏制围标串标、防止暗箱操作等方面发挥了积极作用。

【建筑劳务经济和外埠市场】 建筑劳务经济持续稳步发展，全省已设立劳务企业1061家，比上年增加99家；全年吸纳农村富余劳动力270万人，对全省经济社会发展贡献突出。外拓市场形势较好。全省建筑业企业外拓力度进一步加大，在省外完成产值1065亿，同比增长28%，较建筑业总产值增速高7个百分点；优势区域市场进一步巩固，珠三角区域和西南市场外拓产值均超过200亿元。全省对外工程承包和劳务合作逆势上扬，完成营业额达14.6亿美元，同比增长34%。强化市场准入与清出，全年办理入湘施工登记企业1058家。

【工程造价与劳保统筹管理】 工程造价管理。2011年对《湖南省建设工工程量清单计价办法》与消耗量标准进行了动态调整，并对2011年度《湖南省建设工工程量清单计价办法》与消耗量标准水平动态调整和咨询函件解释汇编成册（第5辑）。修编《湖南省建设工程消耗量标准》（基价表），收集社会各方反馈意见806条次。制定《湖南省建设工程劳务分包企业取费标准》，全年共收到各方咨询函件50余件，涉及230个问题；全年办理施工合同备案62个项目，工程总价达37.97亿元；办理监理合同备案34个项目，工程总价达45.314亿元；办理安全文明措施费审核项目62个，审核文明费7254.60万元。办理民工工资核准62个项目，核准金额达11097.36万元；从源头上有效遏制了拖欠农民工工资的问题。共审查招标控制价138个，送审金额32.15亿元，审查金额33.24亿元，审查后增加1.09亿元，调增幅度3.39%。

进一步加强工程造价人才队伍建设，湖南省全国建设工程造价员统一考试，报考人数达4335人，通过考试取得全国建设工程造价员资格人数为1025人。出色组织完成了对5100名造价师、造价员继续教育培训工作。劳保基金统筹管理方面，2011年全省劳保基金收入突破20亿元大关，达到20.27亿元，超额完成年度目标任务8.27亿元，超额69%，其中追收入库以前年度欠交的劳保基金2.1亿元，占全省总收入的10.3%。省本级收取了78个建设项目劳保基金1.37亿元，超年度目标任务3700万元，超额37%，其中对21个以前年度欠交劳保基金的项目进行了追收，追收入库资金4577万元，占省本级收入总额的33.5%。6个市劳保基金收入额超过亿元。2011年全省拨付、调剂补助劳保基金共计11.74亿元，其中：拨付劳保基金8.88亿元（其中：拨付省外企业4645万元），同比增加7800万元，增长9.6%；调剂补助困难建筑企业2.38亿元，同比增加1800万元，增长8.5%。全省参加社会基本养老保险的建筑企业已达到1609家（其中参保国有企业88家，参保建筑劳务企业27家）。参加社会基本养老保险，建立个人养老保险账户的人数达到32万（其中国有企业参保职工7.6万多人，参保建筑农民工6.1万人）。（陈俊）

11. 勘察设计

【概况】 2011年，湖南省共有勘察设计和设计施工一体化企业465家，从业人员38923人，从业人员保持稳定，各项经济技术指标稳步提高。完成初步设计投资额1826.2亿元、建筑面积6646.7万平方米，分别为上年的141%、75%；完成施工图设计投资额2292.4亿元、建筑面积10553.7万平方米，分别为上年的130%、83%。科技活动费用支出7.1亿元，为上年的119%；科技成果转让收入29.6亿元，为上年的94%；企业累计拥有专利953项，为上年的136%。完成营业收入221.25亿元，为上年的126.9%；人均营业收入56.85万元，为上年的121.8%；营业税及附加6.96亿元，为上年的124.5%；利润总额16.84亿元，为上年的118%。

【行业发展】 注重转型提质，引导行业发展。加强对全省勘察设计企业发展现状的调查和掌握，通过勘察设计企业资质管理，帮助企业看准市场，找准定位，抢抓机遇，调整结构，增强竞争力和效益。通过资质审批和管理，引导扶持湖南省勘察设计企业由数量增加向质量提升转变，积极鼓励企业兼并联合，做优做强。完成升级审查工作31家，其中报建设部核准20家、省核准11家；完成增项审查核准33家。同时，控制企业总体数量过快增长，改善竞争结构，杜绝恶性压价竞争。

【质量安全】 一是切实强化勘察设计招投标监管。建立项目跟踪台账，录入项目70个，印发服务告知书59份，指导监管完成勘察设计项目招投标29个。在勘察设计评标办法中，严格掌握商务部分分值所占总分的合理系数；积极推荐完善勘察招标技术评分办法；坚持按规定对优秀设计方案进行补偿。1家违规进行勘察设计招标的业主单位被处罚。通过一系列有效措施，确保优秀勘察设计企业及其投标方案中标，大大提高了广大勘察设计企业投标积极性，有效促进了湖南省勘察设计总体质量水平提高。二是切实强化施工图审查。全省各施工图审查机构共审查958家勘察设计企业承担的5725项房屋建筑和市政基础设计工程施工图设计文件，总建筑面积6908.38万平方米，工程总投资1353.96亿元。其中，第一次审查合格项目4209个，第一次审查合格率为73.49%。对于第一次审查合格率低于50%且存在违反工程建设强制性条文的47家勘察设计企业进行了全省通报。开展了全省施工图审查工作全面检查，对1家不符合标准的施工图审查机构已撤销其审查资格。另外，对全省质量大检查中涉及的4个市州建设局、13家施工图审查机构、23家勘察设计企业、1名注册建筑师进行了约谈，并根据整改情况，作出了相应处理。

【规范市场】 注重整体监管，创新监管体系。开发勘察设计网络监管平台，进一步健全了闭合的勘察设计全过程质量监管链，对勘察设计招投标、初步设计审查、施工图审查及备案、重大设计变更等相关信息进行录入和监管，并与施工阶段相关监管平台进行对接，实现工程项目勘察设计质量全过程信息监管。《中国建设报》11月26日以"湖南启动勘察设计网络监管平台，实现勘察设计质量全过程监管"为题，进行了报道。启动了注册建筑师、勘察设计工程师网上申报平台。该平台启动后，湖南省所有二级注册人员全部通过网上申报审核，有效规范了注册审批工作，提高了审批效率。同时，通过该平台与全国绝大多数省市的平台对接，实现了数据共享，可以在全国范围内进行查重，有效杜绝了重复注册、非法挂靠等违规行为。

【行政审批】 加强廉政建设，推进政务公开。将省立项建设项目初步设计审批、超限高层建筑工程抗震设防审批、乙级及以下建设工程勘察、设计单位资质认定、二级注册勘察设计工程师执业资格认定、省管工程项目施工图审查备案、省管建设工程勘察设计招标公告及招标文件备案、省管建设工程勘察设计评标报告及中标通知书备案等15项勘察设计政务事项，进入湖南省网上政务服务和电子监察系统。将省立项建设项目初步设计审批、资质审批等六项权力运行制度进行了进一步修改完善。积极启动人员注册、勘察设计资质网上申报、网上审批，构建勘察设计质量监管信息平台，增强行业管理的透明度，清除腐败滋生的空间。积极开展制度廉洁性评估，将近年来发布的11个规范性文件进行清理，并进行廉洁性评估，规范行政行为。服务重点项目。指导省博物馆完成改扩建工程概念设计方案国际征集和评选，评选过程和评选结果得到了省委、省政府主要领导的高度评价和充分肯定。完成了国家超级计算长沙中心项目的勘察设计招标、实施性方案设计修改和初步设计方案评审。共办理限额以上项目初步设计审批事项36项，施工图审查备案53项，超限高层建筑抗震设防专项审查6项。完善了房屋建筑和市政基础设施抗震设防专项论证和审查工作，下发了《关于认真做好市政公用设施抗震设防专项论证工作的通知》，组建了湖南省市政公用设施抗震设防专项论证专家组。

【执业注册】 全年组织一、二级注册建筑师继续教育培训500多人次，一、二级注册结构工程师继续教育培训近300人次；组织1400多人参加2011年度一、二级注册建筑师考试；组织全省施工图审查人员培训738人次；组织结构工程师各类规范培训8期2000多人次。加强注册审批，完成17批598人次注册审批；完成85人次新增施工图审查人员审批。

【勘察设计大师评选】 通过多年的人才培养和发展战略，全省勘察设计行业高端人才不断涌现，由湖南省住房和城乡建设厅上报推荐的湖南省交通规划勘察设计院胡建华同志,经全国工程勘察设计大师评选领导小组评选,2011年5月被住房和城乡建设部授予"全国工程勘察设计大师"。

【勘察设计评优】 组织全省勘察设计项目评优,共收到参评勘察设计项目204项,评选出获奖项目102项,其中一等奖15名、二等奖28名、三等奖50名、表扬奖9名。主办"湖南省保障性住房设计方案竞赛",共收到60个单位推荐的258个设计方案,评选出获奖项目66项,其中一等奖5项、二等奖10项、三等奖15项、优秀奖36项。获奖方案经修改完善,汇编成图集,下发到全省各市州,服务和指导保障房建设。《中国建设报》7月30日头版以"大力推进保障房建设湖南举办保障房方案设计竞赛"为题,进行了报道。

12. 世界遗产与风景名胜

【概况】 2011年,湖南省世界遗产和风景名胜工作围绕"创建世界品牌,打造风景名胜强省"既定目标,切实加强行业指导与监管,推动了各项工作有序开展。截至年末,全省拥有世界自然遗产2处、国家自然遗产3处、国家级风景名胜区16处(居全国第三)、省级风景名胜区39处,总占地面积7280平方公里,约占全省国土面积的3.44%,已跻身风景名胜资源大省行列。

【中国丹霞申遗表彰】 2011年1月26日,省人民政府在长沙市召开中国丹霞·崀山申报世界自然遗产工作总结表彰大会。副省长韩永文、省政协副主席谭仲池和省人大、省政府、省政协有关部门及各市州人民政府负责人等参加会议。会上,省世界遗产和风景名胜管理办公室被授予先进集体称号,省住房和城乡建设厅王智光等14人被授予先进个人称号并记功。

【世界遗产授牌】 10月31日,由中国联合国教科文组织全国委员会、住房和城乡建设部主办的中国丹霞世界自然遗产授牌仪式在广东韶关市举行,世界遗产委员会、国际地貌学会、相关6省负责人及国内外专家出席仪式。原中国联合国教科文组织全国委员会主任、教育部原副部长章新胜和国际地貌学会IAG主席迈克尔·克罗泽教授共同为6处中国丹霞世界自然遗产地授牌。授牌仪式对于中国丹霞世界遗产地的保护和发展具有重大意义。

【加强风景名胜区规划管理】 先后制定《湖南省风景名胜区总体规划编制报批管理规定》、《湖南省风景名胜区建设管理规定》等文件,对风景名胜区规划及实施过程进行全程监管。组织编制了《湖南省世界遗产和风景名胜区"十二五"的发展规划》,确定全省世界遗产和风景名胜事业中期发展基调。同时有步骤地启动和推进湖南省国家级风景名胜区监管信息系统建设,全省11处国家级风景名胜区核心景区被纳入住房和城乡建设部遥感数据监测范围,其中武陵源、南岳衡山2处风景名胜区被列为数字化景区试点单位。运用信息技术手段对风景名胜区规划实施及资源保护监测能力进一步加强。

【综合整治督查】 2011年组织对全省55处遗产地和风景名胜区在机构设置、规划编制实施、重大项目建设等方面情况进行实地检查,共发现问题30余起,对严重违规行为下发"整改通知书"24份,并对其中问题较突出的8处风景名胜区予以通报批评,责令限期整改。风景名胜区"人工化、商业化"倾向得到遏制,景区环境有了改善。(黎炜)

13. 建筑节能与科技及标准化

【概述】 2011年,湖南省建设教育工作坚持以科学人才观为指导,紧紧围绕住房城乡建设中心工作,大胆改革创新,强化培养教育,提升整体素质,为全省建设事业科学发展提供了坚实有力的人才支撑。

【编制人才工作规划】 客观分析湖南省建设行业人才队伍开发面临的形势,编制完成了《湖南省住房和城乡建设行业"十二五"人才发展规划》,明确了"十二五"时期行业人才发展目标任务及政策措施;认真剖析当前建筑业农民工培训中存在的问题,组织编制了《湖南省建筑业农民工培训"十二五"规划》(草稿),确定了"十二五"时期农民工培训的目标任务,提出了推进建筑业农民工培训的主要措施;编制了"十二五"期间分年度培养建筑施工相关工种技师、高级技师3000人计划。

【规范岗位资格管理】 制定印发《湖南省建筑业企业专业技术管理人员岗位资格管理暂行办法》,从组织领导、培训考试、证书管理、继续教育、复检换证等方面加强岗位资格管理,率先在全国省级住房城乡建设部门中对建筑业企业专业技术管理人员岗位资格进行法制化、规范化管理,得到住房城乡建设部人事司的充分肯定。2011年岗位资格考试增加至3次,共有95847人参考,64689人次考试合格,参考人数、合格人数皆创历史新高。另外,配合全省建筑工程检测机构资质就位,完成检测专业技术人员岗位培训考核2048人次,1229人取得岗位证书;配合安全生产考核和安全生产许可证发放,完成建筑施工企业负责人、项目负责人安全生产知识培训考核8480人。

【创新继续教育模式】 开发"湖南省建筑业企业专业技术管理人员继续教育和岗位资格证书复检服务平台",对2002~2009年取证人员分期分批开展岗位资格继续教育和复检换证工作,并积极探索远程继续教育试点,供学员根据自身条件和需要选择学习内容、方式和进程,解决了工作与学习的矛盾。一年来,共完成岗位资格证书取证人员继续教育44768人,换发新证书96078本。

【完善土建职称考评工作】 从高等院校、科研单位、市州生产一线遴选专家充实土建工程专业高级专业技术职务任职资格评审专家评委库,评委库知识结构、年龄结构、专业结构更趋科学合理。调整修改土建工程专业技术资格报考条件,进一步规范考试要求,加强考试监管。2011年,全省1501人、17600人分别参加了土建工程专业高级、初中级职称考试,其中849人通过高级职称考试,5318人获得土建工程专业初中级专业技术资格。

【加强职业技能培训与鉴定工作】 广泛开展"十佳"农民工学校评选推荐活动,会同相关部门开展全省建筑工地农民工学校创建与培训等情况专项督查,落实农民工学校创建"应办尽办"。全年新建农民工学校878所,完成年度目标任务的176%。2011年,省厅下达了4万人的全省建设职业技能鉴定目标任务,各市州加大工作力度,层层分解落实,按期完成鉴定任务。全年培训建筑业农民工96015人,完成建筑业职业技能鉴定49903人、供水行业职业技能鉴定346人;培训施工作业队长5115人、施工作业班组长6583人;完成起重机械特种作业人员培训考核4535人。加大培训服务力度,组织编写《建筑业农民工模板工技能培训教材》等,免费发放培训教材4000余册;开展《湖南省住房城乡建设行业高技能人才培训鉴定工作模式研究》、《建筑业农民工培训资金投入和管理机制研究》、《建筑施工特种作业人员管理机制研究》等课题研究,探讨新形势下培训工作新举措。(曾铮)

(湖南省住房和城乡建设厅)

广 东 省

1. 住房和城乡建设工作地方法规、政策细则、文件概要

【广东省住房城乡建设领域制度建设成效显著】 2011年,《广东省民用建筑节能条例》获省人大通过、批准并颁布实施。《广东省促进散装水泥发展和应用规定》经省政府通过并颁布实施。《广东省城镇住房保障办法》送省府法制办审查并征求意见。《广东省城乡规划条例》列入省人大立法计划。广东省委、省政府出台《中共广东省委 广东省人民政府关于提高广东省城市化发展水平的意见》。省政府印发《转发国务院办公厅关于进一步做好房地产市场调控工作有关问题的通知》、《广东省绿道网建设2011年工作要点》。广东省住房和城乡建设厅出台《国有土地上房屋征收社会稳定风险评估指导意见》、《广东省住房保障工作目标责任考核办法》、《广东省住房保障工作目标责任量化考核评分细则》、《广东省城市政府落实住房保障和稳定房价工作约谈问责暂行办法》、《广东省保障性住房建筑规程》、《广东省宜居城镇、宜居村庄建设行动计划编制工作指引》、《珠江三角洲绿道网建设2011年度考核办法》、《广东省省立绿道建设指引》、《广东省绿道控制区划定与管制工作指引》、《广东省城市绿道规划指引》、《广东省名镇名村示范村建设规划编制指引》、《广东省住房和城乡建设厅关于省外建设工程企业和人员进粤信息备案的管理办法(试行)》、《广东省绿色建筑评价标准》、《广东省绿色建筑评价标识管理办法》、《广东省住房城乡建设系统开展法制宣传教育第六个五年规划》等文件。

【出台关于提高广东省城市化发展水平的意见】 2011年1月,中共中央政治局委员,广东省委书记汪洋视察广东省住房和城乡建设厅时提出:要着眼长远,积极探索一条文明、宜居,又能承载工业化、信息化、市场化、国际化的城市化道路。广东省住房和城乡建设厅组织北京大学、中山大学、省城乡规划设计研究院、深圳市蕾奥城市规划设计咨询有限公司等多家研究机构,开展以《承载"五化"的城市发展模式与路径研究》为总课题的六个

子专题研究工作,并结合全省提高城市化发展水平的工作部署,开展《广东省城镇化发展"十二五"规划》的制定工作。12月1日,省府常务会议和省委常委会议审议通过《中共广东省委 广东省人民政府关于提高广东省城市化发展水平的意见》并正式印发。文件明确全省"十二五"期间提高城市化发展水平的指导思想、基本原则和发展目标,重点从强化规划的统筹协调作用、加速推进城市一体化发展、推进城市公用设施现代化、增强城市民生服务功能、大力改善城市人居环境、推动体制机制创新及落实城市化发展的组织保障等七个方面明确进一步提高全省城市化发展水平的工作任务。

【颁布广东省民用建筑节能条例】 2011年3月30日,广东省人大常委会审议通过并颁布《广东省民用建筑节能条例》,同年7月1日起施行。该条例在民用建筑节能规划、新建建筑节能、既有建筑节能、建筑用能系统运行节能、可再生能源的应用及激励措施等多方面实现制度创新,是广东省建筑节能领域的第一部省级地方性法规,为推进广东省建筑节能工作提供了强有力的法律保障。

【颁布广东省促进散装水泥发展和应用规定】 经广东省政府常务会议审议通过,2011年3月2日,广东省政府颁布《广东省促进散装水泥发展和应用规定》,同年5月1日起施行。该《规定》对散装水泥、预拌混凝土、预拌砂浆和混凝土预制构件的发展和应用、管理和监督、法律责任等方面都有具体的规定和要求,标志着广东散装水泥工作进入依法行政的新阶段。

【转发国务院关于进一步做好房地产市场调控工作有关问题的通知】 2011年2月,广东省政府办公厅下发《转发国务院办公厅关于进一步做好房地产市场调控工作有关问题的通知》(粤府办〔2011〕7号),要求各市、各有关部门认真贯彻执行国办发〔2011〕1号文各项要求,做好房地产市场调控工作。

【出台省外进粤企业和人员信息备案办法】 2011年,广东省住房和城乡建设厅拟定《广东省住房和城乡建设厅关于省外建设工程企业和人员进粤信息备案的管理办法(试行)》,加强对省外建设工程企业进粤从事城乡规划编制、房屋建筑和市政基础设施建设活动的服务和监管,该办法于2012年实施。
(周娟)

2. 房地产业

【房地产市场运行情况】 2011年,广东省房地产开发投资4899.19亿元,同比增长33.87%,占全社会固定资产投资比重28.83%,房地产开发投资增量占全社会固定资产投资增量的48.91%。商品房销售面积7761.34万平方米,同比增长6%。房地产业地税收入871.79亿元,同比增长21.73%,占全省地税入库总额的21.86%。房地产贷款余额15486.79亿元,同比增长8.3%,占本外币贷款余额的26.42%。广东省商品住房均价7612元/平方米,同比上涨8.65%,涨幅比2010年同期收窄2个百分点。2011年,广东省21个地级以上城市新建住房价格涨幅均未突破控制目标,全部完成目标任务。

【房地产市场调控】 3月,经广东省政府同意,省住房城乡建设厅下发《关于印发〈贯彻落实国办发1号文有关问题的意见〉的通知》,要求各城市按时公布新建住房价格控制目标,建立住房保障和稳定房价工作约谈问责机制的具体措施,特别是房价较高、涨幅较快的城市要适时出台住房限购政策。3月,广东省住房和城乡建设厅召集全省21个地级以上城市,部署贯彻落实国办发〔2011〕号文,制定公布新建住房价格控制目标等有关问题。广东省住房和城乡建设厅会同省统计局、国家统计局广东调查总队等印发《关于明确新建住房价格控制目标有关问题的通知》,指导各市做好2011年新建住房价格控制目标的统计、发布工作。3月31日前,全省21个地级以上城市公布2011年新建住房价格控制目标;4月初,县级市全部公布。5月,广东省住房和城乡建设厅会同省监察厅制订《关于印发〈广东省城市政府落实住房保障和稳定房价工作约谈问责暂行办法〉的通知》,提出各市2011年落实房地产市场调控、稳定房价工作的重点,以及提示、约谈、问责条件,更有力度地指导、督促各城市做好住房保障和稳定房价工作。广东省住房和城乡建设厅从6月开始按月发布各市新建住房价格情况,并向全省21个地级以上城市人民政府通报,要求房价上涨过快城市及时出台包括住房限购等政策,确保实现新建住房价格控制目标任务。11月,广东省住房和城乡建设厅会同省监察厅对新建住房价格连续3个月以上超过年度控制目标的珠海、中山两市政府分管领导及住房城乡建设部门负责人进行约谈,督促其确保实现新建住房价格年度控制目标。

【中心城市出台房地产市场调控政策】 2月23日,广州市出台《关于贯彻国务院办公厅关于进一步做好房地产市场调控工作有关问题的通知的实施意见》,对在广州市已拥有住房的本市户籍居民家庭购买住房实行限购;境外机构和个人购买商品住房严格按照国家有关政策执行。3月18日,佛山市出台《佛山市人民政府办公室关于贯彻国务院房地产调控政策进一步促进佛山市房地产市场平稳健康发展的通知》，对已有住房的佛山户籍居民家庭购买住房实行限购。3月31日，增城市出台《关于贯彻落实房地产市场调控政策进一步做好房地产市场调控工作的意见》，要求房地产开发企业申办商品房预售许可时必须在预售方案中按套申报预售价格，报市国土房管部门备案，并对其申报的商品房平均价格涨幅作出规定。9月5日，韶关市政府发布《关于采取措施稳定新建住房价格的通知》，通过加强商品房预售价格备案管理、商品房销售明码标价等措施来平抑该市房价过快增长势头。

【个人住房信息系统建设】 2011年1月，广东省住房和城乡建设厅在东莞市召开全省个人住房信息系统建设工作会议，要求各地以房地产登记簿数据为基础，建立贯通省、市、县的住房信息系统网络和全省个人住房信息中心数据库，制订工作计划、技术方案和阶段性工作目标。8月，广东省住房和城乡建设厅印发《关于完善住房信息系统推进广东省房地产管理服务系统工程建设的通知》，确定系统建设的基本思路框架和具体任务要求。11月，印发《关于部署开展城市房地产业务管理信息系统建设的通知》，要求各地按照统一规划的原则推进全省统一的房地产业务信息系统建设；印发《关于房地产数据库同步归集至省数据中心有关施工要求的通知》，对各地实施数据库镜像同步提出了具体施工要求；广东省建设信息中心组织技术力量编制完成《广东省住房信息系统项目可行性研究报告》。12月，下发《关于印发城市房地产业务管理信息系统（一期）基础实施方案的通知》，对各地房地产业务信息系统建设加强了指导。截至2011年底，广东省省级数据中心和应用平台已完成雏形建设，可满足各地房地产数据库镜像同步以及数据抽取、转换、装载到省级数据中心，初步实现房地产数据统计、查询、分析以及图表生成等功能的应用需求；广州、韶关等城市已基本实现网络连通，并逐步开展数据库镜像同步工作；各地城市房地产业务系统按计划分阶段推进实施。

【物业管理】 2011年10月，中国物业管理行业协会、深圳市房屋和物业管理委员会共同主办的"物业管理改革发展30周年大会"在深圳市召开。大会总结回顾物业管理行业30年发展历程和取得的成就，对物业管理改革发展中作出突出贡献的先进集体、先进个人以及全国物业服务企业综合实力排名100强企业进行表彰。广东省住房和城乡建设厅会同省总工会开展广东省首届物业管理职业技能竞赛，共有2000余名选手报名参赛，前8名被省人力资源和社会保障厅授予"技能能手"荣誉称号，第一名由省总工会予以申报"广东省五一劳动奖章"。

【城中村改造】 广东省一百条重点城中村改造工作纳入省2011年重点建设项目。推进的100条城中村，改造面积共计3166.07万平方米，总投资1018亿元，计划年度完成投资196亿元。截至2011年底，已经完成投资200多亿元，超额完成任务。

（张志军）

3. 住房保障

【概况】 2011年，广东省将"推进建设保障性住房和棚户区改造31万套，年底前解决现有登记在册符合廉租住房保障条件家庭的住房问题"列为十件民生实事之一。全省以建立健全以公共租赁住房为主体的住房保障体系为重点，落实住房保障工作责任目标制，经过各级政府和相关部门的共同努力，顺利完成2011年住房保障工作目标责任，全省全年新开工建设各类保障性住房（含廉租住房租赁补贴）33万套，超额完成年度目标任务，比国家规定时间提前一个月完成；新竣工保障性住房11.35万套，超额完成国家规定10.3万套的目标任务；对原登记在册符合廉租住房保障条件的7.3万户家庭实施廉租住房保障，提前一个季度全面完成廉租住房保障任务。

【创新住房保障制度】 2011年初，根据中共中央政治局委员、广东省委书记汪洋重要指示精神和广东省委、省政府工作部署，为进一步推进全省住房保障制度改革创新工作，广东省住房和城乡建设厅开展调研，在广州、中山市试点的基础上，充分研究并吸纳国内外经验和做法，经过反复论证修改，起草《广东省住房保障制度改革创新方案》并报省政府审议，纳入全省体制改革三大重点内容。方案围绕重点发展公租房这条主线，按照问需于民、以需定建、分步实施、轮候解决的思路，坚持政府主导、社会参与、只租不售、公开透明的原则，以体制机制创新为动力，以房源筹集、投融资创新、规划、土地等配套政策支持为支撑，探索建立可持续、能循环、以公共租赁住房为主体的新型住房保障制度。

【住房保障机制建设】 2011年，广东省强化住房保障目标责任制，坚持落实好"四项工作机制"，推动住房保障目标任务完成。目标责任考核工作机制。2011年，广东省住房和城乡建设厅建立以"城镇常住人口、新增从业人员、地区生产总值、财政一般预算收入、土地出让收入、新增城乡建设用地、上年商品住宅竣工面积、保障住房累计解决户数"等多项指标构成的住房保障工作目标责任分配模型，相对合理地确定各市住房保障工作任务目标，由广东省政府与各市政府签订2011年度住房保障目标责任书。各市政府按照省下达的任务目标，层层分解到所辖县区，并分别签订目标责任书。经广东省政府同意，印发《广东省住房保障工作目标责任考核办法》、《广东省住房保障工作目标责任量化考核评分细则》，做好一年一考核制度，对完成任务成效显著的城市进行通报表扬，对个别工作不力、推进缓慢的城市给予通报批评，并将考核结果抄送省委组织部、各地级以上市党委和人大常委会，作为《广东省市厅级党政领导班子和领导干部落实科学发展评价指标体系及考核评价办法（试行）》中相关指标的考核评价依据，作为各地政府年度政绩考核的重要内容。

【巡查督查工作机制】 2011年保障性安居工程工作联席会议组织开展4次专项督查和多次重点检查，督促各地加快建设进度，并将日常巡查和专项督查相结合、现场督查和会议督查相结合。对进展快的城市进行表扬，对进展慢的城市，督促加大工作力度，取得较好督查效果。

【定期通报和信息公开督办工作机制】 为督促各地及时了解本地住房保障在全省的位置，查找差距，采取有效措施，加快工作进度，形成"你追我赶"的工作局面，广东省住房和城乡建设厅建立全省完成目标责任情况的月通报机制，每月对全省的工作进展情况进行分析，向全省通报，并有针对性地对各市工作情况进行督查，确保广东省住房保障工作的顺利推进。全省各地陆续在政府网站上公开本市县2011年度保障性安居工程项目基本信息，接受社会和群众的监督。广东省住房和城乡建设厅在原有广东省住房保障管理信息系统的基础上，研究开发住房保障项目动态管理信息系统，在肇庆市开展试点。2011年12月，在肇庆市召开全省保障性住房建设项目动态管理信息系统工作会议，全面推广应用。通过该系统，可以实时监控全省在建900多个保障性住房建设情况，并实现全省保障性住房建设有关数据的实时统计、上传。

【约谈问责工作机制】 2011年5月，广东省住房和城乡建设厅会同省监察厅制定颁发《广东省城市政府落实住房保障和稳定房价工作约谈问责暂行办法》，建立对项目资金土地不落实、政策措施不到位、建设进度缓慢地区的政府负责人进行约谈；对没有完成年度目标任务的地区要视情况对其政府负责人进行问责的工作机制。8月，广东省住房和城乡建设厅、省监察厅对保障性安居工程建设进展缓慢的汕头、韶关、揭阳、潮州、清远5个城市政府负责人和住房保障工作主管部门主要负责人进行约谈，推动保障性项目的建设。

【住房保障支持政策】 2011年，广东省争取到中央补助公共租赁住房、城市棚户区改造、国有工矿棚户区改造专项资金32.1亿元。"十二五"期间，广东省财政每年安排公租、廉租住房以奖代补专项资金3亿元。2011年，广东省财政专门筹措2.5亿元资金支持原曲仁矿棚户区改造。广东省住房和城乡建设厅、省财政厅制定分配方案，下拨补助资金。各级政府在增加财政投入的同时，不断推进体制机制创新，充分调动社会力量，通过多种方式引导社会资金参与保障性安居工程建设。全省共完成保障性安居工程建设投资267亿多元。

【土地供应政策】 广东省住房和城乡建设厅、省国土厅等部门编制保障性住房建设用地计划，实行新增用地计划指标单列，确保保障性安居工程的用地需要。采取多种途径解决用地来源，在"三旧"改造腾出的地块、政府收回的闲置用地和盘活的存量用地用于保障性安居工程建设；鼓励各地在招拍挂出让商品房用地时，配建保障性住房；对符合建设保障性住房的企事业单位在办理相关用地手续后，利用自有土地建设保障性住房。2011年，全省共落实保障性安居工程建设用地830公顷，多数城市都建立保障性安居工程土地储备制度，储备优质地块，为"十二五"推进保障性安居工程建设奠定了良好基础。

【快速审批制度】 广东省住房和城乡建设厅、省发展改革委把全省保障性安居工程列入省重点工程，促请各地建立项目审批"绿色通道"，通过并联审批、缩短审批时限、加班加点办理审批等措施，加快项目立项、用地、规划设计和招标投标、施工许可等前期手续的办理，确保保障性安居工程按期开工建设。

【多渠道筹集房源】 广东省各地根据国家政策规定，结合实际，采取措施，多渠道筹集房源，如：广州、深圳、珠海、佛山、中山、惠州等市采取政府投资新建、改建、配建、购买、长期租赁、政企合作建设、企业自建、BT建设、企业与农村集体组织合作建设等多种模式，加快解决"夹心层"群体的住房难问题。

【保障性住房规划设计】 广东省住房和城乡建

设厅印发《广东省保障性住房建筑规程》，对保障性住房的规划选址、套型设计、建设标准、建筑质量、节能环保、配套建设等方面都提出明确要求，促进保障性住房标准化建设。

【保障性住房工程质量监管】 2011年，广东省、市、县各级住房城乡建设部门抽查保障性安居工程项目401个，发出整改通知书137份，停工通知书36份，督促有关责任单位按"定人、定时、定措施"的要求，对发现的问题及时落实整改。落实建设各方主体质量责任，推行工程质量终身责任制。执行工程招投标、施工图审查、施工许可、质量监督、工程监理、竣工验收备案等基本建设程序，落实项目法人责任制、招标投标制、工程监理制、合同管理等规定。执行施工公示牌制度和永久性标牌制度，主动接受社会监督。启动住宅工程质量分户验收制度，凡未实行分户验收或分户验收不合格的保障性工程，不得进行住宅工程整体竣工验收，不予办理工程竣工验收备案。

【保障性住房后续管理监管】 大规模保障性住房即将竣工投入使用，为保障后续管理监督，广东省住房和城乡建设厅组织编制《广东省公共租赁住房租赁合同示范文本》，下发征求各市意见。在全省推广"三级审核、两次公示"（街道初审、区级复审、市级终审，区、街道两级公示）和"九查九核"（即对申请家庭户籍、车辆、住房、保险、个税、存贷款、证券、残疾等级及优抚对象等情况进行审查核实）等审查程序，确保保障资格审查的准确性。规范分配管理，住房分配采取定点登记、摇珠分配、公众参与、媒体监督等方式，实行登记结果、分配过程、分配结果三公开。加强动态监管，加快建设住房信息、个人信息、收入信息、信用信息"四位一体"信息管理平台，提高保障性住房动态化管理效率和准确性。完善退出机制，健全保障资格年审机制，通过不定期检查、大规模拉网式入户调查、委托第三方调查取证、畅通投诉渠道等方式，加强保障资格监管和房屋使用情况巡查。（卓云峰）

4. 公积金管理

【住房公积金业务】 广东省公积金实际缴存职工人数1049.72万人，住房公积金覆盖率（期末实缴职工人数/期末应缴职工人数）45.41%。全省2011年新增缴存额925.78亿元，同比增长51.8%；新增缴存余额445.34亿元；提取额480.44亿元，同比增长26.83%，占全年缴存额51.9%；发放个人贷款297.89亿元，9.99万笔，占全年缴存额32.18%，同比增幅为19.2%和33.76%；个人贷款逾期率0.00267‰，比上年下降了0.00053‰；总增值收益12.37亿元，其中提取风险准备金3.14亿元，划转廉租房补充资金6.08亿元。

【住房公积金管理中心管理工作业务考核】 2011年7~9月，广东省住房和城乡建设厅会同省财政厅按照建设部、财政部出台的《住房公积金管理中心业务管理工作考核办法（试行）》对全省21个地级以上市住房公积金管理中心2010年度的管理工作进行考核。7月，部署要求各地级市管理中心开展自评工作。8月至9月上旬，组成7个考核小组，到各地级以上市住房公积金管理中心以及其下辖1~2个县级管理部进行实地考核，查阅管理制度和个人业务办理原始凭证，模拟业务办理流程，到业务办理窗口检查业务办理现场情况。考核结束后，省住房城乡建设厅下发《关于对全省住房公积金管理中心2010年度管理工作考核情况的通报》，根据考核分数对20个城市（由于深圳市在2010年12月21日才正式运作，故不参与评分）的工作绩效进行排名。其中，前五名广州、佛山、东莞、珠海和惠州市获优秀等次。（张文宇）

5. 城乡规划

【宜居城乡建设】 2011年，广东省住房和城乡建设厅按照宜居城镇、宜居社区、宜居村庄、宜居环境范例奖评选工作要求，经过材料筛选、指标评分、实地考察、拟定名单、征求意见、专家评审、审定公示、名单公布等程序，对广州市番禺区大岗镇等41个镇授予第一批"广东省宜居示范城镇"称号、对广州市番禺区桥南街番奥社区等344个社区授予2010年"广东省宜居社区"称号、对湛江廉江市石城镇十字路村等102个村授予第一批"广东省宜居示范村庄"称号、对广州市增城绿道建设项目等14个项目授予2010年"广东省宜居环境范例奖"称号。制定《广东省宜居城镇、宜居村庄建设行动计划编制工作指引》，科学指导和规范各地的宜居村镇建设工作。广州市亚运后延续城市建设成就，大力改善城市环境，提升城市形象，荣获联合国颁发的"中国区环境规划优秀示范奖"。深圳利用举办大运会契机，实现基础设施大提升、市容市貌大变样、生态环境大优化。中山市获国家历史文化名城称号。"广东省珠三角绿道网建设项目"、"广东省广州市荔枝湾环境综合整治工程"和"广东省深圳市建科大楼建筑节能与宣传项目"获得"中国人居环境范例奖"。

【珠三角绿道网建设"全部到位"】 2011年2月,广东省政府印发《广东省绿道网建设2011年工作要点》,提出,2011年珠三角地区要按照"两年全部到位"的要求配套完善省立绿道的各项设施,铺开城市绿道建设,加快构建长效运营、管理机制;东西北地区要开展绿道网规划,启动示范段建设,逐步构建覆盖全省的绿道网络。7月22日,广东省政府召开珠三角绿道网建设工作现场会,副省长林木声出席会议并讲话,要求珠三角各市突出重点,狠抓落实,确保实现"两年全部到位"的工作目标。作为珠三角绿道网建设的牵头部门,广东省住房和城乡建设厅围绕"两年全部到位"的目标,继续实行月报、通报和实地检查制度;制定完成《珠江三角洲绿道网建设2011年度考核办法》;制定印发《广东省省立绿道建设指引》、《广东省绿道控制区划定与管制工作指引》、《广东省城市绿道规划指引》等技术文件,指导各市提升绿道网建设水平;印发《关于切实加强珠三角绿道网管理维护工作的通知》、《关于开展绿道网管理维护有关问题排查和整改工作的通知》、《关于贯彻汪洋书记重要批示精神,切实做好2011年年底珠三角绿道网建设有关工作的通知》等文件,要求珠三角各市切实做好绿道网管理维护工作;指导各市开展绿道建设、管理、运营等方面的制度建设。9月,肇庆市政府颁布《肇庆市绿道管理暂行办法》。11月,"广东绿道网"网站正式开通,该网站由内容管理系统、用户互动系统、电子地图系统、商务信息系统、检索系统五大系统组成,设置"绿道动态"、"行走绿道"、"绿道规划"、"绿道掠影"、"绿道百科"、"互动交流"、"电子地图"等一级栏目,在一级栏目下再设置若干二级栏目,全方面、多角度反映绿道建设。截至2011年12月底,珠三角省立绿道累计建成驿站338个,设置标识18697个,沿线新增绿化2735公里,建成安全设施3348个、环卫设施9006个、停车场303个、自行车租赁点373个,珠三角城市绿道主干框架已建成慢行道2828公里,沿线新增绿化2763公里,均超额完成"两年全部到位"的任务。

【重大规划编制与研究】 广东省住房和城乡建设厅对珠三角城际轨道交通沿线,重点是主骨架网沿线的土地利用状况进行专项普查,对第一批共17个轨道线位稳定的站场进行周边土地利用状况深化调查,并根据经济效益及各市合作开发意愿选取第一批共6个站点编制《珠三角城际轨道站场TOD综合开发规划》。广东省住房和城乡建设厅联合港澳有关部门开展《共建优质生活圈专项规划》和《环珠江口宜居湾区建设重点行动计划》编制,两项编制均已完成初步成果,进入公众咨询阶段。广东省住房和城乡建设厅加强与澳门方面的规划合作,联合推进《澳珠协同发展规划》、《澳门与珠江口西岸地区发展规划》的编制工作。

【编制城乡规划工作指引】 广东省住房和城乡建设厅组织编制《广东省构建"三规融合"城乡规划平台的工作指引》并完成初步成果,该指引通过技术层面的完善和工作机制的调整,探索解决城乡规划编制、审批和实施过程中与其他规划的协调问题,增强城乡规划的可操作性;组织开展《广东省城市、镇控制性详细规划编制指引》、《广东省提高城镇化发展水平的理想城市建设指南》、《关于在广东省城乡规划管理中落实低碳生态要求的工作规程》、《广东省宜居社区规划设计指引》、《广东省应急避护场所规划纲要(2011~2020)》等多项技术文件的制定工作并已完成初步成果,组织制定《广东省2011年公共基础设施规划编制工作考核细则》,推进全省公共基础设施规划的编制工作;组织制定《珠江三角洲城乡规划一体化规划考核指标体系》,推动珠三角城乡规划一体化进程。

【加强城乡规划审查】 2011年,广东省住房和城乡建设厅继续推进城市总体规划审查工作,部署开展"十二五"时期城市近期建设规划制定工作,全年先后完成广州、云浮、汕尾、雷州、廉江、化州等城市总体规划纲要或成果的审查,以及深圳、珠海、江门、东莞、惠州、中山、湛江等市"十二五"近期建设规划成果的审查。同时,开展化州、南雄、连州等市城市总体规划实施评估成果和潮州、雷州国家历史文化名城保护规划的审查工作。

【发挥城乡规划先导统筹作用】 广东省住房和城乡建设厅制定印发《关于加强"三旧"改造规划实施的指导意见》,从调整优化下层次规划、强化"三旧"改造年度实施计划管理、完善"三旧"改造规划实施保障机制等方面,对"三旧"改造规划的实施提出工作要求,以充分发挥"三旧"改造规划的统筹指导作用。截至2011年12月底,全省计划编制的131个"三旧"改造规划全部完成编制、审批和备案审查工作。2011年,广东省住房和城乡建设厅完成15个省级产业转移工业园的规划审核工作。着重做好重大建设项目的选址意见书的核发工作,确保10个工作日内为国家和省重点项目核发选址意见书。全年共依法核发38个建设项目规划选址意见书。

【历史文化遗产保护】 2011年,广东省住房和城乡建设厅联合省文化厅开展国家级历史文化名城、名镇、名村保护情况专项检查。开展广东省第三批历史文化街区、名镇、名村评选活动,各地共申报9个街区、17个镇、46个村。组织编制《广东省岭南历史街区复兴规划建设指引》,推动历史风貌保护工作,促进岭南文化传承和城市文化功能提升。(唐卉)

6. 城市建设

【城市建设取得新进展】 2011年,广东省城市建设完成固定资产投资687.92亿元。城市燃气普及率91.78%,自来水普及率98.39%,污水集中处理率78.26%,市县城区生活垃圾无害化处理率72.82%,人均公共道路面积12.58平方米,全省城市人均公园绿地面积14.38平方米,建成区绿地率37.27%,建成区绿化覆盖率41.32%。

【园林城市城镇创建】 2011年,清远市通过评审,获得"广东省园林城市"称号。东莞市长安镇通过评审,获得2011年"国家园林城镇"称号。

【风景名胜区管理】 2011年2月,广东省住房和城乡建设厅在韶关丹霞山召开省级风景名胜区综合整治总结大会。10月,中国联合国教科文组织全国委员会、住房和城乡建设部在丹霞山举行中国丹霞世界自然遗产地授牌仪式。广东省副省长林木声参加会议并做出重要指示:要坚持经济效益和社会效益相统一,保护与开发相结合,规划与管理相并重,全力保护好、推介好、利用好丹霞山资源,把资源优势转化为经济优势,把丹霞山打造为韶关、广东的靓丽名片。

【城市轨道交通】 至2011年12月,广东省开通城市轨道交通13条,总长300.56公里。其中,广州开通8条,总长222公里;深圳市开通4条,总长63.86公里;广佛线(佛山段)开通总长14.7公里。

【城市供水】 2011年3月,经广东省人民政府同意,广东省住房和城乡建设厅、省环境保护厅和省卫生厅首次联合开展全省城市供水检查,抽查水厂出厂水水质,从原水、制水、供水实施全过程的管理。本次检查范围首次全面覆盖全省21个地级市和67个县(市)城区,首次制作完成全省市县城区自来水厂分布图和信息系统。6月,深圳大运会筹备工作进入冲刺阶段,广东省住房和城乡建设厅组织到深圳市开展检查,连续深入到大运会开幕式场馆、运动员村、大运中心、新闻中心、自来水厂等地进行实地察看,重点检查了供水安全、环境卫生、园林绿化各项工作的落实情况。8月,广东省住房和城乡建设厅在佛山组织召开全省城市供水工作会议,通报分析全省城市供水检查情况,部署下一阶段的城市供水工作,全省21个地级市和67个县(市)的供水主管部门领导参加会议。9月,深圳被住房城乡建设部和国家发展改革委授予"国家节水型城市"称号,成为广东省第1个获得此项称号的城市。

【城市桥梁检查】 2011年11月,广东省住房和城乡建设厅组织4个检查组现场抽查珠海市、汕头市、河源市、惠州市、汕尾市、东莞市、中山市、江门市、阳江市、茂名市、揭阳市、云浮市12个地级市和佛山市顺德区。对各地城市桥梁技术档案、信息管理系统、养护维修检测、资金落实、安全抢险应急预案等内容进行核查,对各地跨江桥梁进行重点检查。

【城市地下管线综合管沟建设】 为贯彻落实中共中央政治局委员、广东省委书记汪洋在珠三角各市产业转型省级巡回讲评会上作出的"各地要加强城市地下管线综合管沟建设"的重要指示精神,广东省住房和城乡建设厅对广东省城市地下管线综合管沟的建设、管理情况进行调查摸底,提出了"示范推进、管理推进、技术推进和信息化推进"的"四推进"工作思路。

【韶关锑污染事件】 2011年6月,韶关市武江河发生锑指标浓度超标事件,影响武江沿线8座自来水厂饮水安全。广东省住房和城乡建设厅及时组织水处理专家研究水厂应急除锑工艺,迅速开展试验、多方调动和购买应急设备和药剂,彻夜组织技术人员安装调试投加设备。经过连续72小时昼夜不停的艰苦努力,确保韶关市沿线各有关水厂应急除锑工艺和出厂水水质稳定,武江河沿线群众饮水安全得到保障。

【垃圾处理】 2011年10月,广东省住房和城乡建设厅在广州召开全省垃圾处理发力点工作会议。会上通报分析2011年前三季度全省垃圾处理工作进展情况,指出推进16座生活垃圾无害化处理厂建设是省住房城乡建设厅贯彻落实"建设幸福广东"的一项重要民生实事。全年累计开展现场督查54次,累计下发垃圾处理专题信息简报21期,定期通报项目进度,新建成16座生活垃圾无害化处理场,新增处理规模6250吨/日。截至2011年底,广东省生活垃圾无害化处理场达56座,总处理规模4.83万吨/日,生活垃圾无害化处理率达75%,比2010年提高5%,生活垃圾无害化处理水平明显提高。继续推进增城、鹤山等6个县域生活垃圾城乡收运处理试点,基本建立"户收集、村集中、镇转运、县处理"的城乡生活垃圾收运处理模式,共覆盖50个镇街,覆盖面达72.5%。印发《广东省生活垃圾收运设施建设技术指引》,指导各地生活垃圾收运设施的建设与运营管理。通过"全国城镇生活垃圾处理管理信息系统"加强对生活垃圾处理设施建设和运营监管。推动垃圾分类,打造广州、深圳两地共20个生活垃圾分类收集先行点,举办广东省生活垃圾分类大学生公益广告创意征集活动,并将获奖作品印制成册供各地无偿使用。

【城市污水处理】 2011年,广东省住房和城乡建设厅将全省市、县已建成的污水处理厂全部录入信息系统。中央财政污水管网建设补助资金1.4亿元。(宋健)

7. 建筑业与工程建设

【概况】 2011年,广东省建筑业企业(统计)共4771家,特级资质企业7家,一级资质企业526家。全省完成建安总产值5813亿元,增长26.7%;实现利税522亿元。2011年,广东省有8项工程荣获国家最高工程质量奖鲁班奖,34项工程荣获国家建筑装饰奖,18项工程荣获国家建设工程项目"AAA"级安全文明标准化诚信工地,50项工程荣获"省金匠奖",100项工程荣获"省优良样板工程",101项工程荣获"省建筑装饰奖"。全省工程设计企业1373家,其中甲级465家,乙级650家,丙级258家。工程勘察企业253家,其中甲级62家,乙级149家,丙级1家,劳务41家。设计与施工一体化企业1171家,其中一级89家,二级714家,三级368家。全省施工图设计文件审查机构81家,其中一类56家,二类25家;建筑类77家,市政类26家,工程勘察3家,建筑、市政综合类27家。施工图审查人员约2000人。全年全省勘察设计企业完成工程勘察设计合同额327亿元,其中:工程勘察合同额39.8亿元,工程设计合同额287.2亿元。全省设有有形建筑市场95个,实行招标工程13866项,工程造价3386亿元。其中公开招标工程11625项,工程造价2665亿元。评出2010年度广东省省级工法158项,择优推荐60项省级工法申报国家级工法评选,其中23项被评为国家级工法。全省有57项新技术应用示范工程完成建设任务。全省工程建设监理企业有429家,其中综合资质企业12家,甲级资质企业216家,乙级资质企业131家。全省建设行业注册执业人数96506人,其中一级建造师22202人,二级建造师38412人;一级建筑师1478人,二级建筑师2353人;一级结构工程师2439人,二级结构工程师787人;监理工程师10986人;造价工程师9753人。全年全省受理各专业执业注册申请41086人次,比2010年增加10.3%。其中初始注册9942人次,变更注册10540人次,延续注册17406人次(上述一、二级建筑师、结构工程师数据均不含深圳市)。

【岭南特色规划与建筑设计评优】 2011年,广东省住房和城乡建设厅开展首届"广东省岭南特色规划与建筑设计评优活动",传承和弘扬岭南建筑传统文化,引导各地加强对岭南特色建筑的保护,挖掘城镇文化底蕴,传承城乡历史文脉。评优活动参评项目为2000年以来完成的建筑单体、乡村民居、园林、规划和街区设计项目。设五个单项奖,分别是:岭南特色建筑设计奖、岭南特色乡村民居奖、岭南特色园林设计奖、岭南特色规划设计奖和岭南特色街区奖。活动共收到申报项目422项。评优活动邀请了中国工程院院士、国家工程设计大师何镜堂和崔愷,以及国家工程设计大师郭明卓、柴裴义、孟建民等45位省内外(含香港、台湾)建筑、规划、园林、文化、民俗等领域的著名专家学者担任评审专家。评出获奖项目69项,其中,金奖5项,银奖25项,铜奖39项。岭南特色建筑设计奖金奖项目:广州市越秀区解放中路旧城改造项目一期工程、华南理工大学建筑设计研究院工作室;岭南特色园林设计奖金奖项目:深圳市仙湖植物园、广州珠江公园;岭南特色街区奖金奖项目:荔枝湾及周边社区环境综合整治(一期)。岭南特色乡村民居奖和岭南特色规划设计奖金奖空缺。

【信息公开和诚信体系建设】 2011年,广东省住房和城乡建设厅研究制定《广东省住房和城乡建设厅2011年全面深入推进工程建设领域项目信息公开和诚信体系建设工作实施方案》。截至2011年底,广东省住房和城乡建设厅工程建设领域项目信息公开专栏收录信息56万多条,其中从业单位信用信息4025条,从业人员信用信息301309条,企业行政处罚和被通报信息533条,人员行政处罚信息287条,企业获奖信息11829条,三类人员证书信息78289条,特种作业人员信息109752条,造价员信息54184条,初步设计方案批复结果145条,规划选址意见批复结果49条,项目建设管理公开64条,超限高层审查134条,施工图审查认定机构80条。广东省住房和城乡建设厅分别召开粤西、东、北三片区全面深入推进工程建设项目信息公开和诚信体系建设工作会议,督促各地住房和城乡建设部门按照中央和省的要求落实相关工作。

【建筑市场动态监管】 2011年,广东省住房和城乡建设厅根据《建筑业企业(单位)资质许可后核查工作实施方案》，分7批对全省设计施工一体化、招标代理、混凝土、施工等1124家企业进行了资质条件核查，其中，合格714家，需整改199家，不合格211家。不合格的企业按照有关规定限期整改，整改后仍不合格的，撤回资质证书。为有效遏制企业专业技术人员的挂靠行为，出台《关于加强建设工程企业技术人员变动后资质动态核查的通知》，明确企业取得资质后人员的变动须满足资质标准要求的最低值以及人员一年内变动2次以上的，省住房城乡建设厅将予以动态核查。

【转包和违法分包行为查处】 2011年，广东省住房和城乡建设厅会同省审计厅对省重点工程尤其是广州亚运亚残运场馆部分工程的项目分包情况进行抽查。重点抽查5个项目。抽查发现上述5项工程项目在分包管理中存在违法分包的情况，涉及施工单位12家，设计单位2家，监理单位2家。根据违法行为情况，共处罚施工企业11家，约谈施工企业1家，约谈设计单位1家，监理单位2家，责令1家设计单位作出书面说明。

【新技术应用示范工程和工法】 2011年，广东省住房和城乡建设厅不定期组织专家对立项的建筑新技术应用示范工程进行检查指导，同时要求建筑新技术应用示范工程所在地区加强检查督促，全面提高工程质量和施工技术水平。印发《关于对广东省建筑企业完成新技术应用示范工程建设任务进行专项验收的通知》，明确新技术应用示范工程专项验收的要求和程序。2011年全省有7项新技术应用示范工程完成建设任务。2011年，广东省住房和城乡建设厅评出2010年度广东省省级工法158项，经网上公示征求社会意见后公布，并颁发广东省省级工法证书。择优推荐60项省级工法申报国家级工法评选，其中23项被评为国家级工法。

【建设工程质量】 2011年，广东省纳入质量安全监督的房屋建筑和市政基础设施工程39741项，其中建筑工程总建筑面积44791.45万平方米，市政工程总长度2215465延米；新注册工程共17950项，竣工验收合格工程共14204项，一次验收不合格、重新组织验收合格工程项数共6项，一次通过验收合格率为99.9%，已办理竣工验收备案工程共9846项；全省质量监督机构发出整改通知书共22560份，局部停工令共717份，因质量原因实施行政处罚共21宗，全省纳入质量安全监督的房屋建筑和市政基础设施工程未发生质量事故。

【施工安全生产】 2011年，全省住房城乡建设系统发生建筑施工生产安全责任事故26起，死亡43人，其中，较大事故4起，死亡20人，全省房屋市政工程施工生产安全责任事故死亡人数占省政府下达的安全生产控制指标的95.6%。

【工程质量安全管理法规制度建设】 根据住房和城乡建设部《房屋建筑和市政基础设施工程质量监督管理规定》，结合广东省实际，广东省住房和城乡建设厅制定《广东省住房和城乡建设厅关于〈房屋建筑和市政基础设施工程质量监督管理规定〉的实施办法》。印发《关于促进建筑施工企业建立健全安全生产责任制度的通知》、《关于促进工程监理企业加强内部管理落实安全监理岗位职责的通知》、《关于促进建筑施工企业加强安全检查和消除事故隐患的通知》、《关于促进工程监理企业加强对施工安全隐患排查整治监理工作的通知》、《关于促进建筑施工、监理企业负责人认真履行安全生产领导责任的通知》、《省外进粤建筑施工企业质量安全管理联络员工作制度》、《关于进一步加强房屋市政工程施工从业人员安全教育培训工作的通知》等一系列文件。

【房屋市政工程、城市轨道交通工程质量执法检查】 根据住房和城乡建设部办公厅《关于组织开展全国建设工程质量安全及建筑市场监督执法检查的通知》，在企业自查的基础上，广东省各市住房城乡建设行政主管部门共抽查2583项工程，发出整改通知书1008份，停工通知书216份。8月，省住房城乡建设厅派出4个督查组，抽查8个市32项工程，其中，保障性安居工程16项，商品住宅工程8项，公共建筑工程8项，发出督查整改意见书10份。

【工程质量检测信息化监管平台基本建成】 截至2011年底，除珠海市外，各地级以上市（含佛山市顺德区）工程质量检测信息化监管平台和网络已经建成并已联网运行。为加强对广东省房屋市政工程质量检测数据的监管和分析，防止检测数据造假，及时对不合格报告涉及的工程部位进行处理，提供有力技术支持。

【"质量月"活动】 9月，广东省住房和城乡建设厅组织全省住房城乡建设系统开展"质量月"相关活动。9月16日，省住房和城乡建设厅在广州市珠江新城召开全省建筑工程质量现场观摩会，全省各地700多人参加会议。9月28日，省住房和城乡建设厅召开部分地区建筑工程质量监督管理工作研讨会，研究讨论改进工程质量监督管理方式与提高工作效能的做法，以及加强保障性安居工程质量监管的对策。9月26日，省住房和城乡建设厅召开建筑工程质量通病治理研讨会，研讨工程质量通病的预防措施及治理方法，进一步指导全省建设工程质量通病治理工作。

【建筑施工安全生产检查】 2011年，广东省住房和城乡建设厅在元旦、春节、"两会"、"五一"、"十一"、世界大学生运动会举办期间等重要时期，以及强对流天气、台风、汛期、高温酷暑等恶劣天气条件下，及时部署全省开展建筑施工安全生产大检查。2011年，广东省住房和城乡建设厅共组织开展全省或部分地区建筑施工安全生产大检查5次，季度巡查6次，专项检查7次。广州、深圳、东莞等市开展城市轨道交通在建工程安全专项检查。全省共检查15237项工程，发出限期整改通知书5865份，局部停工通知书643份。

【安全生产许可证管理】 2011年，广东省共4608家建筑施工企业新申领安全生产许可证或办理安全生产许可证延期，通过审核3331家（新申请655家，延期2676家），不予许可1277家，通过率72.3%。不断强化对取得安全生产许可证的建筑施工企业的监管，对2011年发生生产安全责任事故或严重降低安全生产条件的26家本省施工企业依法作出暂扣安全生产许可证30至120天的行政处罚，暂停19名项目负责人、专职安全员、注册监理工程师上岗执业，并对发生生产安全事故或严重降低安全生产条件的7家省外施工企业，提请其发证机关依法暂扣安全生产许可证。

【建筑工程安全生产动态管理】 2011年，广东省各级建设行政主管部门严格执行《广东省住房和城乡建设厅建筑工程安全生产动态管理办法》，对不依法履行安全生产责任的单位和人员实施量化扣分，促进建筑施工、监理企业落实安全生产主体责任。截至2011年底，全省各地共作出动态扣分记录共15942条，有40名项目负责人和11名专职安全员因扣满分而被收回安全生产考核合格证。

【"安全生产月"活动】 2011年6月，广东省住房城乡建设系统开展以"关爱生命、关注安全"为主题的"安全生产月"宣传活动。6月13日，组织开展施工安全生产宣传咨询。6月28日，在东莞市虎门镇万科紫台工程召开"全省建筑施工安全生产文明施工现场会"，组织500人现场观摩，以先进典型促进建筑安全生产和文明施工工作。6月7日至13日，派出4个宣讲组，分别到广州、佛山、东莞、中山、惠州、江门、清远、韶关8个市，对省住房城乡建设厅印发的《危险性较大的分部分项工程安全管理办法的实施细则》进行宣讲，参加安全宣讲活动人数达到2334人。

【全省建筑施工安全监督机构考核】 2011年，广东省住房和城乡建设厅组织开展对全省建筑施工安全监督机构三年一度的考核，对地级以上市和佛山市顺德区建筑施工安全监督机构进行考核，组织各市对所辖县（市、区）施工安全监督机构进行考核。

【大中型建设项目初步设计审查】 2011年，广东省住房城乡建设厅组织专家对国家投资或关系公共安全和利益的广东省中医院琶州医院等17个房屋建筑项目（约65万平方米）、汕头市澄海洁源垃圾发电厂等4个市政基础设施项目（投资约11亿元）的初步计进行审查。全年批复由广东电网公司组织审查的送变电项目28项。

【建筑工程抗震设防】 2011年9月，广东省住房和城乡建设厅编制印发《广东省超限高层建筑工程抗震设防专项审查实施细则》，要求各级住房城乡建设主管部门在超限高层建筑工程抗震设防专项审查中严格执行。2011年，广东省住房和城乡建设厅批复超限高层建筑工程抗震设防审查项目117项。根据相关地级市的抗震加固补助经费申请，省住房城乡建设厅向省财政厅申请划拨128万元抗震加固补助经费，分别用于补助潮州市的潮安县古巷镇枫二村小学教学楼和饶平县樟溪村锡坑村卫生站，以及揭阳市榕城区梅云镇夏桥小学教学楼的抗震加固。

【中小学校舍安全工程督查】 2011年，广东省住房城乡建设厅根据省政府办公厅《关于对部分县（市、区）2010年中小学校舍安全工程实施情况进行重点督查的通知》要求，于2月分别到江门台山市、阳江市阳东县进行上述地区2010年中小学校舍安全工程实施情况的重点督查，并对两市下一阶段的校舍安全工作提出具体要求及建议。根据省中小学校安工程领导小组单位分片包干督查工作安排，省住房和城乡建设厅组成督查组赴湛江进行督查，要求湛江市校安办积极稳妥推进校安工作。

【建筑标准设计管理】 2011年，广东省住房和城乡建设厅批准由省建筑标准设计办公室组织编制的《太阳能热水系统安装与建筑构造》图集，以及组织审查并批准发布《陶瓷薄板建筑幕墙构造》、《薄浆干砌自保温墙体构造》两项广东省建筑标准设计。（陈福和、林伟明、何志坚、赵航）

8. 村镇建设

【村镇规划】 至2011年底，全省村庄规划覆盖率达47.4%。省住房城乡建设厅指导完成1280个省级村庄规划编制试点的编制任务，示范带动全省村庄规划编制工作。

【名镇名村示范村规划编制和名镇建设】 2011年,广东省住房和城乡建设厅制定《广东省名镇名村示范村建设规划编制指引(试行)》,指导各地名镇名村示范村建设规划编制工作。开展清远市佛冈县等省名镇名村建设示范县的规划建设工作,抓好名镇建设示范点。组织召开名镇名村示范村规划建设专题培训班暨名镇建设现场会,实地参观学习广州增城市派潭镇、小楼镇的名镇建设,推广增城市名镇建设的经验。增城市派潭镇等3个镇积极编制名镇建设规划,确定71个项目已全部进入施工阶段。当地建立了规划、设计、施工、管理等"一条龙"的名镇建设模式,整合资源、集中力量推进,走在全省名镇建设的前列。成立名镇名村建设督查工作小组,对梅州、河源、韶关、清远、云浮等地进行督查。推荐佛山市南海区西樵镇成功申报由住房和城乡建设部、财政部和国家发展改革委员会确定的国家第一批试点示范绿色低碳重点小城镇,西樵镇成为全国首批7个试点镇之一。

【全国特色景观旅游名镇名村建设】 2011年,广东省清远市清新县太和镇、韶关市始兴县沈所镇、潮州市饶平县新丰镇和东莞市茶山镇南社村、湛江市霞山区爱国街道特呈岛村、江门市恩平市圣堂镇歇马村被住房城乡建设部和国家旅游局评为第二批国家特色景观旅游名镇名村。截至2011年底,全省有7个特色景观旅游名镇、3个特色景观旅游名村,数量位居全国前列。

【中心镇规划建设培训】 经广东省委组织部批准,2011年12月,省住房城乡建设厅在省委党校举办了第一期中心镇镇长(书记)村镇建设专题研讨班,来自全省20个地级市的38位中心镇镇长(书记)参加学习。(李玉泉)

9. 建筑节能与科技

【建筑节能】 广东省住房和城乡建设厅制订颁发《关于认真落实建设用地用电指标有关问题的通知》,加强对规划阶段建筑节能工作的管理,建立规划、设计、施工和验收四位一体的建筑节能监管机制,实现建筑全寿命周期的节能,将落实建设用地用电指标的工作情况纳入每年的节能减排和宜居城乡建设工作统一考核,是全国首个提出在规划用地许可阶段对用地用电指标进行把关的省份。明确"十二五"期间建设4000万平方米绿色建筑的发展目标,并将发展绿色建筑工作列入各地宜居城乡建设的考核指标。

开展绿色建筑评价标识工作,建立健全绿色建筑技术标准和评价体系。广东省住房和城乡建设厅出台《广东省绿色建筑评价标准》,制定《广东省绿色建筑评价标识管理办法》,组建广东省绿色建筑评价标识专家委员会。完成第一批广东省评价的4个绿色建筑评价标识项目评审,全年经国家、广东省和深圳市评价标识的绿色建筑项目34个,其中国家级17个,省级4个(总面积56.35万平方米),深圳市级13个(总面积111.74万平方米)。开展绿色建筑示范推广,截至2011年底,广东省获得各级绿色建筑评价标识的项目共有54个(其中国家级28个,省级4个,深圳市级22个)。

【完善广东省建筑节能标准体系】 发布《民用建筑能效测评与标识技术规程》、《蒸压加气混凝土砌块自承重墙体技术规程》、《广东省绿色建筑评价标准》、《蒸压陶粒混泥土墙板应用技术规程》4部建筑节能地方标准。批准立项并组织编制《蒸压泡沫混凝土墙体工程技术规程》等3项建筑节能地方标准。发布两批《广东省建筑节能技术产品推荐目录》,23项建筑节能技术产品列入目录,促进广东省建筑节能新技术、新产品的推广应用。

【建设科技】 2011年,广东省住房城乡建设厅组织完成各类建设科技成果鉴定203项,其中"桥梁健康监测应用技术研究"等两项达到国际领先水平,"单元式弧形玻璃幕墙综合施工技术"等17项达到国际先进水平,"地下连续增加锚桩基坑支护施工技术的应用研究"等83项达到国内领先水平,"悬挑半椭球鼓形镂空节点钢结构空中逆向立体安装技术"等95项达到国内先进水平,"应用双面彩钢复合酚醛板制作安装空调风管施工技术"等两项达到省内领先水平,"自粘橡胶沥青防水卷材湿铺综合施工技术研究"等4项达到省内先进水平。完成住房和城乡建设部、省科技厅委托科技计划项目验收4项。审核推荐住房和城乡建设部科技计划项目70项,全省共49项获批。审核推荐省科技计划项目7项。全省住房城乡建设系统共8项成果获广东省科技进步奖奖,其中《深港西部通道工程建设创新实践》获特等奖,《北江大堤加固达标工程关键技术研究与应用》获一等奖,《复合地层盾构施工理论和技术创新的研究》等4项获二等奖,《地铁进口交流传动车辆大修体系和技术创新》等两项获三等奖。全省共21项成果获华夏建设科学技术奖,其中《低C/N比城市污水连续流脱氮除磷工艺与过程控制技术》等两项获一等奖,《混凝土交叉柱网筒超高层建筑结构研究应用》等5项获二等奖、《中国超高层住宅建筑发展研究》等14项获三等奖;发布推广14项广东省建设行业技术成果推广项目。2011年3月,广州、中山、佛山三市顺利通过国家创建全国无障碍建设城市工作检查验收组验收。

【建设工程标准】 2011年,广东省住房和城乡建设厅发布《民用建筑能效测评与标识技术规程》、《刚性-亚刚性桩三维高强复合地基技术规程》、《保障性住房建筑规程》、《建筑混凝土结构耐火设计技术规程》、《蒸压加气混凝土砌块自承重墙体技术规程》、《广东省绿色建筑评价标准》、《蒸压陶粒混泥土墙板应用技术规程》、《工程质量安全监督数据标准》、《既有建筑物结构安全性检测鉴定技术标准》、《城市桥梁检测技术标准》、《建筑幕墙可靠性鉴定技术规程》11项广东省工程建设地方标准,为建筑设计、施工和验收等各项工作提供了技术支撑;立项《蒸压陶粒轻质混凝土墙板应用技术规程》等8项工程建设地方标准。(王礼贵)

10. 建设教育

【建设教育培训工作】 10月9～13日,广东省住房和城乡建设厅联合省委组织部、省国土资源厅和省环境保护厅在北京大学举办全省第十三期市长(书记)城建专题研究班。开展省建设行业职业技能鉴定机构质量管理评估工作。3月14日～4月2日,广东省住房和城乡建设厅组织专项检查小组分粤东、粤中、粤西三片对全省30个鉴定站的质量管理情况进行全面检查评估。开展专业技术人员继续教育培训工作,在广州、惠州、湛江和汕头4个片区举办了12期高新技术研修班,共培训4043人。组织开展职业技能鉴定工作,全年通过培训取得《职业资格证书》的人员有23205人次,其中初级工8004人,中级工9891人,高级工5310人。

【规范职称评审工作】 为加强和提高广东省建筑建材专业职称评审工作的信息化管理水平,推进信息化平台建设,广东省住房和城乡建设厅委托广东省建设信息中心开发广东省建筑建材专业职称评审管理系统。该系统应用于广东省建筑建材专业职称评审网上申报、资料审核、评审公示等方面。广东省住房和城乡建设厅于5～6月连续举办三期广东省建筑建材专业职称评审管理系统演示暨(防护、防化专业)政策宣贯培训班。2011年共受理申报建筑建材专业各级技术资格评审材料2827份,其中教授级136份、高级2225份、中级315份、初级151份。11月7～11日,12月5～14日,分别在广州从化市和惠州市召开了建筑建材专业教授级职称专业组初审、高级职称评审会议,教授级通过67人,通过率为49.06%(教授级专业组初审通过78人,通过率为57.35%);高级通过1251人,通过率为56.22%。(席让平)

11. 广东省住房城乡建设工作会议情况

【广东省住房城乡建设工作会议】 2月25日,广东省政府在广州召开全省住房城乡建设工作会议。会议贯彻落实全国住房城乡建设工作会议及广东省委十届八次全会和广东省"两会"精神,总结过去一年住房城乡建设工作情况,谋划部署新一年住房城乡建设工作任务。广东省副省长林木声出席会议并讲话。广东省住房和城乡建设厅党组书记、房庆方厅长在会上作全省住房城乡建设工作会议报告,省住房城乡建设厅党组成员、纪检组长、监察专员李锡洪作党风廉政建设工作报告。广东省省直有关部门、各地级以上市分管副市长、住房城乡建设系统共计210人参加会议。会上,广东省住房和城乡建设厅与各地级以上市住房城乡建设局签订了建筑施工安全管理目标责任书。(周娟)

12. "十二五"规划编制情况

【"十二五"规划编制情况】 2011年,广东省住房和城乡建设厅制定并印发《广东省住房和城乡建设事业信息化"十二五"规划》,《广东省建筑节能"十二五"规划》。广东省住房和城乡建设厅于2010年上半年开始编制《广东省城镇化发展"十二五"规划》,分别于2010年9月、2011年7月、2011年11月三次征求相关省直部门和各市意见,根据意见对该规划进行修改完善,并与2011年12月召开的全省提高城市化发展水平工作会议及相关文件精神充分衔接。广东省发展改革委、省住房城乡建设厅、省环保厅联合编制《广东省生活垃圾无害化处理设施建设"十二五"规划》、《广东省城镇污水处理及再生利用设施建设"十二五"规划》。

【广东省住房和城乡建设事业信息化"十二五"规划颁布实施】 2011年7月,广东省住房和城乡建设厅印发《广东省住房和城乡建设事业信息化"十二五"规划》,明确全省"十二五"期间推进住房和城乡建设事业信息化发展的目标和主要任务,把开发信息化规划,建立信息化发展的长效机制,以及全省统筹都作为具体条目列入纲要。

【印发广东省建筑节能"十二五"规划】 2011年11月,根据住房城乡建设部和广东省委、省政府对节能减排工作的要求,广东省住房和城乡建设厅制定并印发《广东省建筑节能"十二五"规划》,明确新建建筑执行建筑节能标准、既有建筑节能改造、绿色建筑和绿色园区建设、可再生能源在建筑中的规模化应用、新型墙材推广应用等五个方面的发展目标，并制定保障措施。（周娟）

大事记

1月

5日，广东省建筑设计研究院研发的《一种带防松托限位结构的万向球铰支座》、《大可拔力可滑移球铰支座》获得国家发明专利。

6日，珠三角省立绿道网全线贯通暨"青年记者绿道行"启动仪式在广州生物岛举行。中共中央政治局委员、广东省委书记汪洋出席启动仪式，向青年记者代表授旗，并宣布珠三角省立绿道网全线贯通暨"青年记者绿道行"活动正式启动。广东省委副书记、省长黄华华出席启动仪式并致辞。省人大常委会主任欧广源，省政协主席黄龙云，省委常委、广州市委书记张广宁出席启动仪式。副省长林木声主持启动仪式。广东省住房和城乡建设厅党组书记、厅长房庆方报告珠三角绿道网规划和建设情况。

21日，《广东省促进散装水泥发展和应用规定》经广东省人民政府第十一届68次常务会议审议通过并公布，自2011年5月1日起施行，原《广东省散装水泥管理规定》予以废止。

28日，"聚焦绿道·印象广东"华隧杯摄影大赛颁奖典礼暨优秀作品展览开幕式在广州文化公园举行。300多名专业摄影工作者和摄影爱好者参与摄影大赛，2300多幅精美作品经过大赛评委会精心挑选，评出优秀作品119幅。

2月

12日，广东省人民政府印发《转发国务院办公厅关于进一步做好房地产市场调控工作有关问题的通知》，要求各市、各有关部门认真贯彻执行国办发〔2011〕1号文各项要求，做好房地产市场调控工作。

21日，广东省人民政府印发《广东省绿道网建设2011年工作要点》，对全省绿道网规划建设工作进行部署。

25日，广东省住房城乡建设工作会议在广州召开。会议贯彻落实全国住房城乡建设工作会议及省委十届八次全会和省"两会"精神，总结全省住房城乡建设系统2010年工作情况，部署2011年工作任务。

3月

2日，广东省省长黄华华签发广东省人民政府令第156号《广东省促进散装水泥发展和应用规定》，对散装水泥、预拌混凝土、预拌砂浆和混凝土预制构件的发展和应用、管理和监督、法律责任等方面作出具体的规定和要求，自2011年5月1日起施行。

3日，广东省建设行业统计工作平台正式启用，率先在建筑业、勘察设计行业统计中应用。企业通过该平台在线填报统计数据，广东省各级住房和城乡建设行政主管部门实时查阅、审核企业数据，提高统计工作效率。

4日，中央纪委2010年度惩防体系建设检查第六检查组组长、中央纪委常委、监察部副部长屈万祥一行5人到广东省住房和城乡建设厅检查贯彻落实党风廉政建责任制情况、推进惩治和预防腐败体系建设情况及反腐倡廉制度建设等情况。

7日，广东省住房和城乡建设厅印发《关于印发〈广东省住房和城乡建设厅执法监察局主要工作职责〉的通知》，明确执法监察局工作职责。

15日，经广东省人民政府同意，省住房城乡建设厅印发《关于印发〈贯彻落实国办发〔2011〕1号文有关问题的意见〉的通知》。

25日，广东省住房和城乡建设厅制定《关于开展市场中介组织防治腐败工作实施方案》，开展工程造价咨询机构和工程招标代理机构的专项检查。共检查有资质的工程造价咨询和工程招标代理机构574家，合格的428家，需整改的118家，不合格的28家。

30日，《广东省民用建筑节能条例》经广东省第十一届人民代表大会常务委员会第二十五次会议审议通过并公布，自2011年7月1日起施行。

30日，广东省住房和城乡建设厅与香港发展局在广州市举行《CEPA补充协议七》（建设领域）工作协调会。讨论在《前海深港现代服务业合作区总体发展规划》下，香港建筑及相关工程专业服务企业如何通过参与前海的建设，协助推动内地现代服务业的发展等问题。

30日，广东省住房和城乡建设厅印发《关于公布2010年度广东省建筑业新技术应用示范工程立项项目的通知》，部署开展2010年度广东省建筑业新技术应用示范工程立项申报和评审工作，共评出2010年度广东省建筑业新技术应用示范工程立项项目43项。

31日，广东省住房和城乡建设厅公布2010年度广东省省级工法158项，并颁发广东省省级工法证书。

4月

7日，广东省建筑设计研究院设计的广州亚运城综合体育馆钢结构工程荣获2010年度中国钢结构金奖、国家优质工程称号。

8日，广东省人民政府在广州召开全省保障性安居工程工作会议。副省长林木声代表省政府与各地级以上市人民政府签订2011年度住房保障目标责任书，并对全省保障性安居工程工作作全面部署；省住房和城乡建设厅党组书记、厅长房庆方传达全国保障性安居工程工作会议精神并提出贯彻落实意见。

16日，中共中央政治局委员、广东省委书记汪洋主持召开绿道建设座谈会，研究部署绿道工作，要求做到"有人办事，有钱办事，有制度管事"，确保将绿道网这件好事办好。

17日，由广东省建设信息中心自主研发的"三库一平台"管理信息服务系统、粤建通认证综合服务系统通过广东省住房和城乡建设厅科技成果鉴定，分别获得国内领先和国内先进的鉴定。12月1日取得广东省科技厅科技成果登记证书。

19日，中共中央政治局委员、广东省委书记汪洋到佛山市南海区大沥镇万科四季花城就万科集团面向低收入群体租赁住房试点项目进行专项调研，要求全省各地加快解决低收入群众住房问题。

27日，广东省建筑设计研究院研发的《一种施加预应力的钢管整体桁架及其施工方法》获得国家发明专利。

5月

12日，广东省住房和城乡建设厅会同省监察厅制定《广东省城市政府落实住房保障和稳定房价工作约谈问责暂行办法》。

13日，《江门市城市总体规划（2011～2020年）》获得国务院办公厅批复实施。

17日，清远市获得"广东省园林城市"称号。

17日至18日，广东省副省长林木声率省府办公厅和省住房城乡建设厅有关负责同志前往河源市调研城镇化和住房保障工作，先后实地察看了河源市源城区、龙川县、东源县的城镇化和保障性安居工程项目，听取河源市政府相关工作汇报。

18日，广东省住房和城乡建设厅发布《保障性住房建筑规程》，对保障性住房的规划布局、公建配套、建筑与结构、设施设备、建筑节能以及使用和维护等内容进行规范。《规程》于9月1日起实施。

20日，全省落实住房保障目标责任督查工作座谈会在肇庆市召开。贯彻落实全省保障性安居工程工作会议精神，检查各地目标责任分解和建设项目的进展情况，研究部署下一阶段工作。

21～22日，广东省住房和城乡建设厅联合澳门特别行政区运输工务司举办"第四期粤澳城市规划研习班"，来自澳门特区政府运输工务司等部门的40名学员参加本次研习活动。

23日，广东省名镇名村示范村建设示范县启动仪式在清远市佛冈县举行。副省长刘昆出席仪式并宣布建设工作启动，省住房城乡建设厅党组成员、副厅长蔡瀛参加启动仪式。

6月

17日到10月13日，广东省住房和城乡建设厅会同省财政厅对全省2010年度地级市公积金管理中心的管理工作进行考核。根据考核分数对各中心的工作绩效进行排名，其中前五名广州、佛山、东莞、珠海和惠州市获得优秀。

21日，广东省住房和城乡建设厅组织修订并印发《广东省建设工程施工标准工期定额（2011）》。该定额自2011年10月1日起实行，原省建设厅2001年颁发的《广东省建筑安装工程工期定额》同时停止使用。

22日，国家住房保障工作巡查组开始对广东省住房保障工作情况进行全面巡查。

22～23日，根据中共中央政治局委员、广东省委书记汪洋和副省长林木声的指示，为进一步推进广东省保障性住房的建设和管理工作，在广州市，由省政府副秘书长罗欧分别主持召开省直有关单位、有关房地产开发企业的座谈会，会议就万科企业股份有限公司提出的《关于住房保障建设的相关建议》进行研究分析。

25～28日，住房城乡建设部、国家文物局检查组织历史文化名城、中国历史文化名镇名村保护工作情况，广东省住房和城乡建设厅副厅长李台然陪同检查。

29日，广东省住房和城乡建设厅发布《广东省绿色建筑评价标准》。

7月

5日，广东省建筑设计研究院设计的广州亚运城荣获第三届广东省土木工程詹天佑故乡杯金奖。

15日，广东省潮州市饶平县新丰镇、清远市清新县太和镇、韶关市新兴县沈所镇3个镇和东莞市茶山镇南社村、湛江市霞山区爱国街道特呈岛村、江门市恩平市圣堂镇歇马村3个村被住房城乡建设部和国家旅游局公布为第二批全国特色景观旅游名镇名村。

18日，广东省住房和城乡建设厅印发《广东省城市绿道规划设计指引》。

20日，广东省住房和城乡建设厅、香港特别行政区发展局、澳门特别行政区运输工务司在广州召开粤港城市规划及发展专责小组第七次会议暨粤澳城市规划及发展专责小组第四次会议，正式通过《环珠江口宜居湾区建设重点行动计划》纲要成果。

21日，广东省住房和城乡建设厅会同省人力资源和社会保障厅、省物业管理行业协会专程赴港，分别拜会了香港测量师学会、物业设备管理组以及香港屋宇经理学会等，就物业管理专业人员执业资格粤港互认问题进行磋商，并形成初步意向。随后，省住房城乡建设厅制定《粤港物业管理师与房屋经理资格互认工作方案》报省人力资源社会保障厅。12月，省人力资源社会保障厅向国家人力资源社会保障部正式提交该互认项目请示函。

22日，广东省人民政府召开珠三角绿道网建设工作现场会，副省长林木声出席会议并对下半年绿道网建设工作作出具体部署，要求确保完成珠三角绿道网"两年全部到位"的任务目标。

25~26日，全国人大代表一行40人对广东省保障性住房建设情况进行专题调研。25日，听取了广州市住房保障工作情况汇报，并与相关职能部门和保障性住房参建企业进行深入交流。26日上午，实地考察龙归保障房示范小区、金沙洲保障房小区和芳和花园，深入了解保障房建设模式。26日下午，全国人大代表专题调研住房保障工作在省政府会议厅召开，省人大常委会主任欧广源主持会议，省住房和城乡建设厅、财政厅、发改委、国土资源厅等部门作工作汇报，全国人大代表作发言，中共中央政治局委员、广东省委书记汪洋在全国人大代表专题调研住房保障工作会议上作重要讲话。

27日，广东省住房和城乡建设厅印发《广东省住房和城乡建设事业信息化"十二五"规划》。

28日，由广东省建筑设计研究院设计的广州自行车馆和轮滑场、极限运动中心，广东省博物馆新馆等3项工程荣获"第三届广东省土木工程詹天佑故乡杯"金奖。

8月

8日，广东省住房和城乡建设厅在广州市广东大厦召开岭南特色规划与建筑设计评优活动新闻发布会。

11~15日，中共中央总书记、国家主席、中央军委主席胡锦涛视察广东，13日下午前往广州市金沙洲保障性住房小区视察，深入了解广州市保障性住房建设管理情况。

15日，广东省住房和城乡建设厅印发《广东省绿色建筑评价标识管理办法》（试行）。

16~19日，广东省住房城乡建设厅派出4个督查组，抽查广州、佛山、肇庆、清远、东莞、中山、江门、阳江8个市的32项工程，其中，保障性安居工程16项，商品住宅工程8项，公共建筑工程8项，发出督查整改意见书10份。

22~28日，住房和城乡建设部检查组到广东省进行建设工程质量安全及建筑市场监督执法检查。

25~30日，住房和城乡建设部稽查办公室主任王早生带领部相关司局领导及专家来广东省就保障性住房工程质量安全、建筑市场和城市既有桥梁运行安全进行检查。

26日，广东省住房和城乡建设厅党组副书记、副厅长陈英松召集东莞、中山、惠州、湛江、河源5个房价上涨较快、外地人购房较多、位于住房限购城市周边的城市房地产主管部门进行座谈，要求充分认识房地产调控工作的长期性和艰巨性，更加严格落实国家和省房地产市场调控政策，必要时可采取住房限购政策，做好稳定房价工作。

30日，经广东省人民政府同意，省住房和城乡建设厅于8月30日下午在广州市召开广东省首批城乡规划督察员聘任暨派遣工作会议，省住房城乡建设厅党组书记、厅长房庆方宣读了《关于派遣广东省首批城乡规划督察员的通知》，省人民政府副秘书长罗欧、住房和城乡建设部稽查办公室主任王早生分别作重要讲话。

9月

1日，广东省住房城乡建设厅出台《广东省实施〈建设工程工程量清单计价规范〉(GB 50500—2008)若干意见》。

1日，广东省建筑建材专业技术职称管理系统正式启用，开展省直单位的高级职称信息化申报试点。

1日至11月30日，广东省住房和城乡建设厅、香港特别行政区环境局、澳门特别行政区运输工务司在粤港澳三地进行了为期3个月的《共建优质生活圈专项规划》公众咨询。公众咨询期间，粤港澳三地分别组织共7次公众咨询活动，并通过网站与电子邮件等方式广泛征集社会公众意见，共收到公众反馈意见400余条。

2日，广东省人民政府办公厅颁布《印发广东省住房保障工作目标责任考核办法的通知》。

2日，住房城乡建设部和国家发展改革委正式授予深圳市"国家节水型城市"称号，深圳市成为广东省第1个获得此项称号的城市。

6日，住房和城乡建设部批复同意广东省住房和城乡建设厅开展一、二星级绿色建筑评价标识工作，省级绿色建筑评价标识工作正式启动,第一批4个绿色建筑评价标识项目通过评审。

11日,根据广东省机构编制委员会办公室粤机编办〔2011〕257号文,同意在省住房城乡建设厅城乡规划处加挂省绿道网建设管理办公室牌子,增加"统筹落实和推进绿道网建设管理工作"职责。

12日,广东省住房保障项目动态管理系统正式在肇庆市试点开通,该系统主要运用网络技术和摄像技术,对保障性安居工程项目的建设进度、质量、分配等情况进行适时监控;对全省住房保障项目的具体情况进行数据统计和分析,并自动汇总有关数据上传;可以适时监测各市完成情况。

13~16日,由广东省住房和城乡建设厅执法监察局局长陈天翼带队,协同省政府刚刚聘任的首批城乡规划督察员蔡启富、赵崇仁、刘慧琳以及执法监察局的有关同志组成的调研组分别到广州、珠海、东莞、惠州四市就开展城乡规划督察工作进行调研。

20~23日,中国建设职工政研会工程勘察行业分会第三届第一次全体理事大会暨创新行业党建和思想政治工作高峰论坛在烟台召开。会上,广东省建筑设计研究院提交的由李鸿辉、王业纲、王继川联名撰写的《创新企业文化促进省院科学发展》文章获2011年度优秀论文(研究成果)一等奖;王业纲获2011年度优秀思想政治工作者荣誉称号;王继川同志获第二届分会工作"突出贡献者"荣誉称号。

24日,根据《取得内地一级注册建筑师互认资格的香港建筑师在广东省注册执业管理办法》和《取得内地一级注册结构工程师互认资格的香港结构工程师在广东省注册执业管理办法》的规定,广东省住房和城乡建设厅、广东省注册建筑师与工程师管理委员会在广州市举办2011年度面向香港建筑师、结构工程师的法规测试,共有169名香港建筑师通过测试。

10月

9~13日,中共广东省委组织部、广东省住房和城乡建设厅、广东省国土资源厅、广东省环境保护厅四部门在北京大学联合举办主题为"提高城市化发展水平"的第十三期市长(书记)城建专题研究班。

9~13日,为贯彻落实广东省首批城乡规划督察员聘任暨派遣工作会议精神,推动省城乡规划督察员巡察制度在珠三角各市开展,广东省住房和城乡建设厅执法监察局局长陈天翼带队与省首批城乡规划督察员第一组成员陈醒钟、刘家驹、张华义等同志赴肇庆、佛山、江门、中山和深圳等五市与当地市政府及有关部门见面并开展城乡规划督察工作调研。

14日,《珠三角城际轨道站场TOD综合开发规划(第一批)》规划成果经过两轮技术审查、修改完善后,广东省住房和城乡建设厅专文向常务副省长朱小丹呈报《珠三角城际轨道站场TOD综合开发规划(第一批)》送审成果,阐述规划编制工作的基本情况和规划成果的主要内容,并进一步明确后续的深化、调整和完善工作安排。朱小丹同志作出"抓紧完善,及时上报"的重要批示。

22日,中国物业管理行业协会、深圳市房屋和物业管理委员会共同主办的"物业管理改革发展30周年大会"在深圳市召开。

23日,广东省建筑设计研究院设计,中国最大的国家重大科技基础设施——散裂中子源工程今天在东莞奠基,中共中央政治局委员、国务委员刘延东,中共中央政治局委员、广东省委书记汪洋出席奠基仪式。

25日,《广东建设年鉴》(2010)在中南地区人民出版社第32届优秀社科图书评选活动中荣获优秀图书奖,是该活动中唯一获奖的年鉴类图书。

11月

1日,广东省人民政府办公厅转发《国务院办公厅关于保障性安居工程建设和管理指导意见》。

9日,广东省住房和城乡建设厅公布第一批广东省宜居示范城镇(村庄)名单,广州市番禺区大岗镇等41个镇获得"广东省宜居示范城镇"称号、湛江廉江市石城镇十字路村等102个村获得"广东省宜居示范村庄"称号。

14日,广东省建筑设计院设计的和业广场工程被国家工程建设质量奖审定委员会评为2010~2011年度国家优质工程银质奖。

16日,"广东绿道网"(http://www.gdgreenway.net/)正式建成上线运行,提升绿道网的影响力和知名度。

16日,广东省住房和城乡建设厅发出《关于公布2011年通过专项验收的"广东省建筑业新技术应用示范工程"名单的通知》,全省共17项工程通过专项验收审评。

17日,由中国勘察设计协会举办的"2011年全国优秀工程勘察设计行业奖"评选活动,广东省建筑设计研究院设计的"广州亚运馆(原名:广州亚运城综合体育馆)"、"广东省博物馆新馆"2个项目荣获"亚运"类项目一等奖。另外"广州市华南路三期工程C标段"荣获"市政道桥"类二等奖,"广州市珠江新城核心区市政交通项目地下空间(金穗路至华就路)基坑支护设计"、"珠海翔翼保税区项目"、"广州自行车馆"、"惠州市金山湖游泳跳水馆"、"广东省博物馆新馆智能化系统"荣获二等奖,"武汉光谷中心花园"、"颐景园(二、三期)"、"广州市花都区东风体育馆"、"广州市金沙洲居住新城P线景观工程"、"广州亚运自行车馆扁椭圆球面网壳结构设计"荣等十一个项目获三等奖。

22日,广东省住房和城乡建设厅会同广东省铁路建设投资集团有限公司、珠三角城际轨道交通有限公司召开《珠三角城际轨道站场TOD综合开发规划(第一批)》专家论证会,邀请北京、上海、香港、广州、深圳等地13位不同领域的著名专家,从城市规划、建筑设计、土地开发、交通和轨道建设等不同角度对规划送审成果进行论证、审查,听取进一步完善规划的意见。

22日,广东省佛山市南海区西樵镇被财政部、住房城乡建设部和国家发展改革委确定国家第一批试点示范绿色低碳重点小城镇,成为全国首批七个试点镇之一。

24日,广东省住房和城乡建设厅党组副书记、副厅长陈英松会同省纪委常委、监察厅副厅长秦通海对新建住房价格连续3个月以上超过年度控制目标的珠海、中山两市政府分管领导及住房城乡建设部门负责人进行约谈,督促其确保实现新建住房价格年度控制目标。

26日,由广东省住房和城乡建设厅、省总工会主办、广东省财贸工会和广东省物业管理行业协会承办的广东省首届物业管理职业技能竞赛举行决赛及闭幕式。省总工会副主席林锡明、省住房和城乡建设厅党组成员、副厅长杜挺等领导出席闭幕式。比赛共有2000余名物业管理从业人员报名参赛,竞赛前8名优秀选手获得省人力资源和社会保障厅授予"技能能手"荣誉称号。

30日,广东省住房和城乡建设厅召集广东省铁路建设投资集团有限公司、珠三角城际轨道交通有限公司和规划技术组召开《珠三角城际轨道站场TOD综合开发规划(第一批)》工作会议,对相关省直部门、各市政府及专家论证会上收集到的意见逐条进行讨论、分析,明确适当增加规划弹性、适度调整用地性质和进一步明确规划实施安排等修改方向和具体意见,并密切联系相关省直部门和各市政府,及时就规划的调整听取各方的意见,取得共识和平衡,形成上报的规划成果。

12月

5日,广东省建筑设计研究院获得住房和城乡建设部授予的"全国建筑设计行业诚信单位"称号。

6日,广东省全国人大代表20多人组成的视察组,在省农业厅听取省住房城乡建设厅党组成员、副厅长蔡瀛和省农业厅副厅长陈祖煌就全省开展名镇名村规划建设工作的汇报,对省住房城乡建设厅制定的《广东省名镇名村示范村建设规划编制指引(试行)》给予充分肯定。

7日,全省提高城市化发展水平工作会议在广州召开。

8日,由广东省建筑设计研究院设计的广州花都东风体育馆钢结构工程荣获2011年第三届广东钢结构金奖"粤钢奖"金奖。

9日,广东省住房和城乡建设厅、澳门特别行政区运输工务司和珠海市人民政府三方签署《关于共同编制<澳珠协同发展规划>合作协议书》,拟通过规划为澳珠两地提供一个对话和交流平台,为共建珠澳国际都会区,深化粤港澳合作,落实粤澳合作框架协议提供支撑。

13日,广东省垃圾分类大学生公益广告创意征集活动颁奖仪式在大学城广州大学举行。省人大环境与资源保护委员会副主任委员郭德勤和省住房城乡建设厅党组成员、巡视员刘锦红出席活动。

14日,2011年"广东省珠三角绿道网建设项目"、"广东省广州市荔枝湾环境综合整治工程"和"广东省深圳市建科大楼建筑节能与宣传项目"获得"中国人居环境范例奖"。"广州东濠涌综合整治工程"等21个项目获得2011年"广东省宜居环境范例奖"。

23日,《广东省绿道网建设总体规划(2011~2015年)》专家评审会在广州市召开,住房城乡建设部城乡规划司副司长张勤和广东省住房和城乡建设厅党组成员、副厅长蔡瀛出席会议,规划顺利通过专家评审。

28日,广东省住房和城乡建设厅公示"广东省岭南特色规划与建筑设计评优活动"中产生的69项拟获奖项目名单。

30日,《广东省住房城乡建设厅关于<房屋建筑和市政基础设施工程质量监督管理规定>的实施办法》印发,自2012年2月1日起施行。

31日,广东省建设信息中心服务窗口粤建通综合服务中心被授予2011年度"全国工人先锋号"。

31日,广东省住房和城乡建设厅完成《珠三角城际轨道站场TOD综合开发规划(第一批)》最终成果,并提请省政府对第一批站场TOD综合开发规划成果进行审查后印发相应市、省直部门实施。

(广东省住房和城乡建设厅)

广西壮族自治区

1. 概述

2011年,广西住房城乡建设系统深入实践科学发展观,认真贯彻落实中央和自治区的决策部署,强化城乡规划建设管理,加强住房保障和改善民生工作,创新思路,狠抓落实,住房城乡建设各项工作取得显著成绩,实现"十二五"发展的良好开局。

【城镇化跨越发展取得新突破】 城镇化水平由上年的40.1%提高到42%左右,基本实现自治区确定的城镇化年度工作目标。南宁五象新区建设实现新突破,广西规划馆建成开馆,广西美术馆主体竣工;柳州柳东新区基础设施建设全面推进,广西汽车城规划建设初显成效;桂林世界旅游城规划建设拉开帷幕。第一届广西园林园艺博览会在柳州成功举办;村镇规划集中行动取得阶段性成果。

【建设经济发展实现新跨越】 广西房地产业(包括房地产开发和保障性住房建设)、市政公用设施建设预计完成投资2470亿元,突破2000亿元大关,约占广西全社会固定资产投资的25%,其中,房地产业完成投资1435亿元,市政公用设施建设完成投资1035亿元。广西建筑业总产值完成1552亿元,同比增长27%;增加值822.41亿元,同比增长16.2%。

【保障性安居工程建设取得新成果】 保障性住房开工建设31.95万套,超额完成国家下达的年度任务,解决14.36万户城镇中低收入家庭的住房困难。20万户农村危房改造任务全面完成,约80万农村困难群众喜迁新居;融水县少数民族村寨防火改造工程全面完成,农村贫困群众基本居住安全问题得到进一步缓解。

【建设领域节能减排取得新进展】 城镇污水生活垃圾处理设施建设运营良好,生活污水集中处理率、垃圾无害化处理率双双达到65%,均比上年提高约5个百分点。广西新建建筑节能强制性标准执行率达97.7%,建筑节能完成59.9万吨标准煤;新型墙体材料产量145亿块标准砖,占广西墙体材料总量的52%。

【文化建设取得新成效】 城乡风貌改造、特色名镇名村建设、城市特色塑造取得较大进展,百家博物馆建设取得阶段性成果,广西规划馆等一批文化体育设施相继建成。驻厅纪检监察室等3个单位、3个个人分获全国住房城乡建设系统先进单位和先进个人称号。全年先后举办广西住房城乡建设系统庆祝建党90周年文艺汇演、体育运动会、职工书法美术摄影展及专题讲座;成立广西住房城乡建设系统文艺工作者联合会。开展文化下乡、下工地和机关体育活动等,干部职工的文化自觉进一步提高。在参加全国建设建材系统文艺、书法、美术和摄影活动评选中,广西获得7个金奖、9个银奖、17个优秀奖、4个组织奖。

2. 城乡规划与建设

【城乡规划调控】 南宁市城市总体规划获得国务院批复;《桂林漓江国家风景名胜区总体规划》通过住房和城乡建设部部际联席会议审查;鹿寨、三江等10个市县总体规划获自治区人民政府批复。《广西城镇化"十二五"发展规划》、《自治区重大公益性项目控制性详细规划》编制完成,西江干流城镇带、桂贺旅游城镇带规划编制启动。《桂林世界旅游城概念规划》等一批规划编制完成。控制性详细规划的覆盖面积大幅提升,贵港市达81.25平方公里,北海市新增29.61平方公里,钦州市中心城区控规覆盖率达到100%。东兴边境开放合作区、中马钦州产业园和凭祥边境综合保税区等分别纳入相关城市总体规划。村镇规划集中行动全面启动,年内基本完成75个县城镇村体系规划、320个乡镇总体规划和1万个村规划的编制任务。南宁市修编周边6个重点镇的规划,人口规模115.5万人,建设用地规模135.2平方公里,为建设南宁超大城市提供有力支撑。

【中心城市带动战略】 加快产业园区与城市新区互动发展,南宁市开展五象新区开发、产业园区建设等攻坚战,强力推进广西规划馆等"三馆三街"和保税物流中心、广西文化产业城、体育产业城等项目建设。柳州市柳东新区(广西汽车城)建设取得重大进展，上汽通用五菱轿车和东风柳汽商用车新基地项目全面启动。桂林市以建设现代国际旅游名城、历史文化名城、生态山水名城为目标，临桂新区建设阶段性成效显著。玉林市玉东新区、玉柴新区、江南新区建设加快。贺州市实施城市建设三年大会战，以"一江两岸三新区"为核心的城市新格局初步形成。防城港市实施城市建设百项工程，拓新区、造新城取得新进展。来宾市桂中水城引水进城项目，以及滨河北片区等9个旧城综合改造项目取得实质性进展，城区规模扩大3平方公里。梧州市红岭新区拓展约6平方公里的城区规模，新区雏形凸现。钦州市中心城区规模扩大3平方公里。

【城镇化建设组织协调工作】 广西及其大多数市县相继成立由党政主要领导担任组长的城镇化工作领导小组及其办公室；分解城镇化年度工作任务，广西人民政府与各设区市签订城镇化年度工作责任状；"广西城镇化工作考评指标体系"编制完成，城镇人口统计联席会议等城镇化工作制度相继实施。钦州市、玉林市分别出台城镇化工作配套文件18个和7个。

【城镇化各专项工作】 各地创新投融资模式，拓宽筹融资渠道，广西城镇基础设施重大项目完成投资良好。其中，南宁市183亿元、桂林市95.9亿元、钦州市57.4亿元、百色市53.7亿元、崇左市50.5亿元。一批重大城建项目如钦州市体育中心"六大场馆"全面竣工并投入使用；北海市民生路网（三期）工程、主干路网及市区雨、污水管网和污水处理设施建设顺利推进。积极推进BT模式参与五象新区的城市基础设施建设。百家博物馆建设稳步推进，柳州军事博物馆、金秀坳瑶生态博物馆、东兰铜鼓博物馆等12个博物馆建成开放。以"秀美八桂、生态龙城"为主题的首届广西园林园艺博览会仅用7个多月时间，完成园博园项目建设，于10月30日在柳州开幕，得到各界的高度评价并获得圆满成功。城市特色塑造力度加大，钦州市实施钦江两岸改造提升工程，精品路线夜景灯光工程、路灯节能改造和智能化路灯监控系统工程全面推进；百色市站前大道东段绿化和亮化、解放街口景观改造等工程全面推进；桂林市开展"特色城市建设行动"，高标准编制城乡风貌改造专项规划和城镇风貌设计。实施"绿满八桂"城镇园林绿化工程，推动园林城市创建，来宾市、钦州市、平果县、乐业县被命名为"广西园林城市"，北海市、百色市、凌云县通过国家园林城市专家组考评；柳州市实施"绿满龙城工程"等，大力提升城市景观绿化水平。

3. 保障性住房建设

【保障性住房组织协调工作】 广西壮族自治区党委书记郭声琨、主席马飚、副主席高雄分别对保障性住房建设工作作出重要批示和指示，并多次带队对广西保障性住房建设进行调研督查；广西人大、政协对此高度关注并给予指导和建议。为确保项目顺利实施，广西政府与各设区市、各设区市与所辖县区签订保障性安居工程工作责任状，明确任务，落实责任；自治区层面建立自治区领导牵头督查、有关部门联合督查和广西住房和城乡建设厅专项巡查的"三督查"方式和问责机制，各市县也加强工作督查，形成覆盖广西的保障性住房建设工作督查体系。

【保障性住房政策与措施】 广西相继出台多项政策措施，明确土地出让总收入用于保障性住房建设的比例，新建商品住房项目配建廉租住房和公共租赁住房的比例，以及保障性安居工程项目用地没有落实前不得出让商品住房用地等政策措施，初步建立支撑保障性住房建设的政策体系。完成广西保障性安居工程项目库信息系统建设，开辟项目审批绿色通道，落实税费减免等优惠政策。

【保障性住房监管体系建设】 突出抓好明确保障对象、严格准入审核、推进过程公开、健全退出机制等关键环节的监管，做到分配政策、程序、房源、对象、过程和结果"六公开"，规范保障性住房管理。加强保障性安居工程质量安全监管。发挥媒体的舆论监督作用，按月定期公布各市保障性安居工程建设情况，接受社会监督。

【住房制度改革工作】 企事业单位集资建房有序开展；城镇危旧房改住房改造工作稳步推进，配套政策进一步完善。广西累计批准实施危旧房改住房改造项目180多个，计划拆除危旧房屋110万平方米、1.9万多套，计划投资205亿元，改造新建住房720万平方米；制定加快实施大板结构住房改造的政策并启动改造工作；继续开展住房补贴和市场运作建房后续管理工作。

【农村危房改造工作】 连续3年将农村危房改造工程列为为民办实事项目，与14个市签订工作责任状，并纳入绩效考核的范畴。各有关部门密切合作、共同推进。自治区、市县三级财政千方百计落实农村危房改造配套资金，年内，自治区本级落实并下达配套资金12.46亿元；市级落实配套资金3.05亿元，落实率为100%；县级落实配套资金4.16亿元，落实率为88.3%。将农村危房改造对象严格框定在居住在危房中的农村分散供养的五保户、低保户、残疾人贫困户和农村其他贫困户，严把对象关。各地在确定补助标准时，结合翻建新建、修缮加固等不同类别，适当拉开补助标准，不搞一刀切，最高的补助额达到2.5万元，严把补助标准关。按照公开、公平、公正的原则，规范补助对象和补助标准的审核、审批程序，严把程序关。建立危房改造工作通报、约谈制度，以及月报、月例会制度，注重通过督查帮助地方协调解决问题，对督查发现的问题限期整改、跟踪检查。抓好农房设计、建材质量、施工组织、竣工验收等关键环节，强化工程质量和施工安全管理，并将抗震设防纳入验收项目。建立改造台账、一户一档制度，加快危改管理信息系统建设。

4. 房地产与住房公积金监管

【概况】 2011年，广西房地产开发投资完成1500.46亿元，同比增长24.4%；商品住房累计批准预售面积2705.36万平方米，同比增长5.5%；累计销售额1111.68亿元，同比增长11.7%；累计商品房施工面积1.45亿平方米，同比增长19.9%；商品房新开工面积3760.22万平方米，下降20.8%；商品房竣工面积2183.9万平方米，增长39.6%。总体上看，广西房地产市场投资平稳增长，商品住房销售价格平稳，宏观调控政策初显成效。

【房地产调控】 坚决贯彻落实国家关于房地产调控的方针政策，广西及其各市及时制定调控政策配套文件和实施细则，落实责任制，各市按期按要求确定并公布2011年度住房价格控制目标，年内，各市基本实现年初制定的房价控制目标。进一步加强房地产市场监管，年内开展2次广西房地产市场专项督查，查处一批违规房地产开发企业，抽检广西房地产估价机构执业和备案情况；加强房地产经纪管理，规范房地产交易秩序；加强房地产市场分析，定期向自治区报告房地产市场形势，提出调控政策建议。

【个人住房信息系统和房地产交易与登记规范化管理】 全力推进广西个人住房信息系统和房地产交易与登记规范化管理"以市带县"工作，柳州市房屋产权交易中心获得"全国房地产交易与登记规范化管理先进单位"荣誉称号，南宁市、北海市于10月底实现与住房和城乡建设部的联网。

【物业管理】 物业管理工作进一步加强，保利·山水怡城等19个项目获得广西城市优秀物业小区称号；南宁市实施"和谐物管工程"，推进"数字房产工程"，开展"以图管房"工作。

【住房公积金监管】 着力完善监督管理制度，修订《广西住房公积金业务管理规范（试行）》，出台关于使用住房公积金加强个人房产登记信息核查的实施意见，进一步调整和规范住房公积金缴存政策；推进基础建设，完善内部控制；开展全面审计、年度考核和联合检查，完善并启用广西住房公积金监管信息系统，强化非现场监管；优化业务流程，完善服务网点，创新服务方式，群众满意度大幅提升。扩大住房公积金制度覆盖面，提高住房公积金的使用率，2011年广西归集住房公积金172.91亿元，同比增长15.91%；提取92.84亿元，同比增长21.37%；发放个人住房贷款67.89亿元，同比减少6.35%。广西累计归集住房公积金861亿元，累计提取423.8亿元，累计发放个人住房贷款382.57亿元，比2010年末分别增长25.13%、28.05%和21.57%。

5. 建筑业和工程建设

【概况】 2011年，广西共有13家二级资质、86家三级资质的施工企业，分别晋升一级资质和二级资质，8家乙级监理企业晋升甲级。建安劳保费发挥"储水池"的作用，2011年广西回拨劳保费7.02亿元，帮助建筑企业减轻负担、摆脱困境、促进发展。晋级减负，有力地提升广西建筑企业的竞争能力，广西建工集团年产值突破300亿元。

【建筑市场监管】 加强建筑市场资质资格动态监管，建立建筑业企业网上报送信息制度，完善企业和人员准入清出机制。开展建筑业企业资质核查，对不符合相应资质条件的97家企业实行限期整改。制定国有投资房屋建筑和市政基础设施工程招标投标监督管理暂行办法等4个文件，开展打击非法违法建筑施工行为专项行动，纠正违反法定建设程序擅自开工的55个工程项目。开展区外入桂勘察设计单位市场行为专项检查，遏制挂靠区外勘察设计单位资质承接任务等违法违规现象，广西的建筑和勘察设计市场秩序进一步规范；严格房屋建筑和市政工程勘察市场准入，加强工程勘察劳务类市场监管。加强标准定额管理，《建设工程施工现场质量安全管理规划》等25项标准列入年度地方标准编制计划；《广西绿色建筑设计规范》等9项地方标准及标准图集编制完成；中介单位的资质准入动态监管得到加强。

【工程质量安全监督】 深入开展工程建设领域突出问题专项治理及"安全生产年"活动，加大建筑施工安全隐患排查治理工作，加强安全生产事故的查处，广西建筑施工安全生产形势平稳。加强保障性安居工程质量安全监管，制定出台一系列加强保障性安居工程质量安全监管的配套文件，召开广西保障性安居工程质量、安全、进度工作推进会议，开展4次建筑市场暨工程质量安全层级监督检查，严肃处理上思县保障性安居工程项目使用不合格材料等问题，对存在质量安全管理不到位、现场管理混乱等问题的13家施工企业、5家监理企业、15家预拌商品混凝土企业作出责令整改的处理。广西建工集团二公司承建的钦州保税港区行政联检大楼及附属项目、广西建工集团三公司承建的南宁市国土交易大楼分别获得2010~2011年度鲁班奖；南宁澳门街等90项工程获2011年广西优质工程奖。

6. 节能减排

【污水垃圾处理设施建设】 加强污水垃圾处理设施项目建设的工作协调、督查和业务培训，大力推进污水处理厂配套管网建设和雨污分流系统改造，提高管网覆盖率和污水收集率，确保现有污水处理能力得到充分发挥。组织编制《广西"十二五"城镇污水处理及再生利用设施建设规划》、《广西城镇生活垃圾无害化处理设施建设"十二五"规划》等，推进生活垃圾无害化处理。市县层面，桂林市东区污水处理厂扩建工程、临桂新区污水处理工程基本完成；柳州市利用世行贷款建设32座公厕全面竣工，桂柳路大型垃圾中转站等项目开工建设；玉林市生活垃圾处理二期工程垃圾填埋场库区竣工并投入使用；河池市21个城镇污水生活垃圾处理项目全部投入正常运行。

【建筑节能】 制定《广西"十二五"建设科技发展规划》、《广西"十二五"建筑节能规划》。进一步规范建筑节能试点工作，国家机关办公建筑和大型公建节能监管体系建设取得新进展。年内完成50栋建筑的能源审计、30栋建筑的能效公示。积极推广绿色建筑和可再生能源规模化应用，加强国家可再生能源建筑应用示范城市和示范县项目管理。桂林市、柳城县分别列入国家可再生能源建筑应用示范城市和示范县；广西岑溪体育中心屋顶太阳能光伏发电等4个项目列入国家太阳能光电建筑应用一体化示范项目。绿色建筑积极推进，"华蓝·奕园"小区项目和广西规划馆获得国家二星级绿色建筑评价标识。贵港市严格按照节能标准进行工程施工图审查和管理，做到不进行节能备案不批准发放施工许可证。

【墙体材料革新】 发挥墙改基金政策的扶持和导向作用，加快淘汰落后砖瓦产能和禁用实心黏土砖，发展节能环保新型墙体材料，加快推进墙材结构调整和产业升级。广西经认定的新型墙体材料企业突破1000家，新型墙体材料年生产能力达到280亿块标砖，占广西墙体材料生产能力的70%，同比提高3个百分点。墙改工作节能减排成效显著，县级城市"禁实"工作任务全面完成。

7. 城乡环境整治

【城乡清洁工程】 开展集中整治农村垃圾"围村堵河"环境卫生专项工作，有效遏制"五乱"反弹的势头，城乡环境卫生状况得到有效改善。广泛开展校区"城乡清洁工程"、"城市管理公众参与日"、"城管工作进万家"等各种主题活动，营造良好的舆论氛围。组织编制《广西深化完善"城乡清洁工程"长效管理机制工作实施方案》，建立"城乡清洁工程"长效管理机制，推动广西"城乡清洁工程"从"运动型"、"突击型"向常规化管理转变。南宁市开展"城市空间数据库"系统建设工作，将数字化城管向县级延伸；桂林市开展城乡清洁工程专项整治十大行动；柳州市开展门店招牌示范路改造建设工作；贵港市、梧州市探索建立"村收镇运县处理"的生活垃圾收运处理体系；玉林市坚持对城区每天督查，对县(市、区)每月一督查，重点整治村庄垃圾"围村堵河"现象。开展违法建设集中整治行动，年内，北海、柳州、桂林市分别拆除违法建筑49.2万、48.8万和26.6万平方米。

【城乡风貌改造】 实施城乡风貌改造，名镇名村建设成效初显。2011年组织实施的城乡风貌改造三期工程，涉及14市68个县(市、区)、181个乡镇、813个屯，外立面改造6.5万户，总投资约15亿元。各地住房城乡建设部门积极发挥牵头作用，落实工作责任，创新工作模式，高效整合资源，强化指导服务，实行动态管理。尤其是把改善农村生产生活条件放在首位，注重围绕产业发展安排建设项目，建立"多对一"的帮扶机制，因地制宜发展名镇名村特色产业，实现由外立面改造为主，向综合整治村屯继而向名镇名村建设提质转型"三步走"的目标，成为深受群众欢迎的民生工程。城乡风貌改造三期工程2900多个综合整治项目基本完成；首批34个名镇名村建设进展顺利，其中阳朔县兴坪镇、龙胜县龙脊村等10个名镇名村基础设施、产业发展项目基本完成。

8. 重大项目建设

【资金保障和监管机制】 2011年度，广西住房城乡建设领域投资共获得中央财政资金60.1亿元、自治区财政资金33.5亿元。各市县财政在十分困难的情况，千方百计确保各项配套资金到位。推进行业收费政策改革，创建投融资平台，积极争取银行贷款，利用市场机制和社会捐助大力吸引社会资金投入。完善资金计划和监管制度，积极联合财政等部门，健全保障性住房、农村危房改造、城乡风貌改造、污水垃圾处理建设等资金管理制度，加强资金检查工作，确保各项资金的规范使用。

【"项目建设年、服务企业年、党组织服务年"活动】 做好自治区重大项目服务工作，创新规划建设管理机制，在重大项目选址、规划许可、初步设计、施工图审查、工程质量监管等方面提供一流服务；加强重大项目规划选址管理，采取并联方式，同步推进重大项目选址规划论证、规划修改，确保重大项目规划许可在规定期限内得到批复，大批重大项目依托城市规划如期落地。桂林市对在临桂新区投资的客商实行"二对一"的特别规划服务，并配合其完成人防、环保、气象、消防等后续环节的评审。

【自治区重点工程建设工作协调和管理】 积极做好北海冠岭项目一期工程、南宁机场扩建工程、广西建设职业技术学院新校区、广西规划馆、广西铜鼓博物馆、广西美术馆等重点工程项目协调服务工作。

9. 人才教育和法制建设

【人才和教育工作】 加强人才培养、引进和使用工作；规范和强化专业技术人员岗位培训和继续教育工作，狠抓干部队伍教育，全年共培训13万多人；加强建设职业技能培训和鉴定工作，培训村镇建筑工匠及建筑企业农民工3万多人，专业技术人员整体素质得到有效提升，加强对住房城乡建设行业院校的指导和建设，广西城市建设学校被评定为国家级重点中等职业学校。

【法制建设】 强化政策法制保障，加大对违法行为的查处力度，进一步健全执法监督机制，全面推进依法行政工作。广西住房和城乡建设厅被评为广西依法行政工作先进单位。《广西壮族自治区物业管理条例》的修订取得良好进展。与自治区高院签署《加强司法审判与住房城乡建设行政执法协调备忘录》，建立双方资源共享、协调配合的长效机制；积极探索行政复议新方式，加强受理前的沟通与协调，认真处理行政争议，不断化解各类矛盾。

10. 广西住房城乡建设事业"十二五"规划发展纲要

【指导思想】 以邓小平理论和"三个代表"重要思想和自治区党委第九届13次会议精神为指导，深入贯彻落实科学发展观，以科学发展、跨越发展、和谐发展为主题，以转变经济发展方式为主线，加快推进新型城镇化跨越发展，着力推进城乡统筹、区域协调和优化发展环境，着力加快住房保障建设和改善民生，着力加强城乡基础设施建设，着力提高市场监管和公共服务水平，着力推动节能减排和保障公共安全，着力改革创新和建立健全保障行业科学发展的体制机制，努力提高广西住房和城乡建设事业科学发展水平。

【总体目标】 "十二五"期间，广西住房和城乡建设事业发展的总体目标是：城镇化实现跨越发展，接近全国平均水平，优化城镇体系结构，城乡统筹和新农村建设成效明显，城乡规划的综合调控和区域协调机制基本健全；市政基础设施建设速度加快，城镇承载能力提高，市政公用事业改革成效明显；住房保障制度基本健全，房地产市场平稳健康发展，居民住房条件明显改善；住房城乡建设事业发展方式明显转变，建筑节能与资源节能能力大幅度提高，逐步形成集约型发展模式，住房城乡建设市场的运行机制基本完善，统一开放、竞争有序的市场体系基本形成。

【城镇化发展】 按照集约、和谐、跨越发展的要求，坚持工业化和城镇化相协调、城镇化的速度和质量相统一，坚持把完善体制机制作为城镇化的动力和保障，充分发挥中心城市的辐射带动作用，协调推进大中小城市和小城镇发展，着力提高城镇化质量，着力优化城镇体系，着力促进城镇可持续发展，着力推进城乡一体化，把城镇化的水平和质量推向新的更高台阶。到2015年，广西城镇化水平达到50%左右接近全国平均水平。

【城乡规划管理与风景园林事业】 强化城乡规划的公共政策功能和综合调控作用，继续组织实施国务院批准的广西城镇体系规划和北部湾经济区城镇体系规划，编制实施沿西江干流城镇带规划，着力优化城镇空间布局。建立城乡统筹的规划建设管理新体制，完善基层规划建设管理机构。加强城乡总体规划、城镇近期建设规划和控制性详细规划，提高规划编制的科学性，加快规划全覆盖。到2015年，城镇控制性规划详细规划覆盖近期建设规划区达到100%，覆盖城镇建成区95%以上。健全规划实施的监督管理机制，健全城乡规划督察制度和规划委员会制度。风景名胜区和自然、文化遗产的保护监管与开发建设相互协调，平衡发展。以创建园林城市和生态园林城市为动力，大力提高园林绿化水平。到2015年，广西县城以上城市建成区绿化覆盖率达到35%，人均公园绿地面积达到12平方米。

【市政公用事业与城镇建设】 城市市政公用事业市场化改革进一步深入，城市投入大幅增加，城市功能大幅提升，城镇生态环境和人居环境进一步改善。城镇环境综合整治取得明显成效，城镇生态环境日趋良好，各具民族和地区特色，城镇综合功能不断完善，发挥城镇的承载能力和辐射力。

【住房保障建设和房地产业】 住房保障建设速度加快，住房公积金制度更加完善，城镇住房保障体系初步完善。"十二五"期，完成保障性住房45万套以上，计划解决30.68万户低收入家庭和17.34万户中等偏下收入家庭住房困难。其中：新增（含购买、改建和租赁）廉租住房房源7.57万套，新增廉租住房配租7.67万户，新增发放租赁住房补贴5.42万户，解决13.1万户低收入家庭住房困难。新建经济适用房12.34万套，解决11.37万户低收入家庭住房困难。新建公共租赁住房4.02万套，解决3.1万户中等偏下收入家庭住房困难。新建限价商品住房3.14万套，解决2.7万户中等偏下收入家庭住房困难。搬迁改造各类棚户区（危旧房）15.53万户，解决6.21万户低收入家庭住房困难和11.54万户中等偏下收入家庭住房困难。努力实现参加住房公积金缴存职工增长10%，归集额达到450亿元，发放个人住房贷款250亿元，回拨职工住房消费250亿元。房地产市场平稳发展，城乡住宅建设总量持续稳定增长，住宅产业现代化水平提高，住宅建设可持续发展能力显著增强。居民家庭住房条件进一步改善。"十二五"期，广西房地产开发投资五年累计完成8200亿元以上，城镇居民人均住房建筑面积达到34平方米以上。

【村镇建设】 基本建立适应加快推进城镇化、统筹城乡发展和建设社会主义新农村的村镇规划建设新体制。小城镇规划建设管理步入规范化、制度化轨道。50%以上的建制镇建设成为规模适度、布局合理、设施配套、环境整洁的农村区域性经济中心。部分有实力的建制镇发展成为带动能力更强、特色鲜明的小城市。村镇规划编制全面推进。城乡风貌改造和村庄整治工程稳步推进，村庄布局逐步优化，村容村貌、村镇基础设施不断配套完善。五年村镇建设投资达2172亿元。

【建筑业发展】 建筑业活力和竞争力不断增强，实现粗放型向质量型、效益型的转变。产业组织结构不断优化，企业产权制度改革加快，企业整体实力得到加强。市场布局进一步优化，海内外建筑市场占有份额进一步提高。建筑业工业化程度加快，工程管理水平得到提高。"十二五"期间，广西建筑业总产值年平均递增12%。2015年，广西建筑业总产值达到2220亿元。

【勘察设计咨询业】 确立适应科学发展观要求的行业发展理念、形成符合科学发展的行业体制和机制，加强市场监管，推动行业诚信体系的建设，完善准入清出制度，培育统一、开放、竞争、有序的工程勘察设计市场；健全质量管理体系，秉承创新创优理念，强化人才队伍建设，壮大行业综合实力；加快体制机制创新，提升行业管理水平；完善法规体系建设，贯彻节能减排方针，促进行业可持续发展。

【建设科技进步与建筑节能】 完善建设科技工作的政策法规体系和技术标准体系，加大科技攻关，强化科技成果的推广转化，抓好试点示范工程建设，加强科技创新平台建设，培养创新型人才，完善适应广西城镇化和建设事业发展需要的技术创新体系。到"十二五"规划期末，新建建筑全面执行节能强制性标准，既有建筑节能改造取得突破，节能省地型建筑和绿色建筑全面推广发展，可再生能源得到全面普及应用，建筑能源和资源消耗得到有效控制，低碳生态城市建设实现技术发展的跨越，争取5年累计实现节约286万吨标准煤，科技成果转化率和科技对建设行业发展的贡献率有较大幅度的提高，依靠科技进步大大提高行业整体效益。

【新型墙体材料改革和推广工作实现新突破】 到2015年，广西新型墙体材料年产量达到180亿块标砖，占广西墙体材料总产量的比例达到60%。固体废弃物利用累积达到825万吨。

大事记
1月

5日，广西建安劳保费管理政策修改认证会在南宁召开，对《广西壮族自治区建筑安装工程劳动保险费管理试行办法》（桂政办发〔2000117〕号文）部分条文的修改、调整进行论证和研讨。

5～7日，住房和城乡建设部检查组对广西扩大农村危房改造试点任务落实情况进行检查。

12～13日，自治区党委、政府在南宁召开自治区城乡风貌改造二期工程总结暨三期工程工作布置会。

13日，2011年广西住房和城乡建设工作会议暨党风廉政、精神文明建设工作会议在南宁召开。会议回顾2010年广西住房和城乡建设工作，部署2011年住房和城乡建设工作任务。

14日，以广西法制办主任林日华为组长的广西依法行政考核第一工作组一行8人，对广西住房和城乡建设厅2010年度依法行政工作进行考核。

17日，广西住房和城乡建设厅在南宁召开广西住房城乡建设领域固定资产投资形势分析座谈会。会议通报2010年广西住房城乡建设领域投资任务完成情况，并提出2011年投资工作的初步计划目标。

26日，自治区党委书记、自治区人大常委会主任郭声琨在自治区党委常委、秘书长余远辉的陪同下，冒着严寒来到自治区重大公益性项目广西城市规划建设展示馆的建设工地看望慰问农民工。广西住房和城乡建设厅党组书记、厅长严世明等领导陪同。

27日，广西召开第一届广西园林园艺博览会举办地评选会。柳州市成为第一届广西园林园艺博览会的举办地。

2月

10日，第七届"南珠杯"竞赛协调指导小组成员单位联席会议在南宁召开。会议原则通过本届"南珠杯"竞赛获奖城镇评比结果。

15日，广西住房和城乡建设厅组织召开南宁市城市规划道路与铁路立体交叉工程建设第二次协调会。

16日，广西深入开展"城乡清洁工程"推进农村垃圾处理工作电视电话会议在南宁召开。

17日，2011年广西项目前期工作第一次联合审批活动在自治区政务服务中心举行。

17日，自治区人民政府在南宁召开城镇化跨越发展新闻发布会，自治区副主席高雄对自治区党委、政府作出加快推进广西城镇化跨越发展重大战略部署和《决定》及《关于加快建设南宁柳州超大城市桂林特大城市的意见》、《关于加快推进产业园区与城市新区互动发展的意见》、《关于优化城镇群城镇带布局的意见》等三个配套文件的有关内容进行解读。

21日，自治区党委、政府在南宁召开广西特色名镇名村建设座谈会，进一步明确特色名镇名村建设的目的意义、工作内容和工作要求，对2010年工作进行部署。

22日，广西第一届园林园艺博览会园博园总体规划方案评审会在南宁召开。会上，由广西规划建筑学会会长戴舜松、广西风景园林学会理事长张高等11名专家组成的专家组，对园博会园博园总体规划方案进行评审。

23日，广西建设工程造价管理工作会议在南宁召开。

24日，自治区政府在南宁召开自治区墙体材料改革工作领导小组第15次会议。

3月

2日，广西住房公积金管理工作会议在南宁召开。

3日，广西住房和城乡建设厅召开厅机关、厅属各单位、有关协会负责人参加的会议，对广西住房城乡建设系统全国"两会"期间的维稳工作作部署。

3日，广西县级市重点工程建设管理工作座谈会在南宁召开。会议研讨广西县市重点工程建设管理办法。

4日，自治区党委、政府在南宁召开广西城乡风貌改造三期工程资金落实情况汇报会。

4日，广西园博会组委会举行第一次会议。经广西园博会组委会审议，第一届广西园博会主题确定为"秀美八桂、生态龙城"。

14日，2011年广西住房城乡建设工程管理工作会议在南宁召开，会议总结2010年广西住房城乡建设工程管理工作，研究和部署2011年工作任务。

15日，自治区政府在南宁召开广西保障性安居工程工作会议，贯彻落实全国保障性安居工程工作会议精神，总结2010年广西住房保障工作情况，研究部署2011年工作任务。

15日，自治区政府召开广西城镇化工作推进会，对推进城镇化跨越发展的年度工作进行再部署。

30日，第一届广西园林园艺博览会在承办城市柳州市柳东新区隆重开工奠基。

30日，广西住房城乡建设系统法制工作会议在南宁召开。

4月

7日，广西住房和城乡建设厅在贵港组织召开广西城市、镇控制性详细规划编制审批办法宣贯工作会议。

12日，广西可再生能源建筑应用政策技术标准宣贯会在南宁召开。

12日，广西风景名胜区管理工作会议在桂林龙胜召开，会议全面总结"十一五"以来广西风景名胜区管理工作情况，安排部署下一步的工作计划。

15日，广西标准定额工作会议在南宁召开。

16～20日，以国家发展改革委副主任穆虹为组长的国务院房地产市场调控工作督查组一行11人，深入广西南宁市、北海市开展实地督查。

21日，自治区城乡风貌改造工作领导小组办公室在南宁召开座谈会，研究部署《广西特色名镇名村建设工作方案》编制等工作。

25日，自治区副主席高雄到南宁市五象新区自治区重大公益性项目广西城市规划建设展示馆建设工地考察项目建设进展情况。

26日，广西园博会组委会办公室在柳州组织召开第一届广西园博会协办城市进园施工对接会议。

29日，广西住房和城乡建设厅在南宁组织召开住房城乡建设系统行政审批项目操作规范征求意见座谈会。

5月

5日，广西住房和城乡建设厅、广西统计局在南宁召开座谈会，研究讨论《广西城镇化考核指标体系》（讨论稿）的编制工作。

10日，自治区党委、政府在南宁召开广西参与上海世博会总结表彰大会。会议总结广西参与上海世博会的相关工作，表彰先进集体和先进个人。

20日，广西住房和城乡建设厅召开创先争优活动调研座谈会。会议对前一阶段创先争优工作作小结，对今后的工作作部署。

23日，广西农村危房改造工作电视电话会议在南宁召开。

23日，广西市政市容城管工作座谈会在钦州召开。

24日，广西建安劳保费管理工作总结座谈会暨表彰大会在北海召开。

25日，住房和城乡建设部保障性安居工程专项巡查联络员在南宁召开对接工作会。

30～31日，住房和城乡建设部村镇建设司在百色市田东县召开全国小城镇和村庄垃圾治理专家座谈会。

31日，广西住房和城乡建设厅召开第二轮《广西通志·住房和城乡建设志》编志工作会议。

6月

1日，广西园博会组委会办公室在南宁召开园博会会徽设计方案评审会。

7～10日，广西保障性安居工程质量、安全、进度工作推进会议分别在桂林、柳州、南宁三个片区召开。

8日，中国共产党广西壮族广西住房和城乡建设厅直属机关委员会换届和纪律检查委员会成立选举暨党员代表大会隆重召开。

13日，广西住房和城乡建设厅在南宁剧场举办广西住房城乡建设系统庆祝建党90周年暨第四届"建设之光"文艺汇演大赛。

14日，自治区副主席高雄率队到南宁市督查保障性安居工程建设项目进展情况。

15日，广西《国有土地上房屋征收与补偿条例》宣贯会在南宁召开。

15日，2010年度广西住房城乡建设系统重点工程建设劳动竞赛总结表彰大会在南宁召开。

17日，自治区政协副主席、自治区总工会主席李达球率队就如何推进广西城市和国有企业工矿棚户区改造工作到广西住房和城乡建设厅调研。

28日，广西住房和城乡建设厅召开部分在邕的全国人大代表，以及自治区人大代表、政协委员和专家学者座谈会，就编制《广西城镇化考核指标体系》征求意见。

7月

1日，广西住房和城乡建设厅隆重召开庆祝中国共产党成立九十周年暨表彰先进大会，欢庆党的90华诞。

4日，广西住房和城乡建设厅党组书记、厅长严世明主持召开民主评议政风行风活动动员会。

5日，广西特色名镇名村建设工作汇报会在南宁召开。

7日，自治区政府在南宁召开广西保障性安居工程中期工作推进会。

15日，第一届广西园林园艺博览会园林企业参展工作暨园博园建设第二次现场督查会在柳州召开。

18日，广西住房和城乡建设厅召开民主评议政风行风座谈会，聘请8名同志为广西住房和城乡建设厅民主评议政风行风监督员。

19日，广西住房和城乡建设厅党组召开综合整治、信访和维稳工作扩大会。

19～20日，广西住房和城乡建设厅在武鸣县举办第一期广西村镇规划集中行动培训班。

21日，广西园博会组委会办公室在南宁组织召开综合评审会，对初审评选出的5幅入围作品再次进行评审，评选出精品奖1项，优秀奖2项。

26日，2011年自治区城乡风貌改造领导小组第二次会议在南宁召开。

8月

2日，2011年广西墙体革新工作会议在南宁召开。会议全面总结广西"十一五"的墙改工作，并就下一阶段的工作任务作部署。

4~5日，自治区党委、政府在南丹县召开广西城乡风貌改造三期工程暨特色名镇名村建设中期工作推进会。

5日，广西"绿满八桂"城镇园林绿化中期推进会暨园博会城市展园建设现场推进会在柳州柳东新区召开。

12日，广西与贵州申报世界自然遗产工作座谈会在桂林召开，会议就申报"中国南方喀斯特"第二期世界自然遗产有关工作事宜进行讨论。

17日，自治区主席马飚深入广西城市规划建设展示馆、广西美术馆、广西铜鼓博物馆等项目建设规划现场检查指导工作。

17日，广西住房和城乡建设厅召开2012年预算编制会议。

19日，广西住房和城乡建设厅组织召开专家论证会，就环江县申请牛角寨瀑布景区设立为自治区级别风景名胜区听取自治区有关部门和专家的意见。

22日，自治区高级人民法院、广西住房和城乡建设厅在南宁签署《加强司法审判与住房城乡建设行政执法协调配合备忘录》。

25日，广西园林园艺博览会第二次全体成员会议在柳州召开。

26日，《广西住房公积金业务管理规范（试行）》（简称《业务管理规范》）修订评审会在南宁召开，会议对《业务管理规范》修订进行评审。

29日，广西《农村危房改造抗震安全基本要求（试行）》宣贯会在南宁召开。

30~31日，广西住房和城乡建设厅在南宁市举办第二期广西村镇规划集中行动培训班。

31日，自治区层面重大项目规划选址审批现场办公暨项目业主前期业务知识培训会议在南宁召开。

9月

1日，自治区政府在百色市靖西县召开广西农村危房改造工作中期推进会。

2日，广西住房和城乡建设厅在南宁组织召开审查会，对桂林市政府组织编制的《桂林世界旅游城概念规划》进行审查，并给予原则通过。

8日，广西住房和城乡建设厅组织召开会议，对《广西中小城市基础设施完善"十二五"规划》进行评审。

8日，广西住房和城乡建设厅厅长严世明实地检查广西城市规划建设展示馆建设工作进展情况。

15日，广西在南宁召开2011年城市供水工作会议。

20日，2011年广西建管工作座谈会在南宁召开。

28日，第一届广西园林园艺博览会国际友谊园竣工仪式在柳州市柳东新区举行。

10月

9日，2011年度广西优秀城乡规划设计评选活动在南宁举行。

17日，自治区政府在南宁召开广西保障性安居工程质量和分配管理工作会议。

18日，广西住房和城乡建设厅在南宁召开广西个人住房信息系统建设暨房地产交易与登记规范化管理"市带县"工作现场会。

19日，广西住房和城乡建设厅在南宁召开广西村镇规划集中行动工作督促会。

20日，住房和城乡建设部部长姜伟新在广西住房和城乡建设厅副厅长金昌宁、韦力平的陪同下，到广西住房和城乡建设厅、南宁市建兴苑小区，看望慰问全厅干部职工，考察调研广西住房和城乡建设工作。

30日，第一届广西园林园艺博览会开幕式在柳州举行。

31日，广西住房和城乡建设厅召开2011年第三季度广西住房和城乡建设领域投资形势分析座谈会。

11月

8日，广西规划馆竣工启用仪式在南宁隆重举行，自治区党委书记、自治区人大常委会主任郭声琨出席开幕式，自治区主席马飚在仪式上致辞。

10日，住房和城乡建设部在南宁召开房屋征收配套法规政策研讨会，来自10个省（区、直辖市）房屋征收管理部门负责人汇报工作，并就相关情况进行交流座谈。

16日，住房和城乡建设部副部长齐骥，在广西住房和城乡建设厅厅长严世明、桂林市市长李志刚的陪同下，考察桂林市訾洲公园，对公园注重自然生态景观建设，深入挖掘地方浓郁历史文化的做法表示赞赏。

17日，住房和城乡建设部在桂林市召开全国住房城乡建设系统计划财务工作座谈会，总结交流各地住房城乡建设系统计划财务工作经验，研究探讨加强和改进计划财务工作的思路和举措，安排部署下阶段的重点工作。

12月

8日，广西召开2011年可再生能源建筑应用总结会议。

9日，广西住房和城乡建设厅召开2011年广西城乡建设档案工作研讨会。

12日,以自治区法制办公室党组书记、主任林日华为组长的自治区依法行政考核小组成员一行7人,到广西住房和城乡建设厅就2011年依法行政工作目标责任完成情况进行考核。

13日,广西园博会总体规划方案评审会在桂林召开。来自自治区有关单位部门的领导和专家应邀参加方案评审。

16日,广西住房和城乡建设厅厅长严世明与广西大学校长唐纪良在南宁签订《科技研发应用与人才培养合作框架协议》。

16日,由广西建设职业技术学院承担完成的"新型CHF高分子复合离子土壤固化剂"项目在南宁市通过专家评审,随着这项技术的推广应用,自然灾害、汽车超载超重等,常常造成公路路基下沉、道路毁坏的难题有望得以解决。

20日,广西园博会组委会办公室在柳州召开第一届广西园林园艺博览会总结研讨会。

21日,第一届广西园博会总结表彰大会暨交旗仪式在柳州举办。

25日,2011年全国住房城乡建设领域节能减排专项监督检查(广西·南宁)汇报会在南宁召开,以住房和城乡建设部标准定额司司长宋友春为组长的检查组,听取广西住房和城乡建设厅、南宁市、马山县节能减排工作情况的汇报。

30日,广西住房城乡建设系统党风廉政建设工作会议在南宁召开。

30日,广西住房保障工作会议在南宁召开。

30日,第二届园博会参展城市展园片区抽签仪式在桂林举行,来自14个设区城市园林绿化主管部门负责人参加抽签仪式。

(广西壮族自治区住房和城乡建设厅)

海 南 省

1. 省住房城乡建设法规文件

【住房城乡建设系统立法】 为创建与海南国际旅游岛相适应的整洁、优美、文明的城乡环境,塑造海南国际旅游岛的良好形象,省住房和城乡建设厅起草《海南省城乡容貌和环境卫生管理条例》,经2011年9月28日海南省第四届人民代表大会常务委员会第二十五次会议通过,自2011年12月1日起施行。条例根据城乡不同特点对城市容貌管理、城市环境卫生管理、村镇容貌和环境卫生管理提出具体要求,支持城乡容貌和环境卫生技术的研究和推广,促进解决海南省城乡容貌和环境卫生综合整治中出现的问题;规定县级以上人民政府应将农村与城市容貌和环境卫生事业统一纳入国民经济和社会发展规划,将农村与城市容貌和环境卫生事业所需经费一并列入财政预算,并建立以公共财政为主、社会资金为辅的多元化投入机制,逐步引导社会资本参与城乡环境卫生设施的建设经营。

【政府规章制定】 海南省住房和城乡建设厅按照省政府立法计划安排,2011年起草《海南省公共厕所管理办法》,经2011年10月25日第五届海南省人民政府第69次常务会议审议通过,2011年10月31日海南省人民政府令第234号以公布,自2011年12月1日起施行。办法对海南公共厕所的规划管理、建设标准和维护管理作出明确规定,以适应国际旅游岛的建设发展和人民生活实际需要,对新建、改建、扩建各类建设项目未按照规划要求配套公厕的,不予审批。

【规范性文件备案审查】 2011年省住房和城乡建设厅发布的《关于进一步规范太阳能热水系统建筑应用工程设计施工和监理管理工作的通知》、《关于印发海南省工程建设地方标准〈液化天然气(LNG)汽车加气站设计与施工规范〉的通知》、《关于印发海南省工程建设地方标准〈预拌混凝土生产及施工技术规程〉的通知》、《关于印发《海南省村镇规划编制办法》(试行)的通知》、《关于印发海南省房屋市政工程生产安全和质量事故查处督办实施细则》等13件规范性文件,均严格依照法定程序向省政府申请规范性文件备案登记,获得备案号后印发实施。

【行政强制规定的清理】 2011年,按照《海南省人民政府转发国务院关于贯彻实施〈中华人民共和国行政强制法〉的通知》(琼府〔2011〕70号)的要求,省住房和城乡建设厅开展涉及行政强制规定的法律规章及规范性文件清理工作,对由省住房和城乡建设厅起草的10件地方性法规、6件政府规章、以省政府或省政府办公厅名义制发的66件规范性文件进行清理,对与行政强制法不一致的规定,及时作出清理意见,并将清理结果上报省人大常委会法工委和省政府。

【规范行政处罚自由裁量基准】 2011年省住房和城乡建设厅对住建系统涉及的513项行政处罚事项,按照"违法行为、法律依据、法定裁量因素、酌定裁量因素、裁量基准"进行细化规范并予以公布,有利于规范行政处罚行为,保证执法行为的规范统一。

【行政复议工作】 省住房和城乡建设厅按照《中华人民共和国行政复议法》和《中华人民共和国行政复议法实施条例》的规定,进一步加强行政复议工作,坚持以事实为依据,以法律为准绳,依法办理行政复议案件。2011年新受理复议案件5件,上年度余案3件,共8件案件全部审结。案件审理过程中共组织四场行政处罚听证会,充分听取当事人的申辩意见,为行政处罚工作提出法律建议。已审结案件无一起引发行政诉讼、上访或群体性事件,未发生复议后应诉案件,有效发挥行政复议制度在解决行政争议、建设法治政府、构建社会主义和谐社会中的作用。

【普法工作】 2011年11月,根据住房城乡建设部的部署,省住房和城乡建设厅筹备、组织、协调住房城乡建设部在海南省召开的全国住房和城乡建设系统普法工作会议。省住房和城乡建设厅"五五"普法工作成绩显著,被住房和城乡建设部评为全国城乡建设系统"五五"普法工作先进单位。2011年是"六五"普法第一年,根据中宣部、司法部《关于在公民中开展法制宣传教育的第六个五年规划》、住房和城乡建设部《关于在住房和城乡建设系统开展法制宣传教育的第六个五年规划》以及海南省委宣传部、海南省司法厅《关于在公民中开展法制宣传教育的第六个五年规划》的总体部署和要求,为进一步做好海南省住房和城乡建设系统法制宣传教育和公务员学法、用法和依法行政工作,结合实际,省住房和城乡建设厅制订省住房和城乡建设系统"六五"普法规划。(金淑丽)

【建设执法稽查处成立】 2011年,省住房和城乡建设厅正式组建成立建设执法稽查处。该处为经海南省机构编制委员会批准增设的厅内设机构,行政编制8名,其主要职责是:负责拟定全省建设执法稽查工作计划及规章制度并组织实施;对国家和本省有关建设法律、法规和规章的贯彻执行情况进行稽查,依法对城乡规划、村镇规划、建筑市场、房地产市场、勘察设计市场、市政公用市场等方面的重大违法违规行为进行稽查;组织对全省建设行业违法违规行为的重大案件进行专案稽查,并依法进行处理;会同机关处室对全省建设行业进行专项执法;指导、协调、监督市县住房和城乡建设部门的执法工作。

【建设违法违规行为查处】 2011年,省住房和城乡建设厅认真做好住房和城乡建设部稽查办转办和厅领导批示的案件稽查工作,组织或参与7次案件稽查,涉及建设单位违规建设、违法强拆、建筑工程存在质量安全问题等违法违规行为。如"三亚市瀛寰二期工程"未取得规划、施工审批手续擅自开工建设,影响相邻小区住房质量及观海视线一案,经省住房和城乡建设厅督办,三亚市对建设单位违规行为给予500万元处罚,并协调双方当事人达成和解。通过对违法违规案件的查处,进一步规范市场秩序,净化市场环境,保障人民群众的合法利益,维护社会稳定。

【重点工作执法检查】 2011年,省住房和城乡建设厅制定下发《海南省住房和城乡建设厅2011年重点稽查执法工作方案》,对厅2011年度的专项执法检查工作进行统一全面的安排部署。组织开展全省保障性住房、房地产秩序、城乡规划实施、建筑节能、住房公积金、城市建设、村镇建设、建筑市场秩序、工程质量安全、工程造价十个方面共计21次监督检查。(吴坤锦)

2. 城镇规划建设

【城乡规划编制】 2011年,海南省结合国际旅游岛建设和"十二五"规划要求,重点抓好各项城乡规划编制工作。在省域规划、市县城市总体规划、旅游区和开发区规划等方面取得进展。《海南省城乡经济社会发展一体化总体规划》于2011年3月经省城乡规划委员会第十二次会议审议通过,9月获省政府批准实施。《海南国际旅游岛风貌规划导则》于12月获省政府批准实施。全省新一轮城市总体规划修编已经开始启动。《海口市城市总体规划(2011~2020)》获国务院批准实施,《三亚市城市总体规划(2008~2020)》已由省政府上报国务院待批;《昌江黎族自治县城乡总体规划》、《儋州市城市总体规划》已经海南省城乡规划委员会审议通过并上报省政府待批；五指山市、东方市、文昌市、临高县城市总体规划纲要已经编制完成并经专家审查通过；琼中黎族苗族自治县、保亭黎族苗族自治县正在开展城市总体规划修编工作。洋浦经济开发区总体规划修编完成，并经海南省城乡规划委员会审议通过，东方工业园区、昌江经济循环产业园区、老城工业区等工业园区总体规划正在抓紧编制。已批准实施五指山风景名胜区总体规划、海南马袅湾滨海国际旅游度假区总体规划、万宁市山根湾滨海旅游度假区控制性详细规划、海南乐东龙沐湾国际旅游度假区核心区控制性详细规划（修编）、陵水风车国际休闲度假村B区修建性详细规划、海南香水君澜项目修建性详细规划等近20个规划。评审通过乐城太阳与水示范区总体规划、文昌市木兰湾总体规划、海南陵水分界洲岛建设规划、陵水黎族自治县英州镇亚鸿惠清国际社区控制性详细规划、保亭县双大七仙岭雨林度假酒店修建性详细规划等一大批规划。至2011年底，已编制完成莺歌海地区概念性总体规划初步成果。《海口市历史文化名城保护规划》、《儋州市中和国家历史文化名镇保护规划》、《定安县定城国家历史文化名镇保护规划》、《文昌市铺前国家历史文化名镇保护规划》、《三亚市崖城国家历史文化名镇保护规划》和《三亚市保平国家历史文化名村保护规划》、《定安县龙湖镇高林国家历史文化名村保护规划》、《文昌市会文镇十八行国家历史文化名村保护规划》获省政府批准实施。

【城乡规划管理】 2011年3月23日，召开海南省城乡规划委员会第十二次会议，审议通过《海南省城乡经济社会发展一体化总体规划》、《昌江黎族自治县城乡总体规划》和《海南国际旅游岛风貌规划导则》等三项规划。2011年12月16日，召开海南省城乡规划委员会第十三次会议，审议通过《洋浦经济开发区总体规划》、《海南万泉乐城总体规划》和《儋州市城市总体规划》等三项规划。继续加强城乡规划督察工作，配合住房和城乡建设部派驻海南省海口市和三亚市的城乡规划督察员工作，重点督察海口、三亚两城市在城市总体规划实施管理和重点旅游区、开发区规划的编制和执行等。海口市制定城市规划公示制度，实现办事依据、程序、人员、时限、标准以及监督投诉"六公开"。完成文昌市城乡规划督察工作，截至2011年底，已完成全省8个设市城市的城乡规划督察工作。做好西环铁路、机场、国际邮轮母港等重大基础设施和惠普产业园、陵水海洋主题公园、文昌航天主题公园等重大项目建设跟踪服务工作，推进项目建设。核发海南中线高速公路屯昌至琼中段工程、洋浦港区小铲滩作业区起步工程、海口港马村港区扩建二期工程、洋浦第二原水管线工程项目、海南琼中抽水蓄能电站、文昌航天发射场配套道路东郊至龙楼工程、海南省旅游公路万宁石梅湾至大花角示范工程、海南省乐东县抱由至红五高速公路，以及洋浦港区疏港路工程等项目选址意见书。开展城乡规划风貌研究和雕塑工作，五指山市编制完成《五指山城市风貌规划》，并经专家评审会评审通过。推进城市雕塑工作，组织完成对"海南南洋华侨机工回国抗日纪念雕塑"和"琼崖华侨联合总会回乡抗战服务团纪念雕塑"雕塑选址及设计方案评审工作。12月27日，中国城市规划协会规划展示专业委员会批准海南省规划展览馆为中国城市规划协会规划展示专业委员会委员单位。抓好城乡规划业务知识培训，省委组织部先后举办12期"旅游城市规划建设与经营管理"专题培训班，邀请众多省内外规划、建筑、市政等方面的权威专家，为全省近1500名省管干部及重点乡镇领导干部进行专题培训。配合住房和城乡建设部城乡规划司举办《城市、镇控制性详细规划编制审批办法》等城乡规划管理法规海南点的培训，全省共300多名城乡规划从业人员接受业务培训。

【海南省城乡经济社会发展一体化总体规划获省政府批准实施】 2011年9月9日，《海南省人民政府关于印发海南省城乡经济社会发展一体化总体规划的通知》（琼府〔2011〕68号）批准实施《海南省城乡经济社会发展一体化总体规划》。该规划于2009年开始组织编制，结合海南国际旅游岛建设的战略目标，在认真分析海南城乡经济社会发展独特性的基础上，制定海南实现城乡经济社会发展一体化的目标体系、模式和战略重点，并从城乡经济发展一体化、城乡社会发展一体化、城乡空间发展一体化及城乡基础设施一体化等方面提出具体的路径，并提出一系列体制机制创新与政策保障措施。规划构建由现代服务业、新型工业、高新技术产业、热带特色农业和海洋经济组成的五大产业群；在全省规划建设海口、三亚、琼海、儋州为核心组织四大都市生活圈和21个基本生活圈；在空间上建立"四核多心网络化"的城乡空间格局，集中培育海口、三亚、儋州—洋浦、琼海—博鳌四大核心，形成"特色突出、集约发展、功能一体、生态文明"的现代城乡体系。

【海口市城市总体规划获国务院批准实施】 2011年5月17日，《国务院关于海口市城市总体规划的批复》（国函〔2011〕54号）原则同意修订后的《海口市城市总体规划(2011～2020年)》(以下简称《总体规划》)。国务院批复要求,在《总体规划》确定的2304.8平方公里的城市规划区范围内,实行城乡统一规划管理。以主城区为核心,依托主要交通干线,引导城镇合理布局,促进城乡统筹协调发展。要加强对沿海地区开发的规划控制和引导,优化功能布局,保护好自然生态岸线。《总体规划》确定的城市发展总目标为"把海口市建设成为海南省经济实力最强,服务设施最优的中心城市,较高国际知名度的热带海岛旅游度假胜地,具有优良生态环境的健康宜居城市和浓郁地域文化特色的历史文化名城"。城市性质为:海南省省会,我国旅游度假胜地,国家历史文化名城。规划到2020年,主城区常住人口控制在180万人以内,城市建设用地控制在209平方公里以内。城市功能定位为"一地、两市、三中心":"一地"即世界一流的休闲目的地,"两市"即全国旅游业改革创新示范市和全国绿色低碳城市,"三中心"即国际旅游岛建设综合服务中心、区域现代服务业中心和区域经贸文化交流中心。主城区用地布局为"东进、南优、西扩、北拓、中强":"东进"即建设东海岸国家级旅游度假区和桂林洋高校区,着重发展休闲度假、教育科研、空港物流等产业,打造全省人才培育和产业孵化基地,建设国家级滨海生态旅游示范区。"南优"即加强南郊生态保护,适度发展优势产业。西扩:科学规划建设西海岸新区,加快推进海南国际会展中心、五源河文化体育中心等项目建设,重点发展商务会展、文化创意、科技研发、现代物流等生产性服务业,完善配套生活服务设施,建成聚集高端人才的生态宜居区和全省现代服务业核心集聚区。"北拓"即合理开发海洋资源,大力发展邮轮、游艇、帆板等休闲产业,加快海上人工岛等项目建设,拓展城市空间,有序发展高端旅游地产,凸显海湾旅游休闲城市特色,展现北岸城市的秀美。"中强"即突出综合特色,合理布局产业和生活空间,提高土地集约利用效益;加强城市路网建设,构建循环有序、畅通便捷的城市路网;加快旧城改造,完善基础设施,提升服务业态;建设舒适和谐的生活居住区和现代化的中心商务区。主城区分为中心城区组团、江东组团、长流组团三个功能组团。(陈天平)

【道桥建设】 2011年,全省城市(县城)道桥建设总投资55.67亿元,比上年增加37.44亿元。市政道路5310万平方米,比上年增加870万平方米。人均城市道路(含暂住人口)17.55平方米,比上年增加2.41平方米。全省城市桥梁90座,无新建成城市桥梁。海口市滨海西路二期工程、货运大道二期工程,三亚市凤凰水城规划中心路道路工程,文昌清澜大桥工程,定安环城财路温珠大桥等一批城市道桥工程建设中。8月,配合国家检查组对海南省海口、三亚、文昌三市的既有城市桥梁运行情况进行安全检查,并将检查情况通报全省,要求相关部门对检查中发现的安全隐患问题进行限期整改,针对全省城市桥梁管养现状提出下一步工作要求。并于12月份另行组织专家对各市县的整改情况进行复查。同时督导市县按照《城市道路管理条例》、《海南省人民政府办公厅关于加强城市桥梁管理工作的通知》、《城市桥梁检测和养护维修管理办法》等有关规定和技术标准要求,加强对城市道路、桥涵的管养工作。2011年全省城市桥梁安全运行稳定,未发生引起人员伤亡的桥梁运行安全事故。(宋传瑜)

【无障碍建设】 2011年,海南省海口市、三亚市被评为"十一五"全国无障碍建设先进城市。根据国家《无障碍建设"十二五"实施方案》工作要求,结合"海南文明大行动"工作部署,在文昌、琼海、万宁、儋州开展全国无障碍城市(县城)创建工作,切实推进海南国际旅游岛建设。(宋传瑜)

【垃圾处理】 2011年,全省21个生活垃圾处理设施项目全部建成投入运营,其中包括14个垃圾填埋场、3个垃圾焚烧厂和4个转运站打包项目,累计投资共计约14.6亿元,新增垃圾无害化处理能力达到3514吨/日,城市生活垃圾无害化处理率达到86%,实现全省县城以上垃圾处理设施全覆盖,超过全国平均水平12个百分点,超额完成"十一五"垃圾处理目标。按照"村收集、乡镇转运、市县处理"的模式,重点推进全省生活垃圾收运体系建设,儋州、东方、定安、屯昌等市县基本完成前期工作,陆续开工建设垃圾转运站26个,垃圾收集站4个,垃圾收集点1394个,完成建设投资6608万元。省政府下发《海南省人民政府关于进一步加强城市生活垃圾处理工作的实施意见》(琼府〔2011〕72号),提出优先安排垃圾处理设施建设,优先采用垃圾焚烧、餐厨垃圾资源化技术,优先推进垃圾源头减量的思路,确定"扩增处理能力、调整处理结构、促进垃圾减量、配建收运体系"的工作目标。《海南省生活垃圾收运体系规划》、《海南省"十二五"生活垃圾处理规划方案》先后出台,进一步强化规划引导,落实生活垃圾管理体系建设。《海南省农村生活垃圾收集及无害化处理指导意见》印发实施积极推动农村地区垃圾无害化处理相关工作。编印《海南省生活垃圾卫生填埋场运行监管标准》、《海南省生活垃圾焚烧厂运行监管标准》和《海南省生活垃圾收集转运设施运行监管标准》陆续实施，将提高市县环卫行政主管部门监管水平，强化监管手段。（朱益锋）

【公共厕所建设】 2011年全省公厕建设任务为：新(改)建公厕447座。年内，全省共新(改)建公厕372座(不含完成前期工作的项目)。5月，组织召开2011年全省公厕建设管理工作现场会，总结2010年全省公厕建设管理工作经验，部署2011年工作。6月，根据公厕建设任务完成情况，下达2011年公厕建设专项奖励资金近1000万元。11月，与世界厕所组织(WTO)共同举办2011年世界厕所峰会暨世界卫浴洁具和环卫设备展览会。共有300余名来自国内外的嘉宾参加本次峰会，国内12个省市的代表组团参加。6~10月，在世界范围内开展公共厕所设计大赛，共收到参赛方案115个。经网上投票和专家评审，共评选出获奖方案44个。6~10月，在世界范围内开展优秀公共厕所实例征集活动，收到报名方案47个。经世界厕所组织专家评审，评选出获奖方案15个。出台《海南省城乡容貌和环境卫生管理条例》、《海南省公共厕所管理办法》两项法规，为推动全省公厕管理工作法制化和规范化奠定基础。（罗小芳）

【园林绿化建设】 2011年，海南省城市(县城)建成区绿地面积增加586公顷，公园绿地增加241公顷，其中海口、三亚、屯昌、乐东等市县共新增6座公园，建成区绿地率达到33.35%，绿化覆盖率达到38.47%，人均公园绿地达到11.02平方米。为贯彻落实《国务院关于推进海南国际旅游岛建设发展的若干意见》中"使海南成为全国人民的四季花园"的精神，全面推动海南省城乡园林绿化建设，把海南建成绿树成荫、鲜花盛开的四季花园，省住房和城乡建设厅委托海南省风景园林协会组织编写《海南省常用观赏植物推荐名录》，引导各建设单位在城乡绿化设计和建设过程中积极采用开花、彩叶及芳香植物。出台《海南省城镇砍伐或移植树木审批备案的有关规定(试行)》、《省外城市园林绿化企业进海南省开展业务备案管理办法(试行)》。海口市全年共新增绿地面积164公顷(其中市政绿地面积86公顷)，改造市政绿地面积21.4公顷。三亚市完成三亚火车站站前广场改造工程、透水混凝土树池工程、重庆园博会三亚馆和三亚绕城高速迎宾互通式立交桥等路段绿化工程等4项工程，总投资4878.99万元，建设和改造绿地面积26.71万平方米，建成区绿化覆盖率达到45.31%，绿地率达到41.61%，人均公共绿地达到18.97平方米。儋州市实施市场化养护的绿地总面积达96多万平方米，新建或改建的绿地面积达22公顷，补种或换植绿化树木850株。建成区绿化覆盖率达46.5%，绿地率达41.2%，人均公共绿地面积为10.25平方米。（黄珍）

【公共照明】 2011年全省城市(县城)新(改)建14190杆路灯，共30213盏路灯，装灯标称总功率4338千瓦。乐东、琼海、文昌、东方、琼中、屯昌采取合同能源管理模式或直接采购方式更换1.6万盏LED灯，万宁、儋州、陵水、定安等市县签订合同能源管理改造合同。同时各市县采取科学有效的管理方法和节能措施，促进路灯节能降耗。据统计，2011年全省城市路灯理论年用电量为1.44亿千瓦时电，通过实施绿色照明工程，实际年用电量为1.18亿千瓦时，节电0.26亿千瓦时，年节电18%，节约标准煤10400吨，减排二氧化碳25922吨。海南省住房和城乡建设厅会同省财政、省发改委对《海南省公用事业(照明)附加费收支管理办法》进行修改，并经省政府同意后以3个单位名义联合印发《海南省公用事业(照明)附加基金征收使用管理办法》(琼财建〔2011〕2744号)，为下一步公共照明节能工作提供工作依据。（黄珍）

【燃气工程建设】 至2011年底，全省城镇燃气普及率89.48%。全省有管道天然气用户约37万标准户，年用气量约1.45亿立方米，日均用气量约39万立方米，其中居民用户用气量占18%，工商用户用气量占82%。全省液化石油气用气量约13万吨，天然气汽车用气量约1.17亿立方米。全年新建城市天然气管道191.09公里，累计建设天然气管道1702.91公里。其中，累计干、支线管道805.14公里，庭院管道897.77公里。全年新建燃气项目投资8314万元。为提高海南省液化天然气汽车加气站的设计与施工水平，防止和减少安全事故，保障建设工程的顺利进行，省住房和城乡建设厅组织编制海南省工程建设地方标准《液化天然气(LNG)汽车加气站的设计与施工规范》。为促进海南省燃气行业的可持续发展，提高供气的安全性和稳定性，集约利用各项社会资源，减少重复投资，省住房和城乡建设厅组织编制《海南省城镇燃气专项规划》。（容羚）

【城镇环境综合整治】 2011年是海南省的"村镇卫生环境综合整治年"。在2010年海南卫生环境综合整治取得明显的基础上，2011年进一步深化卫生环境综合整治工作，突出重点，覆盖村镇。把卫生环境综合整治工作延伸到乡镇和农村，逐步实现城乡卫生环境保洁工作的全覆盖。4月，根据《海南省环境整治工作考核办法》，组织开展全省环境卫生综合整治工作考核。制定《2011年博鳌亚洲论坛年会环境卫生整治工作方案》，组织制定《海南省公共厕所太阳能供电和LED灯照明设计方案》，编制《海南省中小学公厕设计图集》，制定《海南文明环境大行动实施方案》和《海南文明环境大行动测评体系》。完成《海南省城乡容貌和环境卫生管理条例》和《海南省公共厕所管理办法》两项立法工作，这两项法规均于12月1日起施行。全省共新（改）建公厕458座，其中竣工公厕134座，在建公厕172座，完成前期工作152座。成功举办2011年世界卫浴洁具和环卫设备展览会，完成世界厕所设计大赛和优秀实例征集评选工作，印刷出版《世界厕所设计大赛获奖方案图集》和《2011年第11届世界厕所峰会纪实》。全年发出《督查事项通知单》110份，督查通报30份，编印工作简报17期。（苏军）

3. 村镇建设

【小城镇建设】 2011年海南省级小城镇建设资金重点投向白沙邦溪、保亭保城、文昌文教、定安龙门等8个重点小镇建设，主要用于基础设施和园林绿化建设、立面改造、特色风情街建设等项目，以改善旅游服务接待能力，提升小城镇建设品质，营造特色风情风貌，项目取得预期效果。如文教镇在省本级小城镇建设资金的支持下，多方筹措资金，共投入资金1560万元，对文教桥入境路、沿江南路、沿江北路、联东中学门前街道等带有墟镇地标意义的重要位置进行全面改造，"脏、乱、差、丑"的集镇形象等到明显改观，小城镇建设成效明显。白沙邦溪镇为完善镇区基础设施建设和功能配套，邦溪镇通过"地生财、财政挤、社会筹"的多元化方式，面向社会筹集并向中央争取建设资金，有效推进邦溪风情小镇建设的步伐。筹集资金近亿元推动镇区保障性住房、一横路路面改造、邦溪风情小街一、二横路商铺，农贸市场等项目建设工程。霸王岭林场则通过政府补助、社会筹集，银行贷款都多方途径筹集资金近亿元推动雨林老屋温泉度假酒店、林家乐、老厂房改造等一批项目建设，既极大地改善了小镇的人居环境，提升房屋建设质量，也带来一种全新的旅游体验，实现当地群众受益和旅游开发的双赢。

【村镇规划建设管理】 海南省住房和城乡建设厅代省政府拟定《关于进一步加强村镇规划建设管理的意见》（琼府函〔2011〕53号）。对全省村镇规划、农村土地管理、村镇规划建设管理、村镇建设工程质量、打击违法用地和违法建设行为、完善村镇规划建设管理保障措施6方面提出明确的指导意见和工作安排。

【村镇规划编制】 完成《海南国际旅游岛建设发展规划纲要》确定的全部22个特色旅游风情小镇总体规划的修编和控制性详细规划；启动村庄规划编制试点，在文昌市文教镇和琼海市博鳌镇以整镇打包方式进行村庄规划编制试点，镇域内每个自然村实现三图一书（规划现状图、基础设施规划图、建设规划图、规划说明书）。为指导全省村镇规划编制，省住房和城乡建设厅拟定《海南省村镇规划编制工作方案》及《海南省村镇规划编制工作安排及经费测算方案》，明确村镇规划编制任务安排和资金预算。（苏乾）

【重点小城镇和旅游风情小镇建设加快推进】 加大重点特色旅游小镇建设投入力度，邦溪镇、文教镇、博鳌镇、霸王岭林场、保亭什进村、东方报白村等村镇已初步建成具有特色的旅游风情村镇。文教镇筹措1560万元资金，对全镇的重要位置进行全面改造，小城镇建设成效明显。邦溪镇采取"地生财、财政挤、社会筹"等方式，筹集近亿元资金，有效推进村镇建设。霸王岭林场通过政府补助、社会筹集、银行贷款等途径，筹集近亿元资金推动雨林老屋温泉度假酒店、林家乐等项目建设，实现小城镇建设带动旅游开发和当地群众受益的双赢。文教镇、邦溪镇、霸王岭林场申报并被评为国家绿色低碳重点小城镇。

4. 保障性安居工程

【保障性住房建设】 海南省2011年保障性安居工程建设计划任务为：城镇保障性住房9.26万套，普通农村危房改造3万户，水库移民危房改造1万户。截至2011年12月底，全省开工建设15.36万套，占计划的115.9%。其中：城镇保障性住房开工11.22万套，占计划的121.2%；普通农村危房改造开工3.27万套，占计划的109.2%；水库移民危房改造开工0.87万套，占计划的86.8%。2011年全省保障性住房竣工7.13万套（户），受益人数30.82万人。其中，城镇保障性住房竣工4.07万套，受益人数14.65万人；农村危房改造和库区危房改造竣工3.06万户，受益人数16.17万人。

【召开保障性安居工程建设会议】 3月，省委、省政府召开全省保障性安居工程建设工作动员大会，以《责任书》的形式明确保障性住房的各项建设任务，部署重点工作和工作措施。5月，省政府召开全省保障性安居工程建设工作督导会，检查动员大会后各责任单位目标责任书落实情况。7月初，省政府再分西部、中部、北部三个片区分别召开现场督导会，进行现场督查，交流经验，查找不足，检查质量，加快进度，确保全年住房保障工作任务的圆满完成。10月中旬，省政府召开第三次督导会，盘点今年工作任务完成情况，分析形势，总结经验。

【各市县创新工作方式方法，扎实推进建设任务落实】 三亚市规划建设十五期同心家园，有条不紊地推进保障性安居工程建设。同时，在土地资源非常稀缺的情况下，见缝插针安排用地，优先保证保障性住房用地需求。（卜凡中）

【全省住房公积金运营管理】 2011年，海南省住房公积金平稳运行。全年归集住房公积金50.43亿元，同比增长55.77%，截至2011底，累计缴存总额187.71亿。住房公积金缴存人数617449人，同比增长21.51%。住房公积金缴存余额达到121.60亿元。全省住房公积金覆盖率77.65%，比上年末增加12.24个百分点。全年提取住房公积金14.92亿元，使用率58.88%，同比增长43.62%，提取人数79233人，截至2011年底累计提取总额66.11亿元。全年发放住房公积金个人贷款17.49亿元，同比增长30.14%，截至2011年底，累计发放个贷总额53.28亿元。发放保障性住房试点项目贷款1.19亿元，公积金贷款支持保障性住房建设取得阶段性成果。个人贷款余额为41.98亿元，个贷率34.53%。全省逾期贷款余额为109.55万元，逾期贷款率为0.0261%。全年实现增值收益0.93亿元。

【海南住房公积金管理局挂牌】 2011年12月16日，海南住房公积金管理局正式挂牌，海南住房公积金管理中心更名为海南住房公积金管理局，全省垂直管理的20个公积金管理分支机构分别被授牌，并相应更名为"局"或"分局"。海南住房公积金系统由中心、分中心、管理所更名为各级住房公积金管理局，是全省住房公积金管理体制顺应时代要求的重大调整和强化管理职责的重要举措。（王健宝）

5. 房地产业

【商品房建设】 2011年，全省房地产开发投资完成663.05亿元，增长41.7%。其中，住宅投资574.27亿元，占房地产开发投资总额的86.61%；办公楼投资16.82亿元，占2.54%；商业营业用房30.62亿元，占4.62%；其他41.33亿元，占6.23%。商品房施工面积3659.88万平方米，增长35.6%，其中，本年新开工面积1649.19万平方米，增长44.5%。

【商品房销售】 2011年，全省商品房销售面积888.19万平方米，增长3.9%，其中，住宅销售面积840.92万平方米，增长0.8%；商品房销售额790.44亿元，增长5.9%，其中，住宅销售额759.27亿元，增长3.4%。年内，继续做好房地产岛内外促销工作，多次组织房地产企业到北京、上海、重庆、成都、贵阳、呼和浩特、鄂尔多斯、沈阳和哈尔滨等城市房地产展销会，进行宣传促销。（黎燕礼）

【房地产市场管理】 进一步贯彻落实国家宏观调控政策，出台《关于建立新建住房价格调控长效机制的意见和海南省住房价格统计和信息发布办法的通知》（琼府办〔2011〕50号），进一步明确住房保障和稳定房价工作责任，并建立约谈问责机制；督促海口、三亚市政府按时出台新的限购措施；指导和督促海口、三亚等8个城市政府确定并公布2011年新建住房价格控制目标；深入开展经营性房地产调研工作，撰写《关于产权式酒店发展情况的调研报告》，并多次召开专题会议研究，草拟《关于转变房地产业发展方式，促进和规范旅游房地产发展的意见》和《海南省产权式度假酒店管理暂行办法》；加快《海南省西部地区房地产业发展战略及中长期规划（2011～2020）》的编制工作，对西部六市县进行最后阶段的补充调研，获取新的数据和信息，补充更新规划数据，调整和完善规划内容；召开全省住房信息系统建设工作座谈会，部署系统建设任务，加快推进个人住房信息系统建设，截至2011年底，系统前期基础建设工作基本完成，个人住房信息系统建设进展顺利；在海口、三亚、文昌、琼海、定安、万宁、陵水等7个市县开展房地产市场专项检查，通过听取住房城乡建设（房产）局汇报有关情况，实地查看房产信息管理系统以及预售许可的相关资料，并随机抽查31个在售商品房项目，对7个存在较多、较突出问题的商品房项目发出整改通知书7份，提出整改要求19条，责令限期整改，并向有关部门和单位通报全省房地产市场检查和处罚情况，促进市场行为规范化；加强本地房地产展销活动，每年固定举办两届海南房地产展示交易会，在巩固东北、华北、西北等传统市场的基础上，2011年海南省加大促销力度，挖掘华东、西南等地区市场，组织企业参加沈阳、上海、成都、重庆、贵阳、柳州、海口等多地举办的房展会，并批准鄂尔多斯商会在海口设立房地产展销中心；联合省农垦总局下发《海南省农垦职工保障性住房产权证审核工作实施方案》，加快推进海南省农垦职工保障性住房产权登记办证工作，协调解决海胶集团、邮政公司、海南农信社等国有企业的房屋资产确权办证问题，促进相关企业完成股份制改革；为顺利实施房屋登记审核人员持证上岗制度，规范海南省房屋权属登记行为，海南省开展2011年度房屋登记审核人员培训考核工作，举办房屋登记审核人员理论学习班，对各市县房管部门有关人员进行专项业务培训，并于12月11日组织考试；委托省房地产业协会、省房地产估价与经纪业协会、省物业管理协会作为具体实施单位，建立房地产信用评价体系，约束和规范市场行为，营造房地产行业良好的信用氛围；坚持每10天进行一次市场销售统计，每月上报一份市场简报，每季度上报市场分析报告，每半年上报总结报告，充分利用房地产市场信息系统，并进一步加强与财政、税务、统计、银监等部门的交流和沟通，不断提高监测分析的针对性、科学性、准确性，力求做到全面、及时掌握房地产市场信息，准确把握市场形势，为房地产市场宏观调控和精细化管理提供决策依据。（符策栋）

【国有土地上房屋征收管理】 举办《国有土地上房屋征收与补偿条例》培训班。国务院《国有土地上房屋征收与补偿条例》颁布实施后，省住房和城乡建设厅堂于2011年6月举办一期宣贯培训班，对《条例》内容和贯彻落实过程中可能出现的问题进行讲解，为今后房屋征收工作打下基础，各市县反映较好。完善国有土地上房屋征收相关制度规定。草拟《海南省国有土地上房屋征收评估机构确定办法》、《海南省房屋征收停产停业损失补偿办法》、《海南省房屋征收住房保障办法》三个办法；草拟海南省人民政府办公厅关于贯彻落实《国有土地上房屋征收与补偿条例》的实施意见，对于今后指导海南省国有土地上房屋征收与补偿工作，将会起到积极意义。同时，为进一步贯彻落实《国有土地上房屋征收与补偿条例》，省住房和城乡建设厅堂及时清理和规范相关配套文件，其中，清理省政府级文件8件，厅有关部门文件36件，进一步规范海南省国有土地上房屋征收与补偿工作。

【开展房屋征收专项检查工作】 为贯彻落实《中共中央办公厅、国务院办公厅转发〈监察部、国土资源部、住房城乡建设部、国务院纠风办关于6起强制拆迁致人伤亡案件调查处理情况的通报〉的通知》精神，省住房和城乡建设厅堂联合省监察厅、省国土环境资源厅、省纠风办等部门，于2011年10月底对全省各市县的征地拆迁工作进行检查。通过查找存在的问题和薄弱环节，督促各市县政府加强依法办事的意识，规范政府行为。（聂荣波）

【物业管理】 2011年，海南省开始实施《海南省经济特区物业管理条例》，并逐步完善物业服务管理政策措施。会同省物价局制定《海南省物业服务收费管理办法》、《海南省普通住宅物业管理区域共用水电费分摊办法》、《海南省普通住宅物业服务分等收费标准》等三个收费管理规范性文件，于2011年5月印发执行；完成《海南省物业管理招标投标管理办法》、《海南省业主大会和业主委员会指导规则》、《海南省住宅专项维修资金管理办法》的草案修改工作，并起草《海南省物业管理专家库管理规则》，将于近期上会审核；积极推动供电抄表收费到户工作；开展整顿规范普通住宅物业服务和收费行为工作，会同物价部门开展物业服务和收费专项整顿督导检查工作；加强与基层单位沟通和指导；指导监督市县严格执行住宅专项维修资金规定。截至2011年底，全省物业服务企业805家，从业人员7.5万人，物业服务管理项目1915个，物业服务管理建筑面积7100万平方米。全年物业服务主营业务收入12亿元，物业服务行业取得快速发展。（毕华）

【加强房地产市场调控和引导】 在全国不断加强房地产市场调控的情况下，全省房地产开发投资仍完成663亿元，占年度计划的132.6%，同比增长41.7%；商品住房销售888.2万平方米；房地产相关税收收入158.9亿元，同比增长18.1%，占地方税收收入的55.8%，房地产业各项指标均超过预期目标，继续成为拉动全省经济增长的主动力。出台实施《新建住房价格调控长效机制意见》、《住房价格统计和信息发布办法》等规定，建立房地产市场调控约谈问责机制，海口、三亚、文昌等8个城市公布年度新建住房价格控制目标，得到国务院督查组的充分肯定。海口市出台加强房地产市场监管和规范市场秩序的一系列配套政策法规，督促开发商严格按照申报价格明码标价对外销售。三亚市严格商品房预售许可管理，要求12层以下房屋最低工程形象进度至少达到主体结构封顶、12层以上房屋工程形象进度达到85%以上楼层方可预售。陵水县在全省率先实施商品房预售款全程监管。

【加快推进房地产业转型升级】 省政府审议通过《海南省房地产业发展战略与中长期规划（2010~2020）》，修改完善《海南省西部地区房地产业发展规划（评审稿）》，科学规划引导全省房地产业发展。加强经营性房地产发展调研，起草完成《海南省产权式度假酒店管理暂行办法》，积极推进重点旅游房地产项目建设，建成一大批高端品牌酒店和度假村。

【加强房地产市场监测和监管】 加快房地产市场信息系统建设，提高信息化管理水平，完成全省个人住房信息系统建设前期工作。除儋州、昌江、白沙外，全省其余市县均已开通房地产市场信息管理系统，并实施商品房买卖网上签约。坚持每月进行一次市场销售动态监测分析、每季度上报一份市场分析报告、每半年上报一份综合性分析报告，为省政府进行宏观调控和实施精细化管理提供决策依据。

【强势推行岛内外促销活动】 举办两届房地产展示交易会，巩固传统市场，挖掘新市场，组织企业赴岛外举办促销活动，商品房销售超额完成全年计划目标。（符策栋）

6. 建筑业

【建筑业产值增长】 2011年海南省建筑业总产值突破200亿元大关，共完成建筑业总产值254.72亿元，同比增长37.1%；建筑业增加值73.66亿元，同比增长36.7%。

【建筑业中长期规划编制】 2011年，为实现海南省建筑业持续健康发展，明确海南省建筑业发展方向与分阶段目标，省住房和城乡建设厅编制印发海南省第一个建筑业发展规划《海南省建筑业中长期发展规划（2011～2020）》，首次明确2011～2020年海南省建筑业发展方向与分阶段目标，并从海南省建筑业发展概况、面临挑战与机遇、中长期发展目标、主要措施四个方面阐述海南建筑业中长期发展规划。

【建筑市场管理】 海南省住房和城乡建设厅联合省监察厅和省检察院发布《第二批建筑市场严重违规违法企业名单公告》，对9家违法违规企业作出行政处罚，其中5家企业被禁止两年内参加海南省政府投资或使用国有资金项目的招标投标活动。制定《海南省建设工程工程量清单招标投标评标办法》，明确采用工程量清单计价方式开展招标、投标、评标等活动。依法查处在招投标过程中违法违规行为，对在万宁市华润希望小镇项目（二期）评标工作中致使评标结果出现重大失误5名评标专家作出行政处罚。加大工程建设领域突出问题专项治理，下发《关于开展建设工程质量安全及建筑市场监督执法检查的通知》，实地抽查在建项目473个，其中保障性安居住房46个。各市县自查共发出整改通知书331份，其中停工整改通知11份。开展严厉打击建筑工程领域非法违法建筑施工行为专项行动工作，共检查在建项目949项。印发《海南省住房和城乡建设厅关于元旦、春节期间加强农民工工资支付保障工作的通知》（琼建管〔2011〕292号），要求各市县建设主管部门应对辖区内的房屋建筑和市政工程项目支付农民工工资情况集中进行专项检查。（周隽）

【启动全省房屋建筑工程全过程监管信息平台项目建设】 为进一步规范海南省建筑市场的管理，建立长效监管机制，海南省住房城乡建设厅组织研究通过信息化手段进行工程建设的全过程监管，形成《海南省房屋建筑工程全过程监管信息平台项目建议书》，并向住房和城乡建设部、省政府汇报。2011年12月6日，住房和城乡建设部《关于将海南省列为全国工程建设全过程监管信息平台建设试点的函》同意将海南省列为全国工程建设全过程监管信息平台建设试点。并组织省内外专家及相关机构编制《海南省房屋建筑工程全过程监管信息平台项目建设可行性研究报告》，于2012年2月16日通过海南省工业和信息化厅组织的专家评审。2012年海南省政府工作报告将建设全省房屋建筑工程全过程监管信息平台建设列为政府工作任务，信息平台建设列入2012年省政府重点工作责任事项。住房城乡建设部对平台建设给予大力支持，并支持经费300万元用于平台的前期工作及急需设施的购置。（林燕）

【工程质量管理】 2011年全省建筑工程竣工验收合格率100%，工程未发生较大及以上质量事故。组织开展全省建设工程质量安全监督执法检查及迎接国家建设工程质量安全监督执法检查，共检查在建项目1250项，总建筑面积2681.41万平方米。开展全省保障性安居工程定期巡查工作，2011年共组织5次全省保障性住房的质量安全巡查，共检查268个在建项目，建筑面积925万多平方米，发出《建设工程质量安全检查告知书》123份。加大对工程质量问题的查处力度，对于白沙县阳光小区廉租住房出现的质量问题责任的施工单位罚款40万元，监理单位罚款15万元，项目经理和总监理工程师分别罚款4万元和1.5万元。继续打造精品工程，三亚国光豪生度假酒店等17个项目获得海南省优秀工程勘察设计奖，其中三亚国光豪生度假酒店、陵水体育馆2个项目获得全国优秀工程勘察设计行业奖3等奖；省文化艺术中心等26项建设工程获得省级工程质量奖——"绿岛杯"，其中"省文化艺术中心"和"新海航大厦"工程2个项目获得国家建设工程质量最高奖项——"鲁班奖"。

【施工安全生产总体态势平稳】 2011年，全省建筑施工安全生产总体态势基本平稳。全年发生10

起一般建筑施工生产安全事故，死亡10人，事故起数和死亡人数比上年持平。建筑业百亿元增加值死亡率逐年下降，从2009年的8.4，下降到2010年5.38及2011年前三季度的4.17。

【推进建筑施工安全质量标准化工作】 推广《海南省建设工程安全文明施工示范图集》的使用，各市县及洋浦经济开发区已召开现场观摩会。落实隐患排查治理措施，深化专项整治工作，2011年4月、10月分别组织开展全省建筑施工安全生产大检查、全省工程建设领域安全生产督查和全省工程建设领域建筑施工预防坍塌事故专项检查，共抽查在建项目140个，建筑面积约为1277.6234万平方米，共发出《建设工程质量安全检查告知书》96份（其中建议停工整改通知书5份），提出整改意见595条。建立健全有效的应急救援体系，组建海南省住房和城乡建设厅应急救援大队暨海建应急救援支队，并组织开展建筑物破拆应急救援演练。加大对施工企业安全生产许可证动态监管，对2011年发生的10起建筑施工生产安全事故作出相应的处罚，其中对东方市第二建筑公司1家省内建筑施工企业处以暂扣安全生产许可证2个月的处罚；对中铁建设集团有限公司等9家省外建筑施工企业作出全省通报及暂停在海南省招投标2个月的处罚。

【工法评选】 2011年，根据《海南省工程建设工法评选办法》，省住房和城乡建设厅委托省建筑业协会组织专家对申报2011年省级工法进行评审，共有26项工程建设工法通过省级工法评审，其中智慧型"挂钩式"幕墙施工工法等3项工法通过国家级工法评审。

【工程抗震】 2011年，继续严格执行超限高层建筑工程抗震设防专项审查制度，保证超限高层建筑抗震能力。2011年共组织完成"海口置地广场"等12个项目的超限高层抗震设防专项审查。继续配合做好中小学校舍安全工程实施工作。参与出台《关于加快推进中小学校舍安全工程建设工作的意见的通知》，提出住建系统在加快校安工程审批、办理选址意见书、施工许可证等环节的具体意见。配合省校安办下派4个督查组对全省校安工程进行督查，并分别给每个市县下发督查报告。通过督查，进一步加快海南省校安工程的进度。联合教育厅出台《关于进一步加强中小学校舍安全工程质量安全管理的通知》，具体提出落实质量安全管理责任、规范建设程序等6项措施以进一步加强校安工程质量安全管理。配合出台海南省《2011年度海南省中小学校舍安全工程考核办法》，为海南省校安工程项目的管理与考核提供实施标准。配合省校安办研究即将出台《海南省中小学校舍安全工程项目竣工验收工作暂行办法》，竣工验收办法的出台将进一步完善海南省校安工程的建设管理。（冯昌明）

【勘察设计质量管理】 2011年，继续加强勘察设计质量管理，开展工程勘察设计质量抽查。全省共抽查工程勘察设计项目共抽检工程勘察设计项目62项，其中建筑工程项目32项，勘察项目18项，市政12项（含风景园林），涉及勘察设计单位62家。检查结果合格58项，不合格项目4项，合格率为94％。共处罚7家单位，其中通报批评5家单位，责令2家单位停业整顿3个月。（谢曦）

7. 建设科技

【建筑节能工作】 印发《海南省人民政府办公厅关于下达2011年太阳能热水系统建筑应用任务的通知》，对2011年全年太阳能热水系统建筑应用任务进行分解，要求各市县政府落实执行。印发海南省住房和城乡建设厅《关于进一步规范太阳能热水系统建筑应用工程设计施工和监理管理工作的通知》、《关于印发〈海南省太阳能热水系统施工图设计文件编制深度规定〉及〈海南省太阳能热水系统施工图设计审查要点〉的通知》、《关于加强和规范获建筑面积补偿的太阳能热水系统建筑应用项目管理工作的通知》、《关于印发〈海南省太阳能热水系统工程竣工验收资料目录及统一用表〉的通知》，完善建筑节能规章政策体系。省政府安排2000万元专项资金，用于支持省内太阳能热水系统建筑应用示范项目建设，16个示范项目获得省级财政补助543.4万元，示范建筑应用面积45.13万平方米，剩余财政补助资金按比例分配到市县，按属地管理原则，由市县组织示范项目的申报、评审、验收评估和补助资金的拨付等相关工作。根据财政部、住房城乡建设部《关于加快开展可再生能源建筑应用示范项目验收评估工作的通知》、海南省住房和城乡建设厅、海南省财政厅《关于印发〈海南省太阳能热水系统建筑应用示范项目验收评估实施方案（试行）〉的通知》等文件的要求，"海南文昌市白金海岸度假酒店公寓"、"三亚国光滨海花园酒店公寓"、"海南大学图书馆和学生公寓楼工程"、"海南华侨中学新校区（琼台师范高等专科学校）"四个国家可再生能源建筑应用示范项目通过专家的验收评估。根据《财政部 住房城乡建设部关于加强可再生能源建筑应用城市示范和农村地区县级示范的通知》要求，继续按照国家示范进度的要求，做好三亚、儋州、文昌、陵水4个国家可再生能源建筑应用示范市（县）的推进工作。组织召开《海南省绿色建筑评价标准》评审会，同意修改后予以通过。分别对《居住建筑节能设计说明专篇》、《海南省公共建筑节能改造方案》征求意见，根据相关单位反馈的意见形成终稿。

【建筑节能统计调查】 根据住房和城乡建设部的统一部署，完成2010年度民用建筑统计调查工作，主要对象为国家机关办公建筑和大型公共建筑、通过抽样确定的街道（镇）范围内的建筑，共统计945栋建筑节能用能情况，形成《海南省民用建筑能耗统计报告（2010年度）》。开展国家机关办公建筑和大型公共建筑的能源审计及能效公示工作，完成70栋建筑的能源审计，并在《海南日报》公示。同时开展国家机关办公建筑和大型公共建筑绿色照明情况调查。

【建筑能效测评】 根据《海南省民用建筑能效测评标识管理暂行办法》、《海南省民用建筑能效测评机构管理暂行办法》等文件精神，认定2家省级建筑能效测评机构，完成2个项目的能效测评并向社会公示。开展2011年全省建筑节能和太阳能热水系统建筑应用专项监督检查，检查除白沙、琼中、临高、昌江以外的14个市县及洋浦经济开发区，抽检54个在建工程现场（公建24个，居建30个）、90个项目施工许可档案和45个竣工项目建筑节能工程质量监督档案，发出执法建议书15份。

【配合全国住房城乡建设领域节能减排监督检查】 配合做好2011年全国住房城乡建设领域节能减排监督检查组对海南的检查工作，对海南省本级及海口市、三亚市、陵水县、琼海市的建筑节能、城市照明节能、城镇污水处理以及生活垃圾处理等情况进行检查，抽查67个工程项目，其中包括15个项目的施工图设计文件、15个项目的施工现场、6个垃圾处理场、5个污水处理厂、16个道路照明项目、10个景观照明项目的运行情况，对检查出的2个违法违规项目发出执法建议书，对建筑节能设计和施工现场方面存在的问题提出改进意见。

【建设科技推广】 2011年6月17日，在海口市举办绿色建筑与建筑节能技术产品推介会，150多项建筑节能新技术、新产品参展，现场共促成技术项目、工程及产品意向合作金额5000多万元。6月13日在海口市举办绿色建筑专题讲座，邀请住房和城乡建设部等有关部门领导、专家介绍绿色建筑等方面知识，省住房城乡建设厅相关处室、海口、三亚、儋州、临高、澄迈、定安、琼海、文昌等部分市、县住房和城乡建设主管部门负责人；省绿色建筑委员会成员；施工图审查机构负责人及图审专家；设计单位、房地产企业负责人及有关人员共130人参加学习。

【公租房设计方案征集】 为贯彻落实2011年全国"两会"精神和省委省政府、住房城乡建设部关于加快公共租赁住房建设的有关文件精神，大力推动海南省公共租赁住房的发展，组织征集海南省公共租赁住房设计方案的活动，共收到来自22个单位的75个方案，分住宅（包括多层和高层）、宿舍和青年公寓（燃气不入户、日照标准可以参考宿舍）3种类型，经专家评审，从中优选28个方案，编入《海南省公共租赁住房建筑设计方案图集》，供各建设方参考、选用。

【组织编制《海南国际旅游岛风貌规划导则》】 从2007年6月开始城市风貌相关内容的研究，至2011年3月，经多次审议并修改完善，使《海南国际旅游岛风貌规划导则》具备审批实施条件。（徐颖智）

8. 建设系统教育培训

【住房城乡建设系统干部培训】 制定《海南省建设规划人才智力扶持中西部市县实施方案》，启动第一期扶持计划，选派20名建设行政管理干部和专业技术骨干分别到中西部市县建设行政主管部门挂职担任副局长以及到企事业单位进行定点服务指导，从中西部市县选派13名建设行政管理干部和专业技术骨干到省、海口、三亚建设行政主管部门跟班学习锻炼。

【2011年建设行业人才培养和引进】 出台《海南省建设工程系列正高级工程师专业技术资格条件（试行）》，结束海南省工程系列无正高职称的历史，并完成22名正高级工程师专业技术资格认定工作，涵盖城市规划、建筑学、建筑工程等多个专业。认真组织全省建设行业专业技术资格评审工作，共有937人通过评审，其中高级111人，中级292人，初级534人。

【2011年建设行业继续教育和岗位培训】 全省共开展施工企业主要负责人、项目负责人、专职安全生产管理人员安全生产业务培训班13期，培训1372人次。各类企事业单位专业技术人员继续教育培训班37期，培训9000多人次。举办各类施工现场管理人员培训班18期，培训4500多人次。

【2011年建设行业技能人才队伍建设】 根据住房城乡建设部关于2011年建设职业技能鉴定工作部署，制定全省建设职业技能培训与鉴定工作任务下发各职业技能鉴定站执行。全省共开展职业技能鉴

定、特种工鉴定共20期，鉴定1989人，一线生产操作人员的素质得到进一步提高，安全生产意识不断得到加强。（曾彪）

9. 建设系统行政审批

【概况】 2011年，海南省住房和城乡建设厅行政审批办公室本着依法审批、高效便民、务实创新、优质服务的宗旨，创新服务模式，提高审批效率，全年共受理各项建设行政许可审批4208项，办结4330项，按时或提前办结率100%。省住房和城乡建设厅行政审批办公室被省政府政务服务中心授予"2011年度优秀审批办"、厅行政审批办公室首席代表田光明被表彰为"2011年度优秀审批办主任"。

【建设行业行政审批流程优化创新】 2011年，省住房和城乡建设厅将"建筑企业出省介绍信"和"民用建筑节能评估审查（立项阶段）"两项审批事项的审批流程由"三级审批"压缩为"两级审批"，即窗口受理后，后台主办审核办结，不再经过核准环节。将"民用建筑节能评估审查（立项阶段）"审批事项的承诺办理时限由原来的10个工作日压缩到5个工作日，"安全生产许可证"审批事项的承诺办理时限由法定的45个工作日压缩到20个工作日。

【建设行业行政审批事项目录清理】 2011年，为进一步深化政务公开，推进标准化审批和网上审批，根据《海南省人民政府办公厅关于编制海南省行政审批事项目录的通知》的工作部署，省住房和城乡建设厅对省住房和城乡建设厅堂负责的行政审批事项进行清理，共完成10类115项行政审批事项目录的清理录入工作，上报省政府政务服务中心。（林晨）

（海南省住房和城乡建设厅）

重 庆 市

1. 城乡规划

【《重庆市城乡总体规划》得到批复】 全力推进《重庆市城乡总体规划（2007～2020年）》修改工作。2011年10月15日，国务院以国函〔2011〕123号文件正式批复重庆市城乡总体规划。总体规划修改工作前后历时不到16个月，成为《城乡规划法》实施以来第一个按法定程序开展并获国务院批准的总体规划修改。新的总体规划增加重庆主城城市建设用地323平方公里，规划城市规模1188平方公里、1200万人。首次明确重庆作为国家中心城市的发展目标和城市职能。规划优化"一主十副"、层级合理、相互拱卫的城市中心体系，并同步优化、提升了城市支撑发展体系。

【二环时代大型聚居区规划】 用一年半的时间，邀请国际国内60余家高水平的规划设计机构，分三轮深化完成21个大型聚居区的规划方案征集工作，规划范围400平方公里，人口500万人。因地制宜确定各聚居区的功能定位和特色，构建以大型聚居区为核心，人口与产业、交通、公共服务、市政基础设施的"1+4"集聚区相叠加的扩城规划模式。规划聚居区居住与产业分布相结合，确保80%的人口"职住平衡"；以公共交通为导向，优化聚居区内轨道及干道系统布局，形成综合交通集聚；规划400所中小学、80个医院以及170项大型功能性项目，配套水电气、垃圾处理、公厕等市政公用设施；引导不同收入群体融合聚居，形成合理的扩城地区社会结构。

【重要地区和重大项目规划】 完成两江新区总体规划及数十个专项规划，保障云计算基地、离岸数据处理中心、直升机制造基地等一批重大项目规划落地。优化西永综保区规划。做好两路寸滩保税港区规划调整，保障了四年建设目标提前两年完成。编制完成经开区、高新区总体规划。服务做好江北嘴、悦来、龙盛等重大功能区的规划实施。推动做好朝天门市场搬迁、白市驿机场搬迁、江北国际机场改扩建，以及团结村集装箱中心站等规划工作。指导完成国际博览中心、爱心庄园等一批重大功能性项目规划实施。主动协调办理主城一批供水工程、变电站项目以及20余座加油加气站等。

【统筹城乡规划】 加强6个区域性中心城市总体规划编制工作，万州总体规划获市政府批复，涪陵总体规划通过市政府常务会审议，黔江总体规划正在深化方案，江津、合川、永川总体规划已开展前期工作。有序开展一般区县的城市总体规划局部修改工作。完成区县城乡空间资源调查与规划分析报告。研究体制机制创新，帮助区县组织建立首席规划师制度，为29个远郊区县分别精心选配一名高水平规划专家担任首席规划师，加强对远郊区县和重要规划以及重大项目的规划指导。新确定"十二五"拟开展的26个区县的42个重要地区规划设计项目，新启动10个区县的14个重要地区规划设计项目。指导做好大足石刻艺术馆、万州三峡科技馆等120余个区县重要公共项目建筑设计。创新开展区县"三个一"亮点工程，推动区县规划建设好一个居住小区、一个重要公共建筑、一个公园或广场，提升区县城风貌品质。选取30个重点特色镇加大规划指导，支持创建全国有影响力的"重庆名镇"。建成全市乡村规划建设基本信息数据库，涵盖全市8558个行政村、数据信息达到65万余条。指导完成522个农民新村规划。

【"畅通重庆"规划】 深化开展"不塞车城市"专题研究及相关规划工作，形成100余项高质量规划成果。深化主城区综合交通体系规划，优化主城次干道和支路的网络体系，提高城市道路的系统畅通水平。开展14个组团交通专项规划，推出8个重点片区综合交通规划成果。开展空港综合交通枢纽规划、上清寺地区综合交通改善规划、渝遂路与高九路连通规划、内环线拓宽规划、人和地区交通优化规划等一批交通改善规划。深化完善主城、组团、片区各层级交通规划成果。优化轨道线网调整规划，全面开展轨道线网中期和远景规划落地工作。规划多元立体山地城市交通系统，开展千厮门过江索道搬迁选址工作并形成初步意见，完成渝中区步行系统、北部新区步行和自行车交通系统示范项目8公里示范段规划实施，获得住房城乡建设部充分肯定。大力推进交通综合信息平台建设，初步实现交通设施展示分析、实时路网拥堵监测等功能。

【"宜居重庆"规划】 深化广场和公园项目规划和实施方案组织，精心指导北部新区两江幸福广场、渝中区国泰广场、南岸茶园中心广场、巴南龙洲湾广场、北碚蔡家中心广场、沙坪坝大学城青年广场、西永中心广场等一批重点广场方案深化及实施。高起点、大手笔完成中央公园规划设计，成为提升现代化大都市品质的新亮点。积极做好公租房规划选址和方案设计，提出20个不同色彩的外立面方案，并对大竹林、钓鱼嘴、茶园、龙洲湾、鱼嘴、水土等公租房项目造型开展深化设计；同步配套完善公共服务及市政基础设施，满足公租房居住人群生活需求。快速完成危旧房、城中村改造地块规划修改和安置房落地实施，通过指标和配套设施平衡，保障了动迁居民居住条件持续改善。形成气象台站空间管制规划、邮政设施规划、泄洪通道规划等系列民生专项规划。

【城市特色风貌塑造】 深化提升并形成9个方面的两江四岸总体发展战略规划，系统构筑两江四岸总体功能和形态特色。完成中央公园片区、礼嘉、九龙半岛、寸滩片区等重点地区城市设计，邀请国际规划大师担纲悦来生态城规划设计，成功举办生态城市中国行重庆站活动。协调民航系统深入研究论证，形成江北嘴核心地块470米超高层建筑规划成果。完成巴南、大渡口、江北等9段滨江地区景观优化规划，滨江路景观性和亲水性进一步改善。完成两江四岸滨江步道规划，滨江空间与腹地联系更加便捷。完成城市眺望点与视线通廊规划，利用鸿恩寺公园、园博园等5个自然地形制高点，渝中区现有和即将建成的5座200至300米建筑，形成城市景观眺望新体系。规划并实施10个重点滨江观景平台，形成层次丰富、近远结合的观景和特色旅游景点。做好依山就势规划，分类提出主城四山和城中山地利用规划策略，保护四山生态资源，控制临江靠山地区景观风貌和容积率，推动塑造疏密相宜的簇群式城市整体轮廓形态。

【历史文化名城规划】 编制完成全市《抗战遗址保护规划》、《千年寺庙、百年教堂保护修缮规划》、《工业遗产保护与利用总体规划》等一系列名城保护专项规划。完成3个历史文化名镇规划。推动江北三洞桥等12个传统风貌区规划深化和实施。在2011年10月国家部委历史文化名城名镇名村保护工作检查中，重庆市多项做法被检查组称赞为开创了典范性经验。举办重庆建筑风格专家研讨会，继续在公共建筑项目、小体量开发项目和旧小区整治中推行重庆建筑风格。新审批九龙外滩商业广场、重钢总医院等重庆风格建筑100余项，面积1000多万平方米。完成重庆风格建筑优秀成果汇编。深入挖掘抗战统战文化，确定保护395处抗战历史建筑本体，重点保护61个187处重要抗战历史建筑，集中保护15个抗战历史风貌片区。重视大桥设计的文化特色，研究制定项目实施前先期规划设计桥梁建筑方案的机制，探索形成一批优秀规划设计成果。

【规划科学决策】 承担住房和城乡建设部课题山地城乡规划标准体系研究，并形成初步成果。成功申报规划测绘行业科技进步奖。探索利用信息化手段辅助规划决策，建成三维数字规划管理系统，推动重要项目三维仿真辅助审批；开发建成城乡规划监察执法信息系统，对近300个项目实施动态跟踪管理。扩大规划公示，完成展览馆主模型和展厅更新任务；全年对150多个规划和建筑方案进行社会公示，促进规划公众参与。

【规划依法行政】 市政府常务会审议通过并出台新的政府规章《重庆市城市规划管理技术规定》，突出城市公共空间保护，强化城市风貌的控制和引导。制定《农村村民住宅建设规划管理办法》、《临时建设工程规划管理办法》等5个规范性文件。全年规划行政复议决定变更率为零，无行政诉讼败诉，基层执法单位工作满意度明显上升。深入推进规划批后监察管理和违法建设整治，严格落实"严控新增、消化存量"要求，拆除违法建筑204万平方米，创建无违法建筑居住示范小区、社区近2000万平方米。

【基础测绘】 建成市域高精度连续运行卫星定位综合服务系统，基本建成全市现代测绘基准体系，成为西部地区唯一高精度、连续运行的动态现代三维基准。主城区新增1300平方公里1∶2000数字化产品，更新1∶500地形图306平方公里。主城及18个区县建成区影像覆盖达到7050平方公里。建成主城区建筑物地理信息数据库系统，涵盖约550平方公里20余万栋建筑物综合信息。有序推进主城区地下空间普查工作。完成"一镇（乡）一图"工程，实现重庆镇乡地图全覆盖。

【测绘行政管理】 编制并实施全国首部地理信息公共服务政府规章《重庆市地理信息公共服务管理办法》。制定出台《重庆市测绘事业发展暨地理信息基础设施建设第十二个五年专项规划》，为未来五年测绘地理信息事业发展提供了指南。编制完成全市测绘应急保障预案和应急救援地理信息服务队队伍建设五年规划，完善低空遥感应急保障机制，保障测绘地理信息应急救援快速联动。开展整顿和规范地理信息市场"回头看"活动，规范互联网地图服务队伍。做好问题地图专项治理，查处了一批违法编制地图案件，并加强了互联网上传涉密地理信息标注监控工作。认真做好全市测绘成果保密检查、测绘成果质量监督检查、测绘成果汇交与分发服务、测绘资质复审换证等工作，促进行业规范有序繁荣发展。

【测绘公共服务】 提升重庆市地理信息公共服务平台，开展三维地理信息平台建设，并按照国家测绘地理信息局要求，完成"天地图"省级节点接入建设。更新政务电子地图专题数据，建成政务地理信息平台二期工程，公共服务平台在22个政府部门日常工作中发挥重要作用，实现全市地理空间信息共享应用和常态维护，成为"云计算"在地理信息领域重要实践。圆满完成"数字永川"、"数字长寿"地理空间框架试点工程，并获"全国数字城市示范区"称号，启动"数字黔江"工程。初步构建起地理信息公共服务市区两级联动体系。

【地理信息应用服务】 积极推进地理国情监测工程试点，实施以统筹城乡规划监测为主要内容的试点工作。完成国家发改委"基于国产卫星遥感的城乡规划与管理监测评价高技术产业化示范工程"，构建一套国产卫星在城乡规划与管理中的分析、监测、评价体系。建成主城区现状数据库、移动规划智能办公平台。完成区县城市建设用地遥感解译、建设用地适宜性评价。不断拓展地理信息应用，在全国水利普查、人口普查等工作中发挥了重要作用。推动地理信息社会化服务，启动编制《三峡库区地图集》，出版《走遍重庆o城乡地图集》等一批精品地图，社会反响热烈。（重庆市规划局　岳雷）

2. 城乡建设

【立法工作】 研究制定重庆市城乡建委"十二五"立法规划，2011年立法项目共10项，《重庆市轨道交通条例》和《重庆市城市建设配套费征收管理办法（修订）》经重庆市人大常委会和重庆市政府审议通过，正式施行，《重庆市城市房地产开发经营管理条例》等8个立法项目推进之中。

【城市建设概况】 2011年，重庆市完成城市基础设施建设投资828.03亿元，占全社会固定资产投资7631.80亿元的10.85%。市政设施完成投资449.59亿元，同比减少5.91%，占已完成投资额度的54.30%；园林绿化完成投资101.88亿元，同比增长12.15%，占已完成投资总额的12.30%；污水处理完成投资23.12亿元，同比增长28.23%；市容环卫完成投资26.96亿元，同比增长33.73%；自来水的生产和供应完成投资24.48亿元，同比增长42.41%；热力燃气生产和供应完成投资23.19亿元，同比减少39.63%。

【轨道交通建设】 加快推进轨道交通178公里建设，计划完成投资160亿元。2011年实际完成投资163亿元，占计划的101.9%。一、二、三、六号"四线十段"178公里轨道建设进展顺利。其中，一号线一期工程（小什字—沙坪坝）、三号线全线开通试运营，新建成轨道通车里程55公里，全市轨道通车里程达75公里，连接主城七区，辐射渝中半岛、沙坪坝、观音桥、杨家坪等"五大"商圈及中央商务区(CBD)，并无缝衔接了江北机场、火车北站、沙坪坝火车站等大型交通枢纽。重庆市轨道交通线网的基础骨架已初步形成，正式步入网络化运营新时代。

【主城区城市道路建设】 新开工40项，续建45项，计划完成投资100.9亿元。2011年实际完成投资102.2亿元，占计划的101.3%。机场路拓宽改造、鱼洞长江大桥下游幅桥、一纵线(学堂堡至中心站段、西永段)、嘉华大桥南延伸段一期等21条道路48.08公里完工，空港东路立交、华唐路立交等11座立交建成通车；新开工一纵线高新区段、三横线东段等32条道路87.05公里，巴南立交、南温泉立交等8座立交。各区结合实际情况，在《市级计划》基础上提速并同步配套实施了一批重要道路工程，包括江北区建新中学北侧道路、南岸区丹龙南路等。2011年，主城区城市道路建设累计完成投资163.5亿元，新增城市道路132.08公里，主城区城市道路通车里程达3470公里。

【换乘枢纽及公交站场建设】 新开工11项，续建8项，计划完成投资9.09亿元。2011年实际完成投资9.48亿元，占计划的104.3%。换乘枢纽方面，继续推进两路、四公里换乘枢纽建设，开工西永、茶园、鱼洞等3个换乘枢纽。公交站场方面，建成外河坪、重棉等5个公交站场，新开工陈庹路、大竹林、大石坝等8个公交站场。

【高速公路建设】 计划完成投资144.86亿元，2011年实际完成投资145.53亿元，占计划的100.5%。二环八射高速公路网全面建成，覆盖除城口、巫溪、丰都以外的其他37个区县(自治县)，通车里程达1865公里，高速公路网密度达2.4公里/百平方公里，居西部地区第一。铜梁至永川等7个项目350公里高速公路顺利实现开工，成渝复线、沿江高速等15个在建项目736公里进展平稳，全市高速公路在建总里程达1086公里。

【港口和航道建设】 续建3项，计划完成投资27.59亿元。2011年实际完成投资27.65亿元，占计划的100.2%。嘉陵江草街航电枢纽主体工程如期完工、渠化航道180公里，乌江白马至河口航道整治工程开工建设；寸滩三期主体工程完工，主城果园港二期及扩建工程取得阶段性成果。全年新增港口货物和集装箱通过能力1400万吨、40万标箱，分别达到1.4亿吨、240万标箱。

【铁路建设】 计划完成投资132.62亿元。2011年实际完成投资139亿元，占计划的104.8%。受全国铁路建设大调整和银根紧缩影响，国家对铁路建设采取"降低高铁设计标准、放缓在建项目建设步伐、暂停审批新项目、全面开展安全大检查"等措施，加之铁道部资金筹集出现困难，计划2011年全线开工的渝黔、渝万、三南铁路3个项目均未实质性动工；在建的兰渝、渝利等6个项目不同程度地出现停工现象。

【航空设施建设】 计划推进江北机场第三跑道及东航站区、巫山机场前期工作。江北机场第三跑道及东航站楼项目征地和拆迁安置、管线及道路改移等前期工作已经启动，控制性工程及试验段如期顺利开工建设。巫山机场项目正在结合通用航空规划开展项目可行性论证工作。

3. 建筑业和工程建设

【建筑业与投资保持协调增长、平稳发展势头】 2011年，重庆市完成建筑业总产值3320.19亿元，同比增长31.0%，占年度目标任务2900亿元的114.49%。实现建筑业增加值852.34亿元，同比增长19.6%，对地区生产总值(GDP)的贡献率为10.0%，拉动经济增长1.6个百分点。建筑业总产值、增加值保持较快增长势头，"一小时经济圈"、"渝东南翼"稳定增长，"渝东北翼"增速最高、增速高于全市13.8个百分点，"一小时经济圈"的总量仍占主导地位；市工程建设招标投标交易中心工程项目入场交易个数与去年同期相比增长39.2%，交易金额较大幅度增长、同比增长67.5%；房屋建筑和市政基础设施的建设工程质量总体处于受控状态、安全生产形势基本稳定，建筑行业健康发展。

【工程造价】 重庆市发包工程4968个、同比增长1.0%，工程造价1428.3亿元、同比增长48.1%。其中公开招标工程2510个，工程造价569.4亿元，占比分别为50.52%和39.87%；邀请招标766个，工程造价173.6亿元，占比分别为15.42%和12.15%；直接发包1692个，工程造价685.3亿元，分别占比34.06%和47.98%。其中市管项目发包工程257个(公开招标工程147个，邀请招标工程34个，直接发包工程76个)，工程造价287.73亿元。重庆市国有资金发包工程3305个，工程造价784.03亿元。

【招标投标管理】 重庆市工程建设招标投标交易中心工程建设项目交易总数2143个、同比增长39.2%，交易金额1115.51亿，同比增长67.5%。

其中，施工类房屋与市政工程1543个，交易金额882.56亿元、占总额79.1%；施工类专业工程159个，交易金额190.8亿元、占总额17.1%；勘察设计、监理、采购、建设管理代理项目441个，交易金额42.15亿元、占总额3.8%。

【建筑市场管理】 重庆市新开工项目3761个，同比下降12.02%；新开工面积9174万平方米，同比增长15.16%；建安造价1373亿元，同比增长46.14%。新增建筑企业408家，重庆市建筑企业6680家，其中施工总承包企业1813家，专业承包企业2948家，劳务分包企业1919家。共1158家（次）重庆市企业出渝参与投标，中标工程814个，总造价223亿元，总建筑面积1948万平方米；共544家市外企业入渝。重庆市建筑业输出农村富余劳动力161万人，其中本市90万人，市外71万人。重庆市从事建筑劳务人员128万人，其中本市农民工90万人，本市非农民工26万人，市外入渝农民工12万人。重庆市净输出农民工59万人。

4. 城镇化建设

2011年，各远郊区县共实施社会事业发展专项资金项目（简称"3000万元项目"）97个；项目总投资97.3亿元；完成投资31亿元，占总投资的31.9%，占年度计划投资的103%，完工项目达30个。

【区县整治】 30个远郊区县整治旧居住小区共66个，占地面积114.5万平方米，建筑面积268.9万平方米，涉及3.2万户，人口约12万人。整治完成投资4.7亿元，改造建筑外立面679栋、106万平方米，整治绿化14.5万平方米，补植各种苗木13万株，翻修人行道20.6万平方米，改造或新建小区道路41.5公里，拆除违法建筑2.9万平方米，规整架空线缆22.2公里，清理户外广告、规范店招店牌2590块，增加居民健身、休闲场所等设施7万平方米。各远郊区县完成主干道环境综合改造83段165公里，累计完成投资31亿元。其中架空线下地136.7公里（其中强电75.6公里，弱电60.7公里）；建筑立面整治房屋3808栋、686.8万平方米；市政环卫设施改造人行道铺装162.2万平方米；园林绿化整治补植各种苗木145.3万株、绿化面积138.1万平方米；广告、店招整治规范44989块。

【新农村建设】 截至12月底，重庆市启动农民新村建设609个，开工建设巴渝新居61679户，启动改造农村危旧房126170户（D级危房改造52063户），分别占年度计划的121.80%、123.36%、121.43%（104.13%）；竣工农民新村519个，巴渝新居5.2万户，完成改造农村危旧房12万户（D级危房5.1万户），分别占年度计划的103.80%、104.00%、115.50%（102.00%）。

5. 建筑节能与科技教育

【建筑节能工作】 建筑节能初步设计审查：全市建筑节能初步设计审查通过1534个项目，建筑面积7709.04万平方米。建筑能效测评标识：全市能效测评项目共2584栋，建筑面积2352.58万平方米。绿色建筑评审：完成绿色建筑设计标识评审项目3个，建筑面积33.16万平方米。完成绿色生态住宅小区预评审19个，建筑面积522.09万平方米；完成绿色生态小区终审项目10个，建筑面积95.69万平方米。建筑节能材料推广：完成建筑节能技术备案项目283个。可再生能源建筑应用：全市组织实施可再生能源建筑应用示范项目27个，示范面积386.6万平方米。

【科技教育工作】 教育培训。全年共开展专业技术管理人员岗位培训50552次，核发证书31631个，培训并核发专业技能岗位证书72679个，开展继续教育36588人次。工程建设标准化。成功组织申报主编《轨道交通桥梁设计规范》等4项工程建设国家标准，完成2项国家标准的编制，住房和城乡建设部批准发布；完成3项国家标准的送审稿，并通过住房和城乡建设部组织的专家审查；组织制定并批准发布《公共租赁房设计标准》等24项工程建设地方标准。

【科技创新】 制定并印发2011年建设科技项目计划，共168项。完成建设科研成果102项；8项成果被列入2011年国家级工法；10项建设科技成果获2010年度重庆市科技进步等奖。开展首届建设科技创新奖评选。成功举办第五届"城博会"。

【新技术推广】 编制并印发《重庆市建设领域禁止、限制使用落后技术通告（第七号）》，对38项落后技术实施禁限；认定19项建设领域新技术。

【成品住宅建设】 举办2011中国（重庆）成品住宅建设与住宅产业化高峰论坛，新开工建设成品住宅商品房250万平方米。

（重庆市城乡建设委员会　邹隆军）

6. 房地产与住房保障

（1）房地产业

【房地产投资建设保持增长】 2011年，重庆市完成房地产投资2015.09亿元，同比增长24.4%。房屋新开工面积6824.36万平方米，同比增长

8.1%；施工面积20397.24万平方米，同比增长19%；竣工面积3424.33万平方米，同比增长30.4%。其中保障性住房建设支撑较大，全年投资605.96亿元，新开工3286.41万平方米，分别占总额的30.1%和48.2%。

【新建商品住房交易合理回落】 全市成交商品住房2346.94万平方米，同比下降26.99%，其中主城区成交1262.56万平方米，同比下降29.2%。全市商品住房成交均价5163元/平方米，同比上涨17.07%，其中主城区成交均价6390元/平方米，同比上涨10.9%，涨幅同比均大幅下降。根据国家统计局发布数据，重庆主城区新建商品住房价格同比指数总体呈下降趋势，环比指数稳定在100左右，处于全国70个大中城市和35个重点城市中的低位，较好完成年初制定的房价控制目标。

【二手住房交易阶段下滑】 全市二手住房成交面积1104.19万平方米，同比下降38.5%，其中主城区二手住房成交面积为338.04万平方米，同比下降40.79%；远郊区县二手住房成交面积为766.15万平方米，同比下降37.43%。

【应税住房约束效应明显】 应税住房成交占比和成交价格双双下降，应税住房成交量同比降幅较商品住房更为明显。1月28日至12月31日，独栋和高档应税住房成交75万平方米，同类住房成交面积占比同比下降4.3%；成交量同比下降48.5%，较同期商品住房成交量同比降幅高18.9%；应税住房成交建面均价13656元/平方米，较房产税实施前(1月1~27日)同类住房成交均价下降6.9%。

(2)住房保障

【廉租住房保障】 贯彻落实《关于将城市廉租住房保障范围扩大到城市低收入住房困难家庭的通知》(渝办发〔2009〕135号)文件精神，实现公租房与廉租住房制度衔接，加快解决城市低收入家庭住房困难。顺利完成国家下达新建17万套廉租住房的年度目标任务，全市新开工廉租住房17.42万套、建筑面积789.47万平方米，竣工廉租住房0.6万套、建筑面积28.86万平方米，完成年度投资85.49亿元。全市全年新增保障家庭0.8万户，廉租住房累计保障16.51万户。

【住房制度改革】 全年出售公有住房1095套、建筑面积5.88万平方米，归集单位售房款1678万元、公共维修基金437万元。新审批集资合作建房471套、建筑面积3.06万平方米，完善房屋产权1362套、建筑面积11.8万平方米。组织开展市有直管公房房屋现状及租赁管理情况、重置资金归集使用情况的清理工作。

【住房货币化分配】 根据《重庆市住房货币化分配实施方案》(渝府发〔2005〕592号)、《重庆市市级机关事业单位住房补贴办法》(渝府发〔2005〕93号)，稳步推进住房补贴工作，全年新审批机关事业单位24个、涉及991人，发放住房补贴1932.68万元。办理按月补贴机关事业单位32个、涉及2304人，发放住房补贴824.55万元。加强对自筹资金单位住房补贴工作的指导、宣传，帮助单位及时启动住房补贴工作，全年办理19个单位、涉及1676人，发放住房补贴2324.49万元。

【经济适用住房建设】 加强经济适用住房项目监管，规范项目建设行为。全年经济适用住房完成投资90.32亿元，占年度计划的113%；区县新开工经济适用住房6.28万套、建筑面积505.5万平方米，完成年度计划的126%；竣工面积经济适用住房3万套、建筑面积240.6万平方米。

(3)公积金管理

【维护职工权益，缴存扩面稳步发展】 在以缴存扩面为重点、公积金制度在行政事业单位及国有企业实现全覆盖的基础上，以非公有制企业为重点，加强宣传培训，较好维护了职工合法权益，制度覆盖面不断扩大，缴存额稳步增长。全年新增2283家缴存单位、24万名缴存职工，分别同比增长11%和13%，实现缴存额127.20亿元。截至2011年末，重庆有2.3万多家单位近202万职工建立公积金制度，制度覆盖面为81%，公积金制度受益人群不断扩大。

【加强资金使用，引导合理住房消费】 为促进房地产市场健康发展、解决普通职工住房问题，积极引导和帮助职工提取和贷用公积金购、建自住房。通过公积金提取、个贷政策的创新、管理流程优化，较好发挥了公积金在增强职工购房支付能力方面的作用。全年办理职工提取和发放贷款143.43亿元，占同期归集额的113%。其中，职工提取使用59.27亿元，用于购建房和偿还贷款的占82%；职工贷用公积金54.16亿元，88%支持了购买商品房单价在7000元/平方米以下的购房人；发放公积金支持公租房项目贷款30亿元，促进了公积金住房保障作用的进一步发挥。

【强化风险控制，资产管理成绩明显】 在加强资金运作的同时，不断加强内控制度建设和风险防范，所管理的560亿元公积金没有发生任何资金风险，尤其是在既要保证使用效果又要保证资金安全的"双保"要求下，公积金个贷坚持"促进个贷发放和加强风险管理"两手抓，公积金个贷逾期率逐年降低。2011年底，在全市公积金个贷余额150多亿元中，逾期贷款仅有88.44万元，逾期率为0.06‰。

【创新制度发展，两个效益有效发挥】 与建设银行重庆分行研发和优化公积金个贷发放模式，不断创新公积金管理，有力地推动了制度发展，取得较好成果。全市实现收益3亿元、建立贷款风险准备金9800万元、提供廉租住房建设补充资金3000多万元。

(重庆市国土房管局　陈克勋)

四 川 省

1. 概述

【灾后恢复重建工作全面完成】 2011年，加快推进"5·12"地震重灾区城镇住房重建和重点城镇基础设施恢复重建的收尾工作，继续抓好重建住房工程质量安全、分配安置及入住后的管理，胜利实现灾后恢复重建目标任务。到2011年9月底，需重建的25.91万套城镇住房全部完工，38个重点城镇完成重建项目，建成一批布局合理、功能配套、环境优美，极具时代特色的新城镇、新农村。

【新型城镇化进程加快推进】 研究制定《四川省"十二五"城镇化发展规划》，配合省人大审议出台《四川省城乡规划条例》。全面启动新一轮省域城镇体系规划和市(县)城市总体规划修编及四大城镇群规划编制工作。按照"两化"互动发展的要求，报请省政府在西昌召开全省推进新型城镇化工作会议，加快推进新型城镇化。组织编制完成《四川省成都天府新区总体规划》，开展分区规划和起步区详细规划及城市设计，确保"天府新区"起步区建设顺利开工。城镇化速度进一步加快，全省城镇化率提高1.65个百分点，达到41.83%。

【保障性安居工程建设成效显著】 为确保圆满完成2011年国家下达的四川省35.24万套保障性住房建设和棚户区改造任务，全省保障性安居工程建设取得显著成效，共开工建设保障性住房和棚户区改造安置房39.18万套，竣工16.2万套，超额11%完成国家下达的目标任务。加强住房公积金监管，支持保障性住房试点成效明显，利用公积金结余资金发放建设项目贷款7.1亿元，支持建设保障性住房1.13万套。全年新增公积金缴存348亿元，缴存总额1593亿元。加快实施全省农村危房改造，全年开工21.6万户、竣工20.5万户，四川省是全国开工率和竣工率都达到100%的9个省份之一。

【新村规划建设扎实推进】 按照"全域、全程、全面小康"和"三打破、三提高"的要求，借鉴地震灾区农房恢复重建规划编制经验，创新组织方式，开展"规划大会战"，加快推进新村规划建设，指导完成90个县域新村建设总体规划，规划建设新村5043个。集中组织6期市、州、县领导干部专题培训，总结推广灾后农房恢复重建经验，指导抓好新村规划建设，受到省委省政府的充分肯定。指导开展基层万人新村规划建设培训，组织20个规划设计单位，对口指导新村规划编制。各地坚持以点带面、示范推进，在"50+10"示范片率先启动新村建设试点工程，累计建设新民居68.5万户、新村聚居点3500个、新农村综合体60个，全省新村建设取得重大进展。

【城乡环境综合治理卓有成效】 认真履行治理工作牵头职责，配合省人大制定颁布《四川省城乡环境综合治理条例》。开展"五乱"治理、塑城乡风貌、添环境设施、推示范建设、重素质提升、建长效机制等工作。切实加强城乡垃圾处理，在5个城市启动生活垃圾分类处理试点，全省农村垃圾分类收集体系已初步形成。新增城镇生活垃圾无害化处理能力3350吨/日，新增城镇生活污水处理能力79.8万吨/日，设市城市生活污水处理率和生活垃圾无害化处理率分别达到80%和89%，城市生活垃圾无害化处理率位列全国先进水平。2011年，全省有7个城市、13个县城、100个乡镇、1000个村庄被省委、省政府命名为环境优美示范城镇乡村。

【房地产业平稳健康发展】 认真贯彻落实国家房地产市场宏观调控政策，抓细做实"促开工、促上市"各项工作，大力增加普通商品住房供应，引导开发企业加大建设投资力度，全省房地产开发投资和开工量大幅增加。同时，建立健全房地产市场动态监管机制，县级以上城市全部按时公布新建住房价格控制目标,并纳入政府目标考核,有效抑制投资投机性购房,重点监控城市房价走势平稳,调控工作取得阶段性成效。2011年全省完成房地产开发投资2836.7亿元,比上年增长29.3%,占全省固定资产投资的18.7%;房屋施工总面积2.7亿平方米,同比增长29.1%。

【建筑业发展再上新的台阶】 加快转变建筑业发展方式,勘察设计行业从设计咨询到项目管理、工程总承包,实现经营模式的多样化。强化建筑市场动态监管,全面推进项目信息公开和诚信体系建设,加强工程质量安全管理,全省建筑业总产值完成5300亿元,再创历史新高。成建制输出建筑劳务95万人,实现建筑劳务收入110亿元。大力推进建筑业技术进步与科技创新,建立国家、省、市和企业多层次示范工程,提升全行业整体技术水平。成都建工集团等12家企业荣获中国建设工程鲁班奖,华西集团等24家企业荣获国家优质工程奖。严格执行国家建筑节能政策和技术标准,将建筑节能纳入到建设各个环节进行管理,全省新建建筑施工阶段节能标准执行率达到95%。编制完成并审查通过国家标准3项、行业标准1项、地方标准8项,复审地方标准80项。全省推广使用散装水泥6140.6万吨,水泥散装率达42.4%,实现综合经济效益27.6亿元。大力推进政府投资项目代建制,省级政府代建项目累计完成投资12.98亿元,省广播电视中心、省妇幼保健院、省委党校综合教学楼全面建成。

【风景名胜区管理水平不断提升】 整合区域风景名胜资源,积极推进风景名胜区管理体制改革,加快风景名胜区总体规划、详细规划的编制,加强风景名胜区基础设施、旅游服务设施和保护管理设施的配套建设,以及监管信息系统建设。启动全省世界遗产总体保护规划编制,完成全省5处世界遗产地第二轮定期报告的基础性工作。

2. 建设法制

【立法工作】 2011年是四川省住房和城乡建设厅历史上立法项目完成最多的一年,圆满、超额完成立法任务。配合省人大各专委会、省政府法制办完成5件地方性法规、省政府规章的起草、调研,其中:经省人大常委会审议通过3件地方性法规,包括《四川省城乡环境综合整治条例》、《四川省城市供水条例》(修订)和《四川省城乡规划条例》。《四川省物业管理条例》进入最后一审程序,完成《四川省建设工程抗震设防管理办法》的调研。

【完善科学民主决策机制】 2011年,在全面加强依法行政制度建设的基础上,按照规范政府重大行政决策行为要求,坚持依法科学决策,制定《重大决策程序规定》、《重大决策听证制度》和《重大决策后评估制度》,完善作出行政决策的听取意见制度、合法性审查制度、风险评估制度、集体决定制度和实施情况后评估制度、责任追究制度。同时,坚持民主决策,大力推行决策公开。配合省人大、省政府出台地方性法规《四川省城乡环境综合治理条例》和《四川省城乡规划条例》,在起草过程中,公开向社会各界征集公众意见1000余条,在解决群众关心的问题上,让群众充分行使参与权。另外,按照"政府组织、专家领衔、部门合作、公众参与、科学决策"的要求,对所编制的城乡规划方案依法进行公告、公示,广泛征求专家和公众意见,不断提升群众参政议政的意识,拓宽群众参与渠道。

【行政执法责任制活动】 2011年,在总结2010年试点工作经验的基础上,在全省住房城乡建设系统全面开展深化行政执法责任制活动。重点是认真总结省厅及系统内8个示范单位的经验,在全省住房城乡建设系统各个单位面上推广,围绕建立完善岗位职责体系、规范行政行为、强化监督和考核、落实行政过错责任追究,狠抓落实。各级住房城乡建设行政主管部门积极行动,各自制定深化执法责任制实施方案,同时到住房城乡建设厅和在2010年同时与省厅开展示范活动的成都市建委等8个市县级示范单位走访学习,深化执法责任制活动在全省范围内积极开展。

【行政权力清理】 2011年,四川省住房城乡建设厅被省政府依法行政工作领导小组确定为开展行政权力清理、编制流程图工作的试点单位。印发《关于开展行政权力清理和编制流程图试点工作的实施方案》,按照职权法定、程序合法的要求,对2011年5月1日之前行政权力事项进行清理。清理后的行政权力共529项,其中行政审批(行政许可)16项;行政处罚432项;其他行政权力81项。依法对各类行政执法事项的名称和职权依据进行清理和规范,并报送省政府法制办,待法制部门审核确认后进行统一编码,编制目录,建立数据库,通过政府门户网站等集中向社会公布。凡找不到法律法规依据的,一律不作为行政权力保留。同时,对行使的432项行政处罚事项,全部细化、量化自由裁量权,依法公开裁量幅度和标准。还对行政权力运行流程进行优化再造,逐一编制权力运行流程图并向社会公开。

【行政复议规范化建设】 把加强行政复议工作、畅通复议渠道、完善复议制度作为重点,确保行政复议作为解决行政争议的重要途径，同时也确保对下级行政主管部门具体行政行为的有效监督。为规范行政复议工作，参照《四川省县级以上人民政府行政复议规范化建设实施方案》的要求，按照行政复议职能履行规范化、复议机构设置和职能配置规范化、专职人员配备规范化、专职人员资格规范化、复议制度建设规范化、经费保障规范化、办案场所规范化的要求进行规范，努力提升行政复议的能力。2011年全年收到行政复议申请15件，不符合受理条件不予受理3件，受理12件，办结11件，其中经过行政调解由申请人撤回复议申请或作出其他处理6件，维持原具体行政行为3件，撤销原具体行政行为2件。全部案件当事人均服判，有效化解矛盾纠纷，维护当事人的合法权益。

【对规章和规范性文件进行清理、修改】 2011年国务院令第590号《国有土地上城镇房屋征收与补偿条例》颁布实施，及时对原城市房屋拆迁管理方面的地方性法规、规章及规范性文件进行清理，并向省政府法制办建议废止地方性法规1部、修订省政府规章1部；清理出省政府及办公厅规范性文件4件，建议废止其中3件、修改1件；清理厅发布及联合发布的规范性文件23件，废止18件，拟修改5件。另外，根据《行政强制法》的规定，对12部地方性法规进行清理，对其中4件行政强制，向省政府法制办提出清理建议。

【加强对规范性文件的监督管理，行重大行政决策评估制度】 2011年，共制定规范性文件20件，均向省政府法制办报送备案。同时，共审查市、州住房城乡建设部门报送备案的规范性文件12件，没有发现与法律法规相抵触或违法的情形。对原地方性法规《四川省城市市容和环境卫生管理条例》的实施情况、社会效益等进行立法后评估，完成评估报告报送省政府法制办，成为制定出台的地方性法规《四川省城乡环境综合治理条例》的重要参考资料。

【行政管理体制改革】 2011年，结合行政权力网上公开透明运行试点工作，按照精简高效要求，对行政审批项目以及审批程序和流程进行梳理完善，修订建设类行政许可事项办事指南并上网发布。通过行政审批管理信息平台，企业可以适时查看申报事项办理动态、管理部门审批意见和文件通知等，增强行政审批的公开透明度。截至11月30日，共集中办理建设类行政许可和服务事项19688件，按时办结率、现场办结率均达到100%，群众满意率达到100%。在实行委托集中执法的基础上，制定《行政处罚管辖及重大行政处罚备案相关规定》，对全省住房城乡建设系统的行政处罚案件实行级别管辖制度。严格按照《四川省住房和城乡建设厅首问负责制等三项制度实施细则》，坚持以"公开为原则、不公开为例外"，认真抓好主动公开，围绕社会广泛关注、事关群众切身利益的重大事项，扩大主动公开信息量，及时公开住房城乡建设系统依法行政、实施民生工程、城乡规划建设、工程项目招投标等方面的政务信息，全年共主动公开政府信息17979条。妥善处理依申请公开，进一步规范受理、审查、处理、答复等各个环节流程，依法稳妥处理各种诉求和矛盾，增强依申请公开工作的主动性、针对性和实效性。

【行政执法】 2011年，继续加强行政执法队伍建设，全面提高执法人员素质，规范行政执法行为。积极开展专项执法检查，重点从工程建设领域、建筑节能等方面，先后组织检查组对市（州）、扩权县进行专项执法检查。据不完全统计，2011年全省住房城乡建设系统共接待群众来访（含投诉）29471人次，办理行政处罚案件27599件。共受理投诉举报72件，直接立案查处案件29件，实施行政处罚18件，没有发生行政不作为或乱作为的现象。全年所作的行政审批、行政许可、行政处罚、行政复议等具体行政行为，没有发生被人民法院、行政复议机关、行政执法监督机关撤销、变更或责令纠正的情形。

【依法行政监督检查】 严格执行新颁布实施的《四川省行政执法监督条例》，切实履行行政执法监督职责。根据行政执法监督通知书制度，2011年先后向郫县房管局、攀枝花市住房和城乡规划建设局发出行政执法监督通知书，及时纠正不适当的行政行为，维护当事人的合法权益。同时，自觉接受法律监督、民主监督、司法监督和社会监督，按照要求定期向省政府报告本部门依法行政工作情况，还在全省建设系统企事业单位聘请30名行业监督员，每半年召开一次行风评议座谈会，听取意见，改进工作。

【行政调解】 2011年，住房城乡建设系统在省"大调解"办、省法制办的帮助和指导下，按照省委、省政府关于抓好"大调解"工作一系列指示要求，认真贯彻落实省委主要领导关于"大调解工作要抓深、抓细、抓实"的重要批示精神，紧紧围绕"强化党政主导、落实主体责任、完善制度机制、加强队伍建设、推动衔接联动、攻坚疑难"的总体思路，坚持一岗双责，上下联动，左右互动，进一步完善行政调解工作体系和运行机制，将行政调解与行政执法、执法监督、信访维稳有机结合起来，并纳入目标管理范畴，通过抓深化、抓规范、抓成效，有效地化解矛盾纠纷，有力地促进社会和谐稳定。据不完全统计，2011年上半年住房城乡建设系统受理行政调解案126件，调解成功98件，成功率77.78%；其中：联动调解10件，调解成功6件，成功率60%。

【依法行政宣传】 根据《四川省法制宣传教育第六个五年规划》，结合全省住房城乡建设系统实际，制定下发《四川省住房城乡建设系统开展法制宣传教育的第六个五年规划》，并召开全省住房城乡建设系统"六五"普法暨依法行政工作会，对"五五"普法进行总结，安排部署"六五"普法工作，并对59个先进单位和75名先进个人进行表彰。在日常工作中，采取措施，切实加强依法行政宣传教育。组织参加四川人民广播电台的"阳光政务"节目，宣传建设行业法律法规。更新厅门户网站的法律法规专栏，将建设行业的100余部法律法规和30余部规范政府共同行为的法律法规以及与建设行业相关法律法规全部登录，供社会公众免费查阅和学习。出版6期《四川建设与法制》双月刊杂志，免费发放给各级建设行政主管部门和建设系统各企事业单位，为全省建设系统搭建法制宣传教育的平台。

【依法行政考核】 严格按照新制定的《四川省住房城乡建设系统依法行政落实执法责任制评议考核办法》，年底完成对机关各处室、各直属单位和各市、州住房城乡建设部门推进依法行政落实执法责任制情况的评议考核，并将考核结果纳入绩效考核体系。同时按照《四川省住房和城乡建设厅行政执法责任制个人考核办法》，由厅行政执法责任制工作领导小组对厅机关及其直属单位的行政执法人员贯彻执行建设行政执法责任制情况进行年度考核，考核结果为全部合格。

3. 城乡规划

【规划编制】 建设"天府新区"，被列为省委省政府的"一号工程"，经比选确定由中国城市规划设计研究院承担《天府新区规划》编制任务。四川省成都天府新区形成总体规划、分区规划和控制性详细规划为一体的完整规划体系。在调研考察全省城镇化基本情况的基础上，经多方征求意见和专家论证，形成《四川省"十二五"城镇化发展规划》草稿，报经省政府专题会议审议通过。相继完成眉山、都江堰、青川、汶川、黑水县、名山蓬溪等地新农村建设总体规划、村庄规划27项。相继完成各类风景区规划48项，包括蜀南竹海、剑门蜀道、彭祖山、鼓城山——七里峡、阴平古道、三亚鹿回头景区等风景名胜区总规及修详。

【新一轮省域城镇体系规划修编和四大城镇群及中心城市规划编制】 相继完成城市规划类项目196项，同时，加强城镇风貌、历史文化保护、综合防灾等专项规划工作，完成各类专项规划134项，包括甘孜州州域城镇体系规划、南充、康定、武胜、金堂、盐亭、仁寿、越西、蓬溪、西充、营山等城市总体规划，德阳、南充、巴中、江油等经济开发区、工业园区规划，邻水县城重点地段风貌整治规划、甘洛县城消防规划、黑水县城道路桥梁专项规划、甘孜康北特色农产品集中控详、成都市温江区环卫体系规划等专项规划。

【城乡环境综合治理规划】 完成各类整治规划18项，并参与全省相关培训工作。

【规划审批管理】 积极组织开展城乡规划审查报批工作。2011年组织完成越西、西昌、雅安、成都、岳池、阿坝县、泸州、资阳、眉山、长宁、乐山（纲要）、资中、乐至、自贡（纲要）等14个市、县总体规划成果及纲要的审查工作，正式批准剑阁、马尔康、南充、江安、古蔺、苍溪等6个市、县城市总体规划。组织自贡市历史文化名城规划审查工作。

【规划修编评估】 指导各地开展总体规划实施情况评估工作，2011年组织评估蓬溪、开江、仁寿、北川、名山、营山、雅江、通江、甘孜县、渠县、德荣、蓬溪、宣汉、仪陇、叙永、犍为、马边17个县城的城市总体规划实施情况，并批准仁寿、越西、北川、天全、高县、马边6县正式开展规划修编工作。

【历史文化名城保护】 2011年初，根据住房和城乡建设部、国家文物局《关于开展国家历史文化名城、中国历史文化名镇名村保护工作检查的通知》，联合省文物局开展历史文化名城、镇、村自查工作，认真发现问题，督促各地抓好历史文化名城保护工作。5月，住房和城乡建设部、国家文物局来川检查四川省历史文化名城镇村保护工作，实地查勘自贡、阆中市历史文化名城保护情况，并对四川省历史名城保护工作给予充分肯定。此外，推动四川省历史文化名城申报工作，会理县已经国务院批准，正式成为四川省第8个国家级历史文化名城。

【重大项目规划】 在国家和省级重大项目建设上，按照相关城乡规划审核项目，并对重要的工业项目完善规划论证工作，推进全省重大项目建设，2011年，办理包括公路、电力线路、污水处理厂、港口、机场、桥梁、火电厂、水利、产业等56个重大项目的选址意见书。

4. 城市建设

【市政公用基础设施建设】 2011年，全省通过加快完善政府特许经营制度，规范招投标行为，支持非公有资本积极参与市政公用基础设施投资、建设与运营等措施，完成省政府下达的全省城市基础设施建设投资360亿元的任务，城镇供水、供气、污水垃圾处理等市政公用基础设施建设水平得到提高。

【污水处理】 截至年底，全省已建成县级城镇生活污水处理厂135座（另有98座乡镇生活污水处理厂已建成投运），除阿坝、甘孜、凉山三个少数民族地区外，全省已基本实现县级以上城市都建有城市污水处理厂的目标；全省生活污水处理能力512.3万吨/日；污水处理厂运行负荷率85.9%；全省城市生活污水处理率达80%；全省COD削减量达23.12万吨，比上年同期增长17.19%；氨氮削减量达2.42万吨，比上年同期增长18.95%。

【垃圾处理】 全省已经建成并投入使用的垃圾无害化处理场108座，处理能力为25194吨/日，其中生活垃圾填埋场102座，处理能力20884吨/日，垃圾焚烧厂6座，处理能力4310吨/日。2011年，全省设市城市生活垃圾无害化处理率达到89%。

【城市照明】 拟定《四川省城市照明管理实施细则》，指导各地编制城区城市道路照明专项规划，大力推广高效节能灯具，严格控制城市景观照明，顺利完成节能减排工作任务。

【燃气管理】 在燃气工程建设中，严格遵循燃气工程设计首先必须满足安全要求的原则，严格按照工程设计图进行施工和竣工验收，严格考核检查设计、施工、监理等单位和人员的资质、岗位技能，并要求从业人员持证上岗。在施工过程中，派出专职安全管理人员到现场巡回监督检查，一旦发现违规行为和安全隐患，及时督促整改，确保燃气工程和设施投入使用后的安全。修订完善《燃气安全事故应急救援预案》，开展岗位技术练兵活动和安全应急演练。按照《作业场所职业健康监督管理暂行规定》的要求，加强职业危害防范和职业危害岗位、场所的检测，并组织职工定期进行体检，确保职工的人身安全和身体健康。起草《四川省燃气行业反恐怖防范工作标准》。该标准结合实际，突出行业特点，明确防范措施，确保燃气经营的正常开展，确保管网和设施设备的运行安全。

【适时修订燃气行业的地方标准】 组织有关专家、学者，对四川省工程建设标准《燃气用衬塑（PE）、衬不锈钢铝合金管道工程技术规程》（DB51/T 5034—2006）、《燃气用环压连接薄壁不锈钢管道工程技术规程》（DB51/T 5035—2007）（以下简称《两规程》）进行逐条逐句的修订编写。征求省内27家燃气经营企业的修改意见，最终形成《两规程》修订送审稿。经组织质监、消防、高校、科研、设计、燃气施工及经营企业等单位的专家审查，上述《两规程》顺利通过评审。

【拟定燃气行业新标准】 针对燃气用户的需求和施工安装的相关标准，在调查研究、多方论证后，拟定《城市燃气室内管道暗埋规范（初稿）》。

【供排水管理】 配合省人大、省政府部门完成《四川省城市供水条例》和《四川省城市供水条例释义》的修订工作。按四川省江河流域分别在北川、茂县、南充、峨眉山、攀枝花等地召开《四川省城市供水条例》宣贯会，对各市建设、水务、城管部门、各供水公司进行《四川省城市供水条例》8个章节的宣贯和讲解，使新修订的《条例》得以贯彻实施。结合《四川省城市供水条例》的贯彻实施，为规范全省城市二次供水管理，组织专家完成《四川省城市二次供水管理办法》征求意见稿，该《办法》将于2012年上半年颁发实施。

【供排水行业监管】 落实运行监管办法，严格实施对供水排水企（事）业单位的运行考核评价和换证工作。2011年经对全省供水排水企（事）业的运行考核评价，经审批有4个供水企业获"供水运行合格证"，13个排水企业获"污水处理厂运行合格证"。完成全省136个县级城市城镇污水管网"十二五"建设任务量填报及工程建设项目审核工作。年底完成城镇供水"十二五"技术改造规划上报工作。绘制"全省城镇供水排水数据图"一套共25张，"全省流域供水排水应急指挥图"一套共7张。"数据图"和"应急图"的制作完成，加强全省供水排水建设和运行的管理，提高全省城镇供排水应急处置指挥和应急调动的能力。

【开展《城市供水应急预案》编制工作情况摸底调查工作】 根据对部分地级城市供水企业应急预案编制的检查，发现有些单位预案编制操作性不强等问题，组织供水委和科技委专家编写《四川省城市供水突发事件应急预案（示范文本）》。并在全省范围内开展《城市供水应急预案》编制工作情况摸底调查,以促进四川省各供水企业编制的应急预案在应对突发性事件时有可操作性。

【举办"新标准《城市污水处理厂运行、维护及其安全技术规程》CJJ 60—2011 宣贯班"培训会】 7月1日新的《城镇污水处理厂运行、维护及安全技术规程》行业标准发布后,排水委于6月举办为期两天的"宣贯班",会议邀请参加标准制订的专家讲课,收到较好培训效果。

【举办西部首届城市污水处理暨污泥处理处置技术高峰论坛】 6月23日,由四川、重庆、贵州水协;重庆大学环工院;中国市政工程西南设计院;成都排水公司联合举办的《高峰论坛》会议在成都召开,来至全国44个城市,126名代表参加会议。

【全国城市供水水质普查】 配合住房和城乡建设部办公厅和卫生部办公厅开展2011年全国城市供水水质普查工作,委托国家城市供水水质监测网重庆监测站,对全省31个设市城市56座自来水厂的出厂水水质,进行《生活饮用水卫生标准》所规定的106项中的98项水质指标检测普查,有7座水厂氯酸盐超标,46座水厂全部合格(另有3座水厂未检测),水厂普查合格率为87%。

【城市节水管理】 为搞好2011年的全省节约用水工作,起草《关于进一步做好创建节水型企业(单位)验收工作的通知》和《关于〈关于进一步做好创建节水型企业(单位)验收工作的通知〉备案的报告》,联合省经信委起草《关于批准四川省第十三批"节水型企业(单位)"的通知》,保证年度城市节水工作有组织、有计划、有目标的开展。组织验收节水企业、节水宣传周活动。组织并参与对成都市及区、县节水型企业(单位)验收工作,指导遂宁市创建节水型城市和绵阳市创建成果巩固工作。负责起草《关于开展2011年"全国城市节约用水宣传周"工作的通知》和《关于2011年城市节水工作安排和全国城市节水宣传周活动性的报告》,并以此为动力,推动全省节约用水活动的健康开展。

【城乡垃圾处理机制建设】 贯彻落实《关于进一步加强城市生活垃圾处理工作意见的通知》精神,指导各地推进垃圾处理机制建设工作:初步建立起农村垃圾分类收集体系,全年全省已有80%的村庄建起垃圾分类收集点。不断加强乡镇保洁队伍建设,全省已有4270个乡镇配备保洁员,占乡镇总数的97%;有37984个行政村配备保洁人员,占行政村总数的80%;全省村级保洁员数量已达17万余人。拓展创新垃圾处理运作方式,建立起"因地制宜、村民自治、市场运作"的"丹棱模式"和"建立一套设施体系、建设一支工作队伍、坚持一条群众路线、强化一把监督尺子"的"罗江模式"。

【城市管理和行业运行监管】 继续推进12319建设事业服务热线、数字化城市管理和城市"绿色照明"等工作,并配合开展"平安畅通县区"评选和无障碍设施建设工作。贯彻落实国家和省相关法律法规,坚持节假日及重大活动集中整治与日常监管相结合,抓好城市供排水、城镇燃气、城市道路桥梁安全运行。组织专家组分赴各地开展供水水质专项调研检查,督促各地确保城镇供水安全。开展城镇燃气安全运行大检查,排查隐患,整改问题,引导各地增添可行措施确保安全运行。组织督查检查组,对县城的污水处理设施、垃圾处理设施建设和运行情况进行检查,并督促整改存在的突出问题。

【市政公用行业改革】 指导各地坚持政府主导与引导市场机制相结合原则,持续推行特许经营权制度,不断深化供排水、城镇供气、市容环卫行业改革,提高改革决策的科学性。按照市场化原则,不断规范和发展城镇给排水、燃气、市容环卫等行业协会、商会等自律性组织,指导各类行业协会发展创业辅导、筹资融资、市场开拓、技术支持、认证认可、信息服务、管理咨询、人才培训等社会服务。

【风景名胜区灾后恢复重建】 至2011年末,全省风景名胜区的灾后重建任务已按期完成,如都江堰景区先后投入数亿元,完成二王庙的重建,并加强景点和步游道安全设施的改造,给游人耳目一新的感受;九寨沟和黄龙景区对景区厕所及服务设施进行改造,获得国内外游人的一致好评。

【风景名胜区内重大交通和基础设施建设】 以建设项目的审查和管理为抓手,先后完成包括武都引水第二期灌区工程穿越剑门蜀道风景名胜区、雅康高速公路穿越二郎山风景名胜区、新都桥500kV线路穿越贡嘎山风景名胜区等10多项重大交通和基础设施建设的论证和审批工作。

【风景名胜区规划编制】 为给风景名胜区保护、建设和发展提供依据。2011年,组织编制贡嘎山、剑门蜀道等国家级风景名胜区总体规划,组织编制并审查马湖、朝阳湖、佛宝、九龙沟、云台、夔王山等省级风景名胜区总体规划以及峨眉山、光雾山—诺水河等重点风景名胜区的详细规划。其中马湖、朝阳湖省级风景名胜区总体规划已顺利获得省政府批复并实施,为风景名胜区的保护、建设和发展提供蓝图。

【园林城市创建】 至2011年末,全省已创建国家级省级园林城市、园林县城、城镇 30 个,其中国家级园林城市 8 个,国家园林县城 1 个,国家园林城镇 1 个;四川省园林城市和园林县城 20 个,四川省园林城镇 12 个,为推动城乡统筹,命名四川省园林村庄 9 个,开展创建园林式单位和园林式小区,省级园林式单位 169 家,省级园林式居住小区 76 家。园林绿化工作的开展,提升城镇的风貌,为城乡环境综合治理增彩,城乡环境综合治理,其中内容包括"除陋习、树新风",集中整治"三乱"专项行动,实施"五十百千"示范工程。城乡风貌塑造,环境基础设施建设。

【园林绿化指标】 至 2011 年底,城市绿地率达 28.9%,绿化覆盖率达 32.7%,人均公园绿地达 8.44 平方米,在全国处于中上水平,创建园林城市个数居西部第一。

5. 城乡环境综合治理

【"五乱"治理】 2011 年,各地各部门按照省委省政府城乡环境综合治理的要求,坚持将治理"垃圾乱扔、广告乱贴、摊位乱摆、车辆乱停、工地乱象"顽症作为城乡环境综合治理的基本要求和重要工作来抓,在节假日、重大纪念活动等时点和城镇背街小巷、城乡结合部等重要节点上加大治理力度,推进治理工作向基层、村庄、盲点死角延伸,扩大工作覆盖面。据统计,全省共投入资金 2.6 亿元开展"五乱"治理,仅拆除的违章设置户外广告和店招店牌达 77 万余个,清除"牛皮癣"758 万处,治理机动车、非机动车违章停放 213 万余辆,有效改变城乡环境"脏乱差"现象。

【环境设施建设】 在国家和省专项补助资金的引导下,全省各地共筹集资金 5.4 亿元用于城镇生活垃圾处理场、污水处理厂建设和增添环卫设备,增强环境承载能力。到年底,全省设市城市生活垃圾无害化处理率达到 89%,居全国先进水平;生活污水处理率达 80%,居西部领先地位。城市垃圾分类收集处理和餐厨垃圾处理试点工作已经启动。农村垃圾"村收集、乡(镇)运输、县处理"机制建设深入推进,全省农村保洁员总人数达 18.5 万人。

【风貌塑造】 年内,各地各部门按照"四注重、四提升"、"三打破、三提高"原则,注重功能完善和品位提升,扎实推进城乡风貌塑造工作,打造一批具有浓郁民族、地域特色的城镇、村庄和历史文化街区,传承历史,展现文化底蕴。全省各地共投入资金 239.4 亿元,打造特色街区 1046 条,改造特色农房 23.8 万余户,治理背街小巷 1647 条、"城中村" 347 处,清理建筑立面 2000 余万平方米,新增绿化面积 2388 余万平方米;国、省干道沿线和重点城镇、乡村已基本完成风貌塑造工作,有效地提升城乡形象。

【示范工程建设】 各地按照省委、省政府实施"环境优美示范工程"的要求,大力推进"五十百千示范工程"建设。通过自荐、推荐、民意调查、媒体公示等程序和严格考核评定,全年全省有 7 个城市、19 个县(市、区)和 100 个镇乡、1000 个村庄获得省委、省政府的命名。这些单位和 2010 年已获命名的环境优美示范城镇乡村,引领和带动全省治理工作不断向纵深推进。

【常态治理】 年内,省人大常委会制定颁布《四川省城乡环境综合治理条例》(以下简称《条例》),治理工作走上法制化轨道。各地各部门以多种形式宣传贯彻《条例》,城乡环境综合治理机构设置、队伍建设、经费保障、考核监督、责任追究等机制建设逐步健全完善,治理工作进一步规范化、制度化、常态化。部分市、县(市、区)按《条例》规定成立城乡环境综合治理常设机构,明确工作职责、行政编制和领导职数。各地将城乡环境综合治理经费纳入财政预算,投入不断增长。暗访—督查—曝光—问责机制作用进一步发挥,到年底,全省各地共通报批评责任单位、部门 2294 个,问责治理工作不力人员 1096 人,有 164 人受到撤职(辞退)处分。

6. 村镇建设

【新村规划建设】 为贯彻落实"全域、全程、全面小康"的新村规划要求,加强全省新村规划编制工作,住房城乡建设厅制定下发《四川省县域新村建设总体规划编制办法》和《四川省新村建设规划编制办法》,为各地编制新村建设规划提供可靠依据。把 2011、2012 两年作为新村建设的"规划年",组织各级规划技术队伍开展"规划大会战"。截至年底,完成县域新村建设总体规划 112 个,约占总任务的 64%,其中,"50+10"县域新村建设总体规划的编制工作已基本完成,新启动的 116 个县域新村建设总体规划的编制正在按进度推进,有 52 个县(市、区)完成县域新村建设总体规划;完成新村(聚居点)建设规划 18201 个,约占任务总数的 25%。各地坚持点片面结合,示范带动,扎实推进新村规划建设工作。10 个整县推进新农村建设县和 50 个省级新农村建设示范片的县分别在全县域或 2 个以上的镇乡,率先启动新村建设试点工程。其余各县也选择基础较好的镇乡开展新村规划建设试点。截至 9

月底，"50+10"示范片累计建设新民居68.45万户、新村聚居点3500个、涉及农户30.3万户、探索建设新农村综合体60个，新村建设取得阶段性成效。

【"牧民定居行动计划"】 2011年是实施牧民定居行动计划第三年，要完成2.58万户、12.6万藏区牧民群众的定居年度目标任务，为此，省住房城乡建设厅和各对口支援市积极组织技术力量，分赴一线开展规划设计和定居点建设的技术指导和对口支援工作，为牧民定居点做出突出贡献。全年全省藏区牧民定居点已完工定居点242个，完工率68.17%；已完成定居房建设23293户，完成率90.43%。道路、水电、广播、电视、通信等硬件支撑基本满足定居点的生产生活需要。全省藏区已配套建成村民活动中心1068个；建成连接公路5113公里、定居点内便道1593公里、供水管网3681公里、打井2184口、建成水源点618处、垃圾收集点2041处、建成10千伏输电线路2064公里、30kVA变压器832台、60瓦太阳能发电设备2548套、有线广播118处、卫星电视接收设备29700套、配备移动通信信号发射塔171处。

【农村危房改造】 2011年，省政府第80次常务会议决定2011~2012年，结合中央安排的农村危房改造补助资金中央和省级财政配套补助资金，全面完成全省40.2万户（含彝家新寨6万户）农村D级危房改造任务。在财政较为困难的情况下，安排约50亿元省级农村危房改造配套补助资金（民族地区和低保户户均补助1万元，其他农户户均补助0.4万元）。2011年，先期对161个县（市、区）的215736户D级农村危房实施改造。各地把农村危房改造工作作为民生工程的重中之重，按照省政府下达的目标任务，抢抓开工任务、加快建设进度、强化质量监管、加紧信息系统录入，为完成年终目标任务夯实基础。截至年底全省农村危房改造已开工208481户，开工比例为96.6%；竣工203059户，竣工比例为94.1%，开工率和竣工率分别在全国排名第12位和第14位；农村危房改造农户档案管理信息系统录入率为97.1%，在全国排名第4位。

【大小凉山彝家新寨规划建设】 根据省委、省政府关于彝家新寨建设的部署安排，为贯彻落实大小凉山彝家新寨规划建设现场工作会议及省政府领导有关指示精神，着力推进大小凉山彝家新寨规划建设工作，切实加强对彝家新寨建设管理。及时下发《四川省住房和城乡建设厅关于切实加强彝家新寨规划设计和建设管理工作的通知》。为使彝家新寨农房设计方案更具前瞻性、适用性、经济性和推广性，有利和方便彝区农户长远的生产生活和脱贫发展。认真进行彝家新寨农房方案的优化设计，免费提供给农户建房使用。通过努力，2011年共完成404个彝家新寨规划建设任务，使2.6万户彝家区农户住进新房。

【渠江流域灾后恢复重建】 为尽快启动渠江流域洪水灾害后新村建设和农房恢复重建工作，帮助、指导受灾地区群众重建安全、经济、实用的农房，引导并鼓励农户进入新村，及早恢复正常生活和生产。灾区各地认真按照省委、省政府的部署安排，全力以赴开展工作。迅速开展灾损评估和住房重建规划准备工作，组成工作组赴现场帮助指导。迅速开展受灾房屋的排查鉴定工作，组织一批房屋安全鉴定专家和设计专家，赴现场开展技术培训并指导灾区开展危房排查鉴定工作。积极开展规划会战，灾区各地认真按照"5·12"地震灾区《渠江流域洪灾恢复重建新村规划对口支援工作方案》和《渠江流域洪灾恢复重建技术帮扶指导工作方案》，会同30家对口支援帮扶规划设计单位。抓紧开展规划会战，年内，受灾5市的规划编制工作全面展开，完成重建新村规划441个，约占规划新村总数的57%，部分重建村民聚居点新村建设已经启动。

【"5·12"地震灾区重点城镇基础设施恢复重建的收尾工作】 38个重建重点城镇完成重建项目，建成一批布局合理、功能配套、环境优美、极具时代特色的新城镇、新农村。整个地震灾区村镇发生脱胎换骨的沧桑巨变，为地震灾区的村镇发展提升奠定坚实的基础。

【法规制度建设】 配合省人大完成《四川省城乡规划条例》（以下简称《条例》）的立法工作。省人大常委会已于2011年9月29日通过该条例，从2012年1月1日起正式施行。特别是《条例》对镇乡规划管理机构和人员作出明确规定，使村镇规划建设管理机构在全省地方法规中有明确地位，具有十分重要和突破性的地位和作用。各地积极采取多种形式和措施，广泛和及时地对《条例》进行宣传。就农房建设管理，农村建筑工匠管理，镇、乡、村规划编制办法修订完善，新村综合体规划等开展调研和前期工作。各地贯彻省编办《关于加强乡镇规划建设管理工作有关问题的通知》精神，有许多地方明确县（市、区）城乡规划行政主管部门和镇（乡）政府在村镇规划管理方面的职能分工；有的地方通过公开招聘、人员交流等方式，充实和新建一批镇（乡）规划建设管理机构；有的地方已将人员工资纳入财政预算，落实必要的工作经费，确保工作的顺利开展。

【乡村环境综合治理】 在城乡环境综合治理中，各地结合新村建设着力改善农村人居环境。开展新村风貌塑造、大小凉山民居风貌塑造、牧民定居行动风貌塑造。加大村镇基础设施建设的投入。省级财政安排约6亿元新村基础设施建设资金，带动全省村镇基础设施建设的投入。全年完成小城镇基础设施建设投入120亿元，村庄基础设施投入90亿元。积极开展"百镇千村"综合治理示范。结合"五十百千示范工程"，开展100个镇（乡）和1000个村庄的综合治理示范工作。加强农村垃圾污水处理。按照省委、省政府召开的"全省城乡垃圾分类处理机制暨持续推进治理'五乱'工作现场会"要求。全年全省农村共新增垃圾箱桶21.7万个，建立可利用垃圾回收站（点）的乡镇3058个、村庄23722个，分别占全省乡镇、村庄总数的69%、50.4%，初步形成全省农村垃圾分类收集体系。全省有4270个乡镇配备保洁员，占乡镇总数的97%；有37984个行政村配备保洁人员，占行政村总数的80%；全省村级保洁员数量已达17万余人。全省各地密切联系实际，积极拓展农村垃圾收运处理的运作方式。丹棱县拓展思路，全域推行"因地制宜、村民自治、市场运作"的农村垃圾收运处理方式，改变政府"大包大揽"的局面，调动群众参与的积极性，走出一条丘陵地区经济欠发达县农村垃圾分类处理的可持续发展之路。

【历史文化名镇（名村）保护】 开展国家级历史文化名镇（名村）检查工作，按照住房城乡建设部、国家文物局《关于开展国家历史文化名城名镇名村检查的通知》要求，各地组织名镇名村的自查工作。会同省文物局组织专家分赴各地进行督察。在7月住房城乡建设部和国家文物局的检查验收中，对历史文化名镇村保护工作予以充分肯定。加大历史文化名镇名村保护力度，安排历史文化名镇名村的专项保护资金，全年完成6个历史文化名镇名村保护规划的修编。开展特色旅游景观名镇（名村）申报工作。2011年，经批准，四川省泸州市合江县尧坝镇、双流县黄龙溪镇、汶川县水磨镇、罗江县白马关镇、洪雅县柳江镇、自贡市沿滩区仙市镇、阆中市天宫院村获此殊荣。宜宾市举办"古镇、古街巷、古村落"寻访活动，制定市级历史文化名镇名村的标准，启动4个古镇的保护规划编制，以更好地保护村镇自然和历史文化遗产。

7. 勘察设计与建设科技

【政策实施】 四川省贯彻落实《中华人民共和国节约能源法》、《民用建筑节能条例》和《四川省建筑节能管理办法》，积极落实国家有关建筑节能的方针、政策。12月16日至19日，住房城乡建设部节能减排监督检查第八小组对四川省的建筑节能、城市照明节能、生活垃圾处理等情况进行检查，检查总体评价为：四川省认真贯彻落实国家和地方有关法律法规，按照国务院"十二五"节能减排综合性工作方案的要求，坚持科学发展观为指导，以科技创新为动力，深入推进住房城乡建设领域的节能减排工作，成效明显。

【"十二五"建筑节能规划】 2011年初，制订并下发《四川省建筑节能和墙体材料革新"十二五"发展规划》，明确提出四川省墙体材料革新和建筑节能工作的具体任务和目标。参与《四川省节约能源条例》的编写修改工作。

【建筑节能执法】 四川省把建筑节能工作纳入工程设计、施工图审查、施工许可、施工监理、工程质量监督、竣工验收、房屋销售等各个环节进行管理。开展全省建设工程勘察设计质量及建筑节能实施情况联合执法检查工作。11月，由厅领导带队，分组对部分市、州建设工程建筑节能情况进行专项督查。从检查情况来看，各地建设行政主管部门宣传贯彻国家和省有关建筑节能的法律法规，积极转发国家及省建筑节能相关文件，执行《四川省居住建筑节能设计标准》和建筑节能技术标准规范的要求。

【可再生能源应用和节约型校园示范项目建设】 四川省加强可再生能源项目的审核和监管，推动可再生能源在四川省建设领域的应用。其中，双流县和渠县成功申报为可再生能源建筑应用农村示范项目，获国家财政资金2600万元，省建筑职业技术学院、西南科技大学成功通过由住房和城乡建设部组织节约型校园验收。

【"四川省科技进步奖"申报和初评工作】 2011年组织申报44个项目申报"四川省科技进步奖"，抓好"四川省科技进步奖"申报和初评工作。其中一等奖1个，二等奖4个，三等奖11个。

【科技成果推广应用】 2011年，向社会公布建筑节能技术和产品近200项。召开"2011城市建设科技博览会"，参展面积350多个展位，120多家参展商，其中外资企业10家。"城市建设科技博览会"已成为四川和西南地区建设系统的新产品、新技术、新设备的展示平台。

【网上申报系统和行政审批系统建设】 建成电子政务平台，实现建筑、勘察设计、房地产、园林绿化、工程监理、招标代理、检测机构等企业行政许可网上办理，为行政审批提供强有力的技术支持。

【灾区灾后恢复重建收尾工作】 加快推进"5·12"地震重灾区余下的城镇住房重建和重点城镇基础设施恢复重建收尾工作，继续做好恢复重建的抗震设防技术指导。截至9月底，全面完成25.91万套城镇住房重建；全面完成360多万户震损农房修复加固和145.91万户农房重建任务；全面完成38个重点重建城镇建设。

【初步设计审查】 按照《四川省建设工程勘察设计管理条例》相关规定对国家及省重点建设项目、政府出资的项目按审批权限进行初步设计审查，从根本上严把国有资产投资项目规模和设计质量关，2011年共完成初步设计审批13个项目。制定并下发《四川省省外勘察设计企业入川备案暂行管理办法》、《关于加强全省房屋建筑和市政基础设施工程施工图审查管理的通知》。起草《四川省房屋建筑和市政基础设施建设项目初步设计审查实施办法》的通知。全年加大生产监管力度，对3家违规企业进行处罚。规范勘察设计市场及审图机构市场行为。

【建筑抗震设计新标准新规范的贯彻执行】 完成施工图审查机构继续教育培训工作。为全面做好《建筑抗震设计规范》、《混凝土结构设计规范》、《高层建筑混凝土结构技术规程》新规范实施工作，委托四川省勘察设计协会邀请规范编制组成员开展规范培训，将新规范作为施工图审查机构结构专业人员首次培训的主要内容。结合国家相关规范、配套设计软件升级情况和四川省实际，提出具体的实施性要求，确保新旧规范交替期的顺利过渡。起草开展施工图审查机构认定工作的通知，并全面落实2011年施工图审查机构认定工作。

【农房建设抗震指导】 贯彻执行《省人大常委会关于加强农村村民住宅抗震设防管理的决定》精神，要求农村基础设施和公用设施工程必须按照抗震设防要求和抗震设计规范进行规划、设计和施工。先后组织6期"学习灾后重建经验，推进新村建设"领导干部专项培训考察；加强技术指导，组织20个规划设计单位对口指导全省新村规划编制工作，坚持以点带面、示范推进。

【超限高层建筑工程抗震设防专项审查】 下发关于贯彻住房和城乡建设部《关于印发〈超限高层建筑工程抗震设防专项审查技术要点〉的通知》的通知，对抗震设防超限高层建筑工程范围的界定、专项审查的申报程序、专家的组织和选派、申报材料的要求等作出完善性规定，细化办事指南和办事流程。

【城市抗震防灾规划编制】 在北京工业大学抗震减灾研究所的技术支持下，攀枝花市完成规划编制并通过评审。按照《城市抗震防灾规划标准》进行编制，使全省抗震防灾规划编制工作在泸州市之后又有新的突破，推动和指导全省规划编制工作的开展。

8. 建筑业

【概况】 2011年，全省建筑业总产值完成5300.4亿元，同比增长27.3%；建筑业增加值1536.9亿元，同比增长28%，保持占GDP比重的7.31%。全年全省成建制输出建筑劳务95万人，实现劳务收入110亿元，分别实现全年目标任务（86万人、98亿元）的110.46%和112.24%。

【建筑业发展"十二五"规划】 通过一年多的调研和论证，制定出台《四川省建筑业发展"十二五"规划》，全面回顾和总结"十一五"规划执行情况，提出"十二五"建筑业发展的目标、主要任务和政策措施。

【建筑行业发展方式转变】 下发《关于建设类行政审批有关事项的通知》，对主项为施工总承包二级及以上资质的企业，在已具有的相关总承包资质覆盖范围内申请增项专业承包资质，其增加项数可不受限制；主项为相关总承包资质的施工企业，可以直接申请增项与总承包资质等级相同的专业承包资质，放宽对骨干企业在资质方面的限制，增强全省建筑业企业的市场竞争力，为骨干企业向国家重点投资方向拓展业务，向工程总承包方向靠拢，向高新技术产业、第三产业等高盈利行业延伸，拓展省外市场创造条件。鼓励和引导中小企业做精做专，尽快向"专、精、特、新"的方向发展，进军智能化、环保、消防、照明、钢结构等高附加值领域。

【非公有制建筑企业发展】 贯彻《四川省人民政府关于进一步鼓励和引导民间投资健康发展的实施意见》，提出《加快非公有制建筑企业发展的意见》，鼓励非公有制建筑企业与房地产、设计、规划、监理企业进行强强联合，探索建立基础设施建设与投资一体化，设计、施工、管理一体化，房地产投资与开发一体化运行模式。扩大投资在经营中的比重，逐步实现由建造建筑产品向经营建筑商品的转变，走产业资本与金融资本互动、生产经营与资产经营一体化的创新发展之路。

【建筑人才队伍建设】 2011年，一级建造师注册1146人；二级注册建造师10742人；二级临时建造师136人，培训建筑、机电、水利建造员2144人，考试合格并注册的1967人。全省共有一级建造师12077人，二级69325人，建造员29770人。启动注册建造师继续教育工作，成立四川省注册建造师管委会及办公室，制定下发《四川省二级注册建造师继续教育工作方案》，推荐确定四川大学等21个单位为二级注册建造师（建造员）继续教育定点培训单位，完成对全省二级注册建造师继续教育师资的培训。

【建筑市场动态监管】 根据住房和城乡建设部《关于加强建筑市场资质资格动态监管，完善企业和人员准入清出制度的指导意见》，建立治理建设领域突出问题的长效机制，引导、规范、监督建筑市场各方责任主体行为，维护公平竞争、规范有序的建筑市场，制定下发《关于加强建筑市场资质资格动态监管，完善企业和人员准入清出制度的实施意见》、《四川省建筑业企业动态核查办法》和《四川省房屋建筑和市政基础设施工程施工发包承包管理办法》，为依法开展全省建筑市场监管工作提供依据，为改革和创新监管体制机制提供法律保障。

【企业动态核查】 依据《四川省建筑施工企业动态核查办法》，在全省组织开展对建筑施工企业的动态核查，核查重点是企业的资质条件和市场行为。全省共有20个市、州开展核查工作，共核查233家企业，合格142家，基本合格34家，不合格57家。8月5~20日，在各地开展核查的基础上，四川省住房和城乡建设厅组成6个检查组，对成都、德阳、绵阳、宜宾、泸州、自贡、内江、遂宁、南充市进行检查，并抽查省属企业、市、县属企业和省外入川企业共49家。对核查出问题的企业责令限期整改，受检企业按照《四川省住房和城乡建设厅关于2011年度全省建筑施工企业动态核查情况的通报》要求，进行整改，并提交整改报告。经市、州和省住房城乡建设行政主管部门复查，最终238家企业中，合格180家，基本合格13家，不合格45家。动态核查效果显著、反响良好，既强化各级政府主管部门监管责任，又使企业依法经营、诚信经营意识得到提高。

【企业复查监督】 根据《建筑业企业资质管理规定》和《四川省建筑业企业重点监督管理暂行办法》规定，2011年，分两批共对528家资质条件严重不达标和有不良行为的企业进行重点监督，经市、州和省住房城乡建设行政主管部门复查，成都桂湖防水保温工程有限公司等121家企业，复查结果为合格；佛山市顺德诚业建筑集团有限公司成都分公司等23家省外入川企业，复查结果为不合格。根据《建筑业企业资质管理规定》和《四川省建筑业企业重点监督管理暂行办法》的有关规定，决定上述企业半年内不得在川承接新工程；成都市鑫文武劳务有限公司等54家省内市、州、县属企业，复查结果为不合格。根据有关规定，暂停承接新工程。企业重新复业，须向企业所在市、州或扩权县（市）住房城乡建设行政主管部门提出补办重点监督复查和重新复业的申请。经复查合格并批准复业的企业须在省住房和城乡建设厅完成备案后方可重新开展业务；四川锦大建设工程有限公司等4家企业复查结果为不合格。上述6家企业已连续两年监督复查不合格，根据有关规定，决定对其企业资质作降级处罚；福建恒盛建筑集团有限公司等13家省外入川企业复查结果为不合格。上述13家省外入川企业已连续两年监督复查不合格，根据有关规定，决定对其企业取消其备案资格，清除省内建筑市场并在两年内不受理备案；四川建全建设工程有限公司等8家企业复查结果为不合格，上述8家企业已连续三年监督复查不合格，根据《建筑业企业资质管理规定》和《四川省建筑业企业重点监督管理暂行办法》的要求，决定撤回其资质证书；成都赛维装修工程有限公司等75家企业因安全生产许可证失效，四川省住房和城乡建设厅在2011年7月29日发布的第76号通告中撤销企业资质证书；四川豪宇建设发展有限公司等103家企业同时纳入2011年度全省建筑施工企业动态核查，其重点监督复查结果与核查结果在2011年11月25日省住房和城乡建设厅第120号通告中已公布。

【安全生产许可证管理】 根据国务院《安全生产许可证条例》的规定，为严格建筑市场准入和清出，保障建筑安全，分两批共对1581家《安全生产许可证》已失效的建筑业企业和203家未办理《安全生产许可证》的建筑业企业名单进行公示。经整改，仍有187家（47家）无安全生产许可证和297家（另有393家）安全生产许可证已失效，依据有关规定，决定撤销企业的资质证书。

【农民工合法权益维护】 贯彻落实好预防拖欠的各项长效机制，维护广大农民工的合法权益。同时，认真受理和解决农民工工资拖欠问题，举报、投诉。全年，全省共受理农民工工资投诉957件，涉及农民工2.7万人，解决拖欠农民工工资3.86

亿元。

【工程建设领域突出问题专项治理】 按照国务院办公厅《关于解决当前政府投资工程建设中带有普遍性问题的意见》要求，结合行业实际，提出规范工程建设项目决策管理，着力治理违反基本建设程序等问题；规范招标投标活动，着力治理围标串标等问题；规范工程建设项目实施管理，着力治理转包和违法分包等问题；规范工程建设项目质量安全管理，着力治理质量低劣等问题。以重点环节的治理，推动专项治理工作向纵深推进。

【项目信息公开和诚信体系建设】 下发《深入开展工程建设领域项目信息公开和诚信体系建设工作的意见》，要求进一步完善全省建设类企业和从业人员基础信息，实现企业、从业人员、工程项目、质量安全事故数据库之间的动态联动和数据库信息同步共享；进一步完善工程项目数据库，实现新开工房屋建筑和市政工程项目的报建、招标投标、合同备案、施工图审查、施工许可、质量安全监督、竣工验收备案各主要环节的网上监管。明确职责与分工，细化工作流程。全省项目信息公开和诚信体系建设工作正有序开展。截至年底，录入2万余个建设类企业、60多万执业人员的基本信息，公开项目信息15000余条，记录不良行为记录684条。

【排查整改】 全省把排查整改贯穿于工程治理工作的始终。对没有完工的项目，实行动态监管、全程监督，对新开工项目，实行滚动摸排，跟踪督查。从7月开始，对涉及规划管理、工程建设实施和质量管理环节的620个排查问题项目进行督促整改，已整改完成375项，余下项目正抓紧整改中。

【技术进步与科技创新】 坚持示范引路，建立国家、省、市和企业多层次示范工程，带动全行业整体技术水平的提升，引导企业通过示范工程带动本单位项目管理、施工技术、工程质量和经济效益的提高，扩大企业知名度。将企业技术进步状况作为行业管理的重要内容。年内，有9项省级建筑业新技术应用示范工程通过验收，有16项列入省级建筑业新技术应用示范工程；评为省级施工工法152项，国家级工法32项；成都建筑工程集团总公司等12家企业荣获2010～2011年度中国建设工程鲁班奖；四川华西集团有限公司等24家企业荣获国家优质工程奖，进一步促进企业自主创新能力和工程技术含量的提高。

【灾后重建后续工作】 各级建设主管部门和质量监督部门始终把灾后重建工程，特别是港澳政府援助工程作为质量安全监督的重点，坚持"百计大计，质量第一"的方针，狠抓重建工程质量，确保在施工周期短、量大面广的情况下，顺利完成重建工作。加强对恢复重建工程竣工验收各个环节的监管，督促建设单位严格按照法律、法规、工程建设强制性标准和验收程序的要求组织验收。并与省政府督办室、省纪委、省发改委等部门配合，对港澳援助雅安、广元、巴中、绵阳等地的项目进行质量安全、施工进度督查，促进援建项目的推进和实施。

【建筑劳务输出】 搭建全省建筑劳务基地县与援建省、援建企业的沟通平台，引导援建企业在重建项目完工后，优先使用四川省灾区建筑农民工。进一步加强与各市、州建设主管部门的联系，及时掌握各地建筑劳务情况，并及时做好汇总上报工作。主动与江苏省有关建设部门沟通联系，促成江苏省10家特级（一级）大型建筑企业赴四川省绵阳、三台、遂宁、射洪等地考察劳务基地、洽谈劳务用工事宜，并与当地签订建筑劳务用工框架协议，促进全省建筑劳务有序流动和组织化输出。应邀调研中建五局、中建八局等大型建筑业企业劳务管理工作，积极寻找企业劳务需求和四川省劳务开发服务工作结合点，实现培训输出一体化。实施"四川建设劳务信息网"平台建设，增强信息的准确性和及时性，拓宽渠道不断更新建筑劳务供需信息。进一步完善全省建筑企业出省从事建筑活动信息系统，实现全省建筑业企业资质信用、企业投标、中标、企业在建项目施工进度、质量安全及人员到位等情况的适时查询。完成全省第四届农民工技能大赛建筑类比赛项目的监审和仲裁工作。

【驻外建筑行业监管与服务】 配合驻外建设主管部门做好对四川建筑企业的行业监管工作，及时解当地建管政策、规定的新情况，帮助四川省外出施工企业争取有利发展的政策，协助企业处理劳资纠纷，维护企业和劳务人员合法权益，推荐优秀企业参加创优评先等工作，积极牵线搭桥，促成当地大型建筑业企业到四川省建筑劳务基地县考察，签订劳务合作协议20余份，取得成效。全年通过驻外建管处备案企业（分公司）868家，备案人数28万余人，实现建筑劳务收入54亿余元，完成建筑业产值171亿余元，培训各类人员2.8万余人。配合当地建管部门开展工程质量、安全生产和文明施工检查270余次，协调处理劳资纠纷70余起，涉及金额约1.38亿元。召开驻地川籍建筑企业座谈会43次，提供各类动态信息110余条，在当地评优评奖50人（次）。加大对青海玉树联络点工作的支持力度，重点指导玉树联络点工作人员，积极协助青海玉树建管部门，做好对川籍建筑业企业承建灾后重建工程的质量和施工安全等监督管理。进一步加强对新疆、陕西、吉林等办事处工作指导和对未设办事处地区的工作协调，各地工作有序开展。

【建设工程招投标管理】 2011年，全省办理入川备案招标代理企业37家，新增报建项目160个，新增招标文件备案项目标段850个，施工招标中标总金额约81亿元，与招标控制价相比，平均下浮12%，通过招投标的充分竞争，节约国家投资达11.1亿元。全年共举办五期2000人次参加的招标从业人员培训班，其中1174人考试合格并取得从业资格证书，合格率为59%；举办两期共计780人参加的建设行业评标专家培训班，其中398人通过考试取得评标专家资格证书，合格率为51%。举办5期继续教育培训班，对5500人次招投标从业人员开展继续教育工作。全年共接受电话投诉215人次，接到各类书面投诉48起，查实办结35起（其余进行解释回复），通报违法、违规施工企业5家。在全省范围内分片区对建设系统招投标监管人员开展3期业务培训工作，共计有350名基层招投标监管工作人员参加学习培训。

【招投标业务指导和监督】 在全省分片区对建设系统招投标监管人员开展业务培训工作。全年先后在内江、乐山、遂宁举办3期共计350人次培训班，培训效果良好。参加培训的人员范围广泛，直接面向基层。既有各市（州）、县（市、区）建设系统招标站负责人，也包括具体从事招投标监督、投诉工作的一般工作人员。并且在全省范围内继续推行招标备案电子化管理，将报建、招标文件备案、评标报告备案、评标结果公示、中标通知书备案整合到一个系统内，进一步规范招标备案监督工作。各市州使用该备案管理系统完成招标备案项目477个。管理平台增加项目负责人的查询功能，在备案时可以自动搜索到项目负责人所承接项目的情况，给备案提供参考。

【招标备案管理】 2011年，全省新增报建项目160个，其中省直属报建项目44个，市州级报建项目116个。新增招标文件备案项目标段850个。新增中标备案项目标段624个，其中施工标段378个、监理标段112个、勘察设计44个、设备采购76个。施工招标中标总金额约81亿元，与招标控制价相比，平均下浮12%，通过招投标的充分竞争，节约国家投资达11.1亿元。全省共10888个项目的评标结果在评标结果公示平台上公示，其中2011年新增加的有4773个项目，与上年基本持平，充分提供中标候选人有关信息供社会监督，营造一个公开、公平、公正的招标投标市场平台。

【招投标执法】 结合全省工程建设领域突出问题专项治理活动，把投诉管理作为重点抓手。在受理、处理投诉过程中，严格依法办事，对每一件投诉必须认真对待，调查处理工作规范有序，做到件件有记录、有处理、有回音，并且能够针对投诉举报处理过程中发现的问题采取积极有效措施。在投诉处理时着重把握两个重点，在政策法规上予以解释、疏导和宣传；对招投标弄虚作假行为予以坚决打击。全年全省接受房屋建筑和市政基础设施招投标工作电话咨询215人次，共接到各类书面投诉48起，查实办结35起（其余都作解释回复）。

【工程建设计价的编制与修订】 2011年，按照住房和城乡建设部的安排，四川省住房城乡建设厅作为国家规范《建设工程工程量清单计价规范》修订的主编单位，在按要求完成具体承担的编制任务的同时，积极协调各参编单位，年内完成该"规范"体系十册内容（一册计价规范，九册计量规范）的修编工作。自2009年《四川省建设工程工程量清单计价定额》施行以来，建筑市场新材料、新工艺、新技术不断涌现，为完善"09定额"计价体系，使其能够及时反映建筑市场的发展变化，为合理确定工程造价提供计价依据，维护工程建设各方的合法权益，于6月编制09年《四川省建设工程工程量清单计价定额》补充定额，又于11月完成补充定额项目的确定工作。

【及时准确发布工程造价信息】 给政府有关部门和社会提供公共服务，为建筑市场各方主体提供工程造价信息的专业服务。全年出版发行《四川工程造价信息》12期，共计150000余册。发布各类材料价格信息33.5万条；人工成本信息3600条；实物工程量人工成本信息1.5万余条；机械台班租赁价格信息1400余条；周转材料租赁价格信息800余条；发布补充定额36项；定额解释38条；21个市、州建筑工程和市政工程造价指数2次，计80条。按照住房和城乡建设部标准定额司的要求，定期上报四川省住宅工程造价指标12项，地铁工程造价信息81条，人工成本信息284条。

【工程造价咨询企业管理】 为加强对省外入川工程造价咨询企业的管理，制定《关于进一步规范省外工程造价咨询企业入川从事工程造价咨询活动的通知》，进一步明确省外工程造价咨询企业入川从事工程造价咨询活动的条件、标准，规范省外企业入川执业行为，全年共受理10家省外工程造价咨询企业入川备案手续。转发住房和城乡建设部《关于进一步加强工程造价咨询企业晋升甲级资质审核工作的通知》，对拟晋升甲级资质的两家企业完成实地核查工作。全年全省共办理工程造价咨询企业资质延续甲级8家，乙级13家。为贯彻落实企业资质动态管理制度，5月，印发《关于工程造价咨询企业资质整改的通知》，责令不符合资质条件的14家甲级和42家乙级工程造价咨询企业限期整改，收回3家不符合入川备案条件的省外工程造价咨询企业的《四川省省外企业入川从事建筑活动备案证》。

【工程造价执业人员管理】 2011年全省完成全国造价工程师初始注册318人，变更注册627人，续期注册641人；完成全国造价员初始注册6000余人，变更注册3416人；完成造价工程师（员）继续教育培训4.7万余人，造价员考前培训489人，顺利组织完成2.8万余人的2011年全国造价员考试、阅卷工作。

【建设工程质量安全监督管理】 2011年全省受监督工程23509个，面积25503.6万平方米。其中住宅工程11142个，面积19195.56万平方米；公共建筑11067个，面积6757.75万平方米；市政工程2496个。竣工工程11923个，面积10509.7万平方米；工程竣工验收备案9600个，面积8129.27万平方米。全省建筑工程报建项目质量监督到位率和工程质量合格率均100%，无重大质量责任事故发生，工程质量稳中有升；全年全省共发生房屋建筑和市政工程建筑施工一般生产安全事故16起，死亡19人，事故起数和死亡人数与2010年同期相比分别下降41%和50%，未发生较大及以上生产安全事故，全省安全生产形势稳定好转。

【灾后重建质量管理】 进一步加强对灾后重建工程监督管理，及时准确收集四川省灾后重建工程项目信息库数据资料，为省政府建立灾后重建工作信息库做好基础工作；协助省政府督办室、省纪委、省发改委、省监察厅对向家坝、绵阳江油宾馆的质量进行监管；配合由省发改委、省外事办等单位牵头组织的对港、澳援建雅安市、广元市、巴中市、绵阳市、德阳市等地区工程项目的质量安全、进度的督查。灾后重建工作，经过全省各级质量监督机构监督人员的共同努力，已圆满完成各项监督管理任务。受到援建单位和省委省政府的肯定好评。为总结经验，激励先进，对全省69个质量安全监督单位和372人给予通报表彰。

【质量监督管理】 及时转发国家质量监督检验检疫总局等十部委《关于开展2011年全国"质量月"活动的通知》，并在全省各市（州）住房和城乡建设局和质量监督站开展以"建设质量强国，共创美好生活"为主题的"质量月"活动。全省共出动工程质量监督执法人员2390人次，参加企业2253家，查处伪劣建筑材料、不合格设备25起。加强对保障性安居工程质量监督管理工作。2011年是全省保障性安居工程大规模建设时期，质量要求高、建设周期短、任务重，给监督机构提出更多、更高的要求。全省各市（州）对保障性安居工程质量安全组织自查和交叉检查，加大巡查力度，使全省保障性安居工程整体质量状况总体受控。全面落实住房城乡建设部各项要求，加大创优评选力度，截至2011年底，四川省申报157个参选"天府杯"工程，其中111个工程通过专家评审获得"天府杯"奖。2011年上半年全省共评出"四川省结构优质工程"87个，下半年申报工程63个，已组织专家进行初评。组织对甘孜州、阿坝州的中、小学校舍质量安全的检查，并对全省中小学校舍D级危房进行排查。本次全省共排查D级危房8568栋，面积209.51万平方米，撤出人员155437人，确保人员安全。五是对全省企业开展《四川省建筑施工企业质量管理评价手册》的审查和换证。办理施工企业《四川省建筑施工企业质量管理评价手册》近3000家（套）。

【工程质量事故鉴定和质量投诉】 2011年，收到相关部门转来的和直接收到的建设工程质量投诉信件共4起，处置率100%。直接接待、处理建设工程质量投诉及鉴定咨询13起，处理率100%。交由各市、州建设工程质量监督站处理的建设工程质量投诉5起，已处理并回复4起，至2011年底市、州处理回复率80%。

【建筑安全生产管理】 2011年，贯彻落实国务院《关于进一步加强企业安全生产工作的决定》并下发相关文件，严格落实企业安全生产主体责任，强化施工过程管理的领导责任，继续深入开展隐患排查治理工作，全面推进安全质量标准化，对安全生产违法违规行为按照法律、法规和两个动态管理办法依法查处。切实加强生产安全事故查处力度，对发生事故的企业严格按照"四不放过"原则进行严肃处理，安全生产监管机构切实承担起监管主体责任，责任到人，认真履行法定职责。监管部门有针对性地利用一切手段，采取有效措施，督促各方安全生产责任主体自觉落实安全生产主体责任，确保安全生产。全年全省建筑施工安全生产形势平稳，安全生产事故起数和死亡人数明显下降，杜绝较大及以上事故的发生。

【非法违法建筑施工行为专项行动】 2011年，

全省开展严厉打击非法违法建筑施工行为专项行动。各级住房城乡建设主管部门共计检查建筑施工企业9500余家(次)，在建工程项目14500余个(次)，查处各类隐患1800余处，处罚责任单位221家、责任人415个，依法撤销1148家不符合安全生产条件企业的资质证书。省厅由厅领导带队，各成员单位参加，直接组织督查17个地区，建筑施工非法违法行为得到有效遏制。

【建筑安全生产基础性工作】 加大对安全生产监管人员、企业管理人员和作业人员的安全生产教育培训和考核；结合城乡环境综合治理工作，积极推进安全生产文明施工标准化工地建设；加强生产安全事故的统计上报工作，建立事故责任单位和人员数据库，作为安全生产重点监控对象，实行重点监控；抓好起重机械备案登记、特种作业人员考核发证和施工现场专职安全生产管理人员配备、危险性较大工程专项方案编制和专家论证办法的实施和监管，确保各项安全生产政策和法律法规的实施。按照省政府开展"安全生产月"活动有关要求，坚持"安全第一、预防为主、综合治理"的方针，成立"安全生产月"活动领导小组，结合实际情况，制订具体活动方案，扎实开展"安全生产月"活动。

【安全隐患排查整治】 2011年，全省将安全隐患排查整治工作贯穿于全年建筑安全生产工作始终，要求各地采取坚决措施，督促各相关企业全面开展隐患排查和自查整改工作，各地住房城乡建设主管部门对本区域内建设工程进行经常性检查，确保全省建筑安全形势持续稳定好转。全年，全省共组织开展5次全省性安全大检查工作，特别是四季度以来，组织全省21个市、州开展质量安全交叉互检，12月13日起，由厅领导带队，对部分市、州建筑安全生产工作进行督查。

【轨道交通工程质量安全监管】 2011年，针对成都市地铁建设工程施工风险大、重大危险点源多、施工难度高、对周边环境影响大等特点，在地铁工程开工前，严格控制各施工现场的开工条件检查，落实相关责任主体单位安全质量管理机构和办公场地、安全文明施工设施、周边影响较大的建(构)筑物现状调查及鉴定等，对不符合开工条件的施工项目，坚决不予发放施工许可证，从源头上降低施工风险，减少安全事故的发生。同时，通过严格贯彻落实有关法规，制定地方规章，强化对重大危险点源的管理，定期组织召开地铁工程工作会，建立项目经理和总监请假、一师两员等制度，确保人员到岗，开展施工单位自测和第三方监测互控，定期开展应急演练等一系列工作，近两年成都市地铁工程未发生较大质量安全事故。9月，住房城乡建设部城市轨道交通工程质量安全检查组对四川省进行检查，对四川省有关工作给予充分肯定。

【施工现场安全质量标准化推进活动】 2011年，全省在加强日常安全监管的基础上，积极鼓励企业全面开展施工现场安全质量标准化活动，据统计，2011年全省共有156个工程项目获得省级安全生产文明施工标准化工地，其中13个工程项目通过全国建设工程项目AAA级安全文明标准工地评审。

【工程建设监理市场监管】 开展行业发展课题研究，着力解决行业发展瓶颈，为更好地解决全省工程监理行业发展中存在的突出问题，年内在对企业进行实地调研的基础上，分别成立《四川省建设工程项目监理组织机构人员配置标准》、《四川省建设工程监理企业与人员信用评价标准》以及《四川省建设工程项目监理工作质量考评办法(修订)》三个课题小组，先后组织召开专题会议10余次，发放课题问卷调查表600多份，对下一步更有针对性地出台相关政策，促进全省监理行业的健康、科学发展，起到良好的作用。继续推行项目监理工作考评，促进项目监理工作水平提高。2011年初，按照《四川省建设工程项目监理工作质量督查方案》的要求，开展对成都、德阳、绵阳、广元、达州等14个市州项目监理工作情况督察。共抽查企业39家，涉及项目41个，对19个项目进行通报批评并限期整改，对9个项目除进行通报批评限期整改外，还扣除其企业诚信分值，对8家省外监理企业一年内不予以办理入川备案，并通报企业所在地的建设行政主管部门。严格实施监理企业动态管理，规范监理市场秩序。为进一步强化对监理企业资质和从业人员证后联动管理，从源头上遏制监理从业人员非常态流动，根据《工程监理企业资质管理规定》及《四川省工程监理企业动态监督管理暂行办法》的有关规定，对全省345家工程监理企业的资质进行动态监督管理，并将注册监理工程师人次不满足资质要求的124家工程监理企业名单进行公示和公告。

【监理从业人员管理】 推行监理人员信息化管理，促进监管手段更加科学。年内全省所有监理从业人员数据库已完成复查及纠错工作，已向企业及各市州主管部门开放监理从业人员信息化管理平台，全省监理市场主体诚信体系建设又迈出关键性的一步。严格监理从业人员日常管理，确保注册工作的严肃性。继续严格按照《注册监理工程师管理规定》和《注册监理工程师管理工作规程》进行资料的审查,严防注册过程中弄虚作假行为的发生。年内初始注册工作已申报完成28批919人次;变更注册28批1277人次;注销注册15批30人次;延续注册28批,546人。查处弄虚作假3起,注销2人。2011年全省共有全国监理工程师6418人。继续加强对已取证从业人员的继续教育,不断提高其素质。按照《注册监理工程师管理规定》和《关于由中国建设监理协会组织开展注册监理工程师继续教育工作的通知》等文件要求,全年全省对1213名全国注册监理工程师进行继续教育培训,1165人通过继续教育。继续完善基础数据平台建设,加强监理从业人员信息化管理。全年共进行数据操作22244次,其中,基础信息变更5678次,企业名称变更操作2240次,证书修改操作6152次,证书注销操作2284次新增操作747次,证书延期操作5143次。

【工程质量检测】 2011年全省228家各类检测机构的4561名持证检测人员,严格执行国家相关标准规范,认真做好进场材料抽样复检工作,严把进入施工现场建材产品质量关,据不完全统计,全年共为工程质量的验收、评定、质量事故处理提供混凝土、砂浆和桩基础等3923633组(其中:不合格85435组,不合格率2.18%)具有公信力的、客观真实的检测报告,努力防范和杜绝不合格建材用于工程建设,全年全省未发生因建材不合格导致的重大工程质量安全事故,为进一步提高全省建设工程质量安全整体水平发挥重要作用。

【科技监管】 2011年,全省利用《四川省建设工程质量检测信息监管系统》提供的高效、便捷、实时监管平台,对31家检测机构上传的数据信息进行网上监管,发现问题,立即到现场调查核实,对12家检测机构负责人进行诚勉谈话,实现监管关口前移,提高监管效率,有效防止个别不良委托方以检测机构的名义伪造检测报告,杜绝常规建筑材料虚假报告和虚假数据,同时杜绝"补报告"和修改检测数据(结论)的行为,规范检测机构和人员质量行为,确保检测数据的公正性、准确性和科学性,提高检测行业的公信力。截至年底,分别有49家市(州)级和55家县级检测机构实现检测数据的自动采集和实时上传。

【检测人员教育培训】 2011年,全省完成278名检测人员继续教育培训、1222新上岗检测人员培训考试工作。其中建设工程及材料类478名,建筑地基基础347名,民用建筑室内环境污染控制检测116名,建筑节能281名。并积极开展新标准、新规范的宣贯,对369名检测人员进行《民用建筑室内环境污染控制规范》GB 50325—2010培训宣贯。

【工程质量监督检查】 会同相关市(州)质量监督站共并抽调相关专家共同组成检查组成都市、绵阳市、广元市、宜宾市、广安市、雅安市、自贡市、南充市等地的40家检测机构进行监督抽查,并对其中19家存在问题的检测机构给予暂停检测工作、通报批评和限期整改、取消评优的处罚。依法注销4家检测机构资质。

【保温节能及信用评价课题研究】 2011年,组织省建科院、省建材院、省建筑设计院等单位的相关专家开展《四川省公共建筑和居住建筑节能性能评价体系》、《四川省建筑外墙外保温系统与防火安全研究》、《四川省检测机构、检测从业人员信用评价信息平台》课题研究。通过研究,解工程质量管理实际需要,为政府部门决策和制订相应标准规范提供依据。

【信用评价及评优工作】 开展2011年度检测机构和人员信用评价工作,利用市场机制在法律框架内建立行政监管和社会监督的"诚信激励、失信惩戒"的诚信保障机制,逐步建立健全检测机构及人员信用档案和不良行为记录,进一步规范检测市场秩序,营造公平合理的检测市场环境。开展2011年度检测工作先进单位和人员评选工作。在各个市州质监站初审、推荐的基础上,审定评出先进集体39个,先进个人72人。通过评选先进,树立典型,发挥榜样的模范带头作用,进一步激励各检测机构创优争先,规范内部管理,提高技术水平,提升职业尊严,为检测行业的健康有序发展起到积极引导作用。

【省政府投资项目代建管理】 按照《国务院关于投资体制改革的决定》和《四川省政府投资非经营性项目实行代建管理的暂行办法》的要求,全面推进政府投资非经营性项目"代建制"工作,紧紧围绕抓好"投资、质量、安全、工期、廉政"五大控制目标,做到项目不超投资概算,工程质量安全无事故,廉政建设零投诉。省政府投资代建项目共9个,总建筑面积30.67万平方米,项目计划总投资20.46亿元,项目建设进展顺利。

9. 房地产市场

【概况】 房地产开发投资同比大幅增长,增幅持续回落。2011年,四川省房地产开发完成投资2836.71亿元,同比增长29.3%,占全省固定资产投资的18.73%,比上年增加1.5个百分点。其中,住宅开发完成投资1998.11亿元,同比增长30.1%。

房地产市场供应大幅增加，增幅持续回落。2011年，全省房屋施工总面积2.73亿平方米，同比增长29.1%，其中，住宅施工面积2.16亿平方米，同比增长24.9%。全省房屋新开工面积8473.27万平方米，同比增长9.6%，其中，住宅新开工面积6562.2万平方米，同比增长4.6%。全省新增商品房供应面积7665.01万平方米，同比增长11.6%。其中，新增商品住宅供应面积6056.13万平方米，同比增长10.2%。

商品住宅交易明显低于上年水平。据房地产交易系统统计，2011年全省新建商品住宅销售面积5641.1万平方米，同比下降8.1%。其中，12月，新建商品住宅销售面积398.01万平方米，同比下降40.52%。二手住宅销售面积2362.84万平方米，同比下降8.06%。其中，12月，二手住宅销售面积157.83万平方米，同比下降52.54%。

新建商品住宅价格涨幅回落。2011年，全省3个列入国家重点监控的70个大中城市中，成都市新建商品住宅价格指数为同比上涨1.3%，环比下降0.1%。泸州市新建商品住宅价格指数为同比上涨1.7%，环比持平。南充市新建商品住宅价格指数为同比下降1.2%，环比下降0.1%。

土地供应结构趋向合理。全省土地供应总量28600.47公顷，同比增长96.2%，其中新增建设用地供应9061.94公顷。从各市（州）情况看，土地供应总量排名前五位的是成都、泸州、资阳、德阳和眉山五个城市，占全省土地供应总量的54.1%。全省住宅用地供应总量为5215.5公顷，同比增长12.7%，由普通商品住房、经济适用房、廉租住房和高档住宅用地组成，经济适用房、廉租用房供应面积大幅增加。其中，普通商品住房用地供应3782.2公顷，同比下降11.1%；经济适用住房用地供应1112.8公顷，同比增长304.9%；廉租住房用地供应315.2公顷，同比增长335.5%；高档住宅用地供应5.3公顷，同比下降78.4%。

【宏观调控措施】 制订细则，贯彻执行中央调控政策。2011年1月，省政府办公厅下发《关于切实做好房地产市场调控有关工作的通知》，对全面贯彻落实中央各项调控政策，切实稳定房价提出具体的措施和办法。按时公布新建住房价格调控目标并纳入政府目标考核。省政府采取各种措施督促全省18个设区城市和14个县级市全部按时公布2011年度本地区新建住房价格控制目标。2月中旬，又督促成都市政府按照中央有关规定及时出台住房限购政策。建立健全房地产市场月报制度，为实施调控提供必要条件。针对房地产市场变化较快的情况，坚持对市场运行情况跟踪监测分析，实行月月有简报，季季有分析，及时出台应对之策。同时，及时分层次、分区域召开房地产市场形势座谈会，解各地新情况，及时部署调控工作。

【房地产市场动态监管】 开展商品合同格式条款专项整治工作。2011年1月，会同省工商局制定《四川省商品房买卖格式条款专项整治工作方案》，在全省范围内联合开展商品房买卖格式条款专项整治工作。全省在专项整治中共出动人员8724人（次），召开动员会277次，发布公告331次，媒体宣传402次，散发宣传资料68929份，形成良好的专项整治工作氛围。至8月底，全省共检查各种格式条款文本3494份，发现3025条格式条款存在显失公平等问题。查办格式条款典型案件24件，调解商品房买卖合同典型纠纷37件。严肃查处房地产领域违法违规行为。为规范房地产开发企业经营行为，加大对开发企业违法违规行为的查处力度，从2011年4月1日至7月20日，开展全省房地产市场专项执法检查活动，对商品房开发项目逐一排查，一个不漏，全省共检查2010年3月1日后开工建设的商品房项目1300余个，保障性住房建设项目21个，共查处违规行为97起，发出整改通知167份，罚款157.5万，没收违法所得10万。通过专项检查，有利的遏制违法违规行为，进一步规范房地产市场行为。

【信息系统建设】 加快个人住房信息系统建设。按照住房城乡建设部的统一部署，加快建设个人住房信息系统。至年底，省级信息系统建设方案已基本完成。成都已与住房城乡建设部先期联网，泸州、南充也按部要求，正在进行前期准备。

【权属登记规范化管理工作】 2011年，遂宁市房地产管理局新申办全国房地产交易与权属登记规范化管理先进单位，射洪县房地产管理局申请复检，通过住房城乡建设部初验。平昌县房管局、大英县房管局等10个单位新申请省级规范化管理单位，已通过验收。截至2011年底，全省获得全国房地产交易与权属登记规范化管理先进单位10个，省级规范化管理单位64个。

【开展房屋登记审核人员考核工作】 全省首次房屋登记审核人员考试于2011年11月12～14日在成都市西南民族大学双流校区顺利举行。此次考试共计1619人报名后通过资格审查，1409人实际参加考试，参考率为87%，两科均为60分以上的人数326人，两科通过率为23%。泸州、成都、南充、自贡、乐山、达州、资阳、广安等城市两科通过率

(20%以上)位列全省前八。其中，部分考生取得优异成绩，乐山市沙湾区房地产管理局袁毅红、成都市龙泉驿区房管局刘杰、犍为县房地产管理所陈科两科总成绩分列全国第11、12和16名。加强登记工作政策指导。2011年，对宜宾、雅安、平昌、南江等地登记机构工作中遇到的疑难问题进行回复，帮助各地顺利开展各项工作。

【物业管理】 完成《四川省物业管理条例》前期起草和后期配合省人大、省政府法制办进行各种调研、组织行业座谈、向全社会广泛征求意见。全面推进前期物业管理招投标工作。6月，下发《关于进一步推进和规范前期物业管理招投标工作的通知》，大力推行和规范由建设单位选聘物业服务企业对住宅小区实施的物业服务。强调以公开、公平、公正的方式，选择服务好、讲信用、有实力、收费公道的物业服务企业，能够真正维护广大业主的利益。积极鼓励从业人员参加由国家建设部与人事部共同组织的考试，2011年全省报考物业管理师考试4284名，合格1142名(2010年四川省报考物业管理师考试3057名，合格807名)。

【完成省级物业管理优秀小区(大厦)评定工作】 全省38个住宅小区(大厦)获得住房和城乡建设部颁发的物业管理"国家示范"称号，232个小区(大厦)获得省级物业管理优秀小区(大厦)称号，物业管理水平跃上一个新的台阶。

【贯彻落实《国有土地上房屋征收与补偿条例》】 新《条例》下发后，省政府办公厅下发《关于贯彻〈国有土地上房屋征收与补偿条例〉有关问题的通知》。同时，《四川省国有土地上房屋征收与补偿条例》已纳入2011年省政府立法调研计划，起草工作正紧张进行。切实做好现有拆迁项目后续工作。为做好新旧《条例》实施期间拆迁项目的延续处理工作，实现房屋拆迁与房屋征收工作的顺利对接，对已发放拆迁许可证项目进行全面清理。经清理，截至6月底，尚有按照《拆迁条例》规定实施的拆迁项目264个，正在抓紧按照有关规定妥善处理。2011年，对国有土地上的房屋征收与补偿有关的地方性法规、省政府规章、省政府及办公厅规范性文件进行专项集中清理。对清理出的地方性法规、省政府规章、省政府及办公厅规范性文件提出处理建议。对清理出的规范性文件(共23件，其中废止18件，拟修改5件)，已按要求进行相应处理。

【完善房地产配套政策措施】 为加强对房地产司法鉴定评估的指导性，2011年3月30日，印发《房地产司法鉴定评估指导意见(试行)》。2011年4月，《房地产经纪管理办法》出台后。会同省发展改革委员会、省人力资源和社会保障厅起草《关于贯彻落实〈房地产经纪管理办法〉的通知》。

【加强房地产中介机构动态监管】 2011年，转发住房和城乡建设部、国家发展和改革委员会《关于加强房地产经纪管理进一步规范房地产交易秩序的通知》，要求各市、县建设(房地产)、价格主管部门于10月底前集中开展一次房地产经纪行业专项整治工作。截至11月底，对2000余家经纪机构及门店进行检查，对127家经纪机构下发限期整改通知书，对12家经纪机构进行现场督促整改。12月22日，组织专家对乐山、眉山共五家房地产估价机构进行专项检查，现场抽检估价报告。检查中，发现乐山一家估价机构报告存在质量问题，一家分支机构未按规定办理相关备案手续，现正督促其进行整改。积极鼓励从业人员参加由国家建设部与人事部共同组织的考试。2011年全省报考房地产估价师考试932名，合格91名；报考房地产经纪人考试1482名，合格487名。

10. 住房公积金管理

【概况】 2011年，全省住房公积金新增缴存347.95亿元、新增个贷144.37亿元、新增缴存职工36.54万人，超额完成目标任务。全省加大归集扩面工作力度，公积金实际缴存人数434.31万人，同比增长9%，覆盖率同比提高5个百分点。全省缴存额稳步增长，所有的公积金管理中心资金规模都上10亿元，缴存总额达到1593.35亿元、余额910.57亿元，同比增长25%以上。受宏观调控影响，全省公积金个贷增速下降，个贷总额747.28亿元、余额511.17亿元，同比增长20%左右。全省公积金资金使用率78%、实现增值收益8.35亿余元，低于预期。各地增强公积金监管力度，公积金个贷逾期率0.017%，风险准备金充足率3.2%，确保公积金安全运行。

【调控政策实施】 全省加强对落实中央宏观调控政策的督促和检查。各市(州)清理和纠正地方出台与中央调控政策不相符合的规定，按要求规范公积金贷款政策。各市(州)分别制定具体措施，切实执行差别化的信贷政策，各地共对13404套第二套住房的贷款上浮利率，停止异地购房贷款和第三套房贷款，把房地产市场调控政策落到实处。在公积金使用方面，多措并举、综合施策，增强公积金住房保障功能。全省从2009年度增值收益中提取廉租住房建设补充资金3.4亿元，继续向灾区安置购房职工发放优惠利率贷款394.4万元,全年61.3万名职工提取公积金,7.25万户职工家庭使用公积金个贷改善住房条件。加大支持购买首套自住房和保障性住房的力度,在继续实行优惠政策的基础上加强服务,全省有近万户职工家庭使用公积金个贷13.89亿元购买保障性住房。重点抓好对保障性住房配售的支持,保障职工群众的自住住房需求,促进住房有效供给。对国家屡次利率调整,都及时全面落实,特别注重在利息结算环节切实维护缴存职工的合法权益。

【住房公积金试点】 加强对攀枝花市利用住房公积金贷款支持保障性住房建设试点工作的指导。2011年初,攀枝花市共发放保障性住房建设项目贷款8400万元(占试点贷款计划的12%)后,遇到建设项目"四证"办理缓慢、贷款抵押物不足等困难,公积金贷款发放进度受阻。住房城乡建设部多次派员检查,厅领导也多次到攀枝花调研,共同研究解决问题的办法和促进工作的措施。省级七部门组成督导组,赴攀枝花实地指导协调解决问题,督导检查试点工作进度。攀枝花市政府对试点高度重视,加强对试点工作的领导,市公积金管理中心和有关部门密切配合,从公积金试点项目的选址、立项、申贷和审批,贷款资金账户设立和监管、贷款资金运行和回收,后续贷款项目准备等方面合规守纪、规范操作,保证试点工作质量和资金运行安全。2011年底,攀枝花市共向13个项目发放公积金贷款7.12亿元,完成年度试点贷款任务。攀枝花市公积金试点促进该市的保障性住房建设,试点效益明显。公积金试点项目覆盖攀枝花市大部分保障性安居工程项目,从公积金增值收益中提取的廉租住房建设补充资金,占攀枝花市当年廉租住房建设总投资的11%;公积金贷款支持建设公租房198套,占市本级当年建设任务的100%;公积金贷款支持建设经济适用住房1380套、各类棚改安置房7190套,分别占该市当年建设任务的138%和158%。2011年10月,省政府在攀枝花市召开全省保障性安居工程工作现场会,会议安排参观考察公积金贷款支持建设的安居工程建设项目。

【公积金监管】 与省级有关部门加强沟通协调,形成工作合力。会同相关部门加强对攀枝花试点工作全过程、全方位的监督检查,配合公积金督察员的监督检查,保障试点资金安全。按照2011年全省纠风工作会议精神及要求,省级6部门联合组织开展公积金专项检查,严肃查处挤占挪用住房公积金、违规发放公积金贷款、违规使用公积金购买国债、受委托银行违规转存公积金资金和骗提骗贷公积金行为。通过专项检查,加大处置风险资金的力度,妥善解决历史遗留问题,2011年新收回涉险资金近3000万元。

(四川省住房和城乡建设厅)

贵 州 省

1. 城乡规划

【概况】 贵州省黔中经济区城镇协调发展纳入《贵州省城镇体系规划(2011~2030)》编制,编制完成《黔中经济区核心区空间发展战略规划》。首批毕节—大方、凯里—麻江跨区域城市总体规划实施,完成贵阳等13个市县总体规划报批,9个市、州所在城市近期建设地区控规覆盖率达100%,雷山县西江镇等13个历史文化名镇、名村保护规划评审通过。望谟灾后重建规划基本编制完成,134个镇(乡)和3110个村庄规划编制完成。省级核发建设项目选址意见书23个,选址管理得到加强。省政府办公厅印发《贵州省城乡规划督察办法(试行)》,城市规划督察员办公室工作规则、城乡规划督察要点实施。

【规划推进"工业强省"和"城镇化带动"两大战略协调实施】 出台产业园区规划建设管理指导意见、产业园区建设规划编制与审批指导意见。配合做好都匀等15个开发区扩区、调区及仁怀等25个省级开发区申报工作,批复赤水开发区等规划选址27个,参与审查沿河等市县工业园区发展规划。印发支持招商引资的实施意见。

2. 城镇建设

【概况】 贴息支持龙里、麻江等黔中经济区及重要节点城市贷款建设城市道路,全省城市道路桥梁新建、扩建投入使用67.87公里。开展城市供水同行业绩效比较和水质督查,供水水质达到生活饮用水水质标准并有所提高。新增污水收集管网519.1公里,处理污水46443万吨,化学需氧量削减7.06万吨,氨氮削减0.63万吨;污水处理厂平均负荷率74%,比上年提高5.2个百分点;污水处理率78.2%,比上年提高3.4个百分点。新增垃圾无害化处理设施24个,垃圾无害化处理率46.07%,比上年提高0.67个百分点。全省城镇基础设施建设完成投资164亿元。一个市(遵义)、两个县(贵定、兴仁)、两个乡镇(花溪区党武乡、榕江县平永镇)垃圾处理新工艺试点成效明显,余庆、雷山垃圾分类收集试点继续推进。推广二甲醚应用,燃气结构得到改善。组织贵阳、遵义、毕节参加重庆园博会,园林绿化工作得到加强。

【城市管理水平不断提升】 贵阳获"国家卫生城市"和"全国文明城市"称号。出台数字化城市管理系统建设指南和考核标准,贵阳、安顺、遵义等城市中心城区建成运行数字化城市管理系统,配合处置突发事件的能力得到增强。城管执法队伍教育整顿活动深入开展,执法方式简单粗暴的现象得到遏制,城市管理由"少数人的管理"逐步转向"多数人的管理"。

3. 村镇建设

【概况】 全年划拨中央补助资金19.2亿元、省级6.17亿元,推动国开行贷款3980万元。降低市县两级政府匹配比例,提高二、三级危房补助标准。第二批实施"整县推进"的碧江区、金沙县、安龙县、从江县、普定县通过验收。第三批"整县推进"的威宁县55595户全部开工,竣工52135户。全年农村危房改造开工51.36万户(提前开工2012年11.36万户),竣工50.3万户(提前竣工2012年10.3万户),全省农村危房改造完成投资约75亿元。

【农村危房改造与村庄整治"改治结合"深入推进】 "因地制宜、突出特色",以示范村为点,以高速通道和风景名胜区周边为线,"点、线、面"结合纵深推进"改治结合",101个示范村建设和沪昆、厦蓉、贵新、贵阳环城、水黄高速通道沿线200米可视范围内村庄整治成效显著。

4. 建筑业、建设节能

【概况】 修订房屋建筑和市政工程标准施工招标资格预审文件及招标文件,建立统一评标专家库,初步实现评标专家动态管理。强化抗震防灾工作,重点保证学校、医院等公共工程安全。建立安全生产领导带班、隐患排查和质量安全事故督办制度,强制推行大型机械设备安全监控系统。房屋建筑和市政基础设施工程未发生较大及以上生产安全事故,死亡人数五年来下降幅度首次超过30%。

【新型墙体材料应用不断拓展】 调整完善《贵州省新型墙体材料目录》,评审认定55家墙材厂家72种新型墙材产品,新增认定新型墙材产能达17.1亿块标砖,累计达90亿块标砖。深入开展"禁实"检查,挂牌推动"中铁逸都"等3个"新型墙体材料和建筑节能应用示范项目"。全省新型墙革预缴基金8亿元,积极推动了建筑垃圾、工业废弃物等生产新型墙材。

【建设节能监管不断加强】 开展建筑节能标准体系研究,组织编制地方标准7部、标准设计图集3个。新增新技术推广项目20项,建筑节能技术与产品备案项目35项,举办科技博览会。新建建筑节能标准执行率96.28%,西秀区、威宁县、遵义县鸭溪镇列为全国可再生能源建筑应用示范县(镇),批准5个省级可再生能源建筑示范项目。完成能耗统计200栋,能源审计7栋。花溪大道和长顺县路灯节能改造效果明显,白云区路灯试点合同能源管理,建设节能支持工业发展的效应不断显现。

5. 工程质量与安全

【概况】 全省建筑业(含交通、水利、电力、房建市政等)发生安全事故62起,死亡90人,其中较大事故4起,未发生重大、特别重大安全事故。房建市政工程安全事故28起,死亡34人,其中较大事故1起,死亡3人。与上年相比,事故起数增加2起,死亡人数减少4人。公路建设工程安全事故13起,死亡22人,其中较大事故2起,死亡9人。与上年相比,事故起数减少3起,死亡人数增加5人。中小型水电建设工程和水利建设工程未发生安全事故。大型水电和火电建设工程安全事故1起,死亡2人。与上年相比,事故起数和死亡人数持平。其他安全事故20起,死亡32人。

【安全生产监管】 对符合条件的117家新取证企业核发安全生产许可证,对符合条件的450家延期企业换发安全生产许可证。全省住房城乡建设系统查处有违法违规行为的建筑企业180家,包括建筑施工企业108家:其中,提请住房城乡建设部对1家施工企业降级处理,对2家作暂扣安全生产许可证处理,对54家作出警告、罚款等行政处罚,对39家作通报批评处理,对9家作不良行为记录等。查处工程监理企业67家:其中提请住房城乡建设部对

1家作停业整顿处理,对37家作警告、罚款处理,对25家作通报批评处理,对5家作不良行为记录处理。组织培训建筑施工企业"三类人员"16466人次,其中新取证培训7014人次,考核发证4681人;继续教育培训9452人次,延期考核合格6423人。组织培训建筑施工特种作业人员1237人次,考核发证797人。组织职业技能培训9629人,核发鉴定证书4829人。组织培训安全监理人员1000余人。培训建设工程安全监督管理人员174人。印发《关于切实加强甘肃省城市轨道交通工程施工质量、安全监督管理的通知》(黔建建通〔2011〕100号)。出台《关于进一步加强我省保障性安居工程质量和安全监管的意见》(黔建建通〔2011〕393号)。

【工程质量监管】 组织开展4次全省建筑工程质量督查和执法行动,共抽查在建工程78个,其中保障性安居工程54个,检查出质量安全隐患等问题553条,下发整改通知单61份。对整改不力的3家施工单位作不良行为记录,对2家监理单位作不良行为记录,对10人作不良行为记录;对10家施工单位、11家监理单位以及39人作全省通报批评;对3家区县市住房城乡建设部门作全省通报批评;撤销1个入黔企业的入黔资格。核发建设工程质量检测资质证书9家,延期21家,组织建设工程试验员上岗培训600余人。

【建筑安全文明样板工地】 银海元隆广场(A)区1号、2号楼工程,贵阳万科劲嘉·金域华府一期9号、10号楼工程,贵阳市乌当区幸福里保障性住房工程,贵州省烟草公司贵阳市卷烟物流配送中心工程,贵州大学花溪校园扩建工程中心图书馆工程,瓮安县人民医院建设项目建筑安装工程,贵阳乐湾国际工程2—1地块,青山领域43号、44号楼工程,金谷苑A7～A10栋工程,铜仁供电局生产调度综合楼工程,安吉厂经济适用住房及廉租住房1号、2号楼工程,帝都新城A型3号高层工程,福泉花园二期工程,仁怀市国酒新城北区安置房一组团二标段工程,仁怀市国酒新城北区安置房一组团四标段工程,东欣·彩虹城一期C组团二区工程,凯里一中开怀新校区一标段3号学生住宿楼工程,贵州省高速公路收费监控通信联网管理中心一期工程,省09第二枢纽楼工程获2011年度贵州省建筑安全文明施工样板工地;国电·金海域商住小区五标段工程,毕08第二机楼及生产调度楼工程,永贵能源开发有限责任公司黔西综合办公楼工程获通报表扬。

【"黄果树杯"优质施工工程】 房屋建筑工程:贵阳奥林匹克体育中心主体育场工程,贵阳国际会议展览中心C1会议中心,贵阳铝镁设计研究院金阳科研设计办公区,中国民用航空贵阳空中交通管理中心生产业务中心工程,遵义市烟草公司卷烟物流配送中心工程,余庆县人民医院医技住院综合楼工程,贵阳奥林匹克体育中心主体育场室外环境工程,恒大绿洲一期工程,贵州省环保科技园1号楼工程,铜仁职业技术学院新校区图书馆,兴义市人民武装部新营区训练基地工程,以及专业工程:泸瑞高速公路沙银沟大桥,兰海高速公路乌江特大桥,凤冈至石阡县际公路乌江河闪渡大桥工程,220千伏贵阳万松变电站新建工程,220千伏幺铺变电站新建工程,发耳电厂燃煤机组工程,贵州乌江思林水电站,正安县石峰水库大坝枢纽工程,贵阳市水东路白岩脚2号桥工程,平坝县尧南平交主干道连接线道路改造工程A标段,江口县入城(象狮)大道工程获2011年度贵州省"黄果树杯"优质施工工程。

6. 房地产业和住房保障

【概况】 贵阳实施限购措施,全省房地产市场运行态势总体平稳,房价涨势有所下降。全年房地产开发投资完成878.67亿元,同比增长57.8%。加强商品房交付备案管理,买卖双方权益得到保护。个人住房信息系统建设继续推进,贵阳基本实现联网查询。省政府办公厅印发《贵州省国有土地上房屋征收补偿住房保障办法(暂行)》、《贵州省国有土地上房屋征收评估机构选定办法(暂行)》、《贵州省国有土地上房屋征收停产停业损失补偿指导意见》。

【城镇住房保障范围继续拓展】 进一步将城镇中等偏下收入住房困难家庭、新就业无房职工、在城镇居住一定年限且有稳定收入来源的外来务工人员纳入保障范围。全年下达中央补助资金45.41亿元、省级7.06亿元。坚持政府与市场"两条腿"走路,积极破解城镇保障性安居工程建设资金难题,信贷融资约17.6亿元,廉租住房出售、中天模式、国有困难企业利用自有土地建设、房屋收储配租等方式吸纳社会资金约107亿元。2011年城镇保障性安居工程开工23.96万套,新增廉租住房租赁补贴7.5万户,廉租住房累计保障23.82万户,全省城镇保障性安居工程建设完成投资138亿元。通过设置永久性标牌等方式强化责任,城镇保障性安居工程质量终身负责制切实落实。规范保障对象资格审核,加强动态管理,分配机制不断完善。出台廉租住房装修标准,公共租赁住房参照执行。

【住房公积金监管不断加强】 采取列席管委会会议、联合检查、巡查等形式强化现场监督。出台服务指南,服务工作得到改进。六盘水市归还挤占挪用资金 237 万元，全省挤占挪用和项目贷款清收完毕。督促黔东南完成机构调整，指导贵阳、遵义、黔南等地推进非公经济组织建立住房公积金制度。累计发放个人住房贷款 286.15 亿元，个贷率 75.05%，居全国前列，个贷逾期率 0.112‰，远低于风险控制标准。贵阳、六盘水申报住房公积金贷款支持保障性住房建设试点工作积极推进。

7. 风景名胜区建设

【概况】 完成瓮安江界河等 6 个风景名胜区总体规划、荔波大小七孔旅游项目综合开发总体规划、织金洞一线三槽等 5 处详细规划、马岭至普安公路马岭至楼下段改扩建等 9 个工程项目建设方案影响专题研究报告的评审工作。批复龙里风电场等涉及风景名胜区建设项目选址 5 个，支持了交通、水利、电力、旅游等基础设施建设。批准舞阳河铁溪景区整体经营项目特许经营方案。

【世界自然遗产资源申报管理成效明显】 邀请 IUCN（国际自然保护联盟）等专家考察中国南方喀斯特第二期预选地施秉，与广西壮族自治区住房城乡建设厅组织召开中国南方喀斯特第二期联合申遗座谈会。倡议成立中国南方喀斯特世界自然遗产保护管理委员会，牵头编制完成中国南方喀斯特世界遗产地第二轮定期监测报告。世界自然遗产地视频监控、水文监测、地质灾害监测、森林病虫害监测和森林防火系统得到完善。

8. 依法行政

【概况】 《贵州省物业管理条例》、《贵州省城乡建设档案管理办法》等法规、规章实施。起草《贵州省城市管理行政执法条例（草案）》，参与《贵州省防震减灾条例》等 20 余部法规、规章草案论证和修改，完成征地拆迁规章和规范性文件专项清理，行政许可与非许可审批事项精简 50%。实施分阶段推进依法行政实施方案，完善依法行政领导协调机制，编写行政职权目录，细化行政权力运行流程，制定行政处罚裁量基准。出台依法行政考核指标和评分标准，开展行政执法质量评议考核、行政执法案卷评查。出台分阶段推进稽查执法实施方案，开展专项稽查 10 余次，下达责令改正违法行为通知书及整改通知书 61 份，严肃查处安顺市腾达爆破工程公司无证承接工程、遵义博一房地产开发公司违法发包工程等 18 起违法案件。依法受理、审理、审结行政复议案件 13 件，依申请协调解决多起矛盾纠纷。全省稽查执法队伍已达 133 支，三级联动机制得到完善。出台"六五"普法规划，开展"送法进基层、送法进企业、送法进工地"系列活动。

【人才等工作大力推进】 组织完成建筑工程类高级职称报评和中、初级专业技术职务"以考代评"，完成市政工程等 6 个专业题库整理。会同省委组织部、省委党校、贵州大学等开展城乡规划建设人才培训。举办行政执法培训班、专业法培训班 6 期，举办城市管理领导干部和执法骨干培训班 7 期。完成城乡建设档案馆（室）规范化管理整改单位复查评估，安全电子公文传输系统和数字身份认证技术继续推广。门户网站风景名胜等栏目改版完成，新闻中心成立。

（贵州省住房和城乡建设厅）

云 南 省

1. 特色城镇化建设

【概况】 2011 年，云南省省委、省政府提出推进云南城镇化建设必须按照"守住红线、城乡统筹、城镇上山、农民进城"思路，实现"山水田园一幅画，城镇村落一体化，城镇朝着山坡走，良田留给子孙耕"的目标，省政府先后出台《关于加强耕地保护促进城镇化科学发展的意见》、《关于加大城乡统筹力度促进农业转移人口转变为城镇居民的意见》，省住房城乡建设厅制定下发《关于加强耕地保护调整完善城乡规划工作的实施意见》，进一步规范建设用地方式和城镇化发展模式，在大力保护坝区良田好地，严守耕地保护红线的基础上，开发利用山地推进城镇建设，摒弃占用坝子、占用耕地搞开发建设的不良发展模式，努力走出一条符合云南实际的特色城镇化道路。

【推进山地城镇规划建设进程】 按照"守住红线、统筹城乡、城镇上山、农民进城"的要求,把建设山地城镇作为城市规划设计的主要方向,加快转变城乡建设用地方式,严格落实省政府《关于加强耕地保护促进城镇科学发展的意见》,加强与国家有关部门对接、与国土林业等部门协调,出台差别化的城镇建设用地政策,合理划定城镇在坝区扩张边界,因地制宜、分类指导州(市)县(区)镇(乡)的规划设计和建设,调整完善全省各级城镇近期建设规划。

【推进培育建设城市群进程】 城市群是成熟城市化的标志,它实现设施同城化、市场一体化、功能一体化、利益协同化,最终体现在经济最优化,是云南特色城镇化道路的战略支撑。云南只有一个特大城市和一个大城市,而且4个中等城市的非农业人口只有22万人左右,大中城市综合规模偏小。基于城市化的合理需求,需要尽快改变当前大城市缺乏的局面,培养多个大型中心城市,以此为中心形成多个合理的城市群落。就可能性而言,现在全省的整个城市发展处在集聚效应加速期,有利于产业在中大型城市的加速集聚;次区域产业发展势头比较猛,烟草、矿产、水电、生物创新、文化旅游等支柱产业的区域分布逐渐合理,区域间产业的分工合作联系日趋紧密,加强对区域大型中心城市形成的支撑,最有条件和优势率先实现突破的是"一区、一带、五群、七廊"(即:一区指滇中城市集聚区,含滇中城市群。一带指沿边开放城镇带,五群指滇西城镇群、滇东南城镇群、滇东北城镇、滇西南城镇群、滇西北城镇群,七廊指昆明-皎漂、昆明-曼谷、昆明-河内、昆明至密支那4条对外经济走廊和昆明-曲靖-贵州-长三角、昆明-昭通-成渝、昆明-丽江-香格里拉-西藏昌都3条对内经济走廊)区域。特别是云南面临着桥头堡建设和中央实施新一轮西部大开发等难得历史机遇,次区域原有的城市基础设施和环境建设将得到更多资金、项目和政策的支持。在具体举措上,甚至可以选择合理的区域进行试点(比如滇中城市群),打破州(市)县(区)行政区划限制,创新城市联动发展的模式,率先培育几个城市群,形成由点到面的突破态势。

【推进以户籍为重点配套制度改革进程】 城市化首要的问题就是农民转化为市民。按照《省人民政府关于加大城乡统筹力度促进农业转移人口转变为城镇居民的意见》中"放宽城镇户籍、同享城乡待遇、自愿有偿转变、分类推进"的总体要求,和在一定时期内给予进城农民"城乡兼有"的特殊身份、盖上"城乡两床被子"、穿上"十件衣服"的具体要求,加强城市规划建设的顶层设计、确保城市管理制度间的无缝对接,按照省委提出的10年转移农村人口1000万的目标和任务分解,进一步与有关部门科学测算未来进入各级城市的人口,扩容城市社区教育、医疗卫生、文化体育、商业服务、行政管理等设施的承载能力,超前规划建设改造城市道路、管网、绿化、污水垃圾处理等基础设施,争取中央支持、千方百计加大保障房供给问题等,进一步加强保障性住房的科学管理,消除农民进城定居的后顾之忧,为加速城镇化扫除障碍。

【推进特色小城镇建设进程】 根据云南独特的资源优势,成功打造一批旅游小镇,逐渐摸索出一条特色小城发展模式。这一成功的实践充分证明特色小镇的建设符合云南省情,适应"本土气候",具有强大的生命力,是云南特色城镇化道路中的一个重要环节和突破点。按照省第九次党代会提出的走云南特色城镇化道路的总体要求,采取有效措施加快推进特色小城镇建设步伐,力争到2020年,全省每个县(市、区)均培育1~2个产业特征突出、功能配套完善、人居环境优美、发展活力强劲、带动作用明显的特色小镇。使部分经济实力较强、影响范围较广、示范带动作用突出的特色小镇成为"云南特色名镇"。在有条件的地方给予政策突破,科学引导特色小镇集群形成,助推集镇组团式、融合式发展,成为区域经济发展链条上的明珠。

2. 城乡规划

【概况】 2011年,省住房城乡建设厅坚持以科学发展、和谐发展、跨越发展为目标,全面贯彻落实《城乡规划法》,着力强化城乡规划宏观指导和调控作用,不断提高城乡规划工作的质量和水平。

【调整完善城乡规划促进城镇化科学发展】 深入贯彻落实《云南省人民政府关于加强耕地保护促进城镇化科学发展的意见》和全省保护坝区农田建设山地城镇工作会议精神,制定下发《云南省住房城乡建设厅关于加强耕地保护调整完善城乡规划工作的实施意见》,对城乡规划调整完善工作进行全面安排部署。截至2011年底,全省各市、县城镇近期建设规划编制工作已基本完成,为充分发挥规划龙头作用,引导产业化和城镇化项目"上坡进山",建设山地、山水、田园城镇,促进城镇化和经济社会发展提供法定规划依据。

【积极推进区域城乡规划编制】 完善区域城乡规划体系,以区域规划为统领,优化区域城镇及生产力布局，继续推动"六个层次"城镇建设，加快推进城镇化进程和省域及部分城镇群规划编制及研究工作。2011年全省城镇化水平达到36.8%，比2010年增长近2个百分点。《云南省城镇体系规划（2011～2030）》成果已编制完成，2011年9月8日通过住房和城乡建设部、国土资源部、国家发改委专家组的技术审查，并制定《云南省城镇体系规划实施管理办法（报审稿）》；《滇中城市群规划（2009～2030）》于2011年5月27日经省人民政府批复实施（云政复〔2011〕58号），并会同省人民政府新闻办公室于2011年8月3日召开新闻发布会；《滇西城镇群规划（2011～2030）》和《滇东北城镇群规划（2011～2030）》成果已编制完成，于2011年12月上报省人民政府审批；《滇东南城镇群规划研究》和《滇西南城镇群规划研究》成果，于2011年11月17日通过省级有关部门、专家的联席审查，为开展滇东南及滇西南城镇群规划编制工作奠定坚实的基础，提供直接的依据和支撑。

【加快城乡规划政策制定和规章制度建设】 制定下发《云南省城镇特色规划编制暂行办法》，结合各地城市总体规划的制定和修改，进一步强化和规范城镇特色规划编制，使城镇建设更具民族特色、地域特点和历史文化特征。加快推进《云南省城乡规划条例（草案）》的修改完善工作，经省人民政府第66次常务会议讨论通过，已提请省人民代表大会常务委员会审议。

【加强历史文化名城名镇名村名街保护管理】 省人民政府批准公布鹤庆县松桂镇、建水县官厅镇苍台村、红河县城迤萨镇历史文化街区等10个镇村街区为云南省历史文化名镇名村名街，截至2011年底，全省历史文化名城名镇名村名街数量已达70个，其中：国家级历史文化名城5个，中国历史文化名镇名村12个，省级历史文化名城名镇名村名街53个。编制完成《云南省历史文化名城名镇名村名街保护体系规划》，系统地分析总结云南传统聚落历史文化资源的价值和现状，提出有针对性的保护措施和管理要求，对全省推进历史文化资源保护和发展具有重要的指导意义。

【强化城乡规划技术培训】 组织规划主管部门及城乡规划编制单位相关技术人员参加由住房和城乡建设部城乡规划司与中国城市规划学会在景洪市联合主办的第五期《城市、镇控制性详细规划编制审批办法》培训班；召开云南省山地城镇规划设计动员培训大会，邀请有关专家开展专题培训，为推动云南山地城镇规划建设工作的开展奠定基础。

3. 城乡建设

【概况】 2011年，全省城乡建设"坚持规划、突出特色、保证质量"的要求，紧紧围绕省委、省政府的中心工作，在省委、省政府的坚强领导下，在住房城乡建设部的指导支持下，积极应对国际金融危机带来的巨大冲击，扎实推进全省住房城乡建设工作，取得明显成效。

【省部战略合作协议顺利签署】 经过半年多的精心筹备，住房城乡建设部与云南省人民政府于2011年12月8日在北京签署《关于共同推进云南住房城乡建设科学发展，加快中国面向西南开放重要桥头堡建设合作备忘录》，明确合作目标，建立合作机制。合作内容涉及城乡空间发展布局、保障性安居工程、城镇基础设施建设、建筑业房地产发展、防震减灾能力、节能低碳项目建设、风景名胜区保护管理等11个方面的内容，将更加有力地推动全省住房城乡建设事业实现跨越式发展。

【全省住房城乡建设工作会议在昆明召开】 2月3日，省人民政府在昆明召开全省住房城乡建设工作会议。省长李纪恒作题为《走云南特色城镇化道路，建设生态宜居幸福家园》的重要讲话，刘平副省长就贯彻落实李纪恒省长重要讲话精神，切实抓好2012年住房城乡建设工作提出具体要求。省人大常委会副主任程映萱，省政协副主席王学智等领导出席会议。省住房城乡建设厅厅长罗应光作云南省住房城乡建设工作报告。省直有关部门、各州（市）人民政府主要领导和分管领导，县（市、区）人民政府主要领导，州（市）住房城乡建设局、规划局、水务局和县（市、区）住房城乡建设局局长，中央驻滇单位和企业负责人等近600名代表参加会议。

【城市治污设施建设稳步推进】 根据《云南省城镇污水处理及再生利用设施、生活垃圾处理设施建设规划（2008～2012年）》（云发改投资〔2008〕1320号）和省人民政府确定的2012年底前全省129个县（市、区）累计完成248个治污项目的责任目标（污水处理143个、生活垃圾处理105个，其中：大理市大风坝垃圾、洱源县污水处理工程，因当地城市总体规划调整等原因，报请省政府同意已调整出治污规划，全省实有治污项目246个）。省治污办编制下发《云南省城镇污水处理厂运行维护及安全评定标准》、《云南省城镇排水设施运行维护质量及安全评定标准》。各州（市）、县（市、区）党委、政府高度重视，采取加大督促指导和协调力度，明确目标、责任到人、完善制度、强化监管等有效措施，克服时间紧、任务重、融资难等多方面的困难,通过重点加快推进项目建设进度、强化工程建设质量、运行和资金管理四个方面的工作,全省治污设施建设稳步推进。截至2011年底,全省建成投运治污项目202个,占82.1%,在建项目44个,占17.9%。其中,保山市、临沧市、迪庆藏族自治州、丽江市规划内治污项目全部建成投运,昭通市、曲靖市、普洱市、文山壮族苗族自治州、西双版纳州规划内垃圾处理项目全部建成投运。全省城镇污水处理设施由"十五"末34个县(市、区)、37座污水处理厂、污水处理能力127.05万吨/日增加到103个县(市、区)、117座污水处理厂、污水处理能力320.65万吨/日,污水处理能力增长152%;垃圾处理设施由"十五"末29个县(市、区)、27座垃圾处理场、垃圾处理能力5993吨/日增加到115个县(市、区)、115座垃圾处理场,垃圾处理能力16559吨/日,垃圾处理能力提高176%。

【城镇园林绿化水平整体提升】 继续推进云南园林苗木产业化和滇派园林品牌化建设,在建好"云南省城市园林绿化苗木科研培植基地网"的基础上,注重培育行业龙头企业,完成云南绿盛美的绿化工程公司、云南山川绿化公司一级资质申报指导和审核并顺利晋升一级资质。至此,全省一级资质企业达到6家。相继完成《云南省城市绿化树种名录》修订、全省苗木市场调研和滇派园林产业公司组建等工作,着力在创建园林城市、提升园林绿化水平、改善人居环境等方面下工夫,全省建成区绿地率达26.31%,绿化覆盖率达30.92%,人均公园绿地面积达8.66平方米,全省共有29个省级园林城市(县城)、6个国家级园林城市(县城)和2个国家级园林城镇,25个市(县)绿地系统规划编制(修编)通过技术审核。指导完成昆明市、玉溪市、丽江市人居环境范例奖的申报和昆明市人居环境奖的申报前期工作。昆明市地下管线信息系统、丽江古城历史文化遗产保护等四个项目获得2011年度中国人居环境范例奖。

【市政公用事业健康发展】 坚持从细节入手、从基础抓起,建立完善市政公用设施长效管理机制,进一步加大对城市桥梁、供气、供水、污水、路灯以及窨井等设施管养力度,保障市政公用事业的健康发展。全省城市道路长度达8262.34公里,比2010年增长9.56%,道路面积达15584.41万平方米,增长11.78%,人均道路面积达11.48平方米,增长2.96%。全省供水管网长度14932.35公里,增长10.94%,燃气管道长度为3967.46公里,增长24.13%,排水及雨水管道长9724.4公里,增长9.56%,建成区管网密度达6.67公里/平方公里,增长2.46%。全省燃气普及率达63.29%,供水普及率达93.17%,城镇化水平由"十五"末的29.5%提高到36.8%,涌现出一批特征鲜明、内涵丰富的大中小城市和特色城镇。

【进一步规范城市燃气行业管理】 加大对国务院《城镇燃气管理条例》的宣传贯彻力度,组织各州(市)住房和城乡建设主管部门管理人员、燃气经营企业进行培训,邀请中国城市燃气协会理事长王天锡等条例参编专家和省发改委、省能源局、公安消防总队、省技术质量监督局等相关人员对城市燃气建设、经营和管理中的问题进行讲解。紧紧抓住中缅油气工程正式开工建设的历史机遇,认真贯彻落实省政府与中国石油天然气集团公司签订的《战略合作协议》的相关要求,进一步做好全省城镇天然气等燃气设施建设,规范燃气市场秩序,确保燃气的安全供应,城镇燃气普及率达到61.66%。会同省能源局、云南中石油昆仑燃气公司等组织编制《云南省城镇燃气发展"十二五"规划》,邀请北京、上海等燃气行业专家、省级相关部门评审通过,上报省政府待批。积极与省工商行政管理局协调,联合行文出台《关于进一步加强燃气经营企业经营许可管理的通知》,为规范城镇燃气经营活动奠定基础。积极开展城市燃气工程审批管理工作,对弥勒县城市燃气工程、曲靖市城市燃气工程、云南省液化天然气应急储备基地等项目进行评审。先后对玉溪、楚雄等燃气工程进行验收。对全省(除昆明)150家燃气企业经营许可进行审查。同时联合省商务厅、云南日报社举办《新能源与汽车高峰论坛》,邀请国家知名专家就燃气汽车的相关方面(加气站规划建设、汽车改装管理、气源保障)进行交流,为下一步全省出台相关鼓励、扶持政策提供依据。

【供水节水管理工作不断加强】 认真贯彻落实《中华人民共和国水法》、《城市节约用水管理规定》、《云南省实施〈中华人民共和国水法〉办法》,大力开展城市供水节水工作,改善城市水生态环境,推动生态文明建设。完成123家城市供水企业经营许可证年度复审、5家新申办企业的审查、部分水厂水质抽查等项工作,编制并向住房和城乡建设部上报《城镇供水设施改造与建设"十二五"规划(云南省部分)》。联合省卫生厅对全省设市的21个城市供水企业的44个出水厂水样水质按《生活饮用水卫生标准》GB 5749—2006进行监督检查,完成向国家城市供水水质中心的上报。截至2011年底,全省县以上城市供水规模达到450万吨/日,人均日生活用水量达到128.56升，供水普及率达到92.27％。针对全省旱情，切实加强组织领导，先后多次下文及时掌握全省旱期城市供水情况，并派专人分赴各灾区，加强对城市节水管理，分片区限时供水、建设应急取水设施、应急、加大设施运转负荷、启用应急补充水源、实行临时超额用水加价方式调控用水等工作的指导力度。进一步加大供水设施的检查，指导各地具体开展供水管网和供水设施的巡查检修和城市节约用水宣传周宣传工作，切实保障旱情期间的城市供水安全。积极配合开展《云南省节水管理条例》城市节水部分的有关条款的编制，并以此为契机，进一步加强全省城市节水的管理。5月15～21日，在全国第20届"城市节约用水宣传周"期间，组织开展以"建设节水型城市，改善城市水生态"为主题的宣传活动，设计制作节水专题公益广告片，在昆明市160余条公交线路2300多台公交车上的3000多块液晶电视屏上进行为期1个月循环播放，昆明市节水办还对已建成的270多座再生水利用设施运行情况进行检查稽查。省城市节约用水管理办公室主要负责人接受媒体的专访。

【"绿色照明"工程取得实效】 积极参与住房和城乡建设部《城市照明"十二五"规划纲要》的编制，组织昆明市城市管理综合执法局等部门对《纲要》进行讨论，组织省市政工程质量检测站组织编制全省地方标准《云南省城市照明安全运行规程》。组织全省城市照明管理部门学习新修订《城市照明管理规定》，联合省发改委转发《进一步加强城市照明管理工作的意见》。大力支持昆明风向标会展有限公司在昆明国际会展中心举办涉及城市道路照明、城市给排水、水处理、市政工程及设施等的"2011第二届云南市政技术与设施展览会"，充分展示LED节能照明、新技术、新设备、新工艺等"四新"产品，为促进全省城市建设节能减排提供良好的交流平台。积极推进市政公用节能、技术研发工作。广泛开展对公共建筑、道路、景观照明的节能改造，推广应用高效照明电器产品和节能控制技术，提高电能利用效率，实现"绿色照明"。截至2011年底，全省城市照明路灯共计近50万盏。

【推出《云南省市政基础设施工程资料软件》】 2011年9月，与北京华表世纪科技有限公司联袂研制开发推出《云南省市政基础设施工程资料软件》，涵盖城镇道路、城市桥梁、给排水管道、给排水构筑物、交通设施、亮化照明、燃气、园林绿化、河道治理、垃圾填埋场工程共十个专业，内容分为施工组织管理、工程施工记录、材料进场检查、试验与检验报告、质量验收、市政监理、功能性试验、竣工验收及备案、优良等级评定、交接书共十类用表，该软件的开发将为云南省市政基础工程施工提供一个完整、科学、规范的使用样本和规范表单，使云南省市政基础设施工程管理逐步走上统一、规范和科学的轨道。

【加快推进数字化城市管理工作】 在昆明、安宁、个旧市实施数字化城市管理的基础上，与云南省电信分公司多次协调对接，制定云南省数字化城市管理实施方案的资金投入预算，为进一步整合城市管理资源，规范数字化城市管理行为，构建城市管理长效机制，提高城市管理水平，保障数字化城市管理系统的规范建设和良性运行打下基础。

【城建监察人员执法水平不断提升】 继续推进以"外树形象、内提素质"为重点的全省城管执法培训和教育引导，开展城建监察协会会员单位间的帮扶互助活动，加强内部执法人员的学法用法规范化、制度化建设，研究建立日常巡查网格化管理制度，建立与公安等部门联动机制，加强道路占用挖掘管理，打击偷盗、损坏公共设施等行为，保持公共设施的完好率。

【继续抓好市容环卫等项工作】 1月17～18日，组织召开省环卫协会会员大会暨协会第三届理事会换届会议，启动环卫协会工作，在全省范围内进行会员单位重新登记统计，对现有各单位资料进行整理归类、建立档案。组织各州市，县住建（城管）局环卫工作、环卫站负责人和垃圾处理厂负责人，进行为期一天的环卫工作业务培训，主办首次全省范围内的环卫工人联欢演出，展示环卫行业风采，促进城市环卫事业的健康发展。同时，积极参与省"扫黄打非"、综治维稳、"打四黑除四害"等专项行动，受到各主管部门的高度评价。

【全面实施村庄规划】 2011年，云南省应完成村庄规划编制80366个，扣除迁村并点的村庄数量1340个，实际计划完成村庄规划数量79026个。截至2011年12月底，实际完成村庄规划编制84227个，其中行政村总体规划9413个，自然村建设规划74814个，分别完成2011年年度总任务的106.6％、138.0％、103.6％，为2012年完成136443个村庄规划奠定良好基础。

【农村危房改造及地震安居工程】 2011年，农村危房改造及地震安居工程计划30万户，其中拆除重建20万户，修缮加固10万户。拆除重建每户补助1万元，共计下达中央和省级补助资金20亿元，其中中央补助资金13.42亿元，省级补助资金6.58亿元。修缮加固由州(市)筹集 2 亿元，每户补助 2000 元，对 C 级局部危房进行加固。截至 12 月底，全省各州(市)、县完成危房改造户的调查、危房改造农户的审核、审批、公示等相关工作。全省拆除重建已批准开工 196949 户，占 98.5%，竣工 159950 户，占任务的 80%。修缮加固已开工 93241 户，占任务的 93.2%，竣工 65246 户，占任务的 65%，总投入资金 72 亿元。

【加快特色小镇建设】 2011 年 5 月 5 日，云南省人民政府印发《关于加快推进特色小镇建设的意见》(云政发〔2011〕101 号)，云南省人民政府在 60 个旅游小镇的基础上，明确 150 个特色小镇名单，其中：68 个现代农业型，34 个工业型，27 个商贸型，12 个边境口岸型，9 个生态园林型，形成 6 类共 210 个特色小镇合理布局的格局。210 个特色小镇都是一定区域的中心和县域经济的次中心，具有较好的基础、显著的特色和明显的发展优势。同时，210 个特色小镇具有典型的代表性和示范性：有 16 个为国家级重点镇；7 个为全国发展改革试点小城镇；11 个为国家级口岸；有 11 个为特有较少民族自治乡；有 14 个省重点工业强县的重点工业镇、有 13 个为省级工业园区项目所在地；有 3 个为国家和省重点农产品交易市场所在地；有 6 个为省级历史文化名镇；5 个为省级爱国主义教育基地；12 个为全国特色景观旅游示范名镇(村)。

【小城镇基础设施建设】 全省特色小镇自来水普及率达 60%，污水处理率达 5%，垃圾处理率达 10%，镇区道路铺装率达 33%，路灯率达 60%。特色小镇公共设施。其中，32% 建有文化设施，32% 建有体育设施，52% 建有汽车客货运站，87% 建有卫生院，56% 建有宾馆接待设施，30% 建有区域专业商品市场，60% 镇建有综合市场，40% 镇建有大牲畜市场，5% 建有农产品专业市场。平均每个建制镇拥有各类学校 9.4 所，文化站、图书馆 0.8 个，影剧院 0.5 个。

【编制特色小城镇规划】 按照"城镇上山、农民进城"的指导思想，依据《云南省人民政府关于加快推进特色小镇建设的意见》(云政发〔2011〕101 号)的规定，根据资源和环境的承载能力来合理确定各地城镇化发展的目标，结合国家和省扶持方向、政策和力度，要求特色小镇编制总体规划、特色规划、近期建设规划，明确 210 个特色小镇五年发展目标和主要建设任务；确定各特色小镇"十二五"期间的项目建设重点。

【优化城市布局推动区域中心城市建设】 区域中心城市是省域的区域核心城市、经济中心、综合服务中心和交通枢纽，具有较强的区域影响力，是云南城市发展的重要增长极。《云南省城镇体系规划(2011～2030)》提出的城镇空间布局结构，因地制宜壮大中心城市，促进区域生产要素向中心城市集聚，加快培育和引导滇中城市集聚区的昆明、曲靖、玉溪、楚雄，滇西城镇群中的大理、保山、瑞丽，滇东南城镇群中的蒙自、个旧、开远、文山，滇西南城镇群中的普洱、景洪，滇东北城镇群中的昭通，滇西北城镇群中的丽江等区域中心城市建设，提出规划指引要求。

【抗震防灾和恢复重建工作扎实有效】 认真贯彻落实省政府关于全面加强预防和处置地震灾害能力建设十项重大措施实施方案，加大《防震减灾法》、《云南省建设工程抗震设防管理条例》等法律法规和《建筑抗震设计规范》等强制性技术标准宣传贯彻力度，积极推进减隔震技术发展与应用，确保建筑工程抗震设防质量。加强应急抢险队伍建设，开展应急救援演练，提升住房城乡建设系统应急处置能力；圆满完成盈江"3·10"地震房屋应急评估和市政设施应急抢险等任务。按照省政府关于盈江地震灾区恢复重建十大工程的要求，分两个阶段完成投资建设任务的规划目标，积极协调有关部门组织指导地震灾区恢复重建工作。截至年底，共下达盈江"3·10"地震恢复重建资金 12.63 亿元，民房恢复重建大部分完成，地震灾区基础设施建设、社会事业、城镇建设工程、防灾减灾体系建设、生态环保工程和强基固本工程全面启动。

【风景名胜区管理进一步加强】 全省风景名胜区总体规划、详细规划和重大基础设施建设选址许可工作有序进行，澄江动物化石保护地申报世界自然遗产已完成国际专家评估工作。根据联合国教科文组织第 34 届世界遗产大会审议通过的云南三江并流保护区世界自然遗产地边界细化方案，省人民政府上报国务院的《三江并流风景名胜区总体规划(修改)》通过住房城乡建设部组织召开的部际联席会议的审查。

【行业法制和政务服务工作取得新的进展】 《云南省风景名胜区条例》经省人大常务会议通过于 1 月 1 日施行。大力开展普法教育，被住房城乡建设部表彰为"五五"普法先进单位。全年办理人大建议 38 件、政协提案 45 件，被省人大表彰为人大代表建议办理先进单位。执法稽查力度进一步加大，直接立案对 29 个违法责任主体实施行政处罚。认真贯彻和实施《行政许可法》和《政府信息公开条例》，加强政府信息公开和政务服务工作力度，及时公布政府信息322条，接受在线查询161件、专线询问636人次，受理行政许可事项1035件。

4. 保障性住房建设

【概况】 截至2011年12月底，云南省全年新建的31万套城镇保障性住房全部开工，竣工10.5141万套，完成投资226.43亿元，完成总投资的82%。2011年是云南省保障性安居工程建设总量最大、任务最重的一年，全年的任务接近"十一五"期间的总和，面对艰巨的建设任务，在省委省政府的坚强领导下，全省各地克难攻坚，确保落实土地、确保落实资金，确保按时开工，在确保工程质量安全的前提下，超额完成国家下达和省政府确定的年底前完成60%以上投资额的目标任务。

【筹措资金】 省政府从保民生、保增长、保稳定的高度出发，逐年加大对城镇保障性住房建设的资金配套力度。2011年安排省级城镇保障性住房建设补助资金11.3463亿元。同时，积极争取到中央补助城镇保障性住房建设资金67.3738亿元。各地严格落实国家和全省有关政策，多渠道筹措建设资金，确保土地出让总收入的5%、房地产开发税收的10%和住房公积金增值净收益用于保障性住房建设，并积极搭建投融资平台，全省落实信贷资金120多亿元。

【土地供应】 对城镇保障性住房建设用地计划指标实行单列，做到优先供应、应保尽保。2011年，落实城镇保障性住房建设用地16000余亩，确保城镇保障性住房建设用地的需要。

【税费政策】 城镇保障性住房建设、买卖、经营等环节涉及的土地使用税、土地增值税、契税、印花税、营业税、房产税等，按照国家有关规定予以减免。城镇保障性住房建设项目免收城市基础设施建设配套费、异地安置人防建设费等行政事业性收费和政府性基金。

【强化管理】 为规范和加强全省公共租赁住房管理，组织《云南省公共租赁住房管理暂行办法》听证，征求意见后将报省政府审定出台。把抓好城镇保障性住房工程质量安全工作作为头等大事和重中之重的任务，专门成立工作领导小组，建立督查、巡查工作制度。严格执行基本建设程序和有关政策规定，强化质量管理和安全控制，严防发生质量安全事故，全年未发生大的工程质量问题和施工安全事故。

5. 住宅与房地产业

【概况】 2011年，面对复杂多变的国内外经济环境和种种挑战，云南省省住房城乡建设厅进一步加强和改善房地产调控，紧紧把握住云南省实施"两强一堡"和云南特色城镇化发展战略的重要机遇，坚定信心、攻坚克难，促进云南省房地产业实现跨越式发展。

【完善房地产调控政策】 2011年，国务院下发《关于进一步做好房地产市场调控工作有关问题的通知》（国办发〔2011〕1号），省住房城乡建设厅按照省政府要求及时提出全省的贯彻意见，经省政府常务会议研究通过后，印发《关于进一步做好房地产市场调控工作的意见》（云政发〔2011〕21号），对全省房地产调控工作进行全面部署。根据7月12日国务院常务会议"必须坚持调控方向不动摇、调控力度不放松，坚定不移地抓好各项政策措施的落实，不断巩固和加强调控效果"的精神和住房城乡建设部的有关要求，省住房城乡建设厅报经省政府同意，由房地产市场监测调控协调领导小组印发《关于进一步落实房地产调控政策有关问题的通知》，进一步明确有关要求，并对全省各州市贯彻落实国务院和省政府房地产调控政策情况进行调研、检查和督导。

【健全房地产调控机制】 为及时把握房地产市场动态，省住房城乡建设厅始终把省房地产市场监测调控协调领导小组会议和省房地产经济运行分析联席会议作为做好调控工作的重要手段，同时坚持每月上报全省房地产经济运行分析报告，领导小组会后及时印发会议纪要，加强情况通报和信息交流，形成全省房地产调控的合力。

【全面贯彻执行调控政策措施】 各城市（含地级市、县级市和州府所在县）均按要求确定和公布2011年住房价格控制目标；昆明市实行严格的住房限购政策；各地切实增加住房建设用地供应；严格执行差别化税收政策，对个人购买商品住房不足5年转让交易的，统一按销售收入全额征收营业税；落实差别化信贷政策，对购买第二套住房的家庭，执行首付款比例不低于60%、贷款利率不低于基准利率的1.1倍的政策规定；加强市场秩序整治，规范商品房预（销）售行为，实行明码标价。

【房地产开发投资】 2011年，全省房地产开发投资首次突破千亿元大关，实际完成1272.72亿元，同比增长41.3%。超额322.72亿元完成年初省政府下达的950亿元的投资目标任务。房地产开发投资占全省规模以上固定资产投资的比重达到21.5%。

其增速高于固定资产投资增速13.7个百分点；高于全国房地产开发投资增速13.4个百分点。

【调整住房供应结构】 在房地产调控政策作用下，房地产开发投资的结构有所调整。一方面住宅开发投资保持较快增长，但增速低于房地产开发投资整体增速。全省完成住宅开发投资完成873.90亿元，同比增长33.5%，占房地产开发投资的比重为68.7%，较上年同期下降4个百分点。另一方面非住宅开发投资呈现高速增长的态势，占比提高。办公楼开发投资完成44.25亿元，同比增长99.2%；商业营业用房开发投资完成164.34亿元，同比增长67.9%；其他类房地产开发投资完成190.23亿元，同比增长51.4%。

【改善供求关系】 2011年，全省商品房供应实现较快增长。商品房施工面积达到10597.88万平方米，同比增长20.6%；其中住宅施工面积7973.23万平方米，同比增长13.2%。商品房新开工面积达到4984.70万平方米，同比增长34.6%；其中住宅新开工面积达到3618.18万平方米，同比增长22.2%。购置土地面积1425.38万平方米，同比增长38.2%。全省商品房销售增速明显回落。商品房销售建筑面积3107.12万平方米，同比增长5.0%，增速较上年回落27.7个百分点；其中住宅销售建筑面积2716.42万平方米，同比增长2.2%，增速较上年回落30.5个百分点。商品房销售额1133.61亿元，同比增长21.3%，增速较上年回落21.7个百分点；其中住宅销售额921.80亿元，同比增长19.8%，增速较上年回落18.7个百分点。限购政策作用下，昆明市商品住房市场作出迅速调整，根据昆明市房产交易中心的备案数据显示，2011年昆明市实行严格的限购政策后，主城区商品住房交易量明显下降。1月，昆明市商品住房成交面积167.36万平方米，2~11月累计交易量仅210.84万平方米。

【加强分类指导】 省住房城乡建设厅加强房地产开发投资工作的分类指导，优化房地产开发投资区域分布。提高未实施限购的州市、县市房地产开发投资的吸引力。加快昆明市周边城市房地产业的发展步伐。有力促进全省16个州市房地产开发投资实现全面增长。规模排在前6位的分别是：昆明市（625.97亿元）、曲靖市（138.53亿元）、红河州（72.52亿元）、玉溪市（66.88亿元）、楚雄州（52.46亿元）和普洱市（46.87亿元）。增速排在前6位的州市均高于全省平均增速，分别是怒江州（198.2%）、德宏州（108.6%）、普洱市（96.7%）、保山市（75.0%）、丽江市（56.6%）、昆明市（42.0%）。从昆明市的具体情况来看，房地产开发投资由主城区向周边辅城转移，县市房地产业的发展步伐加快。

【稳定房价见成效】 随着综合房地产调控政策效应的逐步显现，2011年全省房地产业平稳较快发展，房价逐步趋稳，房地产调控的成果不断巩固和扩大，房地产经济基本上朝着宏观调控的预期方向发展。昆明市和大理市住房价格涨幅总体上呈现明显回落趋势，调控成果不断巩固。根据国家统计调查并发布的全国70个大中城市住宅销售价格变动情况显示，截至2011年12月，昆明市新建住宅价格环比涨幅为0；同比上涨2.3%，涨幅较上年同期和年初均明显收窄。大理市新建住宅价格环比涨幅为0，同比仅小幅上涨0.6%。

【住房公积金监督管理进一步加强】 建立完善住房公积金监管协调会议制度，省级部门间形成监管合力，完善信息管理系统，改进和规范住房公积金业务服务。严格执行"限高保低"政策，加强单位项目贷款的清收力度，逾期贷款显著下降。开展行业文明创建活动，群众满意度提高。全省住房公积金归集总额1003.5亿元，较去年增长26.8%；归集余额575.2亿元，增长24.8%；累计发放住房公积金贷款628.4亿元，增长21.8%；个贷余额342.8亿元，个贷率达到60%，个贷逾期率降至0.03%；公积金支持保障性住房建设贷款4.46亿元，已收回1.8亿元；全年实现住房公积金增值收益3.5亿元，其中划转廉租住房补充资金1.2亿元。

6. 建筑业与工程建设

【概况】 2011年，按照全省住房城乡建设工作会议总体部署，紧紧围绕云南省建筑业"十二五"发展规划的总体目标，以加快转变建筑业发展方式为主线，以行业结构调整为方向，以体制创新和技术进步为动力，以增强企业活力和市场核心竞争力为重点，以全面推动云南省建筑业健康持续发展为目标，加大扶持力度，加强市场监管，在省委、省政府关心重视和正确领导下，在全省住房城乡建设系统及相关部门的积极配合下，各项工作稳步推进。

【建筑业对经济发展的贡献加大】 全省建筑业在国民经济中的巨大带动作用充分展现，建筑业对相关的上下游产业，包括钢铁、水泥、机械设备制造、各类新型建材、家具、汽车、家用电器、相关的科技研发、咨询服务等行业的发展，发挥重要的拉动和辐射作用。2011年，全省建筑业总产值再创新高，共完成产值1867.06亿元，比上年增长23.7%；增加值785.12亿元，比上年增长26%，建筑业增加值占全省GDP的9%，超额完成年度目标任务，较2008年建筑业总产值实现翻番，建筑业支柱产业地位和作用进一步增强。

【促进建筑业发展扶持力度进一步加大】 根据《云南省财政厅 云南省住房和城乡建设厅关于印发〈云南省促进建筑业发展奖励扶持暂行办法〉的通知》（云财建〔2010〕51号）精神，积极推进关于云南省促进建筑业发展奖励扶持资金的有关工作，重点奖励扶持对促进全省建筑业改革、发展、提升、规范、争创产值利税、科技创新、技术进步、标准化建设、质量和安全生产争先创优显著企业，工商、税务和资质注册在滇省的勘察、设计、施工、监理、造价咨询、招标代理企业及贡献突出人员。2011年，完成《云南省建筑企业资质管理实施细则》（第35号公告）的听证、公示、备案等相关程序，并于2011年6月1日起正式颁布实施。省住房和城乡建设厅联省、市、区税务相关部门，对云南省建筑业企业经营中，有关重复上税问题进行认真调研。云南省地方税务局及时出台《关于建筑业营业税征收管理问题的通知》。《通知》的出台，有效地解决企业重复上税的问题。

【严格建筑市场准入管理建筑业企业资质管理】 2011年，为规范建筑市场、严格市场准入制度，对建筑业资质进行重新核查，经过这次核查，部分企业被注销资质，把一批"沉睡"企业、"空壳"企业、不具备市场准入条件的企业全部清出市场，使高等级资质企业数量增加，低等级资质企业数量减少，进一步规范资质、资格管理工作，全省现有建筑施工企业3522家，其中，特级资质企业2家，一级资质企业160家，比上年增长24%，二级资质企业1067家，不分等级企业161家。监理企业104家，其中，综合资质1家，甲级资质20家，乙级资质45家，丙级资质37家，事务所1家。检测企业共计224家。

【建筑业企业科技创新能力明显增强】 各企业在生产经营中更加注重科技在建筑业发展中的作用，通过加快引进、推广和应用国内外新技术、新工艺、新材料和新设备，进一步提高科技创新能力。全省建筑行业已经有9家企业成立省级企业技术中心，进一步提高建筑企业的技术创新能力和科技应用水平。随着云南省建筑业科技水平的提高，云南省建筑业在企业竞争力、企业综合实力等方面都有显著提高。

【建筑从业人员的素质有明显提高】 加强执业资格注册管理，严格准入制度，全省各级建管部门加强对全省建筑业建造师、监理工程师等重要岗位持证人员进行安全、质量、法律法规、专项技术的培训，提高从业人员的素质。截至2011年底全省共有注册建造师3万余人。

【建筑市场监管力度进一步加大】 根据《国务院关于进一步加强企业安全生产工作的通知》、《国务院安委会关于开展严厉打击非法违法生产经营建设行为专项行动的通知》、《关于开展严厉打击非法违法建筑施工行为专项行动的通知》、《云南省安全生产委员会关于印发云南省开展严厉打击非法违法生产经营建设行为专项行动实施方案的通知》等文件要求，组织开展全省建设领域集中严厉打击建筑施工非法违法行为的专项行动，加大对云南省建筑市场准入的监管力度，对无施工资质、超越资质及借资质承揽工程的行为给予严惩，同时也加大对从业人员违法行为的处罚力度，使云南省建筑市场得到进一步的规范。开展建设工程质量检测市场专项检查工作，对云南省建设工程质量检测市场中存在的问题进行全面治理整顿，确保云南省建设工程质量检测市场健康发展。通过一系列的专项行动，有效净化全省建筑市场，促进建筑市场监管体系的建立。

【勘察设计行业监管加强】 2011年，云南省勘察设计单位严格执行国家建设方针和建设标准，精心勘察、精心设计，保质、保量、及时、有效地完成全社会固定资产投资的勘察设计任务，全省共有勘察设计单位578家，从业人员32063人，全行业共完成勘察设计营业收入约140.4亿元，较2010年105.2亿元增加35.2亿元，增幅达33.5%；2011年人均营业收入达到43.79万元，比2010年的人均收入增加10.38万元，增幅为31.1%；2011年，建筑工程施工图设计完成投资额927亿，建筑面积7864万平方米。完成建筑工程设计审查6322项，380亿平方米。审查市政工程设计315项，投资额85亿元。审查勘察5382项，发现违反建设工程强制性条文5742条。完成《云南省民用建筑节能设计标准》设计标准，出台《云南省建筑智能化工程招标投标管理办法》、《云南省住房和城乡建设厅关于印发云南省施工图审查机构考核办法的通知》，起草《云南省市政工程招标投标管理办法》。受住房和城乡建设部委托，启动《推动西部地区个人执业资格制度研究》的课题工作。工程勘察设计咨询业为全省的工程建设、城乡建设和国民经济与社会发展做出重大贡献。

【标准定额工程建设标准化加快推进】 进一步开展完善全省工程建设标准体系方面的研究，通过公开征集和调研，继续完善专家评审机制，15部地方标准审批发布,参与8部国家行业标准编制工作。与省招标办共同组织编制的《云南省建设工程造价成果文件数据标准》,2011年10月1日颁布实施,是全省工程造价领域的第一部地方标准。及时启动《云南城市燃气建设工程计价依据》的编制。组织12000人参加的全省建设工程造价员考试工作。推进标准定额行政管理及行业服务信息化建设,督促和指导全省工程造价咨询企业执行"工程造价咨询统计报表制度",升级改造相关应用系统;开发建设工程造价咨询企业异地执业备案和拦标价备案在线申报模块;开展建筑业监管信息协同平台建设前期调研、方案设计和工程建设标准检索系统基础研究工作。工程建设标准定额管理加强,工程造价咨询营业收入5亿元。

【招投标市场进一步规范】 颁布实施《云南省建筑智能化工程招投标管理办法》,强化招投标市场监管,招标投标工作进一步规范。认真履行招投标监管职责,重点做好国有投资和政府投资工程招投标监管工作。强化公开招标管理制度落实,实现工作招标的"五公开"和"六统一"制度。建立招投标网络监管管理系统,加强对中标后工程实施监督检查。与相关监管部门配合联动,监督中标合同的履行。强化合同管理,严肃查处签订"阴阳合同"、订立背离合同实质性内容的协议等违法违规行为。加强招标代理队伍的管理。全年共办理工程报建共100项,投资总额309.3亿元;全年累计中标额共115.48亿元。审查发放施工许可证64个,办理招标代理机构资格申请、升级、延续23家。

【工程建设安全质量稳步提高】 认真贯彻执行国务院、省政府关于安全生产的工作要求,先后7次组织督查组、检查组对全省在建项目质量安全进行工作督查和执法检查,特别是加大对昆明新机场、昆明地铁等重大建设项目的质量安全检查,全年共发生建筑安全生产事故27起、死亡30人,低于省安委会下达的年度安全生产指标(58人),建筑安全生产形势保持稳定。进一步提升精品工程意识,加大创优工作力度,获中国建设工程鲁班奖1项、国家优质工程金奖2项、银奖7项,7个项目获国家AAA级安全文明标准化诚信工地称号。

7. 建筑节能与科技

【概况】 2011年,按照国家建筑节能强制性标准,编制完成《云南省建筑节能设计标准》,大力推进建筑节能和建筑科技工作,有力推动全省节能减排任务的完成。

【建筑节能】 2011年,云南省建筑能耗总量为1900万吨标煤,占本地区全社会总能耗比例的18.00%。省住房城乡建设厅对全省443栋国家机关办公楼,建筑面积共472.5万平方米,其中单体面积1万平方米以上的大型公共建筑199栋进行统计,统计结果显示:云南省国家机关办公建筑平均能耗为36.2kWh/(m^2·a),大型公共建筑平均能耗为48kWh/(m^2·a)。截至2011年底,云南省新开工房屋建筑工程按照国家建筑节能强制性标准完成建筑节能设计和建筑节能施工图审查执行率为100%,竣工验收阶段执行建筑节能设计标准比例达到96%。

【可再生能源建筑应用】 截至2011年底,全省太阳能光热应用建筑面积为27800万平方米,集热面积为840万平方米,已完成太阳能热利用与建筑一体化使用面积10.0万平方米,太阳能光电建筑应用装机容量12兆瓦,可利用浅层地能资源有地下水、地表水和土壤,浅层地能应用面积7万平方米。云南省财政厅会同国家财政部驻云南省专员对全省2个可再生能源建筑应用项目组织竣工验收。2个项目分别是:昆明阳光基业测量仪表生产及研发基地可再生能源利用示范工程项目,丽江市古城区市政道路半导体照明与太阳能集成技术应用示范一期工程,总共获得项目剩余补助资金529万元。2011年,万科白沙润园获得云南省首个国家绿色建筑评价标识,建筑面积为36万平方米。

【可再生能源建筑应用示范项目】 2011年,云南省玉溪市、普洱市、瑞丽市被国家评为可再生能源建筑应用城市示范,瑞丽市被国家评为可再生能源建筑应用县级示范,总共获得国家补助资金1.29亿元。

【太阳能光电建筑应用示范项目】 2011年,云南省晋宁县滇池湖滨"四退三还一护"昆阳安置点一期光电建筑一体化示范项目列为国家示范项目,获得国家补助资金806.97万元。

【机关办公建筑和大型公共建筑节能监管体系建设】 2011年,云南省建成国家机关办公建筑和大型公共建筑能耗监测平台,正组织实施试点进行建筑能耗监测数据上传。同年,云南农业大学获得能耗监测平台建设补助资金400万元。

【建筑节能政策法规体系和标准建设】 云南省正在起草可再生能源建筑应用相关配套政策,研究制订相关经济政策及建筑节能和墙体材料的产业政策,鼓励和支持建筑节能和新型墙体材料发展,探索建立建筑节能和墙体材料技术标准体系。同时,根据国务院《民用建筑节能条例》,结合云南实际,正调研起草《云南省民用建筑节能条例》。2011年,省财政厅和住房城乡建设厅制定《云南省可再生能源建筑应用国家级示范管理办法》(云财建〔2011〕425号)。省住房城乡建设厅组织编写的《云南省可再生能源建筑应用示范项目数据监测系统建设指南》、《地源热泵综合能效测评技术导则》、《太阳能热水系统能效测评方法》和《太阳能热水系统施工与验收技术导则》初稿已经完成,现已进入专家评审阶段,将于近期内颁布实施。

【建设科技】 云南省以申报太阳能光电建筑应用示范和可再生能源建筑应用示范为平台,把高校、科研院所、可再生能源建筑应用企业联合起来,建立技术创新战略联盟,引进国内外先进太阳能技术研究新成果,结合云南实际,开展消化吸收及再创新。通过加强产学研合作和自主创新,加快推进太阳能技术和产品在全省的普及应用。

8. 教育培训

【概况】 按照《云南省中长期人才发展规划(2011～2020年)》的要求,以提高综合素质和提升履职能力,促进住房和城乡建设事业科学发展、和谐发展、跨越发展为目标,结合住房和城乡建设行业人才队伍的现状,依据行业需求和社会需要的原则,高度重视教育培训工作,多措并举加大工作力度,狠抓教育培训的贯彻落实,大力开展党政人才、管理人才、专业技术人才和技能人才培训;切实加强职业教育管理,着力推进职业教育改革发展;建立健全培训机构,切实加强教育培训管理,规范教育培训行为,提高教育培训质量,着力加强党政人才、管理人才、专业技术人才和技能人才队伍建设,为住房和城乡建设事业提供智力支持和人才保障。

【健全机构】 按照党管人才的要求,为切实加强教育培训管理,根据工作需要,结合人员交流轮岗变动较大的实际情况,经厅党组研究同意,调整充实云南省住房和城乡建设教育培训委员会组织机构。成立由厅领导担任主任,各处室、各单位主要领导参加的云南省住房和城乡建设教育培训委员会,负责统筹协调组织住房城乡建设行业各类教育培训工作;研究审核住房城乡建设行业教育培训年度计划及其他重要工作事项;督促指导各成员单位依法依规做好住房城乡建设行业教育培训各项工作;及时研究解决工作推进中的困难和问题;检查考核各成员单位工作目标任务完成情况。较好地形成厅党组抓总,人事处牵头,各处室和相关单位密切配合,社会力量参与的教育培训工作格局,建立健全厅领导负总责,各处室和相关单位领导为直接责任人,一级抓一级,层层抓落实的教育培训管理责任制。

【规范管理】 针对教育培训行为不规范,管理不统一,资源不集中,考培不健全,经费管理收支依据不足等突出问题,在厅党组的领导下,通过各处室和相关单位的共同努力,先后制定并出台《云南省住房和城乡建设行业教育培训管理暂行办法》(云建人〔2011〕548号)、《云南省住房和城乡建设厅关于印发〈云南省住房和城乡建设行业教育培训工作实施细则〉的通知》(云建人〔2012〕69号)等教育培训管理规定,核定下发《云南省住房和城乡建设厅关于印发2012年度教育培训计划的通知》(云建人〔2012〕123号),建立归口管理、分类指导和质量评估制度,确立"统一计划、统一大纲、统一教材、统一考试、统一收费、统一发证、考培分离"的教育培训原则,明确各业务处室、厅属各单位、学会、协会和各类培训机构的职责任务,实行统一管理,规范培训行为,整合培训资源,提高培训质量,教育培训工作步入规范化管理轨道。

【职称评审】 根据行业需要和企业需求,加强与职称评审行政主管部门的沟通协调,积极争取政策支持,加大职称评审力度,着力改善专业技术人员队伍结构。全年共组织职称评审5次,其中:高级职称1次,中级职称1次,初级职称3次。共评审通过3250人,其中:高级职称637人、中级职称487人、初级职称2126人。通过不懈努力,职称评审工作不断加强,专业技术人员队伍数量不断增多,质量不断得到提高,结构逐步趋于合理,为做大做强建筑业,培植建筑业支柱产业地位奠定基础,创造条件。

【学校建设】 按照国家和省关于大力推进和发展职业教育的意见,厅党组高度重视职业教育,着力加强云南建设学校建设,学校环境得到改善,办学规模不断扩大,教学质量稳步提升,毕业学员供不应求,就业率多年保持100%。2011年,云南建设学校在云南省发改委、云南省财政厅和云南省教育厅的大力支持下,基础设施建设得到进一步加强,全年共争取到基本建设资金1430万元,其中:国家财政部1000万元,云南省财政厅250万,云南省发改委公租房补助资金180万;争取到农村劳动力转移培训专项奖励资金80万元,加强学校基础能力建设,提升学校办学能力。截至年底,在校生规模已达5046人,其中:在校全日制生3647人,在册成人教育学生1399人。学校通过省级平安校园验收,被教育部列为国家中等职业教育改革发展示范学校。

(云南省住房和城乡建设厅)

西藏自治区

【概况】 2011年，是全面实施"十二五"规划的开局之年。在西藏自治区党委、政府的坚强领导下，在住房城乡建设部的有力指导下，西藏各级住房城乡建设部门深入贯彻实践科学发展观，以中央第五次西藏工作座谈会精神为指导，狠抓落实、开拓创新，奋力推进保障性住房建设，全力推动城镇化进程，切实加快建筑业发展，努力确保工程质量安全，各项工作取得长足进展，为推动西藏经济社会发展做出了积极努力。

1. "十二五"规划编制工作

【《西藏自治区"十二五"时期住房城乡建设事业发展规划》编制完成】 经自治区政府常务会议审议批准发布；完成西藏自治区城镇基础设施"十二五"项目规划、保障性住房建设"十二五"项目规划并获国家批准；"十二五"农牧区民房改造工程建设规划、西藏自治区环境卫生专项规划5月通过专家组评审；"十二五"城镇污水可再生利用设施建设规划、"十二五"城镇生活垃圾无害化及环卫设施建设规划年初通过区内专家组评审，4月通过国家发改委中咨公司专家组评审；"十二五"历史文化名城名镇保护专项规划年初通过专家评审，最终成果报国家发展改革委；"十二五"周转房建设项目规划，"十二五"城镇和国有工矿棚户区改造项目规划、《"十二五"公共租赁住房建设项目规划》编制完成并经政府批准实施；"十二五"时期住房和城乡建设系统法制工作规划，房地产业"十二五"发展规划，建筑业"十二五"发展规划，城乡建设防灾减灾"十二五"规划，建筑节能与科技"十二五"规划，城乡规划编制与修编"十二五"规划等专项规划进入后期修改完善阶段，年内出台实施。

2. 保障性住房建设与住房公积金监管工作

【保障性住房建设落实项目和资金】 2011年初，自治区保障性住房建设管理领导小组年初与各地市行署（政府）分管专员（市长）分别签订了目标管理责任书，各地市行署（政府）也与各县签订了目标责任书，层层明确责任和要求，实行保障性住房建设目标管理，并及时落实项目资金，西藏自治区还于4月和8月先后召开保障房建设管理工作部署会和推进会，明确工作任务，落实工作责任。各地市、各有关部门在建设时间紧、任务重、配套压力大的情况下，坚决贯彻西藏自治区党委、政府的重大决策部署，克服困难，迅速行动，加大工作力度，为保障性住房项目建设提供了基础保障。

【抓开工、促进度，确保保障性住房建设整体推进】 2011年，西藏计划新建改造保障性住房1.55万套（其中：新建廉租住房2000套、公共租赁住房1200套、周转房5700套，维修改造周转房1900套、改造城镇棚户区2985户、改造国有工矿棚户区938户），所有项目均全部开工，形成一定的实物量，明确进度，个别县主体工程基本完工；2010年度西藏保障性住房续建项目主体工程全部完工，达到入住条件。

【保障性住房建设项目保质保量加快进度】 2011年，西藏自治区党委书记陈全国对保障性住房建设管理工作作出了"保障性住房建设也是一项重要的民生工程，在取得已有成绩的基础上，继续抓紧抓好，一是抓尽早开工，二是抓建筑质量，三是抓公平分配"的重要批示，西藏自治区副主席宫蒲光分别于4月14日、8月15日召开推进保障性住房建设工作专题会议，要求各地市、县进一步加快西藏自治区保障性住房建设进度。9月27~28日，自治区保障性住房建设管理工作领导小组分别对拉萨、日喀则、山南、林芝、昌都等地市分管专员（市长）和区国资委进行了约谈，督促进一步加快工作进度、推动保障性住房项目建设。

2011年5~10月，自治区副主席、自治区保障性住房建设管理领导小组组长宫蒲光牵头组成多个督查组，分赴七地市42个县（区）、28个乡（镇）对2010年保障性住房建设管理、质量安全、资金到位等进行全面督促检查。从检查情况看，西藏保障性住房建设项目总体上符合基本建设程序要求，工程质量和安全生产环节监管到位，2011年度项目建设均安排在市政设施条件比较完善的城区，地（市）、县（区）能够克服困难积极落实项目配套资金，各级住房城乡建设部门加强了政策制定和完善工作，能够按照自治区制定的相关政策严格准入规定，出台当地廉租住房管理实施办法，基本完善各项程序，按照规定收取租金，保障房面积未超标，入住情况良好。

【完善住房保障体系】 组织地市编制申报2011年度租赁住房补贴发放计划，发放3247万元廉租住房补贴，通过租赁补贴方式解决西藏自治区城镇低收入家庭7044户约10612人的住房困难问题。

进一步加大保障性住房建设、管理的有关信息公开力度，严格执行廉租住房分配入住有关政策规定，在保障性住房建设工程项目中实行永久性标牌制度，落实建设项目法人和各方责任主体工程质量终身负责制，加强对保障性住房项目的工程质量和安全生产监管。指导各地市进一步规范和细化保障性住房申请、审核、公示、轮候、入住、退出程序的政策措施。

积极探索保障性住房与市场开发相结合的模式，加大与国家开发银行、西藏信托投资公司的沟通和联系，积极研究符合西藏自治区实际的拓宽房源渠道、吸收社会投资的保障性住房建设管理新途径。

【发挥住房公积金购建住房支付能力的作用】 全区党政机关、事业单位住房公积金覆盖面已经达100%，国有企业住房公积金覆盖面达84%，部分非公经济组织已试点建立了住房公积金制度。全区建立住房公积金账户人数达到14万人，累计归集住房公积金101亿元，累计发放公积金贷款2.8万笔38.6亿元，住房公积金个贷率（个人贷款余额占住房公积金缴存余额的比例）为32.49%，住房公积金使用率（个人提取总额、个人贷款余额与购买国债余额之和占缴存总额的比例）为60.5%。

在抓监管、保安全方面，一是大力加强和改进住房公积金管理服务，严格执行住房公积金支取和贷款计划，加强从业人员培训管理、扎实推进文明行业创建，实现挂牌上岗、亮证服务，促进各级住房公积金管理中心服务工作规范化、标准化，取得较好成效。西藏自治区住房资金管理中心被全国妇联授予"全国巾帼文明岗"荣誉称号。二是实现住房公积金网络监管，提高了住房公积金网络的使用效率。三是认真落实中央第五次西藏工作座谈会明确的任务，从2011年1月起，西藏自治区将党政机关、全额拨款和差额拨款事业单位干部职工住房公积金缴存比例单位缴存部分提高2个百分点，机关事业单位干部职工住房公积金缴存比例为工资总额的10%。按照中央第五次西藏工作座谈会精神和自治区的部署要求，提出从2012年起再将西藏自治区住房公积金缴存比例提高2个百分点的政策建议，经政府第16次常务会议审议原则同意。四是从2011年2月1日起，西藏提高住房公积金个人住房贷款额度、延长贷款年限，全区住房公积金最高贷款额度提高到40万元，贷款年限延长到15年。五是针对西藏干部职工在异地购房住房公积金贷款抵押担保难的问题，由西藏自治区住房资金管理中心分别在西藏民院和成都设立管理部，签订了资金中心、商业银行、担保公司三方协议和地（市）资金管理中心委托协议，使西藏住房公积金管理工作从单一的业务扩面提升到服务扩面。六是通过提高住房公积金使用率、加大住房公积金贷款力度等方式，在利率较低甚至"倒挂"的情况下也有力地确保了住房公积金保值增值和资金安全。

【住房制度改革工作向纵深发展】 加紧落实西藏自治区住房补贴政策。已会同财政厅草拟完成贯彻落实中央第五次西藏工作座谈会逐步安排住房补贴的政策建议；严谨细致地完成了省级干部房改工作。

初步建立了具有西藏特点的以"四房三改"（"四房"即廉租住房、周转房、公租房和经济适用住房，"三改"即棚户区改造、周转房维修改造和农村危房改造）为重点、以"三补一金"（"三补"即干部职工住房补贴、廉租住房租赁住房补贴和干部职工租房补助，"一金"即住房公积金）为基础的住房保障体系。

3. 城乡规划建设管理、城镇建设

【继续加大规划完善工作，强化规划执法监察】 完成《西藏自治区城镇体系规划》补充调研和修改完善工作。鼓励各级政府充分利用对口援藏等方式，加快城镇控制性详细规划、分区修建性详细规划编制工作，全区已有日喀则市、山南地区泽当镇、林芝地区八一镇以及40个县城已开始启动所在地城镇总体规划的修编工作。批准实施《西藏自治区申扎县城市总体规划（2010~2020年）》等县城规划。完成全区城乡基础设施建设项目规划、农牧区民房改造工程建设规划、城镇污水可再生利用设施建设规划、城镇生活垃圾无害化及环卫设施建设规划、历史文化名城名镇保护专项规划等行业专项规划的编制工作。规范建设项目选址意见书核发程序，印制了新一批"一书三证"20万套，以核发"一书三证"为抓手，加强对项目建设执行规划的监管力度，受理申请办理建设项目选址意见书704件。进一步加大规划执法检查，拉萨市、山南地区、日喀则地区以城镇总体规划为依据，加大违反规划的处罚力度，对违法建筑采取限期拆除，对未办理建设用地规划许可证、未办理建设工程规划许可证的建设项目,予以规范,切实确保了城镇建设的有序进行。

【城镇综合环境建设】 积极开展创建自治区园林城镇、创建卫生城镇等活动,加大城镇卫生保洁力度,整顿城镇市容市貌,拉萨市、山南地区还组织开展城镇街景改造工程、沿街建筑美化亮化工程,突出城市个性、体现地方特色。经各级政府的大力帮助和各级住房城乡建设部门及有关部门的共同努力,西藏各城镇特色进一步彰显、个性更加突出。

【城镇基础设施建设与城镇化进程】 继续加快城镇基础设施建设步伐,"十一五"期间安排的由各级住房城乡建设部门负责的城镇基础设施续建工程基本完工。"十二五"城镇基础设施重点项目中,拉萨柳梧新区水厂工程可行性研究报告已通过初审。那曲镇水厂进入施工图设计审查阶段、开工准备工作有序进行。昌都镇第二水厂可行性研究报告上报国家发展改革委审批。那曲镇供暖工程进入施工图审查阶段、开工准备工作积极推进。拉萨纳金大桥建设进展顺利,计划在2012年底前完工通车。拉萨市环城路、日喀则市环城路等32个地市所在地和县城所在地城镇道路建设项目前期工作按照建设计划安排和有关程序规定有序开展。拉萨市污水处理厂6月完工进入试运行阶段。日喀则市、泽当镇、八一镇、那曲镇污水处理厂初步设计通过国家发展改革委审查批复,开工准备工作正抓紧进行。

4. 建筑市场管理

【企业资质准入清出管理】 西藏共有建设工程企业1006家,其中西藏本地注册企业742家、区外进藏备案企业264家,西藏本地企业中,有施工企业329家、监理企业32家、造价咨询机构12家、勘察设计企业55家、园林绿化企业32家、城市规划编制企业4家、招标代理机构5家、施工图审查机构1家、农牧民建筑施工队253家;区外进藏备案企业中,有施工企业187家、监理企业22家、造价咨询企业10家、勘察设计企业15家、招标代理机构29家、起重设备检测机构1家。西藏积极探索推进建筑业企业多元化发展、做大做强、调整企业结构工作思路,形成初步思路,力争在推进资产人员整合、企业兼并重组等方面达成共识,取得进展。2011年全区建筑业实现增加值160.61亿元,比上年增长18.4%。

【加强市场整顿,努力规范市场主体各方行为】 制定印发全区建筑工程建筑执法检查工作方案,对全区工程建设项目招标代理机构进行综合抽查,与消防等部门对建筑市场进行了多次专项检查活动,通过检查发现问题,限期整改,切实规范建筑市场各方主体行为,预防各种违法违规行为发生。

从2011年8月起在全区深入开展整顿规范建筑市场秩序活动,进一步加大对转包和违法分包、质量低劣、人员机具不到位、不履行基本建设程序等违法违规行为进行近5个月的专项整治,在规范市场秩序、净化市场环境等方面取得阶段性成果。加大举报案件查处力度,针对个别工程项目建设中存在的违法违规行为进行调查处理,共对10家企业、1家建设单位、2名人员进行了不良行为记录和公示。

【为建筑市场各方主体提供便捷高效服务】 进一步加强和完善建筑市场综合管理平台,将建筑工程领域各类企业信息查询、企业信息审核、企业信息变更、项目备案管理、招标投标管理、中标企业备案管理、工程项目管理、企业诚信管理、违法违规举报、行业统计等全部纳入网上申报,初步建立了为建筑施工企业提供快捷高效服务的政务电子通道,提高建筑市场各方主体办理行政审批事项的办事效率,受到服务对象的好评。根据国家有关法律法规,从技术上采取措施,对中标企业主要技术人员进行锁定,工程建设完成方自动解锁,有效确保了人员、机具到位,落实了施工现场质量、安全责任,为工程项目建设管理提供了保障,切实强化建筑市场的动态监管,增强企业培养专业技术人员的意识和积极性,促进建筑施工企业人员素质逐步提高,对建筑市场秩序的规范有序起到积极作用。

【加强招投标市场监管,切实规范评标专家库】 严格评标专家管理,对全区评标专家库人员档案进行清理,进一步规范全区评标专家库资料,完善评标专家个人档案,不断规范招投标行为。组织开展了招投标代理机构行为专项治理行动,从规范招投标代理机构行为入手,规范招投标市场秩序,建立工程项目招投标报表制度,及时掌握全区房屋市政工程招投标情况、评标专家情况,为加强房屋市政工程招投标活动监管提供基础性依据。在全区各级工程交易中心完成招投标项目898项,其中:房屋和市政基础设施完成招投标597项、水利建设项目41项、公路建设项目69项、电力建设工程项目54项、农林牧草16项、文物维修1项;太阳能3项;计算机信息工程18项;工程监理项目18项;其他建设工程项目81项。

5. 房地产业与住房信息系统建设准备工作

【强化政策宣传和数据分析,努力推动房地产平稳健康发展】 密切关注房地产市场动态,适时了解房地产企业的动态，重视对西藏房地产开发、销售、存量商品住房、房地产市场价格等数据的收集、整理和分析，努力完善房地产统计报表制度，实时了解房地产业发展动态，分析存在的问题，提出意见和建议。截止到2011年底，西藏共有各类房地产业企业97家，全区商品房竣工面积216918平方米，销售面积182292平方米，商品房销售额63052万元，其中：现房销售122243平方米实现销售额45986万元、期房销售60049平方米实现销售额17066万元；空置商品房608397平方米，其中空置1～3年的有187821平方米，空置3年以上的有30055平方米。西藏自治区商品住宅均价每平方米约2900元，房地产投资幅度虽有下滑，但价格基本平稳。

【理顺房屋产权产籍管理机制，规范产权登记办理程序】 协调住房城乡建设部，将西藏73个县（市、区）人民政府作为当地房屋权属登记机关，核定房屋权属登记注册号和编码规则，印制了162400本房屋权属证书并发放到各地市，为各地市、县房屋产权产籍登记奠定了坚实基础。组织各地市开展房屋登记审核人员师资培训，对各县（市、区）的房屋登记人员进行了系统的业务培训，为产权产籍登记工作的开展奠定了基础。各地市、县已从规范城镇房屋产权登记入手，对当地房屋进行确权登记，为房屋产权正常流转、抵押担保等提供方便。

【积极做好个人住房信息系统建设前期工作，积极争取各方支持】 在住房城乡建设部的协调下，确定由成都市城乡房管局和杭州市房管局分别对口支援拉萨市和日喀则市做好个人住房信息系统建设。2011年底拉萨市、日喀则市的住房信息管理系统软件已进入测试阶段。积极协调其他地区，着手做好个人住房信息系统建设前期工作。

【强化房地产行业自律，引导房地产企业履行社会责任】 指导房地产协会做好理事会换届选举工作，选举产生协会新一届常务理事会班子成员，引导房地产协会通过举办活动、为会员单位提供高效服务等多种方式，增强房地产企业的凝聚力和向心力，强化房地产行业自律，积极引导房地产企业履行在促进经济发展、维护社会稳定、改善人民生产居住条件等方面的社会责任。

6. 建筑质量安全监管

【完成工程造价标准定额修编】 为确保项目顺利实施，科学确定工程造价，积极争取项目投资，结合西藏经济社会发展现状和建材、人工、物价上涨因素，西藏住房城乡建设厅牵头修编完成了西藏2011版工程造价定额，并发布从2012年初实施。注重加强工程造价信息发布工作，努力为建设工程各方主体提供科学合理的工程计价信息，努力实现资源信息共享。

【施工图审查】 加强勘察设计质量管理工作，建立了设计质量管理制度；扶持日喀则、昌都、阿里等地区成立施工图审查机构，指导优化审查流程、加大施工图审查覆盖面，从设计源头减少质量通病，提高设计质量。仅西藏自治区审图办2011年就完成183项工程施工图审查工作，审查提出违反强制性条文612条，提出建议性意见508条，提出违反设计规范和达不到设计深度意见13900条。

【打击非法违法专项行动，规范安全生产事故上报】 制定在全区开展严厉打击非法违法建筑施工行为专项行动工作方案，针对西藏自治区各项工程建设特点和易发生产安全事故的关键阶段的特点，组织相关人员分赴各地(市)进行监督检查，深入查处非法违法建筑施工行为，取得一定成效。

【起重设备安全检测与保障性住房质量安全督查和服务】 开展建筑起重设备的备案登记和全面推行起重设备安全检测工作，检测施工现场各类起重设备105台。其中：检测塔机安全95台、检测门式起重机10台。多次组成督查工作组对各地(市)以保障性安居工程建设为主的在建项目质量管理情况进行实地监督检查。经检查，各建设单位认真落实责任，各项工程前置审批程序齐全，未发现压缩工期行为；施工单位严格按照法律、法规和工程强制性标准进行施工，未发现一起降低工程质量等违法违规行为，工程质量稳步发展。继续加强对工程参建各方质量行为和实体质量的监督，特别是加大重要部位、关键工序的抽查和抽查频次，发现问题坚决责令整改，确保主体结构的可靠度和安全度。

【建筑施工安全督查】 西藏住房城乡建设厅与各地(市)住房城乡建设局签订《安全生产考核目标责任书》，层层落实安全生产责任。在重大节庆、重要节点和敏感时点前，组织对各地在建项目质量安全进行实地督查检查，进一步强化建筑质量安全监管工作，及时消除各类安全隐患。2011年西藏建筑行业发生3起生产安全事故，死亡3人，占全年控制指标的15%，其中房屋市政工程发生2起生产安全事故、死亡2人，建筑业安全生产形势较为平稳；全区建筑领域未发生火灾事故。同时，指导和配合拉萨市加强神力时代广场安全监管和项目建设对周边环境、周边建筑的影响论证等工作；与各地共同做好冬季施工安全监管工作。

7. 历史文化名城名镇保护与风景名胜区建设

【积极争取项目和投资，推进历史文化名城名镇保护】 在组织编制西藏历史文化名城名镇保护"十二五"规划的基础上，并多方协调，国家发改委确定投资4000多万元完善昌珠—乃东历史文化名镇基础设施。山南昌珠镇历史文化保护项目的可行性研究工作进展顺利，萨迦镇历史文化名镇总体规划的编制工作正在积极协调、争取年内启动规划编制工作。同时，继续推进拉萨、日喀则保护项目的续建工作。

【风景名胜区申报管理】 建立风景名胜区分级管理的机制，建立申报国家级风景名胜区的项目储备库。16处风景名胜区经西藏自治区人民政府第8次常务会审查批准为自治区级风景名胜区，并于9月6日进行授牌，标志着西藏风景名胜事业进入快速健康发展的进程。多方协调，建立了国内知名景区与西藏风景名胜区多对一、一对一等方式，从人才智力、资金物资等方面对口支援西藏雅砻河、纳木错—念青唐古拉山、唐古拉山—怒江源三个国家级风景名胜区建设的帮扶机制，形成一些意向性帮扶协议。中国城市规划研究院以援藏方式帮助编制念青唐古拉—纳木错国家级风景名胜区总体规划，雅砻河国家级风景名胜区基础设施建设项目已获立项，完成可行性研究报告。

【历史文化名村规划和申报】 根据吞达村具有深厚的历史文化底蕴和藏香传统制作工艺保存传承完好，申报历史文化名村的基础条件较好的实际，积极协调拉萨市、尼木县及有关部门，着手做好吞达村历史文化名村资料收集整理、历史文化名村申报资料编写、规划编制等前期工作，得到中国城市规划研究院和有关部门的大力支持，历史文化名村申报工作进展顺利，力争将吞达村打造成为西藏自治区第一个历史文化名村，打造社会主义新农村建设的品牌。

8. 深入抓好各专项工作，努力推动各项事业共同发展

【加快区直机关周转房项目建设，确保质量与进度】 自治区直行政事业单位周转房一期工程9月中旬复工建设；区直行政事业单位周转房二期工程通过公开摇号、自动抽取方式确定了施工企业、监理企业，并全面动工，其中3栋周转住房已封顶。在区直机关周转房二期工程建设招投标中，采用了投标报名资格预审，对审查合格的企业采取自动抽取方式确定施工企业，对进一步规范招投标行为、减少招投标关键环节的人为因素进行了有益尝试。

【"9·18"地震西藏自治区受损房屋鉴定和灾后重建工作】 成立以厅长陈锦为组长的专家组，与日喀则地区、有关县住房城乡建设部门专业人员一道对地震受损房屋进行评估，编制灾区受损房屋重建构造图集，印发灾后重建工作导则，对灾区重建质量安全监督员进行培训，西藏自治区设计院还主动请缨承担亚东县八个村的重建规划，在具体工作中积极从规划入手加强指导服务，推进灾后重建。

【建设领域专项治理，转变经济发展方式促进经济社会持续快速发展】 切实做好规范建筑施工、招标投标管理、促进房地产企业按照规划开发建设、推动城乡规划执行的各项规章制度制定工作，努力建立市场管理、规范建设的长效机制；将保障性住房建设作为改善民生、转变经济发展方式的重要抓手，积极争取资金、项目，切实引导各级住房城乡建设部门做好前期工作、加强项目建设中的管理、加快建成后的入住、规范入住后的管理服务，切实改善群众居住条件，让广大群众充分感受到党的温暖，共享经济社会发展成果。举办了建设类企业倡导诚信经营、依法经营的"加强诚信建设、打造企业品牌"活动，倡导以守法、诚实、信用、公平等为核心的住房城乡建设职业道德建设水平，推动诚信体系建设。

【公有房屋统计普查】 在充分准备，设计开发调查统计表格和进行模拟统计的基础上，于4月14日召开全区公有房屋调查统计工作部署会议，部署在全区全面开展公有房屋调查统计工作，对各地市、各单位调查统计工作人员进行业务培训，并对各地市、各部门调查统计工作进行指导、督促和检查。60多家区（中）直单位和阿里地区、林芝地区、拉萨市已完成调查统计工作，完成数据上报和数据终审；其他地区正根据公房管理局的部署加快推进。

【协调落实农牧民危房改造资金】 积极协调住房城乡建设部、国家发展改革委等部门，落实农牧民危房改造资金4.76亿元，2011年西藏实施农牧民安居工程建设的6.4万户农牧民家庭中，有6万户享受了每户6000~8000元不等的补助资金，有力地支持了农牧民安居工程建设的深入推进。

【拖欠民工工资纠纷调处】 继续做好调处拖欠民工工资纠纷工作，坚持24小时值班、民工上访随时有人接待、第一时间进行调处、经常跟踪督办的便民为民制度，共接待民工22批次，涉及务工人员1071人，协调解决被拖欠的民工工资440万元，切实维护了被拖欠务工人员的合法利益，减少了人民内部矛盾，避群体性上访事件发生，增进社会和谐，

为西藏自治区各重大节庆活动营造和谐有序氛围。

【做好内部安全防范和维护行业稳定工作】 始终坚持"预防为主、主动防范、综合治理"的方针，认真执行各项值班制度，切实做好厅系统内部社会治安综合治理，确保厅系统内部和谐有序，未发生影响安全和谐的事件；加强行业稳定工作，在节假日和敏感时点时段都提前对企业人员管理、在建工地管理、供气供水和城镇公共设施安全运营等进行部署，要求各级住房城乡建设部门进一步加强管控，做好应对暴雨、霜冻灾害天气等应急工作，确保安全运营，确保城镇安全、确保人民群众正常的生活秩序。

9. 进一步加强自身建设，切实树立行业形象

【进一步完善各项法规制度】 《西藏自治区城乡规划条例》立法工作进展顺利，经政府审议并报请自治区人大审议原则通过。《西藏自治区房屋登记办法实施细则》立法工作有序开展，完成区外调研，待进一步修改完善。《西藏自治区风景名胜区管理办法》加快修改完善。各地市住房城乡建设局和厅机关各处室、厅属各部门制定一系列规范内部运行、推动事业规范有序发展的规章制度和政策措施，努力形成用制度约束、按制度办事的良好运行环境。

【厅属事业单位机构改革】 此轮机构改革后，各级住房城乡建设部门的机构、人员和力量都得到显著增强。其中：西藏住房城乡建设厅属事业单位由过去的7个增加到10个，新增了67个事业编制。各级住房城乡建设部门相继完成机构人员配备，确保各项工作已逐步走入正轨。

【人才教育培训】 采用形式多样教育培训方式对西藏自治区住房和城乡建设行业各类人员进行培训，2011年12月下旬由住房城乡建设部组织国内知名专家学者和领导为西藏各地市分管专员（市长）和有关县分管县长进行培训；12月上旬由住房城乡建设部选派专家学者在西藏自治区党校对西藏各地市住房城乡建设局领导及相关人员进行培训；组织完成2011年度二级建造师执业资格考试考务工作，全区共1846人报名参加考试，455人通过执业资格考试取得注册资格；共完成10批、300余人的各类执业资格注册工作；2011年举办施工员、质检员、材料员等各类培训班45期，培训6000余人。举办6期安全生产管理人员初任和继续教育培训班，培训1200多人；继续组织开展建筑技能鉴定工作，共对砌筑工、木工、抹灰工、钢筋工、专项职业能力阿嘎土等工种进行职业技能鉴定，鉴定人数881人，经鉴定合格取得国家职业资格证书的共483人。

大事记

1月1日，全区党政机关、事业单位干部职工住房公积金缴存比例由工资总额的10%提高到12%，财配资金同比提高。

1月4日，区住房城乡建设厅党组在全区住房城乡建设系统部署开展"坚定理想信念、弘扬优良传统、勇于开拓创新"主题教育活动。

1月4~5日，全区住房城乡建设工作会议在拉萨召开，全面总结2010年全区住房城乡建设工作成绩，分析存在的困难和问题，全面部署做好2012年各项工作。

1月7日，西藏自治区人民政府任命李健康同志为自治区住房城乡建设厅副厅长。

2月1日，西藏再次提高住房公积金贷款额度、延长贷款年限，住房公积金贷款最高额度提高至40万元，贷款年限延长至15年。

2月28日，根据西藏自治区的决策部署，自治区住房城乡建设厅党组决定组成以党组成员、副厅长梅高原为组长的加强基层建设年活动驻村工作队，进驻拉萨市尼木县吞巴乡吞达村开展工作。

3月5日，西藏自治区住房资金管理中心成都管理部挂牌成立。自治区住房城乡建设厅党组书记、副厅长王亚蔺和四川省住房城乡建设厅副厅长于桂出席挂牌仪式。

3月25日，自治区住房城乡建设厅组织召开纪念"西藏百万农奴纪念日"设立两周年大会，离退休老同志、党员、青年代表等踊跃发言，通过西藏今昔对比畅谈在共产党的领导下，西藏住房城乡建设事业发生翻天覆地的巨大变化。自治区住房城乡建设厅副厅长岗杰主持会议。

3月29日，《西藏自治区"十二五"城镇污水处理及再生利用设施建设规划》、《西藏自治区"十二五"城镇生活垃圾无害化处理设施建设规划》通过中国国际工程咨询公司专家评审。

4月11日~5月25日，自治区住房城乡建设厅副厅长岗杰带领工作组，对山南地区、日喀则地区保障性住房建设进展情况进行督查，要求全面加快推进保障性住房建设进度。

4月12日，自治区城镇规划评审委员会审查通过《西藏自治区历史文化名城名镇历史文化街区"十二五"保护项目规划》。

4月14日，全区保障性住房建设工作推进会在拉萨召开，要求各地市必须按照自治区的统一部署要求，加快推进保障性住房建设项目早开工、早建

成、效益早发挥。

4月20日，黄山、西湖、泰山、千山、十三陵、中山陵等国内六大知名国家级风景名胜区在山东泰山分别与西藏自治区雅砻河、纳木错—念青唐古拉山、唐古拉山—怒江源三个国家级风景名胜区签订景区结对帮扶协议。该协议的签订，标志着西藏自治区风景名胜区基本形成"中央政策资金扶持、内地景区结对帮扶"的发展模式。

5月10日，自治区副主席宫蒲光对山南地区琼结县城乡建设、住房保障建设等情况进行专题调研。自治区住房城乡建设厅厅长陈锦陪同。

5月10日，阿里地区首次召开地区住房城乡建设工作会议。

5月21日，《西藏自治区"十二五"农牧区民房改造工程建设规划（2011～2015）》通过自治区规划评审委员会审查，《规划》确定，"十二五"期间，西藏自治区将完成285480户民房改造任务，其中危房改造185480户，抗震加固和建筑节能改造100000户。

5月28日，西藏自治区首次通过公开摇号、自动抽取方式，确定西藏自治区区直机关事业单位干部职工周转房二期工程A区一标段施工企业。自动抽取过程邀请了西藏自治区部分人大代表、政协委员视察指导。

5月27日，西藏自治区建筑工程抗震办公室（施工图审查管理办公室、藏式传统建筑研究所）、西藏自治区住房和城乡建设岗位培训中心、西藏自治区住房和城乡建设职业注册中心、西藏自治区建设工程安全生产质量监督中心相继挂牌成立。

6月2日，西藏自治区公有房屋管理局、西藏自治区建筑工程造价管理与招投标中心挂牌成立，自治区副主席宫蒲光、自治区人民政府副秘书长王维杰、自治区住房城乡建设厅厅长陈锦和副厅长岗杰为两单位揭牌。自治区住房城乡建设厅副厅长李健康出席挂牌仪式。

6月8日，全区加强保障性安居工程质量监管和确保"两庆"活动期间建筑业安全生产工作电视电话会议召开，自治区住房城乡建设厅厅长陈锦出席会议并就有关工作进行部署，副厅长李健康主持会议。

6月24日，自治区住房城乡建设厅、拉萨市住房城乡建设局共同举办区市两级住房城乡建设部门联谊共庆建党90周年活动，通过唱红歌、文体活动、联谊联欢等方式，加强区市两级住房城乡建设部门广大干部职工的沟通交流。2011年6月25日，全区1846人参加全国二级建造师执业资格考试。

6月27日，自治区政府第8次常务会审批批准将西藏自治区卡久等16个景区列为自治区级风景名胜区。

6月27日，自治区政府第8次常务会研究决定，梅高原同志任自治区住房和城乡建设厅巡视员，免去其自治区住房和城乡建设厅副厅长职务。

7月1日，自治区房地产协会举办全区房地产业界各族党员群众共庆建党90周年活动。

7月6日，日喀则地区1万千瓦光伏电站竣工交付，2万千瓦光伏电站开工奠基。自治区副主席丁业现出席竣工交付和奠基仪式，自治区住房城乡建设厅副厅长张立群参加竣工交付和奠基仪式。

7月14日，拉萨市污水处理厂竣工投入试运行。拉萨市污水处理厂总投资1.22亿元，采用CAST工艺，一期工程日处理污水5万吨。

7月25日，区住房城乡建设厅会同自治区发展改革委、财政厅等六部门下发《关于在全区开展民用建筑工程室内环境质量检测工作的通知》，部署在西藏自治区全面开展民工建筑室内环境质量检测工作。

8月5日，自治区住房城乡建设厅下达专项资金，对全区1900套危旧周转房进行维修改造。

8月9日，《西藏自治区住房城乡建设厅行政违法违规行为稽查工作规程（实行）》印发实施。

8月15日，全区整顿和规范建筑市场秩序动员部署会议在拉萨召开，自治区副主席宫蒲光出席会议并作重要讲话。自治区住房城乡建设厅党组书记、副厅长王亚蔺出席会议，区住房城乡建设厅厅长陈锦主持会议，区住房城乡建设厅副厅长李健康出席会议并就整顿规范建筑市场秩序工作进行安排。

8月15日，《西藏自治区志·城乡建设志》首发赠书仪式在拉萨举行，该志无上延年限，记载至2000年，该志书的出版发行，填补了西藏自治区城乡建设领域长期无史志记载的空白。

8月15日，全区保障性住房建设工作推进会在拉萨召开，自治区副主席宫蒲光出席会议并作重要讲话，要求各地市、各有关部门必须从讲政治、顾大局的高度，扎实深入推进保障性住房建设，切实完成全年保障性住房预定目标。

8月26日，西藏自治区首个村庄规划——《尼木县吞达村社会主义新农村建设规划》完成初稿，并通过专家初审。

9月5日，全区第一批自治区级风景名胜区授牌仪式在拉萨举行，自治区人民政府向全区第一批16处景区授予自治区级风景名胜区匾牌。

9月5日，自治区级风景名胜区徽标公开发布。

徽标以珠峰、湖泊、牦牛、莲花、日月元素为主要创意元素，颜色以蓝色和白色为主，富有清澈洁净之感，体现了西藏良好的自然生态环境，展示了西藏风景名胜的资源特色、风土人情以及地域民族文化。

9月5日，《西藏农牧民居住点与农房改选研究》、《农牧民藏式住宅通用设计图集》两个课题通过住房城乡建设部专家组验收。

9月8日，自治区住房城乡建设厅对四川省江油市城建工程集团有限公司等16家在资质备案时提供虚假资料信息的施工企业进行处罚，不予其在西藏自治区备案执业。

9月15日，自治区党委书记陈全国对全区保障性住房建设管理工作作出"保障性住房建设也是一项重要民生工程，要在取得已有成绩的基础上继续抓紧抓好：一是抓尽早开工；二是抓建筑质量；三是抓公平分配"的重要批示。

9月20日，区住房城乡建设厅厅长陈锦带领有关技术人员赴"9·18"地震亚东灾区视察受灾情况，指导受损房屋鉴定。

9月28日，自治区副主席宫蒲光带队对神力时代广场、香格里拉酒店、区直机关周转房等拉萨市区内在建项目进行现场安全生产检查。区政府副秘书长王维杰，区住房城乡建设厅党组书记、副厅长王亚蔺，拉萨市副市长果果陪同检查。

10月9日，区住房城乡建设厅下发《关于规范西藏自治区公有房屋栋号牌的通知》，要求全区公有房屋栋号牌标识工作要实现区、地、县、乡镇、村（居）委会五级规范，实行统一规格的栋号牌标识。

10月11日，天津市投资1000余万元援建的丁青县城集中供热工程投入试运行。供热工程采用煤炭供热，可有效供热8万平方米。

10月26日，自治区人民政府第15次常务会议审议通过《西藏自治区城乡规划条例（草案）》，修改完善后将报自治区人大审议。

10月27日，自治区人民政府出台"9·18"地震受灾干部职工住房公积金扶持政策，明确因地震导致自住住房损毁的住房公积金缴存人，申请使用个人住房公积金贷款时不受公积金缴存年限、缴存余额、公积金提取及贷款次数限制；住房公积金缴存人直系亲属（父母或子女）自住住房因地震损毁或中度受损，且直系亲属不是公积金缴存人的，公积金缴存人可申请住房公积金贷款或提取本人及配偶公积金余额。该政策仅适用于"9·18"地震造成的日喀则地区15个受灾县、山南地区8个受灾县住房公积金缴存职工，2012年8月31日该政策终止。

10月下旬至11月上旬，区住房城乡建设厅组织检查调研组，对拉萨市、日喀则地区7个县（市、区）保障性住房建设工地及建成小区工程建设、入住管理、政策执行等情况进行实地交叉调研。

11月3日，阿里地区公有房屋调查统计工作全面完成；林芝地区公有房屋调查统计工作全面完成。

11月24日，《西藏自治区城乡规划条例》经自治区人大常委会一审通过。

11月30日，区党委副书记、自治区主席白玛赤林对区市两级保障性住房建设情况进行视察。白玛赤林一行先后视察了区直机关周转房二期工程建设进展情况、城关区廉租房小区入住情况，并深入廉租住房住户家庭进行视察慰问，与入住群众亲切交谈。

11月30日，拉萨市召开"拉萨神力时代广场质量安全和周边环境影响情况"新闻发布会，国家水利部、国土资源部有关专家全面介绍了拉萨神力时代广场项目建设的相关情况。经有关专家对拉萨神力时代广场项目周边建筑沉降变形情况和地下水位进行24小时监测，并经国内建筑结构、水文水质等方面的专家查阅资料、现场踏勘和综合测评，一致认为，拉萨神力时代广场建筑施工降排水不影响拉萨市地下水资源，工程排水不会引起地面沉降，对周边古建筑也不会构成威胁。

11月30日，西藏自治区60000户农村危房改造任务全面完成，改造工程完成投资311635万元，其中国家补助37600万元，自治区财政补助57555万元，地市财政补助2873万元，援藏资金7576万元，农牧民自筹或通过银行贷款2035.04万元。

12月9日，区住房城乡建设厅组织召开全区建设领域非公经济发展座谈会，与西藏自治区建设领域各类非公经济成分企业探讨加快推进非公经济跨越式发展及改善发展软环境问题。区住房城乡建设厅党组书记、副厅长王亚蔺，区住房城乡建设厅厅长陈锦，区住房城乡建设厅副厅长李健康出席会议。

12月9日，西藏自治区首个光伏建筑一体化发电站示范项目——河南天创（拉萨）产业化基地500千瓦光伏建筑一体化光伏电站项目在拉萨市经济技术开发区开工建设。

12月20日，住房城乡建设部通过援藏方式，在北京全国市长研修学院，对西藏各地市分管专员、市长和部分县分管县长进行培训。住房城乡建设部副部长仇保兴出席开班仪式并讲话，区住房城乡建设厅厅长陈锦出席开班仪式。

12月31日，全区住房城乡建设工作会议在拉萨召开，全面总结2011年住房城乡建设工作，表彰

2011年度全区保障性住房建设管理、全区清理建设领域"双拖欠"工作先进集体和先进工作者,部署2012年工作。自治区副主席宫蒲光出席会议并作重要讲话,区住房城乡建设厅党组书记、副厅长王亚蔺出席会议并作会议结束讲话,区住房城乡建设厅厅长陈锦作工作报告。

12月31日,全区住房城乡建设系统党风廉政建设工作会议在拉萨召开,全面总结2011年全区住房城乡建设系统党风廉政建设工作,部署2012年工作。

(西藏自治区住房和城乡建设厅)

陕 西 省

2011年,陕西省住房城乡建设系统紧紧围绕省委、省政府工作部署,创新思路、狠抓落实,扎实推进保障性住房、重点示范镇建设、建筑业、农村危房改造等重点工作,全面完成各项目标任务,实现"十二五"良好开局。年终,陕西省住房和城乡建设厅被省委、省政府评为2011年度全省目标责任考核优秀单位;"十一五"节能减排先进单位;被住房和城乡建设部评为全国住房城乡建设系统"五五"普法工作先进单位。

1. 建设法制

【概况】 全年紧紧围绕全省住房和城乡建设中心任务,以推进城镇化、保障性住房、做大做强建筑业、重点示范镇建设、陕南陕北移民搬迁等工作为重点,解放思想,开拓创新,努力推动建设行业立法,做好陕西建设法制宣传,指导执法监督工作,取得较好的工作成效。

【建设立法】 全年争取到1个地方性法规立法项目和1个省政府规章修订调研项目。《陕西省新型墙体材料推广应用条例》于2011年11月24日经省十一届人大第26次会议通过,自2012年1月1日起施行。并在12月上旬,与省人大法工委联合召开《陕西省新型墙体材料推广应用条例》宣贯大会,使全省新型墙体材料的发展应用迈入新的阶段。为加强对全省农村村民房屋建设管理,确保工程建设质量与安全,起草完成《陕西省农村村民房屋建设管理办法》。结合全省住房和城乡建设实际,按照上位法的要求,对相关部门起草的45余件次法规、规章提出修改意见,绝大部分都被起草单位采纳。

【颁布实施《陕西省新型墙体材料发展应用条例》】 陕西省第一部全面规范墙改工作的综合性地方法规——《陕西省新型墙体材料发展应用条例》(以下简称《条例》)在省人大常委会第二十六次会议上表决通过,于2012年1月1日颁布实施。《条例》的颁布实施,对全省发展应用新型墙体材料,降低墙体材料的生产能耗和建筑采暖空调能耗,推进节能减排,改善生态环境等具有重要意义。《条例》要求,城市规划区和县人民政府所在地的镇,今后建设工程实行强制性禁止使用黏土实心砖,但文物保护除外;县人民政府所在地以外的镇和乡村规划区的建设工程,推广应用新型墙体材料,农民可根据自己意愿选择,县级政府采取财政补贴、示范引导等方式,推广适合当地的新型墙体材料,使用政府性资金或者国债资金、具备条件的应当使用新型墙体材料。

【规范执法】 印发实施《陕西省建设行政处罚自由裁量权适用规则》和《陕西省建设工程质量安全行政处罚裁量基准》(陕建发〔2011〕245号)。全年办理行政复议案件10件,纠正地市建设部门违法行为的1件,提出执法建议的1件,作出行政复议维持决定的2件,告知向其他有关部门申请的6件。继续推行规范性文件制定的"类法化"管理。出台《房屋建筑和市政基础设施工程竣工验收备案实施细则》(陕建发〔2011〕169号)和《房屋建筑和市政基础设施工程招标投标违法行为记录公告管理细则》(陕建发〔2011〕244号)两部规范性文件。印发《企业资质审批监督核查暂行规定》(陕建〔2011〕240号),进一步规范合格企业资质审批行政许可行为,推进廉政风险防控机制建设。

【普法教育】 印发实施《在全省建设系统开展法制宣传教育推进依法治省进程第六个五年规划(2011~2015)》(陕建〔2011〕159号)。依据《规划》安排部署年度普法工作,组织开展全系统普法宣传教育。先后组织厅机关全体工作人员、厅直单位副处以上领导干部的法律法规专题讲座两次。2011年11月,在住房和城乡建设部召开的全国住房城乡建设系统"六五"普法工作会议上,陕西省住

2. 房地产业

【概况】 全年房地产开发投资1420.53亿元，比上年增长22.5%；商品房屋施工面积12179.97万平方米，增长22.4%；商品房销售面积3068.63万平方米，增长18.5%；商品住房销售均价4982元/平方米，同比增长5.2%。城镇居民人均住房建筑面积29.3平方米，比上年增长4.6%。农民人均住房建筑面积37.2平方米，比上年增长17.1%。全省13个设市城市和杨凌示范区新建住宅销售价格同比增幅均在10%之内，2011年房价调控目标全部实现。

【房地产政策调控】 年初，国务院办公厅《关于进一步做好房地产市场调控工作有关问题的通知》（国办〔2011〕1号文）下发后，陕西省委、省政府建立住房保障和稳定房价工作省级人民政府负总责，城市人民政府抓落实的工作责任制。省政府将住房保障工作和稳定房价纳入对市县政府的年度考核评价体系，对政策不落实、工作不得力的，年度考核不得评优。经省政府同意，省住房城乡建设厅、省监察厅联合下发《关于进一步做好确定2011年度新建住房价格控制目标的通知》，对新建住房价格控制目标确定的原则、依据、统计范围以及公布时限等提出具体要求。13个城市和杨凌示范区均于3月25日前确定并公布新建住房价格控制目标。

【市场监管】 全省认真贯彻落实中央和省委省政府关于做好房地产市场调控、遏制部分城市房价上涨过快、进一步促进房地产市场健康发展的一系列政策措施，取得明显成效。全年有2份房地产市场形势分析报告被住房城乡建设部采纳并以"住房城乡建设专报"形式上报中办、国办，4份房地产市场研究成果被住房城乡建设部以"建设简报"形式下发全国各地学习交流。住房信息系统建设工作走在全国前列。9月底，省级平台与10个设区市和杨凌示范区市级住房信息系统正式联通，进入试运行阶段，年末初步形成省、市、县（区）住房保障和房地产市场网络化工作机制，在全国率先采用住房保障、房地产市场、个人住房信息系统"三网合一"的方式，实现全省住房信息的实时采集、统计分析和监督管理。加强房地产市场监管。会同省物价局下发《关于进一步加强商品房销售管理工作的通知》，深入开展市场秩序整顿，严肃查处未实行明码标价和价格公示，以及虚构降价、虚假优惠、虚假折扣、虚假特价、虚假促销或者采用虚假信息、模糊语言等使人误解的标价内容及标价方式进行价格欺诈等违法违规行为，定期向社会公布和向金融、土地等部门通报违规企业名单，并记入企业不良信誉档案，对严重违规企业除按照有关规定进行行政处罚外，坚决清理出房地产市场。结合房地产市场秩序整顿，注销333家房地产开发企业资质证书。

【调查研究】 赴天津市华明镇及省内高陵、杨凌等地调研宅基地置换住房基本情况，完成《以宅基地置换城镇住房有关情况的调研报告》，受到省政府领导好评，并以省政府《要情通报》的形式下发全省各地参阅。根据省政府主要领导指示精神，赴湖北省黄石市调研公共租赁住房试点基本情况，完成《黄石市公共租赁住房试点情况调研报告》，同时向省政府办公厅报送《陕西省保障性住房建设情况调研报告》。赴西安、宝鸡、咸阳、榆林、安康、商洛、汉中等市对全省新型住房制度建立情况进行调研，完成《全省新型住房制度相关情况调研报告》。赴四川、上海等地调研高校住房情况，参加陕西省高校房地产管理专业委员会2011年年会，对全省高校住房情况进行调研，完成《陕西省省属高校教职工住房情况调研报告》，为加强陕西房地产市场宏观管理提供决策依据。

【出台《陕西省物业管理服务标准》】 组织出台《陕西省物业管理服务标准》，进一步规范物业服务收费行为，维护业主、使用人和物业服务企业的合法权益。会同有关部门出台《陕西省物业管理收费标准》，主要调解物业服务企业与住宅小区业主之间的相互关系；同时作为双方确定收费标准和行业制定收费等级标准的依据。

【下发《关于加强房地产经纪管理进一步规范房地产交易秩序的通知》】 组织全省估价师、经纪人考试；做好城市规划区内国有土地上的商品房屋租赁情况统计工作；加强房地产经纪机构和人员管理、规范住房租赁行为，会同物价局下发《关于加强房地产经纪管理进一步规范房地产交易秩序的通知》，并向住房和城乡建设部、国家发展和改革委员会报送《关于房地产经纪管理专项整治工作情况的报告》。

【房屋拆迁和国有土地房屋征收办法】 组织全省城镇拆迁部门有关人员200余人次参加由国务院法制办、住房和城乡建设部举办的《国有土地上房屋征收与补偿条例》宣贯培训班。会同有关部门对全省征地拆迁工作进行督查，并代省政府起草报告上报国务院；调研起草《陕西省人民政府关于做好征地拆迁工作通知》和国有土地上房屋征收的三个配套实施办法，明确征收工作中估价机构的选择程序和办法，停业损失的范围、要求和标准，住房保障对象的申报程序。

3. 保障性安居工程

【概况】 保障性住房建设快速推进，着力解决中低收入特别是低收入群众的住房问题。住房保障领域全年实际完成投资673亿元，保障性安居工程目标任务47.43万套，其中实物建房目标任务为44.83万套，任务量居全国第三。全年开工48.13万套，开工率107.36%，位居全国前列。竣工20万套，为年度计划的167.36%。新增发放租赁补贴2.73万户，提前1个月完成年初目标任务，各项指标均居全国前列。

【加强保障房建设组织领导】 成立保障性安居工程质量协调领导小组，设立工程质量安全监督站，对列入年度计划项目实施全面监督检查，对工程质量安全隐患的项目及时发现问题、限期整改。实行建筑质量施工单位终身负责制和住宅质量分户验收制度，对竣工验收合格的项目悬挂永久性工程标识牌。加强保障性安居工程调查研究。省住房和城乡建设厅厅长李子青等撰写的《陕西省保障性住房建设情况调研报告》，获得2011年度全省党政领导干部优秀调研成果二等奖。

【建立信息反馈平台】 建立保障性安居工程项目库和厅级领导对口联系各城市进展情况制度，对保障性安居工程项目每月进行拉网式巡查。制定《陕西省住房保障工作评价考核暂行办法》，采取"月排名、季度点评、年度考核"等措施，加大督查力度。每月对各市保障性安居工程建设工作情况进行考核排名，排名结果在报省委省政府的同时在媒体上公开，反响强烈，省内外主要媒体对陕西省保障性安居工程建设情况进行连续、多角度跟踪宣传报道。

【制定政策措施】 制定《陕西省保障性住房管理办法(试行)》。从项目管理、规划设计、土地、资金、建设、分配、退出、运营等各个环节加以规范，提高保障性住房管理水平，确保分配公平公正。出台《陕西省保障性住房建设管理奖励暂行办法》和《陕西省保障性住房建设管理违规行为行政责任追究办法》等规章制度，加强和规范保障性住房管理工作。

【推行模块化管理】 结合近年来保障性住房建设的实践，建立政策、土地、资金、质量、分配、管理六大模块，按照省政府印发的《关于进一步做好中等以下收入家庭住房状况调查工作的通知》，采取自愿申报和入户调查相结合的方式，对全省中等以下收入家庭住房状况进行全面调查登记，进一步核实保障对象数，并按照23%保障面的要求核定保障对象总数和轮候次序，确定各类保障房建设任务，提高保障性安居工程的科学化水平。截至2011年底，全省城镇中低收入家庭住房状况调查工作圆满完成。城镇中等收入以下家庭、外来务工人员、新就业职工住房状况调查登记工作全面完成，全省累计调查登记数量为210.13万户，占城镇人口户数(第六次普查的人口数据)比重为29.96%。全省有192.08万户保障对象信息已导入陕西省保障性住房信息系统，分市审核验收后，制定轮候次序并向社会公布。

【表彰奖励】 全省保障性住房工作表彰大会暨2012年住房城乡建设工作会议在西安隆重召开，省委书记赵乐际出席，住房和城乡建设部部长姜伟新、陕西省省长赵正永讲话，省委常委、副省长江泽林主持会议。会议对在2011年保障性住房工作中做出突出成绩的各市、有关县(区)、单位和个人予以表彰奖励。

4. 住房公积金管理

【概况】 陕西省全年住房公积金实际缴存人数达到312.3万人，与上年同比增加20.1万人，增幅6.9%；缴存余额533.1亿元，当年新增188.9亿元，与上年同比，净增34.5亿元，增幅34%。住房公积金个人贷款(以下简称个贷)业务稳步上升，年末个贷余额达到290.7亿元，同比净增71.1亿元，个贷率达到38%，较上年提高2个百分点。全年实现增值收益3.13亿元，确保住房公积金保值增值。年末，榆林市住房公积金管理中心等7家单位荣获2011年度全省住房公积金管理工作优秀单位。西安住房公积金管理中心等4家单位荣获2011年度全省住房公积金管理工作良好单位。商洛市住房公积金管理中心综合科科长强光同志被授予"第二届陕西省助人为乐道德模范"荣誉称号。

【开展调查研究】 组成调研小组赴河北、贵州及省内有关城市开展住房公积金管理机构、基础设施及信息化建设、激励考核机制三项进行调研，并形成调研报告。通过调研，结合全省公积金管理的实际，会同省财政厅出台《关于进一步加强住房公积金管理中心基础设施建设工作指导意见》；启动全省住房公积金考核办法的修订工作；会同财政、人民银行、银监局等部门转发住房城乡建设部等四部委《关于加强和改进住房公积金服务工作的通知》，制定全省住房公积金缴存、提取、贷款、执法四个业务规范，进一步提高住房公积金规范化管理水平。

【扩大公积金覆盖面】 召开全省住房公积金管理工作会议,围绕年度归集扩面目标,把目标任务具体明确到县(区)。利用电视、网络、报刊等媒体宣传300余次,印发《住房公积金贷款指南》等宣传资料11万册,11个管理中心全部开通服务网络,设置政策咨询专栏;加大行政执法力度。全年,向各地公积金管理中心发放催缴催建通知书5000余份。西安市全面清理缴存不规范单位,清理暂存款挂账30多亿元,500多家欠缴、停缴单位补缴全部公积金。咸阳市对7家欠缴单位通过法院强制执行,收效良好。推进非公单位建立公积金制度。全省为28万名非公企业职工及进城务工人员建立住房公积金,占缴存总人数的8.5%。

【完善公积金监管机制】 组织专人对9个城市住房公积金管理中心及县区管理部进行全面专项巡查。查处汉中市佛坪县挪用公积金发放管理部人员工资问题,南郑等县区公积金财政补贴空挂账问题,略阳县公积金贷款逾期率过高问题;宝鸡市凤县、眉县等县管理部违反收支两条线原则,坐支住房公积金增值收益问题。对商洛市丹凤县管理部巡查时,通过纠正个贷逾期率高的问题,进一步发现管理部个贷员周剑挪用公积金贷款赌球等问题。对宝鸡、安康市县区公积金管理机构不到位问题进行督查,并责令其限期整改。安康市已理顺公积金管理机构;宝鸡市在机构改革中明确下一步理顺市县公积金管理机构的思路,制定调整方案,对县区公积金管理机构人财物进行冻结。商洛市按照《住房公积金管理条例》规定,将住房公积金中心由副县级事业单位调整为正县级事业单位。

【提高公积金使用效益】 指导西安市继续开展好利用住房公积金贷款支持保障性住房建设试点工作。向圣合家园三期、雁鸿小区、蔚蓝小区、鸿基新城4个项目发放住房公积金项目贷款15.4亿元。回收项目贷款1.9亿元,实现利息收入3600余万元,试点项目进展顺利,其中圣合家园三期已于2011年11月15日回收本息。及时召开试点扩面工作座谈会,指导有关城市做好扩面准备工作。先后三次赴部里对试点扩面工作进行汇报衔接,推荐咸阳、延安、汉中3个试点城市作为陕西省试点扩面城市。8月,与省财政厅等部门对试点项目进行实地考察。初步确定13个试点项目,建设规模357.7万平方米,总投资87.6亿元,拟利用住房公积金贷款25亿元,其中公共租赁住房项目贷款13亿元,占52%。2011年3月份,向省政府上报《关于利用住房公积金建设公共租赁住房的请示》。省政府向国务院上报《关于开展利用住房公积金建设公共租赁住房试点工作的请示》,国务院4月15号批转住房城乡建设部等部门研究办理。该项建议已得到住房城乡建设部的认可,并在小范围开展此项工作的试点。

【实施备案制度】 对各地公积金管委会以及管理中心的年度计划、资金使用计划、重要业务数据、重要人事任免等重大事项进行备案管理。在全国率先制定重大事项备案制度,对各地公积金管委会以及管理中心的年度计划、资金使用计划、重要的资金运作、重要业务数据、大额资金调拨、重要人事任免等重大事项进行备案管理。坚持定期通报制度。每季度定期对全省住房公积金缴存使用情况进行通报,分析阶段性工作情况,实时纠正住房公积金管理中存在的问题。按照《住房公积金管理工作考核办法》,会同省财政厅对全省住房公积金管理工作进行考核。落实审计制度。每年住房公积金运行情况均接受所在城市审计部门的审计,并将审计结果向社会公布。

5. 城乡规划

【概况】 2011年,按照"做美城市、做强县城、做大集镇、做好社区"的城镇化发展的总体思路,与省发改委联合印发《陕西省"十二五"城镇化发展规划》,制定《陕西省"十二五"城镇化发展建设标准和推进措施》,组织编制完成《西咸新区总体规划》,确定"核心区十组团"的现代田园城市发展模式。安康、汉中、渭南、杨凌等城市(乡)新一轮总体规划经省政府批复实施。延安市编制《延安市空间发展城乡统筹规划》,商洛市新的城市总体规划经省城乡规划委员会审议通过。全省83个县(市)城乡一体化建设规划全部编制完成,镇(乡)总体规划覆盖率达到90%。30个省级重点示范镇运用城市建设的理念和方法,按照城市社区的标准和农民居住相对集中、设施配套相对完善、城乡公共服务均等的要求,编制新区模块和镇域农村社区布局规划及典型社区规划设计方案。

【《西咸新区总体规划(2010~2020年)》】 为贯彻实施《全国主体功能区规划》、《关中—天水经济区发展规划》,西咸新区按照规划先行和规划立区的原则,组织编制完成《西咸新区总体规划(2010~2020年)》,确定"核心区＋组团"的现代田园型城市发展模型,使西咸新区成为引领中国城市建设的新范式。2011年6月13日,国务院新闻办正式发布西咸新区建设规划,标志着西咸新区建设上升到国家战略层面。

【《延安市统筹城乡发展空间布局规划(2011~2030年)》】 延安市委市政府委托陕西省城乡规划设计研究院编制《延安市统筹城乡发展空间布局规划(2011~2030年)》。《规划》着眼于县域经济社会发展的不平衡性,以县为单位,将市域城乡分为五大板块,即中心城市发展核心区、城乡统筹发展融合区、城乡统筹发展提升区、城乡统筹发展协调区和城乡统筹发展互促区。

【《商洛城市总体规划(2010~2020年)》】 商洛市新一轮城市总体规划于2011年1月通过省规划委员会专家组技术审查,同年11月7日,省委常委、副省长、省城乡规划委员会副主任江泽林主持召开的省城乡规划委员会全体会议,专题研究审议并原则通过《商洛市城市总体规划》(2010~2020年)。商洛市新一轮城市总体规划坚持以科学发展观为指导,按照"做美城市、做强县城、做大集镇、做好社区"的要求,坚持城乡统筹、合理布局、集约发展和规划先行的原则,进一步明确城市发展的重点和特色。规划到2020年,商洛市域总人口257万人,中心城区人口达到40万人,规划建设用地40平方千米。

【历史文化名城名镇名村保护】 编制《陕西省历史文化名城名镇名村保护"十二五"规划》(以下简称《规划》),确定榆林佳县佳芦镇等37个镇为下一步申报国家级、省级历史文化名镇的重点支持镇。《规划》明确"十二五"期间,全省要进一步加强文物古迹保护和区域生态环境建设的相协调发展,充分利用历史文化旅游资源;加强对非物质文化遗产的保护,深挖古镇名村文化资源,推进历史文化名镇名村申报工作;加快保护规划的编制与审批工作,重视"线"和"面"的整体空间结构保护,提高保护工作的规划编制质量。制定出台《省级历史文化名镇名村评定标准》、《陕西省文化旅游古镇建设规划编制技术导则》,在全省筛选30个文化旅游古镇,通过完善基础设施、提升风貌,打造一批特色鲜明的历史文化古镇。

【规划管理】 继续做好房地产领域违规变更规划及调整容积率的工作。重点从完善决策机制、规范行政行为和推进政务公开入手,开展规划管理督查,抽查建设项目78项,发出整改建议书5份,推动规划管理长效机制建设。同时,转变审批服务方式,为大项目、重点项目提供良好的投资审批环境。对涉及煤炭、电力、化工、铁路、高速公路等行业的145个重大建设项目选址,为全省经济建设工作做好服务。加强规划选址技术审查力量,明确各类建设项目涉及专家类别,分类指导建设项目选址,建立城乡规划专家库和建设项目选址专家库,其中城乡规划专家库179人,建设项目选址专家库247人。

【规划设计评优】 根据陕西省住房和城乡建设厅《关于开展2011年度全省优秀城乡规划设计评选活动的通知》(陕建发〔2011〕193号)要求,组织专家对申报的72个规划设计项目进行评审。共计评选出2011年度全省优秀城乡规划设计获奖项目58项,其中一等奖9项,二等奖10项,三等奖19项,表扬奖20项。

6. 城市建设

【概况】 2011年,全省设西安、铜川、宝鸡、咸阳、渭南、延安、汉中、榆林、安康、商洛10个省辖市,1个杨凌农业高新技术产业示范区和兴平、华阴、韩城3个县级市(不包括市辖区)。城区面积1408.68平方千米,城区人口774.05万人,城区暂住人口36.96万人,建成区面积827.76平方千米,人均日生活用水量,163升、用水普及率95.72%,燃气普及率92.09%,建成区供水管道密度6.59千米/平方千米,人均城市道路面积13.72平方米,建成区排水管道密度7.16千米/平方千米,人均公园绿地面积11.41平方米,建成区绿化覆盖率38.68%,建成区绿地率32.59%。西安市大明宫遗址保护项目获2011年中国人居环境范例奖。西安市城市交通项目(三环路系统)西三环工程、西安市城市综合交通改善工程东二环、北二环立交工程(一期)、西安市纬零街污水截流干管(太白路~丈八北路)改线工程3项工程荣获2011年度"全国市政金杯示范工程"奖。

【市政公用基础设施建设】 全省市政基础设施完成投资640亿元,比2010年增长18.5%,争取并下达国家污水管网建设补助资金6.988亿元。西安地铁二号线一期工程9月16日建成通车运行。一大批市政基础设施建成运行,城市承载力和辐射带动力大大增强。西安市完成城市维护建设投资236.8亿元,占全年任务的100.77%(其中市本级计划完成投资100亿,实际完成100.9亿元,占总额的100.9%)。咸阳市城市综合承载力持续增强,主城区、县域城镇建成区面积分别达到82.5平方千米、192.4平方千米,比"十五"末分别增加32.5平方千米、48平方千米。商洛市累计完成投资27.82亿元,其中中心城市投资14.76亿元,建成丹江公园、江滨大道、市区南大门、商鞅广场、龟山风景区一期和丹江立交桥改造等市区重点工程，行政中心、体育中心、丹南新区基础设施、莲湖公园南扩和西商二线城区连接线等重点建设工程快速推进，环城北路开工建设，新建市区道路18条33千米，改造25条14千米，市区面积由18平方千米扩大到25平方千米。铜川市以"北市区—黄堡—董家河—耀州区—新区—坡头"为骨架的大城市格局已具雏形，城市规划区面积由55平方千米扩大到110平方千米。新区开发建设不断加快，市政基础设施和服务功能日趋完善，人气得到提升，已成为全市发展最具活力的经济板块。延安市城市建设加快，框架逐步拉开。"三山两河"治理成效明显，人居环境进一步改善。延安革命纪念馆新馆、西北川公园建成开放，方塔、黄蒿洼、红化沟、文化沟等新区和沟道开发建设加快，建成西过境、西环线、北高速连接线，建成区面积达到36平方千米，人口48.9万。榆林市坚持"一城四创"，高起点修编城市总体规划，确立"跨河发展、一城三区、五大组团"的中心城市空间布局，供、排水管网覆盖建成区90%和70%，供气管网实现全覆盖。基本建成"五纵六横一环"的城市路网。渭南市坚持"大绿、大水、大空间"理念，加快城市绿化，开展"三拆一透"，仓程路、渭清路等主要路段建成绿色长廊，南部台塬初显绿色屏障，中心城市人均绿地面积达到11.8平方米，亮化率达到98%。安康市完成城镇建设投资40亿元，增长15%。其中，中心城市建设投资15亿元，增长62%。亲水广场、东西大街、滨江二期、巴山西路、南环干道西段、安澜楼景区提升等重点项目建成投用，汉城商业街、文昌南路、中渡路、东内环路建筑立面改造等工程加快实施。

【西安地铁建设】 9月16日，西安首条地铁——西安地铁二号线一期工程正式通车试运营，标志着西安成为全国第十个进入地铁运营的城市，也是我国西北地区建成通车的第一条地铁。西安地铁二号线一期工程自北向南由西安铁路北客站至国际会展中心，途经运动公园、行政中心、市图书馆、钟楼、小寨等17个站，全长20.6千米，是西安轨道交通线网中的骨干线，与东西向的一号线构成轨道交通网络中的十字骨架。

【城镇垃圾处理和污水处理设施建设】 编印全省"十二五"污水垃圾处理设施建设规划，完成2012年重点流域水污染治理中央投资计划编报工作。确定"十二五"县城分年度污水管网建设量，争取国家专项资金6.988亿并已下达落实到具体项目。2011年初向各地下达城镇污水和垃圾处理设施建设管理目标任务，具体落实开工和建成项目。制定"十二五"期间各城市污水垃圾处理率分年度规划指标，通过积极协调，省考核办将污水垃圾处理指标纳入省市目标责任考核。下发《关于加强全省污水处理考核工作的通知》，制定陕西省城镇污水处理率计算办法，每季度对各市污水处理工作进行考核通报，打分排名。到年底，全省累计建成垃圾处理场75座，垃圾无害化处理率由上年同期的63%提高到75%；累计建成污水处理厂87座，污水处理率由2010年同期的60.3%提高到73%。

【园林绿化管理】 制定"十二五"创建园林城市（县城、城镇）工作计划，对创建园林城市工作进行安排部署。年初向各地下达创建目标任务，向住房和城乡建设建设部申报5个国家园林县城，对9个城市和县城的绿地系统规划进行评审，组织专家对创建城市进行技术调研。制定《省级园林城市考核验收工作方案》，并对16个城市（县城、城镇）进行全面考核验收和命名表彰。省政府命名安康市、铜川市为"省级园林城市"，各奖励20万元；镇安县、平利县、府谷县、佛坪县、黄龙县、富平县、宜君县、大荔县、旬阳县、岚皋县、宁陕县、华阴市、户县为"省级园林县城"，各奖励10万元；陇县温水镇为"省级园林城镇"，奖励5万元；命名西安市博物院、中共陕西省委党校、中国电子科技集团公司第二十研究所、西安市烈士陵园等24个单位为2011年省级园林式单位；西安市双维花溪湾小区、西安市长庆油田泾渭苑小区、铜川市枫林1号小区、渭南市朝阳一号、榆林市元驰世纪城、榆林市榆炼恒盛苑小区、榆林市榆阳区金阳小区等7个小区为2011年省级园林式居住区。

【加强历史遗址公园建设】 西安汉城湖公园10月1日正式向游人开放。汉城湖景区包括景观园林与雕塑等四个部分，景区6.7千米长的水面两侧，结合汉代的城墙遗址和具有文化底蕴的门、桥等设置7个功能分组区，分别为：封禅天下、霸城溢彩、汉桥水镇、角楼叠翠、御景覆盎、流光伴湾和安门盛世。使游人在享受水的愉悦时，亦感受西汉的强大与繁荣，接受汉文化的传播与熏陶。

【风景名胜区管理】 组织完成国家级风景名胜区规划实施和资源保护状况报告。华山风景名胜区总体规划获得国务院批准，黄帝陵风景名胜区总体规划通过部际联席会议审查，省政府审批汉中天台山和南沙河风景名胜区总体规划。组织编制武侯墓祠定军山风景区古树名木保护规划。

【《华山风景名胜区总体规划》获批实施】 《华

山风景名胜区总体规划(2011～2025年)》(以下简称《华山规划》)经国务院八部委审查，国务院审批实施。这是标志着华山风景名胜区的保护、利用、管理和发展进入科学规范的可持续发展新阶段，为全面发挥华山景区的功能与效用，正确处理资源保护与利用，促进和带动区域社会经济的发展具有积极的现实性意义。《华山规划》由西安建筑科技大学城市规划设计研究院编制，规划面积159.28平方千米，其中核心区57.83平方千米，分别从华山风景名胜区资源的特色评价、性质范围与规划目标、总体空间结构、景区及功能区划分、资源保护培育、风景游赏、基础设施工程、经济发展引导、土地利用协调、环境影响等十多个方面进行详细规划。将景区规划为风景游览区、游览服务区、休闲度假区、门户与交通枢纽、观赏农业区和民俗村六大功能区，从根本上解决制约景区发展和保护的内部交通大环线问题，提出主景区环境和资源保护措施及经营点的控制总指数，为华山景区的可持续发展奠定基础。

【城镇供热计量改革】 完成《陕西省供热管网建设调研报告》，下发《关于做好2011年全省供热计量改革工作的通知》和《关于进一步加强全省供热计量改革的通知》，建立供热计量改革工作与园林城市乡挂钩制度。在延安市召开全省供热计量改革工作会议，贯彻全国会议精神，通报分析各城市改革工作存在问题，安排部署工作任务。组织西安、铜川、华阴等城市接受住房和建设部组织的节能减排检查。

【城市燃气热力管理】 组织开展燃气安全检查。对申报的燃气经营、燃气燃烧器具安装维修企业进行审查，公布合格企业名单，燃气经营企业达到65家。加强燃气建设项目施工图审查管理。审查批复20个天然气利用工程技术评议。加强对燃气行业的安全管理。坚持每年例行的春季、冬季安全检查。

【城市节水】 下发《关于做好2011年"全国城市节约用水宣传周"工作的通知》(陕建函〔2011〕219号文)和《关于进一步加强用水器材确认登记管理工作的通知》(陕建发〔2007〕48号文)精神，在全省推进"节水型城市"创建工作。年内组织专家对申报的21类590余种产品进行审查，公布204项新确认登记的节水产品，年审合格309项节水器材。对取得《陕西省用水器材确认登记证书》的产品及企业在陕西建设网上定期进行公布。加强对用水器材确认登记的监督检查，坚决取缔国家明令限制禁止使用的产品在市场上流通，大力推广使用经过确认登记的产品。

【县城基础设施建设】 年初，从市政基础设施投资、污水处理、垃圾处理、数字化城管、园林绿化、市政管理等方面提出县城建设管理目标任务。与各设区市主管部门签订目标责任书，并采取平时检查考核和年终量化考核相结合的方式，加强对县城建设管理工作的督导。组织对全省83个县城的建设现状、发展方向、城市性质、城市规模、空间结构，以及"十二五"规划建设指标进行全面梳理，整理成册，进一步调整完善县城发展规划，指导各地全面加快建设。制定《陕西省县城建设考评办法》及《陕西省县城建设考核项目及评分标准》。省政府办公厅下发《关于开展全省县城建设考评工作的通知》，以考评为抓手，推进县城建设。制定《陕西省"十二五"城镇化发展做美城市、做强县城、做大集镇、做好社区的具体标准和推进措施》，上报省政府。

【城市照明及数字化城市管理】 下发《关于进一步做好城市照明管理工作的通知》，转发住房和城乡建设部《"十二五"城市绿色照明规划纲要》，对城市景观照明已建、在建和待建的照明能耗、亮度超标项目和城市道路照明中使用的低效照明产品情况进行专项检查，对超标准、超能耗的景观照明坚决予以制止。完善城市照明专项规划、加快淘汰低效照明产品、大力推广照明节能技术、开展专项检查，加强城市照明管理。年末，全省地级以上城市全部淘汰高耗能路灯照明产品。推广数字化城市管理工作，组织开展数字化城市管理应用技术及案例分析培训，将数字化城市管理平台功能向地下管线、城市安全等领域拓展和延伸。印发数字化城市管理工作简报，交流行业动态。

7. 建筑业与工程建设

【概况】 首次将"建筑业"写进《陕西省国民经济和社会发展第十二个五年规划纲要》。全年完成建筑业总产值3470亿元，同比增长25%，建筑业总产值位居全国第13位，西部省份居第2位；实现建筑业增加值1250亿元，占全省年生产总值12391.3亿元的10.1%；建筑业企业出省承揽工程覆盖全国30个省份，"外向度"居全国第10位；完成房屋建筑施工面积14301.15万平方米，同比增长24.5%。在全国建筑行业率先开展农民工养老统筹工作，为11.57万农民工发放养老补贴。全省建筑施工质量和安全生产形势总体稳定，全年获国家优质工程银质奖6项；获中国建筑工程鲁班奖6项，在西部省份排名第一；获省优质工程"长安杯"奖43项，获国家二级工法12项，获省级工法72项；命名省级文明工地206个，荣获全国AAA级安全文明标准化诚信工地20个。

【建筑业强县试点】 建筑业强县试点从2008年的10个县（区）增加到2011年20个县（区），提升县域建筑业发展和吸纳农村剩余劳动力的能力。按照《做大做强建筑业2011年工作方案》，起草完善《建筑业试点县工作考核细则》；召开建筑业强县试点工作座谈会，组织设区市建管科科长、20个强县建设局局长和部分优势企业到江苏进行学习考察；组织对20个建筑业试点县在政府政策扶持、企业总产值、增长率、建筑业企业发展、农民工培训等方面进行年终考核。年底，20个试点强县共有建筑企业389家，从业人员29.6万人，完成总产值301亿元，建筑业增加值99.7亿元，实现利税15.3亿元，建筑业增加值占GDP的9.3%，建筑业从业人员占就业人数的17.6%，实现利税占当地财政收入17%，建筑业农民工收入占农民纯收入20%，建筑业增加值同比增长11%。各试点县紧紧围绕做大做强建筑业，制定和出台推动建筑业发展的政策措施，加大开拓建筑市场的推动力度，优化建筑业加快发展的市场环境；注重建筑业企业各类管理、技术、人才的培养和引进，采取多渠道、多层次、多方位的教育培训，鼓励企业引进高等级的管理和技术人才，建筑业试点县考取国家一级建造师68人，二级建造师1650人，省级监理工程师260人，引进和评审各类专业技术人员3690人，培训农民工15200多人，快速地提升建筑企业的整体素质和市场竞争力；大力扶持建筑企业申请资质和资质升级，支持建筑企业做大做强。2011年全省新增建筑企业46家，企业资质增项、升级42项。年底，汉中市汉台区住房和城乡建设管理局、韩城市、武功县、旬阳县、神木县、高陵县住房和城乡建设局共6个县（市）的建设行政主管部门被评为本年度建筑企业强县试点工作先进单位。

【规范建筑市场秩序】 起草完成《做大做强建筑业2011年工作方案》和《外省建筑业企业进陕备案管理办法》，深入安康市和旬阳县对建筑劳务企业的发展进行调研，形成《关于陕西建筑业农民工短缺及相关问题的调研报告》。实施建筑市场资质资格准入清出制度。开展建筑施工、工程造价、招标代理和工程监理企业的资质动态考核，共考核建筑施工企业3024家、工程造价企业90家、招标代理企业142家、工程监理企业182家。按照住房和城乡建设部的要求，通过动态考核，指导全省5家企业6个特级资质就位。针对部分建筑施工企业网上直报工作存在的不上报、不及时、不准确等问题，多次召开专题会议予以督促指导，并与省统计局协商解决全省建筑业数据的衔接统一问题，进一步加强建筑行业统计工作。在全省开展建筑市场大检查，对有违规行为的施工企业、监理单位进行通报批评，并根据情节，将违法、违规企业清除出陕西建筑市场。为维护劳动者合法权益，西安市进一步加强劳动保障监察的执法力度，对966个建筑工地纳入监管，为实现建筑企业用工的实时监控奠定基础。

【工程招标投标管理】 加快完善市场管理制度体系，不断规范主体行为。结合全省实际，先后完成《陕西省建设工程招标投标有形市场管理办法》和陕西省《房屋建筑和市政基础设施工程招标代理机构管理细则》、《房屋建筑和市政基础设施工程分包管理办法》、《房屋建筑和市政基础设施工程招标投标有关市场主体及从业人员信用手册管理细则》、《房屋建筑和市政基础设施工程招标投标违法违规记录公告管理细则》共5个政府规章及部门规范性文件的修订与完善。实施省发改委等9部门颁布实施的《陕西省工程建设项目招标实施方案核准办法》、《陕西省招标投标活动违法行为记录公告暂行办法》，推进建设工程招标投标信息化建设。会同省监察厅、省建设工程领域专项治理办公室下发《关于陕西省建设工程招投标管理信息化工作实施方案》，召开全省工程建设招投标管理信息化工作推进会，推行电子招标投标标准化，初步建立具有一定电子化招标投标功能的管理信息系统。按照省委、省政府领导批示，对西安市建设工程招投标统一交易平台治理工程腐败工作进行调研，形成调研报告上报省政府和建设部。对西安市的经验和招投标管理办法转发全省，指导其他地市参照执行。加大资金投入，使有形建筑市场的信息服务、场所服务、办公服务和政策咨询服务功能显著增强。年底全省已形成省、市和部分县（区）22个具有独立法人资格、便捷高效的建设工程承发包交易平台，实现建设工程统一进场交易、集中接受监管提供有效载体。西安市、汉中市、杨凌示范区实现房屋建筑、市政基础设施和城市轨道交通、水利、公路等建设工程项目统一进入有形建筑市场招标发包。商洛市将市政工程和工业园区工程纳入有形建筑市场交易，还对大部分县应招标工程纳入市交易中心招标发包、统一监管。全年由省招标办直接监管的招标项目160个，建筑面积470.4万平方米，招标交易金额119亿元，节约资金2.81亿元，节资率3%。开展全省建设工程招标投标规范化管理和服务工作先进单位和先进个人评比活动。年末，西安市建设工程招标投标管理办公室等15个单位荣获2011年度全省建设工程招标投标监督管理机构规范化管理工作先进单位称号；樊鑫等31名同志荣获2011年度全省建设工程招标投标监督管理机构规范化管理工作先进个人称号；宝鸡市建设工程交易中心等11个单位荣获2011年度全省建设工程发包承包交易中心规范化服务工作先进单位称号；郭力等21名同志荣获2011年度全省建设工程发包承包交易中心规范化服务工作先进个人称号。

【工程造价管理】 完成综合人工单价测算、调整及发布工作。完成全年实物工程量和人工成本信息的测算、发布、上报工作。根据《陕西省建设工程造价管理办法》和《陕西省建设工程工程量清单计价规则》相关条文规定，在对省内外调研的基础上，对全省现行建设工程的综合人工单价进行调整，发布《关于调整房屋建筑和市政基础设施工程工程量清单计价综合人工单价的通知》(陕建发〔2011〕277号文)，调整标准为综合人工单价：建筑工程、安装工程、市政工程、园林绿化工程由原42元/工日调整为55元/工日；装饰工程由原50元/工日调整为65元/工日。综合人工单价调整后，调增部分计入差价。并从2011年12月1日起执行，缓解当前造价市场人工单价上涨的突出矛盾。修订、补充、完善《陕西省仿古建筑工程预算定额》、《陕西省市政设施维修养护定额》，完成全年实物工程量和人工成本信息的测算、发布、上报工作，提供工程计价依据技术咨询服务，维护市场主体各方合法权益。配合住房和城乡建设部做好注册造价工程师继续教育工作，开通造价工程师继续教育网络，培训注册造价工程师1952人次。

【建设监理】 全省有工程监理企业276个，其中甲级64个、乙级160个、丙级52个。期末从业人员25745人，其中，高级职称人员3924人、中级职称人员10724人、初级职称人员5602人。全年工程监理营业收入271604.69万元。开展全省监理工程师资格培训、考试、认证工作。两批共培训人员9321名，考试合格取得监理工程师证的7721名，对于缓解全省监理工程师严重不足的问题起到积极作用。全年通过全国注册监理资格考试合格人员2281人，累计通过全国注册监理工程师资格考试合格人员2779人；继续开展全国注册监理工程师继续教育工作，参加培训414人；开展省级监理工程师继续教育工作，2578人进行教育培训。积极开展建设监理理论研究活动。参加《中国建设监理行业"十一五"发展研究报告》编写工作，组织开展首届优秀监理科研课题暨论文评选活动，获全国优秀监理论文奖8篇，陕西省建设监理协会获优秀组织奖。组织开展和评选全省2009～2010年度先进工程监理企业31家，优秀总监理工程师47人，优秀监理工程师75人。

【建筑装饰】 全省建筑装饰行业完成总产值800亿，同比上升15%左右。评优创牌工作迈向新高。全年评选出省建筑装饰优质工程18项，其中建筑装饰工程13项，建筑幕墙工程5项，建筑装饰优秀设计7项。西安市行政中心建设项目精装修工程、李家畔生态生活小区办公楼金堆城钼金属材料工业园综合楼幕墙工程3项工程入选2011～2012年度全国建筑工程装饰奖第一批工程名单。与有关院校共同举办装饰行业施工员、安全员、资料员、质量员、材料员、水(电)造价员等岗位培训。委托陕西建筑职工大学举办一期《建筑装饰工程技术》(专科学历)成人教育学历班，培养具有掌握建筑装饰构造、设计和施工技术等方面的专业知识，具备材料检测、酒店、宾馆、商场、影剧院等公共建筑装饰工程设计与施工、住宅和厂房建筑装饰工程设计与施工、装饰工程施工组织设计、装饰工程预决算、具备用CAD、photo shop和3Dmax软件进行计算机绘图等方面应用能力的专业技术人才。全年有23位同志被聘请为陕西省建筑装饰行业专家库成员。

【对外承包工程与劳务合作】 全年对外承包工程新签合同额8.11亿美元；实现营业额13.62亿美元，增长68.1%。对外劳务合作新签合同工资额5380万美元，增长36.2%；实际收入总额5542万美元，增长1.02倍。陕西省华山国际工程公司(陕西建工集团总公司涉外名称)负责承建的博茨瓦纳大学综合教学楼工程获得2010～2011年度中国建设工程"鲁班奖"(境外工程)，这也是西部地区建筑企业海外工程首次获得国家级大奖。博茨瓦纳大学教学楼工程建筑面积4.53万平方米，造价4188万美元，是华山国际工程公司近年来在海外承建的单体体量最大、技术难度较高的房建项目。在中国对外承包商会组织开展的2011年度对外承包工程与劳务合作企业信用等级评价工作中，华山国际工程公司评价结果为AA级。

【工程质量安全监管】 4月，开展全省春季建筑施工质量安全监督执法检查；6月和9月，分别开展建设系统"安全月"和"质量月"活动，向社会广泛宣传安全生产和工程质量的有关知识。通过加强对工程建设各方责任主体质量行为监管，加大对住宅工程、保障性住房的检查力度，加强对创优工作的监督和指导，推动全省建筑工程质量整体水平的提升。全年累计在监工程8178项，建筑面积1.16亿平方米，交付使用的工程合格率达到100%，工程质量总体水平保持稳步提升的态势。组织《住宅工程质量分户验收管理办法》宣贯会议百余次，制作5000多张光盘发放各地，指导各地开展住宅工程质量分户验收工作。

【落实安全生产责任】 按照《国务院关于进一步加强企业安全生产工作的通知》要求，省厅与各市（区）建设部门签订年度建筑施工安全生产目标责任书。结合全省安全生产实际，制定下发《关于进一步加强建筑施工企业安全生产工作的实施办法》，并把贯彻实施此项工作作为全年建筑施工安全生产的主线；下发《关于继续深入开展建筑安全生产标准化工作的实施意见》，先后开展"安全生产年"活动、建筑安全专项整治活动、严厉打击非法违法建筑施工行为专项行动等工作；起草并下发《陕西省建设工程质量安全行政处罚裁量基准》（试行）、《房屋建筑和市政基础设施工程竣工验收备案实施细则》，对全省工程质量安全监督机构基本情况进行调研并形成调研报告。转发并在全省实施《房屋市政工程生产安全和质量事故查处督办暂行办法》、《建筑施工企业负责人及项目负责人施工现场带班暂行办法》、《房屋市政工程生产安全重大隐患排查治理挂牌督办暂行办法》。通过狠抓安全生产目标责任落实、推进保障性住房和重点城镇建设安全监管、开展全省建筑施工安全生产隐患排查治理，强化文明工地创建活动等一系列工作，全省建筑施工安全生产工作取得明显成效。各地创建文明工地热情高涨，全省第十五次创建文明工地现场会召开后，有2万多人观摩文明工地现场。

【保障房工程监管】 成立保障性安居工程质量安全管理协调领导小组，设立保障性安居工程质量安全监督站，各市区建设行政主管部门也成立相应工作机构，强化保障性安居工程的质量安全监督管理工作。制定《关于进一步加强保障性安居工程质量安全管理工作的通知》，从9个方面对保障房质量安全管理工作提出要求。从10月开始，省厅每个月开展一次保障房质量安全检查，并将检查结果向全省进行通报。全年共检查保障性安居工程71个，建筑面积102.33万平方米，下发《纠正违法行为通知书》50份，《行政处罚决定书》5份，确保在建项目质量均在受控状态。

【许可证审查与"三类人员"考核】 全年把建筑施工企业安全生产许可证审查与"三类人员"（企业法人A类、项目经理B类、专职安全员C类）考核作为重点，确保全省建筑施工生产安全。为解决安全生产管理的实际问题，加强行业监管力度，提高办事效率，简化办事流程；建立全省工程质量安全监管协同办公平台，实现从"三类人员"考试报名开始到安全生产许可证书发放的信息化闭环管理模式；建立"三类人员"考核信息数据库和企业人员信用档案，进一步强化工程质量安全管理工作。全年审查新申请及延期建筑施工企业安全生产许可证共1596家，其中合格1332家，不合格264家。为12582人颁发《安全生产考核合格证书》，为11457人颁发继续教育合格证书，并办理延期手续，有1500人参加建筑施工企业特种作业人员考核。

【安全生产预警】 根据季节变化和安全生产形势，先后下发《关于进一步做好汛期建筑施工安全生产工作的通知》、《关于立即开展建设系统安全生产和质量管理大检查的通知》、《关于做好国庆节期间建筑施工安全生产工作的通知》、《关于做好2011年第四季度安全生产工作的通知》、《关于做好元旦、春节期间建设行业安全管理工作的通知》。西安9·10爬架垮塌重大安全生产事故发生后，当天下发《关于立即开展建筑施工安全生产大检查的紧急通知》，及时安排部署全省连续阴雨天状况下，全省建筑施工安全大检查工作，加大质量安全违法行为处罚力度。全年对发生工程质量安全事故的1家企业给予暂扣安全生产许可证的处罚，对3家工程质量检测机构在全省进行通报批评，吊销8人的个人从业资格证书，建议住房和城乡建设部吊销4人的执业证书，参与省政府调查组对西安9·10爬架垮塌事故的调查。

【规范质量检测单位行为】 全省有各类工程质量检测单位174家。全年对23家新申请检测资质的单位和42家申请资质延期的单位进行核查，对517名检测人员实施考核工作，其中土建原材料考核358名，建筑节能考核159名。同时，为全面提升全省地基基础检测行业的形象，改变现场作业人员的工作环境，保证地基基础工程检测质量，在全省地基基础检测系统开展创建文明标准化检测现场活动。

【勘察设计企业壮大】 全省勘察设计企业650家，其中甲级232家，乙级308家，丙级110家。4家取得全行业综合甲级，5家勘察设计企业进入全国百强。全年勘察设计业实现总产值381亿元，同比增长达17.3%，位列全国第九。

【勘察设计行业管理】 会同省科技厅联合下发《关于加强全省勘察设计行业技术创新工作的通知》，引导企业以城镇化建设、低碳生态城市建设、新农村建设、产业结构转型升级为重点、以安全、节能、环保为目标，强化技术创新，实现技术跨越。以企业技术创新为主体，加强技术创新和科技体制创新，加强创新型科技人才培养、创新体系和信息化建设，提升全省勘察设计行业核心竞争力。据2010年全国勘察设计年报和2011年季报统计，全省勘察设计企业科技活动费用支出总额达21亿元，同比增长43%。企业累计拥有专利816项，同比增加28%，企业累计拥有专有技术336项，同比增加26%。调整产业结构，建立多领域、多层次、多功能的市场体系。积极引导企业向不同领域、不同层次和不同功能的市场发展。全省勘察设计企业门类日益健全，产业结构更趋合理，行业实力不断增强，技术质量水平进一步提高。营业范围涵盖现所有资质类别，勘察、铁路、化工、煤炭、能源、建筑、公路等行业竞争优势明显，市政、园林、环保、交通、水利、新能源等专业设计快速发展，为城镇化建设和节水、节地、环保、节能政策的落实提供技术支持。

【规范勘察设计行政许可行为和资质申办程序】 在勘察设计资质办理中采用中心受理、行业专家初审、处务会审查、厅务会审定、网上公示的资质申办程序。全年办理273家勘察设计单位431项资质核定、增项、升级及延续申请，完成全省485家企业的工程设计资质换证工作，整顿规范勘察设计市场秩序。加强个人执业资格管理，启动注册岩土工程师执业制度，开展注册岩土、注册电气、注册公用设备、注册化工工程师注册工作。受理2214人次的初始注册、变更注册、延续注册和更改、补办注册申请，举办注册建筑师和注册结构工程师继续教育培训628人次，强化注册人员对工程建设标准和法律法规的贯彻执行力度。根据《省外建设工程勘察设计企业进陕备案管理规定》，对省外进陕勘察设计企业分支机构进行年度检查。通过检查，对46家设计单位准予继续备案注册，对城市建设研究院等5家设计单位暂停登记备案注册，责令限期整改；对杭州绿风园林景观设计研究院有限公司等6家设计单位取消登记备案注册，进一步规范省外进陕勘察设计企业市场行为。

【施工图审查】 全年施工图审查机构共审查项目4254项，建筑面积约7128.24万平方米，纠正违反强制性条文1840条。抽查已审查的施工图工程111项，其中建筑工程98项，勘察工程5项，市政基础设施工程8项，建筑面积106.65万平方米，查出漏审一般性条文303条。

【抗震设防】 组织有关专家调研、论证，形成并上报《关于对陕西省政府启动既有建筑更新改造有关情况的报告》（陕建函〔2011〕695号）。开展城中村房屋抗震设防调研，完成超限审查4项。按照国家和地方抗震设计标准，指导村镇民居抗震设防建设工作，做好保障性住房、陕南陕北移民搬迁、重点镇建设和危房改造的抗震设防建设标准及设计方案图集编制工作。

【标准建设】 围绕保障性住房建设、重点镇建设、建筑节能、农村建筑抗震设防等重点工作完善地方工程建设标准体系。有3家企业参与国家标准编制。组织编制《陕西省保障性住房建设标准（试行）》、《陕南移民群众自建住房技术规范》、《陕西省居住建筑节能设计标准》、《液化天然气汽车加气站设计与施工规范》等6项工程建设地方标准。推广使用《陕西省09系列建筑标准设计》、《砖渣混凝土空心砖块墙体构造图集》、《CPS反应黏结型高分子湿铺防水卷材》等56项标准设计。

【评奖评优】 组织开展陕西省优秀勘察设计师评选工作。经各勘察设计单位推荐，评选委员会评选，省人力资源和社会保障厅、省住房和城乡建设厅授予嵇珂等50名同志"陕西省第四届优秀勘察设计师"称号。组织开展陕西省第十六次优秀工程设计（建筑、市政类）和第十四次优秀工程勘察评选活动，同时增设建筑节能单项奖的评选。申报项目经专家评审，并经"陕西省优秀勘察设计评选委员会"审定后研究，确定陕西省第十六次优秀工程设计（建筑、市政类）：一等奖17项，二等奖17项，三等奖40项，表扬奖16项；陕西省第十四次优秀工程勘察：一等奖14项，二等奖25项，三等奖30项，表扬奖7项；陕西省建筑节能设计单项奖：一等奖1项，二等奖2项。陕西省全年获2011年度全国优秀工程勘察设计行业奖项目共23项，其中工程勘察：一等奖1项，二等奖2项，三等奖4项；公共建筑：二等奖2项，三等奖7项；市政：道桥三等奖1项，给排水一等奖1项；建筑标准设计：一等奖1项；计算机软件：二等奖2项，三等奖2项。获全国优秀勘察设计金奖4项，银奖8项；陕西中铁第一勘察设计集团有限公司冉理、中交第一公路勘察设计研究院有限公司汪双杰2人获全国"勘察设计大师"称号，全省累计获全国"勘察设计大师"称号27人。陕西华陆工程科技有限责任公司山秀丽、陕西省交通规划设计研究院刘建梅、陕西省水利电力勘测设计研究院祁菁、陕西省建筑设计研究院有限责任公司宋超时、中联西北工程设计研究院张芮等27人获"首届全国勘察设计最美女设计师"称号。建筑专家张锦秋女士荣获陕西省科学技术最高成就奖。

8. 村镇建设

【概况】 2011年，全省撤并乡镇330个，撤乡设镇210个，撤乡镇设街道办事处19个。撤乡并镇后，全省共有乡镇1117个，其中建制镇1011个，乡106个，街道办事处194个，村民委员会24958个，自然村74981个，镇域人口2010.17万人，乡域人口132.29万人。全年村镇建设工作突出重点示范镇建设、农村危房改造和"千村百镇"整治及村庄道路建设，圆满地完成既定的年度目标任务，取得阶段性成效。

【重点示范镇建设】 贯彻落实省委省政府加快重点示范镇建设的决策部署，通过深入地宣传活动，制定重点示范镇建设政策和建设标准，开展招商引资项目，选派专业干部驻镇挂职等举措，积极创新，攻坚克难，扎实推进，圆满完成既定的目标任务，实现首战告捷。各重点示范镇全面完成总体规划、镇域居民区规划、典型农村社区方案编制及一镇一模块设计，确定总体建设目标及分年度建设任务。全年累计开工及建成项目483个，完成投资52.3亿元；开工及建成城镇道路97.5千米，绿化31.2万平方米，垃圾处理场4个，污水处理厂7个，学校21个，医院4个，幼儿园8个，文体中心10个，居民休闲广场7个，各类房屋135.9万平方米。起草出台《陕西省人民政府关于加快重点示范镇建设的通知》，从资金、土地等方面给予政策支持。按照农民居住相对集中、设施配套相对完善、城乡公共服务均等的要求，制定《陕西省重点示范镇建设标准（试行）》和《陕西省重点示范镇规划编制技术要求》，明确示范镇市政基础设施、公共服务设施、住房和新区建设的具体指标。

【以标准化模块推进新区建设】 按照城市社区的标准，组织设计30个镇的一镇一模块，以标准化模块推进新区建设。指导各镇以中心村和条件较好的自然村为重点，编制镇域居民区规划，推进新型农村社区建设。先后完成30个重点示范镇总体规划、详细规划技术审查和镇域居民区规划，组织设计5套新型农村社区标准化模块，全面推进重点示范镇建设。

加大招商引资力度。落实赵省长指示精神，引导房地产企业、投资商参与示范镇建设。组织各镇策划包装245个建设项目，总投资约424亿元，编印《全省重点示范镇建设招商推介洽谈会项目册》，广泛宣传、倡议、引导企业在示范镇投资创业。组织召开全省重点示范镇建设项目招商推介洽谈会，省内外150余家企业参会，现场签约项目51个，签约金额50.8亿元。

【建立目标考核推进机制】 按照建设标准及模块要求，制定《30个重点示范镇2011年度城镇建设目标任务及考核指标》，建立月通报、季讲评、半年观摩、年终考核奖励的工作推进机制，在渭南、延安和铜川组织召开全省重点示范镇季度讲评会，按月向省政府报送示范镇建设工作进展情况，编印9期重点示范镇建设工作快报。围绕"做美城市、做强县城、做大集镇、做好社区"的思路和理念，在第十八届杨凌农高会上组织"城镇化建设展"，获得省委省政府领导和广大干群的好评，荣获"优秀组织奖"和"优秀展示奖"。

【制定文化旅游古镇建设规划】 与省旅游局联合发布《陕西省文化旅游古镇建设规划编制技术导则》（以下简称《技术导则》），确立30个文化旅游古镇。要求在《技术导则》的指导下，规划编制要与县域城镇体系规划、土地利用总体规划相衔接，充分发掘当地历史、特色民俗等物质文化遗产与非物质文化遗产，整合现有镇总体规划、旅游总体规划。在确定建设项目时，要优先考虑镇域内建筑遗产、文物古迹和传统文化比较集中的成片历史传统建筑群、纪念物、遗址的保护修缮，统筹安排好镇域内道路、供水、供气、供电、污水处理、垃圾处理、停车、电信、防灾减灾、宾馆、商业服务等市政基础设施的建设和改造维护，满足生产、生活、旅游产业服务需求，禁止大拆大建。

【开展创建陕西省最美小城镇活动】 按照省政府领导要求，在全省开展创建陕西省最美小城镇活动。制订《陕西省最美小城镇标准（试行）》、《陕西省最美小城镇申报评定办法（试行）》，下发《关于开展创建陕西省最美小城镇活动的通知》，组织专家完成考核验收，将10个小城镇提请省政府命名。年终，省政府授予黄陵县店头镇、城固县崔家山镇、华县瓜坡镇、杨陵区五泉镇、彬县新民镇、蓝田县汤峪镇、岐山县蔡家坡镇、神木县锦界镇、富平县庄里镇、洛川县交口河镇"2011年度重点示范镇建设先进镇"称号，各奖励50万元。

【农村危房改造】 在年初省委省政府下达7万户农村危房改造目标任务的基础上，积极争取建设部安排陕西农村危房改造任务12.7万户，补助资金7.8亿元。其中，向陕南三市下达65896户，占全省任务总量的52%，中省补助资金5.2亿元。全年完成农村危房改造建设项目12.7万户，其中建设节能示范户9000户，缓解群众住房困难。

【"千村百镇"及村庄道路建设】 按照省市签订的"千村百镇"建设整治目标责任书，下发《关于加强全省"千村百镇"建设整治工作的通知》，指导市县按照目标任务书要求，分解任务，制定办法，推动工作。推广5套新型农村社区标准化模块，引导村镇建设整治工作。加强农村生活垃圾治理调查，编写《全省农村生活垃圾治理情况有关情况调查报告》。会同省财政厅，下达2011年全省农村村庄道路项目计划及专项资金，安排村庄道路建设项目364个，建设规模400千米。其中：省级安排2000万元，市、县配套2000万元，其他投资6525万元。年底，关中村庄道路建成项目364个，建设道路400千米，完成既定的年度目标任务。

【移民搬迁】 配合国土资源厅及扶贫办，做好陕南、陕北移民搬迁工作。编制完成《陕南地区移民搬迁公共服务设施建设标准》、《陕南地区移民搬迁自建住房技术规范》和《陕北地区移民自建住房技术规范》，组织有关勘察设计单位设计一批"适用、安全、经济、美观"，符合群众生产生活习惯和地域特色的住宅设计图集，免费提供给移民搬迁群众建房选择使用。按照农民居住相对集中，公共服务设施配套完善的要求，用模块理念指导陕南重点示范镇移民集中安置点建设。已开工建设集中安置点800个，完成陕南搬迁3.8万户、15.2万人，陕北搬迁1.8万户、7.8万人。累计完成移民搬迁9.37万户、38.38万人。

9. 建设科技

【概况】 2011年，全省建筑节能与科技工作以低碳生态为目标，以新技术、新材料、新能源的推广应用为支撑，推动城市建设理念的提升。全年取得绿色建筑评价标识项目18个，面积235万平方米；新公布新型墙体材料生产线项目15个，总投资2.44亿元，增加新型墙材产能5.2亿块标准砖；西安市半导体产业园1MWp光电建筑一体化示范项目等3个项目列入国家太阳能光电建筑应用示范项目；西乡县、安塞县入选国家农村地区可再生能源建筑应用示范县。建设省级光热光电建筑应用示范项目17个，其中光电建筑应用示范项目7个，854.8kWp；光电照明示范项目7个，249.4kWp；光热一体化建筑应用示范项目3个，23.92万平方米。评审2011年度"陕西省建设新技术示范工程"项目54项。西安建筑科技大学等单位完成的水电工程大型地下洞室的热湿环境调控关键技术项目获2011年"中国建研院CABR杯"华夏建设科学技术一等奖；西安翔云工程新技术有限责任公司组织完成导轨式电动附着式升降脚手架(PJ—01)和陕西华夏工程技术有限公司组织完成导座式电动附着式升降脚手架(HS2010—2)两个项目被列为2011年全国建设行业科技成果推广项目。西安建筑科技大学刘加平教授以建筑热工与建筑节能方面的卓越研究成就当选中国工程院院士，是陕西土木工程领域的第二位院士。

【推进绿色建筑】 开展绿色建筑节能宣传活动。会同省发改委等17个部门联合举办2011年陕西省节能宣传周活动。活动期间，共印制《节能法律法规篇》、《建筑节能知识篇》宣传册2000册，发放宣传资料3000份，接受咨询500余人次。组织各地市开展以"绿色建筑建设年"为主题的宣传活动。向市民普及建筑节能法律法规知识，倡导节能意识和绿色生态理念，推广绿色节能建筑建设和可再生能源等新技术新产品的建筑应用。下发《关于推进绿色建筑建设工作的通知》(陕建发〔2011〕54号)，规范绿色建筑评价管理工作。召开"十天"(十堰—天水)高速二星级绿色建筑设计评价标识授牌会暨陕西省绿色建筑评价标识工作座谈会，对全省首批获得绿色建筑设计评价标识的"十天"高速公路建筑工程等3个项目进行授牌。组织开展2011年度绿色建筑评价标识项目的评价工作，建设绿色建筑18个，235万平方米，占全省新建建筑面积的比例达到8.2%以上。西安市浐灞商务中心、西安世园会四大标志性建筑工程—天人长安塔、安康市宝业御公馆2号楼、延安绿地山水天城1.1期4个项目获得二星级绿色建筑标识；宝鸡市代家湾商务中心7号、8号、9号楼等14个项目取得一星级绿色建筑标识。咸阳市完成《咸阳市绿色建筑评价标识管理工作办法》、《咸阳市绿色建筑评价标识实施方案》等规章制度的编写工作。陕西建工集团总公司承建的陕西省科技资源中心工程、陕西省省直机关三爻小区工程、陕西省人民医院住院楼工程；陕西建工集团第五建筑工程有限公司承建的鄂尔多斯东方大厦一期工程；陕西建工集团第一建筑工程有限公司承建的紫金长安一期A标段1号，2号，3号住宅楼获得"全国建筑业绿色施工示范工程"称号。

【建筑节能管理】 下发《关于加强民用建筑节能工程质量建设管理工作的通知》(陕建发〔2011〕

200号文)、《关于重点示范镇建设工程项目建筑节能管理的通知》(陕建发〔2011〕104号文),明确相关要求。按照建设部《建筑节能工程施工质量验收规范》、陕西省《建筑节能工程施工质量验收规程》DBJ61—45—2007,强化建筑节能工程施工质量的管理,重点严把材料进场关、建筑节能专项验收和备案关。指导咸阳、宝鸡、汉中、榆林等城市进一步建设和完善建筑节能检测中心。开展建筑节能专项检查。对全省10个设区市和杨凌示范区及部分县(区)、重点示范镇建筑节能与墙体材料改革工作开展情况进行专项检查。从项目抽查情况看,各设区市、杨凌示范区新建建筑设计、施工阶段执行建筑节能设计标准均较好,建筑节能设计阶段执行率达到100%、施工阶段执行率为98%。县(区)、重点镇共抽查40个在建工程项目,设计阶段执行建筑节能设计标准率达到100%,施工阶段执行率为85%。

【既有建筑节能改造】 组织实施既有居住建筑供热计量及节能改造。下发《关于做好2011年既有居住建筑供热计量及节能改造工作的通知》(陕建发〔2011〕36号)、《关于做好既有居住建筑供热计量及节能改造相关工作的通知》(陕建发〔2011〕110号文)。对"十二五"的改造规模,进行调查、论证,统筹考虑既有居住建筑的基本状况和业主的改造意愿、改造的节能效果等因素,制定改造计划。召开全省既有居住建筑供热计量及节能改造工作座谈会和全省供热计量改革工作会及现场规模会,积极推广延安市供热计量改革工作经验。全年组织实施改造项目14个,总面积124万平方米。实施省级建筑节能改造示范工作。全年组织实施的改造项目共计70个,建筑面积72.9万平方米。立项编制《西安市既有公共建筑节能改造技术规程》。

【积极推动农村建筑节能】 创建西安市高陵县东樊村、临潼区代王街办山任村,延安市黄陵县南河寨新村,商洛市柞水县红岩寺镇水磨坊,安康市岚皋县民主镇农田新村,宝鸡市扶风县宝塔村等6个农村建筑节能应用示范村,建筑节能范围涵盖新型墙料、节能门窗、太阳能热水与路灯等内容,示范面积69.6万平方米。

【公共建筑节能监管体系建设】 下发《关于做好民用建筑能耗和节能信息统计工作的通知》(陕建发〔2011〕46号文),指导各城市做好民用建筑能耗和节能信息统计工作。其中,西安市、咸阳市、宝鸡市为居住建筑和中小型公共建筑能耗统计实施城市。全省累计完成806栋共计1420万平方米机关办公、学校公建、宾馆饭店、商场超市等公共建筑的能耗统计工作。开发建设陕西省建筑能耗监测信息系统,组织开展国家机关办公建筑和大型公共建筑的能耗统计、能源审计与公示工作。全省累计完成262栋、567.45万平方米建筑的能源审计工作。开展节约型校园建设工作。西安建筑科技大学作为国家节约型校园建设的示范学校,能耗监测平台及能源分类计量系统建设安装工作已全面完成。推动重点用能单位的管理。与省财政厅联合下发《关于进一步推进公共建筑节能工作的通知》(陕财办建〔2011〕129号文),指导各城市将单位面积能耗高于平均水平和年总能耗高于1000吨标煤的建筑确定为重点用能建筑,做好节能降耗工作。

【新材料新技术推广应用】 成立陕西省建筑节能协会,面向全省开展建筑节能服务及科技成果转化工作,推动全省建筑节能和建设科技工作的深入发展。继续抓好建设新技术示范工程项目的创建工作。评审2011年度"陕西省建设新技术示范工程"项目54项,其中省内领先9项、省内先进21项、通过评审24项。做好建设科技成果的验收及省科技进步奖的申报工作,对申报国家级工法的20余项关键技术进行科技成果鉴定。做好建设科技成果的推广应用及表彰奖励工作。陕西建工集团总公司等5个单位荣获"全国建筑业科技进步与技术创新先进企业"称号;陕西建工集团总公司宋晗、王巧利,陕西省第三建筑工程公司黄昌学,陕西建工集团第五建筑工程有限公司韩伟、陕西化建工程有限责任公司张来民、中国水电建设集团十五工程局有限公司孙剑峰,咸阳古建集团有限公司李清楠7名同志荣获"全国建筑业科技进步与技术创新先进个人"称号。

10. 建设教育

【概况】 2011年全省建设教育培训工作按照统一思想,统一管理等"六个统一"的改革思路,成立陕西省建设教育协会。在深化职业技术技能教育、培训考核等领域实行考培分离,达到预期目标。全省共有各类培训机构52个,其中建筑施工"八大员"(测量员、质量员、材料员、资料员、安全员、监理员、施工员、实验员)培训机构25个,职业技能鉴定培训基地24个,鉴定机构3个,农民工业余学校955个。

【建设教育协会】 10月27日,陕西省建设行业首个建设人才组织——陕西省建设教育协会成立。会议代表表决通过协会章程,选举产生协会领导机构。省建设教育协会由从事建设及相关行业的项目管理、科研院校、教育培训、勘察设计、施工、监理、信息咨询、技术推广等工作的行政、事业、企业单位和社会团体自愿加入组成。建设教育协会的宗旨是贯彻落实《国家中长期人才发展规划纲要》、《大力发展职业教育》等文件精神，团结组织全省建设教育工作者，开展学术研究、协作交流、咨询服务，积极推动教育改革，为培养高素质的建设人才、发展社会主义建设教育事业服务。会议选举杨云平为陕西省建设教育协会会长；陕西省建设教育协会的成立，标志着全省建设教育发展步入一个新阶段。协会将从抓好建设教育规划、抓好组织建设工作、健全规章制度、找准职业定位、坚持服务行业岗位的功能、扎实推进协会工作等几方面入手，积极拓展工作领域，不断扩大协会影响，助力政府、服务会员，推进全省建设教育工作。

【干部教育培训与交流】 制定《陕西省建设系统 2011 年度干部培训计划》，建立干部培训信息管理数据库。全年 3 名厅级领导干部出国培训，2 名厅级领导赴中央党校、中国浦东干部学院学习，1 名厅级干部、3 名处级干部参加高校基地培训学习，其他干部参加自主选学 91 人次。分 3 批组织机关干部赴上海市学习考察，主要参观世博园，考察上海城市建设和小城镇建设。统筹推进建设人才队伍建设，印发全省建设行业"十二五"人才队伍建设发展规划。

【岗位技术培训与考核】 全年推荐上报 9 人参加正高级工程师评审事项，有 8 人获得正高级工程师职称；全年受理全省建设系统各类职称评审 623 人，其中高级职称 88 人，中级职称 205 人，初级职称 330 人。推荐燕建龙等 3 人为 2011 年度省有突出贡献专家。进一步规范建设行业专业技术人员岗位资格考试工作，"8 大员"考试实现统一管理，考培分离，共培训考试 59926 人；"三类人员"新培训 15516 人，继续教育 12746 人，二级建造师继续教育 7618 人，其他执业人员继续教育 1050 人，监理工程师省级证书培训共 3931 人，职业继续教育 2600 人，国家级证书继续教育 413 人。园林绿化项目经理培训 300 人，房地产类相关人员培训 3201 人。

【职业技能培训与鉴定】 2011 年，组织开展全省建设职业技能培训与鉴定。全年建立职业技能培训基地 24 个，鉴定结构 3 个；组织职业技能培训 56495 人，其中普工 43356 人、初级工 4923 人、中级工 6804 人、高级工 1227 人、高级技师 185 人。组织职业技能鉴定 11333 人，其中初级工 4514 人、中级工 5607 人、高级工 1056 人、高级技师 156 人。

【创建农民工业余学校】 2011 年政府投入资金 220 万元，新建农民工业余学校 112 个，累计 955 个；参加业余学校培训学习农民工并发放结业合格证书 43356 人，累计培训农民工 142415 人。

11. 住房建设工作会议情况

全省保障性住房工作表彰大会暨住房城乡建设工作会议在西安召开，省委书记赵乐际出席，住房和城乡建设部部长姜伟新、省长赵正永讲话，省委常委、副省长江泽林主持会议。在"十一五"陕西省保障性住房建设取得显著成绩的基础上，2011 年省委、省政府继续把这项工作作为改善民生的重中之重，加大建设和支持力度，全年新开工建设保障性住房 48.13 万套，占目标任务的 107.36%，竣工 20.1 万套，各项指标位居全国前列，受到国家住房和城乡建设部的充分肯定。

12. "十二五"规划编制

【概况】 编制完成全省城镇化发展、城镇住房保障、农村危房改造、房地产业、住房公积金管理、建筑业、勘察设计行业、城乡建设防灾减灾、建筑节能、中小城市基础设施完善、城镇污水处理及再生利用设施建设、城镇生活垃圾处理设施建设、城镇燃气发展、城市供水安全、历史文化名城名镇名村保护、城乡建设行业依法行政、建设信息化等住房城乡建设事业"十二五"17 个专项发展规划，其中住房类 4 项，建筑业类 4 项，城市基础设施类 6 项，综合类 3 项。

【陕西省"十二五"城镇化发展规划】 "十二五"时期是陕西省加快建设西部经济强省的关键时期，是加快城镇化速度、着力提高城镇化质量的重要时期，也是统筹城乡发展，优化城镇布局，实现以工促农、以城带乡，促进区域协调发展的关键时期。为抓住新一轮西部大开发和实施关中—天水经济区发展规划的重大机遇，科学合理地推进城镇化，开创全省城镇化发展新局面，依据《陕西省国民经济与社会发展第十二个五年规划纲要》，编制完成《陕西省"十二五"城镇化发展规划》。本规划总结"十一五"期间全省城镇化发展的成就与存在的问题，分析"十二五"期间全省城镇化发展所面临的机遇与挑战，确定"十二五"期间城镇化发展的指导思想、发展战略和发展目标，在此基础上，对"十二五"期间城镇化发展的重点任务作规划安排，最后提出实施规划的保障措施。未来 5 年，陕西省以西安国际化大都市建设为核心，以宝鸡、渭南、榆林、汉中次核心城市为四极，重点发展陇海铁路和连霍高速公路沿线，西包—西康铁路和包茂高速公路沿线两条城镇发展轴，以及陕北长城沿线和陕南十天高速及阳安铁路沿线两条城镇带，构建"一核四极，两轴两带"的城镇发展空间结构。到2015年，全省城镇人口将达到2230万人，城镇建设用地达到2342平方千米，城镇化水平达到57%。

【陕西省中心城市基础设施完善"十二五"规划】 为贯彻落实中央经济工作会议精神，进一步完善中小城市基础设施，增强中小城市的承载能力，推动城镇化持续发展，省住房城乡建设厅组织展开全省中小城市基础设施完善"十二五"规划编制工作。本规划范围包括，到2009年底，城区户籍人口50万以下的设市城市，全部县城，即西安、宝鸡、咸阳三个设市城市以外的11个设市城市和杨凌示范区，80个县城。其中，基础设施建设项目包括交通、供水、污水处理、垃圾处理、供气、供热、园林绿化等设施7类17个分项。编制"十二五"规划就是要通过一大批市政基础设施建设项目实施的，到"十二五"末，使陕西中小城市功能不断完善，市政基础设施建设满足经济社会发展需要，建设水平位于西部前列。

（李敏 倪平）

大事记

1月

4日，住房和城乡建设部公布新批准的7个国家重点公园名单，陕西省宝鸡市炎帝园名列其中。

14日，国家旅游局公布2010年新评定的19家国家5A级旅游景区名单中，陕西西安大雁塔·大唐芙蓉园景区、渭南华山景区晋升为国家5A级景区。到2011年，陕西共有国家5A级旅游景区5家，分别为：西安市秦始皇兵马俑博物馆（首批）、西安市华清池景区（首批）、延安市黄帝陵景区（首批）、陕西西安大雁塔·大唐芙蓉园景区、陕西渭南华山景区。

15日，在揭晓的首届"中国法治政府奖"评选中，西安市莲湖区城市管理标准化执法获得提名奖，是西部地区省份惟一获提名奖项。

19日，咸阳市国家级水源热泵建筑应用示范项目"紫韵东城"、"博尚新都"住宅小区接受国家住房和城乡建设部评估。这两项目分别于2007、2008年被列为国家可再生能示范项目。

19日，2010中国最具海外影响力市（县区）评选颁奖典礼在香港举行。西咸新区和天津滨海新区一起，荣获"2010中国最具海外影响力明星区"称号。

25日，省住房和城乡建设厅印发《关于停止使用厦门天壹重工有限公司SC200\200型施工升降机的通知》（陕建函〔2011〕039号文件），根据陕西省质量技术监督局特种设备安全监察局关于厦门天壹重工有限公司SC200\200型施工升降机存在重大质量缺陷问题的来函要求，决定从即日起，全省房屋建筑工地和市政工程工地停止使用厦门天壹重工有限公司SC200\200型施工升降机设备。

2月

12日，省住房和城乡建设厅印发《关于公布2010年度"陕西省建设新技术示范工程"项目的通知》（陕建发〔2011〕23号文件），通知经省建设科学技术委员会组织有关专家对2010年度申报"陕西省建设新技术示范工程"项目进行了评审，"中银大厦"等53个项目达到"陕西省建设新技术示范工程"标准。其中，中银大厦、陕西省交通建设集团办公基地办公楼、永昌国际大酒店等8个建设项目被评为省内领先；西安交通大学逸夫外文楼—艺术馆、咸阳职业技术学院教学楼、西安市劳动保障服务中心等25个建设项目被评为省内先进；20个建设项目则通过专家评审。

14日，陕西省政府常务会同意表彰、奖励陕西省2010年度在科学技术的创新、转化、应用方面做出重大贡献的人员和项目。其中，确定建筑专家张锦秋和消化病专家樊代明获得陕西省科学技术最高成就奖。

16日，陕西省人民政府下发《陕西省人民政府关于表彰2010年陕西省质量管理奖获奖单位的通报》（陕政函〔2011〕30号文件），授予西安陕鼓动力股份有限公司、西安西电开关电气有限公司、陕西法士特齿轮有限责任公司"陕西省质量管理奖"荣誉称号，并各奖励100万元；授予黄陵矿业集团有限责任公司、陕西建工集团总公司、中铁宝桥集团有限公司为"陕西省质量管理先进单位"荣誉称号。

17日，住房和城乡建设部下发《关于公布2010年度全国物业管理示范住宅小区（大厦、工业区）评验结果的通报》（建房〔2011〕21号文件），陕西省西安市紫薇臻品、西安曲江公馆2个项目被评定为本年度全国物业管理示范住宅小区；中共陕西省委机关西院办公楼、陕西省人大常委会办公楼、陕西省西安市秦电国际大厦3个项目被评定为本年度全国物业管理示范大厦。

22日，省住房和城乡建设厅组织有关部门和专家审定通过，批准《民用建筑有线电视系统工程技术规程》和《施工现场临时性建筑物应用技术规程》两项省工程建设标准正式获批为陕西省工程建设地方标准，两项标准从2011年3月1日起实施生效。

25日，"2011西安房地产市场趋势研讨会"在西安君悦城堡酒店举行。住房和城乡建设部政策研究中心副主任王珏林通报了2010年房地产政策效果评估，并对2011年房地产市场发展趋势进行了预测和分析。西安50多家房地产企业和陕西房地产媒体联盟的代表参加了研讨会。

3月

5~7日，省住房和城乡建设厅副厅长张文亮带领全省30个重点示范镇镇长、30个挂职副镇长赴天津华明镇对以"宅基地换房"新模式推进城镇化，破解土地、资金、出路等难题以及对建设过程中土地流转、管理体制、村民回迁等问题进行考察。

9日，住房和城乡建设部城市动物园管理专项检查交流汇报会（西北片区）在古城西安召开。

16日，省住房和城乡建设厅印发《关于进一步做好制定2011年度新建住房价格控制目标的函》（陕建函〔2011〕43号文件），对全省11个省辖市（区）、3个县级市包括确定新建住房价格控制目标的原则，新建住房的统计范围以及新建住房价格控制目标的标准等提出具体要求。

21日，全省30个保障性安居工程项目集中开工暨陕西省住房建设工程有限公司揭牌仪式在西安市长安区圣合家园进行。省长赵正永下达开工令并为陕西省住房建设工程有限公司揭牌，省委常委、副省长江泽林出席揭牌仪式。

4月

12日，国家住房和城乡建设部住房保障司司长冯俊一行赴铜川市检查保障性住房建设情况。副市长任勇陪同检查。冯俊先后查看了欧景台廉租住房项目、五一路南北公房项目、新区裕丰园小区、锦绣园廉租住房项目及配套设施建设等有关情况。西安市委、市政府坚持科学发展观，以解决困难群众住房问题为核心，完善廉租住房制度建设，全面实施棚户区改造工程和经济适用住房建设，保障性住房建设走在全省前列。

25日，省人民政府下发《陕西省人民政府关于表彰"十一五"渭河流域水污染防治工作先进单位和先进个人的通报》（陕政函〔2011〕81号），省住房城乡建设厅获"十一五"渭河流域水污染防治工作先进单位，厅城建处调研员侯全仓获"十一五"渭河流域水污染防治工作先进个人奖。

28日，2011西安世界园艺博览会在西安浐灞生态区正式开园。中共中央政治局委员、全国政协副主席、西安世园会组委会名誉主席王刚出席开园仪式并宣布"2011西安世界园艺博览会开幕"。

5月

12日，省住房和城乡建设厅印发《关于对行政执法主体和行政执法依据的公告》（陕建发〔2011〕96号文件），对行政执法主体、行政执法依据、行政执法职权进行公告，分解行政执法依据和职权139项。

13日，省政府下发《陕西省人民政府关于表彰"十一五"节能减排工作先进单位和先进个人的通报》，省住房城乡建设厅获"十一五"节能减排先进部门，厅城建处调研员侯全仓、厅建筑节能与科技处副处长韦宏利获"十一五"节能减排先进个人。

6月

14日，住房和城乡建设部、团中央下发《关于表彰住房城乡建设系统2008~2010年度全国青年文明号的决定》（建精〔2011〕87号文件），陕西省西安市建筑业劳动保险基金管理中心、陕西省宝鸡市自来水有限责任公司营业所抄表收费班获2008~2010年度全国青年文明号殊荣。

28日，靖边县西蓝天然气综合利用项目一期工程进入试生产。全省首个天然气液化生产项目一期投资5亿元，自2009年3月开工建设以来，实现了靖边县天然气就地转化"零"的突破，投运后，可实现年销售收入29250万元，年利税7159.41万元。

29日至7月2日，国家文物局、住房城乡建设部检查组一行9人在国家文物局督察司副司长刘铭威带队下，对西安、韩城国家历史文化名城保护工作进行检查。检查组在听取全省文化名城、名镇、名村保护工作和保护规划情况后，赴西安市区三学街、西安城墙、北院门历史文化街、大明宫遗址、八路军西安办事处等历史文化街区，韩城司马迁祠、党家村、古城历史街区及文庙、东营庙、城隍庙等文保单位进行了检查。并通过审查档案资料、召开座谈会等形式，了解全省名城、名镇、名村保护工作开展情况。

30日，投资6000余万元，历时一年多建设的西北目前最长脉动式客运索道在少华山国家森林公园正式运营。

7月

6日，省长赵正永主持召开省政府第11次常务会议，审议通过《黄帝文化园区总体规划》、《陕西省城镇保障性住房管理办法（试行）》、《陕西省发展新型墙体材料条例（草案）》。

7日，省人民政府网站发布陕西省撤乡并镇及部分乡镇行政区划调整公告，全省撤并乡镇330个，撤乡设镇210个，撤乡镇设街道办事处19个。撤乡并镇后，全省共有乡镇1224个，街道办事处194个。

12日，中国建筑装饰协会、陕西省建筑装饰协会和西安市建筑装饰业协会联合举办2011第三届"照明周刊杯"中国照明应用设计大赛，西安赛区共有30余名设计师的作品获奖。深圳市深装总装饰工程工业有限公司陕西分公司设计总监张为担任设计的陕西宾馆18号楼获得设计一等奖。

14日，陕南移民搬迁集中安置点在宁强县汉源镇二道河村开工建设。该安置点可安置移民2307户共8075人。

23日，地质灾害警示碑揭碑暨全省重点地质灾害治理工程开工仪式在丹凤县竹林关镇举行。国土资源部地质环境司、中国地质环境监测院、省财政厅、省扶贫办、省应急办、省民政厅、省水利厅等相关部门负责人参加开工仪式。

8月

5～9日，住房城乡建设部对陕西省建设工程质量安全及建筑市场监督执法工作进行检查。检查内容包含工程质量安全和建筑市场两个方面。检查对象是在建住宅工程和公共建筑工程，其中住宅工程以保障性住房为主，公共建筑以学校、医院为主，共抽查6个在建工程，包括5个住宅工程和1个公共建筑工程。检查组通过对西安、宝鸡、岐山的商品房、保障房和公共建筑共计6个工程项目及对西安市地铁1号线、2号线三个标段的全面检查和抽查，认为陕西在建设工程质量安全及建筑市场监管、城市轨道交通工程质量安全监管等方面成效明显，值得肯定。

10日，省级统筹城乡发展及重点示范镇建设项目"水境草堂·草堂新城"在户县开工建设。项目规划分期整合草堂镇所辖14个行政村，转移劳动力19000多人。项目是西安市统筹城乡融入小城镇建设重点项目和省农村改革试验办公室确认的"省级农村改革试验联系点"项目，由西安市统筹城乡发展工作领导小组办公室和户县县委、县政府批准，受草堂镇政府委托，由西咸投资股份有限公司投资实施，以建设国际化大都市副中心田园城市为目标，着重发展与草堂镇重点示范镇建设相配套的现代农业产业、高校服务产业、旅游休闲产业、假日经济产业和高新技术产业。

15日，人力资源和社会保障部、中华全国总工会、中国企业联合会、中国企业家协会、中华全国工商业联合会联合下发《关于表彰全国模范劳动关系和谐企业与工业园区的决定》（人社部发〔2011〕87号），陕西省有12家企业分别获得此荣誉称号。中国中铁宝桥集团有限公司、中铁一局集团有限公司新运工程公司、陕西建工集团设备安装工程有限公司、中国电力工程顾问集团西北电力设计院4家建设系统位列其中。

20日，陕煤化西安重装煤矿与建设机械工业园正式开工建设。工程位于西安经济技术开发区泾渭新城，是西安重工装备制造集团有限公司在新阶段、新起点上朝着"国内领先，国际一流"迈进的重大行动。副省长吴登昌出席开工典礼。

9月

10日，省住房和城乡建设厅印发《关于命名省级园林式单位、园林式居住区的通知》（陕建发〔2011〕236号文件），中共陕西省委党校等24个单位获得"省级园林式单位"称号，西安市双维花溪湾等7个居住区为"省级园林式居住区"荣誉称号。

10月

9日，省住房和城乡建设厅在延安市召开全省供热计量改革工作会议，通报全省供热计量改革工作情况，2011年全省完成124万平方米供热计量改造任务。到2013年，既有大型公共建筑全部完成供热计量改造并实行按用热量计价收费。省住房和城乡建设厅副厅长张文亮出席会议并讲话。

11日，中国渭北旱原地区典型的黄土高原湿地——千湖湿地公园被正式命名为国家湿地公园。千湖国家湿地公园是依托位于千阳县城附近的陕西境内最大的冯家山水库库尾区位优势而建，2008年11月正式批复设立，是陕西省最早成立的国家级湿地公园，也是全国12家国家湿地公园之一。公园南北宽7.7公里，东西长6.3公里，总面积达573公顷。

20日，全省保障性安居工程质量管理暨2011年度全省建设工程文明施工现场会在西安召开。会议对十五年来创建文明工地活动的经验进行总结交流，并对加强全省保障性安居工程质量安全监管工作进行部署。

21日，陕西省建筑节能协会正式成立，并于当日召开了第一届会员代表大会。大会选举产生第一届理事会会长、副会长、秘书长。省住房城乡建设厅副巡视员潘正成当选为第一届理事会会长，陕西金泰王管业科技有限公司总经理王浩等20人当选副会长，住房城乡建设厅建筑节能与科技处处长杨庆康当选秘书长。

27日，陕西省建设教育协会在西安成立。成立大会上，会议代表表决通过了协会章程，选举产生了协会领导机构。

28日，中共陕西省委宣传部、省文明办、省广电局、省总工会、团省委和省妇联联合主办的第二届陕西省道德模范"尚德礼赞"颁奖典礼在西安举行。商洛市住房公积金管理中心综合科科长强光同志被授予"第二届陕西省助人为乐道德模范"荣誉称号。

31日，2010～2011年度中国建设工程鲁班奖（境外工程）获奖名单揭晓。陕西省华山国际工程公司（陕西建工集团总公司涉外名称）负责承建的博茨瓦纳大学综合教学楼工程获得该奖项。

11月

1日，全省重点示范镇建设项目招商推介洽谈会在西安召开。全省30个重点示范镇精心筛选出的245个招商项目，供广大开发企业和投资企业洽谈合作。有19个重点示范镇的51个项目进行了集中签约，签约金额突破50亿元。

5日，第十八届杨凌农高会正式拉开帷幕，由省住房和城乡建设厅主办的"城镇化建设展"精彩亮相。全国人大常委会原副委员长蒋正华，省委书记、省人大常委会主任赵乐际，省委副书记、省长赵正永，省委常委、常务副省长娄勤俭，省政协副主席王晓安等领导在省住房和城乡建设厅厅长李子青、副厅长张文亮的陪同下，视察城镇化建设展。全省城镇化建设成就以及30个重点示范镇建设情况，引来参观嘉宾及众多百姓朋友们驻足。

11日，全国住房城乡建设系统"六五"普法工作会议在海南召开。陕西省住房和城乡建设厅作为全国住房和城乡建设系统"五五"普法先进单位受到表彰，副厅长张阳在大会上作了经验交流发言。

14日，国家工程建设质量奖审定委员会下发《表彰2010～2011年度国家优质工程的决定》。长安大学地质大厦工程、西安法士特汽车传动有限公司汽车传动研究院项目、中银大厦工程、都市之门B座工程、西港国际大厦工程、汉中卷烟厂联合工房工程共5项工程分别获国家优质工程银质奖。

16日，省住房和城乡建设厅组织开展2011年度绿色建筑评价标识项目的评价工作。西安世园会四大标志性建筑工程之一的天人长安塔在内的16项工程获得2011年度绿色建筑评价标识。安康市宝业御公馆2号楼、延安绿地山水天城1.1期、西安市浐灞商务中心、西安世园会四大标志性建筑工程—天人长安塔4个项目取得两星级绿色建筑标识，宝鸡市代家湾商务中心7号、8号、9号楼等12项建筑取得一星级绿色建筑标识。

23日，经陕西省旅游局景区质量等级评定委员会推荐，全国旅游景区质量等级评定委员会评定（第13号公告），西安博物院（小雁塔景区）、西安关中民俗艺术博物院、西安半坡博物馆、西北农林科技大学博览园、渭南市少华山国家森林公园、渭南市富平陶艺村景区、榆林市佳县白云山景区、铜川市药王山景区、宝鸡市中华礼乐城景区、宝鸡市凤县凤凰湖景区、西安大唐西市11家旅游景区达到国家4A级旅游景区标准，被批准为国家4A级旅游景区。

24日，省人大常委会副主任李晓东主持召开的省十一届人大常委会第二十六次会议分别表决通过了《陕西省公共信用信息条例》和《陕西省新型墙体材料发展应用条例》自2012年1月1日起施行；批准通过的《西安村镇建设条例》自2012年2月1日起施行。

同日，法门寺合十舍利塔工程入选第十届中国土木工程詹天佑奖授牌仪式在古城西安隆重举行，实现了陕西土木工程詹天佑奖零的突破。

29日，陕西省物业管理工作暨物业管理改革发展30周年表彰大会在西安举行，省住房和城乡建设厅厅长李子青、全省物业管理行政主管部门、行业协会的领导以及物业管理企业代表等700人参加大会。会议总结了全省物业管理工作的基本情况，表彰了全国、省级物业管理示范项目及物业管理工作先进单位和个人，反映了陕西物业管理行业发展成就。

12月

14日，住房和城乡建设部通报公布了2011年中国人居环境奖获奖名单（建城〔2011〕203号）。陕西省西安市大明宫遗址保护项目获中国人居环境范例奖。

17日，住房和城乡建设部科技发展促进中心主任杨榕带队对全省住房和城乡建设领域2011年度节能减排进展及"十二五"节能减排工作安排部署进行专项监督检查。检查组一行深入西安、铜川、华阴，对建筑节能、供热计量改革、城市照明节能及城镇污水处理、生活垃圾处理设施建设等运行管理方面节能减排情况进行实地检查。

20日，在全国精神文明建设工作表彰大会上，陕西省36个村镇49个单位获得全国第三批文明城市（区）、文明村镇、文明单位殊荣。全国百强县府谷获得"全国文明县城"荣誉称号，成为榆林市首家获此殊荣的县区，实现了经济发展与文明建设的双丰收。同获"全国文明县城"称号的还有户县、凤县、凤翔县、城固县4个县城。

26日，省记协组织陕西日报、陕西广播电视台、当代陕西、三秦都市报、华商报、西安日报、西安晚报和西部网八家媒体公布"2011年陕西十大新闻"评选结果。"陕西保障房建设开工率列全国第一"入选其中。

29日,西安咸阳国际机场T3航站楼落成及西安北客站——机场铁路项目开工仪式在机场站举行,省长赵正永发布开工令并剪彩。西安咸阳国际机场二期扩建工程是陕西省和国家民航局确定的"十一五"重点建设项目,总投资100亿元。

(陕西省住房和城乡建设厅)

甘 肃 省

2011年是"十二五"规划的开局之年,甘肃省住房城乡建设工作在甘肃省委、省政府的坚强领导下,按照"四抓三支撑"的总体工作思路,深入贯彻落实"中心带动、两翼齐飞、组团发展、整体推进"的区域发展战略,紧紧围绕"十二五"时期全省经济社会跨越式发展的总体目标和年初确定的目标任务,充分利用国家支持甘肃省发展的一系列政策措施,加大项目储备,加快推进以改善民生为重点的各项工作落实,全省住房和城乡建设事业呈现出良好的发展势头,实现"十二五"的良好开局。

1. 住房保障

【保障性安居工程建设】 2011年,全省保障性安居工程开工建设19万套、主体竣工11.23万套、完成投资182.67亿元;新建廉租住房开工率100%、主体完工率100%,城市棚户区改造开工率100%、主体完工率60%;发放廉租住房租赁补贴12.88万户、36.59万人,发放资金1.91亿元;落实保障性住房资金55.82亿元,其中争取中央补助保障性住房建设资金落实25.76亿元、省级配套资金落实8.36亿元、市州保障性住房建设资金落实21.7亿元;落实保障性住房建设用地595.03万平方米,占用地计划575.36万平方米的103.4%。

【保障性安居工程组织】 将"甘肃省保障性安居工程建设协调领导小组"更名为"甘肃省房地产市场调控和保障性安居工程领导小组",并按照"提高规格、扩大内容、增加职能部门"的原则,对全省房地产市场调控和保障性安居工程建设领导小组进行充实调整,先后召开20多次领导小组会议,研究政策措施,安排部署工作,加强协调调度,狠抓工作落实。

【制定保障性安居工程建设目标】 印发《甘肃省2011年保障性安居工程建设目标任务分解计划的通知》(甘政办发〔2011〕34号),进一步明确"新建保障性住房项目4月底全面开工建设、年底主体竣工率达到60%;历年续建项目80%主体竣工,60%分配入住"的工作目标,制定"狠抓时间节点、突出工作重点、分阶段组织实施"的工作措施,加快推进保障性住房建设。

【配合国家实施保障性安居工程建设实施】 为贯彻全国保障性安居工程工作会议和《国务院办公厅关于进一步做好房地产市场调控工作有关问题的通知》(国办发〔2011〕1号),起草并由省政府印发《甘肃省人民政府关于进一步加强房地产市场调控加快保障性安居工程建设的通知》(甘政发〔2011〕28号)。为落实2011年保障性安居工程建设目标责任,起草并由省政府办公厅印发《甘肃省2011年保障性住房建设任务考核实施办法》(甘政办发〔2011〕62号),重点对2011年保障性安居工程建设任务完成情况、资金政策落实情况、建设用地供应情况、建设项目管理情况、保障信息建设情况进行考核打分,并以此作为约谈问责的重要依据。为加强工作调度,起草并由省政府印发《甘肃省人民政府办公厅关于印发甘肃省保障性安居工程建设工作调度和报告制度的通知》(甘政办发〔2011〕76号),通过填报《保障性安居工程建设进度报表》(包括基层报表和综合报表),及时掌握工作动态。为加强保障性安居工程政策落实,会同省监察厅印发《甘肃省保障性安居工程建设政策落实监督检查实施方案》(甘建保〔2011〕322号)。为加快保障性安居工程资金预算执行力度,会同省财政厅印发《关于切实落实保障性安居工程资金加快预算执行进度的通知》(甘财综〔2011〕42号),对有效落实保障性安居工程建设资金提出明确要求。为规范保障性安居工程建设项目管理,会同省发改委、省财政厅印发《关于进一步加强保障性安居工程建设项目管理的通知》(甘建保

〔2011〕372号）。为提高全省住房保障水平，确保保障性住房分配使用公平、资源配置高效、管理运营可持续发展，起草由省政府印发《关于加快建立保障性住房管理运营长效机制指导意见》（甘政办发〔2011〕248号），从建立和完善保障性住房准入、退出、信息管理、中长期需求总量评估、运营管理、监督管理制度等六个方面，提出指导意见。

【保障性安居工程检查】 根据《甘肃省住房保障工作考核问责暂行办法》（甘政办发〔2010〕202号）有关规定，对全省14个市州2011年新建、历年续建保障性住房项目进行实地检查。4月，国务院房地产市场调控第七督查组对甘肃省贯彻落实房地产市场调控政策措施和保障性安居工程建设进展情况进行督查。5月至9月，住房城乡建设部派驻甘肃省巡查组对2011年407个新建保障性安居工程建设项目和64个棚户区改造项目、96个历年结转续建项目进行全面督查。按照省政府关于保障性安居工程建设工作部署，根据《甘肃省住房保障工作考核问责暂行办法》（甘政办发〔2011〕202号）和《甘肃省2011年保障性住房建设任务考核实施办法》（甘政办发〔2011〕62号）有关规定，7月18~26日，和省监察厅牵头，省发改委、省财政厅、省国土厅、省民政厅参加，对各市州保障性安居工程建设目标任务完成情况、房价调控以及公积金管理工作进行了检查考核。12月中旬，省政府根据建设厅对各市州2011年保障性住房建设工作综合考核结果，对全省住房保障工作进行通报表彰，对14个市州政府分别给予一、二、三等奖奖励。

【住房公积金管理】 截至2011年底，全省住房公积金归集总额和余额分别为543.59亿元和367.17亿元，同比分别增加100.39亿元和65.77亿元，增长率分别为22.7%和21.8%；实缴人数为149.8万人，占应缴职工人数175万人的85.6%；个人贷款余额132.11亿元，同比增加29.41亿元；累计向34.2万户职工发放235.0亿元个人贷款；累计补充廉租住房建设资金5.18亿元；争取到利用住房公积金支持保障性住房建设试点项目贷款5亿元，发放贷款4.2亿元。

【加强住房公积金服务工作】 会同省财政厅、银监局和中国人民银行甘肃分行下发《关于加强和改进住房公积金服务工作的通知》，指导各地住房公积金管理中心、分中心编印《住房公积金服务工作指南》，出台相应的配套执行政策。会同省财政厅、监察厅、审计厅、银监局和省政府纠风办、中国人民银行甘肃分行下发《关于加强住房公积金廉政风险防控工作的通知》，进一步加强了住房公积金廉政风险防控工作。召开全省住房公积金信息统计工作会议，强化信息统计工作。完成全省住房公积金行业网络系统和数据库调查；完成全省住房公积金行业从业人员信息统计；完成住房公积金管理使用，尤其是贷款发放、抵押、担保及余额资金的管理使用情况和住房公积金服务热线建设情况的调查摸底；完成2005~2011年期间全省住房公积金缴存率、缴存余额增长率、个人贷款比率等14项指标的汇总和研究分析；完成住房公积金各项业务发展指标的日常统计分析等工作。

2. 房地产业

2011年，全省完成房地产开发投资362.88亿元，同比增长36.21%，其中商品住宅投资258.06亿元，同比增长37.32%；房地产开发新开工面积1546.59万平方米，同比增长10.79%，其中商品住宅新开工面积1289.98万平方米，同比增长10.34%；商品房销售815.89万平方米，同比增长7.85%，其中商品住宅销售734.38万平方米，同比增长6.11%。

【房地产市场监管】 起草《甘肃省人民政府关于进一步加强房地产市场调控加快保障性安居工程建设的通知》（甘政发〔2011〕28号）。为贯彻落实国务院办公厅《关于进一步做好房地产市场调控工作有关问题的通知》（国办发〔2011〕1号）和《甘肃省人民政府关于进一步加强房地产市场调控加快保障性安居工程建设的通知》精神，6月20~21日，在庆阳市召开全省房产市场调控和保障性安居工程建设现场会。4月11~15日，国务院落实房地产市场调控政策督查组对兰州市和白银市房地产市场调控和保障安居工程进行检查和指导。会同省财政厅、省法制办提出个人住房信息化建设方案并报省政府待批。根据住房和城乡建设部制定下发的《国有土地上房屋征收评估办法》，指导各市州政府建立"国有土地上房屋评估机构库"，引导估价企业依法独立开展房屋评估工作。

【房屋拆迁管理】 起草《甘肃省实施〈国有土地上房屋征收与补偿条例〉若干规定》，2011年11月4日省政府常务会议讨论通过。12月8日，会同省法制办举办全省《国有土地上房屋征收与补偿条例》培训班。为贯彻落实国务院《关于开展征地拆迁制度规定落实情况》的督查活动精神，代省政府起草下发《省政府办公厅关于开展征地拆迁制度规定落实情况专项检查的通知》，组织对全省范围内征地拆迁制度规定落实情况进行全面检查。

【物业管理】 2011年，为进一步贯彻落实《甘肃省物业管理办法》，积极引导和指导企业加快成立业主大会和业主委员会，逐步推进企业运营、管理、服务的专业化进程。截至年底，全省物业管理从业人员31848人，物业服务企业1157家，服务项目3569个，管理面积7217.7万平方米。其中，住宅项目2273个，管理面积4272.87万平方米（5万平方米以上的住宅小区615个，管理面积2903.54万平方米）；办公楼项目866个，管理面积1934.08万平方米；商品营业用房项目320个，管理面积752.82万平方米；工业仓储用房项目105个，管理面积194.85万平方米；其他项目5个，管理面积63.08万平方米。

3. 城乡规划

【舟曲灾后重建规划统筹实施工作】 按照《舟曲灾后重建城镇规划实施工作方案》，会同甘南藏族自治州、舟曲县人民政府及相关部门在对舟曲灾后重建和城市未来发展用地进行充分规划选址研究的基础上，组织编制《舟曲灾后重建城镇规划》、《舟曲灾后重建老城区详细规划》、《舟曲灾后重建峰迭新区详细规划》、《秦王川转移安置区详细规划》并报省政府批准执行。完成《峰迭新区城市设计》、《舟曲峰迭新区居住建筑设计导则》等研究、编制和报批执行工作。开展《峰迭新区详细规划》、《老城区详细规划》等重建规划的宣贯工作。按照相关规划的要求，对峰迭新区的各类建设项目和老城区重要建设项目核发《建设项目规划选址意见书》、《规划条件》、《方案核定通知书》，严格规划统筹，严把建设项目规划质量关。按照省政府办公厅2010年12月10日批准实施的《舟曲灾后恢复重建城镇规划实施工作方案》，完成57个项目的《建设项目规划选址意见书》、《规划条件》、《建设工程设计方案核定通知书》的审查核发工作。报请舟曲重建领导小组协调解决省道313线方案变动峰迭新区规划的事宜，协调省重建办明确污水处理工程和垃圾填埋场工程的规模变动等事宜。

【东乡灾后重建城镇规划编制统筹工作】 按照《甘肃省人民政府办公厅关于印发东乡县特大滑坡地质灾害灾后重建规划工作方案的通知》要求，会同临夏州、东乡县人民政府共同组织编制《东乡县城灾后重建城镇规划》，报省政府批准执行；组织编制《东乡县城灾后重建城镇详细规划》及《东乡县城灾后重建城市设计》，与临夏州人民政府联合发布执行。起草《关于东乡县城灾后重建城镇规划及房屋建筑和市政工程施工招标投标实施指导方案的通知》，并由省政府办公厅批转印发。按照东乡县城灾后重建城镇规划实施协调领导小组的工作计划，强化规划实施协调统筹，完成47个项目的规划选址意见书与规划条件通知书审查核发工作。

【城镇规划编制和备案工作】 各地积极开展城市总体规划、详细规划和专项规划编制工作，城市总体规划编制步伐加快，规划覆盖体系基本形成。16个设市城市有12个启动新一轮的城市总体规划调整修改工作，合作、金昌市第二版城市总体规划经省政府批复同意；兰州市第四版城市总体规划拟于2012年经省政府审查后报请国务院审批；临夏州城市总体规划、酒嘉一体化城市总体规划纲要已报送省政府审批，酒泉、嘉峪关市将根据"酒嘉一体化城市总体规划纲要"分别开展城市总体规划的编制工作；兰州新区城市总体规划、陇南市城市总体规划成果已通过技术审查，修改完善后上报省政府审批；敦煌、白银、张掖、武威、平凉市正式启动城市总体规划修改，总体规划纲要正在编制中。65个县城有49个启动第三版县城总体规划编制工作，其余县城基本完成第二版县城总体规划编制工作。

【开发区规划考核工作】 按照省开发区建设领导小组办公室相关要求，3~4月，参加省考核工作小组对省内16个开发区的考核。对开发区发展规划与所在城市总体规划的衔接情况、开发区建设是否符合所在城市控制性详细规划、开发区建设项目"一书两证"的发放情况、竣工工程进行是否符合城乡规划验收等四个指标进行考核，对开发区建设发展过程中的成绩及问题提出考核意见和建议。根据张晓兰副省长在省开发区建设发展领导小组第二次会议上的指示精神，认真研究《甘肃省"十二五"开发区发展规划纲要》，提出进一步加强城乡规划管理，规范规划许可行为的具体修改意见。

【国家级历史文化名城、名镇保护管理工作】 按照住房和城乡建设部、国家文物局《关于开展国家历史文化名城、中国历史文化名镇名村保护工作检查的通知》（建规〔2011〕220号）要求，与省文物局成立全省国家历史文化名城、名镇保护工作联合检查领导小组，对敦煌市、张掖市、武威市、天水市4个国家级历史文化名城和榆中县青城古镇、金崖镇、永登县连城镇、古浪县大靖镇、宕昌县哈达铺镇、秦安县陇城镇、临潭县新城镇7个国家级历史文化名镇开展检查。受理庆城县申报国家历史文化名城、古浪县土门镇申报国家历史文化名镇、榆中县金崖镇黄家庄村申报省级历史文化名村的申请，指导申报城市开展资料收集、现场调研和评估工作，按照《历史文化名城、名镇保护条例》及有关规定程序组织申报。

【重大项目规划选址管理工作】 进一步完善审批、核发建设项目选址意见书的管理工作，起草下发《关于切实做好核发国家和省级审批核准建设项目选址意见书有关事项工作的通知》（甘建规〔2011〕200号），重申建设项目选址申请的受理程序和初审职责，提出具体工作要求。全年共受理22个报国家审批、核准的区域重大建设项目的选址申请（电力项目11个，铁路项目4个，公路项目1个，能源项目2个，水利项目1个，基础设施3个），核发建设项目选址意见书。

4. 建筑业与工程建设

【建筑企业管理】 为促进甘肃省特级企业的发展，转发部《关于印发〈施工总承包企业特级资质标准实施办法〉的通知》，要求具备条件的企业积极申报。5月，根据住房城乡建设部计划财务与外事司要求，协助进行建筑业企业主要指标月度快速调查制度调研工作。按照关于加强资质动态管理要求，体现市场准入和市场行为过程的统一，加强资质审批后的监督检查，通过了解企业经营状况、检查应持证人员证件及业绩资料、查阅近几年审计报告和统计报表及机械设备证明材料等，对10家一级资质企业及15家二、三级建筑业企业进行实地资质核查，对不达标的4家企业提出限期整改意见，对6家一级企业快速月报填报不及时的建筑业企业法人进行约谈。根据部《注册建造师继续教育管理暂行办法》，结合甘肃省实际，制定《甘肃省二级注册建造师继续教育暂行办法》（甘建建〔2011〕111号），向建设部建筑市场监管司上报《甘肃省二级注册建造师继续教育工作方案》。组织对申报设立二级注册建造师继续教育的甘肃建筑技术学院和交通技术学院的申报资料进行审批。从5月1日起，按照《甘肃省省外建筑业企业管理办法》，对省外企业进甘注册分公司进行审核。

2011年，核准102家建筑业企业取得相应资质，发布由市州审批的三级企业公示意见130家（其中新申办企业75家），办理企业资质变更98项，注销企业资质证书5家，办理省外进入企业单项工程投标备案363家（次），其中中标74家（次），工程造价达39.6亿元，办理省内建筑企业出省施工投标资料的审核和证明出具321家（次），其中中标195家（次），工程造价达47.7亿万元。截至年底，全省共有建筑业企业2546家，其中特级企业1家，一级企业308家，二级企业849家，三级企业1388家（按承包序列划分，总承包企业891家，专业承包企业133家，劳务企业324家）。共有建造师27679人，一级建造师2332人，其中一级注册建造师1337人，一级临时建造师995人；二级建造师14117人，其中二级注册建造师7402人，二级临时建造师6715人；三级建造师11230人。共有劳务企业324家，其中一级102家，无级124家，二级98家。新成立劳务分包企业20家，其中一级6家，无级9家，二级5家。

【市场管理】 组织开展《甘肃省建筑市场管理条例》的宣贯。根据住房和城乡建设部《关于印发〈住房和城乡建设部建筑市场监管2011年工作要点〉的通知》精神，起草印发《2011年全省建筑市场监管工作要点》（甘建建〔2011〕83号）。建成建筑市场监督管理信息系统并从五月开始试运行，经修改、完善后，对全省建设系统相关企业、行政主管部门进行集中培训。2月、4月，参加省纪委组织的灾后重建项目及拉动内需项目的专项检查。7～8月，组织全省建设领域综合执法检查并参加建设部组织的全国建设领域工程质量安全及建筑市场监督执法检查。8月，参与建设部组织的全国建设工程质量安全及建筑市场监督执法检查。加大执法稽查力度，对20起投诉案件进行核查和严肃查处。

【工程招标投标管理】 2011年，共办理进入甘肃省有形建筑市场招标工程665个，工程总造价127.81亿元，其中依法实行公开招标工程616个，中标总价111.71亿元；实行邀请招标工程49个，中标总价16.10亿元。完成招标工程合同备案660余份，合同备案率96%。9月，"计算机辅助评标系统"上线试运行。截至2011年底，除张掖、庆阳、陇南、天水、临夏5市外，其余市州所有工程施工招标全面实施电子招标文件，节约招标文件编制费用1500余万元。培训评标专家五批730人。依法吊销招标代理机构资格8家，其中乙级4家，暂定级4家。印发《甘肃省房屋建筑和市政基础设施工程量清单招标投标评标定标办法》（甘建建〔2011〕12号）和《甘肃省房屋建筑和市政基础设施工程电子化招投标管理办法（试行）》（甘建建〔2011〕623号），出台《甘肃省房屋建筑和市政基础设施工程招标投标资格审查管理办法》，编印《甘肃省房屋建筑和市政基础设施工程标准施工招标文件（采用定额计价方式）》并开发应用软件系统，起草《甘肃省房屋建筑和市政基础设施工程建设监理招标投标评标办法》、

《甘肃省房屋建筑和市政基础设施工程建设设计方案招标投标评标办法》、《甘肃省房屋建筑和市政基础设施工程投标保证金专户银行集中缴纳管理办法》、《甘肃省建设工程招标代理机构管理办法》、《甘肃省建设工程招标代理机构诚信评价暂行办法》5个管理办法。

【工程质量安全情况】 3月，在兰州召开全省建设工程质量安全监督工作会议，签订安全目标责任书，对新出台的《甘肃省建设工程安全文明施工费管理办法（试行）》、《房屋建筑和市政基础设施质量监督管理规定》等规定进行宣贯。为提高全省建设工程质量安全监管人员业务素质和执法能力，编制监督员培训专用教材，举办5期监督员培训班，共培训995人。11月，在庆阳召开全省质量安全管理现场观摩会议。2011年，全省在监工程共有7386个，建筑面积6647万平方米，总造价1227亿元，未发生一般及以上工程质量事故；共发生建筑施工死亡事故10起，死亡12人，事故起数同比下降37.5%，死亡人数同比下降25%，未发生较大及以上建筑施工安全事故。

【工程质量监管】 为规范舟曲灾后重建工程质量安全监督工作程序，明确监督工作内容，确保灾后重建工程质量安全，印发《舟曲灾后重建房屋建筑和市政基础设施工程质量监督工作方案》、《舟曲灾后重建房屋建筑和市政基础设施工程安全监督工作方案》和《关于加强舟曲灾后重建房屋建筑和市政基础设施工程质量安全管理监督检查的通知》，注重对建筑结构安全、使用功能、质量通病、安全防护的监督检查，及时排除质量安全隐患，确保工程质量安全。根据住房城乡建设部《房屋建筑和市政基础设施工程质量监督管理规定》，制定《甘肃省房屋建筑和市政基础设施工程质量安全监督机构及人员考核管理办法》，印发《关于房屋建筑和市政基础设施设置永久性标牌的通知》，加大对执行法律法规和工程建设强制性标准以及参建各方质量行为监督并重的监督，加大对涉及工程主体结构质量安全的实体质量和主要使用功能的抽查抽测力度。通过对全省工程建设中存在的质量问题的调查研究，制定对已确定的典型质量问题进行重点治理计划，印发《2011年甘肃省建筑工程质量典型问题治理措施》。根据国家《关于进一步加强建筑工程使用钢筋质量管理工作的通知》和《关于开展建筑用砖专项整治行动的通知》，结合甘肃省实际，下发《关于进一步加强我省建筑工程使用钢筋质量管理工作的紧急通知》和《关于在全省范围内开展建筑用砖质量专项检查的通知》，要求在全省范围内开展原材料质量排查，坚决杜绝"瘦身"钢筋和不合格砖进入施工现场。为推进全省住房和城乡建设工程质量振兴各项目标任务的完成，根据《甘肃省人民政府关于推进质量振兴的意见》及全省推进质量振兴电视电话会议精神要求，制订下发《甘肃省住房和城乡建设厅推进质量振兴工作方案》。开展全省建设领域综合执法检查及保障性安居工程质量检查，其中建设领域综合执法检查14个市州及甘肃矿区174项工程，建筑面积360万平方米，发工程质量执法建议书98条；保障性安居工程质量专项检查抽查了兰州市、白银市10项工程，建筑面积8187万平方米。

【建筑施工安全监管】 根据全省建筑安全监管长效机制建设要求，制定完成《全省建设系统关于进一步加强企业安全生产工作的实施意见》以及《甘肃省房屋市政工程生产安全和质量事故查处督办实施细则》、《甘肃省建筑施工企业负责人及项目负责人施工现场带班制度实施细则》、《甘肃省房屋市政工程施工安全重大隐患排查治理挂牌督办实施细则》，进一步完善全省建筑施工安全监管的制度建设。制定《全省建设系统继续深化"安全生产年"活动实施方案》，以落实《全省建设系统关于进一步加强企业安全生产工作的实施意见》为核心，以强化企业主体责任为重点，继续深化执法检查、专项治理、宣传教育"三项行动"和法规制度建设、保障能力建设、监管队伍建设"三项建设"。制定《甘肃省住房和城乡建设厅2011年打非治违专项整治工作方案》，要求全省建筑施工行业在2010年"打非治违"专项行动开展的基础上，继续全面、深入、有重点、有计划开展"打非治违"专项整治工作，有效防范和遏制建筑施工生产安全事故的发生。按照建设部安委会办公室《2011年建筑安全专项整治工作方案》要求，结合省建筑施工安全生产工作部署，制定《2011年全省建筑施工安全专项整治工作方案》。按照建设部和省政府有关要求，印发《甘肃省建筑安全生产标准化工作实施方案》，要求逐步建立完善建筑施工企业和建筑施工现场的考核评价体系，科学评定建筑施工企业和建筑施工现场的安全生产标准化程度，不断规范建筑施工企业安全生产行为，提高建筑施工现场安全管理水平，逐步实现企业安全管理的标准化和施工现场安全防护的标准化。在全省建设系统开展了安全生产事故遏制行动，共检查在建工程项目427个，排查出一般隐患1256项，全部整改；排查出重大隐患15项，已整改14项。严格进行全省建筑施工企业安全生产许可证及建筑施工企业"三类人员"安全生产考核合格证的审核报批发证工作,对符合条件的64家建筑施工企业颁发了安全生产许可证,对符合条件的624家建筑施工企业安全生产许可证给予延期,对符合条件的10502人颁发安全生产考核合格证书,对符合条件的15135人的安全生产考核合格证书给予延期。

【工程造价监管】 截至2011年底,全省共有工程造价咨询企业122家,其中甲级资质企业10家、乙级资质企业99家、暂定级8家(从2011年6月1日起停止暂定级别的审批)。工程造价专业人员9456人,其中全国注册造价工程师1218人、省内造价工程师1682人、全国造价员6556人。按照甘肃省建设事业发展"十二五"规划纲要,全面修订现行工程造价计价依据,完成新编建筑、安装、装饰工程及混凝土砂浆配合比等预算定额14册135章19667个子目,建立包括22000多条的全省统一的建设工程材料数据标准库,着力构建和完善科学合理、符合市场规律的计价依据体系,满足工程建设计价的需要。指导有关单位启动《甘肃省城市轨道交通工程预算定额兰州地区基价》的编制工作。协调、组织有关单位启动《甘肃省兰州地区城市园林绿化养护定额》修编工作。在广泛深入调研的基础上,发布甘肃省建设工程人工单价和机械费的调整方案。根据《甘肃省人民政府转发省财政厅等部门关于甘肃省地方教育费附加征收使用管理办法的通知》,对甘肃省建设工程税金税率进行了调整。以《甘肃省建设工程造价管理条例》、《甘肃省建筑市场管理条例》为依据,制定《甘肃省建设工程竣工结算备案管理办法》。为做好推行工程量清单计价基础工作,对在甘工程计价软件公司申报的甘肃省建设工程工程量清单计价软件(建筑工程、建筑装饰装修工程、安装工程、市政工程和园林工程)分别组织测试和鉴定,对《甘肃省建设工程工程量清单计价规则》执行中有关问题进行解释与答疑。为进一步规范灾后恢复重建工程项目的工程造价计价行为,根据《甘肃省建筑市场管理条例》、《甘肃省建设工程造价管理条例》等有关规定,结合灾后恢复重建工程项目的实际,起草发布《关于进一步加强灾后恢复重建工程项目工程造价管理工作的通知》,对建设、施工、造价咨询等单位在工程计价中的行为提出具体要求。制订2011年建安工程规费核定办法,完成省内841家建筑业企业、外省入甘建筑企业62项工程项目社会保障费、住房公积金的费率核定工作。为贯彻落实《甘肃省建设工程造价管理条例》,规范工程造价成果文件的编制和审核行为,保证工程造价成果文件的质量,组织开展全省工程造价成果文件专项检查。组织省内造价师、全国造价员执业资格考试,对考试合格的2643名合格人员进行初始注册等相关工作。按照《全国建设工程造价员管理暂行办法》,对到期需继续再教育的全国造价员,通过采用互联网学习、考试方式,合格率为94%。针对工程造价咨询企业专项检查中存在的问题,对35家存在问题的造价咨询企业发出书面整改通知,注销4家资质到期未申请资质延续的咨询企业资质,注销2家咨询企业合并资质,注销2家在撤回资质后仍未达到资质标准的咨询企业资质,撤销11名同时具有注册造价师和甘肃省造价师(或全国造价员)资格但不在同一单位注册的甘肃省造价师(或全国造价员)资格。完成四个季度人、材、机市场价格信息的采集发布以及各市州建设工程指标指数生成、主要材料指导价格发布工作。按照建设部要求,完成四个季度人工成本信息、全年住宅成本信息采集上报工作。完成《甘肃工程造价管理》、《甘肃工程造价信息》(四期)的出版发行。

【工程建设管理】 截至2011年底,共受理施工许可107项,开工面积331.64万平方米,总投资245.66亿元;竣工备案受理2件,竣工备案面积9.4万平方米。为简化建设行政审批工作程序,从8月1日开始,除中央和省级政府投资项目、全省重点建设项目外,其他项目建设工程施工许可证的审批和竣工验收备案管理权限全部下放市州建设行政主管部门。为贯彻落实《中共中央办公厅、国务院办公厅关于开展工程建设领域突出问题专项治理工作的意见》和全国住房城乡建设工作会议精神,开展全省建设领域综合执法检查,共检查工程174项(其中保障性住房94项,灾后重建工程41项),房屋建筑工程面积360.5万平方米,总投资43.95亿元,共查处工程质量问题98条,其中质量问题48条,安全问题50条,下发执法检查反馈意见书69份。先后参加省纪检委组织的全省建设领域突出问题专项治理综合检查、省政府组织的全省重大项目督查、建设部对保障性住房工程质量安全以及建筑市场和城市既有桥梁运行安全检查、省人大组织的重大项目检查、全省校车安全工作检查。参加兰渝铁路、兰新铁路第二双线、宝兰客运专线、西平铁路、天平铁路项目的拆迁管理工作。2011年,有7家企业取得甲级监理资质,其中甘肃蓝野建设监理有限公司成为西北地区第一家具有综合甲级资质的监理企业;受理并核准11家新申请和升级监理企业资质;制定监理行业"十二五"发展规划。

【省级政府投资项目代建】 2011年，省代建办认真贯彻实施《甘肃省省级代建制管理办法（试行）》，先后出台《甘肃省政府投资代建项目招标投标实施细则》、《甘肃省省级政府投资项目招标选择代建单位评标办法（试行）》、《甘肃省省级政府投资项目委托代建合同》，除承担省建设厅7项舟曲援建项目代建任务外，还承担12项省级政府投资项目的代建工作，涉及总投资19.34亿元。其中，7项舟曲援建项目都已经进入代建程序并开工建设，完成总投资3.7亿元，并根据《甘肃省省级政府投资项目代建制管理办法（试行）》，制定《舟曲灾后恢复重建工程项目实施代建制专项资金管理办法》；12项省级政府投资项目代建总投资11.98亿元，包括省委办公楼项目、省科技馆项目、省市妇女儿童活动中心项目、省信访局接待大厅装修工程项目、甘肃行政学院一期改造工程项目、甘肃省民政厅综合防灾减灾项目、省民政厅中央及省级救灾物资储备仓库项目、甘肃省精神卫生防治中心住院部大楼项目、邓家花园维修改造工程项目、省人大常委会会议中心综合楼项目、兰州饭店天水和谐园综合楼项目、省卫生监督所业务楼项目。

【勘察设计】 组织省内设计单位参加了2011年中国首届保障房设计方案竞赛，天水市建筑勘察设计院选送的"模块化住宅设计"设计方案荣获三等奖，甘肃省城乡规划设计研究院选送的"人之安居"、兰州市城市建设设计院选送的"协奏"设计方案荣获鼓励奖。根据《甘肃省建设工程勘察设计管理条例》和《建设工程勘察设计资质管理规定》，结合新的工程设计资质标准要求和市场管理的需要，对原《甘肃省省外勘察设计单位在甘承揽工程勘察设计业务管理规定》进行全面修订。印发《关于调整部分房屋建筑和市政基础设施工程设计管理限额的通知》（甘建设〔2011〕315号），进一步下放房屋建筑和市政基础设施工程初步设计审批暨施工图审查备案的管理权限。

【舟曲灾后重建】 根据国务院《舟曲灾后恢复重建总体规划》和省政府《舟曲特大山洪泥石流灾害灾后恢复重建资金安排实施方案》，省建设厅承担城镇规划统筹及城乡住房维修加固方案设计、舟曲特大山洪泥石流地质灾害纪念公园工程、"同舟园"和"纪念广场"工程、水浸公共建筑维修加固工程、舟曲县城永久性供水工程、舟曲新老城区城市道路工程、城关桥维修加固工程和新瓦场桥及城江桥工程、舟曲县城区生活垃圾处理工程、舟曲县污水处理和峰迭新区生活污水处理工程9项援建任务，总投资89269.8万元。截至2011年底已完成4项、部分完成2项，其他项目也全部开工建设。

5. 城市建设

【基础设施建设】 2011年，共申请中央预算内资金13.337亿元，其中污水处理项目44项，申请中央预算内资金6.98亿元；垃圾处理项目21项，申请中央预算内资金1.56亿元；污水管网以奖代补资金1.96亿元；供水项目20项，申请中央预算内资金1.17亿元；供热项目17项，申请中央预算内资金1.32亿元。永昌县、泾川县、华亭县、环县、华池县、庆城县、夏河县、天水市麦积区8项污水处理设施投入试运行，至此全省投入运行的污水处理项目达到29项；渭源县、成县、永登县等9项污水处理设施基本建成；甘谷县、天祝县、高台县等51个污水处理项目正在建设；阿克塞县、镇原县等10个污水处理项目正在进行项目前期工作。平川县、景泰县、民勤县、山丹县、临泽县、高台县、金塔县、灵台县、泾川县、静宁县、庄浪县、陇西县、永靖县、广河县、和政县、东乡县、积石山县、成县、西和县、康县、两当县、宕昌县生活垃圾无害化处理项目建成投用，至此全省已建成运营的城镇生活垃圾无害化处理设施达到36项；天水市、皋兰县、永昌县、民乐县、甘谷县、武山县、张家川县、清水县、华池县、临洮县、通渭县11项生活垃圾无害化处理项目基本建成；康乐县、永登县、漳县49项生活垃圾无害化处理项目正在建设；截至年底，全省只有兰州市城关区、七里河区尚未建设生活垃圾无害化处理设施。

【城市管理】 2011年，全省设市城市人均公园绿地面积达8.32平方米，建成区绿地率24.02%；县城人均公园绿地面积5.59平方米，建成区绿地率10.67%。组织开展国家级园林城市申报工作，向住房和城乡建设部推荐临泽县城为国家级园林县城。进一步加强园林绿化施工企业资质管理，批准晋升二级资质企业4家。组织兰州市参加了第八届中国（重庆）国际园林博览会，建设了地方文化特色鲜明的兰州园。

6. 村镇建设

【村镇规划编制】 将村镇规划编制工作纳入省政府年度目标责任考核，提出考核的量化指标和办法。截至2011年底，全省村镇规划编制完成112个镇、178个乡、1986个村庄，较2010年完成数分别增长143%、191%、145%；全省镇、乡、村规划编制覆盖率分别达到100%、68%、36%。全省已有嘉峪关市、金昌市、华亭县、静宁县、灵台县、泾川县、会宁县、永昌县、临泽县、瓜州县、阿克塞县、正宁县、庆城县和平凉市崆峒区、金昌市金川区15个市（县、区）实现镇、乡、村规划全覆盖。先后组织省小城镇规划评审委员会专家对泾川县玉都镇、会宁县郭城驿镇、武威市双城镇和丰乐镇、碌曲县郎木寺镇规划修编进行技术评审。

【村镇建设管理】 积极稳妥做好"百镇千村"建设示范工程的启动实施工作，组织市州推荐申报100个重点示范镇、1000个重点示范村，选定30个示范镇纳入第一批村镇建设专项资金补助计划给予重点支持；拟定"百镇千村"建设示范工程实施方案并上报省政府。先后对甘南、临夏、庆阳、平凉、定西、武威、张掖、酒泉、金昌、天水10个市州的镇乡村进行调研考察，全面了解村镇规划建设、机构职能、体制机制现状及问题。

【农村危旧房改造】 2011年，省政府确定实施农村危旧房改造20万户，其中由省建设厅负责组织实施19.4万户，补助资金4.8亿元；中央下达甘肃省农村危旧房改造15.7万户（其中节能示范户11000户），争取资金9.64亿元。截至7月底全部开工建设，截至10月底竣工193698户，占改造任务19.4万户的99.84%。1月，下发《关于对全省农村危旧房改造工程质量进行专项检查的紧急通知》（甘建发电〔2011〕3号），要求对2009年、2010年农村危房改造质量和结构安全进行"回头看"。4月，在兰州召开座谈会，要求坚持"突出规划引领作用、突出集中点建设、突出抗震结构安全、突出建筑节能示范、突出建筑设计特色"，重点抓好100个农村危房改造集中建设示范点和100个建筑节能集中建设示范点，进一步强化农村危房改造示范效应。为确保全省农村危房改造保质保量完成，对危房改造工作审核程序、建设标准、工程质量、资金使用及农户档案等提出明确要求；按照"先危房后旧房"、"先困难户后一般户"的原则，严格确定危房改造对象并公示；公布监督举报电话，制定施工质量巡查监督制度。下发《关于做好2011年中央扩大农村危房改造试点建筑节能示范工作的通知》（甘建村〔2011〕151号）和《关于公布全省2011年中央扩大农村危房改造建筑节能集中建设示范点的通知》（甘建村〔2011〕211号），制定危房改造建筑节能示范措施技术要点，公布集中建设示范点名单，提出建设、监督检查和验收等要求。借鉴外省经验，组织开展"陇原农房特色风格设计方案"征集活动，以提升甘肃省农村危房改造和村庄整治的整体水平。7月，在定西、武威召开危房改造与村镇建设现场会。9月，联合省财政厅、审计厅、监察厅下发《关于开展农村危房改造资金专项检查的通知》，要求对2009～2011年省级和中央危房改造资金使用情况进行专项检查。联合省财政厅、发改委起草《甘肃省农村危房改造资金使用管理办法》，作为规范全省危房改造资金使用的规定和依据。按照建设部村镇司安排，配合建设部"中国农村危房及居住危房困难农户调查"课题组对正宁、永昌、宕昌三县农村住房情况进行了调查。下发《关于做好全省农村危旧房改造和中央扩大农村危房改造试点工作进度月报的通知》，要求各地每月按时上报省级和中央危房改造开工、竣工等进展情况，做好改造农户基本信息、改造过程及竣工验收等相关信息录入整理工作。

7. 建筑节能与科技

【建筑节能】 根据财政部、住房和城乡建设部《关于进一步深入开展北方采暖地区既有居住建筑供热计量及节能改造工作的通知》（财建〔2011〕12号）要求，上报"十二五"期间改造计划数1260万平方米、2011年改造计划数200万平方米；7月8日，联合省财政厅将下达的200万平方米改造任务分解到各市州，将国家下拨补助资金2635万元、省级配套资金1500万元按项目实施进度拨付到市州；截至10月31日，全省既有居住建筑供热计量及节能改造已完工212.84万平方米。完成"十一五"期间国家下达甘肃省350万平方米既有居住建筑供热计量及节能改造任务的资金清算工作，清算出全省"十一五"既改工作共计下达国家补贴资金1.02亿元；省财政厅于9月13日以《关于下达"十一五"期间既有居住建筑供热计量及节能改造项目国家奖励和省级配套清算资金的通知》（甘财建〔2011〕273号），收回已划拨但未完成"十一五"既改任务市州的资金并重新分配。根据财政部、住房和城乡建设部《关于进一步推进可再生能源建筑应用的通知》（财建〔2011〕61号），编制上报《甘肃省可再生能源建筑应用"十二五"规划》及《甘肃省可再生能源建筑应用实施方案》。陇南市宕昌县被列为2011年国家可再生能源建筑应用县级示范，国家补助资金1700万元。根据财政部、住房和城乡建设部《关于组织实施太阳能光电建筑应用一体化示范的通知》（财办建〔2011〕9号）要求，甘肃省入选3个项目，省财政厅下拨国家补助资金1108万元。8月16日，举办全省建筑节能与既有居住建筑供热计量及节能改造工作培训会议。为规范全省既有居住建筑节能改造工作的实施和管理，出台《甘肃省既有居住建筑供热计量及节能改造项目验收办法》。为规范可再生能源建筑应用示范工作，联合省财政厅制定下发《甘肃省可再生能源建筑应用城市示范和农村地区县级示范项目管理办法（暂行）》。

【建设科技】 6月14日，组织召开"甘肃省建设科技建筑节能高峰论坛暨甘肃省建设科技与建筑节能协会年会"。撰写出版的《建设科技结硕果》一书，涵盖"十一五"期间省建设厅立项的建设科技攻关项目233项、科技示范工程97项。5月，组织完成2011年甘肃省建设科技攻关项目申报工作，通过新上科技攻关项目47项、科技示范项目28项，结转科技攻关项目87项、科技示范项目22项。组织专家对2010年建设科技示范工程进行了验收。组织完成2011年度建设科技进步奖的申报工作，共有64个项目获甘肃省建设科技进步奖，其中一等奖20项，二等奖22项，三等奖22项；组织推荐10个项目参加甘肃省科技进步奖评审，有5个项目获奖，其中"寒区桩基工程的热学力学特性研究及其应用"获省科技进步奖一等奖。

【教育培训】 2011年，共组织施工企业岗位培训、建设行业职业技能培训鉴定、建筑施工特种作业操作人员培训、建筑施工行业年度安全教育等培训43210人次，完成"三类人员"考核12000余人。

8. "十二五"住房和城乡建设事业发展规划情况

（1）发展目标

【城镇化目标】 积极稳妥地推进城镇化，到"十二五"末，甘肃省城镇化率年均提高1个百分点以上，2015年达到42%以上。着力构建以兰州为中心，以酒嘉、天水等区域中心城市和其他城市为骨干，中小城市和重点建制镇为基础，大中小城市并举、功能优势互补、空间布局协调的新型城镇化体系。经过五年建设，新型城镇化体系基本形成，城市服务功能及人居环境明显改善，产业集聚园区基础设施和公共服务设施基本建成，城乡统筹取得明显成效。

【市政公用设施目标】 甘肃省城市市政公用设施建设投资力争达到1200亿元。城市用水普及率达到92%（县城86%）；城市污水处理率达到80%（县城60%）；城市生活垃圾无害化处理率达到90%（县城70%）；城市燃气普及率达到80%（县城50%）；城市人均公园绿地面积达到9.15平方米（县城5平方米），达到"一县一园"；城市建成区绿化覆盖率达到32%（县城20%）；城市建成区绿地率达到28%（县城15%）。

【村镇建设目标】 加大投入和指导力度，采取切实有效措施，努力实现全省村镇规划编制全覆盖。扎实做好农村危旧房改造工作，基本完成全省农村危旧房改造，农村砖木、砖混结构住房比例达到80%以上，农村人均住房面积达到32平方米。实施"百镇千村"建设示范工程，加强市政基础设施建设和村容村貌整治，基本建成100个重点示范镇、1000个重点示范村。

【房地产市场目标】 继续贯彻落实国家有关调控政策，促进房地产市场稳定健康发展，创新方式，积极探索，推动建立与全省居民收入水平相协调的房地产市场运行机制与监管体制。建设节能、省地、环保住宅，降低住宅成本，提高住宅建设的效率和质量。力争到"十二五"末，全省城镇居民人均居住面积达到30平方米以上。

【住房保障目标】 以全面建设小康社会、实现"住有所居"为目标，进一步健全基本住房保障制度，大力改善城镇居民基本居住条件。加快城镇保障性住房建设，增加廉租住房房源，基本解决人均住房13平方米以下城市低收入家庭住房困难。加快推进棚户区改造，大力发展公共租赁住房和限价商品房，努力解决中等偏下收入家庭和城镇新就业人员、外来务工人员的住房困难。

【住房公积金目标】 逐步扩大住房公积金缴存面，提高缴存比例和基数及个贷率。完善住房公积金缴存、提取、使用、管理和监督机制，确保资金安全和运行规范。建立完善公积金网络信息系统，实现对全省住房公积金系统的动态监管。

【建筑市场目标】 进一步加强建筑市场监管，规范建筑市场各方主体行为，加快建筑业结构调整，培育一批有较强综合实力的大型建筑业企业集团，推动全省建筑业不断发展壮大。"十二五"期间，力争完成建筑业总产值8500亿元，实现建筑业增加值2000亿元，确保全省建筑业增加值占GDP的比重继续保持在8%以上。

【建筑节能目标】 所有集中供热的新建建筑和完成改造的既有建筑，均实现按用热量计价收费。加大新建建筑节能监管力度，全面执行65%节能设计标准，新建建筑节能标准执行率要达到97%。推广应用建筑业新技术，推动发展绿色建筑。

（2）主要任务

① 科学构筑新型城镇化体系，推进新型城镇化进程

【进一步完善城乡规划体系】 合理确定城乡产业布局、基础设施建设、公共服务一体化的空间布局，形成以城镇体系规划为龙头，城乡总体规划为骨干，控制性详细规划和专项规划为支撑的城乡规划体系。稳步推进城市（县城）总体规划的调整和修编，及时修编城市控制性详细规划、专项规划和近期建设规划。大力支持甘南、临夏等地区的城镇民族特色化建设，提升城镇文化品位。

【进一步优化城镇空间布局】 加强重点区域规划战略研究，发挥规划引导和调控城市空间发展的作用。在省委区域发展战略的指导下，深入研究兰白、酒嘉、金武、关中—天水经济区和陇东地区的区域发展战略，编制兰白经济圈规划、酒嘉一体化城市总体规划、陇东地区城镇化空间布局规划、金武一体化规划等城市空间综合协调专项规划。沿西陇海—兰新线甘肃段经济带，依托现代交通体系，积极培育新的大、中城市，重点发展县城和基础条件好的建制镇，逐步形成以兰州为中心，兰白、酒嘉、金武、关中——天水经济区和陇东地区为骨架，中小城市、县城和建制镇为依托的布局科学、协调发展的现代新型城镇体系。

【进一步提升省域中心城市和区域中心城市的辐射带动作用】 指导协调兰州市第四版城市总体规划的编制和实施、加快兰州新区的建设和城市综合交通规划的实施，继续推进兰白经济一体化发展。其他设市城市严格规划实施管理，按照城市空间综合协调专项规划，加快新区建设，完善城市整体功能，突出城市特色，进一步完善基础设施和公共服务设施建设，加快产业聚集和人口聚集，增强在区域经济发展中的承接、辐射带动作用，积极承接产业转移，形成区域新的增长极。

【进一步做大做强县级市、县城，统筹城市功能布局】 提升县级市和县城规划建设标准，提高基础设施功能和综合承载能力，大力优化发展环境，不断增强承接中心城市辐射和带动乡村发展的能力，吸纳农村人口向城镇转移，支持有一定产业和人口规模、基础设施完善的中心镇发展成为小城市。

【进一步加强城市规划层级监督】 明确规划实施的主体和责任，健全规划实施监督和效能监察制度，规范规划管理工作，提升管理水平，保证规划的全面实施。

② 加强城市市政公用设施建设，完善城市综合功能

【加快城市综合交通专项规划编制步伐】 完善城市道路框架，合理确定路网密度，科学设置和划定公共交通专用道路，加强城市道路、桥梁和交通场站建设。

【提高城镇供水普及率和管理水平】 以管网配套、应急供水、水质检测等设施建设为重点，进一步改善城市供水水质，降低供水管网漏损率，缓解水资源短缺趋势，确保城镇供水质量与安全。

【加强污水处理设施建设和运营管理】 已建成污水处理设施，进一步完善污水收集管网建设和设施的升级改造，提高运行负荷率；正在建设的污水处理设施，加快建设进度，确保按期建成投用；未建污水处理设施的地方，力争在"十二五"末全部建成投用；加强污水再生利用设施和污泥处理设施建设。

【加强生活垃圾无害化处理设施建设和运行管理】 已建成的生活垃圾无害化处理设施，重点完善垃圾收运系统、规范填埋作业，提高无害化处理水平和处理率；正在建设的生活垃圾无害化处理设施，加快建设进度，确保按期建成投用；未建垃圾无害化处理设施的地方，力争在"十二五"末全部建成投用。同时，推行生活垃圾分类收集、处置，逐步实现餐厨垃圾分类收运处理。

【加强城市燃气和集中供热建设及运营管理】 大力发展以燃气为主的清洁能源，改善城市大气环境质量，提高能源利用效率。西气东输沿线城市要积极争取国家支持并列入供气范围，其他城市应积极引进液化天然气等燃气项目。稳步推进城镇供热体制改革，有条件的城市应积极争取热电联产项目，探索太阳能等新能源供热方式在城市供热领域的应用。

【加强城市生态环境建设】 严格执行城市"绿线"管理制度，进一步完善城市绿地系统，加大公共绿地面积、城市绿化隔离带、城郊防护绿地建设，充实绿化苗木基地，不断改善城市生态环境，重视城市生物多样性保护，促进人与自然和谐相处。加大风景名胜区基础设施建设的力度，努力做到保护和利用、保护和建设同步，确保风景名胜资源的有序利用。

【加强城市防灾减灾体系建设】 以城市安全为目标，改造和加强地下管线工程建设，加强城市灾害应急场所建设。完善城市安全预警与应急机制，提高处置突发公共事件的能力。

【研究建立健全城市管理长效机制】 加强城市规划和城市管理执法队伍建设，强化执法指导和监督。加快数字化城市规划管理平台建设，推广数字化城市管理模式。充分利用数字化城市管理信息平

台，将数字城管的应用向地下管网、城市安全等领域拓展，全面提升城市管理水平。

③ 加快小城镇和村庄规划建设，全面提升村镇建设水平

【实现全省村镇规划编制全覆盖】 适时做好省级100个重点镇规划修编。建立健全村镇规划实施管理体制，实现规划管理工作规范化。要按照《甘肃省城乡规划管理条例》要求，率先在重点镇和示范村全面落实规划管理工作，实现规划管理的规范、有序、常态，切实体现规划的法定性、权威性和严肃性。

【切实实施"百镇千村"建设示范工程，引领和带动全省村镇建设再上新台阶】 在全省建制镇中（不含县城城关镇），选择具有一定的经济基础、人口规模、交通便捷（铁路、国道、省道及重点风景名胜地周边）以及具有独特文化旅游、矿产资源、产业发展优势的100个镇作为重点示范镇，在"十二五"期间，每年集中资金安排支持20个镇建设，5年使100个重点示范镇在基础设施功能和镇区面貌上实现较大改观，成为引领全省小城镇建设的示范样板，发挥区域性带动和辐射作用。按重点区位（铁路、公路沿线及风景名胜区周边）选择全省1000个重点示范村庄，在"十二五"期间，每年集中抓好200个村庄建设，5年使1000个重点示范村在村容村貌、人居环境上实现较大改观，为全省村庄建设树立样板，带动和引导其他村庄的自觉行动，从而使全省村庄脏乱差旧的面貌有较大的改善。重点是做好农村危旧房改造，完善公共活动和服务设施，修整村内道路，清洁院落房屋，清理污水边沟，植树绿化，建立垃圾收集清运及环卫保洁长效制度等。

【扎实做好农村危旧房改造工作】 确保如期完成中央、省级惠农政策和民生保障工程任务。积极争取资金和项目，在"十一五"末农村危旧房改造基础上，力争在"十二五"期间基本完成全省农村危旧房改造。加强组织、指导、监督工作，确保程序合法，公正公平。强化质量安全意识，确保房屋建设质量。坚持实事求是、为民服务的原则，充分关注农村特困群体的困难，把实事办好、办实，使党和政府的关怀体现到最需要的农户家中。

④ 优化住房供应结构，促进房地产业稳定健康发展

【加强房地产市场体系建设，规范房地产市场秩序】 进一步完善商品住房销售管理法规规章，从制度上规范房地产市场。加大对各类违法违规行为的处罚力度，坚决打击房地产违法违规与投机炒作、扰乱市场等行为。积极争取资金和技术支持，加快实施全省房地产信息系统建设。

【加强住宅产业化研究，积极推进住宅产业化】 加强住宅产业化战略研究，加快建立住宅产业化政策体系，建立技术标准体系，推动住宅设计和生产标准化、集约化和规范化。充分利用有限的土地资源，建设省地、节能、节水、节材和环保型住宅，降低住宅成本，提高住宅建设效率，全面提升住宅质量。

【加强城镇房屋征收管理】 积极贯彻落实国务院《国有土地上房屋征收与补偿条例》，不断规范城镇房屋征收程序和行为，切实维护群众合法权益。

【进一步规范物业服务管理】 以新修订的《甘肃省物业管理办法》为依据，强化业主自治，规范物业服务行为，推动物业服务行业的健康有序发展。

⑤ 加快推进保障性安居工程建设，进一步完善住房保障体系

【继续加大保障性住房建设力度】 通过城市棚户区改造和新建、改建、政府购置、租赁等方式增加廉租住房和经济适用住房房源，加大租赁补贴力度，着力解决城市低收入家庭的住房困难。加快建设公共租赁住房、限价商品住房，切实解决中等偏下收入家庭和城镇新就业人员、进城务工人员的住房问题。

【加快推进城市和国有工矿棚户区改造】 到2013年末，基本完成集中成片城市和国有工矿棚户区改造；2014～2015年，稳步推进非成片棚户区改造，完善基础设施配套，改善居住环境。

【落实住房保障政策，建立和完善技术支撑体系】 全面落实住房保障责任和住房保障政策措施，进一步完善保障性住房管理和准入退出机制，重点强化保障性住房的后续管理。健全组织机构、政策法规、技术支撑体系，实施住房保障关键技术研究及应用示范，加快推进信息化建设。力争到2012年，所有县市区健全住房保障管理机构和街道社区具体实施机构，实现住房保障业务系统全省互联互通；到2015年末，基本建立全省住房保障基础信息管理平台。

⑥ 进一步完善监管措施，确保住房公积金安全运行

【加强制度建设，确保规范运行】 完善住房公积金管理目标责任制，建立住房公积金决策和管理等重要事项备案制度，构建"备案建档、审核反馈、考核整改、责任追究"的监管机制。建立住房公积金披露制度，提高工作透明度，接受社会监督；完

善住房公积金绩效考核制度,科学设定考核指标,加大考核结果应用力度,形成有效的激励约束机制;建立住房公积金从业人员准入制度,规范选拔任用程序,加强教育培训,提高住房公积金管理干部和重要岗位人员的职业操守和专业技能,确保资金安全高效运行;建立、完善责任追究制度,严格落实工作责任,对违法违纪、造成严重经济损失或重大影响、损害职工权益的行为,严肃追究相关人员的责任。

【强化监管工作,确保资金安全】 严格执行《住房公积金管理条例》各项规定,继续开展住房公积金专项治理工作,重点解决逾期项目贷款、机构调整不到位及各种违法违规行为;定期对住房公积金管理使用情况进行检查考核,消除资金管理的安全隐患,确保资金安全和资金发挥效益;制定全面、系统的规章制度和操作规程,建立分工合理、职责明确、相互制衡的组织结构,完善住房公积金管理内部控制体系,防范操作风险;大力提升监管手段和监管水平,建立省级监管网络信息系统,对全省住房公积金管理中心和分中心业务运行进行实时全程动态监管。

【创建文明行业,提高服务水平】 以优化业务流程,健全服务制度;完善服务设施,改善服务环境;加快信息化建设,创新服务方式、强化人员素质,提升服务质量为标准,不断提高管理水平和服务质量。

⑦进一步规范建筑市场管理,促进建筑业健康发展

【加快建筑业产业结构调整】 根据市场容量,适时调整企业资质审批。进一步完善总承包、专业承包和劳务分包相配套的承包商体系,形成大、中、小企业,综合型与专业型企业互相依存、协调发展模式。扶持一批具有较高管理水平和专业技术特长的企业,大力实施"走出去"战略。鼓励施工总承包资质的企业扩大对外承包,培育核心竞争能力。大力培育和发展劳务企业,进一步规范劳务用工。鼓励农民工组建劳务分包企业,促进劳务企业实体化经营,加快劳务人员实名制管理体系的实施工作,规范建筑施工用工行为。

【创新监管体制,进一步规范建筑市场行为】 按照精简、统一、高效的原则,进一步完善建筑市场监管体系,建立建筑市场综合监管平台,加大联合执法力度,强化标后的监督管理,实施"两场联动",查处违法违规行为,规范工程建设主体各方行为。进一步建立完善市场准入、清出制度,根据综合信用评价,实施企业差别化管理,鼓励企业创优、争先,建立动态的资质、资格管理体系。

【进一步加强有形建筑市场建设,建立健全专业工程交易市场】 在全省全面推行计算机辅助评标的基础上,开展网上远程异地评标。提升服务水平,实施差别化取费,为规范专业工程分包和总承包企业公平竞争和使用劳务企业提供平台。加强建筑市场信用体系建设,建立健全建筑市场综合监管平台,完善企业、专业技术人员、工程项目信息系统,实现资源共享。借助综合监管平台进一步推进市场信用体系建设,实施信用监督和诚信奖励、失信惩戒制度,提高全行业的诚信意识,优化建筑市场环境,规范行为,促进建筑市场秩序根本好转。

【改革完善工程造价计价依据,加强工程造价监管】 构建和完善科学合理、符合市场规律的计价依据体系,建立和完善工程量清单计价、招标控制价形成、结算价备案等制度,着力推行工程量清单计价方法;全面修订现行计价定额;强化工程造价监管,规范参建各方和专业人员的计价行为;完善工程造价信息系统,加快工程造价队伍建设。

【加强建设工程安全质量监管,构筑工程质量安全长效机制】 完善建设工程质量管理监管体系、控制体系和保证体系,充实工程监理、质量检测、施工图审查三大控制手段,严格落实监理单位的责任,以保证人民生命财产安全为目标,以落实责任为核心,以住宅工程尤其是保障性住房、中小学校舍工程、灾后重建项目、全省重大建设项目以及城市基础设施工程质量安全监管为重点,以强制性标准、规范为主要依据,采用新技术、新材料、新工艺,全面提高工程质量安全水平,确保工程建设项目一次性验收合格率达到90%以上,大中型工程建设项目达到100%;争创国家"鲁班奖"优质工程10项以上。同时,继续加大对违法违规行为的查处力度,构筑工程质量安全长效机制,实现全省建设工程质量安全形势的持续稳定发展。

⑧优化企业结构,促进勘察设计业健康快速发展

【完善行业布局】 争取促成酒嘉地区形成一支具备甲级勘察和建筑设计资质的企业,与中心兰州市和东部天水市形成"中心带动、两翼齐飞"的发展格局,使全省勘察设计力量在空间布局上更加合理。

【优化企业结构】 着力培育、提升2～3家甲级勘察设计企业,营造重质量、创精品的良好氛围,

提高高端市场的占有率，带动全省勘察设计行业整体实力和水平不断提升，为行业长远发展奠定坚实基础。

【延伸服务领域】 积极推动勘察设计企业不断适应经济社会发展新形势，发挥自身技术和管理优势，从单一的勘察设计向工程咨询和项目管理延伸，在保持主业做大做强的基础上，不断拓宽业务领域，寻求新的经济增长极。同时，积极创造条件，使有实力的勘察设计单位走出去，开拓国际国内市场，提高竞争能力。

【进一步完善市场监管】 建立和完善相关规章制度，加大对各主体从业行为的约束和检查力度，有效的遏制低价恶性竞争，制止无证勘察设计、挂靠设计、超越资质范围等级从事勘察设计等违法违规行为，实现勘察设计市场的有序竞争、规范从业、合法经营。

【强化质量责任】 强化勘察设计企业质量管理体系的建立和运行，加大质量监管和处罚力度，不断增强责任主体的质量意识。建立和完善勘察设计单位、施工图审查机构及其从业人员的质量不良行为记录档案，视情节适时向社会公布，接受社会监督。

【推动技术创新】 大力倡导创新设计理念，提高全行业技术水平，促进行业科技进步。积极推进自主知识产权和专有技术研发，进一步增强勘察设计企业创新能力和核心竞争力。

【完善工程建设标准体系】 修订节能降耗、资源综合利用等标准，完善工程建设质量安全标准体系；加快完善全省建筑抗震技术标准，基本形成城镇基础设施和村镇建设标准体系；加快科技成果向生产力的转化，进一步提升标准的科技水平；加强工程建设强制性标准的宣传贯彻与监督检查，完善工程建设标准实施监督机制。

⑨ 加大建设科技创新能力，全面推进建筑节能工作

【开展重点领域科技创新和低碳节能技术研发】 组织住宅和公共建筑节能难点技术攻关，研究外墙保温防火与建筑物同寿命技术，以及既有建筑节能改造综合成套技术，加大绿色节能示范工程应用研究，逐步建立绿色低能耗建筑、低碳生态建筑等相融合的住宅产业开发建造模式。

【新建建筑全面执行65%节能标准】 强化建筑节能强制性技术标准，确保新建筑施工图设计阶段与竣工验收阶段达到节能设计标准。抓好建筑市场新技术、新产品的管理，确保建筑节能材料质量。加大建筑节能专项检查力度，严格监督执法，提高建筑节能工程质量。

【积极推进既有建筑供热计量和节能改造】 总结交流"十一五"工作经验，指导全省因地制宜、经济合理地推进既有建筑节能改造。引入合同能源管理模式，建立政府财政引导、企业自筹、社会与受益居民资金投入的节能改造多元融资的管理模式。

【稳步推进可再生能源在建筑中的规模化应用】 继续组织好国家可再生能源建筑应用示范项目申报，对已启动的5个示范项目和3个示范县实施动态监管及能效检测，提高可再生能源建筑应用的建设水平和示范作用。制定和完善相关政策措施，加大太阳能光热、光电技术、热泵技术研究，优先发展中水回用、雨水集流等节水技术；推进可再生能源与建筑一体化、规模化应用。

【加强农村建筑节能与抗震技术研究推广】 结合全省农村危旧房改造和农宅建设，大力推广抗震、节能建筑和被动太阳能房、沼气及节能吊炕、风能和光电技术。加强农宅建设中关键节能技术和抗震技术的研究，为农村节能示范项目提供技术支撑。

【推进国家机关办公建筑和大型公共建筑能源审计与监测体系建设】 基本完成3000平方米以上政府办公楼及大型公共建筑的能耗统计、能源审计，大力推进监测平台建设；做好设计阶段的能效评估；扩大城市公共建筑能耗监测范围，建立大型公共建筑能效公示和奖惩制度。

【推行新技术备案与节能建筑标识制度】 加强对进入建设领域建筑节能材料和产品质量的检查，确保建筑节能材料质量。严格建筑市场新技术（产品）备案，加快新型节能结构体系及其配套材料、新型能源应用等重点技术推广应用，建立新技术和推广技术目录。

【扩大对外合作渠道，加强国内外技术合作】 坚持走出去引进来，以合作交流、技术培训等多种方式引进国内外先进理念、经验和技术，加快对建筑节能关键技术的攻关，不断充实和完善建筑节能政策、法规、标准和配套技术。

【扶持"两州两市"加快提升城乡建设水平】 帮助甘南、临夏等少数民族地区和定西、陇南等贫困地区，积极争取各方面的支持，不断加强城市公用设施建设，提高运营管理水平；加强村镇规划建设工作，加快推进农村危旧房改造；完善住房保障体系，加强保障性住房建设；全面推行建筑节能工作，提高新技术新能源的应用率。加强全省建设行业统计基础工作，完善工作制度，健全工作机制，

确保统计数据真实、准确，为全省住房城乡建设事业科学决策提供依据。

大事记

1月5～15日，由甘肃省住房和城乡建设厅牵头，对各市州政府2010年住房保障和住房公积金管理工作目标责任书完成情况进行全面考核。

1月9日，全省思想政治工作暨精神文明建设表彰大会在兰州召开，甘肃省住房和城乡建设厅被省委、省政府授予省级文明单位称号。

1月25日，全省住房和城乡建设暨党风廉政建设工作会议在兰州召开。会议回顾总结"十一五"时期和2010年的全省建设工作，安排部署"十二五"时期和2011年全省住房和城乡建设工作。

2月24日，在全国保障性安居工程工作会议上，甘肃省委常委、副省长刘永富代表省政府与全国保障性安居工程协调领导小组签订2011年甘肃省政府住房保障工作目标责任书。

2月25日，甘肃省委副书记、省长刘伟平主持召开省政府第75次常务会议，研究进一步加强房地产市场调控、加快保障性住房建设等工作。

3月10～12日，省住房建设研讨班在兰州召开，进一步研讨在新的形势下全省房地产市场调控和保障性安居工程建设工作路径和措施。

3月28日，2011年甘肃省工程建设标准及标准设计编制计划正式下达。

4月30日，省建设厅援建的舟曲灾后重建永久供水工程开始向县城供水。

6月11日，省建设厅2011年建筑节能宣传周活动正式启动，宣传的主题是："节能我行动，低碳新生活"。

6月20～21日，甘肃省房地产市场调控和保障性安居工程建设工作现场会在庆阳召开。

6月29日，省政府办公厅印发《甘肃省"十二五"住房和城乡建设事业发展规划纲要（2011～2015）》。

8月23～27日，住房和城乡建设部住房保障司司长孙新春带领部相关司局领导及专家来甘肃省就保障性住房工程质量安全、建筑市场和城市既有桥梁运行安全进行检查。

8月25日，省工程量清单计价电子招标投标及计算机辅助评标系统测试成功。

11月14日，省政府办公厅印发省建设厅编制的《甘肃省"十二五"城镇住房规划》。

11月17～20日，省建设厅组成专项检查组，对定西、白银、兰州市和临夏州的施工现场使用钢筋质量进行抽查。

11月21日，省政府办公厅印发省建设厅组织编制的《甘肃省"十二五"城镇化发展规划》。

11月22日，省保障性安居工程建设工作会议在兰州召开，2011年全省保障性安居工程建设任务全面完成。

12月8日，全省《国有土地上房屋征收与补偿条例》和《甘肃省实施〈国有土地上房屋征收与补偿条例〉若干规定》培训班在兰州举行。

（甘肃省住房和城乡建设厅）

青 海 省

1. 建设法规建设

【颁布《青海省实施〈中华人民共和国城乡规划法〉办法》】《青海省实施〈中华人民共和国城乡规划法〉办法》于5月底经省政府常务会议通过并报省人大常委会议论证，省人大财经委、法工委召开多次会议进行研究审议，配合省人大赴四川、贵州、湖南等省及省内部分地区开展调研，广泛征求意见后进行修改完善，11月24日经省十一届人大常委会第二十六次会议审议通过并正式颁布，自2012年3月1日开始施行。

【颁布《青海省建设工程造价管理办法》】《青海省建设工程造价管理办法》经2011年8月3日省人民政府第85次常务会议审议通过，自2011年10月1日起施行。

【立法管理散装水泥】为加快全省依法发展散装水泥进程，积极主动向省法制办提出将原《青海省散装水泥管理办法》上升为地方法规，经与省法制办研究，开展立法起草、论证、调研工作，形成《完善政策 理顺体制机制 推动散装水泥可持续发展》

的散装水泥立法工作调研报告,并将《青海省促进散装水泥发展管理办法》列入2012年首批省人民政府立法工作计划中。

【全省住房城乡建设工作会议暨党风廉政建设工作会议在西宁召开】 会议回顾总结"十一五"时期及2010年全省住房城乡建设工作,研究"十二五"期间全省住房城乡建设事业全面协调可持续发展的战略措施,安排部署2011年工作。会上表彰一批先进集体,西宁市城乡建设委员会等6个单位作大会交流发言,省厅与各州地市建设局签订2011年工作目标责任书。

【续编《青海省住房城乡建设事业统计摘要(2001～2010)》】 为更好地满足全省住房城乡建设系统科学决策的需要,提高建设统计服务质量和水平,续编《青海省住房城乡建设事业统计摘要(2001～2010)》,完成"十五"、"十一五"期间行业发展主要统计指标的汇编工作,并印发至各州(地、市)住房城乡建设行政主管部门和厅各单位。这是青海省住房和城乡建设厅历史上第一次组编此类统计指标数据,工作浩繁,意义重大,为全省从事住房城乡事业人员提供实用而便利的业务工具。

2. 保障性安居工程

【保障性安居工程建设情况】 2011年,青海省新建项目开工18.17万套(含追加任务4500套),完成年度计划的100.5%;新增廉租住房租赁补贴发放1.2万户。其中:新建廉租住房开工83845套,开工率100.5%;廉租住房购改租8674套,开工率101.3%;经济适用住房开工1747套,开工率109.2%;公共租赁住房开工42590套,开工率100.2%;限价商品住房开工1078套,开工率107.8%;城市棚户区改造17007户,开工率100.04%;国有工矿棚户区改造20100户,开工率100%;国有林场危旧房改造1500户,开工率100%;垦区危旧房改造5241户,开工率102.8%。

【制定下发多项政策文件】 制定下发《关于加快城镇保障性安居工程建设的实施意见》、《关于城镇保障性安居工程建设有关问题的通知》等政策性文件,对推动保障性安居工程建设和规范住房管理起到重要的指导作用,逐步建立起分层次、多方位的城镇住房保障政策体系。同时对保障性安居工程建设实行目标责任管理,层层签订目标责任书,建立考核问责机制。

【是争取中央支持,落实补助资金】 落实中央补助资金61.5亿元,比2010年增加39.8亿元;省级配套资金27.6亿元,比2010年增加25亿元。针对保障性住房建设资金不足等困难,积极鼓励企业和其他社会力量参与保障性住房建设和棚户区改造。全年有30家企业参与建设1万余套公租房,约占全省公租房总数的1/4;在新建商品房开发项目中配建廉租住房2766套、公共租赁住房1750套。同时在各地积极推进廉租住房共有产权建设管理模式,在廉租住房建设中个人出资达16458万元,既满足了部分群众拥有个人住房产权的愿望,又拓宽了资金筹集渠道。

【严把准入管理,完善退出机制】 指导各地进一步完善城镇保障性安居工程申请、轮候、配租和租后管理制度,严格落实社区、街道和市县民政、住房保障等部门的"三级公示、三级审核"分配程序。逐步建立民政、住房保障、公安、金融机构联动机制和社区协作审核机制,确保配租过程公开透明、结果公平公正。同时对不符合条件的家庭及时进行调整或退出。

【组织青海省5家工程设计单位参加2011年·中国首届保障性住房设计竞赛】 共上报28个方案《关于报送青海省2011年·中国首届保障性住房设计竞赛方案的函》(青建设函〔2011〕153号)。在此次竞赛中青海省住房和城乡建设厅勘察设计处获优秀组织奖、青海省建筑勘察设计研究院有限公司王彧获安心居(廉租房设计方案)鼓励奖。

3. 住宅与房地产

【房地产业开发超额完成任务】 2011年,全省房地产开发完成投资144.77亿元,同比增长33.8%,超额完成年初目标任务的11.36%。完成建筑业增加值163.45亿元,比2010年增长25%,比年初目标增长13.45亿元。全省工程质量一次验收合格率达93%。全省房屋建筑和市政工程共发生伤亡事故11起,死亡18人,事故死亡人数控制在省安委会确定的指标以内。

【农牧区住房建设取得新成绩】 2011年,全省2135个村庄被纳入"千村建设、百村示范"工程,并从中确定了186个示范村庄。安排农村奖励性住房10万户,开工9.98万户,开工率99.8%;竣工8.11万户,竣工率81%。安排农村危旧房改造5.7万户,开工5.85万户,开工率102.5%;竣工5.07万户,竣工率89%。

【配合做好房地产市场宏观调控】 2011年,青海省深入贯彻国务院《关于进一步做好房地产市场调控工作有关问题的通知》,加强宏观调控,促进全省房地产市场健康发展。为贯彻国务院《关于进一步做好房地产市场调控工作有关问题的通知》精神，青海省住房和城乡建设厅代青海省省政府起草《进一步加强宏观调控促进房地产市场平稳健康发展的实施意见》，青海省政府以青政〔2011〕11号文印发各地执行。西宁市、格尔木市、德令哈市根据国务院及省政府文件要求，制定落实宏观调控意见，提出一系列促进房地产市场平稳健康发展的意见。2011年，全省商品住房平均销售价格为3110元/平方米，同比上涨7.5%，涨幅比2010年下降11%，房地产宏观调控取得初步成效。

【努力提高住房品质】 积极开展住宅性能认定工作，宁夏中房集团西宁公司开发的"夏都府邸"项目和青海聚富房地产开发公司开发的"盛达国际新城"项目，分别通过住房城乡建设部住宅产业促进中心组织的住宅性能认定"3A"和"2A"级中期评估。积极开展房地产"昆仑杯"评选活动，全省有5个项目申报"昆仑杯"。

【进一步规范房地产市场秩序】 开展2011年房地产市场专项整治检查，各地按照省住房城乡建设厅等五部门印发的《2011年房地产市场专项整治工作方案》要求，积极开展房地产市场专项检查，平安、互助、门源、大通、格尔木等县(市)形成房地产市场秩序专项整治自查报告。

【进一步规范物业服务企业行为】 开展以西宁市为主的"物业服务管理年"活动，会同省公安厅联合下发《关于印发〈青海省住宅物业小区消防安全管理规定〉的通知》。举办"物业专业人员岗位培训班"，推进物业服务水平的进一步提高。

【公积金住房公积金归集额持续稳定增长】 截至年底，全省为45.2万职工建立住房公积金制度，缴存总额229.8亿元，缴存余额143.6亿元。2011年，住房公积金缴存41.2亿元，同比增长15%；个人提取住房公积金23.69亿元，同比增长28%。到2011年底，累计为14.1万户职工家庭发放个人住房公积金贷款132.8亿元，个人贷款余额为64.32亿元，个贷率45%，住房公积金使用率达到69%。2011年，全省为1.33万职工家庭发放住房公积金个人贷款23.4亿元，占当年缴存额的57%。未发生呆账坏账现象。全省共回收2002年以前发放的项目贷款、单位贷款13227万元，国债1577万元。项目贷款、单位贷款余额1573万元，国债833万元，占缴存余额的0.17%。总体上看，青海省住房公积金安全可控。各地管理中心从规范工作流程和审批程序入手，不断修订完善公积金归集、贷款、支取和会计核算等内部管理制度，认真落实党风廉政建设和"一岗双责"制度，加强对关键岗位、关键人员的管理，推行政务公开，为各项业务的发展提供制度保障和机制保障，形成廉洁高效的业务环境。

【住房公积金信息化建设水平不断提高】 支持海北州中心建成公积金业务管理信息系统，告别手工记账的历史；西宁市中心、省直分中心完成业务管理信息系统升级，全面提升管理水平；青海省住房公积金监管系统镜像建设服务器部署调研工作已完成，实现与住房城乡建设部监管系统镜像线路连接，为实现全省住房公积金管理和使用全程监管奠定基础。

4. 建设科技

【科技创新和建筑节能取得新发展】 2011年，完成既有建筑节能改造142.57万平方米，比年初确定目标超额完成42.57%。2011年起，全省城镇新建、改建和扩建的居住建筑已100%执行《严寒和寒冷地区居住建筑节能设计标准》中节能65%的设计标准。

【发展散装水泥工作取得新提高】 2011年，散装水泥的推广使用产生良好的社会效益和经济效益。散装水泥供应量再创历史新高达到467万吨，继续保持两位数增长，增幅35.24%，超目标任务33%；水泥散装率达到44.81%，较2010年增长2个百分点，超额完成全年目标任务，水泥散装率位居全国第18位，比全国平均水平低5.1个百分点，高于西北平均水平7个百分点；全省预拌混凝土使用量达550万立方米，比2010年同期增加190万立方米，超额完成目标任务的15.63%，较2010年增长53%。

【加大建筑节能标准化规范化工作】 编制完成《青海省泡沫玻璃防火隔离带技术规程》等7个地方性标准，会同青海省财政厅下发《青海省既有建筑供热计量及节能改造项目管理办法》。

【全面实施既有建筑供热计量和节能改造工作】 200万平方米既有建筑节能热计量改造项目全面启动，下达国家财政既改配套资金4602万元；对西宁市"十一五"期间30万平方米既有居住建筑供热计量及节能改造项目进行验收。

【大力推进可再生能源在建筑中的应用】 乐都县、互助县被申报批准为国家可再生能源建筑应用示范县，5个太阳能光电建筑应用示范项目被批准为国家级示范项目。完成5个国家级可再生能源建筑应用示范项目的检测和验收工作。批准6个项目为省级可再生能源建筑应用示范项目。组织开展一、二星级绿色建筑评价标识工作，中房银川西宁"夏都府邸·西区"项目通过二星级评审。

5. 城乡规划

【明确"十二五"全省城镇发展思路】 以省政府名义印发《青海省"十二五"城镇发展规划》，明确提出"十二五"期间构建功能明确、布局合理、发展协调、带动有力的新型城镇体系布局，走适应科学发展、转型发展、一体化发展的新型城镇化道路。

【加快以西宁为中心的东部城市群规划编制工作】 为贯彻落实省委《关于推进以西宁为中心的东部城市群建设的意见》，编制完成《青海省东部城市群城镇体系规划》、《东部城市群城乡一体化发展规划》，并上报省政府。

【开展重点区域、城市和撤县建市城市的规划编制工作】 指导、督促西宁市、平安等东部城市群城镇开展对总体规划的评估、修编和技术审查工作；对德令哈市、贵南县、玛多县等十余个城镇的城市总体规划实施评估和审查。

【做好乡村规划编制指导工作】 按照"先规划、后建设"的原则，成立青海省农村牧区住房规划委员会，建立"专家＋基层干部＋农村能人"的规划编制机制，村庄规划有良好的起步，在村庄建设中的引领作用逐步显现。全年共安排村庄规划补助资金9860万元。完成1759个村的地形图测绘、完成486个村的规划初稿。

【注重村庄特色建设工作】 在村庄建设中，指导各地紧扣《青海省农村牧区村庄规划及特色民居建设指导意见》提出的"四大区域"的不同民居特色理念，根据各地区的地域文化、景观风貌和民居建筑形式，充分挖掘村庄自然环境、民族元素、民俗文化等资源，注重与农村牧区住房、乡村旅游业等相互衔接，着力打造一村一样、一村一色、一村一貌，凸显不同民族、不同区域的特色。

6. 建筑业与工程建设

【完善法规政策措施】 省政府常务会议审议通过《青海省建设工程造价管理办法》（省政府第79号令），代省政府办公厅起草下发《关于进一步规范全省建筑市场加强建设工程质量安全管理的意见》。结合青海省实际，先后印发《关于进一步加强保障性住房工程质量安全管理的意见》等30余份重要政策性指导文件，为促进全省建筑业健康可持续发展发挥积极作用。

【整顿规范市场秩序】 认真落实中央关于工程建设领域突出问题专项治理的工作部署，以工程质量安全为核心，以规范建筑市场秩序为主线，不断改进监管方式，创新监管手段，突出重点，标本兼治，对全省施工、监理、造价、招标代理等1136家建筑业企业和中介机构进行了业绩考核，并按10%比例对省内70家施工企业进行资质动态核查。对考核不合格的113家省内（外）施工企业和监理企业分别给予全省通报、一年内不许在青海省承揽建设工程业务以及清出青海省建筑市场的处罚，并注销34家省内施工企业资质。

【不断加大监管力度】 以强化保障性安居工程监管为重点，建立住宅工程质量分户验收、建筑物设置永久性标牌等制度，完善工程质量暗查、抽查、巡查以及差别化监管机制，加强工程质量监管信息化建设，使工程监管工作更加科学、公正、高效，工程监管水平得到稳步提高。

【强化安全生产管理】 以深化"安全生产年"活动为契机，重点解决建筑施工安全生产中存在的薄弱环节和突出问题。年内累计检查4394个建设项目，建筑面积5999.7万平方米，排查隐患4000余项，下发整改通知单502份，停工通知书202份。有效遏制和减少建设工程安全生产事故的发生，实现全省房屋建筑、市政公用工程和工业项目建设施工安全生产形势的稳定好转。

【规范招投标市场秩序】 为进一步规范青海省招投标市场秩序和各方主体行为，推进体制机制创新，根据省纪委关于开展招投标市场突出问题专项治理工作要求，结合青海省实际，省住房城乡建设厅印发《关于开展全省房屋建筑和市政工程招投标市场秩序专项治理工作实施方案》（青建工〔2011〕254号）。

【工程质量安全管理】 6月15日，组织省内1800余名质量监督机构人员及施工、监理企业人员在青海省交通技术学院新校区（生物园区内）召开全省建筑施工安全标准化示范工地现场观摩会，8月中旬组织400余人在海西蒙古族藏族自治州德令哈市召开全省建筑施工高处坠落事故应急演练现场会。

【玉树灾后重建】 多次组织召开玉树灾后重建城乡规划委员会等相关会议，完成玉树十大重点项目规划设计方案审查、审批。开展玉树灾后重建城乡规划中期评估工作，对《玉树县结古镇总体规划（灾后重建）》和《玉树灾后重建城乡住房专项规划》进行自评估。完成《玉树县结古镇总体规划（灾后重建）》等4个自评估报告。建立玉树县灾后重建规划管理信息审批系统。科学规划村庄和小区布局，优化户型设计，仅农牧民住房户型就有38种，城镇居民住房户型有18种。截至年底，累计开工城乡住房37287户，开工率98.7%，完工率85.9%。其中，农村住房建设任务数16670户，全部开工，全部完工；城镇住房开工21094户，开工率91.7%，完工率69.2%。大部分农牧民和部分城镇居民迁入新居。加强玉树地震灾后重建"四控制"，狠抓工程项目质量、成本、进度、安全。抽调大批专业人员组成巡查组，对工程质量安全多次进行全面检查，有效提高工程质量及安全施工水平。为解决结古镇统规自建区居民住房重建因设计、施工标准不统一，影响施工进度，成本造价增加等问题，组织人员赴四川成都、石渠等地考察学习经验方法，对建筑建材价格、市场劳务人工工资和部分援建企业项目部、施工现场进行实地调查，聘请第三方评估机构对工程造价进行审核，制定《关于玉树藏族自治州结古镇城镇居民住房（统规自建区）灾后重建统一相关结构技术标准的意见》、《玉树地震灾后重建工程造价计价规则》等文件，编制符合实际的工程造价标准。积极协调省内11家援建企业承担玉树地区9个乡镇4471户农牧民住房的建设任务，建立设计审批"绿色通道"，加快建设进度。强化现场保障，建立和完善碰头会议制度、月度工作会议制度、工程建设进度月报制度，加强同现场指挥部、玉树藏族自治州县党委政府和各援建单位的联系沟通，定期召开专题会议，着力解决重建中出现的困难和问题，确保施工顺利进行。动员全系统力量参与玉树灾后重建工作，全年共抽调近百人次专业技术干部长期驻守重建第一线。组织开展玉树地震灾后重建房屋建筑和市政基础设施工程项目实施竣工验收培训工作。

【住房城乡建设部印发《住房和城乡建设部对口支援青海省玉树县工作方案》】 根据国家确定由住房城乡建设部对口支援青海省玉树藏族自治州玉树县的工作安排，为使住房城乡建设部对口支援玉树县工作更有针对性，经与玉树县委、县政府取得协商，起草并向住房城乡建设部上报《关于对口援青（玉树县）相关工作的请示》（青建计〔2011〕404号），住房城乡建设部于8月印发《住房和城乡建设部对口支援青海省玉树县工作方案》（建办规〔2011〕52号），明确对口支援领域、支援重点和支援机制。

【勘察设计监管】 2011年共组织完成建设项目初步设计审查461项（其中复审31项），总建筑面积274.9万平方米，道路总长96.1公里，街道整治30.6公里，雨污排水管网177.3公里，集中供热258.6万平方米，垃圾场库容177.6万立方米，粮食储备库库容57800万吨，项目概算总投资234.8亿元。会同省发改委共同组织完成称多县行政中心、杂多县行政中心、治多县行政中心、州粮食储备库、邮政办公业务用房等7个项目的可研、初设并联审查。会同省民宗委部门共同组织完成玉树23座宗教寺院重建项目的可研和初设并联审查，初步设计全部批复。组织设计单位、建筑产品厂家等编制《青海省住宅信报箱通用图集》、《铝合金节能窗通用图集》、《砖砌体结构嵌筋抗震加固构造图集》，为提高青海省城镇化水平、推进建筑节能减排、加强建筑主体结构安全提供有力的技术支撑。为彰显青海农村牧区特色民居的建筑风格，体现青海东部地区民居建筑风格，组织西安建筑科技大学开展青海东部地区河湟民居建筑设计方案调研，形成调研报告，编制完成《东部地区——"河湟庄院"建筑设计方案图集》，获得省政府有关领导肯定。

【勘察设计企业业绩考核】 下发《关于公布2010年度全省工程勘察设计企业业绩考核结果的通知》（青建设〔2011〕415号）。2010年度业绩考核结果为省内企业107家，其中优良20家，合格84家，不合格3家并注销工程设计资质；考核省外企业98家，其中优良3家，合格83家，基本合格1家，不合格11家（通报批评）。同时对在玉树抗震救灾及灾后恢复重建中表现优秀的省内20家、省外3家企业，给予通报表扬。

7. 城市建设

【加大小城镇建设投资力度】 会同有关部门制定2011年度全省小城镇建设资金计划和建设方案，实施了总投资额为9820万元的22个建设项目。

【生活垃圾和生活污水处理设施建设】 开展"十二五"全省生活垃圾和生活污水处理设施建设规划及西宁市餐厨垃圾示范项目的国家级会审工作；其中西宁市餐厨垃圾实施政策和处理技术已被确定为"西宁模式"，列入全国示范项目，下一步将得到国家重点支持。

【积极指导西宁市制定分户热计量收费标准及促进政策】 西宁市于2011年供暖季对完成热计量改造后的用户实行按热计量收费改革，采用两部制热价。指导同德、泽库、海晏等8个县开展藏区集中供热项目建设。

【牵头组织开展湟水流域垃圾清理整治专项行动】 共清理沿湟水流域多年积存河道及公路两侧垃圾达14000余吨。进一步强化检查考核，督促各地住房城乡建设主管部门抓好城镇污水处理设施运行管理工作；开展城镇生活垃圾处理厂无害化等级评定工作。全省城镇生活垃圾无害化处理率达到72%，城镇污水处理率达到60%，同比分别提高5%和16%。

8. 村镇建设

【全省农村牧区住房普查】 为全面掌握了解青海省农牧民的实际住房状况和住房建设需求量，衔接相关部门开展全省农村牧区住房普查工作，积极探索农村牧区居住房屋产权处置办法。同时，为实现农村牧区住房信息动态管理，建立农村牧区住房建设农户档案信息管理系统，成果数据正在录入、上报中。

【全省启动实施"千村建设、百村示范"工程】 按照集中投入、集中建设、整村推进的要求，加大项目资源整合力度，加快示范村建设，促进农村牧区面貌发生较大变化，示范效果初步显现。全年共整合示范村村道、人饮、通电、环境整治、绿化、扶贫等涉农建设项目资金12.26亿元，部分示范村基础设施和公共服务设施已建成使用，大通县多隆村、平安县沈家村、格尔木市大格勒乡等30多个具有地域特色的示范村建设取得明显成效。

【村庄环境整治】 结合"千村建设、百村示范"工程，起草印发《关于进一步加强村庄环境整治实施农村牧区清洁工程的指导意见》，召开全省农村住房建设现场观摩会，会同有关部门安排2011年度全省新农村建设村庄环境整治的303个村庄，2000万元村庄环境整治"以奖代补"资金已全部拨付到位。

【全省农村住房建设工作会议召开】 3月26日，青海省政府召开全省农村住房建设工作会议，全面启动"千村建设、百村示范"工程建设，安排农村奖励性住房建设10万户、农村危房改造5.7万户，与各地区签订了目标责任书。制定印发《关于2011年全省农村牧区"千村建设、百村示范"工程建设实施方案》、《青海省农村牧区"千村建设、百村示范"工程规划建设管理办法》、《青海省农村牧区住房建设绩效考核财政奖补办法(试行)》等多项相关配套文件。

【全省农村牧区住房建设规划汇报会召开】 4月10日，省农村牧区住房规划委员会召开全省农村牧区住房建设规划汇报会，省委书记、省人大常委会主任强卫，省委副书记、省长骆惠宁出席座谈会并讲话。省上领导王建军、王小青、桑杰、邓本太、张光荣、鲍义志，省政府参赞谢佐、蒲文成分别提出各自的中肯意见和建议。会后，制定印发《青海省农村牧区村庄规划及特色民居建设指导意见》，提出青海省农牧区河湟庄院、环湖藏居、绿色新居和多彩藏居等住房建设的四大特色理念，向各地提供《河湟民居设计方案》，并于5月27日举办宣贯会。

【加强村庄规划编制工作】 安排1亿元用于全省2135个村庄编制村庄规划。厅村镇建设处牵头召开5次农村牧区住房规划委员会专题会议，186个示范村和"百企联百村"的村庄规划全部通过审查。

大事记

1月5日，向各州、地、市住房城乡建设部门和有关单位下发关于做好《建筑抗震设计规范》GB 50011—2010新规范实施的通知(青建抗〔2011〕4号)。

1月17日，转发关于印发《全国绿色建筑创新奖实施细则》和《全国绿色建筑创新奖评审标准》的通知(建科〔2011〕3号)。

2月17日，省财政厅、省住房城乡建设厅联合转发财政部、住房城乡建设部《关于进一步深入开展北方采暖地区既有居住建筑供热计量及节能改造工作的通知》(青财建字〔2011〕130号)。

2月28日，召开青海省房地产业协会年度会议，会上表彰85名先进个人及48家先进企业。

3月2日，会同青海省公安厅联合下发《关于印发〈青海省住宅物业小区消防安全管理规定〉的通知》(青公通字〔2011〕30号)。

3月8日，为深入贯彻落实国务院《关于进一步做好房地产市场调控工作有关问题的通知》(国办发〔2011〕1号)精神，起草制定《进一步加强宏观调控促进房地产市场健康平稳发展的实施意见》，省政府以青政〔2011〕11号文下发执行。

3月10日，配合省政府规划办组织召开"'十二五'省级重点专项规划——青海省'十二五'城镇发展规划评审会议"，并就会议中提出的意见对《青海省"十二五"城镇发展规划》进行修改完善。省政府第82次常务会议原则批准修改完善后的《青海省"十二五"城镇发展规划》，已印发全省执行。

3月10日，制定印发《关于进一步加强建筑施工企业安全生产工作的意见》(青建工〔2011〕163号)。

3月10日，下发《关于印发〈全省住房城乡建设系统2011年社会治安综合治理及维稳工作要点〉的通知》(青建办〔2011〕159号)。

3月11日，制定印发《关于加强建筑施工企业内设组织机构及人员管理的意见》(青建工〔2011〕

167号)。

3月15日,制定印发《青海省房屋建筑和市政基础设施工程质量监督管理实施细则》(青建法〔2011〕180号)。

3月16日,制定印发《省住房城乡建设厅2011年创先争优活动安排》(青建党〔2011〕14号)。

3月21日,下发《关于发布执行青海省被动式太阳能采暖工程技术规程(DB 63/948—2011)地方标准的通知》(青建科〔2011〕187号)。

3月25日,省财政厅、省住房城乡建设厅联合转发财政部、住房城乡建设部《关于进一步推进可再生能源建筑应用的通知》(青财建字〔2011〕337号)。

3月28日,根据全省住房建设工作会议部署和青海省工程勘察设计咨询业"十二五"规划,研究制定《2011年全省勘察设计行业管理工作要点》(青建设〔2011〕207号)。

4月10日,为切实贯彻落实国务院《国有土地上房屋征收与补偿条例》(第590号令),起草制定《青海省贯彻〈国有土地上房屋征收与补偿条例〉的实施意见》,省政府以青政〔2011〕24号文下发执行。

4月11日,省住房城乡建设厅、省质量技术监督局联合下发《关于发布执行青海省泡沫玻璃防火隔离带技术规程(DB63/T 982—2011)地方标准的通知》(青建科〔2011〕233号)。

4月14日,在西宁市西门体育馆广场开展全省"4·14玉树地震一周年纪念日"宣传活动。

4月19日,制定印发《青海省建筑工程施工现场主要管理人员配备暂行办法》(青建法〔2011〕252号)。

4月20日,完成青海省建筑标准设计《铝合金节能窗通用图集》的编制、审定、审批、印刷和发行工作。《关于颁发青海省建筑标准设计〈铝合金节能窗通用图集〉的通知》(青建设〔2011〕82号)。

4月21日,根据《关于玉树灾后重建项目有关问题意见的通知》,结合玉树灾区的实际情况,就玉树结古镇及其他城镇的市政道路建设的设计技术标准和规范事宜对省地震灾后重建现场指挥部提出意见。《关于玉树灾后重建市政道路建设设计技术标准和规范有关问题的请示》(青建设〔2011〕256号)。

4月21日,住房城乡建设部检查青海省治理商业贿赂工作。

4月22日,组织召开青海省住房城乡建设系统依法行政暨廉政建设电视电话会。

4月27日,向州、地、市住房城乡建设部门下发《关于印发〈2011年全省城乡建设抗震防灾工作要点〉的通知》(青建抗〔2011〕274号)。

4月28日,制定印发《关于进一步加强省外进青建筑企业管理的通知》(青建工〔2011〕277号)。

4月29日,省招标办在西宁市组织召开全省建设工程招标投标座谈会。来自全省各州(地、市)、县(市)招标办、交易中心、招标代理机构共70余人参加会议。

4月,制定出台《青海省住房城乡建设行业协会(学会)管理暂行规定》和《青海省住房城乡建设行业协会(学会)人事、财务管理指导意见》,行业协会、学会的管理得到进一步加强。

5月11日,制定印发《关于印发进一步加强玉树灾后重建工程项目"四控制"实施意见的请示》(青建工〔2011〕305号)。

5月18日,制定印发《关于进一步加强保障性住房工程质量安全管理的意见》(青建工〔2011〕339号)。

5月18日,制定印发《关于加强玉树地震灾后重建工程竣工验收管理的通知》(青建工〔2011〕323号)。

5月30日,下发文件《关于印发〈青海省既有建筑供热计量及节能改造项目管理办法〉的通知》(青建科〔2011〕380号)。

5月30日,省住房城乡建设厅、省财政厅联合转发财政部、住房城乡建设部《关于进一步推进公共建筑节能工作的通知》(建科〔2011〕39号)。

5月30日,省住房城乡建设厅、省财政厅联合下发《关于印发青海省既有建筑供热计量及节能改造项目管理办法的通知》(青建科〔2011〕380号)。

6月1日,下发《关于开展2011年住房城乡建设领域节能减排专项监督检查的通知》(青建科〔2011〕388号)。

6月9日,下发《关于举办青海省绿色建筑与可再生能源建筑应用经验交流暨技术培训大会的通知》(青建科〔2011〕413号)。

6月9日,组织省内外部分企业的相关人员开展"安全月"宣传活动,现场使用展板46块,分发宣传资料5000余份,达到预期的宣传效果。

6月13日,省住房城乡建设厅、省质量技术监督局联合下发《关于发布执行预拌混凝土生产应用技术规程(DB63/T 994—2011)等四项地方标准的通知》(青建科〔2011〕416号)。

6月14日,青海省住房资金管理中心被住房城乡建设部、共青团中央评为2008~2010年度全国青年文明号。见文《关于表彰住房城乡建设系统2008～2010年度全国青年文明号的决定》（建精〔2011〕87号）。

6月14日，下发《关于印发青海省绿色建筑评价标识管理办法（试行）的通知》（青建科〔2011〕420号）。

6月14日，下发《关于成立青海省绿色建筑评价标识管理机构和专业委员会的通知》（青建科〔2011〕419号）。

6月14日，下发文件〈关于印发《青海省绿色建筑评价标识管理办法》（试行）的通知》（青建科〔2011〕420号）。

6月21日，印发《青海省住房和城乡建设厅2011年重点稽查执法工作方案的通知》（青建法〔2011〕575号）。

6月25日，对全省施工图设计文件审查机构资质进行重新认定，下发《关于开展青海省施工图设计文件审查机构资质认定工作的通知》（青建设〔2011〕523号）。

7月5日，下发《关于下达2011年既有居住建筑供热计量及节能改造工作任务的通知》（青建科〔2011〕533号）。

7月5日，省住房城乡建设厅会同省发展改革委、财政厅向住房城乡建设部、国家发展改革委、财政部上报《关于加大对青海省保障性安居工程建设的资金支持取消藏区六州地方配套资金的请示》（青建房〔2011〕549号）。

7月5日，发布《关于青海省东部地区——"河湟庄院"建筑设计方案图集的通知》（青建设〔2011〕532号），该图集委托西安建筑科技大学主编，已正式印刷发行，免费发放各州地市住房城乡建设局，供各地在农牧区住房建设中参考使用。

7月8日，为进一步加强对全省保障性安居工程建设政策落实情况的监督检查，确保全省保障性安居工程建设任务和相关政策得到有效落实，省住房城乡建设厅会同省监察厅向各地政府下发《关于印发青海省保障性安居工程建设政策落实情况监督检查工作方案的通知》（青建房〔2011〕564号）。

7月11日，省保障性安居工程建设领导小组办公室印发《2011年1—6月份全省城镇保障性安居工程建设进展情况通报》（青保建〔2011〕17号）。

7月12日，根据住房城乡建设部办公厅《关于转发住房和城乡建设部办公厅关于举办2011年·中国首届保障性住房设计竞赛的通知》（建设〔2011〕53号）要求，组织青海省各建筑设计单位技术人员参加住房城乡建设部举办的"2011年·中国首届保障性住房设计竞赛"。

7月12日，为提高青海省工程勘察设计水平，引导、鼓励工程勘察设计单位和工程勘察设计人员创作出更多质量优、水平高，效益好的工程勘察设计项目，下发《关于开展2011年度青海省优秀工程勘察设计奖评选活动的通知》（青建设〔2011〕577号）。

7月13日，省住房城乡建设厅、省质量技术监督局联合下发《关于发布执行青海省既有居住建筑节能改造技术规程（DB63/1004—2011）地方标准的通知》（青建科〔2011〕604号）。

7月25日，在格尔木市召开"西北五省（区）散装水泥工作联席会议"。

7月26～29日，根据对口帮扶玉树州住房城乡建设系统财务管理工作安排，组织玉树州建设系统财会人员召开会计基础工作和单位内部管理制度建设培训及现场交流观摩会议，交流经验，进一步规范会计基础工作，提高财会人员的业务水平。同时，也为玉树藏族自治州住建系统的行业诚信建设及灾后重建资金和资产的核算、管理工作打下坚实的基础。

7月27日，省公安厅、省住房城乡建设厅联合下发《关于加强青海省外墙保温及外墙装饰材料监督管理工作相关要求的通知》（青公通字〔2011〕94号）。

7月29日，根据住房城乡建设部关于开展保障性安居工程建设政策落实监督检查工作的通知要求，根据4月、5月省政府组织相关部门成立检查组对各州地市检查情况，省住房城乡建设厅向省政府上报《青海省开展保障性安居工程建设政策落实监督检查工作情况的报告》（青建房〔2011〕672号），研究分析检查发现的具体问题，提出整改措施和工作要求。

7月30日，西北五省（区）第四届建设工程招标办、交易中心主任联席会议在西宁召开。来自陕西、宁夏、新疆、甘肃、四川、青海的招标投标监督管理机构和建设工程交易中心的同行和部分省市的特约嘉宾共130余人参加会议。

8月3日，省政府办公厅以《关于城镇保障性安居工程建设有关问题的通知》（青政办〔2011〕173号）文下发各地执行。

8月3日，省政府第85次常务会议审议通过《青海省建设工程造价管理办法》，8月14日骆惠宁省长签署第79号政府令予以公布，从2011年10月1日起实施。

8月9日，在德令哈市组织开展全省建筑施工高处坠落事故应急演练活动，共计400余人现场观摩了演练活动。

8月18日，代省政府起草印发《关于进一步规范全省建筑市场加强建设工程质量安全管理的通知》（青政办〔2011〕199号）。

8月20～25日，配合住房城乡建设部第八检查组对青海省保障性安居工程和既有市政桥梁质量安全及建筑市场监督执法工作进行检查，并组织召开监督执法检查情况通报会。

8月20～25日，配合全国建设工程质量安全及建筑市场监督执法第八检查组开展以保障性住房为重点的全国建设工程质量安全及建筑市场监督执法。

8月23日，省保障性安居工程建设领导小组办公室向省政府上报《关于确定青海省部分地区2011年中央追加保障性安居工程目标任务量的请示》（青保建〔2011〕24号），并建议将追加任务纳入对各地政府的目标责任考核。

9月1日，根据《房地产经纪管理办法》（建设部令第8号），省住房城乡建设厅会同省发改委、省人力资源和社会保障厅联合制定下发《青海省房地产经纪管理实施细则》（青建法〔2011〕708号）。

9月14日，为进一步提高青海省建设工程勘察设计企业和从业人员质量意识，落实质量责任，确保工程勘察设计质量和市场规范有序，下发《关于开展全省勘察设计质量与市场监督执法综合检查的通知》（青建设〔2011〕721号），重点检查在建保障性住房建设项目。

10月10日，宁夏中房集团西宁分公司的"夏都府邸"项目和青海聚富房地产"盛达国际新城"项目，通过住房城乡建设部住宅产业促进中心组织的住宅性能认定"3A"和"2A"级中期评估。

10月15日，省政府办公厅转发《关于青海省公共租赁住房管理办法的通知》（青政办〔2011〕247号）。

11月1日，下发《关于进一步做好既有居住建筑供热计量及节能改造相关工作的通知》（青建科〔2011〕782号）。

11月3日，制定印发《青海省房屋建筑工程质量投诉管理办法》（青建工〔2011〕805号）。

11月7日，与省监察厅联合制定印发《青海省房屋建筑和市政基础设施工程招标投标活动中串通投标行为认定处理办法》（青建工〔2011〕814号）。

11月7日，省住房城乡建设厅、省监察厅制定《青海省房屋建筑和市政基础设施工程招标投标活动中串通投标行为认定处理办法》（青建工〔2011〕814号），对串通投标行为的概念、表现形式、认定程序及处理方式等作了具体规定。《办法》于2011年12月1日起施行。

11月10日，省住房城乡建设厅与省安全生产监督管理局和省经济委员会联合下发《关于加强全省工业项目建设施工安全生产监管工作的通知》（青建工〔2011〕816号）。

11月11日，为加大住房公积金监管力度，开展住房公积金专项审计和专项治理，查处和纠正违法违纪行为，确保住房公积金运行管理总体安全完整。省住房城乡建设厅、省财政厅等七部门联合转发住房城乡建设部等七部委《关于加强住房公积金廉政风险防范工作的通知》（建房〔2011〕77号）。

11月13日，省公安厅、省住房城乡建设厅联合下发《关于印发青海省建筑外墙保温材料消防安全专项整治工作方案的通知》（青公通字〔2011〕130号）。

11月17日，省住房城乡建设厅、省质量技术监督局联合下发《青海省砌体结构加固新技术施工质量规程（DB63/1025—2011）地方标准的通知》（青建科〔2011〕807号）。

12月1日，下发《全省住房城乡建设系统开展法制宣传教育的第六个五年规划（2011年～2015年）的通知》。

12月8日，经组织省内有关专家对17家勘察设计企业申报参评的57项（勘察27项、设计30项）工程勘察设计项目进行评审，对评审出的33项获奖项目在青海省住房和城乡建设厅网站进行公示。《关于青海省2011年度优秀工程勘察设计奖评选结果的公示》（青建设〔2011〕885号）。

12月15日，为明确廉租住房、公共租赁住房租赁双方的权利和义务，保护双方合法权益，制定并向各地下发《青海省廉租住房租赁合同示范文本（试行）的通知》（青建房〔2011〕896号）和《青海省公共租赁住房租赁合同示范文本（试行）的通知》（青建房〔2011〕897号）。

12月19日，为了解各地国有工矿棚户区改造底数和进展情况，省住房城乡建设厅会同省发展改革委、财政厅向各地下发《转发对国有工矿棚户区情况进行调查的通知》（建房〔2011〕89号），要求指定专人负责，将调整摸底情况汇总上报。

12月19日，发布《关于调整青海省建设工程预算定额人工费单价的通知》（青建工〔2011〕914号），调整后的预算定额人工费单价自2012年1月1日起执行。

12月27日，住房城乡建设部授予青海省住房城乡建设厅纪委纪检监察先进集体称号。

（青海省住房和城乡建设厅）

宁夏回族自治区

1. 住房城乡建设地方法规、政策、文件概要

【印发《关于进一步做好房地产市场调控工作的通知》】 宁夏回族自治区人民政府印发《关于进一步做好房地产市场调控工作的通知》，要求各市县人民政府和自治区有关部门认真贯彻落实《国务院办公厅关于进一步做好房地产市场调控工作有关问题的通知》精神，进一步加强房地产市场调控，切实稳定住房价格，促进全区房地产业平稳健康发展。规定根据当地经济发展目标、人均可支配收入增长速度和居民住房支付能力，确定并公布本市辖区内年度新建住房价格控制目标。加强监督检查和监测分析，确保新建住房价格涨幅不超过控制目标。降低住房保障准入门槛，扩大住房保障覆盖面，廉租住房保障对象收入条件为城镇居民上年人均可支配收入60%以下、人均住房建筑面积不足15平方米的城市低收入住房困难家庭，对城镇家庭达到法定结婚年龄、符合当地廉租住房保障条件的成员予以分户管理并实施廉租住房保障。严格执行保障性住房、棚户区改造住房和普通商品住房用地不低于建设用地供应总量70%的规定，对保障性住房用地做到应保尽保，并加大对中低价位、中小套型普通商品住房开发建设用地供应。鼓励居民自住型和改善性住房消费，抑制投资投机性购房，引导居民理性消费。认真贯彻执行国家有关税收、信贷政策，严格执行自治区商品房销售管理办法和销售价格备案制度，确保商品房利润率控制在12%以下。

【颁布《宁夏回族自治区供热条例》】 2011年12月1日，宁夏回族自治区第十届人民代表大会常务委员会第二十七次会议审议通过《宁夏回族自治区供热条例》（以下简称《条例》），自2012年4月1日起施行。《条例》共八章五十九条，针对当前宁夏供热事业发展实际和供热规划建设管理中存在的突出问题和矛盾，围绕保障民生和贯彻落实国家节能减排政策，从宏观和微观层面提出供热发展的基本方针和解决问题的具体办法。《条例》规定，新建建筑应当符合国家建筑节能标准，供热系统应当安装分户控制、温度调控和热计量装置。既有建筑不符合国家建筑节能标准的，供热主管部门应当制定建筑节能改造计划并组织实施。新建建筑和已安装热计量装置的既有建筑，供热单位应当实行供热计量收费。实行供热计量收费的热用户，按照基本热价和计量热价交纳采暖费。供热企业对具备供热计量收费条件的热用户未实行计量收费的，由供热主管部门责令改正，并处以5万元以上10万元以下罚款。从事供热经营活动，应当依法取得供热经营许可证。凡是未取得供热经营许可证从事供热经营活动的，由供热主管部门责令停止违法行为，处以5万元以上10万元以下罚款。共用供热设施在保修期内由开发建设单位负责维护、管理，保修期满后，由供热单位负责维护、管理。自用供热设施保修期满后，热用户可以委托供热单位维修，费用由热用户承担。供热主管部门应当建立供热质量综合评价制度，在采暖期结束后30日内，对供热单位进行供热质量综合评价，并向社会公布评价结果。对供热质量综合评价不合格的，由供热主管部门责令其限期整改；限期整改后，仍不合格的，依法吊销其供热经营许可证。供热期间，居民用户卧室、起居室温度不得低于18℃，其他部位温度应当符合设计规范标准要求。因供热单位原因，造成居民用户室内温度不达标的，有合同约定的，从其约定；无合同约定的，供热单位应当按日向居民用户退还日标准采暖费的50%。非居民用户的室内温度由供用热双方在合同中约定。因热用户原因导致室温不达标的，供热单位不承担责任。供热单位连续停止供热72小时以上或者累计停止供热7天以上的，按照停止供热天数采暖费的两倍向热用户退还采暖费；供用热合同另有约定的，从其约定；造成损失的，依法承担赔偿责任。

【出台《建筑工程劳动保险费管理办法》】 宁夏回族自治区人民政府出台《宁夏回族自治区建筑工程劳动保险费管理办法》，对建筑施工企业职工、劳务分包企业职工缴纳基本养老保险、基本医疗保险、工伤保险、失业保险和生育保险做出明确规定，实行统一向建设单位收取、统一向社保部门缴纳。重点突出收取、拨付、调剂三个重要管理环节。扩大

建筑工程劳动保险费的覆盖范围，规定建筑企业及劳务分包企业应当依法为农民工办理社会保险手续，缴纳社会保险费。明确规定任何单位和个人不得减免、截留和挪用建筑工程劳动保险费；明确建筑工程劳动保险费的拨付、调剂标准，并对申请拨付、调剂的程序作明确规定；建立建筑工程劳动保险费收缴、拨付、调剂过程公开制度，并明确由审计机关、监察机关和财政部门依法对收缴、拨付和调剂过程进行监督。

【出台《黄河金岸建设项目规划管理办法》】 宁夏回族自治区人民政府出台《黄河金岸建设项目规划管理办法》，进一步加强沿黄城市带规划建设管理，提高规划质量和水平，引导黄河金岸开发建设有序进行。《办法》规定，沿黄城市带重点区域内的建设项目实行黄河金岸规划管理委员会和市县人民政府两级规划管理制度。沿黄城市带重点区域标志性工程、文化旅游景区、景点、特色小城镇、滨河新村等建设项目的规划设计须经自治区黄河金岸规划管理委员会审查通过，再由市县人民政府进行依法审批。沿黄各市县应当每半年向黄河金岸规划管理委员会报告一次各类规划和项目建设执行情况、存在的问题和需要协调解决的事项；黄河金岸规划管理委员会办公室定期对各部门、各市县对各类规划方案的执行情况进行监督检查，对发现的问题将责成有关部门进行整改，并视其情节给予通报批评，提请有关部门依法给予行政处分。

【出台《关于加快推进数字化城市管理工作的意见》】 宁夏回族自治区人民政府转发《宁夏住房和城乡建设厅关于加快推进数字化城市管理工作的意见》，明确宁夏数字化城市管理工作目标：2011年，银川市建成数字化城市管理模式并运行；2012年前，石嘴山市、吴忠市、固原市、中卫市及青铜峡市、灵武市建成数字化城市管理模式。"十二五"末，其他县全部建成数字化城市管理模式。同时，逐步构建自治区城市管理网络监管平台，与市、县数字化城市管理平台对接，实现区、市、县三级联网。宁夏住房和城乡建设厅要求各地结合实际，以城市管理问题和需求为导向，建设数字化城市管理系统，合理确定城市管理模式和管理范围，科学制定建设方案，统筹规划，分步实施。要结合数字化城市管理系统建设，进一步深化城市管理体制改革，强化部门、条块间的协调配合，构建起政府监督指挥、部门协调运转、市民广泛参与的城市管理新格局，全面提升宁夏城市管理水平。

【颁布《关于鼓励引导农民变市民进一步加快城镇化的若干意见》】 宁夏回族自治区党委、人民政府颁布《关于鼓励引导农民变市民进一步加快城镇化的若干意见》，出台多项优惠政策，鼓励和引导农民进城就业创业、安家落户，促进农村人口向城镇集聚，农民向市民转变，城乡统筹发展。政策包括：放宽农民进城落户条件；多渠道保障进城农民住房；加强和完善进城农民公共服务；保留进城落户农民土地承包经营权和宅基地使用权。

【出台《关于贯彻落实国务院〈国有土地上房屋征收与补偿条例〉的通知》】 宁夏回族自治区人民政府印发《关于贯彻落实国务院〈国有土地上房屋征收与补偿条例〉的通知》，要求各市、县人民政府认真学习贯彻《条例》，对城市房屋拆迁管理政策进行清理，凡与《条例》规定不符的，立即宣布废止并停止执行。要抓紧制定有关国有土地上房屋征收与补偿的相关政策和制度措施，明确征收主体、征收程序、补偿标准等内容，对被征收人符合住房保障条件的优先予以住房保障，对被征收的经营性房屋实行分类补偿，确定对因征收房屋造成停产停业损失的补偿条件和标准。房屋征收与补偿政策要公开征求社会意见。要明确房屋征收部门，依法实施房屋征收与补偿工作。对确需征收的房屋，要组织制定房屋征收补偿方案并征求公众意见，对多数被征收人有异议的征收补偿方案，要组织召开听证会并进行修改，对被征收人在200户以上的征收决定，要进行社会稳定风险评估，并经政府常务会议讨论决定。房屋征收决定应及时公告，被征收人对征收决定不服的，可以依法申请行政复议或提起行政诉讼。要依法做好被征收房屋补偿工作，确保征收补偿费用足额到位。对被征收人符合当地住房保障条件并申请保障性住房的，要在当年保障性住房中给予配租、配售。被征收房屋价值，由具有相应资质并经被征收人选定的房地产价格评估机构按照房屋征收评估办法确定。房屋征收部门要与被征收人订立补偿协议，并按规定予以补偿，支付搬迁费、临时安置费等费用。严禁采取暴力、威胁或违反规定中断供水、供热、供气和道路通行等非法方式迫使被征收人搬迁等行为。

【印发《房屋建筑和市政基础设施工程串通投标和投标人弄虚作假行为认定和处理办法》】 宁夏住房和城乡建设厅、监察厅印发《宁夏回族自治区房屋建筑和市政基础设施工程串通投标和投标人弄虚作假行为认定和处理办法》，明确招标人或招标代理机构的15种行为、投标人的18种行为、评标专家的

10种行为为串通投标，投标人以他人名义投标、资质证书造假等12种行为是弄虚作假行为。《办法》规定，招标人、招标代理机构和投标人在招标投标活动中被认定为有串通投标行为的，由建设行政主管部门按《中华人民共和国招标投标法》及相关法律、法规和规章予以处罚，并根据发生行为的性质和程度，分别给予降低资质等级、暂停经营资格、清出市场、记入信用档案等处理。评标委员会成员被认定有串通投标行为的，将被从评标专家库中除名，终身不得再进入评标专家库。涉及国家公职人员的，由各级监察机关依法予以处理。情节严重构成犯罪的，移送司法机关依法追究刑事责任。建设行政主管部门及其工作人员在串通投标和投标人弄虚作假行为认定和处理过程中存在徇私舞弊等情形的，由其上级主管部门或者监察机关责令改正；情节严重的，对直接负责的主管人员和其他责任人员给予处分；对涉嫌构成受贿等职务犯罪的，由司法机关依法追究刑事责任。

【颁布《成品住宅套内装修标准》】 宁夏住房和城乡建设厅发布《成品住宅套内装修标准》，从设计、施工、监理和验收各个环节，对成品房装修做出明确规定，对装修材料、基本配置、功能空间、室内环境等内容提出具体要求。成品住宅套内装修应由具备相应资质的设计、施工、监理等单位承担，并形成完整的设计、施工、验收等文件资料。建设方为成品住宅套内装修质量的第一责任人，承担成品住宅套内装修质量责任，负责相应的售后服务。建筑装饰施工单位、装修材料和部品生产厂家负责相应施工和产品的质量责任。成品住宅套内装修应由工程总承包单位对土建、安装和装修实行一体化施工管理。施工单位应遵守有关环境保护的法律法规，采取有效措施控制施工现场的粉尘、废气、废弃物、噪声、振动等对周围造成的污染和危害。成品住宅套内装修施工前应先做样板间，样板间经验收符合要求后再进行装修施工，在合同约定的交房日期之后30日内，样板间不应拆除。从2011年起，宁夏新建住宅试行全装修，每年新建住宅全装修面积占到当年住宅竣工面积10%以上。力争到"十二五"末，宁夏新建住宅全装修面积达年度竣工面积的50%。银川市率先推行住宅全装修，中心城区新建住宅实行全装修的面积，达到年度竣工面积20%以上。

【依法行政工作扎实推进】 宁夏回族自治区人大常委颁布《宁夏回族自治区城市供热条例》，宁夏回族自治区政府出台《宁夏回族自治区建筑工程劳动保险费管理办法》，住房城乡建设系统法律法规体系进一步完善。宁夏住房和城乡建设厅认真组织开展法制宣传教育培训和"六五"普法工作，对全系统1500多名行政执法人员进行培训。严格落实行政执法责任制，强化对执法活动的监督检查，提高工作人员的行政执法水平。加大对城乡规划实施、保障性住房建设、住房公积金管理、建筑节能和城镇减排、房地产和建筑市场秩序、工程质量安全等重点领域、重点环节、关键部位的稽查执法力度，严厉打击违规变更规划、调整容积率、工程质量安全违法违规等行为，严肃查处行政执法不规范、不公正、不文明等行为，全年共查处违法违规案件85起，下达行政处罚决定书78份，处罚金额107.3万元，为住房城乡建设事业又好又快发展营造公平正义执法为民的法制环境。创新行政复议工作。采取调解先行、调审结合、公开听证等多样化审理方式，解决一些久拖不决的争议，提高了行政复议质量，行政复议案件结案率达到100%。

2. 房地产业

【房地产业平稳健康发展】 2011年，宁夏各级房地产管理部门认真贯彻国家和自治区关于房地产市场宏观调控政策，大力整顿规范市场秩序，调整优化供应结构，加大中低价位、中小户型普通商品房建设规模，引导居民合理消费。加强商品房销售管理，严肃查处信息不透明、价格欺诈等问题，有效抑制价格过快增长。2011年，完成房地产开发投资330.55亿元，同比增长29.9%。商品房销售面积为842.89万平方米，同比下降9.9%。其中，商品房住宅销售面积为701.86万平方米，下降14.1%。宁夏商品房销售额为314.53亿元，增长1.7%。其中，商品住宅销售额为237.74亿元，下降了6.3%。宁夏房地产开发在建规模中新开工面积1954.46万平方米，比上年增长8.1%。其中，商品住宅新开工面积1457.54万平方米，增长0.9%。深入开展房地产开发企业资质年检、市场大检查和信用等级评定活动，注销6家资金实力不强，管理水平较低企业的开发资质，查处违法违规行为50起，评选出AA级企业69家，房地产市场秩序进一步规范。宁夏贯彻落实国务院《国有土地上房屋征收与补偿条例》，认真做好房屋征收与补偿工作。大力宣传贯彻《自治区物业管理条例》，开展"物业服务年"、物业服务示范项目、优秀企业创建活动，宁夏物业服务覆盖率平均达到68%，服务质量实现新提升。加快推进住宅产业化，完成住宅性能认定项目27个。

【开展房地产市场大检查】 宁夏住房和城乡建设厅印发《关于开展2011年全区房地产市场检查工作的通知》，在全区组织开展房地产市场大检查，依法查处违法违规行为。共检查在建房地产开发项目320个，在售楼盘237个，查处违法违规行为50起，下发限期整改通知书43份，处理群众投诉举报172件，罚款58万元。房地产违法违规开发经营行为得到有效遏制，全区房地产市场秩序明显好转。银川市住房保障局出动执法车辆100余台(次)和执法人员400余人(次)，对市辖区和贺兰县的54家房地产开发企业和57个在建、在售项目，以及从事房屋销售代理的3家中介服务机构进行重点检查，向存在违法行为的6家企业下达行政处罚决定书。石嘴山市住房保障和城市管理局在石嘴山电视台、石嘴山日报分别开辟"城市与住房"和"楼市"专栏，及时刊播法规政策和市场信息，在全市房地产行业推行规范化建设活动，不断提高房地产企业依法经营、诚实守信意识和水平。吴忠市房产管理局充分发挥现代化信息管理手段，建立以项目建设地点、楼盘、售房信息等一体化监管体系。固原市房产管理局坚持市场巡查月报制度，对全市房地产开发项目进行经常性检查，依法查处和纠正违法违规开发经营行为，组织召开房地产开发企业负责人座谈会，讲解政策，通报形势，进一步规范企业行为。

【举办房地产高峰论坛】 4月30日，2011年中国西部(银川)第三届房车文化节房地产高峰论坛在银川悦海宾馆会议中心隆重举行。宁夏回族自治区副主席李锐出席论坛并发表重要讲话。

【全区物业服务管理工作再上新台阶】 宁夏各级房地产管理部门以学习贯彻实施《宁夏回族自治区物业管理条例》为契机，继续在物业服务领域深入开展"扩面、提质、规范"(扩大覆盖面、提高服务质量、规范企业行为)主题活动，扎实推动物业服务管理再上新台阶。截至2011年底，全区物业服务覆盖率平均为68%，其中5个地级城市达到76%以上，分别比上年提高5个和4个百分点。宁夏各市县房地产管理部门按照宁夏住房和城乡建设厅的安排部署，深入开展示范项目和优秀物业服务企业创建活动，不断提升物业服务水平，努力为广大业主和居民群众营造安全和谐的生产生活环境。银川市加大对老旧小区的改造力度，在老旧住宅小区改造中坚持"四个结合"，即前期改造整治与后期物业管理相结合，设计、施工与物业管理相结合，环境外观整治与房屋功能改造相结合，政府部门监督与社会监督相结合，在扩大物业服务覆盖面、提升物业服务水平上取得新突破。石嘴山市健全物业管理机构，全面推行服务项目招标投标和服务等级、服务承诺、服务收费等公示制度，物业服务管理规范化建设取得新进展。吴忠市注重建章立制、突出专项整治、抓好督查考核，推行行业主管部门监管、乡镇(街道办事处)负责、社区组织、物业服务企业运作、产权单位协管、业主委员会提议、居民参与决策的"七位一体"新模式。固原市加大宣传力度，加强日常监督检查，维护良好秩序，巩固综合整治成果。中卫市巩固"物业管理年"活动成果，继续加大对老旧住宅小区的整治管理力度，攻难点，治盲点，出亮点，物业服务管理工作再上新水平。

3. 住房保障

【保障性安居工程工作取得显著成效】 宁夏各市县和自治区有关部门把保障性安居工程建设作为改善民生、调整结构、稳定住房价格、促进社会和谐的一项重大民生工程，多方筹措建设资金，加大投入力度，优先落实土地供应，强化建设管理，狠抓工程质量，超额完成国家下达的目标任务，初步构建起以廉租房、公共租赁房、经济适用房为主体，限价商品房、劳务移民房为补充的"3+2"住房保障体系，有效改善城市中低收入住房困难家庭的居住条件。2011年全区共开工建设各类保障性住房8.44万套(户)，占全年计划的109.4%；新增发放廉租住房租赁补贴2.68万户，占全年计划的181%。累计对全区7.8万户城市低收入住房困难家庭实施住房保障，率先在全国实现城市低保家庭廉租住房制度全覆盖。宁夏保障性住房开工率、建设质量、主要做法受到中央和住房城乡建设部的高度赞扬和充分肯定。在保障性安居工程建设中，宁夏各地积累创造一些好做法、好经验。银川市建立在一个小区中集中建设廉租房、公共租赁房、经济适用房、限价商品房"四位一体"保障性住房建设新模式；吴忠市把保障性住房建设与"城中村"改造相结合，实行宅基地置换保障房政策，依法拆迁、惠民拆迁，群众满意度大大提高；石嘴山市引入企业化运作模式，成立保障房建设开发公司、公租房管理公司，有效解决保障房建设融资、产权流转、物业管理等难题；固原市将土地出让总收入的2%以上用于保障性安居工程建设，确保配套资金的到位；中卫市加大公共租赁房建设力度，加快解决城市"夹心层"住房问题；平罗县、青铜峡市、中宁县、红寺堡区将廉租住房项目全部配建在商品房小区，提高保障性住房建设标准，改善了居住环境。各市县严格执行准入退出条件,强化"三审核二公示"程序,确保保障房分配公平公正。

【宁夏保障性安居工程工作得到中央领导肯定】 1月30日和2月5日,国务院副总理李克强分别在中共中央办公厅《工作情况交流》第57、58期和中国侨联办公厅《侨情专报》第1347期上就宁夏保障性住房建设做重要批示,充分肯定宁夏保障性住房建设的做法、取得的成效和经验,要求住房和城乡建设部在全国总结推广。

【宁夏与国务院保障性安居工程协调小组签订住房保障工作目标责任书】 2月22日,国务院在北京召开全国保障性安居工程工作会议,国务院保障性安居工程协调小组与宁夏回族自治区人民政府签订2011年住房保障工作目标责任书。2011宁夏建设保障性安居工程和农村危房改造共12.5万套(户),高于西部和西北5省平均水平。其中保障性安居工程9万套,比上年增加45%;农村危房改造3.5万户,比上年增加30%。城市保障性安居工程中:新增廉租住房1.66万套,新增发放租赁住房补贴1.4万户;新建经济适用住房1.37万套、公共租赁住房1.39万套、限价商品房0.28万套;实施城市棚户区改造0.97万户、国有工矿棚户区改造0.06万户、林业棚户区(危旧房)改造0.15万户、垦区危房改造0.73万户、煤矿棚户区改造0.99万户。各项目实施后,可解决27万城镇低收入群众和16.5万农村居民的住房问题。

【加强保障性安居工程建设管理】 宁夏强化保障性住房建设工程质量监督管理,严格执行基本建设程序,严格落实项目法人责任制、招投标制、工程监理制、合同备案制、质量终身责任制等制度,严格执行房屋建筑结构安全、抗震设防、节能环保等工程建设强制性标准,严把规划设计、项目选址、招标施工、建材选用、竣工验收关,严肃查处转包分包等违法违规行为,确保工程质量安全。6月20日至7月6日,宁夏住房和城乡建设厅对全区保障性安居工程、生态移民安置房进展和质量安全情况进行全面检查。针对保障性安居工程和生态移民住房建设存在的质量安全保证体系不健全,管理措施不落实,进场材料把关不严等问题,宁夏住房和城乡建设厅现场下发工程质量安全整改通知书30份,要求施工单位立即进行整改;对违反相关法律法规的责任主体单位下发执法建议书7份,要求当地建设部门进行处罚。对现场存在混凝土同条件试块、标养留置、养护、标识不清无法验证实体结构安全的工程项目,要求施工单位对主体结构混凝土进行法定检测;对外观尺寸存在缺陷的不合格钢筋,一律禁止进场使用。对存在质量和施工安全突出问题的14家施工、监理企业、注册执业人员等相关责任主体及责任人,依法进行行政处罚,一年内禁止其在宁夏境内参加保障性安居工程项目招投标,对相应的项目负责人暂扣执业资格证书一年。将1家企业清理出生态移民住房建设工地。同时,宁夏住房和城乡建设厅要求各地建设行政主管部门对工程质量安全存在问题的项目跟踪抓好整改落实,对存在问题较严重的工程项目企业主要负责人和项目责任人进行警示教育和诫勉谈话。向10个市、县下发督办函,要求其没有开工的保障性安居工程项目尽快开工建设。

【加强保障性住房分配管理】 宁夏住房和城乡建设厅根据《宁夏回族自治区廉租住房和经济适用住房保障办法》和《廉租住房实物配租管理办法》,进一步完善保障性住房准入和退出机制,强化动态管理,确保保障性住房分配公平公正公开,真正用于城市最困难、最急需的中低收入住房困难家庭。严格执行廉租房、经济适用房、公共租赁房申请、审核、轮候、公示制度,健全社会、街道社区和住房保障部门三级审核制度,实行保障房源、分配过程、分配结果三公开,坚决防止并从严查处骗购、骗租行为。建立住房保障管理信息系统,规范住房保障档案管理,做到一户一档。对保障对象的家庭收入状况、住房困难程度与住房保障面积等实行电子化、动态化管理。定期严格复核廉租房、公租房保障对象,对收入、住房状况不再符合保障条件的,停发补贴或责令退租,退出保障范围。对骗取补贴资金、骗购经济适用房、长期空置、违规转让、出租出借保障性住房的,按照国家规定收回,5年内不得再申请保障性住房,并依法追究相关责任人员的责任。全年共清理、退出不再符合条件的廉租住房保障对象3000多户,确保保障房分配公平公正。

【全面实行保障性安居工程"竣工镶嵌工程标识牌"制度】 为落实工程质量终身责任制度,进一步规范保障性安居工程建设质量管理,强化工程建设各方责任主体的质量责任,自觉接受社会监督,宁夏住房和城乡建设厅对宁夏保障性安居工程实行"竣工镶嵌工程标识牌"制度。宁夏住房和城乡建设厅要求全区保障性安居工程统一设置竣工工程标识牌,竣工标识牌的制作材料为黑色花岗岩石,对于金属结构的工程可选用金属材料,特殊情况也可选用与建筑物外墙色泽相协调的其他石材。标志牌统一尺寸为800mm×600mm×20mm,文字统一采用凹刻"宋体",字体颜色宜为金色。标志牌保存年限应为建筑物的使用年限,镶嵌在建筑物山墙处左侧1米、地平2米以上处。标识牌主要标注内容为工程名称和建设单位、勘察单位、设计单位、施工单位、监理单位的名称、责任人姓名、开工竣工日期。凡是在工程竣工验收合格后不镶嵌标识牌的,不予竣工验收备案。

【住房城乡建设部检查组督导宁夏保障性安居工程质量安全管理工作】 8月17~22日,全国建设工程质量安全及建筑市场监督执法检查组对宁夏保障性安居工程质量安全管理工作进行督导检查,并给予充分肯定。检查组听取宁夏保障性安居工程质量安全管理和建筑市场监督执法工作情况汇报,重点检查银川市、中卫市8个保障性安居工程建设项目参建单位履行质量安全职责、基本建设程序行、质量安全管理制度落实、工程建设强制性标准执行等情况,对设计、施工、监理均未依法进行招标的银川市园林场职工住宅小区1号楼、复合地基缺少沉降观测要求、部分钢筋直径偏差超标的中卫市宜居家园A区20号楼两项工程下达执法建议书,要求当地建设行政主管部门认真查证核实,并督促施工企业进行整改。8月22日召开检查情况反馈会,检查组各专家对宁夏住保障性安居工程质量和安全管理工作给予充分肯定。

【住房公积金健康平稳运行】 截至2011年12月底,宁夏全区住房公积金缴存总额237.76亿元,同比增加53.34亿元,增长率29%;缴存余额131.57亿元,同比增加25.48亿元,增长率24%;个人住房贷款总额138亿元,同比增加31.7亿元,增长率31%;个人住房贷款余额69.8亿元,同比增加14亿元,增长率25%;个人住房贷款占住房公积金缴存余额的比例为53%,同比提高0.5个百分点;个人贷款逾期率0.04%,同比下降0.03个百分点。全区住房公积金缴存覆盖率达到88%,高于全国平均水平13个百分点。非公有制单位近14万职工登记缴存了住房公积金,占非公单位职工总数的70%,比上年提高20多个百分点。

4. 城乡规划

【城乡规划编制水平进一步提升】 宁夏各市县按照自治区沿黄经济区、宁南区域中心城市暨大县城建设总体布局和要求,深入开展城镇总体规划、详细规划和村庄规划编制工作,重点协调解决产业优化布局、基础设施衔接、空间和土地资源利用、城镇分工协作等问题,进一步强化规划的调控引导作用。编制完成沿黄经济区城市带发展规划和20个特色小城镇、30个新村建设规划,石嘴山、同心、红寺堡、盐池、西吉、泾源、隆德、彭阳8个市县(区)完成城市总体规划修编,为城乡统筹发展提供科学依据。宁夏住房和城乡建设厅开展"把宁夏作为一个大城市来规划建设"的理念、思路和政策机制的研究,以沿黄经济区为核心,固原为次中心,县城为骨干,重点镇和中心村为补充的新型城乡一体化发展格局正在逐步形成。

【加强城乡规划实施管理】 宁夏继续深入开展房地产领域随意变更规划、调整容积率专项治理活动,大力整治工程建设领域违法违规问题,制定《宁夏城镇经营性建设用地容积率规划管理办法》,对经营性建设用地规划条件确定、容积率调整等行为进行严格规范,从源头上防止违法调整规划行为的发生。组织开展全区城乡规划法执法检查,严格执行规划,加强控制性详细规划编制管理,加大城乡规划效能监察,确保规划依法实施。认真贯彻落实《历史文化名城名镇名村保护条例》,对银川市和中卫南长滩村开展国家历史文化名城、中国历史文化名村保护工作专项检查,重点对有关历史文化街区、历史建筑保护、名城名村规划制定和实施的情况进行检查和督办。

5. 城市建设

【沿黄城市带建设取得新成效】 宁夏沿黄各市县和自治区有关部门按照自治区党委、政府确定的建设"五区"、打造"四带一高地"的总体思路和目标要求,大力实施沿黄城市带发展战略,强力推进黄河金岸建设,取得成效。全年开工建设重点项目157项,完成投资280亿元,开工和建成一批城市标志性建筑、文化旅游景区景点,启动中阿博览会永久性会址建设,丰富黄河金岸文化内涵,得到国内外的高度赞誉,提升黄河金岸在国内外的知名度和影响力。自2009年沿黄城市带发展战略实施以来,宁夏黄河金岸建设取得显著成效,沿黄城市基础设施不断完善,综合承载能力明显增强,集聚效益逐步显现,得到中央的高度重视和充分肯定。

【宁南区域中心城市暨大县城建设全面启动】 为加快中南部地区经济社会发展,宁夏启动宁南区域中心城市暨大县城建设发展战略,科学确定各城市功能定位,突出产业发展特色,加快推进重点项目建设。2011年,宁夏固原市和中南部九县区集中开工建设重点项目98个,完成投资68亿元,开工建设一批城市基础设施、产业园区、物流园区、文化旅游和小城镇建设等项目，城市框架进一步拉大，城市功能进一步完善，建设规模之大，投资数额之多，成效之好，是历史上没有的。固原市开展城市总体规划修编，依据全市人口、资源、经济发展需求等，合理确定发展目标，明确城市功能定位，突出发展特色，2011年投资增速高居全区第一，区域中心城市功能明显增强。西吉县、泾源县、隆德县、彭阳县、同心县坚持城乡统筹发展，通过实施城市道路、街区改造、绿化美化、发展特色产业等，全力推进大县城建设；红寺堡区加大招商引资力度，大力发展慈善产业，开工建设弘德工业园区，引进企业12家，落实投资100多亿元。

【城市综合服务功能不断完善】 宁夏全年完成城市市政公用基础设施投资55亿元，新建和改造一批城市道路、供水、供热、污水处理、垃圾无害化处理等市政公用基础设施。深入开展"明珠杯"城市规划建设管理竞赛、城乡环境综合整治、城市特色风貌建设、园林城市（县城、镇）、人居环境（范例）奖创建活动。银川市深入推进"两个最适宜"城市建设，建成数字化城市管理系统，荣获中国人居环境奖、全国文明城市等称号。石嘴山市创新城市管理机制，通过整合公安、城管、工商、文化等部门管理资源，探索建立大巡防、大城管综合防控模式，提升城市综合管理效能。吴忠市强力推进城乡环境综合整治，组织实施城市东南部改造工程、黄河吴忠过境段综合治理工程等，城市框架进一步拉大，城市品位和城市化水平显著提升。中卫市大力实施植绿、增绿、扩绿工程，优化城市生态环境，沙坡头大道景观水系建设项目获得中国人居环境范例奖。吴忠市、盐池县、隆德县以创建国家园林城市为抓手，加大城市基础设施、园林绿化力度，城市功能日臻完善，人居环境更加适宜，分别荣获国家园林城市、县城称号。

6. 建筑业与工程建设

【建筑业持续健康发展】 宁夏加快推进建筑产业结构调整和转型升级，提高发展质量和效益，全年完成建筑业总产值417亿元。创新招投标管理方式，全面实行工程量清单计价招标、计算机辅助评标、网上报名、语音抽取评委等制度，探索建立科技＋制度、人防＋机防的监管模式，从源头上预防腐败现象的发生。全区建设工程进场交易率达到99%以上。加大对非法分包、转包、资质挂靠等违法违规行为的处罚力度，市场秩序进一步规范。强化对重点建设工程的质量监管，严格执行工程建设基本程序和强制性标准，工程质量验收合格率达到100%。加强安全生产监管，落实安全生产责任，实施建筑生产安全远程动态数字化监管，确保无重大事故发生。

【四项施工技术获得国家级工法】 宁夏大型场馆钢管桁架机构安装施工、"平桥"施工超高大空冷塔筒施工、不锈钢管道背面自保护焊钨极氩弧焊焊丝打底焊使用、予力劈裂压浆增强型复合地基施工等4项工法获得2009～2010年度国家级工法。

【开展建筑工程春季复工质量安全综合检查】 宁夏住房和城乡建设厅在全区开展建筑工程春季复工质量安全综合检查，对各市、县开展春季复工建筑施工安全质量检查、预拌混凝土生产企业质量行为检查、新开工项目履行基本建设程序、各项安全生产规章制度、安全生产法人责任制执行落实等情况进行检查。对存在严重隐患的21个工程项目下发停工通知书，对33家责任单位负责人进行约谈；对未办理施工许可证的10项工程进行处罚，共计金额36万元；对在施工过程中管理人员不到岗、起重设备无专人管理的7家单位进行共计4.5万元的行政处罚。

【开展建设工程安全生产百日督查】 宁夏对全区5个地级市、22个县（市、区）的在建工程项目进行百日督查。共抽查在建工程83项，下发执法建议书16份。对存在一般安全隐患的32个项目责令限期整改，对存在严重安全生产隐患的13个工程项目停工整顿；对38家未办理施工许可证、擅自开工建设的单位和76家存在安全生产违规行为的建筑施工、监理企业进行处罚，共罚款143万元；暂扣3家发生过安全事故的施工企业安全生产许可证。

【建立五大系统规范建设工程招投标工作】 宁夏住房和城乡建设厅创新工作思路，把电子政务等科技技术融入招投标管理流程中，先后建立运行"信息发布和政务公开、计算机辅助评标、评标专家管理和抽取、投标网上办事平台、投标保证金收退管理"等五大招投标管理系统，建成符合宁夏实际的电子招投标运行平台，实现招投标全过程电子化管理和标准化操作，构建独具特色的"制度＋科技"监管模式，大幅度提高工作效率，增进招投标活动的公开透明。

【试行取消业主评委评标办法】 宁夏住房和城乡建设厅在自治区审计厅办公楼改造项目招标中试行了取消业主评委参与评标的办法，7名评委全部从全区评标专家库中随机抽取产生，保证评标专家独立、公正地评审，为2012年在国有投资项目招标中逐步推行取消业主参加评标提供示范。

【**实行投标保证金集中管理**】 宁夏住房和城乡建设厅对投标保证金实行专用账户管理，确保投标保证金合法规范提交和及时安全退还，杜绝多家企业投标保证金由一家提交的违规行为，为围标、串标和挂靠投标竖起一道"防火墙"。同时，有效地杜绝投标人反映强烈的招标人和代理机构随意克扣、挤占和挪用投标保证金等问题。

【**实行随机抽取中标人评标办法**】 宁夏区住房和城乡建设厅重新修订出台《工程量清单招标评标办法》，制定随机抽取中标人的评标办法。凡使用国有资金投资没有特殊技术要求、投资额在1000万元以下的房屋建筑和市政基础设施工程项目（县级为500万元以下），以及200万元以下的装饰装修等专业工程招标，通过公开摇号、随机抽取方式产生中标人，有效遏制了评标专家为请托人打"人情分"等评标不公现象。

7. 村镇建设

【**农村住房条件显著改善**】 宁夏各市县把"塞上农民新居"建设和农村危房改造两大工程作为改善民生、加快社会主义新农村建设的首要任务，坚持"集约用地、规模居住、配套建设、分类推进"的原则，强化措施，全力推进，统筹编制全区村庄建设布局规划，配套建设基础设施、公共服务设施和特色产业，建成一批设施配套、功能齐全、风格迥异、环境优美、经济适用的新农村，使农民居住环境有很大改善。宁夏住房和城乡建设厅组织编制《宁夏特色农宅方案设计参考图集》，汇集56种不同风格的建设方案和30个不同户型的设计平面图发放给群众参考。制定下发《宁夏农村住房建设抗震技术要点图解手册》《技术导则》、质量管理办法等，指导各地做好"塞上农民新居"建设和农村危房改造工作，有效提高村庄规划和农宅建设水平。加强两大工程建设工程质量监管，确保农宅质量合格。开展村校合作活动，选派95名大学生志愿者深入全区各市、县（区），为农民建房提供技术服务。全区共建成"塞上农民新居"新村34个、农宅7435户，综合整治旧村260个，改造农村危房6.33万户；硬化乡村道路300多公里，铺设给排水管道107公里，栽植各类树木6万株，安装太阳能热水器1万户，有效改善50多万群众的住房和生产生活条件。兴庆区高起点规划、高标准建设滨河特色新村，新建村庄全部为欧式风格，基础设施配套，特色鲜明，功能齐全，布局合理，为新农村建设提供示范，为黄河金岸增添靓丽景观。利通区把农村危房改造与城市东南部建设相结合，以集中改造为主，使农村社区化，让农民享受到城市基础设施和公共服务。泾源县在各乡镇配备村镇规划建设管理员，提升村镇规划建设水平。隆德县积极探索建立农村廉租住房制度，切实解决住房最危险、经济最困难群众的住房问题。中卫沙坡头区实行"农户自筹为主、政府补助为辅、项目资金捆绑使用、社会融资帮扶"的模式，千方百计筹措建设资金，保证危房改造任务顺利完成。自治区农垦局坚持"先规划、后建设、有特色"的原则，突出农宅外观新颖、抗震节能、设施配套，做到经济适用、功能齐全、环境优美。

【**探索建立农村廉租住房制度**】 为让住房最危险、经济最贫困群众的住房问题得到解决，宁夏住房和城乡建设厅积极创新工作思路，在全国率先探索建立农村廉租住房制度，由各级政府实行全额救助，统一建设面积为30平方米左右的住房，建成后租给极度贫困群众居住。"十二五"期间，宁夏计划建设农村廉租房1.5万户，在全国率先实现农村住房保障体系全覆盖。2011年，全区建成农村廉租住房3000多套，安置特困群众居住，切实解决住房最危险、经济最困难群众的住房问题。在农村廉租住房建设中，隆德县、泾源县、盐池县严把对象审核关，组织民政、纪检、监察部门完成了对各乡（镇）上报的极度贫困户审核工作；隆德县、泾源县经过实地调研，制定极度贫困户危房改造管理办法，做到改造一户，管理好一户。

【**提高农村危房改造资金补助标准**】 宁夏回族自治区党委、政府在统筹考虑农户危房改造需求、农户负担能力、建筑成本等因素的基础上，增加财政投入，提高农村极度贫困户、低保户、山区贫困户农村危房改造资金补助标准。其中：川区极度贫困户每户补助1.6万元，山区极度贫困户每户补助1.8万元，补助资金较2010年每户增加0.6万元；川区低保户每户补助1.2万元，山区低保户每户补助1.4万元，补助资金较2010年每户增加0.2万元；山区其他贫困户每户补助0.8万元，较2010年每户增加0.2万元。

【**全力抓好生态移民住房建设**】 宁夏各级住房和城乡建设部门认真贯彻落实自治区党委、政府实施35万生态移民攻坚战略，严格履行职责，科学规划设计，严把建设标准，强化质量监管，全力推进生态移民住房建设。宁夏住房和城乡建设厅积极协调住房城乡建设部把生态移民住房全部纳入国家农村危房改造范围，把劳务移民住房全部纳入公共租赁住房保障范围，积极争取国家资金支持，共安排生态移民和劳务移民住房建设资金2.3亿多元，建设生态移民住房1.6万套，劳务移民住房4119套。协助自治区发改委、移民局认真做好生态移民集中安置点村庄建设规划，优化村庄布局，合理确定建设规模，严格建设标准，配套基础设施，既满足移民生产生活需要，也为未来发展留有空间。加强生态移民住房建设管理，制定《宁夏生态移民住房建设技术导则》、《宁夏生态移民工程施工技术质量控制要求挂图》，严格执行房屋建设技术和抗震设防标准，做到新建住房全部有上下圈梁、构造柱，确保抗震安全。组织开展生态移民住房质量安全专项检查，对发现的问题认真进行整改，确保生态移民住房质量合格，人民群众满意。

【加强生态移民住房建设质量监管】 宁夏住房和城乡建设厅按照宁夏回族自治区党委办公厅、政府办公厅《关于加强对生态移民工程监督检查意见》的要求，采取有力措施，狠抓建设质量管理。制定印发《生态移民工程监督检查工作方案》、《加强生态移民工程建设质量管理工作实施办法》和《关于加强生态移民工程建设质量管理工作的通知》，对生态移民住房建设规划设计、建设标准、基本建设程序、工程质量监管、建筑材料进场验收、工程竣工验收等做出明确规定，要求各市县把生态移民住房建设纳入房屋建筑质量安全管理体系，认真落实职责，加强质量监督检查，切实做好技术服务和指导，严把规划设计关、建设标准关、工程质量关，严格执行房屋建设技术、抗震设防等标准，做到新建住房全部有上下圈梁、构造柱。开展全区保障性安居工程、农村危房改造、生态移民住房工程质量安全专项检查，对21个市县（区）36个移民安置区住房规划设计、建房标准、抗震设防标准、基本建设程序执行和质量安全等情况进行检查，受检率达到52%。对工程质量安全保证体系不健全，存在质量安全隐患问题的项目和施工单位，现场下发整改通知书6份，要求施工单位及时对2个项目进行了返工，10个项目进行整改，将1家企业清理出移民住房建设工地。结合宁夏生态移民工程的结构特点，组织技术人员编印《生态移民工程施工技术导则》和《生态移民工程施工技术质量控制挂图》，及时发放各生态移民安置点，指导生态移民住房建设。建立生态移民工程质量监督检查台帐制度，明确每年至少开展联合检查2次，并对所有在建项目建立电子台账。建立生态移民住房建设质量安全月报制度，每月及时通报各地生态移民住房建设质量安全情况，对质量好的市县进行表扬，对存在质量安全问题的市县跟踪督办，确保生态移民住房建筑材料合格，结构安全、质量可靠。

【特色小城镇建设步伐加快】 2011年，宁夏开工建设红果子、掌政、青铜峡、叶升、沙湖、星海等14个沿黄特色小城镇和12个中南部重点中心镇，以配套完善基础设施为抓手，综合整治环境，打造特色建筑，规划产业布局，提升城镇承载能力和吸纳人口能力，促进农村人口和产业向城镇加速集聚，加快城镇化进程。截至2011年底，全区城市化率达到50%。

8. 建筑节能与科技

【建筑节能深入推进】 宁夏强化建筑节能标准执行监管，率先在全国实现新建建筑节能标准执行率达到100%。启动政府办公建筑和大型公共建筑能耗监测数据平台建设。完成既有居住建筑供热计量和节能改造100万平方米，开工建设可再生能源建筑350万平方米，生产新型墙材21.3亿块标砖，实现节能26万吨标煤。隆德县城市供热计量改造工程荣获中国人居环境范例奖。盐池县列入国家可再生能源示范县。宁夏高沙窝日光温棚光伏发电项目、银川市政综合调度中心光电建筑应用项目列入国家太阳能光电建筑应用示范工程。红寺堡鲁家窑生态移民新村列为全区农村住房建筑节能应用示范村。宁夏建筑节能标准执行、太阳能一体化建筑应用走在全国前列，受到住房城乡建设部的通报表扬。

【建设农村建筑节能示范工程】 宁夏住房和城乡建设厅在红寺堡区鲁家窑生态移民安置点建设农村建筑节能示范工程，建筑面积8.3万平方米、1540户。该工程充分利用生态移民工程集中连片和宁夏太阳能资源丰富的地域优势，采用外墙外保温技术、屋面保温技术、太阳能热水供应和采暖技术、生物质燃料为主的高效节煤炉技术等，降低移民工程能耗，解决农户生活热水供应和冬季采暖问题，对促进宁夏农村建筑节能工作起到积极的示范带动作用。

【第一个国家级农村屋顶太阳能光伏发电示范项目建成投产】 宁夏农村屋顶光伏发电示范项目顺利通过宁夏住房和城乡建设厅、财政厅的验收，并正式投产。该项目位于中卫市永康镇，年发电量约430万千瓦时。项目覆盖6个自然村、936户农宅，每户安装3.2千瓦的太阳能发电装置。项目投产以后，年节能量达1485吨标准煤，减排二氧化碳4226吨，社会和经济效益显著。在项目实施过程中，攻克并网运行、设备配置、电网改造、电价测算、建筑一体化施工等技术难关,是宁夏农村屋顶太阳能光伏发电技术应用的成功实践。

【建设领域节能减排工作得到国家检查组的充分肯定】 截至2011年底,宁夏全区新建建筑执行节能标准的比率为100%,银川市全面实施65%的节能标准,其他地级城市进行65%节能标准的试点示范工作;年内新增节能建筑1707万平方米,新增节能能力25万吨标准煤/年,累计建成节能建筑7006万平方米,占全区既有民用建筑总量15658万平方米的44.74%,对全区节能减排的贡献率达16.25%;地级城市新建建筑统一强制安装太阳能热水系统,配建面积达800万平方米,可再生能源建筑规模化应用惠及千家万户;以塞上农民新居建设、农村危房危窑改造和生态移民三大工程为载体,全面启动农村建筑节能工作,建成农村建筑节能示范工程38万平方米,共7540户;新建建筑全部安装供热计量装置,供热计量装置安装面积达到了2600万平方米,完成既有居住建筑供热计量及节能改造300万平方米。污水处理率达到70.4%,中水回用率达到18%。COD削减量56880吨,削减率85%。建成运行生活垃圾处理厂18座,处理能力3478吨/日,生活垃圾无害化处理率达到75%。城市照明以高压钠灯和节能灯为主,积极推广应用金属卤化物灯、LED灯、太阳能灯和其他光源灯,节能效果显著,节电平均水平达到了30%以上。12月18日,全国住房城乡建设领域节能减排检查组在宁夏检查时,对宁夏住房城乡建设领域节能减排工作取得的成绩给予了充分肯定和高度评价。

【开展建筑业从业人员培训】 宁夏住房和城乡建设厅加强建筑业从业人员培训教育,对施工企业5500名三类人员进行安全生产知识考核,组织28家施工单位41个工程项目560多名特种作业人员参加特种作业知识培训。开展第四个建筑业农民工安全培训教育月启动日活动,创办农民工夜校180所,培训农民工5万人并发放"平安卡"。

9. "十二五"规划编制情况

【编制"十二五"住房和城乡建设发展规划和各专项规划】 宁夏住房和城乡建设厅根据国家和自治区相关法律法规以及政策、规划,结合宁夏实际,组织编制宁夏回族自治区住房和城乡建设"十二五"规划和"十二五"城镇化发展、城市基础设施建设、住房保障、建筑业、房地产业发展、村镇建设、建筑节能等专项规划,明确提出"十二五"宁夏住房和城乡建设发展指导思想、主要指标、目标任务、重点项目和保障措施。"十二五"期间,全区总人口增长速度控制在9‰以内,城镇化率每年保持1.4个百分点以上的增长,到2015年,全区总人口控制在675万以内,城镇化率达到55%,城镇人口超过371万;城镇空间布局进一步优化,规模不断壮大,形成银川1个特大城市,石嘴山1个大城市,吴忠、中卫、固原3个中等城市、12个小城市、60个左右小城镇的体系格局;到"十二五"末,人均城市道路面积19平方米,人均日生活用水量为140.8升,用水普及率达到96.3%,燃气普及率达到86.6%,污水处理率达到85%,生活垃圾处理率达到90%,建成区绿地率达到39%,建成区绿化覆盖率达到41%,人均公园绿地面积达到17.3平方米。实施保障性安居工程25万套(户),切实改善城市中低收入家庭住房条件。全区新建塞上农民新居示范村100个,整治旧村1000个;改造农村危房20万户,农村人居环境和村容村貌明显改善。

【《宁夏回族自治区绿色建筑发展"十二五"规划》颁布实施】 宁夏回族自治区人民政府颁布实施《宁夏回族自治区绿色建筑发展"十二五"规划》(以下简称《规划》)。《规划》明确提出,到"十二五"末,宁夏新建绿色建筑占新建民用建筑总量的10%,建成绿色建筑600万平方米;绿色建筑政策体系、管理体系、技术支撑体系和产业集群基本建立。五个设区城市规划区内,总建筑面积10万平方米以上的住宅小区、建筑面积2万平方米以上的公共建筑必须达到绿色建筑要求;可再生能源利用替代常规能源量占建筑总能耗的10%。在现行建筑节能标准的基础上,单位建筑面积能耗降低10%,减少污染物排放总量20%。非传统水源利用率不低于10%;采用节水器具、设备和系统,节水率不低于8%。累计推广应用新型墙体材料110亿标砖,新型墙材产量占墙材应用总量的70%,节能能力达到1.97万吨标煤/年,二氧化碳减排能力达到4.9万吨/年。

大事记

1月24日,宁夏回族自治区住房和城乡建设工作会议在银川市召开。自治区人大副主任张小素、自治区副主席李锐等领导出席会议。全区各市、县(区)分管领导,住房城乡建设系统部门主要负责人,自治区相关部门、中央驻宁单位负责人及相关企业负责人参加会议。会议传达学习全国住房和城乡建设工作会议精神,总结2010年全区住房和城乡建设工作，安排部署2012年工作任务。自治区副主席李锐作重要讲话。

2月16日，中阿经贸论坛永久会址——宁夏国际会议中心设计方案定标大会在宁夏建设工程交易中心召开。宁夏回族自治区主席王正伟、副主席李锐，住房和城乡建设厅、发改委、财政厅、博览局、银川市等部门负责人参加会议。参会人员从设计理念、功能布局、实用美观等方面对各设计方案进行充分讨论研究，最终确定宁夏国际会议中心设计方案由美国TVS建筑设计公司/宁夏建筑设计研究院联合体中标。

2月20日，宁夏大型场馆钢管桁架机构安装施工、"平桥"施工超高大空冷塔筒施工、不锈钢管道背面自保护焊钨极氩弧焊焊丝打底焊使用、予力劈裂压浆增强型复合地基施工等4项工法获2009～2010年度国家级工法。

2月27日，《宁夏回族自治区建筑工程劳动保险费管理办法》经自治区人民政府第89次常务会议审议通过，并予以发布，自2011年4月1日起施行。

3月1日，宁夏回族自治区主席王正伟主持召开2011年黄河金岸规划管理委员会会议暨沿黄城市带领导小组工作会议。会议听取宁夏住房和城乡建设厅2010年沿黄城市带建设任务完成情况和2011年工作安排汇报，审议通过《2011年沿黄城市带建设工作考核办法》和《黄河金岸建设项目规划管理办法》。

3月14日，宁夏住房和城乡建设厅组织召开全区住房和城乡建设系统党风廉政建设暨政风行风工作会议。银川、石嘴山、吴忠、固原、中卫五市人民政府分管领导、各市县区主管部门负责人和厅机关、区人防办副处级以上干部、厅属单位主要负责人参加会议。会议总结2010年全区住房和城乡建设系统党风廉政建设和政风行风工作，安排部署2011年工作任务，通报2010年全区各级住房和城乡建设主管部门政风行风评议排名情况。

3月23日，宁夏回族自治区建筑管理工作会议在银川市召开。全区各市县主管部门、自治区有关部门和有关企业负责人参加会议。会议通报2010年度"西夏杯"优质工程获奖单位，表彰2010年度建筑管理工作先进单位、先进个人及建筑业企业先进集体、优秀管理者，总结2010年全区建筑管理工作，安排部署2011年工作，与五市住房城乡建设局签订2011年建筑安全生产目标责任书。

4月1日，宁夏住房和城乡建设厅在全区住房城乡建设系统启动"领导大走访、为民办实事"活动，深入基层一线了解民意，解决群众反映的热点、难点问题。

4月8日，宁夏2011年黄河金岸项目建设大会战动员会在永宁县隆重举行。自治区领导王正伟、项宗西、马瑞文、郝林海、李锐出席大会战动员会并为华夏石刻艺术展示园奠基。自治区城市化工作暨沿黄城市带发展领导小组成员单位、沿黄各市、县(区)政府、主管部门负责人参加会议。会议表彰2010年度沿黄城市带建设工作先进市县和单位，自治区副主席李锐代表自治区政府与沿黄各市人民政府签订2011年沿黄城市带建设考核目标责任书。自治区主席王正伟宣布大会战启动并作重要讲话。

4月19日，宁夏回族自治区人民政府印发《关于进一步做好房地产市场调控工作的通知》，要求各市县人民政府和自治区有关部门认真贯彻落实《国务院办公厅关于进一步做好房地产市场调控工作有关问题的通知》精神，进一步加强房地产市场调控，切实稳定住房价格，促进全区房地产业平稳健康发展。

4月28日，宁夏在固原市召开宁南区域中心城市暨大县城建设大会战动员会。自治区领导王正伟、李锐、马国权出席大会战动员会并为固原西北通用航空产业园奠基。自治区主席王正伟宣布大会战正式启动并做重要讲话。

4月30日，2011年中国西部(银川)第三届房车文化节房地产高峰论坛在银川悦海宾馆会议中心隆重举行。

4月30日～5月6日，宁夏在银川市举办2011第三届中国西部(银川)房车生活文化节。自治区党委书记张毅，自治区主席王正伟，自治区政协主席项宗西共同为房车节启幕，自治区党政军领导蔡国英、李锐、张乐琴、安纯人、蔡万源，中国房地产业协会秘书长、中国房地产研究会副会长苗乐如，中国汽车流通协会副会长陈递红等出席开幕式。

5月7日，宁夏回族自治区在银川召开保障性安居工程工作会议。自治区领导何学清、李锐、解孟林出席会议。自治区副主席李锐作重要讲话，并与五市签订2011年保障性安居工程工作目标责任书。

6月1日，宁夏回族自治区党委、人民政府印发《关于鼓励引导农民变市民进一步加快城镇化的若干意见》，出台多项优惠政策，鼓励和引导农民进城就业创业、安家落户，促进农村人口向城镇集聚，农民向市民转变，城乡统筹发展。

6月13日，宁夏住房和城乡建设厅在银川市艾伊公馆项目部施工现场召开全区建筑施工安全质量标准化工地现场观摩会。全区各级建设质量安全部门负责人和部分建设、施工、监理单位代表参加观摩会。

6月25日至7月10日，宁夏住房和城乡建设厅在全区组织开展"万人评行风"群众满意度问卷调查活动，共发放问卷调查表15000多份，让社区居民、服务对象、施工企业、社会各界评行风，充分征求群众意见，倾听民意。

7月29日，宁夏人民政府转发《住房和城乡建设厅关于加快推进数字化城市管理工作的意见》，明确提出宁夏数字化城市管理工作目标。

8月1日，宁夏回族自治区副主席李锐在宁夏住房和城乡建设厅厅长刘慧芳、副厅长马占林的陪同下，先后到宁夏大学科技综合楼、宁夏工人文化宫综合楼等建筑工地，看望和慰问奋战在施工一线的建筑工人。

8月12日，宁夏回族自治区主席王正伟、副主席李锐在厅党组书记、厅长刘慧芳和自治区有关部门负责人及有关市县负责人的陪同下，调研银川市、吴忠市、灵武市保障性住房安居工程建设情况。

8月17~22日，全国建设工程质量安全及建筑市场监督执法检查组对宁夏保障性安居工程质量安全管理工作进行了督导检查，并给予充分肯定。

8月22~31日，宁夏住房和城乡建设厅、环境保护厅、安监局联合检查组对全区22个自来水厂、污水处理厂和垃圾填埋场进行安全检查。

9月4日，宁夏政协副主席解孟林在宁夏住房和城乡建设厅厅长刘慧芳的陪同下，视察全区保障性住房和塞上农民新居建设情况，对沿黄经济区规划建设、特色小城镇和滨河新村建设、"四位一体"的保障性住房模式等给予高度赞赏和充分肯定。

9月7日，宁夏住房和城乡建设厅、监察厅联合出台《宁夏回族自治区房屋建筑和市政基础设施工程串通投标和投标人弄虚作假行为认定和处理办法》，明确招标人或招标代理机构的15种行为、投标人的18种行为、评标专家的10种行为为串通投标，投标人以他人名义投标、资质证书造假等12种行为为弄虚作假行为，并对这些招投标违法违规行为的处罚做出规定。

9月9日，宁夏人大常委会副主任何学清带领自治区人大常委会部分委员，在宁夏住房和城乡建设厅厅长刘慧芳的陪同下，对宁夏保障性住房和沿黄特色小城镇建设工作进行视察。

9月19日，中阿经贸论坛永久会址——宁夏国际会议中心开工仪式在银川阅海湾隆重举行。宁夏回族自治区领导王正伟、项宗西、齐同生、马瑞文、李锐以及自治区沿黄城市带发展领导小组成员单位主要负责人参加开工仪式。自治区主席王正伟宣布项目开工并作重要讲话。

10月10日，宁夏回族自治区城镇公厕建设管理工作暨自治区政协提案现场办理会议在石嘴山市召开。自治区副主席李锐、自治区政协副主席陶源出席会议并作重要讲话。参会代表实地观摩石嘴山市大武口区公厕建设管理情况，现场办理自治区政协第560号"关于进一步加大宁夏城乡公共厕所建设力度提高管理水平的建设"提案。

10月28~29日，宁夏召开2011年沿黄城市带建设现场观摩会。自治区党委书记张毅作重要讲话，自治区主席王正伟主持会议。自治区领导项宗西、崔波、马瑞文、李锐、解孟林和自治区有关部门、沿黄各市县主要负责人参加会议。参会人员由南到北观摩中卫、吴忠、银川、石嘴山4个市17个重点项目和亮点工程。自治区住房和城乡建设厅和沿黄4个设区市负责同志在会上发言。

11月3日，住房和城乡建设部通报了2010~2011年度中国建筑工程鲁班奖获奖单位，宁夏建工集团有限公司承建的"宁夏博物馆"工程荣获2010~2011年度中国建筑工程鲁班奖(国际优质工程)。

11月21~22日，住房和城乡建设部党组书记、部长姜伟新带领相关司局负责人调研宁夏住房和城乡建设工作。自治区党委张毅书记、自治区王正伟主席会见了姜伟新部长一行，并介绍宁夏住房城乡建设工作情况。宁夏回族自治区党委常委、秘书长蔡国英，自治区副主席李锐陪同姜伟新部长调研银川市金凤区良田镇和顺新村生态移民暨农村危房改造、银川市居安家园保障性住房建设、清水湾住宅区太阳能建筑一体化应用、宁夏建设工程招标投标管理中心、银川市兴庆区掌政镇强家庙"塞上农民新村"建设等项目情况。姜伟新部长对宁夏住房城乡建设工作给予充分肯定。

12月1日，宁夏回族自治区第十届人民代表大会常务委员会第二十七次会议审议通过《宁夏回族自治区供热条例》，2012年4月1日起施行。

12月14日，宁夏回族自治区人民政府命名平罗县为自治区园林县城，陶乐镇为自治区园林镇。

12月14~18日，全国住房城乡建设领域节能减排检查组对宁夏建筑节能、供热计量改革、城市照明节能、城市污水处理、生活垃圾处理等工作进行专项监督检查，并给予充分肯定和高度评价。

(宁夏回族自治区住房和城乡建设厅)

新疆维吾尔自治区

1. 综述

【**新型城镇化稳步推进，城乡规划体系逐步健全**】 2011年，新疆出台《自治区城镇体系规划战略研究》，编制《自治区城镇体系规划纲要（2011～2020）》《自治区推进新型城镇化行动计划》，至年底，全区城镇化率43.5%，比上年提高2.2个百分点。地州市城镇体系规划编制工作全面展开，所有县市启动新一轮总体规划修编工作，城市控制性详细规划覆盖率在80%。完成第四批自治区城乡规划督察员派驻工作，城乡规划督察范围不断扩大、督察内容逐步深入。首次举办党政主要领导城乡规划与服务型政府专题培训班，城乡规划管理服务质量和效率明显提高，依法依规完成一批重大项目规划审查审批，有力保障了建设项目顺利实施。制定《自治区村镇规划编制工作方案》，初步建立新疆村镇规划数据库，开展村镇规划编制试点工作，为全面完成村镇规划编制任务奠定了基础。

【**重点民生工程建设任务超额完成，为民办实事取得新突破**】 2011年，安居富民、住房保障、学校、医院抗震防灾和城镇基础设施改善等民生工程建设取得积极进展。安居富民工程建设计划开工30万户，实际开工31.65万户，占年度计划任务的105.5%，竣工30万户，竣工率100%。累计投入工程建设资金222.52亿元，其中中央补助19.1亿元、自治区补助24亿元、对口援疆省市援助21.53亿元、地县自筹9.16亿元、银行贷款24.9亿元、农牧民自筹123.83亿元。各类保障性住房建设计划开工34万套，实际开工35.6万套，占年度计划任务的104.3%，提前2个月完成国家下达的任务。其中由住房城乡建设部门组织实施的城镇保障性住房计划开工26.96万套，实际开工30.6万套，占年度计划任务的114%。投入资金189.8亿元，其中中央补助73.8亿元、自治区补助20亿元、地方自筹、银行贷款、企业投入等96亿元。学校、医院抗震防灾工程计划开工233万平方米，实际开工244万平方米，占年度计划任务的105%。累计投入工程建设资金22.45亿元，其中中央补助6亿元、自治区补助13.87亿元、地方自筹2.58亿元。乌鲁木齐和克拉玛依市已全面完成学校、医院抗震防灾工程任务。各类城镇基础设施项目开工建设264项，城市供水普及率99%、污水处理率77%、生活垃圾处理率93%、燃气普及率96%，完成年初自治区下达的指标任务，极大地改善了城乡各族群众的住房条件，强化了社会公共安全保障，赢得了广大群众的拥护，有力地促进了全区经济发展和社会稳定。

【**建筑节能工作扎实推进，城乡人居环境进一步改善**】 《严寒寒冷地区居住建筑节能设计标准新疆维吾尔自治区实施细则》发布实施，新建居住建筑节能标准由50%提高到65%，执行范围由城市扩大到建制镇。既有建筑供热计量及节能改造开工780万平方米，新增可再生能源建筑900万平方米，政府办公及大型公共建筑节能运行监管体系建设和供热计量改革取得初步进展。新一轮城市建设"天山杯"竞赛检查考核工作完成，乌鲁木齐市、和静县、沙雅县、策勒县被命名为自治区园林城市（县城），城市绿色照明、数字化管理、节水工作和风景名胜区、历史文化名城名镇名村保护管理工作得到加强，"新疆天山"申报世界自然遗产项目通过世界遗产中心预审，成为2013年中国惟一申报世界自然遗产项目。

【**房地产市场调控力度加大，房地产业保持健康发展**】 提请自治区人民政府出台《关于进一步做好房地产市场宏观调控工作的通知》，建立房地产市场调控约谈问责机制，所有设市城市均公布2011年度新建住房价格控制目标。全年完成房地产投资516亿元，比上年增长48.5%，新建商品住宅2974万平方米，人均住宅建筑面积30.45平方米。个人住房信息系统和房价监测机制初步建立，商品住宅价格总体平稳。住房公积金各项业务快速发展，截至年底，全区累计缴存住房公积金753.98亿元，增长25.93%，累计发放个人住房贷款367.75亿元，增长31%。个人住房贷款率51.05%，乌鲁木齐市利用住房公积金累计发放棚户区改造项目贷款10

亿元。

【建筑业发展取得新成绩，工程质量和安全生产管理得到加强】 工程建设领域突出问题专项治理工作有序开展，自治区建筑市场行为和工程质量安全专项检查活动完成，建筑市场秩序进一步规范，促进了建筑业良性发展，全年完成建筑业产值1300多亿元。建筑企业科技水平、整体素质不断提高，有2项工程获鲁班奖，20项企业工法被评为国家级工法，79项企业工法被评为自治区级工法。严格执行工程质量安全法律法规和强制性标准，重点加强安居富民、住房保障、学校、医院抗震防灾和城镇生命线工程质量安全管理，做到了工程质量合格，没有发生重大安全生产事故，切实保障了各族群众的生命财产安全。

【行业法规制度日益完善，管理服务水平进一步提高】 提请制定地方性法规2件，制定出台规范性文件7件，编制28项工程建设地方标准。深入贯彻实施《国有土地房屋征收与补偿条例》，制定《关于贯彻实施国有土地上房屋征收与补偿条例的指导意见》。全面开展机关效能建设，推进行政审批制度改革，出台《关于提高行政效能规范行政许可与备案的决定》，简化办事程序，缩短审批时间，加快行政许可事项由统一受理向集中办理转变，实现法定审批时限压缩40％，将建筑企业施工总承包三级资质和房地产企业暂定资质行政许可权下放至地州，取消行政许可初审程序，建立以日常监督和行政执法检查方式为主的动态核查机制，依法依规做好区外企业进疆备案工作，为企业发展营造公平有序的市场竞争环境。深入基层做好服务，会同有关部门开展集中调研和督促检查，成立14个常驻巡查组，帮助指导各地及时解决安居富民、住房保障和学校、医院抗震防灾工作中的问题，制定完善相应政策和技术标准，促进各项工作扎实开展。加大信访积案调处力度，规范信访案件办理程序，及时妥善解决群众信访诉求，中央交办的9件拆迁信访积案基本化解完毕，较好地维护了群众合法权益。全力抓好党风廉政建设和反腐败工作，深入开展精神文明建设和创先争优活动，不断加大行业宣传工作力度，通过各主流媒体，多角度、深层次地宣传住房城乡建设工作，累计发布各类宣传稿件和工作信息近300条，树立了良好的行业形象。

2. 住房城乡建设法制建设

【建设立法】 2011年，新疆维吾尔自治区住房和城乡建设厅提请自治区人大常委会审查通过《新疆维吾尔自治区天山自然遗产地保护条例》、《新疆维吾尔自治区房屋权属登记条例》修正案；提请自治区人民政府审查通过《新疆维吾尔自治区实施〈风景名胜区条例〉细则》，起草《新疆维吾尔自治区建设工程勘察设计承包活动管理规定》。制定《自治区城乡规划公示办法》、《新疆维吾尔自治区建设用地和建设工程规划许可证核发办法》、《国有土地上房屋征收与补偿估价规则》、《关于贯彻实施〈国有土地上房屋征收与补偿条例〉的指导意见》、《自治区实施〈建筑业企业资质管理规定〉细则》、《自治区建设工程质量监督机构和人员考核管理办法》、《自治区实施〈房屋建筑和市政基础设施工程质量监督管理规定〉细则》和《自治区房屋征收补偿房地产价格评估机构选定办法》等规范性文件。

【行政执法】 2011年3月10日，新疆维吾尔自治区住房和城乡建设厅通过自治区人民政府依法行政考核检查组对住房城乡建设厅依法行政工作在组织领导、制度建设、职能转变、行政执法等方面完成情况的考核检查。2011年，自治区住房和城乡建设厅修改完善行政执法工作制度10项、工作程序1项、格式文书4项、建立建设行政执法转办案件公示制度14项，对转办的案件在"新疆建设网"上公示，接收社会监督。全年受理举报投诉25件，立案调查违法违规问题8件案，下达行政处罚书14份（含2010年处罚案件），罚款313.715万元。督办2起涉嫌违法违规案件。受理复议案件6件，撤销2件，中止1件，撤回1件，维持1件。全区地州市县各级建设行政执法机构开展综合执法检查4056次，专项检查6311次，立案查处6111件，存在违法违规问题80469件，其中行政处罚21452件，罚没金额2548万元；受理举报案件7768件，处理结案5980件。

【行政许可审批】 2011年，新疆维吾尔自治区住房和城乡建设厅对行政许可审批项目凡是没有法定依据或通过事后监管、日常监管可以规范的，通过取消和调整，将80项行政许可项目核减至23项。还将分散在8个处室（单位）的20个行政许可审批项目统一纳入行政许可大厅，推行"一个窗口进出、接件办件分离、程序结果公开、纪检监察监督"的工作机制。2011年，办结各类资质审批事项1950件，平均每件办结所用天数由上年的52.3天，下降到33.5天，降幅达36％；全年受理资质、资格类行政许可事项10388件，其中办结8939件，办结率85％，比上年提高7.5个百分点。组建两年多来共办理各类行政许可审批事项33800件、答复各类咨询58200人次，未发生一起行政诉讼、复议案件，群众满意率96.5%。

3. 房地产业与住房保障

【城镇房屋建设】 2011年，新疆城镇实有房屋建筑面积38559.5万平方米，比上年增加3068.75万平方米。其中住宅建筑面积23282.2万平方米，比上年增加1191.09万平方米；非住宅建筑面积15277.3万平方米，增加1877.66万平方米，成套住宅建筑面积19920.36万平方米。成套率86%比上年增长3.65%。城镇人口894.89万人，人均住宅建筑面积26.02平方米，比上年增加0.84平方米。

2011年，新疆城镇实有房屋建筑面积38559.5万平方米。其中钢结构1011.2万平方米，钢混结构7109.56万平方米，混合结构9265.51万平方米，砖混合结构17443.68万平方米，砖木结构2106.61万平方米，土木结构1622.94万平方米；单层房屋9037.38万平方米，多层房屋24286.66万平方米，高层房屋5235.46万平方米。

【国家康居示范工程】 2011年8月2日，住房和城乡建设部正式认定新疆华源集团申报的阜康市"华源·阜华景源"住宅小区项目为国家康居示范工程。阜华景源采用65%建筑节能、太阳能与建筑一体化技术、中水回用、垃圾生物降解、光电转换等环保技术，开发面积100万平方米以上。11月8~11日，国家住房和城乡建设部住宅产业化促进中心专家检查组，检查评定乌鲁木齐市骑马山格林尼治城小区工程建设中期项目为国家康居示范工程。

"国家康居示范工程"是经国务院批准，由国家住房和城乡建设部在全国范围内评定设立的高品质住宅项目建设范例，1999年启动。

【城镇房屋征收】 2011年，新疆城镇实际作出房屋征收决定402个，建筑面积995.25万平方米，比上年增加405.41万平方米。其中住宅897.18万平方米，增加398.55万平方米。实际完成350个，建筑面积897.4万平方米。其中住宅828.1万平方米，住户50578户，司法强制执行39户，房屋面积2606.63平方米。

【房地产开发经营】 2011年，新疆列入统计部门统计范围的房地产开发企业1421家，商品房屋开发投资完成516.39亿元，比上年增长48.5%。商品房屋施工面积5481.44万平方米，增加1500.64万平方米，其中新开工面积2974.51万平方米，增加797.27万平方米。商品房屋竣工面积1270.48万平方米，增加257.58万平方米，其中住宅竣工面积1108.02万平方米，增加248.1万平方米。实现商品房屋销售面积1728.23万平方米，增加163.33万平方米，其中销售住宅面积1570.56万平方米，增加120.54万平方米。截至年底，全区商品房屋待售面积367.02万平方米，增加18.04万平方米，其中住宅待售面积220.45万平方米，增加24.98万平方米。

【城镇房屋权属登记管理】 2011年，新疆城镇房屋权属登记总建筑面积35124.49万平方米，比上年增加2354.19万平方米。其中住宅登记面积22209.07万平方米，非住宅登记面积12915.42万平方米。2011年国有土地上登记总建筑面积9452.8万平方米，其中所有权登记5609.48万平方米，初始登记2246.97万平方米，转移登记2012.14万平方米，变更登记361.59万平方米，注销登记988.78万平方米，抵押权登记2958.81万平方米，预告登记573.38万平方米，其他登记311.15万平方米。国有土地上登记总件数571176件，其中所有权登记339755件，初始登记41282件，转移登记198546件，变更登记13866件，注销登记86061件，抵押权登记172577件，预告登记54841件，其他登记3285件。

【物业管理】 2011年，新疆有物业服务企业897家，比上年增加9家，现有从事物业服务人员5.76万人，增加0.77万人，接受委托物业服务项目8083个，比上年增加102个。物业管理房屋总建筑面积19782.99万平方米，增加0.44亿万平方米，占房屋总建筑面积的52%，增长8.51%，物业管理住宅总建筑面积15695.06万平方米，增加6862.27万平方米，占住宅建筑面积68%，增长5.51%。

【全国物业管理示范住宅小区】 2011年2月17日，住房和城乡建设部公布北京市万科西山庭院等136个项目为2010年度全国物业管理示范住宅小区（大厦、工业区）。新疆乌鲁木齐市特变·阳光绿景小区、新疆克拉玛依市独山子区众鑫花园、新疆克拉玛依市独山子区第十一物业小区、新疆昌吉回族自治州特变·水木融城小区（一期）、新疆伊宁市经典花园和伊宁市仁和世纪嘉苑B区被评定为2010年度全国物业管理示范住宅小区，新疆乌鲁木齐市城建大厦被评定为2010年度全国物业管理示范大厦。

【住宅专项维修资金】 2011年，新疆城镇房屋（住宅）累计归集住宅专项维修资金459790.19万元，比上年增加147829.78万元。其中累计申请使用36878.52万元，增加14542.45万元，住宅专项维修资金余额422911.67万元，增加151388.72万元。

【保障性住房建设】 2011年，国家保障性安居工程协调小组与新疆维吾尔自治区人民政府签订目标任务：建设保障性住房和棚户区改造住房34.1万套。由建设部门牵头建设的保障性住房26.96万套。其中新增廉租住房7.46万套，新增发放租赁住房补贴0.9万户，新增公共租赁住房5.61万套，新疆经济适用住房1.2万套，新增现价商品住房0.56万套，城市棚户区改造10.32万户，国有工矿棚户区改造0.91万户。截至年底，开工建设各类保障性住房和棚户区改造安置住房35.7万套，完成投资189.8亿元，由住房城乡建设部门组织实施的保障性住房30.6万套，完成投资158.1亿元。其中廉租住房7.8万套，公共租赁住房5.82万套，城市和国有工矿棚户区危旧住房12.1万套，新建经济适用住房2.6万套，限价商品房2.3万套，发放廉租住房租赁补贴15.7万户、2.1亿元。由住房和城乡建设主管部门组织实施的26.96万套城镇保障性住房争取中央补助资金67.3亿元，自治区安排补助资金15.7亿元，各地自筹75亿元以上。

【住房公积金管理】 2011年，新疆归集住房公积金155.26亿元，累计归集总额753.98亿元，比年初增长25.93％%。累计为职工购建房等原因支取住房公积金308.46亿元，住房公积金归集余额445.52亿元，增加85亿元。

全区累计为39.45万户职工发放个人住房公积金贷款367.75亿元，比年初增加87.03亿元；个人住房公积金贷款余额227.45亿元，个人贷款余额占缴存余额的比例51.05％。截至年底，累计提取廉租住房建设补充资金6.42亿元，已划转交财政部门5.09亿元。

2011年，累计归集住房资金67.06亿元，其中住房资金63.88亿元、住房维修基金3.18亿元。审批使用住房资金50.06亿元（新建住房37.17亿元，住房维修2.18亿元，退房10.71亿元）。至年底，住房资金余额16.79亿元（维修资金1.63亿元，售房及集资款15.16亿元）。

【利用住房公积金贷款支持保障性住房建设试点检查】 2011年6月8～9日，国家住房和城乡建设部专项检查乌鲁木齐市利用住房公积金贷款支持保障性住房建设情况。检查组召开座谈会，听取乌鲁木齐市人民政府关于利用住房公积金贷款支持保障性住房建设试点工作进展情况，自治区住房城乡建设厅、监察厅、财政厅、审计厅、新疆银监局、人民银行乌鲁木齐中心支行领导以及乌鲁木齐市政府、乌鲁木齐住房公积金管理中心、市建委、市棚改办、市财政局、建设银行、交通银行等部门领导参加会议。检查组查阅了乌鲁木齐住房公积金管理中心试点项目前期审批、贷款发放、抵押物落实及贷款回收等文件资料，实地察看了跃进街、黑甲山、巴哈尔路、青峰路四个试点项目现场，对已开工的三个试点项目建设情况和还未开工的青峰路、雪莲区项目提出了建议。

【住房公积金管理服务年活动】 2011年7月12～15日，新疆维吾尔自治区住房和城乡建设厅在哈密地区举办自治区住房公积金服务培训班暨现场经验交流会。全疆14个地州市住房公积金管理中心及所属分中心、管理部的负责人、相关管理人员和网点经办人员240多人参加培训和交流。培训的主要内容是现代公共服务理论、住房公积金服务品质创新、住房公积金服务与信息技术应用。现场观摩交流了哈密地区管理中心及所属的伊吾县、巴里坤县的住房公积金管理服务工作。10月24日至11月7日，自治区住房和城乡建设厅、纠风办、财政厅、中国人民银行乌鲁木齐中心支行、新疆银监局7部门组成四个检查组，检查验收14个地州市住房公积金管理中心、6个分中心、28个管理部2011年开展住房公积金管理服务年活动，发放问卷调查表3628份；各管理中心综合满意率90％以上。抽查调阅2011年1～9月住房公积金归集、提取、贷款档案2560份；进行电话回访126人次，征询政风行风评议员意见90份，并实地察看了各服务网点和管理部业务信息系统情况。

【住房公积金个人贷款管理】 2011年2月18日，自治区住房城乡建设厅、自治区人民政府纠风办、财政厅、监察厅、审计厅、中国人民银行乌鲁木齐中心支行、新疆银监局对2010年5～9月全区住房公积金管理机构开展住房公积金个人贷款管理工作开展监督检查情况进行通报。乌鲁木齐、克拉玛依、伊犁、吐鲁番地区、巴音郭勒州、喀什地区、克孜勒苏州7个住房公积金管理中心、4个分中心、8个管理部接受检查。对内部授权、贷款审批和个人贷款档案管理不规范；贷款第三方担保和保证人担保业务程序不严谨等问题提出了加强住房公积金个人贷款管理等工作的整改措施。

【成立住房公积金信息管理系统审查专家组】 2011年5月27日，自治区住房和城乡建设厅、自治区人民政府纠正行业不正之风办公室、自治区监察厅、自治区财政厅、自治区审计厅、中国银行业监督管理委员会新疆监管局和中国人民银行乌鲁木齐中心支行成立自治区住房公积金信息管理系统审查专家组。专家审查组主要通过召开专家审查会议形式，根据工作需求拟定评审内容，发放评审单、整理汇总专家审查意见,公布审查结果。2011年,评审有关地州上报的公积金信息系统升级方案,统一了各地公积金管理信息系统升级改造的总体思路,全区14个管理中心有6家公积金管理信息系统完成升级改造,两家正在升级。规范了建行、工行、农行、中行、交行等五家承办公积金业务的银行与自治区监管信息系统联网的数据传送,保证系统及时接收完整的监管信息数据,监督住房公积金大额资金流向。

4. 城乡规划

【规划编制】 截至2011年底,完成《自治区新型城镇化发展战略规划研究》、《新疆维吾尔自治区城镇体系规划纲要(2011~2020)》和《自治区推进新型城镇化(2011~2020)行动计划》编制工作。所有市、县开始新一轮总体规划修编,城市控制性详细规划覆盖率达到80%。全区城镇化率43.5%。

【新疆设立县级北屯市】 2011年12月27日,新疆维吾尔自治区人民政府转发国务院关于同意新疆维吾尔自治区设立县级北屯市的批复,北屯市市人民政府驻北屯镇团结路300号,管理方式按石河子市模式执行。

【历史文化名城、名镇名村保护】 2011年4月27日至5月6日,新疆住房和城乡建设厅、文物局检查国家级历史文化名城2座、自治区级历史文化名城3座、中国历史文化名镇2个、历史文化名村4个。吐鲁番市、伊宁市、库车县依法公布了历史文化街区名称和保护范围。吐鲁番市、伊宁市、库车县历史文化名城保护规划已经自治区人民政府批准实施。对检查发现的历史文化名城名镇名村和历史街区、建筑保护工作未公布当地历史建筑,历史建筑标志设立、档案资料整理不规范,个别项目建设活动影响文物保护单位的本体安全和整体风貌等问题制定下一步工作计划。

【张春贤会见政府城乡规划工作顾问组专家】 2011年2月24日,新疆自治区党委书记张春贤会见自治区人民政府城乡规划工作顾问组毛家樑一行。

自治区人民政府城乡规划工作顾问组于2010年10月30日成立,是自治区成立的第一个专家顾问组。成立以来,先后对乌鲁木齐、昌吉、喀什等地的城市规划设计提供决策咨询。顾问组此次来疆,是应自治区邀请,为自治区领导干部城乡规划与服务型政府建设专题培训班授课。

【城乡规划援疆干部座谈会】 2011年6月16日,自治区住房和城乡建设厅在乌鲁木齐召开内地城乡规划系统援疆干部座谈会,内地19省市援疆指挥部主管城乡规划系统援疆干部代表、自治区城市规划管理委员会专家委员和自治区甲级城乡规划编制单位负责人参加会议。会议由自治区住房和城乡建设厅副厅长甫拉提·乌马尔主持会议,自治区住房和城乡建设厅厅长张鸿作重要讲话,中国城市规划设计院所长张全介绍《自治区新型城镇化战略研究》以及《自治区新型城镇化战略研究行动计划》,19省市30多名城乡规划系统援疆干部就自治区新型城镇化发展战略研究及行动计划、如何开展"规划援疆",加强和改进城乡规划管理进行座谈。实地考察昌吉市城乡规划及天池风景名胜区规划建设情况。

【派驻城乡规划督察员动员会议】 2011年10月25日,自治区住房和城乡建设厅召开自治区派驻城乡规划督察员动员会议。此次派驻城乡规划督察员人数扩大到了10人,常驻库尔勒市、伊宁市、昌吉市,巡查城市阿克苏市、克拉玛依市、博乐市、吐鲁番市、哈密市。督察范围覆盖全区主要中心城市。

【历史文化名城保护】 2011年10月17~21日,住房和城乡建设部、国家文物局检查组检查吐鲁番市、特克斯县国家历史文化名城保护工作。自治区历史文化名城名镇名村检查领导小组、吐鲁番市人民政府及特克斯县人民政府分别向检查组汇报自治区历史文化名城名镇名村保护工作情况、吐鲁番市和特克斯县历史文化名城保护规划情况。检查组对吐鲁番市、特克斯县的所有历史文化街区和部分文保单位的档案资料进行检查。通过检查、召开座谈会等形式,了解新疆历史文化名城保护工作开展情况,并反馈检查意见。截至2011年,新疆有3个市县、2个镇、4个村获国家历史文化名城名镇名村称号,有3个市县获自治区历史文化名城的称号。

【村镇规划】 截至2011年底,新疆有县城(区)以外的独立建制镇166个,乡(乡政府所在地)587个。行政村8691个,乡镇级特殊区域73个。全区村镇总人口1263.14万人,其中独立建制镇人口82.71万人;乡人口136.89万人;村庄人口1032.21万人,乡镇特殊区域人口11.33万人。

建制镇建成区面积27884.89公顷,乡建成区面积46851.57公顷,村庄现状用地面积342179.3公顷,镇乡级特殊区域现状用地面积342197.3公顷。

全区累计编制建制镇总体规划159个,编制乡(集镇)总体规划472个,编制行政村建设规划3451个。全区乡镇建立村镇建设管理机构509个,配备村镇建设管理人员1290人,其中专职管理人员764人。

5. 城市建设

【城建固定资产投资】 2011年，新疆21个设市城市、66个县城市政公用设施建设完成固定资产投资2123767万元，比上年增长1.61%。其中设市城市完成1728639万元。按投资行业分：供水完成99173万元，集中供热448136万元，燃气178248万元，道路桥梁594164万元，排水110461万元，园林绿化345189万元，环境卫生48280万元，其他298116万元。2011年新增固定资产1993407万元。

【城市供水】 2011年，新疆设市城市、县城新增自来水供水能力57.82万立方米/日，新增自来水管道1003.35千米。综合生产能力499.63万立方米/日，供水管道总长11753千米，年供水总量99339.96万立方米，用水人口924.55万人，用水普及率95.95%，人均日生活用水144.15升。其中设市城市综合生产能力385.14万立方米/日，供水管道长6888.32千米，年供水总量77263.08万立方米，用水人口646.99万人，用水普及率99.17%，人均日生活用水160升。县城综合生产能力114.49万立方米/日，供水管道4865.17千米，年供水总量18445.92万立方米，用水人口277.56万人，用水普及率89.20%，人均日生活用水107升。

【乌鲁木齐获国家节水型城市称号】 2011年5月26日，经国家住房城乡建设部和发展改革委组织专家预审、现场考核、综合评审及公示，决定命名乌鲁木齐、深圳、昆明等17个城市为第五批（2010年度）国家节水型城市。

乌鲁木齐市2005年6月被自治区住房和城乡建设厅与自治区发展和改革委员会推荐为创建节水型城市试点城市；2010年5月，乌鲁木齐市52家企业（单位）、居民小区，经自治区住房和城乡建设厅与自治区发展和改革委员会考核，并命名为"自治区节水型企业（单位）、居民小区"。乌鲁木齐市节水型企业（单位）覆盖率达到46.87%；城市供水管网漏失率下降到12.8%；城市污水处理率达到84.6%、再生水利用率达到28%；节水型器具普及率达到100%；人均日用水量0.88立方米，各项指标达到或超过国家节水型城市考核标准。8月，经考核验收被命名为"自治区节水型城市"。

【建设系统应急管理】 2011年，新疆维吾尔自治区住房和城乡建设厅在全区住房城乡建设系统范围开展了防灾减灾宣传教育活动，组织专家编纂了《自治区住房城乡建设系统应急百事通》一书。抽查乌鲁木齐、吐鲁番、昌吉等重点地、州、市活动开展情况。制定了《自治区住房城乡建设系统重大危险源管理办法》，对行业内重大危险源的分级、登记、评估、备案、管理和监控等做出了相应规定。完善了《自治区建设工程突发重大事故应急预案》、《自治区城市供热系统突发重大事故应急预案》、《自治区城市供水系统突发重大事故应急预案》等专项应急预案；《自治区住房城乡建设系统突发事件应急预案》呈送自治区人民政府审阅修订。6月24日在乌鲁木齐市组织进行了建筑施工现场高支模坍塌应急救援演练，演练对建筑工程突发重大事故预案进行了检验。将应急管理工作纳入了自治区城市"天山杯"竞赛检查评比内容。

【城市集中供热】 2011年，新疆设市城市、县城新增集中供热能力蒸汽323吨/小时、热水2553兆瓦。累计供热能力蒸汽1604吨/小时、热水25962兆瓦，集中供热管道8414千米。年供热总量蒸汽1078万吉焦，热水20746万吉焦。集中供热面积25947.2万平方米，其中住宅17837.5万平方米。设市城市累计供热能力蒸汽1460吨/小时，热水20465兆瓦，年供热总量蒸汽974万吉焦，热水15524万吉焦，集中供热管道6434千米，集中供热面积21063.8万平方米，其中住宅14716.2万平方米。全区县城供热能力蒸汽144吨/小时，热水5497兆瓦，年供热总量蒸汽104万吉焦，热水5222万吉焦，集中供热管道1980千米，集中供热面积4883.4万平方米，其中住宅3121.3万平方米。

【供热计量改革督查】 2011年3月6～20日，自治区住房和城乡建设厅组织专家采取听汇报、查资料和座谈交流、实地查看等方式，检查库尔勒、克拉玛依等14个设市城市实施供热计量改革工作情况。检查工程项目59个，16个主要热源，24个换热站。受检建筑总面积22079万平方米，其中50%以上节能标准建筑面积7638万平方米（住宅建筑5402万平方米，公共建筑2236万平方米），已实现集中供热16820万平方米，已安装供热计量装置2423万平方米。乌鲁木齐市、昌吉市、库尔勒市计量收费面积275万平方米。克拉玛依市、伊宁市已安装楼栋的户用热计量装置可将数据远传到供热企业监控中心。乌鲁木齐市2010～2011年投资6000万专项资金用于供热二次管网改造。库尔勒市、乌鲁木齐市、昌吉市的骨干供热企业利用分布式变频系统技术改造热源、供热管网和换热站。对存在部分城市供热计量改革行动迟缓、供热企业供热计量收费的实施主体责任不落实、热量表检验能力不足等问题提出意见和建议。

【城市燃气】 2011年，新疆设市城市、县城新增天然气管道1763.15千米，新增天然气储气能力29.82万立方米，新增液化石油气储气能力25吨。全区累计天然气管道10616.59千米，年天然气供气总量222005.64万立方米，用气人口607.96万人。人工煤气管道71.3千米，人工煤气生产能力46万立方米/日，储气能力2万立方米，年供气总量1998.66万立方米，用气人口6.2万人。液化石油气储气能力17067.4吨，供气管道106.22千米，年供气总量115665.98吨，用气人口237.08万人。全区燃气普及率88.34%。拥有天然气汽车加气站203座、液化气汽车加气站55座。其中设市城市天然气储气能力309.84万立方米，供气管道8612.63千米，供气总量184413.16万立方米，用气人口490.34万人；人工煤气生产供应全在设市城市内，液化石油气储气能力9321吨，供气管道80.81千米，年供气总量82993.48吨，用气人口130.96万人，设市城市燃气普及率96.19%。县城天然气供气管道2003.96千米，天然气储气286.38万立方米，供气总量37592.48万立方米，用气人口117.62万人；液化石油气储气能力7746.4吨，年供气总量32672.5吨，用气人口106.12万人，燃气普及率71.96%。

【城市道路桥梁】 2011年，新疆设市城市、县城新建扩建道路526.35千米，新建扩建道路面积798.93万平方米，新增桥梁52座。全区累计道路长8429.14千米，道路面积13798.58万平方米，人均拥有道路面积14.32平方米。拥有桥梁788座（立交桥49座），路灯613352盏。其中设市城市道路5476.25千米，道路面积8964.49万平方米，人均拥有道路面积13.74平方米；桥梁409座；县城道路2952.89千米，道路面积4834.03万平方米，人均拥有道路面积15.54平方米；桥梁379座，路灯189728盏。

【城市排水及防洪】 2011年，新疆设市城市、县城新增排水管道1077.59千米，新增污水处理能力22.2万立方米/日，污水排放量68600万立方米，有排水管道5763.1千米，排水管道密度5.03千米/平方千米。有污水处理厂68座，达到二、三级处理的52座，污水处理能力229.1万立方米/日，年污水处理总量50839万立方米，污水处理率74.11%。防洪堤506千米，达到百年一遇标准的45千米，达到50年一遇标准的194千米。其中设市城市污水排放量55615万立方米，有排水管道4591.55千米，排水管道密度4.98千米/平方千米；有污水处理厂31座，达到二、三级处理的25座，总污水处理能力166.9万立方米/日，年污水处理总量41732万立方米，污水处理率77.03%，防洪堤255千米。县城污水排放量12985万立方米，有排水管道2746.26千米，排水管道密度5.12千米/平方千米；有污水处理厂37座，达到二、三级处理的27座，总污水处理能力38.2万立方米/日，年污水处理总量6529万立方米，污水处理率61.59%。

【城市园林绿化】 2011年，新疆设市城市、县城新增园林绿地面积7057公顷。设市城市、县城绿化覆盖面积66840公顷，建成区绿化覆盖面积49451公顷；园林绿地面积59646公顷，建成区园林绿地面积44461公顷；公园绿地面积9190公顷；拥有公园239个，公园面积4724公顷，人均公园绿地9.54平方米，比上年增长8%；建成区绿化覆盖率33.92%，建成区绿地率30.94%。其中设市城市建成区绿化覆盖面积49697公顷，建成区绿化覆盖面积33772公顷；绿地面积44097公顷，建成区园林绿地面积30672公顷；公园绿地面积6185公顷；拥有公园137个，公园面积3274公顷，人均公园绿地9.48平方米；建成区绿化覆盖率36.64%，建成区绿地率33.22%。县城绿化覆盖面积17143公顷，建成区绿化覆盖面积15679公顷；园林绿地面积15549公顷，建成区绿地面积13789公顷；公园绿地面积3005公顷，拥有公园102个，公园面积1450公顷，人均公园绿地9.66平方米；建成区绿化覆盖率29.24%，建成区绿地率25.72%。

【国家园林城市（区）复查】 2011年5月11日，住房和城乡建设部对复查2008年获得命名的42个国家园林城市情况进行通报。新疆维吾尔自治区的克拉玛依市、昌吉市、奎屯市复查通过。截至2011年，全区有7个市6个县城获得了国家园林城市、县城的称号。

【1城市、3县城获自治区园林城市】 2011年3月15日，新疆维吾尔自治区人民政府决定命名乌鲁木齐市为自治区园林城市；沙雅、和静、策勒县为自治区园林县城。截至2011年底，新疆有8个市、16个县、6个城区、2个镇获自治区园林城市、县城、城区、村镇的称号。国家级风景名胜区4处，自治区级风景名胜区13处。库尔勒市等9个市、县、区获中国人居环境范例奖。石河子市获中国人居环境奖和迪拜国际改善人居环境最佳范例奖。库尔勒市获中国十佳魅力城市称号。

【申报世界自然遗产工作】 2011年5月16~18日，新疆维吾尔自治区申报世界遗产办公室组织区内专家一行7人前往中天山片区（西天山和喀拉峻草原风景名胜区）遗产提名地进行实地考察，现场指导申遗工作。5月31日～6月4日，世界自然保护联盟（IUCN）专家彼得·沙迪、赖斯·莫里埃博士等一行5人应自治区人民政府邀请，实地考察申报世界自然遗产的巩留县西天山国家级自然保护区和特克斯县喀拉峻风景名胜区，专家们详细询问了提名地景区内的建设、管理、保护情况，并就拟定线路的科学性及景区标识牌等方面提出了意见和建议。

【城市环境卫生】 2011年，新疆设市城市、县城道路清扫保洁面积14649万平方米，市容环卫专用车辆设备总数3010辆，实现机械化道路清扫保洁面积5185万平方米，机械清扫率36%；生活垃圾年清运量585.81万吨，生活垃圾处理量460.7万吨，处理率78.64%；拥有无害化垃圾处理厂32座，无害化处理能力8167吨/日，无害化处理总量308.45万吨；粪便清运量11.36万吨；有公共厕所3292座，达到三级以上1779座。其中设市城市道路清扫保洁面积9951万平方米，市容环卫专用车辆设备总数2335辆，实现机械化道路清扫保洁面积4041万平方米，机械清扫率41%；生活垃圾年清运量344.48万吨，生活垃圾处理量317.61万吨，处理率93%；拥有无害化垃圾处理厂19座，日无害化处理能力7004吨，无害化处理总量273.78万吨；粪便清运量3.39万吨，有公共厕所2128座，达到三级以上1201座。县城道路清扫保洁面积4698万平方米，市容环卫专用车辆设备总数675辆，实现机械化道路清扫保洁面积1144万平方米，机械清扫率25%；生活垃圾年清运量241.33万吨，生活垃圾处理量143.09万吨，处理率60%；粪便清运量7.97万吨，有公共厕所1164座，达到三级以上578座。

截至2011年底，克拉玛依、库尔勒、昌吉市和鄯善县等15个市县进入国家卫生城市的行列，54个市县（区）被命名为自治区卫生城市。

6. 建筑业与工程建设

【建筑企业经营概况】 2011年，新疆列入统计部门统计范围的1025家等级建筑施工企业完成建筑业总产值1327.83亿元，完成建筑业增加值274.56亿元。全年房屋建筑施工面积8947.71万平方米，其中新开工面积5796.89万平方米。房屋建筑竣工面积3465.49万平方米，其中住宅2414.13万平方米、厂房及建筑物用房223.34万平方米、办公用房188.35万平方米、商业、居民服务业用房155.32万平方米、文化、体育娱乐用房48.21万平方米、科研、教育、医疗用房27.34万平方米、仓库16.95万平方米，其他391.85万平方米。企业期末从业人数52.73万人，计算劳动生产率的平均人数58.53万人，按建筑业总产值和建筑业增加值计算的劳动生产率分别为226848元/人和46906元/人。2011年，建筑企业总收入1346.75亿元，其中工程结算收入1320.11亿元，实现利税总额72.57亿元（其中利润总额27.48亿元）。有亏损企业269家，亏损额25579万元。

【省、区建筑业交流与合作】 2011年6月16日，新疆和安徽召开战略合作会议，就两省区建筑业间充分发挥各自优势，围绕建筑领域重大问题和重要事项，在信息互通和业务交流、机构设置和工程承揽、资质资格和评优评先、劳务输送和队伍建设、技能培训和监督指导等方面开展交流与合作达成共识。11月30日，自治区人民政府在乌鲁木齐市召开新疆、江苏两省区建筑业战略合作会议，新疆维吾尔自治区住房和城乡建设厅党组书记李建新、江苏省住房和城乡建设厅党组书记周乃翔代表两省区住房和城乡建设部门签署《关于加强新苏两省区建筑业合作的协议》。

【工程质量监督】 4月29日，发布实施《新疆维吾尔自治区房屋建筑工程质量投诉处理办法》《新疆维吾尔自治区建设工程质量监督机构和人员考核管理办法》和《新疆维吾尔自治区实施〈房屋建筑和市政基础设施工程质量监督管理规定〉细则》。4月20日至6月3日，组织考评组通过听取汇报、查阅资料、询问情况、查看工程实体质量等方式，全面考评全区14个地州市及28个县市区工程质量监督机构2010年度工作情况。抽查工程89项，涉及施工企业67个、监理企业49个、检测机构31个，建筑面积89.5万平方米，下发整改通知书14份。7月，综合执法检查13个地州市开展建筑市场行为和建设工程质量安全，检查在建工程98个，建筑面积12.04万平方米，涉及施工单位77家，监理单位59家，下发26份工程质量整改通知书。8月，住房和城乡建设部对乌鲁木齐、克拉玛依、石河子市进行了建设工程质量监督执法检查，检查工程10项。受检工程大多数项目参建各方质量行为比较规范，勘察设计和施工质量总体处于受控状态。对于存在的突出问题落实整改并向全区通报。2011年，新疆各级监督机构对违法违规和违反强制性标准的各方责任主体行政处罚14家，处罚金额263.07万元。全区各级工程质量监督机构受理工程质量投诉案件289起，处理完毕276起，结案率95.5%。

【标准定额编制】 2011年，新疆维吾尔自治区住房和城乡建设厅成立"自治区12系列建筑标准设计编制工作领导小组",组建"12系列标准图集修编专家委员会"。在专家委员会总负责的框架下,设立四个专业标准编写组和审查组(建筑、结构、电气、给排水和暖通),自治区27家甲级设计院参加12系列标准设计的修编工作。起草《新疆维吾尔自治区工程建设标准管理办法》立项报告。编制了《新疆维吾尔自治区安居富民工程建设标准》和《新疆维吾尔自治区保障性住房建设标准》。编制《严寒和寒冷地区居住建筑节能设计标准新疆维吾尔自治区实施细则》、《页岩烧结保温砌块填充墙构造》、《乡(村)镇建筑构造》自治区工程建设标准设计,发布实施了《建筑用塑料窗技术规程》、《钢结构防火涂料应用技术规程》等2项工程建设标准,充实自治区工程建设标准体系。自治区建设标准服务中心对(02)系列标准设计图集进行全面修编,形成新的(12)系列标准设计图集体系。收集整理了近几年的工程建设国家标准603项,建筑工程建设行业标准217项,城镇建设工程建设行业标准148项,工程建设标准化协会标准284项,国家工程项目建设标准134项,自治区工程建设地方标准和定额46项,自治区工程建设标准设计87项;汇总清理废止的自治区工程建设地方标准和标准设计101项,在"新疆建设网"上公布。自治区造价总站对新疆造价信息网站进行改版,增设了企业展台和市场信息趋势图。启动了网上"工程合同、招标控制价、竣工结算备案系统"、"定额、估价表、建筑材料数据库"的建设和建筑材料价格信息专刊《市场价格信息动态》的前期准备工作。在"新疆工程造价信息"网站和"新疆工程造价信息管理"期刊上发布政务信息、造价指标指数、人材机等信息。截止2011年11月30日,完成了建设合同备案355件(其中施工合同备案206件、工程监理合同备案144件、设计合同3件、勘察合同2件。招标控制价备案216件,累计控制价备案金额74亿元。参加自治区项目可行性研究、初步设计72个项目审查会议,总投资30.8亿元。编制发布了2010年12月份、2011年1月至11月份乌鲁木齐地区建设工程参考性生产要素(人工、材料、机械台班)市场价格信息。并完成网上发布各地州市2010年第4季度和2011年第1、2、3季度价格信息及部分地区10月份价格信息。

【整顿建筑市场】 2011年8月20日,新疆维吾尔自治区人民政府转发自治区住房城乡建设厅关于进一步规范自治区建筑市场秩序加强建设工程质量安全管理若干意见的通知。全面整顿和规范建筑市场秩序、严格建设工程承发包管理、强化建设工程质量安全风险源头控制,全面提高自治区建设工程质量安全水平。

【治理工程建设领域突出问题】 2011年7月19日,自治区召开治理工程建设领域突出问题工作电视电话会议,会议通报了中央和自治区对口援疆及工程专项治理等联合监督检查的情况,总结工程治理排查整改阶段情况,安排部署下一步工作。2011年,开展工程建设领域突出问题专项治理,重点围绕重大民生工程和公共建筑工程,在工程质量方面检查项目223个,在市场行为方面检查项目为379个。全年查处各类违法违规案件83起,清理工程拖欠款1.2亿元,清理率达98%,解决拖欠农民工工资0.8亿元,清理率达98%。

【建筑物必须设永久性标牌】 2011年5月起,凡新疆维吾尔自治区行政区域内竣工验收合格的房屋建筑和市政基础设施工程,建设单位均应在建筑物明显部位设置永久性标牌。建设单位在建筑物明显部位设置永久性标牌时,要载明建设、勘察、设计、施工、监理单位等工程质量责任主体的名称和主要责任人姓名。规范永久性标牌设置,是为了明确公示工程参建各方主体、接受社会监督,加强工程质量管理。

【建设工程质量检查】 2011年7月15~27日,新疆维吾尔自治区住房和城乡建设厅组成4个综合执法检查组,检查各地、州、市开展建筑市场行为和建设工程质量安全综合执法工作。检查工程98个,建筑面积1204061平方米,其中涉及施工单位77家,监理单位59家。

【乌鲁木齐市建委通报6家建筑违规企业】 2011年4月1日,乌鲁木齐市建委通报了2010年度乌鲁木齐建筑市场违法违规企业及个人,一家房地产公司、8家建筑施工和劳务企业及三名项目负责人受重罚。

【安全生产】 2011年,新疆发生一般建筑施工安全事故14起,死亡15人,发生较大事故1起,死亡3人,事故起数比上年下降6.25%,死亡人数上升5.9%。建筑施工安全事故类别主要是高处坠落、起重伤害、触电、物体打击、坍塌。其中高处坠落事故9起,死亡9人;起重伤害1起,死亡3人;触电事故1起,死亡1人;物体打击事故2起,死亡3人;坍塌事故2起,死亡2人。

【建筑工程安全生产文明工地】 2011年,经各地、州、市住房和城乡建设主管部门初验,自治区建筑工程安全生产文明工地评选领导小组核验,中建新疆建工集团一建施工的新疆新闻出版局综合楼及职工集资住宅等379项工程达到标准，被评为2011年度自治区建筑施工安全生产文明工地。

【新疆建筑工程天山奖】 2011年，经新疆建筑工程天山奖评审委员会审定，中建新疆建工集团第一建筑工程有限公司承建的乌鲁木齐国际机场改扩建报关代理业务楼、反腐倡廉教育基地及党校学术交流中心等36项工程获2011年度新疆建筑工程天山奖。

【取消2项自治区建筑安全文明工地】 2011年5月6日，新疆维吾尔自治区住房和城乡建设厅决定对在2011年跨年施工中发生安全生产事故，造成人员死亡的喀什建工（集团）有限责任公司施工的"喀什市城乡社会供养中心"工程；新疆建工（集团）第四建筑工程有限公司施工的"昌吉回族自治州蒂森君悦海棠F区5号楼"工程，取消2010年度自治区安全生产文明工地的资格。

【建筑行业劳保统筹】 2011年，新疆收取建筑行业劳保统筹费19.5亿元，比上年增加5亿元。

2011年，自治区建筑行业劳保统筹部门拨付劳保费14.11亿元，其中向新疆建筑施工企业拨付劳保费10.83亿元、外省建筑企业0.75亿元、生产建设兵团和专业厅局企业2.53亿元。安排全区75家缴纳基本养老保险费困难的建筑企业补贴资金2756万元。发放20世纪60年代精简下放人员生活补助费115万元。

【城乡重要建（构）筑物抗震防灾工程建设】 2011年3月2～11日，自治区抗震防灾办组织各地州市建设、教育、卫生等部门主管抗震防灾工作的有关负责人120多人对2010年开工项目和2011年全区中小学、医院抗震加固、改造（更新）工程项目进行逐项审核，确定2011年233.23万平方米的中小学、医院抗震加固改造（更新）计划项目。4月18～28日，自治区抗震防灾办组织2个由技术专家参加的检查组，对任务重、技术力量薄弱的喀什地区、阿克苏地区、克孜勒苏州、伊犁哈萨克自治州直、阿勒泰地区、塔城地区2011年度学校、医院抗震防灾工作进展情况和抗震加固施工图设计质量进行检查和技术指导，解决抗震加固施工图设计中存在的问题。11月1日，巩留县、伊宁县交界处发生里氏6.0级地震，造成伊宁县、巩留县、新源县、尼勒克县等8个县市受灾，自治区住房和城乡建设厅组成自治区工程结构专家组赶赴灾区进行震后学校、医院排查鉴定工作。听取有关地震灾害的情况通报，组织伊犁哈萨克自治州相关设计单位，部署对损坏房屋开展排查鉴定工作。同时，从自治区、乌鲁木齐市有关设计和检测单位抽调专家支援伊犁哈萨克自治州的震后排查鉴定工作。11月2～6日，组织自治区、乌鲁木齐市、伊犁哈萨克自治州和奎屯市7个设计单位、3个工程质量监督机构的20多位专家对巩留县、伊宁县、新源县、尼勒克县、察布查尔县和特克斯县的中小学校、幼儿园、医院、乡卫生院、村卫生室进行排查鉴定。排查鉴定186所中小学校（包括村教学点）、幼儿园和60所医院、卫生院（包括村卫生室），有177所中小学校、幼儿园和50所医院、卫生院（包括村卫生室）的房屋建筑可以安全使用，有9所中小学校（包括村教学点）、幼儿园和10所医院、卫生院（包括村卫生室）的房屋建筑不能安全使用。11月28日，自治区抗震防灾办组成工作组抽查巴音郭楞州、阿克苏、塔城、阿勒泰、吐鲁番和昌吉6个地州18个县市的110项学校、医院抗震防灾工程项目实施情况。对有的地区前期鉴定工作不扎实，直接影响到鉴定结论的准确性，造成部分计划变更的情况；擅自变更抗震加固设计方案，施工中未经设计院出变更图就改变原设计图进行施工；个别项目存在未竣工验收就使用的情况等问题，提出确保完成2012年抗震防灾工程的具体措施。截至11月底，新疆学校、医院抗震防灾工程投入资金19.87亿元，完成抗震防灾244.1万平方米。

【重点项目完成情况】 2011年，新疆重点项目建设完成投资1650亿元，塔里木河流域近期综合治理工程完成渠道防渗改建448千米；大型灌区续建配套与节水改造工程2010年项目全部完成。国道314线库尔勒至库车高速公路项目建成通车；国道216线乌鲁木齐至白杨沟岔口段公路、国道217线奎屯至克拉玛依段高速公路、省道236线三塘湖至老爷庙口岸公路等公路主线通车。库车至俄霍布拉克铁路建设基本完工；新建兰新铁路第二双线完成正线铺轨25.2千米。和田波波娜水电站、吐鲁番—巴音郭楞州750千伏输变电工程、乌苏热电厂建成投产；阿克苏热电厂、华电昌吉新热电厂和哈密大南湖热电厂部分投产。沙雅金圣胡杨60万吨硝基复合肥项目、伊犁建能年产2700台套大型矿山机械设备制造等项目建成投产。伊犁天山水泥4500吨/日熟料水泥生产线、温宿县120万吨/年新型干法水泥生产线等项目基本建成。新兴铸管和静工业园年产300万吨特钢项目的部分工程进入调试试车阶段。新疆国际会展中心建成使用；学前"双语"幼儿园建设项目交付使用1872所；农村边远艰苦地区教师周转宿舍27个试点项目主体施工完成；基层医疗卫生服务体系建设完工县卫生院66个、中心乡镇卫生

150个、社区卫生服务中心71个、村卫生室190个。建成安居富民31.66万户、各类保障性住房和棚户区改造35.6万套。9项定居兴牧水源工程、118项农村饮水安全工程完工，120万农村人口安全饮水和8.95万人口用电问题得到解决。新增8万户沼气用户、4.53万户天然气用户。2011年，对口援疆计划项目完工项目825个，完工率64.9%。截至2011年12月底，援疆项目开工1436个，开工率99.2%。2011年，全区45个重点项目实现开工建设。新疆最大的水利工程—阿尔塔什水利枢纽工程奠基，定居兴牧水源和内陆河治理重点河流防洪等27个工程以及哈密—郑州±800千伏特高压直流送电工程全面启动实施。国道216线五彩湾至大黄山、省道303线奇台段至木垒等11条重点公路、新疆美克化工二期年产10万吨1,4—丁二醇项目、新疆圣雄煤电盐化循环经济等项目和华能轮台热电厂、国电克拉玛依热电厂等6个火电项目、华能托克逊风电场三期、国水投达坂城风电场一期等项目开工建设。

7. 村镇建设

【安居富民工程】 2011年2月11日，自治区安居富民工程建设领导小组下达各地州市2011年全区30万户安居富民工程建设任务和建房补助资金2.073亿元及安居富民工程培训经费500万元。会同新疆大学有关专家编制《新疆安居富民工程图集》（1），该图集从新疆实际出发，充分考虑地域差异和经济社会发展现状，按照布局合理、功能齐全、设施配套、节能省地、安全适用的理念设计40多幅不同结构类型和外观的民房。截至2011年底，全区安居富民工程开工31.65万户，开工率105.52%；竣工30万户，竣工率100%；累计投入工程建设资金229.62亿元，其中：国家建房补助19.1亿元、自治区建房补助24亿元、对口援疆省市援助23.21亿元、地州市和县市(区)筹措10.2亿元、银行贷款26.75亿元、农民自筹126.36亿元。11月29日，经住房和城乡建设部考核，综合评比自治区安居富民工程建设以总分93.5分的成绩通过验收，位列全国第一。

【安居富民工程建设资金】 2011年，国家发改委下达新疆南疆三地州安居富民工程中央预算内投资计划3亿元，5000户，其中喀什地区12个县市计划任务44949户，26969.4万元；克孜勒苏州4县市计划任务5051户，3030.6万元。2011年6月，财政部下拨新疆安居富民工程中央补助资金15亿元，中央补助安居富民工程建设资金全部到位。新疆安居富民工程补助翻番，标准将由每户补助4000元提高至8000元；定居兴牧工程由每户补助5000元提高至1万元。

全区130万农村低保对象范围内的"安居富民、定居兴牧"工程将获建房贷款，并由金融机构给予信贷支持，自治区财政给予5年贴息；对其他"安居富民、定居兴牧"工程建房贷款，由金融机构给予信贷支持，自治区财政给予3年贴息。

【村镇建设投资】 2011年，新疆村镇建设投资总额216.07亿元。其中住宅建设投资168.96亿元，公共建筑投资15.28亿元，生产性建筑投资3.64亿元，市政公用设施投资28.19亿元。在市政公用设施建设投资中，供水投资0.77亿元，道路桥梁投资13亿元。

【村镇房屋建设】 2011年，新疆村镇竣工住宅建筑面积1860.6万平方米，其中混合结构以上的住宅建筑面积1371.39万平方米。年末实有村镇住宅总建筑面积27704.18万平方米，其中混合结构以上的9792.65万平方米。2011年竣工公共建筑面积132.3万平方米，其中混合结构以上的125.9万平方米。年末实有公共建筑面积3030.3平方米，其中混合结构以上的1920.16万平方米。2011年竣工生产性建筑面积48.95万平方米，其中混合结构以上的30.07万平方米。年末实有生产性建筑面积2164.56万平方米，其中混合结构以上的1135.44万平方米。建制镇、集镇、村庄和镇乡特殊区域人均住宅建筑面积分别是26平方米、23平方米、24平方米和22平方米。

【村镇市政公用设施】 截至2011年底，新疆村镇有公共供水设施1050个。其中建制镇253个，乡(集镇)728个，镇乡特殊区域69个；独立建制镇、集镇、镇乡特殊区域和村庄用水普及率分别是82%、75%、75%和73%。全区新增铺装道路长度7152.73千米。独立建制镇绿化覆盖面积3761.6公顷，其中公园绿地面积2721.1公顷，人均公园绿地面积30.54平方米。全区独立建制镇有污水处理厂7个，排水管道长度576.72千米，年污水处理总量141.49万立方米。独立建制镇有环卫专用车辆180辆，年清运垃圾12.83万吨，有公共厕所639座；乡有环卫专用车辆244辆，年清运垃圾12.65万吨，有公共厕所1223座；集中供水的行政村6386个，占全部行政村比例74%；有生活垃圾收集点的行政村1941个，对生活垃圾进行处理的行政村1105个。

8. 建筑节能与科技

【建设科技成果推广】 2011年，经自治区建设科学技术专家委员会优选论证，自治区住房和城乡建设厅公布75个技术依托单位、69种技术为新疆建设行业2011年科技成果推广项目。

【新技术应用示范工程】 2011年，自治区住房和城乡建设厅组织建立3类11项示范项目，其中绿色建筑示范项目1项、可再生能源建筑应用示范项目7项、可再生能源建筑应用示范县1个、政府办公建筑及大型公共建筑能耗检测平台建设示范1项、楼宇换热站示范工程1项，上述示范项目中，4项被列为国家级示范项目。

2011年，新疆有2个自治区建筑业新技术应用示范项目通过新技术应用验收。即乌鲁木齐市第一人民医院门诊楼（新疆三建承建）和独山子文体活动中心（新疆四建承建），2项目新技术综合应用达到自治区领先水平。

【科技计划项目】 2011年，经国家住房和城乡建设部审定批准，新疆有5个项目被列为住房和城乡建设部2011年科技计划项目。分别是新疆华源实业（集团）有限公司承建的"乌鲁木齐市华源·贝鸟语城"住宅小区绿色建筑示范工程、新疆电力科学研究院承担的"特斯林引擎热电联供性能测试研究"、乌鲁木齐市九天河房地产公司承担的"乌鲁木齐市楼宇换热站示范项目"、新疆新能源研究所承担的"太阳能—热源热泵复合供能系统应用技术研究与示范"、新疆大学参与的"中国北方既有居住建筑采暖能耗基准线研究"项目。

【"十二五"既有建筑供热计量及节能改造工作】 2011年，经各地申报，自治区人民政府审定，国家财政部、住房和城乡建设部核准，确定新疆"十二五"既有建筑供热计量及节能改造任务3346万平方米，约是"十一五"改造任务的五倍。"十二五"末，将累计完成全区有改造价值的既有建筑问题的41%，每年产生节约标准煤75.17万吨，减排二氧化碳199.94万吨，减排二氧化硫1.8万吨，烟尘2.63万吨的节能减排效益。完成"十二五"改造任务，可获国家财政补助资金约18亿元，国家财政已拨付全区改造补助资金2.8亿元。

【建筑节能】 2011年4月13日，住房和城乡建设部通报2010年全国住房和城乡建设领域节能减排专项监督检查情况，全国城镇节能建筑占既有建筑面积的23.1%，新疆超过30%。新疆建筑节能示范任务落实成绩98分，考核成绩名列全国第一。

【低能耗建筑示范工程】 2011年7月15日，乌鲁木齐市首个中德技术合作操场巷冷热自控可调节能房项目改造开工，改造后，每间房子都会安装温度控制阀，居民根据需要进行温度调节。改造涉及操场巷小区347户居民，8栋住宅楼，建筑面积2.17万平方米，总投资近950万元。7月17日，乌鲁木齐首个超低能耗建筑示范工程——乌鲁木齐市现代设施农业科技示范园综合楼竣工。

【自治区财政专项补助】 2011年，自治区财政对全区建筑领域可再生能源建筑应用示范、政府机关和大型公共建筑能耗监测平台建设项目补助资金1215万，建筑面积21.6万平方米，其中可再生能源建筑应用项目6个，政府机关和大型公共建筑能耗监测平台建设项目1个。

9. 建设教育

【建设职工教育培训】 2011年，新疆建设职工教育培训完成各类人才培训81913人次，比上年增长41.35%。其中：完成专业技术人员和管理人员岗位培训24272人次（施工员7282人次，质检员1889人次，预算员4540人次，安全员3556人次，资料员4506人次，材料员483人次。机械员160人、市政监理员388人，市政施工员269人；物业管理从业人员564人；供水企业从业人员635人）。完成各类管理人员和专业技术人员继续教育培训13618人次。完成施工企业"三类人员"安全考试2995人。完成建设职业技能培训34000多人次（其中，农村劳动力转移培训16000人；职业技能鉴定考核18000人，分别为：艾滋病防治知识培训6000人次、一次性认证安全教育培训5000人次、继续教育4000人次、普法知识培训3000人次）建筑类8070人，园林绿化241人，机械安装类5314人，勘察设计外业人员541人。初级工4265人，中级工7704人，高级工1971人，技师、高级技师60人。

【二级建造师考试】 2011年6月26日，自治区人力资源社会保障厅、自治区住房城乡建设厅组织2011年度自治区二级建造师职业资格考试，全区40454人报名参加。考试由自治区人力资源和社会保障厅人事考试中心统一组织、统一阅卷，全疆各地州市均设考区。

10. "十二五"规划编制

【"十二五"专项规划编制】 2011年2月28日至3月8日，新疆住房和城乡建设厅组织调研组调研全区14个地、州、市开展《"十二五"城市住房保障规划》编制审批、年度任务分解下达、地方资金筹措等情况。调研组通过听取工作情况汇报、查阅相关资料、现场查看等方式了解工作进展情况，每地州抽查县市在 3 个以上，评估和调研《自治区城镇污水处理及再生利用设施建设"十二五"规划》、《自治区城镇生活垃圾无害化处理设施建设"十二五"规划》。2011 年，编制了《自治区城镇污水处理及再生利用设施建设"十二五"规划》、《自治区城镇生活垃圾无害化处理设施建设"十二五"规划》和全区城镇供水、供热和小城镇基础设施"十二五"专项规划初稿。

【国家三部委调研农村安居工程建设】 2011 年 4 月 7～9 日，住房城乡建设部、国家发改委、财政部组成五人联合调研组，到新疆对接安居富民工程建设目标及"十二五"期间建设任务情况。调研组查看了喀什地区巴楚县、英吉沙县和喀什市的农村安居富民工程建设现场，听取当地安居办工作汇报，与建房户交谈，了解工程建设中遇到的困难和问题。4 月 8 日，在乌鲁木齐市召开新疆农村安居工程规划建设座谈会，听取新疆农村安居富民工程的建设情况，核实相关数据，交流想法和建议。自治区住房和城乡建设厅、自治区发改委、财政厅等有关厅局领导、各地州市安居富民工程建设领导小组办公室主任、各对口援建省市前方指挥部项目负责人 80 多人参加会议。

【新疆维吾尔自治区住房和城乡建设事业发展"十二五"规划纲要（报审稿）】 根据国家住房和城乡建设事业相关规划和《自治区国民经济和社会发展第十二个五年规划纲要》，制定自治区住房和城乡建设事业发展"十二五"规划，主要阐明"十二五"时期全区建设事业改革与发展的指导思想和战略目标，明确工作重点和主要任务，建立完善的政策支持体系和调控引导机制，保障全区住房和城乡建设事业"十二五"规划目标顺利实现。

11. 大事记

1 月

1 月 25 日，自治区住房和城乡建设厅召开 2010 年总结表彰暨 2011 年迎新春文艺联欢会，会议由厅党组书记李建新主持，厅长张鸿、副厅长甫拉提·乌马尔，驻厅纪检组组长张永坤，厅总经济师姚玉珍、厅副巡视员江和平出席会议，厅机关、事业单位全体干部职工，以及离退休老干部代表参加会议。

2 月

24 日，自治区住房和城乡建设系统党风廉政建设、精神文明建设暨依法行政工作会议在乌鲁木齐市召开。会议总结 2010 年全区住房和城乡建设系统党风廉政建设、精神文明建设工作，安排部署 2011 年主要任务；总结《全面推进依法行政实施纲要》实施以来全区住房和城乡建设系统依法行政工作，分析新情况、新问题，对下一步工作重点做出安排。

25 日，自治区住房和城乡建设厅召开厅机关行政效能考评动员大会，会议由厅党组书记李建新主持，驻厅纪检组组长张永坤作动员讲话，副厅长肖徽、徐斌和厅副巡视员江和平及厅机关全体干部、事业单位主要领导参加了会议。

3 月

3 日，新疆住房和城乡建设厅组织 9 个小组，对新疆 14 个地州市的安居富民、住房保障、抗震防灾等工作进展情况进行调研。

2～11 日，自治区抗震防灾办组织各地州市建设、教育、卫生等部门主管抗震防灾工作的有关负责人 120 余人对 2011 年全区中小学、医院抗震加固、改造（更新）工程项目进行了逐项审核，同时对 2010 年已开工项目进行了核实。确定了 2011 年计划中 230 万平方米的中小学、医院抗震加固改造（更新）项目。

8 日，新疆维吾尔自治区住房和城乡建设厅颁布了《新疆维吾尔自治区建设用地和建设工程规划许可证核发办法》，将全区各级城乡规划行政主管部门审批时限由 20 个工作日缩减至 15 个工作日，审批时限缩减 25%。

9～12 日，自治区住房城乡建设厅党组书记李建新陪同自治区党委常委、常务副主席黄卫，自治区人民政府副秘书长闫勤调研昌吉自治州、哈密地区、吐鲁番地区安居富民工程建设情况。

10 日，自治区人民政府检查自治区住房城乡建设厅依法行政工作。

28 日，自治区工程建设管理工作会议在乌鲁木齐市西虹宾馆召开。会议由自治区住房和城乡建设厅厅长张鸿主持，自治区安全生产监督管理局、自治区公安厅消防局、乌鲁木齐铁路局、新疆生产建设兵团建设局、自治区交通厅、自治区统计局、自治区通信管理局等有关厅局，各地州市建设局分管领导及会议代表，部分获奖企业代表 160 多人参加会议。

4 月

16 日，自治区住房城乡建设厅厅长张鸿、党组书记李建新等厅领导陪同自治区党委书记张春贤等自治区党政领导参加喀什、和田、昌吉回族自治州、巴州安居富民工程建设现场开工仪式。

20～23 日，住房和城乡建设部调研组调研新疆建设系统治理商业贿赂工作。自治区住房城乡建设厅张鸿厅长、张永坤组长及厅治理商业贿赂成员单位参加了座谈交流会。调研组考察了乌鲁木齐市建委和吐鲁番地区建设局在治理商业贿赂工作中的主要做法和取得的成效。

5月

15～31 日，自治区住房城乡建设厅、发改委、财政厅、国土资源厅组成 10 个检查组集中开展安居富民、住房保障和抗震防灾工程工作检查。

23～25 日，自治区住房和城乡建设厅甫拉提·乌马尔副厅长和江和平副巡视员带队列席第十一届自治区人大常委会第二十八次会议，会议审议通过《自治区房屋权属登记条例》修正案，人大常委会法制工作委员会进一步修改后提交下一次常务会议审议。会议审议通过《自治区天山自然遗产地保护条例（草案）》，人大常委会法制工作委员会进一步修改完善后发布。

6月

13 日，自治区住房和城乡建设厅在新疆建设大厦召开行风评议动员大会，部署厅系统行风评议工作任务。自治区住房和城乡建设厅副厅长肖徽宣读了成立住房城乡建设厅行风评议领导小组的决定及行风评议《实施方案》，自治区住房和城乡建设厅厅长张鸿作总结讲话，自治区纪委监察厅纠风室副主任胡木祥出席会议。厅机关各处室、各事业单位 140 人参加大会。

18 日，新疆维吾尔自治区发改委下发的《新疆维吾尔自治区商品房销售明码标价实施细则》（下称实施《细则》）正式实施。房地产开发企业和中介服务机构未在交易场所醒目位置明码标价，或未一次性公开全部房源等行为，都将受到相应处罚。

7月

25 日，新疆维吾尔自治区人民政府转发自治区文化厅、发改委、住房城乡建设厅《关于进一步加强各级公共文化设施建设意见》，强调在城镇总体规划、详细规划和城镇近期建设规划等各层次规划制定中，要严格按照《城乡规划法》、《城市规划编制办法》和《村镇规划编制办法》要求，明确文化设施用地布局和建设要求，市、县文化部门应当参与规划的编制工作，规划确定的公共文化设施用地不得随意改变。

8月

8 月，自治区住房城乡建设厅行政许可办组织开展行政许可服务"满意度测评"活动。在办事大厅设立了"意见箱"，由来办事的群众进行无记名投票，对我们的服务质量进行测评。共收到"满意度测评表" 887 张，其中：有效表 870 张，据统计：满意 848 票、基本满意 19 票、不满意 3 票，满意率达到 97.5%。

全国住房和城乡建设系统第五届企业文化建设论坛在山东省青岛市召开，克拉玛依市建设局被中国建设职工思想政治工作研究会授予"企业文化建设示范单位"的荣誉称号，成为新疆仅有的两家获此殊荣的单位之一。

10月

20 日，自治区工程建设标准《严寒和寒冷地区居住建筑节能设计标准新疆维吾尔自治区实施细则》发布，2012 年 1 月 1 日实施。该细则调取全疆各地州气象站（台）近十年的气相参数，按照国家《严寒和寒冷地区居住建筑节能设计标准》JGJ 26—2010 等节能标准内容，首次将 88 个市、县按五个气候分区划分归类，结合新疆工程建筑节能特点进行了细化，对规范全区建筑节能管理、设计、施工、监督等工作起到重要技术支撑作用。本细则含有 14 项强制性条款，由新疆建设标准服务中心组织，新疆建筑设计研究院和新疆大学建筑工程学院等单位历时 5 年时间编制完成，经国家住房和城乡建设部批复同意执行。

21 日，自治区建设工程质量监督总站在乌鲁木齐市召开新疆保障性住房等民生工程质量监督工作研讨会，全疆各地州市县工程质量监督站站长参加会议。乌鲁木齐市、昌吉回族自治州、克拉玛依市、阿克苏地区工程质量监督站站长在会上作了交流发言。

11月

6 日，乌鲁木齐市城市管理委员会正式成立。城市管理委员会由原乌鲁木齐市市政市容管理局、城市管理行政执法局和城市管理指挥中心整合而成，除了继续承担整合前三个部门的管理职责外，更加注重综合协调管理。

8 日，经自治区有关专家审议，自治区住房和城乡建设厅决定聘任自治区第三届超限高层建筑工程抗震设防审查专家委员会，新组成的专家委员会有 19 人，设主任委员 1 人，副主任委员 2 人，委员 16 人，任期为三年。

28 日，自治区住房和城乡建设厅在乌鲁木齐召开《高层建筑混凝土结构技术规程》宣贯会议。各地、州、市审图机构及全区甲级建筑设计院主要技术人员、结构技术专家 200 多人参加。该技术规程 2012 年 1 月 1 日起实施。

（新疆维吾尔自治区住房和城乡建设厅　陆青锋）

新疆生产建设兵团

1. 城镇规划

【城镇规划推进新疆跨越式发展】 2011年，新疆生产建设兵团建设局认真贯彻落实中央新疆工作座谈会、援疆工作会议和《中共中央、国务院关于推进新疆跨越式发展和长治久安的意见》（中发〔2010〕9号）文件精神，配合中国城市规划设计研究院做好《新疆生产建设兵团城镇化发展规划（2011~2020年）》。按照兵团安排，起草《关于加快推进兵团城镇化的若干意见》，研究制定《兵团推进城镇化行动计划（2012~2014年）》，《推进城镇化重点及示范团场城镇和中心连队居住区建设活动实施方案》，《推进城镇化工作考核评价体系》，修订《兵团团场中心连队居住区规划建设标准》。

【制定城镇"十二五"规划】 按照兵团与住房和城乡建设部部署，完成兵团城镇化建设与发展"十二五"规划及城镇住房保障、农村危房改造、建筑节能、城镇供水与水质保障、城镇污水处理及再生利用设施建设与发展、城镇生活垃圾处理设施建设与发展、城镇燃气设施建设与发展、城镇道路、城镇供热、建筑业发展、城乡建设防灾减灾11个专项"十二五"规划。配合住房城乡建设部完成《新疆城镇市政公用设施"十二五"建设规划》，将兵团城市和团场城镇的供水、排水、供热、环卫、燃气、道路、绿化7项基础设施纳入规划范围。

【各师积极开展师域城镇体系规划修编】 按照兵团党委提出的"师建城市、团场建镇、整体规划、分步实施、成熟一个、建设一个的思路"，指导各师积极开展师域城镇体系规划修编和拟设市选址论证及总体规划编制工作。一、二、五、六、七、十、十三、十四8个师的师域规划已形成阶段性成果，农一师金银川、农二师铁门关、农五师塔斯尔海、农六师芳新、农七师五五新镇、农十三师红星、十四师玉龙等完成设市前期研究，城市总体（中心城区）规划大纲基本完成。各师认真落实中央和兵团加快城镇化发展的要求，积极组织开展团场城镇总体规划修编和中心连队居住区规划编制工作。一师、二师、五师、六师、七师、八师、十三师、十四师等借助对口支援省市的技术力量，全面完成所辖团场总体规划的修编和中心连队居住区规划编制，并组织进行审查批复，规划编制深度、质量有较大提高。

【垦区中心城镇全面开展城镇化建设】 按照兵团办公厅《推进城镇化重点及示范团场城镇和中心连队居住区建设活动实施方案》的要求，指导13个垦区中心城镇全面开展城镇化建设工作，同时要求17个一般团场城镇和50个中心连队居住区在特色经济、城镇管理、市政设施建设、园林绿化、园区建设、清洁能源使用、住房建设以及新型房屋建筑体系推广使用等一个或几个方面开展示范创建，引领带动团场城镇建设管理水平提高。

2. 城镇建设

【城建监察行政执法培训】 2011年10月31日至11月4日，兵团建设局在乌鲁木齐市举办第七期兵团城建监察行政执法培训班，培训班学员来自兵团各师、团场负责城建监察工作的人员及城建监察行政执法队员，共计212人。培训重点围绕行政处罚法、行政复议法、行政诉讼法、国家赔偿法、城乡规划法、物权法等法律知识和城建监察行政执法基础知识与实务，由新疆维吾尔自治区、兵团党校法律专家和八师城建监察大队领导等，结合兵团实际进行专题讲授。培训班结束时，对所有学员进行了法律知识考试，均取得优异成绩，达到了预期培训目的。

【建设领域综合大检查活动】 2011年7月20日至8月10日，兵团建设局牵头组成四个检查组，对兵团14个师住房城乡建设工作整体部署、规划编制实施管理、保障性住房建设、建筑业管理年活动、工程项目管理、工程质量安全管理等方面开展以重点稽查执法工作为主的建设领域综合大检查。通过检查了解，各项工作取得一定成效：城乡规划编制和实施管理得到落实；保障性住房建设工作取得积极成效；工程项目管理进一步加强；工程质量安全管理水平全面提升;建筑节能工作稳步推进;违法违规行为得到查处。

3. 保障性安居工程

【农村安居工程】 2011年,根据住房城乡建设部、国家发展改革委和财政部安排部署,兵团继续在团场连队实施农村安居工程(扩大农村危房改造),兵团建设、发展改革、财务部门联合下发《关于下达2011年兵团农村安居工程计划任务的通知》(兵建发〔2011〕108号),分解下达2011年兵团农村安居工程3万户计划任务,结合50个示范中心连队居住区和边境一线连队建设需要,将0.4万户建筑节能示范和0.8万户边境一线计划任务分解下达到各师,下拨中央补助资金共计3.24亿元;共同颁布《2011年兵团农村安居工程实施方案》(兵建发〔2011〕109号),明确了工程建设的目标任务、补助标准、资格审核、质量安全、档案信息、节能示范、组织协作等政策措施和工作要求。截至当年12月底,兵团农村安居工程3万户全部开工,竣工2.7万户,完成总投资6.9亿元。政策覆盖兵团十四个师及兵直105个团场近10万职工群众。

【游牧工(民)定居工程】 2011年起,国家在兵团实施游牧工(民)定居工程,兵团党委将该工程列为为职工群众办的"十件实事"之一,研究制定《兵团游牧工(民)定居工程指导意见》(新兵办发〔2011〕56号),明确兵团实施游牧工(民)定居工程的目标任务、基本原则、建设规划、住房建设标准和方式、开竣工时间、资金筹集方案等政策措施,计划用两年时间,使游牧工(民)生产、生活条件得到全面改善,实现游牧工(民)安居乐业。兵团建设、发展改革、农业部门共同分解下达任务。2011年兵团下达游牧定居工程建设任务1950户,中央财政户均补助2.5万元,计划新建住房15.6万平方米、牲畜圈舍20万平方米,总投资2.9亿元,政策覆盖7个师13个团场。截至当年12月底,兵团游牧民(工)定居工程全部开工,竣工1839户,新建改扩建住房总建筑面积14.7万平方米,建设牲畜棚圈总建筑面积15.8万平方米,并配套实施新建居住区供排水、供热、道路、绿化等基础设施,实际完成投资2.6亿元。

【住房保障】 2011年,兵团保障性安居工程目标任务为18万户。其中保障性住房建设14万户(廉租住房10.8万户,公共租赁住房1.5万户,经济适用住房1万户,限价商品房0.7万户);完成城镇和国有工矿、煤矿棚户区改造3.4万户;新增租赁补贴0.6万户。三季度国家追加兵团廉租住房计划2200户,城镇棚户区改造计划544户。2011年,顺利完成兵团党委确定的保障性安居工程18万户的目标任务,争取中央补助资金47.8亿元,比2010年增加25.9亿元。全年共实施保障性安居工程18.6万户,累计完成投资155亿元,其中:廉租住房11.98万户,公共租赁住房1.35万户,经济适用住房1.27万户,限价商品住房0.7万户,实施棚户区改造3.3万户。当年开工建设、当年竣工率达到45%,符合入住条件的达到76%。建设户数、规模、投资均创历史之最。

【经济适用住房建设】 2011兵团认真贯彻落实国家经济适用住房有关政策规定,继续加大经济适用住房建设力度。2011年实际完成建筑面积51.79万平方米,完成总投资19.3亿元,竣工住房6434套。

4. 住宅与房地产业

【房地产开发建设】 随着兵团经济的快速发展,农牧团场城镇建设进程的加快,兵团对农牧团场城镇基础设施投入力度加大,团场基础设施明显改善,土地和房地产升值,带动房地产开发和住房建设的热潮,2011年兵团房地产开发完成总投资20.77亿元,建房施工面积120.4万平方米,竣工面积108.36万平方米。截至2011年底,共开发各类房屋1822.59万平方米、累计完成投资170多亿元。兵团共有国有独资、国有控股、民营房地产开发企业127家,年末资产总计达42.35亿元,从业人员1400多人。

【国有土地上房屋征收与补偿】 2011年兵团各级建设(房产)部门贯彻落实《国有土地上房屋征收与补偿条例》等法律法规,认真贯彻落实《国务院办公厅关于控制城镇房屋拆迁规模严格拆迁管理的通知》等文件精神,加强房屋征收补偿管理工作,严格控制征收规模。2011年实际征收房屋245.6万平方米,在控制规模以内。在征收管理工作中,加强对损害群众利益问题重点案件的督查力度,依法严肃查处房屋征收补偿中的违法违规行为,切实维护群众利益。2011年共接待群众来信来访141批(次),274人次。

【房地产产权产籍管理】 2011年,全兵团房产登记总件数3.24万件,初始登记1.2万余件,交易和抵押登记1.56万件,其他登记0.14万件。至2011年底,登记总面积523.74万平方米,初始登记总面积7.39万平方米(保障性住房尚未开始确权发证)，转移登记面积 12.3 万平方米，拆除登记面积 211.72 万平方米，房屋登记总建筑面积 8452 万平方米。共发放所有权证、共有权证、他项权证等证书 0.47 万件。

【住房公积金管理】 制度普及工作迅速推进，职工住房消费需求快速增长。归集额连创历史新高。2011 年归集额达 12.2 亿元，超额完成年计划的 136%，取得 3 年翻一番的骄人业绩；增人扩面工作进展顺利。2011 年全年新增缴存单位 177 个，增加人数 1.8 万人；积极发放个人住房贷款，2011 年管理中心发放个贷住房公积金贷款 4.5 亿元，实现 3 年翻一番半的好成绩。截至 2011 年底，全兵团个人住房公积金账户数为 24 万户，住房公积金归集总额为 56.80 亿元，归集余额 35.60 亿元；累计发放住房公积金贷款 19.44 亿元，贷款余额 10.97 亿元；累计支取额为 21.21 亿元。2011 年当年新增归集住房公积金 12.21 亿元；发放个人住房公积金贷款 4.54 亿元；购建房和离退休支取 6.41 亿元；较好地完成了管委会下达的各项任务。

5. 建筑业与工程建设

【建筑业调整结构工作取得新突破】 建筑行业积极深化改革，调整结构，培育和扶持优势企业，行业集中度进一步提高。七师北方、十二师天恒基、兵团水利水电集团等公司先后整合资源，兼并重组，取得良好效果。以兵团建工集团、一师塔里木、七师北方等企业为代表的龙头企业集团初步形成，其中兵团建工集团年产值已突破百亿大关，连续六年成为全球最大 225 家国际承包商之一，也是自治区最大的建筑企业，成为新疆建筑行业的龙头。北新路桥公司通过多次资源整合，完善现代企业制度，大力开拓市场，作为兵团建设行业首家上市公司，已经成为西北地区路桥建设的领先者。一师南口、四师宏远、昆仑建设公司晋升一级资质，兵团建筑企业总承包一级资质企业达到 18 家，建筑业企业转型升级成绩显著。勘察设计行业积极探索、深化改革，取得新成效。一、二、三师设计院联合组建，在阿拉尔注册成立"峻特设计院"，四、五、六师设计院联合，在五家渠注册组建的"天北设计院"已经开始运作。

【建设工程质量安全水平大幅提升】 兵团、各师、建筑企业质量安全部门攻坚克难，全力以赴，密切协作，积极加强对建设、施工、监理等市场参与者的协调和执法管理，共同推进质量安全管理体系建设。各师在工作中不断探索和实践，形成很多质量监管的新思路、新方法、新手段，监管方式方法日益完善，监管效能不断提高。在管理年活动中多批次、全方位进行了质量安全大检查，加强以预防高处坠落和起重机械伤害为主的安全生产专项整治和隐患排查治理，突出抓好重点师、重点企业和重点项目的专项整治和检查。建设工程质量安全水平稳步提高。各师质量安全监督站升格为副处级单位，重新核定人员编制，转变经费来源方式，质量安全监管机构建设取得新突破，累计创建国家级优质工程奖 2 项，国家 AAA 级文明诚信标准化工地 12 项，兵团级"文明工地"263 项，兵团优质工程"昆仑杯"121 项。

【建筑业健康快速发展】 2011 年，全社会完成建筑业产值 461.21 亿元，同比增长 54.5%；完成建筑业增加值 113.39 亿元，同比增长 35.3%；承揽任务 780.01 亿元，同比增长 59.7%；房屋建筑施工面积 3251.41 万平方米，同比增长 57.8%；2011 年新开工面积 2501.69 万平方米，同比增长 67.2%；房屋建筑竣工面积 1435.22 万平方米，同比增长 28.7%；资质等级以上总承包和专业承包建筑企业实现利润 6.01 亿元，同比增长 53.7%。

【"走出去"战略进一步推进】 建筑行业积极实施"走出去战略"，不断加大开拓外部市场力度，外部市场份额稳步上升，建筑业得到快速发展，取得丰硕的成果。兵团建工集团、各师直属建筑企业、团场建筑企业纷纷走出兵团，相继承揽一批国内、自治区、地州重大工程项目，专业类别涉及房屋建筑、公路、铁路、水利等方面。一师塔里木建安、二师环宇、四师宏远、七师北方等企业也纷纷开拓疆外市场，分别在青岛、成都、西藏等省市承揽工程，取得一定成效。兵团建工集团承揽任务额突破 300 亿元，疆内、疆外、海外任务份额为 5:2.5:2.5，海外任务主要有安哥拉农业开发项目、委内瑞拉社会住房项目等；疆外任务主要有甘肃省高速公路项目等，"走出去"势头良好。兵团、区内外以及海外市场的发展布局不断优化，行业发展逐步向外向型发展模式转变。

【深入开展建筑市场清理排查】 组织开展工程建设领域突出问题专项治理第四阶段工作，对 2011 年以来立项、在建及竣工的兵团政府性投资和使用国有资金投资的房屋建筑与市政基础设施项目进行集中排查和重点抽查，并指导各师开展自查排查，巩固专项治理成果。

【规范建设项目管理，加大违法违规查处力度】 加强对国家拨款、较大建设规模项目建设的全过程管理。开展施工现场质量安全和建筑市场执法检查，共检查14个师39个团场、2个主要城市的52家施工企业、27家监理单位近60个施工项目。

【规范招投标活动】 针对兵团大开发、大建设形势，及时出台《外部工程监理、造价咨询、招标代理企业进兵团备案管理规定（暂行）》等文件，规范建筑市场秩序。凡达到限额的工程项目，均进入交易中心通过招标确定承包单位，依法必须公开招标的项目均按照规定发布公告。继续推行《兵团建设工程项目工程量清单施工招标评标规则（试行）》，进一步加大对工程项目办理招标手续的备案力度。开展"以规范招投标行为、依托有形建筑市场建设公共资源交易中心"为主题的兵团工程招标投标论文征集评选活动。组织开展兵团房屋建筑及市政工程建设项目招标信息公开公示工作，对2008年以来依法通过招标投标确定的勘察设计、施工、监理等单位及建设项目实施信息公开公示。

【工程监理监管】 截至2011年12月，兵团共有14家工程监理企业，其中，甲级资质5家，乙级资质7家，丙级资质2家；国有企业5家，其他有限责任公司5家，股份合作企业4家。工程监理从业人员2120人，其中注册监理工程师354人，占监理从业人员总数的16.7%。2011年，工程监理合同额42474万元，其中境外合同额225.7万元；承揽境内建设工程监理项目投资额2492440万元；境内新开工建设工程监理项目数量794个，境内在建建设工程监理项目数量937个，境外在建建设工程监理项目数量1个。

【质量安全队伍建设】 自2009年1月1日起取消和停止收取建设工程质量监督费，兵师两级监督部门，经过不懈努力，解决各师监督站的经费、编制问题和机构升格的工作，达到稳定队伍，促进工作的目的，同时不断加强监管队伍素质培养，逐步转变监管方式，提高监管效能，保证兵团工程建设质量安全生产水平总体稳定向好。

【安全生产年活动】 2011年兵团建设局不断加强安全基础工作，强化责任落实，深化安全执法、治理、宣教"三项行动"和法制体制机制、保障能力、监管队伍"三项建设"。不断加大建筑施工安全生产隐患排查和专项整治力度，大力推广使用塔式起重机安全报警及显示记录装置及视屏监控系统，并在各师逐步开展试点工作，有效防范和遏制较大及以上事故的发生。2011年6月，兵团建设系统以"安全责任，重在落实"为主题，结合实际，组织开展安全咨询、知识竞赛、讲座、展览、演讲及悬挂安全横幅、张贴宣传标语、安全检查等一系列内容丰富、形式多样的活动，弘扬安全文化，不断提高广大干部职工的安全文化素质，达到以活动促工作，以月促年的目的，确保人民群众的生命健康和财产安全。

【文明工地活动】 兵团建设系统深入开展安全生产标准化建设工作，大力提倡以安全"文明工地"的创建，激励和引导建筑施工企业全力做好新形势下的安全生产工作。2011年，兵团共有64家建筑施工企业积极开展安全"文明工地"创建活动，共申报190个工地，单位工程达到400余项，相比2010年申报企业和申报项目分别增长了30%和31%。创兵团安全"文明工地"133项，申报国家AAA级安全文明标准化诚信工地5项。

【安全质量标准化活动】 2011年9月，兵团建设系统开展以"建设质量强国，共创美好生活"为主题的宣传教育活动，组织检查，狠抓管理，严厉打击"钢筋瘦身"和"混凝土标号"不足等违法行为，加强质量通病的防治，及时纠正存在的问题，规范各方质量安全行为，确保工程质量安全，并对六师、十二师等"质量月"活动开展情况进行了抽查。

【安全培训】 兵团建设局与自治区建设厅有关部门沟通协调，通过健全制度，采取企业自培和集中统一培训相结合的方法，对特种作业人员加强培训和教育，有效提高了持证上岗率。全年完成12期共1600余人的培训、复审和取证工作。

【保障性住房质量监管】 2011年兵团建设局对各师保障性安居工程质量安全工作进行全面检查。共检查13个师的29个团场46个项目的近300个单体工程，涉及52家施工企业、27家监理单位和11家设计单位。共下达停工通知书13份，整改通知书18份，提出整改意见近550条，并下发通报。

【创建优质工程活动】 2011年，兵团建设局授予石河子北泉建筑安装工程公司承建的石河子国税局综合办公楼等54项工程"昆仑杯"（兵团优质工程）荣誉称号，并对获奖工程的承建单位及个人给予通报表彰。

【防震减灾】 2011年，兵团建设局继续深入贯彻落实中央新疆工作座谈会和《国务院关于进一步加强防震减灾工作的意见》（国发〔2010〕18号）精神，积极加强与国家有关部门协调沟通，加大对兵团抗震防灾对口支援工作力度。明确2011~2015年抗震防灾对口支援工作重点是推进兵团抗震防灾基础设施和抗震工作管理部门自身能力建设，提升抗震防灾社会管理和公共服务能力。通过制定人才、经费、项目等方面的倾斜性政策，统筹对口支援与合作交流。兵团建设局按照国家《破坏性地震应急条例》、《国家地震应急预案》的要求，加强地震应急管理工作，提高预防和处置突发地震事件的能力。指导处于震区的各级建设部门开展地震有关灾害调查、评估，做好震情跟踪和通报，对地震的影响和异常情况进行及时核实和上报。

【建设项目管理】 2011年，兵团建设局进一步深入贯彻落实中央新疆工作座谈会和对口援疆工作政策措施，加快推进重点项目建设。进一步健全和完善建设项目管理机制，规范建设项目审批和验收程序，严格执行基本建设程序，认真组织建设项目初步设计审查、审批和竣工验收工作以及开展建设项目实施情况检查调研。2011年共批复各师及兵直单位申报的限额以上各级、各类建设项目50余项，组织各师建设部门审查、审批校安工程项目抗震加固设计方案160余项。

6. 建设科技与节能

【科技创新和信息化建设】 兵团建筑企业管理、科技、信息化水平得到显著提高，行业总体竞争力不断增强。各建筑企业积极加大资金投入，不断提高科技水平和创新能力，积极推广应用"十项新技术"、编制工法、申报实用新技术发明专利，加快核心技术储备。共有3项工法获得国家级工法，20项工法获得省（兵团）级工法。七师北方、八师天筑、北新路桥等企业自主研发一批工程建设管理软件和信息化平台，网上办公、信息共享、远程控制、集中决策、项目平台、程序管理等新技术得到广泛的运用，取得很好的经济、社会效益，科技进步成为企业发展的重要推动力。兵团建工集团成立兵团首家省级技术研发中心。

【严格落实新建建筑节能标准】 兵团各级建设主管部门，围绕保障性住房建设等重点民生工程，采取"抓两头促中间"的方法，紧抓规划设计这个龙头，对达不到节能标准的不予通过审查；严把竣工验收关，对不执行节能设计标准的项目，不予验收备案，兵团新建建筑设计、施工阶段节能标准执行率均达到98%以上。

【积极推进既有建筑节能改造工作】 组织完成"十一五"期间兵团134万平方米既有居住建筑供热计量及节能改造任务的验收工作。下达既有建筑节能改造202万平方米计划指标，拨付中央财政奖励启动资金3289万元。截至2011年12月，完成既有居住建筑节能改造面积48万平方米。

【推动可再生能源建筑应用示范工作】 组织实施三师图木舒克市、五师86团2个县级示范项目建设工作。完成2007～2009年期间可再生能源建筑应用示范项目的验收工作。组织开展2011年可再生能源建筑应用相关示范申报工作，222团被财政部和住房城乡建设部列入国家2011年可再生能源建筑应用示范团场（县级），争取中央财政补贴资金1600万元。组织石河子大学、兵团建科院等科研院所完成《被动式太阳房应用技术研究》的课题研究任务。

【开展大型公共建筑能耗监测体系和大学能耗监测体系建设】 制定申报方案和实施计划，确定41栋建筑的监测目标，组织技术服务单位在五家渠市、石河子市、建工师、十二师及兵直单位进行目标建筑基础数据采集工作。组织申报2011年大学能耗监测体系建设，石河子大学被列入国家大学节能监管体系建设校园，争取中央财政补贴资金400万元。

【新型建筑体系推广应用工作取得初步成效】 在四、六、九、建工、十四师启动"轻钢结构镶嵌ASA板"新型建筑体系推广应用试点项目建设。组织建工师科研设计单位、德坤公司与有关国内科研单位开展新型房屋建筑体系的相关标准、技术研究。

（新疆生产建设兵团建设局）

大 连 市

1. 城乡建设与管理

【概况】 2011年，大连市安排城建项目192项。截至年底，实施167项，进入前期准备工作的25项。在实施的167个项目中，已完工58项，在建93项，开工率90.4%。全市全年实际完成城建项目投资

381.3亿元。

【重大项目建设】 大连周水子国际机场三期扩建工程竣工投入使用。城市地铁建设完成投资69.3亿元，34个土建标段全面进入施工阶段。国际会议中心工程完成投资13.08亿元，主体结构基本完工，外幕墙和内部分项工程施工正在进行。大连北站建设完成投资13.33亿元，站房主体结构及屋面工程完成，南北广场进出站桥梁工程开工建设。东港商务区完成投资10亿元，相继完成填海土石方工程、永久护岸主体工程、12公里综合管廊、30万平方米绿化工程等基础设施建设，香港鹰君朗庭酒店、上海绿地中心、香港华锐东港第等10余个项目进场施工。梭鱼湾商务区完成投资1.3亿元，形成陆域面积1万平方米，相继完成3公里道路、6公里给排水和雨水管线工程。新机场沿岸商务区完成投资4.6亿元，相继完成起步区填海一期工程，形成围海面积2.68平方公里；完成区域土地整理及基础设施建设可行性研究报告、区域概念性总体规划及起步区详细规划等工作。文化体育设施建设中，大连市民健身中心完工；大连体育中心各单体项目按计划推进，将在2012年上半年陆续竣工。

【交通基础设施建设】 南部滨海大道、大连湾跨海交通工程、虎滩湾跨海大桥三大跨海交通项目进入实质性操作阶段。城市路桥项目中维修49条主干路和450条街巷路工程、东北路北段道路桥梁拓宽改造工程、棒棰岛基础设施建设工程、16座桥梁防撞墙内侧涂刷、西南路拓宽改造、西部通道北段立交桥6项工程已竣工，胜利路东段拓宽改造工程中的道路桥梁工程完工并通车。

【公路建设项目】 皮口至炮台高速公路于10月28日竣工通车。大连湾疏港高速公路主体工程完工，庄河至盖州高速公路路基、桥梁、隧道主体工程基本完工。202路轨道线路延伸线、金州至普湾新区城际铁路2大轨道交通项目正在推进。旅顺南路202路轨道交通建设的地面线、隧道及东软河口站、黄泥川车站主体完工，高架线完成71％，其他配套工程正在推进。金州至普湾新区城际铁路正线工程全部开工建设。长山大桥建设项目按计划推进，截至年底，大桥北岸1001米栈桥已完成，大桥主体施工完成桩基70根、承台5座、桥台1座、墩柱2个。渤海大道一期工程项目于4月动工，正按计划推进。机场快速路加快推进，东联路与土羊路连接线(甘南快速路)、棋南线(山东路向北延伸)等建设项目开工。

【城市园林建设和绿化】 按照增加城市绿量、提升绿化品位的总体思路，实施大树栽植、公园改造等11项重点工程。全年栽植大树16.1万株。系统改造东北路、西部通道等15条主干道路和迎宾线路两侧绿地。新改建北海公园、梭鱼湾公园等31处公园和海军广场、马栏山绿地等32处游园绿地；完成椒金山、庙西沟等6处登山路径及绿道建设工程。全年建成区(面积258亿平方米)新增绿地90万平方米，新增公共绿地130万平方米，绿化覆盖率达到45.1％，人均公共绿地达到13.1平方米。

【城市环境工程项目】 着眼节能减排、低碳环保和可持续发展，一批环境重点工程按计划推进，部分项目投入运营。其中，虎滩新区污水处理厂通水运行，甘井子热电厂中水回用输配管线工程竣工，城市污水集中处理率保持在90％以上，再生水利用率保持在40％。马栏河环境综合整治、车家村明沟整治、周水河上游(机场段)河道改造、泉水河综合治理一期工程竣工，河道生态环境有效改善；毛茔子垃圾填埋场四期工程建设工程、地埋式垃圾箱维修工程等工程按期竣工；寺儿沟污水处理厂、泉水污水处理厂(二期)工程扩建配套工程、中心城区垃圾分类收集处理系统试点工程等跨年度工程按计划推进。

【村镇建设】 大连市建委工程和村镇建设处依据《大连市小城镇发展建设"十二五"规划》，以"排水、道路交通、公共照明、公园绿地、环境卫生"为主要建设内容(村镇建设"五项工程")，指导各市县规划建设部门和63个乡镇(含2011年8月改为街道的4个乡镇)，共完成排水管网(沟渠)建设8.9万米，新建、扩建镇区道路(硬覆盖)104.4万平方米，新建、改建停车场7个(810个泊位)，公共绿地(广场)117.2万平方米，安装、改装路灯2970盏，建设、改造垃圾填埋场5个，新建垃圾中转站3个，总投资1.49亿。市级财政投入补助资金1500万元，用于14个乡镇的30个基础设施建设。

【城市管理】 提升城市洁化、齐化、序化、绿化水平，综合整治市容环境，加强城市管理考核，进一步完善城市管理的长效机制，干净、整齐、有序、绿色的生态宜居城市雏形基本形成。至2011年底，城市道路设施完好率93.5％。完成9685个地埋式垃圾桶、1581座检查井和雨水井的维修工作。对全市所有路灯灯杆、灯具、桥栏灯、水晶球等进行清洁和维护，对全部迎宾线路的7195基路灯灯杆进行刷油美化。

【民生工程项目建设】 落实"五个一"、"三个一"工程项目125个，完成投资16.57亿元。全市新建农村公路213公里，更新公交车辆400台，开辟、延伸、延时公交线路11条，更新、换型提档出租汽车1100台。开展城市交通综合整治年活动，"规、建、管、限"多管齐下，城市交通秩序进一步规范，交通拥堵问题得到初步改善。

【城市地铁项目】 2011年，大连市城市地铁建设项目继续推进。至年末，34个土建施工标段全面进入施工阶段。全线48座车站中，30个明挖车站开工27座，开工率90%；18座暗挖车站全部开工。全线49个区间中，5个明挖区间全部开工，开工率100%；44个暗挖区间开工41个，开工率93%。

【大连周水子国际机场扩建工程竣工】 2011年9月6日，机场三期工程竣工典礼在大连周水子机场举行，大连市委书记唐军、市长李万才和国家民航总局的领导出席竣工典礼。9月9日，大连周水子国际机场扩建工程正式投入使用。

【城市建设"五个一"、"三个一"工程】 2011年，大连市人民政府基于城市建设"五个一"、"三个一"工程实施2年取得的成绩，对市内四区2011年城市建设"五个一"工程项目进行调整，在旧城区改造项目中，加入弃管楼院整治改造的内容；在集贸市场改造中，加入小区便民菜店的建设内容；在健身场所建设中，加入住宅小区内健身活动场地的建设内容。全年，城市建设"五个一"、"三个一"工程完成工程项目125个，完成投资16.57亿元。"五个一"工程完成项目106个，完成投资9.33亿元。

【城市交通综合整治】 2011年，中共大连市委、市人民政府决定从当年开始，利用5年时间，在全市实施城市交通综合整治工作，同时确定2011年为城市交通综合整治年。（杨晓军）

【城市供气】 2011年，全市煤气供应总量2.51亿立方米，比上年增加462万立方米；人工煤气用户总数76.1万户，其中当年新增29056万户；日最高供气量109.6万立方米，比上年减少3.8万立方米；日均供应量68.8万立方米，比上年增加1.2万立方米；地下煤气管网总长1917公里，比上年增加92公里；人工煤气普及率92.57%，市主城区燃气普及率达到99%以上。全市改造地下旧煤气管网10.5公里、进户支线2500个、室内煤气设施3029户。（杨晓军）

【城市供热】 2011年，大连市市内四区及高新技术产业园区有供热单位128家；供热总建筑面积13284万平方米，其中住宅供热面积9500万平方米，非住宅供热面积3784万平方米。供热总建筑面积中，城市集中供热面积12364万平方米，分散锅炉房供热面积920万平方米。城市集中供热面积12364万平方米中，热电联产供热面积4142万平方米，区域锅炉房供热面积8222万平方米。全市有供热厂（站）781座，其中热电厂8座（企业自备电厂2座）、区域锅炉房132座、分散锅炉房165座、二次换热站476座；供热主次管网总长度4205公里。城市集中供热普及率92.2%，城市住宅供热普及率99.85%。2010~2011年采暖期计划用煤386万吨，实际用煤386万吨；应收采暖费37.83亿元，实收37.1亿元，收费率98.07%。当年，市内四区和高新园区实际投入供热设施维修改造资金8.34亿元，其中热源新、改、扩建资金4.3亿元，供热设施维修改造资金2.64亿元，供热管网改造资金1.4亿元。大连市市内四区和高新园区拆除大小锅炉房51座、锅炉65台，实现集中供热面积148.7万平方米。完成旧管网改造206公里。（杨晓军）

【城建档案管理】 2011年，大连市城市建设档案馆接待查档人员约4000人次，调卷2800余卷；管线工程档案查询近20人次，满意率100%，签订管线工程档案责任书4份。全年签订建设工程档案责任书63个工程项目，为42个项目、196个单位工程核发建设工程档案初验合格证。接收整改（当时手续不全的历史遗留档案）档案750个单位工程，整理档案10413卷。收集大连市规划局建设工程规划公告115份，地理信息系统电子地形图上定位112项；收集安全监督手续办理信息760项，地理信息系统电子地形图上定位41项；收集建设工程项目招投标公告53项，地理信息系统电子地形图上定位46项。全年新进馆工程档案的扫描并在地理信息系统电子地形图上定位61个，包括单位工程348个，修改建设工程小区道路101条。完成2011年大连市地下管网普查探测区域的划分、工程测算和招标等前期准备工作。矢量化完成大连市热电集团公司的管线档案10公里。矢量化完成71个建设工程小区综合地下管线图，管线长度524公里。与大连市地铁指挥部配合，对地铁工程进行档案业务指导，解决地铁工程文件编制软件的使用问题。派专人负责国际会议中心档案的业务指导和档案的收集整理。对夏家河污泥处理厂、热电集团等重点工程项目进行档案业务指导并完成档案验收进馆。对全市近400名档案员进行建设工程电子文件编制软件的使用培训，对地铁工程、机场三期扩建工程、胜利路回迁工程等项目的档案员和中国建筑第八工程局有限公司、大连市建设工程集团有限公司的档案员进行建设工程电子档案编制软件的专项培训。与大连万达商业地产股份有限公司、大连新星房地产开发集团公司等50多家建设单位签订电子档案制作合同，为216个工程制作电子档案。完成市规划局2002~2006年的规划档案的扫描工作，并刻盘保存。

2. 建筑业

【概况】 2011年，大连市建筑业有资质企业2195家。按级别分，特级企业5家，一级企业102家，二级企业353家，三级企业1266家，劳务企业469家；按类别分，总承包企业643家，专业承包企业1083家，劳务分包企业469家。全年新增建筑业企业156家，吊销资质建筑业企业35家。全市共有注册建造师9800人，其中一级建造师2760人、二级建造师7040人，建造师数量约占全省总数的24.2%，居全省首位。

全市资质以上建筑企业完成总产值1682.3亿元，较上年净增360.5亿元，比上年增长27.3%，其中一级以上企业完成产值851.5亿元，占总产值的50.6%。产值超20亿元的企业11家。全年建筑业缴纳地税55.1亿元，比上年增长35.4%，其中建筑业营业税32.8亿元，增长24.4%。建筑业吸纳就业人员70.5万人。

全市房屋建筑施工面积9920.8万平方米，比上年增长14.5%。其中新开工面积5653.6万平方米，减少3.3%。实行投标承包的房屋建筑施工面积7969.1万平方米，占全部施工面积的80%。

【建筑业区域发展保持强劲势头】 2011年，大连市金州新区建筑业产值达到414.54亿元，在全市各区市县排名第一，与辽宁省其他城市相比，仅在沈阳、鞍山之后。沙河口区、甘井子区和庄河市建筑业产值均突破200亿大关，金州新区、沙河口区、甘井子区和庄河市4个区市县的产值总和占全市总产值的63%。

【建筑业品牌建设取得新成果】 2011年，大连市有多个建筑业品牌在国内、省内奖项。STX（大连）商务有限公司负责建设、大连宜华建设集团有限公司施工建设的STX（大连）造船厂办公大楼新筑工程，大连中铁华升房地产开发有限责任公司负责建设、中铁建工集团有限公司施工的大连国际金融中心B座（大连期货广场B座）工程获2010~2011年度国家优质工程银质奖。大连筑成建设集团有限公司承建的大连永乐金庭二期6号办公楼、大连市建设工程集团有限公司承建的大连市第三人民医院新建住院部、大连金广建设集团有限公司承建的大连软件园软件开发22~24号楼等29个工程获2011年度辽宁省建设工程世纪杯奖（省优质工程）。大连宜华建设集团有限公司金石滩锅炉房改造项目QC小组、大连阿尔滨集团有限公司魏勇QC小组、大连筑成建设集团有限公司卓越QC小组、大连钜丰建筑工程有限公司庞恒仁QC小组等9个QC小组被评为2011年全国工程建设优秀QC小组。中交一航局第三工程有限公司被评为2011年全国工程建设QC小组活动优秀企业。大连金广建设集团有限公司和大连九洲建设集团有限公司联合开发的"超高层组合结构转换层施工工法"被中国建筑行业协会评为2009~2010年度国家一级工法；大连金广建设集团有限公司和大连阿尔滨集团有限公司联合开发的"气密性熏蒸仓滑模施工与检测工法"、中国一冶集团有限公司和大连金广建设集团有限公司联合开发的"DBQ4000tm门座塔式起重机安装（拆除）工法"被中国建筑行业协会评为2009~2010年度国家二级工法。大连圣鑫建设集团有限公司、大连钜丰建筑工程有限公司等两家企业被中国建筑行业协会评为2011年度全国工程建设质量管理优秀企业。

【建设工程招标管理】 2011年，大连市城乡建设委员会工程招投标管理处完成工程招标3577项，招标总额782.06亿元，分别比上年增长16.4%和13.9%。市内四区招标项目1267项，招标额356.68亿元，分别比上年增长18.4%和56.5%。大连市建设工程交易中心完成入场交易项目1194项，实现建设工程招投标入场交易额449亿元，分别比上年增长13%和66.3%。

【招标代理机构管理】 2011年末，大连市有建设工程招标代理机构66家，其中甲级13家、乙级29家、暂定级24家。全市招标代理机构中的各类注册人员及中级以上工程技术人员900余人。按照辽宁省政府办公厅《关于启动辽宁省综合评标专家库的通知》和大连市人民政府办公厅《关于转发辽宁省政府〈关于启动辽宁省综合评标专家库的通知〉的通知》精神，3月1日起，大连市市内四区建设工程评标专家由市发改委负责在辽宁省综合评标专家库中抽取。县（市）区仍在大连市建设工程评标专家库中抽取，全年共抽取各类专家2063项、8552人次。

【工程建设造价管理】 2011年，大连市城乡建设委员会组织全市建设行业落实辽宁省住房和城乡建设厅、辽宁省财政厅《关于调整〈辽宁省建设工程计价定额〉人工日工资单价的通知》、《关于建设工程人工费实行动态管理的通知》和《关于转发2011年辽宁省建设工程结算工作会议纪要的通知》等3个关于建设工程造价管理方面的文件精神，进一步规范建设工程造价管理。工程建设标准造价管理处全年受理施工企业规费计取标准申报709起，其中本埠企业531起、外埠企业178起；办理工程类别确认583项，比上年增长30%；在全市启动工程造价咨询合同备案工作，先后办理造价咨询企业合同备案资料84份；完成60家工程造价咨询企业收费许可证申报资料和统计报表的资料核查、上报工作，对30家造价咨询企业进行实地核查；依据《大连市建设工程施工合同管理办法》，加大施工合同监管力度。全年完成建设工程施工合同备案1996份，工程合同价款235.6亿元，比上年增加42%；完成工程担保合同备案607份，工程担保合同价款203.2亿元，比上年增长79%；办理竣工结算书备案70项，有效解决拖欠工程款和农民工工资问题，规避"阴阳合同"和配套合同不备案现象。

年内完成造价工程师初始注册、变更注册和延续注册426人，造价员考试、资格注册2691名。截至年末，全市工程造价从业人员9597人。

【工程预算管理】 2011年，大连市工程预算管理处完成政府及财政部门交办的政府重点投资工程概（估）、预（决）算编审工作任务208项，编审工程总造价123.28亿元，审减12.51亿元。

【施工许可管理】 2011年，大连市城乡建设委员会进一步梳理和规范施工许可审批流程，坚持"一站式"窗口服务模式，实行一个窗口办理，采取集中审核集中查看现场的办法，对具备施工许可审批条件的项目，一周内给予办结，提高行政服务效能。开展施工许可专项检查，对137个项目中的38个未办理施工许可擅自开工建设的项目，分别下发《停止违法行为通知书》。

【行业管理法制化规范化建设】 2011年大连市城乡建设委员会先后印发《2011年市建委依法行政工作要点》和《市建委2011年依法行政工作任务及责任分工》，编制《市建委全面推进依法行政规划（2011～2015年）》，建立市建委依法行政大事记制度，制定《市建委重大行政决策工作规程》，建立和完善重大行政决策机制。完善重大行政决策报告制度。

【建筑行业联合执法】 2011年，大连市城乡建设委员会重新修订了《建设行政执法联合监督管理实施意见》，借助"大连市建筑市场信用信息监督网"和"大连市房地产诚信网"2个行业信誉监管网络，进一步加大对建筑市场和房地产市场的监督监管。

【建筑科技推广应用】 2011年，大连市城乡建设委员进一步加大发展广绿色建筑的力度，绿色节能材料、绿色建筑技术、成品住宅技术、智能建筑技术推广应用有了新的发展。组织编写《大连市绿色住宅建筑评价标识技术导则》、《大连市绿色建筑资料汇编》。

【建筑勘察设计行业管理】 2011年，大连市有建筑勘察设计单位142家。按类别分，设计单位（含专项设计）110家、勘察单位25家、勘察设计双资质单位7家；按级别分，甲级资质单位73家、乙级资质63家、丙级资质5家、劳务资质1家。全市有施工图审查机构13家，其中一类审查机构6家，二类审查机构7家。全年全市勘察设计行业实现营业额51.86亿元，比上年增长45.67%。年内，大连市城乡建设委员会办理外埠勘察设计单位入连备案手续234项；办理本地勘察设计单位出连承揽项目手续205项；完成工程初步设计审批118项，施工图审查备案721项，备案建筑面积2088.84万平方米。开展了2011年度大连市优秀工程勘察设计项目评选活动，共评出一等奖15项、二等奖18项、三等奖23项。

【城市无障碍建设】 大连市城乡建设委员会牵头组织开展了创建"十一五"全国无障碍建设城市工作。大连市荣获住房和城乡建设部、民政部、中国残疾人联合会、全国老龄工作委员会办公室命名的"十一五"全国无障碍建设先进城市称号。

【建设工程质量监督管理】 2011年，大连市监督系统共监督在建单位工程1.2万个，建筑面积8155万平方米。结构工程监督重点检查涉及结构工程质量的钢筋、混凝土等建筑材料质量和关键工序以及关键部位，抽查钢筋2805批，合格率99.2%，比上年提高2.1个百分点，清退钢筋227.5吨；组织开展全市冬期施工质量、结构质量、钢结构工程质量专项检查，检查单位工程2910个，建筑面积2788.7万平方米，下发责令改正通知书397份；对各区市县各抽查1项钢结构工程，下达督办通知书10份；对3个质量专项检查分别下发检查情况通报，通报39家建设单位、57家施工单位、53家监理单位、3家设计单位、2家混凝土企业的质量问题。安装工程监督重点检查易产生质量通病和影响使用功能的部位；组织全市开展质量通病防治、幕墙工程质量专项检查，检查单位工程2122个，建筑面积1416.6万平方米，下发责令改正通知书159份，下发检查通报2个，通报7家建设单位、14家施工单位、13家监理单位的质量问题；加大住宅工程分户验收监管力度，对未组织竣工验收擅自交付使用的2257户逐户进行了质量检查。对全市保障性安居工程质量进行专项检查，检查已开工建设的31个单位工程，建筑面积97.69万平方米，下发责令改正通知书7份。加大对各区市县（先导区）建设工程质量监督站的业务指导力度，召开站长联席会3次，研讨工程质量监督中遇到的难题近20个。

【建设工程质量进一步提高】 2011年，大连市建设工程质量监督站监督住宅工程分户验收5880户，一次合格率97%，比上年提高0.2个百分点；新投入使用的住宅工程98%无渗漏、透寒等质量通病问题，比上年提高0.5个百分点；地基基础、主体结构质量安全实现100%的年度目标。市建委评选大连市优质主体结构工程奖9项，其中大连海创大厦等3项工程为金奖工程、大连船员公寓（宝居佳苑）等6项工程为银奖工程。当年，全市有7项工程被评为2010年度辽宁省建筑业新技术示范工程，数量位列全省第一。

【房屋建筑工程竣工验收备案管理】 2011年，大连市城乡建设委员会贯彻执行《大连市房屋建筑工程竣工验收备案管理暂行办法》。协调市政府成立大连市房屋建筑工程竣工验收备案管理领导小组，市政府副市长张军为组长。先后组织各质量监督机构、规划、环保等管理部门和供水、供电等专业单位参加的《暂行办法》宣贯培训班20次，培训相关人员2091人。

【建设工程监理行业管理】 2011年，大连市有57家建设工程监理企业，123个专业资质，其中甲级资质47个、乙级资质62个、丙级资质14个。截至年末，57家监理企业有监理人员3820名，其中国家注册监理工程师1275人，占监理人员的33.4%。

【建设工程检测管理】 2011年，大连市有建设工程质量对外检测机构37家，检测资质82个；对内检测试验室89家，检测资质94个；检测人员1491人。市建委对23家检测机构、混凝土试验室申报的30项检测资质和资质增项材料以及现场情况进行初审。对21家检测机构和混凝土试验室23项资质内容变更的材料进行初审。

【建设施工安全管理】 2011年，大连市城乡建设委员会在全市开展"安全生产年"和"文明施工年"活动。先后下发建筑安全生产管理文件57个，其中安全管理指导性文件21个，其他文件36个。

【建筑节能示范工程建设】 2011年，大连市城乡建设委员会在总结环境友好型住宅建设经验的基础上，进一步扩大建筑节能示范工程建设范围。先后落实建筑节能示范工程24项，总建筑面积约157万平方米。其中，成品房示范工程8项、5369套，建筑面积55万平方米；可再生能源示范工程9项，建筑面积35万平方米；环境友好型示范工程2项，建筑面积27万平方米；干混砂浆示范工程4项，建筑面积40万平方米。

【建筑节能管理】 2011年，大连市城乡建设委员会完成建筑节能备案145个项，节能保温材料备案56项，新型墙体材料备案32项，完成应用太阳能热水器建筑面积130万平方米。对全市商场类、酒店类、商业办公建筑的86栋大型公共建筑进行能耗统计，对其中的20栋进行能耗审计并公示。完成大连市建筑能耗监测平台建设并投入运行。全市电厂粉煤灰排放量240万吨，利用量221万吨，综合利用率92%，全市发展散装水泥855万吨，散装率71%。

（杨晓军）

3. 房地产业

【概况】 2011年，大连市共有具备开发资质的房地产开发企业978家，其中一级企业14家，二级企业56家，三级企业322家，四级企业9家，暂定企业577家。2011年1～12月份，全市房地产开发完成投资1107.5亿元，同比增长44.2%，增长幅度高于全省14.7个百分点，高于全国16.3个百分点。全市房地产项目累计在建施工面积6201万平方米，同比增长22.50%，增长幅度低于全省6.1个百分点，低于全国2.8个百分点。全市房地产项目累计新开工面积1464.64万平方米，同比下降20.30%，增长幅度低于全省2.3个百分点，低于全国36.5个百分点。全市房地产项目累计竣工面积836.7万平方米，同比增长46.5%，增长幅度高于全省5.1个百分点，高于全国33.2个百分点。全市房地产项目累计销售额732.85亿元，同比下降14.40%，增长幅度低于全省31.1个百分点，低于全国26.5个百分点。全市房地产项目累计销售面积910.24万平方米，同比下降25.10%，增长幅度低于全省36.3个百分点，低于全国30个百分点。全市房地产项目销售均价8051元/平方米，同比增长14.30%，增长幅度高于全省9.3个百分点，高于全国3.4个百分点。

（杨晓军）

（大连市城乡建设委员会）

青 岛 市

1. 城市建设与管理

【城市建设概况】 青岛市城乡建设坚持以打造宜居城市为目标，围绕"提升城市品质"这个核心，着力推进住房建设、道路交通设施建设、生态环境建设、城镇化建设和和谐城管建设"五大任务"；积极开展市容环境整治行动，特别是抓好铁路两侧环境整治、园林绿化水平提升、市政道路综合整治、建筑工地综合整治以及奥帆中心片和火车站广场栈桥周边整治任务；不断优化政务服务，依法行政水平进一步提升，机关作风建设进一步加强，市场管理进一步优化，安全生产保持平稳态势，工程质量再上新水平。初步统计，全年建设领域完成投资990亿元，同比增长15.5%，城建行业实现税收约占全市地税收入的37%左右。

【城市基础设施建设】 2011年上半年，胶州湾海底隧道接线、跨海大桥接线、快速路三期工程全部按期实现主线通车；9月，新疆路快速路工程开工建设，初步构建起环湾区域快速交通系统。

作为建市以来最大单体城建项目的重庆路、福州路工程前期工作进展顺利，重庆路可研已经两次专家评审，规划选址、土地预审、环评均已获批复，11月15日已全面启动房屋征收，年底前开工建设调流道路；福州路打通工程已启动拆迁，年底前开工建设附属天桥。浮山新区配套设施不断完善，组织完成了同安路西段、同兴路等9条道路的验收移交工作，采取分段移交模式，确保建成路段及时管护；开工建设劲松三路、劲松七路等11条道路；全面启动小埠东小学、徐家东山中学等5个项目的前期研究工作。2011年累计实施整治河道长度约12公里。

2011年市区共翻建扩建道路194条，翻建扩建道路面积247.65万平方米，截止到12月31日，市区道路总长度达3543.54公里。

【道路、街头节点景观品质大幅提升】 以丰富色彩为目标，对植物配置、色彩搭配提出了明确要求，大力推广市树、市花，突出岛城特色。全市共完成新改建绿地240公顷，栽植景观大树6.7万株、行道树3.9万株，栽植各类乔灌木764万株，完成道路绿化改造65条。

【单位、庭院绿化整治水平明显提升】 全面开展"破墙透绿"，完成立体绿化137处，拆墙透绿2900延长米、绿化面积13.2万余平方米；大力开展"拆违植绿"，在拆除乱搭乱建、清运积存垃圾后的空地上进行绿化，绿化面积12.9万余平方米，为广大居民打造"贴身游园"和"贴心花园"，市民居住环境绿化景观面貌焕然一新；深入开展"见缝插绿"，在楼前房后小区内的边缘、小块空地中进行绿化、美化，不断增绿补绿，美化院内环境，体现绿化便民、为民服务的功能，深受市民的欢迎。

【全面推进嵌草砖改造工程】 率先在香港西路、贵州路、太平路、山东路、延安一路沿线实施嵌草砖改绿带工程，将嵌草砖改造成常绿、彩叶低灌带，不仅提升了景观品质，也使绿化生态功能大幅提高，实现了人车分离，起到了引导市民文明行路、有序停车的作用。通过试点示范，全市完成嵌草砖改绿篱5.7万平方米，促进了绿化生态功能和景观品质大幅提高。

2. 城市基础建设重点项目

【跨海大桥高架路工程】 跨海大桥高架路工程是青岛城市规划"三纵四横"快速路网中的重要"一横"，是东西城市组团之间联系的主通道之一。一期工程主线采用双向八车道，沿线设置互通立交四座，分别为四流路、重庆路、黑龙江路及海尔路立交；匝道三对，分别为周口路东西两侧匝道及株洲路匝道。工程概算总投资52.52亿元。

【胶州湾隧道青岛端接线工程及快速路三期工程】 胶州湾隧道青岛端接线及快速路三期工程是青岛城市规划"三纵四横"快速路网中的重要组成部分。胶州湾隧道青岛端接线工程（以下简称接线工程）南端起点位于团岛路与瞿塘峡路交叉口附近，与胶州湾隧道相接，主线向北以上下行分离式双洞隧道形式分别沿四川路、云南路向北，在东平路路口北侧爬升地面后开始高架，于山西路路口上方合流后接入快速路三期，主线均采用单向三车道，工程全长2.350公里，概算总投资37.64亿元，2011年6

月30日配合胶州湾隧道实现主线通车。

快速路三期工程东端自胶州路—长清路口，沿现状沧口路、市场三路之间狭长带，以高架形式跨过胶济铁路后接入莘县路立交，南端在山西路与隧道接线工程对接，北端在上海路接入规划新疆路快速路。2011年6月30日配合胶州湾隧道实现主线通车。

3. 房地产业

【房地产市场运行情况】 2011年，青岛市房地产业完成投资782.7亿元，首次突破700亿元，同比增长29.9%；全市各类房屋施工面积5690万平方米，同比增长12.5%；新开工面积1813.1万平方米，同比上升5.9%；竣工面积905.9万平方米，同比下降11.2%。

受调控政策影响，青岛市新建商品房销售量有所下降，各类新建房屋共成交1028万平方米，同比下降24.5%；其中新建住宅成交917.5万平方米，同比下降24.2%。房地产业实现地税收入96.8亿元，同比增长32.8%，占全市地税收入的24.8%，房地产业实现税收首次突破90亿元。

2011年12月，70个大中城市住宅销售价格指数显示，青岛市新建住宅价格指数同比上升0.5%，环比下降0.3%，分别在全国70个大中城市排名55位和49位。

【房地产调控】 2011年，青岛市严格贯彻落实国家房地产市场调控部署，着力巩固和扩大调控成果，加大住房建设力度，合理引导住房需求，加强房地产市场监管，持续推进房地产市场健康发展。

2011年1月28日，青岛市人民政府办公厅印发了《关于进一步做好房地产市场调控工作促进房地产市场平稳健康发展的意见》（青政办发〔2011〕8号），从限定购房套数、增加住房有效供应、加大保障性住房建设、加强房地产市场监管、落实政府责任等方面持续推进房地产市场健康发展。2011年3月30日，青岛市人民政府印发了《关于公布青岛市2011年度新建住房价格控制目标的通知》（青政发〔2011〕16号），确定青岛市2011年度新建住房价格控制目标为：涨幅明显低于本年度青岛市居民人均可支配收入增幅；努力增加中小套型普通商品住房供应，加快提高居民住房支付能力；进一步加大保障性住房供应量，明显提高居民住房保障水平。

为强化房地产市场监管，推进青岛市房地产业信用体系建设，进一步规范房地产市场秩序，营造诚实守信的市场环境，2011年9月29日，青岛市城乡建设委员会、青岛市城市管理行政执法局、青岛市国家税务局、青岛市地方税务局、青岛市工商行政管理局、中国银行业监督管理委员会青岛监管局联合印发了《青岛市城乡建设委员会房地产开发企业信用考核管理办法》，对房地产开发企业社会责任、经营行为及企业形象等状况的综合考核。企业信用考核结果将作为管理部门日常监管、银行机构提供差别化服务的参考依据。

4. 建筑业

【概况】 2011年，全市完成建筑业总产值867.6亿元，比上年（下同）增长23.8%；实现建筑业增加值303.7亿元，增长23.1%；实缴税金44.9亿元，增长34.7%，占地税收入的11.5%。建筑业外埠市场新签工程承包合同额480亿元，增长13.7%；实现总产值460亿元，增长16.8%，占全市建筑业总产值的53%。完成招标投标项目3515个，增长12.4%；工程造价661.2亿元，增长1.1%。其中，国有资产投资项目2381个，增长12.6%，工程造价358.9亿元，下降14.2%；社会投资项目1134个，增长12.1%，工程造价302.3亿元，增长28.4%。

【建筑市场管理】 截至2011年底，全市有建筑业施工企业1182家，其中总承包企业358家，占总数的（下同）30.3%；专业承包企业443家，占37.5%；劳务企业381家，占32.2%，以总承包企业为龙头、专业承包企业为骨干、劳务企业为依托的建筑业行业组织结构更为合理。年内，扶持36家企业升级、34家企业资质增项，淘汰小、劣、差企业47家，为270余家企业办理外出施工手续及外出备案。进一步完善绿色通道申请、信息联动、项目登记三项制度，2011年累计为25个市重点建设项目、38个保障房及两改项目提供了绿色通道服务。全面普及"双卡"管理，新办"建管亲情卡"和"爱心工资卡"增幅分别为18.6%、16.2%。深化用工体制改革，全市470家企业已招用38187名建筑业农民工为固定合同制工人，占总量的27%。全年创建标准化示范工地269个，增长2.3%。完善信用体系建设，开发了市场主体考核分析、决策系统，并将代建单位、混凝土企业、检测单位、起重设备安全单位也纳入了市场主体考核，定期发布考核结果。2011年度市场信用A级企业达1045家，占企业总数的59.4%。

【工程质量管理】 全面推行工程质量标准化管理，明确了15个关键节点的质量控制措施，提高对工程突出质量问题的预控能力，全省建设工程质量青岛现场会在青岛市召开，全面推广青岛市工程质量标准化管理的经验做法。出台《青岛市住宅工程质量通病防治手册》，自主研发了现场喷淋检测仪器设备，从源头上把好通病治理关。健全完善质量投诉解决机制，实施工程观感量化情况、质量投诉处理情况与市场管理考核联动。全市精品工程创历史新高，有2项工程获鲁班奖，3项工程获国家优质工程银质奖，5项工程获全国建筑工程装饰奖，全市工程质量水平继续保持全省领先、全国一流。

【安全生产管理】 全面推行建筑安全"模式化"管理，着力规范建筑安全监管的内容、标准、制度和程序，强化了建设各方主体责任落实。突出抓好深基坑、大模板、脚手架、起重机械、预防高处坠落等专项整治，实行重大事故隐患源"标示"与"重大隐患源监督档案"管理，悬挂使用近万块"安全检查标示牌"，及时发现和消除重大安全隐患20余个。组织开展春、夏、冬季安全生产拉网大检查和起重机械、防汛、防火等专项检查，强化保障房、文化剧院等重点工程的服务与监管，检查在建工程6700余个次。圆满完成各项安全应急管理工作，组织开展了现场应急预案拉动演练，成功抗击了强台风"梅花"。

【勘察设计业】 青岛市勘察设计行业共有本地勘察设计单位175家(不含部队所属企业)，全年共完成合同额705104万元，比上年增长53.5%，其中：工程勘察完成合同额48376万元，比上年增长62.3%，工程设计项目完成合同额278652万元，比上年增长44.4%，其他项目(包括工程总承包、工程技术管理服务等)完成合同额378076万元，比上年增长59.8%，勘察设计单位实交税额34374万元，比上年增长65.6%。

全市广大勘察设计企业积极拓展外埠业务，全市勘察设计企业2011年完成业务中工程勘察35.7%、工程设计56.0%的合同额是在青岛市以外完成的，其中工程设计外埠业务完成155748万元，比上年增长20.9%。"外向化"程度不断提高，技术服务输出的能力不断提升和进步。

根据中国勘察设计协会公布的2011年全国优秀工程勘察设计行业奖评选结果，青岛市勘察设计项目共计获得二等奖3项、三等奖8项，创历史最高纪录，二、三等奖获奖总量比去年高出37.5%。

全面开展房屋建筑和市政基础设施工程的施工图审查工作，并启动了装饰装修和幕墙工程的施工图审查工作。同时，加强对施工图审查机构的考核，大力推进正规化建设。在2011年全省施工图审查机构考核中，青岛市取得良好成绩。全市10家审查机构考核结果全部为合格以上等级，其中4家优秀、4家良好，优秀率达40%，远高于全省23.4%的平均水平。

5. 建设科技与建筑节能

2011年，青岛市建筑节能工作取得了较好的成绩，全年青岛市共完成节能建筑1133万平方米，既有居住建筑供热计量及节能改造完成103万平方米，完成了5个绿色建筑设计标识评价工作，可再生能源建筑应用面积达220万平方米，新增可再生能源建筑应用示范县及集中连片示范区各一个，被列为公共建筑节能监管体系建设示范市。

【新建建筑节能】 青岛市在前几年实施"闭合式"监管体系的基础上，2011年，为进一步细化监管程序，强化监管力度，开发了"青岛市建筑节能工程监督网上办公系统"，对新建建筑的建筑节能工程进行全过程监管。可以有效地对节能工程进行监管，提高了工作效率。经过努力，2011年全市共完成节能建筑1133万平方米，占建筑竣工面积的比例为100%。

【既有居住建筑节能改造】 为做好既有居住建筑节能改造工作，青岛市召开了专项工作会议对既改工作进行详细部署，通过对改造任务的层层分解，积极筹集落实资金及采取严格的监管等一系列措施，为全年改造任务的顺利完成提供强有力保障。经过努力，全年改造任务完成103万平方米，超额完成改造任务。

【可再生能源应用工作成效显著】 在严格执行相关制度基础上制定并颁布了一系列配套的政策措施，使可再生能源建筑应用工作形成一整套法规体系。由于制度健全，措施得力，全年落实太阳能光热建筑一体化项目22个，应用建筑面积149万平方米。

【积极开展太阳能光电建筑应用示范项目建设】 自财政部、住房城乡建设部开展太阳能光电建筑应用项目示范以来，青岛市即墨太阳能科技产业园5兆瓦光伏电站等10个项目被国家列为示范，共获得国家补助资金1.11亿元，示范总装机容量9.98兆瓦。

【公共建筑节能和大型公建监管体系进一步完善】 截至2011年底，已在市政府办公大楼、市北区政府办公大楼、佳世客购物商场、府新大厦、市中级人民法院办公楼等43栋建筑中安装了能耗监测设备,连续监测数据量已达到100G。在监测的基础上,顺利完成了青岛佳世客购物商场、莱西良茂商场等约21.7万平方米的公共建筑节能改造,改造后佳世客购物商场年可节约45万度电,莱西良茂商场节电约15%。与此同时,医院及中小学校园节能改造工作顺利启动,已确定青岛十九中和育才中学作为第一批改造项目。

【绿色建筑推广进展顺利】 2011年,青岛市共完成5个绿色建筑设计标识评价工作,其中瑞源·名嘉汇项目顺利通过了住房城乡建设部绿色建筑三星级认证。建立了绿色建筑专项奖励资金,对获得国家绿色建筑星级标识的项目,根据其进度给予奖励。同时还成立了"青岛市建筑节能专家委员会"和"青岛市绿色建筑专家委员会",编制了"青岛市绿色建筑文件汇编",组织了"青岛市首届绿色建筑评价标识培训班",邀请住房城乡建设部有关专家就相关内容进行讲授,取得了良好的培训效果。

【建筑节能培训交流宣传】 全年共举办建筑节能门窗企业技术培训班、建筑节能新技术应用现场会、外墙保温知识培训、绿色建筑评价标识培训班等各类培训约5次,组织了中德建筑创新技术研讨会、国际新能源建筑应用论坛、中加住宅产业高峰论坛等各类研讨会10余次。此外,还组织了"十一五"建筑节能成果展、第五届建筑节能和可再生能源建筑应用博览会,并与奥地利国家技术研究院能源部建立了良好的技术交流合作关系。全年在青岛日报、青岛晚报、青岛早报、半岛都市报、青岛电视台、青岛广播电台等新闻媒体上宣传达26次。

【"十二五"建筑节能专项规划编制】 经过建筑节能工作者和建筑节能领域权威专家的深入调研和积极编写。"十二五"建筑节能专项规划初稿形成。

6. 村镇建设

2011年,青岛市认真贯彻党的十七届五中全会精神,按照科学发展观要求,用世界眼光谋划村镇建设,用国际标准提升村镇品质,用本土优势彰显村镇特色,加快村镇规划编制步伐,扶持小城镇建设,指导村庄整治和农村人居环境改善,推动村镇规划建设管理走上新阶段,全面改善农村民生,促进农村环境改善和经济发展,全市城镇化水平达到67.8%。

【加大村镇规划编制力度】 编制完成《青岛市"十二五"新型城镇化发展规划》。该规划是为实施青岛市城镇化战略而编制的重点专项规划,是青岛市国民经济和社会发展"十二五"规划的重要组成部分,对全市城镇化进程将起到重要的引导和指导作用。

编制完成《青岛市大沽河周边区域镇村空间发展规划》。该规划分规划概况、现状分析与解读、案例借鉴与相关理论、规划目标与规划策略、镇村体系规划、核心区域村庄空间发展规划、实施保障与建议七大部分,以统筹城乡发展为主线,以镇村科学布局和基础设施建设为重点,坚持生态引领、特色引领和文化引领,采取镇村聚集整合、产业集群发展、基础设施一体化发展、公共服务均等化发展等四大举措。

【推动村镇建设全面快速发展】 制定青岛市《关于进一步加快重点中心镇发展的意见》(青政办发〔2011〕12号),下达2011年度重点中心镇基础设施和生态环境建设计划任务,10个重点中心镇基础设施和生态环境建设项目107个、总投资106325.3万元,并制定了《青岛市重点中心镇城镇化工作考核办法》。

抓好农村住房建设和危房改造工作,这项工作连续两年被青岛市列入市办实事和政府公开挂牌督办内容。工作中注意突出三项重点,分类推进。实施村庄集中改造建设工程。启动城中村改造49个,采取成片开发、拆建分离等形式,有序推进村庄集中改造工作,进一步提高城市建设品位和城中村改造的水平;实施农民经济适用房建设工程。按照"政府主导、总量控制、因地制宜、困难优先"的原则,开工建设农民经济适用房项目20个、4808套,加快解决因停止宅基地审批形成的农民新增住房需求问题;实施农村危房改造工程。按照"以人为本、关爱群众、先急后缓、梯次改善"的要求,认真组织开展农村危房调查和改造工作,通过拆除重建、修缮加固等多种方式,解决了5282户农村困难群体住房安全问题,超额完成了市政府下达的5250户任务。

出台青岛市《关于进一步加强农村垃圾处理工作的实施意见》,力争用3年时间(2011~2013年),在所辖五市建立起完善的"户分类、村收集、镇运输、市集中处理"农村垃圾收集处理体系和长效管理机制,使农村生活垃圾无害化集中处理率达到90%以上。

【迈出村镇转型发展新步伐】 坚持农村住房建设与建设新型社区、推行新型能源、打造"生态小镇"相结合,与胶南市一起对隐珠街道北高家庄周边6个村庄实施搬迁整合,进行"生态小镇"建设试点。采取地源热泵环保节能技术进行集中供热,改造结余土地用于建设生态观光、休闲度假项目，同时高水平的配套垃圾、污水处理等基础设施和医院、学校、餐饮、旅游等公共服务设施，打造山东省乃至全国一流水平的生态小镇。

结合扶贫工作，投入80万元资金，在莱西市马连庄镇展家村开展垃圾处理、道路硬化、绿化美化、养殖场搬迁等八项环境综合整治试点，以展家村环境综合整治试点为示范，带动青岛市其他村庄综合治理整体推进。

2011年，全市共有建制镇77个、行政村4434个；村镇人口376.63万人，同比增加4.67万人；当年村镇建设总投资75.6亿元，同比增长8.05亿元，增长11.9个百分点；当年三大建筑建设量449.94万平方米，同比减少34.6万平方米；人均住宅建筑面积28.96平方米，同比增加0.14平方米。

全国重点镇名单（11个）：胶南市隐珠镇、王台镇，胶州市的李哥庄镇、铺集镇，平度市的蓼兰镇、南村镇、灰埠镇，莱西市的姜山镇，即墨市的鳌山卫镇、兰村镇、华山镇。（胶南市隐珠镇已改为街道办事处）

山东省中心镇名单（17个）：胶南市的王台镇、泊里镇，胶州市的李哥庄镇、铺集镇，平度市的蓼兰镇、店子镇、南村镇，莱西市的姜山镇、南墅镇，即墨市的鳌山卫镇、兰村镇、华山镇、田横镇、温泉镇，城阳区的棘洪滩镇、莱西市夏格庄镇、城阳区惜福镇街道办事处。（城阳区的棘洪滩镇已改为街道办事处）

青岛市重点中心镇名单（10个）：胶南市泊里镇、王台镇，胶州市李哥庄镇、铺集镇，即墨市华山镇、田横镇，平度市南村镇、灰埠镇，莱西市姜山镇、南墅镇。

7. 青岛市2011年发布政府规章

《青岛市户外广告设置管理办法（试行）》于2011年6月3日经市十四届人民政府第20次常务会议审议通过，自2011年8月1日起施行。

《青岛胶州湾隧道管理办法》于2011年6月3日经市十四届人民政府第20次常务会议审议通过，自公布之日起施行。

地方性法规：《青岛市城市绿化条例》于2011年10月28日青岛市第十四届人民代表大会常务委员会第三十二次会议通过，自2012年1月1日起施行。

大事记
1月

6日，青岛市政府召开"e证通"企业数字证书发放暨"e站通"企业服务网开通仪式。青岛市经备案的招标代理机构申请数字证书后，直接使用数字证书一次登录即可进行网上招投标事项办理。

20日，全市城乡建设管理工作会议在市政府会议中心三楼礼堂召开。会议的主要任务是：贯彻落实市委十届十次全体会议和全国、全省住房城乡建设工作会议精神，对城乡规划、建设、管理和环保、人防等方面2010年工作情况进行总结，对2011年工作进行全面部署。

28日，印发《青岛市人民政府办公厅关于进一步做好房地产市场调控工作促进房地产市场平稳健康发展的意见》（青政办发〔2011〕8号）。

2月

18日，召开2011年度全市工程建设管理工作会议，市城乡建设委主任汤吉庆、市城乡建设委副主任、建管局局长赵兴书做了重要讲话。

3月

1日，青建集团股份公司的17名赴利比亚工人安全返回青岛。市委常委、副市长张惠带领有关部门负责人和工人家属在青岛火车站迎接工人回家。

2日，青岛市城中村改造项目奠基仪式在城阳区项目现场举行，市领导王建祥副市长出席奠基仪式，标志着全市城中村改造工作一个新起点的开始。

4～25日，市城乡建设委员会和市城市管理行政执法局联合开展了全市2011年度房地产开发经营行为联合检查。

16日，市两改办印发了《关于印发2011年"两改"项目计划的通知》（青两改字〔2011〕6号）。

30日，印发了《青岛市人民政府关于公布青岛市2011年度新建住房价格控制目标的通知》（青政发〔2011〕16号）。

30日，全省建设工程质量青岛现场会召开。在全省推广青岛市质量管理标准化的经验做法。

4月

14日，市领导于风华带队，市城乡建设、财政、国土、环保及相关区市分管领导，先后到东营、临沂、枣庄考察学习农村住房建设和农村环境整治工作。

14日，青岛市人民政府关于做好国有土地上房屋征收与补偿工作的通知（青政发〔2011〕18号）。

15日，编印了《建筑工程质量投诉指南》，明确了建筑工程质量投诉受理原则，对投诉受理和处理的原则、依据、投诉需携带材料、程序及不属于质量投诉受理范围的10类情况进行了详细注解。

28日，青岛市房地产开发管理局根据市编委会青政编办【2011】44号文件增加住房建设处、拆除管理协调处，同时撤销项目合作处。

5月

9日，根据省委省政府确定的三年完成城中村改造的目标要求和青岛市的工作部署，市城中村和旧城区改造工作领导小组印发了《关于进一步加快推进市区城中村改造的实施意见》（青两改字〔2011〕8号）、《青岛市城中村和旧城区改造项目建设管理实施细则》（青两改字〔2011〕9号），以及《关于调整实施市重点建设项目审批绿色通道意见的通知》（青两改字〔2011〕10号）三个文件。

22日，青岛市"十二五"房地产业发展规划通过专家评审。

6月

8日，在全国保障性住房质量电视电话会上，王建祥副市长代表青岛市作了题为《创新实施"三三标准"管理模式全面提升保障性住房工程质量水平》的保障性住房质量管理典型经验介绍。

9日，省住房与城乡建设厅来青岛市调研农村住房建设与危房改造情况。

7月

青岛胶州湾大桥、胶州湾隧道暨接线工程建成通车。山东省省委书记、省人大常委会主任姜异康，山东省省委副书记、省长姜大明，海军北海舰队政委王登平，山东省委常委、副省长王军民，山东省委常委、秘书长王敏，山东省委常委、青岛市委书记李群，山东省政府特约咨询阎启俊，青岛市委副书记、市长夏耕，青岛市政协主席孙德汉等领导出席了通车典礼。

8月

浒苔清理工作结束。自7月6日发布浒苔四级预案响应以来，共清理浒苔188627吨，动员清理人员33029人次，海岸清理运输6315车次，浒苔压榨点压榨打包浒苔7798包，出动1360车次对7798包浒苔进行了运输，最终有3170包块浒苔运往胶州进行无害化处置，4628包块浒苔运往浒苔临时处置点进行摊铺晾晒处置，同时出动其他机械设备近千台次，取得了今年抗击浒苔灾害的胜利。

9月

29日，青岛市城乡建设委员会、青岛市城市管理行政执法局、青岛市国家税务局、青岛市地方税务局、青岛市工商行政管理局、中国银行业监督管理委员会青岛监管局联合印发《青岛市城乡建设委员会房地产开发企业信用考核管理办法》。

10月

10~12日，省人大常委会视察组对青岛市保障性安居工程进行现场检查，并查看2个"两改"项目。

11月

2日，青岛市青岛大剧院、青岛西海岸医疗中心综合楼、胶建蒙东商贸中心共3项工程获得建筑工程质量最高奖——鲁班奖。

14日，青岛市青岛海都·国际工程等3项工程获得国家优质工程银质奖。

12月

2日，印发青岛市城乡建设委关于印发《青岛市城乡建设委员会国有土地上房屋征收评估机构管理办法和青岛市城乡建设委员会国有土地上房屋征收评估技术规范的通知》（青建发〔2011〕120号）。

7日，深圳市人居环境委员会就宜居城市建设、城市改造到青岛市进行调研。

（青岛市城乡建设委员会）

宁 波 市

1. 城市建设

【概况】 2011年，是宁波市"十二五"规划和"六个加快"战略启动实施之年。面对错综复杂的国内外经济形势，宁波市住房和城乡建设委以科学发展为统领，以加快构筑现代都市战略实施为契机，以创先争优和"三思三创"活动为载体，以为民惠民为根本出发点和落脚点，不断解放思想、开拓创新，圆满完成年初既定目标任务，为"十二五"时期宁波市住房城乡建设事业科学发展奠定坚实基础。全市共完成城市市政公用设施建设固定资产投资218.29亿元，其中中心城区完成171.37亿元（含轨道交通59.81亿元），分别比上年增长11.2%和14%。中心城区"五路四桥"、绕城高速连接线、机场快速干道等在建重大项目稳步推进。其中，明州大桥建成通车，历时5年的"五路四桥"工程实现圆满收官。11条绕城高速连接线中8条建成通车，完成年度投资25.8亿元。城市快速路网建设全面加速，宁波市首条城市高架快速路——机场快速干道建成通车，南、北外环快速路开工建设。城市路网日益完善，打通"断头路"三年专项行动全面启动，30个项目开工建设，纳入年度计划的22个项目全部按期通车，解放桥拓宽工程顺利完工，三眼桥拓宽工程有序推进。22条主次干道相继建成通车，19条支路、17个卡口改造完成，中心城区道路总里程达到3222.35公里。城市面貌日新月异，"两横两纵"街景整治工程基本完成，"三江六岸"品质提升工程启动实施，滨江休闲带工程启动段（姚江大桥—解放桥）开工建设。青林湾公园建成开放，阳光城公园、包家河公园等项目前期工作全面启动。此外，华辰北地块4号2地块、广济中心小学扩建、青林湾公园地下等3个公共停车场建成投用，共建成泊位480个。

【基础设施建设】 2011年，城市综合承载能力不断增强，基础设施建设投资不断加大，全市共完成城市基础设施年度投资218.29亿元，其中中心城区完成171.37亿元（含轨道交通59.81亿元），城市建设对经济社会发展的服务和推动能力进一步增强。以道路桥梁为主体的重大项目建设取得丰收成果："五路四桥"最后一个项目——明州大桥建成通车；解放桥拓宽工程全面完工；11条绕城高速连接线中8条建成通车；中心城区首条城市快速路——机场快速干道建成通车，南、北环快速路开工建设。"两横两纵"街景整治基本完成，"三江六岸"滨江休闲带工程启动实施，机场快速干道永达路连接线、杭甬高速立交等重点项目前期工作稳步推进。以城镇污水处理设施及管网建设为重点的生态基础设施建设进度加快。慈溪市掌起镇、奉化市尚田镇、宁海县前童镇、鄞州区东钱湖镇、镇海区澥浦镇等13个建制镇污水处理设施建成通水，余姚陆埠镇、象山贤庠镇、宁海岔路镇等15个镇污水处理设施项目开工建设，完成配套管网190公里，奉化、宁海2个污水处理厂污泥处置工程基本建成。

【明州大桥建成通车】 5月5日，省重点工程"五路四桥"最后一个项目——明州大桥建成通车，市委副书记、市长刘奇宣布工程开工与通车，市人大常委会副主任卓祥骙、副市长苏利冕等出席开工和通车典礼。明州大桥于2008年2月开工，全长1250米，其中主跨450米，为宁波城市桥梁中单体结构最大的桥，也是世界最长的中承式双肢钢箱系杆拱桥，大桥连接宁波北高教园区和宁波国家高新区，是东外环的重要组成部分。

【南北环快速路开工建设】 5月5日，南北环快速路举行开工仪式，市委副书记、市长刘奇宣布工程开工，市人大常委会副主任卓祥骙、副市长苏利冕等出席开工典礼。环城南路、北外环快速路是宁波市中心城区"四横五纵五连"快速路网的重要组成部分，总长约257公里，总投资约82亿元。其中环城南路快速路投资约27.3亿元、北外环快速路投资约54.7亿元两条道路均采用"高架主线＋地面辅道"方案，在既有道路上进行改造提升，预计2013年建成。

【机场快速干道建成通车】 10月31日上午，机场路快速干道举行通车仪式，宁波市委副书记、市长刘奇宣布正式通车，市领导苏利冕、王仁洲、卓祥骙等出席通车仪式。机场快速干道是宁波市首条真正意义上的城市高架快速路，道路北起青林湾大桥、南至34省道立交，全长约11公里，是中心城区中西部路网的主要集散通道，也是宁波栎社国际机场、宁波客运中心及宁波铁路南站枢纽的重要集散通道，在中心城区路网中具有重要的地位和作用。

【解放桥拓宽工程全面完工】 拓宽工程位于解放桥老桥西侧，南起海曙区永寿街，止于江北区槐树路，全长约750米，于2011年5月开工，当年12月份建成通车，是宁波市缓解中心城区过江交通拥堵的主要举措之一，拓宽后对缓解海曙、江北过江交通压力具有重要作用。

【绕城高速连接线稳步推进】 2011年，大庆南路北延一期、世纪大道北延、东外环北延等7条连接线建成通车，甬金高速连接线、机场路南延、机场路北延等3条在建道路加快推进，全年完成年度投资25.8亿元，至此11条绕城高速连接线项目8条已建成通车，预计2012年将全部建成通车。

【加快构筑现代都市战略】 根据市委"六个加快"战略的决策部署，1月，市住房城乡建委牵头开展行动纲要编制工作，1月下旬，召集相关市级部门、各县(市)区和卫星城负责人召开行动纲领编制协调会议，专题研究部署纲要编制工作，明确职责分工和初步工作方案，并多次赴各县(市)区、管委会调研对接纲要编制工作，多次召集相关部门研究完善方案，多次邀请国内高等院校、市内外规划研究院所的专家学者进行研讨论证，广泛征求各界意见和建议。明确宁波市加快构筑现代都市的指导思想和发展目标，即以科学发展观为统领，以转变城市发展方式为主线，以新型城市化为主导，以创新体制机制为动力，以功能区块开发和基础设施建设为重点，全面提升城市综合竞争力、国际影响力和可持续发展能力，通过5年乃至更长一段时期的努力，基本形成"一核两翼多节点"网络型现代都市，建设成为空间布局合理、要素配置集约、城市功能发达、基础设施完备、生态环境优美的创新创业之城、品质宜居之城、国际港口名城。

2. 住房保障

【概况】 2011年，《关于大力发展公共租赁住房进一步完善住房保障体系的若干意见》制定出台，公共租赁住房体系建设全面加速，以公共租赁住房为主，廉租住房、经济适用住房、限价房等保障方式为辅的住房保障体系得到进一步完善。保障性房源建设方面，全市新开工各类保障性安居工程190.6万平方米、24045套，超过前两年总和，其中公共租赁住房72万平方米、11326套；建成各类保障性房源74.2万平方米，面向低收入住房困难家庭推出销售保障性住房3475套。廉租住房保障方面，全年新增廉租住房保障家庭2997户，实现应保尽保。截至年底，在保户数13270户，累计保障户数20411户。中心城区完成老小区整治71个、348万平方米，完成非成套房改造2.55万平方米，加固解除危房315幢、12万平方米。全市住房公积金归集86.80亿元，实现增值收益2.05亿元，发放贷款258.79亿元，为6454户城镇居民购房提供资金支持。

【加强公共租赁住房政策体系建设】 2011年，市政府制定出台《关于大力发展公共租赁住房进一步完善住房保障体系的若干意见》，提出"十二五"宁波市住房保障的指导思想、总体目标和思路，明确到2015年底前，基本满足人均年收入在城镇居民人均可支配收入线以下的城镇中低收入住房困难家庭的住房保障需求。同年10月，市政府制定出台《宁波市市区公共租赁住房管理指导意见》，对公共租赁住房运营管理提出具体指导意见。各县(市)区围绕公共租赁住房建设制定出台一系列配套政策措施和实施细则，其中北仑区出台的《北仑区工业企业建造公共租赁住房办法(试行)》，成为全省首个引导和支持工业企业参与公共租赁住房建设的实施办法，得到陈加元副省长批示肯定。

【保障性房源开工量创历史新高】 2011年，全市新开工保障性安居工程190.6万平方米、24045套，其中：公共租赁住房72万平方米、11326套；廉租住房和经济适用住房15.5万平方米、2175套；限价房34.6万平方米、3501套；城中村改造安置房34.6万平方米、3434套；城市旧住宅区(危旧房)改造安置房34.1万平方米、3609套。推出销售保障性房源2841套，推出租赁保障性房源634套；新增廉租住房保障2997户。

【年度住房保障工作先进单位】 经综合考评，余姚市政府、象山县政府、镇海区政府、北仑区政府、江北区政府、杭州湾新区管委会、市住房和城乡建设委员会、市国土资源局、市财政局被评为2011年度住房保障工作先进单位，由市政府予以通报表彰。

【住房保障管理信息系统正式运行】 2011年7月初，由宁波市经济适用房建设管理办公室牵头研发的"宁波市住房保障管理信息系统"建成投用，9月底实现中心城区联网运行，实现租赁性保障房源的申请核准网络化、数据管理集中化、跟踪监督常态化，切实提高住房保障管理的精细化程度及工作效率。

【保障性住房项目获国家开发银行贷款支持】 2011年4月，宁波市与国家开发银行签订总额为155亿元的融资框架协议，为推进"十二五"宁波市保障性住房建设提供有力的融资保障。

【廉租住房租金补贴标准调整】 根据国家、省市有关规定以及住房市场租金变动情况，2011年4月份，海曙区、江东区、江北区三区的最低收入家庭和其他家庭租金补贴标准由每月每平方米建筑面积20元调整为28元，低收入家庭租金补贴标准由每月每平方米建筑面积13元调整为18.20元。江北区的洪塘街道、庄桥街道、慈城镇租金补贴标准按调整后标准的60%计发。调整后的租金标准从2011年5月1日起正式执行。

【保障性住房供地模式得到调整】 在江北应家区域新增落实1300亩土地，作为中心城区"十二五"保障房建设用地。此外，会同市级相关部门联合下发《关于落实2012年保障性住房建设用地的要求》，统筹考虑"十二五"保障性住房建设用地需求，着力扭转当年落地、当年征迁、当年开工的不利局面。

【全国保障性安居工程质量监管工作座谈会在甬召开】 6月29日，住房和城乡建设部工程质量安全监管司在浙江省宁波市组织召开全国保障性安居工程质量监管工作座谈会，各省、自治区、直辖市负责工程质量监管的有关领导等共80余人参加座谈会。辽宁、江苏、天津、重庆、广西等地进行保障性安居工程质量监管工作交流和经验介绍。期间，参会代表还实地观摩宁波市江北区孔浦朱家安置房一、二期及洪塘7号地块公共（经济）租赁房工程施工质量和现场安全生产、文明施工情况。

【公有住房出售稳步推进】 全市全年共审批公有住房出售582套，面积2.79万平方米，金额1580万元；已累计审批公有住房面积1357.52万平方米，售房金额44.54亿元。

【住房公积金支持保障性住房建设项目贷款试点工作正式启动】 宁波市于2010年底被列为国家利用住房公积金贷款支持保障性住房建设试点城市，2011年，根据住房公积金沉淀资金实际情况，决定用5亿元支持海曙区蒲家和江东区陈婆渡两大经济适用住房项目建设。8月，首笔金额为1.8亿元的公积金贷款正式发放，截至年底已顺利发放贷款3.4亿元，并通过住房和城乡建设部巡检。

【二套房公积金贷款新政出台】 为贯彻落实国家房地产宏观调控政策，充分发挥住房公积金对职工购买自住住房的支持作用，4月19日，市公积金中心出台实施《关于调整宁波市个人住房公积金贷款政策的通知》，利用住房公积金贷款购二套房的首付比例由此前的50%提高至至少60%，贷款利率不低于同期首套住房公积金贷款利率的1.1倍。此外，每户住房公积金贷款最高限额，由此前的40万元提高至60万元。

【住房按揭贷款"商转公"正式实施】 10月，《宁波市商业性个人住房按揭贷款转住房公积金贷款管理暂行规定》出台，允许部分符合公积金贷款条件、以纯商业贷购买房子的宁波市民申请将商业个贷余额全部或部分转为公积金贷款。

【公积金运行继续保持良好态势】 2011年，全市缴存住房公积金职工人数达68.31万人，比上年末增长12.40%，全市住房公积金归集额为86.80亿元，完成年度计划129.55%，同比增长19.96%。全市历年累计归集490.77亿元，归集余额为212.35亿元。全年共发放住房公积金贷款26.84亿元，完成年度计划128.05%，为6454户家庭提供信贷支持。截至2011年12月底，全市累计个人发放住房公积金贷款258.79亿元，贷款余额125.42亿元，累计放贷户数为133607户。全市住房公积金贷款逾期金额为11.94万元，逾期率为0.00095%。全市住房公积金增值收益为2.05亿元，完成年度计划100.05%；历年累计增值17.29亿元。

【完成老小区整治183万平方米】 2011年，市中心城区第二轮老小区整治工作继续推进，全年完成整治小区25个，面积183万平方米，市、区两级政府投资1.373亿元，受益居民1.87万户，居民居住环境得到进一步改善。

【房屋使用安全管理监管进一步加强】 2011年初宁波市在册危房228幢、建筑面积15.4万平方米，2011年经鉴定新增危房311幢、建筑面积11.59万平方米，通过拆迁、维修加固解除危房315幢、建筑面积12.14万平方米，房屋使用安全管理工作取得较好成绩，确保人民群众生命和财产的安全。

3. 建筑业

【概况】 2011年全市完成建筑业总产值1935.6亿元，同比增长35.8%，增幅位列全省第一。建筑业总产值自2007年以来首次超过金华市，跃升至全省第三位。完成省外产值782.8亿元，同比增长57.1%；完成境外承包工程营业额4.52亿美元，同比增长6.8%。房屋建筑施工面积达到18240万平方米，同比增长27.7%。全市共办理招标及交易项目2788项，工程造价910亿元。全市应招标项目的招标率100%，应公开招标项目的招标率100%。象山县被省政府命名为"浙江省建筑强县"，龙元、华丰、宏润、省二建、宁波建工被省住房和城乡建设厅命名为"浙江省建筑强企"，龙元公司董事长赖振元、宏润集团董事长郑宏舫和华丰公司董事长王祉綋被授予"十一五时期浙江省建筑业突出贡献企业家"称号。全市共有建筑业企业1317家。其中，特级6家，一级127家，二级339家；招标代理机构共59家，其中，甲级13家，乙级17家；勘察设计企业共125家，其中，甲级46家，乙级57家；工程监理企业共59家，其中，甲级29家，乙级22家；工程质量检测机构43家；施工图审查机构5家。2011年度，宁波市7项工程获国家级工程质量奖，其中2项获中国建设工程鲁班奖（国家优质工程），5项获国家优质工程银奖。浙江省钱江杯（优质工程）奖20项，其中2项表扬奖。

【全市建筑业大会召开】 6月13日下午，宁波市建筑业大会在宁波大剧院召开。市委副书记、市长刘奇，市人大副主任姚力，副市长苏利冕，市政协副主席常敏毅等出席会议。省住房和城乡建设厅厅长谈月明、副厅长樊剑平、省建筑业管理局局长张奕专门莅临指导，会议由市政府副秘书长倪炜主持。各县（市）、区政府、管委会、卫星镇主要领导和分管领导，各县（市）、区发改、建设、财税、统计、监察、公共资源交管办负责人，市级有关部门和单位主要领导，全市有关建筑业协会、建筑施工、勘察设计、监理、房产等企业主要负责人共计1500

余人参加会议。会议表彰荣获2010年度建筑业发展先进集体和先进个人、2008~2009年度宁波市优秀建筑业企业和企业家，以及2010年宁波市优质工程"甬江杯"等一批先进集体和个人。

【建设培训硕果累累】 2011年，市建委培训中心共举办各类培训班190余期，培训31610人次，再创历史新高。其中，其中：宁波市"三类人员"考前培训班5400人次，宁波市"三类人员"继续教育培训班13032人次，全国一、二级建造师考前培训班730人次，物业管理师考前培训班28人，建工、城建水平考试考前培训班750人次，专业技术人员继续教育1000余人，高级工程师考前培训班206人次，房地产中介从业人员业务知识培训班1292人次，宁波市建筑企业民工学校师资培训班468人次，建设专业管理岗位人员考前培训班3514人次，建设专业管理岗位人员继续教育培训班4840人次，并首次与贵州台江县举办建设管理干部学习班。

【第二届中国(宁波)低碳建筑国际研讨会召开】 10月29日，市住建委与宁波诺丁汉大学联合举办"第二届中国(宁波)低碳建筑国际研讨会"，研讨会介绍宁波市可再生能源示范城市建设成果，交流国内外低碳建筑发展经验，并邀请国内知名院士、国内外著名学者在可再生能源技术因地制宜发展、建筑能耗监测体系、可持续能源技术、可持续建筑材料、能源管理系统、低碳管理和政策、综合环境能源管理等方面进行演讲和研讨。

【建筑节能工作获住房和城乡建设部节能专项监督检查组充分肯定】 12月14~18日，住房和城乡建设部对宁波市建设领域节能减排工作情况开展检查。检查组抽查宁波市9个工程项目设计文件，并实地抽检9个在建工程，听取项目建设单位、施工单位、监理单位关于节能措施的汇报，检查工程现场。检查后，住房和城乡建设部对宁波市建筑节能工作取得的成绩给予充分肯定，特别提到宁波市通过采取施工图审查运作模式的改革，形成质量服务竞争的良性发展机制，显著提升施工图建筑节能设计质量；通过建立中央、地方及县三级财政补助，构建起全方位的激励机制，有效促进可再生能源建筑应用及低碳绿色建筑发展。

【施工图审查模式调整全面实施】 2011年1月1日起，市住建委按照"项目统一受理、统一任务分配、统一审查标准、统一规范收费"的原则对施工图审查模式进行全面调整，有效避免图审机构之间的恶意压价竞争，解决施工图审查政府行为和审查机构中介性质的矛盾，使宁波市施工图审查市场日益规范，取得较为明显的成效。

【建筑节能监管进一步强化】 2011年制定出台《宁波市可再生能源建筑应用示范项目实施监管暂行办法》等地方实施细则，进一步完善建筑节能政策体系；积极引导加快墙体材料革新，严格落实"禁实限粘"有关规定，不断推动墙体材料产业转型升级和建筑节能技术进步，全年新型墙材应用面积达998万平方米，使用比例达92%；经建设部、浙江大学等专家组的检查认定，宁波市施工图审查合格率、按时审结率、图纸改正率三项指标均达到100%，得到国家和省建设行政主管部门的充分肯定。

【绿色低碳建筑示范引领作用明显】 公共建筑能耗监测体系进一步完善，慈溪南部新城低碳生活示范区、象山大目湾低碳生态小城镇、东钱湖新城低碳生态园区建设深入推进，湾头城中村改造安置房和万科金色水岸三期项目成功获批国家绿色建筑，成功亮相国际绿色建筑与建筑节能大会，并与宁波诺丁汉大学联合举办中国(宁波)低碳建筑国际研讨会等，绿色低碳发展理念和建筑节能意识进一步深入人心。

【可再生能源建筑应用推进有力】 2011年新增可再生能源建筑应用试点示范项目70个、应用面积300万平方米，至此，累计应用总面积达818万平方米，提前超额完成国家示范市建设目标。宁波太阳能电源有限公司等2个太阳能光电建筑一体化国家示范项目实现用户侧并网发电，宁波协星医药物流中心零能耗建筑光电项目获得国家示范补助。还与世界银行初步达成"宁波市可再生能源建筑应用管理系统及示范"400万美元赠款研究项目意向。

【建筑市场监管取得新成效】 2011年，大力开展工程建设领域项目信息公开和诚信体系建设，在全市范围内率先基本形成行业市场信用评价体系；不断深化招投标各环节监管，全年通过标后评估有13位专家被暂停评标资格，6位专家被取消评标资格；切实加强建筑工地日常巡查检查，中心城区共查处违规工程37个，涉案面积90.76万平方米，共处罚款209.72万元；在市区范围内试点实施建设工程施工现场作业人员实名制管理，切实保障务工人员的合法权益，规范建筑企业的管理。此外，还大力开展在建筑工地建立党组织和外来流动党员管理服务试点工作，取得阶段性成果。

【工程建设质量安全监管常抓不懈】 深入开展"文明施工"主题活动，积极推动企业质量安全主体责任的落实，不断强化工程建设全过程监管，全市建筑施工生产安全事故总体保持平稳低发态势。大力开展施工现场生产安全事故隐患排查治理，隐患排查率连续2个季度达到100%；大力实施"一打五整治"专项行动，全市共查处安全生产违法违规案件50起，76家施工、监理企业被列入重点监管对象，其中6家企业被取消进甬备案资格；全面贯彻落实市政府有关海砂禁用决策部署，向全市86家预拌混凝土生产企业和近4000个建筑工地派驻现场协管员，切实保障建设工程用砂质量。与此同时，积极推进安全生产标准化建设，宁波二院等2个项目被中国建筑业协会评为"AAA级安全文明标准化诚信工地"。

【行政审批服务水平稳步提升】 2011年，市住房城乡建委行政审批窗口共受理各类行政审批事项381094件，同比增长16.2%，办结381751件，同比增长11.6%，退还件157件，正在办理4747件，平均每日办理行政审批事项1533.2件，提前办结率达100%；提前办结率达100%。市住建委驻市行政服务中心窗口被授予2010年度宁波市"工人先锋号"称号，并被市审管办、市96178效能（廉政）投诉中心评为先进行政服务窗口；市住建委驻市行政服务中心服务窗口、房产交易与权籍管理中心和市建设工程招标投标管理办公室3个单位被授予2011年度宁波市"群众满意基层站所（服务窗口）"先进单位称号。吴林娜同志连续3年蝉联优质服务标兵。市住建委驻市行政服务中心服务窗口所有事项开通网上申报，市住房公积金中心获2009~2010年度宁波市三八红旗集体、"五四红旗团支部"和"宁波市职工中心示范点"等荣誉称号。

【着力打造建筑业人才高地】 制定出台《宁波市建设行业企业技术中心管理办法》，积极引导企业积极申报技术中心，8家企业被认定为首批市级建设行业企业技术中心。同时，积极探索建立满足建筑业发展需要的人才培养与培训体系，举办1期一级建造师考前辅导班和2期建筑业企业总裁研修班，对600余名一级建造师考试考生进行考前培训，对宁波市近400位建筑业企业负责人进行轮训。此外，抓好建筑业人才培育经费补贴工作，对宁波市71家建筑业类企业人才培育经费给予补贴，补贴金额总计55万元。

【建筑市场信用体系建设取得新突破】 制定出台《宁波市建筑市场信用信息管理试行办法》等四个建筑市场信用体系建设相关文件，基本形成信用体系建设的文件体系框架。开发建筑市场信用信息管理系统，创建电子版信用证、项目信用手册、不良行为记录、信用评价等管理模块，为全面推进建筑市场信用体系建设打下坚实基础。推行标后评估工作，强化评标专家管理。2011年共对30个招标项目进行标后评估，评估评标专家154人次，其中标后评估结论为"不通过"的项目3个，"不通过"的评标专家31人次，并根据问题轻重分别作出约谈、扣分等处理。

【建筑业外来务工权益得到切实维护】 以宁波市建筑业务工人员身份管理信息系统为平台，在市区范围内试点实施建设工程施工现场作业人员实名制管理。截至2011年底，宁波市建筑业务工人员信息系统内市区已有300多家建筑业企业注册登记，累计录入基本信息的务工人员达2.6万名。加大对拖欠农民工工资企业的处理，快速妥善处理农民工工资纠纷，修订完善《宁波市建筑业企业务工人员工资支付担保管理办法》。2011年，全市各地共受理建筑业务工人员工资纠纷519起，同比增长17.7%，涉及金额6103.7万元，涉及人数5639人，所有纠纷均得到妥善解决，有力地保障外来务工人员的合法权益，未发生重大集体上访事件。

【建筑工程海砂禁用正式启动】 市政府印发《关于印发宁波市海砂禁采暨建设用砂生产供应工作方案的通知》（甬政办发〔2011〕285号），自2011年9月30日起，全市建设工程全面禁止使用海砂及其制品。

4. 住宅与房地产业

【概况】 在2010年住房成交量萎缩基础上，2011年住房成交量进一步减少。全市全年住宅成交量44802件，同比下降35.3%，成交面积505.94万平方米，同比下降32.9%。其中，全市商品住房、二手住房成交分别为24402件、20400件，同比下降12.1%、46.7%。投资投机性购房需求被遏制。住房有效供应持续增加，一方面商品房在建规模持续扩大，全市全年房地产开发完成投资756.9亿元，同比增长35.8%（其中住宅投资418亿元，同比增长29.4%），全市新开工面积1886.8万平方米，其中住宅1058.9万平方米，同比分别增长34.2%和36.3%，施工面积5295.7万平方米，其中住宅2961万平方米，同比分别增长38.6%和32.5%，另一方面市场上可销售住房房源快速增长。截至12月底，市六区可销售商品住房套数2.56万套，可销售面积约352万平方米，面积较2011年初（208万平方米）增长69%。房价回落趋势明显，房价逐渐合理回归。1~12月，宁波市新建住房价格同比涨幅逐月回落。12月环比下跌0.5%，同比涨幅为-1.2%（较1月份回落4.9个百分点），价格跌幅在全国35个大中城市中排第一位。从70个大中城市来看，12月新建住宅同比下跌的有8个城市，宁波的跌幅在温州、南充之后居第三。2011年二手住房价格也出现较为明显的回落，1～12月二手住房价格同比均下降，12月二手住房价格同比下降1.8%，环比下跌0.7%。

【**房地产市场调控继续深化**】 根据国办发〔2011〕1号文件精神，2月20日，市政府办公厅印发《关于进一步做好房地产市场调控工作的通知》（甬政办发〔2011〕38号），文件结合房地产市场和住房保障实际情况，提出今后一段时期宁波市住房保障和房地产工作的重点，修改完善限购政策，明确2011年各项住房保障目标任务。同时，根据国办发〔2011〕1号文件精神和住房和城乡建设部的有关会议精神，提出宁波市新建住房价格控制目标，即"保持住房价格基本稳定，新建住房价格全年涨幅低于市区居民人均可支配收入的增长幅度"，并于3月25日由市政府以"甬政发〔2011〕36号"向社会公布。

【**商品房预售款和二手房交易资金监管进一步完善**】 自2010年11月启动商品房预售款监管制度，2011年结合项目管理进一步强化商品房预售款和二手房交易监管制度，截至12月底，办理二手房交易资金托管265笔，托管资金2.12亿元，有效保护了交易双方当事人的合法权益。

【**个人住房信息系统实时联网**】 宁波作为全国40个个人住房信息系统建设试点城市之一，于2010年7月启动个人住房信息系统和专用数据库建设工作，2011年，鄞州、镇海、北仑、慈溪、余姚、宁海、象山等县市区陆续完成与市中心数据平台的联网，至7月31日，奉化市完成联网，标志宁波个人住房信息系统全大市联网取得阶段性成果。8月，系统联网接口项目顺利通过专家验收。10月底，完成与全国个人住房信息系统联网的接入工作，实现与住房和城乡建设部成都数据中心的数据同步。

【**市三区国有土地上拆迁房屋所有权注销工作全部完成**】 至2011年10月底，市三区完成清理核查拆迁房屋7万多户、注销房屋所有权证12750本。至此，宁波市海曙、江东、江北三区自1989年至2010年间拆迁项目的房屋所有权证注销清理工作全面完成。

【**房地产开发项目手册管理制度全面实施**】 宁波市于2011年1月份开始实施房地产开发项目手册管理制度。将房地产开发企业基本信息、开发项目信息等由企业自行录入房地产开发项目手册信息管理系统，其中项目信息结合开发建设进展情况实施动态更新，宁波市各县（市）区均已开展项目手册管理制度，已有434个开发企业、487个本地开发项目和52个本地企业赴外地开发项目的基本信息录入项目手册信息管理系统。

【**第十六届住博会顺利举办**】 第十六届住博会以"创新地产"为主题。展会在大力宣传国家、省、市发布的一系列房地产宏观调控政策及取得阶段性成果的同时，全面展示国内外低碳、环保、节能的住宅产业产品最新成果和发展趋势，积极引导宁波房地产业向低碳节能方向转型升级，提升住宅科技含量和居民居住环境，推进宜居城市建设，促进宁波经济社会平稳、持续发展。本届展会共设房产、金融、家装、厨具、陶瓷卫浴、家具、建筑节能、门窗管道、油漆涂料、信息家电、家纺布艺、太阳能、新型建材共13大展区，展出面积5.5万平方米，展位3300余个。同期还举办2011中国首届保障性住房设计竞赛获奖作品展、新征程新跨越——宁波市加快构筑现代都市战略、2011宁波市住宅开发项目"人居环境奖"评选活动、2011年宁波市二手房交易会、房产交易咨询活动、第二届中国（宁波）低碳建筑国际研讨会、2011中国宁波房地产高峰论坛、2011宁波市银行金融产品展、第五届中小企业融资洽谈会、2011年全国室内设计大赛获奖作品展、宁波第二届五星级建材旗舰店评选、第八届"家装无忧"活动、网上住博会、评选最佳布展企业活动等近20项活动。

【**9个新建项目获2011年度宁波市住宅"人居环境奖"**】 经房地产开发企业申报，各县（市）区、管委会住房城乡建设行政主管部门推荐上报，通过资料审查和实地查验，并结合开发建设单位的业绩、不良行为记录等因素，经过综合考评，授予余姚伊顿房地产开发有限公司开发建设的"伊顿国际A组团"、华润置地（宁波）发展有限公司开发建设的"橡树湾小区南地块"、得力房地产有限公司开发建设的"丰泽园"、宁波雅戈尔新城置业有限公司开发建设的"锦绣东城"、宁波市交通房地产有限公司开发建设的"BOBO城二期AB区"、宁波迪赛置业有限公司开发建设的"奥林花园二期"、宁波银亿建设开发有限公司开发建设的"上上城"、宁波康园房地产开发有限公司开发建设的"荣安琴湾"、华润置地（宁波）有限公司开发建设的"卡纳湖谷山庄二期"9个项目为2011年度宁波市住宅"人居环境奖"。

【**一、二级房地产开发企业达到61家**】 截至12月，全市共有一级资质房地产开发企业20家、二级资质房地产开发企业41家。

【**国有土地上房屋征收全面实施**】 按国务院

《条例》精神，宁波市制订《关于贯彻实施国有土地上房屋征收与补偿条例的若干意见（试行）》（甬政发〔2011〕96号，以下简称《若干意见》）和《宁波市市区国有土地上房屋征收补偿若干规定》（甬政发〔2011〕97号，以下简称《若干规定》），并于2011年10月1日起施行。

【新房屋征收工作体制确立】 确定市住建委为宁波市国有土地上房屋征收与补偿的管理部门，其所属的宁波市房屋征收管理办公室（原宁波市房屋拆迁办公室）具体负责全市房屋征收与补偿工作的日常监督管理。实行房屋征收县级人民政府负责制，各县（市）、区政府负责本行政区域内国有土地上房屋征收与补偿工作，履行《条例》规定的各项法定职责。各县（市）、区人民政府设立人民政府房屋征收办公室或者确定专门的部门，作为房屋征收具体行政行为的房屋征收部门，组织实施本辖区内的房屋征收与补偿工作。房屋征收部门可以委托房屋征收实施单位承担房屋征收补偿的具体工作，在委托范围内对房屋征收实施单位的房屋征收与补偿行为实施监督，并承担法律责任。房屋征收实施单位不得以营利为目的。至2011年底，余姚市、海曙区、江东区已相继成立当地的人民政府房屋征收办公室，作为房屋征收部门具体组织实施本行政区域内国有土地上房屋征收与补偿工作，其他县（市）、区房屋征收部门的设立已在研究中，属地负责工作机制全面形成。

【完成拆迁建筑面积约383万平方米】 2011年宁波市国有土地上房屋拆迁（征收）工作以遗留项目扫尾为主，实际完成拆迁建筑面积约383万平方米。

【3个物业管理项目获全国物业管理示范大厦称号】 在住房城乡建设部公布的2011年度"全国物业管理示范住宅小区（大厦、工业区）"名录中，宁波市国际航运服务中心、北岸财富中心、广博大厦等3家物业管理项目获全国物业管理示范大厦称号。

【新增省级物业管理示范小区（大厦）5个】 2011年，宁波亚太酒店物业管理有限公司服务的科创大厦，宁波银亿物业管理有限公司服务的汇豪天下，宁波永成物业管理有限公司服务的宁波泰富广场，宁波和诚物业管理有限公司服务的宁波港大厦，绿城物业服务集团有限公司宁波分公司服务的宁波绿园等5个项目获的浙江省物业管理示范小区（大厦）称号。

【物业专项维修资金管理全面启动】 宁波市于4月1日正式实施《宁波市物业专项维修资金管理办法》，并通过公开招标，确定中国建设银行、中国工商银行、中国农业银行及上海浦发银行四家银行为物业专项维修资金专户开户银行。8月，市政府相继出台《关于印发宁波市物业专项维修资金管理办法实施意见的通知》和《关于印发〈宁波市物业专项维修资金管理办法操作细则（试行）〉的通知》，进一步完善相关物业专项维修资金的相关配套政策。11月，首笔物业专项维修资金——江北"邻里花园"物业专项维修资金交存到位。

【深入开展"文明物业"主题活动】 按照全市争创全国文明城市"三连冠"工作部署，市住建委于4月15日正式启动"文明物业"创建活动，并于6月17日在江东幸福苑小区召开宁波市文明物业现场推进会，市委宣传部宋伟部长、市人大常委会副主任崔秀玲、市政府副秘书长倪炜等领导出席会议。根据部署，"文明物业"主题活动力争通过开展"文明物业关系促进行动"、"文明物业素质提升行动"、"文明物业志愿者行动"、"学先进比先进争先进"活动和"文明物业专项整治行动"五大专项行动，全面提升物业服务行业文明程度，全力推动文明城市"三连冠"创建工作。

【物业管理规模进一步扩大】 截至2011年底，宁波市共有物业管理企业308家，其中一级资质企业22家，二级资质企业21家，管理项目达1859个，面积11061.3万平方米。全市全年经考评，14个管理项目获得2011年度宁波市物业管理示范小区（大厦）称号，14个管理项目获宁波市物业管理优秀小区称号。

（宁波市住房和城乡建设委员会）

厦 门 市

1. 城乡建设法规政策

【保障性安居工程法规制定】 2011年，厦门市制定《关于进一步加快公共租赁住房建设的实施意见》，将中低收入家庭、新就业职工和外来务工人员纳入公共租赁住房保障范畴。进行《厦门市公共租赁住房管理办法》研究制定。研究鼓励政策引导社会资本参与保障性安居工程建设。在符合城市总体规划的前提下，探索按市场运作方式由企业投资建设保障性安居工程的新机制。制定《厦门市限价商品住房管理办法》。出台文件规范农村集体经济组织居民申请保障性租赁房资格审核工作。

【工程建设类法规制定】 完成电子招标、投标、评标及辅助系统的开发，并与深圳市住房和建设局签订《建设工程招标异地远程评标工作合作协议》、建立良好的异地远程评标合作机制。制定执行《厦门市设计评标专家回避制度暂行规定》，确保评标的公平、公正。《厦门市物业管理若干规定》6月1日起施行。《厦门市勘察设计管理办法》、《厦门市经济特区建筑节能条例》、《厦门市建设工程造价管理办法（立法后评估）》，完成立法课题评估工作。

【城市建设类法规制定】 颁布实施《厦门经济特区公园条例》。制定《厦门市城市绿地养护管理标准（暂行）》、《厦门市绿地养护管理检查项目与扣罚细则》、《厦门市市级公共绿地养护等级和定额》，重新修订《厦门市城市绿地养护技术要求（暂行）》及《厦门市城市绿地养护质量等级评分标准》等，为园林绿地分类按级养护管理提供依据。

【房地产类法规制定】 认真贯彻"新国八条"，及时出台《关于落实居民家庭限购商品住房政策的通知》、《厦门市存量房经纪合同和交易合同网上备案办法》、《关于调整厦门市房地产三级市场交易基准指导价的意见》、《关于妥善处理差别化住房信贷政策执行中有关问题的通知》等配套政策措施。认真贯彻落实国务院《国有土地上房屋征收与补偿条例》，出台《厦门市国有土地上房屋征收与补偿实施意见》和《厦门市集体土地上房屋征收与补偿安置暂行办法》，为土地房屋征收工作提供法律保障。完成《厦门经济特区土地房屋登记管理若干规定》立法和实施工作。组织开展全市直管非住宅用房使用和安全情况调查，拟定《厦门市直管公有非住宅用房转租管理办法》。探索解决直管非住宅用房退出难问题，起草《厦门市公开招租的直管非住宅用房合同期满带临时用户再招租操作暂行办法》。制定《关于公私产权混合小区直管公房管理工作的指导意见》，引导公房与私房以平等权利主体参与小区管理，进一步规范公私产权混合小区公共部位、共用设施的维修管理等工作。印发《关于已售直管公房维修基金提取使用工作流程及有关事项的通知》，建立已售直管公房专项维修资金提取使用制度、流程。接收市侨办移交的侨房使用权清退工作，建立侨房使用权清退申请、受理、审核、安置和管理工作流程。

2. 城市规划

【概况】 2011年，规划部门编制规划项目325项，其中厦门市规划局自行委托215项，立项合同额约4000万元，编外项目及联合委托项目110项，涉及经费约7000多万元。全局共办理"一书两证"3829件，其中建设项目选址意见书802件，建设用地规划许可证975件，建设工程规划许可证615件，建设工程设计方案635件，建设工程设计方案（用地证）159件，建设工程市政方案418件，建设项目市政工程证225件。共检查岛内"一书两证"的有效期3515件，督促建设单位设立在建项目规划公示牌418块，办理岛内建设项目放样检查487件，正负零验线备案268件，建设工程竣工规划条件核实380件，对违法建设性质的规划认定62件，配合市城市管理行政执法部门查处违法建设案件215起。办理市人大建议、政协提案70件；办理市委、市政府督办件177件；办理群众来信来访359件，办结率均为100%。

【规划编制】 2011年，厦门市规划部门共编制规划项目325项。积极推进厦漳泉同城化规划研究、新机场国际方案征集、东渡邮轮母港规划策划、岛外新城系列规划等重大项目的规划工作；组织完成10条城市主要街道的景观综合整治规划设计，开展28个项目的规划编制工作；积极开展灌口、东孚第二批综合改革试点镇的系列规划工作。着力做好厦漳泉城际轨道交通的研究与对接工作、厦门新机场的对外交通研究工作，以及三市区域性重要交通干道的规划衔接工作；扎实推进城市轨道交通的规划前期工作，进一步完善公共交通体系；加快推进第二西通道、海翔大道二期等城市骨干道路的改造建设，会同相关部门制定本岛20条断头路的打通计划；开展岛内筼筜湖、五缘湾、湖边水库、植物园老铁路，以及岛外新城区的慢行交通系统专项规划与建设；开展二次过街模式研究，推动一批人行天桥、地道、行人二次过街等设施的建设；推动旧城区6个公共停车楼项目建设。编制完成城市综合管廊规划指引，要求在改建、扩建城市道路时应根据城市综合管廊规划及管线迁改、新建情况进行综合管廊工程设计。并以集美新城、湖边水库的共同管沟建设为试点，带动后续共同管沟项目的规划建设。

【实行建筑设计方案公开评审】 2011年，厦门市规划局对设计方案审查方式进行改革，变内部审查为公开评审，邀请项目建设单位代表、项目设计师、部分年度十佳建筑师参加，并允许公众旁听。此举提高行政效率，方便行政相对人，提升方案档次和水平，增加规划透明度，使建筑设计方案的审批变得更加公开、公正、公平。在此之前，厦门市的建筑设计方案审查，是按流程在规划局内部流转进行的，因对规划要求理解不深，设计单位反复修改或重新设计方案的现象时有发生，影响审批效率。

【开展方案征集活动提高设计水平】 厦门市规划局就两岸金融中心、集美新城公建群、翔安新城综合体、同安新城公建环、环东海域酒店群、软件园三期、集美城市职业技术学院等重大片区和重点项目，多次开展国际、国内方案征集活动，有效提升城市整体方案设计水平。通过方案征集，厦门市规划局还建立境外、境内一流建筑设计（城市设计、景观设计）单位的信息库和厦门市优秀建筑师名录，为实施高质量的方案征集提供良好的条件。

【编制城市设计导则推行模板化规划引导与管理】 加强城市空间与城市形象的系统性规划控制和引导、城市公共空间环境的规划引导，厦门市完善"修规"编制和《城市设计导则》的制定，还针对不同片区和不同层面的建筑风貌特点，研究编制《建筑风貌分区规划研究》，建立起有效的规划控制范围、标准和程序，提升城市建设品质和特色。

（厦门市规划局）

3. 住宅与房地产业

【房地产市场运行情况】 截至2011年底，全市房地产企业231家，其中：内资174家，同比增长4.19%；外资57家，同比减少1.72%。按资质等级划分：一级12家、二级16家、三级29家、四级111家、暂定资质63家。全市房地产开发完成总投资436.35亿元，同比增长10.08%。其中：国内企业完成投资366.17亿元占总投资的83.92%，外资企业完成投资70.18亿元占总投资的16.08%。岛内完成投资211.80亿元，占全市完成总投资48.54%，在建面积1126.28万平方米，占总在建面积38.17%；岛外完成投资224.55元，占全市完成总投资的51.46%，在建面积1824.73万平方米，占总在建面积的61.83%。截至年底，全市房地产项目待售面积为248.21万平方米，同比增长25.99%。

全市房地产开发完成总投资按构成分，建筑工程完成投资222.82亿元，同比增长79.10%，占总投资的51.06%；安装工程完成投资5.28亿元，同比减少16.19%，占总投资的1.21%；设备工程器具购置费1.87亿元，同比增长142.86%，占总投资的0.43%；其他费用206.38亿元（其中：土地购置费186.82亿元占总投资的42.81%），同比减少22.09%，占总投资的47.30%。

全市房地产开发完成总投资按工程用途分，住宅完成投资257.13亿元，同比减少12.12%，占总投资的58.93%；办公楼完成投资30.05亿元，同比增长120.31%，占总投资的6.89%；商业营业用房完成投资38.86亿元，同比增长31.15%，占总投资的8.90%；其他完成投资110.31亿元，同比增长82.27%，占总投资的25.28%。

全市商品房在建面积2951.01万平方米，同比增长17.65%。其中：商品房住宅在建面积1749.98万平方米，同比增长18.02%，占总在建面积的59.30%；商品房办公楼295.25万平方米，同比增长11.44%，占总在建面积的10%；商品房商业营业用房188.23万平方米，同比减少1.26%，占总在建面积的6.38%；其他用房717.55万平方米，同比增长25.90%，占总在建面积的24.32%。

全市商品房新开工面积1037.08万平方米，同比增长28.23%。其中：商品房住宅新开工面积638.45万平方米，同比增长45.01%，占总新开工面积的61.56%；商品房办公楼77.93万平方米，同比减少35.95%，占全区新开工面积的7.51%；商品房商业营业用房59.50万平方米，同比增长3.23%，占总新开工面积的5.74%；其他用房261.20万平方米，同比增长38.08%，占总新开工面积的25.19%。

全市商品房竣工面积601.80万平方米，同比减少14.76%。其中：商品房住宅竣工面积369.07万平方米，同比减少17.66%，占总竣工面积的61.33%；商品房办公楼44.70万平方米，占总竣工面积的7.43%；商品房商业营业用房竣工面积57.96万平方米，同比增长76.01%，占总竣工面积的9.63%；其他用房130.07万平方米，同比减少35.08%，占总竣工面积的21.61%。

【房屋市场交易情况】 2011年，厦门市商品房供应量为640.52万平方米，同比上升48.84%；其中，商品住宅全市供应量为434.33万平方米，较去年同期上升61.45%，岛内、外供应比例约为3比7。全市商品房销售量为441.85万平方米，同比下降7.79%，其中，商品住宅销量273.41万平方米，同比上升10.64%。

【房屋拆迁管理】 厦门市国土与房产局认真贯彻落实国务院《国有土地上房屋征收与补偿条例》，及时研究出台《厦门市国有土地上房屋征收与补偿实施意见》和《厦门市集体土地上房屋征收与补偿安置暂行办法》，为土地房屋征收工作提供法律保障。推动构建土地房屋征收工作新体制，经批准设立市、区土地房屋征收办公室和土地房屋征收事务中心，为《国有土地上房屋征收与补偿条例》的实施提供组织保障。加强《条例》的宣传培训，组织多期培训班，共有500多人参加；通过《厦门日报》等媒体开展政策解读，帮助群众理解。转变职能，切实加强对重点工程项目土地房屋征收工作的协调指导和方案审核工作，促进重点项目有效推进。组织召开全市贯彻落实和谐征迁工作法加快推进重点项目建设工作座谈会，推广海沧和谐征迁工作经验，发挥典型示范作用。局机关还派出人员到各指挥部、基层单位和征收工作第一线，开展面对面的宣传，帮助解疑释惑。及时收集土地房屋征收中的各种问题，加强分析研究；定期编制《征地拆迁数据报表》，为领导决策提供参考。积极推进依法裁决调解工作，切实搞好新旧强拆模式的衔接。全年共召开调解会56场，成功调解37件；受理拆迁裁决73件，下发裁决书22件；申请司法强制拆迁12件，实际执行1件。全市共发布征地预（公）告193个，完成征地面积946.49公顷（含收回国有土地）；发布房屋征收公告45个（含6个拆迁通告），拆迁房屋建筑面积259.37万平方米。

【房屋权属管理情况】 厦门市国土与房产局完成《厦门经济特区土地房屋登记管理若干规定》立法和实施工作。《规定》从7月1日起施行，相应的配套文件已陆续出台，并组织局系统和开发建设企业举办两个专题培训。开展完善土地权利制度试点工作，完成试点工作方案。结合厦门市实际，提出《商品房项目权属初始登记流程优化方案》，提高办事效率。完成2010年度土地现状变更调查和更新统计，启动2011年土地利用实时变量调查，实现土地利用适时变更常态化、制度化、规范化，达到土地利用实时变更成果的"月清、季累、年汇总"管理目标。妥善解决军用土地确权登记发证问题。集中解决一批历史遗留产权办证案件。全年完成城镇土地房屋权属登记97876件，城镇地籍调查903宗；完成农村土地房屋权属登记1393件，地籍调查724宗。

【物业管理发展情况】 2011年，厦门市265家企业取得物业管理资质，其中，一级资质企业14家，二级资质企业21家，三级资质企业202家，暂定资质企业28家。实施物业管理小区1425个，约10.23万栋，43.9万户。其中：住宅小区814个，高层楼宇242个，工业厂房（含商场）及其他369个。物业管理总建筑面积7601.8万平方米，其中：住宅小区面积4652.31万平方米，高层楼宇面积731.04万平方米，工业厂房（含商场）及其他面积2218.45万平方米。全市住宅小区物业管理覆盖率66.1%。被评为国家、省级、市级示范或优秀物业管理项目的有216个（现仍保留称号的有185个，被取消称号的有31个），其中国家示范或优秀项目36个（现仍保留称号的有31个，被取消称号的有5个），省级示范或优秀项目71个（现仍保留称号的有62个，被取消称号的有9个），市级示范或优秀项目109个（现仍保留称号的有92个，被取消称号的有17个）。全市物业服务企业营业收入总额15.89亿元，上缴税收总额1.1亿元，企业利润总额0.82亿元。年内，取得国家一级资质的有厦门国贸物业管理有限公司1家。取得国家二级资质的企业有2家，分别是厦门特房物业服务有限公司、厦门佰翔物业管理有限公司。全年新办物业服务企业16家。截至2011年12月31日，公共设施专用基金总额14.75亿元，全年新增公共维修资金总额2.3亿元，新增利息3900.47万元；全年划拨使用公共维修资金410.39万元。

【宣贯实施《厦门市物业管理若干规定》】 3月《厦门市物业管理若干规定》经省人大常委会通过，6月1日正式实施。厦门市建设与管理局在《规定》正式施行前做大量的宣传贯彻工作。5月14日，该局以物业管理工作为主题参加"2010年度政风行风建设先进单位、群众满意基层站所便民服务活动日"。在活动现场，提供政策咨询、知识问答、投诉受理等服务，现场吸引近千市民参加知识问答等活动。5月27日，该局召集各区建设局、街道办、物业服务企业、岛内居委会、业委会代表等500余人，在市老年活动中心二楼音乐厅召开"宣传贯彻《厦门市物业管理若干规定》暨物业服务行业创建第三届全国文明城市动员大会"。此外，还参加市政府"政府在线"访谈，现场答复网民的在线提问。制定《物业服务合同》备案办事指南，指导各区建设局做好该项工作和服务。

【继续完善旧住宅加装电梯工作】 2011年，厦门市为推动老旧小区住宅加装电梯工作继续做多项工作，进一步简化加装电梯的申办手续，编制《厦门市老旧住宅加装指导手册》和《厦门市老旧住宅加装办事指南》，为业主提供设计单位名单、通用设计图集等技术服务。制定《贯彻市政府关于旧住宅加装电梯的财政补助实施意见》，规范获得财政性补贴的办事程序、受理机构及办理时间，便于加装电梯的业主办理财政补贴手续。对全市具备参与加装旧住宅电梯的20家电梯生产或安装厂家进行严格把关，将审查后的电梯品牌、价格、安装工期及维保价格、联系方式、联系人等相关信息公布在市建设与管理网站供业主使用。成立旧住宅加装电梯专项协调小组，随时应业主要求到场协调对答业主的疑问，定期召开协调会，对加装电梯工作过程中出现的新情况、新问题及时研究解决。

【物业服务品质提升工作】 2011年，厦门市建设与管理局围绕城建战役中老旧小区整治工作，完成1183.56万元的整治工程，超额完成255.56万元，同比增长18.92%。其中，流芳里、莲岳里的整治工程基本完成；海天小区、流芳里、莲岳里三个小区均召开业主大会选举产生业主委员会，并着手选聘物业服务企业，实行长效管理。全市新增15个市级物业管理示范项目，12个省级物业管理示范项目，5个国家级示范项目。

4. 保障性安居工程

【社会保障性住房建设】 2011年，厦门市45个保障性安居工程项目全面开工，建设住宅41658套。此外，14个储备项目12267套房源中，7个项目6097套开工建设，占储备项目房源的49.7%。全市建设安置房项目37个，总建筑面积约446.83万平方米，安置房源32735套，全年完成投资约20亿元。制定实施《关于保障性安居工程实行挂牌公示制度的通知》，加强社会监督，强化落实工程质量终身责任制。制定《厦门市保障性安居工程室内装修标准（试行）》，抓好施工过程的质量控制，力求"做精、做细"。积极推进保障性住房绿色建筑标准建设，要求全部达到绿色建筑评价星级标准。

【保障性住房配售管理】 2011年，厦门市配售经济适用住房203户；配售保障性商品房288户、公务人员保障性商品房269户、厦门大学人才房180户。新受理保障性租赁房申请3803户，完成资格审核公示6599户，完成选房配租4批次2712户。为贯彻落实国家房地产调控政策，增加普通商品房供应量，推出首批1092套限价商品房。已于7月31日完成申请受理工作，共3979个申请家庭提交申请。采用公开随机摇号方式产生申请顺序号，并在符合条件的申请家庭中按申请顺序号确定申请家庭的购房资格。加强保障性住房小区管理，开展住户违规使用专项整治工作，整改376户，承诺整改的526户。探索建立保障性住房公共设施设备维保机制，减少住户对设施设备报修维修的投诉。

【安置房建设与配售】 2011年，全市建设安置房项目37个，总建筑面积约446.83万平方米，安置房源32735套。其中：新竣工项目11个，安置房源10575套，建筑面积约124.34万平方米；在建项目26个，安置房源22160套，建筑面积约322.83万平方米。此外，规划前期项目40个，安置房源38152套，建筑面积约459.14万平方米。全年完成投资约20亿元。

【公积金管理】 厦门市国土与房产局进一步提升住房公积金管理水平。提出规范住房公积金贷款的意见，实施住房公积金差别化信贷政策。制定出台2011年住房公积金缴存上下限标准，从7月1日起，厦门市住房公积金月缴存额上限为4028元、下限为110元。组织实施同安区非公有制企业住房公积金扩面试点。对符合条件的低收入家庭开办住房公积金贷款贴息业务，支持低收入职工购房。开展利用住房公积金贷款支持保障性住房建设试点工作，发放项目贷款1.49亿元。加强住房公积金归集和使用管理，全市归集住房公积金52.15亿元，比去年同期增长18.09%；职工提取公积金28.63亿元，比去年同期增长14.02%；住房公积金个贷使用率63.96%，个贷款逾期率0.0089%，远低于国家标准值（0.15%）。

（厦门市建设与管理局 厦门市国土与房产局 供稿）

5. 城市建设

【概况】 2011年，厦门市市政园林局围绕加快推进岛内外一体化、厦泉漳同城化等战略部署，全面推进城市道路、供水、供气、排水、污水处理、生活垃圾处理、园林绿化等建设，以及市政园林设施管理、市容市貌环境卫生管理等工作，全年完成固定资产投资51.24亿元，同比增长28.1%。55个省市重点项目全部按时完成。

【市政道路拓展成效明显】 仙岳路西段全程高架改造工程总投资逾7亿元，建设工期仅165天，创造新的特区建设速度。文兴路全线基本建成，厦大南普陀寺片区交通改善工程建成。集美新城核心区三纵三横市政道路——杏林湾路旧路完成改造，和悦路、新洲路东段、海翔大道下穿通道工程建成通车，使集美新城区域路网初步形成。建成市政共同沟7.1公里，集美新城市政共同沟（总长6.6公里）完成4.1公里的建设。

【水务建设取得重大进展】 长泰枋洋水利枢纽工程通过厦漳两市相关部门的共同努力，工程项目获国家发改委立项审批，龙津溪引水一期工程动工。完成九龙江北溪引水左干渠改造二期工程的两条隧洞开挖及衬砌工作。农村自来水工程建设进展顺利，翔安区农村自来水管网改造及延伸工程、同安区凤南和莲花片区农村自来水主干管工程全面完成。集杏海堤原水管道迁改工程、石兜水库输水管工程、本岛与翔安供水干管互通工程顺利推进。石渭头污水处理厂改扩建、西炉污水泵站、埭辽水库、新丰水库截流工程全部建成。环岛路污水截流工程、海沧污水处理厂污泥深度脱水应急处理工程完成部分项目。

【天然气设施进一步完善】 建成吕岭加气站、仰后加气站、湖滨中路加气子站。天然气调度中心大楼、三荣高中压调压站、翔安至三荣高压管线建设进展顺利。配合市政道路建设铺设燃气管网42.28公里。完成嘉禾路至南山路段旧燃气干管改造6.3公里。完成杏林片区振云PE管改造4.3公里。

【环卫基础设施建设继续推进】 东部（翔安）垃圾焚烧发电厂已进入整体调试阶段。西部垃圾焚烧发电厂开始设备安装。全市超额完成省政府下达的公厕建设的任务，新建公厕230座。

【公交站点建设顺利推进】 完成256座公交候车亭建设。新设置公交站点42座，新建、改建站名牌65座，更换线路表8573幅，上牌率达99%以上。

【园林绿化彩化提升改造成效显著】 城乡一体化"四绿"工程全面完成，全年新增城市园林绿地623.1公顷，改造提升455.3公顷，创建绿色军营17个，绿色校园24个，绿色开发区5个，绿色乡镇5个，绿色村庄20个，完成绿色通道180公顷，绿色屏障2.4744万亩。对全市150条（段）道路及重要节点约165公顷的绿篱实施提升和改造，提高全市园林绿化的整体水平。结合片区开发和新城建设，建成环杏林湾景观绿化带、新站片区铁路沿线南侧带状公园等配套公园绿地。因地制宜建设一批小绿地、小公园、小街景等，全年新建灯塔公园、闽南之韵公园、北湖公园、扬帆公园、铁路文化公园等11座社区公园。其中铁路文化公园通过改造长4.5公里的老铁路，保留原有的铁路发展的历史文化底蕴和优美的自然景观，成为沿线居民最欢迎的休闲慢行走廊，也成为全市首条绿色低碳交通工程。并且完成非规划林地造林20820亩（1388公顷）。

【筼筜湖流域实施新一轮整治】 确定并实施整治方案。基本完成松柏湖清淤、截污工程和员当湖流域排洪沟疏浚工程。此外，白鹭洲中片区绿化改造提升和西片区音乐喷泉广场照明改造工程也按时完成。

【城市管理执法概况】 2011年，市执法局"12319"投诉中心共受理城市管理执法方面的有效投诉6.5万件，比2010年增加24.65%。案件办结率99.32%。全市查处违法建设9295件，拆除违法建筑105.46万平方米。岛内两区执法局对餐饮娱乐业油烟噪声扰民问题作出行政处罚同比2010年上升29%。受理养犬求助咨询电话192起；共收容三类犬只499只，查处宠物店3家，劝导违规溜犬359起。先后组织23次打击非法捕捞夜间专项整治行动，收缴各类捕鱼工具234件。配合相关部门检查燃气供应站点115家，纠正违规行为134起，责令办理燃气安全确认手续11起；检查二次供水单位198家，对其中不合格的跟踪督促整改确保市民用气、用水安全。共办理建筑废土处置核准100件，调剂土方量约1320多万立方米，审核运输车队资质32家次，检验运输车辆1777车次，落实59部土方车安装GPS卫星定位系统，已覆盖所有车队，查扣违章土方车辆304部，处罚金额341065元；督促清洗道路污染64400平方米，全年共转运建筑废土11000立方米。

（厦门市市政园林局 厦门市城市管理行政执法局）

6. 村镇建设

【概况】 2011年，厦门市村镇建设工作主要围绕32个重点村的家园清洁行动、5个绿色乡镇建设两大中心任务开展工作，同时按照市新村建设旧村改造领导小组、市小城镇建设领导小组要求全面开展14个旧村改造和新村建重点村和4个综合改革试点小城镇建设。通过市、区两级新村办、家园办和区、镇两级村镇建设管理部门的密切配合，截至年底，家园清洁行动建设项目全面实施，项目建设和设施采购有序进行，已通过省级验收；绿色乡镇创建工作积极推进，乡镇绿化水平稳步提高；全市各重点村的建设改造任务进展顺利，旧村改造和新村建设专项资金补助落实到位；汀溪、新圩、东孚、灌口四个综合改革试点小城镇建设全面推进，汀溪、新圩顺利通过2011年省考核，考核成绩进入首批试点小城镇前列，东孚、灌口完成投资比例位居全省第二批试点小城镇前列。村镇建设管理水平得到进一步提高，有力地推动全市村镇建设深入发展，为确保完成政府工作报告分解任务及为民办实事项目奠定良好工作基础。

【旧村改造和新村建设】 厦门市建设与管理局继续推进旧村改造和新村建设重点村建设，引导村民自主投工投劳，改善生产、生活环境。全面启动同安西柯、翔安新垵、集美浦林、海沧寨后等14个旧村改造和新村建设重点村建设，下达资金计划3批，安排资金共计8120.726万元，安排建设村内道路143公里、排水排污管（沟）157公里、挡土墙128千方、防护墩14公里、垃圾收集点164个、路灯2450盏、篮球场66个、购置垃圾车96辆、健身器材79套，修缮文化活动室65个，完成村庄规划设计24个，全面实施环境整治、房前屋后硬化和绿化、美化。截至年底，各项目全面开工建设，其中主体项目（道路、管沟、挡土墙）已完成20%左右，进展总体顺利，按计划序时进度推进，各重点村已基本形成建设框架。

【农村家园清洁行动】 2010年，厦门市确定32个重点村开展农村家园清洁行动。结合新村建设和旧村改造、老区山区建设发展项目的开展，安排市区两级财政补助资金1954万元，安排项目8项，包括建设清洁楼11座，临时垃圾转运站10座，垃圾收集点9个，安排村庄卫生整治费用93万元，购置人力保洁车93万元，专业垃圾运输车13辆，电瓶转运车、电瓶清扫车48辆，垃圾容器1558个，安排农村环境卫生考评专项经费25万元。截至年底，已全面完成车辆、容器等采购项目，并配置到村；同时结合城乡环境卫生整洁行动，开展多次农村环境卫生整治及"家园清洁行动回头看"行动，按计划完成村庄环境整治；清洁楼、临时垃圾转运站也在抓紧开展前期工作，有2座已开始招标，4座正在办理前期手续。2007年至今，累计在13个镇（街）、201个行政村开展农村家园清洁行动，新建清洁楼53座，临时垃圾转运站83座，垃圾收集点369处，购置垃圾转运车、电瓶清扫车、电瓶转运车107辆、人力垃圾车转运车970辆、垃圾容器5900个。

【"绿色乡镇"创建工作】 2011年，厦门市结合新农村建设和小城镇综合改革建设试点，依据生态区位重要性，确定汀溪、内厝、后溪、新民、马巷5个镇为"绿色乡镇"创建单位。截至年底，完成投资1800万元。各创建单位围绕城乡绿化一体化，以全面提高镇区绿化覆盖率、缩小城乡差距为创建目标，以建设镇区公园、完善和提升公共绿地、道路绿化为创建工作重点，全面推动各项前期工作，市建设与管理局村镇处通过加强业务技术指导，帮助各单位完成专项绿地景观系统规划，明确近、中、长期绿地建设目标和规模；督促各创建乡镇按照民生工程战役进度安排，全力推进绿色乡镇建设，争先创优；同时做好宣传工作，联合宣传部门，加大宣传发动力度，开展形式多样的绿化宣传活动，使"绿化乡镇"工程深入民心，各镇均已完成绿地景观系统专项规划，明确"绿色乡镇"建设目标和规模。年内，首批绿色乡镇创建镇东孚、灌口、莲花、新圩先后通过省级验收，合计涉及镇域面积42777公顷，人口153773人，建成区面积1884公顷，人口32049人，建成区绿化覆盖面积当年增加18.2公顷，使建成区绿化覆盖面积达到378.73公顷，绿化覆盖率达到20.1%；公园绿地当年增加6.71公顷，历年累计21.18公顷，建成区人均公园绿地达到6.6平方；投入各项绿化建设资金1600多万，绿化面貌焕然一新。

7. 建筑业与工程建设

【建筑市场与工程质量安全概况】 2011年，厦门市完成建筑业总产值733.45亿元（含本市企业在外地完成产值352.30亿元）。其中本市建筑业企业完成建筑业产值551.04亿元（含本市建筑业企业在外地完成的产值352.30亿元），占建筑业总产值75.13%；非本市注册建筑业企业完成产值182.40亿元，占建筑业总产值24.87%。省外产值156.20亿元。全年房屋建筑施工面积4321.21万平方米，各类房屋新开工面积1687.85万平方米，房屋建筑竣工面积763.96万平方米。2011年，全市新设立建筑业企业47家，其中总承包6家，专业承包15家，劳务分包7家，设计施工一体化19家。资质升级24家，三级升二级的17家，二级升一级的7家。全年有建筑业企业597家，其中施工总承包153家，专业承包260家，设计施工一体化66家，劳务分包118家。非本市注册在厦备案的企业有290家，其中总承包236家，专业承包52家，设计施工一体化2家。全市全年建设工程质量和施工安全生产形势处于受控状态，共发生一般建筑施工死亡安全事故6起，死亡6人，轻伤2人。其中一起确认为生产安全事故，四起确认为意外事故。省、市下达的质量安全责任制目标得到较好实现。建设项目创优取得较大成效，有39项工程被评为"闽江杯"省优质工程；154个单位工程获得厦门市建设工程鼓浪杯奖（市优质工程）。

【行政审批】 市建设管理服务中心全年收件18257件，办结17808件，提前办结率60%，实现零逾期；跟踪、代办360个建设项目的900多项审批事项。行政许可办理窗口全年收件5903件，办结5587件，提前办结率85.1%，解答各类咨询23657件次。市建设管理服务中心再次对建设项目审批流程进行再造，简化审批程序，从立项到施工许可的整体审批时限由原来的45个工作日缩短为38个工作日，实现第四次审批提速。不仅将多年来探索实践的提前介入、容缺受理、并联审批、预约服务等创新措施制度化、常态化,还进一步调整流程的前后置关系,取消原"前期阶段Ⅱ"这一环节,再度为审批环节和时限瘦身。此外,进一步梳理"前期阶段Ⅲ"各审批部门交叉审批关系,解决困扰多年的"多套图纸"现象,使流程更加科学、更具操作性。这些措施适应全市建设发展新形势的需要,满足建设业主的新需求。

【建筑工程招投标管理】 2011年,市建设管理局继续深入推进建筑工程电子招投标建设,加强建设工程评标专家的管理,规范招标代理机构行为,继续抓好评标专家培训,组织评标专家进行工程量清单评标辅助系统的功能与应用、"电子招投标评标系统"、法律法规和评标纪律的培训。有效保障建筑工程招投标管理工作。自2011年2月起,采用经审核合理低价随机抽取法的工程施工项目(1000万元以下)均启用电子招投标,至2011年12月底,全市采用电子招投标的建设工程施工项目达到75项,招标过程较顺利,未出现大差错和较复杂投诉等问题;1000万元以上施工项目的电子招投标共完成4次全流程测试工作,平台运行良好,数据流转顺畅,2011年12月27日发布第一个1000万元以上项目的电子招标公告,开始正式试运行,并于2012年1月16日正式开标。年内,全市1224名建设工程评标专家完成年度考核登记;210名新申请入库的专家通过资格初审,28名专家增加评标专业。2011年8月15日至9月30日,在企业自查的基础上,市建设管理局组织检查组对52家招标代理机构及造价咨询单位进行专项检查,重点检查2010年7月1日至2011年6月30日期间的执业情况,共抽查57个房屋建筑和市政基础设施工程的造价咨询成果。检查方式进行创新,现场及造价咨询成果的检查均采用评分法进行量化考评,检查人员当场打分、签字,受检单位负责人对评分结果当场进行确认。在检查过程中,量化考评法得到各受检单位的支持与肯定。在检查中,资料完整、制度完善并执行较好、人员到位履职情况较好、现场评分在80分以上的14家单位,以及咨询成果质量较好的6个项目的编制单位和签章造价工程师受到通报表扬并记入良好行为记录;咨询成果存在较大误差的1家企业受到通报批评,企业法人被约谈;咨询成果质量较差的1家企业受到通报批评,责令限期整改,并记入不良行为记录。

【加强招投标文件的审查把关】 市建设管理局对不同项目的招标备案文件提出有针对性的处理办法,即严格审查项目报建,审查立项批文、土地出让合同及附件等资料的完善性,核定招标方式;核查报备资料,先行招标的项目必须有符合规定的文件资料方可报建;审查招标公告设置的投标申请人条件和招标活动组织的合法性;审查招标文件的合法性和评标办法的合理性、可操作性,将防范窗口前移,及时发现并纠正招标文件中设置排斥潜在投标人的不合理条款,特别是招标人随意提高投标人的资质等级标准或增加专业资质要求,在企业业绩、信誉以及注册资金、机械设备等设定不合理的排他性条款,在项目班子配备、管理人员数量以及专业要求等设定过高要求等等排他性条款。通过上述措施,较好实现从招标源头上预防和治理建设工程的违法违规行为,维护建设工程招标投标的公平、公正性,减少矛盾和纠纷,也减少投诉,加快评定标。

【建筑业企业管理】 2011年,市建设管理局扎实做好建筑业企业的管理和服务,积极服务和指导企业提高资质等级。加强对取得资质企业的动态监管,5月至10月,根据省住房和城乡建设厅的统一部署,开展建筑业企业资质检查的工作,重点对该局许可的企业的资质情况进行检查,对存在问题的企业要求限期整改,对整改后仍不满足资质条件或拒绝整改的企业依法上报省厅注销其资质,注销已不符合资质标准要求的建筑业企业7家。继续加强对非本市企业的资质备案管理,加大现场核查(实地核查企业办公场所、办公条件、备案人员状况)和市场清出的力度,清理出18家管理不到位的企业,备案的非本市企业从年初的357家,减少到年末的321家。继续实行非本市企业备案前法定代表人约谈制度,对于减少挂靠、规范企业投标和施工活动起到积极的作用。这些措施,进一步促进厦门市建筑市场的规范。年内,全市有14家三级企业升为二级(共17项三级资质升为二级),6家二级企业升为一级(其中设计与施工一体化企业2家)。

【建筑市场信用体系建设】 4月下旬,市建设管理局按时发布2010年度建筑业企业信用评价结果,共有690家施工总承包企业和249家专业承包企业参与评价,有32家施工总承包企业和7家专业承包企业被评为A级以上信用等级。由于在评价之前做大量宣传工作,企业更加重视,评价信息充分公开,评价模型更加科学合理,评价结果受到施工企业等各方市场主体的普遍认可,根据信用评价结果实行差别化监管工作顺利实施。通过差别化监管措施的实施,促使更多施工企业更加注重遵章守法,更加注重诚信守约。

【工程担保监督管理】 2011年，厦门市通过"建设工程担保管理系统"，对各类工程担保保函进行有效地集中管理。累计受理保管各类工程保函944件，合同总额224.59亿元，累计担保金额40.78亿元，风险准备金金额175.82万元。其中，专业担保公司出具的担保书686件，担保金额23.47亿元，银行出具的保函258件，担保金额17.32亿元，取回各类工程保函613件。开展建设工程专业担保公司的年度备案工作，9家专业担保公司通过年度备案。并对9家从事建设工程担保业务的专业担保公司开展专项检查工作，检查各专业担保公司的执业从业行为，加强对厦门市工程担保市场的监督管理，规范工程担保市场。为培育全市工程担保市场，规范工程担保市场行为，提高专业担保公司抗风险能力，平衡各专业担保公司收入与支出配比，防止利润的虚增和过度分配，参照融资性担保管理的相关做法，市交易中心在多次征求9家专业担保公司的意见的基础上，制定建设工程担保风险准备金的实施方案。该方案报市建设管理局批准后出台《厦门市建设工程交易中心关于印发厦门市建设工程担保风险准备金实施办法（试行）的通知》（厦建交〔2011〕29号），于10月1日开始正式试行。风险准备金制度的建立和实施有利于规范各专业担保公司经营行为，保持各专业担保公司的收益水平，提高各专业工程担保公司的抗风险能力，维护全市工程担保市场的稳定。

【建筑劳务管理】 厦门市每月定期开展在建工程施工合同履约检查，检查建筑农民工劳动合同签订情况及建筑用人单位工资支付情况。全年检查202个在建工程劳动用工情况，向建设单位、施工单位及劳务分包单位发出检查监督意见书37份。大多数受检项目能够按照规定要求办理工程款支付担保、履约担保，并且担保均在有效期内，基本按照合同约定条件支付工程进度款，大部分项目基本上能够按规定签订劳务分包合同、及时足额支付工人工资。通过检查，及时发现部分存在问题的项目，并发出检查监督意见书，限期责令整改。对被记录不良行为记录的企业列入合同履行重点监督对象。年内继续加强对劳务企业的监管，不定期对全市在建工地的劳动用工管理情况开展专项检查，主要检查在建工地劳务承包合同、劳动合同签订情况，用工人员台账、考勤表、工资发放表建立、管理情况等，着重检查劳务承包合同及劳动合同的执行情况，包括劳务分包款是否到位、建筑农民工工资是否按时发放等。通过检查，不断地规范建筑企业用工管理。举办厦门市第十七届职工技术竞赛"建安杯"抹灰工高级工项目比赛，通过比赛，激励建筑工人提高职业技能水平，引导企业重视建筑工人职业技能的培训，从而带动整个建筑行业技术水平的提升。

【清理拖欠工程款工作】 2011年市清欠办共接听建设领域施工企业、项目部、工人的电话咨询、投诉920多次，接待来访咨询、投诉并组织参与协调出力各项工程纠纷1100人次，参与配合市信访局、市（区）劳动监察部门协调处理各项工程纠纷882人次，新受理信访件、转办件、投诉件共58件，基本上得到妥善解决（含因争议较大引导双方通过司法途径解决2件）。经市清欠办多方面协调处理、双方达成一致意见，形成会议纪要8件、达成协议11件。涉及拖欠工程款金额约3775.69万元（企业自报数额），实际解决被拖欠工程款3375.64万元（其中包括农民工工资2818.84万元）。

【工地文明施工标准化建设与整治】 2011年，市建设与管理局大力推广使用《福建省建筑施工安全文明标准示范图集》和《厦门市建设工程文明施工与安全防护图集》，实施建筑现场安全文明施工标准化工作情况日常动态监管，同时在实施过程中组织学习、观摩、交流，不断丰富和完善图集内涵和实战经验，为本市文明工地创建增添持久活力，推进全市建筑现场安全文明施工标准化、定型化、工具化，并持续提升管理工作水平。认真落实省、市建设工程文明工地创建、评选与管理的相关规定，在实践中不断巩固和完善厦门市现有的相关管理办法和措施，使之制度化、固定化，形成长效管理机制。继续探索其他方面奖优罚劣机制，形成奖优罚劣的市场导向，引导企业更加重视诚信经营，更加重视安全文明施工，全面带动全市安全文明施工标准化工作整体水平的持续提升。5～6月各区建设局和市建设工程质量安全监督站在各在建工程责任主体自查自纠的基础上对各自监管工程逐个开展拉网式文明施工检查。6月21日至30日市建设管理局采取随即抽查的形式对全市在建工程和各区建设局、市建设工程质量安全监督站开展安全文明施工标准化建设与整治工作的开展情况进行督查。此次督查总计抽取41个项目，对存在问题的项目，发出整改通知书37份，并要求项目监督机构及时督促责任单位落实整改。

【加强加大民生工程质量安全监管力度】 9月8日，市建设与管理局召开全市保障性安居工程和校安工程质量安全工作会议。住房和城乡建设厅副总工程师林增忠传达全省保障性安居工程和校安工程质量安全工作会议精神并提出工作要求。会议下发

《关于进一步加强建设工程钢筋混凝土质量管理的若干措施》、《关于进一步加强建设工程模板施工质量管理的若干措施》、《厦门市中小学校舍抗震加固工程质量安全管理导则》的待议稿,以进一步加强全市保障性安居工程和校安工程质量安全管理。

【工程质量安全动态管理】 2011年,厦门部署开展预拌混凝土和现浇混凝土结构工程等三项专项整治。为进一步规范建设工程预拌混凝土质量和建筑施工模板工程质量控制,规范外脚手架和建筑起重机械安全使用,省住房和城乡建设厅下发关于开展建筑施工模板、外脚手架和建筑起重机械施工安全、预拌混凝土和现浇混凝土结构工程三项专项整治工作的通知,市建设与管理局立即转发并根据实际情况进行部署。整治工作分自查、排查、督查、持续巩固四个阶段,整治对象为:施工、监理、检测机构及预拌混凝土企业。通过三项专项整治,进一步健全企业质量安全保证体系,落实企业工程质量安全主体责任,规范外脚手架搭设和建筑起重机械安全使用,改善施工现场安全生产状况,提升在建工程的外脚手架、建筑起重机械施工安全水平,消除事故隐患,提高模板工程质量,严格预拌混凝土质量控制,保证现浇混凝土结构工程质量,提升全市建设工程质量安全水平。

【扎实做好台风汛期安全工作】 年内,市建设与管理局迅速对汛期、台风季节做出反应,要求各责任单位切实加强对汛期和台风季节安全防范工作的领导,真正做到宣传到位、措施到位、责任到位,认真排查治理暴雨和台风可能引发生产安全事故的隐患,制定有效的防范措施和应急预案,严防灾害性天气引发生产安全事故。针对高温天气,根据施工现场的实际情况及时发出《关于做好夏季高温和台风汛期建设工程安全生产工作的通知》,要求施工现场切实做好夏季高温和台风汛期建设工程安全生产工作,有效遏制生产安全事故发生,确保从业人员人身健康安全。

【建筑材料备案管理】 2011年厦门市征收新型墙体材料专项基金1.43亿元,返退3779.23万元。按照《厦门市建设工程材料使用管理办法》的相关规定和产品的质量标准,备案各类建设工程材料110批。通过对建设工程材料的备案,有效地控制不合格建设工程材料的使用,为保障厦门市建筑工程质量起到重要作用。审批11家现场搅拌混凝土的行政许可,组织对全市预拌商品混凝土企业进行专项监督检查,并定期或不定期对原材料及混凝土进行抽样检测,在促进企业生产水平提高的同时,切实保障混凝土质量。认定建筑节能产品2批共12个产品,认定新型墙材产品3批共17个产品。全市具有建筑幕墙资质的企业24家,其中建筑幕墙设计施工一体化企业14家(一体化一级7家、二级7家),建筑幕墙工程专业承包企业10家(一级3家、二级4家、三级3家),其中福建三建、九龙建设、恒晟集团为注册地变更到厦门的企业,特房建工为原省四建改制合并留存。现有金属门窗工程专业承包资质企业共36家,其中一级企业9家,二级企业15家,三级企业12家。因人员情况不满足资质要求、连续两年未年检的,拟注销的企业有3家。6家企业升一级、5家企业升二级、5家企业取得三级资质。年内办理214个建筑门窗、幕墙项目的监督登记,总门窗面积69.8万平方米,幕墙面积90.9万平方米,总造价5.2亿。其中按面积门窗工程本地企业施工占80.49%,幕墙工程本地企业占比17.44%。幕墙工程大项目基本被外来企业拿走,本地幕墙一级企业已有10家。在既有建筑幕墙安全维护管理方面,通过在各大新闻媒体对既有建筑幕墙安全性能鉴定与安全维护工作进行广泛宣传,同时委托市城建档案馆进行普查建档工作,计划建成厦门市既有建筑幕墙安全预警系统。

8. 建筑节能与科技

【继续做好建筑节能工作】 2011年,厦门市完成新建建筑节能设计备案1196万立方米;建筑节能验收备案544万立方米;研究实施规划设计方案阶段建筑节能专项审查,制订出台《厦门市民用建筑设计方案节能审查要点》。厦门市建设与管理局积极实施全国首个建设领域PCDM机制试点城市;牵头编制《厦门市低碳城市建设规划方案》;推进14平方公里集美新城低碳生态试点,编制集美新城低碳生态控制指标体系与土地控制指引,探索低碳新城建设规划体系;研究完善新城空间布局、建筑措施、交通系统、产业结构、市政基础设施、公共设施等各方面推进低碳新城建设。继续推进国家机关办公建筑和大型公共建筑节能监管体系试点城市三期建设,完成全市363栋国家机关办公建筑和大型公共建筑、15077栋民用建筑能耗统计工作;完成80栋大型公共建筑能源审计,建筑能耗数据监测中心完成建设投入使用;启动建设大厦、江头电信大楼节能改造试点,完成两栋既有建筑(天虹商场、中国银行)的节能改造;申报并获得财政部、住房和城乡建设部2011公共建筑节能监管体系建设补助资金1025万元。

9. 建设教育

【职称、注册执业资格管理工作】 2011年，厦门市建设与管理局组织开展第十四届全市土木建筑企业中级职称评审工作，经过初审、预审，有723名符合参评中级技术人员资格评审，最后经专家评审获通过有575人。年内，全市600人申报全国一、二级建筑师考试，全国一、二级结构工程师考试报名650人，全国监理工程师考试报名350人，全国电气工程师考试报名260人，全国公用设备工程师考试报名300人，全国港口与航道工程师考试报名8人，全国造价工程师考试报名720人，全国一级建造工程师考试报名5400人、一级相应专业800人，全国二级建造工程师考试报名7150人、相应专业2100人，全国土木（岩土）工程师考试报名150人，全国水利水电工程师考试报名10人，全国环保工程师考试报名100人，全国物业管理师520人。发放各类执业资格考试合格证书3500本、考试报名费发票18000人次、二级建造师注册证书1500本。组织全国二级建造师注册资格继续教育7期，三类人员取证培训240人，架子工取证培训140人，土建五大员岗位证书符合申报2105人、继续教育2305人，装饰五大员岗位培训416人、继续教育455人，三类人员继续教育259人，园林"五大员"培训240人、继续教育496人次。

10. 厦门市城市建设"十二五"规划情况

【总体目标】 以城市发展的功能定位为目标，强化海西重要中心城市功能，加快城市化进程，以新城建设和旧城疏解相结合的原则拓展城市发展空间，进一步优化调整城市功能和布局结构；加快推进基础设施和生态环境保护建设，全面提高城市载体功能；加速推进城市快速路网和综合交通体系建设，形成城市快速路网，构建区间"半小时城市交通圈"；按照"规划一体化、基础设施建设一体化、基本公共服务一体化"的要求，构筑高起点的城市供水、排水、供气等城市保障体系；以建设生态城市为重点，加快建设国家低碳试点城市，为人民群众提供高质量的人居环境；建设海西"文化强市"，深入挖掘利用厦门市历史人文和自然景观资源，加强城市风格的继承、发展和创新，围绕城市建筑特色，搞好城市风格总体设计，突出厦门建筑历史风貌和时代特色，发展并彰显城市独有的特色风格；不断优化和壮大房地产业，完善住房供应体系，稳步推进住宅建设和外来人口保障房建设，提高群众居住质量；强化城市综合功能和现代化管理，以改善市民生活为重点，努力把环境整治的重点向贴近市民生活的区域延伸，大力推进社区环境建设；完善现代教育、文体基础设施建设，加快城市社区和农村基层医疗服务机构建设，推进城乡基本公共服务均等化；不断深化"全国文明城市"，加速优化城市环境和形象，使整个城市更加整洁、通畅、文明、有序，努力把厦门打造成经济发达、文化繁荣、生态良好、社会和谐的现代化国际性港口风景旅游城市，为厦门市国民经济持续快速健康发展和社会全面进步提供坚实的建设基础资源保障。

（厦门市建设与管理局）

深　圳　市

1. 住房和建设

（1）概况

2011年是"十二五"开局之年、大运之年，同时也是市住房和建设局系统任务最繁重、成就最明显的一年。全局系统认真贯彻中央、省、市的决策部署，攻坚克难，真抓实干，以开展"标准化年"活动为抓手，全力推进大运工程、保障性安居工程建设，强化燃气供应和物业服务保障，创新行业和市场监管，推动生产方式和产业转型，加强班子队伍和党风廉政建设，共获得20多项荣誉称号，为大运会的成功举办提供有力保障，为深圳市"十二五"的良好开局奠定了坚实基础。

【扎实推进法制工作】 及时协调修订《深圳市保障性住房条例》，协调出台3个政府规章，制定12个规范性文件。加强行政执法力度，针对第二批保障性住房申请中存在的骗租骗购等行为，召开70场行政处罚听证会，对261名违法申请人作出了行政处罚决定。积极应对60宗行政诉讼和行政复议，均无败诉。组织开展8个"十二五"规划编制，加强住房保障改革创新等重大课题政策研究。

【"保增长"的作用进一步凸显】 全年全市共完成固定资产投资总额2136亿元，同比增长9.84%，轨道交通二期、深圳湾体育中心等大运保障类项目顺利完工。完成建筑业总产值1733.36亿元，同比增长46.82%，占GDP比重为3.1%；房屋建筑施工面积10863.75万平方米，同比增长94.32%，其中新开工面积3557.07万平方米，同比增长68.89%；完成物业服务业总产值296亿元，同比增长19.8%。

【"惠民生"的职能进一步强化】 开工建设保障性住房7.6万套，接近"十一五"期间的开工总量，完成保障性安居工程建设投资约77亿元，同比增长152%；户籍低收入住房困难家庭基本实现应保尽保；住房公积金覆盖全市各层次群体，归集人数近400万，跃居全国第三。

【"促转型"的步伐进一步加快】 建设科技含量不断提高，西部通道工程获得建市以来第三个、建设系统全省惟一的省科技进步特等奖；产业结构进一步优化，与中水等5家央企签署将研发或区域总部落户深圳的合作意向协议，行业上市企业达5家；节能减排效果进一步突显，全年建筑节能量71.6万吨标准煤，节能建筑面积累计6088万平方米，已建和在建绿色建筑应用面积达1000万平方米，成为全球在建绿色建筑面积最大的城市。

【"重服务"的措施进一步落实】 完成燃气固定资产投资11.7亿元，同比增长9.3%，全市天然气管道累计3202公里，管网覆盖率达到52.3%，增长7.5个百分点，具备接收西气东输二线天然气条件。全市天然气消费量达28.8亿立方米，同比增长24%。物业管理进社区累计达到2891个，覆盖率达98.8%。

（2）保障性安居工程

【提前超额完成保障性安居工程建设任务】 2011年，中央和省下达给深圳市的指标是开工建设7.3万套保障性住房。市住房和建设局克服时间紧、任务重、用地紧张、资金不足等困难，在9月底即率先完成开工任务，全年实际开工建设7.6万套，新增安排6.2万套、竣工1万套，提前超额完成既定目标。

【着力解决各层次群体住房困难】 推进第二批低收入住房保障工作。严格执行"三级审核、四次公示"，严厉惩处骗租骗购等行为，确保公平分配，为4000多户低收入家庭提供住房保障，实现了2007年以前符合条件的户籍低收入家庭应保尽保，保障水平居全国前列。

启动人才安居工程。完成"十百千万"计划，为10928名人才提供共计2070万元租房补贴，安排1110套公租房用于人才安居；制定重点企事业单位名录，启动人才安居常态化受理。

实施住房公积金制度。创新公积金归集、缴存、提取政策和服务机制，充分运用市场机制和归集银行资源，累计归集资金约188亿元，单位开户7.4万多家，个人开户399.7万人。办理提取业务约40万人累计27亿元，其中租房提取笔数占70%左右，充分发挥了公积金保障住房消费的作用。

本着尊重历史、兼顾现实的原则，积极稳妥解决多年来悬而未决的"两村"历史遗留问题。稳步推进鹿丹村片区综合改造，做好补偿协议起草等前期准备工作。

【加快推进住房保障制度改革创新】 出台《人才安居暂行办法》和《安居型商品房建设和管理暂行办法》，完善住房保障配套政策。起草住房保障制度改革创新纲要，构建特殊困难群体优先保障、人才群体重点覆盖、惠及所有住房困难群体，以租为主、租售补结合的住房保障新体系。

（3）城市建设和工程建设

全市新开工程1460个，总造价815.33亿元，同比增长32.07%。共有2项工程获鲁班奖，1项工程获詹天佑奖，8项工程入围全国优秀工程勘察设计奖，14项工程获省优质工程，70项工程获省"双优"工地，92项工程获市"双优"工地。全年共发生生产安全事故10起，死亡10人，同比下降45%，未发生较大及以上生产安全事故。

【优先保障大运项目顺利推进】 开足绿色通道，为76个大运项目办理施工许可手续，为27个大运项目发放提前开工函，全部实现即到即办。协调推进青春大道和火炬塔项目建设，统筹抓好轨道交通二期工程收尾验收工作，确保五条线路按期通车。开展"迎大运、创文明"建筑工地环境整治行动，落实工地围挡、板房搭设、外架刷新、扬尘控制、车辆保洁、泥浆排放等美化措施，努力提升市容环境。组建轨道交通BT项目建设管理办公室，在轨道交通三期全面推广5号线BT建设成功经验。积极推进南科大项目可研调整和设计优化，强化施工协调管理，实现首期工程主体封顶。优质高效推进援疆试点项目建设，喀什城乡福利院正式落成，塔县人民医院项目进入收尾，被中央领导誉为"深喀速度"。

【全面推进工程建设标准化试点】 以创建国家工程建设标准综合实施试点城市为契机，积极培育"100个标准化示范工地"、"100个标准化示范企业"

和坪山新区工程建设标准化示范区,实施样板引路制度,以点带面、系统推进标准化战略。抓紧完善地方标准体系,组织编制53部地方标准规范。研究开发勘察设计、施工、检测、监管等建设全过程信息系统,实行现场视频监控和移动执法,确保强制性条文得到落实。以保障性住房建设为突破口,推进标准化设计、工业化生产、机械化施工。

【强化全过程质量安全监管与服务】 发挥设计龙头作用。组织轨道交通工程初步设计审查,着重强化对结构体系选用、施工工法选择、基坑支护形式等方面的审查指导。进一步强化勘察文件和施工图审查监管力度,加强勘察作业现场监督检查,开展超限高层建筑抗震设防审查,从设计源头把好质量安全关。创新工程质量监管机制,采取市区交叉执法、异地专家抽查、监督抽检等措施,开展17项质量专项检查,严厉打击"瘦身钢筋"、沥青路面偷工减料等行为,市管工程质量投诉同比下降39.7%。加强施工安全监管,实行监督与服务并重、现场执法与后台评价结合、项目安全与企业管理衔接,在分类控制的基础上,突出对危险性较大分部分项工程的专项整治。突出重点,着重强化轨道交通、大运工程、保障性住房等重点项目的监管力度。建立保障性住房工程质量责任追究制度,确保保障性住房项目质量。加强房屋安全管理,编制海砂楼、历史遗留建筑物检测鉴定技术规程,组织专家对全市38栋学校宿舍、大型办公楼、居民住房等进行安全隐患处理。

【全力保障燃气安全稳定供应】 加快推进燃气基础设施建设。协调推进西气东输二线深圳段工程、樟坑径液化石油气仓储基地项目建设,加快推进配套天然气输配系统和市政管网建设,推进天然气在公交等领域应用。加强企业资质和经营情况专项检查,开展第三方满意度调查。深入企业、学校、社区开展形式多样的燃气安全宣传教育,提高安全用气意识。加强燃气安全监管。开展广东大鹏超高压管线安全评价,强化天然气长输管线监管,及时排查整治燃气管道安全隐患,确保大运场馆、酒店和火炬的安全用气。编制燃气企业安全生产应急预案编制与评审工作,提高应急和反恐能力。

【打造和谐物业小区】 提升物业管理服务水平。加强企业资质动态监管,开展物业管理标准化试点。引入智能物业管理系统,推进智慧小区建设。开展业主满意度测评满意指数为80.2。成功承办中国物业管理改革发展30年纪念大会,在全国物业服务企业百强中,深圳有26家入选,其中前10强占了5家。将物业管理与社会管理有机结合,继续推进物业管理进社区,在18个住宅区引入物业管理。推行物业小区电子投票,提高业主投票率和业主委员会换届率。加强物业专项维修资金管理,继续推进维修金收缴工作和'两金合一'工作,累计归集维修资金突破63亿元,完成支付1152.6万元,实现维修资金的保值增值,切实保障广大业主的合法权益。

【维护行业及社会和谐稳定】 全年共接收群众来信1670件次,同比增加20%,接待来访2500批9800人次,同比增长分别97%和260%,批数比大部制改革前增长450%,平均每天接待8批次,其中集体访360人次,最多达到300人以上。面对信访量激增的严峻形势,市住房和建设局进一步强化组织领导,创新工作机制,加强与有关部门沟通协调,启动维稳联动机制,并在市信访局开辟接访室,有效缓解了信访压力。

(4)绿色建筑

【建筑节能力度进一步加大】 严把建筑节能设计审查关、竣工验收关,新建建筑100%符合节能标准。全面加强用能管理,完成750幢大型公建能源审计、80栋能效公示,实现500栋大型公建在线能耗监测,编制建筑物能耗限额标准。积极推进建筑节能改造,累计完成改造622万平方米,以第一名成绩被评为首批国家公共建筑节能改造重点城市,首批4800万元资金拨付到位。推进"太阳能屋顶计划",新增可再生能源建筑应用面积约700万平方米,推进20个国家级太阳能示范项目建设。

【绿色建筑示范效应进一步显现】 打造绿色精品,全市共有80多个绿色建筑示范项目,建科大楼、华侨城体育中心荣获全国绿色建筑创新一等奖,占到该奖项总数的一半。开展绿色建筑认证,共认证项目32个。建设绿色生态园区,制定6个绿色园区建设标准和评价指标,国家绿色旅游园区欢乐海岸一期工程基本建成,全国首个保障性住房绿色小区龙悦居主体封顶。打造绿色城区,组织编制光明新区绿色建筑示范区建设专项规划。倡导绿色大运,完成29个大运会场馆的绿色改造。实施绿色物业管理,出台全国首个绿色物业管理导则。

(5)建筑业

【优化建筑产业结构】 实施"引进来、走出去",引进中央企业落户深圳,支持4家市属特级企业申报特级资质就位,鼓励建筑装饰、幕墙等传统优势产业"走出去",在全国百强中,深圳装饰企业占了45家。企业在省外完成建筑业产值达622.33亿元,同比增长85.45%。培育高端建筑服务业,以前海现代服务业合作区建设为契机,支持工程监理等建筑服务类企业转型升级。充分运用招投标、资质审批、预选承包商等手段，引导形成总承包企业为核心、专业承包企业和劳务服务企业为支撑的"金字塔式"产业体系。提升科技含量，依托市骨干企业建立八大建设工程技术研发中心，引入中国建科院在深建立国家建筑工程技术研究中心南方中心，支持深圳建科院建设国家绿色建筑和建筑节能工程技术（南方）研究中心。

【强化市场监管与服务】 建立"评核分离"的资质审批机制，共批准三级资质100家，同比减少46%，加强资质动态核查，对25家检查不合格的企业限期整改，推进外地企业属地化管理，对475家外地施工企业信息卡进行现场核查。完善市场主体信用体系，收集企业良好、不良与履约信用信息，开展阶段与实时诚信综合评价，并将评价结果与招投标挂钩，实行差别化监管。创新市场服务，完善窗口集中办文制度，全年共受理各类业务104333件，同比上升54.4%，实行重大投资项目和政府投资项目跨部门协同办理，即到即办率达98.7%，我局连续5年被评为市行政服务大厅先进窗口单位，业务办理中心连续两年被评为"广东省建设系统精神文明建设先进单位"。

【引导和规范市场行为】 启动新一轮招标投标改革，试行评定分离，进一步规范招标人行为，落实招标人定标责任。加强有形建筑市场建设，完善电子评标、异地评标制度，加强评标专家管理，规范清单、评标、定标程序，全年共有发包项目4538个，涉及工程造价1122.21亿元，同比增长10.75%，节约国有资金81.5亿元。适应大运工程建设需要和新技术新材料发展要求，进一步提高造价信息发布的全面性和时效性，加强计价标准化建设，完善计价规范和相关合同范本，实行合同履约动态监管，加强对国有资金投资建设项目的造价审定。深入开展建设领域突出问题专项治理，加快推进制度创新，进一步提高建筑市场信息公平性和透明度。

【加强劳务工管理】 强化建设单位责任，落实属地管辖，制定"清欠"工作指引，全年共受理各类拖欠纠纷信访案件110宗，同比上升了30%，涉及金额5000万元，化解群体性上访事件11起。继续开展平安卡安全培训、考核和宣传工作，发放"平安卡"20万张，累计发放70万张。出台建设工程应急抢险建设方案，组织开展建设工程"迎大运突发事件应急演练"。加强对行业协会和学会业务指导，加快推进南山建工村改造建设，加大两个生产基地建设的协调力度。各行业协会、学会切实完善治理机制，加强行业自律，积极为政府工作出谋划策。

（深圳市住房和建设局 贺波）

2. 规划和国土资源管理

（1）城市规划

【概况】 2011年，深圳市规划和国土资源委员会（以下简称"市规划国土委"）全力贯彻落实市委、市政府的工作部署，以推动城市发展为主线，充分发挥空间统筹、资源保障和综合服务作用，在实践提升深圳质量，推动经济发展方式转变，加快特区一体化进程，推动国家低碳生态示范市建设，加强社会民生建设等方面做大量工作，取得明显成效。

【城市规划研究】 2011年，市规划国土委继续推进2040城市发展策略研究，阶段性完成关于2040年的全民畅想，深入推进公众参与，寻找未来城市发展的社会共识；推动城市总体规划实施，出台城市总体规划实施意见，组织制定落实城市总体规划的行动方案，完成近期建设规划并报市政府，完善年度实施计划的编制和管理；加强专项工作研究，推进围填海策略研究、人口老龄化规划及大空港综合规划研究工作，启动深圳市综合交通体系规划及国际咨询的研究工作。

【区域规划合作】 2011年，全力推进深港合作，召开市规划国土委与香港规划署联席会议，推动落马洲河套地区规划；推进深莞惠规划合作，推进三市交界的坪新清地区空间规划，完成三市合作机制研究；开展援建新疆喀什规划编制工作；形成前海深港现代服务业合作区综合规划方案和坪山新区综合发展规划方案。

【出台《深圳市近期建设与土地利用规划》】《深圳市近期建设与土地利用规划（2011～2015年）》编制工作于2010年4月启动，2011年8月通过广东省住房和城乡建设厅组织的专家论证，2011年9月，市人大常委会组织听取关于送审稿编制情况的专题汇报，人大代表普遍认为，该规划内容全面，重点突出，具有较强的指导性和可操作性；2011年12月，市政府五届四十六次常务会议审议通过《深圳市近期建设与土地利用规划（2011～2015年）》，认为规划充分考虑了各方面因素，是个高质量的规划。本规划是落实深圳市国民经济和社会发展"十二五"总体规划的空间支持和重要保障，是实施城市总体规划与土地利用总体规划的重要步骤，是对城市近期发展建设和土地利用进行控制和指导的法定依据。此次规划，借助深圳市大部制改革带来的规划、土地管理体制整合的优势，将城市建设与土地资源利用的五年规划整合成一个规划共同编制，是规划体系的一个创新。

【法定图则】 2011年，继续推进法定图则编制和个案修改工作。全市共有法定图则253项，编制完成227项，面积达1131平方公里，覆盖率已达91％，剩余9％地区多数也已形成方案，基本实现法定图则对城市规划建设用地的全覆盖，成效明显。2011年1月至11月初，有13项法定图则草案通过图则委审批，其中已公示的2项。法定图则个案修改方面，年内完成约21项已批图则个案修改公示，对公示意见逐条审议后给出明确处理意见，并上报图则委审批；另有约39项已批图则个案修改通过图则委审批，通过图则修改程序落实规划调整。

【城市发展单元】 2011年，市规划国土委根据全市城市发展工作会议要求，全力推进坪山中心区、坪山河碧岭—沙湖地区、光明门户区、光明平板显示产业园、光明中心区、蛇口沿山地区、笋岗—清水河地区、华为科技城、大浪石凹共9个地区（总面积约63.4平方公里）的城市发展单元工作。发展单元规划编制工作总体进展顺利，并形成阶段性成果。其中已审议通过的发展单元规划大纲方案包括坪山中心区、坪山河流域碧岭—沙湖片区、光明门户区、光明平板显示园、龙岗华为科技城片区5个发展单元，各试点大纲正陆续公示；坪山中心区和光明门户区发展单元作为第一批成果于12月报市政府审批。

【城市设计】 2011年，围绕提升城市发展质量要求，高起点规划前海、后海及深圳湾等总部基地及重点地区的城市设计，重点完成及推进的项目包括：全市大运项目统筹协调、前海综合规划、前海启动区城市设计、前海轨道交通枢纽站综合规划、后海中心区城市设计、水晶岛规划设计方案深化及实施、大运新城核心区城市设计、留仙洞总部基地城市设计，华润、百度、阿里巴巴总部基地规划研究等。2011年，市规划国土委作为大运工作的统筹、督查以及综合协调部门，参与完成深圳湾体育中心场馆及周边市政、景观配套设施及新闻发布的工作。深圳湾体育中心"春茧"方案设计采取集约紧凑的用地模式，在规划、设计和空间安排上充分体现赛结合、商体结合的特点。2011年，完成《前海深港现代服务业合作区综合规划》，规划实施深圳湾15公里滨海休闲带，确保休闲带于2011年6月建成并全线向市民开放。

【建筑设计】 2011年，通过制订完善建筑设计行业规范性文件、搭建建筑设计招投标管理平台及专家库建设，促进建筑设计行业创新及新技术推广，大力推广绿色低碳建筑实践等渠道和手段，力争实现建筑设计管理的科学化、规范化、公开化，促进行业发展。先后完成《深圳市危房拆除重建管理办法（暂行）》、《关于加强商务公寓设计管理有关意见的通知》、《关于住宅套型比例平衡有关事项的通知》及《深圳市建设项目无障碍设施改造管理办法》初步成果，并着手开展《深圳市经济特区建筑物条例》编制工作，以及活化建筑设计审查专家库、"公众建筑师"制度等活动。为积极打造建筑设计精品，提升城市空间环境品质，先后组织双塔奇缘—国银民生金融大厦建筑设计方案国际竞赛、阿里巴巴深圳大厦建筑设计概念方案公开竞赛、百度国际大厦建筑设计方案公开竞赛、深圳湾科技生态城B—TEC建筑设计招标、深圳市高新技术企业联合总部大厦项目建筑设计方案公开竞赛活动，并设立"深圳—城市\建筑设计论坛"以培养市民设计意识、提升市民设计素质。开展保障性住房创新性研究，提出"一户·百姓·万人家"设计竞赛策划方案，通过以人为本的设计实践，让建筑融入各阶层人群，提升人的尊严感和归宿感。

【市政专项规划】 2011年，市规划国土委继续推进市政专项规划工作。完成《深圳市给水系统布局规划》、《深圳市污水系统布局规划》修编工作，《深圳市雨洪利用系统布局规划》、《深圳市再生水布局规划》和《深圳市消防设施系统布局规划》通过市城市规划委员会审批；推进《宝安区珠江口水系防洪排涝规划》、《深圳湾国家红树林湿地系统规划》、小型水库管理控制范围线的划定；推进清林径引水调蓄工程等大型水源工程和茅洲河、龙岗河、坪山河等流域的治水工程。完成"深圳电网2009～2010年新增项目110kV及以上架空线改造入地配套电缆隧道工程"设计等前期工作；组织开展提前核发变电站选址及用地预审；完成光明新区220/20kV电力专项规划编制。完成《深圳市瓶装燃气供应站系统布局规划及选址研究》、《深圳市天然气高压管网阀室选址及用地规模研究》，主动协调"西气东输二线"深港支干线规划建设审批工作。年内，完成《白鸽湖环境园详细规划》、《坪山环境园详细规划》及其社会稳定风险评估，完成《深圳市危险废物处理处置专项规划》及安全影响评价。推动开展全市蓝线、黄线、橙线后续工作，配套编制蓝线、黄线、橙线管理规定，规范三线的调整、更新程序和土地利用、建设行为等。

【交通专项规划】 2011年，市规划国土委积极开展各层次交通专项规划工作。深化并完成《2010年深圳市居民出行调查与分析》、《深圳市停车发策略研究及重点地区停车评估与对策》、《前海综合规划——交通专题》、《深圳市综合交通"十二五"规划》、《深圳市蛇口半岛地区综合交通规划》、《深圳市干线道路网规划修编》等项目；完成《莲塘口岸（交通详细规划）》、《深港跨境交通信息服务体系规划》。支持确保轨道交通二期工程如期通车，形成178km轨道交通网络；完成《深圳市轨道交通近期建设规划（2011~2016年）》的国家报批工作；配合铁道部、广东省协调加快穗莞深城际线的规划设计；同步推进轨道交通三期工程前期工作，完成7、9、11号线初步设计审查，推动6号线初步设计、8号线详细规划等。大运期间，配合有关部门开展了开、闭幕式人流、车流交通仿真模型的建立。完成《广深高速（深圳段）沿线收费立交土地集约化利用规划》、《南山西丽、大学城片区交通规划》、《南坪快速路三期线位优化与用地控制规划》项目；编制完成的13个"原特区外各组团道路交通详细规划"移交至相关部门实施；积极推进深中通道、外环高速公路、广深沿江高速公路、梅观高速公路改造、东部过境通道等重大交通项目的实施。

【城市更新】 2011年，深圳市城市更新工作深入推进，成效显著。市规划国土委制定的《深圳市城市更新办法实施细则》经市政府常务会议审议通过，制定《关于深入推进城市更新工作的意见》，发布《深圳市城市更新提速专项行动计划》。2011年实现更新单元计划常态申报，全年拟定5批城市更新单元计划，包含57个更新单元，涉及拆除用地面积约4.87平方公里；提速更新单元规划审批，其中拆除重建类项目47项，涉及拆除用地面积约4.5平方公里，规划批准总建筑面积约1716万平方米；办理土地出让手续的城市更新项目涉及拆除用地面积102公顷，收缴土地出让收入260876万元。2011年，全市完成拆除重建类更新项目11项，涉及拆除用地面积约61公顷；全年所有新建、续建城市更新项目投入改造资金约142亿元；通过更新项目落实保障性住房6000套。在2011年5月广东省政府"三旧"改造实施情况综合考评中，深圳市荣获2010年度全省"三旧"改造单项一等奖；赴港参加省外经贸厅、省国土资源厅举办的"广东省地块招商推介会"，深圳市推出的赛格日立工业区和龙岗宝吉工业区两个旧改项目签约金额达310亿元，约占全省签约项目的40%。2011年，深圳市第一批工业区升级改造项目——福田区赛格日立工业区升级改造项目开工；蔡屋围金融中心改造项目完成，成为深圳市城市更新的成功范例；全省最大的城中村改造项目、投资超过200亿的大冲村整体改造工程开工。

【低碳生态城市建设】 2011年，为落实国家住房城乡建设部与深圳市政府《关于共建国家低碳生态示范市合作框架协议》要求，市规划国土委组织编制《深圳市建设国家低碳生态示范市工作方案2011~2015年》，明确深圳建设低碳生态示范市的总体目标和工作任务，经市政府常务会议审议后，于1月由市政府办公厅正式发布。年内，组织编制并发布《深圳创建国家低碳生态示范市白皮书（2010~2011年）》，全面反映各部门、各区2010~2011年度在低碳生态城市规划、建设、管理方面的成绩和成效，建立健全低碳生态城市规划建设管理的长效机制。全面开展试点项目研究和低碳生态项目的规划编制工作，积极推进光明、坪山、南山商业文化中心区、前海等示范地区的低碳生态建设和规划编制，全年共开展和完成近30项相关研究项目和20余项相关规划的编制工作。

【地名管理】 2011年，深圳市继续加强地名管理工作。市规划国土委按时完成深圳市第二次地名普查一期工作，包括民生设施、自然地理实体、城市空间、居民点、单位及标志性建筑等共42类地名资料搜集，41200个地名点属性信息和4200个地名点基本信息登记。年内，制订《深圳市地名管理办法》，已报市政府常务会审批同意后实施。完成《部分区域路桥名称规划》和大运会场馆周边无名路的梳理工作，完善法定图则层面的路桥名称规划，解决大运会场馆周边无名道路问题。完成《龙岗区地名分区规划》和《南头古城保护规划》编制工作；开展《深圳市轨道交通三期线路站点命名方案研究》和《深圳市历史风貌保护区、优秀历史建筑和历史文物古迹保护规划》编制工作，完成7、9和11号线站点命名方案，基本明确深圳市优秀历史建筑和历史风貌保护区的保护对象及其保护规划。开展老地名挖掘工作，对全市具有重要现实意义和宣传价值的老地名进行梳理，并选取有典型意义的部分故事在《深圳商报》上陆续刊载。此外，还实现地名管理信息化，开通网上申报、网上查询等便民服务，有效提高地名公共服务水平。

（2）国土资源管理

【房地产开发】 2011年，深圳市房地产开发投资规模快速增长，全市共完成房地产开发投资590.21亿元，同比增加28.7%。从用途结构来看，住宅完成投资393.35亿元，同比增加29%。其中，90平方米以下住宅投资规模为211.35亿元，同比增加18%；办公楼投资规模为40.55亿元，同比增加

7%；商业用房投资规模为70.68亿元，同比增加19.1%；其他用房投资规模为85.63亿元，增加52%。从投资计划来看，深圳市房地产计划总投资3394.81亿元，同比增长43.3%；全年实际完成房地产开发投资额为590.21亿元，占年度计划总投资的17.4%，同比下降2%。从资金来源来看，2011年，全市商品房开发资金来源合计为1205.73亿元，同比增长15.4%，其中上年结余314.88亿元，占年度总资金来源的26.1%；当年新增资金的890.85，占73.9%。在新增资金中，国内贷款220.02亿元，比上年增长10.1%，占新增资金的24.7%；利用外资2.06亿元，减少80.1%；其他资金来源326.17亿元，减少9.1%；自筹资金342.6亿元，增长68%。从施工情况来看，全市商品房施工面积3082.46万平方米，比上年增长4.9%。从新开工情况来看，全市商品房新开工面积628.47万平方米，增长33.4%。从竣工情况来看，全市商品房竣工面积343.36万平方米，比上年下降0.3%。

【房地产一级市场管理】 2011年，深圳市继续加强房地产一级市场即土地市场管理。2011年，深圳市土地招拍挂出让总面积189.96公顷，比上年减少60.13%，占土地供应总量的34.99%；协议出让总面积为352.90公顷，减少36.93%，占供应总量的65.01%。2011年，全市房地产开发用地供应总量为280.22公顷，比2010年增长21.23%，占全市建设用地供应总量的51.62%；本市全年房地产开发用地重点为住宅用地，占房地产开发用地的92.22%，住宅用地比2010年增长77.27%，商服用地面积为21.78公顷，同比上年大幅减少。2011年，深圳市保障性住房用地供应量为77.73公顷，占住宅用地供应总量的30.08%。

【房地产二级市场管理】 2011年，市规划国土委制订《关于印发深圳市房地产经纪市场秩序专项整治工作方案的通知》，并于2011年下半年开展了房地产经纪市场秩序专项整治工作，共出动600多人次开展市场检查工作，共发出80份《责令整改通知书》。全市于7月11日正式实施存量房交易税收评估工作，有效打击阴阳合同和投机性炒房行为，得到国家税务总局的充分肯定。对全市611家房地产开发企业、330家经纪机构及1766家分支机构、54家估价机构进行了年检。2011年，全市商品房批准预售面积440.30万平方米，比上年下降8.7%。其中，住宅批准预售380.45万平方米，下降3.3%；办公楼批准预售14.49万平方米，下降7.9%；商业用房批准预售45.37万平方米，下降5.4%；其他用房无批准预售面积。2011年，深圳市商品房成交367.59万平方米，下降22.3%。期房成交305.77万平方米，下降15.7%，其中住宅成交270.82万平方米，下降13.5%；办公楼成交6.56万平方米，下降64.2%；商业用房成交20.60万平方米，增加34.3%；其他房成交7.78万平方米，下降50.9%。2011年，深圳市现房商品房成交102.35万平方米，下降7.4%，其中住宅成交61.82万平方米，下降13.3%；办公楼成交4.03万平方米，增长21%；商业用房成交24.54万平方米，下降5%；其他用房成交11.96万平方米。

【房地产三级市场管理】 2011年，深圳市继续加强房地产三级市场管理。全市房地产三级市场交易7.31万宗，比上年下降40.9%；面积681.52万平方米，下降39.1%。其中，住宅成交511.09万平方米，下降44.6%；办公楼成交32.06万平方米，下降8.6%；商业用房成交66.06万平方米，下降3.1%；其他用房成交72.31万平方米，下降22.1%。

【市场调控】 2011年，深圳市积极落实国家宏观调控政策，加强市场调控和管理的有关工作。市政府制定并发布《关于进一步做好深圳市房地产市场调控工作确保年度新建住房价格控制目标的通知》。为落实国办发〔2011〕1号文和《关于进一步贯彻落实国务院文件精神坚决遏制房价过快上涨的补充通知》（深府办〔2010〕82号），市规划国土委完善并发布限购政策的实施操作信息，有效地杜绝通过补交纳税或社保的方式规避限购政策的行为。对存在售价过高、坐地涨价的开发企业进行约谈，向开发企业公布2010年全市新建商品住房项目成交均价，引导企业合理定价；同时，进一步完善预售商品房管理，对所有商品房项目实行"明码标价、一套一标"，对定价过高、售价过高的项目，通过房地产信息系统改造升级，采取必要的措施加以限制，将价格控制目标落实到具体项目。开展《深圳市"十二五"住房建设规划》研究和编制工作，经市政府审议通过后正式发布实施。进一步完善房地产信息系统建设，通过与国家统计局公布的房价指数挂钩，在原有价格调控的基础上新增了楼盘销售价格涨幅控制的功能模块，进一步完善了调控手段；同时，初步建立"深圳市房地产宏观调信息共享平台"，并不断加快"深圳市个人住房信息系统建设工程"的开发工作，积极为房地产市场调控工作提供科学有效的工具。

（深圳市规划和国土资源局）

第五篇

法规政策文件

一、国务院令及有关文件

国有土地上房屋征收与补偿条例

中华人民共和国国务院令第 590 号

《国有土地上房屋征收与补偿条例》已经 2011 年 1 月 19 日国务院第 141 次常务会议通过，现予公布，自公布之日起施行。

总　理　温家宝
二〇一一年一月二十一日

国有土地上房屋征收与补偿条例

第一章　总　则

第一条　为了规范国有土地上房屋征收与补偿活动，维护公共利益，保障被征收房屋所有权人的合法权益，制定本条例。

第二条　为了公共利益的需要，征收国有土地上单位、个人的房屋，应当对被征收房屋所有权人（以下称被征收人）给予公平补偿。

第三条　房屋征收与补偿应当遵循决策民主、程序正当、结果公开的原则。

第四条　市、县级人民政府负责本行政区域的房屋征收与补偿工作。

市、县级人民政府确定的房屋征收部门（以下称房屋征收部门）组织实施本行政区域的房屋征收与补偿工作。

市、县级人民政府有关部门应当依照本条例的规定和本级人民政府规定的职责分工，互相配合，保障房屋征收与补偿工作的顺利进行。

第五条　房屋征收部门可以委托房屋征收实施单位，承担房屋征收与补偿的具体工作。房屋征收实施单位不得以营利为目的。

房屋征收部门对房屋征收实施单位在委托范围内实施的房屋征收与补偿行为负责监督，并对其行为后果承担法律责任。

第六条　上级人民政府应当加强对下级人民政府房屋征收与补偿工作的监督。

国务院住房城乡建设主管部门和省、自治区、直辖市人民政府住房城乡建设主管部门应当会同同级财政、国土资源、发展改革等有关部门，加强对房屋征收与补偿实施工作的指导。

第七条　任何组织和个人对违反本条例规定的行为，都有权向有关人民政府、房屋征收部门和其他有关部门举报。接到举报的有关人民政府、房屋征收部门和其他有关部门对举报应当及时核实、处理。

监察机关应当加强对参与房屋征收与补偿工作的政府和有关部门或者单位及其工作人员的监察。

第二章　征收决定

第八条　为了保障国家安全、促进国民经济和社会发展等公共利益的需要，有下列情形之一，确需征收房屋的，由市、县级人民政府作出房屋征收决定：

（一）国防和外交的需要；

（二）由政府组织实施的能源、交通、水利等基础设施建设的需要；

（三）由政府组织实施的科技、教育、文化、卫生、体育、环境和资源保护、防灾减灾、文物保护、社会福利、市政公用等公共事业的需要；

（四）由政府组织实施的保障性安居工程建设的需要；

（五）由政府依照城乡规划法有关规定组织实施的对危房集中、基础设施落后等地段进行旧城区改建的需要；

（六）法律、行政法规规定的其他公共利益的需要。

第九条 依照本条例第八条规定，确需征收房屋的各项建设活动，应当符合国民经济和社会发展规划、土地利用总体规划、城乡规划和专项规划。保障性安居工程建设、旧城区改建，应当纳入市、县级国民经济和社会发展年度计划。

制定国民经济和社会发展规划、土地利用总体规划、城乡规划和专项规划，应当广泛征求社会公众意见，经过科学论证。

第十条 房屋征收部门拟定征收补偿方案，报市、县级人民政府。

市、县级人民政府应当组织有关部门对征收补偿方案进行论证并予以公布，征求公众意见。征求意见期限不得少于30日。

第十一条 市、县级人民政府应当将征求意见情况和根据公众意见修改的情况及时公布。

因旧城区改建需要征收房屋，多数被征收人认为征收补偿方案不符合本条例规定的，市、县级人民政府应当组织由被征收人和公众代表参加的听证会，并根据听证会情况修改方案。

第十二条 市、县级人民政府作出房屋征收决定前，应当按照有关规定进行社会稳定风险评估；房屋征收决定涉及被征收人数量较多的，应当经政府常务会议讨论决定。

作出房屋征收决定前，征收补偿费用应当足额到位、专户存储、专款专用。

第十三条 市、县级人民政府作出房屋征收决定后应当及时公告。公告应当载明征收补偿方案和行政复议、行政诉讼权利等事项。

市、县级人民政府及房屋征收部门应当做好房屋征收与补偿的宣传、解释工作。

房屋被依法征收的，国有土地使用权同时收回。

第十四条 被征收人对市、县级人民政府作出的房屋征收决定不服的，可以依法申请行政复议，也可以依法提起行政诉讼。

第十五条 房屋征收部门应当对房屋征收范围内房屋的权属、区位、用途、建筑面积等情况组织调查登记，被征收人应当予以配合。调查结果应当在房屋征收范围内向被征收人公布。

第十六条 房屋征收范围确定后，不得在房屋征收范围内实施新建、扩建、改建房屋和改变房屋用途等不当增加补偿费用的行为；违反规定实施的，不予补偿。

房屋征收部门应当将前款所列事项书面通知有关部门暂停办理相关手续。暂停办理相关手续的书面通知应当载明暂停期限。暂停期限最长不得超过1年。

第三章 补 偿

第十七条 作出房屋征收决定的市、县级人民政府对被征收人给予的补偿包括：

（一）被征收房屋价值的补偿；

（二）因征收房屋造成的搬迁、临时安置的补偿；

（三）因征收房屋造成的停产停业损失的补偿。

市、县级人民政府应当制定补助和奖励办法，对被征收人给予补助和奖励。

第十八条 征收个人住宅，被征收人符合住房保障条件的，作出房屋征收决定的市、县级人民政府应当优先给予住房保障。具体办法由省、自治区、直辖市制定。

第十九条 对被征收房屋价值的补偿，不得低于房屋征收决定公告之日被征收房屋类似房地产的市场价格。被征收房屋的价值，由具有相应资质的房地产价格评估机构按照房屋征收评估办法评估确定。

对评估确定的被征收房屋价值有异议的，可以向房地产价格评估机构申请复核评估。对复核结果有异议的，可以向房地产价格评估专家委员会申请鉴定。

房屋征收评估办法由国务院住房城乡建设主管部门制定，制定过程中，应当向社会公开征求意见。

第二十条 房地产价格评估机构由被征收人协商选定；协商不成的，通过多数决定、随机选定等方式确定，具体办法由省、自治区、直辖市制定。

房地产价格评估机构应当独立、客观、公正地开展房屋征收评估工作，任何单位和个人不得干预。

第二十一条 被征收人可以选择货币补偿，也可以选择房屋产权调换。

被征收人选择房屋产权调换的，市、县级人民政府应当提供用于产权调换的房屋，并与被征收人计算、结清被征收房屋价值与用于产权调换房屋价值的差价。

因旧城区改建征收个人住宅，被征收人选择在改建地段进行房屋产权调换的，作出房屋征收决定的市、县级人民政府应当提供改建地段或者就近地段的房屋。

第二十二条　因征收房屋造成搬迁的，房屋征收部门应当向被征收人支付搬迁费；选择房屋产权调换的，产权调换房屋交付前，房屋征收部门应当向被征收人支付临时安置费或者提供周转用房。

第二十三条　对因征收房屋造成停产停业损失的补偿，根据房屋被征收前的效益、停产停业期限等因素确定。具体办法由省、自治区、直辖市制定。

第二十四条　市、县级人民政府及其有关部门应当依法加强对建设活动的监督管理，对违反城乡规划进行建设的，依法予以处理。

市、县级人民政府作出房屋征收决定前，应当组织有关部门依法对征收范围内未经登记的建筑进行调查、认定和处理。对认定为合法建筑和未超过批准期限的临时建筑的，应当给予补偿；对认定为违法建筑和超过批准期限的临时建筑的，不予补偿。

第二十五条　房屋征收部门与被征收人依照本条例的规定，就补偿方式、补偿金额和支付期限、用于产权调换房屋的地点和面积、搬迁费、临时安置费或者周转用房、停产停业损失、搬迁期限、过渡方式和过渡期限等事项，订立补偿协议。

补偿协议订立后，一方当事人不履行补偿协议约定的义务的，另一方当事人可以依法提起诉讼。

第二十六条　房屋征收部门与被征收人在征收补偿方案确定的签约期限内达不成补偿协议，或者被征收房屋所有权人不明确的，由房屋征收部门报请作出房屋征收决定的市、县级人民政府依照本条例的规定，按照征收补偿方案作出补偿决定，并在房屋征收范围内予以公告。

补偿决定应当公平，包括本条例第二十五条第一款规定的有关补偿协议的事项。

被征收人对补偿决定不服的，可以依法申请行政复议，也可以依法提起行政诉讼。

第二十七条　实施房屋征收应当先补偿、后搬迁。

作出房屋征收决定的市、县级人民政府对被征收人给予补偿后，被征收人应当在补偿协议约定或者补偿决定确定的搬迁期限内完成搬迁。

任何单位和个人不得采取暴力、威胁或者违反规定中断供水、供热、供气、供电和道路通行等非法方式迫使被征收人搬迁。禁止建设单位参与搬迁活动。

第二十八条　被征收人在法定期限内不申请行政复议或者不提起行政诉讼，在补偿决定规定的期限内又不搬迁的，由作出房屋征收决定的市、县级人民政府依法申请人民法院强制执行。

强制执行申请书应当附具补偿金额和专户存储账号、产权调换房屋和周转用房的地点和面积等材料。

第二十九条　房屋征收部门应当依法建立房屋征收补偿档案，并将分户补偿情况在房屋征收范围内向被征收人公布。

审计机关应当加强对征收补偿费用管理和使用情况的监督，并公布审计结果。

第四章　法律责任

第三十条　市、县级人民政府及房屋征收部门的工作人员在房屋征收与补偿工作中不履行本条例规定的职责，或者滥用职权、玩忽职守、徇私舞弊的，由上级人民政府或者本级人民政府责令改正，通报批评；造成损失的，依法承担赔偿责任；对直接负责的主管人员和其他直接责任人员，依法给予处分；构成犯罪的，依法追究刑事责任。

第三十一条　采取暴力、威胁或者违反规定中断供水、供热、供气、供电和道路通行等非法方式迫使被征收人搬迁，造成损失的，依法承担赔偿责任；对直接负责的主管人员和其他直接责任人员，构成犯罪的，依法追究刑事责任；尚不构成犯罪的，依法给予处分；构成违反治安管理行为的，依法给予治安管理处罚。

第三十二条　采取暴力、威胁等方法阻碍依法进行的房屋征收与补偿工作，构成犯罪的，依法追究刑事责任；构成违反治安管理行为的，依法给予治安管理处罚。

第三十三条　贪污、挪用、私分、截留、拖欠征收补偿费用的，责令改正，追回有关款项，限期退还违法所得，对有关责任单位通报批评、给予警告；造成损失的，依法承担赔偿责任；对直接负责的主管人员和其他直接责任人员，构成犯罪的，依法追究刑事责任；尚不构成犯罪的，依法给予处分。

第三十四条　房地产价格评估机构或者房地产

估价师出具虚假或者有重大差错的评估报告的，由发证机关责令限期改正，给予警告，对房地产价格评估机构并处5万元以上20万元以下罚款，对房地产估价师并处1万元以上3万元以下罚款，并记入信用档案；情节严重的，吊销资质证书、注册证书；造成损失的，依法承担赔偿责任；构成犯罪的，依法追究刑事责任。

第五章 附 则

第三十五条 本条例自公布之日起施行。2001年6月13日国务院公布的《城市房屋拆迁管理条例》同时废止。本条例施行前已依法取得房屋拆迁许可证的项目，继续沿用原有的规定办理，但政府不得责成有关部门强制拆迁。

国务院办公厅关于进一步做好房地产市场调控工作有关问题的通知

国办发〔2011〕1号

各省、自治区、直辖市人民政府，国务院各部委、各直属机构：

《国务院关于坚决遏制部分城市房价过快上涨的通知》（国发〔2010〕10号，以下简称国发10号文件）印发后，房地产市场出现了积极的变化，房价过快上涨的势头得到初步遏制。为巩固和扩大调控成果，进一步做好房地产市场调控工作，逐步解决城镇居民住房问题，促进房地产市场平稳健康发展，经国务院同意，现就有关问题通知如下：

一、进一步落实地方政府责任

地方政府要切实承担起促进房地产市场平稳健康发展的责任，严格执行国发10号文件及其相关配套政策，切实将房价控制在合理水平。2011年各城市人民政府要根据当地经济发展目标、人均可支配收入增长速度和居民住房支付能力，合理确定本地区年度新建住房价格控制目标，并于一季度向社会公布。各地要继续增加土地有效供应，进一步加大普通住房建设力度；继续完善严格的差别化住房信贷和税收政策，进一步有效遏制投机投资性购房；加快个人住房信息系统建设，逐步完善房地产统计基础数据；继续做好住房保障工作，全面落实好年内开工建设保障性住房和棚户区改造住房的目标任务。

二、加大保障性安居工程建设力度

2011年，全国建设保障性住房和棚户区改造住房1000万套。各地要通过新建、改建、购买、长期租赁等方式，多渠道筹集保障性住房房源，逐步扩大住房保障制度覆盖面。中央将加大对保障性安居工程建设的支持力度。地方人民政府要切实落实土地供应、资金投入和税费优惠等政策，引导房地产开发企业积极参与保障性住房建设和棚户区改造，确保完成计划任务。加强保障性住房管理，健全准入退出机制，切实做到公开、公平、公正。有条件的地区，可以把建制镇纳入住房保障工作范围。

要努力增加公共租赁住房供应。各地要在加大政府投入的同时，完善体制机制，运用土地供应、投资补助、财政贴息或注入资本金、税费优惠等政策措施，合理确定租金水平，吸引机构投资者参与公共租赁住房建设和运营。鼓励金融机构发放公共租赁住房建设和运营中长期贷款。要研究制定优惠政策，鼓励房地产开发企业在普通商品住房建设项目中配建一定比例的公共租赁住房，并持有、经营，或由政府回购。

三、调整完善相关税收政策，加强税收征管

调整个人转让住房营业税政策，对个人购买住房不足5年转手交易的，统一按其销售收入全额征税。税务部门要进一步采取措施，确保政策执行到位。加强对土地增值税征管情况的监督和检查，重点对定价明显超过周边房价水平的房地产开发项目，进行土地增值税清算和稽查。加大应用房地产价格评估技术加强存量房交易税收征管工作的试点和推广力度，坚决堵塞"阴阳合同"

产生的税收漏洞。严格执行个人转让房地产所得税征收政策。

四、强化差别化住房信贷政策

对贷款购买第二套住房的家庭，首付款比例不低于60%，贷款利率不低于基准利率的1.1倍。人民银行各分支机构可根据当地人民政府新建住房价格控制目标和政策要求，在国家统一信贷政策的基础上，提高第二套住房贷款的首付款比例和利率。银行业监管部门要加强对商业银行执行差别化住房信贷政策情况的监督检查，对违规行为要严肃处理。

五、严格住房用地供应管理

各地要增加土地有效供应，认真落实保障性住房、棚户区改造住房和中小套型普通商品住房用地不低于住房建设用地供应总量的70%的要求。在新增建设用地年度计划中，要单列保障性住房用地，做到应保尽保。今年的商品住房用地供应计划总量原则上不得低于前2年年均实际供应量。进一步完善土地出让方式，大力推广"限房价、竞地价"方式供应中低价位普通商品住房用地。房价高的城市要增加限价商品住房用地计划供应量。

加强对企业土地市场准入资格和资金来源的审查。参加土地竞买的单位或个人，必须说明资金来源并提供相应证明。对擅自改变保障性住房用地性质的，要坚决纠正和严肃查处。对已供房地产用地，超过两年没有取得施工许可证进行开工建设的，必须及时收回土地使用权，并处以闲置一年以上罚款。要依法查处非法转让土地使用权的行为，对房地产开发建设投资达不到25%以上的（不含土地价款），不得以任何方式转让土地及合同约定的土地开发项目。

六、合理引导住房需求

各直辖市、计划单列市、省会城市和房价过高、上涨过快的城市，在一定时期内，要从严制定和执行住房限购措施。原则上对已拥有1套住房的当地户籍居民家庭、能够提供当地一定年限纳税证明或社会保险缴纳证明的非当地户籍居民家庭，限购1套住房（含新建商品住房和二手住房）；对已拥有2套及以上住房的当地户籍居民家庭、拥有1套及以上住房的非当地户籍居民家庭、无法提供一定年限当地纳税证明或社会保险缴纳证明的非当地户籍居民家庭，要暂停在本行政区域内向其售房。

已采取住房限购措施的城市，凡与本通知要求不符的，要立即调整完善相关实施细则，并加强对购房人资格的审核工作，确保政策落实到位。尚未采取住房限购措施的直辖市、计划单列市、省会城市和房价过高、上涨过快的城市，要在2月中旬之前，出台住房限购实施细则。其他城市也要根据本地房地产市场出现的新情况，适时出台住房限购措施。

七、落实住房保障和稳定房价工作的约谈问责机制

国务院有关部门要加强对城市人民政府住房保障和稳定房价工作的监督和检查。对于新建住房价格出现过快上涨势头、土地出让中连续出现楼面地价超过同类地块历史最高价，以及保障性安居工程建设进度缓慢、租售管理和后期使用监管不力的，住房城乡建设部、国土资源部、监察部要会同有关部门，约谈省级及有关城市人民政府负责人。对未如期确定并公布本地区年度新建住房价格控制目标、新建住房价格上涨幅度超过年度控制目标、没有完成保障性安居工程目标任务的，相关省（区、市）人民政府要向国务院作出报告。监察部、住房城乡建设部等部门要视情况，根据有关规定对相关负责人进行问责。对于执行差别化住房信贷、税收政策不到位，房地产相关税收征管不力，以及个人住房信息系统建设滞后等问题，也要纳入约谈和问责范围。

省级人民政府及其有关部门，要参照上述规定，建立健全对辖区内城市落实住房保障和稳定房价工作的约谈问责机制。

八、坚持和强化舆论引导

新闻媒体要对各地稳定房价和住房保障工作好的做法和经验加大宣传力度，深入解读政策措施，引导居民从国情出发理性消费，为促进房地产市场平稳健康发展和加快推进住房保障体系建设提供有力的舆论支持，防止虚假信息或不负责任的猜测、评论误导消费预期。对制造、散布虚假消息的，要追究有关当事人的责任。

国务院办公厅
二〇一一年一月二十六日

国务院批转住房城乡建设部等部门关于进一步加强城市生活垃圾处理工作意见的通知

国发〔2011〕9号

各省、自治区、直辖市人民政府，国务院各部委、各直属机构：

国务院同意住房城乡建设部、环境保护部、发展改革委、教育部、科技部、工业和信息化部、监察部、财政部、人力资源社会保障部、国土资源部、农业部、商务部、卫生部、税务总局、广电总局、中央宣传部《关于进一步加强城市生活垃圾处理工作的意见》，现转发给你们，请认真贯彻执行。

国务院
二〇一一年四月十九日

关于进一步加强城市生活垃圾处理工作的意见

住房城乡建设部　环境保护部　发展改革委　教育部
科技部　工业和信息化部　监察部　财政部
人力资源社会保障部　国土资源部　农业部　商务部
卫生部　税务总局　广电总局　中央宣传部

为切实加大城市生活垃圾处理工作力度，提高城市生活垃圾处理减量化、资源化和无害化水平，改善城市人居环境，现提出以下意见：

一、深刻认识城市生活垃圾处理工作的重要意义

城市生活垃圾处理是城市管理和环境保护的重要内容，是社会文明程度的重要标志，关系人民群众的切身利益。近年来，我国城市生活垃圾收运网络日趋完善，垃圾处理能力不断提高，城市环境总体上有了较大改善。但也要看到，由于城镇化快速发展，城市生活垃圾激增，垃圾处理能力相对不足，一些城市面临"垃圾围城"的困境，严重影响城市环境和社会稳定。各地区、各有关部门要充分认识加强城市生活垃圾处理的重要性和紧迫性，进一步统一思想，提高认识，全面落实各项政策措施，推进城市生活垃圾处理工作，创造良好的人居环境，促进城市可持续发展。

二、指导思想、基本原则和发展目标

（一）指导思想。以科学发展观为指导，按照全面建设小康社会和构建社会主义和谐社会的总体要求，把城市生活垃圾处理作为维护群众利益的重要工作和城市管理的重要内容，作为政府公共服务的一项重要职责，切实加强全过程控制和管理，突出重点工作环节，综合运用法律、行政、经济和技术等手段，不断提高城市生活垃圾处理水平。

（二）基本原则。

全民动员，科学引导。在切实提高生活垃圾无害化处理能力的基础上，加强产品生产和流通过程管理，减少过度包装，倡导节约和低碳的消费模式，从源头控制生活垃圾产生。

综合利用，变废为宝。坚持发展循环经济，推动生活垃圾分类工作，提高生活垃圾中废纸、废塑料、废金属等材料回收利用率，提高生活垃圾中有机成分和热能的利用水平，全面提升生活垃圾资源化利用工作。

统筹规划，合理布局。城市生活垃圾处理要与经济社会发展水平相协调，注重城乡统筹、区域规划、设施共享，集中处理与分散处理相结合，提高设施利用效率，扩大服务覆盖面。要科学制定标准，注重技术创新，因地制宜地选择先进适用的生活垃圾处理技术。

政府主导，社会参与。明确城市人民政府责任，在加大公共财政对城市生活垃圾处理投入的同时，采取有效的支持政策，引入市场机制，充分调动社会资金参与城市生活垃圾处理设施建设和运营的积极性。

（三）发展目标。到 2015 年，全国城市生活垃圾无害化处理率达到 80% 以上，直辖市、省会城市和计划单列市生活垃圾全部实现无害化处理。每个省（区）建成一个以上生活垃圾分类示范城市。50% 的设区城市初步实现餐厨垃圾分类收运处理。城市生活垃圾资源化利用比例达到 30%，直辖市、省会城市和计划单列市达到 50%。建立完善的城市生活垃圾处理监管体制机制。到 2030 年，全国城市生活垃圾基本实现无害化处理，全面实行生活垃圾分类收集、处置。城市生活垃圾处理设施和服务向小城镇和乡村延伸，城乡生活垃圾处理接近发达国家平均水平。

三、切实控制城市生活垃圾产生

（四）促进源头减量。通过使用清洁能源和原料、开展资源综合利用等措施，在产品生产、流通和使用等全生命周期促进生活垃圾减量。限制包装材料过度使用，减少包装性废物产生，探索建立包装物强制回收制度，促进包装物回收再利用。组织净菜和洁净农副产品进城，推广使用菜篮子、布袋子。有计划地改进燃料结构，推广使用城市燃气、太阳能等清洁能源，减少灰渣产生。在宾馆、餐饮等服务性行业，推广使用可循环利用物品，限制使用一次性用品。

（五）推进垃圾分类。城市人民政府要根据当地的生活垃圾特性、处理方式和管理水平，科学制定生活垃圾分类办法，明确工作目标、实施步骤和政策措施，动员社区及家庭积极参与，逐步推行垃圾分类。当前重点要稳步推进废弃含汞荧光灯、废温度计等有害垃圾单独收运和处理工作，鼓励居民分开盛放和投放厨余垃圾，建立高水分有机生活垃圾收运系统，实现厨余垃圾单独收集循环利用。进一步加强餐饮业和单位餐厨垃圾分类收集管理，建立餐厨垃圾排放登记制度。

（六）加强资源利用。全面推广废旧商品回收利用、焚烧发电、生物处理等生活垃圾资源化利用方式。加强可降解有机垃圾资源化利用工作，组织开展城市餐厨垃圾资源化利用试点，统筹餐厨垃圾、园林垃圾、粪便等无害化处理和资源化利用，确保工业油脂、生物柴油、肥料等资源化利用产品的质量和使用安全。加快生物质能源回收利用工作，提高生活垃圾焚烧发电和填埋气体发电的能源利用效率。

四、全面提高城市生活垃圾处理能力和水平

（七）强化规划引导。要抓紧编制全国和各省（区、市）"十二五"生活垃圾处理设施建设规划，推进城市生活垃圾处理设施一体化建设和网络化发展，基本实现县县建有生活垃圾处理设施。各城市要编制生活垃圾处理设施规划，统筹安排城市垃圾收集、处置设施的布局、用地和规模，并纳入土地利用总体规划、城市总体规划和近期建设规划。编制城市生活垃圾处理设施规划，应当广泛征求公众意见，健全设施周边居民诉求表达机制。生活垃圾处理设施用地纳入城市黄线保护范围，禁止擅自占用或者改变用途，同时要严格控制设施周边的开发建设活动。

（八）完善收运网络。建立与垃圾分类、资源化利用以及无害化处理相衔接的生活垃圾收运网络，加大生活垃圾收集力度，扩大收集覆盖面。推广密闭、环保、高效的生活垃圾收集、中转和运输系统，逐步淘汰敞开式收运方式。要对现有生活垃圾收运设施实施升级改造，推广压缩式收运设备，解决垃圾收集、中转和运输过程中的脏、臭、噪声和遗洒等问题。研究运用物联网技术，探索线路优化、成本合理、高效环保的收运新模式。

（九）选择适用技术。建立生活垃圾处理技术评估制度，新的生活垃圾处理技术经评估后方可推广使用。城市人民政府要按照生活垃圾处理技术指南，因地制宜地选择先进适用、符合节约集约用地要求的无害化生活垃圾处理技术。土地资源紧缺、人口密度高的城市要优先采用焚烧处理技术，生活垃圾管理水平较高的城市可采用生物处理技术，土地资源和污染控制条件较好的城市可采用填埋处理技术。鼓励有条件的城市集成多种处理技术，统筹解决生活垃圾处理问题。

（十）加快设施建设。城市人民政府要把生活垃圾处理设施作为基础设施建设的重点，切实加大组织协调力度，确保有关设施建设顺利进行。要简化程序，加快生活垃圾处理设施立项、建设用地、环境影响评价、可行性研究、初步设计等环节的审批速度。已经开工建设的项目要抓紧施工，保证进度，争取早日发挥效用。要进一步加强监管，切实落实

项目法人制、招投标制、质量监督制、合同管理制、工程监理制、工程竣工验收制等管理制度，确保工程质量安全。

（十一）提高运行水平。生活垃圾处理设施运营单位要严格执行各项工程技术规范和操作规程，切实提高设施运行水平。填埋设施运营单位要制定作业计划和方案，实行分区域逐层填埋作业，缩小作业面，控制设施周边的垃圾异味，防止废液渗漏和填埋气体无序排放。焚烧设施运营单位要足额使用石灰、活性炭等辅助材料，去除烟气中的酸性物质、重金属离子、二噁英等污染物，保证达标排放。新建生活垃圾焚烧设施，应安装排放自动监测系统和超标报警装置。运营单位要制定应急预案，有效应对设施故障、事故、进场垃圾量剧增等突发事件。切实加大人力财力物力的投入，解决设施设备长期超负荷运行问题，确保安全、高质量运行。建立污染物排放日常监测制度，按月向所在地住房城乡建设(市容环卫)和环境保护主管部门报告监测结果。

（十二）加快存量治理。各省（区、市）要开展非正规生活垃圾堆放点和不达标生活垃圾处理设施排查和环境风险评估，并制定治理计划。要优先开展水源地等重点区域生活垃圾堆放场所的生态修复工作，加快对城乡结合部等卫生死角长期积存生活垃圾的清理，限期改造不达标生活垃圾处理设施。

五、强化监督管理

（十三）完善法规标准。研究修订《城市市容和环境卫生管理条例》，加强生活垃圾全过程管理。建立健全生活垃圾处理标准规范体系，制定和完善生活垃圾分类、回收利用、工程验收、污染防治和评价等标准。进一步完善生活垃圾分类标识，使群众易于识别、便于投放。改进城市生活垃圾处理统计指标体系，做好与废旧商品回收利用指标体系的衔接。

（十四）严格准入制度。加强市场准入管理，严格设定城市生活垃圾处理企业资金、技术、人员、业绩等准入条件，建立和完善市场退出机制，进一步规范城市生活垃圾处理特许经营权招标投标管理。具体办法由住房城乡建设部会同有关部门制定。

（十五）建立评价制度。加强对全国已建成运行的生活垃圾处理设施运营状况和处理效果的监管，开展年度考核评价，公开评价结果，接受社会监督。对未通过考核评价的生活垃圾处理设施，要责成运营单位限期整改。要加快信用体系建设，建立城市生活垃圾处理运营单位失信惩戒机制和黑名单制度，坚决将不能合格运营以及不能履行特许经营合同的企业清出市场。

（十六）加大监管力度。切实加强各级住房城乡建设(市容环卫)和环境保护部门生活垃圾处理监管队伍建设。研究建立城市生活垃圾处理工作督察巡视制度，加强对地方政府生活垃圾处理工作以及设施建设和运营的监管。建立城市生活垃圾处理节能减排量化指标，落实节能减排目标责任。探索引入第三方专业机构实施监管，提高监管的科学水平。完善全国生活垃圾处理设施建设和运营监控系统，定期开展生活垃圾处理设施排放物监测，常规污染物排放情况每季度至少监测一次，二噁英排放情况每年至少监测一次，必要时加密监测，主要监测数据和结果向社会公示。

六、加大政策支持力度

（十七）拓宽投入渠道。城市生活垃圾处理投入以地方为主，中央以适当方式给予支持。地方政府要加大投入力度，加快生活垃圾分类体系、处理设施和监管能力建设。鼓励社会资金参与生活垃圾处理设施建设和运营。开展生活垃圾管理示范城市和生活垃圾处理设施示范项目活动，支持北京等城市先行先试。改善工作环境，完善环卫用工制度和保险救助制度，落实环卫职工的工资和福利待遇，保障职工合法权益。

（十八）建立激励机制。严格执行并不断完善城市生活垃圾处理税收优惠政策。研究制定生活垃圾分类收集和减量激励政策，建立利益导向机制，引导群众分类盛放和投放生活垃圾，鼓励对生活垃圾实行就地、就近充分回收和合理利用。研究建立有机垃圾资源化处理推进机制和废品回收补贴机制。

（十九）健全收费制度。按照"谁产生、谁付费"的原则，推行城市生活垃圾处理收费制度。产生生活垃圾的单位和个人应当按规定缴纳垃圾处理费，具体收费标准由城市人民政府根据城市生活垃圾处理成本和居民收入水平等因素合理确定。探索改进城市生活垃圾处理收费方式，降低收费成本。城市生活垃圾处理费应当用于城市生活垃圾处理，不得挪作他用。

（二十）保障设施建设。在城市新区建设和旧城区改造中要优先配套建设生活垃圾处理设施，确保建设用地供应，并纳入土地利用年度计划和建设用地供应计划。符合《划拨用地目录》的项目，应当以划拨方式供应建设用地。城市生活垃圾处理设施建设前要严格执行建设项目环境影响评价制度。

（二十一）提高创新能力。加大对生活垃圾处理技术研发的支持力度，加快国家级和区域性生活垃圾处理技术研究中心建设，加强生活垃圾处理基础性技术研究，重点突破清洁焚烧、二英控制、飞灰无害化处置、填埋气收集利用、渗沥液处理、臭气控制、非正规生活垃圾堆放点治理等关键性技术，鼓励地方采用低碳技术处理生活垃圾。重点支持生活垃圾生物质燃气利用成套技术装备和大型生活垃圾焚烧设备研发，努力实现生活垃圾处理装备自主化。开展城市生活垃圾处理技术应用示范工程和资源化利用产业基地建设，带动市场需求，促进先进适用技术推广应用和装备自主化。

（二十二）实施人才计划。在高校设立城市生活垃圾处理相关专业，大力发展职业教育，建立从业人员职业资格制度，加强岗前和岗中职业培训，提高从业人员的文化水平和专业技能。

七、加强组织领导

（二十三）落实地方责任。城市生活垃圾处理工作实行省（区、市）人民政府负总责、城市人民政府抓落实的工作责任制。省（区、市）人民政府要对所属城市人民政府实行目标责任制管理，加强监督指导。城市人民政府要把城市生活垃圾处理纳入重要议事日程，加强领导，切实抓好各项工作。住房城乡建设部、发展改革委、环境保护部、监察部等部门要对省（区、市）人民政府的相关工作加强指导和监督检查。对推进生活垃圾处理工作不力，影响社会发展和稳定的，要追究责任。

（二十四）明确部门分工。住房城乡建设部负责城市生活垃圾处理行业管理，牵头建立城市生活垃圾处理部际联席会议制度，协调解决工作中的重大问题，健全监管考核指标体系，并纳入节能减排考核工作。环境保护部负责生活垃圾处理设施环境影响评价，制定污染控制标准，监管污染物排放和有害垃圾处理处置。发展改革委会同住房城乡建设部、环境保护部编制全国性规划，协调综合性政策。科技部会同有关部门负责生活垃圾处理技术创新工作。工业和信息化部负责生活垃圾处理装备自主化工作。财政部负责研究支持城市生活垃圾处理的财税政策。国土资源部负责制定生活垃圾处理设施用地标准，保障建设用地供应。农业部负责生活垃圾肥料资源化处理利用标准制定和肥料登记工作。商务部负责生活垃圾中可再生资源回收管理工作。

（二十五）加强宣传教育。要开展多种形式的主题宣传活动，倡导绿色健康的生活方式，促进垃圾源头减量和回收利用。要将生活垃圾处理知识纳入中小学教材和课外读物，引导全民树立"垃圾减量和垃圾管理从我做起、人人有责"的观念。新闻媒体要加强正面引导，大力宣传城市生活垃圾处理的各项政策措施及其成效，全面客观报道有关信息，形成有利于推进城市生活垃圾处理工作的舆论氛围。

各省（区、市）人民政府要在2011年8月底前将落实本意见情况报国务院，同时抄送住房城乡建设部。

国务院办公厅关于保障性安居工程建设和管理的指导意见

国办发〔2011〕45号

各省、自治区、直辖市人民政府，国务院各部委、各直属机构：

大规模推进保障性安居工程建设，是党中央、国务院为推动科学发展、加快转变经济发展方式、保障和改善民生采取的重大举措。为贯彻落实党中央、国务院的决策部署，全面推进保障性安居工程建设，进一步加强和规范保障性住房管理，加快解决中低收入家庭住房困难，促进实现住有所居目标，经国务院同意，现提出如下意见：

一、总体要求和基本原则

（一）总体要求。适应工业化、城镇化快速发展的要求，深入贯彻落实科学发展观，把住房保障作为政府公共服务的重要内容，建立健全中国特色的城镇住房保障体系，合理确定住房保障范围、保障方式和保障标准，完善住房保障支持政策，逐步形成可持续的保障性安居工程投资、建设、运营和管理机制。到"十二五"期末，全国保障性住房覆盖面达到20%左右，力争使城镇中等偏下和低收入家庭住房困难问题得到基本解决，新就业职工住房困难问题得到有效缓解，外来务工人员居住条件得到明显改善。

（二）基本原则。住房保障工作要坚持从我国国情出发，满足基本住房需要；坚持政府主导、政策扶持，引导社会参与；坚持加大公共财政的投入，同时发挥市场机制的作用；坚持经济、适用、环保，确保质量安全；坚持分配过程公开透明，分配结果公平公正；坚持规范管理，不断完善住房保障制度。

二、大力推进以公共租赁住房为重点的保障性安居工程建设

（一）重点发展公共租赁住房。公共租赁住房面向城镇中等偏下收入住房困难家庭、新就业无房职工和在城镇稳定就业的外来务工人员供应，单套建筑面积以40平方米左右的小户型为主，满足基本居住需要。租金标准由市县人民政府结合当地实际，按照略低于市场租金的原则合理确定。发展公共租赁住房，对于完善住房供应和保障体系、引导合理住房消费、缓解群众住房困难、实现人才和劳动力有序流动、促进城镇化健康发展具有十分重要的意义。各地要根据实际情况适当增加公共租赁住房供应，人口净流入量大的大中城市要提高公共租赁住房建设的比重。

要加大政府投资建设力度，综合运用土地供应、资本金注入、投资补助、财政贴息、税费优惠等政策措施，吸引企业和其他机构参与公共租赁住房建设和运营，多渠道增加公共租赁住房供应。政府投资的公共租赁住房项目可以委托企业代建，市县人民政府逐年回购。公共租赁住房项目采取划拨、出让等方式供应土地，事先要规定建设要求、套型结构等，作为土地供应的前置条件。同时，公共租赁住房项目可以规划建设配套商业服务设施，统一管理经营，以实现资金平衡。新建普通商品住房项目，应当规划配建一定比例的公共租赁住房，具体配建比例和管理方式由市县人民政府确定。外来务工人员集中的开发区、产业园区，应当按照集约用地的原则，统筹规划，集中建设单元型或宿舍型公共租赁住房，面向用工单位或园区就业人员出租。坚持谁投资、谁所有的原则，积极探索公共租赁住房投资回收机制。各地要及时制定公共租赁住房管理办法。

城镇低收入住房困难家庭较多、小户型租赁住房房源不足的地区，要加快建设廉租住房，提高实物配租比例。逐步实现廉租住房与公共租赁住房统筹建设、并轨运行。

（二）根据实际情况继续安排经济适用住房和限价商品住房建设。规范发展经济适用住房，严格执行建设标准，单套建筑面积控制在60平方米以内。房价较高的城市，要适当增加经济适用住房、限价商品住房供应。

（三）加快实施各类棚户区改造。棚户区（危旧房）改造要坚持政府主导、市场运作，发挥多方面积极性，改造资金由政府适当补助，住户合理负担。国有林区、垦区和工矿（含煤矿）棚户区改造，企业也要安排一定的资金。棚户区改造要尊重群众意愿，扩大群众参与，切实维护群众合法权益。

（四）加大农村危房改造力度。抓紧编制农村危房改造规划，逐步扩大中央补助地区范围，加大地方政府补助力度。按照统一要求建立和完善农村危房改造农户档案管理信息系统，提高规划设计水平，加强资金和质量监管。

三、落实各项支持政策

（一）确保用地供应。市县人民政府应当依据住房保障规划和保障性安居工程年度建设任务，科学编制土地供应计划，涉及新增建设用地的要在年度土地利用计划中优先安排、单列指标，做到应保尽保。要提前做好项目储备并落实到具体地块，努力挖潜，充分利用存量建设用地。涉及新增建设用地的，要提前确定地块，开展土地征收等前期工作，确保及时供地。储备土地和收回使用权的国有土地，优先安排用于保障性住房建设。严禁改变保障性住房建设用地用途，擅自改变用途的，要依法从严处理。

（二）增加政府投入。中央继续加大资金补助力度。地方各级人民政府要在财政预算安排中将保障性安居工程放在优先位置，加大财政性资金投入力度。按照"省级负总责、市县抓落实"的原则，加大省级政府统筹力度，确保项目资本金足额及时到位。住房公积金增值收益在提取贷款风险准备金和管理费用后，全部用于廉租住房和公共租赁住房建

设。土地出让收益用于保障性住房建设和棚户区改造的比例不低于10%。中央代发的地方政府债券资金要优先安排用于公共租赁住房等保障性安居工程建设。公共预算支出安排不足的地区，要提高土地出让收益和地方政府债券资金安排比重。完不成保障性安居工程建设任务的城市，一律不得兴建和购置政府办公用房。

（三）规范利用企业债券融资。符合规定的地方政府融资平台公司可发行企业债券或中期票据，专项用于公共租赁住房等保障性安居工程建设。地方政府融资平台公司发行企业债券，要优先满足保障性安居工程建设融资需要。承担保障性安居工程建设项目的其他企业，也可以在政府核定的保障性安居工程建设投资额度内，通过发行企业债券进行项目融资。对发行企业债券用于保障性安居工程建设的，优先办理核准手续。

（四）加大信贷支持。在加强管理、防范风险的基础上，银行业金融机构可以向实行公司化运作并符合信贷条件的公共租赁住房项目直接发放贷款。对于政府投资建设的公共租赁住房项目，银行业金融机构可向经过清理整顿符合条件的直辖市、计划单列市及省会城市政府融资平台公司发放贷款，融资平台公司贷款偿付能力不足的，由本级政府统筹安排还款；银行业金融机构也可向经过清理整顿符合条件且经总行评估认可、自身能够确保偿还公共租赁住房项目贷款的地级城市政府融资平台公司发放贷款。其他市县政府投资建设的公共租赁住房项目，可在省级政府对还款来源作出统筹安排后，由省级政府指定一家省级融资平台公司按规定统一借款。借款人和当地政府要确保按期还贷，防范金融风险和债务风险。公共租赁住房建设贷款利率下浮时其下限为基准利率的0.9倍，贷款期限原则上不超过15年。扩大利用住房公积金贷款支持保障性住房建设试点城市的范围，重点支持公共租赁住房建设。

（五）落实税费减免政策。对廉租住房、公共租赁住房、经济适用住房和棚户区改造安置住房，要切实落实现行建设、买卖、经营等环节税收优惠政策，免收城市基础设施配套费等各种行政事业性收费和政府性基金。

四、提高规划建设和工程质量水平

（一）优化规划布局和户型设计。要把保障性住房建设作为城乡规划和土地利用总体规划的重要内容，提出明确要求，合理安排布局，严格执行抗震设防和建筑节能等强制性标准。保障性住房实行分散配建和集中建设相结合。集中建设保障性住房，应当充分考虑居民就业、就医、就学、出行等需要，加快完善公共交通系统，同步配套建设生活服务设施。保障性住房户型设计要坚持户型小、功能齐、配套好、质量高、安全可靠的要求，合理布局，科学利用空间，有效满足各项基本居住功能，鼓励通过公开招标、评比等方式优选户型设计方案。廉租住房、公共租赁住房应当提供简约、环保的基本装修，具备入住条件。

同时，在保障性住房规划设计中，要贯彻省地、节能、环保的原则，落实节约集约用地和节能减排各项措施，全面推广采用节水型器具，配套建设污水处理和生活垃圾分类收集设施。农村危房改造要重视自然采光和通风，大力推广建筑节能技术。

（二）落实工程质量责任。保障性安居工程建设，要严格履行法定的项目建设程序，规范招投标行为，落实项目法人责任制、合同管理制、工程监理制。严格建筑材料验核制度。项目法人对住房建设质量负永久责任，其他参建单位按照工程质量管理规定负相应责任。实行勘察、设计、施工、监理单位负责人和项目负责人责任终身制。推广在住房建筑上设置质量责任永久性标识制度，接受社会监督。

（三）强化工程质量监督。保障性安居工程参建各方要建立健全质量管理体系，切实把加强质量监管贯穿于建设全过程。严格按照法律法规和强制性标准规定进行勘察、设计、施工、监理和验收，加大对工程质量和施工安全的监督检查力度。对存在违法违规行为和工程质量不符合强制性标准的工程项目，要责令整改。

五、建立健全分配和运营监管机制

（一）规范准入审核。市县人民政府要根据当地经济社会发展水平、居民收入、住房状况，合理确定保障对象住房困难、家庭收入（财产）的具体标准，定期调整，并向社会公布。完善住房保障申请、审核、公示、轮候、复核制度。健全住房城乡建设、民政、公安、税务、金融等部门及街道、社区协作配合的家庭住房和经济状况审核机制。保障性住房申请人应当如实申报家庭住房、收入和财产状况，声明同意审核机关调查核实其家庭住房和资产等情况。审核机关调查核实申请人住房、金融资产、车辆等财产的，有关机构应当依法提供便利。

严禁以任何形式向不符合住房困难标准的家庭供应保障性住房。切实防范并严厉查处骗租骗购保障性住房、变相福利分房和以权谋私行为。对以虚假资料骗购、骗租保障性住房的，一经查实应立即纠正，并取消其在5年内再次申请购买或租赁保障性住房的资格。建立住房保障诚信档案，完善失信惩戒制度。

（二）严格租售管理。经审核符合条件的家庭，市县人民政府应当在合理的轮候期内安排保障性住房。具体轮候期限由市县人民政府确定并公布。廉租住房租赁补贴应当按月或季度及时发放，确保当年12月25日前全部发放到位。廉租住房、公共租赁住房的租赁合同，应当载明租金、租期以及使用要求。公共租赁住房租赁合同期限一般为3至5年。租赁合同期满后承租人仍符合规定条件的，可以申请续租。经济适用住房和限价商品住房购买不满5年的，不得上市交易。经济适用住房配售时，要明确界定政府与购买人的资产份额，并按照政府回购、适当兼顾保障对象合法权益的原则，确定经济适用住房出售所得价款的分配比例。限价商品住房的上市交易收益调节办法，由市县人民政府制定。

（三）加强使用管理。市县人民政府应当建立住房保障管理信息系统，完善保障性住房和保障对象档案，动态监测住房保障对象家庭人口、住房和经济状况变化情况。建立公众监督机制，落实信息公开，充分发挥社会监督作用。定期检查保障性住房使用情况，对违反规定将保障性住房出售、转借、出租(转租)、闲置、改变用途且拒不整改的，应当按照有关规定或者合同约定收回。对中介机构违规代理出售、出租保障性住房的，应当依法给予处罚。保障性住房的使用人要按有关规定和合同约定使用住房，不得擅自改变房屋结构，影响房屋质量安全和使用功能。保障性住房小区可以实行住户自我管理、自我服务，也可以聘请专业机构提供物业服务。

（四）健全退出机制。廉租住房、公共租赁住房承租人经济状况改善，或通过购置、继承、受赠等方式取得其他住房，不再符合相应的住房保障条件的，应当在规定期限内腾退；逾期不腾退的，应当按市场价格交纳租金。经济适用住房购房人通过购置、继承、受赠等方式取得其他住房，不再符合经济适用住房保障条件的，应当退出经济适用住房，或者通过补交土地收益等价款取得完全产权。对拒不服从退出管理的，可以依照规定或合同约定申请人民法院强制执行。

六、加强组织领导，进一步落实地方政府责任

（一）建立目标责任制。省级人民政府对本地区保障性安居工程工作负总责；市县人民政府具体实施，负责落实项目前期工作、建设资金、土地供应、工程质量监督、保障性住房租售管理和使用监管等。省级人民政府要指导市县人民政府，加强住房保障管理机构和具体实施机构建设，充实工作人员，落实工作经费。要加强组织领导和督促检查，周密部署，精心落实，注意总结经验，优化审批程序，简化办事手续，把保障性安居工程建成廉洁工程、平安工程、放心工程。

（二）统筹安排年度建设任务。要因地制宜，科学编制建设规划，统筹安排年度建设任务，不搞"一刀切"。"十二五"时期全国保障性安居工程建设目标是经济和社会发展的约束性指标。各省、自治区、直辖市要按照目标任务，按需申报，自下而上，编制本地区保障性住房建设规划，将任务分解到年度。要尽快明确2012年保障性安居工程建设任务、投资计划、用地计划、资金来源渠道等。市县人民政府要按照规划编制年度实施计划，并落实到项目，尽早开展前期工作，以便落实资金和土地，确保建设任务按计划顺利实施。市县人民政府要向社会公布年度保障性安居工程建设计划、项目开工和竣工情况，以及项目名称、建设地址、建设方式和建设总套数等。

（三）建立考核问责机制。各地区、各有关部门要加强对保障性安居工程建设的监督检查，全面落实工作任务和各项政策措施。住房城乡建设部等有关部门要制定具体考核办法。住房城乡建设部、监察部等有关部门要建立约谈和问责机制，对项目资金土地不落实、政策措施不到位、建设进度缓慢地区的政府负责人进行约谈。对没有完成年度目标任务的地区，监察部、住房城乡建设部等部门要视情况对其政府负责人进行问责。要严格规范保障性安居工程建设程序，加强资金监管。对在保障性安居工程建设、分配和管理过程中滥用职权、玩忽职守、徇私舞弊、失职渎职的政府及其相关职能部门工作人员，要依法依纪追究责任；涉嫌犯罪的，移送司法机关处理。

国务院办公厅
二〇一一年九月二十八日

二、部　令

房地产经纪管理办法

中华人民共和国住房和城乡建设部　中华人民共和国国家发展和改革委员会
中华人民共和国人力资源和社会保障部令第8号

《房地产经纪管理办法》已经2010年10月27日住房和城乡建设部第65次部常务会议审议通过，并经国家发展和改革委员会、人力资源和社会保障部同意，现予发布，自2011年4月1日起施行。

住房和城乡建设部部长　姜伟新
国家发展改革委主任　张　平
人力资源社会保障部部长　尹蔚民
二〇一一年一月二十日

房地产经纪管理办法

第一章　总　则

第一条　为了规范房地产经纪活动，保护房地产交易及经纪活动当事人的合法权益，促进房地产市场健康发展，根据《中华人民共和国城市房地产管理法》、《中华人民共和国合同法》等法律法规，制定本办法。

第二条　在中华人民共和国境内从事房地产经纪活动，应当遵守本办法。

第三条　本办法所称房地产经纪，是指房地产经纪机构和房地产经纪人员为促成房地产交易，向委托人提供房地产居间、代理等服务并收取佣金的行为。

第四条　从事房地产经纪活动应当遵循自愿、平等、公平和诚实信用的原则，遵守职业规范，恪守职业道德。

第五条　县级以上人民政府建设（房地产）主管部门、价格主管部门、人力资源和社会保障主管部门应当按照职责分工，分别负责房地产经纪活动的监督和管理。

第六条　房地产经纪行业组织应当按照章程实行自律管理，向有关部门反映行业发展的意见和建议，促进房地产经纪行业发展和人员素质提高。

第二章　房地产经纪机构和人员

第七条　本办法所称房地产经纪机构，是指依法设立，从事房地产经纪活动的中介服务机构。

房地产经纪机构可以设立分支机构。

第八条　设立房地产经纪机构和分支机构，应当具有足够数量的房地产经纪人员。

本办法所称房地产经纪人员，是指从事房地产经纪活动的房地产经纪人和房地产经纪人协理。

房地产经纪机构和分支机构与其招用的房地产经纪人员，应当按照《中华人民共和国劳动合同法》的规定签订劳动合同。

第九条　国家对房地产经纪人员实行职业资格制度，纳入全国专业技术人员职业资格制度统一规划和管理。

第十条　房地产经纪人实行全国统一大纲、统一命题、统一组织的考试制度，由国务院住房和城乡建设主管部门、人力资源和社会保障主管部门共同组织实施，原则上每年举行一次。

房地产经纪人协理实行全国统一大纲，由各省、自治区、直辖市人民政府建设（房地产）主管部门、人力资源和社会保障主管部门命题并组织考试的制度，每年的考试次数根据行业发展需要确定。

第十一条 房地产经纪机构及其分支机构应当自领取营业执照之日起30日内，到所在直辖市、市、县人民政府建设（房地产）主管部门备案。

第十二条 直辖市、市、县人民政府建设（房地产）主管部门应当将房地产经纪机构及其分支机构的名称、住所、法定代表人（执行合伙人）或者负责人、注册资本、房地产经纪人员等备案信息向社会公示。

第十三条 房地产经纪机构及其分支机构变更或者终止的，应当自变更或者终止之日起30日内，办理备案变更或者注销手续。

第三章 房地产经纪活动

第十四条 房地产经纪业务应当由房地产经纪机构统一承接，服务报酬由房地产经纪机构统一收取。分支机构应当以设立该分支机构的房地产经纪机构名义承揽业务。

房地产经纪人员不得以个人名义承接房地产经纪业务和收取费用。

第十五条 房地产经纪机构及其分支机构应当在其经营场所醒目位置公示下列内容：

（一）营业执照和备案证明文件；

（二）服务项目、内容、标准；

（三）业务流程；

（四）收费项目、依据、标准；

（五）交易资金监管方式；

（六）信用档案查询方式、投诉电话及12358价格举报电话；

（七）政府主管部门或者行业组织制定的房地产经纪服务合同、房屋买卖合同、房屋租赁合同示范文本；

（八）法律、法规、规章规定的其他事项。

分支机构还应当公示设立该分支机构的房地产经纪机构的经营地址及联系方式。

房地产经纪机构代理销售商品房项目的，还应当在销售现场明显位置明示商品房销售委托书和批准销售商品房的有关证明文件。

第十六条 房地产经纪机构接受委托提供房地产信息、实地看房、代拟合同等房地产经纪服务的，应当与委托人签订书面房地产经纪服务合同。

房地产经纪服务合同应当包含下列内容：

（一）房地产经纪服务双方当事人的姓名（名称）、住所等情况和从事业务的房地产经纪人员情况；

（二）房地产经纪服务的项目、内容、要求以及完成的标准；

（三）服务费用及其支付方式；

（四）合同当事人的权利和义务；

（五）违约责任和纠纷解决方式。

建设（房地产）主管部门或者房地产经纪行业组织可以制定房地产经纪服务合同示范文本，供当事人选用。

第十七条 房地产经纪机构提供代办贷款、代办房地产登记等其他服务的，应当向委托人说明服务内容、收费标准等情况，经委托人同意后，另行签订合同。

第十八条 房地产经纪服务实行明码标价制度。房地产经纪机构应当遵守价格法律、法规和规章规定，在经营场所醒目位置标明房地产经纪服务项目、服务内容、收费标准以及相关房地产价格和信息。

房地产经纪机构不得收取任何未予标明的费用；不得利用虚假或者使人误解的标价内容和标价方式进行价格欺诈；一项服务可以分解为多个项目和标准的，应当明确标示每一个项目和标准，不得混合标价、捆绑标价。

第十九条 房地产经纪机构未完成房地产经纪服务合同约定事项，或者服务未达到房地产经纪服务合同约定标准的，不得收取佣金。

两家或者两家以上房地产经纪机构合作开展同一宗房地产经纪业务的，只能按照一宗业务收取佣金，不得向委托人增加收费。

第二十条 房地产经纪机构签订的房地产经纪服务合同，应当加盖房地产经纪机构印章，并由从事该业务的一名房地产经纪人或者两名房地产经纪人协理签名。

第二十一条 房地产经纪机构签订房地产经纪服务合同前，应当向委托人说明房地产经纪服务合同和房屋买卖合同或者房屋租赁合同的相关内容，并书面告知下列事项：

（一）是否与委托房屋有利害关系；

（二）应当由委托人协助的事宜、提供的资料；

（三）委托房屋的市场参考价格；

（四）房屋交易的一般程序及可能存在的风险；

（五）房屋交易涉及的税费；

（六）经纪服务的内容及完成标准；

（七）经纪服务收费标准和支付时间；

（八）其他需要告知的事项。

房地产经纪机构根据交易当事人需要提供房地

产经纪服务以外的其他服务的,应当事先经当事人书面同意并告知服务内容及收费标准。书面告知材料应当经委托人签名(盖章)确认。

第二十二条 房地产经纪机构与委托人签订房屋出售、出租经纪服务合同,应当查看委托出售、出租的房屋及房屋权属证书,委托人的身份证明等有关资料,并应当编制房屋状况说明书。经委托人书面同意后,方可以对外发布相应的房源信息。

房地产经纪机构与委托人签订房屋承购、承租经纪服务合同,应当查看委托人身份证明等有关资料。

第二十三条 委托人与房地产经纪机构签订房地产经纪服务合同,应当向房地产经纪机构提供真实有效的身份证明。委托出售、出租房屋的,还应当向房地产经纪机构提供真实有效的房屋权属证书。委托人未提供规定资料或者提供资料与实际不符的,房地产经纪机构应当拒绝接受委托。

第二十四条 房地产交易当事人约定由房地产经纪机构代收代付交易资金的,应当通过房地产经纪机构在银行开设的客户交易结算资金专用存款账户划转交易资金。

交易资金的划转应当经过房地产交易资金支付方和房地产经纪机构的签字和盖章。

第二十五条 房地产经纪机构和房地产经纪人员不得有下列行为:

(一)捏造散布涨价信息,或者与房地产开发经营单位串通捂盘惜售、炒卖房号,操纵市场价格;

(二)对交易当事人隐瞒真实的房屋交易信息,低价收进高价卖(租)出房屋赚取差价;

(三)以隐瞒、欺诈、胁迫、贿赂等不正当手段招揽业务,诱骗消费者交易或者强制交易;

(四)泄露或者不当使用委托人的个人信息或者商业秘密,谋取不正当利益;

(五)为交易当事人规避房屋交易税费等非法目的,就同一房屋签订不同交易价款的合同提供便利;

(六)改变房屋内部结构分割出租;

(七)侵占、挪用房地产交易资金;

(八)承购、承租自己提供经纪服务的房屋;

(九)为不符合交易条件的保障性住房和禁止交易的房屋提供经纪服务;

(十)法律、法规禁止的其他行为。

第二十六条 房地产经纪机构应当建立业务记录制度,如实记录业务情况。

房地产经纪机构应当保存房地产经纪服务合同,保存期不少于5年。

第二十七条 房地产经纪行业组织应当制定房地产经纪从业规程,逐步建立并完善资信评价体系和房地产经纪房源、客源信息共享系统。

第四章 监督管理

第二十八条 建设(房地产)主管部门、价格主管部门应当通过现场巡查、合同抽查、投诉受理等方式,采取约谈、记入信用档案、媒体曝光等措施,对房地产经纪机构和房地产经纪人员进行监督。

房地产经纪机构违反人力资源和社会保障法律法规的行为,由人力资源和社会保障主管部门依法予以查处。

被检查的房地产经纪机构和房地产经纪人员应当予以配合,并根据要求提供检查所需的资料。

第二十九条 建设(房地产)主管部门、价格主管部门、人力资源和社会保障主管部门应当建立房地产经纪机构和房地产经纪人员信息共享制度。建设(房地产)主管部门应当定期将备案的房地产经纪机构情况通报同级价格主管部门、人力资源和社会保障主管部门。

第三十条 直辖市、市、县人民政府建设(房地产)主管部门应当构建统一的房地产经纪网上管理和服务平台,为备案的房地产经纪机构提供下列服务:

(一)房地产经纪机构备案信息公示;

(二)房地产交易与登记信息查询;

(三)房地产交易合同网上签订;

(四)房地产经纪信用档案公示;

(五)法律、法规和规章规定的其他事项。

经备案的房地产经纪机构可以取得网上签约资格。

第三十一条 县级以上人民政府建设(房地产)主管部门应当建立房地产经纪信用档案,并向社会公示。

县级以上人民政府建设(房地产)主管部门应当将在日常监督检查中发现的房地产经纪机构和房地产经纪人员的违法违规行为、经查证属实的被投诉举报记录等情况,作为不良信用记录记入其信用档案。

第三十二条 房地产经纪机构和房地产经纪人员应当按照规定提供真实、完整的信用档案信息。

第五章 法律责任

第三十三条 违反本办法,有下列行为之一的,由县级以上地方人民政府建设(房地产)主管部门责令限期改正,记入信用档案;对房地产经纪人员处以1万元罚款;对房地产经纪机构处以1万元以上3万元以下罚款:

（一）房地产经纪人员以个人名义承接房地产经纪业务和收取费用的；

（二）房地产经纪机构提供代办贷款、代办房地产登记等其他服务，未向委托人说明服务内容、收费标准等情况，并未经委托人同意的；

（三）房地产经纪服务合同未由从事该业务的一名房地产经纪人或者两名房地产经纪人协理签名的；

（四）房地产经纪机构签订房地产经纪服务合同前，不向交易当事人说明和书面告知规定事项的；

（五）房地产经纪机构未按照规定如实记录业务情况或者保存房地产经纪服务合同的。

第三十四条 违反本办法第十八条、第十九条、第二十五条第（一）项、第（二）项，构成价格违法行为的，由县级以上人民政府价格主管部门按照价格法律、法规和规章的规定，责令改正、没收违法所得、依法处以罚款；情节严重的，依法给予停业整顿等行政处罚。

第三十五条 违反本办法第二十二条，房地产经纪机构擅自对外发布房源信息的，由县级以上地方人民政府建设（房地产）主管部门责令限期改正，记入信用档案，取消网上签约资格，并处以 1 万元以上 3 万元以下罚款。

第三十六条 违反本办法第二十四条，房地产经纪机构擅自划转客户交易结算资金的，由县级以上地方人民政府建设（房地产）主管部门责令限期改正，取消网上签约资格，处以 3 万元罚款。

第三十七条 违反本办法第二十五条第（三）项、第（四）项、第（五）项、第（六）项、第（七）项、第（八）项、第（九）项、第（十）项的，由县级以上地方人民政府建设（房地产）主管部门责令限期改正，记入信用档案；对房地产经纪人员处以 1 万元罚款；对房地产经纪机构，取消网上签约资格，处以 3 万元罚款。

第三十八条 县级以上人民政府建设（房地产）主管部门、价格主管部门、人力资源和社会保障主管部门的工作人员在房地产经纪监督管理工作中，玩忽职守、徇私舞弊、滥用职权的，依法给予处分；构成犯罪的，依法追究刑事责任。

第六章 附 则

第三十九条 各地可以依据本办法制定实施细则。

第四十条 本办法自 2011 年 4 月 1 日起施行。

住房和城乡建设部关于废止和修改部分规章的决定

中华人民共和国住房和城乡建设部令第 9 号

《住房和城乡建设部关于废止和修改部分规章的决定》已于 2010 年 12 月 31 日经住房和城乡建设部第 68 次常务会议审议通过，现予发布，自发布之日起施行。

住房和城乡建设部部长　姜伟新
二〇一一年一月二十六日

住房和城乡建设部关于废止和修改部分规章的决定

经 2010 年 12 月 31 日第 68 次住房和城乡建设部常务会议审议，决定废止、修改下列规章，现予发布，自发布之日起生效。

一、废止下列规章

1.《城市房屋拆迁单位管理规定》（1991 年 7 月 8 日建设部令第 12 号发布）

2.《城市地下水开发利用保护管理规定》（1993 年 12 月 4 日建设部令第 30 号发布）

3.《开发区规划管理办法》（1995 年 6 月 1 日建设部令第 43 号发布）

4.《城市异产毗连房屋管理规定》（1989 年 11 月 21 日建设部令第 5 号发布，根据 2001 年 8 月 15 日建设部令第 94 号修正）

5.《城市房地产中介服务管理规定》（1996 年 1 月 8 日建设部令第 50 号发布，根据 2001 年 8 月 15

日建设部令第 97 号修正)

二、修改下列规章

1. 将《城市公厕管理办法》(建设部令第 9 号)第十条第二款中的"征用"修改为"使用",第十七条中的"《城市建设档案管理暂行规定》"修改为"《城市建设档案管理规定》",第二十六条中的"《中华人民共和国治安管理处罚条例》"修改为"《中华人民共和国治安管理处罚法》"。

2. 将《城市国有土地使用权出让转让规划管理办法》(建设部令第 22 号)第一条中的"《中华人民共和国城市规划法》"修改为"《中华人民共和国城乡规划法》"。

3. 将《建制镇规划建设管理办法》(建设部令第 44 号)第一条中的"《城市规划法》"修改为"《城乡规划法》",删除第三十二条中的"征用",第四十七条中的"《治安管理处罚条例》"修改为"《治安管理处罚法》"。

4. 将《城建监察规定》(建设部令第 55 号)第七条第一项中的"《中华人民共和国城市规划法》"修改为"《中华人民共和国城乡规划法》"。

5. 将《城市建设档案管理规定》(建设部令第 90 号)第一条中的"《中华人民共和国城市规划法》"修改为"《中华人民共和国城乡规划法》"。

6. 将《城市地下空间开发利用管理规定》(建设部令第 108 号)第一条中的"《中华人民共和国城市规划法》"和第九条、第十二条中的"《城市规划法》"修改为"《中华人民共和国城乡规划法》"。

7. 将《住宅室内装饰装修管理办法》(建设部令第 110 号)第三十九条中的"《城市规划法》"修改为"《中华人民共和国城乡规划法》"。

8. 将《城市绿线管理办法》(建设部令第 112 号)第一条、第八条、第十二条、第十六条中的"《城市规划法》"修改为"《中华人民共和国城乡规划法》"。

9. 将《外商投资城市规划服务企业管理规定》(建设部令第 116 号)第一条中的"《中华人民共和国城市规划法》"修改为"《中华人民共和国城乡规划法》"。

10. 将《城市抗震防灾规划管理规定》(建设部令第 117 号)第一条、第二十三条中的"《中华人民共和国城市规划法》"修改为"《中华人民共和国城乡规划法》"。

11. 将《城市紫线管理办法》(建设部令第 119 号)第一条中的"《中华人民共和国城市规划法》"和第二十条中的"《城市规划法》"修改为"《中华人民共和国城乡规划法》"。

12. 将《城市动物园管理规定》(建设部令第 133 号)第三十一条中的"《中华人民共和国治安管理处罚条例》"修改为"《中华人民共和国治安管理处罚法》"。

13. 将《建设部关于纳入国务院决定的十五项行政许可的条件的规定》(建设部令第 135 号)的第十五项行政许可删除。

14. 将《城市地下管线工程档案管理办法》(建设部令第 136 号)第一条中的"《中华人民共和国城市规划法》"修改为"《中华人民共和国城乡规划法》"。

15. 将《城市黄线管理办法》(建设部令第 144 号)第一条、第十七条中的"《城市规划法》"修改为"《中华人民共和国城乡规划法》"。

16. 将《城市蓝线管理办法》(建设部令第 145 号)第一条、第十四条中的"《中华人民共和国城市规划法》"修改为"《中华人民共和国城乡规划法》"。

住房和城乡建设部关于废止《城市燃气安全管理规定》、《城市燃气管理办法》和修改《建设部关于纳入国务院决定的十五项行政许可的条件的规定》的决定

中华人民共和国住房和城乡建设部令第 10 号

《住房和城乡建设部关于废止〈城市燃气安全管理规定〉、〈城市燃气管理办法〉和修改〈建设部关于纳入国务院决定的十五项行政许可的条件的规定〉的决定》已经第 77 次部常务会议审议通过,现予发布,自发布之日起施行。

住房和城乡建设部部长　姜伟新
二〇一一年九月七日

住房和城乡建设部关于废止《城市燃气安全管理规定》、《城市燃气管理办法》和修改《建设部关于纳入国务院决定的十五项行政许可的条件的规定》的决定

经2011年8月11日第77次住房和城乡建设部常务会议审议，决定废止和修改下列部门规章，现予发布，自发布之日起生效。

一、经商国家安全生产监督管理总局、公安部同意，废止《城市燃气安全管理规定》（1991年3月30日建设部、劳动部、公安部令第10号发布）。

二、废止《城市燃气管理办法》（1997年12月23日建设部令第62号发布）。

三、对《建设部关于纳入国务院决定的十五项行政许可的条件的规定》（2004年10月15日建设部令第135号发布）作如下修改：

删除"二、工程造价咨询企业资质认定条件"、"五、从事城市生活垃圾经营性清扫、收集、运输、处理服务审批条件"、"六、城市排水许可证核发条件"、"七、燃气设施改动审批条件"、"十三、房地产估价机构资质核准条件"和"十四、城市新建燃气企业审批条件"的相关内容。

三、综　合　类

财政部　住房城乡建设部关于进一步推进可再生能源建筑应用的通知

财建〔2011〕61号

各省、自治区、直辖市、计划单列市财政厅（局）、住房城乡建设厅（局、委），新疆生产建设兵团财务局、建设局：

近年来，为贯彻落实党中央、国务院关于推进节能减排与发展新能源的战略部署，财政部、住房城乡建设部大力推动太阳能、浅层地能等可再生能源在建筑领域应用，先后组织实施了项目示范、城市示范及农村地区县级示范，取得明显成效，可再生能源建筑应用规模迅速扩大，应用技术逐渐成熟，产业竞争力稳步提升。为进一步推动可再生能源在建筑领域规模化、高水平应用，促进绿色建筑发展，加快城乡建设发展模式转型升级，"十二五"期间，财政部、住房城乡建设部进一步加大推广力度，并调整完善相关政策，现就有关事项通知如下。

一、明确"十二五"可再生能源建筑应用推广目标

切实提高太阳能、浅层地能、生物质能等可再生能源在建筑用能中的比重，到2020年，实现可再生能源在建筑领域消费比例占建筑能耗的15%以上。"十二五"期间，开展可再生能源建筑应用集中连片推广，进一步丰富可再生能源建筑应用形式，积极拓展应用领域，力争到2015年底，新增可再生能源建筑应用面积25亿平方米以上，形成常规能源替代能力3000万吨标准煤。

二、切实加大推广力度，加快可再生能源建筑领域大规模应用

"十二五"期间，在可再生能源建筑应用城市示范及农村地区县级示范基础上，加快集中连片、整体推进，充分挖掘应用潜力。

（一）集中连片推进可再生能源建筑应用。为进一步放大政策效应，"十二五"期间，财政部、住房城乡建设部将选择在部分可再生能源资源丰富、地方积极性高、配套政策落实的区域，实行集中连片推广，使可再生能源建筑应用率先实现突破，到2015年重点区域内可再生能源消费量占建筑能耗的比例达到10%以上。各省（区、市、兵团）要在充分评估本地区可再生能源资源条件、建筑用能需求的基础上，提出集中连片推广方案，明确集中推广的重点区域、推广目标、实施计划及保障措施，编制可再生能源建筑应用"十二五"规划，并于2011年4月25日前上报。财政部、住房城乡建设部将在充分论证的基础上，选择确定"十二五"可再生能源建筑应用推广重点区域。可再生能源建筑应用城市及县级示范将优先在上述推广重点区域进行。

（二）进一步抓好可再生能源建筑应用城市示范及农村地区县级示范。"十二五"期间，财政部、住房城乡建设部将继续实施可再生能源建筑应用城市示范及农村地区县级示范。各示范市县在落实具体项目时，要做到统筹规划、集中连片。已批准的可再生能源建筑应用示范市县要抓紧组织实施，在确保完成示范任务的前提下要进一步扩大推广应用，并及时制定实施方案，财政部、住房城乡建设部组织论证后，对符合条件的新增推广面积继续给予财政补助，以鼓励示范市县充分挖掘应用潜力。对完成推广任务情况好的示范市县，经财政部、住房城乡建设部验收后将予以表彰并授予示范称号；对工作进度缓慢的，将给予通报批评，直至取消示范资格。2011年度新申请示范市县要按照《财政部住房城乡建设部关于印发可再生能源建筑应用城市示范实施方案的通知》（财建〔2009〕305号）和《财政部住房城乡建设部关于印发加快推进农村地区可再生能源建筑应用的实施方案的通知》（财建〔2009〕306号）的规定编写申请文件，并由各省（区、市、兵团）审核后与本省（区、市、兵团）集中连片推广方案于2011年4月25日前一并上报财政部、住房城乡建设部。新增示范市县将优先在集中连片推广的重点区域内安排。支持具备条件的绿色能源县开展可再生能源建筑应用工作。

（三）鼓励地方出台强制性推广政策。鼓励有条件的省（区、市、兵团）通过出台地方法规、政府令等方式，对适合本地区资源条件及建筑利用条件的可再生能源技术进行强制推广，进一步加大推广力度，力争"十二五"期间资源条件较好的地区都要制定出台太阳能等强制推广政策。财政部、住房城乡建设部将综合考虑强制推广程度及范围，在确定"十二五"可再生能源建筑应用重点区域时对出台强制性推广政策的地区予以倾斜。

（四）加大在公益性行业及公共机构的推广力度。在抓好地方推广工作的同时，支持在中央部门及其直属单位建筑领域推广应用可再生能源，并鼓励发挥部门的职能优势及行业带动效应，加快完善技术标准，推进所在行业可再生能源建筑应用工作。加大在公益性行业及城乡基础设施推广应用力度，使太阳能等清洁能源更多地惠及民生。积极在国家机关等公共机构推广应用可再生能源，充分发挥示范带动效应。

三、积极推进可再生能源建筑应用技术进步与产业发展

进一步完善支持政策，努力提高可再生能源建筑应用技术水平，并做大做强相关产业，增强产业核心竞争力。

（一）加快新技术推广应用。在抓好成熟技术规模化推广应用的同时，切实加大对太阳能采暖制冷、城镇生活垃圾及污泥沼气利用、工业余热及深层地热能梯级利用等新技术推广应用，以进一步拓展应用领域，提升技术水平。可再生能源新技术应用，列入各地示范任务，中央财政将加大补助力度。

（二）加大技术研发及产业化支持力度。鼓励科研单位、企业联合成立可再生能源建筑应用工程、技术中心，加大科技攻关力度，加快产学研一体化。中央财政安排的可再生能源建筑应用专项资金，支持可再生能源建筑应用重大共性关键技术、产品、设备的研发及产业化，中央财政按研发及产业化实际投入的一定比例对相关企业及科研单位等予以补助，并支持可再生能源建筑应用产品、设备性能检测机构、建筑应用效果检测评估机构等公共服务平台建设。

（三）逐步提高相关产业技术标准要求。为促进行业合理竞争，提升产业集中度，更好地体现择优扶强，住房城乡建设部、财政部将制定可再生能源建筑应用技术、产品、设备推荐目录，提出相关技术标准要求，严格行业准入门槛。各地应主要从目录中选用相关技术、产品、设备用于可再生能源建筑应用项目。住房城乡建设部、财政部将根据技术进步、产业发展情况，及时对目录进行调整，促进

产业结构调整与升级。

（四）积极培育能源管理公司等新型市场主体。可再生能源建筑应用工程原则上都要实行建设、运营一体化模式，并采取合同能源管理、区域能源系统特许经营等市场化推广机制，为能源管理公司发展创造条件。对能源管理公司投资、运营的可再生能源建筑应用项目，可按推广应用面积等直接对能源管理公司予以财政补助。各地要大力培育与可再生能源建筑应用直接相关的资源评估、专业设计、工程咨询、系统集成等配套产业，切实增强产业支撑能力，提高应用水平。

四、以可再生能源建筑应用为抓手，促进绿色建筑发展

各地要充分整合政策资源，发挥资金整体效益，把可再生能源建筑应用与发展绿色建筑相结合，统筹推进。对应用可再生能源并综合利用节能、节地、节水、节材及环境保护技术，达到绿色建筑评价标准的项目，应优先列入示范任务，中央财政将加大补助力度。鼓励在绿色生态城区、绿色重点小城镇建设中，将可再生能源建筑应用比例作为约束指标，积极制定专项规划，集中推广，并按推广应用量相应享受财政补助。

五、切实加强组织实施与政策支持

（一）加强质量控制，建设精品工程。各地要加强可再生能源建筑应用项目资源评估、规划设计、施工验收、运行管理全过程质量管理，应对可再生能源建筑应用部分进行专项施工图审查及竣工验收，并对设备运行情况进行监测。示范市县应委托专门的能效测评机构对可再生能源应用效果进行测评。应切实采取措施对可再生能源项目实行专业化运行管理及系统维护，确保项目稳定高效运行。北方采暖地区示范项目必须安装供热计量装置并实行按用热量计量收费。加强可再生能源建筑应用关键设备、产品的市场监管及工程准入管理。各省（区、市、兵团）住房城乡建设部门要抓紧制定可再生能源建筑应用资源评价方法、设计标准规范、施工工法、图集、运行操作规程等，指导和规范工程建设运行。

（二）完善配套措施，创新推广模式。地方财政部门要加大支持力度，建立稳定、持续的财政资金投入机制。要创新财政资金使用方式，建立多元化的资金筹措机制，放大资金使用效益。地方住房城乡部门建立可再生能源建筑应用技术评审及咨询服务机制，依托大专院校、科研机构、能源服务公司等，对示范市县特别是示范县进行技术咨询。

各地要高度重视可再生能源建筑应用工作，进一步加强组织领导，建立政府牵头，住房城乡建设、财政、发展改革（能源）、国土、房产等主管部门参加的议事协调机制，统一研究部署可再生能源推广工作中的重大问题。接此通知后要迅速开展方案制定、市县申报等工作，确保按时上报相关材料。

中华人民共和国财政部
中华人民共和国住房和城乡建设部
二〇一一年三月八日

财政部　住房城乡建设部关于进一步推进公共建筑节能工作的通知

财建〔2011〕207号

各省、自治区、直辖市、计划单列市财政厅（局）、住房城乡建设厅（委），新疆生产建设兵团财务局、建设局：

近年来，按照国务院节能减排综合性工作方案的统一部署，财政部、住房城乡建设部在全国范围内开展国家机关办公建筑和大型公共建筑的能耗统计、能源审计、能效公示工作，在部分省市开展公共建筑能耗动态监测平台建设试点，取得了良好效果，为节能量审核、制定能耗定额、建立能效交易机制提供有力支撑，充分激发了节能改造市场需求。但当前还存在大型公共建筑能耗水平高、增长势头猛、节能改造进展缓慢等突出问题。为切实加大组

织实施力度，充分挖掘公共建筑节能潜力，促进能效交易、合同能源管理等节能服务机制在建筑节能领域应用，财政部、住房城乡建设部将进一步开展公共建筑节能工作，现就有关事项通知如下。

一、明确"十二五"期间公共建筑节能工作目标

建立健全针对公共建筑特别是大型公共建筑的节能监管体系建设，通过能耗统计、能源审计及能耗动态监测等手段，实现公共建筑能耗的可计量、可监测。确定各类型公共建筑的能耗基线，识别重点用能建筑和高能耗建筑，并逐步推进高能耗公共建筑的节能改造，争取在"十二五"期间，实现公共建筑单位面积能耗下降10%，其中大型公共建筑能耗降低15%。

二、加强新建公共建筑节能管理

（一）严格执行节能标准。新建公共建筑应按照节能省地及绿色生态的要求指导工程建设全过程，要严格执行工程建设节能强制性标准，把能耗标准作为建筑项目核准和备案的强制性门槛，遏制高耗能建筑的建设。新建公共建筑要大力推广绿色设计、绿色施工，广泛采用自然通风、遮阳等被动节能技术。

（二）实行建筑能耗指标控制。要强化公共建筑特别是大型公共建筑建设过程的能耗指标控制，应根据建筑形式、规模及使用功能，在规划、设计阶段引入分项能耗指标，约束建筑体型系数、采暖空调、通风、照明、生活热水等用能系统的设计参数及系统配置，避免建筑外形片面追求"新、奇、特"，用能系统设计指标过大，造成浪费。新建大型公共建筑建成后必须经建筑能效专项测评，凡达不到工程建设节能强制性标准的，有关部门不得办理竣工验收备案手续。

三、深入开展公共建筑节能监管体系建设

各省（区、市）应以大型公共建筑为重点，深入推进公共建筑节能监管体系建设。

（一）推进能耗统计、审计及公示工作。各省（区、市）应对本地区地级及以上城市大型公共建筑进行全口径统计，将单位面积能耗高于平均水平和年总能耗高于1000吨标煤的建筑确定为重点用能建筑，并对50%以上的重点用能建筑进行能源审计。应对单位面积能耗排名在前50%的高能耗建筑，以及具有标杆作用的低能耗建筑进行能效公示。

（二）加强节能监管体系建设。中央财政支持有条件的地方建设公共建筑能耗监测平台，对重点建筑实行分项计量与动态监测，并建立能耗限额标准，强化公共建筑节能运行管理，争取用3年左右完成覆盖不同气候区、不同类型公共建筑的能耗监测系统。要重点加强高校节能监管，提高节能监管体系管理水平。示范省市及高校节能监管体系补助按照《财政部关于印发国家机关办公建筑和大型公共建筑节能专项资金管理暂行办法的通知》（财建〔2007〕558号）的有关规定执行。2011年度补助资金申请截止时间为6月20日。

（三）实施能耗限额管理。各省（区、市）应在能耗统计、能源审计、能耗动态监测工作基础上，研究制定各类型公共建筑的能耗限额标准，并对公共建筑实行用能限额管理，对超限额用能建筑，采取增加用能成本或强制改造措施。

四、积极推动公共建筑节能改造工作

"十二五"期间，财政部、住房城乡建设部将切实加大支持力度，积极推动重点用能建筑节能改造工作，有效改变公共建筑能耗较高的局面。

（一）实施重点城市公共建筑节能改造。各地应高度重视公共建筑的节能改造工作。为突出改造效果及政策整体效益，财政部、住房城乡建设部将选择在公共建筑节能监管体系建立健全、节能改造任务明确的地区，启动一批公共建筑节能改造重点城市。到2015年，重点城市公共建筑单位面积能耗下降20%以上，其中大型公共建筑单位建筑面积能耗下降30%以上。改造重点城市在批准后两年内应完成改造建筑面积不少于400万平方米。对改造重点城市，中央财政将给予财政资金补助，补助标准原则上为20元/平方米，并综合考虑节能改造工作量、改造内容及节能效果等因素确定。重点城市节能改造补助额度，根据补助标准与节能改造面积核定，当年拨付补助资金总额的60%，待完成竣工验收，财政部、住房城乡建设部对实际工作量及节能效果审核确认后，拨付后续补助资金。财建〔2007〕558号文件规定的建筑节能改造贴息政策停止执行。申请公共建筑节能改造重点城市，要制定实施方案（编制大纲见附件1）与资金申请表（附件2）。2011年申报截止日期为6月20日。

（二）推动高校等重点公共建筑节能改造。要充分发挥高校技术、人才、管理优势，积极推动高等学校节能改造示范，高校建筑节能改造示范应不低于20万平方米，单位面积能耗应下降20%以上。申请高校建筑节能改造示范，要编制实施方案（附件3）与资金申请表（附件4），由财政部、住房城乡建设部组织论证后确定。补助标准及资金拨付，按照上述重点城市公共建筑节能改造办法执行。2011年申报

截止日期为 6 月 20 日。

（三）积极推进中央本级办公建筑节能改造。财政部、住房城乡建设部将会同国务院机关事务管理局等部门共同组织中央本级办公建筑节能改造工作，并给予资金补助，具体补助标准根据改造工作量、节能效果、改造成本等因素核定。

五、大力推进能效交易、合同能源管理等节能机制创新

公共建筑节能工作要充分利用市场机制，大力推进体制机制创新，形成政府推动、社会力量广泛参与的工作局面。

（一）积极发展能耗限额下的能效交易机制。各地应建立基于能耗限额的用能约束机制，同时搭建公共建筑节能量交易平台，使公共建筑特别是重点用能建筑通过节能改造或购买节能量的方式实现能耗降低目标，将能耗控制在限额内，从而激发节能改造需求，培育发展节能服务市场。对能效交易机制已经建立和完善的城市，财政部、住房城乡建设部将在确定公共建筑节能改造重点城市时，向实行能效交易的地区倾斜。

（二）加强建筑节能服务能力建设。各地要在公共建筑节能改造中大力推广运用合同能源管理的方式，要加强第三方的节能量审核评价及建筑能效测评机构能力建设，充分运用现有的节能监管及建筑能效测评体系，客观审核与评估节能量。要加强建筑节能服务市场监管，制定建筑节能服务市场监督管理办法、服务质量评价标准以及公共建筑合同能源管理合同范本。要将重点城市节能改造补助与合同能源管理机制相结合，对投资回收期较长的基础改造及难以有效实现节能收益分享的领域，主要通过财政资金补助的方式推进改造工作。在节能改造效果明显的领域，鼓励采用合同能源管理的方式进行节能改造，并按照《财政部国家发展改革委关于印发合同能源管理项目财政奖励资金管理暂行办法的通知》（财建〔2010〕249 号）的规定执行。

六、加强公共建筑节能组织管理

各地要加强对公共建筑节能工作的组织领导，建立住房城乡建设、财政、发展改革、商务、教育、机关事务等主管部门（机构）参加的议事协调机制，统一研究部署节能工作中的重大问题。省级住房城乡建设部门要抓紧制定公共建筑节能运行管理、节能改造等方面的技术标准、导则。各地应在公共建筑节能改造中大力推广应用新型节能技术、材料、产品，带动相关产业发展。要加强对公共建筑节能监管体系建设及节能改造全过程的质量安全监管，在用电分项计量改造、用能设备改造、围护结构节能改造工程中，加强安全控制，强化对计量器具、关键设备、保温材料、门窗等关键材料产品的质量管理，确保工程质量。

附件：1. 公共建筑节能改造重点城市实施方案大纲（略）
2. 公共建筑节能改造重点城市资金申请表（略）
3. 建筑节能改造示范高校实施方案大纲（略）
4. 建筑节能改造示范高校节能改造申请表（略）

中华人民共和国财政部
中华人民共和国住房和城乡建设部
二〇一一年五月四日

关于印发《住房和城乡建设部低碳生态试点城（镇）申报管理暂行办法》的通知

建规〔2011〕78 号

各省、自治区住房城乡建设厅，直辖市、计划单列城市、省会城市规划局（委）：

为规范住房和城乡建设部低碳生态试点城（镇）申报工作，我部制定了《住房和城乡建设部低碳生态试点城（镇）申报管理暂行办法》。现印发给你们，请遵照执行。

附件：住房和城乡建设部低碳生态试点城（镇）申报管理暂行办法

中华人民共和国住房和城乡建设部
二〇一一年六月四日

住房和城乡建设部低碳生态试点城(镇)申报管理暂行办法

第一条 为规范住房和城乡建设部低碳生态试点城(镇)申报工作,特制定本办法。

第二条 申报住房和城乡建设部低碳生态试点城(镇)的对象,应是新建的城(镇)和既有城市的新区。

第三条 申报低碳生态试点城(镇),由所在地城市人民政府提出申请,经省、自治区、直辖市住房城乡建设行政主管部门同意,报住房和城乡建设部。

经住房和城乡建设部低碳生态城市领导小组办公室组织专家审查同意后,由住房和城乡建设部低碳生态城市领导小组批准。

第四条 申报低碳生态试点城(镇)应具备下列基本条件:

(一)新建城镇(新区)规划建设控制范围原则上应在3平方公里以上,不占用或少占用耕地。

(二)与中心城区距离不宜大于30公里,在100公里范围内应有可依托的大城市。

(三)靠近高速公路、铁路(或轨道交通站点)、已有或者已规划建设便捷的对外交通。

(四)如已建有道路系统,其路网建设基本符合"绿色交通"的原则。

(五)有健全的工作机制。包括:成立权责相符的领导与组织协调机构,并给予资金与制度方面的支持和保障;制定了低碳生态试点城(镇)规划纲要和建设实施方案。

第五条 申报新建低碳生态试点城(镇)应提供以下材料:

(一)所在地的资源环境现状评估和经济社会发展条件分析报告。包括土地、水资源、能源利用的状况,生态环境状况,对外交通条件,经济社会发展的现状和发展目标。

(二)低碳生态试点城(镇)规划纲要。纲要应体现资源节约和环境友好的发展理念,明确试点城(镇)的功能定位和主导产业,明确提出交通、市政基础设施、建筑节能、生态环境保护等方面的发展目标、发展策略和控制指标。纲要确定的总体和人均碳排放量应低于同一区域同等规模城市的平均水平。

(三)低碳生态试点城(镇)建设实施方案。包括低碳生态城(镇)产业发展、绿色建筑推广、交通和市政基础设施建设、环境治理和生态保护等方面的行动计划和创新示范工程。

第六条 曾获得国家园林城市、中国人居环境奖、生态园林试点城市等相关荣誉或称号的城(镇)优先考虑。

关于印发住房城乡建设部关于落实《国务院关于印发"十二五"节能减排综合性工作方案的通知》的实施方案的通知

建科〔2011〕194号

各省、自治区住房城乡建设厅,直辖市建委(建交委),新疆生产建设兵团建设局:

按照《国务院关于印发"十二五"节能减排综合性工作方案的通知》(国发〔2011〕26号)确定的总体目标和工作任务,我部研究制定了《住房城乡建设部关于落实〈国务院关于印发"十二五"节能减排综合性工作方案的通知〉的实施方案》，现印发给你们，请结合本地区实际，认真抓好落实。

各级住房城乡建设主管部门要充分认识住房城乡建设领域节能减排工作的重要性和紧迫性，树立高度的政治责任感和使命感，创新工作机制，加强与相关部门配合，扎扎实实地开展工作，确保完成节能减排工作任务，实现节能减排"十二五"规划目标。

各级住房城乡建设主管部门要把节能减排各项工作目标和任务逐级分解落实，明确责任；要成立主要负责人任组长的节能减排工作领导小组，强化政策措施的执行，加强对工作进展情况的监督考核；各省级住房城乡建设主管部门要根据本实施方案，制定本地区贯彻落实实施方案的具体工作计划，于2012年3月31日前报住房城乡建设部，并按年度向住房城乡建设部报告本地区节能减排工作进展情况。住房城乡建设部将分年度对节能减排工作目标责任履行情况进行专项考核，公布考核结果。

附件：住房城乡建设部关于落实《国务院关于印发"十二五"节能减排综合性工作方案的通知》的实施方案

中华人民共和国住房和城乡建设部
二〇一一年十二月一日

住房城乡建设部关于落实《国务院关于印发"十二五"节能减排综合性工作方案的通知》的实施方案

根据《国务院关于印发"十二五"节能减排综合性工作方案的通知》（国发〔2011〕26号）确定的工作目标和任务，制定本实施方案。

一、工作目标和总体要求

（一）节能目标。到"十二五"期末，建筑节能形成1.16亿吨标准煤节能能力。其中：发展绿色建筑，加强新建建筑节能工作，形成4500万吨标准煤节能能力；深化供热体制改革，全面推行供热计量收费，推进北方采暖地区既有建筑供热计量及节能改造，城镇居住建筑单位面积采暖能耗下降15%以上，形成2700万吨标准煤节能能力；加强公共建筑节能监管体系建设，推动节能改造与运行管理，力争公共建筑单位面积能耗下降10%以上，形成1400万吨标准煤节能能力。推动可再生能源与建筑一体化应用，形成常规能源替代能力3000万吨标准煤。

（二）减排目标。到"十二五"期末，基本实现所有县和重点建制镇具备污水处理能力，全国新增污水日处理能力4200万吨，新建配套管网约16万公里，城市污水处理率达到85%，形成化学需氧量削减能力280万吨、氨氮削减能力30万吨。城市生活垃圾无害化处理率达到80%以上。

（三）总体要求。以邓小平理论和"三个代表"重要思想为指导，全面落实科学发展观，把节能减排作为转变城乡建设发展方式的重要抓手，突出抓好发展绿色建筑、建筑节能、城镇污水和垃圾处理等重点工作，进一步健全法规制度，加强经济激励，完善技术标准，强化科技支撑，落实目标责任，扎实做好住房城乡建设领域节能减排工作，确保完成约束性指标，推动城镇发展模式转变，实现城乡可持续发展。

二、调整优化建设领域发展方式

（一）坚决抑制高耗能、高排放行业过快增长。在城乡规划编制中应体现符合当地可持续发展要求，将资源和环境保护要求作为强制性内容。要认真贯彻落实《民用建筑节能条例》、《国务院办公厅关于加强和规范新开工项目管理的通知》（国办发〔2007〕64号），会同发展改革、国土资源、环境保护等部门，严格规范投资项目新开工条件，对不符合节能减排有关法律法规和强制性标准的工程建设项目，不予发放建设工程规划许可证和通过施工图审查，不得发放施工许可证。建立行政审批责任制和问责制，按照"谁审批、谁监督、谁负责"的原则，对不按规定予以审批的，依法追究有关人员责任。

（二）积极推进建设领域能源结构调整。按照《财政部住房城乡建设部关于进一步推进可再生能源建筑应用的通知》（财建〔2011〕61号）要求，因地制宜大力推进可再生能源建筑一体化应用，力争

"十二五"期间新增可再生能源建筑应用面积25亿平方米以上。一是推进可再生能源建筑应用区域示范、城市及县级示范、太阳能屋顶计划等各类示范深入实施。选择可再生能源资源丰富、地方配套政策落实的重点地区，实行集中连片推广。二是有条件的省（自治区、直辖市）应及时对符合地区资源条件与建筑利用条件的可再生能源利用技术进行强制性推广。三是加快研究制定不同类型可再生能源建筑应用技术在设计、施工、能效检测等各环节的工程建设标准。四是加大对太阳能采暖制冷、太阳能与浅层地能耦合利用、污泥沼气利用技术、工业余热利用等新技术的推广力度。五是支持可再生能源建筑应用产品、设备性能检测机构、建筑应用效果检测评估机构等公共服务平台建设。

三、实施建筑节能重点工程

（一）全面推进绿色建筑发展。一是明确"十二五"期间绿色建筑发展目标、重点工作和保障措施等。二是研究出台促进绿色建筑发展的政策。三是继续完善绿色建筑标准体系，制（修）订绿色建筑相关工程建设和产品标准，研究制定绿色建筑工程定额。编制绿色建筑区域规划建设指标体系、技术导则和标准体系。鼓励地方制定更加严格的绿色建筑标准。四是开展绿色建筑相关示范。"十二五"期间，依托城镇新区建设、旧城更新、棚户区改造等，启动和实施绿色建筑集中示范区。积极开展高星级绿色建筑示范。五是加快绿色建筑相关共性关键技术研究开发及推广力度。依托高等院校、科研机构等，按照我国主要气候分区，加快国家建筑节能与绿色建筑工程技术中心及产业化基地建设。

（二）推动北方采暖地区既有居住建筑供热计量及节能改造。"十二五"期间完成北方采暖地区既有居住建筑供热计量及节能改造面积4亿平方米以上。一是各地要认真贯彻落实《关于进一步深入开展北方采暖地区既有居住建筑供热计量及节能改造工作的通知》（财建〔2011〕12号），尽快分解改造任务指标，落实改造项目，并抓紧实施。二是财政部、住房城乡建设部确定的"节能暖房工程"重点市县要切实加快工作进度，力争在两年内，重点市完成具备改造价值老旧住宅供热计量及节能改造面积的40%以上，重点县完成70%以上。三是全面推进供热计量改革，北方采暖地区的新建建筑及完成节能改造的既有建筑应全部实行供热计量收费。四是开展供热能耗统计和供热能耗定额管理试点工作。

（三）启动夏热冬冷地区既有建筑节能改造。"十二五"期间启动和实施夏热冬冷地区既有建筑节能改造面积5000万平方米。一是会同财政部研究制定推进夏热冬冷地区既有建筑节能改造的实施意见及财政资金奖励办法。二是会同财政部在综合考虑各省市经济发展水平、建筑能耗水平、技术支撑能力等因素的基础上，对改造任务进行分解落实。各省级住房城乡建设主管部门要在2012年5月31日之前将改造目标进一步分解到各城市（区），并将分解结果报住房城乡建设部。三是各地住房城乡建设主管部门应对本地区既有建筑进行建筑状况调查、能耗统计，确定改造重点内容和项目、制定改造规划和实施计划，并积极与同级有关部门协调配合，研究适合本地实际的经济和技术政策，做好组织协调工作，确保改造目标的实现。

（四）实施公共建筑节能改造。"十二五"期间完成公共建筑节能改造面积6000万平方米。一是按照《关于进一步推进公共建筑节能工作的通知》（财建〔2011〕207号）要求，进一步加强公共建筑节能监管体系建设，"十二五"期间，全国地级及以上城市应完成对大型公共建筑能耗的全口径统计，将单位面积能耗高于平均水平和年总能耗高于1000吨标煤的建筑确定为重点用能建筑，进行重点监管，对50%以上的重点用能建筑进行能源审计。二是在20个以上省（自治区、直辖市），建立公共建筑能耗动态监测平台，对5000栋以上公共建筑的能耗情况进行动态监测，实现公共建筑能耗可监测、可计量。三是在公共建筑节能监管体系建立健全、节能改造任务明确的地区，启动和实施10个以上公共建筑节能改造重点城市。四是会同财政部、教育部，积极推动"节约型高等学校"建设及高等学校校园建筑节能改造示范。

（五）实施农村危房节能改造。"十二五"期间，支持25万农户结合农村危房改造开展建筑节能示范，改善农房保温效果。一是在农村危房改造中，对实施建筑节能示范的农户给予中央补助，引导更多农户建造节能房。二是编制技术导则，明确建筑节能示范农房的技术要求，编制农房节能改造的案例与图集，对设计、施工及管理等关键环节进行指导。三是加强现场技术指导和监督检查，督促地方保质保量完成建筑节能示范任务。

（六）推进城镇污水处理设施及配套管网建设。一是加强规划引导，会同有关部门，抓紧编制《全国城镇污水处理及再生利用设施建设"十二五"规划》和《重点流域"十二五"水污染防治规划》。二是指导各地合理确定规模与工艺,严格项目审查,加快城镇污水处理设施建设与升级改造。会同有关部门开展污泥处理处置项目示范,推进污泥的无害化处理处置和资源化利用。三是积极争取中央资金支持,配合有关部门,落实中央预算内资金和污水处理设施配套管网"以奖代补"资金,支持城镇污水处理设施配套管网建设。

四、加强节能减排管理

(一)严格建筑节能管理。一是加快省市县三位一体的建筑节能管理体制建设,形成统一标准、上下联动、监管有效的运行机制,将建筑节能监管重心下移,加强市县的监管能力和执行法律法规及标准规范的能力。二是继续强化新建建筑执行节能标准的监管,着力抓好对施工阶段等薄弱环节以及中小城市等薄弱地区执行标准的监管,确保新建建筑施工阶段执行节能强制性标准的比例在95%以上。做好北方采暖地区以及夏热冬冷地区新颁布建筑节能标准的贯彻实施工作。三是全面推行民用建筑节能信息公示制度,城镇民用建筑项目必须在施工现场主要入口显著位置对所建工程项目建筑节能信息进行公示,房地产开发企业应当向购买人明示所售商品房的能源消耗指标、节能措施和保温要求、保温工程保修期等信息,并在商品房买卖合同、住宅质量保证书、住宅使用说明书中予以载明。四是强化新建公共建筑节能管理,引导新建公共建筑大力推广绿色设计、绿色施工,广泛采用自然通风、遮阳等被动节能技术,应根据公共建筑形式、规模及使用功能,在规划、设计阶段引入分项能耗指标,约束建筑体型系数、采暖空调、通风、照明、生活热水等用能系统的设计参数及系统配置。五是严格执行公共建筑室内温度控制制度,宾馆、商厦、写字楼、机场、车站等夏季空调温度不得低于26度,冬季采暖温度不得高于20度。五是进一步加强建筑节能材料、产品、设备在生产、流通和使用环节的质量监管,严格工程准入。

(二)强化城市交通领域节能减排管理。一是强化城市综合交通体系规划的指导作用。组织专家对有关城市的城市综合交通体系规划的编制进行现场指导,提高规划编制水平;各省级住房城乡建设主管部门应按照《城市综合交通体系规划编制办法》,加强对城市综合交通体系规划的审查。二是加强城市公共交通基础设施建设。制定出台加强城市轨道交通规划建设有关政策措施,加强城市轨道交通近期建设规划的审查工作,指导各地加快城市轨道交通建设;落实公交优先战略的政策措施,强调加强公交基础设施建设,提高公交基础设施水平。三是加强步行、自行车交通系统建设。继续开展"城市步行和自行车交通系统示范项目"工作;继续开展"中国城市无车日"活动,倡导绿色交通;研究制定有关政策措施,指导地方加强城市步行、自行车交通系统建设。

(三)积极推进城市照明节能。一是组织编制《"十二五"城市绿色照明规划纲要》,推进城市照明系统节能。二是大力推广高效节能照明灯具,推进城市照明节能改造,促进可再生能源在城市照明方面的应用。三是建立健全城市绿色照明节能评价体系,形成定期的监督检查机制。四是严格控制景观过度照明。继续抓好城市道路半导体照明试点示范工程,开展"绿色照明示范城市"创建工作。

(四)促进农村节能减排。一是会同财政部、国家发展改革委等部门组织实施绿色低碳重点小城镇试点示范。二是指导村镇人居环境治理。推动重点流域重点镇污水处理设施配套管网建设,组织编制《村庄污水处理优秀案例集》及《不同类型小城镇污水处理及配套管网建设及时指南》,开展县域村镇污水治理试点示范,组织编制《村镇生活垃圾收集运输技术规程》。起草《关于加强农村生活垃圾管理工作的意见》,开展县域村镇垃圾治理全覆盖统计公布工作。

五、实施循环经济重点工程

(一)推进资源综合利用。一是全面推进墙体材料革新,进一步提高新型墙体材料和节能、利废建材生产及应用比例。二是会同财政、发展改革等部门,组织实施新型墙体材料及节能建材产业化基地建设示范。三是各地住房城乡建设主管部门应结合本地实际和贯彻实施国家禁止使用实心粘土砖的工作,积极开发和推广适合本地应用的新型墙体材料。四是配合有关部门修订发布新型墙体材料目录和专项基金管理办法。各地负责墙体材料革新工作的住房城乡建设主管部门应加强对墙改基金的征收和管理,充分发挥墙改基金的引导和调控作用,推动绿色建筑和建筑节能。五是配合国家发展改革委继续推进禁止使用实心粘土砖工作。六是会同工业和信息化部加快高强钢筋的推广应用。

(二)促进垃圾资源化利用。一是认真贯彻落实国务院批转住房城乡建设部等部门《关于进一步加强城市生活垃圾处理工作的意见》(国发〔2011〕9

号），分解任务，落实责任，配套政策，对各地落实情况进行监督检查。二是组织做好《全国城镇生活垃圾无害化处理设施建设"十二五"规划》编制和实施工作，推动各地加快城市生活垃圾处理能力建设，"十二五"期末，全国生活垃圾无害化处理率达到80%以上。三是会同有关部门组织开展生活垃圾处理示范工程项目工作，推动各地提高生活垃圾处理设施建设管理水平。组织开展现有生活垃圾堆放点普查，指导各地做好生活垃圾填埋场封场和堆放点治理改造。四是推动生活垃圾分类工作。总结生活垃圾分类收集试点城市情况，扩大试点城市范围，"十二五"期间在每个省（自治区、直辖市）设立一个试点城市。修订《城市生活垃圾分类及其评价标准》。五是配合有关部门做好餐厨垃圾资源化利用和无害化处理示范项目工作，指导北京市朝阳区等33个试点城市（区）尽快建成示范项目。加大对餐厨垃圾处理项目的建设投入，力争"十二五"期间完成100座餐厨垃圾处理示范工程建设。

（三）推进节水型城市建设。一是研究制定城市规划、建设和市政公用事业方面的节水制度、办法和具体标准。指导各地组织编制城市节水专项规划。二是以节水型城市创建工作为抓手，推动城镇节水工作，会同国家发展改革委修订和完善《节水型城市考核标准》，强化中长期规划指导、用水节水统计管理、公共供水和自备水的计划用水与定额管理。做好节水型城市的申报和考核工作。三是加快再生水利用设施建设，推进污水处理再生利用，在城市水系治理及生态修复方面发挥再生水功能。四是配合国家质检总局等有关部门做好节水产品强制性标准及认证工作。

六、加快节能减排技术开发和推广

（一）加快节能减排技术研发。一是"十二五"期间，在国家科技支撑计划项目中，开展对绿色建筑、建筑节能的技术研究，实现绿色建筑设计、建造、评价和改造的一条龙技术服务支撑，建设综合性技术服务平台，建立以实际建筑能耗数据为导向的建筑节能技术支撑体系。二是开展城市生活垃圾处理利用技术研究，形成城市生活垃圾处置利用关键技术与设备，增强垃圾收运处置能力，提高资源化水平。三是在"水体污染控制与治理"科技重大专项中，以节能减排为目标导向，开展城市水污染控制和饮用水安全保障领域技术研究与关键设备研发，重点突破城镇排水系统优化运行、污水处理提标改造与节能减耗、污泥处置与资源化利用、非传统水源利用、饮用水深度净化等关键技术，并在重点流域内示范应用。

（二）加快节能减排技术推广应用。一是根据"十二五"期间行业发展需求灵活制定节能减排技术公告，引导行业健康发展。二是依据技术公告制定专项的技术推广、限制、淘汰目录，鼓励企业技术进步，提高产品质量。三是通过示范工程建设，加快技术成果转化。

（三）加强节能减排国际交流合作。一是广泛开展节能减排国际科技合作，积极引进国外先进节能环保技术和管理经验，更有效地组织实施好现有国际合作项目。二是积极筹备召开国际智能、绿色建筑与建筑节能大会暨新技术与产品博览会。三是继续积极研究、多渠道筹集争取配套资金，鼓励有关单位参与国际合作项目的策划和申请，扩大合作对象，拓展合作领域。在清洁发展机制（CDM）合作等方面，提出相应的工作思路，开展相应的工作。

七、完善节能减排经济政策

（一）推进价格和环保收费改革。一是配合国家发展改革委研究修订《城市供水价格管理办法》，指导各地加快推进居民用水户表改造，并逐步推行居民生活用水阶梯式水价制度。二是研究制定城镇污水处理收费管理办法。三是配合国家发展改革委推行城市生活垃圾处理收费制度。探索改进城市生活垃圾处理收费方式，降低收费成本。四是全面推进供热计量收费，贯彻落实住房城乡建设部、国家发展改革委、财政部、国家质检总局《关于进一步推进供热计量改革工作的意见》（建城〔2010〕14号），指导和督促地方尽快制定"两部制"热价。

（二）完善财政税收政策。配合财政部、国家税务总局研究制定鼓励节能省地环保型建筑、既有建筑节能改造、可再生能源建筑中应用、节能减排设备、资源综合利用产品等方面的财政、税收优惠政策。

（三）推行污染治理设施建设运行特许经营。一是开展市政公用事业改革情况调研，对城镇排水与污水处理行业特许经营制度实施情况，进行分析总结，进一步完善特许经营制度。二是制定城市生活垃圾处理特许经营权招标投标管理办法，完善准入条件。继续开展生活垃圾处理设施等级评定工作，建立退出机制和黑名单制度。

八、强化节能减排监督检查

(一)健全法律法规。积极配合国务院法制办加快出台城镇排水与污水处理条例,研究制定《民用建筑能耗与节能信息统计管理办法》。

(二)完善节能和环保标准。一是要加快完善建筑节能标准体系,针对住宅、农村建筑、公共建筑、工业建筑等不同类型建筑,分别制修订相关工程建设节能标准,在设计、施工、运行管理等环节落实建筑节能要求。二是重点制修订《居住建筑节能设计标准》、《建筑节能气象参数标准》、《既有居住建筑节能改造技术规程》、《夏热冬暖地区居住建筑节能设计标准》。三是制定修订一批建筑节能相关产品标准,为推进建筑节能工程提供相关产品技术支撑。四是进一步完善污水处理、生活垃圾处理等标准。

(三)加强城镇污水处理厂和生活垃圾处理设施运行管理和监督。一是完善"全国城镇污水处理管理信息系统"和城镇污水处理工作考核办法,进一步加强对污水处理设施建设和运行的监督指导。二是建立数据共享机制,配合发展改革、财政等部门,对设施运行负荷率达不到要求或无故不运行地区项目资金下达予以限制。三是加强监督,指导各地加强项目审查,合理确定城镇污水处理设施规模和工艺。督促地方严格落实工程管理相关制度,确保项目建成后及时投入运行发挥效能。严格落实排水许可制度,强化对排入下水道的水质监管,确保城镇污水处理厂达标排放。四是强化对垃圾处理设施建设运行的监管,进一步完善城镇生活垃圾处理管理信息系统,研究制定相关监管标准,继续开展生活垃圾填埋场等级评定并启动垃圾焚烧厂等级评定工作。

(四)加强节能减排执法检查。各省级住房城乡建设主管部门要研究建立建设领域节能减排统计、监测和考核体系,严格落实节能减排目标责任制和问责制,组织开展节能减排专项检查督察,对本地区住房城乡建设主管部门落实国务院节能减排综合性工作方案的情况进行督察,及时向住房城乡建设部报告。住房城乡建设部每年组织开展建筑节能、供热体制改革、城镇污水处理厂和生活垃圾处理设施运行管理的专项检查行动,严肃查处各类违法违规行为和事件。

九、推广节能减排市场化机制

(一)加快推进民用建筑能效测评标识工作。一是根据试点经验,组织对《民用建筑能效测评标识管理暂行办法》、《民用建筑能效测评机构管理暂行办法》进行修订。二是加大民用建筑能效测评标识推进力度,各地要严格贯彻《民用建筑节能条例》规定,对新建国家机关办公建筑和大型公共建筑进行能效测评标识。指导和督促地方将能效测评作为验证建筑工程节能效果的基本手段以及获得示范资格和资金奖励的必要条件。三是加大民用建筑能效测评机构能力建设力度,完成国家及省两级能效测评机构体系建设。

(二)加大绿色建筑评价标识实施力度。一是完善绿色建筑评价标准体系,制定针对不同地区、不同建筑类型的绿色建筑评价标识细则,科学地开展评价标识工作。二是鼓励地方制定适合本地区的绿色建筑评价标识指南。三是规范和引导科研院所、相关行业协会和中介服务机构开展绿色建筑技术研发、前期咨询、后期检测等各方面的专业服务,推进绿色建筑健康发展。

(三)加强建筑节能服务体系建设。一是立足建筑节能目前发展阶段和现有资源,以国家机关办公建筑和大型公共建筑的节能运行管理与改造、建设节约型校园和宾馆饭店为突破口,拉动需求、激活市场、培育市场主体服务能力。二是加快推行合同能源管理,规范能源服务行为,利用国家资金重点支持专业化节能服务公司为用户提供节能诊断、设计、融资、改造、运行管理一条龙服务,为国家机关办公楼、大型公共建筑、公共设施和学校实施节能改造。三是推进建筑能效交易试点。

十、加强节能减排能力建设与宣传教育

(一)强化节能减排管理能力建设。各地住房城乡建设主管部门应加强节能减排管理能力建设,完善机构,充实人员。加强建筑节能统计、监测能力建设。充分发挥行业协会、学会在节能标准制定和实施、新技术(产品)推广、信息咨询、宣传培训等方面的作用。

(二)加强节能减排宣传教育。各地住房城乡建设主管部门要配合有关部门做好"节能减排全民行动",组织开展系列宣传活动,制定专门宣传方案,广泛宣传建设领域节能减排的重要性。做好每年一度的全国节能宣传周、全国城市节约用水宣传周、中国城市公共交通周及无车日等宣传活动。各级住房城乡建设主管部门应制定节能减排先进单位和个人的表彰奖励办法,对在节能降耗和污染减排工作中做出突出贡献的单位和个人予以表彰和奖励。

关于进一步推进住房城乡建设系统依法行政的意见

建法〔2011〕81号

各省、自治区住房和城乡建设厅，直辖市建委及有关部门，新疆生产建设兵团建设局：

为进一步推进住房城乡建设系统依法行政，根据国务院《全面推进依法行政实施纲要》（国发〔2004〕10号，以下简称《纲要》）和《关于加快推进法治政府建设的意见》（国发〔2010〕33号，以下简称《意见》）的要求，结合住房城乡建设系统实际，提出以下意见。

一、增强依法行政意识，明确工作总体要求

（一）充分认识依法行政的重要性和紧迫性。依法行政是现代政治文明的重要标志，是建设法治政府的核心。住房城乡建设系统依法行政工作取得了积极进展，但与《纲要》和《意见》提出的目标和要求相比，任务还很艰巨。各级住房城乡建设部门要充分认识依法行政的重要性和紧迫性，正确看待我国经济社会发展的形势和住房城乡建设事业面临的任务，大力弘扬社会主义法治精神，不断增强推进依法行政的自觉性和主动性，扎实做好推进依法行政各项工作，全面推进住房城乡建设系统依法行政。

（二）推进依法行政的总体要求。以邓小平理论和"三个代表"重要思想为指导，深入贯彻落实科学发展观，进一步加大《纲要》的实施力度，认真落实《意见》要求，紧紧围绕党和国家工作大局，紧密结合住房城乡建设实际，通过增强领导干部依法行政意识和能力、提高制度建设质量、规范行政权力运行、妥善化解社会矛盾等手段，着力健全城镇住房保障体系，完善房地产市场调控，加强住房公积金管理，着力加强城乡规划建设管理，推进建筑节能和城镇减排，规范城市建设和风景名胜区管理，积极稳妥推进城镇化，着力规范建筑、房地产市场秩序，强化工程质量安全监管，健全工程建设标准体系，保障住房城乡建设事业科学发展，维护社会和谐稳定。

二、加强法制培训学习，提高依法行政能力

（三）增强依法行政观念。各级住房城乡建设部门工作人员特别是领导干部要牢固树立社会主义法治理念，带头学法、遵法、守法、用法，自觉养成依法办事的习惯，切实提高运用法治思维和法律手段解决问题的能力。重视提拔使用依法行政意识强、善于用法律手段解决问题、推动发展的优秀干部。

（四）推行法律知识测试和考察制度。拟任部门领导职务的干部，任职前要考察其掌握相关法律知识和依法行政情况，并将考察结果作为是否任用的重要依据。公务员录用考试要注重对法律知识的测试。对拟从事行政执法工作的人员，要统一组织专门的法律知识考试，严格实行行政执法人员持证上岗制度。对拟从事政府法制工作的人员，也要组织专门的法律知识考试。

（五）健全培训学习长效机制。完善领导干部学法制度，每年要举办2期领导干部依法行政专题研讨班，加强对公务员的法制教育和培训，将依法行政知识纳入公务员培训的教学内容。定期组织行政执法人员参加通用法律知识培训、专门法律知识轮训和新法律法规专题培训，并把培训情况、学习成绩作为考核内容和任职晋升的依据之一。行政复议人员要有专门的业务培训。

三、紧密围绕中心工作，提高制度建设质量

（六）完善住房城乡建设法规体系。通过制订法律、法规、政策、标准，营造有利于住房城乡建设事业科学发展的法制环境。围绕住房城乡建设中心工作，加快立法进度，突出立法重点，优先解决住房保障、市场监管等方面法律法规相对滞后的问题，及时修订与经济社会发展不相适应的法律法规。

（七）提高制度建设质量。坚持依法立法，确保立法工作符合法定的权限和程序，立法内容符合上位法的规定并与相关法规相协调。坚持科学立法，

正确认识和把握经济社会发展的规律，顺应时代发展和形势变化的要求，增强法律制度的科学性、合理性和可操作性，确保活力、有序与科学的统一。坚持民主立法，充分发挥公众参与和专家咨询论证的作用，保证人民群众的意见和建议得到充分表达，合理的诉求、合法的利益得到充分体现。做好立法协调，积极构建与人大法律工作部门、政府法制部门和有关部门之间良好的工作联络机制和协商渠道，增强协调意识，提高协调能力，克服部门利益化倾向。

（八）严格规范性文件制定和发布程序。严格依法制定规范性文件，各类规范性文件不得设定行政许可、行政处罚、行政强制等事项，不得违法增加公民、法人和其他组织的义务。制定对公民、法人或者其他组织的权利义务产生直接影响的规范性文件，要公开征求意见，由法制机构进行合法性审查，并经领导班子集体讨论决定。不得通过备案等手段违法设定地区封锁和部门垄断条件，切实维护各类市场主体的合法权利。

（九）加强规章、规范性文件的清理和备案。健全规章和规范文件定期清理制度，对规章一般每隔5年、规范性文件一般每隔2年清理一次，清理结果要向社会公布。加强规章和规范性文件的合法性审查，做到与上位法不矛盾、不抵触，政策之间相互协调。严格执行规章和规范性文件备案管理的有关规定，自觉接受备案审查监督。

四、健全行政决策机制，依法科学民主决策

（十）严格依法决策。行政决策要有法律依据，确保行政决策的主体、程序、内容符合相关法律法规规定。充分发挥法制机构、法律顾问和法律专家的作用，作出重大决策前，法制部门应当进行合法性审查，组织法律专家会审，防止越权决策、违法决策。

（十一）健全决策程序。建立健全重大决策机制，把公众参与、专家咨询、风险评估、合法性审查和集体讨论决定，作为重大决策的必经程序，增加公共政策制定透明度。明确本部门实行集体决策的事项范围、集体决策程序和办法，防止个人独断专行。对住房保障、城乡规划、房屋征收补偿、市政公用事业发展、标准规范等有关经济社会发展和人民群众切身利益的重大决策，要进行合法性、合理性、可行性评估，实现风险可控。完善重大决策事项听证制度，扩大听证范围，规范听证程序，听证参加人要有代表性，听证意见作为决策的重要依据。

（十二）完善决策评估制度。定期通过各种途径对规章、规范性文件的执行情况和社会效果进行调查和分析。通过多种途径了解社会公众对决策实施的意见和建议，必要时组织专家学者或者委托专业机构进行评估，并根据社会公众的意见和建议，适时调整和完善有关决策。对违法或不当的决策行为，要依法追究责任。

五、规范行政执法行为，严格公正文明执法

（十三）严格依法履行职责。切实解决当前市场监管中存在的执法不严、违法不究的问题。以维护公共利益和规范住房城乡建设市场秩序为目标，加强城乡规划、房地产市场、建筑市场和工程质量安全、节能减排、住房公积金、工程建设标准执行等方面的监督执法力度，进一步加强稽查执法工作，及时纠正违法违规行为。以保障和改善民生为重点，规范公共服务，确保住房保障、市政公用等政策的落实，加强和改善房地产市场调控，强化住房公积金的基本住房保障功能。加强住房城乡建设系统内外的协作配合，形成监管合力。健全住房城乡建设系统市场监管应急预案体系，全面提升应对突发事件处置能力和水平。健全信用制度，加强对注册执业人员管理和专业人员队伍建设，狠抓重点领域的专项治理。加大建筑市场动态监管力度，每年动态核查企业数不小于企业总数的5%。

（十四）规范执法行为。规范执法主体，界定执法权限，明确委托执法的依据、事项、权限和时限，并向社会公布。健全行政执法程序，细化执法流程，明确执法步骤、环节和时限。坚持公正执法，对违法行为做到有案必查、违法必究、过罚相当、不枉不纵。规范行政执法裁量权，依法细化行政执法裁量标准。坚持文明执法，注重管理与服务并重、处置与疏导结合，不得粗暴对待当事人。

（十五）推进行政执法信息化建设。充分发挥信息技术在行政执法中的作用。建立和完善行政执法办案管理系统，利用信息化手段，及时发现违法行为，为迅速查处违法案件提供技术支持。建立行政执法责任制信息化管理系统，提高行政执法管理信息化水平。完善网上电子审批、一个窗口集中办理和"一站式"服务的工作机制，加强对许可权力的有效监督和制约，提高服务质量和效率。

（十六）完善行政执法责任制。根据法律法规立改废情况及时调整、梳理行政执法依据，明确行政执法责任。通过行政执法案卷评查、质量考核、满意度测评等方式，加强对行政执法人员的评议考核。

完善和细化行政执法责任追究制度，行政执法人员不履行或者不正确履行法定职责、滥用职权、粗暴执法的，要依法追究责任。继续发挥行政执法责任制重点联系单位的作用，不断总结经验，推动住房城乡建设系统行政执法责任制的深入开展。

六、依法解决行政争议，促进社会和谐稳定

（十七）充分发挥行政复议功能。畅通行政复议渠道，依法受理行政复议案件，确实不属于行政复议受案范围的，要告知申请人解决问题的途径。进一步细化和完善行政复议程序，全面规范受理、审查、决定、监督等工作环节，增强行政复议的公信力。深入调查了解案情，注重运用调解、和解方式解决纠纷，坚决纠正违法或者不当的行政行为，提高办案质量，加大复议纠错力度，努力实现"定纷止争、案结事了"。健全工作机构，充实行政复议人员，确保行政复议案件依法由2名以上行政复议人员审理。建立健全适应行政复议工作特点的激励机制和经费保障机制。落实重大行政复议决定报上级行政复议机关备案制度，按照《关于建立住房和城乡建设系统行政复议、行政应诉案件统计报告制度的通知》要求，定期报送行政复议、行政应诉案件统计报表和行政复议案件分析报告。

（十八）完善信访制度。坚持领导干部定期接访、下访和及时阅处群众来信，引导群众依法理性反映诉求，对群众反映的问题限时办结、及时反馈。进一步完善矛盾纠纷排查调处工作机制，妥善处置突发事件，有效化解矛盾，把社会矛盾解决在当地、解决在基层、解决在萌芽状态。及时做好群访人员的疏导和对缠访问题的处置。

（十九）做好行政应诉工作。完善行政应诉制度，自觉接受司法监督。对人民法院受理的行政案件，被诉机关要依法积极应诉，按照规定向法院提交做出被诉行政行为的依据、证据和其他相关材料，并依法参加庭审活动，重大行政案件要由住房城乡建设部门负责人亲自出庭应诉。自觉履行人民法院作出的生效判决、裁定，认真研究落实人民法院发出的司法建议书。

七、强化行政监督作用，全面推进政务公开

（二十）自觉接受外部监督。自觉接受人大及其常委会的监督、政协的民主监督和司法机关依法实施的监督。完善群众举报投诉制度，拓宽群众监督渠道。对人民群众检举、新闻媒体反映的问题，各级住房城乡建设部门要认真按照国家有关规定处理。

（二十一）加强层级监督。加强对下级住房城乡建设部门依法行政工作情况的监督检查。地方住房城乡建设部门每年向上一级住房城乡建设部门书面报告依法行政工作情况，重大行政处罚决定及时向上级住房城乡建设部门备案。健全行政执法监督体系，增强执法监督力度。加强对城乡规划、房地产开发、工程建设、住房公积金、市政公用事业等重点领域和行政审批、招标投标、资质资格审查等方面的执法监督。

（二十二）推进政务公开。加大政府信息公开力度，重点推进重大建设项目批准和实施、公共资源配置等领域的政府信息公开，深入推进市政公用事业领域的办事公开。主动通过政府公报、政府网站等形式公开应当主动公开的政府信息，对人民群众申请公开政府信息的，依法在规定时限内予以答复。建立健全政府信息公开的监督和保障机制，定期对政府信息公开工作进行评议考核。推进办事公开，加强电子政务建设，充分利用现代信息技术，拓宽办事公开领域，为人民群众提供优质、高效、便利的服务。

八、进一步加强组织领导，提供依法行政保障

（二十三）加强对依法行政工作的领导。健全依法行政领导机构，推进依法行政工作开展。住房城乡建设部门行政首长要对依法行政负总责，把依法行政工作摆在更加突出的位置，将依法行政贯穿于行政管理的各个环节。强化领导责任，落实依法行政工作责任制，明确每年度的工作重点，做到有部署、有检查、有考核、有总结，确保依法行政各项措施落到实处。

（二十四）加强理论研究和指导。各级住房城乡建设部门要结合实际，加强对依法行政重大问题的前瞻性和对策性研究，把握规律，解决问题。上级住房城乡建设部门要通过召开研讨会、培训等形式，加强对下级住房城乡建设部门依法行政工作的指导。及时总结推广好的经验和做法，宣传依法行政先进典型。对成绩突出的单位和个人给予表彰奖励，对工作不力的予以通报批评。

（二十五）加强法制机构和队伍建设。要大力加强法制机构和队伍建设，充分发挥法制机构在推进依法行政方面的组织协调和督促指导作用。健全法制机构，把政治素质高、法律素养好、工作能力强的干部充实到法制机构，并加大对法制干部的培养、使用和交流力度。保障法制机构经费，改善办公条件，为法制机构开展工作创造必要条件。

(二十六)加强法制宣传教育。将依法行政与普法依法治理相结合,充分利用电视、广播、电影、报刊等传播媒体,开展各种形式的法制宣传教育活动。通过法制宣传教育营造住房城乡建设系统良好的法制氛围,为深入推进依法行政奠定坚实的社会基础。

中华人民共和国住房和城乡建设部
二〇一一年六月十日

关于印发《城市供热文明行业标准》的通知

建文明委〔2011〕1号

各省、自治区住房和城乡建设厅,直辖市住房和城乡建设委及有关部门,新疆生产建设兵团建设局,部机关各单位、直属各单位,部管社团:

为推动住房城乡建设系统供热行业文明创建工作深入开展,我们组织制定了《城市供热文明行业标准》,现印发你们。

各相关省(区、市)住房城乡建设主管部门要依据标准,结合本地区实际,研究制定本地区供热行业文明创建工作的实施办法,并积极组织推动文明行业创建工作深入开展。要注意加强与地方文明办的沟通协调,主动争取各方支持。同时,要认真总结创建工作经验,逐步建立起既体现时代特色,又突出行业特点,既有利于行业管理,又能调动职工群众广泛参与的文明行业创建工作机制。

附件:城市供热文明行业标准

中华人民共和国住房和城乡建设部精神文明建设指导委员会
二〇一一年九月十五日

城市供热文明行业标准

一、组织领导有力,创建成效明显

坚持以邓小平理论和"三个代表"重要思想为指导,全面落实科学发展观。积极推进行业精神文明建设,深入开展文明创建活动,创建工作目标明确、制度健全、措施具体、责任落实,做到文明创建工作与各项业务工作同时部署、同时落实、同时考核,物质文明、精神文明、政治文明、生态文明协调发展。行业文明单位建成率达到80%以上。

二、确保供热质量,设施运行安全

努力提高职工安全保障意识,严格遵守安全操作规程,杜绝发生重大责任事故,自觉执行供热质量标准,供热设备完好率达到97%以上,按照城市人民政府规定的供热时间和供热室温标准向用户供热,做好用户安全、科学、节约用热的宣传。

三、管理机制健全,管理方法科学

建立健全工作机制、监督机制和激励机制,管理机构健全、制度完善,强化目标责任的落实和考核,建立人才队伍的管理创新机制。加强应急抢修队伍建设,有处理突发事件的应急预案,定期组织应急演练,保证应急处理快速有效。符合地方法规要求的供热经营准入条件,严格依法经营,在全行业形成公平竞争、服务规范、管理有序的工作格局。建立健全环境保护工作制度,落实措施到位,环境污染控制指标达到国家规定标准。不断改进和完善城市供热机制,积极参与供热体制和供热计量改革,促进供热行业健康可持续发展。

四、推行优质服务,树立行业新风

坚持以人为本的服务理念,强化服务意识,完善服务体系,提高服务水平,创新经营理念。实行办事公开制度,兑现社会服务承诺,不断推出便民利民举措。对外服务时,佩戴胸卡,统一着装,举止文明。熟悉业务和相关政策法规,积极为用户排忧解难,服务质量、服务效率得到用户满意。用户投诉、来电、来信、来访反映问题办结率100%,第三方测评的社会公众满意率达到85%以上。

五、加强队伍建设,提升整体素质

加强职工队伍的思想道德和职业道德建设,普遍开展职业理想、职业道德、职业纪律、职业技能教育培训,经常开展有行业特色的道德实践活动,行业内普遍形成爱岗敬业、诚实守信、办事公道、服务群众、奉献社会的良好风尚,涌现出一批有影响的先进人物和先进集体。加强思想政治工作,群众性文化体育活动丰富多彩。行业内各级党组织战斗堡垒作用强,党员先锋模范作用好。

2011年住房和城乡建设部政府信息公开工作报告

2011年,我部按照《中华人民共和国政府信息公开条例》(以下简称《条例》)要求,认真贯彻落实国务院办公厅和全国政务公开领导小组办公室有关部署,积极推进政府信息公开各项工作,切实保障公民、法人和其他组织依法获取住房城乡建设信息的权利。

一、概述

我部高度重视政府信息公开工作,部领导多次作出指示,要求进一步完善工作机制,强化制度建设,狠抓措施落实,切实做好政府信息公开各项工作。2011年我部重点围绕完善配套制度、拓宽公开平台、丰富公开内容、加强业务指导等方面,加大工作力度,政府信息公开工作取得积极成效。

(一)完善配套制度。按照国务院办公厅有关要求,我部及时修订《住房和城乡建设部政府信息公开实施办法》,进一步完善信息公开申请的受理、审查、处理、答复程序,确保向申请人提供依申请公开服务。建立健全出席国务院新闻办公室新闻发布会、部定时定点新闻发布会、专项工作新闻发布会的工作机制,不断增强我部信息公开的主动性。研究制定或修订城乡规划、工程建设项目质量安全监管等领域信息公开制度,以及城乡规划编制单位和从业人员信用信息、工程造价咨询企业和注册造价工程师信用信息管理办法,制定全国建筑市场注册执业人员不良行为记录认定标准,推进项目信息公开和诚信体系建设制度化、规范化。

(二)拓宽公开渠道。把政府门户网站作为政府信息公开的主渠道,不断加大信息公开专栏建设力度,在丰富栏目内容设置的同时,进一步强化专栏检索功能,提供包括信息名称、文号、发文单位、生成日期、主题词等多种检索方式,提高了信息查询的便捷性、准确性。通过各类新闻发布会以及报纸、电视等多种媒体主动公开政府信息。目前,我部已建成以部网站信息公开专栏为主体,住房城乡建设部文告、中国建设报、新闻发布会、广播、电视、正式出版物等方式为补充的政府信息公开平台。

(三)丰富公开内容。围绕部重点工作和群众关心关注的问题,重点加大保障性住房建设、房地产市场调控、城乡规划、农村危房改造、建筑市场监管、工程质量监管等领域信息公开力度。按照国务院统一部署和财政部规定,积极推进部门预决算信息公开,及时将我部2011年部门预算、2010年部门决算、"三公"经费等信息在网站公开。进一步推进行政审批公开透明,通过网上办事大厅及时公开审批标准、程序、结果,实现行政许可事项网上受理、网上查询,方便群众办事。

(四)加强业务指导。注重围绕政府信息公开工作中出现的新情况、新问题,加强调查研究,提出解决思路和措施。积极推进供水、供气、供热等公用事业单位信息公开,要求各地主管部门积极采取措施,指导和监督公用事业单位不断提高信息公开和办事公开工作水平。召开住房城乡建设系统政府信息公开工作座谈会,交流经验,分析问题,研究深化本系统政府信息公开、提高服务水平的措施。

二、主动公开政府信息情况

2011年我部在政府门户网站上主动公开政府信息867件,发布动态类工作信息2500余条,基本做到应公开的政府信息及时准确公开。此外,

编辑出版《住房和城乡建设部文告》12期，召开新闻发布会10次，组织媒体参加我部有关会议并作宣传报道25次，主动、及时地介绍我部有关工作。

三、依申请公开政府信息情况

2011年，我部共收到政府信息公开申请180件，均在规定的时限内予以答复。其中，依申请公开78件，依法不属于公开范围的17件，不属于我部制作和掌握范围的70件，信息不存在的15件。

四、行政复议和诉讼情况

2011年，我部共发生政府信息公开行政复议2起，对涉及的具体行政行为，行政复议机关均依照《中华人民共和国行政复议法》予以维持。2011年，我部未发生政府信息公开行政诉讼案件。

五、收费情况

我部政府信息公开暂未收取任何费用。

六、下一步工作重点

我部政府信息公开工作总体上呈现全面推进、不断深入、逐步规范、健康发展的良好态势，在促进政府职能转变、落实依法行政要求、推动政府自身建设等方面发挥了重要作用。下一步，我部将以深入贯彻落实《条例》为主线，进一步抓好政府信息公开工作。一是抓好对《条例》、国务院办公厅文件的贯彻落实工作，进一步提高我部政府信息公开工作的规范化水平。二是进一步完善政府信息公开工作机制，不断提高政府信息公开工作效率和服务水平。三是加强调查研究和指导，进一步推进供水、供气、供热等公用企事业单位提高信息公开和办事公开水平。

四、建筑市场监管类

商务部　住房城乡建设部关于加强对外承包工程外派人员管理工作的紧急通知

商合函〔2011〕201号

各省、自治区、直辖市、计划单列市及新疆生产建设兵团商务主管部门、建设主管部门，中国对外承包工程商会，有关中央企业：

近期，各地、各部门按照党中央、国务院的统一部署，认真做好我在利比亚人员撤离和安置工作，但在工作中也发现一些问题，主要是对外承包工程企业和分包单位违反《对外承包工程管理条例》，不与外派人员签订劳动合同，擅自将人员招聘委托给其他单位甚至个人，收取中介费和押金，不及时结付工资，监管不到位等，不仅影响了人员撤离工作，还引发了劳资纠纷。

为规范市场秩序，保护外派人员合法权益，维护社会稳定，现就加强对外承包工程外派人员管理工作紧急通知如下：

一、加强组织领导。各地、各中央企业要高度重视对外承包工程外派人员管理工作，按照对外承包工程和对外劳务合作管理规定，切实加强管理。

二、严格项目管理。对外承包工程总包企业对对外承包工程项目负总责，如需将工程项目分包给其他单位，必须分包给具有建设行政主管部门颁发的相应资质的单位，并对分包单位进行监督管理，分包单位也必须遵守对外承包工程各项管理规定。

三、疏通招聘渠道。各地应根据《商务部　外交部　公安部　工商总局关于印发〈对外劳务合作服务平台建设试行办法〉的通知》（商合函〔2010〕484号），加快推进对外劳务合作服务平台建设，为外派人员报名以及对外承包工程企业和分包单位招聘外派人员提供便利化服务。

四、明确劳动关系。对外承包工程企业和分包单位必须与外派人员签订劳动合同，履行用人单位责任，不得滥用国内劳务派遣，转嫁劳动关系。对未与外派人员签订劳动合同的对外承包工程企业和分包单位，商务、建设等有关主管部门按规定依法予以查处，直至取消相关资格和资质。

五、规范合同内容。对外承包工程企业和分包单位与外派人员签订的劳动合同中必须包括劳动报酬、劳动条件、社会保险、紧急情况下的协助和救助、不可抗力等必备条款；并根据合同约定及时支付外派人员工资。

六、严禁收取费用。对外承包工程企业和分包单位不得向外派人员收取服务费、中介费、保证金、押金等任何费用，不得要求外派人员提供财产担保。

七、强化风险防范。对外承包工程企业外派人员必须经我驻外使领馆经商机构出具同意函，并经省级商务主管部门审查。有关部门在审查对外承包工程企业外派人员时严格执行安全一票否决制。对外承包工程企业必须为外派人员购买境外人身意外伤害保险。

八、妥善处理纠纷。对外承包工程企业要按照"总包负总责"的原则，派驻专职管理人员加强对外派人员的管理，及时解决外派人员的合理诉求，妥善处理纠纷，避免发生群体性事件。

九、严查非法活动。各地应根据清理整顿外派劳务市场秩序专项行动的要求，严厉打击非法中介机构和个人，坚决取缔非法中介活动。

十、加强监督检查。各地、有关中央企业要按照本通知要求，定期开展工作检查，及时发现问题，并依法依规妥善处理。有关情况，请及时告商务部。

中华人民共和国商务部
中华人民共和国住房和城乡建设部
二〇一一年四月十一日

关于进一步加强工程造价咨询企业晋升甲级资质审核工作的通知

建办标〔2011〕29号

各省、自治区住房和城乡建设厅，直辖市建委（建设交通委）：

为严格工程造价咨询行业准入，提高工程造价咨询企业资质审核工作质量，根据《工程造价咨询企业管理办法》（建设部令第149号），现就进一步做好工程造价咨询企业晋升甲级资质审核工作通知如下：

一、认真做好申报材料的初审和实地核查

省级住房城乡建设主管部门要依据《工程造价咨询企业管理办法》和本通知要求，认真做好资质申报材料的初审工作，确保申报材料真实、规范。

（一）要认真核对企业申报材料是否齐全、是否与原件一致。是否符合《工程造价咨询企业晋升甲级资质申报材料要求》。

（二）要实地核查申报企业的情况。重点核查申报企业股东出资情况、办公场所、人事代理关系、社会保险及缴纳营业收入的营业税发票的真实性。经实地核查后要出具核查报告。核查报告应由单位及核查人员盖章签字。

（三）要根据审核情况出具初审意见，随同企业申报材料、实地核查报告报我部标准定额司。

二、规范和完善资质审核程序

我部根据加强工程造价咨询行业管理的需要，规范和完善资质审核程序，进一步做好资质审核工作。

（一）实行资质审核专家评审制度。我部将从工程造价咨询企业资质评审专家库中随机抽取专家组成评审小组，组织专家评审小组对申报材料进行评审。

（二）组织对申报企业材料的真实性进行实地抽查，抽查率为30%～50%。

（三）根据专家评审意见和实地抽查情况，提出审核意见，并在我部网站上进行公示。

（四）对经公示、实地核查没有异议的企业，以住房城乡建设部公告的形式发布准予资质许可的决定。

三、切实强化资质动态监管

各省级住房城乡建设主管部门应实行申报企业注册造价工程师、工程造价咨询业绩等公示制

度。对于申报材料有弄虚作假嫌疑或被举报的企业和个人,要及时开展核查。经核查确实存在弄虚作假行为的,按照《工程造价咨询企业管理办法》第三十二条、第三十六条和第三十七条的规定处理。

各省级住房城乡建设主管部门应建立对取得工程造价咨询资质企业的动态监督检查制度,加强对工程造价咨询企业资质的实时监管。对取得资质后,资质条件发生变化又未及时调整,且不符合资质标准的,按照《工程造价咨询企业管理办法》第三十三条和第三十四条的规定处理。

本通知自2011年6月1日起执行。

附件:工程造价咨询企业晋升甲级资质申报材料要求

中华人民共和国住房和城乡建设部办公厅
二〇一一年五月六日

工程造价咨询企业晋升甲级资质申报材料要求

一、申报材料内容

申报材料包括工程造价咨询企业资质等级申请书、企业基本情况及人员材料(附件1)、企业营业收入证明材料(附件2)三部分,每部分单独装订成册。

(一)工程造价咨询企业资质等级申请书

申报企业在"工程造价咨询企业、造价工程师管理系统"(www.ccost.com)上填写完成相关信息后,直接打印工程造价咨询企业资质等级申请书即可。

(二)企业基本情况及人员材料

1. 申报材料目录;
2. 资质证书(正、副本)复印件;
3. 企业法人营业执照(正、副本)复印件;
4. 股东会决议复印件;
5. 企业章程复印件;
6. 企业技术档案管理制度、质量控制制度、财务管理制度等规章制度材料;
7. 工商部门出具的股东出资情况证明材料复印件;
8. 股东出资协议复印件;
9. 股东中造价工程师注册证书复印件;
10. 自有或租赁固定办公场所证明材料复印件;
11. 技术负责人任职文件、身份证、职称证书、造价工程师注册证书复印件;
12. 造价工程师材料(以每个人员为单位整理相关材料):身份证、职称证书、造价工程师注册证书及劳动合同复印件。以上人员中属退休人员需在该人资料后附退休证复印件;
13. 造价员材料(以每个人员为单位整理相关材料):身份证、职称证书、造价员证书及劳动合同复印件。以上人员中属退休人员需在该人材料后附退休证复印件;
14. 企业专职专业人员人事存档证明材料复印件(由国家认可的人事代理机构与本企业签订的人事代理合同或托管协议,以及由该人事代理机构核对盖章认可的《人事代理名单》);
15. 企业专职专业人员社会基本养老保险证明材料复印件(包括本企业《社会基本养老保险登记证》复印件以及由相应社保中心核对盖章认可的《企业员工社会基本养老保险缴纳情况表》)。

(三)企业营业收入材料

1. 申报材料目录;
2. 企业近3年完成工程造价咨询业务及其营业收入的汇总情况;
3. 企业近3年缴纳营业收入的营业税发票(或银行电子缴税付款凭证)复印件;
4. 企业近3年开具的营业收入发票及对应的工程造价咨询合同复印件;
5. 企业近3年的财务审计报告复印件。

二、申报材料要求

1. 甲级资质申请须在完成书面材料的同时,通过www.ccost.com完成网上申报;
2. 工程造价咨询企业资质等级申请书中企业简介内容包括:企业简历、企业取得乙级造价资质时间及其变更情况、企业经营状况及其拥有其他资质情况等;

3. 企业营业执照的名称应与申报企业名称一致，营业执照副本需有上一年度年检记录；

4. 自有固定办公场所证明材料提供房屋产权证明即可，租赁固定办公场所证明材料应提供租赁合同及出租方的房屋产权证明；

5. 企业章程及股东出资协议应有全体股东签字。股东出资情况证明必须由工商部门出具且时间应是申报日期前3个月内的，并注明全体股东姓名及出资额；

6. 资质证书要提供企业现行资质证书和取得乙级满三年（包括乙级暂定期一年）的资质证书或批准文件，如企业涉及分立、合并、变更等发生变化的，还应提供涉及的资质证书或批准文件；

7. 企业专职专业人员是指申报的造价工程师与造价员之和（二者不重复计算），中级以上专业技术职称的人员应同时是造价师或造价员，造价工程师不具备中级技术职称的，可根据工作需要，聘任为工程师，并提供企业聘用证明材料，具有中级以上专业技术职称的人员均应提供取得技术职称的批准文件；

8. 企业专职专业人员年龄为不超过60岁，出资人除外；

9. 企业所提供的劳动合同应与当地劳动部门规定的劳动合同范本格式相符，真实、有效且合同期限在一年以上；

10. 企业专职专业人员人事代理合同或托管协议应为有效期内的，人事代理机构核对并盖章认可的《人事代理名单》应为申报日期前3个月内的；

11. 企业专职专业人员社会基本养老保险证明应提供本企业《社会基本养老保险登记证》复印件，以及由社保中心核对并盖章认可的企业申报甲级资质日期前3个月内的缴纳社保的缴费发票、《企业员工社会保险缴纳情况表》（应包括人员名单、缴费基数、个人社保号（代码）等）；

12. 企业近3年完成工程造价咨询业务及其营业收入汇总情况的内容包括：完成工程造价咨询项目一览表（与工程造价咨询合同对应）和与项目对应的工程造价咨询收入一览表，企业营业收入及交纳营业税金额一览表等。提供的业绩证明材料的截止日期距申报日期不能超过6个月，且必须是连续36个月内的；

13. 企业缴纳营业收入的营业税发票（或银行电子缴税付款凭证）复印件，应每年按月份的顺序装订。税票或银行缴税凭证的内容应包括：企业名称、计税金额、税率、纳税所属时期等信息，缴税科目应为营业税。减免税企业应由税务部门出具减免税的证明材料和完税证明。企业开具的营业发票及对应的工程造价咨询合同附后。

14. 财务审计报告应符合示范文本的要求，在相关的报表附注中，有工程造价咨询业务专项收入的内容。

三、其他要求

1. 工程造价咨询企业资质等级申请书必须使用计算机打印（或通过工程造价咨询企业管理系统直接打印）；

2. 申报材料使用A4幅面纸张装订；企业专职专业人员材料顺序应与工程造价咨询企业资质等级申请书中企业专职专业人员登记表一致；装订方式应易于翻阅且不易散落；

3. 附件材料均为复印件装订成册，复印件除资质证书、营业执照正本外，需保持原件大小复印，不得放大或缩小，不得使用扫描件；

4. 所有复印材料必须清晰整洁，证书复印件应包括编号页、照片页、内容页，证书如有续期记录、变更记录，还应包括续期页、变更页复印件；

5. 附件材料的复印件，须在证件右上方压盖单位公章，并由初审机关加盖原件已核印章；

6. 申报材料欠缺、复印件不清晰、装订混乱的，应退回企业重新申报。

关于印发《建设工程企业资质申报弄虚作假行为处理办法》的通知

建市〔2011〕200号

各省、自治区住房城乡建设厅，直辖市建委（建交委），北京市规委，山东省建管局，新疆生产建设兵团建设局，国务院有关部门建设司（局），总后基建营房部工程管理局：

为加强建筑市场的准入清出管理，严肃查处建设工程企业资质申报中弄虚作假行为，依据《中华人民共和国建筑法》、《中华人民共和国行政许可法》等法律法规，我部制定了《建设工程企业资质申报弄虚作假行为处理办法》，现印发给你们，请遵照执行。

附件：建设工程企业资质申报弄虚作假行为处理办法

中华人民共和国住房和城乡建设部
二〇一一年十二月八日

建设工程企业资质申报弄虚作假行为处理办法

第一条 为建立和维护公平竞争、规范有序的建筑市场秩序，加强建筑市场的准入清出管理，严肃查处建设工程企业资质申报中弄虚作假行为，依据《中华人民共和国建筑法》、《中华人民共和国行政许可法》等法律法规，制定本办法。

第二条 本办法所称企业资质申报，是指工程勘察资质、工程设计资质、建筑业企业资质、工程监理企业资质、工程建设项目招标代理机构资格、工程设计与施工一体化资质的首次申请、升级、增项、延续（就位）等。

第三条 企业申报资质，必须按照规定如实提供有关申报材料，凡与实际情况不符，有伪造、虚报相关数据或证明材料行为的，可认定为弄虚作假。

第四条 对涉嫌在企业资质申报中弄虚作假行为的核查、认定和处理，应当坚持实事求是、责任追究与教育防范相结合的原则。

第五条 各级住房城乡建设主管部门应当依法按照行政审批权限，对涉嫌在资质申报中弄虚作假企业进行核查处理，不在行政审批权限范围内的，应当及时将相关情况逐级上报至有权限的住房城乡建设主管部门研究处理。涉嫌在资质申报中弄虚作假的企业应配合接受核查，并在规定时限内按要求提供证明材料。

铁路、交通、水利、信息产业等部门在资质审查中发现弄虚作假行为的，应将有关情况告知同级住房城乡建设主管部门，并配合核查。

第六条 住房和城乡建设部可委托省级住房城乡建设主管部门对涉嫌在资质申报中弄虚作假的企业进行核查。受委托部门应在规定时限内将核查的有关情况、原始材料和处理建议上报。

第七条 省级住房城乡建设主管部门应当每半年将资质申报中对弄虚作假行为的处理结果汇总上报住房和城乡建设部备案。

第八条 任何单位和个人有权向住房城乡建设主管部门举报企业在申报资质中弄虚作假的行为。对能提供基本事实线索或相关证明材料的举报，住房城乡建设主管部门应予受理，并为举报单位或个人保密。

第九条 住房城乡建设主管部门之间应当建立资质申报中弄虚作假行为的协查机制。协助核查的主管部门应当予以配合，并在规定时限内书面反馈核查情况。

第十条 住房城乡建设主管部门应在20个工作日内完成对涉嫌申报资质中弄虚作假企业的核查，可要求被核查企业提供相关材料；核查期间，暂不予做出该申报行政许可决定，核查时间不计入审批时限。

第十一条 因涉嫌在资质申报过程中弄虚作假被核查的企业，应积极配合相关部门核查。

第十二条 对资质申报中弄虚作假的企业，住房城乡建设主管部门按照行政审批权限依法给予警告，并作如下处理：

（一）企业新申请资质时弄虚作假的，不批准其资质申请，企业在一年内不得再次申请该项资质；

（二）企业在资质升级、增项申请中弄虚作假的，不批准其资质申请，企业在一年内不得再次申请该项资质升级、增项；

（三）企业在资质延续申请中弄虚作假的，不予延续；企业按低一等级资质或缩小原资质范围重新申请核定资质，并一年内不得申请该项资质升级、增项。

第十三条 对弄虚作假取得资质的企业，住房城乡建设主管部门依法给予行政处罚并撤销其相应资质，且自撤销资质之日起三年内不得申请该项资质。

第十四条 被核查企业拒绝配合调查，或未在规定时限内提供相应反映真实情况说明材料的，不批准其资质申报。

第十五条 受住房城乡建设部委托进行核查的省级住房城乡建设主管部门，逾期未上报核查结果的，住房城乡建设部给予通报批评，且不批准被核查企业的资质申请。

第十六条 对参与企业资质申报弄虚作假或为企业提供虚假证明的有关单位或个人，住房城乡建设主管部门给予通报批评或抄报有关部门依法进行处理。

第十七条 对参与企业资质申报弄虚作假的住房城乡建设主管部门及其工作人员，依法由其上级行政机关或者监察机关责令改正，对直接负责的主管人员和其他直接责任人员依法给予行政处分。

第十八条 住房城乡建设主管部门将企业资质申报中的弄虚作假行为作为企业或个人不良行为在全国诚信信息平台予以发布。

第十九条 本办法自发布之日起施行，原《对工程勘察、设计、施工、监理和招标代理企业资质申报中弄虚作假行为的处理办法》（建市〔2002〕40号）同时废止。

五、工程质量安全监管类

关于印发住房和城乡建设部防灾减灾与抗震2010年工作总结和2011年工作要点的通知

建办质〔2011〕13号

各省、自治区住房和城乡建设厅，直辖市、计划单列市建委（建交委）及有关部门，新疆生产建设兵团建设局：

现将《住房和城乡建设部防灾减灾与抗震2010年工作总结和2011年工作要点》印发给你们，请结合实际，认真贯彻。

中华人民共和国住房和城乡建设部办公厅
二〇一一年三月二日

住房和城乡建设部防灾减灾与抗震2010年工作总结和2011年工作要点

一、2010年工作总结

2010年，我部按照国务院的统一部署，积极加强住房城乡建设系统防灾减灾与抗震工作，取得了一定的成效。

（一）加强工作部署

认真组织贯彻2010年全国防震减灾工作会议和《国务院关于进一步加强防震减灾工作的意见》精神，研究起草《城乡建设防灾减灾"十二五"规划》，印发《住房和城乡建设部防灾减灾与抗震工作2009年总结和2010年工作要点》。

（二）切实提高城乡建筑物抗震能力

一是全面修订并组织宣传贯彻《建筑抗震设计规范》，改进和强化工程抗震设防措施，提高抗震技术水平。二是印发《超限高层建筑工程抗震设防专项审查技术要点》、《市政公用设施抗震设防专项论证技术要点》，指导各地加固改造重要基础设施，提升抗震设防能力，建立健全市政公用基础设施应急救援体系。三是加强农村防震减灾工作。研究修订《村庄和集镇规划建设管理条例》；贯彻《镇（乡）村建筑抗震技术规程》，提高村镇建筑抗震能力；扩大农村危房改造试点范围到120万户；规范村庄消防整治工作，要求各地在编制乡镇村庄建设规划和村庄整治规划中强化消防规划内容；举办农村危房改造和农村住房建设管理培训班，培训各地建设管理、技术人员约300人。四是继续配合教育部做好全国中小学校舍安全工程。印发《关于进一步做好全国中小学校舍安全工程有关工作的通知》；组织宣传贯彻新修订的《建筑抗震鉴定标准》、《建筑加固技术规程》；组织编制《中小学校舍抗震加固图集》和《全国中小学校舍抗震鉴定与加固示例》；对江苏省中小学校舍安全工程进行对口督查。

（三）大力推进防灾规划编制和应急避难场所建设工作

一是做好城乡抗震防灾规划编制工作。组织召开第一届全国抗震防灾规划审查委员会第二次全体会议。指导地方优化城市功能布局，从源头提高城市防灾能力；合理规划建设防灾减灾设施，提高灾害应急处置能力；编制和完善城镇绿地系统防灾避险规划。二是积极开展应急避难场所建设和管理工作。开展《城镇防灾避难场所设计规范》编制；指导地方按照《地震应急避难场所场址及配套设施》等标准要求，对应急避难场所进行改造，配备必要的应急配套设施；督促地方对应急避难绿地及其设施的维护管理情况进行定期检查，确保灾害发生时能够正常发挥作用。

（四）积极做好青海玉树抗震救灾工作

一是组织应急评估专家会同当地专家共评估房屋建筑面积455万平方米、道路面积92000平方米、市政桥梁17座。二是支援灾区应急供水救援车、吸污车、垃圾运输车、移动厕所、垃圾桶等设施；组织专家赴灾区指导过渡安置房建设、垃圾处置等工作。三是组织专家编制《玉树州城镇体系规划》、《玉树县结古镇总体规划》，城镇风貌与地震遗址保护、交通、市政基础设施、经济与旅游发展等专项规划以及极重灾区、重灾区的县城镇、乡镇规划。四是向灾区提供灾后恢复重建标准规范、技术手册等技术资料和应急评估鉴定设备；推荐房屋安全鉴定单位，协调技术人员支援灾后恢复重建工程质量监督工作；组织新型抗震、保温结构体系的技术培训。五是组建驻西宁工作小组，协助制定过渡安置房质量验收、住房重建等方面的政策文件；协助编制有关地方标准、灾后房屋产权确认相关政策，研究提出玉树灾区民用房屋和公共建筑造价指标。

（五）积极做好舟曲泥石流救灾工作

先后两次派出舟曲房屋受损应急评估工作组，会同甘肃省鉴定小组开展应急鉴定工作，并制定应急鉴定技术导则。协助灾区建成一座临时小型水厂，并调派技术人员进行水质监测；调集供水车、净水设备、水质检测仪、供水袋和移动厕所等设备送往灾区。组织编制《舟曲灾后恢复重建建设标准及技术规范汇编》、《舟曲灾区恢复重建城镇规划》。组织统计受灾房屋和市政设施灾损及灾后恢复重建情况。

（六）加强应对极端天气灾害的指导

一是印发《关于做好应对高温暴雨极端恶劣天气保障城市市政公用设施安全运行的紧急通知》，指导各地做好高温暴雨天气下城市市政公用设施的运行管理。二是印发《关于应对暴雨洪涝灾害加强城市供水安全保障工作的紧急通知》，并发布了洪涝灾后恢复供水技术要点，指导各地加强城市供水水源保障、供水设施安全防护以及应急供水预案落实工作。三是派遣工作组赴吉林等灾情严重地区，现场指导应急供水和输水管线抢修，保障灾区迅速恢复供水。

（七）积极开展抗震技术国际交流合作

组织开展中日合作"建筑抗震技术人员研修"活动，培训包括抗震设计、政府抗震防灾管理、抗震防灾规划、历史建筑物保护等内容，累计选派两百余名抗震管理和技术人员赴日研修，国内培训超过2000人。

二、2011年工作计划

2011年，要按照全面落实科学发展观，构建社会主义和谐社会的总体要求，按照国务院的统一部署，进一步做好城乡建设防灾减灾与抗震工作。

（一）进一步加强法规制度建设

加大《房屋建筑工程抗震设防管理规定》、《市政公用设施抗灾设防管理规定》宣传贯彻力度，做好《建设工程抗御地震灾害管理条例》研究起草工作，组织开展《城镇防灾避难场所设计规范》等标准规范的编制工作，做好《建筑抗震设计规范》等标准规范的宣贯，出台《市政公用设施工程抗震设防专项论证技术要点》。

（二）强化城乡建设防灾减灾规划工作

科学制定城乡建设防灾减灾"十二五"规划、农村危房改造"十二五"规划等。指导各地修订或编制城市抗震防灾规划，鼓励有条件的地区编制城市综合防灾规划。不断完善相关政策法规和标准规范，提高综合防灾规划编制的科学性。进一步强化全国城市抗震防灾规划审查委员会的技术指导和技术审查作用。

（三）继续加强城乡建筑抗震设防监管和地震应

急预案编制工作

认真贯彻《房屋建筑工程抗震设防管理规定》、《市政公用设施抗灾设防管理规定》和《超限高层建筑工程抗震设防管理规定》等规章,依法履行监督管理职责。加强对超限工程抗震设防的监督管理,加大超限审查的政策宣传力度。指导地方加强市政基础设施的抗灾设防质量监管,并编制市政公用基础设施防震减灾应急处置预案。组织修订《住房城乡建设系统破坏性地震应急预案》,完善应急响应期工作内容和程序,进一步明确职责分工。

（四）推进农村防灾减灾能力建设

进一步加大农村危房改造力度,建立保障农村困难群众住房安全的长效机制。推动编制乡镇总体规划和村庄整治规划时同步编制消防规划。支持各地开展村镇房屋专项防火设计,并向新建房农户推广,免费提供设计图件。逐步建立和完善农村建设工程质量安全管理体制机制,重视防灾减灾设施建设,建立健全防灾减灾体系和相应的工作机制。结合农村公共事业发展继续做好村庄整治、人居环境治理工作。

（五）继续配合做好全国中小学校舍安全工程工作

指导各地住房城乡建设部门进一步做好校安工程的质量安全监管工作,继续做好技术支持和对口省份的督察指导工作,并配合教育部筹备全国中小学校舍安全工程2011现场推进会。

（六）加强防灾减灾科技创新与推广工作

在国家科技支撑计划及我部科技计划项目立项中,加强减灾救灾技术的研究,开发生产移动式饮用水应急供水设备及产业化,提高救灾应急能力。利用发布技术公告、开展相应的示范工程建设等形式,适时推广利于减灾救灾的技术,引导减灾救灾技术的发展。

（七）继续开展国际交流合作

继续开展中美地震工程与减轻地震灾害科技合作,组织召开2011年协调人联络会议。继续实施中日合作建筑抗震技术人员培训JICA项目,组织赴日交流学习和国内培训研修班。

关于印发《市政公用设施抗震设防专项论证技术要点（城镇桥梁工程篇）》的通知

建质〔2011〕30号

各省、自治区住房和城乡建设厅,直辖市建委(建交委)及有关部门,新疆生产建设兵团建设局：

根据《市政公用设施抗灾设防管理规定》(住房和城乡建设部令第1号),我部组织制订了《市政公用设施抗震设防专项论证技术要点(城镇桥梁工程篇)》,现印发给你们,请遵照执行。各地住房和城乡建设主管部门要加强监管,确保市政公用设施抗震设防专项论证制度的落实。

各地在执行中发现的有关问题,请及时告我部工程质量安全监管司。

中华人民共和国住房和城乡建设部
二〇一一年三月四日

市政公用设施抗震设防专项论证技术要点
（城镇桥梁工程篇）

第一章 总 则

第一条 为做好全国新建、改建、扩建城镇桥梁工程初步设计阶段的抗震设防专项论证(以下简称专项论证)工作,根据《市政公用设施抗灾设防管理规定》(住房和城乡建设部令第1号),制定本技术要点。

第二条 本技术要点适用于抗震设防区位于城市快速路、主干道路、城市轨道交通线路的下列城镇桥梁工程：

（一）主跨跨径150m及以上的斜拉桥、悬索桥等缆索承重桥梁以及拱桥；

（二）立体交叉线路为3层及3层以上(不计地面道路及地道)的大型互通立交桥梁；

（三）采用国内尚无工程应用实例的减震、隔震技术(以下简称特殊减震、隔震技术)或结构材料超越现行设计规范(以下简称新材料)的桥梁；

（四）抗震设防烈度7度及以上(地震动峰值加速度≥0.1g，g为重力加速度)的下列桥梁：

1. 建设在软弱土、液化土层等现行设计规范定义为对桥梁抗震不利的地段，且单跨跨度超过80m或总长超过500m的桥梁；

2. 联长超过250m的连续桥梁；

3. 单跨跨度超过50m或者联长超过150m，且曲率半径小于15b(b为桥宽)的曲线桥；

4. 单跨跨度超过80m，且属于结构动力特性复杂的异型桥梁；

5. 墩高超过30m，且在E2地震作用下允许结构进入塑性区的高墩桥梁；

6. 上部结构重心位置位于悬臂盖梁，且重心位置的悬臂长度≥5m的桥梁。

第三条 建设单位按本技术要点组织专项论证时，应至少有3名国家或者工程所在地的省、自治区、直辖市市政公用设施抗震专项论证专家库相关专业的成员参加，专项论证的专家数量不应少于5名。

第四条 各省、自治区、直辖市人民政府住房城乡建设主管部门可根据本地的具体情况，对本要点做出必要的补充规定，但抗震设防目标不得低于本要点第八条的规定。

第二章 专项论证的技术资料

第五条 项目建设单位组织专项论证时，应提供以下技术资料，并提前至少3天送交参加论证的专家：

（一）建设项目的基本情况（见附录）及相应的规划依据；

（二）建设项目的工程可行性研究报告（仅限已实施可行性研究的桥梁工程）及项目审批、核准文件；

（三）建设项目可行性研究阶段开展的工程场地地震安全性评价报告（仅限《建筑工程抗震设防分类标准》中规定属于特殊设防类，即符合本要点第二条第一项的桥梁工程）；

（四）建设项目的岩土工程勘察报告；

（五）建设项目的初步设计文件；

（六）桥梁推荐方案的结构抗震分析报告；

（七）抗震试验研究报告（仅限已进行抗震性能试验研究的桥梁工程）；

（八）参考使用的国内外技术标准、工程实例及相关审批文件（仅限采用特殊减震、隔震技术的桥梁，或者采用新材料的桥梁工程）。

第六条 专项论证的技术资料应符合下列要求：

（一）工程可行性研究报告，应论证工程选址、道路设计等符合城市、镇总体规划和抗震防灾专项规划的要求，并说明本工程在城市综合交通体系规划中的作用。

（二）工程场地地震安全性评价以及场地地震动分析应按不低于现行《工程场地地震安全性评价》规定的Ⅱ级工作要求实施，包括地震危险性概率分析、场地地震动参数确定和地震地质灾害评价等相关内容，并满足如下要求：

1. 根据地震风险概率分析确定的不同超越概率加速度反应谱曲线，其周期成分应包含桥梁的基本周期；

2. 应按地震重现期给出E1地震和E2地震两个不同等级的地震动参数；

3. 设计指定深度与加速度反应谱相吻合的拟合设计加速度时程不应少于3组，每组同时包含三个方向的时程，且任意两组间同方向时程的相关系数绝对值应小于0.1；

4. 当桥梁结构基本周期大于3.0s时，拟合设计加速度时程的持续时间不宜短于40s。

（三）岩土工程勘察报告，应包括各土层的岩土特性参数、地基承载力、场地类别、液化判别、地震稳定性、剪切波速测试结果、地基及基础建设方案等方面内容。当桥址位于抗震不利地段时，应做出相应的岩土地震稳定性（如滑坡、崩塌、液化和震陷特性等）及发震断裂对桥梁抗震性能的影响评价。对有特殊土动力学性质的场地，应给出确切的抗震性能评价结果。

（四）推荐方案的抗震性能分析报告应包括以下内容：

1. 抗震设防标准；

2. 地震动参数、地震影响和地震作用；

3. 主要构件的损伤容许值和抗震安全性验算要求；

4. 结构计算模型及主要的原始输入数据说明，支承及连接条件、结构耗能体系；

5. 计算软件名称，并对计算结果作分析论证；

6. 结构地震反应计算结果；

7. 在 E1 和 E2 地震作用下的结构抗震安全性验算结果；

8. 结构构造措施（当桥址处于抗震不利地段时，应有相应的抵抗场地变形或地基失效的措施）。

（五）试验研究报告应内容翔实、依据充分、结论明确。

（六）采用特殊减震、隔震技术的桥梁，或者采用新材料的桥梁，应提供有关适用性论证资料（包括应用实例、试验资料、理论研究等）和必要的审批文件，明确设计、施工、验收标准和养护细则。

（七）工程可行性研究报告、初步设计文件的深度应符合现行《市政公用工程设计文件编制深度规定》的要求。

第三章 专项论证的内容

第七条 抗震设防标准应按国家规定的权限审批、颁发的文件（图件）确定，一般情况下应符合下列要求：

（一）符合本要点第二条第一项的桥梁，地震作用应高于本地区抗震设防烈度的要求，其值按有关部门批准的地震安全性评价结果确定；其他桥梁，地震作用应符合本地区抗震设防烈度的要求。

（二）当抗震设防烈度为 6～8 度时，抗震措施应符合本地区抗震设防烈度提高一度的要求，当抗震设防烈度为 9 度时，抗震措施应符合比 9 度抗震设防更高的要求。

（三）立体交叉跨线桥梁的上线桥梁抗震设防标准不应低于下线桥梁。

第八条 抗震设防目标应达到下列要求：

（一）在 E1 地震作用下，结构地震反应总体上在弹性范围，基本无损伤，桥梁在震后可立即使用。

（二）在 E2 地震作用下，结构可发生有限或者轻微的地震损伤，符合本要点第二条第一项的桥梁，不需修复或经简单修复可立即使用；其他桥梁经抢修可恢复使用，在地震后经过永久性修复可恢复正常的运营功能。

第九条 岩土工程勘察报告及桥址选择，应符合下列要求：

（一）岩土工程勘察报告给出场地类别依据准确可靠，波速测试孔数量和布置符合现行桥梁抗震设计规范要求，液化判别和液化等级评定、不利和危险地段的判断及发震断裂评价等正确；

（二）桥位选择在抗震有利地段，尽量避开不利地段，避开危险地段；

（三）当工程无法避开液化土地基时，应按现行规范要求采取消除液化影响的措施；

（四）当工程无法避开其他不利地段时，设计应考虑因场地变形带来的不利影响，优先选用整体刚度较大的结构体系，并做好防落梁等构造措施；

（五）当工程场地范围内分布有发震断裂且不能忽略其错动影响时，按规范要求避开主断裂带，同时做好防落梁等构造措施。

第十条 桥梁结构抗震概念设计及抗震体系，应符合下列要求：

（一）桥梁结构应具有明确、可靠的地震作用传递途径，当抗震设防烈度等于或大于 8 度时，多跨连续桥梁不宜采用一个桥墩（台）集中传递纵向地震作用的结构体系；

（二）采取有效的位移约束措施，避免桥梁发生落梁破坏，特别是建设在软弱性土层、液化土层和地层显著不均匀地段的桥梁，宜采用整体刚度较高的结构体系；

（三）桥梁联内的刚度、质量分布均衡，桥墩（台）分担的地震作用合理；

（四）相邻联桥梁的基本周期相差不宜过大；

（五）当匝道桥与主线桥结构刚度差异较大时，应对连续和分离两种结构体系进行比较，避免分叉处地震作用集中或结构发生落梁破坏；

（六）相邻桥梁之间预留足够的间距，防止发生地震碰撞，曲线桥、斜桥应考虑转动引起的桥梁横向位移；

（七）当抗震设防烈度等于或大于 8 度时，不宜采用上部结构支承在大悬臂盖梁上的结构体系，重要桥梁宜避免采用独柱式桥墩的结构体系；

（八）合理选择潜在塑性区的位置，提高桥梁结构的延性，基础、拱肋、盖梁不宜作为耗能构件设计。

第十一条 桥梁结构地震反应计算，应符合下列要求：

（一）正确采用设计地震动参数，采用时程分析方法计算桥梁结构地震反应时，输入加速度时程的反应谱应与设防目标反应谱一致，加速度时程不应少于 3 组，宜采用含实际地震动记录的 7 组加速度时程，任意两组加速度时程之间同方向分量的相关系数绝对值应小于 0.1，选用的历史记录应与设定地震震级、距离、场地特性大体相近，通过调整使其加速度反应谱与设计反应谱匹配；

（二）地震影响、地震作用以及作用方向、地震作用效应组合应按现行设计规范的相关规定执行；

（三）结构地震反应计算模型合理，单元之间的连接及边界约束条件正确，结构刚度和质量参数取值准确，合理确定结构阻尼参数；

（四）应考虑基础——地基之间的相互作用；

（五）桥梁跨度超过250m，或者桥墩（台）之间场地条件差异显著时，地震反应计算宜考虑地震动的空间变化效应；

（六）按振型分解反应谱法计算地震反应时，考虑的振型数在计算方向的累计有效质量应达到90%以上；

（七）采用非线性时程分析方法时，应选用合理的弹塑性恢复力计算模型。

第十二条 桥梁结构抗震性能验算，应符合下列要求：

（一）桥梁结构抗震性能符合相关的专题研究成果和结构地震反应分析结果；

（二）基础、桥墩（台）、支座、上部结构抗震性能满足相关要求，桥梁整体的抗震性能达到第八条规定的抗震设防目标；

（三）地震位移小于容许值，不发生落梁破坏，宜避免结构发生碰撞；

（四）结构不发生脆性破坏，作为能力保护构件设计的结构应进行相应的验算；

（五）结构出现塑性地震反应的位置仅限于预期的潜在塑性区范围；

（六）轨道交通桥梁宜对E1地震作用下的列车安全运行进行验算；

（七）附属设施（如过桥管线、景观设施、轨道交通的设备等）不应限制桥梁正常的地震位移反应。

第十三条 采用特殊减震、隔震技术设计的桥梁，还应满足下列要求：

（一）场地条件和结构形式应符合现行桥梁抗震设计规范有关减震、隔震设计的基本条件；

（二）提供的相关参考资料应内容翔实、依据充分、结论明确；

（三）对国内无相应工程建设标准的特殊减震、隔震装置，应按照国家有关规定申请核准后使用；

（四）减震、隔震装置力学性能稳定可靠、安装方便、耐久性好、可更换，日常检查和维护方便；

（五）结构地震反应计算宜采用非线性时程分析方法，正确模拟减震、隔震装置的非线性恢复力特性；

（六）减震、隔震装置应满足在地震中能正常发挥作用的技术要求；

（七）采用减震、隔震装置的结构体系，不影响桥梁的正常使用要求。

第十四条 采用新材料的桥梁，还应满足下列要求：

（一）采用不符合工程建设强制性标准的新技术、新工艺、新材料的桥梁，应按有关规定进行核准；

（二）通过前期相关研究，调查工程实例和实际应用情况，并通过理论分析和试验研究检验结构的抗震性能达到设计所要求的设防目标。

第十五条 对新建、改建和扩建的重要桥梁或者采用新颖结构形式的特殊桥梁，在初步设计阶段应论证布置健康监测系统的必要性和相应布置方案的合理性，并列入建设项目的预算，与主体工程同时设计、同时施工，桥梁建成后尽早投入使用。

第四章 专项论证意见

第十六条 专项论证意见主要包括下列内容：

（一）总体评价。对工程项目的抗震设防标准、桥位选址、场地抗震性能评价、结构体系和抗震概念设计、计算模型和计算结果的正确性、结构抗震性能等，做出简要评定。

（二）存在问题。对影响结构抗震安全的问题，应在论证意见中提出，并提出便于施工图审查的主要控制指标（含性能指标）及内容。

（三）结论。结论可分为"可行"、"修改"、"不可行"三种：

1. 符合抗震设防要求的工程项目，列为"可行"。勘察设计单位对专项论证意见的执行情况，由施工图审查机构在施工图审查时进行检查。

2. 基本符合抗震设防要求，但在结构体系、抗震措施、抗震分析和结构抗震性能等方面不尽合理，或存在局部问题的工程项目，列为"修改"。由勘察设计单位补充修改后提出局部修改报告，经原专项论证组确认"可行"，出具结论意见，建设单位按有关规定存档，并由施工图审查机构在施工图审查时检查其执行情况。

3. 对设防标准、桥位选择、结构体系和抗震安全等方面存在严重安全问题的工程项目，列为"不可行"。勘察设计单位应针对存在的问题重新进行工程勘察或者初步设计，由建设单位重新组织专项论证。

第五章 附 则

第十七条 本技术要点所称抗震设防区，是指地震基本烈度六度及六度以上地区（地震动峰值加速度≥0.05g 的地区）。

第十八条 本技术要点所称的 E1 地震，是指一级设防水准地震，重现期为 475 年，相当于设防地震；E2 地震，是指二级设防水准地震，重现期为 2500 年，相当于罕遇地震。

第十九条 本技术要点由住房和城乡建设部工程质量安全监管司负责解释。

关于继续深化"安全生产年"活动的实施意见

建办质〔2011〕18 号

各省、自治区住房城乡建设厅，直辖市建委（建交委），新疆生产建设兵团建设局，中央管理的建筑企业：

按照《国务院办公厅关于继续深化"安全生产年"活动的通知》（国办发〔2011〕11 号，以下简称《通知》要求，结合我部工作部署，现就 2011 年进一步做好建筑安全生产工作，提出以下实施意见：

一、加强部署落实，为"十二五"建筑安全生产工作创造良好开局

2011 年是"十二五"开局之年，也是中国共产党建党 90 周年，做好今年的建筑安全生产工作有着十分重要的意义。各地要按照《通知》精神，结合本地实际，认真做好部署落实工作。在继续深入开展"安全生产年"活动中，要以落实《国务院关于进一步加强企业安全生产工作的通知》（国发〔2010〕23 号）精神为核心，以强化企业安全生产主体责任为重点，深化安全生产执法、治理、宣教"三项行动"和法制体制机制、保障能力、监管监察队伍"三项建设"，积极防范和有效遏制重特大事故，促进建筑安全生产形势持续稳定好转，为"十二五"开局之年的建筑安全生产工作创造良好的基础。

二、落实企业主体责任，切实加强建筑安全生产工作

各地要认真贯彻国务院国发〔2010〕23 号文件精神及我部实施意见的要求，结合本地实际，针对每一项工作要求制定具体的实施办法。要指导督促企业建立完善安全生产管理规章制度，确保安全投入、安全管理、技术装备、教育培训等各项措施落实到位。要切实落实企业的安全生产主体责任，特别是要强化企业法定代表人安全生产第一责任者的责任。要制定并严格落实企业和施工现场领导干部现场带班制度。在建的工程项目，要有施工企业负责人或项目负责人、监理企业负责人或项目监理负责人在现场带班，并与工人同时上班、同时下班。对于有关负责人未履行职责的，按擅离职守处理，并给予规定上限的经济处罚。对于发生事故而没有负责人现场带班的，对企业给予规定上限的经济处罚，并依法从重追究企业主要负责人的责任。要制定并落实重大隐患挂牌督办制度，省级住房城乡建设部门要对重大隐患治理实行挂牌督办。企业要经常性开展安全隐患排查。对重大隐患，企业负责人要现场监督整改，确保消除隐患。要制定并落实生产安全事故查处督办制度。重大事故查处由住房城乡建设部负责直接督办，较大事故由部督促省级住房城乡建设部门督办，其他事故由省级住房城乡建设部门负责督办。事故查处情况要在媒体上予以通报，接受社会监督。

三、做好"四个结合"，进一步加强监督检查工作

各地要认真开展以深基坑、脚手架为重点的预防坍塌事故的专项整治及隐患排查治理工作，及时消除建筑施工现场存在的隐患。检查工作要做到"四个结合"。一是全面检查与重点检查相结合，既要加强全面监督检查，更要加强对重点项目、重点工程、安全形势不好的重点地区的监督检查。二是自查与抽查相结合，既要求企业基层加强对自身检查，又要组织力量对管辖地区的项目、工地进行抽查。三是经常性检查与集中专项检查相结合，既要组织经常性监督检查，又要专门组织力量，对突出问题、专项问题进行集中专项监督检查。四是明查与暗查相结合，既要有通知、有准备的监督检查，又要在不通知情况下暗查暗访，真正发现问题，真正排除安全隐患。

四、加大执法力度,严厉查处违法违规行为和事故

各地要加大建筑施工企业监督执法力度,依法严厉打击建筑施工违法违规行为。要做到"三个加强、三个并重",即加强执法监督检查,做到立法与执法监督检查并重;加强市场清出管理,做到市场准入管理与市场清出管理并重;加强资质资格审批动态管理,做到资质资格审批与后续动态管理并重。要严肃整顿规范建筑市场秩序,严厉打击工程转包、违法分包、压缩合理工期等各种违法违规行为。要及时在新闻媒体上通报违法违规企业查处情况,引导市场、引导业主选用诚信企业和质量安全业绩好的企业。

要高度重视事故查处工作,按照"四不放过"的原则和实事求是、依法依规、注重实效的要求,严肃查处每一起事故的责任单位和责任人。对有违法行为的企业,其企业资质证书、安全生产许可证依法该吊销的要吊销,该降级的要降级,该暂扣安全生产许可证的要暂扣,该清出建筑市场的要及时清出市场;对有违法行为的注册执业人员,依法该吊销证书的要吊销证书,该停止执业的要停止执业。同时各地要加强事故查处情况的上报工作,将每一起较大及以上事故的处罚情况及时上报我部。

五、加强基础工作,积极推进安全生产长效机制建设

各地要结合本地区实际,加强法规制度建设,研究制定相关的规章制度,进一步完善建筑安全生产的地方性法规和标准体系建设。要积极开展以严格执行法律法规、标准规范为重要内容的安全生产宣传教育活动,促进全社会关注、重视建筑安全生产工作。要加强建筑安全监管机构和队伍建设,切实提高安全监管人员业务素质和依法行政、严格执法的水平。要加大建筑安全生产费用的保障力度,加强安全生产科技研究,增加安全生产投入,不断提高企业安全生产能力和政府安全监管效能,全面提升建筑安全生产管理水平。

省级住房城乡建设主管部门要将开展"安全生产年"活动的有关情况于2011年11月25日前上报我部质量安全司。

中华人民共和国住房和城乡建设部办公厅
二〇一一年三月二十四日

关于做好 2011 年防灾减灾日住房城乡建设系统有关工作的通知

建办质电〔2011〕9 号

各省、自治区住房和城乡建设厅,北京市住房和城乡建设委员会、北京市交通委员会、北京市市政市容管理委员会、北京市水务局、北京市园林绿化局,上海市城乡建设和交通委员会、上海市绿化和市容管理局、上海市水务局,天津市城乡建设和交通委员会、天津市市容和园林管理委员会、天津市水务局,重庆市城乡建设委员会、重庆市交通委员会、重庆市市政管理委员会、重庆市经委,海南省水务厅,新疆生产建设兵团建设局:

今年5月12日是我国第三个"防灾减灾日",5月9日至15日为防灾减灾宣传周。根据《国家减灾委员会关于做好2011年防灾减灾日有关工作的通知》(国减电〔2011〕1号)要求,为切实做好住房城乡建设系统"防灾减灾日"的各项工作,现就有关事项通知如下:

一、充分认识"防灾减灾日"活动的重要意义

今年"防灾减灾日"的主题为"防灾减灾从我做起"。住房城乡建设工作与人民群众生活密切相关,提高住房城乡建设系统广大干部群众防灾减灾意识,组织好住房城乡建设系统灾害风险隐患排查治理工作,防范各类灾害风险,是保障人民群众生命财产安全的现实需要,对于维护社会稳定、构建社会主义和谐社会具有重要意义。

二、切实做好灾害风险隐患排查治理工作

各地住房城乡建设主管部门和有关单位要认真查找本地区本单位防灾减灾工作的薄弱环节,重点针对居民住房,燃气、供排水等市政公用设施,城市公园、风景名胜区等公共场所和建筑工地开展灾

害风险隐患排查治理。

（一）开展居民住房灾害风险隐患排查治理。各地住房城乡建设主管部门要督促有关建筑物产权人或管理人认真排查建筑物幕墙、大型户外广告牌、建筑外悬挂物等设施的安全隐患，落实整改措施，防止发生坠落、倒塌事故。要组织开展危旧房屋排查工作，对排查出的危旧房屋，要做好记录并建立台账，督促房屋产权人及使用人依法采取措施，确保使用安全。要督促物业管理企业结合所管社区、建筑的特点和实际情况，及时发现和纠正占用、堵塞、封闭社区或房屋建筑疏散通道、安全出口的行为，以及在人员密集场所门窗上设置障碍物等各类造成安全隐患的行为，并适时组织开展防灾应急演练。

（二）开展燃气安全隐患排查治理工作。要组织对燃气管道设施和用户室内燃气设施、液化石油气储灌场、供应站点等进行拉网式排查，对检查出的隐患，要落实责任，限期整改。坚决取缔社区内的非法液化石油气供应站点，依法清理和拆除社区内违章占压燃气设施的建（构）筑物。对社区内有地下空间的建（构）筑物、有施工工地的地段及老化和发生过事故的管段要重点加强巡查。加强液化石油气钢瓶流转环节的管理，严禁在供应站点内用钢瓶相互倒灌液化石油气，不得随意倾倒残液。结合社区的工作特点和实际情况，建立燃气企业对社区用气安全日常巡查制度，有条件的社区可与燃气企业建立安全用气协管队伍，开展社区安全隐患排摸，督促用户开展用气隐患的整改。

（三）开展供排水等市政公用行业安全隐患排查工作。要督促有关企业加强巡查维护，认真开展供排水、生活垃圾处理、大型市政桥梁等设施安全隐患的排查治理；要加强对城市水源水、供水水质的检测检验，确保水质安全；要对易受暴雨侵袭、雨水浸泡的道路、桥涵、轨道交通车站出入口、下沉式立交桥及排水泵站、建筑工地周边的排水井和地下排水管线进行检查和疏通，保障道路畅通和运行安全；要督促风景名胜区、城市公园、游乐园等单位制订防灾减灾应急预案，配备必要的紧急救援避险物资和装备，做好重点安全防护设施和有关防灾避险标识的检查、加固修缮及游乐设施的检测检验，完善游客疏导和信息发布制度。

（四）加强建筑工地灾害风险隐患排查治理。各地住房城乡建设主管部门要督促建筑施工企业根据气候变化，有针对性地开展建筑工地灾害风险隐患排查治理工作，强化对施工现场临时建筑和塔吊、施工用电、脚手架、基坑边坡等危险性较大分部分项工程的检查，切实消除各种灾害事故隐患。位于学校、医院等公共场所和居民小区周边的建筑工地，要特别加强对施工现场临时围墙的安全排查，对存在的安全隐患，要及时采取整改措施。

三、大力开展全系统防灾减灾宣传教育

各级住房城乡建设主管部门和有关单位要充分利用各种资源，采取喜闻乐见的形式，相对集中时间，组织开展本系统、本单位的防灾减灾宣传教育活动，有条件的地方要组织开展形式多样的培训和演练。要结合当地灾害特点和本系统、本单位的工作实际，增强宣传教育的针对性，鼓励广大干部群众学习相关防灾减灾知识，掌握避险自救技能，全面提高防灾应急能力。

各地住房城乡建设主管部门要在当地人民政府的统一领导下，按照职责分工，加强与相关部门的协调配合，切实做好今年"防灾减灾日"有关工作，并对工作情况进行认真总结，于2011年5月20日前将总结报告报住房城乡建设部工程质量安全监管司。

住房和城乡建设部办公厅
二〇一一年四月二十二日

关于印发《房屋市政工程生产安全和质量事故查处督办暂行办法》的通知

建质〔2011〕66号

各省、自治区住房城乡建设厅，直辖市建委（建交委），新疆生产建设兵团建设局：

为贯彻落实《国务院关于进一步加强企业安全生产工作的通知》（国发〔2010〕23号），进一步规范和加

强房屋市政工程生产安全和质量事故的查处工作，我部制定了《房屋市政工程生产安全和质量事故查处督办暂行办法》。现印发给你们，请遵照执行。

中华人民共和国住房和城乡建设部
二〇一一年五月十一日

房屋市政工程生产安全和质量事故查处督办暂行办法

第一条 为依法严肃查处房屋市政工程生产安全和质量事故，有效防范和遏制事故发生，保障人民群众生命和财产安全，根据《国务院关于进一步加强企业安全生产工作的通知》（国发〔2010〕23号），制定本办法。

第二条 本办法所称房屋市政工程生产安全和质量事故查处督办，是指上级住房城乡建设行政主管部门督促下级住房城乡建设行政主管部门，依照有关法律法规做好房屋建筑和市政工程生产安全和质量事故的调查处理工作。

第三条 依照《关于进一步规范房屋建筑和市政工程生产安全事故报告和调查处理工作的若干意见》（建质〔2007〕257号）和《关于做好房屋建筑和市政基础设施工程质量事故报告和调查处理工作的通知》（建质〔2010〕111号）的事故等级划分，住房城乡建设部负责房屋市政工程生产安全和质量较大及以上事故的查处督办，省级住房城乡建设行政主管部门负责一般事故的查处督办。

第四条 房屋市政工程生产安全和质量较大及以上事故的查处督办，按照以下程序办理：

（一）较大及以上事故发生后，住房城乡建设部质量安全司提出督办建议，并报部领导审定同意后，以住房城乡建设部安委会或办公厅名义向省级住房城乡建设行政主管部门下达《房屋市政工程生产安全和质量较大及以上事故查处督办通知书》；

（二）在住房城乡建设部网站上公布较大及以上事故的查处督办信息，接受社会监督。

第五条 《房屋市政工程生产安全和质量较大及以上事故查处督办通知书》包括下列内容：

（一）事故名称；

（二）事故概况；

（三）督办事项；

（四）办理期限；

（五）督办解除方式、程序。

第六条 省级住房城乡建设行政主管部门接到《房屋市政工程生产安全和质量较大及以上事故查处督办通知书》后，应当依据有关规定，组织本部门及督促下级住房城乡建设行政主管部门按照要求做好下列事项：

（一）在地方人民政府的领导下，积极组织或参与事故的调查工作，提出意见；

（二）依据事故事实和有关法律法规，对违法违规企业给予吊销资质证书或降低资质等级、吊销或暂扣安全生产许可证、责令停业整顿、罚款等处罚，对违法违规人员给予吊销执业资格注册证书或责令停止执业、吊销或暂扣安全生产考核合格证书、罚款等处罚；

（三）对违法违规企业和人员处罚权限不在本级或本地的，向有处罚权限的住房城乡建设行政主管部门及时上报或转送事故事实材料，并提出处罚建议；

（四）其他相关的工作。

第七条 省级住房城乡建设行政主管部门应当在房屋市政工程生产安全和质量较大及以上事故发生之日起60日内，完成事故查处督办事项。有特殊情况不能完成的，要向住房城乡建设部作出书面说明。

第八条 省级住房城乡建设行政主管部门完成房屋市政工程生产安全和质量较大及以上事故查处督办事项后，要向住房城乡建设部作出书面报告，并附送有关材料。住房城乡建设部审核后，依照规定解除督办。

第九条 在房屋市政工程生产安全和质量较大及以上事故查处督办期间，省级住房城乡建设行政主管部门应当加强与住房城乡建设部质量安全司的沟通，及时汇报有关情况。住房城乡建设部质量安全司负责对事故查处督办事项的指导和协调。

第十条 房屋市政工程生产安全和质量一般事故的查处督办参照本办法执行。省级住房城乡建设行政主管部门可制定具体实施细则。

第十一条 各级住房城乡建设行政主管部门不得对房屋市政工程生产安全和质量事故查处督办事项无故拖延、敷衍塞责，或者在解除督办过程中弄虚作假。

第十二条 各级住房城乡建设行政主管部门要将房屋市政工程生产安全和质量事故查处情况，及时予以公告，接受社会监督。

第十三条 各级住房城乡建设行政主管部门要定期总结房屋市政工程生产安全和质量事故查处工作，并报告上级住房城乡建设行政主管部门。

第十四条 房屋市政工程生产安全和质量事故查处工作实行通报和约谈制度，上级住房城乡建设行政主管部门对工作不力的下级住房城乡建设行政主管部门予以通报批评，并约谈部门的主要负责人。

第十五条 本办法自印发之日起施行。

关于印发《2011～2015年建筑业信息化发展纲要》的通知

建质〔2011〕67号

各省、自治区住房和城乡建设厅，直辖市建委(建交委)，新疆生产建设兵团建设局，中央管理的有关企业：

现将《2011～2015年建筑业信息化发展纲要》印发给你们，请结合实际贯彻执行。执行中有何问题和建议，请及时告我部工程质量安全监管司。

附件：2011～2015年建筑业信息化发展纲要

中华人民共和国住房和城乡建设部
二〇一一年五月十日

2011～2015年建筑业信息化发展纲要

一、指导思想

深入贯彻落实科学发展观，坚持自主创新、重点跨越、支撑发展、引领未来的方针，高度重视信息化对建筑业发展的推动作用，通过统筹规划、政策导向，进一步加强建筑企业信息化建设，不断提高信息技术应用水平，促进建筑业技术进步和管理水平提升。

二、发展目标

(一) 总体目标

"十二五"期间，基本实现建筑企业信息系统的普及应用，加快建筑信息模型(BIM)、基于网络的协同工作等新技术在工程中的应用，推动信息化标准建设，促进具有自主知识产权软件的产业化，形成一批信息技术应用达到国际先进水平的建筑企业。

(二) 具体目标

1. 企业信息化建设

工程总承包类 进一步优化业务流程，整合信息资源，完善提升设计集成、项目管理、企业运营管理等应用系统，构建基于网络的协同工作平台，提高集成化、智能化与自动化程度，推进设计施工一体化。

勘察设计类 完善提升企业管理系统，强化勘察设计信息资源整合，逐步建立信息资源的开发、管理及利用体系。推动基于BIM技术的协同设计系统建设与应用，提高工程勘察问题分析能力，提升检测监测分析水平，提高设计集成化与智能化程度。

施工类 优化企业和项目管理流程，提升企业和项目管理信息系统的集成应用水平，建设协同工作平台，研究实施企业资源计划(ERP)系统，支撑企业的集约化管理和持续发展。

以上各类企业应加强信息基础设施建设，提高企业信息系统安全水平，初步建立知识管理、决策支持等企业层面的信息系统，实现与企业和项目管理等信息系统的集成，提升企业决策水平和集中管控能力。

2. 专项信息技术应用

加快推广BIM、协同设计、移动通讯、无线射频、虚拟现实、4D项目管理等技术在勘察设计、施工和工程项目管理中的应用，改进传统的生产与管理模式，提升企业的生产效率和管理水平。

3. 信息化标准

完善建筑业行业与企业信息化标准体系和相关的信息化标准，推动信息资源整合，提高信息综合利用水平。

三、发展重点

（一）建筑企业信息系统

1. 工程总承包类企业

围绕企业应用的两个层面，重点建设一个平台、八大应用系统。

两个层面指核心业务层和企业管理层；一个平台指信息基础设施平台；八大应用系统指核心业务层的设计集成、项目管理、项目文档管理、材料与采购管理、运营管理等系统，以及企业管理层的综合管理、辅助决策、知识管理与智能企业门户等系统。

（1）信息基础设施平台

加强信息基础设施和信息系统安全体系建设。重点强化数据中心和服务体系建设，打造安全可靠、资源共享的信息基础设施，支撑信息系统高效高质量运行。遵循国家信息安全等级保护要求，对重要应用系统实现分级保护，提升信息安全防护能力。

建立和完善信息标准体系，支撑信息系统开发和应用。重点建设信息基础设施、信息安全、信息编码、信息资源（如数据模型、模板等）以及信息系统应用等方面的标准。

（2）应用系统

① 设计与施工集成系统

重点研究与应用智能化、可视化、模型设计、协同等技术，在提升各设计专业软件和普及应用新型智能二维和三维设计系统的基础上，逐步建立方案/工艺设计集成系统和专有技术与方案设计数据库，集成主要方案/工艺设计软件，创建方案/工艺设计协同工作平台；逐步建立工程设计集成系统和工程数据库，集成主要工程设计软件，创建工程设计协同工作平台；同时，逐步实现方案/工艺设计、工程设计、项目管理、施工管理、企业级管理等系统的集成。

② 工程项目管理系统

以项目组合管理和项目群管理理论为基础，完善提升项目管理系统构架、管理工作流和信息流，整合项目资源，建立集成项目管理系统，提升项目管理整体执行力。规范与整合项目资源分解结构（WBS、CBS、OBS、RBS等）和编码体系；深化估算、投标报价和费用控制等系统，逐步建立适应国际工程估算、报价与费用控制的体系；完善商务与合同管理、风险管理及工程财务管理等系统，提升项目法律、融资、商务、资金、费用与成本管理水平和风险管控能力；深化应用计划进度控制系统，逐步建立施工管理和开车管理系统。同时，逐步实现与其他核心业务系统及企业级管理系统的集成。

③ 项目文档管理系统

整合与提升项目文档管理系统。优化文档管理流程，建立管理标准，完善文件编码体系；强化以工作流和状态为核心的过程管理和沟通管理，开发推广文档计划、跟踪、检测等控制功能，实现文档产生、批准、发布、升版、作废的生命周期管理，并逐步实现该系统与其他核心业务系统及企业级管理系统的集成。

④ 材料与采购管理系统

完善材料与采购管理系统。建立企业级材料标准库和编码库，实现材料表、请购、询价、评标、采购、催交、检验、运输、接运、仓库管理、材料预测、配料、材料发放及结算等全过程一体化的材料和采购管理；逐步建立以信誉认证、交易和电子支付等为核心的采购电子商务系统，优化材料供销过程；实现材料库与工厂安装模拟可视化系统的集成；逐步实现该系统与设计、项目管理、施工管理等系统的集成。

⑤ 企业运营管理系统

应用工作流、内容管理、电子印章、数字签名等技术，优化工作流程，有效组织和利用信息资源，增强运营管理的体系化和流程化，提高远程办公和协同工作能力；逐步实现与其他核心业务系统及企业级管理系统的集成。

⑥ 综合管理系统

以现代项目管理理论为基础，以经营管理、预算管理、成本管理、项目管理体系和核心业务系统为支撑，建立企业级综合管理系统，为决策层和职能管理层提供综合管理平台。整合企业项目与组织分解结构，建立项目核算和管控体系，加强经营、综合和执行计划的管理，实现预算、调度、成本核算和绩效考核的一体化，以及企业层面的统筹、协同、分级管控和资源优化配置。

⑦ 辅助决策系统

逐步建立企业数据仓库，并利用商业智能（BI）

和数据挖掘等技术,依据决策理论,逐步建立辅助决策系统。

⑧ 知识管理系统与智能企业门户

收集、整理、组织和整合描述设计对象和专业技术的信息资源,研究知识管理机制与体系及知识管理系统建立的工具、方法、过程,建立知识管理的体系和系统。基于企业核心业务系统、综合管理系统、知识管理系统和企业数据仓库,整合企业内外网络信息资源,逐步建立智能企业门户,方便知识的利用,形成企业信息资源中心与个人信息资源中心。

2. 勘察设计类企业

(1) 信息基础设施平台

按需提升局域网、广域网和通信系统的性能。网络的主干带宽与客户端带宽能满足应用需求;条件具备时采用万兆网络平台,满足国际合作、异地协同工作及多媒体应用等需求。

加强网络新技术的应用,如虚拟专用网技术、3G无线通讯技术等,重视工程项目专网的建设。

适时更新和配备计算机设备,提高存储与备份系统的容量和性能,建立异地容灾备份系统,满足不断发展的企业应用需求。

配备有效的网络管理工具,实现对企业局域网与广域网、服务器、数据库系统及应用系统的有效监控和管理。

根据信息安全建设规划和应用需求,逐步建立较为完整的集防入侵、防病毒、传输加密、认证和访问控制于一体、具有较完备安全制度的信息安全体系。

(2) 应用系统

推进BIM技术、基于网络的协同工作技术应用,提升和完善企业综合管理平台,实现企业信息管理与工程项目信息管理的集成,促进企业设计水平和管理水平的提高。

研究发展基于BIM技术的集成设计系统,逐步实现建筑、结构、水暖电等专业的信息共享及协同。

企业运营管理。完善财务管理、人力资源管理、办公自动化、档案管理等系统,并实现上述系统的集成;建设企业门户网站和客户关系管理系统;探索研究电子商务在工程建设过程中的应用。实现企业管理信息系统的提升。

生产经营管理。完善包含经营管理、合同管理、项目管理、技术管理、质量管理等功能的生产经营管理系统,与企业运营管理等系统有效集成,实现生产经营活动全过程的监控与管理。

(3) 数据中心

逐步建立勘察设计信息资源的开发、管理及利用体系,探索发展信息资源产业机制,实现信息资源科学采集、广泛共享、快速流动、深度开发、有序配置、有效利用。

建立企业资源数据库,包括勘察设计标准、规范和标准图数据库,建筑材料、部品、工艺和设备数据库,岩土工程、区域水文地质、地下工程和相关检测监测数据库,建筑方案和典型设计数据库,以及工程项目信息与文档数据库等。

建设企业数字图书馆系统,实现设计图档、文档、图书、期刊、技术资料、有关政策法规和标准规范的数字化管理。

探索研究勘察设计知识的采集模式和表达方式,构建勘察设计知识库,积累并科学利用勘察设计知识资源,辅助设计创新能力的提升。

进一步研究制定企业资源数据库和知识库相关标准,重点研究制定资料信息数据、三维模型数据、电子工程图档信息等标准,为行业数据共享创造条件。

针对不同类型、不同规模勘察设计企业的特点,探索建立企业数据中心,并研究相应的管理模式和运行机制,为企业提供信息保障。

3. 施工类企业

(1) 特级资质施工总承包企业

研究实施企业资源计划系统(ERP),结合企业需求实现企业现有管理信息系统的集成,或者基于企业资源计划的理念建立新的管理信息系统,支撑企业向集约化管理和协同管理发展。

依据现代企业管理制度的需求,梳理、优化企业管理和主营业务流程,整合资源,适应信息化处理需求。

① 信息基础设施平台

建设与软件应用需求相匹配、覆盖下属企业的专用网络,并实现项目现场与企业网络的连接。完善安全措施,保障应用系统的高效、安全、稳定运行。

参考国家及行业标准,借鉴其他企业标准,制定本企业的信息化标准,重点建设基础信息编码及施工项目信息化管理等标准。

② 应用系统

项目综合管理系统。进一步推进项目综合管理系统的普及应用,全面提升施工项目管理水平。

企业管理信息系统。重点实现人力资源、财务资金、物资设备、工程项目等管理的集成,消除信息孤岛,在此基础上,逐步建立企业资源计划系统。

企业知识管理系统。研究相关知识的采集和管理方法，建立知识管理机制，实现知识管理系统化，为企业提供便利的知识资源再利用平台。

企业商业智能和决策支持系统。在完善企业管理信息系统的基础上，探索建立企业数据仓库，逐步发展企业商业智能和决策支持系统。

企业间的协同工作平台。围绕施工项目，建立企业间的协同工作平台，实现企业与项目其他参与方的有序信息沟通和数据共享。

（2）一级施工企业

① 信息基础设施平台

建设与软件应用需求相匹配的企业网络系统，实现与下属企业及项目现场的网络连接。完善安全措施，保障应用系统的高效、安全、稳定运行。

② 应用系统

企业办公自动化系统。普及应用企业办公自动化系统，提高企业办公效率。

项目综合管理系统。普及应用项目综合管理系统，提升施工项目管理水平。

企业管理信息系统。重点建设并集成人力资源、财务资金、物资材料等三大系统，实现企业管理与主营业务的信息化。

企业间的协同工作平台。围绕施工项目，逐步建立企业间的协同工作平台，实现企业与项目其他参与方的有序信息沟通和数据共享。

（3）二级及专业分包施工企业

① 信息基础设施平台

建设与软件应用需求相匹配的企业网络系统，实现与项目现场的网络连接。完善安全措施，保障应用系统的高效、安全、稳定运行。

② 应用系统

企业办公自动化系统。建设企业办公自动化系统，提高企业办公效率

企业管理信息系统。重点建设并集成财务资金及物资材料等系统，逐步实现企业管理与主营业务的信息化。

（二）专项信息技术应用

1. 设计阶段

（1）积极推进协同设计技术的普及应用，通过协同设计技术改变工程设计的沟通方式，减少"错、漏、碰、缺"等错误的发生，提高设计产品质量。

（2）探索研究基于BIM技术的三维设计技术，提高参数化、可视化和性能化设计能力，并为设计施工一体化提供技术支撑。

（3）积极探索项目全生命期管理（PLM）技术的研究和应用，实现工程全生命期信息的有效管理和共享。

（4）研究高性能计算技术在各类超高、超长、大跨等复杂工程设计中的应用，解决大型复杂结构高精度分析、优化和控制等问题，促进工程结构设计水平和设计质量的提高。

（5）推进仿真模拟和虚拟现实技术的应用，方便客户参与设计过程，提高设计质量。

（6）探索研究勘察设计成果电子交付与存档技术，逐步实现从传统文档管理到电子文档管理的转变。

2. 施工阶段

（1）在施工阶段开展BIM技术的研究与应用，推进BIM技术从设计阶段向施工阶段的应用延伸，降低信息传递过程中的衰减。

（2）继续推广应用工程施工组织设计、施工过程变形监测、施工深化设计、大体积混凝土计算机测温等计算机应用系统。

（3）推广应用虚拟现实和仿真模拟技术，辅助大型复杂工程施工过程管理和控制，实现事前控制和动态管理。

（4）在工程项目现场管理中应用移动通讯和射频技术，通过与工程项目管理信息系统结合，实现工程现场远程监控和管理。

（5）研究基于BIM技术的4D项目管理信息系统在大型复杂工程施工过程中的应用，实现对建筑工程有效的可视化管理。

（6）研究工程测量与定位信息技术在大型复杂超高建筑工程以及隧道、深基坑施工中的应用，实现对工程施工进度、质量、安全的有效控制。

（7）研究工程结构健康监测技术在建筑及构筑物建造和使用过程中的应用。

（三）信息化标准

进一步完善建筑业行业与企业信息化标准体系，重点完善建筑工程设计、施工、验收全过程的信息化标准体系，推动信息资源的整合，提高信息综合利用水平。

进一步完善相关的信息化标准，重点完善建筑行业信息编码标准、数据交换标准、电子工程图档标准、电子文档交付标准等。

建立覆盖信息化应用水平、技术水平、普及程度以及应用成效等方面的建筑企业信息化绩效评价标准。

四、保障措施

（一）加强各级住房和城乡建设主管部门的引导作用

1. 加强建筑业信息化软科学研究，为建筑业信息化发展提供理论支撑。

2. 组织制定建筑企业信息化水平评价标准，推动企业开展信息化水平评价，促进企业信息化水平的提高。

3. 鼓励企业进行信息化标准建设，支持企业信息化标准上升为行业标准。

4. 积极推动企业信息系统安全等级保护工作和信息化保障体系的建设，提高企业信息安全水平。

5. 组织开展建筑业信息化示范工程，发挥示范企业与工程的示范带动作用，引导并推动本地区以及建筑行业整体信息化水平的提升。

6. 培育产业化示范基地，扶持自主产权软件企业，带动建筑业应用软件的产业化发展。

(二) 发挥行业协会的服务作用

1. 组织编制行业信息化标准，规范信息资源，促进信息共享与集成。

2. 组织行业信息化经验和技术交流，开展企业信息化水平评价活动，促进企业信息化建设。

3. 开展行业信息化培训，推动信息技术的普及应用。

4. 开展行业应用软件的评价和推荐活动，保障企业信息化的投资效益。

(三) 加强企业信息化保障体系建设

1. 加强企业信息化管理组织建设，设立专职的信息化管理部门，推进企业信息化主管(CIO)制度。

2. 加强企业信息化人才建设，建立和完善多渠道、多层次的信息化人才培养和考核制度，制定吸引与稳定信息化人才的措施。

3. 加大企业信息化资金投入，每年应编制独立的信息化预算，保障信息化建设资金需要。

4. 重视企业信息化标准建设工作，重点进行业务流程与信息的标准化。

5. 建立企业信息安全保障体系，确保企业信息安全。

关于开展 2011 年住房城乡建设系统"安全生产月"活动的通知

建安办函〔2011〕13 号

各省、自治区住房城乡建设厅，直辖市建委（建交委），新疆生产建设兵团建设局：

根据中共中央宣传部、国家安全生产监督管理总局、公安部、国家广播电影电视总局、中华全国总工会、共青团中央、中华全国妇女联合会《关于开展 2011 年全国"安全生产月"活动的通知》（安监总政法〔2011〕57 号）的统一部署，定于 2011 年 6 月在全国住房城乡建设系统开展以"安全责任，重在落实"为主题的"安全生产月"活动，现将有关事宜通知如下：

一、切实做好"安全生产月"活动组织领导

各地要按照全国安全生产电视电话会议和全国建筑安全生产电视电话会议的要求，深入贯彻落实科学发展观，以"安全发展"理念为指导，坚持"安全第一、预防为主、综合治理"的方针，结合今年建筑安全生产工作的总体部署，切实做好"安全生产月"活动组织领导工作。要根据本地住房城乡建设系统的实际情况，把安全文化、安全法律、安全知识送进建筑企业、施工现场。要以落实安全责任，加大隐患治理，促进建筑安全生产形势稳定好转为目标，制定具体的活动方案和计划，精心部署"安全生产月"活动。

二、深入推进"安全生产年"各项活动

各地要按照我部《关于继续深化"安全生产年"活动的实施意见》（建办质〔2011〕18 号）的要求，以强化企业安全生产主体责任为重点，深化安全生产执法、治理、宣教"三项行动"和法制体制机制、保障能力、监管监察队伍"三项建设"。要结合建筑安全生产实际，继续认真开展以施工现场深基坑、高支模、脚手架、建筑起重机械等关键部位和环节为重点的建筑安全专项整治活动。要在地方政府统一领导下，切实采取有效措施，及时发现、严厉打击各类非法违法建筑施工行为。要继续全面推进建筑安全生产标准化工作，着力提高企业及项目安全生产管理水平，有效防范建筑生产安全事故。

三、督促企业落实安全生产主体责任

各地要继续深入贯彻落实《国务院关于进一步加强企业安全生产工作的通知》(国发〔2010〕23号)精神和我部《关于贯彻落实〈国务院关于进一步加强企业安全生产工作的通知〉的实施意见》(建质〔2010〕164号)要求,针对本地实际制定具体的实施办法,进一步督促企业落实安全生产主体责任,强化企业法定代表人安全生产第一责任人的责任。企业要建立完善安全生产管理规章制度,严格落实企业和项目领导现场带班及施工现场隐患排查治理等制度。要确保安全投入、安全管理、技术装备、教育培训等各项措施落实到位,真正把企业安全生产主体责任落到实处。

四、加强从业人员安全教育培训工作

各地要加强建筑业从业人员安全生产教育培训,特别是抓好企业主要负责人、项目经理、专职安全生产管理人员安全生产培训考核工作,提高其安全生产管理能力。要按照《特种作业人员安全管理规定》(建质〔2008〕75号)要求,严格实施建筑施工特种作业人员培训考核和持证上岗工作。要督促引导建筑施工企业结合生产实际,开展好安全生产教育培训工作,提升施工现场一线作业人员的安全意识和操作技能水平。各地同时要进一步加大对建筑安全监管人员的培训教育力度,不断提高安全监管人员的业务素质和依法行政、严格执法的水平。要通过对安全生产教育培训工作的常抓不懈,切实提升从业人员安全意识,确保施工安全。

五、广泛开展安全生产宣传教育活动

各地要紧紧围绕"安全责任,重在落实"这一活动主题,充分利用电视、报纸、杂志、网络等各类媒体,组织开展安全生产公开课、安全生产事故警示、安全生产宣传咨询、安全生产知识竞赛、青年安全生产示范岗评选、应急预案演练等各类活动,广泛宣传安全生产知识、提高广大从业人员的安全生产意识。要认真组织好6月12日全国安全生产宣传咨询日活动。对"安全生产月"活动开展情况要及时报道,总结先进经验,推广典型案例,搞好舆论宣传,努力营造全行业关注安全、关爱生命的氛围。

各省、自治区、直辖市住房城乡建设主管部门要及时总结"安全生产月"活动开展情况,并形成书面材料,于2011年7月5日前报送我部工程质量安全监管司。

中华人民共和国住房和城乡建设部安全生产
管理委员会办公室
二〇一一年五月二十三日

关于印发《建筑施工企业负责人及项目负责人施工现场带班暂行办法》的通知

建质〔2011〕111号

各省、自治区住房城乡建设厅,直辖市建委(建交委),新疆生产建设兵团建设局,中央管理的建筑施工企业:

为贯彻落实《国务院关于进一步加强企业安全生产工作的通知》(国发〔2010〕23号),切实加强建筑施工企业及施工现场质量安全管理工作,我部制定了《建筑施工企业负责人及项目负责人施工现场带班暂行办法》。现印发给你们,请遵照执行。

中华人民共和国住房和城乡建设部
二〇一一年七月二十二日

建筑施工企业负责人及项目负责人施工现场带班暂行办法

第一条 为进一步加强建筑施工现场质量安全管理工作,根据《国务院关于进一步加强企业安全

生产工作的通知》(国发〔2010〕23号)要求和有关法规规定，制定本办法。

第二条 本办法所称的建筑施工企业负责人，是指企业的法定代表人、总经理、主管质量安全和生产工作的副总经理、总工程师和副总工程师。

本办法所称的项目负责人，是指工程项目的项目经理。

本办法所称的施工现场，是指进行房屋建筑和市政工程施工作业活动的场所。

第三条 建筑施工企业应当建立企业负责人及项目负责人施工现场带班制度，并严格考核。

施工现场带班制度应明确其工作内容、职责权限和考核奖惩等要求。

第四条 施工现场带班包括企业负责人带班检查和项目负责人带班生产。

企业负责人带班检查是指由建筑施工企业负责人带队实施对工程项目质量安全生产状况及项目负责人带班生产情况的检查。

项目负责人带班生产是指项目负责人在施工现场组织协调工程项目的质量安全生产活动。

第五条 建筑施工企业法定代表人是落实企业负责人及项目负责人施工现场带班制度的第一责任人，对落实带班制度全面负责。

第六条 建筑施工企业负责人要定期带班检查，每月检查时间不少于其工作日的25%。

建筑施工企业负责人带班检查时，应认真做好检查记录，并分别在企业和工程项目存档备查。

第七条 工程项目进行超过一定规模的危险性较大的分部分项工程施工时，建筑施工企业负责人应到施工现场进行带班检查。对于有分公司（非独立法人）的企业集团，集团负责人因故不能到现场的，可书面委托工程所在地的分公司负责人对施工现场进行带班检查。

本条所称"超过一定规模的危险性较大的分部分项工程"详见《关于印发〈危险性较大的分部分项工程安全管理办法〉的通知》(建质〔2009〕87号)的规定。

第八条 工程项目出现险情或发现重大隐患时，建筑施工企业负责人应到施工现场带班检查，督促工程项目进行整改，及时消除险情和隐患。

第九条 项目负责人是工程项目质量安全管理的第一责任人，应对工程项目落实带班制度负责。

项目负责人在同一时期只能承担一个工程项目的管理工作。

第十条 项目负责人带班生产时，要全面掌握工程项目质量安全生产状况，加强对重点部位、关键环节的控制，及时消除隐患。要认真做好带班生产记录并签字存档备查。

第十一条 项目负责人每月带班生产时间不得少于本月施工时间的80%。因其他事务需离开施工现场时，应向工程项目的建设单位请假，经批准后方可离开。离开期间应委托项目相关负责人负责其外出时的日常工作。

第十二条 各级住房城乡建设主管部门应加强对建筑施工企业负责人及项目负责人施工现场带班制度的落实情况的检查。对未执行带班制度的企业和人员，按有关规定处理；发生质量安全事故的，要给予企业规定上限的经济处罚，并依法从重追究企业法定代表人及相关人员的责任。

第十三条 工程项目的建设、监理等相关责任主体的施工现场带班要求应参照本办法执行。

第十四条 省级住房城乡建设主管部门可依照本办法制定实施细则。

第十五条 本办法自发文之日起施行。

关于印发《全国优秀工程勘察设计奖评选办法》的通知

建质〔2011〕103号

各省、自治区住房和城乡建设厅，直辖市住房和城乡建委(规划委、建设交通委)，国务院有关部门，总后基建营房部工程局，新疆生产建设兵团建设局，有关行业勘察设计协会：

现将修订后的《全国优秀工程勘察设计奖评选办法》印发给你们，请按照规定，做好全国优秀工程勘察设计奖评选的有关工作。原《全国优秀工程勘察设计奖评选办法》(建质〔2006〕302号)同时废止。

附件：全国优秀工程勘察设计奖评选办法

中华人民共和国住房和城乡建设部
二〇一一年七月十九日

全国优秀工程勘察设计奖评选办法

第一章 总 则

第一条 为贯彻落实科学发展观，推动工程勘察设计行业技术创新，提高工程勘察设计水平，引导、鼓励工程勘察设计单位和工程勘察设计人员创作出更多质量优、水平高、效益好的工程勘察设计项目，规范全国优秀工程勘察设计奖评选工作，特制定本办法。

第二条 全国优秀工程勘察设计奖是我国工程勘察设计行业国家级最高奖项，包括优秀工程勘察、优秀工程设计、优秀工程建设标准设计、优秀工程勘察设计计算机软件，分设金质奖和银质奖。每次评选的获奖项目总数不超过 200 项，其中金质奖与银质奖的比例原则上为 30% 和 70%。达不到评定等级标准的奖项可空缺。

第三条 全国优秀工程勘察设计奖的评选工作遵循实事求是、科学严谨和公开、公平、公正的原则。

第四条 全国优秀工程勘察设计奖每两年评选一次。

第五条 住房和城乡建设部负责全国优秀工程勘察设计奖的评选工作，委托中国勘察设计协会等相关协会办理具体事务工作。

第二章 评选范围

第六条 全国优秀工程勘察奖评选范围包括：

一、结构主体工程完成两年以上（以项目业主或有关部门证明的日期为准）的岩土工程（工程地质）勘察项目，地下工程竣工后经两年以上时间检验的岩土工程设计、治理项目。

二、规划、建设方验收后的工程测量项目（含城市规划测量项目）。

三、地下水开采达到设计要求，或暂未达到设计水平但有开采性抽水试验（试验抽水能力大于设计水量）或经两年以上长期观测资料验证，并经相关机构认可的水资源评价（论证）、钻井工程、专门水文地质勘察（评价）等水文地质勘察项目。

四、地质条件复杂的大型水利、铁道、公路等工程勘察，可按批准立项文件或批准的初步设计分期、分单项或以单位工程申报，按整个项目申报时，其子项目原则上不再另行申报。

第七条 全国优秀工程设计奖评选范围包括：

一、建成并经过交（竣）工验收，且经过两年及以上（以项目业主或有关部门验收证明的日期为准）生产运营（使用）；季节性生产的项目，还需经过一个完整生产考核期的生产运营，已形成生产能力或独立功能的整体工程设计项目（包括新建、扩建和改建项目）。

二、大型工程设计项目如矿井、水利工程、铁道、公路等，可按批准立项文件或批准的初步设计分期、分单项或以单位工程申报，按整个项目申报时，其子项目原则上不再另行申报。

三、经规定程序审查批准并付诸实施的城乡规划项目及其他规划项目（如江河流域规划、水利工程专项规划等）。

第八条 全国优秀工程建设标准设计奖评选范围包括：

一、经省、自治区、直辖市住房和城乡建设主管部门，国务院有关部门或行业协会审查批准出版的工程建设标准设计。

二、经地方或行业标办审查、批准，出版发行的工程建设标准设计。

三、申报项目须经过两年以上实际应用，且使用效果显著。

第九条 全国优秀工程勘察设计计算机软件奖评选范围包括：

一、具有自主知识产权，适用于工程勘察设计行业的国产软件。

二、引进后经二次开发，适用于工程勘察设计行业的软件。

三、申报软件应通过鉴定和行业测评，经过两年以上实际应用，且具有显著经济效益或能提高管理效率。

第十条 引进国外（境外）技术或者中外合作设计建在我国境内的工程设计项目，由中方进行基础设计（建筑方案设计、初步设计）的项目可以申报。

我国工程勘察设计单位在国外（境外）独立承接的工程勘察、工程设计项目可以申报。申报材料需附项目合同、上级主管部门或业主对工程勘察、工程设计的评价证明及竣工质量验收证明，以及当地有关主管部门的环保、消防、安全证明材料。

第三章 评选条件和标准

第十一条 申报全国优秀工程勘察设计奖评选的项目必须具备下列条件：

一、符合国家工程建设的法律、法规和方针、政策，严格执行工程建设强制性标准。采用突破国家技术标准的新技术、新材料，须按照规定通过技术审定。

二、严格贯彻执行国家的产业政策，具有先进的勘察设计理念，其主导专业或多个专业采用适用、安全、经济、可靠和促进可持续发展的新技术，经实践检验取得良好的经济、社会和环境效益。

三、获得省、自治区、直辖市住房和城乡建设主管部门，国务院有关部门或行业协会优秀工程勘察设计一等奖及以上奖项。

四、符合基本建设程序，各项手续完备，取得建设规划、环保、节能、安全、消防、卫生、城建档案管理等相关审批、验收文件，以及项目业主、生产运行单位对工程勘察设计的书面评价意见。

五、申报优秀工程勘察和优秀工程设计的单位，必须具有相应的工程勘察设计资质证书，且最近3年内没有发生过重大勘察设计质量安全事故。

第十二条 获奖项目应对推动工程建设行业技术进步具有示范作用。金质奖项目主要技术成果指标应达到同期国际先进水平（申报单位应附查新报告），在技术创新方面有公认的突出成就；银质奖项目主要技术成果指标应达到同期国内领先水平（申报单位应附查新报告），在技术创新上有显著成就。

第四章 申报、评审及评选结果的公布

第十三条 申请参加全国优秀工程勘察设计奖评选的项目，由申报单位根据奖项类别填写申报表（见附件1、2、3、4），单位法定代表人签署意见，加盖单位公章。申报材料应包括申报表、本办法规定的评选范围和评选条件所要求材料和相关证明等。

第十四条 同一个项目只能申报一次，不得通过不同渠道重复申报。

第十五条 全国优秀工程勘察设计奖项目申报材料由申报单位报省、自治区、直辖市住房和城乡建设行政主管部门、国务院有关部门或行业协会。省、自治区、直辖市住房和城乡建设行政主管部门、国务院有关部门或行业协会对申报材料进行复核，并根据评选条件择优排序，按专业分组（专业分组表见附件5）分别填写项目次序表（见附件6）后报送住房和城乡建设部。

第十六条 住房和城乡建设部委托中国勘察设计协会组织全国优秀工程勘察设计各专业评审组，负责相应专业项目的初评工作。各专业评审组人数为不少于9人的奇数。

全国优秀工程勘察设计奖评审专家应为具有高级技术职称及20年以上的工程勘察设计工作经验，身体健康，年龄一般不超过70周岁。院士和工程勘察设计大师优先选任。

第十七条 全国优秀工程勘察设计奖评审程序：

一、初评。专业评审组对申报材料进行初步评审，采取记名投票方式，提出本专业组的优秀工程勘察设计获奖项目建议名单。

二、综评。住房和城乡建设部组织专家对各专业评审组提交的建议名单进行综合评审，采用记名投票方式，提出优秀工程勘察设计获奖项目提名名单。

三、公示。住房和城乡建设部将全国优秀工程勘察设计奖提名名单在网上进行公示，公示期限为15个工作日。

四、审定。根据公示情况，按有关规定，住房和城乡建设部常务会议对全国优秀工程勘察设计奖提名名单进行审定。

第十八条 对通过住房和城乡建设部常务会议审定的全国优秀工程勘察设计项目，由住房和城乡建设部公布。

第五章 奖 惩

第十九条 对获全国优秀工程勘察设计奖的项目，住房和城乡建设部向获奖单位颁发奖牌、证书，向主要勘察设计人员颁发个人荣誉证书。

第二十条 全国优秀工程勘察和全国优秀工程设计单项授奖人数不超过15人，全国优秀工程标准设计和全国优秀工程勘察设计计算机软件单项授奖人数不超过10人。

第二十一条 对获全国优秀工程勘察设计奖的主要勘察设计人员，所在单位应将其业绩记入本人技术档案，作为职称评定和晋级的依据并可予以表彰和奖励。

第二十二条 申报评选的单位必须实事求是，不得弄虚作假。评选结果公布后如发现与获奖条件不符或重复申报，将视情节轻重和影响程度，分别给予降低奖励等级、撤销奖励、通报批评、停止获奖单位两届申报资格的处理。

项目获奖后如发生因勘察设计原因导致的质量安全事故或严重问题，将撤销奖励，停止获奖单位两届申报资格。

第二十三条 参加评审的专家要以严肃、认真和高度负责的态度进行评选工作，对违反评选纪律者，取消其评审专家资格。

第六章 附 则

第二十四条 全国优秀工程勘察设计奖评选不向申报单位收取任何费用。

第二十五条 本办法自公布之日起施行。原《全国优秀工程勘察设计奖评选办法》（建质〔2006〕302号）同时废止。

第二十六条 本办法由住房和城乡建设部负责解释。

关于印发《房屋市政工程生产安全重大隐患排查治理挂牌督办暂行办法》的通知

建质〔2011〕158号

各省、自治区住房城乡建设厅，直辖市建委(建交委)，新疆生产建设兵团建设局：

为贯彻落实《国务院关于进一步加强企业安全生产工作的通知》（国发〔2010〕23号），推动企业落实生产安全重大隐患排查治理责任，积极防范和有效遏制事故的发生，我部制定了《房屋市政工程生产安全重大隐患排查治理挂牌督办暂行办法》。现印发给你们，请遵照执行。

中华人民共和国住房和城乡建设部
二〇一一年十月八日

房屋市政工程生产安全重大隐患排查治理挂牌督办暂行办法

第一条 为推动企业落实房屋市政工程生产安全重大隐患排查治理责任，积极防范和有效遏制事故的发生，根据《国务院关于进一步加强企业安全生产工作的通知》（国发〔2010〕23号），对房屋市政工程生产安全重大隐患排查治理实行挂牌督办。

第二条 本办法所称重大隐患是指在房屋建筑和市政工程施工过程中，存在的危害程度较大、可能导致群死群伤或造成重大经济损失的生产安全隐患。

本办法所称挂牌督办是指住房城乡建设主管部门以下达督办通知书以及信息公开等方式，督促企业按照法律法规和技术标准，做好房屋市政工程生产安全重大隐患排查治理的工作。

第三条 建筑施工企业是房屋市政工程生产安全重大隐患排查治理的责任主体，应当建立健全重大隐患排查治理工作制度，并落实到每一个工程项目。企业及工程项目的主要负责人对重大隐患排查治理工作全面负责。

第四条 建筑施工企业应当定期组织安全生产管理人员、工程技术人员和其他相关人员排查每一个工程项目的重大隐患，特别是对深基坑、高支模、地铁隧道等技术难度大、风险大的重要工程应重点定期排查。对排查出的重大隐患，应及时实施治理消除，并将相关情况进行登记存档。

第五条 建筑施工企业应及时将工程项目重大隐患排查治理的有关情况向建设单位报告。建设单位应积极协调勘察、设计、施工、监理、监测等单位，并在资金、人员等方面积极配合做好重大隐患排查治理工作。

第六条 房屋市政工程生产安全重大隐患治理挂牌督办按照属地管理原则，由工程所在地住房城乡建设主管部门组织实施。省级住房城乡建设主管部门进行指导和监督。

第七条 住房城乡建设主管部门接到工程项目重大隐患举报，应立即组织核实，属实的由工程所在地住房城乡建设主管部门及时向承建工程的建筑施工企业下达《房屋市政工程生产安全重大隐患治理挂牌督办通知书》，并公开有关信息，接受社会监督。

第八条 《房屋市政工程生产安全重大隐患治理挂牌督办通知书》包括下列内容：
(一) 工程项目的名称；
(二) 重大隐患的具体内容；
(三) 治理要求及期限；
(四) 督办解除的程序；
(五) 其他有关的要求。

第九条 承建工程的建筑施工企业接到《房屋市政工程生产安全重大隐患治理挂牌督办通知书》后，应立即组织进行治理。确认重大隐患消除后，向工程所在地住房城乡建设主管部门报送治理报告，并提请解除督办。

第十条 工程所在地住房城乡建设主管部门收到建筑施工企业提出的重大隐患解除督办申请后，应当立即进行现场审查。审查合格的，依照规定解除督办。审查不合格的，继续实施挂牌督办。

第十一条 建筑施工企业不认真执行《房屋市政工程生产安全重大隐患治理挂牌督办通知书》的，应依法责令整改；情节严重的要依法责令停工整改；不认真整改导致生产安全事故发生的，依法从重追究企业和相关负责人的责任。

第十二条 省级住房城乡建设主管部门应定期总结本地区房屋市政工程生产安全重大隐患治理挂牌督办工作经验教训，并将相关情况报告住房和城乡建设部。

第十三条 省级住房城乡建设主管部门可根据本地区实际，制定具体实施细则。

第十四条 本办法自印发之日起施行。

六、城乡规划与村镇建设类

关于加强"十二五"近期建设规划制定工作的通知

建规〔2011〕31号

各省、自治区住房城乡建设厅，直辖市、省会城市、计划单列市规划局(委)、新疆生产建设兵团建设局：

"十二五"时期，是我国城镇化和城镇建设的关键时期。依据依法批准的城市、镇总体规划，制定和实施好2011年至2015年近期建设规划，保证"十二五"城镇经济社会发展目标和各项建设任务的及时有效落实，是城乡规划工作的重要任务。为做好"十二五"近期建设规划制定工作，现通知如下：

一、提高对"十二五"近期建设规划制定工作重要性的认识

《中共中央关于制定国民经济和社会发展第十二个五年规划的建议》提出要把经济结构战略性调整作为加快转变经济发展方式的主攻方向，把保障和改善民生作为加快转变经济发展方式的根本出发点和落脚点，把建设资源节约型和环境友好型社会作为加快转变经济发展方式的重要着力点，积极稳妥推进城镇化。深刻认识并准确把握我国城镇化和城镇建设形势变化的新特点，依据城市总体规划对城市长远发展的整体安排，通过制定和实施"十二五"近期建设规划，加强规划统筹，保证国家"十二五"经济社会发展总体要求和部署的落实，对于促进城镇化和城镇建设健康有序发展，推进城镇发展模式转变，实现城市经济社会与生态资源环境全面协调可持续发展，具有重要意义。

二、突出"十二五"近期建设规划的重点内容

"十二五"近期建设规划的编制内容，应当以重要基础设施、公共服务设施和中低收入居民住房建设以及生态环境保护为重点，明确近期建设的时序、发展方向和空间布局，并突出如下五方面内容：

(一) 推进城镇发展模式从外延扩张向内涵提升

转变，节约和集约利用土地、水、能源等资源，提高资源利用效率和效益。要坚决防止盲目扩大城市建设用地规模，禁止在城镇总体规划确定的建设用地之外盲目圈地，乱设各种名目的产业区和新区、新城。

（二）切实落实"十二五"保障性住房建设任务和要求。要将保障性住房的建设目标纳入近期建设规划，确保保障性住房用地的分期供给规模、区位布局和相关资金投入，不断改善中低收入家庭的居住条件。

（三）把提高城市综合交通服务水平，作为近期建设规划的重要任务。针对大城市和特大城市普遍性的交通拥堵，以及中小城镇存在的交通服务水平不高、结构不合理等问题，各地在"十二五"近期建设规划制定工作中，要加强交通与土地利用的一体化规划，加强交通需求管理，优化交通出行结构，大力发展步行、自行车和公共交通等绿色交通。

（四）高度重视城市综合防灾体系规划，保障城市安全。要针对近来多发的地质、地震、洪涝等自然灾害，以及有毒化学品泄露、爆炸等安全事故，优化城市功能区布局，加强应急避难场所、生命线工程等综合防灾设施的规划建设，提高城市应对灾害的能力，减少灾害损失。

（五）加强对地下空间资源开发利用的规划控制和引导。针对城市地下交通枢纽和线路、地下管线、人防工程、地下综合体等项目的大量开发和建设，充分发挥城市规划的统筹协调和综合调控职能，加强对地下空间开发利用的控制和引导。

三、建立健全近期建设规划制定工作机制

各地要把近期建设规划制定工作常态化，逐步建立从空间上统筹各类建设活动的规划平台。

（一）与国民经济和社会发展五年规划相配套，建立近期建设规划的滚动编制机制。通过"五年规划"和"近期建设规划"的同步制定，构筑城市政府调控城市经济社会发展的"双平台"。

（二）结合近期建设规划的制定工作，健全城市总体规划实施评估机制。在近期建设规划制定前，要对过去五年的规划执行情况，进行系统、全面、深入、客观地评估，总结经验教训，发现不足和问题，明确近期建设规划制定工作的改进思路和重点。

（三）在近期建设规划的基础上，研究制定年度建设行动计划，把近期建设规划确定的各项建设要求，进一步分解落实到年度计划中，保障实施。

四、加强领导，精心组织，及时完成"十二五"近期建设规划的制定工作

城市、县、镇人民政府要按照《城乡规划法》的规定，组织开展近期建设规划的制定工作。城乡规划主管部门要在政府的统一领导下，加强与国土、发展改革等部门的合作，广泛征求专家和公众的意见。近期建设规划由本级人民政府批准实施。

全国各城市、镇的近期建设规划，应在2011年9月底前完成，并按法定程序报总体规划审批机关备案。其中107个由国务院审批城市总体规划的城市，由省级城乡规划主管部门将近期建设规划及相关批准文件报住房城乡建设部备案。

省级城乡规划主管部门要加强对近期建设规划制定工作的指导、督促和检查，保证近期建设规划制定工作及时、高质量完成。

"十二五"期间，各级城乡规划主管部门要加强城乡规划信息化管理平台建设，为包括近期建设规划在内的城市规划制定、实施和管理工作，提供准确、便捷、高效的技术手段和支撑，提高城乡规划应对新形势、新任务、新要求的能力和水平。

中华人民共和国住房和城乡建设部
二〇一一年三月三日

关于做好 2011 年扩大农村危房改造试点工作的通知

建村〔2011〕62 号

各有关省、自治区、直辖市住房城乡建设厅（建委）、发展改革委、财政厅（局）：

为贯彻落实党中央、国务院关于加快农村危房改造和扩大试点的要求，切实做好 2011 年扩大农村危房改造试点工作，现就有关事项通知如下：

一、试点范围与改造任务

2011年中央扩大农村危房改造试点实施范围是中西部地区全部县（市、区、旗）。任务是支持完成265万农村贫困户危房改造，其中：优先完成陆地边境县边境一线20万贫困农户危房改造，支持东北、西北、华北等"三北"地区和西藏自治区试点范围内9万农户结合危房改造开展建筑节能示范。各省（区、市）危房改造任务由住房城乡建设部会同国家发展改革委、财政部确定。

二、补助对象与补助标准

中央扩大农村危房改造试点补助对象重点是居住在危房中的农村分散供养五保户、低保户、贫困残疾人家庭和其他贫困户。各地要按照优先帮助住房最危险、经济最贫困农户解决最基本安全住房的要求，合理确定补助对象。要坚持公开、公平、公正原则，规范补助对象的审核、审批程序，实行农户自愿申请、村民会议或村民代表会议民主评议、乡（镇）审核、县级审批。同时，要建立健全公示制度，补助对象基本信息和各审查环节的结果要在村务公开栏公示。县级政府要组织做好与经批准的危房改造农户签订合同或协议工作。

2011年中央补助标准为每户平均6000元，在此基础上对陆地边境县边境一线贫困农户、建筑节能示范户每户再增加2000元补助。各省（区、市）要在确保完成危房改造任务的前提下，依据农村危房改造方式、建设标准、成本需求和补助对象自筹资金能力等不同情况，合理确定不同地区、不同类型、不同档次的分类补助标准。

三、资金筹集和使用管理

2011年中央安排扩大农村危房改造试点补助资金166亿元（含中央预算内投资25亿元），由财政部会同国家发展改革委、住房城乡建设部联合下达。中央补助资金根据试点地区农户数、危房数、地区财力差别、上年地方补助资金落实情况、试点工作绩效等因素进行分配。各地要采取积极措施，整合相关项目和资金，将抗震安居、游牧民定居、自然灾害倒损农房恢复重建、贫困残疾人危房改造、扶贫安居等资金与农村危房改造资金有机衔接，通过政府补助、银行信贷、社会捐助、农民自筹等多渠道筹措扩大农村危房改造试点资金。地方各级财政要将扩大农村危房改造试点地方补助资金和项目管理等工作经费纳入财政预算，省级财政要切实加大资金投入力度。

各地要按照有关规定加强扩大农村危房改造试点补助资金的使用管理。补助资金要实行专项管理、专账核算、专款专用，并按有关资金管理制度的规定严格使用，健全内控制度，执行规定标准，严禁截留、挤占和挪用。各级财政部门要会同发展改革、住房城乡建设部门加强资金使用的监督管理，及时下达资金，加快预算执行进度，并积极配合有关部门做好审计、稽查等工作。要定期对资金的管理和使用情况进行监督检查，发现问题，及时纠正，严肃处理。问题严重的要公开曝光，并追究有关责任人员的责任，涉嫌犯罪的，移交司法机关处理。财政部驻各地财政监察专员办事处和发改稽察机构将对各地扩大农村危房改造试点资金使用管理等情况进行检查。

四、科学制定试点实施方案

各省级住房城乡建设、发展改革、财政等部门要认真组织编制2011年扩大农村危房改造试点实施方案，按照优先支持陆地边境地区、贫困地区、少数民族地区和革命老区的原则，在综合考虑实际需求、管理能力、用工量、建材供应与运输等因素的基础上，将改造任务分配到各试点县，并于今年7月初将分县试点方案、任务分配、资金安排、监管措施等情况联合上报三部委。各试点县要细化落实措施，合理安排各乡（镇）、村改造户数。

五、落实危房改造建设基本要求

拟改造农村危房属整栋危房（D级）的应拆除重建，属局部危险（C级）的应修缮加固。重建房屋原则上以农户自建为主，农户自建确有困难且有统建意愿的，地方政府要发挥组织、协调作用，帮助农户选择有资质的施工队伍统建。坚持以分散分户改造为主，在同等条件下，优先安排危房集中村庄的危房改造，积极编制村庄规划，统筹协调道路、供水、沼气、环保等设施建设，整体改善村庄人居环境。陆地边境一线农村危房改造重建以原址翻建为主，确需异址新建的，应靠紧边境、不得后移。

要严格控制危房改造建筑面积和总造价。翻建新建或修缮加固住房建筑面积原则上控制在40至60平方米以内。农房设计建设要符合农民生产生活习惯、体现民族和地方建筑风格、传承和改进传统建造工法，推进农房建设技术进步。各地要组织技术力量编制可分步建设的农房设计方案并出台相关配套措施，引导农户先建 40 到 60 平方米的基本安全房，同时又便于农民富裕后向两边扩建或者向上加盖。地方政府要积极引导，防止出现群众盲目攀比超标准建房的问题。各地要加强地方建筑材料利用研究，探索符合标准的就地取材建房技术方案。要结合建材下乡，组织协调主要建筑材料的生产、采购与运输，并免费为农民提供建筑材料质量检测服务。

六、强化工程质量安全管理

各地要建立农村危房改造质量安全管理制度，确保危房改造的工程质量。地方各级尤其是县级住房城乡建设部门要组织技术力量，对危房改造施工现场开展质量安全巡查与指导监督，及时发现和纠正主要结构和部件施工中存在的问题；加强农村危房改造竣工质量安全检查，对检查不合格的限期整改；开设危房改造咨询窗口，面向农民提供危房改造技术服务和工程纠纷调解服务。健全和加强乡镇建设管理机构，提高服务和管理农村危房改造的能力。

农村危房改造要严格执行农房抗震安全基本要求。承担施工任务的农村建筑工匠要对新建农房的抗震设计或旧房的修缮加固方案进行技术把关，对农户自购建筑材料给予建议。乡镇建设管理员要加强农房设计图纸审查，并对施工过程进行逐户现场检查。县级住房城乡建设部门要加强对乡镇建设管理员和农村建筑工匠的培训与管理，提高其农房建设抗震设防技术知识水平和业务素质；编印和发放农房抗震设防手册或挂图，向广大农民宣传和普及抗震设防常识。

七、完善农户档案管理

各地要按照《关于建设全国扩大农村危房改造试点农户档案管理信息系统的通知》（建村函〔2009〕168号）要求，完善危房改造农户纸质档案，实行一户一档，批准一户、建档一户，规范有关信息管理。农户纸质档案必须包括档案表、农户申请、审核审批、公示、协议等材料，其中档案表必须按照信息系统公布的最新样表制作。在此基础上，建立健全农户纸质档案表信息化录入制度，确保农户档案及时、全面、真实、完整、准确录入系统。今后各地工程进度等情况将以录入信息系统中的数据为准。改造后农户住房产权归农户所有，并根据实际做好产权登记。

八、推进建筑节能示范

加快推进"三北"地区和西藏自治区农村危房改造试点建筑节能示范工作，各试点县要安排不少于五个相对集中的示范点（村），有条件的县每个乡镇要安排一个示范点（村）。建筑节能示范要严格执行《严寒和寒冷地区农村住房节能技术导则（试行）》，加强专家组对口指导，实行逐户验收。建筑节能示范户录入信息系统的"改造中照片"必须反映主要建筑节能措施施工现场。要组织农村建筑工匠和农民学习节能技术和建造管理，做好宣传推广。

九、健全信息报告制度

省级住房城乡建设部门要严格执行月报制度，于每月5日前将上月危房改造进度情况报住房城乡建设部。省级发展改革、财政部门要按照有关要求，及时汇总并上报有关农村危房改造计划落实、资金筹集、监督管理等情况。各地要组织编印农村危房改造工作信息，将建设成效、经验做法、存在问题和工作建议等以简报、通报等形式，定期或不定期上报。省级住房城乡建设部门要会同发展改革、财政部门及时组织对年度危房改造实施情况进行检查，于2012年1月底前将2011年任务落实检查情况和年度总结报告报三部委。

十、完善监督检查制度

各地要认真贯彻落实本通知要求和其他有关规定，主动接受纪检监察、审计和社会监督。地方各级住房城乡建设部门要通过多种方式，积极宣传农村危房改造政策，认真听取群众意见建议，及时研究和解决群众反映的困难和问题。地方各级住房城乡建设部门要会同有关部门，充分利用农户档案管理信息系统，对农村危房改造政策执行情况进行监督检查。住房城乡建设部将会同国家发展改革委、财政部等部门对试点地区进行抽查。

十一、加强组织领导与部门协作

各地要加强对扩大农村危房改造试点工作的领导，建立健全协调机制，明确分工，密切配合。各地住房城乡建设、发展改革和财政部门要在当地政府领导下，会同民政、民族事务、国土资源、扶贫、残联、环保、交通运输、水利、农业、卫生等有关部门，共同推进扩大农村危房改造试点工作。

中华人民共和国住房和城乡建设部
中华人民共和国国家发展和改革委员会
中华人民共和国财政部
二〇一一年五月十七日

财政部 住房城乡建设部
关于绿色重点小城镇试点示范的实施意见

财建〔2011〕341号

有关省、自治区、直辖市、计划单列市财政厅(局)，住房城乡建设厅(委、局)：

为贯彻党的十七届五中全会精神，积极稳妥推进中国特色城镇化，促进我国小城镇健康、协调、可持续发展，财政部、住房城乡建设部决定"十二五"期间开展绿色重点小城镇试点示范，制定如下实施意见：

一、开展绿色重点小城镇试点示范的重要意义

小城镇是中国特色城镇体系中的重要环节。近年来，随着城乡经济社会发展和城镇化战略实施，我国小城镇得到了较快发展，积聚人口规模不断增加，有效促进了改善当地居民生产生活条件，推动了区域协调发展。但当前，我国小城镇建设发展中存在着在资源能源利用粗放、基础设施和公共服务配套不完善、人居生态环境治理滞后等突出问题。开展绿色重点小城镇试点示范，有利于引导城乡建设模式转型，增强节能减排能力，缓解大城市人口压力，推进城镇化可持续发展；有利于增强小城镇居住功能和公共服务功能，提高人口和经济集聚程度，统筹城乡经济社会发展；有利于增强城乡居民消费能力，加快服务业发展，促进扩大内需，推进经济结构调整。

二、开展绿色重点小城镇试点示范的指导思想和基本原则

开展绿色重点小城镇试点示范的指导思想是，深入贯彻落实科学发展观，以党的十七大和十七届三中、五中全会精神为指导，按集约节约、功能完善、宜居宜业、特色鲜明的总体要求，促进小城镇健康发展，通过加强政策扶持与引导，创建一批生态环境良好、基础设施完善、人居环境优良、管理机制健全、经济社会发展协调的绿色重点小城镇，切实为提高小城镇建设的质量和水平提供示范，为建立符合我国国情的小城镇建设发展模式积累经验。

根据上述指导思想，开展绿色重点小城镇试点示范要坚持以下基本原则：一是中央政策引导，试点示范带动。通过中央支持试点示范、完善评价体系、明确建设要求等，带动和引导绿色小城镇建设，克服大拆大建和贪大求洋等不良倾向。二是地方责任主体，统筹规划推进。地方政府承担小城镇建设发展的主要责任，抓好绿色重点小城镇试点示范组织实施，确保政策效果；地方政府要按照中央政策导向要求，认真修编行政区域内重点镇规划，并完善配套管理机构和政策措施，予以稳步推进发展。三是加强绿色建设，夯实发展基础。推动小城镇发展，要做好完善基础设施、培育发展经济、健全公共服务体系、保障农民权益等各项工作。开展绿色重点小城镇试点示范，从加强城镇薄弱环节入手，为更好地推进其他各项工作奠定基础。四是注重机制探索，积累工作经验。推进小城镇建设发展涉及面广、工作难度大，要通过开展试点工作，检验政策效果，解决实际问题，完善制度办法，为进一步推进小城镇建设发展积累经验。

三、绿色重点小城镇试点示范的工作内容

（一）设立评价体系，明确目标任务。建立绿色重点小城镇评价指标体系，对人均建设用地、污水处理率、绿化面积、垃圾无害化处理率等指标实行量化考核。根据东、中、西部区域的不同，评价指标将有所区别。试点示范镇要根据评价指标相应明确有效利用土地和其他资源、合理布局建设用地、加强生态环境建设、改善居住环境、增强基础设施和公共服务覆盖能力、引导产业和人口有序集聚等方面的目标和任务。

（二）探索建设模式，体现特色发展。根据各地经济社会发展水平、区位特点、资源和环境基础，分类探索小城镇建设发展模式。要保持地方和小城镇特色、保护历史街区与历史建筑、避免千篇一律。大城市郊区及城镇密集地区试点镇，要积极探索城乡基础设施共建共享、融入城市发展的有效途径；历史文化及旅游景观的特色试点镇，要在挖掘资源优势、统筹保护和开发方面形成好的机制与办法；位于中西部及农村地区的试点镇，要在增强产业聚集功能与综合承载能力，更好地发挥"以城带乡"作用方面积累经验。

（三）完善规划编制，落实建设任务。根据试点示范目标任务及发展模式，编制完善绿色重点小城镇总体规划和各专项规划。试点示范镇建设要把改善人居环境、增强居住功能与公共服务功能作为主要任务，统筹安排基础设施、公共服务及其他类相关建设。制订实施方案，要细化建设任务，提出重点建设项目规模、施工方案、实施进度和资金安排，把规划建设要求落到实处。

（四）突出绿色生态，保证重点工程。试点示范镇要切实增强节能减排能力，重点开展以下绿色生态设施建设，一是污水和垃圾处理等环境建设项目；二是太阳能及浅层地能可再生能源建筑应用、既有居住建筑节能改造建设项目；三是商贸流通设施、镇内道路、园林绿化及供排水设施等基础设施建设项目。

（五）落实县级责任，统筹项目建设。试点示范镇所在县级人民政府对推进绿色重点镇负总责，按照实施方案，统筹推进各类项目建设。要落实规划建设管理和项目质量安全责任，确保工程建设质量；积极筹措资金，将更多的政策资源向绿色重点小城镇倾斜；切实抓好工作进度，积极稳妥地推进绿色重点小城镇的建设。

四、绿色重点小城镇试点示范的支持政策

（一）财政支持政策。中央财政利用现有的资金渠道支持试点示范镇建设发展，在符合相关管理办法规定的前提下，城镇污水管网建设、建筑节能、可再生能源建筑应用、商贸流通服务业发展等专项资金向绿色重点小城镇倾斜，支持绿色重点小城镇开展相关工作，完成相应建设任务。地方财政也要切实加大投入，与中央财政资金形成合力，更好地支持绿色重点小城镇的建设发展。

（二）城乡建设政策。住房城乡建设部将试点示范镇纳入项目带动规划一体化实施试点，加强保障性住房和农村危房改造的支持力度。地方各级住房城乡建设部门要整合现有各类支持小城镇建设的项目和资金，向试点示范镇倾斜。

五、绿色重点小城镇试点示范的组织实施

（一）循序渐进、逐步推开。2011年将率先在部分积极性高、工作基础好的省份选择少量试点示范镇，并在试点过程中不断完善有关政策，待取得经验后，逐步扩大政策实施范围。2011年试点申报组织工作另行通知。

（二）加强指导，协同推动。财政部、住房城乡建设部组织专家组对试点示范镇规划修编、实施方案编制、工程质量控制、绩效考核评估等全过程予以指导。地方财政、住房城乡建设部门也要及时协调解决试点过程中的问题，联合有关部门协同推进试点实施。

（三）绩效评价，加强监督。将绿色重点小城镇试点纳入财政绩效考评范围和重点镇动态考核范围，建立健全评价指标体系，对工作开展较好、试点效果突出的试点示范镇加大支持力度，并作为示范样板予以推广。切实加强监督检查，提高财政资金使用效率，确保建设项目实施效果。

绿色重点小城镇试点示范工作要求高、任务重。地方各级财政、住房城乡建设部门要根据以上实施意见，制订推进绿色重点小城镇试点示范工作的具体办法。试点示范工作开展的情况，及时向财政部、住房城乡建设部报告。

中华人民共和国财政部
中华人民共和国住房和城乡建设部
二〇一一年六月三日

七、城市建设类

国家发展改革委办公厅、住房城乡建设部办公厅关于进一步加强污泥处理处置工作组织实施示范项目的通知

发改办环资〔2011〕461号

各省、自治区、直辖市及计划单列市、新疆生产建设兵团发展改革委、住房城乡建设厅（建委、市政管

委、水务厅、水务局、城建局、市政公用局、市政园林局）：

近年来，我国城镇污水处理能力快速增长，污泥产生量也持续增加，污泥能否得到妥善的处理处置，直接关系到环境安全和公众健康。为进一步推进城镇生活污水处理厂污泥处理处置工作，现就有关事项通知如下：

一、提高认识，高度重视污泥处理处置工作

污泥富集了污水中的污染物，含有大量的氮、磷等营养物质以及有机物、病毒微生物、寄生虫卵、重金属等有毒有害物质，不经有效处理处置，将对环境产生严重的危害，日益成为困扰我国城市环境的主要难题之一。因此，做好污泥处理处置工作，是确保污水处理效果、防止污染物进入自然环境的重要措施，是改善城镇居民生存环境、提高人民生活质量的必然要求，也是贯彻落实科学发展观、建设资源节约型、环境友好型社会的重要举措。各地要切实提高认识，高度重视污泥处理处置工作，将污泥处理处置工作列入重要议事日程，做出全面部署。各级发展改革、住房城乡建设部门要加强工作指导，抓紧制定规划，明确目标，落实措施，花大力气做好污泥处理处置工作。

二、全面部署，扎实推进污泥处理处置工作

（一）统筹制定规划

各地要在对污泥处理处置现状进行详细调查的基础上，综合分析本地区污泥泥质特征、自然环境条件、经济社会发展水平等因素，全面统筹，制定科学合理的污泥处理处置规划和实施计划，明确"十二五"期间污泥处理处置的规划目标、技术路线、重点任务、设施布局及保障措施等要求。

（二）合理选择技术

各地应充分结合本地实际，积极借鉴国内外的成功经验，以"资源化、无害化、节能降耗和低碳环保相结合"为基本原则，研究制定适合本地区的污泥处理处置技术路线。在筛选确定污泥处理处置工程具体技术方案时，应按照国家有关技术政策和相关标准规范的要求，在综合分析评价各方案的经济性、环境影响和碳减排情况的基础上，选择合适的技术，确定合理可行的工程建设方案。

（三）加快设施建设

各地要把污泥处理处置设施作为城镇基础设施建设的重点，明确目标，提出融资策略和保障措施，确保设施建设顺利进行。加大协调力度，确保污泥处理处置设施建设项目尽快完成土地征用、环境影响评价、可行性研究、初步设计等环节审批；对于已开工建设的项目，要抓紧施工，保证进度，尽早发挥效益。进一步加强污泥处理处置设施建设市场管理，按照基本建设程序，落实项目法人制、招投标制、质量监督制、合同管理制、工程监理制、工程竣工验收制等管理制度，对招投标、勘察、设计、施工、监理、竣工验收等关键环节严格把关，保证按时高质量完成工程建设。

（四）规范运营管理

运营单位要严格执行各项工程技术规范、导则和操作指南，保证污泥处理处置设施安全稳定运行；加强制度建设，建立污泥管理台账制度，建立完善的检测、记录、存档和报告制度，对处理处置后的污泥及其副产物的去向、用途、用量等进行跟踪、记录和报告。应制定应急预案，积极预防和妥善处置突发环境事件，保证设施安全运行和运营质量。应配置必要的检验检测条件，加大监管投入，加强技术管理人员培训。相关单位应及时将污泥处理处置项目立项、建设、运营管理等相关信息报送全国污水处理信息系统。各地行业主管部门要对非正规污泥堆放点和不达标污泥处理处置设施进行排查和环境风险评估，制定限期治理方案和计划。

（五）加强监督检查

政府部门的有效监管是解决污泥处理处置问题的关键。要进一步加强排水许可管理，强化对污泥的源头监管。相关部门要加强协调配合，各负其责，加强对污泥处理处置全过程的监督。行业主管部门要切实履行对污泥处理处置设施建设和运行的监管职能，做好对污泥处理处置工作的监督、检查、管理，确保设施高效运行。定期开展污泥处理处置设施监督性检查，必要时加密监测。建立信息公开制度，主要监测数据和结果定期公示，接受社会监督。

三、积极示范，引导污泥处理处置工作全面开展

为更好地指导各地开展污泥处理处置工作，国家发展改革委、住房城乡建设部将在部门推荐和地方上报城镇污水垃圾处理设施建设备选项目的基础上，选择一批技术工艺和治理效果等方面具有典型性的污泥处理处置项目进行示范。在加强跟踪检查，组织专家对项目的环保效果、技术经济可行性、节能降耗、运行稳定性等方面进行评估的基础上，对示范效果好、技术先进、经济适用、并在行业内具有较好推广前景的处理处置装置和工艺，采取适当方式予以推广。

四、定期总结，及时上报污泥处理处置工作进展

各省、自治区、直辖市及计划单列市、新疆生产建设兵团发展改革委、住房城乡建设厅（建委、市政管委、水务厅、水务局、城建局、市政公用局、市政园林局）要定期对本辖区内污泥处理处置工作进行总结，并于每年1月31日前将总结情况上报国家发展改革委（环资司）和住房城乡建设部（城建司）。

国家发展和改革委员会办公厅
中华人民共和国住房和城乡建设部办公厅
二〇一一年三月三日

财政部 住房城乡建设部关于印发《"十二五"期间城镇污水处理设施配套管网建设项目资金管理办法》的通知

财建〔2011〕266号

各省、自治区、直辖市、计划单列市财政厅（局），有关省、自治区住房和城乡建设厅，北京市、天津市、上海市水务局，重庆市市政管委，海南省水务厅，大连市城建局、宁波市建设委员会、厦门市市政园林局、青岛市市政公用局、深圳市水务局，新疆生产建设兵团财务局、建设局：

根据《国务院关于印发节能减排综合性工作方案的通知》（国发〔2007〕15号），为加强城镇污水处理设施配套管网专项资金管理，推动加快城镇污水处理设施配套管网建设，促进水污染防治工作取得实效，充分发挥专项资金使用效益，我们制定了《"十二五"期间城镇污水处理设施配套管网建设项目资金管理办法》，现印发你们。请根据此办法，结合本地实际情况，加强专项资金管理。

附件："十二五"期间城镇污水处理设施配套管网建设项目资金管理办法

中华人民共和国财政部
中华人民共和国住房和城乡建设部
二〇一一年五月二十三日

"十二五"期间城镇污水处理设施配套管网建设项目资金管理办法

第一章 总 则

第一条 根据《国务院关于印发节能减排综合性工作方案的通知》（国发〔2007〕15号），为加强城镇污水处理设施配套管网专项资金管理，加快城镇污水处理设施配套管网建设，促进水污染防治工作取得实效，充分发挥专项资金使用效益，制定本办法。

第二条 本办法所称城镇污水处理设施配套管网专项资金（以下简称专项资金），是指中央财政设立的专项用于支持城镇污水处理设施配套管网及污水泵站（以下简称污水管网）建设的资金。

第三条 专项资金实行中央对省级（含计划单列市，下同）政府专项转移支付，具体项目安排和资金管理由省级政府负总责，项目所在地的市或县级人民政府负责具体项目组织实施。各级住房和城乡建设部门负责指导、组织实施和监督污水管网工程建设，财政部门负责下达、管理和监督专项资金使用。

第四条 专项资金管理按照公开、公平、公正原则，接受社会监督。

第二章 专项资金分配原则和标准

第五条 专项资金分配采取"集中支持"和"整体推进"两种方式。集中支持是指对重点流域县及重点镇污水管网建设集中支持，区域推进，干一个，完一个。整体推进是指对集中支持以外的其他地区污水管网建设实行以奖代补。

本办法所称重点流域包括淮河、海河、辽河、太湖、巢湖、滇池等三河三湖以及南水北调、松花

江、三峡库区、长江中下游、环渤海和黄河中上游等重点流域和重要水源地。

本办法所称县包括县级市、县城、成建制撤县改区的市辖区以及远郊区县。

第六条 专项资金年度规模中，用于集中支持和整体推进的切块比例，根据年度建设任务由财政部商住房城乡建设部确定。

第七条 对集中支持地区县及重点镇污水管网建设，专项资金按"十二五"建设任务量和控制投资额予以补助，区分东部、中部和西部地区，分别补助控制投资额的40%、60%和80%。控制投资额根据"十二五"建设任务量和核定的单位控制建设成本计算确定。

集中支持地区"十二五"建设任务量包括"十二五"期间新建和在建污水管网项目。污水管网建设成本主要包括污水管道、污水泵站等工程建设费用支出，不包括征地拆迁成本。

第八条 中央财政根据年度专项资金规模和轻重缓急原则，对集中支持地区滚动安排，逐批销号。

第九条 对整体推进地区污水管网建设，专项资金根据住房和城乡建设部核定的各省上年新增污水处理能力、上年新增污水处理量、上年污水处理设施运行新增COD（化学需氧量）等主要污染物削减量实行以奖代补。根据地方财力、集中支持地区分布和污水管网建设需求情况，区分东部、中部和西部地区分别核定以奖代补资金。

整体推进专项资金计算公式：

某省整体推进专项资金＝年度整体推进资金总规模×〔20%×该省上年实际新增污水处理能力/Σ各省上年实际新增污水处理能力＋30%×该省上年实际新增污水处理量/Σ各省上年实际新增污水处理量＋50%×该省上年主要污染物实际削减量/Σ各省上年主要污染物实际削减量〕

第三章 专项资金安排与使用

第十条 中央财政按规定原则和标准将专项资金下达到省级财政部门。省级财政部门收到专项资金后，应会同同级住房和城乡建设部门，于2个月内将专项资金安排到具体项目，并将项目安排清单（含地方投入情况）报财政部、住房城乡建设部备案。负责项目实施的地方政府应将项目预算及资金使用情况向社会公开，接受社会监督。

第十一条 专项资金由省级政府统筹安排，鼓励将专项资金集中安排使用。对集中支持地区的县及重点镇污水管网建设，要确保干一个县（或镇），完一个县（或镇）；对整体推进地区的污水管网建设，也要加大资金集中使用力度，干一个项目，完一个项目，避免出现"半拉子"工程。

第十二条 专项资金实行专款专用。其中：

集中支持的专项资金必须安排用于集中支持地区"十二五"建设任务内的污水管网项目建设；为鼓励地方早建设、早完成任务，对地方利用自筹资金建成的集中支持地区"十二五"建设任务内的污水管网项目，专项资金下达后可用于项目资金归垫；集中支持地区污水管网建设任务完成后，专项资金如有结余，由省里统筹纳入整体推进资金管理。

整体推进的专项资金可用于整体推进地区污水管网建设，也可调剂用于集中支持地区的污水管网建设；具体项目安排可用于新建和在建污水管网项目建设，也可用于2010年以来建成的污水管网项目资金归垫；污水管网项目建设完成后，专项资金如有结余，可用于污水管网养护和污水处理设施运营。

第十三条 地方政府要加大地方资金筹措力度，并加强专项资金与其他资金统筹使用。对已使用中央财政其他专项补助资金的项目，专项资金原则上不再安排。

第十四条 地方各级政府要加快专项资金预算执行。在专项资金预算下达年度内尽快形成实物工作量。对当年未安排到项目的专项资金，中央财政在下一年专项资金安排中予以扣减。

第十五条 地方各级政府要将专项资金纳入同级财政预算管理，但不得用于平衡本级预算。各地区和单位不得以任何理由、任何方式截留、挤占、挪用、骗取专项资金。

第十六条 专项资金要严格按照国库集中支付制度有关规定支付，实行专账核算。

第四章 前期工作和工程建设管理

第十七条 地方各级政府要做好污水管网项目前期工作，保障前期工作投入，加快项目前期工作进度，保证前期工作质量和深度，确保专项资金安排用于具备开工条件的污水管网项目建设。

第十八条 集中支持地区的县及重点镇，各年度污水管网建设任务量要符合城镇发展规划、城镇污水处理设施建设规划、相关水污染防治规划等规划要求。

第十九条 污水管网建设项目要按照有关规定，选择具备相应资质的设计单位，根据《室外排水设计规范》等国家和行业标准进行工程设计，并完善项目审批（核准）手续。

第二十条 地方各级住房和城乡建设部门要加强污水管网工程建设管理，建立健全工程质量监督和安全管理体系，确保工程质量、安全和建设进度。

第二十一条 污水管网项目建设完成后，要严格按照国家《给水排水管道工程施工及验收规范》等相关标准和规范要求，及时组织竣工验收；验收通过后，及时移交运营管理单位，落实各项管护措施，确保尽早发挥效益。

省级财政部门要会同住房和城乡建设部门将验收结果报财政部、住房城乡建设部备案。

第二十二条 地方住房和城乡建设部门要加强项目档案管理，项目的相关文件、阶段性总结、资金审批文件、工程监理报告、技术资料、统计数据、图片照片资料等，要及时、科学归档保存，严格管理。

第五章 监督管理和绩效评价

第二十三条 专项资金实行绩效管理，绩效评价结果作为专项资金安排依据。其中：

对集中支持地区，由财政部、住房城乡建设部与省级政府签订责任协议，明确"十二五"建设任务及中央、地方责任。中央先期安排应补助资金的比例不高于80％，剩余应补助资金依据责任协议完成情况进行清算，奖优罚劣。对未完成责任协议确定的"十二五"建设任务的，按照实际完成任务量据实清算，对多安排的专项资金，中央财政将予以扣回。

对整体推进地区，绩效评价结果将作为下年度专项资金安排依据。

第二十四条 财政部将会同住房城乡建设部组织相关单位，通过不定期检查、重点督查、专项核查等多种方式，对专项资金使用情况进行绩效评价。

第二十五条 省级财政部门要会同同级住房和城乡建设部门加强对专项资金支持项目绩效考评，并按月向财政部、住房城乡建设部报送专项资金安排使用及项目建设进展情况。对建设过程中出现影响项目实施及目标完成情况的问题，要及时汇总、上报有关情况，说明原因，提出调整意见。报送情况将作为专项资金绩效评价重要内容之一。

第二十六条 对"报大建小"、虚列支出、进行虚假绩效评价等弄虚作假的地区，财政部、住房城乡建设部将视情况采取通报批评、停止后续资金安排直至追缴已拨付资金等措施予以处理。

第二十七条 对于截留、挤占、挪用、骗取专项资金等违法行为，一经查实，财政部将收回已安排的专项资金，并按《财政违法行为处罚处分条例》（国务院令第427号）的相关规定进行处理。涉嫌犯罪的，移送司法机关处理。

第六章 附　则

第二十八条 本办法自印发之日起实施。财政部《城镇污水处理设施配套管网以奖代补专项资金管理办法》（财建〔2009〕501号）同时废止。

第二十九条 各地可根据本办法，结合当地实际，制定实施细则，报财政部、住房城乡建设部备案。

第三十条 本办法由财政部、住房城乡建设部负责解释。

关于印发"十二五"城市绿色照明规划纲要的通知

建城〔2011〕178号

各省、自治区住房城乡建设厅，北京市市政市容委、住房城乡建设委，天津市市容委、城乡建设交通委，上海市城乡建设交通委，重庆市市政管委、城乡建委，新疆生产建设兵团建设局：

为推进"十二五"时期我国城市绿色照明工作，提高城市照明节能管理水平，我部研究制定了《"十二五"城市绿色照明规划纲要》。现印发给你们，请结合实际，认真贯彻落实。

中华人民共和国住房和城乡建设部
二〇一一年十一月四日

"十二五"城市绿色照明规划纲要

根据《中华人民共和国国民经济和社会发展第十二个五年规划纲要》、《"十二五"节能减排综合性工作方案》和住房城乡建设事业"十二五"规划的有关要求，为推进全国城市绿色照明工作，提高城市照明节能管理水平，编制《"十二五"城市绿色照明规划纲要》。本纲要主要阐明城市绿色照明的指导思想、基本原则、发展目标和重点工作以及保障措施，是各地"十二五"期间实施城市绿色照明的依据。

一、"十一五"城市绿色照明发展回顾

城市绿色照明是指通过科学的照明规划与设计，采用节能、环保、安全和性能稳定的照明产品，实施高效的运行维护与管理，提升城市的品质，创造安全、舒适、经济、健康夜环境，体现现代文明的照明。

按照国务院关于节能减排的总体要求，"十一五"期间，各地积极推广城市绿色照明，强化节能管理，各项工作都取得了明显进展。城市照明设施迅速发展，2010年末，全国657个城市共有道路照明灯约1774万盏，"十一五"期间净增道路照明灯567万盏；城市照明管理技术水平明显提高；城市照明节能任务基本完成，道路照明节能取得明显效果，实现节电14.6%；支路以上道路照明基本淘汰了低效照明产品，景观照明中超标准、超能耗的现象得到了有效控制；《城市照明管理规定》、《城市夜景照明设计规范》颁布实施，城市照明节能管理制度和标准规范逐步完善；各地扎实稳妥地开展了城市照明节能新产品、新技术、新方法的应用示范；2010年底，住房城乡建设部会同国家发展改革委开展了城市照明节能的专项监督检查。经过努力，初步建立了城市照明节能监督检查制度，全社会的城市照明节能意识明显提升。

从总体上看，城市绿色照明工作尚处于起步阶段，城市绿色照明发展的体制机制还不完善，存在薄弱环节，发展不平衡。"十一五"期间有40%的城市没有完成城市照明规划的编制或规划没有节能篇章或未按规划执行；城市照明管理方式还比较粗放，缺少精细化管理；公共服务水平还比较低，有路无灯现象仍然存在；对城市照明质量和节能缺乏有效监管，不能适应节能减排形势的要求。

"十二五"时期是全面建设小康社会的关键时期，是加快转变经济发展方式的攻坚时期。要充分认识城镇化快速发展和转变经济发展方式对城市照明发展提出的新要求，紧紧围绕城市社会生活和经济发展的需要，把推进城市绿色照明，促进城市照明节能，提升城市照明品质作为城市照明工作的核心。优先发展城市功能照明，合理设置景观照明，稳步提高照明能效水平，努力推进城市绿色照明的发展。

二、指导思想和基本原则

（一）指导思想

以构建绿色生态与健康文明的城市照明光环境为目标，以保障和改善民生作为加快转变城市照明发展方式的基本出发点，倡导绿色照明消费方式，在满足城市照明基本功能的前提下降低照明的单位能耗，提高城市照明的质量和节能水平，实现城市照明发展方式的转变。

（二）基本原则

1. 科学规划，合理设计。发展城市照明要与城市经济社会发展水平相适应，注重高效、节能、环保，科学编制城市照明规划。城市照明设计应符合城市照明规划的要求，充分体现城市人文和风貌特色，并严格执行相关法律法规及标准规范。

2. 完善法规，加强监管。完善城市照明法规体系，科学制定标准规范；强化城市照明设计、施工、验收与维护管理等重点环节的监管，全面提高城市照明管理水平。

3. 以人为本，功能优先。优先发展和保障城市功能照明，消灭无灯区，做到路通灯亮，适度发展景观照明。注重城市照明质量的提高，不断提高城市照明的安全性和舒适性。

4. 节能降耗，控制污染。积极应用高效照明节能产品及技术，加快城市绿色照明节能改造步伐。严格控制光污染，加强对照明产品的回收利用，降低有毒有害物质对环境的影响。

5. 政府主导，社会参与。完善政策，加大投入，确保城市照明的公共服务功能。创新工作机制，鼓励和引导社会资源参与城市绿色照明建设、改造和管理。

三、发展目标

（一）总体目标

发展城市绿色照明，建立有利于城市照明节能、城市照明品质提升的管理体制和运行维护机制；完

善城市照明法规、标准和规章制度；建立和落实城市照明能耗管理考核制度；积极使用节能环保产品和技术，提高城市照明系统的节能水平。

（二）具体目标

1. 完成节能任务。以2010年底为基数，到"十二五"期末，城市照明节电率达到15%。

2. 完成城市照明规划编制。2015年前，全国地级及以上城市和东中部地区县级城市，要按照国家有关规划编制要求，完成城市照明规划的编制或修编工作，并按法定程序批准实施。

3. 完善城市绿色照明标准体系。完成《城市照明规划规范》、《城市照明节能评价标准》编制；修订《城市道路照明设计标准》等相关标准规范；研究制订城市绿色照明评价方法和标准。

4. 提高城市照明设施建设和维护水平。完善城市功能照明，消灭无灯区；新建、改建和扩建的城市道路装灯率应达到100%；道路照明主干道的亮灯率应达到98%，次干道、支路的亮灯率应达到96%；道路照明设施的完好率应达到95%，景观照明设施的完好率应达到90%。

5. 提高城市道路照明质量和节能水平。城市道路路面亮度或照度、均匀度、眩光限制值、环境比及照明功率密度值（LPD）应符合《城市道路照明设计标准》CJJ45的规定。照明质量达标率不小于85%；新建道路照明节能评价达标率应达到100%，既有道路照明节能评价达标率不小于70%。

6. 实行景观照明规范化管理。景观照明应严格按城市照明规划实施，控制范围和规模，加强设计方案的论证和审查，并应满足《城市夜景照明设计规范》JGJ/T 163等相关标准规范的规定。逐步实行统一管理，建立和落实运行维护的长效管理机制。

7. 推进高效照明节能产品的应用。城市照明高光效、长寿命光源的应用率不低于90%。在满足配光要求的前提下，高压钠灯和金属卤化物灯光源的道路照明灯具的效率不低于75%，半导体路灯灯具的系统效能不低于90lm/W。高压钠灯、金属卤化物灯等光源及配套镇流器的能效指标应满足相关标准能效限定值的要求，优先采用节能型电感镇流器、电子镇流器。照明线路的功率因数不应低于0.85。严禁在新建项目中使用高耗、低效照明设施和产品，用两年时间全面淘汰城市照明低效、高耗产品。

四、重点工作

（一）抓好城市照明规划的编制和实施

城市照明主管部门应会同城市规划等相关部门，组织具有城市规划编制资质的单位编制城市照明规划，对不符合城市发展、不满足节能环保要求的城市照明规划应及时修编。城市照明规划的内容应包括功能照明和景观照明，符合国家相关城市照明规划的要求，并有独立的节能篇章。省级城市照明主管部门应加强对本地区的城市照明规划编制、实施的监督和指导，确保规划编制质量和实施效果。

（二）推进城市照明信息化平台建设

"十二五"期间，积极推进城市照明信息化平台建设，建立城市照明信息监管系统，统计城市照明设施的基本信息和能耗情况，进一步提高城市照明管理工作信息化水平。各级城市照明主管部门通过建立城市照明信息统计制度，及时掌握城市照明的建设运营情况，加强对城市照明指导工作的针对性和科学性。

（三）加强城市照明能耗管理的监督考核

建立健全城市绿色照明节能评价体系，重点考核城市照明质量和节能减排水平，开展绿色照明示范城市创建活动，形成长效监督检查机制，逐步将城市照明考核纳入到政府工作考核体系中，明确责任，采取有效的奖惩措施，进一步推进节能减排工作。

（四）落实城市照明建设全过程管理

加强城市照明建设全过程监管，严格按照建设程序规范管理，提高城市照明建设水平。严格以城市照明规划为依据，做好城市照明的年度项目计划工作，照明设计纳入施工图审查，施工与监理必须严格按照审批的设计方案实施，把好城市照明工程竣工验收关，保证照明设施安全稳定运行。

（五）推广高效照明产品，加快城市照明节能改造

制订高效照明产品的技术规范和应用导则，制定高效照明产品推广实施方案和鼓励政策。以保证照明质量为前提，积极应用各种节能技术措施，优先选择国家认证的高效节能产品，推进城市照明节能改造。严格控制公用设施和大型建筑等景观照明能耗，严禁建设亮度、能耗超标的景观照明工程。加快淘汰高耗低效照明产品，在道路照明中禁止使用多光源无控光器的低效灯具，在景观照明中严禁使用强力探照灯和大功率泛光灯等产品。

（六）积极开展城市照明新产品、新技术、新方法试点示范

根据本地情况和实际需要，加快开展半导体照明、可再生能源等新产品新技术的示范推广工作，

研究制订相关应用技术条件或导则,条件成熟时,适时逐步扩大应用。建立应用新产品新技术的科学机制,积极探索合同能源管理在城市照明行业的应用。鼓励有资质的专业性节能公司,在保证城市照明质量的前提下,参与城市照明的节能改造。

(七)开展城市绿色照明宣传教育

各级城市照明主管部门要认真组织业务培训,加强城市绿色照明政策法规和标准规范的宣传教育,提高从业人员的理论水平和技能素养。开展形式多样的主题宣传活动,倡导低碳节约的生产方式和绿色健康的生活方式,促进城市绿色照明健康有序发展。采取多种形式加强对全社会的宣传教育,引导全民树立城市绿色照明的观念。大力宣传城市绿色照明的各项政策措施和取得的工作成效,营造有利于推进城市绿色照明工作的舆论氛围。

五、保障措施

(一)加强组织领导,完善管理机制

深化城市照明管理体制改革,按照"有利管理、集中高效"原则,建立完善的协调机制,努力实现城市功能照明和景观照明的集中管理。明确管理权限和责任,提高城市照明管理的整体性和高效性。坚持"建管并重、管养分开"的原则,完善管理机制,制定合理的管理流程,科学组织城市照明的规划、设计、建设、验收及运营维护等环节,使各参与主体协调配合,相关部门积极联动。

(二)健全法规标准,加强行政执法

积极开展城市照明管理立法的基础性研究。督促地方结合本地实际制定相应的城市照明管理办法和城市照明节能规定,为管理和执法工作提供法律依据。不断完善城市照明标准规范建设,为城市照明建设提供技术保障。坚持依法行政,依法管理,严格执行强制性条文,依法查处违反城市照明各项管理规定的违法违规行为。

(三)落实目标责任,强化监督管理

各级城市照明主管部门要围绕城市绿色照明工作的总体目标和要求,将城市照明节能工作纳入住房和城乡建设领域节能减排考核体系,严格实行目标责任制。要以照明节能为抓手,以信息系统为依托,定期开展城市绿色照明检查和通报,做好城市照明全方位、全过程的监管工作。

(四)加大资金投入,提高保障能力

地方人民政府城市照明主管部门要会同有关部门研究制定支持城市绿色照明发展的经济政策,加大公共财政投入,保障城市绿色照明工作的经费,解决城市照明规划编制经费和节能改造经费。积极拓宽资金来源渠道,加大对照明技术研发的支持力度,加快照明新技术、新产品的应用研究,提高城市绿色照明技术和管理的科技创新能力。

八、住宅与房地产类

关于印发《国有土地上房屋征收评估办法》的通知

建房〔2011〕77号

各省、自治区住房城乡建设厅,直辖市住房城乡建设委员会(房地局),新疆生产建设兵团建设局:

根据《国有土地上房屋征收与补偿条例》,我部制定了《国有土地上房屋征收评估办法》。现印发给你们,请遵照执行。

附件:国有土地上房屋征收评估办法

中华人民共和国住房和城乡建设部
二〇一一年六月三日

国有土地上房屋征收评估办法

第一条 为规范国有土地上房屋征收评估活动，保证房屋征收评估结果客观公平，根据《国有土地上房屋征收与补偿条例》，制定本办法。

第二条 评估国有土地上被征收房屋和用于产权调换房屋的价值，测算被征收房屋类似房地产的市场价格，以及对相关评估结果进行复核评估和鉴定，适用本办法。

第三条 房地产价格评估机构、房地产估价师、房地产价格评估专家委员会（以下称评估专家委员会）成员应当独立、客观、公正地开展房屋征收评估、鉴定工作，并对出具的评估、鉴定意见负责。

任何单位和个人不得干预房屋征收评估、鉴定活动。与房屋征收当事人有利害关系的，应当回避。

第四条 房地产价格评估机构由被征收人在规定时间内协商选定；在规定时间内协商不成的，由房屋征收部门通过组织被征收人按照少数服从多数的原则投票决定，或者采取摇号、抽签等随机方式确定。具体办法由省、自治区、直辖市制定。

房地产价格评估机构不得采取迎合征收当事人不当要求、虚假宣传、恶意低收费等不正当手段承揽房屋征收评估业务。

第五条 同一征收项目的房屋征收评估工作，原则上由一家房地产价格评估机构承担。房屋征收范围较大的，可以由两家以上房地产价格评估机构共同承担。

两家以上房地产价格评估机构承担的，应当共同协商确定一家房地产价格评估机构为牵头单位；牵头单位应组织相关房地产价格评估机构就评估对象、评估时点、价值内涵、评估依据、评估假设、评估原则、评估技术路线、评估方法、重要参数选取、评估结果确定方式等进行沟通，统一标准。

第六条 房地产价格评估机构选定或者确定后，一般由房屋征收部门作为委托人，向房地产价格评估机构出具房屋征收评估委托书，并与其签订房屋征收评估委托合同。

房屋征收评估委托书应当载明委托人的名称、委托的房地产价格评估机构的名称、评估目的、评估对象范围、评估要求以及委托日期等内容。

房屋征收评估委托合同应当载明下列事项：

（一）委托人和房地产价格评估机构的基本情况；

（二）负责本评估项目的注册房地产估价师；

（三）评估目的、评估对象、评估时点等评估基本事项；

（四）委托人应提供的评估所需资料；

（五）评估过程中双方的权利和义务；

（六）评估费用及收取方式；

（七）评估报告交付时间、方式；

（八）违约责任；

（九）解决争议的方法；

（十）其他需要载明的事项。

第七条 房地产价格评估机构应当指派与房屋征收评估项目工作量相适应的足够数量的注册房地产估价师开展评估工作。

房地产价格评估机构不得转让或者变相转让受托的房屋征收评估业务。

第八条 被征收房屋价值评估目的应当表述为"为房屋征收部门与被征收人确定被征收房屋价值的补偿提供依据，评估被征收房屋的价值"。

用于产权调换房屋价值评估目的应当表述为"为房屋征收部门与被征收人计算被征收房屋价值与用于产权调换房屋价值的差价提供依据，评估用于产权调换房屋的价值"。

第九条 房屋征收评估前，房屋征收部门应当组织有关单位对被征收房屋情况进行调查，明确评估对象。评估对象应当全面、客观，不得遗漏、虚构。

房屋征收部门应当向受托的房地产价格评估机构提供征收范围内房屋情况，包括已经登记的房屋情况和未经登记建筑的认定、处理结果情况。调查结果应当在房屋征收范围内向被征收人公布。

对于已经登记的房屋，其性质、用途和建筑面积，一般以房屋权属证书和房屋登记簿的记载为准；房屋权属证书与房屋登记簿的记载不一致的，除有证据证明房屋登记簿确有错误外，以房屋登记簿为准。对于未经登记的建筑，应当按照市、县级人民政府的认定、处理结果进行评估。

第十条 被征收房屋价值评估时点为房屋征收决定公告之日。

用于产权调换房屋价值评估时点应当与被征收房屋价值评估时点一致。

第十一条 被征收房屋价值是指被征收房屋及其占用范围内的土地使用权在正常交易情况下，由熟悉情况的交易双方以公平交易方式在评估时点自愿进行交易的金额，但不考虑被征收房屋租赁、抵押、查封等因素的影响。

前款所述不考虑租赁因素的影响，是指评估被征收房屋无租约限制的价值；不考虑抵押、查封因素的影响，是指评估价值中不扣除被征收房屋已抵押担保的债权数额、拖欠的建设工程价款和其他法定优先受偿款。

第十二条 房地产价格评估机构应当安排注册房地产估价师对被征收房屋进行实地查勘，调查被征收房屋状况，拍摄反映被征收房屋内外部状况的照片等影像资料，做好实地查勘记录，并妥善保管。

被征收人应当协助注册房地产估价师对被征收房屋进行实地查勘，提供或者协助搜集被征收房屋价值评估所必需的情况和资料。

房屋征收部门、被征收人和注册房地产估价师应当在实地查勘记录上签字或者盖章确认。被征收人拒绝在实地查勘记录上签字或者盖章的，应当由房屋征收部门、注册房地产估价师和无利害关系的第三人见证，有关情况应当在评估报告中说明。

第十三条 注册房地产估价师应当根据评估对象和当地房地产市场状况，对市场法、收益法、成本法、假设开发法等评估方法进行适用性分析后，选用其中一种或者多种方法对被征收房屋价值进行评估。

被征收房屋的类似房地产有交易的，应当选用市场法评估；被征收房屋或者其类似房地产有经济收益的，应当选用收益法评估；被征收房屋是在建工程的，应当选用假设开发法评估。

可以同时选用两种以上评估方法评估的，应当选用两种以上评估方法评估，并对各种评估方法的测算结果进行校核和比较分析后，合理确定评估结果。

第十四条 被征收房屋价值评估应当考虑被征收房屋的区位、用途、建筑结构、新旧程度、建筑面积以及占地面积、土地使用权等影响被征收房屋价值的因素。

被征收房屋室内装饰装修价值，机器设备、物资等搬迁费用，以及停产停业损失等补偿，由征收当事人协商确定；协商不成的，可以委托房地产价格评估机构通过评估确定。

第十五条 房屋征收评估价值应当以人民币为计价的货币单位，精确到元。

第十六条 房地产价格评估机构应当按照房屋征收评估委托书或者委托合同的约定，向房屋征收部门提供分户的初步评估结果。分户的初步评估结果应当包括评估对象的构成及其基本情况和评估价值。房屋征收部门应当将分户的初步评估结果在征收范围内向被征收人公示。

公示期间，房地产价格评估机构应当安排注册房地产估价师对分户的初步评估结果进行现场说明解释。存在错误的，房地产价格评估机构应当修正。

第十七条 分户初步评估结果公示期满后，房地产价格评估机构应当向房屋征收部门提供委托评估范围内被征收房屋的整体评估报告和分户评估报告。房屋征收部门应当向被征收人转交分户评估报告。

整体评估报告和分户评估报告应当由负责房屋征收评估项目的两名以上注册房地产估价师签字，并加盖房地产价格评估机构公章。不得以印章代替签字。

第十八条 房屋征收评估业务完成后，房地产价格评估机构应当将评估报告及相关资料立卷、归档保管。

第十九条 被征收人或者房屋征收部门对评估报告有疑问的，出具评估报告的房地产价格评估机构应当向其作出解释和说明。

第二十条 被征收人或者房屋征收部门对评估结果有异议的，应当自收到评估报告之日起 10 日内，向房地产价格评估机构申请复核评估。

申请复核评估的，应当向原房地产价格评估机构提出书面复核评估申请，并指出评估报告存在的问题。

第二十一条 原房地产价格评估机构应当自收到书面复核评估申请之日起 10 日内对评估结果进行复核。复核后，改变原评估结果的，应当重新出具评估报告；评估结果没有改变的，应当书面告知复核评估申请人。

第二十二条 被征收人或者房屋征收部门对原房地产价格评估机构的复核结果有异议的，应当自收到复核结果之日起 10 日内，向被征收房屋所在地评估专家委员会申请鉴定。被征收人对补偿仍有异议的，按照《国有土地上房屋征收与补偿条例》第二十六条规定处理。

第二十三条 各省、自治区住房城乡建设主管部门和设区城市的房地产管理部门应当组织成立评估专家委员会，对房地产价格评估机构做出的复核结果进行鉴定。

评估专家委员会由房地产估价师以及价格、房地产、土地、城市规划、法律等方面的专家组成。

第二十四条 评估专家委员会应当选派成员组成专家组，对复核结果进行鉴定。专家组成员为 3

人以上单数,其中房地产估价师不得少于二分之一。

第二十五条 评估专家委员会应当自收到鉴定申请之日起 10 日内,对申请鉴定评估报告的评估程序、评估依据、评估假设、评估技术路线、评估方法选用、参数选取、评估结果确定方式等评估技术问题进行审核,出具书面鉴定意见。

经评估专家委员会鉴定,评估报告不存在技术问题的,应当维持评估报告;评估报告存在技术问题的,出具评估报告的房地产价格评估机构应当改正错误,重新出具评估报告。

第二十六条 房屋征收评估鉴定过程中,房地产价格评估机构应当按照评估专家委员会要求,就鉴定涉及的评估相关事宜进行说明。需要对被征收房屋进行实地查勘和调查的,有关单位和个人应当协助。

第二十七条 因房屋征收评估、复核评估、鉴定工作需要查询被征收房屋和用于产权调换房屋权属以及相关房地产交易信息的,房地产管理部门及其他相关部门应当提供便利。

第二十八条 在房屋征收评估过程中,房屋征收部门或者被征收人不配合、不提供相关资料的,房地产价格评估机构应当在评估报告中说明有关情况。

第二十九条 除政府对用于产权调换房屋价格有特别规定外,应当以评估方式确定用于产权调换房屋的市场价值。

第三十条 被征收房屋的类似房地产是指与被征收房屋的区位、用途、权利性质、档次、新旧程度、规模、建筑结构等相同或者相似的房地产。

被征收房屋类似房地产的市场价格是指被征收房屋的类似房地产在评估时点的平均交易价格。确定被征收房屋类似房地产的市场价格,应当剔除偶然的和不正常的因素。

第三十一条 房屋征收评估、鉴定费用由委托人承担。但鉴定改变原评估结果的,鉴定费用由原房地产价格评估机构承担。复核评估费用由原房地产价格评估机构承担。房屋征收评估、鉴定费用按照政府价格主管部门规定的收费标准执行。

第三十二条 在房屋征收评估活动中,房地产价格评估机构和房地产估价师的违法违规行为,按照《国有土地上房屋征收与补偿条例》、《房地产估价机构管理办法》、《注册房地产估价师管理办法》等规定处罚。违反规定收费的,由政府价格主管部门依照《中华人民共和国价格法》规定处罚。

第三十三条 本办法自公布之日起施行。2003 年 12 月 1 日原建设部发布的《城市房屋拆迁估价指导意见》同时废止。但《国有土地上房屋征收与补偿条例》施行前已依法取得房屋拆迁许可证的项目,继续沿用原有规定。

关于住房保障规范化管理检查情况的通报

建办保函〔2011〕106 号

各省、自治区住房城乡建设厅,北京市住房城乡建设委,天津市、重庆市国土房管局,上海市住房保障房屋管理局,新疆生产建设兵团建设局:

按照我部《关于对住房保障规范化管理工作进行检查的通知》(建办保函〔2010〕820 号)的部署,29 个省、自治区、直辖市及新疆生产建设兵团认真组织开展了检查工作,并上报了检查情况。西藏自治区、新疆维吾尔自治区没有上报检查情况。我部对上海、重庆、福建、四川等省市进行了抽查。从检查情况看,各地在加快保障性住房建设的同时,高度重视住房保障规范化管理工作,通过完善政策、健全机制、加强监管,保障性住房管理逐步规范,但也存在一些突出问题。现将检查情况通报如下:

一、基本情况

各地认真贯彻落实 2010 年全国保障性住房管理工作座谈会部署和加强保障性住房管理有关文件要求,实行建管并重,在加快项目建设的同时,加强了管理工作,住房保障规范化管理水平明显提高。

一是制度建设得到加强。各地普遍建立了廉租住房、经济适用住房制度,根据《关于加快发展公共租赁住房的指导意见》,明确发展公共租赁住房的政策措施,北京、上海、重庆、河北、山西、浙江、广东、海南、四川、陕西等省市,以及宁波、郑州、广州、深圳、海口、昆明、黄石等城市，结合当地实际，出台了公共租赁住房管理办法。山西、吉林、河南、湖北、海南等地出台了加强廉租住房、经济适用住房管理的政策措施。广州市颁布实施了《广州市保障性住房小区管理扣分办法》、《广州市住房保障工作接受社会监督办法（试行）》。

二是管理服务逐步到位。各省级住房城乡建设部门建立了住房保障工作机构，部分市县组建了住房保障管理机构及实施机构，设立了办事窗口，充实了工作人员，逐步完善了工作机制。北京、天津、上海、重庆等城市在市、区两级分别成立了住房保障工作机构，在街道设立了住房保障或社会保障科，建立了受理服务窗口。河北省各地级城市成立了保障性住房管理中心。成都市开展了住房保障进社区上门服务，并为保障家庭提供户籍迁移等服务事项。

三是实施程序逐渐规范。多数地区建立了房管等多部门对住房保障对象经济状况审查的协作机制，实行了市、区、街道三级联动的审核公示程序，严把准入审核关。上海市成立了住房保障对象经济状况核对中心。重庆市建立了公共租赁住房对象审查多部门数据信息共享机制。北京市廉租住房实物配租由"暗补"变"明补"，明确市场租金标准，同时根据保障对象收入水平计发租赁补贴，有利于促进住房保障的合理退出。

四是动态管理不断强化。各地按要求建立了低收入家庭住房保障统计报表制度，完善了保障性住房档案的归集、整理、保管、利用制度。北京、天津、上海、山西、吉林、江苏、安徽、河南、湖北、湖南等省市建立了统一的住房保障管理信息系统，实现了住房保障管理工作网上办公。河北等省建立保障性住房、棚户区改造项目库，及时掌握工作进展情况。吉林、江苏等省出台规范住房保障档案相关规定，加强基础档案管理。

当前，住房保障规范化管理仍存在一些突出问题，不适应住房保障工作的新形势，需进一步研究解决。一是认识不到位。一些地方对住房保障规范化管理的重要性认识不足，存在重建设、轻管理的现象，有的地方没有按要求组织规范化管理检查考核工作。二是审核机制不完善。一些地方收入（财产）核查的部门协作机制不健全，核查的信息化程度不高，审核难度较大。三是动态监管不到位。住房保障信息管理系统建设滞后，尚未建立有效的监管手段，不能及时监测保障性住房使用和保障对象经济状况变化情况。四是机构队伍不健全。部分市县没有设立专门的住房保障管理工作机构和实施机构，街道、居委会等基层工作力量薄弱，人员多为兼职，工作经费落实不到位，不能满足住房保障工作需要。

二、下一步工作要求

随着保障性安居工程建设加快推进，保障性住房大规模建设并投入使用，住房保障管理任务更加繁重。各地要充分认识规范化管理工作的重要性、长期性，进一步采取有效措施，落实管理责任，提升管理水平，全面建立科学有序、行为规范、办事高效、公开透明的管理体制机制。

一是完善管理制度。各地要在认真贯彻落实中央有关政策基础上，结合当地实际，完善有关政策措施，制定具体的管理规定，逐步完善住房保障制度体系。要学习借鉴深圳、厦门的经验做法，加快住房保障立法进程，为做好保障性住房建设和管理工作提供法制保证，推进住房保障工作制度化、法制化。

二是建立部门协作机制。要加强部门协作，健全住房保障、民政、公安、金融等机构和社区协作配合的保障对象经济状况审查机制，建立完善的住房保障审核制度，形成齐抓共管的住房保障工作局面。

三是强化动态监管。要建立健全住房保障管理信息系统，对保障对象家庭经济状况及其变化情况进行实时监测，创新监管手段，提高监管效能。要定期或不定期地对保障性住房使用情况进行检查，及时发现并纠正各种违规使用行为；对住房保障对象进行定期复审和不定期抽查，根据保障对象经济状况变化情况，调整实施住房保障。

四是健全档案管理。2011年，要将廉租住房、经济适用住房、公共租赁住房等住房保障档案管理作为重点工作，健全档案材料的收集、整理、归档制度，形成建设项目、房屋使用、保障对象等档案体系，确保住房保障档案完整、安全和有效利用。

五是加强机构队伍建设。建立健全管理工作机构和实施机构，明确工作职能，充实管理人员。要通过集中培训、行风建设、学习交流等各种方式，努力建设一支政策水平高、业务能力强、工作作风硬的干部队伍，推进住房保障事业持续健康发展。

我部、监察部将会同有关部门，对保障性住房租售管理和后期使用监管不力的地区，按照有关规定对相关负责人进行约谈和问责。

中华人民共和国住房和城乡建设部办公厅
二〇一一年三月三日

关于公开城镇保障性安居工程建设信息的通知

建保〔2011〕64号

各省、自治区住房城乡建设厅，北京市住房城乡建设委，上海市住房保障和房屋管理局，天津、重庆市国土资源房屋管理局，新疆生产建设兵团建设局：

按照国务院要求，为加强社会监督、加快保障性安居工程建设，请按照以下要求公开保障性安居工程建设信息。

一、信息公开内容

（一）年度建设计划。要按照廉租住房、公共租赁住房、经济适用住房、限价商品住房、棚户区改造安置住房的类别，公开市、县年度建设计划，包括开工套数和竣工套数。

（二）开工项目信息。要逐个公开新开工项目信息。包括：项目名称、建设地址、建设方式（集中新建、配建、改建）、建设总套数、开工时间、年度计划开工套数、年度计划竣工套数，以及建设、设计、施工和监理单位名称。

（三）竣工项目信息。要逐个公开竣工项目信息。包括：项目名称、建设地址、建设单位、竣工套数和竣工时间。

二、信息公开时限

年度建设计划信息，应在市、县人民政府最终确定年度建设计划后20个工作日内公开。本通知下发之前已确定的，应在本通知下发后20个工作日内公开。

开工项目信息和竣工项目信息，应分别在项目开工和竣工验收后20个工作日内按项目逐个公开。本通知下发前，本年度已经开工和竣工项目信息，以及往年已开工列入本年度建设计划的项目信息，要在本通知下发后20个工作日内公开。

年度建设计划和项目实施过程中，基本信息发生变更的，应在调整或变更后10个工作日内公开变更的信息。

三、信息公开方式

年度建设计划、开工和竣工项目信息，应在当地政府网站公开。开工项目信息，还应在项目建设地点公开。

四、信息公开主体

市、县住房城乡建设（住房保障）主管部门是保障性安居工程建设信息公开的责任主体，会同有关部门做好组织实施。各省级住房城乡建设（住房保障）部门要会同有关部门，加强信息公开工作的监督指导。各级住房城乡建设（住房保障）部门应通过政务公开渠道，广泛听取群众的意见建议，及时释疑解惑。对反映的问题，应当专人督办、限时办结，办理结果要及时公开。

中华人民共和国住房和城乡建设部
二〇一一年五月十日

关于加强保障性安居工程质量管理的通知

建保〔2011〕69号

各省、自治区住房城乡建设厅，直辖市住房城乡建设委、规划委（局）、房地局，新疆生产建设兵团建设局：

保障性安居工程是"十二五"时期一项标志性民生工程。为加快保障性安居工程建设，加强质量管理，确保工程质量，现通知如下：

一、充分认识保障性安居工程质量的重要性

大规模实施保障性安居工程,是党中央、国务院作出的重要战略部署,是转方式、调结构、惠民生的重大举措。保障性安居工程质量,直接关系人民群众生命财产安全和住房困难家庭居住条件的改善,关系经济发展与社会和谐稳定的大局,涉及面广、公益性强、社会影响大。各地要进一步提高保障性安居工程质量重要性的认识,把加强质量管理摆在实施保障性安居工程的首位,把"质量第一"的原则贯穿到勘察、设计、施工、监理和竣工验收工作的全过程,增强使命感、责任感和紧迫感,强化工程质量管理,切实把保障性安居工程建成质量过硬、人民群众满意、经得起历史检验的德政工程。

二、努力提高保障性安居工程建设管理效能

"十二五"时期全国城镇保障性安居工程建设任务3600万套,是《国民经济和社会发展第十二个五年规划纲要》明确的约束性指标。保障性安居工程建设规模大、分布广、项目多、工期紧,工程质量要求高、管理任务重。创新保障性安居工程建设管理思路和工作方法,提高管理效能,是全面提升工程质量和品质的重要保证,是保质保量完成目标任务的重要措施。各地建设、规划、住房保障等部门要牢牢把握保障性安居工程的建设特点,结合当地实际,建立工程项目审批"绿色通道",加快办理相关手续,千方百计提高行政审批效率。要统筹安排工程开工建设,科学把握工程建设进度,保证工程建设的合理周期和造价。保障性安居工程参建各方要加大技术革新力度,创新管理措施和工作方式,提高工作效率。要精心规划设计,科学组织施工,严把建筑原材料和部件质量关,严格执行建筑节能强制性标准,抓好工程实施阶段的质量管理,把保障性安居工程建成节能省地环保型工程。

三、切实履行保障性安居工程基本建设程序

保障性安居工程建设,必须严格按照法定程序报批建设,不得擅自变更批准的项目规模和用途。严格执行工程招标投标、施工图审查、施工许可、质量监督、工程监理、竣工验收备案等建设程序,落实项目法人制、招标投标制、工程监理制、合同管理制等规定,依法取得土地使用、规划、施工等许可文件。严格执行施工公示牌制度和永久性标牌制度,主动接受社会监督。全面实行住宅工程质量分户验收制度,未进行分户验收或分户验收不达标的,建设单位不得组织工程竣工验收。建设单位和施工单位要严格按照有关规定,对保障性安居工程质量实施保修。

四、严格执行工程质量管理的法律法规

依法加强质量管理,是保质保量完成保障性安居工程任务的法制保障。保障性安居工程质量管理要严格执行《建筑法》、《建设工程质量管理条例》、《建设工程勘察设计管理条例》、《民用建筑节能条例》等法律法规,全面落实住房城乡建设部《关于进一步强化住宅工程质量管理和责任的通知》(建市〔2010〕68号)和《关于做好住宅工程质量分户验收工作的通知》(建质〔2009〕291号)等各项规定。工程参建各方要建立健全质量管理体系,切实把加强质量管理贯穿于保障性安居工程建设的全过程。要严格按照工程建设强制性标准的规定进行勘察、设计、施工、监理、验收,确保保障性安居工程符合有关标准规范。各地建设主管部门要把保障性安居工程作为质量监管重点,调整充实监督力量,强化参建各方建设行为和工程质量的监督检查,对存在违法违规行为和工程质量不符合强制性标准的,要责令整改。要积极组织开展保障性安居工程质量通病专项治理,消除质量缺陷,保证使用功能。

五、全面落实保障性安居工程质量责任

要严格落实工程建设各方主体质量责任。建设单位要对保障性安居工程质量全面负责,勘察单位要按照工程建设强制性标准进行勘察,设计单位要根据保障性住房特点精心设计,施工单位要强化质量控制确保施工质量,监理单位要按照监理规范和规定程序履行监理职责,工程质量检测机构要确保各项检测数据真实准确。建设、勘察、设计、施工、监理等单位的法定代表人、工程项目负责人、工程技术负责人、注册执业人员要按照各自职责,对所承担的工程项目在设计使用年限内的质量负终身责任。

各地保障性安居工程领导协调机构和相关主管部门要根据职责分工,切实履行工程质量监督管理职责,把工程质量管理纳入住房保障工作考核、约谈和问责范围。各地住房城乡建设部门要加大监督检查和工程质量责任追究力度,依法严肃查处保障性安居工程建设过程中各种违法违规行为。要建立保障性安居工程质量投诉举报制度,公开举报电话,做好工程质量投诉处理工作,主动接受社会监督。

中华人民共和国住房和城乡建设部
二〇一一年五月十八日

关于加强房地产经纪管理进一步规范房地产交易秩序的通知

建房〔2011〕68号

各省、自治区住房和城乡建设厅、发展改革委(物价局),直辖市建委(房地局)、发展改革委(物价局):

为全面落实《国务院办公厅关于进一步做好房地产市场调控工作有关问题的通知》(国办发〔2011〕1号),巩固和扩大调控成果,坚决制止和查处房地产经纪违法违规行为,维护群众合法权益,结合近期实施的《房地产经纪管理办法》、《商品房屋租赁管理办法》等规定,现就有关问题通知如下:

一、加强房地产经纪机构管理。各地要以贯彻落实《房地产经纪管理办法》为契机,依法严肃查处未经备案从事房地产经纪业务、提供或者代办虚假证明材料、协助当事人签订"阴阳合同"、不履行必要告知说明义务,以及不实行明码标价、违规分解收费项目、变相提高收费标准等违法违规行为。对投诉率高、整改不力的房地产经纪机构,要通过限制网签资格、注销备案、公开曝光、记入信用档案等手段进行惩处,并将有关情况通报税收、金融、工商等部门。

二、加强房地产经纪人员管理。房地产经纪服务合同应当加盖房地产经纪机构印章,并由房地产经纪人员签名。通过房地产经纪机构成交的房地产交易,办理交易过户时要提交房地产经纪人员签名的房地产经纪服务合同。未取得房地产经纪人员职业资格的,不得在房地产经纪服务合同上签字;从事辅助工作的人员,要建立实名登记和工作卡制度,挂牌上岗。加大对房地产经纪人员出借证书、虚假注册等违法违规行为的查处力度,建立注册执业人员的诚信记录,并将注册执业人员参加相关培训的情况记入个人执业记录。

三、加强商品房预(销)售行为监管。房地产开发企业和房地产经纪机构要严格按照商品房预(销)售方案和申报价格对外销售。各地对无证售房、捂盘惜售、哄抬房价、发布虚假信息和广告、规避限购政策、违法返本销售和售后包租,以及不按规定明码标价、价外乱收费、价格欺诈等违法违规行为,要依法依规严肃处理;对不按要求公示价格信息、隐瞒真实情况以及群众投诉较多的房地产项目,要及时进行核实处理,情况查实的责令其限期整改,整改期间可暂停网签资格。要加大现场巡查力度,及时发现违法违规和不规范行为,并通过公开曝光、暂缓预售许可等手段加大惩处和监督力度,惩处情况及时通报国土、工商、金融等部门。

四、加强住房租赁市场监管。各地要结合住房租赁行为监管,依法严肃查处房地产经纪机构进行虚假宣传、提供虚假租赁房源、改变房屋内部结构分割出租、隐瞒真实房屋租赁信息,以及为不符合安全、防灾等强制性标准或属于违法建筑的房屋提供租赁经纪服务等违法违规行为。要加大政策宣传和落实力度,采取多种措施控制住房租金过快上涨,维护租赁关系的稳定。

五、建立规范化的日常动态监督管理机制。各地要坚持整顿规范和制度建设并重、专项整治和日常监督并重、加强管理和改善服务并重、受理投诉和主动监管并重,逐步建立规范化的日常动态监督管理机制。在监管理念上,要进一步加强过程监管、行为监管和动态监管;在监管方式上,要进一步加大重点稽查和日常巡查的力度,强化多部门联动,形成监管合力,加大对典型案例及检查结果的曝光力度。要充分发挥举报投诉机制的作用,通过设立举报电话、开通举报信箱等多种方式,提供快速便捷的举报、投诉渠道,及时发现违法违规行为线索。对群众的举报和投诉,要认真接收、快速处理、及时反馈。

六、严格落实监督检查责任。各级房地产、价格主管部门今年5月至11月要集中开展一次专项整治,认真排查房地产经纪违法违规行为,做到"发现一起、查处一起"。各市、县认真制定整治工作方案,明确时间要求,细化工作任务,落实工作责任。省级房地产主管部门、价格主管部门要加强对市、县整治工作的指导和检查。市、县房地产主管部门、价格主管部门要加强协作、沟通和配合,建立健全信息共享、情况通报以及对违法违规行为联合查处机制。

各省、自治区、直辖市建设（房地产）、价格部门要于今年11月底前，将开展专项整治工作的有关情况以及典型案例上报住房城乡建设部、国家发展改革委。

中华人民共和国住房和城乡建设部
中华人民共和国国家发展和改革委员会
二〇一一年五月十一日

关于开展保障性安居工程建设政策落实情况监督检查工作的通知

建保〔2011〕83号

各省、自治区住房城乡建设厅、监察厅，各直辖市住房城乡建设委、房地局、监察局，新疆生产建设兵团建设局、监察局：

根据中央纪委、中央加快转变经济发展方式监督检查工作领导小组《关于开展加快转变经济发展方式监督检查的意见》（中纪发〔2011〕21号）和加快转变经济发展方式监督检查工作电视电话会议精神，住房城乡建设部、监察部会同有关部门制定了《保障性安居工程建设政策落实情况监督检查工作方案》，现印发给你们，请结合实际，认真组织开展监督检查工作。

一、各地要深入贯彻落实中央加快转变经济发展方式、开展保障性安居工程建设政策落实情况监督检查工作的决策部署，按照《保障性安居工程建设政策落实情况监督检查工作方案》要求，提出本地区监督检查工作方案和年度检查计划，报省级加快转变经济发展方式监督检查工作领导小组审定后实施。

二、省级住房城乡建设部门、监察机关要切实负起监督检查牵头责任，落实各项工作措施，在2011年7月集中组织开展保障性安居工程建设政策落实情况监督检查，并于2011年7月31日前将监督检查工作情况报住房城乡建设部、监察部。2011年9月，住房城乡建设部、监察部将会同有关部门对部分地区进行督促检查。省级住房城乡建设部门要组织开展保障性安居工程专项巡查，加强日常监督检查。

三、各地要加快建立住房保障管理信息系统，完善保障性安居工程建设项目信息库；市县住房城乡建设部门要按规定公开保障性安居工程建设信息，主动接受社会监督。

四、各地要加强舆论引导，正确解读政策措施，宣传保障性安居工程进展情况和工作成效，自觉接受媒体监督，积极营造保障性安居工程建设的良好氛围。

附件：保障性安居工程建设政策落实情况监督检查工作方案

中华人民共和国住房和城乡建设部
中华人民共和国监察部
二〇一一年六月十日

保障性安居工程建设政策落实情况监督检查工作方案

按照中央加快转变经济发展方式监督检查工作领导小组部署要求，今明两年组织开展保障性安居工程建设政策落实情况监督检查。监督检查工作方案如下：

一、目标任务

通过对保障性安居工程建设政策落实情况的监督检查，督促地方政府切实落实住房保障工作责任，加快保障性安居工程建设，及时发现各地在政策执行过程中存在的主要问题并督促整改，确保中央保障性安居工程建设政策措施落到实处，确保全面完成住房保障工作年度目标任务。

二、责任分工

（一）保障性安居工程建设政策落实情况监督检

查工作由住房城乡建设部负责，会同监察部、发展改革委、财政部、国土资源部、农业部、人民银行、审计署、林业局等部门，提出监督检查工作方案、年度检查计划，开展监督检查。各地要建立保障性安居工程建设政策落实情况监督检查工作机制，明确部门职责分工，组织监督检查工作。

（二）根据国务院批准的保障性安居工程协调小组组建方案，各部门主要职责是：住房城乡建设部监督检查住房保障目标任务执行情况。组织保障性住房建设、城市和国有工矿棚户区改造，监管建设工程质量，会同有关部门指导地方加强住房保障规范化管理。发展改革委会同有关部门确定中央预算内投资补助标准和规模，编制和下达中央预算内投资计划；配合有关部门提出煤矿棚户区改造规划和年度工作计划，并负责组织实施。财政部会同有关部门确定中央补助资金规模和相关支持政策，编制中央财政专项补助资金分配方案并下达补助资金，审核下达中央投资预算并按规定办理资金拨付，加强对中央财政补助资金的监管。国土资源部拟定保障性住房、棚户区改造的土地供应政策，监督落实保障性安居工程用地计划，加强项目用地审批与开发利用管理。监察部会同有关部门监督检查保障性安居工程建设情况，查处政府部门及其工作人员的违纪违法行为。农业部配合有关部门提出垦区棚户区改造规划和年度工作计划，并负责组织实施。人民银行负责制定和实施保障性安居工程项目宏观信贷指导政策，推动银行间债券市场金融产品创新，拓宽保障性安居工程项目融资渠道。审计署负责对保障性安居工程资金筹集、管理、使用和安全运行的审计监督。林业局配合有关部门提出林区棚户区改造规划和年度工作计划，并负责组织实施。

三、监督检查方式

（一）监督检查工作实行全面监督检查和重点抽查相结合。各省、自治区、直辖市的监督检查工作，根据情况分成若干检查组，由政府相关部门厅局级领导任组长，其他有关部门参加，对本地区保障性安居工程进行全面监督检查。全国的监督检查工作，根据情况分成若干检查组，由国务院相关部门部级领导任组长，其他有关部门参加，对部分地区进行重点监督检查。

（二）监督检查工作采取听取汇报、查阅资料、现场检查、座谈交流等方式进行。监督检查组应将监督检查中发现的问题及相应整改建议，向当地人民政府及有关部门反馈。在现场监督检查发现的具体问题，可当场提出整改意见。

四、监督检查内容

监督检查的内容，包括住房城乡建设部代表保障性安居工程协调小组与各地签订住房保障工作目标责任书的目标任务、保障措施落实情况，监督检查的重点是保障性住房和各类棚户区改造住房建设政策落实情况。

（一）工作任务是否得到全面落实，包括任务分解、项目前期准备、项目开工、完成投资、竣工及项目信息公开、项目客观真实性等情况。

（二）政府资金是否及时到位，包括中央补助资金分配、使用、管理情况，地方政府财政预算安排、土地出让收入和住房公积金增值收益安排、地方债券优先用于保障性安居工程建设项目等情况。

（三）建设项目用地是否优先保障供应，包括增加土地有效供应情况；在住房用地供应计划中，单列保障性住房用地情况；项目地块落实等情况。

（四）税费政策是否全面落实，包括税收优惠政策执行情况，各种行政事业性收费和政府性基金等费用减免情况，不应收取税费的免收情况。

（五）基本建设程序和强制性标准是否得到严格执行，包括工程项目前期手续、建设程序是否合法，建设主体、套型标准、配套设施、工程质量是否符合规定和强制性标准，工程建设进度、资料文档是否符合要求等。

（六）保障性住房管理是否公开公平公正，包括准入审核、分配、使用和监管情况，建立健全住房保障机构，以及管理人员、工作经费落实到位等情况。

五、主要措施

（一）认真传达学习中央加快转变经济发展方式监督检查工作领导小组会议和文件精神，贯彻落实中央对加快转变经济发展方式开展监督检查的部署要求，贯彻执行中央加强保障性安居工程建设决策部署和政策措施。

（二）住房城乡建设部会同监察部、发展改革委、财政部、国土资源部、农业部、人民银行、审计署、林业局等部门，共同研究提出监督检查具体方案、工作计划。各省级住房城乡建设部门会同监察机关等有关部门研究提出本地区监督检查具体方案、工作计划。

（三）今明两年围绕加快转变经济发展方式的主题，以中央监督检查组名义，每年组织开展一次对保障性安居工程政策落实情况的监督检查；各地以省级监督检查组名义，每年组织开展保障性安居工程政策落实情况的全面监督检查。同时，各相关部门根据各自职责，结合工作实际，加强日常监督检查。

（四）住房城乡建设部成立保障性安居工程专项巡查工作组，向各地派出专项巡查联络员，协助省级住房城乡建设部门核查保障性安居工程建设进展情况，及时发现问题，督促落实整改。省级住房城乡建设部门要组织开展保障性安居工程专项巡查工作，加强日常监督检查。市县住房城乡建设部门要按规定公开保障性安居工程建设信息，主动接受社会监督。

六、方法步骤

（一）今明两年每年上半年制定年度检查计划，报请加快转变经济发展方式监督检查工作领导小组审定后组织实施。

（二）年度检查正式开始前，对检查人员进行集中动员培训，请有关部门负责同志对检查工作进行动员部署，对有关政策文件进行解读，介绍相关情况，提出督查要求。各监督检查组细化督查方案，确定日程安排，进行任务分工，并与各地协商行程等具体事项。

（三）各检查组对检查过程中掌握的情况、发现的问题及提出的意见建议进行整理汇总，在实地检查结束后7日内形成检查报告。适时召开保障性安居工程政策落实情况监督检查工作会议，听取各组检查情况，向领导小组报告有关检查情况。

（四）检查组对检查中发现的问题，要及时向当地政府及有关部门反馈，提出整改要求，限期整改。对检查中发现的案件线索，要报告检查工作领导小组，并及时移交纪检监察机关，涉嫌犯罪的移交司法机关。检查中发现政策落实不到位、建设进度缓慢的地区，要提请住房城乡建设部门、监察机关会同有关部门，约谈相关政府负责人。

九、2011年住房和城乡建设部公告目录

住房和城乡建设部关于发布行业产品标准《电动公共汽车通用技术条件》的公告
　（第780号）
住房和城乡建设部关于发布行业产品标准《城市轨道交通车辆贯通道技术条件》的公告
　（第781号）
住房和城乡建设部关于发布行业产品标准《城市轨道交通车辆空调、采暖及通风装置技术条件》的公告
　（第782号）
住房和城乡建设部关于发布行业产品标准《微机控制变频调速给水设备》的公告
　（第783号）
住房和城乡建设部关于发布行业产品标准《城镇污水热泵热能利用水质》的公告
　（第784号）
住房和城乡建设部关于发布行业产品标准《混凝土结构加固用聚合物砂浆》的公告
　（第785号）
住房和城乡建设部关于发布行业产品标准《建筑疏散用门开门推杠装置》的公告
　（第786号）
住房和城乡建设部关于发布行业产品标准《高位调蓄叠压供水设备》的公告
　（第787号）
住房和城乡建设部关于发布行业标准《高层建筑混凝土结构技术规程》的公告
　（第788号）
住房和城乡建设部关于发布行业标准《城镇燃气加臭技术规程》的公告
　（第789号）
住房和城乡建设部关于发布行业标准《纤维石膏空心大板复合墙体结构技术规程》的公告

(第790号)

住房和城乡建设部关于发布行业标准《城镇燃气标志标准》的公告
（第791号）

住房和城乡建设部关于发布行业产品标准《建筑内电缆布线用安装式耦合器》的公告
（第793号）

住房和城乡建设部关于发布行业产品标准《建筑门窗用未增塑聚氯乙烯彩色型材》的公告
（第794号）

住房和城乡建设部关于发布行业产品标准《小型生活污水处理成套设备》的公告
（第795号）

住房和城乡建设部关于发布行业产品标准《家用及建筑物用电子系统(HBES)通用技术条件》的公告
（第796号）

住房和城乡建设部关于发布《建筑给水排水设计规范》等9项工程建设标准英文版的公告
（第797号）

住房和城乡建设部关于发布行业标准《砌筑砂浆配合比设计规程》的公告
（第798号）

住房和城乡建设部关于发布行业标准《生活垃圾转运站评价标准》的公告
（第799号）

住房和城乡建设部关于发布行业标准《大直径扩底灌注桩技术规程》的公告
（第800号）

住房和城乡建设部关于2010年度第五批绿色建筑设计评价标识项目的公告
（第801号）

住房和城乡建设部关于注册城市规划师初始注册登记人员名单的公告
（第802号）

住房和城乡建设部关于城市规划编制单位资质认定的公告
（第803号）

住房和城乡建设部关于发布行业标准《植物纤维工业灰渣混凝土砌块建筑技术规程》的公告
（第804号）

住房和城乡建设部关于发布行业标准《倒置式屋面工程技术规程》的公告
（第805号）

住房和城乡建设部关于发布行业标准《民用建筑绿色设计规范》的公告
（第806号）

住房和城乡建设部关于发布行业标准《建筑施工承插型盘扣式钢管支架安全技术规程》的公告
（第807号）

住房和城乡建设部关于发布行业标准《预制预应力混凝土装配整体式框架结构技术规程》的公告
（第808号）

住房和城乡建设部关于发布行业标准《城市三维建模技术规范》的公告
（第809号）

住房和城乡建设部关于发布国家标准《钢管混凝土工程施工质量验收规范》的公告
（第810号）

住房和城乡建设部关于发布国家标准《住宅区和住宅建筑内通信设施工程验收规范》的公告
（第811号）

住房和城乡建设部关于发布国家标准《麻纺织设备工程安装与质量验收规范》的公告
（第812号）

住房和城乡建设部关于发布国家标准《建筑工程绿色施工评价标准》的公告
（第813号）

住房和城乡建设部关于发布国家标准《有色金属矿山井巷安装工程施工规范》的公告
  （第 814 号）
住房和城乡建设部关于发布国家标准《厂房建筑模数协调标准》的公告
  （第 815 号）
住房和城乡建设部关于发布国家标准《车用乙醇汽油储运设计规范》的公告
  （第 816 号）
住房和城乡建设部关于发布国家标准《埋地钢质管道防腐保温层技术标准》的公告
  （第 817 号）
住房和城乡建设部关于发布国家标准《石油化工工厂信息系统设计规范》的公告
  （第 818 号）
住房和城乡建设部关于发布国家标准《水泥窑协同处置工业废物设计规范》的公告
  （第 819 号）
住房和城乡建设部关于发布国家标准《会议电视会场系统工程设计规范》的公告
  （第 820 号）
住房和城乡建设部关于发布国家标准《城市轨道交通综合监控系统工程设计规范》的公告
  （第 821 号）
住房和城乡建设部关于发布国家标准《城镇供热系统评价标准》的公告
  （第 822 号）
住房和城乡建设部关于发布国家标准《锦纶工厂设计规范》的公告
  （第 823 号）
住房和城乡建设部关于发布国家标准《建筑物防雷设计规范》的公告
  （第 824 号）
住房和城乡建设部关于发布国家标准《弹体毛坯挤压工艺设计规范》的公告
  （第 825 号）
住房和城乡建设部关于发布国家标准《橡胶工厂职业安全与卫生设计规范》的公告
  （第 826 号）
住房和城乡建设部关于发布国家标准《电气装置安装工程母线装置施工及验收规范》的公告
  （第 827 号）
住房和城乡建设部关于发布国家标准《钢铁企业节能设计规范》的公告
  （第 828 号）
住房和城乡建设部关于发布国家标准《住宅信报箱工程技术规范》的公告
  （第 829 号）
住房和城乡建设部关于发布国家标准《核电厂工程测量技术规范》的公告
  （第 830 号）
住房和城乡建设部关于发布国家标准《板带轧钢工艺设计规范》的公告
  （第 831 号）
住房和城乡建设部关于发布国家标准《有色金属工程设计防火规范》的公告
  （第 832 号）
住房和城乡建设部关于 2010 年度第六批绿色建筑设计评价标识项目的公告
  （第 835 号）
住房和城乡建设部关于 2010 年度第七批绿色建筑设计评价标识项目的公告
  （第 836 号）
住房和城乡建设部关于发布行业产品标准《公共浴池水质标准》的公告
  （第 837 号）
住房和城乡建设部关于发布行业产品标准《铝合金水表壳及管接件》的公告

九、2011年住房和城乡建设部公告目录

（第 838 号）

住房和城乡建设部关于发布行业产品标准《快速公共汽车交通（BBT）公共汽车通用技术要求》的公告
（第 839 号）

住房和城乡建设部关于发布行业标准《建筑排水塑料管道工程技术规程》的公告
（第 840 号）

住房和城乡建设部关于发布行业产品标准《下水道及化粪池气体监测技术要求》的公告
（第 841 号）

住房和城乡建设部关于发布行业产品标准《非开挖铺设用高密度聚乙烯排水管》的公告
（第 842 号）

住房和城乡建设部关于发布行业产品标准《建筑室内用腻子》的公告
（第 843 号）

住房和城乡建设部关于发布行业标准《混凝土结构用钢筋间隔件应用技术规程》的公告
（第 848 号）

住房和城乡建设部关于发布国家标准《混凝土结构工程施工质量验收规范》局部修订的公告
（第 849 号）

住房和城乡建设部关于发布行业产品标准《洁净工作台》的公告
（第 850 号）

住房和城乡建设部关于发布行业产品标准《通风空调风口》的公告
（第 851 号）

住房和城乡建设部关于发布行业产品标准《空调变风量末端装置》的公告
（第 852 号）

住房和城乡建设部关于发布行业产品标准《空气吹淋室》的公告
（第 853 号）

住房和城乡建设部关于发布行业产品标准《供冷供热用蓄能设备技术条件》的公告
（第 854 号）

住房和城乡建设部关于发布行业产品标准《压铸铝合金散热器》的公告
（第 855 号）

住房和城乡建设部关于发布行业产品标准《热量表检定装置》的公告
（第 856 号）

住房和城乡建设部关于发布行业产品标准《空气净化器污染物净化性能测定》的公告
（第 857 号）

住房和城乡建设部关于发布行业标准《地下建筑工程逆作法技术规程》的公告
（第 858 号）

住房和城乡建设部关于城市规划编制单位资质认定的公告
（第 863 号）

住房和城乡建设部关于2010年第四批甲级工程造价咨询企业资质延续审核结果的公告
（第 868 号）

住房和城乡建设部关于2010年第三批城市园林绿化企业一级资质审查结果的公告
（第 869 号）

住房和城乡建设部关于发布行业标准《矿物绝缘电缆敷设技术规程》的公告
（第 870 号）

住房和城乡建设部关于发布行业标准《钢框胶合板模板技术规程》的公告
（第 872 号）

住房和城乡建设部关于发布行业标准《水泥土配合比设计规程》的公告
（第 873 号）

住房和城乡建设部关于发布行业标准《城镇供水管网漏水探测技术规程》的公告
　（第874号）

住房和城乡建设部关于发布行业标准《钢结构高强度螺栓连接技术规程》的公告
　（第875号）

住房和城乡建设部关于发布国家标准《城市道路交叉口规划规范》的公告
　（第877号）

住房和城乡建设部关于发布国家标准《化学工业循环冷却水系统设计规范》的公告
　（第878号）

住房和城乡建设部关于发布国家标准《工业金属管道工程施工质量验收规范》的公告
　（第879号）

住房和城乡建设部关于发布国家标准《城市用地分类与规划建设用地标准》的公告
　（第880号）

住房和城乡建设部关于发布国家标准《小型火力发电厂设计规范》的公告
　（第881号）

住房和城乡建设部关于发布国家标准《石油化工装置防雷设计规范》的公告
　（第882号）

住房和城乡建设部关于发布国家标准《煤炭工业矿区总体规划文件编制标准》的公告
　（第883号）

住房和城乡建设部关于发布国家标准《水利水电工程节能设计规范》的公告
　（第884号）

住房和城乡建设部关于发布国家标准《中小学校设计规范》的公告
　（第885号）

住房和城乡建设部关于发布国家标准《无障碍设施施工验收及维护规范》的公告
　（第886号）

住房和城乡建设部关于发布国家标准《煤炭露天采矿制图标准》的公告
　（第887号）

住房和城乡建设部关于发布国家标准《煤炭工业矿区水煤浆工程建设项目设计文件编制标准》的公告
　（第888号）

住房和城乡建设部关于发布国家标准《煤炭工业矿区机电设备修理厂工程建设项目设计文件编制标准》的公告
　（第889号）

住房和城乡建设部关于发布行业标准《建筑产品信息系统基础数据规范》的公告
　（第892号）

住房和城乡建设部关于公布现行有效住房和城乡建设部规章目录的公告
　（第893号）

住房和城乡建设部关于公布住房和城乡建设部规范性文件清理结果目录的公告
　（第894号）

住房和城乡建设部关于发布行业标准《工程抗震术语标准》的公告
　（第897号）

住房和城乡建设部关于发布行业标准《建筑外墙防水工程技术规程》的公告
　（第898号）

住房和城乡建设部关于发布行业标准《混凝土基层喷浆处理技术规程》的公告
　（第899号）

住房和城乡建设部关于发布行业标准《择压法检测砌筑砂浆抗压强度技术规程》的公告
　（第900号）

九、2011年住房和城乡建设部公告目录

住房和城乡建设部关于发布行业标准《房屋渗漏修缮技术规程》的公告
　（第901号）
住房和城乡建设部关于发布行业标准《建筑施工扣件式钢管脚手架安全技术规范》的公告
　（第902号）
住房和城乡建设部关于发布行业标准《低层冷弯薄壁型钢房屋建筑技术规程》的公告
　（第903号）
住房和城乡建设部关于发布行业标准《高层建筑筏形与箱形基础技术规范》的公告
　（第904号）
住房和城乡建设部关于乙级工程造价咨询企业晋升甲级资质的公告
　（第909号）
住房和城乡建设部关于发布行业标准《建筑遮阳工程技术规范》的公告
　（第912号）
住房和城乡建设部关于发布行业标准《建筑给水金属管道工程技术规程》的公告
　（第913号）
住房和城乡建设部关于发布行业标准《城镇燃气报警控制系统技术规程》的公告
　（第914号）
住房和城乡建设部关于发布行业标准《建筑给水复合管道工程技术规程》的公告
　（第915号）
住房和城乡建设部关于2010年度第十批绿色建筑评价标识项目的公告
　（第916号）
住房和城乡建设部关于发布行业产品标准《建筑用隔热铝合金型材》的公告
　（第917号）
住房和城乡建设部关于发布行业产品标准《卷帘门窗》的公告
　（第918号）
住房和城乡建设部关于发布行业产品标准《木复合门》的公告
　（第919号）
住房和城乡建设部关于发布行业产品标准《建筑用防涂鸦抗粘贴涂料》的公告
　（第920号）
住房和城乡建设部关于发布行业产品标准《人行自动门安全要求》的公告
　（第921号）
住房和城乡建设部关于发布行业产品标准《城镇污水处理厂污泥处置林地用泥质》的公告
　（第922号）
住房和城乡建设部关于发布行业产品标准《建筑用电动控制排烟侧窗》的公告
　（第923号）
住房和城乡建设部关于发布行业产品标准《建筑门用提升推拉五金系统》的公告
　（第924号）
住房和城乡建设部关于发布行业产品标准《额定电压750V及以下金属护套无机矿物绝缘电缆及终端》的公告
　（第925号）
住房和城乡建设部关于发布行业产品标准《遇水膨胀止水胶》的公告
　（第926号）
住房和城乡建设部关于发布行业产品标准《柔性饰面砖》的公告
　（第927号）
住房和城乡建设部关于发布行业产品标准《人行自动门用传感器》的公告
　（第928号）
住房和城乡建设部关于发布行业产品标准《外墙涂料水蒸气透过率的测定及分级》的公告

（第 929 号）

住房和城乡建设部关于城市规划编制单位资质认定的公告
（第 930 号）

住房和城乡建设部关于发布国家标准《有色金属矿山井巷工程施工规范》的公告
（第 931 号）

住房和城乡建设部关于发布国家标准《1000kV 变电站设计规范》的公告
（第 932 号）

住房和城乡建设部关于发布国家标准《油气管道工程建设项目设计文件编制标准》的公告
（第 933 号）

住房和城乡建设部关于发布国家标准《化工厂蒸汽系统设计规范》的公告
（第 934 号）

住房和城乡建设部关于发布国家标准《石油化工绝热工程施工质量验收规范》的公告
（第 935 号）

住房和城乡建设部关于发布国家标准《砌体结构工程施工质量验收规范》的公告
（第 936 号）

住房和城乡建设部关于发布国家标准《有色金属工业安装工程质量验收统一标准》的公告
（第 937 号）

住房和城乡建设部关于发布国家标准《水工建筑物抗冰冻设计规范》的公告
（第 938 号）

住房和城乡建设部关于发布国家标准《现场设备、工业管道焊接工程施工质量验收规范》的公告
（第 939 号）

住房和城乡建设部关于发布国家标准《大中型火力发电厂设计规范》的公告
（第 940 号）

住房和城乡建设部关于发布国家标准《城市轨道交通地下工程建设风险管理规范》的公告
（第 941 号）

住房和城乡建设部关于发布国家标准《现场设备、工业管道焊接工程施工规范》的公告
（第 942 号）

住房和城乡建设部关于发布国家标准《钢筋混凝土筒仓施工与质量验收规范》的公告
（第 943 号）

住房和城乡建设部关于发布国家标准《核电厂工程水文技术规范》的公告
（第 944 号）

住房和城乡建设部关于发布国家标准《空分制氧设备安装工程施工与质量验收规范》的公告
（第 945 号）

住房和城乡建设部关于发布国家标准《铀燃料元件厂混凝土结构厂房可靠性鉴定技术规范》的公告
（第 946 号）

住房和城乡建设部关于发布国家标准《印染设备工程安装与质量验收规范》的公告
（第 947 号）

住房和城乡建设部关于发布国家标准《预制组合立管技术规范》的公告
（第 948 号）

住房和城乡建设部关于发布国家标准《机械设备安装工程术语标准》的公告
（第 949 号）

住房和城乡建设部关于发布国家标准《棉纺织设备工程安装与质量验收规范》的公告
（第 950 号）

住房和城乡建设部关于 2011 年度第一批绿色建筑评价标识项目的公告
（第 954 号）

九、2011年住房和城乡建设部公告目录

住房和城乡建设部关于发布2011年度第一批民用建筑能效测评标识项目的公告
（第955号）
住房和城乡建设部关于发布行业标准《污水处理卵形消化池工程技术规程》的公告
（第956号）
住房和城乡建设部关于发布行业标准《城镇污水处理厂运行、维护及安全技术规程》的公告
（第957号）
住房和城乡建设部关于发布行业产品标准《水景用发光二极管(LED)灯》的公告
（第958号）
住房和城乡建设部关于发布行业产品标准《水泥砂浆和混凝土用天然火山灰质材料》的公告
（第959号）
住房和城乡建设部关于发布行业产品标准《建筑同层排水部件》的公告
（第960号）
住房和城乡建设部关于2011年度第二批绿色建筑设计评价标识项目的公告
（第967号）
住房和城乡建设部关于发布国家标准《食品工业洁净用房建筑技术规范》的公告
（第968号）
住房和城乡建设部关于发布国家标准《混凝土质量控制标准》的公告
（第969号）
住房和城乡建设部关于发布国家标准《节能建筑评价标准》的公告
（第970号）
住房和城乡建设部关于发布国家标准《地下防水工程质量验收规范》的公告
（第971号）
住房和城乡建设部关于发布国家标准《有色金属冶炼厂电力设计规范》的公告
（第972号）
住房和城乡建设部关于发布国家标准《房屋建筑和市政基础设施工程质量检测技术管理规范》的公告
（第973号）
住房和城乡建设部关于发布国家标准《纺织工程制图标准》的公告
（第974号）
住房和城乡建设部关于发布国家标准《天然气处理厂工程建设项目设计文件编制标准》的公告
（第975号）
住房和城乡建设部关于发布国家标准《1000kV架空输电线路设计规范》的公告
（第976号）
住房和城乡建设部关于发布国家标准《钢铁企业综合污水处理厂工艺设计规范》的公告
（第977号）
住房和城乡建设部关于发布国家标准《飞机喷漆机库设计规范》的公告
（第978号）
住房和城乡建设部关于发布国家标准《油气田地面工程建设项目设计文件编制标准》的公告
（第979号）
住房和城乡建设部关于发布国家标准《通信局(站)防雷与接地工程设计规范》的公告
（第981号）
住房和城乡建设部关于发布行业产品标准《建筑用砌筑和抹灰干混砂浆》的公告
（第983号）
住房和城乡建设部关于发布行业产品标准《混凝土用粒化电炉磷渣粉》的公告
（第984号）
住房和城乡建设部关于发布行业产品标准《泡沫混凝土》的公告

（第985号）

住房和城乡建设部关于发布行业产品标准《埋地排水用钢带增强聚乙烯(PE)螺旋波纹管》的公告
（第986号）

住房和城乡建设部关于发布行业产品标准《建筑防水维修用快速堵漏材料技术条件》的公告
（第987号）

住房和城乡建设部关于发布行业产品标准《管道式电磁流量计在线校准要求》的公告
（第988号）

住房和城乡建设部关于发布行业标准《建筑工程冬期施工规程》的公告
（第989号）

住房和城乡建设部关于发布行业标准《建(构)筑物移位工程技术规程》的公告
（第990号）

住房和城乡建设部关于发布行业标准《普通混凝土配合比设计规程》的公告
（第991号）

住房和城乡建设部关于发布行业标准《生活垃圾卫生填埋场运行维护技术规程》的公告
（第992号）

住房和城乡建设部关于发布行业标准《城市桥梁设计规范》的公告
（第993号）

住房和城乡建设部关于发布行业标准《再生骨料应用技术规程》的公告
（第994号）

住房和城乡建设部关于发布行业标准《人工砂混凝土应用技术规程》的公告
（第995号）

住房和城乡建设部关于发布行业标准《高浊度水给水设计规范》的公告
（第996号）

住房和城乡建设部关于发布行业标准《含藻水给水处理设计规范》的公告
（第997号）

住房和城乡建设部关于发布行业标准《软土地区岩土工程勘察规程》的公告
（第998号）

住房和城乡建设部关于发布行业标准《城市轨道交通自动售检票系统检测技术规程》的公告
（第999号）

住房和城乡建设部关于发布行业标准《回弹法检测混凝土抗压强度技术规程》的公告
（第1000号）

住房和城乡建设部关于发布行业标准《住宅建筑电气设计规范》的公告
（第1001号）

住房和城乡建设部关于2011年度第三批绿色建筑评价标识项目的公告
（第1002号）

住房和城乡建设部关于发布行业产品标准《建筑结构用铸钢管》的公告
（第1003号）

住房和城乡建设部关于发布行业产品标准《预应力钢绞线用轧花机》的公告
（第1004号）

住房和城乡建设部关于发布行业产品标准《机制玻镁复合板与风管》的公告
（第1005号）

住房和城乡建设部关于发布行业产品标准《沿斜面运行无障碍升降平台技术要求》的公告
（第1006号）

住房和城乡建设部关于发布行业产品标准《彩钢整板卷门》的公告
（第1007号）

九、2011年住房和城乡建设部公告目录

住房和城乡建设部关于发布行业产品标准《预应力用电动油泵》的公告
　（第1008号）
住房和城乡建设部关于发布行业产品标准《预应力筋用液压镦头器》的公告
　（第1009号）
住房和城乡建设部关于发布行业产品标准《预应力用液压千斤顶》的公告
　（第1010号）
住房和城乡建设部关于发布行业产品标准《预应力筋用挤压机》的公告
　（第1011号）
住房和城乡建设部关于发布行业标准《低张拉控制应力拉索技术规程》的公告
　（第1013号）
住房和城乡建设部关于发布行业标准《盾构隧道管片质量检测技术标准》的公告
　（第1014号）
住房和城乡建设部关于发布行业产品标准《高速磁浮交通车辆通用技术条件》的公告
　（第1021号）
住房和城乡建设部关于发布行业产品标准《地铁与轻轨车辆转向架技术条件》的公告
　（第1022号）
住房和城乡建设部关于发布行业产品标准《自导向轮胎式车辆通用技术条件》的公告
　（第1023号）
住房和城乡建设部关于发布行业产品标准《生活垃圾产生源分类及其排放》的公告
　（第1024号）
住房和城乡建设部关于发布行业产品标准《工业滑升门开门机》的公告
　（第1025号）
住房和城乡建设部关于发布行业产品标准《绿化种植土壤》的公告
　（第1026号）
住房和城乡建设部关于发布国家标准《机械工业厂房建筑设计规范》的公告
　（第1027号）
住房和城乡建设部关于发布国家标准《电子工业纯水系统设计规范》的公告
　（第1028号）
住房和城乡建设部关于发布国家标准《坡屋面工程技术规范》的公告
　（第1029号）
住房和城乡建设部关于发布国家标准《小型水电站技术改造规范》的公告
　（第1030号）
住房和城乡建设部关于发布国家标准《钢铁企业冶金设备基础设计规范》的公告
　（第1031号）
住房和城乡建设部关于发布国家标准《埋地钢质管道交流干扰防护技术标准》的公告
　（第1032号）
住房和城乡建设部关于发布国家标准《液压振动台基础技术规范》的公告
　（第1033号）
住房和城乡建设部关于发布国家标准《通信局（站）防雷与接地工程设计规范》的公告
住房和城乡建设部关于发布国家标准《城市道路交通设施设计规范》的公告
　（第1034号）
住房和城乡建设部关于城市规划编制单位资质认定的公告
　（第1035号）
住房和城乡建设部关于发布行业产品标准《建筑装饰用石材蜂窝复合板》的公告
　（第1038号）

住房和城乡建设部关于发布行业产品标准《植物纤维工业灰渣混凝土砌块》的公告
（第 1039 号）

住房和城乡建设部关于发布行业产品标准《平开玻璃门用五金件》的公告
（第 1040 号）

住房和城乡建设部关于 2011 年度第五批绿色建筑评价标识项目的公告
（第 1041 号）

住房和城乡建设部关于发布国家标准《建设工程施工现场消防安全技术规范》的公告
（第 1042 号）

住房和城乡建设部关于 2011 年度第六批绿色建筑评价标识项目的公告
（第 1049 号）

住房和城乡建设部关于发布行业产品标准《住宅整体卫浴间》的公告
（第 1056 号）

住房和城乡建设部关于 2011 年度第七批绿色建筑评价标识项目的公告
（第 1058 号）

住房和城乡建设部关于发布行业标准《建筑与市政工程施工现场专业人员职业标准》的公告
（第 1059 号）

住房和城乡建设部关于发布行业标准《城市桥梁抗震设计规范》的公告
（第 1060 号）

住房和城乡建设部关于发布行业标准《混凝土泵送施工技术规程》的公告
（第 1061 号）

住房和城乡建设部关于发布行业标准《公共浴场给水排水工程技术规程》的公告
（第 1062 号）

住房和城乡建设部关于发布行业标准《路面稀浆罩面技术规程》的公告
（第 1063 号）

住房和城乡建设部关于发布行业标准《供热术语标准》的公告
（第 1064 号）

住房和城乡建设部关于发布行业产品标准《建筑幕墙用氟碳铝单板制品》的公告
（第 1065 号）

住房和城乡建设部关于发布行业产品标准《城市轨道交通直流牵引供电整流机组技术条件》的公告
（第 1066 号）

住房和城乡建设部关于发布行业产品标准《建筑工程用索》的公告
（第 1067 号）

住房和城乡建设部关于发布行业产品标准《堆肥自动监测与控制设备》的公告
（第 1068 号）

住房和城乡建设部关于发布行业标准《村庄污水处理设施技术规程》的公告
（第 1069 号）

住房和城乡建设部关于发布行业标准《建筑钢结构防腐蚀技术规程》的公告
（第 1070 号）

住房和城乡建设部关于公布 2011 年第二批造价工程师初始注册人员名单的公告
（第 1071 号）

住房和城乡建设部关于 2011 年度第八批绿色建筑评价标识项目的公告
（第 1073 号）

住房和城乡建设部关于发布国家标准《电磁屏蔽室工程技术规范》的公告
（第 1074 号）

住房和城乡建设部关于发布国家标准《建材工厂工程建设项目设计文件编制标准》的公告

(第1075号)
住房和城乡建设部关于发布国家标准《特种气体系统工程技术规范》的公告
（第1076号）
住房和城乡建设部关于发布国家标准《涤纶、锦纶、丙纶设备工程安装与质量验收规范》的公告
（第1077号）
住房和城乡建设部关于发布国家标准《电镀废水治理设计规范》的公告
（第1078号）
住房和城乡建设部关于发布国家标准《钢铁企业管道支架设计规范》的公告
（第1079号）
住房和城乡建设部关于发布国家标准《钢管涂层车间工艺设计规范》的公告
（第1080号）
住房和城乡建设部关于发布国家标准《板带精整工艺设计规范》的公告
（第1081号）
住房和城乡建设部关于发布国家标准《炼铁机械设备安装规范》的公告
（第1082号）
住房和城乡建设部关于发布国家标准《冶炼烟气制酸设备安装工程施工规范》的公告
（第1083号）
住房和城乡建设部关于发布国家标准《冶炼烟气制酸设备安装工程质量验收规范》的公告
（第1084号）
住房和城乡建设部关于发布国家标准《工程测量基本术语标准》的公告
（第1085号）
住房和城乡建设部关于发布国家标准《电子工程节能设计规范》的公告
（第1086号）
住房和城乡建设部关于发布国家标准《硅太阳能电池工厂设计规范》的公告
（第1087号）
住房和城乡建设部关于发布国家标准《烧结砖瓦工厂设计规范》的公告
（第1088号）
住房和城乡建设部关于发布国家标准《烧结机械设备安装规范》的公告
（第1089号）
住房和城乡建设部关于发布国家标准《河道整治设计规范》的公告
（第1090号）
住房和城乡建设部关于发布国家标准《水利水电工程劳动安全与工业卫生设计规范》的公告
（第1091号）
住房和城乡建设部关于发布国家标准《电力系统继电保护及自动化设备柜（屏）工程技术规范》的公告
（第1092号）
住房和城乡建设部关于发布国家标准《住宅设计规范》的公告
（第1093号）
住房和城乡建设部关于发布国家标准《砌体结构设计规范》的公告
（第1094号）
住房和城乡建设部关于发布国家标准《砌体结构加固设计规范》的公告
（第1095号）
住房和城乡建设部关于发布国家标准《建筑地基基础设计规范》的公告
（第1096号）
住房和城乡建设部关于发布国家标准《粮食钢板筒仓设计规范》的公告
（第1097号）

住房和城乡建设部关于发布国家标准《酒厂设计防火规范》的公告
　（第1098号）

住房和城乡建设部关于发布国家标准《传染病医院建筑施工及验收规范》的公告
　（第1099号）

住房和城乡建设部关于发布国家标准《低压配电设计规范》的公告
　（第1100号）

住房和城乡建设部关于发布国家标准《通用用电设备配电设计规范》的公告
　（第1101号）

住房和城乡建设部关于发布国家标准《电力系统安全自动装置设计规范》的公告
　（第1102号）

住房和城乡建设部关于发布国家标准《石油化工非金属管道工程施工质量验收规范》的公告
　（第1103号）

住房和城乡建设部关于发布国家标准《重有色金属冶炼设备安装工程施工规范》的公告
　（第1104号）

住房和城乡建设部关于发布国家标准《重有色金属冶炼设备安装工程质量验收规范》的公告
　（第1105号）

住房和城乡建设部关于发布国家标准《地铁工程施工安全评价标准》的公告
　（第1106号）

住房和城乡建设部关于发布国家标准《砌体工程现场检测技术标准》的公告
　（第1108号）

住房和城乡建设部关于发布国家标准《砌体基本力学性能试验方法标准》的公告
　（第1109号）

住房和城乡建设部关于发布国家标准《混凝土结构工程施工规范》的公告
　（第1110号）

住房和城乡建设部关于发布国家标准《大宗气体纯化及输送系统工程技术规范》的公告
　（第1111号）

住房和城乡建设部关于发布国家标准《钢铁企业给水排水设计规范》的公告
　（第1112号）

住房和城乡建设部关于发布国家标准《冶金机械液压、润滑和气动设备工程施工规范》的公告
　（第1113号）

住房和城乡建设部关于发布国家标准《室外排水设计规范》局部修订的公告
　（第1114号）

住房和城乡建设部关于发布行业标准《交通建筑电气设计规范》的公告
　（第1115号）

住房和城乡建设部关于发布行业标准《房屋白蚁预防技术规程》的公告
　（第1116号）

住房和城乡建设部关于发布行业标准《机动车清洗站技术规范》的公告
　（第1117号）

住房和城乡建设部关于发布行业产品标准《垃圾填埋场用高密度聚乙烯管材》的公告
　（第1118号）

住房和城乡建设部关于发布行业产品标准《城镇桥梁球型钢支座》的公告
　（第1119号）

住房和城乡建设部关于发布行业产品标准《冷热水用无规共聚聚丁烯管材及管件》的公告
　（第1120号）

住房和城乡建设部关于发布行业产品标准《中低速磁浮交通车辆通用技术条件》的公告

九、2011年住房和城乡建设部公告目录

（第 1121 号）

住房和城乡建设部关于发布行业产品标准《居住区数字系统评价标准》的公告
（第 1122 号）

住房和城乡建设部关于发布行业产品标准《流量温度法热分配装置技术条件》的公告
（第 1123 号）

住房和城乡建设部关于发布行业产品标准《活塞平衡式水泵控制阀》的公告
（第 1124 号）

住房和城乡建设部关于发布行业产品标准《混凝土裂缝修补灌浆材料技术条件》的公告
（第 1125 号）

住房和城乡建设部关于发布国家标准《施工企业安全生产管理规范》的公告
（第 1126 号）

住房和城乡建设部关于2010年度第九批绿色建筑评价标识项目的公告
（第 1127 号）

住房和城乡建设部关于2010年度第十批绿色建筑评价标识项目的公告
（第 1128 号）

住房和城乡建设部关于发布行业标准《地铁与轻轨系统运营管理规范》的公告
（第 1129 号）

住房和城乡建设部关于发布行业标准《采暖通风与空气调节工程检测技术规程》的公告
（第 1130 号）

住房和城乡建设部关于发布行业标准《混凝土小型空心砌块建筑技术规程》的公告
（第 1131 号）

住房和城乡建设部关于发布行业标准《机械喷涂抹灰施工规程》的公告
（第 1132 号）

住房和城乡建设部关于发布行业标准《冰雪景观建筑技术规程》的公告
（第 1133 号）

住房和城乡建设部关于发布行业标准《钢筋锚固板应用技术规程》的公告
（第 1134 号）

住房和城乡建设部关于发布行业标准《冷轧带肋钢筋混凝土结构技术规程》的公告
（第 1135 号）

住房和城乡建设部关于发布行业标准《预制带肋底板混凝土叠合楼板技术规程》的公告
（第 1136 号）

住房和城乡建设部关于发布行业标准《冻土地区建筑地基基础设计规范》的公告
（第 1137 号）

住房和城乡建设部关于发布国家标准《铁路旅客车站建筑设计规范》局部修订的公告
（第 1146 号）

住房和城乡建设部关于2011年度第十二批绿色建筑评价标识项目的公告
（第 1153 号）

住房和城乡建设部关于2011年度第十三批绿色建筑评价标识项目的公告
（第 1154 号）

住房和城乡建设部关于城市规划编制单位资质认定的公告
（第 1156 号）

住房和城乡建设部关于2011年度第十四批绿色建筑评价标识项目的公告
（第 1164 号）

住房和城乡建设部关于工程造价咨询企业晋升甲级资质的公告
（第 1169 号）

住房和城乡建设部关于发布行业产品标准《电子直读式水表》的公告
（第 1175 号）

住房和城乡建设部关于发布行业产品标准《城镇燃气用防雷接头》的公告
（第 1176 号）

住房和城乡建设部关于发布行业产品标准《城市地理空间信息基础设施共享服务技术》的公告
（第 1177 号）

住房和城乡建设部关于发布行业标准《城市测量规范》的公告
（第 1178 号）

住房和城乡建设部关于发布行业标准《无机轻集料砂浆保温系统技术规程》的公告
（第 1179 号）

住房和城乡建设部关于发布行业标准《建筑排水复合管道工程技术规程》的公告
（第 1180 号）

住房和城乡建设部关于发布行业标准《镇（乡）村绿地分类标准》的公告
（第 1181 号）

住房和城乡建设部关于发布行业标准《城市道路公共交通站、场、厂工程设计规范》的公告
（第 1182 号）

住房和城乡建设部关于发布行业标准《房地产市场基础信息数据标准》的公告
（第 1183 号）

第六篇

专题与研究报告

一、保障性住房建设专题

湖南、安徽加快保障性住房建设

岁末年初，湖南、安徽等地加快保障性住房建设，让城市低收入家庭困难群体尽早搬进新家。

家住安徽淮南采煤沉陷区的杨开娥刚刚搬进了110平方米的新房。她高兴地告诉记者，其中的90平方米是用原有的危房拆迁补偿款换来的，剩下的20平方米，每平方米658元，算下来，买新房只花了一万三千多。

安徽省淮南市潘集区李圩新村居民杨开娥屋子宽敞明亮又大，厨房、卫生间也在屋里，供水时间比较及时，卫生条件也比较好。

目前安徽省已经有20多万沉陷区群众搬进新家，同时有关部门还对沉陷区的失地农民开展技能培训，计划在安置点附近配套建设农民创业园和工业园。

湖南长沙在国有工矿企业棚户区改造中，特意请老职工到现场看进展、提建议。陈继顽和老伴都是当地磷肥厂的老职工，老伴几年前中风，行动不便，他非常担心自己在未来选房中住的楼层太高，房产局的工作人员告诉他，像这样的特殊情况，安居办早就考虑到了。

湖南长沙浏阳市房产局局长王辉煌：三轮公示以后，我们对残疾人，身患重病的人，适当分配到一二楼，其他的保障对象我们采取摇号的方式来进行公开、公平、公正的分配。

长沙市计划用三年时间完成156家国有工矿企业的棚户区改造，使近两万户困难职工住上"贴心房"。

（中央电视台—新闻联播2011年1月3日）

"要让百姓都有房子住"
——重庆实现保障性住房全覆盖

紧邻重庆机场高速公路和轻轨、地铁的"民心佳园"，即将迎来符合条件的首批2000个住户。这个2010年2月开工的公租房小区，总共将建成54幢20至33层的现代高层电梯住宅楼，可提供约1.8万套住房，容纳4.5万人居住。小区内有运动场地、超市、水体、中心景观绿地、幼儿园和小学等配套设施，还设计了约3000个车位。3.79的容积率，比重庆许多商品房小区还要低。

"民心佳园"是重庆保障性住房建设的新标杆，也是重庆民生工程的新标志。

"帮困难群体造房是政府的责任"

2010年，中共重庆市委三届七次全委会专题研究民生问题。在全委会《关于做好当前民生工作的决定》中，公租房建设列"十大民生工程"之首。重庆市委要求，到2012年，用3年时间建设3000万平方米公租房，解决50多万户中低收入群众的住房困难。通过公租房建设和危旧房、"城中村"、棚户区改造，解决占城市人口30%的中低收入群众的住房难问题。

按照市委、市政府的要求，重庆在主城区内环高速和外环高速之间500平方公里的范围内的21个聚居区中，规划了21个公租房建设点。到2010年，全市开工建设的公租房项目已超过1200万平方米，这些公租房到2011年便可开始出租。到2020年，重庆主城和远郊区县一共将建成4000万平方米的公租房。

"低端有保障，中端有市场，高端有约束"

重庆市市长黄奇帆说，房地产兼有保障性和商品性的双重属性，完全依赖政府保障或者完全依靠市场供给，都不可能完全让群众"住有所居"。重庆调控房地产的总体思路，简言之就是"低端有保障，中端有市场，高端有约束"。

近年来，重庆市已建成14.3万套廉租房，其中解决了全市人均住房使用面积在6平方米以下、享受最低生活保障的"双困家庭"的住房问题；以部分中低收入家庭为销售对象的经济适用房，使14.1万户居民圆了住房梦；通过"城中村"改造，安置了27.3万户；建设130万平方米的农民公寓，改善了进城务工人员的居住条件。全市共有55.7万户居民，直接受益于这五项住房保障措施。

但廉租房、经济适用房、危旧房和棚户区改造安置房、"城中村"改造安置房和农民工公寓，大抵只覆盖了一半左右的中低收入群体，新生代城镇居民、大学毕业生、外来务工人员等"夹心层"，则未能涵盖其中。建设公租房，重点正在于解决这些"夹心层"的住房问题，最终实现城镇常住居民的保障性住房全覆盖。

"安居工程"就是"发展工程"

重庆市的公租房都是按照中等商品房的标准设计施工的。承租人只需配置家具、电器，就可以直接入住。据了解，这种标准的公租房，目前每平方米的建设成本约为2100元。

建设成本低，是因为公租房建设用地由政府以划拨方式供应，免征城镇土地使用税、土地增值税。公租房建设施工由国有企业承担，免征城市建设配套费等行政事业性收费和政府性基金。政府收购、改建住房作为公租房的，免收相关税费。

申请入住重庆公租房的门槛很低。凡年满18周岁，在渝有稳定工作和收入来源，具有租金支付能力，符合政府规定收入限制，在渝无住房或家庭人均住房建筑面积低于13平方米的家庭或个人，都可以申请。对申请者则通过摇号配租以确保公开、公平、公正。租金实行动态调整，每两年向社会公示一次。

（《光明日报》 2011年1月8日记者　张国圣）

河南2011年将建39万套保障房

2011年，河南省将整合各类保障性住房建设资金，开工建设各类保障性住房39万套，同时将进城农民等新市民纳入保障房范围。

据河南省住房城乡建设厅负责人介绍，今年全省将整合各类保障性住房建设资金，完成各类保障性住房建设投资330亿元，开工建设各类保障性住房39万套。其中，投资70亿元，开建廉租住房9.6万套，竣工7.3万套；投资68亿元，开建经适房8万套，竣工5万套；投资58亿元，开建公共租赁住房9万套，竣工2.8万套；各类棚户区拆迁改造投资134亿元，开建12.4万套，竣工11.7万套。年底，全省将有更多中低收入家庭住进保障房。

此外，在城市工作生活的新市民，将有望纳入经济适用房保障范围。河南省副省长张大卫说，政府要为进城农民提供住房保障，已转为市民的农民符合租住或购买廉租住房条件的，要及时提供房源，允许符合条件的进城务工人员申请购买经济适用房、租赁公租房。各省辖市要借鉴重庆等地的经验，结合实际制定配套政策，解决进城农民在就业、子女入学、社会保障、土地承包权流转等方面的问题，让农民成为城镇化的受益者。

河南省还要求各省辖市经济适用房年度建设总量原则上不低于当年商品住房开发总量的10%。有条件的地区，要逐步将在城市有稳定职业和收入的外来务工人员，纳入经济适用房保障范围，有计划、有步骤地解决中等偏下收入、进城务工及外来就业人员等"夹心层"的住房问题。

（新华网 2011年1月9日 记者　梁鹏）

江西让困难群众住有所居

2010年12月30日晚,江西省南昌市广电中心大厅座无虚席。在特邀群众代表和监察部门、公证部门工作人员的监督下,人大代表、政协委员启动摇号设备,大屏幕上的数字飞快滚动起来。当晚,1356户家庭中签廉租房实物配租,6210户家庭中签经济适用住房。

这已经是南昌市举办的第六次保障性住房公开摇号活动,也是江西省保障性住房摇号分配工作走向常态化的真实写照。

近年来,作为欠发达省份,江西省在财政并不宽裕的情况下,全面推进保障性住房建设,初步构建起廉租住房、经济适用住房、公共租赁住房、普通商品住房互为补充的梯级住房供应体系,累计解决64万余户城镇低收入家庭住房困难问题。

完善体系,住有所居不再是梦

在赣州市中心城区的客家大道东段,有一幢名为大学毕业生见习公寓的大楼。这里住满了在赣州市市直单位见习的大学毕业生。他们在中心城区没有住房,月收入仅800元左右。

"26平方米的房间,桌椅电视一应俱全,还有独立的卫生间,每个月租金只有90元,完全承受得起。"在综治办见习的谢云说,现在住在这里很安心,而且周围都是跟自己一样的毕业生,氛围特别好。

从2004年起,赣州市就拉开了全面构建住房保障制度体系的序幕,6年来累计开工建设廉租住房159.12万平方米。通过政策扶持和市场化运作相结合的办法,赣州市系统推进公共租赁住房建设,为中低收入"夹心层"群体建成一批大学毕业生公寓、新市民公寓和新进公务员公寓。

不仅赣州一地,江西省委、省政府在保障性住房的建设上不遗余力,先后制定出台了《江西省加快廉租住房建设实施方案》、《关于加快发展公共租赁住房的实施意见》等20余项政策文件。保障性住房工作被纳入重要的民生工程,通过财政配套、省级融资平台筹资等方式突破资金瓶颈,从省专项指标中优先安排落实土地,并一律免收所有行政性收费和政府性基金;省、市、县政府"一把手"负总责,纳入年度考核评价体系。

截至2010年底,江西省共建设各类保障性住房24.59万套,发放廉租住房租赁补贴14.8万户,改造各类棚户区24.8万户,累计解决64万余户城镇低收入家庭住房困难问题,惠及人口200余万。

江西省住房和城乡建设厅副厅长欧阳泉华说:"经过几年的努力,江西省已经初步构建起廉租住房、经济适用住房、公共租赁住房、普通商品房互为补充的梯级住房供应和保障体系,实现了人均住房面积10平方米以下城镇低收入家庭应保尽保。"

健全机制,让保障房物尽其用

"我省廉租房、经济适用房制度实施以来,受到群众广泛赞誉。要把好事办好,关键在于公开、公正、公平。如有不符合条件的人享受了这项政策,请您举报……"

2008年,江西省政府办公厅以手机短信的形式向社会公布了廉租住房、经济适用住房"省长手机"投诉举报电话。3年来,通过这一渠道受理的投诉举报达6214次,处理解决6212件。

"让符合条件的低收入困难家庭住进去,不符合条件的家庭搬出来。"江西省住房和城乡建设厅住房保障处副处长熊峰表示,保障性住房的规模越来越大,既要把好准入关,也要建立退出机制,让其发挥应有的最大效用。

江西省在全国率先实施了"三级审核、三榜公示"的资格准入制度,在房源分配环节采取"统一摇号、公开销售(配租)、电视直播、全省公证"的办法,确保保障性住房售租的公平合理。保障性住房监督体系也逐步建立起来,省、市、县三级都设立了24小时专项投诉电话和信箱,形成了覆盖全省的保障性住房投诉举报网络。

与此同时,各地不断完善住房保障退出机制,建立一户一档动态管理台账,每年对已购或配租保障性住房的家庭进行定期、不定期入户检查回访,及时掌握住房保障对象家庭收入、住房条件和房屋使用性质的变化情况。

据统计，2008年以来，江西省共调查入住保障性住房家庭26.4万户，清退不符合保障条件的家庭2.4万户，停发租赁补贴9998户。

规范管理，后续服务温暖人心

"江西省的保障性住房建设立足江西实际，建设过程和后续管理上有品位、高质量，确保入住群众有一个文明、安全、整洁、便利的生活环境，而不是造就新的城市贫民窟。"欧阳泉华说。

江西省规定保障性住房建设要坚持高标准和高质量的原则；廉租住房物业管理费不得高于同类普通商品房标准的70%，不足部分由地方财政补助，或由房管部门在门面收入中补贴。同时，各地选聘收费低、服务好的物业管理企业进驻保障性住房小区，确保后续管理和服务跟得上。

赣州市还专门建设了一批廉租市场和廉租店面，扶助低收入困难家庭就业、创业，解决他们的生计问题。在一些廉租住房小区内，相关部门开办了爱心服务社，为困难家庭免费发放生活必需品。

赣州市房管局公房管理处主任卢筱江说，截至目前，赣州市廉租住户的房租和物业管理费按时缴纳率达100%。"这证明群众对房屋质量、生活环境和物业服务是满意的。"

此外，部分地区还积极探索将现有房管所转为保障性住房管理机构的途径。抚州市将房管部门原有的直管公房管理所整建制转为保障性住房管理所，具体承担保障性住房小区的物业管理职能，在不增加人员编制和经费的前提下，既实现了原房管所的职能转变，又加强了保障性住房小区的管理。

未来几年，江西省将加大保障性住房建设力度，力争到"十二五"期末，实现人均住房建筑面积13平方米以下中低收入住房困难家庭应保尽保，向着"住有所居"目标迈出坚实的步伐。

（《人民日报》2011年1月9日　记者　卞民德）

四川保障性住房按需建设　应保尽保

春节将至，64岁的程金万老人格外激动："没想到政府给我们修了这么好的房子，终于能在自己的家里过年了！"

程金万是四川乐山市入住廉租住房的困难群众之一。过去，程金万没有固定的住所，四处打工，晚上就睡在工地上。2010年12月24日，他在小区物管工作人员的陪同下，搬进了向往已久的新家。

在四川，像程金万这样住房状况得到改善的城镇困难居民家庭已达100万户，还有20万安置困难群众的住房正在建设，总量超过120万户。

"十一五"期间，四川不断加大力度，全面实施棚户区改造工程，加快建设保障性住房，着力构建多形式的保障性住房体系。仅2010年，全省建设保障性住房和改造棚户区26万多套，发放租赁补贴23万户，改善了近50万户困难群众住房条件。

把改善居民生活放在第一位

在推进保障性安居工程建设中，四川坚持以人为本，要求在确定棚户区改造项目和安置补偿方案时，充分尊重棚户区居民的意愿，公开、公平、公正地实施。

南充市建城时间早，一些老旧城区基础设施建设不配套，住房功能不完善，群众对棚户区改造的愿望非常迫切。从2009年起，南充市按照四川省委、省政府的统一部署，坚持把改善民生作为根本，把群众利益作为核心，全面实施棚户区改造。该市率先启动困难群众最集中、改造难度最大的顺庆区南门坝片区改造，制订及实施了一系列惠民措施。货币安置按市场评估价上浮30%补偿，实物还房户均增加25至40平方米；对"特困户"按不低于45平方米保障，对无房户采取廉租房方式予以安置，同时对提前搬迁户给予奖励和租金补贴。

除解决好住房安置问题外，南充还将棚改开发运营收益全部用于民生项目，最大程度地还利于民，就地统筹实施就业、医疗、教育、文体等配套项目建设。由于惠民政策落实到位，群众支持拥护，南门坝片区近4000户棚户区居民在一年多的时间里就顺利完成搬迁，各项建设工作全面展开。

乐山市提高棚改居民的临时安置补偿费和搬迁补助费，按被拆迁房屋市场评估价的25%或面积的

15%提高安置补偿标准,免费实施"五通"安装、统一简装,免交5年物业服务费。

2010年12月20日,乐山城区廉租住房实物配租摇号仪式在乐山市体育中心举行,851户低收入家庭通过电脑摇号,摇到了期盼已久的廉租房。

"活了大半辈子,平生首次享受物业服务,而且5年内免交物业费,半年内还可免费乘公交车,棚改政策真是大大地惠及民众。"在乐山中心城区王河惠民小区二期的新房里,陈云清的喜悦之情溢于言表。目前,乐山的197户棚改住户已搬进了崭新的住房,开始了新生活。

住房保障覆盖面逐步扩大

2010年11月,成都正式发布《关于全域成都城乡统一户籍实现居民自由迁徙的意见》,提出建立城乡统一的住房保障体系,为农民向城镇迁徙打下牢固基础。

《意见》提出,按区(市)县分别建立统一的城乡住房保障体系,将符合住房保障条件的家庭,统一纳入城乡住房保障体系,以廉租住房、公共租赁房、经济适用房以及租房、建房补贴等方式解决其住房困难,在2011年底前完善城镇住房保障体系,2012年底前住房保障体系覆盖农村。

四川在实施保障性安居工程建设中,以成都市为代表,逐步确立了"按需建设、应保尽保"的保障目标。按照这一目标,四川正努力构建分层次、多形式、梯度化的保障性住房供应体系:通过廉租住房、经济适用住房保障低收入居民家庭;大力发展公共租赁住房,解决中低收入家庭、新就业职工和外来务工人员的阶段性基本居住问题;积极推进限价商品住房,为中等收入家庭改善居住条件。

48岁的彭州农民郭志明双下肢截肢,妻子是农民,二人均无正式工作,靠打零工维持生活。2008年,已经取得城镇户口的郭志明一家领到了每月800元的廉租补贴,2010年5月14日又取得实物配租资格。"很快就能住进新家了,感谢政府,让我们结束了漂泊的生活。"郭志明激动不已。

去年底,成都率先把住房保障范围推广到全部310多个乡镇,实现了乡镇场镇住房保障全覆盖。以彭州市为例,该市按照全域成都"一盘棋"的原则,共建设廉租住房2575套,其中分布在各乡镇的为2061套,占总量的80%以上;金堂县在保障对象相对集中的淮口镇建设了216套廉租房,占总量的27%。

为了使更多困难群众享受到住房保障,四川省正逐步放宽保障性住房的限制条件,降低准入门槛。一方面深入推进城乡统筹试点工作,打破户籍限制,争取将所有城镇常住居民纳入保障制度覆盖范围,另一方面调整收入线和住房困难面积标准,全省低收入线提高到城镇人均可支配收入的50%左右,部分地区提高到60%;住房困难面积提高到13平方米,部分地区提高到16平方米。

(《人民日报》2011年1月11日 记者 刘裕国)

增量提速配套先行统一标准
——南京保障房建设进入"快车道"

增量提速

刘小娟刚大学毕业,在南京市江宁开发区某企业工作,收入不算高,但她觉得生活得很惬意,个人只承担了很少一部分的钱就住上了一套崭新的单身公寓,热水器、数字电视、壁橱……公寓内的布置比她想象的还要好;推开窗户,花红叶绿,一眼收尽四季;小区内有专门的活动中心、超市、浴室;小区外街景繁华,地铁、公交来回穿梭……南京市房管局局长郭宏定介绍,当前政府面对的住房保障群体,已由原来的城市低收入人群,拓展为无法适应急剧上涨高房价的"夹心层"。此外,危旧房改造力度的加大、京沪高铁等国家重点项目加快实施、城镇化进程的加速……保障房迎来了"爆炸式"需求,"人等房"矛盾日益突出。"有效化解这一难题,最好的选择就是增量提速。"

2010年初,南京市提出了"保障房建设量翻番,全年新开工面积600万平方米、竣工面积300万平方米"的目标,新规划了4大保障房项目,总用地面积5.56平方公里,总建筑面积约980万平方米。

"选地、规划、征地拆迁、建设、融资……我们往往是几条腿一起走路。"南京市住建委住房保障处丁昌华说,2010年保障房的规划总面积达980万平方米,相当于2002~2009年竣工面积的总和,也相当于2009年一年全市商品房总开发量。2011年,提速将依然是关键词。按照规划,全市将再推6大保障房片区,竣工面积也将超过300万平方米。

配套先行

配套先行,交通、教育、生活、环境一个都不能少。

记者近期走访了南京市第一个以公共居住组团式开发建设的保障房小区莲花村,从市中心新街口乘地铁约20分钟到油坊桥站,出地铁仅400米即到达莲花村。这个小区位于南京河西新城的优势居住地段——奥体板块,小区总建筑面积有145万平方米,外围是六七栋33层的高层住宅,内部是错落有致的多排小高层和低层住宅。

莲花村项目负责人杨国涛说,莲花村小区一期规划建设了3所幼儿园、2所小学、1所中学,还有2个农贸中心,1个社区服务中心、社区医疗中心和市民广场,周边商业设施配套齐全,可以充分满足居民日常生活需要。目前公共租赁房第一批已经交付,非常抢手。

雨花台区西善桥岱山项目紧靠着日渐成熟的西善花苑经适房小区。在西善花苑经适房小区内,居民林阿姨说,她是前几年从奥体拆迁过来的,看到岱山项目的规划,很开心,今后买菜和孩子上学不成问题了,"可以从幼儿园一直上到高中了"。

配套先行的理念保障了居住者的舒适度和幸福感。2010年4大新项目规划理念也由以往的拆迁安置区,改成建造"城市住宅大型社区"。4大项目有接近三分之一的面积用来建设配套设施,强调交通、就业、居住、服务的统筹和谐,将保障房项目建成"区域新城"。

同时,项目尽可能贴近地铁轻轨、公交枢纽和城市快速路等重大交通设施,以利于市民出行。尽可能集约配套商业、教育、文化、"邻里中心"等公共设施,方便群众生活。所有保障房项目都运用建设节能新技术、新产品、新材料,提高小区规划设计和建筑单体设计的环保节能水平。

统一标准

廉租房、经济适用房、中低价商品房、公共租赁住房……保障房门类很多,构建好面向不同困难层面家庭的住房保障体系,需要的是资金筹措、条件界定、运营管理等相应的政策和机制研究。

几年时间,南京市相继出台12个政策文件,细致的条款,让保障房人群可以更加公平地"对号入座",也使得更多的"夹心层"归属到这个范畴中,例如:保障对象从最低收入住房困难家庭扩大到低收入住房困难家庭,实现了经济适用住房供应对象与廉租住房保障对象的无缝对接;城市低收入住房保障收入标准从750元调整至1000元,住房保障面积标准从人均使用面积8平方米调整至人均建筑面积15平方米,廉租住房实物配租的保障范围也从低保无房户扩大到了15平方米以下的低保家庭;并在全省率先将低收入无房户纳入实物配租的保障范围。

为了提升建设速度和建设品质,保障房建设由原来各区建设为主转变为市政府统一建设为主,由分散建设为主转变为集中成片建设为主,由经济适用房为主转变为多种保障房形式统筹兼顾,新增人才公寓和公共租赁房,"分散建设,标准不一,很多百姓会觉得不公平;统一规划,标准一致,充分地体现了一种公平和公正。"保障房公司负责人说。

为了提升建设管理,市住建委严格制订建设主体准入条件,邀请实力雄厚、经验丰富的开发企业参与建设,履行"统一政策、统一建设、统一价格、统一供应、统一调剂、统一管理"的原则,形成了保障房建设独有的"南京模式"。

(新华网 2011年1月11日 记者 邓华宁)

广州最大保障房小区开工

1月12日下午,总投资约36.8亿元,总建筑面积约105万平方米的广州保障房项目龙归城在广州白云区太和镇举行了开工典礼。

项目竣工后,这里将成为广州乃至广东省最大的保障房小区。龙归城保障房小区包括住宅面积72.6万平方米（公共租赁房36.3万平方米、经济适用房24.8万平方米、限价房11.5万平方米），公建配套及商业服务面积共32.4万平方米，设计户数1.2万套，计划于2012年底竣工。该项目竣工以后，可解决约3万人住房保障问题。

据悉，广州龙归城项目将参考新加坡、香港的住房保障成功经验，项目的租赁性住房将主要解决引进人才、新就业大学生、教师和优秀外来务工人员的住房问题。保障房户型设计实现多样性和灵活性，以适应不同家庭或单身人士的需求。每个单元户型均设计生活阳台，厨房、卫生间均有自然采光通风。公共交通统筹安排，公交站点服务半径不超过400米，社区与站点的步行距离不超过5分钟，方便居民出行；配套设施网状覆盖，避免因为购物、买菜、医疗、金融等功能区割裂而给住户带来的不便；与此同时广州龙归城项目将设置独立社区服务中心、医疗卫生中心、培训室和学习中心，并通过引入志愿者、社工等福利机构的专业人士，为特殊群体提供一对一的服务。

据广州市住房保障办介绍，截至2010年底，广州市共完成住房保障26230户，超额完成任务计划82%；新开工建设保障房项目12个，总建筑面积308万平方米、4.07万套。接下来广州将进一步加大用地保障和资金投入力度，建立健全"以租为主"的多层次住房保障体系。

（《人民日报》 2011年1月12日
记者 李刚 罗艾桦）

大连：9000套经适房年内交棒

10000套公共租赁房接力

2011年将有9000套经济适用房通过公开摇号的方式分配给符合条件的9000个家庭。市国土资源局局长金建利在接受记者采访时说："这一批分完以后，今年不再新建经适房，而要建设大约1万套公共租赁住房。"

金建利说，公共租赁住房建设途径大概有这么几种：一是政府投资一部分；二是发动一些企业利用自己闲置的土地，经过国土资源局批准来建设公共租赁住房，以解决本单位、本系统的住房困难家庭的住房需求；三是采取社会化运作的方式，在开发的地块中配备一定公共租赁住房，按照符合条件的住户家庭进行分配。今年将通过这三种办法，来解决近1万套住房。

在土地供应方面，金建利说："国土资源部刚刚开完全国住房保障工作会议，其中提出对住房保障工作的土地要满足供应，我们在2011年在土地储备和土地供应方面，要着力进行公共租赁住房的用地保障，不会有问题的。"

他还表示，关于公共租赁住房分配的办法将出台一个细则，这个细则将兼顾到广大住户的公共利益需要，惠及的面会比较宽，主要针对那些确实存在住房困难的家庭。

（东北新闻网 2011年1月12日 记者 徐阳）

青岛缓解中低收入家庭住房困难住有所居暖民心

隆冬时节，记者走进青岛市四方区开平路康居公寓小区，区内18栋住宅楼造型时尚，公共设施配套齐全。来到3号楼二单元201户王兵的家中，房间南北通透，木地板、节能灯、油烟机、热水器、计量式地暖一应俱全。王兵说："光线好，通风也好，51平方米月租还不到40元。真心地感谢党和政府，让我们一家住上这么好的房子！"

康居公寓小区是目前青岛最大的廉租住房建设项目，共建有廉租住房1972套，月租0.75元/平方米。截至2010年底，青岛市内四区已有3.1万户低收入住房困难家庭享受到实物配租配售保障。

构建多层次住房保障体系

从 2007 年开始,青岛市委、市政府把住房保障工作提升到改善民生、执政为民的高度,连续 4 年作为为人民群众办实事的首要任务来抓,努力构建多层次的住房保障体系。

对于人均月收入低于 610 元、人均住房面积不足 10 平方米的低收入住房困难家庭,青岛提供廉租房解决其住房困难。截至目前,市区累计已有 9178 户家庭通过租金补贴、核减或实物配租方式得到保障,符合条件的家庭实现了应保尽保。

对于人均月收入低于 1277 元、人均住房面积不足 10 平方米的低收入住房困难家庭,青岛拿出了经济适用房解决方案。3 年来,青岛开工建设经济适用住房项目 29 个,房源达 1.5 万套。去年,青岛公开销售经济适用住房 5370 套,这些房源位置便利,配套齐全,户型多在 65 平方米以下,价格仅为周边同类商品房的四成多。

2007 年,青岛市又针对申请廉租房不够条件、想买房子又买不起的"夹心层"家庭创立了公共租赁住房制度,在市北区劲松一路和李沧区文安路修建了 3000 套公共租赁住房。

目前,青岛已构建起以廉租住房、公共租赁住房、经济适用住房、限价商品住房和商品住房为主体的住房保障和供应体系,基本实现了"低端有保障、中端有支持、高端有市场"。

用制度为保障性住房建设保驾护航

2007 年青岛召开全市住房建设工作会议后,相继出台了《关于加快解决城市低收入家庭住房困难的意见》、《青岛市住房保障发展规划(2008～2010 年)》等指导性文件,为青岛的保障性住房建设规划出了清晰的路线。

如何解决土地问题?青岛明确规定,凡是规划为住宅的房地产项目,都要按照比例配建一定数量的保障性住房。

建设资金哪里来?青岛市政府每年投入廉租住房、公共租赁住房建设资金不少于 5 亿元,截至目前,市区两级政府已投入住房保障资金约 24 亿元。同时,坚持土地出让收益回馈民生,规定土地出让净收益用于住房保障资金的比例不低于 15%。

为确保保障性住房公平配租配售,2010 年 2 月,青岛市出台了《青岛市保障性住房申请资格审核实施细则》,切实保证符合条件的低收入住房困难家庭享受到政府的优惠政策。

为抑制投机性需求,2010 年 7 月,青岛对住房公积金贷款政策进行了调整,商品住房公积金贷款最低首付比例由 20% 调回至 30%;二手住房公积金贷款最低首付比例由 30% 调回至 40%。对二次申请住房公积金贷款的职工及家庭,结清公积金贷款 5 年之内(含 5 年),不可申请公积金贷款。对符合二次住房公积金贷款的职工及家庭,其贷款首付比例不得低于 60%。

"以人为本"共享成果

青岛市努力让低收入家庭享受到城市发展和社会进步的成果。2008 至 2010 年,青岛计划开工建设保障性住房 24000 套,截至目前,累计开工保障性住房项目 67 个,可提供房源 24333 套,超额完成开工指标。

2010 年,青岛共向社会提供各类保障性住房和限价商品住房 12000 余套。2010 年青岛规划的 15 个"两改"(旧城区改造和城中村改造)项目已全部开工,共涉及拆迁居民 1.3 万户。据了解,自 2007 年以来,青岛累计启动旧城区、城中村改造项目 77 个,共涉及拆迁居民 6.3 万户,目前已经回迁 44 个项目,回迁居民 3.6 万户。青岛市中低收入住房困难家庭的居住条件得到了很大改善。

(《人民日报》 2011 年 1 月 12 日 记者 宋学春)

广州保障房将重点建设公租房

广州市委常委、常务副市长邬毅敏近日在广州市人大常委会召开的视察汇报会上透露,未来 5 年,广州保障房建设将重点建设公租房。同时,保险资金、信托基金也有望纳入融资渠道。

邬毅敏在会上表示,目前广州已经初步形成了最低收入家庭承租廉租住房、低收入家庭购买经济适用住房、中等偏下收入家庭承租公共租赁住房的多层次住房保障供应体系。"即将出台的公共租赁住房制度实施办法，保障人群将从户籍人口向非户籍人口延伸，将非户籍引进人才、新就业人员和优秀外来务工人员等纳入住房保障。"邬毅敏说。

对于下一步的工作计划，邬毅敏表示，广州将针对中低收入人群的住房困难情况，以建设公共租赁房为重点，加强保障体系建设，并抓紧编制2011年保障房建设投资计划。具体而言，广州将加快确定今后5年保障房用地规划选址，切实解决用地来源不足的问题。在政府主导建设保障房的基础上，鼓励国有企业利用自用土地建设保障房，将部分直管公房转作保障房，鼓励用地单位建设公租房，或在商品住宅小区中配建一定比例的保障房。在保障房建设资金方面，除了进一步加大投入，广州还将探索运用保险资金、信托投资和房地产信托投资基金拓展保障房融资渠道。

(《中国建设报》 2011年1月13日
记者 刘一心 通讯员 李学梅)

陕西西安千方百计扩大保障性住房供给

"政府提供的廉租住房比原来的房子大多了，真是太高兴了！"刚刚跨入2011年，陕西省西安市碑林区的邢爱兰老人就住上了新房。"十一五"期间，西安市共建设880万平方米经济适用住房，解决了10万户家庭的住房；建成135万平方米廉租住房，让2万多户无房户实现了安居。

低收入家庭住房条件得到较大改善的同时，西安市还下大力气解决中等偏下收入居民的住房困难。去年9月开始建设的三桥公共租赁住房项目是西安市政府投资的首个公共租赁住房项目。这些公共租赁住房主要用于解决既不能享受廉租住房待遇、也无力购买经济适用住房居民的住房困难，一些低收入外来务工人员及新就业大学生等群体也在公共租赁住房保障范围之内。

"十二五"期间，西安将不断扩大保障性住房供给，满足人民群众的住房需求。今后5年内，西安市计划新建经济适用住房约16.65万套，新建和配建廉租住房5万套，建设公共租赁住房11万套。到2011年底，对全市3.88万户人均住房建筑面积低于13平方米的低收入家庭做到应保尽保。

(《经济日报》 2011年1月13日 记者 夏先清)

河北省已初步构建起保障性住房体系

河北省在保障性住房建设上，强化制度执行，保证规划落实，目前已初步构建起廉租房和公共租赁房为主体、经济适用房和限价商品房为辅助的保障体系，保障对象也由低收入家庭逐步向中等偏下收入家庭等"夹心层"扩展。

强化制度执行加快保障房建设

自2008年起，河北省政府连续3年与设区市签订住房保障责任状，每年底通报考核结果。同时，河北省规定：各地年度廉租住房、经济适用住房、棚户区改造住房、限价商品住房、公共租赁住房等政策性住房建设用地，要达到当年住宅建设用地总量的25%以上，并优先予以安排；对上述政策性住房建设用地达不到年度住宅建设用地总量核定比例的，将核减其下一年度的用地指标。其中，配建廉租住房的用地面积、总建筑面积、总套数、布局、套型及套型建筑面积作为土地出让或划拨的前置条件，并在土地出让合同或划拨决定书中载明相关事项。这两项措施加快了河北省保障性住房建设步伐。

记者从河北省住房和城乡建设厅了解到，2010

一、保障性住房建设专题

年，这个省新开工建设保障性住房5.44万套，改造10.8万户棚户区居民住房，新增廉租住房补贴1.81万户，农村危房改造5.16万户，均超额完成当年责任目标。

据统计，2008年至今3年来，河北省已经累计解决48.2万户居民住房困难，其中廉租住房保障13.7万户，开工建设保障性住房18万套、棚户区改造住房26万套。

目前，河北省仍有26万户居民生活在棚户区。这个省将统筹安排城市、工矿、煤矿、林区、垦区等各类棚户区改造计划，争取到2012年底基本完成集中成片城市棚户区（危陋住宅区改建）、国有煤矿（工矿）、林区棚户区改造，解决棚户区居民的住房困难。

保障对象扩展至"夹心层"

随着保障性安居工程建设快速推进，河北省城市低保住房困难家庭已经做到应保尽保，城市低收入家庭的住房困难正在逐步得到解决，但城市中等偏下收入家庭以及新就业职工、外来务工人员等"夹心层"群体的住房困难问题日渐凸显。

为此，河北省出台《关于加快发展公共租赁住房的实施意见（试行）》，提出重点在各设区城市、县级市和县城常住人口20万人以上的县建设公共租赁住房。新建公租房将尽可能安排在交通便捷、公共设施较为完善的区域。采取集中建设和在各类住房项目中配套建设相结合的方式，以配建为主，单套建筑面积在60平方米以下，有简单装修，承租人"拎包即可入住"。

据了解，公租房对申请人不限定结婚条件，符合配租条件的申请人可以是单身。公共租赁住房的租金水平，按照明显低于当地市场租金一定比例的标准，并按年度实行动态调整。

刚刚过去的2010年，河北省开工建设2000套（间）公共租赁住房，并把建房指标分配给了各设区市。这个省提出，到2012年至少要新筹集3.5万套（间）公共租赁房，力争到"十二五"末，使全省城市中等偏下收入住房困难家庭、新就业职工和外来务工人员的居住条件得到明显改善。

安居工程将再惠及数十万家庭

在日前召开的河北省住房和城乡建设工作会议上，这个省提出实施住房保障3年安居工程，将再惠及数十万家庭。届时，确保人均15平方米以下的低收入住房困难家庭应保尽保；3000平方米以上各类棚户区基本完成改造；中等偏下收入住房困难群体住房条件将得到改善。

今年，河北省将开工建设保障性住房和棚户区改造住房30万套以上，其中，保障性住房15万套以上（含公共租赁房13万套）；棚户区改造住房15万套。各设区市将在一季度编制完成住房保障安居工程三年规划和年度计划，特别是要加快发展公共租赁住房。这些建设计划将全部落实到项目中，按规范配齐配套设施，按规程搞好质量监管，确保居住环境和质量；要按照多层住宅一年、小高层一年半、高层两年的工期，确保工程进度。

按照河北省有关要求，今后3年，各市每年建设的廉租住房、公共租赁住房、经济适用住房和限价商品住房套数达到当地上年度城镇家庭户数的2%以上，其中设区市市区不低于2.5%、县（市）不低于1%。政府拥有产权的住房达到当年新增保障性住房的1/3以上。

（新华网　2011年1月13日　记者　王民）

加快保障性住房建设　吉林省大力推进七项惠民安居工程

吉林省从2006年启动棚户区改造以来，每年的开工建成面积都超出计划的100%以上，保障性住房建设也从棚改这一项扩展到煤矿棚户区改造、农村泥草房改造、廉租住房保障、林业棚户区改造、国有工矿棚户区改造和公共租赁住房建设七项惠民安居工程。

截至"十一五"期末，吉林省保障性安居工程完成建设改造总面积1.17亿平方米，总投资1402亿元，带动相关产业增加投资3000余亿元，受益人数达211.5万户、630万人，全省五分之一人口的住房条件得到明显改善。

吉林省副省长王祖继对记者表示，政府主导在保障性住房建设中发挥了重要作用。吉林省委明确提出"努力让城乡居民生活得更加美好"这一工作目标,吉林省政府把保障性安居工程作为向社会公开承诺的重要民生实事。

吉林省把每年新增财力的70%用于改善民生,其中的很大一部分用在了保障性住房建设上。各级政府还出台了税费减免政策,鼓励开发企业参与棚户区改造,破解资金不足难题。为保障被拆迁者的合法权益,吉林省规定"拆一还一,不找差价,合理扩大面积部分收取成本价,对低保家庭免费赠送"的补偿安置政策。长春市富民小区的赵利斌原有住房面积20平方米,棚改后享受最低面积49平方米的新房,多出的这29平方米住房,每平方米只需交703元。

为了筹措资金,吉林省探索实施了按份共有产权政策。即回迁户没有资金买下房子的全部产权,但有买房的愿望,可以根据资金多少买下部分产权,其余部分可以随时购买,价格不变。未购买部分实行租赁制度向政府交付较低的租金。吉林房改办有关人员认为,这是廉租房拥有者退出的渠道之一,更有利于管理廉租房,完善了退出机制。一系列创新改革,保证了吉林省保障性住房实现了"拆得出,搬得进,住得起,管得好"的目标。

吉林省的保障性安居工程找到了经济社会发展和民生工作的结合点,通过实施保障性安居工程,拉动了内需,增加了投资,完善了城镇基础设施,改善了人居环境,增加了就业。

(《经济日报》 2011年1月14日 记者 李己平)

西藏未来3年将再为18万户农牧民建设安居房

来自西藏自治区财政厅的消息说,未来3年,西藏自治区将继续实施农牧民安居工程,让18.55万户在"十一五"期间未能纳入安居工程的农牧民住上安全适用的住房。

艾俊涛解释,这新增的18.55万户,包括在当时住房条件较好未能纳入"十一五"农牧民安居工程建设计划的30%部分、11.78万农牧户,以及"十一五"安居工程实施以来新增户6.77万户。西藏自治区为此计划补助资金29.2亿元。

同时,西藏将在4953个村开展人居环境建设和环境综合整治工作,进一步改善农牧民人居环境。

艾俊涛说,为从根本上改善西藏农牧民居住环境和农牧区基础设施条件,自2006年开始,西藏自治区实施了以农房改造、游牧民定居和扶贫搬迁为重点的农牧民安居工程。截至"十一五"末,西藏农牧民安居工程覆盖全区27.48万户、140万农牧民,完成投资170亿元。

此外,西藏还大力推进水、电、路、通信、气、广播电视、邮政和优美环境"八到农家"工程,如期实现5453个行政村村村都有综合活动场所目标;新增159个乡镇1659个行政村通公路,新增用电人口74万人,新增安全饮水人口95.24万人,基本实现了行政村村村通电话,广播、电视覆盖率分别达到90.28%、91.41%,13.5万户农牧民用上了沼气。广大农牧民群众住上了新房,用上了电,走上了平整宽阔的公路,喝上了自来水,还看上了电视,听到了广播,烧上干净的沼气,农村基础设施基本配套,环境质量明显改善,庄村风貌整洁优美,农民素质显著提高。

(新华网 2011年1月14日 记者 颜园园 胡星)

上海从市场和保障入手稳定房地产秩序

根据国家关于加强房地产市场调控的有关政策,去年以来,上海市把百姓安居作为一个重要课题,从市场和保障两方面入手,强化政府责任,大力稳定房地产秩序,缓解群众在居住方面遇到的困难。

2010年,上海出台了《关于进一步加强本市房地产市场调控加快推进住房保障工作的若干意见》

等12条措施，加强对房地产市场供应和需求双向调节。同时，一个包括经济适用住房、廉租住房、公共租赁住房等在内的分层次、多渠道、成系统的住房保障体系也在加紧建设完善。

2010年，上海经济适用住房政策率先在上海的徐汇区、闵行区试点；2011年新年伊始，上海的松江泗泾、青浦华新、嘉定南翔等11个经济适用住房基地建设紧张有序，预计上半年将有300多万平方米、4.8万多套经济适用住房建成；另外，记者从上海市房管局获悉，今年上海在廉租住房方面，将继续放宽廉租住房准入标准，扩大政策受益面，实现"应保尽保"；在公共租赁住房方面，今年将通过新建、改建、配建、转化、收储等多种渠道筹措公共租赁住房（含单位租赁住房）200万平方米，供应50万平方米。

（《经济日报》　2011年1月16日　记者　李治国）

深圳低收入家庭住房"应保尽保"

2010年，深圳市圆满完成"安排建设5万套、新开工5万套"的工作目标，共筹建保障性住房5.11万套；新开工保障性住房达5.23万套；提供实物住房1万套，货币补贴5000户。同时，深圳住房保障工作从政策体系、保障性住房建设到工作机制的健全等各方面都取得了积极进展。

据介绍，2010年以来，深圳市先后出台《深圳市保障性住房条例》、《关于实施人才安居工程的决定》，实现了从单纯保障低收入人群到中低收入人群兼顾转变，从保障型到发展型的转变。将户籍住房困难人群、深圳市经济社会发展需要的各级各类专业人才以及在本市连续缴纳社会保险达到一定年限的非本市户籍常住人员，纳入住房保障的对象。一方面实现了低保户应保尽保，基本解决了2005年12月31日前取得深圳市户籍的低收入家庭住房困难。另一方面首期启动"十百千万"人才安居工程，首批受理对象包含深圳市102家企业，涉及包括杰出人才、领军人才在内的3万多名专业人才。目前，深圳第二批保障性住房终审工作已经开始启动。

（《经济日报》　2011年1月17日　记者　杨阳腾）

黑龙江保障性安居工程一年开工70万套

黑龙江克服资金短缺、改造建设量大等诸多实际困难，积极推进保障性安居工程建设，2010年全省保障性安居工程建设开工套数达到70.52万套。

1月7日上午，记者在哈尔滨市道里区新城小区112栋见到了廉租户曹令祥。曹令祥身体残疾，生活困难，以前他与妻子林相珍和一对双胞胎儿子挤在一个又冷又小的屋子里。如今，坐在温暖、干净的廉租房里，曹令祥的感激之情溢于言表："没想到这辈子还能住上这样的房子！"

这是近年来黑龙江省保障性安居工程的一个缩影。据介绍，黑龙江把保障性安居工程作为"十大民生工程"之一，先后召开三次省政府常务会议研究。省委、省政府主要领导、主管领导多次深入基层、现场检查指导，解决改造和建设中的实际问题。

为从源头上化解拆迁矛盾，黑龙江实施了房屋拆迁安置方案没制定的不拆、房屋拆迁补偿金不到位的不拆、特困户安置措施不落实的不拆等"三不拆"和拆迁搬迁顺序号、补偿标准、回迁安置方案、评估标准、分房时间及办事程序"六公开"的管理措施。还出台了《黑龙江省廉租住房建设管理办法》，明确廉租住房租售并举、实行共有产权的相关规定。

黑龙江实施"民生财政"，在省级财力较为紧张的情况下，2010年安排省级补助资金超过19亿元，比上年增加2亿多元。同时，加大融资力度，通过省级融资平台，为各市（地）棚改项目争取贷款68亿元，缓解了棚改资金压力。

据黑龙江省住房和城乡建设厅厅长杨占报介绍，在几年的实践中，全省探索出了一条政府组织、政策支持、市场化运作、社会参与的路子。提高了规划设计和建设设计质量，加大了监督检查的力度。2011年，黑龙江将继续把保障性安居工程作为重要的民生工程来推动，把保障性安居工程建设得更好。

（新华网　2011年1月17日　记者　梁书斌）

重庆制定保障性住房装修设计标准

重庆市日前制定发布了有关保障性住房装修设计标准，对室内装修材料、室内空气质量等方面做了严格要求，以提高保障性住房的功能和质量水平。

自去年以来，重庆市大规模开展以公共租赁住房（以下简称"公租房"）为主体的保障性住房建设，规划在2012年底前建设4000万平方米公租房。截至去年年底，重庆市已开工建设1300万平方米公租房。2011年，重庆市将再新开工1350万平方米公租房。

为提高保障性住房的功能和质量水平，重庆市专门制定了《重庆市保障性住房装修设计标准》，同时还出台了有关成品住宅装修工程技术规程和成品住宅装修工程质量验收规范。这3个强制性标准的发布实施，为保障性住房装修的设计、施工、监理以及验收等提供了系统的技术支撑。

重庆市保障性住房装修设计标准规定，廉租房和公租房的室内装修工程必须实行成品住宅交房，对室内装修材料、室内空气质量等方面做了严格的要求，并充分考虑了技术、经济等情况，可操作性强。经测算，严格按标准进行装修，室内装修费用在400元/平方米以内。

据悉，《重庆市保障性住房装修设计标准》已通过住房和城乡建设部审查、备案，将于2月1日起施行。

（《中国建设报》　2011年1月18日　徐旭忠）

陕西：新批房产项目须配建保障房

记者从陕西省住房和城乡建设厅了解到，陕西省将实行开发项目配建保障性住房制度，从2011年起，新批准的房地产开发项目必须配建保障性住房。

据陕西省住房和城乡建设厅厅长李子青介绍，"十二五"期间，陕西将进一步完善城镇住房保障体系建设，科学安排保障性住房建设工作，妥善解决254万户城乡居民的住房困难问题。根据《陕西省保障性住房建设"十二五"规划》，计划五年内建设保障性安居工程210万套。

为了完成这个目标，陕西将加大政策落实力度，在坚持政府主导作用的同时，动员全社会参与保障性安居工程建设。鼓励基金、保险资金、社会资金都来投资建设保障性住房和棚户区改造，享受相应类型的优惠政策。

陕西省将进一步加大资金投入。省政府决定在新增财力中大幅度增加保障性安居工程建设资金比例。同时，完善住房保障工作机制。在下达保障性安居工程计划时将任务、项目、土地、资金同时下达。

陕西省住房和城乡建设厅还将加强保障性住房管理。在增加保障性住房数量的同时，加强质量安全监督管理，确保工程质量和安全，让群众住上放心房。

（新华网　2011年1月20日　记者　许祖华）

北京建起多层次全覆盖住房保障体系力争实现两个60%

北京市市长郭金龙日前在北京市"两会"政府工作报告中强调,北京市将多渠道增加资金投入,加大政策性住房建设收购力度,确保今年新建和收购20万套,力争竣工10万套保障性住房。北京市目前已初步构建起多层次、多渠道、多方式的住房保障制度体系,住房保障事业实现了跨越式发展。

据北京市住房和城乡建设委员会主任隋振江介绍,按照"低端有保障、中端有支持、高端有市场"的总体思路,近年来,北京市加快实施保障性安居工程,逐年加大保障性住房建设力度,通过多种方式解决中低收入家庭住房困难。

权威统计数字表明,"十一五"期间,北京市保障性住房完成投资1035亿元,是"十五"期间的2.7倍。2006年至2010年,北京市分别新开工保障性住房115万、592万、803万、938万和1200万平方米,累计新开工3648万平方米,约占同期全市住房总规模的三分之一,完成"十一五"规划目标的1.2倍,是"十五"期间建设规模的2.2倍。

隋振江说,"十一五"期间,北京市累计解决了35万户中低收入家庭住房困难,住房条件和居住环境得到明显改善,市政配套和公共服务设施更加完善,提高了群众居住水平和生活质量,促进了社会和谐稳定。

郭金龙表示,北京市创新思路,把住房保障融入城市发展建设的全过程,解危解困与旧城保护、人口疏解结合起来,使首都核心功能区保护修缮和居民对接安置结合。在"十二五"期间,北京市将力争实现两个60%的目标,即保障性住房占整个住房供应的60%,公共租赁住房占保障性住房供应的60%。

据了解,"十二五"时期,北京市将建设收购各类政策性住房100万套。其中包括公共租赁住房30万套,限价房和经济适用房20万套,棚户区改造的定向安置房10万套,城乡接合部整治土地储备、重点工程拆迁的安置房40万套。除了这100万套建设收购的保障房之外,还将为10万户住房困难家庭发放租金补贴,对符合住房保障的家庭做到应保尽保。

未来五年,北京市将切实履行政府对中低收入群体住房保障的职责,大力发展公共租赁住房,完善政策性住房体系,增加土地供给,加大财政投入。除政府组织建设收购的公共租赁住房之外,北京市也鼓励社会单位和各类产业园区投资建设公共租赁住房,通过建设公共租赁住房来满足务工人员的住房需求。

(新华网 2011年1月20日 记者 孙晓胜)

海南2010年新建保障房逾1000万平方米

记者从海南省住房和城乡建设厅获悉,2010年,海南省新开工保障性住房12.63万套,面积达1057.19万平方米。

2010年,海南省委、省政府将保障性住房建设列为"一号民生工程",实行省、市县党委、政府"一把手"负总责,将保障性住房建设列入对市县政府及其主要领导的考核内容。海南省保障性住房体系由廉租住房、经济适用住房扩大到公共租赁住房、限价商品住房、城市和国有工矿棚户区改造、国有林场危旧房改造、垦区危房改造、农村危房改造"八房并举",初步形成多层次的保障性住房建设体系。

海南还加大了对保障性住房建设资金投入。2010年,海南省财政安排用于保障性住房建设的各类补助资金较2009年增长152.6%,其中省财政对新建廉租住房的补助标准由原有的中部市县200元/平方米和西部市县300元/平方米统一提高到400元/

平方米，还安排了3亿元周转资金，重点支持中西部市县的保障性住房建设。在土地供应计划中，土地部门优先安排保障性住房用地，各地建立了用地审批"绿色通道"，确保保障性住房建设用地及时到位。海南还对不同类别的保障性住房实行差别化的行政事业性收费、政府性基金以及有关税费的减免，有效降低了保障性住房的建设成本。

此外，海南先后制定、出台了《海南省人民政府加快发展保障性住房的意见》及《海南省保障性住房管理暂行办法》等6个相关文件，形成了全省保障性住房建设、管理的法规政策体系，使住房保障工作有章可循。

海南省副省长姜斯宪说，海南省委、省政府已经明确2011年继续将保障性住房建设作为"一号民生工程"，确保完成今年9.16万套的保障性住房建设任务。

（新华网　2011年1月20日　王晖余　卜凡中　谢曦）

四川"十二五"将建100万套保障房

为深入贯彻落实中央关于加快保障性安居工程建设的精神和决策部署，抓好四川省"十二五"保障性安居工程建设开局工作，确保圆满完成2011年工作目标，近日，四川省召开全省保障性安居工程电视电话会议，对2011年及"十二五"期间保障性安居工程工作做了全面安排部署。

会议确定了"十二五"全省保障性安居工程建设规划目标和2011年工作计划。"十二五"期间，该省将确立"应保尽保"的总体保障目标，基本完成各类棚户区改造，加大保障性住房的建设和供应，使保障性住房在全社会住房中的比重不断提高，同时规范和完善保障性住房管理，逐步形成符合省情的保障性住房体系。"十二五"期间，全省将建设保障性住房100万套左右，改造各类棚户区30万户左右，总量超过130万套。另外，完成农村危房改造50万户。其中，2011年将建设保障性住房约22万套，改造各类棚户区约12万户，总量约34万套。改造农村危房15万户。

（《中国建设报》　2011年1月24日　王玉华　冯光春　薛学轩）

山西大同：古城保护与住房保障两不误

"住在新房里，阳光好，心里头也亮堂。"山西大同市民、七旬老人王守业说。

王守业一家六口多年以来住在大同市青龙阁的一间11平方米、常年见不到阳光的公租平房里。2009年10月，他和老伴搬进了大同在棚户区改造中新建的惠民西城安置小区。

"现在的屋子有48平方米，干净、宽敞、亮堂，配备了基本装修，水电暖一应俱全。"王守业的女儿王进梅说，她母亲一辈子就盼着住上好房子，现在终于梦想成真。

包括王守业老人一家在内，大同共有16万户棚户区居民已经或即将搬进安置房。据介绍，从2008年起，大同大力推进棚户区改造和保障房建设，投资132亿元，新建保障性住房16万套、800万平方米，将于2011年底全部竣工。目前，已有云佛新村、惠民西城、云波里等7个小区实现安置。

大同是我国首批认定的历史文化名城，与许多古城一样，其面临着保护和发展的两难选择——古城中存在的大量破旧四合院是保护的主体，只能维修，不能拆迁改造。据统计，大同的棚户区总量达732.4万平方米、23万户，住房条件恶劣、亟待改善。

大同市城区廉租办主任曹利兵说，全市棚户区90%的居民都符合廉租房补贴条件，虽然每户每月可拿到货币补贴100元，但对改善居民住房条件效果并不明显，人们期盼政府部门能以实物形式提供住房保障。

据记者了解，为打破这种发展困局，新的大同20年城市发展规划设计了"一轴双城"的发展思路，并将古城保护、新区建设与住房保障工作紧密结合起来，在拆迁、安置、资金安排等各个环节上注意倾听群众呼声，真正做到了"拆迁谁、改变谁、造福谁"。

据大同市房管局副局长韩岗介绍，政府部门实施了"零成本以旧换新、补贴价保障住房、成本价以小换大、市场价求大求好"的阶梯优惠安置政策，大部分居民只要花费两三万元就能住上面积更大、配套设备更完善的新楼房。

"为解决拆迁户的临时安置需求，政府发放了过渡安置费，规定从拆迁到安置期间，政府给予拆迁户每月每平方米10元、平房保底300元、楼房保底600元的过渡安置费。"大同市城区拆迁办主任孔庆军说，"特别困难的，还可申请现房安置。目前，现房安置比例达到10%左右。"

此外，大同市还结合城市及居民的实际情况，从改善棚户区居民住房条件、方便居民就业等角度出发，在布局、安置、配套设施建设等方面进行了创新与探索。大同在古城保护区周边的黄金地段选址安置居民，同时让居民在熟悉的社区圈选择新房。其中，城东的5处安置区均选在沿御河生态园的黄金地段，其地价高达每亩400万元，为大同房价最高的区域。

72岁的市民丁守真说，她家是就近安置的，小区里有不少老邻居，而且从小区到市中心骑自行车只需15分钟，还有直达公交车，出行很方便。

大同的棚户区是典型的低收入人群聚集区，"在安置时，绝不能让贫困人口集中于同一小区，形成新的'贫民窟'，因为这样可能引发诸多的社会问题。"大同市市长耿彦波说，大同在棚户区改造规划时尤其注意了"打捆布局"，即在安置区域内合理配建不同档次的住房，包括商品房、经适房、廉租房以及棚户区安置房，避免贫困人口集中连片居住，促进了片区融合。

大同市规划局总工程师刘明君介绍，他们邀请了清华建筑设计研究院等国内一流的设计单位对安置小区进行了设计，并从设计单位提供的上百个户型方案中选出利用率最高的作为安置户型，让居民享受到实惠和舒适；为小区配备了学校、商店、银行、公交站点等便民设施，方便居民生活和出行；改善小区微环境，绿化率达到30%以上。

云波里安置小区的居民程彩虹告诉记者，其原来的房子有72平方米，新房比以前增加了13平方米，花了2万多元，每平方米还不到2000元，比市场价便宜了很多。"新小区里学校、便利店、银行、邮局等配套设施一应俱全，生活很方便。"程彩虹说。

(新华网　2011年1月28日　记者　南婷)

吉林通化市二道江区棚户区改造

张淑贞老人终于搬出了她那阴暗潮湿的棚户房。应我们的要求，张淑贞老人特意向我们算起了她此次搬迁的账单：她原住的棚户房面积是49.8平方米，为了减少花费，她选择了40.33平方米的最小面积的回迁房，折算各种费用，她只交了261元就住上了现在一室一厅全部朝阳的新房子。

春节前，通化市二道江区五道江镇康源小区鞭炮声此起彼伏，600多户居民和他们的老邻居张淑贞一样，彻底告别了"阴天怕漏雨、晴天怕火灾"的棚户区生活。

通化市二道江区位于吉林省南部，区内驻有12户省市属企业和58户区属国有、集体企业，是典型的老工业区。随着国有集体企业相继破产，大量工人下岗，计划经济时期的福利房，演变成自修自住的"栖身所"，多数房屋因年久失修成为危房，形成大面积棚户区。据统计，全区共有21000户、70万平方米工矿棚户区急需改造。

好事怎样才能办到群众的心坎上呢？

为了加快满足棚户区群众上楼的愿望，二道江区精心谋划。他们入户摸底，全面掌握棚户区居民改造意愿。采取逐户丈量、填写表格、登记确认等方式，对列入改造计划的居民详细排查，每户一档，全面摸清了每个居民住房、人口、经济条件、户型、面积、安置意愿等情况，在征得全体回迁户同意后，再仔细比较选址，明确改造地块。在户型设计上，有针对性地在40平方米至70平方米之间开发设计了若干种户型，满足不同人群的"口味"需求。

为提高群众对搬迁的满意度，区委、区政府加大政策宣传力度,召开棚改动员大会,领导亲自宣传讲解政策,将棚户区改造政策、标准、程序和奖励办法予以公布,及时解答回迁户存在的疑问。他们推行"三先一优"安置方法。即"先签定协议、先腾空房屋、先交房款,优先选择楼层楼号"。坚持"阳光搬迁",及时将签订协议、腾空房屋的顺序号张榜公布,搬迁、建设、回迁安置等重要环节都实行公示,并选取群众代表予以监督。对于一时没有想通不愿意搬迁的绝不强迁,对于按时搬迁的给予"四项优惠":按搬迁面积给予每月每平方米5元的临时住房补助费;每户发放搬家费600元;每户发放越冬费500元;按家庭人口一次性补助每人100元,极大地激发了棚户区群众参与搬迁的热情,让群众实现从"我被搬迁"到"我要搬迁"的转变。

为避免任何一名特殊困难群众因经济拮据而不能上楼,区委、区政府干部在2009年开展了"手牵手回迁帮扶"活动,与全区54个单位与135户困难回迁户结成帮扶对子,帮助他们顺利回迁。2010年11月,又启动了"千名干部送温暖、献爱心"回迁帮扶活动,千名机关干部和规模以上企业对千名回迁户实行动态包保,让回迁户在党和政府的关怀下温暖回迁。

"我们几乎天天催着政府快点搬迁,搬家过程让我们心里很暖和,怎么会有不配合政府的事?"张淑贞老人和他的邻居们都这样说。

截至2010年底,二道江区共计搬迁23.2万平方米,开工建设39.2万平方米,3500户居民住房条件和生活环境得到显著改善。"解决棚户区居民住房难问题,不仅用楼房取代了平房,而且推动全区广大党员干部转变了工作作风,增强了政府的执政能力,提高了党与政府的公信力。"二道江区区委书记高玉龙说。

(《光明日报》2011.1.31 记者 董山峰 曾毅)

河北唐山　棚户区居民喜迁新居

春节期间,河北唐山市古冶区金山小区居民刘兆华一家忙着买鸡买鹅,熬鱼炖肉。刘老太逢人便说,今年一定要热热闹闹地在新分的楼房里好好过个年。

刘兆华是开滦退休工人,根据唐山市政府的危旧平房改造政策,刘兆华仅花了不到5万元就住上了80多平方米的两室一厅。2010年11月30日,唐山第一批危旧住房改造项目金山新城首批40万平方米的回迁安置房的回迁居民代表喜领新居钥匙,刘兆华和老伴从此告别低矮潮湿的危旧住房,搬入宽敞明亮的新小区。

据介绍,唐山市把加快危旧平房及棚户区改造,作为提高人民群众幸福指数的核心任务,举全市之力对危旧平房及棚户区进行改造。在危旧平房改造中,唐山市通过补贴,制订优惠政策,切实解决居住条件较差居民的住房问题。为保证安置新居质量,唐山市面向全国一级资质的设计和开发企业进行公开招标,优选设计方案和开发建设企业。在工程建设过程中全面实行严格的管理方式,强化建筑设计、施工、监理、验收,保证了工程质量。

几年来,唐山市共计规划建设安置住宅小区135个,建筑面积1600万平方米,建设住房18.84万套,估算总投资300多亿元。截止到2010年底,已有5.4万户居民喜迁新居。

(《经济日报》 2011年2月7日 记者 雷汉发)

长春:保障性安居工程温暖百万民心

2010年9月,长春市民刘荣佩从原来的棚户区搬进了54平方米的回迁新居。据他介绍,按照有关优惠政策,他只花了1.9万元就住进了新房,如果按照商品房的市值计算得超过20万元。

据了解,从 2006 年开始,吉林省开始了大规模的棚户区改造,并实施了史上最优惠的棚改政策:"拆一还一,上靠标准户型,增加面积部分只收成本费"。长春市连续出台 20 多个政策性文件,实现"三年任务两年完成"的目标。统计数字显示:到 2010 年末,全市实施拆迁棚户区改造地块 124 块,总占地面积 1860 万平方米,占长春城区面积的 5%,已投入改造资金 495.61 亿元人民币,拆除各类房屋建筑面积 1457.19 万平方米,搬迁居民 20.23 万户,目前已有近 70 万居民永远告别了棚户区。

长春市近年来还注重廉租住房保障工作,初步形成了多层次、多渠道解决城市低保、低收入家庭住房困难的住房保障体系。截止 2010 年末,购买和建设各种类保障性住房 160.27 万平方米、31219 套,资金投入达 43.6 亿元。目前已有 16789 套房源落实到了保障家庭,其余房源 2011 年底前将陆续落实到位。此外,长春市还通过租金核减、租赁住房补贴二种货币补助方式,为 4.7 万户家庭提供了廉租住房补贴,基本解决了低保、低收入家庭的住房困难问题。

农村泥草房改造方面,长春市从 2007 年下半年以来,严格落实责任制并逐级分解任务,坚持以农民个人投资为主体,实行"政府补、银行扶、社会助"等多种渠道筹集地方配套资金。经过 4 年的努力,到目前已累计完成农村泥草房改造 11.48 万户,使大部分困难农民家庭的住房条件得到了改善。

此外,九台市煤矿棚户区改造项目于 2008 年正式启动,项目实行整体搬迁,异地新建,共规划建设 8 个居住小区,安置居民 2 万多户。到 2010 年末,已完成建设面积 50.67 万平方米,安置居民 7635 户,完成投资 7.1 亿元。

"长春市保障性安居工程实施几年来,已经有近百万人从中受益。"吉林省委常委、长春市委书记高广滨说,转变经济发展思路,长春市在发展经济的同时始终注重民生工作。据了解,从 2006 年至 2010 年,吉林省共筹措投入资金近 1100 亿元,累计改造各类棚户区、泥草房 9000 多万平方米,560 多万低收入者居住条件得以改善。

(新华网 2011 年 2 月 8 日 记者 王晓明)

甘肃完成 20 万户农村危旧房改造

2010 年,甘肃将 20 万户农村危旧房改造列入省委、省政府为民办实事之一,截至 2010 年 11 月底,全省 20 万户农村危旧房改造已全部竣工。

据悉,甘肃省委、省政府已连续两年将农村危旧房改造列入为民办实事项目。2010 年,甘肃农村危旧房改造户均补助 4000 元,其中,省级财政每户补助 2000 元,市州、县市区每户配套 2000 元。同时,甘肃共争取到中央财政补助资金 4.52 亿元,共补助 7.4 万户,户均补助 6000 元。其中边境县农村危房改造补助 500 户,每户再补助 2000 元,农村危房改造节能示范户 3500 户,每户再补助 2000 元。

(《经济日报》2011 年 2 月 9 日 记者 李琛奇 通讯员 陈发明)

陕西鼓励社会参建保障房

"祥和居"小区是陕西西安市已建成的棚户区安置示范小区,共有住宅 5621 套,可安置居民 2 万余人。在宽敞明亮的客厅里,居民张桂珍告诉记者,过去住在"城中村"时环境差,生活很不方便,上趟厕所都得走老远的路,没想到现在能住上这么好的房子。

目前,陕西省保障性住房建设进入前所未有的快速发展期。2008 年以来,省财政对新建廉租住房补助资金 15.2 亿元,市县政府投入资金 39.6 亿元,累计建设廉租住房 15 万套,发放租赁补贴 30.2 万户次；建设经济适用房24.2万套，解决了40万户城市低收入家庭住房困难问题；完成棚户区改造17.9万户，农村危房改造9.3万户。

住廉租房享受租赁补贴

"住政府建设的廉租房，还能享受到住房租赁补贴，这种好事以前想都不敢想。"1月11日，刚刚享受到廉租房和住房租赁补贴政策优惠的西安市民韩玲玲高兴地说。

在陕西，廉租房有两种惠民形式，一种是发放租金补贴，一种是实物配租即分配廉租房。2010年6月1日起，正式实施的西安市楼市"16条"新政中明确指出，普通商品住房中廉租住房配建比例不低于5%，经济适用住房中廉租住房配建比例不低于15%，棚户区改造项目中廉租住房配建比例不低于30%。西安计划"十二五"期间共配建廉租住房150万平方米，解决3万户低收入家庭住房困难。

"廉租房的保障目标很明确，就是最低收入和低收入人群。在房源较少的情况下，以前我们把申请人的年龄设置为60岁以上，优先保障这类低收入群体。随着房源增多，我们把这一年龄标准降至45岁以上。如果更多的廉租房投入使用，申请标准也会不断降低，以保证更多的低收入人群有房住。"西安市住房保障和房屋管理局的一位负责人说。

公租房去年正式起步

从2010年起，陕西公租房建设正式起步，租金标准初步定为政府投资的项目按照当地区域租金不高于60%收取，开发商建设的租金按照当地区域租金不高于80%收取。据西安市住房保障和房屋管理局住房保障处处长扈广杰介绍，目前西安市除了三桥公共租赁住房项目外，由该局组织实施的其他4个公租房项目已经陆续开工，5个公租房项目共计2700套。根据规划，到"十二五"末，西安市计划开建公共租赁房11万套。

目前西安大约有200万外来务工人员，其中农民工102万人，外省籍约占60%，长期居住的占70%。随着棚户区、"城中村"改造加快，市场上用于出租的房源大大减少，外来务工人员的居住问题日益显现，他们被称为"夹心层"。

扈广杰说，公共租赁住房主要解决西安市中等偏下收入居民的住房问题，他们既不能享受廉租房，也无力购买经济适用房；另外还包括低收入的外来务工人员（农民工）、新就业大学生。符合廉租房标准的可以申请公租房，但符合经济适用房条件的不能申请公租房。

多管齐下提供更多住房

陕西省加大廉租房、公共租赁房、经济适用房和限价商品房建设规模，计划2010年至2012年建设31.21万套保障性住房，包括建设15.74万套廉租房和15.47万套公共租赁房。

廉租房建设主要面向城镇低收入住房困难家庭，省级补助资金提高到每平方米400元，2011年底前确保26万户困难家庭实物配租；政府将通过新建、改建、收购和在市场上长期租赁住房等方式筹集房源，尝试利用住房公积金贷款支持公共租赁住房建设。

新年伊始，陕西省住房和城乡建设厅透露，陕西省将鼓励企事业单位在自有土地为职工建保障性住房。即使企事业单位无自有土地，无可享受保障性住房员工，也鼓励他们参与保障性住房建设。

"仅靠政府的力量建设保障性住房是不够的。"陕西省住房和城乡建设厅住房保障处处长高亚弟说，从国家到省政府都鼓励社会力量参与保障性住房建设，希望通过社会力量的参与，尽快让符合条件的居民住上保障性住房。

（《人民日报》 2011年2月11日 记者 王乐文）

福建以公租房为重点推进保障性住房建设

福建省在全面完成2010年保障性住房建设任务的基础上，今年将采取一系列措施，加快以公租房为重点的保障性住房建设。

一是重点发展公租房。省政府将出台进一步加快公租房建设的意见，明确土地、税收、资金等各项具体政策措施，增加公租房供应总量，扩大保障范围。二是落实建设资金和用地。积极争取中央补助资金，安排一定的土地出让金和住房公积金增值收益，以及贴息支持市场主体和社会机构从商业银行融资，用于发展公租房。三是加强建设管理。建立责任目标动态跟踪管理机制，确保项目的进展、质量。四是加快配租配售。根据在建套数，提前开展申请、审核、公示、轮候等前期工作，竣工交付使用后尽快安排到户。改"定期"受理为"日常"受理，形成常态化机制。五是重视后续管理。制定出台全省保障性住房物业管理、资产管理的指导意见。建立退出管理机制，对不符合条件的及时清退。六是加强住房公积金监管。抓好省住房公积金数据备份与应用中心建设，开发住房公积金监管信息系统，确保资金安全。

据了解，2010年国家与福建省签订的建设各类保障性住房、棚户区改造责任目标分别为6.38万套、4.84万套，已开工建设各类保障性住房76180套，开工率119.44%；竣工40321套，竣工率63.22%；改造各类棚户区58517户，签约率120.79%，超额完成国家提出的目标任务。

（《中国建设报》 2011年2月11日 记者 刘萍）

广西盘活6638公顷存量建设用地 保障项目建设

广西采取多项措施，保障项目用地需求，2010年共盘活存量建设用地6638公顷，同比增加39.6%，超额完成原计划5000公顷的任务。

针对高速公路、铁路等基础设施续建项目较多的情况，广西对存量建设用地进行了分类清理、统计和建立台账，摸清批而未征、征而未供土地、空闲土地和其他已收储土地情况，制定切实可行的措施并及时实施，以提高土地供应率。对征地确实有困难的建设用地，采取区位调整措施进行盘活，保障中央扩内需、自治区统筹推进重大项目和重大民生及生态建设项目用地的有效供给。

为推进节约集约用地，广西壮族自治区国土资源厅建立了奖惩激励机制，对征地率、供地率、盘活存量建设用地达标和工作成效显著的市，在下一年度土地利用年度计划指标分配时，给予适当奖励和通报表扬；没有达标的，相应扣减其下一年度的新增建设用地计划指标并通报批评。

市、县国土资源管理部门建立了城镇存量建设用地动态监测制度。定期对本行政区域的城镇规划区、开发区内所有存量建设用地情况进行清查汇总，做好年度土地变更调查，建立土地利用现状数据库，全面掌握各类土地变化状况。对征而未供、项目不落实的批次用地，调整用于新的项目建设，以确保土地得到有效供应和合理开发利用，防止浪费、闲置。

把"城中村"改造与城市存量土地挖潜结合起来，以保障城镇化建设用地需求。改造过程中，坚持依法保护农村集体经济组织及其成员的合法权益，统筹兼顾国家、集体、个人和投资者的利益的前提下，由各级政府和管委会牵头负责，相关职能部门密切配合，统一规划。

此外，对存量建设用地面积较大的县(市、区)加大督查力度，对闲置土地区别不同情况，依法依规采取责令限期开发、收取土地闲置费或者无偿收回土地使用权等方式进行合理处置。

（新华网 2011年2月12日 闫祥岭 李欣松）

呼和浩特棚户区、城中村改造以人为本

11日，呼和浩特市委召开第77次常委(扩大)会议，部署2011年城市建设任务，内蒙古自治区党委常委、呼和浩特市委书记韩志然指出，2011年，呼和浩特城市建设要落实科学发展观，统筹兼顾，以人为本,要加大对旧城区和城中村改造力度,做好这个最大的民生工程,补齐老城区欠发展这个短板,使城市三个板块建设更加和谐有序。

韩志然强调,今年要加快旧城区、棚户区改造步伐,玉泉区、回民区这样的老城区,居住着70万人,虽然这里的改造难度较大,但涉及广大人民群众的生活、居住环境,是最大的民生问题,我们要创造条件加快旧城区、棚户区的改造建设和发展,缩短城市西部与东部的生活、工作条件差距和环境差距。在棚户区和城中村改造中要出台好的政策,实施好的服务,使百姓得到最大利益,让棚户区和城中村百姓同样能够分享到城市建设的成果。棚户区、城中村改造一定要做到"三定一落实",即定人、定任务、定时限,落实问责制。

据了解,2011年,呼和浩特计划投资602亿元用于城市建设,重点实施保障性住房建设、城中村改造、棚户区(旧城区)改造、环城河水系综合整治工程、道路桥梁改造建设、小街巷改造、水务基础设施建设、城市集中供热设施建设和推进新区建设9大工程。

目前,呼和浩特城市建设细分为三大板块,第一板块为通道街、大南大北街以西至西二环,主要任务是改善人居、补齐短板。第二板块为通道街、大南大北街以东至东二环,主要任务是完善功能、提高品质。第三板块为东二环以东一街五区,主要任务是拓展空间、打造亮点。

2011年,呼和浩特将新建保障性住房41750套,面积323万平方米。其中,新建廉租房5750套,面积27.9万平方米;新建公共租赁住房10000套,面积65万平方米;新建经济适用住房10000套,面积70万平方米;通过城中村改造和棚户区改造建设保障性住房16000套,面积为160万平方米。

同时,呼和浩特还将改造19个城中村,改造面积1093.6万平方米,涉及村民18326户。棚户区改造面积48.3万平方米,受益9015户居民。

"十一五"以来,呼和浩特城市建设步入快车道,建成区面积由2005年的140平方公里扩展到210平方公里,市区常住人口由140万增加到208万,建成了体育场、博物院、乌兰恰特大剧院等一批大型公用项目,打造了成吉思汗大街,蒙元文化特色景观街,伊斯兰特色景观街等特色街区,修缮扩建了大召、昭君博物院、公主府等文化古迹。市政公用建设取得长足进步,城市道路人均面积由9.8平方米增加到11.4平方米,公交营运线路由33条增加到99条,集中供热普及率由45%提高到85%,城市生活污水集中处理率由49%提高到96%,全面加大绿化、美化力度,人均公共绿地面积由8.5平方米提高到16.1平方米,市区空气质量优良天数由311天增加到349天。成功创建为国家森林城市。

(新华网 2011年2月13日 赵海军)

扩大群体覆盖面 辽宁构建多层次住房保障体系

在日前辽宁省第十一届人大四次会议的记者会上,辽宁省住房和城乡建设厅负责人透露,截止到2010年底,辽宁省290万城镇人口受益于保障性住房的建设成果,覆盖面超过了城镇人口总数的10%。辽宁省还将适当提高保障标准,将制度覆盖面扩大到人均住房建筑面积13.5平方米以下的低收入住房困难家庭。其中,2011年,辽宁将完成34万户的保障性住房建设任务。

从2005年以来,辽宁省启动了大规模的棚户区改造工作。通过政府主导、市场运作的形式,基本解决了城市集中连片棚户区的居民住房问题。同时,辽宁积极探索各类低收入群体的住房保障问题,建立了以廉租房和经济适用房为主要内容的住房保障制度,辽宁城镇低收入家庭住房条件得到了明显改善。未来5年,辽宁省将基本建立和完善廉租住房、经济适用住房、公共租赁住房和限价商品房等面向不同收入群体、多层次的住房保障体系。

据介绍,为了实现"十二五"的规划目标,辽宁将以廉租住房、公共租赁住房和国有工矿棚户区改造为重点突破口,全面推进保障性安居工程。在保障形式上,辽宁将以发放租赁补贴和货币补贴为主,以实施配租和建设(筹集)实物房源租赁为辅,鼓励保障对象自行租住社会房源。另外,各市将集中建设一批成规模的廉租住房和公共租赁住房项目。

(《中国建设报》 2011年2月14日 记者 刘参昌)

兰州推进15个棚户区改造项目

2010年以来，兰州市全力推进城市和国有工矿棚户区改造，加大市属企业危旧房改造力度。目前，已开工棚户区危旧房改造项目15个，预计2012年全部建成并交付使用。

据介绍，兰州市已开工的15个危旧房改造项目新建面积约180万平方米，项目总投资约40.78亿元。

(《经济日报》 2011年2月14日 记者 李琛奇)

新疆鄯善扎实推进廉租房建设计划投资1125万元

吉祥的"福"字贴上门，喜庆的灯笼挂起来，新疆维吾尔自治区吐鲁番市鄯善县502户廉租户今年春节过得很高兴。这是该县近年来扎实推进廉租房建设取得的成效。

近几年，鄯善县建设步伐不断加快，住房制度改革不断推进，城乡居民的居住条件得到显著改善，但城市部分低收入家庭的居住条件依然较差，亟需改善。鄯善县委、县政府以保民生、保稳定为宗旨，将廉租房建设作为事关民生、关乎群众福祉的大事，列入县政府住房保障工作任务当中，积极推进。他们通过争取国家项目，多渠道筹措地方配套资金，安全施工、严抓质量，下大力建设廉租房，解决城市低收入家庭的住房问题。

"只有坚持才能打破住房保障建设的'瓶颈'。"鄯善县在建设资金紧张、工期紧迫的情况下，想尽办法，推进廉租房建设进度。同时，他们还积极为廉租房分配制订具体方案，通过调查摸底、对低保材料监督审查、逐户核实，力求做到廉租房分配的公平、公正、公开。

今年春节临近之际，为使鄯善县申请廉租房的低收入家庭早日搬进新家，该县建设局干部职工加班加点，来到廉租房分配现场，实行便民利民服务，现场办理分配入住手续，顺利使居民乔迁新居。

据了解，从2008年至今，该县已累计新建廉租房994套，总建筑面积5.62万平方米，总投资达5176.9万元；已实物配租502套，有效地解决了部分低收入家庭的住房问题。今年，他们将继续加大廉租房建设力度，计划投资1125万元新建廉租房150套，建筑面积7500平方米。

(《中国建设报》 2011年2月15日 刘燕燕)

重庆公租房管理实施细则出台

对提供虚假信息骗取公租房租住、擅自转租、转售、出借和抵押公租房，改变其住房结构或使用性质，空置或欠交房租6个月以上，承租人或购买人所占有的公租房都将被强制收回，其行为被记入个人信用档案，5年内不得申请公租房。这是笔者从重庆市政府召开的新闻发布会上获悉的。

《重庆市公共租赁住房管理实施细则》正式发布实施。按照规定，凡年满18周岁，在主城区有稳定工作和收入来源，具有租金支付能力，符合政府规定收入限制的无住房人员、家庭人均住房建筑面积低于13平方米的住房困难家庭、大中专院校及职校毕业后就业和进城务工及外地来主城区工作的无住房人员，都可申请公租房。但直系亲属在主城区具有住房资助能力的除外。

同时，重庆市对申请公租房的收入标准做了明确限定，单身人士月收入不高于2000元，2人家庭月收入不高于3000元，超过2人的家庭人均月收入不高于1500元。重庆市政府将根据经济发展水平、人均可支配收入、物价指数等因素的变化定期调整，并向社会公布。

为确保公租房规范运行，重庆对公租房住户的退出机制进行了周密的制度设计。公租房租住以5年为期限，租住者购买改善住房后，可以退出公租房。公租房租满5年之后，可以选择购买公租房，转换成有限产权的经济适用房，出售价格以土地成本、建安成本、税费和投入资金等相加的综合成本价为基准。但是，购买了公租房，不得上市交易，不得转租他人。购买人需要转让的，由政府回购，回购价格为原销售价格加同期银行活期存款利息，不会随着房价的上涨而上涨。

此外，《重庆市公共租赁住房管理实施细则》规定，对于提供虚假信息骗取公租房租住，擅自转租、转售、出借和抵押公租房，改变其住房结构或使用性质，空置房屋或欠交房租6个月以上，承租人或购买人所占有的公租房都将被强制收回，其行为被记入个人信用档案，5年内不得申请公租房。

（《中国建设报》 2011年2月15日 徐旭忠 朱薇）

河南淮滨保障房建设严把"五关"

为确保廉租房和经济适用房建设质量，将其打造成"放心工程"，河南省信阳市淮滨县严把项目建设"五关"。严把施工单位准入关。该县要求施工单位必须具备相应资质，并具有良好信誉。严把材料关。建筑材料必须经过县建筑质量检测中心鉴定认可后方可使用。严把质量责任追究关。业主与施工单位签订施工合同的同时，还要与监理单位签订质量责任追究合同。严把技术指导关。业主要聘请专业人员做好技术指导。严把验收关。验收人员要严格按照有关要求进行验收。

（《中国建设报》 2011年2月18日 屠爱华）

江西上饶廉租房建设呈多元特色

在廉租房建设中，江西省上饶市注重结合所在地区的地域历史、居住文化、景观特色，设计不同风格的造型，全市廉租房呈现出中式、欧式、徽派等多种风格并存的格局，促进了文化相融，体现了对低收入群体的尊重。

上饶市市长董仚生介绍说，2008年以来，上饶市将廉租房建设纳入政府经济目标考核范围，建设了11541套廉租房，面积达57.71万平方米。上饶市对廉租房建筑风格力求特色鲜明。如婺源县建设的7.72万平方米廉租住房均属徽派建筑风格；玉山县建设的5.81万平方米廉租住房又属欧式建筑风格。

作为新兴旅游城市，上饶在建设廉租房时选址不仅考虑交通方便，而且选择配套设施齐全的用地，力求为廉租住房小区长远发展留有余地。如市中心城区的东都花园廉租住房小区，不仅交通便捷，而且附近有目前全省规模最大的江南商贸城和佳利商贸城两大市场，为入住的小区中低收入家庭提供了生活方便和就业空间。

为帮扶廉租房住户就业创业，上饶市还按一定比例配建廉租商铺，供有条件的廉租住房承租人创业，全市廉租住房共配建 9.23 万平方米廉租店铺，可供 6000 人创业、就业，每平方米店铺的租金仅相当于同区其他店铺的一半。

（《中国建设报》 2011 年 2 月 21 日　李兴文）

西藏初步建立城乡住房保障体系

随着 2011 年公共租赁住房、城镇棚户区改造工作的启动和廉租住房、周转住房等保障性住房建设及农牧民安居工程建设的深入推进，标志着西藏自治区已初步建立覆盖城乡的住房保障体系，广大群众居住条件得到进一步改善。

农牧民安居工程深入推进，广大群众居住条件不断改善

2006 年，西藏自治区提出，利用 5 年时间，让全区 80% 的农牧民住上安全适用的住房。5 年来，该自治区整合国家投资、积极自筹资金、多方协调落实援藏资金，充分调动农牧民群众的积极性，累计投资 170 多亿元，实施了以农房改造、游牧民定居和扶贫搬迁为重点的农牧民安居工程，使全区条件较差的近 30 万户、143 万农牧民住上了安全适用的新房。

在具体实施过程中，西藏充分考虑农牧民群众的收入状况，进一步加大对低收入困难户的补贴力度，并多方筹措资金，让农牧区困难群众能够建得起房、住得上新房并住得安心和舒心，住房条件得到进一步改善。

"十一五"期间，西藏只用 4 年时间，就全部完成了预定的农牧民安居工程建设任务。同时，在实施安居工程过程中，西藏还整合安排资金 150 多亿元，用于每个"安居工程"集中建设点的水、电、路等配套建设和村级综合活动场所建设，新增安全饮水人口近 70 万人，新增用电人口 27 万人。全区 5453 个行政村已有 90% 建起了综合活动场所，农牧民的生活生产条件有了显著改善。

为使全区农民都住上安全适用的新房，切实深入推进以"安居乐业"为突破口的新农村建设，西藏自治区决定，从今年起，再利用 3 年时间，深入推进安居工程建设，完成未纳入"十一五"农牧民安居工程建设计划的原住房条件相对较好的 20% 部分、共 18.55 万户农牧民安居工程建设。到 2013 年，西藏将实现所有农牧民群众均住进安全适用房屋的目标。同时，西藏还将结合村容村貌整治等"八到农家"工程，切实改善农牧民群众的居住条件。

同时，在推进农牧民安居工程建设中，西藏高度重视居住安全问题。2008 年以来，该自治区深入推进农牧民安居工程抗震加固工程，对安居工程采取"国家和自治区补贴一部分、农牧民再自筹一部分资金"的方式，对 4.92 万户农牧民房屋进行危房改造和建筑节能改造，完成了 10 万多户农牧民安居工程抗震加固。在新建的安居工程建设中，西藏从设计源头入手，充分考虑各种因素，进一步采取有力措施推进农牧民住房抗震和安全工程建设，有力确保农牧民群众的居住安全。

多层次的城镇住房保障体系初步建立，住房供应结构更加合理

2007 年，西藏自治区着手开展廉租住房建设试点工作，标志着西藏多层次的住房保障体系构建工作开始起步。4 年多来，西藏多方筹措资金，将廉租住房等保障性住房建设纳入为民办实事的民生工程，加大力度深入推进，已初步构建以"四房两改"为重点、"两补一金"为基础的住房保障体系。"四房两改"即廉租房、公共租赁住房、干部职工周转房、经济适用住房，棚户区改造和农村危房改造；"两补一金"即廉租住房租赁补贴、干部职工住房补贴，住房公积金。目前，西藏已形成高端有市场、低端有保障的多层次、合理化的住房供应体系，供应结构趋于合理。

截至 2010 年底，西藏已安排投资 11 亿多元，在全区建设廉租住房 10800 套，通过实物配租的形式，解决了城镇低收入家庭 1 万多户、4 万多人的住房困难问题；投资 29 亿元建设 26000 多套干部职工周转住房，缓解干部职工住房紧张状况。2010 年，西藏安排资金 4940 万元，对符合城镇低收入廉租住房条件的 1 人户和 2 人户家庭发放租赁住房补贴，每人每月发放租赁补贴 225 元，解决了城镇低收入家庭

9049户共1.35万人的住房困难问题。随着廉租住房制度的深入推进,西藏已实现廉租住房制度覆盖全区所有县区,以实物配租为主、租赁补贴为补充的廉租住房制度得到进一步健全和完善。

2011年,西藏将全面开展公共租赁住房建设和棚户区改造,力争到"十二五"末,实现全区城镇低收入家庭"应保尽保"。

(《中国建设报》 2011年2月22日 记者 王世玉)

天津滨海新区再添325万平方米保障房

天津滨海新区计划新建保障房325万平方米。包括廉租房、经济适用房、限价商品房和蓝白领公寓4种形式的保障房都将涉及。自从滨海新区开发开放上升为国家战略以来,新区政府先后出台了涉及住房、户籍的多项政策,吸引外来人才安家落户。据介绍,此次新建的保障房包括面向社会居民的公共租赁房12万平方米、限价商品房32万平方米;面向蓝领职工的蓝领公寓101万平方米;面向拆迁还迁居民的经济适用房30万平方米;面向企业职工的商品房150万平方米。

(《中国建设报》 2011年2月24日 毛振华)

无锡投入近半住宅用地用于保障房建设

无锡市国土资源局介绍,今年该市接近一半住宅用地将投向保障房,面积为408万平方米。

据了解,按照无锡楼市调控的最新规定,今年的商品住房用地总量原则上不低于前2年年均实际供应量。今年,无锡市计划供应住宅用地面积880万平方米。

其中,保障性住房、危旧房改造和中小套型普通商品住房用地不低于住房建设用地供应总量的70%,并优先保证供应。

(新华网 2011年3月2日 记者 叶超)

重庆公租房首批成功摇号配租

3月2日晚,重庆公租房首批公告房源的第一次摇号配租活动举行,并以公开摇号方式完成了15281套公租房的配租。重庆电视台对此次摇号配租进行了直播,现场还邀请了重庆市部分人大代表和政协委员进行全程监督。

重庆市国土房管局负责人介绍,自2月12日正式接受公租房申请以来,短短的17天里各申请点接受群众咨询约25万人次,网页浏览量约30万人次,受理并审核了22317件申请作为参加此次摇号配租的对象。本次参与摇号的15281套、400万平方米房源分布在5个公租房小区,户型分为单间配套、两室一厅和三室一厅,建筑面积最小为33平方米,最大将近80平方米。

本次摇号配租采取电子摇号方式进行,以每一个公租房小区的一种户型为基本摇号单位,对符合条件的申请人和待配租的房源进行随机匹配。为了保证摇号公平、公开、公正,现场不仅邀请了30多名申请人代表参与摇号,还邀请了重庆市监察局及部分人大代表和政协委员到现场进行监督。公证人员对摇号程序、摇号过程和摇号结果进行了全程公证。摇号配租结果今日已开始通过网络和当地媒体向社会公布。

据介绍，今年重庆市将拿出 1000 万平方米公租房接受申请。本次摇号没有选中房源的，可直接参与下一次摇号，且可以更改申请的片区和户型。摇中号的申请人将从今年 4 月份开始，陆续住进公租房小区。

（《人民日报》 2011 年 3 月 4 日 记者 崔佳）

内蒙古完善廉租住房补贴和配租制度

为提高廉租住房建设和管理水平，近期内蒙古完善了廉租住房补贴、实物配租的有关制度。

根据内蒙古新出台的规定，廉租住房租赁补贴原则上以户为单位确定发放数额，同时考虑家庭人口因素。对于无房户，2 人以下的家庭按 30 平方米标准计算补贴，3 人家庭按 45 平方米计算补贴，4 人以上的家庭按 50 平方米计算补贴。

同时，廉租住房保障对象的实际住房面积小于应保面积标准的，不足部分也予以补贴，而且差额小于 5 平方米的均按 5 平方米计算补贴。

为规范廉租住房实物配租工作，内蒙古还将实行优先配租和轮候相结合的制度，规定孤、老、病、残等特殊困难家庭优先于其他困难家庭，无房户优先于有房户。

同时，凡是符合实物配租的家庭，配租前均要与当地住房保障部门或房屋产权人签订住房租赁合同，并实施公证。按照每年的家庭收入、住房条件审核结果，廉租住房保障对象一旦不再符合保障条件，则配租资格终止，并应在 6 个月内退出所租房屋，除非其一次性按成本价购买所租的房屋。

此外，今年起内蒙古还将实行廉租住房租售并举。在自愿的情况下，凡是符合条件的廉租住房保障对象，可按成本或略低于成本的价格购买廉租住房，取得有限产权。对于无力一次性付清房款的，可以采取分期付款的方式，但首付比例不得低于 40%。

（新华网 2011 年 3 月 14 日 记者 任会斌）

福州单列保障性住房建设供应用地

福州市政府近期出台《关于进一步做好房地产市场调控工作的实施意见》，明确提出要加大保障性安居工程建设力度，同时在新增建设用地年度计划中单列保障性住房用地，做到应保尽保。

根据《意见》，2011 年，福州市将建设保障性安居工程 58430 套，其中，新建保障性住房 32991 套，包括廉租住房、经济适用住房、公共租赁住房、限价商品住房等，继续实施危旧房（棚屋区）改造 2.4 万户。

福州市政府表示，各级政府和有关部门要明确工作进度和责任分工，切实落实土地供应、资金投入和税费优惠等政策，加快项目前期工作，并于 8 月底前开工建设，确保按期完成全年保障性住房建设任务。同时强化对保障性住房建设和配租配售情况的监督检查，实行逐月通报、半年和年终考核制度。

另外，福州市将严格住房用地供应管理。根据《意见》，2011 年福州市商品住房用地供应量应不低于前 2 年平均实际供应量。其中，确保各类保障性住房、棚屋区改造住房和中小套型普通商品住房用地不低于住房用地年度供应总量的 70%。对擅自改变保障性住房用地性质的将坚决纠正和严肃查处。

（新华网 2011 年 3 月 15 日 记者 沈汝发）

陕西成立保障性住房建设公司化解"资金"瓶颈

陕西省21日成立保障性住房建设公司，以解决保障性住房建设中存在的资金不足问题。

据了解，2011年，国家下达陕西省的保障性安居工程任务47.43万套，所需资金超过700亿元，各级财政特别是市、县财政配套筹资的任务较重。针对这一问题，陕西省政府决定由陕西省财政和大型国有企业延长石油集团共同注资组建"陕西保障性住房建设工程有限公司"，其中陕西省财政出资10亿元，延长石油集团出资30亿元。

新成立的陕西省保障性住房建设公司将直接进行全省保障性住房建设项目的资金筹措、划拨、回笼和工程质量监督管理，并将采取市场融资的方式帮助市县政府解决保障性住房建设资金不足的问题，以充分发挥大型企业融资引领作用，加快陕西省保障性住房建设。

（新华网　2011年3月21日　记者　石志勇）

新疆住房和城乡建设厅积极谋划安居富民工程建设

新疆维吾尔自治区党委召开常委（扩大）会议，决定今年实施22项重点民生实事工程。其中，安居富民、住房保障、抗震防灾、市政设施改善4项民生工程由自治区住房和城乡建设厅承担。据了解，位列22项民生实事之首的安居富民工程，今年力争完成30万户建设任务，这是新疆建设安居工程户数最多的一年。钱从哪里来？标准如何定？进度如何掌握？诸多问题成了人们关注的焦点。

多渠道多层次筹集资金

新疆住房和城乡建设厅党组书记李建新表示，一年来，安居富民工程资金来源渠道不断拓宽，目前已经形成了多渠道、多层次的财政投入机制。

据统计，完成今年的安居富民工程建设任务，共需投入资金192亿元。其中，中央财政补助18亿元，自治区财政补助12亿元，争取对口援疆省市支持30亿元，其余132亿元通过银行贷款、地县筹集、农牧民自筹等方式解决。

李建新坦言，安居富民工程建设任务繁重，资金需求巨大，仅仅依靠中央和地方政府财政投入，难以保证工程的可持续性。因此，要充分发挥银行、信用社等金融机构以及援疆省市的作用，让它们积极参与安居富民工程的建设和运营。

早动手早准备力保进度

为了避免出现开工进度较慢、年底集中赶工的情况，今年30万户安居房建设的总体时间表已经确定。因为任务比去年下达得早，一些地州从去年年底开始，就已经制订了今年的建设计划。

李建新告诉笔者，各地利用去冬今春早安排、早动手、早准备，重点抓好安居富民规划编制、农房设计、备工备料、工匠培训、建材生产和保障等工作，扎实推进安居富民工程建设。

为确保今年任务顺利实施，自治区调整成立了安居富民工程建设领导小组，住房和城乡建设厅及时将年度任务分解下达各地，并会同财政部门给南疆三地州、边境县、贫困县等50个县市，安排发放了建房备工备料补助资金2.073亿元。

同时，新疆住房和城乡建设厅向各地安排发放了安居富民工程培训经费500万元，并在今年1月举办了自治区安居富民和住房保障工作培训班。自治区住房和城乡建设厅还会同新疆大学组织有关专家编制了《新疆安居富民工程图集》，并印发供各地参考。

李建新说，新疆已经有6年建设抗震安居工程的经验，这期间培养了大批技术人员和管理人员。

同时，在安居富民工程建设中，各厅局还相互配合共同参与。例如，农业厅的农村沼气利用、庭院经济、种植养殖等项目与安居富民工程结合起来运作。

既安居又富民标准要高

李建新介绍，安居富民工程和抗震安居工程在内涵上发生了显著变化，以前抗震安居工程只是简单造房子，安居富民工程是把安居和富民结合起来考虑，更加以人为本。

今年，新疆住房和城乡建设厅要求各地坚持安居房建设与产业发展相结合，改建与新建相结合，"前瞻性"与"普惠性"相结合，户型美观与先进实用相结合。按照去年下发各地的《自治区村庄规划建设导则（试行）》要求，高水平地做好设计工作，每户建筑面积原则上不得低于80平方米，个别人口较少家庭可适当降低面积标准。

李建新表示，今年安居富民工程建设要重点考虑3点：一是安居房建设要做到10年至20年不落后；二是做到"三高"，即高起点、高水平、高效益；三是要做到让农村群众过上现代城市人的文明生活，要保证水、电、路、气、垃圾处理等基础设施以及公共服务设施配套，房屋内部功能齐全。

李建新告诉笔者，去年新疆完成的安居富民工程是19.1万户，其中3万户已经达到了现在的新标准。

（《中国建设报》 2011年3月22日 张雷 曹艳东）

乌市百件实事改善民生
包括完善住房保障体系等12项内容

为着力解决民生和社会领域的突出问题，使改革发展的成果真正惠及各族群众，新疆维吾尔自治区乌鲁木齐市委、市政府在深入调查和研究的基础上提出改善民生12个方面、100件实事的政策措施。

这100件实事中涉及住房城乡建设系统的主要有8个方面工作：一是完善住房保障体系，解决群众住房困难问题；二是加强小区物业管理，解决好没有物业公司管理的居民小区、院落的物业管理问题；三是抓好撤村建居区域和老旧居民小区的水、电、气、暖、路及路灯照明等基础设施改造和建设；四是加大环境综合整治力度，彻底消除环境卫生"死角"，改变局部区域脏乱差的状况；五是治理乱搭乱建问题；六是清理整治违规占道经营问题；七是着力解决群众出行难问题；八是进一步转变机关作风，通过建立首席代表制、限时办结制、问责制、倒查制、举报制和奖励制等制度，提高机关工作效能。

据了解，为确保这100件实事落到实处，乌鲁木齐市还印发了《关于落实民生领域12个方面100件实事的政策措施责任分解方案》，每一项工作都列出了完成时限，明确了具体任务，责任到部门，并要求相关部门制订工作方案，有计划、有步骤地加以落实。该市市委督察室将对100件民生实事落实情况开展督促检查，对未按时完成任务和报送相关进展情况的，将在全市进行通报批评。100件民生实事完成情况列入2011年目标管理范围，年底进行考核。

（《中国建设报》 2011年3月25日 马亦斌）

石家庄实行保障性安居工程约谈问责机制

河北省石家庄市政府办公厅日前下发通知要求，各县(市)、区政府和市有关部门要认真落实房地产市场调控各项政策措施，不折不扣地完成住房保障各项任务，同时实行约谈问责机制。

石家庄市政府要求，发展改革、国土、规划、房管、建设、财政、税务、公安、民政、统计、监察、人力资源和社会保障等部门要密切配合,健全机制,确保房地产市场调控各项政策措施落实到位。国土部门要确保住房用地供应,严格依法查处闲置用地,盘活存量土地资源,杜绝土地出让中连续出现楼面地价超过同类地块历史最高价情况的发生。住房保障和房产管理部门要进一步加强统筹协调,不断完善政策,抓好保障性住房建设管理工作;加强房地产市场监测分析,完善监管长效机制,巩固房地产市场秩序整治成果;完善个人住房信息系统,为落实房地产调控政策提供基础数据。税务部门要进一步加强个人转让住房税收征管,认真做好土地增值税的征收管理工作。财政、税务、住房保障和房产管理等部门要相互配合,加强存量房交易税征收征管,坚决堵塞税收漏洞。统计部门要进一步做好房价分类统计和发布工作。

对新建住房价格出现过快上涨势头、土地出让中连续出现楼面地价超过同类地块历史最高价以及保障性安居工程建设进度缓慢、租售管理和后期使用监管不力的,石家庄市房管局、国土局、监察局要约谈县(市)、区人民政府负责同志。不能完成保障性安居工程目标的县(市)、区人民政府要向石家庄市政府作出报告。石家庄市政府将根据有关规定对相关负责人进行问责。对于执行差别化住房信贷、税收政策不到位、房地产相关税收征管不力以及个人住房信息系统建设滞后等问题,也将纳入约谈和问责范围。

(《中国建设报》 2011年3月24日 王民)

天津出台公共租赁住房管理办法

天津市出台《天津市公共租赁住房管理办法(试行)》。

据了解,该市公共租赁住房定位于满足住房困难群体过渡性的基本住房需求,主要面向3类群体:一是具有本市市内6区、环城4区非农业户籍,取得廉租住房实物配租补贴、廉租住房租房补贴和经济租赁房租房补贴资格,且尚未租赁住房的家庭;二是上年人均年收入3万元(含)以下、人均住房建筑面积12平方米(含)以下,且尚未享受其他住房保障政策的家庭;三是经市政府确定的其他类型中等偏下收入住房困难家庭,包括外地来津有工作的无房人员。

公共租赁住房项目按照"先廉租住房实物配租补贴类,再廉租住房租房补贴和经济租赁房租房补贴类,最后其他符合条件类"次序,由经营管理单位组织申请家庭选房。此外,根据国家要求,在利用住房公积金贷款建设的公共租赁住房项目中,申请人本人、配偶或与其共同申请的其他家庭成员,能够连续缴存住房公积金1年(含)以上的,在同等类别的申请家庭中优先选房。

据悉,为维护公共租赁住房正常居住秩序,管理部门将进一步加大监管和违规查处力度。承租家庭严禁将公共租赁住房转借、转租或空置,不得擅自改变承租住房居住用途、原有使用功能和内部结构。一经发现,经营单位有权依法单方解除合同并收回出租房屋。

(《中国建设报》 2011年3月28日 记者 曹玉芳 通讯员 王玮)

广西进一步加强房地产市场监管 实行保障性安居工程问责

广西壮族自治区近日下发通知要求,各地多渠道筹集保障性住房房源,逐步将保障范围扩大到建制镇;尽快确定本地区本年度新建住房价格控制目标,并于一季度向社会公布;加强房地产市场监控,对于工作不力的相关负责人将实施问责。

通知要求,各地要进一步增加保障房土地有效供应,3月底前凡未将保障性安居工程建设项目用地落实到地块的市、县,一律不得提供除保障性住房、棚户区改造住房和中小套型普通商品住房以外的商品住房建设用地。对于今年安排的保障房项目,各地必须于6月底前完成项目立项、选址、供地等前期工作,并于9月底前开工建设。

通知指出,各地要根据当地经济发展目标、人均可支配收入增长速度和居民住房支付能力,合理确定本地区2011年度新建住房价格控制目标,于一季度向社会公布,并报上一级政府备案。

通知强调,自治区住房城乡建设厅、国土资源厅、统计局等有关部门要加强对各市、县政府住房保障和稳定房价工作的监督和检查,对于新建住房价格出现过快上涨势头、土地出让中连续出现楼面地价超过同类地块历史最高价,以及保障性安居工程建设进度缓慢、租售管理和后期使用监管不力的,有关负责人将被约谈。同时,对于不按规定如期确定和公布本市年度新建住房价格控制目标、新建住房价格上涨幅度超过年度控制目标、没有完成保障性安居工程目标任务的,以及对于执行差别化住房信贷、税收政策不到位的,相关负责人也将被问责。

(《中国建设报》 2011年3月31日 记者 王凌云)

上海出台保障房建设标准
包含规划与环境、住宅设计等内容

记者在近日召开的上海市保障性安居工程工作会议上了解到,上海已出台《上海市保障性住房建设导则(试行)》,经济适用住房、公共租赁住房设计导则也正式颁布。

《上海市保障性住房建设导则(试行)》包含了保障性住房的规划与环境、住宅设计、综合配套、建筑节能与住宅装修、工程质量等内容。比如在规划与环境方面,对新建保障房的选址、公交是否便捷,生活设施是否便利等,都作了详细要求。又如,在住宅设计方面,明确保障房的套型设计应以上海家庭结构和家庭生活行为模式为基本因素,提供相适应的套型。

根据上海"四位一体"住房保障体系要求,在做好保障性住房建设工作的同时,今年该市还将加大保障性住房申请供应力度。廉租住房准入标准将较大幅地放宽,并根据申请家庭经济状况实施"分档补贴"。经适房申请供应工作,将先行在13个区全面推开,年内其余各区(县)也将全面启动。同时,经适房的准入标准也会进一步放宽。在公共租赁住房方面,各区(县)将积极建设筹措一批面向本区域保障对象供应的房源,如有条件的工业园区等。同时,上海市还将继续建设发展单位租赁房。

(《中国建设报》 2011年4月1日 记者 吴霖)

昆明加大保障性住房信息化建设

为进一步对保障性住房的保障对象实现动态管理,昆明市建设价格信息、收入信息、住房信息、个人信息、信用信息"五位一体"的保障性住房信息管理平台。

记者从昆明市住房和城乡建设局了解到,昆明市在借鉴省外先进经验基础上,联合学术机构建设保障性住房信息管理平台。据了解,这一平台包括保障资格管理、保障政策查询、保障对象管理、保障资源管理、保障资源配售(租)管理、决策分析管理、个人信用档案等20个子系统。

信息化是政府加强房地产市场宏观调控的重要基础,抓好住房保障信息化意义重大。该系统建成后，通过网络可实现保障性住房的受理审批、保障资格的实时监管、中低收入住房困难家庭的住房收入情况公示，各类保障性住房房源建设和管理信息发布、保障资源配售（租）结果公示等诸多功能，实现对保障对象的动态化管理。

（新华网 2011年4月7日 记者 关桂峰）

安徽：多方筹集资金确保保障房建设

安徽省在积极争取中央各类保障性住房建设专项补助资金的同时，省、市、县政府也进一步加大投入，通过地方财政预算安排、住房公积金增值净收益和土地出让净收益不低于10%等途径，积极筹措保障资金。其中，省及市县财政预算安排作为住房保障资金主渠道投入了大量的资金，确保了保障性住房建设的资金需求。目前，安徽省基本形成了中央与地方共担责任、共同投入的资金筹措机制。

近年来，在省发改委、财政厅等相关部门的大力支持和密切配合下，安徽省累计争取中央各类保障性安居工程专项补助资金70.72亿元，包括各类保障性住房建设和廉租住房保障资金53.22亿元、各类棚户区改造资金14.92亿元、农村危房改造资金2.58亿元。其中，2010年共争取中央各类补助资金41.13亿元，是2009年的2.5倍，占当年中央安排资金总额的5%。争取支持资金力度之大史无前例，有力推进了各地住房保障制度的实施。

安徽省政府在财政收支压力较大情况下，加大省级配套补助资金支持力度。目前已累计安排下达省级各类保障性安居工程补助资金20.01亿元，其中廉租住房、公共租赁住房建设补助资金16.87亿元、各类棚户区改造省级以奖代补和农村危房改造补助资金3.14亿元。

各市、县政府作为住房保障责任主体，积极通过财政预算安排、土地出让净收益、住房公积金增值收益等渠道，筹措落实地方配套资金。截至2010年底，各地已累计投入廉租住房建设资金近50亿元，完成城市和国有工矿棚户区改造投资120亿元。同时，各地通过"政府主导、市场运作、社会参与"方式，加快推进城市和国有工矿棚户区改造，多渠道为保障性住房建设筹措资金。如蚌埠、淮南等市积极利用国开行安徽分行贷款，用于棚户区改造及配套基础设施建设，并积极探索金融支持保障性住房建设的融资新模式。去年全省各地保障性住房建设利用国开行贷款资金70多亿元；宣城等市通过建立保障性住房配建制度，明确规定在普通商品房、拆迁安置房等项目中配建比例，并作为土地出让前置条件，建立稳定长效的住房保障机制。

由于保障性住房建设资金得到基本保证，2008年~2010年，安徽连续3年大规模加大保障性住房建设，各级政府已拥有一批保障性住房房源，将彻底解决很大一批城市现有中低收入家庭的住房困难。目前，全省已初步形成了廉租住房、公共租赁住房、城市和国有工矿棚户区改造等各类保障性住房和面向低收入住房困难家庭发放租赁补贴相结合的住房保障体系。

根据安徽省《2009年~2011年廉租住房保障规划》，3年内全省新建廉租住房不低于16万套。在项目实施上，2008年~2010年，全省共安排中央投资廉租住房项目642个，计划新建廉租住房16.5万套、810万平方米。截至2010年底，3年下达的廉租住房项目全部开工建设，累计竣工廉租住房7.2万套、351.6万平方米。

国务院召开公共租赁住房工作会议后，安徽省进一步加大了公共租赁住房建设力度，全年开工新建公共租赁住房超过1万套，竣工6000多套。今年，安徽省已开始谋划大幅度增加公共租赁住房建设，研究完善相关政策措施。

安徽省确定从2010年开始，用3~5年时间，结合保障性住房建设，基本完成城市和国有工矿棚户区改造，有条件的地方争取用3年时间完成，加快改善棚户区群众居住条件。2010年，各地按照计划进度要求，在做好规划编制基础上，积极探索创新，扎实有序向前推进，全年共实施城市和国有工矿棚户区改造22.63万户

（《中国建设报》 2011年4月8日 记者 卜建民 通讯员 徐春雨）

一、保障性住房建设专题

7部门联合下发办法　青海对保障性安居工程实行问责制

今年青海保障性安居工程建设任务规模空前，为切实保证规划到位、资金到位、供地到位、政策到位、监管到位和分配公平，确保整个工程顺利实施，近日，青海省住房城乡建设厅、发展改革委等7部门联合下发《青海省保障性安居工程实施情况考核办法》（以下简称《办法》），明确将实行目标任务责任考核和问责制度。

《办法》明确，对全省保障性安居工程实施情况实行责任考核，考核的主要内容包括：各州地市保障性安居工程年度建设任务完成情况；中央、省级下达资金分配使用和各地配套资金落实、项目前期手续和基本建设程序履行、保障性住房分配使用管理等情况。对保障性安居工程建设进度明显滞后、未能按规定时限完成工作进度的；保障性工程质量安全存在重大隐患的；对保障性安居工程住房分配和使用管理中社会反映强烈的问题处置失当的；对检查中发现的问题整改不力的；未办理用地、规划、招投标、施工许可、工程监理、竣工验收及备案等基本建设手续的；对未完成责任目标的地区，监察机关将会同有关部门依法启动问责程序。

（《中国建设报》　2011年4月11日　记者　薛长福）

西藏农牧民从安居大步走向乐业

"政府帮我建了新房，还让我吃上了'生态旅游饭'。"在被称为西藏小"瑞士"的西藏林芝地区鲁朗镇，63岁的藏族农民平措每年都要接待来自世界各地的游客。

从藏东林海到藏北草原，从阿里高原到藏文化摇篮山南，在西藏各地处处可以看到独具民族特色的安居新房，从安居到乐业，再到可持续发展，如今，西藏农牧民安居工程的内涵正日益丰富。

平措老人的家庭旅馆，是政府安居工程补助4万元和自己投资15万元兴建的，住宿条件不亚于星级宾馆，床铺整洁，卫生间带马桶，屋里还有电视、电冰箱、洗澡设备。"去年家庭旅馆收入有8万元。"平措激动地说。

据林芝地区旅游局介绍，截至2010年，林芝地区共有家庭旅馆近200家，参与旅游服务的农牧民达上千人，农牧民通过旅游增收达500多万元。农牧民参与旅游业的前提条件之一，正是农牧民安居工程提供的漂亮住房。

建设安居工程，同样给农牧民带来了商机。"今年，我给入股村民每户分红500元，村民们很高兴。"墨竹工卡县工卡镇工卡村农民洛桑达瓦在村里组建民间施工队，让村民自愿入股。

随着新农村和安居工程的实施，洛桑达瓦的民间施工队大显身手。如今，民间施工队已拥有资产达上百万元，在当地小有名气，每年为入股村民分红达10多万元，解决200多人就业。劳务收入和分红成为当地村民重要的收入来源。

安居工程还着眼于生态保护、可持续发展。在农牧民安居工程建设中，西藏因地制宜使用太阳能、风能等，替代薪柴。去年，西藏约有15万户、75万农牧民用上了清洁能源。

从2006年开始，西藏自治区实施以农房改造、游牧民定居和扶贫搬迁为重点的农牧民安居工程。据统计，截至去年末，西藏已有27.5万户、140.21万农牧民住上了宽敞明亮的新房，农牧民人均居住面积达到24平方米，农牧民人均纯收入达到4138.71元，比上年增长17.2%。

（《中国建设报》　2011年4月11日　拉巴次仁）

内蒙古自治区党委常委、常务副主席潘逸阳强调
保障性安居工程建设要坚持三原则

近日，内蒙古自治区党委常委、常务副主席潘逸阳在全区保障性安居工程建设工作会议上强调，各地各部门要始终坚持3个基础原则，着力抓好5个关键环节，完成好今年各类保障性安居工程建设任务。会上，自治区政府还与各盟行政公署、市人民政府及大兴安岭林管局签订了《保障性安居工程建设责任状》。

潘逸阳指出，"十一五"时期，自治区建设各类保障性住房78.5万套，完成投资689.4亿元，享受租赁补贴的家庭近12万户，实现了对人均住房建筑面积13平方米以下低保家庭应保尽保的目标。其中，2010年开工建设各类保障性安居工程39.26万套，超额完成了国家下达的任务目标。"十二五"时期，全区规划建设各类保障性安居工程110万套，其中2011年计划建设44.64万套。各地各有关部门要明确职责，协调配合，抓好工作落实。对于涉及拆迁的保障性安居工程，要在9月底前完成拆迁协议并开工，其余工程要在5月底前开工建设；年底前，完工或基本完工项目达到60%以上。

他强调，完成今年建设任务要坚持3个基础原则。保基本。统筹考虑群众基本居住需求，为低收入及中等偏下收入家庭提供小户型、功能齐全、质量可靠的住房。保公平。要在准入、审核、动态管理、退出机制等方面制定严密的政策制度，强化住房分配监督管理，实行保障房源、分配过程、分配结果3公开。可持续。一方面要保证保障性住房的持续运营；另一方面，工矿区、林区、垦区等远离中心城区的保障性安居工程，要与当地产业、就业渠道及城镇化建设总体布局有序衔接。

潘逸阳要求，各地各有关部门要着力抓好5个关键环节。一是抓好任务分解。从本月起，要按月上报本地区项目进展情况。二是落实资金投入。今年，自治区本级安排26.41亿元用于保障性安居工程建设，比去年增加11.76亿元，各盟市、各旗县要认真落实自治区党委、政府《关于2011年全区保障性安居工程建设的实施意见》，将原有的提取土地出让金净收益20%的计算方法，调整为按土地出让成交价的5%～7%计提，预计今年至少可计提15亿元建设资金。三是确保用地供应。要求各级政府提前做好项目储备并落实到具体地块，简化供地审批手续。四是落实优惠政策。公共租赁房、廉租房的建设和经营管理要逐步实现统一，通过政府对不同保障对象实行分类分级补贴等方式，实现保障性住房后期管理的市场化运作。五是强化队伍建设。要求各盟市在住房城乡建设行政主管部门设立保障性住房建设管理中心。

(《中国建设报》 2011年4月11日 贺飞)

广西严抓保障房建设质量监管
全面实施住宅工程质量逐套验收制度

广西壮族自治区今年突出抓好保障性住房建设的质量监管，完善管理措施，强化督查考核，严格执行项目建设程序和建设标准，确保群众住上质量过硬、安全可靠的保障性住房。

今年，广西决定开工建设29万套保障性住房。为保障群众住房的质量安全，广西将全面实施住宅工程质量逐套验收制度，在确保保障性住房工程地基基础和主体结构安全可靠的基础上，重点对室内空间尺寸，门窗安装质量，地面、墙面和顶棚面层质量，防水工程质量，给水、排水系统安装质量，室内电气工程安装质量，护栏、排烟(气)道安装质量等影响使用功能和观感质量的关键环节进行逐套专项验收。通过返修或者加固处理仍不能满足安全使用要求的分部工程、单位(子单位)工程，不得进

行验收。

同时，广西严抓保障性住房建设各个环节的监管，加强对设计、施工质量的过程控制，严肃查处随意压缩合理工期和合理造价，明示或暗示设计单位、施工单位降低建设标准或违反工程建设强制性标准的行为。全面落实工程质量终身责任制，规范建设工程参建各方主体行为。实行竣工工程标牌镶嵌的规定，将建设、勘察、设计、施工、监理单位等工程责任主体的名称和主要负责人姓名刻写在标牌上并镶嵌于建筑物的显著部位，一旦房屋出现质量安全问题，严格追究直接责任人责任。

此外，广西还严格建筑市场准入清出制度，严格审核施工队伍、人员的资质资格，加强房屋建筑工程招投标市场各个环节的监管，严禁总承包单位以"劳务分包"的名义和形式将工程肢解后转包和分包。凡发生重大工程质量安全事故或有转包和违法分包、挂靠、弄虚作假等严重违法违规行为的施工单位，将被依法暂扣、撤销、吊销或降低资质，乃至被清出广西建筑市场。深入开展建筑材料专项检查和质量通病专项治理，严禁使用伪劣建材，强化建筑安全层级督查和安全生产许可证动态监管，加大约谈、督办、通报和处罚力度。继续开展对危险性较大分部分项工程的施工安全专项整治，强化高处坠落治理措施，开展"无陷阱"工地试点，全面提升保障性住房建设的质量安全水平。

（《中国建设报》 2011年4月12日　宁国用）

合肥：公租房建设进展缓慢将被约谈和问责

为进一步加快解决外来从业人员住房问题，安徽省合肥市今年将大力推进公共租赁住房建设，计划建设2.5万套（间）公共租赁房，并要求10月底前全部开工，对进展缓慢的项目将严格实行约谈和问责。

据介绍，截至2010年底，全市各开发区、工业园区启动建设公共租赁住房100万平方米、2万套（间），目前已竣工近60万平方米、1万套。其中，面向产业工人出租的"蓝领公寓"等38个项目、50万平方米、0.98万套已投入使用，有效解决了部分外来务工和新就业人员的安居问题。

合肥市今年公共租赁房的建设任务为2.5万套（间），占全市保障性安居工程总任务量4.27万套的58.5%。在公租房的用地和财政补贴方面，合肥将进一步扩大建设范围，规定学校、医院、大型商业、服务性等用工较多单位可利用存量土地自建公租房，自有存量土地不足的，可实行划拨（或出让）供应。

合肥市明确规定，对确定的任务定责任领导、定责任人员、定完成时限、定考核奖惩。市政府将定期对各项目进展情况进行排名和通报，对进展缓慢的项目严格实行约谈和问责。

（《中国建设报》 2011年4月22日　姜刚）

贵州金融机构全力支持保障房建设

今年，贵州省金融机构进一步加大了对经济适用房、棚户区改造、农村危房改造和廉租住房的信贷支持力度。

截至今年2月末，全省经济适用房贷款余额61.4亿元，较年初增加3.1亿元。各金融机构支持经济适用房项目个数达44个，较年初新增8个。棚户区改造贷款余额和获得贷款居民人数分别为11.9亿元和5529人，分别较年初增加1.2亿元和115人。农村危房改造贷款余额11.3亿元，较年初增加3575万元，获得危房改造贷款农户63195户，较年初增加1897户。廉租住房开发贷款余额3.0亿元，较年初增加7706万元，较年初增长34.5%。各金融机构支持廉租房项目18个，较年初增加4个。

（《中国建设报》 2011年4月22日　刘有雄）

日照安居工程"应保尽保"

近日,49岁的栾吉月和家人一起入住山东日照中盛社区幸福海岸小区,结束了四处租房搬家的历史。"这些年来来回回租过七八处房子,有了廉租住房,心里可算踏实了。"春天里,他的笑容幸福满足。

目前,山东省日照市已建立了以"货币直补、购租自主"为特点且以经济适用住房货币直补、廉租住房补贴、实物配租、公共租赁住房为主的城市低收入家庭住房保障体系,使更多的低收入家庭圆了安居的梦想。

经济适用住房货币直补实施8年来,该市累计发放经济适用住房补助2.84亿元,5061户住房困难家庭受益。2010年为750户城市低收入家庭发放了补助,每户补助63313元。从2006年至今,日照市区共发放廉租住房补贴426万元,累计3790户城市低收入家庭受益。

实物配租已对所有提出申请并符合条件的105户特殊住房困难家庭实施。2009年政府投资2200万元在市区城中村改造项目中配建了200套廉租住房,户型面积在50平方米左右。2010年1月,日照市出台相关实施细则,实行廉租住房实物配租轮候排序制度和动态管理。

为解决城市中等偏下收入家庭和新就业大学生及外来务工人员等特殊群体过渡性居住问题,2010年,日照市启动了160套公共租赁住房建设,目前正在建设中。公共租赁住房按照"政府组织,社会参与"的原则建设,"谁投资、谁所有",所建住房只能租赁,不得出售。

今年,日照市将新建经济适用住房1625套,新增廉租住房补贴2000户,开工建设公租房3000套,同时启动棚户区改造9300户,将于6月底前全部开工。

(《中国建设报》 2011年4月29日 记者 厉志荣)

黑龙江检查指导绥化市保障性安居工程建设

近日,黑龙江省住房和城乡建设厅常务副厅长张永刚带领省厅住房保障处相关负责人到绥化市检查指导保障性安居工程建设工作。张永刚一行先后对棚户区改造项目、廉租住房项目及公共租赁住房项目实地检查、实地检验。绥化市2011年的13个保障性安居工程建设,50%已经开工建设,25%已经基本完成拆迁征收工作即将开工,25%拆迁征收工作进展过半,各项目扎实有序地逐步开展。张永刚在检查时强调,要继续做好保障性安居工程建设的各项工作,要创新方式、方法,通过搭建融资平台、实行市场化运作等方式解决资金瓶颈,要严把设计关、质量关,要出精品工程,要争取达标省级示范保障性安居工程建设项目,让政府的民心工程真正成为亮点工程、满意工程。

(《中国建设报》 2011年4月29日 郭春光)

青海多措并举推进城镇保障性住房建设

记者从青海省住房和城乡建设厅了解到,为确保完成国家下达的2011年度各类城镇保障性住房建设任务,青海从今年起将积极探索土地、财政、税费和金融等支持政策,努力推动住房保障体系步入良性循环轨道。

据介绍，在土地政策方面，为切实解决保障性住房建设"供地难"问题，从今年起，在政府储备土地优先满足城镇保障性住房建设的同时，青海省将把配建保障性住房的比例作为土地招拍挂的前置条件，确保新批准房地产开发项目配建保障性住房的比例不低于10%，此外，对于保障性住房和中小套型普通商品房建设用地未达到70%的州、市、县，将暂停其房地产用地开发审批。

与此同时，为了解决资金缺口大、"筹资难"问题，青海省提出，在加大省级财政支持和对州县补助力度的基础上，地方政府债券资金将优先用于城镇保障性住房建设，住房公积金增值收益在提取风险准备金和管理费用后，全部用于廉租房和公租房建设；对于保障性安居工程项目，将免收城市基础设施配套等各种行政事业性收费和政府性基金，减免入网、管网增容等行业经营性收费。

"大规模建设城镇保障性住房，仅靠政府的投入是不够的，要充分发挥市场作用，多渠道筹集建设资金。"青海省住房和城乡建设厅住房改革与保障处有关人士告诉记者，青海省今年还将积极探索市场机制，运用贷款贴息、保量配房等政策措施，引导相关市场主体参与建设保障性住房，同时将继续探索廉租房共有产权制度，采用租赁户和国家共享房屋产权的方式置换部分滞资金。

据了解，2011年，国家下达给青海省的各类城镇保障性住房建设任务为18.82万户，是前三年任务的总和，初步测算，完成这一建设任务需要投入的资金超过百亿元。

（新华网　2011年5月2日　记者　骆晓飞）

福建：多举措加快解决外来工住房保障

福建省各地各部门采取放宽部分外来工落户限制、在外来工集中的开发区和工业园区配建保障房等多项举措，加快解决外来工住房保障问题。

福州市日前调整了城区廉租住房、经济适用住房申请条件，对获得市委、市政府以上表彰的外来务工人员，特别规定申请廉租房、经适房时可不受户口和落户年限的限制。

福建省要求，在外来工集中的开发区和工业园区，地方政府应按照集约用地的原则，统筹规划，引导各类投资主体建设公共租赁住房，面向用工单位或园区就业人员出租。开发区和工业园区的生活设施用地应安排不低于30%用于公共租赁房等保障性住房建设。

针对外来工较多居住在城乡接合部的现象，福建省还规定，经依法批准，农村集体经济组织可利用集体建设用地集中建设面向外来工的公共租赁住房。

（新华网　2011年5月2日　记者　来建强）

福州降低社会保障房申请门槛

自5月起，福州市将进一步放宽廉租住房、经济适用房等社会保障房的条件，让更多的经济困难家庭能够住得上房。这是福州市住房保障和房产管理局日前发布的通知规定的。

根据规定，廉租住房申请人应具备的条件包括：具有本市五城区城镇户口（农村村民和农村集体经济组织成员除外），并在本市工作、居住；在本市五城区落户时间满3年；家庭年收入在3.5万元以下；家庭人均住房建筑面积在13平方米以下等。

据介绍，在去年的申请条件中，家庭年收入要在3万元以下。此外，获得福州市委、市政府以上表彰的外来务工人员申请时可不受上述户籍条件限制。

申请经济适用房应具备的条件包括：具有本市

五城区城镇户口(农村村民和农村集体经济组织成员除外),并在本市工作、居住;在本市五城区落户时间满3年;家庭人均住房建筑面积在15平方米以下;申请人未婚的,须年满40周岁等。

根据新的规定,家庭年收入从此前的3.8万元以下调至4.5万元以下。而家庭人均住房建筑面积从原来的14平方米以下,上调到15平方米以下。获得福州市委、市政府以上表彰的外来务工人员申请时可不受上述户籍条件限制。

(新华网 2011年5月3日 记者 沈汝发)

河北成立省级保障性住房投资有限公司

为破解保障性住房建设资金筹集难题,河北省保障住房投资有限公司日前揭牌成立。该公司是由河北省政府批准组建的省级保障住房融资平台,注册资金5亿元,为国有独资公司,河北省政府授权该省住房和城乡建设厅履行出资人职责,对该公司进行管理。其运作模式是"省市连带担保,项目打捆,统一融资、统一调配、统一还款"。

该公司的职责主要有3项:根据年度保障性住房建设任务,制订融资、投资计划;为省级保障性住房建设补贴融资、协助各市做好融资工作;确保国有资产保值增值。目前,该公司已与开发银行签订了5年融资200亿元的框架协议,今年计划融资100亿元以上。"十二五"期间,该公司还将向民生银行融资200亿元。

(《中国建设报》 2011年5月6日 记者 田少华 王宝松)

宁夏构建以公租房为重点的"3+2"住房保障体系

为了进一步完善住房保障体系,近年来宁夏在全面启动公共租赁房建设的同时,不断加快推进廉租住房和经济适用房建设,加大城市和国有工矿棚户区改造力度,目前以初步构建起以廉租房、公共租赁房、经济适用房为主体,限价商品房、劳务移民房为补充的"3+2"住房保障体系。

据宁夏回族自治区住房和城乡建设厅厅长刘慧芳介绍,公共租赁房是解决城镇"夹心层"群体基本居住问题的主渠道,是住房保障的发展方向,也是保障性安居工程建设的重中之重。今年宁夏计划建设公共租赁住房1.39万套,占全年保障性住房建设任务的29%。此外,在实施生态移民的战略决策中,宁夏还把劳务移民住房全部纳入公共租赁房。

与此同时,宁夏还将继续推进廉租住房和经济适用住房建设,严格落实在经济适用住房项目中配建廉租住房的比例必须达到10%以上、普通商品房项目中配建比例必须达到5%以上的配建制度。加快各类棚户区改造,计划今年改造棚户区2.84万户。

另外,今年宁夏将对保障性住房全面实行质量分户验收制度,对廉租房和公租房进行普通装修,确保每套保障性住房都能达到入住即可使用的条件。

(新华网 2011年5月9日 记者 于瑶)

江西33.1万套保障房建设补助资金月底前到位

为保证即将开工的33.1万套保障性住房建设顺利开展,江西省财政厅最近出台了系列措施,加大资金投入力度，5月底前中央和省级保障性安居工程补助资金将及时下达到各市县。

今年，江西将完成保障性安居工程建设任务33.1万套，其中新增廉租住房6.5万套，新增发放租赁住房补贴1.1万户；新增公共租赁住房5.06万套；新建经济适用住房1万套；城市棚户区改造9.4万户；国有工矿棚户区改造0.8万户；林业棚户区改造2万户。

江西省财政厅负责人介绍，省财政新增廉租住房和公共租赁住房建设专项资金6.59亿元，总量达到12.49亿元；安排国有林场危旧房改造专项资金2亿元；新增安排农村危房改造资金2900万元，总量达1.84亿元；安排保障性安居工程工作奖励资金8000万元。

今年，江西省财政将继续对新建廉租住房按县级每平方米100元、设区市每平方米150元（南昌市200元）的标准安排国债转借地方资金约4亿元；继续安排市县棚户区改造国债转借地方资金5亿元。同时，要求市县财政确保将住房公积金增值收益计提贷款风险准备金和管理费后的余额，以及土地出让净收益不低于10%的比例资金，用于保障性安居工程。

江西还充分发挥财政资金"四两拨千斤"的作用，通过采取财政贴息、政府资本金注入、税费优惠等措施，吸引社会力量参与保障性安居工程建设和运营。去年底，江西省以城镇开发投资有限公司为融资平台，统一向金融机构借款，融资130亿元支持棚户区改造和保障性住房建设，对保障性安居工程建设顺利进行提供了强有力的资金保障。

（新华网　2011年5月14日　记者　林艳兴）

河南"三项制度"确保保障房质量安全

笔者从河南省住房和城乡建设厅了解到，为确保保障性住房的质量安全，河南省将在全省范围推行保障性住房分户验收制度、工程质量安全终身责任制度以及回访保修制度等"三项制度"。

按照要求，在保障性住房竣工验收前，各建设单位需组织实施分户验收，确保每套住房"入住即可使用"。分户验收合格后，建设单位还需组织勘察、设计、施工、监理等有关单位严格按照规定的组织形式、验收程序和验收标准进行竣工验收，并按规定及时办理竣工验收备案和城建档案移交工作。

竣工验收合格后，各地要结合实际，建立回访保修机制，认真督促参建主体及时履行质量保修责任，消除使用时出现的质量问题。

同时，按照河南省保障性住房建设工程质量安全终身责任制要求，工程竣工后，建设单位要在建筑物外墙明显部位永久标注建设、勘察、设计、施工、监理单位名称及主要责任人的姓名，并建立投诉举报制度，公布投诉电话，接受社会监督。

按照规定，参建单位因违反工程建设强制性标准或被投诉处理等相关情况，将被记录至保障性住房质量信用档案，并由相关部门及时向社会予以公布。

（《中国建设报》2011年6月13日　李鹏）

山东"点供"保障房用地

《山东省人民政府办公厅关于切实落实保障性安居工程用地的通知》（以下简称《通知》）近日正式对外公布，确定对保障房用地实行"点供"，鼓励企业出资集中"打捆"建设公租房，住房困难户较多的规模以上工矿企业可利用自有土地建公租房，严禁擅自利用农村集体土地兴建公租房。

山东省确定，对2011年全省保障性安居工程新增建设用地指标实行计划单列，优先保障，由省国土资源厅实行"点供"。依法收回的国有土地和具备"净地"条件供应的储备土地应优先用于保障性安居工程建设，利用存量土地进行安居工程建设的，经审核符合有关要求，等额奖励新增建设用地指标专项用于普通商品住房建设。

《通知》进一步拓宽了公租房用地供应渠道和方式。除政府统一出资建设公租房外，鼓励机关、事业单位和无自有土地的企业在政府统一规划、统一组织、统一供地、统一管理的前提下，出资集中"打捆"建设公租房，所建住房除满足本单位符合条件的人员租赁外，剩余部分由政府统一对外租赁。集中"打捆"要统一报名，由政府统一组织，而不是分散建设。

(《中国建设报》 2011年6月16日 记者 耿庆海)

黑龙江严把保障房规划设计质量关

将规划设计质量作为重要考评指标，对较差项目通报批评并核减省级"以奖代补"资金；对规划审批程序和设计质量进行抽查，问题严重的责令撤销或直接撤销规划许可证

近日，黑龙江省政府组织召开了全省"三棚一草"改造和保障性住房建设工作会议。在总结成绩的同时，会议认为一些棚户区改造和保障性住房建设项目存在空间布局不合理、功能配置不全、建筑风格单一等突出问题，项目规划设计质量亟须进一步提高。

会议提出，为了保证棚户区改造和保障性住房建设项目规划设计质量，黑龙江省住房城乡建设厅将规划设计质量作为重要考评指标，建立项目质量评比和情况通报制度。对于规划设计质量较差的项目，将对市、县政府及有关部门和单位通报批评，核减省级"以奖代补"资金。积极推进本地棚改和保障性住房示范项目建设，通过示范项目带动作用，提高项目建设整体水平。此外，该省住房城乡建设厅在城乡规划效能监察中，还将棚改和保障性住房建设项目的规划审批情况作为审查重点，存在突出问题的将取消有关规划主管部门当年评选先进的资格。同时，将对项目的规划审批程序和已批项目设计质量进行抽查，未达到要求的予以通报批评，问题严重的责令撤销或直接撤销规划许可证。

会议指出，建设局(房产局)、棚改办在强调建设速度的同时，要注重提升规划设计和工程质量总体水平。要合理安排项目计划，重视规划设计对项目建设的重要作用。对未编制详细规划的地块，不能列入年度棚户区改造和保障性住房建设计划。在项目开工建设前督促开发建设单位必须完成有关审批手续，取得建设工程规划许可证，并按要求严格执行。吸引和鼓励成熟的、有实力的开发企业和施工单位参与项目建设，积极促进项目开发企业增强规划和设计质量意识，避免一味降低建设成本从而降低小区品质现象的发生。绝不允许擅自降低廉租房、公共租赁住房、回迁安置房的设计和建设标准。对于在工程质量及建设进度方面存在重大问题的建设企业，要严肃处理，依法处罚，直至取消其建设资格。各地应通过示范项目带动作用，提高项目建设整体水平。同时，审查评定建筑风貌及环境、设施配套等需要改进的项目，督促项目建设单位采取各种方式进行整改，验收合格后方可交付使用。

会议要求，各地规划局(办)要将提高项目规划和设计质量作为近期一项重点工作，提高认识，落实责任。充分利用专家论证、部门会审、项目公示等方式，广泛征询意见，最大限度地提高小区品质。在设计方案审批过程中，除了审核容积率、绿地率、建筑密度等强制性指标以外，还要提出总体平面布局、建筑风格色彩、公共服务和配套市政设施、节能措施及生态环境等方面的具体要求。各市县规划部门要简化审批手续，提高办事效率，加快相关各类规划许可手续的办理速度，为项目按期开工创造条件。各市级规划局应定期对所辖县级规划部门进行方案审查方面的专题指导，并重点审查其对方案所提出规划要求的合法性、合理性。各地棚改和保障性住房建设项目必须由具有乙级及以上资质的规划和设计单位进行规划编制和建筑设计。要进一步开放规划和设计市场，重大建设项目应由国内一流规划编制单位进行规划设计。

会议强调，规划编制和建筑设计单位必须严格遵守《居住区规划设计规范》、《住宅设计规范》等国家及省的规范、标准。项目建设应符合城市规划要求，功能齐全、设施完备，保障居民的基本生活条件和环境要求。

(《中国建设报》 2011年6月17日 记者 郭春光)

广西对参建保障房严重违规者下清除令

为确保保障性住房质量安全，广西最近出台规定，明确要求对凡发生重大工程质量安全事故的保障房参建方，一律清出保障房市场。

为进一步整顿和规范建筑市场，广西又推出强硬举措。近日下发的《关于进一步加强保障性安居工程质量安全监管工作的通知》规定，凡保障性安居工程参建各方发生重大工程质量安全事故及有转包和违法分包、挂靠、弄虚作假等严重违法违规行为的，一律清除出保障性安居工程建设市场。

广西壮族自治区住房和城乡建设厅近日通报，在2011年第一季度广西建筑市场暨建筑工程质量安全层级监督检查活动中，督查组随机抽查了20个保障性住房项目，部分保障性住房存在砌筑质量不高、使用"瘦身钢筋"等问题。

针对保障房领域出现的质量问题，广西明确要求建设单位强化验收环节，做到住宅工程逐套验收；对建设、勘察、设计、施工、监理等单位违反国家规定，致使房屋出现质量安全问题的，依法予以处罚并追究直接责任人的责任，并对负有责任的注册建筑师、结构工程师、建造师、监理工程师等执业人员作出相应处罚，直至注销注册资格。

《通知》特别强调，今后将严格控制保障房建设中的水泥、钢材、砌体材料和节能保温材料等主要原材料和预制构（配）件、商品混凝土的进场验收和对比抽检环节，没有检验合格证的不得进场；进场后抽样检验不合格的不得使用，杜绝"瘦身"钢筋和易燃保温材料在保障性安居工程中的使用。

（《中国建设报》 2011年6月18日　记者　韦月红）

北京成立保障房投资中心
将主要实现融资、投资建设和运营管理职能

北京市保障性住房建设投资中心6月30日正式成立，注册资本金为100亿元，这是目前国内规模最大的保障性住房建设投资公司。

笔者从北京市住房和城乡建设委员会了解到，为顺利完成"十二五"时期北京收购100万套保障性住房的任务，加快公租房的发展，解决资金难题，北京市政府决定成立投资中心，作为北京市统筹公租房融资、建设收购和运营管理的平台。投资中心注册资本金为100亿元，由北京市财政以货币形式出资，今后财政每年还将对投资中心增资，确保投资中心可持续运转。

北京市保障房投资中心将主要实现融资、投资建设和运营管理职能。一是发挥财政资金投入的放大效应，获得银行信贷支持，为保险资金、社保资金等可规模化利用资金进入保障房建设领域提供承接平台，为市级统筹建设收购公租房项目和委托建设定向安置房项目筹集资金。二是在公租房的规划设计、工程建设、质量监管、运营管理等方面发挥示范带动作用。三是做好公共租赁住房的租赁管理和物业服务。北京市政府将设立投资中心管理委员会，作为投资中心的决策机构，负责审议发展规划、审批年度建设及融资计划、审议年度工作报告、决定年度预决算等。

北京市住房和城乡建设委员会相关负责人表示，"十二五"时期，北京保障性住房建设收购任务将比"十一五"翻一番，同时北京将推动住房保障方式从"以售为主"向"以租为主"转变，努力实现广大市民住有所居。保障房投资中心是北京市委市政府从首都经济社会发展全局出发，加强保障性住房建设

和运营管理的一项重大战略举措。

(《中国建设报》 2011年7月7日 刘德炳 刘月月)

西藏保障房项目须镶永久性标牌

为全面落实保障性住房建设项目各方主体工程质量责任，近日，西藏自治区住房城乡建设厅下发通知，要求各地市对所有保障性住房建设工程项目实行永久性标牌制度。

通知要求，西藏各级住房城乡建设部门要指导监督项目建设单位在工程项目竣工后，在项目正面醒目处镶嵌"保障性住房建设工程项目永久性标牌"。通知还对保障性住房建设工程项目永久性标牌内容和规格尺寸作了明确规定，并将此纳入工程竣工验收内容。

(《中国建设报》 2011年7月8日 记者 王世玉)

广西召开保障性安居工程中期推进会项目

近日，广西壮族自治区政府在南宁市召开全区保障性安居工程中期工作推进会，贯彻全国保障性安居工程推进会精神，总结2011年上半年全区住房保障工作情况，交流各地保障性安居工程进展情况，分析存在的问题，研究加快推进保障性住房建设和各类棚户区改造工作进度、加强工程质量、确保公平分配的政策措施。

会议指出，今年以来，全区各地认真贯彻落实中央和自治区关于保障性安居工程建设的决策部署，加强组织协调，创新工作思路，狠抓工作落实，保障性安居工程建设成效显著。截至今年6月底，2011年项目已开工建设11.9万套，开工面积821万平方米，完成投资38.4亿元，开工率为48.27%。其中，河池、柳州、贺州、南宁、来宾、梧州6市开工率超过了50%。

会议要求，全区各级政府、各有关部门要抢时间、争进度，保质保量按时完成今年保障性安居工程建设任务。

一是加大力度，全力推进项目建设。力争全区2011年项目在9月底前全面开工建设，2010年项目要在2011年12月底前全部竣工并尽快交付使用。同时，每月通报各地保障性安居工程进展、进度排名情况，年终按考核问责办法进行考核。

二是全面巡查，督促各市加快工作进程。对各市2011年项目和往年开工的续建项目进行全面巡查，同时要求各市对所辖县、区派驻巡查员，督促指导各地加快项目开工建设，对项目进展缓慢的市县住房保障部门和项目负责人进行督导、约谈和问责。

三是严格控制各类保障性住房建设标准，确保工程施工安全和住房质量。积极研究保障性住房建设、设计导则，规范项目设计、建设和施工管理，指导各地严格按照户型小、功能齐、配套好、质量高的标准建设。进一步强化各个环节的监管，加强对设计、施工安全质量的过程监控。

四是建立健全保障性住房债券和融资体制机制，多渠道筹措资金。加强与金融机构的协调，利用银行贷款、企业债券等融资支持保障性住房建设。

五是建立健全保障性住房租后、售后管理体制，规范全区保障性住房运营管理。加强各类保障性住房审核配租配售管理，加快建立健全后续管理制度，尽快制订保障性住房租后售后管理规定，规范管理保障性住房后续工作。

(《中国建设报》 2011年7月14日 记者 王凌云)

一、保障性住房建设专题

内蒙古自治区多举措落实保障房用地

近日，内蒙古自治区国土资源厅组织召开了全区保障性安居工程建设土地供应落实情况汇报会，针对上半年保障性安居工程建设土地供应落实情况和存在的问题，将采取多项措施做到保障性住房建设项目用地优先供应、应保尽保。

根据各盟公署、市政府和自治区政府签订的责任状，今年我区保障性安居工程计划用地为2124.39公顷，比原计划增加了173.39公顷，增幅为8.89%。国土资源系统一方面加快新增用地的审批和供应，另一方面大力挖掘存量建设用地潜力，优先保证保障性住房土地供应。

为了确保全区保障性安居工程建设土地供应任务的按期完成，自治区国土资源厅要求，各级国土资源部门要加大工作力度，确保保障性住房建设用地供应；对保障性安居工程建设用地计划要实行单报、单列，优先供应，对编制好的2011年国有建设用地供应计划特别是保障性住房用地供应计划，合理确定住房用地供应总量和结构，确保保障性住房、棚户区改造和自住性中小套型商品建房用地不低于住房建设用地供应总量的70%；对新增加的建设用地指标、收回土地使用权和收购储备的国有土地，优先安排用于保障性住房建设；保障性住房建设用地计划指标不落实的地区，一律停止办理商业开发的土地供应手续，也不得进行土地招标拍卖挂牌出让活动；要拓展保障性住房建设用地新途径，可以采取在商品住房开发项目中配建5%~10%保障性住房，市、旗县级人民政府在商品住房土地出让时，可以将配建一定比例的保障性住房作为土地出让的前置条件，也可以利用各类产业园区的工业用地建设公共租赁住房。

目前，全区保障性安居工程用地审批的"快速通道"已经建立。各级国土资源部门要实行保障性住房建设用地计划、供地情况、检查结果三公开，自觉接受舆论和社会监督，将保障性住房建设土地使用情况及时在当地政府网站上公开。

（北方新闻网 2011年7月27日）

武汉廉租房租金补贴 低收入家庭每月每平方米7元

昨天，市房管局公布了我市廉租房租金补贴和租房配赁最新申请条件和保障标准。据悉，符合条件的低收入家庭和低保家庭，廉租房租金补贴为每月每平方米7元和10元。

市房管局表示，具有我市城镇常住户口，家庭人均月可支配收入600元（含）以下，家庭人均住房建筑面积12平方米（含）以下，可申请廉租住房租金补贴。

据悉，租金补贴按保障家庭现有住房面积补贴到人均住房建筑面积13平方米，低保家庭租金补贴为每月每平方米10元，其他低收入家庭补贴标准为每月每平方米7元。

比如一个三口之家，如果这家总收入不超过1800元，家庭居住面积不超过36平方米，就可以申请租金补贴。如果这家是无房户，现在在外租房子住，那这家人每个人每月可以获13平方米的租金补贴，如果是低收入家庭，一家三口人每个月共计可补贴到273元，如果是低保户，一家每个月可获390元。

另外，市民如果想申请廉租房，现在"门槛"是家庭人均月可支配收入600元（含）以下，家庭人均住房建筑面积8平方米（含）以下。

（《长江日报》 2011年7月27日 记者 马振华）

武汉申请购买经适房条件公布 人均月收入824元内

今年我市计划建设经济适用住房1.5万套,昨天市房管局公布了我市经适房最新的申请条件和所需手续材料。

市房管局表示,具有我市城镇常住户口,家庭人均月可支配收入824元以下,家庭人均住房建筑面积16平方米以下,可申请经适房。申请者须提供收入、住房情况、户籍证明和身份、婚姻状况证明,以及共同申请家庭成员的赡养、抚养或者扶养证明(单身人士除外)。

收入证明由各家庭成员所在单位提供,失业人员提交劳动保障部门或社区居委会出具的失业证明;低保人员提供民政部门出具的享受城市最低生活保障证明;自由职业人员由本人提供收入情况的说明。

住房情况证明由单位或者房管部门出具现有住房证明或者现住房产权证、住房租赁合同。被拆迁户出具拆迁协议原件(留复印件),无房户提供相关证明材料。

(《长江日报》 2011年7月27日 记者 马振华)

广西保障房建设实行终身责任制

为了让保障房真正得到"保障",广西壮族自治区近日发布《关于实行保障性安居工程质量安全公开承诺制度的通知》,要求保障性安居工程按施工许可证许可的项目范围,实行质量安全公开承诺制度。同时将对保障房建设实行终身责任制。

通知要求,已开工建设的保障性安居工程应在2011年7月5日前,公开设挂包含项目事项和承诺内容的"保障性安居工程质量安全公开承诺牌"。其中,项目事项要有项目名称;开、竣工时间;施工企业名称;企业分管质量、安全负责人,项目负责人,技术负责人,施工员,安全员,质检员,材料员,取样员的姓名;项目举报投诉电话等内容。

通知强调,各地要严格实行企业质量安全检查制度。严格按经施工图审查机构审查通过的设计文件以及有关施工技术标准和规范进行施工,不擅自修改工程设计,不偷工减料。对涉及结构安全和重要使用功能的原材料、构配件、设备和节能材料进行进场检验。严格实行检验评定制度,建立健全施工质量检验制度。要在施工现场各要害部位设置明显的安全警示标志,确保文明施工、安全生产。全面实行住宅工程质量逐套验收制度,认真履行工程质量保修义务。未经教育培训或者考核不合格的人员,不得安排上岗作业。

此外,广西还将对保障房建设实行终身责任制。业主若发现房屋质量出问题,可投诉到项目的有关单位,追究相关建设单位的责任。对出现保障性住房项目质量问题的责任人,无论走到哪里都将被究责。

(《中国建设报》 2011年7月29日 记者 韦月红)

江西鼓励大型房企进入保障房领域

通过降低房地产开发企业暂定资质申报门槛、建立房地产重点企业资质审批绿色通道,我省鼓励、扶持一批信誉好、有实力的房地产开发企业参与城市棚户区改造和保障性住房建设。近日,省住房和

一、保障性住房建设专题

城乡建设厅召开全省落实国家调控政策、引导和促进房地产市场有序健康发展座谈会，推介城市棚户区改造项目，引导和促进全省房地产市场有序健康发展。

我省各地采取有力措施，认真贯彻落实房地产市场调控政策，调控已见成效。今年上半年，全省房价基本稳定、商品房施工面积、新开工面积同比呈现增长，特别是保障性安居工程建设取得显著成效。但房地产分析人士预计，随着我省工业化、城镇化进程持续加快，全省城镇化率从2007年的39.8%增长到2010年的44.8%，到2015年，全省城镇化率将达到51%以上。工业化、城镇化的加速发展，以及鄱阳湖生态经济区建设的快速推进，为我省房地产业的发展带来了新的机遇，大量的刚性购房需求依然存在。

为进一步吸引全国知名、大型房地产开发企业到江西投资，增加中低价位、中小套型普通住房的有效供给，满足人民群众的住房要求，引导和促进房地产市场有序健康发展，近日，省住建厅制定了八条扶持大型房地产开发企业的政策措施，包括：降低房地产开发企业暂定资质申报门槛；建立房地产重点企业资质审批绿色通道；鼓励、扶持一批信誉好、有实力的房地产开发企业参与城市棚户区改造和保障性住房建设；支持符合条件的从事或承担城市棚户区改造和保障性住房建设项目的大型房地产开发企业，在政府核定的保障性住房建设投资额度内，通过发行企业债券进行项目融资；建立重点企业报建等行政审批、服务绿色通道；大力提高控制性详细规划覆盖率，为房地产开发项目规划条件核定提供法定基础；建立房地产开发重点项目绿色建筑评价标识等节能相关服务绿色通道；鼓励大型房地产企业开发的房地产项目、参与建设的城市棚户区改造项目和保障性住房项目申报新技术应用示范工程、省优质工程奖、杜鹃花奖。

（《江西日报》 2011年8月1日 记者 夏晓）

八大措施加大河南保障房建设力度 工程质量终身负责

针对上半年保障房建设进展缓慢问题，我省将采取八大措施，加大保障房建设力度。这是记者7月29日从省住房和城乡建设厅获得的信息。一是加大保障房建设投资。省政府在原定保障房建设10个亿的投资基础上，再增加3个亿用于保障房建设。各级政府也将加大对保障房的投入，各地土地净收益的5%用于保障房建设。同时中央在地方发行的地方债券，优先用于保障房建设。

二是在保障房建设中实行约谈制和行政问责制。实行约谈制和行政问责制时，省政府对各市、县级政府负总责，市、县政府具体负责，对限期内完不成任务的县、市负责人进行约谈和行政问责。

三是对保障房建设用地实行优先审批。对土地计划落实好、征地拆迁补偿到位、开工手续齐全的保障房建设用地，优先审批。

四是实行省市联席办公会议制度。在执行省市联审联批制度中，建立联动机制。省保障房联席办公会负责协调解决保障房建设中的问题，市一级负责办理联审联批。

五是建立巡察员制度。由省派出驻市巡察员，建立巡视督察制度，并纳入各级政府的目标管理。

六是推行三审两公示制度。对保障房入住人员、分配方案实行三级审核、两级公示。三级审核主要是指市、区和办事处，两级公示是指区和街道办事处。

七是实行更加严格的质量监督管理。对保障房安居工程实行终身负责制，即对保障房建设的规划设计、材料采购、工程招投标、施工监理单位实行更加严格的质量监督管理。并统一制订、悬挂永久性标志牌，实行终身负责。

八是搭建省市融资平台。省发改委、省财政厅、省住建厅、有关金融机构，共同研究制定如何运用公积金贷款、商业性贷款建设保障房。同时吸纳社会资金，加大对保障房建设的投资力度。

（《河南日报》 2011年8月1日 记者 胡心洁 赵振杰）

江西：进一步抓好保障性安居工程质量工作

8月1日，省政府在南昌召开全省保障性安居工程质量管理工作座谈会，听取基层管理单位、工程参建各方和保障房住户的意见，研究和部署进一步抓好保障性安居工程质量工作，副省长朱虹出席并讲话。

会议指出，各地把抓开工、促进度作为最紧迫的任务，全力以赴，狠抓落实，这是对当前主要矛盾的正确把握，完全符合中央和省委、省政府的决策部署。要深刻认识到，在抓保障性安居工程建设进度的同时，抓好质量工作是形势的要求，是群众的期待，必须始终不渝地把质量作为工程建设的首要标准，切实抓紧抓好，确保工程经得起历史检验。会议强调，要全面落实质量终身责任制，工程质量出现问题，不论多长时间，不论人员调到哪里，都要依法追究责任，绝不放过；要严格执行基本建设程序，认真落实质量分户验收制度，凡未实行分户验收以及分户验收不合格的保障性安居工程，不得进行竣工验收，不得交付使用；要认真开展质量安全监督管理和执法检查，从今年起，新建保障性住房工地要全部运行远程视频监控系统，实现即时、全过程、可追溯监管；要在建成后的保障性安居工程建筑物的明显部位设置永久性标牌，铭刻设计、施工、监理等单位信息。

（《江西日报》 2011年8月2日 记者 夏晓）

内蒙古建立住宅房屋征收最低补偿金额制度

记者昨日（3日）了解到，为了保证收入低、住房面积小的被征收困难群众不因房屋征收降低原有生活水平，自治区决定建立征收住宅房屋最低补偿金额、最小产权调换面积保障制度。

为进一步加强我区国有土地上房屋征收与补偿管理工作，自治区政府近日下发通知，要求各市、旗县（市）人民政府在国有土地上房屋征收中应当对住宅房屋建筑面积低于50平方米的低收入被征收人实施房屋征收住房保障，对低收入被征收人最小产权调换面积不得低于50平方米，且50平方米以内不找差价，最低补偿金额不得低于房地产价格评估机构确定的同等地段新建商品住宅平均售价购买50平方米住宅的金额。

低收入被征收人的收入标准和认定办法由各市、旗县（市）人民政府根据当地实际情况自行制定。如果被征收人夫妻双方及未成年子女在本城市（旗、县）拥有两套或多套住宅且建筑面积合计超过50平方米的，或被征收人已经享受廉租住房保障政策的均将不再进行房屋征收住房保障，只按照"征一还一"规定进行房屋征收补偿。

（人民网 2011年8月4日 记者 刘欣荣）

甘肃省全面启动保障性安居工程统计工作

记者从统计部门了解到，省统计局近日召开全省落实《关于建立保障性安居工程统计制度的通知》精神视频会议，传达全国保障性安居工程统计制度布置会议精神，贯彻落实国家相关文件要求，安排部署我省保障性安居工程统计工作。

保障性安居工程建设任务被列入今年政府工作报告和"十二五"规划的约束性指标，也是各级政府签订的目标责任考核内容之一。在国家的大力推动下，目前已形成"省级政府负总责、市州政府抓落实"的工作责任制。随着保障性安居工程建设力度的逐步加大，各级党委、政府和社会各界对保障性安居工程统计信息的需求也越来越大，建立一套规范统一的保障性安居工程统计制度显得尤为迫切和重要。

据了解，本次会议详细介绍了保障性安居工程项目的认定标准、涵义、统计范围、统计内容、部门分工、组织实施等，并开展了数据处理程序培训。全省各市（州）、部分县（区）统计局分管领导和投资与房地产统计人员参加了视频会议，我省保障性安居工程统计工作由此全面启动。

（《兰州日报》 2011年8月8日 记者 陈炜 实习生 赵玲）

山东临沂市国有林场危旧房改造纳入安居工程

临沂市政府办公室专题下发了《关于加快推进我市国有林场危旧房改造工作的通知》，确保有改造任务的8县26处林场于9月底前全面开工。《通知》指出，国有林场危旧房改造统一纳入市保障性安居工程范围，享受与煤炭棚户区、城市棚户区改造及廉租住房、经济适用房相同的中央和地方各项优惠政策。

要求各级各有关部门，采取有效措施，建立绿色审批通道，缩短审批时间，确保有改造任务的8县26处林场于9月底前全面开工，11月底前完成60%的建设任务，明显改善国有林场职工的居住条件和生活环境。

（《兰州日报》 2011年8月8日 记者 范磊贤）

贵州抓住关键环节确保保障房质量安全

贵州省住房和城乡建设厅召开全省住房城乡建设安全生产和质量管理电视电话会议，贯彻落实全国住房城乡建设安全生产和质量管理电视电话会议精神。

会议要求，全省住房和城乡建设系统要全面做好质量安全隐患排查治理，落实和完善质量安全制度和质量安全责任，全面加强质量安全能力建设，并充分发挥社会监管的作用，不断改进安全生产和质量管理工作，进一步强化保障性安居工程的质量监管，确保人民住上放心房。

会议指出，保障性安居工程是一项民生工程，直接关系到党和政府的形象和公信力，要高度重视保障性安居工程的质量安全管理，紧紧抓住质量和安全这两个关键环节，细化、强化、严格参建各方主体责任落实，为中低收入家庭提供放心、可靠的住房。同时，要加强领导，通过"一级带着一级干，一级做给一级看；一级对一级负责，层层抓落实"的方式，坚决保证安全生产和质量管理工作取得实实在在的成效。

（《中国建设报》 2011年8月11日 周伟）

北京将对轮候公租房困难家庭给予租金补贴

记者昨天从市住保办了解到，本市拟对轮候公租房的困难家庭给予租金补贴，租金按市场定价，分档补贴。同时，公租房申请、配租将继续以区县为主，全市统筹。

近日，市政府召开专题会议，研究加快推进公共租赁住房建设和规范管理等事项，研究并原则通过了《关于加快推进公共租赁住房建设和规范管理等有关问题的通知》。据了解,本市将大力发展公共租赁住房,优化住房供应结构,加快解决本市中低收入住房困难家庭住房问题。会议指出,本市将明确公共租赁住房建设和规范管理的政府责任,明确公共租赁住房建设和规范管理的不同渠道,加快公共租赁住房建设,增加公共租赁住房供应。

据了解,6月底,北京市保障性住房建设投资中心正式成立,该中心将成为政府持有公租房项目的主体,负责公租房出租后的租赁管理和物业服务。今后,由该中心负责的公租房项目,将由其负责租赁管理,公租房的承租家庭与其签订租赁协议,同时还可以选聘物业公司。

同时,本市将积极探索建立公共租赁住房长效运营机制,落实优惠政策和保障措施,加强准入和配租管理,明确租金和补贴标准,逐步统一保障性住房申请审核渠道。对于一些正在轮候公租房的困难家庭,正在研究给予一定的补贴,提高困难家庭在轮候期间对房租的支付能力。补贴标准明确为"按市场定价,分档补贴",根据不同类家庭的情况进行差别化补贴。

此外,本市将积极引导符合条件的新就业人员和单身家庭承租公租房,引导轮候家庭通过租赁方式解决住房问题。对于经适房和限价房将完善配套政策,优先配售给年长、轮候时间长、住房特别困难的家庭。

(《北京晨报》 2011年8月11日 记者 王萍)

海南严格整治保障房工程转包和违法发包

海南省住房和城乡建设厅近期发出通知,要求各市县住建部门切实整顿和规范全省建筑市场秩序,严格整治保障房工程转包和违法发包,保证保障性住房工程的质量和安全。

通知要求各市县建设主管部门认真贯彻落实住房和城乡建设部《关于进一步加强建筑市场监管工作的意见》,严格规范本辖区内的保障性住房工程的承包行为,严禁转包和违法发包。近期要加紧对辖区内在建保障性住房工程进行排查,对工程勘察、设计、施工单位不履行合同约定的责任和义务,将其承包的全部建设工程转给他人或者以分包名义分别转给他人的;分包工程的发包单位未在施工现场设立项目管理机构、派驻项目经理及配备项目管理人员的,视为转包工程,要依法进行查处。

同时,要求保障性住房的承包单位要严格按照法律法规的规定进行工程分包。承包单位不得将承接工程的主体工程进行分包,分包单位不得将分包工程再分包。承包单位存在以下情形之一的视为违法分包,如各市、县建设主管部门将依法进行查处:承包单位将建设工程分包给不具备相应资质调教的单位或个人的;承包合同中没有约定,有未经建设单位书面认可,承包单位将其承包的部分建设工程交由其他单位完成的;劳务企业将承包的劳务作业再分包的;法律法规定的其他情形,针对此类情况都要进行严格查处。

(南海网 2011年8月12日 记者 李晓梅 通讯员 谢曦)

天津将推"订单式限价房"利润限定5%

天津市滨海新区在综合配套改革暨十大改革重点项目新闻发布会上表示,滨海新区将结合实际,完善创新住房保障制度,首次面向外来定居人口及本市通勤人口推出订单式限价商品房,以满足不同层次的保障性住房需求。

滨海新区规划和国土局局长霍兵介绍,2010年11月开展的第六次人口普查结果显示,新区常住人口已达248.21万人,外来常住人口已达到124.45万人,超过常住人口总数一半。

根据规划,到2020年,新区人口将达到600万人左右。未来人口增长主要来自大量外来人口。而订单式限价商品房的推出,主要是确保中低收入群体应保尽保基础上,重点解决外来人口和夹心层的住房保障问题。

同时，定价机制方面将采取成本测算法，在土地招拍挂中，限制地价，将开发商利润限定在5%左右。其销售均价预计将比同区域商品房价低25%左右。

(《中国建设报》 2011年8月17日 刘满桃)

昆明公租房管理办法：轮候摇号分配公租房

为进一步完善住房保障体系，我市将制定出台《昆明市公共租赁住房管理办法(草案)》。17日，市政协对《昆明市公共租赁住房管理办法(草案)》进行专题协商。市政协常务副主席张建伟参加会议。

今年，昆明市计划建设25000套公共租赁住房，为完善公共租赁住房建设管理机制，昆明市将加强对公租房的申请和退出管理，让更多真正有困难的家庭"住有所居"。《昆明市公共租赁住房管理办法(草案)》明确了公共租赁住房的准入条件。公共租赁住房实行轮候摇号的分配方式。

政协委员、顾问认为，住房问题事关人民群众切身利益，《管理办法(草案)》的出台，是市委、市政府高度重视公共租赁住房建设，情系民生的具体体现。公共租赁住房建设是国家城市建设的重要组成部分，要根据动态量的需求、人群分布做好规划布局。要严格执行国家和市级相关质量标准建设，完善配套设施，具备基本使用功能。

张建伟说，保障性安居住房建设事关人民群众的切身利益，事关经济社会发展大局，是重要的民生工程。要科学规划布局，合理确定建设标准和租金水平，健全准入退出机制，加强监督管理，确保公共租赁住房工作公开透明、公正公平，把这一重要民生工程建成阳光工程、优质工程。

(《昆明日报》2011年8月19日 记者 张蕾)

杭州撤销400户家庭廉租房资格

杭州市房管部门最近公布一批《杭州市区廉租住房保障资格证》注销名单，撤销了400户杭州市区家庭的廉租住房保障资格。

据悉，从2011年6月11日至8月12日，杭州市房管部门在对廉租住房保障资格进行验证时，核查出一些廉租住房保障家庭或者是房产、收入情况发生变化，已经不再符合廉租住房保障条件，或者是逾期未办理验证手续，因此对这400户家庭的廉租住房保障资格证进行了注销。这些家庭必须在规定的时间内办理退房手续。

(新华网 2011年8月19日)

长沙多举措保"安居" 4年完成城镇住房保障17万户

记者23日从湖南省住建厅获悉，截至今年7月底，长沙市保障性住房和棚户区改造开工排名全省第一。为解决全市保障性安居工程建设中存在的问题、加快工程建设，省委常委、市委书记陈润儿及市委副书记、市长张剑飞多次到项目工地进行调研。据了解，自2008年启动实施"一健三改"(健全住房保障体系，推进制度改革、房屋改造、环境改善)为主要内容的安居工程以来，长沙市坚持每年突出一个工作重点，从2007年到2010年的4年时间里，全市共完成城镇住房保障17万余户，超过2007年以前住房保障总量的80%，年均保障户数是推进制度改革前的2倍以上。

扩容：受惠民众范围扩大

2008年初，长沙启动实施了以"一健三改"为重点的安居工程建设，提出用3到5年的时间，实现"人人享有住房保障、家家拥有一套住房"的目标，全面深化住房保障制度改革，扩大保障范围，提高保障标准，改革保障方式，确定全市住房保障家庭的收入标准为上年度城市居民人均可支配收入的75%，住房保障面积由8平方米调至12平方米。

同时，全面推行经济适用住房货币补贴，提高廉租住房租赁补贴标准，对符合经适房申购条件的城市低收入无房家庭，每户补贴8万元，对城市低收入住房困难家庭和棚户区、片区改造等重点工程拆迁户，每户补贴5万元。廉租房的租赁补贴标准从2009年起的无房户每人每月100元上调至160元，住房困难户每人每月80元，切实增强了低收入家庭在市场上租房、购房的能力。

据统计，从2007年到2010年，全市共完成城镇住房保障17余万户，超过2007年以前住房保障总量的80%，保障性住房占全市住房总量的比例保持在30%以上。

提质：居住环境大为改善

棚户区是城市低收入家庭集中居住且条件极差的区域，也是影响城市形象和城市品质的重点区域。从2009年起，长沙市把解决低收入家庭住房困难问题同深化住房保障制度改革、保护历史文化名城、推进宜居城市建设等工作联系起来，启动了大规模棚户区改造工作。为真正把棚户区改造办成一项惠民工程，市政府出台了《关于进一步加快棚户区改造工作的通知》。按照政府主导的方式，市财政分别向各区棚改公司注入2亿元作为启动资金，有效破解融资难题，大规模推进了棚户区改造工作。

2009年以来，全市共拆迁棚户区488.66万平方米，10多万棚户区居民获得新居，滨江新城、南湖新城、中山西路、火车北站、东牌楼等一批棚户区得到全面改造，并相继成功引进了一批大型城市综合体项目。这些项目建成后，城市品质和发展潜力将大幅提升。去年以来，按照"分类改造、分步实施"的原则，把推进国有工矿棚户区改造作为深化住房保障的重要任务，积极创新"产权共有、租售并举"的住房保障产权制度，激发职工住房解困的积极性，计划用三年时间基本改善国有工矿企业职工的住房困难。目前全市共运行国有工矿棚户区改造项目27个，其中第一批11个项目（改造5187户22.1万平方米，新建5342套33.3万平方米）已全面动工建设，每个项目明确一名联点领导和一个后盾单位。

在推进棚户区改造过程中，结合城市规划和被拆迁群众意愿，采取就地建设、置换建设、集中建设等方式，切实加大安置房源建设力度。鼓励各区政府和有条件的项目，按照定点建设、定向供应、定价购买的原则，就地选址或利用零星地块建设安置房源，有效推动了棚户区改造和重点工程建设。

新政："夹心群体"开始受惠

原有的住房保障政策尚未覆盖城市中等偏下收入家庭、新就业职工和外来务工人员这类"夹心层"人群，他们一直以来存在无力通过市场租赁或购买住房的问题。从2010年起，长沙市积极进行了公共租赁住房建设的探索、试点工作，通过充分调动各类企业及其他机构投资和经营公共租赁住房的积极性，通过市场运作，多渠道、多途径建设（筹集）公共租赁住房。

目前，市委、市政府正在抓紧制定出台加快发展公共租赁住房的政策措施，并决定下一步把加快发展公共租赁住房作为保障性安居工程建设的重点，按照"规划布局上实行集中与分散相结合、资金投入上实行政府与社会相结合、房屋来源上实行新建与盘活相结合、租赁补贴上实行财政与企业相结合"的原则，力争到明年底，实现先期保障公共租赁住房对象15万人、"十二五"期间实现公共租赁住房保障30万人的目标。据了解，目前全市通过新建、盘活等方式初步确定了40个项目，其中新建项目已开工18个，共8052套；盘活项目已开工19个，共19152套。

（《长沙晚报》 2011年8月24日 记者 周斌）

安徽：宣城市在全省率先出台公共租赁住房管理办法

为贯彻落实省政府办公厅《关于加快发展公共租赁住房的实施意见》文件精神，宣城市房管局多次征求意见,结合宣城市实际修改完善,出台了《宣城市市区公共租赁住房管理办法》,并于7月25日正式实施。该办法的出台实施,将从一定程度上解决该市低收入家庭和新就业大中专毕业生、外来务工人员住房困难,也标志着宣城市在全省率先形成了与经济适用房保障、廉租住房保障、货币化补贴一体的多层次住房保障体系,从而真正实现了住房保障全覆盖。

(安徽省住房和城乡建设厅 2011年8月31日 作者 宣城市建委)

北京:公租房建设启动标准化管理

记者从北京市公共租赁住房发展中心获悉,经过1年多公租房建设的实践探索,北京市目前已经初步形成"北京市公租房建设管理标准化系统"。同时,为保障房提供建设材料和关键部品的"优良部品库"制度也已成型,即将正式投入运行。

北京市公租房发展中心主任杨家骥介绍,"十二五"期间北京市计划建设100万套保障性住房,其中公租房30万套。大量新建、改建公租房项目将集中在"十二五"头三年展开。"北京市公租房建设管理标准化系统"分为标准化设计系统、标准化建造系统、标准化评价系统、标准化管理运营系统四大子系统。通过对公租房建设管理中设计、建造、评价、管理运营等关键环节实施标准化。这项举措有利于缩短建设工期,降低各项成本、提高住房品质。

住房和城乡建设部近期下发《关于建立保障性住房建设材料、部品采购信息平台的通知》,要求各地尽快建立保障房原材料采购信息平台。结合公租房建设管理标准化系统,北京市从2010年开始着手"北京市公租房建设管理标准化系统优良部品库"制度建设,即将投入运行。

(《人民日报》 2011年9月1日 记者 王炜)

石家庄"高考录取"模式分配廉租房

今年42岁的庞世翠近日分配到安华家园1号楼一套37.5平方米的廉租房,十几分钟就办理完入住手续拿到了钥匙。"客厅、厨房、卧室采光都很好,房间内几乎没有浪费的面积,跟原来在城中村的住处相比,不仅面积大了,每月房租才50元,仅仅是原来房租的1/10。真是很满意,没挑头儿了",庞世翠说。

本报记者近日在河北采访时了解到,今年上半年,石家庄市创新廉租房分配方法,参照"高考录取"模式,以量入为出、依次配租为原则,通过各区公开摇号分配房源、系统打分排定申请家庭位次、按家庭困难程度分批选房摇号等程序,一次性公开、公平、公正地分配了5034套廉租房,取得"皆大欢喜、众口能调"的实效,无一户因为分配不公上访。

据介绍,今年,石家庄市正在新建廉租房5200套,将陆续分批解决没享受廉租房实物配租家庭的住房困难。石家庄市住房保障部门参照"高考录取"模式开发了专门的软件系统,各区住房保障部门根据申请人提交的资料电脑自动打分排序,避免了人工打分的弊病。打分结束后,由社区居委会核对申请家庭得分,并在居委会公示,公示无异议后通过软件系统提交街道办事处进行第二次审核汇总,再通过软件系统提交区住房保障部门进行第三次审核,并在辖区公示。

打分程序结束后,各区按照先前摇到的房源指标分批次分配到各申请家庭中。烈士遗属、优抚对象、特困职工等无房家庭优先配租,其他保障家庭按打分排序高低依次配租。面对5个廉租房小区,申请家庭可以选择1至5个配租意向,按照分数高低排队,如果第一志愿没有实现,仍可参与第二志愿的录取，直到分配到房子。如果按照申请家庭得分情况，均不能取得所选各意向小区的配租资格，本次将不予配租。"配租成功仅仅是获得了廉租房实物配租指标，但是具体到哪个楼层，仍需通过电脑摇号获得"，石家庄市保障性住房管理中心主任王建峰介绍说，摇号时邀请人大代表、政协委员、纪检、申请家庭代表和媒体对全过程监督，由外聘人员操作电脑，防止出现高考点录现象。

截至2011年4月底，通过多种形式已经为2385户住房困难家庭提供了廉租房实物配租，仍有22213户住房困难家庭正在享受廉租房租赁补贴。为了让更多的家庭享受廉租房实物配租，2009年底，石家庄市政府投资在市区北部区域均衡布局建设了5个廉租房小区，共计5034套，今年5月已经全部竣工并达到入住条件。如何将公平分配这批廉租房，成为摆在住房保障部门面前的现实问题。石家庄市住房保障和房产管理局局长李义增说，这次石家庄市廉租房实物配租参照了"高考录取"模式，又没完全采取这个模式，相比高考录取更加注重志愿而言，石家庄市廉租房实物配租更加注重申请家庭的得分，遵循了最困难家庭最优先保障的原则。

(《经济参考报》2011年9月2日 记者 王民)

攀枝花公租房租金及补贴标准确定

9月14日，记者从攀枝花市住房和城乡建设规划建设局获悉，《攀枝花市加快发展公共租赁住房试行意见》于13日出台并开始施行，期限为2年。

据悉，公租房的保障对象为城市中等偏下收入无房家庭、单身无房职工和农村进城务工人员。公共租赁住房按照"谁主导、谁投资、谁收益"的原则，产权归投资人所有并在房地产权属登记时载明公共租赁住房性质，在公共租赁住房性质不变的前提下，投资者权益可依法转让所建住房纳入全市公共租赁住房管理体系，建设标准、保障对象、租金水平等执行统一政策规定。实物配租由政府、相关机构或用工单位向保障对象提供住房居住并按照规定标准收取租金。

公共租赁住房的租金标准，按照不高于市（县）房地产管理部门公布的同期同地段住宅市场平均租金的70%确定。货币补贴由政府或相关机构、用工单位向保障对象发放公共租赁住房租金补贴，补贴标准原则上不高于市（县）房地产管理部门公布的同期同地段住宅市场平均租金的30%，补贴面积不高于60平方米，单身职工补贴面积不高于25平方米。

(《攀枝花日报》 2011年9月16日)

厦门市保障性租赁房退出机制基本建立

不符合承租条件的严格退出，家庭收入发生变化的调整租金，厦门市保障性租赁房退出机制已经基本建立。由于厦门市首批286户保障性租赁房租赁合同已经到期，经过对承租户准入条件严格的重新审核，最终256户申请户符合续租条件，签订了新一轮的租赁合同。

在重新审核过程中，厦门市有30户承租户被取消保障性租赁房承租资格。其中，有4户保障性租赁房承租户，在承租期间被发现购买了房产或有房产交易记录，现1户已退出保障性住房，2户已签订退房协议，1户已做出行政决定。另外26户承租户因家庭年收入发生变化，超过保障性租赁房续租申请标准，其中已有2户退出，其余24户已签订过渡合同，按照市场租金的70%缴交租金。据悉，这24户承租户的过渡期为一年。

(《厦门日报》 2011年9月20日 记者 吴晓菁 通讯员 王莲花)

一、保障性住房建设专题

郑州经济适用住房交易新政细则出台 最低需补缴 10% 差价

昨日，郑州市住房保障和房地产管理局公布《郑州市人民政府关于进一步加强经济适用住房管理的通知》的实施细则，这意味着，目前郑州市 8.1 万多户经济适用房家庭通过补缴差价款的方式，能够实现房子完全产权，进而上市交易了。

新政将于今年 10 月 1 日起正式施行。

货币化补贴购房满 5 年上市，不再缴纳差价款

2009 年，为了满足部分经济适用住房家庭尽快住上房子的需求，市政府出台相关政策，对符合条件者，愿意购买普通商住房的，市政府进行货币化补贴。

市保障性住房办公室新闻发言人王书江说，对这部分家庭，购买时间满 5 年的，上市交易时不用再缴纳差价款。购买时间不满 5 年的，上市交易时需退回所享受的经济适用住房货币补贴。

想买单位集资房，最好让政府回购现有房子

对于目前已经拥有经济适用住房的家庭，如果想购买单位集资房的，王书江说："这类家庭，可以选择自愿退出经济适用住房，并且由政府进行回购，符合我市住房保障有关政策规定的，以后还可以再申请保障性住房。"

想上市交易，必须补缴差价款

王书江介绍，郑州市从 1995 年至今，共计有 8.1 万多户家庭住上了经济适用房。"如果想取得完全产权的话，其中一部分房子需要补缴原购房价格 10% 的差价款，另一部分需要补缴原购房价格 20% 的差价款。"随着 2010 年 4 月 15 日市政府 189 号令的实施，新一批房子在签订合同后，如果想取得完全产权，需要补缴原购房价格 30% 的差价款。

举例来说，小刘 2004 年购买了一套 150 平方米的经济适用房，每平方米价格 1400 元，则需要合计补缴 2.1 万元（150×1400×10%），即每平方米补缴 140 元就能取得完全产权了。

对于 2005 年 11 月 1 日市政府 146 号令实施以后对购房面积有规定的，超出核准面积部分已缴纳差价款的不再缴纳，只对未超过的部分补缴差价款。如小李的购房合同是 2007 年 7 月 1 日签订的，房价是每平方米 2200 元，当时是两口人申请的，房屋实际面积是 100 平方米。根据当时政策规定，小李两口人可以享受 80 平方米，超标准的 20 平方米在购房时已按照每平方米 285 元补缴过差价款。将来，小李的房子满 5 年后如果要上市交易，需要按房价的 20%，即每平方米 440 元补缴差价款。因此小李实际需补缴差价款的面积为 80 平方米，算下来是 3.52 万元。

补缴差价款和满 5 年上市交易受理地点为房屋所在区房管局。

（《郑州晚报》 2011 年 9 月 29 日 记者 胡审兵）

陕西进城务工农民可享住房保障

记者昨日从省住房和城乡建设厅获悉，我省中低收入家庭住房状况调查工作已告一段落。据悉，部分区县调查进展缓慢、调查登记覆盖面低，为此我省将调查工作延长至 10 月 25 日。根据要求，进城务工农民进城居住的家庭、具有连续的工作且已签订了劳动合同或自己在工商、税务部门注册开办各类经济实体的，也将被纳入城镇住房保障体系。

部分区县调查工作进展缓慢

10月8日,省政府组织召开了全省中低收入家庭住房状况调查工作座谈会。全省107个县(区)划定并公布了城镇居民低收入、中等偏下收入、中等收入标准以及住房困难标准,10个设区城市和杨凌示范区均对调查工作进行了安排部署,大多数县(区)按照调查程序开展家庭住房状况调查。

根据9月30日的汇总统计情况,全省调查工作呈现出部分县(区)调查工作进展缓慢,外来务工人员、新就业人员调查登记比例低,调查登记覆盖面低等特点。

进城务工农民将纳入城镇住房保障体系

省住房和城乡建设厅要求各市县(区)政府加大力度,可根据实际完善认定条件,切实搞好外来务工人员、新就业人员的调查;针对收入状况难把握、住房面积难界定等问题,完善认定程序与办法,可考虑不同房型保障的群体比例划定各类收入线,保证建设、运营阶段资金平衡,收入状况以个人(家庭)申报为基本依据。新就业职工,户口在人才交流中心的,按照在现居住地进行登记。

据悉,进城务工农民进城居住的家庭,具有连续的工作且已签订了劳动合同或自己在工商、税务部门注册开办各类经济实体的,也将纳入城镇住房保障体系,在本次调查中列入调查统计范畴,参照城镇家庭收入及住房困难条件进行审核登记。

调查将纳入保障房月排名考核

省住房和城乡建设厅要求,各设区城市要加强调查成果的统计分析,对调查比例达不到本地城镇人口23%的,要组织各县(市、区)分析原因,进一步完善相关政策,调整相关规定,及时扩大调查面。各地要以10月25日为最后时限,有计划地开展调查工作。补充调查与审核录入工作同步进行,确保录入的准确性、完整性。

据了解,省住房和城乡建设厅将以市为单位组织调查工作验收;从10月起,将调查工作作为保障性住房考核表中管理工作的主要内容纳入月排名考核;同时,在年度保障性住房建设管理优秀城市和"十佳县"评定中,未按要求完成调查工作的市县,将取消评奖资格。

(《西安日报》 2011年10月10日)

枣庄市统一廉租住房和公共租赁住房建设技术标准

近日,为切实加强枣庄市廉租住房建设管理工作,规范廉租住房和公共租赁住房建设标准,市住房城乡建设局制定下发了《枣庄市廉租住房和公共租赁住房建设技术标准》,并于10月1日正式实施,这标志着枣庄市的廉租住房和公共租赁住房建设有了统一的建设技术标准。

《标准》分为五章二十四条,分别对廉租住房和公共租赁住房建设的规划建设标准、建筑设计标准和室外环境标准等进行了明确的规定。《标准》规定,廉租房和公共租赁住房建设应优先选址在地质条件安全可靠、环境适宜、公共交通相对便利和商业、教育、医疗、文化等公共服务设施及市政配套设施相对完善的区域。廉租房、公租房应设置室内外活动场地,并配备建设体育休闲设施和非机动车、机动车停车位。非机动车宜按每套2.0辆配置;机动车停车率廉租房不低于0.2辆/户,公租房不低于0.5辆/户。廉租住房单套建筑面积应不大于50平方米,公共租赁住房单套建筑面积应在60平方米以内,以40平方米左右的小户型为主。成套建设的公租房、廉租房标准层适用面积系数控制在70%以上。

按照《标准》要求,廉租房和公租房单元入口应安装单元防盗门,采用电子对讲系统,设置分户信报箱。门厅、电梯厅、公共走廊地面铺设防滑地砖,楼梯间等公共部位应采用声控节能灯。电梯应满足使用安全、节能、环保要求。应预留空调室外机安装位置,并配套设置相应的冷凝水排放管路。《标准》还对廉租房和公租房居住功能空间及过厅、厨房、卫生间、门窗、灯具及其他户内装修标准进行了具体规定。

根据《标准》,廉租房和公租房建设应在室外活动场地合理配置经济、适用、安全的休闲设置;室外绿化应种植适宜当地条件、生命力强、维护成本低的植物，创造良好的居住环境；住区室外应尽量减少地面硬铺装；住区道路应安全便利，机动车道路应满足消防、防灾、救护等通行要求，住区室外设施应满足无障碍通行要求；住区应设置垃圾收集点或转运站；鼓励住区室外照明设施采用太阳能照明。

（山东省住房和城乡建设厅网站 2011年10月11日）

烟台进一步完善保障性住房联动建设机制

近日，烟台下发了《关于进一步完善保障性住房联动建设机制的通知》，要求凡在本市范围内国有出让土地上新建住宅的房地产开发项目，其宗地规划住宅面积(扣除拆迁安置房)8万平方米以上的，应按新建住宅面积的5%配建保障性住房。

《通知》要求，配建的保障性住房在整体项目中先期建设、先期交付，建成后由政府按土地出让评估时确定的住宅价格回购，主要用作公共租赁住房和廉租住房。所需回购资金由同级财政部门从廉租住房保障资金中解决。

联动项目为多层、小高层、高层等不同建筑类型混建的，开发企业原则上按立体切块方式提供高层住宅用作保障性住房，房屋套型建筑面积应当按照国家和省、市有关规定执行，其设计、施工及配套标准应当与同项目商品房的标准相一致，室内间隔、墙面粉刷、地面瓷砖、厨卫设施配套等齐全，保障基本居住需求。具体标准在开发企业与住房保障部门、财政部门签订的《保障性住房联动建设协议书》中予以约定。

联动建设保障性住房的管理程序大体为：国土资源部门在出让宗地时，应当在出让文件中注明配建保障性住房面积、回购价格和建设标准；宗地出让成交30日内，宗地竞得人应当与住房保障部门、财政部门共同签订《保障性住房联动建设协议书》；对履约建设的联动项目，开发企业应在完成宗地规划设计方案后，将保障性住房户型及房源位置图，送交住房保障部门核验，规划部门在办理《建设工程规划许可证》时，应当审查是否已签订《保障性住房联动建设补充协议书》，并按约定的建设批次进行批建；住房城乡建设部门在办理联动项目施工图审查、《房地产开发项目经营权证》、《建设工程施工许可证》、《商品房预售许可证》程序时，应当审查保障性住房是否列入先期建设计划及其证明材料；开发企业应当在办理联动项目综合验收备案后15日内，将保障性住房交付给住房保障部门；联动建设的保障性住房回购后产权归政府所有，房屋权属登记在住房保障部门名下由其代管。

对手续齐全的联动项目，要开辟"绿色通道"，实行特事特办、优先审批。开发企业在取得联动项目用地后，要认真履行联建协议，及时申办各项手续，按进度组织项目建设，确保保障性住房在整体项目中先期建设、先期交付。住房城乡建设部门要将开发企业履行联建协议情况纳入企业诚信档案，作为开发企业资质管理的重要依据。

（山东省住房和城乡建设厅网站 2011年10月17日）

鸡西百户困难家庭迁入廉租房

近日，鸡西市81岁的李明堂老人喜悦的心情难以言表，他和其他100多户困难家庭拿到了盼望已久的廉租房钥匙。

低收入困难户刘建国，与李明堂老人同一天搬进新居。看着明亮的房间、雪白的墙壁和崭新的抽水马桶，刘建国感慨地说，终于摆脱了"屋里小半间，走动让一边，三代同堂住，睡觉肩挨肩"的日子，感谢党的好政策。

近年来，鸡西市委市政府把解决低收入家庭住房困难摆上重要工作日程，将之列为"二十件实事"之一，采取有力措施加以推进。特别是今年以来，把保障性安居工程建设工作，提高到保增长、保民生、保稳定的高度，把解决低收入困难家庭住房问题，作为维护群众利益的头等大事，多渠道筹集资金，加大建设力度，共开工建设各类保障性住房3.76万套。

在分配廉租房上，严格按照《鸡西市廉租房管理办法》的规定，经过"个人申报、部门审核、社会公示、公开摇号、政府审批"等程序，做到公正、公开、透明，真正让最困难家庭优先住上保障房。

据鸡西市房产局负责人介绍，为进一步减轻入住群众的经济负担，市政府还多方筹措资金为廉租房铺装了地板，搭建灶台，镶嵌瓷砖，配置了燃气灶和抽油烟机，并组织干部义务帮助群众搬家。此次搬进廉租房的低收入家庭，每月每平方米只需交一元租金。

(《黑龙江日报》 2011年10月21日 张晓玲 记者 孙伟民)

沪明确保障性住房物业收费标准

据《劳动报》报道，租住性质的保障性住房，如廉租住房、公共租赁住房等，物业服务费用由房屋业主承担。同时，同一物业管理区域内实施同一物业服务内容和标准的，物业服务收费执行同一标准。这是记者昨天从市物价局、市房管局发布的《关于本市保障性住房物业服务收费管理有关意见的通知》中获得的消息。

据悉，保障性住房物业服务收费将遵循"公开、合理、质价相符"的原则，具体按照本市住宅物业服务收费管理的有关规定执行。其中，同一物业管理区域内实施同一物业服务内容和标准的，物业服务收费执行同一标准。同时，租住性质的保障性住房，如廉租住房、公共租赁住房等，物业服务费用由房屋业主承担。

上述原则也适用于本市大型居住社区的物业服务收费管理。此外，建设单位与物业买受人签订的房屋出售合同，应包含前期物业合同中约定的服务项目、服务等级和收费标准。

市物价局还表示，物业服务企业应当遵守国家的法律、法规及有关规定，严格履行物业服务合同，为业主提供质价相符的物业服务。这些企业还应按规定实行明码标价，在物业管理区域的醒目位置公示服务项目、服务等级和收费标准，接受业主监督。

又讯经上海市治理和规范涉企收费联席会议集体审议，决定自2011年10月1日起取消产地证、手工证打印服务费收费。市发改委表示，收费单位应认真做好取消收费的落实工作，取消收费后，不得以任何名义变相恢复收费。

(东方网 2011年10月22日)

杭州公租房管理暂行办法出台 人才优先取缔骗租

记者从杭州市政府获悉，《杭州市公共租赁房建设管理暂行办法》今天正式颁布，将于12月份开始施行。《办法》中明确提出，申请人必须提供一年以上劳动合同证明，申请人及家属在申请地无房并收入符合申请地标准等。如发现骗租现象，住保房管部门将取消其租赁资格。

公共租赁住房，是指由政府主导投资、建设、管理，或由政府提供政策支持、其他各类主体投资建设、纳入政府统一管理，限定建设标准和租金水平的创业人才（大学毕业生）公寓与外来务工人员公寓（简称两项公寓）。租赁群体包括符合条件的城市中等偏下收入住房困难家庭、新就业大学毕业生和创业人员的保障性住房。实施范围为杭州所有城区。

《办法》中提出，申请人具有申请地户籍；或持有《浙江省居住证》、《浙江省临时居住证》，并与当地用人单位签订一定年限以上劳动合同且连续缴纳住房公积金或社会保险金一定年限以上，或持有申请地营业执照和一定年限以上的完税证明；申请人及其家庭成员在申请地无房；申请人及其家庭成员的收入符合申请地政府规定的标准；申请人及其家庭成员符合申请地政府规定的其他条件。

实施原则为"解困优先、人才优先"，根据保障需求和房源建设情况，量身制定受理条件，确定保障对象，实行梯度保障制定。

由于保障房建设区域一般处于非市中心，因此周边配套年设施一直备受各界关注。《办法》中指出，加强对公共租赁住房项目涉及的道路、排水、公交、垃圾清洁直运接驳点等配套基础设施以及教育、医疗卫生、文化体育、社会服务等配套公共建筑建设，达到同步建设并同期交付、共同使用。

该《办法》还强调，采取隐瞒事实、提供虚假资料、伪造证明材料等手段，骗租公共租赁住房的；无正当理由，累计6个月以上未实际居住的；累计6个月以上未缴纳租金的；擅自将公共租赁住房转租、出借给其他人员居住的；擅自改变房屋结构或装修现状的；不再符合本办法规定的申请条件，未按要求及时办理退出手续的；存在违反公共租赁住房使用规定和合同约定其他行为的。

此外，未列入选房范围的人员进入轮候，轮候期一年，轮候期内根据房源情况按选房顺序依次配租；轮候期满，根据届时制定的申请条件对轮候人员的资格再次进行审核。

（中国新闻网 2011年10月31日）

入住管理成为北京保障房建设重中之重

近日，北京市政府召开保障性住房竣工专题会议，落实今年保障性住房特别是竣工项目的建设以及入住交用管理工作。随着保障房建设进度的加快，工程质量管理、配套设施建设、物业服务和入住后的管理将成为今后住房保障工作的一项重要内容。

为此，会议要求，要全面抓好保障房竣工入住管理工作，严把工程质量关，加强配套设施交用管理，提供优质的物业服务，严格保障房使用监督管理，让群众住得满意、住得放心。

（《中国建设报》 2011年11月8日 记者 刘月月）

苏州率先开发运用房屋征收与补偿信息系统签订房屋征收补偿协议

为了规范国有土地上房屋征收与补偿行为，更好地做到房屋征收与补偿工作的公正、公开、公平，保障被征收人的合法权益。最近，苏州市住房和城乡建设局开发并启用了"苏州市房屋征收与补偿信息系统"，在全省率先实现通过网络信息系统签订房屋征收补偿安置协议书。该系统包含了征收房屋的项目登记、房屋调查、评估报告、协议草拟、协议签订和项目验收六个模块，由房屋征收部门、征收实施单位、征收评估单位依据各自职责录入相应数据信息，最终自动生成补偿安置协议，还可以实时了解房屋征收项目的进展情况和相关数据的统计。通过征收项目负责人负责制及网络化管理,做到补偿安置协议拟定、签约层层把关、环环相扣,对落实房屋征收"八公开一监督"制度,化解征收与补偿矛盾纠纷,顺利开展房屋征收与补偿工作将起到十分重要的作用。

(江苏省住房和城乡建设厅网站 2011年11月16日)

连云港出台住房保障规划

近日,江苏省连云港市政府常务会议审议通过《连云港市市区"十二五"住房保障发展规划》(以下简称《规划》),这标志着该《规划》进入全面组织实施阶段。

该《规划》提出了全面覆盖、应保尽保、政府主导、社会参与、统筹规划、分步实施、适时调整、动态管理的工作原则,在分析该市住房保障体系现状与保障性住房需求的基础上,提出了保障性住房规划规模、布局、保障对象与标准、建设用地和资金需求、规划实施的保障措施和工作机制等。

《规划》提出,要按照有序推进的原则,结合该市经济社会发展水平,在规划期内,市区新增廉租住房1907套,实现低保、低收入无房家庭廉租住房实物配租"应保尽保",对申请廉租住房租赁补贴的低收入住房困难家庭实现"应保尽保";新开工建设经济适用住房7155套,对符合条件的低收入住房困难家庭基本实现买得到经济适用住房,并将经济适用住房的保障范围逐步扩大到中等偏低收入住房困难家庭;新增公共租赁住房9555套(间),解决城市新就业人员和外来务工人员的居住问题,基本实现城市住房困难家庭和新就业人员住有所居;新开工建设限价商品住房1200套,解决中等偏低收入家庭的住房困难问题;新建人才安置房500套,鼓励优秀人才来连云港安家创业。

(《中国建设报》 2011年11月18日 葛堂华)

河北省出台保障房准入退出办法

河北省政府办公厅日前印发了《河北省保障性住房准入退出管理办法》,要求各设区市、县(市、区)政府对住房保障申请、审核、公示、轮候、复核、协查、退出等制度进一步完善。并提出,保障条件和标准要根据当地"十二五"住房保障规划和年度保障性住房供应量确定,并按年度实行动态调整。

河北省出台的管理办法对保障性住房准入管理进一步规范。要求各设区市、县(市、区)建立住房保障、民政、公安、财政、人力资源和社会保障、房产、国税、地税、工商、人民银行、银监、证监、保监和住房公积金监管等多部门协查机制。各有关部门要密切配合,认真履行职责,严格信息核查,准确掌握申请人家庭结构、住房、收入和财产状况,同时在受理申请、初审、复审等方面对各部门的职责进一步明确。要求制定科学的轮候办法,综合考虑其住房、收入、财产情况及孤、老、病、残等特殊困难因素,明确分配梯次,建立轮候册。

河北省出台的管理办法还对保障性住房使用管理进一步明确。要求完善配租配售合同,明确保障对象合理使用保障性住房的权利和义务;对住房保障对象家庭住房和经济状况实行动态监测,及时掌握相关状况的变化,严格核查申请信息和现实状况;建立保障对象自行申报、住房保障管理信息系统监测、主管部门和社区核查、群众举报查实等退出管理办法。

(《经济参考报》 2011年11月25日 董智永)

山东加大公租房建设财政支持力度

山东省近日出台《公共租赁住房项目贷款财政贴息资金管理暂行办法》,将对纳入该省公共租赁住房发展规划和年度计划并使用银行贷款的项目给予一定财政贴息资金,贴息率原则上不高于3%。

据介绍,公共租赁住房项目贷款财政贴息资金是指由财政预算安排,专项用于公共租赁住房项目贷款的财政贴息资金,贴息资金从公共租赁住房中央专项补助、省级奖补资金和市、县(市)财政安排的公共租赁住房建设资金中统筹安排。采取财政贴息资金的措施主要是为了加大财政对公共租赁住房建设支持力度,充分调动企业和社会机构参与公共租赁住房投资的积极性,放大财政政策效能。

山东省将对已纳入该省公共租赁住房发展规划和年度计划,使用银行贷款的新建、购买、改建、租赁公共租赁住房项目,并且符合规定贴息条件的,由财政给予一定的利息补贴。贴息资金为无偿资金。已享受政府公共租赁住房专项补助资金的项目和政府其他贴息扶持政策的公共租赁住房项目贷款,不再享受贴息资金。

根据规定,贴息资金的贴息率,由项目所在地的财政部门根据年度贴息资金预算控制总规模和申报的贴息资金需求等因素,一年一定,原则上不高于3%。山东省要求各地要严格按国家和省规定管理使用贴息资金,确保专款专用,对违反规定提供虚假证明材料,骗取、截留、挪用、挤占公共租赁住房项目贴息资金或重复使用政府扶持的其他贴息资金的,财政部门将追回资金,按有关法律法规严肃处理,并依法追究相关责任人责任。

(《中国建设报》 2011年12月1日 席敏 任腾霄)

浙江出台公租房"拎包入住"装修标准

"厨房操作台、洗涤池(洁具)、燃气管道要安装到位;卫生间盥洗盆、梳妆镜、毛巾杆、搁物架也要安装到位;所有窗户要安装纱窗和窗帘滑轨……"以前在别墅等高档精装商品房才有的"拎包入住",如今浙江的公租房也能做到。

在浙江省新近出台《公共租赁住房装饰装修基本要求》中,对公租房装修的各个细节提出具体标准。《要求》明确:公共租赁住房装饰装修应遵循"安全、适用、经济、环保和配制满足基本居住需求"的原则,根据不同户型综合考虑各功能区家具和家用电器及相应设备和设施的摆放、安装,合理布置,方便使用;在装修风格上,应简洁明快、素雅大方,并与建设工程同步设计、同步施工、同步交付使用;装修材料应选用环保的产品,严禁使用国家或地方明令禁止使用或淘汰的材料和设备。

公租房有不同的户型,但基本都可划分为起居室、卧室、厨房、卫生间、阳台等功能区。《要求》根据各功能区的特点,从最大限度方便住户的角度对各功能区装饰装修提出具体标准,比如,起居厅墙面与地面连接处宜设置踢脚板,进户门处宜设置储物空间;卧室地面可采用防滑地砖或强化木地板;厨房吊顶可采用PVC塑料吊顶或铝合金扣板吊顶;卫生间洗衣机摆放位置应预设给排水接口和电源插座;阳台应设置衣物晾晒设施等。《要求》还对公租房建筑的公共空间装饰装修提出具体标准。

据了解,今年6月,浙江省在国内保障房建设中率先探索向社会征求公租房装修意见,此次出台的《公共租赁住房装饰装修基本要求》,许多细节标准吸收了社会公众、尤其是一些潜在公租房住户的意见。

(新华网 2011年12月7日 记者 王政)

福州对保障房进行多部门联审多种情况不能申请

福州市人大常委会8日组织市人大代表视察该市保障房建设和管理工作情况。针对代表们关注的确保分配公平问题，市住房保障和房产管理局表示，福州市将出台保障房多部门联审机制，明确各方审查责任，有房有车者想骗购骗租保障房难了。

10月底福建省政府出台《关于保障性安居工程建设和管理的意见》，规定了保障房配租配售的具体办法和程序。按照这个意见，福州市也将加紧完善相关政策制度，进一步规范审批流程，建立健全房管、民政、公安、工商、税务、社保、金融等部门及街道、社区协作配合的保障对象家庭住房、收入和资产状况的联合审查机制，完善"三级审核、两级公示"制度，加快住房保障信息系统建设，做到审核过程公开，审核结果公平。"各部门联审机制出台后，保障房申请者要接受审查，不仅要查房产，还要查财产，有私家车、开公司、炒股等情况的，都不符合申请条件。"福州市住房保障和房产管理局负责人说。

代表们还建议建立定期检查和公众监督机制，"请"出经济条件明显好转、超出申请标准的入住群众，将保障房腾给符合条件、急需入住的群众。福州市住房保障和房产管理局表示，该局正在抓紧公共租赁住房、经济适用住房和廉租住房管理办法的起草和修订。保障房使用管理将进一步规范，要建立机制动态监测住房保障家庭人口、住房和经济状况变化，并逐步完善退出机制，严厉查处骗租、骗购和违规出租、出借、出售等行为，打造"公平公正、阳光透明"的住房保障机制，把好事办好、办实。

另外，针对代表们提出的提高保障房质量、改善居住环境等建议，福州市住房保障和房产管理局表示，福州市保障房的设计、质量、地段将越来越好，入住群众可望享受到更加便捷、舒适的生活。在设计方面，福州市将优先选择国内有实力的设计单位参与保障房设计，注重实用性和人性化，进一步改善户型，有效提高空间利用率，提升保障房适用性。鼓励在公共租赁住房建设中推广绿色节能措施，降低住户生活成本。力争将保障房周边水、电、气、路、通讯、绿化等配套，与住房同步建成、同步投入使用。在质量方面，将在住房建筑上设置质量责任永久性标识，接受社会监督。市建委和市经委将加强对混凝土生产企业和检测机构的监督管理，将生产车间、检测实验室纳入建设工程远程监控系统，并对保障房主要材料设备进行严格把关，建立准入产品名录，确保产品质量。在地段方面，编制年度土地供应计划时，优先保证保障房建设用地，并力求规划选址在市区或近郊等交通较为便利的各个区域。

（《福州日报》 2011年12月9日 记者 李白蕾）

二、研究报告

"十二五"时期实现城市科学发展的若干思路

住房和城乡建设部政策研究中心课题组

城市科学发展就是按照城市发展的内在规律规划建设和管理城市，实现国民经济又好又快发展，社会和谐稳定可持续。换句话说，就是转变当前的重空间形态、轻产业聚合，重城市规模、轻运行质量，重即期效果、轻长远考量的城市发展模式。"十二五"时期是我国深化改革开放、加快转变经济发展方式的攻坚时期，"十二五"规划纲要提出的积极稳妥推进城镇化，科学规划城市群内各城市功能定位和产业布局，推进大中小城市基础设施一体化建设，弱化对经济增长速度的评价考核，强化对结构优化、民生改善、资源节约、环境保护、基本公共服务和社会管理等目标任务完成情况的综合评价考核，为实现城市的科学发展提供了极好机遇。本文仅就规划纲要提出的以上几个方面，结合新中国成立以来应该汲取的主要教训，提出落实城市科学发展的若干思路。

1. 实现城市科学发展必须保持工业化与城镇化同步

城镇化与工业化同步发展是世界社会经济发展的成功经验。对该问题的认识与对城市的本质的认识有直接关系。历史上对城市本质的认识可分为三类，一类是强调城市的防御功能，二是强调城市的交易功能，三是强调城市的生产功能。

世界发展到今天，我们不得不形成这样的认识：城市是一定数量的人口在一个设施平台上进行政治、经济、社会和文化体育活动的聚合体。城市发展过程就是生产条件组合、生产规模扩大、产品服务交换、人员流动重组、科技研发转化、社会财富积累、物质环境转变、文化交流碰撞的过程，所有这些活动都通过人员、物质、信息、货币的流动链接起来，交易成本大大降低，这可以统称为工业化过程。支撑这些链接流动的就是城市设施平台。这个设施平台的完善程度决定着城市的运行效率，从而决定城市的交易成本，交易成本越低，集聚能力越强，规模效益越明显城市的魅力就越大。因此到城市去就成为人们的梦想，于是城市设施平台扩大，大量农村人口向城市迁移，这就是城镇化过程。两个过程越同步社会整体效益越大。

然而，由于发展背景或认识上的偏差，我国曾出现了多次工业化与城镇化不同步、经济发展城市设施平台不匹配的失误，如"大炼钢铁"的工业至上、城市建设大跃进、三年不搞城市规划、城市规模过快扩张等，直至今天还处在不停地校正中，付出了惨重的代价。

新中国成立之初，饱受战争之苦的城市绝大多数满目疮痍，百废待兴。前苏联援助我国进行重大项目建设，目的要改变旧中国农业大国的形象，国民干劲十足。但由于受到当时必须准备打仗判断的影响，绝大部分项目选址在了深山老林，执行"靠山、分散、隐蔽"的方针，这些地方城市生产生活的设施一无所有，除了靠近资源，其他生产条件都必须从外面输入，人力资源从大城市如北京、上海、天津等调来，设备从大城市运来，工人、技术员睡工棚、打地铺，不得不提出"先生产，后生活"的口号，这不仅导致工业布局分散，产业配套困难，城市生活与工业生产之间的落差极大。在这样艰苦的条件下，"三线建设"取得了重大成绩，第一个五年计划取得巨大成功。

受第一个五年计划取得成功的影响，进入1958年，全国范围内出现了后来被称作"大跃进"的现象，特别是"大炼钢铁"的推进，把城市经济发展和城市建设推到了疯狂的程度，根本没有炼铁炼钢的基本常识，有的地区人们把铁锅铁盆砸烂去炼钢铁，有的地区人们支上三块石头用柴草去炼钢铁；城市建设领域当时提出的口号是，用城市建设的大跃进，适应工业建设的大跃进。为了完成钢铁产量"赶英超美"的目标，大批农民进入城市，据统计，钢铁职工人数从1957年的3101万人增长到1958年的5194万人。全国城镇人口也从1957年的9949万人增加到1960年的1.29亿人，这样大量的人口变动带来了国民经济的比例失调、财政困难、粮食危机，最后导致"三年不搞城市规划"、实施户口制度、发行油票、布票、粮票等各类票据的决策出台。

1966~1976年的"文化大革命"时期，城市规划管理机构被撤销，队伍被解散，资料档案被销毁，城市建设再次失去了规划控制，各地普遍出现了乱占土地、乱建房现象，盲目机械地"摊大饼"，给城市社会生活环境带来严重损害，文物古迹、风景名胜遭到毁灭性破坏。

改革开放后出现的乡镇企业大发展也同样存在工业化与城镇化不匹配问题，大量存在的没有基础设施的乡镇企业，把废物直接排入了周边环境，很多地区付出了沉重的生态代价。如今，一些城市不得不快速推动城镇化进程，以填补工业化和城镇化之间的差距。

但是也不能忽视问题的另一端，城市通过一定时期的发展准备，出现了过度强调城镇化的推动作用现象，有的区域盲目提速城镇化，实际上一些城市并没有准备好，其工业化进程还没有达到相应阶段，大量进入城市的农民根本没有进入工业化生产的可能，不具备任何技术能力，进入简单的服务业也缺乏必要的培训，更面临住房短缺、保障缺位等困难，从而付出巨大的过渡成本。

因此，必须保证城镇化与工业化同步才能实现城市的科学发展。"十二五"规划纲要在第三篇着力强调产业升级的梯度发展，在第五篇突出区域协调发展，特别强调城市群发展和城镇体系合理分工，明确提出积极稳妥推进城镇化，为工业化与城镇化同步和城市科学发展创造了背景条件和机遇。

2. 实现城市科学发展必须关注完善城市功能，促进产业与空间聚合

前已述及，设施平台的完善程度决定着城市的运行效率，从而决定城市的交易成本和规模效益。所以，城市发展关注空间形态是非常自然的事情，然而，历史上却多次出现过度关注空间形态，而忘掉了城市功能，不顾平台上发生的政治、经济、社会和文化体育活动对城市设施平台的要求，空间的发展背离产业的匹配要求和聚合关系。

改革开放之后，前苏联规划思想在中国的影响宣告终结。市长们开始走出国门，出访美欧学习城市建设经验，很快欧陆风席卷中国改革开放前沿，随着梯度开放战略的推进，这种影响向中西部地区蔓延。作为WTO后过渡期结束的标志，外国规划设计机构可以和中国规划设计机构组成联合体，参与规划设计服务。于是美欧规划思想在中国盛行，很多理念、模式、手法纷纷被引入中国，最典型的就是美国城市美化运动在中国的流行。

其实，19世纪末到20世纪初发生在美国的"城市美化运动"，不时被西方学者揭露，告诫世人从中吸取教训。1909年，伯恩海姆的"芝加哥规划"标志着城市美化运动的正式开始。哥伦比亚会议三人专家小组（伯恩海姆、F. L. Olmsterd、詹姆斯·麦克米兰）研究了芝加哥美化问题。从这时起，在世界范围内掀起了一股城市美化运动的热潮。其核心思想就是恢复城市中失去的视觉秩序与和谐之美，采用古典主义加巴洛克的风格手法重新设计城市。虽然当时伯恩海姆的"芝加哥规划"由于未考虑经济问题，未被政府正式采纳，但其影响传遍世界各地。城市美化运动的另一代表人物F. L. Olmsterd主要进行城市公园、绿地规划，曾主持纽约中央公园的规划设计，并将其传播开来。尽管城市美化运动目的是创造一种新的物质空间环境和秩序，但由于其局限性，被认为是特权阶级为自己在真空中做规划，装饰性大，并未解决城市的要害问题，未给予整体良好的居住、工作环境，犹如"昙花一现"，很快在历史舞台逝去。

可是这股风潮进入中国却多次兴风作浪。美国的城市美化运动先在沿海开放城市启动，迅速在中国大地上广泛展开，从城市广场到景观大道，从独立的展览中心、体育中心到城市综合体随处可见，影响的时代跨越30多年，影响的范围从建筑单体到城市整体，波及各个领域。时至今日，房地产领域还在启动与"中央公园区"配套的概念，就是借纽约中央公园的地位，类比烘托中国的城市公园周边地产价值。甚至扩展到包含必须充分挖掘历史文化和地域特色的仿古建筑、文化中心、博物馆建设等的设计建造中。这被称为"城市化妆运动"，类似演员演出前的化妆，具有暂时性、非真实性，缺乏长远性，甚至被称为"媚外工程"、"洋奴工程"。

其实，中国的城市美化运动是对完善城市功能的片面理解，也是对城市领导者政绩评价的异化。城市设施网络的大小与档次是由产业选择决定的，两者的匹配程度越好，城市的交易成本就越低，城市的积聚效益越高，盈利的空间就越大。然而，20世纪80年代中期形成的招商引资、改善市容、缓解住宅危机三大主题，环环相扣，滚动向前，构成了评估城市领导者政绩的主要指标并延续至今，导致城市领导者过于关注空间改变，看得见的改变，而忽视产业的选择与设施的匹配，或者进行错误匹配。不少城市斥巨资建造的会展中心名义上是创造或培育会展经济，而实际上却一年只用一次，并且每天都在消耗着巨大的维护费用；各地"假古董"盛行，过多过滥重复建设"世界公园"、"民族园"、"三国城"、"唐城"、"宋城"、"水浒城"，却没有真正把握当地的文化脉络，不仅造成了本就紧缺的城市土地资源的极大浪费，还没有实现旅游经济和文化创意产业培植的初衷；有的城市急于改变城市外表，在短时间内大拆大建，不仅造成城市功能的运转停滞或丧失，还带来很多诸如拆迁不公、破坏生态本底的负面和长期外部性。这些都忽略了城市产业与空间的融合聚合关系，不仅大大增加了城市的运行成本，也无助于降低城市交易成本，对城市整体财富创造并没有促进作用。

"十二五"规划纲要首次从城市功能的角度指出，统筹地上地下市政公用设施建设，全面提升交通、通信、供电、供热、供气、供排水、污水垃圾处理等基础设施水平，增强消防等防灾能力，这是对城市功能的强调，是回归关注产业和空间聚合的城市发展本意。纲要要求，扩大城市绿化面积和公共活动空间，加快面向大众的城镇公共文化、体育设施建设，这是对城市生活的关照，架起了设施平台与政治、经济、社会、文化体育活动间的桥梁。纲要从区域角度提出，科学规划城市群内各城市功能定位和产业布局，缓解特大城市中心城区压力，强化中小城市产业功能，增强小城镇公共服务和居住功能，推进大中小城市基础设施一体化建设和网络化发展。为避免盲目建设、实现城市科学发展指明了方向。

3. 实现城市科学发展必须产业政策与公共政策耦合共进

由于城市的积聚性，人口集聚、物质积聚、技术积聚、活动积聚、信息积聚、货币积聚、设施积聚，城市发展具有多目标性，其任何一个领域都需要产业政策与公共政策耦合共进，任何偏废都可能带来难以预料的损失。

20世纪90年代以城市花园、大型公共绿地和主题公园等为代表的城市美化运动一经出场，各城市蜂拥而上，纷纷仿效。如果仅从培育和发展园林绿化产业角度看，城市花园、公共绿地、主题公园越大越好，所用植物越名贵越好，草坪换得越勤越有效益，但是园林绿化产业发展也必须受到公共政策的约束，要兼顾经济、景观、生态、文化等多方面利益。而实践中却多次出现偏差，譬如，为了追求景观效果，行道树和街边绿地，盲目引进名贵植物品种，甚至搬来大树造景，而本底植物被破坏丢弃，大树来源地的生态环境被破坏。再如，有的无视城市文化、生态的多样性和经济的可能性，盲目追求大面积的公共绿地草坪，搭配单一的绿化种植，盲目引进外来动植物品种，造成对城市乡土生态环境的严重创伤和巨额的经济负担。绿地草坪舍弃本地草种，采用进口草皮，且每月甚至每周更换，下垫不透水基床，阻隔水汽循环；单一的绿化种植招来病虫害，且大面积突然爆发，公共财政承担巨大经济损失；盲目引进的外来动植物品种在适合条件下疯长，造成外来物种入侵，影响甚至吞噬本地物种的生存空间。甚至不顾气候条件，将一些根本无法生存的植物搬来本地，年年死年年栽，大大增加维护成本。园林绿化的维护确实扶植了园林绿化产业，却忽视了基本的生态原则和环境保护整体目标。

通过各类保护区如风景名胜区、城市湿地、国家森林公园、国家地质公园等的设立，改善人们的生存环境，是全面实现小康社会目标的具体行动，也是落实节能减排的重要领域。但其实施也仍然具有多目标性，如果为了设立湿地而不顾社会利益，特别是弱势群体利益，甚至以生态的名义破坏生态利益，就不得不受到谴责。2011年5月4日《北京青年报》报道，云南宜良租用千亩农田打造生态湿地，开挖人工湖，引起强烈反响和广泛关注。据昆明信息港记者调查，"千亩人工湖"涉及占用狗街镇龙华村委会的陈所渡村民小组及匡远镇几个村民小组的耕地，这千亩良田是云南省闻名的"洋葱种植生产基地"，2007年被定为省级对口扶持项目。2010年9月，村委会接到县南盘江景观打造指挥部、综合治理建设指挥部、宜良县东城新区指挥部的通知，要租用村委会的地搞绿化、修路、建人工湖，租期是18年，整个项目仅水上面积就有1050亩。县领导开会时曾强调，主要是效仿弥勒温泉度假区，以千亩人工湖为中心，打造文化产业和旅游为主的宜良县东城新区。县政府与村委会签订了18年的租地合同，陈所渡村民70%水田被占用，1000多人的村子面临无地可种的局面。虽然有一种说法，等这个项目完工了，未来前景可观，村民可以发展农副业和旅游开发，收入肯定比现在高，但村民有怀疑并不断上访，引发全社会的关注。

该项目多目标性非常明显，一是湿地提升宜良县东城新区的品质，二是为旅游产业和文化产业提供场所，三是为房地产开发造势，四是为农民增收，还可能有更多其他目的，但是这样的新区开发如果不能多目标协调，就一定会出现预想不到的问题，或者说不能落实事前协调、事中协调，做到全过程协调，当地政府明确提出的治理南盘江污染和解决部分农民增收的目标都不能实现。因此，城市科学发展就是要产业政策与公共政策耦合共进，只有把扶持条件和约束条件有机结合起来，才能保证目标的顺利实现。

"十二五"规划纲要在规划实施一章指出，本规划提出的预期性指标和产业发展、结构调整等任务，主要依靠市场主体的自主行为实现。各级政府要通过完善市场机制和利益导向机制，创造良好的政策环境、体制环境和法治环境，打破市场分割和行业垄断，激发市场主体的积极性和创造性，引导市场主体行为与国家战略意图相一致。也就是说，规划的顺利实施，主要依靠发挥市场配置资源的基础性作用，它体现为产业政策发挥重要作用；各级政府要正确履行职责，合理配置公共资源，引导调控社会资源，保障规划目标和任务的完成，主要指发挥公共政策的约束作用。两者的融合共进为城市科学发展保驾护航。

4. 实现城市科学发展必须从决策程序起点抓起

任何一个国家的城市发展过程都是一个高度政治化的过程，中国也不例外，甚至更加明显。城市规划是城市发展的龙头，所以以长官意志改变城市规划已经是一个普遍存在的现象，"市长规划"、"领导工程"等已经成为社会的共同意识。每一任市长上台首先抓的是城市规划，抓城市规划的第一件事就是调整规划或修编规划，后续的工作就是上大项目，干大工程，所以"领导工程"已经成为显化的政绩评价指标，既可以满足GDP考核需要，又是可视的政绩工程。这就导出了城市发展的"快、大、新"——当前的城市发展模式。

"快"一直是我们追求的目标之一，也是我们引以为自豪的标志。数据显示，我国的城镇化率从20％提高到40％用了22年，而英国经历这一过程用了120年，法国用了100年，德国用了80年，美国用了40年，前苏联和日本用了30年。所以，我国的城镇化成为20世纪世界关注的两大事件之一。我们实现城镇化如此快速，当然和科技进步的速度有关，但也和我们急切的心情有直接关系，前面提到过的"赶英超美"大炼钢铁，就是迁就了速度没有了质量或者降低了质量，至今我们的钢铁质量仍没有办法跟德国的钢铁抗衡；建筑工程的安全系数与经济发展速度有一定关系，日本阪神地震就曾检验过，高速发展时期建造的楼房的抗震性能明显低于正常发展时期，这应了中国的一句成语：欲速则不达。而恰恰在现今的城市领导眼中，速度是至高无上的，必须经过18个月施工的建筑10个月竣工剪彩，必须经过几百年积淀的城市要在任期内建成国际大都市，结果工程建设中和城市运行中事故此起彼伏！

"大手笔"一般都是用来为领导能力和魄力作注解的。但从城市发展历史的角度看，其外部性十分明显。尽管小城镇一直寄托了控制大城市发展规模、缓解"城市病"的厚望，至今小城镇的发展也还是没有担当起这一重任。但在小城镇的发展过程中，由于理解的片面性，或者操作的简单化，从面上看各地比较注意扩大外延，追求小城镇中重点镇、中心镇的个数，在节点上注意增加人口数量，拓展镇区面积，而忽视小城镇的产业培育和功能完善，甚至可以说小城镇建设与土地资源的蚕食是同步进行的，有的地方甚至出现了造数字或"造城运动"，调研发现，个别地市把电影拍摄布景艺术拿来，在一层楼基础上搭设三层楼的布景应付检查或造势。

大城市盲目追求"大手笔、快速度"的例子就更多了，不胜枚举。城市研究学者戴维·哈维（David Harvey）等早就总结过城市快速变化而产生分裂和混乱现象的国际教训，并告诫中国同行，北京不是一天建成的，就像罗马不是一天建成的一样。但是，世界最大的机场、最快的高铁、最高的大佛等还是在中国频频出现。有学者把快速新区开发和旧城改造归功于20世纪80年代土地使用权批租制度，土地"招拍挂"制度的确立确实把城市政府的投资力度和土地出让速度直接挂起钩来，"大手笔、快速度"意味着改善投资环境的决心大，制造城市设施平台的魄力大，完成引资指标多，创造的GDP大，所有这些都以土地批租速度为支撑，这就是土地开发依赖的现实城市经济发展模式，但其隐患正在逐渐显露。如今房地产市场调控难以取得成效、实体经济增长乏力都与这种模式相关联。

大城市大手笔，小城镇大战略，介于大城市和小城镇之间的城市怎么办？只好左突右闯，上效大城市，下联小城镇，一路走来很多城市越来越像北京，很多地区都说我这里就是上海。省级政府见势提出沿海战略、沿江战略、环湖战略、环都市战略等，鼓舞这类城市的士气，但真正落到实处的很少。20多年前就提出的环渤海战略、多次反复研究的大北京战略鲜见具体行动。1992年就成立的保霸铁路建设办公室的工作可能还仅仅是处在筹备之中。城市自身能够左右"大手笔"的无非是扩大城市规模，或者与邻市争抢同一个投资商，恶性竞争十分惨烈。而区域协调落到实处还有很长的路要走。

求新也是我们的重要目标，但不能扩大化。特别是城市发展中，只有物的存在历史文化才有依附，即使非物质文化遗产也要有一定的形式传承，可是在城市发展实践中盲目追新、随意拆旧的现象此起彼伏，一些"大手笔"工程已经使一些世界级的历史文化遗产面临威胁，《经济学家》杂志就刊文预言，平遥周边的大兴土木将可能导致一个少有的历史文化遗产的消失；一些城市反复拆建，20世纪七八十年代的建筑已不存在，有的城市已经达到了每隔十年就要拆建一遍的地步，这些城市历史将如何延续？这恐怕是我们不得不反思的。

这些问题都出在决策的起点，涉及城市发展模式的转变。正确引导城市科学发展，就必须从决策程序的起点抓起，正是意识到了这一点，"十二五"规划纲要尽管提出了GDP增速7％的总体要求，但也首次提出加快制定并完善有利于推动科学发展、

促进建筑业中小企业健康发展的政策设想

住房和城乡建设部政策研究中心课题组

发展建筑业中小企业,是我国建筑业"十二五"发展规划的重点任务之一,也是转变建筑业发展方式,调整优化产业结构不可回避的重大问题。建筑业的中小企业在行业当中乃至在国家的经济社会发展当中,都具有不可替代的重要作用:第一,与建筑业生产组织弹性强,建造环境变动大的特点相适应,建筑业的中小企业应当是产业组织结构的主体,发展建筑业中小企业有助于优化建筑业产业组织结构;第二,专业化的建筑业中小企业是提高建筑施工能力的关键所在,只有造就大批技术素质高,专业化施工能力强,施工机具设备装备好的中小企业作为支撑,我国建筑施工能力、效率才能真正得到增强提高;第三,建筑业中小企业是建筑劳务作业人员的承载主体,对于形成稳定、具备一定技术水平的建筑工人队伍必不可少;第四,随着我国城乡居民居住水平的提高,对于大量零散多样的建筑服务的需求会不断增长,建筑业的中小企业是各类服务需求的主要供应者;第五,发展建筑业中小企业对于我国城镇化进程推进,转移农村剩余劳动力,发展实体经济,解决社会就业意义重大。但是,长期以来,我国建筑业中小企业面临着体制外生存,专业水平低,积累机制缺乏,利润水平被挤压,缺乏健康发展环境,国家政策难以惠及等多方面的问题。"十二五"时期,要促进建筑业中小企业的健康发展,首先是要认真研究,改善其生存发展的政策环境。

1. 合理确定建筑业中小企业规模标准,将全部建筑业中小活动单位纳入行业视线

依据2003年国家统计局制定的建筑业大、中、小型企业的划分标准(表1),建筑业的中小企业是指3000人以下,销售额在3亿人民币以下,资产总额4亿人民币以下的全部企业;小型企业上限标准为:从业人员600人,销售额3000万元人民币,资产总额4000万元人民币。上述标准与在经济活动中大量存在的中、小承包单位的实际情况相比,确实存在差距。目前,国家并没有依据该标准的相应统计数据。

建筑业大中小企业划分标准　　　表1

指标名称	计算单位	大型	中型	小型
从业人员数	人	3000及以上	600~3000以下	600以下
销售额	万元	30000及以上	3000~30000以下	3000以下
资产总额	万元	40000及以上	4000~40000以下	4000以下

根据建筑业企业资质等级标准,目前,我国建筑业企业资质管理制度将企业划分为三大类别:施工总承包企业、专业承包企业和劳务分包企业。专业承包的三级企业一般要求注册资本金300万元以上,企业净资产350万元以上,企业近3年最高年工程结算收入500万元以上。根据劳务分包企业资质等级标准,劳务分包企业一般要求企业注册资本金30万元以上,人数在20人以上。最低一级劳务分包企业要求企业注册资本金10万元以上,人数10人以上。因此,按照国家统计部门划分企业规模的标准,我国建筑业企业相当一部分专业承包企业和全部劳务分包企业,都属于中小型企业,国家原有标准上限显然过高。

规模标准上限过高,影响行业决策层的视线,忽视真正的中小企业发展的诉求，影响这部分企业的健康发展。制定符合实际的行业企业规模划型标准，是促进中小型建筑业企业发展的基础。

建筑业企业规模划分标准的制定应当认真研究建筑业企业组织结构的特点，参照发达国家全面审视行业内各类企业组织类型的视角，不遗漏地将所有行业经济活动单位纳入统计范围的做法，全面考虑行业状态，以法人为划型单位，以人数为主要依据，将几人至几十人的小型单位纳入视线并单独划类，调低中、小型企业的规模上限，增加微型企业的规模类别，全面反映我国建筑业的产业状况，进而科学地研究制定产业发展政策。

2. 解决体制内中小企业发展不充分，中小建筑业产业活动单位体制外生存问题

研究我国2008年经济普查数据可以发现，建筑业中小活动单位体制外大量存在。2008年当年所有建筑活动单位和个体户有45.5万个（表2），而有资质的企业仅有7.79万个。大量建筑活动单位和个体户置于法规约束之外活动，既无依法活动的约束，也享受不到国家的任何政策，对于整个行业的健康发展极为不利。

2008年全社会建筑业企业、单位和个体经营户个数
（全国经济普查数，单位：个） 表2

合计	企业合计	总承包和专业承包企业	劳务分包企业	资质以外企业	非建筑业企业所属建筑业产业活动单位	建筑业个体户
455690	189459	71095	6837	111527	2436	263795

同时，体制内的小企业发展极不充分。2009年，我国具有企业形态并具有资质的劳务分包企业6756个，从业人数215万人，年营业收入742.8亿，工程结算收入739亿，税金25.3亿，利润总额20.5亿，从业人员劳动报酬392亿❶。劳务分包企业的企业个数是有资质的施工总承包企业和专业承包企业的8%左右，营业收入只相当于有资质的施工总承包企业和专业承包企业总产值的0.9%，从业人员相当于有资质的施工总承包企业和专业承包企业的5.8%。这与各经济发达国家建筑业普遍的金字塔结构——即大型企业占比不足1%、99%的建筑业企业为中小型企业的行业组织结构偏离极大。

中小企业体制外生存的根本原因在于政策环境，解决体制外生存的出路也在于改善政策环境，尤其应当解决如下四个问题：一是降低企业准入门槛，同时给以中小企业，尤其是小型和微型企业以简便、低成本的工商登记方便；二是大大降低这部分企业的税负，这类企业很多是依靠劳务取得收入，属于行业中劳务最为密集的部分，建筑业又属于艰苦、高危行业，应当参照国家促进中小企业发展的政策，给予最低税负甚至免税待遇；三是为中小企业提供需要的公共服务，包括政策咨询服务、融资信贷服务、承发包信息服务、培训及技能鉴定发证服务、专业技术信息服务、职业技能转移续接认可服务等。四是解决多年从事建筑活动的农民工城市入籍及相应的身份待遇问题。对于在建筑行业从业超过一定年限的农村户籍人员，可以解决其城市户籍身份问题，并可随当地居民及企业规定享受医疗、失业、养老、住房等方面的社会保障。

3. 促进中小企业更好地实现专业化发展，改变中小企业成为施工总承包主体现象，形成健康的总分包关系

中小企业的生命力在于专业化发展，建筑劳务分包企业的资质管理制度对于劳务分包企业也是按照木工、砌筑、抹灰、石制作、油漆、钢筋、混凝土、脚手架、模板、焊接、水暖电安装、钣金、架线等工种作业划分的，但现实的情况是建筑业中小企业专业化发展得非常不充分。令行业始终困扰的是，专业化的劳务企业没有市场，反倒是综合的劳务分包企业更受市场欢迎。承包市场存在着"高资质企业包，低资质企业甚至包工队干"的情况，施工任务最终的承担者是中小企业，包括部分无资质的包工队，建筑施工主要依靠中小企业，以至于一些地方将治理劳务企业的"扩大劳务分包"，即纠正劳务分包企业全面承担施工总承包任务，作为一项重要管理工作。建筑市场的"层层转包"也成了影响建筑市场秩序的痼疾。

专业化承包市场发展不充分，主要原因有两个方面：一方面是政府对于建筑工程质量除结构外的细部要求强制性不够，不严格，最终消费（投资）者有要求但无专业验收能力，外部有效约束缺乏，造成开发商常常将对于建造成本的追求置于对工程细部质量的要求之上，谁的承包价低就包给谁，而不是谁的专业化水平高、质量优质包给谁，开发商对于高技术水平的专业分包商的需求机制不健全。这

---

❶ 据《中国统计年鉴2010》。

也是房屋建筑工程质量通病普遍存在，长期难以消除的重要原因。另一方面是作为总承包任务承揽方的总承包主体在施工过程中缺位。总承包主体在施工的组织方面缺少发包方的监督和严格要求，未能履行总承包的应尽职责，包括围绕项目的质量、安全、工期、成本管理，实际地组织施工过程，甚至一些总承包单位只是简单地分包了事，以包代管，陷入专业承包市场不发达导致整个行业专业施工水平低，专业施工水平低反过来使整个施工承包市场愈发地依赖于中小型综合承包企业（单位）施工的恶性循环。

促进建筑业中小建筑业企业专业化水平的提高，一是要提高政府防治建筑工程质量通病的管理要求，在竣工验收要求中严格工程质量的细部管理，二是要提高对施工总承包企业的要求，使其能够真正地履行总承包职责，具体方式是应当要求所有的施工总承包企业有自己的项目管理标准，克服高资质企业的项目管理毫无自己的管理特质和标准，高资质企业的项目工地与低资质企业的项目工地没有差别，甚至高资质企业承揽的工程也在由包工队按照自己的管理方式来进行的不正常状况，同一施工总承包企业承揽施工的工程，应当按照同一项目管理方式进行，为了实现这一目标，可以在企业的资质条件中，增加企业应当拥有自己的项目管理标准的要求，推动总承包企业施工现场管理的一致化，使企业的现场管理与其资质等级、企业管理标准相一致。三是促进专业化企业优势的充分发挥。在施工承包领域，专业化发展比较成功的企业的共同特点是具有制造安装一体化的优势（如空调采暖）、具有专用机械设备和工具的优势（如挖掘和吊装）、具有突出的人工技艺优势（如一些木工作业）、具有工艺诀窍的优势（如防腐防漏）等，鼓励企业实现制造装配一体化，鼓励应用先进的技术装备，鼓励提高工人技艺水平，鼓励创造拥有独有工法，都是发展专业化中小型企业的有效途径。四是在条件成熟时进一步降低劳务分包企业的进入门槛，与简化工商登记，减轻企业税负等政策调整结合起来，尤其是再制定一些鼓励专业化中小型建筑业企业发展的政策，是促进企业提高专业化水平不可或缺的条件。

最终要实现的政策目标，不是高资质企业承包，低资质企业干活，而是在总承包企业在总体组织、管控下的专业化协作总分包；不是增加分包层次造成建造成本的层层加码和对利润的层层盘剥，而是专业化的高效率；不是因为分包关系的建立增加建造成本，而是通过总包的有效组织和高度专业化的分工协作降低成本，进而走出建筑业长期以来被社会屡屡诟病的层层转包、违法挂靠的怪圈。

4. 鼓励中小型建筑业企业创立品牌，形成积累，承载技术，取得持续健康发展

长期以来，相当一部分中小建筑业活动单位以个人招聚、无牌无照、组织随意、年结年清为主要运行方式，没有品牌机制和意识，没有企业资产，没有长期投入，没有骨干队伍，成了行业内似有似无的"流沙"基底。

从体制外走向体制内，具有自己的企业名称，从经济活动单位成为企业，是创立品牌，形成积累的必要条件；在此基础上，企业要创立品牌，形成积累需要政府及社会给予中小企业以"正反馈"，即质量安全水平高，专业化效率高，能够为委托方带来明显价值增值的企业得到发包方认可并能取得相应利润，这固然要依靠市场机制的作用，但给予中小企业以合法地位，在合同中和造价形成过程中，提供可供交易双方参考的合同示范本文，在政府发布的造价指导文件和建筑业财务政策中，将中小分包企业的利润部分予以统筹考虑，形成能够代表中小企业利益的行业组织等都有助于这一问题的解决。

行业协会在鼓励中小企业创立品牌，形成积累方面也应当有相应的政策调整，如在所有得奖的工程项目中，应当将总承包企业和专业分包企业全部纳入，都作为得奖单位；在协会的各类表彰、评比中，苦练内功、降本增效，诚实守信经营的中小企业应当得到相应的荣誉。

同时，中小企业自身应当积极明确产权性质，完善治理结构，确定企业专业化方向，建立本企业的安全、质量、环保、卫生、劳动保障等制度，加强基础管理，强化营销和风险管理，积极采用先进的施工工艺、设备、工具，利用信息技术提高管理、施工建造和服务水平，提高技术含量和技术装备率，创立企业的品牌基础，有意识地维护品牌，增强品牌影响力，提高品牌价值。

5. 完善适合建筑业特点的中小企业用工方式，创造和谐健康的劳动关系

建筑业具有生产组织灵活多变，用工规模弹性大的特点，由于建筑业中小企业是建筑工人的承载主体，这在建筑业中小企业当中表现尤其突出，适应这一特点，政府应当努力营造一支既有职业身份，又能灵活流动的产业工人队伍。先从一些地区展开，以建筑工人实名制为入手点，以劳务合同为依据，以管理部门的要求为标准，以用工单位为操作主体，以政府或行业协会的建筑工人信息库为汇聚平台，记录每个建筑工人的职业经历，培训情况，技术等级状况，并为每位工人制作职业身份证件，供其在不同项目流动，并逐步扩大职业身份认可的地域范围，最后做到较大区域认可或全国认可。

建筑业的中小企业要适应建筑业用工需求弹性大的特点，必须做好劳动合同管理工作。企业可与职工就工资、工时、劳动定额进行协商，适当选择固定期限合同、无固定期限合同和以完成一定工作任务为期限的劳动合同等合同形式。做到既符合劳动合同法的要求，又能适应建筑业的特点，逐步做到按月发放工资，在特殊情况下也可按日发放。建筑业中小企业应当加强三个联系，一是与施工总承包企业的联系，与其建立相对固定的总分包关系；二是与劳务基地和劳务输出地加强联系，与其建立稳定的劳务供应关系；三是与企业所在地建筑劳务市场的联系，不断输送和回吐劳动力资源。

6. 完善促进建筑业中小企业公共服务的政府职能，同时发挥行业协会的作用，为中小企业提供量身定制的公共服务

在工程建设主管部门强化促进建筑业中小企业发展的相关政府职能。建筑业的中小企业在行业中的作用、运行方式、组织方式、人员管理特点等方面，都与工业、商业的中小企业有很大的不同，建筑业中小企业是建筑业的一部分，需要进行全行业的统筹考虑和政策制定，因此，不能将规模不同的企业划归不同的部门管理，也不能将行业发展与从业人员的管理割裂开来，综合部门制定相关领域的大政方针，各个行业在大政方针的原则下结合行业实际进行具体化的政策制定和指导，是促进行业发展及中小企业发展比较适宜的职能确定方式。

加强行业主管部门与综合部门的协调，提高政策的系统性和适用性，建设行政主管部门与工商、税务、劳动、商务、教育等部门应当明确职责，加强沟通，为促进建筑业中小企业的健康发展制定适合政策，改变这一领域缺乏适用政策指导的状况，使建筑业的中小企业不至于成为政策盲区。建筑业的行业组织应当更加关注中小企业的需要和政策需求，加强对于中小企业的指导服务，为中小企业搭建服务平台，为国家政策惠及建筑业中小企业努力。

完善政府工程采购扶持中小企业的有关制度。制定政府工程采购扶持中小企业发展的具体办法，提高采购中小企业工程和服务的比例。应当在政府建设工程采购政策中充实鼓励中小型建筑业企业发展的内容，政府投资工程在签订合同过程中，应当要求施工总承包单位采用专业化分包方式，将建设工程一定比例的任务分包给专业的中小企业完成。在法规允许的范围内，中小型企业能够承担的工程直接委托中小企业完成。

完善中小企业信用担保体系，设立政府财政出资和企业联合组建的多层次中小企业融资担保基金和担保机构。在建筑行业中小企业信用担保机构落实好对符合条件信用担保机构免征营业税、准备金提取和代偿损失税前扣除的政策。相关部门要为中小企业和担保机构开展抵押物和出质的登记、确权、转让等提供优质服务，鼓励保险机构积极开发为建筑业中小企业服务的保险产品。

政府应当尝试在建设项目上设立税种或取费项目，用于建筑工人基本技能的培训，为中小企业提供合格的技术工人。可以在一些地方试点先行，再逐渐在全国推开。工人培训可以采用培训标准全国统一，各类社会上有培训资格的学校、培训基地均可参与培训，由统一的考试机构组织考试，颁发培训证书和技能等级资格证书的办法。积极参与国家实施的中小企业银河培训工程，争取更多的建筑业中小企业进入国家选择的100万家成长型中小企业范围，积极参与有政府出资的针对中小企业各类人员的培训。

鼓励信息技术企业开发和搭建中小建筑企业应用平台，为建筑业中小企业信息化提供软硬件工具，为中小企业提高市场开拓、项目管理、企业管理、社会展示及联络等信息化水平服务。

加强对中小建筑业企业的权益保护。组织开展对中小建筑业企业权益落实情况的调查，开展企业相关法律和政策特别是金融、财税政策贯彻落实情况的监督检查，发挥新闻舆论和社会监督的作用，加强政策效果评价。坚持依法行政，切实保护建筑业中小企业及其职工的合法权益。

（执笔人：李德全）

二、研究报告

低碳背景下发展绿色建筑是大势所趋

住房和城乡建设部政策研究中心课题组

全球气候变化和环境恶化深刻影响着人类的生存和发展，发展低碳经济、建设低碳社会已成为全球共识。建筑物在建造和运行过程中需要消耗大量的自然资源和能源，是温室气体排放的主要来源之一，人类越来越认识到建筑及其运行对气候和环境的巨大影响，由此掀起了世界范围内发展绿色建筑的高潮。

我国2006年发布的《绿色建筑评价标准》对绿色建筑作出了如下定义：在建筑的全寿命周期内，最大限度地节约资源（节能、节地、节水、节材）、保护环境和减少污染，为人们提供健康、适用和高效的使用空间，与自然和谐共生的建筑。从概念上来讲，绿色建筑主要包含了三点，一是节能，这个节能是广义上的，包含了上面所提到的"四节"，主要是强调减少各种资源的浪费；二是保护环境，强调的是减少环境污染，减少二氧化碳排放；三是满足人们使用上的要求，为人们提供"健康"、"适用"和"高效"的使用空间。

1. 发展绿色建筑意义重大

1.1 建设资源节约型社会的必然选择

近年来，随着经济的快速发展，资源消耗多、能源短缺问题已经成为我国经济社会持续发展的最大制约，成为危及我国现代化建设进程和国家安全的战略问题。目前，我国正处于城镇化加快发展阶段，城乡建设速度空前、规模空前，伴随而来的是严峻的能源资源问题和生态环境问题。我国拥有世界上最大的建筑市场，每年新增建筑面积高达18亿~20亿平方米，建筑能耗约占全社会总能耗的1/3，单位建筑面积能耗是发达国家的两到三倍，同时建筑还消耗大量的水资源、原材料等，无论是能源、物质消耗，还是污染的产生，建筑都是问题的关键所在。绿色建筑在建筑活动及建筑物全生命周期实现节能、节地、节水、节材，高效地利用资源，最低限度地影响环境，因此，发展绿色建筑是我国建设资源节约型和环境友好型社会的必然选择。

1.2 应对全球气候变化的重要措施

气候变化是全球关注的问题，应对气候变化事关人类生存、各国发展，是全世界面临的共同挑战。我国高度重视应对气候变化工作，2009年12月，在举世关注的哥本哈根联合国气候变化大会上郑重承诺，到2020年，我国单位GDP二氧化碳排放将比2005年下降40%~45%。建筑是温室气体排放的主要来源之一，对气候变化有着重要的影响，绿色建筑符合低能源消耗、低温室气体排放为特点的低碳时代的要求，切合节能减排应对全球气候变化的主题。《中国应对气候变化的政策与行动》第四部分"减缓气候变化的政策与行动"中提出："积极推广节能省地环保型建筑和绿色建筑，新建建筑严格执行强制性节能标准，加快既有建筑节能改造。"推进绿色建筑发展，不但对于实现2020年绿色经济减排目标具有关键性作用，而且对全球应对气候变化也将起到重要影响。

1.3 实现建筑业可持续发展的有效途径

建筑业是国民经济的支柱产业，绿色建筑是引领建筑技术发展的重要载体，绿色建筑的发展将改变我国建筑业缺乏技术含量、产品质量不高、品质低的现象，转变建筑业粗放式发展模式，引领建筑业摆脱传统落后的局面，使建筑业向注重科技含量、注重循环经济、重视质量和效益、健康协调的方向发展。

2. 绿色建筑活动不断推进

我国绿色建筑战略的推进是在国家战略发展的背景下逐步进行的。在可持续发展战略、科学发展观、建设资源节约型和环境友好型社会、建设生态文明等国家相关战略发展的背景下，相关法律法规逐步完善，随着政府推动力度的加强，以及绿色建筑这一概念为更多的人认识和了解，依据绿色建筑理念进行的建设实践大量展开。

2.1 列入国家科技发展规划

2005年，国务院颁布的《国家中长期科学和技术发展规划纲要》（2006~2020）将"城镇化与城市发展"作为 11 个重点领域之一，在"城镇化与城市发展"中，"建筑节能与绿色建筑"是 5 个优先发展主题之一。

2.2 初步确立法规标准体系

《中华人民共和国节约能源法》、《民用建筑节能条例》、《公共机构节能条例》等法律法规的相继出台和实施为绿色建筑的发展提供了法律保障。同时，绿色建筑标准体系初步建立，已发布《绿色建筑技术导则》、《绿色建筑评价标准》、《绿色建筑评价技术细则(试行)》、《建筑节能工程施工质量验收规范》等数十项技术标准与技术规范。

2.3 搭建绿色建筑交流平台

2005 年起，住房和城乡建设部联合有关部委每年召开"国际绿色建筑与建筑节能大会暨新技术与产品博览会"，至 2011 年已召开六届。大会主要交流、展示国内外绿色建筑与建筑节能的最新成果、发展趋势和成功案例，研讨绿色建筑与建筑节能技术标准、政策措施、评价体系和检测标识，分享国际国内发展绿色建筑与建筑节能工作的新经验，促进我国绿色建筑与建筑节能的深入开展。大会已成为推进绿色建筑发展，传播交流新技术、新产品、新经验，加强国际合作的宣传、交流和示范平台。

2.4 启动绿色建筑评价工作

2006 年以来，住房和城乡建设部相继发布了《绿色建筑评价标准》、《绿色建筑评价标识管理办法》、《绿色建筑评价技术细则》、《绿色建筑评价技术细则补充说明(规划设计部分)》及《绿色建筑评价技术细则补充说明(运行使用部分)》，建立了绿色建筑评价标识制度，正式启动绿色建筑评价工作，结束了我国依赖国外标准进行绿色建筑评价的历史。

2.5 积极推广绿色建筑

2004 年，建设部设立"全国绿色建筑创新奖"，绿色建筑创新奖分为工程类项目奖和技术与产品类项目奖，为推进我国绿色建筑及其技术的健康发展起到了积极的促进作用。2007 年 7 月，住房和城乡建设部启动"百项绿色建筑与百项低能耗建筑示范工程项目"，旨在通过这项工程的建设，形成一批以科技为先导、节能减排为重点、功能完善、特色鲜明、具有辐射带动作用的绿色建筑示范工程和低能耗建筑示范工程。

3. 绿色建筑推广存在的障碍

与发达国家相比，我国的绿色建筑发展起步较晚，无论是理念还是技术实践与国际标准还有很大差距。虽然目前发展势头良好，在政策制度、评价标准、创新技术研究上都取得了一定的成果，各地也出现了一批示范项目，但我国绿色建筑发展总体上仍处于起步阶段，地区发展不平衡、总量规模比较小，现有的绿色建筑项目主要集中在沿海地区、经济发达地区以及大城市。尽管推动建筑节能、发展绿色建筑已成社会共识，但绿色建筑的推广仍存在障碍和困难。

3.1 认识理念仍有局限

一是不少地方尚未将发展绿色建筑放到保证国家能源安全、实施可持续发展的战略高度来认识，缺乏紧迫感，缺乏主动性，相关工作得不到开展。二是由于发展起步较晚，各界对绿色建筑理解上的差异和相当的误解仍然存在，对绿色建筑还缺乏真正的认识和了解，简单片面地理解绿色建筑的含义。如认为绿色建筑需要大幅度增加投资，是高科技、高成本建筑，我国现阶段难以推广应用等。关于绿色建筑真正内涵的普及工作仍然艰巨。

3.2 法规标准有待完善

绿色建筑在我国处于起步阶段，相应的政策法规和评价体系还需进一步完善。国家对绿色建筑没有法律层面的要求，缺乏强制各方利益主体必须积极参与节能、节地、节水、节材和保护环境的法律法规，缺乏可操作的奖惩办法规范和制约各方主体。

绿色建筑与区域气候、经济条件密切相关，我国各个地区气候环境、经济发展差异较大，目前的绿色建筑标准体系没有充分考虑各地区的差异，不同地区差别化的标准规范有待制定，结合各地的气候、资源、经济及文化等特点建立针对性强、可行性高的绿色建筑标准体系和实施细则是当务之急。

3.3 激励政策相对滞后

相对于各种法规、标准和规范的不断出台，激励优惠政策配套相对滞后。尽管目前已经实行可再生能源在建筑中规模化应用的财政补贴政策，但支持建筑节能和绿色建筑发展的财政税收长效机制尚未建立，对绿色建筑缺乏诸如补贴或税收减免等有效的激励政策进行引导和扶持，从而很难激励企业开发绿色建筑的积极性，制度与市场机制的结合度有待提高。

对于企业来说，虽然绿色建筑更加节能与环保，从长远来说更加经济，但绿色建筑的设计与建造本身可能会增加一定的成本，加上目前消费者偏重商品房的价格、位置与安全，对于绿色建筑所体现的节能、环保、健康价值认知不够，尽管政府不断加大绿色建筑的推广力度，但企业在法律不强制、政策不优惠、受众没要求的客观环境下，限于急功近利的心态和责任意识的不足，同时考虑绿色建筑所带来的初期投资增加，多数没有自觉开发绿色建筑的动力。对于消费者来说，由于绿色建筑的建造成本通常高于普通建筑，这部分附加成本往往会转化成用户的负担，在相关税收优惠不足以抵消购房成本的增加额时，绿色建筑难以赢得绝大多数市场。因此，在绿色建筑发展初期，政府如何通过制度建设，运用有效的激励机制，充分调动各方的积极性，是目前面临的一大挑战。

3.4 技术选择存在误区

在绿色建筑的技术选择上还存在误区，认为绿色建筑需要将所有的高精尖技术与产品集中应用在建筑中，总想将所有绿色节能的新技术不加区分地堆积在一个建筑里，为绿色而绿色，过分依赖设备与技术系统来保证生活的舒适性和高水准，建筑设计中忽视自然通风、自然采光等措施，从而直接导致建筑成本上升，造成推广上的困难。

4. 国外发展绿色建筑的启示

国外对绿色建筑的研究与实践开始得较早，发展绿色建筑是从建筑节能起步的，在建筑节能取得进展的同时，伴随着可持续发展理念的产生和健康住宅概念的提出，又将其扩展到建筑全过程的资源节约、提高居住舒适度等领域，将原有节能建筑改造成绿色建筑的活动越来越广泛。绿色建筑由理念到实践，在发达国家逐步完善，渐成体系，成为世界建筑发展的方向，成为建筑领域的国际潮流。

发达国家法律法规体系健全，市场经济体制完善，主要通过法律和经济作为调控手段推动绿色建筑的发展。政府通过制定和实施环境保护、建筑节能等方面的法律法规为绿色建筑的发展提供法律保障，并通过提供财政支持和税收优惠、奖励、免税、快速审批、特别规划许可等措施大力推动和扶持绿色建筑的发展，促使绿色建筑被社会广泛关注和认可。

推行绿色建筑较为成功的美国、英国、日本等发达国家都有一套科学、完备、适合本国的绿色建筑评价体系，以规范管理和指导绿色建筑的发展。如美国的绿色建筑评价体系——《能源与环境设计导则》（简称 LEED），政府通过一系列的制度强制和引导发展商申请绿色建筑认证，促进 LEED 的广泛采用。一些州与地方政府采取命令的方式要求政府投资以及超过一定面积的新建筑（包括私人建筑与政府投资建筑）符合 LEED 标识。一些州与地方政府对绿色建筑设计、建造者以及业主减免或者扣除税收义务（收入税或财产税），对获得 LEED 评价标识的新建筑给予快速审批并降低审批费，还根据建筑获得评价标识的级别给予不同程度的奖励。

5. 推广绿色建筑的对策建议

5.1 理念先行引领绿色建筑发展

绿色建筑代表了世界建筑未来的发展方向，推广和发展绿色建筑有赖于绿色理念深入人心，需要全社会观念与意识的提高，要向全社会宣传普及绿色建筑的理念和基本知识，提高民众的接受度。绿色建筑不等同于高科技、高成本建筑，不是高技术的堆砌物，因地制宜地选择适用的技术和产品，通过合理的规划布局和建筑设计，并不需要增加过多的成本。

5.2 完善法规保障绿色建筑发展

推广绿色建筑需要政策法规的引导和制约，应完善相关法律法规，体现大力发展绿色建筑的内容，对建筑节能、节地、节水、节材及环境保护做出补充要求，增加奖惩条文。要加大强制执行新建筑节能标准的力度。还可强制符合一定条件的政府投资建筑符合绿色建筑评价标准，发挥政府示范作用，增强绿色建筑的社会影响，以起到更好的引领作用。

我国幅员辽阔，各地的气候条件、地理环境、自然资源、经济发展、生活水平与社会习俗都有巨大的差异，作为未来建筑发展方向的绿色建筑与区域气候、经济条件等密切相关，要加快绿色建筑标准的编制，使标准能够覆盖不同的气候区及不同类型的建筑。完善绿色建筑地方标准体系，建立适合各地特点的标准。

5.3 激励政策促进绿色建筑发展

目前，完善各种财政税收刺激政策已刻不容缓。借鉴国外经验，政府应制定一系列符合国情的激励政策，建立有效利用市场机制和财政鼓励相结合的激励机制，提高相关行业、企业和消费者的积极性。对符合绿色建筑标准的建筑投资者、消费者实行一定的政策优惠，采取经济补贴、低息贷款、税收减免等激励政策推动绿色建筑的发展。

5.4 适用技术推动绿色建筑发展

在绿色建筑的技术策略上要因地制宜。绿色建筑技术研究在国外开展得较早，已有大批的成熟技术，在积极引进、消化、吸收国外先进适用绿色建筑技术的基础上，更重要的是选择与创造适宜本土的绿色建筑技术，走本土化绿色之路。大量建筑在建造过程中要结合本地实际情况，有选择地采用最适用的技术与产品，把适用技术合理地集成在建筑上，尤其是自然通风和天然照明技术要得到强化应用。可以推广且成本不高的技术与产品才是绿色建筑技术与产品的重点。

面对全球能源危机和日趋严重的环境污染，在发展低碳经济、力推建筑节能的大背景下，绿色建筑将成为未来建筑的趋势和目标，具有广阔的发展前景。

（执笔人：许瑞娟）

加强城市地下空间开发利用法制建设促进土地节约集约利用

住房和城乡建设部政策研究中心课题组

随着社会经济的不断发展，城市化、工业化、机动化的迅速推进，对土地的需求日益增加，城市建设用地日益紧缺，城市空间容量供需矛盾日渐突出。鉴于此，我国许多大中城市已从一味追求建筑高度和空间平面扩张的发展模式调整为更加注重挖掘地下空间资源的三维发展模式。同时，许多大中城市也已陆续进入地下空间开发利用规模化、系统化、综合化的高速发展期。为促进地下空间有序开发和可持续利用，实现地上地下统筹同步开发，实现土地节约集约利用，须加强城市地下空间开发利用的法制建设。

1. 我国城市地下空间开发利用法制建设的现状

近年来我国城市地下空间开发利用方面的法律法规规章不断健全，特别是一些经济发达的城市充分利用地方立法权出台了许多具有操作性的法规规章。其中，国家层面涉及地下空间权属的法律法规有《中华人民共和国物权法》、《中华人民共和国土地管理法》、《中华人民共和国城市房地产管理法》及《招标拍卖挂牌出让国有建设用地使用权规定》；国家层面涉及地下空间规划的法律法规有《中华人民共和国城乡规划法》、《城市规划编制办法》；国家层面涉及地下空间开发利用质量与安全的法律法规有《中华人民共和国建筑法》、《中华人民共和国安全生产法》等。地方层面有创新性、代表性的地下空间开发利用专项法规有《上海市城市地下空间建设用地审批和房地产登记试行规定》、《杭州市区地下空间建设用地管理和土地登记暂行规定》、《杭州市地铁建设管理暂行办法》、《深圳市地下铁道建设管理暂行规定》、《深圳市地下空间开发利用暂行办法》、《无锡市城市地下空间建设用地管理办法（暂行）》、《关于加强绍兴市区地下空间土地使用权管理的意见》、《天津市地下空间规划管理条例》、《上海市地下空间安全使用管理办法》、《福州市城市地下空间开发利用管理若干规定》、《厦门市地下空间开发利用管理办法》、《苏州市地下（地上）空间建设用地使用权利用和登记暂行办法》等，它们对地下空间规划、地下空间建设用地使用权的取得、出让金标准、产权登记、地下空间安全使用等进行了因地制宜的细致地规定，基本反映了现实的需要。

但是，相对于城市地下空间开发利用的速度，立法速度可以说是太慢，法制建设虽取得了一些成果，但还有许多空白，还不能满足实践的需要，不能有力的规范和引导地下空间开发行为，主要存在以下方面的不足：

（1）由于地下空间开发利用在国家层面没有一个明确的管理机构或牵头的部门，地下空间开发利用的综合性立法还没有提上议事日程。国家层面比较全面的法规仅有一部部门规章，即《城市地下空间开发利用管理规定》，由于其法律位阶较低，因而法律效力低，缺乏权威性；内容虽然涉及规划、建设、管理等环节，但停留在行政管理范畴，对地下建设用地使用权的取得、出让金标准、地下空间的产权登记等民事方面则未涉及，缺乏对实践的指导意义。

（2）国家层面政策法规太原则和宏观，配套法规规定的制定和修订工作又未能及时跟进，以致政策似有实无，法律的规定不能切实落到实处。《国务院关于促进节约集约用地的通知》明确提出鼓励开发利用地上下空间，但没有具体的细则或办法，鼓励成了为口号。《物权法》规定了建设用地使用权可以在土地的地表、地上或者地下分别设立，但《土地管理法》和《城市房地产管理法》至今未根据《物权法》的精神进行相应修订。

（3）专门性的法规规章还比较缺乏，对地方法规的制定缺乏指导。地下空间开发利用中投资者关心的地下建筑物的权属登记、量大面广的结建人防地下室的产权、高层住宅楼下的地下车库产权、相邻工程连通等问题，都没有专门的明确规定。这就造成目前政府各部门之间，投资者与政府之间，投资者与投资者之间没有相关法律法规可以依据，思想不统一，纠纷较多。

（4）政策协调、监督协调、行动协调还比较欠缺，协同作用发挥不够。由于我国行政体系的矩阵混乱和条块分割，部门色彩、专业意识太浓，加之思想认识、工作习惯等方面的阻力，地下空间开发利用管理工作无法形成合力。地下空间的开发涉及多个管理部门，国土资源、城市规划、建设、电信、电力、公用、民防、公安消防、抗震、水利防洪、绿化、环保、水电、国防、信息化、文物保护等各行政管理部门各司其职，分别代表国家对地下空间开发利用行使相应的管理职责，涉及多个方面的利益与诉求，重分工轻协调，以致管理重叠或无人管理现象并存，不利于城市地下空间开发利用的统筹规划、建设和管理。

（5）地方立法分散且不完备，碎片化现象严重，相互之间衔接不力或不衔接。地方法规或规章仅是对地下空间开发利用的某个具体方面，诸如地下建设用地使用权的取得方式或产权登记或地铁建设等进行尝试性的规范；地下空间专项规划与土地利用规划、人民防空规划、地下交通规划、地下管线规划等专业规划和城市近期建设规划等编制主体各异、编制时间不同步、实施期限不一致、内容不衔接。

（6）对地下空间开发利用负面影响的研究相对欠缺。目前对进行城市地下空间开发利用的积极、正面的作用与意义研究得比较多，也比较透彻，如：可以提高土地利用率，节省土地资源，缓解中心城市密度，人车立体分流，疏导交通，扩充基础设施容量，增加城市绿地，保持历史文化景观，减少环境污染，改善城市生态等，但对地下空间开发利用的环境影响评估在思想认识上还有待提高，对水文地质的影响亦未引起足够重视。

2. 加强城市地下空间开发利用法制建设的思路和重点

为实现城市地下空间开发利用社会效益、经济效益和环境效益的有机结合，兼顾地下空间的近期利用和可持续利用，使地下空间开发利用管理做到统一规划、综合开发、合理利用、安全使用、依法管理，加强法制建设、完善顶层设计是必由之路。

加强城市地下空间开发利用法制建设的思路是理顺体制、及时制(修)订相关法规，具体路径是：

（1）完善现有法规，对现行有效的与地下空间建设用地使用权、地下建筑物或构筑物的产权登记、地下空间规划有关的法律法规进行修订和补充。

健全土地管理法规体系，根据宪法和《土地管理法》的有关规定，明确城市国有土地下面的地下空间所有权主体为国家。由于土地的开发价值只有在引入地价因素之后才能充分体现，进行地下空间开发如果要获得与地面相当的经济效益，就必须考虑土地出让金的标准，因而需要建立地下空间的地价影响因素和核定方法，建立适应市场变化的地价，便于投资人进行成本分析，避免盲目地开发行为，达到地下资源的高效配置与利用。

完善城市规划体系和土地利用规划体系，首先要明确地下空间开发利用专项规划的编制单位资格，其次是将城市地下空间开发利用的布局、规模、结构、时序、层次等专项规划的主要内容纳入城市控制性详细规划和土地利用规划中，体现总与分、综合与专项的关系。这样不但可以避免盲目性，还可使城市地下空间的开发规范有序和可持续。

（2）制定新法规，填补立法的空白。在条件成熟时可借鉴日本等国家、台湾地区在地下空间方面的立法经验，制订一系列具有中国特色的开发利用地下空间的单项法律法规，完善地下空间开发利用法规体系。

地下空间利用基本法规，包括地铁、地下商业设施、共同沟、地下立体交叉、地下公共社会停车场等地下大型设施的有关规划、设计、施工的法规；地下分层土地使用权上下层范围权利与义务、公共地下设施的占用许可规定等基本方针和政策。

地下空间安全法规，包括结构设备安全，包括一般建筑物地下部分建筑规范、地下街建筑规范、地下车库结构及设备规范、道路地下设施规范等；施工安全保证法规，包括建筑施工规范、道路交通规范、劳动安全卫生规范等；防灾安全法规包括防火、防水、防震、防毒气等方面的规范。

地下空间使用维护管理法规，包括地下建筑物环境卫生、电气、供热等方面使用规定、共同沟的保护管理规定、停车场保护管理规定，以及噪声、振动等方面的规定。

（3）理顺城市地下空间开发利用管理的行政管理架构，实现条块的有机结合，尽量实现相互的协调与衔接，建立高效、协作的地下空间管理体制。

城市地下空间开发利用管理职能交叉是不可避免的，但在职能交叉的地方，要明确牵头部门、综合协调部门和其他相关部门的配合。按行业分部门的专业管理是必须的，在地下空间开发利用方面专业化管理为主导，尊重现有的各部门职能分工，各城市层面发展改革主管部门负责地下空间开发利用的项目审批、核准或备案管理；城乡规划主管部门负责地下空间开发利用的规划管理；国土房管主管部门负责地下空间开发利用的用地管理和产权登记管理；建设主管部门负责地下空间建设工程施工的监督管理；人民防空主管部门负责地下空间开发利用的人民防空监督管理；环境保护主管部门负责地下空间开发利用的环境保护监督管理，并制定相关环境管理技术规范；水务主管部门负责地下空间开发利用的防洪排涝监督管理，并制定相关防洪排涝标准和技术规范；工程档案主管部门负责地下工程档案的备案、电子信息库的建立和动态更新。同时，也可以在不改变原有机构设置的前提下，在数个关联部门之上虚设专门委员会或领导小组、联席会议等，由市里一名主管领导负责，以协调各部门权力的配合运行。这种在涉及城市地下空间开发利用数个关联部门之上虚设专门委员会或领导小组或联席会议的做法，由于不涉及机构设置的变动，各相关部门易于接受，因而是目前比较现实的、理性的选择。

为高效合理开发利用城市地下空间资源，促进土地节约集约利用，加强城市地下空间开发利用法制建设可侧重于以下两方面：

（1）实行差别化的地下空间建设用地使用权的供应方式、出让金（租金）标准、出让金缴纳方式和出让年限。

由于土地承载着多种功能，应依据地下工程用途及对公共福利的增进、社会影响，需要有区别地确定地下空间建设用地使用权的供应方式，完善招拍挂制度，不一刀切地实行价高者得，实行综合评标制度。计划（划拨）和市场（出让）两种手段、竞争性和非竞争性两种供应方式都要用，即地下空间建设用地使用权可实行招标、挂牌、拍卖、协议出让，也可实行划拨，还可实行租赁。原则上，纯经营性的地下建设工程项目，其地下空间建设用地使用权的取得方式应为招拍挂的公开竞价方式；半公益半经营的地下建设工程项目，其地下空间建设用地使用权的取得方式可协议可划拨；纯公共产品性质的地下建设工程项目，其地下空间建设用地使用权的取得方式应为划拨方式。

地下空间建设用地使用权出让金（租金）标准，应因地制宜，因时制宜，因用途、开发层次、开发利用条件不同而不同。地下空间建设用地使用权出让金为参照所在区域相对应用途基准地价折算为楼面地价的一定比例，且层次越深比例越高。也就是说，基于对城市地下空间开发利用的方向、规模、结构、布局的整体性、长期性、可持续性的思考、谋划和设计，综合考虑地下建设工程的复杂性、高风险、建造成本高、投资回收期长等特点，地下空间建设用地使用权出让金标准应低于地上空间建设用地使用权出让金标准，且随深度的递进出让金递减。

地下空间建设用地使用权出金缴纳方式，应具体问题具体分析，可实行批租制，也可以考虑采用年租制，即：城市地下空间建设用地使用者或经营者在未来若干年内每年分别缴纳土地使用权出让金，以有别于一次性缴纳未来若干年的土地使用权出让金的批租制。

地下空间建设用地使用权的出让年限应与地表相同用途的建设项目的建设用地使用权出让年限确定的原则保持一致。我国现行法律、法规对于建设用地使用权的出让期限，是有明确规定的。通过划拨取得的土地使用权，除了法律规定的使土地使用权消灭的原因外，土地使用权人可以无期限地使用土地。通过出让方式取得建设用地使用权的，根据《国有土地使用权出让和转让暂行条例》的规定，按照土地的不同用途，土地使用权出让的最高年限为：居住用地70年；工业用地50年；教育、科技、文化、卫生、体育用地50年；商业、旅游、娱乐用地40年；综合或者其他用地50年。每一块土地的实际使用年限，在最高年限内，由出让方和受让方双方商定。目前，国家没用单独对地下空间建设用地使用权的出让年限作出规定，但从各地的国有建设用地使用权出让公告、土地划拨公示来看，结建人防工程的地下空间建设用地使用权年限与地表建设用地使用权出让年相一致；市政道路、公共绿地、公共广场下的地下空间建设用地使用权出让年限因用途不同而不同，如作为地下车库，其建设用地使用权出让年限小于等于50年；商业娱乐项目，其建设用地使用权出让年限小于等于40年。

（2）制定开发利用地下空间的优惠政策，吸引社会资金投向地下空间，将国家鼓励地下空间开发利用战略细化。

地下空间开发利用的效益具有综合性、公共属性和外部性。地下空间开发利用具有多重效益，综合性特征明显。如：地下建设项目，除国防工程和人防工程外，投资者的价值目标中没有战备效益的选项，但由于地下空间天然具有致密性与稳定性的特点，在特殊的时期战备效益就将显现。地下空间开发利用具有社会公益性。如：建设地下商业设施，一方面追求商业效益，也同时可以补充商业设施的不足或者完善商业形态；地下综合管沟、地铁、地下过街通道等公用事业产品和人防工程，天然具有公共属性。地下空间的开发利用也会产生外部性。如：对地下空间进行以赢利为目的的投资，不仅投资人实现经济利益，其他不特定的人也可以获得间接的社会效益和环境改善的效益。当然，最大的外溢性是缓解建设用地不足。因此，可以借鉴国家和地方为鼓励战略性新兴产业的发展、支持重点项目的建设或进行招商引资实施的优惠政策来吸引资金投入地下空间的开发。

一是税收优惠。即对经营地下项目的企业，可酌情减免企业所得税，对企业所得税税前扣除项目和税率进行特别规定，加速企业固定资产折旧，减免增值税、营业税、城镇土地使用税、房产税等。

二是行政性收费减免。地方行政事业性收费种类繁多，各地可根据财政状况进行或多或少的减免。山东聊城规定地下空间建筑面积不计入建筑容积率，且对符合规划要求的建设项目，其地下空间建筑部分需缴纳的土地登记费、土地管理费、城市基础设施综合配套费、开发项目片区内的基础性设施配套费、综合开发管理费、散装水泥专项资金、工资保证金等7项市级行政事业性规费，按不同类别予以减免。珠海市规定开发建设地下建筑物可节省城市地面用地，可利用地面进行绿化或修建其他设施，因此缓征绿化建设费和占道费。山东新泰市规定凡符合防空防灾设计要求的地下商场、地下停车场等建筑物，免缴防空地下室易地建设费和城市基础设施配套费。

三是电价优惠。由于地下空间换气、照明、除湿等相较于地面建筑比较耗电，为减轻使用者的运营成本，电价可适当下浮。

四是加强服务。相关行业主管部门应主动加强对地下建设项目施工组织的协调，管理与服务并重，简化审批手续、压缩审批期限、跟踪服务等。

（执笔人：刘美芝）

注重研究和解决公共租赁住房制度的长远性问题

住房和城乡建设部政策研究中心课题组

2010年我国住房制度建设的一个大事件就是公共租赁住房制度的建立。当年6月，住房和城乡建设部等七部委下发了《关于加快发展公共租赁住房的指导意见》（建保〔2010〕87号，以下简称"《指导意见》"），在政策层面明确了公共租赁住房作为住房保障体系重要组成部分的地位，提出了发展公共租赁住房制度的基本思路、原则和措施，各个地方根据《指导意见》的要求也在陆续制定本地的相关管理办法。作为"十二五"时期我国住房保障制度发展的主要内容，公共租赁住房无疑将成为我国住房制度在长期健全和完善的战略重点。同时，公共租赁住房又是解决当前我国经济社会经济问题的抓手，大力发展公共租赁住房有助于落实保障民生责任、解决因房价快速上涨而引发的社会矛盾；是房地产市场调控的有效措施；是配合扩大内需战略实施的关键环节。因此，发展公共租赁住房同时具备短期和长期效应。

截至目前，全国许多城市已经开始大规模建设公共租赁住房的进程，部分城市已经出台了相关管理办法，然而，整体上公共租赁住房建设体现出重视房屋实体建设、忽视制度研究建设的主要矛盾，特别是地方政府注重发展公共租赁住房的短期效应，对于该项制度长期发展方面缺乏必要考虑。公共租赁住房保障对象界定、建设模式安排、政策细节设计、资金来源规划等方面的制度设计还存在许多问题。可以说，公共租赁住房制度建设尚处在"摸着石头过河"的试验阶段，即在制度不完善的情况下先大规模推进住房建设，这种做法存在一定的风险，如果事先不能通过制度的有效设计来进行规避，随着制度的运行各种矛盾和问题将逐渐暴露，不但会对公共租赁住房的保障功能带来消极影响,还将产生一系列新的社会矛盾。

因此,在各地如火如荼建设公共租赁住房的同时,我们不能盲目乐观,应当通过研究和解决公共租赁住房发展的长远性问题,来及时地完善相关制度设计。

1. 妥善解决公共租赁住房的制度定位问题

1.1 保障对象界定不清,社会对公共租赁住房制度的定位容易产生误解

在目前的制度设计中,公共租赁住房的定位还是相对清晰,属于保障性住房的一个组成部分,然而,由于其保障对象介于廉租住房对象和商品住房对象之间,而且政策层面也并未对供应对象进行严格限定,所以,目前公共租赁住房制度存在保障对象界定不明晰的问题,并进一步导致了社会预期对于公共租赁住房制度定位的误解。

《指导意见》要求将城镇中等偏下收入家庭纳入公共租赁住房的保障范围,有条件的地区可以将外来务工人员包括在内,从各地出台的制度来看,基本上也是按照《指导意见》的要求规定的。然而,政策层面公共租赁住房保障范围相当宽泛,一来以上两类保障群体都具有很大的可变动性,这也是公共租赁住房区别于廉租住房的最大不同,廉租住房保障家庭通过劳动提高收入并自己解决住房问题的可能性不大,所以其需求相对刚性,而对公共租赁住房保障的中等偏下收入家庭而言,很难界定哪些属于住房支付能力不足的;二来界定保障群体也缺乏类似廉租住房保障中的量化手段,例如廉租住房保障可以参考民政部门的最低生活保障标准,也有地方房管部门的调查作为基础,操作相对简易,而公共租赁住房保障却很难找到合理的划分依据,特别是科学划分流动性更强的外来务工人员。因此,公共租赁住房保障对象本身就很模糊,如果在相关制度设计上不进一步予以明确,将严重影响制度的执行效率。

随着今后几年公共租赁住房建设规模的扩大,人们容易产生公共租赁住房将逐渐取代商品住房成为住房供应主体的观念。例如,根据住房和城乡建设部的数据,2011 年全国要建设约 1000 万套保障性住房,其中公共租赁住房的建设量将超过 500 万套,而根据《中国统计年鉴 2010》数据显示,2009 年全国商品住房竣工量仅为 515 万套,即使以上该目标只能完成一半,保障性住房的供给规模也将与商品住房相当,其中公共租赁住房的供应也将占到全部住房的 1/4。大规模建设保障性住房虽然只是特定时期所采取的特殊策略,但这也足够影响社会预期,造成保障性住房将成为住房供应主体的错误观念,从而影响到市场在住房资源配置的核心地位。

1.2 明确公共租赁住房定位,科学界定保障对象

首先应当明确公共租赁住房本质上属于住房保障体系的组成部分,是针对特定住房困难群体所采取的保障形式,作为市场这一住房资源基础配置手段补充,公共租赁住房的建设不能以牺牲房地产市场健康发展为代价。由于公共租赁住房保障范围的宽泛,如果把握不好其覆盖的界限,很容易再一次形成政府大包大揽、政府办社会的格局,不但增加了财政投入和地方政府的行政负担,而且我们的住房制度改革也存在走回头路的风险。

那么,在实际工作中,地方政府应当根据各地实际特点,设计合理的收入和住房困难标准,并根据房价和房租水平的变化进行动态化调整。同时建立科学的轮候机制,鼓励受保障家庭通过自身努力改善住房条件。

2. 研究因地制宜、分类指导的机制

现阶段,各地在推进公共租赁住房保障的过程中,都以大规模建设住房实体为主,实物配租的模式固然便于政府对住房资源的控制和管理,但也的确增加了财政负担,一定程度上进一步提高了地方政府和企业的负债水平。而且,并不是所有城市在发展公共租赁住房制度时,都适合大规模建设住房实体,应当根据不同城市在经济社会发展条件、住房市场供求情况等方面的特点,选择合理的保障模式来发展公共租赁住房。

对于住房租赁市场供给比较紧张、土地价格较高以及流动人口比例较大的城市,大规模建设住房实体的方式比较适合。在这类城市中,大量中等偏下收入家庭和外来务工人员不容易在市场上租到合适的房屋,而高昂的土地成本也导致房租水平的高企。如果政府采取发放货币补贴的形式,一来巨大的补贴资金需求加重了政府的财政负担,二来紧张的市场供给也增加了受保障家庭租到合适住房的难度。而政府组织建设的方式能够在较大程度上增加住房有效供给,有利于减少政策的执行成本。

而对于部分中西部地区城市来说,地方财政实力有限,难以支持大规模建造房屋,这些地区通常住房租赁市场供给相对充足,中等偏下收入家庭完全可以支付或基本能够支付市场租金,特别是那些

劳动力净输出地，所以对这类城市而言大规模建造住房实体的保障方式并不合理。这些城市推进公共租赁住房建设，应当更多采取发放租赁补贴的方式，受保障家庭按照相应补贴标准在市场上自行租赁房屋，这种方式有利于提高财政资金的使用效率，同时能够降低政府的财政负担。

3. 健全公共租赁住房保障的长期规划制度

2009年以来，我国大幅度提高了保障性住房的建设力度，建设规模和速度空间。截至2008年底，全国通过廉租住房和经济适用住房解决住房问题的家庭仅为800万户，而根据2010年1月《国务院办公厅关于促进房地产市场平稳健康发展的通知》（国办发〔2010〕4号）的内容，到2012年底，我国要力争基本解决1540万户城镇低收入家庭的住房困难问题，按照这个目标，2009～2012年间保障性住房的建设量将超过2009年之前十年的总量。另外，在公共租赁住房制度逐步建立的同时，保障性住房建设任务也不断加码，2011年计划建设约500万套公共租赁住房。虽然我国住房保障之前的欠账较多，现阶段大规模建设保障性住房又是解决短期一系列矛盾和问题的有效手段，然而这种以大规模建房推进制度建设的方式不免带有很大的运动式、口号式的意味，政策的短期性更加明显。而且，社会各界的预期也很容易混乱，中等偏下收入家庭和外来务工人员对自己是否能够纳入公共租赁住房保障，或者何时能够获得保障并不明确，而房地产开发企业也很难对未来商品住房供应占全社会住房供应的比重进行相对准确的估算，预期的混乱不利于房地产市场的健康发展。

许多国家经历过通过大规模建设保障性住房（在国外多被称作"公共住房"）的方式来解决住房短缺的阶段，例如日本、新加坡等国家在二战后的60年间建造了大量的保障性住房，而这些国家的住房建设都是在政府井然有序的规划下完成的。科学合理的安排住房长期建设规划，不但有利于指导政府住房保障工作的实施，而且社会各界通过规划所体现的相关信息，能够对住房保障和房地产市场发展有一个相对清晰和准确的预期，城镇家庭可以依据自己享受保障的情况合理选择住房消费模式，而房地产开发企业也能够根据规划来合理安排开发策略。

因此，在推进公共租赁住房制度建设过程中，各级政府部门应当根据本地的实际需求和财力情况，科学合理的制定住房建设和保障规划。参考其他国家经验，规划可以以五年为一个周期，同时建立规划完成情况的考核机制。针对现阶段我国部分城市房价上涨过快以及住房保障欠账过多等问题，短时期内可以相应提高公共租赁住房的建设力度，但也不宜急功近利，寄希望于在很短的时间内解决长期的遗留问题，将不利于社会预期的明确，并产生更多的矛盾。因此，应当根据实际情况适度设计公共租赁住房的五年建设和保障目标，同时建立切实可行的具体配套措施。

4. 积极引入多元化投资和建设主体

4.1 目前的制度设计和执行过程中，建设模式的安排和资金来源方面还存在诸多不完善之处

根据《指导意见》的要求，公共租赁住房可以通过新建、改建、收购等方式来筹集房源，同时大型用工企业自建和工业园区集中建设的集体宿舍也可以成为公共租赁住房的一部分。在新建方面，《指导意见》鼓励企业参与建设并持有运营，而在地方实践中，大多数城市的公共租赁住房建设主体只能是本地政府下属的国有开发企业，对其他专业型房地产开发企业参与本地开发建设的行为，或者不明确，或者在制度方面直接否定，这种类似地方保护主义的行为，实际上限制了公共租赁住房建设的资金来源。

目前，各地公共租赁住房建设资金主要靠财政投入和银行贷款。然而，房地产开发贷款的额度和时限都有严格限制，这与公共租赁住房项目资金需求巨大和投资周期较长的特点形成了一对矛盾，如果制度上不能对如何解决这类矛盾进行有效规定，一定时期内公共租赁住房的建设将面临严峻挑战。大多数地方政府可用财力也十分有限，完全靠财政投入来支持公共租赁住房建设也不现实。同时，对于拓宽融资渠道、引入其他资金来源方面，制度层面也没有明确规定，对部分有意参与公共租赁住房建设的社会资金（例如社保基金、信托投资基金等），政策上也没有进行有效的引导和支持。

4.2 建立多元化投资机制，拓宽融资渠道

在确保政府相关政策和补助的前提下，引入多元化投资主体，引导包括地方国有企业、大型专业房地产开发企业参与公共租赁住房的建设和运营，提升住房的建设和管理水平，提高财政资金的使用效率。制定相关政策，允许企业通过出租出售配套商业物业等方式获取收益。

同时，创造有利条件，积极吸引各类社会资金，以补充建设资金的不足。鼓励诸如社保基金、保险资金、住房公积金、产业投资基金和信托投资基金

等投资公共租赁住房建设或购买证券化的住房资产。并且通过落实财政补助和相关政策等手段，确保社会资金合理的收益水平，保证资金安全。

5. 关注公共租赁住房设计规划及其与城市规划之间的衔接问题

在目前的政策规定中，基本没有针对保障性住房设计和规划方面的内容，而在建设过程中部分保障性住房只能参考其他商品住房的规划设计标准。虽然公共租赁住房的建设尚未大范围展开，但如果相关标准无法建立，公共租赁住房将面临同样的问题。

如果缺乏指导针对于公共租赁住房的设计规划标准，将产生几方面的消极影响。一是增加受保障家庭的生活成本，如果完全按照商品住房的规划设计标准，公共租赁住房建设将不得不设置相关设施，例如按照相关标准设置电梯等，而在具有政策性保障功能的公共租赁住房中，没有必要完全按照商品住房的标准来建设；二是不便于受保障家庭的生活，例如部分公共租赁住房小区几乎没有规划停车位，而随着家庭收入的提高和经济型轿车的普及，大量居住在公共租赁住房中的家庭将成为"有车一族"，如果没有相应的停车位配套，住宅小区的生活质量将受到严重影响；三是极有可能造成公共租赁住房小区规划与城市整体规划不协调的问题，目前很多城市在进行保障性住房工程建设过程中，盲目地追求建设速度，忽视了对小区相关设施的配套以及人居环境的改善，长此下去，包括公共租赁住房在内的保障性住房小区将变成"脏、乱、差"的角落，由此产生的保障性住房小区同周边居住区居民之间的矛盾也将持续发生。

因此，应当尽快研究制定适合公共租赁住房等保障性住房的规划和设计标准，做到既能够便利受保障家庭的生活，同时可以最大程度的降低这些家庭的生活成本。在进行公共租赁住房小区规划设计的同时，注重与城市整体规划的有机衔接。

6. 出台政府支持性政策的规定

目前，不论是中央和地方层面，关于公共租赁住房的制度设计还太过笼统，特别是对相关支持性政策的规定尚不明晰。在实际操作中，公共租赁住房的建设主体一般都是企业，不论是地方政府下属的国有开发公司，还是专业的房地产开发企业。而以盈利为最终目的的企业承担公共租赁住房的建设和运营，必须要有政府的支持性政策作为保障。支持性政策应当包括对项目亏损的财政性补助、贴息贷款政策、政策性担保以及政策性长期贷款等。而在制度层面，尚未出台对这些支持性政策的明确规定，在地方实践中，由于补助资金来源不明和地方财政实力有限等问题，运营企业也很难得到财政性补助，政策性金融的支持就更加有限了。

因此，现阶段要积极出台落实政府支持性政策的相关规定和政策。第一，确定土地供给模式，对于企业参与建设的公共租赁住房的土地供给，研究合理的土地出让方式，落实地价等方面的优惠政策，从而进一步体现公共租赁住房的政策性。第二，建立政府政策性担保机制，以确保项目建设主体能够获得长期和额度较大的开发贷款。完善相关抵押贷款制度，允许开发企业利用出让的公共租赁住房建设用地使用权和住房期权获得银行抵押贷款。第三，落实政府的财政贴租职能，根据公共租赁住房项目运营成本和收益情况设计合理的租金补助标准，保证参与企业合理的利润率；建立公共租赁住房建设贷款财政贴息机制，确保企业能够得到一定的政策性金融支持。

7. 建立和完善公共租赁住房管理、出售和上市等后续规定

从目前的制度设计来看，对于公共租赁住房建设环节的规定相对完整，但对于这类租赁型保障房更为重要的运营环节，还有很多方面的问题在制度层面缺乏考虑。这些问题一方面包括对房屋后续管理的规定，例如租金的收缴、物业管理、配建小区中不同居住群体的利益协调、房屋维修、承租人退出等等。另一方面主要包括公共租赁住房的退出，即所谓资产的变现问题，大多数地区都规定符合一定条件的承租人可以购买公共租赁住房产权，但如何操作才能在最大程度保障承租人权益的前提下，避免保障性住房成为个人谋利的工具，另外购买之后的住房如何再上市等问题，也都没有明确规定。

实际上，保障性住房建设问题相对单纯，而后续运营中的矛盾才是真正复杂的，这些矛盾和问题若不能在制度设计中得到妥善处理，极易发生寻租等腐败行为，特别是承租人购买公共租赁住房和房屋的后期上市，有经济适用住房上市的前车之鉴，应当更加重视这个问题。

在研究和完善公共租赁住房相关制度的过程中，应尽快出台政策，规范公共租赁住房的租金收缴、物业管理等行为，健全公共租赁住房维修维护机制。同时，完善公共租赁住房出售等后续制度，在坚持保障性住房性质的前提下，允许符合一定条件的承租人购买公共租赁住房产权，以形成住房保障的良性循环机制。科学设计出售模式和出售价格，既要保证承租人的支付能力，也要确保政府保障资金的回笼。另外，对已售公共租赁住房再次上市交易方面，也要尽早出台严格规定，减少受保障家庭凭此获利的空间，从而规避寻租等腐败行为的发生。

公共租赁住房制度将长期存在，但保障形式随着时间的推移将发生变化。参考西方国家公共住房制度的发展历程，在住房短缺矛盾较为突出的阶段，大规模建造房屋成为发展公共租赁住房的重点，而住房供给相对充足后，保障的重点将转向如何维护住房的日常运行和提升居住品质等方面，同时公共租赁住房制度也将面临一定程度的转型（例如英国的公共住房私有化运动）。目前我国正处在解决住房短缺的阶段，建房成为发展公共租赁住房制度的战略重心也无可厚非，但这一阶段持续的时间不会太长，根据我国当前的发展势头，5~10年内建房的目标基本上可以实现。然而，制度的运行是一个长期问题，现阶段我国在公共租赁住房制度设计等长期问题的处理方面还存在一定的不足，只不过一方面由于公共租赁住房制度尚未正式运行，另一方面承担住房建设的企业大多数为地方政府下属的国有开发公司，制度定位、支持性政策以及后续规定等方面的矛盾在短期内不会表现出来，但如果在现阶段我们不能在制度设计方面解决公共租赁住房发展过程中的长远性问题，若干年后将产生巨大的制度成本和风险。

（执笔人：张智）

"十一五"工程监理行业发展成就

中国建设监理协会

"十一五"期间，我国经济持续快速发展，全社会固定资产投资总额达到90万亿元，一大批铁路、公路、城市基础设施项目、住宅和公共建筑项目、工业项目建成投入使用，凝聚了工程监理行业广大从业人员的心血和汗水。工程监理在控制工程质量、进度、投资目标，加强安全生产管理等方面发挥了积极作用，赢得了社会的广泛认可。

"十一五"期间，我国工程监理行业有了长足发展，取得了令人欣喜的成绩，在行业规模结构、法规制度建设、人才队伍建设、经营服务方式等方面均取得新的进展，呈现出持续稳定发展的良好态势，进入一个新的发展阶段。

——工程监理行业规模持续扩大。工程监理企业数量由2005年的5927家增加到2010年的6106家，增加179家，增长3.02%；工程监理企业从业人员，由2005年的43.32万人增加到2010年的67.54万人，增加24.22万人，增长55.91%。

——工程监理业务量快速增长。工程监理企业的承揽合同额由2005年的284.87亿元增加到2010年的1164亿元，年均增长32.51%；营业收入由2005年的279.67亿元增加到2010年的1196.14亿元，年均增长33.73%（按当年价）。

——高等级资质企业数量不断增加。甲级工程监理企业由2005年的1296家，增加到2010年的2148家；乙级工程监理企业由2005年的2043家，增加到2010年的2272家；丙级工程监理企业由2005年的2588家，减少到2010年的1605家。2008年新增了工程监理综合资质和事务所资质类别，到2010年分别发展到57家和24家。

——监理队伍整体素质有所提高。工程监理企业专业技术人员由2005年的39.59万人，增加到2010年的60.37万人，年均增长8.81%。其中，注册监理工程师由2005年的8.13万人，增加到2010年的9.91万人，年均增长4.02%。工程监理队伍素质的不断提高，促进了工程监理企业咨询服务能力和水平的提高。

——企业服务方式呈多元化发展态势。工程监理企业的项目管理与咨询、招标代理、工程造价咨询等服务的业务量增长较快，逐步改变了工程监理企业业务中工程监理独大的状况。企业的工程监理收入在营业收入中的比重由2005年的68.95%，下降到2010年的44.17%，其他咨询服务收入由2005年的31.05%，上升到2010年的55.83%。工程监理企业服务方式的多元化，为监理行业的健康发展奠定了基础。

"十一五"期间，工程监理行业的企业数量、从业人数、承揽合同额、营业收入、人均营业收入等发展走势如图1所示。

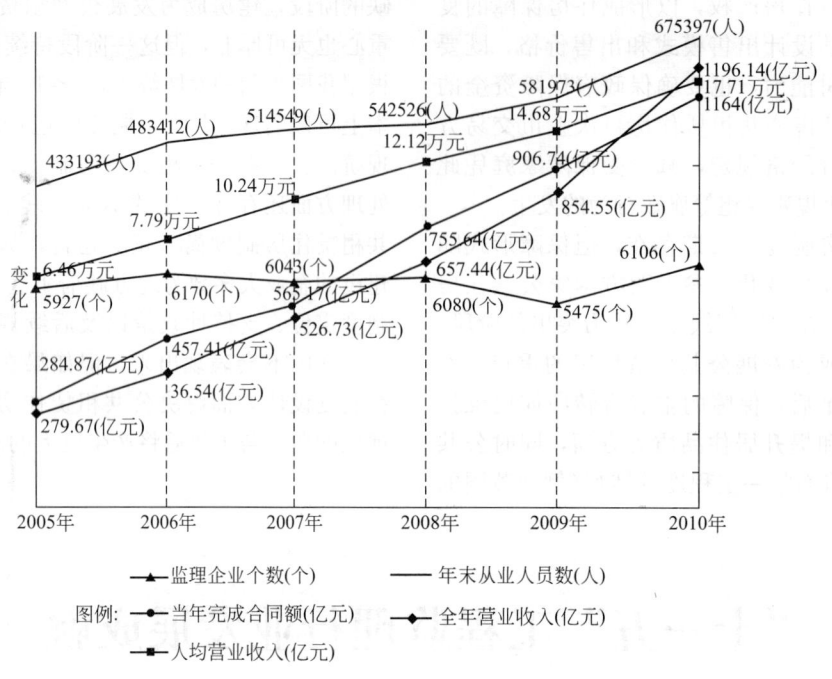

图1 "十一五"期间全国工程监理行业发展走势图

1. 法规制度建设取得新进展

"十一五"期间，工程监理行业相继出台的法规和政策文件，基本形成了工程监理的法规体系和制度体系，为工程监理提供了法律保障和政策依据。

（1）完善了政策法规

政府主管部门颁布了《注册监理工程师管理规定》（建设部令第147号）、《工程监理企业资质管理规定》（建设部令第158号）和《工程监理企业资质管理规定实施意见》（建市〔2007〕190号），强化了工程监理市场的监督管理，提高了我国工程监理行业的科学化、规范化发展水平；颁布了《外商投资建设工程服务企业管理规定》（商务部令第155号），这是我国发布的第一个关于规范外商投资建设工程服务企业的管理性文件；出台了《建设工程监理与相关服务收费管理规定》（发改价格〔2007〕670号），这是自1992年9月8日国家物价局、建设部发布《关于发布〈工程建设监理费有关规定〉的通知》（92价费字479号）以来，第一次对建设工程监理收费标准进行调整，有效解决了工程监理收费标准过低这一制约我国监理行业健康发展的"瓶颈"问题；印发了《关于大型工程监理单位创建工程项目管理企业的指导意见》的通知（建市〔2008〕226号），目的在于对创建工程项目管理企业活动进行规范，增强我国工程监理企业的综合实力和国际竞争力，全面提高工程建设管理水平。与此同时，各地区，铁道、交通、水利等部门在"十一五"期间也先后出台了地方法规和部门规章，进一步规范了工程监理活动。

在广泛调研和充分征求意见的基础上，对《建设工程委托监理合同》示范文本（GF-2000-0202）和《建设工程监理规范》GB 50319—2000进行了修订，出台了《注册监理工程师注册管理工作规程》（建市监函〔2006〕28号）、《关于换发注册监理工程师注册执业证书工作的通知》（建办市函〔2006〕258号）、《注册监理工程师继续教育暂行办法》（建市监函〔2006〕62号）、《关于由中国建设监理协会组织开展注册监理工程师继续教育工作的通知》（建办市函〔2006〕259号）等规范性文件，组织了注册监理工程师换证工作，启动了注册监理工程师继续教育，完善了注册监理工程师的数据库管理，加强了注册监理工程师执业活动的动态监管。

（2）建立了统计制度

建设部于2005年提出了建立建设工程监理统计报表制度。2006年，建设部发出了《关于报送2006年建设工程监理统计报表的通知》（建市函〔2006〕336号）。自2006年起，将建设工程监理统计正式纳入国家社会发展和国民经济统计体系之中，每年按规定发布了《建设工程监理统计公报》，编制了《建设工程监理统计资料汇编》，为及时准确地了解工程监理行业的发展动态和发展趋势，制定工程监理发展规划及法律法规提供了依据。

2010年10月，住房和城乡建设部制定并经国家统计局批准颁布了新的《建设工程监理统计报表制度》（国统制〔2010〕125号），为进一步了解全国工程监理行业的基本情况，为政府、企业和行业组织等提供信息服务奠定了基础。

2. 监理行业结构发生新变化

"十一五"期间，全国工程监理行业规模持续扩大，行业内部结构调整取得新进展，主要表现在企业组织结构、营业收入构成等方面。

（1）企业组织结构趋于合理

1）新增综合资质和事务所资质类别

"十一五"期间，工程监理企业中的综合资质和事务所资质企业从无到有；甲级资质企业明显增加，乙级资质企业也有所增加，丙级资质企业明显减少。"十一五"期间，企业资质等级变化情况见表1。

2005～2010年全国工程监理企业数量统计表（按资质等级） 表1

单位：个

年份 企业类别	2005	2006	2007	2008	2009	2010
综合资质	0	0	0	17	49	57
甲级资质	1296	1431	1474	1254	1917	2148
乙级资质	2043	2151	2103	2221	1999	2272
丙级资质	2588	2588	2466	2146	1496	1605
事务所资质	0	0	0	1	14	24
企业总数	5927	6170	6043	6080	5475	6106

数据来源：《2010年建设工程监理统计资料汇编》。

2）房屋建筑工程类监理企业数量仍居首位

"十一五"期间，在工程监理企业14个专业工程类别中，房屋建筑工程类监理企业数量居多，占工程监理企业总数的84%左右；其他工程类别的监理企业合计只占工程监理企业总数的16%左右。2005～2010年不同工程类别的监理企业变化情况见表2。

2005～2010年全国工程监理企业数量统计表（按专业工程类别） 表2

单位：个

年份 企业类别	2005 企业数	2005 比例(%)	2006 企业数	2006 比例(%)	2007 企业数	2007 比例(%)	2008 企业数	2008 比例(%)	2009 企业数	2009 比例(%)	2010 企业数	2010 比例(%)
房屋建筑工程	4986	84.12	5205	84.36	5116	84.66	5127	84.33	4584	83.73	5112	83.72
冶炼工程	57	0.96	59	0.96	56	0.93	57	0.94	48	0.88	51	0.84
矿山工程	35	0.59	37	0.60	32	0.53	35	0.58	28	0.51	28	0.46
化工石油工程	130	2.19	137	2.22	126	2.09	131	2.15	124	2.26	132	2.16
水利水电工程	94	1.59	92	1.49	83	1.37	75	1.23	59	1.08	63	1.03
电力工程	149	2.51	162	2.63	166	2.75	162	2.66	161	2.94	170	2.78
林业生态工程	57	0.96	48	0.78	42	0.70	41	0.67	12	0.22	20	0.33
铁路工程	66	1.11	67	1.09	62	1.03	56	0.92	48	0.88	54	0.89
公路工程	44	0.74	36	0.58	35	0.58	30	0.49	20	0.37	24	0.39
港口航道工程	16	0.27	14	0.23	16	0.26	17	0.28	11	0.20	9	0.15
航天航空工程	6	0.10	5	0.08	6	0.10	5	0.08	7	0.13	5	0.08
通信工程	19	0.32	21	0.34	15	0.25	18	0.30	12	0.22	13	0.21
市政公用工程	263	4.44	281	4.55	283	4.68	305	5.02	295	5.39	341	5.58
机电安装工程	5	0.08	6	0.10	5	0.08	3	0.05	3	0.05	3	0.05
综合资质	0	0.00	0	0	0	0	17	0.28	49	0.89	57	0.93
事务所资质	0	0.00	0	0.00	0	0.00	1	0.02	14	0.26	24	0.39
合计	5927	100	6170	100	6043	100	6080	100	5475	100	6106	100

数据来源：《2005～2009年全国建设工程监理统计报告》。

3) 股份制企业、私营企业数量增加

"十一五"期间，国有企业改制和企业产权制度改革步伐加快，非公有制经济比重增加。2010年与2005年相比，国有企业由946个减少到589个，比重由15.96%下降到9.65%；股份有限公司由348个增加到583个，比重由5.87%提高到9.55%；私营企业由671个增加到1338个，比重由11.32%提高到21.91%。企业所有制形式变化情况见表3。

2005~2010年全国建设工程监理企业构成表
（按企业所有制类型）　表3
单位：个

年份 企业类别	2005	2006	2007	2008	2009	2010
国有企业	946	807	698	639	543	589
集体企业	85	80	69	61	55	50
股份合作企业	76	66	58	58	45	47
有限责任公司	3741	3795	3710	3654	3172	3407
股份有限公司	349	455	491	520	489	583
私营企业	671	904	963	1094	1121	1338
其他	59	63	54	54	50	92
总计	5927	6170	6043	6080	5475	6106

注：其他企业是指外商投资企业、港澳台投资企业和个体经营企业。
数据来源：《2005~2009年全国建设工程监理统计报告》。

(2) 骨干企业保持相对稳定

1) 百强监理企业规模扩大

2005年，工程监理收入前100名企业中，从专业工程类别看，房屋建筑工程38个，电力工程23个，公路工程7个，水利水电工程7个，市政公用工程9个，铁路工程6个，其他10个；从企业所在地分布看，北京20个、上海20个、广东11个、江苏8个、四川6个，其他地区35个；从企业工程监理收入看，超过亿元的5个，超过5000万元的28个，第100名企业为2560.60万元。百强企业平均监理收入4426万元。

2010年，监理收入前100名企业中，从专业工程类别看，房屋建筑工程40个，铁路工程20个，电力工程16个，市政公用工程、水利水电工程各6个，公路工程3个，其他工程9个；从所在地区分布看，北京18个，上海、广东各12个，四川9个，浙江5个，江苏、河南、重庆各4个，其他地区32个；从企业工程监理收入看，突破3亿元的1个，超过2亿元的7个，超过1亿元的55个，其余45个全部超过7500万元，第100名企业为7534.60万元。百强企业平均监理收入1.296亿元。

"十一五"期间，建设工程监理收入前100名企业变化相对较小，企业的专业工程类别分布和地区分布格局变化不大，但企业监理收入规模明显扩大，平均每个企业监理收入由4426万元增加到1.296亿元，企业规模扩大了1.7倍。百强企业的工程监理收入占全国工程监理企业的比重，由2005年的22.95%增加到2010年的24.53%，五年基本稳定在23%左右。百强企业数据表明，我国工程监理行业的产业集中度有所提高，但聚集效益并不明显。"十一五"期间，百强企业主要数据变化情况见表4。

2005~2010年建设工程监理企业监理收入前100名有关情况　表4

年份 项目	百强工程监理收入（亿元）	全国工程监理收入（亿元）	百强企业监理收入所占比例(%)	百强企业从业人数（人）	百强企业从业人数所占比例(%)	百强企业人均监理收入（万元）	全国企业人均监理收入（万元）	百强企业人均收入所占比例(%)
2005	44.26	192.84	22.95	50764	11.72	8.72	4.45	195.96
2006	53.12	235.28	22.58	56351	11.66	9.43	4.87	193.63
2007	59.41	270.09	22.10	57562	11.19	10.32	5.25	196.57
2008	74.42	332.82	22.36	70595	13.01	10.54	6.13	171.94
2009	95.54	404.17	23.64	79174	13.61	12.07	6.94	173.92
2010	129.60	528.36	24.53	90345	13.38	14.35	10.13	141.66

2) 工程监理收入前10名企业格局相对稳定

"十一五"期间，全国工程监理企业监理收入前10名主要分布在北京、上海和四川，在地域上比较集中，规模效益比较明显；前10名中有5家企业主营业务为铁路工程，有1家企业为石油工程，有4家企业为房屋建筑工程。"十一五"期间，工程监理收入前10名企业的基本情况见表5。

二、研究报告

2006～2010年工程监理收入前10名企业情况分析　　　　　表5

序号	类别		2006	2007	2008	2009	2010
1	按企业主营业务划分(个)	房屋建筑工程	5	6	6	4	4
		铁路工程	2	2	2	6	5
		化工石油工程	0	0	0	0	1
		水利水电工程	1	2	1	0	0
		电力工程	1	0	1	0	0
		公路工程	1	0	0	0	0
2	按资质等级划分(个)	综合资质	0	0	1	2	5
		甲级资质	10	10	9	8	5
3	5年中工程监理收入都进入前10名的监理企业共计3个		① 上海建科建设咨询有限公司 ② 中咨工程建设监理公司 ③ 铁科院(北京)工程咨询有限公司				
4	5年中有4年工程监理收入进入前10名的监理企业共计2个		① 上海同济工程项目管理咨询有限公司 ② 铁四院(湖北)工程咨询有限公司				
5	5年中有3年工程监理收入进入前10名的监理企业共计3个		① 长江三峡技术经济发展有限公司 ② 英泰克工程顾问(上海)有限公司 ③ 三峡江南工程管理股份有限公司				
6	5年中有2年工程监理收入进入前10名的监理企业共计5个		① 深圳中海工程顾问有限公司 ② 北京赛瑞斯国际工程咨询有限公司 ③ 华铁工程咨询有限责任公司 ④ 北京铁研建设监理有限责任公司 ⑤ 中铁二院(成都)咨询监理有限责任公司				
7	5年中只有1年工程监理收入进入前10名的监理企业共计6个		① 四川二滩国际工程咨询有限责任公司 ② 上海建通工程建设有限公司 ③ 山东诚信工程建设监理咨询有限公司 ④ 四川电力工程建设监理有限公司 ⑤ 山西省交通建设工程监理总公司 ⑥ 北京兴油工程项目管理有限责任公司				
8	前10名监理企业按地区分布划分	北京　8个	① 铁科院(北京)工程咨询有限公司(5次) ② 中咨工程建设监理公司(5次) ③ 长江三峡技术经济发展有限公司(3次) ④ 北京赛瑞斯国际工程咨询有限公司(2次) ⑤ 华铁工程咨询有限责任公司(2次) ⑥ 北京铁研建设监理有限责任公司(2次) ⑦ 北京铁城建设监理有限责任公司(2次) ⑧ 北京兴油工程项目管理有限责任公司(1次)				
		上海　4个	① 上海建科建设咨询有限公司(5次) ② 上海同济工程项目管理目咨询有限公司(4次) ③ 上海建通工程建设有限公司(1次) ④ 英泰克工程顾问(上海)有限公司(3次)				
		四川　3个	① 四川二滩国际工程咨询有限责任公司(1次) ② 中铁二院(成都)咨询监理有限责任公司(2次) ③ 四川电力工程建设监理有限公司(1次)				
		其他地区各1个	浙江、湖北、深圳、山东、山西				

(3) 企业营业收入构成呈现多元化

"十一五"期间，工程监理企业承揽合同额和营业收入呈现逐年增长趋势。同时，承揽合同和企业营业收入的构成趋于多元化，项目管理、招标代理、造价咨询等合同额和营业收入比例增高。

1) 工程监理企业承揽合同额逐年增加

"十一五"期间，工程监理企业承揽合同总额分别为 457.41 亿元、565.17 亿元、755.64 亿元、906.74 亿元、1164.14 亿元，呈逐年增长趋势，平均年增长 32.51%，其中，工程监理合同额平均年增长 27.60%，招标代理、造价咨询、项目管理及其他业务合同额均高于工程监理合同额的增长速度，依次为 46.33%、31.10%、35.29% 和 48.77%。2005 年和 2010 年工程监理企业承揽合同情况见表6。

2005年和2010年工程监理企业承揽合同情况对比　　表6

单位：亿元

类别	2005年		2010年	
	合同额	占总业务量比例(%)	合同额	占总业务量比例(%)
全年承揽合同额总计	284.87	100	1164	100
其中：工程监理合同额	219.99	77.22	744.19	63.93
其他合同额	64.88	22.78	419.81	36.07
其他合同额中： (1) 项目管理与咨询服务	19.58	6.87	131.34	11.28
(2) 招标代理	7.35	2.58	28.46	2.45
(3) 工程造价与咨询	6.02	2.11	27.29	2.34
(4) 其他业务	31.93	11.21	232.72	20.00

注：1. 其他合同是指项目管理与咨询合同、招标代理合同、工程造价与咨询合同和其他业务合同。
　　2. 数据来源：《2005～2009年全国建设工程监理统计报告》、《2010年建设工程监理统计资料汇编》。

2) 监理企业营业收入逐年提高

"十一五"时期，监理企业营业收入逐年增加，由 2005 年的 279.67 亿元增加到 2010 年的 1196.14 亿元，5 年间增长了 3.28 倍。其中，工程监理及相关服务费收入 2010 年达 710 亿元，5 年间增长了 2.12 倍；项目管理与咨询服务收入达 132.74 亿元，5 年间增长了 4.71 倍；招标代理收入达 24.78 亿元，5 年间增长了 3.31 倍；造价咨询服务收入达 24.12 亿元，5 年间增长了 3.10 倍。"十一五"期间，工程监理企业营业收入情况见表7。

2005～2010年建设工程监理企业经营收入情况　　表7

单位：亿元

年份 类别	2005		2006		2007		2008		2009		2010	
	营业收入	占总收入比例(%)	营业收入	占总收入比例(%)	营业收入	占总收入比例(%)	营业收入	占总收入比例(%)	营业收入	占总收入比例(%)	营业收入	占总收入比例(%)
营业收入	279.67	100	376.54	100	526.73	100	657.44	100	854.55	100	1196.14	100
其中：工程监理及相关服务费收入	227.71	81.42	284.95	75.67	335.87	63.76	469.04	71.35	606.21	70.94	710	59.36
其中： 1. 工程监理收入	192.84	68.95	235.28	62.48	270.09	51.28	332.82	50.62	404.17	47.31	528.36	44.17
2. 工程项目管理与咨询服务费	23.24	8.31	33.98	9.02	47.06	8.93	73.02	11.11	166.08	19.43	132.74	11.11
3. 工程招标代理服务费收入	5.75	2.06	7.91	2.11	9.58	1.82	14.71	2.24	19.21	2.25	24.78	2.07
4. 工程造价咨询服务费	5.88	2.1	7.79	2.07	9.14	1.73	48.49	7.38	16.75	1.96	24.12	2.02
5. 其他业务收入	51.96	18.58	91.59	24.32	190.86	36.24	188.41	28.66	248.34	29.06	486.14	40.64

注：1. 工程监理企业营业收入包括工程监理收入、工程招标代理收入、工程造价咨询收入、工程项目管理与咨询服务收入以及其他收入5项。
　　2. 数据来源：《2005～2009年全国建设工程监理统计报告》、《2010年建设工程监理统计资料汇编》。

（摘录自中国建设监理协会《工程监理行业发展报告》2012年4月）

第七篇

数据统计与分析

一、2011年城镇建设统计分析

(一) 2011年城市建设统计概述

【概况】 2011年末,全国设市城市657个,数量与上年相同,其中直辖市4个,地级城市283个,县级城市370个。年末城市城区人口3.54亿人,数量与上年持平;年末城区暂住人口0.55亿人,比上年增加0.14亿人。年末建成区面积43603平方公里。

【城市维护建设资金收入与支出】 2011年全国城市维护建设资金收入11781.72亿元,比上年增加3211.22亿元。全国城市维护建设资金收入的具体分布情况如图7-1-1所示。其中市财政资金的具体分布情况如图7-1-2所示。2011年全国城市维护建设资金(财政性资金)支出8739.07亿元,比上年增加1230.99亿元。按用途分类的支出分布情况如图7-1-3所示。

【城市市政公用设施固定资产投资】 2011年城市市政公用设施固定资产完成投资13934.2亿元,比上年增加570.3亿元。城市市政公用设施固定资产完成投资总额占同期全社会固定资产投资总额的4.48%,占同期城镇固定资产投资总额的4.61%。全国城市市政公用设施建设固定资产投资的行业分布如图7-1-4所示,其中,道路桥梁、轨道交通、园林绿化分列前三位,分别占城市市政公用设施固定资产投资的50.8%、13.9%和11.1%。

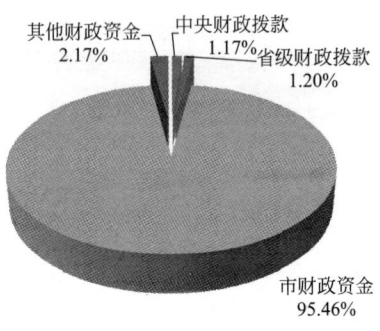

图7-1-1 2011年全国城市维护建设资金收入的分布情况

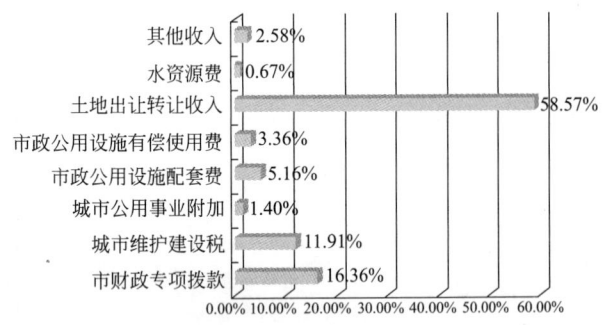

图7-1-2 2011年全国城市维护建设资金收入中市财政资金的分布情况

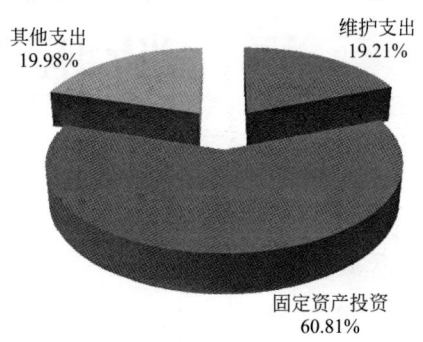

图7-1-3 2011年全国城市维护建设资金支出按用途的分布情况

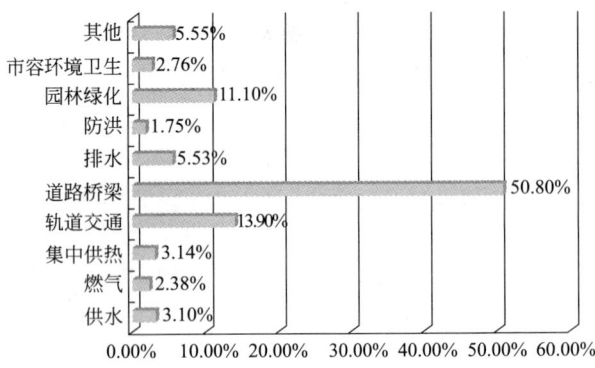

图7-1-4 2011年全国城市市政公用设施建设固定资产投资的行业分布情况

全国城市市政公用设施投资新增固定资产9092.3亿元,固定资产投资交付使用率65.3%。主要新增生产能力(或效益)是:供水日综合生产能力615万立方米,天然气储气能力1259万立方米,集中供热蒸汽能力3650吨/小时,热水能力1.9万兆瓦，道路长度 1.1 万公里，排水管道长度 1.8 万公里，城市污水处理厂日处理能力 464 万立方米，城市生活垃圾无害化日处理能力 2.1 万吨。

2011 年按资金来源分城市市政公用设施建设固定资产投资合计 14157.7 亿元，比上年减少 135.9 亿元。其中，本年资金来源 13509.1 亿元，上年末结余资金 648.9 亿元。本年资金来源的具体构成，如图 7-1-5 所示。

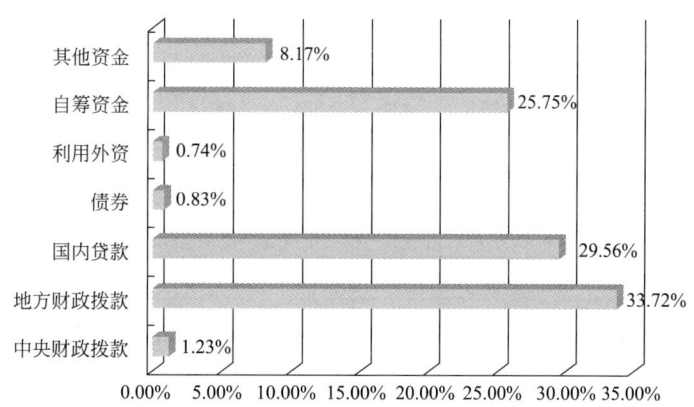

图 7-1-5　2011 年全国城市市政公用设施建设固定资产投资本年资金来源的分布情况

【城市供水和节水】　2011 年，全国城市供水综合生产能力为 26668.73 万立方米/日，供水管道长度 573774 公里，供水总量 513.4 亿立方米，其中，生产运营用水 159.7 亿立方米，公共服务用水 68.3 亿立方米，居民家庭用水 177.9 亿立方米，用水人口 3.97 亿人，用水普及率 97.0%，人均日生活用水量 170.94 升。2011 年，城市节约用水 40.7 亿立方米，节水措施总投资 18.1 亿元。

【城市燃气和集中供热】　2011 年，全国城市人工煤气供应总量 84.7 亿立方米，天然气供气总量 678.8 亿立方米，液化石油气供气总量 1168.8 万吨。用气人口 3.78 亿人，燃气普及率 92.4%，比上年增长 0.4%。2011 年末，全国城市蒸汽供热能力 8.5 万吨/小时，热水供热能力 33.9 万兆瓦，集中供热面积 47.4 亿平方米，比上年增长 8.72%。

【城市轨道交通】　2011 年末，全国有 12 个城市已建成轨道交通线路长度 1672 公里，其中，地铁 1364.33 公里、轻轨 231.29 公里、单轨 39.10 公里、有轨 7.8 公里、磁浮 29.90 公里；车站数 1120 个，其中换乘站 171 个，配置车辆数 9448 辆。设有轨道交通的城市分别是：北京、天津、沈阳、大连、长春、上海、南京、武汉、广州、深圳、佛山、重庆。全国在建轨道交通线路长度 1930 公里，车站数 1257 个，其中换乘站 298 个。

【城市道路桥梁】　2011 年末，全国城市城市道路长度 30.9 万公里，道路面积 56.3 亿平方米，其中人行道面积 12.4 亿平方米，人均城市道路面积 13.75 平方米，比上年增长 0.54 平方米。全国城市共有桥梁 53386 座，其中立交桥 3947 座。全国城市防洪堤长度 35051 公里，其中设计百年一遇洪水的 6210 公里、设计五十年一遇洪水的 10999 公里。

【城市排水与污水处理】　2011 年末，全国城市共有污水处理厂 1588 座，污水厂日处理能力 11303 万立方米，排水管道长度 41.4 万公里。城市年污水处理总量 337.6 亿立方米，城市污水处理率 83.63%，比上年增长 1.32%；其中污水处理厂集中处理率 78.08%，比上年增长 4.32%。

【城市园林绿化】　2011 年末，城市建成区绿化覆盖面积 171.9 万公顷，建成区绿化覆盖率 39.2%；建成区园林绿地面积 154.6 万公顷，建成区绿地率 35.3%；公园绿地面积 48.3 万公顷，人均公园绿地面积 11.8 平方米，比上年增长 0.6 平方米。

【国家级风景名胜区】　2011 年末，全国共有 208 处国家级风景名胜区，统计了其中 202 处，风景名胜区面积 8.3 万平方公里，可游览面积 3.9 万平方公里，全年接待游人 6.0 亿人次。国家投入 38.3 亿元用于风景名胜区的维护和建设。

【城市市容环境卫生】　2011 年末，全国城市道路清扫保洁面积 63.1 亿平方米，其中机械清扫面积 20.2 亿平方米，机械清扫率 32.0%。全年清运生活垃圾、粪便 1.84 亿吨。

【2002～2011 年全国城市建设的基本情况】
2002～2011 年全国城市建设基本情况见表 7-1-1。

2002~2011年全国城市建设基本情况

表 7-1-1

指标	2002	2003	2004	2005	2006	2007	2008	2009	2010	2011
年末城市数(个)	660	660	661	661	656	655	655	654	657	657
#直辖市(个)	4	4	4	4	4	4	4	4	4	4
#地级市(个)	275	282	283	283	283	283	283	283	283	283
#县级市(个)	381	374	374	374	369	368	368	367	370	370
年末城区人口(亿人)	3.52	3.38	3.41	3.59	3.33	3.36	3.35	3.41	3.54	3.54
年末城区暂住人口(亿人)	—	—	—	—	0.40	0.35	0.35	0.36	0.41	0.55
年末建成区面积(平方公里)	25973	28308	30406	32521	33660	35470	36295	38107	40058	43603
城市建设用地面积(平方公里)	—	—	—	—	36352	39140	38727	39758	41861	
市政公用设施固定资产年投资总额(亿元)	3123.2	4462.4	4762.2	5602.2	5765.1	6418.9	7368.2	10641.5	13363.9	13934.3
年供水总量(亿立方米)	466.5	475.3	490.3	502.1	540.5	501.9	500.1	496.7	507.9	513.4
用水普及率(%)	77.9	86.15	88.85	91.09	86.67	93.83	94.73	96.12	96.68	97.04
人工煤气年供应量(亿立方米)	198.9	202.1	213.7	255.8	296.5	322.4	355.8	361.6	279.9	84.7
天然气年供应量(亿立方米)	125.9	141.6	169.4	210.5	244.8	308.6	368.0	405.1	487.6	687.8
液化石油气年供应量(万吨)	1136.4	1126.4	1126.7	1222.0	1263.7	1466.8	1329.1	1340.0	1268.0	1165.8
年末供气管道长度(万公里)	11.4	13.0	14.8	16.2	18.9	22.1	25.8	27.3	30.9	33.9
燃气普及率(%)	67.2	76.74	81.53	82.08	79.11	87.40	89.55	91.41	92.04	92.41
年末集中供热面积(亿立方米)	15.6	18.9	21.6	25.2	26.6	30.1	34.9	38.0	43.6	47.4
年末道路长度(万公里)	19.1	20.8	22.3	24.7	24.1	24.6	26.0	26.9	29.4	30.9
年末道路面积(亿平方米)	27.7	31.6	35.3	39.2	41.1	42.4	45.2	48.2	52.1	56.3
人均道路面积(平方米)	7.9	9.34	10.34	10.92	11.04	11.43	12.21	12.79	13.21	13.75
城市桥梁(座)	47341	50732	51092	52123	54643	48100	49840	51068	52548	53386
污水年排放量(亿立方米)	337.6	349.2	356.5	359.5	362.5	361.0	364.9	371.2	378.7	403.7
城市污水日处理能力(万立方米)	6153	6626.4	7387.2	7989.7	9734.0	10336.5	11172.5	12183.9	13392.9	13304.1
污水处理率(%)	39.97	42.39	45.67	51.95	55.67	62.87	70.66	75.25	82.31	83.63
年末排水管道长度(万公里)	17.3	19.9	21.9	24.1	26.1	29.2	31.5	34.4	37.0	41.4
年末建成区绿化覆盖面积(万公顷)	77.3	88.2	96.3	105.8	118.2	125.2	135.6	149.6	161.2	255.4
年末建成区绿地面积(万公顷)	67.0	77.2	84.3	92.7	104.1	111.0	120.8	133.8	144.4	224.3
建成区绿化覆盖率(%)	29.8	31.2	31.7	32.5	35.1	35.3	37.4	38.2	38.6	39.2
建成区绿地率(%)	25.8	27.3	27.7	28.5	30.9	31.3	33.3	34.2	34.5	35.3
人均公园绿地面积(平方米)	5.4	6.49	7.39	7.89	8.30	8.98	9.71	10.66	11.18	11.80
公园个数(个)	5178	5832	6427	7077	6908	7913	8557	9050	9955	10780
公园面积(万公顷)	10.0	11.3	13.4	15.8	20.8	20.2	21.8	23.6	25.8	28.6
年末国家级风景名胜区个数(个)	151	151	177	187	187	187	187	208	208	208
清扫保洁面积(万平方米)	213623	247880	275973	310836	324768	379355	468545	447265	485033	630545
生活垃圾年清运量(万吨)	13650	14857	15509	15577	14841	15215	15438	15734	15805	16395
粪便年清运量(万吨)	3160	3475	3576	3805	2131	2506	2331	2141	1951	1963

注：1. 自2006年起，人均指标与普及率指标按城区人口和暂住人口合计为分母计算，以公安部门数据为准。
2. "年末城区人口"指标2005年及以前年份为"年末城市人口"。
3. "人均公园绿地面积"指标2005年及以前年份为"人均公共绿地面积"。

【2011年全国各地区城市设施水平的比较】 由表 7-1-2 可以得到全国各地区城市设施水平 6 项指标的排序，2011 年全国各地区城市设施水平排序见表 7-1-3。

2011 年全国各地区城市设施水平　　　　表 7-1-2

地区	城市用水普及率（%）	城市燃气普及率（%）	人均城市道路面积（平方米）	污水处理率（%）	人均公园绿地面积（平方米）	生活垃圾处理率（%）
全　国	97.04	92.41	13.75	83.63	11.80	91.89
北　京	100.00	100.00	5.26	81.68	11.33	98.24
天　津	100.00	100.00	17.05	86.75	10.30	100.00
河　北	100.00	99.86	17.84	93.93	14.26	96.82
山　西	97.48	94.63	11.21	86.54	10.17	80.72
内蒙古	91.39	82.23	15.77	83.85	14.47	93.21
辽　宁	98.36	95.46	11.27	84.14	10.56	94.04
吉　林	92.71	88.28	11.90	82.86	10.53	95.24
黑龙江	90.78	81.41	11.20	57.28	11.47	43.69
上　海	100.00	99.87	4.04	84.42	7.01	82.72
江　苏	99.58	99.03	21.86	89.92	13.34	98.22
浙　江	99.84	99.34	17.53	85.09	11.77	98.19
安　徽	96.55	93.35	18.00	91.09	11.88	97.06
福　建	99.11	98.67	13.46	85.29	11.72	99.25
江　西	97.94	94.31	14.40	85.08	13.49	100.00
山　东	99.74	99.48	23.62	93.18	16.00	97.51
河　南	92.64	76.19	10.83	89.04	8.90	88.87
湖　北	98.25	93.89	14.78	86.49	10.11	92.57
湖　南	95.68	88.45	13.62	82.82	8.81	93.77
广　东	98.39	91.30	12.51	79.11	14.35	94.15
广　西	93.91	91.08	14.34	64.05	11.02	95.49
海　南	96.09	93.59	18.42	73.14	12.51	95.49
重　庆	93.41	93.03	10.43	94.62	17.87	99.55
四　川	91.83	87.09	12.14	78.32	10.73	92.66
贵　州	91.55	71.56	6.63	90.69	7.26	91.68
云　南	95.09	74.21	11.97	94.62	10.26	97.95
西　藏	91.93	83.44	13.48	—	10.73	82.44
陕　西	95.72	92.09	13.72	83.96	11.41	94.48
甘　肃	92.50	75.62	12.58	68.82	8.32	98.75
青　海	99.86	92.10	11.22	60.99	9.65	92.81
宁　夏	95.45	88.38	17.90	80.19	16.03	73.51
新　疆	99.17	96.19	13.74	77.03	9.48	92.20

2011 年全国各地区城市设施水平排序　　　　表 7-1-3

地区	城市用水普及率	城市燃气普及率	每万人拥有公共交通车辆	人均城市道路面积	人均公园绿地面积	每万人拥有公共厕所
北　京	1	1	30	21	15	6
天　津	1	1	8	9	21	1
河　北	1	4	6	3	6	12

续表

地区	城市用水普及率	城市燃气普及率	每万人拥有公共交通车辆	人均城市道路面积	人均公园绿地面积	每万人拥有公共厕所
山　西	15	11	25	10	23	29
内蒙古	30	26	9	18	4	20
辽　宁	12	10	23	16	19	18
吉　林	24	23	22	19	20	15
黑龙江	31	27	26	30	13	31
上　海	1	3	31	15	31	27
江　苏	8	7	2	7	8	7
浙　江	6	6	7	13	11	8
安　徽	16	15	4	5	10	11
福　建	10	8	17	12	12	4
江　西	14	12	11	14	7	1
山　东	7	5	1	4	3	10
河　南	25	28	27	8	27	26
湖　北	13	13	10	11	24	23
湖　南	19	21	15	20	28	19
广　东	11	19	19	23	5	17
广　西	22	20	12	28	16	14
海　南	17	14	3	26	9	13
重　庆	23	16	28	1	1	3
四　川	28	24	20	24	17	22
贵　州	29	31	29	6	30	25
云　南	21	30	21	1	22	9
西　藏	27	25	16	—	18	28
陕　西	18	18	14	17	14	16
甘　肃	26	29	18	27	29	5
青　海	5	17	24	29	25	21
宁　夏	20	22	5	22	2	30
新　疆	9	9	13	25	26	24

（住房和城乡建设部计划财务与外事司　哈尔滨工业大学）

（二）2011年县城建设统计概述

【概况】　2011年末，全国有县城1627个，据其中1539个县、10个特殊区域及148个新疆生产建设兵团师团部驻地统计汇总，县城人口1.29亿人，暂住人口1393万人，建成区面积1.74万平方公里。

【县城维护建设资金收入与支出】　2011年全国县城维护建设资金收入2624.08亿元，比上年增加565.88亿元。全国县城维护建设资金收入的具体分布情况如图7-1-6所示。其中，市财政资金的具体分布情况如图7-1-7所示。2011年全国县城维护建设资金支出2424.61亿元，比上年增加379.50亿元。按用途分类的支出分布情况如图7-1-8所示。

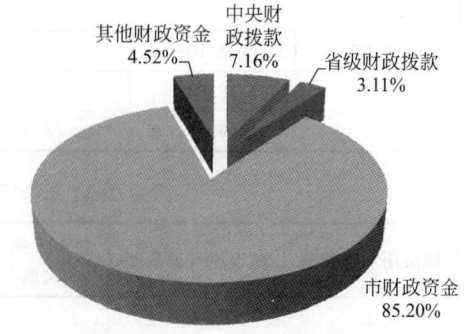

图7-1-6　2011年全国县城维护建设资金收入的分布情况

一、2011年城镇建设统计分析

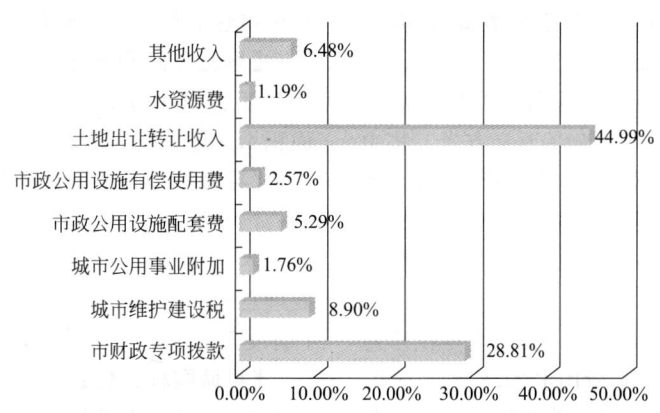

图 7-1-7 2011 年全国县城维护建设资金收入中市财政资金的分布情况

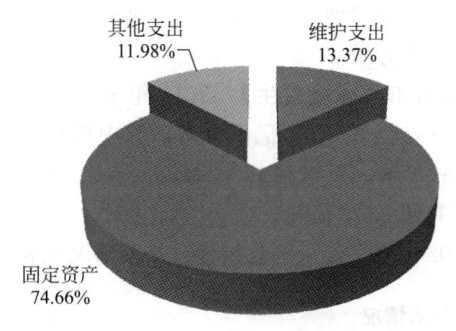

图 7-1-8 2011 年全国县城维护建设资金支出按用途的分布情况

【县城市政公用设施固定资产投资】 2011 年，县城市政公用设施固定资产完成投资 2859.6 亿元，比上年增加 289.8 亿元。全国县城市政公用设施建设固定资产投资的行业分布如图 7-1-9 所示，其中，道路桥梁、园林绿化、排水分列前三位，分别占县城市政公用设施固定资产投资的 48.73%、15.59% 和 7.05%。

2011 年按资金来源分县城市政公用设施建设固定资产投资合计 2872.37 亿元，比上年增加 312.57 亿元。其中，本年资金来源 2840.87 亿元，上年末结余资金 31.70 亿元。本年资金来源的具体构成，如图 7-1-10 所示。

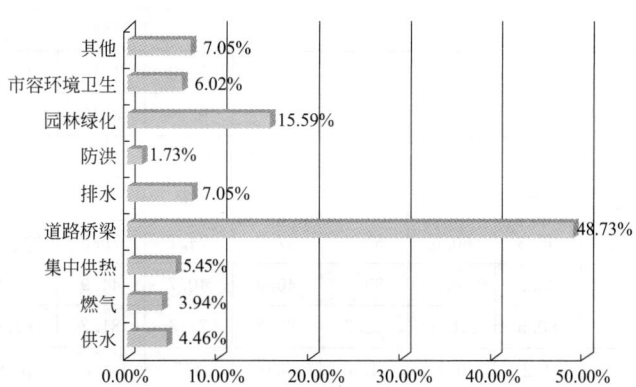

图 7-1-9 2011 年全国县城市政公用设施建设固定资产投资的行业分布

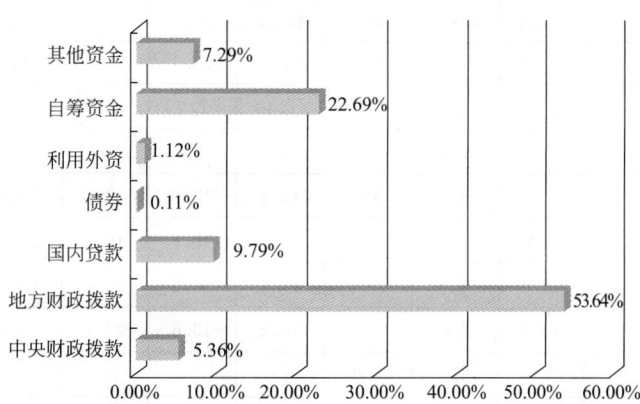

图 7-1-10 2011 年全国县城市政公用设施建设固定资产投资本年资金来源的分布

全国县城市政公用设施投资新增固定资产2353.6亿元，固定资产投资交付使用率82.3%。主要新增生产能力(或效益)是：供水日综合生产能力317万立方米，天然气储气能力917万立方米，集中供热蒸汽能力661吨/小时，热水供热能力8319兆瓦，道路长度6507公里，排水管道长度1.3万公里，污水处理厂日处理能力164万立方米，生活垃圾无害化日处理能力1.5万吨。

【县城供水和节水】 2011年，县城全年供水总量97.7亿立方米，其中生产运营用水27.8亿立方米，公共服务用水10.3亿立方米，居民家庭用水42.9亿立方米。用水人口1.23亿人，用水普及率86.1%。人均日生活用水量118.7升。2011年，县城节约用水2.6亿立方米，节水措施总投资3.9亿元。

【县城燃气和集中供热】 2011年，人工煤气供应总量9.5亿立方米，天然气供气总量53.9亿立方米，液化石油气供气总量244.7万吨。用气人口0.95亿人，燃气普及率66.5%。2011年末，蒸汽供热能力1.5万吨/小时，热水供热能力8.1万兆瓦，集中供热面积7.8亿平方米。

【县城道路桥梁】 2011年末，县城道路长度10.9万公里，道路面积19.2亿平方米，其中人行道面积4.8亿平方米，人均城市道路面积13.4平方米。

【县城排水与污水处理】 2011年末，全国县城共有污水处理厂1302座，污水厂日处理能力2409万立方米，排水管道长度12.2万公里。县城全年污水处理总量56.0亿立方米，污水处理率70.4%，其中污水处理厂集中处理率68.0%。

【县城园林绿化】 2011年末，县城建成区绿化覆盖面积46.6万公顷，建成区绿化覆盖率26.8%；建成区园林绿地面积38.6万公顷，建成区绿地率22.2%；公园绿地面积12.1万公顷，人均公园绿地面积8.5平方米。

【县城市容环境卫生】 2011年末，全国县城道路清扫保洁面积15.7亿平方米，其中机械清扫面积3.8亿平方米，机械清扫率24.2%。全年清运生活垃圾、粪便0.75亿吨。

2002~2011年全国县城建设基本情况见表7-1-4。

2002~2011年全国县城建设基本情况　　　　　表7-1-4

指标	年份									
	2002	2003	2004	2005	2006	2007	2008	2009	2010	2011
年末县个数(个)	1649	1642	1636	1636	1635	1635	1635	1636	1633	1627
年末县城人口(亿人)	0.89	0.92	0.96	1.00	1.10	1.16	1.19	1.23	1.26	1.29
年末县城暂住人口(亿人)	—	—	—	0.09	0.10	0.11	0.11	0.12	0.14	
年末建成区面积(平方公里)	10496	11115	11774	12383	13229	14260	14776	15558	16585	17376
市政公用设施固定资产年投资总额(亿元)	412	556	657	719	731	812	1146	1681	2570	2860
年供水总量(亿立方米)	56.8	60.6	65.4	67.7	74.7	79.5	82.6	85.6	92.6	97.7
井生活用水量	33.9	36.3	39.5	40.9	40.7	44.9	46.0	48.5	51.3	42.9
用水普及率(%)	80.5	81.6	82.3	83.2	76.4	81.2	81.6	83.7	85.1	86.1
人工煤气年供气量(亿立方米)	1.2	0.7	1.8	3.0	1.3	1.4	1.5	1.8	4.1	9.5
天然气年供气量(亿立方米)	6.4	7.7	11.0	18.1	16.5	24.5	23.3	32.2	40.0	53.9
液化石油气年供气量(万吨)	142.4	174.5	188.9	185.9	195.0	203.2	202.1	212.6	218.5	244.7
燃气普及率(%)	49.7	53.3	56.9	57.8	52.5	57.3	59.1	61.7	64.9	66.5
年末集中供热面积(亿平方米)	1.5	1.7	1.7	2.1	2.4	3.2	3.7	4.8	6.1	7.8
年末道路长度(万公里)	5.3	5.8	6.2	6.7	7.4	8.4	9.0	9.5	10.6	10.9
年末道路面积(亿平方米)	8.3	9.1	9.9	10.8	12.3	13.4	14.6	16.0	17.6	19.2
人均道路面积(平方米)	9.4	9.8	10.3	10.8	10.3	10.7	11.2	12.0	12.7	13.4
污水年排放量(亿立方米)	43.6	41.9	46.3	47.4	54.6	60.1	60.3	65.7	72.0	79.5
污水处理率(%)	11.0	9.9	11.2	14.2	13.6	23.4	31.6	41.6	60.1	70.4
年末排水管道长度(万公里)	4.4	5.3	6.0	6.0	6.9	7.7	8.4	9.6	10.9	12.2
年末建成区绿化覆盖面积(万公顷)	14.8	17.0	19.3	21.0	24.7	28.8	31.8	36.5	41.3	46.6

一、2011年城镇建设统计分析

续表

指标	年份									
	2002	2003	2004	2005	2006	2007	2008	2009	2010	2011
年末建成区园林绿地面积(万公顷)	10.3	12.0	13.7	15.2	18.5	22.0	25.0	28.6	33.0	38.6
建成区绿化覆盖率(%)	14.1	15.3	16.4	17.0	18.7	20.2	21.5	23.5	24.9	26.8
建成区绿地率(%)	9.8	10.8	11.7	12.3	14.0	15.4	16.9	18.4	19.9	22.2
人均公园绿地面积(平方米)	4.3	4.8	5.3	5.7	5.0	5.6	6.1	6.9	7.7	8.5
生活垃圾年清运量(万吨)	—	6503	7819	8182	9535	6266	7110	6794	8085	6743
粪便年清运量(万吨)	—	1659	1699	1256	1312	710	2507	1151	759	751

注：1. 自2006年起，人均指标与普及率指标按城区人口计算，按照公安部门的户籍统计和暂住人口统计计算。
2. "人均公园绿地面积"指标2005年及以前年份为"人均公共绿地面积"。

(住房和城乡建设部计划财务与外事司 哈尔滨工业大学)

(三) 2011年村镇建设统计概述

【概况】 2011年末，全国共有建制镇19683个，乡(苏木、民族乡、民族苏木)13587个。据17072个建制镇、12924个乡(苏木、民族乡、民族苏木)、678个镇乡级特殊区域和266.95万个自然村(其中村民委员会所在地55.37万个)统计汇总，村镇户籍总人口9.42亿。其中，建制镇建成区1.436亿，占村镇总人口的15.2%；乡建成区0.313亿，占村镇总人口的3.3%；镇乡级特殊区域建成区0.033亿，占村镇总人口的0.4%；村庄7.638亿，占村镇总人口的81.1%。

2011年末，全国建制镇建成区面积338.6万公顷，平均每个建制镇建成区占地198公顷，人口密度5021人/平方公里(含暂住人口)；乡建成区74.2万公顷，平均每个乡建成区占地57公顷，人口密度4540人/平方公里(含暂住人口)；镇乡级特殊区域建成区9.3万公顷，平均每个镇乡级特殊区域建成区占地137公顷，人口密度4043人/平方公里(含暂住人口)。

【规划管理】 2011年末，全国有总体规划的建制镇15240个，占所统计建制镇总数的89.3%，其中本年编制2140个；有总体规划的乡8707个，占所统计乡总数的67.4%，其中本年编制1588个；有总体规划的镇乡级特殊区域455个，占所统计镇乡级特殊区域总数的67.1%，其中本年编制100个；有规划的行政村291964个，占所统计行政村总数的52.73%，其中本年编制41572个。2011年全国村镇规划编制投入达35.46亿元。

【建设投入】 2011年，全国村镇建设总投入11982亿元。按地域分，建制镇建成区投入5018亿元，乡建成区投入535亿元，镇乡级特殊区域建成区投入225亿元，村庄投入6204亿元，分别占总投入的41.9%、4.5%、1.9%、51.8%。按用途分，房屋建设投入9430亿元，市政公用设施建设投入2552亿元，分别占总投入的78.7%、21.3%。

在房屋建设投入中，住宅建设投入6269亿元，公共建筑投入1085亿元，生产性建筑投入2076亿元，分别占房屋建设投入的66.5%、11.5%、22.0%。

在市政公用设施建设投入中，供水投入333亿元，道路桥梁投入1100亿元，分别占市政公用设施建设总投入的13.0%和43.1%。

【房屋建设】 2011年，全国村镇房屋竣工建筑面积10.07亿平方米，其中住宅7.03亿平方米，公共建筑0.94亿平方米，生产性建筑2.10亿平方米。2011年末，全国村镇实有房屋建筑面积360.3亿平方米，其中住宅302.9亿平方米，公共建筑23.3亿平方米，生产性建筑34.1亿平方米，分别占84.1%、6.5%、9.5%。

2011年末，全国村镇人均住宅建筑面积32.15平方米。其中，建制镇建成区人均住宅建筑面积32.95平方米，乡建成区人均住宅建筑面积30.27平方米，镇乡级特殊区域建成区人均住宅建筑面积31.41平方米，村庄人均住宅建筑面积32.08平方米。

【公用设施建设】 在建制镇、乡和镇乡级特殊区域建成区内，年末实有供水管道长度45.76万公里，排水管道长度13.92万公里，排水暗渠长度6.79万公里，铺装道路长度34.65万公里，铺装道路面积24.27亿平方米，公共厕所13.17万座。

2011年末，建制镇建成区用水普及率79.79%，人均日生活用水量100.7升，燃气普及率46.12%，人均道路面积11.7平方米，排水管道暗渠密度5.3公里/平方公里，人均公园绿地面积2.03平方米。

乡建成区用水普及率 65.73%，人均日生活用水量 82.4 升，燃气普及率 19.13%，人均道路面积 11.5 平方米，排水管道暗渠密度 3.12 公里/平方公里，人均公园绿地面积 0.9 平方米。镇乡级特殊区域建成区用水普及率 86.23%，人均日生活用水量 82.54 升，燃气普及率 52.45%，人均道路面积 14.03 平方米，排水管道暗渠密度 4.72 公里/平方公里，人均公园绿地面积 2.71 平方米。

2011 年末，全国 54.9% 的行政村有集中供水，6.7% 的行政村对生活污水进行了处理，41.9% 的行政村有生活垃圾收集点，24.5% 的行政村对生活垃圾进行处理。

2002～2011 年全国村镇建设基本情况见表 7-1-5、表 7-1-6 和表 7-1-7。

2002～2011 年全国建制镇建设基本情况　　　　表 7-1-5

指标	年份									
	2002	2003	2004	2005	2006	2007	2008	2009	2010	2011
年末建制镇个数(万个)	2.06	2.02	2.00	1.95	1.94	1.92	1.92	1.93	1.94	1.97
年末统计建制镇个数(万个)	1.84	—	1.78	1.77	1.77	1.67	1.70	1.69	1.68	1.71
年末镇建成区面积(万公顷)	203.2	—	223.6	236.9	312.0	284.3	301.6	313.1	317.9	338.6
年末实有住宅建筑面积(亿平方米)	30.7	—	33.7	36.8	39.1	38.9	41.5	44.2	45.1	47.3
人均住宅建筑面积(平方米)	23.2	—	24.1	25.7	27.9	29.7	30.1	32.1	32.5	32.95
年供水总量(亿立方米)	97.3	—	110.7	136.5	131.0	112.0	129.0	114.6	113.5	118.6
♯生活用水(亿立方米)	42.3	—	49.0	54.2	44.7	42.1	45.0	46.1	47.8	49.8
用水普及率(%)	80.4	—	83.6	84.7	83.8	76.6	77.8	78.3	79.6	79.8
人均日生活用水量(升)	105.4	—	112.1	118.4	104.2	97.1	97.1	98.9	99.3	100.7
年末实有道路长度(万公里)	24.3	—	27.5	30.1	26.0	21.6	23.4	24.5	25.8	27.4
年末排水管道长度(万公里)	13.0	—	15.7	17.1	11.9	8.8	9.9	10.7	11.5	12.2
年末公园绿地面积(万公顷)	4.84	—	6.01	6.81	3.3	2.72	3.09	3.14	3.36	3.44
年末人均公园绿地面积(平方米)	3.5	—	4.2	4.6	2.4	1.8	1.9	1.9	2	2.03
年末公共厕所(万座)	11.2	—	11.8	12.4	9.4	9.0	12.1	11.6	9.84	10.06

注：1. 2003 年无全国汇总数据。
　　2. 2006 年执行新的报表制度，数据与以往年度不可对比。

2002～2011 年全国乡建设基本情况　　　　表 7-1-6

指标	年份									
	2002	2003	2004	2005	2006	2007	2008	2009	2010	2011
年末乡个数(万个)	1.86	1.81	1.75	1.60	1.53	1.51	1.51	1.48	1.46	1.36
年末统计乡个数(万个)	2.26	—	2.18	2.07	1.46	1.42	1.41	1.39	1.37	1.29
年末乡建成区面积(万公顷)	79.1	—	78.1	77.8	92.8	75.9	81.2	75.8	75.1	74.2
年末实有住宅建筑面积(亿平方米)	12.0	—	12.5	12.8	9.1	9.1	9.2	9.4	9.7	9.5
人均住宅建筑面积(平方米)	23.6	—	24.9	25.2	25.9	27.1	27.2	28.8	29.9	30.3
年供水总量(亿立方米)	16.4	—	17.4	17.5	25.8	11.9	11.9	11.4	11.8	11.5
♯生活用水(亿立方米)	8.4	—	9.5	9.6	6.3	6.0	6.3	6.5	6.8	6.7
用水普及率(%)	62.1	—	65.8	67.2	63.4	59.1	62.6	63.5	65.6	65.7
人均日生活用水量(升)	71.9	—	74.8	75.6	78	76.1	75.5	79.5	81.4	82.4
年末实有道路长度(万公里)	12.1	—	12.6	12.4	7.0	6.2	6.4	6.3	6.6	6.5
年末排水管道长度(万公里)	3.6	—	4.3	4.3	1.9	1.1	1.2	1.4	1.4	1.4
年末公园绿地面积(万公顷)	1.31	—	1.41	1.37	0.29	0.24	0.26	0.30	0.31	0.30
年末人均公园绿地面积(平方米)	2.54	—	2.57	2.65	0.85	0.66	0.72	0.84	0.88	0.90
年末公共厕所(万座)	5.05	—	4.58	4.57	2.92	2.76	3.34	2.96	2.75	2.58

注：1. 2003 年无全国汇总数据。
　　2. 2006 年执行新的报表制度，数据与以往年度不可对比。

一、2011年城镇建设统计分析

2002～2011年全国村庄建设基本情况　　　　表 7-1-7

指标	2002	2003	2004	2005	2006	2007	2008	2009	2010	2011
行政村个数(万个)	68.1	66.4	64.4	62.9	62.4	61.3	60.4	59.9	59.5	55.4
统计村庄个数(万个)	339.6	—	320.7	313.7	270.9	264.7	266.6	271.4	273.0	266.95
♯行政村个数(万个)	—	—	—	—	—	57.2	56.9	56.8	56.4	55.4
年末实有住宅建筑面积(亿平方米)	202.5	—	205.0	208.0	202.9	222.7	227.2	237.0	242.6	245.06
人均住宅建筑面积(平方米)	25.5	—	26.5	26.9	28.4	29.2	29.4	30.8	31.6	32.08
有建设规划的行政村个数(万个)	—	—	—	—	—	19.6	21.9	26.0	27.0	29.2
集中供水的行政村个数(万个)	—	—	—	—	—	24.7	26.6	28.3	29.5	30.4
用水普及率(%)	—	—	—	—	—	—	—	—	—	56.15
对生活污水进行处理的行政村个数(万个)	—	—	—	—	—	1.5	1.9	2.8	3.4	3.7
有生活垃圾收集点的行政村个数(万个)	—	—	—	—	—	15.3	17.6	19.9	11.7	23.2
对生活垃圾进行处理的行政村个数(万个)	—	—	—	—	—	—	—	—	—	13.5

注：1. 2003年无全国汇总数据。
　　2. 2006年执行新的报表制度，数据与以往年度不可对比。

（住房和城乡建设部计划财务与外事司
哈尔滨工业大学）

(四) 2011年城镇污水处理设施建设情况

【城镇污水处理设施】 截至2011年底，全国设市城市、县累计建成城镇污水处理厂3135座，污水处理能力达到1.36亿立方米/日，比2010年底增加处理能力约1100万立方米/日。全国在建的城镇污水处理项目达1360个，总设计能力约2900万立方米/日。

截至2011年底，全国已有637个设市城市建有污水处理厂，占设市城市总数的97%；累计建成污水处理厂1841座，形成污水处理能力1.12亿立方米/日；比2010年底增加污水处理厂153座，新增污水处理能力600万立方米/日。36个大中城市（直辖市、省会城市和计划单列市）已建有污水处理厂422座，形成污水处理能力4791万立方米/日。

截至2011年底，全国已有1169个县城建成了污水处理厂，约占县城总数的71.6%，比2010年底增长了8个百分点；累计建成污水处理厂1287座，形成污水处理能力2297万立方米/日。全国已有20个省、自治区、直辖市实现辖区内"每个县(市)建有污水处理厂"。

【建成投运城镇污水处理厂运行与污染物削减情况】 2011年第四季度，全国城镇污水处理厂累计处理污水102.21亿立方米，同比增长12.1%；运行负荷率达到80.5%，同比增长2.3个百分点。累计削减化学需氧量(COD)总量255.18万吨，同比增长7.6%；平均削减化学需氧量(COD)浓度达到248mg/L，同比下降4.2%。

2011年第四季度，36个大中城市城镇污水处理厂累计处理污水量37.68亿立方米，同比增长8.6%；运行负荷率为85.48%；累计削减化学需氧量(COD)总量103.07万吨，同比增长5.9%；平均削减化学需氧量(COD)浓度达到270mg/L，同比下降3.2%。

截至2011年底，全国城镇污水处理厂全年累计处理污水393.13亿立方米，同比增加45.72亿立方米，增长13.12%；平均运行负荷率达到79.45%，同比提高0.5个百分点；全年累计削减化学需氧量(COD)总量1017.75万吨，首次突破1000万吨，同比增加88.48万吨，增长9.52%；削减氨氮总量84.53万吨。

【综合分析】 2011年全国城镇污水处理能力仍保持较快增长势头，实际处理污水量和污染物削减总量大幅度增加，但随着城镇污水处理设施建设重点向县镇转移，污水处理能力的增长将逐步放缓。

（住房和城乡建设部计划财务与外事司）

二、2011年建筑业发展统计分析

(一) 2011年建筑业基本情况

2011年是"十二五"开局之年,在党中央、国务院的正确领导下,建筑行业以科学发展为主题,加快推进发展方式转变和产业结构调整,顺利完成年度安居工程建设任务,实现平稳较快发展。全国建筑业企业(指具有资质等级的总承包和专业承包建筑业企业,不含劳务分包建筑业企业,下同)完成建筑业总产值117734亿元,比上年增长22.6%,首次突破十万亿大关;完成竣工产值62024亿元,增长8.6%。房屋建筑施工面积84.6亿平方米,增长19.5%;房屋竣工面积29.2亿平方米,增长5.3%。签订合同总额208532亿元,增长20.8%。实现利润4241亿元,增长24.4%。到2011年底,全国共有建筑业企业70414个,比2010年减少1449个;从业人数4311.1万人,增加150.7万人。按建筑业总产值计算的劳动生产率为229220元/人,比2010年同期增长12.4%。

【建筑业对国民经济增长贡献突出,支柱产业地位日益增强】 2011年,国民经济继续平稳较快发展,国内生产总值(GDP)达到471564亿元,比上年增长9.2%,与2010年的10.4%相比,增速有所回落。全年全社会建筑业实现增加值32020亿元,比上年增长10.0%,增速高出GDP增速0.8个百分点。但与2010年的13.7%相比,增速降低3.7个百分点(见图7-2-1)。建筑业增加值占GDP比重达到6.8%,再创历史新高(图7-2-2),建筑业支柱产业地位持续增强。

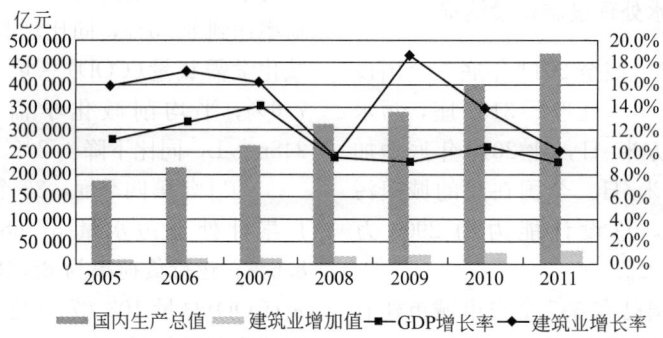

图7-2-1 2005～2011年国内生产总值、建筑业增加值及增长速度
数据来源:2005～2010年数据来源于《中国统计年鉴2011》,2011年数据来源于国家统计局《2011年国民经济和社会发展统计公报》

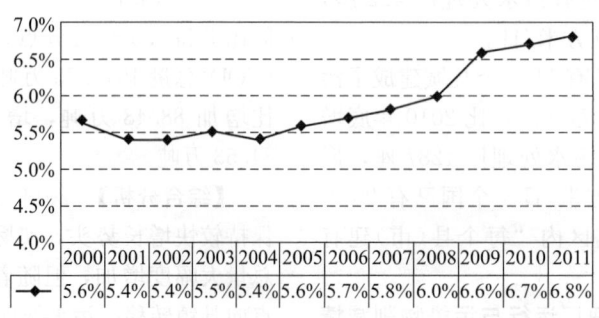

图7-2-2 2000年以来建筑业增加值占GDP比重

二、2011年建筑业发展统计分析

【受固定资产投资带动，建筑业产业规模持续扩大】 2011年，全国固定资产投资（不含农户）301933亿元，比上年增长23.8%，增速回落0.4个百分点。但建筑业固定资产投资比上年同期增长42.9%，达到3252.8亿元，增长率在国民经济行业20大门类中排名第2，仅次于居民服务和其他服务业（见表7-2-1）。

2011年各行业固定资产投资增长率排名　　表 7-2-1

名次	主要行业	投资额（亿元）	比去年同期增长（%）
1	居民服务和其他服务业	1217.18	52.9
2	建筑业	3252.75	42.9
3	金融业	628.42	42.0
4	租赁和商务服务业	3373.91	40.3
5	批发和零售业	7322.20	40.1
6	科学研究、技术服务和地质勘查业	1649.54	39.4
7	住宿和餐饮业	3915.70	34.3
8	制造业	102594.10	31.8
9	房地产业	75684.83	29.7
10	卫生、社会保障和社会福利业	2331.29	28.1
11	农林牧渔业	6792.38	25.0
12	采矿业	11809.69	21.4
13	文化、体育和娱乐业	3148.16	21.3
14	公共管理和社会组织	5765.98	18.1
15	水利、环境和公共设施管理业	24536.63	14.2
16	教育	3881.50	13.7
17	电力、燃气及水的生产和供应业	14606.96	3.8
18	交通运输、仓储和邮政业	27260.32	1.8
19	信息传输、计算机服务和软件业	2161.32	0.4
20	国际组织	—	—

伴随社会固定资产投资扩张，近10年来，全国建筑业企业完成建筑业总产值屡创新高，2011年达到117734亿元，首次突破10万亿元大关，比上年同期增加21703亿元，增长22.6%，为实现建筑业"十二五"规划年均增长15%以上的目标奠定了很好的基础。2011年建筑业总产值是"九五"期末（2000年）的9.4倍、"十五"期末（2005年）的3.4倍。增速继2009年的23.8%、2010年的25%后，转而下行，增速放缓（见图7-2-3）。

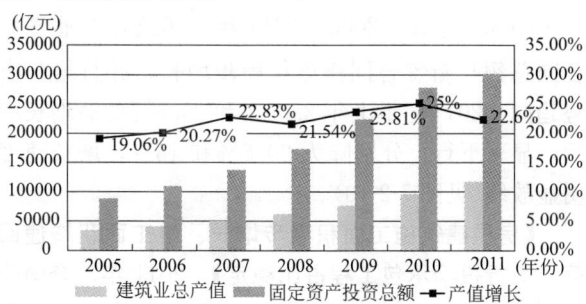

图 7-2-3　2005~2011年全社会固定资产投资、建筑业总产值及增长速度

数据来源：2005~2010年数据来源于《中国统计年鉴》，2011年数据来源于国家统计局《2011年建筑业企业生产情况统计快报》

【建筑业企业运行效益良好，利润稳步增长，产值利润率略有提升】 2011年，全国建筑业企业利润继续稳步增长，比2010年增长831.9亿元，达到4241亿元，增幅24.4%。2005年以来，建筑业产值利润率历经上升与稳定两个阶段（见图7-2-4）。2008年、2009年、2010年连续三年稳定在3.5%的水平。2011年，产值利润率略有提升，达到3.6%。

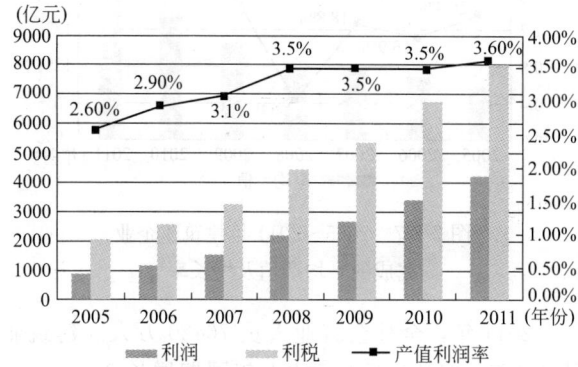

图 7-2-4　2005~2011年全国建筑业企业利润、利税及产值利润率

2000年以来，随着建筑业企业所得利润的稳步

增长,利润占利税比例逐年升高(见图7-2-5)。税金所占比例有所降低,由 2000 年的 66.8%,下降到 2010 年的 49.6%,但仍达五成左右。

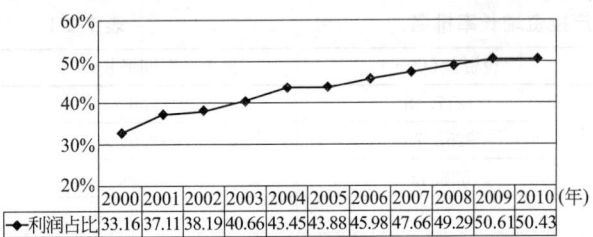

图 7-2-5　2000 年以来建筑业企业利润占利税比例

【建筑业企业数量略有减少,从业人员规模逐年扩大,劳动生产率稳步提高】　建筑业企业数量自 2008 年出现较大幅度增长后,企业数量变化不大。截至 2011 年底,全国共有建筑业企业 70414 个,与上年同期相比减少 1449 个,减少 2%(见图 7-2-6)。平均每个建筑业企业完成的建筑业总产值逐年增长,2011 年达 1.67 亿元(见图 7-2-7)。

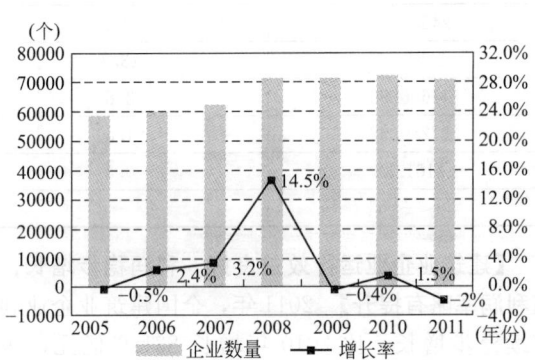

图 7-2-6　2005～2011 年建筑业企业数量及增速

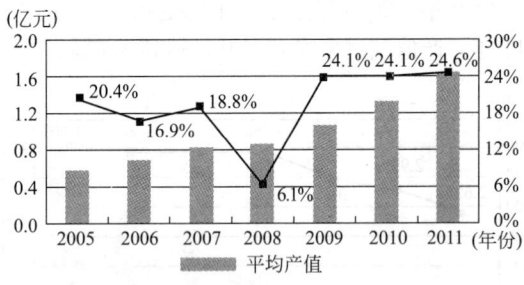

图 7-2-7　2005～2011 年建筑业企业完成的平均产值及增长率

2011 年,全社会就业人员 76420 万人。建筑业从业人数 4311.1 万人,比上年同期增长 3.6%,增速放缓(见图 7-2-8)。建筑业从业人数连续多年稳步增长。建筑业对拉动城乡就业,吸纳农村富余劳动力,促进城乡统筹发展贡献突出。

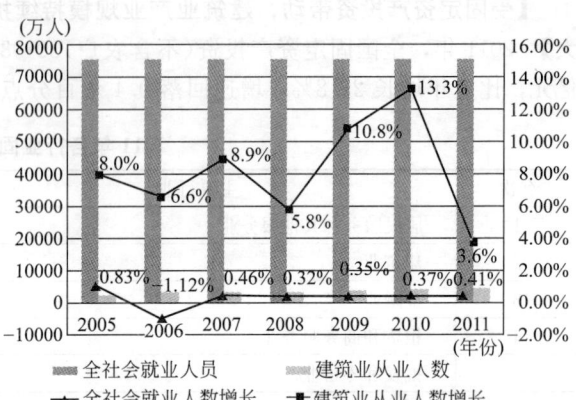

图 7-2-8　2005～2011 年全社会就业人数、建筑业从业人数增长情况

数据来源:2005～2010 年数据来源于《中国统计年鉴》。2011 年全社会就业人数来源于《中华人民共和国 2011 年国民经济和社会发展统计公报》,建筑业从业人数来源于国家统计局《2011 年建筑业企业生产情况统计快报》。

2005 年以来,按建筑业总产值计算的劳动生产率逐年提高,2011 年达到 229220 元/人,是 2000 年的 3.85 倍、2005 年的 1.95 倍、2010 年的 1.12 倍,劳动生产率增幅变化呈波浪状态(见图 7-2-9)。

图 7-2-9　2005～2011 年按总产值计算的劳动生产率及增速

【建筑业企业签订合同额稳步增长,但增速放缓】　2011 年,全国建筑业企业签订合同总额 208532 亿元,比上年同期增加 35928 亿元,增长 20.8%。其中,本年新签合同额 126922.3 亿元,增长 16563.4 亿元。2005～2011 年,建筑业企业签订合同总额与新签合同额逐年稳步增长,并且增长态势趋同,2011 年继上年 29.3% 和 29.5% 的高增长率后,显著下行,分别降为 20.8% 和 15%,增长速度明显放缓(见图 7-2-10)。

【房屋建筑施工面积稳步增长、竣工面积增速回落,实行投标承包工程占比稳定】　2011 年,全国建筑企业房屋建筑施工面积 84.62 亿平方米,比上年同期增长 13.82 亿平方米,增长 19.5%。竣工面积 29.22 亿平方米,增长 5.3%,两项指标均逐年稳步增长(见图 7-2-11)。其中,施工面积增速与上年持

二、2011年建筑业发展统计分析

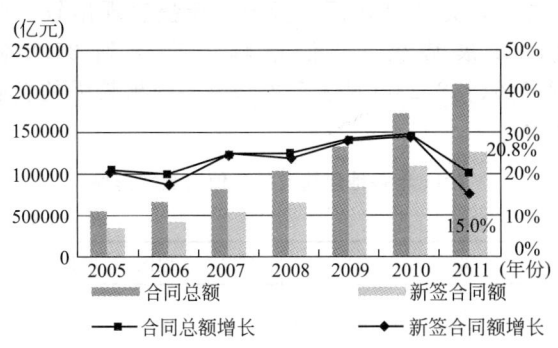

图 7-2-10　2005～2011 年全国建筑业企业签订合同额及其增速

平；竣工面积增速比上年有较大幅度回落，降低 7.8 个百分点。

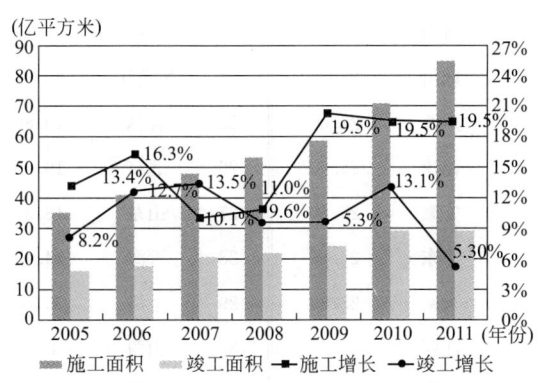

图 7-2-11　2005～2011 年建筑业施工面积、竣工面积及增速

全年房屋建筑施工面积中，实行投标承包工程房屋面积 70.45 亿平方米，占 83.3%。2005 年以来，投标承包工程面积逐年增大，占总施工面积比例窄幅震荡并呈现波形增长的态势（见图 7-2-12）。

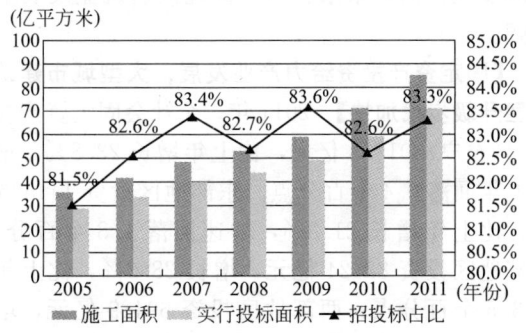

图 7-2-12　2005～2011 年实行投标承包工程房屋面积及占比

【在国家加大保障性安居工程建设的带动下，住宅用房竣工价值显著】 2011 年，中央出台了一系列关于保障性安居工程建设和管理的指导意见，完善财政投入、土地供应、信贷支持、税费减免等政策，着力提高规划建设和工程质量水平。全年新开工建设城镇保障性安居工程住房 1043 万套（户），基本建成 432 万套。全国建筑业企业完成房屋建筑竣工价值 35440 亿元。其中，住宅竣工价值 21687.63 亿元，比上年增加 4019.22 亿元，增幅 22.7%，占整个房屋建筑竣工价值的 61.2%（见表 7-2-2）。

2011 年建筑业企业房屋建筑竣工价值构成

表 7-2-2

房屋建筑类别	竣工价值(亿元)
厂房、仓库	5409.93
住宅	21687.63
办公用房	2715.26
批发和零售用房	731.54
住宿和餐饮用房	612.94
居民服务业用房	412.93
教育用房	1261.86
文化、体育和娱乐用房	556.85
卫生医疗用房	454.53
科研用房	132.83
其他用房	1463.71
总计	35440.00

【对外承包工程业务增长趋缓，发展仍面临较大挑战】 2011 年，国家积极推进市场多元化战略，努力优化贸易结构。企业积极参与国际和区域经济合作，多边双边经贸关系继续深化。但受国际政治经济环境动荡的影响，我国建筑业企业对外承包工程业务增长缓慢。全年完成对外承包工程营业额 1034.2 亿美元，同比增长 12.2%。新签合同额 1423.3 亿美元，同比增长 5.9%。完成营业额与新签合同额增幅水平均低于 2010 年，分别下降了 6.5 和 0.6 个百分点，连续三年增速放缓（见图 7-2-13）。

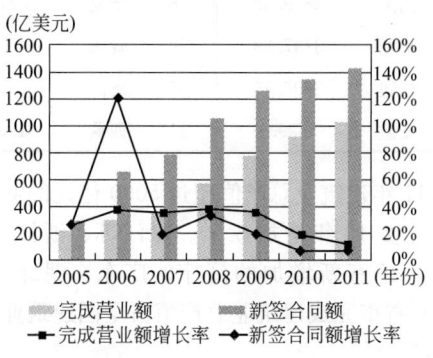

图 7-2-13　2005～2011 年我国对外承包工程情况

2011年我国对外劳务合作派出各类劳务人员45.2万人，较上年同期增加4.1万人。其中承包工程派出劳务24.3万人，劳务合作派出20.9万人。年末在外各类劳务人员81.2万人，同比减少3.5万人。

（执笔人：住房和城乡建设部计划财务与外事司 赵惠珍 程飞。中国建筑业协会王秀兰 金玲）

（二）2011年全国建筑业发展特点分析

【东部强者恒强，西部异军突起】 2011年，全国各省市完成建筑业总产值117734亿元，增长22.6%。排名处于前四位的地区是江苏、浙江、山东、北京，分别为15062.2亿元、14686.4亿元、6501.68亿元、6214.31亿元（见表7-2-3）。江苏、浙江两省依然遥遥领先于其他省市，两省建筑业总产值占全国建筑业总产值的25.3%。多年来，江浙两省的行业龙头地位稳固、突出，并占有绝对优势。

2011年各地区建筑业总产值排序 表7-2-3

排序	地区	建筑业总产值（亿元）	排序	地区	建筑业总产值（亿元）
1	江苏	15062.18	16	重庆	3320.19
2	浙江	14686.41	17	天津	2925.57
3	山东	6501.68	18	山西	2246.49
4	北京	6214.31	19	黑龙江	2133.68
5	辽宁	6170.57	20	江西	2077.56
6	广东	5859.1	21	云南	1867.06
7	湖北	5617.29	22	吉林	1615.43
8	河南	5335.02	23	广西	1552.16
9	四川	5300.38	24	内蒙古	1377.9
10	上海	4579.37	25	新疆	1274.47
11	陕西	4098.43	26	甘肃	911.69
12	河北	3931.11	27	贵州	825.84
13	湖南	3839.39	28	宁夏	417.05
	平均	3797.88	29	青海	319.9
14	福建	3696.45	30	海南	254.72
15	安徽	3599.4	31	西藏	123.35

2011年建筑业总产值超过5000亿元的共有9个省市，比2010年增加5个。除江苏、浙江、山东、北京外，还有新增加的辽宁、广东、湖北、河南、四川，9省市完成建筑业总产值占全国建筑业总产值的60.1%。

从各省建筑业总产值的同期增长情况看，西部省区，尤其是陕西、贵州、新疆表现出较为强劲的发展势头，产值增幅分别达到33.8%、32.6%、32.2%（见表7-2-4），表现出较强的发展活力。

2011年各地建筑业总产值增长率排序

表7-2-4

排序	地区	增长率(%)	排序	地区	增长率(%)
1	陕西	33.80	17	河北	21.70
2	贵州	32.60	18	宁夏	21.70
3	新疆	32.20	19	江苏	21.40
4	辽宁	31.60	20	湖南	21.40
5	重庆	31.00	21	河南	21.20
6	湖北	29.30	22	甘肃	21.20
7	海南	27.70	23	天津	20.70
8	四川	27.30	24	黑龙江	20.60
9	广西	27.00	25	吉林	19.80
10	福建	25.90	26	北京	19.60
11	安徽	25.60	27	山东	18.30
12	广东	24.30	28	青海	14.40
13	云南	23.60	29	上海	6.50
14	江西	22.90	30	山西	4.80
15	内蒙古	22.40	31	西藏	1.00
16	浙江	22.30			

2012年初，中央批复了《西部大开发"十二五"规划》，坚定了继续把基础设施建设放在优先位置，突出交通和水利两个关键环节，加快构建适度超前、功能配套、安全高效的现代化基础设施体系的发展方向，未来我国西部地区建筑业发展空间广阔。

【固定资产投资给力产业发展，大型城市建筑业转型升级步伐加快】 2011年，全社会固定资产投资（不含农户）301933亿元，比上年增长23.8%，增速比上年回落0.4个百分点。东部地区投资144536亿元，比上年增长21.3%，增速回落1.8个百分点；中部地区投资82524亿元，增长28.8%，比上年提高3.5个百分点；西部地区投资69489亿元，增长29.2%，比上年提高2.5个百分点。中、西部地区受政策倾斜影响，投资增速比上年提高。

各地区固定资产投资中，建筑安装工程投资占有绝对份额，多数占到六成以上，除北京、吉林外，建筑安装工程投资排名与固定资产投资总额排名基本保持一致（见表7-2-5）。

二、2011年建筑业发展统计分析

各地区固定资产投资、建筑安装工程投资、建筑业总产值排名情况 表 7-2-5

地 区	固定资产投资 金额（亿元）	排名	建筑安装工程投资 金额（亿元）	排名	建筑业总产值 金额（亿元）	排名
江 苏	26299.40	1	14561.66	2	15062.18	1
山 东	25928.45	2	16138.07	1	6501.68	3
辽 宁	17431.46	3	11398.52	3	6170.57	5
河 南	16932.15	4	10409.11	5	5335.02	8
广 东	16688.44	5	10914.45	4	5859.10	6
河 北	15795.22	6	10115.68	6	3931.11	12
四 川	13705.29	7	9864.29	7	5300.38	9
浙 江	13651.48	8	7997.61	8	14686.41	2
湖 北	12223.71	9	7547.18	11	5617.29	7
安 徽	11986.02	10	7621.67	10	3599.40	15
湖 南	11360.51	11	7670.29	9	3839.39	13
内蒙古	10291.69	12	7260.36	12	1377.90	24
福 建	9692.55	13	6122.05	14	3696.45	14
陕 西	9123.72	14	6819.86	13	4098.43	11
江 西	8756.1	15	5445.33	15	2077.56	20
广 西	7563.89	16	4694.48	18	1552.16	23
重 庆	7366.15	17	5311.50	16	3320.19	16
吉 林	7221.64	18	4283.56	22	1615.43	22
黑龙江	7206.33	19	5066.69	17	2133.68	19
天 津	7040.48	20	4548.77	19	2925.57	17
山 西	6837.41	21	4532.74	20	2246.49	18
云 南	5927.01	22	4350.71	21	1867.06	21
北 京	5519.86	23	2551.16	27	6214.31	4
上 海	4877.01	24	2973.10	24	4579.37	10
新 疆	4444.99	25	3135.40	23	1274.47	25
甘 肃	3865.99	26	2793.29	25	911.69	26
贵 州	3734.08	27	2587.21	26	825.84	27
海 南	1611.41	28	1229.65	28	254.72	30
宁 夏	1583.46	29	1116.82	29	417.05	28
青 海	1365.99	30	1046.61	30	319.9	29
西 藏	516.31	31	474.33	31	123.35	31

从表7-2-5还可以看出，固定资产投资尤其是建筑安装工程投资排名对建筑业总产值序列有较大影响，基本呈正相关。即本地区固定资产投资排名靠前，建筑业总产值排名也靠前，具有一定的带动性。但浙江、北京、湖北、上海、天津、山西的固定资产投资排名与建筑业总产值序列差异较大。尤其是北京、上海两市，固定资产投资排名第23、第24位，但完成的建筑业总产值在第4、第10位。说明大型城市建筑业对由投资拉动的产值增长依赖性较小，产业转型升级走在全国前列。

【建筑市场总量持续扩大，发达地区竞争更为激烈】 2011年，全国建筑业企业新签合同额126922.29亿元，比上年增加16563.39亿元，增长15%。浙江、江苏两省继续包揽排名前两位，分别达到16468.18亿元、15143.43亿元，占全国总额的24.9%（见表7-2-6）。进入前十名的还有北京、广东、辽宁、山东、湖北、四川、上海、河南,新签合同额均超过 5000 亿元。2011 年新签合同额排前十位的省市与 2010 年完全一致,十省市新签合同额总量占全国的 65.1%,比上年增长 1.1 个百分点,建筑业发达地区建筑市场竞争程度日趋激烈,强者恒强。

2011 年各地区建筑业新签合同额排序　　　　表 7-2-6

排序	地区	新签合同额（万元）	占比（%）	排序	地区	新签合同额（万元）	占比（%）
1	浙江	16468.18	12.98	17	天津	3111.25	2.45
2	江苏	15143.43	11.93	18	黑龙江	2269.49	1.79
3	北京	7646.12	6.02	19	山西	2245.90	1.77
4	广东	7205.51	5.68	20	江西	2059.24	1.62
5	辽宁	6586.89	5.19	21	广西	1929.50	1.52
6	山东	6558.2	5.17	22	云南	1687.45	1.33
7	湖北	6509.11	5.13	23	内蒙古	1612.91	1.27
8	四川	5653.46	4.45	24	新疆	1550.27	1.22
9	上海	5486.57	4.32	25	吉林	1536.89	1.21
10	河南	5344.05	4.21	26	甘肃	1027.54	0.81
11	湖南	4331.01	3.41	27	贵州	852.74	0.67
12	福建	4318.71	3.40	28	宁夏	435.71	0.34
13	河北	4293.45	3.38	29	青海	260.81	0.21
14	安徽	3686.30	2.90	30	海南	260.27	0.21
15	陕西	3384.36	2.67	31	西藏	85.30	0.07
16	重庆	3381.68	2.66				

值得关注的是,辽宁省新签合同额排名继 2010 年由第十名上升到第七名后,2011 年继续保持上升势头,升至第五位。2009 年在沈阳启动的国内首个"现代建筑产业园区"建设,对该省建筑业的全面振兴起到的带动作用逐步显现。

【多数地区外向度有所下降,大型城市建筑业对外拓展能力增强】 2011 年,各地区在外省完成的建筑业总产值 35335.62 亿元,比 2010 年增加 6110.39 亿元,增加 20.9%。外省完成建筑业产值占全国建筑业总产值的 30.0%,与 2010 年相比,减少 0.7 个百分点。

在外省完成的建筑业产值居前三位的是浙江、江苏和北京,分别达到 7338.98 亿元、5721.23 亿元、3724.49 亿元。三地跨省完成的建筑业产值占全国跨省完成的建筑业总产值的 47.5%,比上年增加 1.4 个百分点。紧随其后的上海、湖北、福建,跨省产值均超过 1400 亿元(见表 7-2-7)。

从在外省完成的建筑业产值占本地区建筑业总产值的比例(即外向度)来看,北京、浙江、上海排在前三位,外向度分别为 59.93%、49.97%、40.87%,大型城市如北京、上海以及浙江、江苏等

2011 年各地区跨省完成的建筑业产值及外向度　　表 7-2-7

地区	在外省完成的产值（亿元）	外向度（%）	地区	在外省完成的产值（亿元）	外向度（%）
浙江	7338.98	49.97	山西	686.59	30.56
江苏	5721.23	37.98	重庆	589.47	17.75
北京	3724.49	59.93	江西	521.72	25.11
上海	1871.69	40.87	吉林	289.86	17.94
湖北	1738.5	30.95	广西	244.04	15.72
福建	1483.61	40.14	贵州	166.44	20.15
河南	1274.14	23.88	黑龙江	128.89	6.04
陕西	1246.54	30.42	甘肃	126.06	13.83
广东	1232.75	21.04	云南	97.53	5.22
四川	1177.75	22.22	新疆	94.47	7.41
湖南	1093.75	28.49	青海	69.69	21.78
河北	1028.51	26.16	内蒙古	49.77	3.61
山东	955.86	14.70	宁夏	17.00	4.08
天津	900.18	30.77	海南	8.82	3.46
安徽	764.68	21.25	西藏	0.00	0.00
辽宁	692.62	11.22			

省份对外拓展能力增强。其中，北京较上年的62.84%相比有所下降，浙江、上海外向度略有提升。外向度超过30%的还有福建、江苏、湖北、天津、山西、陕西6省市。

与2010年相比，2011年各省外向度有所上升的为9个地区，下降的21个，与上年持平的1个。外向度增加最显著的是吉林，上升3.54%，下降最显著的是青海，降低14.81%。

【劳动力密集程度进一步提高，劳动生产率差异显著】 2011年，全国建筑业从业人数超过百万的地区共14个，与上年相同。14个省份的建筑业从业人数占全国建筑业从业人数的82.4%，比上年增加1个百分点，劳动力集中程度进一步提高。其中，江苏、浙江从业人数均首次突破600万，分别达到626.04万人、622.03万人。从业人数超过200万的省份还有山东315.83万人、四川290.07万人、河南241.27万人（见表7-2-8）。与2010年相比，多数地区从业人数有所增加，人数减少的为四川、上海、江西、山西、吉林、海南和西藏共7个地区。其中，四川从业人数减少最多，减少15.11万人。

2011年各地区建筑业从业人数及劳动生产率

表7-2-8

地区	从业人数	劳动生产率（元/人）	地区	从业人数	劳动生产率（元/人）
江苏	626.04	224471	云南	78.44	220267
浙江	622.03	233790	山西	66.34	245330
山东	315.83	191365	广西	64.20	242807
四川	290.07	159200	北京	61.86	334260
河南	241.27	212142	黑龙江	58.11	176260
广东	190.55	285804	天津	49.93	373706
福建	187.85	185199	甘肃	48.62	169101
辽宁	187.38	213155	内蒙古	45.63	172879
重庆	170.70	194690	贵州	37.15	222072
湖北	162.61	312400	吉林	35.93	162912
安徽	160.08	225569	新疆	32.64	207557
湖南	155.41	214742	宁夏	12.11	155702
河北	133.9	238792	青海	9.44	241337
陕西	107.92	293525	海南	9.37	220351
上海	92.85	377402	西藏	3.83	228445
江西	82.98	229168			

从按总产值计算的劳动生产率来看，2011年除黑龙江、吉林外，其他29个地区劳动生产率同比均有所提高。排在前六位的是上海377402元/人、天津373706元/人、北京334260元/人、湖北312400元/人、陕西293525元/人、广东285804元/人。劳动生产率高于全国水平229220元/人之上的有11个地区，其余20个地区则均处于全国水平之下。地区之间建筑业劳动生产率差异较大。

【广东领跑对外承包工程业务】 2011年，我国对外承包工程业务完成营业额1034.2亿美元，比上年同期增长12.2%。其中，各省、自治区、直辖市（包括新疆生产建设兵团）共完成对外承包工程营业额682.63亿美元，比上年同期增长18.7%，营业额占全国的66%。完成营业额在40亿美元以上的有六个地区，分别是广东113.42亿美元、山东74.73亿美元、江苏60.01亿美元、上海59.41亿美元、四川49.87亿美元、湖北40.67亿美元，这六个地区总额占各省区市营业额的58.3%（见表7-2-9）。仅广东一省就占到全国的11%，领跑对外承包工程业务。与2010年相比，增幅最大的是福建，达114.1%。其他增长较快的省份还有陕西、海南、江西，增长均在50%以上。营业额下降的地区是河北、上海、山西和内蒙古。

2011年各地区对外承包工程完成营业额（万美元）

表7-2-9

排序	地区	完成营业额（万美元）	排序	地区	完成营业额（万美元）
1	广东	1134158	17	云南	114468
2	山东	747265	18	黑龙江	109161
3	江苏	600106	19	山西	69676
4	上海	594113	20	广西	65296
5	四川	498692	21	新疆	63209
6	湖北	406741	22	福建	50373
7	天津	299081	23	重庆	41770
8	河南	291264	24	新疆生产建设兵团	33988
9	浙江	289942	25	贵州	30015
10	北京	248098	26	甘肃	29664
11	河北	243603	27	吉林	29510
12	安徽	236706	28	青海	4633
13	江西	158503	29	宁夏	1814
14	辽宁	150798	30	海南	1382
15	湖南	145987	31	内蒙古	0
16	陕西	136256		合计	6826272

2011年，我国对外承包工程新签合同额1423.3亿美元，同比增长5.9%。各地区对外承包工程新签

合同额779.8亿美元，比上年增加49.6亿美元，增幅6.79%，新签合同额占全国的54.8%。排在前六位的是广东134.35亿美元、上海123.47亿美元、山东86.45亿美元、四川74.53亿美元、湖北63.13亿美元、江苏58.85亿美元，六地区新签合同额占所有地区新签合同额之和的69.35%（表7-2-10）。其中，广东新签合同额由上年的第三位跃升至第一，海外拓展能力进步显著。

2011年各地区对外承包商新签合同额

表 7-2-10

排序	地区	新签合同额（万美元）	排序	地区	新签合同额（万美元）
1	广东	1343526	17	云南	112125
2	山东	864453	18	黑龙江	41254
3	江苏	588537	19	山西	41821
4	上海	1234673	20	广西	55061
5	四川	745344	21	新疆	39840
6	湖北	631308	22	福建	49016
7	天津	194390	23	重庆	16748
8	河南	230318	24	新疆生产建设兵团	7147
9	浙江	257437	25	贵州	29649
10	北京	261088	26	甘肃	54691
11	河北	328230	27	吉林	7605
12	安徽	193661	28	青海	1225
13	江西	144191	29	宁夏	3262
14	辽宁	197637	30	海南	493
15	湖南	39747	31	内蒙古	0
16	陕西	83517		合计	7797994

（执笔人：住房和城乡建设部计划财务与外事司 赵惠珍 程飞。中国建筑业协会王秀兰 金玲）

（三）2011年建筑业特级、一级资质企业基本情况分析

根据住房和城乡建设部《2011年1~12月建筑业特、一级企业快速调查统计快报》，对报送报表的5602个特、一级资质建筑业企业调查显示，2011年主要指标完成情况如下：建筑业总产值63537亿元，比上年同期增加10036亿元，增长18.8%；房屋建筑施工面积为468373万平方米，比上年同期增加92336万平方米，增长24.6%；新签工程承包合同额77111亿元，比上年同期增加9590亿元，增长14.2%；企业总收入为60835亿元，比上年同期增加8850亿元，增长17%；企业实现利润总额1828亿元，比上年同期增加342亿元，增长23%；应收工程款为10639亿元，比上年同期增加2017亿元，增长23.4%。建筑业总产值和房屋建筑施工面积两项指标均占到全部资质以上企业工作量的一半以上。

按专业类别分析

【**多数特、一级施工总承包企业建筑业总产值平稳增长，铁路工程专业施工总承包企业总产值出现较大幅度下滑**】 在12个专业类别的特、一级施工总承包企业中，建筑业总产值增幅最大的前三位是房屋建筑工程、机电安装工程和矿山工程施工总承包企业，增长率分别为28%、26.8%和26.2%。房屋建筑工程施工总承包企业建筑业总产值增长率高于上年0.2个百分点，发展趋势良好。铁路工程施工总承包企业总产值出现下滑，比上年同期降低10.2%，下降幅度较大（见表7-2-11）。

按专业类别分类的特、一级施工总承包企业建筑业总产值对比表

表 7-2-11

专业类别	建筑业总产值（万元）	总产值占比（%）	同比增长（%）
房屋建筑工程	359834540	62.1	28.0
公路工程	55048809	9.5	8.0
铁路工程	50360829	8.7	-10.2
市政公用工程	33587054	5.8	10.1
冶炼工程	17081366	3.0	17.1
水利水电工程	15562827	2.7	16.1
化工石油工程	14416660	2.5	3.0
港口与航道工程	12620580	2.2	11.8
机电安装工程	10462944	2.0	26.8
矿山工程	4474576	0.8	26.2
电力工程	4437310	0.8	6.6
通信工程	1266783	0.2	10.7

在各类特、一级施工总承包企业中，建筑业总产值排在前4位的专业类别仍然是房屋建筑工程、公路工程、铁路工程和市政公用工程，分别达到35983.5亿元、5504.9亿元、5036.1亿元和3358.7亿元，但铁路工程的总产值出现负增长，且排名由上年的第二降至第三。

在60个类别的专业承包企业中，特种专业工程、爆破与拆除工程、电子工程的专业承包企业建筑业总产值增长较快，与2010年相比，增长率分别达到78.5%、71.2%、57%。各专业承包企业中，建筑业总产值出现负增长的专业由2个增加到10个。

下降最多的是水工金属结构制作与安装工程，降幅达 49.1%（见表 7-2-12）。

按专业类别分类的一级专业承包企业总产值对比表

表 7-2-12

专业分类		建筑业总产值（万元）	比上年增长（%）
60 个专业类别合计		56218548	22.7
其中：增长较快的专业类别	特种专业工程	20087	78.5
	爆破与拆除工程	279762	71.2
	电子工程	471377	57.0
	水利水电机电设备安装工程	184472	49.4
	机场场道工程	105474	47.3
其中：负增长较大的专业类别	水工金属结构制作与安装工程	2364	-49.1
	铁路铺轨架梁工程	922459	-33.4
	送变电工程	425472	-24.8
	铁路电气化工程	453771	-21.2

【化工、机电安装、房屋建设等特、一级企业新签工程承包合同额增幅较大，铁路、公路和冶炼工程 3 个专业总承包企业新签合同额出现负增长】 2011 年，各类别特、一级建筑业企业新签合同额增长 14.2%。在施工总承包企业中，化工石油工程施工总承包企业新签合同额增长最快，增长幅度为 30.4%；其次是机电安装工程和房屋建筑工程施工总承包企业，增长幅度分别为 28.1% 和 28%，但增速较上年均有所放缓。铁路工程、公路工程和冶炼工程专业总承包企业新签合同额出现负增长，分别下降 28.7%、14.7% 和 3.1%。其中，铁路工程下降幅度最大（见表 7-2-13）。

2011 年各类特、一级施工总承包企业新签合同额增长率排序　　表 7-2-13

专业类别	新签合同额增长率（%）	专业类别	新签合同额增长率（%）
化工	30.4	市政	10.1
机电	28.1	水利	9.0
房屋	28.0	港口	5.3
通信	23.0	冶炼	-3.1
电力	20.5	公路	-14.7
矿山	19.7	铁路	-28.7
平均	14.2		

在专业承包企业中，新签合同额增长的专业类别有 33 个，其中，增幅较高的是堤防工程、航道工程、爆破与拆除工程、金属门窗工程、特种专业工程专业承包企业，增长率分别为 316.7%、181.3%、96.4%、85.1% 和 83%。新签合同额有 12 个专业类别出现负增长，其中，降幅较大的专业是铁路电气化工程、铁路电务工程、体育场地设施工程和隧道工程，分别下降 72.6%、51.2%、45.9% 和 39.7%（见表 7-2-14）。

按专业类别分类的一级专业承包企业新签合同额对比表

表 7-2-14

专业分类		新签工程承包合同额（万元）	比上年增长（%）
60 个专业类别合计		63818823	26.1
其中：增长较快的专业类别	堤防工程	250000	316.7
	航道工程	950892	181.3
	爆破与拆除工程	452786	96.4
	金属门窗工程	379492	85.1
	特种专业工程	20589	83.0
其中：负增长较大的专业类别	铁路电气化工程	191953	-72.6
	铁路电务工程	600935	-51.2
	体育场地设施工程	25085	-45.9
	隧道工程	88797	-39.7

【除铁路工程外，各类特、一级施工总承包企业建筑业总收入稳步增长，企业效益逐步提高，专业承包工程中有较多类别企业收入下降】 2011 年建筑业特、一级企业的建筑业总收入增长 17%。除铁路工程外，各类施工总承包企业建筑业总收入都稳步增长，增长最快的是矿山工程施工企业，增长率为 34.8%；其次是机电安装工程施工总承包企业，增长率为 28.8%。出现负增长的是铁路工程施工总承包企业，总收入下降 8.9%（见图 7-2-14）。

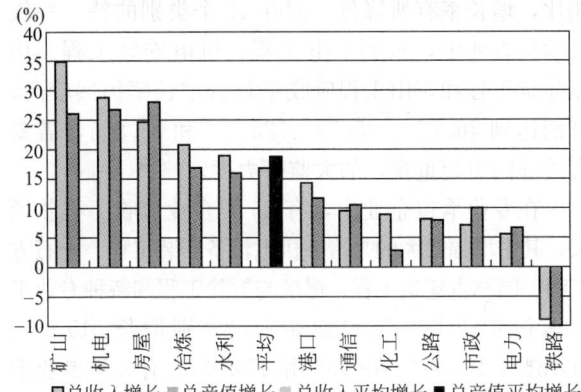

图 7-2-14　2011 年各类特、一级施工总承包企业建筑业总收入与总产值增长率比较

各类施工总承包企业效益稳步提高。各类施工总承包特、一级企业实现利润总额 1828 亿元，比上年增加 342 亿元，增长 23%；实现工程结算利润 3008.7 亿元，比上年增加 523.8 亿元，增长 21.1%。各类施工总承包企业中，利润总额增长最快的是化工石油工程和矿山工程施工总承包企业，增长率分别为 84.3% 和 52.3%；工程结算利润增长最快的也是化工石油工程和矿山工程施工总承包企业，增长率分别为 58.5% 和 26%。

在 60 个专业承包工程类别中有 11 个专业的施工企业总收入下降，比 2010 年增加 9 个，且下降幅度较大，发展形势不容乐观。降幅超过 20% 的专业有铁路电气化工程、送变电工程、环境工程和水工金属结构制作与安装工程，分别下降 25.9%、25.5%、21.8% 和 21.3%（见表 7-2-15）。

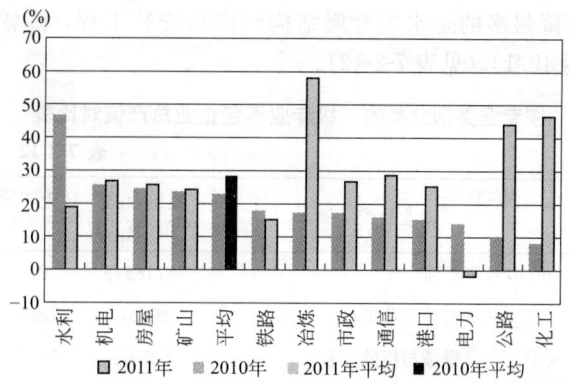

图 7-2-15　2010 年与 2011 年各类特、一级施工总承包企业应收工程款增长比较

按专业类别分类的一级专业承包企业总收入对比表

表 7-2-15

	专业分类	企业总收入（万元）	比上年增长（%）
	60 个专业类别合计	52598177	21.3
其中：增长较快的专业类别	水工建筑物基础处理工程	43576	63.3
	爆破与拆除工程	383502	59.4
	特种专业工程	245093	58.3
	水利水电机电设备安装工程	178242	48.7
	海洋石油工程	1076481	45.7
其中：负增长较大的专业类别	铁路电气化工程	443009	-25.9
	送变电工程	421106	-25.5
	环保工程	199483	-21.8
	水工金属结构制作与安装工程	5862	-21.3

【企业应收工程款增长幅度总体降低，但个别专业仍居高位】 2011 年，建筑业特、一级企业应收工程款增长 23.4%（见图 7-2-15），与 2010 年的 28.2% 相比，增长率有所降低。但在 12 个类别的特、一级总承包企业中，水利水电工程、机电安装工程、房屋建筑工程和矿山工程应收工程款增长率仍然较高，分别达到 46.7%、25.5%、25.4% 和 23.8%，需要有关部门引起重视，加大监管力度。

在专业承包企业中，有 36 类企业应收工程款增长，其中增幅最大的是冶炼机电设备安装工程、土石方工程、园林古建筑工程、爆破与拆除工程和特种专业工程承包企业共 5 类专业企业，分别增长 515.2%、311.3%、199.2%、195.6% 和 170.0%。有 8 类专业承包企业的应收工程款下降，其中下降幅度较大的有：机场场道工程、铁路电气化工程和体育场地设施工程，分别下降 65.4%、30.3% 和 21.4%（见表 7-2-16）。

按专业类别分类的一级专业承包企业应收工程款对比表

表 7-2-16

	专业分类	应收工程款（万元）	比上年增长（%）
	60 个专业类别合计	11932565	40.3
其中：增长较快的专业类别	冶炼机电设备安装工程	192712	515.2
	土石方工程	431844	311.3
	园林古建筑工程	135450	199.2
	爆破与拆除工程	44771	195.6
	特种专业工程	7599	170.0
其中：负增长较大的专业类别	机场场道工程	3241	-65.4
	铁路电气化工程	36406	-30.3
	体育场地设施工程	9537	-21.4

【按企业资质等级分析】 根据已上报的 5062 家特、一级企业的有关数据来看，施工总承包特级企业主要指标增长实现稳中有进，建筑业总产值、企业总收入、利润总额、新签工程承包合同额增幅分别为 12.3%、9.7%、21.3%、4.8%，与 2010 年的 27.7%、31.1%、43.2%、38.8% 相比，增速明显放缓（见图 7-2-16 和表 7-2-17）。在目前我国经济发

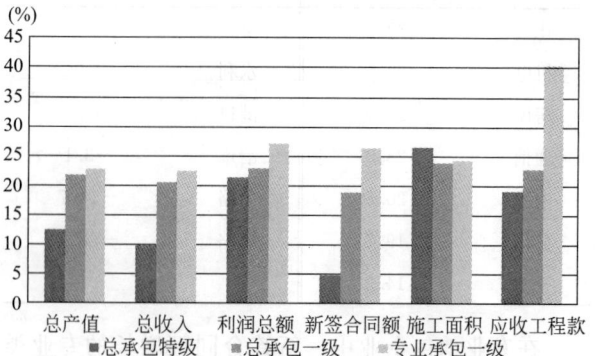

图 7-2-16　2011 年按资质分的特、一级企业主要指标增长率

展主要矛盾由速度转向质量与效益的形势下，施工总承包特级企业作为行业龙头企业，调结构、转方式任重道远。

2011年按资质等级分类的特、一级企业主要指标占比情况（%） 表7-2-17

企业资质等级	建筑业总产值	总收入	利润总额	新签合同额
施工总承包特级	31	31	28	34
施工总承包一级	60	59	56	58
专业承包一级	9	10	16	8

施工总承包一级企业2011年建筑业总产值、企业总收入、利润总额、新签工程承包合同额、房屋建筑施工面积均有较快增长，但与2010年相比，增速放缓。企业发展状况相对平稳。

专业承包一级企业建筑业总产值、总收入、利润总额和新签工程承包合同额各项指标增幅一反往年低于施工总承包特级企业和施工总承包一级企业的态势，均实现较大幅度增长。其中，新签工程承包合同额比施工总承包特级和施工总承包一级分别高出21.3和7.3个百分点，表现出较强的发展活力。但企业应收工程款涨幅也最大，达到40.2%，比上年增加8.3个百分点，经营风险进一步加大。

【按企业注册地区分析】全国62.1%的特、一级企业集中在东部地区，东部地区特、一级企业建筑业总产值、总收入、利润、新签合同额均为东、中、西三区之首，分别达到39910亿元、37422亿元、1221亿元和47354亿元，占全国特、一级企业建筑业总产值、总收入、利润、新签工程承包合同额的62.8%、61.5%、66.8%和61.4%（见图7-2-17和表7-2-18），东部地区建筑业区域性领先优势依然明显。

2011年各地区特、一级企业产值、总收入、利润、新签合同额占比情况（%） 表7-2-18

地区	建筑业总产值	总收入	利润总额	新签合同额
东部	63	62	67	62
西部	15	15	12	14
中部	22	23	21	24

17.1%的特、一级企业注册在西部，西部地区特、一级企业建筑业总产值、新签工程承包合同额最少，分别为9392亿元和11092亿元，企业总收入和利润也最低，分别为9261亿元和222亿元。但西部地区建筑业总产值增长率与东部地区并列，同为20.0%，高于全国1.2个百分点，应收工程款比上年同期下降1个百分点，发展态势良好。

中部地区特、一级企业占全国总量的20.8%，全年完成建筑业总产值14235亿元，增长14.6%，落后于东部和西部地区。利润总额、房屋建筑施工面积增长速度领先，分别为32.4%、25.2%。新签工程承包合同额和应收工程款增速居中，为9.1%和26.8%。

【7个地区特、一级企业新签工程承包合同额出现负增长】2011年，各地区特、一级建筑业企业新签工程承包合同额比上年增长14.2%，增速较2010年有较大幅度下降。全国31个地区中，有7个地区的新签合同额呈现不同程度的下降，地区数比2010年增加5个。其中，多集中在西部，如贵州、青海、四川、陕西。

新签工程承包合同额增幅排名靠前的也归属于西部地区，新疆为首，达72.1%；甘肃为次，为38.5%；东部地区的江苏排名第三，为30.0%。黑龙江省特、一级企业新签工程承包合同额连续两年减少，呈现出一定的疲态。

【全国特、一级企业建筑业总产值和总收入普遍增长】2011年，各地区特、一级建筑业企业总产值比上年增长18.8%。广东、新疆、重庆、贵州的特、一级企业增速都在30%以上，分别为40.2%、38.2%、36.0%、34.0%。山西和四川的特、一级企业总产值和总收入都出现了下降，但降幅都在5%之内。

2011年，各地区特、一级企业总收入比上年增长17.0%。东部地区总收入增长率最高，为17.8%；西部地区增长率为16.8%；中部地区增长率最低，为15.2%，均较上年有所降低。总收入增幅较大的是新疆、重庆、广东和贵州的特、一级企业，分别达到40.1%、38.4%、38.1%和33.2%。

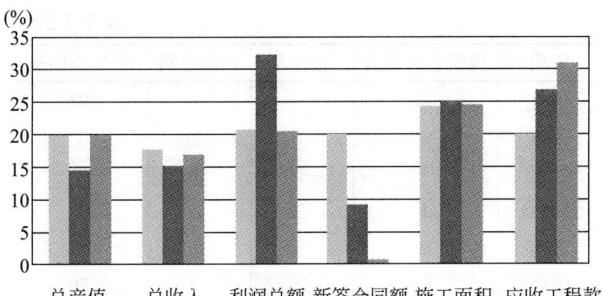

图7-2-17 2011年按企业注册地区分的特、一级企业主要指标增长率

【全国各地区特、一级企业利润水平差异明显】
2011年,各地区特、一级建筑业企业利润总额比上年增长23.0%。利润总额增幅较大的地区是吉林、黑龙江、新疆和贵州,分别增长233.2%、182.5%、97.6%和70.8%。利润总额下降较大的为青海、辽宁,分别降低74.9%和24.5%。增幅最大的吉林与降幅最大的青海,相差约308个百分点。

【西部地区特、一级企业应注意防范应收工程款增加带来的经营风险】 2011年,各地区特、一级企业应收工程款比上年增长23.4%。应收工程款比上年减少的是云南和黑龙江,降幅分别为7.7%和0.6%。出现大幅增长的是贵州、陕西、重庆,分别增长了120.4%、51.6%、49.5%,均属于西部地区,应注意防范应收工程款增幅提高所带来的企业经营风险。

【按企业登记注册类型分析】 2011年,有限责任类特、一级企业数量最多,占全部特、一级企业数量的79.2%,建筑业总产值和新签工程承包合同额总量最大,为46989亿元和53832亿元,分别占总量的74.0%和69.8%。企业总收入和利润总额也最高,达到43588亿元和1328亿元,分别占总量的71.6%和72.6%。

2011年国有特、一级企业建筑业总产值、新签工程承包合同额、总收入、利润总额、房屋建筑施工面积均实现稳步增长,分别为14550亿元、20510亿元、15198亿元、405亿元和94436万平方米,分别占总量的22.9%、26.6%、25.0%、22.1%和20.2%。应收工程款比上年同期增长21.1%,低于全国平均水平。

集体所有制特、一级企业的企业总产值和新签合同额、总收入及利润增长幅度均在20%~30%之间,处于中游水平。应收工程款增幅25%,与2010年的102.7%相比,增幅显著降低。

私营建筑业特、一级企业数量较少,仅占0.3%。但发展较为迅猛,建筑业总产值和新签合同额增幅分别34.9%和95.1%,在各注册类型中分列第二和第一。但施工面积、竣工面积和利润总额下降,应收工程款也有大幅增长,应注意风险防范。

外商投资特、一级企业利润总额增长率居各注册类型之首,达到48.2%,表现出较大的利润空间。其建筑业总产值和新签合同额增幅也分别达到34.0%和50.4%,发展势头良好。

2011年,按登记注册类型分类的特、一级企业主要指标及变化情况见表7-2-19、图7-2-18和表7-2-20。

按登记注册类型统计的特、一级建筑业企业主要指标增长情况　　表7-2-19

企业所有制类别	总产值增长率(%)	合同额增长率(%)	总收入增长率(%)	利润增长率(%)	施工面积增长率(%)	应收工程款增长率(%)
国有	20.0	17.1	17.6	24.9	30.9	21.1
集体	29.8	27.9	24.5	28.6	17.6	25.0
私营	34.9	95.1	15.9	-8.4	-39.4	172.2
有限公司	18.0	12.3	16.5	22.4	23.3	24.0
外商	34.0	50.4	30.3	48.2	52.3	37.9
港澳台	15.7	10.6	14.1	-33.1	21.3	24.6
其他	44.3	13.2	39.1	7.0	-23.1	-0.1

2011年各地区特、一级企业建筑业主要指标占比情况(%)
表7-2-20

资质	建筑业总产值	总收入	利润总额	新签合同额
国有	23	24	22	27
集体	1	1	1	1
外商	1	1	3	2
港澳台	1	5	1	0
私营	0	1	0	0
有限公司	14	68	73	70
其他	0	0	0	0

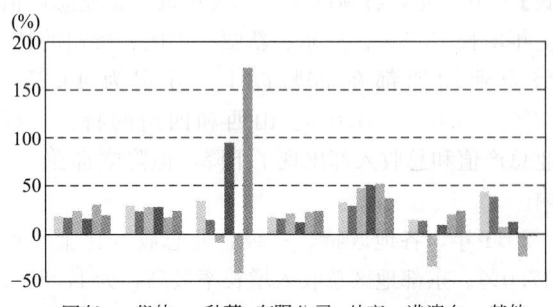

图7-2-18　2011年按登记注册类型分的特、一级企业主要指标增长率

(执笔人:住房和城乡建设部计划财务与外事司 赵惠珍　程飞。中国建筑业协会　王秀兰　金玲)

(四) 2011年建设工程监理行业基本情况

【企业的分布情况】 2011年全国共有6512个建设工程监理企业参加了统计，与上年相比增长6.65%。其中，综合资质企业83个，增长45.61%；甲级资质企业2407个，增长12.06%；乙级资质企业2392个，增长5.28%；丙级资质企业1598个，减少0.44%；事务所资质企业32个，增长33.33%。具体分布见表7-2-21～表7-2-23。

2011年全国建设工程监理企业地区分布情况　　表7-2-21

地区名称	北京	天津	河北	山西	内蒙古	辽宁	吉林	黑龙江
企业个数	284	77	321	225	147	293	186	230
地区名称	上海	江苏	浙江	安徽	福建	江西	山东	河南
企业个数	193	602	341	223	163	139	491	313
地区名称	湖北	湖南	广东	广西	海南	重庆	四川	贵州
企业个数	244	193	429	154	38	87	284	65
地区名称	云南	西藏	陕西	甘肃	青海	宁夏	新疆	
企业个数	166	14	280	128	53	56	93	

2011年全国建设工程监理企业按工商登记类型分布情况　　表7-2-22

工商登记类型	国有企业	集体企业	股份合作	有限责任	股份有限	私营企业	其他类型
企业个数	595	49	56	3528	641	1561	82

2011年全国建设工程监理企业按专业工程类别分布情况　　表7-2-23

资质类别	企业个数	资质类别	企业个数
综合资质	83	铁路工程	54
房屋建筑工程	5398	公路工程	27
冶炼工程	52	港口与航道工程	10
矿山工程	31	航天航空工程	6
化工石油工程	134	通信工程	15
水利水电工程	76	市政公用工程	376
电力工程	195	机电安装工程	3
农林工程	20	事务所资质	32

注：本统计涉及专业资质工程类别的统计数据，均按主营业务划分。

【从业人员情况】 至2011年末，工程监理企业从业人员763454人，与上年相比增长13.04%。其中，正式聘用人员593286人，占年末从业人员总数的77.71%；临时聘用人员170168人，占年末从业人员总数的22.29%；工程监理从业人员为582873人，占年末从业总数的76.35%。

2011年末工程监理企业专业技术人员682418人，与上年相比增长13.04%。其中，高级职称人员105889人，中级职称人员309382人，初级职称人员175672人，其他人员91475人。专业技术人员占年末从业人员总数的89.39%。

2011年末工程监理企业注册执业人员为158485人，与上年相比增长12.06%。其中，注册监理工程师为111664人，与上年相比增长12.71%，占总注册人数的70.46%；其他注册执业人员为46821人，占总注册人数的29.54%。

【业务承揽情况】 2011年工程监理企业承揽合同额1421.93亿元，与上年相比增长22.16%。其中工程监理合同额920.41亿元，与上年相比增长23.68%；工程项目管理与咨询服务、工程招标代理、工程造价咨询及其他业务合同额501.52亿元，与上年相比增长19.46%。工程监理合同额占总业务量的64.73%。

【财务收入情况】 2011年工程监理企业全年营业收入1492.54亿元，与上年相比增长24.78%。其中工程监理收入 666.28 亿元，与上年相比增长 26.1%；工程项目管理与咨询服务、工程招标代理、工程造价咨询及其他收入 826.26 亿元，与上年相比增长 23.73%。工程监理收入占总营业收入的 44.64%。其中 4 个企业工程监理收入突破 3 亿元，12 个企业工程监理收入超过 2 亿元，77 个企业工程监理收入超过 1 亿元，工程监理收入过亿元的企业个数与上年相比，增长 40%。

【监理收入前 100 名】 2011 年工程监理企业全年工程监理收入前 100 名。如表 7-2-24 所列。

2011 年工程监理企业工程监理收入前 100 名　　　　表 7-2-24

序号	企业名称	地区	主营业务	资质等级	工程监理收入（万元）	工程监理人员（人）
1	华铁工程咨询有限责任公司	北京市	铁路工程	综合资质	32739	1801
2	中咨工程建设监理公司	北京市	房屋建筑工程	综合资质	31325	1737
3	上海建科工程咨询有限公司	上海市	房屋建筑工程	综合资质	30688	2274
4	浙江江南工程管理股份有限公司	浙江省	房屋建筑工程	综合资质	30300	1232
5	铁科院(北京)工程咨询有限公司	北京市	铁路工程	甲级	29151	1521
6	北京铁城建设监理有限责任公司	北京市	铁路工程	甲级	26181	957
7	北京铁研建设监理有限责任公司	北京市	铁路工程	甲级	25077	1280
8	中广核工程有限公司	广东省	电力工程	甲级	23085	263
9	北京兴油工程项目管理有限公司	北京市	化工石油工程	综合资质	22610	1392
10	铁四院(湖北)工程监理咨询有限公司	湖北省	铁路工程	甲级	22598	750
11	中铁二院(成都)咨询监理有限责任公司	四川省	铁路工程	甲级	22298	1324
12	北京赛瑞斯国际工程咨询有限公司	北京市	房屋建筑工程	综合资质	21000	939
13	四川电力工程建设监理有限责任公司	四川省	电力工程	甲级	19928	1219
14	中国水利水电建设工程咨询西北公司	陕西省	水利水电工程	甲级	19238	1075
15	广东达安工程项目管理有限公司	广东省	房屋建筑工程	甲级	18546	1247
16	东北电力建设监理有限公司	辽宁省	电力工程	甲级	18005	778
17	山西省煤炭建设监理有限公司	山西省	矿山工程	甲级	17943	1909
18	上海天佑工程咨询有限公司	上海市	房屋建筑工程	综合资质	17901	1242
19	浙江五洲工程项目管理有限公司	浙江省	房屋建筑工程	综合资质	17810	811
20	四川铁科建设监理有限公司	四川省	铁路工程	甲级	17622	912
21	山西省交通建设工程监理总公司	山西省	公路工程	甲级	17404	433
22	上海市建设工程监理有限公司	上海市	房屋建筑工程	综合资质	17011	1231
23	重庆联盛建设项目管理有限公司	重庆市	房屋建筑工程	综合资质	16553	988
24	北京中铁诚业工程建设监理有限公司	北京市	铁路工程	甲级	16536	870
25	北京市驰跃翔工程监理有限责任公司	北京市	通信工程	甲级	15831	617
26	浙江电力建设监理有限公司	浙江省	电力工程	甲级	15413	548
27	深圳市中海建设监理有限公司	广东省	房屋建筑工程	甲级	15379	1144
28	郑州中兴工程监理有限公司	河南省	房屋建筑工程	综合资质	15167	706
29	四川二滩国际工程咨询有限责任公司	四川省	水利水电工程	综合资质	14931	597
30	江苏建科建设监理有限公司	江苏省	房屋建筑工程	综合资质	14573	813
31	上海同济工程项目管理咨询有限公司	上海市	房屋建筑工程	甲级	14544	1364
32	上海宝钢建设监理有限公司	上海市	冶炼工程	综合资质	14534	850
33	上海建通工程建设有限公司	上海市	房屋建筑工程	甲级	14455	815
34	北京双圆工程咨询监理有限公司	北京市	房屋建筑工程	甲级	14103	747

二、2011年建筑业发展统计分析

续表

序号	企业名称	地区	主营业务	资质等级	工程监理收入（万元）	工程监理人员（人）
35	北京帕克国际工程咨询有限公司	北京市	房屋建筑工程	综合资质	13629	677
36	西安铁一院工程咨询监理有限责任公司	陕西省	铁路工程	综合资质	13572	617
37	上海市工程建设咨询监理有限公司	上海市	房屋建筑工程	甲级	13401	968
38	安徽省建设监理有限公司	安徽省	房屋建筑工程	综合资质	13367	840
39	江苏邮通建设监理有限公司	江苏省	通信工程	甲级	13354	710
40	中国建筑技术集团有限公司	北京市	房屋建筑工程	甲级	13337	986
41	四川康立项目管理有限责任公司	四川省	房屋建筑工程	综合资质	13250	965
42	山东诚信工程建设监理有限公司	山东省	电力工程	甲级	13231	814
43	厦门市路桥咨询监理有限公司	福建省	市政公用工程	甲级	13211	605
44	北京煜金桥通信建设监理咨询有限责任公司	北京市	通信工程	甲级	13086	553
45	北京铁建工程监理有限公司	北京市	铁路工程	甲级	12953	686
46	英泰克工程顾问（上海）有限公司	上海市	房屋建筑工程	综合资质	12748	872
47	江苏兴源电力建设监理有限公司	江苏省	电力工程	甲级	12515	673
48	广州珠江工程建设监理有限公司	广东省	房屋建筑工程	综合资质	12434	460
49	北京建工京精大房工程建设监理公司	北京市	房屋建筑工程	综合资质	12382	710
50	重庆建新建设工程监理咨询有限公司	重庆市	房屋建筑工程	甲级	12298	1035
51	吉林梦溪工程管理有限公司	吉林省	化工石油工程	综合资质	12234	912
52	合肥工大建设监理有限责任公司	安徽省	房屋建筑工程	甲级	12180	806
53	广东创成建设监理咨询有限公司	广东省	电力工程	甲级	12148	350
54	北京华联电力工程监理公司	北京市	电力工程	甲级	12032	706
55	新疆昆仑工程监理有限责任公司	新疆区	房屋建筑工程	综合资质	12000	1013
56	甘肃铁一院工程监理有限责任公司	甘肃省	铁路工程	甲级	11666	865
57	成都衡泰工程管理有限责任公司	四川省	房屋建筑工程	综合资质	11515	483
58	上海三维工程建设咨询有限公司	上海市	市政公用工程	甲级	11448	902
59	河南立新监理咨询有限公司	河南省	电力工程	综合资质	11416	954
60	山西锦通工程项目管理咨询有限公司	山西省	电力工程	甲级	11385	647
61	天津新亚太工程建设监理有限公司	天津市	铁路工程	综合资质	11372	1225
62	甘肃铁科建设工程咨询有限公司	甘肃省	铁路工程	甲级	11366	590
63	中国水利水电建设工程咨询中南公司	湖南省	水利水电工程	甲级	11305	850
64	昆明建设咨询监理有限公司	云南省	房屋建筑工程	综合资质	11045	505
65	深圳市都信建设监理有限公司	广东省	房屋建筑工程	甲级	11045	462
66	江苏省宏源电力建设监理有限公司	江苏省	电力工程	甲级	10967	398
67	贵州电力工程建设监理公司	贵州省	电力工程	甲级	10883	330
68	广州宏达工程顾问有限公司	广东省	房屋建筑工程	综合资质	10845	509
69	中国华西工程设计建设有限公司	四川省	市政公用工程	综合资质	10744	583
70	建研凯勃建设工程咨询有限公司	北京市	房屋建筑工程	甲级	10646	853
71	安徽电力工程监理有限公司	安徽省	电力工程	甲级	10612	637
72	沈阳铁路建设监理有限公司	辽宁省	铁路工程	甲级	10331	415
73	浙江华东工程咨询有限公司	浙江省	水利水电工程	综合资质	10308	472

续表

序号	企业名称	地区	主营业务	资质等级	工程监理收入（万元）	工程监理人员（人）
74	重庆赛迪工程咨询有限公司	重庆市	房屋建筑工程	综合资质	10302	296
75	浙江工程建设监理公司	浙江省	房屋建筑工程	综合资质	10302	550
76	大连泛华工程建设监理有限公司	辽宁省	房屋建筑工程	甲级	10256	527
77	广州建筑工程监理有限公司	广东省	房屋建筑工程	综合资质	10034	339
78	湖南和天工程项目管理有限公司	湖南省	房屋建筑工程	综合资质	9959	320
79	成都大西南铁路监理有限公司	四川省	铁路工程	甲级	9750	676
80	湖南电力建设监理咨询有限责任公司	湖南省	电力工程	甲级	9672	479
81	重庆渝电工程监理咨询有限公司	重庆市	电力工程	甲级	9614	173
82	厦门港湾咨询监理有限公司	福建省	港口与航道工程	综合资质	9614	399
83	华南铁路建设监理公司	广东省	铁路工程	甲级	9557	549
84	西安长庆工程建设监理有限公司	陕西省	化工石油工程	甲级	9543	539
85	山东恒建工程监理咨询有限公司	山东省	公路工程	甲级	9470	540
86	上海华东铁路建设监理有限公司	上海市	铁路工程	甲级	9410	365
87	黑龙江中铁建设监理有限责任公司	黑龙江省	铁路工程	甲级	9395	626
88	广西华蓝工程咨询管理有限公司	广西区	房屋建筑工程	综合资质	9308	865
89	天津市建设工程监理公司	天津市	房屋建筑工程	甲级	9204	289
90	上海建浩工程顾问有限公司	上海市	房屋建筑工程	甲级	9162	584
91	大庆石油工程监理有限公司	黑龙江省	化工石油工程	综合资质	9034	640
92	廊坊中油朗威工程项目管理有限公司	河北省	化工石油工程	综合资质	9008	386
93	吉林省吉能电力建设监理有限责任公司	吉林省	电力工程	甲级	8987	364
94	中外天利(北京)工程管理咨询有限公司	北京市	房屋建筑工程	综合资质	8973	652
95	天津市路安电气化监理有限公司	天津市	铁路工程	甲级	8947	343
96	天津电力工程监理有限公司	天津市	电力工程	甲级	8931	442
97	上海宏波工程咨询管理有限公司	上海市	水利水电工程	综合资质	8838	575
98	上海海龙工程技术发展有限公司	上海市	房屋建筑工程	甲级	8799	571
99	安徽博达通信工程监理有限责任公司	安徽省	通信工程	甲级	8586	384
100	湖南省交通建设工程监理有限公司	湖南省	公路工程	甲级	8566	591

（住房和城乡建设部建筑市场监管司）

（五）2011年工程建设项目招标代理机构基本情况

【工程招标代理机构的分布情况】 2011年度参加统计的全国工程招标代理机构共5113个，比上年增长6.54%。按照资格等级划分，甲级机构1254个，比上年增长12.37%；乙级机构2557个，比上年增长10.36%；暂定级机构1302个，比上年下降4.69%。按照企业登记注册类型划分，国有企业和国有独资公司共221个，股份有限公司和其他有限责任公司共2685个，私营企业2072个，港澳台投资企业8个，外商投资企业3个，其他企业124个。具体分布见表7-2-25、表7-2-26。

2011年全国工程招标代理机构地区分布情况 表7-2-25

地区名称	北京	天津	河北	山西	内蒙古	辽宁	吉林	黑龙江
企业个数	259	28	175	167	77	227	134	111
地区名称	上海	江苏	浙江	安徽	福建	江西	山东	河南
企业个数	120	406	372	190	123	175	454	216

二、2011年建筑业发展统计分析

续表

地区名称	湖北	湖南	广东	广西	海南	重庆	四川	贵州
企业个数	222	141	382	109	23	116	227	83
地区名称	云南	西藏	陕西	甘肃	青海	宁夏	新疆	
企业个数	161	11	151	74	27	37	115	

2011年全国工程招标代理机构拥有资质数量分布情况

表 7-2-26

资质数量	具有单一招标代理机构资格的企业	具有两个及两个以上资质的企业
企业个数	1453	3660

【**工程招标代理机构的人员情况**】 至2011年末，工程招标代理机构从业人员合计388632人，比上年增长18.42%。其中，正式聘用人员347633人，占年末从业人员总数的89.45%；临时工作人员40999人，占年末从业人员总数的10.55%。

2011年末工程招标代理机构正式聘用人员中专业技术人员合计306776人，比上年增长17.83%。其中，高级职称人员53675人，中级职称143917人，初级职称70606人，其他人员38578人。专业技术人员占年末正式聘用人员总数的88.25%。

2011年末工程招标代理机构正式聘用人员中注册执业人员合计76079人，比上年增长14.66%。其中，注册造价工程师37656人，占总注册人数的49.50%；注册建筑师725人，占总注册人数的0.95%；注册工程师3076人，占总注册人数的4.04%；注册建造师7493人，占总注册人数的9.85%；注册监理工程师25823人，占总注册人数的33.94%；其他注册执业人员1306人，占总注册人数的1.72%。从统计报表情况看，89.61%的工程招标代理机构的注册造价工程师数量能够满足企业资格标准要求，其中，93.22%的甲级工程招标代理机构的注册造价工程师数量能够满足企业资格标准要求。

【**工程招标代理机构的业务情况**】 2011年度工程招标代理机构工程招标代理中标金额55511.34亿元，比上年增长12.13%。其中，房屋建筑和市政基础设施工程招标代理中标金额43623.84亿元，占工程招标代理中标金额的78.59%；招标人为政府和国有企事业单位工程招标代理中标金额35903.22亿元，占工程招标代理中标金额的64.68%。

2011年度工程招标代理机构承揽合同约定酬金合计825.19亿元，比上年下降7.65%。其中，工程招标代理承揽合同约定酬金为174.70亿元，占总承揽合同约定酬金的21.17%；工程监理承揽合同约定酬金为266.88亿元；工程造价咨询承揽合同约定酬金为99.52亿元；项目管理与咨询服务承揽合同约定酬金为79.83亿元；其他业务承揽合同约定酬金为204.26亿元。

【**工程招标代理机构的财务情况**】 2011年度工程招标代理机构的营业收入总额为1712.05亿元，比上年增长35.05%。其中，工程招标代理收入152.01亿元，占营业收入总额的8.88%；工程监理收入230.18亿元，工程造价咨询收入128.83亿元，工程项目管理与咨询服务收入96.58亿元，其他收入1104.45亿元。

2011年度工程招标代理机构的营业成本合计5511.24亿元，营业税金及附加合计188.40亿元，营业利润合计536.07亿元，利润总额合计591.85亿元，所得税合计139.19亿元，负债合计5404.74亿元，所有者权益合计5430.74亿元。

【**工程招标代理机构前100名企业的情况**】 工程招标代理机构工程招标代理收入前100名中，从资质等级来看，甲级机构84个，乙级机构16个。

（住房和城乡建设部建筑市场监管司）

（六）2011年工程勘察设计企业基本情况

【**概况**】 根据2011年全国工程勘察设计企业年报数据统计，全国共有勘察设计企业16482个，与上年14622个相比，增加了1860个，增长12.72%。2011年各地工程勘察设计企业数量情况见图7-2-19，2001年以来工程勘察设计企业数量发展见图7-2-20。

【**企业资质情况**】 持有行业资质、专业资质企业情况：甲级企业3365个，与上年3147个相比，增加218个，增长了6.9%；乙级企业4357个，与上年4133个相比，增加224个，增长了5.4%；丙级企业3423个，与上年3321个相比，增加102个，增长了3.1%。

持有专项资质企业情况：持有专项证书的企业3474个，与上年3081个相比，增加393个，增长了12.76%。

2011年工程勘察设计企业资质等级构成见图7-2-21，2011年以来工程勘察设计企业资质等级发展见图7-2-22。

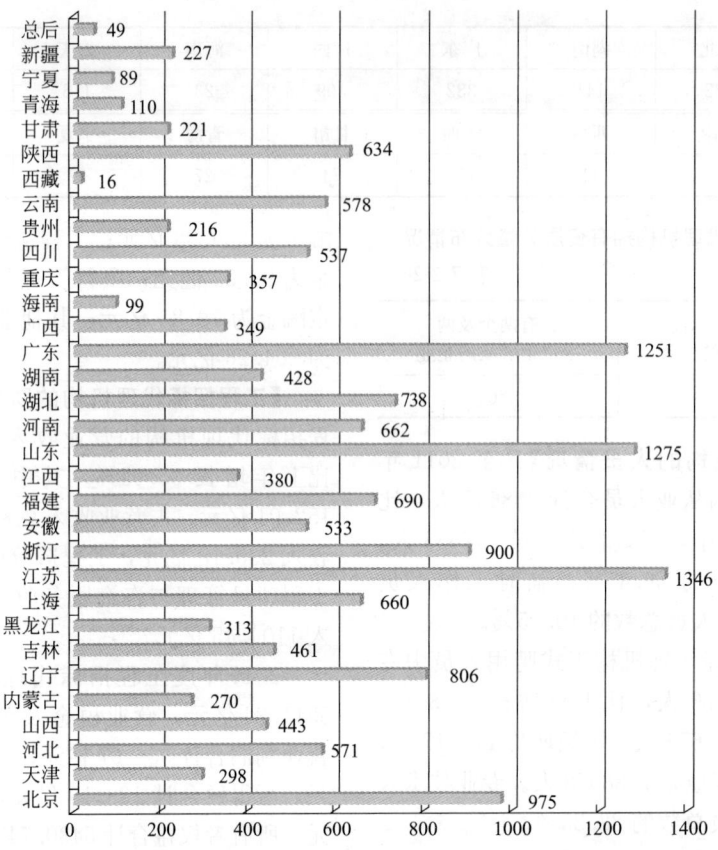

图 7-2-19　2011年各地工程勘察设计企业数量情况

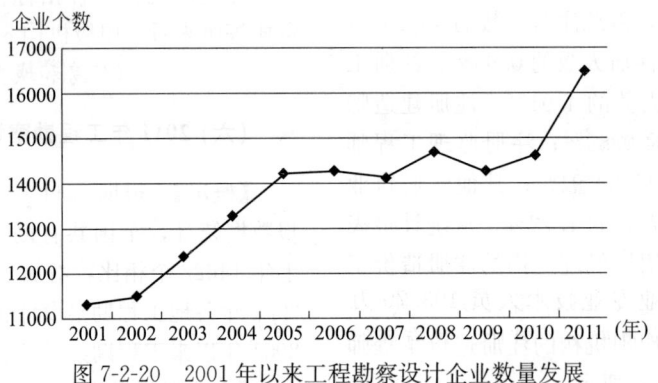

图 7-2-20　2001年以来工程勘察设计企业数量发展

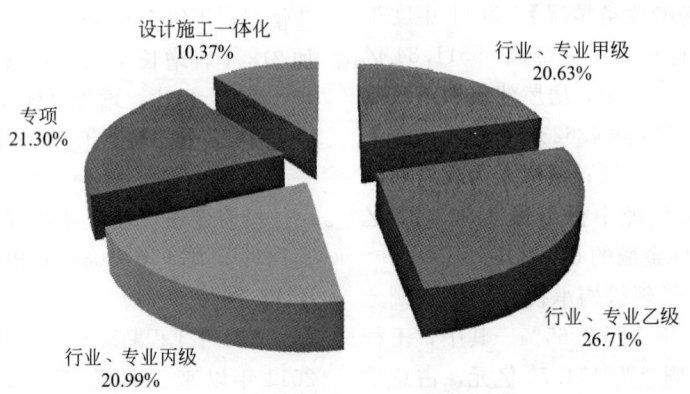

图 7-2-21　2011年工程勘察设计企业资质等级构成

二、2011年建筑业发展统计分析

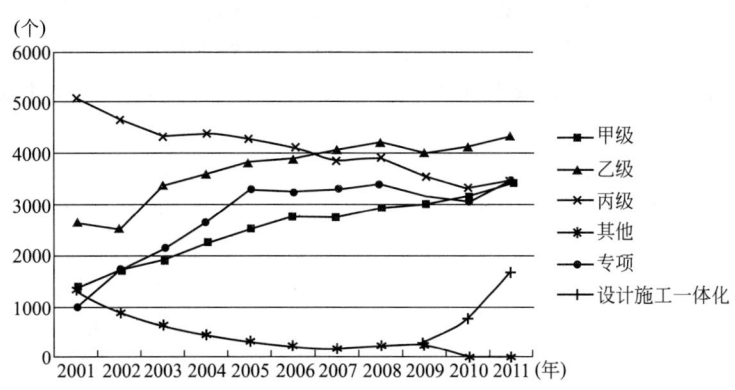

图 7-2-22　2001 年以来工程勘察设计企业资质等级发展

【企业经济类型状况】 内资企业 16231 个，占企业总数 98.5%，比上年增加 12.8%。其中：国有企业 3938 个，占内资企业总数的 24.3%，比上年减少 1.7%；私营企业 2594 个，占内资企业总数的 16%，比上年增加 40.5%；集体企业 336 个，占内资企业总数的 2.1%，比上年增加 1.8%；有限责任公司 7739 个，占内资企业总数的 47.7%，比上年增加 13.5%；股份有限公司 1055 个，占内资企业总数的 6.5%，比上年增加 10.5%。

港、澳台商投资企业 117 个，占企业总数 0.7%。

外商投资企业 134 个，占企业总数 0.8%。

【企业人员状况】 2011 年勘察设计行业年末从业人员 172.85 万人，与上年 142.30 万人相比，增加 30.55 万人，增长 21.47%。2001 年以来工程勘察设计行业从业人员数量发展见图 7-2-23。

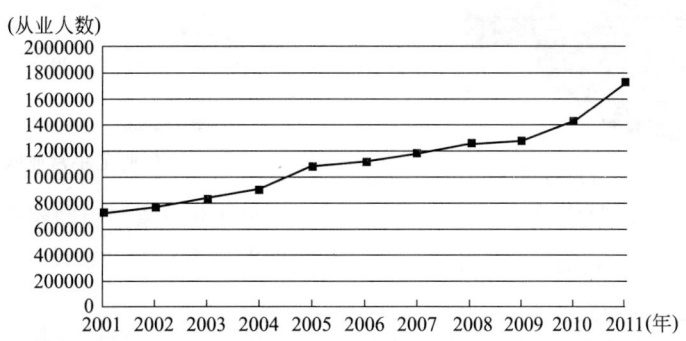

图 7-2-23　2001 年以来工程勘察设计行业从业人员数量发展

2011 年勘察设计行业专业技术人员 103.70 万人，占年末从业人员总数的 60%。其中，具有高级职称 27.09 万人，占年末从业人员总数的 15.67%；具有中级职称 40.89 万人，占年末从业人员总数的 23.66%。

2011 年勘察设计行业取得注册执业资格共 213438 人次，占年末从业人员总数的 12.35%，与上年 174111 人次相比，增加 39327 人次，增长了 22.59%。2001 年以来全国工程勘察设计行业技术人员职称及执业资格情况发展见图 7-2-24。

【业务完成情况】 工程勘察：工程勘察完成合同额合计 531.97 亿元，与上年 478.75 亿元相比，增加 53.22 亿元，增长了 11.12%。

工程设计：工程设计完成合同额合计 2948.78 亿元，与上年 2389.99 亿元相比，增加 558.78 亿元，增长了 23.38%。施工图完成投资额为 93005.43 亿

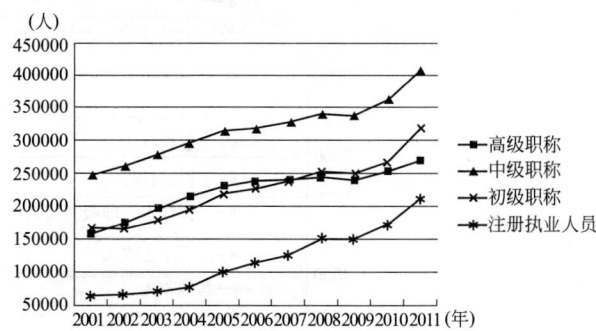

图 7-2-24　2001 年以来全国工程勘察设计行业技术人员职称及执业资格情况发展

元,与上年 66801.32 亿元相比,增加 26204.10 亿元,增长了 39.23%;施工图完成建筑面积 47.12 亿平方米,与上年 48.04 亿平方米相比,减少 0.92 亿平方米,减少了 1.9%。

工程技术管理服务:工程技术管理服务完成合同额合计 420.02 亿元,与上年 319.22 亿元相比,增加 100.80 亿元,增长了 31.58%;其中工程咨询完成合同额 167.05 亿元,与上年 127.59 亿元相比,增加 39.46 亿元,增长了 30.93%。

工程承包:工程承包完成合同额合计 8493.25 亿元,与上年 5357.61 亿元相比,增加 3135.64 亿元,增长了 58.53%。

境外工程:境外工程完成合同额合计 705.74 亿元,与上年 649.24 亿元相比,增加 56.5 亿元,增长了 8.7%。

2011 年工程勘察设计行业完成各类合同额构成见图 7-2-25。

5.1%,与上年 530.34 亿元相比,增长了 23.31%。其中,境外工程勘察收入为 16.86 亿元,占工程勘察收入的 2.58%;工程设计收入 2667.48 亿元,占营业收入的 20.65%,与上年 2151.43 亿元相比,增长了 23.99%。其中,境外工程设计收入为 76.10 亿元,占工程设计收入的 2.85%;工程技术管理服务收入 318.47 亿元,占营业收入的 2.47%,与上年 226.94 亿元相比,增长了 40.33%。其中,境外工程技术管理服务收入 9.03 亿元,占工程技术管理服务收入的 2.83%;工程承包收入 7886.13 亿元,占营业收入的 61.06%,与上年 5634.02 亿元相比,增长了 39.97%。其中,境外工程承包收入 350.92 亿元,占工程承包收入的 4.45%。

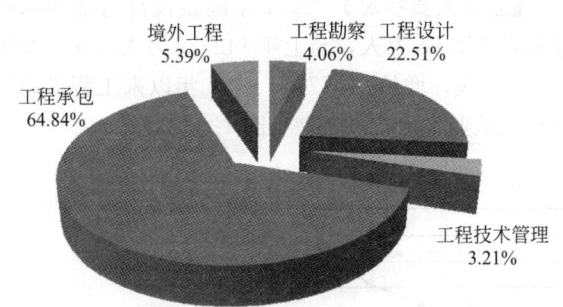

图 7-2-25 2011 年工程勘察设计行业完成各类合同额构成

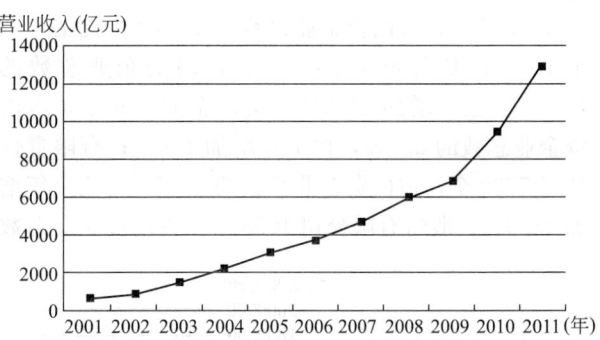

图 7-2-26 2001 年以来工程勘察设计行业全年营业收入发展情况

【财务状况】 2011 年全国勘察设计企业全年营业收入总计 12914.73 亿元,与上年 9546.76 亿元相比,增加 3367.97 亿元,增长了 35.28%。2001 年以来工程勘察设计行业全年营业收入发展情况见图 7-2-26。其中:工程勘察收入 653.98 亿元,占营业收入的

2001 年以来工程勘察设计行业营业收入分类发展及 2011 年工程勘察设计行业营业收入分布情况分别见图 7-2-27 和图 7-2-28。

2011 年勘察设计行业人均营业收入 75 万元,与上年 67 万元相比,增长 11.94%。2001 年以来工程勘察设计行业人均营业收入发展情况见图 7-2-29。

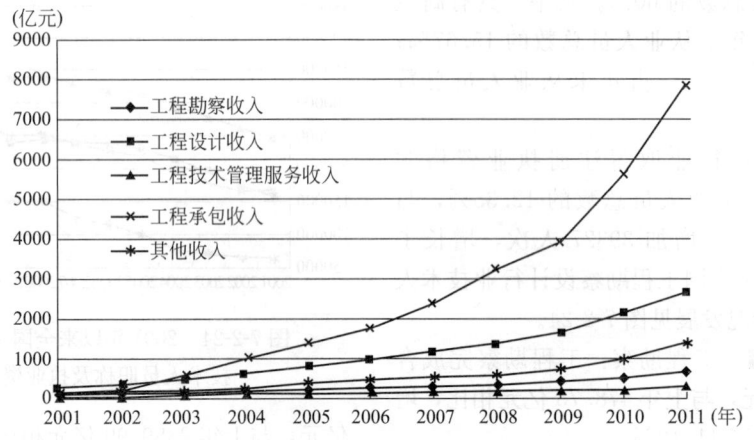

图 7-2-27 2001 年以来勘察设计行业境内营业收入分类发展情况

二、2011年建筑业发展统计分析

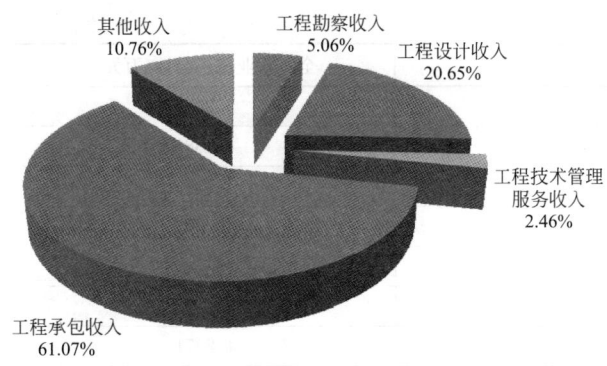

图 7-2-28 2011年勘察设计行业营业收入分布

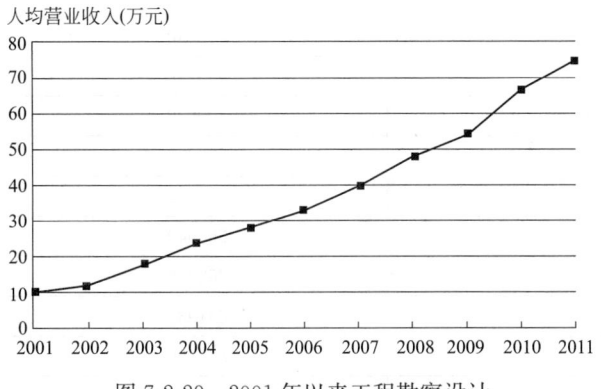

图 7-2-29 2001年以来工程勘察设计行业人均营业收入发展情况

勘察设计行业全年利润总额1020.54亿元，与上年775.23亿元相比，增长了31.64%；应交所得税189.80亿元，与上年145.05亿元相比，增长了30.86%。勘察设计行业企业净利润834.49亿元，与上年631.81亿元相比，增长了32.08%。

【科技活动状况】 2011年勘察设计行业科技活动费用支出总额为294.71亿元，占营业收入的2.28%；与上年支出总额218.94亿元相比，增加75.77亿元，增长了34.61%。

企业累计拥有专利32310项，与上年24476项相比，增加7834项，增长了32%；企业累计拥有专有技术17202项，与上年15036项相比，增加2166项，增长了14.41%。

综上所述，2011年全国工程勘察设计企业数量和行业从业人员数量平稳增长，注册执业人员数量不断增加。企业营业收入和利润增幅较大，企业境外营业收入持续增加。企业科技投入明显提高，企业拥有专利和专有技术数量持续增长。

【2011年全国工程勘察设计企业营业收入前100名】 2011年全国工程勘察设计企业营业收入前100名如表7-2-27所列。

2011年全国工程勘察设计企业营业收入前100名 表7-2-27

排名	企业名称	全年营业收入合计（万元）
1	中国寰球工程公司	1539566
2	中冶京诚工程技术有限公司	1454931
3	宝钢工程技术集团有限公司	1401450
4	中国石油集团工程设计有限责任公司	1012088
5	中国核电工程有限公司	939009
6	中冶赛迪工程技术股份有限公司	865844
7	中国石化工程建设公司	835782
8	中冶南方工程技术有限公司	774748
9	中国建材国际工程集团有限公司	662103
10	中国石化集团洛阳石油化工工程公司	657529
11	中铝国际工程股份有限公司	657135
12	惠生工程（中国）有限公司	614588
13	中国中建设计集团有限公司	605963
14	中国成达工程有限公司	581193
15	中铁二院工程集团有限责任公司	580303
16	北京首钢建设集团有限公司	559539
17	烟建集团有限公司	548075
18	中国恩菲工程技术有限公司	513847
19	泛华建设集团有限公司	503327

续表

排名	企业名称	全年营业收入合计（万元）
20	中国昆仑工程公司	502559
21	中国联合工程公司	484683
22	中国航天建设集团有限公司	477575
23	中冶华天工程技术有限公司	447000
24	北京首钢国际工程技术有限公司	438779
25	中冶焦耐工程技术有限公司	437528
26	中国华电工程(集团)有限公司	432971
27	铁道第三勘察设计院集团有限公司	423688
28	中国航空规划建设发展有限公司	406287
29	中国海诚工程科技股份有限公司	406040
30	中铁第四勘察设计院集团有限公司	400355
31	信息产业电子第十一设计研究院科技工程股份有限公司	400070
32	中国石油天然气管道工程有限公司	380953
33	中国电力工程顾问集团华北电力设计院工程有限公司	370862
34	长江勘测规划设计研究有限责任公司	366949
35	中国石化集团南京工程有限公司	362048
36	合肥水泥研究设计院	361986
37	中国建筑设计研究院	355490
38	中国五环工程有限公司	312937
39	中国天辰工程有限公司	311752
40	中国石化集团上海工程有限公司	305137
41	中国石化集团宁波工程有限公司	304671
42	中油辽河工程有限公司	302097
43	中国中元国际工程公司	298454
44	中铁第一勘察设计院集团有限公司	296936
45	中国京冶工程技术有限公司	296249
46	中石油东北炼化工程有限公司	289609
47	中交第一航务工程勘察设计院有限公司	281331
48	山东电力工程咨询院有限公司	279622
49	中冶长天国际工程有限责任公司	274197
50	中国石油天然气华东勘察设计研究院	269679
51	中交第一公路勘察设计研究院有限公司	265059
52	中国电力工程顾问集团西北电力设计院	264418
53	广东省电力设计研究院	258433
54	中国移动通信集团设计院有限公司	257485
55	中国电子工程设计院	256309
56	中国水电顾问集团成都勘测设计研究院	252679
57	中国公路工程咨询集团有限公司	238404
58	中船第九设计研究院工程有限公司	238213
59	东风设计研究院有限公司	232215
60	北京全路通信信号研究设计院有限公司	232160
61	东华工程科技股份有限公司	229334

二、2011年建筑业发展统计分析

续表

排名	企业名称	全年营业收入合计(万元)
62	中国建筑技术集团有限公司	227758
63	中国有色金属工业西安勘察设计研究院	224938
64	中国电力工程顾问集团中南电力设计院	223587
65	山东省冶金设计院股份有限公司	223526
66	北京矿冶研究总院	222052
67	赛鼎工程有限公司	221725
68	中国水电顾问集团昆明勘测设计研究院	221466
69	中国水电顾问集团华东勘测设计研究院	220624
70	中国水电顾问集团西北勘测设计研究院	220170
71	同济大学建筑设计研究院(集团)有限公司	216379
72	中国水电顾问集团中南勘测设计研究院	215803
73	五洲工程设计研究院(中国兵器工业第五设计研究院)	207833
74	攀枝花攀钢集团设计研究院有限公司	207805
75	上海市政工程设计研究总院(集团)有限公司	207621
76	武汉凯迪电力工程有限公司	204325
77	中昊晨光化工研究院	201514
78	成都建筑材料工业设计研究院有限公司	201285
79	中铁工程设计咨询集团有限公司	200874
80	中石油东北炼化工程有限公司吉林设计院	200714
81	招商局重庆交通科研设计院有限公司	200159
82	深圳中广核工程设计有限公司	199865
83	长沙有色冶金设计研究院有限公司	199622
84	华陆工程科技有限责任公司	196643
85	中国水利水电建设工程咨询公司	184494
86	中国中材国际工程股份有限公司	181710
87	昆明有色冶金设计研究院股份公司	179456
88	中国纺织工业设计院	173799
89	机械工业第四设计研究院	173372
90	煤炭工业合肥设计研究院	171969
91	中国瑞林工程技术有限公司	168605
92	北方工程设计研究院	167253
93	中国核动力研究设计院	167014
94	中国新时代国际工程公司	162077
95	上海市机电设计研究院有限公司	160061
96	中交第二航务工程勘察设计院有限公司	157995
97	河北建设勘察研究院有限公司	156241
98	中国电力建设工程咨询公司	154016
99	大地工程开发(集团)有限公司	153040
100	新疆石油勘察设计研究院(有限公司)	150847

(住房和城乡建设部建筑市场监管司　哈尔滨工业大学)

(七) 2011年房屋市政工程生产安全事故情况

【总体情况】 2011年，全国共发生房屋市政工程生产安全事故589起、死亡738人，比上年同期事故起数减少38起、死亡人数减少34人，同比分别下降6.06%和4.40%。2009~2011年事故起数情况和事故死亡人数情况见图7-2-30和图7-2-31。

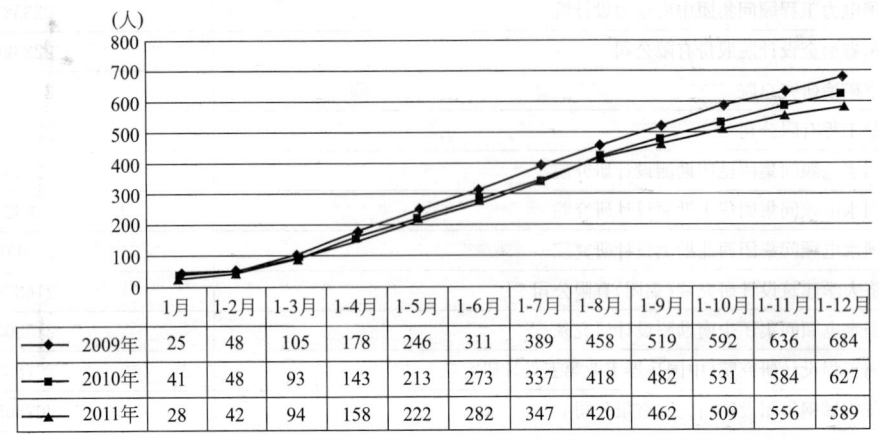

图7-2-30　2009~2011年事故起数情况

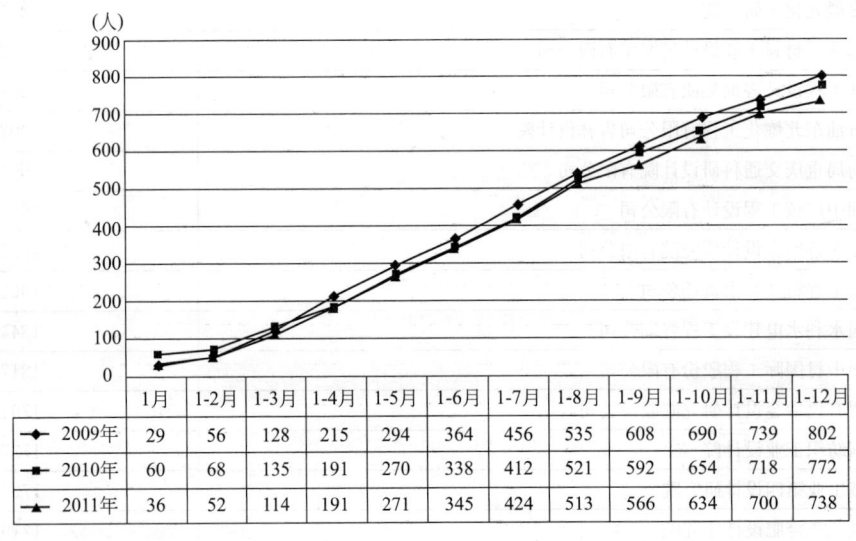

图7-2-31　2009~2011年事故死亡人数情况

2011年，全国有31个地区发生房屋市政工程生产安全事故，其中陕西(8起、9人)、宁夏(6起、7人)、山西(5起、8人)、新疆生产建设兵团(2起、2人)等地区事故起数和死亡人数较少，江苏(58起、59人)、浙江(44起、53人)、上海(40起、41人)、广东(29起、46人)、北京(28起、34人)、辽宁(17起、42人)、内蒙古(17起、35人)等地区事故起数和死亡人数较多。

2011年，全国有11个地区的事故起数和死亡人数同比下降，其中山西(起数下降62%、人数下降56%)、陕西(起数下降50%、人数下降53%)、四川(起数下降38%、人数下降50%)、甘肃(起数下降38%、人数下降25%)、广西(起数下降26%、人数下降26%)、黑龙江(起数下降22%、人数下降25%)等地区下降幅度较大；有6个地区的事故起数和死亡人数同比上升，其中河南(起数上升50%、人数上升157%)、河北(起数上升57%、人数上升25%)、天津(起数上升29%、人数上升25%)等地区上升幅度较大。

【较大及以上事故情况】 2011年，全国共发生房屋市政工程生产安全较大及以上事故25起、死亡110人，比上年同期事故起数减少4起、死亡人数减少15人，同比分别下降13.79%和12.00%。2009~2011年较大及以上事故起数情况和较大及以上事故死亡人数情况见图7-2-32和图7-2-33。

二、2011年建筑业发展统计分析

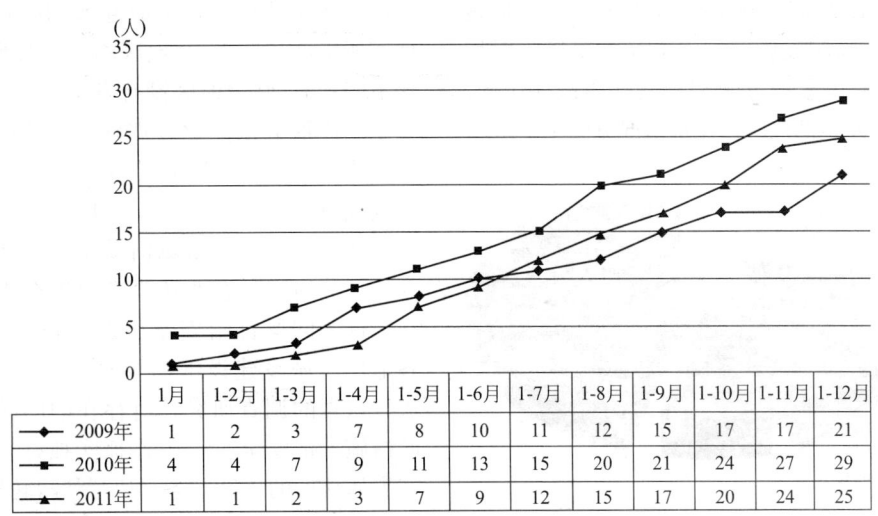

图 7-2-32　2009~2011年较大及以上事故起数情况

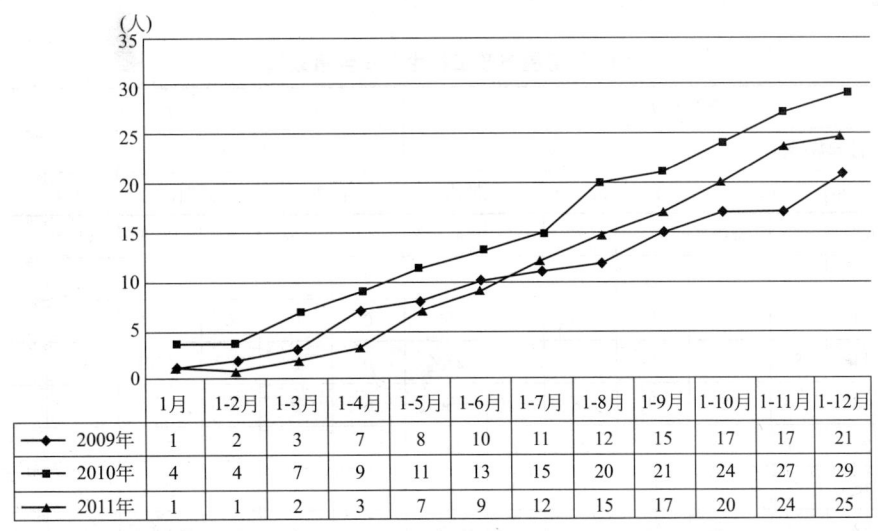

图 7-2-33　2009~2011年较大及以上事故死亡人数情况

2011年，全国有11个地区发生房屋市政工程生产安全较大及以上事故，其中内蒙古发生5起，辽宁、广东各发生4起，江西、河南、湖北、湖南各发生2起，浙江、安徽、青海、新疆各发生1起。特别是辽宁省大连市旅顺口区蓝湾三期工程"10·8"事故属于生产安全重大事故，造成了13人死亡，给人民生命财产带来极大损失，也造成了很不好的社会影响。

【**事故类型和发生部位情况**】 2011年，房屋市政工程生产安全事故按照类型划分，高处坠落事故314起，坍塌事故86起，物体打击事故71起，起重伤害事故49起，触电事故30起，机具伤害事故20起，车辆伤害、火灾和爆炸、中毒和窒息、淹溺等其他事故19起。2011年不同事故类型所占比重情况见图7-2-34。

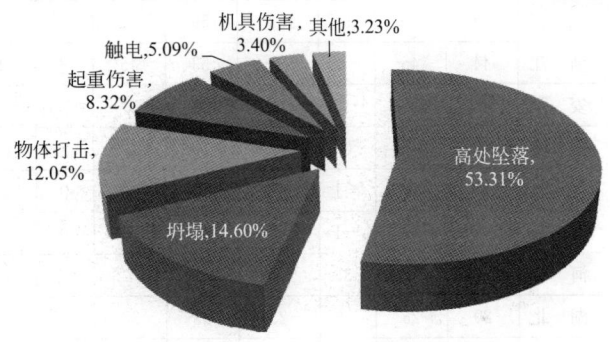

图 7-2-34　2011年不同事故类型所占比重情况

2011年，房屋市政工程生产安全事故按照发生部位划分，洞口和临边事故125起，塔吊事故80起，脚手架事故69起，模板事故46起，基坑事故39起，井字架与龙门架事故 29 起，施工机具事故 20 起，墙板结构事故 20 起，临时设施、外用电梯、现场临时用电线路、外电线路、土石方工程等其他事故 161 起。2011 年不同事故发生部位所占比重情况见图 7-2-35。

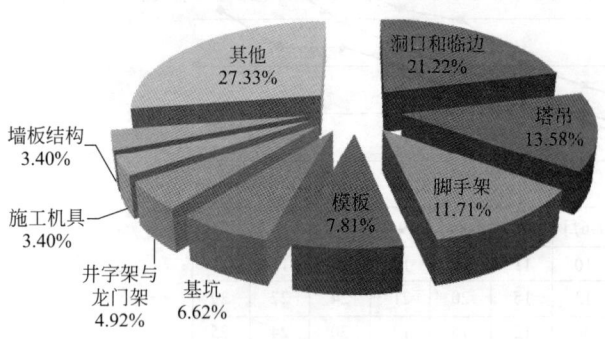

图 7-2-35　2011 年不同事故发生部位所占比重情况

【形势综述】　2011 年，全国房屋市政工程安全生产形势总体稳定，事故起数和死亡人数比上年同期有所下降；有 11 个地区的事故起数和死亡人数同比下降；有 20 个地区没有发生较大及以上事故。但安全生产形势依然比较严峻，事故起数和死亡人数仍然比较大；较大及以上事故还时有发生，重大事故还没有完全遏制；部分地区的事故起数和死亡人数同比上升。建筑市场活动中还存在各类不规范行为，部分地区和企业还没有对安全生产引起足够重视，这些问题都给安全生产工作带来了极大挑战。各地住房城乡建设部门要根据本地安全生产状况，进行认真的调查研究，对存在的问题采取切实有效的措施，把安全生产工作抓实抓好。特别是安全生产工作落后的地区，务必要尽快扭转被动的局面。

【2011 年房屋市政工程生产安全事故情况】

2011 年房屋市政工程生产安全事故情况如表 7-2-28 所列。

2011 年房屋市政工程生产安全事故情况　　　表 7-2-28

地区	全部事故						较大及以上事故					
	事故起数（起）			死亡人数（人）			事故起数（起）			死亡人数（人）		
	2011 年	2010 年	同期比	2011 年	2010 年	同期比	2011 年	2010 年	同期比	2011 年	2010 年	同期比
合计	589	627	−38	−6.06%	738	772	−34	−4.40%	25	29	−4	−13.79%	110	125	−15	−12.00%
北京	28	28	0	0%	34	34	0	0%	0	2	−2	−100%	0	6	−6	−100%
天津	18	14	4	29%	20	16	4	25%	0	0	0	/	0	0	0	/
河北	22	14	8	57%	25	20	5	25%	0	2	−2	−100%	0	6	−6	−100%
山西	5	13	−8	−62%	8	18	−10	−56%	0	0	0	/	0	0	0	/
内蒙古	17	24	−7	−29%	35	28	7	25%	5	2	3	150%	22	6	16	267%
辽宁	17	15	2	13%	42	24	18	75%	4	3	1	33%	26	11	15	136%
吉林	21	22	−1	−5%	24	36	−12	−33%	0	2	−2	−100%	0	15	−15	−100%
黑龙江	18	23	−5	−22%	18	24	−6	−25%	0	0	0	/	0	0	0	/
上海	40	44	−4	−9%	41	45	−4	−9%	0	0	0	/	0	0	0	/
江苏	58	49	9	18%	59	63	−4	−6%	0	4	−4	−100%	0	16	−16	−100%
浙江	44	45	−1	−2%	53	45	8	18%	1	0	1	/	5	0	5	/
安徽	25	27	−2	−7%	29	37	−8	−22%	1	1	0	0%	4	8	−4	−50%
福建	16	16	0	0%	19	17	2	12%	0	0	0	/	0	0	0	/
江西	13	14	−1	−7%	19	19	0	0%	2	0	2	100%	7	3	4	133%
山东	18	19	−1	−5%	23	23	0	0%	0	0	0	/	0	0	0	/
河南	9	6	3	50%	18	7	11	157%	2	0	2	/	7	0	7	/
湖北	20	26	−6	−23%	28	33	−5	−15%	2	1	1	100%	7	3	4	133%
湖南	20	19	1	5%	26	23	3	13%	2	1	1	100%	6	3	3	100%
广东	29	30	−1	−3%	46	43	3	7%	4	2	2	100%	20	13	7	54%
广西	14	19	−5	−26%	14	19	−5	−26%	0	0	0	/	0	0	0	/
海南	10	10	0	0%	10	10	0	0%	0	0	0	/	0	0	0	/

二、2011年建筑业发展统计分析

续表

地区	全部事故						较大及以上事故					
	事故起数(起)			死亡人数(人)			事故起数(起)			死亡人数(人)		
	2011年	2010年	同期比	2011年	2010年	同期比	2011年	2010年	同期比	2011年	2010年	同期比
重 庆	18	17	1	6%	20	20	0	0%	0	0	0	/	0	0	/
四 川	16	26	−10	−38%	18	36	−18	−50%	0	4	−4	−100%	0	13	−13	−100%
贵 州	16	16	0	0%	19	27	−8	−30%	0	2	−2	−100%	0	12	−12	−100%
云 南	26	27	−1	−4%	29	35	−6	−17%	0	1	−1	−100%	0	7	−7	−100%
西 藏	/	/	/	/	/	/	/	/	/	/	/	/
陕 西	8	16	−8	−50%	9	19	−10	−53%	0	1	−1	−100%	0	3	−3	−100%
甘 肃	10	16	−6	−38%	12	16	−4	−25%	0	0	0	/	0	0	0	/
青 海	10	9	1	11%	13	9	4	44%	1	0	1	/	3	0	3	/
宁 夏	6	5	1	20%	7	7	0	0%	0	0	0	/	0	0	0	/
新 疆	15	16	−1	−6%	18	17	1	6%	1	0	1	/	3	0	3	/
新疆兵团	2	2	0	0%	2	2	0	0%	0	0	0	/	0	0	0	/

【2011年房屋市政工程生产安全较大及以上事故情况】 2011年房屋市政工程生产安全较大及以上事故情况如表7-2-29所列。

2011年房屋市政工程生产安全较大及以上事故情况 表7-2-29

序号	事故名称	死亡人数	建设单位	施工单位			监理单位		
				单位名称	法人代表	项目经理	单位名称	法人代表	项目总监
1	辽宁省大连市旅顺口区蓝湾三期工程"10·8"事故	13	大连蓝湾房地产开发有限公司	大连阿尔滨集团有限公司	赵明阳	陈 健	大连辽贸建设监理有限公司	徐雁民	郑继升
2	内蒙古自治区鄂尔多斯市乌审旗第二实验小学报告厅工程"5·1"事故	6	乌审旗教育局	湖南星沙建筑有限公司	罗 露	邓国庆	内蒙古合众工程监理有限责任公司	吴桂平	李志金
3	广东省信宜市金津茗苑商品房工程"8·28"事故	6	信宜市蔡文金房地产开发有限公司	/	/	/	/	/	/
4	广东省汕尾市中国工商银行股份有限公司汕尾支行培训综合楼工程"11·22"事故	6	中国工商银行股份有限公司汕尾支行	汕头市潮阳建筑工程总公司	魏文雄	肖长锋	深圳市中深建设监理有限公司	邱秀丽	朱小荣
5	浙江省临安市衣锦人家工程"4·16"事故	5	临安市经济适用住房开发有限公司	浙江浦航建设工程有限公司	王益民	金湘中	浙江华诚工程管理有限公司	胡建平	王 波
6	辽宁省兴城市原锦州市财政干部培训中心拆迁工程"5·11"事故	5	兴城江恒房地产开发有限公司	兴城顺安房屋拆迁有限公司	李春明	/	/	/	/
7	内蒙古自治区呼和浩特市赛罕区国际金融大厦工程"6·12"事故	5	内蒙古昱华置业有限公司	中建城市建设发展有限公司	姜 旭	李伟巍	内蒙古鸿元工程建设监理公司	武剑锋	张旭东
8	辽宁省沈阳市经济技术开发区22号路给排水工程"6·14"事故	5	沈阳经济技术开发区开发集团有限公司	辽宁华鑫市政建设工程有限公司	张 玲	谢忠敏	沈阳经济技术开发区信成建设监理公司	刘 宏	陈 专

续表

序号	事故名称	死亡人数	建设单位	施工单位			监理单位		
				单位名称	法人代表	项目经理	单位名称	法人代表	项目总监
9	内蒙古自治区巴彦淖尔市乌拉特中旗农贸市场工程"7·5"事故	5	内蒙古国力房地产开发有限责任公司	内蒙古众兴建筑有限责任公司	王茂云	曹文革	巴彦淖尔市正昊建设工程监理有限公司	贺彩荣	冯爱平
10	河南省平顶山市新华区春华国际茗都16号楼工程"3·1"事故	4	河南春华集团房地产开发有限公司	平顶山市德春建安装饰有限公司	许德春	乔国强	河南成功工程管理有限公司	张伟	张海舰
11	广东省中山市古镇镇星光联盟—LED照明灯饰展览中心工程"8·10"事故	4	中山市兴都物业管理有限公司	四川省第十三建筑有限公司	张荣	李柏友	中外建天利(北京)工程监理咨询有限公司	刘丽莉	朱天金
12	广东省惠州市大亚湾区亚迪二村工程"9·20"事故	4	惠州比亚迪实业有限公司	荆州城市建设集团工程有限公司	熊衍平	李坤山	深圳众泉建设监理有限公司	周菲	杨龙
13	江西省宜春市宜丰县宜丰大酒店雨篷工程"10·6"事故	4	江西中宏实业有限公司	宜丰县兴隆建筑工程有限公司	潘永光	漆保国	江西振宇建设工程监理有限责任公司	邹洪珍	罗军
14	安徽省池州市站前区农房·英伦城邦27号楼工程"10·6"事故	4	上海农工商房地产集团池州新时代置业有限公司	上海立广建筑装饰工程有限公司	陈芳	沈剑镁	池州市工程建设监理有限公司	徐同庆	章立忠
15	湖北省武汉市南国·悦公馆工程"11·26"事故	4	武汉南国洪广置业发展有限公司	中天建设集团有限公司	楼永良	胡冬梅	武汉市江南工程建设监理有限公司	吴如芬	王芳杰
16	湖南省张家界市武陵源区福苑皇家国际度假酒店工程"1·28"事故	3	张家界市武陵源区福苑皇家国际度假酒店有限公司	汕头市潮阳建筑工程总公司	魏文雄	刘远征	张家界市建设监理有限责任公司	彭万远	田刚
17	青海省西宁市城北区永宁白金公馆4号楼工程"5·4"事故	3	青海永宁房地产开发有限公司	江苏华江建设集团有限公司	徐以贵	郭俊	福建京闽工程顾问有限公司	项鸿伟	冯太文
18	湖南省长沙市湘府路湘江大桥工程"5·25"事故	3	长沙市城投基础设施建设项目管理有限公司	四川路桥桥梁工程有限责任公司	黄金平	林伟	铁四院(湖北)工程监理咨询有限公司	李连龙	刘红生
19	内蒙古自治区巴彦淖尔市健康新家园二期工程"7·10"事故	3	巴彦淖尔市新正房地产开发有限公司	巴彦淖尔市第一建筑安装有限公司	王建新	许志平	巴彦淖尔市正昊建设工程监理有限公司	贺彩荣	张建梅
20	辽宁省沈阳市黎明金叶新苑工程"7·31"事故	3	沈阳明朗置业发展有限公司	沈阳振浩建筑工程有限公司	果兴军	许志鑫	辽宁建新工程监理咨询有限公司	代建新	郭亮
21	新疆维吾尔自治区乌鲁木齐市经济技术开发区北棚户区商住楼工程"8·3"事故	3	乌鲁木齐市西域玖佳房地产开发有限公司	新疆维吾尔自治区冶金建设公司	王勇	陈山河	新疆兴教监理有限责任公司	沈斌	李启运
22	湖北省咸宁市经济开发区湖北惠生药业有限公司办公楼工程"9·27"事故	3	湖北惠生药业有限公司	湖北金巢建设集团有限公司	卢耀金	翟祥瑞	湖北银鑫工程项目管理有限公司	朱光	朱光

二、2011年建筑业发展统计分析

续表

序号	事故名称	死亡人数	建设单位	施工单位			监理单位		
				单位名称	法人代表	项目经理	单位名称	法人代表	项目总监
23	河南省长葛市创业园小区2-2号楼工程"11·3"事故	3	长葛市丽园城市开发有限公司	许昌市晶业建设工程有限公司	张军锋	李松甫	河南创达建设工程管理有限公司	杨明宇	王兴伟
24	内蒙古自治区赤峰市宁城县高级中学宿舍楼工程"11·16"事故	3	宁城县教育局	赤峰大通建筑工程有限公司	张金龙	陈永超	内蒙古华虹建设监理有限公司	仲吉一	张海军
25	江西省高安市八景广场工程"12·19"事故	3	樟树市临江房地产开发有限公司	江西国利建设集团有限公司	张国仔	罗国华	江西省赣宜监理咨询有限公司	李锡云	王春洪

(资料来源:住房和城乡建设部网站 2012年3月14日)

(八) 入选国际承包商225强的中国内地企业

美国《工程新闻记录》(ENR,Engineering News-Record),是全球工程建设领域最权威的学术杂志,隶属于美国麦格劳-希尔公司,提供工程建设业界的新闻、分析、评论以及数据,帮助工程建设专业人士更加有效的工作。ENR每年对全球范围内的建筑业界权威企业进行排名,其中"国际最大承包商225强"和"全球最大承包商225强"排名榜单在全球建筑行业内最有影响力。

【入榜中国内地企业概况】 入选2012年ENR国际承包商前225强的中国内地企业共有52家,详见表7-2-30。入榜企业数比上年增加1家,新上榜的企业有7家。

入选国际承包商225强的中国承包企业 表7-2-30

序号	公司名称	2011年度排名	2010年度排名	海外市场收入(百万美元)
1	中国交通建设股份有限公司	10	11	9546.9
2	中国建筑股份有限公司	22	20	4509.6
3	中国水利水电建设股份有限公司	23	24	4399.6
4	中国机械工业集团公司	24	26	4307.4
5	中国铁建股份有限公司	30	29	3782.0
6	中国中铁股份有限公司	39	33	2826.9
7	中国冶金科工集团公司	42	61	2623.3
8	中信建设有限责任公司	46	32	2417.2
9	中国石油工程建设(集团)公司	48	27	2230.8
10	山东电力建设第三工程公司	53	58	2019.6
11	中国葛洲坝集团公司	62	71	1573.1
12	山东电力基本建设总公司	64	100	1569.5
13	上海电气集团	67	78	1546.0
14	中国化学工程股份有限公司	77	92	1368.1
15	东方电气股份有限公司	83	80	1169.7
16	上海建工(集团)总公司	86	54	1109.7
17	中国通用技术(集团)控股有限责任公司	89	**	995.6
18	中国土木工程集团公司	91	86	968.6
19	中国水利电力对外公司	92	115	954.6
20	中地海外建设有限责任公司	93	112	912.6

续表

序号	公司名称	2011年度排名	2010年度排名	海外市场收入（百万美元）
21	哈尔滨电站工程有限责任公司	97	95	810.9
22	中原石油勘探局工程建设总公司	99	118	777.8
23	青岛建设集团公司	104	127	744.9
24	中国石化工程建设公司	114	83	634.9
25	中国江苏国际经济技术合作公司	117	125	582.5
26	中国石油天然气管道局	123	89	535.4
27	中国万宝工程公司	125	176	507.8
28	中国地质工程集团公司	127	129	504.0
29	中国大连国际经济技术合作集团有限公司	131	145	467.5
30	安徽省外经建设（集团）有限公司	141	155	420.8
31	沈阳远大铝业工程有限公司	145	168	396.7
32	北京建工集团	146	113	395.0
33	中国河南国际合作集团有限公司	151	154	368.5
34	中国中原对外工程公司	155	177	346.9
35	新疆北新建设工程（集团）有限责任公司	157	163	340.6
36	中国江西国际经济技术合作公司	159	183	336.4
37	中国武夷实业股份有限公司	164	193	329.5
38	泛华建设集团有限公司	166	187	328.4
39	中国寰球工程公司	169	158	319.6
40	安徽建工集团	171	170	301.8
41	江西中煤建设集团有限公司	184	**	250.1
42	中鼎国际工程有限责任公司	190	206	239.4
43	浙江省建设投资集团公司	195	214	232.9
44	中国电子进出口总公司	199	**	227.8
45	中国石油天然气管道工程有限公司	203	203	222.5
46	江苏南通三建集团有限公司	205	202	218.3
47	云南建工集团有限公司	208	220	210.1
48	南通建工集团股份有限公司	209	200	204.5
49	江苏南通六建集团有限公司	215	**	190.2
50	中钢设备有限公司	219	**	175.1
51	中石化上海工程有限公司	221	**	171.2
52	威海国际经济技术合作股份有限公司	225	**	152.3

注：** 表示本年度未进入225强排行榜。

从表7-2-30可以看出，在52家中国企业中有22家位于前100名，比上一年度增加了2家。上榜225强的中国内地企业之首仍是中国交通建设股份有限公司，排在第10位，比上一年度的第11位上升了1个位次，延续了2009年的升势，该企业也是首次进入最大国际承包商前10强的中国企业。

2012年新上榜225强中国企业之首是中国通用技术（集团）控股有限责任公司，新上榜即排名第89位。上榜225强的52家中国内地企业中，排名位次上升的有28家，下降的有16家，持平的1家，6家企业退出，充分反映了国际承包市场竞争的激烈程度。

2012年国际承包商225强中的52家中国内地企业的海外承包收入总额达到了627.08亿美元，比上年的 571.62 亿美元增长了 55.46 亿美元，增幅为 9.70%；占 2012 年国际承包商 225 强海外市场收入总额的 13.8%。

【业务领域排名】 2011 年，中国内地承包商在海外承包市场的多个业务领域内有所建树。中国交通建设股份有限公司再次进入国际 10 大交通运输承包商名单，位次从上年的第 4 上升为第 2；中国建筑股份有限公司继续保持最大的国际房屋承包商前 10 强的荣誉，但排位从上年的第 4 下降至第 6；在 10 大能源电力承包商中，中国公司占据了 6 席，中国机械工业集团公司列第 3（上年第 4）、中国水利水电建设集团公司列第 4（上年第 3）、山东电力建设第三工程公司列第 6（上年第 6），新进入的山东电力基本建设总公司、上海电气集团、东方电气股份有限公司分列第 7、第 8 和第 10；中国冶金科工集团公司在工业承包商 10 大中继续排名第 8；中国机械工业集团公司、中国水利电力对外公司进入 10 大水利承包商，分别排在第 5 和第 7 位；中国交通建设股份有限公司在 2012 年 10 大排水/废弃物处理承包商中排名第 9；中国万宝工程公司分别进入制造业、有害废物处理两项 10 大承包商榜单，位次分别是第 5 和第 10 位。

区域市场分布 2012 年国际承包商 225 强中的中国内地企业占各主要国家和地区市场份额，如表 7-2-31 所示。

进入国际承包商 225 强的中国企业占各主要区域市场份额情况 单位：% 表 7-2-31

年份	非洲	亚洲	中东	拉丁美洲/加勒比地区	欧洲	美国	加拿大
2011	40.1	20.1	13.6	8.7	1.4	1.5	0
2010	38.7	22.7	13.8	9.8	2.6	1.2	0
2009	36.6	24.9	10.8	5.0	1.6	0.5	0.4
2008	42.4	20.0	6.5	4.4	1.3	0.8	0.1
2007	26.9	16.6	5.5	4.2	1.0	1.1	0.5

数据来源：ENR

根据 ENR 的统计，国际承包市场主要包括中东、亚洲、非洲、欧洲、美国、加拿大和拉丁美洲/加勒比地区七大市场区域。2011 年，除加拿大市场外，中国大陆地区企业在其他六个市场都有一定的份额。中国承包商的传统优势市场仍是非洲、亚洲和中东市场；欧美加市场的开拓虽有提高仍需加强。

在亚洲市场份额排名前 10 名的企业中，中国交通建设股份有限公司排在第 4 位（上年第 3 位），中国建筑股份有限公司排在第 8 位（上年第 8 位）、中国机械工业集团公司排在第 9 位。

在非洲市场占有份额排在前 10 名的国际承包商中有 4 家中国内地企业，分别是升至第 2 位的中国交通建设股份有限公司（上年第 3 位）、升至第 5 位的中国铁建股份有限公司（上年第 10 位）、新上榜排名第 6 的中国中铁股份有限公司和排名第 9 的中国建筑股份有限公司（上年排名第 6）。

(哈尔滨工业大学)

（九）入选全球承包商 225 强的中国内地企业

2012 年进入全球最大承包商 225 强的中国内地公司为 41 家，如表 7-2-32 所示。入榜企业的数量比上一年增加了 2 家。

入选全球承包商 225 强的中国内地企业 表 7-2-32

序号	企业名称	2012 排名	2011 排名	2011 年营业收入（百万美元）
1	中国中铁股份有限公司	1	2	79851.6
2	中国铁建股份有限公司	2	1	77947.0
3	中国建筑工程总公司	3	3	68325.5
4	中国交通建设集团有限公司	5	5	46007.3
5	中国冶金科工集团公司	9	7	31528.5
6	中国水利水电建设集团公司	14	15	18085.6
7	上海建工（集团）总公司	16	20	16682.8
8	中国东方电气集团公司	35	37	7635.6
9	中国化学工程集团公司	38	42	6698.1
10	中国葛洲坝集团有限公司	42	53	6152.2

续表

序号	企业名称	2012排名	2011排名	2011年营业收入(百万美元)
11	浙江省建设投资集团有限公司	45	52	5832.4
12	北京建工集团	50	**	5521.8
13	中国机械工业集团公司	53	54	5382.0
14	青岛建设集团公司	56	74	4829.9
15	山东电力基本建设总公司	61	88	4336.8
16	安徽建工集团有限公司	65	94	4033.0
17	中国石油工程建设(集团)公司	69	51	3891.2
18	云南建工集团有限公司	70	68	3844.4
19	中国石油天然气管道局	72	66	3728.6
20	南通三建集团有限公司	79	85	3200.6
21	中国通用技术(集团)控股有限责任公司	81	**	3178.2
22	中国寰球工程公司	91	90	2916.5
23	中原石油对外经济贸易总公司	95	105	2811.2
24	中信建设有限责任公司	97	75	2730.2
25	山东电力建设第三工程公司	115	125	2178.7
26	上海电气集团有限公司	117	130	2013.9
27	江苏南通六建集团有限公司	120	123	1996.4
28	新疆北新建筑工程(集团)有限公司	127	143	1864.6
29	中国石化工程公司	134	109	1654.6
30	南通建工集团股份有限公司	136	136	1602.9
31	沈阳远大铝业工程有限公司	143	161	1493.0
32	中国江苏国际经济技术合作公司	157	177	1314.2
33	中国电力工程顾问集团公司	167	153	1195.3
34	中钢设备有限公司	179	**	1106.3
35	泛华建设集团有限公司	180	196	1090.2
36	中国土木工程集团公司	185	170	1054.1
37	中国武夷实业股份有限公司	188	217	1022.5
38	中国海外经济合作总公司	192	219	988.3
39	中国水利电力对外公司	194	**	968.9
40	哈尔滨电站工程有限公司	215	192	810.9
41	中国地质工程集团公司	217	221	797.7

注：** 表示本年度未进入225强排行榜。

与上年相比，有23家公司的排列名次有所上升，占上榜公司总数的56.10%，其中，上升幅度最大的是安徽建工集团有限公司和中国武夷实业股份有限公司，分别比上年提升了29位；3家公司排名未发生变化，占上榜公司总数的7.32%；有11家公司的排列名次有所下降，占上榜公司总数的26.83%，其中，下降幅度最大的是中国石化工程公司，比上年下降了25位；4家公司首次进入排行榜，占上榜公司总数的9.76%。特别值得一提的是，连续两年进入前10强的5家中国内地企业，2012年仍名列前10强，并且继续占据前3名的位置。

(哈尔滨工业大学)

(十) 2011年我国对外承包工程业务完成营业额和新签合同额前50家企业

【2011年我国对外承包工程业务完成营业额前50家企业】 根据商务部的有关统计分析报告，2011年我国对外承包工程业务完成营业额前50家企业如表7-2-33所列。

二、2011年建筑业发展统计分析

2011年我国对外承包工程业务完成营业额前50家企业 单位：万美元　　表 7-2-33

序号	企业名称	完成营业额
1	华为技术有限公司	878961
2	中国建筑工程总公司	447612
3	中国水利水电建设股份有限公司	439863
4	中国港湾工程有限责任公司	272573
5	中信建设有限责任公司	227352
6	中国石油工程建设公司	214116
7	山东电力建设第三工程公司	201962
8	中国机械设备工程股份有限公司	171791
9	上海电气集团股份有限公司	154689
10	山东电力基本建设总公司	153552
11	中国路桥工程有限责任公司	151985
12	中国葛洲坝集团股份有限公司	150224
13	中国电力工程有限公司	136268
14	广东火电工程总公司	135185
15	中国石油集团长城钻探工程有限公司	121579
16	上海贝尔股份有限公司	111757
17	中国中材国际工程股份有限公司	105341
18	中国水利电力对外公司	95456
19	中国石油集团东方地球物理勘探有限责任公司	95256
20	中国土木工程集团有限公司	92803
21	中国机械进出口(集团)有限公司	92228
22	上海建工(集团)总公司	91658
23	中兴通讯股份有限公司	91449
24	中地海外建设集团有限公司	91264
25	中铁十八局集团有限公司	87639
26	中国石油集团川庆钻探工程有限公司	86903
27	中铁四局集团有限公司	84439
28	中工国际工程股份有限公司	83990
29	哈尔滨电气国际工程有限责任公司	81092
30	国家电网公司	80700
31	中国石化集团中原石油勘探局	77779
32	青建集团股份公司	74489
33	中国恩菲工程技术有限公司	74062
34	东方电气集团国际合作有限公司	71031
35	中铁二十局集团有限公司	68930
36	四川省机械设备进出口有限责任公司	66372
37	中国铁建股份有限公司	65156
38	中国石化工程建设公司	63492
39	中国长城工业总公司	59276

续表

序号	企业名称	完成营业额
40	中建材集团进出口公司	57885
41	上海振华重工(集团)股份有限公司	51534
42	中国中铁股份有限公司	51200
43	中国地质工程集团公司	50818
44	中国成达工程有限公司	50784
45	中国大连国际合作(集团)股份有限公司	46750
46	东方电气股份有限公司	45935
47	中国石油天然气管道局	45314
48	中国石油天然气管道工程有限公司	44735
49	沈阳远大铝业工程有限公司	43970
50	安徽省外经建设(集团)有限公司	41491

数据来源：商务部对外投资和经济合作司《2011我国对外承包工程业务完成营业额前50家企业》。

【2001我国对外承包工程业务新签合同额前50家企业】 根据商务部的有关统计分析报告，2011年我国对外承包工程业务新签合同额前50家企业如表7-2-34所列。

2011年我国对外承包工程业务新签合同额前50家企业　单位：万美元　　表7-2-34

序号	企业名称	新签合同额
1	华为技术有限公司	1162694
2	中国水利水电建设股份有限公司	772754
3	中国建筑工程总公司	728014
4	上海电气集团股份有限公司	684216
5	中国港湾工程有限责任公司	510185
6	中国寰球工程公司	452790
7	中国交通建设股份有限公司	446270
8	中国葛洲坝集团股份有限公司	426012
9	东方电气股份有限公司	361007
10	中信建设有限责任公司	319489
11	中国路桥工程有限责任公司	270572
12	中国电力工程有限公司	247533
13	中国机械设备工程股份有限公司	236871
14	中国土木工程集团有限公司	234879
15	中国石化集团国际石油工程有限公司	228694
16	中国石化集团炼化工程有限公司	202688
17	中国机械进出口(集团)有限公司	191251
18	中国水利电力对外公司	190998
19	中国中原对外工程有限公司	188956
20	中国万宝工程公司	185847
21	中国中铁股份有限公司	163900
22	中国石油集团长城钻探工程有限公司	162780
23	中国石油集团东方地球物理勘探有限责任公司	151666

二、2011年建筑业发展统计分析

续表

序号	企业名称	新签合同额
24	山东电力基本建设总公司	139000
25	中兴通讯股份有限公司	138889
26	山东电力建设第三工程公司	137000
27	中国成达工程有限公司	134771
28	上海贝尔股份有限公司	105754
29	上海振华重工(集团)股份有限公司	91860
30	中地海外建设集团有限公司	82345
31	中国石油天然气管道局	80073
32	中国石油工程建设公司	78567
33	中国中材国际工程股份有限公司	76924
34	上海建工(集团)总公司	74472
35	中铁四局集团有限公司	71475
36	北京建工集团有限责任公司	63710
37	中钢设备有限公司	62915
38	中国天辰工程有限公司	62881
39	北方重工集团有限公司	60818
40	中铁十四局集团有限公司	60714
41	中国精密机械进出口总公司	60000
42	中国长城工业总公司	59276
43	中国江西国际经济技术合作公司	58028
44	中国十七冶集团有限公司	56843
45	中国技术进出口总公司	56609
46	中国船舶工业集团公司	56091
47	中国石油集团川庆钻探工程有限公司	55736
48	沈阳远大铝业工程有限公司	53416
49	江苏江都建设集团有限公司	47982
50	中国海外工程有限责任公司	47919

数据来源：商务部对外投资和经济合作司《2011年我国对外承包工程业务新签合同额前50家企业》

(哈尔滨工业大学)

(十一) 2012年中国500强企业中的建筑业企业

根据中国企业联合会2012年9月公布的2012中国企业500强年度排行榜，共有42家建筑业企业入选2012中国企业500强，数量与上年相同。上年上榜的42家企业中，37家本年仍然榜上有名。这37家企业中，有20家的位次有所上升，17家的位次有所下降。另有5家企业新入榜，其中，中国电力建设集团有限公司成立于2011年9月29日，是经国务院批准，由中国水利水电建设集团公司、中国水电工程顾问集团公司以及国家电网公司和中国南方电网有限责任公司14个省(区域)电网企业所属的勘测设计企业、电力施工企业、装备修造企业改革重组而成，中国水利水电建设集团公司上年也入选了中国企业500强排行榜，列第80位。中国能源建设集团有限公司成立于2011年9月29日，是经国务院批准，由中国葛洲坝集团公司、中国电力工程顾问集团公司与国家电网公司、中国南方电网有限责任公司所属15个省(区、市)勘测设计企业、施工企业、修造企业重组而成，其全资子公司中国葛洲坝集团公司上年也入选了中国企业500强排行榜，列第216位。具体如表7-2-35所列。

入选 2012 中国企业 500 强年度排行榜的建筑业企业　　　　表 7-2-35

序号	500 强名次 2012 年	500 强名次 2011 年	企业名称	营业收入（万元）
1	9	12	中国建筑工程总公司	49149463
2	11	7	中国铁道建筑总公司	46188331
3	12	6	中国中铁股份有限公司	46072022
4	23	19	中国交通建设股份有限公司	29537049
5	33	30	中国冶金科工集团有限公司	24316627
6	56	**	中国电力建设集团有限公司	18288685
7	90	**	中国能源建设集团有限公司	12220893
8	104	98	上海建工集团股份有限公司	10390000
9	152	138	广厦控股集团有限公司	7103764
10	209	207	北京建工集团有限责任公司	4794807
11	219	240	中国化学工程股份有限公司	4353800
12	223	203	上海城建（集团）公司	4310000
13	229	263	重庆建工集团股份有限公司	4264581
14	244	281	四川华西集团有限公司	3772125
15	257	252	浙江省建设投资集团有限公司	3532060
16	264	275	中天发展控股集团有限公司	3495609
17	272	318	广西建工集团有限责任公司	3368893
18	280	305	北京市政路桥集团有限公司	3250590
19	289	277	湖南省建筑工程集团总公司	3138910
20	297	196	北京城建集团有限责任公司	3082122
21	299	308	广州市建筑集团有限公司	3076281
22	304	285	成都建筑工程集团总公司	3047944
23	305	333	青建集团股份公司	3042666
24	321	327	陕西建工集团总公司	2852235
25	329	406	中南控股集团有限公司	2750000
26	334	372	江苏南通二建集团有限公司	2712983
27	365	364	江苏南通三建集团有限公司	2508002
28	377	321	云南建工集团有限公司	2429521
29	386	348	广东省建筑工程集团有限公司	2323889
30	395	438	四川公路桥梁建设集团有限公司	2296702
31	396	433	安徽建工集团有限公司	2288571
32	405	403	浙江中成控股集团有限公司	2208876
33	413	468	中太建设集团股份有限公司	2168205
34	417	419	江苏省苏中建设集团股份有限公司	2139315
35	421	446	河北建工集团有限责任公司	2112999
36	429	463	黑龙江省建设集团有限公司	2088357
37	433	**	河北建设集团有限公司	2074164
38	449	**	甘肃省建设投资（控股）集团总公司	2020003
39	455	**	山西建筑工程（集团）总公司	1979123
40	461	470	浙江宝业建设集团有限公司	1936233
41	465	495	浙江八达建设集团有限公司	1913338
42	480	477	浙江昆仑控股集团有限公司	1834575

数据来源：2012 年中国企业发展报告，** 表示相应年度未入榜。

（哈尔滨工业大学）

(十二) 2012 年"世界 500 强"中的中国建筑业企业

根据美国《财富》杂志 2012 年 7 月发布的 2012 年度"世界 500 强"企业最新排名,共有 6 家中国建筑业企业入选 2012"世界 500 强"排行榜,入选企业数量比上年增加 1 家。上年已入选"世界 500 强"的 5 家企业名次有升有降,中国电力建设集团有限公司则以第 390 的位次首次入选"世界 500 强"。具体如表 7-2-36 所列。需要说明的是,中国建筑工程总公司(排名第 100 位)、中国铁道建筑总公司(排名第 111 位)本年改变了申报的主体,是以非上市的集团公司申报,因而也算是新上榜公司。这两家公司过去分别是以各自旗下的上市公司中国建筑股份有限公司和中国铁建股份有限公司作为主体申报,并且已经跻身世界 500 强。

入选 2012"世界 500 强"排行榜的中国建筑业企业　　　　表 7-2-36

序号	500 强名次 2012 年	500 强名次 2011 年	企业名称	营业收入（百万美元）	利润（百万美元）
1	100	**	中国建筑工程总公司	76023.6	1108.0
2	111	**	中国铁道建筑总公司	71443.4	489.3
3	112	95	中国中铁股份有限公司	71263.4	1034.8
4	216	211	中国交通建设股份有限公司	45958.7	1220.6
5	280	297	中国冶金科工集团有限公司	37612.6	-399.6
6	390	*	中国电力建设集团有限公司	28288.6	354.4

注：** 表示本年改变了申报全体。* 表示首次入选。

（哈尔滨工业大学）

(十三) 2011 年度中国建筑业企业双百强

为深入研究我国建筑业企业改革发展现状,引导和促进建筑业企业加快转变发展方式,探索新时期建筑业持续健康发展的途径,中国建筑业协会研究决定,2012 年继续开展 2011 年度中国建筑业企业双百强评价工作(包括中国建筑业企业竞争力百强评价和中国建筑业最具成长性企业百强评价)。经评价确定的 2011 年度中国建筑业企业竞争力百强排行榜和 2011 年度中国建筑业最具成长性企业百强排行榜分别如表 7-2-37 和表 7-2-38 所列。

2011 年度中国建筑业企业竞争力百强排行榜　　　　表 7-2-37

排名 2011 年度	排名 2010 年度	企业名称	地区/行业	资质等级	位次变化
1	2	中国建筑第八工程局有限公司	中建	特级	1
2	3	中建三局建设工程股份有限公司	湖北	特级	1
3	**	中国建筑第二工程局有限公司	北京	特级	
4	4	北京城建集团有限责任公司	北京	特级	0
5	**	中国建筑第五工程局有限公司	湖南	特级	
6	5	北京建工集团有限责任公司	北京	特级	-1
7	15	中交第一航务工程局有限公司	水运	特级	8
8	20	中国建筑第四工程局有限公司	广东	特级	12
9	37	中国建筑第七工程局有限公司	河南	特级	28
10	14	广西建工集团有限责任公司	广西	特级	4
11	9	中天建设集团有限公司	浙江	特级	-2
12	30	中国华西企业股份有限公司	四川	特级	18
13	19	重庆建工集团股份有限公司	重庆	特级	6
14	39	陕西建工集团总公司	陕西	特级	25

续表

排名		企业名称	地区/行业	资质等级	位次变化
2011年度	2010年度				
15	11	广东省建筑工程集团有限公司	广东	特级	−4
16	23	中交第三航务工程局有限公司	水运	特级	7
17	**	中铁五局(集团)有限公司	贵州	特级	
18	13	湖南省建筑工程集团总公司	湖南	特级	−5
19	8	青建集团股份公司	山东	特级	−11
20	18	江苏南通二建集团有限公司	江苏	特级	−2
21	33	安徽建工集团有限公司	安徽	特级	12
22	28	广州建筑股份有限公司	广东	特级	6
23	**	中国建筑第六工程局有限公司	天津	特级	
24	71	甘肃省建设投资(控股)集团总公司	甘肃	特级	47
25	35	江苏省苏中建设集团股份有限公司	江苏	特级	10
26	40	江苏南通三建集团有限公司	江苏	特级	14
27	58	江苏江都建设集团有限公司	江苏	特级	31
28	25	上海隧道工程股份有限公司	上海	特级	−3
29	41	中冶天工集团有限公司	冶金	特级	12
30	32	天津市建工集团(控股)有限公司	天津	特级	2
31	51	中国一冶集团有限公司	冶金	一级	20
32	**	河南国基建设集团有限公司	河南	特级	
33	**	沈阳远大铝业工程有限公司	辽宁	一级	
34	**	新疆生产建设兵团建设工程(集团)有限责任公司	新疆	一级	
35	**	中交天津航道局有限公司	水运	一级	
36	75	江苏南通六建设集团有限公司	江苏	特级	39
37	27	上海宝冶集团有限公司	冶金	特级	−10
38	36	苏州金螳螂企业(集团)有限公司	江苏	一级	−2
39	42	中煤矿山建设集团有限责任公司	安徽	特级	3
40	**	大庆油田建设集团有限责任公司	石油	特级	
41	**	中国水利水电第十四工程局有限公司	云南	特级	
42	26	南通四建集团有限公司	江苏	特级	−16
43	63	中国十五冶金建设集团有限公司	有色	特级	20
44	61	安徽省外经建设(集团)有限公司	安徽	一级	17
45	34	中国五冶集团有限公司	冶金	特级	−11
46	54	浙江宝业建设集团有限公司	浙江	特级	8
47	70	中国核工业华兴建设有限公司	核建	特级	23
48	52	南通建筑工程总承包有限公司	江苏	特级	4
49	84	上海建工四建集团有限公司	上海	特级	35
50	**(11)	江苏邗建集团有限公司	江苏	一级	
51	47	福建建工集团总公司	福建	特级	−4
52	62	龙元建设集团股份有限公司	浙江	特级	10
53	81	中国江苏国际经济技术合作公司	江苏	一级	28

二、2011年建筑业发展统计分析

续表

排名		企业名称	地区/行业	资质等级	位次变化
2011年度	2010年度				
54	91	贵州建工集团有限公司	贵州	特级	37
55	57	江苏省华建建设股份有限公司	江苏	特级	2
56	**	中建环球建设集团有限公司	安装	一级	
57	46	上海建工七建集团有限公司	上海	特级	−11
58	95	黑龙江省建工集团有限责任公司	黑龙江	特级	37
59	**	浙江海天建设集团有限公司	浙江	特级	
60	**	江西省建工集团公司	江西	特级	
61	**	江苏省金陵建工集团有限公司	江苏	特级	
62	**(13)	江苏省建筑工程集团有限公司	江苏	一级	
63	**	中冶建工集团有限公司	重庆	一级	
64	65	苏州二建建筑集团有限公司	江苏	特级	1
65	**	新八建设集团有限公司	湖北	特级	
66	86	南通建工集团股份有限公司	江苏	特级	20
67	**	正太集团有限公司	江苏	特级	
68	43	天津二十冶建设有限公司	天津	一级	−25
69	**	新七建设集团有限公司	湖北	一级	
70	80	北京市政建设集团有限责任公司	北京	特级	10
71	**	南京宏亚建设集团有限公司	江苏	一级	
72	**	湖南高岭建设集团股份有限公司	湖南	特级	
73	**	山河建设集团有限公司	湖北	特级	
74	**	五洋建设集团股份有限公司	浙江	特级	
75	92	烟建集团有限公司	山东	特级	17
76	82	南通华新建工集团有限公司	江苏	特级	6
77	**(3)	中化二建集团有限公司	化工	一级	
78	74	宏润建设集团股份有限公司	浙江	一级	−4
79	**	中国有色金属工业第十四冶金建设公司	云南	一级	
80	60	江苏省盐阜建设集团有限公司	江苏	一级	−20
81	87	江苏江中集团有限公司	江苏	特级	6
82	**	上海建工二建集团有限公司	上海	特级	
83	**	重庆中科建设(集团)有限公司	重庆	一级	
84	**	上海建工五建集团有限公司	上海	特级	
85	**	江苏中兴建设有限公司	江苏	特级	
86	**	龙建路桥股份有限公司	黑龙江	特级	
87	**	方远建设集团股份有限公司	浙江	特级	
88	**	浙江中南建设集团有限公司	浙江	特级	
89	**	南通新华建筑集团有限公司	江苏	特级	
90	**	中冶宝钢技术服务有限公司	冶金	一级	
91	**	长业建设集团有限公司	浙江	特级	
92	**	苏州第一建筑集团有限公司	江苏	特级	

续表

排名		企业名称	地区/行业	资质等级	位次变化
2011年度	2010年度				
93	**	中交四航局第二工程有限公司	水运	一级	
94	**	浙江勤业建工集团有限公司	浙江	特级	
95	**	中博建设集团有限公司	浙江	特级	
96	99	宁夏建工集团有限公司	宁夏	一级	3
97	**（25）	甘肃路桥建设集团有限公司	甘肃	一级	
98	**（23）	中国水电建设集团十五工程局有限公司	陕西	一级	
99	**	浙江舜江建设集团有限公司	浙江	特级	
100	**	重庆巨能建设(集团)有限公司	重庆	一级	

注：** 表示该年度未上榜；括号中的数字为2010年度中国建筑业最具成长性企业百强排行榜中的位次。

2011年度中国建筑业最具成长性企业百强排行榜　　　　表 7-2-38

排名		企业名称	地区/行业	资质等级	位次变化
2011年度	2010年度				
1	4	中建工业设备安装有限公司	江苏	一级	3
2	16	华太建设集团有限公司	浙江	一级	14
3	36	广西建工集团第一级建筑工程有限责任公司	广西	一级	33
4	17	山东德建集团有限公司	山东	一级	13
5	39	安徽三建工程有限公司	安徽	一级	34
6	10	陕西建工集团第五建筑工程有限公司	陕西	一级	4
7	65	浙江天工建设集团有限公司	浙江	一级	58
8	20	江苏金土木建设集团有限公司	江苏	一级	12
9	9	中石化南京工程有限公司	石化	一级	0
10	**	安徽水利开发股份有限公司	安徽	一级	
11	**	中交三航局第三工程有限公司	水运	一级	
12	63	山东兴润建设有限公司	山东	一级	51
13	**	江苏省交通工程集团有限公司	水运	一级	
14	**	浙江博元建设股份有限公司	浙江	一级	
15	**	中国能源建设集团安徽电力建设第二工程公司	安徽	一级	
16	18	浙江鸿翔建设集团有限公司	浙江	一级	2
17	40	陕西建工集团第一建筑工程有限公司	陕西	一级	23
18	30	天津三建建筑工程有限公司	天津	一级	12
19	53	常州第一建筑集团有限公司	江苏	一级	34
20	**	十一冶建设集团有限责任公司	有色	一级	
21	**	济南城建集团有限公司	山东	一级	
22	37	南京大地建设集团有限责任公司	江苏	一级	15
23	29	威海建设集团股份有限公司	山东	一级	6
24	43	济南四建(集团)有限责任公司	山东	一级	19
25	48	巨匠建设集团有限公司	浙江	一级	23

二、2011年建筑业发展统计分析

续表

排名		企业名称	地区/行业	资质等级	位次变化
2011年度	2010年度				
26	59	标力建设集团有限公司	浙江	一级	33
27	**	济南二建集团工程有限公司	山东	一级	
28	41	中石化第四建设有限公司	石化	一级	13
29	**	安徽湖滨建设集团有限公司	安徽	一级	
30	42	陕西省第三建筑工程公司	陕西	一级	12
31	**	中铁一局集团建筑安装工程有限公司	陕西	一级	
32	74	山东三箭建设工程股份有限公司	山东	一级	42
33	21	河南省大成建设工程有限公司	河南	一级	−12
34	64	广东金辉华集团有限公司	广东	一级	30
35	**	山东莱钢建设有限公司	冶金	一级	
36	**	舜元建设(集团)有限公司	上海	二级	
37	**	陕西建工集团设备安装工程有限公司	陕西	一级	
38	**	江苏省江建集团有限公司	江苏	一级	
39	54	广西壮族自治区冶金建设公司	广西	一级	15
40	**	南通华荣建设集团有限公司	江苏	一级	
41	14	重庆恒滨建设(集团)有限公司	重庆	一级	−27
42	**	中国化学工程第十三建设有限公司	化工	一级	
43	**	河南省第二建设集团有限公司	河南	一级	
44	**	大元建业集团股份有限公司	河北	一级	
45	**	上海港务工程公司	上海	一级	
46	**	南京润盛建设集团有限公司	江苏	一级	
47	**	河南三建建设集团有限公司	河南	一级	
48	70	安徽华力建设集团有限公司	安徽	一级	22
49	**	南通市达欣工程股份有限公司	江苏	一级	
50	**	大秦建设集团有限责任公司	陕西	一级	
51	**	云南路桥股份有限公司	云南	一级	
52	**	成都市第四建筑工程公司	四川	一级	
53	73	中标建设集团有限公司	福建	一级	20
54	**	江苏扬州建工建设集团有限公司	江苏	一级	
55	**	江西省发达建筑集团有限公司	江西	一级	
56	**	重庆远海建工(集团)有限公司	重庆	一级	
57	**	甘肃省长城建设集团总公司	甘肃	一级	
58	**	山东起凤建工股份有限公司	山东	一级	
59	**	宏峰集团(福建)有限公司	福建	一级	
60	**	新世纪建设集团有限公司	浙江	一级	
61	27	中城建第六工程局集团有限公司	安徽	一级	34
62	61	中国新兴保信建设总公司	北京	一级	−1

续表

排名		企业名称	地区/行业	资质等级	位次变化
2011年度	2010年度				
63	**	中元建设集团股份有限公司	浙江	一级	
64	**	中原石油勘探局工程建设总公司	石化	一级	
65	**	江西建工第二建筑有限责任公司	江西	一级	
66	**	重庆对外建设(集团)有限公司	重庆	一级	
67	**	天津二建筑工程有限公司	天津	一级	
68	90	深圳市宝鹰建设集团股份有限公司	广东	一级	22
69	**	华润建筑有限公司	北京	一级	
70	**	陕西建工集团第二建筑工程有限公司	陕西	一级	
71	**	安徽水安建设集团股份有限公司	安徽	一级	
72	**	中铁四局集团建筑工程有限公司	安徽	一级	
73	97	济南一建集团总公司	山东	一级	24
74	**	云南省第二建筑工程公司	云南	一级	
75	**	山东金城建工有限公司	山东	一级	
76	**	四川省晟茂建设有限公司	四川	一级	
77	**	浙江金立建设有限公司	浙江	一级	
78	**	上海嘉实(集团)有限公司	上海	一级	
79	**	苏州美瑞德建筑装饰有限公司	江苏	一级	
80	93	湖南省衡州建设有限公司	湖南	一级	13
81	**	内蒙古巨华集团大华建筑安装有限公司	内蒙古	一级	
82	**	伟基建设集团有限公司	浙江	一级	
83	**	重庆渝康建设(集团)有限公司	重庆	一级	
84	**	湖南省沙坪建筑有限公司	湖南	一级	
85	**	山东圣大建设集团有限公司	山东	一级	
86	**	辽河石油勘探局油田建设工程二公司	石油	一级	
87	83	陕西建工集团第八建筑工程有限公司	陕西	一级	−4
88	**	福建省工业设备安装有限公司	福建	一级	
89	**	浙江衢州建工集团有限公司	浙江	一级	
90	**	江苏扬安集团有限公司	江苏	一级	
91	**	成都市第八建筑工程公司	四川	一级	
92	**	陕西省咸阳市建筑安装工程总公司	陕西	一级	
93	**	上海森信建设工程有限公司	上海	一级	
94	**	山东平安建设集团有限公司	山东	一级	
95	**	四川鸥鹏建筑工程公司	四川	一级	
96	**	湖南德成建设工程有限公司	湖南	一级	
97	**	陕西恒业建设集团有限公司	陕西	一级	
98	**	海南建设工程股份有限公司	海南	一级	
99	**	湖南东方红建设集团有限公司	湖南	一级	
100	**	安徽鲁班建设投资集团有限公司	安徽	一级	

三、2011年全国房地产市场运行分析

（一）2011年全国房地产开发情况

根据国家统计局发布的有关数据，2011年我国房地产开发情况如下：

【房地产开发投资保持增长，增速稍有回落】

全国房地产开发投资，2010年完成额为48267.07亿元，同比增长33.2%，占全年城镇固定资产投资完成额的20.0%。2011年，全国完成房地产开发投资61739.78亿元，同比增长27.9%，增速稍有回落，比上年回落5.3个百分点。其中，住宅投资44308亿元，增长30.2%，占房地产开发投资的比重为71.8%。办公楼投资2544亿元，增长40.7%，商业营业用房投资7370亿元，增长30.5%。

2011年，全国城镇固定资产投资301933亿元，增长23.8%。房地产开发投资增长快于固定资产投资，占全国城镇固定资产投资比重达到20.4%，比上年增长0.4个百分点。

图7-3-1给出2000～2011年全国城镇固定资产投资完成额和房地产开发完成额情况。

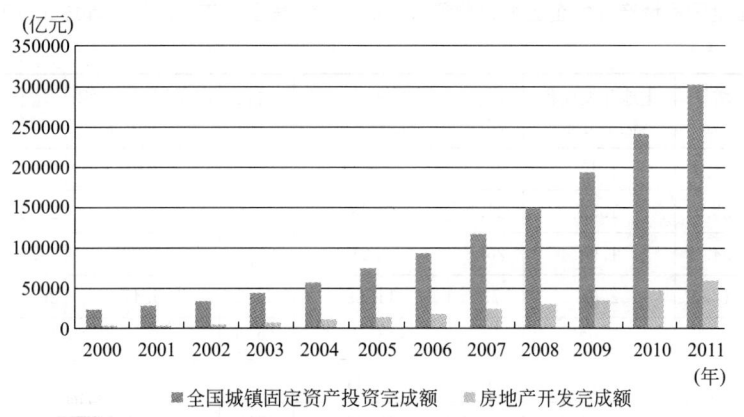

图7-3-1 2000～2011年全国城镇固定资产投资完成额和房地产开发完成额情况
资料来源：国家统计局

逐月来看，2011年房地产开发投资月累计增速从7月起逐步回落，12月增速有明显回落。另外，且除1～2月外，2011年房地产投资月累计增速均低于2010年，详见图7-3-2所示。

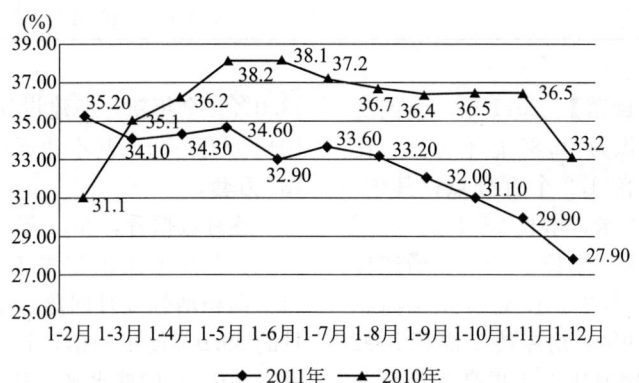

图7-3-2 2011年全国房地产投资增速

分地区来看，2011年东部地区房地产开发投资35607亿元，同比增长27.2%，占全国房地产开发投资的57.6%；中部地区房地产开发投资13197亿元，同比增长25.5%，占全国房地产开发投资的21.4%；西部地区房地产开发投资12936亿元，同比增长32.8%，增速超过全国平均水平，占全国房地产开发投资的21.0%。如表7-3-1所示。

2011年分地区房地产开发投资情况 表7-3-1

地区	投资额（亿元）	住宅	同比增长（%）	住宅
全国总计	61740	44308	27.9	30.2
一、东部地区	35607	25215	27.2	31.1
二、中部地区	13197	9832	25.5	25.3
三、西部地区	12936	9262	32.8	33.3

数据来源：国家统计局

【土地购置面积继续增长，增速回落】 2010年全国房地产开发企业完成土地购置面积为4.00亿平方米，同比增长25.2%。2011年，全国房地产开发企业土地购置面积4.10亿平方米，同比增长2.6%，增速比上年回落22.6个百分点；土地成交价款8049亿元，同比下降1.9%，而上年为增长59.3%。表7-3-2所示为2000～2011年全国房地产开发企业土地购置、土地开发、房屋施工、新开工和竣工面积及增速情况。

2000～2011年全国房地产开发企业土地购置、土地开发、房屋施工、新开工和竣工面积及增速情况 表7-3-2

年度	土地购置面积（亿平方米）	增长（%）	土地开发面积（亿平方米）	增长（%）	房屋施工面积（亿平方米）	增长（%）	房屋新开工面积（亿平方米）	增长（%）	竣工面积（亿平方米）	增长（%）
2000	1.69	41.1	1.17	25.2	—	—	2.96	31.0%	2.51	17.3
2001	2.34	38.5	1.53	31.3	5.98	—	3.74	26.4%	2.99	19.0
2002	3.14	34.0	1.94	26.8	7.21	20.6	4.28	14.5%	3.50	17.1
2003	3.70	17.9	2.09	7.4	11.69	62.2	5.47	26.9%	4.15	18.5
2004	4.00	8.2	1.97	−5.3	14.05	19.2	6.04	11.2%	4.25	2.4
2005	3.83	−4.0	2.27	14.9	16.44	17.8	6.79	10.6%	5.33	25.6
2006	3.68	−3.8	2.71	19.6	19.40	17.0	7.81	15.1%	5.30	−0.6
2007	4.06	11.0	2.76	1.6	23.60	21.1	9.46	19.4%	5.80	4.3
2008	3.68	−8.6	2.60	−5.6	27.40	16.0	9.80	2.3%	5.90	−3.5
2009	3.19	−18.9	2.30	−11.6	31.96	12.8	11.54	12.5%	7.02	5.5
2010	4.00	25.2	2.10	−7.7	40.54	26.5	16.36	40.6%	7.87	8.4
2011	4.10	2.6	—	—	50.80	25.3	19.01	16.2	8.92	13.3

数据来源：国家统计局

【房屋供给增长，增幅回落】 2011年，全国房地产开发企业房屋施工面积为50.80亿平方米，比上年增长25.3%，增速回落1.2个百分点；其中，住宅施工面积38.84亿平方米，增长23.4%。房屋新开工面积19.01亿平方米，增长16.2%，增速比上年回落24.4个百分点；其中，住宅新开工面积14.60亿平方米，增长12.9%。房屋竣工面积8.92亿平方米，增长13.3%，增速比上年提高5个百分点；其中，住宅竣工面积7.17亿平方米，增长13.0%。全年新开工建设城镇保障性安居工程住房1043万套（户），基本建成城镇保障性安居工程住房432万套。

逐月数据看，2011年全国房地产开发企业施工面积、新开工面积和竣工面积都呈现增长。其中，施工面积增幅逐月回落，施工面积同比增幅从1～2月的39.0%逐步回落，1～12月为25.3%，增幅略低于2010年同期水平。新开工面积和竣工面积增幅呈现波动变化，新开工面积同比增幅从1～2月的

三、2011年全国房地产市场运行分析

28.0%逐步减少,全年增长16.2%。房屋竣工面积同比增幅从1~2月的13.9%,最高增至1~11月的22.3%然后大幅回落,1~12月为13.3%,如表7-3-3所示。

2011年、2010年全国房地产开发企业施工、新开工和竣工面积逐月数据及同比增长率　　表7-3-3

月份	2011年						2010年					
	施工面积(亿平方米)	增长(%)	新开工面积(亿平方米)	增长(%)	竣工面积(亿平方米)	增长(%)	施工面积(亿平方米)	增长(%)	新开工面积(亿平方米)	增长(%)	竣工面积(亿平方米)	增长(%)
1~2	29.15	39.0	1.91	28.0	0.70	13.9	20.97	29.3	1.49	37.5	0.61	8.2
1~3	32.74	35.2	3.98	23.4	1.28	15.4	24.22	35.5	3.23	60.80	1.11	12
1~4	35.25	33.2	5.68	24.4	1.71	14.0	26.46	31.7	4.57	64.1	1.502	13.5
1~5	37.75	32.4	7.61	23.8	2.16	12.9	28.51	30.5	6.15	72.4	1.92	18.1
1~6	40.57	31.6	9.94	23.6	2.76	12.8	30.84	28.7	8.05	67.9	2.44	18.2
1~7	42.42	30.8	11.52	24.9	3.24	13.4	32.43	29.4	9.22	67.7	2.86	12.6
1~8	44.26	30.5	13.19	25.8	3.71	14.7	33.92	29.1	10.48	66.1	3.23	10.7
1~9	46.08	29.7	14.78	23.7	4.35	17.9	35.54	28.1	11.94	63.1	3.69	10.4
1~10	47.48	28.4	16.04	21.7	4.97	18.5	36.98	28.3	13.18	61.9	4.2	11.4
1~11	49.13	27.9	17.50	20.6	5.93	22.3	38.43	28.6	14.51	48.7	4.85	9.6
1~12	50.80	25.3	19.01	16.2	8.92	13.3	40.55	26.6	16.38	40.7	7.6	4.5

数据来源:国家统计

(二) 2011年商品房销售和待售情况

【商品房销售面积增幅回落】 2010年全国商品房销售面积10.43亿平方米,同比增长10.1%。2011年,全国商品房销售面积10.99亿平方米,同比增长4.9%,增速比上年回落5.7个百分点;其中,住宅销售面积增长3.9%,办公楼销售面积增长6.2%,商业营业用房销售面积增长12.6%。商品房销售额59119亿元,增长12.1%,增速比上年回落6.8个百分点;其中,住宅销售额增长10.2%,办公楼销售额增长16.1%,商业营业用房销售额增长23.7%。

分地区来看,2011年,东部地区商品房销售面积5.11亿平方米,同比增长0.1%,占全国商品房销售面积的46.4%;销售额34628亿元,增长3.8%,增速回落4.3个百分点。中部地区商品房销售面积2.93亿平方米,增长11.3%,增速回落2.8个百分点,占全国商品房销售面积的26.7%;销售额11895亿元,增长29.4%,增速回落2.9个百分点。西部地区商品房销售面积2.96亿平方米,增长8.0%,增速回落2.7个百分点,占全国商品房销售面积的26.9%;销售额12596亿元,增长23.9%,增速回落4.4个百分点。如表7-3-4所示。

2011年末,全国商品房待售面积27194万平方米,比11月末增加1763万平方米。其中,住宅待售面积增加1322万平方米,办公楼增加115万平方米,商业营业用房增加203万平方米。

(哈尔滨工业大学)

2011年分地区房地产销售情况　　表7-3-4

地区	商品房销售面积		商品房销售额	
	绝对数(万平方米)	同比增长(%)	绝对数(亿元)	同比增长(%)
全国总计	109946	4.9	59119	12.1
一、东部地区	51052	0.1	34628	3.8
二、中部地区	29312	11.3	11895	29.4
三、西部地区	29581	8.0	12596	23.9

数据来源:国家统计局

逐月数据看,2011年上半年商品房销售面积和销售额增幅逐月回落,6月增幅上升后,下半年又呈现逐月回落的趋势,11月和12月商品房销售增幅呈现较大幅度回落。如表7-3-5所示。

2010 年、2011 年全国商品房销售面积　　　　　表 7-3-5

月份	2011年				2010年			
	商品房销售面积(万平方米)	增长(%)	商品房销售额(亿元)	增长(%)	商品房销售面积(万平方米)	增长(%)	商品房销售额(亿元)	增长(%)
1～2	8142.95	13.8	5241.61	27.4	7155.18	38.2	4115.74	70.2
1～3	17642.79	14.9	10151.91	27.3	15360.92	35.8	7976.80	57.7
1～4	24897.92	6.3	14077.73	13.3	23412.16	32.8	12425.24	55.4
1～5	32931.64	9.1	18620.10	18.1	30189.43	22.5	15760.19	38.4
1～6	44419.33	12.9	24589.42	24.1	39352.53	15.4	19819.85	25.4
1～7	52037.12	13.6	28852.11	26.1	45818.61	9.7	22885.69	16.8
1～8	59854.18	13.6	33264.40	25.9	52704.47	6.7	26418.24	12.6
1～9	71288.75	12.9	39311.54	23.2	63150.23	8.2	31916.58	15.9
1～10	79653.12	10.0	43826.24	18.5	72428.55	9.1	36992.28	17.3
1～11	89593.88	8.5	49046.86	16.0	82541.27	9.8	42277.89	17.5
1～12	109945.56	4.9	59119.09	12.1	104764.65	10.1	52721.24	18.3

数据来源：国家统计局

(哈尔滨工业大学)

(三) 70 个大中城市住宅销售价格变动情况

【新建住宅销售价格环比涨幅逐月回落】 根据国家统计局公布的进度数据，2011 年，全国 70 个大中城市的新建住宅销售价格环比涨幅逐月回落，从 8 月起新建住宅销售价格环比停止上涨，11 月起出现下降趋势，全年环比累计上涨 1.91%❶。2011 年全国 70 个大中城市新建住宅销售价格指数，如图 7-3-3 所示。

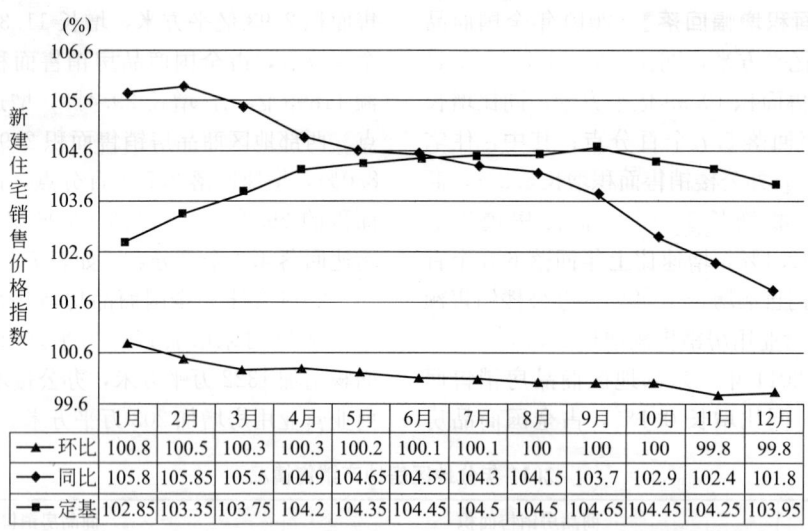

图 7-3-3　2011 年全国 70 个大中城市新建住宅销售价格指数

分地区看，2011 年全国 70 个大中城市中有 9 个城市新建住宅销售价格环比下降，分别是重庆、无锡、南京、安庆、海口、赣州、宁波、南充、温州，详见表 7-3-6。新建住宅销售价格指数环比涨幅最大的 10 个城市及上涨幅度分别为乌鲁木齐 5.7%、洛阳 5.3%、长沙 4.8%、韶关 4.5%、桂林 3.6%、湛江 3.5%、深圳 3.5%、西安 3.3%、郑州 3.3%、贵阳 3.1%，详见图 7-3-4。

---

❶ 从 2011 年 1 月份起，国家统计局开始实施新的《住宅销售价格统计调查方案》，对调查指标进行了调整，将原房屋销售价格指数调整为新建住宅销售价格指数和二手住宅销售价格指数，新建住宅类下设保障性住房和商品住宅两个类别。全国城市平均房价涨幅以 70 个大中城市新建住宅价格涨幅的中位数计算。

三、2011年全国房地产市场运行分析

2011年70个大中新建住宅销售价格指数环比数据 表 7-3-6

地区	1月	2月	3月	4月	5月	6月	7月	8月	9月	10月	11月	12月	全年累计
全　国	100.8	100.5	100.3	100.3	100.2	100.1	100.1	100.0	100.0	100.0	99.8	99.8	101.9
北　京	100.8	100.4	100.0	100.1	100.1	100.0	100.0	100.0	100.0	100.0	99.7	99.7	100.8
天　津	100.9	100.9	100.5	100.2	99.7	99.8	100.3	100.1	99.8	99.7	99.7	99.7	101.3
石家庄	100.8	100.2	100.9	100.2	100.2	100.2	100.2	100.0	100.1	99.8	99.8	99.8	102.2
太　原	100.2	99.6	100.3	100.2	100.4	100.3	100.2	100.0	100.1	99.9	100.0	100.0	101.2
呼和浩特	100.1	100.6	100.3	100.8	100.4	100.2	100.3	100.1	100.0	99.9	99.9	99.9	102.5
沈　阳	100.4	100.0	100.5	100.7	100.5	100.4	100.3	100.3	100.1	100.0	99.4	99.4	102.0
大　连	100.0	100.4	100.6	100.6	100.4	100.2	100.1	99.8	100.0	100.0	100.0	100.0	102.1
长　春	100.4	99.6	100.7	100.5	100.3	100.3	100.3	100.2	100.0	100.0	99.7	99.7	101.9
哈尔滨	100.2	99.4	100.5	100.1	100.0	100.3	100.1	100.0	100.1	100.0	99.7	99.7	100.1
上　海	100.9	100.9	100.2	100.3	100.2	100.1	100.0	100.0	100.0	99.8	99.7	99.7	101.8
南　京	100.7	100.5	100.5	99.9	100.0	99.9	99.9	99.8	99.9	99.6	99.5	99.5	99.7
杭　州	101.6	100.8	99.9	100.1	100.2	100.0	99.9	100.0	99.9	99.6	99.6	99.7	101.2
宁　波	100.1	100.4	99.4	100.4	100.3	100.1	99.7	100.0	99.9	99.6	99.4	99.4	98.7
合　肥	100.3	100.5	100.0	100.4	99.7	100.0	100.1	100.0	100.0	99.9	99.8	99.8	100.5
福　州	100.7	101.5	100.3	100.5	99.9	99.9	100.0	100.1	100.1	100.0	99.9	99.9	102.8
厦　门	101.5	101.4	100.3	100.4	100.2	99.9	100.2	100.2	100.1	100.0	99.8	99.8	103.1
南　昌	101.8	101.0	100.0	100.2	100.3	100.2	100.0	100.0	99.9	99.7	99.5	99.5	102.1
济　南	100.2	100.4	100.5	100.5	100.2	100.2	100.1	99.6	100.1	99.5	99.8	99.8	100.9
青　岛	100.4	99.6	100.4	100.5	100.3	100.2	100.2	99.9	100.1	99.8	99.7	99.7	100.8
郑　州	101.2	101.4	99.8	100.4	100.2	100.2	100.1	100.3	100.2	100.0	99.7	99.7	103.3
武　汉	101.0	100.5	100.4	100.4	100.2	100.2	100.1	100.2	100.2	99.8	99.9	99.9	102.6
长　沙	101.8	100.9	100.5	100.5	100.4	100.4	100.3	100.3	100.3	100.0	99.7	99.7	104.8
广　州	101.7	100.6	100.3	100.7	100.3	100.2	100.1	100.0	100.0	99.8	99.7	99.7	103.0
深　圳	102.0	101.0	100.0	100.7	100.4	100.1	100.1	100.1	100.1	99.9	99.7	99.7	103.5
南　宁	101.3	99.9	100.8	100.5	100.0	99.8	99.9	100.0	99.9	100.0	100.0	100.0	102.1
海　口	100.5	100.2	99.9	100.0	99.9	99.9	99.9	99.9	99.9	99.9	99.7	99.7	99.4
重　庆	99.9	100.4	100.6	100.3	100.2	100.0	99.8	99.6	99.6	99.8	99.9	99.9	100.0
成　都	101.4	100.5	100.0	99.9	100.2	99.9	99.7	100.1	100.0	100.0	99.9	99.9	101.3
贵　阳	100.2	100.6	100.6	100.5	100.1	100.0	100.2	100.1	100.2	100.2	100.2	100.2	103.1
昆　明	101.0	100.5	100.2	100.1	100.2	100.2	99.9	100.0	100.0	100.1	99.8	99.8	102.0
西　安	101.1	100.4	100.9	100.6	100.3	100.1	100.1	100.2	100.2	100.0	99.9	99.9	103.3
兰　州	101.2	100.4	99.5	100.3	100.2	100.3	100.1	99.9	100.2	100.1	100.1	100.1	102.0
西　宁	100.5	100.3	100.2	100.3	100.4	100.3	100.2	100.2	100.2	100.2	100.1	100.1	102.8
银　川	100.8	99.8	100.7	100.4	100.4	100.4	100.3	100.3	100.3	100.0	100.0	100.0	102.9
乌鲁木齐	101.6	101.1	100.7	100.4	100.5	100.4	100.3	100.2	100.2	100.2	100.2	100.2	105.7
唐　山	100.0	100.1	100.2	100.1	100.2	100.1	100.1	100.0	100.0	100.0	100.0	100.0	100.6
秦皇岛	100.8	100.7	99.4	100.6	100.3	100.1	100.1	99.8	100.0	99.9	99.8	99.8	101.3
包　头	100.0	100.5	99.8	100.3	100.2	100.1	99.8	100.2	100.0	99.9	99.8	99.8	100.3
丹　东	100.5	100.2	100.8	100.2	100.3	100.1	100.0	99.9	99.7	99.9	99.9	99.9	101.4

续表

地区	1月	2月	3月	4月	5月	6月	7月	8月	9月	10月	11月	12月	全年累计
锦 州	100.8	100.5	100.4	100.8	100.2	100.2	99.9	99.8	99.8	100.0	100.1	100.1	102.6
吉 林	101.7	100.0	99.5	100.7	100.1	100.1	100.2	100.1	100.0	99.9	99.9	99.9	102.1
牡 丹 江	101.5	100.7	100.0	99.4	100.3	100.1	100.2	99.8	100.0	99.9	100.0	100.0	101.9
无 锡	100.8	99.9	100.8	100.5	99.4	100.0	99.9	99.9	100.0	99.8	99.5	99.5	100.0
扬 州	101.0	100.8	100.9	100.1	100.0	100.0	99.9	100.1	100.0	99.8	99.7	99.7	102.0
徐 州	101.0	100.4	100.9	100.6	100.0	100.0	100.1	100.0	100.0	99.8	99.5	99.5	102.2
温 州	100.1	100.0	100.0	100.0	100.4	100.2	100.1	100.0	98.7	95.4	100.0	100.0	94.9
金 华	100.0	100.2	100.8	100.2	100.1	100.1	100.1	100.0	100.0	100.0	100.0	100.0	101.5
蚌 埠	100.1	101.0	100.6	100.2	100.0	100.0	100.0	100.0	100.0	100.0	99.9	99.9	101.7
安 庆	100.0	100.0	99.9	99.9	99.8	100.0	100.0	100.0	99.9	100.0	99.9	99.9	99.4
泉 州	100.2	100.5	100.6	100.2	100.1	100.1	100.1	100.0	100.1	100.0	99.9	99.9	101.5
九 江	100.0	100.6	100.9	100.7	99.8	99.9	99.9	100.1	100.0	99.6	99.5	99.5	100.5
赣 州	101.0	100.1	99.1	99.8	100.0	100.0	100.0	99.7	100.0	99.9	99.9	99.9	99.4
烟 台	100.7	100.6	100.8	100.6	100.0	99.7	100.1	99.7	100.0	99.8	99.7	99.7	101.4
济 宁	100.9	100.3	100.1	100.3	100.2	99.9	99.8	100.0	100.0	100.0	99.8	99.8	101.1
洛 阳	102.1	101.1	100.3	100.5	100.2	100.2	100.1	100.0	100.3	100.1	100.0	100.0	105.3
平 顶 山	101.2	101.0	99.3	99.6	100.1	100.0	100.2	100.2	100.0	100.1	100.1	100.1	102.2
宜 昌	100.1	100.1	100.7	100.6	100.6	100.2	100.4	100.4	100.0	99.6	99.7	99.7	102.1
襄 樊	100.6	100.9	100.6	100.3	100.3	100.3	100.0	100.0	100.0	100.0	99.7	99.7	102.4
岳 阳	102.2	99.4	99.1	99.8	99.9	100.1	100.4	100.1	99.9	99.9	99.7	99.7	100.2
常 德	101.7	100.5	100.1	100.5	100.3	100.2	100.2	100.1	99.9	99.9	99.8	99.8	102.9
惠 州	100.9	100.5	100.4	100.4	100.5	100.2	100.0	100.0	100.0	100.1	100.0	100.0	102.9
湛 江	100.9	100.9	100.8	100.3	100.3	100.0	100.0	100.0	100.1	100.0	100.0	100.0	103.5
韶 关	101.9	100.5	100.1	100.7	100.5	100.0	100.4	99.9	100.0	100.2	100.0	100.0	104.5
桂 林	102.1	100.5	100.8	100.0	100.2	99.9	100.2	100.0	100.0	100.1	99.8	99.8	103.6
北 海	100.4	100.8	100.7	100.6	99.7	99.9	100.0	99.9	99.9	99.8	99.9	99.9	101.5
三 亚	100.4	100.4	100.4	99.9	100.3	99.9	100.0	100.0	100.0	100.0	99.8	99.8	100.9
泸 州	99.5	100.3	100.0	100.2	100.0	100.1	100.8	100.2	100.2	100.1	100.0	100.0	101.6
南 充	98.3	99.6	100.2	100.1	100.1	100.1	100.6	100.0	100.0	99.9	99.9	99.9	98.7
遵 义	101.0	101.0	100.3	99.9	100.0	100.0	100.1	100.0	99.9	100.0	100.0	100.0	103.0
大 理	100.0	100.0	100.0	100.0	100.0	100.0	100.5	100.0	100.2	100.0	100.0	100.0	100.7

数据来源：国家统计局。

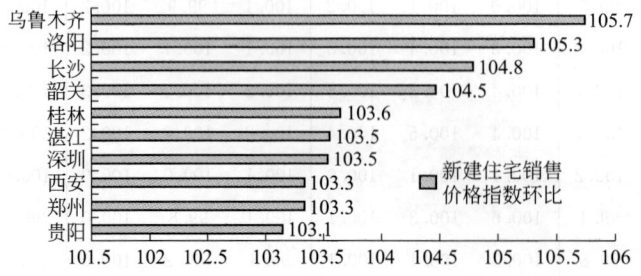

图 7-3-4　2011 年 70 个大中城市中新建住宅销售价格指数环比涨幅最大的 10 个城市

三、2011年全国房地产市场运行分析

从新建住宅销售价格指数同比数据看，全年同比涨幅也呈现逐月平稳下降的趋势。2011年全国70个大中城市中有两个城市出现新建住宅销售价格下降，分别是南充和温州，详见表7-3-7。新建住宅销售价格指数同比涨幅最大的10个城市及上涨幅度分别为乌鲁木齐8.4%、长沙7.7%、丹东7.7%、石家庄7.4%、南昌7.0%、兰州7.0%、牡丹江6.8%、秦皇岛6.7%、西宁6.4%、洛阳6.4%，详见图7-3-5。

2011年70个大中城市新建住宅销售价格指数同比数据表　　　表7-3-7

地区	1月	2月	3月	4月	5月	6月	7月	8月	9月	10月	11月	12月	全年累计
全　国	105.8	105.9	105.5	104.9	104.7	104.6	104.3	104.2	103.7	102.9	102.4	101.8	104.2
北　京	106.8	106.8	104.9	102.8	102.1	102.2	101.9	101.9	101.8	101.7	101.3	101.0	102.9
天　津	106.7	106.7	106.6	104.9	103.4	103.9	104.2	103.4	103.1	102.9	102.0	101.2	104.1
石 家 庄	111.5	111.5	111.5	106.7	106.9	107.6	107.7	107.6	106.5	105.2	104.3	102.4	107.4
太　原	102.1	101.6	101.6	101.3	101.1	101.1	101.2	101.2	101.4	101.3	101.2	101.2	101.4
呼和浩特	106.8	106.9	106.4	105.0	104.7	104.8	105.0	104.2	104.0	103.3	103.0	102.3	104.7
沈　阳	108.8	108.6	107.7	107.3	106.6	106.4	106.2	106.0	105.4	103.9	103.0	102.4	106.0
大　连	106.6	106.8	106.3	105.6	105.9	105.9	106.2	104.9	104.3	103.8	102.5	102.2	105.0
长　春	106.9	106.8	106.7	104.1	102.6	102.9	103.2	103.4	103.2	102.6	102.4	101.9	103.8
哈尔滨	107.3	106.6	106.8	105.6	104.4	104.1	104.0	102.3	102.2	101.0	100.6	100.2	103.7
上　海	101.5	102.3	101.7	101.3	101.4	102.2	102.5	102.8	103.1	102.9	102.4	101.8	102.2
南　京	103.9	103.7	101.5	100.1	100.3	100.7	101.4	101.4	101.2	100.7	100.3	99.7	101.2
杭　州	100.8	101.6	101.4	98.8	99.0	99.3	100.0	101.1	101.2	101.5	101.3	101.0	100.6
宁　波	103.7	104.1	103.2	101.9	102.0	102.1	101.4	101.2	100.2	99.8	99.2	98.8	101.4
合　肥	106.4	105.1	103.4	101.7	101.9	100.6	103.0	103.0	102.6	101.9	101.4	100.3	102.4
福　州	104.1	105.2	104.7	104.0	103.8	103.8	103.8	103.8	103.1	103.1	102.8	102.7	103.7
厦　门	105.0	106.4	106.6	106.4	106.4	106.5	106.5	106.5	105.7	105.7	103.5	103.2	105.7
南　昌	108.8	109.6	108.6	106.1	107.1	106.9	108.0	109.1	107.5	105.6	103.1	102.1	107.0
济　南	105.6	105.7	106.1	105.6	105.4	104.5	103.9	103.2	102.1	102.1	101.4	100.8	103.8
青　岛	104.5	104.9	104.5	104.1	104.4	104.6	104.8	104.6	104.7	101.5	101.0	100.5	103.7
郑　州	109.3	110.3	106.7	107.7	106.8	106.4	105.7	106.0	105.6	104.7	103.8	102.4	106.3
武　汉	107.1	106.4	105.5	104.3	103.1	103.2	103.3	103.8	103.7	103.2	102.8	102.2	104.0
长　沙	109.9	108.9	108.1	107.1	107.1	108.2	108.0	108.5	108.1	107.3	106.0	104.6	107.7
广　州	100.1	100.6	102.7	103.8	105.1	105.4	106.4	107.0	106.3	106.1	106.0	103.1	104.3
深　圳	103.1	103.2	103.1	103.1	103.7	104.6	104.7	104.9	104.5	104.4	104.1	103.1	103.9
南　宁	102.4	101.6	102.2	102.0	102.0	101.6	102.8	103.5	103.1	102.8	102.4	101.9	102.4
海　口	121.6	104.2	100.6	100.7	100.6	100.7	100.7	101.3	101.3	100.5	99.8	99.6	102.4
重　庆	107.9	106.2	105.6	105.2	105.2	105.8	105.2	104.7	102.2	101.2	100.1	99.4	104.0
成　都	104.9	104.9	104.4	103.5	103.7	103.6	103.5	102.9	102.8	102.4	101.9	101.3	103.3
贵　阳	104.7	105.0	105.3	105.4	104.3	104.6	104.3	104.1	104.0	103.6	103.3	102.8	104.4
昆　明	105.6	107.8	107.4	106.7	106.4	106.7	106.1	106.4	105.8	103.4	102.7	102.2	105.6
西　安	105.6	105.8	104.9	103.8	103.5	103.8	104.0	103.6	103.3	103.3	103.1	103.4	104.0
兰　州	111.8	111.4	110.9	107.5	107.7	108.2	108.2	106.9	105.3	103.0	102.7	101.7	107.0

续表

地区	1月	2月	3月	4月	5月	6月	7月	8月	9月	10月	11月	12月	全年累计
西宁	109.4	109.5	109.2	107.7	107.6	107.2	106.5	106.3	104.5	103.9	103.0	102.6	106.4
银川	102.9	102.6	102.5	102.3	102.4	102.7	102.9	102.8	103.0	103.0	103.0	103.1	102.8
乌鲁木齐	109.2	109.7	110.1	109.3	109.1	109.2	108.9	108.8	108.5	107.5	105.5	105.5	108.4
唐山	103.8	102.2	101.8	101.5	101.5	101.5	101.5	101.5	101.4	101.3	100.7	100.6	101.6
秦皇岛	110.4	111.1	110.0	107.9	107.7	107.7	107.5	106.9	104.9	103.7	102.5	101.5	106.7
包头	108.0	108.5	108.3	105.2	104.8	104.7	103.9	104.1	103.2	102.0	101.0	100.2	104.4
丹东	112.3	114.3	115.4	111.1	109.7	107.6	108.6	107.3	105.1	102.4	101.1	100.1	107.7
锦州	108.1	107.5	106.9	107.2	106.2	105.3	104.8	104.3	103.2	102.6	102.7	102.4	105.1
吉林	109.2	109.2	107.7	108.2	107.5	105.7	105.5	105.2	104.6	104.3	103.5	101.9	106.0
牡丹江	109.9	110.3	109.7	108.7	107.8	107.4	107.4	106.4	105.2	104.5	103.5	101.9	106.8
无锡	103.4	102.9	103.3	103.1	102.4	102.4	102.6	102.4	102.1	101.6	100.9	100.5	102.3
扬州	104.9	105.3	105.7	105.5	104.9	104.6	104.3	104.0	103.7	103.2	102.5	102.0	104.2
徐州	103.4	103.7	103.4	103.8	104.1	104.1	104.0	103.9	103.8	103.0	102.8	102.3	103.6
温州	100.7	101.1	101.1	100.1	100.4	100.6	100.8	100.7	99.5	94.8	94.8	93.1	99.0
金华	107.6	107.8	105.0	102.6	102.3	103.9	103.9	103.7	102.3	101.9	101.7	101.2	103.6
蚌埠	106.3	104.9	104.2	103.6	103.3	103.2	103.1	104.1	103.8	103.6	102.2	101.5	103.6
安庆	110.1	109.5	107.9	104.9	104.6	104.3	103.0	102.9	101.9	101.3	101.2	99.2	104.0
泉州	99.8	100.0	100.0	100.2	100.2	100.3	101.1	101.6	101.5	101.8	101.7	101.5	100.8
九江	105.6	104.7	104.7	104.8	103.4	103.8	104.5	104.8	104.1	102.5	101.6	100.4	103.7
赣州	112.3	109.9	108.3	107.9	106.1	105.4	105.2	104.9	103.4	102.3	101.3	99.6	105.5
烟台	105.4	105.5	106.0	106.0	105.8	105.3	104.9	104.2	103.7	102.9	102.3	101.4	104.4
济宁	104.5	104.6	104.7	104.4	104.6	104.0	103.5	103.3	103.1	102.5	101.8	101.3	103.5
洛阳	105.8	106.6	106.5	106.5	107.2	108.1	108.1	106.5	106.7	105.2	105.0	104.7	106.4
平顶山	105.8	106.8	106.0	105.2	104.4	104.2	104.2	104.5	104.7	103.3	103.1	101.8	104.5
宜昌	110.1	105.9	105.5	103.8	103.8	102.9	103.2	103.6	103.4	102.8	102.4	102.2	104.1
襄樊	109.0	109.3	108.6	107.8	106.9	106.7	106.1	105.7	105.1	104.9	103.7	102.6	106.3
岳阳	114.2	112.1	106.3	105.2	105.1	105.2	105.5	107.6	105.1	105.0	102.2	100.3	106.2
常德	106.4	106.3	105.9	105.4	105.7	106.0	106.2	106.2	105.2	104.5	103.4	102.6	105.3
惠州	104.9	104.6	104.9	105.5	105.5	105.2	105.2	105.0	103.9	102.8	103.0	103.0	104.4
湛江	106.2	106.2	106.7	106.0	105.4	104.7	104.4	104.2	103.8	104.0	103.9	103.4	104.9
韶关	104.3	104.8	104.8	105.2	106.1	106.1	106.6	106.5	106.1	105.9	104.8	104.3	105.5
桂林	105.7	106.1	107.1	106.9	105.3	105.8	106.0	106.3	106.3	105.8	105.4	103.7	105.9
北海	105.5	104.5	103.6	103.0	101.5	101.7	101.8	102.1	101.7	101.6	101.6	101.4	102.5
三亚	119.1	100.2	99.4	99.1	97.9	98.0	98.9	101.6	101.3	101.4	101.1	100.9	101.3
泸州	101.8	101.4	100.7	100.7	100.7	100.8	101.5	101.7	101.8	102.0	101.8	101.7	101.4
南充	99.7	99.3	99.5	99.5	99.1	99.1	100.2	100.7	100.7	100.6	99.6	98.8	99.7
遵义	104.6	105.3	105.3	104.7	105.4	105.8	105.7	105.6	104.9	104.5	104.1	102.9	104.9
大理	102.8	102.2	102.2	101.0	100.8	100.9	102.4	101.5	101.4	100.0	100.6	100.6	101.4

数据来源：国家统计局。

三、2011年全国房地产市场运行分析

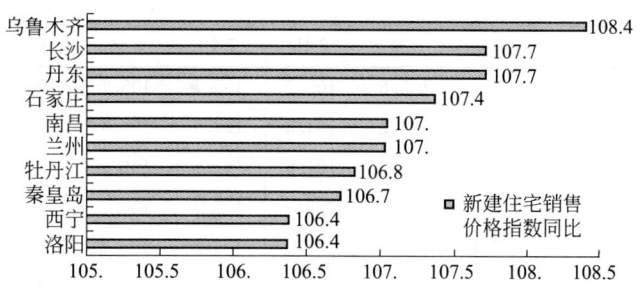

图 7-3-5 2011 年 70 个大中城市中新建住宅销售价格指数同比涨幅最大的 10 个城市

从2011年起，国家统计局发布的70个大中城市住宅销售价格指数中包含定基价格指数，以2010年新建住宅销售价格为100，70个大中城市新建住宅销售价格定基指数见表7-3-8所示。

2011年70个大中城市新建住宅销售价格指数定基数据　　　表7-3-8

地区	1月	2月	3月	4月	5月	6月	7月	8月	9月	10月	11月	12月
全 国	102.9	103.4	103.8	104.2	104.4	104.5	104.5	104.5	104.7	104.5	104.3	104.0
北 京	102.4	102.8	102.8	102.9	103.0	103.1	103.1	103.1	103.1	103.0	102.7	102.6
天 津	103.1	103.9	104.4	104.6	104.3	104.1	104.5	104.5	104.3	104.0	103.7	103.4
石 家 庄	106.3	106.5	107.5	107.7	107.9	108.2	108.4	108.4	108.5	108.3	108.0	108.0
太 原	100.8	100.4	100.6	100.9	101.2	101.5	101.8	101.8	101.9	101.8	101.8	101.7
呼和浩特	102.8	103.4	103.7	104.5	105.1	105.1	105.4	105.4	105.4	105.3	105.2	105.0
沈 阳	104.2	104.2	104.7	105.4	105.9	106.4	106.7	107.1	107.2	107.2	106.5	106.2
大 连	103.3	103.7	104.3	104.9	105.4	105.6	105.7	105.5	105.6	105.6	105.5	105.5
长 春	102.6	102.2	102.8	103.4	103.8	104.1	104.4	104.7	104.7	104.8	104.5	104.2
哈 尔 滨	103.6	103.0	103.5	103.6	103.9	103.9	104.0	104.0	104.1	104.1	103.8	103.5
上 海	100.8	101.8	102.0	102.3	102.4	102.6	102.6	102.6	102.6	102.3	102.0	101.7
南 京	100.8	101.3	101.9	101.8	101.8	101.7	101.6	101.4	101.4	100.9	100.4	99.9
杭 州	100.1	100.9	100.7	100.8	100.9	101.1	101.0	100.9	100.9	100.5	100.2	99.5
宁 波	101.5	101.9	101.3	101.7	102.0	102.0	101.7	101.7	101.6	101.2	100.6	100.1
合 肥	101.9	102.4	102.5	102.8	102.5	102.6	102.6	102.7	102.6	102.5	102.3	101.9
福 州	101.9	103.3	103.7	104.2	104.0	104.1	104.0	104.1	104.1	104.1	104.0	103.9
厦 门	103.8	105.3	105.6	106.1	106.1	106.1	106.0	106.0	106.0	106.0	105.8	105.6
南 昌	105.8	106.8	106.8	107.1	107.4	107.7	107.7	107.7	107.6	107.1	106.7	106.1
济 南	102.6	103.0	103.5	104.0	104.2	104.6	104.6	104.2	104.3	103.8	103.6	103.3
青 岛	103.2	102.8	103.2	103.7	104.1	104.2	104.4	104.4	104.3	104.0	103.7	103.4
郑 州	104.5	106.0	105.7	106.3	106.5	106.8	106.8	107.1	107.1	107.3	107.0	106.5
武 汉	102.7	103.1	103.5	103.9	104.1	104.4	104.4	104.7	104.7	104.5	104.4	104.0
长 沙	105.2	106.2	106.6	107.2	107.7	108.2	108.4	108.6	109.0	109.0	108.6	108.1
广 州	102.7	103.3	103.6	104.4	104.7	104.9	104.9	105.0	105.0	104.8	104.5	104.1
深 圳	102.3	103.2	103.7	104.0	104.4	104.3	104.4	104.4	104.4	104.0	103.6	103.4
南 宁	101.6	101.5	102.3	102.8	102.8	102.4	102.5	102.6	102.4	102.4	102.4	102.3
海 口	102.5	102.7	102.6	102.7	102.7	102.5	102.4	102.2	102.2	102.0	101.7	101.6
重 庆	103.4	103.8	104.4	104.7	104.9	104.8	104.6	104.1	103.7	103.4	103.3	103.0
成 都	103.0	103.5	103.5	103.4	103.6	103.5	103.2	103.3	103.2	103.2	103.1	102.9
贵 阳	102.6	103.2	103.8	104.3	104.4	104.3	104.5	104.6	104.8	105.0	105.2	105.2

续表

地区	1月	2月	3月	4月	5月	6月	7月	8月	9月	10月	11月	12月
昆明	104.6	105.1	105.3	105.4	105.6	105.7	105.7	105.7	106.0	106.2	106.0	106.0
西安	102.2	102.6	103.5	104.1	104.2	104.3	104.4	104.4	104.6	104.6	104.5	104.5
兰州	106.8	107.2	106.7	106.7	106.8	107.0	107.1	106.9	107.1	107.3	107.4	107.3
西宁	105.1	105.4	105.5	105.8	106.2	106.5	106.7	106.8	107.0	107.2	107.3	107.2
银川	101.4	101.2	101.9	102.4	102.6	103.0	103.2	103.2	103.5	103.6	103.6	103.7
乌鲁木齐	105.5	106.7	107.4	107.8	108.3	108.7	109.0	109.2	109.4	109.6	109.6	109.6
唐山	101.1	101.2	101.4	101.5	101.7	101.7	101.8	101.8	101.8	101.8	101.8	101.7
秦皇岛	105.8	106.6	106.0	106.7	107.0	107.1	107.2	107.1	107.0	106.9	106.6	106.6
包头	103.9	104.4	104.2	104.5	104.6	104.6	104.4	104.7	104.7	104.5	104.4	104.1
丹东	108.2	108.4	109.2	109.4	109.7	108.6	108.6	107.8	107.5	107.4	107.3	107.7
锦州	103.6	104.1	104.5	105.3	105.5	105.7	105.5	105.4	105.2	105.2	105.3	105.2
吉林	105.7	105.7	105.2	105.9	106.0	106.1	106.3	106.4	106.3	106.2	106.2	106.0
牡丹江	106.4	107.1	107.1	106.4	106.8	106.9	107.1	106.9	106.9	106.9	106.9	106.9
无锡	101.9	101.8	102.6	103.1	102.5	102.6	102.5	102.4	102.4	102.2	101.7	101.6
扬州	102.8	103.6	104.5	104.6	104.6	104.6	104.5	104.5	104.5	104.3	104.0	103.8
徐州	101.8	102.3	103.1	103.8	104.1	104.2	104.3	104.3	104.3	104.1	103.5	103.2
温州	100.3	100.3	100.3	100.3	100.7	100.9	101.0	101.0	99.7	95.1	95.0	93.3
金华	102.4	102.6	103.4	103.6	103.8	103.9	104.0	104.0	104.0	104.0	104.0	103.7
蚌埠	102.1	103.1	103.7	103.9	103.9	103.9	103.9	103.9	103.9	103.9	103.8	103.5
安庆	104.4	104.4	104.3	104.2	103.9	103.9	104.0	104.0	103.9	104.0	103.9	103.6
泉州	99.7	100.2	100.7	101.0	101.0	101.0	101.0	101.0	101.1	101.1	101.0	101.0
九江	102.3	102.9	103.8	104.5	104.4	104.2	104.1	104.3	104.3	103.9	103.3	102.7
赣州	106.5	106.7	105.7	105.5	105.3	105.3	105.0	105.0	105.1	105.1	105.1	105.0
烟台	103.2	103.7	104.6	105.1	105.1	104.8	105.0	104.6	104.7	104.4	104.1	103.8
济宁	102.9	103.2	103.3	103.7	103.8	103.8	103.6	103.6	103.6	103.6	103.5	103.3
洛阳	104.2	105.3	105.6	106.1	106.3	106.5	106.6	106.9	107.2	107.3	107.3	106.9
平顶山	104.1	105.1	104.4	103.9	104.1	104.2	104.3	104.5	104.7	104.8	104.9	104.8
宜昌	102.3	102.9	103.0	103.7	104.3	104.5	104.8	105.2	105.2	104.8	104.5	104.4
襄樊	104.4	105.3	105.9	106.3	106.6	106.9	106.9	106.9	106.9	106.9	106.6	106.4
岳阳	108.9	108.3	107.2	107.1	107.0	107.0	107.4	107.8	107.7	107.6	107.3	106.9
常德	104.2	104.6	104.7	105.2	105.5	105.7	105.9	105.9	105.7	105.7	105.5	105.1
惠州	102.8	103.4	103.8	104.2	104.7	104.9	104.9	104.9	104.9	105.0	105.0	104.9
湛江	102.9	103.8	104.5	104.9	105.2	105.3	105.3	105.3	105.4	105.5	105.4	105.4
韶关	103.7	104.2	104.3	105.0	105.7	105.7	106.2	106.1	106.1	106.3	106.3	106.2
桂林	104.5	105.0	105.8	105.8	106.0	105.9	106.1	106.1	106.3	106.5	106.3	106.1
北海	101.1	101.9	102.6	103.2	102.9	102.8	102.8	102.7	102.6	102.4	102.3	102.1
三亚	100.8	101.2	101.6	101.5	101.8	101.6	101.6	101.6	101.6	101.6	101.4	101.4
泸州	100.1	100.4	100.5	100.7	100.9	101.0	101.8	102.0	102.2	102.3	102.3	102.3
南充	99.5	99.0	99.3	99.4	99.5	99.6	100.2	100.2	100.2	100.1	100.0	99.9
遵义	103.4	104.4	104.7	104.5	104.8	105.1	105.2	105.4	105.3	105.4	105.4	105.3
大理	101.1	101.1	101.1	101.1	101.1	101.1	101.5	101.5	101.7	101.7	101.7	101.7

数据来源：国家统计局。

三、2011年全国房地产市场运行分析

【新建商品住宅销售价格涨幅逐月回落】 2011年，全国70个大中城市的新建商品住宅销售价格环比涨幅也呈现逐月回落的趋势，从11月起开始下降，全年环比累计上涨2%。2011年全国70个大中城市新建商品住宅销售价格指数，如图7-3-6所示。

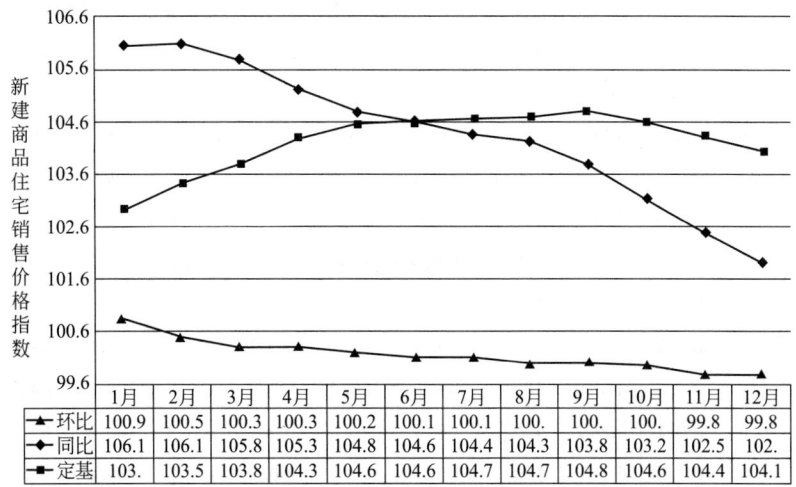

图7-3-6　2011年全国70个大中城市新建商品住宅销售价格指数

分地区看，2011年全国70个大中城市中有9个城市出现新建商品住宅销售价格环比下降，分别是海口、重庆、南京、赣州、安庆、宁波、岳阳、南充、温州，详见表7-3-9。新建商品住宅销售价格指数环比涨幅最大的10个城市分别为乌鲁木齐5.7%、洛阳5.0%、长沙4.6%、韶关4.5%、桂林3.7%、湛江3.5%、西安3.5%、遵义3.4%、郑州3.3%、深圳3.3%，详见图7-3-7。

2011年70个大中城市新建商品住宅销售价格指数环比数据　　　　表7-3-9

地区	1月	2月	3月	4月	5月	6月	7月	8月	9月	10月	11月	12月	累计
全　国	100.9	100.5	100.3	100.3	100.2	100.1	100.1	100.0	100.0	100.0	99.8	99.8	102.0
北　京	101.0	100.5	100.0	100.1	100.2	100.1	100.0	100.0	100.0	99.9	99.6	99.8	101.2
天　津	101.0	101.0	100.5	100.2	99.7	99.8	100.3	100.1	99.7	99.7	99.6	99.7	101.3
石家庄	100.8	100.2	100.9	100.2	100.2	100.2	100.1	100.0	100.1	99.9	99.8	99.9	102.3
太　原	100.2	99.6	100.3	100.2	100.1	100.1	100.1	100.1	100.1	99.9	100.0	100.0	101.2
呼和浩特	100.1	100.7	100.3	100.8	100.4	100.3	100.1	100.1	100.2	99.9	99.9	99.8	102.5
沈　阳	100.4	100.2	100.5	100.2	100.5	100.4	100.2	100.1	100.3	100.1	99.4	99.5	102.4
大　连	100.0	100.4	100.6	100.6	100.4	100.2	100.1	99.8	100.1	100.0	100.0	99.9	102.0
长　春	100.4	99.6	100.7	100.2	100.2	100.1	100.1	100.1	100.1	100.1	99.7	99.7	102.0
哈尔滨	100.2	99.4	100.6	100.1	100.0	100.3	100.1	100.1	100.1	100.0	99.7	99.7	100.2
上　海	101.1	101.1	100.2	100.3	100.1	100.0	100.1	100.1	100.1	99.7	99.6	99.6	101.9
南　京	100.9	100.7	100.7	99.9	100.0	99.8	99.9	99.8	99.9	99.4	99.3	99.3	99.6
杭　州	101.7	100.9	99.9	100.2	100.0	100.0	99.9	100.0	100.0	99.7	99.3	99.3	101.0
宁　波	100.1	100.5	99.4	100.4	100.3	100.1	99.7	100.1	99.9	99.6	99.4	99.5	98.9
合　肥	100.4	100.6	100.3	100.0	100.0	99.7	100.0	100.1	100.1	99.9	99.7	99.6	100.4
福　州	100.7	101.5	100.3	100.5	99.9	99.9	100.1	100.1	100.1	100.0	99.9	99.9	102.8
厦　门	101.6	101.4	100.5	100.2	99.9	99.9	100.1	100.1	100.1	100.0	99.8	99.8	103.2
南　昌	101.9	101.0	100.2	100.3	100.3	100.1	100.1	100.1	99.9	99.7	99.4	99.4	102.1
济　南	100.2	100.4	100.5	100.5	100.2	100.3	100.0	99.6	100.1	99.5	99.8	99.7	100.8

续表

地区	1月	2月	3月	4月	5月	6月	7月	8月	9月	10月	11月	12月	累计
青岛	100.4	99.6	100.4	100.5	100.3	100.2	100.2	99.9	100.1	99.8	99.7	99.6	100.7
郑州	101.3	101.5	99.8	100.5	100.2	100.3	100.0	100.3	100.2	100.0	99.7	99.5	103.3
武汉	101.1	100.5	100.4	100.4	100.2	100.2	100.1	100.2	100.0	99.8	99.8	99.7	102.4
长沙	101.8	100.9	100.5	100.5	100.5	100.4	100.4	100.3	100.3	100.0	99.7	99.5	104.6
广州	101.7	100.6	100.3	100.7	100.3	100.2	100.0	100.0	100.0	99.8	99.7	99.6	102.9
深圳	102.0	101.0	100.0	100.7	100.4	100.1	100.0	100.0	100.0	99.9	99.7	99.5	103.3
南宁	101.3	99.9	100.8	100.5	100.0	99.8	99.9	100.0	99.9	100.0	100.0	99.8	101.9
海口	100.6	100.2	99.9	100.0	100.0	100.0	99.8	99.8	99.9	99.9	99.7	99.8	99.6
重庆	99.9	100.4	100.6	100.3	100.2	100.0	99.8	99.5	99.6	99.8	99.8	99.7	99.6
成都	101.4	100.5	100.0	99.9	100.2	99.9	99.7	100.1	100.0	100.0	99.8	99.9	101.4
贵阳	100.2	100.6	100.6	100.5	100.1	100.0	100.2	100.1	100.2	100.2	100.2	100.1	103.0
昆明	101.2	100.6	100.1	100.1	100.2	100.2	99.9	100.1	100.3	100.2	99.8	100.0	102.7
西安	101.1	100.4	101.0	100.6	100.0	100.1	100.1	100.0	100.2	100.0	99.9	100.0	103.5
兰州	101.2	100.4	99.5	100.0	100.1	100.0	100.1	99.9	100.2	100.2	100.1	100.0	101.9
西宁	100.5	100.3	100.2	100.3	100.4	100.3	100.1	100.1	100.2	100.2	100.1	99.9	102.6
银川	100.9	99.7	100.8	100.5	100.2	100.4	100.2	100.0	100.3	100.1	100.0	100.1	103.2
乌鲁木齐	101.6	101.1	100.7	100.4	100.5	100.4	100.3	100.2	100.3	100.2	100.0	100.0	105.7
唐山	100.0	100.1	100.2	100.2	100.0	100.0	100.2	100.0	100.0	100.0	100.0	100.0	100.8
秦皇岛	100.9	100.8	99.4	100.7	100.3	100.2	100.1	99.8	100.0	99.8	99.7	99.9	101.6
包头	100.0	100.6	99.7	100.3	100.0	100.1	99.8	100.3	100.0	99.8	99.8	99.7	100.2
丹东	100.6	100.2	100.8	100.2	100.3	100.1	100.0	99.9	99.7	99.9	99.9	99.8	101.4
锦州	100.8	100.5	100.4	100.8	100.2	100.2	99.9	99.8	99.8	100.0	100.1	99.9	102.4
吉林	101.7	100.0	99.5	100.7	100.0	100.1	100.2	100.1	100.0	99.9	99.9	99.8	102.0
牡丹江	101.5	100.7	100.0	99.4	100.3	100.2	100.0	99.8	100.0	99.9	100.0	100.0	101.9
无锡	100.9	100.0	100.8	100.6	99.3	100.0	99.9	99.9	99.9	99.7	99.4	99.9	100.3
扬州	101.1	100.8	100.9	100.1	100.0	100.0	99.9	100.1	100.0	99.8	99.7	99.8	102.2
徐州	101.0	100.5	100.9	100.6	100.4	100.2	100.1	100.0	100.0	99.8	99.4	99.6	102.3
温州	100.1	99.9	100.1	100.0	100.4	100.2	100.1	100.0	98.6	95.1	100.0	98.0	92.6
金华	100.0	100.2	100.8	100.2	100.1	100.1	100.1	100.0	100.0	100.0	100.0	99.7	101.2
蚌埠	100.1	101.0	100.6	100.2	100.0	100.0	100.0	100.0	100.0	100.1	99.9	99.7	101.6
安庆	100.0	100.0	99.9	99.9	99.7	100.0	100.1	100.0	99.9	100.0	99.8	99.7	99.1
泉州	100.2	100.5	100.6	100.2	100.0	100.0	100.1	100.0	100.1	100.0	99.9	100.0	101.6
九江	100.0	100.6	101.0	100.7	99.8	99.9	99.9	100.1	100.0	99.6	99.5	99.3	100.4
赣州	101.0	100.1	99.1	99.8	99.9	100.0	100.0	99.7	100.1	100.0	99.9	100.0	99.5
烟台	100.7	100.6	100.8	100.6	100.0	99.7	100.1	99.7	100.0	99.8	99.7	99.8	101.5
济宁	100.9	100.3	100.1	100.4	100.2	99.9	99.8	100.0	100.0	100.0	99.8	99.8	101.2
洛阳	102.1	101.1	100.3	100.5	100.2	100.2	100.0	100.1	100.3	100.1	100.0	99.7	105.0
平顶山	101.2	101.0	99.3	99.6	100.1	100.2	100.1	100.2	100.2	100.1	100.1	99.9	102.0
宜昌	100.1	100.1	100.7	100.6	100.6	100.3	100.4	100.4	100.0	99.6	99.7	100.0	102.4
襄樊	100.6	100.9	100.6	100.3	100.3	100.3	100.0	100.0	100.0	100.0	99.7	99.8	102.5

三、2011年全国房地产市场运行分析

续表

地区	1月	2月	3月	4月	5月	6月	7月	8月	9月	10月	11月	12月	累计
岳阳	102.2	99.0	98.5	99.9	99.9	100.1	100.5	100.1	99.8	99.9	99.5	99.4	98.8
常德	101.7	100.5	100.1	100.5	100.3	100.2	100.2	100.1	99.8	99.9	99.8	99.7	102.8
惠州	100.9	100.5	100.4	100.4	100.5	100.1	100.0	100.0	100.0	100.1	100.0	99.9	102.8
湛江	100.9	100.9	100.8	100.3	100.3	100.1	100.0	100.0	100.1	100.1	100.0	100.0	103.5
韶关	101.9	100.5	100.1	100.7	100.6	100.1	100.4	99.9	100.0	100.2	100.0	100.0	104.5
桂林	102.2	100.5	100.8	100.0	100.2	99.9	100.2	100.0	100.2	100.1	99.8	99.8	103.7
北海	100.4	100.8	100.7	100.6	99.7	99.9	100.0	99.9	99.9	99.8	99.9	99.8	101.4
三亚	100.4	100.4	100.4	99.9	100.3	99.9	100.0	100.0	100.0	100.0	99.8	100.0	101.1
泸州	99.5	100.3	100.1	100.2	100.2	100.1	100.8	100.2	100.2	100.1	100.0	100.0	101.7
南充	98.3	99.6	100.2	100.1	100.1	100.1	100.6	100.0	100.0	99.9	99.9	99.9	98.7
遵义	101.2	101.1	100.3	99.8	100.3	100.4	100.1	100.0	99.9	100.1	100.0	100.0	103.4
大理	100.0	100.0	100.0	100.0	100.0	100.0	100.5	100.0	100.2	100.0	100.0	100.0	100.7

数据来源：国家统计局

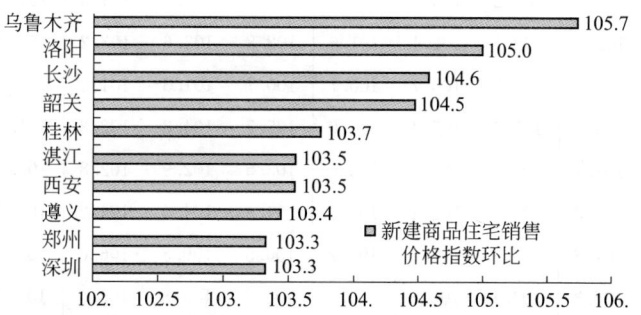

图 7-3-7　2011 年 70 个大中城市中新建商品住宅环比价格涨幅最大的 10 个城市

从新建商品住宅销售价格指数同比数据看，全年同比涨幅也呈现逐月平稳下降的趋势。2011 年全国 70 个大中城市中有两个城市出现新建住宅销售价格下降，分别是南充和温州，详见表 7-3-10。新建商品住宅销售价格指数同比涨幅最大的 10 个城市分别为洛阳 6.5%、牡丹江 6.9%、兰州 7.1%、南昌 7.2%、秦皇岛 7.5%、石家庄 7.5%、岳阳 7.8%、长沙 7.8%、丹东 8.0%、乌鲁木齐 8.5%，详见图 7-3-8。

2011 年 70 个大中城市新建商品住宅销售价格指数同比数据　　表 7-3-10

地区	1月	2月	3月	4月	5月	6月	7月	8月	9月	10月	11月	12月	全年
全国	106.1	106.1	105.8	105.3	104.8	104.6	104.4	104.3	103.8	103.2	102.5	102.0	104.4
北京	109.1	108.4	106.2	103.4	102.6	102.7	102.4	102.4	102.3	102.2	101.6	101.3	103.7
天津	107.6	107.6	107.5	105.6	103.8	104.4	104.7	103.8	103.5	102.2	102.2	101.3	104.6
石家庄	111.7	111.7	111.7	106.8	107.1	107.8	107.9	107.8	106.7	105.3	104.4	102.5	107.5
太原	102.2	101.7	101.7	101.3	101.2	101.1	101.3	101.0	101.4	101.1	101.2	101.2	101.4
呼和浩特	107.0	107.2	106.6	105.2	104.9	105.0	105.2	104.4	104.1	103.4	103.1	102.2	104.8
沈阳	109.8	109.5	108.5	108.0	107.1	106.8	106.6	106.0	105.6	104.0	103.6	102.4	106.4
大连	106.6	106.8	106.3	105.6	106.0	106.0	106.1	104.9	104.3	103.8	102.5	102.2	105.1
长春	107.1	107.0	106.9	104.2	103.2	103.0	103.6	103.3	103.5	102.7	103.3	102.4	104.0
哈尔滨	107.6	106.9	107.1	105.8	104.9	104.5	104.1	102.4	102.2	101.1	100.6	100.2	103.9
上海	101.8	102.8	102.0	101.6	101.6	102.6	102.9	103.2	103.7	103.4	102.8	102.0	102.5

续表

地区	1月	2月	3月	4月	5月	6月	7月	8月	9月	10月	11月	12月	全年
南京	104.2	104.2	102.1	100.7	100.9	101.2	101.9	101.8	101.6	101.0	100.3	99.7	101.6
杭州	100.9	101.8	101.6	98.8	99.0	99.3	100.0	101.8	101.2	101.5	101.3	101.0	100.7
宁波	103.9	104.3	103.3	102.0	102.1	102.2	101.5	101.2	100.2	99.8	99.2	98.7	101.5
合肥	106.5	105.1	103.4	101.9	100.4	100.7	103.1	103.1	102.7	102.0	101.5	100.3	102.5
福州	104.2	105.3	104.8	104.0	103.9	103.8	103.8	103.9	103.2	103.2	102.8	102.8	103.8
厦门	105.1	106.6	106.8	106.6	106.6	106.7	106.7	106.7	105.9	105.8	103.6	103.3	105.9
南昌	108.9	109.8	108.8	106.2	107.2	108.4	109.4	109.3	107.7	105.8	103.3	102.2	107.2
济南	105.6	105.7	106.1	105.6	105.4	104.5	103.9	103.2	102.1	102.1	101.4	100.8	103.8
青岛	106.0	104.8	104.5	104.3	104.6	104.8	105.0	104.8	104.9	101.7	101.3	100.5	103.9
郑州	109.6	110.6	106.9	107.9	107.0	106.6	105.9	106.2	105.0	104.2	103.7	103.2	106.5
武汉	107.4	106.8	105.8	104.6	103.3	103.4	103.5	104.0	103.9	103.4	103.0	102.5	104.3
长沙	110.0	109.0	108.2	107.2	107.8	108.3	108.5	108.8	108.2	107.4	106.0	104.6	107.8
广州	100.1	100.6	102.7	103.8	105.1	105.4	106.4	107.1	106.4	106.2	106.1	103.1	104.4
深圳	103.1	103.3	103.1	103.2	104.3	104.7	104.7	105.0	104.6	104.5	104.1	103.2	103.9
南宁	102.5	101.7	102.3	102.1	102.1	101.6	102.8	103.6	103.2	102.9	102.5	102.0	102.4
海口	121.6	104.2	100.7	100.7	100.7	100.7	100.7	101.3	101.3	100.5	99.8	99.6	102.4
重庆	108.1	106.3	105.7	105.4	105.4	106.0	105.7	104.3	102.3	101.3	100.1	99.4	104.1
成都	105.0	104.9	104.4	103.5	103.7	103.6	103.5	102.9	102.8	102.4	101.9	101.3	103.3
贵阳	104.8	105.1	105.3	105.6	105.2	104.8	104.6	104.4	104.2	103.7	103.5	102.9	104.5
昆明	105.9	108.2	107.8	107.3	107.3	107.2	106.5	106.8	106.0	103.8	103.1	102.7	106.0
西安	106.1	106.3	105.3	104.1	103.8	104.1	104.2	103.8	103.5	103.4	103.3	103.6	104.3
兰州	112.0	111.6	111.1	107.6	107.8	108.4	108.4	107.0	105.5	103.1	102.8	101.7	107.1
西宁	109.4	109.5	109.2	107.7	107.6	107.2	106.5	106.3	104.5	103.9	103.0	102.6	106.4
银川	103.1	102.8	102.7	102.5	102.6	102.9	103.1	102.9	103.1	103.2	103.1	103.2	102.9
乌鲁木齐	109.2	109.8	110.1	109.4	109.1	109.3	109.0	108.9	108.6	107.6	105.5	105.5	108.5
唐山	104.1	102.4	102.0	101.7	101.7	101.6	101.6	101.6	101.5	101.4	100.8	100.7	101.7
秦皇岛	111.5	112.4	111.1	108.8	108.6	108.6	108.3	107.7	105.4	104.1	102.7	101.6	107.5
包头	108.1	108.8	108.5	105.4	105.0	104.9	104.1	104.3	103.4	102.1	101.1	100.2	104.6
丹东	112.3	114.3	115.4	111.3	109.8	108.0	109.0	107.4	105.8	103.1	101.8	100.1	108.0
锦州	108.1	107.5	106.9	107.2	106.2	105.3	104.8	104.3	103.2	102.6	102.7	102.4	105.1
吉林	109.5	109.5	107.9	108.5	107.8	105.9	105.7	105.4	104.8	104.5	103.6	102.0	106.2
牡丹江	110.0	110.4	109.8	108.8	107.9	107.5	107.5	106.7	105.3	104.6	103.6	102.0	106.9
无锡	103.6	103.2	103.5	103.4	102.6	102.6	102.8	102.5	102.3	101.7	100.9	100.4	102.5
扬州	104.9	105.4	105.8	105.6	105.0	104.7	104.4	104.1	103.8	103.3	102.6	102.0	104.3
徐州	103.5	103.9	103.5	104.0	104.3	104.3	104.2	104.1	104.1	103.6	103.0	102.5	103.7
温州	100.8	101.2	101.1	100.1	100.5	100.7	100.8	100.8	99.4	94.5	94.5	92.6	98.9
金华	107.6	107.8	105.1	102.6	102.5	104.0	103.9	103.7	102.4	101.9	101.7	101.3	103.6
蚌埠	106.5	105.0	104.3	103.7	103.3	103.2	103.2	104.2	103.9	103.6	102.2	101.5	103.7
安庆	110.1	109.5	107.9	105.1	104.6	104.3	103.0	102.7	101.3	101.3	101.2	99.2	104.1
泉州	99.8	100.1	100.1	100.3	100.3	100.3	101.2	101.7	101.6	101.9	101.8	101.6	100.9

三、2011年全国房地产市场运行分析

续表

地区	1月	2月	3月	4月	5月	6月	7月	8月	9月	10月	11月	12月	全年
九 江	106.0	105.0	105.0	105.0	103.6	104.0	104.8	105.1	104.3	102.6	101.7	100.4	103.9
赣 州	112.4	110.0	108.4	108.0	106.3	105.5	105.3	104.9	103.4	102.3	101.3	99.6	105.5
烟 台	105.5	105.6	106.1	106.1	105.9	105.3	105.0	104.3	103.8	103.0	102.3	101.4	104.5
济 宁	104.6	104.8	104.8	104.6	104.7	104.2	103.6	103.4	103.2	101.9	101.3	101.3	103.6
洛 阳	105.9	106.7	106.6	106.6	107.1	108.2	108.3	106.6	106.8	105.3	105.1	104.8	106.5
平顶山	105.9	106.9	106.1	105.3	104.5	104.3	104.4	104.5	104.7	103.1	103.1	101.9	104.6
宜 昌	110.2	106.0	105.6	103.8	103.9	103.0	103.3	103.7	103.5	102.9	102.4	102.2	104.2
襄 樊	109.0	109.3	108.6	107.9	107.0	106.8	106.2	105.8	105.2	104.3	103.7	102.6	106.4
岳 阳	122.0	118.3	108.9	107.7	107.5	107.5	108.0	107.6	105.9	105.7	100.2	97.7	107.8
常 德	106.5	106.4	105.9	105.5	105.8	106.1	106.3	106.2	105.4	104.0	103.0	102.6	105.4
惠 州	104.9	104.6	104.9	105.5	105.5	105.2	105.2	105.0	103.9	102.8	103.0	103.0	104.4
湛 江	106.2	106.2	106.7	106.0	105.4	104.7	104.4	104.2	103.8	104.0	104.0	103.0	104.9
韶 关	104.4	104.9	104.9	105.7	106.2	106.2	106.7	106.6	106.2	106.1	104.9	104.4	105.6
桂 林	105.8	106.2	107.3	107.0	105.5	105.9	106.2	106.6	106.5	105.9	105.5	105.8	106.0
北 海	105.5	104.5	103.6	103.0	101.5	101.7	101.8	102.1	101.7	101.6	101.6	101.4	102.5
三 亚	119.1	100.3	99.4	99.1	97.9	98.0	98.9	101.6	101.3	101.4	101.1	100.9	101.3
泸 州	101.8	101.4	100.7	100.7	100.7	100.8	101.5	101.8	101.9	102.1	101.8	101.7	101.4
南 充	99.7	99.3	99.5	99.5	99.1	99.1	100.3	100.8	100.7	100.6	99.6	98.8	99.7
遵 义	105.2	105.9	105.9	105.3	106.1	106.5	106.4	106.3	105.5	105.0	104.6	103.3	105.5
大 理	102.8	102.2	102.2	101.0	100.8	100.9	102.4	101.5	101.4	100.1	100.7	100.7	101.4

数据来源：国家统计局。

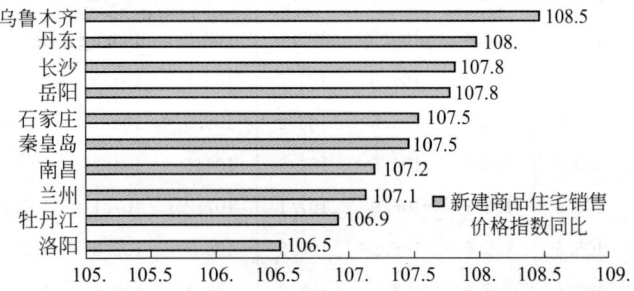

图 7-3-8 2011年70个大中城市中新建商品住宅同比价格涨幅最大的10个城市

全国70个大中城市二手住宅销售价格定基指数 见表7-3-11所示。

2011年70个大中城市新建商品住宅销售价格指数定基数据 表7-3-11

地区	1月	2月	3月	4月	5月	6月	7月	8月	9月	10月	11月	12月
全 国	103.0	103.5	103.8	104.3	104.6	104.6	104.7	104.7	104.8	104.6	104.4	104.1
北 京	103.0	103.5	103.5	103.6	103.8	103.9	103.9	103.9	103.9	103.8	103.4	103.3
天 津	103.5	104.5	105.0	105.2	104.9	104.7	105.0	105.1	104.8	104.5	104.1	103.8
石家庄	106.5	106.6	107.6	107.9	108.1	108.4	108.6	108.6	108.7	108.5	108.2	108.2
太 原	100.8	100.4	100.7	100.9	101.3	101.6	101.8	101.9	102.0	101.9	101.9	101.8
呼和浩特	102.9	103.5	103.8	104.7	105.1	105.2	105.5	105.6	105.6	105.4	105.4	105.2

续表

地区	1月	2月	3月	4月	5月	6月	7月	8月	9月	10月	11月	12月
沈 阳	104.6	104.6	105.1	105.9	106.4	106.9	107.2	107.5	107.6	107.6	106.9	106.7
大 连	103.3	103.7	104.3	105.0	105.4	105.7	105.8	105.6	105.6	105.6	105.5	105.5
长 春	102.7	102.2	103.0	103.5	103.9	104.3	104.6	104.9	104.9	104.9	104.7	104.3
哈 尔 滨	103.7	103.1	103.7	103.7	103.7	104.1	104.2	104.2	104.3	104.3	104.0	103.7
上 海	101.0	102.1	102.3	102.7	102.9	103.0	103.0	103.0	103.1	102.8	102.4	102.0
南 京	101.0	101.7	102.5	102.4	102.4	102.2	102.1	101.9	101.8	101.2	100.5	99.8
杭 州	100.2	101.0	100.9	101.0	101.0	101.1	101.0	101.0	100.9	100.5	100.2	99.4
宁 波	101.6	102.0	101.4	101.8	102.1	102.2	101.8	101.8	101.6	101.2	100.6	100.1
合 肥	102.0	102.5	102.6	103.0	102.6	102.7	102.7	102.8	102.7	102.6	102.4	101.9
福 州	101.9	103.4	103.7	104.2	104.1	104.0	104.0	104.0	104.1	104.1	104.0	104.0
厦 门	103.9	105.4	105.8	106.2	106.3	106.2	106.1	106.1	106.2	106.2	106.0	105.7
南 昌	105.9	106.9	106.9	107.2	107.6	107.9	107.9	107.9	107.8	107.4	106.8	106.2
济 南	102.6	103.0	103.5	104.0	104.2	104.6	104.6	104.2	104.2	103.8	103.6	103.3
青 岛	103.4	102.9	103.3	103.9	104.2	104.4	104.5	104.4	104.4	104.2	103.9	103.5
郑 州	104.6	106.2	105.9	106.4	106.6	107.0	107.0	107.3	107.5	107.5	107.2	106.7
武 汉	102.8	103.3	103.7	104.1	104.4	104.6	104.7	105.0	105.0	104.8	104.6	104.2
长 沙	105.3	106.2	106.7	107.3	107.8	108.3	108.4	108.7	109.1	109.1	108.7	108.2
广 州	102.7	103.3	103.7	104.4	104.8	105.0	105.0	105.0	105.1	104.9	104.6	104.2
深 圳	102.3	103.3	103.3	104.1	104.4	104.6	104.5	104.5	104.5	104.3	104.0	103.5
南 宁	101.7	101.6	102.4	102.9	102.9	102.7	102.6	102.7	102.5	102.5	102.5	102.4
海 口	102.5	102.7	102.7	102.7	102.7	102.7	102.5	102.3	102.2	102.0	101.7	101.6
重 庆	103.5	103.9	104.5	104.8	105.0	105.0	104.7	104.2	103.8	103.5	103.4	103.0
成 都	103.0	103.5	103.6	103.4	103.7	103.5	103.2	103.3	103.3	103.2	103.1	102.9
贵 阳	102.7	103.3	103.9	104.5	104.6	104.5	104.7	104.8	105.0	105.2	105.4	105.5
昆 明	104.9	105.5	105.6	105.7	105.9	106.2	106.0	106.1	106.5	106.7	106.5	106.4
西 安	102.3	102.7	103.7	104.4	104.5	104.6	104.7	104.7	104.9	105.0	104.8	104.8
兰 州	106.9	107.4	106.8	106.8	106.9	107.1	107.2	107.1	107.2	107.4	107.5	107.4
西 宁	105.1	105.4	105.5	105.8	106.2	106.5	106.7	106.8	107.0	107.2	107.3	107.2
银 川	101.5	101.3	102.1	102.6	102.8	103.2	103.4	103.4	103.7	103.7	103.7	103.8
乌鲁木齐	105.5	106.7	107.5	107.9	108.4	108.8	109.1	109.3	109.5	109.6	109.6	109.6
唐 山	101.2	101.3	101.5	101.7	101.8	101.8	102.0	102.0	102.0	102.0	101.9	101.9
秦 皇 岛	106.5	107.3	106.7	107.4	107.7	107.9	108.0	107.8	107.8	107.7	107.4	107.3
包 头	103.9	104.6	104.3	104.7	104.7	104.8	104.6	104.9	104.9	104.7	104.5	104.2
丹 东	108.2	108.5	109.3	109.5	109.8	109.1	109.1	108.5	108.2	108.1	108.0	107.7
锦 州	103.6	104.1	104.5	105.3	105.5	105.7	105.6	105.4	105.2	105.2	105.3	105.2
吉 林	105.9	105.9	105.4	106.1	106.2	106.3	106.5	106.6	106.5	106.5	106.4	106.2
牡 丹 江	106.5	107.2	107.1	106.5	106.9	107.0	107.1	107.0	107.0	106.9	106.9	107.0
无 锡	102.1	102.1	102.9	103.4	102.8	102.8	102.7	102.6	102.5	102.3	101.7	101.6
扬 州	102.9	103.7	104.6	104.7	104.7	104.7	104.6	104.6	104.6	104.4	104.1	103.9
徐 州	101.9	102.4	103.3	104.0	104.4	104.4	104.5	104.5	104.5	104.3	103.7	103.3

三、2011年全国房地产市场运行分析

续表

地区	1月	2月	3月	4月	5月	6月	7月	8月	9月	10月	11月	12月
温州	100.3	100.3	100.3	100.3	100.7	100.9	101.0	101.0	99.7	94.8	94.8	92.9
金华	102.4	102.7	103.4	103.7	103.8	103.9	104.0	104.0	104.0	104.1	104.0	103.7
蚌埠	102.1	103.1	103.7	104.0	104.0	104.0	104.0	104.0	104.0	104.0	103.9	103.6
安庆	104.4	104.4	104.3	104.2	103.9	103.9	104.0	104.0	103.9	104.0	103.9	103.6
泉州	99.7	100.2	100.8	101.1	101.1	101.0	101.1	101.1	101.1	101.1	101.1	101.1
九江	102.4	103.1	104.1	104.8	104.6	104.5	104.4	104.5	104.5	104.1	103.5	102.8
赣州	106.6	106.7	105.9	105.5	105.3	105.3	105.3	105.3	105.1	105.2	105.1	105.1
烟台	103.2	103.8	104.6	105.2	105.2	104.9	105.0	104.7	104.7	104.5	104.2	103.9
济宁	103.0	103.3	103.4	103.8	103.9	103.9	103.7	103.7	103.7	103.8	103.6	103.4
洛阳	104.3	105.4	105.7	106.2	106.4	106.6	106.7	107.0	107.3	107.4	107.4	107.0
平顶山	104.2	105.0	104.4	104.0	104.3	104.4	104.4	104.8	104.9	105.0	104.9
宜昌	102.3	102.4	103.1	103.7	104.4	104.5	104.9	105.3	105.3	104.8	104.5	104.5
襄樊	104.4	105.4	106.0	106.3	106.3	106.3	106.9	106.9	106.9	107.0	106.6	106.4
岳阳	112.9	111.7	110.0	109.9	109.6	109.6	110.2	109.4	109.2	109.0	108.5	107.9
常德	104.2	104.7	104.8	105.3	105.6	105.8	105.9	106.0	105.9	105.8	105.5	105.2
惠州	102.8	103.4	103.8	104.2	104.7	104.9	104.9	104.9	104.9	105.0	105.0	104.9
湛江	102.9	103.8	104.5	105.1	105.2	105.3	105.3	105.3	105.4	105.5	105.4	105.4
韶关	103.8	104.3	104.4	105.2	105.5	105.9	106.3	106.3	106.2	106.4	106.4	106.4
桂林	104.6	105.1	105.9	106.0	106.1	106.0	106.2	106.2	106.5	106.6	106.4	106.2
北海	101.1	101.9	102.6	103.2	102.9	102.8	102.8	102.7	102.6	102.4	102.3	102.1
三亚	100.8	101.2	101.6	101.5	101.8	101.6	101.6	101.6	101.6	101.6	101.4	101.4
泸州	100.1	100.4	100.5	100.7	100.9	101.0	101.2	102.0	102.0	102.3	102.3	102.3
南充	99.5	99.0	99.3	99.4	99.5	99.6	100.2	100.2	100.2	100.1	100.0	99.9
遵义	103.8	104.9	105.2	105.0	105.3	105.8	105.9	106.0	105.9	106.0	106.0	106.0
大理	101.1	101.1	101.1	101.1	101.1	101.1	101.6	101.6	101.8	101.8	101.7	101.8

【二手住宅销售价格涨幅逐月回落】 2011年全国70个大中城市二手住宅价格全年环比涨幅逐月回落,从8月起二手住宅停止上涨,10月起价格出现下降趋势,全年环比累计上涨0.5%。2011年全国70个大中城市二手住宅销售价格指数,如图7-3-9所示。

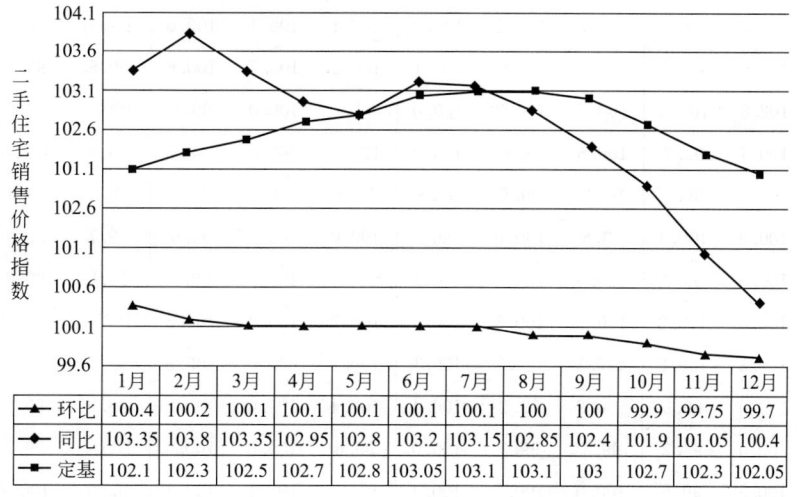

图7-3-9 2011年全国70个大中城市二手住宅销售价格指数

分地区看，2011年全国70个大中城市中有39个城市二手住宅销售价格环比上涨，31个城市二手住宅销售价格环比下降，详见表7-3-12。二手住宅销售价格指数环比涨幅最大的10个城市分别为平顶山6.3%、常德5.1%、唐山4.3%、洛阳4.1%、贵阳3.8%、无锡3.7%、西宁3.3%、惠州3.1%、太原3.0%、韶关3.0%，详见图7-3-10。二手住宅销售价格指数环比下降最大的10个城市分别为南京-2.6%、南昌-2.7%、金华-2.9%、徐州-3.1%、三亚-3.6%、海口-4.0%、杭州-4.5%、福州-4.8%、兰州-9.1%、温州-11.2%。

2011年70个大中二手住宅销售价格指数环比数据　　　　　表7-3-12

地区	1月	2月	3月	4月	5月	6月	7月	8月	9月	10月	11月	12月	累计
全国	100.4	100.2	100.1	100.1	100.1	100.1	100.1	100.0	100.0	99.9	99.8	99.7	100.4
北京	100.3	100.4	99.9	100.1	99.8	99.9	100.1	100.0	99.6	99.5	99.3	99.2	98.1
天津	100.1	100.3	100.6	99.8	99.9	99.8	99.9	99.7	100.0	99.5	98.3	99.7	97.6
石家庄	100.1	100.1	100.0	100.3	100.5	100.4	100.1	100.2	99.6	98.5	98.7	99.0	97.5
太原	100.2	100.6	100.0	100.0	100.7	100.4	100.2	100.0	100.0	100.1	100.0	99.9	103.0
呼和浩特	100.3	100.2	100.4	100.2	100.1	100.5	100.4	100.2	100.1	100.0	100.0	100.0	102.4
沈阳	100.2	100.6	100.5	100.1	100.0	100.0	100.0	100.0	100.0	99.9	99.3	100.0	101.5
大连	100.4	100.6	99.9	100.3	100.6	100.0	100.4	100.0	99.9	99.9	97.8	99.7	99.9
长春	100.3	100.1	100.1	100.1	100.0	100.0	100.0	100.0	100.0	99.7	99.1	99.2	100.1
哈尔滨	100.2	100.0	100.0	100.0	100.0	100.0	100.0	100.0	100.0	99.4	98.8	99.7	98.1
上海	100.5	100.4	100.4	100.3	100.2	100.2	100.3	100.1	100.0	99.8	99.5	99.6	101.7
南京	100.7	100.5	100.5	100.0	99.5	99.4	99.7	99.7	99.4	99.5	99.4	99.1	97.4
杭州	100.3	100.2	100.1	99.7	100.0	100.0	99.9	99.6	99.6	98.5	99.1	98.6	95.5
宁波	100.2	99.9	100.0	99.9	100.0	99.8	99.8	99.7	100.0	99.8	99.8	99.3	98.2
合肥	100.3	100.0	100.1	100.2	100.2	100.2	100.3	100.0	100.2	99.4	98.3	98.8	98.0
福州	100.3	101.7	99.8	99.2	99.0	99.9	99.0	99.4	99.1	99.3	99.4	99.0	95.2
厦门	100.6	100.0	100.7	100.6	100.0	100.0	100.0	100.0	100.0	100.0	99.5	99.0	101.6
南昌	100.8	100.5	100.5	100.4	100.6	99.7	99.7	98.7	99.3	99.5	99.0	99.6	97.3
济南	100.5	100.2	100.2	100.1	100.1	100.1	100.1	100.2	99.9	99.9	99.9	99.8	101.1
青岛	100.7	100.0	100.1	100.0	100.0	100.0	99.8	99.9	99.9	99.6	99.3	99.3	98.7
郑州	100.2	100.1	100.2	99.9	99.8	99.8	100.0	100.0	100.0	100.0	100.0	99.4	99.5
武汉	100.4	100.2	99.8	100.2	99.9	100.2	99.9	100.0	99.9	99.8	99.7	99.6	99.6
长沙	100.2	100.0	100.0	100.0	100.0	100.0	100.1	100.1	100.0	100.0	99.9	99.9	100.3
广州	101.2	100.6	99.5	101.0	99.8	100.1	100.0	100.7	99.6	99.9	99.2	99.6	102.0
深圳	100.6	102.6	100.6	100.5	100.3	100.0	99.5	100.0	100.0	100.0	99.2	99.6	102.7
南宁	100.1	100.4	99.3	100.2	100.2	100.1	100.1	100.0	100.1	99.9	100.3	99.5	99.7
海口	100.0	100.0	99.8	99.3	99.6	99.3	99.8	100.0	99.6	99.7	99.7	99.2	96.0
重庆	99.9	100.0	100.4	99.8	100.0	100.0	100.0	100.0	100.0	99.9	99.9	100.0	99.3
成都	102.2	100.3	99.8	100.4	99.9	100.1	99.4	100.0	99.8	99.8	99.3	99.7	100.7
贵阳	100.5	100.3	100.3	100.3	100.3	100.3	100.3	100.2	100.3	100.5	100.3	100.1	103.8
昆明	100.5	100.3	100.2	100.1	100.1	100.0	100.1	100.1	100.1	99.8	99.7	99.5	101.0
西安	100.3	100.2	99.9	100.2	99.2	100.0	100.4	100.0	100.0	99.9	99.9	99.9	100.0
兰州	100.0	100.0	94.2	99.1	99.1	100.0	99.8	100.0	100.0	100.1	99.7	98.7	90.9
西宁	101.9	100.5	99.6	100.0	100.7	100.4	100.2	100.1	100.1	99.6	100.2	100.0	103.3

三、2011年全国房地产市场运行分析

续表

地区	1月	2月	3月	4月	5月	6月	7月	8月	9月	10月	11月	12月	累计
银 川	100.0	100.1	100.5	100.8	100.6	100.5	100.5	100.2	100.1	100.1	99.6	99.5	102.5
乌鲁木齐	100.4	100.4	101.0	100.4	99.9	100.3	100.4	100.1	100.2	100.1	99.9	99.6	102.7
唐 山	102.1	100.2	100.2	101.0	100.1	100.5	100.2	100.2	100.1	100.1	99.7	99.8	104.3
秦皇岛	99.9	99.9	100.3	100.0	99.9	100.2	100.1	99.9	100.1	99.7	99.5	99.6	99.1
包 头	100.8	100.0	100.3	100.3	100.3	100.2	100.1	100.1	100.3	100.0	100.1	99.1	101.6
丹 东	100.3	100.2	99.9	99.5	100.2	99.9	100.0	100.0	100.0	100.0	100.0	100.0	100.0
锦 州	100.0	100.0	100.0	100.0	100.0	100.0	100.0	100.0	100.0	100.0	100.0	100.0	100.0
吉 林	100.0	100.0	101.2	100.7	100.2	100.5	100.0	100.0	100.0	100.0	99.9	99.8	102.3
牡丹江	103.3	101.1	100.1	100.1	99.6	99.6	99.9	99.8	99.7	99.5	99.3	99.1	101.0
无 锡	100.9	100.8	100.4	100.6	100.5	100.2	100.2	99.8	100.1	100.3	99.8	100.0	103.7
扬 州	100.5	100.1	100.2	100.1	100.1	100.0	99.9	99.8	99.9	99.9	99.8	99.5	99.8
徐 州	100.4	100.4	100.0	99.3	100.3	99.5	99.9	99.6	100.0	99.8	98.0	99.7	96.9
温 州	102.1	100.9	99.8	99.5	99.5	99.7	99.5	99.6	98.3	95.6	98.8	95.1	88.8
金 华	100.6	100.2	101.1	99.7	99.8	99.9	99.7	99.8	99.5	100.0	97.8	99.0	97.1
蚌 埠	100.2	100.4	100.2	100.5	99.7	100.2	100.0	100.1	100.1	100.1	99.9	99.9	101.3
安 庆	100.5	100.2	100.1	100.3	100.1	100.1	99.8	99.8	99.9	99.6	98.6	99.3	98.3
泉 州	100.1	100.0	100.0	99.8	100.0	100.1	100.0	100.0	100.0	99.7	99.9	99.7	99.3
九 江	101.8	100.4	100.0	100.0	99.6	99.8	99.4	99.6	99.9	99.8	99.7	99.5	99.5
赣 州	100.6	100.3	99.8	100.1	98.9	100.0	99.7	99.5	99.7	99.9	100.0	100.0	98.5
烟 台	100.2	100.6	100.3	100.2	100.1	100.2	100.2	100.2	100.0	99.7	99.8	99.9	101.4
济 宁	101.7	100.3	100.1	100.0	99.9	99.9	99.9	99.9	100.1	100.0	99.5	99.6	100.9
洛 阳	100.5	100.6	100.8	100.7	100.4	100.4	100.2	100.0	100.3	100.1	100.1	99.6	104.1
平顶山	102.5	101.3	101.1	100.5	100.2	100.7	100.3	100.1	100.0	100.0	99.8	99.7	106.3
宜 昌	100.4	100.1	100.1	100.0	100.2	100.0	100.0	100.0	100.0	100.0	100.0	100.0	100.8
襄 樊	100.3	100.1	100.5	100.2	100.1	100.1	100.1	100.2	100.1	100.1	100.0	100.0	101.8
岳 阳	101.5	100.0	100.1	100.0	100.1	100.0	100.0	99.2	99.1	99.8	99.9	99.9	99.6
常 德	101.4	100.4	100.5	100.5	100.5	100.5	100.4	100.2	100.1	100.2	100.1	100.2	105.1
惠 州	101.4	100.8	101.0	99.5	100.1	100.2	100.0	100.0	100.0	100.0	100.1	100.0	103.1
湛 江	100.6	100.2	100.2	100.1	100.2	100.2	100.3	100.4	100.1	100.0	100.0	100.0	102.5
韶 关	100.6	100.1	100.2	100.2	100.7	100.1	100.7	100.4	100.0	100.0	100.0	100.0	103.0
桂 林	100.8	98.3	99.8	100.1	100.3	100.1	100.4	100.1	99.9	99.9	100.0	100.0	99.7
北 海	100.0	102.0	100.9	100.0	100.0	99.7	99.7	100.0	100.0	100.0	99.8	100.0	102.1
三 亚	100.7	99.2	100.2	99.5	100.0	99.9	100.0	100.0	100.0	99.9	99.1	97.8	96.4
泸 州	99.7	100.3	100.1	100.6	100.5	100.3	100.3	99.9	100.0	100.0	99.8	99.7	101.2
南 充	101.1	100.0	99.9	100.0	99.9	100.0	100.0	100.1	99.8	100.1	99.7	99.8	100.5
遵 义	101.1	100.8	100.1	100.2	100.3	100.6	99.9	99.2	100.1	100.4	99.6	100.1	102.4
大 理	100.0	100.0	100.0	99.1	100.0	99.5	100.2	100.0	100.0	100.0	100.0	100.0	98.8

数据来源：国家统计局

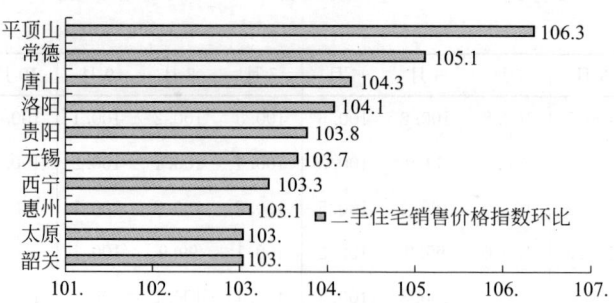

图 7-3-10　2011 年 70 个大中城市中二手住宅环比价格涨幅最大的 10 个城市

从二手住宅销售价格指数同比数据看，2011 年全国 70 个大中城市中有 63 个城市二手住宅销售价格同比上涨，7 个城市二手住宅销售价格同比下降，详见表 7-3-13。二手住宅销售价格指数同比涨幅最大的 10 个城市分别为遵义 8.2%、乌鲁木齐 8.0%、岳阳 7.7%、常德 6.7%、洛阳 6.2%、济宁 6.0%、贵阳 6.0%、西宁 5.8%、平顶山 5.7%、温州 5.5%，详见图 7-3-11。二手住宅销售价格指数同比下降的 7 个城市分别为泉州－0.1%、南京－0.2%、徐州－0.4%、三亚－0.5%、福州－0.8%、宁波－2.0%、海口－2.4%。

2011 年 70 个大中二手住宅销售价格指数同比数据　　　　　表 7-3-13

地区	1月	2月	3月	4月	5月	6月	7月	8月	9月	10月	11月	12月	累计
全　国	103.4	103.8	103.4	103.0	102.8	103.2	103.2	102.9	102.4	101.9	101.1	100.4	102.6
北　京	102.6	102.9	101.9	99.3	100.6	101.4	101.8	101.9	101.2	100.4	99.2	98.0	100.9
天　津	103.3	103.4	102.8	101.2	101.9	101.8	101.3	101.3	100.8	100.2	98.4	97.6	101.2
石家庄	103.1	103.8	102.7	102.4	103.0	103.5	103.5	103.3	102.9	100.5	98.9	97.5	102.1
太　原	106.0	106.1	104.9	105.0	104.1	103.8	103.6	103.8	103.8	103.6	103.6	103.2	104.3
呼和浩特	103.2	103.3	103.0	102.8	102.4	103.1	103.0	104.0	104.0	103.0	102.7	102.4	103.2
沈　阳	107.7	107.9	107.4	105.0	103.9	103.6	103.4	104.0	103.6	102.8	102.0	101.4	104.3
大　连	108.1	107.0	105.3	104.0	103.7	103.8	104.2	103.9	103.9	103.0	100.4	100.0	103.9
长　春	100.7	100.8	100.9	101.3	102.0	102.2	102.0	102.5	102.6	102.3	100.8	100.0	101.5
哈尔滨	103.4	103.0	103.0	102.8	102.6	102.1	102.1	102.1	101.1	99.9	98.4	98.0	101.3
上　海	101.7	102.0	100.5	100.2	101.5	102.4	103.5	103.7	103.4	103.3	102.6	101.7	102.1
南　京	99.6	100.0	99.9	99.5	100.2	100.6	100.8	101.3	100.6	99.3	98.8	97.5	99.8
杭　州	104.4	104.6	103.7	100.1	100.4	100.5	100.7	100.4	100.0	98.1	97.1	95.6	100.4
宁　波	97.1	97.1	96.6	96.3	98.0	99.3	99.2	98.9	98.4	98.7	98.8	98.2	98.0
合　肥	107.5	105.7	104.4	103.1	102.2	103.4	102.7	102.8	102.1	101.4	99.7	97.9	102.7
福　州	100.3	102.2	102.0	101.2	100.0	99.7	99.6	98.9	97.8	97.0	96.3	95.1	99.2
厦　门	100.8	100.9	100.0	99.2	100.3	103.9	104.7	105.0	103.6	103.7	102.9	101.6	102.2
南　昌	103.2	103.8	104.0	103.9	104.5	104.4	104.4	102.8	101.6	100.9	98.5	97.3	102.4
济　南	102.3	102.7	102.8	103.3	103.5	103.4	103.5	103.2	102.4	102.3	102.0	101.0	102.7
青　岛	105.9	105.9	103.7	102.7	102.7	103.1	103.1	102.9	102.5	101.5	100.6	98.8	102.8
郑　州	107.1	107.9	106.7	105.3	103.9	102.8	103.5	105.3	105.2	101.5	100.3	99.3	103.8
武　汉	105.8	104.7	103.1	102.3	101.6	101.7	101.9	102.0	101.3	100.7	100.3	99.6	102.1
长　沙	102.2	101.3	101.1	100.9	101.3	101.5	101.4	101.4	101.5	101.2	101.0	100.2	101.2
广　州	102.9	103.4	102.5	103.4	103.3	103.4	103.6	104.7	105.4	103.9	102.9	102.1	103.5
深　圳	101.3	104.5	104.8	104.1	104.7	106.0	106.4	106.8	104.9	104.9	104.5	102.7	104.6
南　宁	103.6	103.7	102.4	102.7	102.5	102.4	102.1	100.8	100.5	100.1	100.3	99.7	101.7

三、2011年全国房地产市场运行分析

续表

地区	1月	2月	3月	4月	5月	6月	7月	8月	9月	10月	11月	12月	累计
海 口	99.4	90.6	91.7	93.1	99.4	99.5	100.6	100.7	100.3	100.5	99.6	98.2	97.6
重 庆	101.4	101.3	101.5	101.1	101.0	100.7	100.7	100.4	100.2	99.8	99.7	99.5	100.6
成 都	102.1	102.4	101.9	101.6	101.5	101.3	100.8	101.5	101.8	101.9	101.3	100.7	101.6
贵 阳	107.4	107.4	107.1	106.9	106.7	106.7	106.3	105.8	105.4	104.4	104.3	103.8	106.0
昆 明	103.7	104.4	105.2	104.2	105.9	105.5	105.0	102.9	102.1	101.8	101.4	101.1	103.6
西 安	103.6	105.0	103.7	104.3	103.5	104.1	104.3	102.1	101.9	101.3	101.1	100.0	102.9
兰 州	116.0	114.6	108.4	105.0	102.6	102.1	101.0	100.8	97.3	95.4	93.6	91.0	102.0
西 宁	107.4	107.8	106.6	106.0	106.2	106.4	106.1	105.9	105.6	104.3	103.8	103.2	105.8
银 川	103.3	102.9	101.4	101.4	102.1	102.6	103.1	103.2	103.2	103.3	102.9	102.4	102.6
乌鲁木齐	109.8	109.7	111.0	110.0	109.5	109.4	108.7	108.1	107.4	106.1	103.9	102.8	108.0
唐 山	103.0	102.6	102.7	103.4	103.5	104.4	104.6	104.7	104.8	104.9	104.6	104.3	104.0
秦 皇 岛	104.1	104.0	103.4	102.4	102.5	102.9	103.0	102.5	101.2	100.5	99.8	99.3	102.1
包 头	100.8	100.8	101.1	101.4	101.7	101.9	102.0	102.1	102.4	102.4	102.4	101.5	101.7
丹 东	102.5	102.8	102.7	101.6	102.2	101.4	101.2	101.5	101.0	100.6	101.0	101.2	101.6
锦 州	100.2	100.3	100.3	100.3	100.3	100.3	100.0	100.0	100.0	100.0	100.0	100.0	100.1
吉 林	105.3	105.3	105.2	105.1	104.7	104.1	104.1	103.8	103.4	103.2	102.9	102.4	104.1
牡 丹 江	111.1	111.1	109.1	107.2	105.5	104.6	104.5	104.1	103.6	102.9	102.0	101.0	105.5
无 锡	103.1	103.9	104.1	104.3	104.7	104.7	104.7	104.2	104.0	104.2	103.9	103.8	104.1
扬 州	105.2	105.3	104.4	104.0	103.5	103.4	103.0	102.6	102.0	101.6	101.0	99.9	103.0
徐 州	100.8	101.2	101.1	100.3	100.4	99.8	99.7	99.4	99.4	99.2	97.3	96.9	99.6
温 州	118.5	119.7	117.2	108.5	108.5	108.3	107.9	106.1	98.8	95.1	94.4	88.7	105.5
金 华	103.3	102.9	100.2	100.5	100.4	100.3	101.1	101.1	100.2	100.0	97.9	97.1	100.4
蚌 埠	106.7	106.9	105.7	104.7	104.1	103.9	103.3	103.1	102.9	102.5	101.9	101.3	103.9
安 庆	104.6	104.5	104.4	103.7	103.6	103.6	103.3	102.8	102.4	101.9	100.0	98.1	102.7
泉 州	99.9	100.0	100.0	99.8	99.9	100.0	100.0	100.1	100.1	99.7	99.6	99.3	99.9
九 江	107.0	106.1	104.8	104.4	102.9	103.8	103.0	102.1	101.6	100.6	100.1	99.4	103.0
赣 州	102.8	102.8	102.0	101.1	100.3	100.2	99.9	99.4	99.0	98.8	98.7	98.5	100.3
烟 台	104.1	103.8	103.5	103.6	103.8	103.9	103.9	103.6	103.4	102.8	102.2	101.4	103.3
济 宁	106.8	107.5	107.6	107.2	106.8	107.9	107.3	106.7	105.9	104.9	102.7	101.0	106.0
洛 阳	108.6	108.7	107.3	106.9	105.7	105.8	105.7	105.9	105.8	105.3	105.1	104.2	106.2
平 顶 山	102.5	103.9	105.0	105.5	105.7	106.4	106.7	106.6	106.8	106.8	106.5	106.3	105.7
宜 昌	101.9	101.8	101.5	101.2	102.9	102.9	102.9	102.8	102.7	101.7	101.0	100.9	102.0
襄 樊	106.3	106.5	106.2	106.1	105.6	105.5	105.1	105.0	104.3	104.1	103.7	101.8	105.0
岳 阳	113.7	112.9	111.6	108.7	110.4	109.7	109.2	107.5	105.6	103.3	101.9	100.0	107.7
常 德	109.1	107.8	107.2	106.5	106.8	107.3	107.0	106.4	106.1	105.6	105.1	105.0	106.7
惠 州	102.7	103.5	105.3	104.8	106.5	107.4	107.1	106.9	105.8	102.7	103.2	103.1	104.9
湛 江	109.8	108.8	108.1	106.9	105.9	105.3	104.6	104.5	103.4	103.0	102.7	102.7	105.4
韶 关	101.1	101.2	101.2	101.3	101.9	102.0	102.7	103.1	103.1	102.9	102.9	102.8	102.2
桂 林	106.0	101.6	102.4	101.7	102.7	102.0	102.3	102.4	101.7	100.5	100.1	99.7	101.9
北 海	100.9	102.2	102.4	102.2	102.2	102.4	102.3	102.3	102.3	102.3	102.1	102.1	102.1

续表

地区	1月	2月	3月	4月	5月	6月	7月	8月	9月	10月	11月	12月	累计
三　亚	114.8	102.2	96.6	97.0	100.3	101.7	101.4	97.8	97.5	97.4	96.2	93.9	99.5
泸　州	98.6	98.4	98.2	98.6	98.9	99.6	100.6	101.0	101.5	101.9	102.0	101.3	100.0
南　充	100.9	101.7	101.2	101.2	101.2	101.7	101.9	102.1	102.0	102.0	101.5	100.6	101.5
遵　义	111.7	111.8	110.6	110.5	111.2	111.8	110.1	107.7	105.1	104.3	102.2	102.4	108.2
大　理	105.2	105.8	106.0	107.5	107.0	107.6	105.1	103.5	100.1	98.9	99.2	98.8	103.6

数据来源：国家统计局。

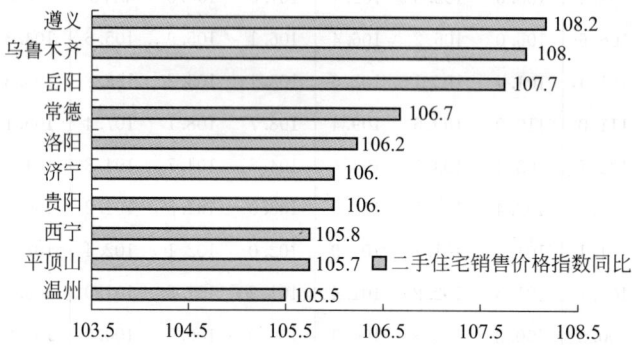

图 7-3-11　2011 年 70 个大中城市中二手住宅同比价格涨幅最大的 10 个城市

全国 70 个大中城市二手住宅销售价格定基指数　见表 7-3-14 所示。

2011 年 70 个大中二手住宅销售价格指数定基数据　表 7-3-14

地区	1月	2月	3月	4月	5月	6月	7月	8月	9月	10月	11月	12月
全　国	102.1	102.3	102.5	102.7	102.8	103.1	103.1	103.1	103.0	102.7	102.3	102.1
北　京	101.2	101.5	101.4	101.5	101.4	101.3	101.3	101.3	101.0	100.5	99.7	98.9
天　津	101.4	101.8	102.3	102.1	102.0	101.7	101.6	101.4	101.4	100.8	99.1	98.8
石家庄	101.9	102.0	102.0	102.3	102.8	103.2	103.3	103.5	103.1	101.5	100.2	99.2
太　原	102.2	102.8	103.1	103.9	104.3	104.5	104.6	104.9	105.2	105.3	105.3	105.2
呼和浩特	101.9	102.1	102.5	102.6	102.7	103.2	103.6	103.8	104.0	104.0	104.0	104.0
沈　阳	103.1	103.6	104.1	104.2	104.2	104.4	104.4	105.1	105.2	105.0	104.3	104.3
大　连	102.7	103.3	103.2	103.6	104.2	104.7	105.2	105.1	105.1	104.9	102.6	102.3
长　春	100.7	100.8	100.9	101.3	101.7	102.0	102.2	102.4	102.5	102.2	101.3	100.4
哈尔滨	101.8	101.8	101.8	101.8	101.8	101.7	101.7	101.7	101.7	101.0	99.8	99.5
上　海	100.6	101.0	101.4	102.0	102.3	102.5	102.8	102.9	103.0	102.6	102.3	101.9
南　京	100.3	100.8	101.4	101.4	100.9	100.3	100.0	99.8	99.2	98.7	98.1	97.2
杭　州	101.5	101.7	101.6	101.6	101.5	101.3	101.2	101.0	100.9	100.5	99.0	98.0	96.7
宁　波	98.7	98.6	98.5	98.5	98.5	98.3	98.1	97.8	97.8	97.6	97.3	96.7
合　肥	102.7	102.7	102.8	102.8	102.8	103.0	103.3	103.7	103.9	103.2	101.5	100.2
福　州	100.6	100.3	100.3	101.0	100.9	100.1	99.5	98.5	97.6	96.9	96.3	95.3
厦　门	100.6	100.6	101.1	101.9	102.2	102.8	103.0	103.1	103.1	103.2	102.7	101.7
南　昌	102.5	103.0	103.4	104.5	104.2	103.9	102.5	101.8	101.3	99.3	98.8	
济　南	102.0	102.2	102.5	102.6	102.8	102.9	102.9	103.1	103.0	102.9	102.8	102.6

三、2011年全国房地产市场运行分析

续表

地区	1月	2月	3月	4月	5月	6月	7月	8月	9月	10月	11月	12月
青 岛	103.1	103.1	103.1	103.2	103.2	103.2	103.2	103.0	102.9	102.6	101.9	101.1
郑 州	104.0	104.1	104.3	104.2	104.0	103.8	103.7	103.7	103.8	103.7	103.7	103.1
武 汉	102.1	102.3	102.0	102.2	102.1	102.3	102.5	102.4	102.1	101.9	101.6	101.2
长 沙	101.1	101.1	101.1	101.1	101.2	101.2	101.2	101.3	101.4	101.4	101.2	101.2
广 州	102.3	102.9	102.4	103.4	103.2	103.3	103.5	104.3	105.0	104.5	103.7	103.3
深 圳	101.6	104.2	104.8	105.4	105.7	105.7	105.2	105.1	104.9	105.0	104.2	103.7
南 宁	101.7	102.1	101.5	102.0	101.9	102.1	102.3	101.4	101.4	101.3	101.6	101.2
海 口	97.7	97.7	97.5	96.8	97.6	98.0	97.8	97.7	97.3	97.0	96.7	95.9
重 庆	100.6	100.6	101.0	100.9	100.8	100.8	100.8	100.6	100.5	100.2	100.1	100.2
成 都	101.7	102.0	101.8	102.2	102.1	102.2	101.6	101.6	101.4	101.3	100.6	100.3
贵 阳	104.3	104.6	104.9	105.2	105.5	105.8	106.1	106.3	106.7	107.2	107.5	107.7
昆 明	102.6	102.9	103.2	103.5	103.3	103.6	103.9	104.0	104.3	104.1	103.7	103.2
西 安	103.0	103.0	102.9	103.1	102.3	102.7	103.0	103.1	103.0	103.0	102.9	102.8
兰 州	108.8	108.8	102.4	101.5	100.6	100.6	100.4	100.4	100.4	100.6	100.3	99.0
西 宁	104.8	105.3	104.9	104.9	105.7	106.0	106.2	106.3	106.4	106.2	106.2	106.2
银 川	100.6	100.7	101.2	102.0	102.6	103.1	103.5	103.8	103.9	103.9	103.6	103.1
乌鲁木齐	106.0	106.4	107.5	107.9	107.7	108.0	108.4	108.6	108.8	108.9	108.8	108.4
唐 山	102.3	102.5	102.7	103.7	103.8	104.3	104.5	104.7	104.9	105.0	104.6	104.5
秦 皇 岛	102.0	101.9	102.2	102.2	102.2	102.4	102.5	102.3	102.5	102.2	101.7	101.3
包 头	100.8	100.8	101.1	101.4	101.7	101.9	102.0	102.1	102.4	102.4	102.5	101.5
丹 东	101.3	101.5	101.4	100.9	101.1	101.0	101.0	102.3	102.2	102.3	102.3	102.3
锦 州	100.1	100.2	100.2	100.2	100.2	100.2	100.2	100.2	100.2	100.2	100.2	100.2
吉 林	102.1	102.1	103.4	104.1	104.2	104.8	104.8	104.8	104.8	104.7	104.7	104.6
牡 丹 江	105.4	106.5	106.6	106.7	106.4	105.9	105.8	105.5	105.3	104.7	104.0	103.0
无 锡	101.9	102.8	103.2	103.8	104.4	104.5	104.8	104.6	104.7	105.1	104.8	104.9
扬 州	102.8	102.9	103.1	103.2	103.3	103.4	103.3	103.1	103.0	102.9	102.7	102.2
徐 州	100.5	100.9	100.9	100.2	100.5	100.0	99.9	99.5	99.5	99.3	97.4	97.0
温 州	108.6	109.6	109.3	108.8	108.3	107.9	107.4	106.9	105.1	100.5	99.3	94.4
金 华	99.9	100.1	101.2	100.9	100.7	100.6	100.3	100.1	99.6	99.6	97.4	96.4
蚌 埠	103.0	103.3	103.6	104.1	103.8	104.0	104.0	104.0	104.2	104.3	104.2	104.1
安 庆	102.8	103.0	103.1	103.4	103.5	103.6	103.3	103.1	103.0	102.5	101.1	100.4
泉 州	100.0	100.0	100.1	99.9	99.9	100.0	100.0	100.0	100.0	99.7	99.6	99.3
九 江	103.7	104.0	104.0	104.0	103.6	103.4	102.8	102.4	102.3	102.0	101.8	101.2
赣 州	101.3	101.5	101.4	101.5	100.4	100.5	100.2	99.7	99.3	99.2	99.2	99.1
烟 台	102.1	102.7	103.0	103.3	103.3	103.5	103.7	104.0	104.0	103.7	103.5	103.4
济 宁	105.9	106.3	106.4	106.3	106.2	106.2	106.0	105.9	106.0	106.0	105.5	105.2
洛 阳	103.5	104.1	105.0	105.7	106.1	106.5	106.8	107.1	107.4	107.6	107.7	107.3

续表

地区	1月	2月	3月	4月	5月	6月	7月	8月	9月	10月	11月	12月
平顶山	102.5	103.9	105.0	105.5	105.7	106.4	106.7	106.8	106.8	106.8	106.5	106.3
宜昌	101.7	101.7	101.9	101.9	102.1	102.1	102.1	102.1	102.1	102.1	102.1	102.2
襄樊	104.0	104.1	104.6	104.8	104.9	105.1	105.2	105.4	105.5	105.6	105.5	105.5
岳阳	108.4	108.3	108.4	108.5	108.5	108.5	108.6	108.1	107.1	106.9	106.8	106.7
常德	104.4	104.8	105.3	105.8	106.3	106.9	107.3	107.6	107.7	107.9	108.0	108.2
惠州	103.4	104.3	104.8	104.9	105.2	105.1	105.1	105.1	105.1	105.2	105.2
湛江	104.1	104.3	104.6	104.7	104.9	105.4	105.7	106.1	106.2	106.2	106.2	106.2
韶关	100.8	100.9	101.1	101.7	101.9	102.0	102.7	103.1	103.1	103.1	103.1	103.1
桂林	103.2	101.4	101.2	101.3	101.6	101.7	102.1	102.2	102.1	102.1	102.1	102.1
北海	99.9	101.9	102.8	102.8	102.8	102.5	102.2	102.2	102.2	102.0	102.0
三亚	102.4	101.6	101.8	101.3	98.5	98.4	98.5	98.5	98.5	98.4	97.6	95.5
泸州	98.6	98.9	99.1	99.7	100.2	100.5	100.7	100.7	100.7	100.7	100.5	100.2
南充	101.6	101.6	101.6	101.5	101.4	101.4	101.6	101.7	101.5	101.6	101.3	101.1
遵义	106.8	107.6	107.8	108.0	108.4	109.0	108.9	108.9	108.2	108.6	108.1	108.2
大理	104.6	104.6	104.6	103.6	103.6	103.1	103.3	103.3	103.3	103.3	103.3	103.3

数据来源：国家统计局。

（四）2011年全国房地产开发资金结构分析

2011年，我国房地产开发企业资金总计83245.94亿元，同比增长14.1%，增幅比上年下降12.1个百分点。其中，国内贷款12563.79亿元，与2010年基本持平；利用外资813.63亿元，增长2.9%；自筹资金34093.4亿元，增长28.0%；其他资金35775.12亿元，增长8.6%。在其他资金中，定金及预收款21610.12亿元，增长12.1%。房地产开发资金来源中，国内贷款和来源于购房者的定金及预付款资金比重持续下降，房地产开发企业资金压力继续上升。如表7-3-15和表7-3-16所示。

（哈尔滨工业大学）

2011年全国房地产开发资金来源结构（单位：亿元）　　表7-3-15

月份	房地产开发资金小计	国内贷款	利用外资	自筹资金	其他资金	定金及预付款
1~2	12173.08	2679.15	86.28	4184.18	5223.47	3153.68
1~3	19268.05	3836.84	144.01	7126.29	8160.91	4824.52
1~4	25361.73	4800.06	222.1	9486.35	10853.22	6449.36
1~5	32340.01	5803.43	265.72	12485.79	13785.07	8258.64
1~6	40990.87	7022.68	438.42	16462.97	17066.79	10235.87
1~7	47851.63	8017.97	499.97	19293.39	20040.31	12080.15
1~8	54738.05	8888.83	633.5	22253.11	22962.62	13920.69
1~9	61947.19	9749.25	678.55	25534.82	25984.56	15761.05
1~10	68428.77	10552.37	714.49	28201.35	28960.56	17519.75
1~11	75208.36	11376.09	764.47	31091.52	31976.28	19228.3
1~12	83245.94	12563.79	813.63	34093.4	35775.12	21610.12
2010年	72944	12540	796	26705	32454	19020
2009年	57128	11293	470	17906	27459	15914

数据来源：国家统计局

三、2011年全国房地产市场运行分析

2011年全国房地产开发资金来源同比增长（单位：%）　　　　表 7-3-16

月份	本年小计	国内贷款	利用外资	自筹资金	其他资金	定金及预收款
1～2	16.27	7.66	61.48	21.44	16.55	28.95
1～3	18.57	4.45	45.19	27.21	18.69	28.7
1～4	17.4	5.44	62.34	27.18	14.8	23.09
1～5	18.51	4.57	57.26	30.87	14.6	23.31
1～6	21.57	6.85	75.45	32.66	17.81	26.93
1～7	23.09	6.36	65.79	34.04	20.42	29.12
1～8	23.39	5.07	71.48	33.83	21.45	30.87
1～9	22.66	3.74	50.1	33.53	20.68	29.34
1～10	20.21	1.05	32.45	30.84	18.75	25.59
1～11	18.96	1.17	16.57	30.6	16.22	20.66
1～12	14.12	0	2.9	27.99	8.57	12.11
2010年	26.2	10.3	66	48.8	15.9	17.3
2009年	44.2	48.5	−35.5	16.9	71.9	63.1

数据来源：国家统计局。

【国内贷款比重下降】 2011年，全国房地产开发国内贷款12563.79亿元，与上年基本持平。2011年房地产国内贷款资金占全年资金总和的15.1%，比上年同期下降了2.1个百分点。

【利用外资金额增幅不大】 全国房地产开发资金利用外资813.63亿元，同比增长2.9%，全年增幅不大。2011年房地产利用外资资金小于全年资金来源总计的1%。

【自筹资金继续增长】 在房地产企业资金压力大的情况下，企业自筹资金继续保持2009年和2010年的增长趋势，2011年自筹资金为34093.4亿元，同比增长28.0%。2011年房地产自筹资金占全年资金来源总计的41.0%，比2010年提高4.2个百分点。

【定金及预付款比重略有下降】 2011年，全国房地产开发企业各项资金来源中，购房者定金及预付款资金21610.12亿元，同比增长12.1%，增幅比上年下降6.7个百分点。来源于定金及预付款的资金占房地产开发企业各项资金比重为26.0%，比上年同期下降了0.4个百分点。

（哈尔滨工业大学）

（五）2011年全国房地产市场季度分析

1. 2011年一季度

【房地产开发投资保持高增长】 全国完成房地产开发投资8846.36亿元，同比增长34.1%，增幅比上年同期减少1个百分点，其中商品住宅投资6253.13亿元，同比增长37.38%。

【房屋供给量提升】 全国商品房新开工面积3.98亿平方米，同比增长23.4%，增幅比上年同期减少37.4个百分点；房屋竣工面积1.28亿平方米，同比增长15.4%，增幅比上年同期增加3.4个百分点。

【房屋成交量增幅回落】 全国商品房销售面积1.76亿平方米，同比增加14.9%，增幅比上年同期减少20.9个百分点；商品房销售额10151.91亿元，同比增加27.3%，增幅比上年同期减少30.4个百分点。

【房屋销售价格涨幅回落】 全国70个大中城市房屋销售价格环比上涨1.6%，涨幅比上年同期回落1.7个百分点。

【房地产开发企业资金压力持续增加】 房地产开发资金总计19268.05亿元，同比增长18.6%。其中，国内贷款3836.84亿元，同比增长4.4%；利用外资144.01亿元，同比增长45.2%；企业自筹资金7126.29亿元，同比增长27.2%；其他资金8160.91亿元，同比增长18.7%；来源于购房者的定金及预付款4824.52亿元，同比增长28.7%。国内贷款和定金及预付款分别占房地产开发资金总额的19.9%和25.0%。

（哈尔滨工业大学）

2. 2011年二季度

【房地产开发投资意愿保持高位】 房地产开发

投资依然快速增加，完成投资额17404.09亿元，同比增长32.3%，增幅较上个季度减少1.8个百分点，1~6月房地产开发投资完成额逐月增加。其中，商品住宅投资12687.54亿元，比上年同期增长35.5%。

【房屋供给量保持增长】 全国房地产开发企业房屋新开工面积5.96亿平方米，比上年同期增长23.8%，增幅较上个季度增加0.4个百分点，房屋新开工面积比一季度提高49.6%；房屋竣工面积1.47亿平方米，同比增长10.7%，增幅较上个季度减少4.7个百分点，房屋竣工面积比一季度提高14.8%。

【房屋成交量略有增长】 全国商品房销售面积2.68亿平方米，同比增加11.6%，增幅比上年同期增加6.4个百分点，增幅比上季度回落3.3个百分点，销售面积比一季度增加51.8%；商品房销售额14438亿元，同比增加21.9%，增幅比上年同期增加21个百分点，增幅比上季度回落5.4个百分点，销售额比一季度增加42.2%。

【房屋销售价格仍然上涨，涨幅继续回落】 全国70个大中城市房屋销售价格仍然保持上涨，环比上涨0.6%，涨幅比上季度回落1个百分点。

【房地产开发企业资金压力持续增大】 房地产开发资金总计21722.82亿元，同比增长24.4%。其中，国内贷款3185.84亿元，同比增长9.9%；利用外资294.41亿元，同比增长95.4%；企业自筹资金9336.68亿元，同比增长37.1%；其他资金8905.88亿元，同比增长17.0%；来源于购房者的定金及预付款5411.35亿元，同比增长25.4%。国内贷款和定金及预付款分别占房地产开发资金总额的14.7%和24.9%。

3. 2011年三季度

【房地产开发投资保持增长】 房地产开发投资17974.39亿元，同比增长30.6%，增幅比上年同期增长0.07个百分点，比二季度回落1.7个百分点。其中，商品住宅投资13147.1亿元，比上年同期增长33.9%。

【房屋供给继续增加】 商品房新开工面积4.83亿平方米，同比增加24.0%，增幅高于上季度增幅0.2个百分点；房屋竣工面积15.90亿平方米，比上年同期增长27.7%，增幅较上季度高2个百分点。

【房屋交易面积同比增幅持续回落】 全国商品房销售面积2.69亿平方米，同比增加12.9%，增幅比上年同期增加14.8个百分点；商品房销售额14722亿元，同比增加21.7%，增幅比上年同期增加18.6个百分点，增幅比上季度回落0.21个百分点，销售额比二季度增加2.0%。

【房价涨幅继续回落】 房屋销售价格环比上涨0.1%，涨幅低于二季度0.5个百分点。

【房地产开发企业资金减少】 房地产开发资金总计20956.32亿元，同比增长24.8%。其中，国内贷款2726.57亿元，同比减少3.5%；利用外资240.13亿元，同比增长18.8%；企业自筹资金9071.85亿元，同比增长35.1%；其他资金8917.77亿元，同比增长26.6%；来源于购房者的定金及预付款5525.18亿元，同比增长34.1%。国内贷款和定金及预付款分别占房地产开发资金总额的13.0%和26.4%。

4. 2011年四季度

【房地产开发投资意愿回落】 房地产开发投资17514.94亿元，同比增长18.8%，增幅比上年同期回落13.2个百分点，比三季度回落11.8个百分点。其中，商品住宅投资12520.66亿元，比上年同期增长19.1%。

【房屋新开工面积回落、竣工面积较大增长】 全国商品房新开工面积4.23亿平方米，同比减少4.3%，增幅低于上季度增幅28.3个百分点，全国商品房新开工面积较二季度回落12.5%；房屋竣工面积45.79亿平方米，同比增长9.36%。

【房屋交易面积增幅有较大回落】 全国商品房销售面积3.87亿平方米，同比减少7.1%，增幅比上年同期回落21.5个百分点，增幅比上季度回落20.0个百分点，销售面积比三季度增加43.9%；商品房销售额19806亿元，同比减少4.8%，增幅比上年同期减少28.5个百分点，增幅比上季度回落26.5个百分点，销售额比三季度增加34.5%。

【房价出现下降趋势】 70大中城市房屋销售价格环比下降0.5%。

【房地产开发企业资金紧张】 房地产开发资金总计21298.75亿元，同比减少5.1%。其中，国内贷款2814.54亿元，同比减少3.2%；利用外资135.08亿元，同比减少60.1%；企业自筹资金8558.58亿元，同比减少13.9%；其他资金9790.56亿元，同比减少14.3%；来源于购房者的定金及预付款5849.07亿元，同比减少17.5%。国内贷款和定金及预付款分别占房地产开发资金总额的13.2%和27.5%。

2010年、2011年全国房地产市场运行季度数据如表7-3-17所示。

三、2011年全国房地产市场运行分析

2010年、2011年全国房地产市场运行季度数据　　表 7-3-17

	房地产开发投资（亿元）	商品住宅投资（亿元）	房屋施工面积（万平方米）	新开工面积（万平方米）	房屋竣工面积（万平方米）	商品房销售面积（万平方米）	商品房销售额（亿元）	资金总计（亿元）	国内贷款（亿元）	定金及预付款（亿元）
2010年										
一季度	6594.45	4551.83	242202.68	32288.6	11116.96	15360.92	7976.8	16250	3674	3748.55
二季度	13152.67	9140.46	66225.04	48162.34	13306.61	23991.61	11843.05	17469	2899	4315.67
三季度	13764.13	9819.76	46974.48	38990.06	12451.39	23797.7	12096.73	16785	2825	4121.23
四季度	14748.15	10514.18	49954.2	44205.87	41868.94	41614.42	20804.66	21990	3142	7089.75
2011年	—	—	—	—	—	—	—	—	—	—
一季度	8846.36	6253.13	327401.76	39842.43	12831.51	17642.79	10151.91	19268.05	3836.84	4824.52
二季度	17404.09	12387.54	78335.8	59600.16	14726.52	26776.54	14437.51	21722.82	3185.84	5411.35
三季度	17974.39	13147.1	55047.99	48332.1	15897.95	26869.42	14722.12	20956.32	2726.57	5525.18
四季度	17514.94	12520.66	47173.84	42308.01	45788.27	38656.81	19807.55	21298.75	2814.54	5849.07

数据来源：国家统计局。

（哈尔滨工业大学）

（六）2011年全国房地产开发景气指数

2011年全国房地产开发景气指数如表 7-3-18 所示。

（七）2012年中国500强企业中的房地产企业

根据中国企业联合会2012年9月公布的2012中国企业500强年度排行榜，共有14家房地产开发与经营、物业及房屋装饰、修缮、管理等服务业企业入选2012中国企业500强，数量与上年持平。具体如表 7-3-19 所列。

2011年全国房地产开发景气指数　　表 7-3-18

指数类别	月份										
	1～2	1～3	1～4	1～5	1～6	1～7	1～8	1～9	1～10	1～11	1～12
国房景气指数	102.90	102.98	103.19	103.20	101.75	101.50	101.12	100.41	100.27	99.87	98.89

数据来源：国家统计局

（哈尔滨工业大学）

入选2012中国企业500强年度排行榜的房地产开发与经营、物业及房屋装饰、修缮、管理等服务业企业（单位：万元）　　表 7-3-19

序号	500强名次		企业名称	营业收入（万元）
	2012	2011		
1	73	87	绿地控股集团有限公司	14787372
2	101	194	大连万达集团股份有限公司	10510228
3	170	183	恒大地产集团	6191819
4	235	262	江苏苏宁环球集团有限公司	4102800
5	243	**	龙基泰和实业有限公司	3860158
6	258	150	绿城房地产集团有限公司	3530000
7	274	233	华侨城集团公司	3355300
8	331	**	广州富力地产股份有限公司	2737009
9	338	313	世纪金源投资集团有限公司	2688906
10	359	**	重庆龙湖企业拓展有限公司	2530133
11	399	449	宁波银亿集团有限公司	2259246
12	424	328	福佳集团有限公司	2101800
13	467	448	江苏华厦融创置地集团有限公司	1906715
14	470	**	弘阳集团有限公司	1897848

数据来源：2012年中国企业发展报告，** 表示相应年度未入榜。

四、2011年各省、自治区、直辖市住房城乡建设部门行政复议工作统计分析报告

(八) 2012年世界500强企业中的房地产企业

根据美国《财富》杂志2012年7月发布的2012年度"世界500强"企业最新排名,绿地控股集团有限公司以营业收入22872.9百万美元(合人民币1457亿元)位列财富世界500强榜单第483位,成为入选的首家以房地产为主业的中国企业。

(哈尔滨工业大学)

(一) 案件基本情况

2011年,全国各省、自治区住房城乡建设厅、直辖市建委等有关部门共办理行政复议案件2151件(不含2010年转结的281件)。

【案件受理情况】 依法受理1745件,占81.13%;因不符合受理条件不予受理的216件,占10.04%;告知申请人向其他机关提出申请的81件,占3.77%;转送案件6件,占0.28%,其他方式办理103件,占4.79%。

【申请人情况】 由公民提起申请的2040件,占94.84%;由法人或其他组织提起申请的111件,占5.16%。涉及群体性申请(指3人以上分别对同一具体行政行为提出申请或同一案件中申请人超过3人的)的208件,占9.67%。

【申请复议事项】 从业务领域划分,房地产类案件1443件,占67.1%;城乡规划类406件,占18.9%;建筑市场类49件,占2.3%;住房保障类32件,占1.5%;城市建设类22件,占1%;工程质量安全类8件,占0.4%;其他191件,占8.9%。表7-4-1给出了2011年行政复议案件类型情况。

2011年行政复议案件类型情况 表7-4-1

项目类型	房地产	城乡规划	建筑市场	住房保障	城市建设	工程质量安全	其他
件数	1443	406	49	32	22	8	191
占比(%)	67.1	18.9	2.3	1.5	1	0.4	8.9

从行政行为划分,行政裁决类798件,行政许可类584件,信息公开类275件,行政处罚类119件,行政不作为类87件,行政确认类58件,其他230件。图7-4-1给出了2011年行政复议案件涉及行政行为的比重情况。

【案件分布情况】 从地区看,华东地区908件,华北地区623件,西南地区277件,中南地区230件,东北地区82件,西北地区31件。图7-4-2给出了不同地区案件所占比重情况。

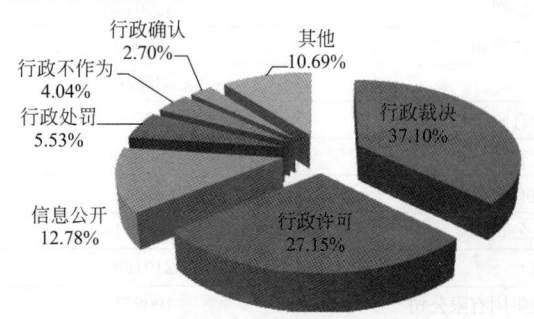

图7-4-1 2011年行政复议案件涉及行政行为的比重情况

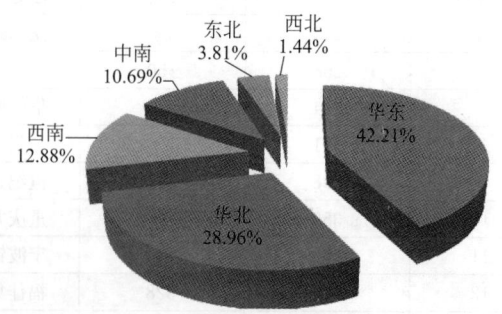

图7-4-2 不同地区案件所占比重情况

从省市看,直辖市有关部门办理案件1034件,

占48%；省（区）厅办理案件1117件，占52%。其中，江苏、安徽、福建、广东、河北、浙江省厅办案较多，分别达211件、143件、135件、96件、85件、78件，六省案件数量占全国各省（区）厅的67%，其中江苏、浙江、福建、广东省厅案件数连续三年排名前六，参见图7-4-3和表7-4-2。

2009～2011年部分省、自治区住房城乡建设厅案件情况 表7-4-2

序号	2009年	2010年	2011年
1	江苏217件	江苏271件	江苏211件
2	浙江211件	黑龙江101件	安徽143件
3	福建88件	浙江100件	福建135件
4	黑龙江86件	广西86件	广东96件
5	广东76件	广东79件	河北85件
6	广西63件	福建62件	浙江78件

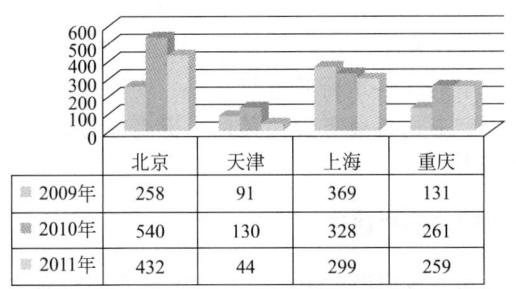

图7-4-3 2009～2011年直辖市行政复议案件情况

	北京	天津	上海	重庆
2009年	258	91	369	131
2010年	540	130	328	261
2011年	432	44	299	259

【案件审结情况】 在受理的案件中，维持1285件，占73.63%；终止审理141件，占8.08%（其中达成和解协议终止审理的67件，占3.84%）；驳回申请83件，占4.75%；撤销105件，占6%；经调解结案52件，占2.98%；责令被申请人履行法定职责48件，占2.75%；确认违法8件，占0.45%；变更2件，占0.1%；其他方式结案38件，占2.17%。详见表7-4-3。

2011年行政复议案件审结情况 表7-4-3

类型	项目									
	维持	和解终止	和解终止	驳回	撤销	责令履行	调解结案	确认违法	变更	其他
件数	1285	67	74	83	105	48	52	8	2	38
占比(%)	73.6	3.8	4.2	4.8	6.0	2.8	3.0	0.5	0.1	2.2

2011年，案件复议后复议机关被提起行政诉讼的53件，占3%。其中，驳回诉讼请求的24件，维持的19件，申请人撤诉的7件，确认违法和撤销的各1件，其他1件。

（二）案件特点

【案件总量变化不大，但各地差异明显】 全国省级住房城乡建设部门办理案件总量（2151件）与上年（2274件）变化不大，但各地差异明显。一些地方案件数量变化较大，如安徽、福建省住房和城乡建设厅分别办案143件、135件，同比增长347%、118%；天津市国土房管局和黑龙江省厅分别办案16件、34件，同比上年下降84%、66%。各地案件分布不平衡，四个直辖市和江苏、安徽、福建三省办案占全国的71%，而云南、青海仅有3件、1件，西藏则无案件。各省（区、市）内各地、市分布也很不平衡，如无锡、常州、淮安三市的案件数占江苏省的82%。

【复议事项集中在规划、房地产，出现了一些新类型案件】 行政复议事项仍集中在城乡规划和房地产领域，这两类案件占案件总数的86%。2011年出现了一些新类型案件，有些案件是随着新法律法规的出台而出现的。如《江苏省城乡规划条例》实施后，群众对规划管理的关注度提高，"住改商"问题引起的复议案件出现。又如重庆市6起涉及物业维修资金的案件，主要原因是《重庆市物业专项维修资金管理办法》施行后，同一类型房屋在新办法施行前后缴纳的维修资金不同，由于政策宣传不到位出现了一些业主不理解引发的行政争议。

【信息公开仍是热点，不作为案件成为新热点】
各地办理信息公开类案件（275件）比上年增长24%，增长率连续第二年超过20%，说明信息公开依然是各地复议工作热点。除此之外，行政机关不作为的案件上升较快（87件），比上年增加58%，成为新的复议热点。如安徽省住房和城乡建设厅2010年只有1件，2011年增加到了30件；河北省住房和城乡建设厅不作为案件26件，占受理案件数的35%。这类案件增长较快，说明了群众法制和维权意识在不断增强，也说明了行政机关依法行政水平距离群众要求还有差距，需要引起高度重视。

【群体性案件较多，案件办理难度大】 不少房屋征收类案件，涉及人数众多，矛盾尖锐，调解难度大，处理不好可能诱发群体性事件。如安徽342户居民对某房产局拆迁许可不服提起行政复议，表面是复议拆迁许可，背后是不满旧城改造拆迁补偿，且群众诉求不一，调解难度很大。有些案件，是同一申请人以同一事由从规划、征地、拆迁、信息公开等不同环节提起复议，如陕西省住房和城乡建设厅办理的13件案件中有8件属于此种情况。有些案件牵扯民事法律关系，申请人希望通过行政复议推动解决民事争议，这些都给复议机关办理案件增加了难度。

(三) 经验做法

2011年，各地住房城乡建设部门更加重视行政复议工作，注意完善制度，改进方法，提高质量，创造了不少好经验。

【完善工作制度，健全复议工作机制】 重庆市房管局制定《行政复议工作操作规程》，做到行政复议的收件、审查、决定、送达、跟踪的每个环节、每个步骤都有章可循。江苏省住房和城乡建设厅等地建立了复议办案主办人制、多级审查制和重大案件合议制。河北、辽宁省住房和城乡建设厅、北京建委等地建立法律顾问制度，发挥专家作用做好行政复议工作。广西省住房和城乡建设厅、天津规划局加强信访与复议工作衔接，对两类案件及时转办和分流，进一步健全了行政复议工作机制。

【改进工作方法，提高复议办案质量】 四川省住房和城乡建设厅把行政复议纳入"大调解"工作体系，把调解作为行政复议的必经环节，提高调解结案的比重。北京住房和城乡建设委员会研发了行政复议管理系统，把复议案件受理、审批、文书写作、统计分析和案卷归档等工作纳入信息化管理，促进办案流程和文书制作的合法规范。江西省住房和城乡建设厅对受理的每起案件坚持实地调查取证。广西省住房和城乡建设厅、天津建设交通委实行裁前告知制度，促使被申请人主动改正错误。黑龙江省住房和城乡建设厅加大案件审理的公开程度，案件听证率达到75%。

【增强服务意识，提高服务能力和水平】 北京住房和城乡建设委员会在复议接待环节加大解释答疑工作力度，把相当数量的行政争议化解在行政复议之前。宁夏回族自治区住房城乡建设厅在行政复议接待过程中坚持"五个一"，即"见面一句问候、进门一杯热水、待人一片真诚、办事一腔热情、出门一声再见"。这些措施，改进了办案作风，提高了工作效能，树立了以人为本、复议为民的良好形象，受到群众好评。

【加强监督指导，增强行政复议层级监督作用】 北京住房和城乡建设委员会、重庆房管局坚持约谈制度，对案件高发多发区县进行约谈，指出工作中存在的问题。江苏省住房和城乡建设厅做出每起撤销、确认违法、责令履行法定职责决定时，坚持和被申请人沟通，督促被申请人主动纠正自身违法行为。天津规划局将典型案例整理下发，通过案例方式对区县工作进行警示和指导。湖北省住房和城乡建设厅开展行政复议决定书和答复书评比活动，在评比中提高各地行政复议水平。安徽省厅将复议案件决定书送各业务部门传阅，提高业务部门依法行政能力。

(四) 问题和建议

住房城乡建设系统行政复议工作取得明显成绩，但也应清醒地看到仍然存在不少薄弱环节，需要加以重视和改进。

【加强能力建设，为复议工作提供有力保障】 一些地方复议机构比较薄弱，人员编制少且专业性不强、经费保障不足等问题仍然存在。对此，各地仍要下力气积极创造条件，健全复议工作机构，充实法律专业人员配备，保障工作经费，提高行政复议工作能力。在现有条件短时间内难以根本改观的情况下，要加大学习培训力度，开展各种形式的学习培训活动，提高复议工作人员的政治素质、法律意识、责任意识和业务能力。

【坚持依法复议，妥善应对新情况新问题】 各地行政复议工作仍有一些不依法、不规范的情况，存在做出决定依据的事实不清、行政复议文书不规范、被申请人答复不及时、答复避重就轻等问题。同时随着形势的发展变化，行政复议工作还面临一些新情况、新问题，如当事人的一个诉求，通过信访、举报、诉讼和复议等多个渠道进行反映，如何做到既保证群众复议权利，又避免不必要讼累，还避免行政不作为，不少复议工作机构和人员存在困惑。需要重视这些情况和问题，保证既依法又灵活地做好复议工作。

【改善工作方法，多渠道化解矛盾纠纷】 一些地方反映虽然努力对行政复议案件采取多种方式进行处理，但仍感觉调解难度大，结案效果不理想。各级行政复议机关要正视行政复议面临的形势，不断改善自身工作方法，妥善化解行政争议。对于拆迁争议遗留问题，不是简单做出决定，还要关注争议背后的利益关系，推动当地部门解决好涉及群众切身利益的问题。

【规范行政行为，从源头上减少行政争议】 行政复议工作中反映出一些地方较集中的问题,如有的地方拆迁主体与前期立项、规划主体不一致,有的地方将本应由政府部门行使的职权交给派出机构行使,有的地方不依据控制性详细规划作出规划许可,有的地方作出具体行政行为不重视程序,说明不少地方依法行政还存在很大差距。解决好行政复议中出现的这些问题,根本上是提高依法行政工作水平,严格依法办事,切实从源头上减少行政纠纷的发生。

(住房和城乡建设部法规司)

第八篇

部属单位、社团与部分央企

一、部属单位、社团

住房和城乡建设部科技发展促进中心

【开展可再生能源建筑应用研究】 围绕住房和城乡建设部工作安排,2011年住房和城乡建设部科技发展促进中心重点组织开展了光伏认证和政策、城市示范和农村示范县、重点区域与产业化发展的政策起草工作,并研究建立可再生能源建筑应用示范项目进度督察网络系统和省级可再生能源建筑应用管理与监测系统平台,完成可再生能源建筑应用在线监测和数据远程传输系统的建设;开展太阳能光伏建筑一体化相关研究,完成《太阳能光伏建筑一体化工程设计案例》编写工作,研究建立太阳能光伏系统远程监测体系。

【推进供热计量改革相关研究】 2011年,科技发展促进中心完成了城市供热计量统计指标研究工作,初步搭建了城市供热计量统计信息系统平台。在供热能耗调研的基础上,开展城市供热计量和能耗统计管理信息系统指标体系研究,完成供热计量和供热能耗统计信息系统软件开发并编写《用户手册》(初稿)和《供热计量收费管理办法》(草案)。

【推进建筑能效测评标识管理】 2011年,科技发展促进中心配合部内完成并发布80项建筑项目的理论值标识,完成国家级测评机构资格重新认定工作。组织上海、江苏两地建筑能效测评标识项目评审。组织开展建筑能效测评标识管理制度和技术体系交流培训。协助部城市建设司组织2011年供热计量工作会。完成城市供热计量收费面积核查。完成供热计量和供热能耗统计信息系统软件开发工作。

【全国范围内民用建筑能耗统计工作进一步深化】 2011年,民用建筑能耗统计工作重点在加强统计日常管理、强化统计数据分析挖掘和完善统计制度文件三方面:强化对统计工作过程管理和督促,建立和规范了报告制度,对各地上报的统计数据组织定期审核,并在数据上报系统中增加约束和控制条件,提高了统计数据的质量;完成《民用建筑能耗和节能信息统计数据分析系统》国家级版与省级版开发,编制《民用建筑能耗和节能信息统计数据分析系统使用手册》,并在北京市、重庆市、海南省、江苏省等省市开展推广试用工作。组织编制《2009和2010年度民用建筑能耗统计数据统计数据分析报告》、《2009~2010年度数据对比分析报告》,以及《民用建筑能耗总量测算分析报告》;修订《民用建筑能耗和节能信息统计报表制度》、《民用建筑能耗和节能信息统计工作管理办法》,起草《民用建筑能耗和节能信息统计数据审核办法》。

【"绿色建筑评价标识"工作全面开展】 受住房和城乡建设部委托,科技发展促进中心2011年共组织评出6批共计30项"绿色建筑评价标识"项目,其中一星级8个、二星级4个、三星级18个,其中住宅类14个、公建类16个。

年内,科技发展促进中心完成上海、辽宁、河北、山东、宁夏、广西、辽宁、陕西8个省市考核材料的评判工作,对通过考核的536人(包括,管理人员64人、评审专家类人员306人、专业人员166人)颁发了证书,并为各省市的考核情况建立档案。同时,协助部建筑节能与科技司组织全国"绿色建筑评价标识专家培训会",完成17个省市共计290余名评审专家的培训和考核;协助7个省市组织一、二星级绿色建筑评价标识培训,累计培训1000余人;并协助10个省市开展开绿色建筑评价标识项目咨询、试评工作。

【绿色建筑政策与制度研究继续深化】 2011年,科技发展促进中心承担国务院《绿色建筑行动方案》"国际比较组"和"法规制度组"的研究工作。完成《世界绿色建筑政策法规及评价体系》、《世界绿色建筑政策法规及评价体系》编写工作。负责或参与的"十二五"国家科技支撑计划"绿色建筑规划设计集成技术应用效能评价"、"绿色建筑评价指标体系与综合评价方法研究"和"绿色建筑标准实施测评技术及系统开发"课题于2011年陆续立项，有关研究工作将随绿色建筑相关工作的开展按计划推进。年内，科技发展促进中心承担主编的《绿色办公建筑评价标准》、《绿色超高层评价技术细则》和《绿色医院建筑评价技术细则》等标准编制工作按计划完成。

【开展行业科技成果评估推广，促进科技成果转化】 2011年，科技发展促进中心共受理科技成果评估项目完成113项，包括产品、技术和软件，涉及建筑节能、绿色建筑、城镇减排、施工安全等领域。其中：达到国际先进水平14项，国内领先水平85项，国内先进水平14项，涉外技术项目2项；受理138项推广项目评审申请，经形式审查和技术审查，116项成果通过评审，分四批列入2011年全国建设行业科技成果推广项目发布。

【华夏建设科学技术奖励评审工作顺利开展】 "华夏建设科学技术奖"是住房和城乡建设领域重要的科学技术类奖项。2011年通过网上申报，"华夏建设科学技术奖"办公室共计收到推荐申报项目259项。经审核，有效申报项目236项，包括建筑工程类110项、城建类23项、规划类31项、标准规范类18项、建筑机械类5项、智能信息类37项、软科学研究类12项，申报项目数创历史新高。申报单位包括全国主要省（自治区）住房和城乡建设厅、直辖市建委、住房城乡建设部和国资委直属单位，住房城乡建设行业重点企事业单位和相关大专院校科研机构等。与往年相比，2011年华夏奖推荐项目中规划、智能信息类申报项目增加较多。

经专业组专家和评审委员会评定，并根据公示期间申报单位提出的实质性异议，最终决议2011度共评出获奖项目108项，其中一等奖5项、二等奖24项、三等奖79项。

【组织开展国家水专项的管理实施与研究工作】 科技发展促进中心作为住房城乡建设部水专项研究工作主要参加单位，2011年继续组织开展国家水专项"城市水环境系统规划和管理技术研究与示范"项目，牵头组织并具体开展"城市水环境系统设施的监控和预警研究与示范"、"城市水环境系统综合评价体系研究与示范"两课题的研究工作，具体承担"城市水环境综合整治技术集成与基础支撑平台建设"、"城镇水污染控制与治理共性技术综合集成"课题中有关子课题的研究工作。

同时，作为住房城乡建设部水专项实施管理办公室的主要依托单位，科技发展促进中心配合部内司局开展国家水专项的合同管理，进行水专项"十一五"课题检查和"十二五"课题的论证，组织项目财务培训等日常管理工作，初步完成水专项部省市三级和市级信息平台及数据体系建设，确定城市水环境系统综合评价体系指标，构建了网络平台框架。并配合部城市建设司开展污泥处理处置技术调研，完成《城镇污水处理厂污泥处理处置技术指南（试行）》和《关于进一步加强污泥处理处置工作组织实施示范项目的通知》及相关文件的起草印发工作，组织开展有关示范项目。

【广泛开展建筑节能国际合作项目】 2011年度，围绕建筑节能工作，科技发展促进中心广泛开展了国际合作项目研究。启动中美清洁能源联合研究中心建筑节能合作项目，成立中方工作机构，搭建项目信息管理平台；按计划完成与德国环境部的"中国新建建筑领域碳市场-规划类CDM，新领域方法学，开发一个国内贸易平台"项目，与德国能源署合作开展"被动房和低能耗建筑示范"等国际合作项目；与德国技术合作机构（GIZ）在中国北方采暖地区试点城市（哈尔滨、银川、榆中、石家庄）完成144栋典型建筑的数据采集与能耗计算；利用国外资金技术，在南昌、秦皇岛和哈尔滨等城市组织开展"被动式房屋外墙外保温的理论与实践操作培训"工作。

（住房和城乡建设部科技发展促进中心）

住房和城乡建设部干部学院

【概况】 2011年住房和城乡建设部干部学院主动做好"四个服务"，认真完成各项培训工作。全年共完成培训项目62个，培训班数158个，培训人数12009人。

1. 2011年培训工作基本情况

【中央党校中央国家机关分校直属班培训工作】按照中央党校的教学计划安排，举办了2011年春、秋两期党员处级干部培训班，共有住房和城乡建设部部机关、部直属事业单位及18个部委的党员处级干部90人参加学习。

【做好部司局委托的培训工作】主动为部机关各司局服务是干部学院"四个服务"中的首要任务。2011年，学院围绕部中心工作，配合9个业务司局开展11个培训项目，共计19个班次，培训4328人。

（1）举办全国住房保障政策培训班。受部住房保障司委托，学院分别在成都、重庆、广州承办了3期"2011年全国住房保障政策培训班"。全国30个省、自治区、直辖市住房和城乡建设行政主管部门负责住房保障的领导和地级、县级市的建委、房地产管理局等单位的领导干部及相关工作人员836人参加了培训。

（2）举办全国中小城市房地产管理部门领导干部培训班。为贯彻中央关于促进房地产市场平稳健康发展，全面把握房地产市场调控和监管相关政策知识，扎实推进房地产管理工作，受部房地产市场监管司委托，学院承办了"全国中小城市房地产管理部门领导干部培训班"。全国27个省、自治区的中小城市建委、房地产管理局等单位的领导干部及相关工作人员661人参加了培训。

（3）部属单位领导干部（含人事处长）培训班。为进一步加强部署单位领导班子能力建设，提高领导干部对国家经济形势、"十二五"期间部重点工作及事业单位分类改革和人事制度的认识，受部人事司委托，学院承办了"部署单位领导干部（含人事处长）培训班"。来自部属事业单位、部管社会团体的50名领导干部和人事工作负责人参加了培训。

（4）部科级干部培训班。为落实《公务员培训规定（试行）》的要求，加强部机关公务员队伍建设，受部人事司委托，继2009年成功举办的基础上，学院承办了"第二期部科级干部培训班"。来自部机关各单位、部稽查办公室、驻部纪检组监察局的40名学员参加培训，其中近20名是新录用公务员。

（5）举办住房城乡建设稽查执法工作专题培训班。为贯彻落实全国住房城乡建设稽查执法工作座谈会精神，不断提高稽查执法队伍业务素质，全面履行稽查执法职责，促进住房城乡建设事业健康发展，由部稽查办公室主办、学院承办的"住房城乡建设稽查执法工作专题培训班"于5月在南昌市举办。参加培训的学员分别来自全国各省市共474人。

（6）建设工程企业资质评审专家及相关管理人员培训班。为贯彻落实《行政许可法》、《建筑法》等法律法规以及建设工程企业资质管理规定，规范企业资质评审工作，由部建筑市场监管司主办，学院承办了6期"建设工程企业资质评审专家培训班"。来自全国各省市自治区1457名企业资质评审专家和相关管理人员参加了培训。

（7）司局委托的其他培训工作。完成部机关党委委托的入党积极分子培训班、部办公厅委托的住房城乡建设系统政务信息报送工作培训班、部工程质量安全监管司委托的建筑安全生产法规和标准培训班、部计划财务与外事司委托的建筑业企业统计培训班。

【加强和地方联系，应地方需求开展专题培训】根据部党组、部领导"扶贫帮贫青海省"的指示精神，在部人事司的具体帮助与指导下，学院受青海省住房和城乡建设厅委托，举办"青海省黄南州尖扎、泽库等县干部小城镇规划建设专题培训班"，青海黄南州尖扎、泽库两县主管小城镇、新农村（牧区）规划与建设工作的领导干部27人参加了学习。学院还应地方要求，有针对性地策划专题培训项目，采取送教上门方式为桂林市市政公用事业管理局举办"数字化管理专题培训班"；为海南省农垦总局举办"保障性住房安居工程建设管理培训班"；为山西省建筑质量监督总站举办"《房屋建筑和市政基础设施工程质量监督管理规定》宣贯培训班"；为广西区贵港市房产管理局举办"前期物业管理与物业管理招投标研讨班"。全年共完成地方委托培训班5期，培训494人。

【加强与建设企业的合作，拓展培训渠道】学院精选教师为"青海公路工程建设总公司"、"中建七局集团有限公司"、"广西建工集团"送教上门，开展注册建造师考前培训，培训人员510人。学院以教学质量和惠利赢得企业认可，拓展了培训渠道。

【紧跟行业热点，服务行业发展】学院各培训部门围绕部和司局的重点工作，结合当前建设领域的相关热点，主动开展建设行业社会性短期业务培训班，重点开展了涉及政策法律法规宣贯、城市规划、房地产市场监管、质量安全等内容的培训班等内容的培训班。共完成培训项目40项，班次108个，共培训5056人。

【加强执业资格考前培训工作】学院机构调整后，突出考前培训专职培训作用，推动建设行业执业资格考试培训工作。学院开展执业资格考试考前辅导25期，培训人数2112人。

【涉外培训】 继为越南举办多期"越南建设系统领导干部培训班"以后，2011年干部学院又和越南建设与都市管理干部学院联合举办越南河内市文化体育旅游领导干部培训班，培训19人。

2. 细化培训过程管理，提高培训质量

根据年初人事司培训工作会议精神，学院严格按照"自愿报名、收费合理、保证质量"三项原则，细化培训过程管理，对班主任工作规程、教学质量评估、合作监督管理等工作严格按制度实施，取得一定成效。

【试行班主任工作规程】 按照学院加强班主任工作的要求，开展班主任工作规范管理，试行班主任工作规程。从明确班主任工作职责、严格执行学院管理规定两方面入手，取得初步成效。经过该项工作的开展，学院班主任工作日趋规范，能够更加自觉维护学院声誉和利益，及时发现培训中的问题。并且利用先进的网络技术开展培训的前期研讨、中期交流、后期服务的相关工作，学员反映良好。

【加强教学质量评估】 根据部人事司培训工作的要求，学院加强教学质量评估工作。通过评估了解学员对教师授课的满意度、教材使用的适用度、培训实效作用以及学员的培训需求情况。经过问卷评估，学员对学院的培训工作整体满意度较高。通过抽查也发现一些培训过程中出现的问题，例如课程设计的针对性不强、时效性不够等。针对出现的问题，学院进一步调整课程内容，加强培训的针对性。继续加强班主任规范化管理，做好教学管理规章制度的落实。

【强化对合作培训的监督管理】 由于学院的部分培训模式还是与社会培训机构合作的方式，合作方的工作好坏与学院培训工作质量密切相关，学院加强对合作方的选择考察、教学现场抽查和违规处理。学院重视对新合作方选择的同时更重视对原有合作方工作的指导检查和违规处理。经过对有些培训班现场抽查和学员反馈所掌握的资料，经调查核实，分别对于夸大招生宣传、提供发票不正规、擅自提高资料费等违规行为给予罚款和解除合作合同的处理决定。

2011年，学院全体教职员工一如既往地努力完成各项工作，保证学院良好稳定运转。2011年7月，干部学院被部党组授予："先进基层党组织"。

（住房和城乡建设部干部学院）

住房和城乡建设部人力资源开发中心

【承担住房城乡建设系统相关培训项目】 2011年，住房城乡建设部人力资源开发中心（以下简称"中心"）受部有关司局委托，本着"自愿参加、保证质量、合理收费"的原则，先后围绕政府信息公开、住房公积金服务、特色景观旅游名镇名村发展和农村危房改造等与百姓生活息息相关的课题项目开展培训工作。全年共举办各类人员培训班13期，累计培训学员5052人次。

【完成住房城乡建设部2011年度专业技术职务任职资格评审工作】 2011年，中心共受理部属各单位和行业委托评审单位的评审材料1862份，在对申报材料审核、分类、装订后，提交评委会进行评审。共召开评审会32个，参会专家300余人次。同时，着手组织对部《建设工程（科研）中高级专业技术职称任职资格评审标准》的修订工作，计划2012年底完成。

【组织开展国家职业分类大典修订工作】 受部人事司委托，中心负责住房城乡建设行业国家职业分类大典修订的组织工作。按照人力资源社会保障部、国家质量监督检验检疫总局、国家统计局关于修订《国家职业分类大典》的统一部署，住房城乡建设部承担包括《国家职业分类大典》（99版）已有职业和本次新增职业18个，以及归入各职业下的新增工种112个的修订任务。为真实、准确反映住房城乡建设行业职业现状和发展趋势，在部人事司的领导下，中心精心组织、周密部署，动员组织20多个行业组织、300多家企事业单位，200多名行业专家参与修订工作。在开展全行业职业调查、数据汇总分析、广泛征求意见的基础上，形成全部职业的《职业描述信息建议》，并组组织专家完成审定工作。职业分类大典修订工作既是关系我国经济社会发展的重大系统工程，也是行业人力资源管理、职业培

训、人才统计与评价的基础性工作。新修订的国家职业分类大典，进一步规范住房城乡建设行业各类从业人员的职业描述和定位，在推动部管各行业职业（工种）岗位标准的制定、人员管理，以及加强行业人才队伍建设工作中发挥积极作用。

【强化服务理念，人事代理服务业务稳步发展】 截至2011年底，委托中心人事代理单位800多家、17000多人，通过实现"一站式"服务和"首问负责制"的方式，及时为部属和行业企事业单位提供政策咨询和多个项目的服务工作，服务质量和水平得到充分保障，受到人事代理单位的一致好评。

【开拓创新，社会化人才服务工作取得进展】 发挥职能优势，做好公共就业服务工作。2011年，中心参与部委人才机构联合举办的人才招聘会6场。有1200多家用人单位参会，提供近1.9万个就业岗位，参加招聘会人数累计达到3.5万多人次。11月举行的全国大学生网络招聘会及为50家企业网上发布招聘信息，为应届毕业生和重新择业人员提供了就业选择机会。同时，还采取人才测评技术和网络远程视频面试等形式，先后为部属和行业多家单位推荐中层以上专业技术人员30多名。通过16PF测试技术，先后为部属和行业用人单位提供32人次的人才测评服务。

社会化培训业务稳中有发展。2011年，中心与工业和信息化部人才交流中心合作的"全国电气智能工程师水平考试（NCEE）"项目进展顺利，共组织培训和考试3期，通过考试人数1769人。新开发的房地产营销人员能力培训项目（OSTA），在调研、总结的基础上，选择大连、鞍山、重庆、郑州等地试点，全年共完成培训和考试9期，参加人数696人，取得较好的社会效益。

（住房和城乡建设部人力资源开发中心）

住房和城乡建设部执业资格注册中心

1. 执业资格考试工作

【考试组织】
2011年5月7～10日，全国一级注册建筑师资格考试。全国共有33601人报名参加考试。

2011年5月7日、8日，全国二级注册建筑师资格考试。全国共有15219人报名参加考试。

2011年6月25日、26日，全国二级建造师资格考试。全国共有99万余人报名参加考试。

2011年9月17日、18日，全国勘察设计注册工程师资格考试。全国共有131165人报名参加15个专业的基础考试，75967人报名参加16个专业的专业考试。基础考试报考情况见表1，专业考试报考情况见表2。

2011年9月17日、18日，全国物业管理师资格考试。全国共有64485人报名参加考试。

2011年9月24日、25日，全国一级建造师资格考试。全国共有666754人报名参加考试。

2011年10月22日、23日，全国注册城市规划师资格考试。全国共有19600人报名参加考试。

【其他考试相关工作】 落实保密措施，提高考试安全防范能力。对所有与执业资格考试相关的涉密

基础考试报考情况　　　　　表1

专　业	报名人数
一级注册结构工程师	35394
注册土木工程师（岩土）	18951
注册公用设备工程师（暖通空调）	10524
注册公用设备工程师（给水排水）	12183
注册公用设备工程师（动力）	3310
注册电气工程师（供配电）	17300
注册电气工程师（发输变电）	7023
注册化工工程师	5066
注册土木工程师（港口与航道工程）	1078
注册土木工程师（水利水电工程）（水利水电工程规划）	1694
注册土木工程师（水利水电工程）（水工结构）	3438
注册土木工程师（水利水电工程）（水利水电工程地质）	304
注册土木工程师（水利水电工程）（水利水电工程移民）	371
注册土木工程师（水利水电工程）（水利水电工程水土保持）	1935
注册环保工程师	12594
合计	131165

专业考试报考情况　　表2

专业	报名人数
一级注册结构工程师	20772
二级注册结构工程师	28230
注册土木工程师（岩土）	5593
注册公用设备工程师（暖通空调）	3118
注册公用设备工程师（给水排水）	5450
注册公用设备工程师（动力）	843
注册电气工程师（供配电）	3321
注册电气工程师（发输变电）	1400
注册化工工程师	1656
注册土木工程师（港口与航道工程）	388
注册土木工程师（水利水电工程）（水利水电工程规划）	468
注册土木工程师（水利水电工程）（水工结构）	978
注册土木工程师（水利水电工程）（水利水电工程地质）	198
注册土木工程师（水利水电工程）（水利水电工程移民）	180
注册土木工程师（水利水电工程）（水利水电工程水土保持）	530
注册环保工程师	2842
合计	75967

计算机加装了保密管理系统，增强了涉密设备的安全防范级别。

考试分析软件的开发和使用。分别开发使用了注册城市规划师执业资格考试分析软件和物业管理师考试成绩测量分析软件，有效指导命题工作，保证试题质量稳定。

2. 执业资格注册工作

【注册管理工作】

（1）2011年共办理一级注册建筑师、一级注册结构工程师、注册土木工程师（岩土）、注册公用设备工程师、注册电气工程师和注册化工工程师的初始注册、延续注册、变更注册以及证书、印章的发放共计38370人次。截至2011年底，各专业注册人数分别为：一级注册建筑师24806人、一级注册结构工程师39160人、注册土木工程师（岩土）10944人、注册公用设备工程师14366人、注册电气工程师10735人、注册化工工程师3194人。

2011年全国二级注册建筑师注册备案人数22333人，二级注册结构工程师注册备案人数7358人。

（2）2011年全年共办理审查一级建造师初始注册、增项注册和重新注册40431人次。全国累计已注册一级建造师255653人。

（3）2011年全年共办理注册城市规划师初始注册登记、变更注册及转换手续等1814人次。全国累计已注册登记注册城市规划师13630人。

【注册管理相关工作】

（1）根据住房城乡建设部加强对执业人员执业行为监管，逐步建立一级注册建筑师和勘察设计注册工程师注册人员个人照片及手写签名数据库的要求，在开发完成全国一级注册建筑师和勘察设计注册工程师注册人员个人照片及手写签名数据库的基础上，2011年完成在深圳的试点工作，并对各省级注册管理工作人员就数据库的使用进行了统一培训，为2012年在全国推开做好准备。

（2）加大对注册情况的核查和处罚力度，维护行政许可严肃性。注册审查工作中，按照部里要求严查各类违法违规注册人员，全年共查处通报110人。完成对一级注册建筑师、勘察设计注册工程师等6个专业10万多条注册数据的核对，保证注册数据准确安全。抽查了安徽省一级建造师注册工作，通过了解实际情况，解决了注册工作中的一些具体问题。

3. 继续教育工作

【抓好必修课的选题规划和教材编写，合理制定继续教育规划】 重点围绕产业政策调整，如推动节能减排、绿色建筑等制定继续教育规划，提高执业人员对新技术、新设备、新材料的掌握和应用，完成注册城市规划师继续教育第二注册周期必修课教材编写工作。

【抓好师资培训】 组织两次师资培训班，邀请教材编写专家授课培训，使每名参与培训人员真正掌握必修课的主要内容、培训重点和培训方法，提高了师资水平。

4. 国际交流与合作工作

【与台湾地区相关机构交流合作】 按照国台办的要求，对台湾地区开业建筑师取得大陆资格和参加大陆注册建筑师资格考试等相关问题进行了深入调研和交流，全国注册建筑师管理委员会与台湾建筑师公会和台湾考选部（考试主管机构）分别在上海、北京、厦门组织召开了"海峡两岸建筑师考试与执业制度交流研讨会"，增进了相互了解，为今后合作打下基础。

【与相关国家展开国际交流与合作】 配合企业走出去战略，与英国结构工程师学会商定了推荐会员事宜，努力为执业人员搭建技术合作平台。

受住房城乡建设部委托，承担《中国-新加坡自贸协定服务贸易协定》下建筑师资格互认事宜的对外联络窗口和专业组织工作，经与新加坡贸工部多次协商沟通，草拟了《关于开展〈中国—新加坡自贸协定服务贸易协定〉下建筑师资格互认商谈工作方案的建议》。

顺利完成新西兰、香港物业管理师制度考察任务。

完成美国注册结构工程师、注册土木工程师（岩土）执业资格考试及命题工作考察任务。

完成第十五届日韩中注册建筑师组织交流会任务。

5. 综合研究与协调工作

充分发挥全国勘察设计注册工程师管理委员会秘书处的作用，协助和指导各专业委员会开展工作。

【规范专业委员会人工复评阅卷模式】 拟定《2011年度勘察设计注册工程师专业考试人工复评工作方案》，并报请住房城乡建设部和人力资源社会保障部批准执行，统一各专业考试人工复评工作标准和程序，加大对专业委员会人工复评的监督与管理，保证注册工程师考试阅卷的公平、公正性。

【积极推动勘察设计注册工程师桥梁工程、电子工程、农业工程、海洋工程等专业执业资格制度的实施】 根据人力资源社会保障部提出的桥梁工程师注册名称和执业范围等问题，起草《勘察设计注册结构工程师桥梁工程专业执业资格制度有关情况的说明》报住房城乡建设部和人力资源社会保障部，对桥梁工程师的执业范围、执业注册名称，以及目前行业内具体从事桥梁专业人员的背景等情况进行详细说明。与工业和信息化部工程建设管理中心、国家海洋局海洋咨询中心、农业部工程建设服务中心就相关专业执业资格制度启动的一些问题，提出多方面意见和建议。

（住房和城乡建设部执业资格注册中心）

中国建筑工业出版社

【坚持专业出版特色】 2011年，中国建筑工业出版社根据住房和城乡建设部年度工作重点不断调整和优化结构，全方位服务于住房和城乡建设行业，积极关注行业发展，注重开展市场调研，有针对性地走访设计、施工企业和教育、科研单位，大力策划住房建设、节能减排、新技术应用、城乡规划、绿色建筑、市政工程、质量安全等方面的出版物。策划了《"十二五"中国城镇化发展战略研究报告》等一系列行业发展报告和《低碳生态与城乡规划》、《现代家具设计》、《中国古建筑之美》、《中国人居环境史》、《新能源与建筑一体化技术丛书》、《BIM技术应用丛书》、《城市轨道交通技术丛书》等重点选题140种。配合部里相关工作，出版了《人居环境科学丛书——人居环境科学研究进展（2002～2010）》、《保障性住房产业化系列丛书》、《中国工程建设标准化发展研究报告》等图书。

【品牌工具书出版】 适应行业发展需要，大力推动品牌工具书《建筑施工手册》（第五版）、《给水排水设计手册》（第三版）、《建筑设计资料集》（第三版）的修编工作，取得实质性进展。完成了《建筑抗震设计手册》、《砌体结构设计手册》、《混凝土结构计算手册》、《钢结构设计手册》新版建筑结构设计系列手册等重点图书的组稿工作。

【行业规范类图书出版】 优质服务保证行业规范出版。为了给规范读者提供更加便捷的服务，尝试开发光盘、U盘、网络下载等不同载体形式的标准规范出版模式。将《现行规范大全》（电子版）列为数字出版重大项目；在建工出版社网站上开辟"规范大全园地"，在网上提供规范大全相关查询服务。联合标准主编单位尝试对部分单行本规范提供重点内容讲解、难点释疑、问题解答等网络咨询服务。《混凝土结构设计规范》、《住宅设计规范》等六本规范开展了咨询工作，取得了较好的效果。及时策划组织出版重要规范的相关图书，包括实施手册、指南、导则等。

【建设行业专业教材出版】 9种教材被评为"2011年普通高等教育精品教材"，388种教材被列为全国土建学科部级规划教材。主动与教育部、住房和城乡建设部加强沟通，与各级各专业指导委员会、中国建设教育协会等一起策划教材和组织相关活动。重点落实土建学科"十二五"规划教材的组稿及相关落实工作。围绕本科8个专业指导性专业规范等教学文件的修订，对相应专业的教材进行了重新规划或修订。重视开发高等职业教育、中等职业教育教材，分别在西安、成都、上海、天津等地召开高职高专土建施工类专业、工程管理类专业、房地产、物业管理等专业"十二五"规划教材研讨会及编写工作会,落实编写大纲、编写进度、编写质量等。

【建筑文化、建筑理论类图书出版】 以弘扬中国传统优秀建筑文化、传播前沿建筑理论为己任,出版了《中国建筑之道》、《中国民居之美》和《看日出——吴冠中老师66封信中的世界》等多种具有艺术与学术价值、文化积累价值的图书,博得业界学者的广泛好评。完成"中国建筑名师丛书",《梁思成》、《陈植》、《沈理源》、《杨廷宝》、《虞炳烈》五个分册的发稿工作。"中国古建筑丛书"各分册大纲编写完毕,图书出版合同全部签订,组稿工作全面展开。这套丛书按省区范围编写,系统和全面地介绍古代建筑优秀文化遗产,记录我国的古建筑精粹,对于古建筑保护和建筑文化的传承将作出积极的贡献,已列入"十二五"国家重点图书出版规划(重大出版工程规划)。

【图书获奖情况】《生态建筑学》、《国家游泳中心水立方结构设计》被评为第三届"三个一百"原创出版工程。《二〇一〇年上海世博会建筑》、《神州瑰宝》、《绿色建筑系列译丛》、《城市设计》等8种图书在第十届"输出版引进版优秀图书"评选中获奖,连续4届获奖总数第一。《21世纪世界经典别墅150例》获亚太出版商联合会图书金奖。9种教材被教育部列为国家精品教材。

【探索出版转型,积极推进数字出版】 充分认识数字、信息技术和新的阅读方式给传统出版业带来的机遇和挑战,将数字出版作为发展战略重点,推动传统出版向数字化转型。加快推进图书、图片数字化资源库建设等数字化基础工作。努力挖掘资源,进行数字、多媒体出版物选题的开发,策划了《项目经理电子书架》、《现行规范大全》(电子版)等电子书,积极开展数字产品的营销宣传。进一步丰富网站功能,向读者、经销商提供个性化服务。制定了建工社"十二五"数字出版规划和实施方案。建工社网站荣获2011年新闻出版业网站百强,全国出版社获此荣誉的共有15家,这是建工社连续4年在这一评选活动中获奖。

【生产经营持续增长,超额完成年度任务】 2011年出版图书共计3956种,同比增长26.67%,其中,新书1218种,重印书2738种;出版图书共计1833万册,同比增长32.65%;出版码洋7.47亿元,同比增长24.42%。销售收入3.52亿元,同比增长21%。实现利润总额7791万元,同比增长23.3%;资产总额5.98亿元,同比增长16.4%,超额完成年度任务指标,创造了历史最好水平。

【科学谋划发展,稳步推进改革】 按照中央关于经营性图书出版单位转企改制的要求,建工社顺利完成了转企任务。为进一步更新观念,转换机制,强化管理,增强活力,在对社内外进行了广泛的调研的基础上,召开中层以上干部参加的"发展战略研讨会",制定《建工出版社今后几年发展思路》,确定今后几年发展的指导思想和总体思路是:全面贯彻党的十七届六中全会精神,高举中国特色社会主义伟大旗帜,深入贯彻落实科学发展观,坚持正确的出版导向,紧紧围绕住房和城乡建设事业发展,深化改革,转换机制,进一步转变发展方式,实施差异化竞争战略,充分发挥传统优势,切实加强企业管理,全面提升出版物开发能力和出版质量,不断提高核心竞争力,推进建工出版社科学发展,努力开创改革发展的新局面,将建工出版社打造成为"行业领先、国内一流、国际知名的专业出版强社"。提出"三改六加强"措施,即面向市场,深化选题制度改革、考核分配制度改革和机构改革,加强选题策划、质量管理、营销和渠道建设、数字出版、队伍建设和企业文化建设六方面工作,强化管理,夯实基础,不断推进建工出版社科学发展。

制定《建工社"十二五"发展规划纲要》和出版规划,全面分析"十二五"时期出版业面临的发展环境,确定今后五年的发展目标和具体措施,计划实施"二六"出版工程,即推出60个重大项目,600种重点出版物,其中10项被列为国家"十二五"重点出版物,《中国古建筑丛书》(32册)列入国家重大出版工程。

(中国建筑工业出版社)

中国城市科学研究会

【综述】 2011年是中国共产党成立90周年和国家"十二五"规划开局之年,中国城市科学研究会审时度势地以国家发展与社会需求为己任,紧紧抓住"城市可持续发展"和"转变经济发展方式"的核心主线，坚持"有为才有位"的工作方针，积极组织开展多项学术研究及学术交流工作，以加强办事机构能力建设、承接社会职能等为突破口，积极探索建立有利于研究会自律、自立、自主发展的组织体制、运行机制和活动方式，努力把研究会建设成为学习型、服务型、创新型的社会组织。

1. 学术会议

【**精心组织，创新模式，推进学术研讨交流的深入，展示最新研究成果与前沿技术**】 全年共召开三次国际学术交流大会（国际绿色建筑与建筑节能大会暨新技术与产品博览会、城市发展与规划国际论坛、中国城镇水务发展国际研讨会与技术设备博览会），召开第十八届海峡两岸交流研讨会。上述四大会议平台，作为学会学术活动的精品项目，在国内外、行业内外已形成较大的社会反响与学术影响力，四次会议与会人数计2500余人次，会议交流论文篇数约400篇，参与演讲的嘉宾及学者约400人次；在精品项目的基础上，积极组织承办各种学术沙龙活动，面向对接地方政府技术需求，通过专家研讨交流与主题对话，进行有关低碳生态理念的宣传与扩散。2011年度共组织承办主题学术沙龙7次；利用国际论坛举办的契机，围绕城市发展中的热点话题，承办有关专业分论坛交流活动，组织专家进行现场交锋、评析，引导科学理性思维。2011年承办相关主题论坛9个。

2. 决策咨询

【**积极组织参加国家重大科技项目的决策咨询研究工作**】 组织完成中国科协2011年度政策研究类课题《适合中国国情的人居环境评价机制研究》，在调研国内外人居环境评价理论方法的基础上，结合实证分析与规范分析，针对目前人居环境建设中的薄弱环节和主要问题进行深入剖析，提出改善中国人居环境的对策建议；组织开展中国科协"科技与社会2049展望系列研究—城市科学与未来城市"项目研究工作。以情景模拟作为基本分析方法，深入分析城市科学技术引领和未来城市建设的基本路径，重点揭示城市科学在21世纪上半期对未来城市发展的重大影响，展现未来城市蓝图；配合参与有关联合国可持续国家发展报告"中国城市建设篇"部分的修订工作。

在学术研究过程中，注重理论研究的前沿性与导向性，注重理论研究成果与实践的接轨，面向城市政府，为城市的生态城市规划、建设、管理与可持续发展提供思路与政策指引。

（1）组织协调与研究编制河北省涿州城乡总体规划。完成城乡总体规划、中心城区总体规划的编制工作，并完成区域空间发展战略、水资源与环境承载力、人口与用地规模、防洪工程、综合交通、生态城市的专题研究，组织专家顾问团队为项目提供技术指导，提出完成市域城乡统筹规划空间布局方案中生态统筹协调布局研究及引导性方案；

（2）受河北省住房和城乡建设厅委托，组织完成《河北省生态宜居城市建设研究》项目，为河北省确立生态宜居城市发展目标提供理论基础、技术支持与示范指导，结合河北省现状摸底，提出可操作、可实施、可执行的生态宜居建设发展指南，从战略目标体系、建设技术体系、政策体系与示范应用体系四个方面进行有关研究工作；

（3）与中国城市规划设计研究院合作，完成深圳市低碳生态城市指标体系研究项目。主要承担有关基础理论研究、国内外经验借鉴、指标体系的选择、赋值、分级评价、横向对比的研究，提出适应深圳实际的基础性指标体系。

【**完成地方政府委托的规划咨询研究项目**】 （1）合肥市滨湖新区生态建设示范区生态规划建设咨询工作：重点完成生态城市指标体系研究，绿色交通、绿色建筑、水和固废资源循环利用等专题研究，以及对滨湖新区核心区控制性详细规划和城市设计成果的生态优化工作；

（2）上海奉贤区南桥新城低碳生态规划咨询工作：对新城范围进行了生态城市指标体系研究、实施措施及地块低碳生态开发控制指标等研究工作；

（3）厦门集美新城低碳生态城指标体系项目：建立具有集美特色的低碳生态指标体系，并编制核心区低碳生态地块开发控制指引；

（4）河北固安设计项目：河北固安廊涿高速以东项目的规划设计工作，确定项目定位、进行住区功能规划，开展土地利用方案布局、生态景观布局等工作；

（5）深圳市前海深港现代服务业合作区低碳生态研究工作：开展概念性规划和控制性详细规划阶段的预研究工作，利用高仿真模拟分析指导空间规划研究，进行指标体系研究和能源利用专项规划；

（6）山西阳泉生态新城生态规划：按照生态城市"诊断—目标—规划—实施—反评估"的建设步骤进行了全过程、系统化的生态专项规划，完成生态安全格局、行政监管流程、实施导则等一系列专题研究；

(7) 重庆虎溪、寨山坪地段生态城镇概念性总体规划及生态专题研究：对两个地段进行概念性总体规划，对城乡统筹规划、山地城市生态建设做了专题研究；

(8) 涿州市生态城市与生态示范基地：配合涿州市总体规划及生态示范基地控制性详细规划进行生态城市专项规划。

【科普活动】 本年度贯彻实施国务院《全民科学素质行动计划纲要》，普及科学知识、倡导科学方法、传播科学思想、弘扬科学精神，2011年度共举办科普活动6次，参加受众人数近万人，制作科普展板近50块，编写有关科普宣传材料3册，充分利用国际大会的宣传扩散影响，同时积极组织开展科普及社区、科普进基层等活动，主要活动有：

(1) 在第七届国际绿色建筑与建筑节能大会会场外开展了以"绿色建筑"为主题的科普宣传活动。参观人数近千人，展览内容深受群众欢迎；

(2) 在第六届中国城镇水务发展国际研讨会暨新技术博览会在山东省济南市举办期间，开展了"城市节水宣传"的科普活动。展览区就选在了博览会场内，共展出大型展板11块，发放宣传材料1000余份，参观人次千余人；

(3) 组织科普进社区活动。结合中国科协科技活动周科普工作的安排，制作有关科普展板，展板从建筑的建造者和使用者两个角度向社区居民展示了如何实现绿色建筑的"四节一环保"，科普内容贴近生活，采用文字、卡通画和照片等多种形式形象地展示了绿色建筑的相关知识；

(4) 在本会新改版的网站上，设立"中国城市科学研究会科学普及专区"，精选出2008年至2011年在本会《城市发展研究》刊物上刊登的有关城市防灾减灾方面的文章9篇进行发布；

(5) 中国（天津滨海）国际生态城市博览会期间，在"绿色建筑展区"进行了绿色建筑的科普宣传活动。受众人次上百人；

(6) 利用中国科协在广州市召开"华南华中地区全国科普教育基地经验交流会"的机会，与有关单位交流了科普工作的经验。并协助深圳建筑科学院于2011年6月获得中国科协对优秀科普活动资源包项目的资助。

【承接政府转移职能】 夯实基础，积极创造条件，承接政府职能转移。本年度主要承接事项包括：科技评价、科技咨询与技术服务、行业标准（规范）制定、继续教育与培训。由学会下属各研究中心承担业务工作。

绿色建筑研究中心主要承担绿色建筑标识评价、标准制定、宣贯培训等工作：

(1) 截止到2011年12月31日，2011年度共举行20次绿色建筑标识评审会议，累计完成119个绿色建筑项目的评审组织工作(含绿色建筑标识项目3个)。完成绿标评价认证项目占年新增的56.13%；

(2) 参与完成《绿色铁路客站评价标准》节材部分、《绿色建筑检测技术标准》的编制工作；

(3) 共完成6批绿色建筑宣贯培训（包括2批企业内训），共有484位学员获得绿色建筑培训合格证书。培训工作的深入展开为绿色建筑评价工作提供了必要的人员储备，并扩大了绿色建筑评价的社会影响力。

低碳照明研究中心配合住房和城乡建设部业务司局，积极开展有关照明节能试点项目，完成太阳能半导体照明装置农村试点测试评估、无电县照明试点、合同能源管理项目试点工作；参与城市照明节能评价标准、城市照明自动控制系统技术规范等标准规范文件的起草编制工作。

3. 大型展览展会活动

【第七届国际绿色建筑与建筑节能大会暨新技术与产品博览会】 3月28日在北京国际会议中心召开，在为期三天的博览会期间，共有美国联合技术、大连万达集团股份有限公司、方兴地产、万通地产、施耐德电气、GE、巴斯夫、道康宁、阿姆斯壮、青岛亨达玻璃、江苏晶和照明等来自国内外的上百家知名企业向与会者展示了绿色建筑规划设计方案及工程实例、建筑智能技术与产品、建筑生态环保新技术新产品、绿色建材技术与产品、既有建筑节能改造的工程实践、可再生能源在建筑上的应用与工程实践、大型公共建筑节能的运行监管与节能服务市场、供热体制改革方案及工程实例、新型外墙保温材料与技术、低碳社区与绿色建筑等方面的最新技术与产品，参展人数达2500余人次。

【2011中国城镇水务发展国际研讨会与新技术设备博览会】 9月19日在济南召开，在为期三天的新技术与设备博览会，共有上百家知名企业展示了国内外先进实用的水处理技术设备、给排水管网技术设备、膜与分离技术设备、净水器材等；水专项展览展示了"城市水污染控制"和"饮用水安全保障"两个主题部分项目（课题）实施的最新进展。参观人次2000余人。

【组织建设】 (1) 科学编制研究会长远规划。作为"十二五"规划的开局之年，研究会审时度势，前瞻性的规划思考未来发展方向及重点。针对城市科学发展的实际需要，在内部多部门共同研讨、交流的基础上，编制完成《中国城市科学研究会事业发展"十二五"规划(2011－2015)》讨论稿。作为研究会未来事业发展的提纲挈领性文件，以求科学组织、有序引导研究会发展。

(2)组织召开形式多样的工作会议，做好会员的联系交往和服务工作。根据学会组织建设工作的要点，2011年召开三次组织工作会议。明确年度工作计划、重点方向，交流工作经验。

(3)分支机构建设。2011年学会7个分支机构按照各自工作计划及重点工作安排，结合各自工作特点，开展了不同层次、内涵丰富的活动，在工作方式、组织管理、宣传推广方面大胆创新，对于扩大学会社会认识度，树立学术权威性、打造中立公信的社团形象发挥了重要的作用。

(4)继续补充和完善科技工作者专家库。扩展专家准入范围，充分发挥专家库中的专家作用。为配合数据库的管理和应用，实施专家库管理办法。

(5)广泛发展团体会员和个人会员，壮大城市科学研究队伍调整个人会员准入条件和方式，面向分支机构和地方城市科学研究会补充和增加会员；面向全国相关高等院校和科研院所吸收会员；继续进行注册会员发展工作，对会员进行了重新登记，实现会员的信息化管理。

拓宽渠道，积极开展国际科技合作研究项目(1)与GIZ(德国国际合作机构)合作，开展有关低碳生态城市建设指南的研究编写工作，邀请生态城市规划、建设、管理领域12位专家主笔完成有关章节的写作，采取同行评议，通稿综合的组织工作方式。下一步将召开结题会及开展地方调研，使指南内容逐步条目化。

(2)组织参与中美清洁能源联合研究中心相关课题项目。绿色建筑专业委员会承担有关"绿色建筑标准"研究；低碳照明中心承担"新型照明系统设计及控制方法研究"项目。目前项目已完成立项及可行性论证，正在研究编制过程中。

(3)组织实施"促进生态城市政策在主流实践中的实施"项目。项目是中、英两国就生态城市、绿色建筑、低碳技术等领域展开的国际合作项目。项目借鉴英国及国际最佳实践经验，在中国发展、试点及推广有效的低碳生态城市实施策略。期间将在中国确定4个城市作为试点示范，就生态城市建设、政策制定与实施在中英两国开展实地考察、调研及座谈研讨。项目的成果将通过国内、外的会议，文献和媒体进行发布。

(4)与UTC(联合技术公司)合作，继续开展"生态城市指标体系构建与生态城市示范评价"项目研究工作，在试点年工作的基础上，进一步细化建立指标体系，将城市实践扩展延伸至城市区域或社区层面，UTC计划在建筑能效、可持续城市设计方面提供更多国际经验，开展微观尺度的技术交流与合作。

(5)由EF资助，组织专家对曹妃甸生态城指标体系研究、生态城市规划方面进行全程咨询与跟踪研究。

【积极组织承办三次国际论坛与海峡两岸城市发展研讨会议】(1)主办第七届国际绿色建筑与建筑节能大会暨新技术与产品博览会：由我会、中国建筑节能协会、共同主办，于3月28日在北京国际会议中心召开。大会紧紧围绕"绿色建筑：让城市生活更低碳、更美好"的主题，安排了1个综合论坛和23个分论坛。来自联合国环境规划署技术工业与经济司可持续消费与生产处、美国能源部能源效率和可再生能源办公室等部门的8位国内外政府官员、专家学者和企业代表在综合论坛上发表主题演讲。分论坛特别邀请政府官员、专家学者和企业界人士围绕"绿色建筑设计理论、技术和实践"、"绿色房地产业的健康发展"、"大型商业建筑的节能运行与监管"、"既有建筑节能改造技术及工程实践"、"从绿色建筑到低碳生态"、"太阳能在建筑中的应用"等议题发表主题演讲。同期举办的展览会，展示了国内外绿色建筑与建筑节能领域的最新成果、发展趋势和成功案例以及建筑行业节能减排、低碳生态环保方面的最新技术与应用发展。

(2)主办2011城市发展与规划大会：6月17日在扬州会议中心召开。围绕城市低碳转型与绿色发展的主题，与会代表共同探讨低碳生态城市的规划和建设。仇保兴理事长作主题报告"复杂科学与城市"，强调在中国的城镇化进入中后期的特殊阶段，应遵循自组织的理念，推行"微降解、微能源、微冲击、微更生、微交通、微绿地、微调控"将成为城市转型和生态城规划建设的新原则。两天的学术交流围绕中外生态城市理论与范例、碳减排技术与生态城市建设实践、低碳生态城市的规划与设计、可再生能源、分布式能源与生态城市—德国绿色城市的发展历程和经验、低碳经济、循环经济与产业发展、绿色交通、公交优先与城市的可持续发展、城市基础设施规划与生态环境建设和投融资改革等议题展开热烈讨论，以期能够找到城市转型发展过程中科学的解决方案。

(3)主办2011中国城镇水务发展国际研讨会与新技术设备博览会。9月19日在济南召开。本届研讨会的主题是"供水安全、节水减污、人水和谐"。综合论坛上，来自国内政府有关部门负责人、业内知名的专家学者以及德国、日本等国家的有关人士就城镇水务领域的焦点问题进行了交流。在分论坛研讨会上，来自国内外水行业的 800 多名会议代表围绕城镇水务管理与改革发展、城镇净水工艺与水质达标、城市水系规划与景观设计等近 20 个专题进行广泛交流。在同期举办的新技术与设备博览会上，共有上百家知名企业展示国内外先进实用的水处理技术设备、给排水管网技术设备、膜与分离技术设备、净水器材；水专项展览展示"城市水污染控制"和"饮用水安全保障"两个主题部分项目（课题）实施的最新进展。

（4）主办第十八届海峡两岸城市发展研讨会。2011 年 9 月 2 日，由城科会、台湾都市计划学会和武汉市人民政府共同主办，武汉市国土资源和规划局、武汉市东西湖区人民政府承办的第十八届海峡两岸城市发展研讨会在武汉召开。本次会议主题为"城市转型与创新发展"，通过两岸专家学者的对话与交流，探讨进一步寻找城市可持续发展途径，共同探索和解决城市发展中所面临的各种现实问题，实现经济发展与资源环境永续的双赢。会议交流的议题包括：城市的人文引导、知识创新与文化城市；绿色发展、低碳模式与生态城市；科技进步、数字管理与智慧城市；经济转型、产业发展与永续城市；社区治理、公共管治与宜居城市。来自海峡两岸的 100 余位专家和学者参加了研讨活动，会后进行有关参访活动，并确定下届海峡两岸研讨会举办地为新竹，主题为智慧城市与精明增长。

【主办生态城市中国行活动——重庆站活动】 2011 年 11 月，由中国城市科学研究会与重庆市人民政府主办，生态城市研究专业委员会承办的生态城市中国行——重庆站活动启动。国内外 200 多名专家和从业人员汇聚山城，就"大山大水、生态人文"的主题进行交流。住房和城乡建设部副部长、中国城科会理事长仇保兴出席并作主题演讲，重庆市副市长凌月明到会致辞。凌月明副市长在致辞中介绍了重庆经济、社会发展情况以及重庆如何在工业化、城市化的进程中，实现经济建设、环境保护协调发展，希望各方专家为重庆规划建设建言献策，助推重庆打造可持续发展的生态城市。仇保兴副部长以《重建微循环——生态城设计的基本原则》为主题发表演讲。从工业文明到生态文明、集中机械式处理到分散有机的处理、建造大型设施到小型适宜设施、单向排放到循环利用、设施间互相分离到综合利用共生、从上而下规划建造到上下结合充分调动民众的积极性 6 条基本思路，并结合多种中外实例和历史教训进行了讲解。论坛期间，与会专家、学者及国外设计师还举办了专题对话活动。来自国内外的规划专家表示，建设生态城不仅是科学技术的应用，还应努力成为改变人们行为意识的一种尝试。

【主办 2011 中国大型公共建筑绿色节能减排高峰论坛】 11 月 8 日，由本会主办的"2011 年中国大型公共建筑节能减排高峰论坛"在北京市的新疆大厦召开。论坛主题为：绿色低碳实践——释放城市未来生命力。论坛的举办是为了贯彻落实党中央国务院关于加强节能减排工作的战略部署，解决目前大型公共建筑能耗水平高、增长势头猛、节能改造进展缓慢等突出问题，充分挖掘公共建筑节能潜力，实现"十二五"期间公共建筑节能工作目标。

住房和城乡建设部仇保兴副部长为本次大会开幕致辞，仇部长指出建筑节能要先行，必须先从公共建筑节能来起步，并与在场嘉宾探讨了大型公共建筑节能的挑战与机遇及其主要策略两大主题。方兴地产（中国）有限公司总裁何操、新加坡建设局国际开发署署长许麟济、英国建筑研究院（BRE）全球副总裁 Jaya Skandamoorthy（MR/MISS）在主题论坛上进行了演讲，同期特别邀请国内外具有代表性的经典公共建筑项目的地产开发商参会分享项目经验，如：深圳万科企业总部、上海金茂大厦、北京华润大厦、武汉中心绿色超高层建筑、新加坡绿色建筑典型案例等，大家共同就大型公共建筑节能方面的政策、金融支持、技术改善及应用进行了深入的探讨。

（中国城市科学研究会　撰稿：周兰兰）

中国房地产研究会

2011 年，中国房地产研究会按照五届三次理事会审议通过的工作报告，深入贯彻宏观调控政策，推进房地产业转型发展，引导企业积极参与保障性安居工程建设，加快住宅产业现代化步伐，大力培育信用体系建设和行业文明,充分发挥"服务政府有作为、服务行业有推动、服务企业上水平"的桥梁纽带作用。

1. 以加快发展方式转变为主线,引导房地产业调整结构、转型创新

【举办科学发展论坛推动转型创新】 会长刘志峰结合"十二五"规划,在第三届中国房地产科学发展论坛上,提出房地产业要"协调发展、绿色发展、和谐发展"的转型目标和方向,要求全行业创新发展理念、创新建造方式、创新业态和产品、创新科技手段、创新投融资方式、创新管理模式。通过科学发展论坛的动员,不仅结合经济全局明确了房地产业的发展思路,指出了房地产业的基本方向,理清了房地产业的依存关系,还通过各地的讨论交流为会员单位和企业提供了转型经验。

【发挥地方学会作用推进转型创新】 在地方学(协)会支持下,中国房地产研究会分别在黑龙江、安徽、云南召开"省市学(协)会负责人座谈会",探讨各地"如何在转型中寻找应对之策,如何在转型中提升发展质量和效益",并利用"宜居石家庄论坛"、"威海住宅产业化论坛"、"大连2011年首届中国住宅设计大会"等座谈会、报告会、技术推广会,在全行业推广示范设计创新、业态和产品创新、低碳技术创新。中国房地产研究会还组织房地产开发企业、建筑部品生产和销售企业赴成都实地考察,推动产业三方在全装修系统进行技术创新和合作。

【调动专业委员会职能示范转型创新】 中国房地产研究会住房保障和公共住房政策委员会在银川召开"债券融资支持保障性住房建设研讨会",探讨创新保障性住房融资渠道;住房公积金和房地产金融委员会收集了与国际住房基金和储蓄有关的研究资料,完成了住房公积金管理人员的职业信息采集工作,为下一步研究工作和规范执业奠定了基础;房地产市场委员会开展"旧城改造社会评价指标体系"研究,在旧城改造中探索社区管理模式创新,取得了较好的社会效应;人居环境委员会创新城镇人居环境发展规划编制工作,完成了《咸阳市住区人居环境评估指标体系》和《新民镇人居环境建设规划指导手册》,受到地方政府的充分肯定;住宅产业发展和技术委员会举办新技术论坛,邀请施耐德电气等跨国企业"上门送技术",受到用户欢迎;房地产政策和法规委员会在承担《创新型商品房合作建设模式研究》课题过程中,为解决"夹心层"住房困难进行了有益探索;住宅设施委员会召集《保障性住房(中小户型)厨房卫生间工程应用技术研究》讨论会,为保障房厨卫系统提供技术支撑;房屋征收和拆迁委员会创新培训手段,将《国有土地上房屋征收与补偿条例》宣贯工作做得有声有色;产权产籍和测量委员会改进培训教材编写工作,组织建立考核题库,完成了河南等八个省市的房屋登记官考核工作;军队营房委员会创新营区资源节约工作,推进军队燃煤锅炉供热系统节能改造。

【引导会员单位积极参与转型创新】 中国房地产研究会副会长、常务理事和理事单位率先推进转型创新:金都房产集团以转型创新为主线,大力推广先进适用技术,在杭州市郊发展省地节能型地产;浙江宝业集团以科技创新和研发为先导,成立宝业研究院,推进绿色低碳为主体的住宅产业现代化,并与国内外知名部品部件生产企业结成产业联盟;金地集团以创新住房金融为切入点,把基金业务与传统房地产业务相结合,拓宽了资金来源;雅世集团以革新集成技术为突破口,降低了住宅的使用和维护成本;上海地产集团、上海城投控股等一批企业以创建责任地产为己任,想政府所想、急政府所急,积极参与保障性住房、棚户区和旧城改造项目建设。

2. 以"十二五"规划为指导,加强市场研究分析,协助政府做好课题研

【积极建言献策,及时拾遗补漏】 向中央有关部门汇报住房保障的对策建议;协助住房和城乡建设部住房保障司举办"社会资金投资建设公共租赁住房建设座谈会";受住房和城乡建设部房地产市场监管司委托举办《商品房屋租赁管理办法》培训工作;承担中国职业分类大典有关房地产篇目的修编工作;配合国务院法制办、部法规司宣传贯彻《国有土地上房屋征收补偿条例》;承担最高人民法院《物权登记与司法审查及新司法解释解读》编制工作;完成住房和城乡建设系统"六五"普法教材的撰写工作;参与全国房屋登记信息系统建设论证和房屋普查前期研究论证;结合"十二五"期间城镇人居环境发展规划,与咸阳、德州等地政府建立咨询参议关系,基本完成了咸阳《新民镇人居环境建设规划指导手册》、《山东德州市房地产业发展战略规划》等编制工作,帮助地方政府丰富了人居环境的发展内涵。中国房地产研究会还协助住房和城乡建设部有关司局,参与了拆迁上访人员的信访接待和矛盾化解工作。

【加强市场分析,注重课题研究】 2011年,中国房地产研究会分别在南昌、贵阳、银川等地召开房地产市场形势专题报告会，在北京两次召开专家委员会座谈会，及时搜集业内外意见，做好市场分析和数据研究。中国房地产研究会秘书处研究部及中房研协技术服务有限公司编写了2011年房地产市场季度、年度研究等报告26份，结合国家统计局数据、住房和城乡建设部40个城市数据、中房交易指数、中指百城数据的环比和同比变化，对市场进行动态监测。会同中国房地产业协会、中国房地产测评中心合作发布2011中国房地产开发企业500强测评研究报告、中国房地产上市公司100强测评研究报告，既为房地产开发企业提供了客观的数据分析，也通过综合测评代表性地反映了房地产开发企业和上市公司的经济实力和社会贡献。

中国房地产研究会注重课题研究和成果转化。全会系统共承担住房和城乡建设部立项课题7项、部委司局委托课题2项。其中，人居环境委员会承担的《中美绿色建筑评估标准比较研究》通过住房和城乡建设部建筑节能与科技司验收，填补了我国绿色住区建设体系的空白；房地产政策和法规委员会承担的《房地产领域侵权责任研究》、《物业税评估区域因素的空间分析研究》通过专家验收评审；住宅产业发展和技术委员会承担的《民用建筑温室气体排放量及减排量计量方法研究》对节能减排工作产生了积极意义；房地产市场委员会承担的《老年住区试点项目建设导则》不仅在编制思路上有所突破，还对老年住宅的规划设计和建设提供了指导性意见。中国房地产研究会承担的《保障性住房建设技术体系标准化应用研究》课题通过了住房和城乡建设部标准定额司、住房保障司验收。

3. 以调查研究为契机，积极反映企业诉求，深化和细化"三个服务"

【为企业所想，为企业所用】 为加快房地产业发展方式转变，2011年2月和4月，会长刘志峰带队到珠三角、长三角地区进行调研，在广东省房协、上海市房协协助下，召开两次企业座谈会，了解企业在宏观调控中遇到的困难，听取他们对"调结构、转方式"的意见，交流了恒大、万科、绿地、金地集团等一批企业在转型创新方面的做法、经验，引导企业扬长避短，跳出传统、单一的住宅产业，结合自身优势走区域化、品质化、差异化的发展道路，增加综合实力和抗风险能力。

在调查研究中，中国房地产研究会住房保障和公共住房政策委员深入西部少数民族自治区，组织宁夏财政、金融机构探讨拓宽保障房融资渠道；人居环境委员会在湖南澧县调研"新城镇、新社区、新居民"专题，为县域经济编制"和睦社区"发展指引和技术导则；住宅产业发展和技术委员会派出6名专家到内蒙古培训低碳技术，示范推广9个绿色技术项目；房屋征收和拆迁委员会架设两部专线电话，为基层群众讲解政策，释疑解惑；军队营房委员会组织专家深入边防哨所，为深处偏僻的部分基层官兵解决了困扰多年的用电困难。

中国房地产研究会还依托中国建筑设计研究院建立"住宅科技创新联盟"，组织科研、设计、院校等单位帮助房地产开发企业、建筑部品企业开展技术攻关，提高成套技术集成水平，把适用技术应用到急需的保障性住房和中小套型住房建设上，为建设老百姓欢迎的"好房子"提供技术支撑，真正把住宅产业化、部品工厂化的科研成果落到了民生实处。

【提升服务水平，推进服务创新】 2011年，中国房地产研究会注重对"三个服务"的深化和细化，通过两会秘书处会员服务部、相关专业委员会的资源整合，通过与地方学（协）会的合作，依托中房网的平台作用，开通了"网上两会"的多项窗口功能，改变了过去坐等办公室电话的"静态服务"为"动态服务"，改变了过去单纯依靠公文函电往来的"文本服务"为"电子化服务"，实现了服务方式和手段创新。

信息服务有创新。中国房地产研究会与北京、重庆、天津、江苏、大连、厦门等省市学（协）会建立了信息交流合作，在中房网每日更新全国40城市房地产成交行情，按月发布全国重点城市月度排行榜，建立起方便会员上线的电子服务平台，供会员阅读行业信息和政策解读。

沟通服务有创新。中国房地产研究会在中房网设置两会专区，增加了会员咨询功能。会员单位可根据用户名或会员证号创建初始密码登录电子服务平台。为提高工作效率，减少会员联络成本，在重大活动召开前，中国房地产研究会还建立会务服务QQ群。秘书处与近50个地方学（协）会建立QQ群联系，与部分行业和会员单位的门户网站建立了链接。

会员发展有创新。中国房地产研究会在发展会员中除登门走访业内会员外，还建立了跨行业的电子化、信息化服务系统。其中，产业协作委员会通过网上发送"发展新会员通知"，实现了"网上两会"的报名功能；人居环境委员会的"网上会客厅"

邀请专家与会员单位互动,在业内产生了较大影响。"网上两会"的开办即方便了会员单位,也提高了研究会的服务质量和效率。

4. 以诚信建设为突破口,弘扬行业先进文化,规范完善"评先树优"工作

【开展信用体系试点工作】 中国房地产研究会会同中国房地产业协会组建了房地产行业信用评价管理委员会、房地产行业信用评价管理委员会专家委员会,联合北京、重庆、大连三城市房地产业协会、开发协会,在京渝连和6家房地产开发企业开展信用体系试点工作,引导企业诚信经营,承担更多社会责任。中国房地产研究会还把信用体系建设工作与转变发展方式有机结合,与推进保障房建设有机结合,与推进住宅产业现代化有机结合,与绿色低碳技术应用和成果转化有机结合,与产品质量和品牌建设有机结合,与培育行业的文化自觉和文化自信有机结合。

【"广厦奖"评选】 "广厦奖"是经国家批准、由中国房地产业协会、住房和城乡建设部产业化促进中心共同设立的房地产行业的综合性大奖。为了让"广厦奖"的评价标准更科学、程序更规范、计分更准确、名额更均衡、申报更便捷、类别更符合产业发展需要,中国房地产研究会积极参与"广厦奖"评选活动,促进规范和完善"评先树优"的制度建设,会同部住宅产业化促进中心完成"广厦奖"管理办法及评价标准的修订工作,并在北京召开新闻发布会,公布2011~2012年度"广厦奖"的申报条件和审核制度。中国房地产研究会秘书处诚信办公室还在中房网开设"广厦奖"专栏,向社会公开这一奖项对推进住宅产业化、提升住宅发展质量的作用,让更多群众了解"广厦奖"的民生内涵和大众价值。

5. 以区域、产业协作和加强国际合作为桥梁,拓宽对外交流空间

【跨区域合作有联动】 中国房地产研究会积极支持长三角、珠三角地区进行区域合作。今年在南京专门召开了"中国房地产科学发展论坛长三角峰会"、在辽宁、宁夏召开片区联席会。目前,长三角地区房协联系网联系了30多个城市和成员单位,形成了一个从"苏、浙、沪"扩大到"闽、赣、皖"的"3+3"协会联动机制。这些互联活动,不仅在政府与企业间架起了政策咨询桥梁,也使房地产项目开发与城市总体发展战略更加配套。

【跨业协作有联动】 中国房地产研究会牵线搭桥召开《共建保障房精品峰会》,召集建筑部品企业与房地产企业供需双方见面。绿地集团还发挥中国房地产研究会产业协作委员会主任委员的作用,邀请万科、恒大等企业的100多位采购经理,介绍了房地产开发企业的部品采购流程,吸引40多家建筑部品企业参与。这些活动不仅促进了产业协作,也形成上下游产业"互惠互利、共御风险"的纽带关系。

【企业品牌输出有收获】 2011年,绿地集团发挥城市综合体建设的品牌优势,与20多个城市合作开发,不仅优化了区域结构,也优化了产业和产品结构;绿城集团成立房产建设管理有限公司,向中小房地产开发企业提供品牌输出,形成了符合自身特点的商业运营模式和增值体系,在企业遇到困难的情况下,保留了公司的发展亮点;万达输出商业地产品牌,开创了集"商业百货、文化娱乐、电影院线"为一体的商业地产模式,丰富了当地群众生活。

【加强国际合作和两岸四地交流】 刘志峰带队参加了在韩国晋州市召开的第十届中日韩住房问题研讨会,围绕"居住与可持续发展"和"高层高密度住宅与居住环境"、"旧住区改造、保护和更新探索"、"节能型住宅开发"子议题展开讨论。会上,由中国房地产研究会相关专业委员会、会员单位中青年研究人员提交的论文得到了日韩两国学者的较高评价。中国房地产研究会还出席了在日本举办的第16届中日建筑住宅交流会,与台湾中华两岸房地产暨经贸交易协会理事长郑曦洽谈海峡两岸房地产研讨会的筹备工作,与澳门地产商会会长陆惠德探讨内地与澳门开展行业合作的可能。中国房地产研究会还筹备了赴巴西、智利考察保障性住房活动。这些活动,不仅拓宽了对外合作交流空间,也提升了房地产业在国际和台港澳同行中的地位和影响。

6. 以强化基础工作为立足点,加强自身建设,努力构建一流社团组织

【分支机构建设得到加强】 加强和充实住房公积金和房地产金融委员会的工作班子;完成产业发展和市场委员会、流通服务委员会的更名手续;完成法律事务专业委员会、市场委员会的调整工作和5个分支机构负责人的变更手续,启动了内部期刊整合工作。在民政部2011年年检工作中,中国房地产研究会首批获得通过。

【制度建设和考核得到加强】 中国房地产研究

会深化和细化了秘书处合署办公后的规章制度。通过并实施《人事聘用制度和工资标准试行办法》、《分支机构人事管理办法》，完成《岗位工资待遇执行标准》方案，建立秘书处工作人员"按才录用、有序调整"的机制和干部考核制度。

【财务预算和管理得到加强】 中国房地产研究会修订《财务管理办法》、《秘书处财务管理细则》，完成2010年度财务审计和年度所得税汇算清缴，完成财务年度预、决算和各项财务报表和报告，完成免税资格认定工作并办理了退税工作，按上级规定完成"小金库"专项治理工作。全部采用计算机记账和核算，并开始将总会和分支机构的固定资产全部录入财务软件系统，实现科学检索和管理。

（中国房地产研究会）

中国建筑学会

【概况】 2011年，中国建筑学会在中国科协及住房和城乡建设部的领导下，继续以邓小平理论和"三个代表"重要思想为指导，深入贯彻落实科学发展观，认真学习贯彻党的十七届五中全会、六中全会精神，围绕国家建设的中心任务，紧紧抓住学会工作的主旋律，在任务重、经费紧、人力相对不足的情况下，克服种种困难，取得了一定的成绩，为促进学科的发展和科技进步做出了积极努力，受到了社会及广大会员、科技工作者的赞扬和好评。

【召开了第十二次全国会员代表大大会，组建第十二届理事会】 12月13～14日，中国建筑学会"第十二次全国会员代表大大会暨2011年学术论坛"在北京召开。会议审议通过《中国建筑学会第十一届理事会工作报告》、《中国建筑学会第十一届理事会财务工作报告》和《中国建筑学会章程（修改草案）》，选举产生中国建筑学会第十二届理事会，会间还召开了第十二届理事会第一次全体理事会议，选举领导班子和常务理事。

住房和城乡建设部副部长郭允冲、中国科协副主席程东红、中国建筑学会理事长车书剑在会上发表重要讲话。第十一届理事会理事长宋春华作了《第十一届理事会工作报告》。中国建筑学会名誉理事长、原建设部部长叶如棠，两院院士、原建设部副部长周干峙等领导及来自全国各地的代表300多人参加会议。

在14日举行的中国建筑学会2011年学术论坛上，中国建筑学会名誉理事长宋春华、中国国家画院院长杨晓阳、中国建筑学会副理事长兼秘书长徐宗威、中国建筑设计研究院总建筑师崔愷、北京市建筑设计研究院院长朱小地、清华大学建筑设计研究院总建筑师胡邵学、中国中元国际工程公司总建筑师孙宗列做了主题报告。

【围绕行业热点问题，开展形式多样的学术交流、科技咨询、奖项评审活动】

（1）5月18～19日，在北京举行第三届全国青年建筑师创新设计高峰论坛暨第八届中国建筑学会青年建筑师奖颁奖典礼。9位建筑师做了精彩的演讲，他们分别是德国GMP建筑师事务所中国区合伙人吴蔚，上海现代建筑设计（集团）有限公司副总裁曹嘉明，中国建筑西北设计研究院总建筑师赵元超，北京市建筑设计研究院康晓力，本届青年建筑师奖获得者、中国建筑设计研究院徐磊，本届青年建筑师奖获得者、同济大学建筑与城市规划学院李立，本届青年建筑师奖获得者、上海现代建筑设计（集团）有限公司现代都市建筑设计院俞挺，本届青年建筑师奖获得者、北京市建筑设计研究院刘宇光，本届青年建筑师奖获得者、南京大学建筑与城市规划学院傅筱。

（2）组织开展第六届建筑创作奖的评选工作。共收到全国16个省、市、自治区83所建筑设计研究单位申报的建筑创作项目265项。通过无记名投票的方式，确定"中国2010上海世博会主题馆"等35个项目荣获本届建筑创作优秀奖；"惠州奥林匹克体育场"等52个项目荣获本届建筑创作佳作奖。

（3）为全面贯彻落实党中央、国务院和省委、省政府关于青海玉树地震灾后重建的指示精神，不断创造灾后重建佳绩，不留败笔、不留骂名、不留遗憾，把握好重建中项目设计的民族文化、地域风貌、时代特征，中国建筑学会与青海省玉树地震灾后重建现场指挥部、规划委员会共同组织了十大重建标志性项目的规划设计工作。自2010年9月以来，经过两院院士及著名专家领衔的设计团队的共同努力，玉树州格萨尔广场、康巴艺术中心、玉树地震遗址纪念馆、州博物馆和州行政中心5个玉树灾后重建标志性工程项目已经完成设计，作为玉树灾后重建十大标志性工程的一部分，为玉树灾后重建工程项目的重中之重。"玉树灾后重建标志性工程开工典礼"后，康巴艺术中心、州博物馆、州行政中心和玉树地震遗址纪念馆分别举行奠基仪式。

（4）第六届中国威海国际人居节国际建筑设计大奖赛。以"宜居·生态·未来"为主题，内容分为两部分：一是国际建筑设计大奖赛。参赛内容包括公共建筑、工业建筑、居住建筑等，共收到来自中国、英国、意大利、德国等国家125个设计企业的参赛作品685份，共评出金奖2项、银奖5项、铜奖8项、优秀奖87项、特别奖3项。二是2011全国大学生建筑设计方案竞赛。竞赛题目为"蓝色未来"，参赛内容为威海金线顶水上生态公园的概念设计，共收到来自72所高等院校提交的211份参赛作品，共评出金奖1项、银奖4项、铜奖14项、优秀奖34项。9月2日举行隆重的颁奖典礼，向获奖的专家和大学生们颁发奖杯、奖章和证书。第六届中国威海国际建筑设计大奖赛的全部获奖作品安排在威海国际会展中心展出并出版获奖作品集。

以低碳建筑、幸福生活为主题的2011建筑创作设计高峰论坛于9月2～3日在威海市举行，会议围绕构建低碳城市，营造幸福生活的热点话题，邀请有关专家、学者分别从低碳建筑、建筑文化和设计创新等角度对建筑进行解读。

（5）10月20日，中国建筑学会和国家建筑材料展贸中心联合承办了2011第三届建筑论坛。学会理事长宋春华在论坛上作了题为"加快住宅产业转型建设以低碳为特征的产业体系和消费模式"的主题报告，匈牙利建筑师协会主席Erno Kalman与建筑师Zoboki Gabor在论坛上分别作了题为"匈牙利现代建筑的创新传统"与"匈牙利文化建筑与历史城市中心的更新"的主题发言，北京市建筑设计研究院总建筑师邵韦平作了题为"数字技术与设计创新——北京凤凰国际传媒中心设计实践"的主题演讲。

10月21日，围绕论坛主题，邀请12位著名企业的资深专家作大会演讲，以共同分享他们的创作理念和设计成果。来自业内的领导和专业人士300多人出席论坛。

（6）中国建筑学会和中国建筑材料联合会、国家建筑材料展贸中心联合主办的第六届中国国际建筑展于10月20日在北京中国国际展览中心隆重开幕。中国建筑材料联合会副会长孙向远、中国建筑学会副秘书长张百平、匈牙利建筑师协会会长埃尔诺·卡尔曼在开幕式上发表了热情洋溢的讲话。中国建筑学会理事长宋春华、中国建筑材料联合会会长乔龙德、匈牙利鲍姚市副市长费尔查克·罗伯特、山东省勘察设计协会领导顾发全出席开幕仪式并剪彩。来自匈牙利、智利等国家的展商和国内设计、材料、新闻媒体等单位300多人参加开幕式。

就匈牙利国家来华建筑展，专门举行简短的开幕仪式。宋春华参加匈牙利馆的开幕仪式并参观匈牙利展区。

（7）组织两院院士推荐、梁思成建筑奖提名、全国建筑科学技术名词编审工作；组织第三届"中联杯"全国大学生建筑方案设计竞赛、台儿庄古城复建专家咨询会以及广东南海会馆方案、北京大兴西红门商业综合区方案、重庆国际都会方案、包头重点区域城市设计方案等国际招标及评审等工作。

【继续拓宽国际交往渠道，扩大国际和合作与交流】

（1）接待和出访。2011年1～11月，接待来自日本、葡萄牙、意大利、爱尔兰、匈牙利、新加坡、韩国等国家和香港、台湾地区的相关建筑师学会、协会、设计机构及驻华使馆等临时访问团组共21个，65人次。

2011年1～11月，派出或参加临时出访团组5个共21人次，访问黎巴嫩、阿联酋、新加坡、匈牙利、越南、日本，出席4次国际会议，进行1次双边交流。

（2）主要活动。4月，由中国建筑学会承办的国际建筑师协会执行局会议和国际建协金奖评审会在南京举行，会议得到南京市人民政府的大力支持。

5月，由全国高等学校建筑学专业教育评估委员会、中国建筑学会、清华大学建筑学院共同承办的"堪培拉建筑学教育协议第三次代表会议"在北京召开。来自美国、韩国、墨西哥、澳大利亚、加拿大、英联邦建筑师协会和中国的代表以及来自国际建筑师协会、日本的观察员出席会议。

8月，以秘书长周畅为团长的中国建筑学会代表团应邀赴欧洲访问匈牙利建筑师协会和波兰建筑师协会。双方就建筑师执业、建筑教育、历史城市保护以及在国际组织中的合作进行深入探讨。

8月，以副秘书长张百平为团长的中国建筑学会代表团赴越南出席亚洲建筑师协会第三十二次理事会和第十六次建筑论坛。清华大学建筑学院院长朱文一出席了同期召开的亚洲建协建筑教育理事会会议。

9月，以宋春华为团长的中国建筑学会代表团赴

一、部属单位、社团

日本出席国际建筑师协会第二十四次世界建筑大会。在此次会议上，庄惟敏、张百平以国际建协第四区最高票当选国际建协理事会理事、副理事。大会期间，由中国建筑学会牵头协调，国内11家大型建筑设计企业举办了以"中而新"为主题的展览，面积达300多平方米，为所有参展国家最大。国际建协主席路易斯·考克斯夫人、日本建筑家协会主席芦原太郎等应邀出席开幕式。

10月，宋春华会见来访的美国建筑师学会会长克拉克·马纳斯。双方回顾了两会友好交往的历史，原则同意建立工作小组就深化两会的交流与合作进行研究。

10月，应中国建筑学会邀请，匈牙利建筑师协会组团来京参加第六届中国国际建筑展。

11月，周畅随执业资格注册中心代表团赴日本出席"第十五届中日韩注册建筑师组织交流会"，汇报了APEC建筑师中国监督委员会的近期工作并在注册建筑师手册会议上作主题发言。

中国建筑学会配合全国高等学校建筑学专业教育评估委员会完成堪培拉建筑学教育协议观察员对我国建筑教育评估的视察。

【活动成果】
（1）通过组织和承办国际建筑师协会执行局会议，增进了国际建协领导层对我会和中国建筑行业发展的了解，搭建了中国建筑学会与国际建协决策层的沟通渠道，有利于在国际建协事务中维护中国建筑学会的正当权益。同时，在会议同期举行的国际建协奖评审中，中国建筑设计研究院理想工作室选送的"天津中新生态城建设者公寓"获得国际建协斯古塔斯奖提名奖。

（2）通过组织和承办"堪培拉建筑学教育协议第三次代表会议"，来自美国、韩国、墨西哥、澳大利亚、加拿大、英联邦建筑师协会和中国建筑学教育评估机构的代表以及来自国际建筑师协会、日本的观察员齐聚一堂，各方交流了本国和地区建筑教育评估的现状，对如何推动协议向深入发展、扩大协议在全球范围的影响进行探讨。

（3）通过访问匈牙利和波兰建筑师协会，进一步增进了双方的了解和友谊，签订了合作协议，就双方在国际组织中相互支持，交换专业出版物，交流专业展览等达成一致意见。

（4）通过参加亚洲建协第十六次论坛，及时阻止了台湾相关建筑师团体要求加入亚洲建协的动议，维护了中国建筑学会在国际组织中的地位。

（5）在国际建协第二十四次世界建筑大会上，中国建筑学会推选的候选人成功当选国际建协理事，有利于学会在国际建协中继续发挥应有的作用。在大会期间组织的展览面积大，设计精，效果突出，有力提升了中国建筑师的国际声望和地位。

（6）通过与美国建筑师协会主席克拉克·马纳斯的会谈，双方在继续承担国际建协建筑职业实践委员会联席主任事项上达成一致，确定了合作的方向，为继续和发展两大学会之间的合作和交流打下良好基础。

【提高期刊出版质量，服务行业发展，促进学术水平提高】 学会直接出版《建筑学报》、《建筑结构学报》、《建筑热能通风空调》、《建筑知识》4种刊物，坚持以高质量、高水平的科技学术期刊奉献社会，为行业发展、学术和科技水平的不断提高，做出积极贡献。各个刊物紧紧围绕行业的热点问题刊出了高水平的文章，并且利用自身的资源与影响力，积极开展了与刊物密切相关的多项学术交流、竞赛活动，有力地推动了行业学术水平的提高。同时，各个刊物还利用出增刊的方式刊登了大量的学术论文。在认真抓好办刊质量的同时，依靠整合内部资源，狠抓经营管理，使自身社会效益和经济效益有所提高，赢得社会和业界的广泛认可。

【组织直属分会、地方学会，开展多样化、多层次专业学术活动】 学会所属21个专业分会，结合各自学科的特点，积极探索，开拓创新，积极开展多项内容丰富、形式多样、效果明显的学术年会、技术交流会、专题报告会、科技讲座、人员培训、竞赛活动、专题展览、奖项评定等活动，在学界产生积极影响，同时提升了自身的影响力。

全国31个省、自治区、直辖市建筑或土木建筑学会结合本地区的实际和国家行业发展建设需要，充分发挥学会桥梁、纽带和政府助手作用，利用专家聚集的优势，开展了大量形式各异的学术交流等活动，注重加强学会间跨地区的横向协作，有效提升了学会的影响力和凝聚力。

【大力发展会员工作】
（1）2011年学会进一步加大会员工作的力度，在会员的管理与服务上有新的突破。主要方面有：面向团体会员单位，配合中建国际，在上海、北京、成都和深圳举办了"2011'新立方'建筑文化论坛"，并做了直播专题报道，共计约700人参加；在网站上开通建筑人才频道，为团体会员单位的人才招聘提供网络信息支持，同时也扩大了学会的社会影响，使学会的凝聚力得到提升。

（2）加强学会网站建设，从实用性出发，注重可读性，增加网站的信息量，全年共发布各类新闻、文章近500篇；网站总访问量达到9万多人次，网页总浏览量达到20多万人次。

（3）通过不断提升学会凝聚力，努力发展新会员入会，2011年新发展个人会员（含资深会员）近200人。

（4）为团体会员、资深会员邮寄杂志及有关资料近万册。

（中国建筑学会）

中国土木工程学会

【机构组织】 召开北京詹天佑土木工程科学技术发展基金会第一届第五次理事会议暨第二届理事会工作会议、《土木工程学报》编辑部二届一次理事会。审核批复土力学及岩土工程分会、计算机应用分会的换届报告以及工程防火技术分会筹备成立的报告。办理土力学及岩土工程分会、城市公共交通分会负责人和地址变更、计算机应用分会负责人变更。

【举办学术会议】 学会全年共举办学术会议70余次，参会人数达万余人次，出版论文集30余种，提交论文3000余篇。召开2011中国西安国际建筑科技大会、2011年度全国土木工程安全与防灾学术论坛、中国工程科技论坛第130场——2011中国城市轨道交通关键技术论坛、2011中国国际轨道交通技术展览会（CRTS China 2011）、围绕创建低碳机动化城市交通模式开展系列学术活动、第十一届全国土力学及岩土工程学术会议、第三届全国建筑结构技术交流会、隧道及地下工程支护施工技术高峰论坛、第十届海峡两岸隧道及地下工程学术及技术研讨会、南方十城市建设工程交易中心主任联席会第五次会议、综合交通建设与现代物流发展论坛、第七届全国港口工程技术交流大会、第十五届建设行业企业信息化应用发展研讨会、全国混凝土外加剂学术交流会、第三届中日隧道安全与风险国际研讨会、第五届中国国际隧道工程会议等。

年度内，组织申报"十二五"国家科技支撑计划重点项目，牵头承担"城市地下空间开发应用技术集成与示范"项目之课题2"软土地下空间开发工程安全与环境控制"的研究任务；承担的住房和城乡建设部专项课题《"建设工程抗御地震灾害管理条例"相关问题研究》，课题组完成《抗震条例》条文（讨论稿）；承担的住房和城乡建设部专项课题《城市轨道交通工程抗震设防研究》，课题组完成《城市地下轨道交通工程抗震设防指南（初稿）》，并完成《市政公用设施抗震设防专项论证技术要点（地下工程篇）》；承担的两项国家标准《城市轨道交通地下工程建设风险管理规范》、《城市轨道交通建设项目管理规范》均已完成《规范》报批稿，并获得住房城乡建设部批准发布，分别将于2012年1月1日、2012年6月1日起施行；申报并承担行业标准《人工碎卵石复合砂应用技术规程》编写，已完成《规程》征求意见稿（初稿）。

燃气分会组团前往法国、荷兰参加了法国燃气展览并参观考察了荷兰KEMA能源公司。燃气分会作为国际煤气联盟的注册理事出席在克罗地亚召开的国际煤气联盟年度理事会议。

【期刊图书编辑出版】 编辑出版《土木工程学报》、《现代隧道技术》、《防护工程》、《建筑市场与招标投标》、《煤气与热力》、《城市公共交通》、《公交信息快递》、《城市公交》文摘报、《预应力技术与工程应用》、《空间结构简讯》、《土木工程师》、《城市道桥与防洪》、《住宅建设的创新/发展（7）》图文集、《第十届詹天佑奖获奖工程图集》等期刊图书。

【第十届中国土木工程詹天佑奖（2011年度）评选与其他获奖项目】 25项土木工程项目入选。开展"百年百项杰出土木工程"评选。推荐"复杂环境软土地层穿越顶进成套控制技术及其应用（上海中环线北虹路地道工程）"、"复杂条件大跨度公路桥隧建设技术"、"大跨径桥梁桥面铺装成套关键技术及工程应用（南京长江第二大桥，与教育部联合推荐）"3个项目参加2011年度国家科学技术奖的评审。其中"南京长江第二大桥"获得2011年度国家科技进步二等奖。推荐"重庆长江大桥复线桥"参加美国土木工程学会"杰出土木工程奖"的评选，推荐"京杭运河常州市区段改线工程"参加美国土木工程学会"可持续发展奖"的评选。开展2011年度"中国土木工程学会高校优秀毕业生奖"评选表彰工作，共有31名同学获得表彰。在北京人民大会堂举办

"纪念詹天佑先生诞辰150周年座谈会"。

【第十一届全国土力学及岩土工程学术会议】 8月16~19日,"第十一届全国土力学及岩土工程学术会议"在甘肃省兰州市成功召开,此次会议由中国土木工程学会土力学及岩土工程分会、中国工程院土木水利与建筑工程学部主办,第十一届土力学及岩土工程学术会议是继前十届系列会议之后,第一次与会代表逾千人的我国土力学与岩土工程界的一次学术盛会。

本届会议以"岩土工程创新与可持续发展"为主题,主要研讨内容为土力学及岩土工程的基本理论、实践探索、新技术和新方法等14个方面。会议采用当前国际学术大会流行的交流形式,精心组织大会主题报告和特邀报告各8个,特别报告2个,院士、专家论坛报告7个,分会场特邀报告25个,一般报告145个,报告总数达195个,与会代表广泛交流了我国近年来土力学与岩土工程领域的最新研究进展,会议共收录论文392篇。

【2011中国西安国际建筑科技大会】 9月23~24日,中国土木工程学会与中国工程院土木、水利与建筑工程学部、西安建筑科技大学等单位在西安共同举办"2011中国西安国际建筑科技大会"。此届大会是继2006西安首届国际建筑科技大会、2009中国上海国际建筑科技大会、2010中国北京国际建筑科技大会之后的第四届会议,主题为"创新、安全、可持续发展"。建设部原副部长、中国土木工程学会理事长谭庆琏、中国工程院土木、水利与建筑工程学部副主任邹德慈院士,西安建筑科技大学校长徐德龙院士等多位院士专家以及来自国内外建筑科技工程界的知名专家、学者300余人参加会议。会上,有120多位国内外专家学者先后做了大会主题报告和分会场学术报告,会议交流论文300余篇,与会人员围绕"结构体系创新与工程结构防灾"、"建筑创新"、"建筑能源与环境的可持续发展"、"建筑材料的创新与应用"等议题开展广泛交流。

【2011年度全国土木工程安全与防灾学术论坛】 5月7~8日,与中国工程院土木、水利与建筑工程学部、国家自然科学基金委员会材料与工程学部、东南大学、江苏省土木建筑学会在南京共同主办"2011年度全国土木工程安全与防灾学术论坛"。中国工程院杨秀敏院士、吕志涛院士、欧进萍院士、江欢成院士、马克俭院士、杨永斌院士、吴中如院士、王景全院士、孙伟院士、张建云院士,中国土木工程学会张雁、东南大学王保平副校长、中国工程院高战军处长、国家奖励办公室黄灿宏处长等领导,以及来自全国数十所高等院校和科研院所的土木工程专家学者约300人参加会议。会上,杨秀敏院士、吕志涛院士、欧进萍院士、江欢成院士、马克俭院士、杨永斌院士等六位中国工程院院士和二十一位国家"千人计划"特聘专家、杰出青年基金获得者、"长江学者奖励计划"特聘教授、国家重点实验室主任等土木工程安全与防灾领域的特邀专家分别就建筑工程、桥梁工程、水利工程、地下工程安全与防灾;土木工程高性能材料及其力学性能与耐久性;土木工程各类灾害的形成机理与防护对策;土木工程灾害评估等主题做了学术交流报告

【中国工程科技论坛第130场——2011中国城市轨道交通关键技术论坛】 11月24~25日,中国工程院的"中国工程科技论坛第130场——2011中国城市轨道交通关键技术论坛(第二十一届地铁学术交流会)"在西安召开。此次论坛由中国工程院主办、中国工程院土木水利与建筑工程学部、中国土木工程学会城市轨道交通技术工作委员会、西安市地下铁道有限责任公司承办,论坛主题为"构建安全的多层次城市轨道交通体系",会议邀请中国工程院院士以及国内轨道交通行业知名专家到会,就城市轨道交通可持续发展、城市轨道交通网络化规划建设与运营的深度思考、轻轨及市域等多层次轨道交通系统模式、轨道交通系统保证体系等热点问题展开深入研讨。"城市轨道交通关键技术论坛"已连续召开五届。

【2011中国国际轨道交通技术展览会(CRTS China 2011)及相关学术会议】 8月23~25日,经科技部、住房和城乡建设部批准,由中国土木工程学会、鸿与智工业媒体集团共同主办,江苏省轨道交通产业技术协会协办的"2011中国国际轨道交通技术展览会(CRTS China 2011)"(以下简称"展会")系列活动在上海新国际展览中心成功举办。

展会以"绿色与变革"为主题,现场展示了极具创新性的技术和产品,展品范围涉及机车车辆、机车内饰、机车车辆配套及零部件、基础建设及设施、机电系统及设备、重载运输、高铁关键技术等。展会吸引了26个国家和地区的逾400家企业参展,展出面积约3万平方米。"展会"系列活动在业内引起广泛的关注,国内外地铁业主单位、大型装备制造商、施工单位、设计单位、政府采购部门等纷纷组团到会洽谈、采购,展会汇集了来自美国、德国、瑞士、俄罗斯、印度、日本、韩国等10余个国家及地区的观众预登记函,展会登记参观人数突破2万人,其中约18%来自海外。展会期间,还举办了

"2011中国地下工程与隧道国际峰会"、"第七届中国国际城市轨道发展高层论坛"等学术会议活动。展会系列活动的成功举办为轨道交通行业提供了良好的信息交流和技术交流机会，为行业内的企业和团体提供了覆盖整个轨道交通产业链条的全方位、高层次的国际化商贸平台，已成为一年一度国内外企业展示新产品、新技术运用及学习交流服务的平台。

（中国土木工程学会　撰稿：张君）

中国风景园林学会

2011年，中国风景园林学会（下简称"学会"）在中国科协、住房和城乡建设部、民政部等部门的领导和支持下，根据四届四次常务理事会议通过的年度工作计划，着力加强自身建设，办好品牌学会活动，不断创新会员服务，取得一定成绩。

【年度主要工作】

1月，根据中国科协统一部署，编制中国风景园林学会"十二五"事业发展规划。规划稿于2月下旬经常务理事会议审议通过，上报中国科协，并由其统一编印出版。

2月，召开四届四次常务理事会议，原则通过《学会2010年工作总结和2011年工作计划》，学会组织工作委员会职责和人员组成名单，《中国风景园林学会年会管理办法》。10月，在南京召开第四届第四次理事会议暨四届五次常务理事会议。会上，正式选举董瑞龙、郑西平为学会副理事长。

3月，在国务院学位委员会和教育部联合发布的《授予学位专业目录》名单中，风景园林学被确定为一级学科，可授工学、农学学位。这是风景园林学科建设的一个重要里程碑，也是业务主管部门、全行业和学会多年来共同努力，持续推动学科建设，不断呼吁的结果，它将对我国风景园林的专业教育、人才培养、科学研究、行业管理等产生积极且深远的影响。风景园林学、建筑学和城市规划学三足鼎立的中国特色人居环境学科体系形成，为中国生态文明建设奠定了学科基础。

2011年，学会共举办学术和行业性会议15次，参加2416人次，交流论文252篇。会议次数较上年增加4次，论文数量略有减少。

9月，在广州召开中国风景园林行业媒体联谊会，主题为"促进交流，共谋发展"。会议由《中国园林》杂志社承办，广东园林学会、《广东园林》杂志、棕榈园林股份有限公司协办，31家业界媒体的60余位代表参会。会上，各媒体代表分别介绍了各自运营情况和成功经验，并就建立媒体间的长期联络机制等进行探讨。同月，学会与全国城市雕塑建设指导委员会共同在长春举办新时期雕塑公园规划建设交流会，就园林雕塑的创作、雕塑公园建设和管理等议题进行交流。

10月，学会在北京举办风景园林职业制度高层研讨会，北京公园管理中心、北京市园林绿化局、北京林业大学园林学院、北京清华城市规划设计研究院等单位共同协办。会议听取了英国、美国、德国、澳大利亚和香港地区的风景园林职业制度经验介绍，并就如何借鉴国外经验、建立中国风景园林职业制度进行了讨论。国际风景园林师联合会（IFLA）前主席戴安妮·孟赛斯（Diane MENZIES）、人力资源和社会保障部、住房和城乡建设部等主管部门，部分省市行业主管部门、学会，以及部分高校、规划设计、施工企业和科研机构的60余位代表参会。会议认为，建立风景园林职业制度是非常必要且迫切的。职业制度对行业管理、专业教育、人才培养等均会有较大的促进。

11月，在广州举办纪念钱学森诞辰100周年暨风景园林与山水城市研讨会。会议由广东园林学会、广州市林业和园林局承办，80余位专家和学者参会，就钱学森提出的风景园林和山水城市理论进行了讨论。住房和城乡建设部副部长仇保兴致信祝贺。与会者认为，山水城市理论对风景园林学科和城市规划学科以及人居环境科学发展都具有指导意义，值得开展进一步研究。会议不仅弘扬了风景园林文化，也提升了风景园林行业的社会影响。

2011年1月和6月，学会先后组织会员参加了在泰国曼谷和瑞士苏黎世举办的IFLA亚太区2011年会和IFLA第48届世界大会并赴德国考察。在德国期间，拜访了德国风景园林师协会，考察了德国的风景园林师制度、专业教育和行业管理等情况。IFLA亚太区2012年会议定于在中国上海举办，由

IFLA亚太区、中国风景园林学会和上海市绿化和市容管理局共同主办。

2011年,学会继续推荐国内优秀项目参加"IFLA亚太区风景园林奖"评选,在总共8个获奖项目中,占得6个,约占80%。《莲花湖国家湿地公园核心区景观设计》、《太原长风CBD公园》分获设计类一、三等奖,《再造天堂》、《唐山南湖生态城规划》和《大连新港城核心区规划》分获规划类一、二、三等奖,《绿城舟山玫瑰园》获土地管理类二等奖。

2011年,学会进一步密切与行业主管部门的沟通和联系。3月,住房和城乡建设部城市建设司领导到学会进行工作座谈。会议着重沟通了城市建设司和学会的工作,同时也就风景园林行业建设和管理工作交换意见。学会表示,要面对社会和行业发展的巨大需求,不断加强自身建设,更好地凝聚专家和行业力量,做好政府、行业和专业人员之间的桥梁和纽带,为学科和行业发展做出更多的努力。与会专家建议要加大城市风景园林特殊性、重要性的宣传,整合行业力量,进一步统一认识,提升管理水平;要开展行业发展状况的基础性调研,加强行业科研和科技成果推广工作;要加强学科理论研究,促进学科体系的发展和完善;要加强政府主管部门对风景园林工作的领导和指导。

【承担政府委托的多项工作】 学会协助住房和城乡建设部开展《国家职业分类大典》修订工作,对风景园林相关的"风景园林工程技术人员"等7个职业进行了调研和修订。配合住房和城乡建设部人事司对"关于注册风景园林师制度"的政协委员提案进行回复,提供了相关背景资料。应住房和城乡建设部的安排,学会申报《应对气候变化的城市园林绿地规划建设技术研究和集成》,作为"2012年国际科技合作项目建议"。学会领导还应住房和城乡建设部城市建设司的要求,参加了园林城市复查和创建园林城市等多项工作的技术指导。

【评奖工作】 2011年,学会加快落实中国科协关于科技评价和奖励的相关精神,加大了评奖工作力度,启动并完成首届"中国风景园林学会终身成就奖"评选和"中国风景园林学会优秀规划设计奖"评选。学会的奖项数量已达5项,其他还有年会优秀论文奖、大学生设计竞赛奖、优秀园林工程奖。2011年度学会"终身成就奖"授予陈俊愉、余树勋、朱有玠、孙筱祥、程绪珂、吴振千、孟兆祯、谢凝高、甘伟林9位同志。"大学生设计竞赛"首次采用企业冠名办法,并首次将本科生和研究生参赛者分组评奖。竞赛收到参赛作品共计430份,评出获奖作品38份,其中一等奖各1份,二等奖各3份,三等奖各5份,佳作奖分别为13和7份。"优秀园林规划设计奖"评出获奖项目73项,其中,一等奖6项,二等奖17项,三等奖38项,表扬奖12项。"优秀园林工程奖"共评出获奖项目163项。其中,优秀园林绿化工程大金奖3项,金奖86项,银奖46项,铜奖17项。优秀园林古建工程金奖10项,银奖1项。

【分支机构管理与建设】 2011年,学会分支机构管理、会员发展和秘书处自身建设等方面均取得一些进展。9月,信息专业委员会成功进行换届改选。北京市园林绿化局副局长强健当选信息专业委员会主任委员。

2011年,学会新吸收单位会员141个,个人会员1166位。12月,学会在杭州举办了第三届会员沙龙活动,70余家会员单位的100余位会员代表参加。

学会秘书处增聘杜雪凌为副秘书长。秘书处部门设置进行相应调整,将部门重新设置为综合部、业务部、会员部、国际部、宣传与科技部5个部门。学会聘任朱新明为下属经济实体北京中国风景园林规划设计研究中心总经理。

学会继续加强与地方风景园林行政主管部门和地方学(协)会的联系。10月和12月,分别在南京和杭州召开"全国各省风景园林学(协)会理事长交流会"和"全国风景园林学(协)会秘书长工作会议"。

【中国风景园林学会2011年会】 10月28～30日,中国风景园林学会2011年会在南京举行,来自高等院校、研究院所和企业等单位的950余位专家、学者以及来自南京相关高等院校的学生1700余人参会。会议以"巧于因借 传承创新"为主题,是在风景园林学成为一级学科后,学会举办的一次全行业性盛会。

会议由南京林业大学、东南大学、南京农业大学、南京市旅游园林局共同承办,江苏省住房和城乡建设厅对会议提供了大力支持。

住房和城乡建设部副部长仇保兴致贺信,中国风景园林学会名誉理事长周干峙院士,江苏省住房和城乡建设厅厅长周岚,南京林业大学党委书记封超年分别在开幕式上致辞。住房和城乡建设部城市建设司调研员左小平在开幕式上作了当前风景园林工作报告。

东南大学齐康院士、美国哈佛大学查尔斯·瓦德海姆(Charles Waldheim)教授、北京林业大学张启翔教授、中国雕塑院吴为山教授、英国谢菲尔德大学易卡特·朗吉(Eckart Lange)教授、中国城市规划设计研究院贾建中教授分别在大会上作主旨报告。

会议设"风景园林理论历史与遗产保护"、"风景园林规划与设计"、"园林植物与应用"、"风景园林管理与工程"四个分会场,交流了37个专题报告。报告内容涉及面宽,较好地反映了学科和行业近年的热点问题和研究进展。

会议收录论文235篇,出版《中国风景园林学会2011年会论文集》。会议评出优秀论文17篇,一等奖1篇,二、三等奖各2篇,佳作奖12篇。

年会开幕式和闭幕式上,学会分别颁发了全国优秀科技工作者奖(学会推荐获奖者)、终身成就奖、年会优秀论文奖、大学生设计竞赛奖、优秀规划设计奖和优秀园林工程奖等奖项。

(中国风景园林学会 付彦荣)

中国市长协会

【概况】 2011年,中国市长协会秘书处坚持"为城市发展服务,为市长工作服务"的宗旨,按照温家宝总理在第三次市长代表大会上提出的要努力把中国市长协会建成为"交流城市工作经验的纽带,开展城市合作的桥梁,研究城市问题的论坛,培训城市领导的基地"的要求,积极开展各项活动,圆满地完成了各项工作任务。

【召开"2011中国市长论坛"暨中国市长协会四届五次常务理事扩大会议】 11月12日,"2011中国市长论坛"暨中国市长协会四届五次常务理事扩大会议在合肥隆重开幕。本届论坛由中国市长协会和合肥市人民政府共同主办,安徽省市长协会协办。论坛主题为:"转变城市发展方式,提高城市发展质量,推进"十二五"规划的科学实施。"

北京市市长、中国市长协会会长郭金龙出席论坛并作主题报告。住房和城乡建设部部长、协会执行会长姜伟新主持了开幕式并作了重要讲话。

来自全国100多个城市的市长(直辖市区长)、有关单位和部门负责人共300多名嘉宾与会。

会议期间,与会代表还参观考察了合肥市的城市建设、高科技产业和自主创新项目。中国市长协会女市长分会四届三次理事扩大会议也同期召开。

【围绕城市热点、难点问题举办专题研讨会】 (1)7月29日,由新华社《瞭望东方周刊》、中国市长协会《中国城市发展报告》工作委员会,复旦大学国际公共关系研究中心联合主办的"中国城市民生成就推介会"在北京人民大会堂举行,成都等11个城市因民生成就突出获得"中国城市民生成就系列大奖"。

(2)9月27日,中国市长协会组织东、中、西部三大区域八个城市的市长、城市代表及相关专家学者在安徽省黄山市召开"城市工作座谈会"。会议围绕当前城市工作中面临的最突出的问题进行了座谈。出席会议的市长及专家围绕会议议题,深入交流探讨,会后形成了"城市工作座谈会简报"并上报有关部门和领导,切实体现了协会作为市长之家,倾听市长声音、反映市长诉求的作用。

【加强与城市的沟通与联络】 (1)6月,在烟台召开首届《中国市长》杂志通讯工作会议。来自82个城市的115位《中国市长》通讯员出席会议,并听取了资深媒体专家的讲课。课后大家进行了深入的交流和座谈,表示要为进一步办好《中国市长》发挥更好的作用。

(2)8月28日至9月2日,中国市长协会组织部分省、市驻京办负责人、企业家一行19人赴拉萨考察投资环境。重点考察了拉萨国家级经济技术开发区部分企业,并与开发区管委会负责人进行了座谈。通过考察、交流,各省、市驻京办负责同志表示,将为拉萨引荐更多优秀企业进驻开发区,让开发园区与企业实现互惠互赢。

【加强国际交流与合作】 (1)根据中组部"182"计划,2011年6月6~25日,以住房和城乡建设部副部长仇保兴为团长的中国市长代表团一行23人参加了"清华—耶鲁环境与城市可持续发展高级研究班"。赴美前,学员们在清华大学进行了为期4天的国内培训。在美期间,代表团在结束耶鲁大学一周学习后,赴纽约和波特兰进行考察、现场教学。

(2)根据中组部"182"计划,10月10~31日,以住房和城乡建设部总规划师唐凯为团长的中国市长代表团一行18人参加了中德两国政府间合作项目——经济结构转型与城市建设管理专题研究班(总期第31期中德城市管理研讨会)。赴德前,学员们在中国浦东干部学院进行了为期4天的国内培训。在德期间,代表团在结束洪堡大学一周学习后,赴波恩和法兰克福进行考察、现场教学，并出席了在波恩召开的"第三届中德市长峰会"。结束在德学习后，学员们回到中国浦东干部学院，进行了为期2天的总结讨论。

（3）第三届世界华人经济论坛于11月3日在吉隆坡召开。"中西相学习，经济新意义"是第三届世界华人经济论坛的主题，大会共邀请了30多位来自不同国家的主讲人出席。马来西亚副首相丹斯里慕尤丁、前首相敦阿都拉、马哈迪、马来西亚国际贸易和工业部长穆斯塔法·穆罕默德、中国国际贸易促进委员会副会长董松根、马来西亚华人公会总会长蔡细历、中国市长协会会长助理林家宁出席会议并发表讲话。

（4）11月13~22日，以黑龙江省鹤岗市委书记杜吉明为团长、内蒙古自治区通辽市市长胡达古拉为副团长的中国市长代表团一行16人赴新加坡参加"第21期新加坡中国市长研讨班"。在新期间，代表团访问了包括国家发展部、市区重建局、陆路交通局、公用事业局、建屋发展局、国家公园局等多个具有代表性的部门。市长们普遍认为，研讨班较为系统地介绍了新加坡城市建设与管理的经验，取得了较大的收获，对提高我国城市管理水平具有一定意义。研讨班结束后，代表团对日本进行了为期4天的顺访，主题为城市发展和节能减排。

【开展适合女市长特点的各项活动】（1）3月，推荐黑龙江省大庆市市长夏利华参加女市长分会与中国妇女报社主办的"2010中国经济女性年度人物"评选，夏利华市长以优异的业绩获得评委的一致好评，全票当选。

（2）11月12日，中国市长协会女市长分会第四届理事会第三次扩大会议在合肥召开。会长赵雯、执行会长陶斯亮出席会议并讲话，安徽省副省长花建慧出席会议。来自全国各地的40余位女市长出席了会议，并参加2011中国市长论坛暨中国市长协会四届五次常务理事扩大会议。此次会议增补安庆市市长肖超英、漳州市市长吴洪芹、广州市副市长贡儿珍为女市长分会副会长，增补巴彦淖尔市副市长韦亚力等50名常务理事。会议建议为99位在市长岗位上工作了十年以上的女市长予以表彰。

【继续做好《中国城市发展报告》的研究出版工作】由中国市长协会主办的《中国城市发展报告2010》正式出版，并于2011年5月30日在北京举行首发式。6月又分别在上海、广州召开发布会。《中国城市发展报告2010》以"城市，让生活更美好"为主题，特邀数十位院士、专家和学者撰稿，全面记叙了我国城市发展的热点、焦点问题和典型案例。《报告》分为六大版块：综论篇、论坛篇、观察篇、专题篇、案例篇、附录篇，共58篇文章，70万字。

【筹备编辑出版《中国城市状况报告（2012/2013）》（英文版）】为了向世界介绍中国的城市发展状况，加强与世界的沟通，中国市长协会与国际欧亚科学院中国科学中心、联合国人居署共同编写出版了《中国城市状况报告（2010/2011）》卷。这是第一次用英文比较系统地介绍中国的城市状况，便于国际社会更客观、更全面地了解中国，对于促进世界和谐发展具有一定的意义。此《状况报告》在去年的人居日上发布，获得了很高的评价。因此，三方经协商，继续编辑出版《中国城市状况报告（2012/2013）》，目前此项工作正在紧张有序地筹备之中。

【信息服务与咨询】（1）协会网站建设。协会官方网站（www.citieschina.org）会员专区已初步建成，该专区为保密区域，市长可凭借用户名和密码访问。专区主要分为三部分：

第一部分为活动照片下载：协会举办的活动所拍摄的照片将上传到会员专区里，做成缩略图的形式以供浏览，市长们可根据需要选择自己参加过的或感兴趣的活动照片下载。

第二部分为市长参考资料：协会将和专业的研究咨询机构合作，为市长们提供最新的经济社会政策及管理经验，供市长们参考。目前提供的报告为国宏信息研究院（是以国家统计局、国家图书馆、国务院发展研究中心、国家行政学院等有关部门为资源平台组建成立的高层次战略研究机构）出品的《地方经济与社会管理动态》，每周一期，全年200万字，是权威、独立的政策与实践整合观察报告，重点解决"如何创新社会管理的问题"。协会将继续加大投入，力争为市长们提供更多有意义的参考资料。

第三部分为市长微博：该微博目前正在建设中，建好后将为市长们提供一个网上内部交流论坛，市长们可在微博上交流经验，增强联系。

会员专区正式运行后，协会将尽一切努力，为市长们提供个性化的专业服务，增强协会"为城市发展服务，为市长工作服务"的综合能力。

（2）城市咨询工作。应西安市人民政府邀请，中国市长协会城市咨询委员会一行20余人于4月25日至27日赴西安市开展咨询调研活动。咨询委一行重点考察了西安市经济发展、城市建设方面的有关情况，并与西安市有关领导进行了座谈交流。

应郴州市人民政府邀请，中国市长协会城市咨询委员会一行20余人于10月11日至13日，就郴州的城市规划、建设管理以及如何适应经济发展、如何创造优良生态环境等进行了为期3天的咨询和调研,并就此与郴州市、资兴市领导和郴州老同志进行了座谈和交流。

【加强广州市长大厦的管理,认真做好广州联络处工作】 广州联络处圆满地完成了培训和接待任务,利用广州市长大厦这一市长培训基地,先后完成了《中国城市发展报告2010》广州发布会、城市咨询委员会赴郴州咨询调研等活动及部分城市市长的接待任务。同时,圆满地完成了大厦的管理及广东地区的联系、联络工作。

(中国市长协会)

中国城市规划协会

【概况】 中国城市规划协会(简称"中规协")按照年度工作计划,认真开展各项活动,工作取得新的进展,在推进我国城市规划行业进步和发展方面发挥了重要作用。

1. 积极召开座谈研讨会,促进行业交流

【召开城市规划与科学发展研讨会】 2011年3月22~23日,中规协与九三学社中央、广州市人民政府、中国市长协会在广州共同主办"城市规划与科学发展"研讨会。全国人大常委会副委员长、九三学社中央委员会主席韩启德,住房和城乡建设部总规划师唐凯,国家相关部委的领导,部分城市市长,广东省、广州市人民政府领导以及高校学者等代表参加了会议。会议以"城市规划与科学发展"为主题,与会代表围绕城市规划在城市科学发展中的引领和调控作用等内容进行了交流与研讨。本次会议为促进我国城镇化科学、健康、有序发展方面起到了重要的作用。

【召开新时期规划行业发展座谈会】 2011年4月7日,中规协在北京组织召开了"新时期规划行业发展座谈会"。来自全国城乡规划管理、编制单位以及部分高校学者和规划界老专家等代表参加了会议。会议认为,"十二五"时期的城市规划工作一定要认清加快转变经济发展方式的主攻方向,把生态环境、节约资源作为规划的重要着力点;把以人为本,保障和改善民生,创造宜居环境,作为规划的出发点和落足点;把科技进步和创新作为城市规划行业发展的重要支撑和手段,以高质量的规划和服务水平充分发挥城市规划的指导、综合、调控作用。

【召开2011年智慧城市建设与应用论坛会议】 2011年12月19日,中规协与湖北省住房和城乡建设厅、湖北省测绘局、武汉市国土资源和规划局在武汉共同主办了"2011年智慧城市建设与应用论坛"。中国科学院、中国工程院院士李德仁作了题为《由数字城市到智慧城市》的主旨报告。武汉市国土资源和规划管理局吴之凌副局长作了题为《智慧武汉与国土规划信息化》的专题报告。武汉大学朱庆教授作了题为《智慧城市——实时三维GIS》的精彩演讲。会议为城市科学发展和科学规划指明了方向,使参会代表受益匪浅。

【召开2011年全国规划院院长会议暨汶川地震灾后重建规划总结交流会】 2011年12月12~14日,中规协与四川省住房和城乡建设厅、中国城市规划协会规划设计专业委员会、中国城市规划设计研究院等单位在成都召开"2011年全国规划院院长会议暨汶川地震灾后重建规划总结交流会"。会议邀请到曾参与过汶川地震灾后重建规划的省市规划院,在大会上进行了灾后重建规划经验的交流总结。会议还对事业单位改革面临的现状、主要问题以及事业单位改革的进展情况和发展走向进行了深入探讨。会议讨论并通过了"院长共识"。会后回访考察了四川汶川地震灾后重建规划实施成就。本次会议展示了我国规划队伍勇于担当、甘于奉献的职业精神。对于促进我国城乡规划设计单位的改革与发展,推动规划行业进步,具有极其重要的意义和作用。

【召开中国城市规划协会管理专业委员会三届三次年会暨大城市规划局长座谈会】 2011年8月27~28日,中国城市规划协会管理专业委员会三届三次年会暨大城市规划局长座谈会在兰州召开。会议进行了主题报告和城市规划管理经验交流,与会代表对共同关心的问题进行了讨论,形成了共识。会议围绕"十二五"时期的城市规划管理主题,搭建了各城市规划管理部门经验交流、科学探索的平台,

为我国城市规划管理工作实现"十二五"良好开局起到了积极的推动作用。

2. 积极支持地方活动，推动行业发展

【召开全国副省级城市规划院联席会】 2011年5月，中规协设计专业委员会组织，成都市规划设计研究院承办的首届"全国副省级城市规划院联席会"在成都召开，来自全国15个副省级城市规划院的代表参加了会议。会议通过了"全国副省级城市规划院联席会"会徽和规则，武汉市规划设计研究院获得第二届会议的承办权，并进行了交旗仪式。会议对于促进全国副省级城市规划院工作创新与发展，搭建副省级城市规划院展示与交流、沟通与合作的平台，促进各兄弟院的合作与共同进步发挥了重要作用。

【参加京津沪渝穗五城市规划院交流研讨会】 2011年11月下旬，广州规划院组织召开"京津沪渝穗五城市规划院交流研讨会"。五个城市规划院分别就规划院服务政府、业务发展、事业单位改革、人才培养、科研培训建设等多个方面进行了深入、充分的交流和沟通，起到相互学习、借鉴、促进和共同提高的作用。

【参加西南地区规划院联席会议】 2011年12月上旬，攀枝花规划院组织召开"西南地区规划院联席会议"。会议围绕"加强联合，协作共赢"的主题，就学术发展、信息管理、体制改革等方面进行了交流和探讨，会议对促进西南地区规划院的发展建设和进步具有十分重要的意义。

3. 布置评优工作和建设评优体系，提升行业水平

【研究布置2011年度全国优秀城乡规划设计奖工作】 2011年6月27日，中规协组织召开全国优秀城乡规划设计奖评选组织委员会工作会议。会议汇报了改进评优工作的意见和建议；支持建立"全国优秀城乡规划设计奖"的申报、评审数字系统；原则同意建立国家级、省（市）级优秀城乡规划设计奖评选活动的联动制度；初步确定2011年度全国优秀城乡规划设计奖评选活动的时间进度等。7月19日，下发《关于开展2011年度全国优秀城乡规划设计奖评选活动的通知》。

【建立"全国优秀城乡规划设计奖"申报评审系统】 为提高"全国优秀城乡规划设计奖"的评选工作质量和效率，中规协决定在2011年度评优活动中试行"全国优秀城乡规划设计奖"申报评审系统。2011年7月，中规协委托武汉市国土资源和规划信息中心对该系统进行建设开发。2011年12月，在武汉召开了评审系统的专家鉴定会，与会专家对系统目前的运行情况进行了讨论，提出许多建设性的意见及建议，并形成了最终鉴定意见。

【完成"2010年度全国优秀工程勘察设计奖"的评选推荐工作】 根据《全国优秀工程勘察设计奖评选办法》（建质〔2011〕103号）文件要求，中规协在"2009年度全国优秀城乡规划设计奖"评选的基础上，组织推荐参加"2010年度全国优秀工程勘察设计奖"的推荐评审工作。经过专家严格评审后，共有4个项目取得"全国优秀工程勘察设计奖"提名。

4. 做好编辑出版，加强对外宣传

【编辑出版《全国优秀城市规划获奖作品集（2009～2010）》——灾后重建规划】 为表彰全国规划院对汶川地震灾后重建的特殊贡献，表达对规划人的崇高敬意和感激，中规协对获得"2009年度全国优秀城乡规划设计奖——灾后重建规划"项目进行整理，编辑出版了《全国优秀城市规划获奖作品集（2009～2010）——灾后重建规划》。

【参与编写《中国城市规划发展报告（2010～2011）》】 为更好反映城市规划年度工作进展情况，协会协同中国城市科学研究会、中国城市规划学会和中国城市规划设计研究院共同编撰了《中国城市规划年度发展报告（2010～2011）》。协会承担了行业管理篇的编写工作。该篇从"结合社会发展形势，针对突出问题，为促进行业进步积极开展各项活动；研究布置2011年度全国优秀城乡规划设计奖评选工作"等6个方面介绍了城市规划行业工作。

5. 做好协会组织建设，加强内部管理

【按照协会章程，召开各项工作会议】 2011年2月，专、兼职副秘书长工作会议在成都召开；3月上旬，中规协在北京召开2011年协会会长工作会议；6月上旬在武夷山市召开每年一届的全国城市规划协会秘书长工作会议；8月31日，中国城市规划协会三届四次常务理事会在北京会议中心召开。会议制定和通过了中规协全年的工作计划，并要求协会继续以提高行业凝聚力与市场监管能力为主要目标，搭建沟通平台，开拓服务项目，为行业与会员单位提供高质量服务，以便更好地发挥协会的桥梁和纽带作用。

【组织开展第三届京津地区城市规划系统文艺汇演】 2011年8月31日，由中规协主办，北京清华城市规划设计研究院承办，北京市规划委员会、中国城市规划设计研究院、北京市城市规划设计研究院、天津市规划局、天津市城市规划设计研究院、天津大学建筑设计规划研究总院协办的"第三届京津地区城市规划系统文艺汇演"在北京会议中心隆重举行。文艺汇演展示了规划人在促进城市发展建设工作中艰苦奋斗和积极向上的精神风采,激发了规划工作者的工作热情和爱国爱党情怀,得到了行业认同和好评。

【协会党支部围绕建党90周年开展各项活动】 中规协党支部积极围绕建党90周年开展各类活动。中规协党支部被中共住房和城乡建设部党组评为"住房和城乡建设部直属机关先进基层党组织(2006~2010)";被中共住房和城乡建设行业社团第二委员会评为"2006~2010年先进党支部"。

6. 完成住房和城乡建设部交办的工作,发挥桥梁作用

【举办六期《城市、镇控制性详细规划编制审批办法》培训班】 为贯彻落实住房和城乡建设部颁布的《城市、镇控制性详细规划编制审批办法》,受住房和城乡建设部城乡规划司的委托,协会于2011年1~7月分别上海、合肥、武汉、南昌、沈阳、乌鲁木齐共举办了六期《城市、镇控制性详细规划编制审批办法》培训班。

【完成住房和城乡建设部批准的外事计划】 2011年10月中下旬,完成赴匈牙利、捷克进行"历史文化保护和利用"的考察活动,并按要求上报了考察报告。

【承担《国家职业分类大典》住房和城乡建设行业的修订任务】 受住房和城乡建设部人事司委托,2011年协会承担了《国家职业分类大典》住房和城乡建设行业中关于"城镇规划设计工程技术人员"(编码2-02-21-01)的修订工作。"修改意见"上报住房和城乡建设部人事司并经过部人才中心组织的专家初审。

(中国城市规划协会)

中国房地产业协会

2011年,中国房地产业协会按照六届二次理事会审议通过的工作报告,深入贯彻宏观调控政策,推进房地产业转型发展,引导企业积极参与保障性安居工程建设,加快住宅产业现代化步伐,培育信用体系建设和行业文明,发挥了协会在企业与政府间的桥梁纽带作用。

1. 引导房地产业调整结构、转型创新

【引导示范转型创新】 中国房地产业协会商业和旅游地产专业委员会组织召开商业地产与行业转型研讨会,为企业在新的城市投资环境下发展商业地产寻找对策;流通服务委员会创新经纪手段,与上海市房地产经纪行业协会联合发起二手房电子商务研讨会,尝试建立诚信电子平台;金融专业委员会在第三届中国房地产科学发展论坛期间,举办"投资拓展与融资创新"分论坛,吸引了一批房地产开发企业参加,成为亮点论坛;法律事务专业委员会针对保障房建设和管理中出现的新的法律问题,举办了"保障性住房为主的房地产投融资法律论坛",对群众遇到的新的法律问题和潜在风险进行了研讨;城市开发专业委员会改变工作思路,把推动"城中村"改造纳入重要议程,引导有实力、信用好,社会责任感强的企业投资"城中村"建设;老年住区委员会与有关单位先后举办了首届国际养老住区发展高峰论坛、第四届中国养老产业与养老社区高端论坛,对房地产业转型与老年住产发展进行了研讨,并探讨了保险基金与养老地产的合作新模式。

【引导会员单位积极参与转型创新】 中国房地产业协会副会长单位、常务理事和理事单位率先推进转型创新:恒大集团树立民生地产的发展新理念,大力发展中低价位、中小套型普通商品住房,得到社会认可;万科向绿色发展转型,建立战略采购联盟推进全装修,2010年新开工面积中全装修比例达93%;万通地产在发展立体城市过程中实践绿色创新,不仅使建筑总能耗下降30%,还建立了废品回收和废品再利用机制,达到零废品的目标;重庆地产集团创新机制,成立重庆市公共住房开发建设投资有限公司,组织精兵强将开展公租房建设,实现了工程质量优、资金保障好、建设速度快、安全无事故的"四个确保";大连亿达集团扬己所长、专己所精,自主设计了宜居宜业的"生态科技创新城",

既集聚了金融商贸和绿色住区的功能，又成为了高科技的研发基地；南京栖霞建设、首开集团、北京住总、天津泰达等一批企业积极参与保障性住房、棚户区和旧城改造项目建设，在转型中自觉履行了社会责任。

2011年，中国房地产业协会部分会员单位还围绕国家产业政策和市场变化，从单纯依靠住宅开发向兼顾城市综合体、商业地产、旅游地产、教育地产、工业地产、老年住区转型，从单纯依靠出售住宅开发向兼顾持有型商业物业和租赁型商品住房转型，在资金短缺、住宅市场调控的情况下深耕细作，培育了新业态，开发了新产品，增加了新亮点。

2. 加强市场研究分析，协助政府做好宏观调控和保障性住房建设

中国房地产业协会调集各方智慧，发挥专家委员会作用，密切跟踪和掌握国内外信息。一方面，向政府部门提出前瞻性强、可操作的政策建议；另一方面帮助会员单位分析形势，应对宏观调控的艰巨性、复杂性。

【建言献策，拾遗补漏】 2011年，中国房地产业协会向国务院研究室、国家发改委、住房和城乡建设部等部门上报了《中国城镇住房与房地产业"十二五"时期发展规划（建议）的函》，引起中央有关部门重视；受住房和城乡建设部房地产市场监管司委托举办《商品房屋租赁管理办法》培训工作；承担中国职业分类大典有关房地产篇目的修编工作；参与协办2011（首届）中国保障性住房发展高峰论坛；与宁夏回族自治区人民政府共同主办"2011年第三届中国西部（银川）房地产高峰论坛"；支持住房和城乡建设部住宅产业促进中心举办"2011中法住宅产业高峰论坛"，推进了建筑节能改造和提高住宅室内空气质量的国际合作；配合山东枣庄市住房和城乡建设局召开"19+10城市房地产改革与发展交流协作第六届专业会议"，配合沈阳市住房和城乡建设局召开"19+10城市房地产改革与发展交流协作第二十二届年会"，对商品住房交付使用管理的做法与经验进行了交流。

【市场分析与课题研究】 2011年政府对房地产市场调控密集。为了应对复杂局面，中国房地产业协会分别在南昌、贵阳、银川等地召开房地产市场形势专题报告会，在北京两次召开专家委员会座谈会，及时搜集业内外意见，做好市场分析和数据研究。2011年全年，中国房地产业协会秘书处研究部及中房研协技术服务有限公司编写了2011年房地产市场季度、年度研究等报告26份，结合国家统计局数据、住房和城乡建设部40个城市数据、中房交易指数、中指百城数据的环比和同比变化，对市场进行动态监测。中国房地产业协会还会同中国房地产研究会、中国房地产测评中心合作发布了2011中国房地产开发企业500强测评研究报告、中国房地产上市公司100强测评研究报告，编撰了《2010年中国房地产市场年鉴》，既为房地产开发企业提供了客观的数据分析，也通过综合测评代表性地反映了房地产开发企业和上市公司的经济实力和社会贡献。

中国房地产业协会注重课题研究和成果转化。其中，商业和旅游地产专业委员会完成《写字楼综合评价标准体系（初稿）》的修改和审议，为课题的项目论证和测评打下基础；市场委员会承担的《老年住区试点项目建设导则》不仅在编制思路上有所突破，还对老年住宅的规划设计和建设提供了指导性意见；老年住区委员会等单位承担的《复合型老年住区的开发建设与运行模式》研究课题正在按计划推进。

3. 反映企业诉求，深化细化服务

【调查研究】 为加快房地产业发展方式转变，2011年2月和4月，刘志峰带队到珠三角、长三角地区进行调研，在广东省房协、上海市房协协助下，召开两次企业座谈会，了解企业在宏观调控中遇到的困难，听取他们对"调结构、转方式"的意见，交流了恒大、万科、绿地等一批企业在转型创新方面的做法、经验，引导企业扬长避短，跳出传统、单一的住宅产业，结合自身优势走区域化、品质化、差异化的发展道路，增加综合实力和抗风险能力。

在调查研究中，中国房地产业协会城市开发专业委员会先后走访了广东龙光集团房地产有限公司等10余家会员单位，针对企业发展的不同阶段和特点，以及管理家族企业等问题，提出了资源整合、管理创新、引入职业经理人的建议；流通服务委员会会同中国房地产估价师与房地产经纪人学会、上海易居房地产研究院，对12个典型城市的房地产经纪企业与人员状况进行摸底调查，以报告形式针对性地提出了政策建议。他们还随同部房地产市场监管司赴山东对76个保障性住房建设进行核验，找出进度不齐的原因，促进了保障房建设在地方的贯彻落实。

中国房地产业协会还依托中国建筑设计研究院建立"住宅科技创新联盟"，组织科研、设计、院校等单位帮助房地产开发企业、建筑部品企业开展技术攻关，提高成套技术集成水平，把适用技术应用到急需的保障性住房和中小套型住房建设上，为建设老百姓欢迎的"好房子"提供技术支撑，真正把住宅产业化、部品工厂化的科研成果落到了民生实处。

【服务创新】 中国房地产业协会注重对"三个服务"的深化和细化，通过两会秘书处会员服务部、宣传培训和地方协会联络部、相关专业委员会的资源整合，通过与地方协（学）会的合作，依托中房网的平台作用，开通了"网上两会"的多项窗口功能，改变了过去坐等办公室电话的"静态服务"为"动态服务"，改变了过去单纯依靠公文函电往来的"文本服务"为"电子化服务"，实现了服务方式和手段创新。

4. 加强企业诚信建设，推进企业信用评价试点工作

2011年，中国房地产业协会会同中国房地产研究会组建了房地产行业信用评价管理委员会、房地产行业信用评价管理委员会专家委员会，联合北京、重庆、大连三城市房地产业协会、开发协会，在京渝连和6家房地产开发企业开展信用体系试点工作，引导企业诚信经营，承担更多社会责任。7月中旬和12月4日，中国房地产业协会与中国企业公民委员会两次在人民大会堂召开企业公民座谈会，总结表彰了北京怡海和谐社区的经验，发布嘉凯城集团和大连亿达集团2011年企业公民报告，十届全国人大常委会副委员长顾秀莲等领导参加上述两次活动，对弘扬行业正气起到了积极作用。

5. 修改"广厦奖"评选标准与办法，部署2011~2012年度"广厦奖"评选工作

2011年，中国房地产业协会积极推动规范和完善"评先树优"的制度建设，会同部住宅产业化促进中心完成"广厦奖"管理办法及评价标准的修订，部署2011~2012年度"广厦奖"评选工作，并在北京召开新闻发布会，公布了2011~2012年度"广厦奖"的申报条件和审核制度。中国房地产业协会还在中房网开设"广厦奖"专栏，向社会公开这一奖项对推进住宅产业化、提升住宅发展质量的作用，让更多群众了解"广厦奖"的民生内涵和大众价值。

6. 引导企业拓宽区域市场，加强产业协作与国际交流

积极支持长三角、珠三角地区进行区域合作。2011年在南京专门召开了"中国房地产科学发展论坛长三角峰会"，在辽宁、宁夏召开片区联席会。长三角地区房协联系网联系了30多个城市和成员单位，形成一个从"苏、浙、沪"扩大到"闽、赣、皖"的"3+3"协会联动机制。这些互联活动，不仅在政府与企业间架起了政策咨询桥梁，也使房地产项目开发与城市总体发展战略更加配套。

中国房地产业协会牵线搭桥召开了《共建保障房精品峰会》，召集建筑部品企业与房地产企业供需双方见面。绿地集团还发挥中国房地产业协会产业协作委员会主任委员的作用，邀请万科、恒大等企业的100多位采购经理，介绍房地产开发企业的部品采购流程，吸引40多家建筑部品企业参与。这些活动不仅促进了产业协作，也形成上下游产业"互惠互利、共御风险"的纽带关系。中国房地产业协会商业和旅游地产专业委员会和中国电影发行放映协会合作，共同举办"2011中国房地产业和电影业跨界峰会"，实现地产和电影的跨界合作，推进了文化产业的繁荣发展。

2011年，绿地集团发挥城市综合体建设的品牌优势，与20多个城市合作开发，不仅优化了区域结构，也优化了产业和产品结构；绿城集团成立房产建设管理有限公司，向中小房地产开发企业提供品牌输出，形成了符合自身特点的商业运营模式和增值体系，在企业遇到困难的情况下，保留了公司的发展亮点；万达输出商业地产品牌，开创了集"商业百货、文化娱乐、电影院线"为一体的商业地产模式，丰富了当地群众生活。

中国房地产业协会加强国际合作和两岸四地交流。先后出席了在塞浦路斯举行的第62届世界不动产联盟会议、在日本举办的第16届中日建筑住宅交流会，接待了世界不动产联盟主席恩里科·康柏诺利先生，与台湾中华两岸房地产暨经贸交易协会理事长郑曦洽谈海峡两岸房地产研讨会的筹备工作，与澳门地产商会会长陆惠德探讨内地与澳门开展行业合作的可能。筹备赴巴西、智利考察保障性住房活动。这些活动，不仅拓宽了对外合作交流空间，也提升了房地产业在国际和台港澳同行中的地位和影响。

7. 以强化基础工作为立足点，加强自身建设，努力构建一流社团组织

2011年是国家对社团组织制度建设、组织建设、文化建设提出更高要求的一年。中国房地产业协会一方面要求秘书处工作人员要"关心政务、熟悉业务、处理事务、搞好服务"；另一方面严格执行国家

社团管理和监督制度，加强了三方面工作。

一是分支机构建设得到加强。经住房和城乡建设部、民政部批准，中国房地产业协会新设立老年住区委员会，完成产业发展和市场委员会、流通服务委员会的更名手续，完成小城镇开发专业委员会、法律事务专业委员会、金融专业委员会、产业协作委员会的调整工作和5个分支机构负责人的变更手续，启动了内部期刊整合工作。在民政部2011年年检工作中，中国房地产业协会首批获得通过。

二是制度建设和考核得到加强。中国房地产业协会深化和细化了秘书处合署办公后的规章制度。通过并实施《人事聘用制度和工资标准试行办法》、《分支机构人事管理办法》，完成《岗位工资待遇执行标准》方案，建立秘书处工作人员"按才录用、有序调整"的机制和干部考核制度。

三是财务预算和管理得到加强。中国房地产业协会修订《财务管理办法》、《秘书处财务管理细则》，完成2010年度财务审计和年度所得税汇算清缴，完成财务年度预、决算和各项财务报表和报告，完成免税资格认定工作并办理了退税工作，按上级规定完成了"小金库"专项治理工作，取得明显的成效。

（中国房地产业协会）

中国勘察设计协会

【举办全国工程勘察设计行业技术创新大会和科技创新技术与产品展览会】 6月15～16日，2011'全国工程设计科技创新大会在北京隆重举行，主题为"创新设计、低碳发展"。住房和城乡建设部副部长郭允冲作了题为"坚持自主创新，推进技术进步，促进勘察设计行业实现跨越发展"的主题演讲。会议分为主会场及交通市政和基础设施工程、能源和工业工程、建筑与勘察工程3个分会场，参会代表结合各自特点从深入贯彻落实科学发展观，开展科技创新、实施节能减排，低碳设计、节约资源及保护环境所取得的成就，交流了在工程项目中应用新技术、新设备、新材料的成功案例和经验，探讨未来的市场需求和行业科技进步的发展趋势。大会征集论文百余篇，整理汇编成3册论文集。同期举办了科技创新技术与产品展览会，集中展示在工程项目中实现低碳环保并得到有效应用的新技术、新设备和新材料。

【召开全国工程勘察设计行业管理创新大会】 会议以"管理创新、促进发展"为主题，11月26日在深圳市隆重召开。原城乡建设环境保护部部长、全国人大环资委原副主任委员叶如棠出席，住房和城乡建设部建筑市场监管司司长陈重到会作了题为"推动管理创新，促进勘察设计企业战略转型和业务升级"的讲话，协会理事长王素卿发表了题为"创新企业管理模式，促进行业科学发展"的致辞，国务院发展研究中心宏观经济部副部长、著名经济学家魏加宁，国务院国资委企业改革局企管处处长李军，AECOM中国区总裁乔全生分别以中国经济走势与风险化解、中央企业改革工作情况和跨国企业管理创新策略的经验与启示等为题做了主题演讲。大会同期举办"国际型工程公司管理创新经验交流"和"勘察设计企业体制改革与模式创新交流"两个专题论坛，与会代表围绕主题，就建设国际型工程公司实现业务模式转型、深化勘察设计企业体制改革及加速管理模式创新等内容展开深入探讨。来自全国勘察设计行业的400多位关心行业创新发展的政府官员、企业家、专家、学者，各地方、各部门同业协会的负责人出席了大会。协会征集论文近百篇，印发了包含"国际型工程公司管理创新"和"勘察设计企业体制改革与模式创新"等方面内容的论文集。

【举办迎接中国共产党成立90周年行业职工文艺演出】 为迎接中国共产党成立90周年，协会经过精心筹备、精心选优，6月15日下午在北京举办工程勘察设计行业职工文艺演出，协会会员单位300余人登台表演了形式多样的节目。演出以歌颂中国共产党、歌颂社会主义为主，反映职工的工作、学习和生活。节目全部由行业内职工自编自演，集中展示行业精神文明建设和企业文化建设的崭新风貌。

【开展课题研究】 协会承担的住房和城乡建设部建筑市场监管司和工程质量安全监管司分别委托的四项课题研究项目，《勘察设计注册工程师执业制度研究》、《工程勘察设计行业年度发展研究报告（2010～2011）》、《勘察设计技术进步激励制度研究》

和《城镇住宅合理使用年限有关设计问题的研究》，组织了有关咨询公司与业内专家进行共同研究，取得了阶段性成果。协会参加《建筑业"十二五"规划》和《工程勘察设计行业2011～2015年发展纲要》制订的研究、讨论工作。

协会总承包分会组织完成建筑市场监管司下达的《工程总承包合同示范文本》课题研究任务，《示范文本》于2011年9月发布试行；完成《推行工程总承包的对策与措施研究》课题报告征求意见稿的修改及上报工作。园林景观分会承担4项国家规范、标准的编制或修编任务，完成《市政公用工程设计文件编制深度》中相关部分的编写，以及《动物园设计规范》、《植物园设计规范》和《公园设计规范》的初稿编写或前期工作。建筑环境设备分会组织7省市理事（专家）对中国北方地区供热改革与供热计量技术进行了调研，并形成调研报告，上报住房和城乡建设部节能与科技司。建筑分会和勘察分会分别在广泛调研的基础上编写《中国建筑设计年度发展研究报告（2010～2011）》和《工程勘察行业转型发展回顾与展望》的专题报告，为各自行业的企业改革发展提供了指导与帮助。

【组织行业优秀工程项目评选】 按照评选办法（中设协字〔2008〕31号），组织开展2011年度全国优秀工程勘察设计行业奖评选。协会各有关分支机构认真配合，分别召开专题会议研究，制定工作细则，明确责任分工，优选专家，组织评选。"行业优"申报共1654项，申报项目经专家评审，由中国勘察设计协会理事长会议审定通过，共确定获奖838项，获奖率为50.7%。其中优秀工程勘察一等奖26项，二等奖44项，三等奖83项；优秀建筑工程设计一等奖30项，二等奖79项，三等奖127项，优秀住宅与住宅小区项目一等奖2项，二等奖15项，三等奖35项；优秀建筑结构项目一等奖4项，二等奖8项，三等奖13项；优秀人防工程一等奖2项，二等奖4项，三等奖6项；优秀市政公用工程设计项目一等奖32项，二等奖54项，三等奖105项；优秀风景园林项目一等奖9项，二等奖12项，三等奖25项；优秀标准设计项目一等奖7项，二等奖13项，三等奖24项；优秀计算机软件项目一等奖3项，二等奖7项，三等奖11项；优秀建筑环境与设备项目一等奖3项，二等奖7项，三等奖11项；优秀智能化建筑项目一等奖6项，二等奖14项，三等奖17项。

协会通过总承包分会完成第五届优秀工程项目管理和优秀工程总承包项目的复审及发布以及工程项目管理和工程总承包企业营业额百名排序工作，并新增"境外工程项目管理营业收入排名"和"境外工程总承包完成合同额收入排名"两个统计项目。

协会通过计算机应用工作委员会与欧特克（中国）软件公司合作组织"第二届'创新杯'——建筑信息模型（BIM）应用设计大赛"。大赛促进了信息化先进理念及其新技术在业内采用的提速及推广，参赛作品反映出三维协同技术应用范围更加广泛，应用水平有明显提升，中小型工程项目应用增多，协同工作方面表现更为突出，有的项目还实现了设计、施工、业主三方的协同应用。

协会在协助部里做好全国优秀工程勘察设计奖评选的前期工作中，认真贯彻住房和城乡建设部领导的指示精神："严格评选，优中选优"、"质量要高、程序要规范、数量要少"的原则，在进行评优工作专题调研的基础上完善办法、规范操作、充实专家库，举办评优专家培训班，努力确保评优工作质量。

【分支机构推动行业持续健康发展发挥作用】 为贯彻以创新为驱动力，以加快转方式、调结构为主线，促进行业科学发展的主旨要求，推动行业技术创新和管理创新，协会各分会、工作委员会分别组织了多种形式的活动。建筑分会召开了行业创新与发展交流研讨会，组织企业围绕机制创新、管理创新和战略转型、发展模式进行经验交流；建筑环境设备分会举办了主题为"绿色设计、节能减排"的第4届全国技术交流大会，从行业发展、工程设计、技术开发、设备研制等多角度组织研讨；市政分会召开会议，进行企业文化与科技创新的主题交流；智能分会就智能化行业发展方向、趋势和智能建筑可持续发展技术召开交流会；总承包分会召开国际型工程公司管理创新座谈会，对企业加速功能性改革和推进管理创新的典型经验进行交流与总结；计算机应用委员会利用推介先进软件及巡展会等多种形式，积极宣传协会的"十二五"行业信息化工作指导意见，推动企业信息化建设深入发展和应用水平的提升。

协会继续推进行业诚信体系建设，通过建筑分会和军队建设协会分别对主营建筑设计的单位进行诚信评估。建筑分会在申报的294家单位中，通过了199家的评估审查；军队建设协会有23家单位通过评审。

【行业人力资源建设】 各同业协会、企业以及协会和分支机构分别举办形式多样的各类培训、交流活动，大力推广先进技术、管理经验及理念。如，防空与地下空间分会联合有关人防部门培训机构在多地组织技术培训3000余人次；总承包分会进行了第三批工程项目经理的考评工作，编制的《全国勘察设计行业工程项目经理继续教育实施细则》已由协会正式发布施行。高校分会组织召开人力资源管理研讨会，特邀专家作了高校设计院企业化过程中的三个人力资源项（绩效、职业、文化建设）的专题报告，并组织了院校设计单位人力资源管理的特点和经验的交流。建筑环境与设备分会组织的工程设计专家服务团，深入暖通设备生产企业，为改进产品性能、降低能耗、协助厂商技术攻关提供针对性的技术咨询服务，既发挥了专业人才作用，又使他们在实践中得到锻炼，增长才干。

【承担《国家职业分类大典》相关职业修订工作】 按照住房和城乡建设部人事司关于《国家职业分类大典》（99版）修订工作的安排与要求，协会承担了新增工程勘察和岩土工程技术人员职业定义、职业描述等信息，修订建筑和市政设计工程技术人员、建筑模型设计制作员职业定义、职业描述等信息的工作。协会组织勘察、建筑、市政三个分会分别组成专家小组，开展采集样本、填写问卷调查表、分析归纳、汇总建议等多项具体工作，为最终上报信息建议表等审核材料做准备。

【首次组织编辑《中国勘察设计年鉴》】 《中国勘察设计年鉴（2010年）》于11月首发，反映行业总体情况，记录行业发展轨迹；反映行业实力，凝聚行业力量；反映行业发展走向，为企业工作提供借鉴；反映企业成绩，提升行业地位。年鉴收录2010年全行业及31个省市的年度主要统计数据；收录领导讲话、发展报告、调研报告等文献史料13篇；介绍7个专业分会、17个部门同业协会、31个地方同业协会的年度工作情况；展示年度获奖工程的成果、优秀人物以及先进单位的成绩；汇集2010年出台的260个行业标准，业内企业单位获得的208项专利，取得的170项专有技术，出版的22部专著等技术成果。年鉴客观地展现了全国工程勘察设计行业的风貌。

【加强协会自身建设提升服务能力和水平】 协会按照规定的工作制度和程序，召开工作调研、决策、部署和实施等各种会议，以贯彻民主办会精神，集思广益、凝聚合力，实现工作的既定目标；协会增加了顾问组成员，组建了咨询专家委员会，并开展了相应工作；进行了施工图审查分会等新设分支机构的申报及协调组建事宜；为加强服务行业的功能，协会整合了行业宣传和信息共享平台，协会网站全面改版，建立了分支机构通讯员队伍；围绕建设技术进步平台、信息化建设交流平台、国际工程信息平台和行业自律建设平台，为协会的业务建设提供更为坚实的基础和更为广阔的发展空间。勘察分会、建筑分会、市政分会、质量工作委员会等进行了换届，进一步明确了工作定位与职责，提出了承前启后、促进行业发展及加强自身建设的工作目标。协会的多数分支机构进一步健全工作部门，充实工作人员，完善了规章制度，召开年会，总结工作，提出2012年工作设想；《中国勘察设计》杂志社领导班子调整后，提出紧扣时代主题新的工作思路，并致力于把杂志办成协会的宣传窗口，展现了崭新面貌。

（中国勘察设计协会）

中国建筑业协会

2011年，中国建筑业协会（以下简称中建协）在住房城乡建设部的领导下，在各地和有关行业建筑业（建设）协会及广大会员企业的大力支持下，认真履行"提供服务、反映诉求、规范行为"的基本职能，圆满完成年度工作计划。

【深入开展行业调查研究】 2011年，中建协完成《中国建筑业发展战略与产业政策研究报告》，举办了中国建筑业发展"十二五"规划与产业政策高级研修班。参与住房城乡建设部组织的《建筑业发展"十二五"规划》编写工作。重点开展"建筑市场招投标问题研究"和"临时建造师执业与项目经理岗位有关问题研究"专项调研，经过广泛深入的调查研究，完成调研报告初稿编写。完成《国外建筑施工承包合同的履约制度及相关问题的研究》、《提高工程质量水平激励机制研究》课题后期工作。向常务理事单位和各地区、有关行业建筑业（建设）协会印发了2011年度重点调研题目，截至2011年底，收到调研报告23篇。受国务院第二次经济普查办公室委托，完成《中国建筑业研究报告》。

2011年，中建协分支机构开展了大量调研工作，如开展《工程建设施工企业质量保证体系研究》、《新形势下建筑工程质量监督管理方式方法研究》、《建筑能效优化管理策略的研究（基于智能化工程）》等课题工作，进行一级临时建造师基本情况调研，组织天津武清新城BT项目的管理模式创新及北京铁路地下直径线风险管理与技术创新等项目的跟踪调研等。

【推进行业科技进步与创新】 在住房城乡建设部工程质量安全监管司的具体指导下，2011年，中建协以开展国家级工法和新技术应用示范工程评审活动为抓手，大力推广应用"十项新技术"，加快和促进企业科技与管理成果转化为现实生产力。组织完成2009～2010年度1941项国家级工法申报项目的评审工作，编辑出版《工程建设国家级工法汇编》（2007～2008年度）。开展首批绿色施工示范工程的评审验收工作，并通过评审确定81项工程为第二批绿色施工示范工程。组织召开全国建筑节能减排与绿色施工经验交流会，表彰一批"十一五"期间为企业技术进步做出突出贡献的全国优秀总工程师。受中组部、住房城乡建设部委托，先后三次组织专家为延安、井冈山、大连三所干部学院添建项目提供现场技术咨询指导。

【促进建设工程质量与安全生产管理水平提高】 2011年，为进一步推动创鲁班奖工程建造过程中的节能减排和新技术的应用，中建协制定实施《中国建设工程鲁班奖（国家优质工程）复查工作细则（试行）》，对复查工作的各个环节作了详细规定，并对工程评价采取量化指标评分和综合评价相结合的方式，使复查工作更具可操作性。为激励企业提高保障性安居工程质量，中建协及时启动对保障性安居工程创优的调研工作，派出两个专家组会同各地区、各有关行业建筑业（建设）协会对保障性安居工程创优开展技术咨询和业务指导。圆满完成2010～2011年度中国建设工程鲁班奖（国家优质工程）申报、复查、评审、表彰工作。

作为建筑安全标准技术归口单位，2011年中建协组织完成《建筑施工竹脚手架安全技术规范》、《液压滑动模板施工安全技术规程》和《建筑施工企业信息化评价标准》三项标准的编制工作。举办若干期脚手架安全技术规范宣贯班，有力地促进了行业质量安全管理水平的提高。

【推进行业信用体系和企业品牌建设】 2011年，中建协依据住房城乡建设部和商务部关于加强行业信用评价工作的最新要求，制定印发《建筑业AAA级信用企业动态管理办法》，对首批AAA级信用企业进行了动态管理和复审。召开第二批全国建筑业AAA级信用企业发布会，公布114家AAA级信用企业。

为彰显建筑业的综合实力，展示建筑业企业形象，引导建筑业企业加快转变发展方式，不断提升竞争力，2011年首次开展"中国建筑业企业竞争力百强排名活动"和"中国建筑业最具成长性企业百强排名活动"。通过对申报材料认真地核实、统计、录入和计算，确定中国葛洲坝集团股份有限公司等100家企业为中国建筑业企业竞争力百强；中建三局第三建筑工程有限责任公司等100家企业为中国建筑业最具成长性企业百强。

为促进县域建筑业发展，充分发挥建筑业强县（市、区）的示范和带动作用，中建协制定印发《"中国建筑之乡"评定标准》和《"中国建筑之乡"授予办法》，先后受理8个县级地区的建筑之乡申报工作。

【加强行业培训工作】 2011年，为加强培训工作的统一和规范化管理，制定印发《中建协培训证书管理暂行规定》，明确培训工作从计划申报到证书发放的具体要求，有力地促进了分支机构培训工作的规范化管理。

根据住房城乡建设部建筑市场监管司的工作部署，启动建筑工程专业一级注册建造师继续教育工作，制定印发《建筑工程专业一级注册建造师继续教育工作方案》等7项有关建造师继续教育工作的办法和制度，举办两期注册建造师继续教育师资培训班。

为促进企业加快信息化建设，帮助企业尽快掌握国家颁发的新技术新标准的主要内容及实施重点，以规范有序地开展施工活动，分别在厦门、西安、兰州等地联合当地建筑业协会共同举办十几期宣贯培训班，培训内容包括《建筑施工企业信息化评价标准》、《建筑施工脚手架安全技术规范》、《回弹法检测混凝土抗压强度技术规程》、《智能建筑工程施工规范》和"建筑业10项新技术"等各类技术标准规范，并召开全国建筑业企业优秀项目经理高级研修班和管理与技术创新研修班，以上各类培训活动共培训了全国各地施工企业的近万名管理人员与一线技术工人，为促进建筑业从业人员整体素质的提高起到了很大的推动作用。

受住房城乡建设部人事司委托，组织有关分支机构及会员企业，经过两个多月的调研和评审，完成《国家职业分类大典》中15个职业的修订工作。

【建筑业统计与媒体宣传工作】 2011年，中建协以协会成立25周年为契机，大力宣传建筑业改革开放以来为国家建设做出的突出贡献，对企业所关切的实际问题进行大量报导、评论，在市场分析、行业管理等方面提供了有实用价值的资料和研究成果，深受业内好评。特别是在住房城乡建设部计划财务与外事司的具体指导下，完成2010年度行业统计分析报告，并在部办公厅《工作调研与信息》及《中国建设报》、《建筑时报》等刊物上刊登，为政府制定产业政策和指导企业适度规模经营提供重要数据信息。

2011年，编辑出版了《中国建筑业年鉴》（2010卷）和《中国建筑业协会2010年年报》，并对协会网站进行全面改版，增加了信息量，网站浏览量有明显提升。首次举办全国建筑行业协会及建筑业企业信息媒体宣传工作经验交流活动，推动建筑行业媒体之间的沟通与合作，扩大了传媒工作的影响力。

【搭建业内交流合作平台】 2011年，为进一步加强与会员的沟通和联系，中建协举办首届会员联谊会，组织参会人员围绕协会发展规划展开讨论，并对长期支持协会工作的会员单位优秀联络员进行表彰。为研讨建筑业用工制度和劳务分包制度创新方向，召开全国建筑劳务管理经验交流会暨"建筑之乡"联谊会，就建筑企业劳务管理、劳务基地建设和"建筑之乡"改革发展开展研讨交流。

2011年，中建协工程项目管理专业委员会举办了中国国际工程项目管理高峰论坛暨全国建筑业企业优秀项目经理经验交流会，深入交流研讨信息化建设与风险管理的战略思想与实现途径。材料分会成立了全国建筑企业采购经理人联盟和全国建筑业物资管理信息化技术中心，为广大建筑企业的物资采购与管理提供了沟通交流平台。

2011年中建协组团赴阿联酋、安哥拉考察中国企业在当地承建的建设项目工程质量并进行现场指导。应商务部和葡萄牙驻中国大使馆邀请，接待葡萄牙施瑞文建筑设计公司来访。参与筹备首届中国（北京）国际服务贸易交易会建筑及相关工程服务板块工作。深基础施工分会举办"2011海峡两岸岩土工程/地工技术交流研讨会"，智能分会赴台参加"两岸智慧建筑发展交流考察活动"。

【协会建设】 2011年，中建协修订印发《协会工作规则》、《协会会议规则》、《协会工作纪律和绩效考核试行办法》、《协会公文管理办法》、《协会财务管理办法》和《协会秘书处固定资产管理办法》、《协会秘书处竞争上岗暂行办法》等32项规章制度。

应住房城乡建设部要求，按照《分支机构管理办法》，经民政部批准，注销建筑节能分会，同时，完成设立绿色施工分会筹备工作。完成了建筑企业经营和劳务管理分会、深基础施工分会、统计分会、机械管理与租赁分会、核工业建设分会的换届工作。认真开展协会所属单位"小金库"治理的复查和总结上报工作。

加强协会党的基层组织建设，围绕协会中心工作开展创先争优活动，举办职工摄影展示、专题宣传栏、文艺演出等，活跃了协会工作气氛，发挥了党员的先锋模范作用。

【庆祝建党90周年】 6月29日，中建协召开中国共产党成立90周年庆祝大会。协会秘书处及各分支机构近200名职工参加大会。住房城乡建设部社团一党委有关同志应邀出席。会上，5位新党员在党旗下郑重宣誓加入中国共产党。协会职工表演了精彩的文艺节目庆祝党的生日。中建协还代表建设行业社团一党委组织合唱队参加了住房城乡建设部庆祝建党90周年文艺演出，参加了住房城乡建设部组织的书画摄影诗词手工作品展，受到了部领导的充分肯定。

【庆祝中建协成立25周年纪念活动】 2011年是中建协成立25周年，协会开展了系列庆祝活动，编辑出版《中国建筑业协会25周年专辑》和《中国建筑业》"协会成立25周年"专刊，制作了协会成立25周年电视专题片，举办隆重热烈的纪念大会。中建协会长郑一军发表题为《推动建筑业发展方式转变 实现建筑业可持续发展》的纪念文章。住房城乡建设部，水利部建设与管理司等行业主管部门，英国皇家特许建造学会、意大利国家建筑业协会等国外同业协会，中国铁道工程建设协会、中国公路建设行业协会、中国人民解放军工程建设协会等行业建设协会，中国勘察设计协会、中国建设监理协会、中国建筑装饰协会等部属社团，北京、上海等32家地方建筑业协会（联合会、施工行业协会）和专业建设协会，《中国建设报》、《建筑时报》、《施工技术》等行业媒体，中建、中铁、中交等大型建筑业企业以及北京交通大学、哈尔滨工业大学、北方工业大学等高等院校和科研机构纷纷发来贺信，热烈祝贺中建协成立25周年。

12月14日，庆祝中建协成立25周年大会在北京召开。会上，发布中国建筑业企业竞争力百强和最具成长性百强名单，并对79家建筑行业先进协会、81名建筑行业优秀秘书长、206家全国建筑业先进企业、280名全国建筑业优秀企业家进行表彰。住房城乡建设部部长姜伟新特为大会发来贺信。

【中建协发展规划(2011～2015年)】 2011年，按照5A级社团标准，根据国家有关发展规划，中建协制定印发《中建协发展规划(2011～2015年)》。《规划》从发展现状和面临形势、指导思想和发展目标、主要任务和保障措施4个方面描绘了未来5年协会的发展蓝图。

【重要会议与活动】 1月17日，中建协在北京召开建筑业企业诚信建设经验交流暨第二批全国建筑业AAA级信用企业发布会。郑一军，住房和城乡建设部、商务部相关部门领导出席了会议。中建协副会长徐义屏致辞，副会长兼秘书长吴涛宣读关于公布第二批全国建筑业AAA级信用企业的决定。北京城建集团有限责任公司等114家建筑业企业荣获第二批"全国建筑业AAA级信用企业"称号。

3月3日，在十一届全国人大四次会议召开前夕，中建协会长郑一军邀请来北京出席会议的建筑行业的全国人大代表座谈。

3月8～9日，中建协在广州市召开《建筑业10项新技术(2010)》宣贯暨国家级工法开发应用经验交流会。来自全国各省市建筑行业协会的有关负责人、建筑业企业的总工程师和技术管理人员共700多人参加了会议。会上，有关专家对2010新版建筑业10项新技术的修编情况，国家级工法的开发、选题、编写和应用，推行绿色建造技术等做了介绍和讲解。

3月16日，中建协五届二次理事会暨常务理事会在北京召开。根据会议议程，全体代表听取了副会长兼秘书长吴涛关于五届一次理事会以来的协会工作报告。大会审议通过了：增补和调整部分理事和常务理事；同意分支机构"中建协建筑企业经营管理专业委员会"更名为"中建协建筑企业经营和劳务管理分会"；鉴于中国建筑节能协会已成立，会议决定撤销协会下属建筑节能分会并成立绿色施工分会；修订完善《中建协章程》；同意接收远洋国际建设有限公司等89家单位为新会员。各理事单位的理事和会员单位代表共200余人参加会议。会上还举行了由中建协组织完成的60万字《中国建筑业发展战略与产业政策研究报告》的新书首发仪式。

6月16～17日，中建协在西安市召开中国建筑业"十二五"规划与产业政策高级研修班。中建协副会长兼秘书长吴涛、副会长楼永良及陕西省住房城乡建设厅副厅长许龙发等领导出席会议并讲话。

6月29日，中建协组织有关专家在北京召开了建筑工程专业一级注册建造师继续教育选修课教材首次编写会。

9月26～30日，中建协组织两个专家组分别赴上海、浙江、湖南、广东等四省市保障性住房建设现场开展工程质量调研和咨询活动。专家组分别与当地建筑企业和协会进行了座谈，听取关于在保障性住房中创建优质工程的一些建议和想法。专家组还深入到施工现场，查阅有关技术资料，针对发现的质量问题，分专业进行逐一点评，提出整改措施，并对施工中应注意的事项提出了具有指导性、建设性的意见。

11月7日，2010～2011年度中国建设工程鲁班奖(国家优质工程)颁奖大会在人民大会堂举行。住房城乡建设部副部长郭允冲出席大会并讲话。

11月25日，中建协于浙江海宁举办全国建筑行业信息媒体宣传工作经验交流会。住房城乡建设部办公厅宣传处处长毕建玲、浙江省建设厅副厅长樊剑平、中建协副会长兼秘书长吴涛、浙江省建筑业行业协会会长赵如龙等有关领导出席会议。来自全国各地的建筑行业媒体宣传工作者近200人参会。

11月29日，中建协在北京召开了全国建筑节能减排与绿色施工新技术交流暨全国建筑业优秀总工程师表彰大会。住房城乡建设部工程质量安全监管司副司长尚春明、科技发展促进中心主任杨榕，中国建筑业协会副会长徐义屏、栾德成，中国建筑业协会副会长兼秘书长吴涛，中国铁道工程建设协会副理事长兼秘书长朱振升出席会议，来自各地区、各行业建筑业(建设)协会和建筑业企业的代表参加会议。会议期间对在企业技术进步与管理创新中做出突出贡献的162名优秀总工程师进行了表彰。

12月1～8日，遵照中组部领导关于对中国井冈山干部学院、延安干部学院和大连高级经理学院建设工程项目"要确保建成优质工程、安全工程、廉洁工程"及规范化工程、节约工程的指示，受住房城乡建设部工程质量安全监管司的委托，中建协第四次组织建筑、结构、安装、装饰和造价五个方面专家，对三所学院工程建设的施工组织设计、施工质量、施工安全、施工进度、绿色施工、科技创新、工程造价以及工程的"四节一环保"等情况进行了现场咨询指导。专家组由中组部董万章带队，中国工程院院士叶可明任组长，中建协副会长兼秘书长吴涛和北京市工程建设质量管理协会会长艾永祥任副组长。

12月15日，全国行业建设协会推进项目经理职业化建设座谈会在北京召开。

(中国建筑业协会)

中国安装协会

1. 加强联系与交流，推动协会工作稳步发展

【召开五届四次理事（扩大）会议，及时向理事报告协会工作】 2011年3月，在北京召开中国安装协会（以下简称"协会"）五届四次理事（扩大）会议暨颁奖大会。住房和城乡建设部副部长郭允冲发来书面讲话，住房和城乡建设部总经济师李秉仁、人事司司长王宁等领导出席会议，李秉仁总经济师在大会上作重要讲话。会议总结了协会2010年的工作，提出协会2011年的工作计划，审议通过杨存成秘书长的工作报告，颁发2010年度中国安装工程优质奖（中国安装之星）。

会议审议通过增聘协会顾问、增选副会长、变更理事、常务理事的提案，同意增聘住房和城乡建设部工程质量安全监管司司长吴慧娟为协会顾问；同意增选浙江省工业设备安装集团有限公司总经理张振荣、四川省工业设备安装公司总经理曹向东、中国安装协会秘书长杨存成三位同志为协会副会长；会议批准了发展新会员等事项。

【召开秘书长联席会议，促进协会各项工作的落实】 8月，在银川召开协会秘书长、联络员、通讯员联席会议，会议通报了协会工作，并对《安装》杂志一年来通讯员队伍建设情况做了介绍。各地区安装协会秘书长、各兄弟协会秘书长、协会地区联络组负责人及协会联络员、通讯员交流了做好协会工作的经验，对协会发展和建设等问题进行探讨。会议的召开，进一步明确了工作目标，加快了各项工作的落实，增进了友谊，沟通了信息，有效推进了协会各项工作的开展。

【举办安装行业论坛，推动安装行业结构调整与优化升级】 12月，在南京召开2011中国安装行业高层论坛，260位企业领导参加会议。多位企业家围绕"安装行业结构调整与优化升级"这一主题，结合本企业发展的历程和成功经验发表演讲。会议得到住房和城乡建设部和江苏省住房和城乡建设厅的重视。住建部市场监管司处长燕平和江苏省住建厅副厅长徐学军出席会议，燕平对建筑业"十二五"发展规划进行了系统的解读，徐学军介绍了"十二五"时期江苏省建筑业的发展规划情况。会议邀请住房和城乡建设部政策研究中心研究员李德全，就建筑业结构调整和优化升级问题从理论和实践的结合上作了深刻而全面的讲解。会议编辑了论文集，这些论文反映了安装行业在迈进"十二五"时期后的发展趋势，是安装企业在科学发展道路上不断探索实践取得的经验总结和研究成果，对于安装企业的转型升级有着积极的借鉴意义。

2. 扎实做好评优工作，促进行业健康发展

【开展安装之星评选，推动安装工程质量水平提高】 2011~2012年度中国安装工程优质奖（中国安装之星），是自2009年得到国家九部委批准后开展这项活动的第一次，2011年是这一年度的第一次评选，2012年将开展第二次评选。2011年，各地区和有关行业共推荐申报项目107项。协会坚持"高标准、严要求、优中选优"的原则，精心组织，严格执行评审程序，对各地推荐的项目进行认真的初审，并派出13个专家复查小组对通过初审的98个项目全部进行了现场复查。经过评审和公示，最终，94个工程项目成为2011~2012年度中国安装工程优质奖（中国安装之星）第一批获奖工程。

【开展科技进步奖评选，推动安装行业科技进步】 为了开展好中国安装协会科技进步奖评选活动，使这项活动切实发挥出增强企业创新能力、推动行业技术进步的效果，协会利用各种场合和举办各种活动的机会，积极做好对科技进步奖的宣传，制定工作细则，明确工作要求，完善评审表格，扎实做好各项基础性工作。1月，协会发出"关于开展中国安装协会科学技术进步奖评选活动的通知"，正式启动中国安装协会科学技术进步奖评选工作。评选活动得到了广大会员单位的积极响应。协会共收到各地方协会、地区联络组、兄弟协会和各大型企业集团推荐的申报书136份。申报的项目涵盖全国24个省、自治区、直辖市的安装企业和研究院所，以及冶金、电力、化工、机械等13个相关行业。经资料审核、专家审查、评委会评审，共评审出2011年度中国安装协会科学技术进步奖77项，其中一等

奖 7 项、二等奖 14 项、三等奖 56 项，通过项目占申报项目总数的 56.6%。

【继续开展先进企业、优秀企业家和优秀项目经理评选，引导企业加强管理】 2011年，协会继续开展全国安装行业先进企业、优秀企业家和优秀项目经理评选表彰活动。安装行业的可持续发展，赖以支撑的动力有两个，一个是优质工程，另一个是施工技术。中国安装工程优质奖（中国安装之星）和中国安装协会科技进步奖是推进安装行业提高工程质量水平和技术进步的两个支撑点。先进企业、优秀企业家和优秀项目经理评选表彰活动，是围绕着两个支撑点开展的活动，是这两个表彰活动的延续。为此，协会对先进企业、优秀企业家和优秀项目经理评选办法做了补充和完善，在评选条件中，将获得过质量奖和技术奖列为重要条件。这个做法，符合市场发展规律，受到企业的欢迎。经各地方协会（分会）、地区联络组等推荐，协会组织初审、评委会审定和公示，共有 76 家企业、53 位企业领导被评为全国安装行业先进企业、优秀企业家；233 位项目经理被评为全国安装行业秀项目经理。获奖企业和人员涵盖了房屋建筑、机械、电子、轻工、冶金、电力、铁路、城建、石化、煤炭等领域。

3. 认真完成政府交办工作，积极发挥好纽带作用

【做好建造师继续教育工作，为行业发展服务】 3月，在住房和城乡建设部召开的《建造师继续教育管理暂行办法》宣贯会上，明确注册建造师继续教育工作的组织与监管方式，细化注册建造师继续教育工作的分工，确定由中国安装协会承担机电工程专业一级注册建造师继续教育牵头单位，中国石油建设协会、中国冶金建设协会、中国电力建设协会为配合单位。作为牵头单位，协会要做的主要工作有组织编写教材、培训授课教师、认定培训单位、制定培训计划，并对培训单位实施监管等。协会制定了一级注册建造师（机电工程）继续教育工作方案，组织召开机电工程专业一级注册建造师继续教育领导小组工作会议及教材编写委员会工作会议。同时，根据《注册建造师继续教育管理暂行办法》和全国 4 万名机电工程一级建造师的地区分布情况，认真选择候选培训单位、确定培训单位数量。并对各地方安装协会、地区联络组及有关单位推荐上来的培训单位进行认真考核，征求他们所在地区建设主管部门的意见。最后，协会向住房和城乡建设部报送了 22 家培训单位，其中 20 家培训单位得到批准，获得第一批一级注册建造师继续教育培训资格。

按住房城乡建设部和人事部要求，协会认真组织编写继续教育大纲和教材，认真研究建造师（机电工程）继续教育必修课和选修课教学大纲与教材编写工作。必修课的大纲及教材完成编写并由中国建筑工业出版社出版，选修课的大纲和教材也已完成编写。

【完成好课题研究工作，为政府部门服务】 《完善建筑市场准入制度，加强市场监管相关政策研究》课题是住房和城乡建设部下达给协会的课题，该课题是对建设行业改革中市场准入方面的研究和思考，协会与天津大学合作，通过对建筑业企业市场准入相关问题进行广泛的调研、访谈和问卷调查，从我国建设行业改革的视角，全面总结了当前我国建设行业发展成就及存在的问题，深入分析建设领域中"行业结构"、"资质挂靠"以及"跨区域经营"等三个问题的现状和产生原因。课题在充分借鉴国外经验及国内一些地方城市管理经验的基础上，有针对性地提出长期与短期相结合的应对策略及措施。在 4 月召开的专家论证会上，专家一致认为该研究成果达到国内领先水平，一致同意通过评审。评审会后，课题组根据专家意见，对课题报告进行了进一步修改和完善，上报住房和城乡建设部，圆满完成任务。

【参加国家职业大典修编工作，为社会服务】 2010 年 12 月，由人力资源和社会保障部、国家质量监督检验检疫总局、国家统计局会同国务院有关部门、直属机构和行业组织共同开展了对 99 版《国家职业分类大典》的修订工作，住建部承担了 64 个职业的修订任务，其中 44 个职业为"承担"修订，20 个职业为"参与"修订，另有 16 个职业为"新增"。为此，部里设立了行业大典修订工作委员会，中国安装协会作为委员单位也参与了这项工作，承担了其中涉及安装行业的 6 项职业的修订工作。这项工作涉及人力资源管理、从业人员岗位设置、职业培训、人才统计与评价等多个方面，客观、准确、翔实地对安装行业从业人员岗位进行描述和定位，对于规范企业人力资源管理、加强行业人才队伍建设具有重要指导意义。因此，协会十分重视这项工作，积极参加部里召集的相关会议，认真学习《修订工作方案》及修订工作技术要求，组织各地方协会和业内专家共同参与，遵循科学性、客观性、合理性、先进性、开放性的原则，于 2011 年年底基本完成信息采集工作。

**【推广建筑业 10 项新技术，为安装行业技术进

一、部属单位、社团

步服务】 组织完成了2010年版《建筑业10项新技术应用指南》"机电安装工程技术"的编写工作，作为成员单位参与审定工作。同时，作为部里确定的"建筑业10项新技术（2010）咨询服务单位"，还派专家参与住建部组织的10项新技术的推广和咨询工作。为更好地宣传推广"建筑业10项新技术（2010）"，协会组织业内专家编写"建筑业10项新技术技术（2010）应用实例"一书，积极做好10项新技术在安装行业的宣传推广和应用。

4. 加强协会建设，不断提高服务企业的能力

【积极开展培训工作，推动安装行业人才建设】 2011年，协会以建造师继续教育工作为契机，充实协会培训部的力量，加大培训力度，通过承担建造师继续教育牵头单位等工作，加强与地方协会和相关培训机构的联系，针对企业工程项目管理和工程技术应用中的一些实际需要，协会充分发挥地方协会的作用，联合有关培训机构，分别在成都市、上海市和江苏省举办三期"建筑业10项新技术及国家级工法培训班"和一期"建筑施工起重吊装安全技术与施工方案编制培训班"，参加人数达到300多人。以上活动的开展，既充实了协会培训工作，也增强了协会进一步做好培训工作的信心。

【加强秘书处自身建设，提高秘书处人员素质】 秘书处根据工作的需要，招聘了几位大学生，从企业借调和聘用了几位同志。为使他们尽快地适应协会工作，保证协会工作质量，秘书处把加强业务学习作为搞好自身建设的重要内容，建立学习制度，由协会领导和秘书处同志轮流讲课。这项学习制度的建立，使秘书处和新来的同志全面了解、掌握了协会的发展、会员状况、协会的工作性质和各项工作的内容，提高了素质，增强了干好协会工作的信心。为此，秘书处还专门编辑整理了工作中常用的资料，如实用文体手册等。

【完善协会专家库，充分发挥专家作用】 近年来，在会员单位和兄弟协会的支持下，协会专家库建设不断完善，一大批安装行业各领域的老、中、青技术专家成为专家库成员，成为协会各项工作的重要依靠力量，并在协会各项活动中发挥着越来越大的作用。2011年，经审核，又有16名专家成为安装协会专家库成员。协会专家库共有专家236名，2011年有60名专家参加了安装工程优质奖的复查、评审工作；36名专家参加中国安装协会科技进步奖的审查和评选工作；30名专家参加安装行业注册建造师继续教育的相关工作；85名专家参加有关教材、书籍的编写工作，还有许多专家参加了安装协会组织的各种咨询活动。协会还根据部里需要，派出专家参加资质初审和工法的评审。

【积极发展会员，壮大协会力量】 会员是协会的主体，是协会发展的基石。从协会近几年发展会员情况看，新加入协会的会员单位数量在逐年增加，主要原因是协会近年来开展的活动符合企业的需求，协会开展的中国安装工程优质奖、中国安装协会科技进步奖等评优活动增强了协会的凝聚力，协会承担的建造师继续教育、课题研究等工作，提升了协会的影响力。协会的发展壮大和吸引更多的企业加入协会，最有效的办法是通过不断提高服务企业的能力和多开展对企业有益的活动。

【办刊质量有所提高，通讯员队伍建设有成效】 2011年，《安装》杂志一方面着力于通过提高自身办刊质量，提高杂志的可读性，将杂志办成行业内具有前沿性、创新性、权威性的学术期刊，另一方面，积极围绕协会工作，跟踪报道协会各项活动，加强对协会、行业、会员企业的宣传，提高协会凝聚力。2011年，《安装》杂志社全年在扩版不提价的情况下，发行量比上一年有所增长，文章质量也有所提高，影响力不断扩大，广告收入也有所增加，实现了收支平衡、略有盈余。《安装》杂志社的通讯员队伍已组建一年多，有101家企业和单位向《安装》杂志社推荐了通讯员。这些通讯员在完成本职工作的同时，积极主动地向《安装》杂志撰写或组织推荐稿件，或及时反映企业和行业的动态和信息，组织杂志的订阅，为丰富杂志的稿源、提高杂志的办刊水平、扩大杂志的发行量做出了贡献。

【办好协会《工作通报》，及时通报宣传协会工作】 《工作通报》是秘书处通报协会工作情况、沟通工作信息的重要渠道，主要是向正副会长、地方协会（分会）、地区联络组、协会各分支机构、部属协会和政府主管部门发送。秘书处一直非常重视这项工作，力求能够全面、准确、及时地反映协会工作情况，让协会的理事、常务理事和政府主管部门及时掌握协会的工作动态，得到他们给予协会更多的支持。

【不断优化网站栏目，办好协会信息平台】 2011年，协会充分发挥网站信息发布平台作用，及时刊登国家及住建部最新法律法规，相关行业新闻，积极跟进协会工作，及时发布各地方安装协会、相关协会工作动态等，加强了协会与会员单位的沟通，扩大了协会的影响力。根据协会工作的需要，协会对网站部分栏目进行了优化改版，提升了网页打开速度，方便了会员单位使用。

5. 发挥分支机构作用，开展专业交流活动

【召开年会总结工作，开展多种多样技术交流】 2011年，协会各分支机构按照协会整体的工作部署，结合自身专业特色，不断创新，努力开展活动，为行业发展做出了积极的贡献。协会焊接专业委、压力容器与锅炉专业委、电气专业委、通风空调分会、标准化工作委员会召开年会，总结工作，提出下一步工作目标，并在年会期间开展具有专业特色的技术交流活动。压力容器与锅炉专业委在年会期间重点组织会员单位交流了开展专业技术创新工作的情况和取得国家级工法的体会。通风空调分会为开好年会，征集了40篇论文，汇编成《通风与空调工程技术文选》，并评选出一等奖2篇，二等奖6篇，三等奖12篇。电气专业委针对建筑电气安装工程中存在的一些施工缺陷和质量问题，组织编写《建筑电气安装工程施工质量控制图解手册》，帮助安装企业克服建筑电气安装工程中的一些质量问题。标准化工作委员会配合住房城乡建设部，对《通风与空调工程施工规范》、《采暖通风与空气调节检测技术规程》、《建设工程咨询分类标准》的征求意见稿，提出修改建议，并参加《通风与空调工程施工规范》专家审查会，对专家提出的意见进行完善，形成报批稿。为丰富安装技术人员关于新能源及系统控制方面的专业知识，标准委还联合北京海林自控设备有限公司共同举办技术讲座，提高了安装技术人员对新能源应用、节能控制的认识。

【根据行业发展需要，设立新的分支机构】 为提高建筑设备和系统的运行维护水平，保证建筑系统优化运行，推动相关行业规范和标准的建立，营造良好的市场环境，经住房城乡建设部和民政部批准，2011年协会成立建筑设备和系统运行维护分会。分会依托中国建筑科学研究院，发挥中国建筑科学研究院的资源和技术优势，结合建筑业节能、环保应用新技术，提高系统运行效率，降低能耗，不断满足运行维护市场的需求。分会成立后，将从建筑设备检测、产品节能认证、系统运行维护、技术培训、标准编制、合同能源管理等多方面着手为会员服务。分会将引导建筑安装企业延伸其服务范围，打造一批可以服务于社会的专业化运行维护队伍，创造企业新的经济增长点；同时，还将促进企业间交流与合作，探讨和解决建筑设备和系统运行维护中存在的问题，推动安装行业持续健康发展。

6. 2009～2010年安装行业生产经营状况

2011年，在会员单位及各地方安装协会（分会）、地区联络组、相关协会的大力支持下，共有111家企业参加了协会组织的企业生产经营情况调查。调查统计中涵盖机械、冶金、电力、石油、化工、电子、轻工、铁路、交通、核工业、一般公用及民用等诸多领域。从地域分布上看，基本上涵盖了全国各个地区。从参加调查的企业性质和规模上看，既有大、中型国企，也有中小型民营企业。

【各项经济指标均有所提高，利润总额2010年比2009年有大幅度的增长】 通过对被调查企业的生产经营经济指标的整理和分析，2009～2010年全国安装企业的总体经营状况良好，2010年与2009年相比，各项经济指标均有所提高，企业生产经营状况继续改善，利润总额和境外完成的营业额同比上年有大幅度的增长。全部被调查企业2010年全部从业人员平均人数29.4万人，比2009年的26.46万人增加了11.11%。2010年计算建筑业劳动生产率的平均人数34.03万人，比2009年的31.28万人增加了8.8%。2010年企业的平均全员劳动生产率为49.33万元/人，比2009年全员劳动生产率43.98万元/人高5.35万元/人。全部被调查企业2010年建筑业总产值1405.82亿元，比2009年的1173.88亿元增长19.76%；建筑业总产值超10亿元的企业户数，按同口径的企业计算，2010年为40户，比2009年增加了9个企业。2010年企业利润在2000万元以上的企业个数为37个，也比2009年增加了7个企业。全部被调查企业的利润总额为37.36亿元，比2009年的27.28亿元增加了36.95%。企业的产值利润率2010年为用2.7%，比2009年的2.3%增加了0.4个百分点。上报资料的企业的利润总额比上年有所增加。

【生产经营状况继续改善，境外完成的营业额有了大幅度的增长】 全部被调查企业生产经营状况在继续改善，2010年企业总收入1486.25亿元，比2009年1247.98亿元增长19.09%，基本上与总产值的增长比例持平。有两个明显的特点：

从生产指标完成情况看，一是上报资料的企业基本上都有省外工程，在外省完成的产值2010年为847.4亿元，比2009年676.58亿元增长25.25%；二是多数企业在境外有工程，在境外完成的营业额2010年97.15亿元，比2009年70.84亿元增长37.14%，境外完成的营业额有了大幅度的提高。三是签订的合同额2010年为2005.5亿元，比2009年

1447.6亿元增长38.54%；说明企业在开拓市场的方面成效显著，后续任务仍有一定保障。从经营指标看，2010年的企业应收工程款290.49亿元，比2009年应收工程款256.01亿元增长13.47%，但低于企业总收入19.09%的增长幅度；2010年的应付工资总额为101.49亿元，比2009年的78.15亿元增长29.87%，高于企业总收入19.09%的增长幅度，说明企业的工资支付负担明显增加；应收款在增加，一方面反映企业的资金回收工作量仍然繁重，但企业应收款的增长幅度低于企业总收入的增长，说明企业经营管理水平有所提高，拖欠工程款似有减缓之势。

【被调查企业中2010年建筑业总产值在10亿元以上的企业名单】

中国二十冶建设有限公司
上海宝冶集团有限公司
中国机械工业建设总公司
中国十五冶金建设有限公司
上海市安装工程有限公司
中国石油天然气第一建设公司
浙江省工业设备安装集团有限公司
湖南省工业设备安装有限公司
浙江诸安建设集团有限公司
迪尔集团有限公司
河北省安装工程公司
江苏天目建设集团有限公司
江苏华能建设工程集团有限公司
陕西建工集团设备安装工程有限公司
中建七局安装工程有限公司
中国石化集团第十建设公司
江苏启安建设集团有限公司
广东省工业设备安装公司
中建一局集团安装工程有限公司
福建省工业设备安装有限公司
江苏扬安机电设备工程有限公司
黑龙江省安装工程公司
广西建工集团第一安装有限公司
中天建设集团浙江安装工程有限公司
中国电子系统工程第二建设有限公司
安徽省安庆市建筑安装工程公司
吉林安装集团股份有限公司
四川省工业设备安装公司
天津电力建设公司
中国建筑五局第三建设有限公司
杭州市设备安装有限公司
成都市工业设备安装公司
中建工业设备安装有限公司
盛安建设集团有限公司
中国电子系统工程第四建设有限公司
北京市设备安装工程集团有限公司
江苏江安集团有限公司
安徽华力建设集团有限公司

【被调查企业2010年利润总额在2000万元以上的企业】

上海宝冶集团有限公司
中国二十冶建设有限公司
中国石油天然气第一建设公司
中国机械工业建设总公司
中建工业设备安装有限公司
中国十五冶金建设有限公司
浙江省工业设备安装集团有限公司
迪尔集团有限公司
中国建筑五局第三建设有限公司
江苏启安建设集团有限公司
中建五局工业设备安装有限公司
安徽华力建集团有限公司
上海市安装工程有限公司
中国电子系统工程总公司
中国电子系统工程第二建设有限公司
中国电子系统工程第四建设有限公司
中建一局集团建设发展有限公司
江苏天目建设集团有限公司
浙江诸安建设集团有限公司
中建七局安装工程有限公司
中建一局集团安装工程有限公司
中国石化集团第十建设公司
广东省工业设备安装公司
江苏华能建设工程集团有限公司
河北天俱时工程科技集团有限公司
江苏扬安集团有限公司
中铁建工集团北京安装工程有限公司
盛安建设集团有限公司
中建二局安装工程有限公司
中铁建设集团有限公司设备安装分公司
中交一航局安装工程有限公司
江苏伟业安装集团有限公司
中煤第五建设有限公司第五工程处
铜陵建鑫建筑安装工程有限责任公司
浙江华业电力工程股份有限公司

（中国安装协会　撰稿：顾心建）

中国建筑金属结构协会

【重要活动】 2011年1月19日，中国建筑金属结构协会（以下简称"协会"）工作会议在新疆驻京办事处召开。出席会议的有会长姚兵，住房城乡建设部人事司直属处处长刘平星，社团一党委周为贵，协会部分老领导老同志以及各专业委员会、分会全体职工共78人。会长兼秘书长刘哲主持会议并做工作报告。各部门分别在会上汇报了2010年的工作和2011年的工作计划。

2011年10月31日，"中国建筑金属结构协会与全国地方相关行业协会第四次联谊交流会"在北京国际会议中心举行。来自全国35个地方行业协会及行业主管部门的50多位负责人参加会议。姚兵发表题为"做强企业，壮大行业，创新协会工作思路"的讲话。山东省建设机械协会秘书长于凤军、上海市建筑装饰装修行业协会会长忻国梁在会上介绍了协会工作创新开拓的经验。会上，其他十几位协会代表就行业工作中的经验、体会、发展情况进行了交流。

2011年11月1日，中国建筑金属结构协会第九届三次理事会暨纪念协会成立30周年表彰大会在北京五洲大酒店隆重举行。出席会议的有住房城乡建设部副部长齐骥和有关司局的领导、地方行业协会的领导、协会新老领导及会员企业代表500多名参加了大会。齐骥作重要讲话，姚兵做主题演讲，刘哲主持大会并作总结报告。大会通过回顾总结、表彰先进、成就展示，向社会各界展示了中国建筑金属结构协会30年取得的令人瞩目的辉煌成就，表彰了91名为行业发展做出突出贡献的"突出贡献者"、119名"优秀企业家"、112家"突出贡献企业"和26名"优秀工作者"。同期还举办了中国建筑金属结构协会成立30周年成就展、2011年第九届中国国际门窗幕墙博览会和"南山杯"庆祝中国建筑金属结构协会成立30周年摄影展。

【展会情况】 2011第十一届中国国际供热、通风及空调产品与技术博览会暨中国国际采暖散热器及配套产品展览会于2011年3月3～5日在北京中国国际展览中心举行。

2011年5月26～28日在永康五金城举办第二届门博会。展会展出面积1.86万平方米，同比增加了1860平方米；展位数626个，同比增加了23个；参展企业576家，同比增加了20家。

2011年11月2～4日"第九届中国国际门窗幕墙博览会"与"中国建筑金属结构协会成立30周年成就展"在中国国际展览中心（新馆）举行。展出面积约45000平方米，约1800个展位。吸引了来自20个国家和地区的410家企业参展。展品范围涵盖了各种门窗幕墙型材、门窗幕墙系统、建筑玻璃、五金配套件、密封材料、门窗幕墙加工及制造、中空玻璃加工设备以及采暖散热器、建筑钢结构等。来自43个国家和地区的参观观众达45325人次，较上届增长约40%。国外观众较上届增长约43%。现场国际成交量较上届有明显增加。合作媒体共计108家。

【协会授予】 2011年1月10日协会批准天津市宁河县为"中国采暖散热器制造采购基地"。

2011年3月2日协会同意天津马丁康华不锈钢制品有限公司为"中国采暖散热器研发中心"。

2011年3月14日协会表彰了全国钢结构工程优秀项目经理（一级建造师）。

2011年3月20日协会授予昆明新国际机场、天津西站等109项工程为"中国钢结构金奖"。

2011年4月8日协会对2010年钢结构行业前30名企业排名进行了通报。

2011年10月28日协会授予孙靖韬同志等91人"突出贡献者"光荣称号；授予王晓波同志等118人"优秀企业家"光荣称号；授予成都硅宝科技股份有限公司等112家企业"突出贡献企业"光荣称号；授予闫雷光同志等25人"优秀工作者"光荣称号。

【年会情况】 2011年3月18～20日在广州保利世贸博览馆召开2011第十七届全国铝门窗幕墙行业年会。出版2011年新技术论文集，搜集新发表建筑幕墙门窗新技术论文34篇。同期还举办了新产品新技术展示会，参加单位370家，到会39985人次。年会上还同期举办学术交流、建筑前沿论坛、专题讲座，各种专题讲座、技术研讨共12场。

2011年4月12～13日塑料门窗行业年会暨2011年国际塑料门窗及相关产品展览会在成都召开。

2011年4月12日建筑钢结构行业大会在昆明召开，来自全国钢结构行业的400多名代表参加了大会。

2011年6月27日，全国钢木门窗行业年会在京裕龙国际大酒店隆重召开。协会领导、会员企业代表、行业专家共158人出席了会议。

2011年11月10日建筑模板脚手架行业年会在宁波召开。来自全国各地的行业企业领导、专家学者代表120多人参加会议。

2011年12月7~9日在海南召开全国采暖散热器委员会常委扩大会。会议主要内容包括：传达贯彻国家相关产业政策，进一步分析国内外采暖散热器行业市场形势；采暖散热器委员会工作报告及2012年委员会工作要点；中小企业如何适应市场的发展；新形势下的节能减排；企业如何创新发展；加强行业和企业经销工作；调整委员会常委单位以及为"十一五"期间在创新、品牌、文化、和谐做出突出贡献的单位颁奖等。180人参会议。

【工作会议】 2011年3月15~16日，光电建筑构件应用委员会工作会在广州召开。本次会议确定"把握机遇，抱团发展"的方针，通过了2011年委员工作规划等内容。

2011年5月11~12日在京召开建筑模板脚手架委员会专家组工作会议。参会代表30人。会议调整专家组成员，定26人组成。

2011年6月13~15日，在京召开"塑料门窗型材热工性能数据库"工作会，委员会主任闫雷光，广东省建筑科学研究院杨华秋、大连实德等11家骨干企业的代表参加了会议。

2011年6月22日，建筑门窗配套件委员会工作会议在江阴召开，会议围绕"总结过去、展望未来，努力提高配套件行业产品品质和品牌影响力，促进行业和谐、健康发展"为主题。

2011年11月25~26日建筑钢结构委员会工作会议在安徽巢湖召开，参加会议的国内大型钢结构企业负责人、地方行业协会领导、科研机构专家学者，省厅领导40人参加了会议。会议围绕国家住房城乡建设部下达的钢结构住宅产业化推进课题，提出速推进钢结构住宅产业化课题研究。确定了8家钢结构骨干企业作为第一批课题研究的特邀成员单位。

2011年12月17日铝门窗幕墙委员会工作会议在上海召开。铝门窗幕墙委员会副主任委员、专家组成员、部分特邀代表以及新闻媒体记者共计80名代表出席了会议。姚兵、刘哲出席会议并做了重要讲话。会议对《关于既有建筑幕墙的安全、检测及维护问题》和《关于加强幕墙设计咨询顾问公司管理的建议》等问题进行了商议和讨论。

【为会员企业服务】 2011年塑料门窗委员会1月6日在西安、3月8日在杭州、4月12日在成都、8月26日在大连，组织召开国内有一定影响和规模的型材企业座谈会。通过交流沟通了各企业的看法，在一定程度上统一了参会人员的意见，大家行动一致，对于稳定型材市场价格起到一定好的作用，保护了型材企业利益。会议中还提出改变型材企业经营方式，今后开发的门窗新产品的型材按长度销售。

1月18日钢木门窗委员会在京裕龙大酒店组织召开《金刚防火玻璃》新闻发布会。6月20日协助大同明星公司举办新型高性能钢门窗项目论证会。协助福建省技术监督局审查地方标准，《电动卷门机》。与河北奥润顺达公司合作开展中国门窗城招商和配套活动，多次赴高碑店门窗城现场考察，并利用多种机会向会员企业推广宣传。

3月21~24日，铝门窗幕墙委员会在广州华泰宾馆举办全国建筑门窗幕墙技术培训班。聘请行业专家赵西安、张芹、王德勤、闫春平、杜万明等授课。参加培训的人员来自各建筑设计院、科研单位、大学和建筑门窗幕墙设计施工单位，共计127名。

塑料门窗委员会完成和广联达公司建立依托该公司的建材信息网的试点工作。有10家型材企业进入该网，产生了较好的效果，仅仅两周的时间就被浏览了18371次。8月31日在京组织"广联达建材营销系统培训"，20人参加。

5月31~6月2日，"结构工程质量通病预防与控制培训"在京开班，本次培训邀请两位专家，主要以钢结构制作、安装企业从事技术和生产管理的技术、管理、质量检验人员等为对象。针对钢结构工程施工（生产）过程的质量通病预防知识，结合案例进行讲解。有60多人参加培训。

5月、6月采暖散热器委员会分别在天津宁河和唐山芦台这两个地区举办"采暖散热器基础知识及行业标准规范培训班"，参加培训人数分别有60人、50人。

7月25~28日塑料门窗委员会组织业内30家企业的45位代表对国强五金制品有限公司、山东百成工贸有限公司、东营大明新型建材有限责任公司、济南德佳机器有限公司等企业，为期四天的走访学习交流。

采暖散热器委员会9月、11月协助宁波东方热传科技有限公司、鞍山浩特散热器有限公司研发的新产品通过了国家住房城乡建设部的"科技成果评估"。

12月采暖散热器委员会与《散热器直通车》杂志共同编制发行《中国采暖散热器行业专利汇编》和《中国采暖散热器行业大全》两本经典文献。

12月20~23日，塑料门窗委员会在京举办全国塑料门窗技术培训班。来自全国各地的门窗、型材、模具、设备、五金配件及房地产开发单位的技术人员共60人参加培训。邀请9位行业专家授课。并在培训后组织考试，对合格者发放了结业证书。这也是下一步开展企业制造等级评级的一项条件。

12月22~23日，钢木门窗委员会在京组织召开"中国木门窗行业骨干企业战略合作与发展研讨会"，刘哲出席会议并讲话，北京米兰之窗等10家企业领导参加了会议。各位代表从木门窗行业发展的现状与存在的问题进行深入细致的剖析，提出多项解决问题的对策。会议决定筹建"中国高性能节能门窗行业联盟"，会上签署了行业自律公约。

2011年光电建筑构件应用委员会在会员企业的支持、配合下，筹备编辑《世界光电建筑欣赏》并于年底发行。本书精选近20个国家的150多个光电建筑应用实例，共计500多张精美图片。

2011年扣件委员会，组织会员企业参观考察国内先进的铸造行业，从中选定适合扣件行业的"全自动造型线"。到了年底有4家企业上了该生产线。极大的提高了产品的内在和外观质量，降低了生产成本，减轻了工人的劳动强度。

2011年建筑模板脚手架委员会组织专家评估论证，对北京金誉达租赁有限公司分包的昆明市轨道交通六号线使用"方易鼎M60模板支撑系统"施工设计方案进行论证。参与北京两家企业标准、地方标准的审查工作。

【为政府服务】 2011年铝门窗幕墙委员会协助政府对《职业分类大典》的修订工作进行调查，向建筑幕墙行业发出88份《职业工种及岗位问卷调查表》，及时完成汇总任务。

2011年塑料门窗委员会，协助政府《职业分类大典》的修订工作。按照协会的统一安排，委员会成立工作领导小组和专家工作小组，对新增钢结构焊工的工种的信息采集进行安排，截止到12月20日，共收到分地区的28家企业280余份职业信息采集表。

2011年铝门窗幕墙委员会对硅酮结构密封胶实施行业质量年检制度。经抽样检测，合格产品有66家，不合格产品1家。

钢结构委员会在2011年初住房城乡建设部征求《建筑业发展"十二五"规划》意见的过程中，委员会主动加强与相关部门的联系，积极反映行业发展诉求。在行业调研的基础上，8月3日向部主管部门报送了《规划》修订的建议意见，共上报6条有关发展建筑钢结构、推广节能新技术和新材料方面的建议，最后被《规划》采纳5条，为行业发展提供了政策依据。

铝门窗幕墙委员会2011年完成住房城乡建设部的《建筑幕墙工程标准设计施工一体化招标文件》起草工作。

建筑扣件委员会，2011年按照全国工业产品生产许可证办公室颁布的《全国工业产品生产许可证换发证实施细则》的要求，对细则进行修订，委员会本着推进行业的技术进步，竖立行业整体形象，将部分手工操作变为机械设备制造。

2011年10月份，应河南省质量技术监督局的邀请，建筑扣件委员会在河南安阳市对该市新办的20家企业进行生产许可证实施细则的宣贯工作。

2011年辐射供暖供冷委员会参加了国家职业大典的修订工作。先后参加在北京、湖南、云南的工作会议。致力于地面供暖施工员纳入国家职业大典，争取把地面供暖施工员这一工种申报为一个独立职业。

2011年辐射供暖供冷委员会受住房城乡建设部住宅产业化促进中心委托，"保障性住房建设材料、部品采购信息平台"推荐工作，有8家企业进入平台。

2011年国际合作部开展"工程项下外派劳务管理模式课题研究"，起草《工程项下外派劳务管理规定》；参与编写了《2011年建筑市场检查报告》；启动建筑市场动态监管模型研究工作；参与住房城乡建设部信用体系和工程担保方案设计和相关工作。

模板脚手架委员会组织编纂的《全国模板、脚手架新技术与装备推荐要目》于2011年出版发行。《职业分类大典》修订工作，提出增设"模板工"的建议。

【促科技进步】 2011年塑料门窗委员会着手组织编制型材共混料的标准，争取学习国外先进做法，从源头控制型材质量提供依据和检测方法，并且逐步消除型材企业改变型材配方的随意性。

1~5月，由钢木门窗委员会牵头，联合建筑装饰装修材料协会、中国产业报协会，组织开展首届"中国门业十大品牌和功勋人物"评选活动。经过10多次组委会工作会议，论坛、资料审查及现场抽查、网上公示和专家评审等，评选结果于5月21日在人民大会堂举行颁奖活动，有200多人参加。同步将整理出的行业资讯汇编成《中国门业蓝皮书》。

3月17日，由中国建筑金属结构协会主办、广东合和建筑五金制品有限公司承办的"第二届建筑门窗配套件行业科技创新论文大赛颁奖大会暨第三届品牌经济高峰论坛"在广东三水召开。参加会议的有：协会领导、骨干企业领导、房地产商、行业专家，近1000人参加会议。会议颁出，一等奖3人、二等奖5人、入围奖获7人。同期举行"品牌·经济"高峰论坛，邀请著名经济评论学家郎咸平教授做了精彩演讲，并与现场嘉宾互动讨论，对中国宏观经济情势做了深入的分析。

5月31日，喷泉水景委员会理事会、专家委员会成立会暨颁奖大会在上海召开。来自全国各地的分会理事和会员企业代表、专家学者、以及新闻媒体，近300人参加了会议。姚兵出席并做了重要讲话。分会会长兼秘书长华明九做工作报告。会议增补刘建为分会副会长；刘哲宣读专家委员会名单。会议还宣读"全国喷泉水景优质工程"14项、"全国喷泉水景行业突出贡献企业"12家，以及"全国建筑给水排水行业名牌"41名、"全国建筑给水排水行业突出贡献企业"45家。

6月21日由中国建筑金属协会采暖散热器委员会、国际铜业协会共同举办的《第四届铜管对流散热器设计大赛》启动会在京召开。历经五个多月于12月5日，大赛于京圆满落幕。本届大赛共吸引中央美术学院、东华大学、大连工业大学、北京理工大学等多名高等院校在校生及社会设计师的参与，本届大赛本着美观与实用并重的原则，从产品的功能、使用、外观设计等多方面进行综合考量，共颁出了包括一等奖、二等奖、三等奖、最佳工艺制造奖、最佳外观造型奖、最高人气奖、最佳工程应用奖、最佳功能创新奖等在内的8个奖项，并最终分别由刘成、大韦红江、胡明月等10选手获得。

6月22日塑料门窗委员会在京召开塑料门窗及型材企业职业及工种标准研讨会。来自塑料门窗、型材、组装设备企业的代表共计10人。会议决定：确定了申报大典的职业类型；确定了门窗技术人员职业标准格式；确定进一步在行业内调查职业和工种情况；委员会在行业骨干企业发放调查表及征求意见。

7月15～16日，塑料门窗委员会组织10家定点型材企业和名牌窗企业参加了建设部组织召开的保障性住房建设支撑技术经验交流会，并与设立在建设部住宅产业化促进中心的康居认证中心合作在行业内开展认证工作，已有6家企业申请认证。

2011年采暖散热器委员会与哈工大以及行业内10多家企业，再次对"散热器采暖系统低温运行节能效果"进行了课题研究，分析不同设计供回水温度对供暖系统运行设备、管网热损失及用户能耗的影响。研究表明，散热器采暖系统低温运行不仅具有节能性还具有经济性。

9月16日，建筑配套件委员会在青岛召开"门窗型材槽口与配套件配合结构研讨会"。出席会议的有门窗、型材、配套件生产企业及地方行业管理部门49人参加会议。目的是积极规范此槽口配合结构，提高门窗的各项性能，减少生产重复投入、提高产品的标准化、通用化、系列化程度。

10月30日，塑料门窗委员会专家组会议在京召开。委员会向到会的专家汇报了两年来委员会所做的型材户外暴晒试验的检测结果及分析、塑料门窗型材热工性能数据库的建立和行业技术培训教材的编写工作、标准的编制工作等并听取了专家的意见和建议以及对今后技术工作的建议。到会37人。

12月9日，由辐射供暖供冷委员会主办、中国地暖网承办的地暖施工日记大赛于在京举行第四届大赛颁奖典礼，本届大赛收到参赛作品近300篇，参赛的地暖施工单位近100家，分别来自全国50多个城市，作品点击阅读量达到60多万次。

【"规划"完成情况】 6月，塑料门窗委员会完成"中国塑料门窗行业'十二五'发展规划"，发布于塑料门窗网站。

6月，建筑配套件委员会完成"建筑门窗配套件行业'十二五'发展规划"，发布于委员会工作会议、配套件网站。

7月，建筑钢结构委员会完成"建筑业发展'十二五'发展规划"，发布于钢结构网站。

11月，采暖散热器委员会完成"中国采暖散热器行业'十二五'发展规划"，发布于郑州年会和散热器网站。

【交流活动】 3月4日，2011中国舒适家居(北京)高峰论坛在中国国际展览中心举行，来自全国各地的相关开发商、施工商、舒适家居产品经销商、设计院、专家学者及其他企业代表、媒体记者等400余人参加了本次高峰论坛。"什么是舒适家居"和"舒适技术及其发展趋势"是本次论坛的两大主题。

10月29日，建筑钢结构委员会在京召开"钢筋桁架楼承板新产品专家现场研讨会"。组织80余名专家到北京多维联合集团对新技术、新产品的开发生产进行现场技术指导，进行交流和座谈。

10月31~11月1日，"第十届建筑门窗配套件行业技术交流会"在京召开。来自门窗、幕墙、型材企业，检测单位，行业协会的相关人士前来参加。会议上颁发2011年推荐产品证书。近百名与会代表围绕着14个主要议题进行了为期两天的交流。有6家知名企业代表进行技术讲座。

为促进两岸钢结构行业组织间的交流、合作，推动我国钢结构的产业升级和结构优化。钢结构委员会参加了2011年11月8日在澳门举办"首届两岸四地钢结构峰会"。

（中国建筑金属结构协会　撰稿人：吕志翠）

中国建设监理协会

【工作综述】 2011年，中国建设监理协会在住房和城乡建设部的领导下，深入实践科学发展观，全面贯彻落实第八次全国建设工程监理工作会议精神，发挥桥梁和纽带作用，开展调查研究，反映企业诉求，加强诚信体系和行业自律建设，积极推进工程监理事业科学发展。

【学习贯彻全国建设工程监理工作会议的精神】 2011年初，召开秘书长会议和常务理事会议，邀请住房城乡建设部市场司的领导传达监理会议精神，研究贯彻落实的具体工作部署。利用报刊、杂志、网站开展工程监理宣48家监理会议交流的监理企业先进事迹，介绍了这些企业经营管理、工程项目实施监理的成功经验。

【组织修订监理会议待议文件】 认真疏理各地区、有关部门的意见，召开专题座谈会，听取各方面的意见，全面修改《建设工程监理合同（示范文本）》和《建设工程监理规范》这两个待议文件。科学定位工程监理的性质、内容和范围，理清工程监理的法律责任和权利义务，进一步规范监理工作。针对基本监理职责，提出"三控、两管、一协调、一监督"的定义，即：建设工程监理是监理单位受建设单位委托，根据法律法规、有关工程建设标准、勘察设计文件及合同文件，在施工阶段对建设工程质量、进度、造价进行控制，对合同、信息进行管理，对工程建设相关方的关系进行协调，对施工单位的安全生产管理实施监督。同时在《建设工程监理合同（示范文本）》通用条件中，约定了22项监理工作内容，在《建设工程监理规范》中明确了监理工作的程序、方法和相关表格。其目的是要监理工作有章可循，有据可查。与此同时，这次修订工作中把相关服务的范围和工作内容纳入监理合同和监理规范之中，明确监理单位按照建设工程监理合同约定，在建设工程勘察、设计、保修等阶段为建设单位提供的工程管理服务就是相关服务，就要执行国家发改委印发和建设部制定的监理取费670号文件的标准，签定合同、执行国家规范，解决部分监理企业干监理送服务的困惑，推进建设监理与项目管理一体化的进程，落实住房建设部（建市〔2008〕226号）《关于大型工程监理单位创建工程项目管理企业的指导意见》的通知要求，使有条件的大型监理企业尽快发展成为提供全过程、全方位项目管理咨询服务的企业，推进工程监理与项目管理一体化试点活动的开展，加强指导，宣传推广先进经验，为监理企业的创新发展提供更广阔的空间。

【组织开展监理工程师执业资格考试、注册和继续教育工作】 认真落实有关考试保密制度，加强对监理工程师执业资格考试命题和案例分析科目阅卷工作的管理，做到公平、公正、准确无误，保证考试工作的顺利进行。2011年度全国监理工程师执业资格考试报考人数为54112人，参考人数为43369人，合格人数11317人，合格率26.09%，参考率80.15%。各科目合格标准是：建设工程合同管理66分（满分110分），建设工程质量、投资、进度控制96分（满分160分），建设工程监理基本理论与法规66分（满分110分），建设工程监理案例分析72分（满分120分）。截止到2011底，全国取得监理工程师执业资格人员为：187234人。

监理工程师注册工作。2011年受理全国注册监理工程师初始、变更、延续、补办、注销注册申请共56777人次。其中：初始注册：22523人次；变更注册：17592人次；延续注册：15457人次；注销注册：892人次；遗失补办：313人次。截止到2011年12月底，全国有注册监理工程师：128000人。

监理工程师继续教育工作。根据建设部办公厅《关于由中国建设监理协会组织开展注册监理工程师继续教育工作的通知》（建办市函〔2006〕259号）和建设部建筑市场管理司《关于印发〈注册监理工程师继续教育暂行办法〉的通知》（建市监函〔2006〕62号）的要求，中国建设监理协会组织开展全国注册监理工程师继续教育工作，委托了地方监理协会、执业资格注册中心（北京、辽宁、河北、山东、海南、广东、海南）和专业监理委员会（分会）作为注册监理工程师继续教育管理机构，负责本地区、本专业注册监理工程师继续教育的管理工作，审查备案83家培训单位为注册监理工程师继续教育培训机构，开通12个省、5个专业网络继续教育学习（云南、四川、黑龙江、安徽、广西、重庆、甘肃、上海、天津、河南、江西、江苏省和公路工程、农林、通信工程、港口与航道工程、航空航天和机电安装专业）。对新一轮注册监理工程师继续教育工作提出，要充分体现行业特点，突出针对性、实用性，在必修课中还要考虑适当增加低碳、节能、环保和信息化管理方面内容，理论部分篇幅不宜过大等要求。发布新一轮继续教育大纲，包括必修课和房屋建筑、市政公用工程、电力工程、冶炼工程、铁路工程、机电安装工程、化工石油工程、矿山工程和港口与航道工程等10个专业选修课。2011年度完成注册监理工程师继续教育35229人次。其中：延续注册继续教育23013人次，逾期初始注册继续教育3281人次，变更注册继续教育8935人次。

【加强工程监理理论研究】 以监理基础理论为研究重点，广泛征集监理论文，深化理论研究工作，开展"首届优秀监理科研课题暨论文评选"工作，组织编写《工程监理行业发展报告》和《建设工程监理行业发展"十二五"规划》，总结行业发展状况，研究分析存在问题，展望行业发展趋势，提出监理行业发展的措施建议。

【加强监理行业诚信体系和自律机制建设】 总结行业诚信体系和自律机制建设的经验和做法，引导建设单位优先选择技术实力强、市场评价高、质量安全好、诚信守法的监理企业，促进工程监理企业依法、诚信、规范经营，苦练内功，提升技术、加强管理，形成守信得偿、失信受惩的市场氛围。

会同中南地区、西南地区监理协会开展了区域性监理业务考察交流活动，为会员开拓思路、学习先进、借鉴经验创造了条件。会同部分地方监理协会、专业监理委员会（分会）开展了工程监理招投标和监理收费标准落实情况调查工作，分析研究了存在问题，总结交流了经验和做法，提出了解决问题的具体思路和方案，维护企业合法利益。组织部分地方监理协会和监理企业深入分析工程质量安全责任事故典型案例，提高监理人员防范质量安全风险能力，积极维护企业合法权益。

【开展对外交流】 协会与英国皇家特许测量师学会（RICS）在专业交流、学术研讨、会员互认与发展、继续教育培训等方面进行深入交流，与香港测量师学会进行广泛的交流与合作。

【加强协会内部建设】 组织学习《廉政准则》，参观《全国检察机关惩治和预防渎职侵权犯罪展览》，参观西柏坡革命圣地，在党旗下重温入党誓词，进一步增强党性观念，强化政治意识、大局意识、奉献意识、服务意识、勤政意识，牢记为人民服务的宗旨。开展治理小金库工作，配合专项审计，接受中纪委、监察部、审计署的联合检查，完善财务管理制度，整合协会分支机构财务，实行统一化管理。完善内部规章制度，强化内部管理，落实岗位责任，提高人员素质，增强服务意识。加强对分支机构和会员管理，起草《中国建设监理协会分支机构管理办法》，充分发挥各专业分会和专业委员会的作用，协调开展行业服务活动。2011年发展新会员78家，清退不履行会员义务、拖欠会费5年以上的会员114家。积极筹备协会换届工作，提出第五届理事会理事、常务理事候选人产生的原则、方法、条件和数量，以及名额分配方案，初步确定了推荐第五届理事和常务理事名单。2011年，协会多次发表声明（中国工程监理与咨询服务网，www.zgjsjl.org.cn）通报未在民政部社会组织管理网（www.chinanpo.gov.cn）上登记的单位（按《社会团体登记管理条例》规定属非法单位），举办"全国工程监理行业管理规范、信用百强示范单位"、"全国监理行业安全管理先进单位"、"中国监理企业品牌50强"、"先锋杯"2011全国工程建设监理企业100强、"2011创新管理典型监理企业和典型人物"、"全国工程监理行业质量、信用AAA级示范单位等级评价"等活动，及时提醒广大监理企业，谨防上当受骗。

（中国建设监理协会秘书处）

中国建筑装饰协会

【中国建筑装饰行业总产值】 2011年，建筑装饰行业完成工程总产值2.35万亿元规模，实现12%左右的增长速度。其中公共建筑装饰装修完成1.33万亿元人民币，比2010年增加1850亿元左右，增长幅度为16%；住宅装饰装修全年完成1.02万亿元人民币，比2010年增加700亿元，增长幅度为8%。在公共建筑装饰装修中，建筑幕墙完成1800亿元人民币，比2010年增加300亿元，增长幅度为20%，特大型建筑幕墙工程的数量增长30%。在住宅装饰装修中，成品房装修完成4000亿元人民币，比2010年增加1500亿元，增长幅度为60%。受国际局势的影响，境外工程产值约为250亿元人民币，比2010年减少50亿元，下降幅度为16.6%。全行业实现建筑业增加值在9100亿元左右，其中，上缴税收约在1650亿元左右，比2010年增长13%左右。据不完全统计，行业内缴纳税额超亿元的企业已经增加到30家左右。行业实现净利润约为720亿元，利润率在3.2%左右。设计、技术进步对行业发展的贡献率有所提高，其中设计取费全年实现700亿元以上，比2010年增加120亿元左右，增长速度约为20%。

【行业内企业】 2011年，建筑装饰行业企业总数在14.5万家左右，比2010年减少0.5万家，下降幅度为3.4%。行业减少的企业，主要是承担散户装修的中、小住宅装饰装修企业，企业结构得到优化。企业平均产值增长约为15%，其中大型骨干企业平均增长速度超过20%，行业内公共建筑装饰装修领域产生了超百亿元产值的企业；超50亿元产值的企业增加到5家；超40亿元产值的企业11家。全年新增主业为装饰装修的一级资质企业，据不完全统计为149家，增加幅度为11.3%，其中设计施工一体化一级资质企业增加65家，占新增一级资质企业的43.6%。新增主业为建筑幕墙一级资质企业，据不完全统计为69家，增长幅度约为40.6%左右。其中新增设计施工一体化一级资质企业据不完全统计为43家，占新增一级资质企业的60.5%。无资质企业的数量有所减少，仍有3万家左右，约占企业总数的20%。新增建筑装饰装修专项设计甲级资质企业83家，建筑幕墙专项设计甲级资质企业52家。设计产值超亿元的企业超过10家。增了3家上市公司，其中深圳瑞和建筑装饰工程有限公司在深圳证券交易所上市，北京江河幕墙工程有限公司在上海证券交易所上市，沈阳远大科技发展有限公司在香港证券交易所上市。截止到2011年底，全行业共有11家上市公司，其中建筑装饰企业5家，建筑幕墙企业6家，资本市场中建筑装饰板块已经形成。装饰板块中的企业，都有很好的发展业绩，得到股民的热捧，其中苏州金螳螂建筑装饰工程有限公司被资本市场评为"十佳上市公司"。

【行业从业者队伍】 2011年，全行业从业者队伍保持在1500万人左右，与2010年基本持平。全年接受大专院校毕业生约10万人，行业内受过高等系统教育的人数达到190万人，占行业从业者队伍的13%左右。由于推行标准化、成品化、工业化，施工生产作业方式发生了变革，使生产一线从业者发生结构性变化，施工现场作业工人进一步减少，全年共减少了10万人，生产加工作业人数增加，比例约为6∶4，即有40%左右的生产工人，已经转移到施工现场外的专业生产加工基地，利用机械进行部品、构件的生产作业。全行业人均劳动率约有16.5万元，比2010年提高10%左右。由于产业化进程的作用，设计地位有所提高，设计人员增加了约5万人。受应届毕业生人数增长的影响，新增毕业生收入水平与2010年基本持平。由于农村政策的调整，能源、农副产品价格上涨，年青劳动力招募困难等原因，施工作业一线劳动力成本上涨速度加快，全年增长约20%，季节性的短期成本增长超过50%。

【中国建筑装饰协会换届】 根据中国建筑装饰协会章程在民政部、住房和城乡建设部指导下，中国建筑装饰协会于2011年5月在北京隆重召开第七次会员代表大会，进行换届选举，行业内近千人参加了大会。6月5日下午，中国建筑装饰协会首先召开六届六次理事会，表决通过中国建筑装饰协会第七次会员代表大会筹备情况报告、第七次会员代表大会议程、七个分支机构换届后主要负责人聘任和章程修改报告的提案，为召开第七次会员代表大会做好充足准备。

2011年5月6日8时30分召开第七次会员代表大会。会议听取了六届理事会会长马挺贵代表六届理事会所作的题为《在科学发展观指导下实现行业可持续发展》的工作报告，以及六届理事会财务报告、关于七届理事会组成及理事候选人情况的说明、关于《中国建筑装饰协会章程》修改的说明。会议审议通过工作报告、财务工作报告和章程修改，选举产生662人组成的第七届理事会。

2011年5月6日10时15分，中国建筑装饰协会召开七届一次理事会。会议首先由住房和城乡建设部人事司司长王宁宣读2011年4月25日住房和城乡建设部党组《关于同意中国建筑装饰协会正副会长和秘书长人选的批复》、中国建筑装饰协会《关于报送中国建筑装饰协会第七届理事会领导集体候选人的报告》、同意第七届理事会会长、副会长和秘书长人选的文件。大会以热烈的掌声选举产生了由339位常务理事组成的七届常务理事会和李秉仁会长、刘晓一、丁欣欣、丁域庆、王冶、王显、冯林、叶远西、叶大岳、叶德才、卢彩金、朱兴良、吴建荣、吴晞、李长利、李杰峰、陈丽、黄健之、魏光副会长，刘晓一任秘书长。根据协会章程规定，副会长任职期结束后，担任协会的名誉副会长，王波、张钧、汪家玉、陈国宏、徐朋、黄恒、谢建伟、薛景霞任名誉副会长。

七届一次理事会后，继续召开七次会员代表大会，全场以热烈的掌声祝贺新当选的会长、副会长、秘书长、常务理事、理事。会议通过了聘请叶如棠、刘志峰、张恩树、张人为担任顾问，马挺贵担任名誉会长的提议。

住房和城乡建设部副部长郭允冲出席会议并发表了重要讲话。他代表住房和城乡建设部，对第七次会员代表大会召开和取得成果表示衷心祝贺，对全国建筑装饰行业的广大干部职工表示慰问，并对建筑装饰行业发展做出三点评价。一是为国民经济和社会发展做出了重要贡献；二是推动了建筑业的可持续发展；三是拉动了相关产业的发展。同时指出行业存在的四个主要问题：一是装修市场的秩序还比较混乱，施工安全问题还比较多；二是技术研发和推广不足；三是资源浪费和环保问题比较突出；四是从业人员的整体素质还不太高。最后他希望中国建筑装饰协会在新一届理事会领导班子的带领下，在广大会员单位的支持下，进一步解放思想、创新突破、努力把中国建筑装饰协会建设成政府放心认可、会员满意的协会，为建筑装饰行业的改革和发展做出新的、更大贡献。

新一届协会理事会和领导集体，对比第六届理事会具有新的特点。协会会长由长期担任住房和城乡建设部领导职务的李秉仁担任，同建设行政主管部门的联系更加紧密，工作关系更为顺畅；副会长中涵盖了行业的设计、施工、家庭住宅装饰装修、建筑幕墙、材料生产、行业管理领域的知名企业家和优秀工作者，加强了领导集体的系统性；建筑装饰行业大省山东、福建新增了副会长企业家，建筑装饰行业强省、市如北京、上海、广东增加了副会长企业家人数，提高了领导集体的代表性；增加58名理事、54名常务理事，协会组织得到进一步扩充，实力明显增强。

协会换届之后，秘书处进行了工作班子的改选，经过全体工作人员的两轮直接投票选举，产生了陈新、张京跃、刘原、邓千、艾鹤鸣五位副秘书长；任命王本明担任总经济师，构成了协会常设机构的领导集体。同时，进行了机构调整、职责分工和内部人员的调整。经过调整，使秘书处的责、权、利更为清晰，工作程序更为流畅，内部管理更为规范，工作效率和对行业、企业的服务质量都有所提高。

【行业"十二五"发展规划纲要】 由中国建筑装饰协会牵头，组织地方协会和大型骨干企业共同编制的《中国建筑装饰行业"十二五"发展规划纲要》，经过一年多的编制、修改过程，在中国建筑装饰协会七届一次常务理事会上审议通过。规划纲要共分为三大部分，第一部分是中国建筑装饰行业"十一五"期间发展基本情况，对行业"十一五"发展取得的成就、主要特点、存在的不足进行了总结。第二部分是"十二五"期间行业发展的指导思想和发展目标，对"十二五"期间宏观经济环境及市场形势进行分析，确定以提高产业化为目标，贯彻落实科学发展观，转变发展方式，调整和优化行业结构的指导思想和在行业规模、企业总量、队伍建设、技术发展、环境发展中的具体目标。第三部分是"十二五"发展的主要措施，提出紧紧抓住提高行业产业化水平这一重点，通过变革生产方式实现行业转型升级；提高利用市场配置资源的能力，提升行业发展活力；提高企业的专业化发展能力，造就一批做专做精做大做强，具有品牌影响力的企业；高度重视设计工作，提高工程产品文化创意水平；充分利用两个市场、两种资源，实施好"走出去"的发展战略；加强对行业发展的经验总结和理论研究，提高推动行业可持续发展的自觉性；加强行业诚信建设，净化和规范市场环境；提高人才聚集能力，形成行业高质量的人力资源保障；切实加强各级协会建设，规范好协会行为，发挥好协会作用等十项主要措施。这是由中国建筑装饰协会牵头，编制的第二个行业五年发展规划纲要。

【行业科技进步】 2011年行业继续加强以信息化建设和以工程项目为载体的技术创新工作，并搭建相应的平台。经过企业申报、专家评审，共有227项工程获得建筑装饰行业科技示范工程；169项工程获得技术创新奖；34项信息化成果获得信息化建设创新奖；28项产品获得优秀产品推广奖；19项产品获得装饰材料科技创新奖。2011年，中国建筑装饰协会联合权威检测机构，对市场中经销的卫浴产品进行质量、节水、性能的测评工作，认定一批技术领先，节水环保的生产制造品牌。2011年，继续进行"筑巢奖"建筑装饰空间设计大赛和"雷士杯"照明设计大赛，特别关注建筑装饰设计领域的节能减排和环境保护。为推动信息化和工业化相融合，受工业和信息化部委托，中国建筑装饰协会印发《关于2011年全国建筑装饰行业两化融合工作安排的通知》（中装协〔2011〕018号），把此项工作纳入工作日程，并开展了相关的调查、研究工作。2011年继续进行全国室内建筑师技术岗位资格认证工作，全年进行了七批，共有1522名取得全国室内建筑师技术岗位资格，其中高级室内建筑师663名；室内建筑师504名，助理室内建筑师181名；高级住宅室内设计师311名，住宅室内设计师211名。

【行业评比】 2011年，落实国务院规定，首次将全国建筑工程装饰奖由每年评定改为两年一评。考虑到建筑装饰工程的时效性，为了公平、科学、合理地开展此项工作，全国建筑工程装饰奖按年度申报、初评和复查，每两年进行一次评比、表彰。2011年度，共有289项工程获得2011年度全国建筑工程装饰奖。

2011年，由国务院整顿和规范市场环境办公室委托中国建筑装饰协会进行的行业信用体系评价工作继续进行。在企业自愿、协会严格审查、核实的基础上，对企业的信用体系进行分等级认证。2011年共审复评企业264家，其中AAA级企业227家，AA级企业13家，A级企业21家。失去信用等级企业23家。

2011年行业百强企业推介工作继续进行，中国建筑装饰协会专门成立百强工作办公室，完成评定与推介工作。根据企业自愿申报，百强办公室严格审查、核实，并与各省、市协会共同商定的办法，完成百强评比工作。

2011年，继续组织建筑幕墙行业50强的评比、推介，根据企业自愿申报，协会严格审查、核实的工作要求，评定建筑幕墙行业50强企业，圆满完成工作目标。2011年继续组织中国厨具与卫浴生产制造企业百强的评定、推介活动，在企业自愿申报，卫浴产品测评和协会严格审查、核实的基础上，评出厨卫百强企业。

【行业主要会议、论坛】 2011年8月4日，中国建筑装饰协会按照章程要求，在大连召开七届一次常务理事会，应到常务理事339人，实到282人，出席率为83.2%，是历届常务理事会出席率最高的一次会议。会议审议并通过刘晓一秘书长关于2011年上半年的工作报告、行业"十二五"发展规划纲要、调整与增补常务理事、理事的提案和筹建展览展示和供销联盟二个专业委员会的提案。会议形式新颖、内容精炼、强调规范，展示了协会规范化开展工作的新气象。

2011年9月22日，中国建筑装饰协会在江苏省苏州市召开优秀项目经理代表大会，对优秀项目经理表彰工作进行了创新。为体现对项目经理队伍建设的高度重视，全面提高项目经理在行业、企业发展中的地位与作用，将此前的优秀项目经理表彰大会，更名为优秀项目经理代表大会。协会主要领导和地方建设行政主管部门领导、地方协会领导出席大会，并就项目经理队伍建设做了重要讲话。全国200多名优秀项目经理参加了会议，交流施工管理过程的经验，提出注册建造师再教育的意见和建议，提高了项目经理队伍建设的质量，在项目经理队伍中发挥了重要影响力。

2011年10月24日，中国建筑装饰协会在浙江嘉兴召开行业百强论坛峰会，这次论坛是在党的十七届六中全会后召开的一次行业会议，设立的主题是如何提高装饰企业的软实力，特别提出加强企业文化建设的重要性。论坛上企业交流了通过提高创新能力、社会责任感、转型升级力度、内部执行力等手段，增强企业软实力，加强企业文化建设的经验，收到了很好的效果。此次论坛和协会组织开展的厨卫百强论坛同时、同地举办，共同开展表彰、交流、考察活动，得到与会百强企业的一致好评。

2011年11月5日，中国建筑装饰协会七届一次会长工作会议在福建省厦门市召开，除协会的会长、名誉会长、副会长、名誉副会长参加了会议外，还邀请部分地方装饰协会的会长参加会议。在民主、轻松的气氛中，与会者对行业2011年工作进行了总结，并对2012年协会工作提出设想。

2011年中国建筑装饰协会继续组织行业内的专家研修班，有150多位专家参加研修，进一步扩充了行业的专家库，提升了专家的组织能力和服务水平。还分别在江苏省苏州市和深圳市举办两期"全国建筑装饰精品工程业务交流会"，为优秀项目经理组织了经验交流、专业技能培训和相关知识讲座，受到业内的高度重视，对提高协会在项目经理专业技术领域的工作质量，起到了很好的促进作用。

2011年，协会还同住宅产业化促进中心、惠达卫浴有限公司合作，组织举办"住宅产业化暨宜居中国论坛"。论坛分别在北京、唐山、石家庄、沈阳、济南、武汉、深圳等十多个城市举行，交流住宅建设精装修房的经验。住房和城乡建设部住宅产业化促进中心、中国房地产协会及中国建筑装饰协会的专家，就住宅产业化、精装修成品房工程、标准化建设等进行交流，对推动住宅产业化起到了重要的作用。各地方建设行政管理部门领导、地方房地产协会、建筑装饰协会领导和相关企业参加了论坛，得到论坛举办地行业的好评。

2011年，中华建筑报创刊15周年，报社组织了以绿色建筑为主题的"首届中华建筑高峰论坛"。论坛邀请国家发展与改革委、相关行业协会及科研机构的领导、专家参加，对建筑节能减排、可再生资源回收与利用、绿色建设项目管理等进行了探讨和论证，取得很好的效果。

(中国建筑装饰协会)

中国公园协会

【**加强行业交流，规范行业管理，理事会议、座谈会议、信息交流和会长会议如期召开**】 2011年4月协会三届三次理事(扩大)会议在河南省郑州市召开；8月公园建设和管理座谈会在新疆石河子市召开；10月公园文化与信息工作交流会在湘西召开；11月协会会长会议在重庆市召开。

重庆市园林管理局、北京市公园管理中心、北京市公园绿地协会、广州市林业和园林局、济南市园林局、太原市园林局、武汉市公园协会、苏州市园林局、深圳市公园管理中心、大同市园林局、宜昌市园林局、北京紫竹院公园、上海世纪公园、长春市文化广场管理处、郑州碧沙岗公园、深圳梅林山公园等一些城市园林主管部门和公园绿地事业单位的代表分别作了主题发言和经验介绍，对公园绿地的管理、改革及发展创新提供思路和经验。

副会长林芳友在理事会议和会长会议上报告协会年度工作计划完成情况和下一年度工作安排设想。会长郑坤生在会长会议上指出：2010年在上海召开的会长会议，列举了公园绿地改革发展面临的八个方面问题，2011年已经展开调研，2012年还要动员各地公园根据自身实践，继续探讨。开展调查研究八个方面的内容，涉及范围比较大，可以在五个方面着重考虑：(1)建立健全完善城市公园绿地建设和管理的有关法规、制度。首先，制度的制定应突出公益性，要引起政府和各界人士的重视，把它看成民生和生态工程，看成是教育基地，造福于民；第二，要突出群众性；第三，要突出文化性；第四要突出改革精神；第五，要考虑公园个性，要各具特色。制定法规的时候，要尽量把这五个特性考虑进去，把原来简单意义上的管理内容变得更宽泛，使法规的本身也具有生命力。(2)结合当地情况，建立相对稳定的管理机制。2012年将召开党的第十八次全国代表大会，2013年将召开第十二届全国人大、全国政协会议。政府机构面临改革。要有意识的做一些工作，特别是新省长新市长上任后，如何确立城市园林管理机构的地位，建立相对稳定的管理机制，需要各级园林部门去争取。(3)切实解决公园管理和发展的经费问题。结合十七届六中全会精神，公园如何走好文化产业这样一个路子，在发展壮大公园管理和建设方面，拓宽思路。另外要注重调动社会各界的力量。(4)努力实践园林管理和园林艺术的创新、发展。国家和地方政府都在提倡生态园林城市建设，低碳、节能、科技创新。公园要结合具体情况，在生态、节能、人文、科技等各方面进行创新发展。(5)加强园林干部职工队伍的培训，提高公园干部职工队伍素质。园林事业的可持续发展要靠一支较高素质的园林队伍。

【**完成主管部门交办的工作，发挥桥梁纽带作用**】 受部城市建设司委托，2011年6月在厦门召开《国家重点公园管理办法》的修订、研讨会。修订的《国家重点公园管理办法》报住房和城乡建设部审批。

2011年10月，协会副秘书长李亮受部城市建设司委托参加由国家林业局和无锡市政府联合举办的"湿地文化节"和"湿地论坛"。经论坛大会表决，通过了"无锡湿地宣言"。

【做好调查研究，促进行业发展】 根据2010年会长会议的意见，协会秘书处组织会员单位对"公园绿地的管理体制和机制的改革与创新"、"新的历史时期需要处理好历史文化名园的保护和公园为城乡民众服务的关系"、"城市重大活动中应发挥城市公园绿地部门的作用"、"关于解决免费开放公园的养护和管理经费途径的探讨"、"落实科学发展观，应对公园能源和水、电设施进行技术改造"、"加强公园绿地管理干部职工培训是发展公园绿地事业的根本"、"国际园林博览会和现代城市公园建设"、"生态园林建设初探"等八方面公园绿地建设、改革与发展的专题进行调查研究。

武汉市公园协会撰写的论文《加强公园绿地管理干部和职工的培训》在新疆座谈会上交流。

【加强对内、对外交流，组织考察和学习活动】 经住房和城乡建设部外事部门批准，2011年，协会组织会员单位组成2个考察团分别赴芬兰、丹麦等北欧国家和美国、加拿大进行低碳城市园林绿化建设和公园建设保护与管理考察。

协会工作人员参加了无锡市鼋头渚公园举办的樱花节、北京第六届公园节和第二届皇家园林文化节、西安市世界园艺博览会以及中国（重庆）国际园林博览会等活动。

在北京市公园管理中心、北京市公园绿地协会的协助下，协会秘书处安排香港康乐及文化事务署康乐助理员工会绿化交流团来北京参观、考察、交流。香港树艺会在北京植物园利用绳索爬树整枝，进行保护古树的演练。

【协会秘书处日常工作运转正常】 中国公园协会网站正常运行；协会编辑部按期编发《中国公园》杂志，编辑《第八届中国（重庆）国际园林博览会专刊》；完成会费收支、管理，文件印发以及有关活动组织等等协会秘书处日常工作任务；协会经费收支平衡，顺利通过民政部确定的审计事务所的审计；经过政治理论和协会业务知识的学习、党支部和党员创先争优活动以及实际工作的锻炼，协会秘书处工作人员的素质有了进一步的提高。

（中国公园协会）

中国工程建设标准化协会

【组织召开协会第七次会员代表大会】 2011年11月9～11日，中国工程建设标准化协会（以下简称"协会"）在四川成都召开第七次会员代表大会，共有275名会员代表出席会议，60余名代表列席会议。住房和城乡建设部人事司、标准定额司的领导出席会议并讲话。会议通过第六届理事会工作报告、《中国工程建设标准化协会章程》修改草案及《协会会费管理办法》，选举产生新一届理事会及其领导成员。会议期间，共有16位来自不同行业或领域的代表进行了工程建设标准化经验交流。通过换届，增进了协会与会员单位和工程建设标准化工作者的联系和沟通，提升了协会的社会影响，增强了协会的凝聚力，为协会今后的发展奠定了基础。

【工程建设标准英文版的翻译出版】 自2008年以来，根据主管部门的要求，组织开展65项工程建设标准的翻译出版工作，按照既定的计划完成主管部门下达的英文版标准的翻译工作任务。这些标准，主要是房屋建筑领域的一些大的国标、行标，其余项目涉及水电、石化、化工、建材等行业的一些国家标准。除此之外，还根据市场需要，组织完成了24项标准的翻译工作，其中12项正在审核。同时，持续为国内一些大型对外承包企业提供标准的翻译服务，为扩大中国标准在国外的影响发挥了积极作用。

【积极参与保障性住房质量检查活动】 协会派代表先后参加住房和城乡建设部组织的工程建设强制性标准实施、建筑工程质量和安全、工程建设领域节能减排、高速铁路施工质量等专项检查。通过检查，进一步了解和掌握相关标准的实施及监督情况，为有关方面整改和提高工程质量安全提出具体意见和措施，也为建筑节能、建筑防火等标准的修订工作提出了一些具体建议，同时也扩大了协会的影响。

【组织制订及发布协会标准】 工程建设协会标

准是我国工程建设标准体系的组成部分，是国家标准、行业标准的有益补充，组织制订和管理工程建设协会标准，是中国工程建设标准化协会最主要的一项业务，也是协会分支机构联系和服务广大会员及工程建设标准化工作者的桥梁和纽带。这项工作自1986年开始，已有25年。在部标准定额司的关心指导和积极支持下，通过各分支机构的共同努力，以及广大会员和有关专家的积极参与，截至2011年底，已累计批准发布协会标准310项，其中有7项已转为国家标准，还有100余项正在编制。这些标准涉及包括城建、建工在内的工程建设领域的20多个行业，成为我国工程建设标准体系的有益补充。同时，为企业的技术创新、科研成果快速转化为生产力发挥了助推作用。与以往相比，协会标准无论是计划项目，还是发布数量，都有所增长，参加协会标准编制的单位也明显增多，协会标准的先进性和适用性也在不断提高。从标准的技术内容来看，主要以新技术、新材料、新产品的应用及国家标准内容的具体实施方法为主，许多项目在技术或理论上有所突破和创新，适用性也很强。例如，《混凝土结构耐久性评定标准》是我国第一本专门针对已有混凝土结构耐久性评定的技术标准，对于合理预测混凝土结构的剩余使用年限，具有重大的工程应用价值。《高层建筑钢-混凝土混合结构设计规程》CECS 230、《空心钢管混凝土结构技术规程》CECS 254、《组合楼板设计与施工规范》CECS 273和《端板式半刚性连接钢结构技术规程》CECS 260等在编制过程中进行了大量的科学研究和工程试验，在相关基础理论、技术内容以及工程应用方面都有所突破。《建筑物移位纠倾增层改造技术规范》CECS 225、《房屋裂缝检测与处理技术规程》CECS 293、《建筑同层排水系统技术规程》CECS 247、《火灾后建筑结构鉴定标准》CECS252、《自动消防炮灭火系统技术规程》CECS 245、《组合楼板设计与施工规范》CECS273、《强夯地基处理技术规程》CECS279《曝气生物滤池工程技术规程》CECS 265、《钢管结构技术规程》CECS 280等标准，由于紧密结合工程实际和生产需要，技术水平先进、技术内容符合市场需求，从而深受市场欢迎和使用者的好评。同时，协会标准的技术先导作用得到进一步发挥，一批有关节能、节水、节地、节材以及新能源和可再生能源应用领域的协会标准的编制，为推进国家的节能减排工作和绿色环保事业发挥了应有作用；还有十几个项目如《无机蓄能调温建筑保温材料应用技术规程》、《村镇小型地源热泵采暖制冷技术规程》、《平板型太阳能建筑一体化热水系统技术规程》、《风力发电机组防火技术规程》等被列入协会标准编制计划。

2011年，继续坚持"巩固改革成果、继续完善提高"的方针，重点抓好协会标准的立项和编制工作管理。在有关分支机构和相关单位的共同努力下，紧紧围绕国家节能减排、资源节约与利用、环境保护、新农村建设等重点工作，分两批共下达52项协会标准的计划项目。全年批准发布协会标准共25项，完成出版25本，创历史最高水平。在已批准发布的协会标准中，涉及建筑节能和新农村建设领域的包括《乡村建筑外墙无机保温砂浆应用技术规程》、《乡村建筑混凝土瓦应用技术规程》等共7项标准。其余项目基本上都是"三新"应用领域方面的技术标准。这些标准的发布实施，补充和完善了我国工程建设标准体系，对推动国家的节能减排工作和新农村建设工作，以及加快新技术、新材料、新工艺的应用步伐，起到积极的促进作用。

【积极开展标准化课题研究】 为配合相关标准规范的制修订工作，许多分支机构积极开展有关标准化课题研究。例如：为进一步推广高性能钢材应用，钢结构委员会筹集资金20万，进行国内建筑用钢材试验研究，研究成果为《钢结构设计规范》中钢材的设计指标及设计参数的修订提供了详实可靠的数据支撑。为进一步推动抗震防灾科研领域的技术进步，抗震委员会完成了国家科技支撑计划项目《大型及重要建筑抗震关键技术研究与示范》的研究工作。结构设计基础委员会完成了"十一五"国家科技支撑计划课题——绿色建筑设计与施工标准规范研究的子课题：建筑结构设计可靠度研究以及"建筑结构可靠度校准方法与设置水平研究"，并取得了一系列重要成果，首次提出了比较不同国家规范结构安全度设置水平的方法和指标，为比较中外规范结构安全度设置水平开辟了一个有效且可行的途径；通过大量计算，定量解决了对我国规范与美国和欧洲规范安全度设置水平进行比较的问题，得出"中国规范的安全度水平总体上低于美国规范和欧洲规范，平均分别低20%和10%"的重要结果，为我国建筑结构设计安全度的发展走向提供了重要的国际参考。

【参与其他各类工程建设标准的编制】 有关专业委员会、行业分会积极配合政府主管部门，广泛参与工程建设国家标准、行业标准、地方标准的制、修订工作。例如：木结构委员会编制完成国家标准《胶合木结构技术规范》和行业标准《轻型木桁架技术规范》，抗震委员会组织开展《非结构构件抗震设计标准》、《建筑震后应急评估与修复技术规程》等3项标准的编制工作，城市供热委员会组织参加《城镇供热预制直埋保温管及管件技术条件》、《城镇供热预制直埋保温管道技术指标检测方法》等国家标准的审查工作，城市给水排水委员会完成《室外排水设计规范》GB 50014—2006（2011年版）的局部修订工作，鉴定与加固委员会组织审查《砌体结构加固设计规范》和《工程结构加固材料安全性鉴定技术规范》2项国家标准。公路分会完成《公路工程标准编写导则》的编制工作。石油天然气分会承担了11项国家标准、44项行业标准的制修订工作。

【编辑出版《工程建设标准化》期刊】 在2010年改刊基础上，根据主管部门的指示和要求，组织一些高质量、高水平的稿件，同时努力做好稿件的审查、编辑工作。一是对期刊的栏目设置和报道内容进行改进；二是保证稿件的水平和编辑质量；三是进一步增强了宣传报道工作的时效性和针对性，扩大了赠阅范围；四是在扩大期刊通讯员队伍的基础上，加强了期刊联络员队伍建设。经过努力，期刊改刊工作逐步走上正轨，质量和水平也有一定提高。

【工程建设标准的宣贯与培训】 严格按照部人事司对部管社团的培训工作要求，继续坚持"抓好针对性，突出实效性，走可持续发展道路"的指导思想，从培训工作的各个环节入手，精选课题、精选师资，精心组织、精心服务，努力做好培训工作的指导、监督和管理。通过加强与合作单位的沟通和协作，强化选题的针对性和时效性，同时加大培训工作的监管力度，确保培训工作的质量和水平。围绕各类工程建设标准的贯彻实施，举办《建筑地基基础设计规范》、《混凝土结构设计规范》、《混凝土结构工程质量验收规范》、《住宅设计规范》等数十项国家标准、行业标准和协会标准的宣贯培训及专项技术培训班，培训各类工程技术人员3600多人次，得到了参培学员的积极肯定，为提高广大工程技术人员的专业技术素质和标准化知识水平发挥了应有的作用，取得了良好的社会效益。同时，协会有关专业委员会和行业分会，紧紧围绕各类工程建设标准的贯彻实施，积极开展相关标准的宣贯培训工作，为广大工程技术人员正确的贯彻执行标准发挥了应有作用。

【积极开展工程建设标准化学术交流】 雷电防护委员会会同有关单位在成都成功举办了亚太防雷论坛；木结构委员会参加了住房和城乡建设部与加拿大政府成立的"中国现代木结构建筑技术项目联合工作组"的技术工作，协助编制了工作小组相关文件，参与合作项目的技术审查，完成了国际标准化组织ISO/TC165的国内技术归口管理工作；建筑给水排水委员会在上海举办2011中国建筑给水排水（上海）技术高峰论坛，有近600人次参加了3天的会议，举行8场专题报告会和多场技术研讨会，征集论文65篇，汇编成论文集，内容涵盖了建筑给水、排水、消防等系统的基础理论、测试的分析与研究、工程实践的总结与思考、建筑节水节能的热点与探索、前沿技术的动态与启迪等诸多方面；城市供热委员会为了配合供热计量改革工作和节能减排工作的开展，组织召开《城镇供热计量标准编制工作技术研讨会》和《城镇供热直埋保温管道技术研讨会》，近200人次参加，会议交流了热计量设备、仪器仪表和计量技术标准等方面的问题，研讨供热直埋保温管道新技术、新结构、新材料等方面的问题，为制定相关标准提够技术储备和技术依据。

【工程建设产品推荐与鉴定】 2011年，共向市场推荐65项符合标准要求的建设产品，被推荐的企业及产品名录及时在中国工程建设标准化网站上公布，不仅受到一些生产企业的欢迎，同时也得到一些地方招投标管理部门的认可，对宣传和提升企业形象和产品竞争力发挥了积极作用。建筑物鉴定与加固委员会建立了常态化的机制，持续开展加固新材料、新产品安全性能的检测、鉴定工作，全年共完成了近20项检测、鉴定工作，为促进新技术、新产品、新工艺的持续发展起到了积极作用。建筑安全委员会为了使已经通过鉴定或验收合格并取得了住建部颁发的鉴定证书或验收证书的产品，能在建筑施工中广泛的应用，组织编制《附着式升降脚手架使用手册》，第一批共有29家31项产品。

【工程建设标准化图书服务】 协会书店作为工程建设标准的发行机构，通过集体订购和门市销售等方式，为广大用户提供了全方位、高质量、快捷便利的发行服务。除各类工程建设标准外，其他与标准有关的图书种类也日益丰富。2011年共发行各类图书32万册，销售额775万元，与2010年相比，同比增加39%，销售额连年实现了较快增长。协会标准的发行工作也取得了较快增长。全年共完成25本协会标准的出版印刷工作，总计123500册，同时加印协会标准44420册。

【中国工程建设标准化网站】 根据协会工作需要，以及分支机构和会员单位的需求和建议，对有关栏目及功能继续进行了完善，力求为协会会员、理事单位以及社会各界提供更及时、更全面、更贴切的标准化信息服务。

【协会组织建设】 通过不断努力，分支机构的组织建设取得一定成效。混凝土结构、贮藏构筑物、结构焊接、建筑物鉴定与加固委员会完成了换届，公路分会在交通运输部的大力支持下，成立了第二届理事会，新批准成立的商贸分会也正在筹备召开成立大会。会员的管理和服务水平也在不断提高。一方面对新发展的会员单位，及时在协会网站公示，另一方面继续发挥协会网站的作用，积极为会员单位提供免费网络宣传服务，对按时缴纳会费的会员单位、理事单位和常务理事单位，分别提供相应版面的免费宣传，得到了许多会员的积极响应，提高了会员单位缴纳会费的自觉性和主动性。协会会员的发展和登记工作实现了规范化、常态化。2011年协会借换届之际，发展了一批理事单位和常务理事单位。与第六届相比，第七届理事单位、常务理事单位的规模有明显增加，理事总数由第六届的243人增加到第七届的333人。尤其是国内各有关行业的一些大型企事业单位的加入，提升了协会的社会影响，一批积极参与工程建设标准化活动的生产企业的加入，进一步扩大了协会的代表性。

（中国工程建设标准化协会）

中国建设工程造价管理协会

【规划编制】 配合住房城乡建设部标准定额司完成"建筑业十二五规划研究（工程造价部分）"和工程造价行业发展"十二五"规划的制订工作。明确"十二五"期间的工程造价行业发展的指导思想、总体目标和主要任务。

【立法工作】 配合部标准定额司做好《建设工程市场管理条例》、《建筑工程发承包计价管理办法》的制定和修订工作。在《建设工程市场管理条例》新的征求意见稿上，明确工程量清单计价制度、招标控制价制度、工程结算审查与备案制度和工程计价纠纷的调解制度，大量增加了工程造价管理内容。协助标准定额司修订的《建筑工程发承包计价管理办法》，使工程发承包管理的内容更加详实、具体，更具操纵性，并充分落实了建设工程市场条例的制度和原则要求。

【工程造价领域重大课题研究】 关于"工程造价管理体系研究"，已完成送审稿，形成了阶段性的成果，基本形成指导工程造价管理体系建设的纲领性成果。

开展"工程造价咨询企业规模化发展研究"，得到标准定额司领导的肯定。协会根据行业发展的需求，开展好"工程造价咨询业发展战略的课题研究"，通过该课题研究，系统地研究，并提出修订《工程造价咨询企业管理办法》（建设部149号部令）的建议。

部标准定额研究所委托协会进行"中国工程造价指数设置体系与模型研究"，通过该课题的研究提出中国工程造价指数的建设和实施方案。

开展"工程造价专业人员继续教育大纲及实施方案研究"、"造价工程师执业资格考试制度研究"，分别指导工程造价专业人员的继续教育和造价工程师的考务工作。

【工程造价咨询企业统计工作】 2011年建立工程造价咨询企业统计系统，顺利完成2010年工程造价咨询行业统计工作，并在此基础上完成工程造价咨询行业统计数据的分析工作，完成《2010年工程造价咨询行业统计工作报告》。部领导、标准定额司对行业统计工作均高度重视，协会认真总结经验，进一步完善统计工作制度，做好各年度的统计及分析等基础工作。

【标准编制等基础建设工作】 2011年承担《工程造价术语标准》和《工程造价咨询规范》两项重要国家标准的编制工作，并配合标准定额研究所、四川省建设工程造价管理总站参加国家标准《建设工程工程量清单计价规范》、《矿山工程工程量清单计量规范》、《构筑物工程工程量清单计量规范》的编制工作。2011年度协会还进行了《建设工程招标控制价编审规程》、《建设项目工程决算编审规程》、《建设项目工程经济纠纷鉴定编审规程》、《工程造价咨询成果文件质量标准》、《建设工程计量支付编审规程》5项协会标准的编制工作，以上标准预计在2012年上半年基本完成，为规范执业、质量检查、教材的修订和有关国家标准的制订提供重要依据。

【工程造价咨询单位资质管理、造价工程师考务

【**工作**】 积极配合标准定额司对乙级升甲级工程造价咨询企业进行实地核查，圆满地完成任务。

2011年全国有13万多人参加造价工程师执业资格考试，创近年来报考人数之最。在总结以往经验的基础上，2011年度的考务组织工作中，进一步改进了组织程序、保密要求、命题质量。协会还会同人事考试中心共同对北京、贵州考区开展考试巡考工作。

【**会员服务和行业自律基础建设**】 协会组织专家委员会完成《全国建设工程造价员管理办法》的修改及印发，并对造价员管理系统使用进行推广，完成2010年全国造价员基本信息情况调查，为行业自律工作的开展奠定了基础。2011年7~8月，协会有关领导实地考察了陕西、上海等地的甲级工程造价咨询企业，了解企业的诉求及经营发展情况，并组织京、沪两地的部分企业经理在上海召开工程造价咨询企业行业发展座谈会，为两地的企业构建了相互学习与交流的平台。

【**造价工程师继续教育工作**】 协会不断加大造价工程师和造价员网络继续教育服务的力度，2011年网上接受继续教育的造价工程师人数达5.6万人，年度内造价员网络继续教育的工作取得进展，网上接受继续教育人数超过4万人。继续教育内容涵盖技术、经济、管理和法律等，与往年相比内容更加丰富。与此同时，就深基坑施工技术和工程造价相关司法解释方面召开专题研讨会，丰富继续教育的形式，来自全国造价行业的领导和专业人员共计260多名代表参加。通过大量经典案例的讲解，弥补了工程造价专业人员在施工技术方面和法规方面的不足。

【**工程造价行业国际交流**】 2011年协会率领代表团前往斯里兰卡出席亚太区工料测量师协会（PAQS）第十五届年会，此次年会有来自澳大利亚、新西兰、日本、斯里兰卡、新加坡、马来西亚、加拿大、中国及中国香港特区等12个国家和地区会员组织的近200多位专业人士参加。通过参加此次PAQS年会，中国代表团在展示中国工程造价行业取得成就的同时，进一步巩固和增强了协会在国际工程造价行业的地位，增进中国工程造价专业人员与世界各国专业人士的交流与友谊，为国内工程造价咨询企业走向国际化提供了良好的契机与平台。中国代表团分别参加了学术研究委员会及青年组会议，此次会议确认2013年第十七届PAQS年会由中国建设工程造价管理协会承办。

【**期刊和信息化工作**】 协会期刊和网站始终坚持为政府服务、为会员服务，发挥宣传窗口的作用。期刊突出了行业政策法规、标准规范等方面的宣传报道，向部内外的专家约稿，针对建筑业"十二五"发展规划、工程造价行业发展"十二五"规划、国家加大水利建设投资后工程造价管理对策作了专题分析和报道。针对工程造价行业可持续发展等课题开辟专栏，组织行业精英展开研讨。协会网站随时跟进行业有关热点和资讯，对行业的政策法规、文件及有关标准的发布做到了随时更新，对行业有关动态及时上网。

【**秘书处建设和制度建设**】 协会秘书处不断加强自身建设，强化职工为会员服务、为行业发展服务的思想，认真学习国家的有关方针政策。秘书处不断健全各项管理制度，针对有关分支机构财务管理存在不规范的问题，及时修改完善了财务管理规定。为加强网站管理，制订了网站管理暂行办法。2011年协会秘书处建立协会OA系统，在公文办理、文件会签等功能上已投入使用，提高了办公效率。

（中国建设工程造价管理协会）

中国建设教育协会

1. 重要会议

【**四届四次常务理事会议**】 中国建设教育协会（以下简称"协会"）于2011年2月10~12日在哈尔滨召开四届四次常务理事会议。协会的常务理事或委托的代表共38位同志出席会议。

【**四届五次常务理事会议**】 协会于9月16日在北京召开四届五次常务理事会议。理事长李竹成主持会议。共有37位常务理事或其委托的代表出席了会议，五位专业委员会秘书长应邀列席了会议，会议符合法定人数。徐家华同志代表协会秘书处报告了2011年上半年协会的工作情况，并通报了下半年的主要工作。荣大成副理事长介绍了协会20周年庆典活动的指导思想、活动原则、活动内容、工作步骤、总体要求，并建议成立庆典活动领导小组。王凤君、谢国斌、王政伟、吴祖强、朱光、陆丹丁、李守林、李瑛、李奇等同志分别代表各自专业委员会交流了上半年的工作。

【四届三次理事扩大会议】 2011年12月19~21日在海南省三亚市召开了四届三次理事（扩大）会议。来自97个会员单位129名理事或其代表、院校德育工作会议代表出席了会议。

2. 院校领导论坛

【第七届建筑类高校书记、校(院)长论坛】 2011年10月27~30日，由协会主办的第七届全国建筑类高校书记、院(校)长论坛在湖南益阳隆重举行。本次论坛由湖南城市学院承办，沈阳建筑大学、山东建筑大学、北京建筑工程学院、吉林建筑工程学院协办来自全国15所建筑类高校43名代表出席了论坛。

本届论坛的主题是"以全面提升办学质量为核心，努力实现十二五期间建筑类高校发展规划"。在这一主题下，论坛从五个分题展开交流：（1）、充分利用创先争优的平台，加强建筑类高校党建工作；（2）、依托行业，加强学科、专业建设；（3）、拓宽产学合作，彰显办学特色；（4）、创新性、应用型人才的培养；（5）、加强内涵建设，提高办学质量。

【第三届建设类高职院校书记、院长论坛】 由协会主办、浙江建设职业技术学院承办的第三届全国建设类高职院校书记院长论坛，于11月4~6日在杭州隆重举行。来自全国26所建设类高职院校58名代表出席论坛。

本届论坛的主题是"改革·开放·创新·发展"，展开为四个分题：(1)校企合作体制机制和制度的创新研究；(2)国际化合作办学模式的研究；(3)人文素质教育教学改革与探索；(4)围绕学校中心工作抓党建、促发展的机制研究。17所院校结合自身情况撰写了19篇论文，内容涉及校企合作、党建工作、中外合作办学、职业素质教育、人文素质教育、学校干部队伍建设、校园文化、实验实训基地建设等。与前两届相比，本届论文的数量与质量有了较大的进步。

3. 科研服务与期刊出版

【科研课题管理】 组织2011年协会课题立项和2009年课题结题工作。已申请立项的课题有113个，其中普通高校30个、高职73个、中职9个、1个课题涉及企业人力资源方向等。

【《建筑与市政工程施工现场专业人员职业标准》编制工作】 1月21日，受住房和城乡建设部人事司委托，携手中国市政工程协会召集有关市政工程领域的专家，在北京召开论证会，就《建筑工程施工现场专业人员职业标准》适用市政工程施工领域的问题进行了讨论，与会专家根据会议要求又进行了广泛的调研。通过论证会和调研，市政工程行业专家确认本标准适用于市政工程施工领域的现场专业人员。据此，将《建筑工程施工现场专业人员职业标准》更名为《建筑与市政工程施工现场专业人员职业标准》，同时，对本标准有关内容进行了相应的微调，形成《建筑与市政工程施工现场专业人员职业标准》（报批稿），报住房和城乡建设部审批后已正式发布，同时启动职业考试大纲的编写工作。

【远程教育】 协会在黑龙江建筑职业技术学院、上海建峰职业技术学院、广州市建筑工程职业学校、山西省建筑工程技术学校等10个院校组建奥鹏远程教育学习中心，为举办《房地产经营与管理》等专科学历教育和行业职业培训，打下了重要的基础。其中学历教育各学习中心于春、秋两季节共招生1000多人，迈出了远程学历教育第一步。远程培训就开展的农民工培训工作等议题进一步摸索合作方式，向部人事司提交关于建立建设行业技术工人职业技能培训体系的建议。

【各项赛事和活动】 2011年全国职业院校技能大赛中职组建筑工程技术技能比赛。今年的比赛有37个省市429名选手参赛，共进行工程算量、楼宇智能化、建筑设备安装与调控、建筑CAD四个赛项的角逐。

5月14~15日在广州举行第二届全国高等院校学生斯维尔杯BIM系列软件建筑信息模型大赛，此赛由深圳斯维尔软件公司承办，广州大学协办，共有112所院校，1088件作品参赛。

8月第四届建筑类多媒体课件大赛参赛课件由学校类专业委员会和部分地方建设教育协会提供，253课件经初选，约120件作品入围参加答辩和终评。举办多媒体课件大赛，给教师提供了展示教学成果的平台，促进多媒体技术在教学中的应用，提高了教师的职业技能。

8月13~21日在北京举办第二届建筑类院校优秀学生夏令营。全国各地105位学生参加夏令营活动。有关的专业委员会和地方建设教育协会参与了前期的宣传、推荐和组织报名工作。夏令营活动使学生拓展了视野，培养了专业兴趣，锻炼了适应能力和提高了工程素养。

11月在西安举办第四届广联达软件全国高校学生算量技能大赛。全国共有150所建设类或设有建设类专业的院校近20000余名同学参加，设有教师培训、学生培训、分赛区决赛、总决赛等多个环节，最终140所院校280名同学参加总决赛并取得了较好的成绩。

【培训工作】 继续加强与部分专业委员会和地方建设教育协会、建设类院校及培训机构的合作，加强培训工作的质量监督。创新"考培分离"机制，建立考务管理和考试监控的电子系统。

4月，在北京召开"楼宇智能化试点专业考试工作和职业培训工作研讨会"，来自全国11所职业院校的院、校长和教师，以及企业特邀代表等近30人参加会议。荣大成、李奇及德国专家凯夫勒等出席会议。

培训机构工作委员会积极协助协会秘书处培训部工作，加强了培训的监管，加大了市场调查，开发不少新培训项目，扩大了与专业委员会、地方建设教育协会的合作面。房地产教育专业委员会围绕住房和城乡建设部的中心工作举办各类培训班，在广西贵港市承办了部住房公积金监管司委托的《住房公积金服务培训班》；与部房地产研究会房屋征收和拆迁委员会共同举办两期《国有土地房屋征收与补偿条例》培训班。

（中国建设教育协会 撰稿：杨苗）

二、中 央 企 业

中国建筑工程总公司

【基本概况】 2011年，中国建筑工程总公司（以下简称中国建筑）面对全球金融危机持续蔓延带来的不利局面，沉着冷静，积极采取应对措施，化危为机，逆势而上，规模和效益均创出历史新高，主要财务指标均创历史同期最好水平，综合实力进一步增强。

主要指标完成情况：新签合同额约9307亿元，增长16.1%。实现营业收入4828亿元，增长30.3%。实现营业利润251.6亿元，增长33.9%。利润总额达到258.9亿元，增长31.8%。实现净利润192.4亿元，增长30.7%。百元产值管理费为2.31元，同比降低0.17元。

房建业务。房建业务新签合同额7223亿元，增长14.2%。其中包括一批重大工程项目：660米高的深圳平安国际金融大厦、606米高的武汉绿地中心、530米高的广州东塔、468米高的重庆瑞安超高层项目等。初步统计，全国300米以上的超高层地标性建筑中，90%以上由中国建筑承建。同时，中标大项目占比进一步提高，境内平均单项合同额为2.23亿元，同比提高54.9%；境外平均单项合同额为5.1亿元，同比增长68%。

海外业务。在国际市场风云变幻的大环境下，中国建筑海外经营仍然保持了较好的发展。海外业务新签合同额全年新签合同额460亿元，同比增长7.6%，实现营业收入281亿元。中建阿尔及利亚分公司签约的15亿美元的嘉玛大清真寺项目，是2011年度国际承建市场上单体合同额最大的公建项目。

房地产业务。中国建筑在严酷的市场环境下，审时度势，把好风险防控，整体发展规模再创历史新纪录。中国建筑地产业务房地产销售额达891亿元，增长33.2%；销售面积700万平方米，增长7.5%。销售额和销售面积分别占全国商品房销售额和销售面积的1.5%和0.6%。全年新增土地储备约2167万平方米，期末拥有土地储备约6194万平方米。

中海地产全年销售面积558万平方米，实现销售额866亿港元、利润总额142亿港元，同比分别增长29.0%、2.1%。中海地产连续八次蝉联"中国房

二、中央企业

地产行业领导品牌"与"中国蓝筹地产榜首企业";根据专业机构评估,中海地产品牌价值达246.87亿元,位居行业第一。

中建地产积极开展区域化重组,实现了合理控制开发节奏,着力提高产品品质,稳步扩大土地储备的效果。全年销售面积142万平方米,实现销售155亿元、利润总额15亿元,同比分别增长86.7%、42.3%。2011年,中建地产首次入选"中国房地产品牌价值排行榜第五名",品牌价值70.53亿元。

勘察设计业务。中建设计集团在2011年ENR排名中,列第67位,较上年提升4位;位列全国民用建筑设计企业首位。全年新签合同额77亿元,增长31.4%;实现营业收入53.4亿元,增长40.1%。经营业绩再创历史新高。中国建筑西南设计研究院常州市体育会展中心项目,获得全国优秀工程勘察设计奖金奖项;中国建筑西南设计研究院汶川县第二小学项目、中国建筑西北设计研究院银西安市浐灞生态区行政中心项目、中国建筑西南勘察设计研究院中国第二重型机械集团热处理车间新增设备基础基坑支护工程项目,获得全国优秀工程勘察设计奖银奖。另获得工程勘察设计行业优秀工程勘察设计奖一等奖7项,二等奖9项,三等奖15项。

基础设施业务。在市场投资大幅下降的严峻形势下,中国建筑坚持优质履约、积极加强成本和效益核算,强化品牌和信用建设,创新融资建造模式,开创了业务新局面。全年新签合同额1207亿元,增长21.7%;实现营业收入581亿元,增长14.2%。年末,基建业务待施合同额1670亿元,增长71.5%;营业利润增长43.5%至36.2亿元,2011年,中国建筑的社会评价和品牌美誉度进一步提升。在财富全球500强企业排名中,中国建筑名列100位;在国资委央企负责人经营业绩考核中,中国建筑再次被评为A级企业。

国家游泳中心(水立方)获国家科学技术进步一等奖,广州西塔智能化平台及模架体系获国家科学技术发明二等奖,荣获鲁班奖13项、参建奖22项,詹天佑奖4项,继续领先行业创优水平;各设计院共获得国优金奖1项,银奖4项。2011年中国建筑共获得授权专利637项,其中发明专利151项。

中建三局党委作为央企惟一一家代表,荣获"全国先进基层党组织"称号;中建八局、四局(总部)、三局一公司、三局二公司、三局总承包公司、二局上海(沪)荣获"全国文明单位"称号。中国建筑的代表、"大姐书记陈超英"先进事迹经中央主流媒体宣传后,中央政治局常委贺国强、中央政治局委员张德江、王兆国相继作出向陈超英学习的批示,由此标志着陈超英典型从中国建筑走向全国。

【重点工作】

(1)集团管控向纵深推进

中国建筑以"央企一流、行业排头"为目标,编制完成了"十二五"发展规划。进一步加大总部能力建设力度,通过整合监督资源,新设立了监督委员会。风险管理向纵深推进。健全了海外风险管控制度,建立了资金预警评估机制、强化了法务评审等。审计价值增值作用日益显现,以"重点突出、重视整改"为重点,使内控测试真正成为提升管理和完善控制的有力手段,相关工作得到国企监事会的高度认可。

(2)"五化"策略向纵深推进

"专业化"做强做优势头强劲。2011年各专业公司继续保持良好的发展势头:中建安装、中建设计、中建装饰全国行业排名第一;中建钢构和中建商混凝土已跻身行业前列;中建电力向电建全产业链的服务商和发展商方向前进,尽管受到日本3·11福岛事件影响,仍然成功中标辽宁红沿河核电厂二期5、6号机组常规岛土建工程。中建筑港成功开拓新的施工专业领域,水工项目新签合同额超过30亿。钢结构加工基地、幕墙加工厂、石化设备制造厂、半潜驳施工船等在内的多项重大固定资产投资项目上马,为提升专业公司的竞争力提供了有力支撑。

"区域化"向纵深推进。中国建筑组建东北、西北、西南区域总部,三大区域"区域化"步骤加快。地产业务区域化方案开始实施。投资区域化成果初显,投资集中度大大提高。

"标准化"向纵深推进。中国建筑以实施《项目管理手册》为抓手,制定了更为详细的项目管理标准化达标及实施考核办法,推进了"质量、工期、成本、安全、环保"等多项目标的集成管理和综合控制,项目管理体系不断完善,项目管理水平得到有效提升。在全国工程建设优秀项目管理成果的评价中,获得一等奖13个,成为行业获得一等奖最多的企业。

"信息化"向纵深推进。中国建筑总部正式成立信息化管理部,归口统一管理全系统信息化工作。新改版的中国建筑网站在国资委考评中跃升为A级。集成了OA系统、档案系统、人力资源系统、项目管理系统,实现了总部办公流程化、网络化,提高了文件阅批效率,完成了视频会议系统高清改造及扩建工作。同时,完成了中国建筑财务统一门户的建设工作,整合了八套财务系统,在完成南洋公司、刚果(布)、柬埔寨、中建新疆建工财务系统建设工作后，财务系统基本覆盖中国建筑海内外单位。

"国际化"向纵深推进。2011年，中国建筑海外业务取得多项突破。与加纳政府签订了21亿美元东部走廊项目的商务合同，标志中国建筑在我国政府优买优贷以及出口买方信贷项目上实现了新收获；美国公司总承包额超过19亿美元巴哈马大型海岛度假村项目的实施，开创了中国建筑企业在北美融投资带动工程总承包的先河；南洋公司在新加坡获得两个地铁项目，实现了土木工程的重大突破；刚果(布)国家1号公路项目1期工程的通车，被刚果(布)最大的报纸《布拉柴维尔快报》称为："中国人能够在原始森林里修筑出这样的一条公路，本身就是一个真正的奇迹。"

(3) 创新发展模式向纵深推进

城市综合体建设模式深入推进，逐步趋于成熟，并取得了较好的社会经济效果，城市综合建设部2011年实现净利润3.7亿元。全系统实施了51个BT项目、2个BOT项目、8个融投资带动总承包项目。在内地主要从事BT业务的3311，成为连续三年获得"杰出承建商奖(建筑)金奖"的承建商。

中建设计勘察企业在做强做大传统设计勘察主业的同时，积极拓展业务新领域也有新进展。直营总部城市规划设计业务实现了新突破；各设计院积极打造以设计为龙头的产业链有新实践、新收获。

创新融资模式有序推进。2011年在贷款难、融资难的形势下，中国建筑成功发行7年期中期票据60亿元、5年期中期票据40亿元。同时加强了与国内外大型保险公司、信托公司、基金等金融机构的合作，多渠道寻求融资模式创新。

【人力资源】 中国建筑"十二五"规划中提出了"专业化、职业化、国际化"的"三化"人才发展策略，坚持"以人为本、关注个体"的人才理念，积极营造海纳百川、追求卓越的氛围，广泛吸引凝聚海内外各类优秀人才，通过员工本地化和国际化，优化人才队伍结构，创造了多元和谐的企业文化。同时积极推进考核评价、职业生涯设计和教育培训的三个全员覆盖，打造公司与员工共同成长的平台。人才结构进一步优化，员工学历层次明显提高，大学专科以上学历的员工占比达69.9%，同比提高2.8个百分点；员工平均年龄呈同比下降趋势，30岁以下员工人数由上年的46.7%提高到49.7%。

截至2011年底，中建总公司自有职工169890人，其中，具有高级专业技术职称人员13359人。中建总公司现有中国工程院院士和全国工程勘察设计大师8人，有突出贡献的中青年专家5人，享受政府特殊津贴专家195人，英国皇家特许建造师119人，一级注册建造师6209人，一级注册建筑师和一级注册结构工程师1089人，高级工以上人员8120人。2011年招收高校毕业生19190人。

【党的建设】 中国建筑在开展创先争优活动中，以庆祝建党90周年为主题，以"央企一流、行业排头"为目标，以"十百千工程"为重要举措，把工期、质量、技术、安全和人才建设的创优作为创先争优工作的具体内容，广泛开展了"双标共建(项目管理标准化、项目党建标准化)"、"三联建"(联合党支部、联合工会和联建团支部)、"三号联创"(党员先锋号、工人先锋号、青年文明号)、"四联创"(创优、创新、创业、创效)等活动，涌现了一大批"创先争优做先锋，立足岗位做贡献"的先进典型。南京南站项目部把创先争优活动与劳动竞赛紧密联动，同规划、同部署、同启动，把创先争与工期、质量、安全、环境、成本和技术创新"六位一体"目标有机融合，取得了显著成果。中国建筑隆重召开"十百千工程"颁奖表彰大会，表彰了10个党委、102名先进党支部、1000优秀党员。在国务院国资委"一先两优"表彰大会上。5个基层党组织、6名党员分别被授予"中央企业先进基层党组织"、"中央企业优秀共产党员"称号。中建三局党委被授予"全国先进基层党组织"荣誉称号。

中国建筑按照"央企一流、行业排头"的要求，创先争优实现了"三个延伸"(由党组织"创先进"向工会、共青团群团组织"创先进"延伸；由党员"争优秀"向全体员工"争优秀"延伸；由国内机构向海外机构延伸)。一年来，全系统"各行各业创先进、立足岗位争优秀"，取得了一系列引领行业进步的成果。中建利比亚大撤离先进集体事迹突出体现了中国建筑的精神风范，突出体现了中国负责任大国形象，赢得了国际赞誉。"大姐书记"陈超英先进事迹，成为创先争优活动的榜样。2011年成为公司工会系统赢得全国性荣誉最多的一年，共青团工作走在了央企前列；纪检监察、海外党建等业务工作得到国务院国资委充分肯定。而"幸福工程"在全系统的全面展开，进一步提升了中建员工的荣誉感和自豪感。全系统员工收入平均增长15%以上，福利待遇普遍提高；公助培训、带薪休假、参观旅游、健身娱乐、定期体检等福利活动的开展和员工食堂的兴办等，都大大提升了中建员工的幸福指数。

2011年2～3月间利比亚国内爆发战乱，中国建筑在党中央、国务院的正确领导下，果断部署撤离工作。中建利比亚分公司承担起中国驻利比亚东部地区各中资企业撤离总协调组织工作，及时安全地撤离了10241名中建员工和957名孟加拉、越南籍员工，成功实现了"三天万人万里大撤离，无一人丢失、无一人伤亡"的奇迹，中建利比亚分公司各级党组织和广大党员在历史性的大撤离中，不畏艰险、率先垂范的事迹，彰显了"顾全大局、团结互助、不畏艰险、科学组织"中建利比亚撤离精神，充分体现了大国、大企业危难时刻敢于担当的国际主义道义。中国建筑相继收到越南劳工部、孟加拉 Mid-East集团的感谢信，盛赞中国建筑保护外籍工人撤离利比亚的义举。中央电视台六次重播中建利比亚党组织和党员在撤离中的先进事迹。

【履行社会责任】 中国建筑在《2010年度中国建筑可持续发展报告》位列519家A股上市公司第11位，并与其他10家A股公司一起，被授予最高等级——AA评价，充分体现了社会对中国建筑履行社会责任的高度认可。在第三届"上市公司社会责任报告高峰论坛暨授牌典礼"上，中国建筑2010年可持续发展报告名列A股上市公司第11位，被授予最高等级评价，是建筑行业惟一一家获此荣誉的企业。

在灾后援建工程中发挥先锋作用。2011年是青海玉树灾后重建至关重要的一年，中建八局、中建市政西北院等克服了工期紧、质量要求高、成本压力大以及自然条件恶劣等困难，率先全面完成"三个确保"目标（确保所有的农牧民住房全面竣工入住；确保城镇居民住房90%竣工、80%入住；确保所有的学校项目全部竣工），在援建央企中处于领先地位。受到国务院国资委和青海省领导的高度赞扬。

"中建八局玉树灾后重建前线指挥部"被中华全国总工会授予"全国五一劳动奖状"殊荣，李万勇、毕建新、朱权秀3人获"全国五一劳动奖章"，"中建安装玉树灾后重建项目经理部"获青海省"十一五"建功立业竞赛先进集体。中建市政西北院在甘肃舟曲灾后重建中也顺利完成各项设计任务。

在国家民生工程建设中发挥骨干作用。中国建筑积极贯彻党中央、国务院部署，发挥行业引领作用，把积极参与保障性住房开发建设作为履行社会责任的重要途径，通过创新承包工程、投资建设、棚户区改造、城乡统筹、设计规划等多种模式，在18个省、市、自治区承建了61项、总建筑面积接近2000万平方米的保障性住房建设，目前在施总建筑面积达1443万平方米。中建地产荣膺"2011年中国住房保障特别贡献企业"称号。

在节能减排和绿色建造中发挥表率作用。2011年，中国建筑超额完成了国资委下达"十一五"期间每年万元产值综合能耗下降4%的指标，下降率达4.5%。同时，中国建筑的建筑工程绿色建造技术被列为国家"十二五"绿色建筑科技发展专项规划重点，总经费达到1个亿，其中国拨经费5000万元。该项目的实施，为中国建筑引领"绿色建造"发展，构建以企业为主体，产、学、研、用相结合的科技创新体系，促进我国建造过程节能减排和建筑业可持续发展具有重要意义。中建地产"绿色住宅产品开发技术研究"在行业内取得良好反响。中建商混公司探索绿色生产商业模式，与武钢战略合作，利用尾矿资源推动循环经济发展的一系列做法，得到国务院国资委高度重视。

（中国建筑工程总公司）

中国铁路工程总公司

【基本概况】 中国铁路工程总公司(China Railway Engineering Corporation，缩写CREC)是集勘察设计、施工安装、房地产开发、工业制造、科研咨询、工程监理、资本经营、金融信托、资源开发和外经外贸于一体的多功能、特大型企业集团，总部设在北京。中国铁路工程总公司具有国家建设部批准的铁路工程施工总承包特级资质、公路工程施工总承包一级资质、市政公用工程施工总承包一级资质以及桥梁工程、隧道工程、公路路基工程专业承包一级资质，城市轨道交通工程专业承包资质，拥有中华人民共和国对外经济合作经营资格证书和进出口企业资格证书。2000年通过质量管理体系认证，同时获得英国皇家UKAS证书。2002年被北京市确定为高新技术企业。2003年通过环境管理体系和职业健康安全管理体系认证。2004年通过香港品质保证局质量/环保/安全综合管理体系认证，并获得国际资格证书。

作为全球最大建筑工程承包商之一，2011年排名世界企业500强第95位，在中国企业500强中排名9位，在中央企业排名第6位，在2011年世界225家最大国际承包商中排名第33位。并入围当年"全球500绿色企业"、"社会责任榜"第9位，首次入选"全球500绿色企业"。

中国铁路工程总公司的前身是1950年3月成立的铁道部工程总局和设计总局，后变更为铁道部基本建设总局。1989年7月，铁道部撤销基本建设总局，组建中国铁路工程总公司。2000年9月，与铁道部"脱钩"，整体移交中央大型企业工作委员会管理。2003年4月归属国务院国资委管理。2006年11月，成为首批国有独资企业董事会试点企业。2007年9月12日，独家发起设立中国中铁股份有限公司（以下简称中国中铁），并于2007年12月3日和12月7日，分别在上海证券交易所和香港联合交易所挂牌上市。截至2011年底，全公司共有员工29.1万人，拥有各类专业技术人才14.8万人，其中中国工程院院士3人、国家勘察设计大师4人、享受国务院特殊政府津贴的59人、国家级有突出贡献的中青年专家2人，具有高级技术职务的有14000人、高级工程师10090人。公司拥有各类执业资格人员1万多人，其中有注册建造师7300多人。

中国铁路工程总公司主要从事股权管理、非上市单位和存续资产管理，中国中铁是其经营业务的运营主体，拥有下属子、分公司40余家和其他项目机构，主要有中铁一局、二局、三局、四局、五局、六局、七局、八局、九局、十局、大桥局、隧道、电气化局、建工、航空港、上海局、港航局等17家施工企业集团；中铁二院、设计咨询、大桥院、西北院、西南院、华铁咨询等6家勘察设计科研企业；中铁山桥、宝桥、科工、装备等4家工业制造企业；中海外、中铁国际、委内瑞拉分公司、老挝分公司、印尼公司等5家国际业务公司；另有中铁置业、资源、信托、物贸、西南、南方、海西、中原、贵州、昆明、成都和建设分公司等10余家房地产、金融、投资管理公司。中铁宏达资产管理中心为中国铁路工程总公司成立的具有法人资格的全民所有制企业，负责管理学校、医院、主辅分离资产等未进入上市范围的机构和资产。

作为国家授予的全国首批"创新型企业"，中国铁路工程总公司拥有高速铁路建造技术国家重点实验室、盾构及掘进技术国家重点实验室、4个博士后科研工作站、14家经国家认可的检测实验中心、2个经国家认定的技术中心和17个省部认定的技术中心，在高原铁路、高速铁路、电气化铁路、城市轨道交通、大型桥梁及隧道、高速铁路道岔、钢结构研发生产等多个领域拥有核心技术，达到了世界先进、国内领先水平。截至2011年底，公司先后有465项科技成果通过省部级科技成果鉴定，共荣获国家科技进步奖和发明奖91项（其中特等奖4项，一等奖12项），省部级科技进步奖1252项，拥有有效国家专利1502项（其中发明专利354项）。

【主要指标】 2011年，中国中铁完成新签合同额5708亿元，其中国内完成5268.2亿元，海外完成439.8亿元；完成企业营业额5046.2亿元，其中国内完成4850.2亿元，海外完成196.4亿元。截至2011年底，中国铁路工程总公司的资产总额达4738.9亿元，同比增长19.7%。其中，流动资产3637.4亿元，同比增长20.7%，流动资产占资产总额76.76%。负债总额3878.5亿元，其中带息负债1302.4亿元。表1为2011年中国铁路工程总公司主要业绩指标。

中国铁路工程总公司主要业绩指标（2011年）

表1

项目	2011年	2010年	比上年增长（%）
资产总额（亿元）	4738.9	3958.8	19.7
所有者权益（亿元）	860.4	782.3	10.0
营业收入（亿元）	4603.0	4736.3	-2.8
利润总额（亿元）	95.7	103.7	-7.7
净利润（亿元）	72.4	81.6	-11.3
归属于母公司所有者的净利润	37.6	40.6	-7.4
技术开发投入（亿元）	98.2	91.2	7.7
利税总额（亿元）	241.5	240.0	0.6
应交税金总额（亿元）	203.9	199.4	2.3
全员劳动生产率（万元/人·年）	19.1	17.31	10.3
净资产收益率（%）	8.7	10.2	-14.7
总资产报酬率（%）	3.1	3.6	-13.9
国有资本保值增值率（%）	107.79	109.7	-1.7

【改革发展】 原隶属于中海外的中国铁工建设有限公司重组并入中铁建工集团，成为其子企业。将原上海分公司代中国中铁持有的中铁南通投资建设管理有限公司的2亿元股权，通过协议方式转让给中铁上海局。按分步注销计划，截至2011年底共注销20余家四级及以下法人企业，并彻底完成7级以下法人企业注销任务。严格对各层级投资新设、收购兼并和分改子公司等审核把关工作，全年新增

企业80家，其中投资新设70户，收购兼并10户。

按照中国中铁内控体系建设总体部署，对管理制度进行了全面梳理，进行业务尽职调查、管理框架设计、流程图绘制及描述编写、关键控制点辨识与措施制定、重大风险识别与评估、业务流程优化、管理工作改进、内控手册编制。截至2011年底，全公司二级企业都完成了内控体系发布运行工作，大部分三级企业完成了内控体系建设工作。通过积极开展工程项目审计、经济责任审计、财务收支审计和管理绩效审计等各项工作，全公司全年增收节支19773万元，提出审计建议被采纳7515条。2011年全公司大力加强资金集中管理，首次将资金集中度列为领导人员业绩考核关键指标。全公司合并层面资金归集度达到70%，运用沉淀资金开展内部调剂213.11亿元，同比增加93.81亿元；成功发行120亿元公司债券及67亿元短期融资券，改善了全公司债务结构。积极推进物资集中采购，累计在1943个工程项目上实施了物资集中采购，总额达1215亿元，同比增长92.2%。继续推进大型设备集中采购调配，全公司共集中采购施工设备4145台套，总额42亿元，集中采购度由上年的40.8%上升至87.7%。

【**重大项目**】 2011年，中国中铁完成施工产值3733亿元。参建的京沪高铁开通运营，深圳地铁5号线、广深港高铁客专广深段、太中银铁路建成通车，青藏铁路西格二线电气化工程开通运营，参建的广珠城际、张集等铁路以及青岛胶州湾跨海大桥投入使用，北京地铁5条线、15号线、西安地铁2号线等开通运营，世界最大规模水工隧洞群雅砻江锦屏二级水电站4号引水隧洞贯通，哈大客专、京石客专等一批即将开通项目按期实现节点目标，石武、杭甬、成绵乐客专和兰新、兰渝、南广铁路等项目有序推进。2011年共获国家建筑工程鲁班奖8项，国家优质工程奖6项，土木工程詹天佑奖5项，火车头优质工程54项。

【**年度代表工程**】 京沪高速铁路。2011年6月30日，由所属中铁一局、三局、五局、八局、电气化局、建工集团等单位参建的，新中国成立以来建设里程最长、投资最大、标准最高，全长1318公里的京沪高速铁路顺利开通。中国中铁承建了京沪高铁土建2标、土建5标、19个站场及南京大胜关长江大桥和全线电气化牵引等工程。中铁一局承建土建工程二标段，北起河北沧州，南至山东济南黄河南岸，全长169.483公里，主要工程有沧德、德禹、禹济、黄河4座特大桥。中铁三局承建京沪高铁土建工程五标段，起于安徽省滁州市，经南京、镇江，终点在江苏省常州市城北区，正线长度171.1公里。中铁大桥局承建的南京大胜关长江大桥全长9273.237m，具有体量大、跨度大、荷载大、速度高"三大一高"的显著特点，创造了四项"世界第一"，即大桥是世界首座6线铁路大桥，钢结构总量高达36万吨，混凝土总量达到122万立方米，仅一个桥墩就有七个篮球场大；主跨336米，双跨连拱为世界同类桥梁最大跨度，为世界同类级别跨度最大的高速铁路大桥；设计活载为6线轨道交通，支座最大反力达18000吨，是目前世界上设计荷载最大的高速铁路大桥；设计时速300公里位于高速铁路大跨度桥梁世界领先水平。

青岛胶州湾大桥和青岛胶州湾隧道。2011年6月30日，由所属中铁二局、隧道局、电气化局、大桥局、大桥院、西南院等单位参建的，目前世界上同类型跨海大桥中桥面最宽和跨度最长的大桥——青岛胶州湾大桥和国内海底最长隧道——青岛胶州湾隧道同时开通运营。其中，青岛胶州湾大桥全长36.48公里，总投资约100亿元，为双向六车道高速公路兼城市快速路八车道，设计行车时速80公里，设计使用年限100年，包括三座可以通航的航道桥和两座互通立交。建设过程中，该桥荣获多项"第一"：自主研发的水下无封底套箱技术为世界首创；大沽河航道桥为世界首座海上独塔自锚式悬索桥；全桥海上钻孔灌注桩数量为5127根，居世界第一；红岛互通立交为我国首座海上互通立交；红岛互通立交施工采用小半径350米大跨径60米滑移模架施工是国内外首次采用；是我国首座采用低桩承台的跨海大桥。青岛胶州湾海底隧道全长约7800米，总投资32.98亿元，其中海底段隧道长约3950米，设双向六车道，是国内在建的第二条大型海底隧道，也是目前我国最长、世界第三长的海底隧道。

深圳地铁5号线。2011年6月22日，由中国中铁独家和深圳市政府采用国内首次"投融资＋设计施工总承包＋回报"全新BT模式建设的深圳地铁5号线正式开通试运营。该线全长约40公里，共设车站27座，总投资约200.6亿元，贯穿深圳市第一、二圈层，连接城市西、中、东三条发展轴，并与10条轨道交通线换乘，是构成深圳市近中期线网的骨干线路，也是国内城市轨道交通建设中一次建成单条线路最长的地铁工程。其建成运营，对缓解深圳市道路交通压力、提高交通网络效率，拓展城市发展空间，支持2011年深圳第26届世界大学生运动会具有重要意义。

【走向海外】 2011年，中国中铁进一步提升海外项目的集中管理能力，加强海外项目的危机管理，创新海外工作管理模式，推动海外业务持续健康、规范有序经营，在境外设立的子、分公司已达59个，各类办事处、代表处53个，基本形成了在亚洲、非洲、拉丁美洲三大区域市场，在53个国家和地区开展业务，成功签约埃塞俄比亚铁路、安哥拉市政配套和住房工程等重大项目；境外在建工程项目涉及铁路、公路、桥梁、隧道、房屋建筑、城市轨道、市政工程、农田水利、港口建设等领域。公司道岔及钢结构等产品远销到美国、韩国、新西兰、德国、加拿大、丹麦等18个国家和地区。另外，公司在境外还投资兴办有纺织厂、制药公司等，并开展了房地产开发、矿产资源等业务。截至2011年底，中国中铁境外在建的工程和设计项目总数有319个，总合同额为187.6119亿美元，尚未完成的合同总额有115.1225亿美元。其中，上亿美元项目17个，500万美元以上项目208个。

2011年，中国中铁所属中海外承建的摩洛哥东西高速公路、肯尼亚机场改扩建项目顺利竣工；中铁四局、隧道、建工集团等单位承建的安哥拉社会住房项目、伊朗德黑兰北部高速公路、阿尔及利亚体育场、坦桑尼亚达市独立大厦等项目进展顺利。中铁建工还在坦桑尼亚蝉联了"坦桑尼亚最佳外资承包商奖"。

【重大创新】 2011年，全公司组织评审科研成果120项，通过省部级科技成果鉴定（评审）45项；授权专利519项，其中发明专利146项；获国家级工法38项，省部级工法99项。全年获国家科技进步奖5项，获中国施工企业管理协会科学技术奖53项（其中特等奖4项，一等奖26项）、中国铁道学会科学技术奖54项、中国公路学会科学技术奖8项。通过国家级工法评审38项，新增国家级认定企业技术中心2个，新增博士后工作站2个，获国家优秀工程勘察设计奖11项。高速铁路建造技术国家工程实验室顺利完成法人注册，盾构与掘进技术国家重点实验室成功通过可行性建设论证；中铁盾构郑州研发制造基地建成投产，已有30台自主品牌盾构设备进入地铁和市政施工，实现安全掘进8万米，创造了单护盾TBM月掘进1868米的世界纪录，并实现产品海外市场零突破。首次组织完成了客运专线无砟道岔的研制，并在沪杭、京沪高速铁路铺设；研制的硬岩盾构成功应用于重庆轨道交通建设项目，填补了硬岩特性与软岩盾构为一体的整机技术国内空白；中国中铁自主研发的《土质下穿隧道超大直径管幕施工方法》获国家发明专利，该技术首次应用在国内下穿既有线隧道、软土质隧道施工领域，填补了国内该领域施工技术空白。

【党建工作】 认真贯彻中央和国资委党委的部署，紧密围绕"练内功、打基础、强管理、创一流"的中心工作，以"创先争优"活动为主题，扎实推进"百千万创先争优示范工程"活动，指导各级党组织创造性地开展了各具特色的主题实践、党工共建、党团共建活动，公司党委先后对18个二级单位、60多个项目部的创先争优活动情况进行了调研，总结推广项目党建标准化、"双标共建"、"五小"工作法等一批经验，召开庆祝建党90周年暨创先争优活动经验交流表彰大会，选树表彰78个基层示范党委、152个示范党支部、243名党员示范岗。明确提出创建学习型、创新型、高效型、服务型、清廉型机关的目标，取得了明显成效，对所属二、三级企业机关党的建设作了部署，对"为民服务，创先争优"活动作了安排，推动机关党的建设不断深化。公司党委积极探索提高党建工作科学化水平的新途径，研究制定了推行项目党建标准化管理、加强和改进海外项目党建思想政治工作等制度，构建以项目党建、机关党建、海外党建、农民工党建、党群共建为内容的中国中铁党建工作新格局，受到了李源潮、王勇等中央和国资委领导的充分肯定。

公司党委总结的《在创先争优中提高基层党建科学化水平》、《创建"百千万"示范工程，深入推进创先争优活动》的经验分别在《人民日报》和《求是》杂志上刊载。中铁一局窦铁成获中央表彰的"全国优秀共产党员"、中铁电气化局二公司党委获"全国先进基层党组织"、中铁二局四公司党委书记张文杰获"全国优秀党务工作者"称号。

【信息化建设】 2011年，股份公司全面落实国资委信息化建设总体要求和股份公司"十二五"信息化规划，着力推进信息化建设与业务管理的深度融合。一是进一步完善信息化管理制度，落实《信息化项目管理办法》，协调各业务信息系统建设；二是优化IT基础架构，加快正版软件培训使用，提高企业专网的承载能力和运行质量，积极推进"五统一"信息化基础平台的部署应用；三是实现信息化登高目标，股份公司在国资委信息化考核评价中达B级水平，同时通过积极开展内部信息化绩效考核工作，均衡提升各级单位信息化应用水平；四是加强对所属企业信息化工作指导，保障所属企业顺利通过施工企业特级资质信息化考评。

【履行社会责任】 中国中铁切实践行"建造精

品、改善民生"的神圣使命,积极承担社会责任,在拉动经济、促进就业、环境保护、抢险救灾、公益事业等方面做出了重要贡献,2011年荣获"中央企业优秀社会责任实践成果奖"。2011年是中国中铁响应党和国家扶贫号召,定点帮扶湖南省桂东和汝城两个贫困县的第十年。公司坚持"科技扶贫,教育扶贫",选送第八批扶贫干部到两个贫困县,全年共投入188万元,启动并完成了8个扶贫项目,为当地的发展做出了贡献。由于教育扶贫成绩显著,公司被中国扶贫基金协会授予"2011年度公益大使奖"。中国中铁秉承节约能源、减少排放的宗旨,完善三大体系,严格贯彻执行能源管理体系标准要求,把建立资源节约型、环境友好型企业作为目标,把工程项目节能减排作为降低成本、提高效益的重要途径,加强能源消耗的过程管理和控制,实现工程项目精细化管理;加大经费投入和研发力度,大力开展节能减排技术攻关和技术改造,推广应用先进节能减排技术和产品。2011年,公司被国务院国资委授予"'十一五'节能减排优秀企业"称号。

在青海玉树灾后重建工作中,中国中铁承担结古镇城南片区的恢复重建任务。主要包括城乡居民住房建设、公共服务设施建设、基础设施建设等三大类,共计60余个大项,100余个子项,170余个单体,重建总投资额为43.75亿元。公司以"开工必先,全程领先"为指导思想,广大员工克服重重困难,高质量施工,创造了四天一层楼的灾后重建玉树速度、玉树奇迹。2011年,公司在全面加快施工进度的同时,把确保居民入住置于首位,优化资源配置,加大施工力量,累计投入各类人员3800人,机械设备243台(套)。2011年,中国中铁承建的青海玉树藏族自治州玉树县第二完全小学完工,该工程是玉树震后重建的首所交付使用的学校。

中国中铁每年通过接收大中专毕业生、接收转业军人、通过人才市场引进人才等形式,为社会创造和提供着大量新的岗位。2011年,公司建立与驻地公安、维稳部门、社保部门的沟通协调机制,认真做好了军转干部解困政策的落实和企业军转干部信访反映问题的解决。公司在国内基建投资大幅紧缩、铁路工程项目调整和资金压力较大的情况下,充分展示央企的社会责任,为150万农民工提供了就业机会,启动预防和解决拖欠农民工工资工作的长效机制,通过各种渠道积极筹措32亿元资金,全力解决因政策等因素引起的农民工工资拖欠问题,取得了良好的效果。2011年,公司广泛开展了农民工志愿服务活动,在国资委召开的中央企业农民工工作视频会议上,白中仁总裁交流了中国中铁加强农民工工作的经验,受到国资委领导充分肯定。3月26日《经济日报》全文刊登李长进董事长的署名文章《全面推进"五同"管理,切实加强农民工思想政治工作》。4月份,中国中铁加强农民工"五同"管理的案例,被中组部写入"全国基层党组织加强社会管理集中轮训教材"。在中央文明办关爱农民工活动启动仪式上,巨晓林作了大会发言。

【"十二五"发展规划】 中国中铁"十二五"企业发展的总体战略目标是:推进两大转变、实现二次创业,努力把中国中铁建设成为国内领先、国际一流、主业突出、多元并举、具有中国特色的特大型现代国有企业,进入国家重点培育的30~50家拥有自主知识产权和知名品牌、具有较强国际竞争力的大公司大企业集团。"推进两大转变、实现二次创业"是企业在"十二五"期间改革发展的基本战略;"主业突出、多元并举"是"十二五"期间企业产业布局的调整方向;"具有中国特色的特大型现代国有企业集团"是企业的发展定位。

"两大转变":从做大到做强、做优的转变,从中国的大企业向具有国际竞争力的大公司大企业集团的转变。"二次创业":为企业改革发展注入新的活力,进一步激发广大干部职工的创业热情,促进企业生产力实现新的突破,推动企业发展质量取得新的提升,不断续写中国中铁改革发展的新篇章。"二次创业"计划从现在开始到"十二五"末基本结束,努力实现企业做大、做强和做优三方面的目标要求。做大:推动企业的营业规模和资产规模持续保持良好的增长态势,成为全国最大建筑工程承包商、力争世界建筑企业第一、进入并稳居世界企业百强。做强:不断确立和提升中国中铁核心竞争能力、持久赢利能力和持续发展能力,在行业发展乃至国民经济建设中具有相当控制力、带动力和影响力,进入国家重点培育的30~50家拥有自主知识产权和知名品牌、具有较强国际竞争力的大公司大企业集团。做优:认真转变发展方式,积极发展新兴业务板块,大力实施"走出去"战略,扎实推进现代企业制度建设,努力把中国中铁建设成为现代型、国际型、创新型、效益型、和谐型企业。

"十二五"期间,重点加强高素质经营管理人才、高水平项目经理人才、高层次专业技术人才、高质量海外人才、复合型党群工作人才和高标准技能人才"六支人才"队伍建设。全面建立起与企业改革发展要求相适应的人才引进储备、选拔任用、职业发展、培养开发、考核评价、激励保障机制。到"十二五"

末,实现企业员工队伍总量适度,经营管理人才规模合理,结构优化,素质优良;项目经理人才达到6000人;高级专业技术人才达到15600人,其中高层次技术专家人才达到700人;党群工作人才队伍保持基本稳定,结构不断改善,整体素质明显提升;高技能人才达到70000人,其中新增技师6000人、高级技师2000人;海外人才达到6000人。

围绕高速铁路、长大桥梁、复杂环境下山岭隧道、城市地铁和轨道交通等工程建设和特殊施工专用装备研制等开展科技创新。五年获国家科技进步奖不少于10项,省部级科技进步奖(含铁道学会、公路学会等科学技术奖)不少于200项。2010~2015平均每年获得110项专利授权,其中发明专利15项;五年获得40项以上国家级工法、400项以上省部级工法;积极主持或参与国家或行业相关技术标准的编制和修编工作。五年勘察设计板块获奖总数:全国优秀工程勘察设计奖12项,全国优秀工程咨询成果奖38项;省部级优秀工程勘察设计奖150项,省部级优秀工程咨询成果奖35项。消灭重大工程质量事故,工程质量合格率100%,创中国建筑工程鲁班奖15项,创国家级优质工程奖15项,创省部级优质工程120项,创中国中铁优质工程奖150项。

深入落实科学发展观,坚持低碳发展理念,依靠科技进步,强化管理,调整产业结构,淘汰落后生产能力,实现企业可持续发展。能耗、水耗、污染物排放等指标处于行业领先水平。2015年,万元营业收入综合能耗(现价)比2010年下降20%。

(中国铁路工程总公司办公厅)

中国铁建股份有限公司

【基本概况】 中国铁建股份有限公司(中文简称中国铁建,英文简称CRCC)的前身为组建于1948年7月的中国人民解放军铁道兵,1984年集体转业并入铁道部,改称铁道部工程指挥部;1989年成立中国铁道建筑总公司,2000年9月28日与铁道部脱钩,先后划归中央企业工作委员会和国务院国有资产管理委员会管理;2007年11月5日,由中国铁道建筑总公司独家发起成立中国铁建股份有限公司,于2008年3月10日、13日分别在上海证券交易所和香港联合证券交易所成功上市。

中国铁建下辖中国土木工程集团有限公司,中国铁建十一至二十五局集团有限公司,中铁建设集团有限公司,中国铁建电气化局集团有限公司,中国铁建港航局集团有限公司,中国铁建房地产集团有限公司,中铁第一、第四、第五勘察设计院和上海设计院集团有限公司,中铁物资集团有限公司,昆明中铁大型养路机械集团有限公司,中国铁建重工集团有限公司,北京铁城建设监理有限责任公司,中国铁建投资有限公司,中国铁建财务有限公司,中铁建中非建设有限公司,中国铁建(加勒比)有限公司,中国铁道建设(香港)有限公司,诚合保险经纪有限责任公司,中铁建(北京)商务管理有限公司,北京培训中心36家二级子公司和单位。截至2011年底,在岗员工241621人。其中,管理人员43571人,占18.03%;专业技术人员95275人,占39.43%;技能人才104257人,占43.15%。拥有工程院院士1名、国家勘察设计大师6名、享受国务院特殊津贴的专家199名。资产总额422982.84亿元,比2010年增长20.76%。主要机械动力设备86754台(套),总功率763万千瓦,技术装备率9.24万元/人,动力装备率29.37千瓦/人。业务涵盖工程建筑、房地产、特许经营、工业制造、物资物流、矿产资源及金融保险等,已经从以工程承包为主发展成为具有科研、规划、勘察、设计、施工、监理、维护、运营和投融资的完善的行业产业链,具备了为业主提供一站式综合服务的能力。并在高原铁路、高速铁路、高速公路、桥梁、隧道和城市轨道交通工程设计及铁路大型养路装备领域确立了行业领导地位。兵改工以来,在工程承包、勘察设计等领域获得国家级奖项446项。其中,国家科技进步奖61项;国家勘察设计"四优"奖101项;中国土木工程詹天佑奖50项;中国建设工程鲁班奖81项;国家优质工程奖156项。

中国铁建经营范围遍及除台湾以外的31个省、直辖市、自治区,香港、澳门特别行政区,以及世界40多个国家和地区,是中国乃至全球最具实力、最具规模的特大型综合建设集团之一。连续6年入选"世界企业500强",2011年排名第105位;连续

14年入选"全球225家最大承包商",2011年继续保持第1位;连续7年入选"中国企业500强",2011年排名第7位。年内被评为海外最具品牌影响力的中国上市公司和"十二五"期间最具投资价值的上市公司。

【主要指标】 (1)市场开发成效显著。2011年,中国铁建新签合同总额6811.8亿元,完成年度新签合同额计划的123.8%。其中,新签铁路外合同5438.2亿元,同比增长73.5%;新签海外合同760.3亿元,同比增长193.4%。受中国铁路建设市场大幅萎缩的影响,中国铁建铁路工程新签合同大幅减少,年内铁路新签合同1373.6亿元,比2010年减少68.3%。除铁路工程外,其他工程类别新签合同均保持不同程度的增长,为中国铁建保持经营规模稳定提供了有力支撑。其中,房屋建筑工程新签合同1636.3亿元,同比增长208.4%;公路工程新签合同1081.8亿元,同比增长14.9%;城市轨道工程新签合同429.7亿元,同比增长8.4%;市政工程新签合同563.7亿元,同比增长77.3%;水利电力工程新签合同312.7亿元,同比增长165.6%。

(2)经济运行质量明显提升。2011年,中国铁建实现营业收入4573.66亿元,比2010年减少2.72%。其中,工程承包业务实现营业收入4075.41亿元,占营业收入总额的86.64%;海外业务实现营业收入171.99亿元,占营业收入总额的3.76%。实现净利润78.82亿元,比2010年增长82.59%,效益水平再创历史新高。

(3)转型升级取得重大进展。2011年,中国铁建非工程承包业务新签合同额938.6亿元,完成营业收入628.4亿元,实现净利润32.5亿元,占比分别达到13.8%、13.4%和39.9%,成为中国铁建重要的经济支撑。其中,勘察设计咨询业务新签合同75.89亿元,完成营业收入74.64亿元,实现利润9.79亿元;工业制造业务新签合同119.68亿元,完成营业收入89.15亿元,实现利润5.77亿元;房地产业务新签合同140.77亿元,完成营业收入135.38亿元;物流与物资贸易业务新签合同577.19亿元,完成营业收入311.86亿元。

(4)资产总额稳步提升。2011年,中国铁建资产总额4229.83亿元,比2010年增长20.76%。其中,货币资金830.58亿元,占资产总额的19.64%,比2010年增长27.38%。

表1为2011年中国铁建主要经济指标完成情况及与2010年比较。

2011年中国铁建主要经济指标完成情况及与2010年比较   表1

项目	2010年	2011年	比2010年增长或下降(%)
资产总额(亿元)	3501.94	4229.83	20.76
所有者权益(亿元)	582.31	657.19	12.86
营业收入(亿元)	4701.59	4573.66	-2.72
利润总额(亿元)	60.89	100.56	65.15
净利润(亿元)	43.17	78.82	82.58
归属于母公司所有者的净利润	42.46	78.54	84.97
技术开发投入(亿元)	88.29	85.95	-2.65
利税总额(亿元)	227.93	289.00	26.79
应缴税金总额(亿元)	167.04	188.44	12.81
加权平均净资产收益率(%)	7.85	12.98	增长5.13个百分点
总资产报酬率(%)	2.30	3.42	增长1.12个百分点
总公司国有资本保值增值率(%)	96.90	110.8	增长13.9个百分点

【改革发展】 (1)公司治理机制持续完善。2011年,中国铁建严格按照相关法律法规和公司章程,认真履行相关审批程序,顺利完成公司董事会、监事会换届选举工作,重新聘任经理层,同时规范二级企业董事会、监事会的配备,研究批复21家单位75名董事、监事人选的调整意见。制定《中国铁建股份有限公司关联方资金往来管理制度》《中国铁建股份有限公司内部控制与全面风险管理办法(暂行)》,修订完善《中国铁建股份有限公司章程》《中国铁建股份有限公司董事会秘书工作制度》《中国铁建股份有限公司内幕信息知情人管理制度》等规章制度。严格按照各上市地上市规则的规定,及时、准确、完整地进行信息披露,不断改善投资者关系,提升信息披露水平,使公司所有股东和投资者能够在公开、公平、真实、准确的基础上获取公司的信息,公司透明度不断提高。

(2)经营工作成效显著。面对严峻的经营环境,及时调整经营思路,提出"市场经营以路外为主,铁路经营以补差索赔为主,突出保障房市场开发"的工作方针,先后与20多个省市和大型企业集团签订战略合作框架协议,与美国、匈牙利、格鲁吉亚、尼日利亚、伊朗等20多个国家和地区的代表团进行洽谈、沟通,为经营工作创造条件。全力开发铁路外市场,大力开展股份公司本级经营,新成立的川渝、云贵、山东、上海四个区域经营管理平台积极开展工作。

(3) 战略性结构调整成效凸显。进一步完善产业链。成立中国铁建投资有限公司，将股份公司投资的项目纳入统一管理，优化投资结构，提高管理效率。组建中国铁建港航局集团有限公司，弥补在水工市场的经营短板。成立中国铁建财务有限公司，搭建专业化融资平台，提升资金运作能力和管理水平，开创产融结合的新路子。加快发展非工程承包板块。设计咨询板块继续保持稳步增长，各设计院克服铁路市场急剧下滑带来的困难，迅速转向路外和海外市场。工业制造板块取得长足进步。昆明中铁大型养路机械集团有限公司的大型铁路养护系列产品不断推陈出新，牢牢占据市场制高点。中国铁建重工集团有限公司的盾构高端设备生产达到国内领先水平，已生产28台(套)，成功应用于西安、北京、长沙等地铁市场。房地产板块实现新跨越。

在国家调控政策不断深入、房地产市场不景气的情况下，中国铁建房地产业务逆势而上，品牌深入人心，规模逐步扩大。物流贸易发展规模得到提升，经营范围涵盖钢材、水泥、铁路线上材料、民爆器材、油料、煤炭等领域。中铁物资集团有限公司在中国物流企业50强排名中上升至第5位。矿产资源开发稳步推进。厄瓜多尔铜矿项目，加强与铜陵有色的沟通，配强项目公司人员，各项工作有序推进。

(4) 资本经营积极稳妥开展。始终坚持生产经营和资本经营双轮驱动、协调发展，注重优选项目、加强管理、提升效益。一是加大新项目开发力度。年内成功运作昆明禄大公路、九宜公路、扬州瘦西湖隧道、昆明外环东路、湛江东海岛开发、福建南安石井港开发等10个BT、BOT项目，特别是湛江东海岛开发项目，有力地带动了水工市场的发展，在区域性综合投资项目运作等方面进行了有益探索。二是加强投资项目监管和运营管理。中国铁建投资有限公司和各项目公司认真履行职责，把握投融资和施工建设节奏，注重加强运营管理，确保投资项目有序推进、有效运转。三是注重以小投资撬动大市场。昆明二环路BT项目和遂渝高速公路BOT项目的成功实施，为开拓云南和重庆市场发挥了重要作用，全系统在云南和重庆的轨道交通、市政、房建市场份额大幅提升。

【企业管理】(1) 在建工程和项目管理。所属单位按照股份公司要求，及时掌握重点工程调整情况，对在建项目进行全面梳理，调整施工计划，优化施工组织。对于资金保证项目，适度超前安排，安全快速推进，确保资金回笼和工期兑现；对于资金不足项目，稳妥安排后续工作。中国铁建十二、十九局集团公司大西铁路，中国铁建十六局集团公司贵广铁路等一大批项目，深入推进标准化建设，管理规范，组织有力，受到业主好评。在铁道部信誉评价中，中国铁建十一、十二、十七、十九局集团公司进入A类行列。

(2) 安全质量管理。2011年，中国铁建始终坚持"安全第一，预防为主，综合治理"的安全生产方针和"质量取胜，以质创誉"的质量管理理念，深入开展大检查、大排查、大整改和安全质量月活动，认真落实安全质量责任制，不断健全群防群治的安全质量管理体系，加强安全质量过程控制，各类生产安全事故大幅减少，质量创优成果丰硕，安全质量形势总体平稳。年内，50个质量管理小组获全国工程建设优秀质量管理小组奖，6家企业被评为全国工程建设质量管理小组活动优秀企业；获中国工程建设鲁班奖7项，国家优质工程奖15项。

(3) 精益化管理。深化银企合作，拓宽融资渠道，发行中期票据和短期融资券，确保资金需求。强力推行集中管控，各级资金管理中心"蓄水池"作用得到有效发挥，设备物资集中管理初见成效，保险和机票集中采购效果显现。

(4) 内部控制与风险管理。注重内部控制与风险管理机制的建立与完善，保证企业健康、可持续发展。横向方面，股份公司总部确立董事会、经理层、职能部门、业务部门、监督部门各司其职、四位一体的"4+1"内控与风险管理体系；纵向层面，确立"股份公司总部—集团公司—工程公司—指挥部(项目部)"四级内控风险管理架构。各个层级、各个部门根据不同的管控模式和业务特点，各司其职，分工协作，上下贯通，有效保证中国铁建内控和风险管理工作的顺利开展。

(5) 资质管理。年内，中铁建设集团有限公司通过全国首批房屋建筑新特级资质评审，成为全国首家取得房屋建筑总承包特级资质和设计专业甲级资质的企业；8家单位的铁路特级资质申报材料通过复审。

(6) 法规体系建设。坚持依法经营、依法决策、合规管理，建立以总法律顾问制度为核心的法律风险防范组织体系，树立"法制央企"良好形象。2011年审核经济合同158份、规章制度29个、重大决策24项、授权书28份。

(7) 审计监督。按照"督导制度措施落实，严格经营绩效问责，保证资金安全，促进精益化管理和结构调整"的工作方针，深入开展内部控制审计、经济责任审计、经营绩效审计、工程项目审计和企业基建项目审计，促进企业经济质量运行有效提升。2011完成审计项目2667项，提交审计报告2229份，提出整改建议10062条。

(8) 二级企业管理。2011年制定下发《企业领导人员管理暂行办法》，明确所属企业领导人员培养、选拔、使用及奖惩的管理机制；下发《关下所属二级公司董事会、监事会人员配备有关问题的通知》，规范所属企业董事会、监事会人员的配备，保证所属单位法人治理结构的正常运转。

【科技创新】 2011年，中国铁建大力推进"科技兴企"战略，注重科技和创新环境的打造、创新观念的引导、充足资金的支持和有效制度的保障。(1)加大科技创新平台建设。中国铁建十二局集团有限公司技术中心通过国家级企业技术中心认定，实现中国铁建国家级创新平台零的突破；成立北京轨道建筑学会，该学会为中国铁道建筑总公司直接管理的学术性社团组织；主持的"大直径全断面隧道掘进装备及重大工程机械装备"首次列入国家"863"计划；中铁第一勘察设计院集团有限公司陕西省铁道及地下交通工程重点实验室通过认定，获得政府资助经费50万元。(2)持续提升科技水平。依托重点项目和前沿领域，围绕工程建设和工业制造，积极开展科研攻关和技术创新。全年科技投入84.72亿元，列入国家重大科研项目3项，新增省部级科研项目22项。(3)科技成果显著。参建的安徽铜陵至黄山高速公路、青藏铁路那曲物流中心、武汉至广州高速铁路武汉站、武汉至广州高速铁路浏阳河隧道4项工程获2011年度中国土木工程詹天佑奖。全年获国家科技进步二等奖2项，省部级科技进步奖126项，全国优秀工程勘察设计奖3项，全国优秀工程勘察设计行业奖8项，中国建筑学会优秀建筑结构设计奖1项，省部级勘察设计奖71项，发明专利57项、国家级工法42项。

【工程创优】 2011年，中国铁建注重新技术、新工艺、新设备的采用，不断加大安全质量投入力度，提高工程创优能力，实现企业本质安全。全年创火车头优质工程54项、中国电力优质工程6项、国家优质工程25项。其中，新建北京至天津城际轨道交通、新建武汉北编组站、合武铁路大别山隧道、沈阳地铁1号线、哈尔滨市道外二十道街松花江大桥及引道工程、常州高架道路一期工程、杭州湾跨海大桥、天津滨海新区海河开启桥、沪蓉西高速公路支井河特大桥、上海保利广场10项工程获2010~2011年度中国建设工程鲁班奖；大唐国际发电股份公司胜利东二号露天煤矿一期工程、国道(GZ40)云南新街至河口高速公路工程获2011年度国家优质工程金质奖，13项工程获2011年度国家优质工程银质奖。

【工程施工】 2011年，中国铁建完成施工产值3932.1亿元。5000万元以上的在建工程2311项，在建重点工程29项。全年承建桥梁10959座6441公里，完成4343公里；承建隧道3176座5967公里，完成3477公里。6月30日，京沪高速铁路正式开通运营，创造486.1公里的世界高速铁路运营试验时速最高纪录，成为中国高速铁路建设新的里程碑。广深港铁路客运专线狮子洋隧道继左线2010年12月8日实现江中对接后，右线于2011年3月16日完成盾构机对接。8月30日，中国铁建和贵阳市政府合作建设的BT项目——贵阳北二环路工程建成通车。中国铁建投资兴建的重庆鱼洞长江大桥8月13日正式通车。6月30日，全长36.48公里的青岛胶州湾大桥建成通车。被铁道部列为一级风险隧道的六沾铁路复线乌蒙山1号隧道于6月29日贯通。全长6.17公里的青岛胶州湾隧道4月28日贯通，6月30日正式通车。西安北站是一座集铁路、公路、城市交通于一体的现代化大型铁路客运车站，1月11日正式投入运营。太中银铁路、长吉城际铁路、广珠城际铁路、青藏线西宁至格尔木增建二线电气化铁路年内相继建成通车。锦屏二级水电站1~4号洞贯通。

【房地产开发】 2011年，中国铁建房地产开发业务在国家调控政策走向深入、市场不景气的情况下，逆势而上，"中国铁建国际城"、"中国铁建山语城"等品牌深入人心，初步形成合理的区域布局和比较丰富的战略纵深。中国铁建全年完成房地产开发投资270亿元，其中企业自有资金投入165亿元，分别完成计划的65%和96%。中国铁建房地产集团有限公司(以下简称中铁地产)完成房地产开发投资196亿元，其中企业自有资金投入112亿元，分别完成计划的64%和140%。截至年底，中国铁建分别在北京、天津、广州、杭州、重庆、西安、长沙、贵阳、南宁、成都、合肥、长春、济南、厦门、宁波、株洲、临沂、泰安、梧州等30个城市获得房地产开发项目59项，建设用地总面积724万平方米，规划总建筑面积2346万平方米。其中，中铁地产建设用地总面积487万平方米，规划总建筑面积1590万平方米。年内有36个项目在24个城市销售，销售面积178万平方米，销售金额146.5亿元，实现营业收入135.38亿元。中铁地产开发的南宁中国铁建·凤岭山语城被评为2011年南宁住宅建筑新地标。

(中国铁建股份有限公司　撰稿：杨启燕)

中国水利水电建设集团公司

【基本情况】 中国水利水电建设集团公司(以下简称集团公司)是中央管理的、跨国经营的综合性大型企业,是中国规模最大、科技水平领先、最具实力、行业品牌影响力最强的水利水电建设企业,是中国电力建设集团有限公司重要的子企业。具有国家施工总承包特级企业资质、对外工程承包经营权、进出口贸易权、AAA级信用等级。其前身为上世纪50年代初成立的燃料工业部水力发电建设总局,后在国家部委机构调整中,经过几次合并与拆分,名称和隶属关系有所变化,先后由水利电力部、能源部、电力工业部、国家电力公司归口管理。2002年12月,在国家电力体制改革中经国务院批准正式改组为中国水利水电建设集团公司,成为由国务院国有资产监督管理委员会监管的中央企业。根据国务院国资委2011年9月29日通知,经国务院批准,中国水利水电建设集团公司、中国水电工程顾问集团公司与国家电网公司、中国南方电网有限责任公司所属14个省(区、市)58个勘测设计企业、施工企业、修造企业重组,组建中国电力建设集团有限公司。中国电力建设集团有限公司由国务院国有资产监督管理委员会代表国务院履行出资人职责。中国水利水电建设集团公司成为中国电力建设集团有限公司的全资子公司,不再列入国务院国有资产监督管理委员会履行出资人职责的企业名单。

中国水利水电建设集团公司注册资本金40亿元,截至2011年底,集团公司总资产达1022亿元,净资产156亿元,在中国各大区域设有19个全资子公司,9个控股公司,2个参股公司,在世界53个国家设有69个驻外机构。在职员工近13万人。公司具有世界一流的综合工程建设施工能力:具备年完成土石方开挖60000万立方米、混凝土浇筑5000万立方米、水轮发电机组安装3000万千瓦、水工金属结构制作安装100万吨的综合施工能力。2007年,集团公司以营业收入和总资产双双超过500亿元进入中央企业500亿~1000亿元规模企业行列,被国务院国资委授予"绩效进步特别奖"荣誉称号。2010年获得国资委授予的"管理进步特别奖"荣誉称号。

集团公司以科学发展观为指导,确立了建设具有较强国际竞争力的质量效益型大型跨国企业集团的战略目标,实现了持续、快速、协调发展。集团公司的主要经济指标每年都以20%以上的幅度快速增长。

集团公司在从事工程建设的同时,积极稳健地开展融投资业务,投资建设了水电、风电、煤电等一批优质能源项目和房地产项目、BOT高速公路项目、水务项目。控股及参股在建电力项目总装机容量约667万千瓦,其中权益装机402万千瓦。

集团公司积极推进国际化战略,是中国水电产业"走出去"的排头兵和中国企业"走出去"的重要力量。在40多个国家和地区进行工程建设,经营领域涉及水电站、机场、高速公路及矿产资源开发等,在全球拥有约50%的水电建筑市场份额,树立起"中国水电"的良好形象,成为中国水电建设行业的第一品牌和行业代表。

2009年11月27日,中国水利水电建设集团公司整体改制与中国水电工程顾问集团公司在北京共同发起创立了中国水利水电建设股份有限公司(以下简称:股份公司)。2011年10月18日,股份公司中国水电(股票代码601669)首次公开发行A股成功上市,在社会上产生了广泛影响。

【2011年主要经济技术指标】 2011年是公司发展历程中具有重大里程碑意义的一年。股份公司成功登陆资本市场,由一家国有全资企业转变为一家公众上市公司,同时通过参与电力一体化重组,随同中国电建集团站在了世界500强企业的更高发展平台,向建设具有较强国际竞争力的质量效益型世界一流公司迈进了一大步。公司以总营业收入在美国工程新闻纪录(ENR)评选的全球最大225家工程承包商中排名第15位,较上年度排名前进11位,在全部上榜的39家中国企业中排名第6位;以海外营业收入位列美国工程新闻纪录(ENR)评选的全球最大225家国际工程承包商中排名第24位,提高17位,在全部上榜51家中国企业中排名第3位。在2011年里,股份公司始终坚持科学发展观,切实贯彻落实国务院国资委和电建集团的安排部署,加快

转变发展方式，突出结构的调整优化，突出增强国际竞争力，突出发展的质量效益，突出整体素质的全面提高，确保了股份公司的持续健康发展。

(1) 总体经营实现持续增长，经营成效显著

2011年，公司营业收入1134.71亿元，同比增长11.80%。其中：国内水电建筑业务收入487.23亿元，占总收入的42.94%，同比增长24.58%；国际业务收入288.49亿元，占总收入的25.42%，同比增长10.58%；基础设施建设业务收入240.45亿元，占总收入的21.19%，同比降低14.02%；房地产业务收入30.08亿元，占总收入的2.65%，同比增长25.17%；电力投资与运营收入40.46亿元，占总收入的3.57%，同比增长77.82%。在国外业务收入中，水利水电建设业务收入119.69亿元，占收入的10.55%，同比增长11.59%；基础设施建设收入128.87亿元，占总收入的11.36%，同比增长5.64%；其他电力建设收入37.52亿元，占总收入的3.31%，同比增长20.93%。

利润总额49.87亿元，同比增长23.62%。营业收入利润率4.39%；成本费用利润率4.61%；净资产收益率(不包含少数股东权益)19.02%；国有资产保值增值率121.53%。全员劳动生产率86.51万元/人·年，同比增长12.1%，在岗员工人均工资59091元/年，同比增长22.4%。

新签合同1278.5亿元，同比减少4.8%。其中：国内水电建筑业务412.3亿元，占新签合同的32.3%，同比减少15.6%。国内非水电建筑业务268.7亿元，占新签合同的21%，同比减少11.7%。国际业务597.5亿元，占新签合同的46.7%，同比增长8.5%。

合同存量为2424.8亿元，同比增长13.48%。其中：国内水电建筑业务合同存量848.9亿元，占合同存量的35%；国内非水电建筑业务合同存量332.7亿元，占合同存量的13.7%；国际业务合同存量1243.2亿元，占合同存量的51.3%，同比增长27.1%。

(2) 改革进一步深化，公司治理结构和经营机制进一步优化

股份公司成功首发上市。经过四年多的不懈努力，股份公司成功实现首发上市，登陆资本市场，成为年内A股最大的IPO，实现了历史性的跨越，完成了由传统国有独资企业向公众公司和上市公司的转变，这是公司改革发展的重大成就。通过首发上市，公司融资135亿元，改善了财务状况，降低了财务费用，使公司的资产结构更加优良，融资渠道更加多元，赢利能力和投融资能力进一步提升；形成了符合上市公司要求的决策、运作机制和管控体系，公司治理结构更加规范；为电建集团公司整体上市搭建了平台，为公司的可持续发展加快建设具有较强国际竞争力的世界一流公司奠定了良好基础。

顺利完成了参与施工设计一体化重组的各项任务。重组期间，股份公司领导和总部各部门人员做到一岗双责，确保了重组工作的顺利实施和经营管理工作的持续开展。股份公司作为电建集团的重要子公司，总资产、营业收入、利润总额、员工人数分别占电建集团总数的60%以上，对中国电建集团的发展具有重要的不可替代的支撑作用。重组实现了规划、勘测、设计、施工、制造、运营一体化整合，必将带来股份公司竞争力的系统性提高，特别是有助于大大提升股份公司的国际市场竞争力和总承包能力。

子公司重组整合成功启动，改革进一步深化。实现了辽工局有限公司与水电六局有限公司的重组整合，这是解决子企业同质化问题的一次成功尝试，有利于促进公司内部管理体制改革的进一步深化，对推进子公司的重组整合、优化区域布局、提升股份公司的系统性竞争能力具有标志性意义。子公司的厂办大集体改革工作正在积极有序推进。一些子企业内部管理体制改革继续深化，作业队伍管理模式创新取得新进展，劳动用工机制进一步创新。

(3) 市场结构、业务结构、产业结构进一步调整，经营质量进一步提高

继续推进结构调整优化和战略转型升级战略，公司的市场结构、业务结构和产业结构进一步调整，国际市场进一步拓展，投资业务稳步发展，建筑、投融资、房地产等多产业发展格局进一步优化。

水电建筑核心主业地位得到巩固。实现了营业收入和利润的稳步增长。中标了白鹤滩、猴子岩等一批重大水电项目，溪洛渡、锦屏一二级、长河坝等水电项目施工进展顺利，南水北调穿黄隧道主体工程如期完工，完成机组安装75台共438万千瓦，向家坝电站世界首台80万千瓦机组成功安装。公司在水电建筑行业的排头兵地位进一步巩固。

国际业务优先发展战略继续推进。在全球经济形势低迷的大环境下，公司国际业务保持了持续发展态势。经营质量效益同比进一步提高，实现利润33.77亿元，同比增长79.6%，利润率11.8%，同比上升4.5%。国际经营的层次和质量进一步提高，经营规模在公司整体业务中的比重进一步提高，对

公司稳步发展的价值贡献率更加凸显。国际市场结构进一步调整优化，国际经营市场稳步扩张，新开辟了毛里求斯、乍得、莱索托、南苏丹、哥斯达黎加、洪都拉斯6个国别市场，形成了东南亚、北非、东非、中东等区域化的相对稳定市场和安哥拉、卡塔尔、苏丹和印尼等项目群国别市场。目前，股份公司在61个国家有311个海外在建项目，合同总额263.43亿美元。国际业务基本形成了以水电为核心的"大土木、大建筑"格局，业务拓展到火电、机场、路桥、市政、房建、疏浚吹填与港航、矿业等领域。

非水电建筑业务发展战略继续推进。公司成立了铁路事业部，构建了开拓铁路市场的组织体系并初步建立了经营管理体系。京沪高铁建设任务圆满完成。石济客运专线黄河特大桥胜利完工。在诸多外部不利因素叠加，形势十分严峻的情况下，积极调整工作思路和工作重点，大力推动子公司大力开拓城市轨道交通、基础设施、公路等非水电建筑市场。公路市场新签承包合同额81.39亿元。中标了新疆阿喀高速公路、唐津高速公路、西安地铁四号线等项目。总体来看，虽然非水电建筑市场营销额同比有所减少，但经营质量有所提高。

投资业务继续稳步推进。公司产业结构调整进一步深化和优化，水、火、风电等能源投资和房地产、基础设施等投资持续扩大，占公司资产额的比重进一步提高，投资业务结构日趋合理，进一步增强了公司的持续盈利能力和防御建筑业系统性风险的能力。年内完成投资额181.07亿元，其中电力占36.67%、房地产约占34.47%、基础设施约占9.55%。全年实现投资收入约77.38亿元，同比增长近40%。实现利润约8.73亿元，同比增长约8.37%，在总收入和总利润的占比进一步提高。四川公司安谷水电站建设取得实质性进展，毛尔盖水电站提前8个月发电，沙湾水电站、岷江航电等进展顺利；甘肃崇信火电项目投产运营，并取得储量14.4亿吨的甘肃灵台煤矿开采权，西北坑口煤电一体开发取得阶段性进展；房地产市场积极应对国家宏观调控政策影响，较好地完成了计划任务，利润首次突破4亿元，新开工面积及在建面积均创历史新高。开发土地储备进一步增加，新增北京"云立方"、长沙"暮云"等项目约864亩土地；基础设施开发取得较快发展，新增投资额约13亿元；国外水电项目开发稳步推进，首个海外投资BOT项目甘再水电站竣工发电，老挝甘蒙塔克水泥厂运行良好；在建的甘肃瓜州20万千瓦和内蒙古二期5万千瓦风电项目都实现了提前发电目标。截至2011年底，股份公司控股开发项目已达142个，预计总投资额2698亿元，累计完成投资717亿元。

（4）科技创新持续推进，科技成果丰硕

公司大力实施建设行业科技领先型企业战略，以全面推进科技工作上水平为目标，继续完善科技创新体系建设，扎实开展科技立项、科技奖励、科技考核工作，继续推进企业知识产权和标准化工作。科技成果丰硕，取得了一批具有国际领先和先进水平的科研成果，特别是高速铁路的系列技术成果；全年新获得专利授权103项，其中发明专利17项，国家工法12项，省部级工法84项；获得国家科技进步二等奖1项，水力发电科技奖一等奖2项，中国电力科技二等奖2项，国家能源科技一等奖2项。

（5）企业管理进一步强化，经营活动和企业风险总体受控

战略管理和经营管控继续推进。公司在认真总结"十一五"规划工作及其完成情况的基础上，根据宏观经济形势和外部环境变化，修订了股份公司"十二五"规划及三年（2010~2012）滚动规划。新的发展规划更符合股份公司的实际，具体实施计划和措施更切实可行。各层级的管理体制和经营机制进行了微观上的革新优化，经营管控措施进一步跟进落实，基础管理工作有所加强，经营管理活动总体受控。

全面风险管理与内部控制体系建设取得重要成果。公司总部及水电四局等四家试点单位的全面风险管理体系建设圆满完成，为今后全面风险管理与内部控制工作的正常开展奠定了基础。公司完成了对重大风险的评估，编制了《股份公司2011年度全面风险管理报告》。国际公司对海外在建项目建立了巡视检查和风险项目的会诊制度，对风险项目进行定期评估和检查，有效预防了国际经营风险。如年初利比亚局势持续动荡后，股份公司上下反应迅速，及时启动风险防控预案，及时从利比亚安全撤离转移公司员工3757人、其他中国公司员工2100人、第三国劳务851人，充分体现了一个走向国际的大型国企在应对国际突发事件中的积极应变能力、组织能力、执行能力，受到了党中央、国务院、国资委、外交部及驻利使馆的充分肯定。

人力资源管理进一步加强。继续推进竞争性选拔企业领导人员，面向公司系统开展纪委书记候选人的公开竞聘工作。国际公司、水电五局等5家单位的纪委书记均在竞聘后备人选库中产生。认真贯彻落实《中央企业中长期人才发展规划纲要（2010~

二、中央企业

2020)》，完成了公司"十二五"人才战略规划的编写并已下发实施，提出了人力资源工作的目标和方向。面向不同层级的人才培养、人力资源培训工作力度进一步加大，股份公司加强了对高级管理人才和项目经理的培训，取得了明显成效。经与国务院国资委管理部门的深入沟通，解决了工资总额指标不足的问题，核增了股份公司工资总额，提高了薪酬对员工的激励力度。

财务、资金、设备管理更具成效。财务工作以确保公司更好更快发展为中心任务，按照上市公司规范要求，进一步完善了财务管理制度，不断夯实财务管理基础。着力搭建财务风险防范体系，加强预算管理，前移风险关口，防范风险损失。加强了"小金库"专项治理，取得明显成效。制定了资金预算、金融衍生业务监管等管理办法，完善了资金管理制度体系。加大资金集中管理力度，集约化效益明显。创新融资模式，拓展融资渠道和融资品种，成功发行企业债券、中期票据、短期融资券共42亿元，融资成本大幅降低。制定国际资金管理实施方案，完善国际资金集中管理模式，提高国际资金集中管控力度。狠抓大型专用设备调剂与租赁经营双平台机制建设，设备资源优化配置能力大幅提高，盘活部分资源降低成本。水电四局、七局、八局等公司在设备管理上成效较好。深入探索并完善两级集中采购招标平台的运行机制，使公司采购招标管理水平进一步提高，全年组织集中采购招标项目76个，采购资金节约率超过20%。

安全质量管控持续加强。公司进一步加强安全生产"六大体系"建设、着力提高"六种能力"，继续强化安全生产责任体系，不断加大各级组织的安全管控力度，加强安全管理队伍建设，推进安全管理标准化、信息化建设，充分发挥技术指导、技术研发对安全生产的支撑作用。修订出台总部安全管理制度体系，指导、督促子公司完善生产安全事故总体应急预案和专项预案；通过开展"安全生产心中有数"活动，大规模组织项目地质自然灾害等隐患排查工作，排查重大隐患142项，减少事故的发生，实现企业安全生产持续稳步好转的目标。针对公司质量管理工作的总体形势和实际，加大两级总部质量工作的管控力度，建立健全质量管理体系，持续强化质量管理责任制，全面加强各项基础管理工作，积极有序地开展工程创优工作，不断丰富企业质量品牌。2011年，公司获得鲁班奖3项、国优金奖2项，还获得一批国优银奖和省(部)级质量奖，公司单元工程优良率达到91%以上。

项目经营管理水平不断提高。股份公司以项目管理为对象，建立了铁路工程、非水电基础设施、国际业务项目管理标准；以推广应用和加强技术管理为目的，积极推动国家和行业标准化工作，持续建立企业工法和作业标准体系，标准化工作取得了一定成效。各子公司按照股份公司的要求，加强对在建工程项目的管控，进一步提高了管理标准化、规范化、程序化水平，促进了项目经营效益的提高。如国际公司制定了《海外项目前期启动管理办法》，依据项目性质与启动时间实行分层、分类和分阶段管理。水电四局为提高项目精细化管理水平，建立了项目前期策划管理办法，健全合同管理办法，从源头入手规范项目管理。水电十一局成立了国内工程监督管理中心，加强内部管理和经营核算，促进项目按期实现节点目标；还将南水北调项目群实行重点监控，在加强项目经营管理方面进行了有益的探索并取得了初步成效。

法律、审计、监察的保证、督促作用进一步发挥。法律管理工作不断加强，法律风险防范机制有效运行，对改革重组，投资运作，合同签订、项目履约等领域的法律介入和管控不断深入，对依法合规开展经营活动并保护公司合法权益发挥了应有作用。"五五"普法任务圆满完成。审计工作突出重点，不断拓展经济责任审计领域，在对工程分包、合同管理、工程结算等进行审计的基础上，将领导班子"三重一大"民主决策程序执行情况作为重点审计，促进了领导班子科学决策。通过强化监督检查开展了工程建设领域突出问题专项治理效能监察，重点抓了对厄瓜多尔CCS等国际项目的效能监察工作，促进了国际业务经营管理水平的持续提升。全年效能监察共立项582项，为促进公司规范管理行为、持续健康快速发展提供了有力保障。

企业信息化价值逐步体现。编制完成了信息化"十二五"战略规划。建成了覆盖所有二级单位的专线广域网，全面做好特级企业信息化考核的各项工作，不断推进财务、资金、设备物资、市场经营、投资、档案等信息系统的建设和应用，加强信息集成和数据挖掘，初步构建了公司内网门户和决策支持系统，企业信息化价值逐步体现。各子公司积极落实年度信息化登高计划，信息化逐渐融入生产、经营、管理和决策的各个环节，信息化工作迈上了一个新的台阶。特别是8家特级资质企业，信息化水平提升较快。

(6) 积极履行中央企业的社会责任，为国家和社会的和谐稳定作出了贡献承担党和国家十分关注的玉树灾后重建工作重任并圆满完成年度重建任务。2011年是玉树灾后重建实现"三个确保"目标的关键之年。水电四局有限公司代表公司执行玉树重建这一艰巨任务，做了大量十分艰苦而卓有成效的工作，优先推进住房、学校、医疗机构的恢复重建，实现了事关民生的一大批重建项目的竣工交付使用，为党和政府兑现了承诺，赢得了民心，展现了中国水电人的可贵精神、综合实力和良好形象，得到了各级政府与玉树各族人民的高度认可。

积极投身于社会公益事业。水电四局有限公司积极参与青海省组织的"百企联百村"活动，投入资金近300万元，所援建的省内新牧区建设项目已顺利通过竣工验收，获得了各方好评。水电十四局有限公司积极参与云南省扶贫开发工作，投入专项资金用于扶贫，连续三年被云南省评为社会扶贫工作先进单位，展示了"中国水电"的良好社会形象。股份公司为肯尼亚"树木就是生命"造林活动捐款，积极向缅甸佛教捐赠节活动捐款，将埃塞俄比亚的我方员工营地等实物捐赠给当地政府等，都受到了当地政府和人民的充分肯定和好评。

（7）党的建设和反腐倡廉建设取得新成绩

坚持融入中心、服务大局。深入开展"四好"领导班子创建活动，各级班子的能力建设不断增强。加大竞争性选拔领导人员和重要岗位人员的工作力度，公开竞聘成为公司选拔领导人员的主要方式之一。健全党委议事规则和"三重一大"民主决策制度，发挥党委在企业重大问题决策中的重要作用，提高了决策的民主性、科学性。深入开展创先争优活动，激发党员立足岗位，发挥模范带头作用，收到了新的成效。在玉树恢复重建中，涌现出一批优秀党员、劳动模范、青年岗位能手。首次推行党建工作责任制，党建工作科学化水平得到提升。进一步加强海外党建工作，为国际业务优先发展提供了保证；大力推进学习型党组织建设，着力提高各级领导人员的素质和能力，得到中组部、国资委党委的认可，并作了典型经验交流。深入推进企业文化建设，企业文化创新工程获全国电力行业与企业文化优秀成果一等奖。创新精神文明建设工作，"三创建"活动取得新成效。公司被命名为全国文明单位。信息报送成果明显，信息采用数位列中央企业前列，中央领导同志对3篇稿件作了批示。宣传工作在推进上市中取得新成绩。

反腐倡廉建设深入推进。以惩防体系建设工作为主线，以党风廉政建设责任制为抓手，着力构建"五道防线"。规范庆典、研讨会、论坛活动，积极开展转变经济发展方式、推进"五项制度"的贯彻执行情况及工程建设领域突出问题治理等监督检查，开展效能监察，规范经营管理。加大对违纪违规人员的查处力度，强化了组织纪律的严肃性，提高了查办案件的惩戒和警示教育功能。

【国际经营情况】

（1）概述

2011年是公司发展历史上极不平凡的一年。一年来，公司以科学发展观为指导，积极应对错综复杂的国内外经济形势，克服利比亚局势动荡等重大不利事件的影响，承担参与重组、实现整体上市等繁重任务，生产经营保持平稳较快增长，各项工作取得显著成效。国际业务营业收入比上年同期增长10.58%，实现利润34.55亿元，同比增长79.64%，占股份公司利润总额的69.80%，利润率为11.87%，；新签约国际项目合同额约600亿元，新签约合同额占股份公司新签约合同总额的45.7%。

从2011年中国水电建设集团公司的国际业务的发展态势分析，呈现如下特点：

①业务领域不断扩大，转型升级取得新进展

至2011年底，公司在海外62个国家拥有合同额为291.57亿美元的311个在建项目，2011年新开辟了乍得、莱索托、土耳其、巴西、哥斯达黎加和洪都拉斯等6个国别市场。营销网络更加宽广，目前在58个国家和地区设有79个驻外机构，形成了以亚洲、非洲为主，东欧、大洋洲、美洲、欧洲广泛布局的国际大市场格局。国际业务继续多元化发，展，已拓展到火电、机场、路桥、市政基础设施、高铁、矿山、矿业、房建、疏浚吹填与港航、咨询服务、建材领域，以水电建设为核心的"大土木、大建筑"格局得到稳固并良性发展。其中，水电项目合同存量占合同存量总额的43.03%，非水电项目占56.97%。海外投资业务持续稳步推进，产业结构不断优化。柬埔寨甘再水电站正式投产发电，老挝水泥厂2011年销售收入同比增加15%，利润同比增加21%。老挝南俄5水电站项目稳步推进，计划2012年发电；南乌江项目签订了特许经营框架协议，可研报告已获得老挝政府批复；莫桑比克水泥厂项目完成了中国境内投资审批以及当地征地审批手续，通过了环境影响评估，获取施工许可证；刚果（金）铜钴矿项目进入了实质性开发阶段，获得国家发改委、商务部核准批复，取得了《企业境外投资证书》。

②风险防控不断加强，国际业务运行稳健

2011年，公司注重对市场营销和项目履约阶段的风险管控。严格执行项目投标过程中的评审管理制度，从源头上规避风险。初步构建了全面风险管理及内部控制框架体系，梳理了141项业务流程，完善了82项规章制度，评估了10项重大风险，组织了风险管理与控制知识竞赛，开展了流程绘制软件培训等等，促进了市场营销与项目管理的日趋规范。重点关注缅甸耶瓦、越南松邦4水电站、厄瓜多尔CCS水电站等项目实施，指导项目化解风险。密切关注利比亚局势发展，积极采取有效措施，最大程度减少损失。强化财务资金管控，严格实施境外资金集中管控、境外在建项目集中实时监管、外汇风险管理集中管控以及融资保函担保集中管控，确保财务资金安全运行。2011年，公司海外项目绝大部分项目履约情况良好，运行稳健，风险总体受控，个别重点关注项目在加强管控、实施整改措施后风险逐步得到化解。

③ 内部建设显著增强，管理水平整体提升

组织机构方面，撤销了原工程一、二、三部，成立了业务一、二、三和四部，调整原安哥拉、卡塔尔、利比亚三个区域总部市场范围，以相对稳定的人员集中开发相对固定市场，通过组织调整，引导部门定向拓展市场，提高了市场营销效率。

制度建设方面，系统梳理、修订、增补海外各项规章制度，形成股份公司国际业务管理制度文件42项，国际公司管理制度文件103项；编制并推广《股份公司国际业务境外财务税收资料汇编》，实现了境外税务信息的资源共享。

后勤保障工作方面，共签订采购合同3914份，合同总额51.356亿元；支付采购货款7000笔，折合36亿元；为国外项目办理粮食出口配额425吨；申请办理出口许可证152份，出口报关总金额4.45亿美元，出口退税申报3.27亿元，保障了国外项目的生活物资及设备物资供应。此外，采取有效措施，组织了利比亚项目群物资在特殊时期的保全工作。

外事管理工作方面，办理出国团组4506个，办理出国手续13484人次，办理签证约11000人次；外派国家涉及111个；邀请外国人员来华132个团组；办理公证书2775份，办理领事认证和使馆认证共计3314份。此外，还参与了电建集团外事管理建章立制工作，起草并下发了58家划转企业外事管理规定。

审计监察方面，不断建立和完善审计监察各项制度，着力抓好项目审计和效能监察工作，对安哥拉马兰热项目进行了竣工决算审计，对厄瓜多尔CCS项目、赤道几内亚吉布洛等项目进行了综合效能监察。

④ 组织结构进一步优化

为进一步优化国际经营管理的组织结构，做好对国际市场、区域市场业务的规划，市场资源统筹配置，以及国际市场统筹协调，2010年，中国水电建设股份公司继续根据市场特点、各子公司业务专长、历史状况、资源和国际业务发展阶段，不断完善系统资源在全球的配置，以相对稳定的划分市场区域，防止内部资源冲突、重复和浪费。主要措施包括：制定各子公司市场中长期统筹布局方案，并形成相对竞争机制；充分利用本土资源，进一步加快区域业务总部建设的步伐；制定区域业务总部管理实施细则，并监督各区域业务总部相应制定内部管理制度，初步形成国际化格局；继续强有力的推行《国际业务管理指导手册》，统一模式，实现模块化管理；编制并宣贯股份公司质量、环境和职业健康安全三标一体化管理体系海外业务子体系，引进国际先进管理工具和国际标准，推广国际工程管理优秀案例，逐步形成海外业务标准化的管理流程和管理规则，实现管理创新。

2011年，中国水电建设股份公司名列全球最大225家国际承包商第24位，比2010年提升17位；在商务部对外承包工程前50强企业排名中，以国际新签合同额排名第二、以国际营业额排名第三。承建的印尼亚齐火电站项目荣获印尼国家电力公司"优秀工程履约奖"，马来西亚巴贡水电站荣获中国首个海外工程"国家优质工程金质奖"，苏丹麦洛维水电站、安哥拉卢班戈体育场、埃塞俄比亚泰克泽水电站三项工程荣获"中国建设工程鲁班奖"。

(2) 海外主要电力工程承包项目进展情况

① 马来西亚巴贡水电站项目

巴贡水电站是马来西亚迄今规模最大的水电项目，项目合同额约4.7亿美元，水库设计容量高达440亿立方米，设计总装机240万千瓦。项目于2002年10月开工，至2010年底，项目主体工程已完成约99.5%，下闸蓄水已于2010年10月开始。2011年7月起首台发电机组开始商业运行，向砂捞越州电网输送电力。巴贡水电站工程已经基本结束，水库蓄水水位已经达到设计的雨季运行水位，标志着巴贡水库蓄水工作结束。2011年12月获2010～2011年度海外工程国家优质工程金质奖。

② 加纳布维水电站项目

布维水电站是加纳共和国的第二大水电站，合同额约6亿美元，设计装机容量40万千瓦。2007年8月24日，加纳布维水电站举行开工仪式。2008年12月2日，集团公司承建加纳布维水电站提前合同工期一年实现截流。2009年12月18日，加纳布维水电站大坝首仓碾压混凝土开盘浇筑，正式进入混凝土"大浇筑"施工阶段。2011年6月，加纳布维水电站成功下闸蓄水。

③ 厄瓜多尔科卡科多辛克雷EPC项目

科卡科多辛克雷水电站项目，合同额约20亿美元，总装机150万千瓦，年发电88亿千瓦时，是厄瓜多尔历史上外资投入额最大，规模最大的水电项目，同时也是目前中国对外承建的投资最大的水电站工程。2009年10月5日，中国水利水电建设集团公司与科卡科多-辛克雷公司在厄瓜多尔总统府正式签署科卡科多-辛克雷水电站EPC总承包合同。2009年11月16日，集团公司按照合同要求，分别提交了合同价格10%的履约保函，以及合同价格15%的预付款保函。并于2009年12月底，完成了EPC合同下的设计分包商招标。由中国黄河勘测规划设计有限公司和意大利吉奥达塔（GEODATA）组成设计联营体开始前期基本设计工作。2010年7月28日，项目正式开工。至2011年底，工程完成总量的约12%。

④ 委内瑞拉紧急火电站项目

2010年3月25日，股份公司与业主委内瑞拉石油公司（PDVSA）就紧急电站项目一期工程签订EPC总承包合同。委内瑞拉紧急电站项目第一期工程合同总造价为13.5亿美元，工期为9个月。一期工程共建两个电厂：一是位于马拉凯市的"卡布雷拉电厂"，装机20万千瓦，总造价为3.15亿美元；另一个位于卡贝略港附近的"新中心电厂"，装机77.2万千瓦，总造价为10.38亿美元。至2011年底，工程完成总量的约76%。

（3）海外主要电力投资项目进展情况

① 柬埔寨甘再水电站BOT项目

由中国水电集团投资建设的柬埔寨甘再水电站是中国在国外第一个使用项目融资方式开展的BOT水电工程。甘再水电站项目总投资2.805亿美元，总装机19.32万千瓦，建设期4年，特许经营期40年。2007年8月主体工程开始施工，2009年12月7日，甘再水电站项目首台机组投产发电。2011年12月7日，柬埔寨甘再水电站BOT项目竣工，并投入运营。

② 老挝南俄5水电站BOT项目

老挝南俄5水电站项目由集团公司与老挝国家电力公司组成南俄5发电有限公司共同进行开发，其中集团国际公司持股85%，老挝国家电力公司持股15%。南俄5水电站项目总投资1.99亿美元，总装机12万千瓦，年发电量5.07亿千瓦时，建设期4年，特许经营期25年。2010年12月24日，南俄5项目融资工作正式结束。

2008年10月1日，主体工程正式开工。2009年10月16日，南俄5水电站提前1个月圆满完成大坝截流。截至2011年底，大坝已浇筑至EL.1087——EL.1091高程，压力管道全线开挖贯通，累计压力钢管安装完成1131.6m，完成92.16%，混凝土回填1017.98m，完成82.9%。完成总工程量的79.20%，2011年12月份下闸蓄水。

③ 尼泊尔上马相迪水电站BOT项目

尼泊尔上马相迪BOT水电站工程坐落于尼泊尔西部马相迪河上，项目所在地距首都加德满都180公里，距离下游中马相迪水电站约30公里。电站采用混凝土闸坝，总装机容量2×25兆瓦，年平均发电量达3.31亿千瓦时。该项目为目前尼泊尔最大的外资能源投资项目，尼泊尔最大的外资能源投资项目，也是中国企业在尼泊尔投资最大的项目，电站特许经营期35年（含施工期4年），总投资额约1.659亿美元。2010年3月11日，尼泊尔上马相迪项目公司在尼泊尔正式注册成立。2010年12月29日下午，中国水电建设股份公司与尼泊尔国家电力局在尼泊尔首都加德满都正式签署《购电协议》。根据协议，中国水电国际公司控股，占有项目90%的股份，尼泊尔当地合作伙伴萨格玛萨电力公司参股10%，全部电量将售给尼泊尔国家电力局。2011年3月10日签订项目补勘补测实物工程施工合同，于2011年7月20日正式完工。（中国水电建设集团国际工程有限公司 王立鹏）

（中国水利水电建设集团公司）

中国有色矿业集团有限公司

【2011年度企业基本情况综述】 2011年，中国有色矿业集团有限公司（简称"中国有色集团"）加快转变发展方式，坚持做强做优，积极应对各种危机和挑战，战胜前所未有的压力和困难，实现"十二

"五"的良好开局,生产经营取得优异的成绩,改革发展实现了历史性的跨越。

2011年,中国有色集团的发展倍受党和国家的关怀和重视,温家宝、贾庆林、李长春、李克强、王岐山、回良玉、李源潮、何勇、陈昌智、阿不来提·阿不都热西提10位党和国家领导同志视察公司总部和境内外企业,对中国有色集团2011年的工作给予了充分肯定和高度评价,对2012年的工作寄予了殷切的期望,为今后的发展注入了强大的精神动力。

(1)生产经营再创新高,实现"双千亿"目标

2011年,面对复杂多变的经济形势,中国有色集团广大干部职工奋力拼搏,积极进取,生产经营保持了又好又快的发展势头,多项生产经营指标创历史新高。资产规模和营业收入跃上新台阶,双双突破"千亿"大关,全面超额完成了国务院国资委下达的各项经营指标,资产总额、营业收入、利润总额、全年生产有色金属产品等指标均创历史最好水平。

(2)资本运作取得新突破,综合实力不断壮大

2011年,中国有色集团贯彻落实国务院《关于促进企业兼并重组的意见》精神,成功完成了与大冶有色集团、大井子矿业公司、富邦铜业公司、广西平桂飞碟股份有限公司、桂林矿产地质研究院有限公司等5家企业的联合重组。这5家企业都是行业内有影响、有实力的企业。大冶有色集团是国内著名的特大型铜联合企业,是中国铜工业重要的支柱企业之一,在国际国内两个市场拥有很高的市场份额和业内知名度,其"大江"牌阴极铜是伦敦金属交易所注册产品。大井子矿业公司和富邦铜业公司是中国有色金属之乡赤峰市的两家骨干企业,具有独特的资源优势、区域优势和产业互补优势。平桂飞碟公司有一百多年的历史,所属珊瑚钨锡矿是我国资源储量最大的黑钨矿山,其"飞碟牌"锡锭是中国在伦敦金属交易所注册的三大品牌之一。桂林矿地院是有色行业八大知名科研院所之一,拥有有色地勘及相关领域的科研成果2000余项,荣获过国家科技进步特等奖,是有色行业内最早获得该奖项的单位。

这5家企业的加入,极大地提升了中国有色集团的综合实力和行业影响力。公司产业布局进一步优化,资源品种和产品种类日趋丰富,资源保障能力不断增强,生产能力成倍增长,品牌效应和科研创新能力显著提升,并新增有色金属资源储量344万吨。自此,中国有色集团拥有了集地勘、采选冶加,工程设计、工程承包、装备制造、贸易物流、技术服务于一体的完整的有色金属产业链,为打造具有国际竞争力的世界一流矿业集团奠定了坚实的基础。

(3)重点项目建设加快推进,成长后劲持续增强

2011年,中国有色集团国内外涉及矿山、冶炼、加工、辅助材料及新型材料的一批重点项目相继建成投产,产生了良好的社会效益和经济效益。

缅甸达贡山镍矿项目全部建成。在工业基础设施十分落后的缅甸,参建各方克服工期紧张、物资运输困难、施工条件复杂等诸多不利因素,仅用两年多时间,建起了一座现代化的镍铁生产企业,创造了中国企业"走出去"的又一个奇迹。赞比亚中国经济贸易合作区功能进一步完善,影响力持续提升,平台作用日益凸显,在国家批准的19家境外经贸合作区建设中处于领先位置。赞比亚卢安夏穆利亚希湿法冶炼项目基本建成,计划2012年上半年建成投产。赞比亚铜冶炼公司二期扩产项目取得重要进展,工程按照2012年全面建成的目标加快推进。赞比亚湿法公司1000吨选厂项目顺利建成并投料试车一次成功。刚果(金)1万吨湿法冶炼项目土建工程已完工,正在进行设备调试。谦比希东南矿区项目也已经顺利开工建设。

国内项目建设有序推进。中色股份南方稀土项目环评获得国家环保部正式批准,为项目尽早开工建设奠定了基础。中色锌业四期工程已经全面建成投产。中色(宁夏)东方集团有限公司铍铜、钛加工材项目建成投产,高强度切割线、靶材项目正在进行设备安装调试。中色奥博特铜铝业有限公司四期3万吨高精度内螺纹铜管技术改造项目、4万吨铜合金板带项目已经开始试生产。天津新材料产业园项目建设按计划推进。

(4)自主创新成效明显,科技进步支撑发展

2011年3月,国家科技部、国务院国资委、全国总工会联合公布第三批创新型企业名单,中国有色集团在154家企业中名列第一位。进入创新型企业行列是具有里程碑式意义的大事,标志着中国有色集团基本完成了"由传统型企业向创新型企业跨越"的阶段性目标。

2011年,中国有色集团研发平台建设取得新进展,技术研发能力显著提高。中色(宁夏)东方集团有限公司被认定为"国家技术创新示范企业"。中色奥博特铜铝业有限公司技术中心获得国家企业技术中心认定。截至2011年底,公司拥有研究中心11个,国家级企业技术中心3个,省级企业技术中心8

个，省级重点实验室2个，协会重点实验室2个，博士后科研工作站4个。2011年，中国有色集团获得省部级以上科技项目70项，其中国家级项目14项。在有色行业2011年度科学技术奖评审中，公司申报的13项科技成果全部榜上有名，其中一等奖2项，二等奖7项，三等奖4项。截至2011年底，中国有色集团累计拥有专利528项，其中发明专利103项，在中央企业专利排名中名次进一步提升。

（5）安全生产持续平稳，节能减排成效明显

中国有色集团及出资企业深入贯彻国务院《关于进一步加强企业安全生产工作的通知》精神，持续深入开展"安全生产年"活动，大力深化安全生产执法、隐患治理、宣传教育"三项行动"；不断加强安全生产规章制度、保障能力、管理人员队伍"三项建设"；狠抓重点企业、重点项目和生产作业现场的安全生产管理和安全生产基础工作；在建立领导班子带班制度、全面排查治理安全隐患、加大安全投入、加强安全教育培训和开展安全标准化建设等方面采取了新的措施，努力提升安全生产管理水平，保持了公司安全生产的稳定态势。2011年，中国有色集团未发生较大及以上生产安全事故，百亿元营业收入死亡率继续保持下降趋势，同比下降46%。

中国有色集团和各出资企业高度重视节能减排工作，不断强化节能减排三大保障体系，积极推进节能减排技改工程，大力加强节能减排管理创新和技术创新。各企业狠抓能源管理，控制污染物排放，通过改进生产工艺、淘汰落后设备、实施清洁生产审核等多项措施提高能源利用效率，从源头减少排放。2011年，中国有色集团无排放超标记录、无环境污染事故，全面完成了国务院国资委下达的安全生产和节能减排绩效考核任务，节能减排工作再次受到国资委通报表扬。

【年度经济技术指标完成情况】

2011年，中国有色集团资产规模跃上新台阶，2011年底资产总额为1061.02亿元，营业收入大幅增长，累计实现营业收入1161.45亿元，经济效益进一步改善提高，全年实现利润26.94亿元。公司有色金属产品总产量再创新高，全年生产有色金属产品109.41万吨。2011年，中国有色集团建筑工程业务实现营业额为105.88亿元，较上年增长51.7%，建筑业占全部营业收入的16.5%。毛利率为7.29%，同比降低1.8个百分点。建筑工程业务全年累计新签合同额249.9亿元，同比增长105.61%，其中国外工程17项，合同额173.5亿元，国内工程项目合同额76.4亿元。

2011年，中国有色集团能源消耗总量为48.09万吨标准煤，综合能源消费量38.70万吨标准煤。万元总产值综合能耗0.3115吨标煤（现价），比上年同期下降5.54%；万元收入综合能耗0.0201吨标煤，比上年同期下降9.05%；化学需氧量排放量272.39吨，同比下降2.12%，节能量合计1.9万吨标准煤。

【年度主要工程】

（1）3万吨/年高精度铜管生产线技改项目

该项目采用当今世界上最先进的铸轧法生产工艺路线，其生产工艺路线：水平连续铸造空心管坯——铣面——三辊行星轧机轧制——三连拉伸——倒立式圆盘拉伸——在线退火——内螺纹成型——复绕——成品退火——成品包装。该生产线采用的是目前国际上最先进的生产工艺，具有生产效率高、产品质量好、能耗低、管材组织好、性能均匀等优点。

项目承担单位中色奥博特铜铝业有限公司成立于2001年，是中国有色金属加工协会常务理事单位，国家级高新技术企业，山东省最大的铜材加工企业和中国名牌产品生产企业。公司秉承"诚信发展、争创一流"的企业理念，致力于科研开发、技术创新、产品结构调整、人力资源建设。公司主要从事空调制冷铜管、高精铜合金板带系列产品的研发、生产和销售，是国内重要的高精度空调制冷铜管生产基地之一。

项目于2011年3月中旬开工建设，2011年11月下旬进入试生产阶段，截至2011年底累计生产铜管1400余吨。该项目达产后中色奥博特将具备8.5万吨/年的铜管生产能力。

（2）赞比亚卢安夏穆利亚希项目

穆利亚希项目位于赞比亚卢安夏市，设计规模为采矿生产规模450万吨/年，阴极铜生产能力为4.1万吨/年。冶金设计主要方案为：硬岩矿采用堆浸工艺，软岩矿和硬岩矿破碎后的粉矿采用加温搅拌浸出工艺。

中国有色集团于2009年成功收购卢安夏铜业有限公司，是中国有色集团积极应对金融危机、化危为机，加快发展的成功举措，充分展示了中国有色集团锐意奋进的强大信心与积极作为，诠释了中赞两国的全天候友谊。近两年来，中国有色集团不断加大在卢安夏的投入，造福当地人民，增加当地就业，不断改善员工工作生活环境，提高员工的收入水平。

项目2010年开工建设,截至2011年底,基建施工基本完成,设备安装完成90%以上,计划于2012年4月底建成投产。

【十二五规划】

"十二五"时期,中央企业对国民经济的支撑力和影响力将更加突出。公司要以建设具有国际竞争力的世界一流矿业集团为目标,按照国务院国资委关于坚持科学发展、着力做强做优中央企业的发展思路,充分履行政治、经济和社会责任,发挥对中国有色行业的影响力和控制力,确保实现"12345"发展战略。即:一个方向:加快发展、做强做优;两个市场:大力开拓国际国内两个市场,充分利用国际、国内两种资源;三大跨越:向内生驱动的创新型企业跨越、向世界500强企业跨越、向具有国际竞争力的世界一流矿业集团跨越;四个倍增:实现资产总额、营业收入、利润总额、有色金属产品产量倍增;五个上台阶:实现控制资源量、管理水平、科技创新、节能减排、员工收入上台阶。

公司的三大主业是有色金属矿产资源开发、建筑工程、相关贸易及服务。有色金属矿产资源开发是重点和特色,要毫不松懈、突出发展;建筑工程业务是基础,要坚定不移、持续发展;贸易及相关服务业务是新增长点,要加大力度、加快发展。对于三大主业的关系,要坚持把资源开发尤其是海外资源开发作为第一要务,保持建筑工程和相关贸易及服务协同发展,实现公司整体做大做强,成为执行国家海外资源开发战略的骨干企业。

(1) 有色金属矿产资源开发

公司有色金属矿产资源开发布局已初具规模,拥有赞比亚谦比希铜矿及西矿体、卢安夏铜矿、谦比希铜冶炼厂、谦比希湿法冶炼厂、蒙古国图木尔廷敖包锌矿、泰中铅锑合金厂、内蒙古白音诺尔铅锌矿、中色库博红烨等有色金属资源项目,还有赞比亚谦比希铜矿东南矿体、卢安夏穆利亚希湿法炼铜项目、缅甸达贡山镍矿等在建项目以及阿尔及利亚塔拉哈姆扎铅锌矿、吉尔吉斯斯坦恰拉特金矿、塔吉克斯坦帕鲁特金矿等一批有色金属资源的风险探矿和开发项目。

(2) 建筑工程

建筑工程是传统优势产业,公司在国内外有色金属等建设领域建立了较高的知名度并拥有广泛的影响力,产业链完善,涵盖设计、总包、施工、监理等环节,建筑工程资质体系覆盖冶炼、矿山、机电安装、公路、电力、房建、石油化工、市政公用、钢结构等方面。"十二五"期间,要充分发挥公司在建筑工程领域上下游产业链完善、无形资产优良等综合优势。要加大组织结构调整,探索在公司层面成立总承包公司或总承包部门的可能性,谋求依托公司整体潜在优势扩大承揽工程规模和范围。要加大重要工艺、大型技术装备和高难度施工技术开发力度,逐步形成具有自主知识产权的专有技术,提高项目管理、施工管理和成本控制水平。

1. 国际工程承包

"十二五"期间,要抓住中国产能向海外转移的历史机遇,深入实施"走出去"战略,依靠公司海外资源开发的平台支持,借助大型企业集团开拓的海外市场,大力发展国际工程承包业务,实现国内国外两个市场协调发展。要积极探索和实行"以工程换资源"的开发模式,依托资源工程承包项目,积极介入哈萨克斯坦、伊朗、俄罗斯等资源丰富、开发程度低的周边国家有色金属矿山开发,争取通过投资和承包方式,为公司获取宝贵的矿产资源。要大力完善工程承包业务链,特别是进一步提升设计能力。设计是国际工程承包的龙头,要继续寻求收购或增持有关科研设计单位的机会。进一步提升有关装备制造产品的国际市场竞争力,使工程承包产业链得到进一步完善。要巩固传统支柱市场,积极争取后续项目。继续将伊朗等传统优势工程承包市场作为重点开发地区,确保发挥先行优势,进一步开发新项目新领域,巩固传统市场的影响力。

要积极开拓第二支柱市场,规避项目地域布局的限制和风险。"十一五"期间,公司成功开辟了中亚、西亚、南亚、非洲等地区国家的建筑工程市场。在既有市场开拓成果的基础上,"十二五"期间要尽快稳定这些新开发的市场,规避业务地域分布单一的风险。要创造条件努力开发东南亚和南美洲市场。东南亚和南美洲拥有丰富的有色金属矿产资源,有色工程承包市场前景广阔,要积极展开工作,力争开发新的工程承包项目。

要大力创新融资方式。针对"十一五"期间承建的国际工程项目(特别是议标项目)有许多要求代为融资的情况,"十二五"期间要在采用政府间优惠贷款、出口买方信贷等融资方式的基础上,积极创新融资方式,对于受到美国和联合国制裁的国家,积极探索补偿贸易融资方式。

2. 国内工程承包

"十二五"期间,公司国内工程承包业务要巩固冶炼、公路、电力等传统优势行业的市场份额,积极开发房建、市政、铁路、机场等其他资质覆盖的领域，努力提高市场占有率。要紧跟国家产业政策和区域经济发展的导向，积极进入新行业和新兴产业。要切实增强项目履约能力，继续提高顾客满意度，推动"以现场保市场"营销策略实现。要采取合作或收购兼并等方式获取设计能力，为发展和提升工程总承包业务水平创造条件。要积极研究探索新的项目建设方式，促进建筑业务从传统低端市场向中高端市场转移。

3. 相关贸易及服务

"十二五"期间，要进一步发展成为公司的新增长点，有力保障公司扩大经营规模，顺利开发建设海外资源项目，着力打造中国有色集团贸易品牌，打造具有专业化商贸服务体系、产业化资本运营平台和一体化全球营销网络的综合商贸类企业集团。

（中国有色矿业集团有限公司）

第九篇

2011年建设大事记

2011年建设大事记

1月

四部门发出通知要求加强和改进住房公积金服务工作 1月19日,住房和城乡建设部、财政部、中国人民银行、中国银行业监督管理委员会联合发出通知,要求加强和改进住房公积金服务工作,维护缴存职工合法权益,充分发挥住房公积金制度作用。通知要求,各地优化业务流程,健全服务制度,完善服务设施,改善服务环境。

三部门联合出台管理办法规范房地产经纪行为 1月20日,住房和城乡建设部、国家发展和改革委员会、人力资源和社会保障部联合出台了《房地产经纪管理办法》,于4月1日起实施。这是我国第一个专门规范房地产经纪行为的部门规章。办法的出台对于整顿房地产市场秩序,规范房地产经纪行为,保护房地产经纪活动当事人合法权益,促进房地产经纪行业健康发展,将起到积极作用。

发布《关于进一步深入开展北方采暖地区既有居住建筑供热计量及节能改造工作的通知》 北方采暖区既有居住建筑供热计量及节能改造(以下简称供热计量及节能改造)实施以来,各地住房城乡建设、财政主管部门积极落实改造项目,多方筹措资金,认真组织实施,圆满地完成了国务院确定的"十一五"改造任务,取得了良好的节能减排效益及经济社会效益,得到了地方政府、有关企业和居民群众的广泛支持和积极参与,形成了良好的工作局面。1月21日,财政部、住房城乡建设部发布《关于进一步深入开展北方采暖地区既有居住建筑供热计量及节能改造工作的通知》,将进一步加大工作力度,完善相关政策,深入开展供热计量及节能改造工作。

国务院常务会议研究部署做好房地产市场调控工作 1月26日,国务院总理温家宝主持召开国务院常务会议,研究部署进一步做好房地产市场调控工作。会议指出,自2010年4月《国务院关于坚决遏制部分城市房价过快上涨的通知》印发后,房地产市场出现积极变化,房价过快上涨势头得到初步遏制。为巩固和扩大调控成果,逐步解决城镇居民住房问题,继续有效遏制投资投机性购房,促进房地产市场平稳健康发展,必须进一步做好房地产市场调控工作,会议确定八项政策措施。

国务院办公厅发布《关于进一步做好房地产市场调控工作有关问题的通知》 1月26日,为巩固和扩大调控成果,进一步做好房地产市场调控工作,逐步解决城镇居民住房问题,促进房地产市场平稳健康发展,国务院办公厅发布《关于进一步做好房地产市场调控工作有关问题的通知》,要求进一步落实地方政府责任;加大保障性安居工程建设力度;调整完善相关税收政策,加强税收征管;强化差别化住房信贷政策;严格住房用地供应管理;合理引导住房需求;落实住房保障和稳定房价工作的约谈问责机制;坚持和强化舆论引导。

住房和城乡建设部安全生产管理委员会召开 1月27日,住房和城乡建设部安全生产管理委员会召开2011年第一次会议,传达国务院安委会会议和全国安全生产电视电话会议精神,部署2011年安全生产工作。住房和城乡建设部副部长郭允冲在会上强调,要不断总结推广建筑工程安全管理方面好的办法和经验,严厉打击建筑施工领域违法违规行为,严肃事故查处,有效防范建筑安全生产事故,保障市政公用设施运行和房屋使用安全,努力实现住房城乡建设系统安全生产形势持续稳定好转。

2月

住房和城乡建设部直属机关2011年党群工作会议召开 2月22日,住房和城乡建设部直属机关2011年党群工作会议在北京召开。副部长郭允冲出席会议并讲话。郭允冲指出,2010年,在部党组领导和大家的共同努力下,直属机关党群工作扎实,成效比较明显,基础性和经常性工作扎实,重大活动有质量,积极推动党群工作创新有特色,得到了部党组和广大党员干部职工的认可。

全国住房城乡建设稽查执法工作座谈会在北京召开 2月23日,全国住房城乡建设稽查执法工作座谈会在北京召开。会议旨在贯彻落实全国住房城乡建设工作会议精神，总结交流稽查执法工作经验，研究部署2011年工作。会前，姜伟新专门作出重要批示："加强监督和执法检查工作，对完成住房城乡建设的各项工作任务很重要，也是提高工作质量、规范工作行为、建设法制长效机制的重要环节。请开好会议，取得积极成效。"陈大卫出席会议并讲话。

全国保障性安居工程工作会议召开 2月24日，全国保障性安居工程工作会议召开，中共中央政治局常委、国务院副总理李克强出席并讲话。他强调，要认真贯彻落实党中央、国务院的决策部署，大规模实施保障性安居工程，加大投入，完善机制，公平分配，保质保量完成今年开工建设1000万套的任务，努力改善群众住房条件。

首届"中国责任地产TOP100"推介活动发布评价体系 2月26日，首届"中国责任地产TOP100"推介活动在京举办新闻发布会。这也意味着，这一我国首个由政府主管部门支持的、针对房地产企业履行社会责任的专业评价学术课题和推介活动，正式进入企业数据采集阶段。本届活动由中国建设报社主办，住房和城乡建设部政策研究中心为独家学术支持单位。

六部门联合举办热点问题形势报告会 姜伟新就城镇住房问题作报告 2月28日，中宣部、中央直属机关工委、中央国家机关工委、教育部、解放军总政治部、中共北京市委6部门在北京举办热点问题形势报告会，住房和城乡建设部部长姜伟新作了题为《关于城镇住房问题》的报告。姜伟新指出，"十二五"时期，我国将进一步加大保障性住房建设力度，争取到"十二五"末，基本解决城镇低收入家庭的住房困难问题，改善部分中等偏下收入家庭的住房条件。姜伟新同时指出，部分城市房价过快上涨是当前房地产市场的突出问题，要认真贯彻落实中央的房地产调控政策，采取坚决措施抑制房价过高过快上涨。

3月

全国建筑安全生产电视电话会议召开 3月1日，住房和城乡建设部召开全国建筑安全生产电视电话会议，回顾总结了2010年及"十一五"以来的建筑安全生产工作，深入分析了建筑安全生产面临的形势，并部署安排了2011年建筑安全生产的重点工作。住房和城乡建设部部长姜伟新、副部长郭允冲出席会议并讲话，总经济师李秉仁主持会议。

发布《2010年中国人居环境奖获奖名单》 3月1日，住房城乡建设部发布《2010年中国人居环境奖获奖名单》，银川市、无锡市、黄山市、吴江市、寿光市获得2010年"中国人居环境奖"；"北京市通州区大运河公园建设项目"等35个项目获得2010年"中国人居环境范例奖"。

住房城乡建设部与国家开发银行签署合作协议以开发性金融支持保障性安居工程建设 3月2日，住房城乡建设部与国家开发银行在北京签署《开发性金融支持保障性安居工程建设合作协议》，双方将在住房保障投融资机制创新、住房保障体系建设、资金筹措方案研究与实施等方面加强全面合作，加快解决中低收入家庭住房困难问题。

建设标准编制工作会议在京召开 3月4日，工程项目建设标准（以下简称"建设标准"）编制工作会议日前在京召开。住房和城乡建设部副部长陈大卫出席会议并讲话。会议总结了"十一五"时期工程项目建设标准编制工作，分析了当前面临的新情况、新问题，并对下一阶段的工作进行了部署。国家发展和改革委等部门相关负责人出席会议。会议指出，作为经济建设和项目投资的重要制度和依据，建设标准是维护工程建设活动秩序的重要基础。

第七届国际绿色建筑与建筑节能大会暨新技术与产品博览会召开 3月28日，由中国城市科学研究会、中国建筑节能协会及中国城科会绿色建筑与节能专业委员会共同主办的第七届国际绿色建筑与建筑节能大会暨新技术与产品博览会在北京国际会议中心召开。大会紧紧围绕"绿色建筑：让城市生活更低碳、更美好"的主题，分为研讨会和展览会两大部分。研讨会围绕大会主题安排了1个综合论坛和23个分论坛。

4月

住房城乡建设部通报2010年城市照明节能工作专项监督检查情况 按照《国务院关于进一步加大工作力度确保实现"十一五"节能减排目标的通知》要求，2010年12月，住房城乡建设部、国家发展改革委联合对50个城市的照明节能工作进行专项监督检查。4月，住房和城乡建设部通报了检查情况。本次检查实地抽检了全国30个直辖市、省会城市、计划单列市和20个其他城市的280个照明项目（道路照明项目146个，景观照明项目134个），对其中27个道路照明项目和32个景观照明项目进行了现场检测。总体上看，城市照明超标准、高能耗的现象得到了有效控制，基本完成"十一五"节能减排目标确定的东中部地区和有条件的西部地区城市道路照明淘汰低效照明产品的任务。

公布2011年全国绿色建筑创新奖获奖项目名单 4月6日，住房和城乡建设部发布《关于公布2011年全国绿色建筑创新奖获奖项目的通报》，"深圳市建科大厦"等16个项目获得2011年全国绿色建筑创新奖。

纪念詹天佑诞辰150周年座谈会召开 4月26日，詹天佑科学技术发展基金会、中国土木工程学会、欧美同学会在北京人民大会堂联合举办座谈会，纪念我国近代科学技术界的先驱、伟大的爱国主义者詹天佑先生诞辰150周年。全国人大常委会副委员长韩启德，中国科协常务副主席、书记处第一书记邓楠，铁道部部长盛光祖，住房和城乡建设部副部长郭允冲，中国土木工程学会理事长、原建设部副部长谭庆琏等出席并讲话。

5月

《房屋市政工程生产安全和质量事故查处督办暂行办法》出台 为依法严肃查处房屋市政工程生产安全和质量事故，有效防范和遏制事故发生，保障人民群众生命和财产安全，根据《国务院关于进一步加强企业安全生产工作的通知》精神，5月1日，住房城乡建设部制订并下发了《房屋市政工程生产安全和质量事故查处督办暂行办法》，进一步规范和加强房屋市政工程生产安全和质量事故的查处工作。

财政部住房城乡建设部下发通知要求 进一步推进公共建筑节能工作 为切实加大组织实施力度，充分挖掘公共建筑节能潜力，促进能效交易、合同能源管理等节能服务机制在建筑节能领域的应用，针对当前存在的大型公共建筑能耗水平高、增长势头猛、节能改造进展缓慢等突出问题，财政部、住房城乡建设部于5月4日联合下发《关于进一步推进公共建筑节能工作的通知》，要求各地进一步开展公共建筑节能工作。

住房城乡建设系统应对气候变化规划讨论会召开 为做好"十二五"住房城乡建设系统应对气候变化工作，研究编制"十二五"住房城乡建设系统应对气候变化规划纲要，5月5日，住房城乡建设系统应对气候变化规划讨论会在中国建筑标准设计研究院召开。住房城乡建设部、中国建筑科学研究院等研究院以及有关学会和协会、大学院校的相关人士和专家出席了会议，并对规划纲要的提纲和主要内容建言献策。

发布《2011～2015年建筑业信息化发展纲要》 5月10日，住房和城乡建设部印发《2011～2015年建筑业信息化发展纲要》。

全国工程建设标准定额工作座谈会召开 5月15～17日，全国工程建设标准定额工作座谈会在山东省泰安市召开，住房和城乡建设部副部长陈大卫出席会议并强调，进一步做好标准定额工作，促进"十二五"目标任务的实施，推动住房城乡建设事业科学发展。陈大卫指出，党中央、国务院高度重视标准定额工作，要求建立健全经济、适用、环保和节约资源的住房标准体系，健全节能减排法律法规和标准，健全城镇建设标准，规范城市轨道交通建设标准等。

中国城科会住房政策和市场调控专业委员会一届二次工作会暨课题开题会举行 5月17日，中国城市科学研究会住房政策和市场调控研究专业委员会第一届二次工作会暨课题开题会在京召开。住房和城乡建设部副部长、中国城科会理事长仇保兴，中国建筑学会理事长、中国城科会住房政策和市场调控研究专委会高级顾问、专家委员会主任委员宋春华等出席会议。仇保兴代表城科会向增补的专委会副主任委员和副秘书长颁发了聘书。

发布《关于加强保障性安居工程质量管理的通知》 5月18日，住房和城乡建设部发布《关于加强保障性安居工程质量管理的通知》，以加快保障性安居工程建设、加强质量管理、确保工程质量为目的，通知要求充分认识保障性安居工程质量的重要性、努力提高保障性安居工程建设管理效能、切实履行保障性安居工程基本建设程序、严格执行工程质量管理的法律法规、全面落实保障性安居工程质量责任。

6月

财政部、住房城乡建设部下发绿色重点小城镇试点示范的实施意见 6月3日，财政部 住房城乡建设部下发《关于绿色重点小城镇试点示范的实施意见》，意见表示财政部、住房城乡建设部决定"十二五"期间开展绿色重点小城镇试点示范，并给出了实施工作内容和支持政策等。

财政部、住房城乡建设部部署"十二五"北方采暖区既有居住建筑供热计量及节能改造工作 为深入推进"十二五"北方采暖区既有居住建筑供热计量及节能改造工作，6月9日财政部、住房城乡建设部联合召开"北方采暖区既有居住建筑节能改造工作会暨部分省市节能改造工作协议签字仪式",财政部张少春副部长、住房和城乡建设部仇保兴副部长出席会议并讲话。

全国保障性安居工程质量管理电视电话会议召开 6月8日,住房和城乡建设部召开全国保障性安居工程质量管理电视电话会议,贯彻落实中央领导同志关于确保保障性安居工程质量的重要指示,交流保障性安居工程质量管理经验和做法,并针对当前全国保障性安居工程质量形势,部署安排了下一阶段保障性安居工程质量管理工作。住房和城乡建设部部长姜伟新、副部长郭允冲出席会议并讲话。姜伟新主持会议并强调指出,2011年的1000万套保障性安居工程建设任务既是经济任务又是政治任务,是中央政府向全国人民的承诺,是改善民生的标志性工程,各地必须在11月末以前全面开工。

全国部分省份保障性安居工程工作会议 6月11日,全国部分省份保障性安居工程工作会议在河北省石家庄市召开,中共中央政治局常委、国务院副总理李克强出席会议并讲话。他强调,各地要认真贯彻落实党中央、国务院的决策部署,注重创新机制,确保任务落实,确保建设质量,确保分配公平,三方面齐头推进,实现今年保障房建设目标,兑现对人民群众的郑重承诺。

2011全国工程设计科技创新大会召开 6月15~16日,2011全国工程设计科技创新大会在京召开。这是改革开放以来全国工程勘察设计行业举办的第一次科技创新大会。大会由中国勘察设计协会主办,主题为"创新设计、低碳发展"。住房和城乡建设部副部长郭允冲出席大会并讲话;全国政协常委、九三学社中央副主席赖明,国家能源专家咨询委员会副主任周大地,中国工程院院士何镜堂,中国建筑装饰协会会长、中国建筑节能协会副会长李秉仁作报告;中国勘察设计协会理事长王素卿致辞;中国勘察设计协会副理事长徐建主持会议。

全国生态园林城市创建座谈会在扬州市召开 6月27日,全国生态园林城市创建座谈会在扬州市召开。住房和城乡建设部副部长仇保兴在座谈会上指出,我国的快速城镇化进程已进行了30年,城市作为经济载体的空间布局已经完成。接下来的30年,我们的城市将要进入转型期,朝着服务功能的优化、生活素质的提高、城市的节能减排、包括应对气候变化等"一揽子"的新方向发展,要在城市的管理功能、管理水平、管理成效上实现新突破。

城市精细化管理高分专项应用示范系统项目工作会议暨城市数字化发展论坛召开 6月27~28日,由住房和城乡建设部建筑节能与科技司组织的城市精细化管理高分专项应用示范系统项目工作会议暨城市数字化发展论坛在扬州召开。会议部署了高分辨率对地观测重大专项(简称"高分专项")"城市精细化管理高分专项应用示范系统"项目各项工作,对如何利用数字化技术创新我国城市发展模式,提高城市规划、建设、管理、运营和服务的精细化水平进行了探讨。住房和城乡建设部副部长仇保兴出席会议并讲话。

全国保障性安居工程质量监管工作座谈会召开 6月29日,全国保障性安居工程质量监管工作座谈会在宁波召开。会议分析了做好保障性安居工程质量监管工作的有利条件和不利因素,并强调要全面加强保障性安居工程质量监管工作。

2011城市发展与规划大会召开 6月30日,2011城市发展与规划大会在江苏省扬州市召开。围绕城市低碳转型与绿色发展的主题,与会代表共同探讨低碳生态城市的规划和建设。在开幕式上,住房和城乡建设部副部长、中国城市科学研究会理事长仇保兴作主题报告,江苏省副省长何权致辞。住房和城乡建设部、日本国国土交通省关于推动生态城市建设合作的谅解备忘录签字仪式同时举行,仇保兴与日本国国土交通省国土计划局局长中岛正弘分别代表双方在备忘录上签字。

7月

住房城乡建设行业《国家职业分类大典》修订工作启动会在京召开 7月14日,住房城乡建设行业《国家职业分类大典》修订工作启动会在京召开。会议由部人事司组织召开,部城乡规划司、标准定额司、房地产市场监管司、建筑市场监管司、城市建设司、工程质量安全监管司有关同志及部人力资源开发中心、中国建筑业协会、中国房地产业协会、部执业资格注册中心等二十多个单位的负责人和行业专家共七十余人参加了会议。

住房城乡建设安全生产和质量管理电视电话会议召开 7月29日,住房和城乡建设部召开住房城乡建设安全生产和质量管理电视电话会议,要求各级住房城乡建设主管部门认真贯彻落实国务院第165次常务会议精神,以对人民和历史高度负责的精神,进一步提高对安全生产和质量管理工作重要性的认识;深刻吸取"7·23"甬温线动车追尾等事故教训,做好保障性住房和市政工程(包括城市轨道交通等工程在内)的建设安全生产和质量管理,以及城市供水、供气、排水、桥梁等安全运行监管工作,坚决遏制重大建设质量安全事故发生。住房和城乡建设部党组书记、部长姜伟新主持会议并作重要讲话,部党组成员、副部长齐骥、郭允冲出席会议并讲话。

8月

住房和城乡建设部召开保障性安居工程进度和质量安全工作会议 8月16日,住房和城乡建设部召开保障性安居工程进度和质量安全工作会议,总结保障性安居工程建设进度情况,研究部署推进保障性安居工程和质量安全工作。住房和城乡建设部党组书记、部长姜伟新作重要讲话,部党组成员、副部长齐骥主持会议并讲话,部党组成员、副部长郭允冲出席会议并讲话。

北京规划设计勘察测绘行业工作会召开 8月25日,由北京市规划委员会主办,北京市勘察设计与测绘管理办公室、北京工程勘察设计行业协会承办的2011年北京规划设计勘察测绘行业工作会暨第二届城市规划设计论坛在国家会议中心举办。住房和城乡建设部副部长仇保兴,国土资源部副部长、国家测绘地理信息局局长徐德明,北京市副市长陈刚出席论坛并讲话。本次会议主题为"规划服务科学发展,设计打造世界城市",以国际化、专业化和高层次的特色,为行业经营搭建良好的沟通交流平台。

住房和城乡建设部召开工作会议探讨城市精细化管理和数字化发展 由住房和城乡建设部建筑节能与科技司组织的城市精细化管理高分专项应用示范系统项目工作会议暨城市数字化发展论坛在扬州召开。会议部署了高分辨率对地观测重大专项(简称"高分专项")"城市精细化管理高分专项应用示范系统"项目各项工作,对如何利用数字化技术创新我国城市发展模式,提高城市规划、建设、管理、运营和服务的精细化水平进行了探讨。住房和城乡建设部副部长仇保兴出席会议并讲话。

9月

全国节水型城市创建工作会议召开 9月2日,住房城乡建设部、国家发展和改革委员会在北京联合召开全国节水型城市创建工作会议,旨在贯彻落实《国民经济和社会发展第十二个五年规划纲要》和中央一号文件的精神,推进"资源节约型、环境友好型"社会建设,总结交流全国节水型城市创建工作的成效、做法、经验及存在的问题,研究部署下一步城市节水工作。

五部委联合下发《关于做好2011年扩大建材下乡试点的通知》 9月13日,住房和城乡建设部、国家发改委、工业和信息化部等五部委联合下发《关于做好2011年扩大建材下乡试点的通知》,要求逐步扩大建材下乡试点范围;继续推动水泥下乡,积极推广使用散装水泥,对推广使用节能建材产品予以补助。

2011年中国城市无车日活动新闻发布会召开 9月14日,住房和城乡建设部新闻办公室召开2011年中国城市无车日活动新闻发布会,住房和城乡建设部总规划师唐凯出席并作重要讲话,办公厅副主任张志新主持会议,城建司副司长刘贺明参加会议,并回答记者提问。人民日报、新华社、经济日报、光明日报、中央电视台、中央人民广播电台等50多家媒体参加了会议。

第六届中国城镇水务发展国际研讨会召开 9月19~21日,中国城市科学研究会、中国城镇供水排水协会、山东省住房城乡建设厅及济南市人民政府联合举办的第六届中国城镇水务发展国际研讨会与新技术设备博览会在济南召开。本届大会的主题是"供水安全,节水减污,人水和谐"。住房城乡建设部副部长、中国城市科学研究会理事长仇保兴,山东省副省长郭兆信,济南市市长张建国,中国城镇供水排水协会会长李振东等出席开幕式。仇保兴作主题演讲。

第二届中国国际生态城市论坛举办 9月23~25日,第二届中国国际生态城市论坛在天津滨海新区举办。此次会议由国家发展和改革委员会、住房城乡建设部、天津市政府、中国国际经济交流中心共同主办。全国政协副主席阿不来提·阿布都热西提,国家发展和改革委员会副主任解振华,住房城乡建设部副部长仇保兴、郭允冲,天津市委副书记何立峰、副市长熊建平,中国国际经济交流中心秘书长魏建国等领导和有关国际组织负责人出席。

第十届中国国际住宅产业博览会开幕 9月27日,由住房和城乡建设部住宅产业化促进中心、中国房地产业协会、中国建筑文化中心、北京市住房和城乡建设委员会主办的"第十届中国国际住宅产业博览会"(以下简称住博会)在北京举办。全国政协常委、政协人口资源环境委员会副主任、中国房地产业协会会长刘志峰,住房城乡建设部总规划师唐凯,部相关司局负责人,各省、自治区、直辖市相关领导，美国、俄罗斯等国驻华使馆官员出席了开幕仪式。

2011年北方采暖地区供热计量改革工作会议召开 9月28日，住房和城乡建设部在山东省日照市召开2011年北方采暖地区供热计量改革工作会议，总结"十一五"期间供热计量改革取得的成效、经验及存在的问题，并部署下一阶段供热计量改革工作。住房和城乡建设部副部长仇保兴出席会议并作了题为《完善工作机制，全面落实供热计量收费》的工作报告。

首届保障房设计竞赛落下帷幕 9月28日，"2011年·中国首届保障性住房设计竞赛"在北京举行颁奖典礼，拉开了"通过提高规划设计水平保证保障房品质"的大幕。住房和城乡建设部副部长齐骥，中国房地产业协会会长、原建设部副部长刘志峰，住房和城乡建设部工程质量安全监管司司长吴慧娟、住房和城乡建设部住房保障司巡视员常青等支持单位领导出席了颁奖典礼，与住房和城乡建设部住宅产业化促进中心主任刘灿，中国建设报社社长、总编辑兼党委书记刘士杰等主办单位领导，及相关部门、协会领导和评审专家，共同为108个获奖设计单位和人员颁奖，并一齐探讨保障房设计的理念与方向。

10月

加强保障性安居工程质量和分配管理工作座谈会在长沙召开 10月11日，加强保障性安居工程质量和分配管理工作座谈会在湖南省长沙市召开，李克强主持并讲话。他强调，要把确保质量和公平分配作为保障性安居工程的生命线，建设质量优良、分配阳光的工程，使之经得起历史和人民的检验。

中国城市公交协会第四次会员代表大会 10月13日，中国城市公共交通协会第四次会员代表大会近日在京召开。住房和城乡建设部副部长仇保兴出席会议并讲话，九三学社中央副主席赖明当选新一届理事长，原建设部副部长赵宝江为名誉理事长。住房和城乡建设部有关部门负责人及来自各地公交系统的代表参加会议。

第47届国际规划大会在武汉召开 10月25日，由中国城市规划学会和武汉市人民政府共同主办的国际城市与区域规划师协会（简称ISOCARP）第47届国际规划大会在武汉召开。住房和城乡建设部部长姜伟新发来贺信。全国政协常委、人口资源环境委员会副主任、民建中央副主席王少阶，湖北省副省长张通，武汉市市长唐良智在开幕式上致辞。在为期4天的会议中，与会代表围绕"宜居城市：世界城市化，应对新挑战"这一主题展开讨论。

11月

中国建设工程鲁班奖（国家优质工程）颁奖大会在北京举行 11月7日，2010～2011年度中国建设工程鲁班奖（国家优质工程）颁奖大会在北京举行。住房和城乡建设部副部长郭允冲要求，鲁班奖获奖企业要带头搞好工程质量，带头搞好安全生产，带头维护建筑市场秩序，为我国建筑业的持续健康发展，为工程质量的进一步提高作出贡献。

第六届中国数字城市建设技术研讨会召开 11月10日，由住房和城乡建设部信息中心、工业和信息化部信息化推进司、国家测绘地理信息局国土测绘司、科学技术部国家遥感中心共同主办的"第六届中国数字城市建设技术研讨会暨设备博览会"在北京拉开帷幕。住房和城乡建设部副部长陈大卫出席开幕式，全国政协常委、九三学社中央副主席赖明致辞，住房和城乡建设部总规划师唐凯在开幕式上致辞并在同期举办的"数字城市高峰论坛/市长论坛"上作主题报告。

2011中国市长论坛暨中国市长协会四届五次常务理事扩大会议召开 11月12日，2011中国市长论坛暨中国市长协会四届五次常务理事扩大会议在安徽省合肥市召开。本届论坛是由中国市长协会和合肥市人民政府共同主办、安徽省市长协会协办的，论坛主题是：转变城市发展方式，提高城市发展质量，推进"十二五"规划的科学实施。住房和城乡建设部部长、中国市长协会执行会长姜伟新主持并讲话。

第九届中国建筑企业高峰论坛召开 11月17日，第九届中国建筑企业高峰论坛在广西壮族自治区南宁市隆重召开。住房和城乡建设部副部长郭允冲发表书面发言。全国人大财经委副主任委员尹中卿出席并发表题为《"十二五"时期我国经济发展的近忧与远虑》的主题演讲。

生态城市中国行重庆站活动举办 11月18日，由住房和城乡建设部指导、中国城市科学研究会与各地方政府联合主办的系列活动—生态城市中国行，在重庆市举办了大山大水、生态人文论坛活动。住房和城乡建设部副部长、中国城科会理事长仇保兴出席并作主题演讲，重庆市副市长凌月明到会致辞。

第八届中国国际园林博览会开幕 11月19日，

第八届中国（重庆）国际园林博览会开幕。中共中央政治局常委、国务院副总理李克强向园博会开幕发来贺信。

园林与山水城市研讨会召开　11月27日，由中国风景园林学会主办的纪念钱学森诞辰100周年暨园林与山水城市研讨会在广州举行。住房和城乡建设部副部长仇保兴致贺信，两院院士周干峙、中国风景园林学会理事长陈晓丽等出席了会议。与会的专家学者就钱学森提出的风景园林和山水城市理论展开了讨论。

12月

中国建设报社理事会工作会议召开　12月9日，中国建设报社理事会2011～2012年工作会议在北京召开，来自全国住房城乡建设领域不同行业的理事会单位代表出席了会议。住房和城乡建设部副部长齐骥出席并作重要讲话。中国建设报社理事会是为贯彻落实中央关于深化文化体制改革的精神，由住房和城乡建设部正式批准设立的，其根本宗旨是打造全国住房城乡建设领域行政主管部门、行业典范、专业团体和新闻媒介的高端交流平台。

中国建筑学会第12次全国会员代表大会召开　12月13日，中国建筑学会第12次全国会员代表大会暨2011年学术论坛在北京召开，住房和城乡建设部副部长郭允冲到会并讲话。他说，以宋春华为理事长的第11届理事会，在任期内组织开展了很多在国内外有较大影响的学术活动，有力促进了建筑技术交流与进步，积极组织参加抗震救灾及灾后重建工作，充分发挥自身优势，在做好政府参谋和助手方面发挥了积极作用。

发布《关于加强城市桥梁安全管理的通知》　12月14日，住房和城乡建设部发布《关于加强城市桥梁安全管理的通知》，通知要求各地高度重视城市桥梁安全管理工作；健全城市桥梁管理的各项制度；提高城市桥梁安全运行的保障能力；增强城市桥梁的应急保障。

建设工程监理统计会议在北京召开　12月15日，建设工程监理统计会议在北京召开。各省、自治区住房和城乡建设厅、直辖市建委（建交委）、总后基建营房部工程局负责工程监理统计工作的同志及部分工程监理企业代表参加会议。会议全面总结2010年工程监理统计工作情况，分析工程监理统计工作中存在的问题，部署2011年工程监理统计工作。

李克强在全国住房保障工作会上强调 扎实做好保障性安居工程建设 确保公开公正公平分配　12月22日，中共中央政治局常委、国务院副总理李克强在全国住房保障工作会上强调，要贯彻落实中央经济工作会议精神，扎实做好明年住房保障工作，在确保质量的前提下，统筹推进新开工和结转续建项目建设，完善配套设施，力争更多竣工，确保分配公平，促进民生改善和经济发展。

全国住房城乡建设工作会议召开　12月23日，全国住房城乡建设工作会议在北京召开。住房城乡建设部党组书记、部长姜伟新在会上作了报告，全面总结了2011年工作，并对2012年的重点工作进行了部署。部党组成员、副部长仇保兴、陈大卫，部党组成员、中央纪委驻部纪检组组长杜鹃，部党组成员、副部长齐骥、郭允冲出席会议。

第十篇

附 录

一、2011 年度会议报道

财政部 国家税务总局 住房和城乡建设部有关负责人就房产税改革试点答记者问

最近召开的国务院常务会议同意在部分城市进行对个人住房征收房产税改革试点。财政部、国家税务总局、住房和城乡建设部有关负责人 27 日就房产税改革试点有关问题接受了记者采访。

一、问：什么是房产税？

答：房产税是世界各国普遍征收的一种财产税，主要对保有的房产征收。《中华人民共和国房产税暂行条例》（以下简称《暂行条例》）是 1986 年由国务院颁布实施的。《暂行条例》规定，对位于城市、县城、建制镇和工矿区范围内的房产每年征收房产税。由于房产税开征时，我国尚未进行住房制度改革，城镇个人拥有住房的情况极少，而且居民收入水平普遍较低，因此，《暂行条例》规定对个人所有的非营业用房产（即个人自住住房，以下简称个人住房）免税。房产税主要是对生产经营性房产征税。

二、问：为什么要对个人住房征收房产税？

答：改革开放以来，我国经济社会形势发生了较大变化，住房制度改革不断深化，房地产市场日趋活跃，居民收入水平有了较大提高，房地产也成为个人财富的重要组成部分。根据中共中央关于制定"十二五"规划的建议中提出的要求，有必要研究推进房产税改革。

对个人住房征收房产税，一是有利于合理调节收入分配，促进社会公平。改革开放以来，我国人民生活水平有了大幅提高，但收入分配差距也在不断拉大。这种差距在住房方面也有一定程度的体现。房产税是调节收入和财富分配的重要手段之一，征收房产税有利于调节收入分配、缩小贫富差距。二是有利于引导居民合理住房消费，促进节约集约用地。我国人多地少，需要对居民住房消费进行正确引导。在保障居民基本住房需求的前提下，对个人住房征收房产税，通过增加住房持有成本，可以引导购房者理性地选择居住面积适当的住房，从而促进土地的节约集约利用。

三、问：为什么要在部分城市进行对个人住房征收房产税改革试点？

答：鉴于历史原因和现实情况，我国目前对个人住房普遍征税的条件尚不成熟。对个人住房征税需要在制度设计和管理机制等方面进行充分研究论证并在实践中逐步探索。为不断积累经验，积极稳妥地推进房产税改革，有必要在部分城市进行对个人住房征收房产税改革试点。

四、问：房产税改革试点的法律依据是什么？

答：《房产税暂行条例》是依据全国人大常委会有关授权决定，由国务院制定的。房产税制度也需要根据情况的变化进一步改革完善。国务院常务会议同意在部分城市进行对个人住房征收房产税改革试点，具体征收办法由试点省（自治区、直辖市）人民政府从实际出发制定。这为部分城市进行房产税改革试点提供了依据，有利于这项改革稳步进行，并为逐步在全国推开这项改革，进一步完善房产税制度积累经验。

五、问：房产税改革试点征收的房产税收入将如何使用？

答：房产税为地方税，试点征收的收入属地方财政收入。为充分体现调节收入分配的政策目标，改革试点征收的收入将用于保障性住房特别是廉租房和公共租赁住房建设等，以解决低收入家庭住房困难等民生问题。

六、问：房产税改革下一步有何打算？

答：试点开始后，财政部、国家税务总局、住房和城乡建设部将总结试点经验，适时研究提出逐步在全国推开的改革方案。条件成熟时，在统筹考虑对基本需求居住面积免税等因素的基础上，在全国范围内对个人拥有的住房征收房产税。

（中华人民共和国住房和城乡建设部 www.mohurd.gov.cn 2011年1月27日）

全国建筑安全生产电视电话会议

3月1日，住房和城乡建设部召开全国建筑安全生产电视电话会议，回顾总结了2010年及"十一五"以来的建筑安全生产工作，深入分析了建筑安全生产面临的形势，并部署安排了2011年建筑安全生产的重点工作。住房和城乡建设部部长姜伟新、副部长郭允冲出席会议并讲话，总经济师李秉仁主持会议。

姜伟新在讲话中强调，各地要高度重视建筑安全生产和工程质量工作，特别是住宅和市政基础设施工程的质量安全工作。这项工作关系到人民生命安全、关系到政府的形象、关系到社会主义市场经济体制机制的完善。今年是"十二五"规划的开局之年，又是建党90周年，同时"两会"召开在即，建筑安全生产和工程质量一定不能出问题。姜伟新同时指出，对住宅工程质量问题，尤其是保障性住房的工程质量问题，各地要特别重视。工程质量实行终身责任制，要由参建的企业、法人代表及相关负责人共同承担相应责任，这项工作今年要有实质性的推进，各地要严格按照有关要求做好工作。

郭允冲在讲话中指出，"十一五"期间，全国各级住房城乡建设部门按照党中央、国务院的决策部署，牢固树立安全发展理念，切实履行安全监管责任，深入推进企业责任落实，建筑安全生产取得了很好的成绩：事故总量和事故死亡人数明显下降，较大及以上事故明显下降，百亿元建筑业增加值死亡人数明显下降，有的地区安全生产状况明显好转。回顾5年来的工作，建筑安全生产在加强法规建设、创新工作机制、强化安全监管、注重样板引路等几个方面取得了比较大的进展。当前建筑安全生产工作仍然存在不少问题，安全生产形势依然比较严峻：事故总量仍然比较大，较大及以上事故仍然较多，各地安全工作不平衡，建筑市场活动中的不规范行为仍然比较多，建筑市场的监管不到位，事故查处不到位。对这些问题，各地一定要高度重视，采取切实有效的措施，真正把建筑安全工作抓好。

郭允冲指出，"十二五"时期工程安全监管任务仍将艰巨而繁重，要不断完善安全生产法规制度，认真落实安全生产责任制，强化安全生产监管，加大安全生产投入，促进建筑安全生产形势的持续稳定好转。2011年要重点做好以下工作：一是要深化落实企业主体责任，特别是落实好领导带班、重大隐患挂牌督办和生产安全事故查处督办3项新制度。二是要强化监督检查，做到全面检查与重点检查相结合、自查与抽查相结合、经常性检查与集中专项检查相结合、明查与暗查相结合。三是要大力整顿规范建筑市场，严厉打击招投标中的围标、串标、虚假招标，转包、违法分包，勘察设计、施工、监理不按强制性标准设计、施工，企业资质、注册人员资格管理中的出租出借、资质挂靠等违法违规行为，做到"三个加强、三个并重"，即加强执法监督检查，做到立法与执法监督检查并重；加强市场清出管理，做到市场准入管理与市场清出管理并重；加强资质资格审批后的后续管理、动态管理，做到资质资格审批管理与后续动态管理并重。四是要切实加强事故查处工作，要严格按照法律法规，对每一起事故中的责任单位资质、责任人的注册资格，该降级的降级，该吊销的吊销，该清出市场的清出市场，要让企业和注册人员真正感受到，一旦发生事故，他们付出的成本、付出的代价要远远高于违法违规所得，不仅要在经济上受到处罚，还要在资质资格上严厉罚处，直至被清出建筑市场，一辈子都不能从事建筑活动。五是要积极推进安全生产长效机制建设，进一步完善建筑安全生产法律法规和标准规范，在全行业开展以严格执行法律法规、标准规范为重要内容的安全生产宣传教育活动，加强建筑安全监管机构和队伍建设，加大建筑安全生产费用的保障力度。

郭允冲强调，要扎扎实实做好工程质量工作，重点是要突出对保障性住房质量的监管、加强城市轨道交通工程监管、强化质量责任落实、夯实质量工作基础、提升技术保障能力。郭允冲希望各地住房城乡建设部门紧紧绷住安全生产这根弦，牢牢抓住质量这条生命线，认真履行质量安全监管职责，不断加大质量安全监管力度，努力开创建筑质量安全工作的新局面。

住房城乡建设部有关司局主要负责同志及相关人员，各地住房城乡建设部门主要负责同志及相关人员，中央管理的建筑施工企业以及各地主要建筑施工企业的负责同志在北京主会场和全国各分会场参加了会议。

（摘自《中国建设报》2011年3月3日　宗边）

住房和城乡建设部与湖北省举行工作会谈

3月13日，住房和城乡建设部部长姜伟新在京与湖北省省长王国生就双方进一步加强湖北省保障性安居工程建设、房地产市场宏观调控、城乡规划、农村危房改造、城镇基础设施建设、建筑节能、风景名胜区保护开发等工作举行会谈。住房和城乡建设部副部长仇保兴、齐骥，湖北省副省长张通等参加工作会谈。

（中华人民共和国住房和城乡建设部 www.mohurd.gov.cn 2011年3月15日）

建设标准编制工作会议

工程项目建设标准（以下简称"建设标准"）编制工作会议日前在京召开。住房和城乡建设部副部长陈大卫出席会议并讲话。会议总结了"十一五"时期工程项目建设标准编制工作，分析了当前面临的新情况、新问题，并对下一阶段的工作进行了部署。国家发展和改革委等部门相关负责人出席会议。

会议指出，作为经济建设和项目投资的重要制度和依据，建设标准是维护工程建设活动秩序的重要基础。加强建设标准编制工作要以科学发展观为统领，坚持以人为本和全面协调可持续的原则，紧紧围绕中心、服务大局，增强建设标准编制工作的科学性、权威性。

会议提出，5年来，建设标准编制工作取得了积极成效。共批准发布建设标准48项，约占现行建设标准总数的1/3，基本满足了当前固定资产投资建设和管理的需要，促进了经济社会科学发展。

会议强调，按照国务院的相关部署，"十二五"时期要按照大力优化投资结构，严格执行投资项目用地、节能、环保、安全等准入标准的原则开展建设标准编制工作，以提高投资质量和效益。一是要突出改善民生、公共服务设施等重点领域的建设标准编制工作。二是要继续完善建设标准管理制度，强化建设标准的制定程序。三是统筹兼顾城乡等各方面需求，注重提高建设标准编制质量。四是建立标准实施动力机制，加大建设标准实施力度。五是完善标准化体系，建立工程建设标准发展战略。

（摘自《中国建设报》2011年3月28日
记者　汪汀　卫明）

第七届国际绿色建筑与建筑节能大会 暨新技术与产品博览会

在住房和城乡建设部等部委的鼎力支持下，由中国城市科学研究会、中国建筑节能协会及中国城科会绿色建筑与节能专业委员会共同主办的第七届国际绿色建筑与建筑节能大会暨新技术与产品博览会于3月28日在北京国际会议中心隆重召开。

十一届全国政协副主席、九三学社中央副主席、中国科学院院士王志珍，中国建筑节能协会会长郑坤生，深圳市常务副市长吕锐锋，美国驻华大使馆公使Robert S. Wang，英国驻华大使馆公使Chris Wood，以及德国联邦交通、建设与城市发展部环保政策、基建及政策司司长，欧盟委员会能源总司国际关系部主任，日本国土交通省国土计划局局长，加拿大卑诗省投资贸易部部长，世界绿色建筑委员会副主席、美国绿色建筑协会主席、首席执行官等国外政府官员出席开幕式。住房和城乡建设部副部长仇保兴主持开幕式。

近年来，住房和城乡建设部与国家发改委、财政部、科技部等有关部门密切配合，通力合作，创新体制机制和管理模式，大大推动了我国建筑节能和绿色建筑的快速发展。但是作为世界上最大的建筑市场，我国建筑能耗还将会随着社会发展和生活水平的提高而持续增长，发展建筑节能和绿色建筑任重道远。

作为绿色建筑行业影响力最大、最广的国际盛会，本次大会紧紧围绕"绿色建筑：让城市生活更低碳、更美好"的主题，分为研讨会和展览会两大部分。研讨会围绕大会主题安排了1个综合论坛和23个分论坛。

在28日下午举行的综合论坛上，仇保兴作了题为《中国绿色建筑行动计划草案》的主题报告，引起了巨大的反响。来自联合国环境规划署技术工业与经济司可持续消费与生产处、美国能源部能源效率和可再生能源办公室等部门的8位国内外政府官员、专家学者和企业代表也在综合论坛上发表了精彩的主题演讲。

在29日同步举行的23个分论坛上，将有来自国内外的近200名政府官员、专家学者和企业界人士围绕"绿色建筑设计理论、技术和实践"、"绿色房地产业的健康发展"、"大型商业建筑的节能运行与监管"、"既有建筑节能改造技术及工程实践"、"从绿色建筑到低碳生态"、"太阳能在建筑中的应用"等题目发表演讲。

为期3天的展览会，向全世界展示了国内外绿色建筑与建筑节能领域的最新成果、发展趋势和成功案例以及建筑行业节能减排、低碳生态环保方面的最新技术与应用发展。

本次大会还得到了全球环境基金，欧盟委员会企业与工业总司，英国贸易投资总署，美国能源部，美国能源基金会，德国联邦交通、建设与城市发展部，法国生态、能源、可持续发展及国土整治部，加拿大联邦住房署，新加坡国家发展部建设局，印度建筑业发展委员会，世界绿色建筑协会，国家外国专家局，美国驻华大使馆，法国驻华大使馆，英国驻华大使馆的支持与协助。

（摘自《中国建设报》2011年3月29日 记者 刘月月 薛秀春 任佳）

全国工程建设标准定额工作座谈会

全国工程建设标准定额工作座谈会日前在山东省泰安市召开，住房和城乡建设部副部长陈大卫出席会议并强调，进一步做好标准定额工作，促进"十二五"目标任务的实施，推动住房城乡建设事业科学发展。

陈大卫指出，党中央、国务院高度重视标准定额工作，要求建立健全经济、适用、环保和节约资源的住房标准体系，健全节能减排法律法规和标准，健全城镇建设标准，规范城市轨道交通建设标准等。姜伟新部长在听取工作汇报时指出，标准定额是支撑建设行业的重要基础，对工程质量安全和经济社会发展效益效率起着不可替代的作用，要以先进性和适用性作为长期业务指导原则。深入推进标准定额工作，是实现"十二五"规划目标任务的客观要求，是坚持依法行政、建设法制政府的一个现实需要，是促进住房城乡建设事业科学发展的重要支撑。

陈大卫要求，各级住房城乡建设主管部门要立足国情，统筹兼顾城乡建设发展，完善标准定额的框架体系；要围绕中心工作，面向实际需求，优先编制住房保障、节能减排、城乡规划、村镇建设以及工程质量安全等方面的标准定额，坚持标准定额的先进性和适用性；要注重落实，加强宣传与培训，严格执行强制性标准,建立工程建设全过程标准实施的监管体系,建立专项检查制度;要完善标准规范,建立信息平台,增强标准与市场的关联度,积极提升公共服务水平。

针对标准定额的工作机制还不完善、地方的标准化工作还需要加强等问题,陈大卫强调,标准定额工作是系统工程,要加强组织领导,健全管理机构,落实工作责任,团结部门、地方、行业协会和中介机构等各方力量,推进标准定额工作再上新台阶。要建立部际、部省协同工作机制,各级住房城乡建设主管部门要从大局出发,统筹部门、行业和地方的力量,克服体制机制的障碍,注重长效机制的建设,建立部级省级协同的工作机制,形成合力。要落实地方标准定额工作责任。地方各级住房城乡建设主管部门,要贯彻落实国家有关政策规定,结合实际补充地方标准定额,要理顺管理体制,加强机构设置,配好工作人员和经费,保障工作顺利开展。要发挥编制组、行业协会等机构和单位作用。标准定额编制组、技术委员会要及时收集和整理社会反馈的意见建议,认真研究,合理采纳,要形成良好的工作机制。标准定额所要继续加强战略性、前瞻性和政策性研究,协助做好标准定额技术管理工作。标准化协会和造价协会,作为政府与企业合作的桥梁和纽带,要在强化行业自律引领企业做大做强中发挥更大的作用。中国建设报社等单位要做好宣传工作,及时向社会宣传标准定额,提供最新的编制修订信息。主编单位要积极开展培训,提高从业人员执行标准的能力。

(摘自《中国建设报》2011年5月31日
记者 汪汀 卫明)

财政部、住房城乡建设部部署"十二五"北方采暖区既有居住建筑供热计量及节能改造工作

为深入推进"十二五"北方采暖区既有居住建筑供热计量及节能改造工作,6月9日财政部、住房城乡建设部联合召开"北方采暖区既有居住建筑节能改造工作会暨部分省市节能改造工作协议签字仪式",财政部张少春副部长、住房和城乡建设部仇保兴副部长出席会议并讲话。

会议指出,"十一五"期间,在中央有关部门和地方共同努力推动下,北方十五省(区、市)超额完成了国务院规定的1.5亿平方米的节能改造任务,取得了节能减排、改善民生等多重政策效果,既有居住建筑节能改造已成为深受广大群众欢迎的"暖房工程"、"暖心工程",并初步形成了政府积极引导、企业主动参与的良好工作局面。

会议明确,根据国务院有关决定精神,下一步将大幅度扩大改造规模,"十二五"时期要完成北方既有居住建筑节能改造4亿平方米以上,完成老旧住宅节能改造任务的35%,使约700万户城镇居民改善采暖及居住条件,力争到2020年北方采暖区基本完成老旧住宅节能改造任务12亿平方米。

会议指出,"十二五"期间要进一步加大投入,创新体制机制,确保把既有建筑节能改造任务落到实处。要加快建立以市场融资为基础的多元化资金筹措机制,中央财政将加大投入,完善"以奖代补"办法,按照严寒地区55元/平方米、寒冷地区45元/平方米的标准足额拨付补助资金,地方各级财政部门也应积极安排配套资金;要大力推进市场化融资,突出热力企业、节能服务公司的主体地位,不断拓宽改造资金来源。要健全工作机制,创新方式方法,注重明确责任,签订省部级协议,中央与地方形成工作合力;注重突出重点,狠抓重点市县"节能暖房"工程,实现"以点带面";注重统筹协调,把既有建筑节能改造与保障性住房建设、棚户区改造等相结合,使政策效应最大化;注重改革创新,加快供热计量改革,为推进既有建筑节能改造创造良好的制度环境。

在会上,财政部、住房城乡建设部与北京、天津、吉林、内蒙古、山东5个省市区签订了节能改造工作协议,明确了2011～2013年工作任务及补助政策等;将沈阳市、唐山市、赤峰市等10个市,及吉林省抚松市等10个县作为首批"节能暖房"工程重点市县。对上述重点省份与重点市县,将集中政策资源加大支持力度,对如期完成改造目标的重点市县,给予专门财政资金奖励,力争用3年左右时间实现重点突破,使重点地区建筑能耗明显下降、

煤烟型污染得到有效治理，老旧住宅居住条件显著改善。

会议强调，各地要迅速落实配套资金政策，抓好组织实施，要切实加强工程质量和安全管理，对改造项目的设计、施工、选材、验收等环节进行全过程监督管理，坚决杜绝假冒伪劣产品在工程中的使用，扎实做好建筑保温工程施工的防火安全管理，把北方既有建筑节能改造做成让政府放心、让群众满意的精品工程与安全工程。

（住房城乡建设部新闻办公室 2011 年 6 月 9 日）

全国保障性安居工程质量管理电视电话会议

6月8日，住房和城乡建设部召开全国保障性安居工程质量管理电视电话会议，贯彻落实中央领导同志关于确保保障性安居工程质量的重要指示，交流保障性安居工程质量管理经验和做法，并针对当前全国保障性安居工程质量形势，部署安排了下一阶段保障性安居工程质量管理工作。住房和城乡建设部部长姜伟新、副部长郭允冲出席会议并讲话。

姜伟新主持会议并强调指出，今年的 1000 万套保障性安居工程建设任务既是经济任务又是政治任务，是中央政府向全国人民的承诺，是改善民生的标志性工程，各地必须在 11 月末以前全面开工。百年大计，质量第一。在保障性安居工程建设中，一定要把质量管理各项要求落到实处，一旦出了质量问题，要严格追究责任。同时要加强保障性安居工程的入住、运营和退出管理，做到公开、公正、公平，切实把保障性安居工程这件好事真正做好。

住房和城乡建设部、监察部、发展改革委、农业部、林业局、国资委有关司局负责同志及相关人员，各地级（含）以上城市住房城乡建设主管部门主要负责同志及相关人员，各县（市）人民政府有关负责同志、住房城乡建设主管部门主要负责同志及相关人员，中央管理的建筑施工企业及各地有关建筑施工企业的负责同志在北京主会场和全国各分会场参加了会议。

（摘自《中国建设报》2011 年 6 月 10 日 记者 陈园园）

2011 城市发展与规划大会

日前，2011 城市发展与规划大会在江苏省扬州市召开。围绕城市低碳转型与绿色发展的主题，与会代表共同探讨低碳生态城市的规划和建设。在开幕式上，住房和城乡建设部副部长、中国城市科学研究会理事长仇保兴作主题报告，江苏省副省长何权致辞。住房和城乡建设部、日本国国土交通省关于推动生态城市建设合作的谅解备忘录签字仪式同时举行，仇保兴与日本国国土交通省国土计划局局长中岛正弘分别代表双方在备忘录上签字。

仇保兴在作题为《复杂科学与城市转型》的主题报告时指出，城市是一个复杂的自适应系统，是社会、自然环境的具体展现和浓缩。每一个城市均与其周边城市和整体社会自然环境相互依存。城市作为一种"组织"，其生存发展之道在于不断深化为最能发挥其功能的形态和找到最佳的"生态位"。而自组织（自然生长发育）的城市比他组织（上级政府为开发油田、矿山而成立）的城市更具生命力。一些他组织城市因"管理方便"形成的纯而又纯的功能分区肢裂了城市空间的有机构成，形成了富人区、贫民窟等的对立；决策者迷恋于巨大尺度的建筑构件、宽广的广场、巨大单一的功能区（CBD）或工业区、高架桥、标志性建筑、宽马路、卧城……同心圆式的环线交通路网和摊大饼式的城市发展模式造成了城市中心日益严重的交通拥堵和环境恶化。相比之下，自组织因其城市功能混合、空间结构紧凑、景观特色协调多样、就业与居住适度均衡而更具生命力。

仇保兴强调，在中国的城镇化进入中后期的特殊阶段，应遵循自组织的理念，摈弃初期广为流行的急风暴雨式的大开大发、大拆大建，推行"微降解、微能源、微冲击、微更生、微交通、微绿地、微调控"将成为城市转型和生态城规划建设的新原则。

现阶段，我国城镇化快速发展带来了空前的物质繁荣，但环境污染、生态破坏等问题也日益严重。这种形势下，城市如何完成低碳转型成为业界关注的焦点。在由扬州市人民政府、中国城市科学研究会、中国城市规划学会、江苏省住房和城乡建设厅共同主办的本届大会上，与会代表专门就此进行了深入的探讨与交流，以期能够找到科学的解决方案。本届大会还举办了中外生态城市理论与范例、碳减排技术与生态城市建设实践、低碳生态城市的规划与设计等13个分论坛。

住房和城乡建设部总规划师唐凯、部城乡规划司司长孙安军、中国风景园林学会理事长陈晓丽以及全国十几个省（自治区、直辖市）住房和城乡建设厅（委员会）的厅长（主任），十几个城市的市长以及中国城市规划设计研究院、中国城市规划学会等国内外组织机构的代表约1500人出席大会。

（摘自《中国建设报》2011年6月30日
记者　兰海笑）

全国整顿规范建筑市场秩序电视电话会议

7月6日，住房和城乡建设部召开全国整顿规范建筑市场秩序电视电话会议，贯彻落实中央关于工程建设领域突出问题专项治理工作要求，总结各地建筑市场监管工作经验，研究部署近期整顿规范建筑市场秩序的重点工作。住房和城乡建设部党组书记、部长姜伟新对会议作出重要指示，部党组成员、副部长郭允冲出席会议并讲话。

会上，北京、上海、青岛三市住房城乡建设主管部门负责人作了发言交流。会议由住房城乡建设部办公厅主任王铁宏主持，住房城乡建设部有关司局负责同志及建筑市场监管司相关人员，中纪委、监察部有关同志，各省、自治区住房城乡建设厅、直辖市住房城乡建委（建交委）、新疆生产建设兵团建设局有关负责同志及相关处室（站、办）负责同志，各市（县）住房城乡建设主管部门有关负责同志及相关处室（站、办）负责同志，中央管理企业以及各地有关勘察、设计、施工、监理等企业的负责同志在北京主会场和全国各分会场参加了会议。

（摘自《中国建设报》2011年7月7日
记者　曹莉　钱厚琦）

学习贯彻胡锦涛总书记重要讲话精神　住房城乡建设部党组中心组召开扩大会议

住房城乡建设部党组中心组日前召开扩大会议，学习贯彻胡锦涛总书记在庆祝中国共产党成立90周年大会上发表的重要讲话。部党组书记、部长姜伟新主持会议并讲话，部党组成员、副部长仇保兴、陈大卫、郭允冲分别畅谈了学习体会，并就分管工作谈了贯彻落实的意见，部党组成员、中央纪委驻部纪检组组长杜鹃出席会议。

姜伟新指出，要认真学习胡锦涛总书记在庆祝中国共产党成立90周年大会上发表的重要讲话精神，加强理论学习和政策学习，深刻理解胡锦涛总书记讲话精神实质，学习理解党中央、国务院对住房城乡建设工作的重要指示和方针政策，按照党中央、国务院的要求做好各项工作。包括住房保障和房地产调控、城乡规划以及管理、建筑节能、城市管理、公积金管理、建筑市场管理、党风建设、标准定额建设等，这既是我部的职责，也是党中央、国务院交给我们的任务。广大党员干部要站在全局的高度，充分认识其重要性和紧迫性，抓住工作重心，真正按照胡锦涛总书记的重要讲话精神和要求，按照党中央、国务院的部署，切实抓紧抓好。

姜伟新强调，要继续加强队伍建设、廉政建设和作风建设。要把学习胡锦涛总书记重要讲话精神与创先争优活动紧密结合起来，紧紧围绕服务党和国家工作大局、"十二五"主题主线、保障和改善民生等方面开展创先争优。各单位主要负责人要切实履行第一责任人的职责。各级党员领导干部要不断加强世界观的改造，真正认识到我们手中的权力是党和人民赋予的，只有树立这种意识才能做到拒腐防变，扎实提高工作能力，圆满完成各项任务。要大力加强反腐倡廉建设，深刻认识反腐倡廉工作的重要性和紧迫性，做到警钟长鸣，严格执行党风廉政建设责任制，积极推进惩治和预防腐败体系建设，建设为民、务实、清廉机关。要大兴密切联系群众之风、求真务实之风，多做实事。要大力发扬团结协作精神，司与司、与其他部委、与地方省市之间要加强协作。要树立大局意识，站在党中央、国务院的高度看待和处理问题，狠抓工作落实，维护好人民群众的利益。会后，部党组成员要带头，各级领导干部要率先垂范，继续在抓好自身学习的基础上，组织指导好党员群众的学习，并努力形成工作思路和措施，加强和改进各方面工作，切实把讲话精神落到实处，全面推进住房城乡建设事业科学发展。

部住房保障司、人事司、中国城市规划设计研究院主要负责同志进行了交流发言。部机关各单位、部直属各单位及部管社团主要负责同志列席会议。

(摘自《中国建设报》2011 年 7 月 19 日 记者 汪汀 韩戴男)

住房城乡建设安全生产和质量管理电视电话会议

7月29日，住房和城乡建设部召开住房城乡建设安全生产和质量管理电视电话会议，要求各级住房城乡建设主管部门认真贯彻落实国务院第165次常务会议精神，以对人民和历史高度负责的精神，进一步提高对安全生产和质量管理工作重要性的认识；深刻吸取"7·23"甬温线动车追尾等事故教训，做好保障性住房和市政工程(包括城市轨道交通等工程在内)的建设安全生产和质量管理，以及城市供水、供气、排水、桥梁等安全运行监管工作，坚决遏制重大建设质量安全事故发生。住房和城乡建设部党组书记、部长姜伟新主持会议并作重要讲话，部党组成员、副部长齐骥、郭允冲出席会议并讲话。

姜伟新强调，住房城乡建设系统一要进一步提高对安全生产和质量管理工作重要性的认识，增强责任感和紧迫感；二要严格落实各级住房城乡建设主管部门的监管责任和建设、勘察、设计、施工、监理等单位的主体责任；三要强化安全质量隐患排查和监督检查工作；四要切实加强住房城乡建设领域安全生产和质量管理制度建设。同时，姜伟新要求各地将贯彻落实国务院第165次常务会议及部电视电话会议精神的措施及时上报住房城乡建设部。

齐骥指出，住房城乡建设系统要认清形势，增强做好保障性安居工程质量管理工作的责任感。今年，保障性安居工程建设规模大、分布广、项目多、工期紧，工程质量要求高、管理任务重。大规模建设保障性安居工程，是对工程质量管理工作的极大挑战和考验。各级住房城乡建设主管部门以及广大建筑企业要将思想统一到"百年大计、质量第一"这一认识上。只有切实保证保障性安居工程的质量，才能把这项民生工程真正建成得民心、顺民意、增民利的惠民工程。齐骥要求，住房城乡建设系统要坚持依法行政，全面落实保障性安居工程质量管理责任，加强对保障性安居工程质量管理工作的组织领导；建立健全层级工程质量管理责任制；严格执行基本建设程序和质量管理制度。齐骥强调，强化政府对保障性安居工程质量的监督管理，是抓好工程质量的有效保证。各级住房城乡建设主管部门要针对保障性安居工程建设质量管理的薄弱环节，加大日常监督巡查、抽查的力度，强化对工程重要节点及竣工验收的监督，定期开展各类专项检查，在工程建设全过程进行最严格的监督管理，不给违法违规行为以可乘之机。同时，积极创新、不断丰富工程质量监管手段，如强化市场现场监管联动，加强保障性安居工程档案资料和不良信用记录管理，推动监管信息化建设等。要把工程质量管理纳入住房保障工作考核、约谈和问责范围。凡是保障性安居工程发生质量问题的，市县主管部门要及时查处并向本级人民政府报告，省级住房城乡建设主管部门要对本地区的问题查处情况进行挂牌督办，对市县主管部门负责人进行约谈；凡是发生重大质量问题的，住房城乡建设部将实施重点督办，并进行通报，必要时住房城乡建设部将直接查处。

郭允冲指出，住房城乡建设系统在安全生产和工程质量管理方面还存在薄弱环节，主要表现在有关主体责任不落实、建筑市场行为不规范、从业人员素质亟待提高、市场监管不到位等方面。对此，住房城乡建设系统要重点做好5方面工作，努力提升住房城乡建设安全生产和工程质量管理水平。一是要全面排查治理质量安全隐患。要做到全面排查与重点排查相结合，自查和抽查相结合，日常排查与专项排查相结合，明查与暗查相结合。二是要全面落实和完善质量安全制度。要督促各方主体全面落实相关法律法规和工程建设强制性标准，严肃查处各种违法违规行为；要认真贯彻落实国务院及住房城乡建设部相关文件精神，重点抓好建筑施工领导带班、重大隐患挂牌督办以及生产安全事故查处督办3项新制度的落实；要认真执行《城镇燃气管理条例》等有关法律法规，确保燃气、供水排水安全；要切实加强应急能力建设，努力提高事故救援和应急处置能力。三是要全面落实质量安全责任。要强化各方主体的质量安全责任，特别是要严格保证合理的工期造价，处理好速度、效益与质量安全的关系，绝不能片面追求速度；要落实监管责任，加大监督检查力度，坚决防止"走过场"、搞形式主义；要加强责任追究，狠下工夫，切实改进事故查处不严肃、不严厉，特别是对企业资质、人员资格处罚不到位等问题。四是要全面加强质量安全能力建设。要督促企业加大安全投入；继续加强安全质量标准化建设；推动质量安全科技进步；加强质量安全培训和宣传教育。五是要充分发挥社会监督的作用。要重视媒体报道和舆论关注，对反映出的问题进行认真研究处理，不断改进工作；要建立和完善质量安全举报投诉制度，接到有关质量安全的举报，必须在第一时间查明情况并认真处理。

据了解，从7月底开始至9月中旬，住房城乡建设部将以保障性住房和城市轨道交通工程为重点，在全国开展房屋建筑和市政工程质量安全大检查。重点检查各地贯彻落实国务院第165次常务会议精神情况、建立完善安全生产和质量管理制度情况、全面排查和整改事故隐患情况以及依法查处事故情况。通过检查督导，进一步督促各地住房城乡建设主管部门和建设活动各方主体加强工程质量安全工作。

会上，北京、哈尔滨、无锡、郑州市相关负责人作了交流发言。各省、自治区住房城乡建设厅，直辖市住房城乡建委(建交委)、市政市容委、国土房管局、住房保障和房管局、水务局，新疆生产建设兵团建设局主要负责同志及相关人员，各地级(含)以上城市住房城乡建设主管部门主要负责同志及相关人员，各县(市)人民政府有关负责同志、住房城乡建设主管部门主要负责同志及相关人员，中央管理的建筑施工企业及各地有关建筑施工企业的负责同志3万余人在北京主会场和全国各地900多个分会场参加了会议。

(摘自《中国建设报》2011年8月4日 记者 张际达)

保障性安居工程进度和质量安全工作会议

8月16日，住房和城乡建设部召开保障性安居工程进度和质量安全工作会议，总结保障性安居工程建设进度情况，研究部署推进保障性安居工程和质量安全工作。住房和城乡建设部党组书记、部长姜伟新作重要讲话，部党组成员、副部长齐骥主持会议并讲话，部党组成员、副部长郭允冲出席会议并讲话。

姜伟新要求，要严格落实今年1000万套保障性安居工程建设任务，各地巡查联络员要积极了解情况、督促进度、核查各地上报的开工套数和检查质量，反映并帮助解决问题。在今年10月底前，要将全部保障性安居工程建设项目巡查完毕。在工程质量和安全生产方面，要严把保障性安居工程建设质量关。在勘察设计方面，要严格避免项目建在地质灾害易发区内。

齐骥指出，保障性安居工程已经进入施工旺季，各地巡查联络员要逐步转变工作重点，从初期的全力以赴促开工向开工项目的质量安全监管逐步转移。同时，鼓励各地在已明确建设目标的基础上，超额开工保障性安居工程建设。对于超额开工的地方，住房城乡建设部将在今年年底向社会公布，进行表彰。在保障性安居工程质量安全工作中，一要在保障性安居工程的规划选址方面，充分考虑保障对象入住后的工作生活是否便利，并在选址中避开地震断裂带、泄洪区和山体滑坡、泥石流等地质灾害易发区。对于位置相对较偏远的工程项目，要责成当地政府尽快开通公共交通线路，并增设周边配套设施。二要在保障性安居工程户型设计方面，做到小户型、齐功能，避免户型设计不合理的情况发生。三要在施工质量方面，减少建筑质量通病的发生。四要全面排查完善开工建设项目的审批手续，避免社会对工程质量产生担忧。五要在开工标准方面，杜绝形式主义。在今年年底前，要有1/3的项目做到主体基本完工，1/3的项目进入地上施工阶段，1/3项目进入基础施工阶段。

郭允冲指出，目前住房城乡建设系统质量安全水平总体受控，但质量安全形势仍比较严峻，与中央要求和社会公众的要求仍有差距，在下一阶段的质量安全监督检查工作中，要注重3点：一是安全质量监督检查工作一定要求真务实、认真细致，不能走马观花搞形式主义。二是要严格查处、严格执法，对违法违规和存在质量安全隐患的一定要严格处罚，绝不能留下安全隐患，尽可能通过检查减少安全质量事故的发生。三是要突出重点，抓住薄弱环节、关键环节，要重点检查保障性安居工程、轨道交通和以桥梁为主的公共基础设施建设项目，要重点检查质量安全事故较多的地方和项目，切实消除安全质量事故隐患。

全国建设工程质量安全及建筑市场监督执法检查组组长汇报了有关检查情况。住房城乡建设部派赴各省、自治区、直辖市的保障性安居工程巡查联络员汇报了保障性安居工程信息公开和建设项目开工率等巡查工作情况。住房城乡建设部相关司局负责人参加了会议。

(摘自《中国建设报》2011年8月19日 记者 张际达 实习生 张艳阳)

全国节水型城市创建工作会议

9月2日，住房城乡建设部、国家发展改革委在北京联合召开了全国节水型城市创建工作会议，旨在贯彻落实《国民经济和社会发展第十二个五年规划纲要》和中央一号文件的精神，推进"资源节约型、环境友好型"社会建设，总结交流全国节水型城市创建工作的成效、做法、经验及存在的问题，研究部署下一步城市节水工作。

国家发展改革委副主任解振华、住房城乡建设部副部长仇保兴在会上讲话，并为获得第五批"全国节水型城市"称号的17个城市颁奖。山东省、江苏省有关部门负责同志及深圳市、昆明市领导在会上作经验交流发言。57个节水型城市市市长还向全国所有城市发出"建设节水城市、倡导人水和谐"的倡议。

解振华在讲话中指出，水资源短缺已成为我国经济和社会发展的重要制约因素之一。城市节水是节水型社会建设的重要方面，开展创建节水型城市活动对于缓解水资源供需矛盾，推动资源节约型、环境友好型社会建设，意义重大而深远。"十二五"时期，国家发展改革委要采取六项措施，大力推动节水型城市创建活动。一是优化产业结构。要根据水资源条件，确定城市发展规模，合理安排工业布局，调整产业结构。二是发展循环经济。推行清洁生产，实现从源头和生产过程减少水资源消耗；鼓励废水循环利用，提高用水效率，实现"零"排放；大力发展城市生活污水再生利用及矿井水、苦咸水等非常规水源的利用；加快产业园区循环化改造；实现水资源可持续利用。三是抓好示范工程。组织实施节水重点示范工程、城市生活污水处理设施建设工程、海水淡化示范工程以及海水淡化示范城市、示范海岛和示范园区等。四是完善水价政策。建立反映资源稀缺程度的水价形成机制和水价体系。以建立有利于促进节约用水、合理配置水资源和提高用水效率为核心的水价形成机制为目标，深化城市供水价格改革。完善水价计价方式，理顺水价结构，大力推进生活用水阶梯式水价和非生活用水超定额累进加价。妥善处理水价调整与保障低收入群体生活水平的关系。五是推动公共机构节水。支持公共机构采用合同能源管理方式实施节水改造，加强用水节水管理，强化宣传教育，推进创建节水型单位，实现三年内所有国家机关全部建成节水型单位的目标，发挥示范和表率作用。六是研究重大问题。研究当前经济社会发展中突出的水资源浪费问题，提出有针对性的政策措施。如洗浴、洗车、滑雪、高尔夫球场等大量浪费水资源的问题；如何从根本上解决城市管网损失浪费问题；采取哪些政策措施鼓励沿海缺水城市开发利用海水淡化等。

仇保兴在讲话中指出，加快推进城市节水工作，是深入贯彻落实"十二五"规划纲要和中央一号文件的重要举措，是适应我国城镇化发展要求、提升基本公共服务质量、促进经济社会可持续发展的必然要求。近年来，各级住房城乡建设、发展改革部门密切配合，在城市节水方面做了大量的工作。一是推进城市节水观念的转变。由向大自然无节制地索取，转为人与自然和谐发展、实现资源可持续利用，形成"节水减排、科学发展"的城市节水理念。二是完善城市节水的法规标准。1988年，原建设部以1号部令颁发了经国务院批准的《城市节约用水管理规定》，住房城乡建设部还陆续发布了《城市居民用水量标准》、《城市供水管网漏损控制和评定标准》、《节水型生活用水器具标准》、《建筑与小区雨水利用工程技术规范》、《绿色建筑评价标准》、《城市污水再生利用》系列标准等技术标准和规范。三是建立健全城市节水专门工作机构。全国657个城市绝大多数设立了城市节水的专门工作机构，50%县城设有相应的职能机构，建立了一支责任心强、技术过硬、经验丰富的城市节水专业管理队伍。四是建立了一套有效的管理制度。以市政公用事业为平台，建立了计划用水和定额用水管理制度、节水设施的"三同时"制度、节水器具认证制度、用水计量制度、阶梯式水价和超计划加价等制度。五是通过节水型城市创建推动了城市节水工作。自2001年原建设部与国家发展改革委共同组织开展节水型城市创建活动以来，目前全国已有23个省市区的57个城市先后获得"全国节水型城市"的称号，起到了很好的示范带头作用。六是利用城市节水宣传周营造全民节水的社会氛围。1992年起，原建设部将每年5月15日所在的一周定为"全国城市节约用水宣传周"，广泛发动群众参与，宣传节水先进典型，曝光用水浪费行为，倡导科学合理用水方式，提高了全社会的节水意识。

仇保兴指出，通过多年的不懈努力，我国城市节水效果显著、成绩突出。一是从城市居民人均生活用水量来看。改革开放以来，随着住房条件的改善，便器水箱、热水器、洗衣机、洗碗机等家庭用水器具的普及，城市居民生活水平和生活质量不断提高，用水需求也不断扩大，城市人均日生活用水量曾一度持续增长，2000年达到峰值220.2升。近10年来，随着城市节水工作的深入，节水型用水器具的普及和广大市民节水意识的提升，人均日生活用水量开始出现回落，2010年下降到171.4升，降低了22%。二是从城市用水总量来看。通过提高工业用水重复利用率、城市污水再生利用率、普及推广节水工艺和器具等提高用水效率的措施，每年城市节水量约占当年城市年供水总量的10%，全国城市人均综合用水量由2000年的517.9升/(人·天)下降至2010年的364.7升/(人·天)，10年间下降了30%。与2000年相比，2010年全国城市用水人口增长了53.8%，城市用水普及率由63.9%提高到96.7%，但城市年用水总量的增长仅为6.6%，基本稳定在年用水量500亿立方米左右。

仇保兴强调，尽管我国城市节水取得了较大成绩，但仍面临着严峻的挑战。一方面，我国水资源和水环境形势严峻，全球性气候变化加剧了地区间水资源分布不均的矛盾，城市水资源短缺是我国的基本水情，资源型缺水和水质型缺水问题尤为突出，快速城镇化发展对城市的水资源和水环境也提出了更高的要求。另一方面，一些地区对城市节水的认识还不到位，城市建设的理念滞后，重发展经济、轻环境生态，重资本、轻民生，没有将节水减排与城市可持续发展紧密相联，很多城市尚未出台城市节水方面的规定，也未编制城市节水专项规划。

仇保兴要求，各地要高度重视城市节水工作，以城市规划、建设和市政公用行业为平台，落实责任，增加投入，加强监管，完善政策，将城市节水工作进一步推向深入。一要充分发挥城市规划引导和控制作用，合理确定城市经济发展模式和产业结构布局，综合考虑资源的开发与利用布局市政公用设施，加快编制城市节水专项规划，落实城市节水目标、任务、措施和保障机制。二要将节水措施落实到城市建设各个环节，严格落实建设项目"三同时"制度，在建设项目规划许可、初步设计方案和施工图审查、施工许可、竣工验收备案等环节严格审查节水措施；按照"优水优用，分质供水，就近利用"的原则，大力推进污水再生利用；按照低影响开发(LID)的理念，强化雨水的源头削减、滞蓄、下渗和利用，加强雨水收集利用。三要充分发挥市政公用事业管理和服务的调节作用，严格控制城市供水漏损，加强用水计量管理，积极探索和推行用水诊断服务。四要落实城市节水工作的保障措施。地方政府要加强组织领导，密切部门配合，加大科技创新，加强节水宣传。国家将研究建立城市节水激励机制，加大对污水再生利用、雨水收集利用、节水技术改造等项目的支持力度。

会上，来自科技部、工信部、环保部、水利部、国家能源局等有关部委，各省（自治区、直辖市）住房城乡建设和发展改革部门，57个全国节水型城市和29个其他参会城市，相关行业学会协会、科研院所的代表参加了会议。

（摘自《中国建设报》2011年9月3日
记者　张际达）

第六届中国城镇水务发展国际研讨会

9月19～21日，中国城市科学研究会、中国城镇供水排水协会、山东省住房城乡建设厅及济南市人民政府联合举办的第六届中国城镇水务发展国际研讨会与新技术设备博览会在济南召开。住房城乡建设部副部长、中国城市科学研究会理事长仇保兴，山东省副省长郭兆信，济南市市长张建国，中国城镇供水排水协会会长李振东等出席开幕式。仇保兴作主题演讲。

本届大会的主题是"供水安全，节水减污，人水和谐"。大会由开幕式、综合论坛、专题研讨会、水专项会议和展览等5部分组成。在19日召开的综合论坛上，来自国内政府有关部门负责人、业内知名的专家学者以及德国、日本等国家的有关人士就城镇水务领域的焦点问题进行了交流。

20日召开的多个专题研讨会上，围绕城镇水务管理与改革发展、城镇净水工艺与水质达标、城市水系规划与景观设计等近20个专题进行广泛交流。大会期间还将举办"城市水污染控制"和"饮用水安全保障""十一五"阶段总结暨"十二五"实施启动会。

在同期举办的新技术与设备博览会上，共有上百家知名企业展示国内外先进实用的水处理技术设备、给排水管网技术设备、膜与分离技术设备、净水器材；水专项展览展示"城市水污染控制"和"饮用水安全保障"两个主题部分项目（课题）实施的最新进展。

（摘自《中国建设报》2011年9月20日
记者　王庆）

2011中国城市规划年会

日前，2011中国城市规划年会在江苏省南京市召开。江苏省副省长何权、中国城市规划学会名誉理事长周干峙等在开幕式上致辞。住房和城乡建设部副部长仇保兴作学术报告。全国优秀科技工作者，2011中国城市规划年会建议奖、优秀组织奖等奖项在开幕式上颁发。为了践行绿色低碳的规划理念，本次会议所有与会人员，无论职位高低，均乘坐地铁参会。

仇保兴作了题为《城市转型与重构进程中的规划调控纲要》的学术报告。他指出，当前，我国已经进入城镇化中期，这就要求我们在城市转型与重构进程中进行5项调控，以适应城镇化的发展。一是强化节地总目标，巩固紧凑式城市发展模式。要防止工业用地粗放扩张，构建紧凑式绿色小城镇，促进节地节能。二是推行两类用地混合布局，注重民生和城市品质。混合用地既可以节地、节能（减少交通流）、便民，还有助于传承历史文脉、创造新城特色。三是严格"三区四线"管制，保护不可再生资源。在城市总规、控规、详规3层次全面严格执行"三区四线"，协同好"三区四线"之间的关系，并将其扩大到都市圈规划和城镇体系规划,在"四线"中划定虚实线提高调控管制效能。四是合理安排5类交通(步行、自行车、地铁、公交车、私家车)用地,促进节能减排。通过编制以绿色交通为主的城市综合交通体系、尽早规划地下交通和公共交通、扩大执行"无车日"等措施,缓解交通拥堵,降低交通能耗。五是提升6项城市服务功能,奠基社会和谐。

本次年会由中国城市规划学会、南京市人民政府主办,江苏省住房和城乡建设厅协办,南京市规划局承办。年会以"转型与重构"为主题,包含14个专题会议、9个自由论坛、3个高端论坛、5个特别论坛、两个工作会议和1个规划学术沙龙。全国规划方面的相关人士约3500人参加了会议,就城市规划管理、风景园林规划、住房建设与低碳规划等议题展开讨论。年会同期还举办了2011全国城乡规划编制科研教学成果展,全国70多家规划专业编制设计和教学研究机构今年的工作成果以及南京城市发展规划等内容在此展出。

(摘自《中国建设报》2011年9月22日
记者　兰海笑　实习生　李玉清)

第十届中国国际住宅产业博览会

由住房和城乡建设部住宅产业化促进中心、中国房地产业协会、中国建筑文化中心、北京市住房和城乡建设委员会主办的"第十届中国国际住宅产业博览会"(以下简称住博会)日前在北京举办。全国政协常委、政协人口资源环境委员会副主任、中国房地产业协会会长刘志峰,住房城乡建设部总规划师唐凯,部相关司局负责人,各省、自治区、直辖市相关领导,美国、俄罗斯等国驻华使馆官员出席了开幕仪式。

唐凯在开幕式致辞中表示,住博会已经成功主办了9届,对建设资源节约型和环境友好型社会,促进我国住宅产业现代化,加强住宅产业领域的国际交流起到了积极推动作用。本届住博会以"践行'十二五'规划,建低碳明日之家"为主题,围绕建设低碳住宅的核心技术,搭建展示交流、交易平台,推广低碳"四节一环保"的相关技术产品,带动低碳住宅的发展和人居环境品质的提升,通过推进住房建设和消费模式的转型,促进住宅产业化的发展。

唐凯介绍,"十二五"规划纲要指出,未来5年我国将建设3600万套保障房,使全国保障房覆盖面达到20%左右,为配合大规模的保障性住房建设,本届住博会启动"保障性住房建筑材料、部品采购信息平台",推出"2011中国首届保障性住房设计竞赛"优秀设计方案图片展,这对于提高保障性住房的规划设计水平和建设质量,促进产业化发展必将起到重要的示范引导作用。

本届住博会上推出的"明日之家2011"在展会现场搭建了两套示范型住宅样板间:一套建筑面积60平方米,以公共租赁住房建设为蓝本的样板间,通过标准化设计、装配化建筑,展示了具有优良品质的公租房模板;另一套建筑面积为90平方米,则以技术创新型房屋建设为基础,展示最新最前沿的低碳环保住宅集成技术和成果,诠释未来住宅发展趋势。本届住博会还专门开设了国家住宅产业化基地成果专区进行系统展示,并将举办国家住宅产业化基地技术成果专题报告、2011中国房地产业住宅产业交流会等一系列产业化专题和讨论活动。

(摘自《中国建设报》2011年9月28日
记者　张际达　实习生　张艳阳)

2011年北方采暖地区供热计量改革工作会议

为贯彻落实国务院印发的《"十二五"节能减排综合性工作方案》及近日召开的全国节能减排工作

电视电话会议精神，进一步推进供热计量改革及建筑节能工作，9月28日，住房和城乡建设部在山东省日照市召开了2011年北方采暖地区供热计量改革工作会议，总结了"十一五"期间供热计量改革取得的成效、经验及存在的问题，并部署下一阶段供热计量改革工作。住房和城乡建设部副部长仇保兴出席会议并作了题为《完善工作机制，全面落实供热计量收费》的工作报告。

会上，山东省住房和城乡建设厅、吉林省住房和城乡建设厅等分别作了供热计量改革及既有居住建筑供热计量及节能改造经验交流。国家发展改革委、财政部等相关部门以及山东省的相关领导参加了会议。

(摘自《中国建设报》2011年9月30日 记者 汪汀)

中国城市公交协会第四次会员代表大会

中国城市公共交通协会第四次会员代表大会近日在京召开。住房和城乡建设部副部长仇保兴出席会议并讲话，九三学社中央副主席赖明当选新一届理事长，原建设部副部长赵宝江为名誉理事长。住房和城乡建设部有关部门负责人及来自各地公交系统的代表参加会议。

仇保兴在讲话中对与会者提出3点希望：一要认清一个大趋势，二要抓住两个机遇，三要做好3项重点工作。大趋势就是在当前城市化达到50%的时候，城市该向什么模式发展。一个是机动化与城市化同步发展、建立在车轮子上的美国模式，另一个就是城市化在先、机动化在后的实现全面节能减排的欧盟模式。

谈到两个机遇，他指出，一要在人们都习惯依赖小轿车出行之前，大力发展公共交通。如果像美国那样发展，先形成了小轿车的布局，再来发展公交就为时已晚。二要把公交的命运与其他绿色交通连在一起，公交自身要为绿色交通的无缝接轨创造条件，相互依存、相互发展。公交优先要体现在空间分配优先和财政支持优先。

讲到3项重点工作，他说，一是公交科技创新，直接为公交的节能减排提供条件并发展多种类型的公交。二是由协会出面，对公交企业的社会效益、经济效益和群众满意度进行适当考核，排出名次，奖励先进，鞭策落后。三要认真参与城市综合交通体系规划，因为该体系中最主要的内容就是公交系统，要综合考虑这一交通体系规划，规划现在和将来对城市空间布局都非常重要。

仇保兴强调，时代给了我们机遇，我们一定要积极迎接这场城市化、机动化的挑战，并顺利完成党和人民交予的任务。

协会秘书长兰荣告诉记者，新一届理事会将把优先发展城市公共交通作为建设节约型社会的重要工作抓好抓实，通过不断完善、不断改进、不断提升公共服务水平和服务质量，为城市建设和发展提供安全可靠、方便周到、经济舒适的交通服务。让城市公交成为广大群众出行的优先选择。

(摘自《中国建设报》2011年10月13日 记者 钱厚琦)

第47届国际规划大会

日前，由中国城市规划学会和武汉市人民政府共同主办的国际城市与区域规划师协会(简称ISOCARP)第47届国际规划大会在武汉召开。住房和城乡建设部部长姜伟新发来贺信。全国政协常委、人口资源环境委员会副主任、民建中央副主席王少阶，湖北省副省长张通，武汉市市长唐良智在开幕式上致辞。在为期4天的会议中，与会代表围绕"宜居城市：世界城市化，应对新挑战"这一主题展开讨论。

姜伟新代表住房和城乡建设部向大会的召开表示祝贺。他在贺信中指出，建设宜居的城乡人居环境、让生活更美好,是世界各国人民的共同愿望,也是规划师们的重要使命。这次大会以"宜居城市:世界城市化,应对新挑战"为主题,就国际社会共同关注的快速城镇化、城市可持续发展等重大问题进行研讨,对新形势下提倡新理念、迎接新挑战、实现新发展具有重要意义。希望借此次会议的机会,能与来自世界各国的同行们在建设宜居城市方面分享经验、总结教训。同时,也期待通过本次会议,同各国专家一道,共同研讨城市发展策略,推动建设可持续发展、宜居繁荣的和谐城市家园。

来自48个国家和地区的规划专家以及我国部分城市规划主管部门、规划设计机构和高校规划学院代表近2000人参加了会议。会议期间,ISOCARP组织了实施低碳城市环境、建设可持续性网络空间、交通体系、遗产与环境——转型过程中的保护与利用、区域与腹地的宜居环境5个并行分论坛。与此同时,大会还举办了规划展览,展示武汉优秀城市规划成果以及武汉大学、华中科技大学、武汉理工大学等高校在城市规划领域的研究成果。

据悉,ISOCARP是全球性的、资深的职业规划师团体机构,由其组织的国际规划大会是国际规划界最高级别的会议。国际规划大会每年召开一次,本次大会是ISOCARP成立47年以来第二次在中国召开。

(摘自《中国建设报》2011年10月28日 记者 兰海笑)

第八届中国国际园林博览会

第八届中国(重庆)国际园林博览会11月19日隆重开幕。中共中央政治局常委、国务院副总理李克强向园博会开幕发来贺信,中共中央政治局委员、重庆市委书记薄熙来,全国人大常委会副委员长、民进中央主席严隽琪,全国政协副主席、台盟中央主席林文漪出席开幕式,住房和城乡建设部部长姜伟新、重庆市市长黄奇帆在开幕式上致辞。

李克强在贺信中代表国务院向本届园博会的开幕表示热烈祝贺。他在贺信中说,园林是传统文化与生态文明的有机结合,是人与自然沟通的世界性语言。提高城市园林绿化水平,对于改善人居环境质量,提升城市品位,促进"两型"社会建设具有重要意义。第八届园博会以"园林,让城市更加美好"为主题,融汇中外园林文化,传播生态环保理念,展示园艺创新成果,必将对城市经济与人口资源环境协调发展起到积极促进作用。希望与会的海内外朋友,以本届园博会为平台,加强交流与合作,共同推进园林绿化发展,为人类宜居城市和生态文明建设贡献智慧和力量。

姜伟新在致辞中代表住房和城乡建设部、园博会组委会向所有为本届园博会作出贡献的单位和个人表示感谢。他说,园博会自1997年以来已成功举办了7届,展示了国际园林绿化的最新成果,传播了国际园林文化新理念,扩大了国际园林行业的交流与合作。为改善城市生态环境、提升城市文化品位、提高百姓生活水平、促进城市可持续发展发挥了重要作用。本届园博会是首次在中西部地区举办,也是迄今为止参展城市最多、室外展园最多的一届园博会。园区充分利用自然地形地貌,精心规划建设了14个展区,建成了一座融传统园林、地域文化、新型技术为一体的永久性大型生态园博园,较好地体现了"园林,让城市更加美好"的主题。

重庆市市长黄奇帆代表重庆市委、市政府向与会嘉宾表示热烈欢迎,向关心、支持和参与本届园博会的各界朋友致以衷心的感谢。黄奇帆说,重庆正努力建设"国家生态园林城市",园博会在重庆举办,将为重庆园林创意建设、园林文化发展留下一笔宝贵财富。

全国政协常委、港澳台侨务委员会主任陈云林,全国人大常委、民进中央副主席王佐书,全国人大常委、致公党中央副主席严以新,重庆市人大常委会主任陈光国,重庆市政协主席邢元敏,住房和城乡建设部副部长仇保兴,中国市长协会专职副会长陶斯亮等参加了上述活动。

据主办单位介绍,中国国际园林博览会是我国园林花卉行业层次最高、规模最大的国际性盛会,每两年由住房和城乡建设部与地方政府共同举办一次。本届园博会由住房和城乡建设部与重庆市人民政府共同主办，中国风景园林学会、中国公园协会、重庆市园林局、重庆市北部新区管委会承办。园区占地面积3300亩，园内精心规划建设了中华荟萃园区、江南园区、西部园区、北方园区、现代园区、国际园区等14个展区，共有188个国内外城市、机构、企业和个人参展，本届园博会将至2012年5月11日结束，园博会后，园区将成为重庆市的永久性大型公园。

（摘自《中国建设报》2011年11月22日 记者 陈斌 钱厚琦）

二、示 范 名 录

第十三批国家园林城市名单

（共30个）

河北省张家口市、山西省阳泉市、山西省孝义市、辽宁省本溪市、辽宁省丹东市、江苏省如皋市、江苏省连云港市、江苏省江都市、浙江省江山市、浙江省温岭市、安徽省芜湖市、安徽省六安市、福建省莆田市、福建省龙岩市、江西省九江市、江西省上饶市、山东省东营市、山东省龙口市、山东省海阳市、山东省济宁市、山东省聊城市、河南省永城市、河南省驻马店市、湖北省荆门市、湖北省荆州市、湖南省娄底市、广西壮族自治区北海市、广西壮族自治区百色市、云南省丽江市、宁夏回族自治区吴忠市

（住房和城乡建设部城市建设司提供）

第五批国家园林县城名单

（共31个）

河北省栾城县、河北省迁西县、河北省涉县、山西省襄垣县山西省屯留县、山西省平顺县、辽宁省喀喇沁左翼蒙古族自治县（喀左县）、黑龙江省绥棱县、浙江省桐庐县、浙江省宁海县、浙江省德清县、安徽省颍上县、福建省安溪县、江西省修水县、山东省宁阳县、山东省东平县、山东省沂水县、河南省嵩县、河南省宝丰县、河南省西峡县、湖北省京山县、广西壮族自治区凌云县、重庆市璧山县、重庆市开县、四川省双流县、四川省长宁县、陕西省太白县、陕西省宁强县、甘肃省临泽县、宁夏回族自治区盐池县、宁夏回族自治区隆德县

（住房和城乡建设部城市建设司提供）

第三批国家园林城镇名单

（共7个）

山西省阳城县润城镇
江苏省苏州市同里镇
浙江省嘉兴市大云镇
江苏省昆山市巴城镇
江苏省兴化市戴南镇
广东省东莞市长安镇

云南省景洪市勐罕镇　　　　　　　　　　　　　　（住房和城乡建设部城市建设司提供）

第二批全国特色景观旅游名镇（村）名单

（共 111 个）

一、北京
1. 房山区十渡镇
2. 怀柔区渤海镇
3. 海淀区苏家坨镇
4. 平谷区金海湖镇

二、河北
1. 邢台县浆水镇前南峪村
2. 迁安市大五里乡山叶口村
3. 蔚县暖泉镇
4. 邯郸市峰峰矿区和村镇
5. 抚宁县石门寨镇蟠桃峪村

三、山西
1. 汾阳市杏花村镇
2. 天镇县新平堡镇
3. 运城市盐湖区解州镇
4. 万荣县荣河镇
5. 阳城县北留镇
6. 平顺县东寺头乡神龙湾村
7. 平定县娘子关镇
8. 沁水县土沃乡西文兴村

四、内蒙古
1. 赤峰市巴林右旗索博日嘎镇

五、吉林
1. 通榆县向海乡
2. 桦甸市夹皮沟镇
3. 长春市莲花山生态旅游度假区四家乡
4. 辉县金川镇

六、黑龙江
1. 亚布力国家森林公园滑雪旅游名镇
2. 五大连池市五大连池镇
3. 海林市横道河镇
4. 嘉荫县朝阳镇

5. 同江市街津口赫哲民族乡
6. 抚远县乌苏镇
7. 黑河市瑷珲区瑷珲镇
8. 虎林市虎头镇
9. 齐齐哈尔市梅里斯达斡尔族乡

七、江苏
1. 苏州市吴中区东山镇三山村
2. 溧阳市天目湖镇
3. 苏州市吴中区甪直镇
4. 昆山市锦西镇
5. 昆山市千灯
6. 泰兴市黄桥镇
7. 东海县温泉镇
8. 新沂市窑湾镇
9. 宜兴市西渚镇
10. 海门市常乐镇
11. 江阴市华士镇华西村

八、安徽
1. 宣城市宣城区水东镇

九、福建
1. 华安县仙都镇
2. 长泰县马洋溪生态旅游区山重村
3. 上杭县古田镇
4. 连城县宣和乡培田村
5. 漳平市赤水镇香寮村

十、江西
1. 吉安市青原区文陂乡渼陂村
2. 九江市庐山区海会镇

十一、山东
1. 临朐县冶源镇
2. 滕州市柴胡店镇
3. 安丘市石埠子镇

4. 泗水县泗水镇
5. 文登市界石镇
6. 莒县浮来山镇
7. 沂南县铜井镇
8. 荣成市西霞口村
9. 淄博市淄川区太河镇
10. 昌乐县郚部镇

十二、河南
1. 栾川县三川镇
2. 遂平嵖岈山镇
3. 济源市坡头镇
4. 西峡县双龙镇
5. 栾川县栾川乡
6. 社旗县赊店镇

十三、湖北
1. 咸宁市咸安区桂花镇刘家桥村
2. 武汉市黄陂区木兰镇双泉村
3. 应城市汤池镇
4. 洪湖市瞿家湾镇

十四、湖南
1. 平江县加义镇
2. 望城县丁字镇彩陶源村
3. 双峰县荷叶镇

十五、广东
1. 东莞市茶山镇南社村
2. 湛江市霞山区爱国街道特呈岛村
3. 饶平县新丰镇
4. 恩平市圣堂镇歇马村
5. 清新县太和镇
6. 始兴县沈所镇

十六、广西
1. 阳朔县兴坪镇
2. 三江侗族自治县镇林溪乡程阳八寨
3. 恭城瑶族自治县莲花镇红岩村
4. 鹿寨县中渡镇
5. 藤县象棋镇道家村

十七、重庆
1. 大足县宝顶镇
2. 永川区茶山竹海镇茶竹村
3. 奉节县白帝镇
4. 忠县石宝镇
5. 江津区四面山镇洪洞村
6. 涪陵区蔺市镇

十八、四川
1. 合江县尧坝镇
2. 双流县黄龙溪镇
3. 阿坝州汶川县水磨镇
4. 罗江县白马关镇
5. 阆中市天宫院村
6. 洪雅县柳江古镇
7. 自贡市沿滩区仙市镇

十九、云南
1. 腾冲县和顺镇
2. 宁蒗县永宁乡落水村
3. 建水县西庄镇团山村
4. 盐津县豆沙镇
5. 景洪市勐罕镇
6. 石林县长湖镇

二十、陕西
1. 铜川市耀州区照金镇

二十一、甘肃
1. 敦煌市阳关镇

二十二、新疆
1. 博湖县乌兰再格森乡
2. 尉犁县兴平乡达西村
3. 察布查尔县孙扎齐牛录村
4. 霍城县惠远镇
5. 奇台县半截沟镇

二十三、新疆建设兵团
1. 新疆兵团农十师一八五团克孜勒乌英克镇

(资料来源：《关于公布第二批全国特色景观旅游名镇(村)示范名单的通知》建村〔2011〕104号)

"十一五"创建全国无障碍建设先进城市

北京市
天津市
河北省：秦皇岛市、廊坊市、邯郸市
山西省：长治市、太原市、晋城市
内蒙古自治区：包头市、呼伦贝尔市、满洲里市
辽宁省：沈阳市、大连市、鞍山市
吉林省：吉林市、延吉市
黑龙江省：哈尔滨市、大庆市
上海市
江苏省：南京市、苏州市、常州市
浙江省：杭州市
安徽省：合肥市、淮北市
福建省：福州市、厦门市
江西省：南昌市、九江市
山东省：青岛市、东营市、临沂市
河南省：平顶山市、洛阳市
湖北省：武汉市、宜昌市
湖南省：长沙市
广东省：广州市、佛山市、中山市
广西壮族自治区：南宁市、桂林市、北海市
海南省：海口市、三亚市
重庆市
四川省：成都市、资阳市
贵州省：贵阳市
云南省：昆明市
西藏自治区：拉萨市
陕西省：西安市
甘肃省：兰州市、金昌市
青海省：格尔木市、德令哈市
宁夏回族自治区：银川市
新疆维吾尔自治区：克拉玛依市、乌鲁木齐市
黑龙江农垦总局：建三江管理局

（住房和城乡建设部标准定额司供稿）

"十一五"创建全国无障碍建设城市

黑龙江省：齐齐哈尔市
辽宁省：辽阳市、瓦房店市
河北省：石家庄市、武安市、霸州市
山西省：大同市、运城市
内蒙古自治区：呼和浩特市、扎兰屯市
江苏省：无锡市、扬州市
安徽省：黄山市
福建省：三明市
山东省：济南市、烟台市
河南省：郑州市、鹤壁市
湖北省：襄阳市、黄石市
湖南省：衡阳市
广东省：深圳市、珠海市、汕头市
广西壮族自治区：北海市
四川省：攀枝花市
贵州省：遵义市
云南省：玉溪市
甘肃省：嘉峪关市
黑龙江农垦总局：红兴隆管理局

（住房和城乡建设部标准定额司供稿）

2011年度全国物业管理示范住宅小区（大厦、工业区）名单

一、全国物业管理示范住宅小区（76个）
1. 北京市学府树家园
2. 北京市假日风景家园
3. 北京市北苑家园望春园
4. 天津市五一阳光皓日园
5. 天津市晴川花园

二、示 范 名 录

6. 天津市宁河县光明小区
7. 重庆市龙湖·紫都城
8. 重庆市同景国际城 AB 组团
9. 重庆市华宇·北国风光
10. 重庆市银鑫·莲花半岛
11. 重庆市鲁能星城七街区
12. 河北省石家庄市众美·凤凰城
13. 河北省石家庄市中景·四季花城
14. 河北省保定市丽景蓝湾 A 区
15. 河北省廊坊市运通家园
16. 河北省沧州市天成首府
17. 河北省秦皇岛市金海湾·森林逸城
18. 河北省任丘市金地花园
19. 内蒙古自治区鄂尔多斯市康和丽舍
20. 辽宁省沈阳市金色家园
21. 辽宁省沈阳市泰盈·九如溪谷
22. 辽宁省沈阳市保利花园
23. 辽宁省大连市东方圣荷西小区
24. 辽宁省抚顺市方大·上上城
25. 辽宁省锦州市宝地·曼哈顿 B 区
26. 辽宁省锦州市锦绣天第 D 区
27. 辽宁省铁岭市浅水湾 1 号西区
28. 吉林省长春市中信城枫丹白露小区
29. 吉林省长春市亚泰樱花苑
30. 吉林省长春市吉粮康郡
31. 吉林省吉林市紫光绅苑
32. 吉林省四平市九洲城·北欧印象
33. 吉林省梅河口市水岸人家
34. 黑龙江省哈尔滨市荣耀上城
35. 黑龙江省哈尔滨市柏林四季
36. 黑龙江省佳木斯市金港湾
37. 黑龙江省大庆市银河家园
38. 黑龙江省大庆市北湖小区
39. 江苏省南京市奥体新城清竹园
40. 江苏省苏州市星岛仁恒小区
41. 江苏省南通市海安县中洋·现代城
42. 浙江省杭州市滨江·金色家园
43. 浙江省杭州市金都·华府花园
44. 浙江省舟山·桂花城
45. 安徽省合肥市绿城·百合公寓
46. 福建省福州市美林湾
47. 福建省厦门市蓝湾国际
48. 福建省厦门市爱琴海小区
49. 福建省厦门市水晶森林小区
50. 福建省漳州市鑫荣小区
51. 福建省温泉新都 1 期 A、B 区
52. 江西省南昌市恒茂国际都会
53. 江西省赣州市天际华庭
54. 江西省丰城市金马·丰邑中央
55. 山东省青岛市万科魅力之城
56. 山东省寿光市鸿基花园
57. 山东省东营市玉景花园小区
58. 山东省东营市科技一村小区
59. 山东省菏泽市单县舜河雅苑
60. 河南省郑州市正弘旗住宅小区
61. 河南省郑州市曼哈顿广场 AB 区
62. 湖南省衡阳市沐林·美郡小区
63. 广东省深圳市鸿景翠峰花园
64. 广东省东莞市丰泰东海山庄
65. 广东省中山市森美时代花园
66. 广西壮族自治区桂林市彰泰·澳洲假日小区
67. 四川省华润·翡翠长汀
68. 四川省华润·凤凰城（一期）
69. 四川省成都市优品道小区
70. 陕西省西安市白桦林居小区
71. 陕西省西安市云顶园
72. 陕西省西安市高新枫林华府
73. 陕西省西安市中海华庭
74. 陕西省宝鸡市石油钢管厂小区
75. 陕西省咸阳市华泰世纪花苑
76. 甘肃省兰州市天庆丽舍情园

二、全国物业管理示范大厦(68 个)

77. 北京市新闻出版大厦
78. 北京市大成大厦
79. 北京市凯晨世贸中心
80. 北京市叶青大厦
81. 北京市住总集团大厦
82. 北京市新材料创业大厦
83. 北京市海淀区看守所综合行政办公楼
84. 上海市中金国际广场
85. 上海市虹桥综合交通枢纽东交停车库大厦
86. 上海市中国钻石交易中心
87. 上海市长泰国际金融大厦
88. 上海市古北大厦
89. 上海市宝华大厦
90. 上海豫园旅游商城
91. 上海人才大厦
92. 上海市城开国际大厦
93. 上海市国家开发银行大厦

94. 天津港集团办公楼
95. 天津市滨海高新区综合服务中心
96. 天津市津湾广场
97. 重庆市四川美术学院·虎溪校区
98. 河北农信大厦
99. 河北省石家庄市 3 号公馆
100. 内蒙古自治区乌海市行政中心大楼
101. 内蒙古自治区鄂尔多斯市国际会展中心
102. 辽宁省营口港业务大厦
103. 江苏建设大厦
104. 江苏省南京市高新开发区软件大厦
105. 江苏省苏州市吴江大厦
106. 江苏省徐州市帝都大厦
107. 江苏省连云港市大陆桥国际商务大厦
108. 江苏省常州市鑫都大厦
109. 江苏省无锡市博物院
110. 浙江移动通信枢纽大厦
111. 浙江省杭州市高新产业大楼
112. 浙江省杭州市联合大厦
113. 浙江省宁波国际航运服务中心
114. 浙江省宁波市北岸财富中心
115. 浙江省宁波市广博大厦
116. 浙江省温州市苍南县行政中心
117. 安徽省合肥市置地投资广场
118. 福建省厦门市未来海岸商务中心（一期）海投大厦
119. 福建省厦门市观音山国际商务营运中心 A3 片区 1、2 号楼
120. 福建省龙岩市行政办公中心
121. 江西省宜春市市政大楼
122. 江西省赣州市历史文化与城市建设博物馆
123. 山东省济南市广电中心媒体产业大厦
124. 山东省青岛市城阳区经贸大厦
125. 山东省潍坊高新技术开发区管委会大厦
126. 山东省济宁市泗水县行政中心
127. 山东省滨州市博兴县行政中心
128. 河南省郑州市省汇中心
129. 湖南省长沙市中建大厦
130. 湖南省湘潭市环境应急指挥中心
131. 湖南省株洲市财政局办公大楼
132. 湖南省衡阳市华源建材大厦
133. 广东省广州市国家税务局机关办公楼
134. 广东省广州市广东科学中心
135. 广东省广州市广东电信广场
136. 广东省广州市和平商务中心
137. 广东省深圳市国家工商行政管理总局行政学院
138. 广东省深圳市龙岗区文化中心
139. 广东省佛山市南海广场
140. 四川省成都市天府国际金融中心
141. 四川省成都商会大厦
142. 陕西省西安市中级人民法院综合审判楼
143. 陕西省西安市招商银行大厦
144. 甘肃省兰州市天庆国际商务大厦

三、全国物业管理示范工业区（3 个）
145. 重庆市卷烟厂区
146. 山西高河能源有限公司工业区
147. 云南省华能澜沧江水电有限公司小湾水电厂区
（资料来源：关于公布 2011 年度全国物业管理示范住宅小区（大厦、工业区）评验结果的通知　建房〔2012〕17 号）

取消"全国物业管理示范（优秀）住宅小区（大厦、工业区）"称号的物业管理项目名单

1. 北京市玉桃园小区
2. 北京市恩济花园
3. 北京市东花市北里中区
4. 北京市新华社鲁谷七星园小区
5. 北京市翠微西里小区
6. 北京市丽京花园别墅
7. 北京市华侨村
8. 北京市万寿路八号院
9. 北京市万科城市花园
10. 北京市南湖东园二区
11. 北京市龙苑别墅
12. 北京市六合园小区
13. 北京市三里河一区 3 号院
14. 北京市回龙观文化居住区风雅园小区

15. 北京市望京西园三区
16. 北京市首钢黄南苑居民小区
17. 北京市怡思苑小区
18. 朝阳金地国际花园
19. 北京市新海苑小区
20. 北京市京宝花园大厦
21. 北京市赛特大厦广场
22. 北京市理工科技大厦
23. 北京市万通新世界广场
24. 北京市京城大厦
25. 北京市光华长安大厦
26. 北京市国家防总办公楼及服务楼
27. 北京市国际大厦
28. 北京市国宏大厦
29. 北京市中设新纪元大厦
30. 北京市华夏银行大厦
31. 北京市机械大厦
32. 北京移动通信责任有限公司菜市口通信大楼
33. 北京市中国人寿大楼
34. 北京市大唐电信集团科研综合楼
35. 北京市双子座大厦
36. 北京市高级人民法院新审判大楼
37. 北京市中国电影博物馆
38. 北京市联想研发基地
39. 北京市光大大厦
40. 北京国际速递邮件处理中心
41. 北京市天竺空港工业区
42. 北京经济技术开发区隆盛工业区
43. 上海市康健丽都
44. 上海市海华花园
45. 上海市新中苑
46. 上海市御桥民乐苑
47. 上海市连城苑
48. 上海广场
49. 上海市世纪巴士大厦
50. 上海市良友大厦
51. 内蒙古包头市锡华世纪花园
52. 内蒙古自治区包头市九原花园
53. 呼和浩特市内蒙古邮电大厦
54. 杭州市大关南八、九苑
55. 杭州市西子花园
56. 杭州市景芳三区
57. 杭州市湖畔花园
58. 杭州市稻香园小区(南区)
59. 温州市伯爵山庄
60. 温州市桃源居小区
61. 杭州市电信大厦
62. 温州大厦
63. 温州市温富大厦
64. 温州市国鼎大厦
65. 温州市文华大厦
66. 温州市开太天厦
67. 福建省泉州南丰新城

(资料来源:关于公布2011年度全国物业管理示范住宅小区(大厦、工业区)评验结果的通知 建房〔2012〕17号)

第一批城镇污水处理厂污泥处理处置示范项目名单

编号	项目名称	类型	实施单位	技术依托单位
1	大连夏家河污泥厌氧消化示范项目	厌氧消化	大连东泰有机废物处理有限公司	大连利浦环境能源工程技术有限公司
2	北京小红门污水处理厂污泥厌氧消化示范项目	厌氧消化	北京城市排水集团有限责任公司	北京城市排水集团有限责任公司
3	长春市污水处理厂污泥好氧发酵示范项目	好氧发酵	长春水务集团城市排水有限责任公司	北京中科博联环境工程有限公司
4	宁波城镇污泥制陶粒及陶粒砌块示范项目	建材利用	宁波市大自然新型墙材有限公司	宁波市大自然新型墙材有限公司
5	呼和浩特市污泥水热干化示范项目	水热干化	北京机电院高技术股份有限公司	北京机电院高技术股份有限公司
6	富阳市污泥焚烧示范项目	协同焚烧	浙江清园生态热电有限公司	浙江大学
7	嘉兴新嘉爱斯热电有限公司污泥焚烧示范项目	协同焚烧	嘉兴新嘉爱斯热电有限公司	天通吉成机器技术有限公司

(资料来源:《关于发布第一批城镇污水处理厂污泥处理处置示范项目的通知》建办城〔2011〕78号)

三、获奖名单

2011年中国人居环境获奖名单

山东省潍坊市　　　　　　　　　　　　　江苏省常熟市
江苏省江阴市

（住房和城乡建设部城市建设司提供）

2010～2011年度中国建设工程鲁班奖（国家优质工程）

工程名称：安福大厦
承建单位：北京城乡一建设工程有限责任公司

工程名称：中海大厦
承建单位：中建三局建设工程股份有限公司

工程名称：中国康复研究中心综合康复楼工程
承建单位：北京万兴建筑集团有限公司

工程名称：昌平区南环路道路及桥梁工程南环大桥
承建单位：北京城建亚泰建设工程有限公司
　　　　　北京城建集团有限责任公司
　　　　　江阴大桥（北京）工程有限公司

工程名称：中国科学技术馆新馆
承建单位：中国建筑第八工程局有限公司

工程名称：大港区文化艺术中心工程
承建单位：天津三建建筑工程有限公司

工程名称：上海烟草（集团）公司天津卷烟厂"十一五"技术改造项目联合工房
承建单位：天津市建工工程总承包有限公司

工程名称：天津市中心妇产科医院迁址新建工程门急诊住院综合楼
承建单位：天津天一建设集团有限公司

工程名称：天津市快速路南仓道铁东路立交工程
承建单位：中铁六局集团有限公司
　　　　　天津第六市政公路工程有限公司

工程名称：鄂尔多斯会展中心工程
承建单位：河北建设集团有限公司

工程名称：石家庄广播电视采编播综合业务大楼
承建单位：浙江宝业建设集团有限公司

工程名称：唐钢城市中水与工业废水深度处理及综合利用工程
承建单位：中国二十二冶集团有限公司

工程名称：大连水泥厂搬迁异地新建 5000t/d 工程
承建单位：河北省第四建筑工程公司
　　　　　苏州中材建设有限公司

工程名称：内蒙古化工职业学院新校区教学主楼
承建单位：内蒙古兴泰建筑有限责任公司

三、获奖名单

工程名称：赤峰市医院综合病房楼
承建单位：赤峰鑫盛隆建筑工程有限责任公司

工程名称：鄂尔多斯民族剧院
承建单位：湖南德成建设工程有限公司

工程名称：胶建蒙东商贸中心
承建单位：青岛市胶州建设集团有限公司

工程名称：山西丁陶国际大酒店
承建单位：山西四建集团有限公司

工程名称：中国人民银行太原中心支行附属楼
承建单位：山西第八建筑工程有限公司

工程名称：沈阳医学院奉天医院医技、住院楼
承建单位：沈阳天地建设发展有限公司

工程名称：松原市城区第二松花江大桥
承建单位：中国建筑第六工程局有限公司

工程名称：大庆油田有限责任公司石油科技博物馆
承建单位：江苏南通六建建设集团有限公司

工程名称：中国2010年上海世博会中国馆
承建单位：上海建工（集团）总公司

工程名称：上海世博演艺中心
承建单位：上海市第四建筑有限公司

工程名称：中国2010年上海世博会主题馆
承建单位：上海市第二建筑有限公司

工程名称：世博轴及地下综合体工程
承建单位：上海建工（集团）总公司

工程名称：中国2010年上海世博会—世博中心
承建单位：上海市第七建筑有限公司

工程名称：世博村A地块（VIP）生活楼
承建单位：上海建工（集团）总公司
　　　　　上海市第四建筑有限公司

工程名称：500千伏静安（世博）输变电工程
承建单位：上海市第二建筑有限公司
　　　　　上海送变电工程公司

工程名称：紫竹国际大厦工程（原名浦东世纪花园三期办公楼工程）
承建单位：上海森信建设工程有限公司

工程名称：无锡市土地交易市场
承建单位：江苏正方园建设集团有限公司

工程名称：苏州科技文化艺术中心
承建单位：江苏江中集团有限公司

工程名称：太湖文化论坛国际会议中心
承建单位：苏州二建建筑集团有限公司

工程名称：常州大剧院
承建单位：常州第一建筑集团有限公司

工程名称：东北电网电力调度交易中心大楼
承建单位：南通四建集团有限公司

工程名称：荣超经贸中心
承建单位：江苏省华建建设股份有限公司

工程名称：绍兴市人民检察院办案、专业技术综合用房
承建单位：浙江宝业建设集团有限公司

工程名称：台州移动通信枢纽楼工程
承建单位：国强建设集团有限公司

工程名称：东阳海天大酒店
承建单位：浙江海天建设集团有限公司

工程名称：嘉鸿商务广场
承建单位：温州中城建设集团有限公司

工程名称：菏泽大剧院
承建单位：山东菏建建筑集团有限公司

工程名称：德州市新城综合楼
承建单位：山东德建集团有限公司
　　　　　山东莱钢建设有限公司

工程名称：济南奥林匹克体育中心体育场

承建单位：中建八局第二建设有限公司
工程名称：济南奥林匹克体育中心体育馆
承建单位：北京城建集团有限责任公司

工程名称：济南奥林匹克体育中心网球馆
承建单位：济南四建(集团)有限责任公司

工程名称：济南奥林匹克体育中心游泳馆
承建单位：中国建筑第五工程局有限公司

工程名称：临沂市博爱家园
承建单位：天元建设集团有限公司

工程名称：第七届中国(济南)国际园林花卉博览园
承建单位：济南园林开发建设集团有限公司
　　　　　济南四建(集团)有限责任公司
　　　　　山东平安建设集团有限公司

工程名称：安徽置地投资广场
承建单位：中建三局第一建设工程有限责任公司

工程名称：厦门地产大厦
承建单位：福建省第五建筑工程公司

工程名称：建发五缘湾营运中心写字楼
承建单位：福建四海建设有限公司

工程名称：赣州市博物馆·城展馆
承建单位：江西建工第一建筑有限责任公司

工程名称：江西省森林防火预警监测总站大楼
承建单位：江西中恒建设集团公司

工程名称：中国文字博物馆主体馆
承建单位：泰宏建设发展有限公司

工程名称：平顶山市行政服务综合楼
承建单位：平煤建工集团有限公司

工程名称：武汉大学人民医院外科综合大楼
承建单位：中天建设集团有限公司

工程名称：法国阿海珐武汉变压器厂(扬子)项目主厂房

承建单位：中国建筑第七工程局有限公司
工程名称：中南大学新校区图书馆
承建单位：湖南顺天建设集团有限公司

工程名称：宜居·莱茵城 A1、A2、A6、A7 栋及 A2 地下室(1、2 防火分区)
承建单位：湖南省沙坪建筑有限公司

工程名称：中南大学湘雅医院新医疗区医疗大楼
承建单位：湖南省第六工程有限公司
　　　　　河北建设集团有限公司
　　　　　深圳市鹏城建筑集团有限公司

工程名称：广州科学城海格通信产业园
承建单位：汕头市建安(集团)公司

工程名称：汶川县第一中学
承建单位：广东耀南建筑工程有限公司

工程名称：大运会国际广播电视新闻中心(MMC)
承建单位：深圳市鹏城建筑集团有限公司

工程名称：长隆酒店二期工程
承建单位：中天建设集团有限公司

工程名称：钦州保税港区行政联检大楼及附属配套设施项目
承建单位：广西建工集团第二建筑工程有限责任公司

工程名称：电子科技大学清水河校区主楼工程
承建单位：成都建筑工程集团总公司

工程名称：大城际电梯公寓
承建单位：四川省晟茂建设有限公司

工程名称：都江堰市医疗中心
承建单位：上海市第四建筑有限公司

工程名称：重庆建工产业大厦工程
承建单位：重庆建工集团股份有限公司

工程名称：重庆大剧院
承建单位：湖南省建筑工程集团总公司

工程名称：贵州省民主党派和政协委员活动中心及环境配套工程
承建单位：贵州建工集团总公司

工程名称：云南海埂会议中心项目商务会议中心
承建单位：云南省第二建筑工程公司

工程名称：玉溪聂耳文化场馆工程（聂耳纪念馆、图书馆、大剧院）
承建单位：云南建工第六建筑工程有限公司

工程名称：西安飞机工业（集团）有限公司369号总装厂房
承建单位：陕西建工集团第二建筑工程有限公司

工程名称：西安市人民检察院业务技术综合楼及附属工程
承建单位：陕西省第八建筑工程公司

工程名称：陕西花旗实业有限公司环保示范项目1号住宅楼、实验楼
承建单位：陕西航天建筑工程公司

工程名称：都市之门A座及千人会堂
承建单位：中天建设集团有限公司
　　　　　上海绿地建设（集团）有限公司

工程名称：宁夏博物馆
承建单位：宁夏建工集团有限公司

工程名称：独山子文体活动中心
承建单位：新疆建工（集团）有限责任公司

工程名称：乌鲁瓦提水利枢纽工程
承建单位：中国水电建设集团十五工程局有限公司
　　　　　葛洲坝新疆工程局（有限公司）

工程名称：新建北京至天津城际轨道交通工程
承建单位：中铁十七局集团有限公司
　　　　　中铁二局股份有限公司
　　　　　中铁电气化局集团有限公司

工程名称：北京南站改扩建工程-站房工程
承建单位：中铁建工集团有限公司

工程名称：新建武汉北编组站
承建单位：中铁大桥局股份有限公司
　　　　　中铁十二局集团有限公司

工程名称：合武铁路大别山隧道
承建单位：中铁隧道集团有限公司
　　　　　中铁十七局集团有限公司

工程名称：舟山港马迹山港区宝钢矿石码头二期工程水工Ⅰ标段
承建单位：中交第三航务工程局有限公司

工程名称：苏通长江公路大桥
承建单位：中交第二航务工程局有限公司
　　　　　中交第二公路工程局有限公司

工程名称：神华浙江国华宁海发电厂二期扩建工程（2×1000MW）
承建单位：浙江省火电建设公司
　　　　　天津电力建设公司
　　　　　浙江省建工集团有限责任公司

工程名称：大唐信阳发电有限责任公司2×660MW超超临界机组工程
承建单位：河南六建建筑集团有限公司
　　　　　河南第一火电建设公司
　　　　　中建二局第二建筑工程有限公司

工程名称：江苏宜兴抽水蓄能电站
承建单位：葛洲坝集团第二工程有限公司
　　　　　中国水利水电第六工程局有限公司

工程名称：500kV桂山变电站
承建单位：广东省输变电工程公司

工程名称：河南郑州东500千伏变电站
承建单位：河南送变电建设公司
　　　　　河南省第二建设集团有限公司

工程名称：黄河小浪底水利枢纽工程
承建单位：中国水利水电第十四工程局有限公司
　　　　　中国水利水电第七工程局有限公司
　　　　　中国水利水电第六工程局有限公司

中国水电基础局有限公司
中国水利水电第十一工程局有限公司

工程名称：山东新矿龙固矿井及选煤厂
承建单位：山东华新建筑工程集团有限责任公司

工程名称：首钢冷轧薄板生产线工程
承建单位：中国冶金科工集团有限公司
中国二十冶集团有限公司
上海宝冶集团有限公司
中国二十二冶集团有限公司

工程名称：首钢京唐钢铁联合有限责任公司一期一步冶炼（炼铁-炼钢）工程
承建单位：北京首钢建设集团有限公司
中国二十二冶集团有限公司

工程名称：中山博览中心
承建单位：中国建筑股份有限公司

工程名称：华润中心二期
承建单位：中国建筑第二工程局有限公司
华润建筑有限公司

工程名称：榆林国际大酒店
承建单位：中建五局第三建设有限公司

工程名称：上海 A30 高速公路（界河～外环线）第五标段
承建单位：中国建筑第七工程局有限公司

工程名称：山东广播电视中心综合业务楼
承建单位：中建八局第二建设有限公司

工程名称：上海哈瓦那大酒店
承建单位：中国建筑第八工程局有限公司

工程名称：二三一〇工程场道工程
承建单位：中国航空港建设第三工程总队

工程名称：中国人民解放军后勤工程学院新校区教学主楼
承建单位：北京六建集团公司

工程名称：中粮福临门大厦工程
承建单位：中国新兴建设开发总公司

工程名称：全国人大机关办公楼工程
承建单位：北京建工集团有限责任公司

工程名称：外交部新闻领事中心综合办公楼
承建单位：中国建筑第八工程局有限公司

工程名称：中国国际贸易中心三期工程（A 阶段）
承建单位：中建一局集团建设发展有限公司

工程名称：大型产品机加厂房综合楼工程
承建单位：河北建设集团有限公司

工程名称：天津医科大学总医院神经病学中心
承建单位：天津市建工工程总承包有限公司

工程名称：天津数字电视大厦
承建单位：天津三建建筑工程有限公司

工程名称：天津海河教育园区公共图书馆
承建单位：天津天一建设集团有限公司

工程名称：天津梅江会展中心
承建单位：中建三局建设工程股份有限公司

工程名称：塘汉快速路（一标段）永定新河特大桥工程
承建单位：天津城建集团有限公司

工程名称：秦皇岛市第一医院外科病房楼
承建单位：秦皇岛海三建设工程发展股份有限公司

工程名称：石家庄市桥西污水处理厂二期工程
承建单位：河北省第二建筑工程公司
河北省安装工程公司

工程名称：鄂尔多斯市地税局综合办公楼 A 座
承建单位：内蒙古兴泰建筑有限责任公司

工程名称：赤峰博物馆
承建单位：赤峰添柱建筑工程有限公司

工程名称：中国人民银行呼和浩特中心支行发

三、获 奖 名 单

　　　　　行库、办公楼
承建单位：江苏省苏中建设集团股份有限公司

工程名称：化学工业第二设计院煤化工设计研
　　　　　发基地研发楼一期工程
承建单位：山西四建集团有限公司

工程名称：沈阳地铁一号线
承建单位：中铁四局集团有限公司
　　　　　中铁五局(集团)有限公司
　　　　　中铁隧道集团有限公司
　　　　　中铁十八局集团有限公司
　　　　　中铁九局集团有限公司
　　　　　中铁电气化局集团有限公司

工程名称：阜新矿业集团总医院急救中心综合楼
承建单位：辽宁开大建设集团有限公司

工程名称：辽宁工业大学图书信息楼
承建单位：辽宁三盟建筑安装有限公司

工程名称：延边州行政中心办公楼
承建单位：青岛金沙滩建设集团有限公司
　　　　　长春建设股份有限公司

工程名称：哈尔滨市道外二十道街松花江大桥
　　　　　及引道工程
承建单位：龙建路桥股份有限公司
　　　　　中铁二十二局集团有限公司
　　　　　浙江省大成建设集团有限公司

工程名称：紫荆山庄
承建单位：上海市第五建筑有限公司

工程名称：浦东图书馆(新馆)
承建单位：上海市第四建筑有限公司

工程名称：嘉利浦江园
承建单位：江苏江都建设集团有限公司

工程名称：常州高架道路一期工程
承建单位：上海城建(集团)公司

工程名称：宝山寺移地重建工程
承建单位：上海殷行建设集团有限公司

工程名称：常熟农村商业银行大厦
承建单位：南通四建集团有限公司

工程名称：通服大厦(中山南路G9地块综合楼)
承建单位：南通新华建筑集团有限公司

工程名称：海安县行政中心大楼
承建单位：南通华新建工集团有限公司

工程名称：淮阴卷烟厂"十一五"技改工程(含
　　　　　"十五"后期规划调整)项目
承建单位：司南工程有限公司
　　　　　中铁建工集团有限公司

工程名称：苏州药明康德新药开发有限公司一期
承建单位：江苏省建工集团有限公司

工程名称：金晖广场
承建单位：浙江宝业建设集团有限公司

工程名称：慈溪恒隆商务、农村合作银行大厦
承建单位：浙江东航建设集团有限公司

工程名称：阳澄湖宾馆及配套
承建单位：中天建设集团有限公司

工程名称：杭州湾跨海大桥工程
承建单位：中铁大桥局股份有限公司
　　　　　中交第二航务工程局有限公司
　　　　　浙江省交通工程建设集团有限公司
　　　　　中铁二局股份有限公司
　　　　　中交第一航务工程局有限公司
　　　　　中铁四局集团有限公司
　　　　　广东省长大公路工程有限公司
　　　　　中交第三公路工程局有限公司

工程名称：青岛西海岸医疗中心综合楼
承建单位：天元建设集团有限公司

工程名称：青岛大剧院
承建单位：青建集团股份公司
　　　　　上海建工(集团)总公司

工程名称：威海市民文化中心
承建单位：威海建设集团股份有限公司

工程名称：泰山环山路建设工程
承建单位：泰安市东岳市政工程有限公司
　　　　　泰安市绿威园林有限公司
　　　　　泰安市泰山市政工程有限公司

工程名称：合肥燃气集团综合服务楼
承建单位：安徽华力建设集团有限公司

工程名称：芜湖市第二人民医院门急诊楼、医技住院综合楼工程
承建单位：浙江八达建设集团有限公司

工程名称：登凯豪庭
承建单位：福建登凯成龙建设集团有限公司

工程名称：900号科研设计中心
承建单位：江苏广宇建设集团有限公司

工程名称：九江市中医医院南院一期工程
承建单位：浙江省东阳第三建筑工程有限公司

工程名称：郑煤电总部搬迁项目主楼
承建单位：泰宏建设发展有限公司

工程名称：郑州楷林国际大厦商业办公楼
承建单位：河南省第二建设集团有限公司

工程名称：郑州银行郑东新区营业大楼
承建单位：河南省第五建筑安装工程（集团）有限公司

工程名称：河南周口500千伏变电站工程
承建单位：郑州市第一建筑工程集团有限公司
　　　　　河南第一火电建设公司

工程名称：襄樊卷烟厂制丝生产线技术改造工程联合工房
承建单位：武汉建工股份有限公司

工程名称：湖北第二师范学院图书馆
承建单位：新七建设集团有限公司

工程名称：新建武汉站站房工程
承建单位：中国建筑股份有限公司

工程名称：连城小区32号、33号栋
承建单位：湖南东方红建设集团有限公司

工程名称：湖南省肿瘤医院门诊、医技、住院大楼
承建单位：湖南省长沙湘华建筑工程有限公司
　　　　　湖南高岭建设集团股份有限公司

工程名称：广州新电视塔工程
承建单位：上海建工（集团）总公司
　　　　　广州市建筑集团有限公司

工程名称：富力丽港中心住宅项目
承建单位：汕头市建安（集团）公司

工程名称：绿洋山庄二期（华发·龙庭）A区工程
承建单位：广州金辉建设集团有限公司

工程名称：国检大厦
承建单位：泛华建设集团有限公司

工程名称：南宁市国土交易综合楼
承建单位：广西建工集团第三建筑工程有限责任公司

工程名称：海南省文化艺术中心
承建单位：江苏省华建建设股份有限公司

工程名称：新海航大厦
承建单位：北京建工四建工程建设有限公司

工程名称：东汽汉旺生产基地灾后异地重建项目
承建单位：中国十九冶集团有限公司
　　　　　中国建筑第八工程局有限公司
　　　　　中国五冶集团有限公司
　　　　　中铁八局集团有限公司

工程名称：北川羌族自治县人民医院
承建单位：潍坊昌大建设集团有限公司

工程名称：重庆大学虎溪校区图文信息中心
承建单位：重庆建工集团股份有限公司

工程名称：贵州省委办公业务大楼

三、获奖名单

承建单位：中建三局第一建设工程有限责任公司
工程名称：呈贡新城会议中心
承建单位：云南建工第四建设有限公司

工程名称：西北大学南校区图文信息中心
承建单位：陕西建工集团第五建筑工程有限公司

工程名称：陕西建工集团总公司综合楼
承建单位：陕西建工集团总公司

工程名称：西安碑林博物馆石刻艺术馆
承建单位：陕西建工集团第一建筑工程有限公司

工程名称：捷瑞苑住宅小区
承建单位：江苏江都建设集团有限公司

工程名称：灾后援建陇南市人民医院住院部工程
承建单位：深圳市英龙建安（集团）有限公司

工程名称：日月山750千伏变电站
承建单位：青海送变电工程公司

工程名称：新建铁路福厦线福州南站房及配套工程
承建单位：中铁建工集团有限公司

工程名称：沪蓉国道主干线湖北宜昌至恩施公路八字岭隧道
承建单位：中国中铁股份有限公司

工程名称：天津滨海新区海河开启桥工程
承建单位：中铁十四局集团第三工程有限公司

工程名称：南宁市南宁大桥
承建单位：中铁二局股份有限公司

工程名称：沪蓉西高速公路支井河特大桥
承建单位：中铁十三局集团有限公司

工程名称：河北国华定洲发电厂二期工程
承建单位：河北省电力建设第一工程公司
　　　　　北京电力建设公司

工程名称：福建莆田燃气电厂新建工程

承建单位：山东电力建设第三工程公司
　　　　　广东火电工程总公司
工程名称：黑糜峰抽水蓄能电站工程
承建单位：中国水利水电第十二工程局有限公司
　　　　　葛洲坝集团第一工程有限公司
　　　　　中国水利水电第八工程局有限公司

工程名称：石钟山500kV变电站
承建单位：江西省水电工程局

工程名称：云南天安化工年产50万吨合成氨工程
承建单位：中国化学工程第三建设有限公司
　　　　　中国化学工程第七建设有限公司

工程名称：曹娥江大闸枢纽工程
承建单位：浙江省第一水电建设集团有限公司
　　　　　浙江省正邦水电建设有限公司
　　　　　浙江凌云水利水电建筑有限公司

工程名称：广东省飞来峡水利枢纽
承建单位：广东水电二局股份有限公司
　　　　　广东省水利水电第三工程局
　　　　　广东省源天工程公司

工程名称：宝钢五冷轧带钢工程（一期）
承建单位：五冶集团上海有限公司
　　　　　上海宝冶集团有限公司
　　　　　中国二十冶集团有限公司

工程名称：内蒙古北方重工垂直挤压大口径厚壁无缝钢管工程
承建单位：中国二十二冶集团有限公司

工程名称：邯钢结构优化产业升级总体规划转炉炼钢系统工程
承建单位：中国二十二冶集团有限公司

工程名称：广西华银氧化铝一期工程
承建单位：中铝国际工程有限责任公司
　　　　　中国有色金属工业第六冶金建设公司

工程名称：中国航空工业第618所107号生产厂房

承建单位：陕西航天建筑工程公司

工程名称：上海保利广场
承建单位：中国建筑股份有限公司

工程名称：沈阳恒隆中街广场
承建单位：中国建筑一局（集团）有限公司

工程名称：中国工商银行股份有限公司业务营运中心
承建单位：中国建筑第二工程局有限公司

工程名称：潍坊市文化艺术中心第二组团
承建单位：中建三局建设工程股份有限公司

工程名称：广东全球通大厦
承建单位：中国建筑第四工程局有限公司

工程名称：山东省高级人民法院审判综合楼
承建单位：中建八局第二建设有限公司

工程名称：新建天津电子信息职业技术学院（一标段）工程
承建单位：中国建筑第八工程局有限公司

工程名称：海军1113工程码头工程
承建单位：中交第四航务工程局有限公司

工程名称：中国人民解放军重庆警备区612工程综合楼工程
承建单位：重庆建工第二建设有限公司

（资料来源：《关于2010～2011年度中国建设工程鲁班奖（国家优质工程）获奖单位的通报》建质〔2011〕177号）

2011年"中国建研院CABR杯"华夏建设科学技术奖获奖项目

一等奖

项目名称：低C/N比城市污水连续流脱氮除磷工艺与过程控制技术
主要完成单位：北京工业大学、哈尔滨工业大学、东北师范大学、凌志环保有限公司、广州市市政工程设计研究院、安徽国祯环保科技股份有限公司、东达集团有限公司
主要完成人：彭永臻、霍明昕、郭建华、王淑莹、韩洪军、李冬、汪传新、张君红、王淦、王煨冬、隋军、杨庆、侯红勋、凌建军、张树军

项目名称：水电工程大型地下洞室的热湿环境调控关键技术
主要完成单位：西安建筑科技大学、水电水利规划设计总院、广东申菱空调设备有限公司、长江水利委员会长江勘测规划设计研究院、黄河勘测规划设计有限公司、北京木联能工程科技有限公司、三峡水力发电厂
主要完成人：李安桂、杨志刚、赵鸿佐、潘展华、李光华、易新文、杨合长、刘雄、牛文彬、郭晨、吕卫国、樊越胜、赵蕾

项目名称：我国大城市连绵区的规划与建设问题研究
主要完成单位：中国城市规划设计研究院、国家发改委宏观研究院、北京大学
主要完成人：邹德慈、周干峙、王凯、陈明、李浩、李迅、宋豫秦、欧阳慧、孔令斌、周建明、蔡立力、靳东晓、徐泽、陈燧莎、马克尼

项目名称：中国古城军事防御体系研究
主要完成单位：华南理工大学
主要完成人：吴庆洲

项目名称：《建筑抗震鉴定标准》GB 50023—2009
主要完成单位：中国建筑科学研究院、中国机械

工业集团有限公司、中国航空规划建设发展有限公司（原中国航空工业规划设计研究院）、中冶集团建筑研究总院、四川省建筑科学研究院、中国中元国际工程公司、西部建筑抗震勘察设计研究院、同济大学、中国地震局工程力学研究所

主要完成人：程绍革、戴国莹、史铁花、白雪霜、尹保江、徐建、金来建、辛鸿博、吕西林、张耀、李仕全、吴体、戴君武

二等奖

项目名称：太湖流域污水处理一级 A 提标技术及工程示范项目

主要完成单位：江苏省水处理服务中心、国家城市给水排水工程技术研究中心、无锡市排水总公司、南京市市政设计研究院有限责任公司、常州市排水管理处、河海大学、中国市政工程华北设计研究总院、江苏省环境科学研究院

主要完成人：王翔、郑兴灿、李激、王阿华、张鉴、羊鹏程、何伶俊、许光明、操家顺、陈立、吴海锁、黄晨

项目名称：武汉市三维数字地图系统建设与应用示范

主要完成单位：武汉市国土资源和规划信息中心、武汉市规划设计研究院、武汉市勘测设计研究院

主要完成人：张文彤、盛洪涛、李宗华、赵中元、王洋、孙钊、肖建华、黄新、江丕文、林苏靖、高山、赵萍

项目名称：杭州市公共自行车交通系统工程

主要完成单位：杭州市公共交通集团有限公司、杭州电子科技大学、杭州城市通卡有限公司、杭州杰诺科技有限公司、天津智博源科技发展有限公司、杭州惠尔森科技有限公司

主要完成人：蒋天荣、黄志耀、黄李强、高新华、金凌、郑宁、岑君仙、金宝顺、吴丹、贺晓龙、张丹燕

项目名称：全国城镇污水处理管理信息系统

主要完成单位：住房和城乡建设部信息中心、国家城市给水排水工程技术研究中心

主要完成人：张悦、曹燕进、杨柳忠、郑兴灿、毛联华、张晓亮、孙永利、王薇、印健华、王艳慧、黄金桃、熊立创

项目名称：QAY350 全地面起重机

主要完成单位：长沙中联重工科技发展股份有限公司

主要完成人：张建军、郭纪梅、李英智、黎鑫溢、郭堃、林小珍、熊明、颜颢、王启涛、银友国、彭亿祥、胡奇飞

项目名称：混凝土交叉柱网筒超高层建筑结构研究应用

主要完成单位：中建国际（深圳）设计顾问有限公司、深圳大学、中建国际建设公司、中国建筑科学研究院

主要完成人：傅学怡、吴兵、肖从真、陈贤川、孙璨、孟美莉、江化冰、高颖、李建伟、吴国勤、田春雨、王翠坤

项目名称：复合受力钢筋混凝土构件承载力的协调计算模式

主要完成单位：建研科技股份有限公司、重庆大学

主要完成人：黄小坤、朱爱萍、白生翔、陶学康、刘立渠、张川、孔慧、陈莹、夏昊

项目名称：东莞厚街水道大桥分阶段施工合成箱梁的试验与关键技术研究

主要完成单位：深圳市市政设计研究院有限公司、福州大学土木工程学院

主要完成人：陈宜言、王先前、姜瑞娟、彭大文、

刘宁、林国华、蒙立军、陈朝慰、陈永昌、黄国兴、彭栋木、蔡明

项目名称：《生活垃圾焚烧处理工程技术规范》CJJ 90—2009

主要完成单位：城市建设研究院、五洲工程设计研究院、深圳市环卫综合处理厂、上海市环境工程设计科学研究院

主要完成人：徐文龙、孙振安、郭祥信、陈海英、白良成、梁立军、杨宏毅、云松、陈恩富、朱先年、龙吉生、金福青

项目名称：超常规建筑幕墙性能检测技术研究

主要完成单位：中国建筑科学研究院

主要完成人：王洪涛、郝志华、刘会涛、邱铭、姚建宁、韩智勇、刘昊、崔笑男、江勇、姜仁、石清、沈瑞良

项目名称：施工企业集中采购管理系统研究与应用

主要完成单位：中国电子商务协会建设分会、广联达软件股份有限公司、中南控股集团有限公司

主要完成人：赵昕、苏新义、张亦华、李洁、陈国增、马明、徐沫、张亮、郑磊、曾觉民、王宇、董超

项目名称：建筑垃圾资源化关键技术与应用的研究

主要完成单位：北京建筑工程学院、北京市市政工程研究院、北京元泰达环保建材有限责任公司、北京市政路桥管理养护集团

主要完成人：陈家珑、刘小军、崔宁、周文娟、周理安、宛春、王贯明、李颖、常进、崔丽、李飞、吴建民

项目名称：陆域段海底隧道穿越复杂建筑群的施工综合技术

主要完成单位：中铁十九局集团有限公司

主要完成人：李少先、王海亮、王必军、鲍汝苍、魏万征、樊延祥、李金永、张国辉

项目名称：隧道安全防灾关键技术研究

主要完成单位：上海市隧道工程轨道交通设计研究院、上海防灾救灾研究所

主要完成人：俞光耀、李新星、申伟强、罗奇峰、曾明、翟永梅、彭子晖、郭志清、曹文宏、郑茂辉、田志敏、孟静

项目名称：深圳市城市规划"一张图"管理体系综合研究及应用

主要完成单位：深圳市规划国土发展研究中心

主要完成人：许重光、徐忠平、杨成韫、刘全波、周劲、陈柳新、刘九生、杜建华、魏广玉、罗裕霖、邱俊、周丽娟

项目名称：上海市城市总体规划实施评估

主要完成单位：上海市城市规划设计研究院

主要完成人：徐毅松、俞斯佳、叶贵勋、黄吉铭、熊鲁霞、骆悰、徐闻闻、王全、苏红娟、石崧、范宇、姚凯

项目名称：建筑节能领域清洁发展机制应用及相关方法学研究

主要完成单位：住房和城乡建设部科技发展促进中心、河北工业大学

主要完成人：郝斌、林泽、马秀琴、韩培俊、丁宇、黄超、李现辉、刘珊、杨富利、刘幼农、刘向东、齐承英

项目名称：《城市工程地球物理探测规范》CJJ 7—2007

主要完成单位：山东正元地理信息工程有限责任公司、建设综合勘察研究设计院有限公司、上海岩土工程勘察设计研究院有限公司、上海申丰地质新技术应用研究所有限公司、山东正元建设工程有限责任公司、水利部长江勘测技术研究所

主要完成人：李学军、赵竹占、周凤林、黄永进、孙振波、靳洪晓、魏岩峻、孙云志、杨玉坤、张善法、李书华、刘勇

项目名称：《供热计量技术规程》JGJ 173—2009
主要完成单位：中国建筑科学研究院、北京市建筑设计研究院、清华大学、哈尔滨工业大学、山东省建筑设计研究院、北京华仪乐业节能服务有限公司、德国费特拉公司北京代表处、北京众力德邦智能机电科技有限公司
主要完成人：徐伟、邹瑜、黄维、曹越、狄洪发、方修睦、宋波、俞英鹤、于晓明、董重成、王兆立、俞光

项目名称：北京市地震应急避难场所规划
主要完成单位：北京市城市规划设计研究院
主要完成人：何芩、史亮、石晓冬、朱铁华、杨国斌、金真、张敬军、刘韵、田琳

项目名称：城市住房价格指数编制方案与推广应用研究
主要完成单位：清华大学、中国房地产估价师与房地产经纪人学会
主要完成人：刘洪玉、张小宏、柴强、吴璟、倪吉信、郑思齐、李晓龙、马亚男、孙峤、赵鑫明、杨振鹏、张宇

项目名称：城市供水水量损失控制研究
主要完成单位：北京首创股份有限公司、铜陵首创水务有限责任公司、马鞍山首创水务有限责任公司
主要完成人：潘文堂、韩伟、花文胜、王光辉、魏道联、杨有华、任力、杨邦华、李爽、孙瑞征、韩刚、徐国春

项目名称：基于WebBOS的韶关市数字化城建档案管理系统
主要完成单位：韶关市城市建设档案馆、南京大学
主要完成人：刘波、佘江峰、文超祥、吴柏盛、冯学智、许险峰、徐为雄、廖红明、姜红丹、陈景广、杨慧、马天兵

项目名称：集约型发展——江苏城乡规划建设的新选择
主要完成单位：江苏省城市发展研究所、南京大学
主要完成人：周岚、张京祥、陈浩东、朱东风、崔曙平、于春、何培根、肖屹

三等奖

项目名称：深圳市绿色城市规划设计导则研究
主要完成单位：深圳大学城市规划设计研究院、深圳市城市规划设计研究院有限公司、深圳市城市交通规划设计研究中心
主要完成人：杨晓春、黄伟文、曹捷、陈燕萍、单皓、袁磊、俞露、吕国林

项目名称：房地产市场信息和预警预报系统
主要完成单位：山东省房地产业协会
主要完成人：花景新、薄煜明、张一川、朱晓光、徐涛、李全吉、王众、蒋晓晨

项目名称：建筑遮阳性能评估成套技术与应用
主要完成单位：上海市建筑科学研究院（集团）有限公司、上海建科检验有限公司、上海建科建筑节能评估事务所、江苏省建筑科学研究院、上海名成智能遮阳技术有限公司
主要完成人：楼明刚、岳鹏、江燕、曹毅然、王伶、沈彩萍、王苗苗、刘雄

项目名称：核电站建筑工程成套技术国产化研究
主要完成单位：中国建筑第二工程局有限公司、中建电力建设有限公司
主要完成人：李景芳、吴荣、程惠敏、谢利红、李政、张巧芬、方涛

项目名称：高层建筑筒体结构施工液压升降物料平台与组合模板成套技术
主要完成单位：北京市建筑工程研究院有限责任公司
主要完成人：任海波、吕利霞、殷志华、李海生、刘福生、李扬、张海峰、李桐

项目名称：中国超高层住宅建筑发展研究

主要完成单位：中国建筑科学研究院、深圳市建筑科学研究院、上海现代建筑设计(集团)有限公司、重庆大学、中国建筑七局(集团)公司
主要完成人：王有为、王清勤、叶青、张桦、李百战、焦安亮、林树枝、胡树志

项目名称：KZB2系列智能型复式组合变电室技术开发与应用
主要完成单位：威海凯迪帕沃开关有限公司
主要完成人：王树贵、肖卫锋、史殿峰、王影、孙扬

项目名称：深圳市绿色建筑设计导则
主要完成单位：深圳市建筑科学研究院有限公司
主要完成人：叶青、刘俊跃、鄢涛、罗刚、王莉芸、袁小宜、张炜、吕志军

项目名称：建筑结构评定技术研究
主要完成单位：中国建筑科学研究院
主要完成人：邸小坛、陶里、周燕、翟传明、徐骋、张彬彬、张狄龙、吴学利

项目名称：新型防屈曲约束支撑研发与工程应用
主要完成单位：中国建筑科学研究院
主要完成人：程绍革、罗开海、孔祥雄、白雪霜、史铁花、毋剑平、保海娥、司玉海

项目名称：广州歌剧院空间组合折板式三向斜交网格钢结构安装成套技术
主要完成单位：中建钢构有限公司
主要完成人：王宏、徐重良、戴立先、党保卫、邰国雄、黄远锋、陈龙章、余运波

项目名称：不同震源引起的地震动及建筑结构振动反应的测试与研究
主要完成单位：福建省建筑科学研究院
主要完成人：林信虎、陈颖、吴小波

项目名称：汽轮发电机基座施工技术
主要完成单位：河南省第二建设集团有限公司
主要完成人：黄道元、王庆伟、牛小昌、张永举、吴明权、岳明生、张俊峰、王晓增

项目名称：悬空结构模板支撑体系空间安全稳定性施工技术研究与应用
主要完成单位：东南大学、南通建工集团股份有限公司、南京大地建设集团有限责任公司
主要完成人：武雷、易兴中、刘亚非、郭正兴、仓恒芳、刘旭、曹勇、李光

项目名称：筒仓上部钢结构滑模托带施工技术
主要完成单位：河南省第二建设集团有限公司
主要完成人：黄道元、王庆伟、牛小昌、付金强、张永举、吴明权、董新红、岳明生

项目名称：历史保护建筑的可靠性检测评定与节能改造技术
主要完成单位：上海理工大学、上海市建筑科学研究院(集团)有限公司
主要完成人：刘卫东、于国清、王勇、郑七振、施钟毅、彭斌、魏林、朱莉

项目名称：施工期混凝土构件开裂机理与防控研究
主要完成单位：中国建筑第八工程局有限公司、中建八局第二建设有限公司、中建八局第三建设有限公司
主要完成人：王桂玲、危鼎、戴耀军、王玉岭、王海龙、马荣全、胡书仟、苗冬梅

项目名称：大直径超高筒仓综合施工新技术的研究与应用
主要完成单位：中平能化建工集团有限公司
主要完成人：宋永恒、白朝阳、王永生、刘学辉、夏峰建、李锦辉、鲍继召、朱振强

项目名称：天津市城市污水源热泵系统运行特性研究
主要完成单位：天津市市政工程设计研究院、

天津大学天津中水有限公司
主要完成人：李建兴、赵力、唐福生、曹红、张鸽平、赵乐军、董雪、姜威

项目名称：长江流域可再生能源在建筑中应用规划研究
主要完成单位：江苏省建筑科学研究院有限公司、上海市建设和交通委员会科学技术委员会办公室、杭州地源空调研究所、重庆大学城市建设与环境工程学院、湖北省建筑科学研究设计院
主要完成人：顾小平、陈继东、许锦峰、吴志敏、黄凯、蔡旻、黄欣鹏、刘腊美

项目名称：地源热泵—太阳能建筑一体化集成系统技术
主要完成单位：山东宏力空调设备有限公司
主要完成人：于奎明、花光良、赵金川、于克敏、张建明

项目名称：苏州工业园区星海街9号厂房改造
主要完成单位：苏州市建筑设计研究院有限责任公司、苏州市绿色建筑工程技术研究中心
主要完成人：查金荣、戴雅萍、吴树馨、蔡爽、袁雪芬、钱沛如、陈苏、华亮

项目名称：江苏省建筑节能技术标准体系研究
主要完成单位：江苏省工程建设标准站、南京城镇建筑设计咨询有限公司、江苏省建筑节能技术中心、江苏省住房和城乡建设厅科技发展中心
主要完成人：陈继东、龚延风、许锦峰、张瀛洲、孙雪梅、朱文运、陈军、费宗欣

项目名称：严寒和寒冷地区农村住房节能技术导则
主要完成单位：中国建筑科学研究院
主要完成人：宋波、刘晶、张景、于声远、胡月波、柳松、朱晓姣、黄琰

项目名称：SK装配式墙板自保温建筑体系
主要完成单位：山东深科保温板墙开发有限公司、山东建筑大学
主要完成人：闫丕春、周学军、史永江、滕军涛、王建明、王振

项目名称：建筑节能保温隔热工程震害调研与抗震技术措施研究
主要完成单位：成都市墙材革新建筑节能办公室、四川省建筑科学研究院、四川省建材工业科学研究院
主要完成人：陈顺治、于忠、江成贵、张剑峰、尹康、高永昭、吕萍、袁明

项目名称：耐久不燃型自保温节能体系关键技术与应用
主要完成单位：上海市建筑科学研究院（集团）有限公司、上海中房建筑设计有限公司、上海宇山红新型建材有限公司、上海奥伯应用技术工程有限公司、上海曹杨建筑粘合剂厂
主要完成人：赵立群、周海波、叶蓓红、姜秀青、王君若、蔡建中、金爱华、陈宁

项目名称：多功能环保型建筑材料—无机聚合物胶凝材料的研究与开发
主要完成单位：广州市建筑科学研究院有限公司、华南理工大学材料科学与工程学院
主要完成人：任俊、文梓芸、徐海军、殷素红、钟开红、徐小彬、杨建军、郭文瑛

项目名称：废轮胎胶粉改性沥青及混合料成套技术研究
主要完成单位：天津市市政工程研究院、天津高速公路集团有限公司、天津市公路处、天津海泰环保科技发展有限公司
主要完成人：宋晓燕、杨明、吴景海、高伯翔、商耀祥、李正中、周卫峰、侯岩峰

项目名称：海排灰应用于道路路面基层的专项研究
主要完成单位：沈阳建筑大学、营口沿海开发建设有限公司、营口市市政工程规划设计所
主要完成人：包龙生、邹积恩、任长彬、吕静、宋立民、张革、龚云峰、范钦柱

项目名称：大型地下防水泵送混凝土工程高质量建造技术研究
主要完成单位：沈阳建筑大学、沈阳泰丰特种混凝土有限公司、沈阳运龙防水材料有限公司、沈阳市建设工程质量检测中心
主要完成人：唐明、宋东升、丁向群、周明辉、刘大为、瞿庆华、李晓、赵金波

项目名称：废弃混凝土再生系列材料用于预拌混凝土的试验研究与应用
主要完成单位：淮安市散装水泥及商品混凝土管理办公室、淮安市捷达混凝土有限公司、淮阴工学院
主要完成人：尹家美、李洪军、董云、朱金才、杨波、刘丽丽、单文武、王从军

项目名称：盛京宫殿建筑研究
主要完成单位：沈阳建筑大学
主要完成人：陈伯超、朴玉顺、张勇、沈欣荣、李声能、阎福斌、徐永战

项目名称：装配式住宅关键技术体系研究与综合示范
主要完成单位：上海市房地产科学研究院、同济大学、上海万科房地产有限公司
主要完成人：张冰、赵为民、张立新、李娟娟、王君若、古小英、吕西林、黄一如

项目名称：长螺旋钻孔压灌桩后注浆技术
主要完成单位：建研地基基础工程有限责任公司
主要完成人：杨生贵、姚智全、闫明礼

项目名称：新型动力排水快速固结法地基处理机理及工程应用研究
主要完成单位：上海地矿工程勘察院、上海大学
主要完成人：王荣彪、武亚军、章长松、邹道敏、杨建波

项目名称：天津站超深多层大面积环控通风系统研究
主要完成单位：天津城投建设有限公司、清华大学
主要完成人：张梅、李先庭、江亿、刘英杰、郑东文、朱颖心、杨鎏、衡光琳

项目名称：大面积超深基坑逆作开挖回弹对地下工程结构影响分析及应用研究
主要完成单位：天津城市建设学院
主要完成人：张建新、吴东云、张淑朝、王沛、赵建军、李颖、牛磊

项目名称：盾构施工污水净化处理及再利用
主要完成单位：广州市盾建地下工程有限公司、广州市建筑集团有限公司
主要完成人：张厚美、吴秀国、沈赞、谢海松、王文龙、刘光波、郑柯文、朱广文

项目名称：隧洞穿越承压富水区中的破碎带围岩及砂层施工技术
主要完成单位：广东省建筑工程机械施工有限公司、广东省第二建筑工程公司、广东省建筑工程集团有限公司
主要完成人：陈国亮、付梦求、麦国文、苏培丰、刘联伟、林茂、刘热强、吴象伟

项目名称：北京地铁车站盖挖法施工关键技术研究
主要完成单位：北京市政建设集团有限责任公司
主要完成人：郭玉海、刘彦林、杨祥亮、祝显学、张全利、赵东华、靳立伟、王蕾

项目名称：永定新河特大桥设计施工关键技术研究
主要完成单位：天津城建设计院有限公司、天津城建集团有限公司工程总承

包公司
主要完成人：崔志刚、韩振勇、张振学、井润胜、汤洪雁、卢士鹏、周凤先、杨江国

项目名称：宜兴荆邑大桥双斜拱塔斜拉桥施工技术的研究与应用
主要完成单位：江苏沪宁钢机股份有限公司
主要完成人：王晓波、苏中海、周永明、李水明、麻宏伟、曹晓春、单权强、朱田强

项目名称：城市桥梁服役期间结构损伤检测与安全性评估系统
主要完成单位：广州市建筑科学研究院有限公司、华南理工大学城市建设研究中心、广州市建筑集团有限公司
主要完成人：谭学民、钟晓林、苏成、高俊岳、王卫锋、杜江

项目名称：滨海新区集疏港道路重载交通对路面结构的影响及对策研究
主要完成单位：天津市市政工程设计研究院
主要完成人：王新岐、王晓华、刘润有、王寅弘、苑红凯、赵建伟、冯炜、龚凤刚

项目名称：采用正交异性钢悬臂板加宽箱式梁桥的技术研究
主要完成单位：大连理工大学
主要完成人：张哲、檀永刚、王会利、潘盛山、黄才良、邱文亮、许福友、石磊

项目名称：太湖流域城镇污水处理厂除磷脱氮提标改造深度处理技术研究
主要完成单位：无锡市排水公司、国家城市给水排水工程技术研究中心
主要完成人：郑兴灿、李激、尚巍、李美、孙永利、黄鹏、吴小平、羊鹏程

项目名称：生物膜与活性污泥复合工艺的开发与应用研究
主要完成单位：中国市政工程华北设计研究总院、国家城市给水排水工程技术研究中心、无锡市排水公司、青岛思普润水处理有限公司
主要完成人：陈立、郭兴芳、李激、陶润先、及鹏、申世峰、张玲玲、张悦

项目名称：污水处理厂恶臭控制技术与设备研究
主要完成单位：天津创业环保集团股份有限公司
主要完成人：邓彪、李玉庆、薛二军、阎小禾、刘建阔、谢慎琳、于非凡、张轶凡

项目名称：七里海湿地植物与水资源现状及其修复研究
主要完成单位：天津华北地质勘查局地质研究所、天津华北地质勘查局
主要完成人：张宝华、刘景兰、石文学、秦磊、韩芳、张瑞华、李立伟、范丽平

项目名称：济南南部山区供水系统预警监控与净化处理集成技术研究与示范工程
主要完成单位：山东省给水处理工程技术研究中心、济南市供排水监测中心、济南泓泉制水有限公司、济南市卧虎山水库管理处
主要完成人：贾瑞宝、孙韶华、宋武昌、马中雨、李世俊、陈家全、周维芳、宋艳

项目名称：箱式无负压供水设备
主要完成单位：北京威派格科技发展有限公司
主要完成人：柳兵、田海平、杨峰、张于、张传明、丁凯、李纪伟、徐宏健

项目名称：新型结构金属声屏障研究
主要完成单位：中国建筑材料科学研究总院
主要完成人：冀志江、陈继浩、杨书祥、戴国仲、张忠伦、王静、尚晓东、雷学东

项目名称：深圳市应急避难场所专项规划（2010～2020）
主要完成单位：深圳市城市规划发展研究中心
主要完成人：傅晓东、魏杰、喻乐军、薛峰、孙薇、陈晓、周军、张武强

项目名称：苏州独墅湖科教创新区低碳生态控

制性详细规划（2009~2020）
主要完成单位：江苏省城市规划设计研究院、苏州工业园区规划建设局
主要完成人：张泉、叶兴平、程炜、杨晓敏、萧明陈国伟、汤蕾、黄伟

项目名称：深圳市光明新区再生水及雨洪利用详细规划
主要完成单位：深圳市城市规划设计研究院有限公司
主要完成人：俞绍武、任心欣、丁年、唐绍杰、叶凌、俞露、刘应明、胡爱兵

项目名称：北京市丰台区长辛店生态城控规
主要完成单位：北京市城市规划设计研究院、奥亚纳工程咨询（上海）有限公司
主要完成人：鞠鹏艳、叶祖达、叶大华、饶红、张雪松、高建珂、郭海斌、刘志刚

项目名称：上海市公用移动通信基站站址布局专项规划（2010~2020）
主要完成单位：上海市城市规划设计研究院、上海邮电设计咨询研究院有限公司
主要完成人：俞斯佳、沈阳、陈克生、姚凯、顾军、贾洪宝、蔡颖、山栋明

项目名称：北京市电动公交、环卫、出租车充电站布局选址规划研究
主要完成单位：北京市城市规划设计研究院、北京理工大学、北京市市政工程设计研究总院
主要完成人：刘欣、张鑫、王震坡、高扬、张亚芹、周楠森、高建珂、陈洪亮

项目名称：CBD建设城市公共空间系统规划研究
主要完成单位：杭州市钱江新城建设管理委员会、美国伊利诺斯大学亚洲和中国研究中心
主要完成人：尹序源、张庭伟、俞顺年、陈松、于洋、骆祎、高秀芹、来盾矛

项目名称：北京南城及南部地区发展规划研究
主要完成单位：北京市城市规划设计研究院
主要完成人：赵峰、王雅捷、陈军、张永仲、郭睿、白劲宇、加雨灵、张鸣

项目名称：江苏省《成品住房装修技术标准》
主要完成单位：江苏省住房和城乡建设厅住宅与房地产业促进中心、南京市建筑安装工程质量监督站、南京工业大学、江苏省建筑科学研究院有限公司、江苏省建设厅科技发展中心
主要完成人：徐建国、吕如楠、瞿富强、李玉虎、张迎春、孙晓文、吉同路、吴凯波

项目名称：《房屋建筑与市政基础设施工程检测分类标准》JGJ/T 181—2009
主要完成单位：广州市建筑科学研究院有限公司、国家建筑工程质量监督检验中心、上海市建筑科学研究院（集团）有限公司、同济大学、北京市市政工程研究院
主要完成人：任俊、姜红、朱基千、萧岩、张元发、吴裕锦、关淑君、孟小平

项目名称：《公共建筑节能改造技术规范》JGJ 176~2009
主要完成单位：中国建筑科学研究院、北京市建筑设计研究院、同济大学、中国建筑西南设计研究院、重庆大学
主要完成人：徐伟、邹瑜、冯晓梅、宋业辉、王虹、曹勇、周辉、柳松

项目名称：《建筑桩基技术规范》JGJ 94—2008
主要完成单位：中国建筑科学研究院、北京市勘察设计研究院有限公司、现代设计集团华东建筑设计研究院有限公司、上海岩土工程勘察设计研究院有限公司、天津大学
主要完成人：黄强、刘金砺、高文生、刘金波、沙志国、侯伟生、邱明兵、顾晓鲁

三、获 奖 名 单

项目名称：高大异型建筑外立面装修机械化施工关键技术与设备
主要完成单位：中国建筑科学研究院建筑机械化研究分院、北京凯博擦窗机械技术公司、廊坊凯博建设机械科技有限公司
主要完成人：薛抱新、张华、吴安、曹恩钦、祝志锋、刘超太、董威、刘玉建

项目名称：地铁隧道施工安全质量信息化监控和管理系统
主要完成单位：成都中铁隆工程有限公司
主要完成人：邰强、青舟、何洪波、董长明、范春琳、刘关华

项目名称：广州市混凝土质量追踪及动态监管系统
主要完成单位：广州市建设工程质量监督站、广州粤建三和软件有限公司
主要完成人：袁鄂、潘志强、聂策明、张勇、袁海洲、马庆辉、董松、彭润桃

项目名称：城市地下工程监测技术与管理信息系统
主要完成单位：北京城建勘测设计研究院有限责任公司、北京市轨道交通建设管理有限公司、北京安捷工程咨询有限公司
主要完成人：金淮、张建全、张建旭、刘永勤、廖翌棋、高爱林、马雪梅、任干

项目名称：设计项目绩效薪酬管理与人力资源需求评估系统
主要完成单位：北京市住宅建筑设计研究院有限公司
主要完成人：李群、胡颐蘅、苏倩兮、黄勉、王文军、徐丽、钱嘉宏、于方圆

项目名称：数字旅游服务示范工程
主要完成单位：城市建设研究院、建设综合勘察研究设计院有限公司、深圳市鼎游信息技术有限公司、北京建设数字科技有限责任公司、北大方正集团有限公司
主要完成人：王磐岩、王丹、高蕴华、周权、韩笑、刘春艳、彭飞、耿丹

项目名称：天正暖通软件
主要完成单位：北京天正工程软件有限公司
主要完成人：李振华、黄弘、宋戈、杨淼、李夫银、武立伟、夏立嵯、殷青伟

项目名称：常州市控制性详细规划编制管理软件
主要完成单位：常州市城市规划管理信息中心、常州市规划设计院、上海鸿业同行信息科技有限公司
主要完成人：张东海、顾春平、侯继功、孙秀峰、周晟、邹斌、陆一中、薛雪元

项目名称：基于遥感和GIS的东莞市生态资源核算研究
主要完成单位：东莞市地理信息与规划编制研究中心、中山大学地理科学与规划学院
主要完成人：裴志武、陈明辉、黎夏、黎海波、李少英、艾彬、刘小平、劳春华

项目名称：基于多源影像的城市信息快速获取与精细管理技术及应用
主要完成单位：北京建筑工程学院、北京市西城区城市管理监督指挥中心、立得空间信息技术有限公司、武汉大学、北京华环电子股份有限公司
主要完成人：杜明义、刘扬、郭际明、王旭、靖常峰、白云、吴长春、刘阳

项目名称：漳州市城市地理信息综合平台
主要完成单位：漳州市城乡规划局总工程师办公室、北京建设数字科技股份有限公司
主要完成人：陈跃鸿、朱志宏、林泗桢、张其扬、郑金水、滕洁、赵建军、陈丹

项目名称：上海房地资源行业技术标准体系研究
主要完成单位：上海市房地产科学研究院、上

海市地质调查研究院、上海市房屋土地资源信息中心

主要完成人：顾弟根、张先林、张冰、王金强、李勤奋、古小英、纪振鹏、凌传荣

项目名称：中国房地产业中长期发展动态模型

主要完成单位：北京中指实证数据信息技术有限公司、住房和城乡建设部政策研究中心

主要完成人：陈淮、莫天全、秦虹、黄瑜、吴倩、浦湛、何田、周江

项目名称：国外住房统计与发展

主要完成单位：亚太建设科技信息研究院

主要完成人：沈彩文、陈永、熊衍仁、祁国平、石荣珺、宋朝彝、陈干山、田峰

（住房和城乡建设部科技发展促进中心　提供）

2011年全国绿色建筑创新奖获奖项目名单

一等奖

项目名称：深圳市建科大楼

主要完成单位：深圳市建筑科学研究院有限公司、深圳市科源建设集团有限公司

主要完成人：叶青、陈泽广、张炜、鄢涛、毛洪伟、张劲峰、袁小宜、马远幸、周俊杰、彭世瑾、郭士良、龚小龙、王莉芸、刘勇、熊咏梅、寒婕、沈驰、罗刚、王欣、汪四新

项目名称：2010年世博会城市最佳实践区"沪上·生态家"

主要完成单位：上海市城乡建设和交通委员会、上海市建筑科学研究院（集团）有限公司、上海市现代建筑设计集团有限公司

主要完成人：秦云、汪维、韩继红、曹嘉明、张颖、杨明、朱剑豪、陈勤平、倪飞、鲁英、范宏武、杨建荣、范一飞、李阳、夏冰、葛曹燕、廖琳、王佳、章颖、张彦栋

项目名称：南市电厂主厂房和烟囱改建工程

主要完成单位：上海世博土地控股有限公司、上海市建筑科学研究院（集团）有限公司

主要完成人：唐士芳、杨文君、杨建荣、葛曹燕、王健、车学娅、陈勤平、朱春明、巢斯、刘毅、龚治国、廖军祥、张鹏、张鹏飞、吴跃东、单琦、林略、王洪明、朱华、邱喜兰

项目名称：华侨城体育中心扩建工程

主要完成单位：深圳华侨城房地产有限公司、清华大学建筑学院

主要完成人：林波荣、田军、郑建伟、王若愚、朱颖心、何文捷、刘加根、黄飞跃、刘雪峰、刘晓华、喻芳芳、隋力、常晓敏、聂金哲、肖娟、周星辉、路莉、王祁衡、刘辉、王子剑

二等奖

项目名称：上海世博演艺中心

主要完成单位：上海世博演艺中心有限公司、华东建筑设计研究院有限公司、上海市建筑科学研究院（集团）有限公司、上海第四建筑有限公司

主要完成人：钮卫平、汪孝安、杨建荣、郑凯华、倪建新、衣健光、田园、谭奕、吴玲红、邵菡、於红芳、李芳、鲁超、涂宗豫、周晓莉

项目名称：莘庄综合楼
主要完成单位：上海市建筑科学研究院（集团）有限公司
主要完成人：朱雷、张宏儒、张颖、郁勇、邓良和、叶臻、范国刚、王赟、薄卫彪、李亮、高月霞、范宏武、廖琳、李芳

项目名称：世博中心
主要完成单位：上海世博（集团）有限公司、华东建筑设计研究院有限公司
主要完成人：戴柳、张俊杰、高文伟、宁风、傅海聪、张伯仑、马伟骏、杨光、邵民杰、冯旭东、钱观荣、亢智毅、周东滔、李庆来、李义文

项目名称：绿地卢湾滨江CBD项目商业金融B、商业E·137A-4地块绿地（集团）总部大楼
主要完成单位：上海绿地（集团）有限公司、中国建筑科学研究院上海分院
主要完成人：胡京、魏琨、孙大明、裘江、顾雪全、汤民、葛夏雨、尤剑锋、田慧峰、方力、周志仁、邵怡

项目名称：苏州工业园区档案管理综合大厦
主要完成单位：住房和城乡建设部科技发展促进中心、清华大学建筑学院、中国建筑科学研究院、苏州工业园区设计院有限公司、依柯尔绿色建筑研究中心
主要完成人：张峰、林波荣、赵华、赵霄龙、史明、刘加根、周潇儒、葛鑫、邵高峰、任涛、黄琳、丁炯、李铮

项目名称：杭州市综合办公楼节能改造项目
主要完成单位：杭州市市级机关事务管理局、浙江大学城市学院、杭州市城乡绿色建筑促进中心
主要完成人：何铨之、赵群、应小宇、严岗、龚敏、朱炜、扈军、田轶威、胡晓军、原甲、严俊跃、翁加源

三等奖

项目名称：中新天津生态城起步区万拓住宅项目（一期）
主要完成单位：天津生态城万拓置业有限公司、中国建筑科学研究院建筑设计院
主要完成人：汪庆宏、杨煜辉、曾捷、曾宇、许荷、张江华、候毓、李建琳、刘亮、孙虹

项目名称：天津市建筑设计院科技档案楼
主要完成单位：天津市建筑设计院、天津市建工工程总承包有限公司、中国建筑科学研究院上海分院、天津建华工程咨询管理公司
主要完成人：刘军、陈敖宜、伍小亭、刘建华、王东林、张津奕、曹宇、康方、贾伟、赵炳君

项目名称：上海市城市建设投资开发总公司企业自用办公楼
主要完成单位：上海城投置地（集团）有限公司、上海市建筑科学研究院（集团）有限公司
主要完成人：王颖禾、韩继红、胡剑虹、安宇、张辰、李芳、马雁、范宏武、李建跃、汪莹

项目名称：苏州工业园区青少年活动中心
主要完成单位：苏州工业园区商业旅游发展有限公司、苏州工业园区设计研究院有限责任公司、苏州工业园区青少年活动中心
主要完成人：马军、张允、陈岗

项目名称：中新科技城研发服务楼
主要完成单位：中新苏州工业园区开发集团股份有限公司
主要完成人：王广伟、黄闻华、沈国强、陈

冬青

项目名称：大型居住社区江桥基地（绿地新江桥城）D1 地块
主要完成单位：上海绿地置业有限公司、中国建筑科学研究院上海分院
主要完成人：田慧峰、魏琨、张欢、巴黎、顾玉婷、徐燕、阮建清、孙大明、方力、汤民

（资料来源：《住房和城乡建设部关于公布 2011 年全国绿色建筑创新奖获奖项目的通报》建科〔2011〕45 号）